日本中世史事典

阿部　猛
佐藤和彦
編集

朝倉書店

序

この三十年ほどの間に、中世日本史の研究水準は飛躍的に進歩し、また各方面から進められてきた様々なパラダイムの転換の試みによって、二十一世紀を迎えて十年近くが過ぎようとする今日、我々は一時代前とはくらべものにならないほど、多様で広がりのある中世社会のイメージを持つことができるようになった。非農業民や国家の境界領域、さらには東アジア史全体からの新しい視点の発見と、絵画、遺跡、民俗などのこれまで見過ごされてきた新たな史料の駆使が相互に作用して、中世は改めて日本歴史の全体像を再構築していく上でのかなめの時代として注目されていると言って差し支えないであろう。

一方で、こうした研究対象や研究方法の広がりによって、大変幅広い分野の人々が中世史研究に関わるようになり、各専門分野の研究の高度化と相まって、研究者や学生が必要な知識を相互に共有することが、これまで以上に難しくなりつつあることも否めない。

これまで時代別、テーマ別に重要用語を有機的に関連させて解説した特徴ある歴史用語事典として二〇〇一年に『日本史事典』、二〇〇五年に『日本古代史事典』が朝倉書店より刊行され、いずれも好評を博してきたが、広範にわたる現代の中世史研究の重要用語を実用的に整理し、体系的な知識獲得のための一助となるよう、これら先行する事典の形式を踏襲して『日本中世史事典』が企画された。

本書が、様々な立場で中世史研究に携わる多くの人々や、これから中世史を深く学んでいこうとする学生諸君に活用され、体系的な知識獲得の一助となれば幸いである。

最後に、本書の刊行の趣旨に賛同され、ご執筆いただいた多くの方々に深く御礼申し上げる。

編者記す

二〇〇八年十月

付記　編者のひとり、佐藤和彦は、本事典の作成の途中二〇〇六年五月に急逝しました。

編集者

阿部　猛
佐藤和彦

執筆者

青木啓明
阿部卓朗
阿部　猛
石附敏幸
稲本万里子
上杉和彦
潮田恒明
遠藤塩子
遠藤啓彰
大井　眸
大竹雅美
小俣行宏
海津一朗
金子　肇
上村旺司
菊池浩幸
北川房枝
木村茂光
楠木　武
黒澤節子
黒須千春
小市和雄
小林一岳
小森正明
近藤喜佐雄
齊藤保子
櫻井　彦
佐藤和彦
小竹博允
渋沢一裕
下東由美
菅原　秀
菅原正子
鈴木哲雄
鈴木敦子
鈴木敏弘
関　周一
高橋典幸
竹内富佐子
田中大喜
谷釜千奈津
千葉哲司
土屋伸也
徳永裕之
中村友一
七海雅人
錦　昭江
仁平義孝
野村育世
畠山恵美子
花村統由
浜田久美子
ピエール・スイリ
原　美鈴
樋口州男
深津剛志
福嶋紀子
服藤早苗
藤井　崇
藤田正義
細川重男
堀内寛康
真瀬涼子
松井吉昭
松原誠司
間宮安子
三浦紀子
三重野誠
三藤秀久
溝川晃司
森　広海
保田博通
横内重之
和氣俊行
渡邊浩史

（五十音順）

凡　例

① 各章は時代順に配列し、入門的手引となるよう、章の冒頭に概説方式による説明を設け、そのあとに事典形式による項目解説を加えた。
② 項目解説は分野別に小分類を行い、関連項目が近接するように収録した。
③ 項目解説には必要に応じて参考文献を加えた。
④ 文体は口語体とし、当用漢字・現代かなづかいを原則としたが、用語によっては新旧を併用した。
⑤ 年号は和暦を用い括弧書きで西暦を付した。ただし外国関係記事については西暦のみとした。改元時の年号は改元の時期に合わせ新旧を併用した。
⑥ 漢字による外国地名は日本語の音読みとした。
⑦ 漢字による外国人名は日本語の音読みとした。欧米人名はカタカナ書きとし括弧書きで原綴りを付した。
⑧ 人名項目には生没年を西暦で付した。
⑨ 原典が漢文の資料は原則として書き下したが、必要に応じ原文に返り点を付して収録した。
⑩ ＊は独立項目があることを示す。ただし、一項目内に当該用語が複数ある場合には、初出の用語にのみ付した。
⑪ ↓は関連項目を示す。ただし、本文中に関連項目名を含む用語がある場合は＊で代用した。
⑫ 巻末の索引には全項目および概説の重用語を収録した。

目次

一　鎌倉幕府の成立……一
〈概説〉源平合戦／幕府創設／武士の社会
（一）源平の内乱……三
平氏政権の動揺……四
平泉政権……二〇
内乱の展開……三三
義経伝説……五三
（二）戦場の作法……五六
（三）鎌倉幕府の成立……六三
（四）武士の生活……八三
二　執権政治から得宗専制へ……九七
〈概説〉源氏の滅亡／承久の乱／モンゴルの襲来／永仁の徳政令／悪党の発生／得宗専制政治
（一）執権政治の確立と承久の乱……九九
源氏将軍の断絶……九九
公家政権と幕府……一〇七
承久の乱……一一六
（二）執権政治……一二五
（三）中世法……一四三
（四）モンゴルの襲来と幕府の衰退……一五八
モンゴルの襲来……一五八
得宗専制と鎌倉幕府の衰退……一七三
三　鎌倉時代の社会と経済……一九六
〈概説〉地頭の荘園侵略／農村の変化／商工業の発達
（一）荘園制と村落……一九八
（二）社会不安……二二八
（三）流通の展開……二三五
（四）中世の年中行事……二五七
（五）中世の通過儀礼……二七三
四　鎌倉文化……二八五
〈概説〉文化の新傾向／鎌倉仏教の特色／神道の理論化／学問の新傾向／宋学／歴史認識／和歌／文芸作品／美術・工芸の

新潮流／年中行事…………………………………………………二八八
（一）仏教の新展開…………………………………………………三三三
（二）神道思想…………………………………………………………三三三
（三）学問と教育………………………………………………………三三四
（四）和歌・日記・紀行………………………………………………三三九
（五）軍記物……………………………………………………………三四三
（六）歴史書・歴史物語・他…………………………………………三四五
（七）説話集……………………………………………………………三四九
（八）建築………………………………………………………………三五三
（九）彫刻………………………………………………………………三五八
（一〇）金工・工芸……………………………………………………三六二
（一一）絵画・他………………………………………………………三六二
五　南北朝の内乱……………………………………………………三七八
〈概説〉建武政府の成立と崩壊／内乱の展開／
　内乱期の文化
（一）鎌倉幕府の滅亡…………………………………………………三八一
（二）建武新政…………………………………………………………三九九
（三）内乱の展開………………………………………………………四一四
六　室町幕府の政治と外交…………………………………………四四五
〈概説〉義満の政治と幕府の構造／倭寇と東ア
　ジア世界
（一）室町幕府の機構…………………………………………………四四七
（二）守護権力の増大…………………………………………………四六五
（三）室町幕府の動揺…………………………………………………四六九
（四）外交と貿易………………………………………………………四九九
七　室町時代の社会と経済…………………………………………五一九
〈概説〉農業技術の発展と惣村／土一揆の蜂起
（一）物流と都市………………………………………………………五三一
（二）惣村の形成………………………………………………………五五五
（三）一揆………………………………………………………………五六六
八　室町文化…………………………………………………………五八四
〈概論〉北山文化／東山文化／文化の地方化・
　民衆化
（一）宗教と学問………………………………………………………五八六
（二）和歌と連歌………………………………………………………六二六
（三）史書・物語………………………………………………………六三四

（四）建築・庭園……………………六四〇
（五）絵画・工芸……………………六四九
（六）芸能……………………………六六〇

九　戦国の動乱………………………六七七
〈概説〉応仁の乱／国一揆と一向一揆／戦国大名の領国支配／異文化との接触
（一）下剋上と戦乱…………………六八〇
（二）戦国大名の政治と経済………七〇七

一〇　織豊政権………………………七二九
〈概説〉織田信長の天下統一戦争／検地・刀狩・朝鮮侵略／安土桃山の文化
（一）ヨーロッパ人の来航…………七三三
（二）織田信長の統一事業…………七四六
（三）豊臣秀吉の全国統一と東アジア…………七五六
（四）桃山文化………………………八〇〇

中世の荘園一覧………………………八二三

中世史研究用語………………………八七三

索　引……………………………1〜16

一　鎌倉幕府の成立

源平合戦　治承四年（一一八〇）四月、*源頼政《よりまさ》が平家打倒の兵を挙げたが、山城《やましろ》国宇治で敗死した。しかし、このとき発せられた平家追討を命ずる「*以仁王令旨《もちひとおうりょうじ》」は全国の反平家勢力に興起のきっかけを与えた。流人として伊豆《いず》国にいた*源頼朝《よりとも》は、妻*政子《まさこ》の父*北条時政《ときまさ》の後援を得て挙兵し、まず伊豆国を抑え相模国へ進出を企てたが、*大庭景親《おおばかげちか》ら平家勢力に阻止され、安房《あわ》国に逃れた。しかし、ここで*上総介広常《かずさのすけひろつね》・*千葉常胤《ちばつねたね》ら豪族の支持を受け、関東地方の源家ゆかりの武士を集めて武蔵《むさし》国に入り、十月には鎌倉に入った。

頼朝は、甲斐源氏《かいげんじ》と共同戦線をはり、東下してきた平家の大軍を*富士川の合戦で敗走させた。頼朝は平家軍を追走せず、まず北関東の諸豪族を追討または服従させて政権の基盤を固めた。この頃、信濃《しなの》国にいた*木曽義仲《きそよしなか》も挙兵して北陸地方を支配下に収め、やがて京都へ向けて進撃した。*南都北嶺《なんとほくれい》の諸勢力も平家から離反し、とくに養和元年（一一八一）*平清盛《きよもり》が世を去ると平家の力は急速に低下し、寿永二年（一一八三）七月には、京都を守りきれないと判断して、*安徳天皇《あんとく》を奉じて西国に逃れた。このようにして、同年秋には、義仲が北陸・山陰、頼朝が東海・東山、平家が山陽・南海・西海の各道を抑える「天下三分」の形勢となった。翌寿永三年、頼朝の命を受けた弟の*範頼《のりより》・*義経《よしつね》のひきいる大軍は義仲を破り、続いて平家軍を追い、文治元年（一一八五）長門《ながと》国*壇《だん》ノ浦《うら》でこれを全滅させた。その後、*後白河《ごしらかわ》法皇の画策もあって、頼朝と義経の間は不和となり、義経は奥州平泉の*藤原秀衡《ひでひら》のもとに逃亡した。秀衡の死後、頼朝は自ら大軍をひきいて北進し、藤原氏を滅ぼした（一一八九）。

幕府創設　平家追討戦争のなか、頼朝は鎌倉にいて着々と政治体制を整えていた。治承四年に*侍所《さむらいどころ》を設けたのをはじめとして、寿永三年には*公文所《くもんじょ》（のち*政所《まんどころ》）、*問注所《もんちゅうじょ》を設置し、京都から招いた中下級官人を登用するなどして形を整えた。しかし、初期の幕府は貴族としての源頼朝の私的な政庁という性格をもち、頼朝による専制支配組織ともいうべきものであった。

幕府の政治的・軍事的基礎は、頼朝の家人《けにん》である地方の武士にあった。頼朝と*御家人《ごけにん》との関係は、所領の給与・保護（＝御恩《ごおん》）とそれに対する奉公《ほうこう》を媒介とした封建的な主従関係であった。その意味で、幕府は、在地領主が国衙《こくが》領《りょう》・荘園の中にもつ権益（＝地頭職《じとうしき》・下司職《げししき》・公文職《くもんしき》・田所職《たどころしき》・名主職《みょうしゅしき》など）を保護する組織であり、領主層の利害と頼朝の意図の一致の上に成立したものであった。

文治元年（一一八五）に設置された*守護《しゅご》と*地頭《じとう》の制は、御家人を守護・地頭に任命することによって、国衙領・荘園の機構にくさびを打ち込み頼朝の支配を及ぼすものであり、合法的に官物《かんもつ》（年貢）・夫役《ぶやく》の一部を収奪するしくみであった。

また頼朝は、京都の貴族や寺社の動向を監視するために、文治二年（一一八六）*京都守護を置き、九州には大宰府に*鎮西奉行《ちんぜいぶぎょう》（のち*鎮西探題《たんだい》）を置いてその地方の御家人や武士を統制させた。また東北地方には*陸奥留守職《むつるすしき》（のち奥州奉行）を置いた。このように全国的な支配体制を推進し、建久三年（一一九二）後白河法皇が亡くなると、頼朝は征夷大将軍に任命された（ただし、頼朝は建久五年には征夷大将軍を辞職したらしく、以後は「前右大将《さきのうだいしょう》」と呼ばれている）。

治承四年の挙兵以来十余年の戦乱の間に鎌倉幕府は成立してきた。幕府の成立は武士層による独自の政権の成立を意味したが、天皇・公家による京都の政権は依然存在し、幕府は全国を支配していたわけではない。朝廷はひき続き国司《こくし》の任免権をもち、全国の一般行政を統轄していた。頼朝がその権力を拡大、浸透させていくときにも、貴族の支配する古代国家の機構・組織を利用しなければならなかった。

源頼朝の直接の勢力範囲は*関東御領・*関東御分国《ごぶんこく》などに限られていた。関東御領は頼朝が朝廷から与えられた*平家《へいけ》没官領《もっかんりょう》で、内容は荘園の本家職《ほんけしき》・領家職《りょうけしき》を主体とするものであった。関東御分国は、頼朝が知行国主《ちぎょうこくしゅ》となった国ぐにで、国衙を支配し、御家人が国司に推薦し、国衙領から年貢を収取できる国ぐにであった。以上のほか、頼朝が御家人を地頭に推薦できる*関東御口入地《ごくにゅうち》（関東進止《しんし》領）があった。このように、幕府の経済的基盤は荘園と国衙領にあり、守護・地頭の設置もこれを前提としたものであった。

武士の社会　御家人以外の武士（＝非御家人）は貴族や寺社に従属していたが、その存在形態は両者において相違はなかった。しかし、同じ武士といっても、数郡から一国に及ぶ支配を行う豪族的領主層、その下にあった地頭（あるいは荘官）的領主層、さらにその下にある比較的規模の小さい地主・名主層まで、さまざまであった。かれらは所《しょ》従《じゅう》・下人《げにん》と呼ばれる隷属農民の労働力を用いて所領の経営に当たり、郎等《ろうとう》を従えて武士団を形成した。

当時の武士の社会では、財産（所領）を分割相続する慣わしで、女子にも財産を譲与した。しかし一方で、相続の繰返しによる所領の零細化を防ぐために、庶子・女子に与えられた所領の自由な処分は許されず、惣領の統制のもとに置く措置もとられた。一門・一族の惣領は庶子家を統制し、一族を代表して将軍と主従関係を結び、御家人役の負担を庶子に割り当てた。

武士の社会では、その成長の過程で独自の風習や考え方がつくられたが、その中心をなすのは主従道徳で、従者の主君に対する絶対服従が求められた。名誉を重んじ、戦場における武勇が尊重された。そのためには平素から弓馬を中心とする、きびしい訓練が行われた。

戦いにも一定の作法があった。両軍あい対して合戦を始めるとき、まず大声で言葉のやりとり（＝言葉戦い）が行われ、互いに相手を挑発するよう悪口雑言が交わされる。ついで*鬨《とき》の声をあげ、互いに鏑矢《かぶらや》を射て合戦の合図とした。大将以下指揮官は馬に乗っている。馬の左脇には歩兵がついて主人を護る。渡河するときは、まず瀬ぶみをして、渡河可能な場所を探る。そして馬筏《うまいかだ》を組んで、弱い馬をかばいながら一斉《いっせい》に渡河する。しかし*先陣争いの風があり、抜駆《ぬけがけ》をする者が組織の秩序を破ることがあった。*承久の乱のとき宇治川を渡った鎌倉勢はここで八〇〇余騎を失っているが、これは馬筏を組む組織的な渡河を破り抜駆の功名を狙った武士が多かったからではあるまいか。源平合戦の頃は、一騎打ちの思想がつよく、軍隊を組織的に動かす用兵・戦術は未熟であった。

〔文献〕石井 進『日本の歴史12中世武士団』（小学館、一九八七）、石井 進『鎌倉武士の実像』（平凡社、一九八七）、元木泰雄『武士の成立』（吉川弘文館、一九九四）、山本幸司『日本の歴史9頼朝の天下草創』（講談社、二〇〇一）、上横手雅敬ほか（『日本の中世8院政と平氏 鎌倉政権』中央公論新社、二〇〇二）。

（阿部 猛）

（一） 源平の内乱

治承《じしょう》・寿永《じゅえい》の内乱　一二世紀末、日本全国にわたって展開された内乱。一般的に、治承四年（一一八〇）の*以仁王《もちひとおう》の令旨《りょうじ》に呼応した諸国源氏を中心とする反平氏勢力の武装蜂起から、文治元年（一一八五）三月、長門《ながと》国壇ノ浦《だんのうら》（現在の山口県下関市）において平氏一門がほぼ全滅するまでを内乱の期間としているが、*保元元年（一一五六）の保元《ほげん》の乱《らん》から建久元年（一一九〇）の源頼朝《よりとも》による奥州《おうしゅう》征伐《せいばつ》までとする見解もあり、一定ではない。平治元年（一一五九）、*平治の乱で清和源氏《せいわげんじ》の源義朝《よしとも》を倒し、武士の棟梁の地位を獲得した*平清盛《きよもり》は、武力を背景に驚異的な昇進を遂げ、同時に朝廷における平氏一門の権勢も増大した。平氏と姻戚関係にあった*後白河《ごしらかわ》法皇とも当初は緊密な関係にあったが、政治・経済の両面において平氏一門による専横化が進んだため、徐々に両者の関係は悪化した。また、平氏の権威拡大に反発する勢力が貴族や諸寺院から生まれ、その結果、院近臣による平氏打倒の謀議が発覚（*鹿ケ谷《ししがたに》事件）、さらに院自身の抵抗政策により両者の対立は深まり、ついに治承三年（一一七九）清盛は法皇を幽閉し、院政を停めて独裁的政権を確立した（*治承三年のクーデター）。しかし、直後に以仁王による平氏打倒の挙兵や、源頼朝をはじめとする王の令旨を受けた諸国源氏による武装蜂起が相次ぎ、さらに、一門の中心であった清盛が養和元年（一一八一）に没すると、平氏一門の権勢は急速に衰え、同年七月、安徳天皇を奉じて西走した。代わって入洛した*源義仲《よしなか》は、法皇から平氏追討の宣旨をうけるものの、統制を欠く義仲軍は朝廷から不評を買い、また義仲が朝政に介入したため法皇と激しく対立した。そこで法皇は頼朝との接近を図り、いわゆる「寿永二年十月の宣旨」を与え、早期の上洛を促した。これを知った義仲は、同年十一月にクーデターを起こしたが（*法住寺殿襲撃）、翌元暦元年（一一八四）頼朝の代官として上洛した*範頼《のりより》・*義経《よしつね》の軍勢に討たれた。この間、戦力を回復し、摂津《せっつ》国福原まで進軍していた平氏一門は、法皇から平氏追討の宣旨を受けた範頼・義経の軍と一ノ谷で対峙するも、義経の奇襲攻撃に遭い敗退した。この合戦で主戦力のほとんどを失った平氏は讃岐《さぬき》国屋島《やしま》に逃れたが、文治元年（一一八五）二月、義経の軍勢に追撃され（*屋島の戦い）、追い詰められた平氏一門は、同年三月長門国壇《だん》ノ浦《うら》の合戦において、*安徳《あんとく》天皇とともにほぼ滅亡した（*壇ノ浦の戦い）。

［文献］　石母田　正『古代末期政治史序説』（未来社、一九五六）、上横手雅敬『日本中世政治史研究』（塙書房、一九七〇）、田中　稔「院政と治承・寿永の乱」（岩波講座『日本歴史4古代4』岩波書店、一九七六）、浅香年木『治承・寿永の内乱論序説』（法政大学出版局、一九八一）、河内祥輔『頼朝の時代』（平凡社、一九九〇）。下向井龍彦『日本の歴史7武士の成長と院政』（講談社、二〇〇一年）。（齊藤保子）

〔平氏政権の動揺〕

鹿ケ谷《ししがたに》事件　治承元年（一一七七）後白河法皇の近臣たちによる、平氏打倒を計画した事件。京都東山の鹿ケ谷にある静賢法印の山荘に、たびたび*後白河《ごしらかわ》法皇が御幸するのを利用して、院近臣である*藤原成親《なりちか》、*西光《さいこう》（藤原師光《もろみつ》の法名）を中心に、*俊寛《しゅんかん》、藤原成経《なりつね》（成親の子）、平康頼《やすより》、平資行《すけゆき》らが集まって平氏打倒の密議を交わしたとされている。平氏一門による急激な権力拡大は、中央政界における旧勢力との間に軋轢《あつれき》を生んだ。折から、院近臣である成親が左近衛大将を希望したが叶えられず、清盛の子*重盛《しげもり》・*宗盛《むねもり》の兄弟が左右大将に任命されるという人事が行われたため、これを恨んだ成親は、反平氏派の西光、俊寛、康頼らを誘って平氏打倒の計画を練ったとされる。しかし、武力を頼んでこの計画に加えた多田《ただ》源氏の*源行綱《ゆきつな》の密告により、計画が露見した。六月一日、すぐさま清盛は関係者を捕縛し、首謀者である西光は斬首、成親は平重盛と姻戚関係にあったことから、重盛の尽力により助命され備前に流罪（のちに配所で殺害）、俊寛、成経、康頼の三人は九州南方の鬼界ヶ島に配流となった。翌年、清盛の娘徳子（高倉中宮）が懐妊したため、その大赦により成経、康頼は許されたが、俊寛は許されずこの地で死んだという。この計画に後白河法皇自身が関わっていたことは明らかであったものの、清盛はとくに追及する姿勢はみせていない。しかし、両者の対立は深刻なものとなり、朝廷の内外における反平氏勢力の結集を強めることとなった。

［文献］　五味文彦『平清盛』（吉川弘文館、一九九九）。（齊藤保子）

六波羅《ろくはら》　現在の京都府東山区、鴨川の東側にあたり、松原通から七条通までの一帯をさす。この地域は、古来から埋葬地として知られる鳥戸野《とりべの》に近く、珍皇寺《ちんこうじ》や空也《くうや》により創建された西光寺（空也没後に六波羅蜜寺《ろくはらみつじ》と改称）などの寺院が建てられていた。平安時代末期、平正盛《まさもり》が常光院を建立し、子の忠盛《ただもり》、孫の*清盛《きよもり》にこの地が伝領された。とくに、清盛の代に平氏一門の本拠地として整備・拡張され、清盛の泉第《いずみだい》、*頼盛《よりもり》の池殿《いけどの》、*教《のり》盛《もり》の門脇第《かどわきだい》などの第宅が構えられ、その周辺に一族郎党の館が建ち並び、独自の集団形態がつくられた。平氏滅亡後、入洛した*源頼朝は頼盛の旧宅跡地に住宅を構えている。承久三年（一二二一）の*承久の乱後には、*六波羅探題《たんだい》が設置され、*鎌倉幕府の政治拠点となった。

［文献］竹内理三「六波羅の歴史的風土」（『早稲田大学大学院研究科紀要』二二、一九七五）、高橋昌明『清盛以前』（平凡社、一九八四）。

（齊藤保子）

治承《じしょう》の新制《しんせい》　治承二年（一一七八）七月一八日に出された公家新制。治承年間には、同年閏六月一七日や治承三年（一一七九）八月三〇日にも新制が出された形跡はあるが、これらの詳細については不明であり、通常は、治承二年七月一八日付で山陰道諸国司宛に出された一二ヶ条の新制をさす。その内容は、①祭祀の勤行②仏事の勤行③五節舞姫櫛棚と滝口送物の過差停止④六斎日殺生禁断⑤鴨河堤の営築⑥諸国済物壱年中に壱任所当責催の禁⑦私出挙利息制限⑧有封社司をして本社本寺の修造⑨陸海盗賊放火人の追補⑩神人悪僧国中往反乱行の追捕⑪私領を神人悪僧に寄進の禁⑫人身売買の追捕の一二ヵ条であり、『続左丞抄』第二に収載されている。他の新制との継承関係は、治承令直前の保元二年（一一五七）令中三ヶ条が同趣旨で、かつ本文は援用されており、治承二年令は、保元二年令三五ヶ条中から一二条を取捨選択した形で成立したと考えられる。また後の新制との関係は、治承二年令の⑤条を除き、建久元年（一一九〇）令に六ヶ条、同二年令に七ヶ条同趣旨の条文を見出すことができ、建久の二つの新制に継承されている。

［文献］水戸部正男『公家新制の研究』（創文社、一九六一年）。

（鈴木敏弘）

治承《じしょう》三年のクーデター　治承三年（一一七九）十一月、*平清盛の主導により、*後白河法皇の院政停止と関白藤原（松殿《まつどの》）基房《もとふさ》の解任、反平氏派とみなされた太政大臣藤原師長《もろなが》以下三九名の貴族の罷免が行われた政変。保元・平治の乱以降、急速に台頭した清盛とその一門は、しだいに権力の専制化を強め、それまで協調関係にあった後白河法皇と対立するようになった。治承元年（一一七七）院近臣である*藤原成親《なりちか》・*西光《さいこう》らによる平氏打倒の陰謀が発覚すると（*鹿ケ谷《ししがたに》事件）、院と清盛の対立は深刻なものとなった。事件後、多くの側近を処分され権力の弱まった院は、反平氏派の関白基房と連携して反撃の機会をうかがった。治承三年六月、平盛子（近衛基実室）が没すると、院はただちに盛子が相続していた摂関家領を取り上げ、これを院領とした。次いで、七月に*平重盛《しげもり》が病没した後、その子*維盛《これもり》が受け継いだ越前国《えちぜん》の没収も行った。その上、一〇月の除目では、平氏と深い姻戚関係にある近衛基通《もとみち》をさしおいて、基房の子師《もろ》家《いえ》を摂関家嫡流を示す権中納言中将に昇進させている。平氏への抵抗姿勢を鮮明にした院に対して、ついに清盛は強硬手段に出ることを決断、一一月一四日、数千騎の兵士を率いて福原から上洛した。一五日、まず関白基房とその子師家を罷免し、基通を関白・氏長者とした。一七日、太政大臣藤原師長以下三九名の貴族を解官し、平氏一門および親平氏派の貴族を任官した。一八日には、基房を九州に配流することを決定し、大宰権帥《だざいごんのそち》に任官して左遷した。この間、院は今後政務には一切関与しないと申し入れていたが、二〇日、鳥羽殿に幽閉され、院政を止められた。さらに翌年二月、高倉天皇の譲位が行われ、中宮徳《とく》子《こ》（清盛女）所生の*安徳《あんとく》天皇がわずか三歳で即位し、清盛は外戚の地位を得た。こうして、清盛は武力を背景とした独裁体制を確立したが、朝廷の内外から猛烈な反発を招くこととなり、平氏一門は徐々に孤立化していったとみられている。

［文献］　村井康彦『平家物語の世界』（徳間書店、一九七三）。上横手雅敬ほか『日本の中世8院政と平氏　鎌倉政権』（中央公論新社、二〇〇二）　（齊藤保子）

福原遷都《ふくはらせんと》　治承三年（一一七九）一一月、*後白河《ごしらかわ》法皇との関係が悪化していた*清盛《きよもり》は、いわゆる「*治承三年のクーデター」を敢行し、法皇の院政を停め、院近臣を多数罷免して政権を掌握した。翌年五月、*以仁王《もちひとおう》や*源頼政《よりまさ》による平氏打倒の計画が露見し、清盛はただちに軍を派遣しこれを討滅した。こうした状況の中、同年六月、清盛の独断により、急遽摂津国福原（現在の兵庫県神戸市兵庫区）へ*安徳《あんとく》天皇・*高倉《たかくら》上皇・後白河法皇の遷幸が行われた。しかし、新都整備は思うように進まず、貴族や比叡山延暦寺からは猛烈な反発が起こった。さらに、各地で平氏打倒の挙兵が相次いだため、還都をせざるをえなくなった清盛は、同年一一月、両院および天皇とともに帰洛した。

［文献］　元木泰雄『「福原遷都」考』（『立命館史学』五〇九、一九八八）。　（齊藤保子）

養和《ようわ》の大飢饉《だいききん》　養和元年（一一八一）から寿永元年（一一八二）にかけて発生した、全国的な大飢饉。治承四年（一一八〇）に始まった干魃に加え、作物の収穫時には大風・洪水による災害に見舞われた。翌年、翌々年と大凶作が続いたため被害は広がり、さらに京都では疫病の流行も重なったため洛中には餓死者が続出した。*鴨長明《かものちょうめい》の『*方丈記《ほうじょうき》』によれば、その数は実に四万二〇〇〇人余りであったという。朝廷では、飢饉の終息を願い養和二年五月、「寿永」への改元を行ったが被害の拡大がとどまることはなかった。また、全国におよんだ凶作と悪天候による災害の影響で、源平両軍は兵糧の確保が困難となり、軍勢を動かすことができず、内乱は一時膠着状態となった。

［文献］　安田元久『日本の歴史7院政と平氏』（小学館、一九七四）。　（齊藤保子）

南都北嶺《なんとほくれい》　南都は*興福寺を中心とする奈良の諸寺院を、北嶺は比叡山延暦寺をさす。興福寺は藤原氏代々の氏寺として栄え、摂関時代以降急速に勢力を伸ばした。一方の延暦寺は、最澄《さいちょう》による草創以降、朝廷や貴族層から厚い信仰を受けていた。両寺院ともに多くの僧兵を擁して独自の武力集団を形成し、とくに院政期に入ると、興福寺は春日《かすが》社の神木《しんぼく》を、延暦寺は日吉《ひえ》社の神輿《しんよ》を奉じて強訴を繰り返し、しばしば朝廷を圧迫した。諸寺院同士の抗争が激しくなるのもこの頃とされる。こうした寺院勢力は、承久の乱や南北朝内乱期の政権争いにも積極的に介入し、その影響力をほこっていた。しかし、一六世紀後半、織田信長の延暦寺焼打により壊滅状態に陥り、豊臣氏や徳川氏の援助を受け、復興を果たしている。

［文献］　安田元久『日本の歴史7院政と平氏』（小学館、一九七四）。　（齊藤保子）

平清盛《たいらのきよもり》（一一一八—八一） 平安時代末期の武将。平忠盛《ただもり》の嫡男。実は白河法皇の落胤で、母は祇園女御の妹とも伝えられる。平相国《へいしょうこく》、平禅門《へいぜんもん》、*六波羅《ろくはら》の第宅に因んで六波羅殿、六波羅入道と称す。祖父正盛《まさもり》、父忠盛が院近臣として築いた政治的地位と国守歴任による豊富な経済力を基盤に、朝廷内で順調に昇進し、父忠盛死後は平氏武士団の棟梁を継いだ。保元元年（一一五六）の*保元の乱では後白河天皇方について勝利を収め、天皇の近臣である藤原道憲《みちのり》（信西《しんぜい》）に接近し、政界への勢力拡大を図った。平治元年（一一五九）の平治の乱では源義朝《よしとも》を破り、朝廷における武門の地位を不動のものとした。乱後は急速に昇進を遂げ、永暦元年（一一六〇）正三位参議《さんぎ》に昇り、武士として初の公卿に列し、正二位内大臣《ないだいじん》を経て、仁安二年（一一六七）従一位太政大臣に昇った。翌年病により出家、法名を清蓮、のちに静海（浄海）と称し、以後も一門の総帥として政権強化に努めた。娘の盛子《もりこ》を藤原（近衛）基実《もとざね》の室に、徳子《とくこ》を高倉天皇の中宮として入内させ、天皇家や摂関家と密接な姻戚関係を結び、さらに徳子所生の*安徳《あんとく》天皇の即位により外戚の地位を得た。清盛の権勢を背景に平氏一門も急速に昇進し、諸国の知行主《ちぎょうしゅ》・国守の地位を占めるなど、政治・経済の両面において一門は全盛期を迎えた。しかし、清盛の政策は旧勢力の不満を招くこととなり、とくに後白河法皇とは強く対立した。治承元年（一一七七）の院近臣による平氏打倒の謀議（*鹿ケ谷《ししがたに》事件）や、近衛基実の遺領をめぐる争いなどによってさらに対立が深まると、治承三年（一一七九）突如として法皇を幽閉、院近臣を多数解官し、権力掌握を完全なものとした（*治承三年のクーデター）。その後も、*福原遷都や南都焼打を断行するなど強硬手段にでるが、諸国源氏を中心とした平氏打倒の挙兵を抑えることはできず、養和元年（一一八一）閏二月、平氏の将来を憂

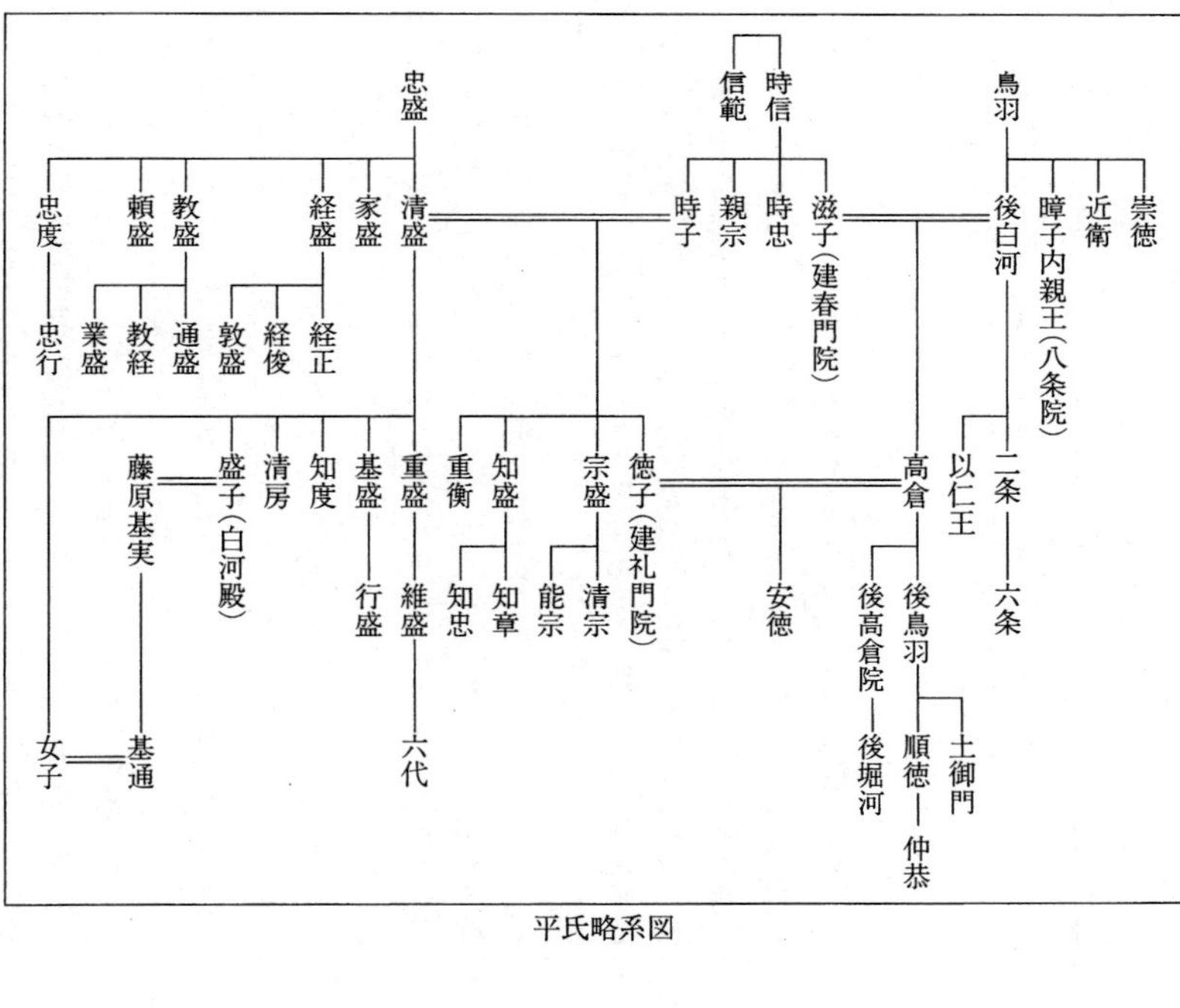

平氏略系図

えながら熱病により没した。

［文献］　村井康彦『平清盛』（平凡社、一九七九）、上横手雅敬『平家物語の虚構と真実』（塙書房、一九八五）、田中文英『平氏政権の研究』（思文閣出版、一九九四）、五味文彦『平清盛』（吉川弘文館、一九九九）。元木泰雄『平清盛の闘い』（角川書店、二〇〇一）。

（齊藤保子）

平 重盛《たいらのしげもり》（一一三八—七九）　平安時代末期の武将。*平清盛の嫡男。母は高階基章《たかしなのもとあき》女。*六波羅にある第宅の小松第に因んで、小松内府《こまつないふ》と呼ばれた。仏教に深く帰依し、東山の麓に四八間の精舎を建立し、一間ごとに灯籠をかけ修法を行ったことから、灯籠大臣とも称される。仁平元年（一一五一）従五位下に叙され、保元元年（一一五六）の保元の乱では、父清盛とともに戦に臨んで勝利し、翌年従五位上に叙された。平治元年（一一五九）の平治の乱では大内裏《だいだいり》攻撃を行うなど、源義朝《よしとも》や藤原信頼《のぶより》らの軍勢を撃破し、勝利に大いに貢献した。父清盛の権勢により官位も急速に進み、左馬頭《さまのかみ》、内蔵頭《くらのかみ》、右兵衛督《うひょうえのかみ》などを経て、長寛元年（一一六三）従三位、永万元年（一一六五）参議、翌仁安元年、権中納言《ごんのちゅうなごん》、同二年、父清盛が従一位太政大臣に任ぜられると、同時に権大納言《ごんのだいなごん》に昇った。同三年、病により官を辞したが、嘉応元年（一一六九）正二位となり、同二年および承安元年（一一七一）権大納言に復任している。仁安二年（一一六七）宣旨により東海・東山・山陽・南海の諸道における賊従の追討使に任ぜられ、平氏政権下の軍事力の強化に努めた。治承元年（一一七七）重盛が左近衛大将《さこのえのだいしょう》に、弟の*宗盛《むねもり》が右近衛《うこのえ》大将《だいしょう》に任ぜられ、兄弟で左右の近衛大将を占めた。同年、内大臣に昇進するが、同三年五月、病により出家、七月に没した。

文武両道に秀でた温厚な人物として知られ、*『愚管抄《ぐかんしょう》』なども同様に評しており、*『平家物語』でも理想的人物として描かれている。その一方で、嘉応二年（一一七〇）重盛の男資盛《すけもり》が藤原（松殿）基房《もとふさ》の従者に恥辱を加えられた報復として、参内途中の基房を襲わせた「殿下乗合《でんかのりあい》事件」などから、武人の資質も十分もっていたことをうかがうことができる。

［文献］　安田元久『平家の群像』（塙書房、一九六七）、上横手雅敬『平家物語の虚構と真実』（講談社、一九七三）、五味文彦「平氏軍制の諸段階」（『史学雑誌』八八—八、一九七九）。

（齊藤保子）

平 宗盛《たいらのむねもり》（一一四七—八五）　平安時代末期の武将。父は*平清《きよ》盛《もり》。母は平時子《ときこ》。同母弟に*知盛《とももり》・*重衡《しげひら》、妹に*建礼門院徳子《けんれいもんいんとくこ》（高倉天皇中宮）がいる。保元二年（一一五七）叙爵。母時子の権勢を背景に異例の速さで昇進し、仁安二年（一一六七）参議・従三位となり、寿永元年（一一八二）内大臣、翌年従一位に叙される。治承三年（一一七九）異母兄*重盛《しげもり》の病没により家督を継ぐが、政治的実権は父清盛が握っていた。養和元年（一一八一）激化する源平内乱への対処策として設けた畿内近国の惣官職に就任するも、同年に清盛が没すと一族に動揺が走り、寿永二年（一一八三）*源義仲《よしなか》入京により*安徳《あんとく》天皇を奉じて西走。文治元年（一一八五）*壇ノ浦の戦いで大敗、子息清宗《きよむね》とともに源氏方の捕虜となった。鎌倉へ護送された後、京都に送られる途中、近江《おうみ》国野洲《やす》郡篠原《しのはら》宿（滋賀県野洲郡野洲町）で父子ともに斬られ、首は獄門に懸けられた。

［文献］　安田元久『平家の群像』（塙書房、一九六七）、上横手雅敬『平家物語の虚構と真実』（講談社、一九七三）。

（齊藤保子）

平 知盛《たいらのとももり》（一一五二—八五）　平安時代末期の武将。*平清盛の四男。母は平時子《ときこ》。同母兄弟に*宗盛《むねもり》・*重衡《しげひら》、妹に*建礼門院徳子《けんれいもんいんとくこ》*（高倉天皇中宮）がいる。平治元年（一一五九）叙爵、蔵人《くろうど》に任ぜられてから、一族の台頭に合わせて武蔵守、左近衛《さこのえ》権中将《ごんのちゅうじょう》、左・右兵衛督、参議などを次々に歴任し、寿永元年（一一八二）従二位権中納言まで昇進した。清盛亡き後は、兄の*宗盛とともに一族の中心的存在となり、特に治承・寿永内乱期には追討軍の中核として活躍した。文治元年（一一八五）三月、*壇ノ浦《だんのうら》の戦いにおいて、*源義経《よしつね》率いる源氏の軍勢に敗れ、*安徳《あんとく》天皇や平氏一門とともに入水した。

［文献］安田元久『平家の群像』（塙書房、一九六七）。（齊藤保子）

平 重衡《たいらのしげひら》（一一五七—八五）平安時代末期の武将。*平清盛《きよもり》の五男。母は平時子《ときこ》。なお、生年については諸説ある。応保二年（一一六二）叙爵。尾張守、左馬頭、左近衛権中将、蔵人頭《くろうどのとう》などを歴任。寿永二年（一一八三）正三位となり「本三位中将《ほんさんみちゅうじょう》」と称される。治承四年（一一八〇）一二月、総大将として南都焼打ちを行い、養和元年（一一八一）三月、*墨俣川《すのまたがわ》の戦いで*源行家《ゆきいえ》軍を破った。しかし、寿永二年（一一八三）七月、一門とともに西走。翌年二月、*一ノ谷の戦いで源氏軍に敗れ、重衡は捕虜となった。身柄は伊豆・鎌倉に送られたあと、焼打ちに怨恨を抱く南都衆徒の要請で南都へ移され、文治元年（一一八五）六月、木津川において処刑された。優れた武将であり、和歌・琵琶・苗などの芸能面にも秀でていたと伝えられている。

［文献］安田元久『平家の群像』（塙書房、一九六七）。上横手雅敬『平家物語の虚構と真実』（講談社、一九七三）。（齊藤保子）

平 知度《たいらのとものり》（?—一一八三）平安時代末期の武将。父は*平清盛。従五位上、尾張守、三河守、淡路守などに補される。治承四年（一一八〇）九月、*源頼朝《よりとも》追討に際し、大将軍に任ぜられ軍勢を率いて東国に向かった。しかし、*富士川の戦いにおいて敗北を喫し、わずかな手勢とともに京へ退いた。養和元年（一一八一）三月、*墨俣《すのまた》川の戦いにおいて兄の*平重衡《しげひら》とともに*源行家《ゆきいえ》と対峙し、これに勝利した。寿永二年（一一八三）四月、今度は*源義仲《よしなか》追討のため北国に進軍したが、同年五月、*倶利加羅《くりから》峠の戦いで敗れ、自害した。

［文献］安田元久『平家の群像』（塙書房、一九六七）。（齊藤保子）

平 維盛《たいらのこれもり》（生没年未詳）平安時代末期の武将。*平重盛《しげもり》の嫡男。母は未詳。桜梅少将、小松中将と称される。仁安二年（一一六七）従五位下に叙され、嘉応二年（一一七〇）右近衛《うこのえ》権《ごんの》少将《しょうしょう》、承安二年（一一七二）中宮権亮《ちゅうぐうごんのすけ》に任ぜられる。平氏嫡流として、幼少時から一族の中で重用されたが、治承三年（一一七九）に父重盛が亡くなると、嫡流は*宗盛《むねもり》の系統に移ったため、維盛は一門の主流から外れることになる。治承四年（一一八〇）*源頼朝《よりとも》追討の総大将に任ぜられ東国に下向したが、*富士川の戦いで源氏軍と戦闘に及ぶことなく敗走し、清盛の怒りをかっている。翌養和元年（一一八一）*墨俣《すのまた》川の戦いでは*源行家《ゆきいえ》軍を撃破し、その勲功として蔵人頭、次いで従三位右近衛権中将に昇進し、公卿に列せられた。しかし、寿永二年（一一八三）五月、*源義仲《よしなか》の軍勢に*倶利加羅《くりから》峠の戦いで大敗し、同年七月、一門とともに*安徳《あんとく》天皇を奉じて西走した。元暦元年（一一八四）二月、*一の谷の戦いで平氏が敗れると、屋島から脱出し、一門から離れて別行動をとったとみられている。その後の消息については諸説あり、高野山において出家、法名を静円（一説に浄円）と称し、同年三月、熊野那智で入水したとも、源頼朝を頼るため東国に向かう途中に病没したともいわれているが、定かではない。

[文献]　安田元久『平家の群像』（塙書房、一九六七）。上横手雅敬『平家物語の虚構と真実』（講談社、一九七三）。（齊藤保子）

平経盛《たいらのつねもり》（一一二四—八五）　平安時代末期の武将。歌人。平忠盛の三男。母は源信雅《のぶまさ》女。異母兄に*清盛《きよもり》がいる。久安六年（一一五〇）従五位下となり、伊賀守、若狭守、左馬権頭、内蔵頭などを歴任。治承元年（一一七七）正三位、養和元年（一一八一）参議に昇進する。また、永く太皇太后藤原多子に近侍していた。元暦二年（一一八五）*壇ノ浦の戦いに敗れ、一族とともに入水している。優れた歌人としても知られ、閑院《かんいん》流の藤原実《さね》定《さだ》・*定家《さだいえ》、六条流の藤原清輔《きよすけ》などと交流があり、二条天皇内裏歌合をはじめとする多くの歌合に出詠している。家集に『経盛集』があり、『*新勅撰和歌集』などにも入集、『*千載和歌集』にも「よみ人知らず」として一首入集している。

[文献]　安田元久『平家の群像』（塙書房、一九六七）、井上宗雄『平安後期家人伝の研究』（笠間書院、一九七八）。（齊藤保子）

平教盛《たいらののりもり》（一一二八—八五）　平安時代末期の武将。父は平忠盛。母は太皇太后宮権大夫《たいこうたいごうぐうごんのたいふ》藤原家隆《ふじわらのいえたか》女。*清盛の異母弟。居宅の門脇《かどわき》邸に因み「門脇中納言」と称される。久安四年（一一四八）蔵人《くろうど》、従五位下に叙される。応保元年（一一六一）憲仁親王（後の*高倉天皇）立太子の計略に連座し、すべての官職を解却されるが、翌年許されて能登守、内蔵頭《くらのかみ》、東宮亮《とうぐうのすけ》を歴任した。仁安三年（一一六八）高倉天皇の即位により、蔵人頭《くろうどのとう》、参議、正三位となるが、その後長く昇進せず、養和元年（一一八一）ようやく権中納言となり、翌寿永元年従二位、同二年中納言に昇った。清盛没後は*宗盛《むねもり》を助け、主に京都の防衛を担当したが、寿永二年に一門とともに西走、文治元年（一一八五）三月、*壇ノ浦の戦いで*源義経《よしつね》軍に敗れ、一門とともに入水した。

[文献]　安田元久『平家の群像』（塙書房、一九六七）。（齊藤保子）

平頼盛《たいらのよりもり》（一一三一—八六）　平安時代末期の武将。父は平忠盛《ただもり》。母は修理大夫《しゅりのたいふ》藤原宗兼《ふじわらのむねかね》女（*池禅尼《いけのぜんに》）。*清盛《きよもり》の異母弟。第宅の池殿に因み「池大納言《いけのだいなごん》」と称される。久安三年（一一四七）従五位下となり、安芸守、三河守、大宰大弐《だざいだいに》、右兵衛佐《うひょうえのすけ》、内蔵頭《くらのかみ》などを歴任し、仁安元年（一一六六）従三位・参議、治承四年（一一八〇）正二位、寿永二年（一一八三）権大納言《ごんのだいなごん》に昇進する。同年七月の平氏西走には同道せず、途中で引き返し、*後白河《ごしらかわ》法皇を頼っている。また、平治の乱で池禅尼により助命された*源頼朝《よりとも》とも関係があり、寿永三年（一一八四）に平氏の所領が没官された際、頼盛の所領は安堵されている。翌年鎌倉に招かれ下向し、帰京後、権大納言に還任された。文治元年（一一八五）平氏滅亡後は病のため出家し、重蓮と号す。翌年六月に没した。

[文献]　安田元久『平家の群像』（塙書房、一九六七）、村井康彦『平家物語の世界』（徳間書店、一九七三）。（齊藤保子）

平忠度《たいらのただのり》（一一四四—八四）　平安時代末期の武将、歌人。父は平忠盛《ただもり》。母については、鳥羽院御所の女房や藤原為忠《ためただ》女など諸説あるが詳細は不明。平清盛の末弟。正四位下、左兵衛権佐《さひょうえのごんのすけ》、薩摩守《さつまのかみ》などに任ぜられる。治承・寿永の内乱期には平氏一門の中核として最前線で活躍し、*富士川の戦い、*墨俣《すのまた》川の戦いなどに大将軍として参戦。元暦元年（一一八四）*一の谷の合戦で敗退し、源氏方である猪俣党《いのまたとう》の岡部六弥太忠純《おかべろくやたただずみ》に討たれた。

歌人としても知られ、寿永二年（一一八三）平氏西走の際には、師事していた藤原俊成《としなり》に一巻の歌稿を託しており、後にこの中の一首が俊成によって『*千載和歌集』に「よみ人知らず」として入集している。このほか、『*新勅撰和歌集』『玉葉集』などにも入集している。

〔文献〕 安田元久『平家の群像』（塙書房、一九六七）。（齊藤保子）

平 敦盛《たいらのあつもり》（一一六九―八四） 平安時代末期の武将。父は*平経《つね》盛《もり》。従五位下の位にあったが、任官されていなかったため、無官大夫と呼ばれた。横笛の名手としても知られ、祖父の忠盛が鳥羽上皇から下賜された名笛「小枝」を、父の経盛から与えられていたという。元暦元年（一一八四）二月、*一の谷の戦いにおいて源氏方の*熊谷直実《くまがいなおざね》と戦い、討死した。『*平家物語』によれば、海上の船に逃れようとしていたところを直実に呼び戻され、一騎打ちに及んだが、これに敗れ直実に首をかかれたという。後に直実が出家したのは、このときの争いが原因であったとされている。なお、この悲話をもとに謡曲「敦盛」や幸若舞曲、浄瑠璃などがつくられている。

〔文献〕 安田元久『平家の群像』（塙書房、一九六七）。（齊藤保子）

平 通盛《たいらのみちもり》（?―一一八四） 平安時代末期の武将。*平教盛《のりもり》の嫡男。母は藤原資憲《ふじわらのすけのり》女。本名は公盛。同母弟に教経《のりつね》がいる。永暦元年（一一六〇）叙爵、蔵人に補され、永万元年（一一六五）従五位上、仁安元年（一一六九）左兵衛佐《さひょうえのすけ》、従四位下となる。その後も能登守、越前守などを歴任し、寿永二年（一一八三）従三位に昇ると、永く越前守の任にあったことから「越前三位」と称される。治承・寿永の内乱期においては、北陸道の追討を任されたが、寿永二年五月、*倶利加羅峠《くりからとうげ》の戦いで*源義仲《よしなか》の軍勢に惨敗した。同年七月、平氏一門とともに西走した後、元暦元年（一一八四）二月、一の谷の戦いで敗れ、源氏方の佐々木《ささき》俊綱《としつな》に討たれた。

〔文献〕 安田元久『平家の群像』（塙書房、一九六七）、村井康彦『平家物語の世界』（徳間書店、一九七三）。（齊藤保子）

平 時忠《たいらのときただ》（?―一一八九） 平安時代末期の公卿。桓武平氏高棟流。生年については、大治二年（一一二七）や同五年（一一三〇）など諸説ある。父は平時信《ときのぶ》。姉妹に、*清盛の嫡室となった時子や*後白河天皇の女御*建春門院滋子《けんしゅんもんいんしげこ》がいる。久安二年（一一四六）非蔵人《ひくろうど》となり、蔵人、左衛門尉《さえもんのじょう》などを経て、同五年（一一四九）従五位下に叙される。また、清盛とともに鳥羽院の院司も兼任した。保元・平治の乱により清盛の権威が強まると、保元二年（一一五七）兵部権大輔《ひょうぶごんのたいふ》となり、刑部大輔《ぎょうぶたいふ》、右衛門権佐《うえもんのごんのすけ》などを経て、応保元年（一一六一）正五位下に昇る。後白河天皇に滋子が入内して寵愛をうけると、それは時忠の昇進にも反映され、仁安二年（一一六七）従三位参議となり、同三年、正三位権中納言、承安四年（一一七四）従二位、治承三年（一一七九）正二位、寿永元年（一一八二）中納言となり、翌年権大納言に昇った。この間に、検非違使別当《けびいしべっとう》の宣旨を三度受け、京内の軍事・警察権を握っていたことは平氏政権の確立過程において注目すべき点であるといえよう。強力な権勢を背景に、応保元年（一一六一）滋子所生の憲仁《のりひと》親王（*高倉天皇）の立太子を謀り解官、翌年*二条天皇を呪詛した疑いで出雲国に配流されるなど、策略をめぐらすこともたびたびであった。「平関白」と称され、『*平家物語』によれば、「この一門にあらざらむ者は皆人非人たるべし」と言い放ったといわれている。寿永二年（一一八三）七月、平氏一門とともに西走、文治元年（一一八五）*壇ノ浦の戦いで捕虜となったが、堂上平家の出身であり、また神鏡の保全をはかった功を主張したことから、死罪を免れた。*源義経《よしつね》の女婿になるなどして京都に留まり続けたが、同年九月、頼朝によって強制的に能登に配流され、文治五年二月、配所で没した。

［文献］ 村井康彦『平家物語の世界』（徳間書店、一九七三）、角田文衛『平家後抄』（朝日新聞社、一九八一）。　（齊藤保子）

池禅尼《いけのぜんに》 （生没年未詳） 平安時代末期の女性。本名は藤原宗子。父は藤原宗兼《むねかね》。保安元年（一一二〇）七月に平忠盛《ただもり》の妻が死去、その後しばらくして忠盛の後妻となる。忠盛との間には、保安四年頃に家盛《いえもり》を、長承元年（一一三二）に*頼盛《よりもり》をもうけている。また保延六年（一一四〇）九月には崇徳《すとく》天皇の皇子重仁《しげひと》親王の乳母となっており、この頃にも出産をしていたとする説もある。仁平三年（一一五三）正月、夫忠盛が死去すると、親王の乳母であるにもかかわらず、即日出家して尼となった。出家後は六波羅第内の池殿に居住していたことから、「池の尼君」「池の禅尼」などと称された。保元元年（一一五六）の保元の乱の際には、自身はもともと崇徳上皇に近い立場であったにもかかわらず、上皇方の敗北を予見し、子息頼盛には異母兄の*清《きよ》盛《もり》がつき、ともに*後白河《ごしらかわ》天皇に味方するように諭している。

平治元年（一一五九）一二月の平治の乱で源義朝《よしとも》が清盛方に敗れ逃走し、翌年二月に義朝の子*頼朝《よりとも》が頼盛の郎党平宗清《むねきよ》に捕らえられた際には、先年亡くなった実子家盛と頼朝の姿が重なり、継子である清盛に頼朝助命を嘆願したことが*『平治物語』にみえる。このとき、頼朝の母方の縁者が池禅尼に手を回し頼朝助命を依頼したという説もある。またこのことから池禅尼は前妻の子である忠盛の嫡子清盛に対しても、継母として発言権を有していたことがわかる。ちなみに頼朝はその後伊豆国に配流されて現地の*北条時政《ときまさ》の監視下に置かれたが、時政の後妻*牧の方は池禅尼の姪にあたる人物である。

［文献］ 角田文衛「池禅尼」（『王朝の明暗』東京堂出版、一九七七）、杉橋隆夫「牧の方の出身と政治的位置—池禅尼と頼朝と—」（『古代・中世の政治と文化』思文閣出版、一九九四）。　（和氣俊行）

後白河法皇《ごしらかわほうおう》 （一一二七—九二） 第七七代天皇。在位一一五五—五八年。鳥羽天皇の第四皇子。母は待賢門院《たいけんもんいん》璋子《しょうし》。名は雅仁《まさひと》。*二条・*六条・*高倉・*安徳・*後鳥羽の五代三〇余年にわたって院政を行った。大治二年（一一二七）親王宣下。異母弟近衛《このえ》天皇の急逝に伴い、久寿二年（一一五五）七月、即位。しかし、この即位に不満を抱いた同母兄崇徳《すとく》上皇は、保元元年（一一五六）鳥羽《とば》法皇の崩御後、藤原頼長《よりなが》とともに保元の乱を起こした。乱に勝利した天皇は、側近の信西《しんぜい》を重用して権力の専制化を図り、保元三年（一一五八）二条天皇に譲位後も、院政をしいて専制強化に努めた。そのため、二条天皇周辺から反発が起こり、さらに*平清盛《きよもり》と源義朝《よしとも》の不和も加わって、平治元年（一一五九）平治の乱が勃発した。乱は清盛の軍勢により平定され、これを機に清盛の朝廷内における権勢が強まった。嘉応元年（一一六九）出家して法皇となる。法名行真。この前後の期間、法皇と清盛は良好な関係にあったが、清盛の権勢増大により徐々に両者は対立し、治承元年（一一七七）院近臣による平氏打倒の陰謀が露見（*鹿ケ谷《ししがたに》事件）、その後も敵対姿勢を崩さない法皇に対し、ついに治承三年（一一七九）十一月、清盛は院政を停止して、法皇を幽閉した*（治承三年のクーデター）。しかし、翌年平氏打倒を目指す*以仁王《もちひとおう》の挙兵や諸国源氏の武装蜂起が相次いだため、養和元年（一一八一）高倉上皇の崩御後、清盛から院政再開を請われ、再び院政を行った。寿永二年（一一八三）七月、平氏西走には同道せず、入洛した*源義仲《よしなか》に平氏追討を命じるが、皇位継承者の選出をめぐって対立すると、*頼朝《よりとも》に接近し、頼朝の代官として上洛した*義経《よしつね》に義仲を討たせ、文治元年（一一八五）壇ノ浦において平氏一門を滅亡させている。その後、頼朝と義経の対立が表面化すると、頼朝の台頭を抑えるため義経を擁護し、さらには義経の申請を受け頼朝追討宣旨を与えている。しかし、義経の凋落によって頼朝から追討宣旨の責を問われることになり、結果的に*守護・*地頭の設置を承認することとなった。建久三年三月、六条殿において崩御。陵は京都府京都市東山区の法住寺殿陵。法皇が院政をしいた三十余年間は、武門勢力の台頭が著しい激動期にあたり、清盛・義仲・頼朝らと、その時々の情勢に応じて対立・連携を繰り返し、公家政権の中心的人物として政局を維持・安定させたとみることができる。法皇は仏教への信仰が篤く、熊野御幸をはじめとして多くの社寺へ参詣している。また、芸能方面に明るく、とくに今様《いまよう》を好み、法皇自ら収集した今様を『*梁塵秘抄《りょうじんひしょう》』として編纂している。

[文献] 安田元久『後白河上皇』（吉川弘文館、一九八六）、古代学協会編『後白河院』（吉川弘文館、一九九三）、下郡剛『後白河院政の研究』（吉川弘文館、一九九九）。

（齊藤保子）

建春門院《けんしゅんもんいん》（一一四二―七六） *後白河天皇の女御、後に皇太后。*高倉《たかくら》天皇の生母。名は滋子《しげこ》。父は平時信《ときのぶ》。母は藤原顕頼《あきより》女裕子。異父姉に時子*（清盛室）がいる。上西門院の女房として出仕し、後白河上皇の寵を受け、応保元年（一一六一）九月、憲仁《のりひと》親王（高倉天皇）を生む。仁安元年（一一六六）一〇月、憲仁親王の立太子により従三位に叙され、翌年正月、女御に任ぜられる。同三年二月、憲仁親王が即位すると皇太后となり、天皇の母后として権勢を誇り、平氏一門に繁栄をもたらした。嘉応元年（一一六九）女院に列せられ、建春門院の院号を賜った。安元二年六月に落飾し、翌月病により最勝光院南御所で崩じた。

[文献] 古代学協会編『後白河院』（吉川弘文館、一九九三）。

（齊藤保子）

高倉上皇《たかくらじょうこう》（一一六一―八一） 第八〇代天皇。在位一一六八―八〇。名は憲仁《のりひと》。*後白河天皇の第七皇子。母は*建春門院《けんしゅんもんいん》平滋子《たいらのしげこ》。仁安元年（一一六六）十月、立太子。同三年二月、即位。平氏出身の生母をもち、中宮に*平清盛《きよもり》女の徳子を迎えるなど、平氏とは深い関係にあった。しかし、外戚の清盛と父後白河法皇との権力争いに挟まれ、その立場は傀儡的なものであったとされている。治承四年（一一八〇）二月、言仁《ことひと》親王*（安徳《あんとく》天皇）に譲位、上皇となる。異母兄*以仁王《もちひとおう》の挙兵、福原遷都など大事が続く中、二度にわたり厳島《いつくしま》神社への御幸を行っている。治承五年（一一八一）正月、病により京都*六波羅の平頼盛《よりもり》邸で崩御。ときに二一歳。御陵は、京都市東山区の後清閑寺陵。

[文献] 田中文英『平氏政権の研究』（思文閣出版、一九九四）。

（齊藤保子）

建礼門院《けんれいもんいん》（一一五五―？） *高倉《たかくら》天皇の中宮。名は徳子《とくこ》。父

中世の天皇一覧

代数	追号	諱	父	母	生誕	立太子	践祚	即位	譲位	出家	崩御	陵号
74	鳥羽	宗仁	堀河	藤原苡子	康和五(一一〇三)正・一六	康和五(一一〇三)八・一七	嘉承二(一一〇七)七・一九	嘉承二(一一〇七)一二・一	保安四(一一二三)正・二八	保延七(一一四一)三・一〇	保元元(一一五六)七・二	安楽寿院陵
75	崇徳	顕仁	鳥羽	藤原璋子	元永二(一一一九)五・二八	保安四(一一二三)正・二八	保安四(一一二三)正・二八	保安四(一一二三)二・一九	永治元(一一四一)一二・七	保元元(一一五六)七・一二	長寛二(一一六四)八・二六	白峯陵
76	近衛	体仁	鳥羽	藤原得子	保延五(一一三九)五・一八	保延五(一一三九)八・一七	永治元(一一四一)一二・七	康治元(一一四二)一一・一五			久寿二(一一五五)七・二三	安楽寿院南陵
77	後白河	雅仁	鳥羽	藤原璋子	大治二(一一二七)九・一一		久寿二(一一五五)七・二四	久寿二(一一五五)一〇・二六	保元三(一一五八)八・一一	嘉応元(一一六九)六・一七	建久三(一一九二)三・一三	法住寺陵
78	二条	守仁	後白河	藤原懿子	康治二(一一四三)六・一七	久寿二(一一五五)九・二三	保元三(一一五八)八・一一	保元三(一一五八)一二・二〇	永万元(一一六五)六・二五		永万元(一一六五)七・二八	香隆寺陵
79	六条	順仁	二条	伊岐氏女	長寛二(一一六四)一一・一四		永万元(一一六五)六・二五	永万元(一一六五)七・二七	仁安三(一一六八)二・一九		安元二(一一七六)七・一七	清閑寺陵
80	高倉	憲仁	後白河	平滋子	永暦二(一一六一)九・三	仁安元(一一六六)一〇・一〇	仁安三(一一六八)二・一九	仁安三(一一六八)三・二〇	治承四(一一八〇)二・二一		治承五(一一八一)正・一四	後清閑寺陵
81	安徳	言仁	高倉	平徳子	治承二(一一七八)一一・一二	治承二(一一七八)一二・一五	治承四(一一八〇)二・二一	治承四(一一八〇)四・二二			寿永四(一一八五)三・二四	阿弥陀寺陵
82	後鳥羽	尊成	高倉	藤原殖子	治承四(一一八〇)七・一四	寿永二(一一八三)八・二〇	寿永二(一一八三)八・二〇	元暦元(一一八四)七・二八	建久九(一一九八)正・一一	承久三(一二二一)七・八	延応元(一二三九)二・二二	大原陵
83	土御門	為仁	後鳥羽	源在子	建久六(一一九五)一一・一		建久九(一一九八)正・一一	建久九(一一九八)三・三	承元四(一二一〇)一一・二五	寛喜三(一二三一)一〇・六	寛喜三(一二三一)一〇・一一	金原陵
84	順徳	守成	後鳥羽	藤原重子	建久八(一一九七)九・一〇	正治二(一二〇〇)四・一五	承元四(一二一〇)一一・二五	承元四(一二一〇)一二・二八	承久三(一二二一)四・二〇		仁治三(一二四二)九・一二	大原陵
85	仲恭	懐成	順徳	藤原立子	建保六(一二一八)一〇・一〇	建保六(一二一八)一一・二六	承久三(一二二一)四・二〇		承久三(一二二一)七・九		天福二(一二三四)五・二〇	九条陵
86	後堀河	茂仁	後高倉院	藤原陳子	建暦二(一二一二)二・一八		承久三(一二二一)七・九	承久三(一二二一)一二・一	貞永元(一二三二)一〇・四		天福二(一二三四)八・六	観音寺陵
87	四条	秀仁	後堀河	藤原竴子	寛喜三(一二三一)二・一二	寛喜三(一二三一)一〇・二八	貞永元(一二三二)一〇・四	貞永元(一二三二)一二・五			仁治三(一二四二)正・九	月輪陵
88	後嵯峨	邦仁	土御門	源通子	承久二(一二二〇)二・二六		仁治三(一二四二)正・二〇	仁治三(一二四二)三・一八	寛元四(一二四六)正・二九	文永五(一二六八)一〇・五	文永九(一二七二)二・一七	嵯峨南陵
89	後深草	久仁	後嵯峨	藤原姞子	寛元元(一二四三)六・一〇	寛元元(一二四三)八・一〇	寛元四(一二四六)正・二九	寛元四(一二四六)三・一一	正元元(一二五九)一一・二六	正応三(一二九〇)二・一一	嘉元二(一三〇四)七・一六	深草北陵
90	亀山	恒仁	後嵯峨	藤原姞子	建長元(一二四九)五・二七	正嘉二(一二五八)八・七	正元元(一二五九)一一・二六	正元元(一二五九)一二・二八	文永一一(一二七四)正・二六	正応二(一二八九)九・七	嘉元三(一三〇五)九・一五	亀山陵
91	後宇多	世仁	亀山	藤原佶子	文永四(一二六七)一二・一	文永五(一二六八)八・二五	文永一一(一二七四)正・二六	文永一一(一二七四)三・二六	弘安一〇(一二八七)一〇・二一	徳治二(一三〇七)七・二六	元亨四(一三二四)六・二五	蓮華峯寺陵
92	伏見	熙仁	後深草	藤原愔子	文永二(一二六五)四・二三	建治元(一二七五)一一・五	弘安一〇(一二八七)一〇・二一	弘安一一(一二八八)三・一五	永仁六(一二九八)七・二二	正和二(一三一三)一〇・一七	文保元(一三一七)九・三	深草北陵
93	後伏見	胤仁	伏見	藤原経子	弘安一一(一二八八)三・三	正応二(一二八九)四・二五	永仁六(一二九八)七・二二	永仁六(一二九八)一〇・一三	正安三(一三〇一)正・二一	元弘三(一三三三)六・二六	延元元(一三三六)四・六	深草北陵
94	後二条	邦治	後宇多	源基子	弘安八(一二八五)二・二	永仁六(一二九八)八・一〇	正安三(一三〇一)正・二一	正安三(一三〇一)三・二四			徳治三(一三〇八)八・二五	北白河陵
95	花園	富仁	伏見	藤原季子	永仁五(一二九七)七・二五	正安三(一三〇一)八・二四	徳治三(一三〇八)八・二六	延慶元(一三〇八)一一・一六	文保二(一三一八)二・二六	建武二(一三三五)一一・二二	正平三(一三四八)一一・一一	十楽院上陵
96	後醍醐	尊治	後宇多	藤原忠子	正応元(一二八八)一一・二	徳治三(一三〇八)九・一九	文保二(一三一八)二・二六	文保二(一三一八)三・二九	延元四(一三三九)八・一五		延元四(一三三九)八・一六	塔尾陵
97	後村上	義良	後醍醐	藤原廉子	嘉暦三(一三二八)	延元四(一三三九)八・一五	延元四(一三三九)八・一五				正平二三(一三六八)三・一一	檜尾陵
98	長慶	寛成	後村上	藤原勝子	興国四(一三四三)		正平二三(一三六八)三		弘和三(一三八三)一〇以降		応永元(一三九四)八・一	嵯峨東陵
99	後亀山	熙成	後村上	藤原勝子		正平二三(一三六八)	弘和三(一三八三)		元中九(一三九二)閏一〇・五		応永三一(一四二四)四・一二	嵯峨小倉陵
北朝1	光厳	量仁	後伏見	藤原寧子	正和二(一三一三)七・九	嘉暦元(一三二六)七・二四	元弘元(一三三一)九・二〇	元弘二(一三三二)三・二二	正慶二(一三三三)五・二五	観応三(一三五二)八・八	貞治三(一三六四)七・七	山国陵
北朝2	光明	豊仁	後伏見	藤原寧子	元亨元(一三二一)一二・二三		建武三(一三三六)八・一五	建武四(一三三七)一二・二八	貞和四(一三四八)一〇・二七	観応二(一三五一)一二・二八	康暦二(一三八〇)六・二四	大光明寺陵
北朝3	崇光	興仁	光厳	藤原秀子	建武元(一三三四)四・二二	建武五(一三三八)八・一三	貞和四(一三四八)一〇・二七	貞和五(一三四九)一二・二六	観応二(一三五一)一一・七	明徳三(一三九二)一一・三〇	応永五(一三九八)正・一三	大光明寺陵
北朝4	後光厳	弥仁	光厳	藤原秀子	建武五(一三三八)三・二		観応三(一三五二)八・一七	文和二(一三五三)一二・二七	応安四(一三七一)三・二三		応安七(一三七四)正・二九	深草北陵
北朝5	後円融	緒仁	後光厳	紀仲子	延文三(一三五八)一二・一二		応安四(一三七一)三・二三	応安七(一三七四)一二・二八	永徳二(一三八二)四・一一		明徳四(一三九三)四・二六	深草北陵

100	後小松	幹仁	後円融	藤原厳子	永和三(一三七七)六・一七		永徳二(一三八二)四・一一	永徳二(一三八二)一二・二八	応永一九(一四一二)八・二九	永享三(一四三一)三・二四	永享五(一四三三)一〇・二〇	深草北陵
101	称光	実仁	後小松	藤原資子	応永八(一四〇一)三・二九		応永一九(一四一二)八・二九	応永二一(一四一四)一二・一九			正長元(一四二八)七・二〇	深草北陵
102	後花園	彦仁	後崇光院	源　幸子	応永二六(一四一九)六・一七		正長元(一四二八)七・二八	永享元(一四二九)一二・二七	寛正五(一四六四)七・一九	応仁元(一四六七)九・二〇	文明二(一四七〇)一二・二七	後山国陵
103	後土御門	成仁	後花園	藤原信子	嘉吉二(一四四二)五・二五		寛正五(一四六四)七・一九	寛正六(一四六五)一二・二七			明応九(一五〇〇)九・二八	深草北陵
104	後柏原	勝仁	後土御門	源　朝子	寛正五(一四六四)一〇・二〇		明応九(一五〇〇)一〇・二五	永正一八(一五二一)三・二二			大永六(一五二六)四・七	深草北陵
105	後奈良	知仁	後柏原	藤原藤子	明応五(一四九六)一二・二三		大永六(一五二六)四・二九	天文五(一五三六)二・二六			弘治三(一五五七)九・五	深草北陵
106	正親町	方仁	後奈良	藤原栄子	永正一四(一五一七)五・二九		弘治三(一五五七)一〇・二七	永禄三(一五六〇)正・二七	天正一四(一五八六)一一・七		文禄二(一五九三)正・五	深草北陵
107	後陽成	周仁	誠仁親王	藤原晴子	元亀二(一五七一)一二・一五		天正一四(一五八六)一一・七	天正一四(一五八六)一一・二五	慶長一六(一六一一)三・二七		元和三(一六一七)八・二六	深草北陵

*は平清盛《きよもり》。母は平時信《ときのぶ》の女時子《ときこ》。同母兄弟に*宗盛《むねもり》、*知盛《とももり》、*重衡《しげひら》がいる。生年については、保元二年（一一五七）とする説もある。承安元年（一一七一）一二月、後白河法皇の猶子として高倉天皇に入内、女御の宣旨を受け、翌年二月、中宮に立てられた。治承二年（一一七八）一一月、清盛の*六波羅邸において皇子を出産し、誕生の一*月後に親王宣下、名は言仁《ことひと》とされ、次いで立太子が行われた。なお、出産時の様子については『山槐《さんかい》記《き》』に詳しい。治承四年（一一八〇）二月、父高倉天皇の譲りをうけ言仁《ことひと》親王（*安徳《あんとく》天皇）が即位したことにより、清盛は外祖父の地位を得て、政権を掌握するに至った。養和元年（一一八一）正月に高倉上皇が崩じると、同年一一月、建礼門院の院号宣下をうける。寿永二年（一一八三）七月、平氏一門ともに西走し、文治元年（一一八五）三月、*壇ノ浦《だんのうら》の戦いで*源義経《よしつね》率いる源氏の軍勢に敗れると、安徳天皇とともに入水したが救出され、同年四月に帰京した。翌月、本成坊を戒師として出家し、洛北大原にある寂光院《じゃくこういん》を閑居とした。翌年、女院のもとに後白河法皇の御幸があり、その様子については*『平家物語』灌頂巻や『閑居友』に詳しい。その後、女院は法勝寺周辺に居を移したとみられている。建保元年（一二一三）または貞応二年（一二二三）に崩じたとされるが、諸説ある。御陵は、京都市左京区の大原西陵。

［文献］ 上横手雅敬『平家物語の虚構と真実』（講談社、一九七三）、角田文衞『平家後抄』（朝日新聞社、一九八一）。 （齊藤保子）

安徳天皇《あんとくてんのう》（一一七八—八五） 第八一代天皇。在位一一八〇—八五。名は言仁《ことひと》。高倉天皇の第一皇子。母は*平清盛《きよもり》の女*建礼《けんれい》門院徳子《もんいんとくこ》。治承二年（一一七八）一二月、降誕の一ケ月後に親王宣下および立太子、同四年（一一八〇）二月、わずか三歳で即位。この即位により、外祖父となった清盛の権勢は拡大したが、その一方で、諸国における平氏打倒の動きはさらに活発となった。清盛の病没後、平氏一門の統制は崩れ、寿永二年（一一八三）七月、天皇は一門に奉じられ都落ちした。*後白河《ごしらかわ》法皇の院宣により、ただちに異母弟*後鳥羽《ごとば》天皇が即位、二帝並立の異常事態となった。文治元年（一一八五）三月、壇ノ浦において入水。ときに八歳。崩御の二年後に、諡号「安徳」が与えられた。御陵は、山口県下関市にある阿弥陀陵。

［文献］ 上横手雅敬『平家物語の虚構と真実』（講談社、一九七三）。 （齊藤保子）

藤原成親《ふじわらのなりちか》（一一三八—七七） 平安時代末期の公卿。*後白河

中世の女院一覧

女院号	名	父	母	宣下時の身位	宣下の年時	崩御の年時
郁芳門院	媞子内親王	白河天皇	藤原賢子	皇后(中宮)	寛治七(一〇九三)正・一九	永長元(一〇九六)八・七
待賢門院	藤原璋子	藤原公実	藤原光子	皇后(中宮)	天治元(一一二四)一一・二四	久安元(一一四五)八・二二
高陽院	藤原泰子	藤原忠実	源　師子	皇后	保延五(一一三九)七・二八	久寿二(一一五五)一二・一六
美福門院	藤原得子	藤原長実	源　方子	皇后	久安五(一一四九)八・三	永暦元(一一六〇)一一・二三
皇嘉門院	藤原聖子	藤原忠通	藤原宗子	皇太后	久安六(一一五〇)二・二七	養和元(一一八一)一二・四
上西門院	統子内親王	鳥羽天皇	藤原璋子	皇后	平治元(一一五九)二・十三	文治五(一一八九)七・二〇
八条院	暲子内親王	鳥羽天皇	藤原得子	准三宮	応保元(一一六一)一二・一六	建暦元(一二一一)六・二六
高松院	姝子内親王	鳥羽天皇	藤原得子	皇后(中宮)	応保二(一一六二)二・五	安元二(一一七六)六・一三
九条院	藤原呈子	(実父)藤原伊通 (養父)藤原忠通	藤原顕隆女	皇太后	仁安三(一一六八)三・一四	安元二(一一七六)九・一九
建春門院	平　滋子	平　時信	藤原祐子	皇太后	嘉応元(一一六九)四・一二	安元二(一一七六)七・八
建礼門院	平　徳子	平　清盛	平　時子	皇后(中宮)	養和元(一一八一)一一・二五	建保元(一二一三)一二・一三
殷富門院	亮子内親王	後白河天皇	藤原成子	皇后	文治三(一一八七)六・二八	建保四(一二一六)四・二
七条院	藤原殖子	藤原(坊門)信隆	藤原休子	准三宮	建久元(一一九〇)四・二二	安貞二(一二二八)九・一六
宣陽門院	覲子内親王	後白河天皇	高階栄子	准三宮	建久二(一一九一)六・一六	建長四(一二五二)六・八
宜秋門院	藤原任子	藤原(九条)兼実	藤原兼子	皇后(中宮)	正治二(一二〇〇)六・二八	暦仁元(一二三八)一二・二八
承明門院	源　在子	(実父)法勝寺執行能円 (養父)源(土御門)通親	藤原範子	准三宮	建仁二(一二〇二)正・一五	正嘉元(一二五七)七・五
坊門院	範子内親王	高倉天皇	藤原成範女	皇后	建永元(一二〇六)九・二	承元四(一二一〇)四・一二
修明門院	藤原重子	藤原(高倉)範季	平　教子	准三宮	承元元(一二〇七)六・七	文永元(一二六四)八・二九
春華門院	昇子内親王	後鳥羽天皇	藤原任子	皇后	承元三(一二〇九)四・二五	建暦元(一二一一)一一・八
陰明門院	藤原麗子	藤原(大炊御門)頼実	藤原隆子	皇后(中宮)	承元四(一二一〇)三・一九	寛元元(一二四三)九・一八
嘉陽門院	礼子内親王	後鳥羽天皇	藤原(坊門)信清女	准三宮	建保二(一二一四)六・一〇	文永一〇(一二七三)八・二
東一条院	藤原立子	藤原(九条)良経	藤原(一条)能保女	皇后(中宮)	貞応元(一二二二)三・二五	宝治元(一二四七)一二・二一
北白河院	藤原陳子	藤原(持明院)基家	平　頼盛女	准三宮	貞応元(一二二二)七・一一	暦仁元(一二三八)一〇・三
安嘉門院	邦子内親王	後高倉院	藤原陳子	皇后	元仁元(一二二四)八・四	弘安六(一二八三)九・四
安喜門院	藤原有子	藤原(三条)公房	藤原修子	皇后	安貞元(一二二七)二・二〇	弘安九(一二八六)二・六
鷹司院	藤原長子	藤原(近衛)家実	藤原孝信女	皇后(中宮)	寛喜元(一二二九)四・一八	文永一二(一二七五)二・一一
藻璧門院	藤原竴子	藤原(九条)道家	藤原(西園寺)掄子	皇后(中宮)	天福元(一二三三)四・三	天福元(一二三三)九・一八
明義門院	諦子内親王	順徳天皇	藤原立子	准三宮	嘉禎二(一二三六)一二・二一	寛元元(一二四三)三・二九
式乾門院	利子内親王	御高倉院	藤原陳子	皇后	延応元(一二三九)一一・一二	建長三(一二五一)正・二

宣仁門院	藤原彦子	藤原(九条)教実	藤原嘉子	准三宮	寛元元(一二四三)二・二三	弘長二(一二六二)正・五
正親町院	覚子内親王	土御門天皇	源　通子	准三宮	寛元元(一二四三)六・二六	弘安八(一二八五)八・二三
室町院	暉子内親王	後堀河天皇	藤原家行女	准三宮	寛元元(一二四三)一二・一四	正安二(一三〇〇)五・三
大宮院	藤原姞子	藤原(西園寺)実氏	藤原(四条)貞子	皇后(中宮)	宝治二(一二四八)六・一八	正応五(一二九二)九・九
仙華門院	曦子内親王	土御門天皇	源　有雅女	皇后	建長三(一二五一)三・二七	弘長二(一二六二)八・二一
永安門院	穠子内親王	順徳天皇	藤原(坊門)信清女	准三宮	建長三(一二五一)一一・一三	弘安二(一二七九)一一・二一
神仙門院	體子内親王	後堀河天皇	藤原家行女	准三宮	康元元(一二五六)二・七	正安三(一三〇一)一二・一七
東二条院	藤原公子	藤原(西園寺)実氏	藤原(四条)貞子	皇后(中宮)	正元元(一二五九)一二・一九	嘉元二(一三〇四)正・二一
和徳門院	義子内親王	仲恭天皇	法院性慶女	准三宮	弘長元(一二六一)三・一八	正応二(一二八九)一二・七
月華門院	綜子内親王	後嵯峨天皇	藤原姞子	准三宮	弘長三(一二六三)七・二七	文永六(一二六九)三・一
今出河院	藤原嬉子	藤原(西園寺)公相	藤原師朝女	皇后(中宮)	文永五(一二六八)一二・六	文保二(一三一八)四・二五
京極院	藤原佶子	藤原(洞院)実雄	藤原栄子	皇后(中宮)	文永九(一二七二)八・九	文永九(一二七二)八・九
新陽明門院	藤原位子	藤原(近衛)基平	源　宣通女	准三宮	建治元(一二七五)三・二八	永仁四(一二九六)正・二二
延政門院	悦子内親王	後嵯峨天皇	藤原公子	准三宮	弘安七(一二八四)二・二八	元弘二(一三三二)二・一〇
玄輝門院	藤原愔子	藤原(洞院)実雄	藤原(四条)藏子	准三宮	正応元(一二八八)一二・一六	元徳元(一三二九)八・三〇
五条院	懌子内親王	後嵯峨天皇	藤原博子	准三宮	正応二(一二八九)一二・一〇	永仁二(一二九四)一一・二五
遊義門院	姈子内親王	後深草天皇	藤原公子	皇后	正応四(一二九一)八・一二	徳治二(一三〇七)七・二四
永陽門院	久子内親王	後深草天皇	藤原愔子	准三宮	永仁二(一二九四)二・七	貞和二(一三四六)四・二五
昭憲門院	憙子内親王	亀山天皇	藤原雅子	准三宮	永仁四(一二九六)八・一一	正中元(一三二四)三・一二
永福門院	藤原鏱子	藤原(西園寺)実兼	源(中院)顕子	皇后(中宮)	永仁六(一二九八)八・二一	康永元(一三四二)五・七
昭訓門院	藤原瑛子	藤原(西園寺)実兼	源(中院)顕子	准三宮	正安三(一三〇一)三・一九	延元元(一三三六)六・二六
永嘉門院	端子女王	宗尊親王		准三宮	乾元元(一三〇二)正・二〇	元徳元(一三二九)八・二九
陽徳門院	瑛子内親王	後深草天皇	藤原相子	准三宮	乾元元(一三〇二)三・一五	正平七(一三五二)八・一一
章義門院	誉子内親王	伏見天皇	藤原英子	准三宮	徳治二(一三〇七)六・二二	延元元(一三三六)一〇・一〇
西華門院	源　基子	源(堀川)具守	平　親継女	准三宮	延慶元(一三〇八)一二・二	正平一〇(一三五五)八・二六
広義門院	藤原寧子	藤原(西園寺)公衡	藤原兼子	准三宮	延慶二(一三〇九)正・一三	延文二(一三五七)閏七・二二
章善門院	永子内親王	後深草天皇	藤原房子	准三宮	延慶二(一三〇九)二・三	延元三(一三三八)三
朔平門院	璹子内親王	伏見天皇	藤原季子	准三宮	延慶二(一三〇九)六・二七	延慶三(一三一〇)一〇・八
長楽門院	藤原忻子	藤原(徳大寺)公孝	藤原(三条)喜子	皇后(中宮)	延慶三(一三一〇)一二・一九	文和元(一三五二)二・一
延明門院	延子内親王	伏見天皇	藤原季子	准三宮	正和四(一三一五)二・二四	
談天門院	藤原忠子	藤原(五辻)忠継	平　高輔女	准三宮	文保二(一三一八)四・一二	元応元(一三一九)一一・一五
達智門院	奘子内親王	後宇多天皇	藤原忠子	皇后	元応元(一三一九)一一・一五	正平三(一三四八)一一・二

万秋門院	藤原頊子	藤原(一条)実経	平　成俊女	准三宮	元応二(一三二〇)二・二六	延元三(一三三八)三・二六
寿成門院	媖子内親王	後二条天皇	平　棟俊女	准三宮	元応二(一三二〇)八・一三	正平一七(一三六二)五・二〇
顕親門院	藤原季子	藤原(洞院)実雄	賀茂能直女	准三宮	嘉暦元(一三二六)二・七	延元元(一三三六)二・一三
崇明門院	禖子内親王	後宇多天皇	掄子女王	准三宮	元弘元(一三三一)一〇・二五	
礼成門院	藤原禧子	藤原(西園寺)実兼	藤原孝子	皇太后(皇后)	元弘二(一三三二)五・二〇	元弘三(一三三三)一〇・一二
(後京極院)						
宣政門院	懽子内親王	後醍醐天皇	藤原禧子	准三宮	建武二(一三三五)二・二	正平一七(一三六二)五
章徳門院	璜子内親王	後伏見天皇	藤原守子	准三宮	延元元(一三三六)四・二	
新室町院	珣子内親王	後伏見天皇	藤原(西園寺)寧子	皇后(中宮)	延元二(一三三七)正・一六	延元二(一三三七)五・一二
徽安門院	寿子内親王	花園天皇	藤原実子	准三宮	延元二(一三三七)二・七	正平一三(一三五八)四・二
宣光門院	藤原実子	藤原(正親町)実明	藤原(三条)公実女	准三宮	延元三(一三三八)四・二八	正平一三(一三五八)九・五
新待賢門院	藤原廉子	藤原(阿野)公廉		皇太后	正平六(一三五一)一二・一八	正平一四(一三五九)四・二九
陽禄門院	藤原秀子	藤原(正親町)公秀		准三宮	正平七(一三五二)一〇・二九	正平七(一三五二)一一・二八
嘉喜門院	藤原勝子	(藤原氏)		(女御)		
新宣陽門院	(一品宮)	後村上天皇	源(北畠)顕子	(内親王)	天授四(一三七七)二	元中八(一三九一)六
崇賢門院	紀　仲子	紀　兼綱		准三宮	弘和三(一三八三)四・二五	応永三四(一四二七)五・二〇
通陽門院	藤原厳子	藤原(三条)公忠		准三宮	応永三(一三九六)七・二四	応永一三(一四〇六)一二・二七
北山院	藤原康子	藤原(日野)資康		准三宮	応永一四(一四〇七)三・五	応永二六(一四一九)一一・一一
光範門院	藤原資子	藤原(日野西)資国		准三宮	応永三二(一四二五)七・二九	永享一二(一四四〇)九・八
敷政門院	源　幸子	源(庭田)経有	藤原(飛鳥井)雅冬女	准三宮	文安五(一四四八)三・四	文安五(一四四八)四・一三
嘉楽門院	藤原信子	藤原孝長		准三宮	文明一三(一四八一)七・二六	長享二(一四八八)四・二八
豊楽門院	藤原藤子	藤原(勧修寺)教秀	藤原(飛鳥井)雅永女	准三宮	天文四(一五三五)正・一二	天文四(一五三五)正・一二
吉徳門院	藤原栄子	藤原(万里小路)賢房		准三宮		大永二(一五二二)一〇・一〇
新上東門院	藤原晴子	藤原(勧修寺)晴右	粟屋元子	准三宮	慶長五(一六〇〇)一二・二九	元和六(一六二〇)二・一八
中和門院	藤原前子	藤原(近衛)前久		准三宮	元和六(一六二〇)六・二	寛永七(一六三〇)七・三

法皇の近臣。父は藤原家成《いえなり》。母は藤原経忠女。康治元年（一一四二）五歳で叙爵。越後守、侍従、右近衛中将などを歴任し、平治の乱では藤原信頼《のぶより》側のため解官されるも、平重盛《しげもり》の女婿により死罪は免れ、応保元年（一一六一）右中将に還任された。しかし、同年九月憲仁《のりひと》親王（後の*高倉天皇）立太子を企て、再び解官される。翌年許され、仁安元年（一一六八）左中将に還任、同年参議、正三位となり、安元元年（一一七五）権大納言に昇る。治承元年（一一七七）六月、*西光《さいこう》・*俊寛《しゅんかん》らと企てた平氏追討の計略が発覚し、成親は捕縛後、備前《びぜん》国に配流され、同地（一説に難波）で殺害された（*鹿ケ谷《ししがたに》事件）。

［文献］上横手雅敬『平家物語の虚構と真実』（講談社、一九七三）。

（齊藤保子）

西光《さいこう》（?—一一七七）*後白河《ごしらかわ》法皇の近臣。俗名は藤原師《もろ》光《みつ》。鳥羽上皇の近臣藤原家成《いえなり》の養子。信西《しんぜい》（藤原道憲《みちのり》）の乳母子。子に師高《もろたか》・師経《もろつね》がいる。信西により左衛門尉《さえもんのじょう》に任ぜられるが、平治の乱で信西が殺害されたことを機に出家、西光と称した。のちに後白河法皇に近侍し、第一の近臣と称された。治承元年（一一七七）子の師高・師経が延暦寺末寺加賀白山の衆徒と争い、延暦寺衆徒の強訴により師高が尾張に配流されると、後白河法皇に奏して天台座主*明雲《みょううん》を伊豆に配流しようとした。また同年六月、*藤原成親《なりちか》・*俊寛《しゅんかん》らと進めていた平氏追討の陰謀が露見し、首謀者である西光は捕縛・斬首された（*鹿ケ谷事件）。

［文献］安田元久『後白河上皇』（吉川弘文館、一九八六）。（齊藤保子）

俊寛《しゅんかん》（生没年未詳）平安時代末期の僧。*後白河《ごしらかわ》法皇の近臣。祖父は村上源氏の源雅俊《まさとし》、父は法勝寺上座・法印権大僧都寛雅。法勝寺執行、法印権大僧都などを勤めた。同じ院近臣である*藤原成親《なりちか》・*西光《さいこう》らとともに、京都東山鹿ケ谷の山荘において平氏追討の計略を謀ったが、治承元年（一一七七）六月に事が露見し、藤原成経《なりつね》・平康頼《やすより》とともに薩摩国鬼界《きかい》ケ島（硫黄島）に流された。翌年、*高倉天皇の中宮徳子（*平清盛女）が懐妊し、その安産を祈願するため大赦が行われたが、俊寛だけは許されず同島で没した。没年については、*『平家物語』では、治承三年（一一七九）とする。

［文献］上横手雅敬『平家物語の虚構と真実』（講談社、一九七三）。（齊藤保子）

源行綱《みなもとのゆきつな》（生没年未詳）平安時代末期の武将。清和源氏。父は源頼盛《よりもり》。多田《ただ》太郎、多田蔵人、六条蔵人と称す。*後白河法皇の近臣である*藤原成親《なりちか》・*西光《さいこう》らを中心とする平氏追討の陰謀に加担するが、治承元年（一一七七）五月、そのことを*平清盛に密告し、翌月安芸国へ配流された。その後許され、本拠地である摂津国多田（兵庫県川西市）に戻り平氏側の立場をとったが、寿永二年（一一八三）頃から源氏側につき、同年入洛した*源義仲《よしなか》に従うも、*後白河法皇と義仲が対立すると法皇に接近した。翌元暦元年に*源範頼《のりより》・*義経《よしつね》が入洛するとこれに服し、同年二月、*一の谷の戦いに参戦して平氏軍を攻撃した。一時、義経と懇意になるも、文治元年（一一八五）義経が*頼朝《よりとも》に追われたため頼朝側に寄り、同年十一月、義経一行を追撃するなどしている。その後の行動や没年は明らかでない。

［文献］元木泰雄「摂津源氏一門」（『史林』六七—六、一九八四）。（齊藤保子）

明雲《みょううん》（一一一五—八三）平安時代末期の僧。慈雲坊と号す。村上源氏の久我顕通《こがあきみち》の二男。権小僧都《ごんのしょうそうず》、法印などを経て、仁安二年（一一六七）比叡山延暦寺《ひえいざんえんりゃくじ》の第五五代天台座主《てんだいざす》となる。*後白河《ごしらかわ》法皇と*平清盛《きよもり》の対立が深まる中、親平氏の立場をとっていた。治承元年（一一七七）加賀守藤原師高《もろたか》・同目代師経《もくだいもろつね》兄弟と延暦寺末寺加賀白山の衆徒が争いを起こし、衆徒が兄弟の処分を求めて強訴した事件では、院近臣の*西光《さいこう》の訴えにより事件の責任を問われ、伊豆に配流となったが、その途中延暦寺衆徒に奪還されている。同年六月*鹿ケ谷事件により西光らが処分されたため、明雲は許され、治承三年（一一七九）清盛のクーデターにより天台座主に再任（第五七代）された。寿永二年（一一八三）法皇の御所法住寺殿に参籠中、*源義仲《よしなか》の襲撃に遭い、流れ矢を受け入滅した。
［文献］　辻善之助『日本仏教史　上世編』（岩波書店、一九六〇）。
（齊藤保子）

藤原能盛《ふじわらのよしもり》（生没年未詳）　平安時代末期の下級貴族。父は藤原盛景《もりかげ》。または、祖父盛重の猶子である成景が実夫で、盛景の猶子になったという説もある。祖父や父と同様に北面《ほくめん》の武士となり、*後白河《ごしらかわ》法皇の北面下臈として活動したが、*平清盛《きよもり》の政所別当なども勤仕していたため平氏とも関係があった。壱岐・安芸・出雲などの国守を歴任し、仁安四年（一一六九）検非違使《けびいし》に任ぜられる。治承元年（一一七七）周防守となるが、この頃には院近臣としての活動が盛んとなっていたことから、同三年（一一七九）*平清盛のクーデターで解官される。のちに出家し、法名は能蓮、周防入道と称した。法皇の御幸に従うことが多く、院領の一部を与えられるなど厚く信頼されていた。
［文献］　米谷豊之介「後白河法皇北面下臈」（『大阪城南女子短期大学研究紀要』一一、一九七六）、正木喜三郎「藤原能盛考」（『九州中世史料研究』九、一九七八）。
（齊藤保子）

藤原季能《ふじわらのすえよし》（一一五三—一二一一）　平安時代末—鎌倉時代初期の公卿、歌人。父は藤原俊盛《としもり》。母は藤原雅兼女。保元三年（一一五八）十二月、従五位下に叙される。越前・丹後・讃岐・遠江・周防などの国守を歴任し、左兵衛佐・内蔵頭の兼任を経て、寿永二年（一一八三）従三位（非参議）に昇る。建久四年（一一九三）正三位となり、同九年（一一九八）大宰大弐、正治二年（一二〇〇）太皇太后宮大夫、承元元年（一二〇七）兵部卿に任ぜられる。翌年出家し、建暦元年（一二一一）六月に薨じた。歌を能くし、承安三年（一一七三）の平経正家歌合をはじめとするさまざまな歌合に出詠し、また、自邸においても歌合を催した。*『千載和歌集』などの勅撰集に七首入集している。
［文献］　萩谷　朴『平安朝歌合大成８』（同朋舎、一九七九）。
（齊藤保子）

中山忠親《なかやまただちか》（一一三一—九五）　平安時代末—鎌倉時代初期の公卿。父は藤原（花山院）忠宗《ただむね》。母は藤原家保《いえやす》女。中山家の祖。中山内大臣、堀河と称す。保延六年（一一四〇）従五位下に叙され、蔵人、近衛少・中将、蔵人頭《くろうどのとう》などを歴任し、長寛二年（一一六四）参議、仁安二年（一一六七）従三位権中納言、寿永二年（一一八三）正二位権大納言に昇る。中宮権大夫として平徳子に、皇太子時代の*安徳《あんとく》天皇に東宮大夫として近侍していた関係から平氏一門と親しかった。また、後白河院庁別当も勤めていた。文治元年（一一八五）*源頼朝《よりとも》に推され議奏公卿となり、建久二年（一一九一）内大臣に昇る。同五年に出家、法名は静和。翌年、薨去。その日記は『山槐記《さんかいき》』といわれ、源平内乱期における重要史料の一つとされている。有職故実に精通し、それに関する往来物『貴嶺問答』を著している。
［文献］　多賀宗隼『論集中世文化史』（法蔵館、一九八五）。
（齊藤保子）

〔平泉政権〕

平泉政権《ひらいずみせいけん》　平安時代末期、約一〇〇年にわたって奥州一帯を統治した藤原氏による政権のこと。陸奥国平泉（岩手県西磐井郡平泉町）は、古来から要害地として知られた軍事的要所である。後三年の役で勝利した藤原清衡《きよひら》は、嘉保年間（一〇九四—九六）か康和年間（一〇九九—一一〇四）に江刺《えさし》郡豊田館（岩手県江刺市餅田）から平泉に移り、ここを奥州支配の本拠地とした。陸奥・出羽地方は、当時貴重とされた馬と金の国内屈指の名産地として知られ、清衡は朝廷からの課役を拒む一方、これらの名産を貢進することで摂関家以下中央政界における有力者との融和関係を保つことに努めた。清衡は、朝廷からの干渉をほとんど受けることなく、奥州一帯に独自の支配的地位を築くことに成功し、それはそのまま二代目の基衡《もとひら》に受け継がれた。父と同様、基衡も豊富な財力を背景に朝廷との関係を優位に保持しながら、奥州支配をさらに強固なものとした。三代*秀衡《ひでひら》のときに藤原氏は全盛期を迎える。秀衡は、朝廷から鎮守府将軍および陸奥守に任ぜられ、名実ともに奥州における地位と支配権を確実なものとした。さらに、清衡が中尊寺《ちゅうそんじ》を、基衡が毛越寺《もうつじ》を建立したことに倣い、秀衡も無量光院《むりょうこういん》を建てている。それらの寺院群は、すべて荘厳華麗な伽藍を備えており、その様相は京都に比肩したといわれている。しかし、四代目の*泰衡《やすひら》の時、*源頼朝《よりとも》に背いた*義経《よしつね》をかくまったことを口実に、文治五年（一一八九）頼朝の追討を受け、泰衡は敗死、奥州藤原氏一門も滅ぼされ、約一世紀に及ぶ平泉政治は終焉した。

［文献］ 高橋富雄『奥州藤原氏四代』（吉川弘文館、一九五八）、板橋　源『奥州平泉』（至文堂、一九六一）、大石直正『奥州藤原氏の時代』（吉川弘文館、二〇〇一）。

（齊藤保子）

鎮守府将軍《ちんじゅふしょうぐん》　奈良時代以降、東北地方の蝦夷に対する軍事政策として、陸奥国多賀城（のちに胆沢《いざわ》城に移転）に置かれた軍事機構である鎮守府の長官。初めは鎮守将軍と称された。多賀城碑によれば、神亀元年（七二四）頃にはすでに設置され、大野東人《おおのあずまんど》が将軍に任ぜられたという。陸奥出羽按察使《あぜち》または陸奥守の兼任とされたが、平安時代中期以降、武名の知られた国守がこの職を兼任した。しかし、直接現地に赴かない遥任《ようにん》であったため、鎮守府は留守所と化した。さらに、地方豪族である清原氏などが対蝦夷戦の勲功により将軍職に任ぜられると、鎮守府の権限はしだいに彼らに吸収され、その機能は衰退していったとされる。

［文献］ 熊谷公男「「受領官」鎮守府将軍の成立」（羽下徳彦編『中世の地域社会と交流』吉川弘文館、一九九四）。

（齊藤保子）

奥州合戦《おうしゅうがっせん》　文治五年（一一八九）に行われた、*源頼朝による奥州平泉の藤原氏を滅亡させた戦い。文治元年（一一八五）の*壇ノ浦の戦い後、頼朝と不和になった*義経《よしつね》は、密かに奥州の*藤原秀衡《ひでひら》を頼り、平泉にかくまわれていた。これを知った頼朝《よりとも》は、文治三年（一一八七）一〇月に秀衡が没すると、その子*泰衡《やすひら》に対して義経の追討を強く迫り、抗しきれなくなった泰衡は、同五年閏四月、ついに義経の衣川《ころもがわ》館を急襲、これを殺害した。頼朝はこれをきっかけとして、藤原氏が義経を庇護したことを口実に奥州制圧へ乗り出した。しかし、朝廷に泰衡の追討宣旨を要請したものの、一向に宣旨が下らなかったため、同年七月、追討宣旨のないまま奥州出兵を決断した。総勢二八万余騎といわれる追討軍は三軍に分けられ、東海道を*千葉介常胤《ちばのすけつねたね》・*八田知家《はったともいえ》、北陸道を*比企能員《ひきよしかず》・宇佐美実政《うさみさねまさ》、中央軍は頼朝が自ら率いて進軍した。迎え撃つ奥州軍は、伊達郡阿津賀志山（福島県伊達郡国見山）に兄の西木戸国衡《くにひら》を、出羽・越後の国境にある念《わ》珠ケ関《ずがせき》（山形県西田川郡温海《あつみ》町）に田河太郎行文を、国分原鞭楯（現在の宮城県仙台市榴岡《つつじがおか》）に泰衡の率いる軍勢が布陣した。八月、阿津賀志山において頼朝と国衡の両軍が合戦となり、頼朝軍が勝利を収め、国衡は戦死した。追撃する頼朝は二二日、平泉に入った。泰衡は平泉の館に火をかけ、数千の軍勢とともに夷狄島（現在の北海道）へ向けて逃走を図ったが、九月三日、比（肥）内郡贄柵《にえのさく》（現在の秋田県大館市）において、配下の河田次郎に裏切られ、殺害された。ここに、約一世紀にわたり栄華を誇った奥州藤原氏は滅亡した。この合戦により、頼朝は九州から奥州までを武力で支配下に収めたことになり、鎌倉幕府の成立において重要な出来事とみることができる。

［文献］　高橋富雄『奥州藤原氏四代』（吉川弘文館、一九五八）、小林清浩・大石直正編『中世奥羽の世界』（東京大学出版会、一九七八）、大石直正『奥州藤原氏の時代』（吉川弘文館、二〇〇一）。

（齊藤保子）

藤原秀衡《ふじわらのひでひら》（?—一一八七）　平安時代末期・鎌倉時代初期の豪族。父は基衡《もとひら》。母は安倍宗任《むねとう》の娘。奥州藤原氏三代目。嘉応二年（一一七〇）五月に鎮守府将軍・従五位下、養和元年（一一八一）八月に陸奥守・従五位上。奥州平泉（岩手県平泉町）を拠点として陸奥・出羽両国にまたがる広大な領域を支配した。治承・寿永の内乱期には源平双方から誘いを受けたが中立を保った。ちなみに養和元年の陸奥守任官は、前年に挙兵した*源頼朝《よりとも》を背後から牽制させるための平氏方の画策であったとされる。平氏の滅亡後、文治二年（一一八六）四月二四日には、頼朝に請文を提出し、それまで直接朝廷に献上していた貢馬・貢金を頼朝を通して行うこととなった（*『吾妻鏡《あづまかがみ》』）。これは秀衡の妥協で、これにより平泉政権は鎌倉幕府の下位権力に位置づけられ、独自の外交権を失ったとされる。その後、頼朝と弟*義《よし》経《つね》が対立し、義経が平泉に逃れると秀衡はこれを匿った。結局このことが頼朝に奥州藤原氏討伐の絶好の口実を与えることになり、同氏滅亡の一因となったとされる。義経を匿ったことにより、頼朝との対決は避けられぬ情勢の中、秀衡は文治三年（一一八七）一〇月二九日に病没した。遺体は、同氏建立の中尊寺金色堂に父祖のものとともに安置され現在に至る。昭和二五年（一九五〇）三月に三代（四代泰衡は首のみ）の遺体の学術調査が行われた。平成六年（一九九四）七月に中尊寺から最終報告書が上梓されている。

奥州藤原氏
略系図

［文献］　高橋富雄『奥州藤原氏四代』（吉川弘文館、一九五八）、高橋崇『奥州藤原氏』（中央公論新社、二〇〇二）。

（和氣俊行）

藤原泰衡《ふじわらのやすひら》（?—一一八九）　平安時代末期・鎌倉時代初期の豪族。父は*秀衡《ひでひら》。母は京都の公家藤原基成《もとなり》の娘。奥州藤原氏四代目。太郎を称す。泰衡は母方の血統ゆえか、次男にもかかわらず秀衡の嫡子とされた。文治三年（一一八七）一〇月の父秀衡の死去に際しては、*源義経《よしつね》および異母兄国衡《くにひら》と三人で結束して*源頼朝《よりとも》の攻撃に備えるよう遺言を託された。しかし秀衡の死後、義経の処遇をめぐって泰衡と国衡は対立し、結局文治五年（一一八九）閏四月三〇日に泰衡は義経を衣川の辺にある高舘に襲撃し、自殺に追い込んだ。また同年六月には弟の泉三郎忠《ただ》衡《ひら》も義経に与同したとして殺している。

義経排除により、頼朝は奥州藤原氏追討の口実を失ったかにみえたが、幕僚の勧めにより追討軍を強引に進発させた。これに対し泰衡・国衡兄弟は陸奥国伊達郡阿津賀志山《あつかしやま》付近（福島県国見町）に軍を展開させるもあえなく敗れ、国衡は討たれ、泰衡も本拠地平泉を捨てて逃走、最後は同年九月三日、出羽国肥内郡贄柵《にえのさく》(秋田県大館市)にて郎徒の河田次郎により討たれた。泰衡の首は志波郡陣ケ岡（岩手県紫波《しわ》郡）まで北上してきた頼朝の元にもたらされ、眉間に鉄釘を打ち付けられ梟首された。その後、首は奥州藤原氏建立の中尊寺金色堂に同氏三代の遺体とともに安置され現在に至る。

［文献］ 高橋富雄『奥州藤原氏四代』（吉川弘文館、一九五八）、高橋崇『奥州藤原氏』（中央公論新社、二〇〇二）。

（和氣俊行）

大河兼任《おおかわかねとう》（?―一一九〇） 鎌倉時代初期の武将。奥州藤原氏四代*泰衡《やすひら》の郎徒。泰衡の敗死による奥州藤原氏の滅亡後、主人の敵*源頼朝《よりとも》に対し反乱を起こした。*『吾妻鏡《あづまかがみ》』文治六年正月六日条によれば、兼任の反乱は史上初の主人の弔い合戦であるという。兼任は文治五年（一一八九）冬にはすでに反逆を企て、多賀国府（宮城県多賀城市）を占拠後、鎌倉に攻め入る計画であったようである。挙兵当初は秋田方面で由利維平《ゆうりこれひら》、津軽方面で宇佐美実政《うさみさねまさ》を倒し盛んであったが、幕府が*御家人に命じ討伐軍を組織して奥州に派遣すると、敗北し兼任自身は逃走。『吾妻鏡』同六年（一一九〇）三月一〇日条には、栗原寺（宮城県栗原市）まで逃れてきたが、最後は樵《きこり》に怪しまれ殺されたとある。

［文献］ 高橋富雄『奥州藤原氏四代』（吉川弘文館、一九八七）。

（和氣俊行）

〔内乱の展開〕

以仁王《もちひとおう》の令旨《りょうじ》 治承四年（一一八〇）四月、*後白河天皇の皇子以仁王の名による、平氏打倒の決起を諸国源氏をはじめとする反平氏勢力によびかけた檄文のこと。この前年一一月、*平清盛によるクーデターが断行された際、王は所領の常興寺《じょうこうじ》を奪われ、さらに*安徳《あんとく》天皇の即位により皇位継承の望みも潰えていた。その王のもとへ、平氏の台頭に不満を抱く反平氏勢力が結集し、平氏打倒の計画が進められた。計画に加わっていた*源頼政《よりまさ》の勧めもあり、王は挙兵を決意、最勝王と称し、自らを天《てん》武《む》天皇になぞらえ、即位後の論功行賞を約束した令旨を下した。王や頼政らの挙兵計画はすぐに発覚し、平氏の追討軍によって討滅されてしまうが、*源行家《ゆきいえ》により諸国に伝えられた令旨は、*源頼朝《よりとも》・*義仲《よしなか》らによる平氏打倒の武装蜂起の契機となった。

［文献］ 佐藤進一『日本の中世国家』（岩波書店、一九八三）。

（齊藤保子）

源《みなもとの》頼政《よりまさ》の挙兵 治承四年（一一八〇）五月、*源頼政が*後白河天皇の皇子*以仁王《もちひとおう》ら反平氏勢力とともに、平氏打倒を計画・挙兵したこと。保元・平治の乱の活躍により、*平清盛《きよもり》から厚い信頼を得ていた頼政は、治承二年（一一七八）清盛の推挙により非参議《ひさんぎ》三位に昇った。同三年、清盛によるクーデターが断行され、後白河法皇の幽閉および院近臣の解官が行われた。翌年*安徳《あんとく》天皇が即位し、外戚の地位を得た清盛は全盛期を迎えた。しかし、*高倉上皇の譲位後、最初の神参先が慣例とされていた石清水八幡宮《いわしみずはちまんぐう》か賀茂社《かもしゃ》ではなく、清盛の意向により厳島神社《いつくしまじんじゃ》に決定したため、園城寺《おんじょうじ》衆徒が反対し、対立関係にあった延暦寺《えんりゃくじ》・興福寺《こうふくじ》と手を結んで反平氏の態度を明らかにした。こうした状況の中、平氏と縁がないため不遇を強いられていた以仁王のもとに、清盛に不満を抱く反平氏勢力が結集し、平氏打倒の計画が進められた。治承四年四月九日、計画に加わった頼政の勧めにより、王は平氏討伐の令旨を諸国に下した。挙兵計画はすぐに平氏に知られ、以仁王は園城寺に逃走し、園城寺は延暦寺・興福寺に蜂起をよびかけた。そのため、二一日、清盛は重衡《しげひら》を総大将に任じ、園城寺に向け追討軍を派遣したが、追討の先鋒に加わっていた頼政は自邸を焼き払い、一族郎党を率いて園城寺の王の下に馳せ参じた。しかし、頼みとした寺院勢力の連携がうまくいかず、二五日、園城寺を脱出して興福寺に走ったが、翌日平氏の軍勢に追いつかれ、宇治平等院周辺で合戦となり、以仁王とともに頼政は殺害された。この挙兵計画は失敗に終わったものの、このとき下された王の令旨をきっかけに、＊源頼朝《よりとも》・＊義仲《よしなか》ら諸国源氏による平氏打倒の武装蜂起が起こり、やがて全国規模の内乱へと展開していったのである。

［文献］ 多賀宗隼『人物叢書 源頼政』(吉川弘文館、一九七二)、佐藤進一『日本の中世国家』(岩波書店、一九八三)。 (齊藤保子)

貴種再興《きしゅさいこう》 『吾妻鏡』治承四年(一一八〇)八月二六日条にみえる言葉。同月一七日に源頼朝が挙兵し、その直後、源氏代々の家人である相模国の三浦義明が「吾源家累代の家人として、幸いにその貴種再興のときに逢うなり」と頼朝が旗揚げしたことを喜んだ言葉である。頼朝の祖である頼義・義家が「前九年・後三年の役」における戦乱を通じて武士の棟梁としての地位を確立し、以後源氏は、東国に勢力を浸透させ、在地領主を譜代の家人としていた。「貴種再興」というのは、頼朝が皇室の血を引く源氏の正嫡という貴種性を有するとともに、武士の棟梁として打倒平氏を掲げ挙兵したことに対する東国武士の認識をしめしている。 (鈴木敏弘)

石橋山《いしばしやま》の戦い 治承四年(一一八〇)八月、相模国足柄下郡(神奈川県小田原市)の石橋山で行われた、平氏軍の＊大庭景親《おおばかげちか》らと＊源頼朝《よりとも》軍による合戦。＊源行家《ゆきいえ》によってもたらされた＊以仁王《もちひとおう》の令旨《りょうじ》を奉じ、平氏打倒の兵を挙げた頼朝は、同月一七日、伊豆国目代《もくだい》の＊山木兼隆《やまきかねたか》を襲撃、これを討ち取った。挙兵当初、頼朝は十分な兵力を確保していなかったため、相模国の有力豪族であり源氏の家人でもある三浦氏との連携を図り、同月二〇日伊豆を発った。しかし、平氏方の追討軍として相模の大庭景親率いる数千騎の軍勢が迫り、さらに伊東祐親《いとうすけちか》の軍勢三百余騎が加わって、同月二三日、石橋山の頼朝軍を急襲した。このときの頼朝軍は、三百余騎であったといわれている。戦闘は平氏方の圧倒的勝利におわり、頼朝は数騎の武士とともに夜陰に紛れて山中を敗走した。途中、平氏方の飯田家義や＊梶原景時《かじわらかげとき》、味方である＊土肥実平《どひさねひら》らの助力により、箱根山中から真鶴《まなづる》を経て、海上から安房国に逃れることができた。同国で頼朝は再起を図り、上総・下総地方を中心に大勢力を有していた＊上総介広常《かずさのすけひろつね》・千葉介常胤《ちばのすけつねたね》を傘下に加えて勢力を回復し、一〇月には相模国鎌倉(神奈川県鎌倉市)に入り、本格的に関東一円の制圧に乗り出すこととなった。

［文献］ 中野敬次郎『石橋山合戦前後』(名著出版、一九七六)、『神奈川県史 通史編1』(一九八一)。 (齊藤保子)

富士川《ふじがわ》の戦い 治承四年(一一八〇)一〇月、駿河国富士郡(現在の静岡県富士市)の富士川で行われた、＊平維盛《これもり》軍と＊源頼《より》朝《とも》軍による合戦。同年八月、＊以仁王《もちひとおう》の令旨《りょうじ》を奉じ、頼朝は平氏打倒の兵を挙げたが、＊石橋山の戦いで惨敗、落ち延びた先の安房国で再起を図り、上総・下総の有力豪族であった＊上総介広《かずさのすけひろ》常《つね》・千葉介常胤《ちばのすけつねたね》らを味方につけ勢力を回復、一〇月に鎌倉入りを果たした。こうした動きに対し平氏側は頼朝の追討を決定、平維盛を総大将に任じ、*忠度《ただのり》・*知度《とものり》らをそえて軍勢を東向させた。しかし、東海道を進軍する追討軍は、諸国の反平氏勢力による武装蜂起の影響により、現地の平氏勢力からなかなか協力を得られず、加えて、この年の西日本は全体的に不作の年であったため、追討軍の兵力・兵糧はまったくの不十分という状態にあった。一八日、約四千騎の追討軍は富士川の西岸に陣を敷き、対する源頼朝の軍勢は賀島（静岡県富士市）に着陣した。二〇日の夜半頃、源氏方の*武田信義《たけだのぶよし》の軍勢が平氏の背後に回り込むため移動していたところ、それに驚いた水鳥が一斉に飛び立った。これを聞いた平氏軍は、源氏軍の夜襲と勘違いして、一度も戦闘に及ぶことなく全軍退却、京へ逃げ戻ったといわれている。頼朝は、敗走する平氏を追って上洛しようとしたが、配下の諸将たちの意見に従い鎌倉に戻り、関東一帯の地盤固めに専念し、東国全体の支配権を掌握するに至った。（齊藤保子）

［文献］『富士川町史　本編』（一九六二）、杉橋隆夫「富士川合戦の前提」（『立命館史学』五〇九、一九八八）。

畿内総官《きないそうかん》　治承五年（一一八一）正月、五畿内および近江・伊賀・伊勢・丹波などの諸国を統轄するために設置された総官職。治承四年（一一八〇）以降、諸国源氏を中心に平氏打倒をめざす武装蜂起が頻発したことで、平氏は早急に軍事組織の再編および強化を行う必要に迫られた。そこで*清盛は、天平三年（七三一）畿内近国を対象として置かれた総官・諸道鎮撫使《ちんぶし》の例にならい、*宗盛《むねもり》を畿内総官職に任じた。畿内近国に諸荘園総《そう》下司《げし》として平氏の家人を置き、兵士役や兵粮米の課役を賦課し、それを総官が統轄することで平氏の軍事力を確保し、かつ京都周辺の防御を固め、反平氏勢力への対抗を図ったのである。しかし、こうした軍事政策が効果を現す前に清盛が没し、平氏一門は衰退の一途をたどることになる。

［文献］石母田正「平氏政権の総官職設置」、五味文彦「平氏軍制の諸段階」（『史学雑誌』八八―八、一九七九）、（『中世国家成立史の研究』、岩波書店、一九八九）。（齊藤保子）

墨俣川《すのまたがわ》の戦い　養和元年（一一八一）三月、美濃・尾張の国境に位置する墨俣川（現在の長良川《ながらがわ》）を挟んで行われた、*平重《しげ》衡《ひら》率いる平氏軍と*源行家《ゆきいえ》を筆頭とする源氏軍による合戦。当時の墨俣川は、木曽の三川（木曽川《きそがわ》・長良川・揖斐川《いびがわ》）が合流する交通の要衝として知られた。平氏打倒の挙兵が諸国で起こる中、東海・東山両道の周辺を制圧し、勢いを増す源氏軍を討伐するため、平氏側は重衡を総大将に任じ、*維盛《これもり》・*通盛《みちもり》・*忠度《ただのり》・*知度《とものり》らを加えた一万三千余騎の追討軍を東向させた。墨俣川の西岸に布陣した平氏軍に対し、迎える源氏側は源行家を総大将に、義円《ぎえん》（頼朝の弟）を加えた美濃・尾張・三河の軍勢五千余騎を進ませ、川の東岸に陣を敷いた。夜半、平氏の軍勢は奇襲攻撃を行い、激戦の末に大勝利を収めた。この戦いで、義円は平盛綱《もりつな》に討ち取られ、行家は平氏軍の追撃をかわして逃げ延びた。『*玉葉《ぎょくよう》』では、戦闘により討ち取られた源氏の兵士は千余人、溺死した者は三百余人と記している。また、『吉記』では源氏の軍勢を三千余騎と伝え、討ち取られた者は千余人としている。『平家』では、平氏の大将軍を*知盛《とももり》、その軍勢を三万余騎とし、源氏の軍勢は六千余騎と記しているなど、合戦の詳細についてはそれぞれに大きな相違点がみられる。この合戦以後、平氏が勢力を盛り返したこともあり、源平両軍の勢力は均衡状態となった。

[文献] 『墨俣町史』（一九五六）、『岐阜県史 通史編中世』（一九六九）。 （齊藤保子）

野木宮合戦《のぎみやがっせん》 寿永二年（一一八三）二月、下野《しもつけ》国野木宮（栃木県下都賀郡野木町）で行われた、源義広・藤原姓足利氏の連合軍と*頼朝側の小山氏の戦い。保元の乱後、義広は常陸国信太荘を本拠とし、治承四年（一一八〇）頼朝が佐竹討伐を行った際、弟の*行家《ゆきいえ》とともに頼朝と面会している。その後は独自の軍事行動を展開し、寿永二年二月、足利忠綱・*小山朝政《おやまともまさ》らを味方につけ、突如反頼朝の兵を挙げた。義広は三万の軍勢とともに下野国に進撃したが、途中で朝政の裏切りにあい、野木宮付近で合戦となった。朝政は頼朝の弟*範頼《のりより》の助力を得て、激戦の末義広の軍勢を破った。敗北した義広は*源義仲《よしなか》を頼って信濃国へ、忠綱は平氏のもとへそれぞれ逃走している。

[文献] 石井 進『鎌倉武士の実像』（平凡社、一九八七）。 （齊藤保子）

倶利加羅《くりから》峠《とうげ》の戦い 寿永二年（一一八三）五月、加賀国加賀郡（石川県津幡《つばた》町）と越中国礪波《となみ》郡（富山県小矢部《おやべ》市）の堺にある倶利加羅峠で行われた、*平維盛《これもり》軍と*源義仲《よしなか》軍による合戦。「礪波山の戦い」ともいわれる。治承四年（一一八〇）*以仁王《もちひとおう》の令旨《りょうじ》をうけ、信濃で挙兵した義仲は、翌養和元年（一一八一）頃には北陸方面を制圧し、その周辺を支配下に収めていた。さらに、越前の攻略を果たした義仲の軍勢が京に迫ったため、これに脅威を感じた平氏側は義仲軍を追討するべく、寿永二年四月、平維盛・*通盛《みちもり》を筆頭に数万余騎の追討軍を北陸に差し向けた。まず、越前・加賀において両軍の戦闘が行われ、平氏の追討軍がこれに勝利し、後退する義仲軍を追って越中に進軍した。しかし、五月一一日、倶利加羅峠において追討軍と対峙した義仲軍は、夜襲攻撃によりこれを撃破、平氏軍は大敗北を喫し、以後平氏一門の勢力は急速に衰退しはじめた。この戦いからまもなく、平氏は*安徳《あんとく》天皇を奉じて都落ちをし、代わって義仲が*北陸宮（以仁王の皇子）を擁して入京を果たした。義仲は、摂関家の藤原（松殿《まつどの》）基房《もとふさ》に接近し、空位となった皇位の継承問題に介入するが、北陸宮の即位が退けられると、ただちにクーデターを起こして*後白河《ごしらかわ》法皇を幽閉、一時的に中央政界の権力を握った。

[文献] 浅香年木『治承・寿永の内乱論序説』（法政大学出版局、一九八一）、首藤多喜馬「倶利加羅合戦史」（『古代文化』三七―四、一九八五）。 （齊藤保子）

篠原《しのはら》の戦い 寿永二年（一一八三）六月、加賀国篠原（石川県加賀市篠原町）で行われた、*源義仲《よしなか》の軍勢と平氏の追討軍による合戦。義仲は、同年五月の倶利加羅《くりから》峠の戦いにおいて、*平維盛《これもり》率いる十万の追討軍を奇襲作戦により撃破し、敗走する平氏軍を追って篠原にいたり、さらなる攻撃を加えて平氏軍を壊滅させた。この敗戦をきっかけに、平氏一門は西走を余儀なくされた。『平家物語』によれば、この戦闘で討死した斎藤別当《べっとう》実盛《さねもり》は、七十余りの高齢にもかかわらず白髪を染めて参戦、平氏軍においてただ一騎奮戦したとされている。その様子は『曽《そ》我物語《がものがたり》』『*義経記《ぎけいき》』や、謡曲『実盛《さねもり》』などの題材に取り上げられている。

[文献] 浅香年木『治承・寿永の内乱論序説』（法政大学出版局、一九八一）。 （齊藤保子）

法住寺殿襲撃《ほうじゅうじどのしゅうげき》 寿永二年（一一八三）七月、*倶利加羅峠《くりからとうげ》

および*篠原《しのはら》の戦いで平氏軍に勝利した義仲《よしなか》は、軍勢とともに入洛し、後白河法皇から平氏追討の院宣を授けられた。しかし、義仲の皇位継承問題への介入や洛中における義仲軍の乱暴狼藉などにより、院との関係は悪化した。院は密かに頼朝《よりとも》と連携を図り、同年一〇月いわゆる「*寿永二年十月宣旨」を発して上洛を促した。*備中水島《みずしま》の戦いに敗れ京に逃げ戻った義仲は、院を奉じて北陸への逃走を企てたが院に拒まれ、逆に京都からの退去を通告された。進退窮まった義仲は、一一月一九日にクーデターを断行、院御所法住寺殿を攻撃して院を幽閉、摂政近衛基《このえもと》通《みち》ら院近臣を罷免し、藤原（松殿《まつどの》）基房《もとふさ》の子師家《もろいえ》を摂政に任じ、翌年正月、征夷大将軍となり政権を握った。しかし、頼朝の命を受け上洛した*範頼《のりより》・*義経《よしつね》の軍に敗れ、近江国粟津で討死した。

［文献］下出積與『木曽義仲』（人物往来社、一九六六）、田中 稔「院政と治承・寿永の内乱」（『日本歴史 古代4』岩波書店、一九七六）、安田元久『人物叢書 後白河上皇』（吉川弘文館、一九八六）。

（齊藤保子）

寿永《じゅえい》二年十月の宣旨《せんじ》 朝廷が*源頼朝による東国の支配権を事実上公認した宣旨。寿永二年（一一八三）西走した平氏に代わり*源義仲《よしなか》が入洛を果たしたが、ほどなく*後白河法皇と義仲は対立関係に陥った。そこで、かねてより頼朝との接近を図っていた法皇は、再三にわたり頼朝に上洛を促した。これに対して頼朝は、『*玉葉《ぎょくよう》』同年閏十月十三日条によれば、「東海東山北陸三道、庄園、国領本の如く領地すべし」という要請を法皇に行ったとされている。法皇側はただちにこれを受け入れ、宣旨を下した。その内容は、『百錬抄《ひゃくれんしょう》』同年十月十四日条によると、要請された三道のうち、義仲の勢力圏である北陸道を除く「東海東山諸国年貢、神社仏寺并びに王臣家領庄園、元の如く領家に随うべし」とされ、それについて「服さざる輩有れば、頼朝に触れ沙汰致すべし」（『玉葉』同年閏十月二十二日条）というものであった。この宣旨により、頼朝は武力で制圧した東国諸国の国衙領・荘園を朝廷や荘園領主に返還する形となった。しかし、東国への命令権を実質的に握っていた頼朝に対してこの宣旨が下されたことは、すなわち年貢の上進をはじめとする国衙領・荘園への諸権限を朝廷が公認したことを意味するとみられている。よってこの宣旨は、頼朝の東国政権の支配が公権によって承認されたものであり、同時に幕府成立への重要な契機となったとされている。

［文献］石母田 正「鎌倉政権の成立過程について」（『歴史学研究』二〇〇、一九五六）、佐藤進一「寿永二年十月の宣旨について」（『歴史評論』一〇七、一九五九）、上横手雅敬『日本中世政治史研究』（塙書房、一九七〇）。

（齊藤保子）

備中水島《びっちゅうみずしま》の戦い 寿永二年（一一八三）閏《うるう》一〇月、備中国小島《こじま》の渡《わたし》（岡山県倉敷市玉島港内）における、*源義仲《よしなか》と平氏軍による合戦。同年七月に都落ちした平氏は、讃岐国屋島（香川県高松市）で体制を立て直し、山陽・南海の両道を制圧して勢力を回復させた。それに対し、義仲は配下の足利義清《あしかがよしきよ》・海野広《うんのひろ》行《ゆき》を大将に任じ、小島の渡から船を出して屋島《やしま》を攻めようとしたが、*平知盛《とももり》・教経《のりつね》率いる平氏軍がこれを迎撃し、大勝したという。この敗戦により、義仲の勢力は衰退しはじめた。『*源平盛衰記《じょうすいき》』によれば、合戦当日は日蝕があり、平氏軍はその情報を事前に得ていたため戦闘で優位に立てたとしている。

［文献］下出積與『木曽義仲』（人物往来社、一九六六）（齊藤保子）

水軍《すいぐん》　海戦や海上警固の際に必要な軍船や兵員を保有する海上武力の行為者。海賊衆。警固衆。海賊と水軍はその概念が異なり、海賊は、海上において非合法に略奪する者で、その本質は盗賊行為である。水軍は、国家や幕府などの公権力のもとに軍事的単位として編成され、海上における武力行為を行う。海賊と水軍とを区分する基準は合法か非合法かという点である。ただし、実際には時代や政治状況によって、水軍と海賊行為との関連を明確に区別することは難しい。水軍という呼称は、戦国時代に頻出するが、鎌倉幕府の正史である『*吾妻鏡《あづまかがみ》』からは、相模国三浦氏・下総千葉氏など東京湾沿岸の武士団が水軍的性格を有していたことが知られる。水軍としては、因島《いんのしま》の村上氏・肥前の松浦党《まつらとう》など瀬戸内海沿岸・九州地方の海賊衆が著名である。海賊衆の水軍化は、大名から土地を給与され被官化する場合や、幕府から地頭職を与えられている事例がみられる。また、警固衆と呼ばれたのは、大名には海上を警固する武士として把握されていたことによるが、本来、警固の意は、海賊に警固料を支払い海賊を乗船させて船の安全を保証してもらうことにあった。のちに大名が海賊衆に警固料の徴収権を公認するか、没収して代替地を給与することによって主従制的関係を成立させていった。（鈴木敏弘）

［文献］佐藤和夫『海と水軍の日本史　上巻』（原書房、一九九五）、佐藤和夫『海と水軍の日本史　下巻』（原書房、一九九五）、宇田川武久『戦国水軍の興亡』（平凡社、二〇〇二）、山内　譲「海賊とは何か—中世の瀬戸内海を中心に—」（中野栄夫編『日本中世の政治と社会』所収吉川弘文館、二〇〇三）。

宇治川《うじがわ》**の戦い**　元暦元年（一一八四）正月、宇治川において行われた*源義経《よしつね》軍と*源義仲《よしなか》軍による合戦。寿永二年（一一八三）七月、京都に入った義仲は、ただちに*後白河《ごしらかわ》法皇から平氏追討の院宣を受けた。しかし、前年から続く全国的な大飢饉により兵糧が不足し、義仲軍による京中での略奪行為が頻発、併せて軍の統制が低下したため、しだいに義仲から離反する者が出はじめた。また、平氏とともに都落ちした*安徳《あんとく》天皇の後継を巡り、義仲は北陸宮を推したが、*高倉《たかくら》天皇の皇子尊成《たかなり》親王（*後鳥羽《ごとば》天皇）が即位したことで、法皇との対立が深まった。同年一一月、ついに義仲は法住寺御所を襲って法皇を幽閉し、翌年正月には征夷大将軍に就き、政権を掌握した。この事態を受け、密かに法皇から義仲追討の命を受けていた*頼朝《よりとも》は、*範頼《のりより》・義経の軍勢を京に差し向けた。正月二〇日、範頼軍は勢多（田）から、義経軍は宇治から進撃し、義仲は配下の源義広《よしひろ》を宇治に向かわせたが、宇治川において義経軍に撃破された。義仲は京都を追われ北陸へ敗走したが、近江国粟津《あわづ》（滋賀県大津市）で追いつかれ討死した。『*平家物語』によれば、頼朝から下賜された名馬に乗り、*佐々木高綱《たかつな》と*梶原景季《かげすえ》が「宇治川の先陣争い」を行ったことが伝えられている。（齊藤保子）

［文献］『宇治市史　2』（一九七四）、元木泰雄『源　義経』（吉川弘文館、二〇〇七）。

一の谷《いちのたに》**の戦い**　元暦元年（一一八四）二月七日、摂津《せっつ》国一の谷（神戸市須磨区）で行われた、源平の合戦。寿永二年（一一八三）七月、*安徳《あんとく》天皇と三種の神器を奉じて西走した平氏一門は、中国・四国・北九州および瀬戸内海一帯を支配下に収め、摂津国福原《ふくはら》（神戸市兵庫区）に本拠地を置いた。さらに、*宗盛《むねもり》の軍を大手《おおて》として東の生田《いくた》の森に、*忠度《ただのり》・*通盛《みちもり》の軍を搦手《からめて》として西の一の谷に配置して堅牢な布陣を敷き、京都奪還を目指すまでに勢力を回復していた。一方の*源頼朝《よりとも》側は、元暦元年正月、*義経《よしつね》・*範頼《のりより》の軍勢を京都に差し向け、*義仲《よしなか》を討滅すると、*後白河《ごしらかわ》法皇から平氏追討の院宣を受けた。そこで、源氏の軍勢を二つに分け、範頼軍を大手に、義経軍を搦手として敵陣に向かわせた。義経は、数十騎の手兵とともに一の谷の後山に回り込み、険峻で知られた*鵯越《ひよどりごえ》を一気に駆け下って平氏の陣営に突入した。「鵯越の逆落とし」で知られるこの奇襲攻撃により、平氏の軍勢は大打撃をうけ、壊滅状態に陥った。安徳天皇や総大将の宗盛らは、わずかな手勢とともに海上の船から讃岐《さぬき》国屋島《やしま》に逃れることができたが、*重衡《しげひら》は捕らえられ（のちに殺害）、忠度・通盛・業盛《なりもり》・*敦盛《あつもり》など主だった武将はことごとく討死した。この合戦に勝利したことで、源氏側の優勢は決定的となり、追い詰められた平氏の一門は、翌年、屋島《やしま》および壇《だん》ノ浦《うら》の戦いに敗れ、そのほとんどが滅亡した。

［文献］石母田　正「一谷合戦の史料について」（『歴史評論』九九、一九五八）、喜田貞吉「一の谷鵯越」（『喜田貞吉著作集4』平凡社、一九八二）、上杉和彦『源平の争乱』（『戦争の日本史6』吉川弘文館、二〇〇七）。

（齊藤保子）

鵯越《ひよどりごえ》　播磨《はりま》・摂津《せっつ》の両国の境にある、一の谷北方の山ノ手にある峠のこと。現在、兵庫県神戸市兵庫区と北区の境にこの地名が残っているが、位置については諸説あり定まっていない。地名の由来については、鵯がこの山を越えて通ったから、鵯が道案内したからなどと伝えられるが、詳細は不明。元暦元年（一一八四）に行われた、*一の谷の戦いにおける「鵯越の逆落とし」として有名である。鵯越は、鹿や猪といった獣しか通れない険所であったが、*源義経《よしつね》はわずかな手兵とともにここを駆け下り、平氏の軍勢を背後から急襲することに成功、平氏は総崩れに追い込まれたという。合戦の様子については、*『平家物語』に詳しく記されている。

［文献］喜田貞吉「一の谷鵯越」（『喜田貞吉著作集4』平凡社、一九八二）。

（齊藤保子）

屋島《やしま》の戦い　文治元年（一一八五）二月、讃岐《さぬき》国屋島（香川県高松市）において行われた源平の合戦。元暦元年（一一八四）二月に行われた*一の谷の戦いで惨敗した平氏は、*安徳《あんとく》天皇を奉じて屋島に本拠地を移し、瀬戸内海一帯の制海権を握り、なお勢力を保っていた。*源頼朝《よりとも》は*義経《よしつね》を総大将に任じ、平氏追討の軍を準備させていたが、義経が*後白河《ごしらかわ》法皇に重用され、頼朝の許可を得ずに検非違使《けびいし》に任官したため総大将を解任、代わって*範頼《のりより》をその任に就けた。同年九月、範頼の軍勢は平氏追討のため京都を出発、山陽道を西に進んだが、翌年正月になっても目立った戦果を挙げることができずにいた。そこで、頼朝は義経を総大将に再任し、軍勢を屋島に向かわせた。義経は、二月一六日に摂津《せっつ》国渡辺（大阪府大阪市）の港から出船し、翌日阿波国（徳島県）に到着、一五〇騎ほどの手兵とともに昼夜をついで阿波《あわ》・讃岐の国境を駆け抜け、一八日（*『吾妻鏡』では一九日）平氏の拠点である屋島を急襲した。平氏は海上の守りは固めていたものの、手薄であった背後の陸上から義経軍の襲撃をうけたため、またもや敗戦となり、海上の船に逃れて長門《ながと》へ敗走した。この合戦により、義経は瀬戸内海の制海権を手中に納めると、さらに追撃の軍を進め、三月の*壇ノ浦の戦いで平氏一門を破り、これをほぼ全滅に追い込んだのである。

［文献］　石母田　正『平家物語』（岩波書店、一九五七）、渡辺　保『人物叢書　源義経』（吉川弘文館、一九六六）、上横手雅敬『源義経』（平凡社、一九七八）、上杉和彦「源平の争乱」（『戦争の日本史6』吉川弘文館、二〇〇七）。
（齊藤保子）

壇《だん》ノ浦《うら》の戦い　文治元年（一一八五）三月、長門《ながと》国豊浦郡（現山口県下関市）の壇ノ浦における源平の最終海戦。同年二月、*屋島《やしま》で行われた合戦において、*源義経《よしつね》の追討軍による急襲のため敗走した平氏一門は、いったん下関の彦島《ひこしま》まで退き、ここを守護する*知盛《とももり》の軍勢と合流、衰退した勢力の立て直しを図った。屋島の戦いで勝利した義経は、それに乗じて瀬戸内海の制海権を掌握し、平氏追撃の兵船を屋島から進め、同年三月に周防《すおう》国に到着した。ここで、この付近を守護していた*源範頼《のりより》配下の*三浦義澄《よしずみ》の軍勢と数十艘の船団が加わり、総勢八〇〇余艘の兵船をもって平氏軍に対峙した。迎える平氏は、*平宗盛《むねもり》を総大将に兵船五〇〇余艘をもって彦島から進撃、三月二四日、壇ノ浦において両軍は激突した。初めは潮の東流に乗った平氏側が優勢であったが、午後になると潮の流れが逆転し、源氏側に有利にはたらいた。さらに、源氏の軍勢は平氏の水手《かこ》・梶取《かじとり》を集中的に攻撃し、兵船の機動力を失わせ、敵陣を混乱に陥れた。そのうえ、合戦の途中から平氏側に味方していた四国・九州の兵船の裏切りが相次ぎ、午後四時ごろには平氏の敗北が決定的となった。*安徳《あんとく》天皇を抱いた時子《ときこ》（清盛室）をはじめ、知盛、*経《つね》盛《もり》、*教経《のりつね》ら平氏一門は入水、天皇の生母である*建礼門院徳子《けんれいもんいんとくこ》も入水したが、源氏方に救出され、総大将の宗盛やその子清宗《きよむね》は生虜となった。このとき、三種の神器も海中に没したが、神璽と神鏡は見つかったものの、神剣は最後まで見つからなかった。この合戦により平氏政権は崩壊し、一門のほとんどが滅亡した。

［文献］　安田元久「平家の滅亡」（桑田忠親編『日本の合戦1』新人物往来社、一九七八）、菱沼一憲『源義経の合戦と戦略』（角川書店、二〇〇五）、上杉和彦『源平の争乱』（『戦争の日本史6』吉川弘文館、二〇〇七）。
（齊藤保子）

園城寺《おんじょうじ》　天台宗寺門派《じもんは》の総本山。滋賀県大津市園城寺町にある。俗に三井寺《みいでら》。白鳳《はくほう》時代に大友村主《すぐり》氏の氏寺として創建されたとみられている。貞観四年（八六二）大友氏から園城寺別当に補された智証大師円珍《ちしょうだいしえんちん》により、天台寺院として再興。同八年、大友黒主《くろぬし》の申請により当寺は天台別院となり、別当に円珍が任命され、以降この職には智証（円珍）流の僧が採用された。円珍が没すると比叡山において慈覚《じかく》（円仁《えんにん》）門徒と智証門徒が対立しはじめ、天元四年（九九一）法性寺座主《ほっしょうじざす》に智証流の余慶《よけい》が補任されたことをめぐって対立は深まり、正暦四年（九九三）ついに慈覚門徒が山上にある智証門徒の房舎を破壊したことで、智証門徒千人余りは山を下り園城寺を本拠とした。長暦三年（一〇三九）智証流の明尊《みょうそん》が天台座主《てんだいざす》に任命されたことに反発し、慈覚門徒が藤原頼通《よりみち》に強訴すると、これに対抗して智証門徒からは戒壇独立を要請する動きが起こり、永保元年（一〇八一）慈覚門徒が当寺を焼打したことで、両者の対立は泥沼化していく。その後も慈覚門徒と抗争は激化する一方で、当寺は繰り返し焼打ちに遭ったが、朝廷や時の権力者から厚い庇護を受け再建している。治承四年（一一八〇）*以仁王《もちひとおう》の挙兵に与したとして*平重衡《しげひら》により焼打され、*源頼朝《よりとも》に援助を受け復興した。建武三年（一三三六）には*新田義貞《よしさだ》軍に、さらに、天文二一年（一五五二）には佐々木氏に焼打されている。さらに、文禄四年（一五九五）豊臣秀吉により破壊されるが、その後復興を許され、江戸時代にはいると徳川氏から庇護された。当寺の伽藍は三院（中・南・北）からなり、金堂《こんどう》をはじめとする主要な堂舎は中院にある。また、円珍関係の文書典籍を中心に、多数の仏像・絵画・書蹟・彫刻などを所蔵している。

［文献］ 天台宗寺門派御遠忌事務局編『園城寺之研究』（思文閣出版、一九七八）、小笠原好彦『近江の古代寺院』（近江の古代寺院刊行会、一九八九）。 （齊藤保子）

興福寺《こうふくじ》 法相宗《ほっそう》の総本山。南都七大寺の一つ。奈良市登大路町《のぼりおおじ》にある。霊亀・養老の頃、藤原不比等《ふじわらのふひと》により創建されたとみられている。天平宝字元年（七五七）法相宗大会の維摩会《ゆいまえ》が興され、宮中の御斎会《ごさいえ》、薬師寺の最勝会《さいしょうえ》とともに三会の一つとされた。平安時代以降、藤原氏の氏寺として寺勢をほこる中、興福寺は春日社と神仏習合《しんぶつしゅうごう》による一体化を進めた。貞観年間（八五九―七七）藤原氏が春日社《かすがしゃ》の祭祀振興を通じて大和国の領有化をねらい、興福寺も春日大明神を法相宗擁護の神とし、これを鎮守神として同社を支配下に収めようとした。寛仁二年（一〇一八）社頭において法華八講を修め、これを恒例化することで神仏習合を推し進めた。衆徒らが春日神木を奉じて強訴を繰り返すようになるのも、この頃からである。永久四年（一一一六）藤原忠実《ただざね》が春日西塔《かすがさいとう》を建立し、保延元年（一一三五）興福寺衆徒により春日若宮《わかみや》が創建され、翌年若宮祭が大和一国の大祭として催されたことで、春日社の支配および一体化が達成された。これにより、摂関家《せっかんけ》と興福寺・春日社は密接に結び付き、国内の社寺とそれに連なる在地領主らの支配権を獲得し、興盛を極めた。興福寺の寺務組織は、別当《べっとう》のもと五師《ごし》・三綱《さんごう》がなり、さらに学侶《がくりょ》・六方《ろっぽう》・堂衆《どうしゅ》の諸院・諸坊を統括した。また、摂関家の子弟が入室する一乗院や大乗院の門跡《もんぜき》も成立している。この両門跡が鎌倉時代末期頃から対立しはじめ、南北朝期には両朝をも巻き込んだ武力抗争にまで発展し、寺院勢力の衰退へとつながった。室町時代にいったん戦力を盛り返すが、戦国および織豊時代に再び衰退し、江戸時代に徳川氏から庇護を受け、ようやく復興を果たしている。また、同寺の伽藍は創建以来何度も火災の被害に遭い、治承四年（一一八〇）*平重衡《しげひら》の南都焼打ちでも焼亡しているが、同寺の全盛期である一二世紀―一三世紀中は、すぐに旧に復している。しかし、室町時代末以降は勢力が衰えたこともあり、享保二年（一七一七）火災により大焼失すると、往時の復興は絶望的となった。

［文献］ 大岡 実『南都七大寺の研究』（中央公論美術出版、一九六六）、『奈良六大寺大観7・8』（岩波書店、一九七〇）、太田博太郎『南都七大寺の歴史と年表』（岩波書店、一九七九）。 （齊藤保子）

源頼朝《みなもとのよりとも》 *鎌倉幕府の創始者。初代将軍。源義朝《よしとも》の三男。母は熱田大宮司藤原範季《のりすえ》女。保元三年（一一五八）皇后宮権少進に任ぜられ、翌平治元年（一一五九）上西門院、二条天皇の蔵人《くろうど》にそれぞれ補された。同年末に平治の乱が起こり、藤原信頼《のぶより》・源義朝が一時政権を握ると、従五位下右兵衛佐《うひょうえのすけ》に任ぜられた。しかし、すぐに*平清盛《きよもり》に倒され、父に従って東国へ敗走する途中、美濃《みの》で捕縛された。斬罪になるところを清盛の義母*池禅尼《いけのぜんに》の尽力により助命され、永暦元年（一一六〇）伊豆に配流された。現地の豪族である伊東祐親《すけちか》・*北条時政《ときまさ》らの監視のもと、この地で約二〇年ほどの流人生活を送り、治承元年（一一七七）時政の女政子と結婚している。同四年四月、平氏打倒をよびかける*以仁王《もちひとおう》の令旨《りょうじ》を受けた頼朝は、八月に挙兵、伊豆国の目代山木兼隆《やまきかねたか》を急襲してこれを討った。しかし、直後の*石橋山《いしばしやま》の戦いで惨敗し、逃げ延びた先の安房《あわ》国で再起を図り、*上総広常《かずさひろつね》・千葉介常胤《ちばのすけつねたね》らを味方につけ勢力を回復、十月に行われた*富士川の戦いで平氏軍に勝利し、相模《さがみ》国鎌倉（現神奈川県鎌倉市）に入った。ここを本拠地として東国支配に専念した頼朝は、御家人を統制するための*侍所を設置し独自の政権を確立、さらに*後白河《ごしらかわ》法皇から「*寿永二年十月宣旨」を得て、東国支配権を事実上公認された。元暦元年（一一八四）法皇の命により、弟の*範頼《のりより》・*義経《よしつね》の軍勢を上洛させ、まず*源義仲《よしなか》を討

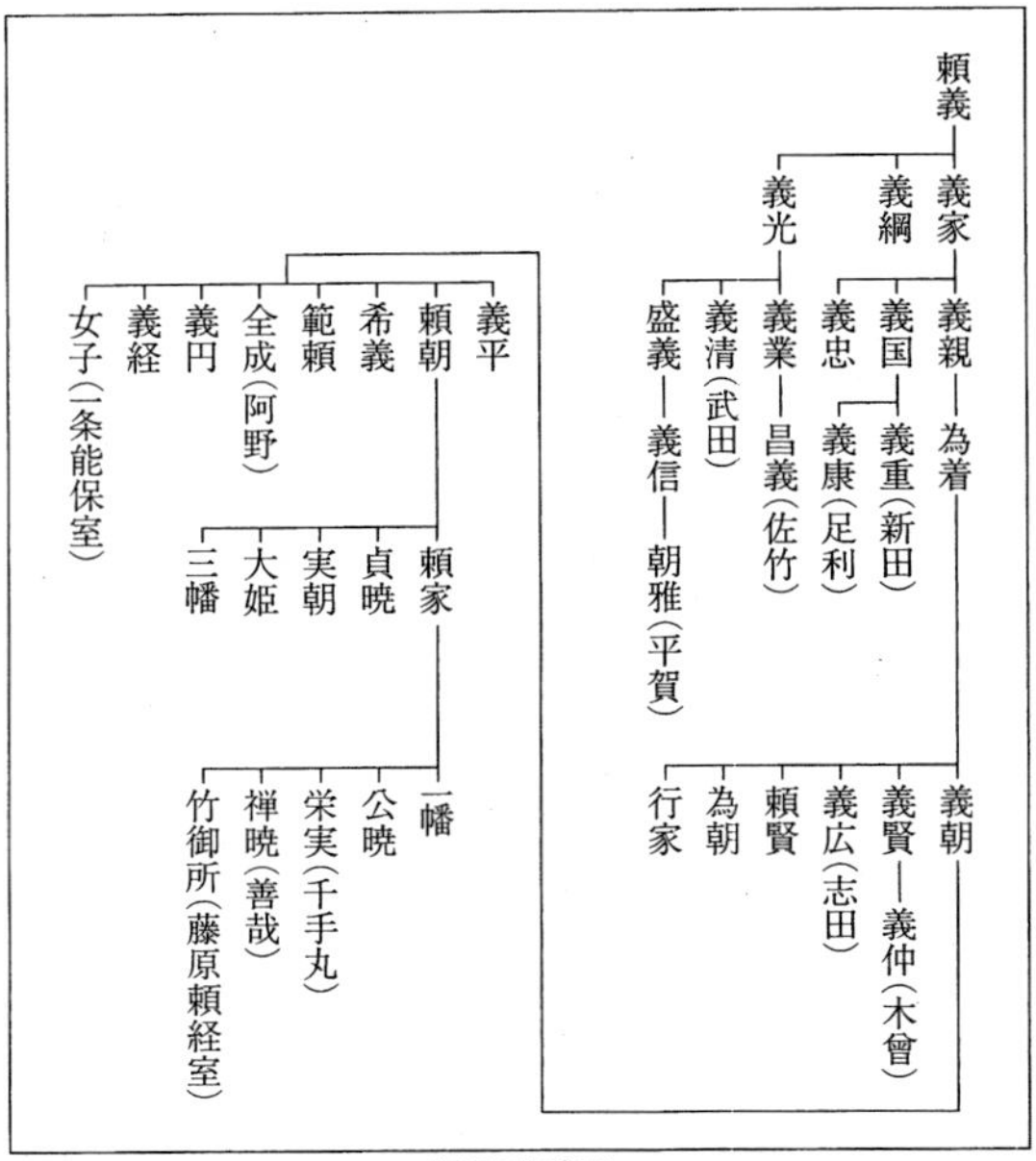

源氏略系図

伐し、翌文治元年（一一八五）*壇ノ浦の戦いで平氏一門をほぼ滅亡させた。その後、義経が法皇と接近して頼朝に背くと、義経追討を名目に、*守護・*地頭設置の勅許を得、*九条兼実《くじょうかねざね》を内覧《ないらん》に推し、さらに議奏公卿《ぎそうくぎょう》の設置を承認させた。文治元年（一一八五）義経を庇護する奥州藤原氏を、自ら軍勢を率いて滅亡に追い込んだ。建久元年（一一九〇）一一月、初上洛した頼朝は法皇と対面し、権大納言、右近衛大将《うこのえのたいしょう》に任ぜられたが、翌月辞任。法皇の死後、同三年七月、待望の征夷大将軍《せいいたいしょうぐん》に任命され、同六年、東大寺落慶供養のため妻子を伴って再上落している。この前後から、頼朝は娘の大姫《おおひめ》を*後鳥羽《ごとば》天皇に入内させようと計画していたとみられている。この翌年*土御門通親《つちみかどみちちか》による政変のため、兼実をはじめとする親幕府派公卿が失脚し、頼朝の朝廷への影響力も弱まった。また、大姫の死去後、次女三幡を入内させよう計画し、再度の上洛を図っていたが、正治元年（一一九九）正月に急逝した。遺骸は、幕府後方の丘陵にある持仏堂（神奈川県鎌倉市）に埋葬されている。

［文献］永原慶二『源頼朝』（岩波書店、一九五八）、安田元久『源頼朝』（吉川弘文館、一九八六）、河内祥輔『頼朝の時代』（平凡社、一九九〇）、山本幸司『日本の歴史9頼朝の天下草創』（講談社、二〇〇一）。（齊藤保子）

源　範頼《みなもとののりより》（生没年未詳）鎌倉時代前期の武将。父は源義朝《よしとも》。母は遠江国池田宿（静岡県豊田町）の遊女。*源頼朝《よりとも》の異母弟。遠江《とおとうみ》国蒲御厨《がまのみくりや》（静岡県浜松市）に生まれ「蒲冠者《かばのかじゃ》」と称された。元暦元年（一一八四）六月、三河守。平治の乱で父義朝が敗死した後、*九条兼実《くじょうかねざね》の家司高倉範季《のりすえ》の養子として養育された（*『玉葉』元暦元年九月三日条）。従来範頼は治承四年（一

一八〇）の頼朝挙兵直後にはすでに参陣していたと考えられていたが、頼朝挙兵当初は出生した遠江国において貴種として独自な行動をとっており、頼朝との合流は少なくとも寿永二年（一一八三）二月以降であるという説もある。

合流後は兄頼朝の名代となり、大手の大将として弟*源義経《よしつね》とともに東国の軍勢を率いて上洛、元暦元年正月には*源義仲《よしなか》追討に成功。その後も平氏討滅戦に活躍、九州に渡り同地における鎌倉幕府支配の確立のために奔走した。その後建久四年（一一九三）五月の*曽我兄弟仇討事件の際に、頼朝暗殺の誤報を信じ、自分が健在であれば源氏は安泰であると発言。それが頼朝生還時に問題となり、同年八月伊豆国に配流された。没年は不明だが、配流直後に殺害されたらしい。

［文献］ 野口 実「源範頼の軌跡—その政治的立場と縁戚・家人に関する覚書—」（『鎌倉』六五、一九九一）、金澤正大「蒲殿源範頼三河守補任と関東御分国—治承寿永内乱期の三河国を巡る源家諸棟梁—」（『政治経済史学』三七〇、一九九七）。
（和氣俊行）

源 義経《みなもとのよしつね》（一一五九—八九） 鎌倉時代初期の武将。父は義《よし》朝《とも》。母は常盤御前《ときわごぜん》。*源頼朝《よりとも》の異母弟。幼名は牛若、後に九郎。義経から義行・義顕と改名。元暦元年（一一八四）八月、左衛門少尉検非違使《けびいし》。文治元年（一一八五）八月、伊予守。

平治元年（一一五九）の平治の乱における父義朝の敗死後、山城国鞍馬寺に流される。のち奥州*藤原秀衡《ひでひら》のもとに寄寓するも、治承四年（一一八〇）の兄頼朝の挙兵に呼応し、合流した。その後は頼朝の代官として軍勢を率いて上洛、まず*源義仲《よしなか》を討伐し、ついで平氏追討における*一の谷・*屋島《やしま》・*壇ノ浦《だんのうら》などの戦いで勝利を収め、平氏を滅亡に追い込む活躍をした。しかし義仲討伐後に、兄頼朝に断りなく叙位任官を受けて頼朝を激怒させて以来、両者の仲は次第に険悪となった。壇ノ浦の戦いで捕虜にした*平宗盛《むねもり》らを、義経が鎌倉に護送した際も、義経は鎌倉に入ることを拒否され、相模《さがみ》国腰越《こしごえ》駅（神奈川県鎌倉市）に止められた。同地において頼朝に自身の無実を表明するために、*大江広元《ひろもと》宛に認めた書状は「*腰越状《こしごえじょう》」として有名である。

しかし両者の不和は解消されず、文治元年（一一八五）一〇月に義経が*後白河《ごしらかわ》法皇から頼朝追討の院宣を得ると、対立は決定的となる。この後義経は募兵に失敗、奥州藤原氏を頼るも、義経の庇護者であった秀衡が急死し、秀衡の子*泰衡《やすひら》の方針転換により、最後は攻められて自害した。

［文献］ 保立道久『義経の登場』（日本放送出版協会、二〇〇四）、五味文彦『源義経』（岩波書店、二〇〇四）、安田元久『新版源義経』（新人物往来社、二〇〇四）、奥富敬之『源義経のすべて』（新人物往来社、二〇〇四）、上横手雅敬『源平内乱と英雄の誕生』（平凡社、二〇〇四）、近藤好和『源義経』（ミネルヴァ書房、二〇〇五）。
（和氣俊行）

源 義仲《みなもとのよしなか》（一一五四—八四） 鎌倉時代初期の武将。父は義《よし》賢《かた》。母は遊女とされる。木曾冠者《きそのかじゃ》。寿永二年（一一八三）八月、従五位下左馬頭《さまのかみ》兼越後《えちご》守（のちに伊予《いよ》守）。寿永三年（一一八四）正月、征夷大将軍。

久寿二年（一一五五）八月、義仲二歳のときに、父義賢が武蔵国大蔵合戦（埼玉県比企《ひき》郡嵐山《らんざん》町）で甥の源義平《よしひら》（*源頼朝《よりとも》の兄）に討たれると、信濃国木曾谷に逃れ乳母の夫中原兼遠《かねとお》のもとで養育された。のち治承四年（一一八〇）九月、*以仁王《もちひとおう》の令旨《りょうじ》に応じ信濃《しなの》国で挙兵、翌年には北陸道をほぼ制圧する。

その後頼朝との衝突を避けるため嫡子清水冠者義高《よしたか》を人質として頼朝のもとに送り和睦している。寿永二年五月平家の大軍を越中国倶利加羅《くりから》峠(富山県小矢部市)に破り、七月叔父*源行家《ゆきいえ》とともに入洛。しかしこのときすでに勲功の第一は頼朝、第二が義仲という番付がなされていた(*『玉葉』寿永二年七月三〇日条)。その後*安徳《あんとく》天皇西遷後の皇位問題に介入、自らが奉じてきた以仁王の子*北陸宮《ほくりくのみや》を推し*後白河《ごしらかわ》法皇と対立する。対する頼朝は「寿永二年十月宣旨」で東海・東山道の国衙在庁指揮権を獲得した。焦慮する義仲は平氏追討に出陣したが、備中《びっちゅう》国水島(岡山県倉敷市)で大敗して帰洛し、同年一一月には法皇を捕らえ、クーデターを決行した。翌年正月征夷大将軍に就任するも、同月義仲討伐のため上洛してきた*源義経《よしつね》・*範頼《のりより》の大軍に攻められ、近江国粟津《あわづ》(滋賀県大津市)で敗死した。

[文献]　北爪真佐夫『中世初期政治史研究』(吉川弘文館、一九九八)。

(和氣俊行)

以仁王《もちひとおう》(一一五一—八〇)　*後白河《ごしらかわ》法皇の皇子。母は藤原季《すえ》成《なり》女高倉三位成子。鳥羽《とば》法皇の皇女*八条院暲子《はちじょういんしょうし》の猶子。三条高倉にあった居宅に因み、三条宮・高倉宮と称す。幼少のとき、天台座主最雲《さいうん》の弟子になるが、最雲の死去により永万元年(一一六五)元服。才学に秀で、管弦・詩歌にも堪能であったが、*建春門院《けんしゅんもんいん》平滋子の権勢に押され、親王宣下のないまま成長した。治承四年(一一八〇)*源頼政《よりまさ》らと平氏追討を計画するも、すぐに平氏側に知られてしまい、王と頼政らは反平氏派である*園城寺《おんじょうじ》に逃れたが、同寺への平氏軍の攻撃をうけ奈良にむけ脱出。しかし、*宇治川の戦いで敗れ、光明山鳥居前(京都府相楽郡山城町綺田)で敗死した。挙兵は失敗したが、王の名による平氏討伐の令旨は*源行家《ゆきいえ》などにより諸国の源氏に伝えられ、*源頼朝《よりとも》・*義仲《よしなか》などがこれに呼応し、*治承・寿永の内乱を引き起こす要因となった。

[文献]　上横手雅敬『平家物語の虚構と真実』(講談社、一九七三)、佐藤進一『日本の中世国家』(岩波書店、一九八三)。

(齊藤保子)

源　頼政《みなもとのよりまさ》(一一〇四—八〇)　平安時代末期の武将。父は源仲政《なかまさ》。母は藤原友実《ともざね》女。摂津《せっつ》源氏。大治年間中(一一二六—三一)白河院判官代《ほうがんだい》として白河院に勤仕し、久寿二年(一一五五)兵庫頭《ひょうごのかみ》に任ぜられる。保元元年(一一五六)の保元の乱では、*後白河《ごしらかわ》天皇方として参戦した。平治元年(一一五九)の*平治の乱では、当初は藤原信頼《のぶより》・源義朝《よしとも》方に加わっていたが、義朝の六波羅攻めの際、平氏方に寝返ったことで、藤原通憲《みちのり》・*平清盛《きよもり》方の勝利を決定づけることになった。乱後も、長く兵庫頭のままであったが、仁安元年(一一六六)正五位下に叙され、内昇殿を許された。同二年、従四位下、同三年、従四位上となり、嘉応二年(一一七〇)右京権大夫《うきょうごんのだいぶ》、承安元年(一一七一)正四位下に昇った。治承二年(一一七八)清盛の推薦により、武門の源氏としては異例の従三位(非参議)に叙されたが、この人事は平治の乱以来の頼政の功労に報いるためとも、源氏の勢力を押さえるためともいわれている。翌年出家し、法名は真蓮、または頼円。源三位入道《げんざんみにゅうどう》と呼ばれた。治承四年(一一八〇)五月、かねてより平氏打倒を目論んでいた*以仁王《もちひとおう》は、頼政と結んで挙兵を計画、追討の令旨を諸国の源氏に発した。計画はすぐに露見し、王は*園城寺《おんじょうじ》へ逃れ、頼政も一族郎等を率いて合流したが、平氏軍の攻撃により奈良*興福寺を頼るため脱出した。しかし、宇治平等院周辺で平氏軍に追いつかれ、合戦となるが敗退、平等院において自害した。挙兵は失敗したが、以仁王の令旨は*源頼朝《よりとも》・*義仲《よしなか》に代表される源氏の武装蜂起を促す原動力となった。頼政は歌人としても有名で、家集『源三位頼政集』の他、『*千載和歌集』をはじめとする勅撰集などに多く和歌が入集している。また『*平家物語』などの軍記物語や謡曲、浄瑠璃の題材として数多く取り上げられている。

[文献] 多賀宗隼『源頼政』(吉川弘文館、一九七二)。 (齊藤保子)

源行家《みなもとのゆきいえ》 (?—一一八六) 平安時代末—鎌倉時代初期の武将。清和源氏《せいわげんじ》。父は源為義《ためよし》。本名は義盛《よしもり》。保元・平治の乱後、熊野新宮に身を隠し、新宮十郎《しんぐうじゅうろう》と称す。治承四年(一一八〇)頼政の勧めで*以仁王《もちひとおう》に謁し、行家と改名。*八条院暲子《はちじょういんしょうし》の蔵人となり、王の名による平氏追討の*令旨を諸国の源氏に伝えた。養和元年(一一八一)数千騎を率いて尾張に入り、*墨俣川《すのまたがわ》で平重衡《しげひら》・*維盛《これもり》軍と争ったが敗退、追撃を逃れて*義仲《よしなか》を頼った。寿永二年(一一八三)義仲とともに入京、*後白河《ごしらかわ》法皇に拝謁し、従五位下備前守に補され、院の昇殿を許された。その後義仲と対立し、義仲を追討した*義経《よしつね》に接近、さらに義経と頼朝が対立すると、文治元年(一一八五)一〇月、頼朝追討宣旨を得て、再起を図って西国に向け大物浦《だいもつ》から船出をするが、難破。行家は和泉国に逃れ、同国の在庁日向権守清実《きよざね》のもとに隠れていたが、翌年五月、北条時定《ときさだ》・常陸房昌明《ひたちごうまさあき》らの軍に攻められ、殺された。

[文献] 御家人制研究会編『吾妻鏡人名索引』(吉川弘文館、一九七一)。 (齊藤保子)

北陸宮《ほくりくのみや》 (一一六五—一二三〇) *以仁王《もちひとおう》の王子。*後白河《ごしらかわ》天皇の孫王。木曽宮《きそのみや》・野依宮《のよりのみや》・加賀宮《かがのみや》・還俗宮《げんぞくのみや》・今屋殿《いまやどの》などと称される。治承四年(一一八〇)父以仁王が平氏軍に殺害されると、出家して北陸に隠棲したが、*源義仲《よしなか》に奉じられて還俗し、越中国宮崎に居した。寿永二年(一一八三)七月、*安徳《あんとく》天皇を奉じて平氏一門が西走した後、義仲は北陸宮を皇位継承者として推したが、*高倉《たかくら》上皇の皇子尊成親王(*後鳥羽《ごとば》天皇)が皇嗣に定められた。同年一一月、義仲と後白河法皇の対立が深刻化する中、逐電。文治元年(一一八五)*源頼朝《よりとも》の計らいで帰京し、嵯峨野依に居住する。寛喜二年(一二三〇)七月に薨じた。

[文献] 河内祥輔『頼朝の時代』(平凡社、一九九〇)。 (齊藤保子)

八条院暲子《はちじょういんしょうし》 (一一三七—一二一一) 鳥羽《とば》天皇の皇女。母は美福門院藤原得子。同母弟に近衛《このえ》天皇がいる。保延四年(一一三八)四月、内親王宣下、久安二年(一一四六)四月、准三宮、保元二年(一一五七)五月に落飾、法名は金剛観。二条天皇の即位により准母となり、応保元年(一一六一)一二月に院号宣下、八条院の院号を賜った。鳥羽天皇の寵厚く、保元元年(一一五六)膨大な鳥羽院領の大部分を相伝し、政治・経済の両面に絶大な勢力をもった。また、*以仁王《もちひとおう》を猶子にむかえ、その子女を養育し、源平内乱の際には平氏追討を支援する立場をとった。建暦元年(一二一一)六月、薨去。遺領は、猶子である*後鳥羽《ごとば》天皇の皇女昇子内親王(春華門院)が相伝した。墓所は京都市右京区鳴滝中道町。

[文献] 五味文彦『院政期社会の研究』(山川出版、一九八四)、石井進「源平争乱の八条院領」(永原慶二・佐々木潤之介編『日本中世史研究の軌跡』、東京大学出版会、一九八八)。 (齊藤保子)

徳大寺実定《とくだいじさねさだ》 (一一三九—九一) 平安時代末期の公卿、歌人。父は藤原公能《きんよし》。母は藤原俊忠女豪子。同母妹に近衛・二条両天皇の后となった多子がいる。永治元年（一一四一）従五位下に叙され、検非違使《けびいし》別当、左近衛権中将などを歴任、保元元年（一一五六）従三位、長寛二年（一一六四）権大納言《ごんのだいなごん》、翌年正二年に昇る。寿永二年（一一八三）内大臣に任ぜられるが、入京した*源義仲《よしなか》に罷免され、翌年復任する。文治二年（一一八六）*源義経《よしつね》の追討宣旨に絡む*頼朝《よりとも》の朝廷介入により右大臣、同五年、左大臣となる。建久三年（一一九二）六月に出家、法名を如円と称し、同年閏一二月に薨じた。後徳大寺左大臣と称する。その日記『庭槐記《ていかいき》』（または『槐林記《かいりんき》』）の逸文が、現在わずかに伝存している。和歌に堪能で、『*千載和歌集』をはじめ多くの勅撰集に七〇首余り入集している。（齊藤保子）

［文献］江藤美紗子「藤原実定論」（『藤女子大学国文学雑誌』九、一九七二）、中村　文「後徳大寺実定後の沈淪」（『立教大学日本文学』四六、一九八一）。

藤原基通《ふじわらのもとみち》（一一六〇—一二三三）平安時代末—鎌倉時代初期の公卿。父は藤原基実《もとざね》。母は藤原忠隆女。普賢寺と称す。嘉応二年（一一七〇）叙爵、治承二年（一一七七）非参議、従三位。治承三年（一一七九）*清盛《きよもり》の起こしたクーデターにより内大臣、関白となり、同四年、*安徳《あんとく》天皇の即位に伴い摂政、従一位に昇る。この異例の昇進は、継母平盛子を通じて関係のあった平氏の権勢によるものだが、基通自身は*後白河《ごしらかわ》法皇に篤く信頼されていたため、政治的立場は法皇側にあった。寿永二年（一一八三）平氏西走には従わず、同年の*後鳥羽《ごとば》天皇の即位により摂政となった。しかし、皇嗣の問題をめぐり対立した*源義仲《よしなか》に罷免され、翌年義仲の敗死により還任する。文治二年（一一八六）基通に代わり*九条兼実《くじょうかねざね》が摂政に任ぜられるも、法皇の擁護により摂関家領は基通のもとにとどめられた。これが発端となり、以後近衛・九条両家は対立を深めていく。建久七年（一一九六）*土御門通親《つちみかどみちちか》による宮中政変の結果、失脚した兼実の後任として関白となり、同九年（一一九八）*土御門《つちみかど》天皇即位に伴い、摂政に転じた。承元二年（一二〇八）出家、法名は行理。天福元年（一二三三）五月に薨じた。（齊藤保子）

［文献］多賀宗隼『玉葉索引』（吉川弘文館、一九七四）。

藤原師家《ふじわらのもろいえ》（一一七二—一二三八）平安時代末—鎌倉時代初期の公卿。父は藤原（松殿）基房《もとふさ》。母は藤原忠雅《ただまさ》女。治承二年（一一七八）従五位下に叙され、翌年一〇月、従三位権中納言に任ぜられるが、翌月に起きた*平清盛《きよもり》のクーデターにより解官される。この事件は、*藤原基実《もとざね》の嫡室平盛子《もりこ》が基実の没後に伝領した摂関家領を、盛子の薨去により父基房が*後白河《ごしらかわ》法皇と画策して院領にしたことが原因とみられ、この頃から反平氏の動きが活発化する。寿永二年（一一八三）七月、平氏一門は西走し、その翌月師家は権大納言となり、同年一一月*源義仲《よしなか》と父基房の謀議により、基通に代わって内大臣および摂政に任ぜられた。しかし、翌年義仲の敗死により師家は罷免され、以降松殿家は衰退する。貞永元年（一二三二）出家、法名は大心。暦仁元年（一二三八）一〇月、四天王寺において薨じた。（齊藤保子）

［文献］浅香年木『治承・寿永の内乱論序説』（法政大学出版局、一九八一）

佐奈田義忠《さなだよしただ》（？—一一八〇）鎌倉時代初期の武将。真田与《よ》一《いち》とも。父は岡崎義実《よしざね》。治承四年（一一八〇）八月に父義実とともに*源頼朝《よりとも》の使者*土肥実平《どひさねひら》を迎え、三浦一族の一員として頼

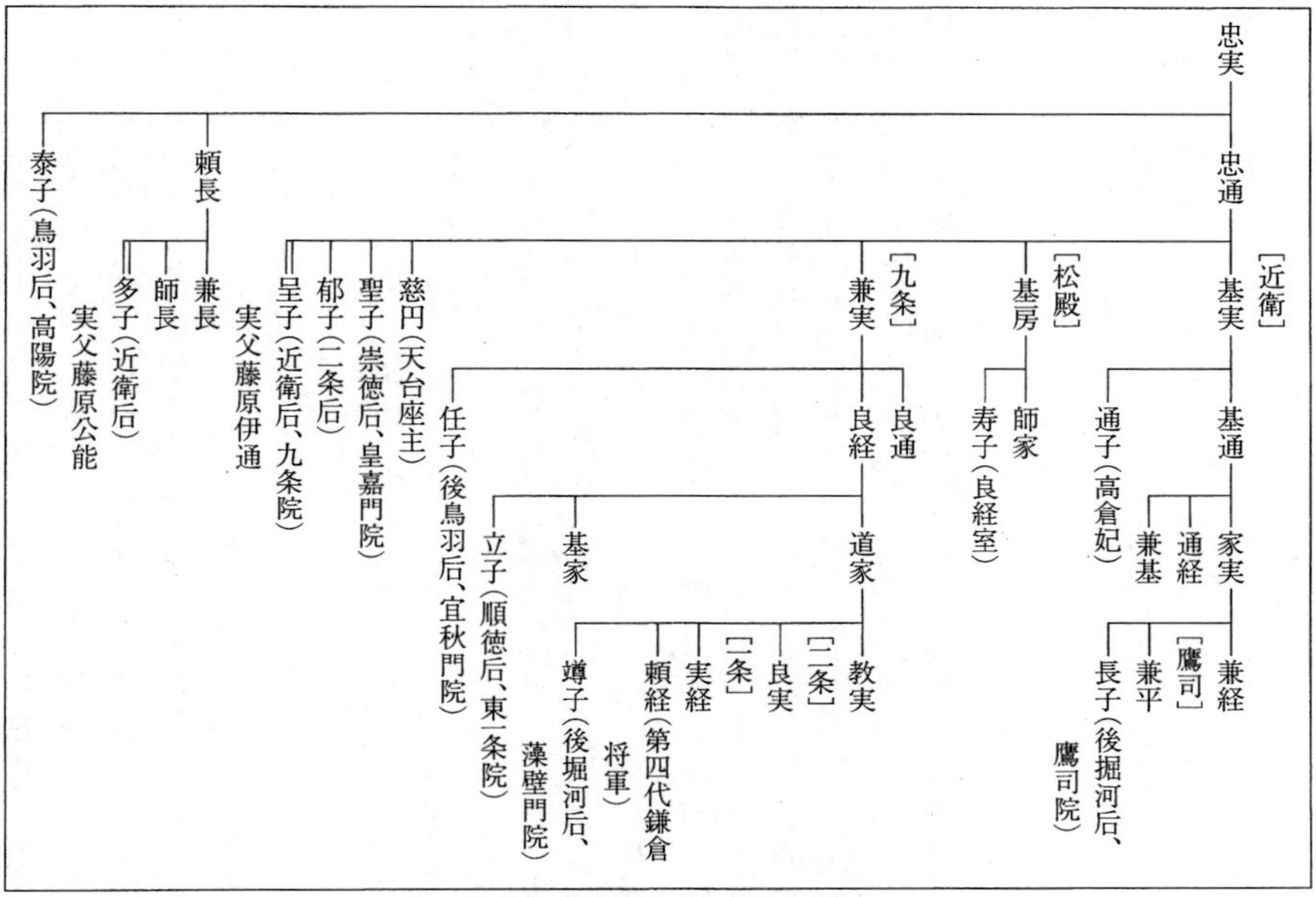

摂関家系図（平安末〜鎌倉初期）

朝の挙兵に参加（*『吾妻鏡《あづまかがみ》』同年八月一二日条）。同年の*石橋山の戦いで平家方の長尾定景《さだかげ》により討たれた（『吾妻鏡』同年八月二三日・治承五年七月五日条）。義忠の死後、その子らは頼朝に優遇された。『吾妻鏡』文治六年（一一九〇）正月二〇日条には、頼朝が伊豆権現参詣の路次、石橋山の義忠らの墓前で落涙数行に及んだことが記されている。建久八年（一一九七）には、義忠の菩薩を弔うために頼朝により山内灯菩薩寺が建立されている（『吾妻鏡』建長二年（一二五〇）四月一六日条）。

（和氣俊行）

山木兼高《やまきかねたか》（？―一一八〇）平安時代末期の武士。兼隆とも。父は信兼《のぶかね》。山木判官。桓武平氏の一流。はじめ父により伊豆国田方郡山木郷（静岡県伊豆の国市）に流されたが、後に伊豆国の知行国主が*以仁王《もちひとおう》の挙兵に加担した*源頼政《よりまさ》から平時忠《ときただ》に代わると、同国の目代に登用された。同国蛭ヶ小島《ひるがこじま》（静岡県伊豆の国市）に流されていた*源頼朝《よりとも》が、以仁王の令旨に応じて治承四年に挙兵した際に、最初の攻撃対象となったことで知られる。頼朝方の襲撃は、伊豆国一宮三島社の祭礼の日（八月一七日）にあわせて決行された。襲撃時は祭礼のため兼高の郎従はほとんど出払っており、頼朝の挙兵は周到な用意のもとに行われたと考えられている（*『吾妻鏡』治承四年八月一七日条）。兼高は襲撃時に死去。

（和氣俊行）

佐伯景弘《さえきかげひろ》（生没年未詳）平安時代末期・鎌倉時代初期の安芸《あき》国厳島《いつくしま》神社の神主。応保二年（一一六二）掃部允《かもんのじょう》。仁安二年（一一六七）従五位下民部大丞。寿永元年（一一八二）、安芸守。佐伯氏は代々安芸国厳島神社の神主を勤め、また同国の在庁官人をも兼ねていた。景弘は、久安二年（一一四六）に*平清盛《きよもり》が安芸守に就任するとこれに接近、平姓を名のり、平氏の安芸国在地支配に携わり、自らが直接所領経営をした。仁安三年（一一六八）、厳島社殿の修造を独力で行っており、景弘は豊富な財力を有していたことがわかる。源平合戦では平氏に加担するも、文治三年（一一八七）には朝廷から壇ノ浦に沈んだ宝剣探索を命じられており、平氏滅亡後、景弘は処罰されなかったようである。

［文献］ 田中文英『平氏政権の研究』（思文閣出版、一九九四）。

（和氣俊行）

大庭景親《おおばかげちか》（?—一一八〇） 平安時代末期の武将。父は景《かげ》忠《ただ》。三郎。大庭氏は元来源氏譜代の家人であり、景親自身も保元元年（一一五六）の保元の乱には源義朝《よしとも》に従い参加している。平治元年（一一五九）の平治の乱での義朝の敗死後、景親は捕らえられ殺されるところを平氏により助けられ、以後平氏の家人となった。治承四年の*源頼朝《よりとも》挙兵には平氏方として参戦、*石橋山の戦いでは平氏方の大将として頼朝方を破った。景親は重代の主である源氏より、恩ある主である平氏を選んだのである。その後*富士川の戦いで勢力を回復した頼朝に平氏軍が大敗すると、景親も降服、*上総広常《かずさひろつね》の元に預けられ同年一〇月梟首された。

［文献］ 伊藤一美「鎌倉武士大庭氏の人物像」（『鎌倉』七四、一九九四）。

（和氣俊行）

長谷部信連《はせべのぶつら》（?—一二一八） 平安時代末期・鎌倉時代初期の武将。父は為連《ためつら》。長兵衛尉。三条宮侍。長谷部氏は代々朝廷に仕えた武家で、信連ははじめ*後白河《ごしらかわ》法皇に仕えたが、兵衛尉に任官してのち*以仁王《もちひとおう》に仕えた。治承四年（一一八〇）、以仁王の挙兵が発覚した際には、王を*園城寺《おんじょうじ》に逃したものの自身は捕らえられ、死罪になるところを武勇惜しまれて伯耆《ほうき》国日野（鳥取県日野郡日野町）に配流となった。

平氏滅亡後の文治二年（一一八六）、*頼朝《よりとも》は信連を探し出し御家人として召し抱え、安芸《あき》国の検非違使《けびいし》ならびに若干の所領を安堵した。これは頼朝が信連の武勇を惜しんだためとされる。建保六年（一二一八）、先年信連に与えられた所領の一つとされる能登国鳳至《ふげし》郡大屋荘河原田（石川県輪島市）にて死去した。

［文献］ 角田文衛『平家後抄 上』（朝日新聞社、一九八一）。

（和氣俊行）

山本義経《やまもとよしつね》（生没年未詳） 山下ともされる。平安時代末期—鎌倉時代初期の武将。近江源氏。父は義定《よしさだ》。山本冠者。兵衛《ひょうえの》尉《じょう》・伊賀《いが》守・若狭《わかさ》守。安元二年（一一七六）平氏の讒言により延暦寺衆徒を殺害した罪で佐渡《さど》国に配流されている。治承三年（一一七九）には勅免され帰京。その後東国における*源頼朝《よりとも》の挙兵の動きに呼応し、弟の柏木義兼《よしかね》とともに反平氏の旗を挙げ、近江で挙兵した。治承四年（一一八〇）一二月には*平知盛《とももり》らの討伐に遭い、鎌倉に逃亡、*土肥実平《どひさねひら》の斡旋により頼朝への祗候が許されている（『*吾妻鏡《あづまかがみ》』治承四年一二月一〇日条）。その後、*源義仲《よしなか》とともに入京し伊賀守に任ぜられ、また義仲のクーデター後に若狭守に任ぜられた後は、義仲と最後まで行動をともにしたという説も。

［文献］ 『長浜市史1湖北の古代』（一九九六）、上横手雅敬「院政期の源氏」（御家人制研究会編『御家人制の研究』吉川弘文館、一九八一）、『源平争乱と平家物語』（角川書店、二〇〇一）。

（和氣俊行）

柏木義兼《かしわぎよしかね》（生没年未詳） 平家時代末期・鎌倉時代初期の武将。近江源氏。父は義定《よしさだ》。柏木冠者。九条院判官代《ほうがんだい》。左兵衛尉。甲賀入道。近江国甲賀柏木御厨（滋賀県甲賀郡甲賀市）を本拠とし、兄山本義経《よしつね》*とともに平氏に対し敵対行動を繰り返した。
治承四年（一一八〇）の東国における源頼朝《よりとも》*の挙兵の動きに呼応し、兄義経とともに反平氏の旗をあげ近江国で挙兵するも、同年一一月には平知盛《とももり》*らの討伐に遭い、兄義経は鎌倉の頼朝のもとへ逃亡した（『吾妻鏡《あづまかがみ》』治承四年一二月一〇日条）。あるいは義兼も兄に同道したかとも思われるが、その後の動向は不明。

［文献］ 上横手雅敬「院政期の源氏」（御家人制研究会編『御家人制の研究』吉川弘文館、一九八一）、『長浜市史1湖北の古代』（一九九六）。

（和氣俊行）

北条時政《ほうじょうときまさ》（一一三八―一二一五） 鎌倉時代前期の武将。父は時方《ときかた》。母は伊豆掾伴為房《ともためふさ》女。四郎。正治二年（一二〇〇）、従五位下遠江守《とおとうみ》。北条氏は伊豆国田方郡北条（静岡県伊豆の国市）を本拠とし、伊豆国在庁官人の傍流の出ともいわれる。
平治の乱で敗れた源義朝《よしとも》の子頼朝《よりとも》*が伊豆に流されてくると、時政は頼朝の監視役を命じられた。しかし治承元年（一一七七）頃娘政子*が頼朝の妻となり、翌年二人の間に大姫が誕生すると、治承四年（一一八〇）の頼朝挙兵には加担することとなった。挙兵後は一貫して頼朝に従い、文治元年（一一八五）には頼朝の名代として千騎を率いて上洛し、源行家《ゆきいえ》*・義経《よしつね》*討伐のため、朝廷に諸国への総追捕使《そうついぶし》*・地頭の設置を承認させた。
頼朝の死後は幕府宿老となり、正治元年（一一九九）、二代将軍頼家《よりいえ》*の訴訟親裁を停止し、一三人の御家人による合議制が成立した際にも、その一員となっている。翌年には従五位下遠江守となり、また将軍の外祖父でもあることから、幕府内部での地位はしだいに高まっていった。建仁三年（一二〇三）には頼家の外戚比企《ひき》*氏の乱を鎮圧、頼家を廃して弟の実朝《さねとも》*を将軍に立てた。その後幕府政治の実権を握るも、元久二年（一二〇五）、時政の後妻牧*の方が娘婿の平賀朝雅《ひらがともまさ》*を将軍位に望む陰謀が発覚・失敗し、時政もこれに連座して失脚、伊豆国北条に出家・退隠した。建保三年死去。七八歳。

［文献］ 奥富敬之『鎌倉北条氏の基礎的研究』（吉川弘文館、一九八〇）、山本幸司『日本の歴史9頼朝の天下草創』（講談社、二〇〇一）。

（和氣俊行）

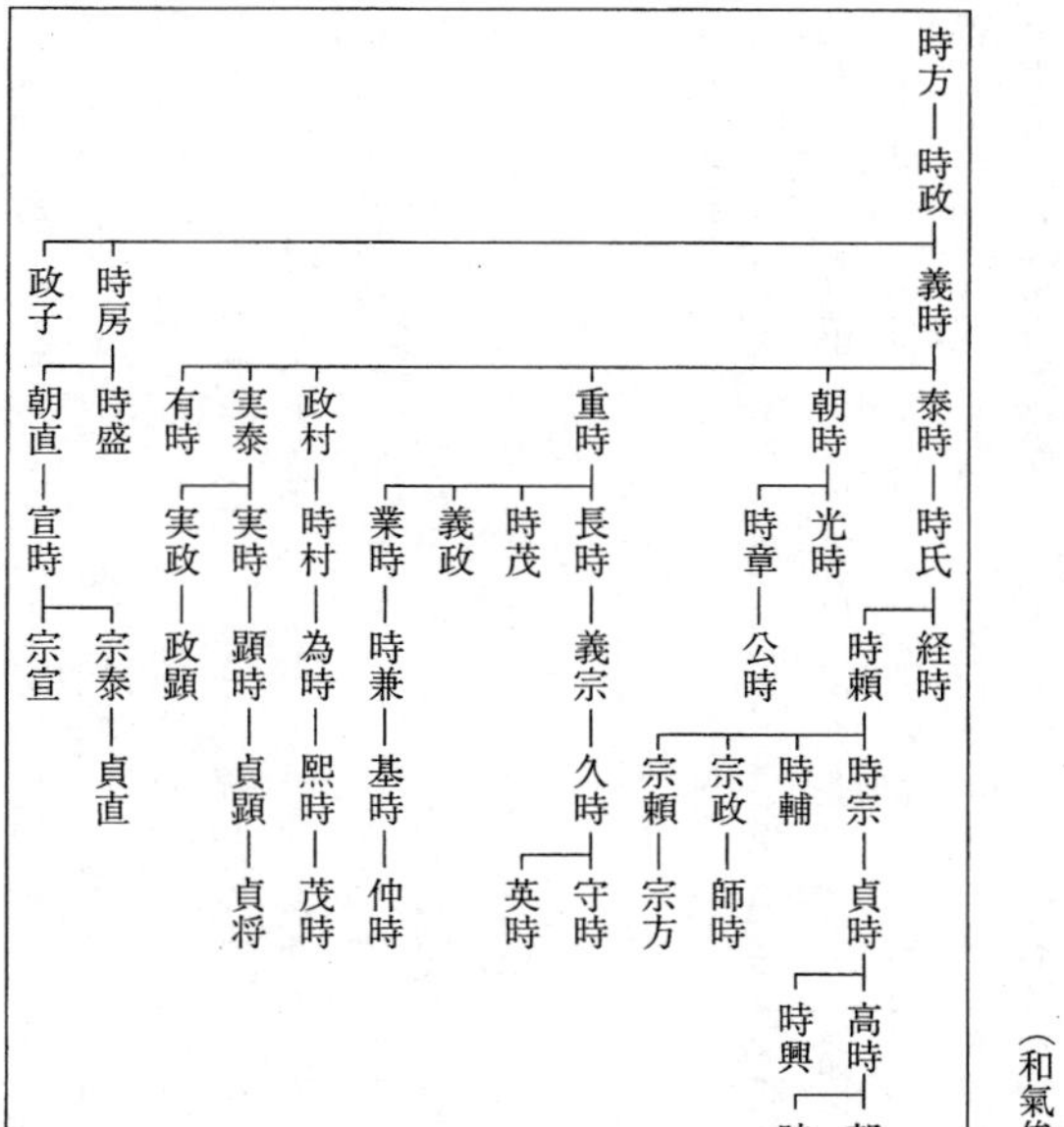

北条氏略系図

佐々木秀義《ささきひでよし》（一一一二—八四）　平安時代末期・鎌倉時代初期の武将。父は季定《すえさだ》。母は安倍宗任《あべむねとう》の娘。源三。平治元年（一一五九）の平治の乱では源為義《ためよし》の子義朝《よしとも》方に参加。義朝の敗死後は、母の関係から奥州の*藤原秀衡《ひでひら》を頼ろうとした。その途次相模《さがみ》国に至ると、*渋谷重国《しげくに》に留められ、渋谷荘に長期滞在することになった。治承四年（一一八〇）、*源頼朝《よりとも》の挙兵に呼応、しかし自身は、平氏方に呼応した渋谷氏への憚りから、当初直接参陣はせず、子息四人を頼朝の*山木兼高《かねたか》攻めに参加させている。その後各地に転戦するも、元暦元年（一一八四）七月、伊賀平氏追討戦において討死。

[文献]　田中政三『近江源氏2佐々木氏の系譜』（弘文堂書店、一九八二）、『八日市市史』（一九八三）。　（和氣俊行）

佐々木高綱《ささきたかつな》（?—一二一四）　鎌倉時代前期の武将。父は秀義《ひでよし》。四郎。左衛門尉《さえもんのじょう》。文治二年（一一八六）、長門《ながと》国守護。治承四年（一一八〇）、父秀義が*源頼朝《よりとも》の挙兵に呼応、高綱も三人の兄とともに参陣した。その後*源義仲《よしなか》討伐・平氏討滅戦に参加、数々の勲功を立てる。なかでも*『平家物語』にみえる義仲討伐戦での*梶原景時《かじわらかげとき》息*景季《かげすえ》との宇治川での*先陣争いは有名。高綱は景季を欺き先陣の功を得るが、これは当時の東国武士の実践的・合理的な行動様式に基づく行為であり、非難すべきことではないとされる。左衛門尉・長門国守護などを経て、建久六年（一一九五）、出家して西入と号し、建保二年（一二一四）死去。

[文献]　田中政三『近江源氏2佐々木氏の系譜』（弘文堂書店、一九八一）、山本幸司『日本の歴史9頼朝の天下草創』（講談社、二〇〇一）。　（和氣俊行）

金刺盛澄《かなさしもりずみ》（生没年未詳）　平安時代末期・鎌倉時代初期の神官。諏訪大夫。金刺舎人《かなさしのとねり》。父は光頼《みつより》。金刺氏は代々信濃国諏訪下社の大祝《おおはふり》職を相伝した。盛澄の代には、はじめ平氏に属していたが、治承四年（一一八〇）に*源義仲《よしなか》が挙兵すると盛澄はこれに呼応、一門の武将を派遣している。義仲滅亡後、盛澄は*源頼朝《よりとも》方に身柄を拘束されたようであるが、文治三年（一一八七）五月、*鶴岡八幡宮《つるがおかはちまんぐう》の放生会で、頼朝の面前で流鏑馬《やぶさめ》の妙技を披露し赦免されている。以後は*鎌倉幕府の御家人となり、流鏑馬の射手を何度か務めたことが*『吾妻鏡』にみえる。建仁三年（一二〇三）正月三日に御的始の射手を務めた記事が『吾妻鏡』の終見。

[文献]　角田文衞「平家の残党」（『平家後抄 上』朝日新聞社、一九八一）、『下諏訪町誌』（甲陽書房、一九八五）。　（和氣俊行）

山鹿秀遠《やまがひでとお》（生没年未詳）　平安時代末期—鎌倉時代初期の武将。父は粥田《かいた》経遠《つねとお》。兵藤次。秀遠は筑前国山鹿荘（福岡県芦屋町東部・北九州市若松区）を本拠とし、九州における平氏方勢力の中心的な存在であった。寿永二年（一一八三）一〇月、反平氏方の緒方惟栄《おがたこれよし》による大宰府攻撃により平氏方が敗走した際には、秀遠自身は居城に平氏軍を迎え入れて立て籠もっている。その後も平氏与党として活躍し、文治元年（一一八五）三月の*壇ノ浦《だんのうら》の戦いでは、肥前国の松浦党《まつらとう》とともに平氏方の大将軍として戦っている。平氏滅亡後、秀遠は所領を没収された。その後の同行は不明。

[文献]　工藤敬一『荘園公領制の成立と内乱』（思文閣出版、一九九二）。　（和氣俊行）

千葉常胤《ちばつねたね》（一一一八—一二〇一）　平安時代末期—鎌倉時代

初期の武将。父は桓武平氏良文流の千葉常重《つねしげ》。千葉介・下総権介・上総介。母は大掾《だいじょう》政幹《まさもと》の娘。長承四年（一一三五）、父常重から上総《かずさ》国相馬御厨《そうまのみくりや》（茨城県取手市）下司職を相続、その後同御厨の支配をめぐって国守藤原親通《ちかみち》、源義朝《よしとも》、同族の平常澄《つねずみ》などと対立している。保元元年（一一五六）の保元の乱には義朝方として参加した。続く平治元年（一一五九）の平治の乱で義朝が死去すると、相馬御厨は謀反人義朝の所領として国衙に収公された。これに対し常胤は訴訟を起こすが敗訴し、御厨は同地への権利を主張する佐竹義宗《よしむね》のものとなってしまう。治承四年（一一八〇）、義朝の遺児*頼朝《よりとも》が平氏打倒のため伊豆で挙兵し、石橋山の敗戦を経て安房に逃れると、常胤は頼朝方として参戦、下総国目代《もくだい》を襲撃して後、頼朝と合流した。以後佐竹氏討伐、平氏追討戦、*奥州合戦に相次いで参戦し、幕府草創期の有力御家人となる。頼朝死後は幕府宿老中の筆頭的存在となった。建久三年（一一九二）八月の頼朝の政所始の際に、*政《まん》所下文《どころくだしぶみ》による所領安堵に抗議、頼朝との個人的関係重視を主張し、頼朝直判の下文を得たことは有名である。

［文献］　福田豊彦『人物叢書　千葉常胤』（吉川弘文館、一九八七）、野口　実編『千葉氏の研究』（名著出版、二〇〇〇）。　（和氣俊行）

上総介広常《かずさのすけひろつね》（?—一一八三）　平安時代末期—鎌倉時代初期の武将。父は桓武平氏良文流の上総常澄《つねずみ》。上総権介・上総介。介八郎と称す。はじめ保元・平治の乱では源義朝《よしとも》に属していたが、義朝の敗死後は平氏に従った。治承四年（一一八〇）、*源頼朝《よりとも》の挙兵後は、*千葉常胤《つねたね》とともに頼朝に従い、参陣時には二万騎を率いていたという。この参陣の際、頼朝は大軍の参陣を喜ぶどころか広常の遅参を咎めたので、かえって広常は頼朝が一人の主人となれる人物であることを知り心服したとされる（*『吾妻鏡』治承四年九月一九日条）。富士川の合戦後は、頼朝の西上の意図を諫止して佐竹氏討伐を進言し、この討伐戦で中心的役割を果たした（『吾妻鏡』治承四年一一月条）。これ以後広常は、その強大な勢力故に、頼朝に対して不遜な態度をとるようになり、ある時頼朝が納涼のために相模《さがみ》国三浦に行く途中に広常と出会った際、広常は下馬せず、三浦義連《よしつら》が下馬をすすめると「公私とも三代の間、未だそのような礼はせず」と言い放つ（『吾妻鏡』治承五年六月一九日条）などの事件を起こしている。そのためか、寿永二年（一一八三）末に、頼朝により鎌倉にて誅殺された（*『愚管抄《ぐかんしょう》』）。広常の軍事力は両総の製鉄と馬牧を抑えることにより成立したとされる。

［文献］　福田豊彦『人物叢書　千葉常胤』（吉川弘文館、一九八七）、野口　実編『千葉氏の研究』（名著出版、二〇〇〇）。　（和氣俊行）

江戸重長《えどしげなが》（生没年未詳）　鎌倉時代前期の武将。父は重継《しげつぐ》。太郎。江戸氏は平姓秩父氏の一流。重継の代には武蔵国豊島郡江戸（現東京都千代田区）に住し、江戸氏を称した。治承四年（一一八〇）の*源頼朝《よりとも》の挙兵時には、平家方として石橋山に参陣、その後頼朝方の三浦氏を衣笠《きぬがさ》城（神奈川県横須賀市）に攻め、これを破った。再起を図った頼朝が武蔵に進出してくると、同族の畠山・河越氏らとともに頼朝の元に参陣。この時重長は頼朝から武蔵国の在庁官人ならびに諸郡司らに諸雑事を沙汰するよう命じられている（*『吾妻鏡《あづまかがみ》』治承四年一〇月五日条）。これ以後重長は幕府の有力御家人としてその名がみえる。

［文献］　萩原龍夫編『江戸氏の研究』（名著出版、一九七七）。　（和氣俊行）

河越重頼《かわごえしげより》（?—一一八五）　鎌倉時代前期の武将。父は重《しげ》隆《たか》。太郎。河越氏は平姓秩父氏の一流。重隆の代に武蔵国入間郡河越庄（現埼玉県川越市）に住し、河越氏を称した。当初平氏方であったが、*源頼朝《よりとも》の武蔵進出に伴い、同族の畠山・江戸氏とともに頼朝の元へ参陣。秩父氏の嫡流は畠山氏であるが、当時庶流の重頼が平姓秩父氏系武士団の中核的存在であったとされる。また重頼の妻は頼朝の乳母比企尼《ひきのあま》の娘で、頼朝の子*頼《より》家《いえ》の乳付けをつとめている。元暦元年（一一八四）九月には、頼朝の命により頼朝の弟*義経《よしつね》と重頼の娘との婚姻が成立するが、これが仇となり、後の義経の謀反に連座して所領を没収、誅殺された。

［文献］　安田元久『武蔵の武士団』（有隣堂、一九九四）、岡田清一編『河越氏の研究』（名著出版、二〇〇三）。　（和氣俊行）

三浦義明《みうらよしあき》（一〇九二—一一八〇）　平安時代末期の武将。父は義継《よしつぐ》。三浦大介。天治年間（一一二四—二六）以来、相模《さがみ》国の有力在庁官人であったようである。また*源頼朝《よりとも》の父義《よし》朝《とも》の家人でもあった。平治の乱には義朝方として子の義澄《よしずみ》を派遣している。治承四年（一一八〇）、頼朝の挙兵に呼応し石橋山に一族を派遣するが降雨に阻まれ間に合わず、その後平氏方の*畠山重忠《しげただ》らと合戦となり、鎌倉で一度は破るも、同年八月に本拠衣笠《きぬがさ》城（神奈川県横須賀市）を攻められ、一族を安房《あわ》国に脱出させた後、討死した。

［文献］　佐藤進一『鎌倉幕府守護制度の研究』（東京大学出版会、一九七一）、石井　進『鎌倉武士の実像』（平凡社、一九八七）、伊藤一美「三浦義澄小考」（『鎌倉』八一、一九九六）。　（和氣俊行）

三浦義澄《みうらよしずみ》（一一二七—一二〇〇）　鎌倉時代前期の武将。父は*義明《よしあき》。荒次郎。三浦介。相模国守護。平治元年（一一五九）の平治の乱に参加。治承四年（一一八〇）には*源頼朝《よりとも》に呼応し、父義明とともに相模《さがみ》国衣笠《きぬがさ》城（神奈川県横須賀市）に挙兵。しかし*石橋山の戦いに遅参し頼朝は敗北、その直後に本拠衣笠城も平氏方の*畠山重忠《しげただ》により落城し、父義明は死に、義澄も安房《あわ》国へ逃亡した。その後義澄は安房《あわ》国にて頼朝と合流、以後鎌倉入りを経て、平氏追討・*奥州合戦に参加、幕府の有力御家人となる。この間治承四年一〇月には富士川の戦いの勲功として本領安堵、新恩給与を得、同時に「三浦介」の称を許されている。三浦氏は義明の代以来相模国守護職を保持していたようであり、義明の死後は義澄が守護職を継承したと考えられる。建久五年（一一九四）四月に義澄が相模国中の寺社の恒例仏事執行の安堵を受けているのは、守護職と関係するという。

頼朝の死後は幕府宿老として重きをなし、正治元年（一一九九）に*頼家《よりいえ》の直裁を停止して宿老一三名により合議制が発足した際も義澄はその一人として名を連ねた。正治二年（一二〇〇）死去。

［文献］　佐藤進一『鎌倉幕府守護制度の研究』（東京大学出版会、一九七一）、伊藤一美「三浦義澄小考」（『鎌倉』八一、一九九六）。　（和氣俊行）

安田義定《やすだよしさだ》（一一三四—九四）　平安時代末期—鎌倉時代初期の武将。父は甲斐《かい》源氏の武田義清《よしきよ》。三郎。寿永二年（一一八三）、遠江《とおとうみ》守・従五位下。文治六年（一一九〇）、下総守。建久二年（一一九一）、遠江守に還任、従五位上。治承四年（一一八〇）、*源頼朝《よりとも》の挙兵に呼応し反平氏の兵を挙げ、同年八月には平氏方の俣野景久《またのかげひさ》・橘遠茂《たちばなとおもち》らと戦い勝利した。その後の*富士川の戦いでの勝利は義定ら甲斐源氏が主体であり、結果義定は遠江国を支配下に収めた。のち*源義仲《よしなか》に呼応して入京するも離反、以後頼朝方につき、義仲追討に協力した。建久四年（一一九三）、子義資《よしすけ》の梟首により失脚、翌年義定自身も謀反謀議の発覚を理由に梟首された。

［文献］　伊藤邦彦「安田義定と遠江支配」（『鎌倉』九二、二〇〇一）。

（和氣俊行）

武田信義《たけだのぶよし》（一一二八―八六）　平安時代末期・鎌倉時代初期の武将。父は甲斐《かい》源氏の源清光。太郎。駿河国守護。治承四年（一一八〇）の*以仁王《もちひとおう》の令旨に応じ挙兵。同年九月頃には信濃国の平氏勢力を討伐している（『*吾妻鏡』）。その後同時期に挙兵した*源頼朝《よりとも》と合流し、一〇月には*富士川の戦いで、平氏方の大軍を破った。このとき信義は、戦功により駿河《するが》国守護に任じられている。寿永三年（一一八四）、嫡子*一条忠頼《ただより》が頼朝に対する謀反の嫌疑をかけられ誅されると、信義も頼朝の勘気を蒙り政治の表舞台から姿を消し、文治二年（一一八六）に死去した。

［文献］『甲府市史　通史編1』（一九九一）。

（和氣俊行）

武田信光《たけだのぶみつ》（一一六二―一二四八）　鎌倉時代前期の武将。父は*信義《のぶよし》。石和《いさわ》（伊沢）五郎。安芸《あき》国守護。治承四年（一一八〇）の*以仁王《もちひとおう》の令旨に応じ父信義とともに挙兵。のち*源頼朝《よりとも》に従い*源義仲《よしなか》追討や平氏討滅に活躍した。文治五年（一一八九）の*奥州合戦にも参加、このとき信光は安芸国守護として軍勢を動員していた徴証がある（『*吾妻鏡』同年一〇月二八日条）。信光は*一条忠頼《ただより》など他の兄弟たちが没落・死去したため、父信義の後を受けて武田氏の家督を継いだ。*承久の乱後、その功により再度安芸国守護に任ぜられた。宝治二年（一二四八）死去。

［文献］　佐藤進一『鎌倉幕府守護制度の研究』（東京大学出版会、一九七一）、『甲府市史　通史編1』（一九九一）。

（和氣俊行）

一条忠頼《いちじょうただより》（?―一一八四）　鎌倉時代前期の武将。甲斐《かい》源氏*武田信義《のぶよし》の嫡子。父信義は治承四年（一一八〇）の*以仁王《もちひとおう》の令旨に応じ挙兵。同年九月頃には父とともに信濃の平氏勢力を討伐している（『*吾妻鏡』）。さらに同年一〇月の*富士川の戦いにも参戦した。その後、*源頼朝《よりとも》による*源義仲《よしなか》追討軍に参加して上洛し、元暦元年（一一八四）正月の義仲滅亡時にも活躍している。同月二七日には、*源義経《よしつね》・*範頼《のりより》・*安田義定《やすだよしさだ》らとともに鎌倉の頼朝のもとに義仲討滅を報じるための使者を派遣した。のち、頼朝に謀反の嫌疑をかけられ、同年六月一六日、御所に召し出されて謀殺された。これは頼朝の甲斐源氏抑圧策のためとされる。

［文献］『甲府市史　通史編1』（一九九一）。

（和氣俊行）

板垣兼信《いたがきかねのぶ》（生没年未詳）　鎌倉時代前期の武将。父は*武田信《のぶ》義《よし》。三郎。治承四年（一一八〇）の*以仁王《もちひとおう》の令旨《りょうじ》に応じ父信義とともに挙兵。同年一〇月の*富士川の戦いに勝利後、甲斐源氏の勢力が駿河・遠江両国に及ぶと、兼信も両国を含む東海地方に所領を獲得したようである。のち*源頼朝《よりとも》に従い平氏追討軍に参加して西海に赴くが、征旅の途次鎌倉に使者を遣わし、追討軍内での*土肥実平《どひさねひら》の専権を嫌い、自分が実平の上司筋に当たることを証明する文書の発給を頼朝に依頼したが退けられている（『*吾妻鏡』）。平氏滅亡後の文治五年（一一八九）には、所領支配において数々の失態を犯した科で、隠岐国への配流が決められた。

［文献］『甲府市史　通史編1』（一九九一）、山本幸司『日本の歴史9頼朝の天下草創』（講談社、二〇〇一）。（和氣俊行）

加賀美長清《かがみながきよ》（?―一二四二）　鎌倉時代前期の武将。父は甲斐源氏の加賀美遠光《とおみつ》。母は*和田義盛《よしもり》の娘。加賀美次郎。小笠原次郎。次郎兵衛。左京大夫《さきょうのだいぶ》。信濃守。正四位下。承久三年（一二二一）、阿波《あわ》国守護。小笠原氏の祖。長清ははじめ父と同様加賀美を称したが、甲斐国小笠原（山梨県北杜市）を本拠とした後は小笠原とも称した。当初、平氏に属して在京していたが、治承四年（一一八〇）東国に下り、挙兵した*頼朝《よりとも》の元に参上し御家人となった。その後平氏討滅戦・*奥州合戦に従軍し軍功を重ねた。建久元年（一一九〇）一一月の頼朝上洛の時にこれに供奉した。承久三年の*承久の乱に際しては幕軍に属し勲功を立て、乱平定後に阿波国守護職に任じられた。

［文献］佐藤進一『鎌倉幕府守護制度の研究』（東京大学出版会、一九七一）、『甲府市史　通史編　1』（一九九一）、奥富敬之『奥州戦乱と東国源氏』（三一書房、一九九八）。（和氣俊行）

小山政光《おやままさみつ》（生没年未詳）　平安時代末期・鎌倉時代初期の武将。父は大田行政《ゆきまさ》。四郎。下野大掾《だいじょう》。下野国押領使《おうりょうし》・御厩《みうまや》別当《べっとう》。妻は八田宗綱《はったむねつな》の娘で*頼朝《よりとも》の乳母となった寒河尼《さむかわに》（網戸尼）。政光の系統は下野国の大豪族で、同国小山荘（栃木県小山市）を本拠とし、小山氏を名のった。寿永二年（一一八三）頃には平氏が支配する京で皇居の警衛にあたっていたことが知られるが、後年、政光は妻寒河尼を媒介として、挙兵した頼朝と好を通じている。文治五年（一一八九）の*奥州合戦の折、頼朝が下《しも》野《つけ》国に至った際に、政光は頼朝に拝謁し、*一ノ谷の戦いにおける*熊谷直実《なおざね》の活躍を引き合いにして大豪族の領主層と中小領主層との差異を語った場面は有名である（*『吾妻鏡』同年七月二五日条）。

［文献］野口　実『坂東武士団の成立と発展』（星雲社、一九八二）、『小山市史　通史編1　自然・原始・古代・中世』（一九八四）。（和氣俊行）

小山朝政《おやまともまさ》（?―一二三八）　鎌倉時代前期の武将。父は*政《まさ》光《みつ》。母は八田宗綱《はったむねつな》の娘で頼朝の乳母となった寒河尼《さむかわに》（網戸尼）。四郎。小四郎。下野《しもつけ》権大介。元暦元年（一一八四）左右兵衛尉。建久元年（一一九〇）右衛門尉。のち左衛門尉。正治元年（一一九九）、播磨《はりま》国守護。建久年間（一一九〇―九八）、下野国守護。嘉禄元年（一二二五）下野守・従五位下。入道後は生西と称した。治承四年（一一八〇）九月に*源頼朝《よりとも》に招かれ*御家人となる。寿永二年（一一八三）には下野国野木宮《のぎみや》（現栃木県野木町）において、在京中の父政光に代わり、頼朝の叔父*志田義広《よしひろ》を破った。その後も頼朝に従い平氏討滅戦、*奥州合戦などに参加。ちなみに元暦元年に平氏追討のために上洛した折に、頼朝に断りなく兵衛尉に任官してしまい不興を買ったが、奥州合戦の軍功により、建久元年（一一九〇）には頼朝の推挙で右衛門尉に任官している。幕府成立後は有力御家人となり、幕政に参加、建久元年の頼朝上洛時にも先陣として供奉している。元久二年（一二〇五）*宇都宮頼綱《よりつな》の謀反が発覚すると、朝政は下野国守護職として頼綱追討を命ぜられるがこれを辞退、逆に頼綱を諭して同氏の滅亡を防いでいる。また建仁元年（一二〇一）には、在京して大番役を勤仕していた際に、城長茂《じょうながもち》の反乱に遭い、これを撃退している。承久三年（一二二一）の*承久の乱では、幕府宿老の一人として*北条義時《よしとき》らとともに鎌倉にとどまり、子朝長《ともなが》を上洛させた。暦仁元年（一二三八）に八四歳で死去。

［文献］『小山市史　通史編1　自然・原始・古代・中世』（一九八四）。　（和氣俊行）

新田義重《にったよししげ》（一一一四（一一三五）―一二〇二）平安時代末期―鎌倉時代初期の武将。新田荘司。新田冠者。大炊助《おおいのすけ》。従五位下。出家後は上西と号した。父は義国。母は藤原敦基《あつもと》女。義重は上野国新田郡（群馬県太田市付近）に移住後、同地の開発に着手し、保元二年（一一五七）、藤原忠雅《ただまさ》を領家として新田荘を立荘させ、同荘下司職に任命された。治承四年（一一八〇）八月の*源頼朝《よりとも》挙兵時には、*平宗盛《むねもり》の家人として在京していた。のち下向し、同年九月には頼朝の軍勢催促を拒み、上野国《こうづけ》寺尾城（群馬県高崎市）に立て籠もり自立を計ろうとするも、しだいに頼朝の勢力が強大になると、一二月には安達盛長《もりなが》を介してようやく頼朝に帰属した。その後は帰属時の対応が問題となり、幕府内部で冷遇され、建仁二年（一二〇二）正月に死去した。

［文献］奥富敬之『上州新田一族』（新人物往来社、一九八四）、『新田町誌4』（一九八四）、峰岸純夫「上野国新田庄の成立と展開」（『中世の東国』東京大学出版会、一九八九）。　（和氣俊行）

稲毛重成《いなげしげなり》（？―一二〇五）鎌倉時代前期の武将。父は小山田有重《ありしげ》。小山田三郎。稲毛三郎。妻は*北条時政《ときまさ》の娘。重成ははじめ小山田三郎と称したが、武蔵《むさし》国橘樹《いっき》郡稲毛荘（現川崎市）を領してからは、稲毛三郎と号した。治承四年（一一八〇）の*源頼朝《よりとも》の挙兵後はこれに従い、平氏討滅戦や*奥州合戦にも従軍した。また重成は射芸に優れ、頼朝の外出に際する随兵の役を多く勤めた。建久六年（一一九五）、妻の死去により出家。のち妻の追福のため相模川に橋を掛け、その落成供養に出席した頼朝が帰路に落馬したことが死去の原因となったことは有名。元久二年（一二〇五）六月、*畠山重忠《しげただ》の嫡子重保《しげやす》を鎌倉に招き、北条氏による畠山氏滅亡に加担したが、その後叛意のない畠山父子を謀殺した張本として、逆に北条氏により殺害された。

［文献］『川崎市史　通史編1　自然環境　原始　古代・中世』（一九九三）。　（和氣俊行）

渋谷重国《しぶやしげくに》（生没年未詳）平安時代末期―鎌倉時代前期の武将。父は河崎重家《しげいえ》。渋谷荘司。重国の代に相模国《さがみ》高座《こうざ》郡渋谷荘周辺（現神奈川県藤沢市・綾瀬市の一部）に移住し、渋谷荘司を称したとされる。平治元年（一一五九）の平治の乱で敗北して奥州へ下る途中の佐々木秀義《ひでよし》ら父子を匿した。治承四年（一一八〇）の*源頼朝《よりとも》の挙兵時には平氏方の*大庭景親《おおばかげちか》の軍に参加したが、秀義の子らが頼朝方につくのを拒まなかった。養和元年（一一八一）には子高重とともに頼朝に降り*御家人となり、所領を安堵された後は、義仲追討、平氏討滅、*奥州合戦と一族を挙げて源氏方として奮戦した。*『吾妻鏡』建久五年（一一九四）一二月一五日条で御堂供養の導師を送迎するための伝馬五疋が割り当てられた記事が終見。

［文献］阿部征寛「相模国武士団の成立と展開―渋谷氏を中心として―」（『三浦古文化』一七、一九七五）。　（和氣俊行）

水走康忠《みずはやすただ》（生没年未詳）鎌倉時代初期の武士。水走は河内《かわち》国の地名（大阪府東大阪市）。父は季忠《すえただ》。寿永三年（一一八四）二月の*源義経《よしつね》に捧げた康忠の解状によれば、水走は同氏の重代相伝の地であり、父季忠の代以来開発し本領としてきたが、康忠の代に至り、兵糧米使が康忠の代官を追い出し非分の濫妨《らんぼう》をするので、義経に本宅の安堵を訴えたところ、義経は康忠の本宅を安堵し、御家人役勤仕を命じたことがみられる。以後康忠は源氏と御家人関係を結んだと考えられる。ちなみに同文書には「源康忠」と署名してあるが、後の文書では水走氏は藤原姓を称している。

［文献］　林屋辰三郎『古代国家の解体』(東京大学出版会、一九五五)。　(和氣俊行)

那《な》須《す》宗高《むねたか》（?—一一八九・一一九〇?）　宗隆とも。鎌倉時代初期の武将。父は資隆《すけたか》（資高）。別名与一《よいち》。那須氏は下野《しもつけ》国那須郡（栃木県那須郡・黒磯市・大田原市）を本拠とする豪族で、宗高の父資高とその子らの多くは平氏に味方したが、宗高とすぐ上の兄為高《ためたか》のみは*源義経《よしつね》の従者となったという説もある。宗高の事歴で最も有名なのは、文治元年（一一八五）の讃《さぬ》岐《き》国*屋島《やしま》（香川県高松市）の戦いにおける活躍であろう。屋島の戦いは同地に拠る平氏を義経が急襲し源氏方が勝利を収めた戦いで、このとき宗高は海上に逃亡した平氏方の小舟に掲げられた扇の的を見事射落とした功により、那須氏の惣領の地位と丹波国五個荘・信濃国角豆荘・若狭国東荘宮川原・武蔵国太田荘・備中国荏原荘を賜ったとされる。文治五年（一一八九）ないし建久元年（一一九〇）に山城国で没したとされるが、信憑性は低い。

［文献］　北那須郷土史研究会編『那須の戦国時代』(下野新聞社、一九八九)。　(和氣俊行)

梶原景季《かじわらかげすえ》（一一六二—一二〇〇）　鎌倉時代前期の武将。父は*景時《かげとき》。源太。元暦二年（一一八五）、左衛門尉。父景時とともに*源頼朝《よりとも》の挙兵に参加。元暦元年（一一八四）、*源義仲《よしなか》討伐軍の一員として上洛、このとき*宇治川の戦いにおける*佐々木高《たか》綱《つな》との先陣争いは有名。この後義仲討伐や平氏討滅などでも勲功を重ねた。文治元年（一一八五）には頼朝の使節として上洛、*源義経《よしつね》・*行家《ゆきいえ》らの行動を調査し頼朝に報告している。頼朝の死後、正治元年（一一九九）、父景時が讒訴の疑いで失脚、相模国一宮（神奈川県寒川町）に引き下がると、景季も同行した。翌年景時や一門とともに挙兵し、駿河国で討たれた。

［文献］　山本幸司『日本の歴史9頼朝の天下草創』(講談社、二〇〇一)。　(和氣俊行)

志《し》田《だ》義広《よしひろ》（生没年未詳）　平安時代末期・鎌倉時代初期の武将。義広・義憲・義範とも。父は源為義《ためよし》。志田（太）三郎。帯刀先生《たちはきせんじょう》。寿永二年（一一八三）、信濃《しなの》守。美濃《みの》守。保元の乱に父為義《ためよし》とともに参加したとされるが疑問視されている。平氏政権の全盛期には常陸国信太《しだ》郡にいて付近を勢力下に収め、志太三郎先生と称した。治承四年（一一八〇）一一月、*源頼朝《よりとも》による佐竹氏討伐の際、弟の*源行家《ゆきいえ》とともに常陸国府で頼朝と面会した。その後自立の動きを示し、寿永二年に反頼朝の兵を挙げたが、同年二月に下野国*野木宮《のぎみや》（現栃木県野木町）において頼朝方の*小山朝政《ともまさ》に敗北後は*源義仲《よしなか》と合流し、最後は義仲討伐のため上洛してきた*源義経《よしつね》の軍勢と戦い戦死したとされる。義仲が義広を匿ったことが、義仲と頼朝の衝突を激化させたと考えられている。

［文献］　石井　進「志太義広の蜂起は果たして養和元年の事実か」(『鎌倉武士の実像』平凡社、一九八七)。　(和氣俊行)

田代信綱《たしろのぶつな》（生没年未詳）　平安時代末期・鎌倉時代初期の武将。父は後三条源氏の源為綱《ためつな》。田代冠者。出家して浄心と号した。母は工藤茂光《しげみつ》の娘。田代氏は伊豆国狩野郡田代郷（静岡県伊豆市）を本拠とした。信綱は工藤茂光によって養育され、茂光とともに*源頼朝《よりとも》の挙兵に協力した。のち平氏討伐軍に参加、元暦元年（一一八四）の三草山合戦の際、*源義経《よしつね》の夜討ちを進言し、勝利に貢献したとされる。文治元年（一一八五）四月、頼朝は義経の軍中にあり西海にいた信綱に使者を遣わし、頼朝の代官にすぎない義経の越権行為を非難し、以後義経には従わぬようにと*御家人たちに相触れるよう指示している。その後、信綱は田代郷地頭職を与えられ、承久三年（一二二一）の*承久の乱でも活躍し、和泉《いずみ》国大鳥郷（大阪府堺市）の地頭職も得た。晩年は出家して浄心と号し、田代郷に隠居したとされる。

［文献］『韮山町史　通史1　自然・原始・古代・中世　第10巻』（一九九五）。

（和氣俊行）

葛西清重《かさいきよしげ》（一一六二―一二三八）　鎌倉時代前期の武将。父は豊島清元《きよもと》。三郎。清重は下総《しもうさ》国葛西御厨（東京都葛飾・墨田・江戸川区一帯）に住し、初めて葛西を名乗る。建久元年（一一九〇）一二月に右兵衛尉、後に左衛門尉・壱岐守に任官。治承四年（一一八〇）に*源頼朝《よりとも》の求めに応じ参陣。以後、平家追討・*奥州合戦に参加。奥州合戦後、頼朝により伊沢家景《いえかげ》とともに奥州惣奉行に任命された。建久元年の頼朝上洛の際には供奉し、宿奉行を務めている。頼朝死後も幕府宿老として幕政に重きをなし、承久三年（一二二一）の*承久の乱の際には、上洛せずに鎌倉に残留した宿老の中に清重の名が見える（*『吾妻鏡』同年五月二三日条）。

［文献］入間田宣夫編『葛西氏の研究』（名著出版、一九九八）。

（和氣俊行）

熊谷直実《くまがいなおざね》（一一四一―一二〇八）　鎌倉時代前期の武将。父は直貞《なおさだ》。二郎。のち出家して蓮生と号す。永治元年（一一四一）に生まれる。一六歳のときに源義朝《よしとも》に従い保元の乱に参加。三年後の平治の乱にも義朝の子義平《よしひら》の配下として参加している。平氏政権下では*平知盛《とももり》の家人となった。この頃直実は同族の久《く》下直光《げなおみつ》の代官として京都大番役を勤めており、その隙に本領の武蔵国熊谷郷（埼玉県熊谷市）を直光に押領されたようである。*源頼朝《よりとも》の挙兵後は、直実は初め*石橋山の戦いで平家方の*大《おお》庭景親《ばかげちか》に属していたが、安房《あわ》国に渡り再挙した頼朝が武蔵《むさし》国に進出すると、そのもとに参向した。その後佐竹氏討伐に参加、寿永元年（一一八二）には佐竹討伐の功により、押領されていた熊谷郷を安堵されている。そのち平氏討滅戦に参加。*一ノ谷の戦いでの先陣争いや、*平敦盛《あつもり》を討ちとる場面は*『平家物語』などに描かれ有名である。平氏滅亡後は幕府の*御家人となっている。建久三年（一一九二）、直実は熊谷郷の境相論をめぐり、久下直光と頼朝の面前で直接対決した。しかし十分な弁明ができずに直実に不利な裁定が下ると遁走し、そのまま上洛して法然のもとで出家し蓮生と称した。出家後、建久六年（一一九五）には鎌倉に下り頼朝に謁見している。承元二年（一二〇八）、京の東山山麓にて死去。

［文献］八代国治・渡辺世祐『武蔵武士』（有峰書店、一九七一）、安田元久『武蔵の武士団―その成立と故地をさぐる―』（有隣堂、一九九六）。

（和氣俊行）

直方―盛方―直貞―┬直正
　　　　　　　　　└直実

熊谷氏略系図

斎藤実盛《さいとうさねもり》（?―一一八三）平安時代末期の武将。父は実《さね》直《なお》。長井斎藤別当。実盛の系統は元来越前《えちぜん》国足羽《あすわ》郡河合荘（福井県福井市）を本拠とした河合斎藤氏の出であったが、実盛の父実直および祖父実遠の頃に武蔵《むさし》国幡羅《はたら》郡長井荘（現埼玉県熊谷市）に移り、長井斎藤氏と称された。仁安年中（一一六六―六九）に実盛が荘司に任命されたとする説もある。実盛は源義《よし》朝《とも》に属し、保元・平治の乱では義朝方として参戦したが、平治の乱後、義朝が敗北し死去すると、長井荘は*平宗盛《むねもり》の所領となり、実盛も平氏に属することとなった。治承四年（一一八〇）、*源頼朝《よりとも》が挙兵すると、平氏方は*平惟盛《これもり》を大将とする追討軍を派遣、実盛もこれに参加した。同年一〇月、両軍は駿河国富士川において遭遇、平氏方が大敗を喫している。この戦の前、実盛は大将惟盛の求めに応じ、坂東武者の戦における凄まじさを語り、平氏方の武者を震え上がらせたという（『*平家物語』）。寿永二年（一一八三）四月、北陸道を西進してくる*源義仲《よしなか》軍を迎え撃つため、平氏方の軍勢が京を進発、実盛もこれに加わる。五月、加賀国*篠原（石川県加賀市）の戦いには、実盛は錦の直《ひた》垂《たれ》を着用し、老齢を隠すため白髪を黒く染めて出陣するも、源氏方の手塚光盛に討たれた（『平家物語』）。ちなみに『平家物語』中の実盛にまつわる話は、後世、能『実盛』の題材となった。なお『*源平盛衰記』は享年を七三としている。

[文献]　八代国治・渡辺世祐『武蔵武士』（有峰書店、一九七一）、阿部　猛・佐藤和彦編『日本荘園大辞典』（東京堂出版、一九九七）。

（和氣俊行）

安西景益《あんざいかげます》（生没年未詳）平安時代末期―鎌倉時代前期の武将。三郎。妻は*三浦義澄《よしずみ》の娘。安西氏は安房国府の在庁官人であり、すでに保元元年（一一五六）の保元の乱時には、*源頼朝《よりとも》の父義朝《よしとも》に従っていた。『*吾妻鏡』治承四年（一一八〇）九月一日条によれば、景益は頼朝の幼少の頃から昵近に仕えていたとされる。また同月四日条では、*石橋山の戦いに敗北後、安房《あわ》国に上陸した頼朝から一族を相催し参上するよう御書を給わっている。その後頼朝の軍勢に加わり、のち平氏追討軍にも参加、西国へ転戦した。『*吾妻鏡』文治元年一〇月二四日条では、頼朝の父義朝の供養の儀に随兵として参加していることがみえる。

[文献]　野口　実『坂東武士団の成立と発展』（弘生書林、一九八二）。

（和氣俊行）

菊池高直《きくちたかなお》（?―一一八五）平安時代末期―鎌倉時代初期の武将。隆直とも。父は経直《つねなお》。次郎。九郎。養和元年（一一八一）、肥後《ひご》国司。平氏政権の肥後国に対する所領支配強化に反発し、治承四年（一一八〇）九月、高直は肥後国で反平氏の兵を挙げた。このとき高直には木原盛実《もりざね》・南郷惟安《これやす》らが与し、大宰府を攻撃している。反乱は長期化し、翌年正月には謀反人追討の宣旨が出され反乱鎮圧の動きは本格化すると思われたが、二月に*平清盛《きよもり》が死去したため、徹底的な鎮圧はなされなかった。反対に同年八月に高直は肥後国司に任ぜられ、懐柔策がとられた。のち寿永元年（一一八二）平氏に降り、以後は有力な平氏与党となる。平氏滅亡時に捕らえられ、文治元年（一一八五）六条河原で斬首されたとする説もある。

[文献]　杉本尚雄『菊池氏三代』（吉川弘文館、一九八八）、工藤敬一「鎮西養和内乱試論」（『荘園公領制の成立と内乱』思文閣出版、一九九二）。

（和氣俊行）

緒方惟栄《おがたこれよし》（生没年未詳） 平安時代末期―鎌倉時代初期の武将。惟義・惟能とも。父は臼杵惟用。三郎。惟栄は豊後国大野郡緒方荘（大分県豊後大野市）の荘司であり、平氏が大宰府を掌握すると、*平重盛《しげもり》と主従関係を結んだ。しかし治承四年（一一八〇）には大野家基や高田隆澄らとともに平氏政権の鎮西支配に反発し挙兵、以後九州における反平氏勢力の中心的存在となる。寿永二年（一一八三）、*安徳《あんとく》天皇を奉じ都落ちしてきた平氏が大宰府を根拠地とすると、惟栄は軍勢を率い大宰府を攻撃、平氏を敗走させた。その後源氏の軍勢が九州に迫るとこれに通じ、軍船を提供して源氏方の勝利に貢献した。平氏滅亡後は*源義経《よしつね》に協力したが、その後は不明。

［文献］ 工藤敬一『荘園公領制の成立と内乱』（思文閣出版、一九九二）。 （和氣俊行）

南部光行《なんぶみつゆき》（？―一二三六） 平安時代末期―鎌倉時代前期の武将。父は加賀美遠光《とおみつ》。信濃三郎。南部三郎。光行は甲斐《かい》国巨《こ》摩《ま》郡南部郷（山梨県南部町）を本拠として、南部三郎と称した。*『吾妻鏡』の初見は文治五年（一一八九）六月九日条に*源頼朝《よりとも》の随兵としてみえる記事であり、一説には頼朝の挙兵時にはすでに参陣していたとされるが、詳細は不明である。同年七月の奥州藤原氏追討軍の進発に参加、南部氏関係の所伝では、軍功により陸奥国内の九戸《くのへ》・閉伊《へい》・鹿角《かづの》・津軽《つがる》・糠部《ぬかのぶ》の五郡を拝領し、翌年一二月には三戸《さんのへ》（青森県三戸郡・八戸市）に入部し土着したとされるが、これらは疑問視されている。また、承久元年（一二一九）頃に入部したという説もある。嘉禎二年（一二三六）に死去したとされる（『系図纂要』）。

［文献］ 奥富敬之『奥羽戦乱と東国源氏』（三一書房、一九九八）。 （和氣俊行）

土肥実平《どひさねひら》（生没年未詳） 鎌倉時代初期の武将。父は中村宗《むね》平《ひら》。元暦元年（一一八四）、備前《びぜん》・備中《びっちゅう》・備後《びんご》国守護。実平は相模《さがみ》国土肥郷（神奈川県湯河原《ゆがわら》町・真鶴《まなづる》町）に進出し、土肥次郎と称した。土肥氏の祖。治承四年（一一八〇）の*源頼朝《よりとも》挙兵当初からこれに従う。石橋山敗戦時には頼朝を助け、自らの所領内である真鶴半島から安房《あわ》国への脱出を成功させている。その後も*源義仲《よしなか》討伐や平氏討滅戦、*奥州合戦に従軍、軍功を重ねた。元暦元年には備前・備中・備後の守護に任じられている。建久元年（一一九〇）の頼朝上洛にも供奉したが、翌年七月以降の動向は不明。

［文献］ 佐藤進一『増訂鎌倉幕府守護制度の研究』（東京大学出版会、一九九八）。 （和氣俊行）

土肥遠平《どひとおひら》（生没年未詳） 鎌倉時代前期の武将。父は*実平《さねひら》。土肥弥太郎。早河《はやかわ》太郎。小早河弥太郎。土肥氏は実平の代以来、本拠の土肥郷（神奈川県湯河原町・真鶴町）の他に近隣の早河《はやかわ》荘（神奈川県足柄下《あしがらしも》郡）をも支配していたらしく、遠平は早河太郎・小早川弥太郎とも称した。治承四年（一一八〇）の*源頼朝《よりとも》挙兵当初から父実平とともにこれに従う。その後父実平は勲功により備前《びぜん》・備中《びっちゅう》・備後《びんご》の守護に任じられたが、遠平がこれらの守護職を相続したかどうかははっきりとしない。しかし同じく勲功として拝領した安芸《あき》国沼田荘（広島県三原市）の地頭職は継承したようで、遠平以後、遠平の次男景平《かげひら》、その子茂平《しげひら》の代には同地に土着し、子孫は安芸小早川氏として発展していった。

［文献］ 石井 進『日本の歴史12 中世武士団』（小学館、一九七四）、

佐藤進一『増訂鎌倉幕府守護制度の研究』（東京大学出版会、一九九八）。（和氣俊行）

河野通清《こうのみちきよ》（?—一一八一）　平安時代末期・鎌倉時代初期の武将。父は親清《ちかきよ》。四郎。河野氏は初め越智《おち》氏を称した。父親清の代に伊予《いよ》国風早《かざはや》郡河野郷（愛媛県三原市）に移り、河野氏を称した。*『吾妻鏡』養和元年（一一八一）閏二月一二日条には「河野四郎越智通清」とある。河野氏は平氏全盛の時期には雌伏していたようであるが、養和元年には*源頼朝《よりとも》の挙兵に呼応、通清は子通信とともに河野郷高縄山城に籠もり反平氏の兵を挙げた。その後平家方の阿波の豪族田口成良《しげよし》らの攻撃を受け、同年城は落城し、通清は敗死した。

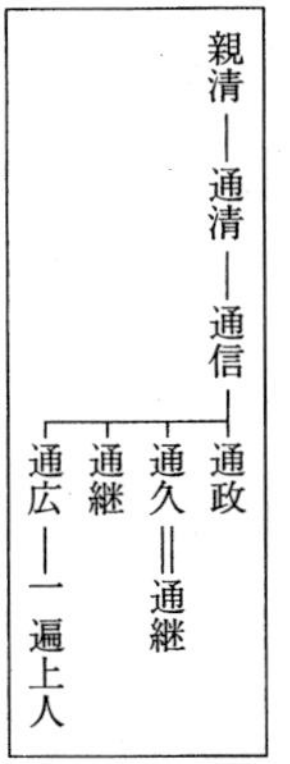

河野氏略系図

［文献］　景浦　勉『河野氏の研究』（伊予史料集成刊行会、一九九一）。（和氣俊行）

河野通信《こうのみちのぶ》（一一五六—一二二三）　鎌倉時代初期の武将。父は*通清《みちきよ》。四郎。出家して観光と号した。河野氏は*源頼朝《よりとも》に呼応し挙兵するも、養和元年（一一八一）に父通清が平氏方の軍勢に敗れ死去。以後通信は雌伏し、文治元年（一一八五）、*屋島《やしま》の戦いで*源義経《よしつね》の軍に合流。その後*壇ノ浦《だんのうら》の戦い、*奥州合戦にも参加。正治元年（一一九九）には*梶原景時《かげとき》失脚を策した訴状に*御家人として加判している（*『吾妻鏡』同年一〇月二八日条）。のち北条氏が台頭してきた幕府から離れ、承久三年（一二二一）の*承久の乱には*後鳥羽《ごとば》上皇方に参加。敗戦後は本国である伊予国に戻り抵抗を続けるが、最後は捕らえられ奥州の平泉に流され、貞応二年（一二二三）、同所にて死去した。

［文献］　景浦　勉『河野氏の研究』（伊予史料集成刊行会、一九九一）。（和氣俊行）

城　資長《じょうすけなが》（?—一一八一）　平安時代末期・鎌倉時代初期の越後国の豪族。資永・助永。また資成とも。父は資国。母は清原武衡《たけひら》の娘。太郎。資長は仁平三年（一一五三）には「検非違使正六位上左衛門尉平朝臣助永」と見え（『兵範記』同年七月二五日条）、当時在京して検非違使であったようである。また『兵範記』仁安元年（一一六六）一〇月二一日条で従五位下への叙爵が認められる「平資成」が資長と同一人物であるという説もある。その後長寛三年（一一六五）一月には、越後《えちご》国岩船郡小泉荘（新潟県村上市付近）において濫行《らんぎょう》を禁止されている（『平安遺文』三三二八号）。治承四年（一一八〇）に源平の争乱が始まると弟資職《すけたか》（長茂）とともに平氏に属し、信濃国から北陸に進出しようとした*源義仲《よしなか》と対峙した。養和元年（一一八一）には信濃国に攻め込むが、まもなく病死した。

［文献］　浅香年木『治承・寿永の内乱論序説』（法政大学出版局、一九八一）、松井　茂「越後平氏と城助永」（羽下徳彦編『中世の地域社会と交流』吉川弘文館、一九九四）。（和氣俊行）

文覚《もんがく》（一一三九—一二〇三）　平安時代末期—鎌倉時代初期の真言宗の僧侶。俗名は遠藤盛遠《もりとお》。父は持遠《もちとお》。摂津《せっつ》国の渡辺党の一族遠藤氏の出身。はじめ鳥羽《とば》天皇の皇女上西門院の*北面の武士として仕えた。出家後は神護寺再興に奔走、承安三年（一一七三）四月には*後白河《ごしらかわ》法皇の御所に押しかけ、神護寺への寺領寄附を強要、伊豆国へ配流となった。伊豆国への配流は、文覚が同国の知行国主*源頼政《よりまさ》と関係があったためとされる。またこのとき同じく伊豆国に流されていた*源頼朝《よりとも》と文覚が接触をもったことは事実のようである。*『平家物語』によれば、文覚は頼朝の父義朝《よしとも》の髑髏《どくろ》を出して頼朝に挙兵を勧めたとされる。治承二年（一一七八）には赦免され帰京。その後、後白河法皇や頼朝からの相次ぐ所領の寄進により神護寺の復興を実現、その大恩を忘れぬよう、また寺僧への戒めとして、文治元年（一一八五）正月には四五箇条からなる起請文を記し、法皇の手印を許されている。後白河法皇や頼朝による神護寺への寄進は、両者の提携を実現させた文覚に対する恩賞的な意味を持つものであるという説もある。その後も東寺をはじめとする空海に関係する諸大寺の修復を行った。建久三年（一一九二）、後白河法皇が崩御し、正治元年（一一九九）、最大の庇護者であった頼朝が没すると、反幕府の姿勢をとる*後鳥羽《ごとば》上皇から忌避された文覚は佐渡《さど》国に配流となった。建仁二年（一二〇二）一二月、許され帰京したが、翌年二月には再度対馬《つしま》国に配流となり、七月鎮西の地にて死去したとされるが、そこが対馬国かどうかは不明。

［文献］ 上横手雅敬『平家物語の虚構と真実上』(塙書房、一九八五)、五味文彦『平家物語、史と説話』(平凡社、一九八七)。

(和氣俊行)

梶原景時《かじわらかげとき》 (?—一二〇〇)。鎌倉時代前期の武将。播磨《はりま》・美作《みまさか》守護。父は梶原景長《かげなが》。*源頼朝《よりとも》の伊豆挙兵に際しては、同じく相模の豪族*大庭景親《おおばかげちか》の手に属し頼朝討伐に向かう。しかしながら*石橋山の戦いにおいて頼朝の危急を救い、以後は頼朝に従って*源義仲《よしなか》や平家討伐で功績を挙げた。文化的な素養も高く、頼朝に重用され、侍所《さむらいどころ》所司・厩《うまや》別当などに就任している。頼朝の死後は*北条時政《ときまさ》や*大江広元《ひろもと》などの有力御家人とともに一三人の合議制のメンバーに加わるが、正治元年（一一九九）に御家人六六人による連署の弾劾文が提出され、景時は鎌倉を追放される。いったんは所領のある相模国一宮に逃れていた景時は、巻き返しをはかるべく上洛の途につくが、ことは露見し駿河《するが》国清見関《きよみがせき》にて在地の武士に一族もろともに討たれた。

［文献］ 安田元久「梶原景時」(『鎌倉幕府―その実力者たち―』、新人物往来社、一九六五年)。

(遠藤啓彰)

平 知康《たいらのともやす》 (生没年未詳) 平安末期から鎌倉前期にかけての貴族。父は平壱岐守知親《いきのかみともちか》。父とともに*後白河《ごしらかわ》院の北面。今様などの芸能に長じていたため院の側近くに仕える。右馬允《うまのじょう》、左兵《さひょう》衛尉《えのじょう》、左衛門尉《さえもんのじょう》、検非違使《けびいし》と進むが養和元年（一一八一）*平清盛《きよもり》のクーデターと寿永二年（一一八三）源義仲による法住寺殿襲撃では院方の中心人物とみなされたことにより、文治元年（一一八五）*源義経《よしつね》追討の際にはそれに与同したとされ、それぞれ解官されている。義経与同の罪で解官された翌年には弁明のため鎌倉に下るが蹴鞠の技能により*頼家《よりいえ》の側に仕えた。頼家幽閉後の*比企《ひき》氏の乱に際して京に帰還したとされる。

(遠藤啓彰)

城 長茂《じょうながもち》 (?—一二〇一)。鎌倉前期の武将。城氏は桓武平氏の一流で越後《えちご》の豪族。助職《すけたか》、資茂《すけもち》とも史料上にみえる。父は資《すけ》国《くに》。城氏は源平の争乱においては平氏方につき、信濃の木曾氏と戦う。その最中の養和元年（一一八一）に兄である資永が死去したことにより家督を継ぐ。争乱が源氏の勝利に終わると長茂は捕らえられ、*梶原景時《かげとき》に預けられた。その後は*頼朝《よりとも》の奥州征伐においては参陣し功を挙げている。しかしながら頼朝の死後、建仁元年（一二〇一）に京において源氏討伐の兵を挙げるも*後鳥羽《ごとば》上皇をはじめとした周囲の賛同を得られず逃亡した吉野山中にて討たれた。（遠藤啓彰）

八田知家《はったともいえ》（生没年未詳）　鎌倉時代初期の武将。左衛門尉《さえもんのじょう》。筑後守。常陸守護。保元元年（一一五六）源義朝《よしとも》麾下として保元の乱に参加したが、このときは下野《しもつけ》国住人と記されている。寿永二年（一一八三）*頼朝《よりとも》の叔父*志田義広《よしひろ》の乱の鎮定に加わり、文治五年（一一八九）の奥州合戦には*千葉常胤《つねたね》とともに東海道大将軍となり、常陸《ひたち》国御家人の軍事指揮権をもつ守護の役割を果たしている。建久四年（一一九三）*曾我兄弟の仇討ちの混乱に乗じて多気義幹《たけよしもと》を失脚させ、さらに同年下妻広幹《しもつまひろもと》を梟首することで常陸国内で大きな勢力をもつ常陸平氏大掾《だいじょう》一族に大打撃を与えた。正治元年（一一九九）将軍*頼家《よりいえ》の訴訟親裁を止め有力者一三名による合議制が布かれた際、その構成員となっている。建仁三年（一二〇三）には頼朝の異母弟*阿野全成《あのぜんじょう》を誅殺し、*承久の乱では宿老として鎌倉留守の人々の中にその名がみえている。

［文献］『茨城県史中世編』（茨城県、一九八六）、山本幸司『日本の歴史9頼朝の天下草創』（講談社、二〇〇一）。（千葉哲司）

安達盛長《あだちもりなが》（一一三五―一二〇〇）　鎌倉時代初期の武将。通称藤九郎《とうくろう》。出自については諸説ある。妻が*頼朝《よりとも》乳母の比企尼《ひきのあま》の長女である関係から、流人時代より頼朝に近侍した。*『曽我物語』によれば、*政子の妹宛の頼朝の文を政子宛に書き換えてしまい、そこから頼朝と政子の関係が始まったという。治承四年（一一八〇）には、頼朝の書状を携え挙兵への参加を呼びかける使節となり、各地をめぐった。正治元年（一一九九）頼朝の死により出家したが、*頼家《よりいえ》の訴訟直裁を止め有力者一三名による合議制が布かれた際には、その構成員となっている。さらに同年、*結城《ゆうき》（小山）朝光《ともみつ》に対する*梶原景時《かげとき》の讒言事件が起こると、景時弾劾の訴状に名を連ねた。正治二年（一二〇〇）没す。

［文献］安田元久『鎌倉開府と源頼朝』（教育社、一九七七）。（千葉哲司）

天野遠景《あまのとおかげ》（生没年未詳）　*鎌倉時代前期の武将。父は藤原景光《かげみつ》。伊豆国田方郡天野郷を本領とした。治承四年（一一八〇）八月*源頼朝《よりとも》の挙兵に参加。元暦元年（一一八四）八月*源範頼《のりより》に従い平家追討のため西海に赴き、翌文治元年（一一八五）正月に豊後《ぶんご》国に渡る。同年三月平家追討に大功ありとして、頼朝より感状を受け、同年末には、鎮西奉行《ちんぜいぶぎょう》の職に就いた。この職は、*源義経《よしつね》および平氏与党の捜索、鎮西御家人の統率を目的に設けられたもので、遠景は大宰府の現地最高責任者としての権限と、九州諸国守護としての権限を兼ね備えた。大宰府の現地最高責任者としての遠景は、大宰府の先例に背く行為があり、頼朝から新儀停止を命じられている。また諸国守護としては、文治三年九月からの貴海島（鬼界島）における平家および義経与党の追討で、鎮西御家人が遠景の催促に従わず、追討が難航するという状況であった。遠景の鎮西奉行在任は建久四年（一一九三）までで、その後遠景は鎌倉に戻り、建久六年一〇月には頼朝上洛に供奉している。正治元年（一一九九）の*梶原景時《かげとき》排斥に加わり、建仁三年（一二〇三）九月の*比企《ひき》氏の乱では、*北条時政《ときまさ》の命により*仁田忠常《にったただつね》とともに*比企能員《ひきよしかず》を討った。

［文献］ 佐藤進一『鎌倉幕府訴訟制度の研究』（畝傍書房、一九四三（岩波書店再刊））、石井 進『日本中世国家史の研究』（岩波書店、一九七〇）、瀬野精一郎『鎮西御家人の研究』（吉川弘文館、一九七五）。

（仁平義孝）

仁田忠常《にったただつね》（?—一二〇三） 新田とも書く。治承四年（一一八〇）の*源頼朝《よりとも》挙兵に参加。文治元年（一一八五）*源範頼《のりより》に従って西海に赴いて大功を挙げる。建久四年（一一九三）五月の*曾我兄弟の敵討では、兄曾我祐成《すけなり》を討ち取っている。建仁三年（一二〇三）六月*源頼家《よりいえ》の命により、浅間大菩薩の在所といわれ、人が入ったことのない富士の人穴を探索したという。同年九月*比企《ひき》氏の乱で、*北条時政《ときまさ》の命により*天野遠景《とおかげ》とともに*比企能員《ひきよしかず》を討った。これに憤慨した将軍頼家は、内々に*和田義盛《よしもり》と忠常に時政誅戮を命じた。義盛はこれを時政に知らせたが、忠常は知らせずにいて発覚し、加藤景廉《かげかど》によって殺された。

（仁平義孝）

湛増《たんぞう》（一一三〇—一一九八） 平安時代末期—鎌倉時代初期の紀伊国熊野三山の僧。父は湛快《たんかい》。承安二年（一一七二）、父の死により田辺別当家（父湛快の代に紀伊国田辺に新熊野社《いまくまののしゃ》を勧請、以後湛快の系統は同地を本拠とし「田辺別当家」と称される）の家督を継承した。熊野別当家のなかでは湛増の家系だけが武力を養い、武門として力を蓄える指向性を有していたとされる。父湛快が平治の乱に際し*平清盛《きよもり》に協力して以来、平氏全盛期には湛増も平氏と結んで勢力を拡大した。

治承四年（一一八〇）、*以仁王《もちひとおう》の平氏追討の令旨が熊野にもたらされると、当時別当職を独占しつつあった新宮家から三山支配の主導権を奪取するために、湛増は反平氏の挙兵にふみきった。その挙兵は八月のことで、これは諸国源氏に先駆けてのことであり、独自性の強い挙兵であったとされる。しかしこの蜂起は鎮圧され、湛増は降服し息僧を人質に差し出している。

元暦元年（一一八四）、湛増は念願の別当職に補任されると、翌年には熊野水軍を率いて、平氏討滅のため上洛してきた*源義経《よしつね》軍と合流した。湛増の別当職就任には義経の力がはたらいたと推測され、そのため義経のもとに参陣したと考えられている。この後湛増の率いた熊野水軍は*壇ノ浦《だんのうら》の戦いにおいて大いに活躍した。平氏滅亡後の*頼朝《よりとも》と義経の対立では義経方についたが、義経が没落すると頼朝に帰順、しかし容易に許されず、建久六年（一一九五）、ようやく頼朝との対面が実現し正式に許された。その後建久九年（一一九八）に死去。

［文献］ 高橋 修「別当湛増と熊野水軍—その政治史的考察—」（『ヒストリア』一四六、一九九五）。

（和氣俊行）

〔義経伝説〕

義経伝説《よしつねでんせつ》 鎌倉時代初期の武将*源義経《よしつね》の生涯を題材として、後世に創作された英雄伝説すべてをさす。

*義経は治承・寿永の内乱でめざましい活躍をするものの、厳しい境遇に育ち、また悲劇的な最期を迎えることから、俗にいう「判官贔屓《ほうがんびいき》」の風潮を呼び、英雄的活躍をする数多くの伝説が成立した。その主たるものを挙げれば、幼少時、牛若（義経）は鞍馬山の天狗に剣術を習ったという伝説、京の五条大橋の上で*悪僧弁慶《べんけい》を打ち負かしたという伝説、陰陽師鬼一法眼《きいちほうげん》のもとで兵法の秘書を伝授されたという伝説、源平争乱中にも*壇ノ浦の戦いでの義経の八艘飛びなどの数多くの伝説が語られ、枚挙

に違《いとま》はない。義経伝説は、『*平家物語』や室町時代中期の成立とされる『*義経記』において、すでにその原型が形成されており、それらは後世、能・人形浄瑠璃・歌舞伎など多くの芸能の素材となった。また義経の最期は、史実では奥州平泉において*藤原泰衡《やすひら》の軍勢に囲まれ自害したのであるが、実はそうではなく、義経は平泉を脱出して北上川を北上し、ついには津軽半島から蝦夷地に渡ったという伝説もある。これは『義経記』以降の成立と考えられ、室町時代中期以降、本州と蝦夷地との交易が盛んになり、蝦夷地に渡る人々が増加したことを反映したものであるとされる。なお、蝦夷地に渡った義経、その後中国大陸に渡り、チンギス・ハーンとなったという伝承までもある。

［文献］　高橋富雄『義経伝説』（中央公論社、一九六六）、豊田　武『英雄と伝説』（塙書房、一九七六）、上横手雅敬『平家物語の虚構と真実』下（塙書房、一九八五）。

（和氣俊行）

腰越状《こしごえじょう》　文治元年（一一八五）五月二四日、*源義経《よしつね》が兄*頼朝《よりとも》に対して無実を表明するために、相模《さがみ》国腰越《こしごえ》駅（神奈川県鎌倉市）にて*大江広元《ひろもと》宛に認めた書状を「腰越状」という。『*吾妻鏡』同月同日条に収載。内容は平治の乱以来の流浪の日々のこと、源義仲や平氏の討滅戦における数々の軍功、左衛門尉・検非違使任官は源家の名誉であることなどを述べたもので、これにより頼朝の誤解を解こうとした。

*壇ノ浦《だんのうら》に平氏を討滅後、捕虜とした*平宗盛《むねもり》を鎌倉へ護送する際に、義経だけが鎌倉に入れず腰越に止められた。先年の任官以来、義経は頼朝の不興を買っていたためである。それが誤解であることを証明するため義経が腰越にて書いたのが「腰越状」である。しかし結局義経の鎌倉入りは許されず、その後義経は京都に戻り頼朝追討を決意するに至る。同状では平治の乱以降の流浪の日々において、義経が土民に使役されていたことなどが記されている。これは奥州藤原氏の客分というイメージからはかけ離れるが、義経の出自の低さを考慮すると、意外にこれらの記述は事実であった可能性が高い。

後世、「腰越状」は多く活用され、室町時代には幸若舞の素材となり、江戸時代には読本の教科書として利用された。

［文献］　上横手雅敬『源平の盛衰』（講談社、一九七五）。

（和氣俊行）

佐藤忠信《さとうただのぶ》　（?―一一八六）　鎌倉時代初期の武士。佐藤氏は秀郷流藤原氏の一流。父は陸奥国信夫《しのぶ》荘（福島県福島市）荘司元治。四郎兵衛尉。忠信は兄*継信《つぐのぶ》とともに、はじめ奥州*藤原秀衡《ひでひら》の郎従であったが、治承四年（一一八〇）秀衡のもとに寄寓していた*源義経《よしつね》が兄*頼朝《よりとも》の挙兵に参加する際に、義経に随従した。以後義経と行動をともにし、平氏討滅戦に参加。義経が頼朝に反逆後も義経につき従い、義経の奥州下向後は京に残るが、文治二年（一一八六）九月二〇日に頼朝方の糟屋有季《かすやありすえ》の襲撃を受け、自殺した（『*玉葉』同年九月二〇日条・『*吾妻鏡』同年九月二十二日条）。

［文献］　野口　実「藤原秀郷流佐藤氏の成立」（『中世東国武士団の研究』高科書店、一九九四）。

（和氣俊行）

佐藤継信《さとうつぐのぶ》　（?―一一八五）　鎌倉時代初期の武士。佐藤氏は秀郷流藤原氏の一流。父は陸奥国信夫《しのぶ》荘（福島県福島市）荘司元治。三郎兵衛尉。継信は弟*忠信《ただのぶ》とともに、はじめ奥州*藤原秀衡《ひでひら》の郎従であったが、治承四年（一一八〇）秀衡のもとに寄寓していた*源義経《よしつね》が兄*頼朝《よりとも》の挙兵に参加する際に、義経に随従した。以後義経と行動をともにし、平氏討滅戦に参加。しかし元暦元年（一一八四）二月の讃岐《さぬき》国*屋島《やしま》（香川県高松市）の戦いで戦死した（*『吾妻鏡』同年二月一九日条）。*『平家物語』によれば、継信はこのとき義経の身代わりとなって討ち死にしたとされる。

［文献］野口 実「藤原秀郷流佐藤氏の成立」（『中世東国武士団の研究』高科書店、一九九四）。（和氣俊行）

***静御前**《しずかごぜん》（生没年未詳） 鎌倉時代初期の白拍子。母は磯禅師。源義経《よしつね》の妾。夫義経が*頼朝《よりとも》と対立後、文治元年（一一八五）の都落ちに同行、しかし吉野山中にて静だけ捕えられる。翌年鎌倉に護送され、*北条時政《ときまさ》のもとに預けられる。鎌倉では義経の居所について執拗に尋問を受ける。文治二年三月には義経の子を懐妊していることが発覚。同年四月、強要され*鶴岡八幡宮で歌舞を披露したことは有名（*『吾妻鏡《あづまかがみ》』文治二年四月八日条）。その後五月には頼朝の娘大姫の頼みにより勝長寿院でも舞っている。同年閏七月には義経の男児を出産したが、その日のうちに殺され、九月には母磯禅師とともに帰洛したことが『吾妻鏡』にみえる（文治二年五〜九月条）。（和氣俊行）

弁慶《べんけい》（?—一一八九） 鎌倉時代前期の僧侶。鬼若丸。若一とも。武蔵坊と号す。*源義経《よしつね》の従者。熊野別当の子とする説がある。弁慶の生い立ちについては伝承の域を出ないが、室町時代中期の成立とされる*『義経記』が詳しい。それによれば、弁慶は熊野別当の子として生まれ、比叡山で修行をしていたが、粗暴な行いを重ねて叡山を追放された。その後播磨《はりま》国の書写山《しょしゃざん》円教寺《えんきょうじ》でいさかいとなり堂塔を焼失させてしまい、その償いに千振りの刀を得て堂塔再建の釘代に充てようと発願し、京五条大橋で最後の一振りを待ち伏せていたところ、牛若丸、のちの義経と出会うことになり、以後義経の死去の時まで、従者として常に傍らにいて義経を助けて活躍したとされる。弁慶の実在自体を疑問視する考えもあるが、*『吾妻鏡』文治元年（一一八五）一一月三・六日条に義経の従者として「弁慶法師」・「武蔵坊弁慶」とみえ、その存在自体は間違いないようである。なお同条では平氏の滅亡後、*源頼朝《よりとも》との対立を余儀なくされ、京を退き西海に向かうことを余儀なくされた義経に随従する従者の一人として弁慶の名が記されている。その後、窮した義経は奥州の*藤原秀衡《ひでひら》を頼るため北を目指すことになるが、その途次加賀国安宅《あたか》の関（石川県小松市）において、弁慶は関守の目を欺くために南都東大寺の勧進帳を読み上げ、主人である義経の背を打擲した話は、真偽のほどはともかく有名であり、能や歌舞伎の題材となっている。最後は義経が*藤原泰衡《やすひら》に攻められた際に、敵勢の前に立ちふさがり仁王立ちになって果てたとされる。一般に、これらの弁慶像は*『平家物語』・*『義経記』・『弁慶物語』などの文学書によってつくられたものとされている。

［文献］中瀬喜陽『説話世界の熊野—弁慶の土壌1』（日本エディタースクール出版部、一九九一）。（和氣俊行）

金売吉次《かねうりきちじ》（生没年未詳） *源義経《よしつね》を奥州藤原氏三代*秀衡《ひでひら》に引き合わせたとされる伝説的人物。実名を橘末春とする説（「吉次」は「橘次」の音便）がある。*『義経記』には「その頃三条に大福長者あり、名をば吉次信高とぞ申しける、毎年奥州に下る金商人なりける」とあり、*『平治物語』には「奥州の金商人吉次」、*『源平盛衰記』には「五条の橘次末春と云金商人」とある。これらの記述から、吉次の特徴として、京に本拠地をもち、京と奥州とを往復し遠隔地取引を行う金商人であることが共通するものとして挙げられる。また往復には馬を使用し、吉次自体数多くの馬を所有していたとされる。これは奥州が馬の産地であることに関係していると考えられている。また吉次の伝説は東日本一帯に散見し、これは当時の金商人や鋳物師たちの遍歴に際し、彼らが旅先で宿とした土地などに、次第に吉次伝説が定着していったようである。金商人吉次のモデルとしては、保元二年（一一五七）に祇園社において馬上役を勤めた、天皇の私産である後院の御厩舎人六郎先生光吉（『八坂神社記録』）などの、当時「富家」とされ、商人的活動もみとめられる厩舎人層を想定する説もある。

［文献］　五味文彦「日宋貿易の社会構造」（『今井林太郎先生喜寿記念　国史学論集』一九八八）。　（和氣俊行）

(二)　戦場の作法

兵《つわもの》の道《みち》　武士の職能としての戦闘のあり方、方法。『*徒然《つれづれ》草《ぐさ》』八十段には、「人ごとに、我が身にうとき事をのみぞ好める。法師は兵の道をたて、夷《えびす》は弓ひく術知らず」という記載が見える。とくに一〇世紀までに整えられ、鎌倉期以降は故実として継承・理想化された私合戦の作法をさすことが多い。また馬を操り弓を射合う馳射《はせゆみ》が、戦闘における妙技として重視されたことから、「弓馬の道」ともいった。先行研究からそのルールをまとめれば、①合戦の日時と場所をあらかじめ定める、②合戦を始めるにあたって派遣される双方の使者は身体生命の安全を保障する、③合戦時に「名乗り」をもって名前・身分などを明示し、相応の敵を求める、④決戦の最終的な場面では「一騎打ち」が行われる、⑤「一騎打ち」では、主な敵をむやみに殺害しない配慮・自己抑制がはたらいた、⑥非戦闘員の安全を保障する、⑦捕虜・投降者を殺害することは戒められた、などの諸点が指摘できる。ただし、これらはあくまでも理想的なあり方を示すものであり、すべてが遵守されることはまれであった。④を明確に否定する見解も提出されている。また城郭・塹壕・遮蔽物などを構築・利用し、非武士身分をも大量に徴発する大規模戦が本格化した*治承・寿永の内乱を境として、敵の殲滅・降伏を第一義とする集団戦の現実の中では、こうしたルールの提示そのものが困難となる。以後、実戦の場では、自己の名誉や軍忠を明示する上で、部分的かつ儀礼的に用いられた。

［文献］　石井紫郎『日本国制史研究2　日本人の国家生活』（東京大学出版会、一九八六）、岡田清一「合戦の儀礼」福田豊彦編『中世を考える　いくさ』吉川弘文館、一九九三）、川合　康『源平合戦の虚像を剥ぐ』（講談社、一九九六）、佐伯真一『戦場の精神史』（日本放送出版協会、二〇〇四）。　（七海雅人）

東国武士《とうごくぶし》と西国武士《さいごくぶし》　武士の二大棟梁である河内源氏と伊勢平氏が、それぞれ兵力動員の基盤に据えたのが東国と西国であった。先行研究は、この東西武士団の特徴について「西船東馬」の傾向を大筋において認め、前者を惣領のもとに一族や従者がまとまり大規模な私領を営む豪族的武士団、後者を比較的小規模で職能民とのつながりを強くもつ武士団とし、その基底に横たわる社会のあり方・文化の相違点を強調する。保元・平治両乱において、源義朝《よしとも》軍は東海・東山両道の武士、とくに関東の武士団を中心に構成され、これに対して*平清盛軍は、伊勢・

伊賀両国から近畿・瀬戸内沿岸を出身とする武士団により構成されていた。＊治承・寿永の内乱期でも、この構図に大きな変化はみられない。そのため後につくられた＊『平家物語』などには、勇猛果敢な「坂東武者の習い」を強調する場面が散見され、東国武士が西国武士を圧倒していく必然性が描かれることになる。たしかに東国武士については、強弓を揃え夫役にまで弓矢を装備する兵力の充実、相撲との関連が推測される組打ち技の巧みさ、良馬調達や騎射操練の優位性などが指摘されている。ただし＊駆武者《かりむしゃ》や非侍身分を多数含む集団戦、城郭・塹壕などを利用した戦術面などについて、双方の間に大差をつけることはできない。したがって内乱期における東西武士団それぞれの動向は、長期間に渡る戦線の移動や分布、気象条件も加味した兵粮補給の問題などをふまえ、各地域勢力の政治的動向に即してより具体的に位置づけられる必要がある。

（七海雅人）

［文献］ 川合　康『源平合戦の虚像を剥ぐ』（講談社、一九九六）、網野善彦『東と西の語る日本の歴史』（講談社学術文庫、一九九八）、石井進著作集刊行会編『石井進著作集3院政と平氏政権』（岩波書店、二〇〇四）。

一人当千《いちにんとうぜん》　一人で千人分の武力を行使しうるような剛勇の武士を指し示す慣用的な表現。たとえば＊『平家物語』巻九「二度之懸」生田森《いくたのもり》（現兵庫県神戸市）合戦の場面で、＊梶原景時《かげとき》は名乗りの中で自身を「一人当千の兵」であると誇示し、また＊熊谷直実《なおざね》に本領を安堵する＊源頼朝《よりとも》下文《くだしぶみ》は、恩賞を与える理由として、合戦において先駆《さきがけ》を行い、一人当千の高名をあらわしたことを挙げている（＊『吾妻鏡』寿永元年六月五日条）。頼朝の一人当千観については、「はかりごとをよくし、居ながら多勢をほろぼす事を名付たる也」という発言も注目される（『鎌倉遺文』補一二一）。なお、騎馬・歩立の役割分担が進み、＊治承・寿永の内乱期にくらべて、より組織的な集団戦が描かれるようになった＊『太平記』の段階では、「一騎当千」という表現もみられるようになる。

（七海雅人）

兵士役《へいしやく》　兵士は「ひょうじ」とも読む。国衙や荘園領主、＊地頭らが一般住人へ課した人夫役。一般に宿直警固や年貢輸送警固などの業務に従事した。給田の設定や、下行を受ける有償負担であったと考えられる。一一世紀以降の国衙軍制においては、国兵《くにのつわもの》の外枠を構成する存在として位置づけられる。＊治承・寿永の内乱期には、平氏政権により畿内近国平均役としての徴発体制が整えられた。源氏方の入京後は、＊後白河院・荘園領主との連携にもとづき賦課の調整がはかられている。杣工の動員（『平安遺文』四〇七九・四〇八〇）や、＊奥州合戦において鋤鍬を携行する部隊（＊『吾妻鏡』文治五年七月十九日条）が確認されることなどから、戦場における城郭や遮蔽物の構築・撤去などの作業に従事したと理解される。

［文献］ 相田二郎『中世の関所』（吉川弘文館、一九八三）、石母田正『石母田正著作集9中世国家成立史の研究』（岩波書店、一九八九）、川合　康『鎌倉幕府成立史の研究』（校倉書房、二〇〇四）。

（七海雅人）

駆武者《かりむしゃ》　国司や追討使の催促により動員された武士層。一一世紀以降の国衙軍制において「国ノ兵共」・「国侍」として把握される存在であり、＊治承・寿永の内乱期には「堪二武勇一輩」・「堪二器量一輩」などの表現で検出される。また＊兵士役に含まれることもあった。宣旨などの布告を受けて、恩賞の給付を条件に、なかば自発的な意思に基づき軍勢に参加したと考えられ、戦況が不利になれば、敵方への投降・寝返りもしばしば行われた。源平両軍は多くの駆武者によって構成されており、それゆえに彼らの政治的な判断・動向もまた、合戦の帰趨決定に大きく作用したといえる。『邦訳日葡《にっぽ》辞書《じしょ》』（岩波書店、一九八〇）は、「傭兵、すなわち宿営費を支給される兵士」と注解する。（七海雅人）

［文献］ 川合 康『源平合戦の虚像を剥ぐ』（講談社、一九九六）、石井進著作集刊行会編『石井進著作集5鎌倉武士の実像』（岩波書店、二〇〇五）。

猪武者《いのししむしゃ》 合戦の大勢や周囲の状況に配慮することなく、敵陣へむやみに突撃するような武士。軍記物語では、向こう見ずに押し通そうとする意の「片皮破《かたかわやぶり》」という表現とあわせて、「片皮破の猪武者」と慣用的に用いられている（『慶長古活字本保元物語』中巻、『*太平記』巻二八）。『*平家物語』巻十一「逆櫓《さかろ》」は、屋島《やしま》への渡海をめぐる*源義経《よしつね》と*梶原景時《かげとき》との確執を描く。用意した舟に逆櫓を設けて操船機能を高め、軍略に慎重を期す景時に、義経は後退のための措置をはじめからとるものではないと真っ向から反対する。これに対して景時は、「大将軍」は最後まで身を全うし敵を討つものであり、義経の姿勢は猪武者のすることであると批判した。（七海雅人）

言葉戦《ことばたたか》い 戦場において、実際の戦闘が行われる前に、悪口や自軍の正当性を述べ合い、言葉で敵を攻撃する行為。『源平盛衰記』巻二十「石橋合戦」は、*北条時政《ときまさ》と*大庭景親《おおばかげちか》との言葉戦いを描く。二度の応酬を経た後、時政の三度目の言葉に、「敵も味方も道理なれば、一度にどつとぞ笑ける」と決着するが、ここからは、言葉戦いが合戦を始めるにあたってのルールの一つとして認識されており、大将やそれに准じる家子・郎党には、相手を屈服させるための弁論の素養が求められていたことが読み取れる。加えて先行研究は、言霊《ことだま》の問題とも関連させ、古代以来、在地社会に伏流する音声や言葉をめぐる習俗の一つの現れとして理解する。（七海雅人）

［文献］ 藤木久志『戦国の作法』（平凡社ライブラリー、一九九八）、野口 実『武家の棟梁の条件』（中公新書、一九九四）。（七海雅人）

矢合《やあわせ》 開戦にあたり、敵味方双方の陣から矢を射込み合う合戦のルール。多くは鏑矢《かぶらや》を用いた。戦場に集結した各部隊には、「矢合之期」が連絡され、戦闘開始の時刻が調整される（『*吾妻鏡』元暦元年二月五日条など）。『*平家物語』巻七「倶利《くり》迦羅《から》落」では、源平両軍がはじめに一五・三〇騎と鏑矢を射込み合い、続いて五〇・百騎と押し出していく様子が描かれている。また『内閣文庫本八幡愚童記《はちまんぐどうき》』は、*文永の役に際して、*少弐覚恵《しょうにかくえ》（資能《すけよし》）の孫が矢合のために小鏑矢を放ったところ、モンゴル軍はその音のおかしさに大笑いし、逆に銅鑼や太鼓で鬨の声をつくり返して、日本軍の馬を混乱におとしいれたエピソードを載せる。（七海雅人）

［文献］ 髙橋昌明『武士の成立 武士像の創出』（東京大学出版会、一九九九）。

大矢《おおや》 「大箭」とも書く。通常よりも簳《やがら》（多くは篠竹製であるため篦《の》と呼ばれる）の長い矢。または、そのような矢を使用する武士を指す。簳の長さは拳の握り数をあらわす「束」で表現され、一二束を通例とした。したがって、それよりも長いものが大矢とされる。『*平家物語』巻五「富士川」において*斎藤実《さね》盛《もり》が東国武士を解説する場面では、「自分は十三束の矢を引くが、東国では普通である。東国で大矢とされる者は、皆十五束以上の矢を引いている」と語っている。また同巻十一「遠矢」では、十三束の矢を放つ*和田義盛《よしもり》に対して、新居親清が十四束の矢を射返し、それに対してさらに浅利義成が十五束の矢を放って親清を射抜くという、大矢の競い合いが描かれている。

（七海雅人）

精兵《せいびょう》　「勢兵」とも書く。①一般に、主人に忠義を尽くし武力にすぐれた有能な武士をさす。*『吾妻鏡』治承四年（一一八〇）十一月八日条には、主人佐竹氏が誅殺されたことを見届けずに逐電したため、精兵の本意ではないと思いながらも、*源頼朝《よりとも》のもとへ参上し、頼朝が同族である佐竹氏を討った非を責める岩瀬氏のエピソードを載せる。②とくに、強弓の使い手を表現する場合に用いられる。『雑談集』巻三の「ヲトツラノ新左衛門ト中シハ、聞タル勢兵也、矢ハ十三束三伏也」、幸若舞「八島」の「精兵の*大矢に肝の束ねは通されつ」などの記述を参照。また建暦二年（一二一二）正月の鎌倉幕府的始《まとはじめ》で弓太郎《ゆみたろう》に選ばれた小国氏は、「無双精兵」と評されている。

（七海雅人）

騎馬武者《きばむしゃ》　鞍置馬に乗り、直垂《ひたたれ》（衛府官人の場合は水干《すいかん》）の上に大鎧《おおよろい》・小具足《こぐそく》（片籠手《かたごて》・脛当《すねあて》など）を装着した武士身分。弓射騎兵。弓矢・太刀・首切りのための腰刀を携える。防御を重視した重量武装であり、連続的な長駆疾走を前提とはしていない。兜の受け渡しや武器・馬の補給を受けるために、介助の雑色《ぞうしき》や舎人《とねり》らを口取として従える。矢合や楯突戦《たてつきいくさ》時の静止馬上射、集団で繰り出しての追物射《おものい》など、戦闘の中核を構成した。騎馬武者同士の馳組戦《はせぐみいくさ》では、同一進行方向上で敵を自身の弓手《ゆんで》（左手側）に誘い追い込むことが有利であり、また弓矢の使用によって手綱が操作できないことから、普段の馬術・弓射訓練が重んじられた。また軍勢や行列には、女騎が従軍していたことも指摘されている。

［文献］ 川合 康『源平合戦の虚像を剥ぐ』（講談社、一九九六）、近藤好和『弓矢と刀剣』（吉川弘文館、一九九七）、田端泰子・細川涼一『日本の中世4女性、老人、子ども』（中央公論新社、二〇〇二）。

（七海雅人）

歩立《かちだち》**の兵**《つわもの》　騎乗せず、徒歩で戦闘に参加する武士身分。戦場では、袖細《そでぼそ》四幅袴《よのばかま》（直垂《ひたたれ》の原型）や下着姿の上に腹巻を装着した。肩当てとして杏葉《ぎょうよう》、両手に諸籠手《もろごて》を備える。兜の代用として半首《はつぶり》をつけることもある。武器は弓矢を基本とするが、騎馬武者にくらべて長刀・太刀など打ち物使用の頻度が高い。通常の軍勢においては、おもに騎馬武者の従者によって構成されていたと考えられる。*『吾妻鏡』建仁三年（一二〇三）十月二六日条には、騎馬の使用できない歩立合戦では、甲冑軽薄・弓矢短小の装備を心懸けるべきとする記載がみえる。鎌倉末期以降は、騎馬との間に一層の分業・連携が進み、組織的戦闘において機動力を発揮した。

［文献］ 今井正之助「合戦の機構」（山下宏明編『軍記物語の生成と表現』和泉書院、一九九五）、近藤好和『弓矢と刀剣』（吉川弘文館、一九九七）。

（七海雅人）

鬨の声《ときのこえ》　鬨は「時」・「鯨波」とも書く。戦闘の開始や再開にあたって、自陣の士気を高め、攻撃することを敵方へ告げ知らせるための叫び声。大将が「えいえい」と呼びかけ、全軍が「おう」と応じる喊声で、通常これを三度繰り返す。敵陣も同じく鬨の声をつくり合わせて、合戦が始まる。戦闘が終了すると、勝者は勝鬨をあげて勝利を祝う。『源平盛衰記《げんぺいじょうすいき》』巻四二「義経解纜向西国」には、「首共四五十切懸て奉二軍神一、悦の時二度造」とあり、勝鬨は軍神へ生け贄を捧げる際に発せられていたことがわかる。ここから先行研究は、鬨の声は戦場に軍神を勧請し、その加護を願い勝利への導きを感謝する特別の音声でもあったと指摘する。

［文献］　黒田日出男「鬨の声」（加藤友康編『歴史学事典7戦争と外交』弘文堂、一九九九）。　（七海雅人）

先陣争い《せんじんあらそい》　合戦において敵陣へと突撃する際、最も早く敵と遭遇し、名乗りをあげる先懸《さきがけ》（先駆）の行為は、後代に名を残す名誉ある戦功として賞賛され、将は恩賞をもってこれに報いた。*『吾妻鏡』には、下河辺行平による「兵の本意は先登である。敵は名乗りを受けてその人名を知り、味方は鎧の後に付けた笠標《かさじるし》を見て後方からその人名を知る」という故実の説明（文治五年七月八日条）や、*和田合戦で二度の先懸を達成した波多野忠綱の「勇士が戦場に向かうは先登を本意とする」という頑なな発言（建保元年五月四日条）などが記されている。それゆえに戦場では、通常先登を進む人物があらかじめ決定されているにもかかわらず、先懸を求めて抜懸《ぬけがけ》や先陣を争うことが、なかば恒常的に行われた。*『平家物語』での著名な事例としては、*宇治川渡河戦での佐々木高綱《たかつな》と梶原景季《かげすえ》、*一ノ谷の戦いでの*熊谷直実《なおざね》親子と平山季重《すえしげ》などの争いがあげられる。ライバルを損なうことで主人が不利益を被ってもかまわないと発想し、実際に味方を騙したり郎従をつかって妨害を試みる、こうした激しい争いからは、集団戦ではありながら、いまだ個別戦闘員の自律的な意思・都合が優先的にはたらいていた点を読み取ることができるだろう。したがって、大規模かつ組織的な戦闘のあり方が進むに従い、軍忠状には先懸の記載が散見される一方、「於二抜懸之輩一者、可レ為二罪科一」とする軍法が明示され（*『太平記』巻六「赤坂合戦事」）、先陣争いは厳しく禁止されるようになっていく。　（七海雅人）

見継ぐ《みつぐ》　戦場や訴訟などにおいて、味方となり助成・支援を行うこと。恩賞請求の際に証人となるために、戦場において約束を交わした相手の行動を注視すること。多くは、対等の間柄として契約関係を結ぶ際に用いられた。*文永の役に出陣した*竹崎季長《すえなが》は、一門の江田氏と兜を交換し、互いに見継ぎ合う約束を交わしている。「見継被二見継一」という条項は一揆契状に多くみられ（『大日本古文書　伊達家文書』三二一・三三三、『同　島津家文書』五八四、『史料纂集　相馬文書』一三一など）、とくに角違《かくたがい》一揆契状では一揆構成員どうしの紛争において、下松浦一族一揆契状では一揆構成員―非構成員間の紛争において、誰に見継ぐべきかを具体的に規定している（『中世法制史料集4』）。

［文献］　峰岸純夫「中世社会の一揆と宗教」（東京大学出版会、二〇〇八）。　（七海雅人）

瀬《せ》ぶみ　軍勢が河川を渡るために、浅瀬の場所を探る行為。水泳の上手な従者などに探索を命じたり、「案内者《あないしゃ》」として雇った現地の住人から地形・水深を尋ねたりした。*承久の乱では、*北条泰時《やすとき》が被官に宇治川の浅瀬を探らせ、渡河作戦を強行し勝利を得ている。また謡曲「藤戸《ふじと》」は、元暦元年（一一八四）備《び》前《ぜん》国児島合戦において、佐々木盛綱《もりつな》が藤戸海路を乗馬のまま渡り、武功を揚げたエピソードを題材とする。現地の「浦の男」

から馬でも渡海できる浅瀬の場所を教えてもらった盛綱は、敵に知られることを恐れ、その男を殺害して海に沈めてしまった。その罪を男の母に訴えられ、菩提を弔うことにより、男の霊は成仏するという物語である。　（七海雅人）

馬筏《うまいかだ》　水深のある河川や急流を騎馬のまま渡る際、馬を筏のように組み並べ、隊列をくずさずに泳ぎ進む方法。*『平家物語』巻四「橋合戦」、*『源平盛衰記《き》』巻三五「高綱渡宇治河」は、馬筏の様子を具体的に描く。強馬を先頭に据え、弱馬は後方に配置して、流れに逆らわないように渡る。馬の足が川底にとどかなければ手綱を操り馬を泳がせ、足がとどけば手綱をゆるめる。乗り手が水につかれば、腰を後ろへずらして鞍坪に水流が通るようにする。錣《しころ》を傾け鎧を揺らせて敵の矢に備えつつも、馬の頭は常にもたげるように工夫して呼吸を確保する。また歩兵は、馬筏の隊列に取りすがることで川を渡った（『今昔物語集』巻三一—一一）。　（七海雅人）

鎌倉《かまくら》時代《じだい》の馬《うま》　通信・交通や戦闘に必須とされ、骨や皮も工芸品や馬具などの材料に用いられた。発掘された馬骨によれば、軍馬の体高は最大でも一四〇センチメートル程度でしかなく、現在の「ポニー」に相当する大きさであった。*佐々木高綱《たかつな》が*源頼朝《よりとも》から賜った名馬「いけずき」でも、体高は約一四五センチメートル程だったという（*『平家物語』巻九「宇治川先陣」）。軍馬には、大鎧《おおよろい》・武器・人間を合わせた重量に堪え、俊足かつ勇猛であることなどが求められたが、なかでも陸奥国糠部《ぬかのぶ》産の「戸立《へだて》」の駿馬《しゅんめ》がとりわけ珍重された。それゆえに武士社会では贈答や恩賞の対象として馬は重視され、また平泉藤原氏を継承した鎌倉幕府は、朝廷に対して貢馬を送進した。

〔文献〕入間田宣夫「糠部の駿馬」（高橋富雄編『古代東北史の研究』吉川弘文館、一九八六）、川合　康『源平合戦の虚像を剥ぐ』（講談社、一九九六）、馬の博物館編『鎌倉の武士と馬』（名著出版、一九九九）、近藤好和「日本馬は本当に貧弱か?」（入間田宣夫・谷口一夫編『牧の考古学』高志書院、二〇〇八）。　（七海雅人）

後矢《うしろや》　合戦の最中、敵と内通している者が、前方の味方に対して後方から矢を射懸け、自陣を離脱して敵に合流する行為。『長門本平家物語』巻十四には、砺波山《となみやま》（富山県）を追い落とされた平氏方の中で、敵への寝返りを相談する場面が描かれる。結局、投降しても「うしろ(後)矢い(射)んするやつはら(奴原)」では信用されず、斬られて汚名を残すことになるだろうという*斎藤実盛《さねもり》の発言で、そのまま自陣に留まることとなった。また*『太平記』巻三一には、「弓矢ノ道　弐《ふたごこ》ロアルヲ以テ恥トス。（中略）後矢射テ名ヲ後代ニ失ハントハ、エコソ申マジケレ」という記述が見える。軍記物語では、主君への恩義との対比から、恥ずべき行為として否定視されていた。　（七海雅人）

兵粮米《ひょうろうまい》　「兵糧米」とも書く。戦時において臨時に徴収された軍糧。内乱が始まると、平氏政権は諸国に対して兵粮米（兵乱米）の一国平均役的な賦課体制をしく（『山槐記』治承四年十二月十日条など）。その徴収は国衙機構を介して行われたと考えられ、源氏方もまた国衙の制圧を進める中で同様の施策をとっていった。*源義経《よしつね》らの追討を理由に、文治元年（一一八五）*鎌倉幕府が獲得し、翌年停止された諸国段別五升の兵粮米徴収権は、その延長上に位置する。ただし、賦課される側の百姓や荘園領主の非難・抵抗も続いた。*承久の乱に際しても、幕府は兵粮米徴収権を得たが、戦後は、備前《びぜん》・備後《びんご》両国の知行に振り換えられた。南北朝期に入ると、「武家領」「本所一円地」概念を前提として、半済などを契機に兵粮料所＝「武家領」の確保が進展する。

［文献］　安田元久『地頭及び地頭領主制の研究』（山川出版社、一九六一）、石井　進『日本中世国家史の研究』（岩波書店、一九七〇）、石母田正『石母田正著作集9中世国家成立史の研究』（岩波書店、一九八九）、宮田敬三「一二世紀末の内乱と軍制」（『日本史研究』五〇一、二〇〇四）。

（七海雅人）

軍忠状《ぐんちゅうじょう》　合戦における戦功や損害を書き記し、その内容の確認を求めて将へ提出された上申文書。恩賞の給付を目的として作成された。申状・注進状・目安の様式をとり、宛所を備えた書札様形式もみられる。通常は、受給者が袖または奥に証判を据え発給者へ返却したことから、複合文書の形態をとる。初見は、弘安五年（一二八二）の比志島時範《ひしじまときのり》軍忠状（申状）案（「比志島《ひしじま》文書」『鎌倉遺文』一四五八三）。*鎌倉幕府の恩賞給付に関しては、当初、御家人の提出する欠状《かじょう》をもとに審査が行われていた。一方、着到状へ*証判を据え提出者へ返却する事例が、*宝治合戦時には確認される（『吾妻鏡』宝治元年六月十日条）。したがって軍忠状は、欠状提出の慣行をふまえた上で、着到状への証判添付・番役勤務を証明する覆勘状など先行文書様式の影響を受けて出現したと考えられる。それはまた、恩賞奉行から御恩奉行へという職制改編に代表される幕府の恩賞給付体制の展開や、戦場における兵卒等の軍忠認定に対する即決・確実性への希求などに関連した動向でもあろう。南北朝期室町幕府の恩賞給付では、AB二類型の軍忠状が登場する。Aは合戦ごとに提出された即時型。軍忠内容は提出先の実検帳に記録されたとみられる。Bは複数のAの内容をあらためて列記し、恩賞を申請する一括型。提出先では実検帳との内容照合が行われ、また提出者の軍忠を証明する見知人に対して確認がとられる。以上の作業が満たされれば、提出先から幕府へ挙状が発給され、恩賞給付の手続きに入った。

［文献］　佐藤進一『新版古文書学入門』（法政大学出版局、一九九七）、漆原　徹『中世軍忠状とその世界』（吉川弘文館、一九九八）、工藤敬一『中世古文書を読み解く』（吉川弘文館、二〇〇〇）。

（七海雅人）

（三）　鎌倉幕府の成立

鎌倉《かまくら》（頼朝以前の）　長元三年（一〇三〇）の平忠常《ただつね》の乱後、平直方《なおかた》が自身の鎌倉の屋敷を女婿源頼義《よりよし》に譲ったことから、鎌倉が源氏相伝の地となった。頼義は、康平六年（一〇六三）に石清水《いわしみず》八幡宮を由比《ゆい》に勧請《かんじょう》し（由比若宮、現元八幡）、のちに*源頼朝《よりとも》が小林郷の北山に遷した。これが*鶴岡八幡宮である。頼朝の父義朝《よしとも》が伝え得ていた鎌倉の楯（館）は、現在の寿福寺《じゅふくじ》辺りに比定され、頼義が平直方から譲られた屋敷もこれと同じものであろう。十二世紀半ばにはかなりの寺社が存在し、それらを結ぶ幹線として、北側の窟堂《いわやどう》・荏柄《えがら》天神・大倉観音堂（杉本寺）を結ぶ道が六浦《むつうら》に抜け、南側の御霊社《ごりょうしゃ》・甘縄神明社《あまなわしんめいしゃ》・辻ノ薬師・由比若宮を結ぶ道が三浦半島に通じていた。のちには北側の幹線沿いに鶴岡八幡宮や大倉幕府も位置しており、この頃の鎌倉は東西方向を基軸としていた。一方、南北の幹線は若宮大路の西側を走る武蔵大路《むさしおおじ》（現今小路）で、大路沿いには源氏館（現寿福寺）があった。一二世紀中ごろの鎌倉は、武蔵大路を中心軸として、東を滑川《なめりがわ》、西を稲瀬川《いなせがわ》、南北を海と山に囲まれた範囲を基本としており、義朝以前の段階で一定のプランに基づく都市として成立していた。『*吾妻鏡』治承四年（一一八〇）一二月一二日条は、頼朝以前の鎌倉は、辺鄙《へんぴ》で住む人もあまりいないと記しているが、編纂者が曲筆したものである。

［文献］石井　進・大三輪龍彦編『よみがえる中世3　武士の都鎌倉』（平凡社、一九八九）、野口　実「頼朝以前の鎌倉」（『古代文化』四五―九、一九九三）、石井　進『中世の村を歩く』（朝日新聞社、二〇〇〇）。

（仁平義孝）

「東国」の概念　広義では東山道・東海道・北陸道の諸国。狭義では坂東八カ国（上野・下野・相模・武蔵・安房・上総・下総・常陸）をさす。坂東八カ国に陸奥・出羽を加える場合もある。鎌倉時代においては鎌倉幕府、南北朝・室町時代は鎌倉府、戦国時代には北条氏の勢力範囲を東国と考えるのが妥当であろう。寿永二年（一一八三）一〇月の宣旨によって*源頼朝《よりとも》に東海・東山道の荘園・公領に対する検断権が与えられ東海・東山道の諸国は頼朝の勢力範囲となった。嘉禄元年（一二二五）一二月制定の大番役に勤仕する東国御家人の範囲は坂東八カ国に遠江《とおとうみ》・信濃《しなの》・甲斐《かい》・伊豆《いず》・陸奥《むつ》・出羽《でわ》を加えた遠江以東一五カ国である。これは、鎌倉将軍家の*関東御分国であり、この範囲が東国ということになる。南北朝には鎌倉府が設置され、坂東八カ国に甲斐・伊豆を加えた一〇カ国、明徳二年（一三九一）以降陸奥・出羽が加わり、これらが鎌倉府の管轄下となり、東国となった。戦国時代の史料には、東国は関東をさしていると考えられる記述が数多く見られる。

（鈴木敏弘）

鎌倉幕府《かまくらばくふ》　一二世紀末に*源頼朝《よりとも》が*鎌倉を本拠に開いた武家政権。国家の軍事・警察権を行使した。治承四年（一一八〇）頼朝が平氏討滅のために伊豆に挙兵。寿永二年（一一八三）平氏が西走すると、頼朝はいわゆる寿永二年十月宣旨によって東海・東山両道の国衙行政権を獲得、平氏滅亡後の文治元年（一一八五）には諸国*惣追捕使《そうついぶし》および*地頭の設置が承認された。頼朝は文治五年に奥州藤原氏を滅ぼすと、翌建久元年（一一九〇）に伊豆配流後初めての上洛を果たし、日本国惣追捕使・総地頭の地位を確認されて国家の軍事・警察部門を担当することとなった。頼朝期の幕府政治は頼朝が政務全般を決裁する体制であり、政治機関として*政所《まんどころ》（*公文所《くもんじょ》）・*問注所《もんちゅうじょ》・*侍所《さむらいどころ》を設置し、*大江広元《ひろもと》・*二階堂行政《にかいどうゆきまさ》・*三善康信《みよしやすのぶ》らの京下り官人が実務を遂行した。頼朝没後の将軍頼家・実朝の時代になると北条氏《ほうじょうし》が台頭し、主に裁判権を掌握していくようになる。承久の乱後の執権北条泰時《やすとき》期には、連署や評定衆の設置、御成敗式目の制定など制度の充実が図られ、執権が幕政を主導する執権政治となった。その後執権北条経時《つねとき》期には執権が裁判権を完全に掌握し、時頼《ときより》期に引付が新設され裁判制度も整うと、政治体制は北条氏家督《かとく》である得宗《とくそう》に権限が集中する得宗専制政治へと推移する。幕府は寛元四年（一二四六）の宮騒動《みやそうどう》を契機に皇位継承権を握るなど朝廷政治への干渉を強め、弘安八年（一二八五）の霜月騒動で安達泰盛以下多数の御家人を滅ぼし、得宗による御家人に対する専制を確立した。経済的に困窮した御家人は得宗専制に反発し、皇位継承に干渉する幕府に不満をもった後醍醐天皇は討幕計画を進めた。後醍醐の討幕は失敗に終わったが、各地で武士が立ち上がり、元弘三年（一三三三）鎌倉幕府は滅亡した。

［文献］　上横手雅敬『日本中世政治史研究』（塙書房、一九七〇）、『鎌倉時代政治史研究』（吉川弘文館、一九九一）、『日本中世国家史論考』（塙書房、一九九四）、佐藤進一『日本の中世国家』（岩波書店、一九八三）。

（仁平義孝）

幕府《ばくふ》　もともとは、中国で将軍が幕を張って陣を構えることから、出征中の将軍の陣営をいった。日本では近衛府《このえふ》や近衛大将《このえのたいしょう》の唐名《とうめい》を幕府といい、それから転じて近衛大将の居館をさすようにもなった。史料上の「幕府」は本来の語義で用いられているが、今日広く使われている歴史学上の概念としては、鎌倉殿などの*武門の棟梁《とうりょう》を首長とする軍事政権をいう。「幕府」をこのような意味で用いるのは、江戸時代からである。古くから*鎌倉幕府の成立時期を、幕府＝近衛大将ということから*源頼朝《よりとも》の右近衛大将任官時としたり、将軍＝征夷大将軍として頼朝の征夷大将軍就任時点に求める考えがあるが、いずれも「幕府」の語源的解釈に基づいた形式的な見方であり、現在では取り上げられていない。

［文献］　佐藤進一『日本中世史論集』（岩波書店、一九九〇）。

（仁平義孝）

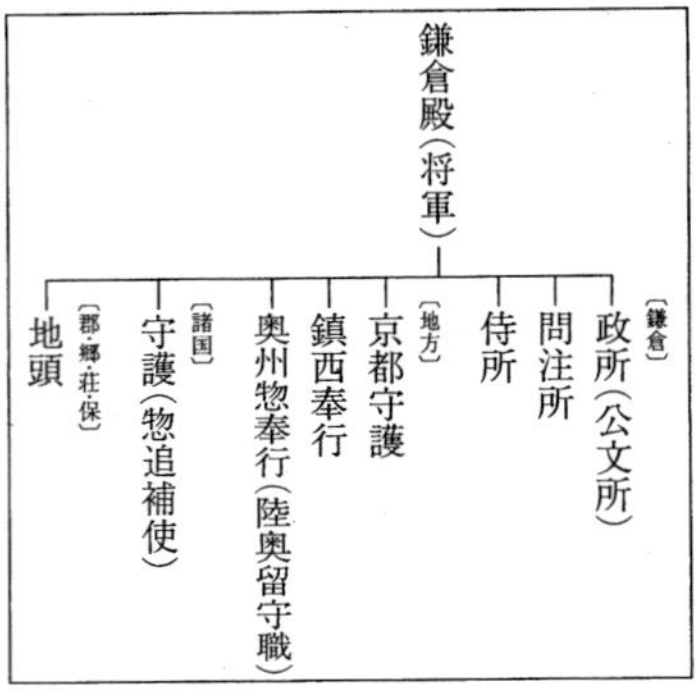

鎌倉幕府機構（鎌倉初期）

武門《ぶもん》**の棟梁**《とうりょう》　広汎な地方武士を統合して彼らの政治的利害を代表し、武家政権の首長となるような有力武士。武門の代表が表舞台に登場するのは、承平《じょうへい》・天慶《てんぎょう》の乱においてである。この乱を鎮圧した平貞盛《さだもり》・藤原秀郷《ひでさと》・源経基《つねもと》らは、その功で四位《しい》、五位に叙せられて中央軍事貴族の地位を確立、その子孫は摂関期に京都で活躍した。この頃の軍事貴族は国家権力によって動員されて複数の主君に仕える存在であった。従来源頼義《よりよし》・義家《よしいえ》らが東国の兵乱を鎮圧して東国武士と結び、武門の棟梁となったとされてきたが、彼らが率いた武力の中心は、朝廷が動員した兵士などであって地方武士を統率したものではなく、まだ武門の棟梁の段階にいたっていない。ついで院政期の軍事貴族は、国家権力によって動員される点など基本的な性格は摂関期のそれと同様であるが、伊勢《いせ》平氏と院、河内源氏・摂津《せっつ》源氏と摂関家など、各軍事貴族が特定の権門《けんもん》と結合するようになった。そして国家権力によって動員された武力（*後白河《ごしらかわ》天皇方）と摂関家の私的武力（崇徳《すとく》上皇方）との戦いとなった保元の乱を勝ち抜いた*平清盛《きよもり》や源義朝こそ、院や摂関家などの権門から自立し、地方武士を統合して彼らの政治的利害を代表する武門の棟梁と呼ぶべき存在とされる。しかし清盛は広範囲の武士を組織的に統率することはできず、それに対して義朝の子*頼朝《よりとも》は広く東国武士の組織化に成功し、武門の棟梁の地位を確立した。

［文献］ 元木泰雄『武士の成立』（吉川弘文館、一九九四）。

（仁平義孝）

征夷大将軍《せいいたいしょうぐん》 元来は東北地方の蝦夷《えみし》征討のために朝廷から派遣される軍隊の総指揮官で、のちには幕府の首長の職名。この職は天慶三年（九四〇）藤原忠文が征東大将軍に任用されて以来途絶えていたが、元暦元年（一一八四）＊木曾義仲《よしなか》が征夷（東）大将軍に任じられて、復活した。義仲は補任後すぐに＊源頼朝《よりとも》軍に滅ぼされ、頼朝は同年四月義仲追討賞として正四位下に叙せられた。その際征夷大将軍補任の件も議論されている。しかし頼朝が実際にこの職に補任されたのは、＊後白河《ごしらかわ》法皇没後の建久三年（一一九二）七月である。頼朝は同五年に二度辞表を提出したが、朝廷はこれを認めておらず、正式には辞任していない。しかし頼朝自身はこの職を辞したと理解していたようで、同五・六年頃からは＊政所下文《まんどころくだしぶみ》が「前右大将家《さきのうだいしょうけ》政所」から出されている。頼朝の征夷大将軍補任については、頼朝がこの職を強く望んだが後白河に拒まれたとする説と、両者の間にこの職をめぐる確執はなかったとする説がある。なお、征夷大将軍が幕府の首長、＊武門の棟梁を意味するようになるのは、建仁三年（一二〇三）＊源実朝《さねとも》が二代将軍＊源頼家《よりいえ》の跡を継いで鎌倉殿の地位に就いたと同時に征夷大将軍に補任されてからのことである。

［文献］ 石井良助『大化の改新と鎌倉幕府 増補版』（創元社、一九七二）、杉橋隆夫「鎌倉右大将家と征夷大将軍」（『立命館史学』四、一九八三）、藤本元啓「源頼朝の征夷大将軍補任に関する問題」（『軍事史学』二〇―二、一九八四）、野口 実『武家の棟梁の条件』（中央公論社、一九九四）。

（仁平義孝）

鎌倉幕府将軍表

代数	将軍氏名	在職期間	没年
1	源　頼朝	建久 3（1192）7 ～正治 1（1199）1	正治 1（1199）
2	源　頼家	建仁 2（1202）7 ～建仁 3（1203）9	元久 1（1204）
3	源　実朝	建仁 3（1203）9 ～承久 1（1219）1	承久 1（1219）
4	九条頼経	嘉祿 2（1226）1 ～寛元 2（1244）4	康元 1（1256）
5	九条頼嗣	寛元 2（1244）4 ～建長 4（1252）2	康元 1（1256）
6	宗尊親王	建長 4（1252）4 ～文永 3（1266）7	文永11（1274）
7	惟康親王	文永 3（1266）7 ～正応 2（1289）9	嘉暦 1（1326）
8	久明親王	正応 2（1289）10 ～延慶 1（1308）8	嘉暦 3（1328）
9	守邦親王	延慶 1（1308）8 ～元弘 3（1333）5	元弘 3（1333）

右大将《うだいしょう》 右近衛大将《うこのえのたいしょう》。近衛府は本来内裏諸門の警固、行幸の警備にあたった天皇親衛軍の一つで、長官である大将は大臣か大納言の上位者が兼任する顕職。＊源頼朝《よりとも》は建久元年（一一九〇）一一月の上洛の際、同月九日に権大納言《ごんのだいなごん》、二四日に右大将に任官されたが、一二月四日には両職を辞している。頼朝は右大将任官にこだわっていたわけではなく、まずは朝廷や幕府内部に対して自己の立場を象徴する役職に就くことがねらいであった。従来頼朝の右大将任官については積極的に評価されていないが、近年、公家社会における家格秩序の中での右大将の位置づけ、「前官」のもつ意味といった視角からの再検討が進められている。

［文献］ 杉橋隆夫「鎌倉右大将家と征夷大将軍」（『立命館史学』四、一九八三）、白根靖大「王朝社会秩序の中の武家の棟梁」（『中世の王朝社会と院政』吉川弘文館、二〇〇〇）、松薗 斉「前右大将考―源頼朝右近衛大将任官の再検討―」（『愛知学院大学文学部紀要』三〇、二〇〇〇）。

（仁平義孝）

鶴岡八幡宮《つるがおかはちまんぐう》　現鎌倉市雪ノ下にある神社。旧国幣中社。もとは前九年の役後の康平六年（一〇六三）八月、源頼義《よりよし》が朝廷の許可を得ずに石清水八幡宮《いわしみずはちまんぐう》を由比郷《ゆいごう》に勧請《かんじょう》したのが始まり（現在の元八幡）。その後、永保元年（一〇八一）二月に源義家《よしいえ》が修復して小林郷に遷し、治承四年（一一八〇）一〇月*頼朝《よりとも》が小林郷の北山に遷した。建久二年（一一九一）三月に鎌倉の大火のため全焼。同年一一月現在の地に本宮を造営し、もとの社を若宮とした。旧暦八月一五・一六日に行われる*鶴岡八幡宮*放《ほう》生会《じょうえ》をはじめとする八幡宮神事は、将軍と東国御家人全体で行う行事であり、幕府は神事を通じて、御家人の幕府内における政治的身分秩序を統制していた。
［文献］　伊藤清郎『中世日本の国家と寺社』（高志書院、二〇〇〇）。
（仁平義孝）

鶴岡八幡宮放生会《つるがおかはちまんぐうほうじょうえ》　放生会とは、殺生禁断《せっしょうきんだん》思想から、捕らえた魚鳥を山野池水に解放する仏教行事で、*鶴岡八幡宮では旧暦八月一五・一六日を式日とした。初めて行われた文治三年（一一八七）には八月一五日のみであったが、建久元年（一一九〇）から二日間となった。一五日は将軍とごく限られた人とで廻廊儀という神事が、一六日は将軍家が神に奉納する流鏑馬《やぶさめ》以下の芸能を放生会参加者に披露する馬場儀が行われた。流鏑馬は石清水八《いわしみずはち》幡宮《まんぐう》放生会にはなく、院主催の城南寺《せいなんじ》祭や新日吉社小五月会《いまひえしゃこさつきえ》で行われていた流鏑馬を取り入れたとされる。鎌倉時代の鶴岡放生会は、幕府が*御家人を動員して行った年中行事で、御家人統制の場となった。
［文献］　伊藤清郎『中世日本の国家と寺社』（高志書院、二〇〇〇）、鴇田　泉「流鏑馬行事と鎌倉武士団」（『芸能史研究』九九、一九八七）、永井　晋「『吾妻鏡』にみえる鶴岡八幡宮放生会」（『神道宗教』一七二、一九九八）。
（仁平義孝）

永福寺《ようふくじ》　現鎌倉市二階堂にあった寺院。「えいふくじ」とも。*源頼朝《よりとも》が、*奥州合戦の際に見た中尊寺二階大堂大長寿院の伽藍を模して、奥州合戦の死者の怨霊を弔うために建てた。文治五年（一一八九）一二月に事始めがあり、建久三年（一一九二）一一月に落慶供養が営まれた。二階堂・阿弥陀堂・薬師堂・多宝塔などの壮大な伽藍と、その前面には広大な苑池が築かれていた。鎌倉時代の日記紀行文*『海道記《かいどうき》』*『東関紀行《とうかんきこう》』にも、ほかの寺社に比してその伽藍が特に荘厳であったと記されている。伽藍や苑池は、一九八二年以来の発掘調査によっても確認されている。室町時代中期には廃絶したようであり、その跡地は国指定史跡となっている。
［文献］　『鎌倉市史　社寺編』（吉川弘文館、一九五九）。
（仁平義孝）

富士《ふじ》の巻狩《まきがり》　建久四年（一一九三）五月、*源頼朝《よりとも》が富士の裾《すそ》野《の》で行った巻狩。*曾我兄弟の敵討が行われたことでも知られている。巻狩は山の神に意志を問う一種の祭儀であったという。この巻狩で、*源頼家《よりいえ》が初めて鹿を射止めたことを頼朝がたいへん喜んだという話が伝えられているが、これも頼家には将来幕府の長となる資格があると山の神に認められたことを意味するとされる。この巻狩の直前に、頼朝は下野《しもつけ》国那須野《なすの》、信濃《しなの》国三原野でも巻狩を行っているが、これは頼朝がこの前年に*征夷大将軍に補任され、武家権門の長となったことを幕府内外に誇示するためのものであった。巻狩などの狩猟は武士にとってその技量を披露する場であり、実戦に向けての訓練の場でもあった。

［文献］石井　進『中世武士団』（小学館、一九七四）。　（仁平義孝）

建久七年《けんきゅうしちねん》の政変《せいへん》　建久七年（一一九六）一一月、*土御門通《つちみかどみち》親《ちか》らによって起こされた*九条兼実《くじょうかねざね》とその一門の失脚事件。この事件の要因の一つが、*源頼朝の女*大姫の後鳥羽後宮入内問題である。頼朝は建久初年頃から、反兼実派で*後鳥羽天皇の側近である通親や丹後局《たんごのつぼね》に接近して大姫入内計画を進めた。頼朝と通親が結ぶことによって、兼実は京都政界で孤立の度を深めることになった。建久六年、後鳥羽と通親の猶子在子との間に皇子（のちの*土御門天皇）が、兼実の女子任子とに皇女が生まれると、通親はいよいよ兼実失脚計画を実行に移し、翌七年一一月に兼実が関白を罷免され、兼実の弟である兼房と*慈円《じえん》がそれぞれ太政大臣と天台座主《ざす》を辞し、任子は内裏を退出して兼実の勢力は朝廷から一掃された。

［文献］杉橋隆夫「鎌倉初期の公武関係―建久年間を中心に―」（『史林』五四―六、一九七一）、上横手雅敬『日本中世政治史研究』（塙書房、一九七五）、上横手雅敬『鎌倉時代政治史研究』（吉川弘文館、一九九一）。　（仁平義孝）

鎌倉幕府《かまくらばくふ》の成立時期《せいりつじき》　古くからいわれているのは、①建久三年（一一九二）七月の*源頼朝《よりとも》の*征夷大将軍補任、②建久元年（一一九〇）一一月の頼朝の右近衛大将任官、③元暦元年（一一八四）一〇月の*公文所《くもんじょ》・*問注所《もんちゅうじょ》開設に求めるものであるが、ほかに鎌倉幕府の性格規定と関わって④*寿永二年十月宣旨、⑤文治元年（一一八五）一一月のいわゆる*守護・*地頭の設置の時点に求める説がある。④を唱える佐藤進一は、寿永二年（一一八三）一〇月の宣旨によって頼朝は朝廷から東海・東山道諸国の国衙在庁指揮権を与えられ、ここに東国独立政権が成立したとする。佐藤の東国政権論を継承した石井進は、幕府を鎌倉殿を首長とした一個の軍事政権とする限り、軍事政権としての特徴が出そろった治承四年（一一八〇）末を幕府成立の指標とする。⑤を主張する黒田俊雄は、*鎌倉幕府の成立を軍事権門としての独自性と政治権力を確立した時期に求め、その最もふさわしい時期は、頼朝が諸国*惣追捕使・*総地頭の地位を獲得し、頼朝自ら「天下草創」と称した文治元年（一一八五）一一月、一二月であるとした。黒田の権門体制論を継承した上横手雅敬は、治承四年（一一八〇）一〇月段階で東国に独立した国家が成立したが、寿永二年十月宣旨によって東国の独立が否定され、頼朝が日本国*惣追捕使《そうついぶし》として諸国守護権を確認された建久元年（一一九〇）に幕府が成立したとする。このように幕府の成立時期をめぐっては鎌倉幕府の性格規定の問題と相まって、諸説が並立している状況である。

［文献］石井　進「鎌倉幕府論」（『岩波講座日本歴史　中世一』、岩波書店、一九六二）、黒田俊雄『荘園制社会』（日本評論社、一九六七）、佐藤進一『日本中世史論集』（岩波書店、一九九〇）、上横手雅敬『鎌倉時代政治史研究』（吉川弘文館、一九九一）。　（仁平義孝）

侍所《さむらいどころ》　鎌倉幕府における御家人統轄の中枢機関。『*吾妻《あずま》鏡《かがみ》』治承四年（一一八〇）一一月十七日条に*和田義盛《わだよしもり》が初代侍所別当《べっとう》（長官）に補任されたことがみえ、このとき設置されたものと思われる。義盛は、次官である侍所所司（頭人）*梶原《かじわら》景時《かげとき》にこの職を奪われた時期があったが、建保元年（一二一三）五月に没するまで別当を務めている。後、侍所別当は執権北条氏が務めることになり、北条氏は政所別当と兼務することになった。所司には得宗被官《とくそうひかん》が任じられたが、文永年間にその職にあった平頼綱《よりつな》以降は、*内管領《うちかんれい》である平・長崎氏が侍所所司を兼ねることになった。このことにより平・長崎両氏は幕府内での勢力を伸ばしていった。侍所の管轄事項としては、御家人の統制、将軍御出時の供奉《ぐぶ》、御家人所役の催促のほか、鎌倉市中における御家人の騒動鎮圧、罪人への尋問などの検断行為が挙げられ、検断にあたる奉行には得宗被官が任じられた。また、*『沙汰未練書《さたみれんしょ》』に「侍所とは、関東検断沙汰する所なり」とあり、鎌倉後期には謀反・夜討・強盗・殺害・放火・路次狼藉などの検断沙汰（刑事訴訟）を管轄したことが知られる。しかし侍所が刑事訴訟機関となったのは、一三世紀半ば以降一四世紀初めまでの間のことと考えられている。

［文献］　佐藤進一『鎌倉幕府訴訟制度の研究』（畝傍書房、一九四三（岩波書店再刊）、一九九三）、森　幸夫「北条氏と侍所」（『国学院大学大学院紀要』文学研究科一九、一九八五）。　（仁平義孝）

公文所《くもんじょ》　将軍家の家政機関の一つで、公文（公文書）の管理を職務とする。元暦元年（一一八四）八月に新造され、同年一〇月に吉書始があり、*大江広元《おおえのひろもと》を別当、*中原親能《ちかよし》・*二階堂行《にかいどうゆき》政《まさ》・*足立遠元《とおもと》・大中臣秋家《おおなかとみのあきいえ》・藤原邦通《くにみち》を寄人《よりうど》として開設された。その後*政所《まんどころ》が開設されると公文所の機能は政所に吸収され、政所が幕府の政務処理機関の中心となった。公文所の具体的な活動内容は明らかではないが、政所と職員構成がほぼ同じであり、職務内容も政所と共通していたと考えられている。なお、*『吾妻鏡《あずまかがみ》』弘長元年（一二六一）三月十三日条に「政所の郭内失火す。庁屋・公文所・問注屋炎上す。御倉等は災いを免る」、『建治三年記』建治三年（一二七七）二月七日条に「公文所災

『岩波日本史辞典』所載「中世鎌倉図」をもとに作成

上す」とあることから、十三世紀後半にも公文所と呼ばれる建物が存在していたことが確認される。政所の郭内で、公文書の管理に使われていたのであろう。また、鎌倉中期以降になると北条*得宗家《とくそうけ》にも公文所があった。『*沙汰未練書《さたみれんしょ》』に「公文所とは相模守殿御内の沙汰するところなり」とあるのがこれに当たる。得宗家公文所は得宗家の家政全般を掌り、その長官を執事《しつじ》といった。執事は得宗家家政を取り仕切る実務の最高責任者で、得宗被官《とくそうひかん》のなかでも上層部の長崎・諏訪・尾藤氏などから選ばれたが、その過半は長崎氏が占めた。↓政所

［文献］ 奥富敬之『鎌倉北條氏の基礎的研究』（吉川弘文館、一九八〇）、細川重男『鎌倉政権得宗専制論』（吉川弘文館、二〇〇〇）、湯田 環「鎌倉幕府草創期の政所と政務」（『お茶の水史学』二九、一九八六）。 （仁平義孝）

問注所《もんちゅうじょ》 鎌倉幕府の訴訟機関。*政所《まんどころ》・*侍所《さむらいどころ》は公家の家政機関を継承したものであるが、問注所は幕府独自の機関。元暦元年（一一八四）一〇月、*頼朝《よりとも》は訴訟当事者を召喚して口頭弁論を行い、それぞれの主張内容を頼朝に報告するように*三善《みよし》康信《やすのぶ》に命じた。これを執り行う場は頼朝の邸内に設けられ、問注所と号した。その後、正治元年（一一九九）四月問注所を頼朝邸の外に移し、康信をその長官である執事《しつじ》とした。以後執事は三善氏の子孫（太田・町野氏）が世襲して室町時代まで続く。頼朝期の問注所は、訴訟当事者の口頭弁論の結果を頼朝に報告するだけで判決に関わることはなく、執事三善康信が政所寄人《よりうど》に含まれていたことからも、政所の下部機関と位置づけられる。*頼家《よりいえ》・*実朝《さねとも》期になると、問注所は判決草案である「問注所勘状《かんじょう》」を作成するなどその権限を拡大し、建長元年（一二四九）の引付《ひきつけ》設置まで政所とならぶ訴訟機関となった。両者の管轄区分は、問注所が御家人訴訟と諸国の雑《ぞう》人《にん》・非御家人《ひごけにん》の訴訟、政所が鎌倉市中の雑人と非御家人訴訟であった。引付設置後、問注所が管轄していた御家人訴訟が引付に移管され、鎌倉末には東国の雑務沙汰《ざつむざた》（金銭の借貸、田畠の売買などに関する訴訟）を処理する機関となった。なお、訴訟の受理機能は一貫して問注所で担われていた。↓政所

［文献］ 佐藤進一『鎌倉幕府訴訟制度の研究』（畝傍書房、一九四三（岩波書店再刊））、佐々木文昭「初期鎌倉幕府問注所試論」（佐伯有清編『日本古代中世史論考』吉川弘文館、一九八七）。 （仁平義孝）

問注所執事一覧

氏　名	在職期間	官職名
三善　康信	元暦 1（1184）―承久 3（1221）	中宮属
町野　康俊	承久 3（1221）―暦仁 1（1238）	民部丞　加賀守
町野　康持	暦仁 1（1238）―寛元 4（1246）	民部丞　備後守
太田　康連	寛元 4（1246）―康元 1（1256）	民部丞　阿波権守
太田　康宗	康元 1（1256）―弘長 2（1262）	民部丞
太田　康有	弘長 2（1262）―弘安 6（1283）	勘解由判官　美作守
太田　時連	弘安 6（1283）―弘安 8（1285）	勘解由判官
摂津　親致	弘安 8（1285）―永仁 1（1293）	左近将監　摂津守
太田　時連	永仁 1（1293）―正和 1（1312）	勘解由判官　信濃守
太田　貞連	正和 1（1312）―正和 2（1313）	左近将監
太田　時連	正和 2（1313）―元亨 1（1321）	信濃守
太田　貞連	元亨 1（1321）―元弘 3（1333）	左近将監

政所《まんどころ》 *鎌倉幕府の政務・訴訟機関。政所の設置時期については、古くから『*吾妻鏡《あずまかがみ》』の政所吉書始の記事によって建久二年（一一九一）とする説があったが、現在では、*源頼朝《よりとも》が従

政所執事一覧

氏　　名	在　職　期　間	通称・官職名
中原　師俊	建暦１（1211）―	助教　摂津守
伊賀　光宗	承久１（1219）―元仁１（1224）	左衛門尉
二階堂行盛	元仁１（1224）―建長５（1253）	民部丞
二階堂行泰	建長５（1253）―弘長２（1262）	民部丞　筑前守
二階堂行頼	弘長２（1262）―弘長３（1263）	加賀守
二階堂行泰	弘長３（1263）―文永２（1265）	前筑前守
二階堂行実	文永２（1265）―文永６（1269）	左衛門尉　信濃守
二階堂行綱	文永６（1269）―弘安４（1281）	前伊勢守
二階堂頼綱	弘安４（1281）―弘安６（1283）	前下総守
二階堂行忠	弘安６（1283）―正応３（1290）	左衛門尉
二階堂行貞	正応３（1290）―永仁１（1293）	左衛門尉　信濃守　山城守
二階堂行藤	永仁１（1293）―乾元１（1302）	出羽守
二階堂行貞	乾元１（1302）―元徳１（1329）	前山城守
二階堂貞衡	元徳１（1329）―元弘２（1332）	美作守
二階堂貞藤	元弘２（1332）―元弘３（1333）	出羽守

二位に叙されて政所開設の資格を得た文治元年（一一八五）には、*公文所《くもんじょ》を吸収する形で設置されていたと考えられている。職員構成は、別当《べっとう》・令《れい》・知家事《ちけじ》・案主《あんじゅ》で、別当あるいは令を務める二階堂《にかいどう》氏が執事を世襲して実務を統轄した。また別当は*承久の乱後*執権・連署のみとなっていった。政所は鎌倉幕府財政を管掌して*関東御領・*関東御分国を経営し、鎌倉に居住する雑人ならびに非御家人の訴訟などを扱い、*問注所とならぶ訴訟機関であった。また政所には保奉行人が所属しており、鎌倉市中の行政・警察権も掌握していた。のちに引付が設置されると政所の機能は幕府財政に限られていったが、それまでは幕府の政務・訴訟機関として幕政の中心的役割を果たしていた。とくに三代将軍*源実朝《さねとも》期には将軍親裁を支える機関として機能していたとする説もある。建久三年（一一九二）八月に頼朝は*征夷大将軍補任後の政所始《まんどころはじめ》を行い、それまでに発給した袖判下文《そではんくだしぶみ》を回収して改めて*政所下文《まんどころくだしぶみ》を発給することとした。しかし*千葉常胤《つねたね》などの有力*御家人から、頼朝自身の花押のない下文では後日の証拠となしがたいと、反発を招いている。結局は御家人らの申請に応じて、政所下文と袖判下文の両方を発給したようである。→公文所、問注所

［文献］佐藤進一『鎌倉幕府訴訟制度の研究』（畝傍書房、一九四三（岩波書店再刊））、石井良助『大化改新と鎌倉幕府　増補版』（創元社、一九七二）、五味文彦『増補吾妻鏡の方法』（吉川弘文館、二〇〇〇）。　（仁平義孝）

政所下文《まんどころくだしぶみ》　鎌倉幕府発給文書の一様式で、将軍家の*政所《まんどころ》が発給した下文。書出しは「下」あるいは「将軍家政所下」で、書止《かきどめ》は「以《もっ》て下す」。用途は、*地頭職《じとうしき》そのほかの職の補任《ぶにん》、所領の給与・安堵《あんど》、訴訟の判決など恒久的効力の期待される事柄に広範囲で用いられた。しかし下知状《げちじょう》が発生すると、しだいに用途の多くを下知状で扱うようになり、*承久の乱後の下文は知行充行《ちぎょうあてがい》（恩給）と譲与安堵の二項に限られるようになった。嘉元元年（一三〇三）に譲与安堵には下文を発給せず、安堵の外題《げだい》を与えるという規定ができると、下文は知行充行だけに限られるようになった。また承久の乱後政所下文は*執権《しっけん》・連署《れんしょ》のみが署判を加えるようになる。これは幕府政治の実権が北条氏に帰したことの反映である。

［文献］日本歴史学会編『概説古文書学』（古代・中世編　吉川弘文館、

一九八三)、佐藤進一『[新版] 古文書学入門』(法政大学出版局、一九九七)。 (仁平義孝)

御教書《みぎょうしょ》 将軍家の家司《けいし》が将軍の意をうけて出す奉書形式の文書。書止は「仰せに依り執達件の如し」などの奉書文言で結ばれ、奉者の差出書《さしだしがき》が日下《にっか》にあり、充所《あてどころ》を有することを様式上の要件とする。*鎌倉幕府では、早くから将軍の家司や右筆《ゆうひつ》が奉者となった御教書が出されているが、*執権《しっけん》*泰時《やすとき》の時代になると、執権・連署《れんしょ》が署判したいわゆる関東《かんとう》御教書《みぎょうしょ》が一般的となる。同じ様式の御教書は、*六波羅探題《ろくはらたんだい》・*鎮西探題《ちんぜいたんだい》からも出されている。用途は、法令の伝達や、召文《めしぶみ》・問状《といじょう》などの訴訟手続のほか、下文《くだしぶみ》や下知状《げちじょう》で扱われない事柄に広く用いられた。下文や下知状が永続的効力をもつのに対し、御教書は時限的効力しかもたないとされる。

[文献] 日本歴史学会編『概説古文書学古代・中世編』(吉川弘文館、一九八三) 佐藤進一『[新版] 古文書学入門』(法政大学出版局、一九九七)、高橋一樹「関東御教書の様式について」(『鎌倉遺文研究』八、二〇〇一)。 (仁平義孝)

蝦夷管領《えぞかんれい》 *鎌倉幕府で蝦夷と蝦夷地を管轄する職名。この語は「諏訪大明神絵詞《すわだいみょうじんえことば》」に初めてみえるが、室町幕府初期の*奥州管領《おうしゅうかんれい》・*関東管領《かんとうかんれい》などの職名が反映されたもので、鎌倉時代の史料では「蝦夷沙汰」「東夷成敗」などとある。当時蝦夷は異民族と認識され、蝦夷が住む蝦夷地は国境(外が浜)の外に位置づけられた流刑地で、その統轄は鎌倉幕府の重要な政務のひとつであった。現地では、十三湊《とさみなと》や外が浜などを拠点として勢力を持っていた津軽安藤(安東)氏が蝦夷沙汰代官に任じられ、幕府による蝦夷支配と、犯罪人の蝦夷島流刑を執行し、蝦夷島との交易の管理統制を担っていた。

[文献] 遠藤 巌「中世国家の東夷成敗権」(『松前藩と松前』九、一九七六)、大石直正「外が浜・夷島考」(関晃教授還暦記念会編『日本古代史研究』吉川弘文館、一九八〇)、小口雅史編『津軽安藤氏と北方世界』(河出書房新社、一九九五)。 (仁平義孝)

陸奥留守職《むつるすしき》 陸奥国留守所《るすどころ》の長官で、国務を取り仕切る現地の最高責任者。*奥州合戦とそれに続く*大河兼任《かねとう》の乱が終わった建久元年(一一九〇)三月、幕府が伊沢家景《いえかげ》をこの職に任命したのが最初の例。職務の具体的内容としては、国衙《こくが》在庁官《ざいちょうかん》人《じん》とともに先例を守って国務を行うこと、陸奥国の復興のために勧農《かんのう》を行うこと、国務に従わない*地頭らに対し、家景自身が現地で調査して下知《げち》すべきこと、などが挙げられる。また建長二年(一二五〇)一一月、幕府の博奕《ばくえき》禁止令が陸奥留守職伊沢家広《いえひろ》と常陸《ひたち》・下総《しもうさ》国の*守護に宛てて出されていることから、この職が守護と同等な職権を持っていたと考えられている。

[文献] 入間田宣夫「鎌倉幕府と奥羽両国」(小林清治・大石直正編『中世奥羽の世界』東京大学出版会、一九七八)。 (仁平義孝)

京都守護《きょうとしゅご》 *鎌倉幕府の役職名。文治元年(一一八五)十一月*北条時政《ときまさ》の派遣に始まる。その後、*一条能保《よしやす》・*中原親能《ちかよし》・*平賀朝雅《ひらがともまさ》・中原季時《すえとき》・伊賀光季《いがみつすえ》・大江親広《おおえちかひろ》が務めた。各人が特定の職務を担っており、相互に職務内容の連関は見出せないが、おおむね洛中警固と、京・鎌倉間の情報伝達を主な任務としていた。京都守護は幕府の機関として整備されたものではなかったので、京都守護個人の力量に負うところが大きかった。京都の警衛にあたる軍事力の中核は京都守護個人の家人郎党《けにんろうとう》であり、在京御家人《ざいきょうごけにん》を統率するにいたっていない。このため*承久の乱において、在京御家人の中から京方につく者が出た。乱後、*六波羅探題《ろくはらたんだい》に発展・解消。

[文献]　上横手雅敬『鎌倉時代政治史研究』(吉川弘文館、一九九一)。

(仁平義孝)

鎮西奉行《ちんぜいぶぎょう》　*鎌倉幕府が設置した九州統治機関。文治元年(一一八五)末頃、*天野遠景《とおかげ》がこの職に就いたのが始まり。その任務は、*源義経《よしつね》および平氏与党の捜索、鎮西御家人の統率にあったが、遠景は大宰府の現地最高責任者としての権限と、九州諸国守護としての権限を兼ね備えることとなった。遠景の鎮西奉行在任は、建久四年(一一九三)までと考えられている。遠景以降の鎮西奉行については、武藤氏(少弐氏)や大友氏によって引き継がれて存続したとする説と、遠景一代で廃絶し、モンゴル襲来後に設置された*鎮西探題《ちんぜいたんだい》とは連続しないとする説とがある。鎮西奉行の有した権限などについても不明な点が多い。

[文献]　佐藤進一『鎌倉幕府訴訟制度の研究』(畝傍書房、一九四三(岩波書店再刊))、石井　進『日本中世国家史の研究』(岩波書店、一九七〇)、瀬野精一郎『鎮西御家人の研究』(吉川弘文館、一九七五)。

(仁平義孝)

京都大番役《きょうとおおばんやく》　*鎌倉幕府の*御家人役の一つ。内裏大番役・大内大番役ともいい、大番役といえばこれをさす。内裏や院御所諸門の警備を主たる任務とする平時の軍役で、御家人役の中でも最も重い役。初めは御家人に限らず賦課していたが、建久三年(一一九二)頃から御家人のみに課せられるようになった。大番役は、西国では国ごとに*守護の催促に応じて国内の御家人が勤めたが、東国の場合は幕府が直接有力御家人の惣領《そうりょう》に催促して、一族単位で勤めたようである。勤仕期間は六ヶ月ないし三ヶ月で、終了後に守護らから覆勘状《ふっかんじょう》(終了証明書)が出された。これは御家人身分を証するものとして重用された。

[文献]　五味克夫「鎌倉御家人の番役勤仕について」一・二(『史学雑誌』六三―九・一〇、一九五四)。

(仁平義孝)

鎌倉番役《かまくらばんやく》　*鎌倉幕府の*御家人役の一つで、将軍御所の諸門を警固する役。鎌倉大番役とも。また*侍所《さむらいどころ》の統轄下にあったため、侍所大番・侍大番などとも呼んだ。制度が整えられたのは、承久元年(一二一九)の将軍*九条頼経《くじょうよりつね》下向以後で、*承久の乱後の京都大番役の整備に伴う。この役は遠江《とおとうみ》以東一五ヶ国の東国御家人に課せられ、一二ヶ月を所領の規模に応じて配分して一ヶ月から二ヶ月間勤めた。なお、*異国警固番役《いこくけいごばんやく》を勤める東国御家人は、鎌倉番役を免除されている。また、東国御家人の中でも常時鎌倉に居住していた特定の御家人は、将軍の側に祗《し》候《こう》して、近習番《きんじゅうばん》・昼番・御格子番《みこうしばん》・門見参番《もんけざんばん》・廂番《ひさしばん》などの御所番役を勤めている。これは頼経下向以後、小侍所《こざむらいどころ》が管轄した。

[文献]　五味克夫「鎌倉御家人の番役勤仕について」二(『史学雑誌』六三―一〇、一九五四)。

(仁平義孝)

在庁官人《ざいちょうかんじん》　平安時代中期以降、国衙《こくが》において行政実務を担当した地方の下級官人。主に在地の有力豪族が任官し、惣大判官代・大判官代・判官代《ほうがんだい》・録事代などに補され、職務別の「所」という国衙直轄の分課に属して職務を遂行した。平安時代中期頃から、国守(受領《ずりょう》)は現地に赴任せず、目代《もくだい》とよばれる中央の実務官人を派遣するのが慣例化した。この目代が統括する国衙を留守所《るすどころ》と称し、在庁官人はその指揮下に置かれたが、実質的には在庁官人が国衙機構を掌握していた。また、この頃から荘園と国衙の間で課税収取を巡る対立が激化し、武力を有する在庁官人が郡司・郷司に任命され、この争いに駆り出された。文治元年（一一八五）守護・地頭職補佐の勅許の際、在庁官人への支配権を得た頼朝は、諸国に守護を配置したが、その多くは在庁職を兼任していたため、しだいに守護領化していった。

［文献］ 竹内理三『律令制と貴族政権2』（御茶の水書房、一九五八）、石井 進『日本中世国家史の研究』（岩波書店、一九七〇）。

（齊藤保子）

惣追捕使《そうついぶし》 鎌倉時代初期、一国単位に置かれた軍事指揮官。元暦元年（一一八四）二月、*源頼朝《よりとも》は*梶原景時《かげとき》を播磨《はりま》・美作《みまさか》の、*土肥実平《どひさねひら》を備前《びぜん》・備中《びっちゅう》・備後の惣追捕使に任じている。遅くともこの時期には、平家追討の目的で畿内以西に惣追捕使が置かれていたのであろう。その後平氏が滅亡すると、惣追捕使は文治元年（一一八五）年六月にいったん停止されたが、同年一一月の*源行家《ゆきいえ》・*義経《よしつね》追討を目的として再びその設置が認められた。このときの設置地域も畿内近国から西国を中心としたものであったが、同四年二月の義経追討命令が五畿七道諸国に出され、奥州藤原氏追討後の同五年九月に*藤原泰衡《やすひら》追討宣旨を得ることによって、頼朝は全国の惣追捕使補任権を得たものと考えられる。そもそもこの職は追討宣旨に基づいた臨時の職であり、その目的が達せられるといったん停止される性格のもので、恒久的な職ではなかった。しかし文治元年一一月から行家・義経、奥州藤原氏の追討が続いたため惣追捕使が置かれる状態が継続していた。そして内乱が終結した建久年間以降、平時の国内治安維持のために置かれていた守護の名称に統一された。

［文献］ 安田元久『守護と地頭』（至文堂、一九六四）、佐藤進一『増訂鎌倉幕府守護制度の研究』（東京大学出版会、一九七一）、石井良助『大化改新と鎌倉幕府の成立 増補版』（創文社、一九七二）、義江彰夫「頼朝挙兵時の惣追捕使と守護人」（『日本歴史』三七〇、一九七九）。

（仁平義孝）

守護《しゅご》* 鎌倉幕府の役職の一つ。国ごとに置かれて、国内の治安警察権、国衙在庁《こくがざいちょう》に対する命令権、平時の御家人統率権を主な職権とした。史料で守護の名称が確認できるのは建久年間以降であり、守護体制の成立は建久元年（一一九〇）の*源頼朝《よりとも》の上洛時に求められる。文治元年（一一八五）に諸国惣追補使《そういぶし》の設置が朝廷から認められ、同五年の*奥州合戦終結後、惣追補使と呼ばれていたものが守護の名称に統一されたと考えられる。頼朝は、それまでの惣追補使をそのまま守護に補任した。補任されたのは有力御家人で、幕府草創期に功績のあった人物である。鎌倉時代の守護は世襲される性格のものではなく、また経済的収益を含まない、幕府の地方官的な官職と考えられる。守護の基本的権能は、*御成敗式目第三条にあるように、*京都大番役の催促など国内の御家人に対する軍事統率権と、謀叛人・殺害人、夜討・強盗・山賊・海賊に対する検断権（*大犯三箇《だいぼんさんか》条《じょう》）である。なお、一般に大番催促を大犯三箇条に含めるが、これは誤りである。鎌倉時代には守護の交替が頻繁に行われ、特に大きな改替があったのは承久三年（一二二一）の*承久の乱後と、宝治元年（一二四七）の*宝治合戦後である。そのたびに北条氏一門、特に得宗家に守護職が集中されることになった。その数は、宝治合戦後は一六ヶ国、鎌倉末には三〇ヶ国に及び、その多くは畿内とその周辺、東海・東山・西海道諸道の要地を占めた。こうした得宗家による守護職独占は、得宗専制政治の制度的拠点となったとされている。また守護による軍事動員のあり方は、戦時・平時ともに西国では守護の統率権が発揮されているが、東国では守護の権限は弱く、一族単位で動員されているという特徴が認められる。これは東国守護の権限が従前からの検断権に基づくもので、西国守護のそれが御家人統率権を基にしているという違いによるものである。→惣追捕使・大犯三箇条

［文献］　安田元久『守護と地頭』（至文堂、一九六四）、佐藤進一『鎌倉幕府守護制度の研究—諸国守護沿革考証編—』（東京大学出版会、一九七一）、上横手雅敬『日本中世国家史論考』塙書房、（一九九四）。

（仁平義孝）

守護所《しゅごしょ》*　守護が管国内行政を行うための役所。その所在地を確定できる事例は少ないが、筑前《ちくぜん》・豊後《ぶんご》国のように国衙所在地に設置された事例と、若狭《わかさ》・三河《みかわ》国など国衙から離れた別の要衝地に設定される事例がある。鎌倉時代の守護は頻繁に交替したが、それに伴って守護所も移動したようである。また史料上「守護所」の用例は西国に偏っていて東国にはほとんどみられず、それは守護職補任の背景に規定されていること、守護所は本来国衙近在にあったが、モンゴル襲来を期に軍事上の要請から交通の要所に移動した可能性があることなどが指摘されている。

［文献］　佐藤進一『鎌倉幕府守護制度の研究—諸国守護沿革考証編—』（東京大学出版会、一九七一）、義江彰夫「中世前期の都市と文化」（歴史学研究会・日本史研究会編『講座日本歴史3』、東京大学出版会、一九八四）、松山　宏「鎌倉時代の守護所」（『奈良史学』七、一九八九）、秋山哲雄「『守護所』にみる鎌倉幕府の守護」（『鎌倉遺文研究』八、二〇〇一）。

（仁平義孝）

地頭《じとう》*　鎌倉幕府の役職の一つ。文治元年（一一八五）一一月、*源頼朝《よりとも》は朝廷から地頭職補任の勅許を得た。石母田正は、このとき設置されたのは荘園・公領に置かれた荘郷《しょうごう》地頭《じとう》ではなく、一国ごとに置かれた国地頭《くにじとう》であると主張した。この国地頭は、*兵粮米《ひょうろうまい》徴収権、勧農《かんのう》権、武士の動員権などを有したが、翌年には停止されたという。この説に対しては、*守護との関係をどのように捉えるかなどの批判があり、国地頭の存在を否定する見解も出されていてなお検討を要する。鎌倉時代に一般的にみられる地頭は荘郷地頭であり、これは*平家没官領《へいけもつかんりょう》・謀叛《むほん》人跡《にんあと》など幕府に敵対する勢力からの没収地に設置された。川合康は、荘郷地頭職は、敵方所領没収という戦争行為を本質とする敵方本拠地の軍事的占領であるとする。地頭の職権は、下地《したじ》管理権、年貢公事徴収権、警察権および裁判権であり、下司《げし》などの荘官と同様であるが、地頭職の任免権は将軍にあった。このような地頭制は、建久元年（一一九〇）の*源頼朝《よりとも》の上洛時を画期とし、同三年頃に成立したと考えられている。その後*承久の乱による没収地にも地頭が補任されたが、このとき新たに補任された地頭の得分《とくぶん》は先例に準拠することとし、拠るべき先例のない場合は十一町別一町をその得分とすると定めた。これを新補率法《しんぽりつぽう》といい、この率法を適用された地頭を新補率法地頭と呼ぶ。地頭とは、本来現地という意味をもつ語であるが、一人の*御家人が各地に複数の地頭職を有するのが実態であり、地頭職は非本領的性格をその本質とする。

［文献］　安田元久『地頭及び地頭領主制の研究』（山川出版社、一

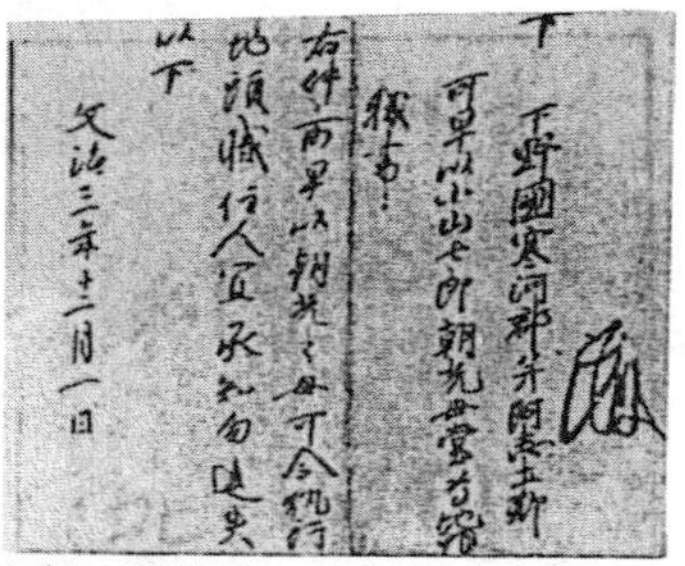

頼朝の地頭任命の下文（東京大学史料編纂所蔵）

九六一）、石母田　正『石母田正著作集9』（岩波書店、一九八九）、三田武繁「文治の守護・地頭問題の基礎的考察」（『史学雑誌』一〇〇―一、一九九一）、川合　康『源平合戦の虚像を剥ぐ』（講談社、一九九六）、工藤敬一『荘園制社会の基本構造』（校倉書房、二〇〇二）。（仁平義孝）

公武二元支配《こうぶにげんしはい》　鎌倉時代、公家と武家とが併存して国政を運営していた状態をいうが、その際*鎌倉幕府の性格をどのように捉えるかは議論の分かれるところである。それには大きく分けて二つの立場がある。ひとつは佐藤進一が主張する東国政権論であり、いまひとつは黒田俊雄が提唱した権門体制論である。佐藤は、幕府は一つの国家的存在であるとし、鎌倉幕府を朝廷から半ば独立した東国政権と捉える。佐藤は、二本所間の西国荘園における境相論は幕府の管轄するところではない、という原則の反対解釈として、東国の境相論は幕府が裁判権を有するという原則を導いた。その原則の淵源は、*寿永二年（一一八三）十月の宣旨によって*源頼《より》朝《とも》に与えられた東海・東山両道諸国の国衙行政権にあり、幕府は東国という地域に独自の支配権を持ったとする。これに対して権門体制論は、鎌倉時代に二つの国家があったわけではなく、公家・武家・寺家といった権門が対立しながらも相互に補完して一つの国家機構を構成していたとし、その中で幕府は国家の軍事・警察権を担当する一つの権門であるとする。公家と武家が正面から衝突した*承久の乱の評価もまったく別のものとなり、東国政権論ではそれまで支配の及ばなかった西国にも支配権を伸張することになったと積極的に評価し、権門体制論では従来から幕府に認められていた全国の警察権の安定化に他ならないとする。

［文献］　佐藤進一『日本中世史論集』（岩波書店、一九九〇）、黒田俊雄『黒田俊雄著作集1』（法蔵館、一九九四）、上横手雅敬『中世国家史論考』（塙書房、一九九四）。（仁平義孝）

大犯三箇条《だいぼんさんかじょう》　鎌倉時代*守護の職権。謀叛人・殺害人に対する検断と、犯罪には関係ないが守護の基本的権能として認められていた*京都大番役催促とをあわせて、一般に大犯三箇条と呼んでいる。正治元年（一一九九）十二月に*小山朝政《おやまともまさ》が播磨国守護に補任された際、朝政の命に従って国内の*御家人は内裏大番役を勤めること、朝政は謀叛人・殺害人の検断以外は国務に関与しないことが命じられている。こうした守護の職務内容は、*将軍源頼朝《よりとも》の時代には定められていたようであり、二代将軍*頼《より》家《いえ》期の初めには確立されたと考えられる。その後、貞永元年（一二三二）に制定された*御成敗式目《ごせいばいしきもく》第三条において、夜討・強盗・山賊・海賊の検断が付加された。式目制定の前年、寛喜三年（一二三一）五月一三日に出された追加法三一条で守護の職務を規定し、大番催促、謀叛人・殺害人の検断を「三箇条」といっているが、*『吾妻鏡《あずまかがみ》』同日条の地の文はそれを「大犯三箇条」と表現した。新田一郎によると、鎌倉時代にはこの『吾妻鏡』の記事以外に「大犯三箇条」の語はみられず、この語は南北朝期以降に守護による検断の対象を示すものとして用いられたという。そして、その元となったのが御成敗式目第三条に規定されている謀叛人、殺害人および夜討・強盗・山賊・海賊の三つであること、犯罪に関係のない京都大番役催促が「大犯」と呼ばれた事例はないことを指摘している。

［文献］石井良助『大化改新と鎌倉幕府　増補版』（創文社、一九七二）、新田一郎「『大犯三箇条』異説―『常識』の再検討―」（『遙かなる中世』一四、一九九五）。

（仁平義孝）

平家没官領《へいけもつかんりょう》　平氏が没落した際に、朝廷に没収された所領。安田元久は、これを①平氏一門の所領、②平氏家人の所領、③平家与党人・謀叛人の所領の三つに区分し、①は平氏が本《ほん》家職《けしき》・領家職《りょうけしき》を持つ所領で、のちの*関東御領《かんとうごりょう》の根幹となるもの、②③は平氏が下司職《げしじき》や郷司職《ごうじしき》などを持つ所領で、のちに*地《じ》頭職《とうしき》補任の形式で*頼朝《よりとも》が*御家人に給与したものとする。そして、「平家没官領注文」に載せられた所領が真の意味での平家没官領であり、①こそがそれに当たるという。寿永二年（一一八三）七月に平氏が西走すると、朝廷は平氏追討の宣旨を出し、*後白河院はその所領を没収した。七月末に院御所で開かれた公卿《くぎょう》議定《ぎじょう》では、源頼朝・*義仲《よしなか》・*行家《ゆきいえ》に対する勧賞《けんしょう》のことが議せられ、八月には没収した平氏の所領の中から義仲に一四〇余ヶ所、行家に九〇余ヶ所が給与されたが、同時に頼朝にも多くの所領が与えられたものと思われる。そして翌元暦元年（一一八四）正月、義仲・行家が没落すると五百余ヶ所といわれる平氏一門のすべての所領が頼朝の手に入ることとなった。同年四月、頼朝はそのうちの*平頼盛《よりもり》領三四ヶ所を頼盛に返却しているが、この一月から四月までの間に「平家没官領注文」が作成されたと考えられている。その後頼朝は、*源義経に与えていた二四ヶ所の平家没官領を回収したり、二〇ヶ所を実妹*一条能保《よしやす》室に分与するなどした。平家没官領の多くは、関東御領の基幹部分として鎌倉幕府の経済的基盤となった。

［文献］上横手雅敬「荘郷地頭制の成立」（『日本中世政治史研究』塙書房、一九七〇）、大山喬平「没官領・謀叛人所帯跡地頭の成立」（『史林』五八―六、一九七五）、安田元久『日本初期封建制の基礎的研究』（山川出版社、一九七六）、石井進「平家没官領と鎌倉幕府」（『中世の窓』同人編『論集　中世の窓』吉川弘文館、一九七七）。

（仁平義孝）

関東御分国《かんとうごぶんこく》*　鎌倉幕府将軍家の知行国。幕府の経済的基盤の一つで、政所が経営した。元暦元年（一一八四）六月、朝廷から三河《みかわ》・駿河《するが》・武蔵《むさし》の三ヶ国が知行国として*頼朝《よりとも》に与えられたのにはじまる。翌文治元年（一一八五）八月、この三ヶ国から三河を除いて、伊豆《いず》・相模《さがみ》・上総《かずさ》・信濃《しなの》・越後《えちご》・伊予《いよ》の六ヶ国を加えた計八ヶ国が*関東御分国となった。同年末には伊予が除かれ、豊後《ぶんご》・下総《しもうさ》が加わって計九ヶ国となり、鎌倉時代を通じて最大の知行国数を数える。そして文治五年（一一八九）三月にこの九ヶ国から豊後が除かれ、翌建久元年（一一九〇）初めには上総も知行国ではなくなり、関東御分国は七ヶ国となった。将軍*実朝《さねとも》期の建保元年（一二一三）には遠江・駿河・武蔵・相模の四ヶ国に減少しており、その後は四―六ヶ国の間で推移していたようである。ほぼ鎌倉時代全時期を通じて関東御分国であったのは駿河・武蔵・相模の三ヶ国だけで、そのほか越後《えちご》国が嘉禄元年（一二二五）以後幕府滅亡まで関東御分国であった。将軍は、一族近親や*御家人を国司に推挙して国衙を支配し、国衙からの収入を得ていた。文治年間、国司に推挙されるのは頼朝の一族・源氏一門に限られていたが、その後有力御家人も国司に任命されるようになり、建長年間には北条氏一門が関東御分国の国司を独占するところとなった。*執権《しっけん》・連署《れんしょ》が武蔵・相模の国司に任命されているのはその典型である。なお、史料用語としては、東国を意味する語として用いられている場合が多い。

〔文献〕 石井　進『日本中世国家史の研究』（岩波書店、一九七〇）、立花信彦「関東御分国と守護に関する一考察」（『書陵部紀要』四五、一九九四）。　（仁平義孝）

関東御領《かんとうごりょう》* 鎌倉幕府の経済的基盤の一つで、将軍家が本家・領家として支配した荘園や国衙領をいう。*この関東御領の基幹をなしたのは*平家《へいけ》没官領《もっかんりょう》であり、そのほか*承久の乱で京方についた貴族や武士から没収した所領、九条家や一条家など将軍家一族および近親者の所領、*鶴岡八幡宮《つるがおかはちまんぐう》・石清水八幡宮《いわしみずはちまんぐう》など幕府と密接な関係を持つ寺社領などがある。現在一八〇ヶ所あまり検出されている関東御領の多くは西国に分布しており、守護不入の地であった。また信濃・美濃を含む東国の荘園・国衙領の多くは事実上の関東御領であり、*関東御分国《かんとうごぶんこく》も、幕府を本家・領家とし、国務を沙汰する北条氏一門を預所とする関東御領と化していた。関東御領の所職体系は一様ではないが、預《あずかり》所《どころ》職《しき》と*地頭職《じとうしき》を別人が知行《ちぎょう》している場合と、この二つの所職を同一人が知行している場合とに分けられる。たとえば旧平家領の関東御領では、かつて平家方についた現地の有力者を地頭職に、その上司として東国の有力御家人らを預所職に補任している場合が多い。これは幕府の意向を帯した預所が漸次地頭勢力を吸収し、やがて地頭職を兼務することによって幕府の支配を貫徹しようとしたものである。関東御領の経営は、関東御分国と同様に*政所《まんどころ》が行い、徴収された年貢や公事《くじ》は幕府の主要な財源であった。鎌倉時代末期には多くの部分が北条氏*得宗《とくそう》領となり、その後室町幕府直轄領に継承されていく。

〔文献〕 牧　健二『日本封建制度成立史』（弘文堂、一九三五）、石井　進「関東御領研究ノート」（『金沢文庫研究』二六七、一九八一）、同「関東御領覚え書」（『神奈川県史研究』五〇、一九八三）、筧　雅博「関東御領考」（『史学雑誌』九三—四、一九八四）、同「続・関東御領考」（石井　進編『中世の人と政治』吉川弘文館、一九八八）。　（仁平義孝）

関東御口入地《かんとうごくにゅうち》* 鎌倉幕府が荘園領主や国司に交渉したり申し入れ（口入）して、*御家人に給付した所領・所職で、荘園や国衙領の*地頭職《じとうしき》・荘官職などであり、その処分権は荘園領主や国司にあって幕府の権限は及ばなかった。この点が*関東御領《かんとうごりょう》や没官《もっかん》所領に設置された地頭職などと大いに異なるが、事実上、御家人に対して所領を給付することになるので、関東御領などに准ずる性格のものといえる。これには御家人領跡職《あとしき》の口入と新所職の口入の二つがある。御家人領跡職の口入とは、荘園領主や国司が処分権を有する御家人所領・所職が没収されると、幕府がその跡にほかの御家人を補任するように、荘園領主や国司に申し入れるもの。御家人は分限に応じて御家人役を勤めていたので幕府は御家人領を保護する必要があり、荘園領主・国司に交渉して、その跡に御家人役を継承するものを補任するよう申し入れるのである。御家人領跡職に対する口入は、寛元元年（一二四三）八月三日の追加法二一〇条によって制度化されたと考えられている。一方、新所職の口入とは、それまで御家人の所領・所職が存在していない場合に、新たに御家人を補任するよう荘園領主・国司に申し入れる場合があった。この場合多くは請所《うけしょ》が設定されたようで、御家人は*地頭や下司《げし》に補任されて、毎年一定額の年貢納入を請け負った。これは御家人の忠勤に対する恩賞として行われることがあり、将軍による恩給の一種といえる。

［文献］ 牧 健二『日本封建制度成立史』（弘文堂、一九三五）、安田元久『地頭及び地頭領主制の研究』（山川出版社、一九六一）。

（仁平義孝）

関東御公事《かんとうみくうじ》 *鎌倉幕府が*御家人に課した経済的負担で、幕府の主要財源の一つである。これには、正月垸飯《おうばん》・鶴岡五月会《つるがおかさつきえ》・流鏑馬《やぶさめ》・頼朝月忌などの幕府の年中行事や*鎌倉番役の費用を負担する恒例役と、将軍御所・幕府関連寺社の造営や*京都大番役の費用、朝廷から幕府に課された公事を負担する臨時役とがあった。これは御家人ごとに課されたもので、賦課額は幕府が把握している御家人所領中の公事田《くじでん》に基づいて決められた。恒例役は東国御家人の幕府草創以前からの私領に対して賦課され、臨時役は東国御家人の勲功所領を除く恩領と、西国御家人の相伝私領に賦課されている。幕府はこの財源を確保するために御家人所領の保護に努め、御家人領の流出や減少を防ぐ法令を定めている。また関東御公事は原則として御家人の得分の中から供出することになっていたが、実際には所領内の百姓に負担が転嫁されることが多く、幕府はたびたびそれを禁じている。この公事は銭納されていたが、たとえば将軍御所の造営に当たって、幕府がある建物の造営費用を特定の御家人に賦課すると、その費用は造営を担当する大工に直接納められ、幕府には一銭も入らない仕組みであったことが明らかにされている。この制度的確立は*承久の乱後、貞永までの間であり、乱の戦後処理の過程で幕府が把握した御家人の所領田数・得分が、公事賦課額決定の目安になったと考えられている。

［文献］ 安田元久「『関東御公事』考」（御家人制研究会編『御家人制の研究』吉川弘文館、一九八一）、筧 雅博「鎌倉幕府掌論」（『三浦古文化』五〇、一九九二）、清水 亮「関東御公事の制度的成立と承久の乱」（『年報三田中世史研究』三、一九九六）、盛本昌広「関東御公事と鎌倉幕府財政」（『鎌倉』九三、二〇〇一）。

（仁平義孝）

中原親能《なかはらのちかよし》 （一一四三―一二〇八） 鎌倉時代初期の*御家人。その前半生については諸説あり、父も中原広季《ひろすえ》・藤原光能《みつよし》の両説がある。また、親能は相模《さがみ》国で養育され、そのとき流人の*頼《より》朝《とも》と知己となったため挙兵後京都から鎌倉に下ったという説がある。頼朝の側近としての活動は寿永二年（一一八三）には始まっている。元暦元年（一一八四）*公文所《くもんじょ》の寄人《よりうど》となり、建久二年（一一九一）には公事奉行人となっている一方、文治元年（一一八五）には*源範頼《のりより》に属し豊後《ぶんご》国に渡っている。また、しばしば使節として京鎌倉間を往復し、京都との交渉にあたっており*京都守護の地位に就いている。正治元年（一一九九）*頼家《よりいえ》の訴訟直裁を止め有力者一三名による合議制が布かれた際、在京のままその構成員となっている。建仁元年（一二〇一）以降は京都を中心に活動し、承元二年（一二〇八）京都で没している。

［文献］ 瀬野精一郎『鎮西御家人の研究』（吉川弘文館、一九七五）。

（千葉哲司）

和田義盛《わだよしもり》 （一一四七―一二一三） 鎌倉時代前期の武将。父は三浦義宗《よしむね》、母は遊女玉。治承四年（一一八〇）石橋山で敗北して安房《あわ》に逃れた*源頼朝《よりとも》と合流し、その後勲功を挙げた。同年一一月、かねてから望んでいた*侍所別当《さむらいどころべっとう》に補任されたが、一時期*梶原景時《かじわらかげとき》にその職を奪われた。正治元年（一一九九）四月、いわゆる十三人合議制に参加。同年一二月には梶原景時を排斥して侍所別当職を回復、義盛は幕府内での地位を一層強固なものとした。建仁三年（一二〇三）九月の*比企《ひき》氏の乱では、将軍*源頼家《よりいえ》から内々に*北条時政《ときまさ》誅戮を命じられたが、義盛はこれを時政に知らせ、頼家は将軍職を追われることになった。このように、義盛は北条氏に加担して、自己の立場と権限を確かなものにしていこうと図った。元久二年（一二〇五）*畠山重忠《はたけやましげただ》が討たれ、北条時政が出家隠退すると、義盛は御家人の最長老として、また侍所別当として御家人社会で大きな力を持つにいたった。建保元年（一二一三）二月、泉親衡《ちかひら》が*北条義時《よしとき》を倒そうとした陰謀事件に、義盛の男義直《よしなお》・義重《よししげ》、甥の胤長《たねなが》らが加わっていたことが発覚。義直・義重は赦されたが、胤長は配流に処せられ、屋敷地も義時に給付された。この処分に不満を持った義盛は同年五月一族を率いて北条氏打倒の兵を挙げた。しかし三浦氏の裏切りによって敗れ、一族は滅亡した（*和田合戦《わだがっせん》）。

［文献］　安田元久『鎌倉幕府　その政権を担った人々』（新人物往来社、一九七一）。　（仁平義孝）

大江広元《おおえのひろもと》（一一四八—一二二五）　鎌倉時代前期の幕府吏僚。父は大江維光《これみつ》。中原広季《ひろすえ》の養子となり、晩年大江姓に復帰した。*広元は朝廷において一〇余年の間外記《げき》として活躍していたが、弟中原親能《ちかよし》が*頼朝《よりとも》と知己であったことから、寿永二年（一一八三）末頃鎌倉に下ったようである。草創期の幕府では、行政実務を処理する有能な実務官人を必要としており、なかでも広元は頼朝に重用された。そして元暦元年（一一八四）以降、多くの文筆系官人が京都から下ってきたが、なかでも広元は頼朝に重用されて随一の腹心といわれた。そして元暦元年（一一八四）以降、*公文所《くもんじょ》・*政所《まんどころ》の別当として活動し、将軍家家政機関の充実に尽くした。一方で公武間の取り次ぎ役も果たし、文治元年（一一八五）に設置された*地頭の設置地域をめぐる対朝廷交渉にあたっている。また、広元は*土御門通親《つちみかどみちちか》の「方人《かとうど》」と評されており（*『愚管抄《ぐかんしょう》』）、建久初年の*大姫《おおひめ》入内に関して通親と折衝したのも広元と考えられている。頼朝没後も北条氏とともに将軍を支え、幕府の意志決定に重要な役割を担った。承久三年（一二二一）五月、*北条義時《よしとき》追討宣旨の対応をめぐる評議の場で、軍兵の早期発遣を説いたことはよく知られている。嘉禄元年（一二二五）六月一〇日、七八歳で没。没後、広元の手元にあった職務関係上の記録や文書は、それぞれの職務を引き継ぐ奉行人の手に渡り、貴重な参考資料として活用されたようである。

［文献］　上杉和彦『大江広元』（吉川弘文館、二〇〇五）、杉橋隆夫「鎌倉初期の公武関係—建久年間を中心に—」（『史林』五四—六、一九七一）。　（仁平義孝）

三善康信《みよしやすのぶ》（一一四〇—一二二一）　*鎌倉幕府初代*問注所《もんちゅうじょ》執事。算博士《さんはかせ》の家に生まれ、京都では弁官局に勤める実務官人として活動していたようである。治承四年（一一八〇）六月、康信は使者を伊豆《いず》の*頼朝《よりとも》のもとに遣わし、朝廷側が源氏追討を計画しているので奥州に遁れるよう進言した。このように頼朝に京都の動静を詳しく伝えているのは、康信の母が頼朝の乳母の妹という関係からである。養和元年（一一八一）頃出家して善信と号する。元暦元年（一一八四）四月、頼朝の求めに応じて鎌倉に下り、武家の政務を補佐することを約諾。同年一〇月に設置された問注所の実務を担当した。そして建久二年（一一九一）正月に政務機構が整備されると、初代の問注所執事となった。以後この職は善信の子孫が世襲した。承元二年（一二〇八）正月、善信の名越邸が焼亡し、文庫に保管していた将軍家の文籍、雑務文書ほか累代の文書が焼失している。この中には問注所執事としての関係書類が含まれていたものと考えられる。このほか、*頼家《よりいえ》の親裁を停止するいわゆる十三人合議制に参加したり、*承久の乱に際しては、*大江広元《おおえのひろもと》とともに即時出陣を主張するなど、幕府内の長老として重きをなした。承久三年（一二二一）八月九日、八二歳で没。子孫の町野・太田・矢野などの諸家は、鎌倉・室町幕府の奉行人として活躍した。

［文献］目崎徳衛「鎌倉幕府草創期の吏僚について」（『貴族社会と古典文化』吉川弘文館、一九九五）。（仁平義孝）

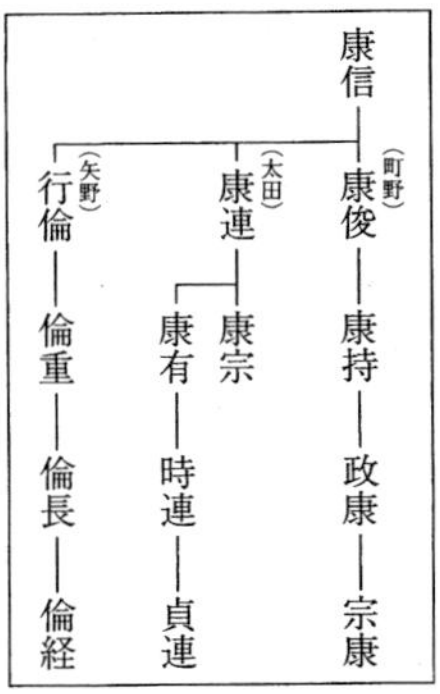

三善氏略系図

二階堂行政《にかいどうゆきまさ》（生没年未詳）鎌倉時代前期の幕府吏僚。父は藤原行遠《ゆきとお》、母は熱田大宮司藤原季範《すえのり》の妹で。鎌倉二階堂の*永福《ようふく》寺《じ》近辺に住んだことから、二階堂氏を称するようになった。*大《おお》江広元《えのひろもと》・*三善康信《みよしやすのぶ》らと同じ京下官人の一人。*源頼朝《よりとも》との縁戚により鎌倉に下ったようで、元暦元年（一一八四）十月公文所寄《くもんじょより》人《うど》、建久元年（一一九〇）政所《まんどころ》令となり、同三年には*政所別当となる。同二年以降は政所執事として政所事務を取り仕切った。以後政所執事は二階堂氏が世襲している。正治元年（一一九九）四月十三人合議制に参加。*『吾妻鏡《あずまかがみ》』には実務家として活躍している姿が描かれている。

［文献］目崎徳衛「鎌倉幕府草創期の吏僚について」（『貴族社会と古典文化』吉川弘文館、一九九五）。（仁平義孝）

長井時広《ながいときひろ》（?—一二四一）鎌倉時代前期の武将。*大江広元《おおえのひろもと》の次男。建保六年（一二一八）六月、京都で蔵人《くろうど》に補された後、*実朝《さねとも》の任左大将鶴岡《つるがおか》社参に従うため鎌倉に下向した。八月京都に上京しようとしたところ、実朝は鎌倉を軽んじるものと立腹した。時広は廷尉《ていじょう》を希望しているが、労が満たず任じられていないため、廷尉に任じられた後は忠勤を励むと泣きながら訴え上洛したという。承久元年（一二一九）一月二七日、実朝の任右大臣拝賀社参に従い実朝の殺害に遭遇、翌日出家した。貞永元年（一二三二）大江広元存世中の記録・文書類を*北条泰時《やすとき》が整理し、それが時広に贈られている。仁治二年（一二四一）没した。

［文献］山本幸司『日本の歴史9頼朝の天下草創』（講談社、二〇〇一）。（千葉哲司）

足立遠元《あだちとおもと》（生没年未詳）鎌倉時代初期の武将。右馬允《うまのじょう》・左《さ》衛《え》門尉《もんのじょう》。『将門記《しょうもんき》』にみえる足立郡司武蔵武芝《むさしたけしば》の後裔との説がある。平治元年（一一五九）の平治の乱では、悪源太*義平《よしひら》に従う一七騎の精鋭として奮戦した。治承四年（一一八〇）源頼《より》朝《とも》が下総《しもうさ》から武蔵へと入った際、*葛西清重《かさいきよしげ》・*豊島清光《としまきよみつ》とともにこれを迎え、一〇月頼朝が鎌倉に入ると真っ先にその所領の安堵を受けた。内乱期は専ら鎌倉に留まり「京都に馴れる輩」としてしばしば宴席に連なっている。元暦元年（一一八四）一〇月公文所が設けられると、*大江広元《おおえのひろもと》・*中原親能《なかはらちかよし》らの京下官人に混じり武士としてただ一人寄人《よりうど》に加えられた。「宿老」と表現され、正治元年（一一九九）将軍*頼家《よりいえ》の訴訟親裁を止め有力者一三名による合議制が布かれた際、その構成員となっている。承元元年（一二〇七）三月、幕府の鶏闘会に参加した記事を最後にその名がみえなくなる。

［文献］安田元久『武蔵の武士団―その成立と故地を探る―』（有隣堂、一九八三）。　（千葉哲司）

亀前《かめのまえ》　*源頼朝《よりとも》の愛妾。父は良橋太郎入道。頼朝が伊豆流人時代に側に仕え、寿永元年（一一八二）の春頃から頼朝と密通していた。同年八月頼朝と*北条政子《まさこ》との間に*頼家《よりいえ》が生まれているが、その間の六月に頼朝は亀前を小中太光家《こなかだみついえ》宅に呼び寄せている。同年一一月、*牧の方（*北条時政《ときまさ》後室）の密告により、亀前が伏見広綱宅にいることを知った政子は激怒し、牧宗親（牧の方の父）に命じて広綱宅を破却させて恥辱を与えた。この時広綱と亀前はやっとのことで難を逃れている。広綱と宗親から事情を聞いた頼朝は、欝念のあまり宗親の髻《もとどり》を自ら切り落としたという。その後も頼朝の亀前に対する寵は日を追って深まり、亀前は再び光家宅に遷り住んだ。　（仁平義孝）

大姫《おおひめ》　*源頼朝《よりとも》の女。母は*北条政子《まさこ》。元暦元年（一一八四）四月、大姫の聟となるはずであった*木曽義仲《よしなか》男義高《よしたか》が頼朝によって殺されると、大姫は愁いのあまり飲み水を断ち、病床に伏した。頼朝は、建久元年（一一九〇）の上洛の頃から、*土御門通親《つちみかどみちちか》・丹後局（*高階栄子《たかしなのえいし》）と結んで大姫を後鳥羽の後宮に入内させる計画を進めており、一度は同二年一〇月の入内が予定されたが、実現しなかった。同五年には*一《いち》条能保《じょうよしやす》男高能《たかよし》に嫁ぐ話もあったが、大姫は拒絶している。頼朝は、同六年の上洛を機に再び入内計画を進めたが、それが実現する以前の同八年七月一四日に大姫は没した。この大姫入内問題は、*建久七年の政変の一因とされる。→建久七年の政変

［文献］上横手雅敬『日本中世政治史研究』（塙書房、一九七〇）、杉橋隆夫「鎌倉初期の公武関係―建久年間を中心に―」（『史林』五四―六、一九七一）、上横手雅敬『鎌倉時代政治史研究』（吉川弘文館、一九九一）。　（仁平義孝）

牧の方《まきのかた》（生没年未詳）*北条時政《ときまさ》の後妻。父は牧宗親《むねちか》。時政と結婚したのは、平治元年（一一五九）より一年以上前に想定される。元久二年（一二〇五）閏七月、時政と謀って将軍*源実《さね》朝《とも》を殺害し、女婿*平賀朝雅《ひらがともまさ》を将軍に立てようとしたが失敗（*牧氏の変）。この事件により時政は出家して伊豆《いず》に隠退し、*執権《しっけん》職を*北条義時《よしとき》に譲ったが、事件の主謀者である牧の方は何ら処分されなかった。その後安貞元年（一二二七）正月に、牧の方が京都で時政の十三回忌を催していることが*『明月記《めいげつき》』にみえる。牧の方は、平治の乱後に頼朝の助命を嘆願した*池禅尼《いけのぜんに》の姪にあたる人物で、自身の娘も多く公家に嫁がせており、貴族社会に基盤をもつ家柄の出身であった。

［文献］杉橋隆夫「牧の方の出身と政治的位置―池禅尼と頼朝と―」（上横手雅敬監修『古代・中世の政治と文化』思文閣出版、一九九四）。　（仁平義孝）

曾我兄弟《そがきょうだい》　鎌倉時代初期の武士。兄は十郎祐成《すけなり》（一一七二―九三）、弟は五郎時致《ときむね》（一一七四―九三）。父は河津祐通《すけみち》（祐泰とも）。兄弟の祖父伊東祐親《すけちか》が工藤祐経《すけつね》との間で、伊豆《いず》国久須美荘《すみのしょう》の領有をめぐる相論を起こし、互いに敵対視するよう

になった。安元二年（一一七六）一〇月、伊豆の狩場で兄弟の父祐通が、工藤祐経の従者大見小藤太と八幡三郎が放った矢に当たり命を落とした。兄弟の母は、相模《さがみ》国の武士曾我祐信《すけのぶ》に再嫁し、兄弟は曾我で暮らすことになった。その後兄祐成が文治元年（一一八五）に一三歳で元服、弟時致は建久元年（一一九〇）に*北条時政《ときまさ》を*烏帽子親《えぼしおや》として一七歳で元服した。日頃から仇敵祐経殺害の機会をねらっていた二人は、建久四年（一一九三）五月、富士の裾野《すその》で行われた*巻狩に参加し、ついに宿意を遂げて祐経を討ち取った。しかし祐成は*仁田忠常《にったただつね》に討たれ、時致は祖父祐親の敵*頼朝《よりとも》に向かって行ったが捕らえられた。時致を赦そうとしたが、祐経の遺児によって斬首された。曾我兄弟は実質的に*北条時政《ときまさ》の従者と考えられ、敵討の背後には時政がいたとする見方がある。この事件の一部始終を描いたのが*『曾我物語』である。

［文献］石井　進『中世武士団』（小学館、一九七四）。（仁平義孝）

（四）武士の生活

御家人《ごけにん》　鎌倉殿との間に主従関係を結び、幕府権力を構成した武士身分。*治承・寿永の内乱期、多様な機会・方法により*源頼朝への見参を果たした武士層は、乱後東国武士を中心に*政《まん》所《どころ》下文《くだしぶみ》をあらためて給付され、主従関係の再設定が行われた。また西国の武士についても、*京都大番役催促への応諾や一国御家人交名の作成などを通じて、幕府の編制下に入る者があった。こうして一一九〇年代に御家人制が確立する。彼らは、所属地域に基づき、①「鎌倉中」、②「京中」、③その他諸国という政治的な差別化が図られ、とくに西国の国御家人一般については、「本下文」の無所持が常態とされた。この区別に沿った同一所属地域や役職内において、彼らの傍輩《ほうばい》意識はとくに強くはたらいていたと考えられる。その後モンゴル襲来を契機に、全武士階級の御家人化が模索されるが、*安達泰盛《あだちやすもり》の滅亡（*霜月騒動《しもつきそうどう》）を経て、再び限定・現状維持路線の方向へ転換する。また御家人役負担の基盤である御家人所領の流出保全、神領興行法などと連動することで、御家人所領の一円化、「本所一円地」と対比される「武家領」概念の創出が進行した。その結果、「本領」・「御恩地」から構成される「武家領」を知行し、「将軍家本御下文」を所持する幕府創設期御家人の子孫のみ（一族を含む）を御家人とみなす認識が形成される（「*沙《さ》汰《た》未《み》練《れん》書《しょ》」『中世法制史料集2』）。しかし北条氏や*評定衆《ひょうじょうしゅう》・一部の得宗被官のみが特権化する中で、大部分の御家人は最終的に倒幕勢力へと合流していった。

［文献］古澤直人『鎌倉幕府と中世国家』（校倉書房、一九九一）、細川重男『鎌倉政権得宗専制論』（吉川弘文館、二〇〇〇）、七海雅人『鎌倉幕府御家人制の展開』（吉川弘文館、二〇〇一）、石井進著作集刊行会編『石井進著作集1日本中世国家史の研究』（岩波書店、二〇〇四）、清水　亮『鎌倉幕府御家人制の政治史的研究』（校倉書房、二〇〇七）、髙橋典幸『鎌倉幕府軍制と御家人制』（吉川弘文館、二〇〇八）。（七海雅人）

非御家人《ひごけにん》　鎌倉殿との間に主従関係をもたない武士身分。鎌倉後半期には、「京侍」、「京都被官」、「本所一円地住人」などの表現でも所見する。*鎌倉幕府末期の法制を示す「*沙《さ》汰《た》未《み》練《れん》書《しょ》」は、侍身分ではあるものの、御家人役を負担する所領＝「武家領」を知行していない者と解説する（『中世法制史料集2』）。したがって非御家人へは、御家人所領の譲渡・売買が禁止されていた。また関東祗候人（公家・医師・陰陽師など）も非御家人と認識されていた（『鎌倉遺文』二〇六九八）。蒙古襲来以降、幕府は「本所一円地住人」という用語を経由して、非御家人に対しても臨時の軍役を催促する体制を構築していく。その結果、*異国・海上警固番役は、非御家人もまた負担する軍役として制度化された。（七海雅人）

［文献］ 海津一朗『中世の変革と徳政』（吉川弘文館、一九九四）、髙橋典幸『鎌倉幕府軍制と御家人制』（吉川弘文館、二〇〇八）。

家礼《けらい》 親や家長に対して敬礼の作法をとることが本来の語義。平安期の公家社会では、有力貴族から行事次第や芸能の作法の伝授を受けることにより、従属的な関係が生じた者を指した。鎌倉期以降は、摂関家に奉仕する中流以下の貴族がとる礼、またはその家を意味するようになる。一方、武士社会では、複数の主人を戴いたり、主人の取り替えを行うような双務関係の強い従者を指し、主人への個別絶対的な従属を属性とする「家人」と対比される（『*吾妻鏡《あづまかがみ》』治承四年十月十九日条）。先行研究は、鎌倉殿―御家人の関係を家礼型の主従関係、御家人―従者の関係を家人型の主従関係としてとらえ、双方の具体的なあり方を比較検討している。（七海雅人）

［文献］ 佐藤進一・大隅和雄「時代と人物・中世」（佐藤進一編『日本人物史大系2』朝倉書店、一九五九）、上横手雅敬『日本中世国家史論考』（塙書房、一九九四）、石井進著作集刊行会編『石井進著作集6中世社会論の地平』（岩波書店、二〇〇五）。（七海雅人）

開発領主《かいほつりょうしゅ》 根本領主とも称される（『平安遺文』三三二一）。平安期、荒野地などの開発を推進することで私領（本領）を形成した領主、また鎌倉期以降もその伝領を継続した領主。富豪《ふごう》層概念を源流とし、中世における在地領主制展開の起点として位置づけられる。その初発の実態は、下級官人・寺僧・神官・有力百姓など多様なものであり、本宅の設定や従者の投入、浪人の誘致などを通して、未墾地の開墾や山野・荒野地などの囲い込み・再開発が進められた。一一世紀以降、国司・荘園領主から職《しき》の補任を受け世襲化されていく中で、当該所領を「先祖重代相伝領掌地」（『鎌倉遺文』八四二四など）とみなす認識が形成される。それは屋敷・門田畠・百姓名・給免田・山野河海など複雑な構成をもち、上級領主として国司や荘園領主を戴きながらも、理念的には独占排他的な意思がはたらいていた。ただし「開発領主」という用語自体は、鎌倉期以降の史料に検出されるものであり、この点は注意を要する。末期*鎌倉幕府では、*御家人であることの条件を「往昔以来開発領主ト為すは代々武家御下文を賜わる人の事なり（開発領主トハ、根本私領也、又本領トモ云）」と規定していた（『*沙汰未練書《さたみれんしょ》』『中世法制史料集2』）。ここには、*源頼朝《よりとも》以来鎌倉殿の下文《くだしぶみ》を給与され続けた家のみを御家人とみなす当該期御家人制の自己限定的な特性が反映されている。「開発領主」という用語は、由緒の提示によって自己の身分と所領知行の正統（当）性を確保しうる社会関係の中で機能するものであったととらえられるだろう。（七海雅人）

［文献］ 戸田芳実『日本領主制成立史の研究』（岩波書店、一九六七）、黒田日出男『日本中世開発史の研究』（校倉書房、一九八四）、鈴木哲雄『中世日本の開発と百姓』（岩田書院、二〇〇一）。

見参《げんざん》　「げんぞう」とも読む。朝廷において節会などに出席すること、その出席者の名簿。また目上の者と目下の者とが対面すること、目下の者が拝謁することでもあり、とくに主従関係を設定する際に、直接主人と対面し従者の礼を遂げることを意味した。これを「見参に入る」という。*治承・寿永の内乱期、西国の住人（武士）は、*源頼朝《よりとも》へ「御方参交名折紙」を提出することで、見参の礼に代えている。また九州の国*御家人の場合、鎌倉前半期までは事あるごとに鎌倉へ参向する事例がみられ、鎌倉殿との個別的な関係の維持強化に腐心していたことがうかがわれる（『鎌倉遺文』一二九〇五・三三五五五・三六八一など）。幕府では、評定のあい間に御家人見参を許可していた（『中世法制史料集1』追加法三五五条）。

（七海雅人）

名簿捧呈《みょうぶほうてい》　自身の名前を記した名簿を提出する行為・儀礼。名簿（符）は「なづき」・「なぶみ」などとも読まれ、「二字」とも称された。早くは『延喜式《えんぎしき》』巻二十「大学寮」に、入学した学生は名簿に録し毎日点検するという規定がみえる。とくに先行研究は、西洋封建制との比較検討の意図から、名簿提出の実例を師弟関係や主従関係の設定、降伏の際の意思表示儀礼などの中に見出し、提出先への服属・托身行為の成立を可視的に明示する機能としてとらえた。鎌倉期以降も公家社会では継続している。個別武士の事例は少ない（『鎌倉遺文』一二三二三）が、*鎌倉幕府では鎌倉殿御所に詰めた御簡衆の番帳や、一国規模で作成された御家人交名などへ、そのはたらきは継受されたと考えられる。

［文献］中田　薫『法制史論集2』（岩波書店、一九三八）、服藤早苗『家成立史の研究』（校倉書房、一九九一）。

（七海雅人）

本領安堵《ほんりょうあんど》　政権や領主が下文《くだしぶみ》などの安堵状を給付することで被安堵者を味方として判別し（主従関係の設定）、直面する障害の回避・除去を目的に、被安堵者が存立しうるための所領・所職の知行を承認する行為。安堵とは、本来、不安定な状況が回復され安んずることを意味する。建武政権の本領安堵は、*鎌倉幕府などにより収公された「開発余流并累代相伝之仁」の所領を、「文書道理」の審査により回復することを主意としている（『中世法制史料集6』）。この所領（旧領）の回復は、知行相伝の事実という由緒の存在が要件として求められており、「本領」と「*開発領主」を同義として結びつける鎌倉末期の認識と関連づけてとらえることができる。また*治承・寿永の内乱期の本領安堵に関しても、*源頼朝《よりとも》の*御家人として、安堵申請者がなかば一方的に主張する由緒に基づき安堵が行われており、実際には旧領回復の動向と関連する場面が多分にあったと考えられる（『平安遺文』四一四〇など）。さらにそのうえで、この承認が「勲功賞」・「御恩」として位置づけられている点は（『*吾妻《あづま》鏡《かがみ》』治承四年十月二三日・文治三年二月二十日条）、本領安堵が新政権の確立と密接にかかわるものであったことを示唆させるだろう。本領安堵は一般に政権成立期に多く施行される特性をもち、政権の安定期には抑制される傾向にあったといえる（『吾妻鏡』寛喜二年閏一月二九日条など）。

［文献］牧　健二『日本封建制度成立史』（清水弘文堂書房、一九六九）、近藤成一「本領安堵と当知行安堵」（石井　進編『都と鄙の中世史』吉川弘文館、一九九二）、笠松宏至『中世人との対話』（東京大学出版会、一九九七）、川合　康『鎌倉幕府成立史の研究』（校倉書房、二〇〇四）。

（七海雅人）

名字《みょうじ》の地《ち》　名字は「苗字」とも書く。分割相続や婚姻・開発などにより、在地領主が獲得した職《しき》に関する所領（＝郡・郷・荘）名を名字として名乗ることは、一二世紀末までに定着していた。この職や所領の主要部分を嫡子が代々相続することで、家が成立し名字は継承される。たとえば*千葉《ちば》介常胤《つねたね》の子息師《もろ》常《つね》・胤信《たねのぶ》は、婚姻もしくは養子関係により他の両総平氏一族の所職を受け継ぎ、それぞれ相馬氏・大須賀氏の始祖となった。これらの所領は、先祖相伝の本領（私領）という認識のもと屋敷や墓所などが整備され、しだいに一族や家構成員の紐帯を象徴するものとして特別視されるようになる。たとえば活動の主要舞台を薩摩《さつま》国へ移した後も、没収された相模《さがみ》国渋谷荘内に依然狭小な所領を保持し続けた渋谷氏に関しては、ある所領相論の中で、「重代私領である渋谷屋敷名田を少しも知行していない者には、渋谷の名字を名乗る資格はない」という趣旨の証拠文書が提出されたことが知られる（『鎌倉遺文』二三〇七七）。また*鎌倉公方足利成氏《しげうじ》は、京都の将軍に対して、「足利の庄は御名字の地にて候間、御代官を下さるる御成敗有るべし」と再三要請していたという（『鎌倉大草紙』『新校群書類従16』）。公家の場合も家の分出に伴い、五摂家にみられるように、京都の居所や所領名を家名とするようになる。鎌倉殿に祗候《しこう》する公卿の中には、阿野家のように、駿河《するが》国の所領を名字の地とするような者もいた。

［文献］　豊田　武『豊田武著作集6　中世の武士団』（吉川弘文館、一九八二）、高橋秀樹『日本中世の家と親族』（吉川弘文館、一九九六）、野口　実「中世東国武家社会における苗字の継承と再生産」（野口　実編『千葉氏の研究』名著出版、二〇〇〇）。

（七海雅人）

一所懸命《いっしょけんめい》の地《ち》　生命にかえても守り抜かなければならない、生活基盤としての所領。『庭訓往来』六月七日状は、「一所懸命之地者、相違有るべからず」という思いのもと戦場へ臨むので、装備を援助してほしいと記している。分割相続の進展や、所領・所職が一円領として整理・再編されていく状況に応じ、鎌倉後半期以降、私領・恩領を問わず相伝する当知行所領を「懸命ノ地」とみなす認識が生まれたものと考えられる。『古活字本保元物語』下巻には、「今は定て一所懸命の領地もよもあらじ、然ば命たすかり共、乞食流浪の身と成り」という記述がみえる。また*『太平記』巻十一は、主人北条邦時の居所を通報し「一所懸命ノ地ヲ安堵仕ル様ニ」望んだ五大院宗繁が、逆に裏切り者とみなされ、結局乞食となって飢え死にしたことを記す。このように一所懸命の地を喪失した場合には、乞食や下人への転落を余儀なくされたのであった。それゆえに当該所領を保障してくれる人物に対しては、最大限の奉仕をもって報いることになる。『古事談』第一は、白河院の配慮を受け一所懸命の荘園を譲ってくれた藤原顕季《あきすえ》に対し、源義光《よしみつ》が彼に名簿を捧げ警護に努めた話を収める。また南北朝期、*守護による半済《はんぜい》や押領《おうりょう》から逃れるため、「一所懸命之地」松枝荘破田郷を大徳寺如意庵へいったん寄進し、危機が回避された後、年貢を一部割譲する代わりに当該所領を返却してもらう契約を結んだ白川業定《なりさだ》のような人物もいた（『大日本古文書　大徳寺文書』三〇六六・三〇六八ほか）。

（七海雅人）

御恩《ごおん》と奉公《ほうこう》　主人―従者間の人格的な結びつき、または双方の家と家との関係において、主人が従者に対して与える保護・恩給と、従者が主人に対して行う奉仕の包括的な総称。以下、

*鎌倉幕府の事例を提示する。鎌倉殿が御家人へ与えた御恩については、守護・地頭など各種所職の補任《ぶにん》・安堵、所領の給与・安堵、諸役負担の免除、叙位・任官に関する朝廷への申請免許、物品の贈与などが挙げられる。とくに一三世紀半ば以降、荘園領主に対する*御家人所領保全の政策が明確に打ち出され、「代々将軍家奉公に依り、充て給う所領等」は等しく「御恩地」とみなされるようになる（『*沙汰未練書《さたみれんしょ》』『中世法制史料集2』）。御家人の奉公は御家人役として一括し、①恒例役と臨時役、②軍役と経済的な負担である*関東御公事《かんとうみくうじ》などに分類できる。具体的には、戦争への出陣、鎌倉殿の供奉随兵《ぐぶずいへい》、京都・鎌倉・幹線道路に所在する駅宿の警固、鎌倉殿身辺にかかわる費用負担、幕府行事への参加と費用負担、鎌倉・京都・諸国一宮における各種武芸行事・神事への参加と費用負担、鎌倉・京都・奈良における建造物造営や都市整備のための費用負担、使節・夫役供出などである。これら役の種類や分量は、御家人制内部の階層や所領規模（公田数）、配属地域、賦課時点の政治状況などに応じて決められた。また末期幕府の内部では、さらに得宗への奉公人（御家人を含む）を「御内方」として特別に区別し、他の御家人を「外様《とざま》」とみなす認識が形成される（「沙汰未練書」）。

［文献］牧　健二『日本封建制度成立史』（清水弘文堂書房、一九六九）、青山幹哉「鎌倉幕府の『御恩』と『奉公』」（『信濃』三九―一一、一九八七）七海雅人『鎌倉幕府御家人制の展開』（吉川弘文館、二〇〇一）、細川重男『鎌倉北条氏の神話と歴史』（日本史史料研究会、二〇〇七）。

（七海雅人）

烏帽子親《えぼしおや》・烏帽子子《えぼしご》　平安時代末期以降の武士社会では、成人儀礼である元服（首服）において、烏帽子が成人男子の象徴とみなされ、公家で用いられる冠にかわり新成人へ被せられた。そのため加冠役を烏帽子親、新成人である冠者を烏帽子子という。通常、元服は一一歳から一七歳までの間に屋敷内で取り行われたが、鎌倉殿から指示を受けたり、幕府で催されることもあった（『*吾妻鏡《あづまかがみ》』文治五年八月十二日・建久四年十月十日条など）。加冠役には実父と異なる人物が仮親として選ばれ、烏帽子子との間に擬制的な親子関係、もしくは主従関係が取り結ばれた。烏帽子親の実名の一字が烏帽子子に与えられたり、*審議事案に烏帽子子がかかわっている場合、烏帽子親である*評《ひょう》定衆《じょうしゅう》は退座する規定であったこと（『中世法制史料集1』追加法七二条ほか）などが、この点を直截に表している。*北条時《とき》政《まさ》の烏帽子子曾我時致《ときむね》（*曾我兄弟の一人）が北条氏所領内で敵討ち事件を起こしている点、『吾妻鏡』において「関東棟梁」と認識されている*北条泰時《やすとき》（『吾妻鏡』元仁元年七月十七日条）が*九条頼経《よりつね》の烏帽子親となっている点、鎌倉後半期以降、得宗が足利氏など有力御家人の烏帽子親となり幕府内部の権力秩序形成につとめている点、室町殿*足利義持《よしもち》が鎌倉公方*足利持氏《もちうじ》を烏帽子子とし「別而御扶持」していた点（『看聞日記』応永二三年十月十六日条）などは、政治史を考察するうえでも参考となるだろう。

［文献］紺戸　淳「武家社会における加冠と一字付与の政治性について」（『中央史学』二、一九七九）、二木謙一『中世武家の作法』（吉川弘文館、一九九九）。

（七海雅人）

猶子《ゆうし》　血縁関係・親族関係にかかわりなく、親子関係を取り結び自身の子とした者。養子と区別するために家産の相続からはずされるとする理解もあるが、実際には家督を相続している例、幼少から養育されている例、養父姓に改姓している例（*『吾妻鏡《あづまかがみ》』建久三年四月十一日条）などが認められ、内容において明瞭な違いを見出すことは難しい。『邦訳日葡辞書《にっぽじしょ》』（岩波書店、一九八〇）は「伯父・叔父が養子とした甥」という注解を載せる。源氏将軍期から九条家将軍期の*鎌倉幕府では、*源頼家《よりいえ》の子である*公暁《くぎょう》が*源実朝《さねとも》の、竹御所（*九条頼経《よりつね》妻）が本覚尼（実朝妻）のそれぞれ猶子とされることで、鎌倉殿の血統と正統性の継承が図られていた。

［文献］ 田端泰子『日本中世女性史論』（塙書房、一九九四）、高橋秀樹『日本中世の家と親族』（吉川弘文館、一九九六）。（七海雅人）

家子《いえのこ》・郎党《ろうどう》 平安期半ば以降、私的従者の中でも主立った者を指し示す呼称。郎党は「郎等」とも書き、また史料上、従者全般を意味する「郎従」と同義に扱われることも多い。国司や武官が検田などの国務雑事や武力を行使する際に、その中核を担う存在であった（『今昔物語集』巻十七—五・巻十九—四など）。永延二年（九八八）の尾張国郡司百姓等解には、国司藤原元命《もとなが》の郎等による非法が列記されている（『平安遺文』三三九）。本来は、*名簿捧呈により主従関係を設定したものと考えられるが（『平安遺文』二四六七など）、代々相伝に伴い主家との間に譜代関係を築いている事例も散見される。またこの相伝の郎等の中には、主人の一族に出自をもつ者もあった（『延慶本平家物語』一—三、「建治三年記」十月十四日条など）。家子は、『邦訳日葡辞書《にっぽじしょ》』（岩波書店、一九八〇）に「屋形などのような大身の主君の遠い血縁の者」とあるように、主人との間に血縁もしくは擬制的な血縁関係をもち、一般に郎等よりも強固な主従関係を保っていた。たとえば*三浦義澄《みうらよしずみ》は、安房国出身の甥和田宗実（*和田義盛《わだよしもり》弟）と*比企能員《ひきよしかず》（和田氏との間に血縁関係があったか）の二人を家子として従え、鎌倉に下向してきた勅使の接待にあたっている（『源平闘諍録』八ノ上—六）。また*源頼朝《よりとも》も、姻族*北条義時《よしとき》や*烏帽子子《えぼしご》*結城朝光《ゆうきともみつ》らを家子として編制し、独自の親衛集団として源氏一門である「門葉」とともに一般の御家人と区別していた。

［文献］ 大饗 亮『封建的主従制成立史研究』（風間書房、一九六七）、細川重男・本郷和人「北条得宗家成立試論」（『東京大学史料編纂所研究紀要』一一、二〇〇一）。（七海雅人）

主従道徳《しゅじゅうどうとく》 中世の社会は、朝廷・幕府・寺社・荘園や村落の内部などさまざまな局面において、人間の直接的なつながりを基礎としており、その一般的なあり方が上下に結びつく主従の関係であった。身分や社会階層、血縁の親疎、情誼的感情、政治制度など多様な要因により、その関係の強弱には弾力性がみられたと考えられるが、先行研究は武士社会における主従関係のモデルとして、二つのあり方を提示する。一つは「献身の道徳」と表現される主人への没我的無条件の奉仕すなわち片務的な関係であり、もう一つは恩給に対して奉仕を行い、かつ複数の主人をもちうる双務性の強い関係である。ただし主従関係を維持するうえで、この二つの要素は本質的には分かち難く結びついているのであり、二者択一として一方のみを否定することは難しい。史料上、前者は「家人」、後者は「*家礼《けらい》」として現れ、並存するものであった。また親子・兄弟間で異なる主人をもつことにより、家内部に葛藤が生じる場合もあった。*源頼朝は当初、東国武士との間に個別人格的な関係を築き内乱を戦うが、さまざまな地域・階層の人々を編制し全国的な政権へと展開する中で、袖判下文《そではんくだしぶみ》を*政所下文《まんどころくだしぶみ》へ切り替えるなど、一律的な主従関係の再設定を行っている。このような過程を経て鎌倉殿と一般*御家人との間には、比較的双務性の強い主従関係が形づくられた。これに対して各御家人とその従者との関係は片務的な性格が濃く、幕府法をみると、幕府自体もその関係の維持に意を配していたことがうかがえる。

［文献］　河合正治『中世武家社会の研究』（吉川弘文館、一九七三）、豊田　武『豊田武著作集8　日本の封建制』（吉川弘文館、一九八三）、笠松宏至『法と言葉の中世史』（平凡社、一九九三）、筧　雅博「史料と歴史」（『思想』八四七、一九九五）、丸山眞男『丸山眞男講義録第五冊』（東京大学出版会、一九九九）。

（七海雅人）

初参《しょさん》の礼《れい》　初参は「ういざん」とも読む。主人に対し初めての面会を遂げ、臣下・従者となることを取り結ぶ儀礼。公家社会においては、通常、この時に名簿が提出された（*『玉葉《ぎょくよう》』治承四年十月十八日条など）。上洛した*源頼朝は、まず*後白河院へ初参の礼を遂げ、その後に参内している（同建久元年一一月九日条）。*鎌倉幕府では、庇護者や申次を介して初参の礼がとられ、*御家人への新規取り立てや御家人子弟の披露が行われた（*『吾妻鏡《あづまかがみ》』寿永元年五月十二日・文治三年十月二日・建保元年九月八日条など）。また*源頼家《よりいえ》付きの女房（御家人の子女）選定に際しても、頼朝への初参が行われている（『吾妻鏡』文治四年七月四日条）。

（七海雅人）

椀飯《おうばん》　饗応のために設ける食膳、または饗応すること。鎌倉幕府の*御家人が正月三が日に鎌倉殿を接待、会食する行事として著名。垸飯とも。主従が新年を祝って共同飲食することで、主従関係の再確認と盤石化を図ることが目的。三が日の椀飯を沙汰する人物を見ることが、その当時の御家人実力者を知る目安の一つとされる。*頼朝期は千葉氏や三浦氏など有力御家人が献じる例が多い。しかし頼朝の死後に北条氏・幕府官僚・足利氏が登場、実力者北条氏中心の幕府秩序を再現する儀礼へと変質していった。その一方、配膳や贈答品の費用は、御家人にかかる*関東御公事《かんとうみくうじ》として大きな負担となっていった。

［文献］　永井　晋「鎌倉幕府垸飯の成立と展開」（『日本中世政治社会の研究』続群書類従完成会、一九九一）、盛本昌広「鎌倉幕府垸飯の負担構造」（『地方史研究』二五五、一九九五）。

（溝川晃司）

犬追物《いぬおうもの》　武芸の一種。騎乗の武士が逃げ回る犬を蟇目矢《ひきめや》で射ることにより、騎射の芸を磨いたもの。*流鏑馬《やぶさめ》や*笠懸《かさがけ》が静止物を狙うのとは違って動いている犬を射るため、より実戦的な武芸の鍛錬が可能であった。その起源は不明だが、文献上の初見は*『明月記《めいげつき》』承元元年（一二〇七）六月一〇日条で、内野で犬追物が行われ女房が見物したことが記されている。幕府では承久四年（貞応元年、一二二二）二月に大蔵幕府南庭にて鎌倉殿*九条頼経《よりつね》臨席の元で挙行されたのが初見。ただし、*源頼朝が由比ヶ浜などに出かけた際に「牛追物」が行われる事例も度々見られ、最初期は犬ではなく牛が射られたものか。現在は動物愛護の精神により、行われていない。

［文献］　平田伸夫「室町時代の故実書と犬追物の始まりについて」（『日本歴史』三三五、一九七六）。

（溝川晃司）

笠懸《かさがけ》　武芸の一種。騎乗の射手が的として立てられた笠を射抜くもの。騎射《うまゆみ》のヴァリエーションの一つ。*流鏑馬《やぶさめ》と似ているが、流鏑馬が装束が定められており（綾藺笠《あやいがさ》に狩装束《かりしょうぞく》）儀式にも用いられる厳格なものであったのに対し、笠懸は日常に普段着で行われる簡略なものであった。笠を掛けたものを的としており、笠懸の名称の由来となった。小笠懸や遠笠懸といった派生型も存在した。寛治六年（一〇九二）二月に加波多《かはた》河原（京都府木津川市綺田《かばた》）にて源義綱の郎党により行われた事例は早期のものである。鎌倉初期では、幕府でも朝廷でも行われ、貴人が見物した。文治二年（一一八六）五月、右中将の藤原（徳大寺）公守が宇治離宮での笠懸の際に落馬、それが原因で死去している。公家自らも行う例があったようである。（溝川晃司）

［文献］『古事類苑』武技部。

流鏑馬《やぶさめ》 武芸の一種。狩装束の射手が一直線の道を馬で駆けながら、すれ違いざまに数間ごとに立てられている三個の的を射抜くもの。的を射抜く正確さと、数秒間で矢をつがえる機敏さが要求される。騎射《うまゆみ》のヴァリエーションの一つ。院政期にはすでに城南寺や新日吉社などで行われており、*源頼朝によって武芸奨励策の一環として幕府行事（*鶴岡八幡宮放生会などでの挙行）に採用された。鎌倉中期以後はその御家人役負担の大きさから形骸化が進み、室町期には行われなくなった。再興されたのは江戸中期。現在でも、鶴岡八幡宮をはじめ、全国各地の神社の祭礼で行われている。（溝川晃司）

流鏑馬の図（鳥獣人物戯画より）
（小松茂美編『日本の絵巻』6コンパクト版（中央公論社，1994））

［文献］鵜田　泉「流鏑馬行事の成立」（『お茶の水女子大学人文科学紀要』四〇、一九八七）、「流鏑馬行事と鎌倉武士団」（『藝能史研究』九九、一九八七）、高橋昌明『武士の成立武士像の創出』（東京大学出版会、一九九九）。

巻狩《まきがり》 狩猟の一種。勢子《せこ》を多数動員して山野で獣を追い立て、出てきた獣を狩る遊興。遊興であると同時に軍事教練も兼ねた。狩猟自体は古代から貴族の遊びとして行われ、*源頼朝や*頼家も巻狩を楽しんでいるさまが『*吾妻鏡《あずまかがみ》』に数回記録されている。とくに*頼朝は那須野や富士の裾野まで出かけ巻狩をしている。工藤景光は富士の巻狩において、目の前の鹿を射ることを頼朝に申請し許可を得てから狩っており、上位者の許可を得てから獲物を狩る遊興的側面が存在したと思われる。時には遊女を呼んで酒宴を設けることもあった。建久四年（一一九三）五月の富士の巻狩において、曽我《そが》祐成《すけなり》・時致《ときむね》兄弟が工藤祐経殺害事件と鎌倉殿頼朝暗殺未遂事件（いわゆる*曽我兄弟の仇討ち）を起こしたのは有名である。（溝川晃司）

［文献］『古事類苑』産業部。

武器《ぶき》と武具《ぶぐ》 東国武士は早くから騎馬に巧みであったゆえ、鎌倉期の武器と武具は騎馬戦を強く意識している。武器は遠距離戦用に弓矢、接近戦用に太刀・長刀《なぎなた》が挙げられる。弓は古代の丸木弓から竹を内と外に張った三枚打弓《さんまいうちのゆみ》が登場、より強く、より遠く射ることが可能となった。しかし至近距離で射るのが有効だったようである。太刀は打撃力を強化するため、直

胴丸（腹巻）着用姿
（笹間良彦『図録日本の甲冑武具事典』（柏書房，1981））

赤糸威大鎧
（武州御嶽神社所蔵伝畠山重忠奉納赤糸威大鎧）

刀から反りの深い彎刀《わんとう》へと変化した。平安期に奥羽の蝦夷が使用した蕨手刀《わらびてがたな》がそのヒントになったという説もある。長刀は主に僧兵や下級武士が使用。その他、熊手《くまで》・鉾《ほこ》・鉞《まさかり》・鏑矢《かぶらや》も絵巻物などで見える。武具は、騎馬戦用の大鎧《おおよろい》と軽装の胴《どう》丸《まる》・腹巻《はらまき》・腹当《はらあて》がある。大鎧は、古代に使用された裲襠《うちかけ》式挂甲《けいこう》が発展したもので、小札《こざね》（鉄・革製の小片）を糸や革ひもでつないでつくられている。これは敵の矢を防ぐ防禦性を重視したものであるが、その重厚さゆえ二〇キロ以上はあり、徒歩ではなく馬上での運用を前提としていた。兜は古代の衝角付冑《しょうかくつきかぶと》の発展形で、金属片を鋲で留めたもの。平安期よりも鋲が小さく、鍬形が多く用いられるようになった。胴丸・腹巻は一般武士が使用する鎧で、主に歩兵が着用。腹当は最も簡便な鎧で、衣服の下に着用することも可能であり、僧兵や朝廷の武官が使用することが多かった。

（溝川晃司）

［文献］ 川合 康『源平合戦の虚像を剥ぐ』（講談社、一九九六）、棟方武城『すぐわかる日本の甲冑・武具』（東京美術、二〇〇四）。

武士《ぶし》の衣服《いふく》 鎌倉期の武士の衣服は、直垂《ひたたれ》・狩衣《かりぎぬ》・水干《すいかん》によって代表される。直垂は、上衣と袴は同色同紋、上衣は垂領《たりくび》（襟を胸前でV字に合わせるもの）、袖広で両脇が開いており、両襟と左右の袖に紐が通してある。袴を締める腰紐は必ず白絹を用いる、といった特徴がある。直垂は鎌倉期の武士の日常着として、上級・下級を問わず、武士に着用され、庶民にも広まった。鎧の下に着用する鎧直垂は、通常の直垂よりもやや袖が狭い。また袖口や裾口に紐が通してあり、鎧を着用する際には袖・裾を絞って結んだ。一般に、通常の直垂より鎧直垂の方が華美である傾向にあった。狩衣はもとは公家の常服で、盤領《あげくび》（襟が丸首で詰襟）で両腋が大きく開き、袖に括り緒、袴は差《さし》貫《ぬき》と呼ばれた。鎌倉期には上級武士の礼装として活用された。水干は庶民の日常着がルーツで、武士にも普及したものである。襟は詰襟を結び、広い袖、着用の際に上衣の裾を袴の中に入れる、という特徴がある。また、成人男性は髷を結び烏帽子をかぶる習慣があり、烏帽子をかぶらないことは異形《いぎょう》（人間でないこと）を意味した。烏帽子には折烏帽子・立烏帽子・揉烏帽子などの種類があった。戦陣においては、烏帽子の上から鉢巻を巻いた。兜をかぶる際も、通常烏帽子は脱がずに烏帽子の上からかぶった。

（溝川晃司）

［文献］『古事類苑』服飾部、相馬　皓「武家の服飾」（『講座日本風俗史』一〇、雄山閣、一九五九）。

武士《ぶし》の食生活《しょくせいかつ》　鎌倉期は、古代の唐風食模倣時代を脱し和食発達時代に入る。前代からの変化は、禅宗式食文化の渡来、保存食・調味料の発展、一日三食制の発生、などである。武士社会では、武芸の鍛練として狩りが行われた関係で、獣肉もタブーではなく頻繁に食べたようである。しかし禅宗の影響で、日常の食事は質素であった。*『徒然草』には*北条時頼が*大仏宣時とわずかな味噌を肴に酒を飲んだ逸話が記されている。一日三食は武士社会では戦陣など非常時に行われ、平時は二食だった。しかし分量は三食と同じで、朝夕に多く食べる傾向にあった。幕府の食の慣習で代表的なものは*椀飯《おうばん》である。これは、おおよそ正月三が日に幕府有力御家人が鎌倉殿をもてなす行事で、古代の三日《みっか》厨《くりや》の風習を受け継いだ豪華な宴であった。その一方、幕府はしばしば倹約令を出している。寛喜の大飢饉の際には将軍以下が一食を減らしたり、仁治二年（一二四一）一二月の酒宴での風流菓子の禁止、建長四年（一二五二）九月の旱魃では米の確保のため酒の販売を禁止するなど、諸政策に質素倹約が表れている。また、注目すべきは喫茶の風習である。茶自体は古代より存在したが、*栄西《えいさい》が抹茶を紹介したことにより この頃日本の食生活に定着、貴賤を問わず飲まれた。*金沢文庫には、つてを頼って京都栂尾《とがのお》産の茶を入手しようとする金沢貞顕の文書も数通見られる。

（溝川晃司）

［文献］『古事類苑』飲食部、渡辺　実『日本食生活史』（吉川弘文館、一九六四）、『茶と金沢貞顕』（金沢文庫企画展図録、二〇〇五）。

武士《ぶし》の館《やかた》　武士が日常生活をする空間。武士の多くは地方領主であるため、地方での彼らの活動の拠点となった。彼らは地方に根を下ろし、有力者と私的主従関係を構築して活発に行動していた。鎌倉期ので武士の居館で当時の状態を現存しているものはないが、『粉河寺《こかわでら》縁起《えんぎ》絵巻《えまき》』などの絵巻物に居館の様子が描かれており、実態が窺える。彼らの居館は尚武の精神を反映しており、敵襲に対する防禦性が重視されている。方形の居館（一辺が約一五〇～二〇〇メートル）の周囲には堀が掘られ（二重堀の例も）、騎馬による突撃を困難にしている。板塀と櫓門が組まれ、楯・弓・矢があり敵襲に備えている。内部は厩《うまや》・離れ家・母屋・郎従の長屋などの建物で構成されている。厩には、魔よけとして猿を繋ぐという風習があった。馬場では*笠懸その他の鍛練の場として活用される。一般に、このような居館は「館《たて》」「館《たて》の内《うち》」「堀《ほり》の内《うち》」「土居《どい》」などとも呼ばれた。全国各地にこれらの地名が現在でも残っているが、これらは武士居館の名残であることが多い。居館のすぐ前は主人の直営田であるのが普通で、「門田《かどた》」や「前田《まえだ》」などと呼ばれる生産力の高い田であった。館の主人は、このような館周辺の土地を自己の勢力下として拡大させるため近隣の武士とも度々衝突した。有力な武士は国衙の役人（介・掾）も勤めることにより勢力を拡張、各地に居館を築き子弟を住まわせることで大武士団を形成するにいたった（千葉・三浦・秩父・小山ら）。鎌倉中後期にはこれら関東の大武士団勢力は衰退し、かつ西国所領への移住が多くなった。「*一遍上人絵伝《いっぺんしょうにんえでん》」では筑前の武士の居館が描かれており、全国でこのような居館が築かれたようである。鎌倉期の武士居館所在地と考えられるものに、菅谷《すがや》館《やかた》跡（埼玉県嵐山町。畠山重忠居館）、鑁阿寺《ばんなじ》（栃木県足利市。足利市の「城堀之内《じょうほりのうち》」の持仏堂が起源）などが挙げられる。

［文献］石井　進『日本の歴史7鎌倉幕府』（中央公論社、一九七四）、『鎌倉武士の実像』（平凡社、一九八七）。

（溝川晃司）

武家故実《ぶけこじつ》　鎌倉期の武家の故実や慣習はいくつかの史料で窺うことができる。鎌倉幕府年中行事の主なものは*椀飯《おうばん》・御弓場始・御行始・御評定始・*鶴岡八幡宮放生会など、臨時のものとしては鎌倉殿の将軍宣下・昇進・上階貴人の子息誕生の際の鳴《めい》弦《げん》や着袴《ちゃっこ》・元服・その他冠婚葬祭がある。故実としては、初期には秀郷《ひでさと》流武家故実が注目されたようで、*西行《さいぎょう》（もとは*北面の武士、藤原秀郷後裔の佐藤義清《のりきよ》）が鎌倉に立ち寄った際、*頼朝は歌道と弓馬の道を尋ね、これを筆記させるほどであった。また諏訪盛澄・波多野有経・河村義秀らは、囚人でありながら秀郷流の故実をよく知っていたので*流鏑馬《やぶさめ》の射手を務め成功、許されており、かつての平家方でも故実に明るい人物は赦免されることもあった。合戦の作法としてはまず口上があり、遠矢を打ちかけ、乱戦の最中めぼしい武者同士で一騎打ちが行われるように、戦闘の場でも慣習が存在した。『延慶《えんぎょう》本平家物語』では老武者三浦真光《みうらさねみつ》が*和田義盛《わだよしもり》に合戦の手ほどきをし、鎧を絶えずゆり動かし隙間をなくして射られないことが肝要であると教えている。このように、実戦経験により生み出された智恵・対処法が、鎌倉期に受け継がれていたことを示している。

［文献］高橋昌明『武士の成立武士像の創出』（東京大学出版会、一九九九）。

（溝川晃司）

武士《ぶし》の教養《きょうよう》　鎌倉期の武士の教養は、幕府指導者層と一般御家人のそれとでは大きく相違する。一般御家人（非御家人も）は平時には農業に従事していたので、さほど教養があったとは思われない。むしろ自己の土地を守るため武芸に励み、尚武の気風が強かった。騎射三物《きしゃみつもの》（または馬上三物）と呼ばれる*流鏑馬《やぶさめ》・*笠懸《かさがけ》・*犬追物《いぬおうもの》といった武芸が日常の武士の教養であった。時には非常に暴力的で、往来の乞食さえ弓の的にしようとしたことが『男衾三郎絵詞《おぶすまさぶろうえことば》』からうかがえる。幕府指導者層は、文筆官僚を中心に文字の読み書きができたが、多くは文才を発揮して独自の文化を形成するまでは至っていない。和歌をたしなんだ*源実朝《さねとも》の『*金槐和歌集《きんかいわかしゅう》』が挙げられる程度である。独自の文才を発揮してはいないが、金沢流北条氏は実時以来好学の家風であり、称名寺に多くの蔵書を残した。これが有名な*金沢文庫であり、貴重な書物や文書の数々を今に伝えている。また鎌倉新仏教の発生に伴い、宗教的教養も武士の間で浸透していった。自力本願を謳った禅宗の厳しい姿勢は、武士たちに自己を律するという精神を育成した。*浄土宗からは撫民《ぶみん》の思想が発生、極楽寺流北条氏を通して幕政にも影響を与えたようである。

［文献］本郷恵子「鎌倉期の撫民思想について」（『鎌倉期社会と史料論』、東京堂出版、二〇〇二）、本郷和人「霜月騒動再考」（『史学雑誌』一一二―一二、二〇〇三）。

（溝川晃司）

惣領《そうりょう》と庶子《しょし》　「惣領」の語源は奈良時代に遡ってみられるが、それはもともと行政か土地所有に関して使われた観念であり、血縁関係を含むものではなかった。ところが、一三世紀前半、鎌倉幕府による御家人役（*関東御公事《かんとうみくうじ》）賦課が制度的に成立すると、御家人社会では家の継承者として父祖の所職《しょしき》や所領の主要部分を継承した嫡子が、その勤仕責任者となることが多く、これを惣領と呼ぶようになった。こうして「惣領」の語は嫡子と同義となり、嫡子以外の男子である「庶子」と対置される、血縁関係も含む観念となった。惣領は、平時には所領に対して幕府や荘園領主が賦課する年貢や公事などのさまざまな課役を庶子・女子に配分また徴収し、戦時には幕府の催促に応じて庶子を統率するなどして、家の中心に位置した。しかし、主に一三世紀後半までの分割相続のもとでは、庶子も所職・所領を相続し、条件が揃えば新たに独立した家を起こすこともできたため、惣領と庶子の関係は同族意識に基づいた共和的なものだった。ところが、一三世紀末以降、嫡継承の原理に基づく家が確立すると、相続法も分割相続と庶子による家の分立を否定する嫡子単独相続へと移行したため、それまで共和的だった惣領と庶子の関係は、庶子が惣領に従属する関係へと変化するようになっていった。また、早い世代に分立した庶子家も、南北朝内乱期になると、流動的な政治情勢に対応するべく惣領家のもとに結集する動きをみせるようになり、この動きは一族一揆の形で現れた。なお、一三世紀後半に幕府が惣領保護を目的とした法体制を整備した結果、御家人惣領側からは、惣領の地位ならびにその所領・所職は幕府法廷での認定対象となる「権利」と認識され、「惣領職」と概念化された。

［文献］　羽下徳彦『惣領制』（至文堂、一九六六）、田中大喜「在地領主結合の複合的展開と公武権力」（『歴史学研究』八三三、二〇〇七）。
（田中大喜）

家督《かとく》　「家督」の語は、平安末期の貴族層において嫡子の意味で使われ始め、少なくとも鎌倉期までは貴族層・武士層ともに嫡子の意味で使われていた。ところが鎌倉末期以降、一族の長、家長の意味としても使われるようになり、室町・戦国期にいたると「家督」の語は家の長の意味で定着するようになった。この語意の変化の背景には、嫡継承を原理とする家の確立があったと考えられる。一族の長としての家督の権限には、一般的に一族に対する軍事統率権があったとされている。しかし、たとえば秩父一族の族長の地位が武蔵国《むさしのくに》留守《るす》所《どころ》惣検校《そうけんぎょう》職《しき》と重なるなど、一族の長がもつ軍事統率権はその所職《しょしき》の公権性に基づく権限とみることもでき、否定的な説も提起されている。

［文献］　鈴木英雄「家督と惣領に関する覚書」（安田元久編『初期封建制の研究』吉川弘文館、一九六四）、高橋秀樹『日本中世の家と親族』（吉川弘文館、一九九六）。
（田中大喜）

財産相続《ざいさんそうぞく》　中世における財産相続は、被相続人（本主《ほんしゅ》）が自己の子女らを相手方として譲状を作成することを要件として行われ、このような形態における財産移転契約を「処分」と称した。そして、処分の要件を満たさないまま本主が死去した場合を「未処分」と称し、遺言などによって本主の遺志が明白でありながら譲状が作成されていない場合も、これに含めた。処分の内容については、まったく本主の自由に委ねられていたが、被処分者＝相続人の範囲については限定があり、それは本主との親子関係によって生得《しょうとく》の相続権を有する嫡子・庶子・女子と、本主との婚姻関係によって相続権を有する妻（後家）に限られた。これら法定相続人のことを「得分親《とくぶんしん》」と称した。未処分の場合、得分親の間で未処分地の配分が協議され、配分状が作成された。本主の処分は得分親の相続権に拘束されるものではなく、原則として自由に行いうるものだったが、得分親の相続権が社会的に承認されていた以上、それを満たす形で行われることが理想的と考えられ、こうした社会的規制力が分割相続という相続形態を成立させた。得分親すべての相続権を満たすことを求める法規範は、鎌倉前期～中期にかけて急速に所領を拡大しつつあった在地領主層の存在形態には適合的だったが、やがて彼らの所領拡大が不可能になった段階では、逆に所領支配を維持するのに桎梏《しっこく》となった。鎌倉末期以降、相続法は分割相続から嫡子単独相続へとしだいに移行したが、これはそうした法規範を克服するための具体的な対処といえる。分割相続から嫡子単独相続への移行は、嫡継承の原理に基づく家の確立も大きな要因となったが、その過渡期には、所領を嫡子と舎弟一人へほぼ均分に分割して相続させる方法が確認できる。これは、主に一四世紀に特有の惣領（家督）権を兄弟二人で共有する家構造に対応した相続形態と考えられ、分割相続から嫡子単独相続への移行期の相続法と位置づけられる。

［文献］　近藤成一「中世財産相続法の成立」（前近代女性史研究会編『家族と女性の歴史　古代・中世』吉川弘文館、一九八九）、田中大喜「南北朝期武家の兄弟たち」（悪党研究会編『悪党と内乱』岩田書院、二〇〇五）。　（田中大喜）

女性《じょせい》の相続権《そうぞくけん》　中世において女性は、所領・所職《しょしき》ならびに家中の調度資材の相続を認められていた。後者の相続は、女性は嫁として「家中の雑事」を行うことから、調度資材に対する進退権を広く認められていたことによる。一方、前者の相続には、①後家相続、②後家分相続、③女子分相続の三形態があった。①は、夫の死後、後家（妻）が亡夫の所領を一括相続することだが、これはさらに（１）未来領主（次期相続人）の決められた中継相続と、（２）亡夫の所領の配分権・沙汰権・進退権を託された代位相続の二形態に分けられる。いずれにしても①は、後家が家の相続者となりえたことを示すものだが、鎌倉後期以降、嫡継承の原理に基づく家が確立する中で、しだいに消滅していった。②も、夫からの相続だが、嫡子・庶子・女子と並んで所領を相続する場合のことである。②の所領は、夫の*悔返《くいかえし》権による制約を受けたが、離婚した場合、夫はこれを悔返すことができなかった。なお、武家法では後家が改嫁《かいか》（再婚）した場合、亡夫から相続した所領は亡夫の子息または他人に与えるという規定を設けている（「御成敗式目」二四条）。③は、女子として親から相続することである。鎌倉中期までの女性の相続所領の多くは、永代譲与を受けた所領だったため自由に処分できたが、鎌倉後期以降*一期分《いちごぶん》の相続が主流となり、処分権は制約されるようになった。しかし、女性の所領相続は、嫡子単独相続が一般的となる室町期以降も確認でき、決して否定されるものとはならなかった。

［文献］　五味文彦「女性所領と家」（女性史総合研究会編『日本女性史２　中世』東京大学出版会、一九八二）、後藤みち子『中世公家の家と女性』（吉川弘文館、二〇〇二）。　（田中大喜）

一期分《いちごぶん》　相続人の死後に権利の帰属する未来領主（次期相続人）があらかじめ定められ、一期（一生）を限って譲られる所領のこと。具体的には、女子分・後家分・庶子分に対する権利をその一期に限定し、その没後は惣領である嫡系男子へと返還すべきことを命じていることが多く、一期分は分割相続から嫡子単独相続への移行期に現れた相続形態といえる。一期分は、平安末期に寺院社会における師弟間の相続の中から現れ、鎌倉期以降は貴族層・武士層へと広がっていったが、貴族層・武士層の場合、まず女子分に顕著に現れた。その理由としては、分割相続による所領の細分化が進行する中で、女子分所領が婚姻を契機に他家へ流出することを防ぐためであり、そうすることで所領に課される公事の負担増加を回避するためでもあった。女子分の一期化とともに、後家分・庶子分もしだいに一期化の傾向が顕著となり、この流れの中から嫡子単独相続が生み出された。南北朝～室町期の嫡子単独相続の成立によって、庶子は惣領に扶持されて臣従化し、家臣団に編入されていった。しかし、そうした中で、女子に対しては困窮しないようにとの実家の親の配慮から一期分の譲与が続けられ、これは戦国期の*分国法《ぶんこくほう》（「*六角氏式目」）の中にも「粧田《しょうでん》」（*化粧料《けわいりょう》）の名称で確認できる。

［文献］ 五味文彦「女性所領と家」（女性史総合研究会編『日本女性史2 中世』東京大学出版会、一九八二）、後藤みち子『中世公家の家と女性』（吉川弘文館、二〇〇二）。 （田中大喜）

化粧料《けわいりょう》 中世から近世にかけての時期に、女性が婚姻に際して婚家に持参した財産のこと。「けしょうりょう」ともいう。化粧料には、化粧田《けわいでん》と敷銭《しきせん》の二種があり、前者は通常田畠などの不動産だったのに対し、後者は銭貨だった。鎌倉後期～南北朝期にかけての分割相続から嫡子単独相続への相続法の移行期に、女子分所領は*一期分《いちごぶん》化していったが、化粧料は一期分としての女性相続財産の一形態といえる。戦国期の*分国法《ぶんこくほう》の中には、粧田も敷銭も、永代譲与か一期分かは譲状の内容に従うべきだが、譲状のない場合、粧田は妻の死後生家へ返すべきだが、敷銭は返さなくてよいとの規定がある（「*六角氏式目」四八条）。妻の親が与えた譲状の内容が優先されることからも、化粧料は妻の持参財として妻に所有権があり、夫の財産と区別されるものだったことがわかる。化粧田と敷銭の扱いが異なるのは、財産としての重要性の度合いによるものと考えられる。

［文献］ 田端泰子『日本中世の女性』（吉川弘文館、一九八七）、『中世政治社会思想 上』（岩波書店、新装版第二刷、二〇〇一）。 （田中大喜）

女人養子《にょにんようし》 中世において、女性が養子をとる「女人養子」は、公家法では認められていなかった。公家法では、養子を「子無きの人、家業を継がんがため、収養する所なり」と捉えられており（「裁判至要抄《さいばんしようしょう》」一八条）、女性に家業を営む資格を認めなかったためと考えられる。しかし、武家法では、「大将家の御時以来、当世に至るまで、その子無きの女人等所領を養子に譲り与うる事、不易《ふえき》の法勝《あ》げて計《かぞ》うべからず、しかのみならず都鄙《とひ》の例、先蹤《せんしょう》これ多し」と述べて、女性に養子を認めた（「*御成敗式目」二三条）。女人養子は、「不易の法」「都鄙の例」「先蹤」とあるように、一三世紀前半には諸国でかなり一般化していた慣習だったが、幕府はこれを明文化することによって、女性の家業の継承をはっきりと認めたことになる。女性の地位は、武家法によって飛躍的に強化されたといえるだろう。鎌倉後期になると、女人養子は、養子を一族の血縁関係のある子に限定することにより、女子分所領が他家へ流出するのを防ぐ手段としても使われるようになった。このような意図にもとづく女人養子は、女子分所領の*一期分《いちごぶん》化と目的を同じくすることから、女人養子を女子一期分の先駆的形態と位置づける説もある。

［文献］　五味文彦「女性所領と家」（女性史総合研究会編『日本女性史2　中世』東京大学出版会、一九八二）、後藤みち子『中世公家の家と女性』（吉川弘文館、二〇〇二）。　（田中大喜）

悔返《くいかえし》　中世において譲与、和与《わよ》（無償贈与）、寄進などにより、所有権の移転が行われた後、もとの所有者（本主《ほんしゅ》）もしくはその子孫らが、その行為を否定して取り戻す行為のこと。譲与の場合、悔返は父母の教令権に基づいて不孝の子の相続権を否定する行為だったが、これは公家法よりも武家法において、より肯定的な法理として現れた。たとえば、①譲与後に子に先立たれた場合、②女子に対する譲与、③外孫に対する譲与に関して、公家法ではそれぞれ悔返を否定しているが、武家法では①・②についての悔返を肯定し（*『御成敗式目』二〇条・一八条）、③についても肯定する方向を示している（『鎌倉幕府追加法』七四四条）。他人和与の悔返は、当初公家法・武家法ともに認めていなかった。しかし、武家法では、それまで「他人」の範疇《はんちゅう》に属していた「兄弟姉妹」・「兄弟叔姪」・「外孫」を「他人」から次々と除外し、これらへの和与所領に対する本主の悔返権を承認するようになるなど、次第にこれを容認する傾向を強めていった（『鎌倉幕府追加法』一四七・六二〇・七四四条）。寄進所領も、寄進者が一定の権益を留保した場合、悔返が顕著に行われたが、被寄進者である寺社側は鎌倉中期から、ひとたび寺社に寄進された所領は悔返すことができないとする主張を繰り返し、やがて中世の大法の一つとして定着した。

［文献］　笠松宏至『日本中世法史論』（東京大学出版会、一九七九）、近藤成一「中世財産相続法の成立」（前近代女性史研究会編『家族と女性の歴史　古代・中世』吉川弘文館、一九八九）。　（田中大喜）

義絶《ぎぜつ》　律令では夫婦の義を絶つこと、すなわち離婚を意味したが、中世では親子の関係を絶つ意味で用いられた。不孝《ふきょう》・勘《かん》当《どう》とも称した。義絶は子に対する親権の最も強力な制裁で、子の不孝行為の有無にかかわらず親の意思一つで行使でき、それに対しては、幕府・朝廷などの高権力は一切干渉することができなかった。義絶は父のみならず母もその権利を行使できたが、母の場合は夫の遺志を代行する形で行使できた。義絶を受けた子孫は、家督・財産の相続権を喪失したが、義絶された本人の公的地位には何ら影響を及ぼさなかった。義絶の際、親は義絶状を作成し、一族あるいは在地近隣の人々の証判を必要とするとともに、その旨を官司や主人へ届け出た。

［文献］　三浦周行『法制史の研究』（岩波書店、第七刷、一九七三）、上横手雅敬『日本中世国家史論考』（塙書房、一九九四）。

（田中大喜）

二　執権政治から得宗専制へ

源氏の滅亡　正治元年（一一九九）に*源頼朝《よりとも》が死ぬと、有力御家人同士の対立が激しくなり、事件があいついで起こった。二代将軍となった*頼家《よりいえ》の妻は*比企能員《ひきよしかず》の女であったが、比企氏の勢力増大を恐れた北条氏は、元老による合議体制をつくり、頼朝以来の功労者*梶原景時《かじわらかげとき》を失脚させ、*三浦義澄《みうらよしずみ》の死後、比企能員を倒し、頼家の長子*一幡《いちまん》をも殺した。ついで頼家を伊豆修禅寺に幽閉し、頼家の弟*実朝《さねとも》を三代将軍にたて、元久元年（一二〇四）に頼家を謀殺した。実朝将軍のもと、実権は*北条時政《ときまさ》が握り、翌年には功臣*畠山重忠《はたけやましげただ》を謀殺したが、時政自身、後妻牧《まき》氏の婿*平賀朝《ひらがとも》雅《まさ》を将軍に立てようとして失脚した。時政のあと子の*義時《よしとき》が*政所別当《まんどころべっとう》となり、建保元年（一二一三）和田氏を倒して*侍所別当《さむらいどころべっとう》をも兼ねて権力を握った。承久元年（一二一九）には実朝が暗殺され頼朝の血筋は絶えた。

承久《じょうきゅう》の乱《らん》　幕府と京都の公家政権との対立は頼朝のときから顕著になっていた。建久七年（一一九六）頼朝が推していた関白*九条兼実《くじょうかねざね》が*源通親《みなもとのみちちか》の策謀によって退けられ、翌年には*一条能保《いちじょうよしやす》も世を去ったので、幕府の対公家政策の拠点が失われた形となった。幕府内部の対立紛争や源家将軍が断絶したのを好機として、承久三年（一二二一）五月北条義時追討の宣旨が発せられ、ここに*承久の乱が起こった。しかし、京方は、組織された幕府軍に対抗できず敗北し、*後鳥羽《ごとば》・*順徳《じゅんとく》・*土御門《つちみかど》の三上皇は配流された。これを契機として成立した*六波羅探題《ろくはらたんだい》は執権につぐ重職として北条一門の有力者が任命された。承久の乱で没収した三〇〇〇余の所領には*御家人を*地頭として補任《ぶにん》し、北条氏による支配は全国的な広がりをみせることになった。

変後三年で*北条泰時《やすとき》が*執権となると、*連署《れんしょ》ついで*評定《ひょうじょう》衆《しゅう》を置いて支配機構の整備をはかり、貞永元年（一二三二）には*関東御成敗式目《ごせいばいしきもく》を制定して法体系の確立をめざした。体系化された武家法は、律令の流れを汲む公家法と武家社会の中で成立してきた慣習などを成文化したものであったが、制定の中心となった泰時は、武家法の独自性を強調している。

モンゴルの襲来　大陸では、金《きん》の支配下にあった蒙古のテムジンは遊牧部族を統一して帝国を築き、チンギス汗と称した。蒙古は、ヨーロッパ・アジア両大陸にまたがる史上空前の大帝国で、一二七一年に国号を元《げん》と称した。大陸を制覇した元は、文永五年（一二六八）国書を日本に送り、入貢を要求した。幕府は元の使者を追いかえし、北九州沿岸の防備を固めた。文永一一年（一二七四）、元・高麗《こうらい》軍が対馬《つしま》・壱岐《いき》を経て肥前《ひぜん》・筑前《ちくぜん》を襲ったが、たまたま起こった大風によって軍船が覆没し、わが国は侵略を免れた。このあと幕府は*異国警固番役《いこくけいごばんやく》を定めて護りを固め、また博多湾に*石塁を築いた。

弘安四年（一二八一）五月、合浦《がっぽ》を出発した九〇〇隻・四万の東路軍が六月はじめ博多湾に迫ったが、鎌倉武士の総反撃にあい退却し、いったん壱岐に退いた。壱岐島や肥前鷹島《たかしま》で断続的に戦闘が行われたが、七月末には三五〇〇隻、一〇万の江南軍が北九州の海上に到着し総攻撃に移ろうとした七月二九日夜、またもや大暴風が吹き、元軍の船は多く沈没した。元は三回目の遠征を計画したが、本国内の政治的不安定や、朝鮮半島における抵抗運動、中国江南の農民叛乱などがあって実現しなかった。

永仁《えいにん》の徳政令《とくせいれい》　モンゴルの襲来がわが国の政治・社会に与えた影響は大きかった。当時の武士の社会では分割相続《ぶんかつそうぞく》が行われていたから、世代を重ねるごとに御家人の所領規模は小さくなり、御家人役負担能力は弱まった。加えて生活水準も向上し万事華美にわたり、貧窮に陥る武士も多かった。彼らは高利貸から多額な借金をし、所領・所職を質入れし、結局は高利貸しを地頭代官に補任するようなことになった。これは幕府の基礎をゆるがすものであったから、所領の売買に制限を加え、さらには永仁五年（一二九七）三月に徳政令を交布して御家人の救済をはかった。しかし、これは救済手段としては一時的な効果しか望めず、以後は徳政令交布のときには適用除外とするという*『徳政文言《もんごん》』を付記した売買契約が一般的になった。

悪党《あくとう》の発生　幕府の基礎である御家人制は、*惣領制《そうりょうせい》の解体によっておびやかされた。家産の分割による御家人役負担能力の低下を防ぐため、幕府は一族の惣領を御家人として把握し、惣領を通して*庶子《しょし》を統制する施策をとったが、鎌倉中期以降、惣領と庶子の対立・紛争が多くなり、とくに本領から遠く離れた所領支配のために庶子家が遣わされ、惣領の統制下から離脱する庶子家が増加した。幕府は、はじめは旧体制を維持して庶子家の独立を認めようとしなかったが、大勢には抗しがたく、のちには積極的に庶子を御家人として編成しなおすことになった。

鎌倉後期の問題のひとつは*悪党の発生と横行であった。血縁的結合原理による惣領制は後退し、かわって地縁的結合原理による封建的支配体制が形成されてくる。御家人体制は動揺し、幕府支配に反抗する新興領主層の活動が目立つようになってきた。困窮した御家人や、幕府に不満をもつ武士たちのなかには、近隣の公領《こうりょう》や荘園《しょうえん》を侵略し、幕府や荘園領主に従わないものがあり、当時これを「悪党《あくとう》」

と呼んだ。悪党は、貨幣経済が進み農村構造の変動の激しかった畿内や、とくにその周辺部に多く発生した。彼らは、居住する荘園・公領内部を荒しまわるだけでなく、*荘園・公領の壁をこえて広範囲に連絡をとりあい、大規模な活動をするようになった。幕府は*守護《しゅご》・*地頭《じとう》らに命じて鎮圧を図ったが、体制側の者にも悪党と通じ、これをかくまうものもあって、悪党の勢力は増大する一方であった。

得宗専制政治《とくそうせんせいせいじ》　御家人制動揺の危機を乗りこえるため、北条一門の惣領家《そうりょうけ》（*得宗《とくそう》）に権力を集中して専制的な政治が行われるようになった。幕府政治は執権*時頼《ときより》の頃から専制的傾向を強めていたが、つぎの*時宗《ときむね》のとき、モンゴルの襲来を契機にしてその傾向は顕著になった。弘安七年（一二八四）時宗が世を去ると嫡子*貞時《さだとき》が一四歳で跡をついだ。貞時は*安達泰盛《あだちやすもり》の外孫にあたり、貞時の乳母は*平頼綱《よりつな》の妻であったから、泰盛の外様《とざま》派（一般御家人）と頼綱の御内《みうち》派（得宗被官）の勢力が対立した。弘安八年一一月、頼綱は機先を制して安達一族を攻め滅した（弘安合戦また*霜月《しもつき》騒動という）。頼綱は北条氏の家令であり御内の総《そう》師《すい》であったから、外様を抑えて北条得宗の権力を強化した。外様から守護職・地頭職を奪ってこれを北条一門に分配し、得宗の力を強化しようとした。強い得宗権力のもと、御内の武士が幕府政治の中枢を握り、評定衆・*引付衆《ひきつけしゅう》の多くも北条一門で占められ、合議制をたてまえとした執権政治は崩壊した。

［文献］　笠松宏至『徳政令』（岩波新書、一九八三）、筧　雅博『日本の歴史10蒙古襲来と徳政令』（講談社、二〇〇一）、網野善彦『日本の歴史10蒙古襲来』（小学館、一九七四）。

（阿部　猛）

（一）　執権政治の確立と承久の乱

〔源氏将軍の断絶〕

梶原一族《かじわらいちぞく》の没落　*源頼朝《よりとも》の側近として権力を振るった*梶原景時《かじわらかげとき》が鎌倉を追われ、正治二年（一二〇〇）正月に一族とともに討滅された事件。正治元年十一月、*結城朝光《ゆうきともみつ》に対する景時の讒言《ざんげん》がきっかけとなり、御家人《ごけにん》六六人が連署した景時弾劾文が将軍*頼家《よりいえ》に上呈されたため、景時は鎌倉を追われ一族とともに相模《さがみ》一宮に退去する。その後頼朝の一周忌（正治二年正月十三日）をはさんで、景時は朝廷の宣旨《せんじ》を受け武田有義《たけだありよし》を擁立しようと上洛を図るが、駿河清見関《するがきよみせき》（静岡市）にて付近の武士に襲われ族滅した。梶原氏は相模国鎌倉郡梶原郷（神奈川県鎌倉市）を名字の地とする桓武平氏《かんむへいし》流の武士で、*石橋山の戦いで景時が頼朝の危難を救ったエピソードで知られるように、早くから頼朝に従い、*侍《さむらい》所所司《どころしょし》や厩別当《うまやべっとう》を務めた。とくに、遠征軍の軍目付《いくさめつけ》や使者、情報収集や要人の暗殺など、まさに頼朝の手足となっての活動が目立ち、将軍独裁政治《しょうぐんどくさいせいじ》を支える重要な側近として活躍し、「一ノ郎等」「鎌倉ノ本体ノ武士」といわれていた（『*愚管抄《ぐかんしょう》』）。そうした性格ゆえにほかの御家人の反発を買い、頼朝の死とともに権力基盤を失ったと考えられているが、その没落は「頼家ガ不覚」（『愚管抄』）と評されているように、将軍専制体制から北条氏主導の*執権政治《しっけんせいじ》体制への移行を象徴するものであった。なお『*沙石集《しゃせきしゅう》』の著者*無住《むじゅう》は景時の子孫と考えられている。

［文献］　山本幸司『頼朝の精神史』（講談社、一九九八）。

（高橋典幸）

比企氏《ひきし》の乱　建仁三年（一二〇三）九月、鎌倉幕府第二代将軍*頼家《よりいえ》の外戚《がいせき》*比企《ひき》能員《よしかず》一族が北条氏により滅ぼされた事件。比企能員は*源頼朝《よりとも》の乳母《めのと》比企尼の養子として頼朝の信任厚く、頼家の誕生にあたってはその乳母夫《めのと》に選ばれ、頼家が長ずるに及んでは娘若狭局《わかさのつぼね》をその室とした。やがて二人の間には長男*一《いち》幡《まん》が生まれ、頼朝死後の*鎌倉幕府にあって比企氏は将軍の外戚としてその地位を高めることになった。こうした比企氏の台頭を警戒した*北条時政《ときまさ》は、建仁三年八月、頼家が病のため危篤に陥った機会をとらえて、日本国惣守護職《にほんこくそうしゅごしき》を頼家から一幡に、日本国惣地頭職《にほんこくそうじとうしき》を分割して関東二八カ国分を一幡に、西国三八カ国分を頼家の弟千幡《せんまん》（のちの*実朝《さねとも》）に譲る措置を断行する。この措置に不満をもった頼家・能員は時政追討を画策するが、事前にこの動きを察知した時政は建仁三年九月二日、仏事にかこつけてまず能員を誘殺、続いて一幡のいる小御所に立て籠もった比企氏一族を襲い族滅させるにいたった。事件後、頼家は出家、伊豆修禅寺《しゅぜんじ》（静岡県伊豆市）に幽閉され、頼家や能員の縁者が処分された。以上は主として『*吾妻鏡《あづまかがみ》』による事件の経緯であるが、『*愚管抄《ぐかんしょう》』の伝える事件の経緯は『吾妻鏡』のそれとは異なっており、頼家側近として処分されたはずの中野能成《よしなり》が、実は事件後に北条時政から所領安堵《しょりょうあんど》を受けていることも知られており、事件の背後に隠された北条時政の陰謀を感じさせる。

［文献］　柏美恵子「比企氏の乱と北条時政」（『法政史論』七、一九八〇）、永井　晋『鎌倉幕府の転換点』（日本放送出版協会、二〇〇〇）。

（高橋典幸）

頼家暗殺《よりいえあんさつ》　*比企《ひき》氏の乱後、伊豆修禅寺《しゅぜんじ》に幽閉されていた*源頼《より》家《いえ》が乱の翌年元久元年（一二〇四）七月に北条氏により暗殺された事件。『*吾妻鏡《あづまかがみ》』はその死亡を伝えるのみだが、『*愚管抄《ぐかんしょう》』や『保暦間記《ほりゃくかんき》』などは北条氏によって暗殺されたとする。頼家は*頼朝《よりとも》と北条政子《まさこ》の長男として寿永元年（一一八二）八月に誕生。頼朝没後の正治元年（一一九九）二月に一八歳で鎌倉《かまくら》殿《どの》の地位を継いだ。しかし、その年の四月には一三人の宿老《しゅくろう》御家人《ごけにん》による合議制がとられて頼家の直裁《ちょくさい》が停止されてしまう。生まれながらの鎌倉殿として、*北条時政《ときまさ》以下の宿老たちをも呼び捨てにしたといわれるほど、父頼朝以上に将軍専制への志向が強かったと考えられる頼家がこの措置に満足するはずはなく、側近集団を形成し、彼らを重用することによって将軍《しょうぐん》専制《せんせい》の足がかりにしようとしていたことがうかがわれる。こうした頼家の将軍専制への動きを支えたのがその外戚《がいせき》*比企能員《よしかず》の一族であった。比企氏と結びついた頼家の将軍専制強化の動きを警戒した北条時政は、建仁三年（一二〇三）九月に比企氏の乱を起こして比企能員とその一族を滅ぼすと、頼家を伊豆修禅寺に幽閉し、頼家の弟*実朝《さねとも》を新たな鎌倉殿に据え、自身はその下で*執権《しっけん》として実権を握った。

［文献］　龍　粛『鎌倉時代　上』（春秋社、一九五七）。

（高橋典幸）

畠山重忠謀殺《はたけやましげただぼうさつ》　元久二年（一二〇五）六月、牧の方の讒言により*畠山重忠が滅ぼされた事件。畠山重忠は武蔵国男衾郡《おぶすまぐん》畠山荘《はたけやまのしょう》（埼玉県深谷市）を本拠とする桓武平氏秩父流《かんむへいしちちぶりゅう》に属する武士。挙兵当初の*源頼朝《よりとも》に敵対したものの、帰参後は平氏追討戦や*奥州合戦で数々の武勲を挙げ、頼朝や他の御家人から厚く信頼されていた。*『吾妻鏡《あづまかがみ》』によれば、事件の発端は前年の十一月に重忠の息子重保《しげやす》と口論に及んだ牧の方の女婿*平賀朝《ひらがとも》雅《まさ》が牧の方に重保を讒訴《ざんそ》したことにあり、これを憎んだ*北条時《とき》政《まさ》・牧の方夫妻が重忠に謀叛の嫌疑をかけて御家人を動員して重忠・重保父子の討滅に及んだとされる。この直後に平賀朝雅を将軍に擁立しようとする時政・牧の方による謀議が発覚していることから、畠山重忠父子の謀殺はその伏線と考えられる。一方、武蔵国の支配をめぐって畠山氏・北条氏の対立が存在していたことも事件の背景として指摘されている。すなわち、畠山重忠は武蔵国留守所惣検校職《るすどころそうけんぎょうしき》を掌握していたと考えられており、武蔵国衙《こくが》および武蔵の武士団を統括する地位にあったが、比企氏《ひきし》の乱後に平賀朝雅を通じて武蔵国務《こくむ》を手中にし新たに武蔵進出を画策していた北条時政とは対立関係にあったことが想定されている。実際、元久元年正月には時政　と重忠の合戦の噂が京都で流れたほどであった。畠山氏が滅ぼされた結果、武蔵国は名実ともに北条氏の支配下に置かれることになっていった。

（高橋典幸）

［文献］　貫　達人『人物叢書　畠山重忠』（吉川弘文館、一九六二）、岡田清一『鎌倉幕府と東国』（続群書類従完成会、二〇〇六）。

平賀朝雅討伐《ひらがともまさとうばつ》　元久二年（一二〇五）閏七月、*北条時政《ときまさ》らによる*平賀朝雅将軍擁立計画が発覚・失敗した事件。牧氏《まきし》の変とも。朝雅は源氏の宿老平賀義信《よしのぶ》の子であったが、北条時政とその後妻牧の方との間に生まれた女子を室としており、*比企氏《ひきし》の乱では北条時政側として活躍した。この比企氏の乱で勝利し三代将軍*実朝《さねとも》を擁立した北条時政と牧の方は、さらに実朝を廃して女婿の朝雅を将軍に擁立しようと画策したが、事前にこの動きを察知した*北条政子《まさこ》らのクーデターに遭い失権。時政は出家の後伊豆に引退し、当時京都守護《きょうとしゅご》の任にあった朝雅は在京の御家人らに攻められて滅亡した。この後、*鎌倉幕府は北条政子・*義時《よしとき》姉弟が領導する体制となる。

（高橋典幸）

［文献］　石井　進『日本の歴史7　鎌倉幕府』（中央公論社、一九六五）。

和田合戦《わだかっせん》　*鎌倉幕府の有力*御家人和田氏が滅ぼされた事件。和田氏は桓武平氏《かんむへいし》三浦《みうら》氏の一族で、*和田義盛《よしもり》は*源頼朝の挙兵以来数々の武勲を立て、*侍所《さむらいどころ》の初代別当《べっとう》という要職に任じられていた。建保元年（一二一三）二月、信濃国住人泉親衡《いずみちかひら》が前将軍*頼家《よりいえ》の遺児千手《せんじゅ》を将軍に擁立しようとする謀議が発覚し、その関係者が摘発されたが、その中には義盛の子の義直《よしなお》・義重《よししげ》、甥の胤長《たねなが》らも含まれていた。義盛の愁訴《しゅうそ》の結果、義直・義重は赦免されたものの、胤長は赦されず、愁訴のため列参《れっさん》した和田一族の前で面縛《めんばく》されたまま連行されたり、いったんは義盛に与えられることにされていた胤長没収《ぼっしゅう》領が一転して*北条義時《よしとき》のものとされたりするなどの恥辱を与えられたために、義盛は挙兵を決意したと伝えられている。これらの措置は北条氏による和田氏に対する挑発行為と理解されている。姻族の横山《よこやま》氏などの協力も得た和田一族の武力蜂起は、一時は将軍*実朝《さねとも》が御所を脱出するほどの激戦で、鎌倉最大の武力闘争となったが、五月二・三日の戦闘で鎮圧された。和田氏の滅亡は、頼朝死後に*梶原景時《かじわらかげとき》・*比企能員《ひきよしかず》・*畠山重忠《はたけやましげただ》を次々と没落させた北条氏による有力御家人討滅策の一環と考えられており、和田氏の滅亡後、北条氏は従来の*政所別当職《まんどころべっとうしき》に加えて、それまで和田義盛が任じられていた侍所別当職を兼任するようになり、北条氏の幕府指導者としての地位が定まったとされる。　（高橋典幸）

［文献］　羽下徳彦『惣領制』（至文堂、一九六六）。

実朝暗殺《さねともあんさつ》　承久元年（一二一九）正月、*鎌倉幕府第三代将軍*源実朝が*鶴岡八幡宮《つるおかはちまんぐう》で甥*公暁《くぎょう》に殺害された事件。実朝による将軍位継承は、将軍独裁を志向した第二代将軍*頼家《よりいえ》が北条氏らにより排斥された後を受けてのものであったため、政治の実権は当初より*執権《しっけん》*北条時政《ときまさ》や*北条義時《よしとき》、母*北条政子《まさこ》に握られていた。また、和歌や蹴鞠などを好んだこともあり、実朝については実権のない文弱な将軍とするイメージが強かったが、そうした評価については近年見直しが進んでいる。当時の幕府《ばくふ》発《はっ》給《きゅう》文書《もんじょ》についてみると、実朝の将軍襲職当初こそ北条時政や北条義時の発給にかかる文書が中心的位置を占めていたが、次第に将軍《しょうぐん》家*政所下文《まんどころくだしぶみ》がこれに取って代わっていくことが指摘されており、これは政所を拠点として実朝が親裁権を発揮していたことを示すとされ、建保四年（一二一六）以降の*政所《まんどころ》別当《べっとう》の増員は実朝の親裁権の強化とみなされている。院権力の強化をめざす*後鳥羽院《ごとばいん》は、こうした実朝を通じて幕府を院に従属させる路線をとり、院の近臣源仲章《なかあきら》が実朝の学問の師として鎌倉に招かれ、さらに政所別当に補任《ぶにん》されて実朝の親裁を支えることになった。また実朝の後継者として後鳥羽院の皇子が鎌倉に下されることも約束されていた。実朝暗殺は、北条氏や三浦《みうら》氏など、実朝の親裁権強化に伴う右の動きに反対する勢力が背後で公暁を操っていたと推測されているが、この公暁も殺害されたため源氏将軍の直系は絶えることになった。実朝の暗殺はまた、後鳥羽院に幕府との対決姿勢を強めさせ、*承久の乱の遠因となった。　（高橋典幸）

［文献］　五味文彦『増補　吾妻鏡の方法』（吉川弘文館、二〇〇〇）。

源　頼家《みなもとのよりいえ》　（一一八二―一二〇四）　*源頼朝《よりとも》の嫡男。*鎌倉幕府第二代将軍。母は*北条政子《まさこ》。幼名万寿《まんじゅ》。左近衛少将《さこのえのしょうしょう》、左近衛中将《さこのえのちゅうじょう》、左衛門督《さえもんのかみ》を歴任。建仁二年（一二〇二）七月*征夷大将軍《せいいだいしょうぐん》となる。正治二年（一一九九）に頼朝が死去した後、家督を相続するが、北条氏をはじめとする有力御家人と対立。その結果として親裁を停止され、有力御家人一三人による合議制がしかれる。これに反発する頼家は、御家人所領の中で五〇〇町を越える分はこれを収公することを計画するなど有力御家人の勢力を抑制するための活動が目立つ。建仁三年（一二〇三）八月、頼家が病の床にあったとき、*北条時政《ときまさ》の主導によりその将軍職は停止され、弟千幡《せんまん》が相続する。九月には頼家の外戚である*比企能員《ひきよしかず》が一幡《いちまん》を立て北条氏の打倒を計るが逆に討伐されてしまい、この時点で頼家を支持する有力な勢力は壊滅してしまう。この後頼家は出家を余儀なくされ、翌年七月に幽閉先の伊豆修禅寺において北条氏の手により暗殺される。　（遠藤啓彰）

源　実朝《みなもとのさねとも》　（一一九二―一二一九）　鎌倉幕府第三代将軍。父は*源頼朝《よりとも》。母は*北条政子《まさこ》。幼名は千幡《せんまん》。右近衛中将《うこのえのちゅうじょう》、権大納言《ごんのだいなごん》、左近衛大将《さこのえのたいしょう》、内大臣、右大臣を歴任。建仁三年（一二〇三）

八月、兄である二代将軍*源頼家《よりいえ》が病床に伏している際に実朝は関西三八カ国地頭職を掌握する。九月には北条氏の手により頼家の外戚である比企《ひき》氏が一幡とともに滅ぼされ、頼家自身も修禅寺に幽閉されると、三代将軍に就任しその跡を継いだ。その歌集に『*金槐和歌集《きんかいわかしゅう》』がある。順調に官位を進めてきた実朝は承久元年（一二一九）正月に右大臣拝賀のため、鎌倉*鶴岡八《つるおかはち》幡宮《まんぐう》を参詣する。その帰途、頼家の遺子*公暁《くぎょう》の待ち伏せに会い暗殺された。実朝には子がなかったため彼の死により源氏の血脈は絶え、以後鎌倉将軍は*摂家将軍、*親王将軍が迎えられることになる。

［文献］竜 粛『鎌倉時代上』（一九五七）、石井 進『日本の歴史7鎌倉幕府』（中央公論社、一九六五）。 （遠藤啓彰）

一幡《いちまん》（一一九七―一二〇三） 鎌倉二代将軍*源頼家《よりいえ》の嫡子。母は*比企能員《ひきよしかず》の女である若狭局《わかさのつぼね》。建仁三年（一二〇三）八月に頼家が病床に伏した際、日本国総守護職・関東二八カ国総地頭職に就く。このとき、頼家の弟である千幡《せんまん》（のちの三代将軍*実朝《さねとも》）が関西三八カ国総地頭職に同時に就いた。この措置に端を発した比企氏と北条氏の争い（*比企氏の乱）により、一幡はその屋敷にこもった比企一族とともに討たれた。 （遠藤啓彰）

阿野全成《あのぜんじょう》（一一五三―一二〇三） 鎌倉前期の武士。父は源義朝《よしとも》。母は常盤《ときわ》。幼名は今若《いまわか》。義朝の死後、母、弟らとともに京より東国に落ちのびるが捕まり、醍醐寺にて僧になる。兄である*源頼朝《よりとも》の挙兵に際して関東に下り合流している。阿野という名は駿河《するが》国阿野に住したためとされる。全成は*北条時政《ときまさ》の娘で*源実朝《さねとも》の乳母でもある*阿波局《あわのつぼね》を妻としていたが、建仁三年（一二〇三）五月に*頼家《よりいえ》と対立。その身は捕らえられ、六月に下野《しもつけ》で処刑された。 （遠藤啓彰）

公暁《くぎょう》（一二〇〇―一九） 鎌倉時代初期の*鶴岡八幡宮寺《つるおかはちまんぐう》別当。鎌倉二代将軍*頼家《よりいえ》の子。幼名善哉。元久二年（一二〇五）鶴岡八幡宮別当尊暁の門弟となり、建暦元年（一二一一）落飾。法名公暁。建保五年（一二一七）に鶴岡八幡宮別当となる。承久元年（一二一九）正月、鶴岡八幡宮にて行われた三代将軍*実朝《さねとも》の任右大臣拝賀の儀において、公暁は儀式の帰り道に実朝を待ち伏せこれを殺害。その後公暁は有力御家人である*三浦義村《みうらよしむら》を頼るが、義村は逆に北条義時に通じ公暁は殺害される。 （遠藤啓彰）

竹御所《たけのごしょ》（一二〇二―三四） 鎌倉時代初期の女性。*鎌倉幕府二代将軍*源頼家《よりいえ》の女。母は*比企能員《ひきよしかず》の女という説と*木曽義仲《きそよしなか》女という二説がある。建保四年（一二一六）*北条政子《まさこ》の命で実朝《さねとも》室の猶子となる。北条政子の死後、嘉禄元年（一二二五）政子の四九日の仏事を主宰することをかわきりに、将軍家の神事・仏事に多く関わることとなる。寛喜二年（一二三〇）、第四代将軍*藤原頼経《よりつね》と結婚するが、このとき竹御所二八歳、頼経一三歳であり源氏の血統と現将軍との結合という政治的目的の強いものといえよう。文暦元年（一二三四）七月二七日、出産するが死産であり、その後の悩乱により死去した。

［文献］山本幸司『日本の歴史9頼朝の天下草創』（講談社、二〇〇一）。 （千葉哲司）

平賀朝雅《ひらがともまさ》（？―一二〇五） 鎌倉時代初期の武将。武蔵守、右衛門佐《うえもんのすけ》。平賀義信《よしのぶ》の子で母は比丘尼の三女。*北条時政《ときまさ》の後妻である牧《まき》の方《かた》の娘婿となり、北条氏と深い関係をもつ。建仁三年（一二〇三）の*比企氏の乱に際しては比企氏の討伐に加わっている。また、同年八月に発生した京都における比叡山の堂衆と学生の武力衝突においては、御家人を率いて京都警護のため上洛している。その後は京都に留まり、*京都守護として在京*御家人を統括する。その職務上、*後鳥羽《ごとば》上皇とも近く、院に伺候している記述も『*明月記《めいげつき》』にみることができる。元久元年（一二〇四）三月には、伊賀《いが》・伊勢《いせ》に発生した伊勢平氏の謀反鎮圧のため在京御家人を率いて下向。その功により、乱において逃亡した山内首藤経俊《やまのうちすどうつねとし》より召し上げた伊賀・伊勢両国の守護職に任じられる。元久二年（一二〇五）閏七月、牧の方が*実朝《さねとも》を殺害し朝雅を将軍に擁立せんとした計画が発覚。御家人の支持を得ることができなかった時政は伊豆で出家し、京都の朝雅に対しても鎌倉より在京御家人に対し討伐の指示が下る。佐々木広綱《ひろつな》・*後藤基清《もときよ》らを相手に迎えた朝雅は敗れ、逃亡を図るも討ち取られる。その首は後鳥羽上皇の御前に運ばれた。

（遠藤啓彰）

［文献］　平岡　豊「後鳥羽院西面について」（『日本史研究』三一六、一九八八）。

北条義時《ほうじょうよしとき》（一一六三—一二二四）　幼名は江間小四郎。後に*得宗《とくそう》と号した。相模守・陸奥守・右京権大夫《うきょうごんのたいふ》。鎌倉時代前期の武士であり、*執権としてのちの北条氏を中心とした幕府政治の基礎を築いた。父は*北条時政《ときまさ》。母は伊東入道女。治承四年（一一八〇）の*源頼朝《よりとも》の伊豆での挙兵に父時政・兄宗時《むねとき》とともに従って以来、各地を転戦し、頼朝の信任を得る。頼朝の死後、二代将軍*頼家《よりいえ》のもとで合議衆に加えられるが、頼家の権力を抑え、ついには幽閉・殺害し、三代将軍*実朝《さねとも》を就任させる。この他にも比企《ひき》氏・和田氏・畠山氏という有力御家人らがこの時期に排除されている。さらに元久二年（一二〇五）には父時政とその後妻牧《まき》の方、*平賀朝雅《ひらがともまさ》らによる将軍実朝の暗殺計画が発覚。義時は時政を隠居させ、*政所別当《まんどころべっとう》に就任。承久元年（一二一九）の*鶴岡八幡宮《つるおかはちまんぐう》での実朝の暗殺により源氏の正統は絶え、九条家より三寅《みとら》（九条頼経）を四代将軍として迎える。この時期荘園の取り扱いを原因として京都の*後鳥羽《ごとば》上皇と対立。義時に対して追討の宣旨が出される。後に承久の乱と呼ばれる戦いで後鳥羽上皇を打倒。この結果、幕府の京都勢力に対する支配的な立場が確立し、義時の幕府内における権力も盤石となる。元仁元年（一二二四）に没する。

（遠藤啓彰）

［文献］　安田元久『人物叢書　北条義時』（吉川弘文館、一九六一）。

北条政子《ほうじょうまさこ》（一一五七—一二二五）　*鎌倉幕府初代将軍*源頼朝《よりとも》の妻であり、二代将軍*頼家《よりいえ》、三代将軍*実朝《さねとも》の母。父は*北条時《とき》政《まさ》。平治の乱に敗れ捕らえられた頼朝は、永暦二年（一一六〇）に伊豆に配流。その伊豆における監視役が時政であり、これを縁に頼朝と政子は知り合ったとされる。『*源平盛衰記《げんぺいじょうすいき》』には、政子が時政の反対を押し切り豪雨の中を頼朝のもとへ駆けつけた、という説話を載せている。頼朝との間には治承二年（一一七八）に*大姫《おおひめ》、寿永二年（一一八三）に頼家、建久三年（一一九二）には実朝をもうけ鎌倉幕府初期における北条氏の権力の基盤を父時政、弟*義時《よしとき》などとともに作り上げた。政子は政治的手腕にも優れ、頼家・比企《ひき》氏勢力の排除した*比企氏の乱、時政・牧《まき》の方《かた》らによる実朝暗殺計画を防いだ*平賀朝雅《ひらがともまさ》の乱、そして実朝の暗殺に伴う摂家将軍の下向をとりつけるなど幕府初期のさまざまな難局を乗り切り、同時に北条氏の権力を伸張させ「*尼《あま》将軍《しょうぐん》」と称せられた。承久三年（一二二一）*後鳥羽《ごとば》上皇により、北条義時追討の院宣が下される。この事態に動揺する*御家人に対して政子は頼朝の恩義を説き彼らを幕府のもとに結束させ、この戦いを勝利に導いた。義時の死後も政子は後妻である*伊賀《いが》氏の陰謀を抑え、義時の長子*泰時《やすとき》を執権に、義時の弟*時房《ときふさ》を*連署に据え*執権政治体制を確立するなど、その死まで北条氏の体制確立に尽力した。

［文献］ 杉橋隆夫「北条時政と政子」（『歴史公論』五—三）。

（遠藤啓彰）

比企能員《ひきよしかず》（?—一二〇三） 鎌倉時代初期の武将。父母は未詳。右衛門尉《うえもんのじょう》。上野、信濃守護。養母である比企尼が*源頼朝《よりとも》の乳母であったことから、その蜂起に加わっている。また、寿永元年（一一八二）に後の二代将軍*源頼家《よりいえ》が生まれるとその乳母夫となり、後に女の若狭局《わかさのつぼね》が頼家の妻となるなど源氏との密接な関係を見ることができる。その後、平氏を追う*源範頼《のりより》の軍に加わり九州に渡るなど各地を転戦。文治五年（一一八九）の奥州藤原氏の追討に際しては北陸道の大将軍に任じられている。正治元年（一一九九）源頼朝が死去すると頼家が二代将軍に就任し、能員はその外戚として大いに権力を発揮すると思われたが、しだいに頼家は御家人の支持を失い孤立。建仁三年（一二〇三）八月、頼家が病に伏したのを機会に*北条時政《ときまさ》は頼家の将軍職を停止し、その権力を分割の上、頼家の嫡子*一幡《いちまん》と弟千幡《せんまん》（後の*実朝《さねとも》）に譲り渡してしまった。能員は頼家とともに時政の追討を画策するが*北条政子《まさこ》がこれを探知したことにより計画が露見。逆に九月二日に仏事を理由に誘い出された能員は時政により暗殺され、比企一族も一幡とともに追討された。

［文献］ 佐藤進一『鎌倉幕府守護制度の研究増訂版』（東京大学出版会、一九七一）。

（遠藤啓彰）

畠山重忠《はたけやましげただ》（一一六四—一二〇五） 平安時代後期から鎌倉時代前期にかけての武将。畠山庄司次郎。父は畠山重能《しげよし》。母は*三《み》浦義明《うらよしあき》の女。武蔵国男《お》衾《ぶすま》郡畠山庄を本拠とする。治承四年（一一八〇）八月の*源頼朝《よりとも》の伊豆挙兵に際しては、平氏方として頼朝追討のため出陣。頼朝方の三浦義明《よしあき》をその本拠である相模《さがみ》国衣笠《きぬがさ》城にて敗死せしめている。しかしながら頼朝が武蔵《むさし》入国を果たすと重忠はその下に参じ、以降は頼朝方の有力豪族として*木曾義仲《よしなか》や平氏、奥州藤原氏の追討などにおいて軍功を挙げている。元久二年（一二〇五）重忠の子重保《しげやす》と時政の後妻である牧《まき》の方《かた》の女婿*平賀朝雅《ひらがともまさ》の対立をきっかけとして畠山一族に対して謀反の嫌疑がかけられ、追討の軍勢が発せられる。重保は鎌倉の館において討たれ、重忠は武蔵国二俣川《ふたまたがわ》において追討軍に討たれた。

（遠藤啓彰）

宇都宮頼綱《うつのみやよりつな》（一一七二—一二五九） 鎌倉時代前期の武将。父は成綱《しげつな》。建久五年（一一九四）には祖父朝綱《ともつな》の公田掠領に連座し豊後に流される。また元久二年（一二〇五）には*平賀朝雅《ひらがともまさ》を将軍にせんとした*北条時政《ときまさ》・牧《まき》の方《かた》らの陰謀に与同した疑いをかけられ討手を差し向けられている。この時は許されたようであり、後に伊予《いよ》の守護としてその名をみることができる。また*『明月記《めいげつき》』にはその著者である*藤原定家《さだいえ》との交流を見ることができる。

（遠藤啓彰）

惟宗忠久《これむねただひさ》（?—一二二七） 鎌倉時代前期の武将。薩摩《さつま》・大隅《おおすみ》守護。左兵衛尉《さひょうえのじょう》、豊後守などを歴任。薩摩国島津荘総地頭として島津氏を称す。文治二年（一一八六）島津荘*地頭職を安堵されたほか、荘目代《しょうもくだい》、留守《るす》・押領使《おうりょうし》職をも与えられている。文治五年には島津荘荘官らを率いて奥州征伐に参加している。建久八年（一一九七）に大隅薩摩奉行人（*守護職）に任命されるが、建仁三年（一二〇三）*比企氏の乱に連座したことにより改易されてしまう。その後薩摩守護職についてはまもなく回復。承久三年（一二二一）には越前守護職にも補任されている。

（遠藤啓彰）

伊賀朝光《いがともみつ》（?―一二一五）　鎌倉時代前期の武将。藤原光郷の子。母は源邦業の女。一説には*二階堂行政《にかいどうゆきまさ》の子とも。検非違使《けびいし》・伊賀守《いがのかみ》。文治五年（一一八九）の*奥州合戦に従軍し、栗原郡三迫において敵将を討った。正治元年（一一九九）*梶原景時《かじわらかげとき》の追放に際し景時弾劾の訴状に署判を加えている。建仁三年（一二〇三）には*比企能員《ひきよしかず》誅殺に加わった。建暦二年（一二一二）には「宿老」とみえ、以後将軍の供奉・寺院建立などを行っており、建暦三年（一二一三）の*和田合戦後の論功行賞で常陸国佐都を恩賞として宛て行われた。女が*北条義時《よしとき》の後妻となり*政村《まさむら》を産んでいることが、後年の伊賀氏の変につながっていくこととなる。健保三年（一二一五）没した。

（千葉哲司）

阿波局《あわのつぼね》（?―一二二七）　鎌倉時代前期の幕府女房。*北条時政《ときまさ》の女。*政子の妹。*頼朝《よりとも》の異母弟*阿野全成《あのぜんじょう》の妻となる。建久三年（一一九二）*実朝《さねとも》誕生に際し乳付役を務め乳母となった。正治元年（一一九九）頼朝死後、*結城朝光《ゆうきともみつ》が*梶原景時《かじわらかげとき》の讒言によって誅されそうになったが、その情報を朝光に伝え梶原景時失脚の原因をつくった。建仁三年（一二〇三）夫阿野全成が謀反の疑いで捕らえられ誅された際、将軍*頼家《よりいえ》は阿波局を尋問しようとしたが政子の反対で沙汰止みとなっている。さらに同年*比企氏《ひきし》の乱後、実朝と同輿して北条時政亭に移ったが、時政後妻牧の方が実朝に害意を抱いていることを政子に告げ、再び政子亭に迎え入れられることになり、二年後の牧氏の乱の伏線ともいえる事件となった。また、*北条泰時《やすとき》の母を阿波局と記す史料もあるが別人であろう。

［文献］　山本幸司『日本の歴史9頼朝の天下草創』（講談社、二〇〇一）。

（千葉哲司）

三浦義村《みうらよしむら》（?―一二三九）　鎌倉時代前期の有力御家人。*三浦義澄《よしずみ》の嫡男。母は伊東祐親《いとうすけちか》の女。幼名平六。*源頼朝《よりとも》挙兵以来、平氏追討、奥州藤原氏征伐に従軍。右兵衛尉《うひょうえのじょう》、左衛門尉《さえもんのじょう》、駿河守を歴任。正五位下に叙す。政治的手腕に優れ、元久元年（一二〇五）牧氏の陰謀が発覚した際は、*北条政子《まさこ》・*義時《よしとき》に協力。建保元年（一二一三）*和田合戦《わだかっせん》では同族義盛を裏切って和田一族を滅ぼした。承久三年（一二二一）*承久の乱では京方についた弟胤義《たねよし》の誘いを断り幕府軍に従軍。元仁元年（一二二四）伊賀《いが》氏の変では、北条政子の説得により*泰時《やすとき》支持に反転。三浦氏を北条氏に次ぐ大豪族に向上させた。嘉禄元年（一二二五）*評定衆《ひょうじょうしゅう》に列す。延応元年一二月一五日死去。

［文献］『大日本史料』五ノ一二、延応元年十二月十五日条。『関東評定衆伝』延応元年条。

（藤田正義）

二階堂行村《にかいどうゆきむら》（一一五五―一二三八）　鎌倉時代前期の幕府文吏。父は*二階堂行政《ゆきまさ》。承元四年（一二一〇）図書允、左衛門尉に任ず。建保元年（一二一三）検非違使。同年*和田義盛《よしもり》追討の勲功賞として相模国大井庄を拝領。同三年従五位下に叙す。同六年、*北条泰時《やすとき》・*三浦義村《よしむら》・大江能範《おおえのよしのり》・*伊賀光宗《いがのみつむね》とともに侍所所司に任ず。同年隠岐守に任ず。承久元年（一二一九）将軍*源実朝《さねとも》の暗殺翌日出家。法名行西。*北条政子《まさこ》の信任厚く、元仁元年（一二二四）伊賀氏の変では親戚でありながら首謀者伊賀光宗を預けられた。翌嘉禄元年、新設の*評定衆《ひょうじょうしゅう》に列す。貞永元年（一二三二）*『御成敗式目《ごせいばいしきもく》』制定にあたり起請文に連署。暦仁元年（一二三八）二月一六日伊勢《いせ》国益田庄で死去。八四歳。

［文献］『大日本史料』五ノ一一、暦仁元年二月十六日条。『関東評定衆伝』暦仁元年条。（藤田正義）

小笠原長清《おがさわらながきよ》（一一六二―一二四二） 鎌倉時代前期の武将。*源加賀見遠光《かがみとおみつ》二男、母は*和田義盛《よしもり》の女。治承四年（一一八〇）頼朝《よりとも》の挙兵時、京都にいたが下向し駿河《するが》国黄瀬河《きせがわ》の陣から頼朝方に加わる。弓の名手であり、頼朝の求めに応じ*笠懸《かさがけ》・草鹿《くさじし》などの射法を著し献上した。建久五年（一一九四）頼朝の東大寺再建時には、命により四天王像の一つである多聞天《たもんてん》像を造立した。*承久の乱では、*武田信光《のぶみつ》とともに東山道軍の大将となり京都に攻め上った。乱後、賞として阿波守護職を得るとともに、張本の一人である源有雅《ありまさ》を斬った。仁治三年（一二四二）没すると、長清が以前建立していた長清寺に葬られるが、*応仁の乱で同寺が焼失すると子孫の丸毛長照《まるげながてる》が遺骨を分骨し、そのうち美濃荘福寺分の木製骨蔵器が同寺に現存している。

［文献］『長野県史2中世一』（一九八六）。（千葉哲司）

結城朝光《ゆうきともみつ》（一一六七―一二五四） 鎌倉時代前期の武将。初名宗朝《むねとも》。父は*小山政光《おやままさみつ》。治承四年（一一八〇）一〇月、母で*頼《より》朝《とも》乳母の寒川尼に伴われ隅田宿に参向し、その場で頼朝の*烏帽《えぼ》子子《しご》として元服した。寿永二年（一一八三）*志田義広《しだよしひろ》との*野木《のぎ》宮《みや》合戦では結城郡を、文治五年（一一八九）の*奥州合戦では白河荘を恩賞として与えられた。頼朝死後、その発言が*頼家《よりいえ》に対して不忠であると*梶原景時《かじわらかげとき》に讒言されるが、逆にこの一件が景時の追放へと結びついた。*承久の乱では、*武田信光《たけだのぶみつ》とともに東山道大将軍となり京都に攻め上り、その功により京方武将*藤原秀康《ひでやす》跡地の備中吉備津宮領社務職・地頭職を得ている。嘉禎元年（一二三五）には*評定衆《ひょうじょうしゅう》に列し、幕府の宿老として重く用いられた。建長六年（一二五四）没す。

［文献］『結城市史4』（古代中世通史編、一九八〇）。（千葉哲司）

八田知尚《はったともひさ》（？―一二二一） 鎌倉時代前期の武将。左衛門尉。*八田知家《ともいえ》の五男。弓の名人で正治二年（一二〇〇）・建仁三年（一二〇三）・元久二年（一二〇五）・承元三年（一二〇九）と正月の幕府弓始の射手となっている。健保元年（一二一三）には*和田合戦に参加している。知尚は*後鳥羽上皇が幕府に命じ武芸に秀でた者を集めた際、それに応じ*西面の武士となっており、関東での活動が知られるのは建保四年（一二一六）までであることから、以後京都に活動の場を移したと考えられる。*承久の乱では京方となり*藤原秀澄《ひでずみ》麾下として美濃に出陣し、その後*宇治橋の戦いに赴き、大将軍の源有雅《ありまさ》・高倉範茂《たかくらのりしげ》・安達親長《あだちちかなが》らの逃走後も現地に残って戦い討ち死にした。

［文献］山本幸司『日本の歴史9頼朝の天下草創』（講談社、二〇〇一）。（千葉哲司）

〔公家政権と幕府〕

八条院領《はちじょういんりょう》 鳥羽《とば》院《いん》皇女八条院《はちじょういん》に伝えられた王家領荘園《おうけりょう》群。安楽寿院《あんらくじゅいん》領・歓喜光院《かんぎこういん》領・弘誓院《ぐせいいん》領・智恵光院《ちえこういん》領・蓮華心《れんげしん》院《いん》領などから構成されていた。八条院は父鳥羽院、母美《び》福門院《ふくもんいん》の寵愛が厚かったばかりでなく、近衛《このえ》天皇死後には女帝に擁立されようとした存在で、父母から膨大な所領を譲られた後も八条院への所領寄進は絶えず、その総数は二〇〇ヶ所以上に及び、*長講堂領《ちょうこうどうりょう》と双璧をなす王家領荘園群に発展した。こうした所領の恩給を求めて八条院の周囲にはさまざまな人々が集まり、平家《へいけ》や*後白河院《ごしらかわ》も一目おく一大勢力が形成された。八条院は*後鳥羽《ごとば》院皇女春華門院《しゅんかもんいん》を*猶子《ゆうし》とし、春華門院が早世すると後鳥羽院皇子*順徳《じゅんとく》天皇を猶子として八条院領を伝えたが、*承久の乱で後鳥羽院や*順徳《じゅんとく》院が敗れると、いったん*鎌倉幕府により没収される。後鳥羽や順徳らを排した幕府が後鳥羽院の兄守貞《もりさだ》親王を擁立して*後高倉《ごたかくら》院政を開始させると、八条院領は「武家要用《ようよう》の時は返し給うべし」（『武家年代記《ぶけねんだいき》』裏書）という条件付きで後高倉院に寄進された。その後、八条院領は後高倉院から皇女安嘉門院《あんかもんいん》に譲られ、安嘉門院が没すると*亀山院《かめやまいん》が幕府に申し入れて伝領した。以後、その大部分は*後宇多《ごうだ》・*後醍醐《ごだいご》と*大覚寺統の歴代に伝えられ、その経済基盤とされた。

［文献］　中村直勝『中村直勝著作集第4荘園の研究』（淡交社、一九七八）、石井　進『石井進著作集第七巻　中世史料論の現在』（岩波書店、二〇〇五）。

（高橋典幸）

長講堂領《ちょうこうどうりょう》　*後白河《ごしらかわ》院御所六条殿《ろくじょうどの》の持仏堂《じぶつどう》長講堂に寄せられた王家領荘園群。後白河院は本来傍流で中継ぎ的存在とみなされていたため、相伝した所領は多くなかったが、院政期間中に数多くの所領が寄せられ、*『梅松論《ばいしょうろん》』によれば長講堂領の総数は一八〇ヶ所以上を数え、*八条院領《はちじょういんりょう》と並ぶ二大王家領を形成した。長講堂領は後白河院から皇女宣陽門院《せんようもんいん》に譲られたが、宣陽門院は*後鳥羽《ごとば》院皇子六条宮雅成《まさなり》親王を*猶子《ゆうし》として相続させようとしたために、雅成親王が*承久の乱に連座して配流されると、長講堂領もいったんは*鎌倉幕府に没収されてしまった。まもなく長講堂領は宣陽門院に返還され、養女の鷹司院《たかつかさいん》に譲られようとするが、*後嵯峨《ごさが》院の申し入れにより*後深草《ごふかくさ》天皇に譲られることになる。後深草以降、長講堂領は*伏見《ふしみ》・*後伏見《ごふしみ》・*光厳《こうごん》・*崇光《すこう》・*後小松《ごこまつ》天皇と*持明院統《じみょういんとう》の歴代に相伝され、法金剛院《ほうこんごういん》領などとともにその重要な経済基盤とされた。伏見宮貞成《ふしみのみやさだふさ》親王が持明院統を継いだ我が子後花園《ごはなぞの》天皇に与えた『椿葉記《ちんようき》』は一五世紀に至る長講堂領の相伝経緯を語るもので、『島田文書《しまだもんじょ》』に伝わる長講堂領目録によれば、この段階でも長講堂領は一〇〇ヶ所以上を数えることができるが、すでにその大半は守護《しゅご》の押領にあっていた。

［文献］　八代国治『国史叢説』（吉川弘文館、一九二五）、大山喬平編『京都大学文学部博物館の古文書第一輯　長講堂領目録と島田家文書』（思文閣出版、一九八七）。

（高橋典幸）

摂家将軍《せっけしょうぐん》　摂関家《せっかんけ》九条家から迎えられた鎌倉幕府第四代将軍*九条頼経《くじょうよりつね》とその子第五代将軍*頼嗣《よりつぐ》のこと。藤原将軍とも。承久元年（一二一九）正月に*実朝《さねとも》が暗殺され源氏将軍が断絶すると、かわって*九条道家《みちいえ》の子頼経が同年六月に新将軍として迎えられることになった。頼経は父道家、母*西園寺公経《さいおんじきんつね》女いずれの系譜をたどっても頼朝の所縁につながる上、二代将軍源*頼家《よりいえ》の女*竹御所《たけごしょ》を正室として源氏将軍の正統な後継者としての地位を固めた。嘉禄二年（一二二六）に正式に*征夷大将軍《せいいたいしょうぐん》に任じられる前後から、御所の移転や*鎌倉番役の開始など諸番役の整備が進められ、将軍の荘厳化が図られた。当時は*北条得宗《とくそう》家を中心とする*執権政治《しっけんせいじ》体制が安定化しつつあったが、頼経の将軍在任が長ずるにつれてその周囲には得宗家に不満をもつ人々が集まり、将軍頼経は反得宗勢力の結節点となっていった。寛元四年（一二四六）の宮騒動《みやそうどう》や宝治元年（一二四七）の*宝治合戦《ほうちかっせん》はこうした反得宗勢力が得宗側によって排除された事件であり、その過程で頼経は京都に送還された。頼経の後はその子頼嗣が新将軍に立てられていたが、在京の頼経や九条道家と諮った幕府転覆計画が発覚したため、建長四年（一二五二）にこれも京都に送還された。摂家将軍は頼経・頼嗣の二代で幕を閉じ、その後には*後嵯峨《ごさが》上皇の皇子*宗尊《むねたか》親王が迎えられた。

［文献］青山幹哉「鎌倉幕府将軍権力試論」（『年報中世史研究』八、一九八三）、佐藤進一『日本の中世国家』（岩波書店、一九八三）。

（高橋典幸）

親王将軍《しんのうしょうぐん》　鎌倉幕府第六代将軍*宗尊《むねたか》親王以下の皇族出身の将軍。宮《みや》将軍とも。鎌倉幕府は*源実朝《さねとも》の将軍在任中から皇族を首長に推戴する構想を有していたが、源氏将軍断絶後、二代の*摂家将軍《せっけしょうぐん》を経て、建長四年（一二五二）*後嵯峨《ごさが》上皇皇子宗尊親王を新将軍として迎え、念願の皇族将軍を実現させた。将軍の荘厳化は摂家将軍の頃から進行していたが、親王将軍を迎えてからは新たに格子番衆《こうしばんしゅう》や廂番衆《ひさしばんしゅう》が設置されるなど、その荘厳化はさらに進められた。鎌倉幕府政治はすでに*得宗専制《とくそうせんせい》体制へと傾斜しつつあったため、将軍は傀儡《かいらい》的存在にすぎなかったが、御家人たちの主従結合の核として将軍の権威は不可欠のものであった。そうした中で、将軍の周囲には自然と近臣集団が形成されてくるが、それはしばしば反得宗的性格を帯びるものであった。そのため、宗尊親王が鎌倉に下向して一五年が経過した文永三年（一二六六）に「将軍家御謀叛《むほん》」（『外記日記』）が発覚したとして京都に送還されたのを皮切りに、宗尊の子で次の将軍職を襲った*惟康《これやす》親王は正応二年（一二八九）に、続く第八代将軍として迎えられた*後深草《ごふかくさ》上皇皇子*久明《ひさあきら》親王は延慶元年（一三〇八）に、いずれも将軍在職二〇年ほどで次々と京都に送還されていく。鎌倉幕府の構成上必要不可欠な存在でありながら、反得宗勢力の結節点になりやすいという親王将軍の性格が、その度重なる更迭を招いた。久明の子で最後の鎌倉幕府将軍となった*守邦《もりくに》親王は、鎌倉幕府滅亡後に出家、鎌倉で死去した。

［文献］青山幹哉「鎌倉幕府将軍権力試論」（『年報中世史研究』八、一九八三）、佐藤進一『日本の中世国家』（岩波書店、一九八三）。

（高橋典幸）

治《ち》天《てん》の君《きみ》　天皇家の家長として実質的に政務を握っている者のこと。治天下の君とも。中世では院が父権を発揮して天皇に代わって政治の実権を握る院政が一般化したが、その背景には天皇家というイエの成立があり、院が発揮した父権も天皇家の家長という地位にもとづくものであった。天皇親政《しんせい》も時折みられるが、院政にしろ親政にしろ、その主権者は天皇家の家長の地位にあり、いずれも治天の君と呼ばれた。一三世紀半ば以降になると、天皇家がさらに*持明院統《じみょういんとう》と*大覚寺統《だいかくじとう》の二つのイエに分立し、それぞれの家長が治天の君の地位を争う*両統迭立《りょうとうてつりつ》状況が現出した。この争いは南北朝《なんぼくちょう》の対立に引き継がれていった。

［文献］石井　進『石井進著作集第三巻　院政と平氏政権』（岩波書店、二〇〇四）、白根靖大『中世の王朝社会と院政』（吉川弘文館、二〇〇〇）。

（高橋典幸）

女人入眼《にょうにんじゅがん》の国《くに》　*慈円《じえん》の記した『*愚管抄《ぐかんしょう》』にみえる言葉で、女性の力によって日本国の政治が補完ないし完成されるという思想を意味する。慈円は、古代の女帝の出現を女人入眼の道理によって理解し、藤原氏出身の女性が母后として国母《こくも》に立ち、その父が摂政《せっしょう》や関白《かんぱく》として政治をとる摂関政治《せっかんせいじ》を女人入眼の道理にかなった至上の政治形態とする。そして慈円が『愚管抄』を執筆していた当時の政治状況、すなわち京都の*後鳥羽院政《ごとばいんせい》においては院の女房*卿二位《きょうのにい》が実権を握り、鎌倉の幕府では*源頼朝の後家*北条政子《まさこ》が実権を握ってともに提携して公武協調が実現されているさまを「女人入眼ノ日本国イヨイヨマコト也ケリ」と評価するのである。後鳥羽院の倒幕計画を察知していた慈円は、この二人の女性政治家の手腕に公武の衝突回避の期待をかけていたと考えられている。

［文献］　五味文彦「卿二位と尼二位」（『お茶の水女子大学女性文化資料館報』六、一九八五）、五味文彦「聖・媒・縁」（女性史総合研究会編『日本女性生活史2中世』東京大学出版会、一九九〇）。

（高橋典幸）

江口《えぐち》・神崎《かんざき》の津《つ》　淀川《よどがわ》・神崎川《かんざきがわ》沿岸の交通の要衝に立地した港町。淀川は古代以来、平安京《へいあんきょう》と瀬戸内海を結ぶ流通の大動脈だったが、延暦四年（七八五）に淀川と神崎川とを結ぶ水路が開鑿されると、淀川から神崎川を経由して瀬戸内海へ出るルートが繁栄した。この淀川と神崎川との分岐点に栄えたのが江口で、神崎川の河口近くで繁栄したのが神崎。ともに遊女《ゆうじょ》の拠点として著名で、大江匡房《おおえのまさふさ》『遊女記』には「天下第一之楽地」とみえる。院政期《いんせいき》以降の住吉詣《すみよしもうで》や熊野詣《くまののもうで》の隆盛は、その途次における院や貴族たちと江口・神崎の遊女の交流をもたらし、今様《いまよう》や和歌など芸能の場ともなった。鎌倉期以降は歓楽地としては衰退したが、交通の要衝として室町時代には河上関《かじょうせき》などが置かれた。

［文献］　瀧川政次郎『江口・神崎』（至文堂、一九七六）、豊永聡美「中世における遊女の長者について」（安田元久先生退任記念論集刊行委員会編『中世日本の諸相　下巻』吉川弘文館、一九八九）。

（高橋典幸）

九条兼実《くじょうかねざね》　（一一四九—一二〇七）　平安末から鎌倉初期の公卿。月輪殿《つきのわどの》、後法性寺殿《ごほっしょうじどの》。父は関白藤原忠通《ただみち》、母は藤原仲光《なかみつ》の女。藤原北家《ほっけ》の嫡流で、五摂家《ごせっけ》の一つである九条家の祖。家名は、兼実の邸宅が京都九条にあったことによる。保元三年（一一五八）一〇歳で元服して正五位下、永暦元年（一一六〇）には従三位・非参議となり、同年に権中納言、応保元年（一一六一）権大納言、長寛二年（一一六四）内大臣、仁安元年（一一六六）に一八歳で右大臣、承安四年（一一七四）には従一位と、摂関家の子弟として順調に昇進した。平氏滅亡後に*源頼朝《よりとも》と結び、彼の推挙によって文治元年（一一八五）内覧《ないらん》、議奏公卿《ぎそうくぎょう》となり、翌年には摂政、藤原氏の氏長者《うじのちょうじゃ》となった。建久二年（一一九一）に関白となり、同三年の*後白河《ごしらかわ》法皇没後は朝廷内の実権を握るに至った。その間、文治三年（一一八七）に訴訟や荘園文書の調査などを執り行う記録所《きろくしょ》を設置して、朝廷政治の中枢に据えた。記録所は、議奏公卿とともに、後白河上皇の恣意的な専制を抑えることを意図したもので、兼実は頼朝の支援を得て積極的に政治改革を進めていった。しかし、その後頼朝が*土御門通親《つちみかどみちちか》らと結んだため、兼実は後盾を失い、建久七年（一一九六）一一月に通親らによって関白を罷免されて失脚した。建仁二年（一二〇二）出家（法名円証）、承元元年（一二〇七）四月五日没。兼実の日記『*玉葉《ぎょくよう》』は、この時代の政治・

社会を知る最重要史料。→建久七年の政変

［文献］ 多賀宗隼『玉葉索引—藤原兼実の研究1』（吉川弘文館、一九七四）、本郷和人『中世朝廷訴訟の研究』（東京大学出版会、一九九五）。
（仁平義孝）

九条良経《くじょうよしつね》（一一六九—一二〇六） 鎌倉時代前期の公卿。父は*九条兼実《かねざね》。母は藤原季行の女。治承三年（一一七九）に元服し従五位上に叙されて以来、順調に官職を伸ばしていたが、建久七年（一一九六）に*土御門通親《つちみかどみちちか》らの策謀により父兼実が失脚。これに伴い良経も籠居を余儀なくされる。建仁二年（一二〇二）に通親が死去すると氏長者・摂政に就任し、元久元年（一二〇四）太政大臣となる。元久三年（一二〇六）に自邸にて就寝中に急死。良経は歌人としても知られており、新六歌仙の一人に数えられている。
（遠藤啓彰）

九条道家《くじょうみちいえ》（一一九三—一二五二） 鎌倉時代中期の公卿。摂政、関白を歴任。光明《こうみょう》寺《じ》殿、峰《みね》殿と号す。父は摂政*九条良経《よしつね》。母は*一条能保《よしやす》の女で鎌倉幕府初代将軍*源頼朝《よりとも》の姪にあたる。建仁三年（一二〇三）に元服し従五位下となる。建永元年（一二〇六）には父良経が急死したことにより家を継ぐ。*後鳥羽《ごとば》上皇に重用され、幕府との関係が深い*西園寺公経《さいおんじきんつね》の女綸子を妻とし、第三代将軍*実朝《さねとも》の暗殺により、道家の三男*頼経《よりつね》が第四代将軍に就任。また、先に道家の姉立子が*順徳《じゅんとく》天皇との間にもうけた*仲恭《ちゅうきょう》天皇が即位するなど、道家は東西の権力者との間に強固なつながりをもち、それを背景として承久三年（一二二一）に摂政となった。*承久の乱の影響により道家は一時摂政を罷免されるが、幕府や公経の支持を受け安貞二年（一二二八）関白として復権、以後も権力を掌握し続ける。しかし、道家出家後の仁治三年（一二四二）に孫の彦子を女御とした*四《し》条《じょう》天皇が死去した後はその権力に翳《かげ》りが見え始める。道家は四条天皇の後任に順徳《じゅんとく》天皇の皇子忠成王を推したが、幕府の反対に遭い失敗。幕府の支持を失う。さらに寛元元年（一二四六）子息頼経が*名越光時《なごえみつとき》らの陰謀に加担した疑いにより鎌倉を追放され、道家も籠居を余儀なくされる。彼の日記に『*玉蘂《ぎょくずい》』がある。
（遠藤啓彰）

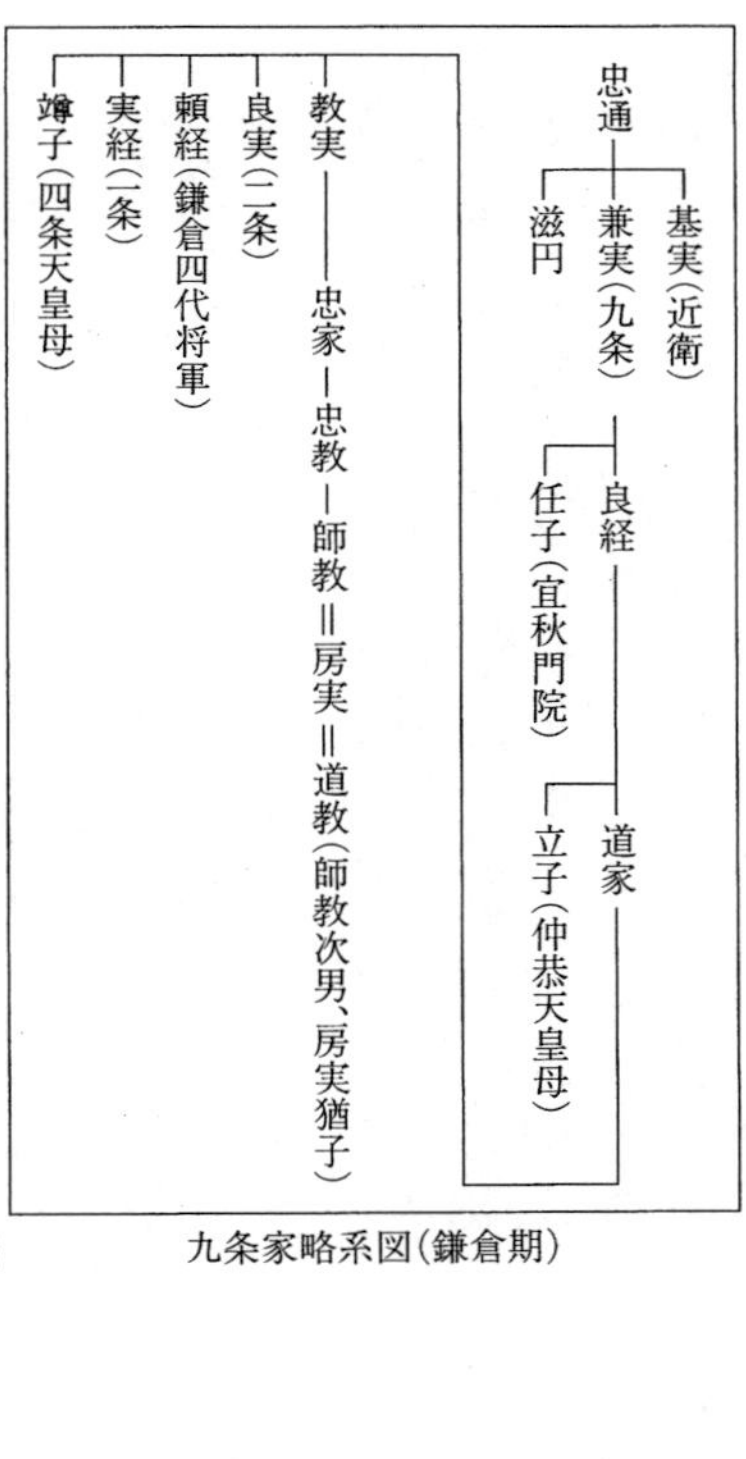

九条家略系図（鎌倉期）

一条能保《いちじょうよしやす》（一一四七—九七） 鎌倉時代初期の公卿。藤原北《ほっ》家《け》頼宗流で、父は藤原通重《みちしげ》、母は藤原公能《きんよし》の女。京都一条に住したため一条と称した。五摂家の一条家とは別。妻は源義朝《よしとも》の女で*源頼朝《よりとも》の妹。文治二年（一一八六）二月、「当時京都において、巨細媒介するに人なし」（『*吾妻鏡《あずまかがみ》』文治二年二月六日条）ということで*北条時政《ときまさ》に代わって*京都守護となる。頼朝の耳目として、*後白河《ごしらかわ》院との折衝役を主たる任務とし、死去する建久八年（一一九七）まで務めた。頼朝は、能保が公卿として朝政に参加することに期待して官位の昇進を図ったようで、文治二年（一一八六）従三位、同五年参議、建久元年（一一九〇）正三位、同二年検非違使別当、権中納言、同四年には従二位と昇進している。その間に自分の娘を*九条兼実《くじょうかねざね》の息*良経《よしつね》や*西園《さいおん》寺公経《じきんつね》に嫁がせ、京都政界における親幕府派の形成にも一役買ったが、能保と兼実との関係は決して良好とはいえなかった。一方で能保は、兼実の政敵*源通親《みなもとのみちちか》とも姻戚関係を結び、朝廷内における権力基盤を安定させた。建久はじめからの頼朝による*大姫入内《じゅだい》問題は、能保と子高能《たかよし》が深く関わっていたことが指摘されている。また、*建久七年の政変後、通親が高能を参議に、能保の婿西園寺公経を蔵人頭《くろうどのとう》に任じたのは、九条家排斥に協力した一条家に対する論功行賞の意味もあったとされる。彼の息には*承久の乱の張本とされる尊長《そんちょう》や、のちに将軍に擬せられる実雅《さねまさ》がおり、娘の一人は*後鳥羽《ごとば》天皇の乳母になっている。

（仁平義孝）

［文献］　杉橋隆夫「鎌倉初期の公武関係—建久年間を中心に—」（『史林』五四—六、一九七一）、上横手雅敬『鎌倉時代政治史研究』（吉川弘文館、一九九一）、塩原　浩「頼宗公孫一条家の消長—中世前期における一公卿家の繁栄と衰退—」（中野栄夫編『日本中世の政治と社会』吉川弘文館、二〇〇三）。

源通親《みなもとのみちちか》（一一四九—一二〇二）　鎌倉時代前期の公卿。右近衛権中将《うこのえごんのちゅうじょう》、参議《さんぎ》、内大臣を歴任。村上源氏《むらかみげんじ》の流で土御門《つちみかど》通親《みちちか》とも。父は内大臣雅通《まさみち》。母は典薬助藤原行兼《ゆきかね》女。通親は父雅通と自身の二代にわたり八条院庁別当に任じられるなど、主に女院との関係をはじめ、平氏の全盛期には安徳《あんとく》天皇に近侍し、平氏が都落ちすると、今度は権力を回復しつつあった後白河《ごしらかわ》法皇に近侍するなど、時の権力者を見極め勢力を伸張していった。さらには*源頼朝《よりとも》の娘*大姫の入内工作に協力するなど鎌倉幕府からの支援も得て、建久七年（一一九六）に京都政界から対立する九条一派を、後には親幕派を追放し「源博陸《げんはくろく》」とその比類無き権力を称えられた。しかしながら晩年は*後鳥羽《ごとば》上皇の勢力を抑えられず、その権力は抑制されていった。

（遠藤啓彰）

土御門定実《つちみかどさだざね》（一二四一—一三〇六）　鎌倉時代中期の公卿。内大臣、太政大臣を歴任。仁治三年（一二四二）*後嵯峨《ごさが》天皇を就任させ、政敵である*九条道家《くじょうみちいえ》を失脚せしめた土御門定通《さだみち》の孫。父は顕定《あきさだ》。*大覚寺統で*後二条《ごにじょう》天皇の乳父をつとめる。『*増《ます》鏡《かがみ》』巻十一には定実が太政大臣に任じられるという記述があり、院の覚えめでたく、才能もある人物であると紹介されている。

（遠藤啓彰）

西園寺公経《さいおんじきんつね》（一一七一—一二四四）　鎌倉時代前期の公卿。参議《さんぎ》、内大臣、太政大臣を歴任。父は内大臣実宗《さねむね》。母は権中納言持明院基家《じみょういんもといえ》女。公経は*源頼朝《よりとも》と血縁関係のある*一条能保《いちじょうよしやす》の女を妻にもち、鎌倉幕府第四代将軍となった三寅（*頼経《よりつね》）は*九条道家《くじょうみちいえ》と公経の女である綸子との間に生まれた子であるなど、幕府と強い関係をもって権力を伸ばした。*承久の乱に際しても公経は幕府への友好的な態度を崩さず、*後鳥羽《ごとば》上皇に幽閉されるが、乱後の幕府勢力の拡大に伴い、その権力はさらに揺るぎないものとなる。仁治三年（一二四二）*後嵯峨《ごさが》天皇の即位に際しては孫女を入内させ、西園寺氏がその後も皇室の外戚となるための端緒を築いた。

（遠藤啓彰）

西園寺公衡《さいおんじきんひら》（一二六四—一三一五）　鎌倉時代後期の公卿。従一位・左大臣。太政大臣*西園寺実兼《さねかね》の嫡男。正応三年（一二九〇）浅原為頼《あさはらためより》ら三名が二条富小路内裏を襲撃し、*伏見《ふしみ》天皇を狙ったが失敗し自害した事件が発生すると、為頼が所持する刀が*亀山《かめやま》法皇の近臣の*三条実盛《さねもり》のものであることから、事件の背後に亀山法皇の存在と*六波羅《ろくはら》への身柄引き渡しを主張した。父実兼出家により正安元年（一二九九）関東申次《かんとうもうしつぎ》を継承する。嘉元三年（一三〇五）、昭訓門院（公衡妹）が産んだ恒明《つねあきら》親王を*大覚寺統《だいかくじとう》の皇儲とし、公衡が後見するという亀山法皇の遺《い》詔《しょう》を受けた。しかし*後宇多《ごうだ》上皇がこの遺詔を無視したため上皇と対立し勅勘《ちょっかん》を蒙《こうむ》ったが、幕府の仲介で勅勘は解かれた。正和四年（一三一五）没する。『春日権現霊験記』は延慶二年（一三〇九）公衡が寄進したもので、日記に『公衡公記』がある。

[文献]　筧　雅博『蒙古襲来と徳政令』（講談社、二〇〇一）。

（千葉哲司）

飛鳥井雅経《あすかいまさつね》（一一七〇―一二二一）　鎌倉時代初期の公卿。*藤原頼経《よりつね》の次男。飛鳥井流蹴鞠《けまり》の祖。侍従・左中将・右兵衛《うひょうえの》督《かみ》などを経て、建保六年（一二一八）非参議従三位となる。雅経が一四歳で初めて蹴鞠の場に立ったとき、祖父の頼輔《よりすけ》はその才能を見抜き蹴鞠に精進させたという。父頼経が*源義経《よしつね》同心の科により配流されていたが、雅経は鎌倉に下向し*頼家《よりいえ》の蹴鞠の師となり*大江広元《おおえのひろもと》の女を妻にするなど厚遇された。建久八年（一一九七）*後鳥羽《ごとば》上皇の命により上洛、和歌所の寄人《よりうど》となり『*新古今和歌集』を*藤原定家《さだいえ》らとともに撰進した。建暦元年（一二一一）*鴨長明《かものちょうめい》に将軍*実朝《さねとも》との対面の機会をつくり、また建保元年（一二一三）定家が『万葉集』を実朝に贈る仲介をするなど京と鎌倉の橋渡し役を務め、承久三年（一二二一）没した。

[文献]　目崎徳衛『史伝後鳥羽院』（吉川弘文館、二〇〇一）。

（千葉哲司）

近衛家実《このえいえざね》（一一七九―一二四二）　鎌倉時代前期の公卿。近衛基通《もとみち》の長子。母は源顕信《あきのぶ》の女顕子。号は猪隈《いのくま》（熊）殿《どの》。叙爵ののち、従三位、参議を経ず権中納言、権大納言兼左近衛大将と摂関家子弟の昇進コースをたどり正治元年（一一九九）右大臣、元久元年（一二〇四）左大臣となる。建永元年（一二〇六）*九条良経《くじょうよしつね》の急逝の跡を承け*土御門《つちみかど》天皇の摂政、同年さらに関白となった。以後、承久三年（一二二一）*仲恭《ちゅうぎょう》天皇即位までの一五年間土御門天皇・*順徳《じゅんとく》天皇の関白の地位にあった。仲恭天皇即位により*九条道家《くじょうみちいえ》が摂政の地位についたが、承久の乱で廃され*後堀河《ごほりかわ》天皇が即位した結果、再び摂政となった。同年太政大臣となり翌年これを辞したが、安貞二年（一二二八）まで摂関の地位にあった。暦仁元年（一二三八）准三后、仁治元年（一二四一）出家、翌年猪隈殿で没した。日記に『*猪隈関白記』がある。

[文献]　山本幸司『日本の歴史9頼朝の天下草創』（講談社、二〇〇一）。

（千葉哲司）

近衛兼経《このえかねつね》（一二一〇―五九）　鎌倉時代の公卿。*近衛家実《いえざね》の第三子、母は藤原季定《すえさだ》の女。号は岡谷殿《おかのやどの》。貞応元年（一二二二）叙爵。二人の兄の死により累進し、安貞元年（一二二七）内大臣、寛喜三年（一二三一）右大臣兼左近衛大将《さこのえたいしょう》、嘉禎元年（一二三五）左大臣となり、同三年（一二三七）*九条道家《くじょうみちいえ》に替わり*四条《しじょう》天皇の摂政となる。仁治元年（一二四〇）太政大臣となり翌年辞任。四条天皇没後、仁治三年（一二四二）*後嵯峨《ごさが》天皇関白となり、同年六月*北条泰時《やすとき》が没すると「極重悪人」と評している。さらに宮《みや》騒動など関東の混乱に伴う九条家の勢力減退の中、宝治元年（一二四七）*後深草《ごふかくさ》天皇の摂政となり、建長四年（一二五二）弟の*鷹司兼平《たかつかさかねひら》に摂政の地位を譲った。正元元年（一二五九）没す。娘宰子は幕府六代将軍*宗尊《むねたか》親王の妻となり、七代将軍*惟康《これやす》親王の母となった。日記に『*岡屋関白記』がある。

［文献］　山本幸司『日本の歴史9頼朝の天下草創』（講談社、二〇〇一）。　（千葉哲司）

高階栄子《たかしなのえいし》（?—一二一六）　平安後期の女官。丹後局《たんごのつぼね》、浄土寺《じょうどじ》二位とも称せられた。父は延暦寺執行法印澄雲《とううん》。最初は院近臣平業房《なりふさ》に嫁ぐが、治承三年（一一七九）に*平清盛《きよもり》が院政を停止し、後白河法皇が鳥羽殿に幽閉された頃より栄子に対する寵愛が篤くなったとされる。建久二年（一一九一）後白河法皇との間に生まれた覲子内親王に宣陽門院の院号が宣下されると、院政下における発言力は比類ないものとなった。*源頼朝も女の大姫の入内工作に際し栄子に接近するが、彼女はそれを利用し*土御門通親《つちみかどみちちか》と結託して政敵である*九条兼実《くじょうかねざね》を失脚させる。　（遠藤啓彰）

藤原兼子《ふじわらのかねこ》（卿二位《きょうのにい》）（一一五五—一二二九）　鎌倉時代前期の女官、刑部卿藤原範兼《のりかね》の女。父の官名から卿局と称され、昇進によって卿典侍《ないじ》・卿三位《さんみ》・卿二位と呼ばれた。父の死後、*後鳥羽《ごとば》天皇を養育していた叔父の範季のもとで育ったことから後鳥羽の乳母となった。後鳥羽院政開始後、その地位は急速に上昇し院政下で大きな発言力をもった。元久元年（一二〇四）自身の*猶子としていた坊門信清《ぼうもんのぶきよ》の女を*源実朝《さねとも》の妻とし、建保六年（一二一八）上洛した*政子《まさこ》を従三位に叙する斡旋をし、さらには実朝妻の姉（西の御方）所生の冷泉宮頼仁《れいぜいのみやよりひと》親王を実朝の継嗣とすることに合意したという。この様子を*慈円《じえん》は「*女人入《じゅ》眼《げん》ノ日本国、イヨイヨマコトナリケリト云ベキニヤ」と記している。実朝死後、幕府はこの合意の実行を求めたが後鳥羽上皇が拒否したため、*九条道家《くじょうみちいえ》の息三寅《みとら》（のち*頼経《よりつね》）が鎌倉に下向することとなった。

［文献］　目崎徳衛『史伝後鳥羽院』（吉川弘文館、二〇〇一）。　（千葉哲司）

交野八郎《かたののはちろう》（生没年未詳）　説話上の鎌倉時代初期の強盗の張本。『*古今著聞集《ここんちょもんじゅう》』によれば、*後鳥羽《ごとば》院は交野八郎の潜伏先である今津《いまづ》に*西面の武士を遣わし、自身も船からこの捕り物を見物していた。しかし、なかなか搦めとることができないため、院自ら船上に立ち櫂を振り指図した結果、ついに捕縛することができた。後日、水無瀬《みなせ》殿にて尋問の際「西面の武士などものの数ではないが、院が船の重い櫂を片手で扇のように振り指図するのを見て、運もこれまでと観念した」との話を聞いた後鳥羽院は罪を許し、その後は中間として召し使ったという。この捕り物は『*明月記《めいげつき》』により建永元年（一二〇六）九月一三日のことと考えられるが、同書では「密々御船にて御見物」とあり捕り物の指図には触れていない。

［文献］　山本幸司『日本の歴史9頼朝の天下草創』（講談社、二〇〇一）。　（千葉哲司）

玉葉《ぎょくよう》　*九条兼実《くじょうかねざね》の日記。『玉海』とも呼ばれる。長寛二年（一一六四）から建仁三年（一二〇三）まで四〇年にわたるが、永万元年（一一六五）と建仁二年（一二〇二）の二ヶ年はまったく記事を欠く。平氏の最盛期から*治承・寿永の内乱期を経て*鎌倉幕府の創立期に及び、兼実の地位（摂政・関白にのぼった）

と人間関係からする豊富な政治的情報の入手により、この日記は当代屈指の重要史料として尊重される。自筆本は現存しない。宮内庁書陵部所蔵九条家旧蔵清書本が最善本とされる。刊本としては、国書刊行会刊『玉葉』（三冊、一九〇六―〇七）があり、九条家本を主な底本とする新校訂本『九条家本玉葉』（図書寮叢刊、一九九四―）がある。高橋貞一『訓読玉葉』（六冊、高科書店、一九八八―八九）が国書刊行会本の訓読を行っている。（阿部　猛）

猪隈関白記《いのくまかんぱくき》　*近衛家実《このえいえざね》の日記。『続御暦』『続暦』ともいう。陽明文庫に自筆本二三巻、古写本一六巻（重要文化財）がある。建久八年（一一九七）から建保五年（一二一七）にいたる。ほかに建保五年・承久元年（一二一九）・貞応元年（一二二二）・嘉禄元年（一二二五）・同二年・安貞二年（一二二八）・貞永元年（一二三二）の自筆本の具注暦断簡がある。*後鳥羽院政期から承久の乱後に及ぶ貴重な公家日記である。『大日本古記録』に収める。（阿部　猛）

兵範記《へいはんき》　「ひょうはんき」とも。平信範《のぶのり》の日記。長承元年（一一三二）から承安元年（一一七一）にいたる。信範は弁官を経て蔵人頭《くろうどのとう》、従三位兵部卿に任じ、藤原忠通《ただみち》・基実《もとざね》の家司をつとめた。日記の呼称は極官兵部卿と信範の名から出たもので、『信範記』、また偏から『人車記』ともいう。保元の乱・*高倉天皇即位記事は詳細で、また詔勅・宣命・宣旨・御教書・官符・令旨などを収め、その手続き記載もあって古文書学上の史料としても貴重である。自筆本が京都大学附属図書館・陽明文庫による。刊本は、『史料通覧』『増補史料大成』に収め、複製本が『歴代残闕日記』に、影印本が『陽明叢書』『京都大学史料叢書』にある。なお、京都大学および陽明文庫所蔵清書本の裏文書は千数百点に及び、これも貴重な史料となっている。（阿部　猛）

鶴岡社務記録《つるがおかしゃむきろく》　鎌倉*鶴岡八幡宮《つるがおかはちまんぐう》の代々の社務（別当）の記録。二巻。建久二年（一一九一）から文和四年（一三五五）にいたる編年記録。原本は鶴岡八幡宮所蔵で重要文化財。八幡宮の社務関係記事が中心であるが、*鎌倉幕府の政治的記事や社領関係の興味ぶかい記事もある。『改訂史籍集覧』『鶴岡叢書』『神道大系』などに収める。（阿部　猛）

順徳院御記《じゅんとくいんぎょき》　*順徳天皇の日記。『人左記《じんさき》』ともいう。この称は、天皇を「佐渡院《さどいん》」と称することから「佐」字の偏と傍《つくり》を用いたものである。建暦元年（一二一一）から承久三年（一二二一）にいたるが、現存のものは部類記そのほかからの集成で日次記《ひなみき》ではない。刊本は和田英松の纂輯によるもので、『列聖全集』『増補史料大成』『改訂史籍集覧』などに収める。内容は詩歌・芸能に関するものばかりで、政治・儀式についての記述はみられない。（阿部　猛）

玉蘂《ぎょくずい》　*九条道家《くじょうみちいえ》の日記。承元三年（一二〇七）から暦仁三年（一二三八）にいたる。自筆本は室町時代に失われ、現存のものは江戸時代の写本のみ。陽明文庫、京都府総合資料館、国立公文所館内閣文庫など所蔵。刊本は、今川文雄校訂で思文閣より刊行（一九八四）。当時の朝廷における儀式作法に関する記述が中心である。（阿部　猛）

岡屋関白記《おかのやかんぱくき》　*近衛兼経《このえかねつね》の日記。『兼経公記《かねつねこうき》』『岡屋殿御記《おかのやどのぎょき》』ともいう。現存のものは貞応元年（一二二二）から建長三年（一二五一）にいたるが、断続的である。陽明文庫所蔵で、『陽明叢書』

に影印本があり、『大日本古記録』にも収める。一部は自筆本で、古写本とともに重要文化財。記事の内容は公私行事の簡略な記述にとどまる。（阿部　猛）

民経記《みんけいき》　*藤原経光《つねみつ》の日記。経光は晩年民部卿となったので『民部卿殿御記《みんぶきょうどのぎょき》』『民経御記《みんけいぎょき》』とも呼び、『経光卿記《つねみつきょうき》』『中光記』『糸光記』ともいう。嘉禄二年（一二二六）から文永九年（一二七二）にいたる。経光が五位蔵人《ごいくろうど》に任じた貞永元年（一二三二）、天福元年（一二三三）のあたりの記述が比較的詳しい。この時期は*九条道家《くじょうみちいえ》・*教実《のりざね》父子が摂政・関白として政治を主導したときにあたる。自筆本四八巻が国立歴史民俗博物館に所蔵され重要文化財。『大日本古記録』に収める。（阿部　猛）

洞院摂政記《とういんせっしょうき》　*九条教実《くじょうのりざね》の日記。『九条教実記』『洞院教実公御記』ともいう。現存日記は寛喜二年（一二三〇）正月（右大臣左近衛大将）、同三年五月・六月（左大臣）、同年七月・八月と貞永元年（一二三二）四月～六月（関白左大臣）、天福元年（一二三三）七月～九月（摂政左大臣）の記の残闕。内容はほとんど宮廷儀礼などに限られる。自筆本がお茶の水図書館成簣堂文庫・宮内庁書陵部にある。一部は図書寮叢刊『九条家歴世記録一』に収める。（阿部　猛）

葉黄記《ようこうき》　葉室定嗣《はむろさだつぐ》の日記。『定嗣卿記《さだつぐきょうき》』『葉禅記《ようぜんき》』ともいう。呼称は葉室と黄門（中納言の唐名）から。寛元四年（一二四六）から宝治二年（一二四八）までの三年分と寛喜二年（一二三〇）・暦仁元年（一二三八）、仁治三年（一二四二）、建長元年（一二四九）の別記類が残る。定嗣は*後嵯峨院の院司別当であり、同院政の貴重な史料である。宮内庁書陵部に南北朝期の写本がある。『史料纂集』に収める。（阿部　猛）

五代帝王物語《ごだいていおうものがたり》　かな書きの編年体の史書。作者は未詳。一三世紀末～一四世紀初頭に成立。承久三年（一二二一）*後堀河《ごほりかわ》天皇践祚から*亀山《かめやま》天皇の文永九年（一二七二）まで。後堀河・*四条《しじょう》・*後嵯峨《ごさが》・*後深草《ごふかくさ》・亀山天皇の五代の宮廷の歴史を扱い書名となった。内容的には公家社会のありふれた記事に終始している。カタカナ書きとひらがな書きの二種の写本がある。『群書類従』に収める。（阿部　猛）

後鳥羽天皇宸記《ごとばてんのうしんき》　*後鳥羽天皇の日記。『林鳥』ともいう。建暦二年（一二一二）三月記、建暦二年十月供神膳記、建保二年（一二一四）四月記、建保二年九月記その他逸文などが残る。『列聖全集』『史料大成』『群書類従』などに収める。（阿部　猛）

〔承久の乱〕

承久《じょうきゅう》**の乱**《らん》　*後鳥羽《ごとば》上皇とその近臣勢力が幕府打倒を図って挙兵した事件。王権の強化を目指していた後鳥羽院政にとって鎌倉幕府の存在は最大の障害ではあったが、時の将軍*源実朝《さねとも》は後鳥羽上皇に恭順であったため、上皇も実朝を介して幕府を王権に服属させていく宥和《ゆうわ》路線をとり、将来の将軍として後鳥羽院の皇子を派遣する約束も取り付けられていた。しかし、承久元年（一二一九）正月に実朝が暗殺されたことにより宥和路線は破綻、院は急速に幕府打倒へと傾斜していく。かねての約束に基づいて幕府から皇子派遣が要請されたのを拒否、逆に上皇の寵妃の所領摂津国長江《ながえ》・倉橋荘《くらはしのしょう》（大阪府豊中市）の地頭職解任要求を幕府に突きつけるなど対決姿勢を強めた。その後も着々と倒幕準備を進めた後鳥羽上皇は、承久三年四月に*順徳《じゅんとく》天皇を退位させ*仲恭《ちゅうきょう》天皇を即位させると、代替わりの流鏑馬《やぶさめ》

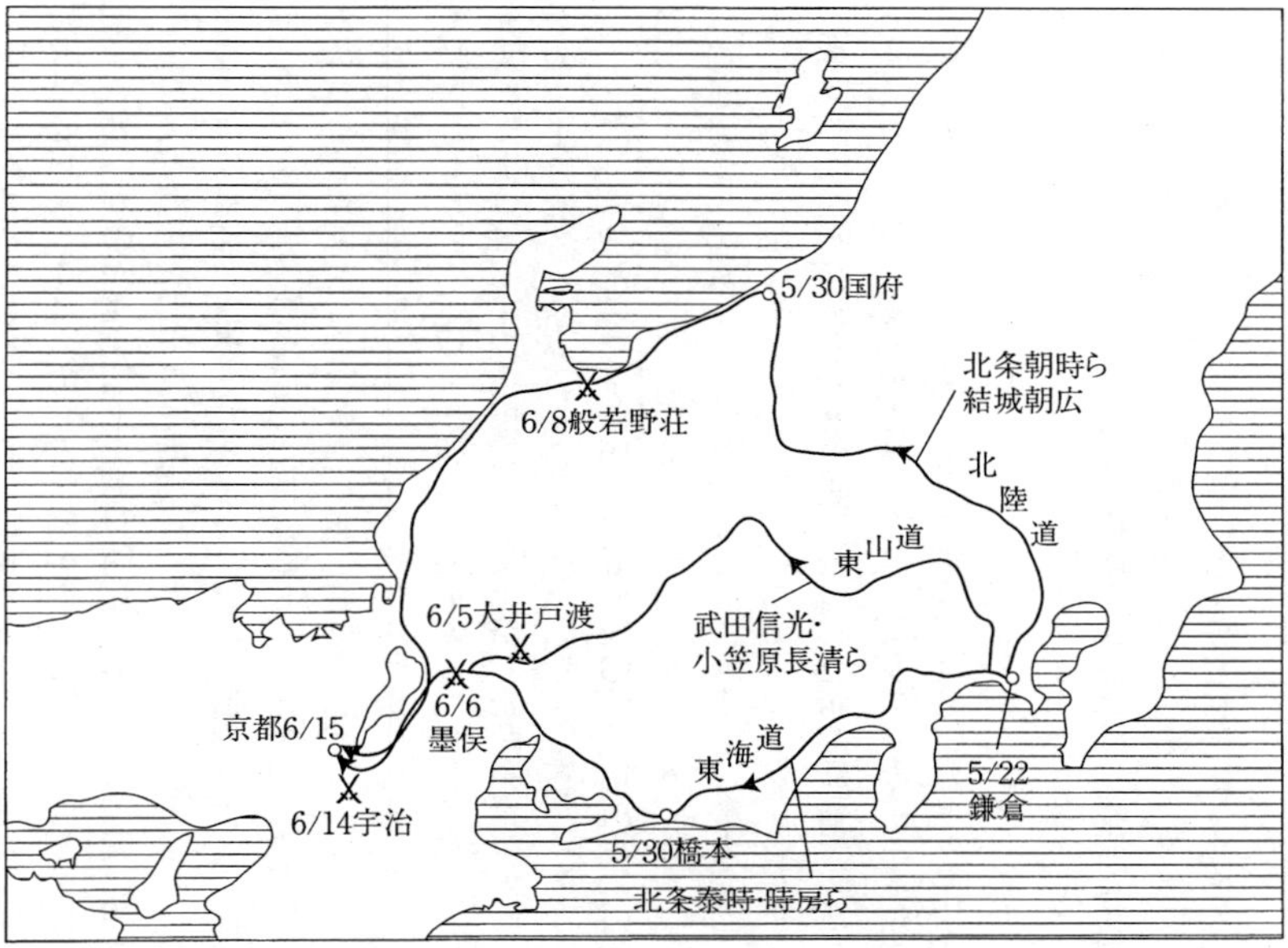

承久の乱（全国図）

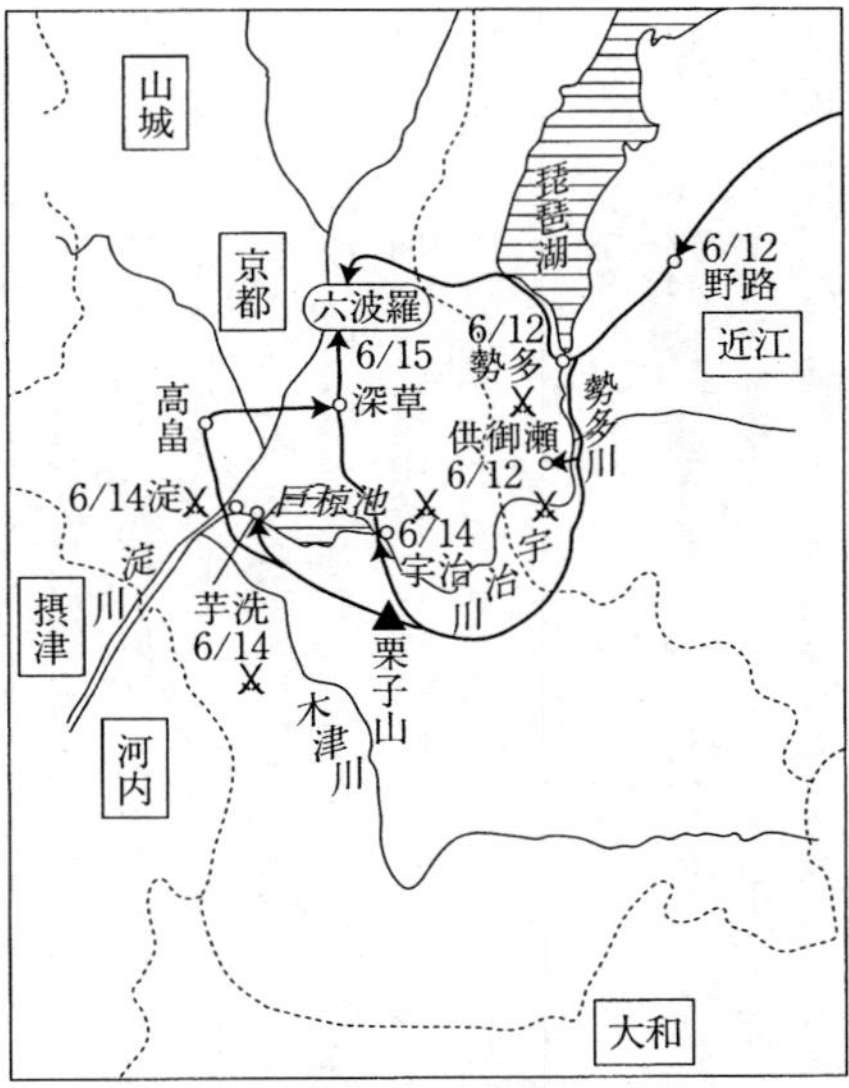

承久の乱（合戦地図（近江～京））

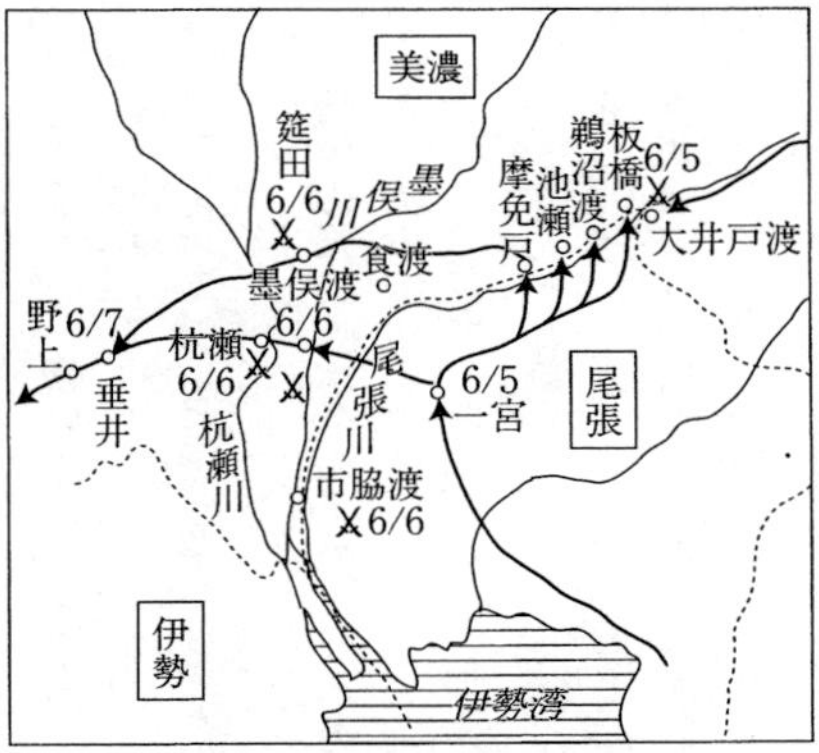

承久の乱合戦地図（尾張～美濃）

揃《ぞろ》えと称して鳥羽城南寺《とばせいなんじ》に西国の武士を集め、五月一五日に*北条義時追討宣旨《よしときついとうせんじ》を発して幕府に宣戦布告した。追討宣旨は東国にも発せられ、これに応じた東国御家人《ごけにん》の蹶起《けっき》により幕府は倒壊するというのが後鳥羽上皇の目論見であったが、案に相違して彼らは打倒後鳥羽上皇で結束、一九万の大軍が上洛し、六月一五日には京都を占拠してしまった。義時追討宣旨・院宣は撤回されたが、戦後の幕府の措置は厳しく、後鳥羽・*土御門《つちみかど》・順徳の三上皇は配流、仲恭天皇は退位させられ、代わって幕府の手で*後堀河《ごほりかわ》天皇が擁立され*後高倉《ごたかくら》院政が開始された。さらに挙兵に関与した院の近臣らを逮捕・処刑するなどして廟堂人事に介入した上、幕府軍の指揮官として上洛した*北条泰時《やすとき》・*時房《ときふさ》をそのまま*六波羅探題《ろくはらたんだい》として駐留させ、朝廷の監視にあたらせた。また、この乱の結果西国を中心に三〇〇〇箇所以上の所領が*承久没収地《じょうきゅうぼっしゅうち》として*関東御領《かんとうごりょう》に編入されたり、地頭職として東国御家人に給与されたため、西国にも幕府の勢力が深く浸透していくことになった。さらに、新たに西国に乗り込んでいった東国御家人と荘園領主との間に頻発した相論は幕府法廷に持ち込まれるようになったため、公武の調停者としても幕府の地位が上昇した。総じて承久の乱の結果、朝廷に対する幕府の優位が決定的になったといえるが、倒幕を計画したのは後鳥羽上皇とその近臣を中心とした一部の勢力であり、公家政権総体が幕府と対決したわけではなく、西園寺《さいおんじ》氏のように幕府と結びつくことによってかえって勢力を拡大した貴族もいた。また、幕府内部でも北条氏の台頭を不満に思う勢力が存在し、承久の乱に際して彼らの多くは後鳥羽上皇方に投じていった。乱の結果、これら反北条氏勢力が排除されたことにより、幕府内部における北条氏の主導的地位が高まった側面も見逃せない。

［文献］上横手雅敬『鎌倉時代政治史研究』（吉川弘文館、一九九一）、田中　稔『鎌倉幕府御家人制度の研究』（吉川弘文館、一九九一）。

（高橋典幸）

杭瀬川《くいせがわ》の戦《たたか》い　*承久の乱の主戦場の一つ。幕府の大軍上洛という予想外の情報に接した京方は、美濃《みの》・尾張《おわり》国境付近に軍勢を分散配備して、東山道と東海道に分かれて進撃してくる幕府軍を迎撃する体制をとった。この辺りは尾張《おわり》川（現木曽川）・墨俣《すのまた》川（現長良川）・杭瀬《くいせ》川（現揖斐《いび》川）の流路が集中していたため、攻めるに難く守るに易い要衝の地とみなされていた。しかし、大井戸渡《おおいどのわたり》（岐阜県可児市）に配された大内惟信《これのぶ》が六月五日に幕府の東山道軍に敗れると、*山田重忠《しげただ》が奮戦した以外は京方はほとんど戦わずに各地で敗走。幕府の東山道軍・東海道軍は尾張川・墨俣川・杭瀬川を越えて、六月七日に野上《のがみ》・垂井《たるい》で合流すると、続いて勢多《せた》・宇治《うじ》・淀《よど》の三方面からの京都侵入作戦を展開していく。

［文献］山本幸司『日本の歴史9頼朝の天下草創』（講談社、二〇〇一）。

（高橋典幸）

宇治橋《うじばし》の戦い　*承久の乱の主戦場の一つ。宇治橋が架けられていた宇治は宇治川の渡河点として京都と南都の通路だったばかりでなく、宇治・瀬田《せた》川水系を使って近江、もしくは木津川水系をたどって伊勢にも通じる東国との通路にもあたっており、元暦元年（一一八四）には鎌倉から上洛した*源義経《よしつね》軍と*木曽義仲《よしなか》軍との戦場になったこともある。承久の乱の際にも、*杭《くい》瀬《せ》川の戦いで大敗した京方は源有雅《ありまさ》や高倉範茂《のりしげ》、安達親長《あだちちかなが》らを勢多《せた》や淀《よど》とともに宇治に最終防衛線を展開し、宇治川を挟んで幕府軍と対峙した。そもそも宇治川は流れが速い天《てん》嶮《けん》の要害《ようがい》の上、折からの豪雨により増水しており、京方に宇治橋の橋板を引き落とされた幕府軍は攻めあぐね、多数の死傷者を出した。しかし*北条泰時《やすとき》が直接指揮して敵前渡河《てきぜんとか》を敢行すると、六月一四日に宇治は陥落、京方は潰走した。これを追って翌一五日に幕府軍は*六波羅《ろくはら》に入り、京都を制圧した。宇治橋の戦いの敗戦を知った*後鳥羽《ごとば》院も同じ一五日に*北条義時《よしとき》追討宣旨・院宣の撤回を幕府軍に表明し、承久の乱における京方の敗北が確定した。

[文献]『宇治市史2中世の歴史と景観』（宇治市、一九七四）。（高橋典幸）

後鳥羽上皇《ごとばじょうこう》（一一八〇—一二三九）*高倉天皇第四皇子。母は坊門信隆《ぼうもんのぶたか》の女殖子（七条院）。諱は尊成《たかひら》。寿永二年（一一八三）平家が*安徳《あんとく》天皇を伴って西走したため、*後白河《ごしらかわ》法皇によって天皇に立てられたが、三種の神器なしでの即位となった。即位当初は後白河院が院政を行い、建久三年（一一九二）法皇が没すると天皇親政の形となったが実権は*九条兼実《くじょうかねざね》に、さらに*土御門《つちみかど》通親《みちちか》へと移った。建久九年（一一九八）皇子為仁《ためひと》（*土御門《つちみかど》天皇）に譲位し院政を開始、建仁二年（一二〇二）通親が没すると権力を掌握した。*西面の武士を新設したのも院政開始後である。上皇は蹴鞠・琵琶などの芸能や相撲・水練などの武芸を嗜むなど文武に秀でており、院御所二条殿に和歌所に歌人を集め、その協力により元久二年（一二〇五）『*新古今和歌集《しんこきんわかしゅう》』を完成させた。院政初期には三代将軍*源実朝《さねとも》を通して公武の融和に努めたが、承久元年（一二一九）実朝が暗殺されると幕府への対決姿勢を強め、皇子の東下と将軍襲職を拒み、摂津国長江《ながえ》・倉《くら》橋《はし》両荘の地頭の停止を申し入れるなど幕府に揺さぶりをかけた。承久三年（一二二一）五月、上皇は*北条義時《よしとき》追討の院宣を発して挙兵し*承久の乱が勃発するが、同年六月には幕府軍が入京し上皇方の惨敗となった。乱後、*仲恭《ちゅうきょう》天皇の廃位と後鳥羽院政の廃止、隠岐配流が決定され、*後堀河《ごほりかわ》天皇の即位と*後高倉《ごたかくら》院の院政が開始された。隠岐配流後は隠岐院と称され在島一八年の延応元年（一二三九）配所で崩御した。同年顕徳《けんとく》院の諡号《しごう》が贈られたが、仁治三年（一二四二）後鳥羽院にあらためられた。

[文献] 目崎徳衛『史伝後鳥羽院』（吉川弘文館、二〇〇一）、笠原英彦『歴代天皇総覧』（中央公論社、二〇〇一）。（千葉哲司）

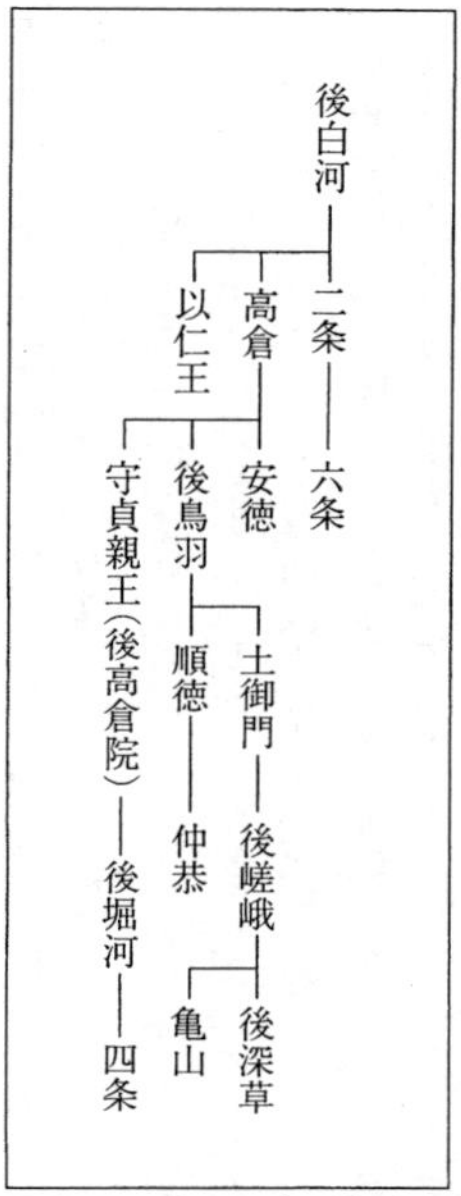

後鳥羽上皇に関する略系図

土御門上皇《つちみかどじょうこう》（一一九五—一二三一）諱は為仁《ためひと》。*後鳥羽《ごとば》天皇第一皇子。母は*土御門《つちみかど》通親《みちちか》養女在子（承明門院）。建久六年（一一九五）誕生し、同九年（一一九八）父後鳥羽天皇の譲位によりわずか四歳で即位した。後鳥羽院が院政を開始し、土御門通親が権力をにぎる中、政治的にはほとんど無力であり、正治二年（一二〇〇）には後鳥羽上皇の意向により、弟の守成《もりなり》が皇太弟に立てられた。承元四年（一二一〇）上皇の命により守成《もりなり》に譲位（*順徳《じゅんとく》天皇）した。『*増鏡《ますかがみ》』などには温厚な性格のもち主として描かれており、後鳥羽による倒幕計画にも関与しなかったため、*承久《じょうきゅう》の乱《らん》後の処分の対象にもならなかった。しかし、父後鳥羽院や弟順徳院が配流されることになると、自ら幕府に申し出て承久三年（一二二一）土佐国に配流となった。貞応二年（一二二三）には阿波《あわ》国に遷《うつ》り、寛喜三年（一二三一）同地で崩御した。配流地から土佐院・阿波院と称された。承久の乱の後は*後堀河《ごほりかわ》・*四条《しじょう》へと皇位が伝えられたため、土御門の皇子たちは皇位から遠のいていたと思われていたが、四条天皇が仁治四年（一二四二）急逝することで事態は一変した。*九条道家《くじょうみちいえ》をはじめとする京都の廷臣たちは順徳上皇の皇子忠成王の即位を望んだが、承久の乱に関与した順徳皇子の即位を嫌った幕府は、承久の乱に関与のない土御門の皇子の即位を決定するのである（*後嵯峨《ごさが》天皇）。

［文献］　笠原英彦『歴代天皇総覧』（中央公論社、二〇〇一）。（千葉哲司）

順徳上皇《じゅんとくじょうこう》（一一九七―一二四二）　諱は守成《もりなり》。*後鳥羽《ごとば》天皇第二（または三）皇子、母は藤原範季《ふじわらののりすえ》の女重子（修明門院）。正治元年（一一九九）三歳で親王となり、翌年には*土御門《つちみかど》天皇の皇太弟に立てられた。怜悧《れいり》な性格で和漢の道にも秀でていたという。承元四年（一二一〇）一一月、後鳥羽上皇の命により土御門天皇は皇太弟に譲位し、順徳天皇が践祚、一二月に即位の儀が太政官庁で行われた。在位中は後鳥羽上皇の院政下にあったため、政治的にみるべき治績はないが、有職故実の研究や和歌・詩歌管弦の上達を目指した。朝廷の行事・儀式などについて記した『*禁秘抄《きんぴしょう》』を著し、歌集としては『順徳院御集』・『順徳院御百首』、歌論書としては佐渡《さど》配流後に著した『八雲御《やくもみ》抄《しょう》』がある。天皇の外祖父である藤原範季は*源義経《よしつね》を後押しし、また範季の妻で天皇の養育に関わり、後に側近として仕えた典侍教子は*平教盛《のりもり》の娘であるなど、その置かれた環境は反幕府的色彩が強かったといえる。このような状況の中、天皇は後鳥羽上皇の倒幕計画に積極的に関与するようになり、承久三年（一二二一）四月皇位を皇太子懐成《かねなり》（*仲恭《ちゅうきょう》天皇）に譲り、上皇となって倒幕を目ざした。同年七月、*承久の乱の結果佐渡への配流が決定された。在島二一年の仁治三年（一二四二）、佐渡において崩御した。佐渡配流後は、佐渡院と呼ばれたが、建長元年（一二四九）順徳院と追号された。陵は京都市左京区大原陵、佐渡市真野《まの》陵。

［文献］　笠原英彦『歴代天皇総覧』（中央公論社、二〇〇一）。（千葉哲司）

仲恭天皇《ちゅうきょうてんのう》（一二一八―三四）　諱は懐成《かねなり》。*順徳《じゅんとく》天皇の第四皇子。母は*九条良経《くじょうよしつね》の女立子（のち東一条院）。誕生の一ヶ月後に親王宣下、立太子。父順徳天皇が、*後鳥羽《ごとば》上皇の倒幕計画により自由な立場で関わることを望み譲位したため、承久三年（一二二一）四月二〇日わずか四歳で践祚した。その際、伯父の*九条道家《くじょうみちいえ》が摂政となった。同年五月に発生した*承久の乱の結果、幕府から譲位を迫られ同年七月八日、*後堀河《ごほりかわ》天皇に代わった。正式な即位礼や大嘗祭《だいじょうさい》も行われないまま、在位わずか七七日で譲位となったため後廃帝・半帝・九条廃帝などと称され天皇歴代には加えられなかった。文暦元年（一二三四）五月二〇日、一七歳で崩御するが、死の際まで元服などもなかった。明治三年（一八七〇）七月、仲恭天皇の諡号が贈られた。

［文献］　笠原英彦『歴代天皇総覧』（中央公論社、二〇〇一）。

（千葉哲司）

伊賀局《いがのつぼね》（亀菊《かめぎく》、生没年未詳）　舞女（白拍子）。法名帰本。*後鳥羽《ごとば》上皇の寵を得、伊賀局と称されるようになる。建保三年（一二一五）五月、後鳥羽《ごとば》上皇が行う三七日の逆修の際、後鳥羽後宮の小御所女房中の末尾に亀菊の名がみえる。後鳥羽の寵により摂津《せっつ》国長江《ながえ》・倉橋《くらはし》両荘を与えられ、またその父も*刑部丞《ぎょうぶのじょう》となり院宣を帯し現地に下向するが、地頭は*源頼朝《よりとも》から*北条義時《よしとき》が拝領した地であるとし追い返した。承久元年（一二一九）上皇は、幕府に長江・倉橋両荘の地頭の停止を申し入れたが、幕府は頼朝から勲功として得た地頭職を召し上げることはできないと拒否している。この一件が*承久の乱の原因と『*承久記《じょうきゅうき》』は伝えている。乱後、後鳥羽の隠岐配流に従い、延応元年（一二三九）の後鳥羽の崩御を看取っている。

［文献］　山本幸司『日本の歴史9頼朝の天下草創』（講談社、二〇〇一）。

（千葉哲司）

葉室親光《はむろちかみつ》（一一七六―一二二一）　鎌倉時代前期の公卿。父は藤原光雅《みつまさ》。寿永二年（一一八三）蔵人に補され、以後官歴を重ね右大弁《うだいべん》・蔵人頭《くろうどのとう》から承元二年（一二〇八）参議、建暦元年（一二一一）には権中納言となる。*後鳥羽《ごとば》上皇に近侍し、後鳥羽院の年預別当、*順徳《じゅんとく》院の執事別当となっている。承久三年（一二二一）後鳥羽上皇が倒幕の兵を挙げた際、*北条義時《よしとき》追討の院宣の奉者となったため、乱後京方の張本として幕府に引き渡された。鎌倉へ護送される途中、駿河《するが》・甲斐《かい》の境の加古坂《かごさか》峠で*武田信光《のぶみつ》によって斬首された（『承久記《じょうきゅうき》』では駿河浮島ヶ原とする）。のちに挙兵の無謀を説き、上皇を諫める書状が十数通御所で発見されたことを*北条泰時《やすとき》が知り後悔したという。

［文献］　山本幸司『日本の歴史9頼朝の天下草創』（講談社、二〇〇一）。

（千葉哲司）

伊賀光季《いがみつすえ》（一一七四?―一二二一）　鎌倉時代前期の武将。*伊賀朝光《ともみつ》の長子。左衛門尉《さえもんのじょう》・検非違使《けびいし》。*京都守護。建仁三年（一二〇三）以後、鎌倉にあって将軍随兵・使節などの活動をしている。将軍*実朝《さねとも》の死後幕府への圧力が高まる中、承久元年（一二一九）二月、大江親広《おおえのちかひろ》と相前後して京都守護となり上洛した。同年七月*後鳥羽《ごとば》院の命により、*源頼政《よりまさ》の孫で大内裏守護の源頼茂《よりしげ》を誅殺したが、頼茂が将軍になる野望をもっていたとも後鳥羽院による鎌倉幕府打倒の第一歩ともいわれている。承久三年（一二二一）五月、倒幕を目指す後鳥羽上皇に招かれたが拒否したため、挙兵後真っ先に攻められ高辻京極《たかつじきょうごく》の宿所で討ち死にした。襲撃の直前、飛脚を鎌倉に送ったことで乱の第一報が鎌倉に伝わった。

［文献］　山本幸司『日本の歴史9頼朝の天下草創』（講談社、二〇〇一）。

（千葉哲司）

伊賀光宗《いがみつむね》（一一七八―一二五七）　鎌倉時代前期の武将。父は*伊賀朝光《ともみつ》。左衛門尉《さえもんのじょう》・式部丞《しきぶじょう》。妹は北条義時《よしとき》の後妻（伊賀氏）。建保元年（一二一三）幕府が学問所番を編成した際に三番に列した。同六年（一二一八）*侍所《さむらいどころ》所司となり御家人供奉所役以下の事の担当となり、承久元年（一二一九）には*二階堂行政《かいどうゆきまさ》の替として*政所《まんどころ》執事となった。元仁元年（一二二四）北条義時が没すると義時後妻と図り、将軍*頼経《よりつね》に替え一条実雅《さねまさ》（伊賀氏娘婿）を将軍に、*北条政村《まさむら》（伊賀氏子）を執権とし、幕府の実権を握ろうとしたが*政子《まさこ》の反撃に遭い失敗、所領五二カ所を没収され信濃に配流となった。翌嘉禄元年（一二二五）

許されて帰参、寛元三年（一二四五）には*評定衆《ひょうじょうしゅう》に列し、正嘉元年（一二五七）没するまで幕政の中枢にあった。

［文献］奥富敬之『鎌倉北条氏の基礎的研究』（吉川弘文館、一九八〇）。　（千葉哲司）

藤原秀康《ふじわらのひでやす》（?―一二二一）　鎌倉時代初期の武将。*藤原秀宗《ひでむね》の長子。能登守。鳥羽殿十二間御厩造進の功により院御厩奉行・牛飼以下奉行となり、院の北面・西面に任じられる。*後鳥羽《ごとば》上皇の倒幕計画に与り、当時在京していた*三浦義村《よしむら》の弟三浦胤義《たねよし》を京方に引き入れることに成功する。承久三年（一二二一）六月、後鳥羽上皇が倒幕の軍を挙げると美濃《みの》に出陣、摩免戸《まめど》に陣を布くが矢を射ることなく敗走し、当地に残り戦った鏡久綱《かがみひさつな》は臆病秀康と罵ったという。*宇治橋の戦いで敗北したことを上皇に報告すると、後鳥羽上皇が御所への立ち入りを拒否したため、弟*秀澄《ひでずみ》とともに南都に潜伏するが一〇月河内で捕らえられ斬首された。

［文献］山本幸司『日本の歴史9頼朝の天下草創』（講談社、二〇〇一）。　（千葉哲司）

藤原秀澄《ふじわらのひでずみ》（?―一二二一）　鎌倉時代前期の武将。*後鳥羽院《ごとば》北面・西面、河内守。能登守*藤原秀康《ひでやす》の弟。兄秀康とともに*後鳥羽院に仕える。承久三年（一二二一）*承久の乱では、京方の大将として美濃《みの》方面に出陣する。このとき、兵力一万二〇〇〇を一二ヶ所に分散する作戦をたてたことに対し、*山田重忠《しげただ》は兵力分散の愚を説き、また全兵力を一つにまとめて渡河し幕府軍を破って鎌倉まで攻め下る積極策を提案するが、「天性臆病武者」と記される秀澄は、東山・北陸軍に背後を突かれることを恐れ重忠の提案を拒否し持久戦を選択したという。また山田重忠の手勢が幕府勢を捕虜にした際も、その捕虜を逃がしてしまい「心ノビタル武者」と評されている。幕府軍が入京すると兄秀康と南都に潜伏するが、一〇月河内で捕らえられ、後に斬首された。

［文献］山本幸司『日本の歴史9頼朝の天下草創』（講談社、二〇〇一）。　（千葉哲司）

尊長《そんちょう》（?―一二二七）　鎌倉時代前期の僧。法勝寺執行・出羽羽黒山総長吏。*頼朝《よりとも》の妹を妻とした*一条能保《よしやす》の子。*後鳥羽《ごとば》上皇の鎌倉幕府追討計画に関与し、幕府方からは*承久の乱の張本と考えられていた。乱のきっかけと言われる摂津倉橋《せっつくらはし》荘は尊長の所領であったという。乱の渦中にあっては後鳥羽院らとともに行動することが多く、敗戦後は行方をくらませ大和《やまと》・鎮西などをめぐり、その後京都に潜伏した。乱後六年目の安貞元年（一二二七）六月七日、密告により潜伏先を襲われ自害を図るが死亡せず*六波羅に運ばれた。その際『*明月記《めいげつき》』によれば、「早く頸を切れ。さもなくば義時《よしとき》の妻が義時に与えた毒薬を与えろ」と叫んだという。この翌日念仏を唱え、座しながら命を終えたという。

［文献］山本幸司『日本の歴史9頼朝の天下草創』講談社、二〇〇一）。　（千葉哲司）

山田重忠《やまだしげただ》（?―一二二一）　鎌倉時代前期の武将。『*承久記《じょうきゅうき》』には重貞《しげさだ》とある。父は*源行家《ゆきいえ》に属し墨俣《すのまた》の合戦で討死した重満《しげみつ》。尾張《おわり》国山田荘の住人。承久三年（一二二一）承久の乱に際し京方に加わった。京方の大将*藤原秀澄《ひでずみ》がその軍勢一万二〇〇〇を木曽川沿いに分散配置させたことに対し、全軍一丸となって渡河し幕府軍を破り鎌倉まで攻め下る積極策を提案したが、東山・北陸道軍に背後を突かれることを恐れた秀澄にこの提案を却下されている。京方が木曽川で敗れたため退却しつつも美濃《みの》国杭瀬《くいせ》川で幕府軍を迎撃、さらに瀬田《せた》川で比叡山の僧兵三〇〇〇余騎を率い戦うが敗戦。院御所で最後の一戦をと意気込むが、*後鳥羽《ごとば》上皇が御所への立ち入りを拒否したため嵯峨の般若寺山で自害した。重忠は亡母の菩提を弔うため治承三年（一一七九）長母寺を創建、のちに同寺に住した*無住《むじゅう》はその著『*沙石集《しゃせきしゅう》』に「心モヤサシクシテ、民ノ煩ヲ思イ知リ、ヨロヅ優ナル人」と重忠を記している。

［文献］ 山本幸司『日本の歴史9頼朝の天下草創』（講談社、二〇〇一）。 （千葉哲司）

後藤基清《ごとうもときよ》（?—一二二一） 鎌倉時代前期の武将。父は佐藤仲清《なかきよ》、後藤実基《さねもと》の養子となる。文治元年（一一八五）*頼朝《よりとも》の推挙なしに任官したため、関東への下向を禁ぜられた。この際、基清の風貌を「目ハ鼠眼ニテ」と頼朝は書き記している。一条家の侍で、正治元年（一一九九）*一条能保《よしやす》・高能《たかよし》父子の衰退を憤り*源通親《みちちか》（土御門）の襲撃を企てる事件もあった（三左衛門の変）。元久二年（一二〇五）には*平賀朝雅《ひらがともまさ》誅殺に加わり、健保二年（一二一四）までに播磨《はりま》守護となっている。*後鳥羽《ごとば》上皇の*西面の武士に列せられ、*承久の乱では京方に属することとなった。乱後、*佐々木広綱《ひろつな》・五条有範《ごじょうありのり》らとともに梟首されるが、幕府は子の後藤基綱《もとつな》に命じて基清を切らせている。

［文献］ 山本幸司『日本の歴史9頼朝の天下草創』（講談社、二〇〇一）。 （千葉哲司）

北面《ほくめん》の武士《ぶし》 院御所北面に伺候し院の警備にあたった武士のこと。北面とは、白河《しらかわ》院が退位直後に設置したと考えられている院の近臣集団で、さまざまな人々が伺候し院に奉仕していたが、四位・五位の諸大夫《しょだいぶ》層から構成される上北面《じょうほくめん》と、それ以下の侍《さむらい》層から構成される下北面《げほくめん》とに分かれており、北面の武士は下北面に属していた。これ以前にも院の護衛には院武者所《いんのむしゃどころ》などがあたっていたが、北面の武士は彼らの機能も吸収して院の親衛隊的性格を強め、院の身辺警護のみならず、*興福寺や比叡山の衆徒《しゅと》らの嗷訴《ごうそ》に対して、その防衛のために院から派遣されることもあった。北面の武士には畿内近国の武士団が取り込まれ、受領《ずりょう》や検非違使《けびいし》に任じられていったが、その代表的な存在が伊勢平氏《いせへいし》である。伊勢平氏は平正盛《まさもり》が白河院の北面に起用されたのを契機に諸国の受領を歴任し台頭の基礎を固め、続く忠盛《ただもり》も白河院や鳥羽《とば》院に仕え、院政の展開とともに軍《ぐん》事《じ》貴族《きぞく》としての地位を高めていった。白河院以後の歴代の院たちも北面の武士を起用し、自己の軍事力を養成していたが、*後鳥羽《ごとば》院はさらに*西面の武士も設置してその増強を図った。しかし北面の武士や西面の武士を動員して臨んだ*承久の乱に敗れると、西面の武士は解体され、北面は上下ともに存続するものの、武力的性格を弱め、芸能奉仕者的性格を強めていく。

［文献］ 高橋昌明『増補改訂 清盛以前』（文理閣、二〇〇四）、秋山喜代子『中世公家社会の空間と芸能』（山川出版社、二〇〇三）。 （高橋典幸）

西面《さいめん》の武士《ぶし》 後鳥羽《ごとば》院御所西面に詰めた警固《けいご》の武士。後鳥羽院の直轄軍として警固のみならず盗賊の追捕《ついぶ》や南都北嶺《なんとほくれい》の嗷訴《ごうそ》への対応にあたり、新日吉社《いまひえしゃ》の小五月会《こさつきえ》では流鏑馬《やぶさめ》の射手《いで》を勤めた。白河《しらかわ》院政期以来院中に置かれた北面と比べて、構成メンバーのほとんどが武士であるのが西面の特色で、とくに*鎌倉幕府の*御家人やその子弟が多くみられるのは、後鳥羽院の在京《ざいきょう》御家人に対する指揮権に基づくものと考えられるが、院から直接幕府に対して推挙を求めた事例も知られる。*承久の乱に際しては後鳥羽院方の主力として期待されたが、あえなく敗北。多くが流罪《るざい》や所領没収《しょりょうぼっしゅう》などの処分を受け、その後西面の武士が置かれることはなかった。

［文献］　平岡　豊「後鳥羽院西面について」（『日本史研究』三一六、一九八八）、米谷豊之祐『院政期軍事・警察史拾遺』（近代文芸社、一九九三）。　（高橋典幸）

在京御家人《ざいきょうごけにん》　広義には*大番役《おおばんやく》などさまざまな理由により京都に駐留している*御家人一般をさすが、狭義には*六波羅探題《ろくはらたんだい》の指揮のもと「不退在京奉公」（『吾妻鏡』）した御家人のこと。在京人とも。*承久の乱以前にも多くの御家人が在京し、*京都守護の指揮下に内裏や洛中の守護にあたっていたが、直接*後鳥羽《ごとば》院の指令を受けて行動したり、その近臣に取り込まれるなど指揮命令系統は曖昧《あいまい》であった。そこで承久の乱後は、東国御家人の*庶子や西国に所領をもつ御家人のうちからあらためて京都常駐の在京御家人を選抜し、新たに設置された六波羅探題の強力な指揮のもと洛中警固《らくちゅうけいご》にあたる体制とされた。在京御家人は大番役を免除される代わりに、洛中の辻々に設けられた*篝屋《かがりや》の警固が割り当てられたため、篝屋守護人と呼ばれることもあった。六波羅探題と在京御家人とは職制上の上下関係にはあったものの、身分としては御家人として同輩であるという矛盾を抱えており、職務遂行に不調をきたすこともあった。とくに在京御家人より身分の低い探題被官《たんだいひかん》が検断頭人《けんだんとうにん》として在京御家人を指揮する検断活動の場においてそれは最も顕著に現れ、鎌倉末期には六波羅探題の命令にもかかわらず在京御家人が出動しないこともあった。そのため*後醍醐《ごだいご》天皇の倒幕運動が盛んになると、在京御家人は六波羅探題攻撃の中心勢力に転じていった。*室町幕府が成立すると、かつての在京御家人の多くは*奉公衆《ほうこうしゅう》などに組織された。

［文献］　五味文彦「在京人とその位置」（『史学雑誌』八三―八、一九七四）、高橋慎一朗『中世の都市と武士』（吉川弘文館、一九九六）。　（高橋典幸）

京方与同《きょうかたよどう》の武士《ぶし》　*承久の乱に際して*後鳥羽《ごとば》上皇軍に加わった武士のこと。*北面や*西面の武士といった後鳥羽上皇の主従制下にある武士ばかりでなく、必ずしも上皇と主従関係にはなかった多くの*御家人の姿を認めることができる。すなわち、上皇は西国守護の多くを近臣化しており、その守護権に基づいて彼らの管国の御家人を大量動員したのである。中には*大番役《おおばんやく》で在洛中であったため乱に巻き込まれた者たちもいた。また後藤氏や佐々木氏、大内氏など幕府草創期以来の有力御家人も京方武士としてみえるが、彼らは当時幕府で進んでいた北条氏主導の*執権政治路線に反対する勢力であり、北条氏との対決のために京方に投じていったと考えられている。彼らの存在は、承久の乱が単なる公武の対立ではなく、幕府内部の政争の延長という側面をもっていたことを示している。

［文献］　平岡　豊「承久の乱における院方武士の動員についての概観」（『史学研究集録』九、一九八四）、上横手雅敬『鎌倉時代政治史研究』（吉川弘文館、一九九一）。　（高橋典幸）

（二）　執権政治

執権政治《しっけんせいじ》　北条氏が*執権として政治を主導した鎌倉幕府の政治形態。建仁三年（一二〇三）*比企《ひき》氏の乱後、*北条時政《ときまさ》がはじめて執権職についたことや、建保元年（一二一三）の*和田合戦《わだかっせん》を機に*北条義時《よしとき》が執権とともに*侍所別当《さむらいどころべっとう》をも独占したことなどによって北条氏の主導権は確立したとみられているが、執権政治の特質を『*御成敗式目《ごせいばいしきもく》』などに基づいた*御家人による合議政治という点に見出せば、嘉禄元年（一二二五）に*評定《ひょうじょう》衆《しゅう》が制度化され、執権主催のもとでの彼らによる評定会議が幕府の最高意思決定機関とされたことが重要である。それにともなって訴訟制度が整備され、御家人《ごけにん》保護的政策がとられるようになったが、引付《ひきつけ》が設置され、*大番役《おおばんやく》などの御家人役減免措置などがとられた一三世紀半ばの執権*北条時頼《ときより》期は執権政治の最盛期と評価される。その一方で、時頼は執権職を退いた後も実権を握り続けたため、実権を握る*得宗《とくそう》と執権の地位が分離し、実質的な政策決定の場も評定会議から得宗の元での寄合《よりあい》に移り、幕府の政治形態は執権政治から得宗専制《とくそうせんせい》的傾向を強めていくことになった。鎌倉幕府の政治過程については、草創期の将軍独裁《しょうぐんどくさい》体制から、この執権政治をはさんで得宗専制へ移行するという三段階論が一般的な見方であるが、評定衆による合議制を得宗の専制と対立するものとはとらえず、執権政治期は得宗専制の一段階であり、御家人層の支持をとりつけるために裁判制度の整備や御家人保護的な政策がとられたにすぎないという有力な見解もある。

［文献］　佐藤進一『日本中世史論集』（岩波書店、一九九〇）、上横手雅敬『鎌倉時代政治史研究』（吉川弘文館、一九九一）、村井章介『中世の国家と在地社会』（校倉書房、二〇〇五）。

（高橋典幸）

執権《しっけん》**・連署**《れんしょ》　鎌倉幕府の職制の一つ。もともと執権とは朝廷の記録所《きろくしょ》の勾当《こうとう》や蔵人頭《くろうどのとう》、院庁別当《いんちょうのべっとう》のうち実務を取り仕切った者のことをさしたが、鎌倉幕府でも将軍家*政所別当《まんどころべっとう》の中で実権を握った者を執権と呼んだ。建仁三年（一二〇三）*比企《ひき》氏の乱後に*源実朝《さねとも》を新将軍に擁立して実権を握った*北条時政《ときまさ》をその初代に数える。建保元年（一二一三）の*和田合戦《わだかっせん》以後は、執権が*侍所別当《さむらいどころべっとう》も兼任した。連署とは、執権の補佐役で、関《かん》東下知状《とうげちじょう》や関東御教書《かんとうみぎょうしょ》など幕府の公文書に執権と連名で署判したことが職名の由来。嘉禄元年（一二二五）に時の執権*北条泰時《やすとき》が叔父*時房《ときふさ》を任命したのが連署の始まりとされる。いずれも得宗家《とくそうけ》をはじめとする北条一門の有力者が任じられた。本来は将軍の後見であったが、将軍に代わって実権を掌握、*評定《ひょうじょう》衆《しゅう》を率いて鎌倉幕府の最高意思決定機関である評定会議を主催し、いわゆる*執権政治を領導した。一三世紀半ばの*北条時頼《ときより》までは執権職は北条得宗家に伝えられたが、康元元年（一二五六）に彼がその地位を長時《ながとき》に譲ってからは、得宗家以外の人間も執権に就任するようになった。だが時頼以後の得宗家嫡流は執権の地位を退いて以後も重要事項は寄合《よりあい》などで決定するなど幕政の実権を掌握し続けたため、執権・連署は名目的存在となり、幕府政治は得宗専制体制へと移行していった。

［文献］　杉橋隆夫「執権・連署制の起源」（『立命館文学』四二四〜六、一九八〇）、五味文彦『増補　吾妻鏡の方法』（吉川弘文館、二〇〇〇）。

（高橋典幸）

鎌倉幕府執権・連署一覧

	執権	在職期間	官途
1	**北条時政**	建仁3年（1203）9月〜元久2年（1205）閏7月	遠江守
2	**北条義時**	元久2年（1205）閏7月〜元仁元年（1224）6月	相模守・右京権大夫・陸奥守
3	**北条泰時**	元仁元年（1224）6月〜仁治3年（1242）6月	武蔵守・左京権大夫
4	**北条経時**	仁治3年（1242）6月〜寛元4年（1246）3月	左近将監・武蔵守
5	**北条時頼**	寛元4年（1246）3月〜康元元年（1256）11月	左近将監・相模守
6	北条長時	康元元年（1256）11月〜文永元年（1264）7月	武蔵守
7	北条政村	文永元年（1264）8月〜文永5年（1268）3月	相模守・左京権大夫
8	**北条時宗**	文永5年（1268）3月〜弘安7年（1284）4月	左馬権頭・相模守
9	**北条貞時**	弘安7年（1284）7月〜正安3年（1301）8月	左馬権頭・相模守
10	北条師時	正安3年（1301）8月〜応長元年（1311）9月	右馬権頭・相模守
11	北条宗宣	応長元年（1311）10月〜正和元年（1312）5月	陸奥守
12	北条熙時	正和元年（1312）6月〜正和4年（1315）7月	相模守
13	北条基時	正和4年（1315）7月〜正和5年（1316）7月	相模守
14	**北条高時**	正和5年（1316）7月〜嘉暦元年（1326）3月	左馬権頭・相模守
15	北条貞顕	嘉暦元年（1326）3月〜嘉暦元年（1326）4月	修理権大夫
16	北条守時	嘉暦元年（1326）4月〜元弘3年（1333）5月	武蔵守・相模守

※氏名の太字は得宗

	連署	在職期間	官途
1	北条時房	嘉禄元年（1225）7月〜仁治元年（1240）正月	相模守・修理権大夫
2	北条重時	宝治元年（1247）7月〜康元元年（1256）3月	相模守・陸奥守
3	北条政村	康元元年（1256）3月〜文永元年（1264）8月	陸奥守・相模守
4	**北条時宗**	文永元年（1264）8月〜文永5年（1268）3月	左馬権頭・相模守
5	北条政村	文永5年（1268）3月〜文永10年（1273）5月	左京権大夫
6	北条義政	文永10年（1273）6月〜建治3年（1277）4月	駿河守・武蔵守
7	北条業時	弘安6年（1283）4月〜弘安10年（1287）6月	駿河守・陸奥守
8	北条宣時	弘安10年（1287）8月〜正安3年（1301）8月	陸奥守
9	北条時村	正安3年（1301）8月〜嘉元3年（1305）4月	武蔵守・左京権大夫
10	北条宗宣	嘉元3年（1305）7月〜応長元年（1311）10月	陸奥守
11	北条熙時	応長元年（1311）10月〜正和元年（1312）6月	武蔵守・相模守
12	北条貞顕	正和4年（1315）7月〜嘉暦元年（1326）3月	武蔵守・修理権大夫
13	北条維貞	嘉暦元年（1326）4月〜嘉暦2年（1327）9月	陸奥守・修理大夫
14	北条茂時	元徳2年（1330）7月〜元弘3年（1333）5月	右馬権頭

尼将軍《あましょうぐん》　*北条政子《まさこ》のこと。承久元年（一二一九）の*源実朝《さねとも》暗殺により源氏将軍が断絶した後、新たに迎えられた*九条頼経《くじょうよりつね》はわずか二歳で政務をとれなかったため、政子が実質的な将軍として政務を聴断したことに由来する通称。政子の力は*頼朝《よりとも》没後から発揮されており、*承久の乱以前には幕府を代表する政子と朝廷の卿《きょうの》二《に》位《い》*藤原兼子《ふじわらけんし》とが提携して公武の宥和《ゆうわ》を図り、「女人入眼《にょうにんじゅがん》ノ日本国」（『愚管抄』）と呼ばれた。しかし実際にこの時期には政子自身が政治の表舞台に出ることは多くなく、*比企《ひき》氏の乱や牧《まき》氏の変、*承久の乱など幕府の危機的局面でその指導力が発揮されていた。しかし承久の乱後、兄*義時《よしとき》が没すると、政子自身が尼将軍として若い*執権*北条泰時《やすとき》を後見するようになる。この時期に採られた政策や裁決は「二位家御成敗《にいけごせいばい》」として後に不易《ふえき》法《ほう》化された。

［文献］　五味文彦「聖・媒・縁」（女性史総合研究会編『日本女性生

執権・連署対照表

	執権	連署
1203	1203.9 **北条時政**	
	1205.7 **北条義時**	
1210		
1220		
	1224.6 **北条泰時**	1225.7 北条時房
1230		
		1240.1
1240	1242.6 **北条経時**	
	1246.3 **北条時頼**	1247.7 北条重時
1250		
	1256.11 北条長時	1256.3 北条政村
1260	1264.8 北条政村	1264.8 **北条時宗**
	1268.3 **北条時宗**	1268.3 北条政村
1270		1273.6 北条義政 1277.4
1280		1283.4 北条業時
	1284.7 **北条貞時**	1287.8 北条宣時
1290		
1300	1301.8 北条師時	1301.8 北条時村
		1305.7 北条宗宣
1310	1311.10～北条宗宣	1311.10 北条煕時
	1312.6 北条煕時	
	1315.7～ 北条基時	1315.7 北条貞顕
	1316.7 **北条高時**	
1320		
	1326.3～ 北条貞顕	1326.4～1327.9 北条維貞
	1326.4 北条守時	
1330		1330.7 北条茂時

※氏名の太字は得宗

活史2中世』東京大学出版会、一九九〇)、関　幸彦『北条政子』(ミネルヴァ書房、二〇〇四)。
(高橋典幸)

六波羅探題《ろくはらたんだい》　*鎌倉幕府が洛中警固《らくちゅうけいご》や西国支配のために京都に設置した機関、またその長官のこと。*承久の乱で幕府軍を率いて上洛した*北条泰時《やすとき》・*時房《ときふさ》は乱後も京都に駐留して戦後処理などにあたり、それがそのまま六波羅探題に発展した。探題の置かれた鴨川東岸*六波羅の地は平家以来の武家地で、*頼朝《よりとも》上洛時はその宿所が構えられ、周辺には御家人の屋敷が数多く存在した。探題の長官は南北の二名体制が原則で、いずれも鎌倉の北条一門から派遣され、脆弱《ぜいじゃく》だったそれまでの*京都守護に代わって大番衆《おおばんしゅう》*や在京御家人を強力に指揮して洛中の警備にあたった。また幕府の出先機関として、関東申次《かんとうもうしつぎ》西園寺《さいおんじ》家を介して朝廷との交渉にあたるのも主要な任務であったが、重要案件は六波羅探題の頭越しに関東の幕府と朝廷とが直接交渉することもしばしばあった。さらに尾張《おわり》(のち三河《みかわ》)・加賀《かが》以西の西国で発生した相論の裁判機関としても機能し、とくに一三世紀後半以降は*評定衆《ひょうじょうしゅう》や引付《ひきつけ》、奉行人《ぶぎょうにん》組織などの裁判機構も整備されたが、確定判決権を欠いており、鎌倉へ出訴する人々が後を絶たなかった。鎌倉末期には頻発するようになった寺社の嗷訴《ごうそ》や*本所一円地《ほんじょいちえんち》の*悪党《あくとう》鎮圧に駆り出されるなど、六波羅探題に集中する矛盾は大きく、ために*後醍醐《ごだいご》天皇の挙兵に際しては六波羅探題がいち早く陥落することになったが、その職員や機構は続く*建武政権に引き継がれたばかりでなく、室町幕府の諸機構の母体となった。

[文献]　五味文彦「在京人とその位置」(『史学雑誌』八三―八、一九七四)、上横手雅敬『鎌倉時代政治史研究』(吉川弘文館、一九九一)、森　幸夫『六波羅探題の研究』(続群書類従完成会、二〇〇五)。
(高橋典幸)

評定衆《ひょうじょうしゅう》　*鎌倉幕府の職員。嘉禄元年(一二二五)に*執権*北条泰時《やすとき》により設置され、執権・*連署および評定衆からなる評定会議によって幕政の重要事項が審議された。これ以前の正治元年(一一九九)にも宿老御家人一三人が選抜され、重要事項は彼らの合議を経ることとされていたが、評定衆の設置はそうした合議体を制度化したものであり、評定会議は鎌倉幕府の最高意思決定機関とされるが、執権・連署の諮問機関とみる説もある。評定会議の裁決には合議の上での多数決が用いられた。幕府の政務や裁判の基本方針を定めた『*御成敗式目《ごせいばいしきもく》』は執権・連署と彼ら評定衆の名のもとに発令されたものである。建長元年(一二四九)に評定会議のもとに訴訟審理専門機関として引付《ひきつけ》が設置されると、*引付衆《ひきつけしゅう》としての経歴を積むことが評定衆になるための要件とみなされるようになった。評定衆はおよそ十数名のメンバーから構成され、北条一門、三善《みよし》・二階堂《にかいどう》・長井などの吏僚《りりょう》系御家人、そして三浦・千葉・安達《あだち》などの有力御家人から撰ばれていたが、時代とともに北条一門の構成比率が高まっていくことが指摘されている。また得宗専制の進展により、幕府の最高意思決定の場が得宗の主催する寄合《よりあい》に移ると、評定衆の若年化や引付衆を経歴しないで評定衆に任じられる者も現れ、実権を失った評定会議はまったく形骸化し、評定衆は鎌倉幕府における家格を表す地位とみなされるようになっていった。なお、評定衆は*六波羅探題《ろくはらたんだい》や*鎮西探題《ちんぜいたんだい》にも設置された。

[文献]　杉橋隆夫「執権・連署制の起源」(『立命館文学』四二四～六、一九八〇)、佐々木文昭『中世公武新制の研究』(吉川弘文館、

鎌倉幕府六波羅探題一覧

	北方	在職期間	官途
1	北条泰時	承久３年（1221）６月～元仁元年（1224）６月	武蔵守
2	北条時氏	嘉禄元年（1225）６月～寛喜２年（1230）３月	修理権亮
3	北条重時	寛喜２年（1230）３月～宝治元年（1247）７月	駿河守･相模守
4	北条長時	宝治元年（1247）７月～康元元年（1256）３月	左近将監
5	北条時茂	康元元年（1256）４月～文永７年（1270）正月	左近将監･陸奥守
6	北条義宗	文永８年（1271）12月～建治２年（1276）12月	左近将監
7	北条時村	建治３年（1277）12月～弘安10年（1287）８月	陸奥守･武蔵守
8	北条兼時	弘安10年（1287）12月～永仁元年（1293）正月	修理亮･越後守
9	北条久時	永仁元年（1293）４月～永仁５年（1297）６月	刑部少輔･越後守
10	北条宗方	永仁５年（1297）６月～正安２年（1300）11月	右近将監
11	北条基時	正安３年（1301）６月～嘉元元年（1303）10月	左馬助
12	北条時範	嘉元元年（1303）12月～徳治２年（1307）８月	遠江守
13	北条貞房	延慶元年（1308）12月～延慶２年（1309）12月	越後守
14	北条貞顕	延慶３年（1310）６月～正和３年（1314）12月	右馬権頭･武蔵守
15	北条時敦	正和４月（1315）６月～元応２年（1320）５月	越後守
16	北条範貞	元亨元年（1321）11月～元徳２年（1330）12月	左近将監･越後守･駿河守
17	北条仲時	元徳２年（1330）12月～元弘３年（1333）５月	越後守

	南方	在職期間	官途
1	北条時房	承久３年（1221）６月～嘉禄元年（1225）６月	相模守
2	北条時盛	嘉禄元年（1225）６月～仁治３年（1242）正月	掃部権助･越後守
3	北条時輔	文永元年（1264）11月～文永９年（1272）２月	式部丞
4	北条時国	建治３年（1277）12月～弘安７年（1284）６月	左近将監
5	北条兼時	弘安７年（1284）12月～弘安10年（1287）８月	修理亮
6	北条盛房	正応元年（1288）２月～永仁５年（1297）５月	左近将監･丹波守
7	北条宗宣	永仁５年（1297）７月～乾元元年（1302）正月	上野介･陸奥守
8	北条貞顕	乾元元年（1302）７月～延慶元年（1308）12月	左近将監･中務大輔･越後守
9	北条時敦	延慶３年（1310）７月～正和４年（1315）６月	越後守
10	北条維貞	正和４年（1315）９月～正中元年（1324）８月	陸奥守
11	北条貞将	正中元年（1324）11月～元徳２年（1330）閏６月	越後守･武蔵守
12	北条時益	元徳２年（1330）７月～元弘３年（1333）５月	左近将監

二〇〇八）。（高橋典幸）

引付衆《ひきつけしゅう》　鎌倉幕府の訴訟審理専門機関引付《ひきつけ》に配置された職員。引付は裁判の迅速化とその公正を期するために建長元年（一二四九）に*執権*北条時頼《ときより》により設置されたが、これは前々年の*宝治合戦《ほうちかっせん》により動揺した*御家人の信頼を回復するための措置でもあったと考えられている。引付の番数は時代により三方ないし五方・六方・八方と変遷するが、各番は*評定衆《ひょうじょうしゅう》を兼任する頭人《とうにん》のもと、三～五名の引付衆（評定衆を含む）とそれとほぼ同数の引付奉《ぶ》行人《ぎょうにん》から構成されていた。当初は書面審理（*三問三答《さんもんさんとう》）から口頭弁論（対《たい》決《けつ》）に至る判決準備手続きを担当していたが、弘安年間（一二七八―八七）以降には所領関係の相論（*所務沙汰《しょむざた》）の判決原案を評定会議に上程する判決手続き機関へとその重要性を増していった。このような職掌ゆえに、引付衆はその大半を吏僚《りりょう》系御家人が占めたが、引付頭人の多くは北条一門から選出された。また一三世紀後半に幕府政治が得宗専制体制へと傾斜し、訴訟裁決に職権主義的傾向が台頭してくると、訴訟機関としての引付の地位も相対的に低下し、*北条貞時《さだとき》の治世下では引付が廃止されることもあった。さらに、引付衆への北条一門の進出も目立つようになり、引付衆は評定衆へ昇進するための一階梯とみなされるようになっていった。なお、*六波羅探題《ろくはらたんだい》や*鎮西探題《ちんぜいたんだい》にも引付衆は設置された。

［文献］石井良助『中世武家不動産訴訟法の研究』（弘文堂、一九三八）、佐藤進一『鎌倉幕府訴訟制度の研究』（岩波書店、一九九三）。

（高橋典幸）

宝治合戦《ほうちかっせん》　宝治元年（一二四七）六月、有力御家人三浦氏が北条氏および安達《あだち》氏によって攻め滅ぼされた事件。三浦氏は「三浦大介」を自称する相模《さがみ》国の武士で*鎌倉幕府創業以来の功臣。*源頼朝《よりとも》死後に次々と有力御家人が没落する中で、三浦氏は北条氏と姻戚関係を重ね、同族*和田義盛《よしもり》の武装蜂起（*和田合戦《わだかっせん》）に際しても北条氏側に立つなど、北条*執権政治の確立に大きな役割を果たした。それだけに北条氏にとって残された唯一のライバルとして危険視されたと考えられているが、新たに北条氏と姻戚関係を築きつつあった安達氏が三浦氏排除に積極的であった側面も見逃すことができない。宝治合戦勃発直前には*北条時頼《ときより》と*三浦泰村《やすむら》との間に和睦の機運が高まっていたにもかかわらず、時頼の外祖父*安達景盛《かげもり》が先制攻撃をかけることによって合戦が引き起こされたことはそれをよく示している。事件のきっかけは、泰村の弟*光村《みつむら》が千葉秀胤《ひでたね》らを語らって、北条時頼を打倒し、寛元四年（一二四六）の宮《みや》騒動で京都に追放されていた前将軍*九条頼経《くじょうよりつね》の復権を画策したことにある。北条氏にとって宝治合戦の勝利は、最大のライバル三浦一族を排除したばかりでなく、より強大な潜在的脅威であった将軍勢力を克服し、北条氏の権力を強化することになった。宝治合戦に敗れた三浦・千葉氏残党は建長三年（一二五一）一二月に発覚した了行《りょうぎょう》法

六波羅探題南北在任表

北方		南方	
1221.6	北条泰時	1221.6	北条時房
1225.6	北条時氏	1225.6	北条時盛
1230.3	北条重時		
		1242.1	
1247.7	北条長時		
1256.4	北条時茂		
		1264.11	北条時輔
1271.12	北条義宗	1272.2	
1277.12	北条時村	1277.12	北条時国
		1284.12	北条兼時
1287.12	北条兼時	1288.2	北条盛房
1293.4	北条久時		
1297.6	北条宗方	1297.7	北条宗宣
1301.6	北条基時		
1303.12	北条時範	1302.7	北条貞顕
1308.12	北条貞房		
1310.6	北条貞顕	1310.7	北条時敦
1315.6	北条時敦	1315.9	北条維貞
1321.11	北条範貞	1324.11	北条貞将
1330.12	北条仲時	1330.7	北条時益

（年目盛：1221、1230、1240、1250、1260、1270、1280、1290、1300、1310、1320、1330）

師の謀叛事件にも関与していたと考えられるが、この事件を契機に北条時頼は将軍*九条頼嗣《よりつぐ》を更迭、北条氏主導の執権政治はその専制的側面をより強めることになった。

[文献] 村井章介『北条時宗と蒙古襲来』(日本放送出版協会、二〇〇一)。 (高橋典幸)

加徴米《かちょうまい》 中世の付加税の一種。田畠に賦課される正規の年貢に加えて徴収されるので「加徴」米という。造内裏役《ぞうだいりやく》などの国役《くにやく》や兵粮米《ひょうろうまい》など臨時賦課が加徴米として徴収されたが、荘園によっては恒例賦課として定着した事例も多く、とくに年貢収納事務に付随した得分として下司《げし》などの荘官に加徴米などの付加税徴収が認められるのが一般的であった。*鎌倉幕府によって定められた*新補率法《しんぽりっぽう》でも、新補率法地頭に段別五升の加徴米徴収権が認められていたのは、右のような加徴米徴収の実態を反映したものである。ただし、新補率法の加徴米は「正税官物《しょうぜいかんもつ》内」とされていて、荘園領主が取得する年貢のうちから段別五升を地頭得分として差し引くものであった。

[文献] 安田元久『地頭及び地頭領主制の研究』(山川出版社、一九六一)。 (高橋典幸)

本補地頭《ほんぽじとう》 *新補地頭《しんぽじとう》と対になる概念で、その内容は時代により変化する。鎌倉幕府の地頭職《じとうしき》はまったく新たに創設されたものではなく、系譜的には*荘園公領《しょうえんこうりょう》制《せい》下の下司《げし》や公文《くもん》といった荘園下職《しょうえんげしき》の延長線上に位置づけられるものであった。そのため、本領が安堵されて地頭職に切り替えられた*本領安堵《ほんりょうあんど》地頭であれ、敵方所領を新たに給与された新恩《しんおん》地頭であっても、従来その所領に設置されていた下司や公文などの得分や権限(本《ほん》司跡《じあと》)のみならず、本司が荘園領主に負っていた*年貢《ねんぐ》・公事《くじ》納入義務などをも継承するものとされ、その地位は朝廷の太政官符によっても公認されていた。*承久の乱は、*後鳥羽《ごとば》上皇方が負けたことにより全国に三〇〇〇ヶ所以上と言われる大量の*承久没収地を幕府にもたらしたが、それらの中には本司の得分がきわめて少なかったり、本司の所務の先例そのものが不明な所領も数多く存在し、地頭=本司跡継承原則の適用を困難とさせた。そこで幕府は*新補率法《しんぽりっぽう》を制定し、新補率法を適用するか本司跡を継承するかを地頭の側に選ばせることにした。こうして成立した新補率法適用地頭のことを*新補地頭と呼ぶのに対して、本司跡を継承した地頭は本補地頭と呼ばれるようになった。このように本補地頭と新補地頭は承久新恩地頭の中の分類概念であったが、その後この概念に混乱が生じるようになり、承久新恩地頭はすべて新補地頭と呼ばれるようになったのに対して、本補地頭は承久の乱以前に任命された地頭のことを指すようになった。

[文献] 安田元久『地頭及び地頭領主制の研究』(山川出版社、一九六一)。 (高橋典幸)

新補地頭《しんぽじとう》 本来は新たに設置された地頭一般のことだが、*後に*承久の乱後に設置された地頭のことを指すようになる。鎌倉幕府成立当初の地頭職《じとうしき》のあり方には、従来所持してきた所領・所職が安堵されて、次第に地頭職に切り替えられていった*本《ほん》領安堵《りょうあんど》地頭と、没収された敵方所領が新たに地頭職として給与される新恩地頭《しんおんじとう》の二類型があったが、新補地頭は後者のことを指した。新恩地頭でも、従来そこに設置されていた下司や公文などの得分や権限(本司跡《ほんじあと》)を継承するのが原則とされていた。承久三年(一二二一)に勃発した承久の乱は、*後鳥羽《ごとば》上皇方が負けたことにより、全国に三〇〇〇ヶ所以上という大量の*承久没収地を生み出したが、それらの得分や性格はさまざまであった。そこで幕府は新補率法《しんぽりっぽう》を制定し、本司跡が不明であったり、得分がきわめて少ない場合はこれに拠ることとし、それ以外の場合は従来どおり本司跡を継承させた。新補率法の適用を受けるか、本司跡を継承するかは地頭の側の判断に任された。このように承久新恩地頭にも本司跡を継承したものと新補率法を適用したものとの二類型が存在、前者を*本補地頭《ほんぽじとう》というのに対して後者を新補（率法）地頭と呼び截然と区別されていた。ところが、次第に両概念に混乱が生じ、承久新恩地頭はそれが新補率法の適用を受けているか否かにかかわりなく新補地頭と呼ばれるようになり、それに伴って承久の乱以前に任命された地頭のことを本補地頭と呼ぶようになった。

［文献］安田元久『地頭及び地頭領主制の研究』（山川出版社、一九六一）。（高橋典幸）

新補率法地頭《しんぽりっぽうじとう》　承久新恩地頭《じょうきゅうしんおんじとう》のうち、*新補率法《しんぽりっぽう》の適用を受けた地頭のこと。鎌倉幕府の地頭職《じとうしき》は、それまでその所領に存在した下司や公文らの得分や権限（本司跡《ほんじあと》）を継承することを原則としていたが、*承久の乱の結果発生した*承久没収地の内容はさまざまで、一律に本司跡継承原則を適用すると著しい不均衡が生じることが予想された。そこで幕府は新補率法を定め、本司跡がきわめて少なかったり、所務の先例が不明な場合には新補率法を適用することとした。一一町に一町ごとの給免田畠の給与、段別五升の加徴米《かちょうまい》徴収、山野河海《さんやかかい》所出物の荘園領主との折半、検断得分《けんだんとくぶん》の三分の一取得などが新補率法の主な内容であるが、*下地進止権《したじしんしけん》は認められなかった。この新補率法は貞応二年（一二二三）六月に朝廷の官宣旨《かんせんじ》により公布され、関東《かんとう》御教書《みぎょうしょ》により施行されるという手続きをとったが、それは新補率法のみならず地頭制度そのものが朝廷の公認を受けた制度であったことを意味する。新補率法の適用を受けるか、本司跡を継承するかは地頭の側の判断に任されたが、現実には本司跡を継承しながらも新補率法の適用を求める地頭も多く存在し、幕府はこれを「本新両様《ほんしんりょうよう》」として厳しく処分した。当初は承久新恩地頭のうち、新補率法適用地頭を*新補地頭《しんぽじとう》と呼んだが、しだいに承久新恩地頭全体が新補地頭と呼ばれるようになった。

［文献］安田元久『地頭及び地頭領主制の研究』（山川出版社、一九六一）、五味文彦『武士と文士の中世史』（東京大学出版会、一九九二）。（高橋典幸）

下地進止権《したじしんしけん》　荘園《しょうえん》などの土地に対する支配権のこと。中世の土地に対する支配権は重層的に存在しているのが一般的で、その土地からの収益を取得する権限のみを支配の実質的中味とする場合も多かったのに対し、土地そのもの（下地）に及ぶ支配権のことを下地進止権といった。下地とは、狭義の土地そのもののみならず、そこで生産活動を行う農民などの人間や生産活動の拠点たる在家などをも包含する概念である。荘園領主にとって下地進止権が所与の権限でなかったことは、成立期の荘園のあり方として、雑役免《ぞうやくめん》や半不輸《はんふゆ》、浮免《うきめん》など土地の直接支配とは結びつかない得分権のみの荘園領有形態が一般的であったことからうかがえ、領域型荘園《りょういきがたしょうえん》が形成され、荘園領主自身が勧農《かんのう》用水整備や農料下行《のうりょうげぎょう》など、その土地の生産環境を整える勧農権《けん》を発揮することによって下地進止権が明確化されていったと考えられる。このように下地進止権は勧農権と表裏一体の関係にあったが、現地にあって勧農の実務にあたっていた在地領主《ざいちりょう》も下地進止権を主張するようになり、とくに鎌倉期以降、地頭《じとう》などとして在地領主の地位が強化されると、下地進止権をめぐる荘園領主と在地領主との相論が頻発するようになる。なお、*承久の乱後に設置された*新補率法地頭《しんぽりっぽうじとう》には下地進止権が認められないのが原則で、得分権領主的側面が強かった。

［文献］ 安田元久『地頭及び地頭領主制の研究』（山川出版社、一九六一）、大山喬平『日本中世農村史の研究』（岩波書店、一九七八）。

（高橋典幸）

承久没収地《じょうきゅうぼっしゅうち》 *承久の乱後に*後鳥羽《ごとば》院方として没収された所領。後鳥羽院管領所領のみならず、承久の乱に後鳥羽院方として加わった院近臣や武士の所領まで幅広く没収され、その総数は西国を中心に三〇〇〇ヶ所以上にのぼり、没収された所職も領家職《りょうけしき》から下司《げし》・公文《くもん》職までさまざまであった。それらは*関《かん》東御領《とうごりょう》に編入されたり、東国御家人に*新恩地頭として給与されたりして、幕府の勢力が西国にも及ぶ大きな契機となった。また、これらの所領に地頭として乗り込んでいった東国御家人と荘園領主との間に相論が頻発するようになったが、その解決は幕府法廷に持ち込まれたため、幕府は両者の上に立つ調停者としての地位を得ることにもなった。ところで、後鳥羽院管領の王家領はいったん幕府に没収された上であらためて*後高《ごたか》倉《くら》院に還付されるという手続きがとられたため、これ以後の王家領には幕府の潜在的な進止権《しんしけん》が設定されることとなった。また、*京方与同《きょうかたよどう》の武士の所領没収は、在地レベルにおける敵方所領の軍事占領という形で進められており、京方与同の事実認定をめぐって、承久の乱終了後も各地で断続的に*御家人主導で進められていたことが知られている。幕府は承久の乱直後から在庁官人《ざいちょうかんじん》や使者派遣を通じてこれらの実態把握に努めていたが、*『御成敗式目《ごせいばいしきもく》』第十六条により最終的に京方与同武士の捜索・所領没収は停止されることになった。

［文献］ 田中 稔『鎌倉幕府御家人制度の研究』（吉川弘文館、一九九一）、川合 康『鎌倉幕府成立史の研究』（校倉書房、二〇〇四）。

（高橋典幸）

北条泰時《ほうじょうやすとき》（一一八三―一二四二） 鎌倉時代中期の*執権《しっけん》。*北条義時《よしとき》の長男。幼名金剛。建久五年（一一九四）将軍*源頼朝《よりとも》の加冠で元服。初名頼時《よりとき》。のち泰時と改名。修理亮《しゅりのすけ》・式部丞《しきぶのじょう》・駿河守・武蔵守・左京権大夫《さきょうごんのだいぶ》を歴任。正四位下に叙す。建仁二年（一二〇二）*三浦義村《よしむら》の女を娶り、翌年長男時氏《ときうじ》誕生。建暦二年（一二一二）には安保実員《あぼさねかず》の女との間に次男時実《ときざね》を儲けるが二子とも早世。建保元年（一二一三）将軍*源実朝《さねとも》の学問所番衆となる。同六年*侍所別当《さむらいどころべっとう》に任ぜられる。承久三年（一二二一）*承久の乱が起こると、叔父時房《ときふさ》とともに東海道の大将軍として上洛、京方を破る。乱後は*六波羅探題《ろくはらたんだい》として時房とともに京に留まり、戦後処理にあたった。元仁元年（一二二四）父義時の急死により鎌倉に戻り執権となる。翌嘉禄元年、後ろ盾であった*北条政子《まさこ》が亡くなると、*連署《れんしょ》を設けて時房をこれに任じ、さらに*評定衆《ひょうじょうしゅう》を設置して幕政を評議させた。また早くから公家法の研究を始め、貞永元年（一二三二）公平な裁判を行うための基準として*『御成敗式目《ごせいばいしきもく》』を制定した。この他、幕府の移転、保奉行人の新設、和賀江《わがえ》島の建設、巨福呂《こぶくろ》坂・六《むつ》浦《うら》道の舗設など都市鎌倉の整備に尽力した。仁治三年（一二四二)、*四条《しじょう》天皇の急死によって生じた皇位継承に干渉。京都で有力であった*順徳《じゅんとく》上皇の皇子忠成《ただなり》王を抑えて*土御門《つちみかど》上皇の皇子邦仁《くにひと》王を推し、*後嵯峨《ごさが》天皇を即位させた。同年五月一九日出家。法名観阿。六月一五日死去。六〇歳。

[文献] 上横手雅敬『人物叢書　北条泰時』(吉川弘文館、一九五八)、三山　進「北条泰時」(『鎌倉将軍執権列伝』秋田書店、一九七四)。　(藤田正義)

北条時房《ほうじょうときふさ》 (一一七五—一二四〇)　鎌倉時代中期の*連署《れんしょ》。*北条時政《ときまさ》の三男。*政子《まさこ》・*義時《よしとき》の弟。主殿《とのも》権助《ごんのすけ》・式部丞《しきぶのじょう》・遠江守・駿河守・武蔵守・相模守・修理《しゅり》権大夫《ごんのだいぶ》を歴任。文治五年(一一八九)元服。初名時連《ときつら》。のち時房と改名。この年、奥州藤原氏追討に従軍。建保元年(一二一三)*和田合戦で功を挙げる。承久三年(一二二一)の*承久の乱では甥*泰時《やすとき》とともに東海道の大将軍として上洛、京方を破る。乱後は*六波羅探題《ろくはらたんだい》(南方)として戦後処理にあたった。嘉禄元年(一二二五)*北条政子《まさこ》の死後新設された連署に任ぜられ、若い執権泰時を補佐した。暦仁元年(一二三八)正四位下に叙す。仁治元年(一二四〇)正月二四日死去。六六歳。法名行念。

[文献]『大日本史料』五ノ一二、仁治元年正月二十四日条、『関東評定衆伝』仁治元年条。　(藤田正義)

北条政村《ほうじょうまさむら》 (一二〇五—七三)　鎌倉時代中期の*執権。*北条義《よし》時《とき》の四男。母は*伊賀《いが》朝光《ともみつ》の女。建保元年(一二一三)元服。貞応元年(一二二二)将軍*藤原頼経《よりつね》の近習衆となる。元仁元年(一二二四)伊賀氏の変では兄*泰時《やすとき》の計らいにより厚免。延応元年(一二三九)*評定衆《ひょうじょうしゅう》に任じ、建長元年(一二四九)新設の*引《ひき》付衆《つけしゅう》一番頭人《とうにん》を兼任。康元元年(一二五六)執権*時頼《ときより》のもとで*連署となる。文永元年(一二六四)執権*長時《ながとき》の死後執権に就任。将軍*宗尊《むねたか》親王の京都送還、引付衆の廃止などを行った。同五年(一二六八)*時宗《ときむね》に執権職を譲って連署に戻り時宗を補佐した。同十年(一二七三)五月一八日出家。法名定崇。同月二七日死去。六九歳。和歌をよくし三七首の和歌が勅撰集に入っている。

[文献]『関東評定衆伝』文永十年条、瀬野精一郎「北条政村」(『鎌倉将軍執権列伝』秋田書店、一九七四)。　(藤田正義)

北条経時《ほうじょうつねとき》 (一二二四—四六)　鎌倉時代中期の*執権《しっけん》。北条時《とき》氏《うじ》の長男。母は*安達景盛《あだちかげもり》の女(松下禅尼)。文暦元年(一二三四)元服。この年小侍所《こざむらいどころ》別当となる。嘉禎三年(一二三七)左《さ》近衛将監《このえしょうげん》に任じ、従五位下に叙す。仁治二年(一二四一)従五位上に昇進。*評定衆《ひょうじょうしゅう》に列す。父時氏が早世したため仁治三年祖父*泰時《やすとき》が没するとその跡を受けて執権に就任。寛元元年(一二四三)正五位下に叙す。同年武蔵守に任ず。翌二年将軍*藤原頼経《よりつね》を廃しその子*頼嗣《よりつぐ》を擁立。妹檜皮姫《ひわだひめ》をその室に入れた。同四年三月、病により執権職と家督を弟*時頼《ときより》に譲った。四月一九日出家。法名安楽。閏四月一日死去。二三歳。

[文献]『大日本史料』五ノ二〇、寛元四年四月一日条、田中　稔「北条経時」(『鎌倉将軍執権列伝』秋田書店、一九七四)。　(藤田正義)

北条時頼《ほうじょうときより》 (一二二七—六三)　鎌倉時代中期の*執権《しっけん》。北条時《とき》氏《うじ》の次男。母は*安達景盛《あだちかげもり》の女(松下禅尼)。*北条泰時《やすとき》の孫。最明寺殿と号す。嘉禎三年(一二三七)将軍*藤原頼経《よりつね》の加冠で元服。一字を受け五郎時頼と称す。暦仁元年(一二三八)左《さ》兵《ひょう》衛尉《えのじょう》、寛元元年(一二四三)左近衛将監《さこのえのしょうげん》に任じ従五位下に叙す。同三年従五位上に昇進。翌四年三月、重病の兄*経時《つねとき》に代わり執権となる。同五月、時頼政権打倒を図った前将軍*頼経《よりつね》・*名越光時《なごえみつとき》らの機先を制して光時を出家に追い込む。六月、頼経派の*評定衆《ひょうじょうしゅう》*後藤基綱《もとつな》・*藤原為佐《ためすけ》・*千葉秀胤《ひでたね》・*町野康俊《やすとし》を罷免し、光時を伊豆《いず》国江間《えま》に、秀胤を上総《かずさ》国一宮に配流。七月には頼経を京都に送還した。さらに一〇月には頼経の父*九条道家《くじょうみちいえ》の関東申次《もうしつぎ》罷免を朝廷に要求、九条家の勢力を一掃した。宝治元年（一二四七）反時頼派と目されていた三浦氏と時頼の外戚安達氏の対立が激化、時頼は事態の収拾を図るが安達氏が三浦氏に攻撃を仕掛けると、これに加勢して三浦氏を滅ぼした。建長元年（一二四九）裁判の迅速公正化を図るため*引付衆《ひきつけしゅう》を新設。同年相模守に任ず。同三年正五位下に叙す。同四年将軍*藤原頼嗣《よりつぐ》を廃して京都に送還、*後嵯峨《ごさが》天皇の第一皇子*宗尊《むねたか》親王を将軍として鎌倉に迎えた。康元元年（一二五六）病のため執権職を*北条長時《ながとき》に譲り出家。法名道崇。しかし病が癒えると実権を回復し、実質的に幕政を運営した。弘長三年（一二六三）一一月二二日死去。三七歳。

［文献］『関東評定衆伝』康元元年条、阿部征寛「北条時頼」（『鎌倉将軍執権列伝』秋田書店、一九七四）。（藤田正義）

北条重時《ほうじょうしげとき》（一一九八―一二六一）鎌倉時代中期の*連署《れんしょ》。*北条義時《よしとき》の三男。母は比企朝宗《ひきともむね》の女。極楽寺《ごくらくじ》殿と号す。承久元年（一二一九）小侍所《こざむらいどころ》設置に伴い別当となり、藤原三寅《みとら》（*頼経《よりつね》）に近侍。翌二年修理権亮《しゅりごんのすけ》に任ず。貞応二年（一二二三）駿河守となり、従五位下に叙す。寛喜三年（一二三〇）甥時氏《ときうじ》に代わり*六波羅探題《ろくはらたんだい》北方として上洛。以後一八年その職にあった。その間、嘉禎二年（一二三六）従五位上に叙し、翌三年相模守に遷任。暦仁元年（一二三八）正五位下、寛元元年（一二四三）従四位下と昇進し、翌二年には従四位上に昇る。*藤原定家《さだいえ》と親交をもち、定家の撰んだ*『新勅撰和歌集』をはじめ多くの勅撰集に和歌を残す。また貞永元年（一二三二）*『御成敗式目《ごせいばいしきもく》』の制定にあたって*執権《しっけん》*泰時《やすとき》から送られた仮名消息は有名である。宝治元年（一二四七）*宝治合戦《ほうちかっせん》の後、女婿である執権*時頼《ときより》の招請により鎌倉に戻り連署に就任。幕政に参画して若い時頼を補佐した。建長元年（一二四九）陸奥守に遷任。このほか、信濃《しなの》・若狭《わかさ》・讃岐《さぬき》・和泉《いずみ》の守護を務める。康元元年（一二五六）連署を辞し、覚念上人を戒師として出家。法名観覚。弘長元年（一二六一）一一月三日死去。六四歳。重時には為時《ためとき》・長時《ながとき》・時茂《ときしげ》・義政《よしまさ》・業時《なりとき》の五子があるが、子孫に残した『六波羅殿御家訓』、『極楽寺殿御消息』は、伝存する最古の武家家訓として有名である。

［文献］『関東評定衆伝』康元元年条、桃 裕行「北条重時の家訓」（養徳社、一九四七、（『桃裕行著作集3』思文閣出版、一九八八に再録））。（藤田正義）

名越光時《なごえみつとき》（生没年未詳）鎌倉時代中期の有力御家人。北条朝時《ともとき》の長男。母は大友能直《よしなお》の女。式部丞《しきぶじょう》・周防守・左右馬助・越後守を歴任。嘉禎三年（一二三七）将軍*藤原頼経《よりつね》の近習番となり、以後頼経・*頼嗣《よりつぐ》二代の将軍に近侍する。名越氏は*得宗《とくそう》家に対して相対的独自性が強く、仁治三年（一二四二）*執権《しっけん》*泰時《やすとき》の死以降反得宗的傾向が強まった。寛元四年（一二四六）*時頼《ときより》が執権に就任すると、前将軍頼経を擁して時頼政権打倒を図る張本とされ、その嫌疑を晴らすため出家（法名蓮智）するが許されず、伊豆《いず》国江間《えま》に配流され、越後《えちご》の国務以下の主な所帯の職を収公された。その後鎌倉に戻り、弘長二年（一二六二）

*叡尊《えいそん》から菩薩戒を受けている。

［文献］『大日本史料』五ノ二〇、寛元四年五月二十四日条、川添昭二「北条氏一門名越（江間）氏について」（『日本歴史』四六四、一一五頁、一九八七）。

（藤田正義）

中原師員《なかはらもろかず》（一一八五—一二五一）　鎌倉時代中期の幕府文吏。明経得業生《みょうぎょうとくぎょうしょう》から権小外記《ごんのしょうげき》、小外記、直講《ちょっこう》を歴任し、建保六年（一二一八）助教《じょきょう》となる。その後鎌倉に下向。将軍*藤原頼経《よりつね》の侍読《じとう(どく)》となり側近として活躍。穀倉院別当、大外記《だいげき》、摂津守、明経博士《みょうぎょうはかせ》、大膳権大夫《だいぜんごんのだいぶ》、主計頭《かずえのかみ》を歴任。仁治二年（一二四一）正四位下に叙す。これより先、嘉禄元年（一二二五）*評定衆《ひょうじょうしゅう》が新設されると筆頭の座次を与えられた。貞永元年（一二三二）『*御成敗式目《ごせいばいしきもく》』の起請文に連署。寛元四年（一二四六）の宮騒動には関与せず評定衆に留まり、建長三年（一二五一）には*引付衆《ひきつけしゅう》を兼任。同年六月一五日病により出家。法名行厳。同月二二日死去。六七歳。

［文献］『関東評定衆伝』建長三年条、永井　晋「中原師員と清原教隆」（『金澤文庫研究』二八一、四一—五二頁、一九八八）。

（藤田正義）

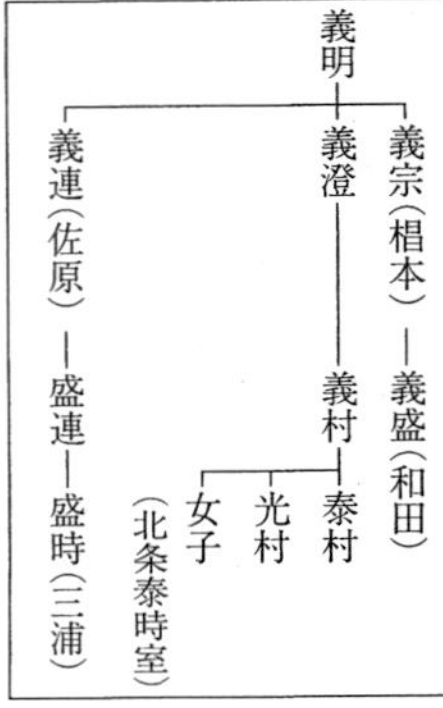

三浦氏略系図

三浦泰村《みうらやすむら》（一一八四—一二四七）　鎌倉時代中期の有力御家人。*三浦義村《よしむら》の次男。母は*土肥遠平《どひとおひら》の女。駿《する》河次郎《がじろう》と称す。妻は*北条泰時《やすとき》の女。承久三年（一二二一）承久の乱では北条泰時に従い宇治川の渡河で戦功を挙げる。嘉禎三年（一二三七）掃部権助《かもんごんのすけ》、式部少丞に任じ、従五位下に叙す。さらにこの年若狭守に任ず。暦仁元年（一二三八）*評定衆《ひょうじょうしゅう》に列し、幕政に参画。延応元年（一二三九）従五位上に叙し、同年末父義村が死去すると家督を継ぐ。寛元二年（一二四四）正五位下に昇進。三浦氏は幕府草創期より功臣として重きをなし、北条*得宗《とくそう》家に対しては姻戚関係を結び協調的姿勢をとって、幕府内に巨大な勢力を築いていた。寛元四年の宮騒動で前将軍*藤原頼経《よりつね》が京都に送還されるが、泰村の弟*光《みつ》村《むら》は頼経の鎌倉帰還を画策。北条氏との間に疎隔を生じるようになり、泰村は反時頼派の中心と目されるようになった。宝治元年（一二四七）四月、高野山から戻った時頼の外祖父*安達景《あだちかげ》盛《もり》（高野入道覚地）は三浦一族の討伐を主張、三浦氏と安達氏との間に緊張が高まった。時頼は事態の収拾を図ったが、六月五日、安達氏は泰盛を先鋒として泰村邸を攻撃。時頼も態度を一変して安達氏に与同し泰村を攻撃した。館を焼かれた泰村は、故*頼朝《よりとも》の墓所法華堂に籠もり、弟光村をはじめ主だった一族二七六人と自殺した。六四歳。

［文献］『大日本史料』五ノ二二、宝治元年六月五日条、『関東評定衆伝』宝治元年条。

（藤田正義）

三浦光村《みうらみつむら》（一二〇五—四七）　鎌倉時代中期の有力御家人。*三浦義村《よしむら》の三男。母は*土肥遠平《どいとおひら》の女。泰村の弟。幼名駒若丸。幼少の頃*公暁《くぎょう》の門弟に列す。左衛門尉《さえもんのじょう》・検非違使《けびいし》・壱岐守・河内守・能登守を歴任。正五位下。貞応二年（一二二三）将軍*藤原頼経《よりつね》の近習番となり、以来二〇余年にわたって近侍。寛元二年（一二四四）*評定衆《ひょうじょうしゅう》に列し、幕政に参画。同四年、宮騒動で頼経が京都に送還された際は護送供奉人として上洛。しかし光村は頼経を鎌倉に帰還させる意志が強く、こうした光村の姿勢は三浦氏と北条氏の間に疎隔を生じさせることとなり、ついに*宝治合戦《ほうちかっせん》に発展する。宝治元年（一二四七）六月五日、合戦に敗れた光村は一族とともに法華堂で自殺。四三歳。

［文献］『大日本史料』五ノ二二、宝治元年六月五日条、『関東評定衆伝』宝治元年条。 （藤田正義）

安達景盛《あだちかげもり》（？―一二四八） 鎌倉時代前期の武将。*安達盛長《もりなが》の長子。父とともに幕府草創に功があった。正治元年（一一九九）三河に発向中、景盛の妾を*頼家《よりいえ》が奪ったことから景盛が頼家に恨みを抱いていると讒《ざん》するものがあり、頼家に誅されそうになるが*政子の制止により難を逃れた。建保三年（一二一八）秋田城介《あきたじょうのすけ》となり、以後安達氏が同職を世襲することとなる。*承久の乱では*北条時房《ときふさ》に属し上京、栂尾《とがのお》で*明恵《みょうえ》と出会ったことがきっかけで深く帰依するようになったという。出家後やがて高野山に住するようになるが、その娘（松下禅尼）が*北条時《とき》頼《より》を産んだことにより執権外祖父として権勢を高めた。宝治元年（一二四七）高野山より鎌倉へ下り執権時頼と密談、子義《よし》景《かげ》・孫*泰盛《やすもり》らには三浦一族に対する警戒を諭している。同年安達氏が中心となって*宝治合戦《ほうちかっせん》がおこり、三浦氏を滅亡させることとなるのである。翌年高野山において没した。

［文献］山本幸司『日本の歴史9頼朝の天下草創』（講談社、二〇〇一）。 （千葉哲司）

佐々木信綱《ささきのぶつな》（一一八一―一二四二） 鎌倉時代前期の武将。佐々木定綱《さだつな》四男、母は*新田義重《にったよししげ》の女。建仁元年（一二〇一）柏原為永、建仁三年（一二〇三）比叡山、元久二年（一二〇五）*京都守護*平賀朝雅《ひらがともまさ》の追討などに加わり功があった。*承久の乱では一門の多くが京方となったが、幕府方に加わり宇治川の先陣を芝田兼義《かねよし》と争った。乱の功により左衛門尉《さえもんのじょう》となり、安貞元年（一二二七）には佐々木・豊浦・羽爾・堅田《かただ》荘・栗太《くりもと》郡の地頭職を得るとともに検非違使《けびいし》、寛喜三年（一二三一）には近江守となった。文暦元年（一二三四）には幕府*評定衆《ひょうじょうしゅう》に加わったが同年出家。嘉禎二年（一二三六）評定衆を罷め高野山に籠居し、仁治三年（一二四二）同所で没した。

［文献］山本幸司『頼朝の天下草創』（講談社、二〇〇一）。 （千葉哲司）

中条家長《なかじょういえなが》（一一六五―一二三六） 鎌倉時代前期の武将。父は小野義成《おののよしなり》。*八田知家《はったともいえ》の養子。平氏追討、奥州藤原氏追討、大《おお》河兼任《かわかねとう》征伐に従軍。建久元年（一一九〇）自由任官（右馬《うまの》允《じょう》）の科により解官されたが、同六年*頼朝《よりとも》の東大寺東南院参詣に扈従。建仁三年（一二〇三）将軍*源実朝《さねとも》代始には使節として上洛し京畿御家人から起請文を召集した。承久三年（一二二一）*承久の乱では幕府宿老として鎌倉に留まる。貞応二年（一二二三）出羽守に任じ、従五位下に叙す。嘉禄元年（一二二五）新設の*評定衆《ひょうじょうしゅう》に列す。安貞元年（一二二七）興福寺と多武《とう》峰《みね》の闘争により上洛。貞永元年（一二三二）『*御成敗式目《ごせいばいしきもく》』制定にあたり起請文に連署。嘉禎二年（一二三六）八月二五日死去。七二歳。

［文献］『大日本史料』五ノ一〇、嘉禎二年八月二十五日条、『関東評定衆伝』嘉禎二年条。 （藤田正義）

町野康俊《まちのやすとし》（一一八〇―一二三八） 鎌倉時代前期の幕府文吏。父は鎌倉幕府初代*問注所執事《もんちゅうじょしつじ》*三善康信《みよしやすのぶ》。承元元年（一二〇七）民部少丞に任ず。翌年大丞に転じ、従五位下に叙す。承久三年

（一二二一）父の跡を継ぎ問注所執事となり、嘉禄元年（一二二五）新設された*評定衆《ひょうじょうしゅう》に列す。寛喜元年（一二二九）加賀守に任じ、嘉禎元年（一二三五）従五位上に叙す。貞永元年（一二三二）『*御成敗式目《ごせいばいしきもく》』制定にあたり起請文に連署。暦仁元年（一二三八）将軍*藤原頼経《よりつね》上洛では路次雑事を奉行、上洛するが六月一〇日病により問注所執事を辞任。同一四日京にて死去。七二歳。　（藤田正義）

[文献]『大日本史料』五ノ一一、暦仁元年六月十日条、『関東評定衆伝』暦仁元年条。

二階堂行盛《にかいどうゆきもり》（一一八一―一二五三）　鎌倉時代中期の幕府文吏。父は*政所執事《まんどころしつじ》二階堂行光《ゆきみつ》。建保六年（一二一八）民部少丞に任じ、承久三年（一二二一）従五位下に叙す。元仁元年（一二二四）伊賀氏の変で罷免された*伊賀光宗《いがみつむね》に代わって政所執事となる。嘉禄元年（一二二五）*北条政子《まさこ》が亡くなると、翌日諸人の最前に出家を遂げる。法名行然。出家後も政所執事に留まり、同年新設された*評定衆《ひょうじょうしゅう》に列し、幕政に参与。『*御成敗式《ごせいばいしき》目《もく》』の制定に参画し、貞永元年（一二三二）制定にあたって起請文に連署。建長三年（一二五一）六番引付頭人、翌四年改編により四番引付頭人を兼ねる。建長五年（一二五三）一二月八日死去。七三歳。　（藤田正義）

[文献]『関東評定衆伝』建長五年条。

矢野倫重《やのともしげ》（一一九〇―一二四四）　鎌倉時代中期の幕府文吏。父は三善行倫《みよしゆきとも》。*三善康信《やすのぶ》の孫。承元三年（一二〇九）権少外記に任じ、翌年小外記《しょうげき》に転ず。建暦元年（一二一一）従五位下に叙し、同年日向介に任ず。嘉禄元年（一二二五）新設された*評定衆《ひょうじょうしゅう》に列し幕政に参画。貞永元年（一二三二）大和守に任ず。この年制定された『*御成敗式目《ごせいばいしきもく》』の編纂にあたっては*斉藤長定《ながさだ》・*佐藤業時《なりとき》・*太田康連《やすつら》らとともに中心的な役割を果たす。翌年業時・康連とともに執権*泰時《やすとき》から幕府への精勤を賞された。嘉禎三年（一二三七）対馬守に任じ、仁治二年（一二四一）従五位上に叙す。寛元二年（一二四四）六月四日死去。五五歳。　（藤田正義）

[文献]『大日本史料』五ノ一七、寛元二年六月四日条、『関東評定衆伝』寛元二年条。

後藤基綱《ごとうもとつな》（一一八一―一二五六）　鎌倉時代中期の有力御家人。父は*後藤基清《もときよ》。兵衛尉《ひょうえのじょう》・左衛門尉《さえもんのじょう》・検非違使《けびいし》・佐渡守・玄蕃頭《げんばのかみ》を歴任。正五位下。和歌に優れ、建保元年（一二一三）将軍*源実朝《さねとも》の学問所番衆となる。承久三年（一二二一）*承久の乱が起こると幕府方について戦い、乱後京方について捕えられた父基清を自らの手で斬った。貞応二年（一二二三）将軍*藤原頼経《よりつね》の近習番となり、嘉禄元年（一二二五）新設された*評定衆《ひょうじょうしゅう》に列し幕政に参画。恩沢奉行を務める。寛元四年（一二四六）*宮騒動で評定衆を罷免。しかし建長二年（一二五〇）将軍*藤原頼嗣《よりつぐ》の近習番となり、同四年*引付衆《ひきつけしゅう》に加えられた。康元元年（一二五六）一一月二八日死去。七六歳。　（藤田正義）

[文献]『関東評定衆伝』康元元年条。

太田康連《おおたやすつら》（一一九三―一二五六）　鎌倉時代中期の幕府文吏。父は*三善康信《みよしやすのぶ》。承元元年（一二〇七）備後《びんご》国太田庄桑原方地頭職を譲与され、以後太田と称す。貞応二年（一二二三）玄蕃《げんば》允《じょう》に任ず。嘉禄元年（一二二五）新設された*評定衆《ひょうじょうしゅう》に列す。『*御成敗式目《ごせいばいしきもく》』編纂にあたっては「偏に玄蕃允康連に仰せ合さるるところ也」（『*吾妻鏡』）と中心的な役割を果たした。天福元年（一二三三）民部少丞に任ず。嘉禎元年（一二三五）従五位下に叙し、阿波権守に任ず。寛元四年（一二四六）宮騒動で罷免された同族町野康持《やすもち》に代わって*問注所《もんちゅうじょ》執事となった。建長三年（一二五一）*引付衆《ひきつけしゅう》を兼任。康元元年（一二五六）九月危篤により問注所執事を辞す。一〇月三日死去。六五歳。

［文献］『関東評定衆伝』康元元年条。（藤田正義）

佐藤業時《さとうなりとき》（一一九〇—一二四九）鎌倉時代中期の幕府文吏。父は佐藤朝時《ともとき》。中原仲業《なかなり》の猶子。幕府伺候の経緯は不明であるが、嘉禄元年（一二二五）新設された*評定衆《ひょうじょうしゅう》に列す。『*御成《ごせい》敗式目《ばいしきもく》』の撰進に携わり、貞永元年（一二三二）制定にあたって起請文に連署。この年民部少丞に任じ、さらに大丞に転ず。天福元年（一二三三）幕府への精勤を執権*泰時《やすとき》に賞された。文暦元年（一二三四）従五位下に叙す。しかし仁治二年（一二四一）落書《らくしょ》などの奇行を現し、その科《とが》により鎮西に配流された。寛元元年（一二四三）罪を許されて鎌倉に帰参するが、再び幕政に参画することはなく、建長元年（一二四九）六月一一日死去。六〇歳。

［文献］『大日本史料』五ノ三〇、建長元年六月十一日条、『関東評定衆伝』仁治二年条。（藤田正義）

斎藤長定《さいとうながさだ》（一一九七—一二三九）鎌倉時代中期の幕府文吏。父は斎藤清定《きよさだ》。左兵衛尉。法名浄円。幕府伺候の経緯は不明であるが、嘉禄元年（一二二五）新設された*評定衆《ひょうじょうしゅう》に名を連ねる。法理に明るく訴訟関係を担当。『*御成敗式目《ごせいばいしきもく》』編纂にあたっては、*矢野倫重《ともしげ》・*佐藤業時《なりとき》・*太田康連《やすつら》らとともに中心的な役割を果たした。貞永元年（一二三二）『御成敗式目』制定にあたり、起請文に連署。延応元年（一二三九）一〇月一一日死去。四三歳。

［文献］『大日本史料』五ノ一二、延応元年十月十一日条、『関東評定衆伝』延応元年条。（藤田正義）

大江以康《おおえもちやす》（生没年未詳）父母は不明。『吾妻鏡』文暦元年七月六日条に「家司奉行人起請に名あり。」との記述が見られる。同仁治二年五月十日条によると*問注所《もんちゅうじょ》奉行を務めるが「非勘の咎」によって所領一所を没収されている。

上杉重房《うえすぎしげふさ》（生没年未詳）鎌倉中期の貴族、*御家人。藤原氏勧修《かじゅう》寺《じ》流。父は出羽守を務めた藤原清房《きよふさ》、母は未詳。長じて式乾門院《しきけんもんいん》利子《りし》内親王の院庁蔵人《いんのちょうくろうど》を務める。このように、勧修《かじゅう》寺《じ》流藤原氏は実務官僚として活躍する下級貴族であった。建長四年（一二五二）三月に*宗尊《むねたか》親王が初の*親王将軍として鎌倉に向かい、重房も側近としてともに下向する。利子は宗尊を*猶子《ゆうし》としており、その関係で重房の関東下向が定まったと思われる。その際に丹波《たんば》国何鹿《いかるが》郡上杉荘（京都府綾部市上杉町）を賜り、以後上杉氏を名乗る。宗尊は文永三年（一二六六）七月に鎌倉を追放され帰京する。重房の動きはよくわかっていないが、宗尊とともに帰京はしなかった。将軍に近いという共通項により、武士の名門である足利《あしかが》氏と次第に接近していったものか、娘が足利頼氏《よりうじ》に嫁ぎ家時《いえとき》を産んでいる。息子の頼重《よりしげ》の代には足利氏に従属するようになったと思われる。

［文献］七宮涬三『関東管領・上杉一族』（新人物往来社、二〇〇二）。（溝川晃司）

藤原頼経《ふじわらのよりつね》（一二一八—五六）鎌倉幕府四代将軍。父は*九《く》条《じょう》道家《みちいえ》。母は*西園寺《さいおんじ》公経《きんつね》の女綸子。幼名は三寅《みとら》。三代将軍*源実朝《さねとも》が*鶴岡八幡宮《つるがおかはちまんぐう》において*公暁《くぎょう》に殺害された後、幕府は*親王将軍の下向を要請するも*後鳥羽上皇に許されず、代わりに母系が*源頼朝《よりとも》に関係していることから三寅が将軍として迎えられた。嘉禄元年（一二二五）一二月元服し頼経と称す。年が明けて正月将軍宣下。しかし執権政治の確立した時代において将軍頼経に実権はなく、*得宗《とくそう》勢力を廃して将軍権力の確立を図るが、逆に寛元二年（一二四四）には強引に将軍を嫡子*頼嗣《よりつぐ》に譲らされてしまう。その後も鎌倉において権力回復を画策するが寛元四年には執権*北条時頼《ときより》により自邸を囲まれ京に追放される。（遠藤啓彰）

［文献］田中　稔「第四代将軍藤原頼経」（安田元久編『鎌倉将軍執権列伝』秋田書店、一九七四）。

藤原頼嗣《ふじわらのよりつぐ》（一二三九―五六）*鎌倉幕府五代将軍（寛元二年（一二四四）―建長四年（一二五二））。父は四代将軍*藤原頼経《よりつね》。母は藤原親能《ちかよし》の女。寛元二年四月二一日に元服、同二八日従五位上・右近衛少将《うこのえしょうしょう》に叙任され、北条氏の圧力により父頼経が明け渡した後を受けて*征夷大将軍となる。しかしながら建長四年には前年に露見した幕府転覆の計画に頼経が関与していた疑いがあり、将軍である頼嗣も鎌倉を追放される。北条氏は頼嗣の後に皇族の*宗尊《むねたか》親王を六代将軍として迎え、念願の*親王将軍を果たした。（遠藤啓彰）

宗尊親王《むねたかしんのう》（一二四二―七四）*後嵯峨《ごさが》天皇の第一皇子。母は棟子。寛元二年（一二四四）親王宣下。建長四年（一二五二）に*鎌倉幕府五代将軍*頼嗣《よりつぐ》が追放された後、皇族としては初めて六代将軍として鎌倉に下向する。しかし将軍とは名ばかりで、幕府内の実権は北条氏が握っており、宗尊親王も文永三年（一二六六）に北条氏により京に追放される。親王は弘長元年（一二六一）正月には歌会始を開くなど生涯和歌に力を入れており、歌集には『瓊玉和歌集《けいぎょくわかしゅう》』などがある。

［文献］山岸徳平「宗尊親王と其の和歌」（『山岸徳平著作集』有精堂出版、一九七二）。（遠藤啓彰）

菅原為長《すがわらのためなが》（一一五八―一二四六）鎌倉時代前期の公家・儒者。官歴は従二位・参議に至る。*土御門《つちみかど》・*順徳《じゅんとく》・*後堀河《ごほりかわ》・*四条《しじょう》・*後嵯峨《ごさが》と五代の天皇の侍読となり、また元仁・寛喜・天福などの年号を撰進している。『貞観政要《じょうかんせいよう》』の講義を得意とし、*後鳥羽《ごとば》上皇に進講したり*北条政子《まさこ》の求めに応じて和訳した。*鎌倉幕府とも関係があり*二階堂行村《にかいどうゆきむら》の堂供養願文・鎌倉五大堂供養願文などを草したり、また鎌倉の怪奇事件の便りが伝えられたりもしている。文暦元年（一二三四）北野社の焼失により、長門《ながと》国を賜わり造営にあたることになった。寛元四年（一二四六）八九歳で没するが、「朝の重器、国の元老」、「当代の大才」、「今世の宏才」などと記されその死を惜しんでいる。（千葉哲司）

今林准后《いまばやしじゅごう》（一一九六―一三〇二）藤原貞子。父は四条隆衡《しじょうたかひら》。*平清盛の曾孫。*後深草《ごふかくさ》・*亀山《かめやま》天皇の祖母。*西園寺実氏《さいおんじさねうじ》の妻。従一位。建長六年（一二五五）准三后宣旨を賜り、北山第に居住したことから北山准后とも称される。実氏との間に姞子・公子の二子を儲けた。姞子は*後嵯峨《ごさが》天皇の中宮となり、大宮院の院号を賜り、公子は後深草天皇の中宮となって東二条院の院号を賜った。一三世紀後半の宮廷社会において、最も尊崇され、その栄耀・長寿は藤原道長の正室源倫子に比肩された。弘安八年（一二八五）に催された九〇の御賀には、大宮院・後深草院・亀山院・東二条院・遊義門院・新陽明門院・後宇多《ごうだ》天皇・東宮熙仁親王などが臨席、鎌倉時代最大規模の盛儀であった。乾元元年一〇月一日死去。一〇七歳。

［文献］　角田文衞『平家後抄』（朝日新聞社、一九八一）。
（藤田正義）

後高倉院《ごたかくらいん》（一一七九―一二二三）　諱は守貞《もりさだ》。*高倉《たかくら》天皇第二皇子、母は坊門信隆《ぼうもんのぶたか》の女殖子（七条院）。寿永二年（一一八三）平家の都落ちの際*安徳《あんとく》天皇とともに西海に伴われたが、平家滅亡後帰京した。文治五年（一一八九）親王宣下され、建久二年（一一九一）には元服・三品親王に叙せられたが、皇位への望みも薄いため建暦二年（一二一二）出家し法名を行助と称した。ところが*承久《じょうきゅう》の乱《らん》の結果、*後鳥羽《ごとば》・*土御門《つちみかど》・*順徳《じゅんとく》の三上皇が配流となり、*仲恭《ちゅうきょう》天皇も廃され子の茂仁《ゆたひと》が*後堀河《ごほりかわ》天皇として立てられた。当時は院政が常態であったため、天皇の父の行助入道親王に太上天皇の号がたてまつられ院政が開始された。即位せず、また出家している親王に太上天皇の尊号を贈ることは前例のないことであったが、後鳥羽《ごとば》上皇の勢力を排除するための措置であった。院政の性格はは公武の協調が基本であったが、院政開始二年後の貞応二年（一二二三）持明院殿において崩御した。

［文献］　山本幸司『日本の歴史9頼朝の天下草創』（講談社、二〇〇一）。
（千葉哲司）

後嵯峨天皇《ごさがてんのう》（一二二〇―一二七二）　諱は邦仁《くにひと》。*土御門《つちみかど》天皇第三皇子。母は源通宗《みちむね》の女通子。誕生の翌年、*承久の乱で父土御門上皇が配流されたため、源通方《みちかた》その後承明門院《しょうめいもんいん》に養育された。仁治三年（一二四二）*四条《しじょう》天皇が継嗣なく崩御したため、*九条道家《くじょうみちいえ》は*順徳《じゅんとく》皇子忠成王の即位を望み、京都の大勢も忠成王に傾いたが、承久の乱に関与した順徳上皇の勢力回復を恐れた幕府は、*安達義景《あだちよしかげ》を上洛させ乱に関与しなかった土御門《つちみかど》上皇の皇子を擁立し天皇とした。即位にあたり元服し、邦仁《くにひと》と名づけられたという。五年の在位の後久仁親王に譲位し（*後深草《ごふかくさ》天皇）、正元元年（一二五九）には後深草に命じて弟恒仁親王に譲位させた（*亀山《かめやま》天皇）。院政開始直後、九条道家《くじょうみちいえ》の失脚や関東申継《かんとうもうしつぎ》の西園寺実氏《さいおんじさねうじ》への交代などがあり、また人選に幕府の承認が必要な院評定衆が設置されるなど、院政にも幕府の影響力は増大した。文永五年（一二六八）亀山皇子の世仁親王を皇太子としたことに後深草側が反発し、*持明院統《じみょういんとう》と*大覚寺統《だいかくじとう》の対立が始まる。さらに自己の死後、治天の君の決定を幕府に一任したことも加わって両者の対立は激化してゆくのである。文永九年（一二七二）崩御した。また、建長四年（一二五二）子の*宗尊《むねたか》親王が初の*親王将軍として鎌倉にくだっている。

［文献］　笠原英彦『歴代天皇総覧』（中央公論社、二〇〇一）。
（千葉哲司）

後堀河天皇《ごほりかわてんのう》（一二一二―一二三四）　諱は茂仁《ゆたひと》。*高倉《たかくら》天皇第二皇子守貞《もりさだ》親王（のちの*後高倉院）の第三子。母は持明院基家《じみょういんもといえ》の娘陳子。十楽院僧正仁慶の弟子となり皇位から遠のいていたが、承久の乱後幕府が*仲恭《ちゅうきょう》天皇を廃したことにより承久三年（一二二一）一〇歳で即位した。当時、*後鳥羽《ごとば》・*順徳《じゅんとく》・*土御門《つちみかど》の三上皇が配流となったため、天皇として即位したことのない父の行助入道親王に太上天皇の尊号がたてまつられ院政が行われることとなった。貞応二年（一二二三）父後高倉院の死後、親政となった。貞永元年（一二三二）皇子に譲位、院政を開始したが二年後の文暦元年（一二三四）持明院殿に崩じた。

［文献］　笠原英彦『歴代天皇総覧』中央公論社、二〇〇一）。
（千葉哲司）

四条天皇《しじょうてんのう》（一二三一―四二）　諱は秀仁《みつひと》。*後堀河《ごほりかわ》天皇第一皇子。母は*九条道家《くじょうみちいえ》の女竴子（藻壁門院《そうへきもんいん》）。寛喜三年（一二三一）二月誕生、同年四月親王宣下、さらに一〇月には皇太子となる。翌貞永元年（一二三二）父後堀河天皇の譲位により二歳で践祚し天皇となるが、政治の実権は母方の縁戚である九条道家《くじょうみちいえ》や西園寺公経《さいおんじきんつね》が握っていた。仁治三年（一二四二）正月、白馬《あおうま》の節会において、足を踏み違え転倒したことが原因で崩御した。このとき、わずか一二歳であった。九条道家は後継に*順徳《じゅんとく》上皇の子忠成王を推したが、幕府は*土御門《つちみかど》天皇の第三子邦仁王（*後嵯峨《ごさが》天皇）を即位させた。これ以後、皇位決定に幕府の意向が大きく影響を与えることとなった。

［文献］　笠原英彦『歴代天皇総覧』（中央公論社、二〇〇一）。

（千葉哲司）

北条重時家訓《ほうじょうしげときかくん》　*北条泰時《やすとき》弟で長年*六波羅探題《ろくはらたんだい》を勤め、さらに*連署《れんしょ》も勤めた*北条重時が書き遺した家訓。「平重時家訓《たいらのしげときかくん》」とも。　現存する最古の武家家訓で、「六波羅殿御家訓《ろくはらどのごかくん》」（全四三条）と「極楽寺殿御消息《ごくらくじどののごしょうそく》」（全九九条）の二つが伝わる。前者は重時壮年期のもので、息子*長時《ながとき》の元服に際して、もしくは宝治元年（一二四七）に長時が六波羅探題として上洛する際に書き与えられたと考えられている。これから幕府の要職に就こうとする息子に対する具体的で功利的な処世訓に満ちており、従者に対する心がけに配慮し、世間の評判を気にするようにというその訓えは、実際に幕府の要職を歴任してきた重時の思想をよく物語っている。一方、後者は重時が出家した康元元年（一二五六）から死去する弘長元年（一二六一）までの晩年期のものと推定されている。内容は「六波羅殿御家訓」とは対照的に抽象的で普遍的な日常道徳を説くもので、後代の子孫一般を対象とした道徳律となっている。「仏法をあがめ、心を正直にもつ人は、今生もすなをに、後世も極楽にまいり」（第四七条）とあるように、全篇にわたって仏教思想、ことに浄土思想《じょうどしそう》の影響を顕著に認めることができるが、それは*浄土宗西山派に深く傾倒した重時の宗教思想を反映したものと考えられている。室町時代には一部を改竄し作者を*北条時頼《ときより》に仮託した異本が広く流布した。

［文献］　石母田　正ほか編『日本思想大系21中世政治社会思想　上』（岩波書店、一九七二）、桃　裕行『桃裕行著作集3武家家訓の研究』（思文閣出版、一九八八）。

（高橋典幸）

北条時頼廻国伝説《ほうじょうときよりかいこくでんせつ》　*北条時頼が旅姿の僧などに変装して全国を行脚し、困窮した*御家人を救済するなどの勧善懲悪を行なったとする伝説。南北朝期の『*増鏡《ますかがみ》』や『*太平記《たいへいき》』にすでにその廻国伝説がみえており、鎌倉末期から南北朝の初め頃には成立していたと考えられている。謡曲「*鉢木《はちのき》」や「藤栄《ふじえい》」は廻国伝説の代表的なものであるが、そればかりでなく寺院の縁起《えんぎ》類や各地に残る地名由来譚《ちめいゆらいたん》などにもその痕跡を残している。時頼の廻国そのものは事実とは認められないが、民情視察のために時頼が各地に派遣した廻国使《かいこくし》が下敷きとなり、そこに御家人保護の第一人者としての時頼のイメージが重なり合って廻国伝説が生まれたものと考えられている。時頼の治世下において*大番役《おおばんやく》などの御家人役《ごけにんやく》減免措置や裁判の迅速化・公正化のために引付《ひきつけ》が設置されるなどの御家人保護政策が立て続けに出されたことが、時頼に御家人保護の第一人者としてのイメージを与えることになった。また、時頼廻国伝説の残る寺院や地名の分布をたどっていくと、いずれもかつての得宗領《とくそうりょう》にあたることが指摘されている。時頼治世下に勃発した*宝治合戦《ほうちかっせん》では多くの三浦《みうら》・千葉《ちば》氏所領が没収され得宗領に編入されたと考えられることから、廻国伝説の伝播と得宗領の展開との関連性が指摘されている。いずれも東北地方に顕著に認められるのが特徴である。さらに廻国伝説の伝播にあたっては、時衆《じしゅう》の活動との関連も指摘されている。

［文献］豊田　武『豊田武著作集7中世の政治と社会』（吉川弘文館、一九八三）、佐々木　馨『執権時頼と廻国伝説』（吉川弘文館、一九九七）。

（高橋典幸）

謡曲《ようきょく》「鉢木《はちのき》」* 北条時頼《ときより》廻国伝説の一つ。旅姿の僧に身をやつした時頼が上野《こうずけ》の武士佐野源左衛門常世《さのげんざえもんつねよ》の窮状を知り、彼を救済するという話。僧を時頼と気づかない常世は、雪道に迷っていた僧を自宅に招きいれ、秘蔵の梅や桜、松の鉢植えを囲炉裏にくべて彼をもてなしながら、一族の者に所領を騙し取られ、今は零落した身ではあるものの、「いざ鎌倉」の際には真っ先に駆けつけたいという所存を僧に語る。鎌倉に帰った時頼はさっそく陣触れと称して*御家人《ごけにん》たちを招集、馳せ参じてきた常世を召し出し、その忠義を称えて本領を安堵するとともに、一夜のもてなしに対する礼として、鉢の木にちなんで加賀梅田《うめたの》荘《しょう》・越中桜井荘《さくらいのしょう》・上野松井田荘《まついだしょう》を新たに与えたという。

（高橋典幸）

（三）中世法

関東御成敗式目《かんとうごせいばいしきもく》　御成敗式目・貞永式目とも。*鎌倉幕府第三代*執権*北条泰時《やすとき》の主導で、貞永元年（一二三二）七月一〇日に制定された*鎌倉幕府の基本法。八月一〇日に公布。全五一ヶ条。泰時、*連署《れんしょ》の*北条時房《ときふさ》、一一名の*評定衆《ひょうじょうしゅう》が署名し、書写されたものが諸国の*守護に配布され、国内の*地頭御家人に伝達されている。鎌倉幕府の裁判は、当初、*頼朝の意志に由来する「先例」や、「*道理」という語で表現される武家社会内の公平観念に基づいてなされていたが、*承久の乱後の幕府支配領域の拡大過程で、訴訟裁定のための成文法が求められるようになり、執権の主宰する評定会議における御家人同士の紛争もしくは御家人と荘園領主・西国の住民との紛争を、厳格な「理非」の究明によって裁定するための基準として御成敗式目は制定された。元仁元年（一二二四）に執権となった北条泰時は、律令学の習得を日課とし、*矢野倫重《ともしげ》・*斎藤長定《ながさだ》・*佐藤業時《なりとき》・*太田康連《やすつら》など評定衆の中の実務官僚層とともに式目制定作業にあたった。式

関東御成敗式目　第8条（知行年紀法の規定）

一　御下文を帯《たい》すといえども、知行せしめずして年序を経《ふ》る所領の事

右、当知行の後廿ヶ年を過ぎば、右大将家の例にまかせて、理非を論せず改替《かいたい》あたわず。しかるに知行の由を申し、御下文を掠《かす》め給わるの輩、彼の状を帯すといえども、叙用《じょよう》に及ばず

同第二十三条（女人養子の規定）

一　女人養子の事

右、法意のごとくば、これを許さずといえども、右大将家御時以来当世にいたるまで、其の子無きの女人等、所領を養子に譲り与ふる事、不易《ふえき》の法、勝計《しょうけい》すべからず

目の成立は不易法《ふえき》・知行年紀法など武家独自の法慣習を明文化し、独立した武家法圏を成立させた画期的意義をもつ。式目制定後、鎌倉幕府の法は、式目を補完する形で発布された（式目追加法）。式目の制定は公家法領域の侵犯を意図したものではないが、幕府の訴訟裁定への期待の高まりから、式目の適用範囲は、しだいに広がりを見せるようになった。*室町幕府の基本法も式目であり、*戦国大名の分国法にも式目の強い影響が見られた。膨大な数の写本とともに、公家・武家の法曹官人による多くの注釈書が伝存している。さらに近世になると、式目は寺子屋の教科書に用いられている。第三五条までの法内容に、神社・仏寺関連、朝廷との関係の規定、裁判原則、刑事法・家族法・訴訟法といった体系性がみられるのに対し、第三六条以降が比較的雑然とした内容であることから、佐藤進一は、現存の御成敗式目は二段階の編纂過程を経たものであるとする説を主張している。→北条重時宛泰時書状

［文献］石母田 正ほか編『日本思想大系21中世政治社会思想 上』（岩波書店、一九七二）、佐藤進一「御成敗式目の原型について」（『日本中世史論集』岩波書店、一九九〇）。　（上杉和彦）

北条重時宛泰時書状《ほうじょうしげときあてやすときしょじょう》　北条泰時消息とも。貞永元年（一二三二）に*御成敗式目《ごせいばいしきもく》が制定された直後、*執権*北条泰時《やすとき》が、御成敗式目制定の経緯と趣旨について書き記し、弟である*六波羅探《ろくはらたん》題《だい》*北条重時《しげとき》に送った書状。八月八日付・九月十一日付の二通がある。刊本には『中世法制史料集1』などがある。御成敗式目の制定は公家法の領域の侵犯を意図したものではなく、その適用範囲は御家人社会・幕府固有の支配領域に限定されていることを弁明している。御成敗式目をめぐる朝廷と六波羅探題との折衝が予想される中、その対策のために泰時が重時に出した指示内容を表したものと思われる。御成敗式目制定に関する幕府支配層の理念を考えるための重要史料。

［文献］石母田 正ほか編『日本思想大系21中世政治社会思想 上』（岩波書店、一九七二）。　（上杉和彦）

新編追加《しんぺんついか》　*鎌倉幕府の発した単行法令で、*御成敗式目《ごせいばいしきもく》を補足修正する内容をもつ追加法を、内容別に項目分類し、集成した法令集。全一巻。書名は「新たに編集した追加法令集」の意。分類項目は神社・仏舎・*侍所《さむらいどころ》・*政所《まんどころ》・雑務の五編からなる。室町時代中期の嘉吉年間以降の成立。編者は未詳。三六七箇条の条文を収め、そのうち三三五箇条が鎌倉幕府追加法で、それ以外が傍例《ぼうれい》（法規範化された先例・慣習・判例）である。わずかに室町幕府追加法の混入と条文の重複がみられる。数多く編纂された幕府法の追加法令集の中で、新編追加は、近衛家本追加法令集に次いで多くの条文数を有し、また条文分類の方法より中世人の法認識を知ることができる点から、最も史料的価値の高い追加法令集の一つと評価されている。古写本には、慶長一一年（一六〇六）に梵舜《ぼんしゅん》が書写した尊経閣文庫本があり、刊本には『日本古代法典』『続群書類従』『改定史籍集覧』がある。『中世法制史料集1鎌倉幕府法』に、条文を編年配列した目録と書誌的解題が収められている。

［文献］佐藤進一・池内義資編『中世法制史料集1鎌倉幕府法』（岩波書店、一九五五）。　（上杉和彦）

沙汰未練書《さたみれんしょ》　沙汰未練抄とも。*鎌倉幕府および*六波羅探題《ろくはらたんだい》の法制度に関する用語に解説を加え、訴訟関連文書の実例を挙げて、裁判実務にあたる奉行人たちのための事務上の手引きとし

た書。書名の意味は、「沙汰（訴訟実務）に不馴れな者のための書」というもの。全体の内容は、鎌倉幕府の訴訟関連用語の解説・公家訴訟関連用語の解説・訴訟関係の文例集の三部からなる。後期鎌倉幕府の法運用の実態だけでなく、幕府の支配機構や文書様式などを知る上での基本史料。編者は不詳だが、将軍家*政所《まんどころ》執事二階堂《にかいどう》氏が編纂に関わったことが推定されている。弘安元年（一二七八）閏一〇月に執権*北条時宗《ときむね》が著したことを意味する奥書をもつが、これは仮託であると考えられ、実際には鎌倉時代末期の元応元年（一三一九）から元亨二年（一三二二）にかけて成立したものと思われる。奥書の内容からうかがえる、訴訟当事者相互の*和与《わよ》（示談）による紛争解決の意義を強調する姿勢は、厳格な理非究明による訴訟裁定の理念をうたう御成敗式目起請文との違いを示しており、鎌倉時代後期の幕政担当者の裁判理念を考える上で重要である。写本には、二階堂氏に相伝された本、室町幕府執事の伊勢氏に相伝された本、および略本の三系統がある。刊本には『中世法制史料集２室町幕府法』がある。

［文献］石井良助「中世の訴訟法史料二種について」（『増補版 大化改新と鎌倉幕府の成立』創文社、一九七二年）、佐藤進一・池内義資編『中世法制史料集2室町幕府法』（岩波書店、一九五七）。

（上杉和彦）

法曹至要抄《ほっそうしようしょう》　律令注釈書。全三巻。平安後期の明法《みょうぼう》博士坂上明兼《さかのうえあきかね》が父範政《のりまさ》から受け継いだ家学に基づき著わしたものを原型として、鎌倉初期の明法博士坂上明基《あきもと》（明兼の孫）が現行本を成立させたとする説が有力。全体の構成は、上巻（罪科）・中巻（禁制・売買・負債・出挙・借物・質物・預物・荒地・雑事）・下巻（処分・喪服・服仮・雑穢）に分かれ、各項目に法源としての律令格式および明法家の律令注釈書が引用され、それらを根拠とする編者の法解釈が「案文」として記される。明法家の実務マニュアルに用いられたものと推定される。「律」「律集解」「検非違使式」などの逸文や「庁例」の具体的記述を多く含んでおり、律令格式法の復元研究や検非違使庁の慣習法研究のための重要な研究素材である。同時にまた、単なる律令注釈学説の集成ではなく、現実の律令運用のための主体的な法理の取捨選択がみられ、平安時代後期から鎌倉初期にかけての朝廷社会での律令法の運用実態や、古代法の展開から中世法の一要素が形成されてくる様相を検討する上で貴重な史料にもなっている。なお、法曹至要抄は*御成敗式目《ごせいばいしきもく》の編目構成に影響を与えたと考えられており、中世武家法形成過程との関連も無視できない。古写本には、陽明文庫所蔵三巻本（鎌倉時代書写。冒頭に欠あり）、国立歴史民俗博物館所蔵広橋家本（東洋文庫旧蔵。下巻の一部のみ）があり、その他多数の新写本がある。→裁判至要抄

［文献］坂本太郎「法曹至要抄とその著者」（『日本古代史の基礎的研究 下 制度編』（東京大学出版会、一九六四）、棚橋光男「法書『法曹至要抄』」（『中世成立期の法と国家』（塙書房、一九八三）。

（上杉和彦）

裁判至要抄《さいばんしようしょう》　律令注釈書。全一巻。承元元年（一二〇七）、*後鳥羽《ごとば》上皇の命により明法《みょうぼう》博士坂上明基《さかのうえあきもと》が撰進。構成は、荘園立券・田宅売買・出挙利息・債権担保・動産所有権・贈与・借物・預物・相続など民事関係三三項目からなり、各項目ごとに、法源としての律令格式および明法家の律令注釈書を引用し、

それらを根拠とする編者の法解釈を「案文」として記す。編者の示す法意が、法源と一致しておらず、現実に対応した法解釈がなされているものもみられる。本書は、*『法曹至要抄《ほっそうしようしょう》』を範として編まれたものと考えられるが、全体の内容が民事関係のものに限定され、特に財産の譲与・相続に関する項目が一九項目と過半数を占めている点は『法曹至要抄』と大きく異なる点である。本書の成立段階での朝廷裁判において、財産相続の問題を中心として多発する民事関係訴訟への対応が急務となっていたことが内容に反映したものとみられ、後鳥羽上皇主導下の記録所の訴訟裁定における勘文作成上の実務規範として作成された可能性が高い。ちなみに、編者の坂上明基が、鎌倉幕府への進上を目的として『法曹至要抄』三巻本の中の民事関係項目を抄出したことは、本書の成立事情と深く関わるものとみられる。古写本には、陽明文庫所蔵本（弘長三年に僧行賢が書写したもの）がある。刊本には、『群書類従』律令部・『日本経済大典』一がある。

［文献］　田中　稔「裁判至要抄に見える悔還権について」（『鎌倉幕府御家人制度の研究』（吉川弘文館、一九九一）、長又高夫「『裁判至要抄』の成立をめぐって」（『日本中世法書の研究』（汲古書院、二〇〇〇）。　（上杉和彦）

弘安礼節《こうあんれいせつ》　弘安書札礼・弘安書札とも。有職故実書《ゆうそくこじつ》。一巻。弘安八年（一二八五）一二月、*亀山《かめやま》上皇の指示のもとで、二〇名の貴族たちによる院御所での評定を経て成立した複数の礼式が収められる。群書類従本の巻末に、前関白一条内経《うちつね》・前右大臣花山院家定《いえさだ》・大納言入道二条実季《さねすえ》の撰とする記述がみられるが、活動した時代と弘安礼節の成立年代が合わず、信憑性に欠ける。群書類従本には、書札礼事・院中礼・路頭礼事・路頭下馬礼事・褻《せつ》御幸路礼事・僮僕員数事の六つの礼式が収められている。これらの諸礼式の中で、特に重要な史料とされるのは書札礼事である。書札礼事は、上は大臣から下は六位下北面にいたるまで、ほぼすべての身分階層の朝廷官人間で取り交わされる書札における宛所・書き止めなどの文言に関し、書き手・受け手相互の身分の上下関係から一義的に書式を定めたもので、最も写本が多く残されており、後世の書札礼に大きな影響を与えた古文書学研究上の重要史料である。この書札礼の制定は、家産化された礼の秩序を国家的統制のもとに一元化したという意味から、亀山上皇が進めた公家側の*弘安徳政の所産と評価することができる。刊本は、『群書類従』雑部に収める。写本には、南北朝期書写の上野図書館本のほか、室町期・近世書写の宮内庁書陵部本・国立国会図書館本・内閣文庫本など多数があり、百瀬今朝雄により網羅的調査検討が加えられている。

［文献］　笠松宏至『徳政令』（岩波書店、一九八三）、百瀬今朝雄『弘安書札礼の研究』（東京大学出版会、二〇〇〇）。　（上杉和彦）

公家新制《くげしんせい》　古代末期から中世にかけて発せられた法令の一形式。平安時代中頃より南北朝期にいたるまで、朝廷は天皇の意志により「新制」と呼ばれる法令を発布し、国衙・寺院・幕府などに伝達した。鎌倉時代中期になると、幕府も新制を発するようになり、また寺家新制や家中新制など寺院・公家権門の新制も現れるようになったことから、これらと区別する意味で、朝廷の発した新制は公家新制と呼ばれた。これに対し、幕府の発した新制は武家新制と称された（*鎌倉幕府の場合は、関東新制とも）。「新制」とは「新しい禁制」の意味で、その名称のごとく、当初朝廷により発せられたものは、貴族たちの過差《かさ》すなわち奢侈の禁止、新立の荘園を禁じる荘園整理令など、何らかの禁令を内容としてもつものがほとんどであった。その後の保元年間に*後白河《ごしらかわ》天皇が発した新制では、土地領有の原則や平安京の秩序維持に関する条文を含むようになり、鎌倉幕府成立後、その内容は、裁判関係規定・奢侈禁令にほぼ限定されるようになった。発令の契機としては、天変地異・飢饉・辛酉年《しんゆう》（讖緯《しんい》説により革命の年にあたるとされた）・内乱の終結などがある。公家新制の発布には、朝廷による徳政の一環としての性格があり、その内容は、朝廷の政策を反映するものであったが、時代が下るにつれて、過去に出された新制の再発令の形をとるようになり、立法の実効性はしだいに失われ、形骸化した。↓武家法と公家法

［文献］ 水戸部正男『公家新制の研究』（創文社、一九六一）、稲葉伸道「新制の研究」（『史学雑誌』九六―一、一九八七）。（上杉和彦）

本所法《ほんじょほう》 *荘園の実質的支配権をもつ公家・寺社などの権門が、自ら制定し、荘園の領域もしくは荘園領主としての関わりをもつ範囲に適用させた法。律令法体系下における貴族の家政内裁判権あるいは寺院内の裁判権などの存在を歴史的前提として、荘園領主が、単なる年貢取得の権利だけではなく、荘域に対する司法・行政全般に関わる広い権限を獲得していく過程の中で成立したものである。朝廷を担い手とする*公家法、幕府を担い手とする*武家法、在地社会の慣習法などとともに、制定主体・適用範囲の分立を特質とする中世法体系の一構成要素である。制定主体に、朝廷支配層である公家権門が多いことから、本所法を広義の公家法体系の一部とみなすこともできるが、鎌倉幕府法の成立を、鎌倉殿による本所法の制定という文脈から理解することも可能である。法源には、貴族の定めた起請文、僧侶などの定めた起請・置文、寺院内で開かれた集会の決定事項、荘園領域における慣習法などさまざまなものがある。なお本所法の適用範囲は、原則的には、それを制定した本所固有の支配領域とされていた。だが、当事者主義を訴訟の原則とする中世において、本所法による本所裁判権の運営には、訴訟当事者が裁定者としてどの本所を選択するかに左右される面があった。そのため複数本所間で裁判管轄をめぐる混乱が生じる場合もあり、中世国家権力としての朝廷による裁定が、本所裁判に関わって求められる場合もあった。

［文献］ 羽下徳彦「中世本所法における検断の一考察」（石母田正・佐藤進一編『中世の法と国家』東京大学出版会、一九六〇）、井原今朝男「本所裁判権の一考察」（『日本中世の国政と家政』（校倉書房、一九九五）。（上杉和彦）

所務沙汰《しょむざた》 中世武家法の用語。所領や所職に関わる訴訟をさす。「所務」は所職に付随した職務の意。*『沙汰未練書《さたみれんしょ》』では「所領之田畠下地相論」と説明される。*鎌倉幕府の裁判は、鎌倉時代後期に入り、訴訟案件ごとに所務沙汰・*検断《けんだん》沙汰・*雑務《ざつむ》沙汰の三つに分かれて訴訟制度の整備が進められた。荘園公領の土地と人の支配をめぐる本所と*御家人の訴訟などを扱う所務沙汰では、とくに発達した裁判手続きが定められ、訴人（原告）が*問《もん》注所《ちゅうじょ》に提出した訴状および関連書類が引付に送付され、論人（被告）に対する文書（陳状）での弁明が求められ（このような訴状・陳状のやりとりは三回まで認められた）、必要な場合は法廷での訴人・論人の口頭弁論（対決）を経て、判決の原案

が作成され、評定での審理の後に最終判決が下知状によって下された。→三問三答

[文献] 石井良助『中世武家不動産訴訟法の研究』(弘文堂、一九三八)、佐藤進一『鎌倉幕府訴訟制度の研究』(岩波書店、一九九三)。 (上杉和彦)

雑務沙汰《ざつむざた》 中世武家法の用語。鎌倉時代後期に、対象案件ごとに三つに分化した鎌倉幕府裁判の一つで、主に民事関係の訴訟を指す。*『沙汰未練書《さたみれんしょ》』の定義によれば、*鎌倉幕府が雑務沙汰として扱う案件として、金融・動産の売買貸借・土地の売買・奴婢雑人の帰属などの問題が挙げられている。また同書によれば、鎌倉中においては*政所《まんどころ》、鎌倉以外の東国は*問注所《もんちゅうじょ》、西国は*六波羅探題《ろくはらたんだい》の引付がそれぞれ雑務沙汰を担当するものと定められていた。*所務沙汰《しょむさた》を重視した訴訟制度の発達がみられた鎌倉幕府に対し、*室町幕府では雑務沙汰が重視され、政所沙汰が管轄するものとされた。そのため雑務沙汰は、室町時代には政所沙汰とも称された。

[文献] 石井良助『中世武家不動産訴訟法の研究』(弘文堂、一九三八)、佐藤進一『鎌倉幕府訴訟制度の研究』(岩波書店、一九九三)。 (上杉和彦)

検断沙汰《けんだんざた》 中世武家法の用語。鎌倉時代後期に対象案件ごとに三つに分化した*鎌倉幕府裁判の一つで、刑事事件(検断)に関する裁判を指す。蒙古襲来後、幕府による本所一円地内への介入が進むにつれ、検断に関する案件が急増するようになり、検断沙汰が分立した。*『沙汰未練書《さたみれんしょ》』には、検断沙汰の対象として、謀叛・夜討・強盗・窃盗・山賊・海賊・殺害・刃傷・放火・打擲・蹂躙・大袋・昼強盗・路次狼藉・追落・女捕・刈田・刈畠などの刑事犯罪が列挙されている。担当機関は、東国では*侍所《さむらいどころ》、西国では*六波羅探題《ろくはらたんだい》検断方(当初は引付)、九州では各国守護*とされ、証拠審理と訴人・論人による最高三回までの口頭弁論の後、下知状による判決が勝者側に下された。→所務沙汰・雑務沙汰・三問三答

[文献] 佐藤進一『鎌倉幕府訴訟制度の研究』(岩波書店、一九九三)。 (上杉和彦)

寄沙汰《よせざた》 訴訟当事者が、第三者に訴訟行為を委託し、訴訟を有利にしようと企てること。委託者の行為は「沙汰を寄せる」、被委託者の行為は「沙汰を受け取る」と表現された。訴訟当事者が変更されることから「面《おもて》を替える」とも呼ばれた。裁判で勝訴した場合に得られる利益の配分などについては、委託者と被委託者の間で、あらかじめ契約が交わされていることが多かった。事例は中世の前期に多くみられ、また延暦寺の僧侶(山僧)が寄沙汰に関わることが多かった。判決を待たずに、被委託者が実力で係争物権(たとえば貸借訴訟における債権)*を差し押さえる自力救済行為も多く、これも寄沙汰と呼ばれ、*鎌倉幕府の禁制の対象とされた。

[文献] 笠松宏至「中世の政治社会思想」(『日本中世法史論』東京大学出版会、一九七九)。 (上杉和彦)

覆勘《ふくかん》 「ふっかん」とも。鎌倉幕府の訴訟制度に定められた再審手続きのこと。言葉本来の意味は「再び審査する」というもの。鎌倉時代末期に成立した裁判の手引書である*『沙汰未練書《さたみれんしょ》』には、「覆勘事」と題する一項が立てられており、それによれば、判決が下された後、その内容に誤りがあると判断する訴人(原告)もしくは論人(被告)が、引付頭人に異議を申し

立て、それが認められたとき、判決を下した引付において、再び審理がなされる制度であると説かれている。なお、『沙汰未練書』には、覆勘が認められない場合の訴訟当事者に対する救済措置として、越訴頭人と寄合の審理を経る「*越訴《おっそ》」の手続きがみえる。

[文献] 佐藤進一『鎌倉幕府訴訟制度の研究』(岩波書店、一九九三)。

(上杉和彦)

越訴《おっそ》 中世の法制度用語としての「越訴」は、鎌倉・室町幕府の訴訟手続きにおいて、敗訴判決を受けた訴訟当事者が、裁定を不服として裁判機関に再審請求することを意味し、所管の役所・役人を飛び越し、上級の役所・役人に直接訴えることを表し、非合法とされた古代・近世の「越訴」とは意味が異なる。すでに*御成敗式目《ごせいばいしきもく》起請文の中に制度的存在をうかがわせる文言がみえる。文永元年(一二六四)に置かれた越訴方は、引付奉行人の中から選ばれた一、二名の越訴奉行人と越訴審理を指揮する越訴頭人から構成された。*『沙汰未練書《さたみれんしょ》』にも「越訴沙汰」*の記述がみられる。越訴奉行の存在は、鎌倉後期の朝廷や室町幕府でも確認することができる。→覆勘

[文献] 石井良助『中世武家不動産訴訟法の研究』(弘文堂、一九三八)、佐藤進一『鎌倉幕府訴訟制度の研究』(岩波書店、一九九三)。

(上杉和彦)

庭中《ていちゅう》 訴訟手続きにおいて、裁判事務の遅延や手続き上の過誤により不利益を受けた訴訟当事者が、担当奉行人をさしおいて直接法廷に訴える制度。「庭中」の語は、「庭」でなされる口頭の直訴に由来する。原則として直訴を禁じた朝廷とは異なり、*鎌倉幕府は直訴を容認しており、そのため「庭中」の語は、鎌倉幕府の訴訟関係史料に初めて登場する。*『沙汰未練書《さたみれんしょ》』によれば、鎌倉には、口頭でなされる、評定に対する御前庭中および引付に対する引付庭中の二つがあり、*六波羅探題《ろくはらたんだい》には、庭中奉行が置かれ、文書(庭中申状)によって行うことが定められていた。鎌倉末期の朝廷でも、担当奉行の緩怠行為を背景とした、治天《ちてん》の君に対する公家庭中が成立し、*室町幕府にも庭中方が置かれている。→越訴《おっそ》

[文献] 藤原良章『中世的思惟とその社会』(吉川弘文館、一九九七)。

(上杉和彦)

合奉行《あいぶぎょう》 相奉行・聞奉行とも。中世武家政権の裁判制度における職名の一つ。*鎌倉幕府の合奉行は、建長年間に*所務沙汰《しょむさた》(所領や所職に関わる訴訟)の審理を担当する機関として引付制が成立した際に置かれ、訴訟審理を主管する引付各番の上臈三〜四名の奉行人(本奉行または執筆と呼ばれる)の行う裁判実務に誤りなきよう監査する職とされている。また、鎌倉だけでなく、*六波羅探題《ろくはらたんだい》の引付にも合奉行が置かれたことが知られる。*室町幕府の訴訟制度においても、本奉行を補佐する職として合奉行が置かれ、本奉行が訴人の審問を担当したのに対し、論人を担当したことから論人奉行とも称された。

[文献] 石井良助『中世武家不動産訴訟法の研究』(弘文堂、一九三八)。

(上杉和彦)

訴陳《そちん》に番《つが》う 裁判において、訴人(原告)と論人(被告)が書面でそれぞれの主張を述べて応酬すること。*鎌倉幕府の制度に代表される中世の訴訟手続きでは、訴人が訴の内容を記した文書(訴状)を裁判所に提出すると、裁判所は、論人に対し問状を発し、訴人の主張に対して反駁する内容を記した文書(陳

状）の提出を命じた。「訴陳に番う」の語は、この訴状・陳状に由来する。鎌倉幕府の制度では、最高三回までの訴状・陳状の提出が認められていた。訴状・陳状の応酬のみで裁判所が判決を下せない場合は、訴人・論人が法廷に召集され、直接口頭で主張を述べ合う対決がなされた。

［文献］石井良助『中世武家不動産訴訟法の研究』（弘文堂、一九三八）。（上杉和彦）

三問三答《さんもんさんとう》* 鎌倉・室町幕府の訴訟制度上の用語。幕府裁判では、訴が提起されたとき、裁判所は論人（被告）に問状を発して、訴人（原告）の訴状における主張に対する反駁を文書（陳状）として提出するよう命じる。このような形でなされる訴人と論人の主張の応酬を「*訴陳《そちん》に番《つが》う」というが、鎌倉幕府は最高三回まで訴状・陳状の提出を認めており、この原則を三問三答といった。二回目に提出された訴状・陳状は重訴状（二申状）・重陳状（二答状）、三回目に出された訴状・陳状は三申状・三答状と呼ばれた。三問三答によって裁判所が判決を下すことができず、訴人・論人が法廷に召集され、直接口頭で主張を述べあう対決がなされることも多かった。

［文献］石井良助『中世武家不動産訴訟法の研究』（弘文堂、一九三八）。（上杉和彦）

年紀法《ねんきほう》 年序法とも。中世における時効制度。物権の領有に関する状態が一定期間持続した場合に、文書などの証拠や法規定に根拠づけられる権利関係の存在に関係なく、その状態を正当な権利として認める法理もしくは制度。年紀法の法理は、古代末期から中世初期にかけての武士社会の中で長く慣習法として育まれたものと思われる。*鎌倉幕府が、*御成敗式目《ごせいばいしきもく》第八条において、右大将家（*源頼朝）の例により、所領の当知行が二〇年を経過した場合、その権利関係を変更してはならないことを定め、武家固有の慣習法である年紀法を成文化したことは、法史における大きな画期となり、これが中世年紀法の基本とされた。ほぼ一世代に相当する二〇年という期間を年紀と定めたことは、世代交代が起こるたびに武士の所領領有をめぐる紛争が起こることを未然に防ぎ、社会秩序の安定をはかる意味をもっていた。なお宝治元年（一二四七）には、地頭の荘園押領行為が、年紀法の適用外と定められている。また鎌倉幕府は、御成敗式目第四一条で、奴婢雑人の帰属に関する年紀法として、一〇年を経過した状態の変更を認めないと定めている。*鎌倉幕府の定めた年紀法は、室町幕府の法理に継承され、また戦国大名の定めた*分国法や近世法の法理にも強い影響を与えている。さらに、武家法と律令に由来する公家法の内容を融合調和させようとする意識を背景に、年紀法の理念は、中世公家法の法理にも実質上大きな影響を与えた。→武家法と公家法

［文献］石母田正ほか編『日本思想大系21中世政治社会思想 上』（岩波書店、一九七二）。（上杉和彦）

入門《いりかど》 入廉とも。鎌倉時代末期から南北朝期の訴訟関係史料にみえる語。『*沙汰未練書《さたみれんしょ》』の「越訴沙汰事」には、原判決に誤りがあるとする訴訟当事者の再審請求に対する越訴方内談での審理は「入門」をもってすることが定められ、この「入門」を「肝要」のこととする説明がみられる。用法から見て「入理《いりり》非《ひ》」の対になる語と考えられ、笠松宏至は、実質的な制度と手続きに裏づけられた裁断を意味した「入理非」に対し、「入門」は、観念の場における正邪の裁断であると規定し、「入門」こ

そ中世における訴訟のあり方の本質を示すものと理解する。このような見解に対し、「入理非」と「入門」を、一連の訴訟手続きにおける異なる段階を示す語とする考えも示されている。

［文献］　笠松宏至「入門」（『日本中世法史論』東京大学出版会、一九七九）、新田一郎「中世「裁判」の「理念」をめぐって」（『日本中世の社会と法』東京大学出版会、一九九五）。　（上杉和彦）

沙汰雑掌《さたざっしょう》　荘官の一つ。「雑掌」とは、本来律令制の官司で雑務に従事するものを指す語であったが、中世の荘園制においても継承され、荘園領主の命を受けて*荘園の領有にかかわる雑務にあたる荘官の名称に用いられるようになった。そのような荘園の雑掌の中で、沙汰雑掌は、在京して荘園をめぐる訴訟実務にたずさわるものを指す。これに対して、現地で年貢の収納実務にあたる雑掌は所務雑掌と呼ばれた。沙汰雑掌は、幕府法廷での荘園をめぐる裁判において、本所（荘園領主）側の訴訟当事者として*地頭・地頭代などと争論に及び、幕府裁許状の中に多くその名がみえている。

［文献］　赤松俊秀「雑掌について」（『古文書研究』一、一九六八）。
（上杉和彦）

公験《くげん》　古代において、何らかの権利の所在を認めるために公権力が発した文書を公験と呼び、朝廷が発した僧尼身分の証明書などが早い例として知られている。やがて、朝廷や国司・郡司などが、売買・譲与・寄進などによる土地の移動の事実を証明し、土地領有者の所有権を認定するために発した文書も公験と呼ばれるようになった。中世に入り、朝廷が独占していた公権力が、権門・幕府などに分有されると、それらが発した所領などに関する権利証明書も公験とされ、やがて、公権力が発給したものだけでなく、所領の領有権や得分権を保証する内容の文書が広く公験と称されるようになり、所領をめぐる紛争が生じた際の証文として、裁判で重視されるようになった。

［文献］　佐藤進一『新版　古文書学入門』（法政大学出版局、一九九七）。　（上杉和彦）

正文《しょうもん》　何らかの意志を伝えるために文書が作成され、書き手から読み手へ伝達されたとき、実際に読み手へ伝達され、機能を果たした文書そのものを指す語。文書としての効力を期待された写しである案文や、単なる文書の下書きである草案・土代などに対する語。通常、正文は文書の受け手の側に伝来するが、帳簿類などのような備忘録的機能をもつ文書の場合、正文は文書作成者の側に残ることとなる。正文は、裁判における最も高い証拠能力を有するものとして重視された。ある文書を正文であると認定することは必ずしも容易ではなく、筆跡・花押・料紙などに対する高度な真偽鑑定能力に裏づけられた判断が求められる。

［文献］　佐藤進一『新版　古文書学入門』（法政大学出版局、一九九七）。　（上杉和彦）

案文《あんもん》　文書の写しの中で、法的な効力を与えられたもののこと。書き手から読み手へ伝達されて機能を果たした文書そのものである*正文《しょうもん》に対する語で、単なる写しである控や、下書きである草案・土代とも区別される。案文が作成される具体的ケースとしては、訴訟における訴人・論人が証拠文書として提出するためのもの、所領の売買・譲与・寄進の際に所領の一部の移転であるために正文を渡せない場合のもの、上級機関の命令を、下級機関が書写して支配領域へ伝達するためのものなど、さまざまなものがある。正文の写しに、あらかじめ上級機関より正文に準ずる旨の法的裏付けを受けたものを校正《きょうせい》案文と呼び、正文が紛失した際に正文同様の効力を与えられた。

［文献］ 佐藤進一『新版 古文書学入門』（法政大学出版局、一九九七）。 （上杉和彦）

封裏《ふうら》 裏封・裏を封ず・裏判とも。文書の裏書き行為の一つで、訴訟の際に提出された文書などの裏に署名・花押を記すことにより、表の文書の記載内容を固定し、その改変を防ぐこと。この場合の「封ず」は「とじこめる」の意。文書の裏が封じられる場合には、*鎌倉幕府に提出された訴状に、自分がその担当であることを確認するために担当奉行人が行うもの、謀書と訴えられた文書の特定のために担当奉行人が行うもの、訴訟に際して提出された申状の主張を承認する旨を示すために裁判機関が行うものなどがある。封裏行為自体が、文書の表に記された主張や事実関係の肯定あるいは否定を意味しない場合があることには注意を要する。

［文献］ 笠松宏至「「裏を封ずる」ということ」（『法と言葉の中世史』平凡社、一九八四）。 （上杉和彦）

謀書《ぼうしょ》 偽造された文書、もしくはそれを作成する行為。律令制においては、詐偽律の中に謀書を禁じる詳細な規定が定められており、中世公家法では、謀書の罪は盗みの罪に準ずるとされ、拘禁刑が課された。証拠文書の厳格な審理に基づく訴訟制度を発達させ、肉刑を中心とする刑罰体系をもつ武家権力の法では、謀書行為に対するとくに厳格な処罰規定が定められ、*鎌倉幕府が制定した*御成敗式目《ごせいばいしきもく》の第一五条では、侍身分には所領没収（所領がない場合には遠流《おんる》）、*凡下《ぼんげ》身分には火印を押すことが定められた。鎌倉幕府法の謀書処罰規定は、*伊達《だて》氏の*塵芥《じんかい》集《しゅう》・六角《ろっかく》氏の*六角氏式目など、*戦国大名の定めた分国法の法理にも大きな影響を与えている。

［文献］ 石井良助『中世武家不動産訴訟法の研究』（弘文堂、一九三八）。 （上杉和彦）

挙状《きょじょう》 推挙状・吹挙状とも。現在の推薦状・紹介状にほぼ相当する。ある支配関係のもとで、被支配者がさまざまな問題に関して行う申請に対し、支配的立場にある者が、その申請の推薦・取次ぎのために作成して副進される文書。位階や官職を希望する者の申請を上司・主人が取次ぐ場合や、従者が起こした訴訟を主人が取次ぐ場合などの事例が知られる。*鎌倉幕府は、*御成敗式目《ごせいばいしきもく》第六条で、諸国の荘園公領や神社仏寺領から幕府に訴訟が起こされる場合、本所（荘園領主・知行国主）の挙状を必要とすると定め、さらに建長二年（一二五〇）には、雑人（庶民）が訴訟を起こす場合、諸国では居住地の*地頭の挙状、鎌倉では居住地の地主の挙状が必要であると定められた。

［文献］ 相田二郎『日本の古文書 上』（岩波書店、一九四九）。 （上杉和彦）

具書《ぐしょ》 訴訟に際して、自己の主張が正当であることを証明するために、訴人の提出する訴状や論人の提出する陳状に副えて提出される関係文書のこと。史料中の文言に「具書を副う」などと表現される。公権力の発給した文書・先祖の作成した譲状・寄進者の作成した寄進状・系図・絵図などその具体的内容はさまざまである。訴状・陳状と別紙である場合だけでなく、張り接ぎされて提出される場合もある。また、具書の数が多い場合には、その目録が作成されて付記されるのが通例であった。事情により*正文《しょうもん》が提出できないために具書として案文が作成された場合、これを具書案といい、現存しない正文の内容を伝えるものとして重要視される。↓公験《くげん》・手継《てつぎ》

［文献］佐藤進一『新版　古文書学入門』（法政大学出版局、一九九七）。（上杉和彦）

手継《てつぎ》　手継文・手継証文・手継券文とも。文書が張り継がれた一連の権利証文のこと。荘園所職の領有や名田の保有など主に不動産物権の権利が移動した際に、その移動が正当なものであることを証明して権利を保証するために発給された文書が、同一物権に対して複数存在するとき、それらが年代順に張り継がれ、長い巻子などにされて手継が成立した。中世の所領紛争の裁定では証拠として文書が重視されたため、土地の所有権が移動する場合に、古い所有者から新しい所有者に対して、その土地の権利関係文書が一括して引き渡されたために、時代の経過とともに手継が作成されるにいたった。「手継」の語は、手から手へ代々受け継がれることに由来する。不動産物権の移動の契機は売買・譲与・寄進・相博《そうばく》（交換）などさまざまであるため、手継に見える文書の形式・内容にも、売券・譲状・寄進状・相博状・紛失状・安堵状・裁許状など数多くのものがみられる。土地の分割相続などの事情により、文書の正文を渡せない場合に、別に*案文《あんもん》が作成されて、手継に加えられる場合もある。↓公験《くげん》・具書《ぐしょ》

［文献］佐藤進一『新版　古文書学入門』（法政大学出版局、一九九七）。（上杉和彦）

中間狼藉《ちゅうかんろうぜき》　法制度上の用語。裁判が進められている途中に、一方の訴訟当事者が、判決結果を待たずに勝手に係争物権を領有すること。中世の裁判においては、係争物権に対する訴訟当事者の関与は制限され、訴えられた当知行者の係争物権の処分が禁じられたり、あるいは訴人・論人双方による係争物権への一切の関与が禁じられた（後者の制限は「所務を中に置く」などと表現された）。これらの禁止事項に背く行為は中間狼藉行為として違法とされ、その事実が確認された場合、それを行った者はただちに敗訴とされた。しかしながら、自力救済の慣行が社会に定着している中世においては、ほぼ全期間を通じて中間狼藉の事例が多くみられた。

［文献］石井良助『中世武家不動産訴訟法の研究』（弘文堂、一九三八）。（上杉和彦）

一事《いちじ》両様《りょうよう》の咎《とが》　法制度上の用語。非法行為としての一事両様の行為を犯す罪。一事両様とは、何らかの裁判が進行している最中に、その裁判と訴人・論人・係争地がまったく同一である訴訟が、訴人によって別の裁判機関に提訴される行為を指す。たとえば、幕府に対してなされた訴訟が、同時に朝廷に対してもなされたり、あるいは幕府裁判機構の中で複数の引付に同時に提訴されたりすることが、一事両様行為の具体的な事例となる。一事両様の行為は*鎌倉幕府によって禁じられており、非法行為とされた。

［文献］石井良助『中世武家不動産訴訟法の研究』（弘文堂、一九三八）。（上杉和彦）

悪口《あっこう》の咎《とが》　言葉により他者の名誉を傷つけ攻撃する罪。名誉を尊ぶ武家社会において、悪口行為はしばしば闘争の契機となったが、*鎌倉幕府は、*御成敗式目《ごせいばいしきもく》第一二条で、重大な悪口には流罪、軽微な悪口には召籠《めしこめ》の罰を与え、裁判の法廷において

悪口を述べた者は敗訴とすると定めている。悪口として糾弾された語の具体的内容はさまざまであり、事実に反して「乞食非人」「非御家人」「下人」のように身分を貶めるもの、身体的欠陥に関するもの、近親相姦のような不名誉な行為をあげつらうものなど、数多くの悪口の事例が史料から確認される。口頭表現に関わるものであるだけに、これら文献で知られるもの以上に多くの悪口の事例があったと推測される。

［文献］　笠松宏至「お前の母さん…」（網野善彦ほか編『中世の罪と罰』東京大学出版会、一九八三）、山本幸司「恥辱と悪口」（網野善彦ほか編『ことばの文化史　中世二』平凡社、一九八九）。

（上杉和彦）

折中《せっちゅう》の法《ほう》　折中の儀とも。「折中」の一般的な語義は「両方の良いところをとって程よく調和させること」であるが、古代から中世にかけての訴訟関係史料の中では、訴訟当事者の主張を折半融合させた裁定を下したり、判決を下すために依拠する成文法の法理と社会実態の間の溝を埋める現実的な裁定を下したりする際の法的判断のあり様をとくに指す。律令法の規定と社会の現実の乖離が明らかとなった平安時代における、律令に依拠する建前の堅持を本務とする明法家《みょうぼうか》の勘文の内容など、古代から中世にかけて公家法が運用される場に顕著にうかがえる。武家法の領域においても、柔軟な法運営が求められる状況においては、「折中の法」による判断が下される場合もあった。

［文献］　笠松宏至「折中の法」（『法と言葉の中世史』平凡社、一九八四）。

（上杉和彦）

道理《どうり》　中世人の法観念・法思想に関する用語。正当な理屈・物事のあるべき姿などを意味する「道理」の語は、中国の古典や日本古代の文献にも用いられているが、中世になると、土着の法理念に基づく公平観念を表す言葉としての「道理」が、外来法である律令法に代表される人為的に定められた法規範に対抗した概念として重要な意味をもつようになった。たとえば、中世の裁判における訴訟当事者が自己の主張を弁明する根拠として「文書を保有していること」を強調する場合、その考えは「文書の道理」という表現として史料上の文言に登場し、このような事例から中世社会に存在したさまざまな「道理」の姿を知ることができる。*鎌倉幕府の裁判における判決は、成立後しばらくの間、*頼朝の意志に由来する「先例」とともに、武家社会内に存在した公平観念である「道理」を規範として下されており、そのような裁判事例の蓄積を前提として、*執権《しっけん》北条泰時《やすとき》の主導のもとに鎌倉幕府の基本成文法である*御成敗式目《ごせいばいしきもく》が制定されている。したがって、年紀法のような*御成敗式目の法規範の内容から、武家社会における道理の具体的あり方の一端をうかがうことができる。また、歴史意識に関わる「道理」の語は、*慈円《じえん》の著した『*愚管抄《ぐかんしょう》』の中に多くみえており、国家社会のあり方を定める普遍的理念である「道理」の変化として歴史の展開を理解する慈円の歴史認識を知ることができる。

［文献］　大隅和雄『愚管抄を読む』（平凡社、一九八六）。

（上杉和彦）

安堵《あんど》　主人が、土地その他の所領に対する従者の権利の存在・継続・移転を承認する行為。「安堵」は「堵（垣・居所）に安住させる」という意。平安中期頃に社会的に確立した主従制秩序の根幹を支える重要な要素であり、とくに武士社会で発達がみられた。鎌倉幕府の法体系の中には、遺跡安堵・*本領安《ほんりょうあん》堵《ど》・和与《わよ》地安堵・紛失安堵・買得安堵・譲与安堵などさまざまな安堵が存在し、後の武家権力の安堵に強い影響を与えた。『*沙汰未練書《さたみれんしょ》』には遺跡安堵に関する規定が見られる。鎌倉時代末期には、当知行が確認された譲与安堵の申請に対する簡略な安堵方式である外題《げだい》安堵法が定められている。特殊な安堵として、代替わりの際に将軍や摂関家が行う代始め安堵があった。

（上杉和彦）

［文献］笠松宏至「中世の安堵」（『中世人との対話』東京大学出版会、一九九七）、七海雅人『鎌倉幕府御家人制の展開』（吉川弘文館、二〇〇一）。

知行《ちぎょう》　職務の遂行・土地などの物権の領有に関する語。古代における大王や豪族の土地人民支配を意味する和語の「しる」に起源をもち、これに「知」の字があてられて、天皇の国土支配を意味する「知し食す」や領主の土地領有を意味する「領知する」などの語が生まれた。古代末期以降、官職の職務遂行が、付随する得分とともに物権化し、いわゆる「職《しき》の体系」が成立するようになると、官職の職務遂行の意味をもつ「知行する」の語が成立し、職務遂行と得分取得の権利行使が「何々職を知行する」と表現されるようになった。職に付随する得分の多くは土地の領有にかかわるものだったため、私的土地所有の客体である*荘園の領有についても「何々荘を知行する」のごとき表現が成立した。中世初期の在地領主の所領は、多くは荘園公領の所職に補任されることで維持されていたため、彼らを家人として組織する者は、その所職の知行権を安堵する必要に迫られた。*鎌倉幕府は*御成敗式目《ごせいばいしきもく》第八条で、「右大将家《うだいしょうけ》」（*源頼朝《よりとも》）の例」に基づき、実際に所領の知行権が行使されている状態（当知行）が二〇年経過した*御家人の知行権の正当性を無条件で認める知行年紀の法規範を明確にした。この知行年紀法の法理は、知行権の所在はあくまで証拠文書によって証明されるとする公家法の法理とはきわめて対照的である。中世後期以降、「職の体系」が解体していくに伴い、土地・人民そのものが知行の客体として表現されるようになった。→当知行、年紀法、武家法と公家法

（上杉和彦）

［文献］石井紫郎「知行論争の学説史的意義」（『国家学会雑誌』八二―一一・一二、一九六九）、上横手雅敬「知行論争の再検討」（『法制史研究』二三、一九七三）。

当知行《とうちぎょう》　権利を証明する文書の有無とは関係なく、何らかの官職の職務とそれに付随する得分を獲得する権利を、現実に行使している状態、あるいは転じて土地などの不動産物権を実際に占有している状態。これに対し、権利の存在・不存在にかかわらず占有していない状態を不知行《ふちぎょう》という。公家法の法理では、権利の所在は証拠文書によってのみ承認されるのが原則であったが、*鎌倉幕府は、*御成敗式目《ごせいばいしきもく》第八条で、二〇年経過した御家人の所領知行権の正当性を、権利関係に関係なく承認する知行年紀の法規範を明確にした。御家人間の所領紛争の頻発を未然に防ぐことで社会の安定を目指すこの法理は、年紀と関係なく当知行を保護する*室町幕府の法理へと発展した。→知行、年紀法

（上杉和彦）

［文献］辻本弘明「土地所有権の源流」（『中世武家法の史的構造』岩田書院、一九九九）。

和与《わよ》　本来の語義は「贈与」であるが、中世の法制度上の用語としては、平安時代の明法家《みょうぼうか》の法解釈に起源を持ち、法定相続人への無償の財産譲与を意味する用語として、「譲与」「処

分」と同義語に用いられた。法定相続人への和与に対し、傍系親や所従などの非血縁者のような法的権利をもたない人への無償の財産譲与は他人和与と称された。*御家人所領の一族外への流出を防ぐために、鎌倉時代後期以降、幕府は他人和与に厳しい制限を加えるようになった。一方、鎌倉時代以降の訴訟制度上の重要な用語として、訴訟当事者同士による話し合いでの訴訟終結すなわち示談・和解契約を意味する「和与」の語がある。このような和与が法的拘束力をもつためには、訴訟当事者相互の了解のもとで和与の内容を記した文書（和与状）を作成し、これに対する幕府の承認を求める必要があった。和与が承認された場合、幕府は、和与によって判決にいたることなく訴訟が終結した旨を記す下知状《げちじょう》を作成し、訴訟当事者に手交した。以上のような手続きをとらない和与は、特に私和与と呼ばれ、法的な拘束力を認められなかった。和与が行われる際に、中《ちゅう》人《にん》とよばれる調停人が関与する場合もあった。鎌倉時代後期になると、訴訟の頻発状況に対応するため、幕府は和与による紛争解決を奨励する立場をとった。鎌倉時代末期の裁判担当奉行人のための手引書である『*沙汰未練書《さたみれんしょ》』の奥書にも、和与を重視する文言がみえている。

（上杉和彦）

［文献］平山行三『和与の研究』（吉川弘文館、一九六四）、長又高夫「「和与」概念成立の歴史的意義」（『日本中世法書の研究』汲古書院、二〇〇〇）。

他人和与《たにんわよ》　平安時代の明法家《みょうぼうか》の法解釈書に始まり鎌倉幕府法に受け継がれた用語で、無償の財産譲与を意味する「*和与」のうち、傍系親や所従などの非血縁者のような法的権利をもたない人に対する「和与」を特に区別して呼ぶ語。生前譲与の悔い返し（取り消し）を認めない公家法に対し、子孫への処分（譲与）に対する家父長の悔い返しを原則として認めていた鎌倉幕府は、*御家人所領の一族外流出による幕府権力基盤の弱体化を防ぐため、他人和与に制限を加え、子孫への処分に準じて悔い返しを認めるようになり、さらに文永一一年（一二七四）に発令した追加法において、近親者や年来養育してきた親類の子息などを除き、他人和与が行われた所領を没収することを定めた。

（上杉和彦）

［文献］平山行三『和与の研究』（吉川弘文館、一九六四）。

連坐《れんざ》・縁坐《えんざ》　連坐とは、刑罰の威嚇効果によって犯罪を予防するために、何らかの人間集団全体に連帯責任を負わせ、その集団の構成員が罪を犯したとき、その犯罪行為との関連の有無を問わず、集団のほかの構成員を罰することを意味する。その集団が親族である場合、これをとくに縁坐とよぶ。現代の法制度にも、特殊な状況における連坐制度の適用はみられるが、個人の自立が未達成であり、共同体や親族集団が社会の基本的構成要素となっている前近代社会において、連坐・縁坐の制度は普遍的にみられた。古代律令法では、賊盗律における謀叛・大逆などの重大犯罪に対する縁坐規定がみられ、また行政上の違法行為に関する、官司の四等官（長官《かみ》・次官《すけ》・判官《じょう》・主典《さかん》）相互の連坐規定が存在していた。律令法を前提として発達した公家法では、連坐・縁坐規定の適用範囲は限定されていたが、厳罰主義を法観念の基調とする武家社会では、縁坐の慣行がより大きな広がりをみせていた。そのため、鎌倉幕府の基本法である*御成敗式目《ごせいばいしきもく》やその追加法令の中に、謀叛・殺害・強盗・年貢抑留などの犯罪行為に関する父子間・夫婦間での縁坐の適用・

不適用を定めた条文がみえている。武家権力の確立とともに、縁坐制度は社会に定着していき、*塵芥集《じんかいしゅう》など*戦国大名の*分国法や江戸幕府の法の中に縁坐に関わる規定がみられる。→公家法・武家法

〔文献〕石井良助『刑罰の歴史』(明石書店、一九九二)。　　（上杉和彦）

裁許状《さいきょじょう》　裁判の判決を当事者に伝えるために公権力が発給した文書。平安時代までは、太政官符《だじょうかんぷ》・官宣旨《かんせんじ》・院庁下文《いんちょうくだしぶみ》・女院庁下文《にょいんちょうくだしぶみ》・諸家政所下文《しょけまんどころくだしぶみ》などが裁許状の機能を有する文書として存在したが、*鎌倉幕府が成立し、その訴訟制度の発達によって、幕府裁定による紛争解決が広く期待されるようになると、裁許状は、幕府が発給する判決文書となかば同義になった。成立当初の鎌倉幕府は、*頼朝《よりとも》の意志がそのまま幕府の意志を意味し、裁許状として頼朝の袖判下文《そではんくだしぶみ》・政所下文《まんどころくだしぶみ》が用いられた。*執権政治体制が成立し、執権の主宰する*評定会議が幕府裁判の中心になると、原則として、執権・連署が将軍の意を受けて発する下知状様式の文書が裁許状に用いられた。下知状の基本様式は、事書に訴人・論人・訴訟案件を掲げ、本文に訴人の主張・論人の主張・裁判所の判決を順次記し、書止めを「下知如件」という文言で結ぶものである（「下知状」の名称は書止め文言に由来）。下知状は、最も実例の多く残る裁許状の様式であり、鎌倉殿の意志を奉じる形で執権・連署が署名して発給するもの（関東下知状《かんとうげちじょう》）のほか、*六波羅探題《ろくはらたんだい》・*鎮西《ちんぜい》探題《たんだい》が発給したもの（六波羅下知状・鎮西下知状）があった。訴訟当事者相互の和解（和与《わよ》）によって紛争の解決がはかられた場合も、幕府の承認を示す和与裁許状が発給された。*室町幕府も、初期には*足利直義《ただよし》の発する下知状が裁許状の機能を担っていたが、やがて執事・管領・奉行人の発する文書にとってかわられた。

〔文献〕佐藤進一『新版　古文書学入門』(法政大学出版局、一九九七)。　　（上杉和彦）

科料《かりょう》　過料・過銭とも。財産刑の一つ。刑罰の執行にあたって何らかの財物を支払わせることは、古代律令法においては、謀叛など特別に重大な犯罪の際の家財没収や一部特権身分に許された換刑としての*贖銅《しょくどう》などに限られていたが、中世以降、幕府・荘園領主・戦国大名などにより、重大犯罪に対する所領没収、軽犯罪に対する銭貨（もしくはそれに代わるもの）徴収といった財産刑が広く行われるようになった。そのような財産刑罰の中で、銭貨を徴収する刑罰を科料と呼んだ。刑罰そのものではなく、換刑としての科料もみられる。科料の刑は、近世になってさらに一般化した。

〔文献〕石井良助『刑罰の歴史』(明石書店、一九九二)。　　（上杉和彦）

武家《ぶけ》法と公家《くげ》法　古代から中世にかけて、非律令法的な日本固有の法慣習が成文化されたり律令法と融合したりすることで、法の制定主体・適用範囲・内容が分化していくが、その結果生まれた諸法の中で、朝廷の法を公家法、武家領主の法を武家法と呼ぶ。具体的な公家法の実態は、律令の追加法・修正法である格およびその施行細則である式、明法家の律令解釈書、*検非違使庁など諸官司に蓄積された先例、公家新制などから知られ、荘園整理など土地領有の原則・平安京の秩序維持・*神人僧侶の身分統制・殺生禁断・奢侈禁令などに関する法令がみら

れる。公家法は律令法との関係が深いものの、社会の現実に対応した新しい法規範も含んでいた。一方、古代末期から政治的に台頭するようになった武家領主階級は、元来独自の法慣習を有していたが、貞永元年（一二三二）に*執権*北条泰時《やすとき》を中心とする*鎌倉幕府が、右大将家《うだいしょうけ》（*源頼朝《よりとも》）の時代の先例と「*道理」を元に、武家による初めての成文法である*御成敗式目《ごせいばいしきもく》を制定したことは、武家法の歴史における大きな画期となった。御成敗式目は、公家法の影響を受けつつも、*守護の職権、*地頭所務、*御家人の所領相続など幕府固有の法規範を定め、武家法の基本となり、以後の鎌倉幕府および*室町幕府の法令は、御成敗式目の追加法令として発せられている。このほかの武家法としては、*室町幕府が当面の施政方針として建武三年（一三三六）に発した建武式目、鎌倉時代の有力御家人や室町時代の国人が一族内統制と所領支配のために定めた法、戦国大名が領国統治のために定めた*分国法などがある。武家法の特徴としては、発達した裁判制度の規定、*年紀法・不易《ふえき》法の原則、身体刑の優越、所領悔い返しの大幅な容認、*連坐《れんざ》・縁坐《えんざ》制の発達などが挙げられる。鎌倉期の公家法体系は、武家法の法規範や鎌倉幕府の政策の影響などを受けながら、訴訟規定などを整備して南北朝期まで存続したが、室町幕府が朝廷の支配権の大部分を吸収したことで、その実態を失った。

［文献］　石母田正「『中世政治社会思想　上』解説」（『石母田正著作集8古代法と中世法』岩波書店、一九八九）、佐藤進一「公家法の特質とその背景」（『中世政治社会思想　下』（岩波書店、一九八一）。

（上杉和彦）

（四）　モンゴルの襲来と幕府の衰退

〔モンゴルの襲来〕

元《げん》の建国《けんこく》　モンゴル帝国第五代ハーンのフビライ（忽必烈。世祖）が至元八年（一二七一）に国号を大元と改め漢風国家を指向したこと。太祖ことチンギス・ハーン（成吉思汗。本名テムジン）は、モンゴルの草原より身を興してモンゴリアの各部族を制圧、一二〇六年に大ハーンの地位に就いた。その後、彼は西遼（カラ・キタイ）・中央アジア諸国・西夏などを滅ぼし、一大勢力を築いた。チンギス・ハーンは一二二七年に死去したが、その後二代オゴデイ（太宗）時代に金・ホラズムを滅ぼし、ルーシー（ロシア）・東ヨーロッパへの侵攻が行われた。四代モンケ（憲宗）時代にはアラビアに攻め込みアッバース朝を滅亡させた。このようにモンゴルはユーラシア大陸の過半を占める超巨大帝国となった。モンケはチンギス以来続いている漢地の制圧と経営を弟のフビライに任せたが、このことがフビライの漢風指向を決定づけた。モンケは一二五九年、南宋攻略中に死去。後継者の地位はフビライとアリク・ブカの兄弟で争われた。先進地帯である漢地の文物に注目するフビライとチンギス以来のモンゴル風遊牧文化を持続しようとするアリク・ブカとの間には国家理念の決定的な相違が存在した。両者の対立はモンゴル帝国を二分する熾烈な争いであったが、最終的に至元元年（一二六四）にアリク・ブカが投降し乱は終息する。これにより、遊牧国家から中国征服国家への転身が行われ、大都《だいと》（現在の北京）が首都として建設され漢風制度が採用されていった。

そんな中、東アジアでは高麗が服従（一二五九）したことで、南宋はいっそう孤立した。南宋を完全に孤立させるためにも日本との通好の必要性を感じたフビライは、日本への使者派遣を命じた。これが日本への侵攻（蒙古襲来）につながっていく。

［文献］　田村実造編『中国文明の歴史7大モンゴル帝国』（中公文庫、二〇〇〇）。

（溝川晃司）

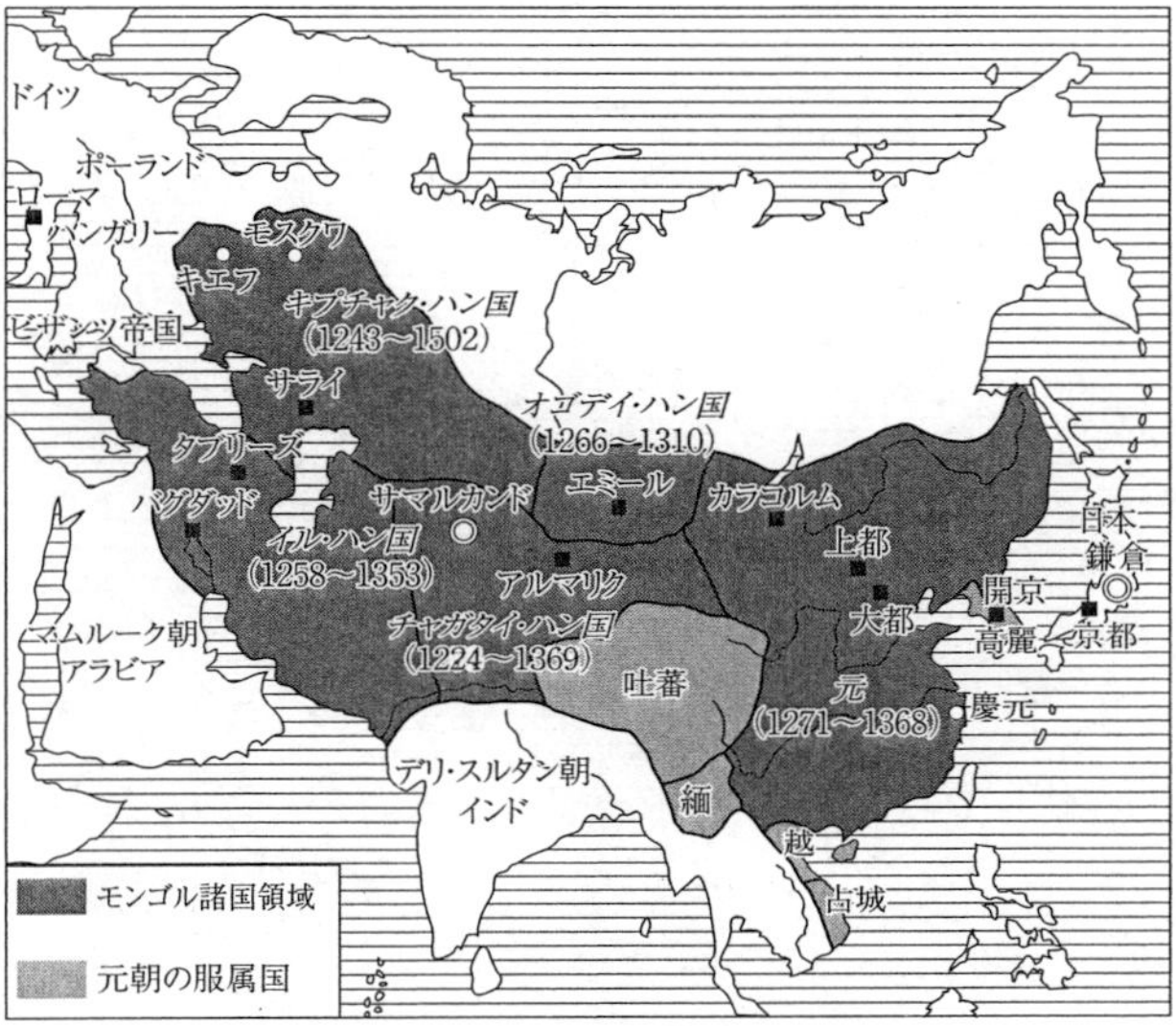

モンゴル帝国の最大版図(1280年頃)

三別抄《さんべつしょう》の乱　高麗《こうらい》の特別編成軍ともいうべき三別抄が高麗王元宗《げんそう》に背き、蒙古と高麗に対して起こした武力闘争のこと。高麗は一二三二年、江華島《こうかとう》に遷都し侵略してきた蒙古への抗戦を開始した。その軍事の主力は、高麗正規軍とは別に精鋭により編成された三つの別抄（左別抄《さべつしょう》・右別抄《うべつしょう》・神義軍《しんぎぐん》）、つまり三別抄であった。約三〇年の抵抗ののち、高宗《こうそう》は一二五九年に蒙古に入朝した。蒙古は代わった元宗に対し江華島を出て旧都開京に戻るよう命じた。しかし武人たちがこれに従わず一二七〇年についに王族の王温を擁して珍島に移動、正当政府を自認し抗戦した。翌年の敗北で温は戦死したが残党は耽羅島《たんらとう》（現在の済州島《さいしゅうとう》）に逃げ込む。一二七三年には蒙古・高麗による追討軍により壊滅し乱は終息した。なお、一二七一年（文永八）には日本に牒状を送り食糧支援と援軍を要請しているが、三別抄の存在を知らない日本側は高麗王朝よりの牒状と誤解、結果的にはその真意を飲み込めずに無視するにいたった。

［文献］　池内　宏「高麗の三別抄について」（『史学雑誌』三七―九、一九二六）、石井正敏「文永八年来日の高麗使について」（『東京大学史料編纂所報』一二、一九七八）、村井章介「高麗・三別抄の叛乱と蒙古襲来前夜の日本」（『歴史評論』三八二・三八四、一九八二）。

（溝川晃司）

文永《ぶんえい》の役《えき》　モンゴル帝国（元）による第一次日本侵略軍事作戦とそれを防ぐ日本軍との間に起こった戦争をさす。文永一一年（一二七四）一〇月に起こった一ヶ月足らずの短期間の対外戦争である。日本は文永五年（一二六八）に蒙古の国書を受け取って以来度重なる蒙古の通好要求をはねつけるとともに、西国の防備を固めてきた。至元一〇年（一二七三）に*趙良弼《ちょうりょうひつ》が来日したが虚しく帰国したことで、来寇は避けられない状態に

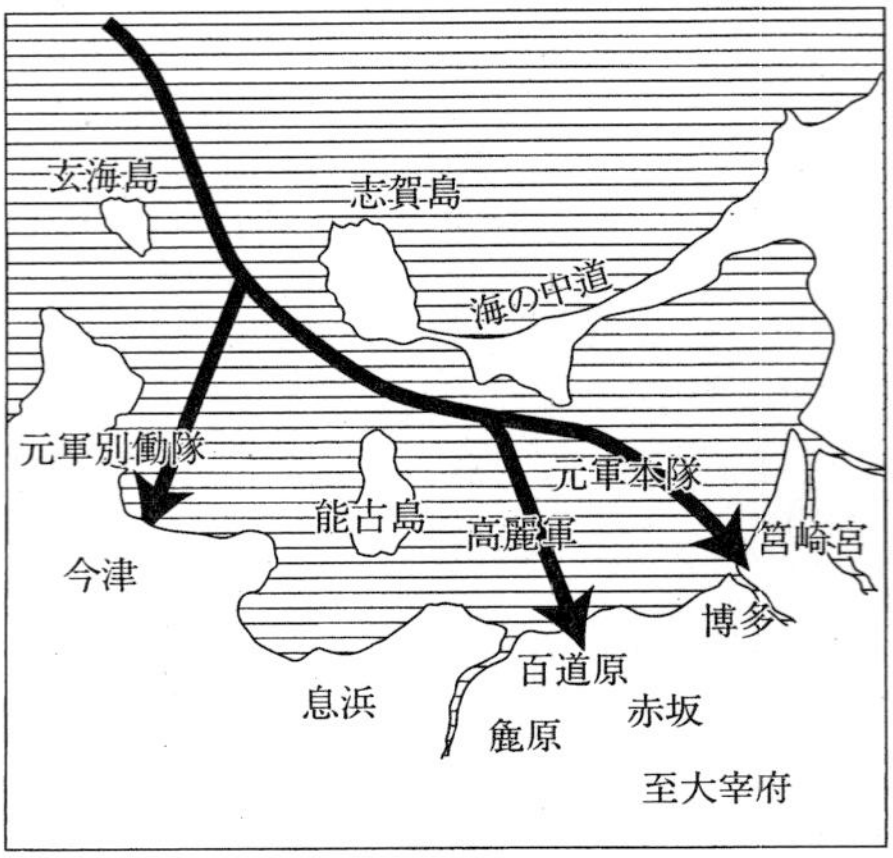

文永の役における博多湾

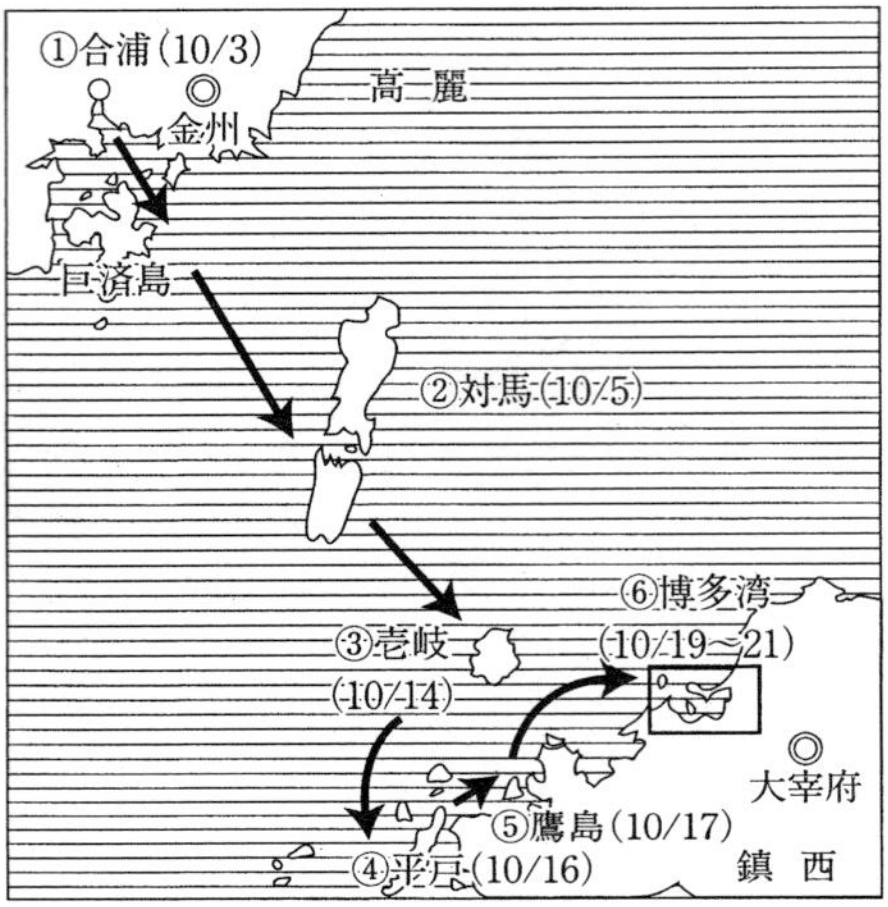

文永の役
文永 11 年(1274)10 月 3 日～ 21 日

なった。元の世祖フビライは至元一一年（一二七四）正月に高麗に九〇〇艘の造船を命じ、三月に正式な日本征伐令を*忻都《きんと》に命じた。以後出征準備に数ヶ月を費やし一〇月三日に合浦《がっぽ》（現在の馬山《まさん》）より進発した。都元帥忻都を筆頭に*洪茶丘《こうちゃきゅう》・劉復《りゅうふく》亨《こう》・金方慶《きんほうけい》ら諸将が従う約四万人（元二万五〇〇〇、高麗八〇〇〇、水夫など七〇〇〇）の大軍であった。五日には対馬《つしま》に押し寄せ、守護代*宗資国《そうすけくに》以下を滅ぼした。一四日には壱岐《いき》に現れ翌日守護代平景隆《かげたか》以下を討った。さらに壱岐では非戦闘員も多数虐殺されたようである。一六・一七日には肥前の*平戸・*鷹島などを襲撃した（これはあくまで博多湾攻略を円滑に行うための掃討であろう）。二〇日早朝より博多湾沿岸に上陸を開始。上陸地点は今津（元軍別働隊）、麁原《そはら》・百道原《ももちばる》（高麗軍）、博多・筥崎《はこざき》（元軍本隊）の三ヶ所である。銅鑼・太鼓を鳴らしながら短弓・毒矢・震天雷《しんてんらい》などを駆使して集団戦法をとる元・高麗軍に対し、名乗りを上げ単独戦法をとる日本軍が大いに苦戦したのは有名である。筥崎では日本側の武将*少弐《しょうに》（武藤）景資《かげすけ》がかろうじて劉復亨を負傷させるも、劣勢に耐えかねて*水城《みずき》に退却した。筥崎宮はこのとき元軍により焼亡した。元・高麗連合軍はこの日は日没とともに軍船に引き上げた。翌二一日、海上の大船団は消え、ただ一隻が*志賀島に打ち上げられていただけであった。夜間に発生した暴風雨により軍艦がことごとく沈没したためである。しかし、いわゆる*「神風」により沈没したのではなく、高麗へ撤退したものとする説もある。このように文永の役は短期間で終結したが、日本側にとっては幸運な「辛勝」であった。

［文献］黒田俊雄『日本の歴史8蒙古襲来』（中公文庫、一九七四）、

相田二郎『蒙古襲来の研究 増補版』(吉川弘文館、一九八二)、太田弘毅『蒙古襲来―その軍事史的研究―』(錦正社、一九九七)。 (溝川晃司)

石塁《せきるい》(元寇防塁) 蒙古の第一次日本侵攻(*文永の役)の後に、日本側により博多湾沿岸に築かれた軍事設備のこと。防塁とも。文永の役での、上陸した蒙古・高麗軍に苦戦した反省から、敵の上陸を極力防ぐことを目的とした石塁が建設されるようになった。造営が開始されたのは建治二年(一二七六)三月頃で、当初は五ヶ月後の八月の完成を予定していた。しかし以後も造営が続けられ、正応年間(一二八八―九三)初頭まで続いた。その補修はさらに長く、一四世紀半ばまで行われた。造営・補修は石築地役として九州各国に分担されて行われた。場所は、東は香椎《かしい》から西は今津《いまづ》大道《おおみち》までの約二〇キロであった。大宰府の窓口としての博多湾の防備がまず重視されていたわけである。石塁の幅は約三メートル、高さは約二メートルほどである。弘安の役では、この石塁に拠って防備した日本軍の奮戦もあってほとんど上陸を許さず、素晴らしい効果を発揮した。現在博多湾沿岸各地で遺構が残存している。

[文献] 川添昭二『元寇防塁編年史料』(福岡市教育委員会、一九七一)、相田二郎『蒙古襲来の研究増補版』(吉川弘文館、一九八二)。 (溝川晃司)

水城《みずき》 筑前国大宰府の北方に設けられた城。博多津と大宰府の間に位置し、外敵が博多湾より上陸してきた際には大宰府を守るという性格をもつ。天智天皇二年(六六三)の白村江《はくそんこう》の戦いで日本軍は新羅・唐連合軍に破れ、対外緊張は一気に高まった。その対処法として大宰府北隣に大野城・瀬戸内海沿岸に屋島城などの諸城が築かれ、有事の際の防備とされた。水城もその一つで、天智天皇三年(六六四)に造営された。大野城の山麓から約一キロにわたって堤が築かれ、有事には水をたたえて防御する構造になっていた。*文永の役では、劣勢を打開するため日本軍が博多より退却し、ここを守備して大宰府防衛の最終線とした。しかし、結局元軍は一夜にして博多湾から消え去り、戦場となることはなかった。

[文献] 『日本城郭大系18』(新人物往来社、一九七九)。 (溝川晃司)

異国警固番役《いこくけいごばんやく》 元・高麗の来寇に備えるために主に九州地方の*地頭*御家人に催された北九州における軍役のこと。その最初は文永八年(一二七一)九月、小代重俊《しょうだいしげとし》と二階堂行景《にかいどうゆきかげ》妻に充てて、鎮西に下向し守護とともに異国の防御と領内の悪党の鎮圧にあたるよう、それぞれ呼びかけているものである。このように関東在住で九州に所領をもつ御家人に九州への下向と防衛を督励した。*文永の役後の建治元年(一二七五)に、番役は四季ごとに九州の担当国が交替で行うなど、番役に対する制度・規制が固まり始める。この番役を担当する御家人は京都や鎌倉における*大番役を免除され、九州の防衛に専念できる体制がとられた。また、博多湾沿岸を地区ごとに分け、九州諸国で防備の担当地区を定めて防衛するようになった。しかしこの制度は嘉元二年(一三〇四)に改変され、九州各国を五番に分け、各番が一年を通じて防備するという体制になった。この番役は*弘安の役後ももちろん行われ、南北朝時代初期まで行われたことが確認できる。この番役により、関東武士が九州の各自の所領に下向し当地に土着したのは地域史上の大きなポイントであろう。また*本所一円地《ほんじょいちえんち》の武士も統率できたので、*御家人・非御家人を問わず国内の在地領主への干渉が行われ、*守護の権限が強まった。これは後の*守護大名に連なるものである。

［文献］ 相田二郎『蒙古襲来の研究 増補版』（吉川弘文館、一九八二）、筧 雅博『日本の歴史10 蒙古襲来と徳政令』（講談社、二〇〇一）

（溝川晃司）

高麗遠征計画《こうらいえんせいけいかく》 *文永の役の後、幕府によって立案された高麗への遠征計画のこと。文永の役のような防御に撤するのでなく、逆に異国に攻めこもうとするものである。建治元年（一二七五）一一月に金沢実政《かねさわさねまさ》（金沢実時《さねとき》の三男）が異国征伐のため鎮西に下向した、とするのが初見である。また同年一二月には安芸《あき》国守護の武田信時《のぶとき》に関東《かんとう》御《み》教書《きょうじょ》が出された。そこでは、明年（建治二年）三月頃に異国へ征伐すること、水手などが*鎮西で不足の際は山陰・山陽・南海道などから募集するので安芸の*御家人・本所を問わず水手などを募り規定人数を守って博多へ派遣せよという命令が出されている。それと平行して博多湾岸の石築地役も他の御家人に催しており、遠征計画と*石塁造営は平行して行われていた。この遠征計画が立案されたのは、文永の役に対する恩賞に充てる土地がなく、御家人の不満を解消するため、との説もある。しかし、石築地役と平行して行われたため、どちらにしてもその負担は重かった。かつ初めて動員された*本所《ほんじょ》一円地《いちえんち》の住人の非積極性もあり、結局計画倒れになってしまった。なお、*弘安の役終結後約一月後にも、再び異国征伐が計画された。大将は*少弐《しょうに》経資《つねすけ》・大友頼泰《おおともよりやす》であり、彼らの管国（筑前・豊前・肥後か）の御家人と山城・大和の悪徒も合わせて動員するものとなっていた。しかしこの計画も実行されることはなかった。

［文献］ 相田二郎『蒙古襲来の研究 増補版』（吉川弘文館、一九八二）、南 基鶴『蒙古襲来と鎌倉幕府』（臨川書店、一九九六）。

（溝川晃司）

長門探題《ながとたんだい》 長門国を統治する武家側機関。「探題」との名称があるが、当時の幕府機関が「長門探題」と呼称した例はなく、「探題」の称はあくまで俗称である。実際は長門・周防《すおう》両国守護に同じ。元・高麗連合軍による*文永の役の後、西国に対するいっそうの防御体制を構築することが急務となった。鎮西（九州）はもちろん、それに次いで本州最西部の長門・周防両国の防衛も重要であった。このため、建治二年（一二七六）に得宗*北条時宗《ときむね》の弟宗頼《むねより》がこの両国の守護に補任《ぶにん》されたのが起源である。それ以前に長門・周防の守護に北条氏が補任されたことはなかったが、これ以後*鎌倉幕府の滅亡に至るまで北条氏一門が両国の守護を独占することとなった。統治範囲が二ヶ国にわたり、かつ外敵警固の際にこの体制が定まったため、*鎮西探題に類するものという認識がされたものか。ただ、史料上では『忽那文書』などにおいて、北条（金沢《かねさわ》）時直《ときなお》のみが「探題」として明記されており、それ以前の守護で「探題」とされる史料は現存していない。宗頼の後は北条兼時《かねとき》、師時《もろとき》、万寿、金沢実政《かねさわさねまさ》、北条時仲《ときなか》、時村《ときむら》、熙時《ひろとき》、時仲《ときなか》（再任）と続き、金沢時直《かねさわときなお》（金沢実村《さねむら》の子）にいたる。時直は、正慶二年（元弘三年、一三三三）三月に宮方の吉見道性《よしみどうしょう》の軍と交戦中、厚東《ことう》氏らに背かれ敗北。その後豊田氏にも背かれて長府（山口県下関市）の館を脱出。五月二七日に少弐《しょうに》・島津氏の仲介で降参し、「長門探題」は滅亡した。

［文献］ 佐藤進一『増訂鎌倉幕府守護制度の研究』（東京大学出版会、一九七一）、『長門市史』歴史編（長門市、一九八一）。 （溝川晃司）

弘安《こうあん》の役《えき》 元帝国による第二次日本侵略軍事作戦とそれを防ぐ日本軍との間に起こった対外戦争をさす。弘安四年（一二八一）五月から閏七月まで続いた。元は*文永の役の後、たびたび日本に使者を派遣したが、日本側（幕府）は来寇以前と違って使者を斬り捨てるという強硬策に転じた。このため、至元一七年（一二八〇）八月に征東行省が設置され、日本侵攻計画が再び始動した。以後着々と準備が進められ、翌至元一八年（一二八一）正月、世祖フビライは日本再征の命を正式に下した。五月三日、*忻都《きんと》・*洪茶丘《こうちゃきゅう》・金方慶《きむばんぎょん》らが率いる東路軍（高麗人・蒙古人が中心）約四万二〇〇〇人（元一万五〇〇〇・高麗一万・水夫など一万七〇〇〇）を乗せた約九〇〇艘が合浦《がっぽ》（現在の馬《ま》山《さん》）より出発した。五月二一日に対馬《つしま》を攻略、続いて二六日に壱岐《いき》に現れた。六月六日には博多湾沿岸が防塁で固められていたため、志賀島に上陸したが、海の中道から進軍してきたり小舟で寄せて斬り込んでくる日本軍と激戦となり、戦闘は一二日頃まで続いた。一三日に東路軍は肥前《ひぜん》の*鷹島に移り、ここで江南軍の合流を待機する。一方、旧南宋の降伏兵から成り立つ江南軍（阿多海《アタハイ》・*范文虎《はんぶんこ》が指揮、約一〇万人、約三五〇〇艘）は六月一八日にようやく慶元《けいげん》（現在の寧波《にんぽう》）と舟山島《ちょうしゃん》から出発する有様だった。本来は六月中頃壱岐にて合流するはずであったが主将の阿刺罕《あらかん》の急病により急遽阿多海に交替したこともあり、明らかに遅延していた。江南軍は六月末に合流し、二九日の壱岐の攻略戦に加わっている。壱岐では*武藤（少弐《しょうに》）資《すけ》能《よし》・*経資《つねすけ》親子や島津久経《ひさつね》なども加わり防戦に務め、苦しみなが

弘安の役における博多湾

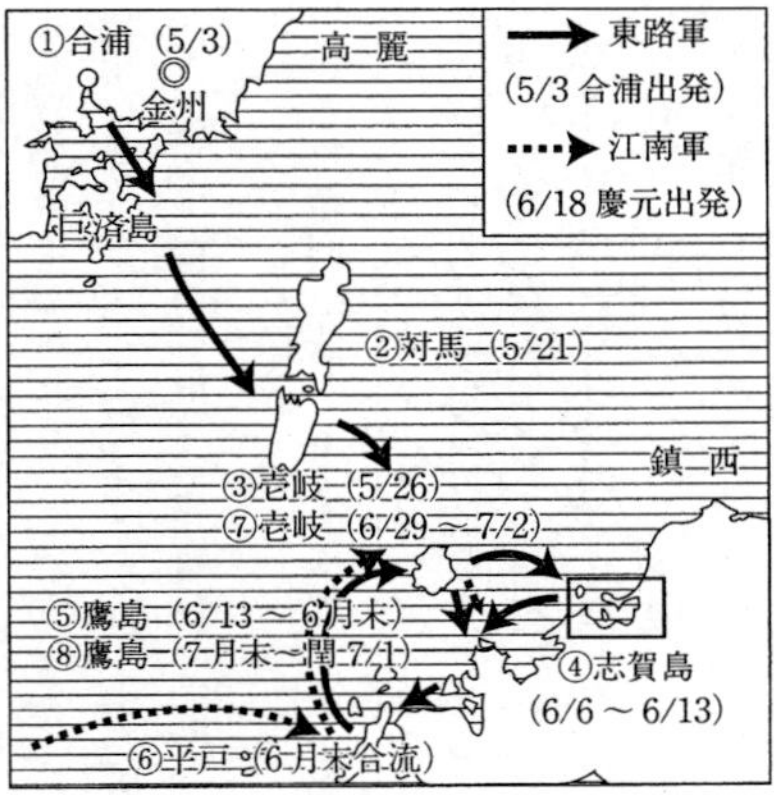

弘安の役

弘安4年（1281）5月3日～閏7月1日

らも撃退に成功した。両軍はその後、七月二日に肥前の*平戸に集結、二五日以上活動せず二七日にようやく主力が鷹島に移動してきた。しかし閏七月一日の早暁より暴風雨が発生し、大船団のほとんどが沈没してしまった。この日を太陽暦（ユリウス暦）で換算すると一二八一年八月一六日となる。つまり、台風が北九州を通過しても不思議ではない時期であり、台風の通過に直撃したものか。漂流している残敵は恩賞を望む武士によりことごとく掃討され、弘安の役は終結した。事実上最後の蒙古襲来となるが、その残した傷跡は以後御家人層を苦しめることとなる。

［文献］　黒田俊雄『日本の歴史8蒙古襲来』（中公文庫、一九七四）、相田二郎『蒙古襲来の研究増補版』（吉川弘文館、一九八二）、太田弘毅『蒙古襲来—その軍事史的研究—』（錦正社、一九九七）。

（溝川晃司）

志賀島《しかのしま》・鷹島《たかしま》　両島ともに蒙古襲来の激戦地となった。志賀島は筑前《ちくぜん》国糟屋《かすや》郡（現福岡市東区）。博多湾の東北にあり、湾に蓋をするような形で海の中道とつながっている。古代にはここに奴国《なこく》があり後漢から贈られた金印が出土したことで名高い。鷹島は肥前《ひぜん》国松浦《まつら》郡（現長崎県鷹島町）にあり東松浦半島の西に位置する。*文永の役では鷹島に元・高麗軍が押し寄せ、非戦闘員も多数殺害されたようである（『*八幡愚童訓』）。*弘安の役では志賀島が東路軍の上陸地点となった関係で、日本軍と熾烈な戦いが繰り広げられた。その後、*平戸にて東路軍と江南軍が合流し、鷹島の沖に移動してきたところで暴風雨に遭遇。これにより艦隊は壊滅、鷹島には溺死者や残敵が多数打ち上げられ、ことごとく掃討されたという。戦後、鷹島には「とふひ（烽火）」というのろし台が置かれ、連絡網として機能した。

［文献］　相田二郎『蒙古襲来の研究増補版』（吉川弘文館、一九八二）。

（溝川晃司）

神風《かみかぜ》　*文永・*弘安の両役において、博多湾上の元・高麗軍の軍船を壊滅させた嵐をさす。とくに文永の役では、圧倒的劣勢を強いられた日本側にとってこの嵐はこの上ない「助勢」であり、当時の人々にとって奇跡的な出来事に映ったのも不思議ではない。それ以前にも神国思想は存在したが、元軍の二度の壊滅により説得的条件を得て、盛んに喧伝されるようになった。ただ、朝廷や寺社はイデオロギーとして神国観念を昂揚させたが、戦場の武士たちは武功を立てることや領土の保全・拡大を目指して戦ったのであり、両者の外敵への意識には温度差が存在した。近代では太平洋戦争中に、爆弾を積んだ戦闘機が敵艦に体当たりする「神風特攻隊」の名に用いられたことで有名である。このため、今日“kamikaze”という語で「無謀者」の代名詞として世界中に知られている。

［文献］　黒田俊雄『日本中世の国家と宗教』（岩波書店、一九七五）、南　基鶴『蒙古襲来と鎌倉幕府』（臨川書店、一九九六）。

（溝川晃司）

神領興行《しんりょうこうぎょう》　神領興行法とも。かって寺社が保持していた所領を、知行年季や下文の有無を問わず寺社領として返還させる法令。つまり寺社に対する一種の徳政令である。鎌倉後期に出された。その中でも弘安七年（一二八四）六月に出されたもの、正安三年（一三〇一）一〇月に出されたもの、正和元年（一三一二）九月以前に出されたものの三つが著名である。弘安のものは*北条時宗《ときむね》が死去し*貞時《さだとき》が新得宗となった際、*安達泰盛《あだちやすもり》による*弘安の徳政の一環として出されたものである。対象は伊勢神宮であり、対象地の御家人や*凡下などの知行を否定するものであった。これは安達泰盛による公家政権への管轄領域への過度の干渉につながり、泰盛の族滅後は若干の修正・緩和が行われた。この法令は朝廷側でも行われ、*治天の君と*得宗《とくそう》によって深化・定着していった。正安にも、幕府により伊勢神宮を対象とした再度の興行法が出された。これは、対象地の当事者双方が武家徳政に依拠するようになったのが特徴で、武家法の影響を畿内近国の民衆社会に浸透させる画期となった。興行法として一番有名なものは正和のもので、宇佐《うさ》宮・筥崎《はこざき》宮・高良《こうら》宮・香《か》椎《しい》宮・安楽寺の五つが対象であったため、九州五社神領興行法ともいわれる。得宗貞時《さだとき》が死去した翌年に出され、*高時《たかとき》の代始めの徳政興行という性質を持っていた。この法令により九州における神領の一円化と社内機構の一元化が急速に進行した。それは、幕府による寺社・本所権力の、在地社会の趨勢に対する行政改革を促すものであった。これらの政策は、後に*建武政権による徳政政策へと発展していった。

［文献］海津一朗『中世の変革と徳政—神領興行法の研究—』（吉川弘文館、一九九四）。

（溝川晃司）

鎮西談議所《ちんぜいだんぎしょ》　鎌倉後期に、幕府により鎮西（九州）に設置された鎮西統治機関。*鎮西探題の前身。筑前《ちくぜん》国博多に置かれた。*文永・*弘安の両役の後、幕府は鎮西御家人の統率をより強化する必要があった。しかし、鎮西御家人に鎮西以外の恩賞地を与えたり彼らが訴訟のため京・鎌倉に行くことは鎮西を離れることであり、鎮西の警固体制の弱体化を招く恐れがあった。以上の問題を防ぐため、弘安七年（一二八四）に関東より三名の奉行（明石行宗《あかしゆきむね》・長田教経《おさだのりつね》・*兵庫助政行《ひょうごのすけまさゆき》）が派遣された。この奉行三名と鎮西の守護三名（*少弐経資《しょうにつねすけ》・大友頼泰《よりやす》・安達盛《あだちもり》宗《むね》）を組み合わせて三組に分けた。この三組が三ケ国ずつ担当し、神領興行・名主職安堵などを行うようになった。弘安八年（一二八五）に起こった*霜月騒動の後、奉行人が改編された（少弐経資・大友頼泰・宇都宮通房《うつのみやみちふさ》・渋谷重郷《しげさと》）。翌年には鎮西談議所と名づけられ主に鎮西の訴訟を担当した。これは、従来武藤（少弐《しょうに》）氏や大友氏に伝えられていた鎮西奉行《ちんぜいぶぎょう》よりも権限の強いものであった。永仁元年（一二九三）三月には北条兼《かね》時《とき》・名越時家《なごえときいえ》が現地に下向し、北条*得宗《とくそう》家の強力な支配下に置いた。それとともに、名称も鎮西探題と改められ、鎮西談議所の権能を引き継ぐことになった。

［文献］黒田俊雄（『日本の歴史8蒙古襲来』中公文庫、一九七四）、川添昭二『九州の中世社会』（海鳥社、一九九四）。

（溝川晃司）

鎮西探題《ちんぜいたんだい》　鎌倉後期に筑前《ちくぜん》国博多に置かれ、鎮西（九州）の御家人を統治・統制するために設置された機関のこと。弘安七年（一二八四）より*鎮西談議所が同所に設置され、鎮西の神領興行や名主職安堵などの諸事にあたっていた。しかし永仁元年（一二九三）三月に北条兼時《かねとき》・名越時家《なごえときいえ》が現地に下向し、北条*得宗《とくそう》家の強力な支配下に置き、鎮西探題と改められた。彼らは訴訟審理権・軍事指揮権・*検断《けんだん》沙汰《さた》審理権などの権限をもっていた。これは、鎮西御家人を*異国警固番役《いこくけいごばんやく》や石築地役に専念させ、有事の際には北条得宗家の指揮のもとで迅速かつ有効な防御体制を構えるという意図があった。探題の組織としては、探題のもとに三番に分かれた引付頭人が置かれ、引付奉行人をま

鎮西探題一覧

代数	人名	出自	父親	就任	退任
1	北条兼時	北条得宗庶流	北条宗頼	永仁元年(1293)3月	永仁3年(1295)4月上旬頃
	名越時家	北条名越流	名越公時	永仁元年(1293)3月	永仁3年(1295)4月上旬頃
2	金沢実政	北条金沢流	金沢実時	永仁4年(1296)8月以降	乾元元年(1302)12月7日
3	金沢政顕	北条金沢流	金沢実政	乾元元年(1302)12月以降	正和4年(1315)8月以前
4	阿蘇随時	北条得宗庶流	阿蘇時定	文保元年(1317)正月頃	元亨元年(1321)6月23日
5	赤橋英時	北条極楽寺流	赤橋久時	元亨元年(1321)12月頃	正慶2年(元弘3年、1333)5月25日

とめていた。一番頭人は北条氏一門、二番は少弐氏、三番は大友氏であった。以後の探題は金沢実《かねさわさね》政《まさ》、金沢政顕《まさあき》、金沢種時《たねとき》(否定説あり)、阿蘇随時《あそゆきとき》が務め、最後の探題である赤橋英時《あかはしひでとき》に至る。この間、北条氏一門は鎮西において勢力を拡大していき、少弐・大友ら鎮西有力御家人の反感をしだいに買うようになった。正慶二年(元弘三年、一三三三)三月に肥後の*菊池武時《きくちたけとき》が博多で挙兵し探題館を攻めたが、少弐・大友の協力を得られず敗死。しかし五月には*少弐貞経《さだつね》・*大友貞宗《さだむね》・島津貞久《しまつさだひさ》の三*守護が英時に背くと、鎮西武士のほとんどが反探題方となり、博多の探題館を攻撃した。赤橋英時は五月二五日に自害し、鎌倉幕府の最後の機関が滅びるとともに鎮西探題も幕を閉じた。

[文献]　川添昭二『九州の中世社会』(海鳥社、一九九四)。

(溝川晃司)

鎮西早打役《ちんぜいはやうちやく》　蒙古襲来以後につくられた飛駅制度。平安期までは、東国との交通路としての重要性は東山道(後の中山道)の方が上であった。しかし鎌倉に武家政権が成立したことにより、東海道が徐々に整備されていき、東西を結ぶ大動脈となった。しかし飛駅制度はまだまだ整備不足であった。蒙古の牒状がもたらされその脅威が大きくなる中、鎌倉・京間のみならず鎮西・鎌倉間の交通の整備が重要になった。そこで路地の御家人や宿場などに馬を用意させ飛脚に使用させるという*関東御公事《かんとうみくうじ》が路地の荘公領に課せられた。これにより、鎌倉・京間の連絡が従来は一五日程要したのがわずか四日で到着するようになった。また、*文永の役では博多・鎌倉間の連絡に一六日を要したのに対し、*弘安の役では一二日に短縮されるなど、東西の円滑な連絡に貢献した。

[文献]　豊田　武・児玉幸多編『体系日本史叢書24　交通史』(山川出版社、一九七〇)、筧　雅博『日本の歴史10　蒙古襲来と徳政令』(講談社、二〇〇一)。

(溝川晃司)

北条時宗《ほうじょうときむね》(一二五一―八四)　*鎌倉時代中期の政治家、武将。鎌倉幕府第八代*執権。建長三年(一二五一)五月一五日誕生。父は北条時頼《ときより》、母は極楽寺重時《ごくらくじしげとき》の女。幼名は正寿丸。正嘉元年(一二五七)二月元服。康元元年(一二五六)一一月、時頼は病のため*北条長時《ながとき》に執権職を譲り出家するが、長時はあくまで正寿丸が成人するまでの眼代であり北条氏の家督はあくまで正寿丸が継ぐものとされた。これが、執権が*得宗《とくそう》ではない最初の例であり、北条一族の家督はあくまで得宗家が保持するという意志の表れである。弘長三年(一二六三)時頼死去に伴い、北条一族の家督を継ぐ。文永元年(一二六四)に長時が死去、*連《れん》署《しょ》の*北条政村《まさむら》が七代執権になり時宗が連署に就任した。文永五年（一二六八）三月に政村に代わり執権となる。彼の執権の時代は元（蒙古）との通好交渉と来寇への対処に直面していたことで有名である。これには、使者には返答を与えず断固とした措置をとり防御体制を固める時間をつくったこと、九州の防備を強化するためのさまざまな施策がとられ効果的に作用した反面、北条氏（得宗家・支流諸家）の権力拡大につながったことなどが挙げられる。また得宗権力の拡大とともに得宗御内と*御家人との対立も発生し、後の衝突の要因となった。対朝廷政策では、*後嵯峨《ごさか》法皇死去後の*持明院《じみょういん》・*大覚寺《だいかくじ》両統の争いを仲介し東宮に煕仁《ひろひと》親王（後の*伏見《ふしみ》天皇）を指名したことで、後の天皇家分裂の原因をつくった。文化面では、南宋より禅僧*無学祖元《むがくそげん》を招き、鎌倉山内に*円覚寺《えんかくじ》を造立し開山としたことが名高い。弘安七年（一二八四）四月四日に出家（法名道果）、同日死去。享年三四歳。

［文献］ 黒田俊雄『日本の歴史8蒙古襲来』（中公文庫、一九七四）、筧 雅博『日本の歴史10 蒙古襲来と徳政令』（講談社、二〇〇一）。

（溝川晃司）

北条時輔《ほうじょうときすけ》（一二四八―七二） 鎌倉時代中期の武将、政治家。*六波羅探題《ろくはらたんだい》南方。初名は時利《ときとし》。父は*北条時頼《ときより》、母は将軍家女房の讃岐局。宝治二年（一二四八）誕生。時頼正室を母とする弟*時宗《ときむね》が正嫡とされていたため、早くから庶流として過ごす。文永元年（一二六四）一〇月に上洛し、六波羅探題南方となる。文永九年（一二七二）二月一五日に二月騒動が勃発、弟の時宗より命を受けた北方の北条義宗《よしむね》の軍勢によって滅亡。享年二五歳。この乱は蒙古の襲来が噂される中、名越《なごえ》流北条氏と時輔が京都の前将軍*宗尊《むねたか》親王を担いで反*得宗《とくそう》の旗を挙げようとしたために行われた、北条得宗家による「体制固め」との説もある。『保暦間記』では時輔は吉野に難を逃れ、その後消息不明とも書かれている。

［文献］ 南 基鶴『蒙古襲来と鎌倉幕府』（臨川書店、一九九六）。

（溝川晃司）

北条長時《ほうじょうながとき》（一二三〇―六四） 鎌倉時代中期の武将、政治家。*鎌倉幕府第六代*執権《しっけん》。桓武平氏北条極楽寺《ごくらくじ》流。父は北条*重時《しげとき》、母は平時親《ときちか》女。寛喜二年（一二三〇）二月二七日誕生。誕生後程なく重時は*六波羅探題《ろくはらたんだい》北方として上洛したため、京都で成長したものか。*宝治合戦《ほうじがっせん》直後の宝治元年（一二四七）八月に父重時が*連署《れんしょ》になるべく鎌倉に戻ったため、父の後を継ぎ六波羅探題北方に就任、幕府京洛機関の要となる。康元元年（一二五六）三月に重時の出家を受けて京を離れる（後任は弟の時茂《ときしげ》）。これは極楽寺流当主の出家により、事実上極楽寺流の当主になったものと思われる。同年六月に*評定衆《ひょうじょうしゅう》、七月に武蔵守。一一月に重病の*北条時頼《ときより》の後を継いで執権に就任するが、回復した法体の時頼があくまで実権を掌握しており、*得宗《とくそう》が執権ではない最初の例となる。正嘉二年（一二五九）一一月に従五位上。文永元年（一二六四）七月二日出家（法名専阿）、同八月二二日死去。享年三五歳。

［文献］ 細川重男『鎌倉政権得宗専制論』（吉川弘文館、二〇〇〇）。

（溝川晃司）

北条義政《ほうじょうよしまさ》（一二四二―八一） 鎌倉時代後期の*連署《れんしょ》。父は*北条重時《しげとき》。母は少納言局。正嘉元年（一二五七）廂衆・御格子番衆、文応元年（一二六〇）昼番衆となり、将軍*宗尊《むねたか》親王に近侍。正応元年（一二五九）左近将監《さえしょうげん》に任じ、従五位下に叙す。文

北条氏鎌倉期守護保有数の拡大過程

年	西暦	畿内			東海道			東山道			北陸道			山陰道			山陽道			南海道			西海道			全国		
		総数	得宗	庶流	総数	得宗	庶流	総数	得宗	庶流	総数	得宗	庶流	総数	得宗	庶流	総数	得宗	庶流	総数	得宗	庶流	総数	得宗	庶流	総数	得宗	庶流
文治元（守護設置勅許）	1185	1	1	0	2	2	0	0	0	0	0	0	0	0	0	0	0	0	0	0	0	0	0	0	0	3	3	0
建保元（和田合戦後）	1213	0	0	0	3	2	1	1	1	0	1	1	0	0	0	0	1	1	0	0	0	0	0	0	0	6	5	1
承久3（承久乱後）	1221	1	0	1	3	2	1	1	1	0	1	0	1	1	0	1	1	1	0	0	0	0	1	1	0	9	5	4
仁治3（泰時晩年）	1242	1	0	1	4	3	1	1	0	1	3	0	3	1	0	1	1	1	0	0	0	0	2	0	2	13	4	9
宝治元（宝治合戦後）	1247	1	0	1	4	3	1	0	0	0	3	0	3	1	0	1	1	1	0	1	0	1	1	0	1	12	4	8
文永元（時宗初期）	1264	2	0	2	4	3	1	0	0	0	3	0	3	1	0	1	1	1	0	1	0	1	3	0	3	15	4	11
建治2（異国警固開始）	1276	1	0	1	4	3	1	0	0	0	5	1	4	1	0	1	5	3	2	1	0	1	0	0	0	17	7	10
弘安8（霜月騒動後）	1285	4	0	4	5	3	2	2	1	1	4	1	3	0	0	0	3	1	2	2	0	2	3	1	2	23	7	16
正安2（貞時期）	1300	3	0	3	5	3	2	2	1	1	4	0	4	0	0	0	2	0	2	2	0	2	3	0	3	21	4	17
正中元（正中変後）	1324	4	0	4	6	3	3	2	1	1	4	1	3	1	0	1	3	0	3	3	1	2	4	0	4	27	6	21
元弘3（正慶2）（幕府滅亡時）	1333	4	0	4	5	3	2	1	1	0	4	1	3	2	0	2	3	0	3	3	1	2	6	0	6	28	6	22

*佐藤進一『増訂鎌倉幕府守護制度の研究』（東京大学出版会）より作成。
*確実または可能性濃厚なものを計上、不明または不確定なものは計上せず。
*六波羅探題（京都守護）・鎮西探題が保有する守護国も計上。その際、京都守護を務めた北条時政のみ得宗と計上し、その他のものは庶流に計上した。

永二年（一二六五）*引付衆《ひきつけしゅう》となり、同四年*評定《ひょうじょう》衆《しゅう》に転ず。同六年からは二番引付頭人《とうにん》を兼ねる。同七年駿河守、翌年武蔵守に転任。この年連署に就任。*文永の役にあたり*執権北条時宗《ときむね》を補佐した。建治三年（一二七七）四月病のため出家。法名正義（政義、道義とも）。五月信濃《しなの》善光寺に参詣し、そのまま遁世逐電。六月所帯を没収された。弘安四年（一二八一）一一月二七日信濃国塩田庄で死去。四〇歳。

［文献］『関東評定衆伝』建治三年条。（藤田正義）

河野通有《こうのみちあり》（生没年未詳）　鎌倉時代後期の武将。伊予《いよ》国の御家人。河野氏は本姓は*越智《おち》氏で、古代より伊予に居住した一族。*通信《みちのぶ》の代に治承・寿永の内乱が起こり、幕府方に与力したのが契機となり*御家人身分を確保する。通信は*承久の乱で宮方に味方したことにより没落、幕府に味方した息子の通久《みちひさ》が河野氏を継承する。通久の弟通継《みちつぐ》が通有の父である。*文永の役に勝利した幕府は、西国の防備体制の強化と朝鮮半島への逆襲を企画し、鎮西以外の武士を動員する態勢を採った。そのため通有は、文永の役終結後間もない文永一一年（一二七四）一二月には、早くも下向を命じる書状を受けている。四国の御家人で参陣したのは、河野氏のみではないかと推測されている。再来寇までの通有の動向は不明。*弘安の役では*志賀島に来襲した敵船を夜襲するなどの目覚ましい軍功を立て、伊予国山崎荘（愛媛県伊予市）・肥前《ひぜん》国神崎荘小崎郷（佐賀県神埼郡神埼町）などの破格の恩賞を獲得した。以後通有は、異国警固に務める一方で、幕府より海賊追捕や海上警固も命ぜられている。応長元年（一三一一）七月一四日に死去とされているが、近年の研究により元亨二年（一三二二）以後に死去したものと推測される。彼の息子の通盛は南北朝内乱で武家方となり河野氏を盛り立てていく。なお、*時宗《じしゅう》の開祖である*一遍智真《いっぺんちしん》は、通有の従兄弟にあたる。

［文献］『愛媛県史古代Ⅱ・中世』（愛媛県、一九八四）。 （溝川晃司）

宗資国《そうすけくに》（？―一二七四） 鎌倉時代後期の武士。対馬《つしま》国の*御家人。対馬守護代。宗氏の本姓は惟宗《これむね》で、平安期以来大宰府の在庁官人として活躍した惟宗氏の末裔であろう。資国が対馬の在庁官人阿比留《あびる》氏を追討して対馬に入部して来たようである。文永一一年（一二七四）一〇月三日、元・高麗連合軍が高麗の合浦《はんぽ》（現在の馬山《まさん》）を出航。五日に対馬西部の佐須浦を襲撃した。資国は急使を大宰府に遣わすとともに約八〇騎で出撃。上陸してきた約一〇〇〇人の敵兵と合戦するも敵わず、一族とともに討死した。資国の首塚は下原《しもばる》に、胴塚は樫根《かしね》にある。

［文献］『厳原町誌』（厳原町、一九九七）。 （溝川晃司）

少弐資能《しょうにすけよし》（一一九八―一二八一） 鎌倉時代中期の武将。九州*御家人。武藤《むとう》資能とも。少弐資頼《すけより》の子。建久元年（一一九八）に誕生。資頼は安貞二年（一二二八）八月に死去し、父の跡を継いで少弐家の家督を継ぐ。筑前《ちくぜん》・豊前《ぶぜん》・肥後《ひご》・対馬《つしま》の守護職は父の死の直前に資能に譲られたものと考えられる。以後、この四ヶ国守護職を保持、正嘉二年（一二五八）に大宰少弐《だざいしょうに》。文永五年（一二六八）にモンゴル帝国（元）の命により高麗の使者潘阜《ばんぷ》が遣わされて以来、たびたび使者が*博多に来航したが、現地窓口として少弐氏が接待・対応にあたった。文永一〇年（一二七三）より壱岐《いき》守護も兼ねている。*文永の役では実戦指揮は息子の*経資《つねすけ》・*景資《かげすけ》に任せたが、*弘安の役では壱岐島で自身も出陣し防戦に努め、かろうじて撃退に成功した。しかしこのときに負傷したことにより、外敵壊滅後の弘安四年（一二八一）閏七月一三日に死去。享年八四歳。

［文献］川添昭二『九州中世史の研究』（吉川弘文館、一九八三）。 （溝川晃司）

少弐経資《しょうにつねすけ》（一二二九―九二） 鎌倉時代後期の武将。九州*御家人。武藤経資とも。父は*少弐資能《すけよし》。寛喜元年（一二二九）に誕生。史料上の初見は文永三年（一二六六）に大宰府執行としてのものである（『武雄神社文書』）。父資能の大宰少弐としての活躍は建治元年（一二七五）三月以後はみえず、経資の

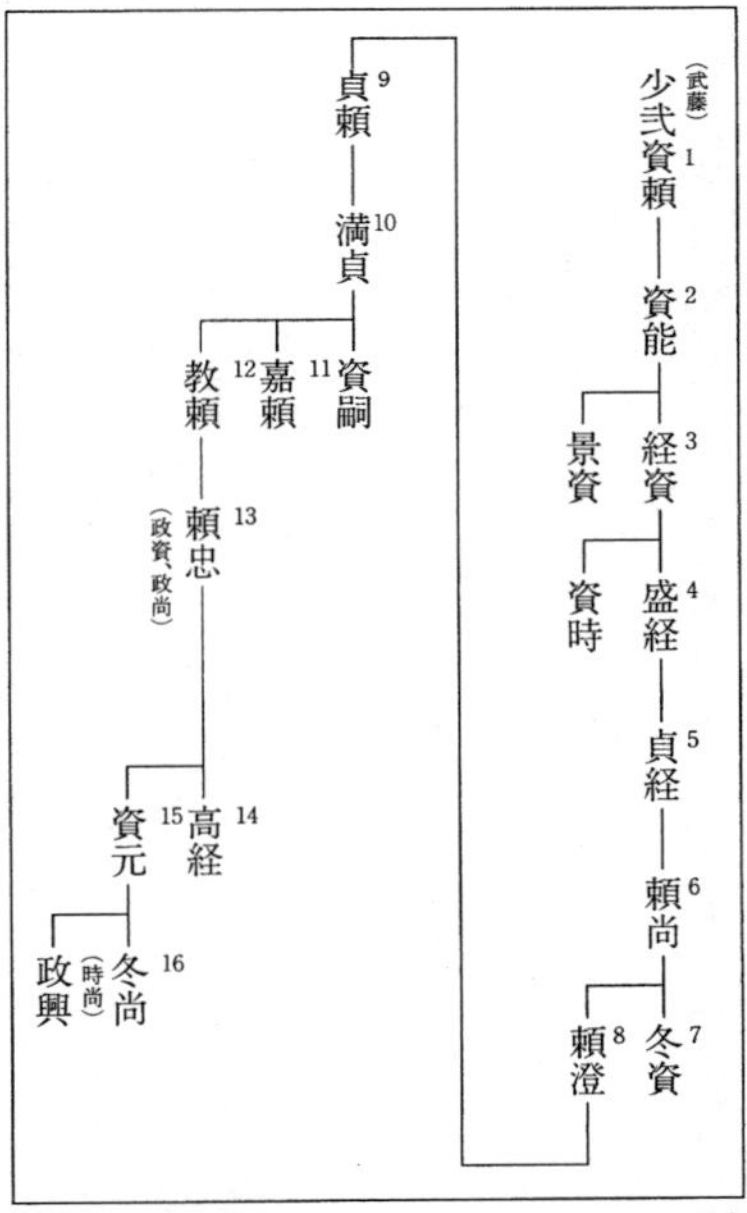

少弐氏略系図（数字は大宰少弐に就任した順）

それは建治元年二月以後に確認できるので、この頃少弐の職を父より譲り受けたものと思われる。以後石築地役を担当しながら再来襲に備えた。*弘安の役では壱岐島にて父資能・息子資時《すけとき》とともに戦い負傷している（結果的に資能・資時ともに戦死）。戦後、二度目の高麗遠征計画では大友頼泰《よりやす》とともに大将にも選ばれたが実行されなかった。弘安八年（一二八五）に鎌倉にて*安達泰盛《あだちやすもり》が討たれたが（*霜月騒動）、そのあおりを受けて親安達派の弟*景資《かげすけ》を攻め滅ぼしている（*岩門合戦）。以後は異国警固の重責と北条得宗家の九州勢力拡大に悩まされていく。一方、*鎮西談議所の頭人や蒙古合戦行賞配分も担当しており、九州有力御家人として大友氏とともに九州御家人層のリーダー的役割も果たした。正応五年（一二九二）八月二日死去。享年六四歳。

［文献］　川添昭二『九州中世史の研究』（吉川弘文館、一九八三）。

（溝川晃司）

少《しょう》弐《に》景資《かげすけ》（一二四六―八五）　鎌倉時代後期の武将、九州御家人。武藤景資とも。父は少弐*資能《すけよし》、兄に*経資《つねすけ》がいる。寛元四年（一二四六）誕生。文永一〇年（一二七四）一〇月二〇日に行われた*文永の役では、*博多・筥崎《はこざき》方面に上陸した元軍本隊と合戦した。しかし、集団戦法と見慣れない数々の武器に戸惑った日本軍はしだいに劣勢となり、景資は大宰府に撤退して*水城《みずき》を防衛線として固めることを決断する。退却の際に振り向きざまに矢を放ったところ敵将 劉復亨《りゅうふくこう》らしき人物に命中し負傷させたことが『*八幡愚童訓』に見える。*弘安の役では詳しい戦功は不明だが、出陣していたものと思われる。弘安八年（一二八五）一一月に鎌倉にて*安達泰盛《あだちやすもり》が討たれるという事件（*霜月騒動《しもつきそうどう》）が起こると、景資は肥後《ひご》守護代安達盛宗《もりむね》とともに挙兵する（*岩門《いわと》合戦《かっせん》）。しかし兄の大宰少弐経資の率いる軍に攻め滅ぼされた。享年四〇歳。彼の遺領は蒙古合戦の恩賞地に充てられた。

［文献］　黒田俊雄『日本の歴史8蒙古襲来』（中公文庫、一九七四）、川添昭二『九州中世史の研究』（吉川弘文館、一九八三）。

（溝川晃司）

井芹秀重《いぜりひでしげ》（一一九二―？）　鎌倉時代中期の肥後《ひご》国の*御家人。通称弥次郎、法名西向。建久三年（一一九二）誕生。同国鹿子木《かのこぎ》荘（熊本市北部）の根本領主で同荘内に所領をもつ。*文永の役後に幕府から高麗に攻め込む計画が立案されたが、その遠征計画の様子は建治二年（一二七六）閏三月に書かれた彼の請文から垣間見ることができる。それによると、秀重の所領は鹿子木東西荘内に一一町以上保有していることがわかる。「人勢弓箭兵杖乗馬事」として、嫡子越前坊永秀《ながひで》（六五歳）、子息弥五郎経秀《つねひで》（三八歳）、親類又二郎秀尚《ひでなお》（一九歳）、孫二郎高秀《たかひで》（四〇歳）の四名が記載されている。秀尚と高秀には「所従一人」との注記があり、各人とも大規模な人数動員は不可能であったようである。秀重は八五歳の高齢のため、「不能行歩」と記されている。戦前には、「国難に殉ずる覚悟を有した」英雄として、国民への愛国心教化のため喧伝された。

［文献］　筧　雅博『日本の歴史10蒙古襲来と徳政令』（講談社、二〇〇一）、海津一朗『蒙古襲来―対外戦争の社会史―』（吉川弘文館、一九九八年）。

（溝川晃司）

竹崎季長《たけざきすえなが》（生没年未詳）　鎌倉時代後期の武士。肥後国の*御家人。二度の蒙古襲来の際に日本軍に加わり、元・高麗軍と合戦したことで著名。*文永の役のときに「生年二十九」と『*蒙古《もうこ》

井芹秀重入道西向請文

（石清水文書（鎌倉遺文一二一九七号））

（包紙ウハ書）
「いせりとの御返事
　　　　　沙彌西向　請文」

（一紙目）

肥後國御家人井芹彌二郎藤原
秀重法師 法名西向 謹注進言上
　所領田數并人数以下 乗馬弓箭兵杖事、
一、所領田數、當國鹿子木東西庄内、
　井芹面田二十六丁六段三丈内、五丁四段
　大窪内、是東庄内被召闕所、宛給大窪之
　四郎兵衛尉者也、
　殘二十丁二段三丈内、壹丁三段一丈 是西向妹女子分、
　此丁三段一丈、後日之譲状、自西向親父手
　被思與者也、是當國執行代右衛（門脱カ）尉宗平
　令押領當知行也、
一、孫二郎高秀分、八丁 是東庄内也、
　此内、四丁二段被押領大窪四郎兵衛尉者也、

（二紙目）

　大窪四郎兵衛尉者也、
　定殘西向并孫二郎當知行之分
　　　　西向十二丁三段二丈
　　　　孫二郎分三丁八段
　不可有其隱、庄家之取帳名寄候者也、
一、人勢弓箭兵杖乗馬事
　西向年八十五、仍不能行歩、
　嫡子越前房永秀年六十五 在弓箭兵杖、
　同子息彌五郎經秀年三十八 弓箭兵杖、腹巻一□（領カ） 乗馬一疋、
　親類又二郎秀尚　年十九 弓箭兵杖、所従一人、
一、孫二郎高秀　年滿四十 弓箭兵杖、腹巻一領、乗馬一疋、所従二人、
右、任御下知状、可致忠勤也、仍粗注進状言 □（上カ）
如件、
　　建治二年壬三月七日沙彌西向（裏花押）（スリ消シ）

襲来絵詞《しゅうらいえことば》』にあることから、逆算して寛元四年（一二四六）の誕生か。名字の地は同国益城《ましき》郡竹崎（熊本県宇城市松橋町）か。文永の役では、一族郎等合わせてわずか五騎を率いて博多湾の防備に出陣、息浜《おきのはま》では苦戦しながらも一番駆けの功名を果たす。しかし十分評価してもらえないことに不満をもち、建治元年（一二七五）に鎌倉へ出向き恩沢奉行*安達泰盛《あだちやすもり》に直談判し、肥後《ひご》国海東郷（熊本県宇城市海東村）の地頭職を得る。*弘安の役では肥後守護代安達盛宗《もりむね》の配下に従軍し、嵐で壊滅した船団の掃討を行っている。季長は安達一族に恩義を感じたようで、泰盛の政敵*平頼綱《よりつな》が滅んだのち、安達一族の供養の意味を込め『蒙古襲来絵詞』を絵師に描かせた。これは元・高麗軍の様子や対応する日本軍の状況などが詳細に描かれており、文永・弘安両役を知るうえで欠かせない絵画史料となっている。正中元年（一三二四）三月に海東社に対する寄進状を発給したのが確認できる最後であり、以後、彼の死没の時と場所は不明である。

[文献] 黒田俊雄『日本の歴史8蒙古襲来』（中公文庫、一九七四）、筧　雅博『日本の歴史10蒙古襲来と徳政令』（講談社、二〇〇一）。

（溝川晃司）

洪茶丘《こうさきゅう》（一二四四―九一）　中国・元朝に仕えた武将。高

麗人。茶丘は小字であり、本名は俊奇《ちゅんき》。一二四四年誕生。父の洪福源《こうふくげん》はもとは高麗の臣であったが蒙古の太祖チンギス・ハーンに投降。以後彼の家は高麗人でありながら蒙古に仕え、蒙古による祖国攻略の手先となったため、高麗の人民に怨まれるようになる。一二五八年に福源が殺されたため、中統二年（一二六一）に父の跡を継ぎ管領帰符高麗軍民総管になる。以後、高麗人林衍《りんえん》の乱を鎮圧（至元六年、一二六九）、珍島《ちんとう》に籠もる三別抄《さんぴょるちょ》の軍を攻撃し旗頭の王温《おうおん》を殺害（至元八年、一二七一）、耽羅《たんら》島の三別抄残党を攻め滅亡させる（至元一〇年、一二七三）など、その活躍はめざましかった。至元一一年（一二七四）八月に東征右副都元帥となり一〇月に*博多を攻めるも暴風雨により帰国。至元一八年（一二八一）五月、龍虎衛上将軍・征東行省右丞となった彼は、同役の*忻都《きんと》とともに東路軍を率いて再び日本を攻めるが、またも暴風雨に遭遇し逃げ帰った。その後もさまざまな反乱を平定。至元二八年（一二九一）死去。享年四八歳。

［文献］『元史』（巻一五四　洪福源伝）。（溝川晃司）

範文虎《はんぶんこ》（生没年未詳）　漢人。南宋・元に仕えた武将。最初、南宋に仕える。呂文煥《りょぶんかん》（宰相賈似道《かじどう》の腹心）の女婿。安慶《あんけい》府《ふ》の知事であった范文虎は一二七五年（至元一二年、徳祐元年）、先に元に降伏していた舅の呂文煥の勧めもあって降伏。至元一八年（一二八一）正月、右丞相阿刺罕《あらかん》（蒙古人）とともに日本征討の命令を受け、高麗人を中心とする東路軍と、降伏した漢人を中心とする江南軍（兵数一〇万、船数三五〇〇）を率いて進発することとなった。五月に東路軍が出航するが江南軍は阿刺罕の病死などもあり出発が遅れることとなる（阿刺罕の後任に阿多海《あたはい》）。六月下旬頃平戸にて東路軍と合流、*鷹島を攻略すべく戦闘するが、閏七月一日早暁の暴風雨により壊滅的打撃を受ける。范文虎は一昼夜漂流の後救助され帰国。世祖フビライは逃げ帰った范文虎を処罰しなかった。その後は至元二四年（一二八七）のナヤンの叛乱鎮圧のため出陣した世祖に従軍するなどの活躍が見える。

［文献］陳　舜臣『中国の歴史9』（平凡社、一九八二）、相田二郎『蒙古襲来の研究　増補版』（吉川弘文館、一九八二）、宮崎市定『宮崎市定全集11』（岩波書店、一九九二）。（溝川晃司）

忻都《きんと》　中国・元朝の武将。蒙古人。至元一一年（一二七四）三月に高麗軍民総管である*洪茶丘《こうさきゅう》とともに、七月を期して日本を攻めるよう命ぜられる。五月には蒙古兵一万五〇〇〇が高麗に来着、一〇月三日に合浦《がっぽ》（現在の馬山《まさん》）より進発する。その軍勢は戦艦九〇〇艘・人員約四万人（蒙古・漢人軍二万五〇〇〇、高麗軍八〇〇〇、梢工・水夫七〇〇〇）もの大兵団となった。一〇月五日に対馬《つしま》佐須浦に攻め寄せ、対馬国地頭代である*宗資国《そうすけくに》一族を攻め滅ぼす。続いて一四日に壱岐《いき》を攻め代官平景隆《かげたか》を滅ぼし、島内を略奪・住民多数を殺傷するに至った。二〇日に博多に上陸開始、戦局を優位に進めるが翌二一日未明に発生した暴風雨により壊滅的打撃を蒙り、退却する。至元一八年（一二八一）正月に日本再征の命を受け五月に洪茶丘・金方慶《きんほうけい》とともに合浦を出発した（東路軍。戦艦九〇〇艘・人員約四万人。うち高麗人一万人）。五月二一日に対馬、二六日に壱岐を攻略し六月六日に志賀島に至るが防塁と日本軍の勇戦により膠着状態に陥る。閏七月一日早暁にまたも暴風雨に遭遇、退却し遠征は再び失敗した。

［文献］「日本伝」（『元史』巻二〇九）・（『新元史』巻二五〇）、池内 宏『元寇の新研究』（東洋文庫、一九三一）、相田二郎『蒙古襲来の研究　増補版』（吉川弘文館、一九八二）。（溝川晃司）

趙良弼《ちょうりょうひつ》　女真《にょしん》人。元朝の政治家。本姓は朮要甲《じゅつようこう》であるが趙と改姓した。至元七年（文永七年、一二七〇）に国信使として日本に行くことを命ぜられ、翌年正月に高麗にいたる。九月に日本に向け出航、筑前《ちくぜん》国今津（現福岡市西区）に来航する（この間九ヶ月も費やしたのは*三別抄《さんべつしょう》の乱の影響によるものか）。国書を伴っていたが、直接京に赴き国王と大将軍に手渡すと強硬に主張、応対した*少《しょう》弐経資《つねすけ》らと押し問答になったが譲らなかった。結局牒状の副本を遣わすことで落着、副本は幕府、次いで朝廷に送られた。その際、たびたび牒状を送るにもかかわらず返牒がない事実を指摘し、来る一一月を期限としてなお返答がないなら兵船発動の準備をすると脅迫し、返牒を求めた。朝廷では文永七年正月に用意した返牒（菅原長成《ながなり》作）を手直しして渡すことを決めたが、実際に渡されていないことから、またも幕府の反対にあい取り止めたものと思われる。結局趙は返牒を得ぬまま帰国。至元一〇年（文永一〇年、一二七三）三月に再び日本使となり大宰府にいたるも使命を果たさずして帰国する。五月に世祖に面謁、日本の大小事を質問された際には「君命を辱めざるというべき」と褒められている。このことから、日本の敵情視察という任務も帯びていたと思われる。

［文献］相田二郎『蒙古襲来の研究　増補版』（吉川弘文館、一九八二）。（溝川晃司）

杜世忠《とせいちゅう》（一二四二―七五）　蒙古人。中国・元朝の臣。一二四二年誕生。至元一二年（一二七五）二月、世祖フビライより、礼部侍郎である彼と兵部郎中の何文著《かぶんちょ》・計議官の撒都魯《さつとろ》丁《ちょう》の三名が日本に国書を届け通好するよう命じられる。この前年の一〇月に元による第一次日本侵攻があり（*文永の役）、その敗退より半年も経過しないうちに派遣される使者であった。とくに、実際に兵火を交えた後初めて遣わされる使者であるだけに、その重要性と杜世忠への高い信頼がうかがえる。しかし『関東評定伝』では「前の如く順伏すべきの趣也」（原漢文）としており、交渉内容は以前のものと大差なかったと思われる。四月に高麗人徐賛《じょさん》を案内役とし出航、長門国室津（現山口県豊浦郡豊浦町）に到着した（これは大宰府を取り次ぎとせず直接京や鎌倉に向かおうとしたものか）。保護された後大宰府に送られ、八月に鎌倉に召されて九月七日に龍口にて斬首された。享年三四歳。

［文献］「日本伝」（『元史』巻二〇九）・（『新元史』巻二五〇）、池内 宏『元寇の新研究』（東洋文庫、一九三一）、相田二郎『蒙古襲来の研究　増補版』（吉川弘文館、一九八二）。（溝川晃司）

〔得宗専制と鎌倉幕府の衰退〕

得宗《とくそう》　鎌倉北条氏の家督の称号。「徳宗」とも書く。通常、*時政《ときまさ》・*義時《よしとき》・*泰時《やすとき》・*時氏《ときうじ》・*経時《つねとき》・*時頼《ときより》・*時宗《ときむね》・*貞時《さだとき》・*高時《たかとき》の八世代九人、いわゆる北条九代《くだい》をさす。義時の禅宗系追号「徳《とく》崇《すう》」を起源とすると推定される。義時は、*承久の乱の勝利者として、鎌倉・南北朝期には、*源頼朝《よりとも》と並ぶ武家政権の創始者と認識されており、義時の直系であることが、得宗の権威の源泉であったと考えられる。*鎌倉幕府では、時頼の僧形での幕政指導を経て、特に時宗*執権期から、得宗への権力集中が急速に進

得宗一覧

	父	母	生年	幕府最高職	極官	極位	出家年	法名	没年	備考
北条時政	北条時家	伴為房女	保延4(1138)	執権	遠江守	従五位下	元久2(1205)	明盛	建保3(1215)	
北条義時	北条時政	伊東祐親女	長寛元(1163)	執権	右京権大夫	従四位下	元仁元(1224)	観海	元仁元(1224)	追号:徳崇
北条泰時	北条義時	御所女房阿波局	寿永2(1183)	執権	左京権大夫	正四位下	仁治3(1242)	観阿	仁治3(1242)	
北条時氏	北条泰時	三浦義村女	建仁3(1203)	六波羅北方探題	修理亮	従五位下			寛喜2(1230)	
北条経時	北条時氏	安達景盛女	元仁元(1224)	執権	武蔵守	正五位下	寛元4(1246)	安楽	寛元4(1246)	妻:宇都宮泰綱女
北条時頼	北条時氏	安達景盛女	安貞元(1227)	執権	相模守	正五位下	康元元(1256)	道崇	弘長3(1263)	
北条時宗	北条時頼	北条重時女	建長3(1251)	執権	相模守	正五位下	弘安7(1284)	道杲	弘安7(1284)	
北条貞時	北条時宗	安達義景女	文永8(1271)	執権	相模守	従四位上	正安3(1301)	崇演	応長元(1311)	
北条高時	北条貞時	安達泰宗女	嘉元元(1303)	執権	相模守	正五位下	嘉暦元(1326)	崇鑑	元弘3(1333)	妻:安達時顕女

行し、得宗専制政治と呼ばれる体制が成立した。南北朝期には、得宗家は「先代《せんだい》」と呼ばれており、足利将軍家に先行する事実上の将軍家と認識されていたことがわかる。

［文献］　奥富敬之『鎌倉北条氏の基礎的研究』（吉川弘文館、一九八〇）、細川重男『鎌倉政権得宗専制論』（吉川弘文館、二〇〇〇）。（細川重男）

御内人《みうちびと》　鎌倉北条氏得宗家の家臣の名称。「御内之仁《みうちのひと》」「御内奉公人《みうちほうこうのひと》」などとも記され、学術的には「得宗被官《とくそうひかん》」と称される。「御内」は本来、「管領御内安富安芸守」「民部大輔殿御内仁」のごとく、特定個人の家政の内部およびこれに所属する事物（従者、所領など）を指す用語であるが、鎌倉中・後期には得宗家の政治・経済的突出の結果、単に「御内」といえば、得宗御内を指すようになり、得宗家の所領が「御内御領《みうちごりょう》」、従者が「御内人」と呼ばれることとなった。御内人に対し、*御家人は「外様《とざま》」と称されたが、御内人の大半は同時に御家人でもあった。内部の階層差も大きく、幕政中枢に参画する「御内宿老《みうちしゅくろう》」層から、地方在住の一般在地領主までさまざまであった。

［文献］　奥富敬之『鎌倉北条氏の基礎的研究』（吉川弘文館、一九八〇）、細川重男『鎌倉政権得宗専制論』（吉川弘文館、二〇〇〇）。（細川重男）

内管領《うちかんれい》　鎌倉北条氏*得宗家《とくそうけ》の家政機関である*公文所《くもんじょ》の長官の通称。正式名称は執事《しつじ》。「内官領（ママ）」という語は、南北朝期成立の『保暦間記《ほうりゃくかんき》』にみえるのが初出。*泰時《やすとき》期に置かれた得宗家の家令《かれい》職と公文所実務責任者の職が融合して成立した。執事は、御内人でありながら、幕府最高議決機関「寄合《よりあい》」のメンバーとなり、自身または一門を幕府*侍所《さむらいどころ》の所司《しょし》とするのが通例であった。平《たいら》・長崎《ながさき》・諏訪《すわ》・尾藤《びとう》・工藤《くどう》らの有力*御内人《みうちびと》や得宗家の連枝《れんし》が就任したが、鎌倉末期には長崎氏の世襲職に近い形となった。得宗への権力集中が進行した*時宗《ときむね》期の*平頼綱《よりつな》以降、幕政における発言権を増し、頼綱や*高時《たかとき》期の長崎高綱《たかつな》・*高資《たかすけ》父子は主人である得宗を傀儡化するほどの権勢を振るった。

［文献］　奥富敬之『鎌倉北条氏の基礎的研究』（吉川弘文館、一九八〇）、細川重男『鎌倉政権得宗専制論』（吉川弘文館、二〇〇〇）。（細川重男）

弘安《こうあん》の徳政《とくせい》　弘安七年（一二八四）五月二〇日「新式目《しんしきもく》」発布から翌八年十一月一七日*霜月騒動《しもつきそうどう》にいたる約一年半の間に実行された*鎌倉幕府の政治改革。*得宗《とくそう》*北条時宗《ほうじょうときむね》・*貞時《さだとき》二代の外戚*安達泰盛《あだちやすもり》が主導した。この間に制定された幕府追加法は、徳政の綱領である「新式目」三八ヶ条をはじめとして九〇余ヶ条が現在確認される。内容は①将軍および得宗権威の確立②幕府経済基盤の確保③*御家人保護④訴訟制度整備⑤*悪党禁圧《あくとうきんあつ》⑥流通経済統制⑦*鎮西神領興行《ちんぜいしんりょうこうぎょう》⑧鎮西名主職安堵《みょうしゅしきあんど》⑨倹約令など多岐にわたり、鎌倉幕府史上最大の政治改革である。なかでも、鎮西名主職安堵令は本来、御家人ではない鎮西の名主に将軍家下文《くだしぶみ》を与えるもので、幕府の統制下になかった*本所一円地住人《ほんじょいちえんちじゅうにん》（非御家人）の御家人化をめざしていたと考えられる。これは、全武士階級の組織化により、幕府を全国統治権力とすることを目的としていたものと評価されており、弘安徳政の革新性・急進性を示している。だが、幕府の根幹をなす御家人制の改革をも含むこの改革は、守旧的勢力の抵抗にあって失速し、弘安八年にはいると、ほとんど追加法の発布がなくなり、霜月騒動によって破綻した。徳政が、幕府首長たる将軍と実権力者である得宗を、どのように位置づけようとしていたかについては、議論のあるところである。なお、「新式目」発布は時宗卒去の七五日後であり、徳政は開始時期と規模から、時宗在世中に企画・準備されていたと推定される。

[文献] 村井章介『北条時宗と蒙古襲来』（日本放送出版協会、二〇〇一年）。 （細川重男）

霜月騒動《しもつきそうどう》 弘安八年（一二八五）に勃発した*鎌倉幕府の内戦。*「弘安合戦」とも呼ばれる。独裁的な権力を行使していた*執権《しっけん》北条時宗《ときむね》が前年四月に没して以後、執権を継いだ嫡子*貞時《さだとき》が幼少であったこともあり、幕政は時宗の私的諮問機関であった寄《より》合《あい》による合議制で運営されることとなった。貞時の外戚*安達泰盛《あだちやすもり》は、寄合の主導権を握り、*弘安の徳政と呼ばれる幕政改革に着手した。だが、徳政が御家人制の改革をめざしたことに危機感を抱いた守旧勢力、安達一門とその一派の勢力拡大に反発した人々は、泰盛と同じく寄合衆であった貞時の家宰*平頼綱《よりつな》を中心に結集し、泰盛らに対抗した。泰盛・頼綱両派の対立は、弘安八年一一月一七日、武力衝突となり、鎌倉府内を舞台とする激烈な市街戦の果てに、泰盛は与党五百余人とともに滅亡した。幕政中枢を構成する*評定衆《ひょうじょうしゅう》・引付衆《ひきつけしゅう》の半数近くが失脚、失脚者の過半数が殺害されており、また犠牲者の中には吉良《きら》氏・小笠原《おがさわら》氏らの清和源氏系を含む守護級有力御家人が多数含まれていた。乱の影響は全国に波及し、各地で泰盛与党が追討されたが、なかでも鎮西では*岩門《いわと》合戦と呼ばれる戦乱に発展している。幕府を二分する戦いであり、軍事的にも鎌倉幕府史上最大の内戦である。この事件により、弘安の徳政は挫折し、御家人制の根本的改革の芽も潰えた。以後、御家人制は、鎌倉幕府にとって、その発展を阻害する足枷となり、霜月騒動は、半世紀後の鎌倉滅亡へとつながっていく。

[文献] 村井章介『北条時宗と蒙古襲来』（日本放送出版協会、二〇〇一）。 （細川重男）

平禅門の乱《へいぜんもんのらん》 正応六（永仁元）年（一二九三）四月二二日、*執権《しっけん》北条貞時《さだとき》の命により、*得宗家執事《とくそうけしつじ》平頼綱《よりつな》が討たれた事件。弘安八年（一二八五）一一月の*霜月騒動《しもつきそうどう》で貞時の外戚*安達泰盛《あだちやすもり》を打倒した頼綱は、幼少の貞時を擁して鎌倉幕府の実質的な支配者となり、とくに弘安十年頃より専制性を強め、朝廷政治にも介入して「一向執政。諸人恐懼外無他事」（『*実躬卿記《さねみきょうき》』正応六年四月二十六日条）とまで称された。正応六年四月一三日、鎌倉を大地震が襲い、死者二万三千余人という被害をもたらす。この混乱のさなかの二二日早朝、貞時の放った討手が経師《きょうじ》ヶ《が》谷《やつ》の頼綱邸を襲い、放火のうえ合戦となった。頼綱と次男飯沼《いいぬま》資宗《すけむね》は与党九〇人以上とともに滅亡。このとき、頼綱に養育されていた貞時の女子二名も死去している。『保暦間記《ほうりゃくかんき》』は、頼綱が資宗を将軍にしようとしたことが原因と記しているが、信用に値しない。自身を中心とする政治体制を確立できないまま、いたずらに専制をなしていた頼綱が、二三歳に成長した貞時によって除去されたのである。霜月騒動の安達泰盛に次いで、この事件で頼綱が滅亡したことにより、貞時は結果として父*時宗《ときむね》の政権を支えた二大実力者を葬ったことになり、以後、貞時自らが幕政を指導することとなった。なお、合戦以前に貞時邸に参向していた頼綱の長子宗綱《むねつな》は、佐渡に配流されたが、後に召し返され、得宗家執事に再任した。しかし、短期で罷免され、上総に再配流されている。

［文献］　佐藤進一『鎌倉幕府訴訟制度の研究』(畝傍書房、一九四三、(再版岩波書店、一九九三))。（細川重男）

岩門合戦《いわとかっせん》　弘安八年（一二八五）末の鎮西《ちんぜい》の戦乱。蒙古《もうこ》合戦で大将を務めて以来、鎮西武家社会に独自の勢力を築いていた*少弐景資《しょうにかげすけ》が、居城である筑前《ちくぜん》国那珂《なか》郡東郷岩門（現福岡県筑紫郡那珂川町）に挙兵し、嫡兄*経資《つねすけ》の軍勢と衝突して、滅亡した事件。同年一一月に鎌倉で勃発した*霜月騒動《しもつきそうどう》の余波としては最大の事件であり、景資は同騒動で滅ぼされた安達《あだち》氏と結び、嫡家からの自立を目指していたと考えられる。動員された兵力は、確認されるだけで筑前・筑後《ちくご》・豊前《ぶぜん》・肥前《ひご》の北九州全域に及んだ。景資およびその与党の没収領が、難題となっていた蒙古襲来恩賞地問題を一部解決したこともあり、この事件は*得宗の鎮西への勢力拡大に拍車をかける結果となった。

［文献］　川添昭二『九州中世史の研究』(吉川弘文館、一九八三年)。（細川重男）

永仁《えいにん》の徳政令《とくせいれい》*　永仁五年（一二九七）三月六日に発布された売却・流質した御家人所領の無償返却を骨子とする一連の鎌倉*幕府追加法。「可停止越訴事」「質券売買地事」「利銭出挙事」の三箇条からなる。内容は以下のとおり。第一条、①*越訴《おっそ》（再審）廃止。②ただし審理中の案件は結審させる。③本所《ほんじょ》・領家《りょうけ》の訴訟は過去・将来の案件ともに一度だけ越訴を認める。第二条、①御家人所領の入質・売買禁止。②すでに売却・流質した御家人所領の本主《ほんしゅ》（売主）への無償返付。③ただし買得《ばいとく》側が御家人の場合、買得安堵《あんど》状《じょう》を受けた所領および二〇年の知行年紀《ちぎょうねんき》を過ぎた所領は適用を除外。④買得側が非御家人・*凡下《ぼんげ》ならば知行年紀は認めない。第三条、①債権・債務関係の訴訟は今後不受理とする（債務者が御家人であることが前提）。②債権安堵の下知《げち》状《じょう》を受けていても不受理。③ただし入質については適用を除外。法の根幹は第二条②であり、第二条③④は②の施行細則である。このような法令が受け入れられた背景には「商返《あきかえ》し」など中世特有の所有概念があったとされるが、売得者、特に非御家人・凡下の権利を完全に無視した、露骨な御家人所領維持・御家人保護法令であったことは重要である。文永年間から先行的な法令が複数発令されていたが、社会的影響の大きさは本法令の比ではなく、立法直後の四月に適用事例が確認され、徳政令不適用を約する*徳政文言《とくせいもんごん》の売券《ばいけん》への記載も本法令以後に現れる。立法者である幕府の思惑を越え、御家人とは無関係の土地売買にも本法令が適用されたことも、反響の大きさを良く示している。翌永仁六年二月二八日発布の

永仁の徳政令（『中世法制資料集』岩波書店、一九五五）

自二關東一被レ送二六波羅一御事書法

一　可レ停二止越訴一事　永仁五　三　六

右、越訴之道逐レ年加增、棄置之輩多疲二濫訴一、得理之仁猶叵二安堵一、諸人佗傺職而此由、自今以後可レ停二止之一、但逢二評議一而未斷事者、本奉行人可レ執二申之一、次本所領家訴訟者、難レ准二御家人一、仍云二以前棄置之越訴一、云二向後成敗之條々事一、於二箇度者一可レ有二其沙汰一矣、

一　質券賣買地事

右、以二所領一或入二流質券一、或令二賣買一之條、御家人等佗傺之基也、於二向後一者、可レ従二停止一、至二以前沽却之分一者、本主可レ令二領掌一、但或成二給御下文下知狀一、或知行過二廿箇年一者、不レ論二公私之領一、今更不レ可レ有二相違一、若背二制符一、有下致二濫妨一之輩上者、可レ被レ處二罪科一矣

次非御家人凡下輩質券買得地事、雖レ過二年紀一、賣主可レ令二知行一、

一　利錢出擧事

右、甲乙之輩要用之時、不レ顧二煩費一、依レ令二負累一、富有之仁専二其利潤一、窮困之族彌及二佗傺一歟、自今以後不レ及二成敗一、縦帯二下知狀一、不レ辨二償之由一、雖レ有二訴申事一、非二沙汰之限一矣、次入二質物於庫倉一事、不レ能二禁制一、

關東御教書、御使山城大學允 同八月十五日京著

越訴并質券賣買地、利錢出擧事、々書一通遣レ之、守二此旨一、可レ被レ致二沙汰一之狀、依レ仰執達如レ件、

永仁五年七月廿二日　陸奥守在御判 宣時
相模守在御判 貞時

上野前司殿宗宣
相模右近大夫將監殿宗方

東寺百合文書京二至十五

追加法により、土地売買・入質禁止は解除され、越訴も再開された。これをもって徳政令廃止とする解釈があったが、永仁五年以前の売却・入質地返却は以後も有効であった。所領返却との整合性を保つために制定された売却・入質禁止を解除することが、六年二月令の意味であったということができる。

〔文献〕　笠松宏至『徳政令』（岩波書店、一九八三）。（細川重男）

正応三年天皇暗殺未遂事件《しょうおうさんねんてんのうあんさつみすいじけん》　正応三年（一二九〇）三月九日夜、*持明院統《じみょういんとう》の*伏見《ふしみ》天皇が襲撃された事件。浅原八郎為頼《あさはらはちろうためより》ら三名が内裏《だいり》二条富小路殿《にじょうとみのこうじでん》に乱入。天皇の居所を尋ねられた女《にょ》官《かん》は、とっさに逆方向を示し、天皇は女装して内裏を脱出した。篝屋番《かがりやばん》の武士たちが駆けつけると、浅原らは自害した。浅原は*霜月騒動《しもつきそうどう》で討たれた甲斐小笠原《おがさわら》氏の一族で、騒動後、諸国を流浪していたが、事件の折り射た矢に「太政大臣源為頼」と記すなど、常軌を逸している。浅原が自害した太刀が*大覚寺統《だいかくじとう》の*亀山《かめやま》法皇の側近*三条実盛《さんじょうさねもり》の家宝であったため、天皇側は法皇の関与を訴えたが、法皇が無関係との起請文を幕府に送ったことで、事件は背後関係が解明されないまま幕を閉じた。

〔文献〕　筧　雅博『蒙古襲来と徳政令』（講談社、二〇〇一）。（細川重男）

徳政文言《とくせいもんごん》　正式には徳政担保文言《とくせいたんぽもんごん》という。土地売券《ばいけん》に記載する徳政令《とくせいれい》に対する権利放棄の約諾文言のこと。平安中期以降、売券が売主《ばいしゅ》個人の発給する私的証文《しょうもん》の性格を濃厚にするにしたがって、売買後に惹起する各種の問題に対応するための担保文言を記すことが通例となったが、*鎌倉幕府による永仁五年（一二九七）の徳政令発布を契機として、徳政文言がみられるようになった。売却された御家人所領の無償取り戻しという売得者《ばいとくしゃ》

の権利を完全に無視した*永仁の徳政令の与えた社会的影響の大きさが理解される。室町時代には、幕府が徳政令をしばしば発布し、債権・債務の破棄を意味する徳政が社会的に定着したため、売券への徳政文言記載は常態となり、近世にいたるまで事例がみられる。「但公家武家雖有御徳勢、於彼田者、以別儀不可申子細候」（『大徳寺文書《だいとくじもんじょ》』所収・貞治六年四月八日付「比丘尼祖忠売券」）のように記し、*本銭《ほんせん》（売却代金）の返却といった違背した場合の補償内容を載せることもあった。公家・武家・天下一同・本所《ほんじょ》・*土一揆《つちいっき》など徳政令発布の主体、天皇・将軍などの代替わりや戦乱など発布の契機、さらに地発《ちおこし》・私徳政《しとくせい》についても言及されており、徳政文言を含む売券は、さまざまな徳政の実態やそれに対する当時の観念などを知る好材料となっている。同様の徳政令適用からの防御方法としては、売券と同時に寄進状を作成する売寄進《うりきしん》、売券のかわりに譲状《ゆずりじょう》を作成して譲与を偽装する場合などがある。

［文献］佐藤進一『新版　古文書学入門』（法政大学出版局、一九九七）。　（細川重男）

嘉元《かげん》の乱《らん》　嘉元三年（一三〇五）に勃発した*鎌倉幕府の内訌。「北条宗方《むねかた》の乱」「嘉元三年の政変」ともいう。同年四月二三日深夜、*連署《れんしょ》北条時村《ときむら》が「仰《おおせ》」と号する一団に夜襲されて滅亡した。『保暦間記《ほうりゃくかんき》』が記すこの「仰」は時代的に*得宗《とくそう》*北条貞《さだ》時《とき》の命と解釈すべきであるが、これが「僻事《ひがごと》」（虚偽）であったことが露見し、逃亡した*御内人《みうちびと》一名を除く、討手《うって》の御家人六人・御内人五人が、五月二日斬首された。ところが、事件は得宗家執事《しつじ》・幕府*侍所《さむらいどころ》所司《しょし》であった北条宗方《むねかた》の陰謀との風聞が流れたため、五月四日昼、滞在中の執権*北条師時《もろとき》邸で貞時が評定《ひょうじょう》を行っていたところに、宗方が来襲。合戦となって、宗方は討死した。しかし、六月になっても、貞時の評定出仕はなく、宗方討伐の大将であった一番引付頭人《ひきつけとうにん》北条宗宣《むねのぶ》も貞時の山内《やまのうち》邸に出仕せず、幕府は機能停止状態であった。貞時・宗方・師時は従兄弟、時村は師時の母の兄弟、さらに時村の孫四番引付頭人*北条熙時《ひろとき》と師時が貞時の女婿である。原因について、『保暦間記』は師時・熙時を狙った宗方が手始めに時村を襲ったと記し、『諏訪大明神絵詞《すわだいみょうじんえことば》』は宗方と時村の対立としているが、上記のような複雑な事件経過と人間関係から、解釈の分かれるところであり、貞時と宗方の対立とする説、逆に宗方の背後に貞時の存在を推測する説、宗方と時村の立場を*霜月騒動《しもつきそうどう》における*安達泰盛《あだちやすもり》・平頼綱《よりつな》に擬して事件を「霜月騒動の縮小・再生産」とする説などが存在する。

［文献］細川重男『鎌倉政権得宗専制論』（吉川弘文館、二〇〇〇）、筧雅博『蒙古襲来と徳政令』（講談社、二〇〇一）。　（細川重男）

延慶《えんきょう》四年《よねん》の内裏《だいり》の事件《じけん》　延慶四（応長元）年（一三一一）正月一六日、内裏で発生した不祥事。同日夜、当時の里内裏《さとだいり》であった二条富小路殿《にじょうとみのこうじでん》で踏歌節会《とうかせちえ》が挙行されようとしたとき、見物人に紛れていた六波羅北方探題《ろくはらほっぽうたんだい》金沢貞顕《かねさわさだあき》の被官鵜沼孫左衛《うぬまごさえ》門尉《もんのじょう》が、警備にあたっていた滝口《たきぐち》の武士平有世《ありよ》を襲撃した。駆けつけた京都大番衆《おおばんしゅう》の武士たちによって、孫左衛門尉は門外に追い立てられたうえで殺害された。しかし、孫左衛門尉の与党鵜沼八郎は皇居内に乱入し、装束使《しょうぞくし》出納代行氏《すいとうだいゆきうじ》、掃部寮《かもんりょう》藤井安国《やすくに》を襲い、紫宸殿《ししんでん》で自害を図った。加害者・被害者ともにただちに門外に搬出され、そこで絶命している。『*花園天皇《はなぞのてんのう》宸記《しんき》』同日条にある如く「前代未聞之珍事」であり、*六波羅探《ろくはらたん》題《だい》からは幕府に事件を伝える使者が派遣されたが、原因は同書に「相論女」とあることから、女性問題による孫左衛門尉と有世の間の私怨であったらしく、政治的背景はなかった模様である。孫左衛門尉がわざわざ門外に追われたうえで討たれたこと、八郎および被害者が絶命以前に内裏外に移されたことは、内裏の穢《けがれ》を避けるための処置であり、実際、この処置により、「禁中不穢」(『花園天皇宸記』)と認識され、節会も*花園《はなぞの》天皇の出御こそなかったものの、事後処置の後、挙行されている。内裏での儀式に見物人が群集していたこととともに、下手人鵜沼の主人金沢貞顕の責任が問われなかったことも、中世における内裏という空間を考える上で興味深い。

[文献] 筧 雅博『日本の歴史10蒙古襲来と徳政令』(講談社、二〇〇一)。 (細川重男)

東国武士団《とうごくぶしだん》の西遷《せいせん》 鎌倉時代、とくにその中・後期に西国《さいごく》に移住した東国《とうごく》御家人を西遷御家人と称する。*平家没官領《へいけもっかんりょう》・*承久没収地《じょうきゅうぼっしゅうち》などを与えられた東国御家人が新恩地《しんおんち》に移住したのである。契機については、対蒙古《もうこ》防衛をはじめとする幕府の指令とする説もあるが、移住時期に幅があること、方式も*惣領《そうりょう》が先に移住したもの、逆に*庶子《しょし》が移住した例などがあるため、各武士団の自由意志に拠ると考えられる。理由は、総じて狭小な東国から新天地を求めたことが第一であろう。ただし、鎌倉時代には移住後も本貫地《ほんがんち》のある東国の国名を冠して某国御家人と称していた。幕府が先住の西国御家人よりも西遷御家人を優遇する傾向にあったこともあり、鎌倉期に移住先で在地領主化に成功した例が多く、特に九州では「下り衆《くだりしゅう》」と呼ばれ、先住領主に対し支配的な立場にあった。このためもあって、中世後期・近世まで存続したものが少なくない。守護級としては安芸《あき》の武田《たけだ》、筑前《ちくぜん》の武藤《むとう》(少弐《しょうに》)、豊後《ぶんご》の大友《おおとも》、薩摩《さつま》の島津《しまづ》が知られ、この他に播磨《はりま》の島津(越前家)、備後《びんご》の山内首藤《やまのうちすどう》、安芸の熊谷《くまがい》・小早川《こばやかわ》・毛利《もうり》、筑前の宇都宮《うつのみや》、肥前《ひぜん》の千葉《ちば》と三浦《みうら》氏支流の深堀《ふかぼり》、日向《ひゅうが》の伊東《いとう》、薩摩の入来院《いりきいん》渋谷《しぶや》などの各氏がある。吏僚系では三善《みよし》氏の支流である備後の太田《おおた》と筑後《ちくご》の問注所《もんちゅうじょ》、薩摩の二階堂《にかいどう》がある。北条氏でも、肥後に土着した*得宗《とくそう》家傍流の阿蘇《あそ》、金沢《かねさわ》氏傍流の豊前の規矩《きく》・糸田《いとだ》があるが、これらは鎌倉末から南北朝初期の動乱で滅亡した。

[文献] 外山幹夫『中世の九州』(教育社、一九七九)。 (細川重男)

惣地頭《そうじとう》と小地頭《こじとう》 鎌倉時代の鎮西《ちんぜい》に特有な所領の重複的知《ち》行《ぎょう》形態。将軍家下文《くだしぶみ》によって名主職《みょうしゅしき》を安堵《あんど》され、鎌倉*御家人となった鎮西在地領主数人から十数人により分割された広域地域に、東国御家人が惣地頭として補任された。この場合に、惣地頭に対し、名主が小地頭と呼ばれた。両者の関係は、『室園文書《むろぞのもんじょ》』所収の宝治二年(一二四八)九月一三日付関東下知状《げちじょう》にある「随又右大将家御時、拝領地頭職御下文之輩、被補惣地頭之日、令安堵名主職、号小地頭者鎮西之例也」に典型的に示されている。小地頭は*本領安堵《ほんりょうあんど》を受けたもので、所領在地に居住し、よって強い*下地進止権《したちしんしけん》を有し、これは幕府も承認・保護する権益であった。対して、在地に居住することもない惣地頭は、段別《たんべつ》五升の*加徴米《かちょうまい》徴収権などを有するにすぎず、またしばしば交替したため、所領に対する支配権は、本来比較的弱かった。しかし、惣地頭が領内小地頭の権益を侵して紛争となることが多くなり、この解決のため制定されたのが『*御成敗式目《ごせいばいしきもく》』第三八条「一 惣地頭押妨所領内名主職事」で、惣地頭の非法濫妨を禁じるとともに、惣地頭に違背した小地頭の名主職改易をも定めている。小地頭に東国御家人が補任されたことはあるものの、惣地頭に鎮西御家人が補任された例は絶無であり、惣地頭は東国有力御家人に限られていた。鎌倉時代を通じて、鎮西御家人が新来の東国御家人に圧迫された要因の一つは、このような独特の知行形態にもあった。

［文献］ 外山幹夫『中世の九州』（教育社、一九七九）。（細川重男）

安東季久の乱《あんどうすえひさのらん》 鎌倉末期に陸奥国津軽《つがる》に勃発した戦乱。安東氏の乱ともいう。安東氏は、陸奥安倍《あべ》氏の後裔と伝え、鎌倉初期に*北条義時《よしとき》によって「東夷ノ堅《とういのかため》」に任じられたという*御内人《みうちびと》。蝦夷代官職《えぞだいかんしき》の地位にあった又太郎《またたろう》*季長《すえなが》と従兄弟の五郎三郎《ごろうさぶろう》季久が対立し、蝦夷を巻き込んで争乱となった。文保二年（一三一八）五月の*北条高時《たかとき》書状に「蝦夷已静謐」とあり、これ以前からすでに武力衝突が起こっていたらしい。『鎌倉年代記裏書《かまくらねんだいきうらがき》』『保暦間記《ほうりゃくかんき》』『諏訪大明神絵詞《すわだいみょうじんえことば》』『異本伯耆巻《いほんほうきのまき》』などによれば、紛争は元亨二年（一三二二）春、*得宗家《とくそう》*公文所《くもんじょ》にもち込まれたが、得宗家執事《しつじ》*長崎高資《たかすけ》が両方から賄賂を受けて双方に下知《げち》したため、かえって紛糾し、争いは叛乱の様相を呈することとなったという。得宗家では、正中二年（一三二五）六月、代官職を季長から季久に替えたものの、戦乱は止まず、翌嘉暦元年三月、御内侍所《みうちさむらいどころ》工藤祐貞《すけさだ》を大将とする鎮圧軍を送った。工藤は七月、季長を捕らえて鎌倉に帰還したが、現地の争乱は収まらず、同二年六月、宇都宮高貞《うつのみやたかさだ》・小田高知《たかとも》を大将とする幕府軍が派遣される事態となった。だが、幕府軍をしても軍事力による鎮圧はならず、翌三年一〇月、和談《わだん》によって終結にこぎ着けた。関連史料が少なく詳細は不明な点が多いが、御内人の紛争が得宗家によって処理できず、幕府軍の派遣となったこと、その幕府軍も軍事鎮圧が叶わなかったことは、得宗家と幕府の威信の低下を露呈する結果となった。

［文献］ 小口雅史「安藤（東）氏の乱」（『歴史と地理』五一七、一九九八）。（細川重男）

五摂家《ごせっけ》 鎌倉時代に成立した摂政《せっしょう》・関白《かんぱく》を出す家柄。公卿《くぎょう》の最高家格。平安中期以降、摂関は藤原道長《みちなが》流（御堂《みどう》流）の独

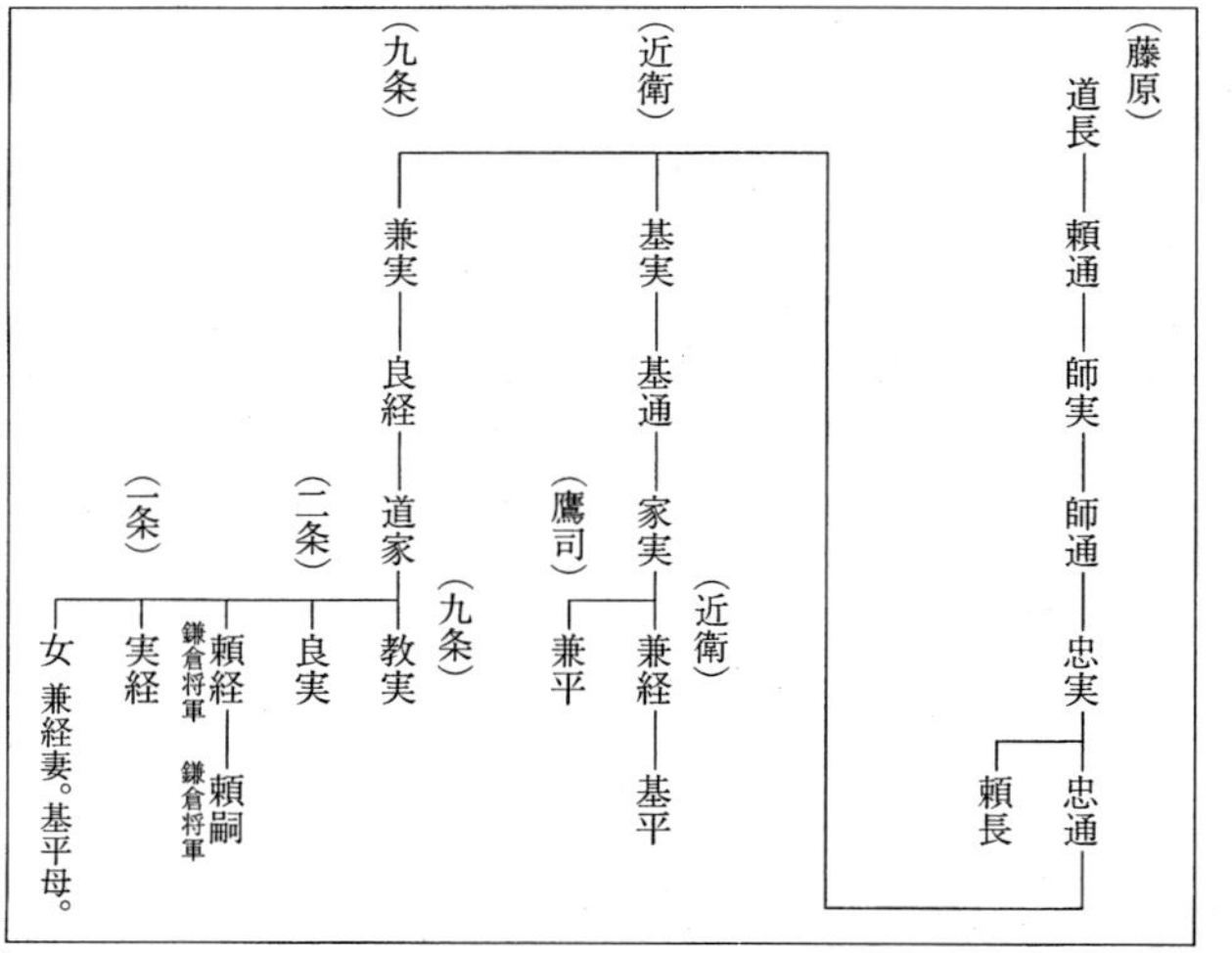

五摂家略系図

占となった。道長五代の孫忠通《ただみち》の嫡孫*基通《もとみち》は、*平清盛《きよもり》の女婿であったため*源頼朝《よりとも》に疎まれ、頼朝の後援を受けた忠通の三男*兼《かね》実《ざね》が摂政となったことで、摂関家は基通の近衛《このえ》流と兼実の九《く》条《じょう》流に分裂した。幕府と結んだ九条流が庶流ながら繁栄し、兼実の孫*道家《みちいえ》の三子教実《のりざね》・良実《よしざね》・実経《さねつね》、道家の女婿近衛家の*兼《かね》経《つね》が次々に摂関となり、さらに兼経の嗣子基平《もとひら》が幼少であったため、弟*兼平《かねひら》が就任した。ここに教実の九条、良実の二《に》条《じょう》、実経の一条《いちじょう》、兼経の近衛、兼平の鷹司《たかつかさ》の五家が成立、王政復《おうせいふっ》古《こ》まで摂関を交替で務めた。明治になり、五家はすべて公爵《こうしゃく》に列した。

[文献]　星野恒「五摂家分流考」（『史学叢説』二、冨山房、一九〇九）。　（細川重男）

北条貞時《ほうじょうさだとき》（一二七一—一三一一）　鎌倉後期の政治家、武将。*鎌倉幕府第九代*執権《しっけん》。父は*北条時宗《ときむね》、母は安達義景《あだちよしかげ》の女。文永八年（一二七一）一二月一二日誕生。幼名は幸寿丸。建治三年（一二七七）一二月に元服。弘安七年（一二八四）四月に父時宗が死去したことにより七月に*得宗・九代執権となる。彼が執権になった翌年の一一月、*内管領《ないかんれい》*平頼綱《よりつな》の讒言に憤り、有力御家人*安達泰盛《あだちやすもり》とその与党を攻め滅ぼす（*霜月騒動《しもつきそうどう》）。泰盛没後、貞時が未熟であるのにつけ込み頼綱が権勢を振るうが、貞時により永仁元年（一二九三）四月に攻め滅ぼされる（*平《たいらの》禅門《ぜんもん》の乱）。以後は成長した貞時主導の幕政が展開する。この時期の社会状況として、蒙古合戦の恩賞未給に苦しむ九州*御家人と無足化する全国の御家人に対する救済が大きな問題となっていた。得宗勢力の増大は他の御家人層の圧迫を意味していた。そのために無足化した御家人層は幕府の支持基盤を揺るがし、かつ*悪党の横行にもつながるので、社会不安の根源となっていた。貞時はこのような社会に充満する矛盾への対処を求められていた。そこで御家人救済策として、永仁五年（一二九七）三月に有名な*永仁の徳政令を出した。これは一時的には効果はあったが結局はさらなる経済の混乱を招くこととなった。約一年後に打ち切ったものの、さらに御家人層を追い詰める結果となった。幕府内では*惟康《これやす》、次いで*久明《ひさあきら》と二人の将軍を追放し将軍権力の抑制に務めた。また、朝廷に対しては、両統の諍いを調停するため両統から天皇を即位させる方針をとったが、それが結局は両統のさらなる確執につながった。正安三年（一三〇一）八月に出家（法名崇暁、のち崇演）、執権職を従兄弟の*師時《もろとき》に譲る。しかし出家しても得宗として権威を振るった。応長元年（一三一一）一〇月二六日死去。享年四一歳。

[文献]　黒田俊雄『日本の歴史8蒙古襲来』（中公文庫、一九七四）、細川重男『鎌倉政権得宗専制論』（吉川弘文館、二〇〇〇）、筧雅博『日本の歴史10蒙古襲来と徳政令』（講談社、二〇〇一）。　（溝川晃司）

北条高時《ほうじょうたかとき》（一三〇三—一三三三）　鎌倉末期の武将。*貞時《さだとき》の男。母は安達泰宗《あだちやすむね》の女。相模守。法名崇鑑《すうかん》。*得宗《とくそう》第九代。*執権《しっけん》第一四代。延慶二年（一三〇九）七歳で元服。応長元年（一三一一）九歳で小侍《こさむらい》奉行《ぶぎょう》、左馬権頭、叙爵。正和五年（一三一六）一四歳で但馬権守を兼ね、同年七月執権判始《はんはじめ》。翌文保元年相模守。翌二年二月評定始《ひょうじょうはじめ》、着政所《ちゃくまんどころ》、引付《ひきつけ》・評定《ひょうじょう》出仕始《しゅっしはじめ》を行う。以上の官職歴は、祖父*時宗《ときむね》・父貞時の先例に従ったもので、妻に安達時顕《ときあき》の女を娶ったことも、得宗家の先例による。*『太平記《たいへいき》』に闘犬・飲酒・田楽《でんがく》に耽溺する姿が描かれており、『保暦間記《ほうりゃくかんき》』には「頗亡気ノ体ニテ、将軍家ノ執権モ難叶カリケリ」とあって、古来、暗愚の人との評価が定着している。高時の*連署《れんしょ》金沢貞顕《かねさわさだあき》の書状に「田楽之外、無他事候」とあることなどから、高時の奢侈は事実と考えられる。だが、高時期鎌倉幕府の実権は、得宗家執事《しつじ》長崎《ながさき》氏と得宗外戚安達《あだち》氏の主導する寄合《よりあい》の合議に移っており、幕政は得宗個人の資質や政治力とは無関係に、先例に従って運営されていたと推定され、高時の行状は、そのような政治体制の結果と考えるべきであろう。嘉暦元年（一三二六）三月二四歳で出家。元徳二年（一三三一）八月、執事長崎高資《たかすけ》の専横を憎んで、同高頼《たかより》らをして討とうとしたが発覚、無関係を主張し事なきを得たという。*元弘《げんこう》の乱に有効な対処をできぬまま、元弘三年（一三三三）五月二二日、鎌倉*東勝寺《とうしょうじ》に自刃。

[文献]　細川重男『鎌倉政権得宗専制論』（吉川弘文館、二〇〇〇）。

（細川重男）

*北条宗宣《ほうじょうむねのぶ》（一二五九—一三一二）　鎌倉後期の武将、政治家。鎌倉幕府第一一代*執権《しっけん》。桓武平氏北条大仏《おさらぎ》流。父は大仏宣《のぶ》時《とき》、母は北条時広《ときひろ》女。正元元年（一二五九）誕生。弘安九年（一二八六）六月に*引付衆《ひきつけしゅう》、翌年一〇月に*評定衆《ひょうじょうしゅう》。永仁五年（一二九七）七月に六波羅探題《ろくはらたんだい》南方として上洛。正安三年（一三〇一）九月に陸奥守。翌年鎌倉に帰り一番引付頭人となる。嘉元三年（一三〇五）七月に*連署《れんしょ》。応長元年（一三一一）一〇月に執権となるも病のため翌正和元年（一三一二）五月に出家（法名は須昭）、六月に死去。享年五四歳。

[文献]　細川重男『鎌倉政権得宗専制論』（吉川弘文館、二〇〇〇）。

（溝川晃司）

*北条熙時《ほうじょうひろとき》（一二七九—一三一五）　鎌倉後期の武将・政治家。鎌倉幕府第一二代*執権《しっけん》。桓武平氏北条政村《まさむら》流。父は北条為《ため》時《とき》、母は未詳。弘安二年（一二七九）誕生。永仁三年（一二九五）に*引付衆《ひきつけしゅう》。正安三年（一三〇一）八月に*評定衆《ひょうじょうしゅう》。以後引付頭人などを歴任し延慶二年（一三〇九）四月に寄合衆となる。応長元年（一三一一）一〇月に*連署《れんしょ》に就任。正和元年（一三一二）六月、前任者の*北条宗宣《むねのぶ》出家の後をうけ執権に就任。正和四年（一三一五）七月に出家（法名道常）、北条*基時《もとき》に執権職を譲る。同月没。享年三七歳。

[文献]　細川重男『鎌倉政権得宗専制論』（吉川弘文館、二〇〇〇）。

（溝川晃司）

*北条基時《ほうじょうもととき》（一二八六—一三三三）　鎌倉後期の武将、政治家。鎌倉幕府一三代*執権《しっけん》。桓武平氏北条普恩寺《ふおんじ》流。父は普恩寺時兼、母は未詳。弘安九年（一二八六）誕生。正安三年（一三〇一）六月に*六波羅探題《ろくはらたんだい》北方として上洛。嘉元元年（一三〇三）一〇月に東下。正和四年（一三一五）七月に執権に就任。一年後の正和五年（一三一六）七月に執権を辞任、*得宗である*北条高時《たかとき》に譲る。同年一一月に出家（法名信忍）。*新田義貞《にったよしさだ》らの鎌倉攻略戦により元弘三年（一三三三）五月二二日に*東勝寺《とうしょうじ》にて一門とともに自害する。享年四八歳。

[文献]　細川重男『鎌倉政権得宗専制論』（吉川弘文館、二〇〇〇）。

（溝川晃司）

*北条守時《ほうじょうもりとき》（一二九五—一三三三）　鎌倉後期の武将、政治家。鎌倉幕府最後の*執権《しっけん》（第一六代）。桓武平氏北条赤橋《あかはし》流。父は赤橋久時《ひさとき》、母は北条宗頼《むねより》の女。永仁三年（一二九五）誕生。応長元年（一三一一）*引付衆《ひきつけしゅう》を経ずして*評定衆《ひょうじょうしゅう》に就任する。

嘉暦元年（一三二六）四月執権になる。執権ではあるが*得宗の*北条高時《たかとき》や内管領*長崎高資《ながさきたかすけ》との兼ね合いもあり、独自の指導力を発揮できなかった。元弘三年（一三三三）五月、*新田《にった》義貞《よしさだ》らの鎌倉攻めに防戦するが防ぎきれず、一八日に洲崎（鎌倉市寺分）にて自害する。享年三九歳。なお、妹の登子は*足利高氏《たかうじ》（尊氏）の正室であり、登子が産んだ*足利義詮《よしあきら》・*基氏《もとうじ》兄弟は甥に当たる。

［文献］ 細川重男『鎌倉政権得宗専制論』（吉川弘文館、二〇〇〇）。

（溝川晃司）

北条師時《ほうじょうもろとき》（一二七五—一三一一） 鎌倉後期の武将、政治家。*鎌倉幕府第一〇代*執権《しっけん》。桓武平氏北条得宗庶流。父は北条宗政《むねまさ》、母は*北条政村《まさむら》の女。*得宗である*北条貞時《さだとき》は従兄弟にあたる。建治元年（一二七五）誕生。永仁元年（一二九三）五月に*評定衆《ひょうじょうしゅう》。正安三年（一三〇一）八月に貞時が出家したのを受けて執権に就任する。出家してもなお得宗として権力を握る貞時の補佐役として執権を務めた。応長元年（一三一一）九月二二日、病のため出家（法名道覚）、同日死去。享年三七歳。

［文献］ 細川重男『鎌倉政権得宗専制論』（吉川弘文館、二〇〇〇）。

（溝川晃司）

北条宣時《ほうじょうのぶとき》（一二三八—一三二三） 鎌倉中後期の武将、政治家。桓武平氏北条大仏《おさらぎ》流。父は大仏朝直《ともなお》、母は足立遠光《あだちとおみつ》の女。暦仁元年（一二三八）誕生。初名は時忠。文永二年（一二六五）六月に*引付衆《ひきつけしゅう》。文永一〇年（一二七三）九月に*評定衆《ひょうじょうしゅう》。建治三年（一二七七）八月引付頭人。弘安一〇年（一二八七）八月に*連署《れんしょ》となり幼い執権*貞時《さだとき》を補佐する。正安三年（一三〇一）八月に貞時が出家し執権を辞任するとともに、連署を辞任する。宣時が連署を務めたのは貞時の執権在任期間の大半を占め、貞時との関係は良好でありよく彼を補佐したものと思われる。翌九月に宣時も出家（法名忍昭）。在俗中には武蔵守・陸奥守の職や佐渡・遠江の守護を務め、出家後も若狭の守護を務めた。元亨三年（一三二三）六月三〇日死去。享年八六歳。

［文献］ 細川重男『鎌倉政権得宗専制論』（吉川弘文館、二〇〇〇）。

（溝川晃司）

安達泰盛《あだちやすもり》（一二三一—一二八五） 鎌倉後期の武将。義景《よしかげ》の男。母は小笠原時長《おがさわらときなが》の女。秋田城介《あきたじょうのすけ》。陸奥《むつ》守。法名覚真《かくしん》。叔母が北条時氏《ときうじ》の妻で、同*経時《つねとき》・*時頼《ときより》の従弟にあたる。宝治元年（一二四七）三浦《みうら》氏を攻撃して宝治合戦の戦端を開き、時頼政権の安定に功があった。建長五年（一二五三）*引付衆《ひきつけしゅう》就任以来、五番引付頭人《とうにん》・*越訴《おっそ》頭人・御恩奉行《ごおんぶぎょう》などの要職を歴任。*北条時宗《ときむね》に嫁した妹が*貞時《さだとき》を生み、時宗・貞時二代の*得宗《とくそう》外戚となった。一方、近習《きんじゅ》・番衆《ばんしゅ》・御鞠《おまり》奉行などを務めて将軍近臣としての側面をも有した。時宗の寄合衆《よりあいしゅう》として幕政中枢に参画。一門を次々と*評定衆《ひょうじょうしゅう》・引付衆に送り込み、姻戚金沢《かねさわ》氏・長井《ながい》氏らとともに安達派とも呼ぶべき勢力を形成。弘安五年（一二八二）北条氏の就任が例となっていた陸奥守に任官。*源頼朝《よりとも》旧蔵の太刀髭切《ひげぎり》を秘蔵するなど、源氏将軍に強い憧憬を抱いていたようで、将軍*惟康《これやす》親王が一時、源氏を称したことには、泰盛の意志の反映が推定される。同七年四月時宗が没すると、その遺志を継ぎ、幼少の貞時を擁して、*弘安《こうあん》の徳政《とくせい》と呼ばれる幕政改革に着手した。だが、敵対勢力は得宗家*執事《しつじ》*平頼綱《よりつな》を中心に結集。両派の対立は、翌年一一月の*霜月騒動《しもつきそうどう》として激発し、泰盛は与党五百余人とともに滅亡した。『*徒然草《つれづれぐさ》』では「双なき馬乗り」と評され、*亀山天皇《かめやまてんのう》から『文選《もんぜん》』、世尊寺経朝《せそんじつねとも》から書論を贈られており、文武に秀でていたことがわかる。文化事業として高野山町石《こうやさんちょうせき》建立が知られる。

［文献］村井章介『北条時宗と蒙古襲来』（日本放送出版協会、二〇〇一）。

（細川重男）

平頼綱《たいらのよりつな》（?—一二九三）　鎌倉後期の武将。*御内人《みうちびと》。盛時《もりとき》の男。左衛門尉。法名杲円《こうえん》。通称、平左衛門入道《へいさえもんにゅうどう》、平禅門《へいぜんもん》。幕府寄合衆《よりあいしゅう》、*侍所所司《さむらいどころしょし》。得宗家公文所執事《とくそうけくもんじょしつじ》（*内管領《ないかんれい》は通称）。*北条貞時《さだとき》とその娘二人の乳母夫《めのと》。*北条時宗《ときむね》のもとで、時宗外戚*安達泰盛《あだちやすもり》とともに寄合に列し、幕政中枢に参画。頼綱と泰盛は、*日蓮《にちれん》からも「平等モ城等モ」と並び称される幕府の二大実力者となった。時宗没後の弘安八年（一二八五）*霜月騒動《しもつきそうどう》で泰盛を滅ぼし、幼主貞時を擁して幕政の実権を掌握。約二年にわたり政治改革を実行したが、源氏を称していた将軍*惟康《これやす》を親王に改めた弘安一〇年頃より急速に専制性を強め、五方引付の監察権を御内人五名に与えるなど、一門を中心とした御内人への権力集中を図った。朝廷政治にも積極的に介入し、*大覚寺統《だいかくじとう》に対し劣勢であった*持明院統《じみょういんとう》を強力に後援。同年十月、皇太子熙仁《ひろひと》親王受禅（伏見《ふしみ》天皇）、その父*後深草《ごふかくさ》上皇の院政開始を実現し、さらに正応二年（一二八九）十月惟康に替えて、後深草の皇子*久明《ひさあきら》親王を鎌倉将軍に迎えた。次男飯沼資宗《いいぬますけむね》を大夫判官《たいうほうがん》、さらに安房守に任官させ、自家の家格上昇に腐心したが、自身を中心とする政治体制を確立できぬまま、永仁元年（一二九三）四月二二日、成長した貞時の放った軍兵の急襲を受け、資宗らとともに滅亡した（*平禅門の乱）。龍ノ口《たつのくち》の法難《ほうなん》・*熱原《あつはら》の法難で日蓮とその信徒を弾圧し、日蓮の法敵として知られるが、一方で真宗《しんしゅう》門徒の要請を受け*『教行信証《きょうぎょうしんしょう》』出版を後援している。

［文献］網野善彦『蒙古襲来』（小学館、一九七四）、筧雅博『日本の歴史10蒙古襲来と徳政令』（講談社、二〇〇一）。

（細川重男）

長崎高綱《ながさきたかつな》（?—一三三三）　鎌倉末期の武将。*御内人《みうちびと》。光綱《みつつな》の男。左衛門尉。法名円喜《えんき》。通称は、長崎左衛門《さえもん》入道《にゅうどう》、長禅門《ちょうぜんもん》。永仁年間（一二九三—九九）頃より、父とともに*北条貞時《さだとき》に仕え、貞時執政の末期に得宗家執事《とくそうけしつじ》・幕府*侍所所司《さむらいどころしょし》・寄合衆《よりあいしゅう》となる。貞時の子*高時《たかとき》の政権期に、執事を嫡子*高資《たかすけ》に、所司を庶長子高貞《たかさだ》に譲ったが、高時の舅安達時顕《あだちときあき》とともに「別駕《べつが》・長入道」「時顕・円喜」「両人」などと呼ばれ、幕府最高議決機関「寄合」を主導して、事実上、幕府の最高権力者となった。元弘三年（一三三三）五月二二日の鎌倉滅亡に際し、*東勝寺《とうしょうじ》において高時の面前で孫新右衛門《しんうえもん》に殺害された。なお、俗名は系図類にのみみえ、同時代史料では確認できず、疑問。

［文献］細川重男『鎌倉政権得宗専制論』（吉川弘文館、二〇〇〇）。

（細川重男）

長崎高資《ながさきたかすけ》（?—一三三三）　鎌倉末期の武将。*御内人《みうちびと》。*高綱《たかつな》の男。左衛門尉。得宗家執事《とうそうけしつじ》。通称、長崎新左衛門尉《しんさえもんのじょう》。御内人として唯一、*評定衆《ひょうじょうしゅう》となる。主人*北条高時《たかとき》の暗愚に乗じて幕政を壟断し、高時出家後の執権人事で、高時の同母弟泰家《やすいえ》の就任を阻み、北条氏庶家の長老金沢貞顕《かねさわさだあき》を就けたため、騒動が勃発したとされる。また、津軽安東《あんどう》氏の内紛では対立する双方から賄賂を受け、両方に有利な下知をしたため、紛争は激化し、安東氏の叛乱となったという。以上の逸話は、南北朝成立の『保暦間記《ほうりゃくかんき》』に見え、真偽のほどはさだかではないが、父高綱とともに高時政権にあって、大きな政治力を有したことは間違いない。元弘三年（一三三三）鎌倉滅亡に殉じたとされる。
［文献］ 細川重男『鎌倉政権得宗専制論』（吉川弘文館、二〇〇〇）。
（細川重男）

安東蓮聖《あんどうれんしょう》（一二三九―一三二九） 鎌倉後期の武将。*御内人《みうちびと》。父母・実名未詳。蓮性とも。右衛門尉。通称、安東平右衛《へいうえ》門入道《もんにゅうどう》。駿河国北安東荘《きたあんどうしょう》を本貫《ほんがん》とする平姓安東氏の一族。津軽の安倍《あべ》姓安東氏とは別族。平姓安東氏は*御家人であるが、北条*義時《よしとき》期の忠家《ただいえ》以来、*得宗《とくそう》側近の有力御内人となった。蓮聖は京都五条《ごじょう》に屋敷を構え、西国で幅広く活動し、所領も得宗領の給主《きゅうしゅ》を含め西国に複数確認される。文永一〇年（一二七三）得宗領摂津国多田院《ただのいん》造営の惣奉行《そうぶぎょう》となっており、弘安七年（一二八四）には*北条時宗《ときむね》の甥で当時、*六波羅南方探題《ろくはらなんぽうたんだい》であった同兼時《かねとき》のもとで摂津守護代《しゅごだい》を務めていたことが確認される。鎌倉後期の西国における得宗勢力の中心人物と評価されよう。一方、延暦寺《えんりゃくじ》衆徒《しゅうと》と結託して借上《かしあげ》を営み、借金の取り立てのため近江国堅田浦《かただのうら》で仁和寺《にんなじ》年貢輸送船を差し押さえて、文永八年、御家人でありながら幕府禁制を破るものとして訴えられたこと、乾元元年（一三〇二）私財数百貫を投じて播磨国福泊《はりまふくどまり》（現兵庫県姫路市）の防波堤を修造したことなど、活発な経済活動と富裕な財力で知られ、御内人の*有徳人《うとくにん》化の代表例とされる。*建治三年（一二七七）和泉国久米田寺《いずみくめたでら》（現大阪府岸和田市）の別当職《べっとうしき》を買得し、律宗《りっしゅう》寺院として再建、弘安五年*叡尊《えいそん》を招き、堂供養《どうくよう》を挙行した。元徳元年正月一九日、五条の宅に没す。九一歳。久米田寺に残る肖像は重要文化財。なお、没年は元徳二年（一三三〇）ともされる。
［文献］ 網野善彦『蒙古襲来』（小学館、一九七四）、筧 雅博『日本の歴史10蒙古襲来と徳政令』（講談社、二〇〇一）。
（細川重男）

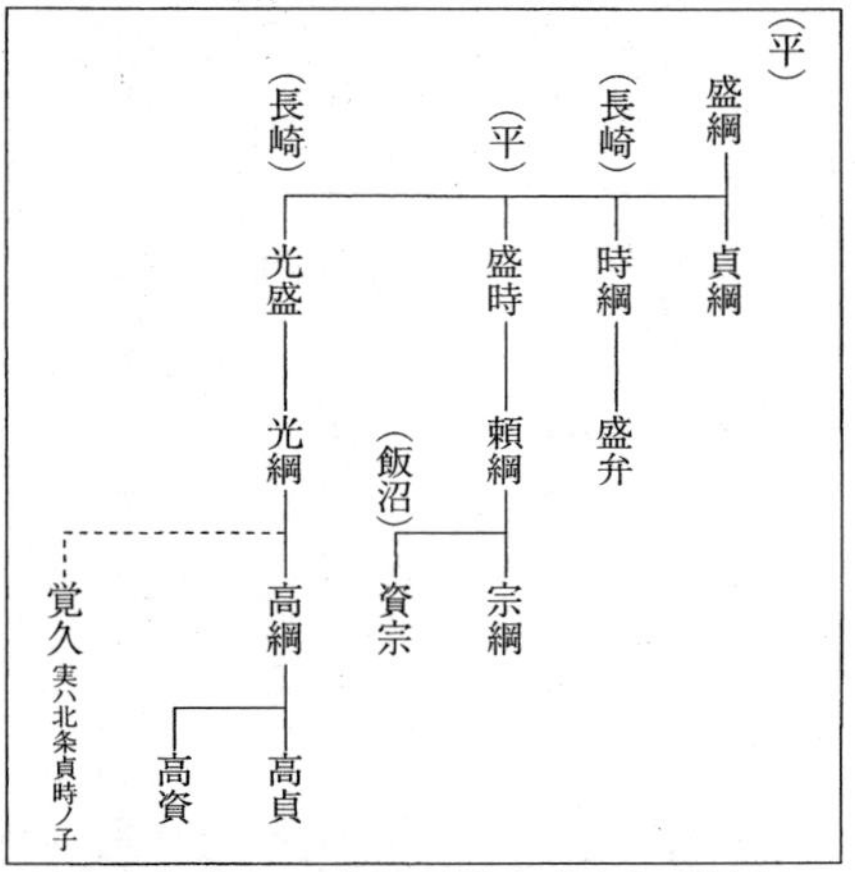

長崎氏略系図 ※光綱は頼綱の弟とする説もあり。

安東季長《あんどうすえなが》 生没年・父母不詳。鎌倉末期の武将。*御内人《みうちびと》。実名は貞季《さだすえ》、資長《すけなが》ともされる。通称、又太郎《またたろう》。陸奥国津軽の安倍《あべ》姓安東氏嫡流。従兄弟の五郎三郎《ごろうさぶろう》*季久《すえひさ》と蝦夷代官職《えぞだいかんしき》をめぐって対立し、いわゆる*安東季久の乱を引き起こす。主家*得宗《とくそう》家は季久を支援し、正中二年（一三二五）代官職から季長を罷免して、季久に与えたものの、季長は屈服せず、抗戦を続けた。ために翌嘉暦元年三月、御内侍所《みうちさむらいどころ》工藤祐貞《すけさだ》の率いる鎮圧軍が派遣され、工藤は七月季長を捕らえて鎌倉に帰還した。しかし、季長の郎従《ろうじゅう》季兼《すえかね》らの抵抗はなお止まず、ついに幕府軍の投入となって、嘉暦三年（一三二八）一〇月、和談《わだん》により終結した。

捕縛されて後の季長については、つまびらかでない。

［文献］ 小口雅史「安藤（東）氏の乱」（『歴史と地理』五一七、一九九八）。 （細川重男）

太田康有《おおたやすあり》（一二二九―九〇） 鎌倉後期の武家吏僚。*康連《やすつら》の男。美作《みまさか》守。法名善有《ぜんゆう》。『*建治三年記《けんじさんねんき》』の著者。弘長二年（一二六二）*問注所執事《もんちゅうじょしつじ》に就任。同年六月、兄康宗《やすむね》の中風・籠居により、*引付衆《ひきつけしゅう》を経ず、*評定衆《ひょうじょうしゅう》に就任。*得宗《とくそう》*北条時頼《ときより》に抜擢されたものと考えられる。問注所は、文永三年（一二六六）三月、引付が廃止され、重事が時頼の子*連署《れんしょ》*時宗《ときむね》の直断となった際、細事を付されており、得宗の専制を支える機関であった。その長官である康有は、同じく吏僚である佐藤業連《なりつら》とともに、時宗の秘書官的役割を果たし、時宗の寄合衆《よりあいしゅう》に列した。弘安五年（一二八二）一二月二七日、寄合の座で中風に倒れ、籠居。政界を退き、正応三年（一二九〇）五月一一日、六二歳で没した。

［文献］ 細川重男『鎌倉政権得宗専制論』（吉川弘文館、二〇〇〇）。 （細川重男）

太田時連《おおたときつら》（一二六九―一三四五） 鎌倉後期・南北朝期の武家吏僚。*康有《やすあり》の男。信濃守。法名道大《どうだい》。『*永仁三年記《えいにんさんねんき》』の著者。弘安六年（一二八三）*問注所執事《もんちゅうじょしつじ》就任。同八年*霜月騒動《しもつきそうどう》で罷免されたが、翌年*引付衆《ひきつけしゅう》就任。永仁元年（一二九三）再任、*評定衆《ひょうじょうしゅう》。以後、要職を歴任し、寄合衆《よりあいしゅう》に至る。正和元年（一三一二）延暦寺《えんりゃくじ》の要求で配流《はいる》処分を受けたが、翌年復活。元亨元年（一三二一）執事を嫡子貞連《さだつら》に譲り、嘉暦元年（一三二六）*北条高時《たかとき》の出家に従うが、幕府高官の地位は維持した。鎌倉滅亡後、雑訴決断所衆《ざっそけつだんしょしゅう》を経て、初代*室町幕府問注所執事となった。暦応四年（一三四一）孫顕行《あきゆき》に職を譲り、貞和元年二月九日（一三四五）七十七歳で没。

［文献］ 細川重男『鎌倉政権得宗専制論』（吉川弘文館、二〇〇〇）。 （細川重男）

青砥藤綱《あおとふじつな》（生没年未詳） 左衛門尉。青砥氏は伊豆《いず》国住人大《おお》場《ば》近郷《ちかさと》が*承久の乱の恩賞で上総《かずさ》国青砥荘を賜ったことに始まるとされる。その裔藤満《ふじみつ》の妾腹に生まれた藤綱は、一一歳で出家、二一歳で還俗《げんぞく》。行印法印《ぎょういんほういん》に師事し、二八歳のとき、二階堂信《にかいどうしな》濃入道《のにゅうどう》に見出されて、*北条時頼《ときより》に推挙され、*評定衆《ひょうじょうしゅう》に列したという。『弘長記《こうちょうき》』『*太平記《たいへいき》』には、慈悲深き廉直の人で、時頼を諫《いさ》めて評定衆・奉行《ぶぎょう》の非道を糾弾、*得宗《とくそう》と一公文《くもん》の訴訟では理非に従い得宗を敗訴とし、滑川《なめりがわ》に落とした一〇文《もん》を続松《たいまつ》五〇文を投じて捜したことなどの逸話が記されている。だが、『*吾妻鏡《あづまかがみ》』『関東評定伝《かんとうひょうじょうでん》』などでは存在が確認できず、善政とされる執権政治の理想を人格化した架空の人物である。

［文献］ 星野 恒「青砥左衛門ノ其人有無」（『史学叢説』二、冨山房、一九〇九）。 （細川重男）

西園寺公衡《さいおんじきんひら》（一二六四―一三一五） 鎌倉後期の貴族。関東申次。父は*西園寺実兼《さねかね》、母は中院通成《なかのいんみちひら》の女の顕子。文永元年（一二六四）誕生。建治二年（一二七六）に従三位となり公卿となる。以後権中納言、皇后宮権大夫、中納言、中宮大夫、権大納言、内大臣、右大臣などの官を経て、延慶二年（一三〇九）には左大臣にまで昇りつめる。嘉元二年（一三〇四）に父実兼より関東申次の職務を任され、幕府との交渉役を担う。この間、同母妹瑛子が嘉元元年（一三〇三）に*亀山《かめやま》法皇の子（恒明親王）を産んだことにより、その後見役となる。亀山院は将来的に恒明に*大覚寺《だいかくじ》統の家督を嗣がせる意志があったようである。よって、恒明の異母兄である*後宇多《ごうだ》院との関係が悪化し、亀山院死去後の徳治元年（一三〇六）に後宇多院から勅勘を蒙ったこともあった。このこともあって、結局恒明は即位することはなく、大覚寺統での外戚としての勢力確立はならなかった。しかし彼の娘の寧子は*後伏見《ごふしみ》天皇の妃となり、院号を賜る（広義門院《こうぎもんいん》）。さらに量仁《かずひと》・豊仁《とよひと》両親王を産み（後の*光厳《こうごん》・*光明《こうみょう》両天皇）、公衡は*持明院《じみょういん》統の外祖父としての影響力を確立した。応長元年（一三一一）八月に出家（法名静勝）、正和四年（一三一五）九月二五日死去。享年五二歳。極官位は左大臣従一位。彼の死により、一度は任を降りた父実兼が再び関東申次に復帰することとなった。なお、彼の日記『公衡公記』は、関東申次《もうしつぎ》として幕府との交渉にあたる様子をうかがうことができる。

[文献] 森 茂暁『鎌倉時代の朝幕関係』（思文閣、一九九一）。

（溝川晃司）

西園寺実兼《さいおんじさねかね》（一二四九―一三二二） 鎌倉後期の公卿、関東申次。父は西園寺公相《きんすけ》、母は中原師朝《もろとも》の女。建長元年（一二四九）誕生。祖父の実氏《さねうじ》が文永六年（一二六九）に死去したのに伴い、祖父の跡を継いで関東申次《もうしつぎ》になる（父公相はすでに故人）。弘長元年（一二六一）に従三位となり公卿となる。以後、左中将、権中納言、左衛門督、権大納言、春宮《とうぐう》大夫、大納言、右大将、内大臣などを経て、正応四年（一二九一）に太政大臣になる。関東申次として朝幕間の連絡・交渉に従事し、幕府の対朝廷政策に大きな影響を与えたとされる。つまり彼の朝廷内における立場が変化するに伴い、*持明院《じみょういん》・*大覚寺《だいかくじ》のいずれの統を支持するかも変わった。それが幕府の対朝廷干渉にそのまま現れた、といわれる。彼の行動は結果的に天皇家の分裂を深めることとなった。かって自分の家司であった*京極為兼《きょうごくためかね》が強力な政敵に成長したため、幕府に依頼して二度も流罪にしたこともある。正安元年（一二九九）六月に出家（法名空性、または悦空）。嘉元二年（一三〇四）夏以後は息子の*公衡《きんひら》に関東申次の職を任す。しかし公衡が正和四年（一三一五）九月に死去したことにより関東申次の職に復帰する。元亨二年（一三二二）九月一〇日死去。享年七四歳。

[文献] 龍 粛『鎌倉時代下』（春秋社、一九五九）、森 茂暁『鎌倉時代の朝幕関係』（思文閣、一九九一）。

（溝川晃司）

鷹司 兼平《たかつかさかねひら》（一二二七―九四） 鎌倉時代中期の公卿。*五摂家の一つである鷹司家の初代。父は*近衛家実《このえいえざね》、母は藤原忠行《ただゆき》の女。安貞元年（一二二七）誕生。嘉禎三年（一二三七）二月元服、正五位下。翌年正月に従三位に叙せられ公卿となる。仁治二年（一二四一）四月に内大臣、寛元二年（一二四四）六月に右大臣、同年一二月に左大臣と歴任。宝治二年（一二四八）一〇月に従一位。建長四年（一二五二）一〇月に兄の*近衛兼経《かねつね》の後を継ぎ摂政・氏長者になる。これにより名実ともに摂関家は五家に分かれ、五摂家が完成した。翌月には太政大臣も兼任する。翌年太政大臣は辞するが弘長元年（一二六一）にいたるまでの一〇年間摂関の地位にあった（建長六年より関白）。建治元年（一二七五）一〇月に幕府よりの申入によって摂政に再任、*後宇多《ごうだ》天皇の補佐役の地位を保つ（弘安元年より関白）。翌年太政大臣にも再任（建治三年に辞）。弘安一〇年（一二八七）八月に関白を停止される。正応三年（一二九〇）八月に出家。永仁二年（一二九四）八月八日没。享年六八歳。極官位は関白太政大臣従一位。追号は称念院殿。なお、彼が獲得した所領は以後鷹司家領となるが、その構成は旧近衛家領七ヶ所、旧宣陽門院領一〇ヶ所、そのほか五ヶ所の計二二ヶ所からなるものであった。

［文献］ 金井静香「近衛家所領目録とその後」（『中世公家領の研究』、思文閣、一九九九）。 （溝川晃司）

鷹司冬平《たかつかさふゆひら》 （一二七五—一三二七） 鎌倉時代後期の公卿。摂政、関白。父は鷹司基忠《もとただ》、母は衣笠経平《きぬがさつねひら》の女。建治元年（一二七五）誕生。弘安八年（一二八五）に従三位。以後、右中将、讃岐権守、権中納言、春宮《とうぐう》権大夫、左衛門督、権大納言、春宮大夫、左大将などを経て正安元年（一二九九）に内大臣。乾元元年（一三〇二）に右大臣、嘉元三年（一三〇五）に左大臣。徳治元年（一三〇六）より東宮傅となり東宮富仁親王（後の*花園《はなぞの》天皇）の養育に当たる。延慶元年（一三〇八）一一月に摂政・藤氏長者となり、践祚したばかりの花園天皇を輔導する立場となる。また、引き続き東宮尊治親王（後の*後醍醐《ごだいご》天皇）の東宮傅となり、これを助ける役目にもなる。延慶三年（一三一〇）に太政大臣を兼任（翌年辞任）。翌応長元年（一三一一）に関白に転任。正和二年（一三一三）に父の死を契機として関白を辞任。正和四年（一三一五）に関白に復帰（翌年停止）。元亨三年（一三二三）に太政大臣に復帰する。正中元年（一三二四）に関白にも復帰。嘉暦二年（一三二七）正月一九日に、現職のまま死去。享年五三歳。極官位は太政大臣従一位。その生涯に摂関を三度、太政大臣を二度、東宮傅を二度務め、公卿の中でも有能な人物であった。

［文献］『新訂増補国史大系54公卿補任二』。 （溝川晃司）

平経高《たいらのつねたか》 （一一八〇—一二五五） 鎌倉中期の公卿。桓武平氏高棟《たかむね》王流。父は治部大輔を務めた平行範《ゆきのり》、母は未詳。治承四年（一一八〇）誕生。文治三年（一一八七）頃には吉田経房《つねふさ》の猶子《ゆうし》であったが、建久元年（一一九〇）正月の叙爵の際には平姓に戻っている。官職としては紀伊守、皇后宮権大進、春宮権大進、右衛門権佐、蔵人、右少弁、左中弁、右中弁、左中弁、右大弁、蔵人頭、宮内卿などを務める。元仁元年（一二二四）に従三位に叙せられる。その後嘉禄二年（一二二六）に参議、嘉禎元年（一二三五）に参議を辞す。仁治元年（一二四〇）に民部卿、建長二年（一二五〇）に民部卿を停止。建長七年（一二五五）六月に死去。享年七六歳。極官位は参議正二位。その生涯は、後鳥羽院皇子である雅成王の後見を務めたり忠成王（*順徳《じゅんとく》院皇子）の元服を計らうなど、鎌倉幕府に批判的な立場を貫いた。*九《く》条道家《じょうみちいえ》に近侍し彼をよく補佐した。また、博学であった彼の人物像は、日記『*平戸記《へいこき》』によく現れている。そこでは公家のみならず武家の動向も記録しており、鎌倉中期をよくうかがうことができる好史料である。

［文献］ 本郷和人『中世朝廷訴訟の研究』（東京大学出版会、一九九五）。 （溝川晃司）

三条実盛《さんじょうさねもり》 （?—一三〇四） 鎌倉後期の公卿。藤原氏閑院《かんいん》流三条家庶流。父は三条公泰《きんやす》、母は徳大寺実忠《とくだいじさねただ》の女。建長五年（一二五三）九月に叙爵。右少将、右中将、皇后宮権亮《ごんのすけ》、播磨権介、美濃介、蔵人頭《くろうどのとう》などの官職を務め、弘安九年（一二八六）に参議となるが翌年辞任。正応三年（一二九〇）三月一〇日早暁に、甲斐源氏の浅原為頼《ためより》が一族を率いて御所（富小路内裏）に乱入、*伏見《ふしみ》天皇と東宮胤仁《たねひと》親王（後の*後伏見《ごふしみ》天皇）の命を狙うという大事件が勃発*（正応三年天皇暗殺未遂事件）。警固の武士が駆けつけ御所内で戦闘に及んだあげく、浅原一族は自害した。このとき浅原為頼がもっていた刀が三条実盛の家に伝わる名刀であったことから、実盛と子息公久《きんひさ》は*六波羅に逮捕され取り調べを受けた。関東に送られたとの説もある。その後の詳細は不明。ただしこのとき、天皇家から勅勘そのほかの罰は受けていない。嘉元二年（一三〇四）七月二二日死去。享年未詳。極官位は参議従三位。

［文献］ 黒田俊雄『日本の歴史8蒙古襲来』（中公文庫、一九七四）、筧 雅博『日本の歴史10蒙古襲来と徳政令』（講談社、二〇〇一）。

（溝川晃司）

三条実躬《さんじょうさねみ》（一二六四―？） 鎌倉時代後期の公卿。正親町三条《おおぎまちさんじょう》とも。藤原氏閑院流三条家庶流。父は三条公貫《きんつら》、母は吉田為経《ためつね》の女。文永元年（一二六四）誕生。文永六年（一二六九）正月に従五位上となり以後右兵衛佐・左少将・下野権守・右中将・美作介を歴任し永仁三年（一二九五）六月に蔵人頭《くろうどのとう》に任ぜられる。永仁六年（一二九八）六月に参議。以後権中納言《ごんのちゅうな ごん》・按察使・民部卿・権大納言などの職を歴任する。文保元年（一三一七）二月二四日、五四歳のときに出家（法名実円）。没年未詳。極官位は権大納言正二位。彼の日記である『*実躬卿記《さねみきょうき》』は少なくとも弘安六年（一二八三）正月から延慶年間（一三〇八―一〇）頃までに書かれたものと思われる（途中欠記や残存していない箇所があり）。鎌倉後期の朝廷内部の模様をうかがえる好史料である。

［文献］「実躬卿記」（『大日本古記録』、東京大学史料編纂所、一九九一）。

（溝川晃司）

京極為兼《きょうごくためかね》（一二五四―一三三二）「ためかね」とも。鎌倉後期の公卿・歌人。藤原氏御子左《みこひだり》流。父は京極為教《ためのり》、母は三善雅衡《みよしまさひら》の女。曾祖父は歌人として有名な*藤原（京極）定家《さだいえ》。建長六年（一二五四）誕生。建長八年（一二五六）叙爵。右中将、但馬権介《ごんのすけ》、皇后宮権亮、蔵人頭《くろうどのとう》などの官職を歴任し、正応二年（一二八九）に参議。この間、*西園寺実兼《さいおんじさねかね》の家司も務める。また、姉の為子と共々*伏見《ふしみ》院にも近侍し、伏見院・*後伏見《ごふしみ》院親子の信頼を得ていく。正応四年（一二九一）七月に権中納言。永仁四年（一二九六）に権中納言を辞す。永仁六年（一二九八）三月、「陰謀」を企てたとされ幕府により逮捕、佐渡に流罪となる。これは、伏見院の寵愛を得る為兼に対し、主筋にあたる西園寺実兼の反感を買ったためといわれる。嘉元元年（一三〇三）に幕府より赦され帰京。延慶三年（一三一〇）一二月に権大納言となる。このころ、伏見院による勅撰和歌集が企画された。選者には京極為兼と二条為世《にじょうためよ》が争い、互いに訴訟で誹謗し合う激しいものであったが、応長元年（一三一一）に為兼が院宣を受け勝利。これにより完成したのが『*玉葉《ぎょくよう》和歌集』である。正和二年（一三一三）一〇月に、伏見院とともに出家（法名蓮覚、のち静覚）。しかしやはり西園寺実兼に警戒され、正和四年（一三一五）一二月に幕府により再び捕縛され土佐《とさ》に流罪となる。許されて以後は河内《かわち》に住み、正慶元年（元弘二年、一三三二）三月二一日に死去。享年七九歳。極官位は権大納言正二位。

［文献］ 土岐善麿『新修京極為兼』（角川書店、一九五八）。

（溝川晃司）

花山院兼信《かざんいんかねのぶ》（一二九四―？） 鎌倉後期の公卿。藤原氏花山院家庶流。父は花山院師信《もろのぶ》、母は*三条実盛《さねもり》の女。永仁二年（一二九四）誕生。永仁六年（一二九八）正月に従五位下。左少将、播磨介、左中将、春宮権亮、蔵人頭を経て延慶三年（一三一〇）九月に一七歳で参議。以後、越後権守、右衛門督、検非違使別当などを歴任。正和四年（一三一五）二月に権中納言。近衛中将から蔵人頭のコースを異例の速度で昇進したのは、生母が浅原為頼《ためより》事件の際に*伏見《ふしみ》天皇親子を守ったことによる、とする説もある。祖父実盛は事件に加担したとされ、母は事件で天皇親子を守ったわけであり、複雑な環境の中で兼信は成長したものと思われる。元亨二年（一三二二）二月に母の服喪を機に権中納言を辞任。康永二年（興国四年。一三四三）二月三日、五三歳にして出家（法名覚円）。没年未詳。異母弟の師賢《もろかた》は元弘元年（一三三一）の*後醍醐《ごだいご》天皇の笠置山《かさぎやま》籠城の際、天皇の身代わりとして鳳輦に乗り、叡山にこもって幕府軍を攪乱させるのにひと役買った。

［文献］筧　雅博『日本の歴史10蒙古襲来と徳政令』（講談社、二〇〇一）。（溝川晃司）

惟康親王《これやすしんのう》（一二六四—一三二六）*鎌倉幕府第七代将軍。父は第六代将軍の*宗尊《むねたか》親王。母は摂政近衛兼経《このえかねつね》の女宰子。文永元年（一二六四）四月二九日誕生（親王宣下なし、惟康王）。文永三年（一二六六）七月に父の宗尊《むねたか》が将軍職を追われ鎌倉追放となったのを受けて、同月三歳にして*征夷大将軍となる。文永七年（一二七〇）一二月に従三位左中将となるのを契機に源姓を賜り源惟康となる。弘安一〇年（一二八七）一〇月に幕府からの要請を受けて親王宣下が出され皇族に復帰する（惟康親王）。正応二年（一二八九）九月、将軍職を追われ鎌倉追放となる（*『増鏡《ますかがみ》』によれば、逆さにした網代輿に乗せられ護送されるという罪人扱いであったようである）。同年一二月に出家、嵯峨に隠棲する。嘉暦元年（一三二六）一〇月三〇日死去。享年六三歳。

［文献］筧　雅博『日本の歴史10蒙古襲来と徳政令』（講談社、二〇〇一）。（溝川晃司）

久明親王《ひさあきらしんのう》（一二七六—一三二八）*鎌倉幕府第八代将軍。父は*後深草《ごふかくさ》院、母は三条公親《きんちか》の女房子。建治二年（一二七六）九月一一日誕生。*伏見《ふしみ》院は兄。正応二年（一二八九）一〇月に親王宣下があり元服、征夷大将軍に任ぜられた後に*六波羅経由で鎌倉に入った。わずか一ヶ月の間に親王宣下・元服・将軍任命・東下が立て続けに行われたのは、前月鎌倉を追放された前将軍*惟康《これやす》親王の後任として急遽定まったためである。延慶元年（一三〇八）七月に鎌倉を追放され京に戻る。嘉暦三年（一三二八）一〇月一四日死去。享年五三歳。

［文献］筧　雅博『日本の歴史10蒙古襲来と徳政令』（講談社、二〇〇一）。（溝川晃司）

守邦親王《もりくにしんのう》（一三〇一—一三三三）*鎌倉幕府第九代将軍。父は*久《ひさ》明《あきら》親王、母は*惟康《これやす》親王の女。乾元元年（一三〇二）誕生、ただし正安三年（一三〇一）誕生説もあり。延慶元年（一三〇八）八月に父の久明《ひさあきら》親王が鎌倉を追放されたことにより*征夷大将軍となる（親王宣下なし、守邦王）。翌九月に親王宣下。正慶二年（元弘三年、一三三三）五月の鎌倉陥落・北条氏滅亡の際出家する。同年八月一六日死去。享年三二歳。死去した場所は未詳。

［文献］『大日本史料』（六—一、元弘三年八月一六日条）。（溝川晃司）

亀山天皇《かめやまてんのう》（一二四九—一三〇五）　*後嵯峨《ごさが》天皇第四皇子。母は大宮院姞子《よしこ》。諱《いみな》は恒仁《つねひと》。父母の寵愛厚く、正元元年（一二五九）即位。文永九年（一二七二）後嵯峨法皇死後治天の君となったが、この決定に兄*後深草《ごふかくさ》上皇は不満を抱き、皇位継承をめぐる後深草系の*持明院《じみょういん》統と亀山系の*大覚寺《だいかくじ》統との対立の端緒となった。同一一年皇子世仁《よひと》親王に譲位。以後一三年間院政を行った。しかし弘安一〇年（一二八七）皇位が持明院統の*伏見《ふしみ》天皇に移り、正応二年（一二八九）後深草の皇子*久明《ひさあきら》親王が鎌倉の新将軍に迎えられるなど、時勢が次第に大覚寺統に不利になると失意のあまり了遍を戒師として出家。法諱金剛源。嘉元三年（一三〇五）九月一五日死去。五七歳。

［文献］『本朝皇胤紹運録』、竜　粛『鎌倉時代下』（春秋社、一九五八）。（藤田正義）

後深草天皇《ごふかくさてんのう》（一二四三—一三〇四）　*後嵯峨《ごさが》天皇第二皇子。母は大宮院姞子。諱《いみな》は久仁《ひさひと》。寛元四年（一二四六）四歳で践祚。父後嵯峨上皇が院政を行った。正元元年（一二五九）父の命により弟*亀山《かめやま》天皇に譲位。文永九年（一二七二）後嵯峨法皇死後、亀山天皇が治天の君と決まった。しかし関東申次*西園寺《さいおんじ》実兼《さねかね》の奔走、幕府の斡旋により後深草の皇子熙仁《ひろひと》親王が*後宇多《ごうだ》天皇（亀山の子）の皇太子に立てられ、弘安一〇年（一二八七）践祚して*伏見《ふしみ》天皇となり、後深草上皇が院政を行った。正応二年（一二八九）伏見天皇の皇子胤仁《たねひと》親王が皇太子に立てられ、後深草の皇子*久明《ひさあきら》親王が将軍として鎌倉に下向。翌三年亀山殿で出家。嘉元二年（一三〇四）七月一六日死去。六二歳。

［文献］『本朝皇胤紹運録』、竜　粛『鎌倉時代下』（春秋社、一九五八）。（藤田正義）

後宇多天皇《ごうだてんのう》（一二六七—一三二四）。諱《いみな》は世仁《よひと》。*大覚寺《だいかくじ》統第二代。父は*亀山《かめやま》天皇、母は京極院洞院佶子《とういんきっし》。文永一一年（一二七四）正月践祚。大覚寺統と*持明院《じみょういん》統との確執がある中で亀山院の院政下在位一三年に及ぶ。弘安一〇年（一二八七）一〇月に幕府から後宇多天皇の譲位と東宮熙仁《ひろひと》親王の践祚の申入があったため退位し上皇となる。亀山院は、晩年に寵愛する末子恒明《つねあきら》親王を立太子・即位させようとした。このため大覚寺統は分裂の危機を迎える。しかし嘉元三年（一三〇五）に亀山院が死去すると、後宇多院は恒明の後見人*西園寺《さいおんじ》公衡《きんひら》に勅勘を加えることで恒明親王派を掣肘しその立太子を阻止した。徳治二年（一三〇七）七月に出家。長男（*後二条《ごにじょう》天皇）と次男（*後《ご》醍醐《だいご》天皇）の二人の在位中に院政をとり、元亨元年（一三二一）一二月に院政を停止、後醍醐天皇の親政となる。正中元年（一三二四）六月二五日死去。享年五八歳。

［文献］本郷和人『中世朝廷訴訟の研究』（東京大学出版会、一九九五）。（溝川晃司）

伏見天皇《ふしみてんのう》（一二六五—一三一七）。*持明院《じみょういん》統第二代。諱《いみな》は熙仁《ひろひと》。父は*後深草《ごふかくさ》上皇、母は玄輝門院愔子。従兄弟の世仁《よひと》親王（*後宇多《ごうだ》天皇）よりも二年早く生まれたにもかかわらず世仁が東宮になり、当初は親王宣下さえもされなかった。しかし後深草院に配慮した幕府の意向により建治元年（一二七五）一〇月に親王宣下、一一月に立太子する。弘安一〇年（一二八七）一〇月に幕府の申入により即位した。正応三年（一二九〇）二月には後深草院の出家により親政を開始する。この年の三月一〇日には甲斐源氏出身の浅原為頼《あさはらためより》一族が早暁に富小路内裏に乱入し、暗殺の危機に遭遇した。永仁六年（一二九八）七月に長男の胤《たね》仁《ひと》親王（*後伏見天皇）に譲位、以後二度にわたり院政をとった。伏見親政・院政は、記録所庭中と雑訴議定という二つの新措置がとられたことにより雑訴処理が促進されるなど、朝廷政治が大いに活発化した。正和二年（一三一三）一〇月に政務を後伏見院に譲り出家、文保元年（一三一七）九月三日死去。享年五三歳。

［文献］　本郷和人『中世朝廷訴訟の研究』（東京大学出版会、一九九五）。　（溝川晃司）

後伏見天皇《ごふしみてんのう》（一二八八―一三三六）。*持明院《じみょういん》統第三代。父は*伏見《ふしみ》天皇、母は五辻経氏《いつつじつねうじ》の女、経子。諱《いみな》は胤仁《たねひと》。永仁六年（一二九八）七月に践祚。幕府よりの申入があり正安三年（一三〇一）正月に東宮邦治親王（*後二条《ごにじょう》天皇）に譲位する。その後は複雑な*両統迭立《りょうとうてつりつ》の過程で父の伏見院を補佐し続け、正和二年（一三一三）一〇月には伏見院の院政終了により院政を開始する。文保二年（一三一八）に幕府の申入により弟の*花園《はなぞの》天皇は退位、後伏見院の第一次院政は終了した。その後、元弘元年（一三三一）の*後醍醐《ごだいご》天皇の笠置山《かさぎやま》挙兵により息子の量仁《かずひと》親王（*光厳天皇《こうごんてんのう》）が践祚、後伏見院の第二次院政が開始する。後伏見院は持明院統の家長として、後醍醐天皇と違いあくまで幕府の意向に従う立場を保持した。そのため元弘三年（一三三三）五月の*六波羅陥落の際も両探題北条仲時《なかとき》・時益《ときます》とともに都を落ちる。近江《おうみ》国坂田郡蓮華寺にて北条一族は自害、後伏見院・花園院・光厳天皇の三人は京極（佐々木）高氏の軍に捕われ京に送られた。同年六月に出家。建武三年（一三三六）四月六日に死去。享年四九歳。

［文献］　本郷和人『中世朝廷訴訟の研究』（東京大学出版会、一九九五）。　（溝川晃司）

後二条天皇《ごにじょうてんのう》（一二八五―一三〇八）。*大覚寺《だいかくじ》統第三代。諱《いみな》は邦治《くにはる》。父は*後宇多《ごうだ》天皇、母は西華門院堀川基子。弘安一〇年（一二八七）に幕府の申入により父が退位、*持明院《じみょういん》統の*伏見《ふしみ》天皇が即位したことで大覚寺統の皇位継承権が持明院統に奪われる形となった。しかし持明院統内での*西園寺実兼《さいおんじさねかね》と*京極為兼《きょうごくためかね》の確執により幕府の意向は再び大覚寺統に傾き、永仁六年（一二九八）八月に*後伏見《ごふしみ》天皇の東宮になる。正安三年（一三〇一）正月、幕府の申入によって即位。東宮は幕府の意向により持明院統の富仁《とみひと》親王と決定し、この頃より両統の皇位継承争いが激化し始める。また、祖父の*亀山法皇は、寵愛する昭訓門院西園寺瑛子が嘉元元年（一三〇三）に産んだ恒明親王を皇位に就けたいという願望を抱いたので、*西園寺公衡《きんひら》を中心とする恒明親王派ができ、大覚寺統は二分した。彼ら恒明派は持明院統と共同で、現天皇である後二条に譲位を迫るよう幕府にはたらきかけるなど、在位中も皇位をめぐる熾烈な争いが存在した。延慶元年（一三〇八）八月二五日死去。享年二四歳。

［文献］　本郷和人『中世朝廷訴訟の研究』（東京大学出版会、一九九五）。　（溝川晃司）

花園天皇《はなぞのてんのう》（一二九七―一三四八）。*持明院《じみょういん》統第四代。諱《いみな》は富仁《とみひと》。父は*伏見《ふしみ》天皇、母は顕親門院洞院季子。正安三年（一三〇一）正月に幕府の申入により*後伏見《ごふしみ》天皇が退位し*後二条《ごにじょう》天皇が即位したが、その年の八月の幕府の申入により富仁の親王宣下ならびに立太子が行われた。延慶元年（一三〇八）八月の後二条院死去を受けて践祚。在位約一〇年にして幕府の申し入れにより東宮尊治《たかはる》親王（*後醍醐《ごだいご》天皇）に譲位。以後は、甥にあたる量仁《かずひと》親王の立太子と践祚を後援するためその養育に努めた。建武二年（一三三五）一一月出家、貞和四年（一三四八）一一月一一日死去。享年五二歳。なお、『花園天皇宸記』は鎌倉末期の京都の政治状況や天皇の学問に対する思想が丹念に記されている好史料である。

［文献］　岩橋小弥太『人物叢書　花園天皇』（吉川弘文館、一九六二）。　（溝川晃司）

北条九代記《ほうじょうくだいき》　『鎌倉年代記』とも。鎌倉時代の年表。元弘元年（一三三一）頃原型ができ、それに追記・裏書が加えられた。編者は未詳であるが、*鎌倉幕府の吏員であろう。折本仕立てで、天皇・年号・摂関・将軍・*執権・*連署・*六波羅探題《ろくはらたんだい》・*問注所《もんちゅうじょ》政所《まんどころ》執事などを列記し、任免・略歴などを記入してある。各年代に相当する裏には、『*吾妻鏡《あづまかがみ》』そのほかによって、その年の事件などが書き込まれており貴重である。『増補続史料大成』『続群書類従』『改定史籍集覧』に収める。　（阿部　猛）

吉続記《きちぞくき》　吉田《よしだ》（藤原）経長《つねなが》の日記。『経長卿記』とも。経長は『吉記』の吉田経房《つねふさ》の玄孫に当たるので、『吉続記』の称がある。文永四年（一二六七）から乾元元年（一三〇二）までのうち一四年分が断続的に残る。原本は存在しない。経長は*亀山《かめやま》上皇・*後宇多《ごうだ》上皇の院司であったから、*両統迭立《りょうとうてつりつ》に関する貴重な記事もある。『史料大成』に収める。『続群書類従』に逸文が入る。　（阿部　猛）

経俊卿記《つねとしきょうき》　吉田経俊《よしだつねとし》の日記。『吉黄記』『吉礼記』『坊治記』ともいう。嘉禄三年（一二二七）から建治二年（一二七六）までの一六〇巻以上の記述があったと推測されるが、自筆本一五巻そのほか抄出記事写本が現存するにすぎない。典型的な中世文官貴族の日記で、宮廷の朝儀・有職に関する記述が尊重される。宮内庁書陵部『図書寮叢刊』に収める。　（阿部　猛）

勘仲記《かんちゅうき》　勘解由小路兼仲《かでのこうじかねなか》（中納言）の日記。文永一一年（一二七四）正月一日から正安二年（一三〇〇）正月七日に至る。ただし、弘安八年（一二八五）正応三年（一二九〇）永仁三年～正安元年（一二九五―九九）の分を欠く。『兼仲卿記』ともいう。政治・経済・宗教・文化・芸能また宮廷儀式などにわたる当代の主要史料。公武関係の重要記事を含むが、*弘安の役前後の京都の状況を示す記事は重要。国立歴史民俗博物館所蔵。『増補史料大成』に収める。『勘仲記』には多くの紙背文書があり、これは『鎌倉遺文』に収める。

［文献］　別冊歴史読本『日本歴史「古記録」総覧』（新人物往来社、一九八九）。　（阿部　猛）

平戸記《へいこき》　*平経高《つねたか》の日記。経高の極官民部卿《みんぶきょう》の唐名「戸部」を採って日記の称とする。『経高卿記』ともいう。安貞元年（一二二七）から寛元四年（一二四六）の間の七ヶ年が現存する。四季が揃うのは仁治元年（一二四〇）・同三年・寛元二年・同三年の四ヶ年のみ。しかし『*吾妻鏡《あづまかがみ》』に欠けている仁治三年の部は、本日記によって初めて知られる事柄もあり貴重である。公武関係・公家財政・土地制度・訴訟制度などにも貴重な史料を提供する。南北朝期書写の写本が宮内庁にあり、国立公文書館内閣文庫に諸本を集成した写本がある。『増補史料大成』に収める。　（阿部　猛）

八幡愚童訓《はちまんぐどうくん》　八幡神の神徳を童子にも理解させようという書物。『八幡大菩薩愚童訓』『八幡愚童記』ともいう。著者は石清《いわし》水八幡宮《みずはちまんぐう》の社僧であろう。二種あり、一種は延慶元年（一三〇八）―文保二年（一三一八）以前の成立、一種は正安年間（一二九九―一三〇二）の成立。ひとつは神功皇后・応神天皇・モンゴルの襲来について詳記し、他は八幡の神徳霊験を述べた阿弥陀信仰との習合の書である。『群書類従《ぐんしょるいじゅう》』『続群書類従』『日本思想大系』（岩波書店）に収める。　（阿部　猛）

建治三年記《けんじさんねんき》　*太田《おおた》（三善《みよし》）康有《やすあり》が事故の日記の中から建治三年（一二七七）のうち六八日分を抄出したもの。一巻。『太田康有日記』ともいう。太田康有は鎌倉幕府の*評定衆《ひょうじょうしゅう》の一人で*問注所《もんちゅうじょ》執事。幕府の公務日記。文永―弘安の間の幕府の政治動向を示す記事が多い。自筆本が尊経閣文庫にあり重要文化財。『群書類従』『続史料大成』に収める。『尊経閣叢刊』中に複製がある。

［文献］　龍　粛『鎌倉時代の研究』（春秋社、一九四四）。　（阿部　猛）

永仁三年記《えいにんさんねんき》　*太田時連《おおたときつら》の日記の一部。永仁三年（一二九五）正月～八月の抄出。室町時代の古写本が筑波大学附属図書館にある。時連は鎌倉幕府の*評定衆《ひょうじょうしゅう》・*問注所執事《もんちゅうじょしつじ》で、公用日記の一部であろう。『続史料大成』所収。

［文献］　川副　博「永仁三年記考証」（『史潮』五〇）。　（阿部　猛）

実躬卿記《さねみきょうき》　*三条実躬《さんじょうさねみ》の日記。『愚林記』『貫弓記』『先人記』とも称する。蔵人頭・参議から権大納言にいたった。弘安六年（一二八三）から徳治二年（一三〇七）の部分がまとまって残る。*亀山《かめやま》・*後深草《ごふかくさ》・*後宇多《ごうだ》院政期の史料として尊重される。自筆本が個人所蔵のほか尊経閣文庫と宮内庁書陵部にあり、刊本は『大日本古記録』に収める。　（阿部　猛）

平政連諫草《たいらのまさつらかんそう》　本文は消息形式をとり、差出人は「筑前権守政連」とあり、政連が平氏であったとは断定でない。三浦次郎兵衛尉政連あるいは引付奉行人某政連かともいわれる。北条得宗家*内管領《うちかんれい》長崎宗綱に宛てた書状。箇条書きで全五か条よりなる。（一）政術を興行せらるべきこと、（二）早く連日の酒宴をあい止め暇景《かけい》の歓遊《かんゆう》を催さるべきこと、（三）僧侶の屈請《くっしょう》を省略せらるべきこと、（四）固く過差《かさ》を止《とど》めらるべきこと、（五）勝長寿院を造営せらるべきことの五条で、*得宗《とくそう》*北条貞時《さだとき》に献言する目的だったと思われる。鎌倉末期の御家人の窮乏、幕府上層部の腐敗を指摘している。諫草は徳治二年（一三〇七）から延慶二年（一三〇九）の間に書かれたものと思われるが、それから二〇余年後に北条政権は倒壊する。

［文献］　阿部　猛『鎌倉武士の世界』（東京堂出版、一九九四）。　（阿部　猛）

花園天皇宸記《はなぞのてんのうしんき》　*花園《はなぞの》天皇の日記。延慶三年（一三一〇）から元弘二年（一三三二）までの日次記《ひなみき》。一部欠落があるが、数種の別記類もある。日次記の多くは具注暦に記されている。原本は宮内庁書陵部・東京大学史料編纂所に所蔵される。『列聖全集』『増補史料大成』『史料纂集』に収める。宮中の儀式典礼に詳しく、学問や仏教信仰について、人物や社会についての観察など生彩に富み、*両統迭立《りょうとうてつりつ》の政治情況についての公正な記述は帝王日記中の白眉と称される。　（阿部　猛）

東方見聞録《とうほうけんぶんろく》　ヴェネチアの商人マルコ・ポーロなる人物が一二九八年に獄中で筆録させたという旅行記で、原書名は『世界の記述』元朝フビライ・ハーンの教皇・キリスト教諸国王宛使節に随伴してイル汗国経由でヴェネチアに戻るまでの三十余年の見聞について語ったもの。日本のことが黄金の国「ジパング」の名でふれられていることは名高い。邦訳本に、愛宕松男訳註『東方見聞録』（平凡社・東洋文庫）がある。

（阿部　猛）

三　鎌倉時代の社会と経済

地頭の荘園侵略　鎌倉幕府によって*地頭《じとう》が設置された結果、公領・荘園は公家と武家の二元支配のもとに置かれることになった。地頭に任命された*御家人たちは、みずからその所領に赴いたり、または代官（地頭代）を派遣して職務を執行した。地頭の職務は「関東御成敗式目」やその追加法によって規定されており、権限をこえた行動はきびしく取り締まられたが、実際には法を破って非法を行うものが多く、荘園領主またはその代理人である荘政所雑掌《まんどころざっしょう》との間に紛争を起こすことが多かった。

地頭が荘園領主に送るべき年貢を抑留《よくりゅう》（さしおさえ）したり横領したりすることは、しばしばであった。荘園領主の多くは京都や奈良などにいたので、遠隔地の荘園現地に住む地頭や代官の非法を抑えることは困難であった。

荘園領主が地頭の非法を訴えると、鎌倉・京都・鎮西で裁判が行われ、通常は三問三答といって、原告（訴人《そにん》）と被告（論人《ろんにん》）の間で三度にわたって訴えと弁明が行われ、奉行の判決（裁許）が出ることになっていた。地頭の任免権は幕府にあり、地頭に有利な裁判となることが多かった。そこで、一定の年貢を確保するために、荘園領主は地頭と話しあい、*荘園の管理を地頭に任せ年貢納入を請負わせる方法（*地頭請所《うけしょ》）をとった。しかし、これとても根本的な解決とはならず、地頭による侵略が進んだ。そしてさらに、紛争解決の手段として、荘園の土地（＝下地《したじ》）を地頭と折半し、互いに権利を侵害しないという契約を交わした。これが*下地中分であるが、実際には所務《しょむ》（年貢）中分もあり、地頭による土地支配がただちに進展するきっかけとはならない場合もあった。しかし、総体としては、折半された部分（地頭方《かた》）について地頭による一円的支配が成立する可能性が生じた。

農村の変化　地頭は荘園領主の支配を排除しようとする一方、荘内の農民に対しても、慣例を無視して支配を強化し、暴力に訴えることもしばしばであった。一三世紀の後半、高野山領紀伊《きい》国阿弖河荘《あてがわのしょう》では、地頭の湯浅氏が大量の人夫役を徴発して荘民を苦しめたので、重い負担にたえきれず家を捨て逃亡するものが多かった。同じ頃、高野山領の備後国*太田荘では、荒地を開発した地頭が荘園領主による検注を拒否し、一方、農民からは規定以上の年貢を徴収した。

このような地頭の非法・横暴に対して、農民たちも団結してこれに対抗する構えをみせ始めた。とくに京都に近い地域では、農民の自治的組織が発達した。その基礎には、新しい土地の開発や農業技術の進歩があった。農業の集約化が進み、畿内や西国では稲と麦の二毛作*が広がり、苗代栽培、浸種法が行われ、施肥、灌漑の方法も進歩し、畑作も普及し、全体として生産力の上昇がみられた。

当時の農民は、名主《みょうしゅ》・作人《さくにん》・下人《げにん》の三階層に大別される。名主*は名田の一部を下人などの労働力を用いて自作するとともに、一部を作人に請作《うけさく》（小作）させた。有力な名主は多くの田畑を集積し豊かであり、荘園領主から荘官に任命されたり、幕府の御家人・地頭となるものもあった。しかし一方で、荘園領主からの重い年貢*・公事《くじ》・夫役《ぶやく》を賦課されて名田を手放すものもあった。作人は領主に年貢を支払い、名主にも加地子《かじし》という地代を支払ったので、負担は重かった。しかし、生産力の増大に伴い、全体としては作人の地位も向上し、小規模ながら田畑を保有し、名主として領主から公認されるものも現れた。名主や作人に従属していた下人のうちにも、解放されて作人に上昇するものもあった。

荘園領主の*佃《つくだ》、地頭の佃や*門田《かどた》のような手作地《てづくりち》（直営地）も、しだいに請作地として開放されていく傾向にあった。こうして自主的な経営をいとなむ農民の数がふえて、農村構造も変化していった。村落の祭祀についても、旧名主（本名主）層が宮座を独占していた状況が変わり、新名主層も宮座に座席をもつようになった。

商工業の発達　農村生産の発達は商工業の発達をうながした。平安時代末から手工業者は*座《ざ》という集団を結んで朝廷・貴族・寺社に属して、その保護を受けて生産に従事した。その生産品は保護者（本所《ほんじょ》）の需要を満たすのが主であった。地方では、国衙領や荘園の中に給田・免田を与えられた手工業者が、国衙や荘園領主に納める公事《くじ》としての手工製品の生産を行っていた。中央の官衙にも附属の工房があり手工生産が行われていたが、律令体制の解体に伴い、そこで働いていた技術者が解放されていった。

鎌倉時代になると、本所に奉仕したり公事物《くじもつ》を生産するだけでなく、一般の需要に応ずる生産も始まった。しかし、当時の需要は必ずしも多くなかったから、手工業が農業から独立することは難しく、手工業者の自立はいまだ不十分であった。

農業、手工業の発達にうながされて商業も盛んになった。平安京の東西の市は一一世紀には実質を失い、都の商業の中心は四条以南の町通《まちどおり》に移り、簡易な店舗が軒を並べる商業地域が形成された。商人たちも、朝廷・貴族・寺社の保護を受け、座を結成して営業特権を守った。

地方でも、寺社門前や荘園の中心地、交通の要地、港湾などに市が開かれるようになった。市を中心とする交易圏（市場圏）では、商品の相場（「*和市《わし》」といった）がたち、畿内やその周辺地域では月に三度の定期市が開かれ、荘園領主に納める年貢・公事を銭に換えて納める*代銭納《だいせんのう》も多くなった。しかし、市場の商人も完全には自立することができず、寺社や荘園領主、また地方の領主の保護を受けていた。

商品の隔地間取引には*問丸《といまる》が活躍した。問丸は平安末期に出現したが、国衙領の年貢・公事の収納・管理・運送・委託販売を請負うものであった。商品流通が盛んになると、専門の倉庫業者・貨物仲介業者・運輸業者として独立し、問屋《とんや》的な性格をつよめた。

隔地間取引には、また*為替《かわし》が用いられた。現今の為替と同様な一種の約束手形で、替米《かいまい》・替銭《かいせん》の区別があり、割符《さいふ》ともいい、年貢納入にも用いられた。商業の発達には貨幣の流通も欠かせない。皇朝十二銭の最後は乾元大宝で、その後わが国では貨幣の鋳造は行われず、平安末期から*宋銭が輸入され取引に用いられた。しかし銭の絶対量は不足していたから、米や布・絹などが交換手段として貨幣がわりに用いられた。なお金・銀は秤《はかり》ではかり重量で取引決済の手段とされた。銭貨の貸付を専門に行う高利貸も出現し、これを*借上《かしあげ》と呼んだ。借上の多くは酒屋・運輸業者また寺社で、武士や農民を相手に、土地の権利を抵当として高利貸付を行った。土地以外の物品を抵当に高利貸付を行ったのが*土倉《どそう》である。

［文献］豊田　武『増訂中世日本商業史の研究』（岩波書店、一九五二）、佐々木銀弥『中世の商業』（至文堂、一九六一）、豊田　武『著作集1座の研究』（吉川弘文館、一九八二）、永原慶二『荘園』（吉川弘文館、一九九八）．

（阿部　猛）

（一）荘園制と村落

荘園《しょうえん》　古代から中世にかけて、「～庄（荘）」と呼ばれた領地のこと。古代の墾田経営およびそれに系譜をひく荘園を墾田地系荘園あるいは初期荘園、一〇世紀以降の官物などを免除された荘田を免田系荘園、一二世紀以降に本格化する中世荘園を寄進地系荘園あるいは領域型荘園などと呼んでいる。これまで中世荘園は、在地領主層が私領を地方や中央の権門に寄進することによって成立したとされてきたが、近年には、立荘の手続きは朝廷主導による国家的給付の再編として行われたとの見解が有力となりつつある。また、中世荘園の主流は四至＝東西南北の領域が明確な領域型荘園であったことが強調されつつあるが、畿内型荘園とも呼ばれた雑役免系荘園は、荘園制の本質を示唆するものとして今後も検討すべき対象である。寄進地系荘園とも呼ばれた中世荘園は、所領の最初の寄進者である在地領主層は下司などの現地の荘官の地位を保証され、寄進をうけた院近臣などの貴族は預所や領家となり、荘園はさらに本家としての院や摂関家に再寄進された。このように中世荘園は重層的に支配・領有されたが、重層的な荘官・預所・領家・本家などの地位は「～職」と呼ばれて得分化された。これを*「職の体系」という。荘園の支配体制は、検注に基づく土地台帳＝*検注帳に記載された数値によって行われた。荘園内の耕地は名に括られた名田畠と一色田（あるいは散田）によって構成されており、年貢・公事などの収取対象の定田とそれらが免除された除田に区分されていた。これらの耕地は荘民＝百姓によって請作され、名主の地位にあった百姓が名田に関する年貢・公事の納入責任者であった。中世荘園に対する重層的な支配・領有関係は、鎌倉時代中頃から本格化する*下地中分や年貢請負などを通じて整理され、一円的な領有が成立するところも増えていった。畿内近国の荘園では*地下請《じげうけ》(村請)が成立するようになり、応仁の乱後には荘園領主の実質的な支配権は失われた。豊臣政権による*太閤検地や石高制の実施によって、荘園は名実ともに消滅した。

［文献］　阿部　猛『日本荘園史』（大原新生社、一九六〇）、永原慶二『荘園』（吉川弘文館、一九九八）。　（鈴木哲雄）

国衙領《こくがりょう》　国司や国衙が領有した所領。公領・国領ともいう。領域型荘園としての中世荘園との対比で国衙領（公領）は位置づけられ、あわせて荘園公領制と呼ばれる。古代から中世への転換期とされる一〇世紀の国政改革によって成立した王朝国家体制下の公田支配に始まる。王朝国家期の一国内の領地はすべて国司の支配下におかれたが、免除領田制によって領地は官物などを免除された荘田とそれ以外の公田とに区分された。この公田を公領と呼ぶ場合もある。公田には「名《みょう》」を単位として、官物・雑事などが賦課され、負名と呼ばれた有力田堵層によって徴税が請け負われた。国衙には税所・田所・調所・出納所などの徴税機関のほか、検非違使などの諸機関が設けられ、在庁官人や書生などによって国務が遂行された。一一世紀後半には郡郷制が再編され、開発領主が開発や買得などを契機に公田や荘田を私領として囲い込む運動が展開された。こうした私領化運動によって、新たな郡や郷、院・保・別名などの中世的な所領が形成され、中世的郡郷制が成立した。国衙領はこうした中世的郡郷によって構成され、郡司や郷司、院司・保司・別名名主などの地位を確保した開発領主の多くは、国衙の在庁官人でもあったため、中世の国衙および国衙領は在地領主層の権力基盤となった。中世の郡と郷とは並列して国衙に直結する同等の所領であったとされるが、東国などでは村郷こそが国衙領や中世荘園を構成する単位として重要だとの説もある。他方、私領化運動によって国免荘が形成され、国免荘が中央の権門寺社に再寄進されることによって中世荘園が成立していった。しかし、一国内の領地の半分程度は国衙領として存在し、中世を通じて国衙支配の基盤として存続した。国衙領の郡司・郷司・院司・別名名主などの地位はちょうど中世荘園の下司に相当しており、国衙領と中世荘園はほぼ同質の構造をもつものであったと考えられている。

［文献］　坂本賞三『荘園制成立と王朝国家』（塙書房、一九八五）、網野善彦『日本中世土地制度史の研究』（塙書房、一九九一）。　（鈴木哲雄）

条里制《じょうりせい》　土地を一町（約一〇九メートル）方格（坪）に地割して管理する制度。図のように、ほぼ東西・南北に六町の間隔で土地を方格に区画し（この一区画を里と呼ぶ）、東西のラインを条、南北のラインを里として数えた。六町四方の里はさらに東西・南北に一町ごとに区画され（この一区画を坪と呼ぶ）、一の坪から三六の坪まで、千鳥式あるいは並行式で数えられた。ひと坪の面積が一町歩（約一・二ヘクタール）であるが、坪のなかの区画にも長地型と半折型があり、長地型では六〇歩×六歩の細長い区画が一〇筆、半折型の場合には三〇歩×一二歩の区画が一〇筆あった。こうした条里制にもとづく地割によって、「某国某郡某条某里某坪」という形式で土地の地点表示が可能となった。条里制の起源をめぐっては、令制以前にさかのぼるか否かなどの議論があったが、近年の研究では条里呼称法は八世紀中葉以降に成立したと考えられ、それは律令国家が水田所在地の統一的な把握をめざした理念上の方形の土地区画であり、「条里プラン」と呼ぶべきであるとの説が有力となりつつある。また、現地表面に残る条里地割と条里制との関係については、近年の発掘成果によって、現地表面の条里地割は平安中後期までにしかさかのぼれないものが多く、平安中期以前の地割は方角を異にして、その下に発掘される場合が多いとされている。土地所在地の把握法としての条里制（条里プラン）は、中世においても基本的な土地表示法であった。

［文献］　金田章裕『条里と村落の歴史地理学研究』（大明堂、一九八五）、『考古学ジャーナル』（三一〇、一九八九）。　（鈴木哲雄）

条《じょう》里《り》制村落《せいそんらく》　古代の*条里制にそって形成された計画村落のこと。かつて、条里制（条里プラン）を律令制下の「農村計画」と考える立場から主張されたもの。もともと条里制（式）村落論は、条里地割の残存する畿内などの現状の環濠集落のイメージに基づいて想定されたものであった。その後、条里地割の残る大和《やまと》国*若槻《わかつき》荘などの研究から、一部は平安末期から、一般的には一四世紀頃から集村化が進み環濠集落化することが明らかにされたため、古代における条里制村落の実態は曖昧なものとなっている。また、現状の条里地割は平安中期以降のものとの説が有力となりつつあるなかで、条里制村落は中世における村落形態として読み替えられる必要がある。

［文献］　渡辺澄夫『増訂畿内庄園の基礎構造 下』（吉川弘文館、一九七〇）、金田章裕『条里と村落の歴史地理学研究』（大明堂、一九八五）。　（鈴木哲雄）

立券文《りっけんもん》　荘園の立荘や土地の売買・譲渡に際しての証明書のこと。立荘にあたっての宣旨、太政官符・民部省符（官省符）や国司免判、さらに売券や譲状などの土地所有権の移動を証明する文書のことを広く立券文と呼んだ。もともと律令法において、墾田や家地・奴婢などの売買に際し、官司によってそれを証明する行為が立券である。一〇世紀以降の荘園設立にあたっては、公田の官物や雑役などの免除権を有する国司によって官物や雑役などが免除され、荘園として認可されたが、このときの証明書が国司免判であった。国司免判によって立荘された荘園は国免荘と呼ばれたが、一二世紀以降の中世荘園の立荘に際しては、最終的な手続きとして宣旨や官省符などの中央政府による認可が必要とされた。その結果、宣旨や官省符などこそが立券文として重要視され、中世を通じて荘園支配の重要な根拠とされた。中世荘園の立荘にあたっては、太政官の官使などが国使・郡司・荘官などとともに荘園の境界の四隅に牓示を打って領域を確定し、そのうえで立券文が作成されたのである。

［文献］　川端　新『荘園制成立史の研究』（思文閣出版、二〇〇〇）、

佐藤泰弘『日本中世の黎明』（京都大学学術出版会、二〇〇一）。

（鈴木哲雄）

大田文《おおたぶみ》　鎌倉時代を中心に荘園・公領（国衙領）などの所領の面積を国ごとに記載した帳簿。田文、田数目録、図田帳、田数帳などともいわれた。一国内の所領について、荘園や公領別にその名称、田積、所有関係などが記載されていた。平安時代後期に律令制下の班田図が作成されなくなったなか、一一世紀中頃以降からの延久の国政改革において、中世的な枠組みにつらなる一国平均役や荘園整理令が行われるとともに、一国ごと土地調査が実施され、大田文の原型となる帳簿が作成されたと推定されている。現存する大田文には、国守が国衙の在庁官人に命じて国内の荘園・公領のすべてについて、租税田やその額を記載させたものと、鎌倉幕府が守護に命じて在庁官人を指揮させ荘園・公領の田積のほか、領有関係や地頭の補任状況などを記載させたものとがあった。前者は、延久の国政改革に直接連なるものであり、一国平均役や荘園整理など国司＝国衙による一国支配のための基本台帳であった。これに対して後者は、地頭職の有無や御家人・非御家人の区別がなされており、大番役などの軍役賦課の台帳とされたものであった。鎌倉幕府や守護は大田文に基づいて国衙機構にかかわり、朝廷とともに諸国支配を実現した。大田文に所載された田は公田と呼ばれ、室町時代になってもその数値は国家的賦課の基準とされ、守護大名は、一国支配を象徴し正統化する文書として利用した。

［文献］　石井　進『日本中世国家史の研究』（岩波書店、一九七〇）、中野栄夫「大田文研究の現状と課題」（『信濃』三三―七、一九八一）。

（鈴木哲雄）

検注帳《けんちゅうちょう》　中世の土地調査に基づいて作成された荘園・公領などの所領ごとの土地台帳。検注取帳、実検帳、馬上帳などともいった。中世では、所領の領有者が徴税の対象地とその請負者を確定し、年貢・公事などを徴収するために土地を調査することを検注といい、検注によって作成された帳簿が検注帳である。検注帳には、田畠の所在・面積・作人あるいは徴税請負人、常荒・川成などの検注結果が田畠の一筆ごとに記載された。こうした田畠一筆ごとに書き上げられた帳簿が取帳、それを名ごとに名寄せしたものが名寄帳、さらに定田・除田を確定しその総数を集計した部分が目録と呼ばれた。また検注には、領主の代替わりに際しての正検と、毎年の作柄などを調査した内検があり、前者が正検取帳、後者が内検取帳と呼ばれた。公領（国衙領《こくがりょう》）を国ごとに検注した国検、荘園ごとの領家検注も行われた。現地での検注から検注目録作成までの過程では、現地に派遣された検注使は荘官などの案内で調査を行い、その結果は取帳に記載され、百姓らを交えて「読合わせ」と呼ばれた確認手続きを経たのちに目録として確定された。目録への数値の確定行為を「固める」といった。そのため、検注取帳に記載された数値の集計と目録に固められた数値は一致しなかった。もともと検注のための諸経費は現地の負担であり、隠田の摘発や年貢額の増加をさけようとした百姓層の抵抗によって、検注が忌避される場合もあり、検注目録に固められた数値は政治的なものであり、領主―百姓間の関係を確認する重要な意義を有していた。

［文献］　寶月圭吾『中世日本の売券と徳政』（吉川弘文館、一九九九）、富澤清人『中世検注と検注』（吉川弘文館、一九九六）。

（鈴木哲雄）

本所一円地《ほんじょいちえんち》　本所が土地や百姓を一元的に支配している中世所領。本来は国使・守護使などの不入地をいったが、鎌倉中期以降には、*地頭・*御家人のいない本所領や*下地中分によって成立した本所＝領家方の所領、さらに地頭職を本所が兼帯した所領を意味した。中世前期の*荘園公領制は重層的な土地領有体系にもとづくものであったが、蒙古襲来以降、重層的な土地所有は解体し、武士の荘園公領への押領が進むなか、神領興行法や*永仁の徳政令などによって寺社本所領と武家領ともに、所領支配の一円化が進行した。これによって、土地制度的には、中世前期の荘園公領制にかわって、中世後期には本所一円領・武家領体制が成立するとの説が有力となりつつある。

［文献］　永原慶二『日本中世社会構造の研究』（岩波書店、一九七三）、工藤敬一『荘園制社会の基本構造』（校倉書房、二〇〇二）。　（鈴木哲雄）

守護不入地《しゅごふにゅうち》　不入とは、公権力が荘園などの所領に介入しないことであり、鎌倉・室町時代、守護使が現地へ入部することが禁じられた所領が守護不入地である。本来守護は、国内の御家人への大番催促や謀反・殺害人などの追捕のために、荘園や公領に使節を入部させる権限を有していた。しかし、鎌倉後期以降になると、*本所一円地や寺社本所領などには立ち入らないこととなり、室町時代に、*段銭や守護段銭の徴収が恒常化すると、本所などの荘園領主は守護不入権の確保を目指すようになった。本所一円地化の過程に位置づくものである。

［文献］　小林　宏「室町時代の守護使不入権について」（『北大史学』一一、一九六六）。　（鈴木哲雄）

旧名《きゅうみょう》**の解体**《かいたい》　平安末期から鎌倉初期に確立した荘園公領制下の*名田《みょうでん》を*名主《みょうしゅ》による経営の統一体と考え、この名田経営（＝旧名）が鎌倉中期以降には中小規模の新名に解体していくとみること。旧名＝名田を経営の統一体とみる説では、名田経営は家父長制的な構造をもっており、それが名内部の分割や名相互の階層分化によって解体が進行し、一四世紀以降には旧名内部の請作・小作的な農民が一般化すると考える。これに対して、名はもともと年貢・公事の収取単位であり、旧名の解体を経営の問題として説明することは誤りだとの説も有力となっている。この説からいえば、もともと旧名＝名田も一般百姓によって請作経営されており、小経営は旧名体制下においても成立していたものということになる。

［文献］　島田次郎『日本中世の領主制と村落　下』（吉川弘文館、一九八六）。　（鈴木哲雄）

均等名《きんとうみょう》　中世の荘園公領制下の田地は、名田・給免田（*除田）と一色田（公事＝雑役の免除された田地）から構成されていた。そのうちの名田部分が均等に分割され、いくつかの同規模な名からなっている場合があった。これが均等名である。均等名は、荘園領主が名主から均等に公事を徴収するために便宜的に設けたものであり、実際の農業経営とは一致しない擬制的なものであった。均等名の構成をもつ荘園は畿内に多く、均等名は畿内型荘園の特色とされている。なお均等名には、完全な均等名と不完全なものとがあった。

［文献］　渡辺澄夫『増訂畿内庄園の基礎構造　上・下』（吉川弘文館、一九六九・七〇）。　（鈴木哲雄）

勧農《かんのう》 中世の荘園や公領の領主らが所領内で農業を勧め、春に田地の満作化をはかる行為のこと。古代の律令制下では、国司の職務として「勧課農桑」があり、国司や郡司は毎年春に部内の田地を巡り、灌漑施設を整備し、不耕地がないように勧農政策をすすめることを求められていた。中世的な土地制度が形成される平安時代後期には、こうした国衙の有した勧農権は、中世荘園や公領（*国衙領）の領主が分有することとなった。中世の諸権力が発した三カ条吉書には、神事に並んで勧農事と乃《の》貢《ぐ》事などがあり、勧農事とは池溝堰堤の修固や田代を営作することであった。中世には、勧農の語は秋の収納行為に対置して、春の耕農策を意味するものとして定着し、荘園や公領内の田地を満作させるための領主側の行為を意味した。春の勧農行為には、池溝の整備、逃死亡跡などの不作地への作人の招居（これを散田あるいは開発といった）、斗代の決定（年貢・公事の減額措置）、種子・農料の下行などがあった。なかでも、領主勧農の中心は田地の満作化にあったため、斗代などが減じ土浪人を招き居えるべき不作地は勧農田と呼ばれた。また、春に作人を割り付けた検注帳が勧農帳と呼ばれることもあった。中世の勧農の中心は、浪人（作人）への個別的な散田にあったが、実際の農業経営では、池溝などの灌漑施設の整備や五月男女《さおとめ》の確保などが必要であり、雇仕労働力の編成が重要な意味をもっていた。 （鈴木哲雄）

［文献］ 大山喬平『日本中世史農村の研究』（岩波書店、一九七八）、山本隆志『荘園制の展開と地域社会』（刀水書房、一九九四）。

散田《さんでん》 中世における田地の割付行為あるいは割付の対象となった田地のこと。中世成立期の平安時代後期には、公田や荘田は田堵《たと》によって請作されたが、田堵が公田や荘田の領主と請作契約を結ぶ行為を、領主側からは散田といった。中世成立期の公田や荘田はこうした散田請作によって経営された。散田請作は、一二世紀以降にも存続し、名田に組み込まれない領主直属地が散田と呼ばれた。散田は、地域や時期によって間田あるいは一色田・別作などとも呼ばれ、さらに勧農田とも呼ばれたように、不作地として春に土浪人に割り付けられた。不耕地の割付行為は開発とも呼ばれたのであり、中世の散田の語は、ほぼ中世の開発の語と同義であった。 （鈴木哲雄）

［文献］ 大山喬平『日本中世農村史の研究』（岩波書店、一九七八）、鈴木哲雄『中世日本の開発と百姓』（岩田書院、二〇〇一）。

年貢《ねんぐ》**・公事**《くじ》**・夫役**《ぶやく》 中世の荘園公領制下の租税体系。年貢は、平安時代の官物《かんもつ》にあたり、公事は臨時雑役にあたる。年貢は、荘園や公領の領主に対する貢納物として、所領内の土地（田・畠・山野・河海）の生産物を納入するもので、原則として田地を基準に賦課されていた。公事は「公のこと」の費用をまかなうもので、国家的な行事や荘園や公領の年中行事、領主や荘官・*地頭《じとう》などに対するさまざまな課役などが、公事（雑公事とも）とされた。公事のうち、労働をもってつとめることが夫役であった。年貢の特徴は、年ごとの貢納物として山野・河海・田・畠を問わず、その土地からの土産の貢納であった点にあり、実際の品目は水田での稲作を基準としつつも、米以外に多様な生産物が年貢とされた。これに対して、公事は国家的な行事や年中行事の費用となるもので、本来は百姓身分に対する負担であった。中世の百姓は、荘園や公領の年中行事の費用を負担することで行事に参加できたのであり、荘官や地頭の佃*を耕作することで、村の共同体の担い手として認められたのであった。また、荘園や公領の領主から派遣された代官をもてなすこと（饗応、送迎、供給雑事）で、荘園や公領の領主との従属関係あるいは契約関係を確認したのである。佃の耕作や供給雑事も公事のひとつであり、荘園身分を象徴する所役であった。なお、公領*（国衙領）では、公事は、年貢といわず官物の語が使われたが、中世後期には年貢となった。

［文献］網野善彦『日本中世の民衆像』（岩波新書、一九八〇）。　（鈴木哲雄）

返抄《へんしょう》* 荘園や公領における年貢*・公事《くじ》の納入に際して、領主側から発給された年貢・公事の請取状のこと。本来は律令制下の公式令に規定されたように、官司間での文書や物品などの送納時に受取側が発行する受領書または領収書を意味した。九世紀以降には、律令財政の変質により調庸や封物の納入に際して、個別的な返納返抄や、日収や数年分をまとめた惣返抄が発給されるようになった。そして、中世になると荘園公領での年貢・公事の収納事務にも返抄が使用されるようになった。ふつう返抄は、縦長の切紙であり、伝存するものは案文が多い。年貢・公事の納入を証明するものとして、大切であった。　（鈴木哲雄）

［文献］大石直正「平安後期の徴税制度と荘園制」（『東北学院大学論集』歴史学・地理学一、一九七〇）。

算用状《さんようじょう》* 荘園や公領での年貢・公事*《くじ》などの年間の収支決算報告書。散用状とも書く。荘園年貢の支払いに際しては、そのつど荘官から送状が付せられ、納入後に領主側から請取状や返抄が交付されたが、年間の収支決算報告書は別に翌年当初に作成され、荘園領主に提出（注進）された。これが算用状である。平安後期から鎌倉時代にかけては、結解《けちげ》状《じょう》と一般に呼ばれたが、鎌倉末期には算用状の語が広く使用されるようになった。記載事項としては、定められた収納額とそこから控除することを認められた分、現地での支出分を計算したうえで、実際に納められた分（現納分）と未納分（未進分）を書きあげている。算用状の提出を受けた領主側では、朱筆での訂正や合点などの点検・監査が行われた。監査では、記載事項と数量などの点が加えられた。なお、鎌倉末期以降、現地からの算用状が多く現れるのは、この時代から年貢の未進や損亡が激増したために、清算事務が必要となったためと考えられる。また、荘園領主側が公文所*や政所*で、年間の年貢収納にもとづいて作成された支配状・下行帳、寺社などの法会や行事における収支決算書も算用状と呼ばれた。算用状の分析によって、現地での荘園経営の実態や荘園領主側の管理構造などが明らかとなるのであり、重要な史料であった。　（鈴木哲雄）

［文献］相田二郎『日本の古文書』（岩波書店、一九四九）。

除田《じょでん》 荘園や公領において、年貢の賦課対象である定田から除外された田地のこと。ふつう、常荒田や岡成・川成・損田などの不耕地、所領内の寺社や法会などを維持するための仏神田・各種法会田、荘官や職能奉仕者への給付分である給免田、佃*や正作などと呼ばれた領主の直営田、所領内の灌漑施設の維持費用とされた井料田、などが除田とされた。定田・除田の確定は、所領内の検注によって取帳が作成されたあと、検注目録において田地の集計がなされるときになされた。除田分を検討することによって、その荘園や公領の経営上の特徴を考察することが可能である。

［文献］竹内理三編『体系日本史叢書6 土地制度史1』（山川出版社、一九七三）、阿部 猛『日本荘園史の研究』（同成社、二〇〇五）。

（鈴木哲雄）

荘立用《しょうりゅうよう》 中世荘園において、徴収した年貢のうちで荘園の現地で支出されるもの。立用とは、特定の用途のために支出することを意味した。算用状では除分とされるものであり、荘園内での祭礼や年中行事、荘官などの給分がこれにあたる。たとえば、鎌倉時代中頃の丹波《たんば》国*大山荘の領家年貢には、「大師堂大般若僧膳料・高蔵寺正月一日修正料・万福寺寄進・光明寺寄進・諸堂仏供灯油料・一二宮両社神楽料・諸社散米・六所大明神上分料・流鏑馬酒肴料・倉開・案主給・公文給」などがあったが、これらが「庄家恒例立用」であり、大山荘の現地で支出されたのであった。いわば、荘園経営上の必要経費分が荘立用であった。

［文献］阿部 猛『日本荘園史』（大原新生社、一九七二）。

（鈴木哲雄）

対捍《たいかん》**・抑留**《よくりゅう》 対捍とは抵抗すること、拒むことを指す。歴史的用語としては中世の荘園制社会におけるものが代表的である。そこでは在地の*地頭《じとう》・荘官・*名主《みょうしゅ》らが、荘園制上の納入義務がある所属荘園領主に対し*年貢・公事《くじ》・所当課役あるいは臨時雑役以下の奉仕・貢納やそのほかの命令を強い意志で拒否することを指した場合が多い。また、*御成敗式目第三条には「所々の下司荘官以下其の名を御家人に仮《か》り、国司領家の下知に対捍すと云々」とある。ここでは諸荘園の荘官が御家人を名乗って国司や領家（荘園領主）の下知に「対捍」することが非難されている。一方の抑留も地頭や武士の代表的な非法行為の一つであり、年貢・公事などを地頭や荘官が不当に差し押さえ、荘園領主に上納しないことをさす。また、在地諸勢力が実力でもって荘務や国務に妨げをなしている状況について用いることもある。抑留の対象となるものとしては年貢・公事にとどまらず、資材物や文書、果ては荘民の妻子などの人身に及ぶ場合もある。また、御成敗式目第五条には「諸国地頭、年貢所当を抑留せしむる事」という条項が設けられている。ここでは荘園領主から地頭の年貢抑留について訴えがあってそれが事実であった場合、抑留の量が少なければただちに支払うべきとし、その量が多ければ三ヵ年以内に弁償することとし、なおも支払わない場合は所職を改易するとしている。

［文献］安田元久『日本初期封建制の基礎研究』（山川出版社、一九七六）。

（藤井 崇）

堺相論《さかいそうろん》 荘園・公領などにおける境界紛争とその裁判。一一世紀中葉以降の在地世界においては荘園制的領域の確定が強力に推進され、その荘域に耕地と山野河海が包摂されることが目指され、それに伴い堺相論も激増した。また、*御成敗式目の第三六条には「旧境を改め相論致す事」という条項がある。ここでは「裁許に預らずと雖も、指したる損無きの故、猛悪の輩、動《やや》もすれば謀訴を企つ」とされている。当時たとえ敗訴してもその損害がとくにないことを見越し、自己やその所属荘園の勢力拡大のため積極的に非法な訴えを起こす者が多かったことがうかがわれる。そのため同条では、その訴えの虚偽が発覚した場合、原告の領地を割いて被告に与えるといった罰則が定められている。そのほか鎌倉幕府法令には堺相論に関するものがいくつかあるが、著名なものに新編追加第四二条の「畿内近国併びに西国堺相論の事」がある。ここでは尾張以西のいわゆる西国荘園間において生起した堺相論裁判に関する幕府の基本姿勢がよく示されている。幕府としては、堺相論発生地域が西国国衙領であった場合、裁判が当該国司の管轄にあることを支持し、荘園であった場合はその領家の管轄として朝廷へ奏聞し、その聖断を蒙るべきであるとしたものである。このように幕府は西国堺相論については原則不介入の方針であった。しかし、その相論当事者の一方が御家人であった場合、*六波羅探題などを通じて強力に介入した。

［文献］小山靖憲『中世村落と荘園絵図』（東京大学出版会、一九八七）。　（藤井　崇）

堺打越《さかいうちこし》　鎌倉幕府の堺相論裁判において訴人の係争地に対する主張に理がみとめられなかった場合、訴人が論人に対して要求した広さと同じ面積の土地を論人に与えることになっているが、その土地そのものを堺打越と呼び、敗訴規定を「堺打越之咎」などといった。また、堺相論裁判と同時に在地世界で展開している地域紛争において、自己の所属荘園や国衙領の領域であると自認している土地の境界線を越えて乱入してきた他者の行為を「堺を打越す」と表現する。乱入行為としての堺打越はあくまでも一時的な乱入を指すが、裁判や実力などによってその排除に成功しなかった場合、半長期的に押領状況が発生し、さらにはそれが当知行化してしまうこともある。

［文献］石井良助『中世武家不動産訴訟法の研究』（弘文堂書房、一九三八）。　（藤井　崇）

押領《おうりょう》　他人の知行地や資財物を実力で奪うこと。古代の軍事官職の一種である押領使の「押領」とは「取り締まる」という意味であったが、鎌倉期以降は他者から所領などの土地権益が侵犯されることを主としてさした。ある人が由緒なくして、ある所領を知行していることを、その人に知行を奪われた人やその他の第三者が称する言葉である。具体的な用例の頻度としては、荘園公領制下の在地領主が当該荘園における勢力拡大について所管荘園領主から訴えられたときや、堺相論での係争地が一方に実力で占拠されている状況をさす例が多い。

［文献］石井良助『日本不動産占有論』（創文社、一九五二）。　（藤井　崇）

荘園絵図《しょうえんえず》　古代・中世の荘園についての空間的・地理的様相を描いた絵図。荘園絵図は経済的絵図というよりも政治的な意図でもって作成されたものであるとし、①立券絵図、②実検図、③差図、④中分絵図、⑤郷村絵図の五類型をたてる見解、また、荘園絵図をその性格と絵図出現の時期を指標として（一）奈良時代の開田図、（二）平安時代の四至牓示図、（三）鎌倉時代の下地中分図・堺相論図・実検図、（四）南北朝時代の郷村図・灌漑図に分類する見解、また、「絵図」とは、一一世紀以降に成立する領域型荘園の登場とともに地域的に完結した領域を描く必要が生じたため、従来の田図に代わって絵画的表現が顕著な図面が採用されたことによって定着したものであるとし、このような絵図と室町時代に多くみられる絵画的表現に乏しい用水差図とは区別すべきであるとし、荘園絵図には（A）田図系統→（B）絵図系統→（C）差図系統、といった段階的変遷・展開過程がみられるとする見解がある。以上のような荘園絵図研究は、荘園絵図中の村落・山野・用水・田畠などの景観は当該段階における民衆の生活・生産のあり方を如実に示すものであり、文化財の破壊や荘園村落の景観が失われていく現状において中世社会の具体像を明らかにする貴重な研究手段の一つである。

［文献］ 荘園研究会編『荘園絵図の基礎的研究』（三一書房、一九七三）、奥野中彦「荘園絵図の成立と展開」（『荘園絵図の基礎的研究』三一書房、一九七三）、西岡虎之助編『日本荘園絵図集成 上・下』（東京堂出版、一九七六・七七）、竹内理三編『荘園絵図研究』（東京堂出版、一九八二）、佐藤和彦「荘園絵図研究の軌跡」（『荘園絵図研究』東京堂出版、一九八二）、小山靖憲『中世村落と荘園絵図』（東京大学出版会、一九八七）。 （藤井 崇）

在地領主《ざいちりょうしゅ》 中世前期の在地領主とは、日本中世の支配者階級を構成する幾多の封建領主層のうち、都市貴族としての本質をもつ荘園領主以外のものを包括して呼ぶ概念である。また、在地領主が在地の農民層をその封建的土地所有の体系に包摂し、さまざまな経済的強制をもって支配・隷属せしめる体制の総体が「在地領主制」である。このような戦後の中世在地領主制研究は、一九四五～五六年の石母田正にはじまる「古典的領主制論」の盛行した時期、五六～六六年の戸田芳実らの「新領主制論」が登場・主流となった時期、六七年以後、大山喬平や入間田宣夫による百姓支配の側面に重点をおいた「第三次領主制論」といった三段階に区分される。在地領主間における「舅《しゅうと》—聟《むこ》」関係における外戚的（母系制的）所領相続体系に「親類結合」を見出し、それによって構成される族縁共同体をもって在地領主連合の原型とし、その点にそれぞれの領域的支配が貫徹された要因を求める。最近の在地領主制研究は細分化の傾向もあるが、おおむね、在地領主はその本拠としている当該地域社会に対してどのような責務を果たすことによってその存在意義が認められたのか、また、どのような貢献を果たすことによって領主制を展開できたのかといったことを明らかにすることに重きをおいた、いわゆる地域社会論的要素を加味する点で軌を一にしている。

［文献］ 鈴木国弘『在地領主制』（雄山閣、一九八〇）。 （藤井 崇）

村落領主《そんらくりょうしゅ》 村落領主は、中世後期における百姓の家の成立と村落の安定や、剰余の増大と社会分業、また流通の拡大が前提となって成立するものとされる。なかでも古代～中世移行期の中世村落は、①直接生産者の成長を体現し、古代的束縛を打破して小経営の基盤を確保・強化しようとする農民層の動向を直接的に集約する歴史的形態でもあるが、②村落内部の小経営はただちに平等な原理に基づく農民王国を実現しえたわけではなく、小経営の展開する延長線上にそれを否定するものとして「小さな領主制」を胚胎せざるをえなかった。また、中世村落成立のメルクマールは、村落におけるこの「小さな領主制」の胚胎・成長にある。在地領主制成立の歴史的起点は、中世村落が内部に内包する小さな領主制、すなわち「村落領主制」に求められるのである。

［文献］ 大山喬平『日本中世農村史の研究』（岩波書店、一九七八）。 （藤井 崇）

地頭領主制《じとうりょうしゅせい》 一般に地頭《じとう》領主制といった場合に、これが鎌倉時代において*地頭《じとう》が展開した領主制をさすことはおおむね見解の一致するところであるが、この地頭領主の評価をめぐっては、在地領主や封建領主との異同を中心として諸説ある。そのひとつは、*鎌倉幕府の創始から*承久の乱を経た鎌倉中期をもって封建制の成立期とし、その体制の根幹としての地頭制度の意義を高く評価する。また、このような地頭制度上に展開された社会体制を領主制中の一類型としての「地頭領主制」と規定している。地頭の領主権は、在地武士固有の武力と鎌倉幕府の公的な地頭制度上の職制的権限とによって成立したという前提のもと、地頭・領家間の各種相論について、鎌倉初期においては勧農権や単なる年貢収取権の帰属を問題としていたのに対し、鎌倉中期には土地所有そのものを基礎とした土地・作人・名主層に対する領主的支配権をめぐる問題へと質的に変容している点に着目し、これをもって領主制の発展ととらえている。また、このような領主的支配＝所領支配の実現された体制、すなわち勧農権・年貢収取権・検注権などが完全に地頭の掌中に握られた支配体制をもって「地頭領主制」としているのである。

［文献］　安田元久『地頭及び地頭領主制の研究』（山川出版社、一九六一）。　（藤井　崇）

地頭請所《じとううけしょ》　「地頭請」とも。荘園領主らが、年々の豊凶にかかわらず毎年定額の年貢納入を地頭に請け負わせたこと。地頭領主層がその領主権を伸張する重要な契機としたのが、*「下地中分」と「地頭請所」の成立である。一般的に「地頭請所」は鎌倉初期にはすでに見うけられ、中期以降にはかなりの数成立したものという。また、原則として請所化した荘園には、本所側の荘官が荘園に在住せず、またその入部すら認められなかったので、*下地進止も地頭のみが掌握するところとなった。また、その成立に関しては、*鎌倉幕府の口入によるものと、地頭自身が本所（荘園領主）側と個人的に契約したものがあった。後者の場合、その地頭任免権は当然本所側が握っていたが、幕府御家人であることを背景とした地頭は、荘園領主側からの地頭職改替を恐れず、年貢納入を往々にして対捍し、相論が絶えなかった。よって、一応成立当初から請所地頭を政策的に優遇してきた鎌倉幕府も、永仁七年（一二九九）には、「寛元以前の請所は、顛倒《てんとう》すべからざるの由、先度定め下さると雖も、御口入地の外、承久以後の請所に於ては、今より以後、本所の進止為《た》るべし」（追加六八三条）という法令を発布し、「御口入地之外」すなわち鎌倉幕府口入の請所地以外の*承久の乱以降の請所の地頭職については、その任免権は荘園領主側にあるとした。このように荘園領主の保有する地頭任免権を支持することによって、その威令を一定程度擁護し、この種の相論を抑止しようとした。

［文献］　安田元久『地頭及び地頭領主制の研究』（山川出版社、一九六一）。　（藤井　崇）

下地中分《したじちゅうぶん》　荘園公領制下の荘園領主と地頭の間に、各種の相論が発生したときに採用された解決法の一つ。具体的にいえば、地頭領主をはじめとした在地領主が、本来荘園領主の保有する下地進止権や検注・検断権などを侵害し、また年貢未進をするといった、いわゆる「新儀非法」行為を行った場合、その結果として、往々に荘園領主側の年貢収納は困難となるが、その状況を解決するために、荘園内の田畠や山河などの「下地」を折半し、地頭・荘園領主にとって相互に一円的な支配領域を創出することによって荘園領主側の年貢の一定程度の確保を図ったものである。ただし、必ずしもその分割方式は均等な中分ではなく、三分の二対三分の一の分割割合の場合もあり、条里制の坪を単位として分けるような場合も多く、むしろ「下地分割」と呼称する方が適当である。このような下地中分（分割）には、当然両者間に事前の交渉や、法廷での妥協が必要だが、そこに比較的和与的要素が濃厚である場合、とくにこれを*「和与中分」と呼ぶこともある。しかし、逆に荘園領主側の方から鎌倉幕府に対して積極的に申請して行われる下地中分（分割）もあった。このような荘園領主側が申請する、とくに和与的要素を伴わない下地中分（分割）の場合、下地中分といえば一般的に地頭領主制の進捗・発展状況と想定しがちであるが、この場合はむしろ、荘園領主側から地頭側へ与える懲罰・掣肘的色彩が濃いものといえ、その多様な性格がうかがえる。

［文献］石井良助「所務沙汰の研究」（『法学協会雑誌』五〇―一一）、平山行三「地頭領家の下地分割」（『歴史地理』六二―二）、安田元久『地頭及び地頭領主制の研究』（山川出版社、一九六一）、島田次郎『日本領主制と村落上・下』（吉川弘文館、一九八五・八六）。（藤井　崇）

和与中分《わよちゅうぶん》　荘園公領制下における荘園領主と*地頭《じとう》領主をはじめとした*在地領主の間に、所務や下地に関して発生した相論《そうろん》の解決法である*下地中分の一種。下地中分とは端的にいえば、荘園領主が保有する*下地進止権を侵害しようとした地頭が引き起こす、いわゆる「新儀非法」行為を原因とする相論や紛争が長年続き、双方（おおむね荘園領主側）にとって年貢収納や地域秩序の維持が困難となったとき、その状況を解決するために荘園内の田畠や山河などの下地の所務を折半し、相互に一円的な支配領域を創出するものである。ただし、下地中分には必ずしも両者間に妥協や交渉が必要であるわけではなく、荘園領主側が地頭を掣肘するために幕府に対して一方的に申請し、荘園領主に有利な在地状況をつくろうとの意図によって行われる場合もある。このような意味での下地中分との相違点を強調し、あくまでも両者間において、和与的要素が加味された場合の下地中分を、とくに「和与中分」と呼称する。鎌倉時代における和与中分成立に至る一般的な経過は、①和与が成立し、②両者が当該現地へ赴き、立会って実検をし、③その境界地域に堺牓示を打ち、③和与状または避り状を作成し、④鎌倉幕府へその認定を請う、といったものである。事例によって各段階に若干の異同はあるが、とくに④の鎌倉幕府の認定のない和与については「私和与」と呼ばれ、後年和与が破れて相論が再燃した場合に、その効力が鎌倉幕府認定和与より弱く、いずれの和与であるかも重要な争点となりえた。

［文献］石井良助「所務沙汰の研究」（『法学協会雑誌』五〇―一一）、安田元久『地頭及び地頭領主制の研究』（山川出版社、一九六一）、平山行三『和与の研究』（吉川弘文館、一九六四）。（藤井　崇）

「職《しき》」の体系　「職《しき》」の体系とは、一二世紀以降の*荘園公領制の本格的成立期において、旧来の郡司職・郷司職・保司職などの国衙《こくが》系所職が、それを掌握していた在地領主によって世襲化・私財化し、それに伴って増加傾向にあった国衙領の荘園化運動によって下司職・公文職・預所職といった荘園系所職に転化し、同時に上級の荘園領主の地位も本家職・領家職・預所職などといわれるようになり、重層的な領主諸階層の地位・権限がすべて「職《しき》」と表現されて成立するものである。また、当時の荘園成立は太政官符・民部省符や国司庁宣や院庁下文といった国家的な機関から承認を受け、国司や権門貴族がもっていた公領支配権である「国務」が分割されて荘園領主権すなわち「荘務」に転化することによって果たされたのであるから、荘園も公領と同様に国家の公認した所領であるといえる。そしてこのような荘園中の本家—領家—預所—下司といったタテの系列は、上位者が下位者の「職」を補任するという手続きによって形成されており、同時にその最上位である本家も朝廷による荘園立荘に対する国家的公認を必要とするものであるから、官職補任権と同様に「職」の体系の最頂点に位置するものも朝廷＝天皇であって、そのような中央集権的性格をもつ「職」の体系が荘園・公領を貫通する国家規模での領有秩序であった中世前期の国家は、「職制国家」または「家産官僚制国家」と呼ぶのが適当であるといわれる。

［文献］永原慶二『日本中世社会構造の研究』（岩波書店、一九七三）、同『日本中世の社会と国家』（増補改訂版）（青木書店、一九九一）、同『荘園』（吉川弘文館、一九九八）。（藤井　崇）

屋敷　家が建っている敷地のことで「宅地」・「家地」・「屋地」ともいう。「屋敷」という語が頻繁に史料にあらわれ始めるのは一一世紀後半頃からであるとされる。一般的にいって宅地は私有権が強い部分であるが、屋敷地内での栽培植物である桑・苧《からむし》などにかけられた在家役賦課の対象となった。おおむね*検注帳に登録して認定を受けた百姓屋敷地はこの役のみが課された。また、屋敷地には付属耕地がついて単に在家と呼ばれることもあり、当時一般的であった百姓名を中心とした名田体制が浸透しなかった東国や南九州などにおいては同体制にかかわる徴税単位となっていた。中世の在地社会において基底的な存在である屋敷地に関する研究は非常に多いが、例えば加賀国能美郡に蟠踞した開発領主藤原氏（鎮守府将軍藤原利仁《としひと》系を称す）成《なり》景《かげ》は加賀《かが》国板津荘に屋敷本宅を構えてその周辺を開発し、やがてその地を名字の地として板津介《いたつのすけ》を名乗り、成景の弟たちも倉光・宮永・白江といった加賀平野の各地に開発拠点たる屋敷を設け、やはりそれぞれを名字の地としている。この板津介成景が板津荘重友村を得たときの譲り状には「件の村御屋敷の近辺の地、早くに浪人を招き寄せ、（中略）、勧農有るべき也」とあり、荒蕪地の付近に屋敷をもつ領主こそ開発の責任者でなければならなかったという当時の在地領主の所領観がうかがわれる。

［文献］戸田芳実『日本領主制成立史の研究』（岩波書店、一九六七）、工藤敬一『九州庄園の研究』（塙書房、一九六九）。（藤井　崇）

門田《かどた》　「もんでん」とも。豪族屋敷や地頭館などに隣接する耕地。本来は、門前の田の意で、「前田」ともいう。畠の場合は「門畠」と称する。門田は屋敷地、堀の内をめぐる堀の水をうけて水利もよく上田とされる。抱える所従・下人の労働力を用いて直接経営が行われ、また周辺の農民の夫役《ぶやく》をも用いて耕作された。『田植草紙』に、「沖の三反田より門《かど》の式反田」とうたわれている。また、便宜要門田《びんぎようもんでん》と称するものがある。「便《びん》田《でん》」「便宜田《びんぎでん》」ともいい、家屋敷に付属した権利として公田に設定され、その権利の内容は占有権、耕作権である。家地を売買・譲渡するとき家地に付属するものとして扱われる。権利の設定には、在地の刀禰《とね》や郡司の証判を必要とし、寺社や上級官人らに許された特権であったらしい。

［文献］泉谷康夫『律令制度崩壊過程の研究』（鳴鳳社、一九七二、

再版高科書店)、大山喬平『日本中世農村史の研究』(岩波書店、一九七八)。 (阿部 猛)

名田《みょうでん》 荘園・公領の「名《みょう》」に属する田地のこと。比較的早い史料としては天喜元年(一〇五三)大和国大田犬丸名結解《けっかい》が挙げられる。平安中期、有力農民「田堵」は年貢納入を請け負って「名」を割り当てられていた。当初その耕作権は微弱であったが、経営の安定化を望む領主と田堵双方の利害があいまって耕作権は漸進的に強化され、田堵の名主化が進んだ。そういった荘園・公領の「名」に属する田地を名田と呼ぶ。名田の規模は数段単位のものが多く、畿内荘園においては散在的に耕地片として分布するいわゆる均等名の形態をとることが多い。逆に辺境地域の荘園おいては広大な面積をもつことが珍しくない。また、かつて、名田の名主は下人・所従を奴隷とし、地主として家父長的奴隷経営を行っていたとする「名田経営論」が唱えられたが、これは主として畿内近国の荘園の分析・研究によって否定され、「名」は擬制的な徴税の単位であるという「名」=徴税単位説が唱えられた。この、畿内の「名」が、制度面からいうと、あくまでも徴税単位にすぎないものであるという同説は広範な支持を得た。ただし、畿内近国以外の地域における小村程度の規模を持つ「名」の場合、名主はその中核的農家として家父長制的有力経営を展開し、かつ開発領主として加地子徴収権を保有している「領主名」的形態をとることもあり、辺境地帯の「名」の場合を中心として、徴税単位説のみではやや理解できない点もある。

[文献] 松本新八郎『中世社会の研究』(東京大学出版会、一九五六)、稲垣泰彦『日本中世社会史論』(東京大学出版会、一九八一)、阿部 猛『日本荘園成立史の研究』(雄山閣出版、一九六〇)、戸田芳実『日本領主制成立史の研究』(岩波書店、一九六七)、永原慶二『荘園』(吉川弘文館、一九九八)。 (藤井 崇)

佃《つくだ》 荘園・公領における領主諸階層の直営地のこと。中世荘園制下における佃の性質として、①佃の耕作には種子農料・食料が支給される。ただし、翌年分の農料を本年分の穫稲から控除して捻出する場合や、全く種子農料の支給がなく領主が全収穫を収取する「空佃《からつくだ》」の場合もあった。②佃の斗代はほとんど全収穫に近い高率のものが原則であった。③佃は収納上、一色田であって公事雑役・臨時課役が免除されていた。④佃に関する風水旱亡《かんぼう》などによる損免認定は厳しく、原則としてあまり認められなかった。⑤佃は一般荘田と比べて比較的肥穣な土地があてられていた。⑥佃は領有者によって本家佃、本所佃、領家佃、預所佃、保司佃、地頭佃、中佃などと呼ばれ、荘園領主の佃と荘官の佃とに大別された。また、各種の佃は一つの荘園内に同時に併存しえた。ただし、荘官の佃は荘官給田とは本質的に異なり、単に荘園領主からの給恩地的なものではなく、本質的には荘園領主と経営体として別個で荘官自身の領主権に基づいていた。⑦荘園内には佃と呼ばれていなくとも佃と同様に高斗代な正作田などといった田が存在した。⑧佃は荘園内において特定の地域を占めて集合的に存在する場合もあった。⑨佃の耕作は一つの賦役「佃役」としてしだいに名主に均等に割り付けられるようになった。

[文献] 水上一久『中世の荘園と社会』(吉川弘文館、一九六九)。 (藤井 崇)

荘政所《しょうまんどころ》 中世荘園において荘官が下地管理や年貢収納にあ

たるための機関のこと。中世前期の荘園支配機構は時期・地域・領家の違いによってその形態はさまざまに異なる。九州の摂関家領島津荘の荘務機構についてとりあげた工藤敬一によると同荘の政所の存在を示す最古の史料は久安三年（一一四七）のものであるという。またそれ以降鎌倉中期頃までの荘政所関係の史料によるとその人的構成は一〇名ほどの別当からなっており、そのうちの二名が執行として政所に常駐し、荘政所運営の実質的中心となっていたとしている。またその荘政所の荘官職（弁済使）の補任権を通じてこれを支配していたのは荘目代や荘留守職ともいわれた島津荘下司職の島津氏であったという。

［文献］工藤敬一『九州庄園の研究』（塙書房、一九六九）。（藤井　崇）

三日厨《みっかくりや》　「みかぐり」とも読む。平安時代中頃からみうけられる「供給」という語はたてまつりものと和訓するのであって、政治的に上位にあるものが政治的に下位に位置づけられている在地に赴いたとき、その途次および目的地において提供されるもの、をさし、到着（落付《おちつき》）後の「供給」にはしばしば引出物が伴ったうえ、そのような饗応は三夜続く慣行で、その別称が三日厨であるという。鎌倉時代前期の著名な高野山の勧進聖であった鑁阿《ばんな》は建久元年（一一九〇）六月、高野山領備後《びんご》国大田荘の荘務経営のための置文を定めているが、このうちの「預所下向間雑事」のうちに「落付三日厨」があり「郡司下着在国等雑事」のうちには「三日厨」が挙げられてそれぞれの負担額が記されている。このような三日厨を地頭が武力を背景に荘民らに強要し、相論が惹起されることもままあった。鎌倉幕府は寛喜四年（一二三二）四月、*新補地頭が三日厨をうけることをとくに禁じている。また、*荘園の例ではないが、『奥州後三年記』は、「永保三年の秋、源義家朝臣陸奥守になりてにはかにくだれり。真ひらまずたたかひのことをわすれて新司を饗応せんといとなむ。三日厨といふ事あり。日ごとに上馬五十疋なん引きける。其のほか金・羽・あざらし・絹・布のたぐひ、数しらずもてまいり。」と、後三年の役前夜の陸奥国において、清原真衡が源義家の三日厨に腐心している有様は著名である。

［文献］早川庄八『中世に生きる律令』（平凡社、一九八六）。（藤井　崇）

名主《みょうしゅ》　平安時代以降の荘園公領制下における在地世界の有力者のこと。「名主」の初見史料は、永承二年（一〇四七）一〇月二七日付けの「高橋世犬丸田地売券」とされている。ここで高橋世犬丸は「相伝所領」の三〇〇歩の耕作権である「作《つく》手《て》」を橘　則任《たちばなののりとう》という者に売っているのだが、そこに「助照」という僧が「名主」としてその売却を保証し、署名している。この名主僧助照と売人高橋世犬丸の関係についてすでに中世的な支配―隷属（*下作人）関係にあったとする説と、この段階では単に徴税請負者である名請人（名主）―地主（作手所持者）関係であるとし、その隷属制を認めない説がある。また地主（作手所持者）の下には当然、下作人が存在するのであるから、「名」とは、原則として、名主―作人―下作人から構成されると考えられる。しかし、次第にこれらを兼帯する者も現れ始めて、このいわゆる「名体制」は動揺し、各地の農業・水利事情の変化や、名主職を従来有した一族と、新たに台頭した在地の有力者間における身分変動といった問題に即し、「新名」が創出された。また、こうした名主の有した名田に対する権利や役割は「名主職」と呼ばれ、その職は名主一族内で世襲されたり、売買・質・寄進等の事由によってほかの有力農民・在地領主・寺社などへ譲渡されることもあった。

［文献］ 阿部 猛『日本荘園史』（大原新生社、一九六二）。

（藤井 崇）

作人《さくにん》 一〇世紀頃には「（私）領主」（地主）と「作人」が権利的に分化し始め、「領主」のもとでの「作人」は、その力関係に応じて長期的耕作権である「作手」を形成した。「作手」を有する者は、自ら田を耕す場合もあるが、さらに小作人的な農民に耕作を請作させる場合もあった。史料にうかがえる「作人」の比較的早い使用例としては、天慶三年（九四〇）五月六日の「筑前国観世音寺牒案」に「是利」以下一〇人の「預作人」がみえ、天暦五年（九五一）一〇月二三日の「越前国足羽郡庁牒」には「寄作人」とみえている。一一世紀以降においては名主や私領主の許で耕作する農民一般をさした。

［文献］ 赤松俊秀「領主と作人」（『史林』四九—一、一九六六）、永原慶二『日本中世社会構造の研究』（岩波書店、一九七三）。

（藤井 崇）

下作人《げさくにん》 「したさくにん」とも読む。一般に*名主《みょうしゅ》などのもとで田畠の耕作をした、いわゆる小百姓層をさす。中世の名主《みょうしゅ》と小百姓の下作関係については、中世の農民的土地所有の問題を中心に膨大な研究蓄積がある。史料としては、長承三年（一一三四）一一月二九日の「伊勢国専当解」に「下作田堵」と見えるのは比較的早い例である。また、鎌倉期に入ってからは頻繁に荘園関係の文書に散見する。とくにそのうちでも、正和二年（一三一三）一月九日に宗像社の前大宮司宗像氏盛《むねかたうじもり》が定めた「宗像氏盛條々事書」の第二条の「年貢済物未進の事」に、「前々の傍例に任せ呵嘖を加え、徴納せらるべきなり、なお以て敍用せざるの輩に於ては、下地を収公せしめ、下作人を付くべきなり。」とみえることは著名である。

［文献］ 竹内理三編『土地制度史Ⅰ』（山川出版社、一九七三）。

（藤井 崇）

諸方兼作《しょほうけんさく》**の百姓** 複数の領主の耕地（諸方）を、一人の農民が耕作（兼作）すること。主として京都近郊の各種所領や荘園（たとえば、山城国紀伊郡の右馬寮田、図書寮田、主殿寮田、大炊寮田などといった諸官衙領や東寺領拝師荘など）の内部構造に関する一つの特色として、条里坪の中に散在する一・二反の耕地の集合体である場合が多く、このような荘園を農民側からみたならば、彼らは保有する耕地のすべてが特定の荘園領主に属するといった場合はほとんどまれで、散在入り組みの形で保有する耕地を「諸方兼作」するというのが一般的であった。また、このような特徴をもつ荘園は「散在入組荘園」とも呼ばれている。

［文献］ 島田次郎『日本中世の領主制と村落 下』（吉川弘文館、一九八六）。

（藤井 崇）

本名《ほんみょう》**・脇名**《わきみょう》 鎌倉後期頃以降、一般的に、荘園内の田畠の基礎的編成単位である「名」の解体が顕著となるという。この「名」の解体以後、一般に、解体後も残った「名」を「本名」または「旧名」などと呼び、それと区別する意味も込めて、新たに創出された「名」を「脇名」または「新名」と呼ぶ。また、日本中世の財産相続制においては、南北朝期頃から内乱に伴って家長の惣領権が拡大され、嫡子の単独相続が増加するが、それ以前の時期・段階では、分割相続が一般的であるという。またそれは、比較的有力な農民階層にもいえることとされている。そうした有力農民(ここでは小規模在地領主や土豪も含む)一族の家長が、その一族庶子に土地保有権を分割しようとも、農業経営上の必要から、その同族団的結合は維持され、結果この譲渡者と被譲渡者間には「本家—分家」関係が発生したという。一方領主側は、徴税単位の編成という観点から両者とその土地を「本名—脇名」として把握した。

[文献]　豊田　武『日本社会史の研究』(吉川弘文館、一九五五)。

(藤井　崇)

在家《ざいけ》・脇在家《わきざいけ》　「在家」とは、東国・九州などの辺境地帯における一般的な収取対象または徴税単位で、主として鎌倉期に見うけられる。その内実は、農民の屋敷とそれに付属する耕地が一体に把握されたものである。また、工藤敬一氏によれば、在家は辺境地帯においては在庁官人や郡司・郷司を兼ねることが多い「在地領主」の所領の根幹をなし、彼らが賦課する「在家役」の対象となったという。そして往古よりこの「在家役」を負担してきた草分け百姓的な有力上層農民を「本在家」と呼び、後に本在家から分家・独立したり、または新興した在家のことを「脇在家」と呼ぶ。この分家して成立した「脇在家」は、「本在家」の展開する家父長制的関係から容易にのがれられなかった。ただしこうした九州を舞台とした研究で著名な「在家」は、畿内においては九州よりも古くから見うけられるなど、全国的なものであった。九州における「在家役」収取の一般化は、畿内を中心とした先進地帯での「公郷在家」に対する国役賦課を参考にしたのであろうとされている。また、荘園内の在家と脇在家の割合は、それぞれ地域差があるが、たとえば、著名な史料である建久四年(一一九三)九月日付けの「紀伊国阿氏河荘在家畠等検注目録」によれば、*阿氏河荘《あてかわのしょう》には「在家捌拾伍宇、内脇在家弐拾伍宇」が存在するとあり、鎌倉初期におけるその割合は、在家が八五軒で、脇在家は二五軒であったことが知られている。

[文献]　工藤敬一『九州庄園の研究』(塙書房、一九六九)、飯沼賢司「『在家』と『在家役』の成立」(『歴史評論』三七四、一九八二)。

(藤井　崇)

免家《めんけ》　「免在家《めんざいけ》」とも。九州や高野山領荘園に多くみられる。宅地と耕地を一括した収取単位である「在家」は、所属荘園領主や所管国衙に対して本来「在家役」を納入したが、諸事情によって荘園領主や国衙が「在家役」の徴収権を「在家」の存在する現地の荘官・地頭・供僧・神官といった各種の在地領主へ「給分」として与えることがあった。農民からみれば納入先が変更されただけで、決して「在家役」が免除されたわけではないが、*荘官や地頭らからみれば、「在家役」を*荘園領主らに納入することが免除されて自己の得分となっているのであるから、そのような「在家」を特に「免家」という。また、このような在地領主による「免在家」という法形式での在家の私的支配は、百姓身分を再生産する生産諸活動の基盤である百姓の家屋・宅地収奪の法的確認であり、このような百姓に対する人格支配を在地領主経営の基盤の一つとしていた。また、「免家」についての著名な史料としては、平治元年(一一二四)十二月日付け「金剛峯寺所司等下文」がある。これによれば、「金剛峯寺所司等」は「山上免在家玖拾七宇毎年一度京上役」を免除している。同所司等は、この「在家役」と思われる課役について、「件の一度京上、免家の置かれてより以後、毎年闕かざる之例為《た》り」としつつも、「諸衆」の要求を受け入れて特別に免除するのだ、と述べている。

［文献］ 江頭恒治『高野山領荘園の研究』（有斐閣、一九三八）、富澤清人『中世荘園と検注』（吉川弘文館、一九九六）。 （藤井 崇）

名子《なご》 有力名主の名田を小作した従属性の強い下層農民。おおむね一三世紀末以降の荘園・村関係の史料に散見する。売買の対象となることもあった。名子は名主身分以下の下層民一般を指すことが多かったため、その性格は多様である。また、農村だけでなく漁村にも見うけられ、越前国敦賀郡気比社領江良浦においては、「秦宗次郎文書」によると、永禄二年（一五五九）頃、当時付近にあった名子たちが新儀に大網を立てようとしたところ、百姓身分の者たちから訴えられ、当時の戦国大名朝倉氏によって網を立てることを停止されている。名子身分のものは本来、網をもちえない身分・階層とされていたのであろう。また、こうした名子身分はいわゆる太閤検地の後も残存し、近世段階になっても各村々にごく一般的に見うけられたものである。

［文献］ 有賀喜左衛門『日本家族制度と小作制度』（河出書房、一九四三）、阿部 猛『中世日本荘園史の研究』（新生社、一九六六）。 （藤井 崇）

間人《もうと》 「もうど」、また「亡人」とも。下層民のこと。概して村落共同体の正式成員にはなれない。ただし、所従・下人身分の者と異なり、その身分は必ずしも隷属的ではなく、場合によっては比較的富裕なものもいた。また、一般的に中世前期の在地領主は、彼らを法的に土地緊縛しえていなかった。よって不定住者であることの多い彼らは、開墾・小作・土木などのための貴重な直接労働力として中世社会を渡り歩いていた。中世社会の間人は、あるときは村落の一階層としてあらわれ、またあるときは単なるその村落にとっての外来者＝他所者としてあらわれる。当時の村落上層＝名主層は、自らの安定的・優越的な農民的大経営を維持するため、間人などのいわゆる「散田作人層」を、階層的に排除するか、または私的隷属下に包摂するかに迫られたと考えられている。また、この二階層の複雑なからまり合いが、封建的領主制の展開を根底で規定したと位置づけられる。

［文献］ 喜田貞吉「間人考」（『歴史地理』四四―四・五・六、一九二五）、水上一久『中世の荘園と社会』（吉川弘文館、一九六九）、大山喬平『日本中世農村史の研究』（岩波書店、一九七八）。 （藤井 崇）

下人《げにん》**・所従**《しょじゅう》 下人・所従が所見する中世の譲状によると、①下人・所従の存在は地域的に普遍であるが、概して辺境地帯に多く存在した。②それぞれの譲状に見える下人・所従の数は少数で、孤立・分散的に所有せられている。③半人半物的性格も強いが、なかには農奴的性格が強い者や身分的に向上した者もいる。④下人・所従はしばしば田畠に附随して譲与されるため、その所有のされかたは所有者の土地所有形態と切り離せない。⑤所従の譲与は主に一二世紀初頭から一五世紀半ば頃が最も盛んである、といった諸点を挙げることができる。一方、多義的な「下人」の用例は、①諸衛舎人・諸司並院宮諸家の雑色クラス以下や、在地にあっては「富豪之輩」と呼ばれるものをも含んで用いるような王朝貴族の目からみた場合の「下衆型下人」、②富豪田堵である主人から稲を班給されるような従者や、正員地頭から荘園現地の経営をまかされて派遣された地頭代官などを指して用いる「従者型下人」、③鎌倉幕府法などがその法制上、「百姓」と対比・対置する意図をもって「奴婢雑人」・「下人・所従」と用いる場合の「奴婢型下人」に類型化できる。また「奴婢型下人」のような身分は、法律上の呼称のみならず、債務・売買・譲与などによって百姓身分を喪失し、人格的隷属に入って発生するのであって、名称こそ多様であろうとも古代以来一貫して存在しつづけたのである。

[文献]　水上一久『中世の荘園と社会』(吉川弘文館、一九六九)、大山喬平『日本中世農村史の研究』(岩波書店、一九七八)。

(藤井　崇)

大番舎人《おおばんとねり》　畿内均等名が名別均等な夫役・雑公事の収取組織であることが明らかにされ、かつて、畿内の摂関家領中に宿直警衛の舎人役供出を割り当てられた大番領が存在していた。この大番領は大番国と呼ばれた摂津《せっつ》国・和泉《いずみ》国・近江《おうみ》国の三国に集中していた。また、この三国内の有力名主のうち、とくに摂関家に隷属した者に対して摂関家は大番舎人の名称を与え、当該名主に一ヶ月十日間を限って名別一人宛の舎人を上番させ、その代償として名田内の一定地積に給田・雑免の免除を与えていた。また、これと性格が類似するものとしては主殿雑色や散所雑色などがあるが、後者については身分が一段落ちる。

[文献]　渡辺澄夫『畿内荘園の基礎構造』(吉川弘文館、一九五六)。　(藤井　崇)

式目四十二条　式目四十二条とは、貞永元年(一二三二)に制定された鎌倉幕府による「関東御成敗式目」の第四二条「百姓逃散の時、逃毀と称し、損亡せしむる事」に、「右、諸国の住民逃脱の時、其の領主等、逃毀と称して妻子を抑留し、資材を奪い取る所行の企て、甚《はなは》だ仁政に背く。若《も》し召決せられん処、年貢所当の未済有らば、其の償ひを致すべし。然らずんば早くに損物を糺返さるるべし。但し、去留においては、宜しく民意に任すべきなり」とある条文をさす。この条文をめぐっては従来から、「但、於二去留一者、宜任二民意一也」の部分、すなわち、中世の百姓の去留の自由について活発な議論がある。なかでも著名な議論としては、当時の百姓には「去留」の自由、すなわち、「逃散」の自由が原則的に認められていたとするものがある。ただし、それには年貢所当の未済がないという重要な条件があったのであり、逆にもし年貢所当の未済があれば、本人はもちろんのこと妻子・資材を召取られても仕方がないのであって、年貢所当皆済の逃散を是とし、年貢所当未済の逃散を非とする考え方が当時の法意識として存在していたことが知られるとされる。それに対し一定手続きを経た逃散が百姓の権利として認められていた、とすることには賛意を表しつつも、逃散を正当化したという年貢所当完納要件について、そもそも年貢完納の上、逃散するというのはそれ自体一個の矛盾ではあるまいかとし、年貢皆済後の逃散の必要性に疑問を呈する説もある。また、この法令はひとまず逃散のさいの強制執行を停止せしめ、法廷において進未の事実を判断しようとするもので、百姓の逃散の権利は現実的には年貢の未済・完納によることなく行使されたもので、この法令は年貢未進の有無に拘わらず、百姓逃散時の留守宅に対する強制執行(追捕)を非法としているのである。
［文献］「鎌倉幕府法」（『中世法制史料集1』岩波書店、一九五五）、入間田宣夫『百姓申状と起請文の世界』（東京大学出版会、一九八六）、田村憲美『在地論の射程』（校倉書房、二〇〇一）。

（藤井　崇）

池《いけ》・用水路《ようすいろ》　農業経営に水は欠かせない。そのため、溜池《ためいけ》の築造は古くから行われた。とくに畿内では降雨量が少ないため、池の築造は急務で、大陸伝来の技術により渡来人によって行われた。律令国家は、池と用水路の整備を国司の主要な任務の一つと位置づけたが、広く農業基盤の整備を*勧農《かんのう》と称した。古代にも池・用水路の整備に個人の資財が投入されることもあったが、中世になると、荘園領主が主導する池・用水路の築造と修理が行われるようになり、その費用は*井料《いりょう》と称して荘民の負担とされた。用水利用については、荘園や村あるいは地域ごとの慣習が成立していた。分水点における構造上の工夫や時間給水（番水）などの方法ができあがっており、広範な地域をうるおす水路については、村落間の協調・契約も成立していた。戦国時代からは、大名による溜池築造は盛んになり、江戸時代になると技術的な進歩が著しく、各種の農書についての解説も記されるようになった。河内《かわち》国の狭山池《さやまいけ》、讃岐《さぬき》国の満濃池《まんのういけ》のような大規模なものもあるが、地域の実情に応じて無数の溜池が設けられ、現在でも全水田の約二〇パーセントが池水に依存している。
［文献］喜多村俊夫『日本灌漑水利慣行の史的研究』（岩波書店、一九五〇）、亀田隆之『日本古代用水史の研究』（吉川弘文館、一九七三）、宝月圭吾『中世日本の売券と徳政』（同上・一九九九）。

（阿部　猛）

井料《いりょう》　灌漑施設の利用者から徴収する使用料。古代では井堰・池溝・堤防などの灌漑施設の開発・維持は国家が行い、そのための費用は国衙《こくが》の出挙によって賄われた。中世においては荘園領主が灌漑施設の管理権を持つことが多く、領主はその施設を利用した百姓から米・銭などの使用料を徴収し、用水施設の維持・修理に当てた。これを井料といった。また、灌漑施設を整備・修復する際、使役した百姓に対し領主が支払う費用・食料も井料といい、その年の年貢の中から控除して百姓に支払われることもあったが、その収穫を井料に充てるために井料田という田地を特別に設置する場合もあった。
［文献］亀田隆之『日本古代用水史の研究』（吉川弘文館、一九七三）、宝月圭吾『中世灌漑史の研究』（吉川弘文館、復刊一九八三）。

（木村茂光）

水車《すいしゃ》　「みずぐるま」ともいう。動力用と灌漑用の二種がある。前者は河川などの流水で水車を回転させて動力源として［臼］などに利用するもので、推古一八年（六一〇）高麗の僧曇徴《どんちょう》が「碾磑」を造ったと『日本書紀』に見える。灌漑用は水車の周囲に容器をとりつけ、人力・畜力で水車を回転させて水を汲み上げたもので、天長六年（八二九）に良岑安世が造ったものが最初という。室町時代には水力による灌漑用水車も出現した。動力用は化石・電気エネルギーが普及する以前の唯一の動力源として精米・製粉・搾油・製糸などで利用された。灌漑用は江戸中期以降一般に普及し、筒車・竜骨車・踏車などの改良が進んだ。

（木村茂光）

畦越《あぜご》え灌漑《かんがい》　水路によらず、水田面の高低差による畦越しに溢《あふ》れた水で灌漑する方法。水田耕作に必要な水は用水路を通じて供給されるのがふつうであるが、*谷戸田《やとだ》・谷田・*棚田などの谷あいや台地の側面に開かれた水田では高低差が大きく、水路による用水配分は困難である。そこで、水路を設けず、自然灌水を高い田から順次下の田に灌漑する。

[文献] 古島敏雄『土地に刻まれた歴史』(岩波新書、一九六七)。 (阿部 猛)

田畠《たはた》 「田」は本来耕地一般をさす言葉であったが、古代以来水田を収穫の主要な対象にした日本では稲作の圃場を指す言葉として用いられた。そのため「畠」「畑」という水田以外の乾燥耕地を指す言葉が国字としてつくられた。水田が国家的な収穫の主要な対象であったことは、『律令』に「田令《でんりょう》」しかなく、中世の国家的な土地台帳を*「大田文」といい、近世では稲の収穫量を基準にした石高制が採用されたことによく示されている。そのため強力な国家的な勧農政策を受け、その満作と開発が奨励された。水田を中心とした耕地拡大の画期としては、五世紀の古墳時代、八世紀の班田制導入期、一一世紀後半の荘園制成立期、戦国大名の領国経営期、一七世紀後半～一八世紀前半の新田開発期などが想定されている。「畠」は水田に対する白田という意味で、八世紀初頭に現れる。「畑」は焼き畑を意味し平安時代末期に現れる。律令には畠に関する規定がなかったため、「陸田《りくでん》」の語が使用されたがまもなく消滅し、以後畠が一般的に使用された。平安時代後期には荘園制下で畠も検注され始め、鎌倉時代には大田文にも記載されるが、水田と比べると生産力が低かったため、古代・中世を通じて畠に対する国家的な収奪は弱かった。太閤検地では田や屋敷とともに石高制に組み込まれたが、石高は田よりも低く、上田一石五斗に対して上畠一石二斗であった。近世期においては、雑穀栽培の場とともに、木綿・菜種・藍・桑などの商品作物や蔬菜栽培の場として重要性を高めた。

[文献] 古島敏雄『日本農業技術史』(東京大学出版会、一九七五)。 (木村茂光)

焼畑《やきはた》 山林原野の草木を焼き払い、火を放ち、そこに粟・稗・蕎麦・大豆・小豆の五つの基幹作物を播種するとともに、それらに麦と里芋を加えた輪作体系をもった農法、またはその耕地。木庭《こば》(木場)・切替畑・山畑などともいう。火入れが原野を耕地化する簡単な方法であったこと、一時的に地温を高めることによって土壌の化学的変化を生じさせることができたこと、さらに雑草や害虫の除去に効果があったことなどの利点があったため普及した。火入れ当初は草木灰が肥料になったが、数年後には地力が減退する一方で雑草の繁茂も激しくなるため一時休閑地として放棄し、数年～十数年後に林地・草生地になったら再び焼畑を行った。焼畑が単純な粗放農業であることから、弥生時代以前の原始的な農業を焼畑に求める見解もあるが、近年は平地部における畠地遺構の発掘も相次いでおり、一概に水稲耕作以前の農業を焼畑とすることに否定的な見解も強くなっている。『万葉集』に「さし焼かむ」と詠まれている「さし」が焼畑をさしていることは夙《つと》に柳田国男が明らかにしたことである。歴史史料としては『日本三代実録』貞観三年三月二五日条に「大和国をして、百姓が石上《いそのかみ》神山を焼きて、禾豆を播蒔するを禁止せしむ」とあるのが初見である。技術的には粗放であったが、山村の生活を支える重要な生業として普及し、昭和初期でも九州・四国・中部および東北の山間部を中心に、全国で約七万町歩近い焼畑が営まれていたと推定されている。

［文献］ 柳田国男『地名の研究』（古今書院、一九三六）、佐々木高明『稲作以前』（日本放送出版協会、一九七一）。 （木村茂光）

栗林《くりばやし》 栗はブナ科の落葉高木で、なかでも日本栗は日本原産で北海道から九州まで自生する。青森県三内丸山《さんないまるやま》遺跡から大量に出土したことで有名なように、縄文時代以来食料や材木として用いられてきた。日本人にとってポピュラーな果実であったようで、『古事記』に「三つの栗の　中つ枝の」と詠われているし、『万葉集』の山上憶良《やまのうえのおくら》「子等を思う歌」にも詠われている。古代以来食料として重視されていたようで、早くから土地台帳に検注されている。そこでは「栗林」と記され、本数ではなく面積で掌握されるのが一般的であった。たとえば、紀《き》伊《い》国阿弖川荘《あてがわのしょう》の鎌倉初期の検注帳では、桑一八九〇本・柿五九六本・漆三二一本と並んで栗林三二町七〇歩と記されている（『鎌倉遺文』六八八号）。栗林を売買した初見史料として八八九年のものがあるが、そこには「合わせて栗林一町、丹波《たんば》国桑田郡川人郷牧門村」とある（『平安遺文』補二五六号）。今でも栗の代名詞として「丹波栗」といい、実際に室町時代には朝廷などに栗を上納する「丹波栗供御人《くごにん》」がいたから、「丹波栗」の始まりは意外に古いとも考えられる。実際、丹波国に所在した*大山荘では林の「地子」（年貢）として、杵などで砕いた「搗栗《つきぐり》」を一石荘園領主の京都東寺に納めている。栗の材質は堅く、その上タンニンの含有量が多く耐朽性に富んでいるため、杭や堰材に用いられることが多かった。すでに奈良巻向《まきむく》遺跡など多くの遺跡から柵材・堰材・建築材として利用された栗材が発掘されている。近代ではこの性格を利用して鉄道の枕木としても利用された。

［文献］ 木村茂光「日本古代の『林』について」（『日本古代・中世畠作史の研究』校倉書房、一九九二）。 （木村茂光）

桑《くわ》 クワ科の落葉高木。樹皮は製紙に、葉は蚕の飼料として利用された。古代、中国から養蚕技術とともに伝来し、律令国家は律令の中に「桑漆条《そうしつ》」を置いて漆とともに栽培を奨励した。しかし、中国の勧農イデオロギーに基づき農業生産一般を「農桑」と表現することも多いから、どれほど普及したかは不明。中世になると、領主は所領の検注の際大小に従って桑の本数を登録させ、それに桑代《くわしろ》という税を賦課した。古代・中世では屋敷地ないしその周囲に植えられることが多かったが、近世中期以降養蚕業の発達により広く植栽されるようになり、品種の改良も進んだ。近代では製糸業が産業革命の中心になったこともあって、桑畑が拡大した。 （木村茂光）

谷戸田《やとだ》 谷地田《やちだ》・谷津田《やつだ》・迫田《さこだ》ともいう。山間・丘陵・台地の間を樹枝状に侵蝕した谷あいに、その奥から谷の出口にかけて開発された水田のこと。一般的に湿田が多かったため、排水条件の優劣が生産性を規定する側面が強かった。生産力は高くなかったが、谷頭《たにがしら》の湧水や天水を利用しやすく比較的安定していたので、古くから小規模開発が進められた。谷戸地形が多い関東地方では関東平野南部を中心に中世に開発が進められた。とくに房総半島では代表的な水田であった。

［文献］ 籠瀬良明『耕地の地理的研究』（駿河台出版社、一九五三）、高島緑雄他編『耕地と集落の歴史』（文雅堂銀行研究社、一九六九）、高島緑雄『関東中世水田の研究』（日本経済評論社、一九九七）。

（木村茂光）

摘田《つみた》　稲作の耕種法の一つで、種籾を水田に直接播種し収穫まで育成する方法のこと。苗代で苗を育成し、その苗を水田に移し植える田植え法と対比される。台地の縁辺部（谷戸田《やとだ》）や河川流域の低地に造成された湿田・深田など天水田地域に特有の耕種法で、排水をすると用水不足になってしまうような地域に対応した耕種法である。蒔田《まきた》・臥田《ふせた》などとも称された。文献記録では一七世紀初頭から確認できるが、その農法から考えて中世までさかのぼると推測できる。また地域的には、伝承を含めると関東地方と南九州を中心に全国で実施されていたことが確認できる。播種法としては撒種型・穴播型・点播型・条播型があったが、『地方凡例録《じかたはんれいろく》』の「摘田と云ハ地を拵て植える処を棒などにて穴を突てそのあとへ籾種を摘ミ入る、田也」という説明は穴播型を指していると考えられる。施肥では種籾を肥料と混合して播く型・水田に施肥して種籾だけを播く型・無施肥型などがあった。

［文献］小川直之『摘田稲作の民俗学的研究』（岩田書院、一九九五）、高島緑雄『関東中世水田の研究』（日本経済評論社、一九九七）。

（木村茂光）

棚田《たなだ》　山や丘の傾斜地に、階段状に造成された小面積の田地のこと。畑の場合は棚畑・段々畑という。耕地の傾斜が一定の限界を超えて自然の地形のままでは耕作できない場合に造成された。棚田は上部の自然水や小さな谷池を水源としていたため用水の水温も低く、面積も小規模で生産性の高い水田ではなかったが、河川の氾濫などの影響も受けることなく、低いなりに安定した収穫が期待できた。また、小規模の労働力で開発できるため、古代以来棚田型の開発が進められたが、百姓の農業経営が安定した中世以降に活発になり、谷田・*谷戸田《やとだ》・迫田《さこだ》・沢田・山田などの記載が頻出するようになる。これは近世にも引き継がれ、能登の千枚田のような景観がつくられた。

［文献］黒田弘子『中世惣村史の構造』（吉川弘文館、一九八五）、海老沢衷『荘園公領制と中世村落』（校倉書房、二〇〇〇）。

（木村茂光）

肥料《ひりょう》　肥料に関する史料は少なく、その実態を説明することは難しいが、最初の肥料と考えられているのが苗草＝生草で、静岡県登呂遺跡などから発見されている田下駄はそれを土中に踏み込むための道具であったといわれる。その後の肥料としては肥灰《こえはい》・厩肥《きゅうひ》・人糞尿・刈敷《かりしき》があった。肥灰は山野において採取した草木を焼いた草木灰のことであるが、これはカリ・燐酸肥料としての役割を担った。鎌倉初期の史料である『永昌記《えいしょうき》紙背文書』に、「正月三日以後に柴を採って灰とし、御供田に入れて肥料とする」とあるのを早い例とする。しかし、これ以前にも春に野焼きをするという史料が散見するから、経験として草木灰を利用することは相当さかのぼるといえる。厩肥は窒素を含む有機肥料として利用されたが、その初見史料は『延喜内膳司式《えんぎないぜんじしき》』に内膳司で栽培する蔬菜類に「糞」を施すとあるのがそれである。平安時代後期になると牛馬の利用が普及するので、厩肥の使用も広がったと考えられるが実態は不明である。ただ、鎌倉末期に作品である*『沙石集《しゃせきしゅう》』に、常陸《ひたち》国の話として「田舎の習なれば、田に入れんとて、小法師糞を馬に付て行くを見て」などと記されているから、鎌倉末期の東国では厩肥の利用が進んでいたことが想定できる。人糞尿についてもその使用についての具体的な史料はない。しかし、南北朝期の著名な史料「二条河原落書」に「肥桶《こえおけ》」という話がある。「桶」とあるからにはそれには液肥が入れられていたと推定される。また「洛中洛外図」には、一尺ほど伸びた稲に桶を携えた農夫が杓子でなにかを振りかけている様子が描かれているが、これが液肥であれば人糞尿としか考えられない。このように推定の域をでないが、中世後期には人糞尿が速効性の肥料として利用された可能性が高い。しかし、人糞尿を溜めたり運搬するためには、それに適した大型の瓶や桶の開発が不可欠であるから、人糞尿の利用についてはそれらの研究も踏まえて検討する必要がある。刈敷は、刈り取った青草を鋤き込んだり作物の間に敷いて肥料としたものである。また厩肥と混ぜて堆肥として利用した場合が多いといわれる。具体的には、*『看聞《かんもん》日記《にっき》』応永二七年（一四二〇）七月四日条にある京都南郊の伏見《ふしみ》荘と木幡《こはた》荘との間で行われた「草刈場」の境をめぐる相論が有名である。このように、肥灰にしろ刈敷にしろその原材料を山野に求めることが多かったため、肥料の確保は中世の山野の*堺相論の一要因を形成していた。

〔文献〕古島敏雄『日本農業技術史』（東京大学出版会、一九七五）、豊田　武編『産業史Ⅰ』（山川出版社、一九六五）。　（木村茂光）

農具《のうぐ》　農具は農耕の開始とともに発達・分化してきた。縄文時代においては石器の土掘具が中心であったが、本格的に発達するのは稲作の伝播以後で、それは加工のしやすい木製農具の発達によっていた。農具史研究によれば弥生時代以後現在までを五段階に区分できるという。第一期は弥生から古墳時代前半までで、刃先まで木製であった時期である。第二期は五世紀中頃から一〇世紀頃までで、朝鮮半島から伝えられたU字形鉄刃先が普及した時期である。この時期の主要農具は鍬であった。第三期は一一世紀から一六世紀頃までで、華北から伝えられた長床犂《ちょうしょうり》の利用が広がっていた時期で、ちょうど中世に該当する。この時期の詳細は後述する。第四期は一六世紀末から一九世紀末の時期で、備中《びっちゅう》鍬《ぐわ》など深耕に適した鍬が改良され、ふたたび鍬が主要な農具として利用された時期である。また、千《せん》歯《ば》扱《こ》き・唐箕《とうみ》など多分野の農具が発達した。第五期は、新型の犂が発明されふたたび犂の時代になった明治後半期から、動力耕耘機が急速に普及する昭和三〇年代までの時期である。さて、中世に該当する第三期は、前述のように牛馬力による長床犂が普及し、耕作能力が大きく飛躍する時期であり、これが中世荘園制の成立の生産力的基盤を形成したと考えられる。一一世紀前半に著された『新猿楽記《しんさるがくき》』には大名田堵の技能として「鋤・鍬を調え（中略）、馬把《うまくわ》・犂を繕う」と記されているから、有力百姓の農具は鋤・鍬・馬把（耙）・犂が代表的であったと考えられるが、その一方で、「農業の輩、鋤・鍬もって最となす」（『平安遺文』三一五三号）とも記されているから、民衆レベルではやはり人力による鋤と鍬とが主要な農耕具であったと思われる。また、馬耙による代掻きも始まり、稲の収穫においても鉄製鎌による根刈りが普及した。それは一〇世紀頃に、刈り取った稲を乾燥させる「はて」といわれる乾燥具の利用がみられることからも確認できる。脱穀は詳しくは不明だが、それまでの堅臼と杵によって脱穀と籾摺りを一度に行う段階を終え、棒や竹で穂をしごいて脱穀し、木の臼で籾摺りを行う段階へ発展したと考えられている。

〔文献〕　鋳方貞亮『農具の歴史』(至文堂、一九五六)、古島敏雄『日本農業技術史』(東京大学出版会、一九七五)、豊田　武編『産業史Ⅰ』(山川出版社、一九六五)、飯沼二郎・堀尾尚志『農具』(法政大学出版会、一九七六)。　(木村茂光)

二毛作《にもうさく》　同じ耕地に年二回、別々の作物を作付けする農法の一種。水田二毛作の起源について確実な時期を確定することは難しいが、今のところ元永元年(一一一八)の伊勢《いせ》国に関する史料が初見である(『平安遺文』一八九二号)。そして、文永元年(一二六四)の「関東御教書」では、地頭が水田裏作の麦(「田麦」)から所当を徴収することが禁じられ、百姓の自由に任せるよう命じられていることから、鎌倉時代中期には相当水田二毛作が普及していたことがわかる。一方、畠地二毛作は平安時代中期頃から確認できるが、その存在が明瞭にわかるのは、永暦元年(一一六〇)の「某国弓削荘《ゆげのしょう》田畠検注帳」で、そこでは同一の畠地が「畠」と「夏畠」として二度検注され、それぞれ麦と油が所当として徴収されている。水田二毛作の裏作には冬作麦が栽培されることが多いから、水田二毛作の成立・発展の前提としてこのような畠二毛作の成立を考えなければならない。一五世紀初頭、朝鮮からの使節宋希璟《そうきけい》が上洛する途中の日本の様子を記した紀行詩文集『老松堂日本行録《ろうしょうどうにほんこうろく》』によれば、室町期の瀬戸内海では夏に稲、初秋に蕎麦、晩秋に麦を蒔き、翌年初夏に麦を収穫する三毛作が行われていたことが記されている。室町期から江戸時代にかけて西国を中心に二毛作・三毛作も普及したと考えられるが、東国などの寒冷地や湿田地帯では二毛作が困難であり、近代初頭においてもその普及率は全水田の二五%程度であった。

〔文献〕　河音能平「二毛作の起源について」(『中世封建制成立史論』東京大学出版会、一九七一)、木村茂光「中世成立期における畠作の性格と領有関係」(『日本古代・中世畠作史の研究』校倉書房、一九九二)。　(木村茂光)

早稲《わせ》**・中稲**《なかて》**・晩稲**《おくて》　播種期と収穫期を基準にした稲の区分法。『大宝令』の官選の注釈書である『令義解《りょうのぎげ》』に、「仮寧《けにょう》令《りょう》」在京諸司給仮条の注釈として「その土宜同じからず、各早晩有り」とあって、土地により種収に早と晩があると記されているのがその早い例であろう。早稲は早く収穫できる稲のことで、すでに『万葉集』に「速稲《わせ》を刈る時に成りにけらしも」と詠われている(二一一七番)。晩稲は収穫の遅い稲のことで、一〇世紀以降の和歌に「おくてのいね」などと詠まれている。奥手稲を「おしね」ともいった。中稲は早稲と晩稲の中間に収穫できる稲のことで、その名称は「なかてのいねものぎは落ち」などと一一世紀以降の和歌に詠まれるようになる。しかし、中稲に関する史料は少なく、一一世紀前半の『新猿楽記』の大名田堵の記述にも「稙・穜(わせ・おくて)」とあり、室町時代の*『庭訓往来《ていきんおうらい》』にも「早稲・晩稲を耕作せしめ」とあって、中稲に関する記述はない。しかし、実際の作付けでは中稲が一番多く、晩稲がそれに次、早稲が一番少ないことが鎌倉後期の若《わか》狭《さ》国*太良《たら》荘などで確認されているから、天候不順や風害・虫害などによる被害を最小に止めるために、中稲を基本としながらも領主側の関心が早稲・晩稲の栽培に向けられる傾向が強かった結果であろう。それぞれの稲の栽培期間を中世の記録などから復元すると、田植えは早稲が四月中旬、中稲が四月下旬・五月上旬、晩稲が五月中旬・下旬となり、収穫はそれぞれ七月下旬、八月下旬、九月下旬、一〇月上旬となる（ともに陰暦）。このように、中世になって早・中・晩三種の稲の栽培が可能になることによって、日本のように南北に長く、気候の差が大きいところでも地域にみあった稲作が可能になり、生産力の上昇だけでなく、生産の安定化をもたらしたと考えられる。とくに早稲栽培の普及は、一二世紀に確認できるようになる水田二毛作の展開とも密接に関連しており、中世の生産力を考えるうえで重要である。

［文献］豊田 武編『産業史I』（山川出版社、一九六五）、古島敏雄『日本農業技術史』（東京大学出版会、一九七五）、宝月圭吾「中世の産業と技術」（『中世日本の売券と徳政』吉川弘文館、一九九九）。 （木村茂光）

田麦《たむぎ》 稲を刈り取った後の田に植えた麦のこと。いわゆる*二毛作の裏作麦のこと。文永元年（一二六四）の鎌倉幕府追加法四二〇条に、「諸国百姓、田稲を苅り取るの後、其の跡に麦を蒔き、田麦と号す」とあるのが初見。それによると、二毛作の進展に伴い、裏作の田麦に領主が税を賦課するという事態が進行していたようで、それに対し、*鎌倉幕府は「租税の法、豈《あ》に然《しか》るべけんや」として領主の行為を否定して、田麦は「農民の依怙《えこ》（自由）」にすべきであると備前《びぜん》・備後《びんご》両国の*御家人に命じている。また、この法は、肥前《ひぜん》国にも施行されたことが確認できることから一三世紀中葉には二毛作が広く普及していたことを示す史料としても重要である。

［文献］佐藤進一・池内義資編『中世法制資料集1鎌倉幕府法』（岩波書店、一九五五）。 （木村茂光）

夏麦《なつむぎ》 夏に収穫し、夏に租税を納入する冬作麦のこと。「夏麦」と表記される例は少ないが、一二世紀中頃以降になると「夏畠」「夏検畠帳」などとして散見するようになり、その年貢が麦であることから「夏麦」という用語ができた。このように、夏麦は畠作との関連で現れる場合がほとんどなので、水田裏作の麦と同一であるとはいえない。しかし、一二世紀後半には畠作の「夏所当（年貢）」「冬所当」などが現れ始めており、貞永元年（一二三二）の鎌倉幕府追加法四五条には「畠地子二ヶ度（春・夏）地頭取るべきや否やの事」が問題にされていることから考えて、一二世紀後半以降には畠地における二毛作が相当定着していたと考えられる。

［文献］木村茂光『日本古代・中世畠作史の研究』（校倉書房、一九九二）。 （木村茂光）

*__大__《だい》**・半**《はん》**・小制**《しょうせい》 平安時代中期から江戸時代前期まで用いられた田畠の面積の単位。一段三六〇歩の三分の一＝一二〇歩を「小」、二分の一＝一八〇歩を「半」、三分の二＝二四〇歩を「大」と称した。すなわち六〇〇歩の田畠は「一段大」と表記された。その初見は延喜二二年（九二二）の「大鳥神社流記資財帳」（『平安遺文』二一八）といわれるが、この資財帳の年代は疑わしいし、資料的に孤立しているのでこの年代を信用することはできない。管見の限りでは長和二年（一〇一三）の「筑前国符案」（『平安遺文』四七六）に「玖段半」「染段半」などと見え、寛仁元年（一〇一七）の「大和国栄山寺牒」（『平安遺文』四七八）に「本田一反大」「五段半」などとあるのが早い例と思われる。一六世紀末の太閤検地によって、一段三〇〇歩制が採用され、三〇歩を示す「畝《せ》」の単位が用いられるようになると消滅した。しかし、関東では江戸初期においても大＝二〇〇歩、半＝一五

○歩、小＝一〇〇歩という単位が用いられた。また、安芸《あき》（広島県の一部）では江戸時代を通じて用いられた。

［文献］　神崎彰利『検地』（教育社歴史新書、一九八三）。

（木村茂光）

町《ちょう》・段《だん》・歩制《ぶせい》　土地面積の単位規定。それ以前の「代《しろ》」に代わって、大宝元年（七〇一）に施行された『大宝律令』によって採用された。田制を規定した「田令《でんりょう》」第一条田長条には「凡《およ》そ田は長さ三十歩広さ（幅）十二歩を段と為し、十段を町と為せ」と規定されている。また、「雑令《ぞうりょう》」第四条度地五尺為歩条には「凡そ地度《はか》らむことは、五尺を歩と為《せ》よ。三百歩を里と為よ」とある。大尺＝高麗尺五尺を一歩（約一・八メートル）とし、幅一歩、長さ一歩の土地の面積を一歩（約三・三平方メートル）とする。三六〇歩が一段（約一・一九アール）、その一〇倍が一町（約一一・九アール）となる。なお、令や式に規定はないが、歩以下の単位は尺・寸で、一歩が六尺・一尺は一〇寸であった。一六世紀末の太閤検地において、一歩を六尺三寸、一段を三〇〇歩とし、段の一〇分の一を畝とする町段畝歩制が採用された。江戸幕府は一歩を六尺一寸とする町段畝歩制を採用した。明治二六年（一八九三）施行された「度量衡法」では、勺＝歩の一〇〇分の一、合＝歩の一〇分の一、歩あるいは坪＝六尺平方、畝＝三〇歩、段＝三〇〇歩、町＝三〇〇〇歩と規定された。昭和二六年（一九五一）の「計量法」によってメートル法が採用されると町・段・歩制は廃止された。

［文献］　日本計量協会編『計量百年史』（日本計量協会、一九七八）。

（木村茂光）

束刈《そくが》り　耕地の広さの単位。束把《そくは》刈りともいい、稲一束を収穫できる面積をいう。律令制以前から用いられていたものと思われる。一束の量は一定せず、片手でつかむ稲の量（あるいはその三倍）を一把とし、その数倍（六把、一〇把、一二把など各種）を一束として算出した。おもに北陸地方に広くみられた。古代・中世には、一般には町・段・歩制が行われたが、束刈は民間では長く行われ、戦国時代上杉氏領国では一〇〇刈＝一段とした。

［文献］　寺尾宏二『日本賦税史研究』（光書房、一九四三）。

（阿部　猛）

蒔《まき》　耕地の面積単位。穀物の播種量で表示する。「一斗蒔」「三升蒔」など。この単位は全国的に用いられていたが、とくに甲斐《かい》・信《しな》濃《の》・美濃《みの》・伊賀《いが》などに多くみられ、場所によっては近代まで用いられていた。一段は約五～六升蒔に相当するという。

［文献］　歌川　学「中世における耕地・丈量単位」（『北大史学』一九五四）。

（阿部　猛）

養蚕《ようさん》　桑の葉で蚕を飼育し生糸の原料としてのまゆをつくる産業。養蚕・製糸の技術は大陸からの渡来人によって日本列島にもたらされたものであり、歴史は古い。律令時代になると、人民の負担の一部に絹の貢納が入り、養蚕は全国的に広がった。奈良・平安時代を通じて養蚕は奨励されたが、鎌倉時代にもその方向は変わらなかった。しかし、良質な絹糸・絹織物は中国からの輸入に頼っており、博多や西陣の高級織物も輸入絹を材料としていた。蚕の飼料としての*桑は、畑に栽培されるものではなく、屋敷地や田の畦《あぜ》そのほかに一本だちで植えられるのがふつうで、史料上では、五本、十本とかぞえられ、一段、二段という面積で表示されることはなかった。

［文献］　鋳方貞亮『日本古代桑作史』（大八洲出版、一九四八）。

（阿部　猛）

機織《はたおり》　織物は縄文時代から存在が認められるが、弥生時代になると紡錘車や機織具の一部が見出される。はじめは麻などの草樹皮が原料として用いられたが、絹織の技術が大陸から伝えられ、生糸による絹織物の生産も始まった。はじめはイザリ機《はた》であったが、八～九世紀から高機《たかはた》による機織が織部司の工房で行われ、綾・錦などの高級品の生産は管衙工房で行われた。農民たちの技術水準は低く、中央政府は技術者を地方に派遣して技術を伝え、水準の向上をはかった。律令国家の解体に伴い、高度な技術を保持した管衙工房の工匠たちは、貴族や寺社の工房に流入し、優美な西陣織は織部司の織手らの技術を継承したものだといわれている。中世に入ると地方の機業はめざましい発達をみせ、院政期の『新猿楽記』には、阿波絹、越前錦、美濃八丈、常陸綾、紀伊縑《かとり》、甲斐斑布、石見紬《つむぎ》の名がみえる。さらに一五世紀の*『庭訓往来《ていきんおうらい》』には、丹後精好《せいごう》、美濃上品《じょうぼん》、尾張八丈、常磐紬《つむぎ》、信濃布、加賀絹、上野錦、大津練貫、宇治布、京大舎人綾、同大宮絹、同六条染物、同猪熊紺がみえる。しかし、高級品は中国からの輸入品に頼り、貴顕の人びとのあこがれであった。中世末期になると、京都のほか、*堺・*博多・*山口などが機織の中心地となった。一方、戦国時代には木《も》綿《めん》の生産が本格的となり、日常の衣類として、麻と並び木綿が普及し、人びとの衣生活は大きな変化をみせた。

（阿部　猛）

酒造《しゅぞう》　酒はもとカミザケといわれるように、口で噛《か》んで容器に入れて醸《かも》したことから始まるという。しかし、麹を用いる製法は早く大陸から伝来した。これは濁酒《にごりざけ》であるが、酒袋で漉《こ》して清酒《すみさけ》を得る。奈良・平安時代、朝廷には造酒司があって酒造は盛んに行われており、宮廷内の需要に応じていた。民間でも醸造と販売は利益の大きなものであった。中世に入ると、商品としての酒の流通は盛んになり、おのずから名酒とされるものの評判もたつようになった。鎌倉幕府は酒の販売を禁じたが効果のなかったことは容易に想像できる。鎌倉末期、朝廷も洛中での沽酒を禁じたが、酒屋への課税が有力な財源となることの現実には抗し難かった。南北朝期、洛中の酒屋への課税により新日吉《いまひえ》社の造営が行われている。おもな禁裏財源の一つとして酒麹役が設定される。同役は、造酒司《みきのつかさ》・洞院大納言家の管するところであったが、のち中原家と広橋家で分割知行した。応安四年（一三七一）幕府は壺別二〇〇文の酒壺役を課したが、これは臨時税であった。応永三二年（一四二五）、三三年の調査による洛中洛外「酒屋名簿」によると、醸造酒屋は三四二軒に及んだ。なかには「柳」の酒のごとき名酒があった。これは五条坊門西洞院南西頬に居を構えた柳屋と号する酒造業者の造る酒であって、柳屋は年額七二〇貫文の税を納める大規模なものであった。地方では、河内《かわち》天野山金剛寺、同観心寺、大和《やまと》菩提山寺、同中川寺、同釜口長岳寺、同多武峯《とうのみね》談山神社、近江《おうみ》百済寺、越前《えちぜん》豊原寺、加賀《かが》の菊酒、伊豆《いず》の江川などが著名であった。酒造技術については、戦国時代の史料「御酒之日記」が詳細に記しているが、なかでも注目されるのは、酒の酸化（腐敗）防止法で、すでに低温殺菌法を実施していた。大量の酒の地方への販売は、造り酒屋から小売酒屋（請《うけ》酒屋と称した）へのルートの確立をもって保証されたのである。

[文献]　小野晃嗣『日本産業発達史の研究』(至文堂、一九四一)。　(阿部　猛)

杣人《そまびと》　山で、材木の伐採・搬出・造材の作業に従事する者。きこりという。古代・中世には、杣師《そまし》・杣人《そまびと》・杣工《そまたくみ》などと呼ばれた。杣は、杣別当・専当・頭領などにひきいられていた。杣人は山野に住み、材木の伐採のみならず、柴や薪の販売、炭焼き、狩猟を行い、焼畑を耕したりした。かれらは独自な山口祭などを行い、特異な生活風習もあった。中世に、柴木の販売を行い、天皇に鮎・栗・柿などを献上した八瀬童子も杣工である。杣人は山人であり、平地の人々からは畏怖の念をもって見られる存在であった。

[文献]　赤松俊秀『古代中世社会経済史研究』(平楽寺書店、一九七二)。　(阿部　猛)

筏師《いかだし》　伐り出された木材を筏に組み、河川の下流の集積所(木屋《きや》など)に操り運ぶ者。筏夫、筏乗ともいう。保津川・淀川・熊野川・吉野川・木曽川などは筏流しの著名な川であるが、各地の河川で筏師の活躍が見られ、同業集団である筏師座が結成された。筏師たちの間では、水神を祭る腰瀧祭や瀧祭が行われた。

[文献]　北見俊夫『川の文化』(日本書籍、一九八一)。　(阿部　猛)

網漁《あみりょう》　網を用いた漁撈。糸・縄を網に編《あ》み魚の捕獲を行うことは古くからあり、遺跡などから錘《おもり》が出土し、抄網《すくいあみ》・敷《しき》網・網《あみ》・曳網《ひきあみ》などの存在が推測されている。中世には、瀬戸内海以西では地引網や手摺網、うきやおもりをつけた建切網も発達した。網の設置場所をめぐる紛争が起こるようになったが、鎌倉時代には海面利用についての地域的なルールも形成されていた。中世の譲状のなかに、網漁についての権利が含まれるようになっているのは、共通のルールの成立を物語っている。　(阿部　猛)

簗《やな》　河川を塞《せ》き止め魚を捕獲する強制的陥穽《かんせい》漁具。簗は考古学的発掘によっても発見されており、『日本書紀』神武即位前紀にも「梁を作《う》ちて取魚《すなどり》する者あり」と記されているから、相当古い時代から使用されていたと考えられるが、中世に入って広く用いられるようになった。その初期は、竹や杭を並べて河川を塞き止め魚を捕るという単純なものであったが、発達した段階では、竹・杭・蛇籠・簀を直線ないし曲線にならべてつくった魚の誘導部と、魚を捕る簀棚・網棚・簀箱などの陥穽部から構成された。河川を遡上する魚を捕える上り簗と河川を下る魚を捕える下り簗があった。その具体的な形態は『*一遍上人絵伝』『*石山寺縁起』などで確認できる。

[文献]　日本学士院編『明治前日本漁業技術史』(一九五九)。　(木村茂光)

贄人《にえびと》　古代の贄戸《にえこ》に系譜をもち、神ないし天皇に貢納する食品である贄を採取し、納入した人々の呼称。大化前代から確認できるが、律令制下では畿内近国の鵜飼・江人・網曳などが品部の雑供戸(贄戸)として大膳職《だいぜんしき》に編成されていた。しかし、律令制が解体し始めると贄の貢納体制も変化し、九世紀には雑供戸らは内膳司《ないぜんし》に編成されるようになった。また、この頃から畿内近国では贄を貢納する場所が再編成され御厨《みくりや》と呼ばれるようになるに従い、贄人という呼称が多くなった。しかし、一〇世紀以後、御厨を中心に供御人編成が進むと、大宰府を通じて贄を納入し「大府贄人」と号して活動した宇野御厨の贄人などを除いて、供御人にとって代わられた。

［文献］　網野善彦『日本中世の非農民と天皇』（岩波書店、一九八四）。　（木村茂光）

網人《あみうど》　船を用いて主として網漁業を生業とする海民の呼称。令制の雑供戸網曳の系譜を引き一〇世紀初頭に成立した和泉《いずみ》国網曳御厨《あみひきのみくりや》を舞台に活躍した内膳供御人《くごにん》。鴨社供祭人の称号をもち、摂津国長渚浜《ながすはま》を根拠に瀬戸内海水域で活動した「海中網人」や近江国堅田《かただ》を根拠に琵琶湖で活動した堅田網人のように、中世を通じて特権を与えられていたものもある。南北朝期以後、網人の海人としての性格は薄れるが、水上交通や遠隔地漁業の担い手として活躍した。

［文献］　網野善彦『日本中世の非農民と天皇』（岩波書店、一九八四）。　（木村茂光）

禁裏供御人《きんりくごにん》　中世、天皇に供御（食事）や衣料・調度などを貢納した人々、ないしその集団。「禁裏」とは天子の御所の唐名で、天皇その人をさすこともある。一般的に、供御人ともいう。古代の工人や海民ら贄人の系譜を引くと推定されるが、一二世紀に入って「供御人」という語が現れることから、天皇家経済の立て直しが図られた延久年間頃に供御人としての編成が行われたと考えられる。御厨子所《みずしどころ》・蔵人所《くろうどどころ》・造酒司《みきのつかさ》・内蔵《くら》寮《りょう》などの官司に所属し、〈供御人一覧〉にあるように、生魚・鳥・栗や菓子などの食物、筵や櫛・鋳物・檜物などの生活品、さらに水銀などを扱う諸集団に分かれていた。各集団は供御物の貢納と引き替えに給免田や在家が与えられ、課役も免除された。さらに関や津の自由通行権を認められて、広範な流通活動に従事した。集団の成員は平等な権利を持ち、定数は交名によって固定されていた。全体の統括者を惣官《そうかん》・沙汰人といい、各官司は下級役人を年預に命じて惣官・沙汰人を通して供御人を支配した。供御人のなかには早くから京都の姉小路町・六角町などに住む者もいて、活発な商業活動を展開して中世前期の商業活動の担い手となった。しかし、中世後期になると、天皇家の経済の衰えとともに衰退して、各地の座商人などにとって代わられた。

［文献］　網野善彦『日本中世の非農民と天皇』（岩波書店、一九八四）、小野晃嗣『日本中世商業史の研究』（法政大学出版局、一九八九）。　（木村茂光）

桂供御人《かつらくごにん》　山城国《やましろ》桂御厨《かつらのみくりや》に集住し、供御人として鮎を貢納した鵜飼《うかい》集団。一一世紀中頃より「桂贄人《にえびと》」として姿を現し、一二世紀には桂供御人と呼ばれた。その淵源は『延喜式《えんぎしき》』内膳《ないぜん》司《し》の「山城の江人」までさかのぼると考えられ、桂川・宇治川を活動の場所とした鵜飼集団であった。彼らは、供御の貢納の代わりに課役免除だけでなく、山城国のすべての河川や近江《おうみ》・丹波《たんば》にわたる流域を鵜飼の飼場とし、自由に通行できる特権を得ていた。鎌倉時代中期には上桂供御人と下桂供御人が飼場をめぐって争論しているから、この頃には上と下に分かれていたことがわかる。また、その争論の際「桂女《かつらめ》」が群参していることから、彼女たちも鵜飼集団の成員であり、そこで得た鮎を売る女商人であった。桂供御人の名称は鎌倉末期をもってみえなくなるが、鵜飼としては存続した。

［文献］　網野善彦『鵜飼と桂女』（『日本中世の非農民と天皇』岩波書店、一九八四）　（木村茂光）

(二) 社会不安

風損《ふうそん》・水損《すいそん》・旱損《かんそん》・虫害《ちゅうがい》　台風・水害・旱魃《かんばつ》・害虫の大発生など自然災害による農作物の被害を示す用語。気候変動の大きかった中世においては、領主・農民関係の変革を規定する主要かつ直接的な契機になった。嘉元三年（一三〇五）の若狭太良荘百姓申状では「早田は於加虫が吸喰い、中田は大南風に枯れ、晩田は便水に及ばず」として、同じ年に品種ごとに虫損・風損・旱損の被害があったことが上申されている。このような村落共同体からの要請によって、荘園領主により被害状況の確認調査である内検注《ないけんちゅう》が実施され、内検取帳《ないけんとりちょう》・内検名寄帳《ないけんなよせちょう》・内検目録《ないけんもくろく》が整えられ、*年貢・公事《くじ》などの減免措置がとられた。「引っ掛け」（先例）として飢饉時の帳簿「古帳《こちょう》」が使用され、そこに実際に収穫高、被害高、作人の逃亡死亡が付記された。風水害を表す「河成《かわなり》」「岡成《おかなり》」や、旱魃時の耕地の被害実体を示す「荒打《あらうち》」「蒔捨《まきすて》」「植捨《いつきすて》」などの用語が記されている。このような減免措置は、荘園制下において「国例」「大法」などとして領主が当然果たすべき勧めと認識されており、これを果たさないと徳政要求一揆が発生した。「天下一同の大旱魃」においては官物納入は半分以下でよいという「国習」があるといい、仁治大旱魃（一二四〇年）における紀伊《きい》国*南部《みなべ》荘ではこれに基づいて内検拒否の一揆が発生している。中世後期においては、連年のように「国中損亡」の減免要求が出されたため、荘園領主側は上使を派遣するなどして実情の把握につとめ、「天下一同の損亡ではないから認めない」という論法で対峙した。

［文献］『一揆四』（東京大学出版会、一九八一）、榎原雅治『日本中世地域社会の構造』（校倉書房、二〇〇〇）。
（海津一朗）

寛喜《かんぎ》の大飢饉《だいききん》　寛喜元年（一二三〇）夏の超寒冷気象による全国的な大凶作を発端とし、連年にわたって拡大した大飢饉のこと。同年冬は逆に異常に温暖で翌年の麦作が凶作となり、一〜三月の端境期に全国で餓死者が続出した。秋には旱魃で凶作となり、翌貞永元年（一二三二）の夏麦も作付け不足で減収となり、八月八日の台風による打撃で壊滅的な被害となった。『立川寺年代記』には「天下の人種三分の一を失う」と記している。*鎌倉幕府は、この同じ年に*御成敗式目を制定して、危機的情勢下における支配層の利害を調整し、また延応元年（一二三九）には飢饉時における人身売買・*身曳《みびき》を追認する措置をとった。中世を通じて最も深刻な影響をもった飢饉として記憶され、大きな飢饉の損免調査においては、あらかじめ「寛喜元年の古帳」が台帳として使われたほどである（紀伊国南部荘）。以後鎌倉後期は、同一元号が平均三年に満たないという間欠的断続的な大飢饉の集中期を迎えた。この飢饉の性格については、小氷期時代に入る前後の異常気象と位置づける「寒冷化先駆」説と、異常な温暖化時期からの回復過程に位置づける「温暖化後遺」説のふたつが対峙している。前者の説の代表である磯貝富士男は、この飢饉時に生命維持の必要性から下人（奴隷）化が広汎に行われ、人身売買の禁制が撤廃されて野放しとなる奴隷包摂社会成立説を主唱した。自然環境の悪化が社会構造に与えるインパクトを考えるうえの試金石となる重要な事件として注目されている。

［文献］峰岸純夫『中世　災害・戦乱の社会史』（吉川弘文館、二

〇〇二）、藤木久志『飢餓と戦争の戦国を行く』（朝日新聞社、二〇〇二）、磯貝富士男『中世の農業と気候』（吉川弘文館、二〇〇二）

（海津一朗）

正嘉《しょうか》・嘉元《かげん》の鎌倉大地震《かまくらだいじしん》　正嘉元年（一二五七）八月二三日鎌倉を襲った大地震。相模湾が震源と推測されている。寺社の築地・垣がことごとく倒壊し、若宮大路は地面に亀裂が走って青白い炎を吹き上げ、由比《ゆい》ガ浜《はま》は流民で溢れたと*『吾妻鏡』に描写される。この年は五月・八月にも地震があり、七月以後は日照り続きで、天文博士による風伯祭が行われた。群発地震と集中豪雨が翌年までつづき、正嘉の大飢饉の引きがねとなった。嘉元三年（一三〇五）四月六日鎌倉は四度大地震に見舞われた。大きな余震が続き、二二日子刻に三浦大多和讃岐局からの類焼で、*得宗《とくそう》*北条貞時《さだとき》亭が炎上するという大事件になり、騒動となった。この翌日、侍所の北条宗方《むねかた》が将軍の名を騙って連署北条時村《ときむら》を夜討ちするという事件が発生した（北条宗方の乱、五月四日に北条貞時により鎮圧）。*地震を契機とする政変の発生は、永仁元年（一二九三）四月の平禅門の乱（貞時による家宰の殺害）とウリふたつである。天災の発生を時の権力者の統治能力の欠如とみなして、放伐の必然性・正当性を主張する観念のあったことを示す事件である。永仁の北条貞時、嘉元の北条宗方は、大地震を契機に現政権の打倒という「徳政興行」を実践したことになる。

［文献］　海津一朗『神風と悪党の世紀』（講談社、一九九七）。

（海津一朗）

都《みやこ》における群盗横行《ぐんとんおうこう》　平安時代、政治都市京都の成熟に伴って顕在化した盗犯行為。はじめは民部省倉や穀倉院など官公庁の貯蔵物が襲撃対象であったが、一〇世紀後半を境に受領層を含む貴族邸宅が中心となる。『今昔物語集』*『古事談』*『古今著聞集』などの説話集には、この当時の群盗の姿が活写されている。追討の宣旨を蒙ること一五度という「いみじき盗人の大将軍」袴垂《はかまだれ》や、狛氏の出の多衰丸《たすきまる》（襷丸）、調伏丸《ちょうぶくまる》、局女房大納言をはじめとする女盗賊首魁などはとくに著名。その特徴は、「群盗」と記録されたように、首領を中心とした都市住民の組織と広範囲のネットワーク・情報網である。都の治安を担当する検非違使による取締りが強化されると、逮捕の後にその末端の「放免」に組織され、獄舎の近辺に住んで罪人の警護・監視にあたった。群盗説話の多くが、検非違使など「兵の家」の武力との対比で描かれており、侍身分の成立と不可分の関係があると思われる。その後も*治承・寿永の内乱や飢饉の続発によって盗賊の横行はとどまることがなかったが、一三世紀半ばに*鎌倉幕府が町々の辻に設置した番所・*篝屋《かがりや》によって治安がめざましく回復した。篝屋警護の武士が太鼓を打つと周辺住民が松明を集めるなどのシステムは、町衆による自衛組織に継承された。群盗の実態について、かつては農業生産から遊離した人々の平安京流入という理解が主流であったが、職能民の都市集住という身分制の視点から見直しが進んでいる。

［文献］　井上満郎ほか『日本生活文化史3』（河出書房新社、一九七四）。

（海津一朗）

篝屋《かがりや》　鎌倉幕府が京都洛中に設けた警固施設。暦仁元年（一二三八）の将軍上洛に伴う幕府の徳政興行として設置された。主要な辻に篝火が焚かれて、在京御家人が篝守護人として配置された。「四十八所の篝」などともいうが実数は未詳。*『一遍正

日本中世の主要地震一覧表

西暦	年号	地震情報（情報源と発信地域）
一二〇四	元久一	大地震（鎌倉）
一二一三	建暦三	大地震（紀伊、関東）
一二一四	建保二	大地震（諸国）
一二二二	貞応一	大地震（関東）
一二二三	貞応二	大地震（関東）
一二二六	嘉禄二	大地震（京都）
一二三七	嘉禎三	大地震（諸国）
一二四四	寛元二	大地震（京都）
一二四五	寛元三	大地震（諸国）
一二四六	寛元四	大地震（京都）
一二四七	宝治一	大地震（相模）
一二五〇	建長二	大地震（相模）
一二五三	建長五	日本大地震（会津）
一二九〇	正応三	日本大地震（会津）
一二九三	永仁一	大地震（東国）
一二九七	永仁五	天下大地震（諸国）
一三〇七	徳治二	大地震（関東）
一三一二	正和一	天変地震（改元）
一三一七	文保一	大地震（改元）
		大地震（東国）
一三二四	元亨四	天下大地震（紀伊）
一三二五	正中二	大地震（諸国）
一三三一	元弘一	諸国大地震（諸国）
一三三四	建武一	大地震（京都）
一三四〇	暦応三	大地震（京都）
一三四三	康永二	大地震（相模）
一三四七	貞和三	大地震（京都）
一三五一	観応二	大地震（京都）
一三五六	延文一	天下大地震（諸国）
一三五八	延文三	大地震（京都）
一三六〇	延文五	大地震（武蔵）
一三六一	康安一	天変地震（改元）、近畿大地震（京都）
一三六四	貞治三	大地震（会津）
一三七五	永和一	日本大地震（会津）
		天下大地震（諸国）
一三八四	永徳四	大地震（加賀）
一三八五	至徳二	大地震（能登）
一三八七	嘉慶一	大地震（会津）
一四〇三	応永十	熊野大地震津波（紀伊）
一四〇七	応永十四	大地震（諸国）
一四一九	応永二六	大地震（関東）
一四三二	永享四	大地震（陸奥・鎌倉）
一四四二	嘉吉二	大地震（上野）
一四四四	文安一	大地震（越中）
一四四八	文安五	地震（能登）
		地震（改元）
一四五三	享徳二	大地震（武蔵）
		大地震（関東）
		大地震（陸奥）
一四六五	寛正六	越後大地震（会津）
一四九三	明応二	天地震動（会津）
一四九四	明応三	大地震（会津）
一四九七	明応六	大地震（諸国）
一四九八	明応七	天下大地震・津波（諸国）
一五一〇	永正七	大地震、大津波（諸国）
一五一四	永正十一	大地震（諸国）
一五一六	永正十三	大地震（甲斐、京都）
一五一九	永正十六	大地震（京都）
一五二五	大永五	日本大地震（会津）
一五二九	享禄二	大地震（京都）
一五三八	天文七	大地震（紀伊・肥後・丹波）
一五四六	天文十五	地震（肥後）
一五四七	天文十六	大地震（丹波）
一五四九	天文十八	大地震（甲斐）
一五五三	天文二二	地震（肥後）
一五五五	弘治一	大地震（諸国）
一五六四	永禄七	阿蘇噴火（肥後）
		地震（京都）
一五八四	天正十二	大地震（京都・上野）
		地震（美濃）
一五九〇	天正十八	浅間噴火（信濃）
一五九七	慶長二	浅間噴火（信濃）
一五九八	慶長三	阿蘇噴火（肥後）

年表の年号表示は引用史料に拠っている。

（藤木久志「旱魃・長雨・飢饉・疫病年表」（『飢餓と戦争の戦国を行く』朝日新聞社、二〇〇一）より抜粋）

人聖絵』四条通の詰所と篝櫓が活写されている。囚人の拘禁施設としても使われており、篝守護人は六波羅探題武力の中核となって、一四世紀になると西国悪党追捕軍として派兵された。

［文献］　高橋慎一朗『中世の都市と武士』（吉川弘文館、一九九六）。

（海津一朗）

人勾引《ひとかどい》　「ひとかどえ」「ひとかどわし」などとも。女性や子どもをかどわかすこと。またそれを業とする者のこと。鎌倉幕府法においては、「人商と称しその業を専らにするもの」として禁圧の対象となっており、地域市場など都市的空間を中心に活躍していた。*身曳《みびき》・証人（身代）など自力救済社会における質取り行為一般ではなく、*大袋や昼強盗などという暴力的な拘禁行為（*検断沙汰）を示す場合が多い。戦乱・飢饉の頻発する中世社会においては、弱者を対象とする誘拐行為が広範に行われていた。倭寇支配圏などマージナル世界（国家を超えた地域）からの拉致は典型であり、被害者である「被虜人」は奴隷身分となり、職能に応じて転売されている。

［文献］　藤木久志『飢餓と戦争の戦国を行く』（朝日新聞社、二〇〇一）。

（海津一朗）

辻捕《つじとり》　道辻において女を捕らえる行為。あるいは略奪婚、求愛作法をも示す。貞永式目三四条後段「道路の辻において女を捕ふる事」で御家人は出仕停止一〇〇日、郎従以下は片鬢髪切《かたびんかみきり》と規定する。この趣旨は、親権を擁護することにより武士相互の自力救済を抑止することとの方にあろう。御伽草子「物ぐさ太郎」に「男もつれず輿車に乗らぬ女房のみめよき、わが目にかかるを捕ふる事」は「天下の御ゆるし」とされているように、特定の時空（清水寺縁日）・場面（辻）においては広汎に行われた合法的な慣行であった。

［文献］　黒田弘子『女性から見た中世社会と法』（校倉書房、二〇〇二）。

（海津一朗）

大袋《おおぶくろ》　中世における犯罪行為。集団暴力による略奪・誘拐のこと。またはその犯罪者自体をさし、この場合は*悪党とほぼ同義。大きな袋に詰めこんでいくところに由来。『沙汰未練書』には、*検断沙汰の末尾に「大袋、昼強盗、追落、女捕、刈田刈畠」が掲げられており、*所務・*雑務沙汰との境界にある中世固有の犯罪と認識されていることがわかる。戦乱・飢饉の頻発する中世社会においては、女性・子供を対象とする誘拐行為が広範に行われた。被虜人は奴隷労働に従事させられ、さらに転売された。幕府法には、「人商と称しその業を専らにするもの」としてあらわれ、在地領主に雇われて、門前町や荘園市場など都市的空間を中心に活躍していた。

［文献］　保立道久『中世の愛と従属』（平凡社、一九八二）。

（海津一朗）

僧侶《そうりょ》**の悪行**《あくぎょう》　鎌倉幕府法では女の*辻捕についての規定（式目三四条）で、「法師の罪科はその時にあたりて斟酌せらるべし」と減刑処置をしており、世俗と異なるルールの存在をうかがわせる。寺院法によれば、戒律を前提として、武装の禁止・服飾過差規制・博打禁止・牛馬飼育禁止などが共通しており、これに違反するものが悪僧ということになる。だが、実際にはこのような悪行が、中世寺社勢力の存立にとって不可欠の要素であった。つまり悪僧は、荘園制秩序の成立する平安後期から鎌倉初期にかけて、大衆詮議にもとづく*強訴によって勢力を得て、年貢徴収請負や商業・高利貸し活動、私的調停の請負（寄沙汰）など民衆世界のすみずみに入り込んで、荘園制を確立に導いた。初穂の貸し出しなど経済活動は、世俗の規制から離れた僧侶の立場であるために可能なものともいわれ、この無縁性こそが資本主義の原点になるという網野善彦説もある。

［文献］笠松宏至『法と言葉の中世史』（平凡社、一九八四）、網野善彦『無縁・公界・楽（増補版）』（平凡社、一九九六）。

（海津一朗）

ばくちの流行《りゅうこう》　双六やサイコロの出目を競う四一半などの賭け事。神意を問う神聖裁判などとかかわり原始・古代より存在し、禁令がだされた。だが平安後期の『新猿楽記』に賭博を専業とするばくち打が現れたように、中世の成立と同時に芸能（道々の輩）として展開した。寺社修造の奉加金上納行為として、顕密仏教改革派の聖や散在神人・寄人による金融活動・勧進活動が活発化するなかで付帯して広まっていったと考えられる。公武政権および本所からは繰り返し禁令が出されており、「諸悪の源、博奕より起る」（弘長公家新制）とまでいわれた。鎌倉時代、武蔵《むさし》平氏の雄族豊島氏と大宮氏とが所領を賭けた博打で処罰されたように、自力救済を支えるルールとして武家社会に浸透していた。また、幕府裁判においても懸物押書《かけものあっしょ》（自らの所領を賭物として敗訴したら他者に渡す）、参籠起請《さんろうきしょう》（鎌倉北野社などに籠もって起請の失を競う）など、事実上神意を問う博打行為が内在化・構造化していた。*一味神水によって自立していた在地社会も同様である。自力救済が否定されて、仏神の権威が地に落ちた豊臣平和令にいたるまで、中世社会の秩序を支える原理として在続した。

［文献］網野善彦ほか『中世の罪と罰』（東京大学出版会、一九八三）。

（海津一朗）

神人《じにん》・寄人《よりうど》　「ジンニン」「ヨリュウド」などとも。神主・宮司別当など寺社の執務仁の統制下にある下級神職・僧職のこと。本社本寺に直属する近隣の本所神人・寄人と、各地の末寺末社所領に居住する散在神人・寄人があり、それぞれ本神人・脇神人などの座的な構成をとる。地方に居住する散在の輩には、百姓身分から侍身分にいたる多様な階層が存在していたが、組織的な*強訴・一揆などによって武士の支配に抵抗した。また、寺社に属した職能民や芸農民も神人・寄人として保護されており、職能ごとに座を構成した（石清水社の*大山崎油座、祇園社の錦座、*北野麹座などが著名）。寺社勢力にかぎらず、その地の在地領主以外の領主（多くは公家など）に従属するものも寄人と呼んだ。*供御人《くごにん》もその一類型。網野善彦はこれらの身分を平民百姓と対比して「聖なるもの」に直結する職人（職能民）と規定し、一四世紀を境に卑賤視されると主張した。

［文献］稲葉伸道ほか『岩波講座日本歴史7』（岩波書店、一九九三）。

（海津一朗）

山賊《さんぞく》・海賊《かいぞく》　*守護の大権を規定した貞永式目三条に「殺害人付たり夜討・強盗・山賊・海賊」とあるように、中世における国家的な重大犯罪の構成要素。国家の支配の及ばないマージナルな空間である海原や黒山を実力で占拠する集団のこと。実際には、海賊は三島（対馬《つしま》・壱岐島《いきしま》・五島《ごとう》）倭寇・瀬戸内・熊野灘など交通を担う水軍集団であり、山賊（山立《イタチ》・山臥《サンカ》）もまた遠隔地交易の隊商集団であった。海・山への立ち入りを認める過所発給料・上乗料や関銭を徴収し、非服従者からは略奪した。網野善彦では、この権限は海・山という独自の自然界を統御する職能（海神山神へに奉仕）に由来するという。このようなマージナルな世界とそれを体現する集団は、一三世紀後半の蒙古襲来や、一三世紀の*応永の外寇事件など、国家権力による*境界領域の支配が強化されると動揺し天正一六年（一五八八）豊臣秀吉の*海賊取締令によって否定された。

［文献］ 村井章介『中世倭人伝』（岩波新書、一九九三）。 （海津一朗）

一味同心《いちみどうしん》 一揆と同義。人々が一致団結して集団を結成すること。一揆契状や百姓申状に定型句として頻出する。「百姓の習い一味なり」（若狭太良荘）などといわれたように日常の関係も示すが、ふつうは*一味神水という神前誓約の儀式を行って非日常の一揆をつくりだした。一味神水では、神前で誓約した上で起請文をしたためて全員連署し、それを焼いて神に供えた水にといて、飲み交わすなどした。

［文献］ 勝俣鎮夫『一揆』（岩波新書、一九八二）。 （海津一朗）

百姓申状《ひゃくしょうもうしじょう》 荘園制下における住人百姓らが*一味同心して徳政の実現を要請した上申文書。佐藤和彦の定立した研究概念。文書様式の上では令制下の解状から訴陳状様式への転換が一二世紀末～一三世紀初頭にあり、後者に限定する理解もある（住人等解から百姓申状へ）。だが書札様式も含めて、荘園制下の「*荘家の一揆」で機能した上申文書の総体を包括している。「荘家の一揆」段階とは、一味神水をした百姓らが、非法代官の更迭、天災人災による年貢公事の免除、公共施設の維持など危機管理を要求し、その実現まで*逃散（ストライキ）を行うという個別荘園（領主）単位の遵法闘争であった。*荘園領主の弱体化（荘園制の解体）に伴って消滅した。

［文献］ 佐藤和彦『南北朝内乱史論』（東京大学出版会、一九八一）、蔵持重裕『日本中世村落社会史の研究』（校倉書房、一九九六）。 （海津一朗）

「阿弖河荘片仮名書申状」《あてがわしょうかたかながきもうしじょう》 寂楽寺領紀伊《きい》国阿弖河荘《あてがわしょう》（現和歌山県有田市《ありたし》）において上村百姓中が建治二年（一二七五）一〇月二八日付で本所円満院に提出した一三か条からなる訴状。地頭湯浅氏の非法を弾劾した内容で、たどたどしいカタカナ書きで記されたためこのように名づけられる。国宝「高野山文書又続宝簡集」七八下の巻頭にあり、三紙（一紙一三二センチ、二紙五六センチ、三紙二七センチ）の異様に低質で大きな料紙が用いられている。「テウマウノアト（逃亡跡）ノムキ（麦）マ（蒔）ケ、メコ（妻

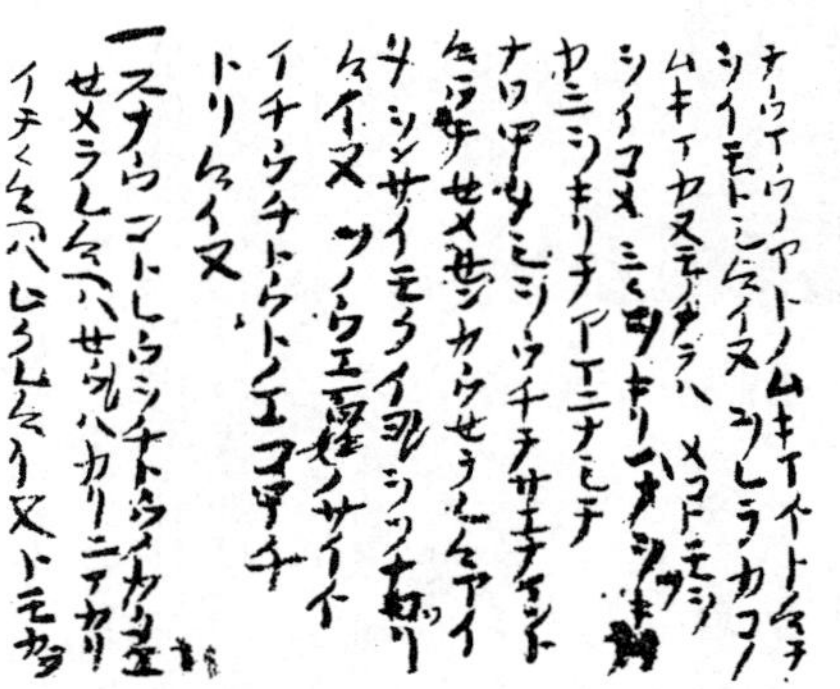

阿弖河荘百姓申状「ミミヲキリ、ハナヲソギ…」
（高野山霊宝館所蔵）

子）トモヲヲイコメ、ミミ（耳）ヲキリ、ハナ（鼻）ヲソキ、カミ（髪）ヲキリ、アマ（尼）ニナシテホタシ（縄絆）ヲウチテサエナ（苛）マン」など地頭手下の恫喝の肉声などが生々しく語られている。中世山間荘園の民衆の実態を示す史料として、ほとんどの中学・高校の日本史教科書で取り上げられている。同様の片仮名書きの訴状は金剛峯寺領官省符荘でも発見された。

（海津一朗）

［文献］ 黒田弘子『ミミヲキリ　ハナヲソキ』（吉川弘文館、一九九五）。

身曳《みびき》　年貢未進などの契約違反行為や犯罪行為をした者が、財産や人身（自身や家族・解死人）をもって罪を償うこと。債務奴隷・犯罪奴隷となること。古代の令制における役身折酬の制（出挙を返済できなかったときに労役で返弁する規定）を起源とする。在地領主の非法のなかに、「曳文責取沽却」などとあるように、契約違反・犯罪を理由にして奴隷として売却する行為が中世の在地社会では広く行われていたと推測される。身曳に際しては、曳文《ひきふみ》（引文）・誡状《かいじょう》などと呼ばれる文書を作成させて、自由民的身分を失うことを宣言させた。自力救済を基本とする中世社会においては集団間における紛争解決の手続き（質取り行為）としても広汎に行われた。

（海津一朗）

［文献］ 石井　進ほか『中世の罪と罰』（東京大学出版会、一九八三）。

悪党《あくとう》　荘園制下における反体制集団に対する他称。「都鄙名誉の悪党」などのように武勇を畏怖するかの表現もみられる。鎌倉幕府法では、夜討・強盗・海賊・山賊など国家的な重大犯罪集団を糾弾する訴訟用語。地域権力の成熟によって自力救済を否定する傾向の強まった鎌倉後期においては、統制の対象と範囲が拡大した。とりわけ中世国家による徳政政策が強化された弘安徳政を境に、敵対者を国家や仏神にさからう異類異形として排除する観念が浸透して「悪党蜂起」が頻発した。紀伊《きい》荒川悪党・伊賀《いが》黒田悪党・播磨《はりま》矢野（寺田）悪党などがとくに有名だが、いずれも特定のエリアを私的実力的に支配した集団であり、自力救済を否定する徳政令によって既得権を喪失して「悪党」のレッテルを貼られた。自力救済行為を、山野河海など非農業的世界を舞台とする職能民集団（自然と交信する特別の能力をもった集団）に特化する網野善彦説があるが、その一方より普遍的な自力救済社会（村落フェーデ）の存在を指摘する地域社会論が通説化しつつある。建武政権が倒れ、仏神の権威に基づいて糾弾する統制のあり方が退潮した一四世紀半ばにいたり消滅した。

武蔵国の武士
男衾三郎の邸内。武士の配下には悪党が組織され暴力の巣窟となっていた。

［文献］ 小泉宜右『悪党』（小学館、一九八一）、稲葉継陽ほか『紛争と訴訟の文化史』

（青木書店、二〇〇〇）。 （海津一朗）

野伏《のぶし》 野臥とも書き、「のぶせり」ともいう。アジールであるべき野や道を舞台にして、当知行を示す行為（城を構える、関銭徴収、略奪など）を行う個人ないし集団のこと。あるいはそのような行為を示す動詞。自力救済行為を否定する風潮の強まった南北朝期以後に広く見いだせるようになる。特別な職能集団とする説もあるが、戦時下における村落武力（村落フェーデ）のあり方を示すという理解が有力である。

［文献］ 稲葉継陽ほか『紛争と訴訟の文化史』（青木書店、二〇〇〇）。 （海津一朗）

溢者《あふれもの》 「あふれもの」とも。無頼の徒・無法な振る舞いをする者のこと。中世の私戦・公戦における傭兵的な武力として史料に現れる。とくに*『太平記』の野伏合戦の記述において、「真木・楠葉の溢者」のように集落地名を冠して多出する。都市的な場に集まったドロップアウト・異類異形とする説もあるが、近年では村落共同体による自力救済行為（村落フェーデ）に不可欠の構成要素と考えられている。

［文献］ 藤木久志『戦国の作法（増補版）』（平凡社、一九九八）。 （海津一朗）

異類異形《いるいいぎょう》 異類とは、人間以外の存在である動物・生物や鬼神・モノノケのこと。異類の法といえば、人間以外のものに変じる修法のこと。異形とは、人間でない異様な姿をしたものや、人間社会のルール（規範）に従わない逸脱者をさしていう。*『太平記』では、*北条高時《たかとき》の田楽衆が「異類異形の媚者共が姿を人に変じたる」といい、鎌倉幕府滅亡の予兆を示す怪異現象とされた。仏神が降臨するに際して眷属として随伴している場合もあり、この場合は吉兆とされる。一四世紀の地誌である『峰相記』は、播磨《はりま》の初期悪党を「柿帷に六方笠を着て烏帽子・袴を着ず」と描写して「異類異形なるありさま人倫に異なり」と評している。成人男子の身分標識である烏帽子や袴を拒否し、非人の標識である柿色の衣や女性の被る笠をつけるという人間のルールを逸脱するものと認識されている。このように、国家や仏神の権威に敵対する存在のイメージとして、一三世紀後半以後の宗教史料や法制史料に頻出するようになる。この時期に、仏神領の興行をはじめとする徳政令が徹底したために、敵対者を*「悪党」「異類異形」とみなす思潮が拡大したものと思われる。一方、網野善彦説のようにさまざまな「異類異形」が実在し、*後醍醐天皇はその力を借りて討幕を実現したとする理解もある。

［文献］ 網野善彦『異形の王権（増補）』（平凡社、一九九三）。 （海津一朗）

（三） 流通の展開

日宋貿易《にっそうぼうえき》 中国の北宋・南宋《そう》との貿易。平安時代、宋の商船が福建《ふっけん》や浙江《せっこう》（とくに明州）から大宰府に来着し、鴻臚館《こうろかん》で貿易を行った。宋の商人が来航すると、唐物使《からものづかい》を派遣して優先的に貿易を行い、残りを民間の貿易に委ね、大宰府官人も貿易に関与した。一一世紀後半には、貿易は*博多で行われるようになり、宋の商人が倉庫・店舗・住居を構える唐坊《とうぼう》（唐房）が形成された。このように宋人が、蕃夷《ばんい》国に寄住して行う貿易を住《じゅう》蕃《ばん》貿易と呼ばれる。平安時代末には日本海側の越前《えちぜん》国敦賀《つるが》津にも、宋人が来航している。平氏政権による大宰府の掌握や大輪《おおわ》田泊《だのとまり》の修築などによって、日宋貿易は活発化した。*鎌倉幕府は、嘉禄二年（一二二六）、武藤資頼《すけより》が大宰少弐になったことを契機に、大宰府を掌握し、貿易にも直接関与していった。鎌倉時代の博多では、張光安《ちょうこうあん》・謝国明《しゃこくめい》のような「博多綱首《ごうしゅ》」や「博多船頭」と呼ばれる貿易商人（中国人）を中心に貿易が行われ、幕府・公家・寺社のような権門の注文を受けて貿易をしていた。おもな輸出品は砂金・水銀・硫黄・真珠や刀・扇などで、輸入品は、大量の*宋銭のほか、陶磁器・漢籍・絵画や、東南アジア産の沈香・麝香《じゃこう》のような香料や薬品・染料であった。

［文献］森　克己『日宋貿易の研究』（国立書院、一九四八（新訂版は国書刊行会、一九七五））、森　克己『続日宋貿易の研究』（国書刊行会、一九七五）、森　克己『続々日宋貿易の研究』（国書刊行会、一九七五）、山内晋次『奈良平安期の日本とアジア』（吉川弘文館、二〇〇三）、榎本　渉『東アジア海域と日中交流』（吉川弘文館、二〇〇七）。（関　周一）

日元貿易《にちげんぼうえき》　元（大元ウルス）と日本との間には、蒙古襲来のために正式な外交関係はなかった。だが元は泉州・広州・慶元（寧波《ニンポー》）などに市舶司《しはくし》を置いた。元の貿易管理は、宋・明に比べて弱いため、中国商人らによる「唐船《からふね》」が頻繁に往来した。その中には、日本・元の禅僧も数多く乗船した。しだいに*鎌倉幕府や北条氏*得宗により貿易統制が進められた。一四世紀前半は、寺社造営料唐船が、派遣された。一九七五年に韓国の新安沖で発見された沈没船は、至治三年（一三二三）、京都の東福寺の造営料を得るための船であり、慶元を出発して、日本に帰還する途中に沈没したものと考えられる。船は、長さ約二八メートル、最大幅九・三メートルで、中国式ジャンクの特徴を備えており、中国船籍の船とする解釈が大勢をしめる。積載されていた遺物は、総数約二万二〇〇〇点にのぼる。その九割の約二万点が陶磁器であり、ほとんどが中国製陶磁器、とりわけ龍泉窯系の青磁が多い。八〇〇万枚以上の銅銭や紫檀木・金属製品・木簡・金属原料や、胡椒・香木などの植物遺体も含まれている。元への輸出品は、金・日本刀・扇子・螺鈿《らでん》・蒔絵・硫黄などで、輸入品は銅銭・香料・薬品・書籍・茶・陶磁器などである。

［文献］森　克己『日宋貿易の研究』（国立書院、一九四八（新訂版は国書刊行会、一九七五））、村井章介『東アジア往還』（朝日新聞社、一九九五）、佐伯弘次『日本の中世9モンゴル襲来の衝撃』（中央公論新社、二〇〇三）。（関　周一）

唐物《からもの》　中国から輸入された舶来品の総称。室町時代には朝鮮からの輸入品も唐物と呼ばれた。唐物を保持したり、下賜することは権威の象徴であり、唐物は威信財でもあった。鎌倉後期には、博多—瀬戸内海から鎌倉に直結する海上交通ルートを、北条氏が掌握・支配するようになった。また禅宗や西大寺流律宗の寺院も、唐物受容の拠点になった。貿易商人や禅律僧の手によって、大量の唐物が鎌倉に流入した。また寺院の什物として、天目・青磁の花瓶・湯盞台・香炉などが、称名寺や*円覚寺に所蔵された。称名寺や極楽寺においては、僧侶・武士を対象に、唐物披露と売買を目的とした市が開かれていた。

［文献］関　周一「唐物の流通と消費」（『国立歴史民俗博物館研究報告』九二、二〇〇二）。（関　周一）

唐船着岸料《とうせんちゃくがんりょう》　来航した貿易船に課税したもの。一二世紀末、*源頼朝《よりとも》は、近衛家領島津荘の「唐船着岸物」を、大宰府役人らが押しとったことを咎め、元のごとく荘家に返付すべきことを*鎮西奉行天野遠景に命じている（島津家文書）。森克己は、鎌倉幕府は、大宰府の管理権、すなわち朝廷の公的貿易権を否定し、荘園内の自由貿易を肯定したものと評価する。

［文献］森　克己『日宋貿易の研究』（国立書院、一九四八（新訂版は国書刊行会、一九七五））。　（関　周一）

有徳人《うとくにん》　主として中世における富裕層を指す名称。有得人とも書き、有徳の人・得人・富有人などとも称された。本来「有徳」とは仏教語の一つで、徳が備わっている意であったが、この徳を備えた人々が有徳人と称されたのである。のちには徳が得（財産）に通じることから、富裕層を指す言葉に転化していった。しかし、財力をもつ人々の神仏に対する喜捨は当然という風潮もあり、そうした点が仏教語が経済的な富裕層をさすことにもなったと考えられる。鎌倉時代末期になると、*『太平記』に北条氏が上野国世良田宿の有徳人に膨大な銭貨を賦課したことがみえ、また東大寺領伊賀国*黒田荘内では、東大寺が有徳借米と称する税を賦課していることが知られるなど、この時期にすでにこうした人々の活動が一般化していたことをうかがわせるものとなっている。鎌倉時代の仏教説話集である*『沙石集』にも、徳人・得人の記事がみえている。おそらくは、商業などの非農業的生産の発達によって、商人・*問丸・土蔵・蔵本・酒屋・*山僧といった人々が蓄財し、地域の人々から有徳人と称されたのであろう。こうした人々の社会での地位は決して高くはなく、*『徒然草』の大福長者の拝金主義は、当時のすべての人々に受け入れられたわけではなかった。しかし、寺社の造営などの神仏への喜捨という場面で、有徳人の果たした役割は大きく、それ故にこそ有徳人の名は現在にいたるまで伝えられている場合が少なくない。こうした有徳人の系譜は、近世になると井原西鶴の小説の題材ともなり近世的な有徳人像を生み出していく。

［文献］保立道久「中世民衆経済の展開」（『講座日本歴史3　中世1』東京大学出版会、一九八四）、桜井英治『日本中世の経済構造』（岩波書店、一九九六）。　（小森正明）

借上《かしあげ》　主として鎌倉時代以降に行われた銭を高利で貸し付ける行為をさす場合と、またその貸し主を指す場合とがある。後者の場合こうした人々を借上人とも称した。本来これらの行為は、古代の出挙の流れを汲む行為であったと考えられている。その主体は、延暦寺などの*山僧と呼ばれた人々が多くを占め、*『源平盛衰記』によれば、延暦寺の行人（下級の僧侶）が山門の権威を背景に、高利貸しを行っていたことがみえ、こうした行為が借上と称されていたことがわかる。鎌倉時代に成立した、*『庭訓往来』には、「泊々借上」とみえ、物資の集積地であり、かつ交通の要衝であった泊（港）に、多くの借上が活動していたことがうかがえる。鎌倉時代末期になると、窮乏した幕府御家人などが借上より借銭しており、幕府はこれに対して延応元年（一二三九）に諸国の地頭らが山僧ならびに商人・借上の輩を地頭代官に任命することや、土地を借上らに売却することなどを禁止している。こうした禁令の存在によって、当時の高利貸の主要な人々が借上であったことがわかる。室町時代以降は、こうした高利貸は*土倉や酒屋などにとって代わられ、その称が一般化していったのである。

［文献］　豊田　武『豊田武著作集2中世日本の商業』（吉川弘文館、一九八二）。　（小森正明）

山僧《さんそう》　主として中世における山門、すなわち比叡山延暦寺の僧侶で、*高利貸に従事したもののことをさす場合が多い。*『源平盛衰記』によれば、出挙や*借上を業として富裕人となった山門の行人（下級僧侶）の姿を見いだすことができ、これらが山僧である。山僧は、衆徒らとともに事があれば、日吉社の神輿を動座させ、その神威を背景にさまざまな要求を行っている。*鎌倉幕府は、延応元年（一二三九）・仁治《じじ》元年（一二四〇）の両度にわたり、山僧・商人・借上の輩を地頭代官として補任することを禁止しており、山僧などの代官化は御家人領の売却や質入などの事態をひき起こす要因でもあった。このことから幕府はこれを禁止したのである。また彼らは、高利貸のほかにも為替屋としての業務も行うなど、荘園年貢の流通にも重要な役割を果たしている。しかし、室町期以降は、*土倉・*酒屋などの高利貸にとって代わられた。

［文献］　奥野高広「借上と土倉」（『史学雑誌』五九―一〇、一九五〇）、豊田　武『豊田武著作集2中世日本の商業』（吉川弘文館、一九八二）。　（小森正明）

凡下《ぼんげ》**の輩**《ともがら》　主として中世の庶民をさす概念。*甲乙人《こうおつにん》・地下《じげ》人《ひと》ともいう。本来は官位を持たない無位の白丁《はくてい》や俗人をさしていたが、侍という概念が、貴人に侍る有位者から武士をさす概念へと変化すると、この言葉は武士と対極にある一般庶民を示す言葉へと変化していった。鎌倉幕府法第一五条では、謀書の咎として、凡下の輩には、その面に焼き印を捺す刑を科すことを規定しており、所帯没収の刑を科せられる御家人とは明らかに区別されていたことがわかる。すなわち侍身分と対極にある身分として規定されていたことがわかる。現存する鎌倉幕府法では、主として御家人身分の対極として頻出する言葉である。鎌倉時代後期には、侍身分か凡下身分かの認定をめぐる訴訟もしばしば生じており、身分的には相対的な関係から凡下と称された例もあった。

［文献］『中世法制史料集1　鎌倉幕府法』（岩波書店、一九五五）、田中　稔『鎌倉幕府御家人制度の研究』（吉川弘文館、一九九一）。　（小森正明）

甲乙人《こうおつにん》　ある特定の人物などをさすのではなく、不特定多数の人間を指す場合に用いられた概念。とくに中世において用いられたもので、後に転じてある権利や資格から排除された人間の総称としても用いられた。鎌倉幕府法追加法第五九八号では、「御恩の地を以って、甲乙人に相逢いて」などとみえ、ここでは幕府御家人以外のすべての人々を甲乙人と称していることがわかる。また、鎌倉末期に成立した*『沙汰未練書』には、「凡下百姓等事なり」とみえ、貴族・武士などとは区別された身分の低い人々をさすものとして使用される言葉となっている。

［文献］　笠松宏至『法と言葉の中世史』（平凡社、一九八四）。　（小森正明）

土倉《どそう》　中世の金融業者の称。*酒屋と並び称される場合がある。その名称の起源は、質物や銭を納めていた土蔵《どぞう》によるものと考えられている。「とくら」「つちくら」とも称される。建築としての土倉については、すでに奈良時代よりみえるが、鎌倉時代になると屋根を板や草で葺き、周囲の壁に泥を塗り込め堅牢にしたつくりの倉庫としての土倉がその姿を現している。こうした建物と金融業者とが象徴的に結びつき、「どそう」が金融業者を表す概念となっていったのであろう。鎌倉時代の金融業者は、「無尽銭土倉」と呼ばれ、質物を担保として銭を融通する業者としてその姿をみせている。南北朝時代から室町時代にかけてこうした人々が主として経済的に発展をみた京都周辺に多く現れ、後には*室町幕府の財政にも大きく関与するようになっていった。幕府は、これらの金融業者に土倉役を賦課し、幕府の財源に組み入れている。この時期の土倉は、比叡山や祇園社などの寺社権門に属するものも多く、僧名の土倉も存在している。寺社に集積された祠堂銭や初穂料などをもとに*高利貸を営んでいたのである。室町幕府では土倉を「納銭方」として、段銭の徴収にあたらせるなど密接な関係を結んでいる。また、土倉は土一揆などの攻撃の対象ともなり、幕府は債券の十分の一ないし五分の一の金額を納入させることによって徳政の適用外としているが、これが*分一徳政令である。→酒屋

［文献］ 桑山浩然「室町幕府経済機構の一考察」（『史学雑誌』七三—九、一九六四）、下坂 守「中世土倉論」（『中世日本の歴史像』創元社、一九七八）、中島圭一「中世京都における土倉業の成立」（『史学雑誌』一〇一—三、一九九二）。

（小森正明）

三斎市《さんさいいち》 平安時代末期より江戸時代にかけて行われていた定期市の形態の一つ。月に三日間定期的に市が開催されていたところからこのように称された。都市や農村を問わず行われていた。鎌倉時代以降の流通経済の発展に伴って、商品の交換や*代銭納のための年貢の換金などの目的で市が開催されるようになったが、月内に三日間開かれる例が生み出されたのである。たとえば四日市は、四日・一四日・二四日の四のつく日に市が開催された例であり、八日市は同様に八日・一八日・二八日の八のつく日に開催されたところから誕生した名称で、これらは後に地名化している。当然のことながら二日市・三日市・五日市などの例もみられる。三斎市の最も早い時期の例としては、近江《おうみ》国高島郡饗庭《あえば》川のほとりにて開催された市が知られる。この市は康治元年（一一四二）および久安元年（一一四五）の二度にわたって開催場所を移動したが、いずれも九のつく日に開催された九日市であった。本来は、干支日に開催されていた定期市が、日付によって開かれるようになるという変化は、鎌倉時代以降に多くみられるが、この三斎市こその代表といえるものである。そして、近隣の都市・農村では市日が重ならないようにし、いずれかの日に必ずどこかの地域で市が開催されているようにする工夫がみられる。のちには月に六回行われる六斎市に発展していったものもある。室町時代以降、店舗商業の発展により定期市は衰退していったが、東北や九州ではひき続き定期市が地域経済圏の発展に重要な役割を果たしている。

［文献］ 佐々木銀弥『中世商品流通史の研究』（法政大学出版局、一九七二）。

（小森正明）

見世棚《みせだな》 商品を陳列し販売する施設の称。棚・店ともいう。商業が*市場や振売のような形態を経て、固定化した場所において行われるようになってから出現した空間である。京都などの都市や町場において固定化された商業地区の形成に伴って、商品を並べる施設が必要となり、道路に面した建物の外に板を出し、下から棒のようなもので固定し商品を陳列したところから、その形態が棚のような形態と同様であったためにできた概

念であろう。これらは、古くは平安時代にすでに出現しており、『宇津保物語』などにみえ、また『大徳寺文書』中の久安六年（一一五〇）の藤原氏女家地売券紛失状案に切革坐棚に関する記述があり、京都の四条にこのような施設が存在していたことがわかる。鎌倉時代からは、見世棚と称されるようになり、また室町時代には、「店」という文字がみられるようになる。戦国時代に制作された*洛中洛外図屏風などにはこうした店の様子が生き生きと描かれている。

［文献］豊田　武『豊田武著作集3中世の商人と交通』（吉川弘文館、一九八三）、

（小森正明）

和市《わし》　中世の市場において、年貢米などの現物と銭とを交換する際の交換率をいう。相場ともいう。本来は、不合意売買の「強市」にたいする合意売買を指す和市を起源とした言葉である。和市の初見は『類聚三代格』に所収される延暦一七年（七九八）一〇月一九日付の太政官符であるとされているが、その語が中世において交換率を意味するものとして転化していった背景は明らかでない。一三世紀以降発達をみた荘園年貢の代銭納の増加により、荘園領主をはじめ在地の農民にいたるまで、和市の変動には大きな関心を寄せていた。地域によっても大きく異なっており、その変動いかんによっては、領主側は大きな損失を蒙ることもあり、現地に駐在していた代官は、和市の変動の把握は大きな任務の一つでもあった。

［文献］豊田　武『豊田武著作集2中世日本の商業』（吉川弘文館、一九八二）、佐々木銀弥『中世商品流通史の研究』（法政大学出版局、一九七二）。

（小森正明）

国桝《くにます》　古代から中世において、一国ごとの正税などの収納に際して用いられた桝の名称。国斗とも。国衙に備えて用いられたことからこの名称がある。天平六年（七三四）道検税使算計法の規定により、各国衙ごとに銅製の国桝原器が常備されていたことが推測されており、こうした原器に基づく桝が使用されたのであろう。これらは、古代以来鎌倉時代を通してみられた桝である。康元元年（一二五六）一二月一六日付の関東御教《みぎょう》書《しょ》案によれば、豊前《ぶぜん》国の宇佐八幡宮造営料米の徴収のために「国衙器物」を使用したことがみえており、こうした一国規模の造営などの料足の収納には国桝が使用されていたことがわかる。しかし、鎌倉後期以降の国衙機構の衰退とともに、これらの公定桝も使用されなくなっていった。

［文献］宝月圭吾『中世量制史の研究』（吉川弘文館、一九六一）。

（小森正明）

収納桝《しゅうのうます》　主として古代から中世にかけて荘園・公領などにおいて年貢の収納に用いられていた桝の称。収納に際して用いられたところからこの名称がある。収納斗または納桝ともいう。領主や地域によってその規模は不統一であった。また荘園領主が使用した桝は、荘斗といったが、これは収納桝の一種である。保延四年（一一三八）三月二十三日の僧行円等出挙米借用状には、伊賀《いが》国黒田荘内での収納に「庄納斗」の使用が認められるが、これは荘斗としての収納桝の使用例と考えられる。黒田荘より東大寺へ納入されていた*年貢は、これらの収納斗が使用された。同じ領主であっても荘園ごとの収納桝が使用されている例もあり、各荘園の荘斗に任されていた。こうした傾向は鎌倉期を通じて行われていた。

［文献］宝月圭吾『中世量制史の研究』（吉川弘文館、一九六一）。

（小森正明）

払桝《はらいます》　中世から近世にかけて領主層が給米を支給する際に使用した桝の称。いわゆる下行桝の一種である。下行とは、収納した年貢・公事などを再配分することをいう。領主層が年貢などの収納に使用した収納桝と比較してその容積が小さいのが特徴で、計量差の差額から利益を保つためであった。また下行桝は、下斗・下用斗とも称している。とくに寺院内で発達し、また相節斗とも称されることがある。高野山の蓮華乗院に残された建久五年（一一九四）四月の相節帳は、下行のための帳簿であり、下行にあたってこれらの払桝が使用されていたことがわかる。

［文献］　宝月圭吾『中世量制史の研究』（吉川弘文館、一九六一）。

（小森正明）

沽価法《こかほう》　古代・中世において、物品売買の公定価格や、代物貢納の交換比率を定めた法。単に沽価ともいう。律令国家においては、「関市令義解」毎肆立標条によれば、市での売買について、市司が三等の沽価（公定価格）を定めて、それを三つのランクに分け、合計九ランクの等価を定めて、これを一〇日間維持するとしている。『延喜式』の左右京職式には、毎月一度『沽価帳』三通を作成し、太政官・京職・市司にそれぞれ保管することとされる。諸国で徴収される交易雑物についても、その交換比率は沽価法によることが定められており、たとえば永延二年（九八八）の尾張《おわり》国の場合、直絹一疋に対して稲四〇～五〇束、夕作布は八束以上とされている。また中央に送られる場合の比率も沽価法によっていた。朝廷では、天暦元年（九四七）には雑物沽価法を、寛和二年（九八六）には、米・絹による沽価法をそれぞれ定めている。平安時代末期の大量の宋銭の流通を公認する貨幣法の役割も果たしていた。鎌倉時代になると、幕府もしばしば沽価法を制定し、物価の抑制に努めているが、主として米に対するもので、その効力は分散的であり、また撫民的な側面が強かったといえる。

［文献］　阿部　猛『律令国家解体過程の研究』（新生社、一九六六）、脇田晴子『日本中世商業発達史の研究』（お茶の水書房、一九六九）、保立道久「中世前期の新制と沽価法」（『歴史学研究』六八七、一九九六）。

（小森正明）

宋銭《そうせん》　中国の宋（北宋・南宋）の時代（九六〇―一二七九）に鋳造された銭の称。北宋の時代に「宋通元宝」が鋳造され流通したのが初めである。改元ごとに年号を冠した銭が鋳造されそれぞれ流通した。北宋の神宗の時代が最も大量に鋳造され銅・鉄の両銭が鋳造された。南宋にはいると北宋の時代より鋳造量は減少した。一文のほか、打二銭・当五・当十の大銭も発行された。一二世紀半ばより日宋貿易の隆盛によって日本に大量に輸入された。皇朝十二銭の鋳造以来、銭の鋳造を行わなかった日本では、この宋銭が国内で流通する基本貨幣の役割を果たし、その後の日本の貨幣政策の端緒となった。基本的には江戸幕府による銭の鋳造まで、日本の基本通貨は中国からの渡来銭が中心であった。その意味では、宋銭の日本で果たした役割は大きいといわなければならない。

［文献］　小葉田淳『日本の貨幣』（至文堂、一九五八）、滝沢武雄『日本の貨幣の歴史』（吉川弘文館、一九九六）。

（小森正明）

銭の病《ぜにのやまい》　鎌倉時代に成立したとされる編年体の歴史書『百錬抄』にみえる挿話によるもの。同書の治承三年（一一七九）

六月条に、「近日、天下上下病悩す、銭の病と号す」とみえ、当時の宋からの大量の*宋銭の流入によって、物価の上昇などの社会問題となっており、これによって銭による病といったのである。当時、貨幣鋳造を行わなかった日本では、宋銭の輸入によって貨幣経済が進展し、社会全体が貨幣経済に巻き込まれており、深刻な状況となっていた。朝廷でもこの宋銭の流通を停止させようとし、*九条兼実の日記『*玉葉』文治三年（一一八七）六月、三河《みかわ》国から宋銭停止についての宣旨発給の申請があったことを伝えており、当時大きな社会問題とされていた。それがあたかも病のようであったということであろう。

［文献］『新訂増補国史大系第11日本紀略・百錬抄』（吉川弘文館、一九二九）、保立道久「中世前期の新制と沽価法」（『歴史学研究』六八七、一九九六）。　（小森正明）

代銭納《だいせんのう》　中世の荘園・公領などにおいて、年貢・公事そのほかの賦課を現物でなく銭に換算し納入すること。銭納ともいう。年貢などを銭にかえて納入することは、一三世紀にはみられるようになったが、一三世紀後半から一四世紀にかけて増加していった。これらの背景には、農業生産の増加と、貨幣経済の発展があり、定期市の広範な開催による銭貨獲得の動向とが密接に結びついた結果ともいえる。このような年貢の銭納の契機は、公家・大寺社からの要求や、年貢の徴収に関わった地頭の要求、また荘園の農民層からの要求など、いくつかの要因が考えられる。定期市などでは、現物と銭貨との交換比率である*和市《わし》が重要視されており、この交換比率の変動の高低を利用し、その利ざやを稼ぐことによる利潤の獲得も可能となり、さまざまな層の思惑が交錯するようになった。また、遠隔地荘園などでは、実際に現物の輸送が不便であるため、銭納が利用されている。南北朝期には、公事や夫役なども銭で納入するようになっていったが、守護や国人領主による在地への侵略による代官請の増加によって代銭納は減少していった。これらのシステムは、田積の貫高表示も促進し、戦国時代の貫高形成の一要因ともなったのである。

［文献］佐々木銀弥『中世商品流通の研究』（法政大学出版局、一九七二）。　（小森正明）

京済《きょうせい》　南北朝時代より室町時代にかけて段銭・役夫工米などの賦課に対して、直接京都の幕府などに現物・銭などを納入すること。京成とも書く。室町時代には、鎌倉時代以来の慣習を踏襲し、*大田文記載の公田に対して諸賦課が行われていた。こうした賦課に対してその収納に当たったのが*守護であったが、荘園領主はこうした守護による在地への入部を忌避するようになっていった。それは、守護入部に伴って生ずるさまざまな紛争や、在地侵略などを防ぐ目的があり、そうしたところから荘園領主は、守護の手を経ない直接納入を希望したのである。室町幕府は、幕府御家人などの直轄領では、この京済のシステムを採用し、守護の一国支配を牽制したのである。

［文献］百瀬今朝雄「段銭考」（『日本社会経済史研究　中世編』吉川弘文館、一九六七）。　（小森正明）

高利貸《こうりがし》　古代から近世にかけて、高利で米・銭を貸し付けることを生業とした商人らの総称。高利取とも。高利貸の名称が一般化したのは主として近世以降である。古代から利子をつけて稲などを貸し付ける私出挙などがみられたが、中世に入ると比叡山の下級僧侶であった行人による銭貨の貸し付けなどが広範にみられるようになった。これらの人々は*山僧や*借上などと呼ばれ、高利で銭貨・米などの貸し付けを行っていた。借上は、*鎌倉幕府の*御家人らの所領の買得も行い、鎌倉時代末期の御家人制をも崩壊させかねない状況をつくっており、幕府はしばしば禁令を出している。室町時代には*土倉・酒屋といった人々が質物をもとに銭貨の貸し付けを行い、*室町幕府はこうした人々からの納銭によって幕府財政の一端を担わせていたほどである。こうした背景には、平安末期から鎌倉期にかけて展開していった貨幣経済の進展があるが、それには幕府御家人をはじめ貨幣経済に巻き込まれていった状況があった。こうした状況に乗じて、財を蓄え、それらをもとに高利で貸し付けた商人層の活躍は経済の発展を示す指標ともなるが、近世以降もこうした高利貸しは形を変えて活動し、近代・現代にいたっている。

［文献］豊田　武『豊田武著作集2中世日本の商業』(吉川弘文館、一九八二)。

(小森正明)

利平《りへい》　中世の銭貨・米穀などの貸借に際して支払われた利子のこと。「りびょう」ということもある。主として中世における貸借関係の証文においてみえる言葉である。鎌倉幕府法(追加法第三〇六号)では、「利分」という言葉が使われているが利平と同じ意味である。また室町幕府の追加法第二一〇号では「利平においては、廿一カ年を過ぎざれば、一倍たるべし」と利平について規定している。このほか、室町時代の長禄三年(一四五九)には、土倉質物について、絹布・家具・雑具等は、五文子(月五分)の利平とし、盆・香合・米などは六文子と定めている。幕府の法令では、高利が問題となっており一般的には高利による銭貨などの貸し付けが広く行われていたことがわかる。

［文献］『中世法制史料集1　鎌倉幕府法』(岩波書店、一九五五)、『中世法制史料集2　室町幕府法』(岩波書店、一九五七)。

(小森正明)

本銭返《ほんせんがえし》　不動産売却にあたっての特約の一つで、売却代価を支払えば、その売却物件を買い戻すことが可能という売買の形態。代価が銭の場合を本銭返といい、米の場合は本物返と称している。その起源については、鎌倉中期頃と推測され、とくに文永年間(一二六四—七五)あたりと考える説がある。それは、鎌倉幕府御家人層の窮乏を救済するため幕府の出した御家人領の買い戻しを本銭を返弁することによって可能とした政策をその起源とする見方が有力であるからである。こうした幕府の政策が、*御家人ばかりでなく、広く民間にいきわたり、一つの制度として変遷を遂げたといえる。この本銭返には、①元の代価を支払うことによりいつでも取り戻せるもの、②一定期間経過後に代価を支払って取り戻せるもの、③一定期間内に売主が買い戻し権を行使しなければ買い戻し権が消滅するもの、などいくつかの種類が存在する。そのため年季を限って売却する年季売の例や、単なる質入の例などと区別することができない場合もある。近世に成立した農書の一つである大石久敬の『地方凡例録』には、関東で年季売と称しているものは、上方では本物返と称している旨が記載されているなど、年季売と同一視されている例もあり、その区別は困難なものもあった。

［文献］小早川欣吾『日本担保法史序説』(法政大学出版局、一九七九)、宝月圭吾『中世日本の売券と徳政』(吉川弘文館、一九九

九)。　(小森正明)

九六銭《くろくせん》　銭貨運用上の慣行の一つ。九六法または省陌法ともいう。銭一〇〇文の価値を銭九六文でこれに相当するものとする数え方である。九六銭の名称の起源はこのことによるものとされている。これに対して銭一〇〇枚を一〇〇文とする慣行は、調百という。本来は九七文をもって百文としたとされるが、後に計算上などの技術的な要因から九六文になったとされている。すなわち九六文では、三でも四でもちょうど割り切れる数であるためという。省陌の慣行は、中国の後漢時代に始まるものとされ、唐代には九二文、八五文、八〇文、宋代では七七文で一〇〇文として通用したとされている。銭は、さしという紐で一〇〇文単位に括られて通用したことが多いが、近年の発掘調査の成果によれば、九六文単位での出土例もみられ、実際このような省陌法が行われていたことが裏付けられている。従来こうした慣行は、わが国においては鎌倉時代より始まったとされるが、九六文単位での和同開珎の出土例もあり、すでに奈良時代より存在したことが確認されている。しかし、地域や時代によって九六文にとらわれない省陌法が存在していたものと推測されるが、鎌倉時代から江戸時代を通じてこの省陌法は踏襲されたものとみられている。

［文献］　小葉田淳『日本の貨幣』(至文堂、一九八五)、石井　進「銭百文は何枚か」(『信濃』四〇―三、一九八八)。　(小森正明)

青緡《あおさし》　古代から近世にかけて使用された銭を束ねておくための紐で、とくに紺色に染色されたものをいう。青差・青指とも書く。銭は、古代以来一〇〇文単位（実際は九六枚のことが多かった）または一貫単位（銭約一〇〇〇枚）を一つの単位として、この緡に通して結んでいた。素材は、麻縄や藁縄が多かったが、これらを藍で染色し用いるようになったものもあった。銭一貫文をこの緡で貫いたものをとくに「あおさし」と称して、江戸期には進物用の銭として使用された。

［文献］　小葉田淳『日本の貨幣』(至文堂、一九五八)、『古事類苑　泉貨部』。　(小森正明)

為替《かわせ》　中世に行われた商業上の決済方式の名称。遠隔地に年貢などの米・銭を送る場合、現物の代わりに手形を送付し、受取人が当該地で現物を受け取る場合と、他地で支払いをする約束する手形を振り出して銭を借用する場合との二つがある。いずれも中世に発達をみた経済制度である。銭を対象とした場合を替銭といい、米を対象にした場合は替米という。「かへせん」のほかに「かはしせに」とも表現されており、為替の銭という意味で使用されたのがそのはじまりであるとみられている。手形は、一般に*割符・切符・切紙などと称している。割符は、米・銭の受け取り地に送付され、受取人が支払人に割符を示し、裏に支払日と支払約束文言を裏書してもらい、その期日に米・銭を受け取った。裏書のない割符は、違割符と称された。手形振出人を割符主、また支払を営業とする商人を替銭屋・割符屋・替屋ともいった。これらの手形の初見は、文永元年（一二六四）に書写された『因明短釈』の*紙背文書にみえるもの。奈良に送付された割符であったと考えられている。一枚が一〇貫として利用されるものが多かった。室町時代になると公家・武家・寺社などが借銭のため遠隔地の荘園年貢を引き当てるために割符が利用された。また利息がついているため徳政令の対象ともされた。

[文献] 豊田 武『豊田武著作集2 中世日本の商業』(吉川弘文館、一九八二)、田中 稔『中世史料論考』(吉川弘文館、一九九三)、桜井英治『日本中世の経済構造』(岩波書店、一九九六)、伊藤啓介「割符のしくみと為替・流通・金融」(『史林』八九―三、二〇〇六)。

(小森正明)

問丸《といまる》 問ともいう。かつて豊田武は、問丸は、当初特定の荘園領主に隷属し、給田を与えられて年貢の輸送や保管に従事していたが、鎌倉末期頃、海上交通の発達に伴ってその港湾を利用するほかの荘園領主の需要にも応じるように、やがて一方的な隷属関係を脱して専門の貨物仲介業者、貨物運送業者として独立するにいたったとした。しかし、今日の研究では、当初から複数の荘園領主の需要に応じる自由な身分の存在であったとされている。最も基本的な業務は、年貢の積み替えと保管、そしてそれらの委託販売である。なかにはさらに進んで、年貢の徴収や荘園領主への金融、手形業務を行う者もいたが、それらは派生的な業務といえる。

[文献] 豊田 武『豊田武著作集2中世日本の商業』(吉川弘文館、一九八二)、宇佐見隆之『日本中世の流通と商業』(吉川弘文館、一九九九)。

(関 周一)

梶取《かじとり》 かんどりとも読む。一船の長として船の舵をとって漕ぐ者。中世の荘園制のもと、年貢の輸送を担当した。その多くは*名主《みょうしゅ》であり、給田・免田を得て業務を行い、なかには梶取を専任する荘官もいた。梶取の下には、一般百姓・海人などを*水手《かこ》(水主)とした。複数の荘園の年貢輸送や、一般の商品輸送を行う流通業者的な存在の者も現れ、鎌倉中期には専業化して、土地を集積して、富を築く者も出現した。南北朝時代頃から、輸送業者への成長に伴い、梶取から船頭へ呼称が変化した。

[文献] 新城常三『中世水運史の研究』(塙書房、一九九四)。

(関 周一)

水手《かこ》 水主とも書く。梶取・船頭配下の下級船員。船員の総称として用いられることもある。荘園・国衙領(公領)の年貢輸送には、臨海荘園の場合、一般領民が夫役として水手になることが多く、内陸荘園の場合、領民に水手役として米(水手米)などを代納させ、それをもって港湾で水手を雇うことが多かったとみられる。年貢米のうちより、水手に対して人数分の粮料が与えられる。

[文献] 新城常三『中世水運史の研究』(塙書房、一九九四)。

(関 周一)

寄船《よりふね》 海難による漂着船・漂流船の船体や、その積荷。浜辺に漂着する物は寄物《よりもの》と呼ばれた。古代から中世にかけて、沿岸住民が難破船を略奪したり、破船や荷物が漂流した場合に、海岸の支配者の所有に帰する風習があった。寛喜三年(一二三一)、鎌倉幕府は漂倒・難風により吹き寄せられた船を地頭らが*押領することを禁じている。同年の「宗像神社文書」によれば、筑前《ちくぜん》国の宗像《むなかた》神社は、葦屋津《あしやのつ》から新宮浜にいたる海岸に打ち寄せられた遭難漂着物は、数百年来、大小七十余社の修理費用に用いていたという。鎌倉時代は、漂着地の荘園領主・国司と*地頭との間で寄船は配分された。室町時代は、*守護大名が寄船を得る権限を荘園領主から奪い、その権限は*戦国大名に継承された。戦国時代に成立したとみられる*「廻船式目」では、寄船は神社仏閣の造営費に使用されると規定されている。

［文献］　長沼賢海『日本海事史研究』（九州大学出版会、一九七六）、新城常三『中世水運史の研究』（塙書房、一九九四）。　（関　周一）

山手《やまて》・川手《かわて》　山手は、山手銭の略。山に立ち入る人間に課された使用料。とくに室町時代には、領主などが山中・陸路に設けた関所で通行人・貨物に課したもので、一種の*関銭といえる。川手（河手）は、河川を通行するための使用料。筏流しや舟運での利用に対し、その河川に対する一定の領域的支配権を主張する*地頭らが賦課した。河川自体の産出物は対象としない。*鎌倉幕府は、*承久の乱後の新儀の徴収を禁止し、それ以前に承認されたものに関しては得分として認めていたが、弘安四年（一二八一）に*津料・河手を全面的に禁止した（鎌追加法四八五条）。以後建武政権もこれを禁止しており、室町時代にはほとんどみられなくなった。室町幕府追加法四二条では、*守護が新関を設けて、山手・河手を徴収することが禁じられた。
［文献］　相田二郎『中世の関所』（畝傍書房、一九四三）。　（関　周一）

陶磁器《とうじき》の流通《りゅうつう》　平安〜鎌倉時代、北宋・南宋・元や高麗との貿易を通じて、大量の中国製陶磁器や高麗青磁が輸入された。陶磁器の輸入によって、茶碗・皿など日常的な食器の種類が多様化し、都市の生活様式に変化が生じた。また高級中国陶磁器を所有することは、領主にとって権力を象徴する行為であり、陶磁器は威信財としての性格をもっていた。一一世紀後半〜一二世紀後半の*博多では、多量の宋白磁が流入し、「張綱」「丁綱」などの記載がある墨書陶磁器が多く出土している。一二世紀後半〜一三世紀後半には、龍泉窯《りゅうせんよう》系や同安窯《どうあんよう》系の青磁も輸入された。一方、中世における日本国内の陶器生産をみると、平安時代に須恵器生産が行われた地域では、その系譜を引いて備前焼・丹波焼・信楽焼《しがらきやき》・伊賀焼・常滑焼《とこなめやき》などが生まれた。常滑焼など東海地方の技法を導入して発展したものには越《えち》前《ぜん》、加賀《かが》などがあり、能登《のと》の珠洲《すず》、備中《びっちゅう》の亀山《かめやま》など須恵器の製作技法をそのまま踏襲したものもある。一一世紀に須恵器に代わって広がった灰釉《かいゆう》陶器の伝統を受け継いで、中国陶磁に手本を求めて高級施釉陶を焼いたのが、瀬戸《せと》・美濃《みの》地方の瀬戸焼（古瀬戸）・美濃焼であったが、その水準は中国の陶磁器には及ばなかった。これらの国内産陶器も陶磁器とともに京都・鎌倉や港町などに流通した。鎌倉には、大量の中国陶磁器が運ばれたほか、瀬戸焼・常滑焼などの東海地方、備前焼などの瀬戸内海の諸窯や京都近郊などの製品が流入している。今小路《いまこうじ》西遺跡の大規模な武家屋敷では、青磁を中心とする最高級の陶磁器群が、一括して出土している。鎌倉時代末期、*唐物《からもの》の嗜好がいっそう強まり、称名寺は龍泉窯青磁などの高級陶磁器を多数集めている。また中国陶磁器は、日本海ルートを経由して、十三《とさ》湊《みなと》など東北地方の日本海岸や北海道（中世では蝦夷ケ島《えぞがしま》と呼ばれた）南部の和人の館にも多数運ばれた。　（関　周一）
［文献］　佐々木達彦『元明時代窯業史研究』（吉川弘文館、一九八五）、亀井明徳『日本貿易陶磁史の研究』（同朋社、一九八六）、『国立歴史民俗博物館研究報告94　陶磁器が語るアジアと日本』（二〇〇二）。

酒《さけ》の販売統制《はんばいとうせい》　*『吾妻鏡』によれば、*鎌倉幕府（*執権*北条時頼）は、建長四年（一二五二）九月に鎌倉中の所々と諸国の市で酒を売ることを禁じた。保《ほう》奉行人が調査したところ、鎌倉中の民家に酒壺三万七二七四口が確認された。同年一〇月、一屋に一

問丸一覧（問または問丸と織豊期以前に記載のあるものに限った）

国名	地名	初見の史料	初見の史料の年月日
山城	桂	長秋記	一一三五／八／十四
	淀	兵範記	一一六八／八／十五
	木津	山槐記	一一七九／二／八
	鳥羽	護国寺供養記	一三三四／九／二十
和泉	堺	高野山文書	文安年間（一四四四～一四四七）
摂津	渡辺	田中文書（京大）	一三四六
	尼崎	東大寺文書	一四六三／五
	兵庫	東大寺文書	一三一一／⑥
伊勢	大湊	大湊振興会所蔵文書	一五六一／十
三河	大浜	称名寺文書	一四二一／十／十一
武蔵	品川	金沢文庫文書	一三九二
	六浦	金沢文庫文書	一三七一
下総	古戸	金沢文庫文書	一三七一
	今津	称名寺文書（史料編纂所）	一四三九
近江	海津	三宝院文書	一四五九
	今津	南禅寺文書	一四四一／十／二十六
	古（木）津	東寺百合文書	一三一〇／十一／二十八
	長浜（八幡荘）	雑事要録	一四六八／五／十一
	朝妻	祇園執行日記	一三五〇／八／八
	舟木［蒲生部］	宝荘厳院評定引付	一三五〇／十一
	舟木［高島部］	親元日記	一四七三／十一／二十九
	坂本	菅浦文書	一四六四／十／二十九
	大津	中条文書（山形大）	一二四〇／十／十*
		東寺百合文書	一三〇六／四／三
若狭	小浜	臨川寺文書	一三四〇／九／十一
越前	敦賀	勧学講条々	一二六五
越後	直江津	婆相天	室町期
出雲	宇竜	日御碕神社文書	一五六一／十／二十七
紀伊	紀伊湊	高野山文書	弘安年間（一二七八～一二八八）
	新宮	田中文書（京大）	一三四六
筑前	博多	諸家引着**	一五六四／⑫／十三
蝦夷	函館（宇須岸）	新羅之記録	永正年間（一五〇四～一五二一）

*が別の大津の可能性があるため大津については二つあげた。
**（大韓民国国史編纂委員会）、○数字は閏月を示す。
（宇佐見隆之『日本中世の流通と商業』（吉川弘文館　一九九九年）

壺だけを許して残りの壺は破却させ、造酒を禁止している。これらの処置は、同年、米が大不作だったことへの対策であったとみられる。その後、文永元年（一二六四）四月、幕府は、守護・鎌倉地奉行に命じて、東国で酒を売ることを停止し、近年土樽《つちたる》と称して筑紫《つくし》より酒を運んでいることを禁じている（追加法四二三条）。　（関　周一）

座《ざ》　平安末～鎌倉・室町時代に、商人・職人・芸能者や百姓・遊女らにいたるまで編成された共同組織。地主神・産土《うぶすな》神などの祭祀を行う宮座や、*荘園公領制の成立期に、*供御人《くごにん》・*神《じ》人《にん》・寄人《よりうど》などの身分に編成されて、朝廷・権門貴族・寺社の保護下に入った職能民の組織が起源になるとみられる。座の語源は、宮座の祭祀の座や、奉仕者集団の儀式などの奉仕の座席に求める見解がある。寛治六年（一〇九二）頃、山門青蓮院を本所とする山城の八瀬里《やせさと》座が、座の初見。鎌倉時代の商品経済の発展に伴って、従来、本所への奉仕者としての性格が強かった商人・職人・芸能者は、営業者としての性格を強くするにいたり、同一職種のものが集まり、領主に営業税を納めて、その営業上の特権を獲得するという座が成立した。営業税を納入した人々が集まって座を結成する場合や、古い奉仕の座が発展した場合がある。南北朝時代から室町時代にかけて、特定の市・所領・惣村・領国内における特定商品の専売権や、特定商品の仕入れ独占・先買特権などをもつ座が現れる。石清水八幡宮を本所とする大山崎油座は、西日本諸国に営業独占権をもち、諸国の油商人を新座として支配下においた。戦国時代、特定の本所をもたない、近世の仲間に似た自立的な座も出現した。戦国大名や*織田信長《おだのぶなが》の*楽市・楽座はおおむね新たにつくられた都市を対象とするもので、そのほかの場所では座は存続した。*豊臣秀《とよとみひで》吉《よし》の天正一三年（一五八五）の楽座令によって、本所の座課役と座の営業独占権が停止された。

［文献］　脇田晴子『日本中世商業発達史の研究』（お茶の水書房、一九六九）、豊田　武『豊田武著作集1座の研究』（吉川弘文館、一九八二）。　（関　周一）

給免田《きゅうめんでん》　給田は、荘園公領内において、特定の用途のために充て給われた田地。国衙領内の在庁給、召次給や、荘園内の下司・公文などの荘官給や、特定の職人などに給付したものなどのように、原則として給与される人に即していわれる。給田には、臨時雑役が免除されるものと、諸当官物・年貢までもが免除されたものとがあり、免除分が給田所有者の収入となった。経営は給主自身が下人・所従を使って耕作する場合と、農民に請作させる場合があった。当初名主には与えられなかったが、南北朝期以降、名主給もみられるようになる。免田は、荘園公領内において、年貢・公事の全部または一部が免除されて、その免除分が特定の用途に宛行われている田地。使途に即して白米免・井料免などといわれる場合と、免除されるものについて雑役免といわれる場合がある。*供御人《くごにん》や作手《さくて》（手工業者）に対して国家的に付与された免田もあり、網野善彦は、そのような国家的免田は後三条天皇親政期の延久年間に成立したとする。

［文献］　渡邊澄夫『増訂畿内荘園の基礎構造上・下』（吉川弘文館、一九六九・七〇）、網野善彦『日本中世の非農業民と天皇』（岩波書店、一九八四）。　（関　周一）

鋳物師《いもじ》　「いものし」とも。金属を溶かして鋳型に流し込み、武器や像・鐘・鍋・釜などをつくる職人。一〇世紀以後、内匠寮などの鋳物師は蔵人所に統轄されるようになり、承暦三(一〇七九)、殿上の鉄灯炉を調進する蔵人所鋳物師が現れた。永万元年(一一六五)、蔵人所小舎人《こどねり》惟宗兼宗《これむねのかねむね》が年預になり、河内《かわち》国日置荘《ひおきのしょう》(狭山郷)の鋳物師を番頭とし、諸国散在の鋳物師に短冊を配って番に編成し、天皇に灯炉などの課役を調進する蔵人所灯炉以下鉄器物*供御人《くごにん》(灯炉供御人)が成立する。彼らの組織は、右方作手《うほうつくて》、土鋳物師と呼ばれた。仁安三年(一一六八)、河内・和泉《いずみ》・伊賀《いが》あたりで活動する広階《ひろしな》姓鋳物師を惣官とし、蔵人所小舎人紀《き》氏を年預とした別の灯炉供御人が組織され、左方作手、廻船鋳物師といわれた。治承四年(一一八〇)、平氏に焼かれた東大寺大仏が再建されるにあたり、勧進上人*重源のもとで大仏鋳造に携わった草部姓鋳物師が東大寺鋳物師といわれる別の集団を形成する。こうして諸国の鋳物師は三集団に組織され、蔵人所が発給した牒によって、諸国の往反自由、*津料などの交通税および課役免除の特権を保証され、さらに建暦二年(一二一二)には*鎌倉幕府によっても特権は保証された。古代末から河内が鋳物師の拠点であったが、鎌倉幕府成立とともに河内鋳物師は相模《さがみ》・上総《かずさ》などに定住した。鎌倉中期、左方惣官となった中原光氏《みつうじ》は東大寺鋳物師(大仏方)惣官を兼ね、河内・長門《ながと》などの鋳物師を組織する右方と競合しながら、いったんは大宰府につながった鎮西鋳物師もその支配下に入れた。この頃三集団の年預も紀氏に統合され、鋳物師の全国組織が形成された。

[文献] 名古屋大学文学部国史研究室編『中世鋳物師史料』(法政大学出版局、一九八二)、網野善彦『日本中世の非農業民と天皇』(岩波書店、一九八四)。

(関 周一)

都市《とし》鎌倉《かまくら》の発展《はってん》 治承四年(一一八〇)、*源頼朝《よりとも》は、*石橋山の戦いで大敗した後、房総半島を経て鎌倉に到着すると、当初は民屋を館としていたが、大倉に館(御所)を造営した。御所には寝殿や侍所を設け、周囲には多数の御家人の宿館が建てられた。御所の西には、浜にあった八幡若宮を移して*鶴岡八幡《つるがおかはちまん》宮寺《ぐうじ》を造営し、文治元年(一一八五)には御所の南に勝長寿院(南御堂)を、御所の北には持仏堂を建てた。建久二年(一一九一)の大火災を契機に、都市としての整備が開始された。若宮の上の地に改めて石清水八幡を勧請して上宮とし、旧来の若宮を下宮としてまつり、若宮小路の道幅を拡張して防火措置を講じた。嘉禄元年(一二二五)、*執権*北条泰時《やすとき》は、大倉から若宮小路の側に御所を移し、御所を警備する大番役の制度を整えた。泰時は、鶴岡八幡の前を通って六浦《むつら》につながる六浦道を整備して朝比奈《あさひな》の切通に進路を設け、鶴岡八幡び西から山内荘を経て武蔵《むさし》国につながる道を整備して、小袋坂《こぶくろざか》(巨福呂坂)の切通を開いた。また往阿弥陀仏を援助して、南の*和賀江津《わがえつ》を整備している。そして若宮大路などを巡検して丈尺を打たせ、京都の保《ほう》の制度を導入して、鎌倉をいくつかの保に分けて、それぞれに奉行人をおいて警察・行政を担当させた。一方、前浜の地が屋地として御家人に与えられたことを契機に、浜の開発が進んだ。町屋では活発に商業活動が行われ、幕府は建長三年(一二五一)には町屋を大町・小町などの七ヶ所に限定した(追加法二七二条)。*浄土宗の信仰が広がり、谷の奥まで浄土宗の寺院が建立された。一三世紀後半には、鎌倉は急速に発展をとげ、発掘によって大量の陶磁器・土器などが確認され、武家地にまで庶民の住居が広がった様子がうかがえる。

［文献］石井　進・大三輪龍彦編『よみがえる中世3武士の都鎌倉』（平凡社、一九八九）。（関　周一）

和賀江津《わがえつ》　鎌倉時代に築造された相模《さがみ》国鎌倉郡の港。由比ヶ浜の南東に和賀江島という人工の防波堤を築かせた。現在の神奈川県鎌倉市材木座《ざいもくざ》の飯島崎一帯にあたる。貞永元年（一二三二）、勧進聖《かんじんひじり》往阿弥陀仏は、*執権*北条泰時《やすとき》の許可を得て、港の整備を進めた。建長三年（一二五一）、*鎌倉幕府は、和賀江を商業地域に指定した。建長五年（一二五三）に「和賀江津材木事」として、材木の寸法に関する法令（追加法二九七条）が出される。徳治二年（一三〇七）の時点には、和賀江に関所が置かれていた。和賀江島の維持・管理は、「忍性菩薩之例」に任せて極楽寺が執り行った。和賀江島のある飯島に到着する船からの*津料の升米《しょうまい》徴収と島修築は、極楽寺が管理した。国史跡。

［文献］石井　進・大三輪龍彦編『よみがえる中世3武士の都鎌倉』（平凡社、一九八九）。（関　周一）

福泊《ふくどまり》　播磨《はりま》国印南《いなみ》郡の港。現在の兵庫県姫路市福泊。古代からの瀬戸内海航路の要港で、飾磨津《しかまつ》と高砂の中間にあった。古代の韓泊《からのとまり》は、この付近に比定されている。鎌倉時代の正応五年（一二九二）頃、律宗の僧行円房顕尊が福泊島勧進上人となり、風浪を防ぐ島の修築事業を進め、往来の船から築料として艘別二〇〇〜三〇〇文の*津料を徴集していた。顕尊が入滅した後、その檀那で得宗被官であった*安東蓮聖《あんどうれんしょう》が事業を引き継ぎ、乾元元年（一三〇二）に築港を完成した。『峯相記』には、大石を畳み上げ、数百貫の銭財などを尽して、二町余りへ沖へ築出したと記されている。鎌倉時代末期、福泊に興福寺造営のための関所が設けられ、雑掌が升米を徴収していた。南北朝時代、古川河口に堆積した砂が波に寄せられて、泊地の島の内を埋めたため、しだいに衰微していったといわれている。文安二年（一四五五）に兵庫北関に入港した船のなかに、福泊を船籍地とする船が五隻あったことが、『兵庫北関入船納帳』に記される。

［文献］戸田芳実「播磨国福泊と安東蓮聖」（『兵庫県の歴史13』一九七五）。（関　周一）

兵庫嶋《ひょうごしま》　現在の兵庫県神戸市兵庫区の兵庫港周辺。古代は摂津《せっつ》国八部《やたべ》郡に属した。行基が整備した摂播五泊の一つ大輪田《おおわだの》泊《とまり》。平安末期に平清盛《きよもり》が経ケ島を築造し、鎌倉時代に*重源が修復した。西日本の物流の主要な中継地であり、瀬戸内海地域からの荘園年貢や商品が陸揚げされ、平氏政権のもとでの*日宋貿易の根拠地でもあった。*兵庫北関については、延慶元年（一三〇八）、東大寺が関料（*関銭）の徴収権を獲得し、それと引き替えに嶋の修固が院から命じられている。関料の徴収権の獲得は、兵庫経嶋の升米が、東大寺八幡宮に寄進されたことをさし、この升米には、上り船から石別に徴収される升米と、下り船から徴収される置石という二種の関料が含まれていた。升米・置石の管理・出納は検校所《けんぎょうしょ》が担当し、現地に関務雑掌《ざっしょう》を派遣した。その後、兵庫関をめぐる紛争が頻繁に起こり、応長元年（一三一一）、阿波《あわ》国小勢津商人徳珍法師・問丸兵庫島*鋳物師辻子《つじこ》掃部允《かもんのじょう》らが、兵庫島修固料関所に押し寄せ、関所使者神人らを打擲刃傷し、船を押し取った。また関料免除特権を主張する*大山崎油座*神人《じにん》らと、その無効を訴える東大寺との対立は長く続き、嘉暦二年（一三二七）、福泊雑掌明円《みょうえん》と良基《りょうき》が、大山崎神人と相語らって兵庫嶋へ乱入している。延応元年（延元三年、一三三八）、興福寺も徴収権を獲得したため、兵庫北に東大寺の関所、南に興福寺の関所が分立した。北関には、入船に関する『兵庫北関入船納帳』の文安二（一四四五）～三年の一年分が残り、船籍地・積載品・数量・関料・船頭・船主がわかる。室町時代、*日明貿易の拠点として栄え、遣明船や明使節が往来した。だが*応仁・文明の乱で軍事拠点となったため、日明貿易の拠点は堺に移り、兵庫は荒廃した。尚、東大寺文書のうち、兵庫関に関係するものは、『兵庫県史』史料編中世五に所収されている。

［文献］ 相田二郎『中世の関所』（畝傍書房、一九四三）、新城常三『中世水運史の研究』（塙書房、一九九四）、宇佐見隆之『日本中世の流通と商業』（吉川弘文館、一九九九）、錦 昭江『刀禰と中世村落』（校倉書房、二〇〇二）。 （関 周一）

尾道《おのみち》 備後《びんご》国の港町で、中世では瀬戸内海中央部における随一の港として栄えた。現在は、広島県尾道《おのみち》市。西国寺文書に、永保元年（一〇八一）、「備後州御調《みつぎ》郡尾道浦摩尼山西国寺由来之記」とみえるのが初見。仁安三年（一一六八）に、「御調郡内尾道村」に備後国*大田荘の倉敷地が設定された。文治二年（一一八六）、後白河法皇が大田荘を高野山金剛峯寺に寄進したことに伴い、尾道浦は、「高野山仏聖供灯運送の船津」と認識され、観音補陀洛《ふだらく》の孤岸に通じ、船師を南海の南に待つ地であるといわれた。鎌倉時代、他荘の米・塩などの年貢や商品を輸送する船も、多く寄港し、これに津料を課した。元応二年（一三二〇）、備後国守護代官らが尾道浦へ打入ったことを、金剛峯寺衆徒らが訴えている。人家や寺院が建ち並ぶ様子が、*今川了俊《りょうしゅん》『道ゆきぶり』や、応永二七年（一四二〇）に来日した朝鮮回礼使宋希璟『老松堂日本行録』に記されている。尾道には、聖徳太子の建立と伝える浄土寺がある。鎌倉末期には大田庄の預所淵信が別当だったが、永仁六年（一二九八）には奈良西大寺*叡尊の弟子定証が当寺を再興して、西大寺末となる。南北朝時代には、*後醍醐《ごだいご》天皇の勅願寺となり、*足利尊氏《たかうじ》は同寺に備後国の利生塔を置いた。室町時代の尾道は、守護山名氏の内海の拠点であり、明への輸出品である銅・刀剣が中国地方で生産されていたこともあり、宝徳三年（一四五一）・寛正五年（一四六四）派遣の遣明船の寄港地にもなっていた。応仁・文明の乱後、毛利氏の勢力が強大になるに伴い、尾道は毛利氏の直轄領となり、尾道奉行が置かれた。 （関 周一）

淀魚市《よどうおいち》 中世、山城《やましろ》国淀にあった魚市。淀は、宇治川・桂川・木津川の合流点に近く、京都の外港の役割を果たしていた。嘉元四年（一三〇六）九月の「東寺十八口供僧評定事書」（東寺百合文書ル）において、弓削《ゆげ》島からの年貢運送船に、年貢船であることを示す笠符がなかったため、東寺が淀魚市庭（市場）において年貢船を抑留したとあるのが、初見。淀の魚市は、淀川を通過する塩・相物《あいもの》を積載していた船を、年貢船以外は強制的に着岸させ、淀以外での塩市の開催を禁止して、京都に入る塩・相物の取引を独占した。商品の塩・相物については官衙の税がかけられ、その徴収が問（*問丸）に委託された結果、問が売買独占権を行使するようになった。取引された商品は京都の塩屋や、郊外の西岡《にしのおか》付近の塩座に配給され、室町時代には、西園寺家・三条西家に公事《くじ》を納めていた。永徳三年（一三八三）には、魚市問丸は、石清水八幡宮大山崎*神人《じにん》が建てようとした塩新市に反対して相論を展開し、独占権を守っている。

［文献］ 脇田晴子『日本中世商業発達史の研究』（お茶の水書房、一九六九）、豊田 武『豊田武著作集2中世日本の商業』（吉川弘文館、一九八二）、小野晃嗣『日本中世商業史の研究』（法政大学出版局、一九八九）。 （関 周一）

備前福岡市《びぜんふくおかいち》 *『一遍聖人絵伝』（『一遍聖絵』）にみえる鎌倉時代の市場。備前国福岡荘内吉井川流域に形成された。現在の岡山市一日市《ひといち》・長船町《おさふね》に比定される。東西に山陽道が通り、南北に吉井川が流れる水陸交通の要衝に位置する。正安元年（一二九九）に成立した『一遍聖人絵伝』には、福岡市において*一遍らが三人の武士と対峙している場面が描かれ、布・米・魚・備前壺などを売る掘立柱の店が道の両側に並び、吉井川を行く小船などが描かれている。南北朝時代の*今川了俊《りょうしゅん》の『道ゆきぶり』にも、福岡が町場として発展している様子を描く。戦国末期に*宇喜多秀家《うきたひでいえ》が岡山城を築いた時に、その城下町に福岡市の商人を大量に移住させ、また天正年間の吉井川の氾濫で壊滅的な打撃を受けた。

［文献］ 松山 宏『日本中世都市の研究』（大学堂書店、一九七三）。 （関 周一）

信濃伴野市《しなのとものいち》 中世、伴野荘内に開かれた市場。伴野市は、長野県佐久《さく》市跡部上町屋・下町屋地籍に比定される。千曲《ちくま》川の氾濫原にあたる河岸段丘上にあり、跡部の地は、鎌倉末期からの領家大徳寺からは、年貢が課せられない地であった。佐久市野沢に残る伴野館跡の鎌倉時代の居館比定地から跡部まで約一キロあり、市場と居館とは空間的位置を別個にしていた。伴野市は、『一遍聖人絵伝』で描かれた弘安二年（一二七九）当時は、乞食の住む場となり、牛の放牧がなされる地であった。建武二年（一三三五）当時には、二日町屋と呼ばれ、市から町場へと発展していた。この頃、二日町屋の住人として野沢原郷の百姓である円性・光重・道忍らの名がみえる。したがって、当時の伴野市は、領主による商人支配の場としては成立していなかったものと考えられる。

［文献］ 阿部 猛『中世日本荘園史の研究』（新生社、一九六七）、井原今朝男『中世のいくさ・祭り・外国との交わり』（校倉書房、一九九九）。 （関 周一）

唐人町《とうじんまち》 中世〜近世、中国人居留地に対する呼称。平安時代後期〜鎌倉時代の中国人居留地は、「唐坊《とうぼう》」「唐房」と呼ばれる。*日宋貿易の拠点であった*博多には、一一世紀後半、中国貿易商人である「博多綱首《ごうしゅ》」を中心に、多くの中国人が住むようになった。永久四年（一一一六）の「両巻疏知礼記《りょうかんそちれいき》」には、「博多津唐房」とみえ、中国明代末期の『武備志《ぶびし》』（一六二一年刊）には「大唐街」と記される。鎌倉時代初期、かつて宋人が建てた「博多百堂」の跡地に、*栄西が日本最初の禅宗寺院聖福寺《しょうふくじ》を建立し、仁治三年（一二四二）には博多綱首謝国明《しゃこくめい》によって円爾《えんに》を開山として承天寺《じょうてんじ》が建立された。現在、福岡県福岡市姪浜《めいのはま》に「当房」、同県津屋崎町に「唐防地」、佐賀県唐津市に「唐房」、宮崎県南郷町に「唐人坊」、鹿児島県川内市に「当房」、同県加世田市に「当房」「当房園」、同県垂水《たるみず》市に「当房比良」の地名があり、宋人の居留地であった可能性が高い。「唐人町」が形成されるのは、おもに戦国時代から江戸時代初期（一六世紀後半〜一七世紀初め）である。銀を求めて来日した明末の中

備前福岡市

信濃伴野市

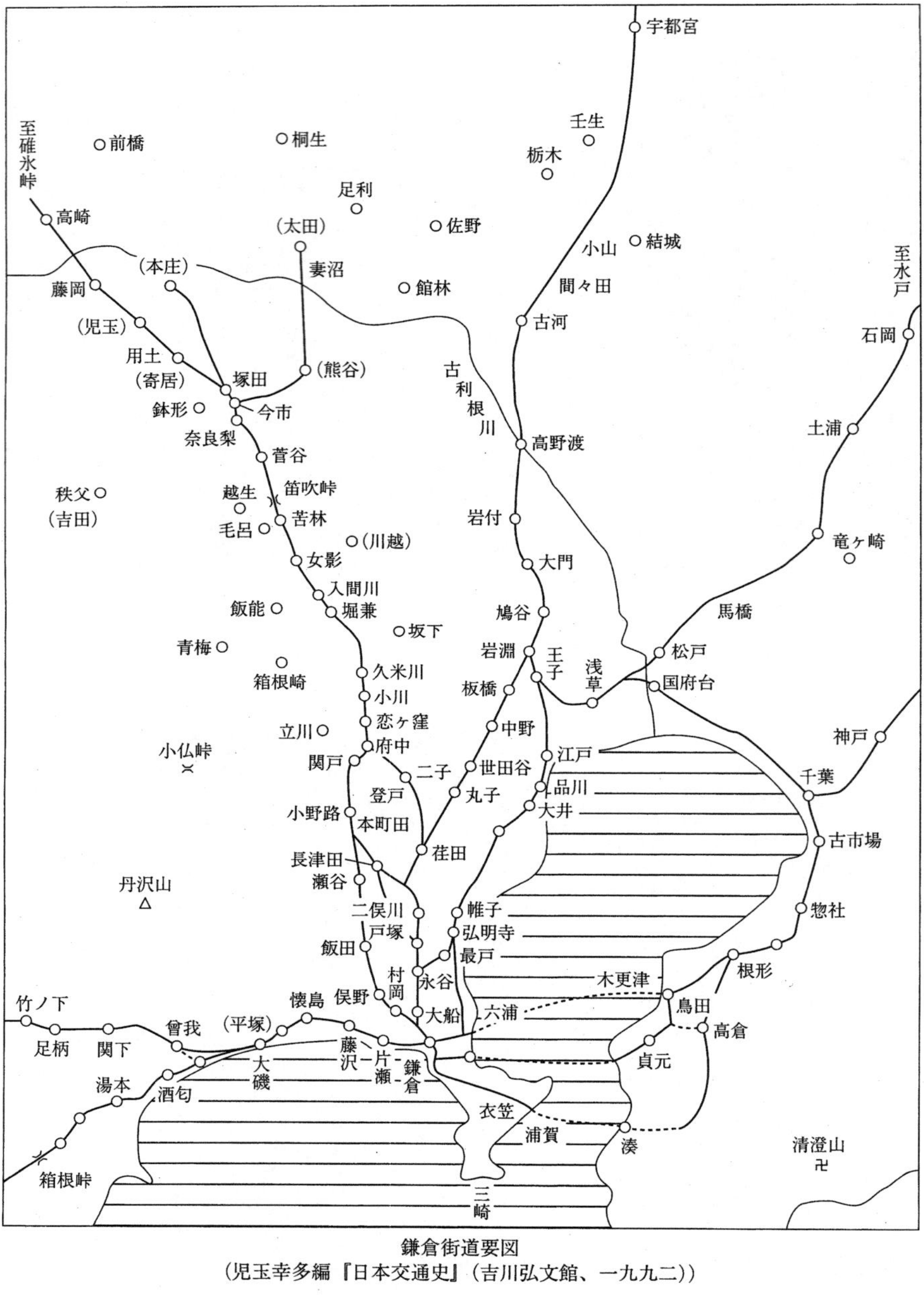

鎌倉街道要図
（児玉幸多編『日本交通史』（吉川弘文館、一九九二））

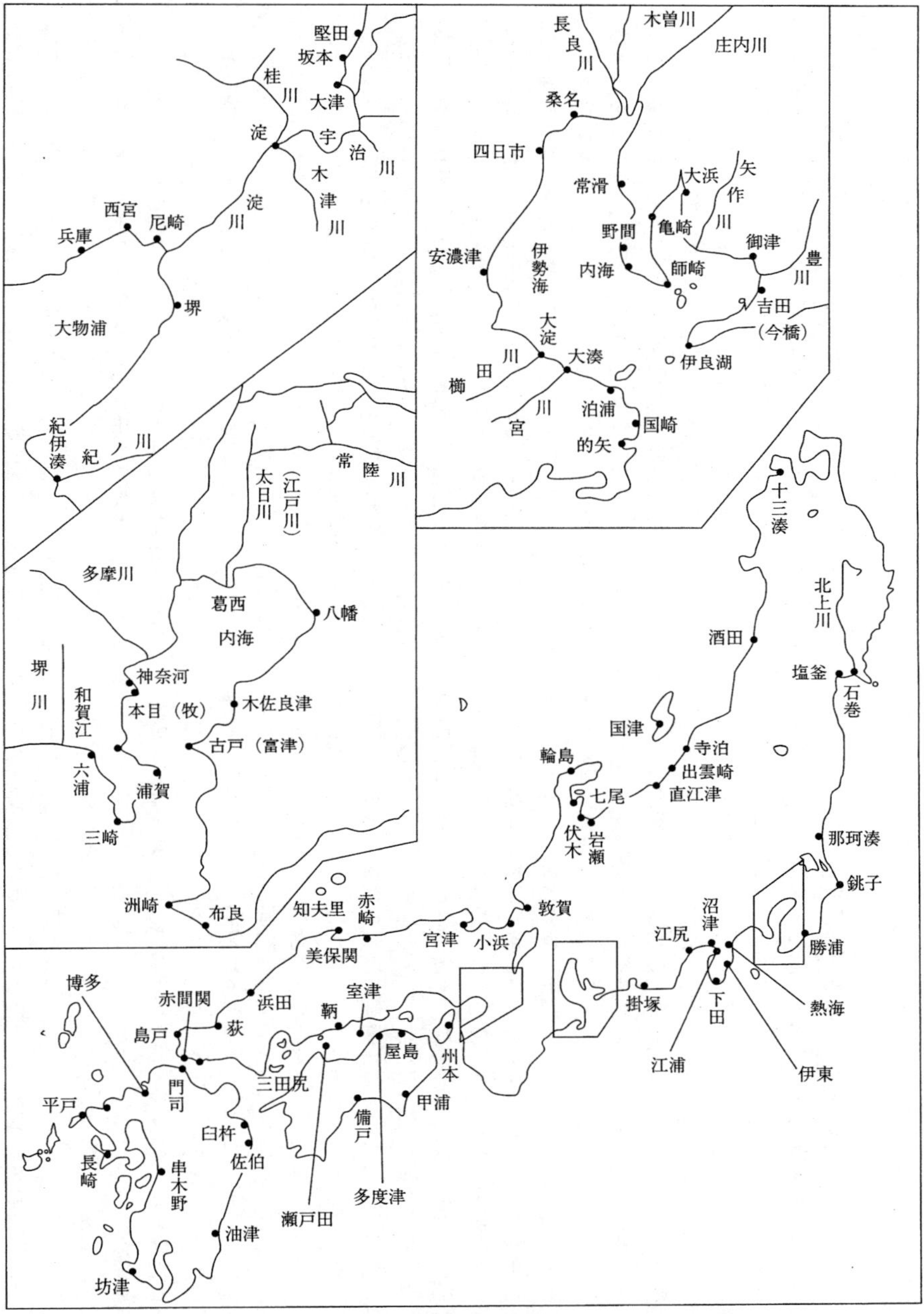

中世の主要な津（湊）

（綿貫友子「海上・水上の道を探る」（峰岸純夫・池上裕子編『新視点日本の歴史４中世編』新人物往来社、一九九三））

国人が移住してきた地域、または、*豊臣秀吉の朝鮮侵略によって連行された朝鮮人の居住地域として「唐人町」が、九州各地の城下町・港町内に形成された。

［文献］　柳原敏昭「中世前期南九州の港と宋人居留地に関する一試論」（『日本史研究』四四八、一九九九）、佐伯弘次『日本の中世９モンゴル襲来の衝撃』（中央公論新社、二〇〇三）。　（関　周一）

鎌倉街道《かまくらかいどう》　鎌倉へ通じる中世の古道の総称。鎌倉道・鎌倉往還・鎌倉古街道・鎌倉海道とも呼ばれる。鎌倉街道の名称は、近世になって成立したと考えられる。鎌倉幕府の成立に伴い、鎌倉大番勤仕・訴訟などのために鎌倉に向かう*御家人らの往来が多くなり、各地から鎌倉にいたる道が整備された。上道《かみのみち》・中道《なかのみち》・下道《しものみち》という三つの幹線道路があったものとみられる。上道は、鎌倉七口の一つの化粧《けわい》坂口を出て、境川・恩田川・多摩川沿いを北上して、武蔵《むさし》国の府中（現東京都府中市）にいたり、さらに北上して久米川宿（現東京都東村山市）、高麗川《こまがわ》・荒川・神通川をこえて上野《こうづけ》国に至る。中道は（一）上道から東に分かれて武蔵国府に至る道、（二）北上して奥州に向かう道との二説がある。（一）については、巨福呂《こぶくろ》坂口から山内（現神奈川県鎌倉市）を経て、永谷（現神奈川県横浜市戸塚区・港南区）に出て、上道へ合流する道などがある。（二）は江戸から北上して岩淵（現東京都板橋区）を経て奥州へ出る道で、奥州道ともいい、これを下道とする説もある。文治五年（一一八九）、*源頼朝《よりとも》が奥州に下る際に整備された道といわれる。下道は、鎌倉を出るところで、（一）朝比奈《あさひな》口から六浦《むつら》（現横浜市金沢区）に出て北へ向かい、弘明寺《ぐみょうじ》（現横浜市南区）にいたる、（二）中道を永谷から分かれて弘明寺にいたる道の二つがあり、その後、多摩川を渡って東へ向かい、浅草（現東京都江東区）を経て下総《しもうさ》・常陸《ひたち》へ向かう。

［文献］　児玉幸多編『日本交通史』（吉川弘文館、一九九二）。　（関　周一）

陸上交通《りくじょうこうつう》の発達《はったつ》　鎌倉時代の陸上交通は、水上交通と不可分な形で発達した。西日本では、京都を中心とする交通路が整備され、山崎・淀《よど》・鳥羽から京都へ、または大津・*三津浜・坂本から京都にいたる陸路が使用され、一一世紀には*馬借・*車借が活躍している。琵琶湖北辺の古津・今津・海津・塩津などから若狭《わかさ》の小浜《おばま》、越前の敦賀《つるが》にいたる道があり、ここでも馬借が活動している。古代の駅屋《うまや》の制度に代わって、一二世紀には川と陸路の交差する要衝などに、新たに宿《しゅく》・駅が生まれた。*鎌倉幕府は、宿・駅を体系化する政策を行った。鎌倉と京都を結ぶ東海道は、鎌倉幕府・朝廷の使節や、京都大番役などの軍役勤務、訴訟などに伴い多くの人馬が往来した。文治元年（一一八五）一一月、*源頼朝《よりとも》は「駅路の法」を定めて、伊豆《いず》・駿河《するが》以西、近江《おうみ》までの諸国において上洛する使や雑色《ぞうしき》が、「権門庄々」を論ぜず、伝馬をとって騎馬に用い、食糧を徴収することを命じた。文治五年一〇月には、駿河《するが》国麻利子一色に浪人を招き据（居）え、駅家を建立した。幕府の体制が固まるにつれて、宿・駅・橋・渡などの交通路の整備や管理は、各国の*守護に委ねられた。宿は河原に立つことが多く、多くの宿在家《ざいけ》・寺院などが集中し、傀儡《くぐつ》・遊女《ゆうじょ》らが宿に根拠を置き、宿長者・宿刀禰《とね》などに統括された。上野国世良田《せらだ》宿の大谷道海《おおやどうかい》のような*有徳人《うとくにん》も生まれた。

［文献］　新城常三『鎌倉時代の交通』（吉川弘文館、一九六七）、児

玉幸多編『日本交通史』（吉川弘文館、一九九二）。　（関　周一）

水上交通《すいじょうこうつう》の発達《はったつ》　一一～一二世紀、日本列島外との交流が活発化し、*博多には宋の商船が入港し、膨大な陶磁器や*宋銭などが流入し、*一三世紀には北条氏*得宗《とくそう》の荷を積んだ唐船も往来した。列島内では荘園公領制の成立に伴い、水上交通による物資輸送は、従来の官物に代わって各地の荘園からの年貢・公事が中心になった。*荘園の最寄りの港から、陸上交通も介して、京都・奈良などに在住の荘園領主に運ばれた。荘園領主は、荘園からの年貢・公事の輸送のため独自に津や浦を確保した。備《びん》後《ご》国*大田荘の倉敷が*尾道《おのみち》に置かれ、若狭《わかさ》国西津荘・倉見荘が遠く離れた多烏《たがらす》浦・御賀尾《みかお》浦を荘内の浦とした例がある。また在京の荘園領主は淀《よど》・鳥羽、奈良社寺は木津、伊勢神宮は大《おお》湊《みなと》、延暦寺は三津浜、日吉神社は坂本などを主要な港とした。京都への輸送コースは、従来とは変わらず、太平洋岸・瀬戸内諸国・九州の*年貢・公事《くじ》物は淀川をさかのぼり、淀または鳥羽で陸揚げされ、奈良にはさらに木津川を上り、木津で陸揚げされた。北陸道および山陰道の一部からは、越前《えちぜん》国敦賀《つるが》ないし若狭《わかさ》国小浜《おばま》までが船、それより琵琶湖北岸の塩津、海津または木津、今津まで陸送、そしてふたたび水路で大津まで運ばれた。北九州―瀬戸内海―淀川が主要な幹線航路であったが、*鎌倉幕府の成立以後は、各地から鎌倉に多くの船が集まり、鎌倉は海運の一大中心地となった。このような水上交通を担ったのは海民たちであり、有力者の中には京都・奈良の有力な権門寺社と関わりをもつ者がいた。一二世紀以降、各地で交易を行う廻船が活躍し、蔵人所灯炉*供御人《くごにん》のうち左方*鋳物師《いもじ》は廻船鋳物師といわれ、和泉の堺津を一つの起点とし、廻船によって鉄・鉄器物を広く諸国で交易した。有力な海民は、天皇家・大社寺などと結びついて、供御人・*神人《じにん》・*寄人《よりうど》などと呼ばれ、諸国の関・渡・津・泊における*津料・関料（関銭）を免除されて自由に航行する特権を保証され、廻船人と呼ばれた。

［文献］　徳田釼一『増補中世における水運の発達』（巌南堂、一九六六）、豊田　武『豊田武著作集3中世の商人と交通』（吉川弘文館、一九八三）、網野善彦『日本中世の非農業民と天皇』（岩波書店、一九八四）、児玉幸多編『日本交通史』（吉川弘文館、一九九二）、新城常三『中世水運史の研究』（塙書房、一九九四）、綿貫友子『中世東国の太平洋海運』（東京大学出版会、一九九八）。　（関　周一）

（四）　中世の年中行事

四方拝《しほうはい》　一年の最初の年中行事。正月元日早朝に、天皇が清涼殿の東庭でその年の属星《ぞくしょう》（北斗七星のうち生年にあたる星）の名を唱え、天地四方、山陵を拝して、一年の災いを払い、天子の位が長く続くことを祈る儀式。成立は嵯峨朝説と宇多朝説の二説があり定かではない。儀式次第は、まず天皇が正装である黄櫨染《こうろぜん》の袍《ほう》を着て、清涼殿東庭に屏風を立ててその中で御拝する。御拝の座は三所あり、属星、天地・四方、山陵の順に敬拝する。属星を拝する際には、北向して七度属星の名を唱え、その後呪文を唱える。『内裏儀式』によれば、この呪文は、「賊寇の中、過度我身、毒魔の中、過度我身…」とあり、このような呪文は中国や朝鮮の陰陽思想の影響を受けたものであるとみられる。摂関期になると摂関家でも行われ、室町時代にも内裏、仙洞御所、摂政大臣家で行われた。庶民の間にも広まるが、応仁の乱で一時廃絶し、文明年間に再興されたことが古記録にみえる（*『実隆公記』、『親長卿記』文明七年（一四七五）正月一日条）。

［文献］ 山中　裕『平安朝の年中行事』（塙書房、一九七二）。

（浜田久美子）

歯固《はがため》 正月元日から三日まで、長寿を祈るため天皇に大根、瓜などの食物を供える儀式。『西宮記』では、「供御薬《みくすりをくうず》」。儀式の中で天皇に供する屠蘇《とそ》や白散《びゃくさん》、度嶂散《どしょうさん》といった御薬と一緒に、大根・瓜・串刺《くしさし》・押鮎《おしあゆ》などの歯固のための食物を奉ることになっている。これら歯固に用いる食物は『延喜内膳式』に規定されているが、歯の根を固めて強くするためのもので、中国で元旦に「膠牙餳《こうがとう》」という固い飴を食べる風習に由来する。室町時代以降は餅鏡も含まれたようで、『江家次第』までは七膳であったのが*『建武年中行事』では八膳となっている。儀式次第は、天皇が清涼殿の昼御座《ひのおまし》に出御し、采女《うねめ》、女蔵人《にょくろうど》を経て陪膳の典侍により供された歯固と屠蘇が天皇に供進されるという内容である。成立は、『延喜内膳式』や『西宮記』が歯固について記されている初期の史料であることから、一〇世紀以前にはさかのぼらないとみられる。

［文献］ 石村貞吉『有識故実上』（講談社学術文庫、一九八七）。

（浜田久美子）

屠蘇《とそ》 白朮《はくしゅつ》・菝葜《ばっけい》・蜀椒《しょくしょう》・桂心・大黄《だいおう》・烏頭《うず》・防風・桔梗を調合した霊薬。「供御薬《みくすりをくうず》」儀式で天皇に供する御薬の一つ。「供御薬」儀とは、一二月晦日に御井《みい》に漬した薬を元旦に典薬寮《てんやくりょう》官人が取り出して正月三日まで天皇に奉る行事で、『延喜典薬式』には、屠蘇のほかに白散《びゃくさん》や度嶂散《どしょうさん》、千瘡萬病膏がみえる。典薬寮で作成されたこれらの御薬は『儀式』によれば暖めた酒と混ぜて、薬司の女童（薬子）が嘗めた後、天皇に供される。屠蘇を飲む習慣は、元旦に飲めば疾病を予防するという中国の『四民月令《しみんがつりょう》』や『荊楚歳時記《けいそさいじき》』などにみえる風習を模倣したものとされる。「供御薬」儀の成立は嵯峨朝の弘仁年間といわれるが、『内裏式』や『儀式』にあるように、当初は一二月晦日の年中行事で、「進御薬」儀と記されていた。一〇世紀になると、正月の行事として『延喜典薬寮式』や『西宮記』に記され、歯固とともに元旦から三日まで天皇に奉られる儀式となった。

［文献］ 新村　拓『古代医療官人制の研究』（法政大学出版会、一九八三）、井上　亘「供御薬立制史考証」（『日本古代の天皇と祭儀』吉川弘文館、一九九八）。

（浜田久美子）

若水《わかみず》 立春の日の早朝に生気《しょうげ》の方角（陰陽道でいう吉の方角）にある井戸から汲んだ水を主水司《もいとりのつかさ》が天皇に献じる儀式。立春とは一年を二四等分に分けて季節の目安とした「二十四《にじゅうし》節気《せっき》」の正月節のことで、一二月一五日から正月一五日の間にあたる。陰陽道《おんみょうどう》では立春以後を新年とすることが多いことから、若水とは新年の新鮮な水を意味する。『延喜主水式』によれば、若水を汲む井戸は宮中もしくは京内の一つを選び、前年の一二月土用の日に牟義都首《むぎつのおびと》がこれを祭り、立春の日の朝、若水を汲んだ後は使用しないことになっている。また、『江家次第』には、汲まれた若水は御厨子所《みずしどころ》を経て、台盤所《だいばんどころ》の女房により清涼殿の朝餉間《あさがれいのま》で天皇に献上されることがみえる。『栄花物語』若水の巻では元旦の水を若水としており、正月元旦の早朝に汲んだ水を若水と称することもあったようである。江戸年中行事表―『建武年中行事』を中心に―

【一月】
元日　四方拝・御薬供・小朝拝・元日節会
二日　二宮大饗
三日頃　吉書奏
五日　叙位
七日　白馬節会
上卯日　卯杖
八日～十四日　真言院御修法・大元帥法（八日～十四日）
十一日～　県召の除目
十四日　御斎会内論義・踏歌節会（女踏歌は十六日）
十五日　供御粥
十六日　踏歌の節会
十七日　射礼

【二月】
四日　祈年祭
上申日　春日祭
上丑日　園韓神祭
上卯日　大原野祭
上丁日　釈奠
二月中　祈年穀奉幣

【三月】
三日　御灯
中午日　石清水臨時祭

【四月】
一日　更衣・旬
上申日　平野祭
上酉日　梅宮祭
四日　広瀬・竜田祭
七日　擬階奏
上卯日　大神祭
八日　灌仏会
中酉日　賀茂祭
中子日　吉田祭

【五月】
三日　献菖蒲
五日　献薬玉

【六月】
一日　忌火御膳
一日～八日　御贖物
十一日　月次祭・神今食
十四日　祇園会
晦日　節折・六月祓

【七月】
四日　広瀬・竜田祭
七日　乞巧奠
七月中　祈年穀奉幣

【八月】
四日　北野祭
上丁日　釈奠
十五日　放生会
十六日　駒牽

【九月】
三日　御灯
九日　重陽の宴
十一日　例幣
九月中　不　田の奏

【十月】
一日　更衣
初亥日　亥子餅

【十一月】
一日　忌火の御膳・御贖物
上申日　春日祭
上卯日　宗像祭
上巳日　山科祭
上申日　平野祭・杜本祭・当麻祭
上酉日　率川祭・梅宮祭・当宗祭・中山祭・松尾祭
中子日　大原野祭
中丑日　園韓神祭
中申日　吉田祭・日吉祭
中寅日　鎮魂祭
中丑日　五節の帳台試
中卯日　新嘗祭
中辰日　豊明の節会
下酉日　賀茂臨時祭

【十二月】
一日　忌火の御膳・御贖物
十日　御体の御卜の奏
十一日　神今食
十二月中　内侍所の御神楽・司召の除目
十九日～二十一日　御仏名
十二月中　荷前
晦日　追儺・節折

時代以降は、正月元旦の水を若水とし、現在でも若返る水として元旦に汲まれる習慣がみられる。

［文献］ 中村義雄『魔よけとまじない―古典文学の周辺―』（塙新書、一九七八）、和田 萃『日本古代の儀礼と祭祀・信仰 中』（塙書房、一九九五）。（浜田久美子）

吉書奏《きっしょのそう》 吉書とは、物事が改まる後に初めて奏覧される文書。これを年始や代始、改元などに際して天皇に奏聞する儀式が吉書奏といわれる。*『建武年中行事』では弁官・蔵人による官奏の吉書奏と、大臣による政始《まつりごとはじめ》の吉書奏とで項目が分けられている。弁官・蔵人による吉書奏は、正月二日、三日中に清涼殿昼御座《ひのおまし》にて行われる。弁官や蔵人は吉書を文杖《ふづえ》に挟み、清涼殿弘廂にある年中行事御障子《ねんじゅうぎょうじみしょうじ》のもとから孫廂に進み、御座の南の間に跪いて奏聞する。一方、政始の吉書奏は正月九日の政始の際に大臣が奏聞する。『御堂関白記《みどうかんぱくき》』や『中右記《ちゅうゆうき》』など一一世紀の記録には官奏としての吉書奏がみえるが、これが政始の吉書と区別されるようになった正確な時期は明らかではない。中世以降、武家でも将軍の代始に政始の儀式が行われるようになり、*室町幕府では吉書始が年首恒例として儀礼化した。毎年正月二日の管領邸御成始《かんれいていおなりはじめ》の際に神事・農桑・乃貢の三カ条を記し将軍の御判を据えて関東七カ国に下す「三カ条吉書」が室町時代の代表的吉書とされた。

［文献］ 中野豈任『祝儀・吉書・呪符―中世村落の祈りと呪術―』（吉川弘文館、一九八五）、和田英松『新訂建武年中行事註解』（講談社学術文庫、一九八九）。（浜田久美子）

白馬節会《あおうまのせちえ》 正月七日に天皇が紫宸殿《ししんでん》に出御して、左右馬寮が二一疋の白馬を牽いて南庭を渡るのを御覧になる儀式。白馬御覧の後に群臣に宴が賜わられる。「白馬」と書いて「あおうま」と読む理由は諸説あり定かではないが、「白馬」と書くようになったのは一〇世紀の村上天皇の頃でそれ以前は「青馬」であった。中国で青毛（葦毛の馬か。五行思想では青は春の色である）の馬を歳首にみるとその年の邪気を除くとされる風習が日本に伝わったものとみられる。正月七日は雑令に規定された節日とされており、奈良時代から宴が行われていた。宴の間に青馬がみられるようになるのは、『万葉集』巻二〇の天平宝字二年（七五八）大伴家持《おおとものやかもち》の「水鳥の鴨の羽色の青馬を今日見る人はかぎりなしといふ」という歌が初見であり、九世紀初めに年中行事として整備された（当初は豊楽院で行われた）。一〇世紀になると、節会停止の際も白馬の御覧は行われ、次第に宴会と切り離され正月七日が白馬御覧の儀となっていった。中世になると次第に衰え応仁の乱以後一時行われなくなるが、近世に再興し恒例となった。その後明治初年に廃絶した。

［文献］ 倉林正次『饗宴の研究』儀礼編（桜楓社、一九六五）、中田武司『白馬節会研究と資料』（桜楓社、一九九〇）。（浜田久美子）

人日《じんじつ》 七種《ななくさ》とも。五節供の一つで、正月七日に年中の邪気を避けるために七種の粥を食べる行事。『荊楚歳時記《けいそさいじき》』にみえる七種類の若菜を羹《あつもの》にして食べ邪気を払うという中国の行事に由来する。「人日」という名称も一日から六日までは獣畜を占い、七日には人を占うという中国の古俗に拠る。平安時代には、正月上子日《かみねのひ》に七種類の若菜を天皇に献上する「供若菜《わかなをくうず》」儀が行われていた。これが次第に中国の風習と合わさって七種粥に転じたと考えられるが定かではない。七種の種類が確定されたのは鎌倉時代初期とされ、『河海抄《かかいしょう》』に薺《なずな》・繁縷《はこべら》・芹《せり》・

菁《すずな》・御形《ごぎょう》・須々之呂《すずしろ》・仏《ほとけ》の座《ざ》と記されている。現在の春の七草を入れた七草粥を正月七日に食べる風習は、室町時代を起源とするものである。

〔文献〕中村義雄『魔よけとまじない—古典文学の周辺—』（塙新書、一九七八）。　（浜田久美子）

御修法《みしほ》　真言院《しんごんいん》御修法《みしほ》、後七日御修法《ごしちにちのみしほ》、後七日法《ごしちにちのほう》などともいう。正月八日から一四日まで宮中真言院において玉体安穏と鎮護国家を祈念して行われた密教の修法。真言院は大僧都空海《くうかい》の申請により仁明天皇の承和元年（八三四）に大内裏中に勘解由使庁を改めて建てられた。御修法の開始は翌年の承和二年で、以後恒例化し東寺長者が修法の大阿闍梨《だいあじゃり》を務めた。天皇が自ら出御し加持《かじ》を受けるが、その作法は平安末期の『御質抄《ごしちしょう》』や『後七日御修法由緒作法《ごしちにちのみしほゆいしょさほう》』（いずれも『続群書類従』釈家部所収）、『御修法記《みしほき》』（永観文庫蔵）などに多く残されている。『年中行事絵巻』巻六には、真言院の正面に五大尊の仏画を、外壁には十二天画像を、五大尊の仏画の左右に金剛界《こんごうかい》と胎蔵界《たいぞうかい》の曼荼羅《まんだら》を掛けてその前に壇を据えている図がみえる。御修法は中世以降中絶と復興を繰り返しながら、現在も教王護国寺（東寺）灌頂院において続けられている。

〔文献〕『週刊朝日百科日本の国宝　京都教王護国寺（東寺）二』（朝日新聞社、一九九八）。　（浜田久美子）

太元帥法《たいげんのほう》　「帥」の字を読まないのが例である。正月八日から一四日まで鎮護国家のために行われる真言宗の秘法。太元《たいげん》帥明王《みょうおう》を本尊とする。承和の遣唐使とともに入唐した常暁《じょうぎょう》（?—八六六）により日本に将来され、承和七年（八四〇）に山城国宇治郡法琳寺《ほうりんじ》（小栗栖《おぐりす》寺）に太元帥霊像を安置することが許されたことを始まりとする。宮中では常寧殿《じょうねいでん》で行われ、仁寿二年（八五二）以降は、毎年宮中と法琳寺で修された。『延喜玄蕃式』には治部省で修法することが規定されている。国王のためにだけ行われる秘密の呪法とされ、また「外国に備え修するところの秘法」（『年中行事秘抄』）ともみえるように、逆心を退け国の怨敵を降伏させる調伏法としての効果が宣伝され、正月の恒例行事のほかにも祈雨や天変怪異、また貞観年間の新羅海賊襲来の際や承平・天慶の乱における凶賊調伏の際にも修され霊験があった。藤原伊周《ふじわらのこれちか》（九七三—一〇一〇）が失脚した理由の一つに私的に太元帥法を修したことがあげられるように、天皇のための呪法であるという性格が強調されている。

〔文献〕佐藤長門「太元帥法の請来とその展開—入唐根本大師常暁と第二阿闍梨寵寿—」（『史学研究集録』一六、一九九一年三月）。　（浜田久美子）

小松引《こまつびき》　正月初子日に野辺に出て小松を引いて祝い遊ぶ風習で、若菜摘みとともに行われ、子日遊《ねのひのあそび》ともいう。小松は常緑であることから長寿の木とされ、貴族の邸宅の庭などに植え付けることもあった。子日遊は山に登り四方を望むことで邪気をはらうという中国の風習に拠るとされるが、それ以前から春の野遊びが行われており、日本の民間習俗と中国の風習の融合したものと考えられる。古代においては朝廷で宴を行うのみであったが、一〇世紀初め、宇多・醍醐天皇のころから貴族が柴野や北野で野遊びをすることが行われるようになった。『源氏物語』（初音の巻）、『栄花物語』（一、月宴の巻）など多くの古典や古記録などに小松を引くことがみえる。

［文献］ 池田亀鑑『平安時代の文学と生活』（至文堂、一九七七）。
（浜田久美子）

七草粥《ななくさのかゆ》　正月一五日に主水司《もいとりのつかさ》が七種粥を宮廷に献上する儀式。『小野宮年中行事』所引の「弘仁主水式」にすでにみえることから、九世紀初めの嵯峨天皇の頃から行われたとみることもできる。『延喜主水式』に規定される「七種御粥料」には、米、粟《あわ》、黍《きび》、稗子《ひえ》、葟子《すみれ》（すみれ）、胡麻子《ごま》、小豆《あずき》がみえることから、これら七種類の穀類で粥をつくったのであろう。『建武年中行事』には、「わかき人々、杖にてうちあふ事あり」とあるように、粥を焼いた木を削って杖としたものを「粥杖《かゆづえ》」と呼び、これで女房の尻を打てば男子を産むという言い伝えがあった。粥杖は『枕草子』や『狭衣物語』にもみえる。中国の故事による説と日本の民間風俗が朝廷の儀になったという説の両方がある。
［文献］ 山中　裕『平安朝の年中行事』（塙書房、一九七二）、和田英松『新訂建武年中行事註解』（講談社学術文庫、一九八九）。
（浜田久美子）

卯杖《うづえ》　正月上卯日に邪気を祓う呪いとして用いた祝杖《いわいづえ》を六衛府などが天皇、東宮、皇后らに献上する儀式。中国の剛卯《ごうぼう》杖という風俗にならう。初見史料は『日本書紀』持統三年に大学寮が杖八〇枚を献上した記事であるが、平安時代以降は諸衛府が献上するのが恒例となっている。摂関期が最盛期であるようで、儀式書や古記録、文学作品にも多くみえる。*『建武年中行事』によれば、作物所《つくもどころ》が「生気方《しょうげのかた》（＝吉方）の獣」の姿の杖を調進したという。『延喜左右兵衛式』に、杖は桃や梅の木でつくり長さは五尺三寸（約一六〇センチ）であることが記されており、実際に正倉院宝物には天平宝字二年（七五八）正月に孝謙天皇が使用した卯杖があり長さは一五九センチである。なお、同日に中務省の糸所より宮中に献上される卯槌《うづち》にも邪気を祓う意が込められている。
［文献］ 中村義雄『魔よけとまじない―古典文学の周辺―』（塙新書、一九七八）、石村貞吉『有職故実　上』（講談社学術文庫、一九八七）。
（浜田久美子）

田遊び　田畑の耕作始めの儀礼として正月に行われる行事。御田《おんだ》、春日打、お田植祭などとも呼ばれる。稲作を中心とした農業生産過程を模擬的に演ずることでその年の豊作を祈願する予祝《よしゅく》神事である。演技に付随して詞章や歌謡がうたわれるため田楽《でんがく》の前型とする説もある。「田遊」という語は『建久三年（一一九二）皇太神宮年中行事』（『続群書類従』神祇部所収）が初見であり、ほかに貞和五年（一三四九）の三河国猿投《さなげ》神社の『年中祭礼記』（太田正弘編『愛知県史料叢刊』一九六八）などにみえる。民俗行事であり史料にあまり現れない性格の行事であることから、その成立は鎌倉期とされるが定かではない。成立の背景には鎌倉幕府の所領に対する勧農政策があったとも、富豪層の胎動や中世村落の形成があったともいわれる。現在は東京都板橋区の徳丸《とくまる》、下赤塚《しもあかつか》や東海地方などで行われている。
［文献］ 新井恒易『農と田遊の研究』（明治書院、一九八一）、黒田日出男『日本中世開発史の研究』（校倉書房、一九八四）。
（浜田久美子）

左義長《さぎちょう》　三毬杖《ぎっちょう》、三毬打などとも書く。正月一五日の打毬《だきゅう》に用いる毬杖を三つ立てて焼く行事。毬杖は今日のホッケーのような遊びで『年中行事絵巻』にも描かれている。卯杖《うづえ》と同様神の依代《よりしろ》である年木《としき》とされ、また神聖な火をつくりだすものとされた。*『徒然草』一八〇に「正月打ちたる毬丁《ぎっちょう》を真言院より神泉苑へ出でて焼き上ぐる也」とあり、鎌倉時代に成立した行事とみられる。宮中では、清涼殿東庭で一五日に吉書や扇子、短冊を三毬杖に結びつけて焼き、一八日には大三毬杖を焼くことが行われた。武家や民間にも流行し、現在でも正月飾りを焼く「どんど焼き」などと称して各地で小正月の火祭として行われている。（浜田久美子）

［文献］遠藤元男、山中 裕編『年中行事の歴史学』（弘文堂、一九八一）。

射礼《じゃらい》 正月一五日から一八日まで天皇臨席のもと豊楽院や建礼門の前庭で行われた皇族や官人が弓を射る行事。「大射」として雑令にも規定され、奈良時代から行われていた。『内裏式』『儀式』『西宮記』『北山抄』『江家次第』など多くの儀式書にみえるが、中世には建礼門前における衛府の射の儀式となり、天皇の出御や親王、五位以上の射がなくなるように儀式の内容は少しずつ変化している。正月一五日には兵部手番《ひょうぶてつがい》という射手を選抜する調習が行われ、選抜された射手により一七日に天皇臨御のもと射礼が行われ、成績により禄が賜わられた。もし射終わらぬ射手がいたら「射遺《いのこし》」として翌一八日に射ることもあった。一八日は余興として賭弓《のりゆみ》が行われた。賭弓は内裏の弓《ゆ》場殿《ばどの》で左右近衛、兵衛に分かれて射の的中を競い、勝方には禄が賜わられ負方は罰酒を行った。賭弓は鎌倉期になるとほとんど記録に現れなくなるため、行われなかったとみられる。このような射礼は中国の影響を受けて成立した。

［文献］大日方克己『古代国家と年中行事』（吉川弘文館、一九九三）。（浜田久美子）

山口祭《やまぐちさい》 「やまぐちまつり」ともいう。もとは狩人や山仕事をする人が山の入り口で山の神を祭り、行動の安全や立ち入りの許可、そして獲物が豊かなことを祈願した儀礼である。山の入り口にある大木や岩石を山の神の座に見立て、そこに柴を折って挿し、酒などを注いで祈った。年中行事としての山口祭は、正月四日に春の山仕事の始まりを告げる儀礼として行われた。これは、農作業の開始を意味する予祝の農耕儀礼である。中世の荘園においては、山口祭が恒例化するとともに、住民側の慣習的な神事ではなく、領主支配のための法の中に編成されていった。（真瀬涼子）

［文献］木村茂光「暦―中世の生活空間―」（戸田芳美編『中世の生活空間』有斐閣、一九九三）。

祈年祭《きねんさい》 「としごいのまつり」ともいう。*『養老令』神祇令に、「仲春祈年祭」と記載してある。陰暦二月四日が祭日で、年穀の豊穣と国家の安寧を祈った。六月と一二月の*月次祭、一一月の*新嘗祭とともに国家祭祀のなかで最も重んじられた。とくに祈年祭は、班幣する対象が『延喜式』神名帳所載の官社すべてであり、全国から祝部が参集して、神祇官で班幣される。平安時代に入ると、厳正に行われなくなり、鎌倉時代には、式が延引されることもあった。文明以降は途絶し、元禄年間（一六八八―一七〇四）に再興が企てられたが実現せず、明治二年（一八六九）に再興された。しかし、第二次世界大戦後、再び途絶した。（真瀬涼子）

［文献］井上光貞『日本古代の王権と祭祀』（東京大学出版会、一九八四）。

田《た》の神祭《かみまつり》　村の田の神祭は、定まった神殿や日時に行われるものではなく、稲作の進行に従って、一年間の節目ごとに行われた。それは、年頭の予祝に始まり、苗代の*水口祭、田植祭、病虫害や風害を封ずるための呪的な行為、収穫祭と続いて、田の神に稲の豊穣を祈願した。この田の神について、山の神が春に里へ下り、田の神となって稲を守護し、秋にはまた山に帰るという伝承が、全国的にみられる。記紀には「宇迦之御魂《うがのみたま》」・「豊受大神《とようけのおおかみ》」・「大歳神《おおとしのかみ》」という名がみえるが、古代人は、これらを稲魂や稲を司どり守護する神、穀物を産み育てる産霊《むすび》の神と考えていたとされる。

［文献］　柳田國男「田の神の祭り方」(『定本柳田國男集13』筑摩書房、一九六九)。　(真瀬涼子)

釈奠《せきてん》　「しゃくてん」「さくてん」ともいう。孔子とその弟子(十哲)を儒教の先聖・先師として祀る、大陸渡来の儒教儀礼。古代の大学寮や近世の林家聖堂(孔子廟)・藩校での重要行事であった。『大宝令』学令に、二月と八月の上旬の丁《ひのと》の日に大学寮で行うとの規定がある。『延喜式』によると、祭儀の中心は、大学寮で孔子およびその十哲の画像に酒食を供えて、大学頭が呪文を読み、参拝者が拝礼することである。平安時代になると、儒教祭祀としての性格は後退していき、一般的な公家行事としての性格が強まっていった。そのため、治承元年(一一七七)の大火による大学寮退転後も廃絶することなく、一五世紀まで存続した。

［文献］　弥永貞三「古代の釈奠について」(坂本太郎博士古稀記念会編『続日本古代史論集 下』、吉川弘文館、一九七二)。　(真瀬涼子)

氏神祭《うじがみさい》　「うじがみまつり」ともいう。古代では、氏神は氏全体の護り神として一族を挙げて祀った神である。しかし、もとは必ずしもその祖神とはされていなかった。平安後期から鎌倉時代にかけて、律令制の崩壊とともに、氏族の結束に変化が起こった。それにより、住む土地を同じくする人びとの間にも同族的結束が生まれ、その土地の守護神を氏神とした。氏神祭では、氏神に一年の稲作の豊穣を祈った。氏神祭は春の二月または夏の四月、秋は一一月に行われ、氏の長者たる氏の上を中心に、氏人が氏神を祀り、豊作を祈った。中世では、名主層を中心に座が結成され、村の氏神の祭祀を維持し、水利権など社会的経済的特権をも掌握する宮座組織が発達した。

［文献］　萩原龍夫『中世祭祀組織の研究』(吉川弘文館、一九六二)。　(真瀬涼子)

春日祭《かすがさい》　「かすがまつり」ともいう。藤原氏の氏神である奈良市春日大社の例祭。祭日は明治一九年(一八八六)から、三月一三日になった。勅祭としての春日祭の創始は、平安時代前期とされ、二月と一一月の上申日に行われた。しかし、それ以前からも春日山を神体山とする信仰があったことが推定される。『儀式』によれば、平安前期の式次第は、春日斎女たる藤原氏の女が中心になって神宝奉幣を行うものであった。平安末期には、春日若宮が創建され、若宮おん祭りが始まった。中世後期には、興福寺が祭使らに献資して、参向を乞うこともあった。戦乱が激しいために春日社の遂行が困難になり、社家に託される場合もあった。

［文献］　上田正昭編『春日明神』(筑摩書房、一九八七)。　(真瀬涼子)

巳《み》の日《ひ》の祓《はらえ》 「上巳《じょうし》の祓《はらえ》」ともいう。三月のはじめの巳の日に、川や海などの水辺に出て、邪気を除くための、禊《みそぎ》や祓《はらえ》を行い、宴会を催す行事。『大宝令』雑令では、三月三日が節日となっている。もとは中国に由来し、招魂の意味も含まれていたが、日本ではそのようなことはなく、祓の思想と結びついて発展した。祓の道具である贖物《あがもの》として人形《ひとがた》が用いられ、水辺に流した。この祓の人形と幼女の遊びとしての人形が結びついて、後の雛人形となった。祓の人形は中世以降、豪華なものになって、流し雛だけではなく、飾り雛も出てきた。江戸時代になって、雛壇をつくり、それを飾る雛祭となっていった。

［文献］ 山中 裕『平安朝の年中行事』（塙書房、一九七二）。 （真瀬涼子）

曲水《ごくすい》の宴《えん》 「きょくすいのえん」「めぐりみずのとよのあかり」とも。また、「流觴曲水《りゅうしょうきょくすい》」ともいう。陰暦三月上巳の日、または三月三日に、曲がりくねって流れる水の辺りに座し、水に酒盃を浮かべて、流れてくる盃が、自分の前を通り過ぎる前に詩歌を詠じる行事。古代中国で河水において禊祓《けいふつ》を行う水辺の行事が遊宴化したものとされる。文献上の初見は『日本書紀』顕宗一年三月二日条である。平安時代には、天皇が清涼殿に出御して行われた。摂関時代には、私邸で催され、藤原道長邸での宴（『御堂関白記』寛弘四年条）、藤原師通の六条邸での宴（『後二条師通記』『中右記』寛治五年条など）が著名である。

［文献］ 山中 裕『平安朝の年中行事』（塙書房、一九七二）。 （真瀬涼子）

水口祭《みなくちまつり》 稲作神事の一つ。苗代祭ともいう。旧暦二月頃、苗代田に種籾を播くとき、水田への取水口である水口に土を盛って、幣や季節の花、木の小枝を立てて、神酒や焼米を供えた。この焼米は、種籾の残りである。そうして田の神を祀り、一年の豊作を祈った。そこには、苗代の完成と、早苗を取り、無事田植が行えることへの感謝の気持ちが込められていた。木の枝を田の中に立てるところもあるが、それは神の依り代の意味を持つものである。焼米は、鳥がこれを啄ばんで田の苗を食べないように、との祈りが込められたものであった。

［文献］ 柳田國男「田の神の祭り方」（『定本柳田國男13』筑摩書房、一九六九）。 （真瀬涼子）

更衣《ころもがえ》 「衣替」「衣更」とも。季節に応じて、衣服および調度を替えること。平安時代、四月一日と、一〇月一日を更衣の日とした。四月一日卯刻より、宮中では、掃部寮によって清涼殿と各殿舎の更衣が行われた。御帳を夏物に替え、壁代を撤去し、畳や燈籠の綱などを新しくした。室内の調度も夏の物となる。衣服も、小袖から袷に替え、夏の装束となった。一〇月一日には、これとは逆に、冬装束となる。その日の午後、内裏において更衣の宴が行われ、四月は扇、一〇月は氷魚を賜った。室町時代になると、四月一日に綿入れを袷に替え、五月五日から帷子を着た。そして九月一日に袷になり、九月九日から綿入れを着用した。江戸時代には民間にも普及した。 （真瀬涼子）

灌仏会《かんぶつえ》 「仏生会《ぶっしょうえ》」「誕生会《たんじょうえ》」「降誕会《こうたんえ》」「竜華会《りゅうげえ》」ともいい、現在は「花祭り」という。陰暦四月八日に、釈迦誕生の像を洗浴する儀式。中国でも古くから行われていた、日本での文献上での初見は『日本書紀』推古天皇十四年四月条であるが、平安初期から宮中で行事として行われている。『西宮記』『江家次第』

によると、清涼殿において、昼御座を撤去し、そこに誕生仏を台とともに据え、花を飾った。そして、香で作った五色の水を、導師が讃嘆し、誕生仏に潅仏した。ついで王卿・女房が続く。一般の社寺や諸社でも広く行われ、また、民間の行事になった。中世では、五色の香水を混ぜて潅仏した。

［文献］山中　裕『平安朝の年中行事』（塙書房、一九七二）。

（真瀬涼子）

賀茂祭《かものまつり》　京都の賀茂別雷神社（上社）、賀茂御祖神社（下社）で四月中の酉の日に行われる例祭。葵祭とも称した。伝承によれば、鴨川の神である賀茂神を祭る祭祀であり、平安以前より存在した。平安時代になって、都が平安京になると、賀茂神社に内親王が斎院として奉られ、王城鎮守の祭祀として、国家より重視された。祭に先立って斎院の禊が行われる。そして当日、宮中で幣帛を賜り、斎院が、多いときには四〇〇名近くになった行列を引き連れて、まず下社、次に上社に参詣して奉幣した。後鳥羽天皇のときに斎院は廃された。応仁の乱の後、二〇〇年ほど中絶したが、元禄七年（一六九四）に再興された。明治一七年（一八八四）の祭日が五月一五日に改められた。

［文献］三宅和朗『古代の神社と祭り』（吉川弘文館、二〇〇一）。

（真瀬涼子）

端午《たんご》の節会《せちえ》　五月五日に行われる節供で重午・重五などともいう。三節供や五節供の一つとして各時期・各階層・各地域で重視された。奈良時代より中国から伝って始まった。元は騎射や走馬・相撲を行って兵を調練することに主眼が置かれていたが、儀式として分離していった。平安時代には薬玉《くすだま》（続命《しょくめい》縷《る》）を献じる儀が残る程度となり、鎌倉時代末期に宮廷行事は停廃した。しかし、前日や同日に行われた殿舎に菖蒲を葺いたり、瓜を献じる儀は混同して残存した。中世には貴族のみならず武家や民間にいたるまで浸透し、とくに菖蒲に関わるさまざまな風俗や私的な行事が発生した（『洛中洛外図屏風』などに見える）。また、『延喜太政官式』に節料として規定されていた粽《ちまき》を食す慣習も遺存し、後に柏餅を食す習慣へと変貌した。

［文献］『古事類苑　天部・歳事部』、井原今朝男「中世の五節供と天皇制」（『歴史学研究』六二〇、一九九一）。

（中村友一）

御霊会《ごりょうえ》　災厄を引き起こす霊を祀って行われる神事・仏事。『日本三代実録』貞観五年（八六三）五月二〇日に神泉苑において六霊を鎮祀したのが古いもので、その後正暦五年（九九四）民間で船岡御霊会が行われるなど、さまざまな事由や場所で行われるようになる。なかでも菅原道真を祀った北野天神の御霊会（北野祭）と八坂神社の祇園会*（祇園祭）が最も盛大に行われた。祇園会は六月七日神幸祭、一〇月四日に還幸祭が行われ、平安時代にはすでに神輿《みこし》・鉾《ほこ》などが用いられ、『年中行事絵巻』*にもその様相がうかがわれる。*応仁の乱により廃れるが、織田信長《のぶなが》が再興している。北野祭は永承元年（一〇四六）に八月五日から四日に改められる。応仁の乱後は廃絶し、江戸時代にまで再興を待つことになる。

［文献］柴田　実編『御霊信仰』（雄山閣、一九八四）、村山修一『天神御霊信仰』（塙書房、一九九六）。

（中村友一）

月次祭《つきなみのまつり》　「つきなみさい」とも。六月・一二月一一日に行われた神事。新穀を用いないこと以外は新嘗祭*（伊勢神宮では神嘗祭）とほぼ同様な祭儀次第で、伊勢神宮においても行われた。全国諸神への班幣があり、祝詞が読まれる。場所は中和院新嘉殿である。その後、夜から早朝にかけて神今食《じんこんじき》（かみいまけ）がある。ここで天皇は神饌をみずから神へと供献する。さらに平旦（朝）大殿祭《おおとのほがい》が行われる。奈良時代より室町時代まで一貫して執り行われたが、次第に幣物の欠如などの理由から延引・停止が相次ぎ、*応仁の乱後停廃した。しかし、伊勢神宮での祭は継続されて現在にいたっているほか、各地の神社へも伝播して残存している。

［文献］『古事類苑 神祇部二』、和田英松『新訂建武年中行事註解』（所功校訂、講談社学術文庫、一九八九）。（中村友一）

道饗祭《みちあえのまつり》　六・一二月に京城の四隅の道上において疫神などの流入を防ぐために行われた祭。鬼魅もしくは八衢《やちまた》比古《ひこ》・八衢《やちまた》比賣《ひめ》・久那斗《くなど》の三神を卜部が祀った神祇祭祀だが、陰陽道の影響が強い。祭日は一定ではなく、鎌倉時代頃は吉日（『拾介抄』）か晦日（『年中行事秘抄』）に行われていた。六月と同様に臨時の四角祭なども行われ、すでに平安時代中頃には四界祭・四角祭（四隅祭などとも）との呼称上の区別が失われた。中世においては四角四境祭へと引き継がれ、鎌倉幕府も鎌倉において実施しているが（『*吾妻鏡』）、朝廷・幕府ともに祭日は一定ではない。室町時代前半から次第に衰微したが、一部の神社では道饗祭として残存している。

［文献］『古事類苑 神祇部二』、伊藤喜良「四角四堺祭の場に生きた人々」（『日本中世の王権と権威』思文閣出版、一九九三）。（中村友一）

鎮火祭《ちんかさい》　火災を予防するために行われた祭り。「ひしずめのまつり」とも。律令制下では小祀として行われ、宮城の四方外角において卜部《うらべ》らによって火を鑽《き》ることによって祀られた。季夏（六月）と季冬（一二月）の年二度行われる祭日は、古くは吉日を選んでいたが、『年中行事抄』では「吉日を択ぶ、あるいは晦日」とし、*一条の兼良《かねよし》*『公事根源』には三〇日に行われることとされていることから両月の晦日に固定化していったようである。その祝詞は『延喜神祇式』に所収されている。宮廷の行事としては中世に入って重要性が薄れたために中絶したが、火祭として京都の愛宕《あたご》神社をはじめ島根県の物部《もののべ》神社など鎮火祭の地方神社への伝播が知られている。

［文献］『古事類苑 神祇部二』、青木紀元「火の神の伝承―鎮火祭の祝詞を中心に―」（『日本神話の基礎的研究』風間書房、一九七〇、初出一九六七）。（中村友一）

大祓《おおはらえ》　六月・一二月の晦日に行われる罪や穢を浄めるための神事。「大解除」とも混用され、中世では禊祓とも混同される使用例がみられる。宮中や諸国において行われる年中行事のほか、大嘗祭の前や斎王卜定の後・天変地異や服喪期間の終了に伴うものなど臨時の大祓もしばしばなされた。中世に入っても継続され、各神社においてはそれぞれ行事内容に特色あるものが行われた。とくに六月のものは「夏《な》（名）越祓《ごしのはらえ》」「水無月祓」などと呼称され、茅輪《ちのわ》くぐりなどが行われ現在に伝えるところも少なくない。また一二月のものは「年越祓」などとも呼称されたが、中世後半には廃れていった。さらに朝廷の行事としての大祓も*応仁の乱によって江戸時代前半まで中絶した。そのほか、陰陽道の影響を受けた祓や禊《みそぎ》と融合したものなど多様化した。

［文献］『古事類苑 神祇部二』、梅田義彦『神道の思想3神社研究篇』（雄山閣出版、一九七九）。（中村友一）

七夕《たなばた》　七月七日の節日に行われる行事で、中国より伝わった牽牛・織姫の星祭に由来する。当日は、古くから相撲や賦詩・詠歌が行われており、二星会合の星見と宴会も付随して行われるようになった。さらに平安時代前半には*乞巧奠《きこうでん》も年中行事化し、宮廷行事として中世半ばまで続いた。私的行事としては貴族・武家から、次第に民衆の農耕祭とも結合して幅広く行われるようになり、後に江戸幕府や禁中の行事としても根づいた。また南北朝期頃より、七の数字に因み七調子の奏楽や詠歌・酒杯など、あるいは前記に加え笠懸・犬追物・連歌・楊弓・碁・鞠など七種の遊びを行うといった七遊が流行した。そのほか、索餅・索麺・調度の曝涼など多彩な行事があった。（中村友一）

［文献］『古事類苑　天部・歳事部』。

乞巧奠《きこうでん》　「きっこうでん」などとも読まれるほか、「乞巧祭」や単に「乞巧」などとも記される。七月七日に行われる中国から伝来した思想に基づく宮廷行事。中国説話の織姫と日本神話の棚機津女《たなばたつめ》が結合し、裁縫の上達を祈願する祭祀として平安時代前半には成立した。院政期には*七夕における主要行事となり、宮廷行事として中世半ばにまで残存する。しかし祭儀としては縮小し、一部の官人が奉仕するために『*建武年中行事』には「しる人すくなし。」とされている。一方、民衆の間には七夕行事の一つとして農耕祭祀とも融和しながら広範に伝わった。これも純粋な乞巧奠の儀ではなく、さまざまな風土的な特徴や行事に融和して変質しながらも継続されていったものである。

［文献］『古事類苑　天部・歳事部』、和田英松『新訂建武年中行事註解』（所　功校訂、講談社学術文庫、一九八九）、菅原正子「中世後期の年中行事と人生儀礼」（『中世の武家と公家の「家」』吉川弘文館、二〇〇七）。（中村友一）

盂蘭盆会《うらぼんえ》　盂蘭盆とは梵語の当字で、盂蘭盆経の教義に基づいて七月一三日から一五・六日にかけて行われる先祖霊を祀る仏事。『日本書紀』推古天皇一四年七月八日・七月一五日より設斎することがはじまり、朝廷の仏事として整備されていく。貴族層や各寺院も独自に行うにいたり、中世では貴族の日記にうかがわれるように、私仏事として盛んに行われている（『明月記』『康富記』『*実隆卿記』『*言継卿記』など）。行われる寺院により呼称や内容も多様化し、施餓鬼《せがき》会《え》の併設、勝寿院の万燈《ばんとう》会《え》、山焼き（後に大文字焼きとして現在にも継承）などが行われた。また、室町時代後期の文明一四年（一四八二）には後の盆踊につながる風俗も現れた（『*蔗軒日録』）。（中村友一）

［文献］甲田利雄『年中行事御障子文注解』（続群書類従完成会、一九七六）、菅原正子「中世後期の年中行事と人生儀礼」（『中世の武家と公家の「家」』吉川弘文館、二〇〇七）、井原今朝男「中世の五節供と天皇制」（『歴史学研究』六二〇、一九九一）。（中村友一）

風祭《かざまつり》　竜田大社（奈良県生駒郡）で行われる風神を祀る行事で「竜田祭・風神祭」ともいう。四月と七月四日が祭日で、当月の一日に五位以上の官人や六位以下の神祇官の官人らが派遣されて執行される（『*建武年中行事』では祭の前日に派遣された）。また、同日程で広瀬神社（奈良県北葛城郡）では大忌祭も行われる。天武天皇四年（六七五）よりはじまり、以後中世を通じて着実に催行された。これは、風を祀ることによって農業の安定と豊穣を願うものであり、風を鎮めるための祭を中心として地域・階層を問わず広く伝播した。しかし、もととなった広瀬・竜田の祭とともに鎌倉時代以降延引がみられ、室町時代半ばに中絶した。

[文献]『古事類苑 神祇部二』、和田英松『新訂建武年中行事註解』(所 功校訂、講談社学術文庫、一九八九)。 (中村友一)

八朔《はっさく》 陰暦八月一日(朔日)を略して八朔と称し、物品を献上あるいは贈答して祝う年中行事。その発生は明確でなく宮廷行事ではなかったが、鎌倉時代には禁令も出されていることから公武一般に行われていたことがわかる。室町時代に入ると八朔奉行(御憑《おたのみ》奉行とも)が置かれるなど、年中行事として整備されていく。幕府だけではなく、鎌倉府においても行われ、戦国大名へも広く浸透していった。近世江戸幕府にいたり行事として完全に定着し重要視された。貴族や武家社会においては贈り物をして主従・友好関係を再確認する目的があったが、民間では「田の実(頼み)」にかけて稲の豊作祈願の意味合いが強い。贈答に用いられる品物は、太刀《たち》や唐物《からもの》(舶来品)・銭・紙・馬・鷹などさまざまである。

[文献] 二木謙一「室町幕府八朔」(『中世武家儀礼の研究』吉川弘文館、一九八五)、山田邦明「鎌倉府の八朔」(『日本歴史』六三〇、二〇〇〇)。 (中村友一)

観月の宴《かんげつのえん》 仲秋(秋三ヶ月のうち真ん中)の八月一五日、満月を観賞して賦詩・詠歌を行う宴会のこと。単に作詩するのみではなく、詩合・歌合・闘歌などの形式がとられることが多い。月の満ち欠けにより若干日取りが前後することや、催行者の意図を反映するので内容についても一定ではなかった。漢詩が中心に賦されたことから知られるように中国に倣った風習で、平安時代前半に行われ始めると、以後頻繁に催行され、武家・民間へも伝播していった。しかし、仏教界では同日に放生会が行われることが多く、僧侶の間にはほとんど浸透しなかった。また、九月一三日にも同様の月見の宴会が行われるようになり、こちらも平安時代末期には年中行事化した。

[文献]『古事類苑 天部・歳事部』、菅原嘉孝「観月の宴(八月一五夜)の儀式と思想について」(『風俗』三三―一、一九九四)、 (中村友一)

駒牽《こまひき》 諸国の牧の馬を貢進し、御覧した後に公卿に分配される行事。四月に端午の節に供奉するため、また八月には各牧ごとに日程が定められて貢進されていた。しかし、中世に入る頃には多くは停廃した。わずかに八月一六日(元は二三日)信濃《しなの》国の望月牧《もちづきのまき》の駒牽は残存した。早く摂関期からの馬の遅延が相次ぎ、前日に逢坂関《おうさかのせき》(現滋賀県大津市)にて馬を迎える「駒迎《こまむかえ》」の儀もほとんど行われていないが、望月の地名とともに和歌の歌枕としては定着した。建武年間(一三三四―三七)頃には甲斐《かい》国の穂坂牧《ほさかのまき》の馬も駒牽されたようである(*『建武年中行事』)。しかし望月牧のみその後も実施され、*応仁の乱の影響により停廃になった。

[文献] 和田英松『新訂建武年中行事註解』(所 功校訂、講談社学術文庫、一九八九)。大日向克己「八月駒牽―古代国家と貢馬の儀礼―」(『古代国家と年中行事』吉川弘文館、一九九三)。 (中村友一)

重陽《ちょうよう》 陽数の重なる九月九日に行われる節会で、中国より伝わった「長久」にかけて長寿を願う思想に基づく。菊の季節であることから、菊花を献じて菊花宴《きっかのえん》とも称される。平安時代には菊花宴の中止とそれに伴う残菊宴《ざんぎくのえん》を行うなどの変改をへて、平安時代後半から室町時代前期には簡略化された平座《ひらざ》が宮廷行事として行われた（*『建武年中行事』など）。室町時代半ば以後には公武を問わず盛んに行われたが、儀式次第は変化し、君主への対面や菊を据えて酒を賜うこと（菊酒へと変化）が中心となった。これが江戸時代に重陽（菊綿）などの行事が民間でも盛んに行われ、幕府も重視する節会の一つへと発展する基礎となった。また地方では栗を用いるところもあった。

［文献］『古事類苑 天部・歳事部』、和田英松『新訂建武年中行事註解』（所功校訂、講談社学術文庫、一九八九）。　（中村友一）

射場始《いばはじめ》　天皇が出御して賭射（賭けての射的）を御覧になる年中行事で、式日は孟冬（一〇月）五日。「弓場始《ゆばはじめ》」ともいわれる。元は天皇親射の儀であったが、幼帝即位が増加したことから式次第も変化した。場所は通常弓場殿で行われるが、日程については後の月に移ることもあった。昌泰元年（八九八）以後年中行事化して（『日本紀略』）、以来鎌倉時代前半まで続くが、朝廷の武官の意義が変質したことなどから、平安時代の半ばから次第に衰頽した。文治三年（一一八七）一二月一三日、後鳥羽天皇のときに初めて行われた際には「此の礼絶えて十余年」（『玉葉』）という状況であった。しかし*『公事根源』にも記載があるように、室町時代にまでその遺制は及んでいたようである。

［文献］『古事類苑 武技部』、大日方克己『古代国家と年中行事』（吉川弘文館、一九九三）。　（中村友一）

亥の子《いのこ》　旧暦一〇月の上の亥日に餅を食すことで万病を避けられると考えられたことからはじまった年中行事。亥子餅・玄猪《げんちょ》ともいう。猪が多産なので、これにあやかり子孫繁栄や、摩利支天《まりしてん》を祭って幸運を祈願する場合もある。中国から伝わった習俗で、民間または宮中でも行われていたものが、宇多天皇の寛平二年（八九〇）に整備された（『御記』）。*『建武年中行事』では、内蔵寮が用意したものを朝餉《あさがれい》で摂ることになっていた。また、室町幕府鎌倉府の年中行事を記した『鎌倉年中行事』には作法や供え物が詳しく記される。民間に浸透すると農業神へと変化し、稲の収穫を祝う行事となり、名称や行事内容も各地方によって多様化した。

［文献］『古事類苑 天部・歳事部』、井原今朝男「中世の五節供と天皇制」（『歴史学研究』六二〇、一九九一）、菅原正子「中世の貴族社会における盆行事」（『中世の武家と公家の「家」』吉川弘文館、二〇〇七）。　（中村友一）

相嘗祭《あいなめのまつり》　「あいにえのまつり」などとも。仲冬（旧暦一一月）の上卯日に行われる神祇祭祀。祭の本義は定説をみないが、諸神への多量の奉幣があることが特徴である。しかし平安時代には早くも延引が続くなどして衰微した。代わって摂関期頃に主流となっていた賀茂斎院で実施されていた相嘗祭が室町時代にまで残存した。行事内容は、神楽や笛などの奏楽などが行われた。そのほか、本来班幣に預かっていた紀伊国《きい》一宮《いちのみや》の日前国懸《ひのくまくにかかす》神宮（和歌山市）や住吉大社（大阪市住吉区）など一部の神社においては儀式次第は変容したものの伝存した（『紀伊国名所図会』など）。しかしながら、武家や民間へは受容されなかった。

［文献］『古事類苑 神祇部二』、『古事類苑 神祇部四』。　（中村友一）

鎮魂祭《ちんこんさい》　「みたまふりのまつり・みたましずめのまつり」とも訓読みされる。新嘗祭の前日である一一月下寅日（もしくは中寅日）に行われる年中行事。祭の意義は諸説あるが、天皇の玉体・魂にまつわるものであることは疑いない。もとは宮内省で行われていたが、中世にはその跡地で実施された。神祇官に祀られる八神と大直神が飾山とみられる神座に祀られる（『深山御記』など）。神宝などを供え、衝宇気《つきうけ》が行われている間に御服を開いて振動させる。その後、倭舞・猿女舞などが舞われ、直会が行われる。室町時代半ばにはしだいに衰微し中絶したが、江戸時代後半にようやく復興された。しかし地方神社で同様の祭儀が行われはじめ、一部は現在まで続いている。

［文献］ 川出清彦『大嘗祭と宮中のまつり』（名著出版、一九九〇）、渡辺勝義『鎮魂祭の研究』（名著出版、一九九四）。 （中村友一）

ホタキ 漢字では「火焚」「火焼」などと記される、おもに鍛冶・*鋳物師《いもじ》の祭。通常の祭日は一一月八日で、この日に伏見稲荷大社（京都市伏見区）で行われる鞴祭《ふいごまつり》が著名である。鞴《ふいご》は「吹革」などとも書かれる。中世に入り職能民が自立していくなかで、稲の葉を焚いて穀霊を送る神事の影響を受けて発生し成立した祭である。火や鞴を使用するほかの職業者にも祀られ、この日は鍛冶仕事など休みとした。稲荷信仰が伝播の中心となり、これにより稲荷信仰系統以外も含めた各地の神社で実施されるようになったが、日時や内容などは多様化した。伏見稲荷大社は*応仁の乱により荒廃し祭も天文一三年（一五四四）に中絶したが後に復興されたほか、一部の他社においても同様の祭が現在にまで保存されている。

［文献］ 『古事類苑 神祇部二』。 （中村友一）

新嘗祭《にいなめのまつり》 「しんじょうさい」とも読む。一一月中卯日に行われる。当年の新穀を諸神に供える儀式。天皇の代始に行われる場合は大嘗祭となるが、豊明節会は実施されない。白酒・黒酒を供えることなど関連する儀式やその準備についても多様に規定され、古代中世を通じて催行された。供献する神饌を前もって運ぶのを「神饌行立《しんせんぎょうりゅう》」といい、祭の本質である祭日の夜に天皇が神にそれらの神饌を供献するが、そのほかの次第は神今食《じんこんじき》と同一である。農耕儀礼（収穫祭）が起源と考えられており、各地の神社や村落においても同様な祭儀が行われ、なかでも伊勢神宮や出雲大社では現在まで行事が行われている。しかし宮廷の行事としては、室町時代半ば寛正四年（一四六三）以降に中絶する。

［文献］ 『古事類苑 神祇部二』、真弓常忠『日本の祭りと大嘗祭』（朱鷺書房、一九九〇）。 （中村友一）

豊明節会《とよのあかりのせちえ》 *新嘗祭催行の翌辰日に行われることから「辰日節会」とも呼ばれるが、大嘗祭の年は午の日に行われる宴会。平安時代には種々詳細な規定に基づいており、鎌倉時代に入っても天皇の出御があるなどほぼ忠実に催行されていたが次第に簡略化している。衣服は小忌《おみ》を着用し、建武年間頃（一三三四—三七）には青摺《あおずり》を用いていた。大歌所別当の大歌、舞姫による五節の舞が舞われ、上達部による催馬楽《さいばら》などが行われた。辰日に行われるときにのみ新嘗祭で供えられた白酒《しろき》・黒酒《くろき》が豊明節会において新穀とともにふるまわれた。室町時代中期には中絶し平座のみ行われていたが、*応仁の乱後江戸時代に半ばにいたるまで停廃された。→五節の舞

［文献］ 『古事類苑 神祇部二』、和田英松『新訂建武年中行事註解』（所功校訂、講談社学術文庫、一九八九）。 （中村友一）

五節の舞《ごせちのまい》 一一月の*豊明節会の際に貴族らの子女によって舞

われる舞をいう。農耕行事から発生したと考えられるが、平安時代初頭にはすでに成立していた。五名から構成され、丑の日の帳台試《ちょうだいし》によって二名が選ばれ、ほかは暁参《あかつきまいり》と称された。翌日御前試があって、当日は「鬢多多良《びんたたら》」（『綾小路俊量卿記』）や大歌・小歌（『江家次第』など）が舞い歌われた。参会の公卿は「白薄様《しらうすよう》」により囃したという。また舞姫を差し出す氏族は装束など自弁のため、平安時代中頃には優遇措置がとられたが、神仙天女観とも重なってほぼ中世を通じて行われた。しかし新*嘗祭が中絶したため、室町時代には大嘗祭の時にのみ行われた。応*仁の乱後、大嘗祭の中絶に伴い五節の舞も停廃した。

［文献］『古事類苑　神祇部二』、中村義雄「五節の舞姫雑考―五節関係文献資料抄―」（『日本文学研究』一二、一九七三）。　（中村友一）

仏名会《ぶつみょうえ》　一二月中頃から後半の時期に行われる宮中の仏事で、「御仏名」ともいう。また「仏名懺悔《ぶつみょうざんげ》」とも呼ばれるように、仏名を唱えて三世（現在・過去・未来）の罪を懺悔することにより安穏を得ることが主旨である。奈良時代に端を発するが、平安時代に期間・期日の変遷を経ながらも年中行事として定着する。鎌倉時代には期間中の一日のみの実施とされ、『*建武年中行事』においても一夜に行われるとされているが、宮中の行事としては室町時代前半には中絶した。しかし承和一三年（八四六）に諸国でも行わせたことによる諸国への普及や（『類聚三代格』など）、各寺院でも行われるようになったことから仏事としては残存していった。

［文献］海老名尚「宮中仏事に関する覚書」（『学習院大学文学部研究年報』四〇、一九九四）、和田英松『新訂建武年中行事註解』（所功校訂、講談社学術文庫、一九八九）。　（中村友一）

荷前使《のさきのつかい》　律令制下において一二月吉日に行われる、諸陵・諸墓へ幣物を供えるために発遣される使をいう。「荷前」には多様の古訓があり、状況に応じた読み方が行われていたようである。発遣に先だって当年に貢進された調庸の初荷を抜き取り別置しておき、発遣日に諸陵寮から諸陵・諸墓へ献じることを常幣といった。また別貢幣として近陵・近墓（『延喜式』では一〇陵八墓）献じられた。しかし平安時代には早くも形骸化し、『延喜式』段階では別貢幣の勅使のみ荷前使として呼称した。鎌倉時代にはいっそう形骸化し、使の発遣儀のみ行われ、『*建武年中行事』にもわずかな記事がみえるのみである。程ない室町時代前半に廃絶したが、臨時奉幣や山陵使などは断続した。

［文献］『古事類苑　帝王部』、日本史研究会京都民科歴史部会編『陵墓』からみた日本史』（青木書店、一九九五）。　（中村友一）

追儺《ついな》　「おにやらい」などとも。一二月晦日の夜に行われる鬼払いの行事。中国の思想を汲んだ陰陽道の儀式で、陰陽師が祭文を読み、大舎人の長大な者を方相《ほうそう》（大儺）となし侲子《わらわべ》二〇人と宮中を駈けめぐり仮想の悪鬼を追うものである。しかし、中世に入るとこの方相氏が鬼そのものとみなされるようになった。『*太平記』巻二四には追儺などの節会を挙げ、「近年は天下闘乱に依って一事も行われず」とあるが、『*建武年中行事』や古記録などにみられることから室町時代半ばまで宮廷行事として存続し、さらに民間の行事へと伝播している。室町時代中期には豆をまく習慣が伝来し、鬼払いと結合して近世の節分へと変化していっそう民間行事として広まった。

［文献］ 小町谷照彦「追儺」(『年中行事の文芸学』弘文堂、一九八二)、和田英松『新訂建武年中行事註解』(所 功校訂、講談社学術文庫、一九八九)。 (中村友一)

祈雨《きう》・祈晴《きせい》 天候不順の解消を祈願して行われる臨時の行事。祈雨は「雨乞」、祈晴は「祈止雨」などともいう。律令制下では国から諸社への奉幣による神祇祭祀的な祈願が多かったが、平安時代以降、並行して密教による加持祈祷も盛んに行われるようになった。中世においてはさまざまな祈願者が主体となり、その方法や形態も多様化した。また民衆による祈願は史料上にはなかなか現れないが古くから行われていたようである。これも相撲*や猿楽*・能といった芸能興業など種々雑多な祭祀や行事によって祈願され、時代が降るとより地方により独自の色彩を帯びていった。これらの祈願の効験が認められた場合、通常それぞれに答礼や祭祀もまた行われ、民間祭祀では「雨喜《あまよろこび》」(降雨の感謝)などが行われた。

［文献］『古事類苑 神祇部二』、高谷重夫『雨乞習俗の研究』(法政大学出版局、一九八二)。 (中村友一)

巨樹信仰《きょじゅしんこう》 原始信仰に由来すると考えられる巨樹(巨木)を崇める信仰をいう。古く縄文時代にはその祭祀が行われて信仰対象となっていたことが知られる。弥生時代以降みられるようになる巨柱への信仰もこの一形態ととらえられるが、同時に古代の思想・哲学上の天(空)への憧憬心とも結びつき、この信仰は変質した。これらの影響を受けた神話・説話は散見されるが、中国や西洋などの神話・説話中にも多数記載される。時代が降ると巨樹は異形なものとしてまた霊木として拝祀されるが、院政期頃より活発となる寺社が奉戴する神木もこのようなアニミズムの発展形であろう。さらに初夏の民間行事で用いられる竿柱(柳田國男のいう「天道花」)もこの信仰に由来しているとされる。

［文献］『古事類苑 神祇部二』、柳田國男「神樹篇」(『定本柳田國男集十一巻』筑摩書房、一九六三)、牧野和春『巨樹の民俗学』(恒文社、一九八六)。 (中村友一)

埋納銭《まいのうせん》 古代から近世遺跡を通じてみられる地中より出土した銭貨を指し、「出土銭貨」とも総称される。備蓄用か祭祀用かで議論が行われているが、出土状況や出土量の多寡などもあって単純には区分けできない。墓域や交通の要衝地などの境界祭祀として埋納された事例や、死者とともに埋められているケース、単に壺などに入れられて一括して出土する場合がある。境界祭祀とされる事例は古代から続く衢《ちまた》や塞《さい》の神信仰の影響が考えられる。埋葬品の中には「六道銭」として鎌倉時代頃より盛んになる地蔵信仰にまつわるものも多く、江戸時代後期には六地蔵信仰へと受け継がれた。近年これらの集成や編年化も進行しており、貨幣のもつ意味自体を再考する段階にきている。

［文献］『特集出土銭貨研究の最前線』(『季刊考古学』七八、二〇〇二)、鈴木公雄『銭の考古学』(吉川弘文館、二〇〇二)。 (中村友一)

(五) 中世の通過儀礼

属星《ぞくしょう》 その人の運命を支配する星。人は生まれた年の干支により北斗七星のどれかの星に属し(本命星)、子年生まれは貪狼《たんろう》星、丑・亥年生まれは巨門星、寅・戌年生まれは禄存星、卯・酉年生まれは文曲星、辰・申年生まれは廉貞星、巳・未年生まれは武曲星、午年生まれは破軍星に属した。また、その人の年齢にあたる属星（当年星）には、九曜の日・月・木・火・土・金・水・羅睺《らご》・計都があった。貴族たちは正月元日の朝などに自分の属星の名号を唱えた。それぞれの属星をまつって祈願する陰陽道の祭を属星祭という。幕府や朝廷は、病気平癒や戦勝の祈願などのために、頻繁に属星祭を陰陽師に行わせた。（菅原正子）

棄子《すてご》　捨子とも書く。子どもを道や河原、他家・寺社の門前などに捨てること。また、捨てられた子ども。弘長元年（一二六一）の鎌倉幕府追加法第三九七条は、公家法にならい、病者・孤児・死屍などを路辺に棄てることを禁止し、棄てられた病者・孤児は無常堂（*悲田院）に送るとしている。中世では棄子が拾われて養育された話が数多くある。永享八年（一四三六）に伏見宮貞成《さだふさ》親王邸の棟門の下に捨てられていた女子は、貞成の妻南御方（庭田幸子）が拾って養った。また、棄子は文学の題材にもなった。御伽草子の『*小敦盛』は、一の谷で戦死した*平敦盛《あつもり》の妻が棄てた男子を、*法然上人が拾って育てた話である。敦盛の子は白の袷《あわせ》と紫檀の柄《つか》の刀を身につけており、捨子にはその素性を示す物が添えられていることがあった。

［文献］細川涼一『女の中世』（日本エディタースクール出版部、一九八九）、大喜直彦「中世の捨子」（『日本歴史』六一五、一九九九）。（菅原正子）

産屋《うぶや》　子どもを出産するために用意した建物。産所ともいう。産婦は出産前後の二・三カ月を産屋で過ごした。産屋が建てられた場所は道に面した所が多い。仁治三年（一二四二）の豊後《ぶんご》国大友氏の新成敗式目では、大路に保々の産屋を建てることを禁止しており、産屋を広い道に建てることがあとを絶たなかったことを示している。天皇家や貴族の家の場合は、産婦の里方の邸宅内や、吉所である場所を借りて産屋とした。鎌倉・室町幕府の将軍家は有力家臣の家を産屋とした。室町幕府将軍*足利義政の場合、『御産所日記』によれば、細川・山名・一色・土岐氏など有力守護大名の邸宅を産所としている。

［文献］保立道久『中世の愛と従属』（平凡社、一九八六）、杉立義一『お産の歴史』（集英社新書、二〇〇二）。（菅原正子）

着帯《ちゃくたい》　妊婦が妊娠五～七ヶ月目に、胎児のいる腹部を保護して支えるなどのために帯をしめる儀式。五ヶ月目が多かったが、『昭訓門院着帯記』によれば初めての場合は六ヶ月目の例が多いという。吉日を選んで行われた。天皇・将軍・貴族の家の場合、絹の帯を筥に納めて聖護院などの僧に加持をさせた。帯を結ぶ役は夫のつとめで、伊勢貞陸《さだみち》の『娵入記《よめいりのき》』によれば、帯は小袖の右の袖口から入れて後ろに引き回し、左の脇より前に回して結んだ。これらの儀式のあとには祝の酒三献があった。（菅原正子）

散米《さんまい》　打撒《うちまき》ともいう。邪気を払い清めるために米をまき散らすこと。貴族社会では出産のときに、悪霊・もののけを産婦や生まれる子どもにとりつかせないために、室内の障子や引違などに米を打ちまき散らし、無事の出産を願った。（菅原正子）

甑《こしき》を落《お》とす　出産のときのまじないの一種で、屋根から甑を落とすこと。甑は米や豆などを蒸すために用いた瓦製の器で、円形で底に穴がある。出産のときに、後産《あとざん》である胞衣《えな》（胎盤）がなかなか下りずに滞っている場合などに、甑を屋根から転がり落とした。滞らなければ甑を落とすことは行われなかった。京都の大原の甑がよく使われた。（菅原正子）

臍《へそ》の緒《お》きり　生まれた子どもと胎盤をつないでいる臍の緒（臍帯）を切ること。竹刀で切った。竹刀は「あおひえ」と読む。俗に篦刀《へらがたな》ともいった。臍の緒を切るための竹刀は、憚《はばか》りのない人が竹を切って刀の形に削った。子どもが生まれ胎盤が下りるとすぐに、臍の緒に糸を結びつけて血流を止め、竹刀で臍の緒を切った。臍の緒は生まれた子どもの一生と深くかかわっていると考えられ、大切に保存された。（菅原正子）

産湯《うぶゆ》　生まれてすぐに子どもを湯で洗うことを産湯といい、初めて入浴させることを湯始《ゆはじめ》・湯殿始《ゆどのはじめ》などという。湯始は生まれて三日目に行われた。天皇・将軍家などの湯始では、邪気やけがれを払うために、虎の頭の影を湯にうつし、弓の弦を引き鳴らした。天皇家などでは子どもが男子であれば、湯始のあいだ博士が漢籍の一節を読み上げた。（菅原正子）

鳴弦《めいげん》　弓の弦を引き鳴らすことで、邪気やけがれを払うために行われた。とくに、天皇家・将軍家の出産・湯始のときには盛大な儀式の一つであった。鎌倉公方の行事を記した『殿中以下年中行事』によれば、産所の壁一つを隔てた部屋に鳴弦の役人二人が順番に昼夜を通して伺候し、声が聞こえるたびに弦を打ち鳴らした。そして若君が生まれると三弦、姫君が生まれると二弦を打ち鳴らして知らせた。また、五日・七日の祝、湯浴みのときには鳴弦を行った。若君・姫君が産所から御所に移ると、鳴弦の弓も御所に進上され、三三日目までは湯浴みのときには必ず伺候の人が鳴弦を行った。（菅原正子）

読書《どくしょ》　天皇家や貴族の家で男子が生まれた場合、生後三日目に行われる湯始のときに、庭中などで博士が漢籍を読み上げること。「文《ふみ》よみ」ともいう。若君の湯浴みのあいだ宮中の明経・紀伝道の博士が『孝経』『史記』『礼記《らいき》』などのなかのめでたい一節を読み上げ、湯浴みが終わるとやめて退出した。（菅原正子）

桑《くわ》の弓《ゆみ》　「桑弓」ともいう。桑の木でつくった弓。古代の中国では、男子が生まれたときに、桑の弓で蓬《よもぎ》からつくった矢を天地四方に射て、その子が将来四方に雄飛することを祈った。これにちなんで日本でも生まれた男子が立身出世することを願って同じことを行った。このときに使われた桑の弓と蓬の矢は、胞衣《えな》とともに胞衣桶に納められた。（菅原正子）

胞衣《えな》おさめ　「胞衣納」「胞衣蔵」などと書く。出産後に下りた胞衣（胎盤）を、桶や壷に納めて埋めるなどした儀式。出産数日後の吉日を選んで行われた。伊勢貞陸《さだみち》の『産所之記』によれば、胞衣をよく洗って白絹で包み、「太平」という文字のある銭を添えて胞衣桶に入れ、吉方に納めた。鎌倉公方の行事を記した『殿中以下年中行事』では、若君の場合は桑の弓と蓬《よもぎ》の矢を、姫君の場合は畳紙《たとうがみ》を添えて桶に入れ、胞衣桶は山中の地中七尺（約二・一メートル）掘って埋め、上に根松を一本植えるとしている。

［文献］横井　清『的と胞衣』（平凡社、一九八八）。（菅原正子）

産養《うぶやしない》　貴族社会において子どもが誕生したことを祝う饗応の儀式。三日・五日・七日目の夜に行われ、三夜・五夜・七夜と呼ばれた。中世前期では、酒宴や朗詠などがあり、お祝に贈られた産衣《うぶぎ》・*襁褓《むつき》が台（案）の上に置かれ、廻粥《めぐりがゆ》（啜粥《すすりがゆ》）があった。廻粥は、複数の粥役人が殿中や庭を廻りながら、「誰ぞこの殿には夜泣きし給う姫君（若君）やおわします」と問い、問答を繰り返しながら粥をすする儀式で、三夜には三回、五夜には五回繰り返して廻った。中世後期では七夜に、強飯《こわいい》を丸くにぎって生まれた子どもの枕元に並べる儀式（頭居《くびすえ》）が行われた。鎌倉公方足利家では、鳴弦の役人が三夜に三個、五夜に五個、七夜に七個の強飯のにぎりをつくって並べ、その後に酒宴があった。

〔文献〕『古事類苑 礼式部』、服藤早苗『平安朝 女性のライフサイクル』（吉川弘文館、一九九八）。　（菅原正子）

産穢《さんえ》　出産により、産婦とその夫、生まれた子どもの身にかかるけがれ。中世では産穢の期間として三〇日が普通であった。産穢の期間が終わると（忌明《いみあけ》）、産屋にいた産婦は生まれた子どもを連れて家に戻った。産穢のあいだは夫も不浄で、鎌倉時代の説話集である『続古事談』には、産穢に入って二〇余日目の男が八幡宮に参り、八幡の使者に三〇日間は忌むべしと誡められた話がある。

〔文献〕保立道久『中世の女の一生』（洋泉社、一九九九）。　（菅原正子）

着衣始《ちゃくいはじめ》　着衣祝ともいう。生まれた子どもに初めて産衣《うぶぎ》を着せる儀式。貴族社会では*産養《うぶやしない》のあいだに贈られた産衣を、五夜・七夜のときなどに子どもに初めて着せた。室町幕府将軍足利家では生後二〇日頃に行っている。『御産所日記』によれば*足利義勝《よしかつ》の着衣祝は生後一九日目の又七夜祝のときで、生絹《すずし》（生糸で織った絹）を醍醐寺三宝院で加持し、父の将軍*足利義《よし》教《のり》が産所である波多野元尚《もとひさ》邸に来て着衣祝が行われた。産衣の色は白とは限らなかった。　（菅原正子）

むつき　「襁褓」と書く。生まれた子どもにつける布のこと。また、おしめ・おむつのこと。貴族社会では、生後三日目・五日目・七日目に行われる*産養《うぶやしない》のときに、足のついた台（案）の上に産衣《うぶぎ》と襁褓を入れた衣筥が置かれた。この襁褓は綾織・平絹などの絹織物で、細長い形をしており、生まれた子どもをくるむためのものであったと考えられる。『文明本節用集』では襁褓をおしめ・おむつとしている。伊勢貞陸《さだみち》の『産所之記』では、室町幕府将軍足利家のむつきの数が麻一三枚・絹一三枚で、長さは三〇数センチのものであり、これはおしめと思われる。「襁褓の中より」という言葉は、生まれてすぐのときからを意味した。

〔文献〕保立道久『中世の女の一生』（洋泉社、一九九九）、阿部猛「「襁褓」は「おむつ」か」（『日本社会史研究』五二、二〇〇一）。　（菅原正子）

産剃《うぶぞり》　剃髪・垂髪ともいう。生後初めて髪を剃る儀式。生後何日目というきまりはない。*九条道家《みちいえ》の日記『*玉蘂《ぎょくずい》』によれば、道家の子どもには生後一二日目に剃髪を行っており、まず女房の一条局が子どもを抱え、道家が三回はさみで切って前から剃ったあと、女房が剃っている。治承二年（一一七八）の*安徳天皇のときには、吉方の水を取って来て手水《ちょうず》とし、石・小松・山橘・麦門冬《ばくもんとう》・芝を同天皇の頭の上に置き、髪を三回切り、髪を水で絞って麦門冬で結び、そのあと乳母が剃ったという。　（菅原正子）

五十日餅《いかのもち》　天皇や貴族の家で、子どもが生まれて五〇日目に行う五十日祝《いかのいわい》のときに、子どもに含ませる餅。子どもを吉方に向かわせ、父親が子どもの口に三度餅を含ませた。延慶四年（一三一一）の『広義門院御産愚記』によれば、後伏見《ごふしみ》上皇の娘の場合、市で買った餅に汁を混ぜて溶かし、女院・公卿たちが列席しているなかで上皇が娘の口に木のさじで三度餅を含ませている。　（菅原正子）

百日《ももか》　子どもが生まれてから一〇〇日目の祝い。天皇・貴族の家で行なわれ、五十日祝《いかのいわい》と同じように、餅を子どもの口に含ませ、そのあと膳と盃で祝があった。　（菅原正子）

髪剃ぎ《かみそぎ》　「髪曾木」「深曾木《ふかそぎ》」とも。子どもが髪置《かみおき》の儀式以降長くのばした髪を切る儀式。男女ともに三～八歳頃に行い、五歳が最も多かった。六・一一・一二月などの吉日が選ばれた。『長秋記』や『後水尾院年中行事』などによれば、吉方の水を取って来て手水《ちょうず》とし、子どもを碁盤の上に立てて吉方に向かわせ、鴨川の糺《ただす》河原の石を足に踏ませ、髪の末を切った。そのあとには祝の膳と盃が出された。公家では平安期から行われているが、武家では室町期以降の史料にみえる。

［文献］二木謙一『中世武家の作法』（吉川弘文館、一九九九）、菅原正子『日本人の生活文化』（吉川弘文館、二〇〇八）。

（菅原正子）


着袴《ちゃっこ》　「著袴」「袴着《はかまぎ》」とも。子どもが初めて袴をはく儀式。平安時代からあり、男女ともに三～七歳のときに吉日を選んで行った。三歳が最も多い。*室町幕府将軍足利家では、*足利義勝《よしかつ》・*義尚《よしひさ》が三歳のときに髪置《かみおき》・箸置《はしおき》・着袴を同時に行っており、髪置（初めて頭髪をたくわえる儀式）や魚味《ぎょみ》（初めて魚を食べる儀式）などと一緒に行う場合が多かった。着袴のときには、父親またはそれに代わるしかるべき人物が袴の腰を結び、男子には直衣《のうし》など（武家の場合は直垂《ひたたれ》）を着せた。そのあと膳・盃が出て祝があった。

［文献］二木謙一『中世武家の作法』（吉川弘文館、一九九九）。

（菅原正子）

戴餅《いただきもち》　天皇や貴族の家で、子どもが五歳頃になるまで正月一～三日に行われた行事。子供の頭の上に餅を三度載せ、そのたびごとに祝詞の言葉を言った。*九条道家《みちいえ》の日記『*玉蘂《ぎょくずい》』では、正月一日の朝に子どもの父親の道家が、祝詞の言葉である「官位カタカレ、命幸カタカレ」を言って餅を三度子どもの頭の頂に当てたあと、橘を頭の上に三度触れさせて同じ祝詞を言い、大根を頭の上に触れさせて同じ祝詞を言っている。祝詞は、鎌倉初期の説話集『古事談』には「才学は祖父のごとく、文章は父のごとくあれ」とあり、さまざまであった。
［文献］山中　裕「歯固・餅鏡・戴餅」（『風俗』三―一、一九六三）、服藤早苗「戴餅―平安王朝社会の生育儀礼」（『埼玉学園大学紀要人間学部篇』四、二〇〇四）。
（菅原正子）

歯黒《はぐろ》　鉄を酢酸含有の鉄奨水に溶かし、五倍子粉のタンニンと反応させタンニン第二鉄をつくり、歯に添付して黒くする化粧法。一〇世紀の『倭名類聚抄《わみょうるいじゅしょう》』に「歯黒〈俗云、波久路女〉。今婦人黒歯具有り」と記載され、『宇津保物語』には「御鏡、畳紙、歯黒よりはじめて一具」（あて宮）とあり、一〇世紀頃には始まっていた成人を象徴する女性の化粧法である。当初は一六歳前後であった成人年齢はしだいに若年化し一二歳前後になる。院政期頃から貴族男子も染めるようになったが、*『平家物語』には平家の君達が「かねぐろ」だったとあり鎌倉武士には普及していなかった。しかし『*太平記』では「四十余リナリケルガ、眉作り金付テ」とあり、身分標識的意義を持ち武士にも普及していった。

［文献］『江馬務著作集4』（中央公論社、一九七六）、中村義雄『王朝の風俗と文学』（塙書房、一九六二）、久下 司『化粧』（法政大学出版会、一九七〇）。　（服藤早苗）

引《ひ》き眉《まゆ》　本来の眉を抜き、油煙と脂を捏《こ》ねてつくった黛《まゆずみ》で眉を描くこと。『古事記』応神天皇条に「眉画き 濃に書き垂れ 遇はしし女」とあり、また『堤中納言物語』では年頃の姫君が「眉さらに抜きたまはず」とあり、古くから成人した女性が行うものであった。しかし、催馬楽の「眉刀自女」には「御馬草取り飼へ 眉刀自女」とあるから庶民女性の眉抜きは遅れて始まったものとされる。院政期頃には貴族男性にも始まり、鎌倉時代には、僧院の稚児にも施された。平安時代には抜いた眉の場所に太く描いたようであるが、しだいに額に近い場所に描くようになった。さらに、三日月や棒などの種類の眉型を生みだした。

［文献］『江馬務著作集4』（中央公論社、一九七六）、中村義雄『王朝の風俗と文学』（塙書房、一九六二）、久下 司『化粧』（法政大学出版会、一九七〇）、『日本の美術275化粧道具』一九八九。　（服藤早苗）

元服《げんぷく》　男子の成人式、女子のをいう場合もある。童の垂髪を切り、結髪して冠を被せる儀式で、九世紀から一〇世紀にかけて、貴族社会から庶民層まで定着し、中世には、最も重要な人生儀礼の一つとなった。元服後は常に頭髪にかぶり物をつけ、大人名前をもち、一人前の成人の扱いを受けた。牛飼や下人らで大人になっても元服できない者は童と扱われ隷属させられた。平安初期には一五、六歳だった元服年齢は平安中期には天皇や上層貴族から一二、三歳と低年齢化し、中世前期には五、六歳での元服もめずらしくなくなったが、中世後期の貴族層では一二、三歳が、農民層では一五歳が平均的元服年齢だった。冠や烏帽子を被せる加冠役は、一族の最上位者が依頼され、成人男子にその政治的権威や権勢を付与したが、武士社会では*烏《え》帽子《ぼし》親《おや》として名前をつけてもらったりし、擬制的親子関係がつくられ、主従関係を強めていった。

［文献］中村義雄『王朝の風俗と文学』（塙書房、一九六二）、服藤早苗『家成立史の研究』（校倉書房、一九九一）、二木謙一『中世武家の作法』（吉川弘文館、一九九九）。　（服藤早苗）

副臥《そいぶし》　天皇や東宮・皇子など身分の高い男子が元服した夜に、添い寝をさせる習俗。元服者より高齢の女子が選ばれ、そのまま妃になることが多かった。『北山抄』巻四「皇太子加元服儀」には、「応和三（九六三）年二月二十八日、昌子内親王参入、俗に之を副臥と謂う」とあり、皇太子憲平親王（後の冷泉天皇）が元服した夜に昌子内親王が参入した事例をあげ、「副臥」と称すると記されている。昌子内親王は後に皇后になる。成人男子に性交渉を可能とした古代社会の習俗の遺制ではないかとされているが、中世庶民層でも元服後の烏帽子《えぼし》を被った成人男性に性関係が許されていたと推察される。ただし、副臥と元服儀の夜に儀式的な性関係をもつのは、上層身分の男子だけだったと思われる。

［文献］中村義雄『王朝の風俗と文学』（塙書房、一九六二）。

(服藤早苗)

髪上《かみあげ》　女性が大人になった象徴として髪を上げ、結髪すること。『竹取物語』には、「よきほとなる人になりぬれば、髪上げなどとかくして、髪上げさせ、裳着す」とあり、平安初期には、貴族女子の成人儀式は髪上と裳着がセットになっていたことがうかがえる。しかし、一〇世紀以降になると、着裳・裳着と称されるようになり、髪上はほとんど行われなくなる。これは、貴族女子でも普段の髪型が垂髪になったためである。七世紀後期に、女性の結髪の詔が出され、朝廷内の女官だけでなく、全女性の結髪が命じられるが、その後高齢者は垂髪を許可するなどの改正が出される。九世紀頃の垂髪の女神像からすると、結髪は広くは定着せず、平安中期には朝廷での儀式参加女官のみになったとみられる。

[文献]　中村義雄『王朝の風俗と文学』(塙書房、一九六二)、服藤早苗「王朝社会の成女式」(服藤早苗『平安王朝の子どもたち』、吉川弘文館、二〇〇四)。　(服藤早苗)

婚姻《こんいん》　男女が夫婦となること。古代から中世にかけての婚姻形態には、二つの説が対立している。一つは柳田国男の「婿入考」で、まず婿が嫁の家に入り一定期間同居し、その後妻と子どもを引き連れて実家に帰る形態の嫁取婚であり、古い時代ほど婿の妻方同居期間が長かったとする説である。一つは、高群逸枝の、南北朝期までは、婿取婚であり、平安中期までは妻方同居を経た独立居住、平安後期は独立居住、鎌倉期は夫方居住でどれも婿取儀式を行うが、南北朝以降は儀式も居住も嫁取婚に移行するとする説である。現在では武士層では平安末から、貴族層では鎌倉期から嫁取形態に移行していくと考えられている。室町期の貴族層では嫁迎・嫁娶と呼ばれ、第一日には夜新婦が来て式三献の杯事が行われ、第二日目に膳が出、三日目にはそれまでの白装束から色付き衣裳を着る色直しが行われ両家の間で祝と挨拶が行われている。ただし、*狂言などでは中世後期でも庶民層では婿入り儀式が遺っており、儀式と居住形態との具体的な検討が今後も必要とされている。

[文献]　柳田国男「婿入り考」(高群逸枝『招婿婚の研究』理論社、一九五三)、高橋秀樹『日本中世の家と親族』(吉川弘文館、一九九六)、服藤早苗「平安中期の婚姻と家・家族」(『源氏物語とその時代』おうふう、二〇〇六)。　(服藤早苗)

沓《くつ》を抱《いだ》く　婿取婚の儀式で、婿の沓を嫁の両親が懐に抱いて寝ること。『江家次第』には、結婚当日、消息文を新郎が新婦に送り、夜になると新郎が行列を従え新婦宅に到着し、寝殿の腋階より登ると、「沓取人階より下り沓を執る。件の沓は舅姑相共に懐にし臥す」とあり、新郎の脱いだ沓を取り込み、新婦の父母が懐に抱いて寝たことがうかがえる。父母ではなくそれに変わる近親者の場合もあった。本来は、懐に抱いて寝ることを三日間続けたが、院政期では最初の夜に露顕を行うようになったので、沓を抱く儀礼も一日に短縮されたようである。これは、新郎が新婦方へ通ってくるように祈願する呪法だろうとされている。長暦元年(一〇三七)章子内親王の東宮入内が早い史料で、平安後期頃から貴族層の婚姻儀式に頻出するが、鎌倉時代になると形式化されて、両親の間に置くだけで懐にはしなくなる。

[文献]　中村義雄『王朝の風俗と文学』(塙選書、一九六二)、高群逸枝『招婿婚の研究』(理論社、一九五三)、服藤早苗「衾覆儀の成

立と変容」(『埼玉学園大学紀要・人間学部篇』七、二〇〇七)。

(服藤早苗)

露顕《ところあらわし》　婚礼の第三夜に行う祝宴をいった。平安貴族層の結婚は婿取婚で新郎が夜新婦の家に来訪し初夜を迎え翌朝には帰り、翌日も同様なことを行い、三日目の夜に新婦方で、新夫妻には*三日夜餅《みかよのもちい》を供し、婿と従者に饗応して、初めて正式に新婦の両親以下の親族と対面する儀礼であった。この三日目の祝宴を露顕といった。結婚の事実を広く知らしめるためで、それまでの訪婚から同居婚にいたる過程で始まった儀礼だとされている。この日から新郎は新婦の邸宅で同居を始め、新婚夫婦は昼間に互いの顔を見ることができた。平安中期では、主催者は新婦の両親で、新郎の両親は招かれなかった。また、陰陽師に吉日をトさせて露顕の日を決めるようになり三日目ではなくなった。院政期になると、『江家次第』に「近代露顕は一夜なり、よりて後朝使なし」とあり、摂関当主以外の貴族層では短縮されて第一日目の夜に露顕を行うようになったが、三日間の祝宴は後世まで継承されたようで、中世になって嫁取婚が始まっても三日目に親類や知人を招き祝宴を行いそれを露顕といったようである。

[文献]　高群逸枝『招婿婚の研究』(理論社、一九五三)、中村義雄『王朝の風俗と文学』(塙選書、一九六二)。

(服藤早苗)

三日夜餅《みかよのもちい》　「みかのもち」・「みかよのもちい」とも。婚礼開始から三日目の夜に御簾の中で新郎新婦が祝の餅を食すこと。平安中期の貴族層は、婿取婚であった。第一日の夜、新郎が新婦の家に行って宿泊し、翌朝帰り夜同様の行為をし、三日目の夜、新婦の家で用意した餅を二人が食した。この餅を食すことが正式な結婚であり妻になった。三日夜餅は陰陽師にトさせ吉日が選ばれたので必ずしも三日目ではなくなり、院政期の摂関当主を除く貴族層では短縮して第一日目に全部を行うようになった。餅は一口大の大きさで、銀盤三枚に盛り、鶴形の箸一双が添えられた。夫婦末永く和合し、子孫が繁盛するようにとの意義があり、福徳ある高齢者が調進にあたった。中世になり嫁取婚になっても三日夜餅は行われ、紅白の餅になったりしながら、現在でも皇族の婚礼儀式のなかで行われている。

[文献]　高群逸枝『招婿婚の研究』(理論社、一九五三)、中村義雄『王朝の風俗と文学』(塙選書、一九六二)、服藤早苗「三日夜餅儀の成立と変容」(『女と子どもの王朝史』森話社、二〇〇七)。

(服藤早苗)

算賀《さんが》　算とは年齢のことで、年寿を祝賀する人生儀礼であり、四〇歳から五〇・六〇・七〇と一〇年ごとに長寿を祝った。初見は天平一二年(七四〇)に良弁《ろうべん》が聖武天皇《しょうむてんのう》の四〇満賀の講を行った『東大寺要録』の史料である。中国から伝わった儀礼で、平安時代には天皇・皇后はじめ貴族層にまで広まった。当時、四〇歳頃から初老と認識されており、長寿の祝であった。天皇の参賀は皇后が用意して祝賀を行った。日時を決定し、諸寺で諷誦を修し、京中に賑給を行い、当日は紫宸殿に親王以下公卿らが列席し、まず御贄(贈り物)を献上し、饗宴を行った。貴族層では、同様な饗宴を子孫や親戚・知人が主催して行ったが、重臣の場合は天皇が行うこともあった。祝には、長寿を祝う和歌が献上され、屏風に絵や歌を書いて立てており、多くの歌集の詞書きに記されている。室町時代になると、生年の干支に当たる六一歳を本卦復り、あるいは還暦の賀として祝うようになり、また七七歳は喜の草書から喜寿、八八歳は米の字から米寿などの祝がはじまった。

［文献］　中村義雄『王朝の風俗と文学』（塙選書、一九六二）、村上美紀「平安時代の算賀」（『寧楽史苑』四〇、一九九五）、服藤早苗『平安期に老いを学ぶ』（朝日新聞社、二〇〇一）。　（服藤早苗）

尚歯会《しょうしかい》　尚はたっとぶ、歯はよわひで、高齢を尊ぶために、高齢の人を集めて漢詩を賦したり、和歌を詠作し、酒宴管弦を楽しんだ会。いわば高齢者相互の親睦会である。唐の会昌五年（八四五）に七四歳の白居易が、六人の翁を招いて高齢者七叟合計五七〇歳を本座として尚歯会を行った故事により、元慶元年（八七七）に七六歳の大納言南淵年名《みなぶちのとしな》が小野山荘で行ったのが最初である。菅原道真《みちざね》の父是善《これよし》が七叟の一人として参加しており、『菅家文草』にお供をした道真の漢詩がある。次いで安和二年（九六九）七八歳の大納言藤原在衡《ありひら》が粟田《あわた》山荘において行われ、『粟田左府尚歯会詩』として漢詩が遺されている。さらに、天承元年（一一三一）に七〇歳の権大納言藤原宗忠《むねただ》が白河山荘で開いた会、承安二年（一一七二）藤原清輔《きよすけ》が宝荘厳院で和歌を主にした会、養和二年（一一八二）六四歳の賀茂重保が行った会が史料に遺されている。史料的には平安の五回で中世以降にはない。

［文献］　中村義雄『王朝の風俗と文学』（塙選書、一九六二）。　（服藤早苗）

葬送《そうそう》　人の死去に伴い、遺体や霊魂の処理を行うこと。人が死んでも、何日かそのままにしたり、魂喚びを行ったりして蘇生を期待した。一定期間が過ぎ死が確定的になると沐浴させ入棺した。平安貴族層では*火葬が多かったが、*土葬もあった。火葬では日常遺品も焼却した。庶人層では土葬が普通であり、貧しい場合は葬送儀礼もなく、河原・墓地などに遺棄された。深夜の火葬が終わると早朝に骨を拾い、瓶に入れ、墓所に持参し土中に埋納され、その上に石の卒塔婆が立てられ墓がつくられた。平安時代には川などに骨を流す散骨も多く、その場合墓はなかった。平安から鎌倉にかけては天皇や貴族の場合、仏式であったが宗派の分化はなかった。室町期には将軍家などには禅宗様式の葬送が行われ、公家や武士も宗派によって相違した。男女に葬送の差はあまりなく、身分差の方が大きく、夫婦が同墓所に葬られるのは貴族の場合一二世紀後半頃と想定される。子どもたちは親の遺産相続の権利を契機に、葬送や墓供養を鄭重に行った。

［文献］　中村義雄『王朝の風俗と文学』（塙選書、一九六二）、田中久夫『祖先祭祀の研究』（弘文堂、一九七八）、井之口章次編『葬送墓制研究集成2葬送儀礼』（名著出版、一九七九）、水藤　真『中世の葬送・墓制』（吉川弘文館、一九九一）。　（服藤早苗）

火葬《かそう》　死後、遺体を火で焼却する葬送。平安貴族層では、火葬が多かった。長元九年（一〇三六）の後一条《ごいちじょう》天皇の葬送は、『左経記』類聚雑例四月一七日から五月二三日条に詳しく、火葬の詳細がわかる。それによると、遺体を木棺に安置し、夜になると荼毘《だび》に付す葬所に運び、火屋をつくり、その周りに垣をめぐらし、その前に鳥居を立てた。薪に火をつけ、御棺の蓋を開け、火を差し込み荼毘に付した。その間僧侶は念仏をとなえており、最後に死者の日常的に使用していた調度や衣服などを焼却した。終わると収骨し、壺に入れ、死者の側近が首に懸け、骨を埋納する墓所に向かい、土を掘り埋め、土を覆い、墓となし、その上に石の卒塔婆を立て、その周りに釘貫（柵）を立てた。茶毘に付した場所に土を盛り、そこも墓所として祀る場合もあった。中世の公家や武家も火葬が多かったが、遺言によって*土葬を希望する者もあった。また、一定期間土葬しておき、改葬して遺体を掘り出し、焼却して遺骨にして埋葬する場合もあった。平安貴族では、火葬後の遺骨を川や山などに散布する散骨もあったが、しだいに墓に埋納されるようになった。墓参りの習俗が貴族層では平安中期頃からはじまったためである。

［文献］中村義雄『王朝の風俗と文学』（塙選書、一九六二）、田中久夫『祖先祭祀の研究』（弘文堂、一九七八）、井之口章次編『葬送墓制研究集成2葬送儀礼』（名著出版、一九七九）、水藤　真『中世の葬送・墓制』（吉川弘文館、一九九一）。（服藤早苗）

***土葬**《どそう》　遺体を御棺に入れ土に埋める葬送。平安時代の貴族層は火葬が多かったが、遺言により土葬にする場合もあった。一条天皇皇后定子の御棺は、鳥辺野《とりべの》に霊屋をつくり、夜そこに安置され、土を覆い墓所とされた。定子の母藤原道隆《みちたか》妻高階貴子も桜本に土葬されている。中世でも同様で、公家層や武士層でも、土葬も多かった。史料的には、女性の事例が多いように推察される。平安京造営のとき、京師周辺で葬埋の禁止が出されたり、あるいは家の近くに埋葬することを禁止し平安京郊外の葬送地を指定したりしており、庶人は、平安から中世にかけても土葬が多かったと思われる。『今昔物語集』には、念仏をしながら下衆どもが鋤鍬で土を掘り墓を築きその上に卒塔婆《そとば》を立てる描写がある。

［文献］中村義雄『王朝の風俗と文学』（塙選書、一九六二）、田中久夫『祖先祭祀の研究』（弘文堂、一九七八）、井之口章次編『葬送墓制研究集成2葬送儀礼』（名著出版、一九七九）、水藤　真『中世の葬送・墓制』（吉川弘文館、一九九一）。（服藤早苗）

風葬《ふうそう》　遺体を棺に納めたり、むしろに包んだりして地上に置き、風化をまつ葬法。平安貴族層では、七歳以下の子どもの死者に対しては葬式もせず、袋に包んで河原や墓地に置く風葬だった。そのため、犬などの動物が童の足や手など死体の一部を朝廷内や貴族邸宅にくわえてきた史料が散見される。奈良県の川跡でこもにくるまれた状態で出土する人骨の周囲には、墨書人面土器や小型の竈・人形・斎串などが出土するので葬送儀礼が伴っていたことが推測される。承和九年（八四二）一〇月、鴨川河原に散乱している髑髏五五〇〇余頭を焼いている（『続日本後紀』）のも同様な例であろう。ただし、平安中期、疫病が流行すると河原や道ばたに死体が横溢し、河が溢れるため検非違使や看督長らに命じて河原の死体を下流に流させる史料が頻出するが、その場合は葬送費用の欠如や伝染忌避のための遺体遺棄と思われる。重病者や遺体を河原や墓地に放置する史料は中世にも多く、笠をつけた導師の僧侶が読経して野辺送りをしており、風葬に分類されよう。

［文献］上井久義編『葬送墓制研究集成3墓の歴史』（名著出版、一九七九）、服藤早苗『平安期の母と子』（中央公論社、一九九一）。（服藤早苗）

死《し》**の穢**《けが》**れ**　死は不浄であり、人々の生活に悪い影響があるとする考え方。死者に触れたり同空間に居た場合など死の触穢といい、朝廷の出仕を控えたり、神事を延引したりするなどの忌み籠りを行った。九世紀の天皇の周辺から穢れ観念が肥大化し、貴族に浸透していったとされている。『養老神祇令』では、散斎の期間は弔喪が禁じられていただけであったが、『延喜式臨時祭式』では、「穢悪事に触れ忌むべくんば、人の死穢は三〇日」とあり、人の死は最も大きい穢で三〇日忌むことが規定されている。死穢規定は九世紀から始まっていたとされ、平安中期の貴族層では、触穢は厳格に忌まれており、穢が発生すると立て札を立て触穢が伝染しないようにしている。『今昔物語集』には、村落内の寺院でも死を穢として認識して忌んでおり、庶人層でも死の穢れ観は存在していたことがうかがえる。

［文献］三橋　正「『延喜式』穢規定と穢意識」（『延喜式研究』二、一九八八）、服藤早苗他編『ケガレの文化史』（森話社、二〇〇五）。

（服藤早苗）

夢占《ゆめうら》　寝ていてみた夢で吉凶を占うこと。古代から中世にかけて、夢は一種の前兆と考えられており、夢の内容を判断することによって、未来を予想し行動を決定することがあり、夢を判断する夢解きを職業とする人々がいた。聖徳太子の夢殿や後白河法皇の寵姫の夢想による*後鳥羽《ごとば》天皇即位、あるいは*親鸞が京都六角堂参籠中の夢告などが歴史上著名であるが、『蜻蛉日記』には、石山寺に参詣した夜の夢に「御二手に、月と日をうけたまひて、月をば脚のしたにふみ、日をば、胸にあてていただきたまふとなん」とみたとある。夢は神仏の啓示とも考えられ、夢告と称されていたので、神仏の意思でもあった。その夢告をみるために、古代から中世にかけて石山寺に多くの人々が参籠したことが鎌倉末期の*『石山寺縁起絵巻』から知られる。夢告は、人々の願望の現れでもあったから、現世利益を望む庶民の夢が説話集に多い。男女の差もみられる。

［文献］西郷信綱『古代人と夢』（平凡社、一九七二）、酒井紀美『夢語り・夢解きの中世』（朝日新聞社、二〇〇一）。

（服藤早苗）

くさめ　くしゃみをしたときに唱えるまじないの詞。後にはくしゃみの動作そのものをさすようになった。*『徒然草』に、老いた尼が、道すがら「くさめくさめ」と唱えながら行くので理由を聞くと、「はなひたる時、かくまじなはねば、死ぬる」故に、養君の為に呪していると答えている。くしゃみをすると早死にするが、くさめと唱えると防げるという俗信があったことがうかがえる。この呪文は「休息万命急急如律令（くそまんみょうきゅうきゅうにょりつりょう）」（『二中歴』）を連唱してくさめになったともいう。『枕草子』には、約束や誓約をしたときに、誰かがくしゃみをすると嘘になる、という俗信もあったことが記されている。

（服藤早苗）

櫛占《くしうら》　櫛を使って行う占い。『拾芥抄』間夕食歌には、女子が黄楊の櫛をもって辻に立ち、「ふけとさやゆふけの神に物問へば道行く人ようらまさにせよ」という歌を三度唱え、境をつくって米を撒き、櫛の歯を鳴らし、その境界内に来た通行人のことばを聞いて吉凶をうらなった、とあるから、鎌倉時代の貴族層にも知られていた占いだったことがうかがえる。唱える歌は、『二中歴』とは少し相違しているが主旨は同様である。近世の俳諧にも出ているので、中世には庶人にも広く流布していた占いだったことが推察される。櫛には、古くから除魔・護符や祭祀に用いられ神聖視されていたから、櫛を使った占いが広がったのであろう。

［文献］『古事類苑　神祇部二』。

（服藤早苗）

橋占《はしうら》　橋のたもとに立ち、通行人の言葉で吉凶を占う習俗。久安四年（一一四八）六月二八日、藤原頼長《よりなが》の伯母が頼長養女多子の入内成否を一條堀河橋で二度問うた所、一度目は「心に思はむ事叶はずという事ありなむ」とある（『台記』）。また、*『源平盛衰記』十に、中宮平清盛女高倉后徳子の御産で、*清盛の妻二位殿が一條堀河戻橋の東に車を立てて橋占をしたところ、一四、五ばかりの禿の童部一二人が声を合わせ「榻は何榻国王の榻、八重の塩路の波の寄榻」と合唱しながら駆け抜けて行ったが、それは産まれてくる男子は国王になり、最後には壇ノ浦の海に沈む予言であり、童部は十二神将だった、とある。一條堀河の戻り橋は、橋占の場所だったとされる。

（服藤早苗）

[文献]『古事類苑　神祇部二』。

錦木《にしきぎ》　男が思いを寄せる女の戸口に立てた色を塗った木。雅楽の高麗鉾《こまぼこ》の棹《さお》のように五色に彩られた薪《たきぎ》であることから錦木という。陸奥国では、男が恋する女に逢おうとするとき、その女の家の門に出かけて、五色に彩った一束の木を立てたが、この木を錦木という。女は、男の申し出に応じる意思があれば、それを取り入れて表明する。女が応じなければ男は繰り返し、三年かけて一〇〇〇本になるまで続け、それでもだめならあきらめたという。『後拾遺和歌集』恋に、「錦木はたてながらこそ朽ちにけれけふのほそ布胸あはじとや」（能因）とある。

（服藤早苗）

辻占《つじうら》　夕方、辻に立ち、通行人の言葉を聞き、吉凶を占う習俗。夕方に行うので「夕占（ゆうけ）」ともいった。『万葉集』には「道に出で立ち　夕卜《ゆううら》を　わが問ひしかば　夕卜の　われに告らく」（三三一八番）とあり、奈良時代から広く行われていた恋愛等を占う習俗だった。*『大鏡』藤原兼家《かねいえ》伝には、道長《みちなが》の母時姫が若い時二条大路に出て夕辻占をしている白髪の老婆が立ち止まって、「もし夕占しているのなら何事も叶い二条大路よりも広く長く栄えます」と言った、とある。摂関家として子孫が繁栄した事を暗示している。『二中歴』「夕食問時誦」として、「ふなとさへ、ゆふけのかみに物問はば、道行く人よ　うらまさにせよ」との歌を三度唱え、境をつくり、米を撒き、櫛の歯を鳴らし、後に境内に来る人、もしくは屋内の人の言語を聞いて吉凶を知る、とある。櫛を使った場合、*櫛占といったようである。

（服藤早苗）

[文献]『古事類苑　神祇部二』。

四　鎌倉文化

文化の新傾向　武士の社会的地位は高まったが、しかし武士は独自の文化を創造するにはいたらない。依然として貴族が文化のにない手であった。しかし、武士は時代の文化の受容者としての地位を確立し、文化の受容につとめた。*源頼朝《みなもとのよりとも》をはじめ歴代の将軍や*執権の北条《ほうじょう》氏は、京都から歌人・画家・芸能人を招いて貴族文化の摂取につとめた。一方、*京都大番役などで都にのぼり貴族文化にふれた武士も多く、かれらは都の文化を、それぞれの本貫の地に持ち帰った。

三代将軍*源実朝《さねとも》が作歌につとめ、*藤原定家《ふじわらのていか》から『万葉集』を贈られたり、北条一門で勅撰歌集にその歌が収められたものが五〇人近かった事実も注目される。武士はその雄健な気風のうえに貴族文化を受け容れ、しだいに独自の文化を築き始めた。さらに、宋の文化の摂取にも積極的であり、また新しい仏教が起こると、これに接近し信仰をとり容れた。

鎌倉仏教の特色　この時代の文化の特色のひとつは新しい仏教の興隆である。平安時代末期以来、末法意識が広まり、貴族社会の衰退・没落、災害の続出、内乱の全国的拡大、平家の滅亡などにより、末法意識は深刻なものになった。人びとは仏教による救済を求めた。変動する社会のなかで、古い宗教的権威は人びとを救済する力を発揮できなかった。人びとも、天台宗や真言宗の祈祷仏教では救われないと感じていた。既存の教団の貴族化と、武力集団僧兵による闘争は人びとに、既成教団への不満と絶望感をもたらした。人びとの要望に応じて、*浄土宗・*一向宗・*時宗などの浄土教団の成立、法華宗の独立、*禅宗の渡来とその日本化などの機運が生まれた。既成の仏教々団のなかでも再興の動きがでてきて、社会の変動に対応しようとする試みがなされた。

神道の理論化　神仏習合・本地垂迹《ほんちすいじゃく》の神仏関係はこの時代の武士・庶民の神祇信仰によってさらに進み、特定の仏・菩薩《ぼさつ》と神の本地垂迹関係が設定された。このなかで、天台宗では山王神道、真言宗では両部神道が生まれた。仏教と神祇信仰を結合し合理化したもので、この神道説の布教は、新仏教に押された旧仏教の地方進出のひとつの方策となった。しかし、鎌倉中期以降には、伊勢神宮の神官たちによって伊勢信仰を中心とする*伊勢神道が大成され、それまでの本地垂迹説に対して*反本地垂迹説を主張した。

学問の新傾向　文章道《もんじょうどう》・明経道《みょうぎょうどう》・明法道《みょうぼうどう》など貴族の伝統的学問は、平安中期以降、家学《かがく》として固定化し、学問は特定の家の世襲となり創造性が失われた。貴族社会における復古的機運や、往時をなつかしむ心情から、朝廷の儀式や先例を研究する*有職故実《ゆうそくこじつ》の学問が進んだ。この傾向のなかで古典の研究も盛んになった。藤原定家による古典の校合《こうごう》、源光行、同親行による『源氏物語』研究、*仙覚《せんがく》の*『万葉集注釈』、*卜部兼方《うらべかねかた》の*『日本書紀』注釈など、本格的な研究・注釈がつぎつぎに生まれた。

宋　学　固定化した学問の世界に新風を吹き込んだのは*宋学《そうがく》の伝来であった。一二世紀の末、中国では朱子学が起こり、これがわが国に伝わった。朱子学は仏教とくに禅宗の影響を受けていたから、禅僧によってもたらされ、*臨済《りんざい》宗寺院内で、宋学研究の機運が起こった。

武家社会でも、中国の書物をテキストとして為政者の心構えが説かれ、好学の風が盛んになった。とくに金沢北条氏一門は学問を好み、厖大な和漢の書や仏書を蒐集して*金沢文庫を設けた。

歴史認識　*慈円《じえん》は、仏教の末法思想と歴史を道理の展開とする見方から叙述し、歴史哲学的思考と現実の政治社会状況とが密接に関わりあう特色ある史書『*愚管抄《ぐかんしょう》』を著した。末法思想も歴史を説明する一種の理論といえるが、自己の立場や現実の状況から歴史を説明しようとする態度は歴史物語にもある。しかし、この時代では、*親鸞《しんらん》や*日蓮にそれがつよくあらわれた。*承久の乱で公家方が敗北した理由を、親鸞は専修念仏を弾圧したからといい、日蓮は法華経の真意を忘れた台密や東密が公家方の勝利を祈願したからと述べる。いずれも仏教者としての立場から歴史の転換を説明しようとした。

和　歌　鎌倉初期歌壇の中心は*後鳥羽上皇で、その周辺に藤原定家・同家隆《いえたか》*・同良経《よしつね》*・慈円《じえん》らがいた。建仁元年（一二〇一）の千五百番歌合や、元久二年（一二〇五）の『*新《しん》古今和歌集《こきんわかしゅう》』の撰集はその成果であった。この頃きた、以前につくられた歌の語句やその心を元にして作歌する「*本歌取り《ほんかどり》」が盛んになった。『*新古今和歌集』の歌風は情趣や技巧にすぐれ、新古今調といわれ、万葉調・古今調とともに三大歌調のひとつとなっている。『古今和歌集』は作歌の聖典、必読書となり、書写、解釈が盛んに行われ、やがてその解釈を秘伝化する*古今伝授もはじまった。この頃、藤原定家の御子左《みこひだり》家と六条顕輔の六条家は、歌壇を二分した歌学の家であった。しかし、六条家は鎌倉中期に衰え、定家の子孫は二条・京極・冷泉《れいぜい》の三家に分裂した。

文芸作品　平安末期の『今昔物語集』に続いて、鎌倉時代にも多くの説話集がつくられた。『*発心集《ほっしんしゅう》』『*沙石集《しゃせきしゅう》』などの仏教説話集、『*宇治拾遺《うじしゅうい》物語』『*古今著聞集《ここんちょもんじゅう》』『*十《じっ》訓抄《くんしょう》』『*古事談《こじだん》』などの物語的説話集があり、これらには古代貴族文化へのあこがれや懐古趣味的な傾向がみられる。

武家の時代を特徴づけるのは軍記物の盛行で、『*保元物語』『*平治物語』そして『*平家物語』が書かれた。『平家物語』は平家滅亡のあとをうたった叙事詩というべき傑作で、新興武士の英雄的行動への讃美と、滅びゆくものへの浄土教的哀感がみごとに融合している。これらの作品は*琵琶法師たちによって語られ、耳から武士や庶民に伝えられた。それは語るにふさわしい和漢混淆文《わかんこんこうぶん》で書かれていた。また、親鸞・*道元・日蓮の著書や書状は、高度な仏教哲理を平易・簡潔な文体で説いており、これは、日本人が自国の文体で仏教を体系化し、説得できるようになったことをあらわしている。

*阿仏尼《あぶつに》の『*十六夜日記《いざよいにっき》』のごとき紀行文、*鴨長明の『*方丈記』や*吉田兼好の『*徒然草』のような随想集は、人生の観照者の心境のにじむすぐれた作品であった。

美術・工芸の新潮流　寺院建築には、旧来の和様に対して、天竺様《てんじくよう》と唐様《からよう》の新様式が始まった。天竺様は東大寺の再建に参加した*重源《ちょうげん》が宋から伝えた様式であり、禅宗寺院が中国南宋の建築に倣った唐様とともに、新しい時代の様式をになった。彫刻では、*院派・*円派・*慶派の南都仏師の三派があったが、南都復興の機運に乗り、慶派が主流となった。とくに*運慶は天平彫刻の技法や宋の手法をとり入れ、自由かつ写実的な作風をひらいた。個性重視、写実尊重の気風は、すぐれた肖像彫刻を生みだした。

こうした傾向は絵画でも示され、*似絵《にせえ》（肖像画）の発達をみた。*絵巻物が多く描かれたのも、写実的・説明的・啓蒙的な要求に応えるものであり、文学に取材した鑑賞用絵巻とともに、人びとに信仰をすすめる縁起絵巻や祖師絵伝も多く描かれた。これら絵巻を説明・解説する絵《え》解《とき》法師もおり、仏教信仰布教に役割をになった。

金工では、時代の要求に応じて、刀剣・甲冑など武器・武具の製作が盛んで、すぐれた作品が多い。陶芸では中国の技法に学んだすぐれた作品が生まれた。

年中行事　正月の三日が過ぎると、荘園内の有力農民たちは領主（現地では代官や預所）のもとに正月の挨拶に行く。農民たちには餅や酒が振舞われる。このとき領主は吉書始《きっしょはじめ》という儀礼的な文書を読みあげる。吉書とは、年始・政始・元服・改元など、もののはじめに当たって出すセレモニー用の文書である。三か日が過ぎて四日から生産活動の始まるところもあった。山の口に村人が集まって餅をたべたり、風呂始めといって湯屋も開かれる。七日は七種《ななくさ》で、荘政所で鏡開きの行われるところもあった。正月行事の中心は十五日で、小正月《こしょうがつ》といわれるが、むしろ民衆にとっては一日よりも十五日正月の方が重要だった。小豆粥をたべる古い風習があり、またドンド焼き*（左義長）が行われる。鎮守社《ちんじゅしゃ》や神宮寺で*射礼《じゃらい》（結《け》鎮《ちん》）といって弓矢で的《まと》を射る神事があり、*牛王宝印《ごおうほういん》を捺《お》した紙を苗代田の水口《みなくち》（取水口）に祀《まつ》り、五穀豊穣《ごこくほうじょう》を祈願した。

五月最初の午《うま》の日は端午《たんご》の節供《せっく》である。菖蒲を軒《のき》に葺《ふ》き、粽《ちまき》をつくる。菖蒲を束ねて大地をうつ菖蒲打ちの行事もある。子どもの遊戯として印地打《いんじうち》（石合戦）もあった。六月の晦日は名越《なごし》の祓《はらえ》といい、人形《ひとがた》にけがれを託して水に流したり、茅《ち》の輪《わ》くぐりを行った。七月七日は*七夕《たなばた》で、索餅《さくべい》という唐菓子をつくり、知識人たちは連歌会《れんがえ》を催した。七月十五日の盂蘭盆《うらぼん》を中心とする数日は、精霊《しょうりょう》を迎え、また魂送《たまおく》りをする。

八月一日は*八朔《はっさく》で、これは「タノミ」といい、稲の実りを祈念する行事で、平素世話になっている人に贈物《おくりもの》をする慣わしがあった。九月九日は*重陽《ちょうよう》の節《せち》で、菊酒を飲む。粟《あわ》の節句ともいう。

十月の亥《い》の日には亥《いの》（猪）子餅《こもち》をたべる。もとは中国伝来の無病息災のまじないであるが、わが国では収穫祭に当たる。十一月の最初の巳《み》の日には、火焚《ほた》き神事が行われた。穀霊を送る神事で、いわゆる火祭りである。十二月晦日には道祖神祭がある。道祖神は村の入口に祀られ、住民を病いや災害から守るものであった。大晦日の追儺《ついな》（鬼やらい）の行事は中国伝来のもので、はじめ宮廷で行われ、のち庶民の間にも広まった。

［文献］　林屋辰三郎『中世文化の基調』（東京大学出版会、一九七八）、大隅和雄『日本の中世2信心の世界　進世者の心』（中央公論新社、二〇〇二）、五味文彦ほか『日本の中世7中世文化の美と力』（中央公論新社、二〇〇二）。

（阿部　猛）

（二）仏教の新展開

八宗体制《はっしゅうたいせい》　奈良末期の南都六宗に平安初期の天台宗・真言宗の二宗を加えた八宗が国家の公認をうけ、鎮護国家を使命とした八宗による国家のための仏教体制をいう。南都六宗とは、三論《さんろん》・成実《じょうじつ》・法相《ほっそう》・倶舎《くしゃ》・律《りつ》・華厳《けごん》という学問仏教の学派（宗）を意味し、宗教的意味の宗派ではない。まず、三論宗はインドの竜樹《りゅうじゅ》の『中論《ちゅうろん》』、『十二門論』と弟子の提婆《だいば》の『百論』を三論といい、『般若経』の空の思想を研究する学派。成実宗はインドの訶梨跋摩《かりばつま》の『成実論』という部派仏教思想を研究する学派で三論宗の学問に兼ねて学ばれた。法相宗は中国唐代の慈恩大師基《き》を開祖とし、唯識《ゆいしき》思想を『成唯識論』などにより研究する学派。倶舎宗はインドの世親の『倶舎論』という部派仏教思想を研究する学派で法相宗の学問に兼ねて学ばれた。律宗は中国唐代の道宣の『四分律行事鈔』などにより戒律を研究する学派。華厳宗は『華厳経』という仏教経典の思想を研究する学派。つぎに、天台宗は伝教大師最澄（七六七―八二二）が中国の天台智者大師智顗《ちぎ》の『法華玄義』などを所依として開宗した宗派で「法華円宗」・「天台法華宗」ともいう。また、門下の円仁・円珍の入唐求法と安然により台密という密宗も盛んとなった。真言宗は弘法大師空海（七七三―八三五）が中国の青竜寺恵果《けいか》から真言密教を学び、即身成仏と顕密差別の思想を中心とする宗派で「真言密教」ともいう。また、真言宗の密教を東密ともいう。

［文献］平川　彰『インド中国日本仏教通史』（春秋社、一九七七）。

（金子　肇）

顕密体制《けんみつたいせい》　黒田俊雄が提示した日本中世における国家と宗教との関係に関する概念で、中世国家において正統的とみなされた顕密仏教（*八宗体制《はっしゅうたいせい》）による秩序と中世国家の関係をいう。黒田は「中世では国家と宗教とは、互いに異質のものとして対立し交渉すべき関係にあったというよりは、むしろ、本来相即すべき関係にあるものと考えられていたのであるが、顕密体制とは、そういう相即の次元の体制」（「中世における顕密体制の展開」）と述べている。そして、顕密体制の思想は密教による全宗教の統合である。黒田は顕密体制の成立を三段階に区分して、「第一段階は密教による諸宗教の統合（九世紀）であり、第二段階は全宗教の密教化のなかでの天台宗の自己主張の所産たる浄土教の発展の段階（一〇世紀）であるが、第三段階としては、一一世紀における王法・仏法の相依の思想の成立の段階をおいてみる必要がある。」と述べている。この点に関しては、教学的にみて顕密体制の思想をすべて密教に収斂させていいのかといった批判もある。しかし、黒田以前においては、*法然・*親鸞といった鎌倉仏教者たちの革新性を強調するあまり、古代仏教（八宗体制）と中世仏教との非連続性がいわれ、法然・親鸞は新仏教、*貞慶・*明恵は旧仏教という図式が定着していたことを考えると、顕密体制という概念によって、古代仏教と中世仏教との連続性の視点やいわゆる鎌倉旧仏教研究を提唱・進展させた意義は大きい。

［文献］黒田俊雄「中世における顕密体制の展開」（『日本中世の国家と宗教』岩波書店、一九七五）、末木文美士「鎌倉仏教の形成をめぐって」（速水　侑編『院政期の仏教』吉川弘文館、一九九八）。

（金子　肇）

大仏再建《だいぶつさいけん》　治承四年（一一八〇）一二月二八日、*平重衡《しげひら》により南都焼き討ちで焼失した東大寺大仏が四年半の歳月をかけて、文治元年（一一八五）八月二八日の大仏開眼供養厳修により再建されたことをいう。*九条兼実の日記『*玉葉《ぎょくよう》』には、「重衡朝臣、南都を征伐し、只今帰洛と云々。又人云く、興福寺、東大寺巳下、堂宇房舎、地を払ひて焼失す」（巻三十五、治承四年十二月二十九日条）といい、また「伝へ聞く、東大寺大仏殿、なお焼失しおわんぬ」（巻三十六、治承五年正月四日条）と書かれている。東大寺では、大仏殿のほかに、講堂、食堂、四面廻廊、三面僧房、戒壇院、尊勝院、安楽院、真言院、薬師堂、東南院、八幡社、気比社、気多社が焼失したという。そして、東大寺大仏の焼失の翌年の養和元年（一一八一）六月二六日に、藤原行隆が造仏造寺の長官に任命され、八月には*重源が東大寺再建のための大勧進職に任ぜられるのである。この二人の任命には、大仏再建を通じて王権の回復をめざす、*後白河法皇の強い意向がはたらいており、二人も法皇の手足となって動いたのである。また、重源の勧進には、*源頼朝や奥州平泉の*藤原秀衡も奉加したことから、重源のネットワークの大きさも想像される。なお、平重衡は元暦元年（一一八四）二月七日の*一の谷の戦いで明石浦において、*梶原景時らに生け捕りとなり、翌年の文治元年（一一八五）六月二三日に「伽藍火災の張本」（*『吾妻鏡』巻四）として、南都で斬首されている。

［文献］ 五味文彦『大仏再建』（講談社、一九九五）。 （金子 肇）

王法《おうほう》と仏法《ぶっぽう》 日本中世社会における世俗権力としての王法と*顕密体制における仏法とは、相互依存の関係（王法仏法相依論）にあることを*荘園・公領制社会に内在する宗教的本質の視点で、黒田俊雄が分析している。さて、インド仏教では、転輪聖王の例にみるように王法は仏法を護るものという考え方が一般的であったと思われる。ところが、中国仏教では、仏法は王法を護るものという考え方が一般的となり、『金光明経』のような護国経典が尊重されるのである。その中国仏教の影響を直接受けた朝鮮仏教、さらに朝鮮仏教・中国仏教の影響を受けた日本の古代仏教に、国家のための仏教（国家仏教）という思想が流入したことは当然であったといえる。しかし、ここで注意したいのは、中国仏教においては、廬山《ろざん》の慧遠（三三四―四一六）『沙門不敬王者論《しゃもんふけいおうじゃろん》』のように、仏教教団を国家権力のもとに服従させせようとしたことに対して、沙門（仏法）が帝王（王法）を拝さぬ理由を論述した「沙門不敬王者」の考え方が広く認められていた点である。さて、王法仏法の相依関係をよく示すものとして、天喜元年（一〇五三）七月の『美濃国茜部《あかなべ》荘司住人等解』に「方今、王法仏法相雙ぶこと、譬へば車の輪、鳥の二翼の如し。…若し仏法無くんば何ぞ王法あらしや。若し王法無くんば豈《あ》に仏法あらんや。仍て（仏）法興るの故に王法最も盛んなり」（*『鎌倉遺文』七〇二）とある。

［文献］ 黒田俊雄『王法と仏法』（法蔵館、一九八三）。 （金子 肇）

院家《いんげ》 門跡に次ぐ、寺院の寺格を示し、寺院の子院をいう。その始まりは、宇多上皇が仁和寺入寺に際し、上皇に従った皇族を院家衆と称したことにあるという。仁和寺では、代々の法親王、女院、貴族による諸院家が建立された。『松浦党関係史料集』第一・一二八「西方院某御教書」にみえる西方院は、仁和寺の院家の一つで、信禅から隆澄（一一四一―一二九〇）まで八名の院主が知られ、二代目は真幸（一二二八―一二六六）、三代目は祐尊、五代目は定位（一二四二年当時）が伝領していたが、その故地は未詳である。また、鎌倉時代以後、本願寺が青蓮院門跡の院家として遇されたように、門跡に付属する寺格の高い寺院をさすようにもなった。

［文献］ 古藤真平「仁和寺の伽藍と諸院家」（上）・（中）（『仁和寺研究』第一輯・第二輯、吉川弘文館、一九九九・二〇〇一）。 （金子 肇）

勧進《かんじん》 原意は衆生を教化し、仏道に勧めて、善に向かわせることをいう。転じて寺社の建立・修復や法会開催・写経などのために信者・有志に浄財寄付を奉納させること、またはそれに従事する人のことをいう。勧化・勧財・勧募ともいう。奈良時代に東大寺大仏建立に際し、人々を勧進した行基の集団を知識という。また、行基の集団は橋・道路・溝池などの建設・整備などにも勧進に努めた。中世には、東大寺大仏再建に活躍した*重源などのような勧進上人が輩出し、寺社再興のために諸国を遊行した。また、*絵解きをして諸国の人々を勧進した*熊野比丘尼を勧進比丘尼といった。そして、勧進の趣意を記した帳面を勧進帳といい、歌舞伎の『勧進帳』は有名。これは、*源頼朝の追跡から逃れる*源義経一行が安宅《あたか》の関で富樫《とがし》に見とがめられたとき、機転をきかせた*弁慶が大仏勧進の旅であると偽って、勧進帳を読み、源義経を逃がした後、六方を踏んで花道から去っていく歌舞伎の十八番である。また、勧進田楽・勧進猿楽・勧進能などのように勧進のために芸能興行を催すこともあり、中世の勧進は寺社を経済的に支えていた。近世以降は物乞い行為を勧進と呼ぶこともあった。

［文献］ 五味文彦『大仏再建』（講談社、一九九五）。 （金子 肇）

専修念仏《せんじゅねんぶつ》 南無阿弥陀仏と念仏することによってのみ、西方極楽浄土への往生が可能となるという*法然（一一三三―一二一二）の主張をいう。専修とは、行いや心の持ち方が西方極楽浄土に往生するための正しい道にかなって、専ら進むことで、阿弥陀仏のみにつかえる五つの正行（読誦・観察・礼拝・称名・讃歎供養）のうち、特に法然は称名念仏を正定の業とした。法然の*『選択本願念仏集』には、善導（六一三―八一。中国浄土教の大成者）の『観経流』第四を引用した後、「問うて曰《いわ》く、何が故ぞ、五種（五つの正行のこと）の中に独《ひと》り称名念仏をもって、正定の業となすや、答へて曰《いわ》く、かの仏（阿弥陀仏のこと）の願に順ずるが故に。意《こころ》に云く、称名念仏はこれかの仏の本願の行なり。故にこれを修すれば、かの仏の願に乗じて必ず往生を得るなり。」としている。この法然の専修念仏が熱病のように広がると、既成教団や公家権力、鎌倉幕府は危惧と不安を感じ、禁止・弾圧された。なお、専修に対することばは雑修《ざっしゅ》で、阿弥陀仏以外の仏・菩薩につかえる雑行《ぞうぎょう》や五つの正行のうちの正定の業である称名念仏以外の行為（助業《じょぎょう》）を西方極楽浄土への往生の因として称名念仏とともに修める（助正兼行）ことをいう。既成仏教の念仏に対する考え方は、この雑修の考え方で、法然の称名念仏とは本質的に違う。この点が法然以前の浄土教と法然との違いである。

［文献］ 田村圓澄『日本仏教思想史研究 浄土教篇』（平楽寺書店、一九五九）。 （金子 肇）

承元《しょうげん》の法難《ほうなん》 承元元年（一二〇七）に*法然の一向専修の輩が捕えられ、同年二月一八日に*専修念仏を停止し、法然の四国配流の宣旨が下ったことをいう。法然流罪に当たり、僧尼令の規定によって、法然は還俗させられ、源元彦の俗名を付けられた。また、法然の四国配所については『皇帝紀抄』などでは土佐国としているが、『四十八巻伝』などでは讃岐国としている。この点については、承元元年（一二〇七）一二月八日の法然勅免の宣旨が土佐国司に下されていることから、土佐国であったのは確かであろう。承元の法難の背景には、法然の専修念仏の拡大に対する*南都北嶺を中心とした既成仏教教団の圧迫と住蓮・安楽事件（建永元年（一二〇六）一二月頃、*後鳥羽上皇の熊野山臨幸の間に、法然の弟子の*住蓮・安楽が鹿ヶ谷草庵で開いた別時念仏に院の女房数名が参加し、発心して尼になる者が現われた。還幸ののち、後鳥羽上皇は逆鱗のあまり、住蓮・安楽の二人を処罰した）などによる法然一門の風紀の乱れなどがあったと思われる。このような動きに対して、法然はすでに、元久元年（一二〇四）一一月七日に『七箇条制誡』を示し、弟子の自粛自戒を求めている。たとえば、「いまだ一句の文をも窺はずして、真言・止観を破り奉り、余の仏・菩薩を謗ずるを停止すべき事」や「念仏門において、戒行なしと号して、専ら婬・酒・食肉を勧め、たまたま律儀を守る者を雑行人と名づけて、弥陀の本願を憑む者、造悪を恐るることなかれと説くを停止すべき事」（『日本思想大系10　法然　一遍』）などである。

〔文献〕　田村圓澄『法然』（吉川弘文館、一九五九）。（金子　肇）

浄土宗《じょうどしゅう》　*法然房源空（一一三三―一二一二）を開祖とし、阿弥陀仏の本願を信じ、*専修念仏によって西方極楽浄土への往生を願う宗派をいう。浄土相承の五師は、中国浄土教の曇鸞・道綽・善導・懐感・少康とするが、特に「偏依善導」ということで、法然は善導（六一三―六八一）の教義を最も重視する。所依仏典は、『阿弥陀経』・『大無量寿経』、『観無量寿経』の浄土三部と世親《せしん》（四―五世紀頃のインド僧。ヴァスバンドゥ）の『浄土論』などで、善導の『観経疏』などに基づいて法然が著したのが*『選択本願念仏集《せんじゃくほんがんねんぶつしゅう》』である。『選択本願念仏集』には、「問うて曰《いわ》く、それ宗の名を立つることは、もと華厳・天台等の八宗・九宗（八宗と達磨宗）にあり。いまだ浄土の家において、その宗の名を立つることを聞かず。しかるに今、浄土宗と号すること何の証拠があるや。答へて曰く、浄土宗の名、その証一にあらず。元暁の遊心安楽道に云く、『浄土宗の意はもと凡夫のためなり、兼ねては聖人のためなり』と。また慈恩の西方要決に云く、『この一宗による』と。また迦才の浄土論に云く、『この一宗窃《ひそ》かに要路たり』と。その証かくの如し。疑端に足らず」（『日本思想大系10　法然　一遍』）とあり、中国にも浄土宗の名称の先例があることを指摘しているが、正しく法然によって、それまで寓宗であった浄土教が浄土宗として一宗を独立させたのである。現在最も広く行われている浄土宗は、聖光房弁長（一一六二―一二三八）の鎮西派である。また現在、浄土宗では、総本山を知恩院（京都）、大本山を増上寺（東京）・百万遍知恩寺（京都）・光明寺（神奈川）などとしている。なお、法然門流からは、*親鸞（一一七三―一二六二）が浄土真宗を開宗し、西山派の*証空（一一七七―一二四七）の弟子の聖達から*一遍（一二三九―八九）がでて、*時宗を起こした。

〔文献〕　石田充之『日本浄土教の研究』（百華苑、一九五二）。（金子　肇）

浄土真宗《じょうどしんしゅう》　*親鸞《しんらん》（一一七三―一二六二）を開祖とし、阿弥陀仏の弘願他力を信じ、往生成仏を期する浄土教の宗派をいう。真宗、一向宗、門徒宗などともいう。浄土真宗では、七高僧として、インドの竜樹・世親（天親）、中国の曇鸞・道綽・善導、日本の源信・源空（*法然）を尊崇し、和国の教主として聖徳太子も尊崇する。さて、浄土真宗という名称は本来、*専修念仏をさし、善導（六一三―六八一）は念仏一門を真宗としているし、法然門流も広く使用した。また、親鸞が浄土真宗・真宗といったのも、親鸞開宗の名称ではなく、師法然開宗の浄土宗をさしていたのである。親鸞の*『教行信証《きょうぎょうしんしょう》』教巻冒頭に、「謹んで浄土真宗を按ずるに、二種の廻向あり。一つには往相、二つには還相なり。往相の廻向について真実の教行信証あり。」や『教行信証』化身土巻の後序に、「竊《ひそ》かにおもんみれば、聖道の諸教は行証ひさしく廃れ、浄土の真宗は証道いま盛《さか》りなり。」といい、親鸞のいう浄土真宗・真宗の用語は、親鸞開宗の宗名ではなく、法然の浄土宗を強調するために用いた名称である。さて、『教行信証』化身土巻の後序に、「主上臣下、法に背き義に違し、忿をなし怨を結ぶ。これに因りて、真宗興隆の大祖源空法師ならびに門徒数輩、罪科を考へず、みだりがわしく死罰に坐《つみ》す。あるいは僧儀を改めて姓名を賜ふて遠流に処す。予はその一なり。しかればすでに僧にあらず俗にあらず。この故に禿《とく》の字を以て姓とす。」（『教行信証』の引用は、すべて『日本思想大系 11 親鸞』より）とあり、親鸞は非僧非俗の立場に立ち、同朋同行の教団をつくった。現在、浄土真宗は本願寺派（京都の西本願寺）、大谷《おおたに》派（京都の東本願寺）、高田派（三重の専修寺）、仏光寺派（京都の仏光寺）、興正寺派（京都の興正寺）、木辺派（滋賀の錦織寺）、三門徒派（福井の専照寺）、山元派（福井の証誠寺）、誠照寺派（福井の誠照寺）、出雲路派（福井の毫摂寺）の真宗十派がある。

［文献］中澤見明『真宗源流史論』（法蔵館再刊、一九八三）。 （金子 肇）

悪人正機《あくにんしょうき》＊ 浄土真宗の思想で、悪人こそが阿弥陀仏の真の救済者であるとする説。＊親鸞の弟子の＊唯円（一二二二？―八九？）が著わしたとされる『＊歎異抄《たんにしょう》』第三章に、「善人なをもて往生をとぐ、いはんや悪人をや。しかるを世のひとつねにいはく、悪人なを往生す、いかにいはんや善人をやと。この条、一旦そのいはれあるにたれども、本願他力の意趣にそむけり。そのゆへは、自力作善のひとは、ひとへに他力をたのむこころかけたるあひだ、弥陀の本願にあらず。しかれども、自力のこころをひるがへして、他力をたのみたてまつれば、真実報土の往生をとぐるなり。煩悩具足のわれらは、いづれの行にても生死をはなるることあるべからざるをあはれみたまひて、願ををこしたまふ本意、悪人成仏のためなれば、他力をたのみたてまつる悪人、もとも往生の正因なり。よて善人だにこそ往生すれ、まして悪人はと、おほせさふらひき。」（金子大栄校訂『歎異抄』岩波文庫）とある。自力作善の人は自力の限界を知らず、阿弥陀仏の本願の対象者でなく、悪業を離れることのできぬ悪人こそ、他力（阿弥陀仏の本願）に頼るしかなく、悪人は最も往生の正因であるとする。そして、この悪人正機説は浄土教の伝統的思潮でもあるので、親鸞の思想は悪人正因説とする見解もある。

［文献］田村圓澄「悪人正機説の成立」（『日本仏教思想史研究 浄土教篇』平楽寺書店、一九五九）。 （金子 肇）

高田専修寺《たかだせんじゅじ》＊ 浄土真宗高田派本山で、三重県津市一身田《いっしんでん》町にある寺院。＊親鸞が常陸国（茨城県）の稲田で教化していたとき、下野国（栃木県）の真岡《もおか》の大内氏の一族である真仏が親鸞の弟子となった。その真仏は、嘉禄元年（一二二五）に親鸞が信濃善光寺で感得した一光三尊仏を安置するために一寺を下野国大内荘高田（栃木県芳賀郡二宮町）に建立した。これが旧寺の専修寺である。この専修寺を中心とした高田門徒が親鸞帰洛後の東国真宗教団の指導的立場をとり、その後、室町期には＊蓮如の本願寺教団との対抗上、三河・伊勢・越前・加賀への教線を拡大し、文明年間（一四六九―八七）に伊勢国（三重県）一身田に無量寿寺を建立し、十二世堯慧が天文一七年（一五四八）にこの無量寿寺に入寺した。それ以来、無量寿寺が高田専修寺住持の住房となり、教団の中心は一身田へ移り、寺名も高田専修寺と称した。

［文献］『専修寺史要』。 （金子 肇）

時宗《じしゅう》＊ 一遍房智真（一二三九―八九）を開祖とする浄土教の一宗派。時衆、遊行《ゆぎょう》衆、遊行宗ともいう。臨終すなわち平生、平生すなわち臨終の時なりと観じて、常に南無阿弥陀仏の名号を称えることにより、現身に往生すると説く。また、一遍が文永一一年（一二七四）か建治二年（一二七六）に熊野権現に参詣して神詫をうけ、「六字名号は一遍の法なり。十界の依正は一遍の体なり。万行離念して一遍を証す、人中上々の妙好華なり。」（『*一遍上人語録』）の一偈を感得して、すぐに他力の密意を悟り、勧進帳念仏札（「南無阿弥陀仏決定往生六十万人」と刷られた札）をくばり、全国を遊行した。時宗は元来、一遍について遊行する時衆の集団のことで、僧時衆・尼時衆を中心にして人々が集まり、人々は教団に拘束されず、一遍の移動後はもとの宗派にもどっていったのであり、宗派としての成立は二祖*他阿真教以降のことである。真教は全国を遊行し、一所不住ではなく、時衆道場を開いて、京都七条に金光寺を建立した。また四祖呑海は相模国（神奈川県）藤沢に*清浄光寺を建て、七祖託阿は『器朴論』を著して教義を整備したという。時宗は南北朝から室町中期に盛行し、二祖真教の遊行派、仙阿の奥谷派、作阿の市屋派、王阿の御影堂派、内阿の当麻派、浄阿の四条派、弥阿（聖戒）の六条派、解阿の解意派、国阿の霊山派・国阿派など多数に分派した。また、近世以降の一向派と天童派を前記の十派に加えて時宗十二派と称した。現在は統合されて、藤沢の清浄光寺を総本山とする。

〔文献〕今井雅晴『時宗成立史の研究』（吉川弘文館、一九八一）。

（金子　肇）

踊念仏《おどりねんぶつ》　念仏や*和讃を唱えながら、鉦や太鼓をたたき、拍子を合わせて踊躍することをいう。空也念仏、鉢叩、念仏踊、踊躍念仏、歓喜念仏ともいう。自分の念仏信心の功徳歓喜を表現し、他の人々をも引き入れようとする方便作業として修するのである。時宗の開祖*一遍（一二三九―八九）が空也（九〇三―七二）の遺風を慕って行ったという。一遍は弘安二年（一二七九）の冬、信濃国（長野県）*伴野庄の武士大井太郎の家で修しはじめたという。すなわち、『一遍上人絵伝』第二に、「二年（弘安）信濃国佐久郡伴野といふ所にて、歳末の別時に紫雲はじめてたち侍りけり。さてその所に念仏住生をねがふ人ありて、ひじりをとどめて奉りける比、そぞろに心すみて念仏の信心おこり、踊躍歓喜のなみだ、いともろく落ちければ、同行共に声をととのへて念仏し、鼓をたたいておどり給ひけるを、みるもの隨喜し、聞く人渇仰して、金磬をみがき鋳させて、ひじりに奉りけり。しかれば行者の信心を踊躍の皃《げい》に示し、報仏の聴許を金磬のひびきにあらはして、ながきねむりの衆生をおどろかし、群迷の結縁をすすむ」とある。

〔文献〕大橋俊雄『踊り念仏』（大蔵出版、一九七四）。

（金子　肇）

清浄光寺《しょうじょうこうじ》　*時宗の総本山で、藤沢山無量光院と号し、神奈川県藤沢市にある。初め四祖呑海は俗兄の当地俣野郷地頭五郎景平（入道明阿）の援助で、一時西俣野村に仮道場を構え、正中二年（一三二五）に将軍に請ひ、当地極楽時跡地に清浄光院と号して一寺を創建した。五祖安国は当寺を時宗の本山とし、遊行派では遊行上人は京都の七条道場金光寺を中心として遊行賦算（全国を遊行し、「南無阿弥陀院仏決定往生六十万人」と書いた木の名号札をくばること）し、先代の遊行上人は当寺に独住し、藤沢上人と呼ばれた。延文元年（一三五六）に梵鐘を鋳造し、同年中に*足利尊氏が諸堂を営み、寺領六万貫を寄進した。時に*後光厳天皇宸筆の寺額を賜り、清浄光寺とした。

〔文献〕『藤沢道場記』。

（金子　肇）

日蓮宗《にちれんしゅう》 *日蓮（一二二二―八二）を開祖とし、専ら『法華経』により三大秘法（本門の本尊、本門の戒壇、本門の題目のこと）の宗旨をもって、即身成仏の妙悟を期する宗派をいう。法華宗、仏立宗、日蓮法華宗などともいう。日蓮の『法華宗内証仏法血派』に、「それ妙法蓮華経宗は、久遠実成三身即一の釈迦大牟尼尊、常寂光土霊山浄土唯一教主の所立なり。…当に知るべし、今の法華宗とは諸経中王の文によりてこれを建立す。仏立宗とは釈迦独尊の所立の宗なるが故なり」とある。また、『法華経』の本門である「寿量品」を一経の中心とし、釈尊の教えは「妙法蓮華経」の五字にすべておさまるとして、「南無妙法蓮華経」の唱題成仏を説く。そして、三大秘法の実践を立て、十界曼荼羅として表された久遠の本仏（本門の本尊）を念じ、「南無妙法蓮華経」（本門の題目）と唱題するところに即身成仏の妙悟を得るとし、『法華経』を持経することが戒律を実践することであり、国家・社会が実践の場所（本門の戒壇）であるとする。教化の方法として、摂受《しょうじゅ》・折伏《しゃくぶく》を用いる。日蓮の『開目抄』巻下に、「それ摂受・折伏と申す法門は水火のごとし。火は水をいとう、水は火をにくむ。摂受の者は折伏をわらう。折伏の者は摂受をかなしむ。無智悪人の国土に充満の時は、摂受を前とす。安楽行品のごとし。邪智謗法の者多き時は、折伏を前とす。常不軽品のごとし。譬へば熱時に寒水を用ひ、寒時に火をこのむがごとし。草木は日輪の眷属《けんぞく》、寒月に苦をう。諸水は月輪の所従、熱時に本性を失ふ。末法に摂受・折伏あるべし。いわゆる悪国・破法の両国あるべきゆへなり。日本国の常世は悪国か破法の国かをしるべし。」とあり、無智悪人には相手を摂受し受け入れる方法を、邪智謗法者には相手を破折し伏す方法を用いるとした。近世以降の門流には、一致派（*身延《みのぶ》山久遠《くおん》寺、池上本門寺、中山法華経寺など）と勝劣派（富士大石寺、京都妙満寺、本能寺、本隆寺、本禅寺、要法寺など）とがある。なお、不受不施《ふじゅふせ》派は江戸幕府に禁圧された。

［文献］『日蓮教団全史』。　（金子　肇）

題目《だいもく》 経典の題号をいい、*日蓮宗で唱える『妙法蓮華経』の五字、またはこれに南無の二字を冠した「南無妙法蓮華経」の七字をいう。三大秘法の一つである。*日蓮は建長五年（一二五三）に、はじめて題目を唱え、この年を開宗の記念としている。すなわち、日蓮の『諫暁八幡抄《かんぎょうはちまんしょう》』に、「今日蓮は去ぬる建長五年癸丑四月二十八日より今弘安三年太才庚辰十二月にいたるまで二十八年が間、又他事なし。只だ妙法蓮華経の七字五字を日本国の一切衆生の口に入れんとはげむばかりなり。これすなわち、母の赤子の口に乳を入れんとはげむ慈悲なり。」（『日本思想大系14　日蓮』）とある。なお、日蓮宗では法要のときに、題目踊や歌題目などが行われる。

［文献］『又私新抄』第五。　（金子　肇）

辻説法《つじせっぽう》 *日蓮による路上での説法をいう。日蓮は建長五年（一二五三）五月に鎌倉に入った。伝説によれば、日蓮は毎日のように*鎌倉幕府の前通りに近い小町の夷堂《えびすどう》の広場に来て、人々に「諸経は方便で、法華経のみが真実である」と説いたという。辻説法が行われたかは不明ながら、鎌倉での説法が「法華経を捨閉閣抛《しゃへいかくほう》する念仏は、無間地獄の業因なり」といって念仏を、また「教外別伝《きょうげ》と唱えて法華経を貶《おと》す禅は、天魔波旬《はじゅん》の法なり」といって*禅宗を折伏したことはあったようである。なお、明治三四年（一九〇一）に田中智学が鎌倉市小町に「日蓮大士辻説法之霊跡」の碑を建立して以降、日蓮の辻説法がよくいわれるようになった。

［文献］　大野達之助『日蓮』（吉川弘文館、一九五八）。（金子　肇）

清澄寺《きよすみでら》　千葉県安房郡天津小湊町清澄にある*日蓮宗の寺院。千光山金剛宝院と号し、昭和二四年（一九四九）に日蓮宗に改宗するまでは新義真言宗智山派であった。宝亀二年（七七一）に不思議法師が本尊虚空蔵菩薩を安置して開創、承和年間（八三四―四八）に円仁が不動明王像を安置して再興したと伝える。天福元年（一二三三）五月に*日蓮が登山して、住僧の道善に習学し、虚空蔵菩薩に「日本第一の智者となさしめ給え」と立願したという。のち、建長五年（一二五三）四月二八日に、日蓮は清澄寺山中の旭の森ではじめて「南無妙法蓮華経」の題目を唱え、持仏堂で説法した。これが日蓮開宗のはじまりとされる。

［文献］『日蓮上人註画讃』。（金子　肇）

身延山《みのぶさん》　山梨県南巨摩郡身延町身延にある山で、*日蓮宗総本山の久遠寺がある。*日蓮は鎌倉で三度北条氏を諫めたが容れられず、文永一一年（一二七四）五月に波木井実長の請に応じて、甲州蓑夫《みのぶ》の沢（身延山西谷）に隠棲し小庵を構えた。そののち、弘安四年（一二八一）に、実長は別に庵のそばに十間四面の一堂を建立し、同年一一月二四日に開堂の式があり、日蓮自らが薫香念呪して、身延山久遠寺と名づけたという。『日蓮遺文』の多くが、この地で製作された。弘安五年（一二八二）一〇月、日蓮が武蔵国《むさし》（東京都）池上で没すると、遺命によりその遺骨をこの山に納め、門下の六老僧が輪番で祖廟を管理したが、実長らにより、日向を久遠寺二世と定めた。

［文献］『身延鑑』。（金子　肇）

熱原法難《あつはらのほうなん》　弘安二年（一二七九）に起った駿河《するが》国富士郡下方熱原（静岡県富士市）地方における*日興・日秀・日弁らの*日蓮の門弟に対する弾圧事件をいう。加島法難ともいう。高木豊はつぎのように述べている。すなわち、「〈熱原法難〉は、（1）滝泉寺院主代と同寺に寄住する日蓮の弟子との対抗関係、（2）院主代＝在地有力者と日蓮の檀越＝百姓との対抗関係、（3）背景としての、得宗権力・得宗被官と日蓮の檀越＝御家人の対抗関係、等の上に織りなされた政治的・社会的・宗教的事件であった。」と。

［文献］　高木　豊「熱原法難の構造」（『日蓮とその門弟』弘文堂、一九六五）。（金子　肇）

禅宗《ぜんしゅう》　禅宗とは、坐禅を修行の中心におく仏教の一宗派のことである。そもそもは、インドでの禅定《ぜんじょう》という特有の修行形態の伝統が、中国に伝えられ、さまざまなかたちで多種の宗派に影響を与えていった。そのような中で、もっぱら坐禅をする宗派を生みだし、禅宗ということばが、使用されるようになったのは唐代末期らしい。禅宗の開祖といわれているのが、北魏末にインドから中国に渡来した菩提達磨、サンスクリット名では、ボーディダルマである。その系統は、慧可《えか》・僧璨《そうさん》・道信・弘忍《ぐにん》と受け継がれ、六祖慧能《えのう》の禅は、南宗禅と呼ばれ、民間にあって説法し、多くの信仰を集めだした。当時は北宗禅・牛頭《ごず》禅・浄衆禅などのさまざまな主張をもつ初期禅宗がほかにも存在し、互いに競ったが、結局南宗禅が残り、その南宗禅も宋代ぐらいまでに、臨済・潙仰《いきょう》・曹洞・雲門・法眼の五家に分かれ、さらに、臨済は、黄龍《おうりゅう》派と楊岐《ようぎ》派の二つに分かれ、五家七宗《ごけしちしゅう》と称された。しかし、これらは、日本の*臨済宗や*曹洞宗といった教団としての分立を意味したのではなく、単なる宗風のちがいの区別であったようである。禅の日本への初伝は、伝説によれば、奈良時代の元興寺道昭によるものといわれている。最澄の場合は牛頭禅や北宋禅の典籍名がその『請来目録』にみえている。禅宗のさまざまな宗派がさまざまな人々によって輸入されたようであるが、いずれも日本で一宗をなして定着するまでにはいたらなかったようである。鎌倉時代初期になると、大日房能忍が、日本達磨宗を名のり、禅宗を布教しはじめたが既存の仏教側からの圧力などもあり、広がることはなく、能忍寂後は、その門下は道元下に入った。禅宗が、本格的に日本で後世につづく法系と根づくものとしたのは、文治三年（一一八七）入宋した*栄西《えいさい》によって臨済宗黄龍派が伝えられ、また貞応二年（一二二三）入宋した道元によって曹洞宗が伝えられた。もう一つ江戸時代に、明《みん》から渡来した隠元《いんげん》が、明朝風の禅を伝え、宇治で万福寺を開き黄檗宗《おうばくしゅう》を起こした。

［文献］ 伊吹 敦『禅の歴史』（法蔵館、二〇〇一）、今枝愛真『禅宗の歴史』増補改訂版（至文堂、一九八六）。（潮田恒明）

臨済宗《りんざいしゅう》　中国禅宗五家の中の一宗派。日本では三大禅宗の一つ。唐代、臨済義玄《ぎげん》を開祖とする。義玄は、南宗禅の黄檗希運の法を嗣ぎ、八五四年臨済院を建て、独自の臨済禅の教えを広めていった。臨済の名は、この臨済院に由来。そもそもは地名か。義玄よりのちの、七祖石霜楚円《せきそうそえん》の門下から黄龍慧南《おうりゅうえなん》と楊岐方会《ようぎほうえ》が出て、臨済宗は、黄龍派と楊岐派の二派に分かれ、中国禅宗は、五家と合わせて五家七宗と称されるようになった。当初は、黄龍派が隆盛であったが、のちになり楊岐派の方が栄えた。その中でも、大慧宗杲《だいえそこう》が、*公案看話の禅風を完成し、宋代の禅の中心的存在となった。日本においては、鎌倉時代初期に臨済宗を初めて本格的に伝え、宗派として成立させた*栄西《えいさい》が、黄龍派であったが、そのほか*円爾《えんに》などの入宋経験をもつ僧も、*蘭渓道隆《らんけいどうりゅう》・*無学祖元《むがくそげん》などの渡来僧もそのほとんどが楊岐派であった。当初は天台宗などの既存の仏教側からの圧迫なども受けたが、やがて、鎌倉・室町幕府の帰依・保護を受けて栄え、京都・鎌倉の五山を中心に文芸や芸術の面などでも大いに活躍をみせた。しかし保護者である幕府の衰退などにより、応仁の乱以後には、そのほとんどが衰えていった。それにかわり、同じ楊岐派でも、五山文芸僧を嫌い、厳しい修行に徹していた、大応国師南浦紹明《なんぽじょうみょう》、大燈国師宗峯妙超《しゅうほうみょうちょう》、関山慧玄《かんざんえげん》、いわゆる「応燈関の法灯」と呼ばれる系譜は、衰えることなく、各地の戦国武将の帰依などを受けながら受け継がれていき、やがて江戸時代中期に臨済宗中興の祖といわれる白隠慧鶴《はくいんえかく》を生み、独自の公案禅を確立し、今日にもつながる臨済宗の教義ができあがった。また江戸初期の渡来僧である隠元が京都の宇治の万福寺で起こした黄檗宗《おうばくしゅう》も臨済宗の流れのものである。現在の臨済宗では、有力寺院ごとに派をつくり建仁寺派、東福寺派、南禅寺派、天龍寺派、相国寺派、大徳寺派、妙心寺派、建長寺派、円覚寺派、向獄寺派、方広寺派、永源寺派、国泰寺派、佛通寺派、十四派または、興聖寺派を入れて十五派がある。

［文献］ 大津櫪堂「臨済」（『講座 禅 3禅の歴史―中国―』筑摩書房、一九六七）、玉村竹二『臨済宗史』（春秋社、一九九一）。（潮田恒明）

公案《こうあん》　主に中国禅僧の問答、言行などから採用されたもので、古則《こそく》・話頭《わとう》などともいわれる。坐禅者に提供される課題・問題のことである。唐代に始まりをみて、宋代以来盛んに用いられるようになった。『*碧巌録《へきがんろく》』百則、『無門関《むもんかん》』四十八則などが著名である。おもに、*臨済宗系で採用されることが多く、臨済禅を公案禅・看話禅（話頭をよく看る）、*対して曹洞禅は黙照禅《もくしょうぜん》とよばれることが多い。中世日本では、臨済宗・*曹洞宗を問わず公案は*道元が公案を否定したとする考え方が多いが、実際は臨済宗・曹洞宗を問わず公案は利用され、解答書ともいえる『密参録《みっさんろく》』『門参《もんさん》』などをも生みだしている。近世になり、白隠慧鶴《はくいんえかく》により段階的に進んでいく公案体系が確立し、以後はそれが受け継がれている。

（潮田恒明）

［文献］　大森曹玄「公案の禅」（『講座　禅　2禅の実践』筑摩書房、一九七四）、石川力山・広瀬良弘『禅とその歴史』（ぺりかん社、一九九九）。

建長寺《けんちょうじ》　神奈川県鎌倉市山ノ内八番地在。正式名は、建長興国禅寺。山号は巨福《こふく》山、本尊は、地蔵菩薩。鎌倉五山第一位。*臨済宗建長寺派の大本山。建長五年（一二五三）に、*鎌倉幕府五代*執権*北条時頼が創建。開山は、中国（宋）からの渡来僧*蘭《らん》渓道隆《けいどうりゅう》（大覚禅師）。以後代々将軍の祈願所となる。寺名は、年号に由来し、山号、本尊は、この地が、巨福呂坂《こぶくろさか》の刑場跡であり、既存した地蔵堂に由来。蘭渓道隆は、中国の高僧無明《むみょう》慧性《えしょう》に学び、寛元四年（一二四六）三三歳のときに来日し、九州、京都を経た後、鎌倉に入り北条時頼に請われて建長寺に迎えられた。彼は、宋時代の純粋で厳しい禅風をそのまま導入し、多くの僧侶を指導養成した。道隆の住した後は、*兀庵普《ごったんふ》寧《ねい》・*無学祖元《むがくそげん》・*一山一寧《いっさんいちねい》・東名慧日《とうめいえにち》・清拙正澄《せいせつしょうちょう》らの渡来僧が住持についた。また蘭渓門下（大覚派）と無学門下（仏光派）が競いあって住持し、寺門はより栄え、延慶元年（一三〇八）*北条貞時の奏上によって定額寺《じょうかくじ》に列せられ、朝廷から勅額を賜った。至徳三年（一三八六）*足利義満の五山の座位決定に際し鎌倉第一位に列せられ、終始第一位であった。永仁元年（一二九三）には、地震にあい火災、正和四年（一三一五）にも火災があったが、鎌倉幕府は、建長寺造営のための費用を得るための貿易船を許可し保護した。これが建長寺造営料唐船（*建《けん》長寺船《ちょうじぶね》）である。その後も幾度となく災害などにみまわれたが、後北条・豊臣・徳川氏などの助力を得て復興した。

（潮田恒明）

［文献］『鎌倉市史』社寺編（吉川弘文館、一九五九）、市川浩史『吾妻鏡の思想史』（吉川弘文館、二〇〇二）。

円覚寺《えんかくじ》　神奈川県鎌倉市山ノ内四〇九番地在。正式名称は、円覚興聖禅寺。山号は瑞鹿山《ずいろくさん》、本尊は釈迦如来。鎌倉五山第二位。臨済宗円覚寺派の大本山。開創は弘安五年（一二八二）。開山は中国（宋）からの渡来僧*無学祖元《むがくそげん》（仏光国師）。開基は、*鎌倉幕府八代*執権*北条時宗。『鹿山《ろくさん》略記』によれば、山号は、落慶供養の日、白い鹿の一群が現れて、無学祖元の説法を聞いたという話に由来。寺名は、寺院建立工事の際に「円覚経」を納めた石櫃が、発見されたことに由来。無学祖元は、時宗の招請に接し、弘安二年（一二七九）に来日。初め建長寺に住し、多くの鎌倉武士たちを教化した。『仏光国師語録』によれば、時宗は、弘安四年（一二八一）再度の蒙古の襲来を打ち払った後、「この寺は、国家を鎮護し、仏法を紹隆せんが為に、華麗をきわめて草創する所なり。」（原漢文）とし、また、「円覚を造りて、以って幽魂を済《す》う。」（原漢文）とあり、以上のことからみると、円覚寺は、文永・弘安の両役に戦死した敵味方両軍の菩提を弔うために建立されたと考えられる。時宗は寺領を寄進し、幕府の祈願所とし、その子*貞時は、延慶元年（一三〇八）に朝廷に申請し、*建長寺とともに*定額寺《じょうかくじ》に列せられ、勅額を賜っている。至徳三年（一三八六）の*足利義満の*五山座位決定に際しては、鎌倉五山第二位に列せられた。この間、*一山一寧《いっさんいちねい》、東明慧日《とうみょうえにち》、清拙正澄《せいせつしょうちょう》などの渡来僧をはじめ、夢窓疎石《むそうそせき》などの名僧が歴住した。数度の火災、震災にあったが、現在、国宝の舎利や梵鐘などが伝わる。

［文献］玉村竹二・井上禅定『円覚寺史』（春秋社、一九六四）、貫達人『円覚寺』（中央公論美術出版、一九九六）。 （潮田恒明）

曹洞宗《そうとうしゅう》 中国禅宗五家の一つ。日本では三大禅宗の一つ。唐代の洞山良价《とうざんりょうかい》（八〇七—六七）と弟子の曹山本寂《そうざんほんじゃく》（八四〇—九〇一）を開祖とする。曹洞の名の由来は、洞山の洞と曹山の曹を取り、倒置させたという説と、禅宗六祖で中国禅宗五家の基ともいえる南宗禅の大成者である曹渓慧能《そうけいえのう》（六三八—七一三）の曹と洞山の洞を合わせたという二説が存在する。宋代に洞山門下から丹霞子淳《たんかしじゅん》（一〇六四—一一一七）が出て、そのもとから真歇清了《しんかつせいりょう》（一〇八八—一一五一）と宏智正覚《わんししょうがく》（一〇九一—一一五一）の二系統に分かれていった。しかし両系統とも黙照禅であり、*臨済宗の看話禅と対抗する立場であった。日本へは、入宋した*道元（一二〇〇—五三）が、真歇派を如浄からうけて安貞元年（一二二七）帰国し伝え、後世につづいている。一方宏智派は渡来僧である東明慧日《とうみょうえにち》（一二七二—一三四〇）東陵永璵《とうりょうえいよ》（?—一三六五）などにより伝えられたが、いずれも曹洞宗として発展することはなかった。道元は、*永平寺を開山し、『*普勧坐禅儀《ふかんざぜんぎ》』を著し、座禅の方法や心得を説き、*只管打坐をむねとする厳しい座禅の修行を行い『*正法眼蔵《しょうぼうげんぞう》』を著し、多数の弟子たちを育てた。しかし道元自身は、曹洞宗の名称を使うことなく、釈迦や禅宗の開祖である達磨から受けついだ正伝を説くのみであると考え自らの立場を曹洞宗と規定することを否定した。道元が、日本曹洞宗の開祖と位置づけられたのは、孤雲《こうん》*懐奘《えじょう》・徹通義介《てっつうぎかい》を経て、四祖*瑩山紹瑾《けいざんじょうきん》に上がるものである。紹瑾は、文保元年（一三一七）能登に永平寺、元亨元年（一三二一）*総持寺（明治期に横浜に移転）を開山し、明峰素哲《めいほうそてつ》・峨山韶碩《かざんじょうせき》の二大弟子を生みだし、やがて曹洞宗教団をこの瑩山派が大多数を占めることになる。その宗風は、在家主義・女人救済などに特色がみられ、また*公案・看話の禅をも取り入れたものであった。曹洞宗では、道元・紹瑾を両祖とし、道元を高祖、紹瑾を太祖とし、永平寺・総持寺をともに大本山としている。

［文献］鏡島元隆「日本禅宗史・曹洞宗」『講座 禅 4禅の歴史—日本—』（筑摩書房、一九四七）、今枝愛真『中世禅宗史の研究』（東京大学出版会、二〇〇一）。 （潮田恒明）

永平寺《えいへいじ》 福井県吉田郡永平寺町志比《しひ》所在。*総持寺《そうじじ》（神奈川県横浜市）と並ぶ*曹洞宗の本山。山号は吉祥山。開山は*道元。開基は志比庄《しひのしょう》の地頭、波多野義重《はたのよししげ》。道元は、義重の勧めにより京都から越前に下り、寛元二年（一二四四）傘松峰大仏寺《さんしょうほうだいぶつじ》と称して創建。同四年（一二四六）には寺名を永平寺と改称。また宝治二年（一二四八）には山号を吉祥山と改称。寺名は、仏教がはじめて中国に伝来したとされる後漢の暦号永平に由来。二世は*懐奘《えじょう》、のちに三代相論と呼ばれる内紛などもあったが、五世義雲が入寺して中興。応安五年（一三七二）北朝の*後円融《ごえんゆう》天皇より「日本曹洞第一道場」の勅額《ちょくがく》を賜る。道元自筆の

「普勧座禅儀《ふかんざぜんぎ》」（国宝）などを蔵す。

［文献］『曹洞宗全書史伝　上』（曹洞宗全書刊行会、一九七〇）、永平寺編纂委員会編『永平寺史』全二巻（永平寺、一九八二）。

（潮田恒明）

只管打坐《しかんたざ》　祇管打坐とも。「只管」とは、ただひたすらにの意。「打坐」とは、座禅に打ち込むの意。*道元は、『宝慶記《ほうきょうき》』の中で先師如浄《みょうじょう》の言葉を引用する形をとりながら、「参禅は身心脱落なり、焼香、礼拝、念仏、修懺《しゅさん》、看経を用ひず、祇管に打坐するのみ」（原漢文）とし、また「身心脱落とは坐禅なり、祇管に坐禅する時、五欲を離れ、五蓋《ごかい》を除くなり」（原漢文）と紹介している。同様のことは、*『正法眼蔵』や『永平広録』にもみえており、道元は、この「只管打坐」ということばを、道元禅の真髄を表すことばとしたのである。坐禅は悟りのための手段にとどまることなく、坐禅そのもの自体が悟りの内容を表し、只管打坐することこそ悟りであるとしている。

（潮田恒明）

［文献］　竹内道雄『道元』（吉川弘之館、一九九九）、飯田利行『道元』（国書刊行会、二〇〇一）。

高山寺《こうざんじ》　京都市右京区梅ヶ畑栂尾町《とがのお》にあり、栂尾山と号し、具に日出先照高山之寺という。もと古義真言宗別格本山であったが、現在は単立。『扶桑略記』第二五の天慶三年（九四〇）二月二四日条の天台座主尊意の伝を述べる中に、「北山に幽遠堂あり。号して度賀尾寺という。彼の道場に登りて、三ヶ年間親家に帰らず」とあるから、古くは度賀尾寺といったようである。建永元年（一二〇六）一一月に*明恵高弁（一一七三―一二三二）が*後鳥羽院の院宣を得て再興し、堂舎を造立して永く華厳宗興隆の勝地とし、寺を高山寺と号した。なお、高山寺現存の勅額の裏書に、「建永元年丙寅十一月八日　別当民部卿藤原長房」とあるが、この額が当初のものか不明。なお、「高山寺」の名が資料にみえるのは、建永二年（一二〇七）である。すなわち、高山寺蔵『手鑑』の所収の「探玄記之十五」の一葉に、「建永二年六月二十七日、高山寺十無尽院において対し奉り、明恵房阿闍梨御房と同学浄悟房共にこれを談じ了る。花華宗沙門喜海法師」とある。そののち、*承久の乱では後鳥羽院方の公家の遺族が多く乱を避けて入寺したという。応仁の乱で諸堂が兵火にかかり焼失したが、織田・豊臣・徳川諸氏により再建された。高山寺には、多くの典籍が所蔵されており、現在、高山寺典籍文書綜合調査団により、二〇〇三年八月までに『高山寺資料叢書』として二四冊が刊行されている。

（金子　肇）

［文献］　奥田　勲『明恵―遍歴と夢―』（東京大学出版会、一九七八）。

泉涌寺《せんにゅうじ》　京都市東山区泉涌寺山内町にあり、東山・泉山と号し、真言宗泉涌寺派本山である。その創建に関しては、天長年間（八二四―三四）に空海が草創したとか、斉衡二年（八五五）に藤原緒嗣《ふじわらのおつぐ》（七七四―八四三）が神修上人のために建立して法輪寺と号し、のちに仙遊寺と改めたという。しかし、藤原緒嗣は承和一〇年（八四三）七月に没しているから、むしろ緒嗣の子家諸らが父の菩提のために建立したとみるのが妥当である。そののち寺運は衰退したが、建暦元年（一二一一）三月に*俊芿《しゅんじょう》（一一六六―一二二七）が宋より帰朝し、和州勅史中原信房の帰依をうけ、建保六年（一二一八）夏に当寺を付属された。そこで、俊芿は*承久元年（一二一九）一〇月に『勧進疏』を作り、*後鳥羽院や*守貞親王の庇護のもとに再興した。貞応三年(一二二四)七月に御願寺の官符をうけ、嘉禄元年(一二二五)一〇月には重閣講堂を建立し、翌年暮春に落慶供養が催された。そのとき、境内に清泉が涌出したので、寺号を泉涌寺と改めたという。台・密・禅・浄の四宗兼学の道場とし、兼ねて律儀を宣揚した。仁治三年(一二四二)正月四日に四条天皇を葬して以後、歴代の御陵が多く山内に設けられ、皇室の廟所として崇敬された。応仁の乱で諸堂が焼失したが、織田・豊臣・徳川諸氏により再建された。(金子 肇)

[文献]『泉涌寺史』。

悲田院《ひでんいん》 貧窮孤老の者や病者などを寄住させる救護所をいう。悲田の語は、『像法決疑経』に、「我が諸の弟子は我が意を解せずして専ら敬田に施し、悲田に施さず。敬田は即ちこれ仏法僧宝なり。悲田は貧窮孤老ないし蟻子なり。この二種の田は悲田最勝なり。」に基づくという。中国唐代(六一八—九〇七)では半官半民の悲田養病坊があり、日本では聖徳太子の建立の四か院(敬田・施薬・療病・悲田)の一つと伝え、『四天王寺御手印縁起』に、「艮《うしとら》(北東)の角に悲田院を建つ。」とあり、大阪四天王寺の仏堂である敬田院の北東の角にあった。また、*忍性(一二一七—一三〇三)は関東に下り、鎌倉に極楽寺を開き、慈善救済事業に力を尽くし、悲田院をつくって、乞食や癩人を養い、療病舎を建てて、二〇年間に五万七千余人を救護したという。(金子 肇)

[文献] 和島芳男『叡尊・忍性』(吉川弘文館、一九五九)。

北山十八間戸《きたやまじゅうはちけんど》 *忍性(一二一七—一三〇三)の創建と伝えられる奈良坂(奈良市川上町)にある救らい施設(ハンセン病患者のための救済施設)をいう。当初の建物は、永禄一〇年(一五六七)の三好・松永の乱で焼失し、現在のものは近世に復元再建されたものという。南面して東西に長い十八間建平屋造瓦葺の棟割長屋で、一室は四畳ほどの広さで、奈良坂の北山宿*非人が収容された。中世、ハンセン病は難病の一つで、患者は隔離されて生活せざるをえなかった。現在は完全に治癒する病気であるが、現実にはいわれなき偏見が残っている。(金子 肇)

[文献] 和島芳男『叡尊・忍性』(吉川弘文館、一九五九)。

非人《ひにん》 中世の荘園公領制社会の支配秩序から疎外された被差別民をいう。黒田俊雄は、「中世においては非人の語の意味する範囲はかなり漠としていて、その点に基本的な特色の一つがある」とのべ、非人を分類している。(一)獄囚放免など、(二)乞食・乞丐・*坂者《さかのもの》・宿者・横行・濫僧・貧者・浪人・貧人・廃疾者など、(三)声聞師・*絵解き・傀儡子《くぐつ》師などの雑芸民、(四)聖《ひじり》という顕密体制からの離脱者、(五)キヨメ・*河原者・エッタなどの卑賤視された人々などである。なお、非人の用例は仏典にも散見される。たとえば、『法華経』第七普門品に、「天龍・夜叉・乾闥・阿修羅・迦楼羅・緊那羅・摩喉羅伽・人非人等の身を以て得度すべき者には、即ちみなこれを現じてしかもために説法す」などである。また、*明恵の『*摧邪輪』奥書に「非人高弁」と自署し、明恵の弟子の高信の『大乗起信論聴集記』第七末に「神尾非人高信」などとしているのは、前記の(三)に相当する意味があり、遁世の僧の謙称に用いられたものであろう。

[文献] 黒田俊雄「中世の身分制と卑賤観念」(『日本中世の国家と

宗教』岩波書店、一九七五)。　(金子　肇)

坂者《さかのもの》　中世非人のうち、主に京都の清水坂と奈良の奈良坂(北山宿)などに集住する人々をいう。奈良坂(北山宿、北宿)は、大和国七宿(和迩宿・額田部宿・三輪宿・真土宿・西京宿・越智宿など)を末宿とし、伊賀国や南山城の宿をも支配していた。また、清水坂の末宿は、山崎宿・久奴宿・野田山・堀河尻・河尻小浜宿・薦井宿・大田宿・紀伊国山口宿・近江国金山宿・丹波国金木宿などがあった。*叡尊・*忍性は、奈良坂など各地の非人宿での文殊供養を行ったという。なお、『今昔物語集』には清水坂に住む乞食の頭の娘の話があり、*平重衡の首を懸けていることから、清水坂・奈良坂とも平安後期には非人の集住する場所になっていたようだ。

[文献]　脇田晴子『日本中世被差別民の研究』(岩波書店、二〇〇二)。　(金子　肇)

東福寺《とうふくじ》　京都市東山区本町にあり、恵日山とし、臨済宗東福寺派本山。関白*九条道家《くじょうみちいえ》の創建にかかり、*円爾弁円《べんねん》(一二〇二—八〇)を開山とする。嘉禎二年(一二三六)四月に道家の瑞夢により、建寺度僧の志を発し、延応元年(一二三九)一月に越中国東条、河内などを寺領に定め、七月に大仏殿立柱、八月上棟した。仁治二年(一二四一)六月に弁円が宋より帰朝すると、寛元元年(一二四三)二月に道家は弁円を光明峯寺に延請して禅道を問うた。建長四年(一二五二)二月に道家が死去すると、道家の子の一条実経が遺業を継いで造営に努め、建長七年(一二五五)六月に堂舎がほぼ完成した。実経は落慶供養を行い、弁円が開堂した。寺名は、東大寺と*興福寺の二寺からのものという。天台・真言・禅を兼修し、本尊釈迦如来像は奈良の大仏に対して新大仏と呼ばれた。当寺には、*兀庵普寧《ごったんふねい》、無関普門、*虎関師錬《こかんしれん》などの碩徳が住した。建武年間(一三三四—三八)には*五山の三位、至徳三年(一三八六)には京都五山の四位になった。塔頭には、盛光院、退耕庵、霊源院、竜眠院、勝林寺などがある。

[文献]　『東福寺記』。　(金子　肇)

普門《ふもん》(一二一二—九一)　臨済宗*聖一派の僧。字は無関。仏心禅師、大明国師と諡する。信州保科(長野市若穂保科町)の人。七歳で伯父の正円寺寂円に師事し、一九歳で長楽寺の栄朝について菩薩戒を受けた。京都東福寺の*円爾弁円に学んだ。建長三年(一二五一)に入宋し、如珏や妙倫らに参じた。帰国後、弁円に随侍し、越後の安楽寺、摂津の光雲寺に住した。弘安四年(一二八一)に東山湛照の後席として、一条実経(関白九条道家の子)は普門を*東福寺に招請した。正応元年(一二八八)以来、*亀山上皇の離宮の禅林寺松下殿にしばしば妖怪が現れ、これを普門が降伏した。これにより、上皇は離宮を禅寺とし、普門を*南禅寺の開山に招請した。

[文献]　『元亨釈書』六。　(金子　肇)

法然《ほうねん》(一一三三—一二一二)　*浄土宗の開祖。諱を源空《げんくう》といい、また吉水上人、黒谷上人などともいう。美作国久米郡南条稲岡荘(岡山県久米郡久米南町)に住む押領使、漆間時国《うるまときくに》の子として生まれた。母は秦氏。幼名は勢至丸。稲岡荘には預所の明石定明がおり、その対立により父時国は殺害された。父の遺言により、保延七年(一一四一)七月に叔父の観覚について出家し、久安三年(一一四七)二月、一五歳にして比叡山に登り、西塔北谷持宝房源光の室に入り、東塔西谷功徳院皇円阿闍梨に師事し『天台三大部』（『法華玄義』・『法華文句』・『摩訶止観』）を学んだ。久安六年（一一五〇）九月、一八歳にして隠遁を決意し、西塔黒谷慈眼房叡空に投じ、法然房源空と号して黒谷に籠居した。そののち、嵯峨清涼寺に参籠し、*興福寺の蔵俊に法相を、醍醐寺の寛雅に三論を、仁和寺の景雅に華厳を、中川実範に密教・四分律を学んだという。そして、承安五年（一一七五）春、四五歳にして善導の『観経疏』を読み、「一心に専ら弥陀の名号を念じ、行住坐臥に時節の久近を問わず、念々に捨てざる、是れを正定の業を名づく。彼の仏の願に順ずるが故に」の文にいたり、余行を捨てて一向に念仏に帰す。これによって、法然の「本願念仏」の教理が成立した。ひろく関白*九条兼実などの貴族、*熊谷直実などの武士、一般庶民の帰依をうけた。法然は承元元年（一二〇七）の*「承元の法難」で土佐に流罪となり、建暦二年（一二一二）に赦されて京に戻ったが、その年八〇歳で入寂した。弟子には、幸西・聖覚・*隆寛・弁長・*証空・*親鸞などがいる。著書は、主著の*『選択本願念仏集《せんじゃくほんがんねんぶつしゅう》』一巻のほか、『無量寿経釈』一巻、『観無量寿経釈』『阿弥陀経釈』一巻などがある。　（金子　肇）

［文献］　田村圓澄『法然』（吉川弘文館、一九五九）。

安楽《あんらく》（?―一二〇七）　*法然の弟子。諱を遵西という。外記中原師秀の子。建久三年（一一九二）秋、前大和守親盛入道の発願で八坂引導寺にて後白河法皇菩提の法要が催されたとき、住蓮などとともに六時礼讃を勤行した。建永元年（一二〇六）一二月に住蓮とともに京都東山の鹿ヶ谷で別時念仏会を行い、六時礼讃を修す。このときに*後鳥羽上皇の熊野詣の留守にこの法会に参列していた上皇の女房が出家したことから、上皇の逆鱗にふれ、翌年二月に住蓮とともに捕えられ、二月九日六条河原で処刑された。　（金子　肇）

空阿《くうあ》（一一五六―一二二八）　*法然の弟子。もと延暦寺に住した天台宗の僧。『明義進行集』第二の空阿弥陀仏の条に、「ふつに人のことをはずれて、ただ称名をことゝす。まことにこれ多念の純本、専修の棟梁なり。」とあり、幸西のような一念義の立場をとらず、多念義の立場をとったようだが、*隆寛のように臨終正念を重んじたかは不明である。法然滅後の念仏集団に対する最大の法難である嘉禄三年（一二二七）の「嘉禄の法難」で薩摩国（鹿児島県）に流罪になったが、安貞二年（一二二八）正月の七日間の別時念仏を行い、遠流出発の一五日に寂した。

［文献］　『明義進行集』第二（法蔵館、二〇〇一）。　（金子　肇）

隆寛《りゅうかん》（一一四八―一二二七）　*法然の弟子。字は皆空、無我と号す。少納言藤原資隆の子。幼くして比叡山に登り、*横川戒心谷知見坊に住し、伯父皇円に天台学を学び、天台座主*慈円に師事し、権律師に任ぜられた。その後、法然に帰依し、元久元年（一二〇四）三月、小松殿御堂にて法然より、*『選択本願念仏集』を付属された。隆寛は、*親鸞も高く評価しているように「絶対他力」の立場で多念義を説き、臨終正念を重んじたという。「嘉禄の法難」（一二二七年）では奥州配流となったが、御家人の森入道西阿の秘計で、西阿の自領である相模国飯山に留められ、その地で寂した。彼の門流を長楽寺派多念義という。著書には、『一念多念分別事』、『自力他力事』などがある。　（金子　肇）

長西《ちょうさい》**（覚明**《かくみょう》**）**（一一八四―一二六六）　*法然の弟子。諱は長西。讃岐（香川県）の人。伊予守藤原国明の子。建久三年（一一九二）に上洛し、菅家の長者に外典を学び、建仁二年（一二〇二）の一九歳のときに法然のもとで出家。法然滅後は、*泉涌寺の俊芿に止観を、*道元に禅を、西山証空に浄土教を学び、とくに出雲路覚瑜の影響をうけて諸行本願義を唱えた。また、覚明は一念義を主張したことで有名である。なお、「*承元の法難」（一二〇七年）では阿波への流罪が決まっていたが、無動寺の*慈円に預けられ、「嘉禄の法難」（一二二七年）では壱岐に流罪と決まった。二度にわたる流罪があったことは、覚明の一念義が極端な説であったためであろう。彼の門流を九品寺流という。著書には、『長西録』、『念仏本願義』などがある。

［文献］石田充之『日本浄土教の研究』（百華苑、一九五二）。　　（金子　肇）

証空《しょうくう》（一一七七―一二四七）　*法然の弟子。*浄土宗西山派の祖。加賀権守源親季の子で、内大臣*源通親《みちちか》の養子となる。はじめ解脱房と号し、後に善慧房と改める。建久元年（一一九〇）四月に自ら請うて法然の門に入り、建久九年（一一九八）に法然が『*選択本願念仏集』を撰述する際に勘文の役にあたる。法然滅後は、日野の願蓮に天台学を、政春に密教を、*慈円に台密を学んだ。証空の西山義は、浄土教の教理解釈に天台学を導入し、念仏一行往生義を説いている。なお、証空の立場は信を重視する幸西や*親鸞に近い。「*承元・嘉禄の法難」では*慈円らの庇護により罪を免れた。著書には、『観門要義抄』、『観経疏他筆鈔』などがある。　　（金子　肇）

行遍《ぎょうへん》（一一八一―一二六四）　真言宗の僧。三河国（愛知県）の国司藤原任尊の子。仁和寺に入り、道法法親王より両部の密潅を受け、諸種の秘軌を伝法される。承久元年（一二一九）に維摩会の竪義を勤め、翌年に権少僧都、嘉禎二年（一二三六）に権大僧都に転じ、東寺四長者に補せられ、暦仁元年（一二三八）に権僧正、仁治元年（一二四〇）に僧正、仁治二年（一二四一）に東寺法務に補せられ、宝治二年（一二四八）に大僧正となり、東寺長者に補せられた。この間、祈祷に験があった。著書には、『参語集』五巻がある。

［文献］仏書刊行会『本朝高僧伝』五四。　　（金子　肇）

親鸞《しんらん》（一一七三―一二六二）　*浄土真宗の開祖。綽空、善信と称し、愚禿《ぐとく》と号した。皇太后大進の日野有範《ひのありのり》の子。早く両親を失い、養和元年（一一八一）三月に*慈円の寺坊（青蓮院）で得度し、その後、堂僧（学生《がくしょう》と違い、雑務・警備などを行う）を務めて、二〇年間比叡山で過ごした。煩悩の深まりにより、建仁元年（一二〇一）三月、京都六角堂に参籠し、聖徳太子示現の文を感得して、*法然の門に入り専修念仏に帰した。元久二年（一二〇五）四月に法然より『*選択本願念仏集』を付属され、法然の真影を図画した。この頃、最初の結婚をしたと考えられる。「*承元の法難」（一二〇七）で越後《えちご》（上越市）に流罪となった。その地で七年を過ごし、土豪の三善為教の娘と結婚した。それが*恵信尼である。建暦元年（一二一一）一一月に勅免されたが、法然滅後の京都に帰らず、建保二年（一二一四）に三善氏の飛び地があったと推定される常陸国稲田へ妻子とともに移った。こうして二一年間に及ぶ関東での生活がはじまり、この間、主著の『*教行信証』を著し、農民たちを中心に教化に努めた。有力な弟子は性信や真仏などである。嘉禎元年（一二三五）、*鎌倉幕府の念仏禁止により、関東を去り京都に戻った。京都での生活は関東の信者からの経済的援助があった。弘長二年（一二六二）一一月二八日に京都三条富小路の舎弟尋有の善法院で九〇歳で寂す。親鸞は「信」に基づいて教理を立てている。『高僧和讃』には、「信は願より生ずれば、念仏成仏自然《じねん》なり、自然はすなわち報土なり、証大涅槃うたがはず」などとある。著書には、『*教行信証』（『顕浄土真実教行証文類』）六巻、『愚禿鈔』二巻、『唯信鈔文意』一巻など多数あり、自筆本も多く残っている。 （金子 肇）

［文献］ 松野純孝『親鸞』（三省堂、一九五九）、赤松俊秀『親鸞』（吉川弘文館、一九六一）。

善鸞《ぜんらん》（一二一二—？） *親鸞の子。慈信房と号す。親鸞が関東の地を去った後、関東の同朋同行の間に、有念・無念、一念・多念などの教義について論争や造悪無碍《むげ》・本願誇りの邪義などが起こった。この問題解決のために、親鸞は子の善鸞を関東に派遣したという。しかし、善鸞は本願を「しぼめる花」にたとえ異議を主張し、父親鸞から夜中秘密に伝えられた教えを伝持しているという主張などにより、康元元年（一二五六）五月二九日をもって父子の縁を切ることとした。これが善鸞義絶事件である。 （金子 肇）

［文献］ 村上専精『真宗全史』（一九一六）。

弁円《べんえん》 生没年未詳。*親鸞の弟子。明法房と号す。最初、山伏であった弁円は親鸞に敵意をもち、常陸国《ひたち》（茨城県）の板敷山で待ち伏せ、暗み討ちをしようと計画したが、結局、計画を実行できないまま、親鸞の住房を訪ねた。そこで、たちまちに敵意を失い、弟子となったという。建長四年（一二五二）二月二四日付の親鸞の消息には、明法房弁円がめでたく往生を遂げたとの報を受けたということが記されているので、弁円の暗み討ち計画も事実であったろう。 （金子 肇）

［文献］ 赤松俊秀『親鸞』（吉川弘文館、一九六一）。

恵信尼《えしんに》（一一八二—？） *親鸞越後流罪当時の妻。越後介・兵部大輔三善為教の娘という。親鸞の妻が恵信尼であったことは、恵信尼自筆書状が大正一〇年（一九二一）初冬に西本願寺宝蔵から発見され、確実となった。*覚如（恵信尼の娘である覚信尼の孫にあたる）の『口伝鈔』には、「恵信御房男女六人の君達の御母儀」とあって、信蓮房・益方・小黒女房・覚信尼ら男女六人の子女のあったことを伝える。親鸞が「*承元の法難」（一二〇七）で越後流罪となり、息男の信蓮房が承元五年（一二一一）三月三日に誕生していることから、親鸞との結婚は遅くても、その前年の承元四年（一二一〇）頃と推定され、親鸞は三八歳、恵信尼は二九歳に当たる。 （金子 肇）

［文献］ 松野純孝『親鸞』（三省堂、一九五九）。

唯円《ゆいえん》（一二二二？—八九？） *親鸞の弟子。常陸河和田《かわだ》（現、茨城県水戸市河和田町）に住し、『*歎異抄』の著者に比定される。『幕帰絵詞』第三に、「正応元年冬の比、常陸国河和田の唯円房と号せし法侶上洛しけるとき対面して、日来不審の法文におて善悪二業を決し、今度あまたの問題をあげて自他数遍の談におよびけり。かの唯円大徳は鸞聖人の面授なり、鴻才弁説《こうさいべんぜつ》の名誉ありしかば、これに対しても、ますます当流の気味を添けるとぞ」とあり、正応元年（一二八八）に本願寺*覚如に会い、法門を教授したという。初期真宗教団で活躍したとみられる。河和田町の報仏寺はその遺跡という。

［文献］ 金子大栄校訂『歎異抄』（岩波文庫、一九一七）。 （金子 肇）

一遍《いっぺん》（一二三九―八九）　＊時宗の開祖。法名は智真、一遍房と号す。俗に捨聖《すてひじり》、遊行《ゆぎょう》上人と呼ぶ。伊予国刺史河野七郎通広入道如仏の子。母は大江氏。祖父の＊河野通信は、＊承久の乱（一二二一）で上皇方であったため陸奥国江刺（現、岩手県北上市）に、叔父の通末は信濃国＊判野荘（現、長野県佐久市）にそれぞれ流罪となり、父の通広は伊予国道後の宝厳寺（現、愛媛県松山市）におり、河野一族は悲運のさなかにあった。宝治二年（一二四八）、一〇歳で母と死別し、無常を痛感し、出家した。名を随縁と改めた。建長三年（一二五一）春に善入とともに九州大宰府の聖達（浄土宗西山派＊証空の弟子）・華台に師事し、名を智真と改め、浄土教を習学した。弘長三年（一二六三）五月、父の死で伊予に帰り、還俗したが、再び出家して聖達の門に入る。文永八年（一二七一）春に信濃善光寺に参籠し、秋には伊予に帰って窪寺の山中に三年の修行をなし、菅生の岩屋に参籠し、「十劫正覚衆生界」の信念を得た。ここには、天台の本覚門の影響がみられる。そして、文永一一年（一二七四）二月、一切の財産を捨てて、故郷を離れ、大阪四天王寺・高野山を過ぎ、同年夏に紀州熊野権現に参籠し、「南無阿弥陀仏決定往生六十万人」と書いた算《ふだ》を信不信、浄不浄の別なく配る（賦算《ふさん》）ようにとの神勅を得た。そのとき、「六字名号一遍法」という偈をつくり、名を智真から一遍に改めた。そののち、四国・九州・山陽・京都などと遊行の生活を実践した。九州では聖達を訪ね、大友家の三代目大友頼泰の帰依を受けた。弘安二年（一二七九）、叔父の流罪地であった信濃国伴野を訪れ、＊踊念仏を始めた。遊行賦算しながらの奥州・関東・東海・山陰への回国ののち、正応二年（一二八九）、摂津国和田岬（現、神戸市兵庫区）の観音堂で、所持していた一切の聖教類を焼き捨てて没した。弟子には、＊他阿《たあ》真教などがいる。著書には、＊『語録』二巻。『播州法語集』などがある。

［文献］大橋俊雄『一遍』（吉川弘文館、一九八三）。（金子　肇）

他阿《たあ》（一二三七―一三一九）　＊時宗の二祖。初め蓮阿と号し、後に他阿弥陀仏と改める。真教は別号。出家して然阿良忠の弟子となり、のちに＊一遍に法を受け、以後、一遍とともに賦算遊行を行い、その教化を助けた。一遍の没した摂津国和田岬（現、神戸市兵庫区）に観音堂を真光寺道場とするなど、各地に道場・寺院を建立して布教につとめた。嘉元元年（一三〇三）には、相模国当麻《たいま》（現、神奈川県相模原市）の無量光寺に道場を営んだ。著書に『他阿上人法語』八巻、『道場誓文』一巻、『奉納縁起記』一巻などがある。

［文献］大橋俊雄『一遍』（吉川弘文館、一九八三）。（金子　肇）

日蓮《にちれん》（一二二二―八二）　＊日蓮宗の開祖。安房《あわ》国長狭郡（現、千葉県安房郡）東条郷小湊の漁夫の子として生まれた。一二歳で＊清澄寺に入り、一六歳で出家し、是聖房蓮長と号した。清澄寺では台密・浄土教および天台本覚思想を習学したがあきたらず、虚空蔵菩薩に、「日本第一の智者となさし給え」と立願し、その後、鎌倉、比叡山、京都、三井寺、高野山、四天王寺などに遊学し、諸宗を学んだ。建長五年（一二五三）四月二八日、三二歳で清澄寺に帰り、同寺の道善房の持仏堂の南面で、『法華経』への絶対帰依を表明し、「南無妙法蓮華経」の題目を唱えはじめ、名を日蓮に改めた。日蓮宗では、この日を立教開宗の日と呼んでいる。日蓮は専修法華を高唱し、念仏の信仰を激しく攻撃したため、郷里の地頭東条景信の怒りに触れ、故郷を追われ、鎌倉松葉ヶ谷《まつばがやつ》に草庵を構え、三二歳で布教をはじめた。このときすでに、下総若宮（現、千葉県市川市）の有力武士*富《と》木常忍《きじょうにん》が信者となっている。文応元年（一二六〇）、三六歳のときに『立正安国論』を著し、*執権*北条時頼に献じ、早く念仏宗を禁じ、『法華経』を信じなければ、神々の怒りにより、他国の侵略を受けるであろうと諫暁したため、翌年伊豆に流された。その後、たびたび法難にあうが、ますます法華持経者としての確信をかため、文永八年（一二七一）、五〇歳のときに他宗への折伏の科《とが》により、龍口で殺されようとしたがかろうじて許され、佐渡へ流された。日蓮は佐渡で、『開目抄』、『*観心本尊鈔』などを撰述し、『法華経』を世間に広めることによって、社会の平和と国家の安全が実現するとした。文永一一年（一二七四）二月に流罪赦免され、四月に鎌倉に帰ったが、五月には壇越*波木井実長《はきいさねなが》の所領である*身延山に隠退した。同年一〇月には第一回の蒙古襲来があった。身延山には多くの弟子や門弟が集まり、静寂で法楽につつまれた生活であったが、健康を害したので、弘安五年（一二八二）九月に常陸へ湯治のため下山し、武蔵池上郷の池山宗仲の邸で本弟子六人（*日昭・*日朗・*日興・日向・日持・日頂）を定め、後事を託し、六一歳で寂した。

［文献］大野達之助『日蓮』（吉川弘文館、一九五八）、高木　豊『日蓮とその門弟』（弘文堂、一九六五）。

（金子　肇）

日昭《にっしょう》（一二二一また一二三六―一三二三）　*日蓮の本弟子六人（六老僧）の一人。下総国海上郡能手郷の人という。字は成弁、常不軽院と号し、大和阿闍梨・弁阿闍梨と称した。一五歳で天台宗のある寺で出家し、母の縁により上洛し、近衛左大臣*兼経の養子となり、比叡山で中川後範らについて、教観二門を習学する。日蓮の所説を伝聞し、建長五年（一二五三）冬、鎌倉に行き、日蓮の弟子となる。弘安五年（一二八二）、日蓮入寂に先だち、本弟子六人の首座となり、日蓮自筆『註法華経』十巻を受け、翌年*身延山で*日朗などと輪番した。弘安七年（一二八四）、鎌倉に帰り、浜土の法華寺・相模那瀬の妙法寺を開いた。

［文献］高木　豊『日蓮とその門弟』（弘文堂、一九六五）。

（金子　肇）

日興《にっこう》（一二四六―一三三三）　*日蓮の本弟子六人（六老僧）の一人。甲斐《かい》国*大井荘の人という。字は白蓮、伯耆阿闍梨と称した。幼にして天台宗岩本実相寺厳誉の門に入り、建長五年（一二五三）、八歳で出家。文永二年（一二六五）頃、日蓮が実相寺で大蔵経を習学していたときに邂逅し、弟子となった。日蓮の佐渡流罪と共に渡島して仕えた。弘安二年（一二七九）の*「熱原法難」のときには、*身延山の日蓮と連絡をとりながら、法難に対処した。日蓮滅後は、身延山の日蓮廟所守護の輪番を担当したが、やがて壇越*波木井実長《はきいさねなが》らと信仰上の対立をきたし、正応元年（一二八八）に身延山を去り、生母の生家である駿河河合の由比氏に身を寄せ、正応二年（一二八九）三月に駿河国富士郡の壇越南条時光の請いをうけ、大石寺を創建した。

［文献］高木　豊『日蓮とその門弟』（弘文堂、一九六五）。

（金子　肇）

日朗《にちろう》（一二四三―一三二〇）　*日蓮の本弟子六人（六老僧）の一人。下総国能手の人という。字は大国、正法院と号し、筑後房と称した。父は平賀二郎有国、母は印東祐昭の娘。母は有国の死後、平賀将監忠治に嫁し、日輪・日像を生み、忠治の死後、妙朗尼と号す。幼少より伯父日昭につき、日蓮に常に随侍した。弘長元年（一二六一）の日蓮伊東配流随侍は許されず、日昭について天台三大部（『法華玄義《ほっけげんぎ》』、『法華文句《ほっけもんぐ》』、『摩訶止観《まかしかん》』）などを習学。文永元年（一二六四）に日蓮とともに「小松原の法難」にあい、文永八年（一二七一）に「龍口の法難」で日心らとともに宿屋光則に預けられ入牢。日蓮の佐渡配流中に数回訪れ、文永一一年（一二七四）に赦免状を帯して配所を訪れ、ともに鎌倉に帰った。日蓮寂後、*身延山輪番守塔の制を設け、正法院に住した。弘安六年（一二八三）に鎌倉に、鎌倉長興山妙本寺などを創建する。

［文献］　高木　豊『日蓮とその門弟』（弘文堂、一九六五）。

（金子　肇）

蘭渓道隆《らんけいどうりゅう》（一二一三—七八）　鎌倉時代中期、宋より渡来した*臨済宗の僧。*建長寺開山。大覚派の祖。西蜀培江の出身。はじめ無準《ぶじゅん》・痴絶《ちぜつ》・北磵《ほっかん》らに師事したのち、無明慧性《むみょうえしょう》の法を継ぐ。寛元四年（一二四六）新天地を求め、弟子の義翁や竜江らを伴い、*泉涌寺《せんにゅうじ》の月翁智鏡《げつおうちきょう》を頼り、九州大宰府に渡来。智鏡は入宋留学していた際に、日本での禅宗の布教状況などを道隆に紹介していた。渡来後の道隆は、筑前・円覚寺、京都・泉涌寺来迎院《らいごういん》、鎌倉・寿福寺、常楽寺などに寓居した。建長五年（一二五三）*北条時頼に請われ、建長寺完成に伴い開山第一祖となり、時頼をはじめとする多くの鎌倉武士たちに純粋な宋朝禅を教えた。当時の日本の禅宗は、既成仏教への配慮からか、他宗との兼修のものが主流であったが、道隆は既成仏教に遠慮することなく、禅を専修し、ここに日本の臨済宗の基礎を築いた。文永二年（一二六五）には、*後嵯峨《ごさが》上皇の帰依を受け、京都・*建仁寺に住し、同寺をも禅の専修道場とする。しかしこのことが、既成仏教側からの反感をかうことになり、在京二年で鎌倉に帰る。文永年間には、大陸では宋が滅んだあとに元が隆盛になり、日本にも元寇が迫っており、道隆は元の密偵との嫌疑をかけられ二度、甲斐国に流されたが、二度とも赦され、建長寺にもどり、弘安元年（一二七八）に示寂、大覚禅師の諡号《しごう》を受ける。これが日本の禅師号の最初といわれている。この門流を大覚派といい、多数のすぐれた禅僧を輩出した。

［文献］「大覚禅師語録」（『大日本仏教全書』九五、名著普及会、一九八二）、「元亨釈書」（『国史大系』三一、吉川弘文館、一九六五）。

（潮田恒明）

無学祖元《むがくそげん》（一二二六—八六）　鎌倉時代中期、宋から渡来の*臨済宗《りんざいしゅう》の禅僧。諱《いみな》は祖元。無学は道号。鎌倉*円覚寺開山。明州慶元府（浙江省）出身。杭州の浄慈寺《じんずじ》に入り、北磵居簡《ほっかんこかん》について剃髪。径山《きんざん》の無準師範《むじゅんしばん》の法を嗣《つ》ぐ台州の真如寺、温州《うんしゅう》の能仁寺などを歴住。元軍の侵入にあい、剣で斬られそうになったとき、泰然として、「乾坤孤笻を卓するに地無し、喜び得たり、人空にして法も亦空なることを珍重する大元三尺の剣、電光影裏に春風を斬る」という「臨剣頌《りけんじゅ》」を詠んで、元兵の刀を収めさせ、難を逃れたという逸話は有名である。天童山の*環渓惟一《かんけいいいつ》の法弟の首座をつとめていた際、日本では*建長寺開山の*蘭渓道《らんけいどう》隆《りゅう》が亡くなり、時の*執権*北条時宗が、道隆のかわりとなる名禅僧を招聘しようと、使者を環渓のもとに派遣してきたので、環渓は無学を推薦し、無学はそれを受け、鏡堂覚円《きょうどうかくえん》とともに弘安二年（一二七九）来日し、まず建長寺第五世の住持となり、時宗をはじめ、鎌倉武士たちを教化するだけでなく、当時*弘安の役（一二八一）にのぞまなければならなかった、時宗の行動にも大きな影響をあたえた。弘安五年（一二八二）には、*文永・弘安の役の戦没者の冥福を祈るため、時宗によって円覚寺が建立され、無学を開山とした。しばらくは、建長寺と円覚寺の両寺を兼管し、自らの禅を「老婆禅」と標し、懇切な教育を行い、鎌倉に宋朝禅を定着させた。滞在は、数年の予定であったが終生日本にとどまり、寂後は、仏光禅師と諡《おくりな》され、のちに*光厳天皇から円満常照国師と追号された。著書には『仏光国師語録』がある。

［文献］ 玉村竹二『臨済宗史』（春秋社、一九九一）、川添昭二『北条時宗』（吉川弘文館、二〇〇一）。 （潮田恒明）

虎《こ》関《かん》師《し》錬《れん》（一二七八—一三四六） 鎌倉時代後期、南北朝時代初期の*臨済宗の僧。京都出身。*五山文学、学問興隆の先駆者。父は藤原氏、母は源氏の流れ。諡号は本覚国師。八歳で、臨済宗聖一派の東山湛照《とうざんたんしょう》のもとに参禅。一〇歳で比叡山で受戒得度、師錬と名づけられる。東山の亡後は、一四歳で南禅寺の規《き》庵祖円《あんそえん》のもとに参じ、桃渓徳悟《とうけいとくご》、無隠円範《むいんえんばん》、約翁徳倹《やくおうとっけん》、*一山一《いっさんいち》寧《ねい》などを歴参して禅を取得した。その一方、儒学を菅原在輔《ありすけ》に易学と卜《ぼく》筮を六条有房《ありふさ》から学ぶなど、非常に広範な学問を、当時の中国に渡る経験がなくおさめた非常に珍しい人物といえるであろう。そのような虎関ではあるが、徳治二年（一三〇七）渡来僧である一山一寧より、日本の高僧のことを尋ねられたときに返答に困ることがあり、一山より「あなたの知識は広きにわたって悦ぶべきであるが、自国のことになると応対がつまるのは、どういうことなのか」という指摘をうけ、虎関は、このことを大変恥じていつか必ず国史、雑記を広く学んで日本の僧史をつくることを心に誓ったという記事が虎関の弟子の龍泉《りゅうせん》令淬《りょうずい》が著した『海蔵和尚紀年録』に紹介されている。このことがきっかけとなり元亨二年（一三二二）日本最初の仏教通史《つうし》*『元亨釈書《げんこうしゃくしょ》』を誕生させることになる。*後伏見天皇や*後醍醐天皇の帰依をうけ、三聖寺、*東福寺、*南禅寺などに歴住し、晩年は東福寺内の海蔵院に退いたので「海蔵和尚」と称される。康永元年（一三四二）*後村上天皇より国師号を賜る。著書としては、『聚分韻略《しゅうぶんいんかく》』、漢詩文集の『済北集』などがある。

［文献］「海蔵和尚紀年録」（『続群書類従・第九輯下』伝部、続群書類従完成会、一九八八）、今泉淑夫・早苗憲生『本覚国師虎関師錬禅師』（禅文化研究所、一九九五）。 （潮田恒明）

道元《どうげん》（一二〇〇—五三） 鎌倉時代の禅僧。日本*曹洞宗の開祖。*永平寺開山。父は*源通親《みちちか》（一説には通具《みちとも》）。母は、藤原基房の女《むすめ》（三女・伊予か）。建暦二年（一二一二）比叡山横川《よかわ》の首楞厳院般若谷千光房《しゅりょうごんいんはんにゃだにせんこうぼう》に入る。健保元年（一二一三）天台座主公円について剃髪受戒。仏法房道元と名のり、天台教学を学んだ。しかし、当時の比叡山の世俗化した部分に失望を感じ、また自身が、教理と修行の関係の中に大きな疑問をいだき、それを解くために下山し、まず*園城寺《おんじょうじ》の公胤《こういん》に学び、次いで*建仁寺の*栄西の弟子*明全について修行し、貞応二年（一二二三）明全とともに入宋し、諸山を歴訪したのち、天童山の如浄《にょじょう》に師事し曹洞宗の法をうけた。安貞元年（一二二七）帰国し、建仁寺に身をよせた道元は*『普勧坐禅儀《ふかんざぜんぎ》』を著し、坐禅の方法や心得を説いた。寛喜二年（一二三〇）頃山城国深草に移り、天福元年（一二三三）興聖宝林禅寺を開く。一〇年あまりを住したが、他宗からの圧迫を受けていたことや、貴族や時の権勢に近づくことを避けるため、俗弟子で越前の志比庄《しひのしょう》の地頭、波多《はた》野義重《のよしげ》のすすめもあり、越前に下り、志比庄に大仏寺を開き、寛元四年（一二四六）には寺名を永平寺と改め、開山一世となる。晩年は、同寺を弟子の*懐弉《えじょう》に譲り、建長五年（一二五三）療養の旅先の京都で入寂した。その間も『*正法眼蔵《しょうぼうげんぞう》』の執筆をつづけ、布教につとめた。道元の思想は、中国の黙照禅を基本としながらも、独自の論をさらに進めその中心には*只管打座《しかんだざ》をおいた。著作には『普勧坐禅儀』『正法眼蔵』のほかに、『永平清規《えいへいしんぎ》』『宝慶記《ほうきょうき》』などがある。

［文献］今枝愛真『道元　坐禅ひとすじの沙門』（日本放送出版協会、一九九七）、竹内道雄『道元』（吉川弘文館、一九九九）。

（潮田恒明）

明全《みょうぜん》（一一八四—一二二五）　鎌倉時代の*臨済宗黄龍派の禅僧。房号は仏樹房。はじめ比叡山の杉井坊明融《みょうゆう》について出家し、天台教学を学び、のちに*建仁寺の*栄西《えいさい》に禅を学び、その入滅後は、建仁寺の住持となり、のちに曹洞宗の開祖となる*道元《どうげん》などに、栄西の禅のみならず、その人となりをも伝えたと考えられる。貞応二年（一二二三）に道元・高照・廓然《かくねん》らとともに入宋し、景福寺の妙雲、次いで景徳寺の無際了派《むさいりょうは》のもとで学んだが、途上で没した。道元は、その舎利（遺骨）と戒牒《かいちょう》を帰国の際に持ち帰り、舎利は明全の剃度の女性の弟子であった智姉に譲り渡したことを自らの著書『舎利相伝記』の中で語っている。戒牒は、奥書をして永平寺に納めた。現在、建仁寺の開山堂の左脇に明全の五輪塔がある。

［文献］「舎利相伝記」（大久保道舟編『道元禅師全集下』、筑摩書房、一九七〇）、佐藤秀孝「仏樹房明全伝の考察」（『駒沢大学仏教学部研究要』四九、四一—八五、一九九一）。

（潮田恒明）

懐奘《えじょう》（一一九八—一二八〇）　懐弉とも。道号は孤雲《こうん》。諡号《しごう》は、道光普照国師《どうこうふしょうこくし》。鎌倉時代の*曹洞宗の禅僧。道元の高弟。永平寺二世。藤原氏（九条家）の出身と伝えられる。比叡山の円能に天台宗を学び、次いで浄土宗西山《せいざん》派の*証空《しょうくう》に浄土教学を学ぶ。さらに多武峰《とうのみね》の覚晏《かくあん》に禅風を学んだのち、道元に投じて、印可を得る。興聖寺、*永平寺で常に彼の侍者として仕え、『*正法眼蔵《しょうぼうげんぞう》』の選述編集に協力した。自らの著書には『*正法眼蔵随聞記《しょうぼうげんぞうずいもんき》』や『光明蔵三昧《こうみょうぞうざんまい》』などが著名である。八三歳で示寂。遺言により、遺骨を師・道元の塔の傍らに埋め、別に塔を建てることを禁じたと伝えられる。

［文献］大久保道舟『永平二祖孤雲懐弉禅師御伝記』（山喜房仏書林、一九八〇）、竹内道雄『永平二祖孤雲懐弉禅師伝』（春秋社、一九八二）。

（潮田恒明）

瑩山紹瑾《けいざんじょうきん》（一二六八—一三二五）　誕生の年には、一二六四年や一二六六年の説もある。高祖*道元《どうげん》に対し、太祖と呼ばれる。*曹洞宗では、二人を両祖としている。弘安三年（一二八〇）*懐奘《えじょう》について得度。懐奘入滅後は、徹通義介《てっつうぎかい》、宝慶寺寂《ほうきょうじじゃく》円《えん》、また臨済僧の東山湛照《とうざんたんしょう》、白雲慧暁《はくうんえぎょう》などからも学んだ。永仁三年（一二九五）で阿波城満寺住職となる。のちに義介について加賀大乗寺に移り、義介についで同寺二世となる。さらに能登永光寺《ようこうじ》、*総持寺《そうじじ》を開き、それを明峯素哲《めいほうそてつ》と峨山紹碩《がざんじょうせき》の二大弟子が後をつぎ、後に曹洞宗教団の大多数を占めることになる瑩山派の両拠点となる。彼の教化理念の特色としては、密教色の導入、在家の教化、女人救済、看話禅の導入などがあげられる。おもな著作には『伝光録』『瑩山清規《けいざんしんぎ》』『坐禅用心記』などがある。

［文献］　東　隆真『螢山禅師の研究』（春秋社、一九七四）、百瀬明治『螢山紹瑾の生涯』（毎日新聞社、二〇〇二）。　（潮田恒明）

貞慶《じょうけい》（一一五五―一二一三）　法相宗の学僧。解脱《げだつ》房と号し、解脱上人・笠置上人ともいう。少納言右中弁藤原貞憲《さだのり》（信西の子）の子。永万元年（一一六五）、一一歳で叔父の興福寺覚憲（蔵俊の弟子）のもとで出家。寿永元年（一一八二）五月の維摩会《ゆいまえ》に研学竪義《けんがくりゅうぎ》（講師のこと）をつとめた。その後、建久四年（一一九三）に山城《やましろ》笠置寺に隠遁し、戒律・唯識因明を究め、法相宗を興隆した。また、弥勒《みろく》信仰の聖地・笠置の般若院で、弥勒の不断念仏を修し、『弥勒講式』を著した。さらに『法相宗初心略要』二巻を著し、『唯識尋思抄』『心要抄』などの唯識学入門書を著した。建仁二年（一二〇二）に唐招提寺で念仏会を始修し、東室を修理して念仏道場とする。元久元年（一二〇四）には、笠置寺の弥勒堂などが完成し、供養した。元久二年（一二〇五）に興福寺僧綱等が法然の専修念仏停止を訴えるに際し、『興福寺奏状』を起草した。承元二年（一二〇八）に*後鳥羽院の御願で河内交野の新御堂が建立された際、供養の導師をつとめ、院より仏舎利二粒を賜った。同年、五四歳で海住山寺《かいじゅうせんじ》に入った。承元四年（一二一〇）から翌年にかけて、海住山寺観音堂前で貞慶をはじめとする二一人の一結の衆が、菩薩戒の加行として八斎戒を持し、戒律復興の意志を示した。建暦二年（一二一二）には、『因明明要抄』、『明本抄』などを著し、建保元年（一二一三）に『観心為清浄円明事』をつくり、海住山寺に五九歳で寂す。著書には、『唯識同学鈔』六十八巻、『法華開示鈔』二八巻などがある。

［文献］　平岡定海「貞慶の弥勒浄土思想の性格」（『日本弥勒浄土思想展開史の研究』大蔵出版復刊、一九七七）。　（金子　肇）

明恵《みょうえ》（一一七三―一二三二）　厳密（華厳と密教との融合）の祖始。紀伊《きい》国有田郡石垣庄吉原村（現、和歌山県有田郡有田川町）に誕生。初めの名は成弁、明恵と号す。父は高倉院武者所平重国、母は湯浅権守藤原宗重の第四女。治承四年（一一八〇）八歳で両親を失い、母の妹の夫崎山良貞に養育されたが、翌年には*文覚の弟子で叔父の上覚房行慈（藤原宗重の子）について、神護寺に入寺。文治四年（一一九一）に上覚について出家し、東大寺戒壇院で受戒。その後、東大寺尊勝院で華厳教学を習学し、建久四年（一一九三）には華厳宗興隆のために公請出仕を命ぜられるが、東大寺学僧間の争いなどをみて、遁世を志し、建久六年（一一九五）二三歳で神護寺を出て、故郷の紀州湯浅栖原《すはら》村白上峰での修行に入った。白上峰では右耳を切り、文殊菩薩の示現を感得するなどの厳しい修行がつづけられた。以後、紀伊と京都高雄をしばしば往復している。叔父の湯浅宗光（武士団湯浅党の惣領）の保護により、紀州の筏立・糸野・星尾などの草庵で読経・座禅・著述などを行い、高雄では弟子の喜海らに『探玄記』などの講義も行っている。建永元年（一二〇六）に華厳宗興隆のため、*後鳥羽院より高山寺を賜る。建暦二年（一二一二）には、*法然の専修念仏を批判した『*摧邪《さいじゃ》輪《りん》』を著す。承久二年（一二二〇）には、主著の『華厳修禅観照入解脱門義』を著し、翌年の『*承久の乱』の混乱を避け、賀茂仏光山禅堂院で『華厳信種義』を著している。貞応二年（一二二三）には、「承久の乱」で院方についたため、処刑された中御門宗行の夫人（戒光）が出家し、建立した善妙寺（梅ノ畑）

を供養した。安貞元年（一二二七）には、紀州由良の西方寺（現、興国寺）の開堂供養に導師を勤め、翌年には『光明真言土沙勧信記』を著し、光明真言法による土沙加持を勧めている。そして、死の前年の寛喜三年（一二三一）四月一七日には、病軀をおして、紀州湯浅栖原村の施無畏寺本堂供養に下向した。これが紀州への最後の旅となり、翌年、高山寺において六〇歳で寂した。この間、*貞慶・*西園寺公経・*九条道家・*北条泰時らとの和歌の贈答、修明門院（後鳥羽院の妃で順徳院の母）への授戒など道俗貴賤からの帰依を受けた。弟子には、喜海・高信（『明恵上人和歌集』、『解脱門義聴集記』を著す）などがいる。

［文献］　田中久夫『明恵』（吉川弘文館、一九六一）、奥田勲『明恵―遍歴と夢―』（東京大学出版会、一九七八）。　（金子　肇）

俊芿《しゅんじょう》（一一六六―一二二七）　北京律の始祖、*泉涌寺の開山。肥後《ひご》国飽田《あきた》郡の人。字は不可棄、我禅房と号す。幼少より聡明で仏書に親しみ、一八歳で飯田山学頭真俊について得度、翌年に太宰府観世音寺で具足戒をうけた。初め台密を修めたが、二七歳で仏道の根底は戒律にあることを悟り、京都・奈良へ赴き、勝願院蓮迎について『四分律行事鈔』（道宣撰）を習学。その後帰郷し、正法寺を建立し、戒法・密潅を弘伝。建久九年（一一九八）、三三歳で入宋伝律を志し、翌年に安秀・長賀を伴って宋に渡り、蒙庵総禅に禅要を、如庵了宏に律部を、北峰宗印に天台教観の奥旨を習学した。建暦元年（一二一一）、四六歳で多くの仏典・儒教・道教の書籍を携えて帰国し、*栄西の請いで*建仁寺にいたり、翌年に崇福寺に移る。建保六年（一二一八）に弟子の道賢（中原信房）から仙遊寺（初め法輪寺。のち泉涌寺）を施与された。貞応三年（一二二四）に泉涌寺は御願寺となる（そののち、皇室の香華院としての地位を確立）。同年、鎌倉に赴き、*北条政子・*北条泰時などに授戒した。嘉禄二年（一二二六）に泉涌寺の重閣講堂が落成したので、九旬の安居を結び、法座に昇り台律二門を講じた。これは宋の儀則に基づいたものであった。翌年、六二歳で寂す。著書に『三千義備検』二巻、『仏法宗旨論』などがある。　（金子　肇）

叡尊《えいそん》（一二〇一―九〇）　西大寺の律僧。大和《やまと》国添上郡箕田の人。字は思円、諡号は興正菩薩。一一歳で醍醐寺叡賢に師事し、一七歳で出家して十八契印、両部大法・護摩秘軌などの密教を学ぶ。元仁元年（一二二四）、二四歳で高野山真経阿闍梨に師事し、安貞元年（一二二七）に具支潅頂を受けた。弘法大師空海の遺誡をみて、戒律は三学（戒・定・恵）の根本であることを思い、東大寺の覚盛らに南山律（中国道宣の戒律教理）を学び、嘉禎二年（一二三六）に東大寺で自誓受戒した。そののち、奈良の海龍王寺・西大寺・法華寺、大阪の家原寺・真福寺・四天王寺などで、『四分律行事鈔』（道宣撰）などを講じ、道俗に戒を授けた。弘長二年（一二六二）、六二歳で*北条実時の請いで鎌倉に赴き、*北条時頼ら北条一門に授戒した。なお、このときの日記が『*関東往還記』である。そののち、*後深草上皇・*亀山上皇らに授戒した。文永三年（一二六六）には、般若寺を再興し、北山宿の非人を集めて生身の文殊と見立て供養した。弘安四年（一二八一）の元寇に際し、敵国降伏の院宣を奉じ、一切経転読を石清水八幡宮で行った。弘安九年（一二八六）、八六歳で宇治橋供養・宇治浮島十三重石塔婆供養などを行い、西大寺で九〇歳で寂す。高弟に*忍性がいる。著書は、『梵網古迹文集』十巻、『感身学正記』三巻などがある。

［文献］ 和島芳男『叡尊・忍性』（吉川弘文館、一九五九）。

（金子　肇）

忍性《にんしょう》（一二一七―一三〇三）　*叡尊の高弟の律僧。大和国磯《し》城《き》郡磯城島の人。字は良観。一一歳で信貴山に登り、一七歳で東大寺戒壇院で受戒。仁治元年（一二四〇）、二四歳で額田寺西辺（奈良県大和郡郡山市額田部寺町）の非人宿で文殊像を供養し、*叡尊を師として出家した。翌年、般若寺・奈良坂一帯の北山宿の*非人に対して文殊供養を行っている。*北山十八間戸も創設したという。弘長元年（一二六一）、鎌倉に入り、*北条時頼の寄進で光泉寺を創建、開山となる。文永四年（一二六七）、*北条長時・業時の帰依により極楽寺を修営し、住す。弘安四年（一二八一）の元寇に際し、敵国降伏の幕命により、仁王会を稲村ヶ崎で行った。そして、極楽寺において、八七歳で寂した。この間、東大寺大勧進、四天王寺別当に任じられ、悲田・敬田二院を再興した。各地で戒律の復興に努めるとともに、非人救済・道路修築など今日でいう社会福祉事業に尽くし、世に医王如来と称された。

［文献］ 和島芳男『叡尊・忍性』（吉川弘文館、一九五九）。

（金子　肇）

栄西《えいさい》（一一四一―一二一五）「ようさい」とも。日本*臨済宗の開祖。道号は明庵《みょうあん》（みんなん）とも。葉上房、千光法師ともいわれる。備中吉備宮、賀陽《かや》氏の出身。天台密教を学ぶ。二八歳、仁安三年（一一六八）、博多より*日宋貿易の商船に乗り、入宋を果たし、天台山、阿育王山に学び、当時流行していた宋朝禅の存在を知る。また同じく入宋していた*俊乗房重源と出会う。五ヶ月後に帰国。この際天台章疏三〇余部六〇巻を持ち帰り、天台座主*明雲に呈《てい》した。四七歳、文治三年（一一八七）再び入宋。ついで天竺行きを希望したが、宋政府から、蒙古の台頭の影響により通行不可能ということで、許可が下りず断念した。しかし虚庵懐敞《きあんえしょう》（こあんえじょう）とも）。のもとで臨済宗黄龍派の禅を修行し、印可を受けて、建久二年（一一九一）帰国。その後は、九州で禅の教えを広めだすが、これに反感を抱いた既存の仏教側が朝廷に訴え、朝廷は、建久五年（一一九四）、栄西に禅停止の命を出し、彼を訊問するが、栄西はその翌年、*博多に日本最初の禅寺、聖福寺を建立。さらなる批判を受けるが、『*興禅護国論《こうぜんごこくろん》』を記してそれをかわした。その後、*鎌倉幕府の帰依を得て、鎌倉、寿福寺建立。京都、*建仁寺を天台・真言・禅宗の兼学の場とした。また重源のあとを受け、東大寺勧進職も務めた。茶種を宋から持ち帰り、『*喫茶養生記《きっさようじょうき》』を著していることから茶祖ともされている。

［文献］ 『続群書類従・第九輯上　傅部』（続群書類従完成会、一九八一）、多賀宗隼『栄西』（吉川弘文館、一九八六）。

（潮田恒明）

一山一寧《いっさんいちねい》（一二四七―一三一七）　鎌倉時代後期の*臨済宗の禅僧。宋の台州出身。外交使節として元より派遣。日本での五山学芸の元祖。臨済宗大慧《だいえ》派の浮山鴻福寺無等慧融について出家。その後、法明文節について天台宗を学んだが、禅に帰し、天童山の簡翁居敬《かんおういけい》・阿育王山の蔵叟善珍《ぞうそうぜんちん》・浄慈《じんずじ》寺の頑極行弥《がんごくぎょうみ》などに歴参し、頑極の法を嗣いだ。その後、祖印寺・補陀落山観音寺などを歴住。当時の元は、文永・弘安の両役に失敗をしながらも、まだ日本に入貢を求めようと使いを送っていた（悪天候や事故などでほとんどが日本に到達せず）。正安元年（一二九九）一山は、元の皇帝成宗の国書をもって、西澗子曇《せいかんすどん》・石《せき》梁仁恭《りょうじんきょう》らとともに元の使節として来日した。これに*執権*北条貞時は怒り、一山を一時伊豆の*修禅寺に幽閉するが、一山の学識の高さを知り赦した。鎌倉で*建長寺、*円覚寺、浄智寺に歴住し、貞時は深く一山に帰依した。正和二年（一三一三）には、*後宇多上皇に招かれて上洛し、*南禅寺三世となり、皇室や公家に宋朝風の純粋禅を広め、文保元年（一三一七）同寺で示寂した。一山は禅のみならず、天台教学、朱子学、書道、文学などまでに精通しており、彼が日本文化に及ぼした影響は絶大なものがある。その中でも、特に朱子学に関しては、日本における祖とされている。そのような一山の門に集まったものは、雪村《せっそん》友梅《ゆうばい》・*虎関師錬《こかんしれん》・*夢窓疎石など多数いた。墓は鎌倉の建長寺玉雲庵、京都の南禅寺大雲庵。著作としては、『一山国師語録』二巻がある。

［文献］玉村竹二・井上禅定『円覚寺史』（春秋社、一九六四）、玉村竹二『臨済宗史』（春秋社、一九九一）。（潮田恒明）

兀庵普寧《ごったんふねい》（一一九七―一二七六）　生年については、一一九九年などの諸説がある。鎌倉時代中期に渡来した*臨済宗の禅僧。宋の西蜀出身。唯識などを学んだのち、蔣山の痴絶道沖《ちぜつどうちゅう》、阿育王山や径山に住した無準《むじゅん》師範《しばん》らに師事し、無準より兀庵の字を与えられた。杭州の霊隠寺《りんにんじ》、寧波の天童寺で首座をつとめ、明州の霊厳寺・常州の南禅寺福聖寺などで住持となり、やがて無準門下の四哲の一人と称されるようになる。文応元年（一二六〇）当時、*蒙古の侵入をうけ、混乱している宋をはなれ、かねてより同門の東福寺*円爾弁円《えんにべんえん》らからの招請をうけていたこともあり、新天地を求めて来日、*博多聖福寺、京都東福寺を経て、*鎌倉幕府の*北条時頼の要請で、鎌倉*建長寺二世となる。時頼は、兀庵について熱心に参禅した。兀庵の指導は規式を守り、非常に厳しいものであり、その様子は、兀庵の門弟の東巌慧安《とうがんえあん》の伝記『東巌安禅師行実《とうがんあんぜんじぎょうじつ》』によくみえている。時頼は、その指導に耐え、印可をうけるまでにいたっている。時頼の死後、兀庵はまもなく帰国することを決意。その理由としては、よき理解者を失ったことにともない、鎌倉での兀庵をとりまく状況が、不利なものに変化したからであろう。帰国後の兀庵は、日本の弟子たちや*円爾弁円と文通はつづけていたようで、いくつかの書状が現存している。晩年、温州の江心龍翔寺などにあって、一二七六年に寂した。諡号《しごう》は宗覚禅師。著書『兀庵和尚語録』一巻がある。

［文献］竹貫元勝『新日本禅宗史』（禅文化研究所、一九九九）、市川浩史『吾妻鏡の思想史』（吉川弘文館、二〇〇二）。（潮田恒明）

円爾《えんに》（一二〇二―八〇）　「えんじ」とも。鎌倉時代中期の臨済宗の禅僧。円爾は諱《いみな》。はじめは弁円といい、道号はなし。駿河国の出身。幼い頃から久能山で天台宗を学び、*園城寺で剃髪、東大寺で授戒し、のちに上野国の長楽寺の栄朝、鎌倉の寿福寺の退耕行勇《たいこうぎょうゆう》門下の大歇了心《だいかつりょうしん》のもとで禅を学ぶ。嘉禎元年（一二三五）さらに禅を学ぶために入宋。天童山の痴絶道沖《ちぜつどうちゅう》・浄慈寺《じんずじ》の笑翁妙湛《しょおうみょうたん》、霊隠寺《りんにんじ》の石田法薫《せきでんほうくん》などに歴参、径山《きんざん》の無《む》準師範《じゅんしばん》の法を嗣ぐ。仁治二年（一二四一）*博多に帰り、九州で布教。*九条道家に招かれ上洛した。*東福寺は、禅・天台・真言三宗の兼修道場であったため、旧仏教との摩擦も小さいものであった。このことは、同門ではあるが渡来僧であった*蘭渓道隆《らんけいどうりゅう》や*兀庵普寧《ごったんふねい》などが、日本の旧仏教に対して遠慮することがなかったのと大きく異なっている。円爾が日本人として、当時の日本の事情をよく知る立場にあり、旧仏教をも尊重することが、日本に禅宗をより強く根づかせる近道と考えたのであろう。それは東大寺の大勧進職をつとめるなどして、旧仏教の復興にも努力したことなどからも表れている。また純粋禅の僧というより、兼学の僧としての立場で朝廷や幕府などとも積極的に関わりをもった。しかし円爾自身は、無準の禅院規則を生涯守りとおしたという。示寂後、*花園天皇から「聖一国師《しょういちこくし》」の号を賜る。これは、日本における禅僧に対する国師号の最初であり、この門流を聖一派という。著書『聖一国師語録』がある。

[文献] 竹貫元勝『新日本禅宗史』（禅文化研究所、一九九九）、市川浩史『吾妻鏡の思想史』（吉川弘文館、二〇〇二）。 （潮田恒明）

重源《ちょうげん》（一一二一—一二〇六） 東大寺再建の勧進僧。父は紀季重、俗名は重定という。俊乗坊、南無阿弥陀仏と号す。一三歳で醍醐寺に入って出家し、一七歳で四国で修行し、一九歳で大峰・熊野・御嶽・葛城などに登る。仁安二年（一一六七）に入宋し、天台山に登り、明州の阿育王寺舎利塔を礼し、翌年、*栄西とともに帰国。帰国後間もなく、信濃善光寺に参詣したという。治承四年（一一八〇）の*東大寺焼失により、翌年、六一歳で*後白河法皇から東大寺大仏再建の宣旨をうけ、*勧進などの再建事業が開始された。寿永元年（一一八二）にたまたま九州に来ていた宋の工人*陳和卿《ちんなけい》を迎え、東大寺大仏の鋳造を依頼した。文治元年（一一八五）、後白河法皇の臨席のもと、東大寺大仏開眼供養が厳修された。翌年、東大寺大仏殿をはじめとする東大寺造営の成功を祈り、伊勢神宮神前で『大般若教』を転読した。同年、周防国を東大寺造営料にあて、国務を管した。そして鎌倉に赴き、*源頼朝に会見した。その後、頼朝は周防国からの東大寺再建の用材運搬について、*御家人（*佐々木高綱ら）に援助するように命じている。建久六年（一一九五）、*後鳥羽天皇、七条院殖子、源頼朝らの臨席のもと、東大寺供養が厳修され、宣旨により、大和尚の号を受けた。そして、建仁三年（一二〇三）、東大寺総供養が行われたが、その三年後、東大寺で八六歳で寂した。

[文献] 小林 剛『俊乗坊重源の研究』（有隣堂、一九七一）。

（金子 肇）

陳和卿《ちんなけい》 生没年未詳。「ちんわけい」とも。東大寺大仏、大仏殿、*南大門などの再建に活躍した中国宋の工人。源平争乱の治承四年（一一八〇）に、*平重衡の南都焼打ちで焼失した東大寺大仏の鋳師として、寿永元年（一一八二）に勧進上人*重源より依頼された。元暦元年（一一八四）まで弟陳仏寿、河内国鋳師草部是助《くさかべこれすけ》らと共同して大仏再建工事にあたり、文治元年（一一八五）に大仏開眼供養が厳修された。翌年、大仏殿造営のため重源らとともに周防国の杣山《そまやま》に入って材木の切り出しにあたった。建保四年（一二一六）、鎌倉に赴き、*源実朝に会い、渡宋のための造船を依頼され、翌年に完成した。しかし、鎌倉由比ヶ浜で進水に失敗し、その後の消息は全く不明となる。

[文献] 岡崎譲治「宋人大工陳和卿伝」（『美術史』三〇、一九五八）。

（金子 肇）

宗性《しゅうしょう》（一二〇二—九二） 「そうしょう」とも。華厳宗の学僧。宮内権大夫藤原隆兼の子。出家して東大寺尊勝院に入り、道性・光暁さらに弁暁より華厳教学を、聖禅・良忠らより倶舎・因明・唯識などを習学。その後、尊勝院院主となり、文応元年（一二六〇）に東大寺別当に補任された。『華厳文義抄』などの経論の抄録や『日本高僧要文抄』三巻などの高僧伝を、また『文華風月至要抄』は国語学的に重要な著作などの多数の著書がある。*貞慶の影響をうけて、弥勒信仰を興隆し、『弥勒感応抄』を著した。弟子に鎌倉時代の華厳学を大成した凝然などがいる。
［文献］ 平岡定海「宗性の弥勒浄土思想について」（『日本弥勒浄土思想展開史の研究』大蔵出版復刊、一九七七）。 （金子　肇）

波木井実長《はきいさねなが》 （一二二二―九七） *鎌倉幕府の*御家人で*日蓮の檀越（外護者）。甲斐《かい》国波木井郷の*在地領主。文永一一年（一二七四）五月に、佐渡配流赦免後の日蓮は、実長の所領であった*身延山に入った。日蓮は、弘安五年（一二八二）九月に常陸へ湯治のため、身延山を下山し、武蔵池上郷の池上宗仲の邸で寂するが、死を前にして九年間の外護を感謝する書状を送っている。これが、「波木井殿御報」である。日蓮の死後には、*日興（日蓮の本弟子六人の一人）と対立し、身延山の輪番守塔制は破れた。日興の下山後は、日向が身延を守り、波木井氏の外護のもとで久遠寺の基礎をかためた。
［文献］ 戸頃重基『日蓮の思想と鎌倉仏教』（富山房、一九六五）。 （金子　肇）

富木常忍《ときじょうにん》 （一二一六―九九）「つねのぶ」とも。 鎌倉幕府の*御家人で*日蓮の檀越（外護者）。下総国八幡庄若宮戸村（現、千葉県市川市中山）の*在地領主。日蓮の最も初期からの檀越で、檀越中最も多くの日蓮の書状をうけている。その一通の「富木殿御書」には、「けかち（飢渇）申ばかりなし。米一合もうらず。がし（餓死）しぬべし」とあり、文永十一年（一二七四）五月十七日の日蓮*身延山到着当日の書状である。日蓮の精神的物質的孤絶を率直に表明している。日蓮の常忍への信頼を感じさせる。日蓮寂後、僧となり、邸内の持仏堂である法華堂を中心にして中山法華教寺を建立した。中山門流の開祖となる。
［文献］ 高木　豊『日蓮とその門弟』（弘文堂、一九六五）。 （金子　肇）

大胡隆義《おおごたかよし》 生没年未詳。*法然に帰依した*鎌倉幕府の*御家人。上野国大胡（現、群馬県勢多郡大胡町）の*在地領主。在京のとき、吉水の坊（現、京都円山公園内の安養寺近く）の法然に帰依し、帰国後も「三心」（至誠心・深心・廻向発願心）などについての不審を質問、これに答えた法然の消息があった。その消息は、子の太郎実秀《さねひで》が相伝したという。実秀への消息である「大胡の太郎実秀へつかわす御返事」には、「サテハタヅネオホセラレテ候コトドモハ、御フミナドニテ、タヤスク申ヒラクベキコトニテモ候ハズ、アハレマコトニ京ニヒサシク御トウリウ候シ時、ヨシ水ノ坊ニテ、コマカニ御サタアリセバヨク候ナマシ」とあり、隆義・実秀父子と法然との親密さを想像させる。
［文献］『日本思想体系10　法然　一遍』（岩波書店、一九七一）。 （金子　肇）

津戸為守《つのとためもり》 （一一六三―一二四三） *法然に帰依した*鎌倉幕府の*御家人。武蔵国多摩郡荏原荘の*在地領主。『*法然上人行状絵図』第二八に、「武蔵国の御家人津の戸の三郎為守は、…建久六年二月東大寺供養のために、幕下上洛の事ありき。為守生年三十三にて、供奉したりけるが、三月四日入洛し、同二十一日上人の庵室にまいりて、合戦度々のつみを懺悔し、念仏往生の道をうけたまはり…」とあり、建久六年（一一九五）に法然に帰依したようだ。帰国後も法然からの消息で不審を質問している。それが「津戸の三郎へつかわす御返事」として残っている。

[文献] 大橋俊雄校注『法然上人絵伝』(岩波文庫、二〇〇二)。
(金子 肇)

薗田成家《そのだしげいえ》 (一一七四—一二四八) *法然に帰依した*鎌倉幕府の*御家人。上野国の*在地領主。藤原秀郷の末裔で、薗田次郎成《しげ》基《もと》の嫡男。『*法然上人行状絵図』第二六に、「上野国の御家人薗田の太郎成家は、…正治二年の秋大番勤仕のために上洛の時、上人の念仏弘通化導さかりにして、…かの庵室へ参じたりける…やがてそのとしの十月十一日、生年二十八歳にて出家す。法名を智明とぞつけ給へりける。常随給仕六ヶ年ののち、元久二年に本国に下向して、…酒長《すなが》の御厨小倉の村に庵室をむすびて…」とあり、正治二年(一二〇〇)に京都*大番役で上洛したとき、法然のもとで出家、元久二年(一二〇五)に帰国し、念仏者として過ごしたという。

[文献] 大橋俊雄校注『法然上人絵伝』(岩波文庫、二〇〇二)。
(金子 肇)

選択本願念仏集《せんじゃくほんがんねんぶつしゅう》 一巻。*浄土宗開祖*法然の著。略して『選択集』という。建久九年(一一九八)、法然六六歳のとき、外護者*九条兼実の請により撰述されたという。本書は、『浄土三部経』(『無量寿経』、『観無量寿経』、『阿弥陀経』)、善導の『観経疏』を主として、道綽の『安楽集』などを引いて選択本願念仏の義旨を明らかにしようとしたもので、一六章からなる。(1)道綽禅師、聖道、浄土の二門を立てて、しかも聖道を捨てて正《まさ》しく浄土に帰するの文。(2)善導和尚、正雑二行を立てて、雑行を捨てて正行に帰するの文。(3)弥陀如来、余行をもって往生の本願としたまはず。(4)三輩念仏往生の文。(5)念仏利益の文。(6)末法万年の後に、余行ことごとく滅し、特《ひと》り念仏を留むるの文。(7)弥陀の光明、余行の者を照らしたまはず、ただ念仏行者を摂取するの文。(8)念仏行者は必ず三心(至誠心・深心・廻向発願心)を具足すべきの文。(9)念仏の行者は四修の法(恭敬修・無余修・無間修・長時修)を行用すべきの文。(10)弥陀化仏来迎して、聞経の善を讃歎したまはず、ただ念仏の行を讃歎したまふの文。(11)雑善に約対して念仏を讃歎するの文。(12)釈尊、定散の諸行を付属したまはず。ただ念仏をもって阿難に付属したまふの文。(13)念仏をもって多善根とし、雑善をもって少善根としたまふの文。(14)六方恒沙の諸仏、余行を証誠したまはず、ただ念仏を証誠したまふの文。(15)六方の諸仏、念仏の行者を護念したまふの文。(16)釈迦如来、弥陀の名号をもって慇懃《おんごん》に舎利弗《しゃりほつ》等に付属したまふの文。当初は一部の弟子のみに書写を許しているだけだったが、世に出ると反響は大きく、公胤の『浄土決疑鈔』、*明恵の『*摧邪輪』、『*摧邪輪荘厳記』などの反論書が出され、また門下側からの再反論書として隆寛の『顕選択』、証大の『扶選択』などが公表された。

[文献] 石田充之『日本浄土教の研究』(百華苑、一九五二)。
(金子 肇)

教行信証《きょうぎょうしんしょう》 六巻。*浄土真宗開祖*親鸞の著。正しくは、『顕浄土真実教行証文類《もんるい》』といい、『御本書』、『御本典』、『教行証』なども呼ぶ。成立年代は未詳ながら、初稿は常陸稲田在住のときに書かれ、帰洛後に改訂され、建長五年(一二五五)までにできていたことは確実である。浄土真宗の立教開宗の根本聖典で、念仏の要文を経論釈から引用類集したもので、親鸞自身の私釈は抑えているのが特色である。全体は六部構成である。

(1) 教巻、(2) 行巻、(3) 信巻、(4) 証巻、(5) 真仏土巻、(6) 化身土巻からなるが、とくに信巻が本書の根本的なものである。信巻は三段からなっている。(一) 阿弥陀仏四十八願のうち十八願(「たとひわれ仏を得たらむに、十方の衆生、心を至し信楽《しんげう》してわが国に生れむと欲《おも》ふて乃至《ないし》十念せむ、もう生れざれば正覚を取らじと。ただ五逆と誹謗《ひぼう》正法を除く」)への信が真実の信である。(二) 第十八願への信の意義内容を明らかにする。(三) 第十八願の「唯除五逆文」等により、*悪人正機を明らかにしている。なお、化身土巻の最後(『教行信証』の奥書部分)には、承元元年(一二〇七)の「*承元の法難」の件などを述べていることから、*法然の他力念仏修の真意を述べるために、本書が製作されたことが明らかである。

[文献]『日本思想体系11 親鸞』(岩波書店、一九七一)。 (金子 肇)

歎異抄《たんにしょう》 一巻。*親鸞の弟子*唯円の著。成立は鎌倉中期と推定。親鸞没(一二六二年)後に、門弟間に親鸞の教えとは違う異説が生じたのを歎いて書かれたもの。本書は十八章からなっている。(1)阿弥陀仏の救済には、ただ信心の念仏が肝要、(2)*法然への絶対帰依、(3)*悪人正機、(4)聖道と浄土の慈悲の比較、(5)父母孝養のために念仏せず、(6)弟子一人も持たず、(7)念仏者は無碍《むげ》の一道、(8)念仏は行者のために非行・非善、(9)念仏しても踊躍歓喜《ゆやくかんぎ》の心起らず、(10)念仏は無義を義とす、とのべて(10)の後半より異説を歎いた文となる。(11)誓願・名号の不思議を別とする異説、(12)学解往生の異説、(13)造罪・宿業の異説、(14)念仏滅罪の異説、(15)即身成仏の異説、(16)廻心についての異説、(17)辺地往生の者の堕地獄という異説、(18)施入物の多少により大仏小仏になるという異説、そして、末尾に「*承元の法難」(一二〇七年)による法然以下一二名の処罪者を列記している。

[文献] 金子大栄校訂『歎異抄』(岩波文庫、一九一七)。 (金子 肇)

一遍上人語録《いっぺんしょうにんごろく》 二巻。作者未詳。*時宗《じしゅう》開祖*一遍の法語類を集めた書。上巻には、別願和讃、百利口語《くご》、誓願偈文、時衆制誡、道具秘釈、消息法語、偈頌和歌をのせている。下巻には、門人伝説という一遍の門弟が、一遍から直接聞いたことばを一一点のせている。「別願和讃」は一遍の自撰であり、一遍の思想を簡潔に表している。*踊念仏のときにも唱和される。「百利口語」は一遍の思想を平明に述べたもの。「誓願偈文」は時衆に対して、阿弥陀仏の誓願により一向に称名することをすすめる偈。「道具秘釈」は時衆の法具を十二仏に配置し、十二仏の徳にたとえたもの。「消息法語」は『一遍聖絵』、『一遍上人縁起』、信者等への書状などから採録したものがのせられている。「偈頌和歌」は布教手段として和歌をつくったものがのせられている。たとえば、「六字名号は一遍の法なり。十界の依正は一遍の体なり。万行離念して一遍を証す。人中上々の妙好華なり。」などである。以上のように、『播州法語集』とともに一遍の思想を知る上で重要なものである。

[文献]『日本思想大系10 法然 一遍』(岩波書店、一九七一)。 (金子 肇)

立正安国論《りっしょうあんこくろん》 一巻。*日蓮宗開祖*日蓮の著。文応元年(一二六〇)、日蓮三九歳のときの撰述。『開目抄』、『観心本尊抄』、『撰時抄』、『報恩抄』とともに、「五大部」といわれ、日蓮の代表的著作の一つである。建長五年（一二五三）、三二歳で唱題立宗した日蓮は、その後の天災地変に基づく社会不安の増加に対して、その解決の方法を『守護国家論』（三八歳）、『災難興起由来』・『災難退治鈔』（三九歳）にまとめていた。それらの著作をさらに整理し、幕府（実質的には最明寺入道北条時頼*）に上呈したものが、本書である。日蓮は、当時盛んであった法然*の専修念仏こそ邪法であると非難し、『法華経』こそ正法であると述べ、国に正法がなければ、三災七難が起こり、ついには他国侵略によって、国が滅亡するだろうことを諫言、すみやかに邪法を退治して正法を樹立すべきであることを勧告し、「汝、早く信仰の寸心を改めて、速かに実乗の一善に帰せよ。然れば則ち三界は皆仏国也。仏国それ衰へんや。十方は悉《ことごと》く宝土也。宝土何ぞ壊《やぶ》れんや。国に衰微無く土に破壊無くんば、身はこれ安全にして、心はこれ禅定ならん。この詞《ことば》、この言《こと》信ずべく崇《あが》むべし。」とある。結局、本書は幕府に黙殺され、念仏者の訴えにより、日蓮は伊豆流罪となった。また後年の文永六年（一二六八）、「蒙古国書」到来に際し、本書の予言的中を感じ、本書の写しに奥書（『安国論奥書』）を付け加え、未来の証拠とした。

（金子　肇）

［文献］大野達之助『日蓮』（吉川弘文館、一九五八）。

勧心本尊抄《かんじんほんぞんしょう》　一巻。*日蓮《にちれん》宗開祖日蓮*の著。文永一〇年（一二七三）四月二五日、日蓮五二歳の時に佐渡一谷《いちのさわ》で撰述。詳しくは、『如来滅後五五百歳始観心本尊抄』という。像法時代の法華修行は十境十乗の観法（『摩訶止観』の説）で法華の極理である一念三千を証得することであったが、末法時代の今は十界勧請の本尊に対面して唱題（「南無妙法蓮華経」）することを新たに提唱し、それが時機相応の教えであることを明らかにしたもの。富木常忍*（日常）宛の副状一通が添付されている。

［文献］『日本思想大系14　日蓮』（岩波書店、一九七〇）。

（金子　肇）

元亨釈書《げんこうしゃくしょ》　*虎関師錬《こかんしれん》著。元亨二年（一三二二）成立。日本仏教史の原点。虎関は、鎌倉時代末期に東福寺*、南禅寺*の住職をつとめた、鎌倉五山*文学を代表する禅僧の一人。仏教伝来期の推古朝より鎌倉時代末期の元亨年間にいたる間に、輩出された諸宗の高僧などの伝記を編集し批評を加え、また仏事関係の諸事を記し、日本仏教史を総合的に述べた書。三〇巻。

虎関の直弟の龍泉令淬《りゅうせんりょうずい》が著した『海蔵和尚紀年録』の記事からみると、虎関が、*一山一寧《いっさんいちねい》から、中国の高僧については詳しいが、自国の高僧については詳しくないことを指摘されたことが、この書を記すきっかけとなったと思われる。『元亨釈書』の全体は伝・表・志の三部で構成され、巻第一から巻第十九が伝の部で、伝智《でんち》・慧解《えげ》・浄禅《じょうぜん》・感進《かんじん》・忍行《にんぎょう》・明戒《めいかい》・檀興《だんこう》・方《ほう》応《おう》・力遊《りきゆう》・願雑《がんぞう》の一〇種に分類し、四〇〇〇人以上の仏教者の伝記を紹介し、賛・論を付している。この一〇種の分類は、人物の業績や才能の特徴によったものである。巻第二十から巻第二十六は資治表の部で、欽明天皇から順徳天皇までの間の仏教史の大綱を編年体で記してある。次いで巻第二十七から巻第三十は、志の部で、学修《がくしゅう》・度受《どじゅ》・諸宗・会儀《えぎ》・封職《ふしき》・寺像・音芸・拾異《じゅうい》・黜争《ちゅうそう》・序説の十志に別け、最後に略例・智通論の二文を付け、日本仏教史を部門別に述べている。分類・編集法は、『梁高僧伝』『宋高僧伝』『史記』などから強く影響を受けたものと考えられている。虎関亡後の延文五年（一三六〇）『大蔵経』に加えられる勅許をもらう。

［文献］「元亨釈書」（『国史大系』31、吉川弘文館、一九六五）、「元亨釈書―その成立と原本及び貞治槧本をめぐって―」（『国史大系書目解題』、吉川弘文館、二〇〇二）。（潮田恒明）

普勧坐禅儀《ふかんざぜんぎ》　*道元著。日本*曹洞宗の開祖道元が、宋から帰国後の嘉禄三年（一二二七）に撰述したと推定されている。天福元年（一二三三）中元の日に推敲し、浄書した自筆本が現存している（永平寺蔵、『普勧坐禅儀撰述由来』とともに国宝）。この後も数度の訂正、加筆がなされて、現在の流布本（『永平広録』所収）となったと考えられている。短文ではあるが、全体が四《し》六騈儷体《ろくべんれいたい》の漢文で表されている。『普勧坐禅儀撰述由来』によれば、道元は、当時流布していた宋の長蘆宗賾《ちょうろそうさん》が著した『禅苑清規《ぜんねんしんぎ》』の中にある「坐禅儀」に満足することなく、独自の考えに基づき、正伝の仏法、坐禅を示すことが、この書を著した理由であるとしている。その内容としては、立教開宗の宣言であり、座禅の意義と作法を説き、あまねく坐禅をすすめている。

［文献］『道元禅師全集』5（春秋社、一九八九）、永平寺『普勧坐禅儀の参究』（国書刊行会、一九九七）。（潮田恒明）

正法眼蔵《しょうぼうげんぞう》　*道元著。法語集。日本*曹洞宗の根本宗典。一二巻、七五巻、九五巻などの編成本がある。そのほか成立事情を異にし、巻数の異なる諸本が存在する。和文体（漢字、平仮名、変体仮名）。正法眼蔵の「正法」とは、正しい仏の教えであり、「眼」は、一切のものをうつし、「蔵」は一切のものを包みこむことであり、要するに正法眼蔵とは、仏法の真髄をすべて包みこんでいるの意。または、「正法眼」としてとらえ、正法を明らかにうつす智慧の眼であると考え、経典をおさめた蔵（正法蔵）ではない、もうひとつの蔵が、正法眼蔵であるとも解される。この書名の出典は、『大梵天王問佛決疑経』とも『景徳伝灯録』によるともされている。本書の成立には、永平寺二世*懐奘《えじょう》による謄写・清書などのはたらきが大きく貢献している。永平寺五十世玄透即中により、寛政七年（一七九五）開版、文化一三年（一八一六）刊本が本山版『正法眼蔵』九五巻として流布した。その構成は、寛喜三年（一二三一）の「弁童話《べんどうわ》」から建長五年（一二五三）の「八大人覚《はちだいじんかく》」にいたる、二三年間におよぶ道元の説示を収録。その内容は、禅に基づき、深い思索をかさねていき、独創的な公案理解や禅の本質規範・伝統などを詳細に論じるにとどまらず仏道修行上のあらゆる問題に言及している。また道元は、漢文体で書かれた『真字　正法眼蔵』あるいは、『正法眼蔵　三百則』と呼ばれる公案集をもつ。これは、南宋の大慧宗杲《だいえそうこう》の法語を侍者沖密慧然が集録した公案集『正法眼蔵』を受けて、嘉禎元年（一二三五）に成立した書であり、この書は和文体の『正法眼蔵』の作成に大いに利用されたと思われる。

［文献］『古典日本文学全集14』（筑摩書房、一九六四）、『日本思想大系13　道元下』（岩波書店、一九七二）。（潮田恒明）

正法眼蔵随聞記《しょうぼうげんぞうずいもんき》　*懐奘《えじょう》著。嘉禎年間（一二三五―三八）、興聖寺において行われた*道元の説示・夜話などを高弟懐奘が、問答の形にして筆録したものが原型とされている。和漢混淆《こんこう》文。この筆録は、懐奘の亡後遺品の中から見出され、門弟たちの手で六巻に編纂され、『正法眼蔵随聞記』の表題を与えられたと推定されている。その内容は、道元の伝えた禅が、従来の日本仏教といかに異なるものであるかということと、仏道修行に志すものの用心・覚悟を示している。大安寺本をはじめとして、諸本が伝わっており、巻序、字句などに異同がみられる。

[文献] 山崎正一現代語訳『正法眼蔵随聞記』(講談社、一九七二)、池田魯參『正法眼蔵随聞記の研究』(北辰堂、一九八九)。

(潮田恒明)

興福寺奏状《こうふくじそうじょう》 *興福寺衆徒が法然の*専修念仏の停止を朝廷に要求した奏状。元久二年(一二〇五)、*貞慶の起草という。専修念仏の過失を九ヶ条挙げている。(1)新宗を立つるの失。(2)新像を図する失。(3)釈尊を軽んずる失。(4)万善を防ぐる失。(5)霊神に背く失。(6)浄土に暗き失。(7)念仏を誤る失。(8)釈衆を損ずる失。(9)国土を乱る失。これに対して、朝廷は専修念仏の偏執は禁止するが罪科には処さないという宣旨を下した。しかし、承元元年(一二〇七)の*「承元の法難」により、安楽・住蓮らが死罪、*法然・*親鸞らが流罪となった。

[文献] 『日本思想大系15 鎌倉旧仏教』(岩波書店、一九七一)。

(金子 肇)

摧邪輪《さいじゃりん》 「ざいしゃりん」とも。三巻。華厳宗*明恵房高弁の著。建暦二年(一二一二)一一月二三日、明恵四〇歳の時の撰述。詳しくは、『於一向専修宗選択集中摧邪輪』という。*法然の*『選択本願念仏集』には、(1)菩提心を撥去《はっきょ》する過失、(2)聖道門を以って群賊に譬える過失、という二種の大過、一三種の過失があるとして、批判した書。また、翌年六月二二日に『摧邪輪』を補足する『摧邪輪荘厳記』を著わし、三種の過失を追加している。一六種の過失とは、(1)菩提心を以って往生極楽の行とせざる過、(2)弥陀の本願の中に菩提心なしと言ふ過、(3)菩提心を以って有上小利とする過、(4)双観経は菩提心を説かずと言い並びに弥陀一教止住の時菩提心なしと言ふ過、(5)菩提心は念仏を抑えると言ふ過、(6)聖道門を以って群賊に譬える過、(7)群賤の譬の中に自らの過失を隠す過、(8)浄土は三悪趣あるの過、(9)浄土より没して穢土《えど》の悪趣に堕するの過、(10)往生宗の中の観仏三昧・念仏三昧別体を執するの過、(11)光明遍照の経文を謬解するの過、(12)仏果の一切の功徳は名号の功徳に及ばざるの過、(13)能立の一宗は成ざるの過、(14)摂取不捨の名義を謬解するの過、(15)念仏を以って本願を名づけて観経の説・不説を謬解するの過、(16)十声十念の義を謬解するの過、という。明恵が法然を批判する態度は、「遍依善導」の立場をとる法然こそ、善導を正しく理解していないという。これは、法然*浄土教に対する根本的批判であり、法然門流への影響は衝撃的であったことが想像される。本書への批判書には、了恵の『新扶選択報恩集』二巻・『扶選択正輪通義』一巻、良定の『評摧邪輪』一巻、真迢の『念仏選摧評』一巻などが現存する。

[文献] 『日本思想大系15 鎌倉旧仏教』(岩波書店、一九七一)。

(金子 肇)

喫茶養生記《きっさようじょうき》 *栄西《えいさい》著。初治本が建暦元年(一二一一)。再治本が建保二年(一二一四)。上下巻、漢文体。茶書・医書。上巻は「五臓和合門」と題して、漢籍を引き五臓を陰陽五行説の五行に配当して説明している。肝臓が酸味、肺臓が辛味、脾臓が甘味、腎臓が鹹味《かんみ》、心臓が苦味であるとし、この苦味をもつ食物が茶であり、これにより心臓の病は治り、五臓は調和するとしている。次いで、茶の名称、樹形、効能、採茶時期、調整法を記している。下巻は、「遺徐鬼魅門《けんじょきみもん》」と題して、飲水病、中風、不食病、瘡病、脚気の五種類の疾患を挙げ、その病因と治療法としてのさまざまな桑の利用方法を説明している。また*『吾妻鏡』の建保二年二月四日の条に「将軍家いささか御病悩。諸人奔走す。ただし殊なる御事なし。これもしくは去夜御淵酔の餘気か。ここに葉上僧正御加持に候ずるところ、このことを聞き、良薬と称して、本寺より茶一盞を召し進ず。しかうして一巻の書を相副へ、これを献ぜしむ。茶徳を譽むるところの書なり。将軍家御感悦に及ぶと云々。去月の比、坐禅の餘暇にこの抄を書き出すの由これを申す」（原漢文）とあり、栄西が、二日酔いに苦しんでいる源実朝に茶とともに一巻の書を献じていることを記している。まさにこの一巻の書とは、『喫茶養生記』の再治本を抄出しにしたものであろう。『喫茶養生記』には諸本が伝わる。初治本としては、寿福寺本（鎌倉）と多和文庫（香川）の両写本。再治本としては、東京大学史料編纂所本の影写本、群書類従本の刊本などが知られており、森鹿三の研究により諸本が比較・検討されている。

［文献］　森　鹿三『茶道古典全集』2（淡交社、一九七七）、潮田恒明「『喫茶養生記』に見える陰陽五行説に対する一疑問」（『日本社会史研究』三六、一―三、一九九五）、古田紹欽『栄西　喫茶養生記』（講談社、二〇〇〇）。　（潮田恒明）

興禅護国論《こうぜんごこくろん》　*栄西著。建久九年（一一九八）成立。上中下巻・付（未来記）よりなる。漢文体。日本禅宗開立を世に公表し、旧仏教側の禅宗非難に対し、*禅宗の本質を説いた書。「仍って三篋《さんきょう》の大綱を集めて、之を時哲に示し、一宗の要目を記して之を後昆《こうこん》に貼《のこ》さん。跋して三巻と為し、分つて十門を立つ。之を興禅護国論と名づく。法王仁王の元意に之れ称はんが為の故なり。」（原漢文）とあり、この名は、禅の教えを興し盛んならしめることにより、「仁王護国般若波羅蜜経」の元意にかなうことを願って名づけられたということである。全体を令法久《りょうほうく》住門《じゅうもん》第一（戒律と坐禅によって仏法を盛んにさせる）、鎮護国《ちんごこっ》家門《かもん》第二（禅宗こそが国家を鎮護させる）、世人決疑門《せにんけつぎもん》第三（世の中の人々の禅宗に対する疑問等に答える）、古徳誠証門《ことくじょうしょうもん》第四（古来の祖師達が禅を重視していた証拠をあげる）、宗派血《しゅうはけつ》脈《みゃく》門《もん》第五（栄西にいたる法脈を示す）、典拠増信門《てんこぞうしんもん》第六（教外別伝、不立文字の教えをといている教典の証拠をあげる）、大《だい》綱勧参門《こうごうさんもん》第七（禅宗の大綱を示し、人々にそれを勧める）、建《こん》立《りゅう》支目門《しもくもん》第八（禅宗の施設・行儀について）、大国説話門《たいこくせったもん》第九（印度や中国の仏法は禅の教えを信じて行われている）、回向発《えこうほっ》願門《がんもん》（功徳を他に振り分け、衆生救済に励むことを願う）の十門で分け、多数の教典や智顗・最澄・円仁・円珍など、天台宗諸師の論釈を引き、禅宗の立場が、最澄の教学に基づいていることを説き、比叡山からの禅宗批判に答え、禅宗の正当化を説いている。

［文献］『日本思想大系16　中世禅家の思想』（岩波書店、一九八四）、吉田紹欽『栄西』（講談社、一九九四）。　（潮田恒明）

関東往還記《かんとうおうかんき》　一巻。律宗の*叡尊が、弘長二年（一二六二）二月四日から八月一五日まで*北条時頼の招きで、西大寺から鎌倉に往復した旅の記録を弟子の性海が筆録した日記。本書は、もと上下両巻あったが一部紛失したという。北条時頼、*北条実時らの叡尊への帰依、弟子*忍性が常陸三村寺から来て叡尊の教化を助けたことなどが明らかとなる。本書は、叡尊の伝記である『金剛仏子叡尊感身学正記』三巻の欠を補う重要な史料である。

[文献] 奈良国立文化財研究所編『西大寺叡尊伝記集成』(法蔵館、一九七七)。 (金子 肇)

(二) 神道思想

伊勢神道《いせしんとう》 鎌倉時代、伊勢外宮《げくう》の神官度会《わたらい》氏によって唱えられた神道説で、外宮神道・度会神道とも呼ばれる。外宮の権威確立の意図をもったが、鎌倉前期にはじまり、一三世紀後半の文永・弘安頃に形を整えた。律令国家の解体に伴い、その経済的基盤の動揺に対応して、伊勢神宮は地方の豪族領主層に働きかけながら、台頭してきた八幡宮や熊野神社に対して伊勢神宮の独自性を主張する必要に迫られた。同時に、比叡山などの古い仏教体制の崩壊期にあたって、「仏教」に対する「神道」の確立が求められたのであり、その先駆が伊勢神道であった。神道の教説を述べた典籍は数多いが、中心をなすのは「神道五部書」であった。神宮独自の古伝承によりながらも、仏教の論理や用語を借用する特色が認められる。*度会家行の『類聚神祇本源』は注目すべき著作であり、南朝方に強い影響を与えた。 (阿部 猛)

反本地垂迹説《はんほんちすいじゃくせつ》 仏を本体とし、神をその仮の姿とみる本地垂迹説の反対概念。本地垂迹の神仏関係を逆転させて、仏に対する日本の神の優位を説く。この説は、伊勢神道の中で芽生え、南北朝期の慈遍《じへん》の『旧事本紀玄義《くじほんぎげんぎ》』で理論化・体系化された。のちそれをさらに展開した*吉田兼倶《かねとも》(一四三五—一五一一)の『唯一神道明法要集《ゆいつしんとうみょうぼうようしょう》』がある。 (阿部 猛)

修験道《しゅげんどう》 わが国の原始山岳信仰と仏教・道教・陰陽道などが習合して平安中期に成立した宗教の一つ。山岳・海洋修行によって超自然的な験力《げんりょく》を獲得するもので、かれらは山臥《やまぶし》・山伏・修験と称する。験者《げんざ》・行者《ぎょうじゃ》ともいわれ、呪術《じゅじゅつ》・巫術《ふじゅつ》・占術《せんじゅつ》を行った。修験道の開祖とされる役小角《えんのおづぬ》は葛城山《かつらぎさん》で修行した山岳修験者で、永興は熊野の海岸で修行した海の修験とされている。平安中期以降は、吉野の*金峯山《きんぷせん》・大峯山・熊野が中心で、藤原道長以下貴族たちの信仰を得た。修験者の本山派(京都の聖護院を中心とする)・当山派(醍醐寺三宝院を中心とする)の成立は室町期で、ここに全国的な組織が成立した。

[文献] 和歌森太郎『修験道史研究』(平凡社・東洋文庫21・一九七二)。 (阿部 猛)

度会家行《わたらいいえゆき》 (一二五六—?) 伊勢神宮外宮三禰宜《さんねぎ》有行の子。伊勢神道の大成者と称される。徳治元年(一三〇六)外宮禰宜となり、貞和五年(一三四九)まで在任。禰宜長官、従三位にのぼる。和漢の書に通じ、文保元年(一三一七)に『神道簡要』を著し、元応二年(一三二〇)『類聚神祇本源』(一五巻)を著した。後者は「神道五部書」以下神儒仏の諸書を引用して神道の根源を論じた。家行は伊勢神道を集大成し、南朝方に思想的な影響を与えた。また建武三年(一三三六)*北畠親房を伊勢に迎え、親房の東国下向にも力をかした。 (阿部 猛)

神道五部書《しんとうごぶしょ》 鎌倉時代、伊勢外宮の神官の間で形成され、*伊勢神道(度会神道)の経典とされた五部の書。「天照坐伊勢二所皇太神宮御鎮座次第記」~内外両宮の祭神の性格と鎮座の次第を記す。「伊勢二所皇太神御鎮座伝記」~神鏡の祭祀を中心に伊勢神宮の歴史を記す。「豊受皇太神御鎮座本紀」～外宮の沿革と祭儀、両宮の関係を記す。「造伊勢太神宮宝基本記」～両宮の殿舎について解説する。「倭姫命世記」～神宮の成立と神道の教説を述べる。五書のうち前三書が中世では重んじられ、江戸時代になって五書が重んじられるようになり、垂加神道が五書のあと二部の反仏教的主張が評価されるようになった。五部書は神仏諸説や中国古典の諸説を未整理のかたちで示しており、鎌倉時代の思想のあり方をかえってよく表しているといえる。（阿部　猛）

祇園《ぎおん》執行《しぎょう》日記《にっき》　京都八坂神社の記録類を併合したもので、社務執行宝寿院伝来のもの。「社家記録（巻一―五）」（一三四三―七二年の記録）「三鳥居建立記」（一三六五年）は顕詮（一三五五―六一に社務）、「社家条々記録」は晴顕、「社家記録（巻七）」は感晴の筆によると推定される。「社家記録（巻六）」は至徳二年（一三八五）から同四年にかけての地子納帳類をあつめ、巻七は建治四年（一二七八）の荘園からの納入記録。「社家条々記録」は元亨三年（一三二三）筆記の八坂神社の由緒沿革記である。「群書類従」に収める「祇園執行日記」は抜粋記録であるが、天文四年（一五五五）にいたる。経済史・法制史・社会史上の注目すべき史料を含む。刊本としては「八坂神社叢書」第一輯が昭和一七年（一九四二）に刊行されている。（阿部　猛）

（三）学問と教育

宋学《そうがく》　一一世紀半ば、中国の北宋にはじまり南宋の朱子《しゅし》（朱熹《しゅき》、一一三〇―一二〇〇）によって確立された儒教の一学派。古典的な五経の訓詁《くんこ》を重んじた旧来の儒教に対して、「大学」「中庸」「論語」「孟子」の四書を中心として、実践を重んじる学問として、元《げん》・明《みん》以後清《しん》末まで中国の政治思想の土台を形成した。中国のみならず、東アジア文化圏の朝鮮・ベトナム・日本にも大きな影響を与えた。わが国には、鎌倉時代に、*日宋貿易や禅僧の交流を通して伝来し、南北朝期・室町期に流行した。（阿部　猛）

往来物《おうらいもの》　平安末期から明治初年にいたるまで、主として初等教育で用いられた教科書の総称。往来とは往復書簡の意。現存の最も古い往来物は平安末期の藤原明衡《あきひら》著『明衡往来』（『雲《うん》州《しゅう》消息《しょうそく》』ともいう）で、二〇〇通余の書簡を一月から一二月まで月をたどって配列した形式をとる。平安時代末期までに「季綱往来」「東山往来」など七種あり、鎌倉時代から室町時代にかけては、「十二月往来」「雑筆往来」「庭訓往来」など四五種があった。「十二月往来」（著者未詳）は一年一二か月の月々に配して消息文の模範を示したもの。「*雑筆往来《ざっぴつおうらい》」は消息文に常用される語句・単文を列挙したもの、「*庭訓往来《ていきんおうらい》」は消息文例と単語集を組み合わせて諸職儒芸に必要な知識を与えるものであった。（阿部　猛）

金沢文庫《かねざわぶんこ》　北条*実時《さねとき》が武蔵国久良郡六浦荘《むつらのしょう》金沢村に建てた文庫。実時は好学の人で、多年にわたって和漢の書を集め、自らも書写点校を行い学問にはげんだ。正嘉二年（一二五八）頃から多くの書籍を金沢の別邸に集積し、別邸は称名寺の阿弥陀院となった。文庫の成立期は明らかではないが、建治元年（一二七五）に実時が公職を退いてから内容も充実し、「金沢の北条の殿の御文庫」と呼ばれるようになったらしい。のち*顕時《あきとき》・*貞顕《さだあき》・貞将《さだまさ》へと引きつがれ経営された。四代のうち貞顕は、*六波羅探題・執権をつとめ、稀籍・珍器を愛し、兼好法師と交わるなど、北条本字の一門中でも特異な文化人であった。称名寺も貞顕のときに伽藍も完備し寺領も豊かであった。文庫も武州金沢の学校と称された。玉書は和漢儒仏の各般にわたり、関東地方では*足利学校に並ぶ大図書館の趣きがあった。

［文献］関　靖『金沢文庫の研究』（講談社、一九五一）、結城陸郎『金沢文庫の教育史的研究』（吉川弘文館、一九六二）　（阿部　猛）

玄恵《げんえ》（?—一三五〇）　南北朝～室町時代の学僧・儒者。玄慧とも書く。比叡山延暦寺で学び、法印権大僧都まで昇進する。*程子・朱子学に精通していたことから*後醍醐天皇の侍読となり、『*太平記』では、その講義の場で、天皇の側近である*日野資朝らが鎌倉幕府の討幕を計画した、とされている。建武政権が崩れると、その学識の高さを*足利尊氏・*直義に重用され、建武三年（一三三六）『*建武式目』の制定にかかわった。観応元年（一三五〇）三月に没す。詩文に優れていたことで知られ、『詩人玉屑点本』や『*胡会詠史詩抄』などの著作が伝えられる。また『*庭訓往来』をはじめとする*往来物の作者に擬されるが、定かではない。

［文献］和島芳男『中世の儒学』（吉川弘文館、一九六五）。（齊藤保子）

仙覚《せんがく》（一二〇三～?）　鎌倉時代の僧。『万葉集』の研究者。天台宗の僧ではないかとされている。常陸国の出身で、比企《ひき》氏に縁のある人物とする説もあるが、詳細は不明。文永九年（一二七二）まで存命であったことはわかっている。*万葉集の研究については、寛元四年（一二四六）四代鎌倉将軍藤原頼経の命により『万葉集』の書写校合を行っており、その作業を通じて、それまで無訓であった一五二首の歌に新訓を加えている。その後も、ほかの伝本を多く用いながら校合作業を続け、文永九年頃まで写本を作成していたとみられている。また、『万葉集』の成立や歌の注釈などを論じた『*万葉集註釈』を著し、『万葉集』研究における高い業績を残している。

［文献］佐々木信綱『万葉集の研究1』（一九四二、岩波書店）、武田祐吉「万葉集抄・仙覚・仙覚本」（『万葉集大成2』、平凡社、一九五三）。（齊藤保子）

湛睿《たんえい》（一二七一—一三四六）　鎌倉時代末期～南北朝時代の学僧。東大寺凝然のもとで戒律・華厳を学び、永仁元年（一二九三）からは般若寺真円について研鑽に努めた。正安元年（一三〇〇）以降は関東に移り、鎌倉極楽寺・金沢称名寺などにおいて、戒律・華厳・浄土・真言などの修得に力を入れた。正和二年（一三一三）には、泉州久米田寺禅爾（凝然の高弟）に師事している。嘉暦元年（一三二六）下総東禅寺住持となり、暦応二年（一三三九）金沢称名寺三世に就任する。貞和二年（一三四六）称名寺で没す。南都仏教の重鎮として講義や著作活動に尽力し、『華厳演義抄纂釈』『華厳五教章纂釈』などの多数の著書がある。

［文献］納富常天『金沢文庫資料の研究』（法蔵館、一九八二）。

（齊藤保子）

卜部兼方《うらべかねかた》（生没年未詳） 鎌倉時代中期の学者。懐賢とも書く。父は兼文。朝廷においては、神祇権大副、山城守に補された。家は平野神社および吉田神社の社務をつかさどり、また学者の一門であることでも知られていた。祖父兼頼、父兼文と同様に和漢の古典に精通し、『日本書紀』をはじめとする歴史書の研究に従事した。なかでも、父兼文の『日本書紀』神代巻講義の講本所有用である神代巻を書写し、これに多くの古典籍から引用・注釈を加えた『*釈日本紀』を著している。この中には、卜部家に伝在し、現在は散逸した『日本書紀』の講義録である『日本紀和記』の引用も多数みられ、当時の『日本書紀』研究の状況を知るうえで貴重な資料となっている。

［文献］ 赤松俊秀『国宝卜部兼方自筆日本書紀神代巻』研究編（法蔵館、一九七一）。 （齊藤保子）

北条実時《ほうじょうさねとき》（一二二四―七六） 鎌倉時代中期の武将。父は*実泰（執権*義時《よしとき》の子）、母は天野政景女。子に*顕時、実政がいる。天福二年（一二三四）父実泰から家督を譲られ小侍所別当となり、暦仁元年（一二三八）四代鎌倉将軍*頼経に従って上洛、掃部助・宣陽院蔵人に補せられる。幼少より武技に優れていたため将軍の近習に加えられ、建長三年（一二五一）小侍所別当の労により下総国埴生荘を賜っている。建長四年（一二五二）*引付衆、同五年（一二五三）*評定衆に任ぜられ幕政に参与、同七年（一二五五）越後守、文永元年（一二六四）*越訴奉行となり、翌二年従五位上に叙せられた。執権*泰時・経時・*時頼・時宗の四代にわたって幕府の要職にありこれを補佐したが、建治元年（一二七五）五月、病により職を辞し、自領である武蔵国六浦荘金沢（神奈川県横浜市金沢区）の自邸に隠退。翌二年一〇月、この地で没した。実時は、早くから学問に深い関心を示し、仁治二年（一二四一）頃から、儒家清原教隆に師事し、政務に関係する経史・律令はもとより、農政・軍事・文学など幅広い分野の勉学に励み、それらの書の書写校合・収集につとめた。正嘉二年（一二五八）頃、邸のある金沢に阿弥陀堂（のちの称名寺）を建立し、その敷地内に文庫を創設、収集した膨大な書物を実時の引退時に鎌倉から移動・保管したとみられている。それらが金沢文庫の基礎となっている。

［文献］ 関 靖『武家の興学』（東京堂、一九四五）、関 靖『金沢文庫の研究』（講談社、一九五一）、阿部隆一「北条実時の修学の精神」（『阿部隆一遺稿集2』汲古書院、一九八五）。 （齊藤保子）

北条顕時《ほうじょうあきとき》（一二四八―一三〇一） 鎌倉時代中・後期の武将。父は*実時、母は北条政村女。子に*貞顕《さだあき》がいる。文永二年（一二六五）左近大夫将監に補せられ、同七年（一二七〇）*引付衆、弘安元年（一二七八）二月*評定衆に任ぜられ、幕政にかかわるようになる。弘安三年（一二八〇）越後守、同四年には引付頭人に任ぜられ、幕政の要職にあってその中枢を担った。しかし、弘安八年（一二八五）*安達泰盛ら一族郎党が執権*北条貞時に滅ぼされるという、いわゆる*霜月騒動（弘安合戦）が起こると、顕時は泰盛の女婿という姻戚関係から事件に連坐し、自領の下総国埴生荘に流された。その後、永仁元年（一二九三）に赦され、執奏、ついで引付頭人に任ぜられる。正安三年（一三〇一）三月に没す。父実時と同様に、学問への思いが深く、弘安元年（一二七八）音博士清原俊隆から書写伝習した『*春秋経伝集解』をはじめ、多くの和漢の書籍を書写校合・収集し、金沢文庫の興隆に努めている。信仰に篤いことでも知られ、とくに浄土・禅宗の教えを受け、その関係から弘安六年（一二八三）に仏書『伝心法要』を出版している。また、父実時が建立した称名寺の興盛にも尽力し、正安三年には、同寺に実時が寄進した梵鐘の破損を補修・再鋳して、再び寄進を行っている。

［文献］関　靖『金沢文庫の研究』（講談社、一九五一）、結城陸郎『金沢文庫の教育史的研究』（吉川弘文館、一九六二）。　（齊藤保子）

北条貞顕《ほうじょうさだあき》（一二七八―一三三三）　鎌倉時代末期の*執権。父は顕時。永仁元年（一二九四）左衛門尉・東二条院蔵人に補される。乾元元年（一三〇二）*六波羅探題（南方）に任ぜられ上洛、中務大輔・越後守に就任する。延慶二年（一三〇九）鎌倉に下向し、引付頭人・寄合衆に列せられる。翌三年六波羅探題（北方）に任ぜられ再び上洛し、応長元年（一三一一）武蔵守に補される。正和三年（一三一四）職を辞して鎌倉に下向、翌四年七月、連署の地位に就く。元亨二年（一三二二）修理権大夫に補され、嘉暦元年（一三二六）三月一三日、病により*北条高時が執権を辞職・出家すると、同月一六日に一五代執権に就任した。しかし、執権職をめぐって内官領長崎氏と北条泰家（高時の弟）らの対立が生じ、貞顕の執権就任に反対していた泰家が出家、さらには貞顕誅殺の噂が起こったことから、同月二六日に執権を辞し、出家・隠退した。元弘三年（一三三三）五月二二日、新田義貞らの倒幕軍による鎌倉攻めに遭い、高時らとともに鎌倉東勝寺において自刃した。得宗一門でもとくに文化人として知られ、その交友範囲は多岐に及んでいる。また、祖父実時、父顕時と同様に学問・信仰に篤く、広範囲にわたる和漢の書籍を書写校合・収集し、*金沢文庫の充実に努めている。現在、金沢文庫に多くの貞顕関係の文書・消息が遺されているが、それらは鎌倉末期の情勢を知るうえで重要な資料となっている。

［文献］関　靖『金沢文庫の研究』（講談社、一九五一）、前田元重「武家の文化―北条貞顕を中心にして―」（『神奈川県史各論編　文化』、一九八〇）、筧　雅博『日本の歴史10　蒙古襲来と徳政令』（講談社、二〇〇一）。　（齊藤保子）

禁秘抄《きんぴしょう》　順徳天皇（一一九七―一二四二）の著作。建保元年（一二一三）成立の有職故実《ゆうそくこじつ》の書で、上中下の三巻よりなる。「禁中抄」「建暦御記」とも呼ばれる。内容は、宮中の名器・宝物の由来と取扱い、殿舎とその庭（坪）の草木などの由緒、天皇の身につけるべき学問・芸能について、神事・仏事、天皇の側近の臣の心得るべき故実・芸能、文書のあり方など多方面にわたって記す。「第一御学問也、夫不レ学則不レ明二古道一、而能レ政致二太平一者、未二之有一也」と『貞観政要』の文が引用され、「雖レ不レ窮二経史一可レ誦二習群書治要一」という『寛平御遺誡』の文が引用されているが、ここにこの書の基本的な考え方が示されている。『群書類従』（雑部）『列聖全集』（御撰集・六）などに収載されている。　（阿部　猛）

世俗浅深秘抄《せぞくせんしんひしょう》　「浅深秘抄」ともいう。*有職故実《ゆうそくこじつ》の書で、朝儀とその作法について記す。*後鳥羽天皇の撰で二巻。上巻一四七条、下巻一三八条よりなる。寛平・延喜・天暦・延久の御記や貞観式・延喜式および貞信公記以の日記を引用している。宮内庁書陵部ほかに写本がある。『群書類従』に収める。　（阿部　猛）

釈日本紀《しゃくにほんぎ》　*卜部兼方の著作。『日本書紀』の注釈書で、全二八巻。成立年次は未詳であるが、正安三年（一三〇一）以前の成立かという。平安時代以来の諸博士の学説と卜部家の家学を集大成したもの。巻一「開題」、巻二「注音」、巻三「乱脱」、巻四「帝皇系図」、巻五—十五「述義」、巻十六—二十二「秘訓」、巻二十三—二十八「和歌」よりなる。中枢は「述義」で、多くの古書を引用し、「風土記」の逸文、「大倭本紀」「上宮記」「日本紀私記」などの逸文を知ることができる。写本は尊経閣文庫などに収め、活字としては「国史大系」本がある。（阿部　猛）

萬葉集註釈《まんようしゅうちゅうしゃく》　*仙覚《せんがく》著で一〇巻。文永六年（一二六九）四月の成立。「仙覚抄」「萬葉集抄」ともいわれる。萬葉集の成立事情、名義、撰者についての考証のあと、順に難解歌を挙げて註釈を加えた。とくに長歌については仙覚による新訓であった。多くの先行註釈書とは関係がなく、藤原盛方著『萬葉集抄』を参考とするところが大きいといわれる。仙覚の姿勢は、多数の文献を引用し、論法も精確であり、萬葉研究史上でも重要な位置を占める。（阿部　猛）

水原抄《すいげんしょう》　『源氏物語』の古注釈書の一つ。源光行（一二四四年没）の草案を、光行の死後親行が完成し、義行・行阿が加筆した。全五四巻すべてが散佚したが、のちの「紫明抄」「原中最秘抄」「河海抄」などに引用されていて、書き入れ形式の注釈書であったことがわかる。（阿部　猛）

十二月往来　往来物の一種。作者未詳。「群書類従」は「中山内府御作乎」と記す。中山内府は藤原（中山）忠親《ただちか》（一一三一—一一九五）のこと。二五通の書簡をその日付（一月三日から十二月七日に至る）の順に排列したもの。「群書類従」巻第百卅九に収める。（阿部　猛）

雑筆往来　往来物の一種。「群書類従」本には永正元年（一五〇四）主林松寿《しゅりんしょうじゅ》筆との奥書がある。「昨日蹴鞠之会希代勝事也」から始まり「狂言綺語悉為讃仏乗縁也」で結ぶ。「一人当千」「回二秘計一」「門前成レ市」「備二亀鏡一」「失二故実一」「吹レ毛求レ疵」「大海之一滴」「九牛之一毛」「蛍雪之功」などの常套句を配して多面的な知識を織り込んだ文章となっている。「群書類従」巻第百四十に収める。（阿部　猛）

金玉掌中抄《きんぎょくしょうちゅうしょう》　中原章任《のりとう》（?—一三一九?）の著作。律令の参考書で、律の罪条事以下七一か条について解説を試みたもの。その注釈が「法曹至要抄」や「裁判至要抄」に近似するところから、中原家の律令学の蓄積を基礎とするものと推測される。律逸文を多く含み、律復元の重要史料とされる。中原章任は章職《のりもと》の子とされ、検非違使・左衛門大尉から明法博士・明法侍読・修理権大夫・従四位下にいたった。
[文献]　布施彌平治『明法道の研究』（新生社、一九六六）。（阿部　猛）

北条実時家訓《ほうじょうさねときかくん》　建治二年（一二七六）七月二日付で息子実政に宛てた消息と思われるが前欠。その内容は、①うわべを飾り調子のよいことを言って主人にへつらう者に大事な仕事を任せてはならない。②従者のうち実直な者に仕事を任せるに、自分の能力もわきまえずそねむ者があっても、その言に惑わされてはならない。③うわべを飾る似非者《えせもの》を召使ってはならない。④いかに眼をかけている者でも、能力の劣る者に相談するなどしてはならない。⑤所領の配分が片づかないのは、召使う者たちが主人を軽視するからである。⑥従者が主人を軽んずるのは、主人が賞罰を明らかにしないからである。⑦事が起こったときは、身分にかかわらず賞罰を明らかにすべきである。⑧もし間違っても、私心がなければ世人の理解は得られるものである。⑨従者に過失があれば適正に処罰すべきである。⑩身分のある者の過失には罰を重くし、下賤の者の忠誠には厚く賞すべきである。⑪政事は賞罰を明らかにすることに要諦がある。―以上のように、従者に対して気配りをしており、これは「北条重時家訓」にも共通している点である（日本思想大系『中世政治社会思想 上』（岩波書店、一九七二年））。

［文献］阿部 猛『鎌倉武士の世界』（東京堂出版、一九九四）。

（阿部 猛）

（四）和歌・日記・紀行

御子左家《みこひだりけ》 平安時代末期から鎌倉時代初期にかけての歌道家。藤原道長の六男長家を祖とする。「御子左」とは、醍醐天皇皇子兼明親王の御子左殿を伝領したことによる。長家、忠家、俊忠、*俊成、*定家、為家と続き、三世で孫にあたる俊成、およびその子の定家と相継いで和歌の宗家として歌壇に仰がれた。俊成の代で勅撰和歌集撰者、和歌宗匠として確固たる地位を築いたが、藤原清輔らの六条家が対抗勢力として存在した。御子左家と六条家の対立は激しいものであったが御子左家の優位が保たれた。俊成の幽玄の歌風・歌論についで、定家はさらに有心へと発展させ、その子為家もその後をついだが、為家の子為氏・為教・*為相にいたり、それぞれ二条・京極・冷泉の三家に分かれた。

［文献］佐藤恒雄「御子左家領越部庄の三分とその行方」（『中世文学研究』一九八四）。

（菅原 秀）

本歌取《ほんかど》り 「本歌」とは典拠となる歌のこと。『新撰髄脳』に「古歌を本文にして詠める事あり」とある。和歌、連歌などをつくる際に、優れた古歌や詩の語句、もしくは発想や趣向などを取り入れる表現技巧のことである。新古今集の時代に最も多くみられた。狭義に解すれば、*藤原俊成、*定家によって重んじられ、*『新古今和歌集』においてその歌風の基調となった方法である。意識的に古歌をつくりかえる、もしくは利用すること自体は古来よりみられた。ただし歌の表現、発想、趣などの盗作が目的ではなく、古歌を用いて古歌を超えたよい歌を詠むことが目的であった。古歌の使用は自らの知識水準を示す目的もあろうが、皆が知る古歌から得られる共通の感覚を利用したりしながらの、機知に富んだ一種のパロディーであったと考えられる。

（菅原 秀）

隠者《いんじゃ》の文学 古典では「世捨人」「遁世者」の語でみられる。隠者とは、遁世した人、俗世間から離れて、修行や思索にふけっている人をいう。本来は仏教の出家者と隠者とは異なるが、世俗に背を向け、否定する態度に似通う点があり、日本においては隠者がそのまま出家者を意味する場合が多い。文学史にかかわる隠者は、いわば体制を離脱した者で、離脱の経緯さらにはそれ以前のこと、思想や気質などはさまざまであるが、完全なる遁世にあこがれながらも求道には没入しきれず、まだ世の中に対して愛着や関心はもっており、そこからわき上がる批評性は共通している。捨てたはずの都への思いを抱えたまま、世間との距離を中間的なところに置いた者が何かを語ろうとして生まれたのが隠者文学である。こうした隠者たちによってつくられた文学作品または作品群をいい、日本の中世文学の骨格的部分をなした。その範囲は、和歌などにも広がりをみせるが、中心となるのは随筆で、*『方丈記』や*『徒然草』周辺の諸作品といえる。*西行、*鴨長明、*吉田兼好などが代表的な存在である。中世後期以後も影響がみられ、*心敬、*宗祇、*宗長といった連歌師や、茶人の*利休、芭蕉などの俳人にも隠者とされる人物が多い。近世には、こうした隠者文学も多読されたようで、『扶桑隠逸伝』『続桑隠逸伝』『本朝遯史』などで史的・系譜的整理も行われた。

［文献］　桜井好朗『中世日本の精神史的景観』（塙書房、一九七四）、伊藤博之『隠遁の文学　妄念と覚醒』（笠間書院、一九七五）、原田行造『中世説話文学の研究』（桜楓社、一九八二）、広田哲通『中世仏教説話の研究』（勉誠社、一九八七）。　（菅原　秀）

今様《いまよう》　本来は、今の世、今の世のはやり、当世、当世風、今風といった感覚を表す言葉で、一一世紀後半から約二〇〇年の間歌われた短編の歌謡のことをいう。文学史や歌謡史的には「今様歌謡」ともいう。『紫式部日記』中に現代風の歌の意味で「今様歌」と出ているが、こうしたものの略称と思われる。催馬楽・風俗《ふぞく》歌などの固定化した古めかしさに対して、新しい歌詞や曲調の歌謡をいったものである。総称としての「今様」は多くを含み、法文歌・神歌・長歌・古柳・只（常）の今様・足柄・黒鳥子・旧河・伊地古・田歌・早歌・旧古柳など、詞型や曲節の違う多くの種類がある。宗教性や神秘性もあり、仏教歌謡である和讃とも関係が深く、単なる遊宴歌謡だけではなかった。とくに院政時代が最盛期で、中でも*後白河天皇と天皇周辺の貴族たちは今様をとくに好んだようである。*後白河院撰の*『梁塵《りょうじん》秘抄《ひしょう》』第一巻・第二巻にあわせて五六〇首以上が伝わっており、最大のものである。そのほか『今様歌抄』に六〇首程度、寂然の『唯心房集』に五〇首などがある。また、*『平家物語』や*『十訓抄』には今様の歌詞が多く挿入されており、物語展開上重要な位置を占め、*『とはずがたり』には宮廷の今様伝授の記事がある。歌謡史において「今様」は一三世紀以後には徐々に衰退し、武家の新歌謡、早歌・宴曲に取って代わられていった。

［文献］　馬場光子『今様のこころとことば―「梁塵秘抄」の世界―』（三弥井書店、一九八七）、小西甚一『梁塵秘抄考』（三省堂、一九四一）、荒井源司『梁塵秘抄評釈』（甲陽書房、一九五九）。　（菅原　秀）

早歌《そうか》　鎌倉時代中期から室町時代にかけて、関東で成立し、武士を中心に貴族や僧侶などの間で流行した長編の歌謡をいう。催馬楽や神楽歌で、普通より拍子の速いうたであることからこう呼ばれた。現尒也娑婆《げにやさば》・理里有楽《りりうら》とも呼ばれる。なお同じものに宴曲があるがこれは撰集の名称から江戸時代後期以後についた呼び名である。撰集は『宴曲集』『宴曲抄』『真曲抄』『究百集』『拾菓集』『拾菓抄』『別紙追加曲』『玉林苑』の八部一六冊・一六一曲と、『外物《そともの》』一冊・一二曲の形で伝わっている。このほかに曲の一部を変えたり足したりした異説四八を集めた『異説秘抄口伝巻』と異説に習ってつくった両曲四八を集めた『撰要両曲巻』がある。撰者である明空《みょうくう》が作詞一〇二曲、他作の改訂三一曲、作曲一三四曲と作詞作曲とも大半を手がけており、そのほかに藤原広範、*冷泉為相、飛鳥井雅孝などの公家、素月、漸空などの僧侶、金沢貞顕、二階堂行時、北条春朝、比企助員などの武士をはじめとして三〇名程度の作もある。作詞は公家、作曲は武士といった傾向がみられる。成立当初から武士が自ら歌い、武士を中心に幅広い階層に流行していた。早歌は俗世間的な題材を取り上げ、仏教信仰の傾向が強く、徐々に衰退していくが、早歌の詞は新しい形式の韻文であり、能や浄瑠璃をはじめとするのちの文学や芸能に多大な影響を与えた。

［文献］外村久江『早歌の研究』（至文堂、一九六五）、外村久江『早歌全詞集』（三弥井書店、一九九三）。　（菅原　秀）

藤原定家《ふじわらのていか》（一一六二―一二四一）　鎌倉初期の歌人、歌学者、古典学者。「ふじわらのさだいえ」であるが、「ていか」と呼び慣わされる。五〇代で参議、民部卿、七一歳で正二位権中納言となり、翌年出家し、法名は明静。京極中納言入道とも呼ばれた。父は藤原氏北家長家流、正三位皇太后宮大夫*俊成（当時は顕広）。母は若狭守藤原親忠女美福門院加賀。同母兄の成家をはじめ姉妹が多い。隆信は異父兄、*寂蓮は従兄、俊成卿女は姪に当たる。定家は新古今時代の代表的な歌人で、その和歌や歌論はのちの文芸や文化に大きな影響を与えた。『新古今和歌集』の撰者の一人で、『*新勅撰和歌集』、『小倉百人一首』の草稿とされる『百人秀歌』の撰者でもある。家集に『拾遺愚草』があり、『近代秀歌』『毎月抄』『詠歌大概』などの歌学書もある。作歌法は、これらの歌学書に説くように本歌取り・本説取りで、父俊成の庭訓による古典主義をよりどころに余情妖艶の体を指向したものである。日記には一九歳から五六年間書きつづけた『*明月記』がある。また、多くの歌書・物語・日記などの書写や校訂なども行い、以後の本文研究の規範となった。とくに『源氏物語』の書写は生涯のうち四度行い、『奥入』『定家小本』は『源氏物語』研究の先駆であり、そのほか『僻案抄』『顕註密勘』などの多数の著作がある。さらに、定家独特の書跡は古筆としても重要視されている。

［文献］安田章生『藤原定家研究』増補版（至文堂、一九七五）、石田吉貞『藤原定家の研究』改訂版（文雅堂、一九六九）、村山修一『藤原定家』（吉川弘文館、一九六二）、久保田淳『王朝の歌人「藤原定家」』（集英社、一九八四）、安東次男『日本詩人選藤原定家』（筑摩書房、一九七七）、冷泉為臣編『藤原定家全家集』（国書刊行会、一九七四）、久保田淳『藤原定家全歌集上下』（河出書房新社、一九八五・八六）。　（菅原　秀）

藤原家隆《ふじわらのいえたか》（一一五八―一二三七）　鎌倉時代初期の歌人。法名は仏性。北家良門流、正二位権中納言光隆の二男。母は正四位上太皇太后宮亮藤原実兼女。承安五年（一一七五）に叙爵、安元二年（一一七六）に侍従、文治元年（一一八五）に越中守、建久九年（一一九八）に上総介、元久三年（一二〇六）に宮内卿、建保四年（一二一六）に宮内卿は元のままで従三位に叙せられ公卿となり、承久二年（一二二〇）に宮内卿を止めて正三位となり、文暦二年（一二三五）に七八歳で従二位に叙せられるが、病のため翌年末に出家した。嘉禎三年（一二三七）没。和歌を*藤原俊成に師事し、*藤原定家と並称され、ともに新古今風を形成するのに重要な役割を担った。ただし作風は、定家の技巧的にして妖艶なものに対して、家隆は素直かつ清澄なものである。*後鳥羽院の院宣により和歌所設置とともに寄人の一人となり、さらに撰者の一人となって『*新古今和歌集』を撰進した。『*千載和歌集』に四首の入集をはじめ勅撰和歌集にはあわせて二八二首が入集している。そのほか、『六百番歌合』『御疾五十首』をはじめ、多くの主要な歌合や歌集にその名がみえる。

家集に『壬二集』、自歌合には『家隆卿百番歌合』がある。

［文献］ 久保田淳『藤原家隆集とその研究』(三弥井書店、一九六八)。

（菅原 秀）

中務内侍《なかつかさのないし》 （生没年未詳） 鎌倉時代後期の歌人。藤原永経女。本名「経子」。弘安元年頃から*後深草上皇の御所冷泉富小路殿に出仕して、おもに東宮に仕え、即位後の弘安一〇年（一二八七）より*伏見天皇に内侍として仕えた。当初は新内侍と呼ばれていたが、父永経がこの時期に中務大輔であったことから、やがて中務内侍と呼ばれた。正応五年（一二九二）に引退し、この時期四〇代と思われる。作品には、身辺や宮廷生活の様子が、古典の引用や和歌を交え古雅な仮名文で内省的・感傷的に書かれた『中務内侍日記』がある。和歌は『中務内侍日記』中に本人のものは一四〇首とほかに二句あり、*『玉葉和歌集』に二首入集している。 （菅原 秀）

鴨長明《かものちょうめい》 （一一五五？—一二一六） 鎌倉時代前期の文人、歌人。「ちょうめい」と音読するのが一般的であるが、『源家長日記』中には「ながあきら」と仮名書きした箇所があり、「ながあきら」が正式と考えられる。菊大夫や南大夫とも呼ばれた。法名蓮胤。鴨氏は代々京都賀茂神社の社家であり、禰宜《ねぎ》長継の二男である。生年は久寿二年（一一五五）と推定される。和歌を源俊恵を師として歌林苑に学び、管弦の道にも通じた。応保元年（一一六一）に中宮叙爵で従五位に叙せられ、また早くから父方の祖母に当たる季継の妻の家を継承した。一八・九歳頃に父と死別し、有力な保護者を失い神官としての昇進も閉ざされた。妻子とも離別し、継承した祖母方の家も離れ、三〇代では失意の日々を送ったらしい。その後建仁元年（一二〇一）に*後鳥羽院によって再興された和歌所の寄人に抜擢され活躍した。後鳥羽院によって下賀茂河合社の禰宜に推されるが、鴨祐兼に阻まれかなわなかった。和歌所の寄人も辞任し、元久二年（一二〇四）の春に出家遁世し大原に住み、その後日野の外山に草庵を構え最後の住処とした。著作には、自選の『鴨長明集』、*『方丈記』*『発心集』『無名抄』のほか、全文は伝わっていないが『伊勢記』がある。勅撰和歌集では*『千載和歌集』に一首、『新古今和歌集』に一〇首入集している。

［文献］ 細野哲雄『鴨長明伝の周辺』（笠間書院、一九七八）、三木紀人『閑居の人鴨長明』（新典社、一九八四）、梁瀬一雄『鴨長明の新研究』（中文館書店、一九三八）、冨倉徳次郎『鴨長明』（青梧堂、一九四二）、蓮田善明『鴨長明』（八雲書林、一九四三）。

（菅原 秀）

中臣祐臣《なかとみのすけおみ》 （一二七五—一三四二） 鎌倉・南北朝時代の歌人。中臣祐世の子であるが、春日若宮神主第六代祐春の養子となった。正四位下。正和二年（一三一三）七月の祐春辞職後、八月より若宮神主となった。和歌は勅撰和歌集のほか、『続現葉和歌集』に入集している。家集には『自葉和歌集』があり、春歌上にはじまり冬歌五首まで二三九首が収められている。日記には正和三年・四年・文保二年（一三一八）・正中二年（一三二五）の社家日記、正和二年若宮祭礼記がある。（菅原 秀）

中臣祐茂《なかとみのすけしげ》 （？—一二六九） 祐明の子。父のあとをつぎ春日若宮神主となる。和歌にすぐれ、*『続後撰和歌集』*『続拾遺和歌集』*『新後撰和歌集』*『玉葉和歌集』に作品が収められている。「和歌の浦に跡をつけながら浜千鳥　人に知られぬ声のみぞ啼《な》く」と詠《よ》んだことから「浜千鳥神主」といわれた。（阿部 猛）

中臣祐春《なかとみのすけはる》（一二四五―一三二四）　祐賢の子。父のあとをついで春日若宮神主となり、四位にのぼった。弘安四年（一二八一）*亀山天皇の命により敵国降伏を祈禱した。二条為家・同為氏に和歌を学び、*『新後撰和歌集』『続千載和歌集』*『続後拾遺和歌集』*『風雅和歌集』*『新千載和歌集』などに作品が収められている。また法性寺流の書にすぐれ、『春日懐紙』が残っている。日記も残されていて『春日社記録』に収める。

［文献］　永島福太郎『春日社家日記』（高桐書院、一九四七）。

（阿部　猛）

卜部兼好《うらべけんこう》（一二八三？―一三五二？）　鎌倉時代末期から南北朝時代の歌人。「吉田兼好」は近世以降の俗称と考えられる。俗名は「かねよし」で、「けんこう」は法名。卜部氏は、古代から諸国の神社に仕え、卜占を職とした氏族で、鎌倉末期から吉田姓を称し、吉田・平野両社の社務を世襲し、学者も多く輩出した。兼好の生年は弘安六年（一二八三）と推定され、没年も観応三年（一三五二）以後と推定される。父の兼顕は*後宇多天皇に、兄の兼雄は*後二条天皇に仕えた諸大夫であった。兼好は堀河家の家司となり、正安三年（一三〇一）に堀河具守女の基子の生んだ邦治親王が*後二条天皇となった縁で、六位蔵人として宮廷に出仕し、従五位に進み、左兵衛佐にいたったと推定される。徳治三年（一三〇八）の後二条天皇崩御後間もなく官職を辞して正和二年（一三一三）頃までには出家遁世したと考えられる。その後は関東に下ったり、洛北修学院や叡山横川に隠棲したりして、やがて山科の小野の里に移り住んだようである。この間も出家遁世したとはいえ京に出て歌会などには参加していたようである。兼好は二条為世のもとで歌道に励み、古今伝授を受け、浄弁、頓阿、慶運とともに和歌四天王の一人と称せられた。内裏千首、為定家歌合、高野山金剛昧院短冊奉納などにも参加し、貞和元年（一三四五）には『兼好自選歌集』をまとめている。著作には*『徒然草』がある。

［文献］　桑原博史『日本の作家24兼好法師』（新典社、一九八三）、風巻景次郎「家司兼好の社会圏」（『日本文学史の研究』上、角川書店、一九六一）。『風巻景次郎全集8』（桜楓社、一九七一）、藤原雅義『兼好とその周辺』（桜楓社、一九七〇）、中川徳之助『兼好の人と思想』（古川書房、一九七五）。

（菅原　秀）

西行《さいぎょう》（一一一八―九〇）　平安時代末期から鎌倉時代初期にかけての歌人。僧侶。俗名は佐藤義清《のりきよ》（憲清とも表記される）。法名は円位。西行は号で、大宝房とも号した。父は検非違使左衛門尉佐藤康清、母は監物源清経女。保延元年（一一三五）の一八歳のときに近衛尉になり、*鳥羽院下*北面の武士として仕えた。保延六年に二三歳で出家した。出家後数年は東山、鞍馬、嵯峨、醍醐などの都周辺の寺や草庵を渡り修行をしていたが、久安三年（一一四七）の三〇歳のとき、二年にわたる最初の奥州行脚で同族の平泉藤原氏を訪れ、出羽の国まで赴き、帰京後の高野山で真言僧として修行を経て、五〇歳のときには崇徳院陵詣でと弘法大師旧蹟参拝を目的とした四国行脚など、生涯にわたって旅が多く、旅の体験を通して自然と心境とを詠み、自己の生活体験を生かした独自の詠風を築いた。*『新古今和歌集』には九四首の最多歌数を占め、そのほかの*勅撰和歌集にも合わせて二二六首が入集している。家集には*『山家集』『西行上人集』『聞書集』『聞書残集』がある。自撰の秀歌選として『御裳濯河《みもすそがわ》歌合』『宮河歌合』『山家心中集』、歌論書に『西行談抄』がある。

鎌倉時代中期以後には歌人として仰がれ、伝説化された人物として神秘化され、『西行物語』『西行一生涯草紙』『西行上人発心記』といった作品まで作られた。近世に入ると松尾芭蕉らにも大きな影響を与えた。

[文献] 久保田淳『日本の作家16西行』(新典社、一九八三)、風巻景次郎『西行』(建設社、一九四七、『風巻景次郎全集8』桜楓社、一九七一)、目崎徳衛『西行の思想史的研究』(吉川弘文館、一九七八)、佐藤正英『隠遁の思想 西行をめぐって』(東京大学出版会、一九七七)。 (菅原 秀)

寂蓮《じゃくれん》 (?—一二〇二) 平安最末期から鎌倉前期にかけての歌人。僧侶。俗姓北家長家《ながいえ》流藤原氏、俗名定長。生年は未詳であるが保延五年(一一三九)頃とする説もある。父は俊成の弟、醍醐寺阿闍梨俊海。*俊成の養子となり、従五位上中務少輔にいたる。のちの承安二年(一一七二)に出家し、少輔入道と呼ばれた。出家以前から『太皇太后宮亮経盛朝臣家歌合』、『左右衛門督実国卿家歌合』や『住吉社歌合』に歌を詠み、出家後も多くの歌合などで活躍し、*後鳥羽院歌壇の中心的存在であった。建仁元年(一二〇一)には和歌所の設置により寄人となり、*『新古今和歌集』の撰者の一人となったが、撰なかばで没した。『後鳥羽院御口伝』において高く評価されている。家集に『寂蓮法師集』がある。

[文献] 久曾神昇『顕昭・寂蓮』(三省堂、一九四二)、半田公平『寂蓮法師全歌集とその研究』(笠間書院、一九七五)、半田公平『寂蓮の研究』(勉誠社、一九九六)。 (菅原 秀)

阿仏尼《あぶつに》 鎌倉中期の女流歌人。阿仏、北林禅尼、安嘉門院に仕えたことから安嘉門院四条とも呼ばれる。生年未詳で、弘安六年(一二八三)に六〇余歳で没したと考えられる。佐渡守平度繁の養女で実父母は未詳。養父の家系は、度繁の父の平繁雅の妻が北白河院の乳母であったことから、北白河院はもちろんその子の安嘉門院邦子にも関係をもち、その縁で阿仏とその姉妹は安嘉門院に出仕したものと考えられる。出仕してはじめは越前、次に右衛門佐《うえもんのすけ》、のちに四条と呼ばれていたらしい。藤原為家に嫁ぎ、*冷泉為相、為守を産んだ。建治元年(一二七五)の為家没後、為家嫡男為氏との播磨国細川庄をめぐる領地相続で為相の権利を主張し訴訟のため鎌倉へ下る。作品に*『十六夜日記』『夜の鶴』『庭の訓』『うたたねの記』などがある。

[文献] 井上宗雄『日本の作家22阿仏尼』(新典社、一九八三)。 (菅原 秀)

頓阿《とんあ》 (一二八九—一三七二) 「とんな」とも読む。鎌倉南北朝時代の僧侶、歌人。俗名二階堂貞宗。光貞の男。法名は泰尋、感空、のちに浄阿門下となって頓阿と称したと推測される。和歌を二条為世に師事し、*兼好、浄弁、慶運とともに和歌四天王といわれた。*『新拾遺和歌集』を藤原為明の病死後継承して撰し完成させた。和歌は勅撰和歌集では*『続千載和歌集』以下七集に入集しており、家集に『草庵集』がある。歌風は二条家正統を継承したもので、二条家歌学再興の功績も大きい。歌学書には、二条家の歌学が集成された『井蛙《せいあ》抄』、*二条良基との問答形式で歌の本質などが説かれている『愚問賢註』がある。そのほか『十楽庵記』『高野日記』などの著作がある。

[文献] 石田吉貞『頓阿・慶運』(三省堂、一九四三)、井上宗雄『中世歌壇史の研究 南北朝期』(明治書院、一九六五)。 (菅原 秀)

藤原俊成《ふじわらのとしなり》 (一一一四—一二〇四) 平安時代末期、鎌倉初期の歌人。音読され「しゅんぜい」とも呼ばれる。初名顕広。法名釈阿・阿覚・澄鑒。通称五条三位。藤原氏北家長家流、藤原俊忠（御子左家）の子で、母は伊予守藤原敦家女。*定家の父。保安四年（一一二三）に父俊忠と死別し、この前後に葉室顕頼の養子となった。仁安二年（一一六七）に正三位となり、同年一二月本流に復して俊成を名のった。承安二年（一一七二）に皇太后宮大夫となった。安元二年（一一七六）に病により出家した。和歌は藤原基俊に師事したが、源俊頼の影響もうけ、幽玄の歌を確立し、王朝の和歌をふまえた優美さと主情性に満ちた歌を詠んだ。『久安百首』の作者にはいり、数々の歌合の判者などとして活躍し、歌壇の第一人者となった。寿永二年（一一八三）に*後白河院の下命を受け、撰者となり、文治四年に*『千載和歌集』を撰進した。この後も歌壇第一人者として*後鳥羽天皇歌壇でも中心的指導者として活躍し、建仁元年には和歌所開設に際し、寄人に任命された。家集には『六家集』の一つとされる『長秋詠藻』以後の作品集成の『俊成集』、歌論書には『古来風体抄』『万葉集時代考』『古今問答』、秀歌選には『俊成三十六人歌合』がある。『詞花和歌集』以下に四二一首入集している。『小倉百人一首』の作者でもある。

［文献］松野陽一『藤原俊成の研究』（笠間書院、一九七三）、塚本邦雄『日本詩人選・藤原俊成・藤原良経』（筑摩書房、一九七五）、谷山茂「藤原俊成　人と作品」（『谷山茂著作集2』、角川書店、一九八二）。

（菅原　秀）

藤原俊成女《ふじわらのとしなりのむすめ》　鎌倉時代の歌人。生没年は未詳であるが、承安元年（一一七一）頃に生まれ、建長四年（一二五二）までは存命していたと考えられる。父は左近衛少将尾張守藤原盛頼、母は藤原俊成女八条院三条。本来*俊成は祖父であるが、治承元年（一一七七）の鹿ヶ谷の変に連座して父の盛頼が官職を解かれた影響か、祖父俊成の養女となった。別称が多く、俊成卿女、押小路女房、侍従具定母、出家後は嵯峨禅尼、中院尼、越部禅尼《こしべのぜんに》とも呼ばれた。建久元年（一一九〇）に源通具《みなもとのみちとも》の妻となった。後鳥羽院に仕え、『千五百番歌合』をはじめ、多くの歌合・歌会で活躍した。家集『俊成卿女集』、歌論書『越部禅尼消息』がある。*『新古今和歌集』の代表的女流歌人である。

（菅原　秀）

冷泉為相《れいぜいためすけ》（一二六三―一三二八）　鎌倉後期の歌人。冷泉家の祖。初名為輔。藤谷中納言とも号した。藤原北家長家流で為家の子。母は*阿仏尼。為守は同母弟にあたる。幼少の頃より父母に歌道を学んだ。三歳で叙爵し、侍従、右兵衛督を経て正二位権中納言となった。いったん嫡嗣の兄である為氏に譲与された所領である細川庄の悔返しによる為相への譲与が、阿仏尼と為氏、為相と為世の争いを生んだ。二条家との対立から京極家と親交を深め、『仙洞五十番歌合』『為兼卿歌合』などの*持明院統・京極派の催しにも参加した。京と鎌倉間を往復し、*他阿や*夢窓疎石とも交流した。家集に「権中納言為相卿集（藤谷集）」がある。

（菅原　秀）

千載和歌集《せんざいわかしゅう》　平安時代末期の第七番目の勅撰和歌集。二〇巻。寿永二年（一一八三）*後白河院の院宣による。*藤原俊成の撰、なお院宣の時に俊成はすでに入道して釈阿と号していた。*歌集の「序」に文治三年（一一八七）九月二十日撰進とあるが、*『明月記』には同四年四月二十二日奏覧とあり、二十四日に撰者の歌が一〇首で少なかったので加えるよう指示があり、三六首と増補し、そのほかにも手を加え、八月頃に現在の形になったと考えられる。院撰以前に俊成は『三五代集』という私撰集を編纂しており、それを基盤に成立したと推定されている。撰集の方針は「序」に「後拾遺集に撰び残されたる歌、かみ正暦のころほひより、下文治の今に至るまでのやまと歌を撰び奉るべき仰せごと」とある。仮名序があり、部立は、春上下、夏、秋上下、冬、離別、羇旅、哀傷、賀、恋一～五、雑上中下、釈教、神祇に分かれ、雑下を長歌、旋頭歌、折句、物名、誹諧歌をあてている。歌数は一二八八首。歌人は三八五人で、このうち三三〇人程度がこの集が初出である。代表的な歌人および歌数は、源俊頼の五二首、藤原俊成の三六首、基俊の二七首、崇徳院の二三首、俊恵の二二首、和泉式部の二一首、道因の二〇首、*西行（円位）の一八首などである。入集した歌人の範囲は、とくに成立時期に近い崇徳院時代の歌人に集中することはなく、広く一条天皇時代以後にわたり、三代集時代にはさかのぼっていない。歌集中の歌には抒情的な古今風と耽美的な新古今風とに通じる両面がみられ、宗教的傾向もみられる。

［文献］　風巻景次郎「千載集の特性」（『和歌の伝統』『風巻景次郎全集5』桜楓社、一九七〇）、有吉　保『千載和歌集の基礎的研究』（笠間書院、一九七六）、谷山　茂「千載集と諸私撰集」（『谷山茂著作集3』角川書店、一九八三）。　（菅原　秀）

新古今和歌集《しんこきんわかしゅう》　第八番目の勅撰和歌集で、鎌倉時代に入って初めてのものである。二〇巻。建仁元年（一二〇一）七月二七日に、*後鳥羽院により仙洞に和歌所が設置され、*藤原良経ら一四人が寄人に、源家長が開闔に任命され、同年一一月三日に寄人の中の六人、源通具、藤原有家、*藤原家隆、*藤原定家、藤原雅経、*寂蓮に上古以来の和歌撰進の下命があった。撰集の過程は、まず下命があってから約一年半は、各撰者が撰歌に励み、途中で寂蓮が他界したが、建仁三年四月二〇日頃までにおのおの撰歌を奉っている。その後約一年は後鳥羽院自らが撰歌し、元久元年（一二〇四）六月頃までには約二〇〇〇首が撰ばれた。その後は部類配列の段階に入り、後鳥羽院は同年七月二二日に撰者五人を和歌所に招集し部類配列を命じた。同年二月二一日には真名序も完成し、同年三月五日には全巻の部類配列作業が終わり、翌三月六日には目録とともに奏覧された。この後は切継の段階を経て、元久二年三月二六日の夜には、清書や仮名序も間に合わないまま披露の祝宴が行われた。序ではこの時点を成立日時としており、院宣から四年後となる。しかしこの後も切継は続き、最終的な決定は承元四年以後建保四年までの間と考えられる。決定時の歌数は一九七八首である。なお後鳥羽院が壱岐に遷ったのち一六〇〇首程度まで精選を加えた壱岐撰抄本もある。西行の九四首、慈円の九二首、藤原良経の七九首、*藤原俊成の七三首をはじめ、寂蓮、式子内親王、藤原定家・家隆などが多数入集した代表的な歌人である。

［文献］　久保田淳『新古今歌人の研究』（東京大学出版会、一九七三）、風巻景次郎『新古今時代』（人文書院、一九三六、塙書房、一九五五）、『風巻景次郎全集6』（桜楓社、一九七〇）、有吉　保『新古今和歌集の研究　基盤と構成』（三省堂、一九六八）、後藤重郎『新古今和歌集の基礎的研究』（塙書房、一九六八）、藤平春男『新古今歌風の形成』（明治書院、一九六九）。　（菅原　秀）

新勅撰和歌集《しんちょくせんわかしゅう》　第九番目の勅撰和歌集。二〇巻。貞永元年（一二三二）の*後堀河天皇の命により、*藤原定家が撰者となった。

歌数は、天福二年（一二三四）六月三日の仮奏覧本では一四九八首であったが、八月六日の天皇崩御により、定家は撰集を廃したが、*道家がこの本を探しだし、一一月九日に一〇〇首程度切り捨てさせ、嘉禎元年（一二三五）三月一二日完成の清書進覧本では一三七四首となり、文暦二年（一二三六）に最終的に成立した。代表歌人と入集歌数は、*藤原家隆の四三首、*藤原良経の三六首、*藤原俊成の三五首、*西園寺公経の三〇首、*慈円の二七首、*源実朝と道家が二五首、藤原雅経の二〇首などである。（菅原　秀）

続後撰和歌集《しょくごせんわかしゅう》　第一〇番目の勅撰集。二〇巻。宝治二年（一二四七）七月二五日の*後嵯峨院の院宣により、藤原為家が撰者となり、建長三年一二月二五日（二七日とする説もある）に奏覧されている。序はなく、歌数は一三七七首（『国歌大観』の番号では一三六八首）。代表的な歌人と入集歌数は、*藤原定家の四三首、西園寺実氏の三五首、*藤原俊成の二九首、*藤原良経の二八首などで、『*新勅撰和歌集』でもらされた後鳥羽院が二七首、*土御門院が二六首、*順徳院が一七首と多く載せられている。二条派では『*千載和歌集』『*新勅撰和歌集』とともに二条家の三代集として尊重された。（菅原　秀）

続古今和歌集《しょくこきんわかしゅう》　第一一番目の勅撰和歌集。二〇巻。正元元年（一二五九）三月一六日に*後嵯峨院の院宣により、はじめは藤原為家が一人で撰者であったが、弘長二年（一二六二）に将*軍宗尊親王の権威をかりて藤原光俊（真観）が、藤原基家、行家、家良とともに加わった。なお家良は途中で他界した。やがて光俊（真観）が主導権を握り、為家は手を引いた。文永二年（一二六五）一二月二六日に奏覧された。歌数は一九二五首。真名序、仮名序があり、部立、歌数など、『*新古今和歌集』を規範としている。代表的な歌人と入集歌数は宗尊親王の六七首、西園寺実氏の六一首、*藤原定家の六五首、後嵯峨院の五四首、*後鳥羽院の四九首、藤原為家の四四首、*藤原家隆四一首などである。（菅原　秀）

続拾遺和歌集《しょくしゅういわかしゅう》　第一二番目の勅撰集。二〇巻。建治二年（一二七六）七月二二日の*亀山上皇の院宣により、藤原為氏が撰者となり、和歌所開闔ははじめ源兼氏であったが、奏覧前に他界したため慶融に代わった。弘安元年（一二七八）一二月二七日に奏覧された。歌数は『国歌大観』によれば一四六一首。序はなく、部立は『拾遺和歌集』を規範としている。撰歌の範囲は『*拾遺和歌集』以後のものに限っており、当代歌人中心でさかのぼるにつれ少なくなる。代表的な歌人と入集歌数は為家の四三首、*後嵯峨院の三三首、*定家の二九首、実氏の二八首、*俊成の二二首、為氏の二一首、信実の二一首、*亀山院ほかの二〇首などである。（菅原　秀）

新後撰和歌集《しんごせんわかしゅう》　第一三番目の勅撰和歌集。二〇巻。永仁元年（一二九三）八月二七日に*持明院統の*伏見天皇が二条為世、*京極為兼、飛鳥井雅有、藤原隆博を撰者として計画したが、為世と為兼の意見が合わず、また*為兼が佐渡に配流されたりして実現せず、正安三年（一三〇一）一一月に*大覚寺統の*後二条天皇、父である*後宇多院の院宣で為世一人を撰者とし、和歌所開闔の法印長舜、連署の二条為藤、法印定為、津守国冬、津守国道の協力で着手され、嘉元元年（一三〇三）に奏覧された。序はなく、歌数は『勅撰次第』では一六〇二首、『拾芥抄』では一九七〇首、『国家大観』番号では一六〇六首・実数では一六一二

首となり諸本による異同がある。代表的な歌人は*藤原定家・為家・実兼、二条為氏、亀山院などである。（菅原　秀）

玉葉和歌集《ぎょくようわかしゅう》　第一四番目の勅撰和歌集。二〇巻。成立経緯は、永仁元年（一二九三）に*伏見院が勅撰集の企画をし、二条為世、*京極為兼、飛鳥井雅康、六条隆博を撰者に命じたが、為兼と対立した為世が辞退し、永仁六年には為兼が佐渡に流され、雅康と隆博は他界し、さらに二条家庇護の*大覚寺統の世となり計画は挫折した。その後、*持明院統*花園天皇の延慶年間を迎え、院政を執った伏見院が再度企画し、佐渡から戻った為兼への院宣を阻もうと為世の画策もあったが、応長元年（一三一一）一〇月三日の伏見院の院宣により、為兼が撰者となり、正和元年（一三一二）三月二八日奏覧、翌年一〇月に完成した。序はなく、歌数は二八〇一首（『国家大観』の番号では二七八七首）で、歴代勅撰和歌集のうちで最大である。

［文献］　福田秀一『中世歌壇史の研究』（角川書店、一九七二）、岩佐美代子『京極派和歌の研究』（笠間書院、一九八七）。（菅原　秀）

続千載和歌集《しょくせんざいわかしゅう》　第一五番目の勅撰和歌集。二〇巻。文保二年（一三一八）に*後宇多院の院宣により、藤原為世が撰者とし、和歌所開闔は長舜、連署は二条為藤、二条為定、定為、長舜、津守国冬、津守国道、奉行は*吉田定房とした。元応二年七月二五日に奏覧された。序はなく、歌数は二一四八首。撰者為世は*『新後撰和歌集』の撰者でもあり、*為兼と対立する立場にあったので、『新後撰和歌集』に入集した歌人の和歌がこの歌集でも多く採られており、為兼の和歌は一首も入集していない。また*俊成、*定家よりも為家、為氏が多く採られており、二条家を正当とする姿勢が顕著である。代表的な歌人と入集歌数は、後宇多院の五二首、*西園寺実兼の五一首、藤原為氏の四二首、為世の三六首、為家の二九首、定家の二八首などである。（菅原　秀）

続後拾遺和歌集《しょくごしゅういわかしゅう》　第一六番目の勅撰集。二〇巻。元亨三年（一三二三）七月二日の*後醍醐天皇の命により、藤原為藤と藤原為定が撰者となり、津守国道らが連署、惟宗光吉らが和歌所寄人、法印実性が開闔となった。元亨四年七月一七日に為藤が他界したため、為定が引き継ぎ、翌嘉暦元年（一三二五）一二月一八日に四季部を奏覧し、正中二年（一三二六）には残りを完成したと考えられる。歌数は『国家大観』では一三四七首であるが、写本により異なる。歌集の特徴として、二条派の為世、為氏の和歌の重視、*定家、*俊成、*為家と*御子左家三代の和歌を中心に置き、*持明院統の天皇よりも大覚寺統の天皇の和歌を多く載せていることなどがある。（菅原　秀）

金槐和歌集《きんかいわかしゅう》　*源頼朝の次男で鎌倉幕府三代将軍*源実朝の家集。一巻。名称の「金」は鎌倉の「鎌」の偏、「槐」は大臣意の唐名「槐門」の略で「鎌倉右大臣」の意味となるが、これは実朝が内大臣になった建保六年（一二一八）以後の呼び方であり、この歌集が当初からこの名称であったかは定かではない。伝本は定家所伝本と貞享板本の二系統あり、*藤原定家所伝本の奥書に建暦三年（建保元・一二一三）一二月一八日との記載があり、実朝が二二歳までの和歌が収められていると考えられる。貞享板本は奥書によると柳営亜槐の手によるもので、定家所伝本に五三首を追加した七一六首の部立や歌の配列の仕方を改めたものである。和歌数は定家所伝本では六六三首で、部立ては春・夏・秋・冬・恋・雑に分類されている。実朝の歌風は、近世の国学者加茂真淵が推称して以来、現実的で力強く「万葉調」と言われ、和歌史上でも万葉調歌人として稀有な存在とされている。しかし万葉調の歌の数自体はそれほど多くはなく、むしろ時流の「新古今調」もしくは「古今調」のものの方が多い。

［文献］　鎌田五郎『源実朝の作家論的研究』（風間書房、一九七四）、志村士郎『金槐和歌集とその周辺』（桜楓社、一九八〇）。

（菅原　秀）

山家集《さんかしゅう》　*西行《さいぎょう》の詠歌を収める平安末期の私家集。三巻。『山家和歌集』とも呼ばれる。『山家集』には系統があり、『夫木抄』に採った西行の歌の出典として注する「家集」からの系統のものが『六家集本山家集』で、ごく一般的に『山家集』といわれるものである。もう一つは『異本山家集』と呼ばれる系統のものがあり、*頓阿の『高野日記』『草庵集』にみえる『山家集』である。これは『六家集本山家集』系統と比較すると歌数が半分以下と少ないものの、『六家集本山家集』系統に含まれない歌が百数一〇首もある。成立時期および編纂者は未詳であるが、現在伝わっているものは西行もしくは後人の追加増補を経ての形と考えられる。また『異本山家集』系統の本の奥書や『草庵集』に、禅僧周嗣が西行自筆の『山家集』を所持していたが、法勝寺の火事で焼失してしまったことが書かれており、少なくともこの南北朝時代以前は自筆本が存在していたと思われる。上巻は四季、中巻は恋、下巻は雑然としているが、雑・恋百首・旅・十題百首などで構成されている。歌数は流布本で約一六〇〇首、異本で約六〇〇首ある。

［文献］　窪田章一郎『西行の研究』（東京堂、一九六一）、久保田淳「山家集」（『古典を読む』岩波書店、一九八三）、山木幸一『西行和歌の形成と受容』（明治書院、一九八七）、桑原博史『西行とその周辺』（風間書房、一九八九）。

（菅原　秀）

十六夜日記《いざよいにっき》　鎌倉時代中期の日記文学・紀行文文学作品。一巻。作者は*阿仏尼《あぶつに》。別名に『いさよひの記』『不知記日記』『阿仏房紀行』『阿仏道の記』『阿仏記』『路次の記』『かべのうち』などがある。建治元年（一二七五）為家没後、為家嫡男為氏との播磨国細川庄をめぐる領地相続で為相の権利を主張して、訴訟のために鎌倉へ下った際の旅日記、滞在日記となっている。弘安二年（一二七九）一〇月一六日夜に発ったことからこの名称となった。全体は、鎌倉下向の理由と出発前のことなどと弘安二年（一二七九）一〇月一六日から二九日までの京から鎌倉への路次記と、翌年秋までの鎌倉到着後に都の人たちと交わした和歌中心の書簡などが列記されている滞在記（東日記）からなっている。流布本ではこれに鎌倉に到着して四年後のこととして*鶴岡八幡宮に勝訴を祈念した長歌が添えられている。路次記の方は鎌倉到着後すぐに執筆し子供らのもとに送られ、滞在記の方は最終記事以後すぐに成立したと考えられる。全体を通じ多くの和歌が挿入されており、感傷的な面が強く文体は擬古文を用いている。ある程度物語や古歌から影響を受けた教養をもとにして書かれたものと考えられるが、文章は総じて簡略で、子を思う親の心情や、歌道家としての道の意識などがみられる。

［文献］　武田　孝『十六夜日記評講』（明治書院、一九八五）、梁瀬一雄・武井和人『十六夜日記　夜の鶴　注釈』（和泉書院、一九八六）。

（菅原　秀）

海道記《かいどうき》　鎌倉時代の紀行文。作者は諸説あり、*鴨長明、源光行、藤原秀能などがあるが、現時点では未詳である。貞応二年

（一二二三）四月に鎌倉へ向かい、五月には帰京の途についているので、これよりそう遠くない時期に成立したと考えられる。全体は三部に分けることができる。第一部は遁世するにいたった理由や経緯などと鎌倉へ発つ決意をする経緯が述べられている。第二部は京都から鎌倉への路次記と滞在記となっており、道中滞在中の景物描写や感慨が述べられている。第三部は旅によって仏教への信仰心は強くなったことを述べ、これを書く目的は、旅の景物などではなく、それによって得られた自分の仏道に対する覚悟などを示すためだとしている。特徴として、和文と漢文訓読の要素を併せ含むいわゆる和漢混淆文で書かれ、対句が目立つ。また仏語も随所にみられ、『文選』『白氏文集』『和漢朗詠集』『本朝文粋』などからの影響が強く、表現様式の模倣もみられる。全体に仏教思想が強く出ており、単なる紀行とはいえず、*『方丈記』にも似た面をもち、いわゆる自照的な側面も顕著である。（菅原　秀）

東関紀行《とうかんきこう》　鎌倉時代中期の紀行文。一巻。書名の東関は関東の意味である。仁治三年以後に成立したと考えられる。作者は諸説あり、*鴨長明、源光行、源親行が擬せられたが未詳である。本文によると五〇歳近くで、貧しいながらも人並みの生計に携わり「身は朝市にありて、心は隠遁にある」人物らしい。仁治三年（一二四二）八月一〇日頃に京都を発ち、鎌倉へいたりほぼ二か月間滞在し、十月二三日に帰京の途についた。全体は「序」と「東海道路次部分」と「鎌倉滞在部分と帰京」に分けることができる。序では執筆意図と出発について述べられているが旅の目的が明確ではない。東海道路次部分では逢坂の関から関ヶ原、東海道、箱根を経て鎌倉へいたるが、逢坂の関では蝉丸、熱田では日本武尊、菊川では中御門宗行などの故事や伝説に関心を示している。鎌倉滞在部分では名所を巡り、冬になり都へ帰ることになったとして神無月二三日、宿の障子に歌を書きつけて発ったところで終わっている。対句や漢語、和漢故事がところどころみられ、文体はいわゆる和漢混淆文であるが、内容によって和文と漢文が使い分けられている。また比較的固めの和漢混淆文が特徴である『海道記』に比べると文体はよくこなれたものである。当時広く読まれたようで、*『平家物語』や*『源平盛衰記』などには類似表現がみられる。（菅原　秀）

［文献］武田　孝『東関紀行全釈』（笠間書院、一九九三）。

方丈記《ほうじょうき》　鎌倉時代前期の随筆。一巻。著者は*鴨長明。成立は建暦二年（一二一二）三月三〇日、外山の庵、京都伏見区の日野山の奥の方丈の庵で書いたらしい。慶滋保胤《よししげのやすたね》の『池亭記』を模したところが随所にみられ、書名も倣ったものと考えられる。内容は、前半は「ゆく河の流れは絶えずして、しかももとの水にあらず。」にはじまる名文で仏教的無常観が示され、都の生活のはかなさやあやうさが述べられており、安元三年の大火、治承四年の辻風、福原遷都、養和の飢饉、元暦二年の大地震と著者自身が経験した五つの天変地異も描かれている。後半は自らの生涯についての記述にはじまり、五十代を迎え見いだした日野外山の方丈の庵での生活の安らかさなどを描き、満足な環境にありながらも俗世への執着が捨てきれない自己矛盾が追求されている。分量は八〇〇〇字程度と短いが、美文による単なる遁世や草庵生活の賛美にとどまらず、思想性が深く自照的な側面の強い独特な世界を形成している。文章は、模した『池亭記』が漢文であったのに対し、『*十訓抄』内の記述から仮名書きであったらしいことがわかる。現在伝わっているものは簡明な和漢混淆文で、本にもよるが、たとえば大福光寺本は漢字混じり片仮名、前田家本は漢字混じり平仮名、*一条兼良の写本は漢字混じり平仮名である。隠者文学の最高の作品の一つとされ、*卜部兼好の『*徒然草』とともに中世随筆の傑作とされている。

［文献］ 梁瀬一雄『方丈記全評釈』（角川書店一九七一）、桜井好朗『中世日本の精神史的景観』（塙書房、一九七四）、伊藤博之『隠遁の文学 妄念と覚醒』（笠間書院、一九七五）。

（菅原 秀）

徒然草《つれづれぐさ》 鎌倉時代末期の随筆。上下二巻。著書は*卜部兼好。書名は序段冒頭の語によるが、著者本人が書名を命名したかどうかは不明である。書名の初出は成立時期からほぼ一〇〇年後の正徹本『徒然草』、『正徹物語』の中である。成立は、元徳二年（一三三〇）一一月二一日から翌元弘元年九月二〇日までの間とする説や、元応元年（一三一九）に第三二段までが執筆され、元徳二年から三年にかけて第三三段から終わりまでが執筆され、その後しばらくして二つをまとめ、補入補訂がなされたとする説をはじめ諸説ある。全体を二四三段に分けての読み方が一般的で、第一三六段までが上巻、第一三七段以下が下巻となる。長短さまざまの雑篇形式であるが、中には関連性や連続性が指摘できるところもある。内容は、隠遁者、求道者としてのものはもちろん、歌人、能書家、故実家としても名をはせた兼好らしく多岐にわたる。無常観に根ざす鋭い人生観、世相観、美意識を特徴とし、特に人間描写は、僧侶、貴族、武士、官人、庶民などの広い階層にわたり、現実の人間の生活や心理を鋭く観察し、的確に描写しており、さらには自分自身の心も客観的に冷静にとらえている。文章は話題によって漢文訓読調で語句を整えたり、和文調でやまとことばを駆使したり使い分けられており卓抜である。*鴨長明の『*方丈記』とともに中世随筆の傑作とされている。

［文献］ 三谷栄一・峯村文人『徒然草解釈大成』（岩崎書店、一九六六、増補版・一九八六）、安良岡康作『徒然草全注釈』上下（角川書店、一九六七・六八）、上田三四二『俗と無情 徒然草の世界』（講談社、一九七六・後に講談社学術文庫）、桑原博史『徒然草の鑑賞と批評』（明治書院、一九七七）、伊藤博之『徒然草入門』（有斐閣新書、一九七八）、三木紀人『徒然草全訳注』（講談社学術文庫・一九七九〜八二）。

（菅原 秀）

梁塵《りょうじん》**秘抄**《ひしょう》 平安時代末期の歌謡集。*後白河院の撰。*今様に執心していた後白河院が次々に現れては消えていく歌詞や曲節を保存する目的で行わせた。現存するのは巻一残簡、巻二、および口伝集巻一、巻十で、もとは歌詞十巻と口伝集十巻で全二十巻であったらしい。一一世紀頃から流行しだした新しい歌謡である今様歌とその周辺の歌謡を集成した「梁塵秘抄」の巻々と、それらの歌謡の口伝を記した「口伝集」からなる。巻一は、長歌一〇首、古柳一首、今様一〇首が収められており、末尾に後人付記と思われるが書名の由来が記されている。巻二は、法文歌二二〇首、四句神歌二〇四首、二句神歌一二一首が収められている。このうち法文歌は、仏、法、僧、雑の順で構成され、とくに法の部は、華厳経、阿含経、方等経、般若経、法華経の各経歌があり、さらに懺法歌、涅槃歌、極楽歌がある。四句神歌は、神文、仏歌、経歌、僧歌、霊験所歌があり、さらに雑歌には、世俗歌謡が多い。二句神歌は和歌体の短い歌謡群で神社歌が含まれている。この集に収められた今様歌は多くの影響を与え、中世当時も兼好が『徒然草』において「梁塵秘抄の郢《えい》曲《きょく》のことばこそ、またあはれなることは多かめれ」と述べている。明治時代になって「歌詞集」巻二、歌詞集巻一残簡、口伝集巻一残簡が発見され、大正元年に刊行されたこともあり、森鷗外の『曽我兄弟』や坪内逍遥の『名残の星月夜』に使われたり、斎藤茂吉、佐藤春夫、芥川龍之介などの近代作家にも影響を与えた。

［文献］ 小西甚一『梁塵秘抄考』（三省堂、一九四一）、荒井源司『梁塵秘抄評釈』（甲陽書房、一九五九）、渡辺昭五『梁塵秘抄の風俗と文芸』（三弥井書店、一九七九）。 （菅原 秀）

とはずがたり 鎌倉時代後期の日記文学作品。五巻。作者は後深草院二条（中院大納言源雅忠女）。最終記事と後宇多天皇の注記から判断すれば、嘉元四年（一三〇六）から正和二年（一三一三）の間に成立したとみられる。後深草院の寵愛を受けた作者が自己の生涯を回想し顧みて問われずとも語らずにはいられない衝動から書き綴った自伝的な作品である。記事は文永八年（一二七一）の作者一四歳の時にはじまり、嘉元四年の院の三回忌のあった作者四九歳の時点で終わっている。全五巻の巻一から三を前編、巻四と五を後編と分けることができ、前編は後深草院御所を中心に、文永八年新春のことから書きはじめられ、作者が一四歳で院の寵愛を受けて以来のさまざまな遍歴とその感想、そして亀山院との噂や上皇中宮（東二条院）の嫉妬などによって御所を追われるまでが書かれている。後編は出家後のことで、西行の跡を慕い、諸国行脚によって懺悔修行の生活を送る様子やその心境、後深草院三回忌の感慨などが書かれている。作品内に和歌は一五八首含まれている。作品は多少の物語的な虚構も交えられているが、鋭く冷静な人間観察に基づく、写実的な現実の描写や克明な心理描写がみられる。この時代になると日記文学作品もかつての自照的な要素に、仏教思想的側面や紀行文学としての要素が加わり、ある程度の到達点とみることもできる。この作品の記事は『増鏡』の「あすか川」「草枕」「老の波」「さしぐし」に引用されている。

［文献］ 冨倉徳次郎『とはずがたり』（筑摩書房、一九六六・一九六九筑摩叢書改訂）、松本寧至『とはずがたりの研究』（桜楓社、一九七一）、松本寧至『中世宮廷女性の日記―とはずがたりの世界―』中公新書（中央公論社、一九八六）。 （菅原 秀）

三長記《さんちょうき》 藤原長兼の日記。『長兼卿記』『三中記』『三黄記』『如天記』『清白記』『東進記』ともいう。書名は三条中納言長兼から出る。参議から従三位・権中納言《ごんのちゅうなごん》にいたった。建久六年（一一九五）から建永元年（一二〇六）にいたるが欠失が多い。自筆本は存在せず、写本が東山御文庫・国立歴史民俗博物館・宮内庁書陵部・京都大学にある。建永元年二月～六月の興福寺衆徒による念仏弾圧奏請事件に関する記事は著名である。『増補史料大成』に収める。 （阿部 猛）

明月記《めいげつき》 藤原定家の日記。『照光記』ともいう。治承四年（一一八〇）から嘉禎元年（一二三五）にいたるが、途中欠落部分がある。冷泉家所蔵自筆本は建久三年（一一九二）から天福元年（一二三三）にいたる。自筆本には五〇〇通をこえる紙背文書があり貴重である。当代第一級の史料とされ、宮廷・公家社会の諸相を知る貴重なもの。国書刊行会刊『明月記』(三巻)、『史料纂集』『冷泉家時雨亭叢書』(影印本)に収め、今川文雄訳『訓読明月記』(六巻)がある。

［文献］辻彦三郎『藤原定家明月記の研究』(吉川弘文館、一九七七)。 (阿部 猛)

(五) 軍 記 物

琵琶法師《びわほうし》 琵琶を奏で物語や歌謡を語る盲目の芸人をいう。盲目で宗教的儀礼に琵琶を弾く盲僧系統と、宗教に関係なく琵琶の伴奏で物語る放浪芸人の系統がある。鎌倉時代中期以後は、主として*『平家物語《へいけものがたり》』を琵琶の伴奏で語る盲目の法師をいった。平兼盛の家集中に「琵琶法師」との記載があり、すでに平安時代中期には周知の存在だったようである。『今昔物語集《こんじゃくものがたりしゅう》』では醍醐天皇の時代の逢坂山の蝉丸を元祖としている。中世の琵琶法師において『平家物語』は代表的なものである。南北朝時代から室町時代初期をピークに畿内を中心に座組織、当道が形成されたが、室町時代中期には徐々に衰退し、琵琶法師もほかの芸能に転向したらしい。一六世紀末には三味線が渡来し、座頭の琵琶も徐々に三味線に取って代わられていった。
［文献］奥村三雄『平曲譜本の研究』(桜楓社、一九八一)、柳田国男「物語と語り物」(『柳田国男全集』・角川書店、一九四六)、金田一春彦「平家琵琶」(『平凡社版音楽事典』一九五七)。 (菅原 秀)

覚一《かくいち》 (?—一三七一) 南北朝時代の*琵琶法師。平家座頭が畿内を中心に座組織、当道を形成していた時代に活躍し、その確立時期の中心人物で、*『平家物語』の語り本を完成し、座確立の基礎を築き、一方流の主導権を強固なものにした。物語は、建礼門院の後日談をまとめて灌頂巻を立てるもので、本文の構成や平曲曲節などが整備された。この本は覚一本と呼ばれ、現代一般に広く読まれている『平家物語』の祖本でもある。この人物は、のちに平曲中興の祖とされ、足利氏出身で明石を知行したという話や書写山の僧だったが失明して琵琶に合わせて『平家物語』を語りはじめたとする話や初代総検校とする話(記録上は塩小路慶一という覚一の孫弟子)などの伝説を生んだ。 (菅原 秀)

信濃前司行長《しなのぜんじゆきなが》 生没年未詳。詳細な人物像は不明であるが*『平家物語』の作者に擬される。*『徒然草』二二六段によると、後鳥羽院のとき、「楽府の御論議の番にめされて、七徳の舞をふたつわすれ」があったが、「五徳の冠者」とあだ名をつけられたことをつらく思い、学問を捨てて遁世したが、天台座主*慈円の保護を受け、その後「この行長入道、平家物語をつくりて、生仏といひける盲目に教えて語らせけり」とある。また行長という名では、慈円と同腹の兄*九条兼実の日記*『玉葉』に下野守藤原行長という名があり、この人物は藤原為房の五代の子孫、中山家の人物で、摂関家九条家の職員だった。『徒然草』でいう「行長」はこの人物の可能性もある。 (菅原 秀)

保元物語《ほうげんものがたり》 鎌倉時代初期の軍記物語。三巻。*『保元記』『保元合戦物語』『保元合戦記』などとも呼ばれる。*『平治物語』*『平家物語』*『承久記』とあわせて「四部之合戦書(状)」と呼ばれた。また『平治物語』とは姉妹編として扱われたりした。構想や体裁が『平治物語』に似ているため同一作者と考えられ、葉室時長、中原師梁、源喩僧正などの説があったが未詳である。

早くから*琵琶法師によって語られていったため多くの異本が存在するが、原本は鎌倉時代初期に成立したと考えられる。内容は、いわば保元の乱の顚末であり、鳥羽院と崇徳院の皇位継承にかかわる対立からはじまり、鳥羽院崩御後、崇徳院は藤原頼長と結託し、源為義、為朝らの兵を集め、鳥羽院方の*後白河天皇は信西入道の策を用い*平清盛や源義朝らを集める。こうして皇室、藤原氏、源平両氏とも同族が争うこととなり、崇徳院方が敗北し、頼長は死に、為朝は息子の義朝に処刑され、崇徳院は讃岐に流された後に死ぬ。上巻は原因、中巻は決戦、下巻は結末となっている。文章は口語や俗語もみられる和漢混淆文で描写にも緊張感がある。思想的には仏教的な性格は希薄で儒教的な道徳観が強い。『平家物語』にくらべれば単純ではあるが、新興の武家勢力を描きながら、断片的な説話や物語の集成にとどまらず、確固たる構想をもって書かれた本格的な最初の軍記物語といえよう。ただ、話は語り物として琵琶法師に語られていくうちに、享受する側などに応じつつ、つくりかえられながら展開し、諸本になっていったと考えられる。（菅原　秀）

平治物語《へいじものがたり》　鎌倉時代初期の軍記物語。三巻。『平治記』とする伝本もある。鎌倉時代初期から中期頃に原型が成立したと考えられる。構想や体裁が*『保元物語』に似ているため同一作者と考えられ、葉室時長、中原師梁、源喩僧正などの説があったが未詳である。『保元物語』*『平家物語』*『承久記』とあわせて「四部之合戦書（状）」と呼ばれた。また『保元物語』とは姉妹編として扱われたりした。ただし初期の諸本では双方にしっかりとした違いがあり、流布していくにつれ似せられていったものと考えられる。『保元物語』と同様に、早くから*琵琶法師によって語られていったため多くの異本が存在する。内容は、いわば平治の乱の顚末であり、保元の乱の結果、権勢をほしいままにした信西と後白河院寵臣藤原信頼との対立を、保元三年（一一五八）から書きはじめ、信西方の*平清盛と信頼方の源義朝という新興武家勢力が激突する経緯が書かれ、平治元年（一一五九）に清盛の熊野詣での間に信頼が政権を奪取し、信西は奈良に逃げるが、その地で殺される。六波羅に急ぎ戻った清盛は、信頼と義朝を破り、信頼は処刑され、義朝も悲劇的な最期を遂げる。義朝の子もとらえられ源氏は壊滅するが、*池禅尼の命乞いで義朝三男*頼朝は死をまぬがれ再起を誓い伊豆に下る。上巻は発端、中巻は決戦、下巻は結末となっている。貴族の私的な勢力争いから、二つの代表的武士集団の対立抗争へと物語は展開する。文章は口語や俗語もみられる和漢混淆文で、簡潔でありながら劇的な対話形式もみられ、表現に緊張感がある。（菅原　秀）

平家物語《へいけものがたり》　鎌倉時代前期の軍記物語。本巻十二巻と別巻一巻からなる。作者は、*『徒然草』二二六段の記述に、信濃の国司を務めた遁世者の行長は、学識があり特に漢学の才に長けていたので、天台座主*慈円の保護を受け、琵琶法師の生仏を介し、東国武士に弓馬の技などを問いながら、『平家物語』を著し、まず協力者である生仏に教え語らせたとあり、*信濃前司行長としている。また慈円と同腹の兄*九条兼実の日記*『玉葉』にある、中山家の人物で摂関家九条家の職員だった藤原為房の五代の子孫下野守藤原行長とする説もあり、『徒然草集説』では中山行隆の子である下野守行長としている。『徒然草』でいう行長は実はこの人物かもしれない。さらに藤原時長や吉田資経など多くの説があるが未詳である。もとになるもの自体の成立年も諸説入り乱れており未詳であるが、もとは*琵琶法師の台本であったと考えられ、諸国を渡り歩く彼らが一一世紀半ばにはすでにいろいろな「物語」を語っていたようで、*治承・寿永の乱にまつわる話も語られていたであろうから、これらをもとに一三世紀はじめには原本が完成していたと考えられている。おおもとは三巻本であったと伝えられており、それが『治承物語』という六巻本となり、一三世紀半ばには現存する形に近い十二巻本になったとされる。『治承物語』は治承の内乱についての内容で、平家中心の事件が語られていたと考えられ、これをもとに記録や史実や説話などを参考に増補されていき、知識人による補修や語り手である琵琶法師たちによっても改訂がなされ、増補修正を経て一二巻本に、さらには諸本へ派生していったと考えられる。内容は、まず「祇園精舎」という章段で「諸行無常、盛者必衰」の仏教的世界観を説き、物語前半の主人公である*平清盛の全盛時代へと話を進め、全盛から衰退までの物語を軸として、貴族社会の衰退と武士階級の発展という社会機構の変革も扱い、歴史的重大事件や合戦記、恋愛譚、出家譚、人物譚など多種多様な話が織り交ぜられている。また全体を通じ無常観や因果応報の思想が色濃くみられる。文章は漢語、仏語、雅語、俗語などが自由に使用された和漢混淆文となっている。

[文献] 石母田正『平家物語』(岩波新書、一九五七)、佐々木八郎『平家物語評講』(明治書院、一九六三)、冨倉徳次郎『平家物語全注釈』(角川書店、一九六八)、永積安明『中世文学の可能性』(岩波書店、一九七七)。

(菅原 秀)

源平盛衰記《げんぺいじょうすいき》 鎌倉時代の中期から末期の軍記物語。四八巻。「せいすいき」とも呼ばれる。作者は未詳であるが、僧侶で複数の手によるものと考えられ、その一人として玄慧法師の名が挙げられている。成立年代ともに未詳。源平の興亡、盛衰が、多くの挿話、伝説、故事などを交えつつ書き綴られている。*『平家物語』の異本の一種とみられる。*琵琶法師の語り系統ではなく、読み本系統に属し、『平家物語』の諸本のうちで、最後に成立した、最大規模のものである。大筋では『平家物語』の内容が継承されているが、源氏に関する記事が増補されており、仏教説話、中国故事などが多く増補されている。

(菅原 秀)

承久記《じょうきゅうき》 鎌倉時代の軍記物語。二巻。書名を『承久軍物語』『承久兵乱記』とする本もある。著者未詳。成立は諸本によって差はあるが、延応二年(一二四〇)以前と推定され、*承久の乱の後間もなく原形となるものが書かれ、その後増補改訂を経て、かなり内容が異なる諸本まで書かれたと考えられる。内容は、書名の如く承久の乱の顛末を書いたもので、承久の乱の原因、戦闘の経過、責任者の処罰などとともに、それらに論評を加えている。*『保元物語』*『平治物語』*『平家物語』とあわせ四部之合戦書(状)の一つとされる。また江戸時代には中世軍記物語のうち「承久記」*「明徳記」*「応仁記」を一括して三代記と呼んだ。

(菅原 秀)

(六) 歴史書・歴史物語・他

吾妻鏡《あずまかがみ》 *鎌倉幕府が編纂した史書。『東鑑』とも書く。治承四年(一一八〇)の*源頼政の挙兵から、文永三年(一二六六)の*六代将軍宗尊親王の帰京までを叙述。ただし中間一二年分が欠落している。日記体をとるが実際は各種史料を用いた編纂物。和風漢文体で記されている。*『玉葉』(九条兼実)*『明月記』(藤原定家)や飛鳥井教定の日記、延暦寺の『天台座主記』、*『平家物語』*『源平盛衰記』*『金槐和歌集』*『六代勝事記』*『海道記』その他古文書類など厖大な史料を用いて書かれたと思われる。鎌倉幕府の研究、武家社会究明のための必須の文献であるが、公的な編纂物であるため、作為や改竄《かいざん》もみられ、批判的に読むことが肝要である。『新訂増補国史大系』『吉川本吾妻記』(国書刊行会)『日本古典全集』「岩波文庫」などに収める。

[文献] 八代国治『吾妻鏡の研究』(吉川弘文館、一九四一)、五味文彦『吾妻鏡の方法』(吉川弘文館、一九九〇)。　(阿部　猛)

今《いま》鏡《かがみ》　著者については諸説あるが、藤原為経(寂超)説が有力。承安二年(一一七二)秋以降の著作か。序によると、嘉応二年(一一七〇)三月、『大鏡』の大宅世継の孫あやめと称する老媼から、後一条天皇の万寿二年(一〇二五)~嘉応二年春までの歴史を聴くというかたちで記述されている。一〇巻。王朝『大鏡』に対する意で『今鏡』また『小鏡』とも称する。王朝文化の残影に耽るという趣きで、現実の社会の実相を直視する姿勢はない。国立国会図書館・国立公文書館内閣文庫・静嘉堂文庫・宮内庁書陵部・東京国立博物館などに写本を蔵する。『新訂増補国史大系』『日本古典全書』などに収める。　(阿部　猛)

水《みず》鏡《かがみ》　文治~建久(一一八五—九九)の頃に成立した史書。作者については中山忠親説や源雅頼説がある。神武天皇から仁明天皇までの歴史を記すが、信頼できない話が随所にあり、信憑性の低い書とされる。構成は『大鏡』に倣い、書名もそれに倣うが、昔の面影が水鏡ていどにはみえるだろうというのによる。尊経閣・国立国会図書館・国立公文書館内閣文庫・宮内庁書陵部・東京国立博物館などに写本がある。『新訂増補国史大系』「岩波文庫」などに収める。　(阿部　猛)

六代勝事記《ろくだいしょうじき》　作者・成立年代未詳であるが、「序」によると貞応年間(一二二二—二四)頃成立。*高倉・*安徳・*後鳥羽・*土御門・*順徳・*後堀河の六代の天皇の時期の「勝事」(尋常でない出来事)を記したもの。中心をなすのは後鳥羽院政批判である。国立公文書館内閣文庫・宮内庁書陵部・東京大学史料編纂所などに写本がある。『群書類従』に収める。　(阿部　猛)

百錬抄《ひゃくれんしょう》　全一七巻。うち巻一—三は散逸。正元元年(一二五九)—文永一一年(一二七四)頃の成立。安和元年(九六八)—正元元年にいたる編年史。編者は未詳。多くの公家の日記を利用している。国立国会図書館・国立公文書館内閣文庫・京都大学・東京大学史料編纂所・彰考館などに写本がある。『新訂増補国史大系』に収める。なお書名『百錬抄』はもと『百練抄』が正しいが江戸時代以来「錬」字を用いる慣いとなっている。　(阿部　猛)

愚管抄《ぐかんしょう》　*慈円作、七巻。巻一・巻二は年代記、三~六巻が本文、七巻は附録。本文は神武天皇から*順徳天皇までの政治史。王法の盛衰がわが国の歴史であるとし、王法が時とともに衰えていき、仏法渡来以後、王法・仏法相依の国となる。ついで藤原氏の輔佐により政治が行われるが、天皇と摂籙の協力関係が失われて院政が生まれる。天皇と摂籙の協力関係が絶たれて政治は破綻し保元の乱となる。乱の結果、武者の世となるが、慈円は武士の果たすべき役割を認める。附録では、歴史を貫く「道理」を中心に時代の転換を見る史観を展開している。述作の時期については、*承久の乱（一二二一）前説と乱後説が対立している。『新訂増補国史大系』『日本古典文学大系』「岩波文庫」などに収める。

［文献］　黒田俊雄『王法と仏法』（法蔵館、一九八三）、大隅和雄『中世思想史への構想』（名著刊行会、一九八四）、大隅和雄『愚管抄を読む』（平凡社、一九八六）。　（阿部　猛）

鎌倉遺文《かまくらいぶん》（竹内理三《たけうちりぞう》編）　鎌倉時代の文書の編年史料集。古文書編四二巻、補遺四巻で、東京堂出版刊。文治元年（一一八五）から正慶二年（一三三三）までの文書約三万五〇〇〇通を収める。一九七一年に刊行開始、一九九五年に刊行完了。竹内が独力で蒐集・整理・編集した大事業である。ほかに、竹内の門弟らによる索引編（人名・地名）五巻と、瀬野精一郎編『鎌倉遺文無年号文書目録』（東京堂出版刊）がある。鎌倉時代の研究に不可欠の史料集であり、研究の進展への寄与は図りしれない。なお、鎌倉遺文研究会編『鎌倉遺文研究』が吉川弘文館から刊行され（創刊号は一九九八年四月刊）、『鎌倉遺文』の遺漏や過誤を補い、また関連の研究論文が掲載されている。竹内理三は『寧楽遺文《ならいぶん》』（三冊、東京堂出版）、『平安遺文《へいあんいぶん》』（古文書編一一巻、金石文編一巻、題跋編一巻、索引編二巻）も編集刊行している。　（阿部　猛）

慈円《じえん》（一一五五—一二二五）　鎌倉初期の僧で歌人。関白藤原忠通の子。*九条兼実の同母弟。永万元年（一一六五）青蓮院に入り仁安二年（六七）出家。法性寺座主・無動寺検校を経て建久三年（九二）天台座主・権僧正となる。同七年の政変により座主を辞任したが、建仁元年（一二〇一）以後三度、天台座主となった。幕府と公家との友好的関係を求めて後*鳥羽院と対立した。*『愚管抄』の作者として知られ、学僧としても多くの著作をのこし、また和歌にもすぐれ、私家集『拾玉集《しゅうぎょくしゅう》』がある。

［文献］　多賀宗隼『慈円』（吉川弘文館、一九五九）、大隅和雄『中世思想史への構想』（名著刊行会、一九八四）。　（阿部　猛）

中世《ちゅうせい》**の時**《とき》**と暦**《こよみ》　中世の計時法は平安時代以来の定時法で、季節にかかわらず、一日を一二等分するものであった。室町時代後半からは、日の出、日の入りを基準にして昼夜を等分する不定時法が採用された。定時法の十二辰刻と現行の時刻とを対比すると〈図〉のごとくである。

四季すなわち春・夏・秋・冬については異称がある。春～春陽・青帝・陽中・蒼天・発生・東帝、夏～朱明・昊天・槐序・災序・災節・祝融、秋～白蔵・収成・金商・素商・高商・精陽、冬～元英・上天・安寧・厳節・元冬・元序などである。正月から一二月にいたる月の異称はすこぶる多く、そのすべてを掲げることはできないが、その一端を記す。

一月～睦月《むつき》・元月・昵月・端月・初月・嘉月・初春・孟春・甫年、二月～如月《きさらぎ》・著更衣・令月・仲春・酣春・仲陽・仲序・令節、三月～弥生《やよい》・

花月・称月・禊月・蚕月・桃月・晩春・暮春・清明、四月〜卯《う》月《づき》・余月・陰月・初夏・孟夏・立夏・麦秋、五月〜皐月《さつき》・啓月・悪月・雨月・浴蘭月・仲夏・啓明・薫風、六月〜水無月《みなづき》・旦月・季月・伏月・季夏・晩夏・炎陽・小暑、七月〜文月《ふづき》・親月・蘭月・冷月・桐月・七夕月・初秋・孟秋・新秋・八月〜葉月《はつき》・壮月・桂月・素月・観月・仲秋・仲商・白露、九月〜長月《ながつき》・玄月・菊月・祝月・季秋・暮秋・晩秋・季商、一〇月〜神無月《かんなづき》・陽月・吉月・初冬・孟冬・上冬・立冬・早冬・方冬・小春、一一月〜霜月《しもつき》・暢月・幸月・仲冬・復月・達月・葭月・復月・仲冬・盛冬、一二月〜師走《しわす》・極月・厳月・臘月・氷月・弟月・茶月・季冬・暮冬・晩冬。

四季の区分は、現在では、三〜五月を春、六〜八月を夏、九〜一一月を秋、一二月〜二月を冬としている。しかし、古暦では、一〜三月を春、四〜六月を夏、七〜九月を秋、一〇〜一二月を冬とした。いまかりに平成一四年（二〇〇二）の暦をみると、〈表〉のごとくである。表の立春はその年のはじめ、すなわち一月一日に相当するはずであるが、年によっては年内（一二月）に立春が来ることもある。たとえば室町時代文安四年（一四四七）一二月二三日は立春であった。*『菟玖波集』（雑一）にある*後鳥羽上皇の和歌、「吉野山　二たび春に　なりにけり　年のうちより　年をむかへて」は、こうした事情をうたっている。

	月−日		
	1−17	土用	
	2−3	節分	冬
	−4	立春	
春	−7	初午	
	3−3	上巳	
	−6	啓蟄	
	−21	春分	
	4−17	土用	春
	5−2	八十八夜	
夏	−5	端午	
	−6	立夏	
	6−21	夏至	
	7−7	七夕	
	−15	盂蘭盆会	夏
	−20	土用	
秋	8−8	立秋	
	9−11	二百十日	
	−21	十五夜	
	−23	秋分	秋
	10−18	十三夜	
	−20	土用	
冬	11−7	立冬	
	12−22	冬至	

現在用いられている暦《こよみ》は、太陽の運行をもとにしたいわゆる太陽暦《たいようれき》であるが、かつては、月の運行に基づく太陰暦が用いられた。月は毎日少しずつその位置を西から東にうつし、約二九・五三日で太陽に面して天球を一周する。29.53日×12 = 354.36日　したがって一二ヶ月（一年）で三五四・三六日となり、一年三六五日よりも約一一日短いことになる。そうすると、約三年で一ヶ月分、実際の季節とずれる。そこで三年に一度、閏月《うるうづき》を置いて調整する。たとえば永《えい》享《きょう》年間は一二年まであったが、この間の閏年は〈表〉のごとくであった。永享二年一一月、五年七月、八年五月、一一年正月は、正と閏のふた月があったのである。

	年	閏月
永享	1	
	2	⑪
	3	
	4	
	5	⑦
	6	
	7	
	8	⑤
	9	
	10	
	11	①
	12	

	子	丑	寅	卯	辰	巳	午	未	申	酉	戌	亥
甲	1		51		41		31		21		11	
乙		2		52		42		32		22		12
丙	13		3		53		43		33		23	
丁		14		4		54		44		34		24
戊	25		15		5		55		45		35	
己		26		16		6		56		46		36
庚	37		27		17		7		57		47	
辛		38		28		18		8		58		48
壬	49		39		29		19		9		59	
癸		50		40		30		20		10		60

年や日の順序を示すのに干《かん》支《し(えと)》が用いられた。十二支《し》は、中国の殷《いん》代から使われ

ていた十二進法の数詞で、木星が一二年で天を一周することから、中国の天文学で、毎年の木星の位置を示すために天を一二分したときの呼称である。わが国ではこれに一二種の動物をあてて呼んだのである。子《ね》（ねずみ）・丑《うし》（牛）・寅《とら》（虎）・卯《う》（兎）・辰《たつ》（龍）・巳《み》（蛇）・午《うま》（馬）・未《ひつじ》（羊）・申《さる》（猿）・酉《とり》（鳥）・戌《いぬ》（犬）・亥《い》（猪）とされる。十二支は十干《じっかん》と組み合わせて用いられる。十干は、甲《こう》・乙《おつ》・丙《へい》・丁《てい》・戊《ぼ》・己《き》・庚《こう》・辛《しん》・壬《じん》・癸《き》で、漢代に入って陰陽五行《ごぎょう》説と結合して、五行（木・火・土・金・水）に十干を配し、陽（兄《え》）と陰（弟《と》）に分けた。甲《きのえ》・乙《きのと》・丙《ひのえ》・丁《ひのと》・戊《つちのえ》・己《つちのと》・庚《かのえ》・辛《かのと》・壬《みずのえ》・癸《みずのと》。干支の組み合わせは「甲子《かっし》」からはじまり、六〇番めの「癸亥《きがい》」にいたる。一周六〇年でもとに戻る。還暦である。干支のうち、甲子や辛酉の年には変革があるとし、前者は「甲子革令《かっしかくれい》」後者は「辛酉革命《しんゆうかくめい》」と称する。六〇年＝一元《げん》、二一元＝一蔀《ぼう》（＝一二六〇年）とかぞえ、一蔀ごとに大変革が起こるとされる。

（阿部　猛）

聖教《しょうぎょう》　仏教関係の文献の総称で、法文《ほうもん》ともいう。寺院の教義・行法に関する文献。僧侶の学習や宗教活動の実践に活用された。一切経・教典注釈書・抄物・儀軌《ぎき》・次第・表白《ひょうびゃく》・縁起・悉曇《しったん》・印信《いんじん》・図像などで、一二世紀頃から多様化・膨大化した。寺院・宗教の研究に欠かせないものとなっている。（阿部　猛）

（七）説話集

源　隆国《みなもとのたかくに》　（一〇〇四—七七）　平安後期の歌人・文学者で、宇治大納言《うじだいなごん》とも呼ばれた。醍醐《だいご》源氏、正二位権大納言俊賢《としかた》の二男で、母は右兵衛督藤原忠尹女。藤原頼道の信任を背景に出世し、正二位権中納言六一歳のときにいったん引退し宇治に住んだが、六年後権大納言に昇進し復帰した。『*古事談』『*古今著聞集』などの説話によると、学才にすぐれ仏教に通じる博識で、ときに豪放磊落な人物であったらしい。*『宇治拾遺物語』序文には、宇治平等院南泉坊で、隆国が往来の人々を集め話させ大きな草紙に記録したのが『宇治大納言物語』とある。散佚した「宇治大納言物語」の撰者ともいわれる。また、同じく南泉坊で延暦寺阿闍梨ら数十人と『安養集』十巻を編纂した。

（菅原　秀）

橘　成季《たちばなのなりすえ》　（生没年未詳）　鎌倉時代初期の文学者。従五位上伊賀守。経歴未詳。『*明月記』寛喜二年（一二三〇）四月二四日のところで、関白*藤原（九条）道家近習として「右衛門尉成季」とあり、「近習無双故光季養子基成清成等一腹弟」との記載から橘光季の養子とする説もあるが、従五位下藏人大夫備後権守有季を父とする説が有力である。晩年の建長六年貴族説話集の『*古今著聞集』二〇巻を著した。この作品からも作者についてある程度うかがい知ることができるが、西園寺実氏の諸大夫で*四条天皇に蔵人として仕えたらしい。また歌人としては*藤原家隆やその子である藤原隆祐と親交があり、琵琶を藤原孝時に師事し、さらに詩人として『擲金抄』に作品がある。

［文献］　中島悦次『橘成季—国家意識と説話文学—』（三省堂、一九四二）、志村有弘「『古今著聞集』研究序説」（『中世説話文学研究序説』・桜楓社、一九七四）、五味文彦「『古今著聞集』と橘成季」（『平家物語　史と説話』平凡社、一九八七）。

（菅原　秀）

無住《むじゅう》　（一二二六—一三一二）　鎌倉時代の*臨済宗の僧侶。字は道暁。号は一円。のちの天文一五年（一五一六）に*後奈良天皇から大円国師の勅諡が贈られた。鎌倉に生まれ、一八歳で出家し、二八歳で遁世し、諸宗を学び、三七歳で尾張の長母寺に止住、やがて住持となり、没するまでの五〇年はほぼ長母寺で過ごした。遁世の自由さをいかし、八宗兼学と称されたほどに、広く諸宗に通じていたが、寿福寺の朗誉、*東福寺の*円爾弁円の影響が色濃くみられ、台密と禅を合わせたような性格をもつ。著作には、庶民の教化啓蒙を目的とし、説話を随所に交えながら仏法の趣旨を説いた『*沙石集』、発心遁世談・霊験談・寓話などを織り交ぜて仏教の教理を説いた『雑談集』、そのほか『聖財集』『妻鏡』がある。

［文献］安東直太郎「無住大円国師伝考」（『説話と俳諧の研究』・笠間書院、一九七九）。　（菅原　秀）

宇《う》治《じ》拾《しゅう》遺《い》物語《ものがたり》　鎌倉時代初期の説話集。一五巻。作者は不明である。成立は、治承四年（一一八〇）から建久元年（一一九〇）とする説をはじめ、一二一〇年代などの諸説あるが、一三世紀半ばまでには成立したと考えられる。巻頭に編者のものではないが序があり、散逸した『宇治大納言物語』の編者*源隆国が宇治平等院南泉坊で人々を集め聞き書きしたこと、物語の内容が多彩であること、正本が侍従俊貞という人のところにあったが現在は不明であること、増補本があることなどが述べた後、今の世になって『宇治拾遺物語』ができたが、書名の由来は「宇治にのこれるを拾ふ」によるのか、「侍従」の唐名「拾遺」によるのかわからないとあり、この「俊貞」を源俊貞とみる説と藤原俊貞とみる説がある。貴族説話、仏教説話、民間説話など一九七の話が雑篇形態で収められている。事実の正確な記録や啓蒙を目的としてはおらず、興味のままに説話が集められているようで、滑稽で愚かしい人間像も、人間として許容され、おもしろく親しみを込めて書かれており、人々の生活感情をよく伝えている。『今昔物語集』『古本説話集』『*古事談』などと伝承関係がある。文体は口誦の雰囲気を残し、当時の口語や会話を含む和文体である。

［文献］三木紀人編『今昔物語集宇治拾遺物語必携』（別冊國文學・學燈社、一九八八）、益田勝実『説話文学と絵巻』（三一書房、一九六〇）、西尾光一『中世説話文学論』（塙書房、一九六三）。　（菅原　秀）

十《じっ》訓《きん》抄《しょう》　鎌倉時代中期の説話集。三巻一〇編。編者は奥書に「或人云、六波羅二臈左衛門入道作云々。長時時茂等奉公」とあるが未詳である。建長四年（一二五二）の成立。約二八〇の説話が収録されている。序の記述に、少年たちに対して、善を勧め悪を戒める仲立ちとするために、古今の物語を集め、読みやすい和字を用い虚飾を避け、事実にもとづく例証を示したと述べており、啓蒙教化を目的としていたことがわかる。「心操振舞を定むべき事」や「憍慢を離るべき事」などの一〇綱の徳目箇条に分けて、それぞれにふさわしい説話が類纂的に編成されている。観念的ではなく、具体的実際的に主君に仕える際の処世訓、武家支配の時代に対応するための心構えなどを、和漢の教訓的説話を通じて示そうとしている。　（菅原　秀）

古《こ》今《こん》著《ちょ》聞《もん》集《じゅう》　鎌倉時代中期の説話集。二〇巻三〇編。*橘成季の編。建長六年（一二五四）一〇月の成立。前代の日記、記録、説話集などを基礎資料に、平安中期から鎌倉初期の説話七〇〇余編を収めている。真名序と総目録と仮名跋文が付いている。序文によれば、『宇治大納言物語』や『江談抄』にならおうとしたもので、跋文によれば、はじめは詩歌、管弦に関した優れた説話を集めて、これを絵に書きとどめようとしたが、しだいにほかの説話に興味が広がっていったと書いている。説話は日本のものにほぼ限定したようで、『古今和歌集』になぞらえ、神祇、釈教政道、忠臣、公事、文学、和歌、管弦歌舞、能書、術道、孝行恩愛、好色、武勇、弓箭、馬芸、相撲強力、画図、蹴鞠、博奕、偸盗、祝言、哀傷、遊覧、宿執、闘諍、興言利口、怪異、変化、飲食、草木、魚虫禽獣の三〇部に分類し、各部冒頭に由来や起源などもある。また年代順に、関連も考慮して配列されており、説話集として最も計画的で組織的な作品といえる。

［文献］　志村有弘「『古今著聞集』研究序説」（『中世説話文学研究序説』・桜楓社、一九七四）、五味文彦「『古今著聞集』と橘成季」（『平家物語　史と説話』・平凡社、一九八七）。

（菅原　秀）

発心集《ほっしんしゅう》　鎌倉時代初期の仏教説話集。現在流布本八巻本がよく知られるが、鎌倉初期には三巻本であったと考えられる。著者は*鴨長明。『閑居友』にも「長明は人の耳をよろこばしめ、またけちえんにもせんとて」『発心集』を編集したとある。承元二年（一二〇八）から建保四年（一二一六）頃の成立と考えられるが、起筆時期や後人増補などの問題もあり、未詳である。内容は一〇〇以上の仏教説話が集められていて、評論、説教などの文章が添えられている。同傾向の話が連なる箇所が多いが、とくに厳密に項目は設定されていない。俗世との関係を絶ち、草庵を構え、諸国を行脚したりする遁世譚や人々の極楽往生を扱った往生譚を中心に六道輪廻の因果話、霊験譚などを含む。源信の『往生要集』『観心略要集』、永観の『往生拾因』『往生講式』などをふまえた部分や『法華経』などの経典からの引用も多い。序に「賢きを見ては、及び難くともこひねがふ縁とし、愚かなるを見ては、自ら改むる媒とせむとなり。」「道のほとりのあだ言の中に、わが一念を発心を楽しむばかりにやといへり。」とあるように、ほかの人々への啓蒙が目的というよりも、自分の信仰を内面から確立させるためのものを説話に求めたようである。本来仏教の啓蒙教化を目的とする一般的な仏教説話に比べて自照的傾向が強く、仏教説話の中でも最も文芸性が濃い。

［文献］　益田勝実「偽悪の伝統」（『文学』、一九六四）、貴志正造「ひじりと説話文学―発心集の世界―」（『日本の説話3中世Ⅰ』東京美術、一九七三）、山本　一「『発心集』数奇説話群の思想性」（『日本文学』、一九八三）。

（菅原　秀）

沙石集《しゃせきしゅう》　鎌倉時代の仏教説話集。一〇巻。*無住道暁の著。弘安二年（一二七九）の起稿後中断を経て同六年に成立した。その後作者による改訂が繰り返され最終年次確認可能な裏書は徳治三年（延慶元・一三〇八）である。伝本の様相は複雑でかなりの異同がみられる。説話をまじえながら、庶民を教化・啓蒙する目的で、おもに仏法の趣旨を説いた仏教説話集で、説話ごとの末尾には経典などの引用が挙げられて、信心の重要性などが説かれている。第一巻は巻頭に国土創世神話があり、本地垂迹・和光方便を説く神明説話が集められている。第二巻は仏舎利・薬師・阿弥陀・地蔵・不動・弥勒などの霊験利益譚が集められている。第三巻は寓意的な説話を通して人間の知恵の限界が説かれている。第四巻は人間の執着心に関する説話がみられ、宗派執着の愚かさや臨終時の愛執の恐ろしさなどが説かれている。第五巻（本）は学僧に関する説話で学問が私利私欲のためのものであってはならないこと、また和歌は出家した者にとっても必要とし、和歌即陀羅尼説を説いている。（末）は和歌連歌説話が集められ、仏道に入る方便たることが説かれているが、仏教的でない説話もみられる。なお第五巻までは巻ごとのまとまりはみられるが、第六巻以後は個別のテーマでの説話が多くなり、伝本による内容・構成上の異同も多い。第六巻は説教師と説法についての説話、第七巻は正直・孝心・忠・義・礼についての説話、第八巻は尾籠説話、第九巻は嫉妬・破戒・執心についての説話、第十巻（本）は遁世についての説話、（末）は構想の臨終についての説話となっている。

［文献］ 藤本徳明『中世仏教説話論』（笠間書院、一九七七）、美濃部重克『中世伝承文学の諸相』（和泉書院、一九八八）。

（菅原　秀）

古事談《こじだん》　鎌倉時代前期の説話集。六巻。『顕兼卿抄』という別名がある。刑部卿従三位 源《みなもとの》顕兼《あきかね》（村上源氏宗雅男）の編。成立は、顕兼が没した建保三年二月以前で、集内の僧行のところに大納言法印良宴が入滅した建暦二年九月の話があるところから、建暦二年（一二一二）から建保三年（一二一五）の間とまでは特定できる。上代、中古の四六一の説話を収め、王道后宮、臣節、僧行、勇士、神社、仏寺、亭宅、諸道の六篇に分類されている。王道后宮は、称徳、恒武から二条にいたる諸天皇と廷臣、臣節は廷臣と女官、僧行は僧侶と遁世者、勇士は武士などの勇者といった人々を主人公とする説話が収められており、神社・仏寺は寺社縁起や霊験譚など、亭宅・諸道は邸宅をめぐる故事、芸能、学問、卜占、文学ほか諸道の人々の話が収められている。各話は短めで、いわゆる文学的な描写は少なく、文体は当時の貴族の日記記録類にみられる片仮名混じりの漢文体である。大江匡房の『江談抄』、藤原忠実の『富家語』、阿闍梨皇円の『扶桑略記』の説話を取りこんでいる。すぐに『続古事談』という作品が生まれたり、*『宇治拾遺物語』に取りこまれたところもあり、完成後間もなく流布した影響がみられる。

（菅原　秀）

宝物集《ほうぶつしゅう》　鎌倉時代前期の仏教説話集。編者は平安末期の廷臣で、検非違使となり平判官と称した平康頼である。この人物は、*藤原成親、*俊寛らと鹿ケ谷で会合を開き、*後白河法皇を擁して、平家を滅ぼす計画を企てたが、事前にもれ、鬼界《きかい》が島《しま》に流された。治承三年頃の成立と考えられる。異本が多く、形態的にも内容的にもかなりの違いがある。内容は、*『大鏡《おおかがみ》』のような対談形式となっており、康頼が赦免されて鬼界ヶ島から帰京後、*嵯峨の清涼寺に詣で、参籠の人とものがたりをし、そうして何がこの世の真の宝かの問答がはじまり、隠れ蓑、打出の小槌、金、玉、子、命などいろいろと意見が出るが、仏法こそ最上の宝だとする結論にいたる。その理由を問う女人に対し僧が答える形式で、無情の論、六道輪廻、浄土往生十二門と話が進み、夜明けを迎えて散会となる。編者本人の主観が非常に強く打ち出されており説話による評論といってもよい。

［文献］「宝物集の世界」（『日本の説話3中世Ⅰ』東京美術、一九七三）。

（菅原　秀）

（八）建　築

大仏様《だいぶつよう》（天竺様《てんじくよう》）建築　治承四年（一一八〇）*平重衡《たいらのしげひら》の南都焼き討ちにより東大寺・*興福寺の両伽藍《がらん》は焼失した。それに伴い翌年、南宋（天竺）で建築を学んだ僧*重源《ちょうげん》が東大寺大仏殿再建に着手するが、そのときはじめて用いられたのが大仏様（天竺様）である。大仏様は南宋の地域的建築様式をもとにしたもので、重源の個人的好みと*陳和卿《ちんなけい》という宋人技術者の協力によって生まれた様式であると推測される。大仏様は重源が関わった建築にのみ用いられた様式であり、重源の没後は急速に衰退していった。特徴は肘木《ひじき》を柱に直接差し込む「挿肘木《さしひじき》」の手法である。挿肘木は大建築に適している構造である。木柄は太く、豪壮な意匠をしている。柱を垂木《たるき》付近まで延ばし、組物《くみもの》は挿肘木とし、鬼斗《おにと》は用いることなく皿斗《さらと》を使用する。丸桁《がぎょう》の中間支点には遊離尾垂木《ゆうりおだるき》を用いる。貫《ぬき》で軸部を固める堅固な構造と、軒は一軒《ひとのき》で、隅扇《すみおうぎ》垂木の合理的支持構造であり、垂木先に鼻隠《はなかくし》板を打つ。繰形《くりかた》をつけた木鼻など装飾的細部をもっている。天井は張らず化粧屋根裏がある。扉は桟唐戸《さんからと》を用い、藁座《わらざ》で釣る。虹梁《こうりょう》の断面は円に近く、全体的に太くがっちりした部材を用いる。構造は単純かつ合理的であり、内部構造を隠すことなく露出し、装飾を極力排除している。現存する純粋な大仏様建築の遺構としては*東大寺南大門、東大寺開山堂内陣、兵庫県浄土寺浄土堂の三棟だけであり、東大寺鐘楼は禅宗様との混用、同法華堂礼堂は和様と混用である。

[文献]　濱島正士『寺社建築の鑑賞基礎知識』（至文堂、一九九五）、
宮元健次『日本建築のみかた』（学芸出版社、二〇〇一）。

（花村統由）

東大寺南大門《とうだいじなんだいもん》　創建時の南大門は天平勝宝八年（七五六）頃の建立と想定されている。現在の南大門は、南宋の建築様式を学んだ僧*重源《ちょうげん》により東大寺大仏殿と同時に再建され、*大仏様の代表的建築物として正治元年（一一九九）に上棟した。再建された南大門は天平創建時の五間三戸の平面を踏襲し、位置や二重門としての大きさも創建時の姿を伝えていると思われる。二重門は一階にも二階と同じように軸部・組物《くみもの》・軒が組まれるが、再建された南大門は構造上では二重門ではなく、一《ひと》重《え》裳階《もこし》付門《つきもん》といわれる構造をしており、長く大きな柱を上層まで通して、下層は腹屋根がついているだけである。そのため上層の化粧屋根裏を下から見上げることができるのである。また中備《なかぞなえ》の遊離尾垂木《ゆうりおだるき》、隅扇垂木《すみおうぎだるき》、挿肘木《さしひじき》・通肘木《とおりひじき》などすべて大仏様の手法に従っており、豪放で変化に富む美しさをそなえている。その一方で、深い軒を支える六手先組物《ろくてさきくみもの》は斗《ます》が整然と配置され、和様の特徴の日本的造形感覚もうかがうことができる。六手先組物は横巾をもたない簡明なもので、通肘木でつながりあっている。太い垂木には反りがない。木口には鼻隠板《はなかくしいた》が用いられる。この建物の貫《ぬき》、肘木、頭貫《かしらぬき》、中桁、間斗束《けんとづか》など、大半の角材が同じ寸法の断面をもつことも大きな特徴の一つである。部材の木取りに一定の規格が設けられたのは、大仏殿などの巨大建築物を複数かつ短期間で再建しなければならなかったためではないかと推測される。

[文献]　鈴木嘉吉『国宝大事典5　建築物』（講談社、一九八五）、
宮元健次『日本建築のみかた』（学芸出版社、二〇〇一）。

（花村統由）

播磨浄土寺《はりまじょうどじ》　建久五年（一一九四）に播磨に東大寺再興のための別所、専修念仏《せんじゅねんぶつ》道場の一つとして開設される。本堂の浄土堂は俊乗坊《しゅんじょうぼう》*重源《ちょうげん》が手掛けた唯一の現存する遺構である。建築様式には*大仏様が用いられており、堂中央の円形須弥壇《しゅみだん》に、鎌倉時代の仏師快慶作の阿弥陀三尊像を安置している。屋根は野小屋のない宝形造で本瓦葺《とうま》である。一間四面の阿弥陀堂であるが、正面と側面の三間等間で各間の寸法が約六mの等間隔という異例の平面をしている。軒にはまったく反りがなく、軒高は低い。垂木《だるき》木口を隠す鼻隠板《はなかくしいた》がある。広大な柱間に対して、側柱の建ちが低い。これらの特徴は仏堂としては例のない形態であり、かなりの違和感がある。細部は大仏様の特色がよく表れ、組物《くみもの》は挿肘木《さしひじき》による大仏様三手先《みてさき》で、中備《なかぞなえ》の位置には遊離尾垂木《ゆうりおだるき》という部材が載る。内部には天井を張らず、男性的な太い虹梁《こうりょう》と束を重ねて屋根を支える構造は、大仏様の構造美を最もよく表現したものであるといえる。挿肘木上の巻斗《まきと》の数は少なく、最小限度の構造材で軒を支えている点などに、それまでの伝統に拘束されない自由なつくりをみることができる。西側、背面の柱間装置はすべて透蔀《すきじとみ》であり、阿弥陀三尊像の背後から西日が堂内を照らして、方向性を加える構造になっているいる。西山におちる日を背にした来迎の弥陀を表現しているといわれている。堂内は建ちの低い外見からは想像できないような広大な空間が存在している。

［文献］『日本文化史ハンドブック』（東京堂出版、二〇〇二）、宮元健次『日本建築のみかた』（学芸出版社、二〇〇一）。

（花村統由）

禅宗様《ぜんしゅうよう》**（唐様**《からよう》**）建築**　鎌倉時代に禅宗の教義とともに宋の建築様式として伝えられたものが禅宗様（唐様）である。建仁寺創立（一二〇二）以後徐々に伝来し、建長寺創立（一二五三～七六）にいたって確立する。特徴としては床を張らずに土間に直接石の、算盤の珠のような形の礎盤《そばん》を置き、その上に柱を立てる。柱は上下が急速にすぼまる粽《ちまき》である。これだけではきわめて不安定な構成であるため、軸部を貫《ぬき》で支え、堅固な構造にしている。組物《くみもの》は一手ごとに通肘木《とおりひじき》を入れ、横の繋ぎを強めるとともに詰組《つめぐみ》として丸桁《がぎょう》の中間支点を造る。斗栱《ときょう》は等間隔で、柱間寸法は斗栱寸法の倍数となる。軒は扇垂木《おうぎだるき》の合理的支持構造をしている。肘木の曲線は円弧となり、強い反りのある尾垂木《おだるき》がある。柱梁は角断面で部材が細く、整然としており、朱色などの彩色も施されている。外陣は化粧屋根裏とし尾垂木尻で母屋をうけ、内陣は鏡天井とする。木鼻《きばな》、拳鼻《こぶしはな》、台輪《だいわ》の繰形、虹梁《こうりょう》の錫杖彫《しゃくじょうぼり》、袖切《そでぎり》、絵様など装飾的要素が多用されている。窓、入り口は花頭《かとう》曲線、壁は縦板壁、扉は桟唐戸を用いる。禅宗様は現存遺構をみるかぎり野屋根を設けているが、移入当時は野屋根のない構造をしており、日本で消された結果であるとみられる。伝来初期の禅寺の遺構は残されていない。代表例は功山寺仏殿（一三二〇）、善福院釈迦堂（一三二七）、正福寺地蔵堂（一四〇七）、永保寺開山堂（南北朝時代）、*円覚寺舎利殿（室町時代）などである。

［文献］濱島正士『寺社建築の鑑賞基礎知識』（至文堂、一九九五）、宮元健次『日本建築のみかた』（学芸出版社、二〇〇一）。

（花村統由）

円覚寺舎利殿《えんかくじしゃりでん》　現存する*禅宗様建築の代表的な例で、禅宗様の最も純粋な形をしている。建立年代は諸説があったが、永禄六年（一五六三）の円覚寺火災が確認され、現存している舎利殿を永禄以後の建築とすることは様式上考えることはできないため、鎌倉尼五山の一つである太平寺仏殿を室町時代に移建したという『新編鎌倉志』の記述が伝えるとおりであるとされる。ただし太平寺の歴史が明らかではないために、太平寺のものだとしても文献から年代を知ることはできない。様式的には一五世紀前半の建築であると考えられる。建物は外見からは二重にみえるが、実際には一重である。下の屋根は裳階《もこし》と呼ばれる飾りの階であり、一重裳階付《ひとえもこしつき》と呼ばれる構造である。裳階の下には小さな弓の連子《れんじ》を並べた弓欄間《ゆみらんま》が周囲を回っている。この仕組みによって内部からでも外部の様子をうかがうことができる。組物《くみもの》は中備《なかぞなえ》を中央間二組そのほか一組とした詰組《つめぐみ》の構造をとっている。正面の柱は全部で六本あるが、中央の柱の間隔は広く、外に行くにしたがってしだいに狭くなっていく。これは内部に立ったときに空間を広くみせる技法によるものである。窓は花頭《かとう》形の窓であり、両側の枠が垂直に立ちあがる比較的古い形式である。扉は桟唐戸《さんからと》、屋根は柿葺入母屋造《こけらぶきいりもやづくり》の形式で、軒の裏は垂木が放射状に配置される扇垂木《おうぎだるき》の構造をしている。内部はすべて土間で、主屋中央後方寄りに高い来迎柱があり、虹梁大瓶束架構《こうりょうたいへいづか》で広い空間をつくっている。

［文献］前 久夫『古建築の基礎知識』（光村推古書院、一九八六）、宮元健次『日本建築のみかた』（学芸出版社、二〇〇一）。

（花村統由）

和様建築《わようけんちく》 奈良時代末から平安時代にかけて中国大陸から輸入された建築は様式、構造ともに日本の環境にあわせ、独自の発展を遂げ、和様建築という日本建築の基礎ができた。日本は地震国であるために組手と呼ばれる柱と梁の交わる部分を強化する仕組みが発達した。和様建築の組手の種類としては「大斗《だいと》肘木《ひじき》」「三斗組《みつどぐみ》」「出組《でぐみ》（一手先《ひとてさき》）」「三手先《みてさき》」などがあり、順に建物の規模が大きくなっていく。またほかの特徴としては、長《なげ》押《し》でまっすぐな柱を両側から挟みつけて軸部を支え、太い柱の上に斗《ます》、肘木、尾垂木《おだるき》といった組物で屋根や軒を支える構造をとる。柱を自立させるため柱の間に比べて太い柱が用いられ、柱の間に厚い土壁が配されることもある。丸桁《がぎょう》が柱筋より外にある場合は、柱位置でのみ丸桁を支持する。柱を水平につなぐ部材は頭貫《かしらぬき》、内法長押《うちのりなげし》で、柱脚は地長押である。和様の平行垂木は隅の垂木が配付垂木《はいずけだるき》となる。組物の肘木と斗《ます》の区分が明確である。屋根には野屋根が設けられる。装飾的部材としては組物中備《なかぞなえ》の蟇股《かえるまた》にのみみられる。尾垂木の反りは小さい。肘木の木口には折線がつく。柱間装置は板扉、格子戸、連子《れんじ》窓、出入口の連具は板扉が蔀戸《しとみど》である。天井は格子組みか竿縁《さおぶち》天井とするのが特色。全体に曲線部や余分な突出部の少ない簡明な構成をしている。代表的遺構としては醍醐寺五重塔、平等院鳳凰堂、薬師寺東塔、*興福寺金堂、*興福寺北円堂、*蓮華王院本堂（三十三間堂）などである。

［文献］『日本美術全集6平等院と定朝』（講談社、一九九四）、『日本文化史ハンドブック』（東京堂出版、二〇〇二）。

（花村統由）

興福寺北円堂《こうふくじほくえんどう》 治承四年（一一八〇）の焼討ちで東大寺・*興福寺は焼失した。そののち東大寺が*大仏様で再建されるのに対し、興福寺は*和様による。北円堂創建は養老五年（七二一）で、現存するものは承元元年（一二〇七）着工。大規模な八角円堂である。軒は地垂木《じだるき》と二重の飛檐垂木《ひえんだるき》の、珍しい三軒。地垂木の断面が六角形になっているなど古い技法を伝える。とくに各面中央の垂木径を太くする力垂木を用いる。基壇上に立つ円柱は内法長押《うちのりなげし》のところで内法貫《うちのりぬき》を通す。隅木を支持する組物は三手先《みてさき》風にしている。東西南北の四面は中央に方立柱《ほうだてばしら》を建てて内開きの扉、残る四面は連子窓《れんじ》を設けている。

［文献］鈴木嘉吉『国宝大事典5　建築物』（講談社、一九八五）、宮元健次『日本建築のみかた』（学芸出版社、二〇〇一）。

（花村統由）

興福寺三重塔《こうふくじさんじゅうのとう》　康治二年（一一四三）崇徳院《すとくいん》の中宮、皇嘉《こうか》門院《もんいん》により建てられたものに始まる。現存しているものは治承四年（一一八〇）の焼討ちで焼失した後に再建されたものである。明治四二年（一九〇九）に屋根を葺き替えている。三間三重塔婆で、本瓦葺である。組物は二重と三重の部分が三手先《みてさき》でつくられ、初重は簡略な出組《でぐみ》で、あわせて柱上の台輪《だいわ》を略している。全体の逓減を丸桁《がぎょう》位置で決めるために、組物の手先を短くした分、初重の柱間が格段に広くなっている。そのために腰の低い塔婆になっている。心柱は初重の上にたつ。仏壇の構えはほかに例がなく、四天柱間の対角線上に板壁を設け、極彩色で描かれた千仏を本尊としている特殊な形式をしている。

［文献］鈴木嘉吉『国宝大事典5　建築物』（講談社、一九八五）、宮元健次『日本建築のみかた』（学芸出版社、二〇〇一）。

（花村統由）

蓮華王院《れんげおういん》　長寛二年（一一六四）、千体観音堂として創建されたが、建長元年（一二四九）に焼失。現存している建物は文永三年（一二六六）に再建されたもので、規模は創建時のものを引き継いでいる。本尊の一体の千手観音坐像（国宝）と、その左右に五〇〇体ずつ展開される千手観音立像の合計一〇〇一体の千手観音菩薩（蓮華王）像を安置する。正面三三間、側面二間の身舎《もや》の四周に庇《ひさし》を巡らし、全体で正面三五間、側面五間となる細長い建築である。同寸の柱間を桁行《けたゆき》方向に繰り返す簡明な構成をし、連祀《れんし》系仏堂構成の考え方を踏襲しているが、垂木歩《たるきあゆ》みと三斗《みつど》の相互関連の初期形態が生まれるなど細部には中世的特徴をもつ。様式はほぼ和様を留めている。

［文献］『日本文化史ハンドブック』（東京堂出版、二〇〇二）、中川　武『日本建築みどころ事典』（東京堂出版、一九九〇）。

（花村統由）

石山寺多宝塔《いしやまでらたほうとう》　建久五年（一一九四）、*源頼朝《よりとも》による建立であると伝承される。多宝塔の遺構の中で、建立当初の形態を示すものとしては最古である。下重は方三間、上重は円形平面をしており、宝塔に裳階《もこし》をつけてできた大塔が簡略化されて成立したものである。下重は亀腹《かめばら》の上に板床を張り、組高欄《くみこうらん》をつけた板縁をめぐらせ、大面取の角柱、長押《なげし》、頭貫《かしらぬき》で軸部を固める。上重の柱は丸柱、組物は下重が出組《でぐみ》、上重が四手先である。宝形の檜皮葺《ひわだぶき》屋根頂上の相輪《そうりん》は四葉・六葉・八葉の花輪をつけている。須弥壇《しゅみだん》には大日如来がおかれ、四天柱《してんばしら》には一六体の尊像が描かれ、長押、幣軸《へいじく》、方立《ほうだて》、楣《まぐさ》、天井などには極彩色の装飾文様が描かれるも、ひどく剥落している。

［文献］鈴木嘉吉『国宝大事典5　建築物』（講談社、一九八五）、宮元健次『日本建築のみかた』（学芸出版社、二〇〇一）。

（花村統由）

折衷様建築《せっちゅうようけんちく》　*和様を基本としつつも*大仏様と*禅宗様の意匠

や構造の形式手法を取り入れた様式の建築である。主として鎌倉時代後期から室町時代にかけて用いられる様式であり、とくに近畿・瀬戸内地方に多くみられる様式である。外観としては禅宗様に似ており、建ちの高いものが多い。室町時代に入ると様式の折衷化はさらに進み、和様と大仏様、禅宗様の要素を明確に分けることは困難になっていった。構造上の特徴としては、平面寸法は和様の手法である枝割《しわり》によって決められ、軒は平行軸である。軸部は貫《ぬき》で固め、頭貫《かしらぬき》には木鼻《きはな》をつける。組物《くみもの》は禅宗様の詰組《つめぐみ》か、もしくは中備《なかぞなえ》に大仏様系の双斗《ふたつど》をおき、拳鼻《こぶしばな》の類を多用する。妻飾《つまかざり》には虹梁大瓶束《こうりょうたいへいづか》を用いる。扉は大仏様、または禅宗様の桟唐戸《さんからど》を藁座で釣る。内部の架構は大仏様または禅宗様の虹梁に大瓶束もしくは蟇股《かえるまた》を組む。入側《いりかわ》には海老虹梁も使用する。床は板敷で、その周囲には縁を廻らす。入側の天井は化粧屋根裏で、その内方は組入《くみいれ》天井や鏡天井などを張る。また、塔などの建築の場合には和様と禅宗様とを重別（屋根別）に使い分けることも行われた。和様の仏堂や塔でも、来迎柱回りや須弥壇《しゅみだん》、厨子だけを禅宗様とすることも頻繁に行われた。また、寺院建築だけでなく神社建築にも及んでいる。代表的な遺構としては、広島県明王院本堂、浄土寺本堂、厳島神社五重塔、兵庫県鶴林寺本堂、朝光寺本堂、大阪府観心*寺金堂などがある。

［文献］　濱島正士『寺社建築の鑑賞基礎知識』（至文堂、一九九五）、『日本文化史ハンドブック』（東京堂出版、二〇〇二）。　（花村統由）

観心寺本堂《かんしんじほんどう》　観心寺は天長四年（八二七）に空海の高弟実恵《じつえ》により開かれた。南北朝時代の天授四年（一三七八）に現在の金堂が建立された。永亭一一年（一四三九）に大修理が施された。全体構成としては中世仏堂形式（密教本堂形式）に属すが、内陣に両界曼荼羅をもつため、特殊な系統であると考えられる。桁行《けたゆき》七間、梁間七間で内外陣に分かれる平面形式である。床は板敷で、外陣虹梁《こうりょう》の中の四本は板蟇股《かえるまた》により一面の組入《くみいれ》天井を支持し、両端では大瓶束《たいへいづか》を立て、側柱の組物へ海老虹梁をつなぎとして渡す。和様三斗組《さんとくみ》、中備《なかぞなえ》には双斗《ふたつど》などの手法が用いられ、折衷様の代表的遺構である。本尊は如意輪観音で、脇侍《わきじ》には不動明王、愛染明王がおかれている。

［文献］『日本美術全集11　禅宗寺院と庭園』（講談社、一九九三）、鈴木嘉吉『国宝大事典5　建築物』（講談社、一九八五）。　（花村統由）

武家造《ぶけづくり》　貴族住宅の形式である寝殿造に対して中世の武家住宅の形式が武家造である。しかしながら、*書院造も寝殿造から発達して形成されたということが明らかになってからは、中世の武家住宅も寝殿造の系譜を引くものであるということが明確化されてきた。そのために今日では「武家造」という住宅形式の概念は認められてはいない。寝殿造が簡素化されたものであると位置づけられている。この武家住宅の様式は鎌倉時代を中心として興った武家の邸宅であり、室町時代に発展する。住宅構造としては、武家の生活に必要な諸室の配置や接続がなされており、門の左右には矢倉、物見櫓《やぐら》、堀を廻らして板塀で囲むなどの一種の城郭としての機能を有する防御的施設、あるいは板敷で縁を廻らした母屋、警備の武士の詰所である遠《とお》侍《さむらい》、馬をつないでおく厩《うまや》や馬場などの一般実用的な施設などに主眼をおいてつくられている。実用的に必要な建物が集合接続しているが、その配置は不規則的である。寝殿造のように各棟を廊でつなぐことはなく、板ぶきや板敷などの質素なものを採用している。屋根や柱、壁には身分や格式などによる区別がある。間取りは各室が実用的に配置されている。寝所には装飾と防御的用心を考慮した帳台構《ちょうだいがまえ》が用いられている。庭に面した縁側には読書や筆録などのための書院が設けられており、明《あかり》障子を立てて学問の場として構成されている。地頭の館もこの形式によってつくられていた。

［文献］『日本史用語事典』（柏書房、一九七九）、野澤伸平　日本史広辞典編集委員会編『日本史広辞典』（山川出版社、一九九七）。

（花村統由）

棟札《むなふだ》　上棟や竣工のときに年月日や工事関係者名、祈願文などを書いたもの。はじめは棟木の下面に直接書くか、別の板に書いて打ちつけた。鎌倉時代中頃以降は小屋束《こやづか》などに打ちつけたり、箱に格納したりした。小さな建物の場合は本殿内に置かれるのが普通であるが、はずされて別途保存されている場合も少なくない。棟札の古いものは幅が狭く長いために内容は簡単なものになっているが、しだいに広くて下方がせばまったものになり、建物の由緒や工事内容なども細かく記されるようなった。上棟・造営・建立・再建・修覆・葺替・遷宮などの文字があり、工事の概要を知ることができる。中尊寺に伝わる保安三年（一一二二）のものが最古である。

［文献］濱島正士『寺社建築の鑑賞基礎知識』（至文堂、一九九五）、日本史広辞典編集委員会編『日本史広辞典』（山川出版社、一九九七）。

（花村統由）

（九）彫刻

慶派仏師《けいはぶっし》**と作品**　平安時代末期に始まる仏師の一派。この派の祖である康慶《こうけい》は、定朝《じょうちょう》の系譜を継ぐ正系仏師のうち、奈良に拠点を置いた奈良仏師《ならぶっし》の傍流であったが、康慶の子*運慶《うんけい》、康慶の弟子*快慶《かいけい》、運慶の長男*湛慶《たんけい》など、すぐれた仏師を輩出し、鎌倉時代以降の造仏界の主流を占めるようになった。名前に慶の字がつく者が多いことから慶派と呼ばれている。安元二年（一一七六）に完成した円成寺の大日如来像は、運慶の初期の作例。運慶はその後、文治二年（一一八六）*北条時政のために願成就院の阿弥陀・不動二童子・毘沙門天像や、同五年（一一八九）*和田義盛のために浄楽寺の阿弥陀三尊・不動明王・毘沙門天像をつくった。建久七年（一一九六）康慶、快慶、定覚とともに、東大寺大仏脇侍と四天王像の復興造像に携わり（現存せず）、建仁三年（一二〇三）快慶、定覚、湛慶とともに、南大門金剛力士像をつくった。建暦二年（一二一二）に完成した興福寺北円堂諸尊は、弥勒仏の台座に記された墨書銘から、運慶を惣大仏師として、弥勒仏は願慶と静慶、両脇侍像は運覚ともう一人の仏師、四天王像は運慶の六人の息子のうち湛慶、康運、康弁、康勝の四人が、残りの運賀は世親像、運助は無著像を担当したことがわかる（弥勒仏、無著、世親が現存）。また、近年二体の大日如来像が発見され、建久年間の造像が明らかになりつつある。そのほか、金剛峯寺不動堂の八大童子六躯も運慶作と考えられる。快慶の造像には*重源《ちょうげん》にかかわるものが多く、建久三年（一一九二）醍醐寺三宝院弥勒菩薩像、同五年（一一九四）

浄土寺阿弥陀三尊像、建仁元年（一二〇一）東大寺鎮守八幡宮僧形八幡神像、同三年（一二〇三）東大寺俊乗堂阿弥陀如来像などが現存。端正で美しい快慶の阿弥陀如来立像は、安阿弥様《あんなみよう》と呼ばれ継承された。湛慶は、蓮華王院千体千手観音堂の復興造像にあたり、建長六年（一二五四）中尊千手観音像を完成させた。高山寺の善妙神像、白光神像、狛犬や神鹿、仔犬などの動物彫刻も湛慶の作とみられる。そのほか慶派仏師の作例に、興福寺天燈鬼像・龍燈鬼像（康弁作）、六波羅蜜寺空也上人像（康勝作）などがある。慶派の仏師たちは、興福寺大仏師職、東寺大仏師職を相承し、京都七条に仏所《ぶっしょ》を構えて活躍した。

［文献］水野敬三郎ほか編著『日本美術全集10　運慶と快慶』（講談社、一九九一）、山本　勉「新出の大日如来像と運慶」（『MUSEUM』五六九、二〇〇四）。　（稲本万里子）

円派仏師《えんぱぶっし》と作品　平安時代後期に始まる仏師の一派。定朝《じょうちょう》の弟子長勢《ちょうせい》の系譜を継ぐ円勢《えんせい》以下、名前に円の字がつく一派を円派仏師という。白河上皇や鳥羽上皇の支持を得て、その膨大な造像を請け負い、一二世紀前半の造仏界を主導した。院の造像に携わることが可能になったのは、円派が*院派《いんぱ》や奈良仏師《ならぶっし》と異なり、摂関家と関係の薄い傍系であったためと考えられる。円派は、定朝様《じょうちょうよう》を受け継ぎ、穏やかで円満な像を制作した。円勢は、法橋、法眼、法印の位につき、さらに仏師としては異例の清水寺別当に就任したが、興福寺僧の訴えにより罷免された。近年発見された仁和寺旧北院の薬師如来像は、康和五年（一一〇三）に円勢と円勢の子長円《ちょうえん》がつくった北院薬師堂白檀薬師像に該当すると考えられており、円派仏師特有の穏やかな作風を示す。長円は、法橋、法印の位につき、さらに清水寺別当に就任するために、山階寺大仏師の職を得ようとしたが、これに反対する興福寺僧に奈良坂で襲撃されたため、果たせなかった。安楽寿院の阿弥陀如来像は、保延五年（一一三九）に鳥羽上皇の墓所として建立された三重塔の本尊。安楽寿院の造像は、長円や長円の弟子円信《えんしん》などの長円工房の仏師が担当していることから、この像も長円作と考えられている。像内にも漆箔を施すなど、繊細で耽美的な作風である。現在西大寺四王堂にある十一面観音像は、もとは鳥羽上皇の発願により、天養二年（一一四五）に建立された白河二条十一面堂の本尊で、円信が制作した像である。円勢のもうひとりの子賢円《けんえん》の孫明円《みょうえん》は、承安四年（一一七四）仁和寺蓮華心院の造仏により法眼の位につき、治承四年（一一八〇）の南都焼討後の復興造像において、円派の棟梁として、奈良仏師の成朝《せいちょう》をおさえて、興福寺金堂の本尊釈迦如来像を担当したことが知られている。大覚寺五大明王像は、金剛夜叉明王像の台座に記された墨書銘から、安元二年（一〇七六）に明円によってつくりはじめられた像であることがわかる。円派の作風に通有の穏やかな怒りの造形で、明円の現存する唯一の遺品。また、文永三年（一二六六）に完成した蓮華王院の再興造像には、*湛慶《たんけい》を中心に各派の仏師が参加したが、円派仏師としては隆円《りゅうえん》、昌円《しょうえん》らの制作した千手観音像が含まれている。

［文献］京都国立博物館編『院政期の仏像』（岩波書店、一九九二）、水野敬三郎ほか編著『日本美術全集6　平等院と定朝』（講談社、一九九四）。　（稲本万里子）

院派仏師《いんぱぶっし》と作品　平安時代後期に始まる仏師の一派。定朝《じょうちょう》の子覚助《かくじょ》の子には院助《いんじょ》と頼助《らいじょ》がいたが、このうち院助以下の名前に院の字がつく一派を院派仏師という。院派は、定朝の正嫡として、定朝の最も重要な仕事であった摂関家の造像を受け継いだが、摂関家の弱体化とともに低迷した。院助の子院覚《いんかく》は、鳥羽上皇の代になって、ようやく院の造像に携わるようになった。法金剛院の阿弥陀如来像は、大治五年（一一三〇）に院覚が制作した鳥羽上皇の中宮待賢門院璋子の御堂法金剛院の本尊と伝えられる。院派は、その後勢力を拡大し、一二世紀後半には*円派《えんぱ》に代わって造仏界を主導した。治承四年（一一八〇）の南都焼討後の復興造像では、院覚の弟子あるいは子である院尊《いんそん》が、院派の棟梁として、奈良仏師《ならぶっし》の成朝《せいちょう》をおさえて、興福寺講堂阿弥陀三尊像や東大寺大仏光背（現存せず）を担当したことが知られている。また、宝積寺の十一面観音像は、天福元年（一二三三）に院範《いんぱん》と院雲《いんうん》がつくった像であることや、仁和寺の悉達太子《しったたいし》像は、建長四年（一二五二）に院智《いんち》がつくった像であることがわかる。文永三年（一二六六）に完成した蓮華王院の再興造像には、*湛慶《たんけい》を中心に各派の仏師が参加したが、院派仏師からは院継《いんけい》、院承《いんじょう》、院恵《いんえ》ら、多くの仏師が動員され、数多くの千手観音像が制作された。さらに、徳治三年（一三〇八）称名寺釈迦如来像（院保他作）、元亨二年（一三二二）覚園寺阿閦如来像（院興作）、正慶元年（一三三二）慶珊寺十一面観音像（院誉作）、観応三年（一三五二）方広寺釈迦三尊像（院吉、院広、院遵作）、同年興禅寺釈迦如来像（院吉、院広、院遵作）、文和二年（一三五三）棲雲寺普応国師像（院広、院遵作）、同三年（一三五四）宝蔵寺普賢菩薩像（院広作）などの現存遺品から、院派は関東地方にも進出し、造像活動をおこなったことが明らかになっている。その後南北朝・室町時代にいたっても、院派の活動は盛んで、足利氏の庇護を受け、室町幕府や禅宗の造像に携わり、独特のくせの強い表現の像を数多く制作した。

［文献］　清水眞澄『中世彫刻史の研究』（有隣堂、一九八八）、京都国立博物館編『院政期の仏像』（岩波書店、一九九二）。

（稲本万里子）

肖像彫刻《しょうぞうちょうこく》　特定の人物の姿を表した彫刻。肖像画や肖像彫刻は影《えい》と呼ばれ、礼拝の対象であった。影は、はじめ像主の没後に身代わりとしてつくられ礼拝された。遺例として、古くは天平時代につくられた唐招提寺の鑑真《がんじん》和上像がある。ほぼ等身大で、瞑目して静かにほほえむ表情から、鑑真の風貌に親しく接した仏師の手になる像といわれる。鎌倉時代に入ると、礼拝対象の僧侶だけではなく、俗人の肖像がつくられるようになり、さらには、像主の在世中にも肖像彫刻が制作されるようになった。これを寿像《じゅぞう》という。東大寺俊乗堂の重源《ちょうげん》上人像は、建永元年（一二〇六）*重源の没後まもなくつくられた迫真的な像。西大寺愛染堂の興正菩薩像は、弘安三年（一二八〇）に、仏師善春によってつくられた叡尊八〇歳の寿像である。禅宗では法系血脈が重視されたことから、頂相《ちんぞう》彫刻が制作されるようになった。興国寺の法燈国師《はっとうこくし》像は、同九年（一二八六）につくられた八〇歳の寿像。南禅寺の亀山法皇像は、天皇の肖像彫刻としては現存する最古の遺品であるが、曲彔《きょくろく》の上に坐す頂相彫刻の形式を取り入れている。東京国立博物館の源頼朝像は、烏帽子に狩衣姿の俗体の武士像で、同種の作例は鎌倉地方に数多く残る。像主に似せて特徴をとらえた肖像彫刻がつくられる一方で、興福寺北円堂の無著《むちゃく》・世親《せしん》像、六波羅蜜寺の空也《こうや》上人像のように、過去の偉大な僧侶を、おそらくはモデルを使い、あたかも同時代の人物のように表現した像も制作された。また、聖徳太子信仰の広がりとともに、南無仏太子像、孝養像、講讃像など、多くの聖徳太子像がつくられた。

［文献］毛利　久『日本の美術10　肖像彫刻』（至文堂、一九六七）、水野敬三郎ほか編著『日本美術全集10　運慶と快慶』（講談社、一九九一）。

（稲本万里子）

運慶《うんけい》（?—一二二三）　平安時代〜鎌倉時代初期の*慶派《けいは》の仏師。仏師康慶《こうけい》の子と伝えられる。円成寺の大日如来像は、台座に記された墨書銘から、安元二年（一一七六）に完成した現存する運慶の最初の作例。仏師の自署名をもつ遺品として貴重。運慶はその後、願成就院像や浄楽寺像など、関東の武士たちのための造像に携わり、さらに、東大寺や興福寺、東寺の復興造像を通じて、奈良時代以降の仏像の技法や表現法を習得し、写実的で力強い新様式をつくりだした。建仁三年（一二〇三）運慶の指導のもと、*快慶《かいけい》、定覚《じょうかく》、*湛慶《たんけい》によってつくられた東大寺南大門の金剛力士像や、建暦二年（一二一二）運慶とその一門によってつくられた興福寺北円堂諸尊に、運慶様式の完成をみることができる。建久六年（一一九五）法眼、建仁三年法印に任ぜられた。

［文献］水野敬三郎ほか編著『日本美術全集10　運慶と快慶』（講談社、一九九一）、副島弘道『運慶　その人と芸術』（吉川弘文館、二〇〇〇）。

（稲本万里子）

快慶《かいけい》（生没年未詳）　平安時代〜鎌倉時代初期の*慶派《けいは》の仏師。仏師康慶《こうけい》の弟子。康慶や*運慶《うんけい》工房の一員として、東大寺の復興造像に携わった。快慶は、熱心な浄土信仰の持主で、南無阿弥陀仏と号した*重源《ちょうげん》に帰依し、安阿弥陀仏《あんなみだぶつ》と名乗った。そのため、快慶の造像には、建久三年（一一九二）醍醐寺三宝院の弥勒菩薩像、同五年（一一九四）に重源が建立した浄土寺の阿弥陀三尊像、建仁元年（一二〇一）東大寺鎮守八幡宮の僧形八幡神像、同三年（一二〇三）東大寺俊乗堂の阿弥陀如来像など、重源にかかわるものが多い。快慶は、慶派の様式を基礎としながらも、平安後期様式や宋風を摂取した新様式を生みだした。衣文線を美しく整えた端正な来迎印の阿弥陀如来像を数多くつくり、その作風は安阿弥様《あんなみよう》と呼ばれ継承された。

［文献］毛利　久『仏師快慶論 増補版』（吉川弘文館、一九八七）、水野敬三郎ほか編著『日本美術全集10　運慶と快慶』（講談社、一九九一）。

（稲本万里子）

湛慶《たんけい》（一一七三—一二五六）　鎌倉時代中期の*慶派《けいは》の仏師。仏師*運慶《うんけい》の長男。運慶工房の一員として、東大寺や興福寺の復興造像に携わり、建暦三年（一二一三）運慶の法勝寺九重塔造仏賞を譲られ、法印に任ぜられ、運慶没後、後継者として活躍した。雪蹊寺毘沙門天および両脇侍像は嘉禄元年（一二二五）頃の作。建長元年（一二四九）に焼失した蓮華王院千体千手観音堂の復興造像にあたり、同六年（一二五四）中尊千手観音像を完成させた。康元元年東大寺講堂の復興造像にあたり、中尊千手観音像の造像半ばで没した。そのほか、高山寺の善妙神像、白光神像、狛犬や神鹿、仔犬などの動物彫刻も湛慶の作と考えられている。湛慶は、運慶様式を継承しながら、洗練された温和な作風の作品を生みだした。

［文献］麻木脩平「仏師湛慶について」（『史跡と美術』四〇四、一九七〇）、水野敬三郎ほか編著『日本美術全集10　運慶と快慶』（講談社、一九九一）。

（稲本万里子）

(一〇) 金工・工芸

明珍《みょうちん》　甲冑師《かっちゅうし》の流派の一つ。「明珍系図」によると、初代は出雲守紀宗介で、京都九条に住み、近衛天皇（一一三九―五五、在位一一四一―五五）から「明珍」の号を賜わったと伝える。しかし、現存の作品は室町以降のもので、小田原・鎌倉（相模国）・府中（常陸国）・小幡・白井（上野国）などに分派が成立していた。江戸時代にも、明珍一派が甲冑部門では有力であったが、轡《くつわ》・鐔《つば》などの馬具・武具の製作の方が多かった。（阿部　猛）

粟田口国綱《あわたぐちくにつな》（生没年未詳）　平安末期に始まる粟田口派の刀工。一三世紀初め鎌倉にうつり、後鳥羽院に招かれて隠岐島で御番鍛冶をつとめたというが詳かではない。現在、御物《ぎょぶつ》となっている鬼丸国綱は国綱晩年の作と伝える。（阿部　猛）

粟田口吉光《あわたぐちよしみつ》（生没年未詳）　鎌倉中期の刀工。名は藤四郎。とくに短刀の製作にすぐれた。徳川秀忠の所有となった名物平野藤四郎、国宝の名物厚《あつし》藤四郎がある。太刀《たち》には、いま御物《ぎょぶつ》となっているものが唯一の遺作とされている。（阿部　猛）

長船長光《おさふねながみつ》（生没年未詳）　鎌倉中期の刀工。備前長船派の祖とされる光忠の子という。国宝の大般若長光、津田遠江長光の太刀が現存する。長船派は景光・兼光・倫光などの名工を送りだし全盛期を迎えた。（阿部　猛）

正宗《まさむね》（生没年未詳）　父は藤三郎行光。鎌倉に住む。五郎入道と称した。観世正宗（太刀）、包丁正宗（短刀）、不動正宗（短刀）、が現存し、いずれも国宝である。銘のある作品がきわめて少ないところから、正宗抹殺論も唱えられたが、最近はその実在が確認されている。（阿部　猛）

郷義弘《ごうよしひろ》（生没年未詳）　越中国松倉郷を本貫の地とし、現地の土豪桃井《もものい》氏に仕えていたという。後世江戸時代には、正宗・粟田口吉光とならんで「三作」と呼ばれてもてはやされたが、正真の在銘品は存在しない。（阿部　猛）

(一一) 絵画・他

絵巻物《えまきもの》　横長の巻物に、テキストである詞書《ことばがき》と、それに対応する絵を交互に表す形式の絵画。縦三〇センチ、横五〇～六〇センチの紙または絹を継ぎ、長さ一〇メートル前後のものが標準的な形態である。右から左へと繰り広げ、絵のなかに時間と空間の推移を読み取りながら鑑賞する。中国では横長の巻物は画巻《がかん》と呼ばれ、奈良時代には中国の画巻を模写した作品がつくられるようになった。「絵因果経《えいんがきょう》」がこの時期の作例である。平安時代になると、中国の文学作品を翻訳した物語に絵がつけられ、同じ頃つくりはじめられた仮名書きの物語にも絵が加えられたことが知られているが、この時期の作品は残されておらず、現存する最古の遺品は一二世紀につくられた「源氏物語絵巻《げんじものがたりえまき》」である。濃彩で細密な画面のなかに物語の情景を描く「源氏物語絵巻」に対して、「信貴山縁起絵巻《しぎさんえんぎえまき》」や「伴大納言絵巻《ばんだいなごんえまき》」は、いくつもの情景を連続させて長い場面を構成する形式をとり、人物の姿態や表情を生き生きとした線で描きだしている。一二世紀末には、六道思想を背景に「*病草紙《やまいのそうし》」「*餓鬼草紙《がきぞうし》」「*地獄草紙《じごくぞうし》」がつくられ、鎌倉時代に入ると、*似絵《にせえ》の顔貌表現を取り入れた「*北野天神縁起絵巻《きたのてんじんえんぎえまき》」や「*紫式部日記絵巻《むらさきしきぶにっきえまき》」などが制作された。一三世紀末から一四世紀には、物語絵巻や合戦絵巻、高僧の伝記絵巻、寺社創建の由来と神仏の霊験譚を描いた縁起絵巻など、さまざまな種類の絵巻物がつくられるようになった。なかでも、正安元年（一二九九）に完成した「*一遍聖絵《いっぺんひじりえ》」は、時宗の開祖一遍智真の事績を追いながらも一遍の遊行した各地の風景や寺社のありさまを描き、新しい名所《めいしょ》絵をつくりあげている。また、延慶二年（一三〇九）に「*春日権現験記絵巻《かすがごんげんけんきえまき》」を描いた絵師高階隆兼《たかしなたかかね》は、古典様式を集大成し、隆兼様式ともいうべき宮廷絵所様式を生みだした。

［文献］ 秋山光和『原色日本の美術8 絵巻物』（小学館、一九六八）、若杉準治編『絵巻物の鑑賞基礎知識』（至文堂、一九九五）。

（稲本万里子）

似絵《にせえ》 鎌倉時代から室町時代にかけて流行した人物画の一種。尊崇や礼拝のための理想化された肖像画とは異なる写生的、記録的、即興的要素の強い作品。院や天皇、特定の行事に参加した近臣たち、技能や芸能をもって仕える者たちを描き、対象とする人物に似せることに主眼が置かれていた。平安時代以前に描かれた人物画は、賢聖像や高僧像など、礼拝の用途をもつものであり、高位の貴族たちは、面貌をあからさまに描くことをはばかったため、生存中に自らの面貌を描かせることはなく、画像がつくられるのは死後仏事を行うためであったと考えられている。ところが、平安時代末期に、禁忌の意識が薄れ、貴族たちの面貌が描かれるようになった。『玉葉』承安三年（一一七三）九月九日条によれば、建春門院の発願により建立された最勝光院御堂御所の障子には、常磐光長《ときわみつなが》が高野御幸、平野行啓、日吉御幸の絵を描いたが、御幸に参加した貴族たちの面貌だけは藤原隆信《ふじわらのたかのぶ》が担当したという。似絵は、隆信の子信実《のぶざね》によって大成し、信実の家系の絵師たちによって描き続けられた。似絵の表現方法は、細い線を幾本も引き重ねて面貌を整え、特徴をとらえようとするもので、やまと絵の顔貌表現の流れを汲んでいる。似絵とは人と人の関係を表す絵であり、遺品として残された「後鳥羽上皇像《ごとばじょうこうぞう》」「花園天皇像《はなぞのてんのうぞう》」からは像主である天皇と絵師の近しい関係が、「中殿御会図巻《ちゅうでんぎょかいずかん》」からは政治的な力関係が明らかになり、「*随身庭騎絵巻《ずいじんていきえまき》」「*天子摂関御影《てんしせっかんみえい》」は特定の家に生まれた人々によって宮廷の権威が支えられてきた証として機能した。また、特定の牛馬を描いた「駿牛図巻《しゅんぎゅうずかん》」「馬医《ばい》草紙《そうし》」も似絵と呼ばれた。

［文献］ 中野政樹ほか編著『日本美術全集9 縁起絵と似絵』（講談社、一九九三）、マリベス・グレイビル「家業としての絵画制作」（『美術研究』三六〇、一九九四）。

（稲本万里子）

頂相《ちんそう》 鎌倉時代から室町時代にかけて流行した禅僧の肖像画。「ちんぞう」とも読む。禅宗では、法は人によって伝えられるという法系血脈《ほうけいけちみゃく》を重視することから、師が弟子に法を伝えた証として、自筆を添えて与える肖像画、すなわち頂相が盛んに制作された。入宋の留学僧や宋からの渡来僧によってもたらされた宋の頂相が手本になって、日本でも宋画風の頂相が描かれるようになった。頂相には、師の生前につくられた寿像と没後つくられた遺像がある。絵画の場合、全身像または半身像があるが、全身像では、曲彔《きょくろく》という椅子に座具の法被をかけ、僧衣に袈裟をつけ、右手に竹篦《しっぺい》か払子《ほっす》をもち、ゆったりと坐る形式で描かれる。面貌が写実的に描かれるのに対し、着衣は形式的に表されるのが特徴である。東福寺の「無準師範像《ぶじゅんしばんぞう》」は、南宋の禅僧である無準師範が、日本から入宋して法を嗣いだ*円《えん》爾弁円《にべんねん》に、嘉熙二年（一二三八）に贈った自賛像。細い墨線と色の濃淡で面貌を写実的に表した迫真的な作品である。日本の作例としては、無準師範の弟*兀菴普寧《ごったんふねい》を描いた正伝寺の「兀菴普寧像」、建長寺の「蘭渓道隆《らんけいどうりゅう》像」、大徳寺の「宗峰妙超《しゅうほうみょうちょう》像」、妙智院の「夢窓疎石《むそうそせき》像」などがある。一休宗純《いっきゅうそうじゅん》の肖像画は優れた作品が数多く残されているが、なかでも東京国立博物館蔵「一休和尚像」は、一休の飾らない日常の姿をとらえた作品として高く評価されている。また、頂相彫刻の作例として、安国寺と興国寺に伝わる法燈国師《はっとうこくし》像、円覚寺の仏光国師《ぶっこうこくし》像、瑞泉寺の夢窓国師像、真珠庵と酬恩庵に伝わる一休和尚像などがあり、宝慈院の無外如大像のような尼僧の頂相も残されている。

［文献］　西川杏太郎『日本の美術123　頂相彫刻』（至文堂、一九七六）、梶谷亮治『日本の美術388　僧侶の肖像』（至文堂、一九九八）。（稲本万里子）

牛玉宝印《ごおうほういん》　寺社が発行する護符《ごふ》の一種。*起請文《きしょうもん》の料紙とされることが多い。和紙に「熊野山宝印」「二月堂牛玉宝印」などの文字が独特の書体で書かれ、仏の種字《しゅじ》や宝珠をあらわす朱印が捺《お》されている。多くは木版刷りであるが筆書きもある。修《しゅ》正会《じょうえ》・修二会《しゅにえ》につくられ信者に配符される。普通は、家の戸口に貼《は》ったり、木の枝、竹串に挟《はさ》んで苗代《なわしろ》の水口《みなくち》に立てたり、病人の枕元に貼った。元来は降魔・除災の守り札であったが、鎌倉後期以降起請文を書くのに用いられた。料紙としては熊野三山の牛玉宝印が大半を占めた。牛玉の称は、古来の霊薬午黄《ごおう》にちなんだものであろうという。

［文献］　中村直勝『起請の心』（便利堂、一九六二）。（阿部　猛）

起請文《きしょうもん》　人と人との約束、あるいは一揆契約裁判時の証言、職務契約の場などにおいて書かれる宣誓書の一種。平安末期に発生し、近世期まで利用された。まずその誓約内容が前書として記され、ついで、その誓約を破った場合に神仏の罰を受けるという神文（罰文）とから構成される。大化前代以来、盟神探湯《くがたち》（のちの湯起請）という形で事の成否を呪術的なものに求める神判の伝統が中世まであったが、祈願時に己の行為の正邪・当否の判断を神に委ねるために書かれた天判祭文と、事を企画して実行にうつす際にその許可を支配者に求めて誓った起請とが、起請文の源流になったとされている。起請文をささげる神の名は、差出人の地位や地域、作成年代によってさまざまであるが、おおむね日本国中の大小神祇や氏神など神仏の名、あるいはそのほか自分の信じる神の名を挙げることが多い。また受ける罰としては現世では重病、後世では堕地獄など二世にわたることが多く、神仏名や罰の中身は時代が下るにつれて増加する傾向にある。はじめは白紙に書かれていたが、一三世紀後半頃から、神文を神文の発行する*牛玉宝印という護符の裏に記すようになり、起請文を記すことを「宝印を翻す」というようになった。宝印としては熊野三山のものが有名である。戦国時代にはそれが普通になっていく。

［文献］　入間田宣夫『百姓申文と起請文の世界』（東京大学出版会、一九八六）、佐藤進一『新版古文書学入門』（法政大学出版局、一九九七）　（畠山恵美子）

五輪塔《ごりんとう》　密教的な宇宙観にもとづいて造立された塔婆。平安時代中期から造立されはじめ、鎌倉時代の中期から後期にかけて造立の最盛期を迎えた。中世において最も多く造立された塔婆であり、宝篋切塔とともに日本の塔婆の主流をなす。現在知られている一般的な塔形の基本は、上から下方に向かって団形・半月形・三角形・円形・方形の五つの石材による構成である。これは、それぞれ密教で説かれている万物の五つの構成要素「空・風・火・水・地」に対応している。平安時代における塔形は一様ではないが、鎌倉時代の中期から後期にはこの塔形に落ちついたと考えられている。塔形の初出は、保安三年（一一二二）建立の京都府法勝寺軒丸瓦当文塔である。紀年銘のある五輪塔としては、岩手県中尊寺釈尊院境内の仁安四年（一一六九）銘が最古。五輪塔の起源は、漢訳仏典にみられる五輪図に求められ、既存の塔婆との融合によって立体化されたものと考えられている。五輪塔には、梵字を刻印したものが多いが、造立初期には大日法身真言が配され、やや遅れて五大字種が配されるようになった。塔の構造において中心的役割を担っているのが水輪であったことから、五輪塔の機能は舎利を安置する容器あるいはその外容器、しだいに先亡者の追善供養塔や墓標へとその用途が拡大したとみられる。材質としては石材が主流であるが、土製・木製・鉄製・金銅製・水晶製・紙製のものもある。

［文献］藪田嘉一郎編『五輪塔の起源』（綜芸社、一九六七）、狭川真一「五輪塔の成立とその背景—出現期資料の分類を中心とした予察—」（『元興寺文化財研究所研究報告二〇〇一—増澤文武氏退職記念—』元興寺文化財研究所、二〇〇二）。

（畠山恵美子）

板碑《いたび》　中世に先亡者の追善供養やそれに付随する結縁や生前の逆修供養による功徳授受を目的として造立された石造の卒塔婆。板石塔婆、青石塔婆とも。埼玉県大里郡江南町須加広の嘉禄三年（一二二七）銘板碑が初見。鎌倉時代から南北朝・室町時代にかけて最盛期をむかえ、一五世紀を画期にしだいに衰退。緑泥岩を用材とし、頭頂部を等辺三角状の山形に、頭部と身部との間に二条溝状の切り込みをもつ関東の板碑が典型。板碑分布は九州から北海道までの各地に広がるが、用材は安山岩、花崗岩、凝灰岩、粘板岩など造立地付近産出のもの、形態にも地域的特徴がみられる。板碑表面上部には造立目的を表す主尊の種字、下部に主尊の徳を讃える偈頌や経典の一部、真言、願文、造立者名、年紀が刻まれる。文字のほかに主尊の尊容や曼荼羅、塔形、天蓋や須弥壇、蓮台、瓔珞など仏具も刻まれているが一様ではない。中世史研究において、板碑は、文献史料に乏しい地域の社会構造と歴史的展開を復元するための有効な文字史料として活用されている。板碑の造立や展開には、地域による特色がある。板碑の用材や形態のみならず、板碑に刻まれた銘文・種子・紀年・荘厳などの解釈や板碑の造立者階層及び造立された場の分析と文献史料との組み合わせに立脚した中世仏教史や中世地域史の研究が注目されている。

［文献］千々和到『板碑とその時代』（平凡社、一九八八）、大石直正・川崎利夫編『中世奥羽と板碑の世界』（高志書院、二〇〇一）。

（畠山恵美子）

胎内文書《たいないもんじょ》　神像・仏像などの胎内に納められた文書。その像の造立《ぞうりゅう》や修理の趣旨を記した願文《がんもん》や結縁《けちえん》者の名簿（交名《きょうみょう》という）などで、近代の補修の際などに偶然発見される例が多い。胎内には文書以外に小仏像・舎利・五輪塔・経典・遺髪・日用品を納める場合もある。納入品は胎内のすき間に詰めるもので、寄木造《よせぎづくり》りが盛んになってからのものが多い。ただ、京都嵯峨《さが》清涼寺《せいりょうじ》の釈迦如来《しゃかにょらい》立像のように、背中に内ぐりがあって、そこに銭《ぜに》・文書・内蔵のつくり物を納めたものもある。死去した人を結縁させようとして故人の筆になる文書を納めることがある。まれに造立・修理とは関係なく起請文を納めることがある。これは、文書を直接神仏に託そうとする気持のあらわれであろうという。鎌倉の覚園寺《かくおんじ》の十二神将立像の一つである戌《いぬ》神将像に納められた市原八幡五月会《さつきえ》配分帳（応安五年（一三七二））は東国の中世村落研究上の重要史料であり、横浜称名寺《しょうみょうじ》の弥勒菩薩像胎内文書群は金沢《かねざわ》（北条）氏一族の信仰をうかがわせるものであり、三重県四日市市の善教寺《ぜんきょうじ》阿弥陀如来像胎内の藤原実重作善日記は鎌倉中期の在地領主の信仰生活を知る貴重な史料であり、東京都日野市の高幡不動《たかはたふどう》胎内文書は、南北朝内乱期の東国の小領主の動向を知らせる史料として珍重されている。

［文献］日野市史編さん委員会『日野市史　史料集　高幡不動胎内文書編』（一九九三）。（阿部　猛）

絵解《えと》き　絵画の内容を語りによって説明すること。『吏部王記』承平元年（九三一）九月三十日条には、重明親王が貞観寺で「釈迦八相図」の絵解きを聞いたことが、『台記』康治二年（一一四三）十月二十二日条には、藤原頼長が四天王寺に詣でたとき、「聖徳太子絵伝」の絵解きが行われたことが記されている。延久元年（一〇六九）に制作された法隆寺絵殿の「聖徳太子絵伝」もまた、『建久御巡礼記』によれば、建久二年（一一九一）には絵解きがなされていたという。その後、絵解きを生業とする僧侶が現れ、平安時代には高僧によって貴族を対象に行われていた絵解きが、鎌倉時代中頃以降、身分の低い僧侶による大衆芸能へと変貌する。それに伴い、絵解きされる絵画も、寺社の障壁画から掛幅や絵巻のような持ち運びのできる形態へと変わった。絵画の主題は、経説（仏教典籍を主題とする「法華経曼荼羅」「当麻曼荼羅」「六道絵」「観心十界図」など）、祖師・高僧伝（各宗派の開祖や高僧の伝記を扱った「聖徳太子絵伝」「*法然上人絵伝」「*親鸞聖人絵伝」など）、仏伝（釈迦の伝記を描いた「釈迦八相図」「仏涅槃図」など）、寺社縁起（寺社創建の由来や神仏の霊験譚を扱った「矢田地蔵縁起絵巻」「志度寺縁起」「那智参詣曼荼羅」など）、英雄最期譚（貴種や英雄の悲劇的な最期を描いた「安徳天皇縁起絵」「源頼朝公御最期之絵図」「京都六波羅合戦」など）、物語・伝説（「道成寺縁起絵巻」「刈萱道心石童丸御親子御絵伝」「小野小町九相図」など）の六種に分類される。光明寺の「当麻曼荼羅縁起絵巻」には老尼が中将姫に「当麻曼荼羅」の絵解きをする場面が、フリア美術館の「住吉神社祭礼図屏風」には熊野比丘尼が「観心十界図」の絵解きをする様子が描かれている。道成寺では現在も「道成寺縁起絵巻」の絵解きが行われているが、原形をどこまで留めているかは不明である。

［文献］林　雅彦『日本の絵解き』（三弥井書店、一九八四）、赤井達郎『絵解きの系譜』（教育社、一九八九）。（稲本万里子）

親鸞聖人絵伝《しんらんしょうにんえでん》　浄土真宗の開祖*親鸞聖人の伝記絵。永仁三年（一二九五）一〇月一二日、親鸞の曾孫覚如によって、親鸞の命日十一月二八日の法要報恩講に用いるために、初めてつくられたが、この原本（初稿本）は南北朝時代に失われた。その後、絵巻や掛幅の作品が数多く制作されたが、現存する最古の遺品は、覚如が詞書を執筆し、関東の高田門徒に与えた専修寺本（高田本）で、初稿本と同じく上巻六段、下巻七段、計一三段からなる絵巻である。西本願寺本（琳阿本）は、巻末に「向福寺琳阿弥陀仏主」の署名があることから琳阿本と呼ばれている。詞書は覚如の手によると考えられるが、上巻の最後に一段が加わり、一四段の構成になっている。その後、康永二年（一三四三）には、上巻にさらに一段を加えた一五段からなる増補改訂本が覚如によって制作された。この東本願寺本（康永本）に記された覚如の奥書から、初稿本の画工が康楽寺浄賀であり、康永本では上巻は康楽寺円寂、下巻は弟子の宗舜であることがわかる。康永本の影響力は大きく、翌年には康永本の図様に則った照願寺本がつくられ、上下巻をさらに二巻に分けて四巻とする構成も定形化したが、貞和二年（一三四六）に制作された東本願寺弘願本、覚如の子存覚が詞書を書写して制作した定専坊本、専修寺本系統の仏光寺本、専修寺本の忠実な模写本である報恩寺本など、独自の図様をもつ絵巻もつくられた。掛幅の作品としては、三幅からなる妙源寺本、如意寺本、願照寺本、一幅で完結する光照寺本などがあるが、とくに、建武五年（一三三八）の年記を有する光照寺本は、存覚との関係が指摘され、初稿本から康永本への過渡的要素がうかがえる作品として注目される。

（稲本万里子）

［文献］小松茂美編『続々日本絵巻大成1 善信聖人親鸞伝絵』（中央公論社、一九九四）、小林達朗『日本の美術415 絵巻＝親鸞聖人絵伝』（至文堂、二〇〇〇）。

法然《ほうねん》上人《しょうにん》絵伝《えでん》 ＊浄土宗の開祖＊法然上人の伝記絵。「法然上人《ほうねんしょうにん》行状絵図《ぎょうじょうえず》」ともいう。知恩院に伝わる絵巻は、法然の一生の行状を中心に、法然の身に起こった数々の奇瑞や法然に帰依した人々が極楽往生する様子などを四八巻二三五段に描いた大規模な作品。法然の教説を書状とともに編入するなど、鎮西派の関与が指摘されている。江戸時代に編纂された『勅修吉水円光大師御伝縁起』によれば、後伏見上皇の勅命により、叡山功徳院の舜昌が編纂し、絵は宮廷の絵所、詞は上皇以下の寄合書きで、徳治二年（一三〇七）から始めて一〇年あまりを費やしたとあり、真偽のほどは不明であるが、おそらく正和元年（一三一二）の法然百年忌記念事業の一環として企画されたものと考えられている。『勅修吉水円光大師御伝縁起』には副本を制作したという記事もあり、これを当麻寺奥院本にあてる説もあるが不明。知恩院本以前に制作された「法然《ほうねん》上人《しょうにん》伝法絵《でんぽうえ》」は、善導寺本（室町時代、全四巻）の奥書から、嘉禎三年（一二三七）に鎌倉でつくりはじめられたことが知られるが、原本はすでに失われ、鎌倉時代の伝写本の断簡が残されている。そのほか、「法然上人伝法絵」の影響を受けた増上寺本（鎌倉時代、二巻の残欠本）、琳阿本（江戸時代の写本により全九巻であったことがわかる。鎌倉時代につくられた第七、八巻が現存）、特異な挿話をもつ弘願寺本（南北朝時代、個人蔵三巻、知恩院蔵一巻の計四巻が現存）などが残されている。また、親鸞の事績を付加した「拾遺《しゅうい》古徳《ことく》伝絵《でんえ》」は、親鸞の曾孫覚如によって、浄土真宗の立場から編纂された法然の伝記絵であるが、元亨三年（一三二三）に制作された常福寺本が全九巻の完本として現存するほか、三種の残欠本が知られている。

［文献］塚本善隆編『新修日本絵巻物全集14 法然上人絵伝』（角川書店、一九七七）、小松茂美編『続日本絵巻大成1、2、3 法然上

人絵伝 上、中、下』(中央公論社、一九八一)。

（稲本万里子）

北野天神縁起絵巻《きたのてんじんえんぎえまき》　「北野天神縁起」を絵画化した絵巻。鎌倉初期に成立し、中世天神信仰の隆盛に伴い、大量に制作された。四〇種以上の現存遺品が知られている。「北野天神縁起」は、北野社の祭神である菅原道真の生涯を説話的に記した菅原道真伝、道真の怨霊である天満大自在天神が猛威をふるう道真怨霊譚、道真の霊の託宣により北野社が創建され、道真の贈位贈官の次第を記す北野社創立記、天神の加護によるさまざまな霊験譚を描いた利生記の四部からなる。現存する最古の縁起本文は、五条菅家本『天神記』(文政一一年の写本)。奥書に「建久五年十月二十四日書写了」とあり、原本はさらにさかのぼる可能性がある。絵巻としては、北野天満宮に伝わる承久本が現存する最古の遺品。巻頭の詞書に「承久元年今に至るまで」と書かれており、承久元年(一二一九)をあまり下らぬ頃に制作されたものと考えられている。第一巻から第四巻に菅原道真伝、第五巻と第六巻に道真怨霊譚を描くが、創立記と利生記を欠き、第七、八巻に六道絵を描く。裏打ちの料紙のなかから創立記と利生記の一部にあたる白描下絵が発見され、現在一巻にまとめられている。創立記と利生記が白描下絵として残されたのは、絵巻の注文主あるいは絵師の死により未完に終わったためという説と、注文主が自らの罪障を償うために六道絵に計画を変更したためという説がある。*六道絵への計画変更に積極的な意味を認めるならば、注文主は承久の乱の際に*後鳥羽上皇と敵対した*九条道家あるいは*西園寺公経が想定できる。料紙を縦に用いた縦五二・二センチの大きな画面にモチーフを鮮やかな彩色で大胆に描いた画風が特徴的である。紙本着色。国宝。弘安本は、創立記と利生記を備え、その後の「北野天神縁起絵巻」の規範になった作品であるが、完本ではなく、北野天満宮に残欠本三巻、東京国立博物館、大東急文庫などに断簡が所蔵されている。巻末に「弘安元年夏六月のころ微功をおふと云事爾也」とあることから弘安本と称されている。

［文献］　真保　亨『北野聖廟絵の研究』(中央公論美術出版、一九九四)、須賀みほ『天神縁起の系譜』(中央公論美術出版、二〇〇四)。

（稲本万里子）

一遍上人絵伝《いっぺんしょうにんえでん》　*時宗の開祖*一遍上人の伝記を描いた絵巻。一遍の伝記絵は、没後まもなく制作され始めたが、時宗教団の発展に伴い、数多くの絵巻がつくられた。これを大別すると聖戒編「一遍聖絵《いっぺんひじりえ》」と宗俊編「遊行上人縁起絵巻《ゆぎょうしょうにんえんぎえまき》」の系譜に分けることができる。歓喜光寺に伝わった「一遍聖絵」は、一遍の没後一〇年目にあたる正安元年(一二九九)につくられた一二巻本の絵巻(現在は清浄光寺蔵。第七巻は東京国立博物館蔵)。奥書から、一遍の側近くに仕えた弟子の聖戒が詞書を編集し、法眼円伊《えんい》が絵を描いたことがわかる。円伊については、絵師円伊説、園城寺僧円伊説などがあるが詳細は不明。伝統的なやまと絵の山水表現や季節の表現をベースに、宋画の新しい技法を加え、さらに、既成の社寺曼荼羅の枠組みを借りて、一遍が訪れた各地の名所や寺社の景観を大きく描く。「遊行上人縁起絵巻」が時宗教団の布教を目的とするため、時宗教団や一遍の奇跡を強調しているのに対し、「一遍聖絵」は、詞書では人間一遍の側面を伝え、絵では名所や寺社の景観のなかに一遍を小さく描いている。絹本であることや、諸国の一宮を比較的多く描いていることなどから、蒙古襲来を契機に、貴顕の依頼によって制作されたと考えられている。絹本着色。国宝。

〔文献〕『日本絵巻大成別巻 一遍上人絵伝』(中央公論社、一九七八)、水野僚子「『一遍聖絵』の制作背景に関する一考察」(『美術史』一五二、二〇〇二)。 (稲本万里子)

春日権現験記絵巻《かすがごんげんけんきえまき》 春日社の創建と霊験譚を描いた絵巻。全二〇巻。第一巻から第五巻は、春日社草創の由来と竹林殿の建立、藤原忠実ほか、藤原氏の功徳を描き、第六巻には、春日明神の祟りや地獄巡りを描く。第七、八巻は、僧侶にまつわる春日明神の霊験譚、とくに、第一六巻から第一八巻は、春日信仰を昂揚させた解脱上人*貞慶と明恵上人*高弁を扱う。第一九巻には、正安三年(一三〇一)の神鏡盗難事件、第二〇巻には、嘉元二年(一三〇四)の春日山木枯槁神異という最新の事件を描く。付属の目録奥書から、西園寺公衡が春日明神の加護による一門の繁栄を祈願するため、延慶二年(一三〇九)三月に春日社に奉納したこと、絵は絵所預高階隆兼《たかしなたかかね》が描き、詞書は前関白鷹司基忠とその息子である冬平、冬基、興福寺一乗院良信が書写したこと、そして、その詞書は公衡の弟である興福寺東北院覚円が起草し、これを興福寺の前大僧正大乗院慈信、三蔵院範憲に相談したことが明らかになる。隆兼の様式は、的確な描線と洗練されたモチーフの形態、鮮やかな彩色、細部にいたるまで綿密に描写した精緻で装飾的な表現が特徴的である。宮内庁三の丸尚蔵館蔵。絹本着色。古典様式を集大成したといわれる隆兼のスタイルは、知恩院本「*法然上人絵伝《ほうねんしょうにんえでん》」の一部や「玄奘三蔵絵《げんじょうさんぞうえ》」(藤田美術館蔵)、「駒競行幸絵巻《こまくらべぎょうこうえまき》」(静嘉堂文庫美術館、和泉市久保惣記念美術館蔵)などの一四世紀前半の作品に多く認められ、隆兼様式と呼ばれている。興福寺に伝来した「玄奘三蔵絵」は、鷹司冬平が詞書の首席を務めていることから、「春日権現験記絵巻」同様、公衡が興福寺に奉納したものであり、その制作時期は基忠没の正和二年(一三一三)から公衡没の同四年までとも考えられる。

〔文献〕小松茂美編『続日本絵巻大成14、15 春日権現験記絵 上、下』(中央公論社、一九八二)、加藤悦子「『春日権現験記絵巻』研究」(『美術史』一三〇、一九九一)。 (稲本万里子)

随身庭騎絵巻《ずいじんていきえまき》 一二世紀後半の随身三人と宝治元年(一二四七)頃の*後嵯峨院の随身六人を描き連ねた絵巻。九人の随身は、墨書名が記され、いずれも実在の人物であることがわかる。三随身の秦兼清、秦兼任、中臣末近は、『山槐記』永暦元年(一一六〇)九月二十日条の記事から、城南寺競馬の出場者であり、馬術に優れていたことが知られる。秦兼清は馬を引き、秦兼任は右膝をつく姿に、中臣末近は騎馬姿で描かれている。六随身のはじめには「宝治元年十月院御随身」の書き入れの文字があり、当時随身であった秦久則、秦兼利、秦兼躬、秦頼方、秦久頼、秦弘方の騎馬姿が描かれる。随身の面貌は、それぞれの違いを表し、個性的に描かれているところから、*似絵《にせえ》の絵師の手になる作品と考えられるが、人物の姿態や面貌の描き方には相違が認められ、いくつかのグループに分けることができる。描かれた時期から、三随身は「後鳥羽上皇像《ごとばじょうこうぞう》」と同様に藤原信実《ふじわらのぶざね》、六随身は信実の子為継《ためつぐ》とも考えられている。江戸時代には住吉家の所蔵であったが、その後徳川家から田安家に伝えられ、昭和に入って大倉家の所蔵となった。現在、大倉集古館蔵。紙本淡彩。国宝。

〔文献〕宮 次男編『新修日本絵巻物全集26 天子摂関御影 公家列

影図 中殿御会図 随身庭騎絵巻』（角川書店、一九七八）、小松茂美編『続日本絵巻大成18 随身庭騎絵巻 中殿御会図 公家列影図 天子摂関御影』（中央公論社、一九八三）。　（稲本万里子）

天子摂関御影《てんしせっかんみえい》　平安時代末期から鎌倉時代末期にいたる天皇、摂関、大臣の肖像を在位、着任の順に描き連ねた絵巻。各巻とも、巻頭の一人が向かって左を向き、ほかは巻頭を向く。人物の右上に記された人名から、天子巻に描かれている人物は鳥羽院以下二一人の天皇、摂関巻は法性寺関白（藤原忠通）以下三〇人の摂関、大臣巻は藤原家忠以下八〇人の大臣であることがわかる。人物の面貌は*似絵《にせえ》の手法で描かれるが、姿態は類型的に表され、とくに、摂関、大臣影の束帯に用いられた彫塗《ほりぬ》りの技法が特徴的。各巻の奥書から、天皇影のうち鳥羽院から後二条院は藤原信実《ふじわらののぶざね》の曾孫為信《ためのぶ》が描き、銘は世尊寺行尹の筆になること、花園院、後醍醐院と摂関、大臣影は為信の子豪信《ごうしん》が描き、銘は奥書の筆者である*尊円法親王《そんえんほっしんのう》が記したことがわかる。また、今上と記された天皇は、*後光厳天皇に比定されるが、画風の違いから、後から挿入されたものと考えられる。天皇、摂関、大臣という三つの官職によって象徴されるヒエラキカルな宮廷の権威が、特定の家に生まれた人々によって支えられてきたことを視覚的に表す作品であり、宮廷の権威や正統性を物語る公的なイコンとして、似絵の絵師の家で管理されてきたと考えられる。曼殊院から皇室に献上され、現在、宮内庁書陵部蔵。紙本着色。また、徳川美術館に所蔵される「天皇摂関御影《てんのうせっかんみえい》」は、鳥羽院以下一七人の天皇と九人の僧侶、法性寺関白以下一一人の摂関を一巻に描いた作品（現在は二巻に分けられている）。

〔文献〕宮　次男編『新修日本絵巻物全集26 天子摂関御影 公家列影図 中殿御会図 随身庭騎絵巻』（角川書店、一九七八）、小松茂美編『続日本絵巻大成18 随身庭騎絵巻 中殿御会図 公家列影図 天子摂関御影』（中央公論社、一九八三）。　（稲本万里子）

紫式部日記絵巻《むらさきしきぶにっきえまき》　『紫式部日記』を絵画化した絵巻。現在、詞書・絵各二四段が残されるのみであるが、もとは六〇段から七〇段を一〇巻程度にまとめたものと考えられている。絵は、「源氏物語絵巻《げんじものがたりえまき》」の系譜を引くつくり絵の技法によって描かれているが、屋台引きに斜線を多用するなど、鎌倉時代の新しい感覚を加え、斬新な画面をつくりだしている。特に、人物の描写は、女性の面貌が伝統的な引目鉤鼻《ひきめかぎはな》の表現を踏襲する一方で、大きく表された男性の面貌は、上瞼と下瞼を描き分け、その間に瞳を点じるなど、*似絵《にせえ》の描法に近い、新しい表現がなされている。これらのことから、この絵巻は、男性貴族が、不在の武士への対抗意識として、平安時代から宮廷で続けられてきた物語絵制作を反復することで、宮廷文化の揺るぎない伝統を創造することと、物語絵という過去に起源をもつジャンルのなかで、宮廷文化の担い手としての新しい自画像を創造することという二つの願望を視覚的に表すための作品であったと解釈されている。制作背景については、現存する二四段のうち一四段に一条天皇と中宮彰子の子敦成親王と敦良親王の産養《うぶやしない》と五十日儀《いかのぎ》が描かれているところから、藤原道長の栄華を夢見る*九条道家が、姉中宮立子の建保六年（一二一八）十月十日懐成親王出産か、娘中宮竴子の寛喜三年（一二三一）二月十二日秀仁親王出産を契機につくらせたものと考えられる。とくに、道家は秀仁親王出産を敦成親王出産による寛弘の佳例の再来であると強く認識していたことから、この絵巻は、道家が、『紫式部日記』の枠組みを借りて、自らを道長に準え、竴子の出産を彰子の出産に見立て表した輝かしい栄光の記録であったと解釈できる。蜂須賀家・藤田美術館・五島美術館・東京国立博物館・日野原家などに分蔵。紙本着色。

［文献］ 池田 忍「ジェンダーの視点から見る王朝物語絵」（鈴木杜幾子ほか編著『美術とジェンダー』ブリュッケ、一九九七）、秋山光和『日本絵巻物の研究 上』（中央公論美術出版、二〇〇〇）。

（稲本万里子）

伊勢物語絵巻《いせものがたりえまき》 『伊勢物語』を絵画化した絵巻。現存する最古の作品は、「伊勢物語下絵梵字経《いせものがたりしたえぼんじきょう》」（もとは一巻であったが、現在は断簡となり、逸翁美術館・大和文華館ほかに分蔵）。「源氏物語絵巻《げんじものがたりえまき》」と構図の近似性が指摘されており、女絵《おんなえ》の様相を知るための貴重な遺品。和泉市久保惣記念美術館に所蔵される久保惣本は詞書二段、絵七段の残欠本であるが、彩色の作品としては最古の遺品。詞書第一段は『伊勢物語』初段春日の里、絵第一段は二三段河内越、絵第二段は四段西の対、詞書第二段は二七段水鏡、絵第三段は四一段紫、絵第四段は九段富士山、絵第五段は初段春日の里、絵第六段は五段関守、絵第七段は一四段くたかけであるが、詞書第二段が水鏡であるにもかかわらず、金銀泥を用いた詞書の料紙装飾が六八段住吉の浜であるなど、詞書の内容と料紙装飾が一致せず、詞書と絵と料紙装飾の連想による物語の展開が想定される。絵は、幾何学的な構図と細密な描写が特徴。紙本着色。別に詞書断簡一段（五段関守、御物）が知られる。自然を凝視した精緻な観察力や、近景から遠景への多層的構成、事物を天象の変化や光のなかにみるといった特徴が京極為兼を中心にした京極派歌人の作風に近似しており、京極派歌人であり、王朝文化復興の推進者であった伏見院や永福門院鏱子が注文主として想定される。

［文献］ 千野香織『日本の美術301 絵巻＝伊勢物語絵』（至文堂、一九九一）、加藤悦子「和泉市久保惣記念美術館所蔵「伊勢物語絵巻」の考察」（『美術史論叢』八、九、一九九二、一九九三）。

（稲本万里子）

枕草子絵巻《まくらのそうしえまき》 『枕草子』を抜粋して絵画化した絵巻。詞書・絵各七段からなり、第一段は一〇四段の東宮妃と中宮定子の対面、第二段は一三七段の呉竹をめぐる我ぼめ、第三段は一三五段の定子と清少納言の斉信賛美、第四段は九三段の無名の琵琶をめぐる定子の才知の賛美、第五段は八七段の雪山をつくった様子、第六段は八七段の斎院から定子のもとに届けられた卯槌の文にまつわる話、第七段は一二七段と一二八段の石清水八幡宮の行幸から還御した一条天皇が女院に挨拶したことへの賛美の場面を描く。『枕草子』は、類聚的章段、日記的章段、随想的章段に分類されるが、そのなかから日記的章段を選択し、さらに、教訓的、自省的な文章を捨象し、定子と一条天皇、中関白道隆、清少納言を中心とする宮廷世界のありさまを物語絵風に絵画化している。絵は、細密で端正に描かれ、硬く無機的な描線と精緻な装飾文様が特徴。詞書は伏見院流の書風であるが、二種の書体に分けられることから、おそらく当初は、定子譚や公的行事を主題とする晴の場面と、清少納言譚の褻の場面を描いた二巻構成であったが、散逸して現状の一巻にまとめられたと推測される。さらに、第一段が二月、第二段が五月、第三段が九月と、月名を重視して場面が選択されていることや、詞書料紙に施された金銀泥の料紙装飾に季節の景物が描かれていることから、物語の展開を季節の推移とともに表した二巻の月次《つきなみ》絵《え》として構成されていたとも推定される。一三世紀末から一四世紀初めにかけての王朝文化復興の思潮のもと、宮廷文化サロンを中心に制作されたものと考えられる。浅野家蔵。紙本着色。

［文献］　四辻秀紀「「枕草子絵巻」の構成について」（秋山光和博士古稀記念論文集刊行会編『秋山光和博士古稀記念美術史論文集』便利堂、一九九一）、佐野みどり『風流 造形 物語』（スカイドア、一九九七）。　（稲本万里子）

三十六《さんじゅうろっ》歌仙《かせん》絵巻《えまき》　藤原公任撰『三十六人撰』にもとづく三十六歌仙の略歴と和歌一首を書き、その肖像画を描いた絵巻。代表的な作品に、秋田藩佐竹家に伝わったことから佐竹本と呼ばれる絵巻がある。もとは二巻であったが、大正八年（一九一九）に断簡となり、現在は諸家に分蔵される。上巻は、柿本《かきのもとの》人麿《ひとまろ》、凡河内躬恒《おおしこうちのみつね》、大伴家持《おおとものやかもち》、在原業平《ありわらのなりひら》、素性法師《そせいほうし》、猿丸《さるまる》太夫《だゆう》、藤原兼輔《かねすけ》、藤原敦忠《あつただ》、源公忠《きんただ》、斎宮女御《さいぐうにょうご》、源宗于《むねゆき》、藤原敏行《としゆき》、藤原清忠《きよただ》、藤原興風《おきかぜ》、坂上是則《さかのうえのこれのり》、小大君《こおおぎみ》、大中臣《おおなかとみの》能宣《よしのぶ》、平兼盛《かねもり》の一八人、下巻は住吉明神と紀貫之《きのつらゆき》、伊勢《いせ》、山部《やまべの》赤人《あかひと》、遍昭僧正《へんじょうそうじょう》、紀友則《きのとものり》、小野小町《おののこまち》、藤原朝忠《あさただ》、藤原高光《たかみつ》、壬生忠岑《みぶのただみね》、大中臣頼基《おおなかとみのよりもと》、源重之《しげゆき》、源信明《さねあきら》、源順《したごう》、清原元《きよはらのもと》輔《すけ》、藤原元真《もとざね》、藤原仲文《なかぶみ》、壬生忠視《ただみ》、中務《なかつかさ》の一八人の歌仙を描く。人物の面貌は、*似絵《にせえ》の描法を用いて、老若男女を描き分けているところから、藤原信実《ふじわらののぶざね》とその家系の絵師の手によるものと考えられる。凡河内躬恒と紀貫之は狩野探幽《かのうたんゆう》による後補。住吉明神の絵には住吉社の景観が描かれており、中世の景観表現を知る上で貴重な作例である。もとは上巻巻頭に置かれていたとすれば、住吉社社頭における歌合を想定した左右二巻の絵巻であったとも考えられる。そのほかに、各歌仙が畳の上に描かれているところから上畳本と称される絵巻もある（現在は断簡として諸家に分蔵）。歌仙の多くは佐竹本と同形でり、この時期、「三十六歌仙絵巻」が数多くつくられていたと推測される。制作年代は、略歴と和歌の書風と絵の画風から、佐竹本よりも下がると考えられる。

［文献］　森　暢編『新修日本絵巻物全集19　三十六歌仙絵』（角川書店、一九七九）。　（稲本万里子）

地獄草紙《じごくぞうし》　人間以下すべての生き物が輪廻転生する六種の境界（地獄道、餓鬼道、畜生道、修羅道、人道、天道）のうち、地獄の世界を表した絵巻。四巻が現存する。東京国立博物館本は、もと安住院旧蔵。詞書・絵各四段からなり、『正法念処経』に説かれる地獄の凄惨なありさまを描く。紙本着色。国宝。奈良国立博物館本は、もと原家旧蔵。詞書六段・絵七段が残り、『起世経』に説かれる地獄のうち、鬼や動物などに痛めつけられる場面を描く。紙本着色。国宝。ボストン美術館所蔵の断簡（詞書・絵各一段）は、『起世経』に説かれる一銅釜地獄を表していることから、奈良国立博物館本の残欠と考えられる。そのほか、僧侶たちが落ちる沙門地獄を描いた益田家旧蔵甲本（詞書・絵各七段、五島美術館、シアトル美術館など諸家に分蔵）、悪鬼払いの辟邪絵《へきじゃえ》と思われる益田家旧蔵乙本（詞書・絵各五段、奈良国立博物館蔵）が現存する。勘当の鬼を描いた福岡市美術館所蔵の断簡（詞書・絵各一段）は、益田家旧蔵乙本の残欠。*「餓鬼草紙《がきぞうし》」との類似から、後白河院の周辺で制作された大規模な「六道絵《ろくどうえ》」の一部をなすという説もある。

［文献］ 奥平英雄『双書 美術の泉24 絵巻／地獄草紙・餓鬼草紙』（岩崎美術社、一九七六）、小松茂美編『日本絵巻大成7 餓鬼草紙 地獄草紙 病草紙 九相詩絵巻』（中央公論社、一九七七）。

（稲本万里子）

餓鬼草紙《がきぞうし》 人間以下すべての生き物が輪廻転生する六種の境界（地獄道、餓鬼道、畜生道、修羅道、人道、天道）のうち、餓鬼の世界を表した絵巻。東京国立博物館と京都国立博物館に各一巻が現存する。東京国立博物館本は、河本家旧蔵。詞書はなく、絵のみ一〇段が残る。均質な線で、『正法念処経』に説かれる飢えと渇きに苦しむ餓鬼の姿や、鬼に痛めつけられる餓鬼の姿を描く。紙本着色。国宝。京都国立博物館本は、曹源寺旧蔵。詞書・絵各七段が残る。渇きに苦しむ餓鬼の姿や、目連尊者が餓鬼となった母を救う話（目連尊者救母説話）など、もとになった経典や画風の異なる段が混在する。紙本着色。国宝。＊「地獄草紙《じごくぞうし》」との類似から、後白河院の周辺で制作された大規模な「六道絵《ろくどうえ》」の一部をなすという説もある。

［文献］ 奥平英雄『双書 美術の泉24 絵巻／地獄草紙・餓鬼草紙』（岩崎美術社、一九七六）、小松茂美編『日本絵巻大成7 餓鬼草紙 地獄草紙 病草紙 九相詩絵巻』（中央公論社、一九七七）。

（稲本万里子）

病草紙《やまいのそうし》 諸国の奇病や身体の障害、怪しげな治療法などに関する話を集め、絵画化した絵巻。現在、第一段鼻黒の一家、第二段不眠症の女、第三段風病の男、第四段小舌の男、第五段屎を吐く男、第六段二形、第七段眼病の治療、第八段歯槽膿漏の男、第九段痔瘻の男、第一〇段毛虱、第一一段霍乱の女、第一二段せむしの法師、第一三段口臭の女、第一四段嗜眠癖の男、第一五段あざのある女、第一六段白子、第一七段侏儒、第一八段背骨の曲がった男、第一九段肥満の女、第二〇段鶏に目をつつかせる女、第二一段小法師の幻覚を生じる男、第二二段鍼治療の二二段が知られている。第一段から第一五段は、もと一巻をなしていたもので、名古屋の関戸家に伝来したが、現在は巻子装を解かれ、一段ずつに改装され、京都国立博物館ほか諸家に分蔵される。第一六段は、関戸家の一巻より分かれたことが知られ、第一七段と第一八段は、掛幅装の形で関戸家に伝来した。福岡市美術館所蔵の第一九段を含め、第一段から第一九段は、詞書が同筆であることから、もとは一巻をなしていたと考えられる。第二〇段は、詞書を欠いているが、絵の画風から、第一段から第一九段と一連のものと考えられる。絵は、細く均質な線で端正に描く段と、抑揚のあるたっぷりとした線でいきいきと動態をとらえる段があることから、複数の絵師が、絵巻の制作に参加したことがわかる。また、画面は、背景を詳細に描き、説話的な場面を構成している段と、背景や具体的な状況をあまり描かず、人物を大きく描き、病人と傍観者を二者一対に構成している段と、病人を取り巻く複数の人物によって、ドラマ性が高められている段に分けられ、もとになった図様の伝統が異なることがうかがえる。香雪美術館に所蔵される第二一段は、詞書書風の違いから、別巻の残欠と考えられ、大和文華館所蔵の第二二段は、団扇形にトリミングされており、詞書もないため、「病草紙」の残欠か不明である。従来、ユーモラスな絵巻と評されてきたが、病人を突き放して見つめる絵師や注文主のまなざしは冷酷である。後白河院の周辺で制作された大規模な「六道絵《ろくどうえ》」のうち、人道の病苦を表すという説もある。

そのほか、異本「病草紙」模本や「新撰病草紙」が知られる。
［文献］　佐野みどり『風流 造形 物語』（スカイドア、一九九七）、加須屋誠『仏教説話画の構造と機能』（中央公論美術出版、二〇〇三）。

（稲本万里子）

前九年合戦絵巻《ぜんくねんかっせんえまき》　前九年合戦を描いた絵巻。国立歴史民俗博物館に詞書三段・絵七段からなる残欠本一巻が所蔵されるほか、五島美術館に断簡が残る。絵巻は、源頼義が奥州の安倍頼時追討の宣旨を受け、息子義家とともに出陣するところから始まり、阿久利河で頼時の息子貞任の夜襲に遭い、衣川関に進撃し、頼義に帰順を願い出た頼時の聟平永衡を斬首、重陽の節供に貞任に奇襲されるが、反撃し、宗任が敗走するまでを描く。詞書は、『陸奥話記』にもとづいているものの、重陽の奇襲については『陸奥話記』にみえず、ほかの説話に依拠していることが指摘されている。絵は、絵具の剥落が激しく、画面の印象を損ねているが、画風から一三世紀後半の作と推定される。主要人物の傍らには、将軍、義家、貞任、宗任などの人物名が記入されている。なお、東京国立博物館にも、詞書を欠いた一巻の「前九年合戦絵巻」が所蔵される。安倍頼時が源頼義に駿馬を献上する場面、阿久利河の夜襲の場面、頼義がその報告を受ける場面などが描かれ、こちらにも人物名が書き込まれている。画風から、歴博本とは別本であり、制作時期も若干下がると推定される。
［文献］　宮　次男『合戦絵巻』（角川書店、一九七七）、小松茂美編『続日本絵巻大成17 前九年合戦絵詞 平治物語絵巻 結城合戦絵詞』（中央公論社、一九七九）。

（稲本万里子）

後三年合戦絵巻《ごさんねんかっせんえまき》　後三年合戦を描いた絵巻。玄慧が記した序文一巻から、貞和三年（一三四七）に制作されたことがわかる。現在三巻が東京国立博物館に所蔵されている。『吉記』承安四年（一一七四）三月十七日条と『康富記』文安元年（一四四四）閏六月二十三日条によると、承安元年（一一七一）に静賢法印が絵師明実に「後三年合戦絵巻」をつくらせたことが知られる。この承安本は現存しないが、合戦絵巻制作の初見であり、その背景には、後白河院の奥州藤原氏に対する興味が指摘されている。貞和本の序文と詞書を記した『奥州後三年記』と『康富記』の記事から、当初は六巻構成であり、前半部を欠失した後半三巻分が残されていることがわかる。絵巻は、源義家が藤原清衡とともに清原家衡を倒すが、私戦のため恩賞がもらえぬと知って、敵方の首を捨てて帰京するまでを描く。貞和本にみられる同一構図の反復技法は、承安本を参照したためと考えられているが、大ぶりな人物と残酷な殺戮場面の描写には、南北朝時代の様式がうかがえる。清衡が一度も描かれず、義家が大きく立派に描かれていること、画面右側に義家軍を、左手に家衡軍を描き分けることで、絵巻の進行方向に従って、義家軍が進撃する側で、家衡が攻められる側に描かれていることから、鑑賞者の視線は義家軍に同化し、家衡を敵とみなすよう仕掛けられている。貞和本の注文主は、従来比叡山あるいは足利氏と考えられてきたが、京からの使者の前に屈する義家の姿を描くことで、足利氏の力を頼みながらも朝廷の兵士としてとらえたいと願っていた上級貴族であったとも考えられる。奥書に記された絵師飛騨守惟久については、「破来頓等絵巻《はらいとんとうえまき》」（徳川美術館蔵）や「足引絵《あしびきえ》」（逸翁美術館蔵）の伝承筆者として知られるが未詳。
［文献］　宮　次男『合戦絵巻』（角川書店、一九七七）、小松茂美編

『続日本絵巻大成15 後三年合戦絵詞』(中央公論社、一九七七)。
(稲本万里子)

平治《へいじ》物語《ものがたり》絵巻《えまき》 『*平治物語』を絵画化した絵巻。三条殿夜討巻(ボストン美術館蔵)、信西巻(静嘉堂文庫美術館蔵)、六波羅行幸巻(東京国立博物館蔵)の三巻が現存するほか、六波羅合戦巻の断簡が諸家に分蔵され、六波羅合戦巻と待賢門合戦巻の模本が東京国立博物館に所蔵されている。当初はおそらく全一五巻であったと推定されており、現在、その三分の一が知られることになる。縦四一・三〜四二・七センチ、横六八・二〜六九・六センチのひとまわり大きなサイズの料紙を用いて、迫力ある場面を構成している。とくに、三条殿夜討巻冒頭に描かれた三条殿の炎上と武士たちが殺戮を行う場面は、後世の絵画にも引用されている。武士の集団を塊としてとらえ、各集団の織りなす画面構成の美しさを追求しているが、整然と隊列を整え、天皇や貴族を護衛する集団は、天皇や貴族にとって、理想的で都合のよい武士の姿として表されている。人物の顔貌に*似《にせ》絵《え》の描法を取り入れるなど、鎌倉時代の新しい画風の影響を受けながらも、やまと絵の正統を伝える作品。三巻の微妙な違いから、主任絵師のもとで複数の絵師が手がけた共同制作であることがわかる。

[文献] 『日本絵巻大成13 平治物語絵詞』(中央公論社、一九七七)、池田 忍「『平治物語絵巻』に見る理想の武士像」(『美術史』一三八、一九九五)。
(稲本万里子)

蒙古《もうこ》襲来《しゅうらい》絵巻《えまき》 *文永・*弘安の役に出陣した*御家人*竹崎季長《たけざきすえなが》の活躍を描いた絵巻。「竹崎季長絵詞《えことば》」とも呼ばれる。欠落部分や錯簡が多く、上巻が詞書九段・絵一〇段、下巻が詞書五段・絵一一段現存。上巻は文永の役での季長の奮闘と、恩賞申請のため関東に下向し*安達泰盛に対面するまでを、下巻は弘安の役での季長の活躍を描く。詞書の書風と絵の画風は五つのグループに分けることができ、複数の能書と絵師によって制作されたものと考えられる。人物の表情や武具などが綿密に描かれ、主要人物の傍らには名前と年齢が書き込まれるなど、*似《にせ》絵《え》的性格が強い。上巻絵第二段の「むま具足にせゑ」の書き入れ文字は似絵用語の初出。絵は季長の活躍を中心に、季長や泰盛を丁寧に描くなど、身分によって武士を描き分け、さらに、日本軍と蒙古軍を描き分けるなど、階級と民族の違いを視覚化している。従来季長の戦闘記録画として史料的価値が認められてきたが、現実と一致するか疑問である。なお、下巻奥書には永仁元年二月九日の年紀のある二通の添状が用いられている。永仁元年は正応六年(一二九三)八月五日に改元されており、添状の年紀が疑問視されてきたが、この年に季長が甲佐社に奉仕すべき置文を残しているところから、絵巻は鎌倉幕府への申状ではなく、甲佐社へ奉納されたものとの説が有力である。熊本の大矢野家に伝来し、宮内省に買い上げられ、現在宮内庁三の丸尚蔵館蔵。紙本着色。

[文献] 宮 次男『合戦絵巻』(角川書店、一九七七)、太田 彩『日本の美術414 絵巻=蒙古襲来絵詞』(至文堂、二〇〇〇)。
(稲本万里子)

男衾《おぶすま》三郎《さぶろう》絵巻《えまき》 武蔵国の武士、吉見二郎とその弟男衾三郎一族の物語を絵画化した絵巻。都ぶりの生活を送る吉見の娘慈悲が、父を山賊に討たれた後、醜女を娶り武芸のみに生きる男衾に虐待され、許婚難波太郎とも引き離されるまでの七段分しか現存せず、後半部を失っているため、全体の構成は不明であるが、おそらく観音の加護によって、苦しい試練を乗り越えた慈悲が、最後に許婚と結ばれるという観音の霊験譚としてまとめられた恋愛物の一種であったかと考えられている。絵第六段を欠くが、従来、『伊勢物語』の筒井筒の場面と考えられてきた断簡（個人蔵）が、吉見の妻と娘慈悲が、男衾の命により、慣れない水汲みをさせられている絵であることが判明した。紅梅、桜、藤、のうぜんかずら、撫子、紅葉、秋草などの季節の景物によって趣豊かな画面をつくりだし、さらに、季節の推移によって物語の展開を表している。癖の強い線描に淡い彩色を加えた独特の画風は、永仁三年（一二九五）頃につくられた「伊勢《いせ》新名所《しんめいしょ》絵《え》歌合《うたあわせ》」（神宮徴古館蔵）と近似しており、制作期は永仁年間（一二九三—九九）頃かと考えられている。関東武士の生活を題材としている点が珍しく、貴重な史料とされているが、絵巻に登場する武士の姿は、あくまでも京の貴族の視点から描かれており、現実と一致すると考えるのは誤りである。人物の顔貌には誇張がみられるが、特に、醜く描かれた男衾の妻と娘の描写からは、醜い女を嘲笑することによって、荒々しい武士への恐怖を克服し、蔑む仕掛けが読み解かれている。安芸国浅野家に伝来したが、現在東京国立博物館蔵。紙本着色。

［文献］『日本絵巻大成12 男衾三郎絵詞 伊勢新名所絵歌合』（中央公論社、一九七八）、千野香織「醜い女はなぜ描かれたか」（『歴史学研究』七二九、一九九九）。

（稲本万里子）

西行《さいぎょう》物語《ものがたり》絵巻《えまき》 『西行物語』を絵画化した絵巻。広本系、略本系、采女本系の三系統が伝えられるが、最古の遺品は、広本系の残欠本二巻（一巻は徳川美術館蔵、一巻は萬野美術館旧蔵）である。徳川本は、出家を決意した*西行が、鳥羽殿に出家を願い出る場面から、剃髪して庵室に住む場面までが残されている。とくに、西行が煩悩の絆を断ち切るため、娘を縁から蹴落とす場面が有名であるが、この場面は、絵巻の鑑賞者が男同士の絆を確かめ合うために描かれた図様であるとの指摘もある。萬野本では、歳末の慌ただしい様子、新春の梅花、桜の咲く八上王子、夏の千里の浜、紅葉の葛城山と大和の里と、西行が巡った土地の景観を大きく描き、さらに、四季の景物によって物語の展開を表すなど、名所絵《めいしょえ》的、四季絵《しきえ》的な要素が強い。また、明応九年（一五〇〇）に詞書を三条公敦が書き、絵を海《かい》田《だ》采女佑《うねめのすけ》源《みなもとの》相保《すけやす》が描いた采女本は、津軽家旧蔵本（もと五巻、現在は散逸し諸家分蔵）やセンチュリー美術館本（四巻）、寛永七年（一六三〇）烏丸光広が俵屋《たわらや》宗達《そうたつ》に命じて模写させた毛利家旧蔵本（四巻のうち現在三巻が出光美術館蔵）と渡辺家本（六巻）など、数多くの模本が残されており、失われた原本を復原することが可能になる。

［文献］小松茂美編『日本絵巻大成26 西行物語絵巻』（中央公論社、一九七九）、千野香織『日本の美術416 絵巻＝西行物語絵』（至文堂、二〇〇一）。

（稲本万里子）

東征伝《とうせいでん》絵巻《えまき》 鑑真和上の生涯を描いた絵巻。鑑真が揚州大雲寺の智満禅師のもとで剃髪する場面から、苦難の末に渡日し、東大寺大仏殿前の戒壇で聖武天皇に戒を授け、唐招提寺を建立、遷化するまでの場面を全五巻に描く。見返しに記された「奉施入唐招提寺、永仁六年戊戌八月日、極楽律寺住持沙門忍性」の施入銘から、永仁六年（一二九八）に忍性が唐招提寺に施入したことがわかり、南都における戒律復興運動の機運のなかで成立したものと考えられる。各巻巻末の奥書から、絵は六郎兵衛入道蓮行《れんぎょう》が描き、詞書は美作前司宣方（第一巻）、大炊助入道見性（第三巻）、足利伊予守後室（第四巻）、嶋田民部大夫行兼（第五巻）が書いたことが知られる。蓮行については未詳であるが、詞書筆者の多くが鎌倉の有力御家人とその家族であることから、忍性周辺の絵師であったと考えられ、癖のある筆致から、当時鎌倉には、鎌倉派ともいうべき地方様式があったことが指摘されている。絵は、日本を舞台にした場面はやまと絵風に、唐を舞台にした場面は水墨画の技法を取り入れるなど、和漢を描き分けているところが特徴的である。唐招提寺蔵。紙本着色。

［文献］ 小松茂美編『日本絵巻大成16 東征伝絵巻』（中央公論社、一九七八）、亀田孜編『新修日本絵巻物全集21 東征伝絵巻』（角川書店、一九七八）。

（稲本万里子）

五　南北朝の内乱

*後醍醐《ごだいご》天皇の政治はどのようなものであったか。建武政府はなぜわずか三年で崩壊したのか。内乱期の文化の特質はどのようなものか。これらの諸点を検討し、内乱の意義を追求することが必要であろう。

建武政府《けんむせいふ》の成立と崩壊　元弘三年（一三三三）五月に討幕運動に成功した後醍醐天皇は、同年六月に新政府を樹立し、積極的に天皇親政の諸政策を遂行した。鎌倉幕府の崩壊による混乱を鎮めるために、天皇は、公家・寺社への所《しょ》領《りょう》安堵《あんど》を実施し、討幕の功労者へ除目《じもく》を行い、恩賞を与えるなどの施策を行って効果をあげた。しかし、すべての土地の安堵は*綸旨《りんじ》によってのみ確認されるものであり、綸旨によらない土地の安堵は無効であるという土地政策は、鎌倉時代以来、武家社会に定着していた土地所有に関する慣習法（二十年当知行法《とうちぎょうほう》）を根底からくつがえすものであったから、さまざまな波紋を生じた。偽綸旨が発され、人々は「文書入タル細葛」を背負って上洛し、大混乱となった（「*二条河原の落書」）。綸旨万能を標榜する強行政策の失敗は、天皇の現状無視政策の破綻を象徴的に示すものであった。

後醍醐天皇は、建武政府の機関として、*恩賞方《おんしょうがた》・*記録《きろく》所《じょ》・*雑訴決断所《ざっそけつだんじょ》・*武者所《むしゃどころ》などを設置したが、新政府の人材不足は明らかで、これらの役所は十分に機能しなかった。恩賞方は設置されたものの、恩賞の判定が天皇の側近の依《え》怙《こ》と賄賂によって左右されたため紛糾が絶えなかった。*本領安堵の訴訟については、記録所に訴えるか、決断所を選ぶかは訴人しだいとされていたので、記録所の裁決に不満なものは決断所へかけこみ、決断所の判決に疑惑をいだくものは記録所へ走ることとなり、両役所の間に反目を生み、政府内部の矛盾を一段と激化させることとなった。地方行政機関としては、国衙と守護所を併置したが、与えられた権限は国司のほうがはるかに大きく、武士にとっては、前代以来の在地支配の伝統と特権とがしばしば無視されることとなった。武士たちは「今ノ如クニテ、公家一統ノ天下ナラバ、諸国ノ地頭御家人ハ、皆奴婢雑人ノ如クニテアルベシ。アハレ如何ナル不思議モ出来テ、武家四海ノ権ヲ執ル世ノ中ニマタ成カシ」（*『太平記』）と建武政府への不満をつのらせ、武家政権の再建を切望するようになった。

建武政府は成立の当初から、さまざまな問題を内包していたが、建武元年（一三三四）一月、天皇が大内裏造営の計画を発表し、それを強引に推進しようとしたことは大きな失策であった。戦乱の疲弊が残る時点におけるこの政策は、民衆生活の安定をまったくかえりみないことを意味し、造営費徴収に反対する声は、武士のみならず、明王聖主（後醍醐天皇）の登場に期待をよせていた農民諸階層からもわきおこった。この年の八月に二条河原にかかげられた落書は、建武政府の実態を鋭くとらえ、政権の動揺と混乱とを痛烈に批判している。この年の秋、紫宸殿《ししんでん》の屋根に怪鳥がまいおり、「イツマデ、イツマデ」と鳴いたという（『太平記』）。はたして、一〇月*護良《もりよし》親王が捕縛され、建武二年（一三三五）六月には*西園寺公宗《さいおんじきんむね》を中心とする大規模な陰謀事件が発覚する。七月信濃で挙兵した*北条時行《ときゆき》は鎌倉へ進撃し、これを鎮圧するために関東へむかった*足利尊氏《たかうじ》は、一一月にいたって反建武政府の旗色を鮮明にした。建武の乱の開始である。建武三・延元元年（一三三六）正月、後醍醐軍と足利軍との間で激戦が展開された。二月、*北畠顕《きたばたけあき》家《いえ》軍に敗れた尊氏軍は遠く九州へ敗走したが、その途中において、尊氏は復帰の日に備えて有力武将を瀬戸内海沿岸の国々に配置し、さらに、*光厳《こうごん》上皇の院宣を鞆津《ともの つ》において獲得した。そして、三月、多々良浜《たたらはま》の合戦において菊池軍を破って勝利を得るや、急速に頽勢をもりかえし、旬日を経ずして海陸の大軍を組織して東上し、五月には*湊川《みなとがわ》の合戦で*楠木正成《くすのきまさしげ》軍を壊滅させた。六月に入京した尊氏は、激戦をくりかえしつつ、後醍醐軍を山門（延暦寺）に追いつめ、八月には*光明《こうみょう》天皇の擁立を宣言し、一一月に*『建武式目《けんむしきもく》』を制定して、幕府の創建に着手した。一二月、後醍醐天皇は吉野へ逃れ、建武政府は崩壊したのである。

内乱の展開　後醍醐天皇が吉野に*南朝を開いたのち、戦乱は約六〇年にわたってつづき、南北両朝の擁立を名目にかかげる公家・武士を抗争させたのみならず、広範な民衆をも動乱の渦中にまきこんで展開した。南北両勢力の抗争が最も熾烈に行われたのは、天皇の吉野への脱出から、暦応元・延元三年（一三三八）五月の北畠顕家が戦死した石津合戦、同年閏七月の*新田義貞《にったよしさだ》が戦死した藤島合戦（燈《と》明寺畷《うみょうじなわて》の戦い）を経て、康永二・興国四年（一三四三）一一月の*関・*大宝両城の陥落までである。戦乱の過程において、南朝の勢力は次第に衰退していったが、なんといっても、暦応二・延元四年（一三三九）八月の後醍醐天皇の死は、吉野の人々にとって大きな衝撃であった。天皇の死は*北朝の廷臣中院通冬ですら「天下ノ重事、言語道断ノ次第ナリ、公家ノ衰微左右スル能ズ、愁歎ノ外ニ他ノ事無シ」（『中院一品記』）と記すほどであり、公家社会全体にとっての一大痛恨事であると認識されたのであり、きわめて深刻な事態であると受けとめられたのである。*結城親朝《ゆうきちかとも》ら東国の武将たちに救援を要請したものの拒絶され、失意のうちに吉野へと帰った北畠親房は、後醍醐天皇なきあとの吉野において、幼帝*後村上《ごむらかみ》天皇をささえ、*楠木正行《くすのきまさつら》を将として反撃を図った。貞和三・正平二年（一三四七）正行は、紀伊・河内で幕府軍を連破して摂津へと進出した。しかし、翌年一月、正行は*高師直《こうのもろなお》・*師泰《もろやす》兄弟の率いる幕府の大軍と四条畷《しじょうなわて》で交戦し、衆寡敵せず自刃したのである。師直は吉野を攻略し、ついに後村上天皇を大和賀名生《あのう》へと逐った。

一四世紀の四〇年代、室町幕府内には、高師直・師泰らの急進派と、*足利直義《ただよし》らの現状維持派とが併立していた。急進派の師直は恩賞方の長官、師泰は侍所の長官であり、将軍尊氏の執事として絶大な権力を掌握していた。吉野焼打ちなどによって南朝勢力を圧倒していく過程において、師直らの軍事力は高く評価されていった。一方、民事裁判権・所領安堵権を把握する直義は法治主義を提唱していた。南朝とのきびしい軍事的対決が続いているあいだは、両派の対立は潜在していたものの、吉野攻撃の成立によって緊張が緩和されるや対立は一挙に顕在化した。貞和五・正平四年（一三四九）から観応三・正平七年（一三五二）にかけて、尊氏・高兄弟らと直義との間で、幕政運営をめぐる壮烈な主導権争いが展開したのである（*観応《かんのう》の擾乱《じょうらん》）。

貞治二・正平一八年（一三六三）になると、南朝方の大《おお》内弘世《うちひろよ》と旧直義派の山名時氏《やまなときうじ》が幕府に帰順し、室町幕府の支配体制はようやく安定し、幕府と南朝の間で講和の交渉も開始された。幕府の主導によって、明徳三・元中九年（一三九二）閏一〇月南北両朝の合体が行われ、内乱は終息したのである。ほぼ六〇年にわたる内乱の過程で、天皇は政治的実権を喪失し、公家社会の経済的基盤であった荘園公領制は大きく変質し、崩壊へとむかった。一味同心して戦禍をきり抜けた農民たちは、惣村を基盤に団結を強めて成長した。分業・流通の進展を背景に、宿や町場に有徳人が現われ、商工業者が活躍した。一四世紀後半における顕著な歴史動向は、各地の荘園村落における惣的結集の強化と農民闘争（荘家の一揆）の激化であり、国人領主層の成長と階級的結集（国人一揆《こくじんいっき》）である。古代的権威が否定され、下剋上と自由狼藉の世界が出現したのである。

内乱期の文化　内乱期の文化の特徴は、*「バサラ」という流行語に象徴される。この言葉は、サンスクリット語のヴアジヤラから派生したもので、「はでな」「贅沢な」「無遠慮な」「不動なるもの」などの意味に使用され、常識にとらわれない行動を表現する。バサラ大名の代表である*佐々木道誉《ささきどうよ》は、連日のように自邸において、連歌の会や茶会を開き、闘茶の際には銭数千貫におよぶ賭勝負を行っている。

暦応三・興国元年（一三四〇）秋、道誉は小鷹狩の帰り紅葉の枝をめぐってトラブルが起こるや、「御所トハ何ゾ、片腹痛シ」（『太平記』）と嘲笑しつつ光厳《こうごん》上皇の弟が入寺していた妙法院御所を焼き打ちした。康永元・興国三年（一三四二）九月、*土岐頼遠《ときよりとお》は光厳上皇の行列に出会ったとき、下馬もせず、「ナニ、院トイフカ、犬トイフカ、犬ナラバ射テオケ」（『太平記』）と上皇の牛車をとりかこみ矢を射かけたという。高師直は、内裏や御所の前で下馬するのは面倒であるから、「生キタル院、国王ヲバ」配流に処すべきであると高言した（『太平記』）。彼らは、旧来の権威をまったく認めず、自らの信念に基づいて、心のおもむくままに行動した。彼らの行動が守護としての経済力、幕府宿老としての政治力に裏づけられていたことは揚言するまでもない。

「此比都ニハヤル物、夜討・強盗・謀綸旨」ではじまる二条河原落書は、連歌や田楽の流行のすさまじさを、「一座ソロハヌエセ連歌、在々所々ノ歌連歌」・「犬、田楽ハ関東ノ、ホロブル物トイイナガラ、田楽ハナナヲハヤルナリ」と指摘している。室町幕府は、この勢いを恐れて「群飲佚遊《ぐんいんいつゆう》」を禁止したが、在々所々の連歌会と茶寄合は、幕府の禁令をはねのけて開催された。関白*二条良基《にじょうよしもと》、連歌師救済《ぐさい》らの企画力と、道誉の政治力とが『*菟玖波集《つくばしゅう》』を完成させ、延文二・正平一二年（一三五七）後光厳《ごこうごん》天皇は、この句集を准勅撰としたのである。祭礼の場や市の広場では、田楽や猿楽が演じられた。貞和五・正平四年（一三四九）六月、京都糺《ただす》河原で行われた橋勧進の田楽の際には、群集した見物人のために桟敷が倒壊して、多数の死傷者を出したという。足利尊氏も田楽見物におとずれていた。田楽や猿楽は、各地の民衆の圧倒的支援を受けて新しい芸能として成長していった。やがて、猿楽能が*観阿弥《かんあみ》によって創成され、*世阿弥《ぜあみ》によって大成されていくのである。

［文献］ 佐藤進一『南北朝の動乱』（中央公論社、一九六五）、佐藤和彦『南北朝内乱史論』（東京大学出版会、一九七九）。 （佐藤和彦）

（一） 鎌倉幕府の滅亡

両統迭立《りょうとうてつりつ》 *後嵯峨《ごさが》天皇は退位後、久仁《ひさひと》親王（*後深草《ごふかくさ》天皇）と恒仁《つねひと》親王（*亀山天皇）を相次いで皇位につけたため、皇統が後深草天皇系（*持明院統《じみょういんとう》）と亀山天皇系（*大覚寺統《だいかくじとう》）に分裂して、両統からほぼ交互に天皇を出したこと。皇位だけでなく、長講堂《ちょうこうどう》領を伝領した持明院統と八条院《はちじょういん》領を伝領した大覚寺統は、室町院領をめぐっても対立した。治天の君として院政を行っていた後嵯峨院は、次の治天を後深草院と亀山天皇のいずれにするかを決めずに、文永九年（一二七二）没した。朝廷ではこの選択に結論を出すことができず、決定は幕府に委ねられることになった。幕府は後深草院と亀山天皇の生母である大宮院（藤原姞子）に後嵯峨院の意思を確認し、亀山天皇の親政とすることにした。このため亀山天皇は子の世仁《よひと》親王に譲位（*後宇多《ごうだ》天皇）して院政を行ったが、幕府は失意の後深草院に配慮して、後深草院の子熙仁《ひろひと》親王を後宇多天皇の皇太子とした。その後関東中次*西園寺実兼《さいおんじさねかね》の働きかけにより、煕仁親王が即位（*伏見《ふしみ》天皇）、さらに伏見天皇の子胤仁《たねひと》親王の立太子、即位（*後伏見《ごふしみ》天皇）が実現する。しかし持明院統優勢の立役者である実兼が*京極《きょうごく》為兼《ためかね》と対立、次第に大覚寺統に傾斜すると、後宇多院の子邦治《くにはる》親王が立太子され、即位（*後二条《ごにじょう》天皇）した。ところが後二条天皇は急逝、伏見院の子富仁《とみひと》親王が即位（*花園《はなぞの》天皇）して後宇多院の子尊治《たかはる》親王が皇太子となった。このあと両統の対立・交渉は続くが、持明院統の有力者であった伏見院の他界を機会に尊治親王が即位（*後醍醐《ごだいご》天皇）、後二条天皇の子邦良《くによし》親王が皇太子となった。結局幕府は両統の紛争に対する解決策を示せず、天皇は権威を失墜させたが、一方で両統の対立を通して公家社会の所領紛争において存在感を高めていった。その結果、後醍醐天皇による幕府打倒・天皇親政の主張が表面化することになる。（櫻井　彦）

［文献］龍　粛『鎌倉時代下』（春秋社、一九五七）

文保《ぶんぽう》の和談《わだん》　文保元年（一三一七）、*持明院統《じみょういんとう》と*大覚寺統《だいかくじとう》に分裂した皇統の間でなされた、皇位継承問題をめぐる協議。文保元年当時、持明院統の*花園《はなぞの》天皇が皇位にあったが、*後宇多《ごうだ》院を中心とする大覚寺統は尊治《たかはる》親王の践祚《せんそ》を幕府に働きかけた。これに対して幕府は、皇位継承問題は両統間の協議によって解決すべきであるとしたが、両者の協議は難航し、結局幕府による調停がなされることになった。幕府は花園天皇を尊重する一方で、尊治親王即位の後は尊治の甥に当たる邦良《くによし》親王を皇太子とし、その後持明院統の量仁《かずひと》親王を立太子することを提案した。この提案は大覚寺統の天皇が二代続くことを意味しており、持明院統には受け入れ難いもので、両者の協議は不調に終わった。その後、文保元年九月、持明院統の中心的存在であった伏見院が没すると、後宇多院は再び*花園《はなぞの》天皇の譲位を幕府に迫った。関東申次《かんとうもうしつぎ》*西園寺実兼《さいおんじさねかね》と協調した大覚寺統の要求は厳しく、ついに文保二年二月、花園天皇は尊治親王に譲位（*後醍醐《ごだいご》天皇）することになった。譲位に際して持明院統側は、量仁親王の立太子を要求したが容れられず、皇太子には邦良親王が立てられ、量仁親王の立太子は邦良即位後とされた。しかし皇太子邦良親王は嘉暦元年（一三二六）早世、量仁親王が立太子されると、持明院統によって後醍醐天皇に対する譲位要求が展開されることになった。（櫻井　彦）

［文献］森　茂暁「鎌倉後期の朝幕関係」（『南北朝期公武関係史の研究』文献出版、一九八四）。

大覚寺統《だいかくじとう》　鎌倉後期に二分した皇統のうちの一つで、*亀山《かめやま》天皇の系統のこと。*後嵯峨《ごさが》院は恒仁《つねひと》親王を愛し、正元元年（一二五九）兄*後深草《ごふかくさ》天皇に皇位を譲らせ（亀山天皇）、自身は院政を行った。しかし文永九年（一二七二）、後嵯峨院が後深草院・亀山天皇のいずれを治天とするか定めず没すると、皇位や所領をめぐる争いが発生、皇位については幕府の仲介で*両統迭立が原則とされたが、所領問題は解決しなかった。文保二年（一三一八）亀山院の孫である尊治《たかはる》親王が即位（*後醍醐《ごだいご》天皇）、幕府を倒して建武政権を樹立したが、対立した*足利尊氏《たかうじ》によって京都を逐われた。その後同統は吉野に籠って京都の政権と対峙したが、明徳三・元中九年（一三九二）*後亀山《ごかめやま》天皇が*持明院統の*後小松《ごこまつ》天皇に神器を譲り、両統は合一した。統名は、亀山院の子*後宇多《ごうだ》院が再興し、その後も深い関係を維持した寺院（京都市右京区嵯峨大沢町）の名に由来する。（櫻井　彦）

持明院統《じみょういんとう》　鎌倉後期に二分した皇統のうちの一つで、*後深《ごふか》草《くさ》天皇の系統のこと。後深草天皇は正元元年（一二五九）、父*後嵯峨《ごさが》院から弟恒仁《つねひと》親王への譲位（*亀山《かめやま》天皇）を命じられた。文永九年（一二七二）後嵯峨院が後深草院・亀山天皇のいずれを治天とするか定めず没すると、両者の間で皇位や所領をめぐる争いが発生、天皇家は分裂した。その後幕府の仲介で皇位については*両統迭立が原則とされたが、所領問題は解決しなかった。文保二年（一三一八）亀山院の孫である尊治《たかはる》親王が即位（*後醍醐《ごだいご》天皇）し、幕府を倒して建武政権を樹立したが、これと対立した*足利尊氏《たかうじ》は、後醍醐天皇によって退位させられていた光厳《こうごん》院と協調し、豊仁《とよひと》親王を持明院統から即位（*光明《こうみょう》天皇）させ（北朝）、後醍醐天皇は吉野に移った（南朝）。しかし足利氏の内紛をきっかけに南朝勢力は勢いを取り戻し、光厳・光明・*崇光《すこう》（光厳院の息子）の三上皇らは幽閉されたので（一三五二）、足利氏は*後光厳《ごこうごん》天皇（崇光院の皇子）を擁立した。その後明徳三・元中九年（一三九二）、*後小松《ごこまつ》天皇が大覚寺統の後亀山《ごかめやま》天皇から神器を受け取り両統は合一した。統名は、後深草院らが仙洞《せんとう》とした寺院（旧藤原基頼邸、京都市上京区安楽小路町）の名に由来する。（櫻井　彦）

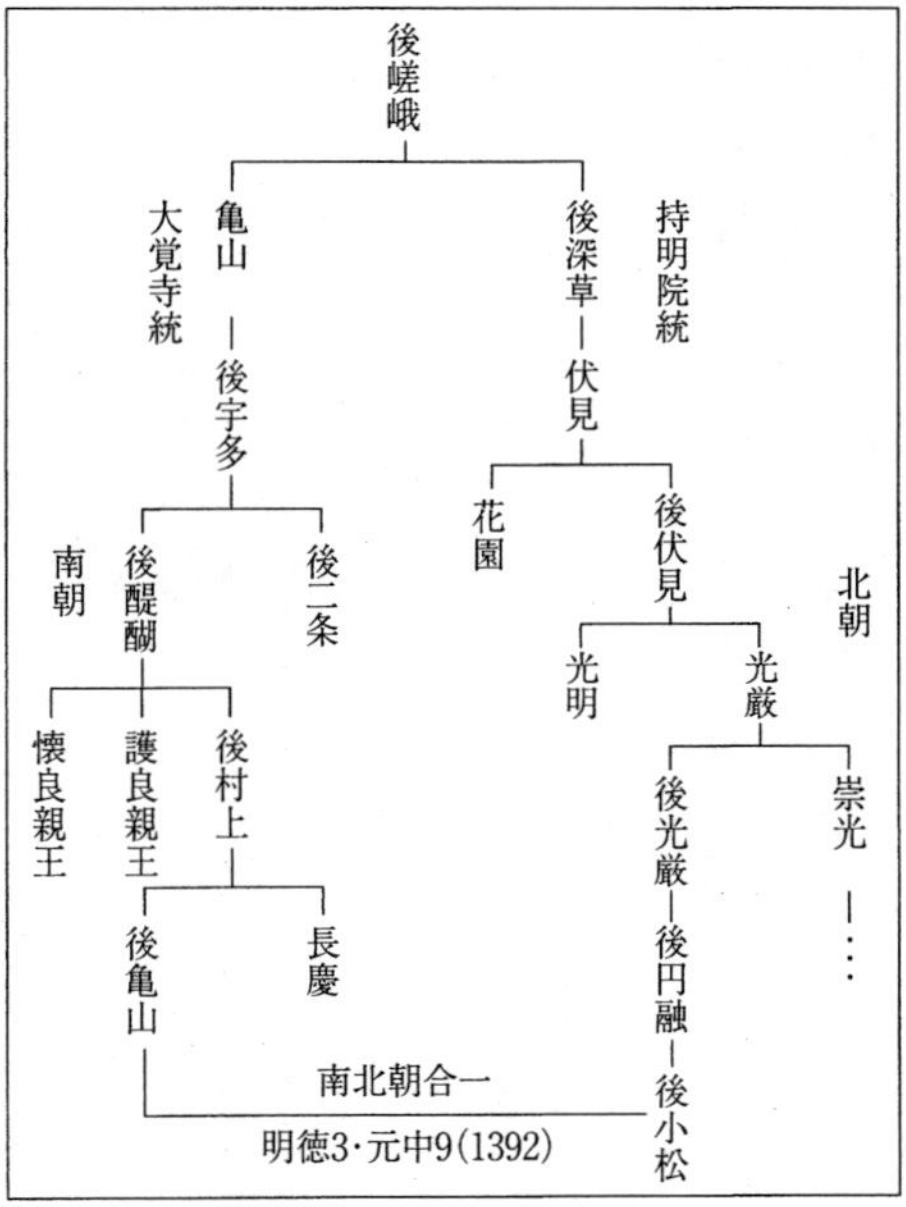

皇室略系図（持明院統・大覚寺統と南北朝）

正中の変《しょうちゅうのへん》　正中元年（一三二四）*後醍醐《ごだいご》天皇による討幕計画が発覚した事件。文保二年（一三一八）に即位、元亨元年（一三二一）に親政を実現した天皇は、新たな政治を目指して*吉田《よしだ》定房《さだふさ》や*北畠親房《きたばたけちかふさ》といった人材を積極的に登用し、*日野資朝《ひのすけとも》や*日野俊基《のとしもと》らの側近、*足助重範《あすけしげのり》らの武士からも情報を収集した。計画は無礼講と呼ばれる会合で練られたといわれ、周囲の警戒をそらすために酒宴を装った。元亨三年（一三二三）には資朝が関東へむかい、俊基は山伏の姿となって潜伏し、討幕に同意する勢力を募った。このころには北条氏の専制的な政治に不満を持つ武士も多く、また諸国では「悪党」と呼ばれる人々の活動が活発化しており、幕府政治は停滞状況にあった。こうしたなかで天皇は、北野祭当日には六波羅探題《ろくはらたんだい》の注意が緩むであろうと判断し、討幕勢力の挙兵日を正中元年九月二三日と定めた。しかしこの計画は美濃国の武士土岐頼春《ときよりはる》（*『太平記』は諸本により頼員《よりかず》または頼直《よりなお》）の不注意から*六波羅探題《たんだい》の知るところとなり、挙兵日直前の九月一九日、*土岐頼兼や多治見国長は京都の宿所で討たれ、計画は失敗に終わった。その後資朝や俊基も捕らわれ、天皇にも主謀者としての嫌疑がかかったが、*万里小《までのこう》路宣房《じのぶふさ》が鎌倉に急行して天皇の無実を主張した。結局この計画

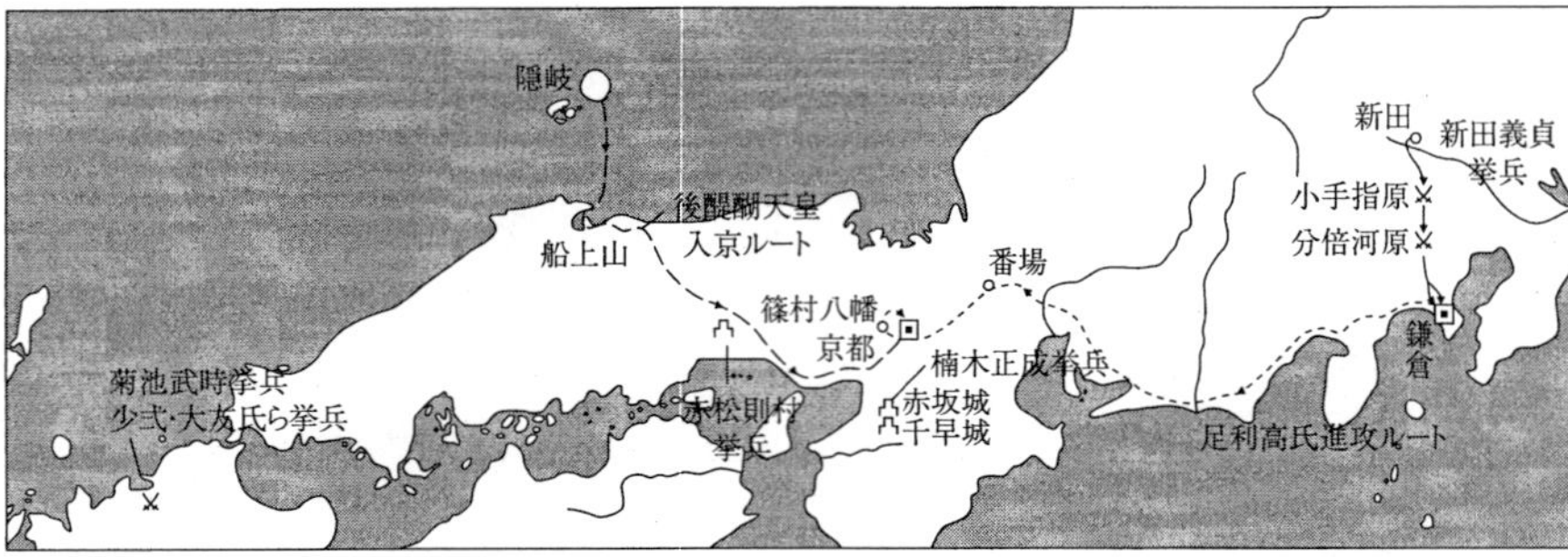

鎌倉幕府に対する討幕運動の展開

の責任は、資朝一人が負うことになって佐渡に流され、天皇や俊基は放免されて新たな討幕計画が進められた。　（櫻井　彦）

元弘の乱《げんこうのらん》　元徳三・元弘元年（一三三一）からはじまった*後醍醐《ごだいご》天皇を中心とする討幕運動。天皇は正中元年（一三二四）に討幕計画が露顕して失敗した後も、引き続き京都にあって計画を練った。この間幕府の支配体制の立て直しは実現せず、また正中三年（一三二六）皇太子邦良《くによし》親王が急逝して*後伏見《ごふしみ》院の子量仁《かずひと》親王が立太子されると、天皇はいよいよ危機感を募らせた。そして南都北嶺との関係を緊密化させ、*文観《もんかん》らに関東調伏の祈祷を密かに実行させるなど、具体的な討幕計画を展開していった。しかしこの時の計画も元徳三・元弘元年（一三三一）、天皇の側近*吉田定房《よしださだふさ》が幕府に密告したため露顕、*日野俊基《ひのとしもと》・文観らは捕らえられ、天皇は京都を脱出して笠置寺（京都府相楽郡笠置町）に籠った。幕府は*足利高氏《たかうじ》（尊氏）らを大将とする二〇万余の大軍を派遣してこれを鎮圧、天皇は捕らえられて*隠岐に流され、量仁親王が即位（*光厳《こうごん》天皇）した。しかし翌年には後醍醐天皇の子*護良《もりよし》親王が吉野で挙兵、*楠木正成《くすのきまさしげ》が河内国で再起すると各地の反北条勢力がこれに呼応し、正慶二・元弘三年（一三三三）には後醍醐天皇も隠岐を脱出して伯耆《ほうき》国に入った。幕府はこれを鎮圧するため高氏らを再度差し向けたが、高氏も丹波国篠村（京都府亀岡市）で幕府への反旗を掲げた。そして、*赤松則村らが六波羅探題を攻撃してこれを滅亡させ、幕府によって擁立された光厳天皇と後伏見・*花園《はなぞの》両院は捕らえられた。同年五月には上野《こうづけ》国で挙兵した*新田義貞《にったよしさだ》らが鎌倉

元弘の乱（畿内の要地）

に攻め込み、幕府は崩壊して後醍醐天皇の悲願は達成され、建武政権が樹立された。（櫻井　彦）

笠置山《かさぎやま》　京都府相楽《そうらく》郡笠置町にある標高二八九メートルの山で、柳生《やぎゅう》街道・伊賀街道と接する陸上交通の要地。古代以来木津《きづ》川流域に杣《そま》を保有した東大寺によって木津川水運が整備され、これに伴い木津川の南岸に位置して難所とされた笠置山周辺も開発されたので、当山と東大寺との関係は密接であった。元徳三・元弘元年（一三三一）討幕計画が発覚して京都を脱出した*後醍醐《ごだいご》天皇は、東大寺別当聖尋《しょうじん》を頼って山頂の鹿鷺山笠置寺に籠った。同寺は修験道の道場として知られ、その衆徒の武力は強力で、また縁起にも記されているように天然の要害であったため、六波羅軍の攻撃はたびたび失敗に終わったが、鎌倉からの大軍が参戦すると攻略された。（櫻井　彦）

隠岐《おき》　島根半島北方の日本海に浮かぶ隠岐群島の国名。山陰道のうち。この群島は四つの大きな島と一八〇の小島からなるが、一番大きな島を道後、その他三つの島を島前と大別する。国府は現在の隠岐の島町下西字能木原に所在したと推定される。その立地により古代から大陸との接点として注目され、天平六年（七三四）には烽《とぶひ》が設置されており、九世紀には渤海《ぼっかい》国との往来が確認される。また神亀元年（七二四）以来遠流《おんる》の地となって多くの罪人が流され、*承久の乱では*後鳥羽《ごとば》天皇が島前に、*元弘の乱では*後醍醐《ごだいご》天皇が道後に流されている。在地においては、鎌倉期以降地頭職を足がかりに成長した領主が登場し、一五世紀には守護職佐々木氏の一族隠岐氏が統治した。隠岐氏は、戦国期には尼子氏と結んで地域支配を強化し、毛利氏が勢力を伸張すると同氏の影響下に入って近世を迎えた。（櫻井　彦）

赤坂城《あかさかじょう》**・千早城**《ちはやじょう》　いずれもこの地域を本貫とする楠木氏の城郭。赤坂城は上下に分かれており、下赤坂城は現在の大阪府南河内郡千早赤阪村森屋、上赤坂城は同村桐山、千早城は同村千早に所在した。下赤坂城は元徳三・元弘元年（一三三一）に*後醍醐《ごだいご》天皇が討幕の兵を挙げたとき、*楠木正成《くすのきまさしげ》が呼応して最初に拠った城である。正成の居館近くに築城されたもので、立地的には堅牢な城郭とはいえず、挙兵当時の堀割なども十分ではなかったと推測されている。このため幕府軍の攻撃を支えきれずに数日で落城した。これに対して桐山城・大根田城・楠木城などの別称をもつ上赤坂城は、正成が再起を期して築城した山城であり要害堅固だった。その遺構や立地から、当時楠木氏の本城的な役割を担ったと思われる。しかし正慶二・元弘三年（一三三三）幕府軍の攻撃によって水路を断たれ落城した。千早城は金剛山城とも呼ばれ、詰城であったといわれる。同城は尾根上に構えられているため小規模な城郭であったがきわめて堅固で、上赤坂城落城後ここに籠った正成が、奇策によって幕府の大軍を苦しめたことは名高い。*『太平記』によれば、数百万騎の幕府軍に囲まれて籠城した楠木勢は、一〇〇〇人ほどで三ヶ月にわたる戦いを勝ち抜いた。南北朝期以降は下赤坂城が楠木氏の本城となったが、楠木氏の影響力が衰えていくなかで、弘和三年（一三八三）楠木一族の和田氏が*山名氏清《やまなうじきよ》に攻められて落城すると廃された。（櫻井　彦）

篠村八幡《しのむらはちまん》　京都府亀岡市篠町篠に鎮座する八幡宮。山陰道の要衝に位置し、縁起によれば延久三年（一〇七一）河内国誉田《こんだ》八幡（大阪府羽曳野市）を京都守護のために勧請したのが始まりという。祭神は*応神《おうじん》・仲哀《ちゅうあい》両天皇・神功《じんぐう》皇后。正慶二・元弘三年（一三三三）*足利高氏《たかうじ》（尊氏）は、配流先の*隠岐を脱出して伯耆《ほうき》国に入った*後醍醐《ごだいご》天皇を捕らえるため、幕府軍の大将として派遣されたが、当社の社前で討幕運動への参加を表明した。この時の願文は社宝として今に伝えられている。境内には挙兵の際源氏の白旗を揚げたとされる旗立場や、奉納した矢を納めたとされる矢塚が残っている。挙兵に成功した尊氏はその後当社を保護し、また醍醐寺との関係を深めた。（櫻井　彦）

番場蓮華寺《ばんばれんげじ》　滋賀県米原市番場にある浄土宗の寺院。八葉山と号す。縁起によれば、推古天皇二三年（六一五）に聖徳太子の発願で建立された法隆寺が前身とされる。のちに法相宗の憲《けん》宗《そう》が整備したが建治二年（一二七六）焼失。弘安七年（一二八四）一向俊聖《いっこうしゅんせい》が再興して、蓮華寺を創建したという。このときの再興を援助した近江国坂田郡箕浦荘（米原市箕浦周辺）地頭土肥元頼《どひもとより》の鋳造という梵鐘《ぼんしょう》が、国指定重要文化財として残されている。正慶二・元弘三年（一三三三）、*足利高氏《たかうじ》（尊氏）らに敗れた六波羅《ろくはら》北方探題北条仲時《ほうじょうなかとき》は、*光厳《こうごん》天皇と*後伏見《ごふしみ》・*花園《はなぞの》両院を奉じて鎌倉を目指したが、*京極《きょうごく》（佐々木）高氏《たかうじ》（道誉《どうよ》）に行く手を遮られ、五月九日、本寺において四三〇余人の家臣らとともに自害、*六波羅探題は滅亡した。住僧同阿良向《どうありょうこう》は彼らの菩提を弔うため、四八日間の常行三昧念仏を修した後過去帳を作製した。この過去帳は現存し、「近江国番場宿蓮華寺過去帳」または「六波羅南北過去帳」と呼ばれて重要文化財に指定されており、自害した者たちの墓も残されている。文明二年（一四七〇）戦災に遭うが、明応一〇年（一五〇一）後《ご》柏原《かしわばら》天皇の*綸旨《りんじ》により復興。その後たびたび戦災を経験しては復興され、永禄五年（一五六二）には正親町《おおぎまち》天皇の綸旨を受けて朝廷の祈願所となった。江戸時代には幕府の宗教政策から*時宗に組み入れられ、時宗一向派の総本山となり幕末に至る。明治一七年（一八八四）*浄土宗への改宗を嘆願するが、この願いが認可されたのは昭和一七年（一九四二）のことだった。（櫻井　彦）

東勝寺跡《とうしょうじあと》**（腹切《はらきり》やぐら）**　神奈川県鎌倉市小町三丁目にあった臨済宗寺院が廃された跡。山号を青竜山と号し、関東十刹に数えられていた。開山・開基については諸説あるが、嘉禎三年（一二三七）*北条泰時が義母の追善のため、退耕行勇を開山として墓所の近くに建立したとされる。正慶二・元弘三年（一三三三）*後醍醐《ごだいご》天皇の討幕運動に参加した*新田義貞《にったよしさだ》の軍勢が鎌倉にせまり、五月二二日に*北条高時《たかとき》ら二八〇余人は本寺に籠って自害、鎌倉幕府は滅亡した。この時本寺の堂宇も焼失したが、後に復興され、文明一八年（一四九六）以前にいったん廃された後再興、その後再び廃寺となった。なお高時の墓と伝える塔がなかに立つやぐらが残されており、「腹切やぐら」と称されている。（櫻井　彦）

日野資朝《ひのすけとも》（一二九〇—一三三二）　鎌倉時代末期の公卿。父は*伏見《ふしみ》・*後伏見《ごふしみ》両院政下で要職にあった権大納言俊光《としみつ》。日野家は弁官から蔵人頭《くろうどのとう》を経て大納言を極官とする「名家《めいか》」の家格で、資朝もこのコースに沿って栄進した。とくに学識豊かなことで知られ、元応元年（一三一九）閏七月四日には*花園《はなぞの》院に召され、夜を徹して学道について語り合い、その素質を賞賛されている。しかし一方で、政争に敗れて流罪となった*京極為兼《きょうごくためかね》の生き様にあこがれたり、老齢の上人を敬う西園《さいおん》寺実衡《じさねひら》に老犬を送りつけるなどの逸話が残されており、大胆な一面も持ち合わせていたらしい。こうした側面が*後醍醐《ごだいご》天皇に愛されたのか、しだいに天皇との関係は密接なものとなり、このため*持明院統の有力者であった父俊光に義絶されている。その後討幕計画に参加して中心的な人物となり、*土岐頼兼《ときよりかね》や*多治見国長《たじみくになが》らを討幕計画に誘い込もうとし、彼らの本意を知るために「無礼講」を企画したのも資朝であったという。しかし正中元年（一三二四）討幕計画は露見して*六波羅《ろくはら》探題に捕らえられ、鎌倉に移送された。朝廷としては討幕謀議の中心が天皇であったことを認めるわけにはいかず、その責任を資朝一人に負わせて佐渡島流罪を認めることで責任問題を解決しようとした。元徳三・元弘元年再び天皇の討幕計画が発覚すると、配流先の佐渡において斬られた。なお、資朝の子阿新丸《くまわかまる》の仇討ちの話は*『太平記』によって広く知られている。　（櫻井　彦）

日野俊基《ひのとしもと》（?—一三三二）　鎌倉末期の貴族。父は大学頭《だいがくのかみ》種範《たねのり》。日野家は儒学の家であったが、高位高官を望むような家格ではなかった。元亨三年（一三二三）六月蔵人に任じられると、その破格の人事が朝廷内で問題になっている。しかし彼の才覚に関する風聞は*花園《はなぞの》院の耳にも達し、もし才能豊かであるならば抜擢も妥当であろうと日記に記している。俊基は期待通りその才能を発揮して*後醍醐《ごだいご》天皇に認められたようで、側近となって討幕計画に関与、無礼講のメンバーにも名を連ねている。また*『太平記』によれば、意図的に失態を演じてしばらく籠居、山伏の姿になって大和国や河内国をめぐって城郭に適した地形を調査し、東国や西国の風俗・人々の性格を見聞したという。しかし周到に準備していたはずの計画が正中元年（一三二四）露見し、俊基は*日野資朝《ひのすけとも》とともに計画の主謀者として*六波羅《ろくはら》探題に捕らえられ、鎌倉に送られた。朝廷は計画の背後に天皇があることを隠すため懸命に弁明、幕府もこれを受け入れ資朝のみを佐渡島に配流し、俊基を赦免した。しかし元徳三・元弘元年（一三三一）天皇の側近*吉田定房《よしださだふさ》が、俊基を主謀者とする討幕計画が天皇のもとで進行中であると通報、このため俊基は再び捕らえられて鎌倉に移送され、翌年六月に鎌倉葛原岡（神奈川県鎌倉市山ノ内）で斬られた。　（櫻井　彦）

土岐頼兼《ときよりかね》（?—一三二四）　鎌倉時代末期の武将。父は*足利尊氏の家臣で、歌人としても著名な頼貞《よりさだ》。兄弟には、*光厳《こうごん》院の牛車に狼藉を働いたことで有名な*頼遠《よりとお》がいる。通称十郎。*日野《ひの》資朝《すけとも》を介して、*後醍醐《ごだいご》天皇の討幕計画に同族*多治見国長《たじみくになが》とともに誘われ、無礼講のメンバーにも名を連ねた。しかし正中元年

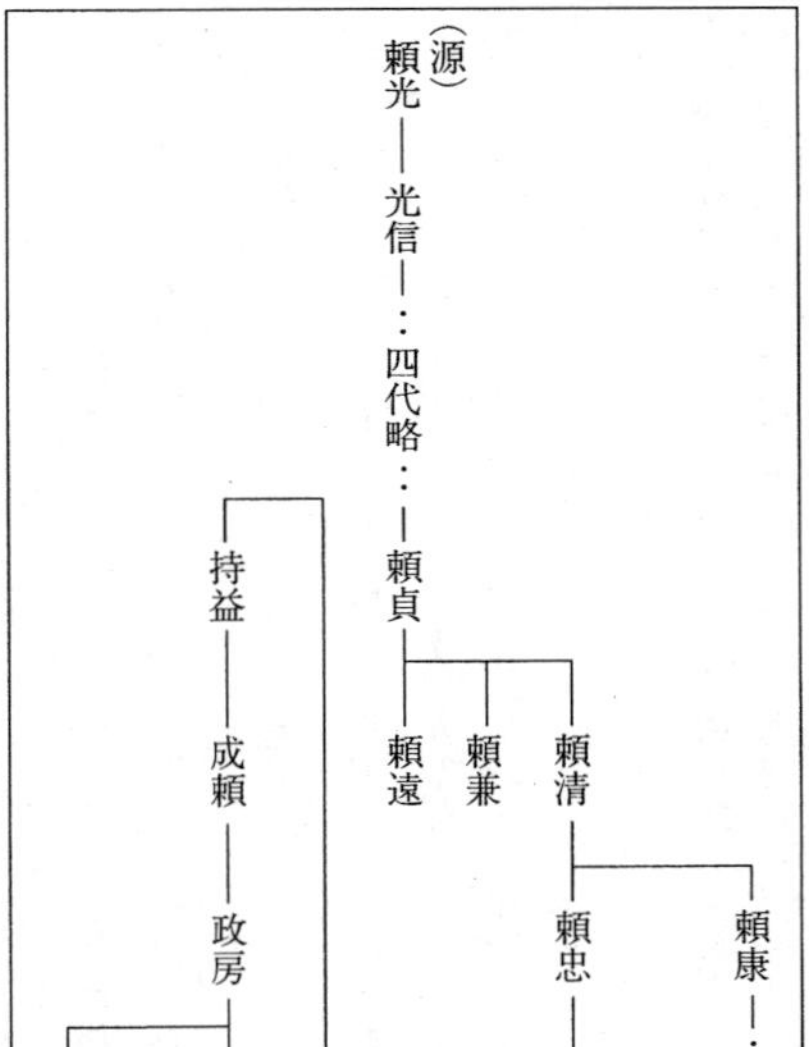

土岐氏略系図

（一三二四）、一族の土岐頼春《ときよりはる》（『*太平記』は諸本により頼員《よりかず》または頼直《よりなお》）の不注意から計画は露見し、三条堀河の頼兼の宿所と錦小路高倉の国長の宿所は六波羅軍に包囲された。寝込みを襲われた頼兼は、奮戦するが山本時綱《やまもとときつな》らの包囲を破ることはできず、ついに切腹した。なお、『太平記』の諸本はこの人物を頼貞もしくは頼時《よりとき》・頼員と伝えるが、「土岐家系譜」などは頼兼とする。（櫻井　彦）

多治見国長《たじみくになが》（一二八九―一三二四）　鎌倉時代末期の武将。父は、*承久の乱の恩賞として美濃国土岐郡多治見（岐阜県多治見市）を得て多治見氏を称した国義《くによし》の子国俊《くにとし》。通称四郎二（次）郎。*日野資朝《ひのすけとも》に誘われて、*後醍醐《ごだいご》天皇の討幕計画に参加。天皇の催した無礼講のメンバーとしても見える。しかし、北野祭の喧噪に乗じて決起しようとしたというこのときの計画は事前に露見した。メンバーの一人土岐頼春《ときよりはる》（『*太平記』は諸本により頼員《よりかず》または頼直《よりなお》）の不注意によって*六波羅《ろくはら》探題に通報されたという。正中元年（一三二四）九月、錦小路高倉の国長の宿所と三条堀河の*土岐頼兼《ときよりかね》の宿所は六波羅軍に包囲され、国長は大いに奮戦するものの自刃した。現在、多治見市新町二丁目に国長邸跡が残され、県文化財に指定されている。（櫻井　彦）

万里小路宣房《までのこうじのぶふさ》（一二五八―？）　鎌倉時代末期・南北朝時代初期の公卿。父は従三位資通《すけみち》。初名を通俊《みちとし》。*後二条《ごにじょう》天皇が即位した正安三年（一三〇一）蔵人となり、嘉元三年（一三〇五）参議となる。天皇が没したため官職を辞すが、後二条天皇と同じ*大覚寺統の*後醍醐《ごだいご》天皇が文保二年（一三一八）に即位すると、権中納言《ごんのちゅうなごん》として復帰した。正中元年（一三二四）に天皇の討幕計画が露見し、幕府によって天皇の責任が問われようとしたとき、勅使として下向し事態の収拾に尽力した。彼の働きにより、*正中の変の責任は*日野資朝《ひのすけとも》が一身に負うこととなり、天皇や*日野俊基《としもと》の責任は不問に付された。幕府の裁許直後に権大納言に昇進したのは、この功績によるともいわれる。また天皇を支える存在として北畠親房《きたばたけちかふさ》・吉田定房《よしださだふさ》らとともに「後の三房」と称された。元徳三・元弘元年（一三三一）に再び露見した討幕計画には、二人の子息藤房《ふじふさ》・季房《すえふさ》が関係しており、宣房も六波羅探題に捕らえられたが赦免されている。建武元年（一三三四）天皇が建武政権を樹立すると従一位まで昇進し、*雑訴決断《ざっそけつだん》所《しょ》の頭人を務めるなど中心的な存在として活躍した。しかし天皇の施策がことごとく失敗し、多くの貴族も天皇から離反し始めた延元元・建武三年（一三三六）出家する。彼は「万里小路一品」と称されたことから、その日記は『万一記』（または『宣房卿記』）と呼ばれる。なお没年については、宣房の子孫時房《ときふさ》の日記『建内記』の記事から、貞和四・正平三年（一三四八）とする説がある。（櫻井　彦）

吉田定房《よしださだふさ》（一二七四―一三三八）　鎌倉時代後期・南北朝時代初期の公卿。父は、*大覚寺統の重臣経長《つねなが》。母は、皇統分裂のきっかけを作った*後嵯峨《ごさが》院に院司として仕え、日記『葉黄記』を残した葉室定嗣《はむろさだつぐ》の女。定房は父祖同様大覚寺統に参仕し、正安三年（一三〇一）*後二条《ごにじょう》天皇が即位すると蔵人頭《くろうどのとう》となり、翌年には参議、徳治二年（一三〇七）には正三位に叙された。その翌年天皇が没すると辞職したが、文保二年（一三一八）*定房が養育に当たった大覚寺統の後醍醐《ごだいご》天皇の即位に伴い復帰、院評定や伝奏として活躍した。とくに元亨元年（一三二一）*後宇多《ごうだ》院の特使となって天皇の親政開始に尽力し、*北畠《きたばたけ》親房《ちかふさ》・*万里小路宣房《までのこうじのぶふさ》とともに天皇を支える人物として「後の三房」と称された。正中元年（一三二四）天皇の討幕計画が露見すると、天皇の責任を回避するため告文を起草し、幕府は天皇の責任を問わなかった。しかし一方で、天皇の討幕計画には反対であったとされており、元徳三・元弘元年（一三三一）再び天皇の討幕計画が発覚したのは、定房が幕府側に計画を漏らしたためといわれ、天皇が捕らえられて持明院統の*光厳《こうごん》天皇が即位すると、評定衆として仕えている。しかし幕府が滅亡し、後*醍醐天皇の建武政権が樹立されると再び重用され、*雑訴決断所《ざっそけつだんしょ》や*恩賞方の頭人、伝奏などを務めて内大臣にも任じられた。このため彼の日記を『吉槐記』（または『定房卿記』）という。延元元・建武三年（一三三六）天皇が*足利尊氏《たかうじ》に逐われて吉野に移ると、いったんは北朝に参仕するが翌年には吉野にはいり、同地で没した。

（櫻井　彦）

花山院師賢《かざんいんもろかた》（一三〇一―一三三二）　鎌倉時代末期の公卿。父は和漢の才能に秀で、今に十数首の和歌を残した師信《もろのぶ》。母の僧恵《え》一《いっ》の女は、*後醍醐《ごだいご》天皇の生母談天門院の姪に当たる。はじめ*花《はな》園《その》天皇のもとに参仕して正和五年（一三一六）に従三位、以後急速に昇進し、後醍醐天皇が即位すると嘉暦二年（一三二七）には正二位となった。この間天皇の討幕計画にも参加して、無礼講のメンバーにも見えている。元徳三・元弘元年（一三三一）二度目の討幕計画が発覚すると、天皇の身代わりとなって比叡山に登り衆徒を煽動した。そして、その実態が露見すると*笠置山（京都府相楽郡笠置町）の天皇のもとに赴いたが、同山が落ちる際に捕らえられて下総国に流され、同地で没した。

（櫻井　彦）

護良親王《もりよし》（一三〇八―一三三五）「もりなが」とも。鎌倉幕府打倒に大功のあった*後醍醐《ごだいご》天皇の皇子。母は北畠師親《きたばたけもろちか》の女親子。異説もある。元亨三年（一三二三）延暦寺梨本門跡に入室し尊《そん》雲《うん》と名乗った。同年大塔に入室したため大塔宮《おおとうのみや》と称せられる。正中二年（一三二五）梶井門主となり嘉暦二年（一三二七）一二月六日二〇歳で天台座主。元徳元年（一三二九）二月一一日座主を辞すが、同年一二月一四日還任。翌年四月一七日座主を辞す。父帝の意向を受け、山門の兵力を朝廷側に引き入れるべく努力し、座主就任後もひたすら武芸に励んだとされている。元徳三・元弘元年（一三三一）八月、後醍醐天皇が内裏から笠置へ出奔すると、僧兵を率いて幕府軍と戦うが敗北、いったん*楠木正成《くすのきまさしげ》のもとに逃れ、その後吉野、熊野などに潜行、僧兵、悪党、野伏らを集めてゲリラ戦を展開し、*千早城の楠木正成を側面から援助した。正慶元・元弘二年（一三三二）一一月還俗して護良と名乗り、山伏らを使って*赤松則村ら反幕府勢力へ精力的に令旨《りょうじ》を発し挙兵を呼び掛けた。その結果翌年五月ほぼ一斉に各地で反幕府勢力が蹶起し幕府は滅亡した。父帝の政治構想とは異なり、宮《みや》将軍として軍務を統括することを望む親王は、征夷大将軍任命を条件に正慶二・元弘三年（一三三三）六月一三日盛大に入京し、将軍任命とともに兵部卿《ひょうぶきょう》にも任じられたが、同年八月末頃には将軍職を解除されている。新しい幕府の創立を志す*足利尊氏《たかうじ》の勢力の増大に危惧を感じた親王は、兵力を召集して尊氏を討とうとしたが、事前に計画が漏れ、尊氏の訴えにより、建武元年（一三三四）一〇月二二日天皇の命によって内裏で捕縛された。一説によれば天皇の密命もしくは了承のもとに計画されたともされるが、事件は両者の私闘と見なされ、身柄を足利方に預けられた。父帝に対し宥免の書状を認めたが、天皇のもとには達せず、鎌倉の東光寺に幽閉された。建武二年（一三三五）七月二三日、*中先代《なかせんだい》の乱により鎌倉から敗走する*足利直義《ただよし》は、危険人物として、どさくさに紛れて部下に殺害させた。享年二八歳。墓所は鎌倉の理知光寺谷にある。

［文献］　森　茂暁『皇子たちの南北朝』（中央公論社、一九九一）。

（横内重之）

阿野廉子《あのれんし》（一三〇一―五九）　*後醍醐《ごだいご》天皇の寵妃。父は阿野《あの》公廉《きみかど》（右近衛中将）、*洞院公賢《とういんきんかた》の養女。後醍醐天皇中宮禧子《きし》の侍女として元応三年（一三一九）頃宮廷に出仕。その才媛ぶりが天皇の目に止まり、ほど経ず天皇の寵妃となり、従三位に叙せられて三位の局と称され、恒良《つねよし》、成良《なりよし》、義良《のりよし》（*後村上《ごむらかみ》天皇）の三皇子のほか祥子、惟子両皇女王を産む。倒幕の計画が破れ、正慶元・元弘二年（一三三二）三月*隠岐に流されることになった後醍醐天皇に、多くの妃のうちただ一人同道した。苦難を共にした天皇との絆は、私的な面は無論、山伏からの連絡の衝に当たったり、*綸旨《りんじ》下付などに天皇の手足として働いたことにより、公の面にわたっても強力なものになった。建武新政の成立後はその発言力が政務や人事に影響を及ぼしたといわれ、女性だてらの政治介入として非難を受けている。しかし、身内や私的な利益をとくに計らった形跡はない。ただ、わが子恒良親王の皇位継承にとって大いなる障害となると思われる*護良《もりよし》親王の息のかかった、*赤松円心《あかまつえんしん》ら吉野閥と称される者に対する恩賞が、*名和長年《なわながとし》ら隠岐閥と称される者に比べ極端に薄かったのは廉子の意向と推量される。この恩賞の不公平が建武新政に対する不信を生じさせ、瓦解の一原因ともなった。建武二年（一三三五）には准三后《じゅさんこう》の宣下を受け、吉野行宮《あんぐう》にも後醍醐天皇に同行、天皇死去後は幼い天皇を輔け、令旨なども発布し南朝の中核的な存在であった。観応二・正平六年（一三五一）一二月二八日院号の宣下を受け新待賢門院と称した。延文二・正平一二年（一三五七）九月落飾。延文四・正平一四年四月二九日吉野で死去。享年五九歳。なお、新葉和歌集には二〇首が採用されている歌人でもある。

［文献］　大音百合子「阿野廉子」（『南北朝一〇〇話』立風書房、一九九一）、森　茂暁『太平記の群像』（角川書店、一九九一）。

（横内重之）

勾当内侍《こうとうのないし》（生没年未詳）　南北朝時代の女官。実名未詳、麗子とする説もある。*『太平記』にのみ登場する女性で実在は定かではない。一条行房《いちじょうゆきふさ》の妹とされ、兄とともに*後醍醐《ごだいご》天皇に仕え、美人として知られていた。建武の初め内裏警護にあたっていた*新田義貞《にったよしさだ》に見初められた。それを耳にした後醍醐天皇は、恩賞の意味もあってか、内侍を義貞に下賜した。妻を遠くに置いていた義貞は内侍を溺愛し、そのため西走した*足利尊氏《たかうじ》を追って出陣するのが遅れたともいわれる。また延元元・建武三年（一三三六）一〇月越前に下ることになった義貞と近江堅田で落ち合い別れを惜しんだと伝えられ、その後敗死した義貞の晒首《さらしくび》を見た内侍は、即日髪を下ろして義貞の菩提を弔ったとも、悲しみのあまり堅田で入水したとも伝えられる。

［文献］　佐藤進一『南北朝の動乱』（中央公論社、一九六五）。

（横内重之）

後醍醐天皇《ごだいごてんのう》（一二八八―一三三九）　鎌倉時代末期から南北朝時代初期の天皇。*後宇多《ごうだ》天皇の第二皇子。母は藤原忠継《ただつぐ》の女談天門院忠子。諱《いみな》は尊治《たかはる》。延慶元年（一三〇八）*後二条《ごにじょう》天皇が急逝して*富仁《とみひと》親王が即位（*花園《はなぞの》天皇）すると、後宇多院は大覚寺統の後継者に、病弱な後二条天皇の皇子邦良《くによし》親王ではなく尊治親王を指名して立太子させた。その後*持明院統の有力者*伏見《ふしみ》院の他界を契機に、*大覚寺統からの花園天皇に対する尊治親王への譲位の働きかけは厳しくなり、文保二年（一三一八）要求が実現して即位した。元亨元年（一三二一）後宇多院の院政を廃止して記録所を再興、親政を開始する。そこには新たな人材が積極的に登用され、早くから鎌倉幕府を倒す計画が練られた。しかしこの計画は正中元年（一三二四）露顕して失敗、側近の*日野資朝《ひのすけとも》がすべての責任を負って佐渡に流された。いったん頓挫した討幕計画はその後も密かに練られたが、元徳三・元弘元年（一三三一）再度発覚、この時は京都を脱出して*笠置山（京都府相楽郡笠置町）に逃れ、周辺の諸勢力に協力を求めた。しかし幕府の攻撃を支えきれずに捕らえられ、*隠岐に流されて討幕計画は終結したかに思われた。ところが吉野に逃れた皇子*護良《もりよし》親王や*楠木正成《くすのきまさしげ》らが再挙すると各地で討幕運動が拡大、後醍醐も*名和長年《なわながとし》に助けられて隠岐を脱出、伯耆《ほうき》国船上《せんじょう》山《せん》（鳥取県東伯郡琴浦町）に拠った。そして正慶二・元弘三年（一三三三）、*鎌倉幕府を滅ぼして建武政権を樹立した。政権では*記録所・恩賞方・*武者所・*雑訴決断所《ざっそけつだんしょ》などの中央機関を整備して、天皇による親政を助けた。また地方には国司や守護のほか、*奥州将軍府をおいて治安の悪化などに備えた。しかし理想とした天皇親政は当時の社会的実情に合わず、武士層を中心として不満が蓄積され、武士の棟梁である*足利尊氏《たかうじ》との対立は深刻化した。建武二年（一三三五）尊氏が反旗を掲げると事実上建武政権は崩壊し、尊氏勢との間で京都の争奪戦が展開された。しかし湊川《みなとがわ》合戦（神戸市生田区）以降敗色は濃くなり、ついに神器を*光明《こうみょう》天皇に譲って吉野に逃れ、南朝政権を樹立。以後しばしば京都奪還をもくろんだがことごとく失敗し、延元四・暦応二年（一三三九）皇子義良《のりよし》親王に譲位（*後村上《ごむらかみ》天皇）後病没した。

［文献］　田中義成『南北朝時代史』（講談社学術文庫、一九八二）、網野善彦『異形の王権』（平凡社、一九八六）。

（櫻井　彦）

光厳天皇《こうごんてんのう》（一三一三—六四）　鎌倉時代末期の天皇。父は*持明院統の*後伏見《ごふしみ》天皇。母は前左大臣*西園寺公衡《さいおんじきんひら》の女寧子（後の広義門院）。諱《いみな》は量仁《かずひと》。嘉暦元年（一三二六）皇太子邦良《くによし》親王の死去により立太子。元徳三・元弘元年（一三三一）討幕計画が発覚、*後醍醐《ごだいご》天皇が京都から逃れると幕府の要請で践祚《せんそ》したが、幕府が滅亡したため後醍醐天皇によって廃された。その後足利尊氏が天皇と対立するとこれに与し、延元元・建武三年（一三三六）尊氏入京後弟豊仁《とよひと》親王を践祚（*光明《こうみょう》天皇）させ、子の*崇光《すこう》天皇期まで院政を行った。しかし観応二・正平六年（一三五一）の正平一統で崇光天皇は廃され、院政も停止する。以後光厳・光明・崇光の三上皇は南朝に捕らわれて各地を流転、延文二・正平一二年京都に戻った。その後丹波国常照寺（京都市右京区）に住まい、同寺で死去。

（櫻井　彦）

足利尊氏《あしかがたかうじ》（一三〇五—五八）　室町幕府初代将軍。父は貞《さだ》氏《うじ》。母は上杉頼重《うえすぎよりしげ》の女清子。初名又太郎高氏。元応元年（一三一九）従五位下治部大輔。六波羅《ろくはら》北方探題*赤橋久時《あかはしひさとき》の女登子を妻とする。元弘元年（一三三一）*後醍醐《ごだいご》天皇が*笠置山（京都府相楽郡笠置町）において討幕の兵を挙げると、*執権北条高時《たかとき》の命により幕府軍を率いて上洛、これを平定した。同三年後醍醐天皇が配流先の*隠岐を脱出して伯耆《ほうき》国船上山《せんじょうせん》（鳥取県東伯郡琴浦町）に拠り、再び挙兵すると再度西上。しかし丹波国*篠村八幡宮（京都府亀岡市）の社前で討幕の意志を表明、反転して京都に侵攻、*六波羅《ろくはら》探題を滅亡させ、あらたに奉行所をおき、上洛してくる武将たちを迎え入れた。天皇が帰京すると、一字を与えられて「尊氏」と名乗り、鎮守府将軍に任じられたが、あらたな武士の棟梁として*征夷大将軍の職を望んでいた尊氏には不満であり、奉行所を中心に独自の行動を示した。結果後醍醐天皇の皇子*護良《もりよし》親王との間は不和となり、建武元年（一三三四）親王を鎌倉に幽閉、翌年信濃で北条時行《ときゆき》が蜂起（*中先代《なかせんだい》の乱）して鎌倉に攻め入ると、尊氏の弟*直義《ただよし》は混乱に乗じて親王を殺害した。京都にあった尊氏はこの混乱を収拾するため東下。その際征夷大将軍の称を求めたが認められなかったため、時行らの反乱を鎮圧したのちも帰洛せず、建武政権への反意を表明した。そして建武三・延元元（一三三六）年後醍醐天皇をいったんは比叡山に逐うが、*北畠顕家《きたばたけあきいえ》らの活躍によって九州に敗退した。しかし九州まで敗走する間各所に拠点を作り、筑前国多々良浜《たたらはま》（福岡市）での合戦に勝利すると一気に上洛、*楠木《くすのき》正成《まさしげ》らを敗死させ入京した。その後*光明天皇を即位させ、『*建武式目』一七箇条を制定して新政権の施政方針を示し、暦応元・延元三年（一三三八）征夷大将軍となった。しかし室町幕府の政治方針をめぐって直義と対立、周囲を巻き込んだ激しい権力闘争（*観応《かんのう》の擾乱《じょうらん》）の結果勝利した。こうした混乱を乗り越えるなかで着々と反対勢力を掃討、後醍醐天皇の皇子*懐良《かねよし》親王を中心とする九州の勢力を排除しようと計画したが果たせず死去。法名は仁山妙義。等持院殿または長寿院殿と称される。

［文献］高柳光寿『足利尊氏』（春秋社、一九六六年）、佐藤和彦編『論集　足利尊氏』（東京堂出版、一九九一）、櫻井　彦・錦　昭江・樋口州男編『足利尊氏のすべて』（新人物往来社　二〇〇八）。

（櫻井　彦）

大友貞宗《おおともさだむね》（?―一三三三）　鎌倉時代後期の武将。大友親時《ちかとき》（一説に大友頼泰《よりやす》）の子。幼名孫太郎。左近将監、近江守。豊後国守護。大友氏は相模国足柄上郡大友郷（神奈川県小田原市）を本貫地とする東国武士であったが、庶子を中心に豊後国周辺へ下向し、貞宗の祖父頼泰が異国警固のため下向したのをきっかけに惣領家も豊後国へ渡り、その後豊後府中（大分市）を拠点として活躍した。貞宗は徳治元年（一三〇六）兄貞親《さだちか》から家督を譲られている。文保二年（一三一八）*後醍醐《ごだいご》天皇が即位して討幕運動を推進するなかで、正慶二・元弘三年（一三三三）、*護良《もりよし》親王の令旨《りょうじ》を受けた*菊池武時《きくちたけとき》が*鎮西探題北条英時《ひでとき》を討とうとしたが、*少弐貞経《しょうにさだつね》とともに英時を助け、武時を滅ぼした。しかし討幕勢力が各地で挙兵し*六波羅《ろくはら》探題が滅亡すると、貞経らと周辺武士を結集して英時を襲撃、五月二五日英時は自害して鎮西探題も滅亡した。その後*足利尊氏《たかうじ》から戦後処理を一任され、後醍醐天皇から勲功を賞されるなど、鎮西における幕府滅亡後の最有力者となったが、同年一二月三日病没した。法名具簡。なお兄貞親が禅宗に帰依した影響を受けたのか、貞宗も豊後国内の宝戒寺や岩屋寺（大分市）を再興し、長興寺（大分市）創建に関わるなど禅宗に深く帰依した。とくに筑前国多々良《たたら》（福岡市）に創建した顕孝寺は、元に渡る禅僧たちの多くが立ち寄り、彼らとの交流によって大陸儀礼についての知識も豊富で

あった。また明極楚俊《めいきょくそしゅん》や竺仙梵僊《じくせんぼんせん》など多くの禅僧を大陸から招き、大陸文化を積極的に摂取した。（櫻井　彦）

少弐貞経《しょうにさだつね》（一二七三—一三三六）　鎌倉・南北朝時代の武将。少弐盛経《もりつね》の子。筑前・豊前・対馬の守護。*鎮西探題の評定衆・二番引付頭人。少弐氏の起こりは、武蔵国の武藤資頼《むとうすけより》が筑前国守護として九州に下向、その後大宰少弐となり、以後この官職を世襲したことによる。貞経の大宰少弐の初見は永仁四年（一二九六）で、特に異国警固に関連した史料が残されている。父盛経没後、筑前国と対馬国の守護となる。正慶二・元弘三年（一三三三）、*菊池武時《きくちたけとき》が鎮西探題北条英時《ひでとき》を討とうとすると、*大友貞宗《おおともさだむね》らと英時に与して武時を破った。しかし討幕勢力が各地で蜂起し、次第に幕府側の旗色が悪化すると一転して英時を自害させた。建武政権のもとではこの功により筑前・豊前の守護に補任され、北条氏一族追討の指揮をとった。建武政権が*足利尊氏《たかうじ》と*後醍醐《ごだいご》天皇との対立によって事実上崩壊すると尊氏に同調、延元元・建武三年尊氏が九州に敗走した際には子の頼尚《よりなお》を赤間関（山口県下関市）に遣わして出迎えた。ところがこの間に*菊池武敏《たけとし》・*阿蘇惟直《あそこれなお》らの攻撃を受け、大宰府城（福岡県太宰府市）から有智山城（福岡県太宰府市）へと転戦したが二月二九日敗死した。法名高鑑妙恵。尊氏は貞経の死を悼んで、菩提所大宰府安養院に筑前国夜須郡小田郷を菩提料田として寄進したという。なお太宰府崇福寺を崇敬し、学問を好んだ人物としても知られている。（櫻井　彦）

名和長年《なわながとし》（?—一三三六）　鎌倉・南北朝時代の武将。父は、伯耆《ほうき》国長田（鳥取県西伯郡南部町）を本拠とした長田行高《おさだゆきたか》とされる。初名長高。拠点を同国名和（同郡大山町）に移したことにより、名和氏を称する。*元弘の乱に敗れて*隠岐に流された*後《ご》醍醐《だいご》天皇に協力し、元弘三・正慶二年（一三三三）閏二月、天皇の脱出を助けて船上山《せんじょうせん》（鳥取県東伯郡琴浦町）に迎えた。そして周辺住民に莫大な報酬を提示して兵粮を運び上げさせて合戦の準備を整え、天皇を捕らえに来た隠岐守護佐々木清高《ささききよたか》を撃退したため、山陰・山陽道の武士たちは天皇のもとに集結した。このときの功績により、天皇から「年」の字を与えられて長年と改名し、従四位下伯耆守に任じられた。京都に戻った天皇によって樹立された建武政権においては、*記録所・*恩賞方・*雑訴決断所《ざっそけつだんしょ》などの重要なポストにつき、*楠木正成《くすのきまさしげ》らとともに政権の支柱となった「三木一草」の一人に数えられる。とくに商工業と深く関わる東市正《いちのかみ》に任じられたことは、船上山における戦いのなかで伝えられる有徳人的性格や、天皇が与えたという笠験《かさじるし》が帆掛船を模したものであったことなどとあわせて、長年が海上流通を中心とする商業活動に深く関与した人物であったとされることと関わると思われる。建武二年*足利尊《たか》氏《うじ》が天皇に反旗を掲げると、天皇方の中心的な戦力として奮戦し、翌年にはいったん尊氏を西走させた。しかし体勢を立て直した尊氏は再び上洛、長年は防戦に努めたが京都で敗死した。法名釈阿。（櫻井　彦）

楠木正成《くすのきまさしげ》（?—一三三六）　鎌倉時代末期から南北朝時代初期の武将。父は橘正遠《たちばなまさとお》ともいわれるが未詳。幼名多聞丸《たもんまる》。左衛門少尉。楠木氏は河内国赤坂（大阪府南河内郡千早赤阪村）周辺を本拠とする豪族で、橘氏を本姓とするとされるが詳細は不明。鎌倉時代御家人であったかどうかも明らかではなく、散所《さんじょ》の長者であったとも、流通路を支配する武士であったともいわれる。ただ朝廷とは何らかの関係をもっていたらしく、元徳三・元弘元年（一三三一）和泉国若松荘（大阪府堺市）に乱入して「悪党」と非難された一件は、*後醍醐《ごだいご》天皇が討幕計画の露顕に伴って*笠置山（京都府相楽郡笠置町）にたて籠ったことに同調した行動であったといわれる。しかし、この時の計画は失敗に終わり、本拠の*赤坂城が落城すると尊雲《そんうん》法親王（*護良《もりよし》親王、大塔宮）とともに姿を消したが、翌年末には再起して赤坂城を奪還し、紀伊・和泉・摂津などを転戦して幕府軍を破った。幕府は長崎高貞《ながさきたかさだ》らを鎮圧に向かわせて楠木勢を*千早城（大阪府南河内郡千早赤阪村）に追い込んだが、千早城に籠った正成が奇策を用いて防戦に努めたことは『*太平記』に詳しい。千早城への攻撃が長期化するなか、後醍醐天皇は*隠岐から伯耆《ほうき》国船上山《せんじょうせん》（鳥取県東伯郡琴浦町）に脱出し、各地の有力者に討幕運動への参加を呼びかけた。その結果討幕運動は一気に全国化し、*鎌倉幕府は滅亡して*建武政権が樹立された。政権下では*記録所寄人・恩賞方寄人・*雑訴決断所《ざっそけつだんしょ》奉行・検非違使などの要職を兼帯し、また河内守、河内・和泉両国の守護にもなって重用され、その栄達ぶりは*名和長年《なわながとし》・*結城親光《ゆうきちかみつ》・*千種忠顕《ちぐさただあき》らとともに「三木一草」と称された。その後、後醍醐天皇と*足利尊氏《たかうじ》との対立によって政権が事実上崩壊すると、天皇方の有力者として戦い、いったんは尊氏らを九州に逐った。しかし体勢を立て直した尊氏らは東上し、これを兵庫で迎え撃ったが*湊《みなと》川《がわ》（神戸市生田区）の戦いで敗死する。正成の行動は江戸時代の水戸学では忠臣と評価され、また近代になって歴史上の忠臣を顕彰しようとする動きが高揚すると、明治五年（一八七二）最期の地に湊川神社が建立された。

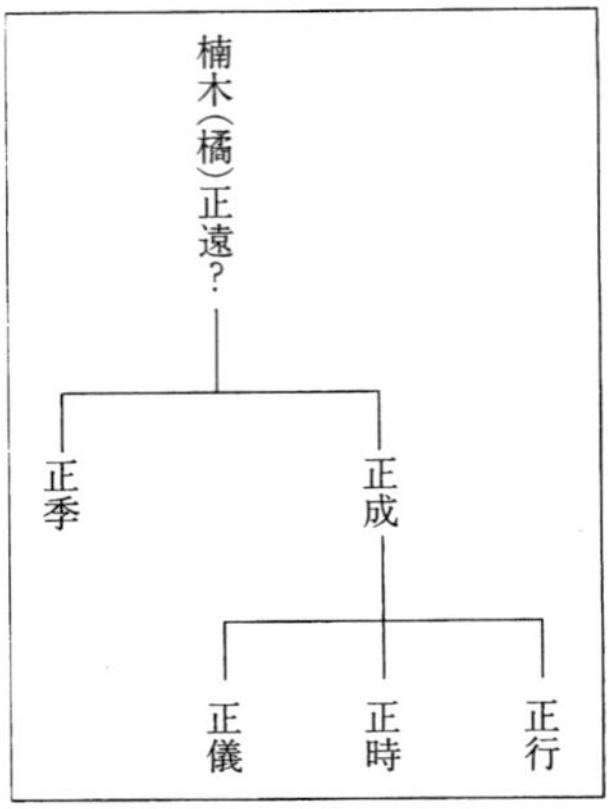

楠木氏略系図

［文献］　藤田清二『楠氏研究』（積善館、一九四二）、植村清二『楠木正成』（中央公論社、一九九一）。

（櫻井　彦）

新田義貞《にったよしさだ》（一三〇一—三八）　鎌倉時代末期から南北朝時代初期の武将。父は朝氏《ともうじ》。通称小太郎。*元弘の乱に際しては幕府軍の一員として*楠木正成《くすのきまさしげ》の追討軍に従ったが、*千早城（大阪府南河内郡千早赤阪村）の包囲戦が長期化すると本国上野《こうづけ》にもどった。そして本貫の地新田荘（群馬県太田市周辺）に現れた幕府の徴税使を斬ったことがきっかけとなり、正慶二・元弘三年（一三三三）五月八日に同荘内の生品明神の社前で討幕運動への参加を表明、鎌倉を目指した。義貞軍には日を追って参陣するものが増え、小手指原《こてさしはら》（埼玉県所沢市）・分倍河原《ぶばいがわら》（東京都府中市）などで幕府軍を破り、同月二二日には鎌倉に攻め入って*北条高時《ほうじょうたかとき》らを自害させた。幕府滅亡後成立した建武政権下では従四位上に叙せられ、上野・越後・播磨などの国司となったが、*足利尊氏《たかうじ》との対立が深刻化していった。尊氏が*後醍醐《ごだいご》天皇とも対立して建武政権から離反すると、義貞は天皇方の主力となって尊氏方と戦い、いったんは尊氏を九州に逐ったが、結局京都を奪われて天皇とともに比叡山に逃れた。その後京都奪還に尽力するが果たせず、延元元・建武三年（一三三六）天皇

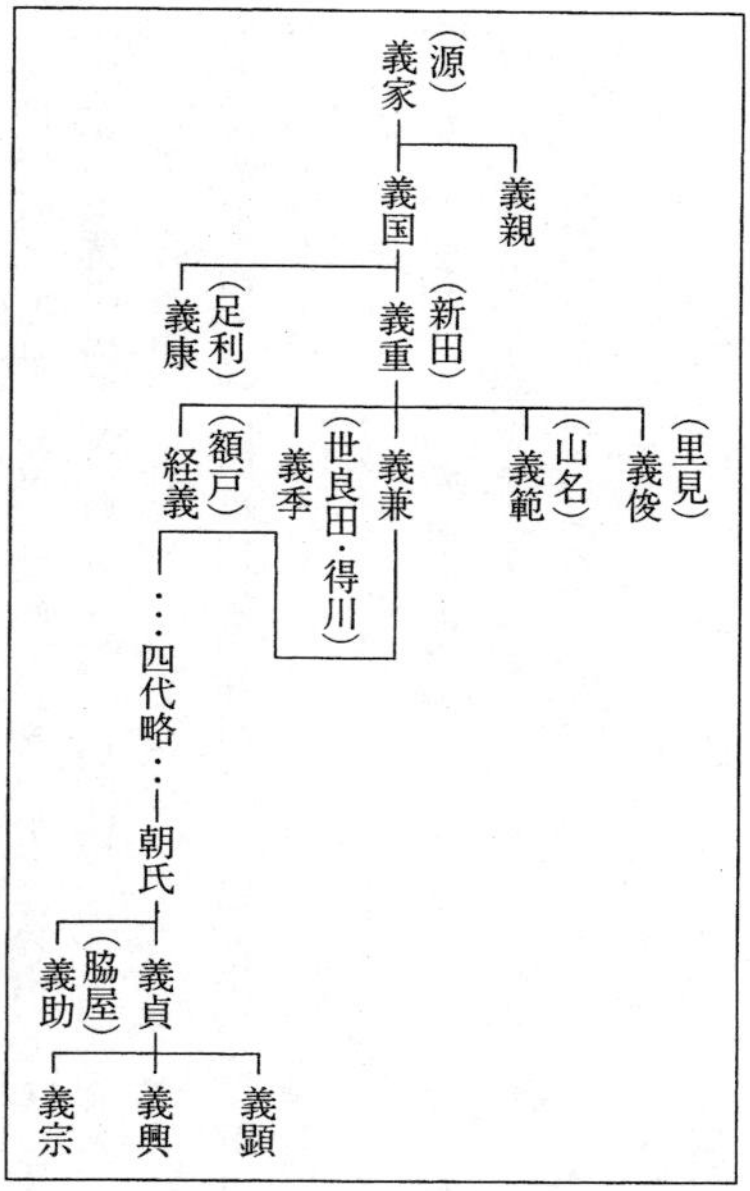

新田氏略系図

が尊氏と和解して帰洛することになると、恒良《つねよし》親王らを奉じて北陸へ逃れ、金崎城（福井県敦賀市）に籠った。しかし翌年には同城も落城して恒良親王は捕らえられ、義貞は杣山城（福井県南条郡南越前町）に逃れた。延元三・建武五年（一三三八）、＊北畠顕家《きたばたけあきいえ》が陸奥から西上すると呼応して杣山城を出て戦ったが、藤島（福井市）の灯明寺畷《とうみょうじなわて》で戦死した。（櫻井　彦）

名越高家《なごえたかいえ》（?―一三三三）　鎌倉時代末期の武将。父は貞《さだ》家《いえ》。尾張守。名越家は、＊北条義時《よしとき》の次男朝時《ともとき》が鎌倉東部の名越に住したことに始まる一族。北条氏の一流として多くが鎌倉幕府の要職にあった。高家も嘉暦元年（一三二六）―正慶二・元弘三（一三三三）年まで評定衆を務めた。正慶二・元弘三年、＊後醍醐《ごだいご》天皇が＊隠岐を脱出すると、高家は幕府軍の大将となって＊足利高氏《たかうじ》（尊氏）とともに上洛。伯耆国《ほうき》船上山《せんじょうせん》（鳥取県東伯郡琴浦町）に入った天皇を捕らえるため、高家が山陽道を、高氏が山陰道を進むことになった。『＊太平記』によればこの時の出で立ちは、辺りを輝かすほどだったという。しかしそれが災いしたのか、強弓として知られた赤松一族の佐用範家《さよのりいえ》によって、山城国久我畷《くがなわて》（京都府伏見区）で射殺された。（櫻井　彦）

土居通益《どいみちます》（?―一三三六）　鎌倉時代末期から南北朝時代初期の武将。父は通成《みちなり》。彦九郎。土居氏は伊予国の豪族河野氏の一族で、浮穴郡土居村（愛媛県松山市南土居町）を本拠とする。正慶二・元弘三年（一三三三）、＊後醍醐《ごだいご》天皇を中心とする討幕運動に参加、＊長門《ながと》探題北条時直《ときなお》を破るなど活躍し、天皇の帰洛を兵庫で出迎えた。建武政権下では従五位下伊予権介から備中守となり、赤松重時《あかまつしげとき》の反乱を鎮圧した。＊足利尊氏《たかうじ》が天皇と対立して建武政権が崩壊すると、天皇方に属す。尊氏勢との戦いには常に＊新田義貞《にったよしさだ》勢の一翼を担って奮戦し、義貞が恒良《つねよし》親王らを伴って北陸へ逃れる際も同道したが、途中斯波高経《しばたかつね》と戦って戦死した。（櫻井　彦）

得能通綱《とくのうみちつな》（?―一三三七）　鎌倉時代末期から南北朝時代初期の武将。父は通村《みちむら》。又太郎。得能氏は伊予国の豪族河野氏の一族で、＊河野通信《こうのみちのぶ》の子通俊《みちとし》が得能保（愛媛県西条市丹原町徳能）に住したことにはじまる。通俊は常石山城を居城としたとされ、通村も同城にあったと伝えられており、通綱もここに拠ったとみられる。＊元弘の乱が起こると＊後醍醐《ごだいご》天皇の求めに応じて挙兵し、同族の土居氏や惣那氏と連携して戦った。根来山城（愛媛県大洲市）では宇都宮貞康《うつのみやさだやす》を、星岡（愛媛県松山市星岡町）では＊長門《ながと》探題北条時直《ときなお》をそれぞれ破っている。さらに伊予国を出て讃岐国では幕府を擁護する勢力を掃討し、備後国鞆津《とものつ》（広島県福山市）に移って活動した。後醍醐天皇が*隠岐脱出後籠っていた伯耆《ほうき》国船上山《せんじょうせん》（鳥取県東伯郡琴浦町）から帰洛する際には、備後守となって河野氏の惣領と認定された。建武政権樹立後は従五位下に叙され、兵庫で出迎えている。建武政権樹立後は従五位下に叙され、備後守となって河野氏の惣領と認定された。しかし*足利尊氏《たかうじ》が天皇と対立して建武政権が崩壊すると、尊氏は河野氏の惣領を河野通盛《みちもり》とし、通盛に伊予国内の天皇方勢力を攻撃させた。これに対して通綱は土居氏らとともに天皇方に属し、伊予国には戻らずに奮戦した。とくに*新田義貞《にったよしさだ》の軍勢と行動をともにして、各地を転戦している。そして一度は九州に逐った尊氏勢が反撃、天皇が比叡山に追い込まれたのち、義貞が恒良《つねよし》親王らを伴って北陸に逃れる際にも同道、越前国金崎城（福井県敦賀市）に拠って奮戦したがついに落城、敗死した。（櫻井　彦）

菊池武時《きくちたけとき》（?—一三三三）　鎌倉時代末期の武将。父は隆《たか》盛《もり》。幼名正竜丸。通称次郎。出家後寂阿と号した。父隆盛が祖父武房《たけふさ》に先立って死去したため、兄時隆《ときたか》が武房の養子となるが、武房没後叔父武経《たけつね》と対立、時隆の跡を継いで惣領となる。菊池氏は在地豪族の出身で、鎌倉時代には肥後国の有力御家人のうちに数えられたが、正慶二・元弘三年（一三三三）、隠岐から伯耆《ほうき》国船上山《せんじょうせん》（鳥取県東伯郡琴浦町）に脱出した*後醍醐《ごだいご》天皇が討幕運動を本格化させると、これに同調して*鎮西探題襲撃を計画した。しかしこの計画は事前に探題北条英時《ひでとき》の察するところとなり、英時は九州の御家人を博多に集結させて対抗した。このため挙兵の予定を早めて決起し探題館に攻め入ったが、あらかじめ密約を結んでいたはずの*大友貞宗《おおともさだむね》・*少弐《しょうに》貞経《さだつね》らが英時側に与したため鎮圧され、子の頼隆《よりたか》・弟覚勝《かくしょう》らとともに討ち取られた。享年については四二歳説・五三歳説・六二歳説などがある。その後英時が貞宗・貞経らによって滅ぼされ、鎌倉幕府は滅亡して後醍醐天皇の建武政権が樹立されると、いち早く天皇の要請に応じて英時を攻めたことを賞され、嫡子武重《たけしげ》が肥後守に任じられた。なお墓所としては、福岡市七隈字椎木に胴塚が、同市谷字馬場頭に首塚がそれぞれ伝えられている。また熊本県山鹿市杉の日輪寺を創建したとも伝えられる。（櫻井　彦）

阿蘇惟直《あそこれなお》（?—一三三六）　鎌倉時代末期から南北朝時代初期の武将。惟時《これとき》の子。肥後国阿蘇神社（熊本県阿蘇市一の宮町宮地）大宮司。阿蘇氏は阿蘇谷の開発豪族の流れとされ、代々同社の大宮司を勤める。*元弘の乱勃発当初、鎌倉幕府の指示に従って、叔父の*惟澄《これずみ》らとともに河内国で蜂起した*楠木正成《くすのきまさしげ》を鎮圧するため出陣した。しかし途中の備後国鞆津《とものつ》（広島県福山市）

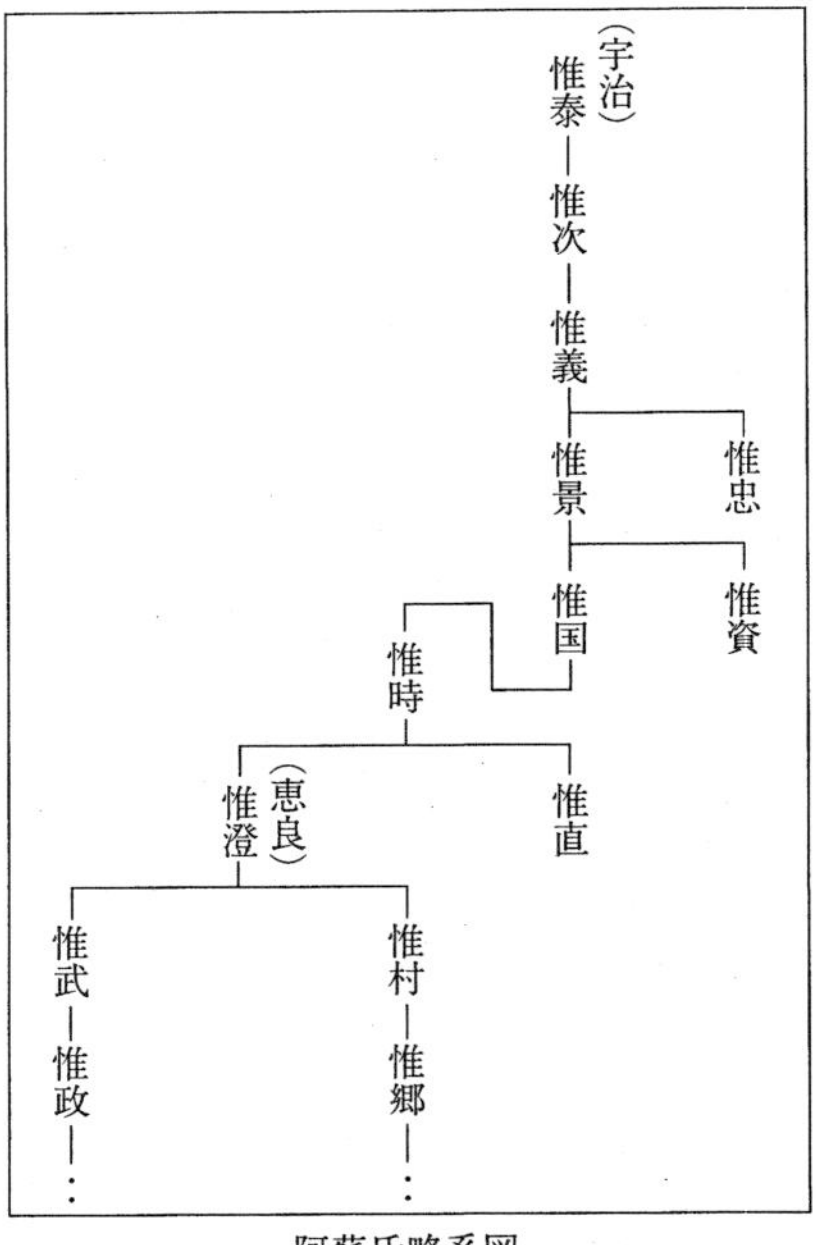

阿蘇氏略系図

で、*後醍醐《ごだいご》天皇を中心とした討幕運動への参加を求める*護良《もりよし》親王の令旨《りょうじ》を得て帰国。*菊池《きくち》武時《たけとき》らと*九州探題北条英時《ひでとき》を攻めるが敗退、日向国鞍岡城（宮崎県西臼杵郡五ヶ瀬町）に籠って来襲した守護規矩高政《きくたかまさ》と戦うものの落城した。その後*少弐貞経《しょうにさだつね》を有智山城（福岡県大宰府市）に破ったが、多々良浜《たたらはま》（福岡市）で*足利尊氏《たかうじ》に敗れ、肥前国小城郡天山（佐賀県小城市小城町）で自害したという。（櫻井　彦）

結城親光《ゆうきちかみつ》（?—一三三六）　鎌倉時代末期から南北朝時代初期の武将。父は下総国結城氏の庶流で、陸奥国の白河結城氏の祖宗広《むねひろ》。兄は親朝《ちかとも》。通称九郎。左衛門尉・大夫判官。*元弘の乱に際しては幕府軍に従軍。この挙兵に失敗して隠岐に流された*後醍醐《ごだいご》天皇が伯耆《ほうき》国船上山《せんじょうせん》（鳥取県東伯郡琴浦町）に脱出、討幕運動への参加を呼びかけると父子ともにこれに応じた。正慶二・元弘三年（一三三三）男山（京都府八幡市）・山崎（京都府大山崎町）で六波羅軍と戦い、*六波羅探題滅亡に貢献。このため建武政権下では*恩賞方一番局寄人・*雑訴決断所《ざっそけつだんしょ》衆などに任じられ、*楠木正成《くすのきまさしげ》・*名和長年《なわながとし》・*千種忠顕《ちぐさただあき》と並んで「三木一草」と称されるほどの有力者となった。また検非違使にも任じられ、二条富小路の内裏近くに住居を与えられて天皇の身辺警護にあたった。その後天皇と*足利尊氏《たかうじ》の対立によって建武政権が事実上崩壊すると天皇方に属す。延元元・建武三年（一三三六）尊氏が京都を占拠した際偽って降伏し、洞院公賢《とういんきんかた》邸にあった尊氏を殺害しようとするが大友貞載《おおともさだのり》の察するところとなり、大友軍と戦って敗死した。この行動は近代日本において、歴史上の忠臣を顕彰しようとする運動が展開するなかで注目され、明治三八年（一九〇五）に正四位を追贈されている。（櫻井　彦）

千種忠顕《ちぐさただあき》（?—一三三六）　鎌倉時代末期から南北朝時代初期の貴族・武将。父は能書家として知られる権大納言六条有忠《ろくじょうありただ》。学問の家として歌人や能書家を輩出した六条家にあって、*笠懸・*犬追物・博奕などを好んだため勘当されたという。しかし貴族でありながら武芸を好むこうした気性は、かえって*後醍醐《ごだいご》天皇の愛するところであったらしく、天皇の信任を得て討幕計画に早くから参加した。元徳三・元弘元年（一三三一）に*討幕計画が露見すると主謀者の一人として捕らえられ、天皇の*隠岐島流罪に同道した。正慶二・元弘三年（一三三三）閏二月天皇とともに隠岐を脱出すると、頭中将に任じられて*六波羅《ろくはら》探題の攻略に参加、天皇入京に際しては一〇〇〇余騎を率いてこれに供奉した。建武政権が樹立されると、多くの所領を与えられて*雑訴決断所《ざっそけつだんしょ》の寄人となり、*楠木正成《くすのきまさしげ》らとともに政権の支柱となって「三木一草」の一人に数えられた。政権下での権勢は他を圧し、家人となったものには日々過分に振る舞ったためその数は三〇〇人を超え、巨大な厩にはよく太った馬が五、六〇頭つながれて、酒宴が終われば鷹狩りなどに興じ、その衣装ははなはだ華美であった、と伝えられている。延元元・建武三年（一三三六）突然出家したが、天皇の比叡山への逃避行には同道、近江国西坂本（滋賀県大津市）において*足利直義《ただよし》軍と戦って戦死した。なお千種と称したのは、忠顕の一族が伊勢国千種城（三重県三重郡菰野町千種）に拠って周辺に勢力を張り、彼らが家祖を忠顕としたことによる。（櫻井　彦）

足助重範《あすけしげのり》（?—一三三二）　鎌倉時代末期の武将。通称次郎（または三郎）。三河国加茂郡足助（愛知県豊田市足助町）の住人。足助氏は早くから同所に住し、鎌倉幕府御家人としてとくに安達氏との関係が深く、*霜月騒動の際には*安達泰盛《あだちやすもり》に与している。また足助地方に所在した八条院領荘園との関わりから、*大覚寺統との関係も想定されている。*後醍醐《ごだいご》天皇の討幕計画にいち早く参加して無礼講のメンバーにも数えられていることは、こうした背景によるものであろう。元徳三・元弘元年（一三三一）討幕計画が再度露見、天皇が*笠置山（京都府相楽郡笠置町）に逃れた際も同道し、大いに奮戦した。しかし笠置山が落ちる時に捕らえられ、翌年六条河原で斬られた。四一歳であったとも伝えられる。（櫻井　彦）

赤松円心《あかまつえんしん》**（則村《のりむら》）**（一二七七―一三五〇）　鎌倉時代後期から南北朝時代初期の武将。父は茂則。通称次郎。出家して円心と号す。播磨国佐用《さよ》荘（兵庫県佐用郡佐用町周辺）を本拠として、*元弘の乱の時には*後醍醐《ごだいご》天皇の挙兵要請にいち早く応じた。荘内の苔縄城で挙兵すると、周辺の武士や野伏などの諸勢力を結集して京都に入り、その後*足利尊氏《たかうじ》とともに*六波羅《ろくはら》探題を攻略した。建武政権樹立後は播磨国の守護職を与えられたが、まもなく解任されている。このためか、尊氏が建武政権と対立すると早速呼応して挙兵した。尊氏が九州へ追われた際には、荘内に白旗城を築いて尊氏追討軍を迎え撃ち、尊氏が九州において形勢を挽回し、足利政権を樹立するうえで重要な役割を果たした。この功績によって足利政権下では、自身は播磨守護職を与えられ、嫡子範資《のりすけ》は摂津守護、次子貞範《さだのり》は美作守護に任じられて、後に繁栄する赤松氏の土台を築く一方、禅宗に深く帰依したことでも知られる。禅僧雪村友梅《せっそんゆうばい》と親しく、最初に兵を挙げた苔縄に友梅を開山とする法雲寺を建立し、また京都大徳寺の創建にも関わったとされる。正平五・観応元年（一三五〇）正月一一日京都七条の自邸で死去。法名法雲寺月譚円心。墓は建仁寺（京都市東山区）久昌庵にある。（櫻井　彦）

赤松氏範《あかまつうじのり》（一三三〇―一三八六）　南北朝時代の武将。父は*則村。弾正少弼。*『太平記』は大力無双の勇士と伝える。*摂津国の中島・有馬、備前国の馬屋郷などを領した。足利政権が*尊《たか》氏《うじ》と弟*直義《ただよし》の対立により分裂し、これに南朝勢力の動きが絡み合うなかで、兄弟の範資《のりすけ》・貞範《さだのり》・則祐《のりすけ》らと立場を変えて南朝に帰順した。文和二・正平八年（一三五三）四条隆俊《しじょうたかとし》に従い、*足利義詮《よしあきら》を破って京都を奪還している。その後程なく京都を逐われるが、文和四・正平一〇年（一三五五）には*足利直冬《ただふゆ》・山名時氏《やまなときうじ》・*桃井《もものい》直常《ただつね》・*石塔頼房《いしどうよりふさ》らとともに京都を攻撃した。こうした功績によって南朝からは吉野十八郷が与えられ、その後*大塔宮護良《もりよし》親王の子で、*後醍醐《ごだいご》天皇の猶子《ゆうし》となった赤松宮の配下に入る。赤松宮が義詮と内通して南朝に背き、延文五・正平一五年（一三六〇）*賀名生《あのう》行宮《あんぐう》（奈良県五條市西吉野町）を焼き払う際にも行動をともにした。しかし南朝方の反撃にあって敗走、赤松宮は消息を絶ち、氏範は播磨に逃亡。正平二四・応安二年（一三六九）再び南朝方となって摂津国中島で再挙するが、兄則祐らに敗れた。至徳三・元中三年（一三八六）播磨国清水で兵を挙げるが敗退し、氏春《うじはる》・家則《いえはる》・祐春《すけはる》・季則《すえのり》らの子息と一〇〇余名の一族郎党らとともに討ち死にする。法名は本光道成。（櫻井　彦）

宗良親王《むねよししんのう》（一三一一―？）「むねなが」とも読む。*後醍醐《ごだいご》天皇の皇子。母は歌人二条為世《にじょうためよ》の女為子。嘉暦元年（一三二六）天台妙法院に入り、法名を尊澄《そんちょう》と称す。元徳二年（一三三〇）天台座主。翌年の*元弘の乱では父後醍醐天皇と行動をともにして捕らえられ、讃岐《さぬき》国に流された。しかし建武政権が樹立されると、天台座主に復帰している。建武三・延元元年（一三三六）＊足利尊氏《たかうじ》が建武政権に背いて京都を掌握すると伊勢に逃れ、翌年還《げん》俗《ぞく》して宗良と名乗った。以後全国に展開した内乱状態のなか、遠江《とおとうみ》国をはじめ北陸・信越・関東などの各地を転戦、文和元・正平七年（一三五二）には＊征夷大将軍に任じられている。母の影響を受けたのか和歌に長じ、＊『新葉和歌集』を撰し、歌集『李花集』を残した。なお『新葉和歌集』序などから、生年を正和元年（一三一二）とする説もある。　（櫻井　彦）

（二）建 武 新 政

南北朝《なんぼくちょう》の時代《じだい》　日本中世史の時代区分の一つ。広義の室町時代に含まれる。形式的には朝廷が南北に分裂した建武三・延元元年（一三三六）から両朝が合体した明徳三・元中九年（一三九二）までの時期を指すが、その前後を含む場合もある。大きく三期に区分される。＊建武政権を離反した＊足利尊氏《たかうじ》は京都で＊持明院統の＊光明《こうみょう》天皇を擁立（北朝）して室町幕府を開設、＊大覚寺統の＊後醍醐《ごだいご》天皇は吉野に移り（南朝）、両勢力は各地で激戦を展開。南朝方は康永二・興国四年（一三四三）常陸国＊関城・＊大宝城陥落により東国の拠点を失い、貞和四・正平三年（一三四八）＊四条畷《しじょうなわて》の合戦に敗れ、劣勢となった（第一期）。しかし＊観応《かんのう》の擾乱《じょうらん》により足利方が尊氏派と直義《ただよし》派に分裂したことが南朝方を延命させた。とくに九州では南朝方が勢力を強めたが、貞治二・正平一八年（一三六三）南朝方の大内弘世《おおうちひろよ》と旧直義派の山名時氏《やまなときうじ》が幕府に帰順し、幕府の支配体制は安定に向かいはじめた（第二期）。その後応安元・正平二三年（一三六八）三代将軍となった＊足利義満《よしみつ》のもとで幕府機構の整備・権力強化が進展。倭寇《わこう》禁圧を求める明により「日本国王」とされた＊懐良《かねよし》親王の九州南朝勢力を制圧する一方、北朝から京都市政権などの諸権限を接収し、土岐《とき》氏・山名氏など有力＊守護大名の統制を進めた。このような中で、すでに力を失っていた南朝の＊後亀山《ごかめやま》天皇が北朝の＊後小松《ごこまつ》天皇に譲位する形をとり両朝合体を成立させた。以後も義満は大内氏などの勢力削減を進める一方、応永九年（一四〇二）明から「日本国王」に封じられた。国内的にも実質上の治天《ちてん》の地位を獲得、南北朝動乱の時代は終焉を迎えた（第三期）。この時代は＊惣領制が解体し国人一揆《こくじんいっき》などの新たな地縁的結合が各地で成長しており、これが内乱長期化の一因となった。また惣荘《そうしょう》や惣村《そうそん》の成立、荘園制の変質、商品・流通の発達に伴う商工業者の活動の活発化、連歌《れんが》や能楽などの民衆文芸の登場など、中世社会が大きく変容した時代でもあった。

［文献］　佐藤和彦『南北朝内乱』（小学館、一九七五）、村井章介『分裂する王権と社会』（中央公論新社、二〇〇三）、佐藤進一『南北朝の動乱』（中央公論新社、二〇〇五）。　（楠木　武）

建武政権《けんむせいけん》　鎌倉幕府打倒後に＊後醍醐《ごだいご》天皇が樹立した政権。宋王朝の君主専制と重商主義に影響を受けた後醍醐天皇前期親政の発展延長上に位置付けられる。正慶二・元弘三年（一三三三）五月、後醍醐天皇は正慶《しょうきょう》の年号を廃し＊光厳《こうごん》天皇の在位と＊元弘の乱以降の叙任を一切否定、六月京都に戻ると「延喜《えんぎ》・天暦《てんりゃく》の治」を理想に幕府・院政・摂関の存在を認めない天皇親政を開始。「朕《ちん》が新儀は未来の先例」（＊『梅松論《ばいしょうろん》』）の語に象徴される独裁政治を展開した。六月*綸旨《りんじ》万能主義に基づき所領の*個別安堵法を発布し*記録所を復活、*恩賞方を設置したが、混乱を招き七月諸国平均安堵法を発布、九月頃独自の裁決権をもつ*雑訴《ざっそ》決断所《けつだんしょ》を設置せざるをえなかった。中央軍事機関としては*武者所・窪所《くぼどころ》の存在が知られる。地方支配では知行国制を否定し国司の任免権を握る一方、守護を併置し*陸奥将軍府・*鎌倉将軍府という小幕府型の拠点を置くなど旧幕府体制を継承する側面も有した。翌年正月漢王朝の再興になぞらえて建武に改元、大内《だいだい》裏《り》造営のための二〇分の一税を賦課し、乾坤通宝《けんこんつうほう》と名付けた銭貨と紙幣の発行を計画。五月には徳政令を発布するなど天皇権威の高揚に努めた。また家格や官位相当など平安時代以来の伝統的秩序を否定して天皇側近の公家や武士を登用、八省の長官に公卿《くぎょう》をあてて直属の執政官に位置付け、天皇への権力集中を試みた。諸国一宮・二宮の本家職《しき》・領家職停止や関所停止令などを通して寺社への統制も強化。御家人制を廃止する一方、京都大番《おおばん》などの諸役は荘官・名主《みょうしゅ》らにも課された。しかし先例無視による性急な天皇独裁は公武の反発を招き、建武二年（一三三五）一一月、*足利尊氏《たかうじ》が政権から離反し翌年*室町幕府を開設、一二月、後醍醐天皇が吉野に逃れるに及んで建武政権は消滅した。

［文献］森　茂暁『建武政権』（教育社、一九八〇）、佐藤進一『南北朝の動乱』（中央公論新社、二〇〇五）。　（楠木　武）

記録所《きろくしょ》　平安後期から戦国時代に朝廷に設置された訴訟・政務などを扱う機関。記録荘園券契所《きろくしょうえんけんけいしょ》の略称であったが、その性格・機能の変容に従い「記録所」の名称が定着。延久元年（一〇六九）荘園整理事業の中心的機関として後三条《ごさんじょう》天皇が創設、のち天永二年（一一一一）と保元元年（一一五六）に再設置され、訴訟裁断機能も備えるようになった。文治三年（一一八七）*源頼朝《よりとも》の要請を受け開設されて以後、天皇親政期にはほぼ常置となり、*伏見《ふしみ》天皇親政下の永仁元年（一二九三）に機構が整備・拡大。天皇親政の象徴的機関として、訴訟処理のみならず政務全般にわたる先例調査・意見具申を担当した。なお院政下では文殿《ふどの》がこの機能を担った。元亨元年（一三二一）一二月*後醍醐《ごだいご》天皇は親政開始とともに記録所を設置し側近を結集、洛中の商業・流通統制なども行った。正慶二・元弘三年（一三三三）五月鎌倉幕府が滅亡し*建武政権が成立すると、その中枢機関として復活、全国を区域分割して訴の受理日を定めるなど全国統治の姿勢を早期に整えた。しかし激増する訴訟を処理しきれず、同年九月頃*雑訴決断所《ざっそけつだんしょ》を新設すると地頭御家人層らによる雑訴をこれに移し、記録所は寺社・権門にかかわる大事の訴訟を扱うこととなった。ただし記録所と決断所の管轄区分は当初不明確で、本領安堵《ほんりょうあんど》の訴訟についていずれに提起するかは訴人の意に任すとされ、混乱の一因となった。南北朝期以降も記録所は設置されたが、実質的な機能は失われていった。

［文献］佐々木文昭「平安・鎌倉初期の記録所について」（『日本歴史』五一二、一九七七）、森　茂暁『南北朝期公武関係史の研究』（文献出版、一九八四）。　（楠木　武）

雑訴決断所《ざっそけつだんしょ》　建武政権の訴訟機関。正慶二・元弘三年（一三三三）五月建武政権成立直後に復活した*記録所は激増する訴訟を処理しきれず、地頭御家人層による所領関係訴訟（雑訴）を所轄する機関として同年九月頃雑訴決断所を設置。当初四番制約七〇名、翌年八月には八番制一〇七名に拡大。独自の裁決権を有し、建武政権の枢要機関としての地位を占めるようになった。*後醍醐《ごだいご》天皇は決断所職員を兼任する伝奏を通じてこれを指揮。判決は牒《ちょう》や下文《くだしぶみ》の形式で出され、一三〇余通が現存。「*建武年間記《けんむねんかんき》」には決断所に関する条規が多く含まれており、

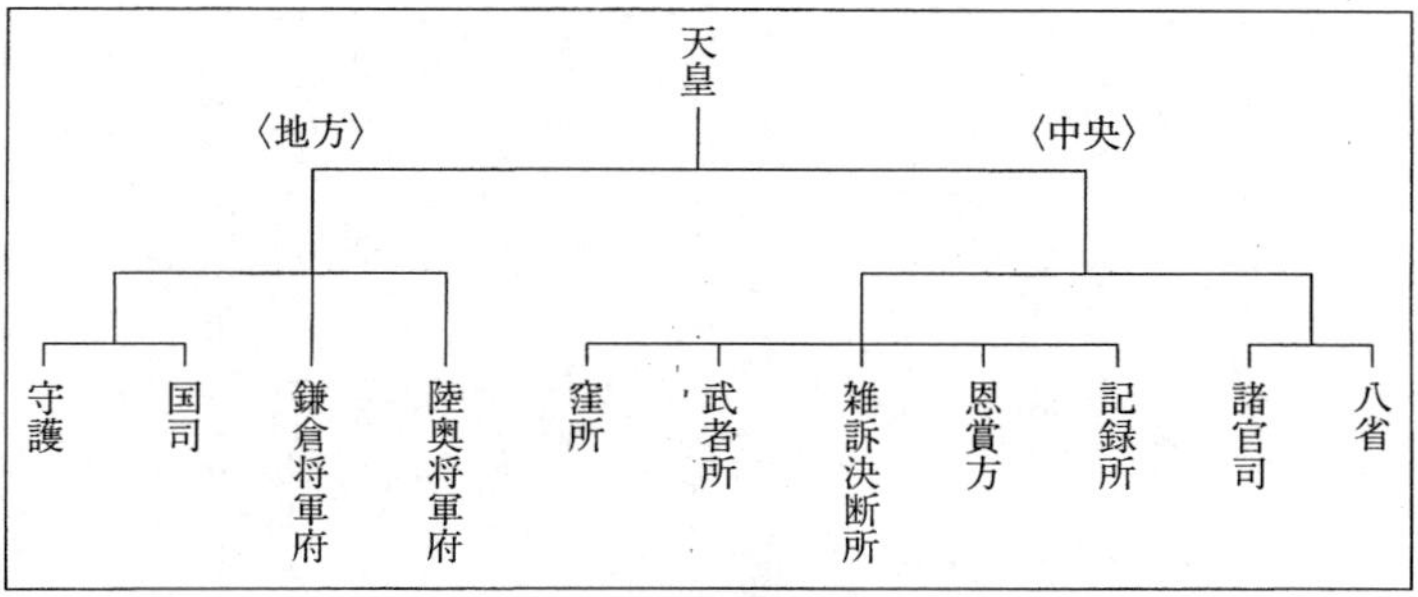

建武政権の機構

機構的整備過程をたどることができる。構成と機能は*鎌倉幕府の引付に類似。職員は、天皇側近の上流貴族や実務・法曹官僚としての中下級貴族、旧幕府機構を担った奉行人、守護級武士、*足利尊氏《たかうじ》被官など多岐にわたる。*二条河原落書はこれを「器用堪否沙汰モナク、モル、人ナキ決断所」と嘲笑している。職務内容は、所領相論の裁決や地頭御家人層の所領安堵、*綸旨《りんじ》の施行などが中心。のち綸旨の内容は決断所の再審理を経て確定するものとされ、綸旨乱発がもたらした混乱の収拾をはかったが、これは一方では綸旨の効力・権威を低下させる一因にもなった。建武二年（一三三五）一一月、尊氏が*建武政権から離反後、決断所の活動は急速に衰退。職員の多くは後に*北朝や*室町幕府の訴訟機関の担い手となった。

［文献］ 森 茂暁『建武政権』（教育社、一九八〇）、森 茂暁『南北朝期公武関係史の研究』（文献出版、一九八四）。　（楠木 武）

武者所《むしゃどころ》 院や内裏などの警備を担当する機関。寛和元年（九八五）円融《えんゆう》上皇が院武者所として設置したのが確実な初見。院武者所は院御所の警備や院御幸《ごこう》の供奉《ぐぶ》などを任務とし、院庁《いんのちょう》始《はじめ》とともに設置、天皇在位時の滝口武士《たきぐちのぶし》をあてることが多かった。定員は当初一〇名だが必要に応じて増員、白河院政期には三〇名を数えた。応徳三年（一〇八六）白河上皇が院政開始後まもなく北面武士《ほくめんのぶし》を創設すると、武者所の武力的機能はしだいに吸収されていった。建武政権下では、京都の治安・警察機関として窪所《くぼどころ》とともに設置。窪所と武者所の関係は構成員も重複しており明確ではないが、窪所が内裏の特定の要所を警備したのに対し、武者所は洛中警備を中心に近国の反乱鎮定にもあたったものと推測されている。建武元年（一三三四）には*護良《もりよし》親王とその配下を捕らえるなど、建武政権における武力装置の中枢機関としての機能を果たした。窪所とともに*後醍醐《ごだいご》天皇の親衛隊としての役割をもっており、構成員に武家歌人も多い。建武三・延元元年（一三三六）四月の結番交名《けちばんきょうみょう》によれば六番制六五名で、新田一門の比重が高い。これは前年一一月に*足利尊氏《たかうじ》が政権から離反し、九州から再度京に迫る中での再編によるものであろう。なお南北朝分裂後も*南朝・*北朝それぞれに武者所が設置されていた形跡がうかがえる。

［文献］ 宮内庁書陵部編『皇室制度史料 太上天皇二』（吉川弘文館、

一九七九)、森　茂暁『南北朝期公武関係史の研究』(文献出版、一九八四)。
(楠木　武)

恩賞方《おんしょうがた》　*建武政権と*室町幕府に設置された恩賞業務の担当機関。建武政権下では元弘三年(一三三三)八月設置。*後醍醐《ごだいご》天皇親裁のための審議機関であり決定権をもたず、内奏による不正な*綸旨《りんじ》獲得も多かったため恩賞業務は混乱。上卿《しょうけい》も洞院《とういん》実世《さねよ》、*万里小路藤房《までのこうじふじふさ》、九条光経《くじょうみつつね》と相次いで交替した。そのため翌年五月には*吉田定房《よしださだふさ》・九条光経・万里小路藤房・四条隆資《しじょうたかすけ》を頭人とする四番制一七名からなる機構に整備拡充。職員の多くは、恩賞と密接な関係にある所領関係訴訟を担当する*雑訴《ざっそ》決断所《けつだんしょ》の頭人・寄人《よりうど》を兼任した。また記録所との関係が深く、記録所内の一部局として設置された可能性を指摘する説もある。業務の実態については不明な点が多い。室町幕府の恩賞方は、建武三・延元元年(一三三六)幕府成立直後に将軍*足利尊《たか》氏《うじ》の直属機関として設置、執事*高師直《こうのもろなお》を頭人とした。恩賞申請の受理・審議、恩賞地の選定、恩賞地に関する訴訟、恩賞下文《くだしぶみ》の紛失安堵などについての実務を担当。恩賞業務は軍事指揮権者たる将軍の臨席を原則としたため、のちには御前沙汰《ごぜんざた》衆《しゅう》を恩賞方衆と称するようになった。室町後期の恩賞業務の実態については不明。

[文献]　森　茂暁『南北朝期公武関係史の研究』(文献出版、一九八四)、佐藤進一『日本中世史論集』(岩波書店、一九九〇)。
(楠木　武)

陸奥将軍府《むつしょうぐんふ》　*建武政権および南朝の奥羽地方統治機関。奥州将軍府ともいう。元弘三年(一三三三)八月陸奥守となった*北畠顕家《きたばたけあきいえ》は、一〇月父*親房《ちかふさ》とともに*義良《のりよし》親王を奉じて多賀城の陸奥国府に着任、陸奥・出羽二か国を管轄下に置いた。奥羽は北条氏残党の根拠地となっており、*足利尊氏《たかうじ》を牽制する必要からも設置が構想されたといわれている。翌年正月合議機関である八名の式評定衆《しきひょうじょうしゅう》、三番制二一名からなる引付のほか、政所《まんどころ》、侍所《さむらいどころ》、評定・寺社・安堵の諸奉行を設置。北畠一門の貴族や結城宗広《ゆうきむねひろ》・*親朝《ちかとも》父子など奥羽武士、旧幕府官僚層などで構成された。職制は旧幕府機構を模しており、また陸奥各地に国府支庁である郡奉行所を置いた。奥羽の武士層を結集した小幕府的支配体制構築をめざしたものであろう。所領等に関する裁判権や本領安堵・没収地処分などの権限も実質上独自に備えていた。建武二年(一三三五)一一月尊氏が建武政権から離反すると顕家は*鎮守府《ちんじゅふ》将軍を兼ね、尊氏を追って西上し翌年下向する際には鎮守府大将軍となり、常陸・下野を含めた四ヶ国の軍政権が付与された。しかし南朝方の劣勢に伴い建武四・延元二年(一三三七)正月霊山《りょうぜん》に移り、翌年五月顕家は再度の西上で敗死。弟顕信《あきのぶ》が陸奥介兼鎮守府将軍となり二年後に下向、貞治元・正平一七年(一三六二)頃まで活動するが、奥州管領《おうしゅうかんれい》を中心とする足利方に押され、勢力回復にはいたらなかった。

[文献]　遠藤　巌「南北朝内乱の中で」(『中世奥羽の世界』東京大学出版会、一九七八)、伊藤喜良『東国の南北朝動乱』(吉川弘文館、二〇〇一)。
(楠木　武)

鎌倉将軍府《かまくらしょうぐんふ》　建武政権の関東地方統治機関。元弘三年(一三三三)一二月相模守《さがみのかみ》となった*足利直義《ただよし》は*成良《なりよし》親王を奉じて鎌倉に下向、関東八ヶ国に甲斐・伊豆を加えた一〇ヶ国を管轄下に置いた。関東では同年五月の鎌倉攻め以来千寿王《せんじゅおう》(のちの*義《よし》詮《あきら》）が鎌倉に滞在、八月*尊氏《たかうじ》が武蔵守となるなど足利氏が勢力を築いていた。職制は不明な部分が多いが旧幕府の例にならったものと思われ、政所《まんどころ》執事《しつじ》や関東厩《うまや》番の設置が確認できる。建武元年（一三三四）正月六番制三九名からなる関東廂《ひさし》番を設置し、御所に宿直近侍するとともに鎌倉近辺の反乱鎮定にあたる軍事組織を整備。構成員は*渋川義季《しぶかわよしすえ》・吉良貞家《きらさだいえ》・岩松経家《いわまつつねいえ》・高師秋《こうのもろあき》ら足利一門・被官を中心に、東国の有力武士や旧幕府官僚層らを含んだ。鎌倉将軍府は所領等に関して独自の裁判権を備えたが、重要案件は*雑訴決断所《ざっそけつだんしょ》の裁断を仰ぐことが定められるなど、中央政府の出先機関として位置づけられていた。しかし実質的には足利氏を中心とする武家勢力結集の拠点となり、小幕府の様相を呈した。鎌倉将軍府設立を、*後醍醐《ごだいご》天皇の*陸奥将軍府構想に対抗するための尊氏の巻き返し策とする説もある。建武二年（一三三五）七月*中先代《なかせんだい》の乱を契機に成良親王は帰洛、尊氏は建武政権から離反して鎌倉に下り鎌倉将軍府は崩壊、室町幕府下の鎌倉府へと変質・移行していった。

［文献］森　茂暁『建武政権』（教育社、一九八〇）、伊藤喜良『東国の南北朝動乱』（吉川弘文館、二〇〇一）。

（楠木　武）

綸旨《りんじ》　奉書《ほうしょ》の一種で、天皇の意志を伝達する文書の様式。元来、綸旨とは天皇の言葉（綸言《りんげん》）の口頭伝達またはその内容を指し、平安中期に文書としての綸旨が成立。私状の様式から発達したため簡便な手続きを特徴とし、天皇の意を奉じた蔵人《くろうど》が上卿《しょうけい》を介さず直接作成・伝達した。初期は天皇家家政の雑務処理や臨時の命令などに用いられたが、鎌倉中期以降、天皇親政の際には公文書としての性格を有するようになり、弁官《べんかん》やそのほか政務執行の奉行もこれを奉じた。蔵人が奉ずる場合には宿紙《しゅくし》（薄墨紙《うすずみがみ》）が用いられた。とくに*後醍醐《ごだいご》天皇親政期には盛んに綸旨を発行、倒幕運動や建武政権下で大きな役割を果たした。南北朝期には小切紙《こきりがみ》や小さな絹片などに書かれた「髻《もとどり》の綸旨」が多く見られ、敵方に発見されないよう髻の中に隠して携帯するためこのような形態をとったとされるが、確かではない。

［文献］相田二郎『日本の古文書　上』（岩波書店、一九四九）、佐藤進一『新版　古文書学入門』（法政大学出版局、一九九七）。

（楠木　武）

天皇親政《てんのうしんせい》　日本の中世社会において、天皇が院政という政治形態を廃し、実質的に政治権力を掌握すること。文保二年（一三一八）二月、*花園《はなぞの》天皇のあとをうけて*後醍醐《ごだいご》天皇が即位した。和漢の才に恵まれた天皇は、「延喜《えんぎ》・天暦《てんりゃく》の治」への回帰を政治理念とした。醍醐《だいご》・村上《むらかみ》天皇の治世である延喜・天暦の時代は、承平《じょうへい》・天慶《てんぎょう》の乱を間にはさむものの、藤原氏による摂関政治に対して、天皇を中心に律令制度を維持するための最後の努力が傾注された時代である。後醍醐天皇は、元亨元年（一三二一）一〇月、*吉田定房《よしださだふさ》を鎌倉幕府のもとに派遣して天皇親政を要求、一二月九日*後宇多《ごうだ》法皇の院政を廃止して、ついに親政を実現した（『花園天皇日記』）。そして、*記録所を設置し、大津・葛葉《くずは》を除く諸所の新関を廃止した。しかし、皇位の継承については*後伏見《ごふしみ》上皇の画策によって不安定なままであった。天皇は政治理念を徹底させ、皇位継承を安定させるために討幕を決意した。ところが、第一次討幕計画は発覚し、幕府・*六波羅《ろくはら》探題は*土岐頼兼《ときよりかね》・*多治見国長《たじみくになが》らを討ち、*日野資朝《ひのすけとも》・*俊基《としもと》らを捕縛した。討幕計画の露見に狼狽した天皇は、*万里小路宣房《までのこうじのぶふさ》を勅使として関東に下し、告文（誓紙）を伝えさせた（*正中の変）。第一次討幕運動は失敗したものの、嘉暦二年（一三二七）、天皇は摂津国神崎・渡辺・兵庫三津の目銭を東大寺東南院修造料として東大寺に寄進し、衆徒を味方につけた。また、尊雲《そんうん》法親王（*護良《もりよし》親王）を天台座主として叡山に送りこんだ。元徳二年（一三三〇）三月、天皇は政治的意図をこめて南都北嶺に行幸した。このような動きに対して、元弘元年（一三三一）五月、幕府は長崎高貞《ながさきたかさだ》らを京都に派遣して、関東調伏の嫌疑により僧*文観《もんかん》・円観《えんかん》を捕えた。八月、天皇は笠置で挙兵したものの、九月笠置城は陥落、天皇は捕えられ翌年*隠岐に配流された（*元弘の変）。元弘三年（一三三三）閏二月後醍醐天皇は、隠岐を脱出することに成功し、五月伯耆《ほうき》からの帰途、*光厳《こうごん》天皇を廃して年号を元弘に復し、光厳天皇時代の公卿の官爵を削った。六月帰京した天皇は、*綸旨《りんじ》によって討幕に参加した武士たちの当知行を安堵し、「朕の新儀は未来の先例なり」と、綸旨万能主義による天皇親政の復活を宣言した（『*梅松論』）。建武元年（一三三四）一月にはじまる大内裏の造営、貨幣発行、雑訴決断所員の増員、朝令暮改などにみられるあまりに専制的な天皇の政治に反対して官職を捨てて出奔した廷臣（*万里小路藤房《ふじふさ》）もあった。天皇親政に不満をもつ武士たちは、武家政権の再興を願って*足利尊氏《たかうじ》のもとに結集した。建武三年（一三三六）一一月、尊氏は*建武式目を制定して*室町幕府を開き、一二月、後醍醐天皇は京都をすてて吉野に移った。綸旨万能という観念的政策（天皇親政）が、現実重視の実質的政策（武家政権）に敗北したのである。

［文献］　田中義成『南北朝時代史』（明治書院、一九二二）、佐藤進一『日本の歴史9　南北朝の動乱』（中央公論社、一九六五）、佐藤和彦『南北朝内乱史論』（東京大学出版会、一九七九）、伊藤喜良『日本中世の王権と権威』（思文閣出版、一九九三）。
（佐藤和彦）

建武《けんむ》の乱《らん》　*足利尊氏《たかうじ》が*建武政権から離反し勃発した戦乱。建武二年（一三三五）八月尊氏は*中先代《なかせんだい》の乱を契機に鎌倉に下り、一一月*新田義貞《にったよしさだ》誅伐を名目に挙兵。足利軍は討伐軍として東下した新田軍に一時三河矢作《やはぎ》などで大敗するが、一二月*箱根竹ノ下の戦いでこれを破ると翌年正月入京、*後醍醐《ごだいご》天皇は山門に逃れた。しかし陸奥から*北畠顕家《きたばたけあきいえ》軍が到着すると京中で激戦を展開、二月尊氏は九州へ敗走。その途上*光厳《こうごん》上皇の院宣獲得や瀬戸内への軍勢配備など態勢を立て直し、三月*菊池武敏《きくちたけとし》軍を筑前多々良浜《たたらがはま》で破り四月博多を出発。五月摂津*湊川《みなとがわ》の戦いで*楠木正成《くすのきまさしげ》らを破り、後醍醐天皇は再び山門に逃れた。六月尊氏は光厳上皇を奉じ再入京、山門や京中で激戦を展開。八月*光明《こうみょう》天皇を擁立、一〇月後醍醐天皇が帰京し翌月三種の神器を引き渡して一旦の和睦が成立した。後醍醐天皇がこの間に「三木一草《さんぼくいっそう》」と称された正成らを相次いで失う一方、尊氏は室町幕府成立への足掛りをつかんだ。

［文献］　佐藤和彦『「太平記」を読む』（学生社、一九九一）、佐藤和彦『中世社会思想史の試み』（校倉書房、二〇〇〇）。
（楠木　武）

個別安堵法《こべつあんどほう》　*建武政権下、*後醍醐《ごだいご》天皇が発布した所領安堵に関する法令。元弘三年（一三三三）六月後醍醐天皇はあらゆる所領の領有権を*綸旨《りんじ》で再確認する旨の所領個別安堵法を発布、天皇親裁による綸旨絶対の原則を表明した。これは*元弘の乱で奪われた所領を旧主に還付する旧領回復（本領安堵）を意図していたが、武家社会の慣習法である知行年紀法《ちぎょうねんきほう》を否定することになり所領知行への不安が増大、安堵の綸旨を求める訴訟人が京都に殺到した。そのため七月北条与党以外の当知行《とうちぎょう》地を一律安堵して手続きを国司の所管とする諸国平均安堵法を発布、さらに所領相論の裁決権をもつ*雑訴決断所《ざっそけつだんしょ》を設置して、天皇親裁の原則は大きく後退した。しかし親裁の余地も依然残されたことが種々の混乱を招き、政権の権威を失墜させる原因となった。なお建武政権の所領政策の基調は当初から当知行安堵にあったとして、個別安堵法の存在を疑問視する説もある。

［文献］ 森 茂暁『建武政権』（教育社、一九八〇）、村井章介『分裂する王権と社会』（中央公論新社、二〇〇三）、佐藤進一『日本の歴史9南北朝の動乱』（中央公論新社、二〇〇五）。 （楠木 武）

西園寺公宗《さいおんじきんむね》（一三一〇―三五） 鎌倉時代末期から南北朝時代初期の公卿。父は内大臣実衡《さねひら》、母は御子左為世《みこひだりためよ》の女《むすめ》。参議左中将、権中納言を経て、元徳二年（一三三〇）権大納言正二位に進む。量仁《かずひと》親王（*光厳《こうごん》天皇）の東宮大夫《とうぐうのだいぶ》も務めた。嘉暦元年（一三二六）父死去に伴い関東申次《かんとうもうしつぎ》に就任するが、鎌倉幕府滅亡により後ろ盾を失う。建武政権下で兵部卿《ひょうぶきょう》となるが、*北条高時《ほうじょうたかとき》の弟*泰家《やすいえ》（時興《ときおき》）を自邸にかくまい、信濃の北条時行《ときゆき》、北陸の*名越時兼《なごえときかね》ら各地の北条氏与党と結び*建武政権への反乱を企てた。*後醍醐《ごだいご》天皇を暗殺し持明院統の後伏見《ごふしみ》院を擁立する計画であったとされる。しかし建武二年（一三三五）六月弟公重《きんしげ》の密告により発覚、逮捕。出雲に配流と決まったが、八月出発を前に処刑された。三位以上の貴族の死罪は平治の乱の藤原信頼《のぶより》以来と時人は批判したという。

［文献］ 森 茂暁『太平記の群像』（角川書店、一九九一）、佐藤進一『南北朝の動乱』（中央公論新社、二〇〇五）。 （楠木 武）

万里小路藤房《までのこうじふじふさ》（一二九五―？） 鎌倉時代末期から南北朝時代初期の公卿。父は*宣房《のぶふさ》。参議、検非違使別当などを経て中納言正二位。*後醍醐《ごだいご》天皇の近臣として倒幕運動に参加、元徳三・元弘元年（一三三一）後醍醐天皇とともに*笠置山に籠り、落城後捕らえられ常陸（または下総）に配流。*『太平記』によれば、笠置において後醍醐天皇が夢告により*楠木正成《くすのきまさしげ》を召し出す際に勅使を務めたともいう。鎌倉幕府滅亡後京都に戻り、建武政権下で*恩賞方《おんしょうがた》、*雑訴決断所《ざっそけつだんしょ》などの重職を担った。しかし建武元年（一三三四）一〇月新政に失望し出家、その後の消息は不明。『太平記』は、大内裏《だいだいり》造営や度重なる詩歌管弦の宴などについて後醍醐天皇に再三諫言したものの容れられず、京都近郊の岩倉で出家したと伝える。

［文献］ 森 茂暁『太平記の群像』（角川書店、一九九一）。 （楠木 武）

成良親王《なりよししんのう》（一三二六―四四） *後醍醐《ごだいご》天皇の皇子。母は*阿野《あの》廉子《れんし》。正慶元・元弘二年（一三三二）三月後醍醐天皇の*隠岐配流に際し、同母兄弟の恒良《つねよし》・義良《のりよし》とともに*西園寺公宗《さいおんじきんむね》に預けられる。建武政権下、元弘三年（一三三三）一二月鎌倉将軍府の運営のため*足利直義《ただよし》に奉じられ鎌倉に下向。建武二年（一三三五）七月*中先代《なかせんだい》の乱が起こると帰洛、八月には*足利尊氏《たかうじ》の将軍職要求を抑えるため征夷大将軍に補任された。建武三・延元元年（一三三六）八月に南北朝並立となったが和議が結ばれ、一一月*光明《こうみょう》天皇の皇太子となるが、翌月後醍醐が吉野へ脱出すると廃された。康永三・興国五年（一三四四）預けられていた近衛基嗣《このえもとつぐ》邸で没した。なお*『太平記』は建武四・延元二年（一三三七）恒良親王とともに幽閉、翌年毒殺されたとする。

[文献]　森　茂暁『皇子たちの南北朝』（中央公論社、一九八八）。
（楠木　武）

北条泰家《ほうじょうやすいえ》（生没年未詳）　鎌倉時代末期から南北朝時代初期の武将。父は*北条貞時《さだとき》、母は安達泰宗《あだちやすむね》の女、また一説に安達時顕《ときあき》の女とも。従五位下左近将監《さこんしょうげん》。初め相模四郎時利《ときとし》と称する。法名恵性《えしょう》（慧性、恵清）。嘉暦元年（一三二六）三月同母兄*高時《たかとき》出家のあとの執権《しっけん》就任を望んだが、*内管領《ないかんれい》*長崎高資《ながさきたかすけ》の反対により実現せず出家、諸将にも追随して出家する者が相次いだ。後任の執権金沢貞顕《かねさわさだあき》がまもなく出家・辞任したのは泰家の怒りを恐れたためという。正慶二・元弘三年（一三三三）五月鎌倉に迫る*新田義貞《にったよしさだ》軍を阻止するため、鎌倉幕府の大軍を率いて多摩川の渡河点である武蔵国分倍河原《ぶばいがわら》・関戸河原に進軍し激戦を展開。いったんは勝利を収めるものの、追撃をためらう間に三浦義勝《みうらよしかつ》の来援を得た新田軍の攻撃を受けて敗北、鎌倉に撤退した（分倍河原の戦い）。幕府滅亡に際し高時の遺児*時行《ときゆき》を信濃に脱出させ、自らも自刃を装って陸奥に逃れた。その後還俗《げんぞく》して刑部少輔時興《ときおき》と改名し上洛、京都の*西園寺公宗《さいおんじきんむね》邸に潜伏した。公宗や信濃の時行、北陸の*名越時兼《なごえときかね》ら各地の北条氏与党と語らって*建武政権への反乱を企てたが、建武二年（一三三五）六月発覚し逃亡。翌年二月信濃で南朝方として挙兵し守護*小笠原貞宗《おがさわらさだむね》らと交戦しているが、その後の消息は不明。
[文献]　奥富敬之『鎌倉北条氏の興亡』（吉川弘文館、二〇〇三）。
（楠木　武）

北条時行《ほうじょうときゆき》（?―一三五三）　鎌倉時代末期から南北朝時代の武将。父は*北条高時《たかとき》。幼名は亀寿丸、勝長寿丸ほかさまざまに伝えられる。相模次郎。正慶二・元弘三年（一三三三）五月*鎌倉幕府滅亡に際し、叔父*泰家《やすいえ》の命を受けた諏訪盛高《すわもりたか》に守られて鎌倉を脱出、信濃国諏訪社を中心とする諏訪神《じん》党にかくまわれた。建武二年（一三三五）六月*西園寺公宗《さいおんじきんむね》らを中心とする建武政権打倒計画が発覚したが、これに呼応していた時行は*諏訪頼重《よりしげ》・時継《ときつぐ》父子や滋野《しげの》一族ら神党に擁されて七月信濃で挙兵。守護*小笠原貞宗《おがさわらさだむね》と交戦したのち武蔵国女影原《おなかげがはら》・府中などで*渋川《しぶかわ》義季《よしすえ》・岩松経家《いわまつつねいえ》・*小山秀朝《おやまひでとも》らを敗死させ、井出沢《いでのさわ》で*足利直義《ただよし》を破り鎌倉に入った。しかし八月*足利尊氏《たかうじ》が下向すると形勢は一転、時行は鎌倉を脱出した（*中先代《なかせんだい》の乱）。わずか二〇日余りの在鎌倉であった。その後、建武四・延元二年（一三三七）七月*後醍醐《ごだいご》天皇から朝敵赦免の*綸旨《りんじ》を得て南朝方となり、陸奥から西上する*北畠顕家《きたばたけあきいえ》軍に合流し一二月鎌倉を奪回、翌年正月美濃国青野原《あおのがはら》の戦いで足利軍を敗走させた。九月伊勢国大湊から東国に向かう南朝方の船団に同乗、暦応四・興国元年（一三四〇）六月信濃で挙兵し四か月間の籠城戦の末に落城、潜行を余儀なくされた。文和元・正平七年（一三五二）閏二月*観応《かんのう》の擾乱《じょうらん》に乗じて上野で挙兵した*新田義興《にったよしおき》・義宗《よしむね》兄弟とともに鎌倉を一時占領したが、尊氏に敗れて鎌倉を脱出。翌年捕らえられ、五月鎌倉西郊の竜口《たつのくち》で処刑された。
[文献]　奥富敬之『鎌倉北条一族　新版』（新人物往来社、二〇〇〇）。
（楠木　武）

名越時兼《なごえときかね》（?―一三三五）　鎌倉時代末期から南北朝時代初期の武将。父は越中守護時有《ときあり》。名越太郎。北条氏有力支族である名越氏は北陸に縁が深く、鎌倉末期には越中・越後・能登の守護職を一族が担っていた。鎌倉幕府滅亡後、北陸の時兼は建武政権打倒のため京都の*西園寺公宗《さいおんじきんむね》や*北条時興《ときおき》（泰家《やすいえ》）、信濃の*北条時行《ときゆき》らと語らって一斉挙兵を企てたが、建武二年（一三三五）六月発覚、公宗は捕らえられ時興は遁走した。そのため京都に結集する予定であった北条氏与党は関東・北陸に下って時行・時兼両軍にそれぞれ合流した。まもなく時行が*中先代《なかせんだい》の乱を起こすと時兼も呼応して京都を目指したが、越前・加賀国境の大聖寺《だいしょうじ》で敗死した。

［文献］佐藤進一『増訂鎌倉幕府守護制度の研究』（東京大学出版会、一九七一）、『富山県史　通史編二』（一九八四）。（楠木　武）

諏訪頼重《すわよりしげ》（?—一三三五）　鎌倉時代末期から南北朝時代初期の武将。父は盛重《もりしげ》、また一説に宗経《むねつね》とも。三河入道照雲と称す。諏訪社大祝《おおほうり》家の諏訪氏は神《じん》党と呼ばれる信濃武士団の中核であると同時に北条得宗家の有力な御内人《みうちびと》でもあり、正慶二・元弘三年（一三三三）五月鎌倉幕府滅亡に際し*北条高時《たかとき》の遺児*時行《ときゆき》をかくまった。建武二年（一三三五）七月*中先代《なかせんだい》の乱では時行を奉じて信濃で挙兵、子息時継《ときつぐ》とともに滋野《しげの》一族ら神党を率いて守護*小笠原貞宗《おがさわらさだむね》と交戦したのち武蔵国女影原《おなかげがはら》・小手指原《こてさしがはら》・府中などを転戦、井出沢《いでのさわ》で*足利直義《ただよし》を破って一時鎌倉を占領した。しかし八月*足利尊氏《たかうじ》が下向すると各地で敗れて時行は逃走、頼重は時継らとともに鎌倉勝長寿院《しょうちょうじゅいん》で自害した。

［文献］『長野県史　通史編三』（一九八七）、『諏訪市史　上』（一九九五）。（楠木　武）

小笠原貞宗《おがさわらさだむね》（一二九二?—一三四七）　鎌倉時代末期から南北朝時代の武将。生年は永仁二年（一二九四）とも。父は宗長《むねなが》。幼名は豊松丸。彦五郎、右馬助、治部大輔。信濃国松尾館《まつおのたて》に生まれる。元徳三・元弘元年（一三三一）鎌倉幕府軍に加わり*後醍醐《ごだいご》天皇の笠置城を攻めたが、正慶二・元弘三年（一三三三）五月*足利尊氏《たかうじ》の挙兵に呼応し*足利義詮《よしあきら》軍に属して鎌倉を攻略。建武政権下で信濃守護職に任ぜられ従五位下信濃守。建武二年（一三三五）七月*中先代《なかせんだい》の乱では尊氏に従い、*北条時行《ときゆき》を擁する諏訪神《じん》党らと交戦するなど信濃国内の北条氏与党の鎮圧にあたる。建武年間（一三三四—三八）には居館を松尾から井川に移し、信濃統一の拠点を定めた。尊氏が建武政権から離反した後も足利方として活動、建武三・延元元年（一三三六）の山門攻めでは琵琶湖の舟運を封鎖して糧道を断ち、後醍醐天皇を下山・講和に追い込んだ。翌年*新田義貞《にったよしさだ》の越前金崎《かねがさき》城攻めに参陣、暦応元・延元三年（一三三八）正月*北畠顕家《きたばたけあきいえ》軍の

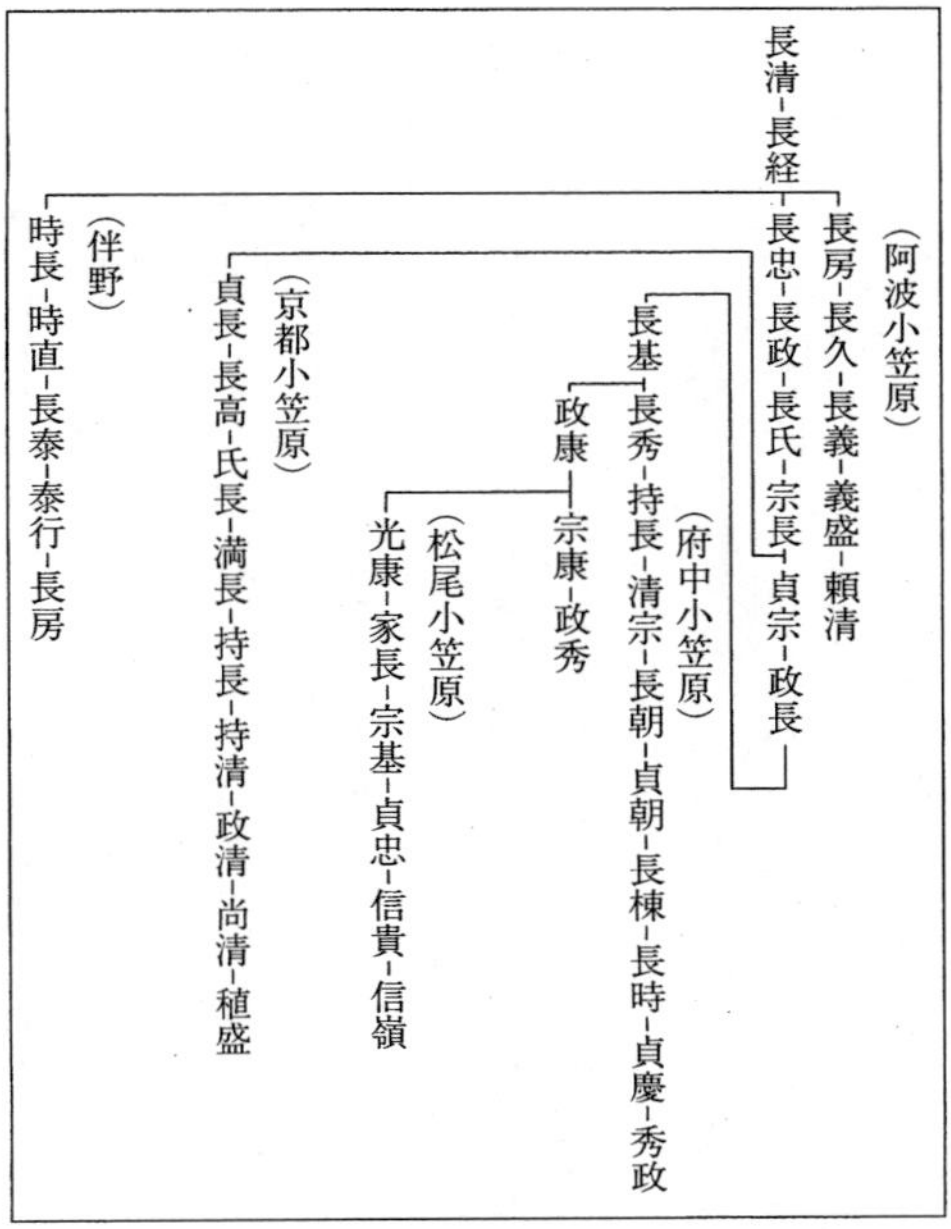

小笠原氏略系図

西上を防ぐため美濃青野原《あおのがはら》で交戦、暦応四・興国二（一三四一）年*北畠親房《ちかふさ》の常陸*関城・*大宝城攻めに参陣。貞和三・正平二年（一三四七）京都で没。弓馬の名手であったことから、後醍醐天皇の師として「修身論」を献じたとされるなど、後世、小笠原流武家礼法の中興の祖に擬せられた。

［文献］　二木謙一『中世武家儀礼の研究』（吉川弘文館、一九八五）、『長野県史　通史編三』（一九八七）。　（楠木　武）

渋川義季《しぶかわよしすえ》（一三一四―三五）　鎌倉時代末期から南北朝時代初期の武将。父は貞頼《さだより》。刑部大輔。姉妹は*足利直義《ただよし》の夫人。足利氏一門として*尊氏《たかうじ》・直義兄弟に属す。建武元年（一三三四）正月*鎌倉将軍府に新設された関東廂《ひさし》番の一番頭人に任ぜられる。三月*北条高時《たかとき》の一族を奉じて極楽寺口から鎌倉に侵入した渋谷氏・本間氏らを撃退。建武二年（一三三五）七月信濃の*北条時行《ときゆき》が*中先代《なかせんだい》の乱を起こすと直義の命により鎮圧に向かったが、岩松経家《いわまつつねいえ》らとともに武蔵国女影原《おなかげがはら》で敗死した。のち義季の遺児幸子は二代将軍*足利義詮《よしあきら》の正室となり、側室の子である幼将軍*義満《よしみつ》を養母として後見、管領斯波《しば》氏と結んで幕府内に隠然たる影響力をもつこととなった。

［文献］　佐藤進一『南北朝の動乱』（中央公論新社、二〇〇五）。　（楠木　武）

小山秀朝《おやまひでとも》（？―一三三五）　鎌倉時代末期から南北朝時代初期の武将。父は貞朝《さだとも》。初名は高朝《たかとも》。大夫判官、下野《しもつけ》守。下野小山城主、下野守護。元徳三・元弘元年（一三三一）鎌倉幕府軍に加わり*後醍醐《ごだいご》天皇の笠置城や*楠木正成《くすのきまさしげ》の赤坂城を攻めたのち、翌年四月捕虜となった天皇近臣の*洞院公俊《とういんきんとし》を預けられて帰国。正慶二・元弘三年（一三三三）五月*新田義貞《にったよしさだ》が挙兵するとこれに呼応して*金沢貞将《かねさわさだまさ》を下総で破り、まもなく*足利尊氏《たかうじ》・*直義《ただよし》兄弟に属した。建武政権下で下野守。建武二年（一三三五）七月信濃の*北条時行《ときゆき》が挙兵し鎌倉を目指したため（*中先代《なかせんだい》の乱）、直義の命により*渋川義季《しぶかわよしすえ》・岩松経家《いわまつつねいえ》の援軍に向かうが、武蔵府中で一族数百人とともに討死した。

［文献］　『小山市史　通史編一』（一九八四）。　（楠木　武）

斯波家長《しばいえなが》（？―一三三七）　南北朝時代の武将。父は高経《たかつね》。尾張弥三郎。*中先代《なかせんだい》の乱直後の建武二年（一三三五）八月末に*足利尊氏《たかうじ》から陸奥守兼奥州総大将に任ぜられ陸奥斯波《しわ》郡に向かったとされるが、すでに前年陸奥に下向しており建武政権下で津軽外が浜の検断奉行に任ぜられていたともいわれる。以後建武政権下の陸奥守であった*北畠顕家《きたばたけあきいえ》と対峙、奥羽の足利方結集に努めた。同年一二月顕家が義良《のりよし》親王を奉じて西上を開始するとこれを追走。そのまま鎌倉に入り、*足利義詮《よしあきら》を補佐する鎌倉府執事として関東・奥羽各地に軍勢催促・所領安堵などを行い経営強化にあたった。奥羽には側近を代官として派遣、有力国人の組織化を進めた。翌年四月には陸奥多賀城に戻る顕家軍と相模片瀬川で交戦するなど、東国各地でその帰途を妨害させた。建武四・延元二年（一三三七）には*石塔義房《いしどうよしふさ》が奥州総大将となるが、引続き奥羽支配にも関与。同年八月顕家軍が霊山《りょうぜん》を発ち再度の西上を開始すると各地の足利方を率いてこれに抵抗するが、一二月鎌倉を攻められ激戦を展開、鎌倉杉本観音堂（三浦半島とも）で自害した。一説に享年一七歳という。

［文献］　伊藤喜良『東国の南北朝動乱』（吉川弘文館、二〇〇一）。　（楠木　武）

上杉憲房《うえすぎのりふさ》（？―一三三六）　鎌倉時代末期から南北朝時代初

期の武将。父は頼重《よりしげ》。兵庫頭、永嘉門院蔵人。法名は道勤（道欽、道謹）あるいは道勲。姉妹の清子は足利貞氏《さだうじ》に嫁ぎ*尊氏《たかうじ》・*直義《ただよし》兄弟を産んだ。兄弟の信頼は厚く、正慶二・元弘三年（一三三三）に尊氏が*鎌倉幕府に反旗を翻したのは憲房の勧めによるという。建武政権下で*雑訴決断所《ざっそけつだんしょ》の奉行に任ぜられた。建武二年（一三三五）尊氏が*中先代《なかせんだい》の乱を鎮定し建武政権から離反した際もこれに従い、新田氏を抑えるため*義貞《よしさだ》の本拠である上野《こうずけ》の守護職に補任された。翌年正月尊氏に従軍し京都に入り、*北畠顕家《きたばたけあきいえ》・新田義貞軍らと京都四条河原で戦い、苦戦に陥った尊氏・直義兄弟を助けるため一族とともに奮戦して深手を負い討死。また京極祇陀林地蔵堂において自刃したともいう。

［文献］ 佐藤和彦『日本の歴史11南北朝内乱』（小学館、一九七四）、佐藤進一『日本の歴史9南北朝の動乱』（中央公論新社、二〇〇五）。

（楠木　武）

結城親朝《ゆうきちかとも》（?—一三四七?） 鎌倉時代末期から南北朝時代の武将。父は宗広《むねひろ》。陸奥白河結城氏の当主で小峰氏の祖。初名は親広《ちかひろ》。白河七郎、三河前司、大蔵権大輔、修理権大夫。正慶二・元弘三年（一三三三）討幕軍に参加した父宗広・弟*親光《ちかみつ》を陸奥白河から支援。建武政権下で陸奥国府の式評定衆《しきひょうじょうしゅう》八人の一人となり引付頭人を兼ね、多くの恩賞地を得た。建武二年（一三三五）八月*中先代《なかせんだい》の乱を契機に不安定化した白河に戻り、一〇月白河郡など陸奥南端一帯の検断奉行職を与えられた。以後検断奉行職を背景に勢力を拡大。同年一二月*北畠顕家《きたばたけあきいえ》が義良《のりよし》親王を奉じて西上した際には奥州軍の侍大将に任ぜられ上洛、翌年三月戦功により下野守護に補任された。その後も陸奥における南朝方の中心として活動、建武四・延元二年（一三三七）八月顕家軍の再度の西上に際しては留守役として白河に留まった。翌年常陸に入った*北畠親房《ちかふさ》からも後援を期待され、後世広く流布した『*関城書《かんじょうしょ》』をはじめ出陣を促す多数の書状が親朝に送られた。しかし南奥各地で足利方と対峙し容易に動けず、戦局を傍観し続けた。康永二・興国四年（一三四三）八月北関東・南奥羽の国人一揆《こくじんいっき》を率いて足利方に帰順、包囲中であった*関城・*大宝城は一一月落城し親房は吉野に逃れた。なお親房が常陸時代に著した『*神皇正統記《じんのうしょうとうき》』は、親朝に示すため書かれたともいわれる。

［文献］『福島県史一』（一九六九）、伊藤喜良『東国の南北朝動乱』（吉川弘文館、二〇〇一）。

（楠木　武）

石塔義房《いしどうよしふさ》（生没年未詳） 南北朝時代の武将。父は頼茂《よりしげ》。宮内少輔四郎。法名は義慶、秀慶。足利氏一門として*尊氏《たかうじ》・*直義《ただよし》兄弟に属す。建武政権下で尊氏代官として駿河・伊豆両国守護。室町幕府開設に伴い両国守護。建武二年（一三三五）*中先代《なかせんだい》の乱では直義に従い鎌倉で防戦、尊氏が建武政権から離反後も子の頼房《よりふさ》らとともに*新田義貞《にったよしさだ》軍との戦闘に参加。尊氏九州敗走後は紀伊などで*後醍醐《ごだいご》天皇方と交戦、尊氏再入京後は関東に戻った。建武四・延元二年（一三三七）常陸*関城攻めに参加。同年奥州総大将となり霊山《りょうぜん》の*北畠顕家《きたばたけあきいえ》を攻めるなど各地を転戦、南朝方と対抗し奥州の国人《こくじん》掌握に努めた。康永元・興国三年（一三四二）北畠顕信《あきのぶ》らを三迫《さんのはざま》の戦いで退けると奥州支配を強めたが、貞和元・興国六年（一三四五）吉良貞家《きらさだいえ》・畠山国氏《はたけやまくにうじ》の両奥州管領《かんれい》下向に伴い京都に召還された。*観応《かんのう》の擾乱《じょうらん》では直義方として関東で*上杉憲顕《うえすぎのりあき》らとともに行動。観応元・正平五年（一三五〇）一二月には相模湯山で*高師冬《こうのもろふゆ》の奉ずる*足利基氏《もとうじ》を奪取し師冬を自害に追い込んだが、翌年末駿河薩埵山《さった》の戦いで尊氏の追討軍に敗れ降伏。文和元・正平七年（一三五二）二月直義死後は南朝方に属し*新田義興《よしおき》・義宗《よしむね》兄弟らとともに鎌倉を一時占領、その後山城男山《おとこやま》八幡の南朝方応援のため西上し畿内各地を転戦した。同年から翌年にかけて駿河でも活動が確認できる。以後の消息は不明。

［文献］『福島県史二』（一九六九）、渡部正俊「石塔氏小考」（『中世南奥の地域権力と社会』岩田書院、二〇〇一）。　（楠木　武）

春日顕国《かすがあきくに》（?—一三四四）　南北朝時代の武将。父は源顕行《あきゆき》とも*北畠親房《きたばたけちかふさ》ともいわれるが未詳。侍従、少将、中将。のち顕時《あきとき》と改名。*北畠親房・*顕家《あきいえ》父子に従い東国の南朝勢力の中心として活動した。建武四・延元二年（一三三七）陸奥から西上する顕家軍に従って関東に出陣、*小田治久《おだはるひさ》らとともに常陸《ひたち》・下野《しもつけ》の北朝方と交戦した。その後西上し翌年山城*男山《おとこやま》に籠るが敗走、暦応二・延元四年（一三三九）常陸に下向し*小田城の親房を助け、下総《しもうさ》・下野などを転戦。暦応四・興国二年（一三四一）小田城から*大宝城に移り興良《おきよし》親王を補佐したが、康永二・興国四年（一三四三）一一月*高師冬《こうのもろふゆ》軍により*関城・大宝城は陥落。関城を脱出した親房が吉野に戻った後も東国に残り孤軍奮闘するが、翌年三月捕らえられ常陸で処刑。首は京都六条河原にさらされた。

［文献］『茨城県史　中世編』（一九八六）。　（楠木　武）

多田貞綱《たださだつな》（生没年未詳）　鎌倉時代末期から南北朝時代の武将。清和源氏経基王《つねもとおう》の後裔。父は蔵人・相模介通定《みちさだ》。建武元年（一三三四）四月の頃、*北畠顕家《きたばたけあきいえ》の配下として津軽におもむき、糠部《ぬかのぶ》において北条氏の残党工藤・横溝氏らと合戦を展開して勝利し、南部師行《なんぶもろゆき》・戸貫・河村らに糠部郡の闕所《けっしょ》地の警固を命令した（南部文書）。南北朝内乱期に入ると建武四年（一三三七）七月、*春日顕国とともに下野小山城を攻撃した。小山荘内乙妻・真々田の地において桃井貞直《もものいさだなお》軍と激戦をまじえたが敗退した（茂木《もてぎ》文書）。康永元年（一三四二）四月から五月にかけての常陸関城合戦のさいには、虚言と挙動不審につき*北畠親《ちか》房《ふさ》から戒告をうけている（結城古文書）。　（佐藤和彦）

二条河原落書《にじょうがわらのらくしょ》　建武政権下の政治や社会を批判、風刺した落書《らくしょ》（匿名の投書、掲示）。*後醍醐《ごだいご》天皇の政庁所在地（二条富小路）に程近い京都二条河原に掲げられた。成立は冒頭の注記から建武元年（一三三四）八月と考えられるが、建武二年八月とする説もある。*「建武年間記」に採録され伝来し、諸本に異同がみられる。作者は未詳だが、建武政権に不満を抱く公家か僧侶とする説、民衆側の知識人集団による共同制作とする説などがある。「此比都ニハヤル物」で始まる八五調・七五調をとりまぜた形式は、平安末期に流行した今様《いまよう》の物尽くし歌を継承したもので、全八八句からなる。後醍醐天皇の綸旨《りんじ》万能主義が招いた訴訟をめぐる混乱や、京都の治安・風俗の乱れなどを嘲笑、批判する。また*雑訴決断所《ざっそけつだんしょ》への武士の大量採用や武家風文化の浸透について風刺しており、武士に対する蔑視感がうかがえる。*婆娑羅《ばさら》や下剋上《げこくじょう》により伝統的な秩序が破壊される「自由狼藉ノ世界」の到来を鋭く描き出し、後半部ではこのような建武政権がもたらした「天下一統」が長くは続かないであろうことを示唆する。連歌《れんが》や田楽《でんがく》、*闘茶や聞香などが流行する当時の世相も歌い込まれており、焼け跡が「クソ福」（厠《かわや》）と化しているという一節など随所に痛烈な皮肉とユーモアが垣間見え

〈二条河原落書〉

口遊《くちずさみ》去年八月二条河原落書云々　元年歟《か》

此比《このごろ》都ニハヤル物　夜討強盗謀綸旨《にせりんじ》　召人《めしうど》早馬虚《そら》騒動
生頸《なまくび》還俗《げんぞく》自由出家　俄《にわか》　大名迷者《まよいもの》　安堵恩賞虚軍《そらいくさ》
本領ハナル、訴訟人　文書《もんじょ》入タル細葛《ほそつづら》　追従讒人《ざんにん》禅律僧
下克上《げこくじょう》スル成出者《なりでもの》　器用堪否《きようのかんぷ》沙汰モナク　モル、人ナキ決断所
キツケヌ冠《かんむり》上ノキヌ　持《もち》モナラハヌ笏《しゃく》持テ　内裏《だいり》マジハリ珍シヤ
賢者ガホナル伝奏《てんそう》ハ　我モ〳〵トミユレドモ　巧ナリケル詐《いつわり》ハ
ヲロカナルニヤヲトルラム　為中《いなか》美物《びぶつ》ニアキミチテ　マナ板烏帽《えぼし》ユガメツ、
気色《けしき》メキタル京侍《きょうざむらい》　タソガレ時ニ成ヌレバ　ウカレテアリク色好《いろごのみ》
イクゾバクゾヤ数不知《かずしれず》　内裏ヲガミト名付タル　人ノ妻鞆《めども》ノウカレメハ
ヨソノミル目モ心地アシ　尾羽《おは》ヲレユガムエセ小鷹《こたか》　手ゴトニ誰モスエタレド
鳥トル事ハ更ニナシ　鉛作《なまりづくり》ノオホ刀《がたな》　太刀ヨリオホキニコシラヘテ
前サガリニゾ指《さし》ホラス　バサラ扇ノ五骨《いつつぼね》　ヒロコシヤセ馬薄小袖《うすこそで》
日銭《ひぜに》ノ質《しち》ノ古具足《ふるぐそく》　関東武士ノカユ出仕　下衆上臈《げすじょうろう》ノキハモナク
大口《おおぐち》ニキル美精好《びせいごう》　鎧《よろい》　直垂《ひたたれ》猶不捨《なおすてず》　弓モ引エヌ犬追物《いぬおうもの》
落馬矢数《やかず》ニマサリタリ　誰ヲ師匠トナケレドモ　遍《あまねく》　ハヤル小笠懸《こかさがけ》
事新《ことあたらし》キ風情ナリ　京鎌倉ヲコキマゼテ　一座ソロハヌエセ連歌《れんが》
在々所々ノ歌《うた》連歌　点者《てんじゃ》ニナラヌ人ゾナキ　譜第非成《ふだいひじょう》ノ差別ナク
自由狼藉《ろうぜき》ノ世界也《なり》　犬田楽《いぬでんがく》ハ関東ノ　ホロブル物ト云ナガラ
田楽ハナヲハヤル也　茶香十炷《ちゃこうじっしゅ》ノ寄合モ　鎌倉釣《づり》ニ有鹿《ありしか》ド
都ハイトヾ倍増ス　町ゴトニ立篝屋《たつかがりや》ハ　荒涼五間《ごけん》板三枚
幕引マワス役所鞆《ども》　其《その》数知ラズ満々《みちみて》リ　諸人ノ敷地不定《さだまらず》
半作《はんさく》ノ家是《これ》多シ　去年火災ノ空地共　クソ福ニコソナリニケレ
適《たまたま》ノコル家々ハ　点定《てんじょう》セラレテ置去ヌ　非職ノ兵仗《へいじょう》ハヤリツ、
路次ノ礼儀辻々《つじつじ》ハナシ　花山桃林《かざんとうりん》サビシクテ　牛馬華洛《からく》ニ遍満《へんまん》ス
四夷《しい》ヲシヅメシ鎌倉ノ　右大将家《うだいしょうけ》ノ掟《おきて》ヨリ　只《ただ》品有シ武士モミナ
ナメンタラニゾ今ハナル　朝《あした》ニ牛馬ヲ飼ナガラ　夕《ゆうべ》ニ賞アル功臣ハ

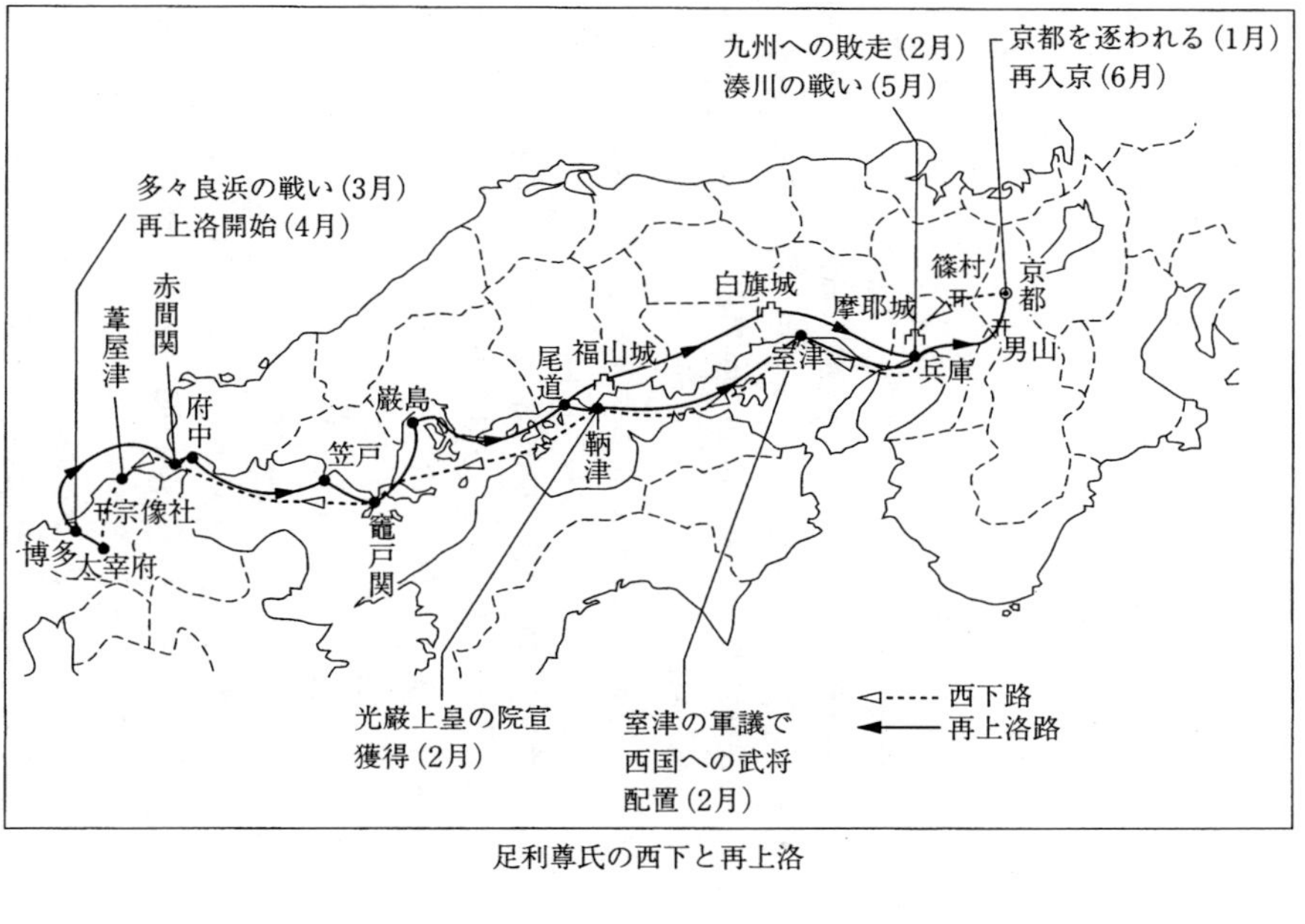

足利尊氏の西下と再上洛

左右《そう》ニオヨバヌ事ゾカシ　ナセル忠功ナケレドモ　過分ノ昇進スルモアリ
定《さだめ》テ損ゾアルラント　仰《あおぎ》テ信ヲトルバカリ　天下一統メヅラシヤ
御代《みよ》ニ生《うまれ》テサマぐ\ノ　事ヲミキクゾ不思義《ふしぎ》共　京童《きょうわらんべ》ノ口ズサミ
十分一ゾモラスナリ
（国立公文書館内閣文庫蔵「建武記」、同館蔵「建武二年記」による）

る。冒頭の「口遊《くちずさみ》去年八月二条河原落書云々」という文言からは、口遊によって広まっていたものが筆録された経緯が推測される。*『太平記』にも六条河原に高札として立てられた落書を「京童」が歌にし語り伝えて笑い飛ばしたとする話があり、二条河原落書も広く民衆の共感を得て広まったものであろう。『改定史籍集覧』一七、『群書類従』雑部、『大日本史料』六―一、『日本思想大系』二二に収録。

［文献］中島敬子・山本宮子「二条河原落書」（『悪党の中世』岩田書院、一九九八）、村井章介『分裂する王権と社会』（中央公論新社、二〇〇三）、原　美鈴「『二条河原落書』について」（『悪党と内乱』岩田書院、二〇〇五）。（楠木　武）

建武年間記《けんむねんかんき》　「建武記」、「建武二年記」、「建武二三年記」とも称する。建武政権の諸法令や諸機関の結番交名《けちばんきょうみょう》などを収めた記録であり、建武政権期研究の根本史料。全一冊。十余種の諸本が伝来。編者は松田氏とも*太田時連《おおたときつら》ともいわれ、建武政権崩壊後さほど下らない時期の成立と考えられる。収載記事は建武元年から建武三・延元元年（一三三四―三六）にわたる。冒頭の「建武二」と注記された法令群が元年のものと推定されるなど、一部に錯簡がみられるほかはほぼ年代順に配列。*雑訴決断所《ざっそけつだんしょ》に関する条規が多く、機構的整備過程をたどることができる。そのほか旧領回復や当知行安堵《とうちぎょうあんど》、乾坤《けんこん》通宝の鋳造など諸政策に関する法令を収める。綸旨《りんじ》乱発により生じた混乱に対応しようとするさまも知ることができる。関東廂《ひさし》番や*恩賞方・*記録所・*窪所《くぼどころ》・武者所などの交名からは、各機関の具体的な構成員が判明する。また同書所収の*「二条河原落書《にじょうがわらのらくしょ》」は、建武政権や当時の世相・風俗を痛烈に風刺したものとして著名。同書には武者所や内裏大番の武士に対して「精好《せいごう》の大口」など「落書」の風刺する華美な装束を禁ずる条規も含まれており、「落書」が採録された理由や『建武年間記』自体の作成意図を考える上で興味深い。『改定史籍集覧』一七、『群書類従』雑部、『大日本史料』第六編、『日本思想大系』二二に収録。

［文献］森　茂暁『建武政権』（教育社、一九八〇）、森　茂暁『南北朝期公武関係史の研究』（文献出版、一九八四）。（楠木　武）

楠木合戦注文《くすのきかっせんちゅうもん》　*元弘の乱における*楠木正成《くすのきまさしげ》と鎌倉幕府軍の攻防についての見聞記録。正慶元・元弘二年（一三三二）一二月から翌年閏二月二日までの動向を記す。続いて正慶二・元弘三年三月一一日から四月七日（後欠）の九州・四国・中国の情勢を日記体で記すが、この後半部は「博多日記」と呼び区別される。紙数一六枚の巻子本（一巻）。元禄二年（一六八九）東福寺から前田綱紀《まえだつなのり》が譲り受けた際、巻子に付けた呼称から「正慶乱離志《しょうきょうらんりし》」とも総称される。嘉暦四年（一三二九）七月三日付の東福寺領肥前国彼杵荘《そのぎのしょう》重書目録の紙背に書かれており「正慶乱離志」と目録が同筆であることから、目録末尾に署名花押のある良覚なる人物が筆者と推定される。ほぼ同時代の記録であることが確実であり、史料的価値はきわめて高い。内容は、①三方(河内道・大和道・紀伊道)に配置された幕府軍の軍事編成、②*護良《もりよし》親王・正成を誅伐した者への恩賞など合戦に際しての幕府の指令五か条、③天王寺や千早城などにおける合戦の状況の記述、からなる。合戦参加者や時衆僧の従軍の様相も知ることができる。石礫《いしつぶて》を投げ落とす楠木軍の戦術も記されており、『*太平記』の記述を裏付ける。『続史籍集覧』、『続史料大成』、『続々群書類従』史伝部、岡見正雄校注『太平記』(角川書店)に収録。『尊経閣叢刊』として複製を刊行。尊経閣文庫所蔵。

[文献] 馬杉太郎「『楠木合戦注文附博多日記』解説」(『尊経閣叢刊』、一九三六)、黒田俊雄『蒙古襲来』(中央公論新社、二〇〇四)。(楠木 武)

園太暦《えんたいりゃく》 鎌倉時代末期から南北朝時代の公卿洞院公賢《とういんきんかた》の日記。書名は中園太相国《なかぞのだいしょうこく》と呼ばれた公賢が具注暦《ぐちゅうれき》に記した日記(暦記《れきき》)の意。『園太記』、『中園相国記』とも称する。記事は応長元年(一三一一)二月から延文五・正平一五年(一三六〇)三月にわたるが、逸文の存在から延慶二年(一三〇九)以前より書き始められたことが推測される。なお延文五年分は病床のため他人の筆記や書状を用いて記録に代えたことから「園太記代」とも称される。文明一四年(一四八二)中院通秀《なかのいんみちひで》が洞院公数《きんかず》より一二三巻を買得し文亀三年(一五〇三)禁裏に買い上げられたことが知られるが、現存する自筆原本は応長元年二・三月記一巻のみである(京都国立博物館蔵)。甘露寺親長《かんろじちかなが》が通秀から借り受け抄録した流布本が概要を伝えるが、これも応長元年夏から康永二・興国四年(一三四三)までの三〇余年分を欠く。別に*三条西実隆《さんじょうにしさねたか》や広橋守光《ひろはしもりみつ》による抄録本も伝来。公賢が*建武政権やその後の北朝で重職を担ったことから、内容は朝政の枢機にわたり、公家社会の動向や幕府・南朝との交渉などに詳しい。各地の戦乱の情報についても記載が豊富である。また公賢は博識で知られ*有職故実に詳しく、前代の諸記録より抄出した先例も多く引用しており、後世朝儀の権威ある典拠として尊重された。南北朝時代の政治・社会・文化研究のための一級記録。『史料纂集』に収録。

[文献] 岩橋小弥太「園太暦解説」(『史料纂集 園太暦一』続群書類従完成会、一九七〇)、林屋辰三郎『内乱のなかの貴族』(角川書店、一九九一)。(楠木 武)

冬平公記《ふゆひらこうき》 鷹司《たかつかさ》冬平(一二七四—一三二七)の日記。後称《ごしょう》念院記《ねんいんき》ともいう。冬平は、基忠《もとただ》の子。幼少の頃祖父摂政・太政大臣兼平《かねひら》の養子となり、弘安七年(一二八四)二月元服、従五位上に叙され、正応元年(一二八八)に権中納言、従二位に昇叙された。延慶元年(一三〇八)には、摂政・従一位・氏長者となる。嘉暦元年(一三二七)正月一九日、関白在職中に死去した。冬平は歌道にすぐれ、朝廷の典儀に精通していたという。摂関家の伝統に従って早くから「日記」を誌していたが、残念なことに「日記」の大部分は散佚して、断簡のみが伝えられているにすぎない。しかしながら断簡とはいえ、鎌倉末期の改元(乾元から嘉元へ、嘉元から徳治へ、徳治から延慶へ)の次第が詳細に記されている。徳治三年(一三〇八)九月の改元の際には「先例多くは譲位の翌年にこの事あり。しかるに、今度は関東内々に申旨あるの間、いそぎ別儀を行なわれる」と記述され、改元にあたって関東(鎌倉幕府)の意向が強くはたらいていたことがわかる。延慶元年における*花園《はなぞの》天皇の即位式の有様、元亨四年（一三二四）正月、*北畠親房《きたばたけちかふさ》、*万里小路宣《までのこうじのぶ》房《ふさ》、*藤房《ふじふさ》や*日野俊基《ひのとしもと》らとともに詩会にのぞんだ冬平が、一二歳の時に平等院経蔵で奏して以後、久々に琵琶を弾じて評判をえたことなど興味深い記述である。*正中の変にいたる鎌倉末期の政治史や文化史の研究にとっても貴重な史料であるといえよう。『続々群書類従』『史料大成』に収録。（佐藤和彦）

匡遠記《ただとおき》　匡遠宿禰記《ただとおのすくねき》・小槻匡遠記《おつきのただとおき》とも称され、南北朝時代の官務小槻宿禰匡遠（壬生流）の日記。匡遠は、千宣の子。建武三年（一三三六）官務（上首左大史）、のち四位に叙せられ、貞治五年（一三六六）に死去。宮内庁書陵部の壬生家旧蔵本中に匡遠の自筆本三巻がある。いずれも断簡をつなぎ合わせたもので、建武二年四・五・六・一二月、暦応元年三月、同二年一二月の記事がみられる。断簡とはいえ、建武二年（一三三五）六月二二条には*西園寺公宗《さいおんじきんむね》の謀叛が、暦応元年（一三三八）三月八日・九日条には*北畠顕家《きたばたけあきいえ》軍と*室町幕府軍が戦った天王寺合戦が記述されている。天王寺合戦の敗北により京都が大混乱におちいった様子は「京中動乱不能左右、恐怖無極者也」と記され、きわめて興味深い。『続々群書類従』『史料大成』に収録。（佐藤和彦）

［文献］　橋本義彦『平安貴族社会の研究』（吉川弘文館、一九七六）。

（三）　内乱の展開

中先代《なかせんだい》の乱《らん》　建武二年（一三三五）*北条高時《たかとき》の子*時行《ときゆき》とその与党が幕府の再興を図って起こした乱。名称は高時を先代、*足利尊氏《たかうじ》を当代、時行を中先代としたことによるもので廿日《はっか》先代とも称した。建武新政直後から各地で北条氏の残党の挙兵が頻発していた。建武二年*後醍醐《ごだいご》天皇は、東国のおさえとして*成良《なりよし》親王と*足利直義《ただよし》を鎌倉に下した。同年六月、承久の乱以来代々幕府の関東申次として権勢を誇った西園寺氏の嫡流、西園寺公《さいおんじきん》宗《むね》は、北条氏与党らと連携して謀反を企てたが、露顕。誅せられた。しかし、諏訪神党に擁せられていた時行は七月一四日、諏訪氏と信濃の国人らを率いて兵を挙げ、転戦ののち二二日には武蔵に入り、女影原《おんなかげはら》・小手指原《こてさしはら》・府中の合戦に勝利した。直義は自ら軍を率い、井出沢《いでのさわ》の戦いに臨んだが大敗。鎌倉から敗走するにあたり、薬師堂谷の東光寺に幽閉中の*護良《もりよし》親王を殺害させた。時行軍は二五日には鎌倉を占拠した。直義は成良親王・*義詮《よしあきら》とともに八月二日足利領三河の矢作《やはぎ》まで敗走。一方、尊氏は時行討伐に際し、*征夷大将軍・総追捕使《そうついぶし》の任命を奏したが許されず、命を待たずに八月二日出京した。矢作で直義と合流した尊氏は、九日遠江橋本・小夜中山《さよのなかやま》で勝利し、箱根山・相模川の合戦に打勝ち、一九日一挙に鎌倉を奪回した。時行は逃れ、諏訪頼重《すわよりしげ》らは自殺した。挙兵から二〇日余りのことであった。鎮圧後尊氏は、征夷大将軍を自称し、武士らに恩賞を与えた。後醍醐天皇は帰洛を命じるが、尊氏は鎌倉に留まり、離反の意を示した。この乱は南北朝内乱のきっかけともなった。（三浦紀子）

［文献］　鈴木由美「中先代の乱に関する基礎的考察」（阿部　猛編『中世の支配と民衆』同成社、二〇〇七）。

湊川《みなとがわ》の戦《たたか》い　建武三・延元元年（一三三六）五月二五日、兵庫湊川における足利軍と新田・楠木軍との合戦。同年二月、京中合戦に敗れた*足利尊氏《たかうじ》は九州へ敗走した。この間*楠木正成《まさしげ》は、*新田義貞《よしさだ》を誅罰、尊氏を召返し、君臣和睦をすべきであると奏した。しかし公卿たちはこの策を嘲笑した。一方尊氏は、*光厳《こうごん》上皇の院宣を受けて官軍となり、元弘没収地返付と軍勢催促を呼びかけ、多くの武士を吸引した。多々良浜《たたらはま》で勝利を得た尊氏は、四月に博多を発し、五月には鞆津《ともつ》に着き、足利直義《ただよし》は山陽道を、尊氏の船団は兵庫を目指した。この頃義貞は播磨白旗城の攻略に手こずり、兵庫に撤退した。*後醍醐《ごだいご》天皇は正成に、義貞の支援と尊氏の討伐を命じた。正成はこれが最後の合戦と覚悟し、わずか五〇〇余騎で兵庫へ下る途中、桜井宿で嫡子*正行《まさつら》に、河内に帰るよう諭した。二五日、尊氏は船上に、正成は湊川の里に、義貞は和田岬に陣した。海陸対峙し、合戦となったが、まず和田岬の義貞が敗れ、京都へ敗走した。正成は湊川に留まり奮戦を繰り返したがついに及ばず、一族一三人と手の者六〇余人、在家の堂において割腹して果てた。尼崎に逗留中、正成は「この度は君の戦い必ず破るべし。人の心を以てその事をはかるに。勅命を蒙り軍勢を催すところ、親類一族なお難渋の色有り。いわんや国人《こくじん》土民《どみん》等にをいておや。是即ち天下きみを背ける事明らけし」(*『梅松論』)とその思いを奏上している。正成の首級は尊氏によって河内へ送られた。

[文献]『太平記』、田中義成『南北朝時代史』明治書院、一九二二。

(三浦紀子)

常陸《ひたち》合戦　南北朝期常陸を舞台に戦われた宮方と武家方との戦い。前期と後期に分かれるが、後期のみとする見方もある。(1)前期は建武政権に反逆した*足利尊氏《たかうじ》軍が上洛する後を追撃する*北畠顕家《きたばたけあきいえ》の軍を阻止しようと、建武二年(一三三五)一二月佐竹貞義《さたけさだよし》ら武家方が多賀郡甕《みか》の原《はら》で戦った合戦で、顕家の軍が勝ち上洛して尊氏軍を討ち破った。翌年一月宮方は、奥州への通路確保と佐竹氏討伐のために、楠木正家《くすのきまさいえ》を瓜連城《うりづら》(那珂郡)に迎え出撃した。当初は優勢であったが兵力を補給した武家方の反撃を受け、同年一二月一一日同城は陥落した。(2)後期は*北畠親房《ちかふさ》が延元三年(一三三八)七月常陸《ひたち》に入国し南朝方であった神宮寺城に入城したときに始まる。一〇月*小田治久《おだはるひさ》の*小田城に移った親房は、白河の*結城親朝《ゆうきちかとも》をはじめ北関東から南奥羽の諸氏に頻繁に御教書などを発し味方に加わるよう勧めるとともに、南朝方の諸氏に対しては功績を賞し、官位昇進を取り計らった。そのためか劣勢だった南朝方が幾分勢いを盛り返した。この間『*神皇正統記』や『*職原抄』などの著述も行っている。北朝方は暦応二・延元四年(一三三九)四月*高師冬《こうのもろふゆ》を東下させ、小田治久ら南朝軍に対する攻勢を強めた。たまたま南朝内部において藤氏一揆などの動きが出るなど不協和音が生じたこともあり、治久は暦応三・興国元年(一三四〇)一一月北朝側に降った。親房は*関城に逃れなおも抗戦を続けたが、白河の結城親朝が康永二・興国四年(一三四三)六月北朝側に加わり、その影響下にあった諸氏もこれに同調し、関城も同年一一月に関宗祐《せきむねひろ》親子、下妻政泰《しもつままさやす》が戦死して落城したため、親房も吉野に去り、関東における南朝の拠点は潰えさった。

[文献]佐藤進一『南北朝の動乱』(中央公論社、一九六五)、瀬谷善彦・豊崎　卓『茨城県の歴史』(山川出版社、一九八九)、伊藤喜良『東国の南北朝動乱』(吉川弘文館、二〇〇一)。

(横内重之)

南朝《なんちょう》　一四世紀に吉野地方にあった*大覚寺統の朝廷。吉野朝とも。建武三・延元元年(一三三六)一二月、京都花山院に幽閉されていた*後醍醐《ごだいご》天皇が吉野に逃れて行宮を定め、光明天皇への譲位を否定して正統な皇位は自分の方にあるとしたことに始まる。以後、明徳三・元中九年（一三九二）一〇月に統一されるまで約五六年間の、*後村上《ごむらかみ》、*長慶《ちょうけい》、*後亀山《ごかめやま》の四代の*大覚寺統系の天皇の朝廷をいい、行宮《あんぐう》は吉野、賀名生《あのう》、天野、住吉などを転々とした。一天両帝・南北京と称され後醍醐天皇の強烈な信念に基づく天皇親政の理念のもとに、幕府に擁立されていた*北朝と対立した。幕府側の内紛を利用して巧みに対応し、京都に進出したことも再三あった。ことに、正平六年（一三五一）一〇月には将軍*足利尊氏《たかうじ》の降を入れ、翌年この統一が潰え去るまでの約一〇月間は一時的には南朝による一統ができた（正平一統）。長慶天皇の頃からは漸次衰退し、名前のみの存在に近かった。明徳三・元中九年（一三九二）閏一〇月北朝に吸収される形で*後小松《ごこまつ》天皇へ神器が渡され合一。制度などについては史料が乏しく不明な点が多い。

［文献］ 田中義成『南北朝時代史』（講談社学術文庫、一九七九）、林屋辰三郎『南北朝』（朝日新聞朝日文庫、一九九一）、『太平記』、佐藤進一「南北朝の動乱（『日本の歴史』九、中央公論社、一九六五）、佐藤和彦「南北朝内乱」（『日本の歴史』一一、小学館、一九七四）。

（横内重之・竹内冨佐子）

北朝《ほくちょう》 建武三・延元元年（一三三六）に足利氏によって擁立・支えられた*持明院統の朝廷。一二月先帝*後醍醐《ごだいご》天皇が吉野に潜行し、行宮《あんぐう》を構え別に朝廷（*南朝）を開いたため、足利氏に擁立されて京にあった持明院統系の皇統は北朝と称せられる。通常は*光明《こうみょう》、*崇光《すこう》、*後光厳《ごこうごん》、後円融《ごえんゆう》および明徳三年（一三九二）一〇月の南北朝統一までの*後小松《ごこまつ》天皇の五代の朝廷をいうが、後醍醐天皇に廃立された*光厳《こうごん》天皇を加え六代とする説もある。この間観応二・正平六年（一三五一）一〇月から文和元・正平七年（一三五二）八月までは、正平の一統といわれる南朝方による統一王朝成立のため中絶している。足利氏により便宜上設けられた天皇であるので、幕府に対してはまったく頭が上がらず、その権能の多くは幕府に接収され、陰のような存在であった。統一後は歴世統を伝えて現在に至っている。

［文献］ 佐藤進一『南北朝の動乱』（中央公論社、一九六五）。

（横内重之）

四条畷《しじょうなわて》の合戦《かっせん》 貞和四・正平三年（一三四八）正月、河内国四条畷において*楠木正行《くすのきまさつら》軍と*高師直《こうのもろなお》軍との間で行われた合戦。*南朝の頽勢を回復しようと貞和三・正平二年（一三四七）八月兵を起こした楠木正行は、紀伊に討ち入り隅田《すだ》城を攻め、次いで九月には河内守護細川顕氏《ほそかわあきうじ》の軍と藤井寺で戦って大勝し、さらに一一月二六日には山名時氏《やまなときうじ》および細川顕氏の軍を住吉、天王寺に大破し壊滅的打撃を与えた。衝撃を受けた幕府方は執事の高師直と弟*師泰《もろやす》を総大将とする八万余騎の大軍を編成し、正行軍の覆滅を図った。正行は死を覚悟し、舎弟正時《まさとき》以下一族を引き連れ吉野の行宮《あんぐう》に参内し、敵将の首を取らねば戻らぬ旨の決意を述べ、天皇からはとくに優渥な言葉が与えられた。このとき、如意輪堂の壁板に同行する一族の名を刻み、鬢の毛を仏堂に投げ込むとともに「返らじとかねて思へば梓弓なき数にいる名をぞとどむる」の歌を記したと伝えられている。貞和四・正平三年一月五日、三〇〇〇余騎を率いた正行は四条畷に出て高師直の大軍に対し、一陣、二陣を破り三陣をも突き進んで師直に迫ったが力及ばず、七時間余の激闘ののち一族郎党のほとんどが討死し、力尽き弟正時と刺し違えて相果てた。合戦の最中高師直と名乗る武者を討ち取ったが、偽首と分かり首を投げ捨てて悔しがったが、敵ながら天晴と思い直し、小袖を引き千切ってその首を包んで堤上に置いて再び戦闘に加わったという。この戦いは*北畠親房《きたばたけちかふさ》による関東、九州をも巻き込んだ南朝回復の壮大な計画の一環と見られており、正行軍の壊滅によりその計画は頓挫し、師直は吉野まで突き進んで行宮などを焼き払った。追撃への批判はあったが、幕府内における師直の威望はとみに高まるとともに、直義との対立がより熾烈になり、*観応《かんのう》の擾乱《じょうらん》への導火線ともなった。

［文献］ 田中義成『南北朝時代史』（講談社学術文庫、一九七九）、林屋辰三郎『南北朝』（朝日新聞社朝日文庫、一九九一）。

（横内重之）

灯明寺畷《とうみょうじなわて》の合戦《かっせん》 暦応元・延元三年（一三三八）閏七月に、越前藤島で行われた合戦。建武四・延元二年（一三三六）三月*新田義貞《にったよしさだ》は杣山《そまやま》城陥落した敦賀金崎城から辛うじて脱出した新田義貞は杣山城（福井県南条町）にたどりついた。その後加賀の国人《こくじん》土豪らを引き入れ態勢を建直し、越前府中（武生市）から守護斯波高経《しばたかつね》を追い、越後から一族ら味方勢力を呼び寄せ三万余騎の強大な勢力になった。一方高経は黒丸城（福井市黒丸町）を築くとともに足羽七城という砦群を構え、方々、義貞軍に従っていた藤島城の平泉寺衆徒を寝返らせた。義貞は黒丸城の対城《むかいじろ》として灯明寺城（福井市灯明寺町）を築き本陣を移した。*後醍醐《ごだいご》天皇から上洛を督促をする*綸旨《りんじ》を受け、焦りを覚えていたであろう義貞は、頑強に抵抗する藤島城に対する攻撃を督励するため、五〇余騎を率いて駆け付ける途中、藤島城救援のため派遣された高経方の細川孝基《ほそかわたかもと》、鹿草彦太郎《かくさひこたろう》を将とした三〇〇騎に、泥田の中の畔道である灯明寺畷で遭遇した。不用意にも楯も弓も待ち合わせていなかった義貞勢は一方的に射たてられ、逃走を勧める部下に対し義貞は「家臣を死なせて自分一人生きることはできない」と逃走を拒んだが、味方は次々と射倒され、義貞も眉間に矢を射込まれて絶命した。その際自らの首を掻き切ったとも伝えられる。このため義貞軍は離散し南朝側の北陸作戦は大蹉跌を受けた。*『太平記』には「君の股肱の武将として命を全うして大義を致さるべきに匹夫の鏃に命を止めしことうたてかりし」とあり、*『神皇正統記』は「させることなくて空しくなりぬ」と切って捨てている。

［文献］ 佐藤和彦『中世内乱期の群像』（河出書房新社、一九九一）、森 幸夫『新田義貞』（『南北朝史一〇〇話』立風書房、一九九一）、森 茂暁『太平記の群像』（角川書店、一九九三）、花ケ前盛明『新田義貞と藤島の戦い』（歴史と旅『南北朝分裂六十年戦争』秋田書店、一九九八）。

（横内重之）

肥後水島《ひごみずしま》の合戦《かっせん》 応安八・天授元年（一三七五）九月、*肥後水島砦（熊本県菊池市）を攻めた*今川了俊《いまがわりょうしゅん》の北朝軍と南朝菊池軍との合戦。*九州探題今川了俊は、応安八年（一三七五）七月、本拠地の肥後隈部《わいふ》（菊池市）に撤退した菊池軍を追い、菊池一八外城の一つ水島と川を挟んで陣した。了俊は一挙に菊池軍に止めを刺すべく、九州御三家と呼ばれた大友親世《おおともちかよ》、*島津氏《しまづうじ》久《ひさ》、少弐冬資《しょうにふゆすけ》に来援を求めた。なかなか要請に応じない少弐冬資に対し、了俊は島津氏久に依頼して陣営に呼び寄せ宴席で刺殺した。これに怒った氏久は「九州の三人面目を失う」と称して軍を返し、以後了俊に反抗するにいたった。了俊はこの誤算にもめげず、同年九月七日前面の川を渡り菊池軍を襲撃したが、猛反撃を受け一二〇〇人もの死傷者を出して肥前武雄まで敗走した。このため、幕府の九州平定は大幅に遅れた。

［文献］読売新聞西部本社『西国合戦記』(新人物往来社、一九七二)、田中義成『南北朝時代史』(講談社学術文庫、一九七九)、川添昭二『今川了俊』(吉川弘文館、一九九六)。（横内重之）

箱根《はこね》竹《たけ》の下《した》の戦《たたか》い　建武二年（一三三五）一〇月、箱根山と竹の下（静岡県小山町）における、足利方と朝廷の討伐軍とのあいだの合戦。*北条時行討伐のため鎌倉に赴いた*足利尊氏《たかうじ》は、天皇の帰洛命令に従わず、同年一一月*新田義貞《にったよしさだ》を総帥とする討伐軍の追討を受けることになった。尊氏は朝敵となることをおそれ、初めは浄光明寺（建長寺とも）に入り、髻《もとどり》を切って恭順の意を示したが、次々に足利軍の防衛戦が突破され、*直義《ただよし》も打負け危うくなるに及んで出陣する。この時直義が「尊氏、直義らは隠遁しても宥さず誅伐せよ」との*綸旨《りんじ》を偽造して尊氏を出陣に踏切らせたと伝えられる。このとき髻を切ったままの尊氏の髪型を真似て、鎌倉中の武士が髻を切り「一束切《いっそくぎり》」の頭になって出陣したという。討伐軍は箱根を突破すべく、義貞を将とする七万の主力が大手である南路の箱根路を、搦手である北路の足柄道へは尊良《たかよし》親王に脇屋義助《わきやよしすけ》の軍七〇〇〇をつけてを行かせた。尊氏方は箱根路へは直義を将とした六万の兵を、足柄道へは尊氏自らが将となり一八万の兵を率いて向かった。一二月一一日両軍の合戦が行われ、箱根路では正午ごろより始まった戦いで、新兵器である槍を使った菊池軍の奮闘などにより討伐軍が優勢に戦いを進めていた。尊氏軍は早朝に峠を越えて竹の下に向かい討伐軍先鋒の尊良親王軍を蹴ちらした。主力の義助軍はひるまず縦横の活躍をし、後陣と入れ替わろうとしたとき、後陣にいた大友貞載《おおともさだのり》、塩谷高貞《えんやたかさだ》が突如寝返ったため敗走し、途中でも踏止まれず、結局東海道を西に壊走した。この報せが箱根路に伝わり、討伐軍に加わっていた者が大量に脱走もしくは寝返って、遂に義貞も敗走するにいたった。南北朝動乱時代の開始を告げる一戦となった。

［文献］佐藤進一『南北朝の動乱』(中央公論社、一九六五)、田中義成『南北朝時代史』(講談社学術文庫、一九七九)。（横内重之）

吉野朝《よしのちょう》→南朝《なんちょう》

観応《かんのう》の擾乱《じょうらん》　貞和五・正平四年（一三四九）から文和元・正平七年（一三五二）にかけて起きた室町幕府中枢部の分裂と、それによって惹起された全国的争乱。南北朝内乱の展開過程において、*足利尊氏《たかうじ》の執事*高師直《こうのもろなお》が畿内近国の悪党的在地武士たちを掌握して勢力を伸張させると、幕府政治の主導権をめぐって、師直派と鎌倉以来の有力御家人を基盤とする*足利直義《ただよし》派との間で激烈な権力闘争が繰り広げられた。吉野の*南朝政権は、幕府の内訌を見逃さず、貞和三・正平二年（一三四七）八月、各地の南朝軍に一斉蜂起を命令した。南朝軍と幕府軍とは畿内各地で激戦を展開したが、直義派の細川顕氏《ほそかわあきうじ》、山名時氏《やまなときうじ》の軍勢は完敗して京都へ逃げ帰った。南朝軍は*楠木正行《くすのきまさつら》を大将にして北進を続けた。一二月、尊氏は幕府の危機を救うために高師直軍を投入した。南北両軍は貞和四・正平三年（一三〇八）正月河内四条畷で激突し、師直軍は正行軍を潰滅した。のち、師直軍は吉野に侵攻、行宮をはじめ蔵王堂など諸寺社を焼払った。吉野攻略の成功によって幕府の内外に師直の声望が高まっていった。この状況に危機感を深めた直義は、翌年閏六月、師直の執事職罷免を尊氏に強請した。これに対して師直は、同年八月に自派を京都に結集、直義の逃げこんだ尊氏邸を包囲して逆に直義の政務を取り上げ、*義詮《よしあきら》を鎌倉から上洛させて政務につかせるように要求した。尊氏は直義の政務停止を約束したが、師直はなお強硬で、直義派の上杉重能《うえすぎしげよし》、畠山直宗《はたけやまなおむね》を越前に流刑、殺害した。観応元・正平五（一三五〇）一〇月、直義が南朝に帰服すると、尊氏・師直派と直義派との全面対決となった。翌年二月摂津打出浜の合戦に尊氏派が敗北、師直・*師泰《もろやす》らは武庫《むこ》川において上杉能憲《よしのり》に殺害された。同年一〇月尊氏は南朝と和睦、駿河・伊豆で直義軍を破り、文和元・正平七年（一三五二）正月に鎌倉を占拠、二月には直義を毒殺した。こうして、観応の擾乱に終止符が打たれたが、両派の対立を複雑化したのは、中国・北九州地域における*足利直冬《ただふゆ》（直義派）の武力闘争であった。

［文献］佐藤和彦『南北朝内乱史論』（東京大学出版会、一九七九）、佐藤進一『日本中世史論集』（岩波書店、一九九〇）（佐藤和彦）

賀名生行宮《あのうのあんぐう》 奈良県五條市西吉野町。南北朝時代の*南朝の仮宮。旧地名は穴生。建武三・延元元年（一三三六）*後醍醐《ごだいご》天皇は京から当地を経て吉野山に潜幸。貞和四・正平三年（一三四八）*高師直《こうのもろなお》に攻められた*後村上《ごむらかみ》天皇が吉野山から遷幸して置いた行宮。観応三・正平七年（一三五二）の正平一統により後村上天皇は北朝の神器は虚器であるとして回収し、*光厳《こうごん》・*光《こう》明《みょう》・*崇光《すこう》の三上皇と直仁《ただひと》親王を当地に幽閉。正平一統が破綻したのち、後村上天皇は石清水八幡での戦いに敗れ入京を果たせず撤退。文和三・正平九年（一三五四）金剛寺（天野行宮）へ移る。延文五・正平一五年（一三六〇）主戦派と講和派の内紛で行宮は焼失した。行宮の所在地として和田集落の華蔵院跡・黒渕集落の崇福寺跡・堀家住宅などの伝承があり明らかになっていない。

［文献］『太平記』、佐藤和彦『日本の歴史11南北朝内乱』（小学館、一九七四）。（竹内冨佐子）

南北朝合一《なんぼくちょうごういつ》 *足利義満《よしみつ》の主導によって南北両朝の統一が行われた事件。一四世紀の後半、有力守護の勢力削減に成功し、幕府内における将軍権力を強化した足利義満は、南北朝合一の名目のもとに*南朝政権を完全に解体しようとした。弱体化していたとはいえ、南朝政権が反幕府運動を展開しようとする者にとって、精神的な拠り所となっていたからである。すでに、*北朝政権は、その経済的基盤であった荘園と京都市政権を幕府に簒奪されており、義満の傀儡政権そのものであった。幕府と南朝との交渉は、*明徳の乱の功賞によって紀伊・和泉の守護職を新しく獲得した*大内義弘《おおうちよしひろ》を仲介として進められており、幕府側は吉田兼煕《よしだかねひろ》、南朝方からは吉田宗房《よしだむねふさ》・阿野実為《あのさねため》が使節として折衝を重ねた。その結果提示された合一の条件は、㈠譲国の儀式をもって三種の神器を渡すこと、㈡*大覚寺統と*持明院統が交互に即位すること、㈢諸国国衙領は大覚寺統が管理し、長講堂領は持明院統が進止することであった。明徳三年・元中九年（一三九二）一〇月二八日、*後亀山《ごかめやま》天皇は吉野を出発し、閏一〇月二日に嵯峨大覚寺に入った。譲国の儀式は行われず、神器だけが同月五日に*後小松《ごこまつ》天皇のもとに運ばれ、合一の第一条は履行されなかった。応永一九年（一四一二）八月に称光《しょうこう》天皇の即位によって、第二条も破棄され、第三条は、最初から無理な条件であった。このの ち、一五世紀の六〇年間にわたって、後南朝の悲史が吉野の山中でくりひろげられたのである。（佐藤和彦）

バサラ 一三世紀末から一五世紀にかけて使用された贅沢、

また、不動心を意味する用語で、内乱期社会の特質を解くキーワードである。室町幕府は、「*建武式目」の第一条で、バサラと号して、もっぱら過差（贅沢）を好むことを、物狂と称して厳禁した。バサラの風潮が広まった社会的背景として、一三世紀末期における貨幣経済の急速な浸透がある。各地の港湾都市や町場の周辺には、*有徳人《うとくにん》と称された豊かな財力をもつ人々が登場しつつあった。

サンスクリット語のヴアジヤラを原語とするバサラは、本来、不動なるもの、硬質なるものを意味していたが、内乱期社会では過差や物狂、派手な振舞い、乱調子、従来の感性では理解できない激しいリズム、豊かな色調など、すべて、バサラと呼ばれていた。

一四世紀の内乱期社会では、旧来の権威、社会的通念がくつがえされ、価値感は激しく揺れ動いた。そのような社会のなかで「人目をひきつつ、自己の新たな価値感を追求しようとする人々が現われ、バサラの思潮が醸成されていった。価値感の激変する時代であったからこそ、*佐々木道誉《ささきどうよ》のように、確固たる信念にもとづき、自らの美意識を貫徹しようとする行為が人々の注目を集めた。旧体制を否定する思惟や行動もバサラの営為であった。それは、新しい感性の創出であった。バサラの世界は、豊かな経済力と洗練された感性、それに、反骨の精神によって支えられていたのである。（佐藤和彦）

矢口渡《やぐちのわたし》　多摩川の渡の一つで現東京都大田区矢口（上流の稲城市矢野口とする説あり）。*畠山国清《はたけやまくにきよ》は関東で活躍する南朝方武将*新田義興《にったよしおき》（一三三一—五八・*義貞《よしさだ》の子）討伐を竹沢右京亮《きょうのすけ》に命じた。延文三・正平一三年（一三五八）一〇月一〇日（諸説あり）竹沢と江戸遠江守《えどとおとうみのかみ》の謀略に乗せられた義興は、矢口渡からわずか十数名の従者と渡るが、舟底に穴がうがたれていたため川半ばで沈み、両岸に潜んでいた軍勢から関の声とともに矢が射かけられた。謀られたと知った義興は「七生マテ汝等カ為ニ恨ヲ報ス」（『*太平記』）と怒り自害。義興の怨霊は江戸を狂死させ、雷となって鎌倉公方*足利基氏《もとうじ》の入間川陣屋・在家などに落ち悉く炎上させたという。矢口の村人は明神として祀り鎮めた。後世平賀源内《ひらがげんない》が浄瑠璃『神霊矢口渡』を著し世に流布した。

［文献］『大日本史料』六—二二、『太平記』三三・三八、佐藤和彦「南北朝内乱」（『日本の歴史』一一、小学館、一七九四）。（竹内冨佐子）

金剛寺《こんごうじ》　天野山と号し真言宗御室《おむろ》派大本山。聖武《しょうむ》天皇勅願で行基《ぎょうき》開創、空海巡錫《くうかいじゅんしゃく》と伝える。本尊大日如来坐像（鎌倉・重文）。大阪府河内長野市天野町。後白河法皇が再興し八条院領を寄進。鎌倉初期に源貞弘《さだひろ》・大中臣助綱の私領寄進により経済的基盤が強化された。鎌倉末から領内に悪党が横行し寺僧を刃傷するなど乱暴を働き抗争。元弘三年（一三三三）*楠木正成《くすのきまさしげ》は衆徒《しゅと》に防戦と倒幕の祈祷を乞う書状を出している（金剛寺文書）。建武二年（一三三五）*足利尊氏《たかうじ》が叛いたとき、*後醍醐《ごだいご》天皇は*文観《もんかん》を通じて当寺に仏舎利五粒《りゅう》を施入し祈祷を求め、翌年勅願寺とした。貞和四・正平三年（一三四八）*後村上《ごむらかみ》天皇は和田庄年貢三分の一を軍用金とすることを要求。衆徒らは耐え難い負担であると訴え続けて翌年撤回させた。文和三・正平九年（一三五四）賀名生《あのう》から人質の三上皇（*光厳《こうごん》・*光明《こうみょう》・*崇《す》光《こう》）を当寺観蔵院に移し、摩尼院・食堂《じきどう》を御座所として遷幸。

寺中坊々はすべて公家・武士で満ち溢れ大きな経済的負担となった。延文四・正平一四年（一三五九）行宮《あんぐう》は観心寺に移ったが、翌年畠山国清《はたけやまくにきよ》が乱入し七〇余坊の半数が焼失するなど混乱をきわめた。*楠木《くすのき》正儀《まさのり》は幕府に帰順し応安六・文中二年（一三七三）当寺を攻め*長慶《ちょうけい》天皇を吉野に退去させた。正学頭禅恵《ぜんね》が写経の奥書に記した寺の状態・社会情勢などは史料として貴重。快賢《かいけん》も「文中二 応安六年…動乱により公家武家相まじはるの間、両方の年号を勒しおわんぬ」と記し、当寺の複雑な立場をうかがわせる。文明一九年（一四八七）河内守護畠山義就《よしなり》に、平安末からの諸証文を根拠として守護不入・年貢免除を認めさせ寺観も旧に復した。国宝・重要文化財を含む多くの仏像・仏具・古文書（金剛寺文書）などを蔵している。

［文献］『河内長野市史』（一九九七）、三品彰英「天野山金剛寺」、佐藤進一『日本の歴史9南北朝の動乱』（中央公論社、一九六五）、佐藤和彦『日本の歴史11南北朝内乱』（小学館、一九七四）。

（竹内冨佐子）

観心寺《かんしんじ》 檜尾山と号し高野山真言宗。大宝年間（七〇一―〇三）役小角《えんのおづぬ》が雲心寺を開創。空海《くうかい》が再興し改称、弟子の実慧《じちえ》開山と伝える。本尊如意輪観音坐像（平安初・国宝・秘仏）。大阪府河内長野市寺元。嵯峨《さが》天皇をはじめとする歴代天皇の尊崇を集め、寺領を寄進されて興隆。とくに*後醍醐《ごだいご》天皇は深く尊信し倒幕祈願を行い、成就後*楠木《くすのき》正成《まさしげ》を奉行として金堂外陣《げじん》再建。*赤坂・千早城に近く、南河内を基盤とする楠木氏の本拠地。康和三・興国五年（一三四四）*高師直《こうのもろなお》が南下し当寺鎮守社を焼く。*後村上《ごむらかみ》天皇は*楠木正行《まさつら》を奉行として再建。正行は御神体が焼失しなかった奇瑞に触れた書状および造営なった祝いと、必ず参詣する旨の書状を出している（観心寺文書）。延文四年・正平一四（一三五九）幕府軍の攻撃に中院通冬《なかのいんみちふゆ》ら多くの公家が*北朝に下ったとき、後村上天皇は金剛寺奥にある当寺惣持院に行宮《あんぐう》を移した。翌年摂津住吉に遷幸。応安元・正平二三年（一三六八）死去。遺命により当寺に葬る（檜尾陵）。正成が建武新政の成就を願い三重塔建立を発願したが、戦死したため初層のみで終わったといわれる建掛塔をはじめ、南朝関係の遺構が多く残る。正成首塚と称する五輪塔もあるが南北朝末頃の『観心寺参詣堂巡礼記』には、応安二・正平一四年に死去した新待賢門院（後村上生母・阿野廉子）の墓と記されており、後世誤り伝えられたとの説もある（別に新待賢門院墓あり）。国宝・重要文化財を含む建造物・仏像・仏具・古文書（観心寺文書）などを多く蔵している。

［文献］『太平記』一六・三四、『河内長野市史』（一九九七）。

（竹内冨佐子）

小山鷲城《おやまわしじょう》 栃木県小山市外城。南北朝初期の修築と推定。小山義政の本城。思川東岸の丘陵上で小山城と続いていた。城の東は古河―小山―国府―宇都宮に続く鎌倉街道が通り、西は思川の断崖、当時は湿田が取り巻いていたと思われる。郭が土塁・空堀で区切られ、遺構が良く残る。観応の擾乱期以来、小山・宇都宮両氏は守護職・所領をめぐり浮沈を繰り返した。康暦二年（一三八〇）宇都宮基綱の討死により公方氏満は関東八ヶ国に義政追討を命じた。義政はいったん降伏したが翌永徳元年再び蜂起。鎌倉府は白旗一揆などを率いて攻撃、激戦の末落城した。義政は子若犬丸の家督相続を条件に降るが再度抵抗し、祇園城（小山城）に火を放ち自刃。鎌倉以来の下野御家人小山氏は滅んだ。

［文献］佐藤和彦『日本中世の内乱と民衆運動』（校倉書房、一九九六）。蜂岸純夫「小山義政・若犬丸の乱と鷲城・祇園城」（『展望日本歴史』東京堂出版、二〇〇〇）。　（三浦紀子）

小田城《おだじょう》　茨城県つくば市小田。方形の平城。土塁・堀が残る。八田知家《はったともいえ》を祖とする小田氏代々の居城。*北畠親房《きたばたけちかふさ》の嫡子*顕家《あきいえ》亡き後、関東を拠点に勢力の挽回を期し戦局を一挙に展開せんとする*後醍醐天皇の勅を受け、暦応元・延元三年（一三三八）親房は義良親王を奉じ次子顕信とともに伊勢を発したが嵐に遭い、親房のみ常陸東条庄に漂着、庄内の阿波崎《あばさき》城・神宮寺城を転戦ののち小田城に迎えられ、ここで*『神皇正統記《じんのうしょうとうき》』を起草した。暦応二・延元四年（一三三九）*高師冬《こうのもろふゆ》が下向し、合戦が激しさを増すと、親房は陸奥白河の*結城親朝《ゆうきちかとも》へ窮状を報じ来援を促す書状を書き続けるが、親朝からの出兵は得られずついに暦応四・興国二年（一三四一）城主*小田治久《おだはるひさ》は師冬の懐柔に降り、親房は*関城へ、春日顕国《かすがあきくに》は*大宝城へ逃れた。→関城、大宝城　（三浦紀子）

関城《せきじょう》　茨城県真壁郡関城（現在筑西市）。筑波山を眺望する旧大宝沼に突き出た舌状台地。土塁・空堀と当該合戦時に掘削されたという抗道が残る。秀郷《ひでさと》流関氏の居城。城主関宗裕《せきむねひろ》は*小田城を逃れた*北畠親房《きたばたけちかふさ》を迎え入れた。*『神皇正統記』はここで補筆された。*高師冬軍の攻撃は激しく、昼夜を厭わず続けられ、*大宝城との沼上舟路も遮断された。親房は兵糧の欠乏、寒さと疲労の極を*結城親朝《ゆうきちかとも》に訴え、来援を要請し続けた。この間親朝は*足利尊氏《たかうじ》からの度々の招きに康永二・興国四年（一三四三）八月ついに一族・一揆の輩とともにこれに応じ、幕府より本領所職を安堵されるに至った。孤立状態にあった城内の親房にはこの情報は伝わらず、親朝に窮状を訴え続けている。同一一月の合戦において関・大宝城は陥ち、宗裕は戦死した。城跡には父子の墓がある。→小田城、大宝城

［文献］伊藤喜良『東国の南北朝動乱』（吉川弘文館、二〇〇一）。　（三浦紀子）

大宝城《だいほうじょう》　茨城県下妻市大宝。旧大宝沼の南端大宝八幡祠側にあった。関城から南へ約三キロ大宝八幡神社境内地にわずかに土塁が残る。常陸大掾流《だいじょうりゅう》*下妻政泰《しもつままさやす》の居城。暦応四・興国二年（一三四一）城主下妻政泰は小田城を逃れた春日顕国《かすがあきくに》（顕時《あきとき》）を迎え入れ、また下向した興良《おきよし》親王も一時在城した。関城の*北畠《きたばたけ》親房《ちかふさ》とは夜陰大宝城の往反によって連絡をとっていたが、信濃の*小笠原貞宗《おがさわらさだむね》の勢に攻撃され沼上舟路も絶たれた。さらに*結城親朝《ゆうきちかとも》の離反によって両城は孤立しおよそ二年にわたる攻防の末、興国四年一一月政泰は討死した。終始*顕家・親房父子に侍従した顕時は翌年三月大宝城を奪回しようとして力攻めを行い、かえって捕縛され六条河原に梟せられた。親房の意は東国の武士には容れられず、以後関東の南朝勢力は失墜した。→小田城、関城　（三浦紀子）

上杉清子《うえすぎきよこ》（?—一三四二）　鎌倉時代末から南北朝期の女性。上杉頼重《よりしげ》の女。足利貞氏《さだうじ》の妻。*尊氏《たかうじ》・*直義《ただよし》の母。祖父の出自は勧修寺《かじゅうじ》流藤原氏。朝廷に仕え、将軍宗尊《むねたか》親王に従い鎌倉に入る。その功により丹波上杉荘（京都府綾部市）を安堵され上杉を名乗った。清子はこの地に生まれ育った。足利氏惣領は、代々北条氏の女を娶り、貞氏の正室もまた金沢顕時《かなざわあきとき》の女であったが、長男ともども早世したとみられる。清子は正室ではないが、上

杉氏の女として相当の立場を得ていたものであろう。嘉元《かげん》三年、紀伊国粉河寺《こがわでら》観音に祈願しその利益《りやく》によって男子（尊氏）を授かったという。その恩に報いるため、二度にわたり戸張《とばり》・燈《とう》明《みょう》を寄進した。暦応二年には、氏寺である光福寺（綾部市安国寺）へ三河国額田郡《ぬかたぐん》の日名屋敷《ひなのやしき》を寄進している。さらに康永元年八月一三日、丹波国天田郡《あまたぐん》夜久郷《やくごう》を「かうふく寺へよせたく候…まづその程もしりがたき身にてさふらふほどに…むまれそだちたる所に候程に、うじ寺にしたく候、御心え候へ」と、光福寺に寄進することを望み、その四ヶ月後に没した。これら自筆寄進状の仮名筆跡は尊氏のそれとよく似ている。没後、幕府は雑訴《ざっそ》を停め、弔意を表した。初め等持院といったが、のちに従二位を贈され、果証院殿と号した。墓は安国寺境内に、尊氏・妻登子《とうこ》と並んで葬られている。また『風雅和歌集』には冬の歌一首がある。

［文献］『南北朝時代の丹波・亀岡』（亀岡市文化資料館、一九九三）。

（三浦紀子）

足利直義《あしかがただよし》（一三〇六―五二）　南北朝時代の武将。足利貞氏《さだうじ》の三男。母は上杉頼重《うえすぎよりしげ》の女《むすめ》清子。＊尊氏《たかうじ》の同母弟。三条殿、錦小路殿と称された。元弘三年鎌倉幕府討伐の勲功により後醍醐《＊ごだいご》天皇より左馬頭《さまのかみ》、相模守に任じられ、同一二月成良《なりよし》親王を奉じて鎌倉に下向し関東を管領したが、先代《＊ほう》北条義時《じょうよしとき》・泰時《＊やすとき》の法令を遵守し改めることはしなかった。建武二年（一三三五）中先代《＊なかせんだい》の乱で、鎌倉を逃れるに際し、幽閉中の護良《＊もりよし》親王を殺害させた。乱鎮圧後、後醍醐天皇の帰洛命令に従おうとする尊氏に、上洛は危険であることを説いて強く諫めた。天皇に離反した尊氏・直義は京中の合戦に敗れ、九州へ敗走したが再起し、三年

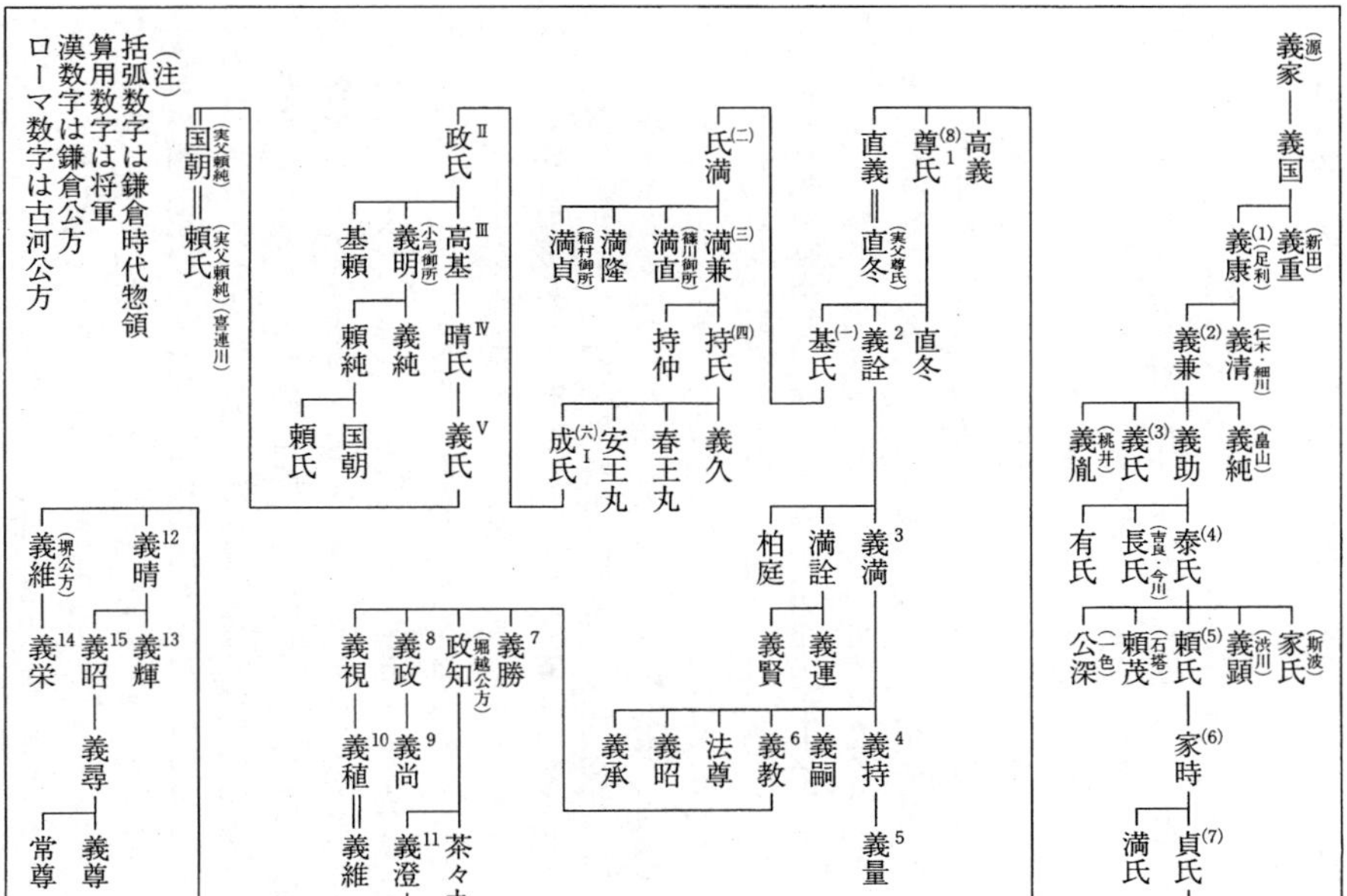

足利氏略系図

八月*光明《こうみょう》天皇を奉じて幕府を開いた。直義は*建武式目《けんむしきもく》の制定に深く関与し、その政治理念を鮮明にした。草創期の幕政は尊氏と直義の二頭政治によって行われた。尊氏は主従制的支配権、これは守護の任免、恩賞などであり、執事には*高師直《こうのもろなお》を任じた。一方、直義は統治権的支配権を掌握し、裁判における法秩序の維持、安堵による職の安定化を目指した。直義派は山陰・中国・九州などにおいて鎌倉以来の豪族武士・寺社本所の勢力に支持されていた。貞和《じょうわ》五年（一三四九）直義・師直の確執が表面化し、双方の支持勢力を巻き込んで擾乱となった。この間、直義は出家し恵源《えげん》と号した。まもなく京都を逃れ南朝と結び挙兵。観応二・正平六年（一三五一）武庫《むこ》川で師直を殺害。転戦ののち北陸を経て鎌倉に入った。翌三年二月二六日、死亡。鴆毒《ちんどく》による殺害と伝える（『太平記』）延文三・正平一三年（一三五八）。尊氏の死の二か月前に幕府の奏上により、従二位を贈られた。直義は田楽などの遊戯を嫌い、八朔の進物慣習も反対であったといい、尊氏とは対照的であった。*夢窓疎石《むそうそせき》の意を容れ、直義は元弘以来の犠牲者の供養と太平のため一国一塔を立て安国寺と成し、各国に料所を寄進した。暦応四・興国二年（一三四一）疎石とはかり*天龍寺の造営料に充てるため元《げん》との交易を再開した。尊氏・直義ともに疎石に深く帰依していた。（三浦紀子）

［文献］佐藤進一『日本の歴史9南北朝の動乱』（中央公論社、一九七〇）、佐藤和彦『日本の歴史11南北朝内乱』（小学館、一九七四）。

足利直冬《あしかがただふゆ》（生没年未詳）南北朝時代の武将。*尊氏《たかうじ》の庶長子。尊氏は自子とは認めず、叔父*直義《ただよし》の養子となる。貞和四・正平三年（一三四八）、直冬は幕府の命により紀伊の南党討伐に向かう。これに際し、直義は九州、播磨などの国人らを直冬軍に従わせた。直冬は紀伊各地で戦勝し、翌年、*長門探題となり、これらの国人を率いて備後鞆津《とものつ》に向かった。直冬は尊氏の反勢力と目され*高師直《こうのもろなお》の遣わした軍に急襲され、四国から肥後へと落ち、そこで少弐頼尚《しょうによりひさ》・阿蘇《あそ》大宮司惟時《これとき》などの帰属を得る。また各地の国人を守護職に補するなど、直冬は九州を三分する勢力の一つとなっていった。観応元・正平五年（一三五〇）には、足利一門の内訌が各地に波及し、直冬は直義派と結び、中国・山陰にまで勢力を広げた。翌年、尊氏と直義の和睦によって直冬は*鎮西探題に任じられた。しかし直義が鎌倉で殺害されると事態は変化した。直冬は九州を撤退、長門に移り、再び尊氏と対決することになった。この間、年号は正平（南朝）、観応（幕府）、貞和（直冬）を用い「天下三分の形成」（『*太平記』）となった。ついで南朝にくだり、追補使に任じられて、直義派の武将と京都を目指して転戦した。文和四・正平一〇年正月、山名・石塔・桃井らの大軍を率いて京中で激戦をくりかえしたが、勢力を挽回した尊氏・*義詮《よしあきら》軍に大敗し、宿所の東寺を脱出した。わずか二か月の京都占拠であった。その後直冬は、安芸の山名時氏の庇護を受けたが、挽回しえず、一地方の勢力にとどまった。目まぐるしく変わる内乱の情勢下、直冬が発給文書に使用した年号により、その意図を知ることができる。（三浦紀子）

［文献］佐藤和彦「南北朝内乱」（『日本の歴史』一一、小学館、一九七四）、瀬野精一郎『足利直冬』（吉川弘文館、二〇〇五）。

足利義詮《あしかがよしあきら》（一三三〇―六七）室町幕府第二代将軍。延文《えんぶん》三・

正平一三年―貞治六・正平二二年（一三五八―六七）在職。幼名千寿王。*尊氏《たかうじ》の嫡男。母は赤橋登子《あかはしとうこ》。元弘三年、四歳で人質として鎌倉に残るが、事前に逃れ武蔵で幕府討伐軍と合流。尊氏の名代を務めた。康永三・興国五年（一三四四）一五歳で正五位下、左馬頭を経て、従四位下。貞和五・正平四年（一三四九）、擾乱のさなか、鎌倉を管領していた義詮は上洛し、政務を止められた*直義《ただよし》に代わった。観応元・正平五年（一三五〇）参議となり、左中将を兼ねた。尊氏が*直冬《ただふゆ》討伐のため西下した時には京都を守護し、一時、尊氏とともに南朝にくだり、直義討伐時には鎌倉にいた尊氏の政務を代行したが、いずれの合戦でも京都を死守することはできなかった。正平一統の年（一三五二）、義詮は南朝方の拠る石清水八幡宮を攻撃し勝利を収めた。北朝の天皇は京都に還幸して文和と改元された。義詮は、寺社本所領返付令を出し、有力武将の掌握と、直義派の復帰を促し、幕府内の地位の確保に努めた。延文三・正平一三年（一三五八）、尊氏の死によって征夷大将軍となり、細川清氏を執事とした。しかし有力守護間の確執が続き、康安元・正平一六年には清氏《きようじ》の謀反を疑い、清氏を南朝へ追いやった。やがて斯《し》波《ば》氏を管領に迎え、大内・山名氏の帰属を得て次第に政権は安定していった。貞治六年に家督を六歳の*義満《よしみつ》に譲り、讃岐の*細《ほそ》川頼之《かわよりゆき》を招いてその補佐を頼んだ。同年三八歳で没し、左大臣従一位を贈られた。寶篋院殿と号した。

［文献］『太平記』、田中義成『南北朝時代史』（明治書院、一九二二）。

（三浦紀子）

足利基氏《もとうじ》（一三四〇―六七）*尊氏《たかうじ》の四男。嫡兄*義詮《よしあきら》（のち二代目将軍）に代わりわずか一〇才で初代の鎌倉公方となった（一三四九）。これを輔佐したのは父尊氏の従兄弟にあたる*上杉《うえすぎ》憲顕《のりあき》である。正平七・文和元年（一三五二）閏二月上野《こうづけ》の*新田《にった》義興《よしおき》・義宗《よしむね》兄弟がこの月南朝の征夷大将軍になった宗良《むねよし》親王を奉じて、鎌倉を攻撃して占領、尊氏、基氏は追放された。京都においてもその二日後北畠顕能《きたばたけあきよし》・*楠木正儀《くすのきまさのり》らが入京して義詮を近江国に逐《お》っている。しかし鎌倉はその月末に、京都は約二か月後に奪還に成功している。しかもこのころすでに尊氏と*直義《ただよし》の内訌も頂点に達しており、結句尊氏は弟直義を薬殺した。基氏元服の翌日であった。一方関東においては小手指河原《こてさしがはら》（埼玉県所沢市西北部）などにいわゆる武蔵野合戦を展開して、敗走を続ける新田軍の掃討をはかった。しかし攻防戦は京都を含め、なお翌年まで続く。新田を含む南朝勢の反抗を警戒して尊氏は、基氏を一三五三年七月より五九年正月まで入間川に詰めさせた（狭山市入間川三・現徳林寺境内）。入間川流域は武蔵国府側にとって、北武蔵や上野に対する防衛ラインでもあったからである。基氏は新田義興を葬ったのち、背いた義兄の畠《はたけ》山国清《やまくにきよ》を追放し、上杉憲顕を越後守護に据えるとともに管領に起用した。鎌倉と越後の両面から上野（南朝勢力＝新田）を牽制したのである。基氏はまた京都との融和に意を用いる一方、鎌倉府内一〇か国の守護体制の確立に努め、禅刹の統制を行い、自らも*義堂周信《ぎどうしゆうしん》（臨済僧・南禅寺住）を招いて帰依した。

（大井　眸）

［文献］『大日本史料』六―二七。

足利氏満《あしかがうじみつ》（一三五九―九八）南北朝時代の武将。父は*足利基氏《もとうじ》。貞治六・正平二二年（一三六七）基氏の死後、父よりさらに一歳年少のわずか九歳で二代目*関東管領（のちの鎌倉公方）となった。就任後ほどなく平一揆の鎮圧に腐心する。これは父基氏が執事に復帰させた*上杉憲顕《うえすぎのりあき》をめぐり、その地位をさん奪された宇都宮氏綱《うつのみやうじつな》（越後《えちご》・上野《こうづけ》の守護職を憲顕に更迭）と相模守護を解任された河越氏らが不満を募らせ反乱を起こしたもので平一揆という。この一揆は応安元年（一三六八）三月から九月の氏綱の籠もる宇都宮城攻略まで約六ケ月の戦であった。このころは氏満はまだ元服前で、幼名の金王丸《こんのうまる》を名乗っていた（東京渋谷三丁目所在の金王神社の祭神金王丸は別人）。翌年一一月に元服して氏満となる。また氏満は康暦元年（一三七九）の*細川頼之《ほそかわよりゆき》管領と土岐・京極氏らの幕府内の紛議に乗じて一時京都幕府（当時三代*義満）の後継を狙ったが、執事（のちの管領）上杉憲春《のりはる》の諫死に遭い、関東経営に力点をおいた。つまりその翌年下野守護*小山義政《おやまよしまさ》の謀叛が表面化して、以後京都と連携して討伐に腐心するが義政の子若犬丸《わかいぬまる》の抵抗にあい、納まるまで実に管領就任後一八年の歳月を要している。信仰面では鎌倉報恩寺住持*義堂周信《ぎどうしゅうしん》に帰依した。周信は将軍*足利義満《よしみつ》と従兄弟にあたる氏満との関係改善に尽力した僧侶として知られる。応永五年（一三九八）死去、*夢窓疎石《むそうそせき》の開いた鎌倉の瑞泉寺に葬られた。

［文献］『大日本史料』七―三、『鎌倉市史』総説編（一九五九）。

（大井　晔）

足利義満《あしかがよしみつ》（一三五八―一四〇八）　室町幕府の三代将軍。在位は応安元・正平二三年―応永元年（一三六八―九四）で足利政権の基盤を磐石にした人物である。*足利尊氏《たかうじ》の孫、*義詮《よしあきら》と側室紀良子の子として、おもに義詮の正室渋川幸子を准母として養育され、義満もまた幸子を実の母のごとく敬慕して成長したという。一一歳で将軍の座につき、義詮夫妻の慈愛を享けて*夢《む》窓疎石《そうそせき》・管領*細川頼之《ほそかわよりゆき》らを側近として成長した。一五歳で政務を執る。永和四・天授四年（一三七八）三条坊門より屋敷を室町に移し、以後室町幕府と呼称される。永徳二・弘和二年（一三八二）左大臣に任ぜられ、のち応永元年（一三九四）将軍職を嫡男*義持《よしもち》に譲り太政大臣になるなど位人臣をきわめた。翌年出家するが、なお死没まで政治に関与した。将軍職に就いてこの間父祖の代から懸案であった南北朝の合一に成功し（明徳三・元中九年（一三九二））、*後亀山天皇より*後小松《ごこまつ》天皇に神器を奉って*両統迭立《てつりつ》の歴史に終止符をうった。かくて正室日野康子は後小松天皇生母の死去を受けて同天皇の准母となり、翌年には北山院の女院号を授けられて准三后待遇となった。北山とは応永四年（一三九七）義満が西園寺邸の跡に、鹿苑院金閣寺を含む北山第《てい》を造営したことにより、義満を北山殿と世間で呼んでいたことに由来する。義満は臨済宗に対し国教の資格を与えた。夢窓国師・その法弟*春屋妙葩《しゅんおくみょうは》を僧位の最高として遇し五山文学の花をさかせ、多くの名僧知識を輩出せしめて京都・鎌倉には宋に倣って五山十刹の制度を設けた。政治体制としては三管《さんかん》領四職《れいしき》の体制を整えおおむね足利一門で要職を占め後世武家政治の範となった。また現代まで継承されている幽玄の美「能」を芸術の域まで昇華させる牽引車ともなった。義満は永徳三・弘和三年（一三八三）源氏の長者となり、淳和奨学両院別当を兼務した。准三宮宣下を受け、相国寺大塔の落慶法要の諸儀は法皇の進退に擬し、北山第《てい》を仙洞《せんとう》御所に擬し、また死後「太上法皇」位の受贈を辞退したことなどから、法皇の座をうかがっていたと推測されている。このことは一四〇一年日明貿易で明をして日本国王と呼ばせた事実からも首肯できる。

［文献］『大日本史料』七―一〇、今谷 明『室町の王権』（中公新書、一九九〇）、脇田晴子『室町時代』（中公新書、一九九三）。

（大井 眸）

上杉憲顕《うえすぎのりあき》*（一三〇六―六八） 南北朝時代の武将。山内《やまのうち》上杉氏の祖で、*足利尊氏《たかうじ》・*直義《ただよし》兄弟の従兄弟にあたる。東国における上杉氏は氏祖重房が、六代征夷大将軍として鎌倉に下向した*宗尊《むねたか》親王（在位一二五二―六六）に随従して、丹波上杉庄より鎌倉に定住したのに始まる。関東では足利氏と縁を重ねて、その地歩を固めていった。鎌倉山内に居を構えた憲顕はのちに上杉氏の宗家となるが、毀誉褒貶の多かった人物で波乱に富んだ生涯であった。上野守護であった父憲房《のりふさ》のあとを継ぎ、ついで越後・伊豆の守護を歴任して暦応元年（一三三八）尊氏の執事（のちの関東管領職）となる。しかし半年で罷免され同三年再任されている。だが尊氏・直義兄弟の不和が表面化してくると、憲顕は直義党に属し公然と尊氏に抗した。直義党の敗勢で信濃に逃れて機をうかがい、宗良《むねよし》親王を奉じて再起をはかり、笛吹《うすい》峠（現埼玉県武蔵嵐山町と鳩山町の境界・他に上信国境説あり）で新田義宗《にったよしむね》らと合流するが、もはや利あらず再度信濃に逃れた。*南朝の衰退に伴い今度は*北朝に属し、かつての盟友新田氏を攻める。貞治二・正平十八年（一三六三）鎌倉公方*足利基氏《もとうじ》（尊氏次男）の招きを受けて執事改め*関東管領職についた。尊氏すでに亡く、参謀のいない基氏の相談役として頼られた恰好になり、越後・伊豆の守護にも返り咲き、上野・武蔵守護の要職にもついた。晩年は伊豆韮山《にらやま》に国清寺を開き開基となる。波乱に富んだ人生であったが、以降二〇〇年にわたる上杉氏宗家の礎を据えた功績は大であったといえよう。

［文献］『大日本史料』六―三〇、『鎌倉市史』総説編（一九五九）。

（大井 眸）

北畠親房《きたばたけちかふさ》（一二九三―一三五四） 鎌倉末期から南北朝にかけて活躍した公卿で、従一位大納言の重職にあった。村上源氏中院氏流で曾祖父雅家《まさいえ》が洛北北畠（現今出川通筋近辺）に住して北畠氏を称した。元徳二年（一三三〇）養育に当たった世良《ときよし》親王の死去を機に一時隠遁するが（宗玄―のち覚空）、*後醍醐《ごだいご》天皇の建武新政府の誕生に伴い政権に復帰し、人生の後半で歴史の舞台に躍り出た。正慶二・元弘三年（一三三三）一〇月義《よし》良《なが》親王を奉じて陸奥国府（現多賀城址）に下向した長男の鎮守府将軍*顕家《あきいえ》を後見して、一緒に陸奥に赴き東北の経営にあたった。建武二年（一三三五）*中先代《なかせんだい》の乱を契機にして*足利尊氏《たかうじ》の鎌倉幕府への離反が鮮明になり、全国の武将たちの恩賞に対する不満や、膝元では*護良《もりよし》親王の暗殺に続いて足利と新田・北畠連合軍の内戦状態が始まってまさに内憂外患の状態となった。北畠顕家に敗れていったん尊氏は九州へ敗走するが、日を置かぬ上洛で新政権は崩壊した。親房は*南朝政府の樹立に向け所領地伊勢などの在地土豪の結集に奔走し、後醍醐天皇の吉野遷幸を実現するなど吉野朝のいわば立て役者となった。暦応元・延元三年（一三三八）九月すでに名和・楠木・千種・新田そして嫡男顕家らの諸将なく、脆弱になった南朝の捲土重来を期して結城宗広《ゆうきむねひろ》らと伊勢大湊を東北に向け出帆したのである。同行は義良・宗良両親王・顕家の弟顕信《あきのぶ》らがいた。しかし途中暴風雨に遭い、かろうじて親房のみ常陸に上陸、*小田城にはいった（「小田治久」）。この海難により主立った武将は*楠木正行以外にはなくなり、親房としては東北勢の*結城親朝や*小田治久《おだはるひさ》ら

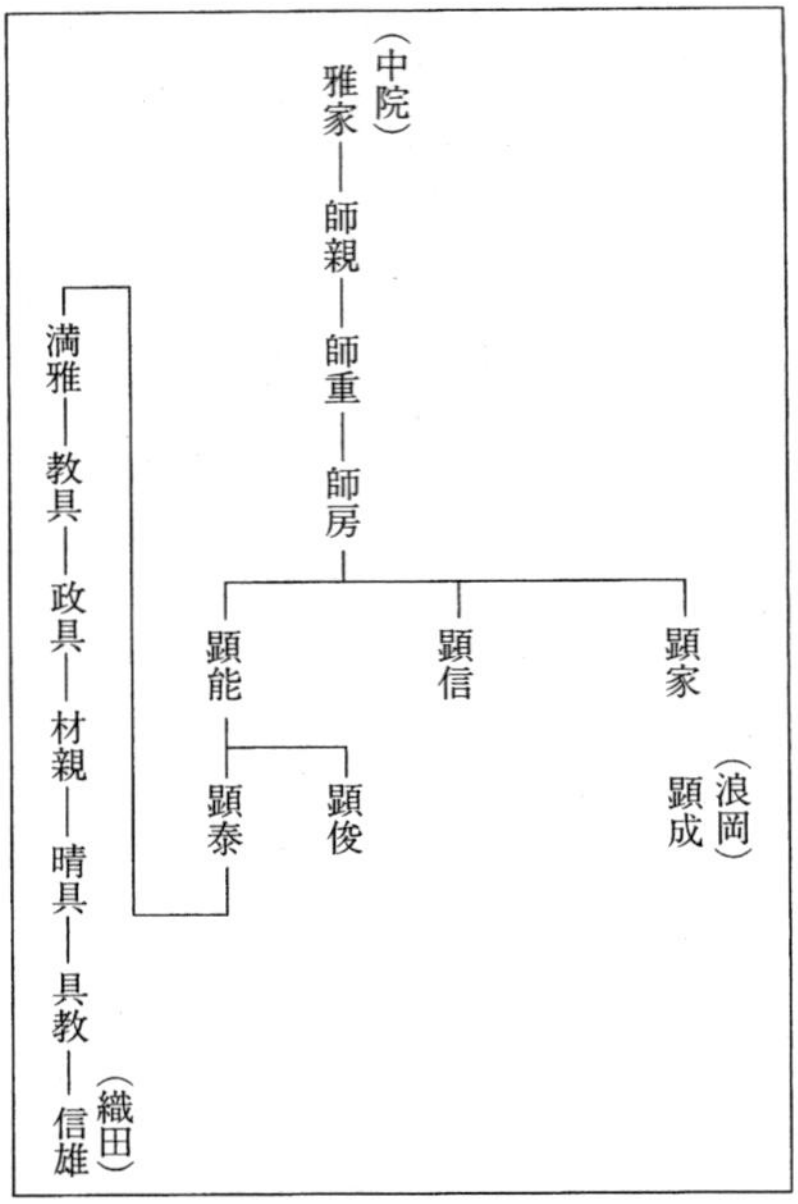

北畠氏略系図

を頼らざるを得なかった。顕信は後日霊山《りょうぜん》城にはいるが攻略されて吉野に戻っている。親房には小田城で執筆したと伝える*『神皇正統記《じんのうしょうとうき》』『*職原抄《しょくげんしょう》』など多数の著書があり、南朝の精神的指導者でありつづけた。後醍醐天皇の経略は、九州に菊池氏はじめ南朝勢力を配し、陸奥の北畠と、吉野の連合で京都を挟撃するところにあったといわれる。

[文献]　関城書、山崎正和『室町記』（朝日選書、一九八七）、森茂暁『太平記の群像』（角川選書、一九九一）、伊藤喜良「南北朝の動乱」（『日本の歴史』集英社、一九九二）　（大井　眸）

小田治久《おだはるひさ》（一二八三―一三五二）　鎌倉時代末期から南北朝時代の武将。常陸*小田城主。北条氏に圧迫され、不遇の武将であった。小田城は現土浦市西北に所在し、鎌倉期には常陸守護職にあったが、*足利尊氏《たかうじ》が覇権を握ると佐竹氏が新たな支配者となったため、小田氏は新政府側について失地回復を狙った。いわば東国における*南朝の拠点として佐竹氏と戦火をまじえ、暦応元・延元三年（一三三八）*北畠親房《きたばたけちかふさ》を小田城に迎えてからは南軍の核として*高師冬《こうのもろふゆ》と各地で戦ったが興国二年（一三四一）師冬の小田城来攻をうけて、ついに北朝の軍門に下った。これを期に親房一行は*関城と*大宝城に転進したものの二年後に陥落する。治久は一時師冬に冷遇されるが、その後足利尊氏の信を得て、文和元・正平七年（一三五二）には常陸介となった。

[文献]　『大日本史料』六―一七。　（大井　眸）

一色範氏《いっしきのりうじ》（?―一三六九）　南北朝時代の武将。足利氏の一統。一族は*承久《じょうきゅう》の乱（一二二一）後、足利義氏《よしうじ》が三河国守護に補《ぶ》任《にん》されてその任にあった。義氏は母方の叔父が*源頼朝《よりとも》であり、母は*北条政子の姉妹という環境にあって三河に磐石の地歩を築き吉良・細川・今川・斯波・渋川の諸氏を分出させ、孫のひとり公深《きみふか》は同国一色に住して一色氏を名乗った。その子範氏は武蔵守護代として守護*足利尊氏《たかうじ》に仕えた。尊氏の九州落ちに同行し、尊氏東上後（一三三六）の最初の*九州探題として約二〇年間管領したが、権力基盤の希薄な範氏は菊池氏の勢力回復や*足利直冬《ただふゆ》・大宰少弐頼直《しょうによりなお》らに翻弄され、京に戻らざるをえなかった。京では侍所の所司（長官）として赤松・山名・京極氏らと（三管領）四職《ししき》の重職を担った。

[文献]　『足利氏の歴史』（栃木県立博物館、一九九一）。　（大井　眸）

高師直《こうのもろなお》（?―一三五一）　南北朝時代の武将で*足利尊氏《たかうじ》の執事。いわば股肱《ここう》の臣である。高氏は足利荘の在地豪族で尊氏の氏祖の頃より代々執事を勤めていた。尊氏が世にでるや執事（のちの管領相当職）として政務を管掌した。尊氏・*直義《ただよし》の二頭立て政治がはじまると、つねに尊氏の側にあって政権本流の護持に尽力した。近江国*佐々木道誉《ささきどうよ》とともに当時の流行語であった*バサラ大名の名を恣にした。行状の傍若無人ぶりはつとに名高く『*太平記』に詳しい。一方武蔵守として*南朝方の牙城を次々に攻略し鎮守府将軍*北畠顕家《きたばたけあきいえ》を和泉石津（大阪市阿倍野区）に、*楠木正行《くすのきまさつら》を四条畷《しじょうなわて》に敗死させた。この時は余勢をかって吉野まで侵攻して金峯山寺《きんぷせんじ》蔵王堂はじめ南朝御所などを焼き討ちしている。また東北にあっては*北畠親房《ちかふさ》を警護する*小田氏・結城氏などを*北朝に帰順させて、親房を吉野に奔らせたのも師直である。やがて尊氏嫡男*義詮《よしあきら》と直義の間が不和になると、一段とバサラぶりを発揮し権勢を誇示する行為が目立つようになり、幕府内部にも対立の根を下ろすようになった。師直の頽運は観応二年（一三五一）の尊氏・直義との和睦に始まる。執事職の罷免・復帰と目まぐるしくかわる情勢の中、直義党の上《うえ》杉重能《すぎしげよし》を越前に配流《はいる》死させたが、和睦（二月二〇日）の一週間後に尊氏に随行した師直・*師泰《もろやす》ら高氏《こうし》一族は摂津武庫《むこ》川において、重能の甥能憲《よしのり》（のちに関東管領）に襲われ生涯を閉じたのである。

［文献］「太平記」（『日本古典文学大系三』岩波書店、一九七八。特に師直・師泰の晩年については巻二六～二九）、森　茂暁『太平記の群像』（角川選書、一九九一）、NHK取材班編「太平記シリーズ①～③」（『堂々日本史』KTC中央出版、一九九七）。（大井　眸）

高師冬《こうのもろふゆ》（？―一三五一）　南北朝時代の足利方の武将。*師直の従兄弟だが、のち養子となる。軍略家で常陸*小田城を攻めて*小田治久《おだはるひさ》を*北朝に寝返らせ、*北畠親房《きたばたけちかふさ》を*関城に逐い、やがてここも落として*南朝の東北拠点を粉砕した功績は大きい。暦応四・興国二年（一三四一）から康永三・興国五年（一三四四）まで武蔵守護であった。養父師直まで父祖代々足利家の執事職にあったため、*尊氏《たかうじ》らの信任篤く次男*基氏《もとうじ》が鎌倉公方に就くや、執事改め初の関東管領職に就いた。のち*上杉憲顕《うえすぎのりあき》の管領への返り咲きで、二人管領の時代が約一二年も続いた。この頃師直は幕府管領職にあった。しかし*足利直義《ただよし》と尊氏派の師直との関係が不穏になってくると、両管領の不和も表面化して憲顕追討のため公方基氏を擁立するが失敗し、逆に討たれた。（大井　眸）

［文献］『大日本史料』六―一四。

高師泰《こうのもろやす》（？―一三五一）　南北朝時代の武将、越後守。高師《もろ》重《しげ》の子、*師直《もろなお》の弟（兄という説も）。正慶二・元弘三年（一三三三）の*足利尊氏《たかうじ》挙兵に従い建武元年（一三三四）*雑訴決断所《ざっそけつだんしょ》奉行四番方に所属、尾張権守。翌二年尊氏の関東下向に随行。着到状の証判、軍勢配備など、侍所の役割を果す。尊氏が*九州に没落したときにも同行した。建武三・延元元年（一三三六）足利直《ただ》義《よし》の陸路軍の副将として湊川に*楠木正成《くすのきまさしげ》らを討った。翌年越前金崎《かねがさき》城攻撃にも救援して城を陥した。のち越後守護。康永三・興国五年（一三四四）引付五番頭人として活躍し、尾張守護、備後守護などを歴任。貞和三・正平二年（一三四七）河内、和泉守護として師直とともに*楠木正行《くすのきまさつら》らと戦い、翌年正月五日河内四条畷《しじょうなわて》において正行を討ち河泉両国の南軍を制圧した。侍所頭人として軍事指揮権、恩賞給与権を掌握し、所領拡大を願う近国の在地領主層を配下に収めて軍事力を増強して執事師直とともに幕府を支えた。軍功を誇っての悪行も多く、河内磯《かわちし》長《なが》の聖徳太子廟を焼き、掃部寮《かもんりょう》領河内大庭《かわちおおば》を掠領して兵糧料所とし、東山に山荘を造るため菅原在登《すがわらのありのり》代々の墓を掘り起こし、のち、在登父子をも暗殺。天王寺の塔の九輪の宝形を鑵子《かんす》(茶釜)に鋳造するなどの行動により貞和五・正平四年(一三四九)秩序を重んずる直義との対立は激化し。師直が執事職を罷免されると師泰は兵を率いて帰京、武力を楯に直義を抑えようとした。翌年六月足利直冬《ただふゆ》*を攻撃するために下向中、石見《いわみ》で直義の挙兵を聞き播磨に戻り尊氏軍に合流。観応二・正平六年(一三五一)二月打出浜《うちでのはま》で直義軍に敗れ負傷。出家。二月二六日師直以下高一族とともに上杉能憲《うえすぎよしのり》に摂津武庫《むこ》川で討たれた。

(北川房枝)

[文献]　大日本史料六―一四、『太平記』、佐藤和彦『南北朝内乱史論』(東京大学出版会、一九七九)。

菊池武敏《きくちたけとし》(生没年未詳)　武俊とも(『太平記』*)。南北朝時代の武将。父は菊池武時《たけとき》*。菊池郡司系の肥後の在地豪族。通称九郎。正慶二・元弘三年(一三三三)鎮西探題攻撃の際の父武時の討死の功により建武政権より掃部助に任ぜられた。建武二年(一三三五)一一月足利尊氏《たかうじ》*が叛した時、惣領の兄武重《たけしげ》が新田軍に属して上洛中のため、菊池氏留守勢力の中心として、同一二月大隅の肝付兼宜《きもつきかねのぶ》、日向の伊藤祐広《いとうすけひろ》らに呼応《しように》して少弐氏本拠の大宰府を討とうとしたが途中筑後で敗れ菊池に退却した。翌年正月追撃してきた少弐軍に本城深川城(きくのいけ城)を落とされた。二月尊氏九州敗走の報に同二七日阿蘇惟直《あそこれなお》*と筑後・筑前の軍を加え、背後から大宰府に攻め入り有智《うち》山城において少弐氏の留守役貞経《さだつね》を自刃せしめた。三月二日足利・少弐軍と多々良浜《たたらはま》で対戦。菊池軍は圧倒的大勢で緒戦は優勢であったが、風下に陣を布いたため苦戦となり松浦《まつら》党の寝返りもあり遂に壊滅。阿蘇惟直は自害、武敏も山中に逃れた。四月尊氏が東上すると筑後に出陣、三井《みつい》郡床川に仁木義長《にきよしなが》を破り平塚原に城を構えたがまたしても敗走、恵良《えら》*(阿蘇)惟澄《これすみ》と協力一進一退の戦いを繰り返した。この年の末帰国した菊池の惣領武重に従い延元二・建武四年(一三三七)四月一九日益城《ますき》郡大塚原における一色軍との合戦中に重傷。翌年武重が病死すると武士《たけお》が惣領となりその後見となった。興国二・暦応四年(一三四一)六月以降の武敏の事跡は不明。享年七二歳と伝わる。法名空阿。

(北川房枝)

[文献]　『太平記』。

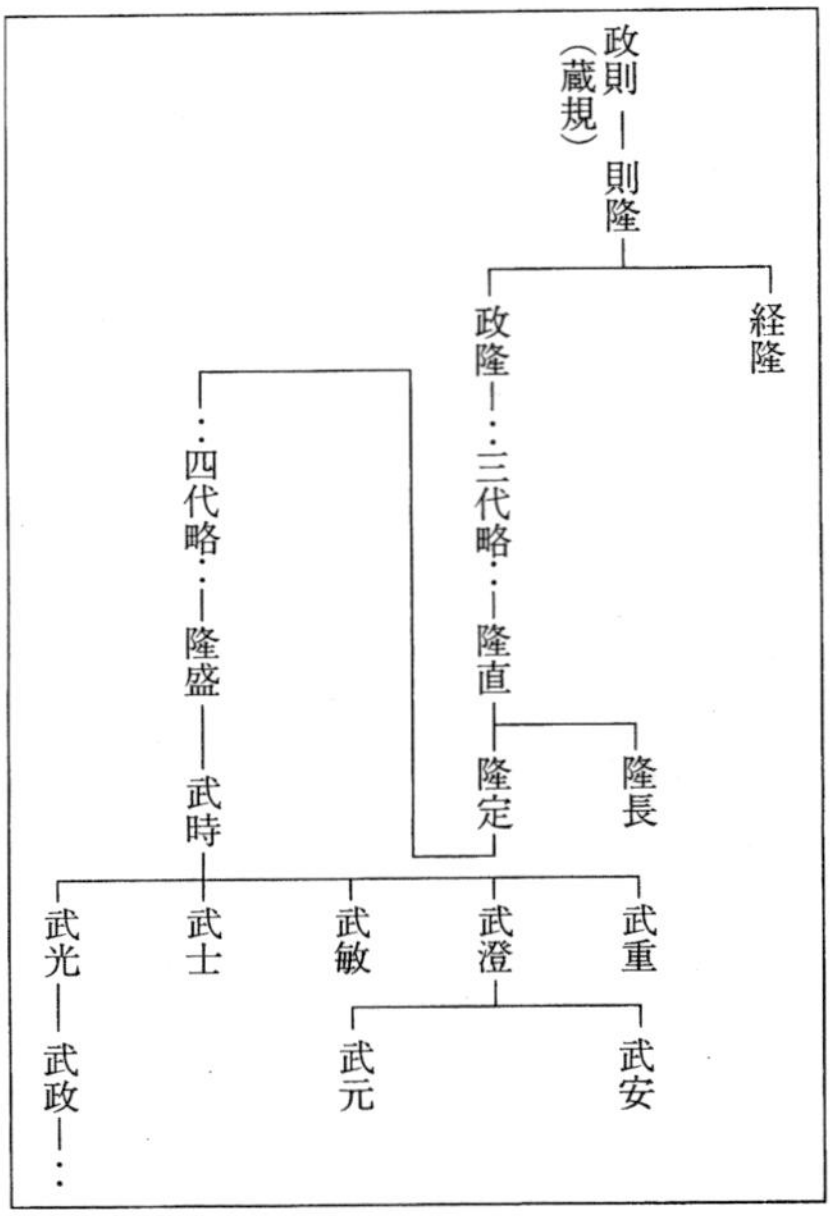

菊池氏略系図

阿蘇惟澄《あそこれずみ》(?―一三六四)　南北朝時代の武将。父は惟景《これかげ》(惟国《これくに》)。宇治、または恵良《えら》姓を称し、通称小次郎。阿蘇惟時《これとき》*の婿となる。正慶二・元弘三年(一三三三)幕命により兄惟直《これなお》*と千早城*攻撃に向かう途中、護良《もりよし》*親王の令旨をうけ備後国鞆《とも》*より帰国。建武三・延元元年(一三三六)多々良浜《たたらはま》*で足利尊氏《たかうじ》と戦う。惟直は深手を負い自害し、惟澄は南朝側の武将として多くの合戦に臨んだ。暦応四・興国二年（一三四一）肥後国守富荘地頭職、興国三・康永元年（一三四二）肥前国曾禰崎荘地頭職を得た。翌年足利方に与する惟時《これとき》を肥後国矢部《やべ》に攻めた。征西将軍宮*懐良《かねよし》親王、五條頼元《ごじょうよりもと》の信頼は厚く、菊池武光《きくちたけみつ》とともに益城《ますき》八代《やつしろ》を中心に少弐頼尚《しょうによりひさ》らと戦い、貞和元・興国六年（一三四五）肥後の砥用《ともち》山、矢部山を安堵され、貞和四・正平三年（一三四八）筑後権守、その後筑後守、翌年惟時を南朝側に帰順させ、観応元・正平五年（一三五〇）には日向国吏務職を管領した。康安元・正平一六年（一三六一）惟時の後をうけ阿蘇大宮司の安堵をうけた。阿蘇大宮司は阿蘇谷開発豪族の裔《すえ》と考えられ、惣領大宮司は宇治姓を中心に武士団を形成、恵良は庶家である。征西府は惣領惟時を代表に一族全部を南朝方に組織しようと、惟時の動向を重視、惟澄は肥後国守護職菊池氏の下風に立つという結果になった。数々の軍忠と多くの闕所《けっしょ》地を列挙しての惟澄の度重なる恩賞要求も容れられる所は少なかった。谷山滞在中の懐良親王の令旨《りょうじ》も阿蘇氏宛がほとんどであった。貞治三・正平一九年（一三六四）九月二九日病没。明治四四年（一九一一）贈正四位。

［文献］大日本史料六—一六、六—二〇、藤田　明『征西将軍宮』（文献出版、一九七六）、森　茂暁『皇子たちの南北朝』（中公新書、一九八八）。

（北川房枝）

楠木正行《くすのきまさつら》（？—一三四八）　南北朝時代の武将。*楠木正成《まさしげ》の長子。帯刀《たてわき》、左衛門尉《さえもんのじょう》。正成が*湊川《みなとがわ》の戦いに臨むとき、桜井の駅で庭訓《ていきん》を与え帰国させた年が一一歳と伝える太平記の記述に論議があり、暦応三・興国元年（一三四〇）の建水分《たけみくまり》神社扁額に「左衛門少尉正行」とあり成年であると判断されるが生年は逆算できない。正成の遺領を継ぎ、興国元年（一三四〇）から貞和四・正平三年（一三四八）にかけて摂津守・河内守として畿内の南軍軍事力の中枢をなした。*後醍醐《ごだいご》天皇の吉野遷行、死去の折の守護など忠誠をつくした。貞和三・正平二年（一三四七）*北畠親房《きたばたけちかふさ》の主戦論が主流を占め、八月に正行も一族和田助氏《わだすけうじ》らと紀伊隅田《すだ》城を攻撃、河内池尻で細川顕氏《ほそかわあきうじ》と合戦、九月には八尾《やお》の藤井寺、教興寺では畠山、細川連合軍と戦い勝利した。一一月山名時氏《やまなときうじ》を増援する細川顕氏軍と住吉天王寺で合戦、大勝した。渡辺橋近辺では溺れる敵を救い、医薬、衣服を与え帰したという。山名・細川連合軍の敗北に驚いた幕府は、一二月*高師直《こうのもろなお》、*師泰《もろやす》に八万の兵を与えて正行軍討伐に発向させた。正行は一二月二七日吉野の*後村上《ごむらかみ》天皇に拝謁ののち、如《にょ》意輪堂《いりんどう》の壁板に「返らじとかねて思へば梓弓なき数に入る名をぞとどめる」の一首とともに一族一四三人の名を書き連ね死を決意して出陣したという。正行は配下の殿原農民に楯を持たせ出兵せよと和田に命じた。貞和四・正平三年（一三四八）正月五日四条畷《しじょうなわて》に激戦、「師直と楠木の間一町が程」まで肉迫したが三〇余度の戦に負傷して立てず、弟正時《まさとき》と刺しちがえて自害した。四条畷神社に祀られる。

［文献］大日本史料　六—一一、『太平記』佐藤和彦『南北朝内乱史論』（東京大学出版会、一九七九）、井之元春義『楠木氏三代』（創元社、一九九七）。

（北川房枝）

楠木正儀《くすのきまさのり》（生没年未詳）　南北朝時代の武将。*楠木正成《まさしげ》の三男。左衛門尉《さえもんのじょう》。貞和四・正平三年（一三四八）に兄*正行《まさつら》らが四条畷《しじょうなわて》で討死したのち、楠党の棟梁として正行の権限を継承し、*観応元・正平五年（一三五〇）*足利直義《ただよし》が*高師直《こうのもろなお》追討のために南朝に投降した折、両朝の和平工作を進めたが成功しなかった。翌年九月*尊氏《たかうじ》は南朝帰参を請い和平は南朝主導で進展。文和元・正平七年（一三五二）二月*後村上《ごむらかみ》天皇は賀名生《あのう》より山城八幡に入り、正儀は七条大宮で戦い*足利義詮《よしあきら》を近江に奔らせた。同年三月義詮は八幡を攻撃、後村上天皇は*北朝方の三上皇と神器を持ち賀名生に帰り、南朝軍は河内東条に引いた。正儀は河内にいて兵を進めなかったため南朝方から非難された。翌年六月*石塔頼房《いしどうよりふさ》らと京都を攻撃、一〇年には八幡へ進攻したが義詮軍に敗北。延文二・正平一二年（一三五七）左馬頭に任ぜられた。延文五・正平一五年（一三六〇）河内守護畠山国清《はたけやまくにきよ》に攻撃されて本貫地赤坂から退去した。翌年一二月、正儀は四度目の京都奪還行動を展開して*後光厳《ごこうごん》天皇、義詮を近江に逐ったが永続せず、応安元・正平二三年（一三六八）*長慶《ちょうけい》天皇の即位前後、南朝側を代表して和平工作を進めたが失敗し、かえって長慶天皇らの主戦論者から責められ、翌年正月*細川頼之《ほそかわよりゆき》を通じて幕府側に投降した。幕府は正儀の現地位をほとんど認め摂津住吉郡の一郡守護職を与え、北朝方の有利を喧伝。正儀は中務大輔に任ぜられ、応安六・文中二年（一三七三）天野行宮《あまのあんぐう》を攻撃、長慶天皇を吉野に追放した。永徳二・弘和二年（一三八二）和泉守護職を解かれ、南朝帰参、参議になりその後六、七年で没したという。

［文献］　井之元春義『楠木氏三代』（創元社、一九九七）、『太平記』。

（北川房枝）

佐々木道誉《ささきどうよ》（一二九六―一三七三）　南北朝時代の武将。父は宗氏《むねうじ》。母は京極宗綱《きょうごくむねつな》の女。外祖父宗綱の京極氏を嗣ぐ。四郎高氏《たかうじ》。*北条高時に仕え高氏は拝領名らしい。佐渡守。嘉暦元年（一三二六）高時出家の際出家、導誉と号す。正慶元・元弘二年（一三三二）*後醍醐《ごだいご》天皇が*隠岐に配流された時護送役をつとめる。六月後醍醐天皇の腹臣源具行《ともゆき》を幕命で近江柏原で斬る。翌年*足利尊氏《たかうじ》の麾下に入り*六波羅《ろくはら》探題を攻撃。建武政府では*雑訴決断所《ざっそけつだんしょ》奉行人となる。建武二年（一三三五）*中先代《なかせんだい》の乱に尊氏軍の先鋒として東国に従軍、*箱根竹の下の戦いに新田軍を破った。道誉が近江を制し東国との連絡を遮断したことは南朝側の軍事動員を著しく掣肘した。翌年近江伊岐洲城攻めに大功あり、正月一一日、尊氏より佐々木総領職を安堵された。室町幕府成立後、内談方、引付方頭人、政所執事となり、近江、若狭、出雲の守護。暦応三・興国元年（一三四〇）子息秀綱《ひでつな》が鷹狩の帰途、妙法院の紅葉の枝を折り取ったことから争いとなり、*光厳院《こうごん》の弟亮性《りょうしょう》法親王の御所を焼打、建仁寺まで焼失した。山門の激怒をうけた父子は上総《かづさ》に配流されたが、見送りの若党三〇〇騎に猿皮を靫《うつぼ》に掛け鶯籠を持たせるなど、「遊覧《ゆうらん》の体《てい》」であったという。猿は日吉神社の神獣とされるので山門と朝廷を愚弄した道誉の行為は配流が形式的であったことを示している。貞和四・正平三年（一三四八）*四条畷《しじょうなわて》の戦いで勝利に貢献、上総、摂津、飛騨守護職となる。*観応《かんのう》の騒乱《じょうらん》の際には尊氏方として奮闘した。延文三・正平一三年（一三五八）尊氏死去にあたり、*義詮《よしあきら》の後見を依頼された。道誉は琵琶湖の水運を配下におさめ近江を中心に六か国の経済力を握った。この経済力を背景に能、連歌、華道・香道の諸芸能に関わり、連歌「*菟玖波《つくば》集」を*二条良基《にじょうよしもと》らと完成勅撰に准じた。貞治五・正平二一年（一三六六）三月将軍御所の花見を約しながら京中の芸能者を連れ、大原野の勝持寺で独自の花見の宴を開いた。そのさい十抱ある花木四本の下、一丈余の鍮石《ちゅうじゃく》の花瓶を鋳かけて一雙の立華《りっか》として一斤の名香を炷上《たきあ》げたので、人皆浮香の世界に遊んだという。ばさらに風流をつくした美意識と、斯波高《しばたか》経《つね》・義将《よしまさ》に対しての政治力の優位性は、古い価値観を破壊し、新しい価値観を作り出した。*時宗《じしゅう》の四条道場金蓮寺に敷地を寄進。応安六・文中二年（一三七三）八月二五日死去。立花口《りっかく》伝書《でんしょ》「立花口伝大事」の作者とされる。

［文献］大日本史料六―三八、『太平記』、佐藤和彦編『ばさら大名のすべて』（新人物往来社、一九九〇）。（北川房枝）

児島高徳《こじまたかのり》（生没年未詳）南北朝時代の武将。父は児島範《こじまのり》長《なが》。備後三郎と称し元弘元年（一三三一）、*後醍醐《ごだいご》天皇の募兵に応じて備前にて挙兵。正慶元・元弘二年三月（一三三二）後醍醐天皇が隠岐《おき》に配流された折、奪還を企てたが果せず、院《いんの》庄《しょう》の行在所《あんざいしょ》の桜樹に一篇の詩を残し忠誠を表した。翌年閏二月、後醍醐天皇が船上山《せんじょうざん》（鳥取県東伯郡琴浦町）に籠ると一族をあげて参戦、*千種忠顕《ちぐさただあき》に属し*六波羅《ろくはら》探題を攻撃した。尊氏離叛ののち、暦応元・延元三年（一三三八）、*新田義貞《にったよしさだ》のもと越前に従軍、義貞の死後、脇屋義助《わきやよしすけ》に従い、伊予に転戦した。興国四・康永二年（一三四三）、丹波の荻野朝忠《おぎのともただ》と通謀、兵を興さんとしたが事前に洩れ、幕府の追討をうけた。京都に*足利尊《たか》氏《うじ》、*直義《ただよし》邸の襲撃を企てたが果せず、信濃へ逃れ剃髪して志《し》純《じゅん》と号した。

［文献］『太平記』。（北川房枝）

懐良親王《かねよししんのう》（一三三〇頃―八三）南北朝時代の征西将軍宮。*後醍醐《ごだいご》天皇の第六皇子、母は二条為道《にじょうためみち》の女三位局とされる。建武三・延元元年（一三三六）、五條頼元《ごじょうよりもと》以下一二人の従者と紀伊を出発、伊予忽那《いよくつな》島に着く。この年、征西大将軍に補任された九州鎮撫を命ぜられる。忽那島に在すること三年、九州経営についての命令書をしばしば発している。康永元・興国三年（一三四二）忽那《くつな》氏に送られ、日向を経て五月薩州津《さっしゅうのつ》（山川《やまかわ》）に入港、薩摩国谷山郡司の谷山隆信《たにやまたかのぶ》の城を御所とした。滞留五年、阿蘇《あそ》氏宛の多数の令旨を発行したものの阿蘇氏の去就が定まらないまま、貞和三・正平二年（一三四七）菊池武光《きくちたけみつ》に迎えられ肥後葦北《あしきた》を経て翌年正月（一三四八）宇土《うど》着、*益城郡《ましきぐん》御船《みふね》城を経て菊池の本城に入り九州経営の根拠地とした。九州探題*一色範氏《いっしきのりうじ》との間で一進一退の合戦をくりかえしたが、文和二・正平八年（一三五三）範氏を筑前針摺原《はりすりばる》に破り文和四・正平一〇年（一三五五）博多に入った。延文四・正平一四年（一三五九）少弐頼尚《しょうによりひさ》を大保原《おおほばる》（筑後川の戦）に破り、康安元・正平一六年（一三六一）には大宰府に入り、在庁組織と菊地氏の軍事力を背景に統治権を執行、征西将軍府の全盛時代を迎えた。応安二・正平二四年（一三六九）明《みん》の洪武帝《こうぶてい》は、即位を告げ*倭寇《わこう》を禁ずることを懐良親王に申送ったが、親王は文章不遜として退けた。応安五・文中元年（一三七二）九州探題となった*今川貞世《いまがわさだよ》（了俊《りょうしゅん》）により大宰府を攻撃され、菊池に後退、征西将軍職を退く。弘和三・永徳三年（一三八三）三月二七日筑後矢部《やべ》にて死去。

［文献］藤田　明『征西将軍宮』（文献出版、一九七六）、森　茂暁『皇子たちの南北朝』（中公新書、一九八八）、『太平記』。（北川房枝）

土岐頼遠《ときよりとお》（?―一三四二）南北朝時代の武将。美濃国守護。弾正少弼《だんじょうしょうひつ》清和源氏頼光《らいこう》流の美濃国豪族、頼貞《よりさだ》の七男。南北朝動乱期には桔梗一揆《ききょういっき》と称する一族一揆を結び足利方として活躍。建武二年（一三三五）*箱根竹の下《たけのした》の戦い、翌年多々良浜《たたらはま》の戦いで*菊池武敏《きくちたけとし》を破った。暦応元・延元三年（一三三八）、西上する*北畠顕家《きたばたけあきいえ》軍に対し、領国を「通る敵に矢の一つも射ずして通せぬ」と七〇〇騎が二三騎になるまで奮戦、自らも重傷をおい、居城長森に引上げた。「青野原《あおのがはら》の軍は土岐頼遠一人の高名と聞し也」「*難太平記」と伝えられた。翌年父頼貞の後を嗣ぎ美濃守護となる。軍功に驕り権威に反発する動乱期の典型的バサラ大名の一人で、康永元・興国三年（一三四二）九月六日夜、笠懸《かさがけ》のち泥酔、伏見殿より帰還途中の*光厳《こうごん》上皇の行列に樋口東洞院《ひぐちひがしとういん》で行き合い、随身に咎められたが下馬せず、「何々、院と云うか、犬と云うか、犬ならば射ておけ」と上皇の牛車に矢を射懸けた。のち美濃へ帰り、謀反を起こさんとしたが味方も集まらず、一一月軍勢一〇〇余騎にて上洛、*夢窓疎石《むそうそせき》を頼り赦免を願い出た。しかし激怒した*足利直義《ただよし》は許さず、一二月一日六条河原で首を刎《は》ねられた。しかし土岐氏の存続は保証された。頼遠は和歌をよくし「新千載和歌集《しんせんざいわかしゅう》」などの勅撰集に入集し、加茂郡妙楽寺他の禅宗寺院（夢窓を開山、頼遠を開基）の経営にもあたった。土岐氏の主流が本拠を東美濃土岐郡から平野部の厚見郡へ移したのは頼遠の時代とされる。

［文献］『大日本史料』六―七、『太平記』、稲生　晃「土岐頼遠」（佐藤和彦編『ばさら大名のすべて』新人物往来社、一九九〇）。

（北川房枝）

新田義興《にったよしおき》（一三三一―五八）　南北朝時代の武将。*新田義貞《よしさだ》の次男、母は上野一宮貫鉾《ぬきほこ》神社神主天野時宜《あまのときのり》の女。幼名徳寿《とくじゅ》丸《まる》、従五位下左兵衛佐。建武四・延元二年（一三三七）*北畠《きたばたけ》顕家《あきいえ》西上に参陣、功績をあげたが、妾腹のため疎んぜられ活動の場を東国に求めた。*観応《かんのう》の騒乱《じょうらん》では直義《ただよし》派の*上杉憲顕《うえすぎのりあき》と結んだ。文和元・正平七年（一三五二）閏二月一五日、弟義宗《よしむね》、脇屋義治《わきやよしはる》と宗良《むねよし》親王を奉じて武蔵に進出、鎌倉を占領したが一九～二八日の武蔵野《むさしの》合戦に敗北、越後に逃れゲリラ的活動を展開した。*足利基氏《もとうじ》、武蔵守護畠山国清《はたけやまくにきよ》は勇猛な義興を討滅しようと苦慮、竹沢右京亮《たけざわうきょうのすけ》を近づけ江戸遠江守《えどとおとうみのかみ》と共謀、多摩*川矢口渡で渡河中の船底に穴をあけて義興を自害させた。延文三、正平一三年（一三五八）二八歳。義興の怨霊により江戸遠江守は狂死、かれの祟《たたり》を鎮めるため新田神社が建立された。

［文献］大日本史料六―二二、『太平記』。

（北川房枝）

島津氏久《しまづうじひさ》（一三二八―八七）　南北朝時代の武将。大隅国守護。島津貞久《さだひさ》の四男。若年の頃から、父を助け幕府方として南朝方と戦う。*観応《かんのう》の擾乱《じょうらん》後、九州でも幕府方が分裂。*足利尊氏《たかうじ》方の守護島津氏と、*足利直冬《ただふゆ》方の畠山直顕《はたけやまただあき》との抗争が激化し、氏久は、直顕に対抗するため、尊氏方、南朝方と立場を変えながら薩摩・大隅・日向などで歴戦。自身の領国の維持拡大に努めた。貞治二・正平一八年（一三六三）父から、大隅国守護職を譲られ、居城も、鹿児島東福寺、大隅大姶良《おおあいら》、日向志布志《しぶし》と移し勢力範囲を拡大する。永和元・天授元年（一三七五）、幕府方として参陣した肥後水島で、九州探題*今川貞世《いまがわさだよ》（了俊《りょうしゅん》）が、氏久に誘われ参陣した少弐冬資《しょうにふゆすけ》を謀殺したのを詰り離反し、翌年、貞世派遣軍と蓑原で戦い撃破、勇名を馳せる。その後も、独自の守護領国拡大強化に努めた。馬術の名手として聞こえ、著書に『在轡集』がある。法名玄久齢岳。

［文献］佐藤進一『日本の歴史11南北朝の動乱』（中央公論社、一

九六五）。（間宮安子）

大内義弘《おおうちよしひろ》（一三五六―九九）南北朝時代の武将。周防介・従四位上・左京権大夫。大内弘世《ひろよ》の長男。応安四年（一三七一）から、*今川貞世《いまがわさだよ》（了俊《りょうしゅん》）に従い九州北部で南朝軍と戦う。功を挙げ、父以来の周防・長門・石見に加え豊前の守護職を得た。康応元・元中六年（一三八九）、*足利義満《よしみつ》の「厳島詣」を周防国三田尻に迎え歓待、帰洛に随行し以後は在京が多くなる。明徳二・元中八年（一三九一）、*明徳の乱に際し、洛西内野《うちの》で山《やま》名《な》氏清《うじきよ》軍をよく防ぎ、幕府方を勝利に導く。これにより山名氏旧領国の和泉・紀伊の守護職を得、南朝との和睦斡旋に尽力することとなる。明徳三・元中九年（一三九二）南北朝合体を成立させ、義満の全国統一に貢献、幕府内で重きをなすが、応永四年、義満の*金閣寺造営のための所役を断固拒否し、独自の行動をとった。義弘の対外通交は幕府より早く、康暦元・天授五年（一三七九）に遡る。倭寇禁圧と引き替えに、対朝鮮・中国との関係を深め、貿易上有利な立場を築いていた。堺港を領国内に持つことも、さらなる財力の増大につながった。対明貿易に乗り出そうとする義満にとって、義弘は排除すべき対象となった。応永五年筑前少弐氏討伐のため下向した義弘は、義満の挑発に乗り、平定後も上洛せず、鎌倉公方足利満兼《みつかね》と連携し討幕を企てた。応永六年一〇月、義弘は大軍を率い、海路堺にいたり討幕の兵を挙げた（*応永の乱）。しかし同年一二月、総力を挙げての幕府軍の攻撃を受け堺城は破れ、義弘は討死した。乱に呼応し東国の兵を動かした満兼も、義弘の敗死を聞き行動を中止した。この乱の後、義満は軍事・外交権を掌握、権威と権力を集中して行く。義弘は、和歌・連歌をよくし*『新後拾遺和歌集』の作者に列している。現在、山口市の瑠璃光寺《るりこうじ》に葬られている。

［文献］松岡久人『大内義弘』（新人物往来社、一九六八）、佐藤和彦『「太平記」を読む』（学生社、一九九一）。（間宮安子）

小山義政《おやまよしまさ》（?―一三八二）南北朝時代の武将。下野守。父は小山氏政《おやまうじまさ》。天授六・康暦二年（一三八〇）五月、下野裳原《もばら》の合戦で*宇都宮基綱《うつのみやもとつな》を敗死させ、*鎌倉府足利氏満《うじみつ》から討伐される。氏満は関東八カ国の軍勢を動員しただちに発向。九月、義政はいったん降伏し許されるが、翌年再び蜂起。今回も鎌倉府の総戦力に及ばず、子息若犬丸への家督相続を条件に、出家剃髪し降伏した。しかし降伏時の所領保全などの約束が守られなかったためか、翌永徳二年二月、三たび挙兵するが敗北。下野糟尾の山中で自刃した。下総下河辺から武蔵太田の近辺にまで勢力を拡大していた関東の雄族小山氏は、実質上ここに滅びた。この小山義政の乱は、小山氏の勢力削減を狙っていた鎌倉府の、絶好の機会となった。

［文献］佐藤和彦「南北朝内乱と東国社会」（『日本中世の内乱と民衆運動』校倉書房、一九九六）、渡辺世祐『関東中心足利時代之研究』（新人物往来社、一九二六、のち一九九五年改訂版）（間宮安子）

宇都宮基綱《うつのみやもとつな》（一三五〇―八〇）南北朝時代の武将。下野守。宇都宮氏綱《うじつな》の長男。父、氏綱は、越後・上野の守護職を失い、*上杉憲顕《うえすぎのりあき》の*関東管領再任に反対し兵を挙げて敗れ、失意のうちに応安三・建徳元年（一三七〇）没した。家督を継いだ基綱は、宇都宮氏の勢力回復を目指し、下野南部への進出を試みる。これが、同じ下野守であり、境を接する小山氏との確執を生み、地下人の境目《さかいめ》争いから端を発した合戦を誘発。康暦二・天授

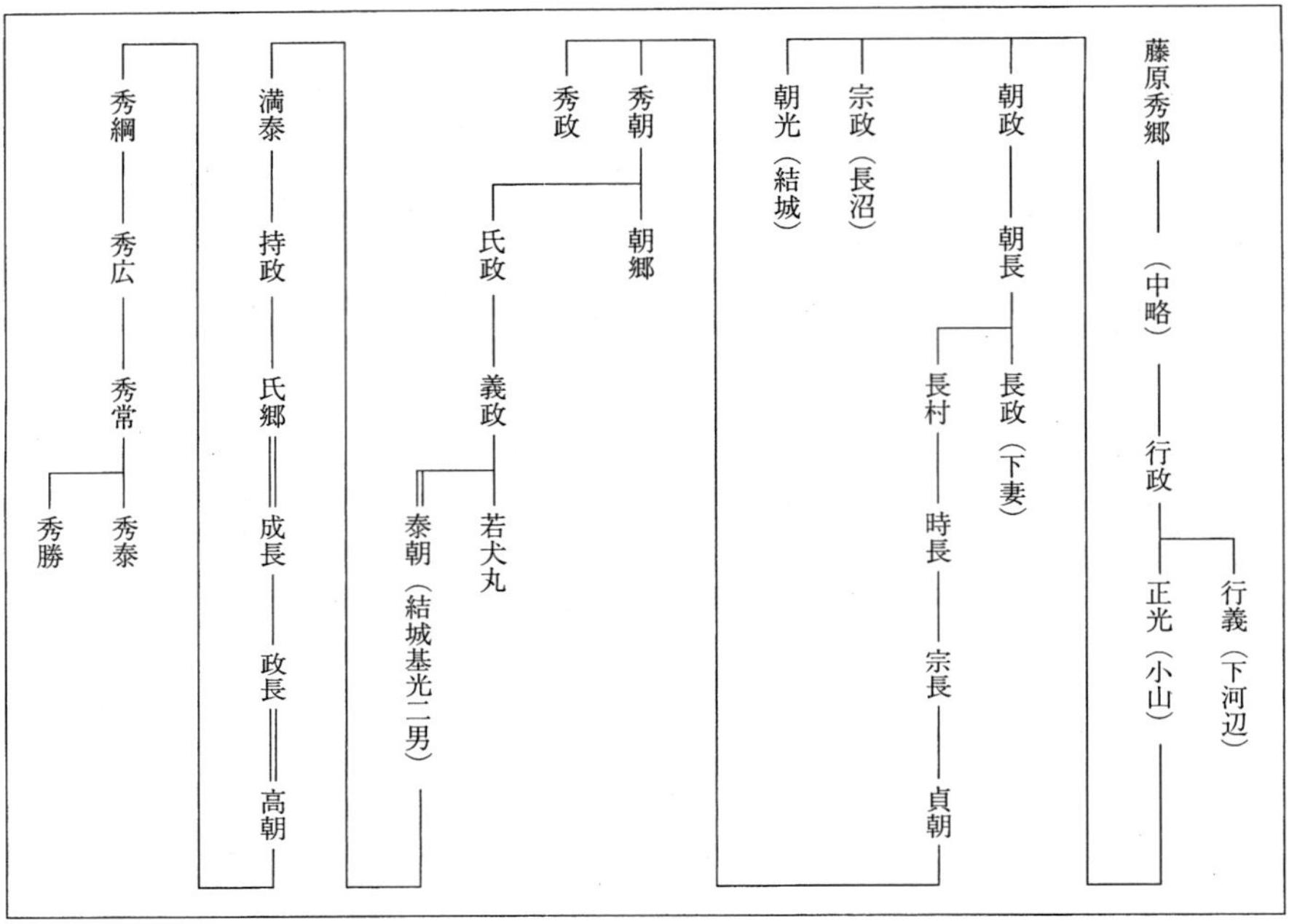

小山氏略系図

六年（一三八〇）五月、下野裳原《もばら》において、*小山義政《おやまよしまさ》の軍と激戦の末敗れ、八〇余名の郎党とともに討死した。この合戦が、鎌倉府*足利氏満《うじみつ》の怒りを買い、小山征伐の軍勢が集められ、東国全体を巻き込む「小山義政の乱」の直接の契機となった。

［文献］佐藤進一『室町幕府守護制度の研究上』（東京大学出版会、一九六七）。新川武紀「下野国守護沿革再論」（『中世東国史の研究』東京大学出版会、一九八八）。（間宮安子）

菊池武光《きくちたけみつ》（?—一三七三）南北朝時代の武将。肥後守。幼名豊田十郎。*菊池武時《たけとき》の子。貞和元・興国六年（一三四五）幕府方に占領されていた本城を実力で回復し、菊池氏惣領となる。薩摩に上陸していた征西将軍*懐良《かねよし》親王から、肥後守に補任される。貞和四・正平三年（一三四九）、菊池隈部《わいふ》城に親王を迎え入れ、*南朝方の拠点とし、南朝軍の糾合に努めた。翌四年の*足利直冬《ただふゆ》の九州入りは、幕府方の勢力を二分し、三つ巴の覇権争いを現出させた。武光は王朝の権威を後ろ楯に、一貫して南朝方として戦い、自身の領地拡大、守護権力の確保を目指しながら、南朝の勢力増大に貢献した。観応二・正平六年（一三五一）筑後に進出。翌々年筑前針摺原《はりすりばる》で、九州探題*一色範氏《いっしきのりうじ》軍を撃破し、さらに肥前・豊後に進出。やがて範氏は、九州経営を断念して帰京。武光は、日向に畠山氏を攻め、豊後の大友氏と戦う。延文四・正平一四年（一三五九）八月、懐良親王とともに筑後国大保原《おおほばる》で、少弐頼尚《しょうによりひさ》軍と激戦を展開（筑後川の戦い）。*『太平記』は、この九州最大の合戦の模様を詳述している。康安元・正平一六年（一三六一）八月、頼尚を敗走させた武光は、親王を奉じ大宰府入りを果たし博多を抑えた。南朝悲願の征西府が樹立され、以後一〇年余、九州南朝の全盛期が続く。翌年、武光は、豊前・豊後で大友氏時《おおともうじとき》を討ち筑前で斯波氏経《しばうじつね》を挫折させ、武力で南朝を支え続けた。しかし*今川貞世《いまがわさだよ》（了俊《りょうしゅん》）が新探題に任命され西下、島津・畠山・阿蘇氏らと連携、周到な準備を重ね、応安五・文中元年（一三七二）大宰府を攻撃。支え切れず親王とともに筑後高良山に敗退。征西府の九州支配は終わった。武光は翌年没したという。法名聖厳。熊耳山正観寺（菊池市隈府）に葬る。

［文献］ 佐藤進一『日本の歴史9南北朝の動乱』（中央公論社、一九六五）、川添昭二『菊池武光』（新人物往来社、一九六六）。

（間宮安子）

光明天皇《こうみょうてんのう》（一三二一—八〇） 南北朝時代の北朝の天皇。名は豊仁《ゆたひと》。*後伏見《ごふしみ》天皇の皇子。*光厳《こうごん》上皇の弟である豊仁親王は、建武三・延元元年（一三三六）八月、兵庫湊川で*楠木正成《くすのきまさしげ》を破って入京した*足利尊氏《たかうじ》によって皇位につけられた。しかし同年一二月、*後醍醐《ごだいご》天皇が京都を脱出し、吉野に移ったため、朝廷は二分する。二人の天皇が同時に在位し、別々の年号を使用する南・北両朝併立の時代がここから始まる。貞和四年、光明天皇は、光厳上皇の皇子興仁《おきひと》親王（*崇光《すこう》天皇）に譲位し上皇となるが、観応二・正平六年（一三五一）尊氏の*南朝帰順により、*北朝が廃され、光明上皇は仏門に入る（法号真常恵）が、状勢の急変による南朝の京都撤退とともに拘引され、数年間の幽居生活を強いられた。のち各地を遍歴し仏道に精進。大和長谷寺で死去。墓所は大光明寺陵《だいこうみょうじのみささぎ》。自筆日記二巻が今に残る。

［文献］ 佐藤和彦・小林一岳編『南北朝内乱』（東京堂出版、二〇〇〇）。

（間宮安子）

崇光天皇《すこうてんのう》（一三三四—九八） 南北朝時代の*北朝の天皇。名は興仁《おきひと》（初め益仁《ますひと》）。*光厳《こうごん》天皇の第一皇子。貞和四年（一三四八）*花園《はなぞの》上皇の皇子直仁《ただひと》親王を皇太子とする。観応二・正平六年（一三五一）*足利尊氏《たかうじ》が*南朝に降伏したため、北朝の崇光天皇は太上天皇の尊号を贈られ廃位された。しかし翌年状勢は急変し、南朝方は京都を撤退する。その折、崇光上皇は、光厳・光明両上皇、直仁親王とともに拘引され、河内*金剛寺に幽閉された。天皇不在の京都で、幕府は崇光上皇の弟弥仁《いやひと》親王（*後光厳《ごこうごん》天皇）を擁立する。延文二・正平一二年（一三五七）還京した崇光上皇は、*持明院統の正嫡を主張して、わが子栄仁《よしひと》親王の皇位継承を、強く幕府に働き掛けたが叶わなかった。墓所は大光明寺陵《だいこうみょうじのみささぎ》。

［文献］ 笠原英彦『歴代天皇総覧』（中央公論新社、二〇〇一）。

（間宮安子）

後光厳天皇《ごこうごんてんのう》（一三三八—七四） 南北朝時代の*北朝の天皇。諱《いみな》は弥仁《いやひと》。*光厳《こうごん》天皇の第二皇子。文和元・正平七年（一三五二）、束の間の天下一統が破れて、*南朝の*後村上《ごむらかみ》天皇は京都退却に際し、北朝の光厳・*光明《こうみょう》・*崇光《すこう》三上皇と、皇太子直仁《ただひと》親王を拘引した。京都を回復した*足利義詮《よしあきら》らは、北朝を再興するため、光厳上皇の生母広義門院に要請し、女院の令旨《りょうじ》をもって、仏門に入る予定であった一五才の弥仁親王を皇位に着けた。しかし幕府の内紛と南朝軍の京都進攻に脅かされ、後光厳天皇は、文和二・正平八年（一三五三）から数年、美濃・近江へ再三避難。やがて南朝の勢力が弱まり幕府の体制も安定し始めた応安四年（一三七一）皇子緒仁《おひと》親王に譲位（*後円融《ごえんゆう》天皇）、院政を開始するが応安七年死去。墓所、深草北陵《ふかくさきたのみささぎ》。日記『光厳院崩後諒闇終記』と応安三年・四年記が現存する。

［文献］　佐藤進一『日本の歴史9南北朝の動乱』(中央公論社、一九六五)。
(間宮安子)

後円融天皇《ごえんゆうてんのう》（一三五八―九三）　在位建徳二・応安四年（一三七一）―弘和二・永徳二年（一三八二）。南北朝時代の北朝の天皇。父は*後光厳《ごこうごん》天皇。母は広橋兼綱《ひろはしかねつな》の女・崇賢《すうけん》門院藤原仲子。名は緒人《おひと》。法名は光浄《こうじょう》。*崇光《すこう》上皇の皇子・伏見宮栄仁《ふしみのみやよしひと》と皇位を争うが、管領*細川頼之《ほそかわよりゆき》の支持を得て即位した。文中三・応安七年（一三七四）まで後光厳上皇による院政が行われ、その没後親政を開始した。永徳二年（一三八二）*後小松《ごこまつ》天皇に譲位後は院政をしいたが、将軍*足利義満《よしみつ》としばしば対立し、晩年は義満の政治力の前に屈服した。明徳四年（一三九三）四月二六日没した。墓所は京都市伏見区深草坊《ふかくさぼう》町にある（深草北陵）。
(谷釜千奈津)

後小松天皇《ごこまつてんのう》(一三七七―一四三三)　在位弘和三・永徳三年(一三八二)―応永十九年（一四一二）。南北朝時代から室町時代の北朝の天皇。父は*後円融《ごえんゆう》天皇。母は三条公忠《さんじょうきんただ》の女厳子（通《つう》陽《よう》門院）。名は幹仁《もとひと》。将軍*足利義満《よしみつ》の強い支持のもと即位し、父後円融上皇が院政をとった。元中九・明徳三年（一三九二）、南朝の*後亀山《ごかめやま》天皇から三種の神器を譲り受け、*南北朝合一がなった。同四年（一三九三）後円融上皇の死去により親政を開始したが、実権は完全に義満に握られ、天皇としての諸権限は縮小した。しかし、義満の死後は権威を取り戻し、応永一九年（一四一二）*称光《しょうこう》天皇に譲位、院政を行った。正長元年（一四二八）称光天皇が病没すると、伏見宮貞成《ふしみのみやさだふさ》の皇子を即位させた（*後花園《ごはなぞの》天皇）。永享三年（一四三一）に出家し、同五年（一四三三）一〇月二〇日に没した。生母通陽門院の死後は、義満の室日野康子《やすこ》（北山院《きたやまいん》）を准母とした。一休宗純《いっきゅうそうじゅん》は子である。また和歌や連歌を愛好し、『続新古今和歌集』などに和歌を残している。墓所は京都市伏見区深草坊《ふかくさぼう》町にある（深草北陵）。
(谷釜千奈津)

後村上天皇《ごむらかみてんのう》（一三二八―六八）　南北朝時代の南朝の天皇。諱《いみな》は義良《のりよし》（のち憲良《のりよし》）。*後醍醐《ごだいご》天皇の皇子。正慶二・元弘三年（一三三三）　後醍醐天皇による建武新政の布石として、*北畠親房《きたばたけちかふさ》・*顕家《あきいえ》とともに陸奥に下向。建武二年（一三三五）新政に叛いた*足利尊氏《たかうじ》の軍勢を追って上洛、九州へ敗走させた。陸奥の太守に任じられ多賀城に戻るが、翌年再び尊氏を討ったため西上、転戦。暦応元・延元三年（一三三八）九月、三たび陸奥へ赴くため、船団を組み伊勢大湊を出航したが暴風雨に遭い、義良親王の船は伊勢に吹き戻された。翌年、吉野に帰り立太子、八月、後醍醐天皇の死の前日一二歳で践祚。貞和四・正平三年（一三四八）、尊氏方の*高師直《こうのもろなお》の吉野襲撃を受け、行宮を大和賀名生《あのう》に移す。観応二・正平六年一〇月、*観応《かんのう》の擾乱《じょうらん》の中で、*尊氏は南朝に降伏した。後村上天皇は、この機を捉え、*北朝の*崇光《すこう》天皇を廃し、年号を南朝年号に統一。翌年二月賀名生を出発、河内東条・摂津住吉を経て閏二月には、山城の男山に到着。北朝の*光厳《こうごん》・光明《こうみょう》・崇光の三上皇と皇太子直仁《ただひと》親王を迎え取り、念願の天下統一（正平の一統）を実現した。しかし同年三月、またも南朝に反した尊氏の子*義詮《よしあきら》は、京都を奪回し男山の行宮《あんぐう》を攻撃、天皇は戦火を潜り抜け賀名生《あのう》に退却した。この後、南朝方の短期の京都回復は二回あったが実らず、側近の相継ぐ死去もあり、南朝は衰退していく。行宮を、河内金剛寺・観心寺、摂津住吉神社と移し、南朝による天下統一を念願し続けた後村上天皇は四一才で死去した。戦乱に明け暮れた一生であったが、学を好み、和歌や書に秀で、音楽にも通暁していたという。墓所は観心寺裏山の檜尾陵《ひのおのみささぎ》。

[文献] 佐藤進一『日本の歴史9南北朝の動乱』(中央公論社、一九六五)、村田正志『村田正志著作集 二』(思文閣出版、一九八七)、森 茂暁『皇子たちの南北朝』(中央公論社、一九八八)。

(間宮安子)

長慶天皇《ちょうけいてんのう》(一三四三―九四) 南北朝時代の*南朝の天皇。諱《いみな》は寛成《ゆたなり》。*後村上《ごむらかみ》天皇の皇子。応安元・正平二三年頃即位。当時の南朝は著しく衰退し、長慶天皇についての記録も少なく、事蹟も明らかでない。在位も長い間疑われていたが、大正一五年(一九二六)にいたり、証書発布によって皇統に加えられた。行宮《あんぐう》を、摂津住吉、大和吉野、同天野金剛寺、栄山寺と移しながら、一貫して幕府に対抗する姿勢を貫く。永徳三・弘和三年(一三八三)末か翌年正月、和平派の推す、弟の熙成《ひろなり》親王(*後亀山《ごかめやま》天皇)に譲位。明徳三・元中九年(一三九二)南北朝合一が成立した後も帰京せず、出家後の晩年の状況は不明である。源氏物語の註釈『仙源抄』の著作があり、和歌にも秀でていた。墓所 嵯峨東陵《さがひがしのみささぎ》。

[文献] 村田正志「長慶天皇と慶寿院」(『村田正志著作集一』思文閣出版、一九八七)、森 茂暁『皇子たちの南北朝』(中央公論社、一九八八)。

(間宮安子)

後亀山天皇《ごかめやまてんのう》(?―一四二四) 在位弘和三・永徳三年(一三八三)―元中九・明徳三年(一三九二)。南北朝時代、南朝最後の天皇。父は*後村上《ごむらかみ》天皇。母は阿野実為《あのさねため》の女。名は熙成《ひろなり》。弘和三・永徳三年末頃、兄*長慶《ちょうけい》天皇の跡を継いで即位し、衰退期の南朝を支えた。元中九・明徳三年閏一〇月、将軍*足利義満《よしみつ》より両朝合一の提案があり、これを受諾、北朝*後小松《ごこまつ》天皇に譲位した。これにより*南北朝合一がはかられた。応永元年(一三九四)、後亀山は足利義満と天竜寺において面接し、その結果太上天皇の尊号が贈られたが、当時北朝廷臣間には、後亀山を即位せざる帝とみなし、反対する動きもあった。その後出家をとげ、大覚寺において隠遁生活に入ったが、応永一七年(一四一〇)一一月二七日、突如嵯峨を出奔し、吉野山で数年を過ごしたのち、同二三年(一四一六)九月、広橋兼宣《ひろはしかねのぶ》らの仲介で帰京した。この事件は、幕府の合一条件不履行に対する抗議とみられる。応永三一年(一四二四)四月一二日没した。墓所は京都市右京区嵯峨鳥居本小坂町にある(嵯峨小倉陵)。

(谷釜千奈津)

桃井直常《もものいなおつね》(生没年未詳)「ただつね」とも。足利一族で南北朝期の勇猛な武将として知られる。父は貞頼《さだより》。暦応元・延元三年(一三三八)西上する*北畠顕家《きたばたけあきいえ》と美濃青野原・南都で奮戦、軍功により若狭守護・伊賀守護に補任される。康永三・興国五年(一三四四)から観応元・正平五年(一三五〇)にかけて越中守護。この間に勢力基盤を築いたと思われる。*観応の擾乱《かんのうのじょうらん》では*足利直義《ただよし》方に属し、越中から京に攻め入り*足利義詮《よしあきら》を敗走させるなど活躍し引付頭人となる。右馬権頭。従五位上。播磨守。直義没後は養子*直冬《ただふゆ》に与し南朝に帰順。再三京を攻め幕府を脅かした。貞治六・正平二二年(一三六七)出家し、一時幕府に復帰したが翌年再び越中で挙兵。応安四・建徳二年(一三七一)数年にわたる斯波義将《しばよしまさ》・吉見氏頼《よしみうじより》らとの戦いに敗れ以後消息を絶った。

［文献］『大日本史料』六―三四、『太平記』、佐藤進一『日本の歴史9南北朝の動乱』（中央公論社、一九六五）、佐藤和彦『日本の歴史11南北朝内乱』（小学館、一九七四）。（竹内富佐子）

洞院公賢《とういんきんかた》（一二九一―一三六〇）鎌倉末・南北朝期の公卿。父は左大臣実泰。母は権中納言小倉公雄《おぐらきみお》の女季子。従五位下・侍従に始まり、延慶二年（一三〇九）従三位・左大弁・参議に、翌年正三位・権中納言・左兵衛督。元徳二年（一三三〇）内大臣となるが翌年辞退。*後伏見《ごふしみ》上皇の院執事・評定衆。建武新政府では再び内大臣となるが翌年病により辞退。建武二年（一三三五）従一位・右大臣となり東宮（恒良《つねよし》親王）傅《ふ》兼*雑訴決断所《ざっそけつだんしょ》頭人・伝奏など政府要職を務めた。南北両朝分立後も京に留まり、*北朝の重鎮として*光厳《こうごん》上皇の院政を支えた。康永二・興国四年（一三四三）左大臣となり貞和二・正平元年（一三四六）まで在任。貞和四・正平三年（一三四八）太政大臣に任じられ観応元・正平五年（一三五〇）辞退。前年輦車《てぐるま》・牛車《ぎっしゃ》の宣旨を受ける。幕府からは朝儀についての諮問、天皇からは舞楽・和歌の勅問を受けるなど学識豊かな当代随一の文化人でもあった。北朝の信望厚いと同時に*南朝からも信頼され、正平一統（一三五一）では両朝の交渉役を果たした。南朝は左大臣・後院別当に任じて京の公事を委ねた。実力・人望とともに、息子、実世が南朝の重臣であり、後村上天皇の生母新待賢門院の養父であることも与っているのであろう。しかし正平一統による北朝への過酷な処置に対して「後醍醐は仁恕を旨としていたのに今度のことは後村上か近臣の勝手な行いだ」と憤慨している（*『園太暦』）が、何の抗議もしていない。貴族の無気力さがうかがわれる。延文四・正平一四年（一三五九）出家。法名空元。中園入道相国（南朝では遍昭光院）と号した。翌年没七〇歳。著書に『皇代暦』『歴代最要鈔』などがあり、とくに日記『園太暦』は当時の社会情勢が記されていて史料として貴重。

［文献］『大日本史料』六―二三、『園太暦』三―四、佐藤和彦『日本の歴史11南北朝内乱』（小学館、一九七四）、林屋辰三郎『内乱のなかの貴族』（角川選書、一九九一）。（竹内富佐子）

文観《もんかん》（一二七八―一三五七）鎌倉末・南北朝期の真言僧。弘真。出自未詳。はじめは天台を学び奈良で法相・三論を受け、のち大和西大寺に移る。正安四年（一三〇二）西大寺叡尊《えいそん》一三回忌法要に種字曼荼羅《しゅじまんだら》を書写し文殊菩薩像胎内に納入、真言律宗の僧として活動を始める。大和竹林寺長老となり、正和五年（一三一六）醍醐寺報恩院流の道順《どうじゅん》から真言密教の伝法灌頂《でんぽうかんじょう》を受ける。当時小野随心院に住していたので小野僧正《おののそうじょう》と通称された。道順は*後宇多《ごうだ》上皇の信任篤く、文観は師を通じて*後醍醐《ごだいご》天皇に近づいたと思われる。元亨四年（一三二四）伊賀兼光《いがかねみつ》を施主とする大和般若寺の八髻《けい》文殊菩薩騎獅像造立のさい「金輪《こんりん》聖主《しょうしゅ》（後醍醐）御願成就」の願文を胎内に納めている。幕府調伏の科により硫黄島に流刑。正慶二・元弘三年（一三三三）鎌倉幕府崩壊により帰洛。護持僧として後醍醐天皇の寵遇を一身に集め専横甚だしく、*『太平記』は「僧に有るまじき天魔外道の振る舞い」と批難、また*北畠顕家《きたばたけあきいえ》は「政道無益の輩」と諫奏している。後醍醐天皇の信任を背景に醍醐寺座主・天王寺別当・東寺長者・大僧正などに補任される。高野山衆徒は文観を破戒無慚の異類として不服を唱え、東寺長者職の停止《ちょうじ》を強訴し糾弾した。建武新政府の崩壊により後醍醐天皇に従って吉野に下ったが、幅広い人脈を基に南朝回復に活躍した。正平一統（一三五一）で再び東寺長者に還補されたがすぐに退任。晩年は河内*金剛寺往生院に住し入寂八〇歳。熱心な文殊信仰者で文殊と観音から一字ずつとり文観（殊音とも）と号した。仁寛《にんかん》の立川流を再興して、これこそが真言密教の真髄であると後醍醐天皇に印信（極意＝煩悩肯定・即身成仏）を授けたという（祐宝『伝燈広録』続編一一）。東寺の杲宝《ごうほう》・高野の宥快《ゆうかい》らは正統的な中世真言教学からみて邪教であると口を極めて指弾している（杲宝『宝鏡鈔』）。文観は邪教を奉じた破戒僧とも有徳《うとく》の阿《あ》闍梨《じゃり》とも評されるが、いずれにしても一代の傑僧であり、その著『註理趣経』は邪流でもなく凡書でもなく、密教の教理と実践に通暁した長者であった（栂尾祥雲・守山聖真）との評価もある。

［文献］『大日本史料』六−二一。『太平記』一二・三〇。金岡秀友『さとりの秘密理趣経』（筑摩書房、一九六五）　（竹内冨佐子）

三宝院賢俊《さんぼういんけんしゅん》（一二九九−一三五七）　南北朝期の真言僧。父は権大納言《ごんのだいなごん》日野《ひの》俊光《としみつ》。醍醐寺宝池院流賢助《けんじょ》に伝法灌頂《かじょう》を受ける。建武三・延元元年（一三三六）二月九州へ敗走する*足利尊氏《たかうじ》を追って、備後の鞆《とも》で*光厳《こうごん》上皇（*持明院統）の院宣をもたらし、朝敵の汚名を被ることなく六月の京都奪回を果たすのに大きな力となった。尊氏と行動をともにし、尊氏の強い信頼と帰依を得て護持僧となる。*文観《もんかん》（後醍醐護持僧）に代わり醍醐寺六五代座主となり、以後二二年間にわたり三宝院を始めとする醍醐寺の子院を管領。同年一二月には東寺長者となり、三度（一二三・一二五・一二七代）補任され観応元・正平六年（一三五〇）まで在任した。根来《ねごろ》寺座主も兼ね尊氏から山科荘・近江香荘など多くの荘園を与えられた。尊氏のために尽くすこと厚く、京都に新三宝院を営み、将軍家護持僧として数多くの祈祷を修《し》法《ほう》。朝廷・仙洞御所《せんとうごしょ》にも参仕するなど、一躍真言宗の最高権力者の地位を得て権勢を振い、俗に「将軍門跡」といわれた。康永三・興国五年（一三四四）*光厳上皇から寄進された伊勢大国荘所務職を東寺の聖教書写談義講説料としている（東寺百合文書）。*後光厳《ごこうごん》天皇擁立にも活躍するなど政治・外交にも深く関与し、黒衣の宰相といえる存在であった。五九歳で入寂。その七七日忌法要に尊氏は『理趣経』を書写し納めている（醍醐寺蔵）。*洞院公賢《とういんきんかた》は日記（『*園太暦』）に賢俊の有様を「光耀至極、公家武家権勢比肩の人無し」と評している。菩提寺大僧正ともいい『賢俊僧正日記』がある。

［文献］『大日本史料』六−二一、『太平記』、佐藤進一『日本の歴史9南北朝の動乱』（中央公論社、一九六五）。佐藤和彦『日本の歴史11南北朝内乱』（小学館、一九七四）。　（竹内冨佐子）

関城書《かんじょうしょ》　関東における南朝の最後の拠点となった*関《せき》城（茨城県真壁郡関城町）から、*北畠《きたばたけ》親房《ちかふさ》が白河城主*結城《ゆうき》親朝《ちかとも》宛に出した救援要請書（一三四三〜四五）。当時南朝方は*楠《くすの》木《き》正行《まさつら》を除きすでに有力武将を失っており、捲土重来を期した親房は、東北に活路を求め常陸*小田城にはいる。しかし城主*小田《おだ》治久《はるひさ》の*北朝への寝返りで、逐われた親房は関城へ難を避けた。しかし*高《こうの》師冬《もろふゆ》の攻撃をうけ利あらず頼みとした親朝の援護もなく、一一月にはついに陥落、親房は吉野への転進を余儀なくされた。この間親房は親朝宛に約七〇通以上の書簡をだしているが、この「関城書」は小田城から関城に移って程なく出状されたものである。有名な『*神皇正統記』は小田城で執筆、関城で修訂して*後村上《ごむらかみ》天皇に献じられた。

［文献］『群書類従』第二十一輯合戦部【親房卿被贈結城状】（称関

城書）、第二十五輯雑部【関城書裏書】、続群書類従完成会。　（大井　眸）

玉英《ぎょくえい》　南北朝期の公卿一条経通《いちじょうつねみち》（一三一七―六五）の日記。幕府は二代将軍*義詮《よしあきら》の時代で、経通は氏の長者となり内大臣次いで暦応元・延元三年（一三三八）関白へと栄進した。父は前関白内経《うちつね》、孫に「玉英」を引用して有識故実の書「玉英記抄」を著わした*兼良《かねら》がいる。元徳二年（一三三〇）から貞治四・正平二〇年（一三六五）の日記だが、原本はなく写本一冊が残存しているのみである。「後芬陀利華院関白藤経通公記」ともいう。『続群書類従』第十輯下公事部に「光明院御即位記」（建武四年経通記）が所収されており、内題に玉英とある。これは「玉英」を抄出したもので、当時経通は天皇即位の記録をとる左大臣の地位にあった。

［文献］　抄録分につき本文に紹介。別に一条兼良の「玉英記抄」は「文科大學史誌叢書」東京大学史料編纂所所収分を『続史料大成』臨川書店刊本にて抄録。　（大井　眸）

師守記《もろもりき》　大外記《だいげき》中原師守《なかはらもろもり》の日記。師守の生没年は未詳だが建武二年（一三三五）権少外記に任ぜられている。中原家は兄師《もろ》茂《しげ》とともに代々大少外記を世襲し明経道の博士として一家をなした。この日記は暦応二年―応安七年（一三三九―七四）頃までの記述であり、随所に闕《けつ》もあるが、兄大外記師茂を「家君」としているので、ごく最近まで「師茂記」と称されていた。また応安元・正平二三年（一三六八）までの三〇年間の記録が日記であり、あとは抄録である。大外記時代に勤務した局で政務・朝議に関与した事項や北朝君臣の動静が記録されている。内容は*後醍醐《ごだいご》天皇・*光厳《こうごん》天皇の葬儀、*天竜寺供養の記述もあり、とりわけ武家の荘園所領横領に関連する記事など南北朝時代の政治経済・社会情勢を知ることのできる重要な史料として著名である。南北朝は明徳三・元中九年（一三九二）に三代*足利義満《よしみつ》の斡旋で合一されたが、尊氏《たかうじ》の時代（観応二・正平六年（一三五一））に一時休戦をしたことがあり、同年六月八日には*楠木《くすのき》正儀《まさのり》の代官河辺駿河守が鎌倉大納言・尊氏を訪ねて面談している。同年一四日・二〇日にも関連記事があり、さらに貞治六・正平二一年（一三六六）一一月一〇日条には、南朝方の来訪を受けて二代*義詮《よしあきら》と交渉しているが、これは義詮の降伏を講和条件としたので、破談となったと書かれている。これには鎌倉公方*基氏《もとうじ》（義詮の弟）も関わったことをうかがわせる記述がある。なお「*後愚昧記」にも同趣旨の記事がある。ただしこれは同年五月九日であるので、いわゆる水面下では私的記録以外にも和談交渉が幾度も行われたはずとみてよい。

［文献］『史料纂集』全一一巻（続群書類従完成会）。　（大井　眸）

愚管記《ぐかんき》　関白近衛道嗣《このえみちつぐ》（一三三二―八七）の日記。文和二・正平八年（一三五三）から永徳三・弘和三年（一三八三）まで現存。三一年間の南北朝時代における政治・歌会・除目《じもく》・仏事・神事・禁裏・節会など、また「*元亨釈書《げんこう》」のことなど多岐にわたる。関白基嗣《もとつぐ》の長男。わずか六歳で元服正五位下となり、二四歳で従一位、三〇歳のとき関白・氏長者となった。しかし二年後には関白を辞している。欠落部分があるが、室町時代初期の史料価値は高い。*足利尊氏《たかうじ》に関する記事として延文三・正平一三年（一三五八）四月三〇日（雨降）条には「鎌倉前大納言尊氏今夜亥刻《或子》薨去年五十四云々及暁更所聞及也」とあり興味ぶかい。別名『後深心院関白記』『関白道嗣公記』ともいう。

［文献］「続史料大成」（『文科大學史誌叢書』四、臨川書店、一九七八）。（大井　眸）

後愚味記《ごぐまいき》　前内大臣三条公忠《さんじょうきんただ》（一三二四―八三）の日記。康安元・正平一六年（一三六一）より死没までの日記が伝存しており、日次記・朝議・法会などに関する別記および有職故実《ゆうそくこじつ》についての問答消息などが主な内容となっている。このうち問答消息は「諮問抄」として別称伝存している。いわば通牒集である。この日記は今日青史に採り上げられている場面が数多くみられる。康安元年（一三六一）には強い地震が頻発しており、四天王寺の金堂が倒壊して肝を冷やした話や、同年に将軍*義詮《よしあきら》と執事細川清氏《ほそかわきようじ》との確執あり、義詮が*後光厳《ごこうごん》天皇を奉じて近江や新《いま》熊野に避難した話がでている。このことは*楠木正行《くすのきまさつら》（貞和四・正平三年（一三四八）四条畷で敗死）の弟*正儀《まさのり》が、*南朝の武将の中心となって奮戦しており、幕府内の不協和音に乗じて同年一時京都を占領したことと関係している。正儀は京にあって南北和談に奔走するが実らず南朝に向背していく状況が描かれており興味深い。貞治六・正平二二年（一三六七）は四月に鎌倉公方*足利基氏《もとうじ》、つづいて一二月に義詮の死去が報ぜられており、足利幕府の基盤不安定な状況を彷彿とさせる。この間南北和談の交渉決裂や、石清水八幡宮への悪党らの乱妨に頭を悩ませている。義詮は三八歳で鼻血を大量に出し、医師の処置ミスもあって、死去した旨の風聞を記録している。医師は問責を怖れて逐電したというおまけ記事まである。なかでも本書は公忠七世の祖実房《さねふさ》の日記「愚昧記」に因んで名付けられている。別名『後押小路内府公忠日記』、『公忠公記』ともいう。

［文献］『大日本古記録』第一七―四（東京大學史料編纂所、岩波書店、一九九二）、佐藤和彦『中世内乱期の群像』（河出書房新社、一九九一）。（大井　眸）

花営三代記《かえいさんだいき》　花営とは足利政権における京都室町の幕府のことである。とくに三代将軍*足利義満《よしみつ》の時代には「花の御所」と呼ばれ、足利政権時代の最も安定成長をした時期である。義満（一三五八―一四〇八）・*義持《よしもち》・*義量《よしかず》の三代にわたる室町時代の日記で、貞治六・正平二二年―応永三二年（一三六七―一四二五）にわたる職制・南朝対策・段銭《たんせん》・半済《はんぜい》などに関する重要な内容をもつ。作者未詳だが幕府の右筆《ゆうひつ》ではないかと目されている。花営は「花木の柳営」を意味しており、柳営とは前漢の武将周亜夫《しゅうあふ》（?―前一四八）が細柳《さいりゅう》（陝西《せんせい》省咸陽《かんよう》の西南）に陣営を築きその軍営の規律が勝れて厳格であったところから、文帝がこれを嘆賞し後世の将軍の陣営を雅称するようになった故事に基づく。義満は永和四・天授四年（一三七八）室町に屋敷を構え庭に桜や藤の木を植えたので、「花の御所」と称され、これとさきの柳営とを結合して花営と呼んだ。本書は武家日記・室町記とも異称している。わが国では柳営または柳の御所として平泉*毛越寺《もうつうじ》近傍に*藤原秀衡《ひでさと》の宿館があったとされる「柳之御所遺跡」があり、鎌倉幕府（『吾妻鏡』建久六年十一月）・江戸幕府（『柳営秘鑑』『柳営補任』など）など古代から近世にいたるまでひろく将軍府を指称している。

［文献］『群書類従』第二十六輯雑部六六頁以下（続群書類従完成会）、貝塚茂樹『中国の歴史 上』（岩波新書、一九七四）、入間田宣夫・豊見和行『日本の中世5北の平泉、南の琉球』（中央公論新社、二〇〇二）。（大井　眸）

融通念仏縁起絵巻《ゆうずうねんぶつえんぎえまき》　融通念仏（一即一切の思想に基づきあら

ゆる念仏の功徳が円満融通して往生できる）は民衆が力を持ちはじめた中世後期に広く受け入れられた信仰で、始祖良忍《りょうにん》（一〇七三―一一三二）の伝記と融通念仏の功徳・勧進を描いた絵巻。正和三年（一三一四）の正和本系・永徳から至徳（一三八一―八七）の良鎮肉筆本系・明徳二・元中八年（一三九一）の明徳版本の三種がありいずれも上下二巻。明徳の木版印刷による量産化で普及し、さらに勧進聖《かんじんひじり》の絵解きと布教・勧進により朝野の尊崇を得て弘通《ぐつう》した。良忍の周辺に集まったさまざまな人々の中に、典型的な異類異形の悪党が描かれるなど当時の世相をよく表している。詞書各段に筆者名と奥書に成立の由縁が記されている。多くの伝写本が作られ、清凉寺本・禅林寺本・大念仏寺本など二〇種以上が伝存。

［文献］　小松茂美「融通念仏縁起」（『続日本絵巻大成11』中央公論社、一九八三）、赤井達郎『絵解きの系譜』（教育社、一九八九）。

（竹内冨佐子）

六　室町幕府の政治と外交

一四世紀後半から一五世紀前半にいたる室町幕府の政治を内政と外交から考察する。

義満の政治と幕府の構造　貞治六・正平二二年（一三六七）九月、二代将軍＊足利義詮《よしあきら》は、＊細川頼之《ほそかわよりゆき》を四国から呼びよせ、一一月になると、病床の義詮は頼之を枕頭に招いて、政務を＊義満《よしみつ》に譲ることを告げ、義満の政治を補佐してくれるように頼んだ。そして、義満に対して、頼之の教えに従うようにと諭した。（『＊愚管記《ぐかんき》』）。

永和四・天授四年（一三七八）一一月、南朝方の橋本正《はしもとまさ》督《み》が紀伊の守護細川業秀《なりひで》の陣営を襲撃した。幕府は、摂津守護細川頼元《ほそかわよりもと》を総大将として、丹波の守護＊山名氏清《やまなうじきよ》、美作《みまさか》の守護山名義理《よしまさ》、播磨の守護赤松義則《あかまつよしのり》らの軍勢を派遣したが、幕府軍にはまったく戦意がなく、南軍の撤収をみると、帰京してしまったのである。翌年正月から二月にかけて、大和の南軍が活発な動きを見せるや、幕府は、土岐頼康《ときよりやす》、斯波義将《しばよしまさ》らに出陣を命じた。しかしながら、出陣中の有力守護の間で、細川頼之排斥の動きがあらわれはじめた。義満は諸将に帰京を命じたが、かれらは、命令を無視して領国へと帰っていった。幕府は、頼康討伐・義将の守護罷免などの措置を講じたが効果はなく、逆に反頼之派の結束を強化させることとなった。閏四月、在京の反頼之派の有力守護たちは、花の御所を包囲して頼之罷免を義満に迫った。斯波義将も細川排撃をとなえて入京した。義満は、かれらの要求をいれて頼之を解任し、頼之に京都を退出するようにと命令した（康暦の政変）。この事件について、三条公《さんじょうきん》忠《ただ》は「多分の説、大樹沙汰の趣なり」と日記（『後愚昧記《ごぐまいき》』）に書いている。義満が有力守護たちの頼之罷免要求に同意を与えたのは、たしかに諸将の要求に義満が屈した形ではあるが、幕府の実権を自らの手に把握しようとしたからであろう。康暦の政変は、頼之の羈絆から離れた義満政治の開幕を告げる事件であったといえよう。

室町幕府は、内乱の過程で南朝勢力を圧倒し、全国の荘園・公領に対する租税賦課権を獲得するとともに、北朝の保持していた京中支配権などを吸収して、勢力を一段と伸張させた。幕府の組織は、将軍のもと管領（三管領＝細川・畠山・斯波）と侍所（四職＝赤松・山名・一色・京極）が中心で、評定衆・問注所などが配置された。地方の支配機関として、関東に＊鎌倉府が置かれたほか、＊九州探題・＊奥州探題・*羽州探題があり、守護は各国の軍事・行政の諸権限をもち、内乱の過程で大きく成長していった。将軍は奉公衆と呼ばれる直参の軍団をもっていた。奉公家は、足利氏譜代の家臣、守護家の庶流、有力同人からなり、五つの番に編成されていた。将軍は、守護大名を在京させて幕府の官吏とした。幕府の財政は、直轄領（御料所）からの収入のほか、京都近辺の商人や金融業者である*酒屋・土倉に対する課税（*酒屋役・*土倉役）、*勘合貿易の収益（抽分銭）、交通税（*関銭・津料）、京中住民への課税（*地口銭）、さらには、諸国の荘園・公領と住民への臨時税（*段銭・*棟別銭）などによってまかなわれていた。義満は、応永元年（一三九四）一二月、征夷大将軍を辞して、これを*義持《よしもち》にゆずり、自身は太政大臣に任ぜられた。翌年六月には、太政大臣を辞して出家、天山道有（道義）と名のった。出家することによって、公武両社会の身分序列を超越した地位に、自分をおこうとしたのである。応永六年（一三九九）、*大内義弘《おおうちよしひろ》を*堺で討ち、応永八年（一四〇一）には*日明貿易（勘合貿易）を開始して、莫大な銅銭を獲得した。応永一二年（一四〇五）に行われた後円融天皇一三回忌のころから太上天皇としての待遇を受けはじめた。公武両界を席巻し、軍事・外交権を掌握した義満は、「日本国王」への階段をかけあがろうとしていたのである。

倭寇と東アジア世界　一四世紀のなかごろから倭寇と呼ばれる海商たちが朝鮮半島や中国大陸に侵入して、米穀と沿岸に住む人びとを略奪した。倭寇は、対馬・壱岐・五島列島など、このころ、三島地方と呼ばれた地域を根拠地とする者が多く、三島倭寇ともいわれた。これらの島々では、人々は食料を自給することがむずかしく、漁業や私貿易で生計をたてていたが、船団を組み、武装して朝鮮や中国の沿岸を襲うこともあった。一三七九年に侵攻した倭寇は、「騎七〇〇人・歩二〇〇〇人」といわれ、高麗王朝の正規軍と戦火をまじえている。こうしたなかで、朝鮮の民衆のなかには、倭寇と称して高麗王朝に反抗する者も現れた。

元や高麗は、倭寇対策に忙殺されて衰退していった。倭寇討伐を通じて頭角をあらわした*李成桂が一三九二年に高麗王朝を滅ぼして朝鮮王朝を成立させると、室町幕府に対して、正常な外交関係の樹立と倭寇の禁圧を要求した。李成桂は、倭寇発生の要因に、通交の規制があることを知っていたので、倭寇対策のひとつとして「日本国王」以外の西国の守護大名にも通商を許可している。さらに、投降した倭寇に土地や官職などを与えて生活の手段を講じたので、倭寇の侵攻は、一五世紀になると激減した。日朝貿易は貿易港や隻数も限定されるなど、厳しく制限されていたが、大内・渋川・島津氏や対馬の宗氏らが貿易船を派遣している。彼らは、客倭と呼ばれ、虎皮・豹皮・人参・木綿布・大蔵経などをもち帰った。輸出品は、屛風・刀剣などの美術品のほか、胡椒や犀角・香木など東南アジアの物産であった。東南アジアの物産は、琉球の商人によって日本にもたらされ、日本を中継して朝鮮や大陸へ運ばれたのである。貿易港は*三浦（富山浦・乃而浦・塩浦）に限定されていたが、そこには興利倭人と呼ばれる専門の貿易商人が定住していた。この貿易は、一五一〇年（永正七）の三浦の乱のころまでつづいていた。

中国大陸では、一三六八年に朱元璋が明王朝を樹立した。明王朝も倭寇対策に苦慮していたので、明は私貿易を禁じ、日本に倭寇の禁圧と入貢を要求してきた。応永八年（一四〇一）、足利義満が明に国書を送ると、明は義満に「日本国王」の称号を与え、明を中心とする東アジア世界の政治秩序のなかに位置づけ、日明貿易を許可した。日明貿易は、日本が明に朝貢するという形式をとり、公貿易船であることを証明するために勘合符が使用された（勘合貿易）。足利義持は勘合貿易を屈辱的な貿易であるとして中止したが、*足利義教《よしのり》は貿易を再開している。勘合貿易には、幕府だけでなく、山名氏・細川氏・大内氏などの有力な守護大名や、興福寺や相国寺などの有力寺社も加わるようになった。貿易船は堺・*博多を出航し、寧波につき、交易は北京で行われた。日本からは、銅・硫黄・刀剣などが進貢物として輸出され、明からは銅銭・綿糸・生糸などが下賜品として輸入された。日明貿易では、中央アジア人を父にもつ混血児*楠葉西忍《くすばさいにん》が、興福寺大乗院に属して活躍するなど、貿易商人の行動が目立った。貿易は、やがて、博多商人とむすぶ大内氏や、堺商人を背景とする細川氏に実権が移っていった。大永三年（一五二三）四月、細川高国《たかくに》と大内義興《よしおき》の使者が、貿易の主導権をめぐって寧波で衝突するに至った。（*寧波の乱）。

一五世紀初頭、中山王*尚巴志《しょうはし》によって統一された*琉球王国も、明や日本との通交を開始した。薩摩の*坊津《ぼうのつ》や博多に琉球の商船が来航した。*琉球貿易の特色は、琉球が仲だちとなって明や日本、東南アジア諸国の産物を交換する中継貿易であった。

［文献］ 佐藤進一『足利義満』（平凡社、一九八〇）、田中健夫『中世対外関係史』（東京大学出版会、一九七五）。

（佐藤和彦）

（一） 室町幕府の機構

室町幕府《むろまちばくふ》 建武三年（一三三七）、*足利尊氏《たかうじ》・直義《ただよし》を中心に成立した武家政権。鎌倉幕府崩壊後の建武政権に不満を抱いていた武士を吸収し強大化した。室町幕府は武士の統括や地域支配など多くの面で鎌倉幕府の政策を継承していくが、京都に政権中枢を置いたことにより前代以上に朝廷との関係が問題となった。当初、幕府はこの問題に対してさほど関心を示さなかったようであり、正平一統では戦略的な問題が最重視され南朝と妥協した結果、北朝方の天皇・上皇らが連行されてしまい、決

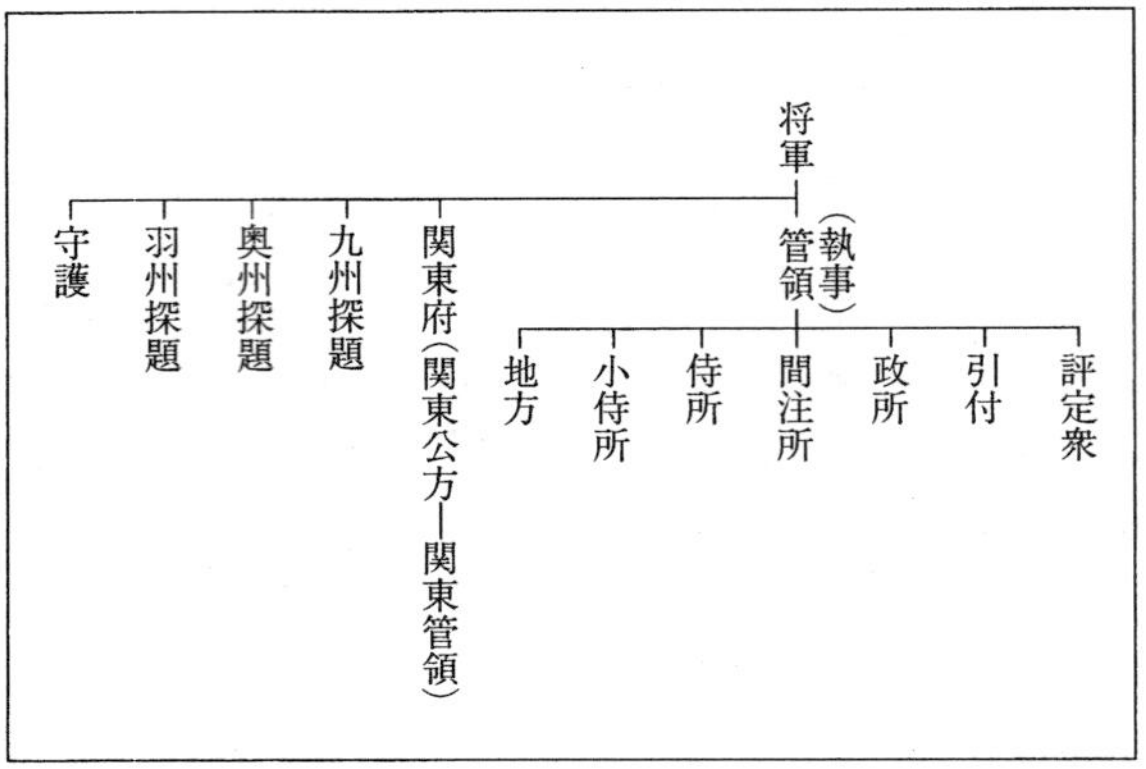

室町幕府の機構略図

裂後に幕府と北朝は天皇の正統性という問題を抱えて体制は動揺した。この後、朝廷財政の悪化から幕府の朝廷儀礼・行事への関与が始まり、これが結果として両者の関係を強化し体制は安定化した。またこのことが、当時の武家のなかでの第一人者であったにすぎなかった足利氏と対抗勢力との間に決定的な違いを設け、将軍家の独自性を強める作用を果たしたとも言えよう。これらの過程で従来朝廷が保有していた洛中支配権をはじめとする種々の権限が幕府に移行した。室町幕府は*義満《よしみつ》の段階に至ってようやく安定的な権力を確立し、南朝勢力とも和平して六〇年にわたる内乱が終結した。他方、地方との関係では、足利氏に代わりうるような勢力は積極的に排除したが、もとより足利氏自身が確固たる武力基盤を保有しなかったことから、守護大名との関係は努めて宥和的であった。義満・*義持《よしもち》期には幕府が最も安定した時代を迎えたものの、義持の晩年から守護大名の発言力が増し、守護人事・合戦といった重要事項も守護大名間の合議によって決せられることが多くなった。六代将軍*義教《よしのり》は将軍権力の専制化を志向し、対立していた鎌倉公方*持氏《もちうじ》を敗死させたり、守護大名権力の削減を積極的に推進したりしたが、それがかえって守護大名の恐怖と反感を招き、義教暗殺により将軍権力は失墜した。その後の管領・守護大名も事態の収拾に手間取り幕府権力は大きく衰退した。*応仁・文明の乱（一四六七―七七）の発生は、全国政権としての幕府を終焉に追い込んだ。この乱によって京都は荒廃し、幕府は重要な財政基盤を喪失し、同時に朝廷儀礼に関与できる余地も失った。さらに、この乱が地方守護大名の独立傾向を助長し、幕府もこれを抑えることが実質的に不可能であることが明らかになるに及んで、幕府は京都と畿内を中心とする地方政権へと降下し、最終的には一五代*義昭《よしあき》が天正元年（一五七三）に京都を追われ滅亡した。

［文献］佐藤進一『日本の歴史11南北朝の動乱』（中央公論社、一九六五）、佐藤進一『日本中世史論集』（岩波書店、一九九〇）。

（小保行宏）

鎌倉府《かまくらふ》　室町時代、東国の統治を目的に設置された機関。管轄地域は関東八か国に加え甲斐・伊豆の十か国とされるが、信濃を含むという説もある。*鎌倉幕府の滅亡以後も東国の押さえとしての鎌倉の重要性に鑑み、建武政権のもとでは*足利直義《ただよし》が*成良《ふさよし》親王を奉じて下向・統治し、室町幕府のもとでも*尊氏《たかうじ》の子*義詮《よしあきら》と、これを補佐する執事が中心となって統治を行った。貞和五年（一三四九）には義詮に代えて弟の*基氏《もとうじ》が下向し、以降、*氏満《うじみつ》・*満兼《みつかね》・*持氏《もちうじ》・*成氏《なりうじ》と五代にわたり基氏の子孫が鎌倉公方となった。統治機構は概ね前代の鎌倉幕府等の体制が継承され、通常は公方を補佐する関東管領の主導で政治が行われた。文和二年（一三五三）、関東に下向していた尊氏が鎌倉を去り、公方基氏体制へ移行する。この時代には京都との関係は概ね良好であったが、次の氏満の代には康暦の政変で、満兼の代には応永の乱において、両者とも最終的には関東管領上杉氏の反対により思いとどまるものの、一時は将軍に対抗する姿勢を見せた。こうした鎌倉府の対決姿勢に対して、幕府も東北・北関東の大名と連携を強めて（関東御扶持衆）牽制した。正長元年（一四二八）義持が没し、僧籍にあった*義円《ぎえん》（義宣《よしのぶ》・義教《よしのり》）が将軍となると、持氏の反幕姿勢は鮮明となり、義教も将軍権力専制化のためにこれを煽り立てたため、ついに*永享の乱（永享一一年、一四三九）へと発展し、持氏は敗死した。宝徳元年（一四四九）、持氏の遺児成氏が鎌倉に入るが、関東管領*上杉憲忠《うえすぎのりただ》を殺害したことにより幕府の追討を受け、下総古河に逃れて鎌倉府は滅亡した。この間、東国はいち早く戦国時代に突入した。

［文献］『鎌倉市史　総説編』（一九五九）、渡辺世祐『関東中心足利時代之研究』（新人物往来社、一九七一再刊（雄山閣、一九二六））、山田邦明『鎌倉府と関東』（校倉書房、一九九五）。　（小俣行宏）

関東管領《かんとうかんれい》　*室町幕府の職名。関東の統治を担当した鎌倉府の長である*鎌倉公方を補佐して関東の政務を行うもので、京都の幕府によって任命された。関東執事を淵源とするが、執事と管領の間には職掌に明確な区別があったらしい。京都に幕府を創設した*足利尊氏《たかうじ》は前代の武家政権の本拠であった鎌倉も重視して子の義詮を残し、*斯波家長《しばいえなが》・*石塔義房《いしどうよしふさ》・*上杉憲顕《うえすぎのりあき》・*高師冬《こうのもろふゆ》らを関東執事として相次いで派遣しその補佐とした。貞和年間には高師冬・上杉憲顕が両管領と呼ばれていたが、*観応の擾乱では師冬が尊氏・*高師直《もろなお》方、憲顕が*足利直義《ただよし》方として両者が対立した。結果、師冬は敗死し、尊氏の鎌倉下向にともなって憲顕も鎌倉を退き越後に逃れた。この後畠山国清《はたけやまくにきよ》らが*関東執事を務めたが、貞治二・正平一八年（一三六三）鎌倉公方*足利基氏《もとうじ》は再び憲顕を招聘して関東管領とした。これ以後上杉氏が関東管領を独占するが、このなかでも関東管領となったのは、上杉重能《しげよし》の養子で憲顕の実子である宅間《たくま》上杉能憲《よしのり》を除けば、憲顕流の山内《やまのうち》上杉氏と憲藤流の犬懸《いぬがけ》上杉氏のみであった。やがて両者は関東管領の座をめぐって対立し、応永二三年（一四一六）には鎌倉公方をめぐる争いや社会構造の変化に伴う東国社会の変容なども相俟って*上杉禅秀《ぜんしゅう》（氏憲《うじのり》）の乱として関東一円を戦乱に巻き込んだ。これ以降、山内上杉氏が関東管領を独占するが、後に京都との関係をめぐって*鎌倉公方足利持氏《もちうじ》との関係が悪化、永享一〇年（一四三八）*上杉憲実《のりざね》が上野《こうづけ》に退き、その討伐として持氏が派兵したことにより永享の乱が発生、幕府に救援を求めた憲実方の前に持氏は敗れ、将軍*義教《よしのり》の意向により自害して果てた。これ以降、関東は*結城合戦・*享徳の乱が相次いで発生し、いち早く戦国時代に突入した。永禄四年（一五六一）*北条氏康《ほうじょううじやす》に追われ没落した上杉憲政《のりまさ》は越後の*上杉輝虎《てるとら》（謙信《けんしん》）に身を寄せ、彼を養子とし関東管領を継承させた。輝虎は在任中たびたび北条氏を攻撃したが、関東回復はかなわなかった。

［文献］『鎌倉市史　総説編』（一九五九）、渡辺世祐『関東中心足利時代之研究』（新人物往来社、一九七一再刊（雄山閣、一九二六））、山田邦明『鎌倉府と関東』（校倉書房、一九九五）。　（小俣行宏）

奥州探題《おうしゅうたんだい》　*室町幕府の地方行政機関。応永七年（一四〇〇）、幕府が斯波《しば》満持《みつもち》を奥州探題に補任したことにはじまる（斯波氏は後に大崎氏と改名）。職掌としては、軍事指揮権、官途推挙権、段銭徴収権を保持していたとされるが、史料の残存により判然としない部分が多い。もともと奥州は建武新政下で築かれた奥州小幕府体制のもとで北畠氏の統治が浸透していた。やがて*後醍醐《ごだいご》天皇に反旗を翻した足利氏が、奥州総大将として*斯波家長《いえなが》、*石塔義房《いしどうよしふさ》を派遣し、北畠氏が行っていた郡検断・郡奉行制度を活用して諸勢力を組織化、暦応四・興国二年から康永元・興国三年（一三四一、四二）にかけての陸奥国三迫合戦に勝利して統治を安定化させた。のち、吉良貞家《きらさだいえ》・畠山国氏《はたけやまくにうじ》の両名が奥州管領として派遣され、軍事指揮権、寺社興行、所務・検断・雑務沙汰等の裁判権などを行使した。その後中央の情勢により奥州管領の立場も変動を見せるが、*足利尊氏《たかうじ》が派遣した斯波氏のもとで概ね安定化していく。明徳二年（一三九一）、幕府は陸奥・出羽両国を鎌倉府の管轄としたが、従来の軍事指揮・官途推挙・安堵施行に関する権限は斯波氏が保持しており、鎌倉府による奥羽支配は所与の奥州管領制をベースにして行われたと考えられる。応永六年（一三九九）、鎌倉府は奥州への影響力を強化するため、鎌倉公方足利満兼《みつかね》の弟である満直《みつなお》（篠川《ささがわ》公方）・満貞《みつさだ》（稲村《いなむら》公方）兄弟を派遣したが、これは当時の幕府と鎌倉府の対抗関係のなかで行われたものであり、奥州国人の反発を招いた。こうした状況のなか、斯波満持は幕府によって奥州探題に任命されたが、やがて幕府側に転じた篠川公方が南奥州において勢力を拡大するに及び、奥州探題としての管轄地域も中奥から北の地方に限定されていく。なお、戦国期には伊達晴宗《だてはるむね》が奥州探題に補任されたが、この頃にはすでに奥州探題の独自の機能を行使できる状態ではなく多分に名目的な職だったといえよう。

［文献］小川　信『足利一門守護発展史の研究』（吉川弘文館、一九八〇）、江田郁夫「奥州管領大崎氏と南北朝の動乱」（柳原敏昭・飯村　均編『鎌倉・室町時代の奥州』高志書院、二〇〇二）。　（小俣行宏）

羽州探題《うしゅうたんだい》　室町幕府の地方行政機関。斯波氏の分流である最上氏が補任されたことにはじまり、成立時期としては奥州探題が補任されたとされる応永七年（一四〇〇）と推定される。職権としては奥州探題と同様、軍事指揮権・官途推挙権・*段銭徴収権等を保持し、また、守護不在の出羽国においては*守護大名に相当する役割を果たしたと思われるが、史料の残存により判然としない部分が多い。この地における室町幕府の影響力強化は、*観応の擾乱の際に*足利尊氏《たかうじ》によって奥州管領として派遣された斯波《しば》家兼《いえかね》の子のうち、次子兼頼《かねより》が延文元年（一三五六）出羽国最上《もがみ》地方に入部して地盤としたことから本格化した。兼頼の子孫はのち最上氏を名乗った。なお幕府により派遣された石橋棟義《いしばしむねよし》に「両管領」と談合して合戦すべき旨を記した*足利義《よし》詮《あきら》御判御教書をもとに（東京大学白川文書）、この「両管領」が直持・兼頼兄弟であると推定、この時の兼頼の立場がのちの羽州探題につながるとする意見もある。明徳二・元中八年（一三九一）、幕府は陸奥・出羽両国を鎌倉府の管轄としたが、斯波氏については、出羽守護であると幕府よりその立場を保証されており（『奥州余目記録』）、鎌倉府の管轄下に入っても出羽国における斯波氏の権限は揺るぎなかった。のち、鎌倉府と幕府の対立のなかで鎌倉府の影響力を削ぐべく、幕府により改めて羽州探題が設置された。ただし、羽州探題の権限が及ぶ地域は限定されており、北方の安藤氏や庄内地方の大宝寺氏に対してはその権限が及ばなかった。後、戦国期になると最上義光《よしあき》が積極的に羽州探題を名乗り、出羽一円の支配権を確立しようとしたが、これは戦国大名最上氏としての活動と捉えるのが適当であり、羽州探題職は名目的なものであったといえよう。

［文献］ 白根靖大「南北朝・室町時代の動乱と出羽」（伊藤清郎・山口博之編『中世出羽の領主と城館』高志書院、二〇〇二）。

（小俣行宏）

九州探題《きゅうしゅうたんだい》* 室町幕府の地方行政機関。初期においては鎮西管領・鎮西探題・鎮西大将軍などさまざまな呼称で呼ばれるが、永和年間以降は九州探題の称に落ち着いていく。主たる役割は九州の幕軍を統轄して*南朝方勢力を討滅することにあった。建武三年（一三三六）五月、九州から京都に発向する*足利尊氏《たかうじ》が、*一色範氏《いっしきのりうじ》・仁木義長《にきよしなが》を留めたことに由来し、ほどなく義長が東上したため九州経営は一色範氏とその子息直氏《ただうじ》に任された。一色氏は軍勢催促と恩賞宛行を両輪として在地武士を組織化しようと試みるも、褒賞としての恩賞宛行が探題独自の裁量権をもたず、かつ在地における現実の当知行関係に阻まれて空文化するケースが多かったため、思うように進展しなかった。やがて幕府の内訌が九州にも波及し、貞和五年（一三四九）に*足利直《ただ》冬《ふゆ》が下向し少弐頼尚《しょうによりひさ》と結んで独自の勢力を築いたため、九州は三勢力が鼎立する複雑な様相を呈した。直冬は観応二年（一三五一）には鎮西探題に任命されるも*足利直義《ただよし》の没落と前後して九州を放棄し、一色氏も尊氏方として活動したが奮わず、文和四年には九州経営を放棄して帰京してしまった。一色氏帰京後、幕府は斯波氏経《しばうじつね》・渋川義行《しぶかわよしゆき》を相次いで派遣するが、いずれも実績をあげることなく帰京し、九州においては南朝方である征西府が一大勢力を形成した。この状況を打破すべく幕府は応安四・建徳二年（一三七一）に*今川了俊《いまがわりょうしゅん》（貞世《さだよ》）を探題として派遣した。了俊は南朝勢力の討滅を進めるかたわら、永和元年（一三七五）には肥後水島で少弐冬資《ふゆすけ》を誘殺し北九州の経営は万全なものとした。この際島津氏の反感を買い南九州の経営は難渋したが、島津氏久《しまづうじひさ》が元中四年（一三八七）に没し、南九州にも幕府の影響力を拡大することに成功した。こうして九州経営をほぼ成功裡に修めつつあった了俊であるが、応永二年（一三九五）に突如解任され、以後渋川氏が探題を歴任した。これは、了俊が九州で独自の裁量権を発揮し広域的な勢力を築きつつある現状を幕府が憂慮した結果と見られ、結果としては探題権を幕府が縮小させることとなったが、すでに南北朝合一は果たされ*幕府による一元的支配が完結した状況にあったため、この時点で探題の歴史的使命は全うされたと理解できる。これ以降、探題は幕命の現地での施行や対朝鮮交渉を活動の中心とするが、再び勢いを得た少弐氏に押される形で衰退していった。なお、戦国期には大友氏が探題に任ぜられている。

［文献］ 川添昭二『人物叢書 今川了俊』（吉川弘文館、一九六四）、

川添昭二「渋川満頼の博多支配及び筑前・肥前経営」（竹内理三博士古稀記念会編『続荘園制と武家社会』吉川弘文館、一九七八）、川添昭二「九州探題の衰滅過程」（『九州文化史研究所紀要』二三、一九七八）。　（小俣行宏）

政所《まんどころ》　室町幕府の政務機関。初期においては鎌倉幕府の機構を受け継いだとされる。ただし初期における政所の活動は未詳であり、一四世紀の末頃からその活動が活発となる。執事を頂点とし執事代、*寄人《よりうど》など二〇名弱で構成される。執事は頭人とも呼ばれ*義満《よしみつ》期に伊勢貞継《いせさだつぐ》が任じられてから代々伊勢氏が世襲した。職掌はおおよそ二つに分類でき、ひとつは将軍家の家政機関、もうひとつは幕府の行政・司法機関としての一面であり、後者では内談と呼ばれる会議が開催され奉行人奉書でその意志が示された。この差違は、将軍家政所という私権に後から幕府公権としての機能が付加されてくるという権限拡大によって生じるものと解されている。こうした政所の公私両面における役割の違いは職員の構成にも反映されており、執事・政所代が前者に、執事代・寄人が後者に関わった。室町幕府の行政機関としての政所を取り仕切る政所執事代は、清・飯尾・治部・斉藤・布施・松田・諏訪氏ら幕府奉行衆を構成する家柄から庶務に堪能な者が選ばれた。また、政所代は伊勢氏の家礼である蜷川氏によって世襲された。政所代は本来伊勢氏の家宰であって政所の本来の構成員ではなかったが、時代を経るに従い執事の代官としての活動が次第に大きくなっていった。政所の権能が大きく拡充するのは一四世紀末である。この頃には幕府による京都支配の強化が積極的に推進され、元来朝廷のもとにあった洛中警察権が幕府侍所へ、また、*土倉・酒屋などの商工業者も政所の直轄となった。これにより幕府の経済収入は飛躍的に強化され、同時に幕府が畿内を中心とする経済圏を直接的に把握することが可能となったのであり、将軍家および幕府の財産管理と雑務沙汰・財政政策を一手に担う政所は幕政の中枢として機能したのである。

［文献］　桑山浩然『室町幕府の政治と経済』（吉川弘文館、二〇〇六）。　（小俣行宏）

侍所《さむらいどころ》　*室町幕府の政務機関。所司（頭人）・所司代・寄《より》人《うど》・公人・目付・小舎人・雑色等によって構成された。初期においては*鎌倉幕府の侍所の権限を引き継ぎ、非違の検断（警察権）、罪人の決罰（裁判権）、御家人統制を職務としたが、侍所の機能は時代の変遷とともに異動がみられる。一四世紀中頃の*観応の擾乱の頃には早くも侍所による直接的な御家人統制能力は消失した。文和二年（一三五三）に所司が山城国守護を兼帯するようになると、統制の対象が山城一国の御家人・奉公衆に限定され、一般の御家人統制に関しても守護を通じた間接的なものとなる。幕府支配が安定を見せる*足利義満《よしみつ》の頃になると、御家人統制権は完全に侍所の手を離れたが、この時期幕府は朝廷の検非違使庁の権限の吸収・解体を進めて洛中支配権を掌握していき、侍所は侍所沙汰と呼ばれた京都市中の裁判権・警察権を行使する重要な機関となった。それらは侍所の構成員の多くが解体した使庁の下部、侍所支配下の雑色四座、散所・河原者の系譜を引く者であったことからも知られる。侍所沙汰の内容は、室町中期成立の『武政軌範』によれば、謀叛・夜討・強盗・窃盗・山賊・海賊・殺害・刃傷・放火・打擲《ちょうちゃく》・蹂躙・追落・刈田・刈畠・路次狼藉・路辺捕女・為博戯論・切牛馬尾などの検断、および斬罪以下の行刑行使の執行などが記されている。ただし、これらの検断権も地方においては早くから守護の管轄へと移行し、侍所の検断権は洛中を中心としたものとなっていった。侍所は*応仁の乱による京都の荒廃とともに衰退し、文明一七（一四八五）の京極経秀《きょうごくつねひで》以降は、所司補任も見られなくなる。

［文献］羽下徳彦「室町幕府侍所考」（小川　信編『論集日本歴史五　室町政権』有精堂出版、一九七五）、今谷　明「増訂室町幕府侍所頭人並山城守護付所司代・守護代・郡代補任沿革考証稿」（『守護領国支配機構の研究』法政大学出版局、一九八六）。（小俣行宏）

所司《しょし》*　室町期の侍所および小侍所の職名。頭人とも称される。前代の鎌倉幕府においては侍所の長官は別当と称され、所司はその次官であったが、室町期の侍所には別当が置かれなかったため所司・頭人が長官となった。侍所は初期においては高・佐々木・細川・仁木・今川など*足利尊氏《たかうじ》・*義詮《よしあきら》側近の有力守護が広くこの職に就いたが、室町幕府が安定した*義満《よしみつ》・*義持《よしもち》の時期になると、山名・赤松・京極（佐々木）・一色・土岐の五家に固定される。この後、土岐氏が永享一二年（一四四〇）に没落し、所司への補任が行われなくなったため、後世、侍所所司を務めた四家のことを俗に四職と称した。これらの家々の当主は細川・斯波・畠山ら管領家の当主とともに相伴衆として将軍の諮問に応ずる重臣会議の主要構成員となって幕政を主導していった。

［文献］羽下徳彦「室町幕府侍所考」（小川　信編『論集日本歴史5室町政権』有精堂出版、一九七五）、今谷　明「増訂室町幕府侍所頭人並山城守護付所司代・守護代・郡代補任沿革考証稿」（『守護領国支配機構の研究』法政大学出版局、一九八六）。（小俣行宏）

三管領《さんかんれい》*　室町幕府で管領に補される家柄、具体的には斯波・細川・畠山嫡流を指す。当時は三職と呼ばれることが多かったようである。管領は将軍を補佐して政務を総攬した役職で、もともとは足利家の家宰が幕府創設後も執事として将軍家を補佐したのが由来とされる。当初、執事としてこの職にあったのは*高師直《こうのもろなお》であったが、彼の専権を嫌って*観応の擾乱が発生し師直は横死した。この後、仁木頼章《にきよりあき》・細川清氏《ほそかわきようじ》を経て、将軍*義《よし》詮《あきら》に請われる形で斯波高経《しばたかつね》が子息義将《よしまさ》を推し、この際執事の名を管領と改めたという（『武家名目抄』）。管領が飛躍的にその政治的重要性を高めたのは次の細川頼之《よりゆき》の時期であり、彼は幼少の将軍*義満《よしみつ》の補佐として幕政を主導した。管領職については、主従制的支配の側面での将軍の代官と、統治権的側面での政務の長官とを併せた地位と理解されているが、それはこのような政治的状況から生まれたものである。応永五年（一三九八）には畠山基国《はたけやまもとくに》が管領に就任し、斯波・細川・畠山の三家から管領が選任される慣習が固まった。将軍義持期になるとこれら三氏と有力大名の合議により政治が運営されていくことになった。また、将軍家の祇園会御成の際には管領邸に立ち寄るなど、儀礼的な側面でも重要な立場と位置づけられた。しかし、*応仁・文明の乱前後になると、細川・畠山両氏の相剋、斯波・畠山両氏での嫡流争いをめぐる家中抗争、細川氏内部での被官層の台頭など、三氏の弱体が表面化しこれに伴い管領職も有名無実化した。応仁・文明の乱以降は管領欠任も多くなり、幕府運営の主体は将軍直属の奉行人・奉公衆へと移行し、幕府自体も畿内を中心とする小規模な政権へと下降した。こうした全体的な衰微のなかで永禄六年（一五六三）、細川氏綱《うじつな》の死によって管領職は停廃した。

［文献］　五味文彦「管領制と大名制」（『神戸大学文学部紀要』四、一九七四）、佐藤進一「室町幕府論」（『岩波講座日本歴史7』岩波書店、一九六三）、小川信『足利一門守護発展史の研究』（吉川弘文館、一九八〇）。　（小俣行宏）

細川氏《ほそかわし》　足利一門の*守護大名。清和源氏《せいわげんじ》の流れ。嫡家は*室町幕府管領《かんれい》家の一つ。足利義康《よしやす》の曾孫義季《よしすえ》が本家の足利義氏《よしうじ》に従い三河国額田《ぬかた》郡細川郷（愛知県岡崎市）に移ってのち、細川氏を称した。義季の曾孫にあたる和氏《かずうじ》・頼春《よりはる》・師氏《もろうじ》兄弟とその従兄弟の顕氏《あきうじ》・定禅《じょうぜん》・皇海《こうかい》兄弟が、*足利尊氏《たかうじ》の挙兵に従って軍功をあげ、一族でほぼ八カ国の守護となった。和氏の子清氏《きようじ》は将軍*義詮《よしあきら》のもと幕府執事となるが失脚し、従兄弟頼春の子*頼《より》之《ゆき》に四国で討たれた。頼之は幕府管領に就任し幼少の将軍*義満《よしみつ》を助けたが一時失脚、復帰後は弟で養子の管領頼元《よりもと》を補佐した。頼元以後、嫡家の当主は代々右京大夫《うきょうだいぶ》（京職の唐名）に任じられたため、京兆家《けいちょうけ》と呼ばれた。また、当主は管領のほか摂津・丹波・讃岐・土佐四カ国の守護職を世襲した。庶家には和泉（二家の共同統治）・阿波・備中・淡路の各守護家があった。その後*勝元《かつもと》のとき*山名持豊《やまなもちとよ》（宗全《そうぜん》）との対立が*応仁・文明の乱へと発展し、その子*政元《まさもと》は将軍*義材《よしき》を廃して幕政を主導したが、養子の澄之《すみゆき》と澄元《すみもと》が対立、一族・家臣に内紛が起こり、政元は澄之派の家臣に殺害された。次いで、庶家の高国《たかくに》が澄之を討ち澄元を退け嫡家を継いだが、澄元の子晴元《はるもと》の代に家臣阿波三好《みよし》氏の台頭を招き、氏綱《うじつな》の代にはまったく実権を失った。晴元の子昭元《あきもと》のときに嫡家は断絶したが、和泉守護家を相続した藤孝《ふじたか》

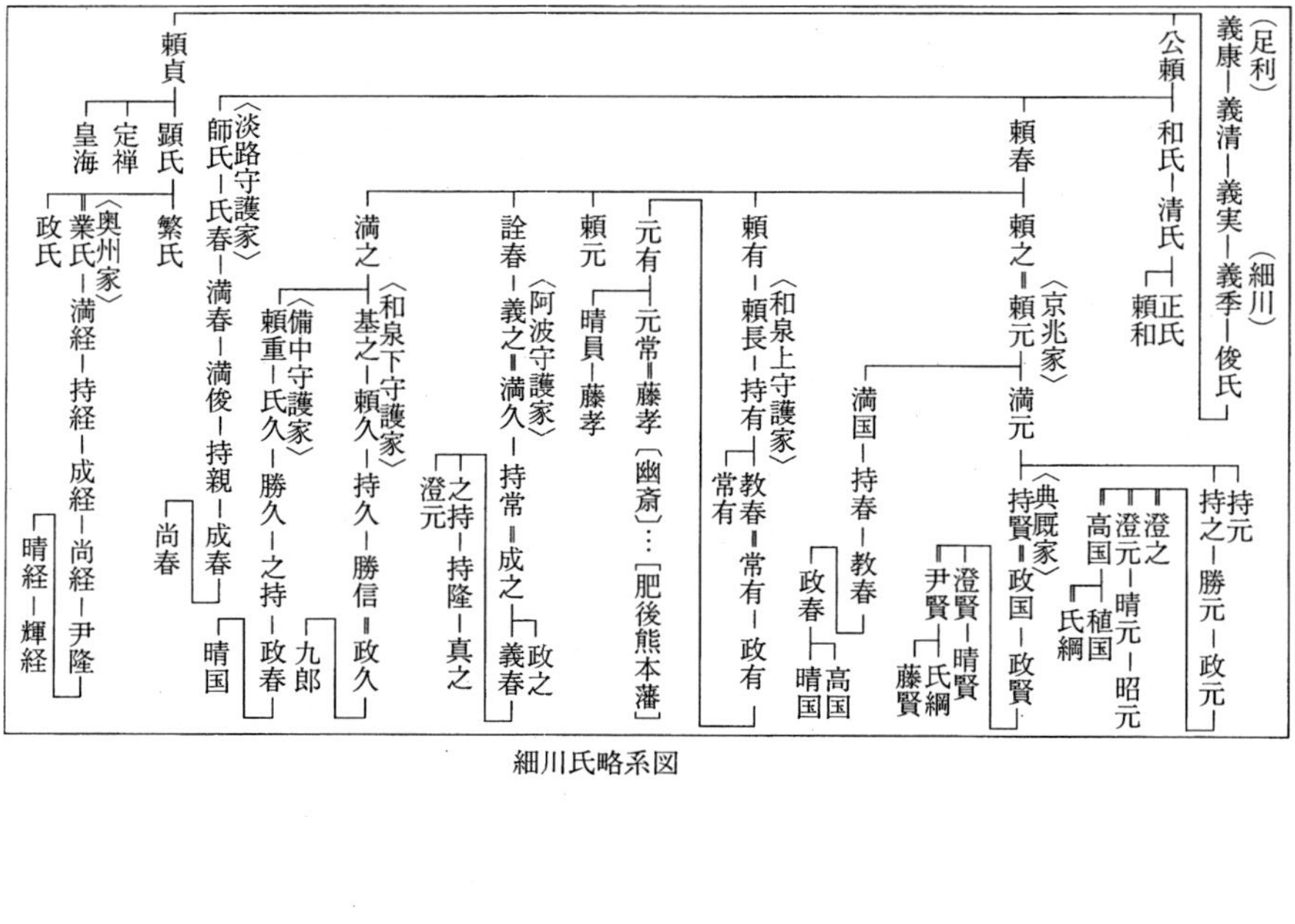

細川氏略系図

（幽斎《ゆうさい》）の子孫は江戸幕府のもと肥後熊本藩主となった。
［文献］　小川　信『足利一門守護発展史の研究』（吉川弘文館、一九八〇）。　（谷釜千奈津）

斯波氏《しばし》　足利一門の*守護大名。清和源氏《せいわげんじ》の流れ。*室町幕府管《かん》領家《れいけ》の一つ。鎌倉中期に足利泰氏《やすうじ》の子家氏《いえうじ》が陸奥国斯波郡（岩手県紫波郡）を領有したことにはじまる。家氏の曾孫高経《たかつね》は*足利尊氏《たかうじ》に従い、越前守護として*新田義貞《にったよしさだ》を討つなど活躍し、将軍*義詮《よしあきら》のもと幕府執事となった子の義将《よしまさ》を後見した。義将は将軍義満・義持のもと幕府管領を三度務め、幕政に重きをなした。義将以降当主は多く尾張守、または、兵衛督《ひょうえのかみ》、兵衛佐《ひょうえのすけ》に任じられたため、尾張家、*武衛《ぶえい》（兵衛府の唐名）家とも呼ばれた。義将の子義重《よししげ》（義教《よしのり》）は応永の乱平定の功により、従来の越前に加え尾張・遠江の守護を兼任し、この三カ国は斯波氏の世襲するところとなった。その後義重の孫義健《よしたけ》が没すると、一族の*義敏《よしとし》と傍系渋川氏から入った*義廉《よしかど》が家臣に擁立され家督を争い、斯波氏は義敏派と義廉派に分かれて対立した。二派はそれぞれの幕府有力者の山名氏・伊勢氏と結んで争い、*応仁・文明の乱の一因をなした。乱後は越前を守護代朝倉氏に、遠江を今川氏に奪われ、尾張守護代織田氏に擁立されわずかに存続したが、永禄四年（一五六一）義銀《よしかね》のとき*織田信長《おだのぶなが》に滅ぼされた。なお高経の弟家兼《いえかね》の子孫は奥州管領（のち奥州探題《おうしゅうたんだい》）・羽州《うしゅう》探題《たんだい》となって、それぞれ大崎《おおさき》氏・最上《もがみ》氏を称した。
［文献］　小川　信『足利一門守護発展の研究』（吉川弘文館、一九八〇）。　（谷釜千奈津）

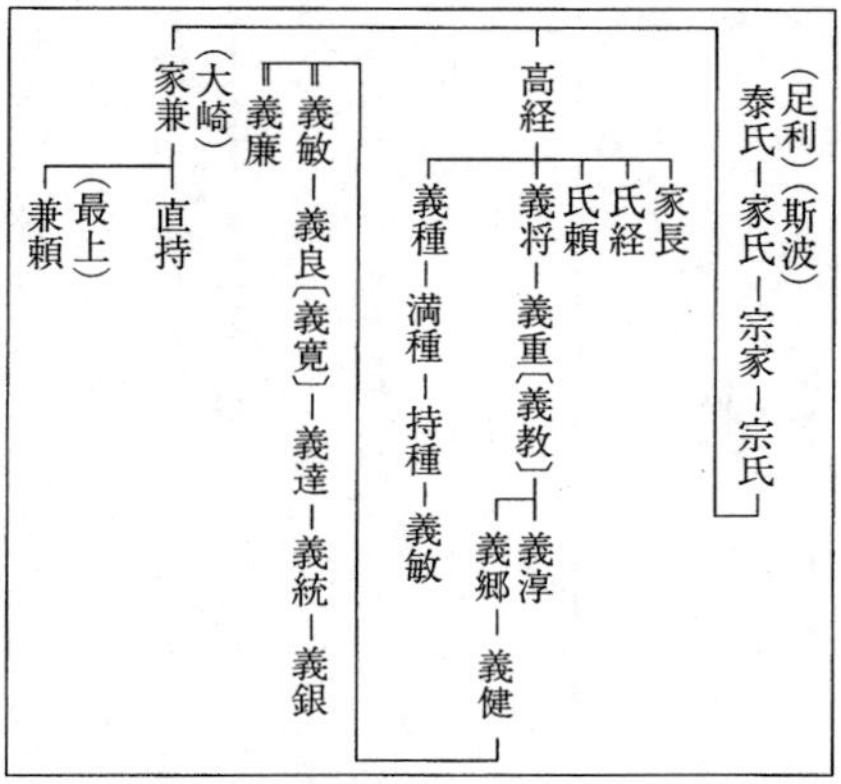

斯波氏略系図

畠山氏《はたけやまし》　（一）平安末期から鎌倉初期の武蔵国の豪族。桓武《かんむ》平氏《へいし》の流れ。秩父重弘《ちちぶしげひろ》の子重能《しげよし》が武蔵国男衾《おぶすま》郡畠山荘（埼玉県深谷市付近）の荘官となったことにはじまる。重能の子*重忠《しげただ》は*源頼朝《よりとも》の挙兵に際し、はじめ平氏方についたがのち頼朝に帰属し、*木曾義仲《きそよしなか》や平氏の追討に軍功をあげた。また足立氏と姻戚関係を結び鎌倉幕府有力御家人となった。しかし元久二年（一二〇五）重忠の子重保《しげやす》が平賀朝雅《ひらがともまさ》と争い、一族は*北条時政《ときまさ》に滅ぼされた。

（二）足利一門の守護大名。清和源氏《せいわげんじ》の流れ。嫡家は室町幕府管領家《かんれいけ》の一つ。畠山重忠の妻（北条時政の女）は重忠の死後足利義兼の子義純に嫁し、その子泰国が畠山氏の名跡を継いだ。*義純の子泰国《やすくに》以後、子孫は数流に分かれた。高国《たかくに》・国氏《くにうじ》父子は*足利尊氏《たかうじ》に属し、国氏は奥州管領となったが、*観応の擾乱《じょうらん》により父子とも同じく奥州管領の吉良貞家《きらさだいえ》に滅ぼされた。国氏の子国詮《くにあきら》は陸奥国安達郡日二本松《にほんまつ》（福島県二本松市）に拠って二本松氏を称したが、戦国時代末義継《よしつぐ》のとき伊達政宗《だてまさむね》に滅ぼされた。また直顕《ただあき》は日向守護となるが振るわず、その甥直宗《ただむね》は*足利直義《ただよし》に仕えたが*高師直《こうのもろなお》に滅ぼされた。一方国清《くにきよ》は観応の擾乱中に直義方から尊氏方に転じ関東執事となるが、関東諸豪族と対立し、鎌倉公方《かまくらくぼう》*足利基氏《もとうじ》に滅ぼされた。しかし弟の義深《よしふか》が許されて越前守護となり、その子基国《もとくに》は*足利義満《よしみつ》のもと越中・能登・河内・紀伊守護を兼ね、応永五年（一三九八）管領となる。基国の子満家《みついえ》以来、嫡家は河内・紀伊・越中守護職及び管領を世襲したが、持国《もちくに》の実子*義就《よしなり》と甥で養子の*政長《まさなが》の家督争いが応仁・文明の乱の一因となった。この抗争は乱後も続き、畠山氏は衰退した。その後政長の子孫高政《たかまさ》は織田信長に仕えたが、弟昭高《あきたか》が家臣遊佐信教《ゆさのぶのり》に殺害された。一方満家の弟満慶《みつのり》の子孫は能登守護家となったが、戦国時代に*上杉謙信《うえすぎけんしん》の制圧、一族・家臣の内紛により没落した。なお江戸時代には嫡家の子孫は幕府高家となり、能登守護家の子孫は幕臣となった。

（谷釜千奈津）

［文献］　小川　信『足利一門守護発展史の研究』（吉川弘文館、一九八〇）。

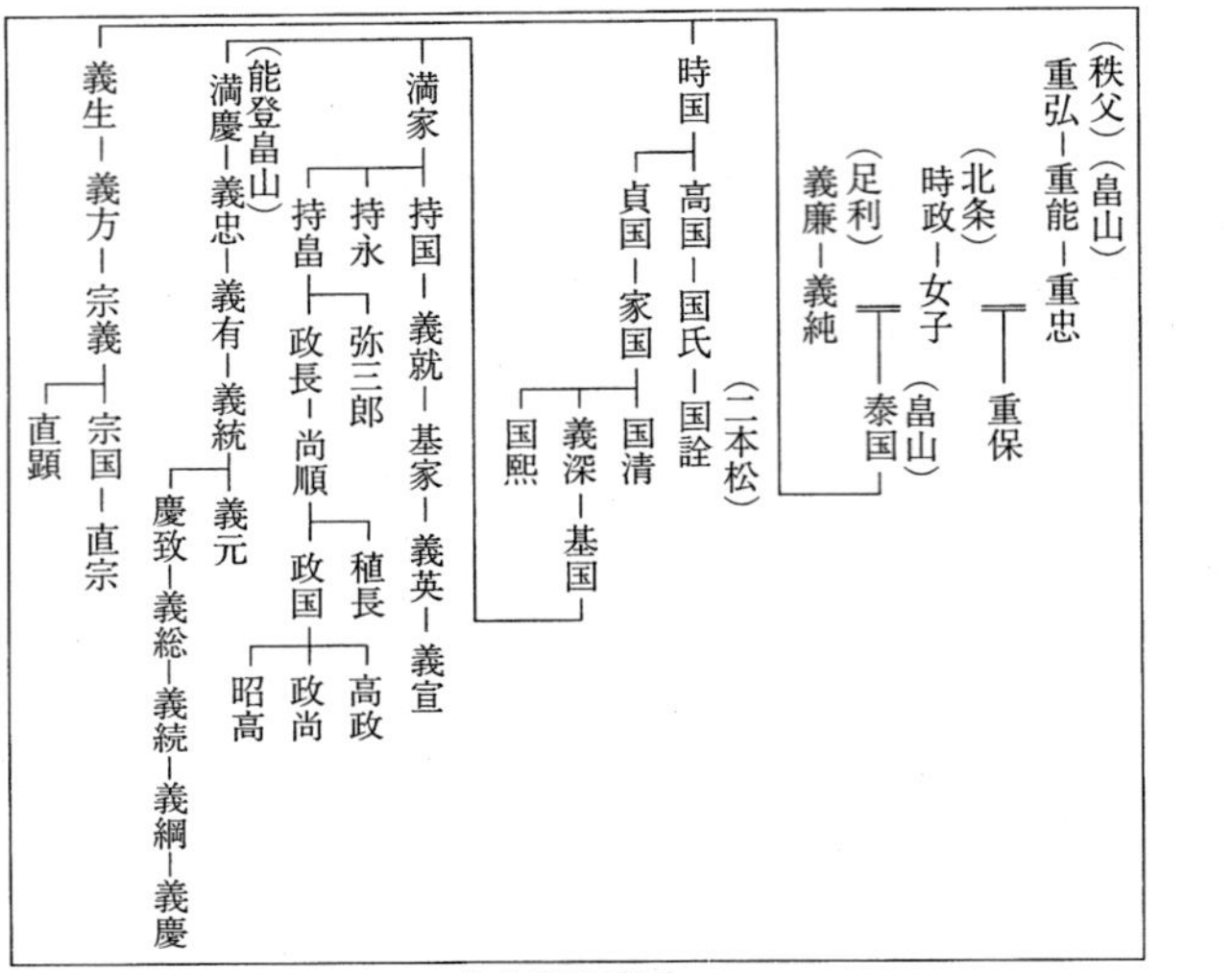

畠山氏略系図

山名氏《やまなし》　南北朝から室町時代の守護大名。室町幕府四職《ししき》家の一つ。清和源氏《せいわげんじ》の流れ。新田義重《よししげ》の子義範《よしのり》が上野国山名郷（群馬県高崎市）に住し、山名氏を名乗った。山名氏は義範が*源頼《より》朝《とも》の挙兵に参加し、鎌倉幕府御家人の上位に列せられたが、鎌倉後期には衰退した。南北朝時代に至り、時氏《ときうじ》は*足利尊氏《たかうじ》に属して伯耆守護に任ぜられ、次いで丹波・若狭守護を兼任した（のちに解任）。*観応の擾乱《じょうらん》では*足利直冬《ただふゆ》と結んだが、その後幕府に帰属、将軍*義詮《よしあきら》と和解し、丹波・丹後・因幡・伯耆・美作五カ国の守護となった。以後山名氏は一族で十二カ国（山城国含む）、日本全国の六分の一の守護職を与えられ、「六分一殿《ろくぶんのいちどの》」「六分一衆《ろくぶんのいちしゅう》」と称された。しかし時氏の子時義《ときよし》の死後、一族に内紛が起こり、これに山名氏の強大化を憂慮した将軍*義《よし》満《みつ》が介入し、*明徳の乱へと拡大した。乱後、山名氏の保有する守護職は但馬・伯耆・因幡の三カ国となった。しかし応永の乱後時熙《ときひろ》（常熙《じょうき》）に備後の守護職が、石見・安芸の守護職も一族に与えられ、山名氏は*大内氏包囲の役割を任じ、時熙は幕府重鎮となった。*嘉吉の乱においては*持豊《もちとよ》（宗全《そうぜん》）が*赤松氏を追討した功により、赤松領国の播磨・美作・備前も一族の領国となり、次第にその勢力を回復して、管領*細川氏との対立を深めた。*応仁・文明の乱では持豊が西軍の大将となるが、戦乱の最中赤松氏に播磨・美作・備前三カ国を奪還され、その他の領国も国人領主の成長により次第に支配権が弱体化した。戦国時代には、安芸・備後・石見・伯耆が毛利氏・尼子氏らの侵攻を受けた。さらに天正八年（一五八〇）但馬出石《いずし》城が豊臣秀長《ひでなが》軍の攻撃をうけ山名氏宗家は滅亡、次いで因幡でも豊国《とよくに》が*豊臣秀吉に降伏し因幡守護家も滅んだ。その後豊国は*徳川家康に仕えて但馬国七美《しつみ》郡に所領を与えられ、幕末に至る。

［文献］ 岸田裕之『大名領国の構成的展開』（吉川弘文館、一九八三）。 （谷釜千奈津）

赤松氏《あかまつし》 鎌倉から室町時代の武家で、播磨国の*守護大名。室町幕府四職《しき》家の一つ。村上源氏《むらかみげんじ》の流れをくみ、鎌倉初期則景《のりかげ》のとき、播磨国佐用《さよ》荘（兵庫県佐用郡）の地頭に補任《ぶにん》されたといわれ、則景の子家範《いえのり》のときから赤松氏を名乗ったと伝えられる。南北朝期には*足利尊氏《たかうじ》に属し、*則村《のりむら》（円心）は播磨、子の範資《のりすけ》と貞範《さだのり》はそれぞれ摂津・美作の守護に任ぜられた。則村のあと家督を継いだ則祐《そくゆう》のときは播磨・備前守護、その子義則《よしのり》の代にはこれに美作《みまさか》を加えた三カ国の守護となった。また義則は幕府侍　所　頭人《さむらいどころとうにん》となり、四職家の一つとして勢力を拡大した。しかし義則の子*満祐《みつすけ》が、嘉吉元年（一四四一）将軍*義教《よしのり》を殺害し*（嘉吉の乱）、幕府軍の追討をうけ自害、乱後播磨・備前・美作の守護職は山名氏に移った。その後政則《まさのり》のとき、赤松の遺臣が後南朝から神璽《しんじ》を奪回した功により家督再興を許され、*応仁・文明の乱では東軍*細川勝元《ほそかわかつもと》に属し、旧領の播磨・備前・美作を回復した。ところが、政則の養子義村《よしむら》が大永元年（一五二一）家臣浦上村宗《うらがみむらむね》に殺害されて以後、領国の支配権を浦上氏に奪われ、赤松氏は衰退した。義村の曾孫則房《のりふさ》が*豊臣秀吉《ひでよし》に仕えて阿波国に所領を与えられたが、関ヶ原の戦いで西軍に属し、赤松氏は滅亡した。

［文献］ 岸田裕之『大名領国の構成的展開』（吉川弘文館、一九八三）。 （谷釜千奈津）

一色氏《いっしきし》 足利一門の*守護大名。室町幕府四職《しき》家の一つ。清和《せいわ》源氏《げんじ》の流れ。足利泰氏《やすうじ》の子公深《こうしん》が三河国吉良《きら》荘（愛知県一色町）に住し一色氏を名乗った。公深の子範氏《のりうじ》は*足利尊氏《たかうじ》に従って九州に下り、初代鎮西管領《ちんぜいかんれい》（のち九州探題《きゅうしゅうたんだい》）として統治にあたった。その子直氏《なおうじ》は父の跡を継ぎ南朝方と戦ったが、九州諸豪族の抵抗、また*足利直冬《ただふゆ》の九州下向により統治は一層困難となり、父子ともに九州を退去した。こののち直氏の弟範光《のりみつ》は若狭・三

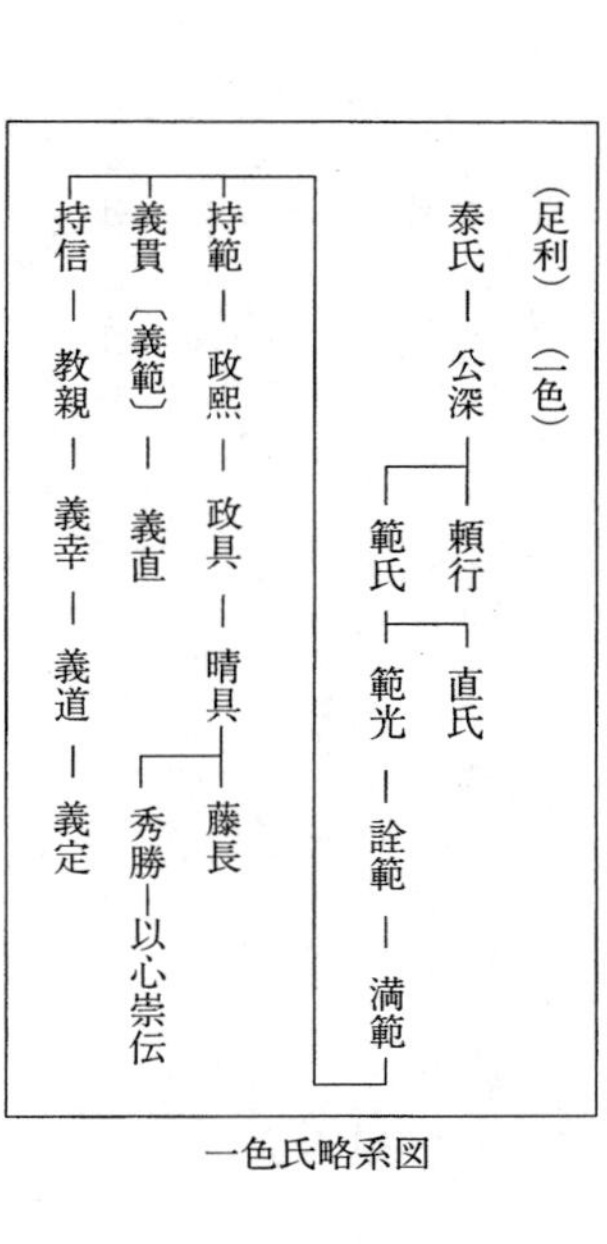

一色氏略系図

河の守護となり、範光の子詮範《あきのり》は侍所《さむらいどころ》頭人《とうにん》に任じられた。詮範の子満範《みつのり》は明徳の乱の功により丹後守護職を与えられ、一色氏は三カ国の守護及び四職家として隆盛を迎えた。満範の子（義範《よしのり》）が将軍*足利義持《よしもち》・*義教《よしのり》に仕えたが、義教の不興を買い殺害されてのち衰退した。その後義貫の甥範親《のりちか》が丹後・伊勢の守護となり義貫の子義直《よしなお》がこれを継いだ。その子孫は丹後宮津《みやづ》城主としてわずかに存続したが、天正一〇年（一五八二）長岡（細川）忠興《ただおき》に滅ぼされた。満範の子持範《もちのり》の子孫にあたる藤長《ふじなが》は、*足利義昭《よしあき》・*織田信長《おだのぶなが》・*豊臣秀吉《ひでよし》に仕え、その子範勝《のりかつ》は江戸幕府に仕えたが、江戸時代初期には断絶した。また以心《いしん》（金地《こんち》院《いん》）崇伝《すうでん》は藤長の甥にあたる。

（谷釜千奈津）

京極氏《きょうごくし》　近江国の守護、戦国大名。室町幕府四職《ししき》家の一つ。宇多源氏《うだげんじ》近江佐々木氏の流れ。鎌倉中期に、近江守護佐々木信綱《のぶつな》の三男泰綱《やすつな》が京都六角東洞院《ろっかくひがしとうのいん》に住して六角氏を称したのに対し、四男氏信《うじのぶ》は京都京極高辻《きょうごくたかつじ》に住して京極氏を称したのにはじまる。南北朝から室町時代にかけて、*高氏《たかうじ》（道誉《どうよ》）が*足利尊氏《たかうじ》に仕えて勢力を拡大し、佐々木惣領職を与えられた。高氏の子高秀《たかひで》は、将軍*義詮《よしあきら》のもと室町幕府評定衆《ひょうじょうしゅう》となり侍所《さむらいどころ》頭人《とうにん》にも任ぜられた。次いで高秀の子高詮《たかあきら》のとき近江北半（近江南半の守護職は六角氏）のほか飛驒・出雲・隠岐の守護職を得た。応仁・文明の乱では持清《もちきよ》が東軍細川勝元《かつもと》に属したが、持清の死後一族の内紛により衰退し、高清《たかきよ》のときには重臣多賀氏の離反、将軍家からの追討、六角氏との対立などにより、しばしば領国を追われた。その後家臣浅井氏に北近江での支配権を奪われ、出雲・隠岐は守護代尼子氏に、飛驒は越前朝倉氏・美濃斎藤氏など隣国から侵略され、京極氏は没落した。しかし高《たか》次《つぐ》が弟高知《たかとも》とともに、*織田信長《おだのぶなが》・*豊臣秀吉《ひでよし》に仕えて再興し、関ケ原の戦では徳川方に属して、子孫は讃岐国丸亀《まるがめ》藩・多度津《たどつ》藩、丹後国宮津藩・峰山《みねやま》藩、但馬国豊岡《とよおか》藩の藩主となった。

（谷釜千奈津）

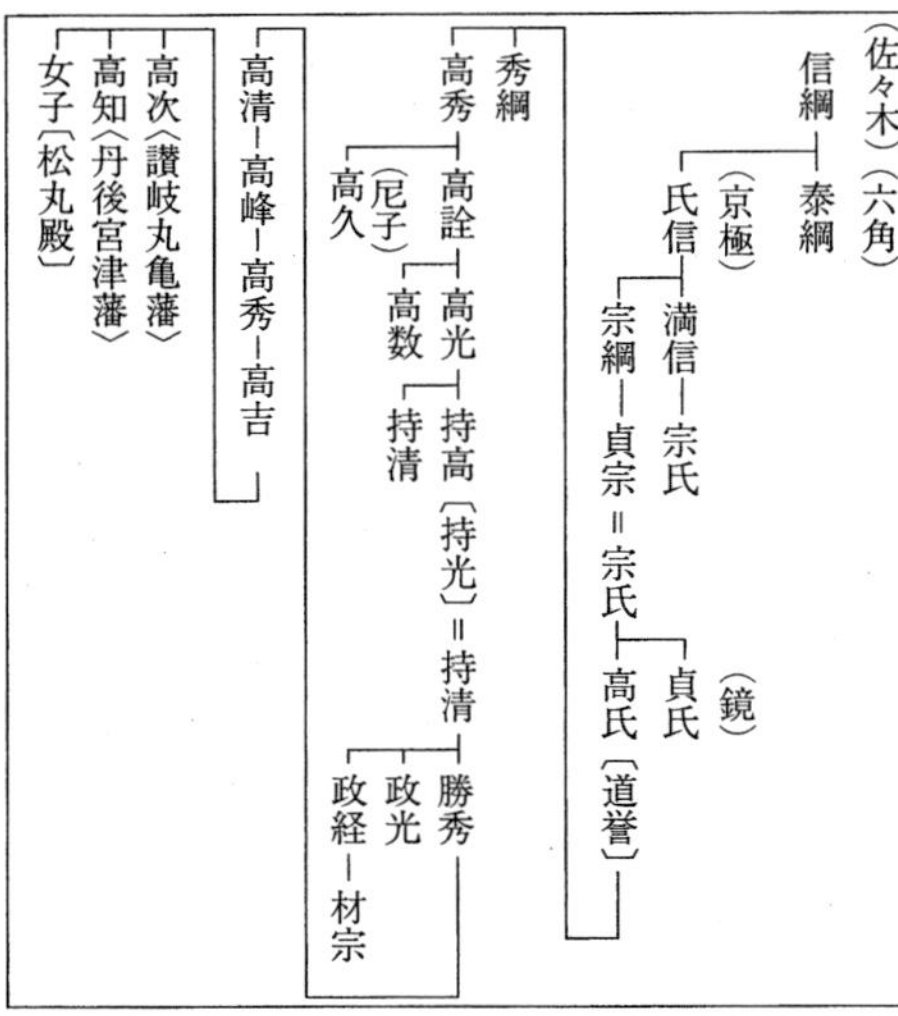

京極氏略系図

奉公衆《ほうこうしゅう》　*室町幕府において将軍に近侍した御目見以上の御家人。番方・番衆・五番衆ともいう。鎌倉幕府の御所内番を継承し、幕府直勤御家人を編成した「当参奉公衆」が発展したもので、*将軍足利義満《よしみつ》から*義教《よしのり》期に制度が確立したと考えられる。その名簿は番帳と称され、一五世紀半ば以降のものが数通残されている。奉公衆の出自は、足利氏一門及び守護大名の庶流（及びその被官）、足利氏の根本被官・家僚的奉行人層、有力国人領主などであり、番頭のもと五番に編成され、番所属は家ごとにほぼ固定されていた。同一番所属者は「相番衆」と呼ばれ、互いに強い連帯意識をもっていた。日常的には番を組み交代で御所内の諸役や将軍御出の供奉などを務め、戦時には将軍の親衛軍となった。奉公衆は幕府御料所《ごりょうしょ》を預け置かれ、その所領は段銭《たんせん》京済《きょうせい》、守護使不入などの特権が認められており、守護を牽制し、政治的・経済的・軍事的に将軍権力を支える役割を果たしていた。所領の地域分布には将軍の権力基盤が反映されており、近江・三河・尾張・美濃に集中し、ついで北陸・山陰・山陽諸国となる。奉公衆の制度は、*応仁・文明の乱後、明応二年(一四九三)将軍*義稙《よしたね》の河内出陣の頃までは機能していたが、*明応の乱によって事実上崩壊した。なお、在京して将軍に近侍した奉公衆は、*東山文化の主要な担い手にもなった。

[文献] 福田豊彦『室町幕府と国人一揆』(吉川弘文館、一九九五)。

(谷釜千奈津)

御料所《ごりょうしょ》 為政者が直接支配する所領のこと。家臣に給与していない所領。もとは天皇家の所領をさしたが、*室町時代には将軍家や守護家の所領などもさすようになった。「料所」ともいうが、中世では通常「御料所」という言葉が使用され、公家においては天皇の御料所を、幕府においては幕府の御料所を、地方の武家においては守護の御料所をさした。天皇家の御料所は「禁裏《きんり》御料」「仙洞《せんとう》御料」とも呼ばれ、室町中後期以降、朝廷内に置かれた御料所奉行《ごりょうしょぶぎょう》によって管理された。室町幕府の御料所は全国に散在しており、その多くは幕府政所の管理下にあった。これらは将軍の直臣である奉公衆などに預け置かれ、御料所を通じて幕府との結びつきを強めた。寺院や幕府側近の武家の中には、所領の不法横領者・競争者を排除し、知行を全うするため、自らの所領を幕府御料所とする者も現れた。また、商工業者に対する課役の納銭方・白布棚公事などを料所と呼ぶ例もあり、所領(土地)のみをさすのではなく、幕府にとって広く経済的収益源を指したことも知られる。江戸時代には幕府直轄領の意味となり、御料・御領・天領《てんりょう》などともいった。

(谷釜千奈津)

段銭《たんせん》 中世、田地一段別に賦課された臨時の公事《くじ》。のちに恒常化した。大嘗祭《だいじょうさい》・内裏《だいり》造営などの朝廷諸行事や、伊勢神宮・興福寺などの大寺社修造、将軍拝賀などの幕府諸行事に際し、費用調達のため、諸国あるいは一国から数ヶ国に課せられた。指定された国内の荘園・公領に平均に賦課されたので、一国平均役《いっこくへいきんやく》ともいう。鎌倉時代には米で徴収されることが多く(*段米《たんまい》)、南北朝時代以降段銭としての賦課が一般化した。賦課の権限は当初朝廷にあったが、南北朝期には幕府へと移行し、制度的にも整えられていった。賦課の基準は*大田文《おおたぶみ》に記載された公田であり、段銭の徴収は守護の支配機構を通じて行われた。幕府内には段銭を扱う機関として国ごと国分奉行、それとは別に総奉行が設置され、段銭は棟別銭《むなべつせん》とともに幕府の重要な財源となっていった。また、有力な寺社・公家および将軍近習・奉公衆は、幕府からの段銭の免除や*京済《きょうせい》(守護の手を得ず、京都で直接納入すること)の特権が認められており、この特権により自領への守護の介入を排除することが可能となっていた。室町中期以降、段銭の徴収権を与えられていた守護が、自らの領内で独自に賦課する*守護段銭もみられるようになった。戦国大名に至ると、北条氏のように独自に田数を調査し、段銭を賦課する例もみられた。

［文献］百瀬今朝雄「段銭考」（『日本経済史研究 中世編』、吉川弘文館、一九六七）、岸田裕之『大名領国の構成的展開』（吉川弘文館、一九八三）。

（谷釜千奈津）

棟別銭《むねべつせん》　鎌倉時代から戦国時代に、家屋の棟数別に賦課された臨時の税。「むねべちせん」「むなべちせん」とも読み、「棟役」ともいう。主な目的は寺社修造費用の調達であるが、朝廷関係や橋の築造費用調達のためにも課された。一三世紀末に、勧進に代わる寺社修造費用調達の手段として設けられた。賦課対象は、全国的、あるいは特定の国に限られる場合があった。賦課の手続きとしては、鎌倉時代には、朝廷の許可を必要としたが、現実には寺社の修造責任者が当該国守護の協力を得て、棟別十文程度の額を徴収した。室町時代には、賦課の権限は幕府へと移行し、その重要な財源となった。幕府はしばしば徴収を行ったが、実質的な徴収権は守護にあり、徴収が困難をきわめるにつれ、守護に依存した徴収方法が採られるようになった。また守護は棟別銭の守護請《しゅごうけ》、賦課頻度の増加によって、独自の棟別銭を領国へ賦課するに至り、次第に棟別銭は恒常化していった。戦国時代には、これまでの達成を継承しつつ、国単位での棟別基本台帳が作成されるに及んだ。額も棟別五十から百文程度となり、*段銭とともに戦国大名の財政基盤となった。その後、近世に入り棟別銭は姿を消すが、運上の中に包括されたものと考えられる。

［文献］藤木久志『戦国社会史論』（東京大学出版会、一九七四）、榎原雅治「山伏が棟別銭を集めた話」（『日本中世地域社会の構造』校倉書房、二〇〇〇）。

（谷釜千奈津）

関銭《せきせん》**・津料**《つりょう》　関銭は、中世*関所を通過する人馬や貨物に対し賦課・徴収された税をいう。従来は米（関米・*升米《じょうまい》）や塩など現物で徴収されたが、鎌倉中期以降、次第に貨幣化されたため、一般に関税の総称として用いられる。関所の名称は数多く知られ、津料・山手・河手・勘過料・兵士米・警固《けご》役・升米・率分・勝載料・帆別銭・艘別銭・駄口米・馬足役などがあった。これらは徴収場所・目的・税率・対象などによって分類される。関銭の額は、徴収場所・目的・時代により変化し、一定ではなかった。津料は、津（港）において徴収された関税をさすもので、関税の起源が港や河川の利用料にあると考えられるため、比較的早い段階からその名称がみられる。本来は港湾機能の維持費を捻出するために徴収された税であった。また、関銭と同じく、中世を通じて広く関税の総称としても用いられた。南北朝時代以降、関銭は減少する荘園からの収益に代わる新たな収益源として注目され、荘園領主によって関所が濫立された。

（谷釜千奈津）

酒屋役《さかややく》　中世における課役のひとつで、潤沢な資金をもとに土倉を兼業することの多かった*酒屋に掛けられた。鎌倉時代に酒造業が著しく発達したことにより、一三世紀初頭に造酒司《さけのつかさ》が畿内散在の酒麹《さけこうじ》売に賦課し、蔵人所・京職も酒屋に賦課するようになった。鎌倉末期の元亨二年（一三二二）に*後醍醐《ごだいご》天皇がこれらの課税を造酒正《さけのかみ》の下での一元化を図ったが、洛中酒屋の多くを支配する山門（延暦寺）等の抵抗に遭い失敗した。結局貞和三・正平二年（一三四七）に臨時課役が課せられたのが初見である。この朝廷課役分については、造酒正中原（押小路《おしこうじ》）家が本司分、広橋家が朝要分を納入させていた。また山門も酒麹役《しゅきくやく》上分銭を酒屋に課していた。一方*鎌倉幕府は沽酒《こしゅ》（酒の売買）を禁じていたが、*室町幕府は、明徳の飢饉後の明徳四年（一三九三）に、おそらくはその対策として洛中辺土《らくちゅうへんど》散在《さんざい》の*土倉《どそう》と酒屋に倉役・酒屋役を賦課した。これは造酒正の酒麹役を神人《じにん》・寄人《よりうど》などとして保持していた一切の課役免除特権を否定し、酒壺別一〇〇文、月に酒屋一軒平均一貫五〇〇文、倉役と合わせて年間六〇〇〇貫を幕府*政所《まんどころ》方に年中行事費用として納入させたものであった。その後も同様の法令は何度も出され、その他にも臨時課役を酒屋に賦課していた。

［文献］　小野晃嗣『日本産業発達史の研究』（法政大学出版局、一九八一）、網野善彦「造酒司酒麹役の成立について―室町幕府酒屋役の前提―」（『続荘園制と武家社会』吉川弘文館、一九七八）。

（渡邊浩史）

倉役《くらやく》　中世の金融業者である*土倉《どそう》に賦課された課役。土倉役・土倉懸銭《かけせん》とも言う。鎌倉後期正和《しょうわ》年間（一三一二―一七）に日吉神社神輿造替費用として賦課されたのが早い例とされ、土倉に営業特権を与える代わりに納めさせていた。これらのうち、特に洛中の土倉は一四世紀初頭には三〇〇以上あったとされ、その八割は山門（延暦寺）の支配下に入っていた。*室町時代にはいると、幕府は明徳の飢饉をきっかけに土倉支配に乗り出した。すなわち明徳四年（一三九三）一一月二六日に洛中辺土《らくちゅうへんど》散在《さんざい》の土倉並びに酒屋に役を課したのである。ここで土倉に対し、酒屋と共に幕府*政所《まんどころ》方の年中行事費用年六〇〇〇貫文納入を条件に、朝廷・寺社からの臨時課役を免除した。この幕府からの課役を負担したのが土倉方一衆《どそうかたいっしゅう》である。この役銭徴収にあたったのが、納銭方《のうせんかた》と呼ばれる有力土倉たちであった。この法令は応永一五年（一四〇八）・永享四年（一四三二）・長禄四年（一四六〇）と三回にわたり繰り返し発せられたことから、*応仁の乱以前の室町幕府による土倉・酒屋に対する基本姿勢であった。

［文献］　小野晃嗣『日本産業発達史の研究』（法政大学出版局、一九八一）、桑山浩然「室町幕府経済機構の一考察」（『史学雑誌』七三―九、一九六四）、下坂　守「中世土倉論」（日本史研究会史料研究部会編『中世日本の歴史像』、創元社、一九七八）。

（渡邊浩史）

室町殿《むろまちどの》　*室町幕府三代将軍である*足利義満《よしみつ》が造営した京都室町の将軍第・幕府政庁の総称。敷地は、南は北小路、北は毘沙《びしゃ》門堂《もんどう》大路（現上立売《かみたちうり》通）、東は烏丸《からすま》小路（現烏丸通）、西は室町小路（現室町通）の南北二町、東西一町で、正門である四脚門が室町小路にあったため室町殿と呼ばれた。永和三年（一三七七）に造営を開始し、永徳元年（一三八一）落慶。花の御所（花御所）の名は、旧地今出川《いまでがわ》邸に花が多く植えられてあったことに因むという。応安四年（一三九七）将軍職を*義持《よしもち》に譲った義満が北山第に移った後、義満が北山殿、義持が室町殿と呼ばれるようになる。その後、義持は二代将軍*義詮《よしあきら》の旧邸である三条坊門第に移るが、六代将軍*義教《よしのり》の時に再びここへ移った。その後八代将軍*義政《よしまさ》の文明八年（一四七六）一一月一三日火災により焼失する。

［文献］　川上　貢『日本中世住宅の研究』（墨水書房、一九六八）。

（小俣行宏）

是円《ぜえん》（生没年未詳）　俗名は中原章賢《なかはらのあきかた》、是円は法名または是円房道昭《どうしょう》ともいう。鎌倉末期・南北朝期の明法家。正応五年（一二九二）九月二七日、*伏見《ふしみ》天皇の行幸に際し右衛門尉として供奉（『勘仲記』）。是円著といわれる『*御成敗式目』の註釈書『是円抄』の奥書から正和元年（一三一二）には出家していたことが知られる。後醍醐天皇の要請により一時還俗《げんぞく》するも、後にまた出家。建武政権下では*雑訴決断所職員に登用され、元弘三年（一三三三）一二月一八日「雑訴決断所評定文案」や翌年の雑訴決断所交名の二番にその名を見せる。公武両法に精通していた是円は政権崩壊後、*足利尊氏《たかうじ》方に属し、建武三年（一三三六）に弟の*真恵《しんえ》らとともに『*建武式目』を答申。貞和四年（一三四八）頃まで明法活動をなしていたことが知られる（『師守記』紙背文書）。なお出自について従来は鎌倉幕府*評定衆二階堂氏と考えられていた。

［文献］石井　進ほか校注『日本思想大系21中世政治社会思想上』（岩波書店、一九七二）、今江廣道「建武式目の署名者、是円・真恵の出自」（『日本歴史』三五七、一九七八）、笠松宏至『日本中世法史論』（東京大学出版会、一九七九）、利光三津夫「鎌倉末・南北朝期における明法家達」（『法学研究』六〇—六、一九八七）。（原　美鈴）

真恵《しんえ》（一二八三—一三四七）　鎌倉末・南北朝期の明法家。出自は中原氏。*是円《ぜえん》の弟。*後醍醐《ごだいご》天皇の建武政権に登用され、建武元年（一三三四）の雑訴決断所交名の五番にその名が見える。政権崩壊後、兄の是円と同様*足利尊氏《たかうじ》方に属し、建武三年（一三三六）に『建武式目』の答申書に署名をしている。宮内庁書陵部蔵『見忌抄』の奥書から、文保二年（一三一八）にはすでに出家していたこと、さらに、真恵が貞和三年（一三四七）五月一六日に六五歳で死去したことが知られる。なお出自については従来是円とともに鎌倉幕府評定衆二階堂氏と考えられていた。

［文献］石井　進ほか校注『日本思想大系21中世政治社会思想上』（岩波書店、一九七二）、今江廣道「建武式目の署名者、是円・真恵の出自」（『日本歴史』三五七、一九七八）、笠松宏至『日本中世法史論』（東京大学出版会、一九七九）。（原　美鈴）

細川頼之《ほそかわよりゆき》（一三二九—九二）　南北朝期の武将。幕府管領。阿波・讃岐・伊予・土佐守護。右馬助、右馬頭、武蔵守。元徳元年、細川頼春《よりはる》の子として生まれる。*観応の擾乱においては尊氏方に属し阿波・畿内を転戦。文和元年（一三五二）阿波、同三年（一三五四）伊予守護を経て、同五年（一三五六）中国管領に就任し*直冬《ただふゆ》党と戦い、これを衰退させる。次いで貞治元年（一三六二）には細川清氏《きようじ》を討つなどの軍功を挙げ、翌年、直冬党の瓦解に伴い中国管領としての任を終え、新たに讃岐・土佐国守護を兼ね四国管領と呼ばれる。貞治六年、病床の将軍*義詮《よしあきら》から託されて管領に就任（『太平記』）。幼少の*義満《よしみつ》を補佐し幕府権力の確立に尽力する。管領在任中の頼之の政策としては、義満の官位昇進、日野家との縁組、室町邸の造営など将軍家の権威の上昇を目指したものと、洛中支配権の委譲、応安半済令等の土地政策、京都五山制度の創出、*今川了俊《いまがわりようしゆん》や*楠木正儀《くすのきまさのり》の起用など、幕府権力の拡大と安定化を目指したものの二つに大別できよう。しかし、この過程で斯波・山名・土岐・渋川らに加え、当初彼を支持していた赤松・京極、さらには五山の重鎮であった*義堂周信《ぎどうしゆうしん》らの反感を買い、康暦元年（一三七九）、反対派の挙兵に遭い管領を罷免された（康暦の政変）。頼之はなおも追討を受けたが、これらを防ぎ分国は維持した。のち、義満と和解し、義満の厳島詣、*明徳の乱鎮定、管領に就任した養嗣頼元《よりもと》の補佐など政治・軍事の両面にわたって幕政に協力。

明徳三年病死。六四歳。墓所は洛西地蔵院にある。

［文献］　小川　信『人物叢書　細川頼之』（吉川弘文館、一九七二）、小川　信『足利一門守護発展史の研究』（吉川弘文館、一九八〇）。

（小俣行宏）

今川了俊《いまがわりょうしゅん》　（一三二六―？）　南北朝期の武将・歌人。初名貞世《さだよ》。九州探題。官位は左京亮、伊予守。正五位下。父は今川範国《のりくに》。*足利義詮《よしあきら》死去を機に出家・剃髪し了俊と号す。引付頭人・侍所頭人・山城守護を経て、応安四年（一三七一）、九州探題に抜擢された。当時九州では懐良親王を中心とする南朝方が強勢を誇っていたが、翌年太宰府を陥落させ北九州を制圧。同七年（一三七四）、少弐冬資を謀殺したことに伴い南九州に勢力を有する*島津氏久《しまづうじひさ》の離反を招いたが、永徳元年（一三八一）には南朝方拠点を陥落させ、続いて氏久も死去したことにより、九州全域の安定化に成功した。これと並行して明や高麗との対外交渉や交易も推進した。しかし、これらの積極的な経営がかえって将軍*義満《よしみつ》の警戒感を強め、応永二年（一三九五）京都に召還されて任を解かれ、遠江・駿河半国の守護となった。これは、第一に了俊を抜擢した*細川頼之《ほそかわよりゆき》の失脚、斯波義将《しばよしまさ》の登用というような幕府中枢の人事関係の変化とこれに対応する政変、第二に中国地方有力大名である*大内義弘《おおうちよしひろ》と九州の大内親世《ちかよ》の譏、第三に九州経営の平時体制への移行の必要性、という三点の結合により、惹起されたと説明できよう。*応永の乱の際には大内義弘と鎌倉府の連携を画策したが失敗し、以降は和歌・連歌の指導や著作活動に余生を費やし、『二言抄』『言塵集』など多くの連歌・歌論書、『道ゆきぶり』『鹿苑院殿厳島詣記』などの紀行文、『*難太平記』などの歴史書や、『今川了俊書札礼』などの故実書を著した。

［文献］　川添昭二『人物叢書　今川了俊』（吉川弘文館、一九六四）。

（小俣行宏）

筒井順覚《つついじゅんかく》　（？―一四三四）　南北朝から室町時代の大和国の国人。筒井氏は大和国添下《そうのしも》郡筒井（奈良県大和郡山市）を本拠とした興福寺衆徒で、一条院坊人であった。順覚は出自の詳らかでない筒井氏において、信憑するに足る最初の人物。元中三・至徳三年（一三八六）には、春日社領摂津国東西牧の奉行に関して、衆中《しゅうちゅう》沙汰衆の一人として現れている。この頃には興福寺衆徒の中核をなす衆中（官符衆徒《かんぷしゅと》）の一員となっており、奈良の町の雑務検断権を有していたものとみられる。衆中はまた将軍家被官人でもあった。南北朝合一後の応永一〇年（一四〇三）順覚とみられる筒井氏が、後南朝方の箸尾《はしお》為妙と十市遠重《といちとおしげ》の攻撃をうけ敗北し、本拠筒井郷が焼き払われた。すると幕府はこの合戦を停止したのち、軍勢を差し向け両氏を破り、その所領を春日社と興福寺に寄進している。その後順覚は、永享元年（一四二九）六代将軍*足利義教《よしのり》に謁見し、翌年義教より興福寺領河上五ヶ関務代官職を与えられた。一方永享元年よりはじまった大和*永享の乱に際し、順覚は十市氏らとともに筒井一族という井戸氏に味方し、豊田中坊に味方した越智《おち》・箸尾両氏と対立した。しかし永享六年（一四三四）筒井勢は越智勢に敗れ、順覚は慈明寺（橿原市）において討たれた。順覚の死後子の順弘《じゅんこう》が跡を継いだが、一族に内紛が起こり、順弘没落後は弟の順永《じゅんえい》が筒井氏惣領となった。

（谷釜千奈津）

建武式目《けんむしきもく》　建武三年（一三三六）一一月七日制定。*足利尊氏《たかうじ》による政策についての諮問を、*是円《ぜえん》・*真恵《しんね》ら八名が立案し答申する形式をとる。*室町幕府開設にあたっての政綱。本式目は、幕府の所在地を鎌倉におくか他所（京都）に移すかを論じた第一項と、政治方針を定めた第二項「政道事」十七カ条に大別される。第二項の内容は、①*バサラ風過差を禁ずる倹約令、②茶寄合・*連歌等遊興の禁止、③治安の回復、④武士による私宅点定の禁止、⑤京中空地の本主返付、⑥*無尽銭・*土倉の保護、⑦守護人には武人としての能力より政務に長けた者を登用すべきこと、⑧権門貴族・女性・禅律僧の政治介入を禁止、⑨公人の緩怠の訓戒と登用について、⑩賄賂の禁止、⑪将軍家に対する進物についての配慮、⑫将軍側近の武士にはしかるべき者を任用すべきこと、⑬君臣上下の秩序維持、⑭恩賞・登用のあり方、⑮貧弱の輩の訴訟を重視すべきこと、⑯寺社の宗教的特権を否認、⑰裁判における奉行人への訓戒、である。このように抽象的訓戒的なものと、個別的政治的なものから成り立っており、具体的な裁判規範を示す*『御成敗式目』とは性格を異にする。また、後に展開していく*足利直義《ただよし》の政道と合致する点が多く見られ、直義の意見が強く反映されているという見解もある。なお、現存最古の写本は文明一七年（一四八五）閏三月一九日飯《いの》尾兼連《おかねつら》書写の奥書をもつ前田育徳会尊経閣文庫所蔵本とされ、刊本では『中世法制史料集2』、『中世政治社会思想 上』に所収。

［文献］佐藤進一・池内義資編『中世法制史料集　第二巻』（岩波書店、一九五七）、上横手雅敬「建武以来追加」（『群書解題　第一六巻下』続群書類従完成会、一九六三）、石井　進ほか校注『日本思想大系21中世政治社会思想上』（岩波書店、一九七二）、小林保夫「『建武以来追加』成立試考」（古文書研究一六、一九八一）、上横手雅敬『鎌倉時代政治史研究』（吉川弘文館、一九九一）。

（原　美鈴）

建武以来追加《けんむいらいついか》　*室町幕府の追加法の法令集。室町時代の研究における基本史料として位置づけられる。建武年間（一三三四—三八）以後の*『御成敗式目』に対する追加を意味する。*『建武式目』の追加ではない。室町幕府は鎌倉幕府の『御成敗式目』を基本法規とみなし、それに代わる法規は特に制定せず、必要に応じて追加という形で新法を制定した。この『御成敗式目』は裁判規範として機能し、一方『建武式目』は幕府開設に当たっての政綱というように性格を異にするものである。条文数は諸本によりさまざまである。現存する最古の写本は前田育徳会尊経閣文庫本で、文明一七年（一四八五）に書写され全九八条からなる。最も多いのは群書類従本で、建武五年（一三三八）から永正一七年（一五二〇）に至る二一〇条を収める。諸本は尊経閣文庫本、内閣文庫本、群書類従本の三系統にまとめられ、この順に増補編纂されてきたといわれる。特徴として、*徳政令・*撰銭令などの立法による法の直接対象とする層の拡大に伴い、制札・高札による民衆への周知徹底、仮名交じりの法令など、法の告知形式の変化が挙げられる。また、徳政令を中心とする売買貸借法が増加する動きが見られ、主従法・族縁法・手続法などの経済関係以外の立法は減少する。なお刊本として本書を含む室町幕府法を編年順に並べ厳密な校訂を加えた『中世法制史料集第二巻』がある。『中世政治社会思想 上』所収（『日本思想大系21』）のものは抄出ながら詳細な注が付されている。

［文献］佐藤進一・池内義資編『中世法制史料集　第二巻』（岩波書店、一九五七）、上横手雅敬「建武式目条々」（『群書解題　第一六巻下』続群書類従完成会、一九六三）、水戸部正男「建武式目について」（『法制史研究』一五、一九六五）、石井　進ほか校注『日本思想

大系21中世政治社会思想上』（岩波書店、一九七二）、笠松宏至『日本中世法史論』（東京大学出版会、一九七九）、佐藤進一ほか『日本中世史を見直す』（平凡社、一九九九）。　（原　美鈴）

斎藤基恒日記《さいとうもとつねにっき》　室町時代前期の幕府奉行人斎藤基恒（初名基《もと》世《よ》、一三九四―一四七一）の日記。「斎藤基恒記」とも。永享一二年（一四四〇）二月から康正二年（一四五六）一二月にわたる記録が断片的に記されている。またこれに続いて、大神宮開闔・政所執事代・侍所開闔・公人奉行それぞれの応永年間から明応二年（一四九三）頃までの任官交名と「基世奉公次第」という基恒の略歴が付せられている。これら交名・略歴はそれぞれ基恒の死後の情報まで収録されており、現存するものは別人による加筆・編集を経たものと思われる。日記の記事内容としては、政所寄人《よりうど》・恩賞方など彼の職掌に基づく幕府政務の記録・人事や、*嘉吉の乱後の赤松氏の動向など当該期の政治的事件について記されている。現存する写本は、前田尊経閣所蔵の「武家日記」（三冊、もと「幕府日記」）、及びそれを謄写した東大史料編纂所本（一冊）が知られている。刊本として『続々群書類従』5、『増補続史料大成10』に所収。　（小俣行宏）

晴富宿禰記《はれとみのすくねき》　室町中期の官人壬生晴富《みぶのはれとみ》の日記。文安三年（一四四六）から明応六年（一四九七）の記録が断片的に残っている。全一九巻。原本は巻子ですべて消息反古または文書案文が使われ、近世に入り新写本がつくられ、原本に裏打ち・修補がなされた。これらは後に宮内庁書陵部に管理が移され、刊本としては『図書寮叢刊』に翻刻されている。晴富は応永二九年（一四二二）、小槻氏隆職流の左大史晨照《あさてる》の子として生まれ、自身も民部少輔、主殿頭《とのものかみ》、造東大寺長官を経て、応仁二年（一四六八）に左大史に補任《ぶにん》、延徳二年（一四九〇）には壬生流として初めて治部卿に任じられた。家伝によれば永正元年（一五〇四）、八三歳で没したことになっているが、これは子息雅久《まさひさ》の没年であり、晴富の没年はそれより早い明応六年（一四九七）と推定される。内容としては、一五世紀末に発生した明応の政変に対する幕府内部での対応や、彼の職務としての官務文庫の保全に関する記録など、応仁・文明の乱後の政治や社会情勢についての重要な史料であると言える。　（小俣行宏）

（二）　守護権力の増大

守護大名《しゅごだいみょう》　南北朝～室町期に守護職を掌握し、大名として一国から数国の領国を支配したものをいう。守護は鎌倉時代からあり、御家人の大番役催促、謀反人・殺害人の検断という、いわゆる大犯三箇条を権限の中心とし、戦時には管国御家人の軍事指揮官として位置づけられていた。しかし南北朝期になると、それらの権限以外に、他人の知行地の作毛を実力で刈り取る行為としての*刈田狼藉の取り締まりと、幕府の判決を現地に執行する*使節遵行権を掌握するようになった。また、*段銭・棟別銭の徴収も行うようになったが、これらは国内平和維持のための安全保障費としての側面を持っていた。新しく獲得したこれらの権限は、国内で生じる地域紛争を抑圧・否定し、一国を平和にするための権限であるといえ、室町幕府体制の中で、守護は一国の平和形成の責任者として位置づけられたのである。守護は一国規模での平和形成という正当性のもとで、領国支配を進展させるわけであるが、その道筋は一直線のものではなかった。

地域的紛争状況がなお継続する中で、在地の武士には、守護被官という形で守護と癒着することによって存続する道と、守護に対抗して地域支配を継続しようとする道が存在し、後者は国人一揆として守護と武力衝突する場合もあった。また将軍は、国内の有力武士を奉公衆として組織化することで、守護の領国支配を牽制した。このように、室町期の守護は多くの権限を持ちつつも、在地の武士と将軍との中間にある存在として、その領国支配は不安定なものであったといえる。そして、このような守護を地域支配の基礎として成立した室町幕府体制も不安定要因を抱え込まざるをえないものであった。このような不安定さを、地域から克服することを目指して、守護大名は戦国大名へと変質していく。

［文献］石井紫郎『日本国制史研究2日本人の国家生活』（東京大学出版会、一九八六）、佐藤進一『日本の中世国家』（岩波書店、二〇〇一）、佐藤進一『日本の歴史9南北朝の動乱』（中央公論新社、二〇〇五）　（小林一岳）

守護請《しゅごうけ》　室町期の守護が、荘園・公領の年貢について、代官として一定額の納入を本所と契約して請負ったことをいう。南北朝内乱の中で戦費（兵糧料）調達を名目とする荘園・公領の押領が進展し、本所の年貢収納は困難になっていった。*応安半済令によって、一般本所領の半分は保護されることになったが、なお本所による実際の下地支配は難しかったのである。そのような中で、本所は一国の平和維持の責任者であり、国内に大きな権限を有する守護を代官とすることで、年貢収納の実をあげようとしたのである。請負の額は個別契約により設定されるが、本年貢の二分の一から数分の一といったものであり、請負者としての守護の利益は大きかったといえよう。その結果、本所は下地の支配権を喪失し、年貢の一部得分者となっていった。特に荘園以外の公領の場合、大部分は守護請となり、守護の大きな財政的基盤となっていた。守護は、自分の被官となった武士をこれらの請地の下代官に任命し、在地の武士は代官としての利権獲得を目指して守護に接近していった。このように守護請は、守護による国内武士の求心化に大きな力となっていたのである。一度守護請となった荘園も、請負年貢が未進される危険性を恒常的にもち、請地は有名無実化し、守護領となっていった場合も多かった。

［文献］新田英治「室町時代の公家領における代官請負に関する一考察」（宝月圭吾先生還暦記念会編『日本社会経済史研究 中世編』、吉川弘文館、一九六七）。　（小林一岳）

半済令《はんぜいれい》　南北朝内乱期に、荘園の年貢・公事の半分を武士が兵糧として徴収することを幕府が認めたもので、基本的には戦争を抑圧する平和令としての性格をもっていた法である。南北朝期内乱の進展の中で戦時掠奪が広汎に行われ、とくに荘園は掠奪の対象となっていった。幕府はそのような掠奪を戦争遂行のために構造化する中で、一部の荘園を*兵糧料所として配下の武士に宛て行う政策をとった。兵糧料所は臨時の期限付きのものであったが、武士はそれを正当性として、現実的には荘園押領が続いた。*観応の擾乱の中で、武士による戦時略奪や押領を抑制し、平和を形成するための政策として半済令が出された。これが最初の半済令の、観応三年令である。そこでは、戦争が激しく戦われた近江・美濃・尾張三ヶ国の本所領年貢半分を兵糧料所とすることが示されたが、それは一年を限るとされていた。半済令が出される前には、戦争を名目とする武士の荘園押領が進展していたものとみられ、押領を排除すること目的とした荘園領主保護のための徳政政策とみることができる。その後何度か半済令は出されるが、その画期となるものが応安元年発令の応安半済令である。応安半済令により、特別に保護される寺社一円仏神領や禁裏仙洞御料所等については本所による一円知行がなされ、それ以外の諸国本所領は土地が本所と半済給人に均分されることになった。これ以後武家領と本所領は完全に確定され、荘園領主と武家の紛争は減少することになった。

［文献］ 村井章介「徳政としての応安半済令」（安田元久先生退任論集刊行委員会編『中世日本の諸相 下』、吉川弘文館、一九八九）。

（小林一岳）

一円知行《いちえんちぎょう》 荘園が、単独の領主により排他的に領有・支配されることをいう。荘園形成期から、荘園内部には公田・私領が含まれていた。荘園領主は土地の交換等を通じて荘園の排他的な支配を目指していった。しかし、職の体系のもとで荘園内部に諸職が成立し、その中でも特に地頭職は幕府により任命される職として、荘園内部に武家の支配を導入することになった。また、地頭職が設置されず、一円知行である荘園においても、神主・供僧などが個人的に一部を知行し、「別相伝」として子孫や弟子に伝えていくことが行われていた。このように荘園内部には、さまざまな権利が錯綜していたのが実態であった。一三世紀以後、このような状況を克服する形で、荘園の一円化が進展する。*下地中分という形で地頭領と本所領を均分して、それぞれが一円的に知行するようになるのもその動向のひとつである。また、モンゴル戦争を契機とする寺社徳政政策の中で、別相伝を否定し、寺社領を一円的に知行させる政策もとられるようになった。さらに、公文職や下司職などの下級の職をテコにして地域社会の側から荘園の一円的な支配を目指す、悪党のような存在も一円化の動向の中で出現していった。このように荘園の一円化の動向は、国家から地域社会まで含めて、社会の再編成の原動力となり、それは南北朝内乱へとつながっていく。そして、戦争とそれに対応する*半済令などの諸政策の結果、武家一円領・本所一円領という形で荘園の一円化は確定することになる。

［文献］ 網野善彦『日本中世土地制度史の研究』（塙書房、一九九一）。

（小林一岳）

使節遵行《しせつじゅんぎょう》 土地をめぐる紛争の裁決の結果、幕府からの命令を受けた使節を現地に派遣して下地を勝訴方に引き渡し、また押領している方を排除するための強制執行をいう。鎌倉時代後期から使節派遣は行われていたが、制度として整備されるのは室町期である。幕府の命を受けた守護が、*守護代に下達して使節を現地に派遣し、下地の打渡を行わせた。また遵行使節は、その結果を請文によって守護代・守護を経て幕府に提出した。遵行制度の確立により、幕府の裁許が現実に現地で執行されるようになり、幕府の統治権は確実なものとなった。それとともに、現実には守護が使節遵行権をもつようになり、守護の領国支配のための重要な権限となっていった。

（小林一岳）

刈田狼藉《かりたろうぜき》 他人の知行する土地の田畠の作毛を、実力で刈り取り奪取する行為。麦を刈り取る場合には刈麦狼藉と称する。平安時代からみられるが、特に鎌倉時代後期から南北朝期にかけて頻発するようになった。実力行使であるといっても、土地と作毛について自己に正当な権利があるとの認識のもとに行われる行為であり、境界相論を伴う場合が多い。本来は、刈り取った作毛の帰属と土地支配の正当性が民事案件として争われることになっていた。しかし、延慶三年（一三一〇）に検断沙汰（刑事裁判）に移管され、*悪党・海賊の取り締まりと同様に刑事案件として処理されるようになった。室町幕府も基本的にはこの方針を進め、検断方の沙汰として三分の一没収という罪科を定め、後には守護の専権事項となった。

（小林一岳）

［文献］羽下徳彦「苅田狼藉考」（『法制史研究』二九、一九七九）、蔵持重裕『日本中世村落社会史の研究』（校倉書房、一九九六）。

守護代《しゅごだい》　守護の代官として実質的な領国経営を担うものをいう。守護は鎌倉や京都に在住するのを原則とし、任国の実際的な業務や統治については守護代が行った。*使節遵行などの幕府命令の現地への下達についても、守護代が重要な役割を果たした。守護代には、現地の有力国人から登用される場合も多いが、細川氏や畠山氏などの有力守護の場合には、直臣が守護代となり守護とともに在京する場合もあった。その場合には、現地の国人が小守護代として現地支配にあたった。守護代は地域社会と直接結びつく存在であり、越前朝倉氏や越後長尾氏のように、地域社会に支えられつつ下剋上によって守護を圧倒し、戦国大名化するものもあった。

（小林一岳）

国人《こくじん》　南北朝～室町期において、地域社会を基盤とする武家領主をいう。鎌倉時代の荘郷地頭の系譜を引くものも多いが、下司や公文などの荘官に系譜を引くものもある。国衆とも呼ばれ、国という連帯意識を強く持って活動した。彼らは、南北朝内乱という戦争状況における地域勢力の角逐の中で生き延びてきた領主であり、政治的な対応を模索しながら、領主制の質そのものを変換させることで生き残りをかけてきた。政治的な対応としては、この時期から一国の平和維持責任者となった守護に対して自立性を保ちつつ、将軍に従ういわば御家人意識を持っていた。そのため、国人を将軍との関係上の一身分としてとらえる見方もある。しかし、かれらの本質は地域社会の中で領主として位置づけられた存在であり、地域社会が守護支配に対抗する場合には、国レベルでの結集をとげ一揆を結ぶこともあった。これを国人一揆という。領主制の質の変化としては、鎌倉期の分割相続による一族の分裂や紛争が、戦争とむすびついて激化している状況を克服するための、嫡子単独相続への移行、全国各地に散在していた所領を切り捨て、領主経営がしやすい地域への支配の集中などがあり、その所領支配も、分業流通に深く関わるとともに、地域の荘園や郡郷の鎮守祭礼の主催者となるなど、公的な支配をテコとして地域社会に根ざすようになった。さらには、上層農民や土豪などの地域有力者を包摂して独自に家臣団を形成するなど、室町期の国人領はひとつの完結した地域社会ということができる。そして戦国期になると、安芸毛利氏のように戦国大名に成長するものもあった。

（小林一岳）

［文献］佐藤和彦『南北朝内乱史論』（東京大学出版会、一九七九）、湯浅治久『中世後期の地域と在地領主』（吉川弘文館、二〇〇二）。

兵糧料所《ひょうろうりょうしょ》　兵糧徴収のために武士に給付された土地をいう。兵糧は戦時における兵士の食糧であり、戦争遂行のための戦費としての意味を持っていた。本来の原則としては、兵糧については武士の自弁であった。しかし、源平合戦期から戦争の拡大に伴って、荘園や公領に対して兵糧米を徴収することが行われるようになり、兵糧自弁の原則は崩れていった。そして*承久の乱の際には、*鎌倉幕府は諸国平均に段別三升の兵糧米を徴収したが、乱終結後に備前・備中二カ国の所領を兵糧米徴収のための所領とし、兵糧料として土地を給付することがみられるようになった。南北朝内乱期になると、戦争の規模の拡大と恒常化により、幕府は兵糧徴収を名目として武士に土地を給付するようになっていった。これが兵糧料所である。兵糧料所は、本来は一年限りといった制約を持つものであったが、武士はこれを恒常的なものとして現実的な土地の支配を継続していた。敵方所領を兵糧料所として設定することにより、地域の武士の参戦を促すことも行われ、また逆に、戦時における敵方所領の実力占有を前提として、そこを後から兵糧料所として認めることもあった。このように兵糧料所の設定は、戦争遂行のためには不可欠の政策であったといえる。しかし、戦争状況の沈静化とともに、荘園制の再編が行われる中で、武士の兵糧料所の当知行はしだいに押領とされるようになり、*半済令によって整理されていくものもあった。（小林一岳）

朝用分《ちょうようぶん》　南北朝内乱期に、南朝方が朝廷費用を名目として徴収した臨時の税。朝要分とも書く。時期的には、ほぼ正平年間（一三四六—七〇）から弘和・元中年間（一三八一—九二）にわたって実施されている。対象地域としては、畿内南朝方の勢力範囲である、河内・和泉・紀伊周辺の主に寺社領に限られ、遠隔地にはみられない。南北朝内乱の初期から、*後醍醐《ごだいご》天皇方は寺社領に対する軍事動員を行い、また兵糧米を賦課した。たとえば和泉松尾寺は、後醍醐天皇挙兵の際には宿老が祈祷を行い、若輩は千早城で参戦し、それとともに兵糧米の納入を行っている。朝用分は、このような寺社領に対する動員や兵糧米徴収を、臨時税という形で体制化したものと考えることができよう。史料を見る限りでは、徴収には困難が伴ったことがうかがわれ、たとえば摂津久米田寺の場合には、朝用分の徴収に対して返事を渋り、また河内金剛寺の場合には、摂津和田荘領家分が朝用分となった際に、旧領であることを理由に難渋している。また、紀伊国利生護国寺に、摂津国小堤村朝用分が祈祷領所として充て行われていたり、南朝方の武士である大和二見氏に摂津国冠元の朝用分が充て行われているところからみて、実際には兵糧料所とほぼ同じく、戦争遂行のための一時的な給地としての性格を持っていたものと考えることができよう。（小林一岳）

［文献］村田正志「兵粮料と朝用分」（『村田正志著作集3続々南北朝史論』、思文閣出版、一九八三）。

（三）　室町幕府の動揺

土岐《とき》氏《し》の乱《らん》　土岐康行《やすゆき》が*室町幕府将軍*足利義満《よしみつ》に対して起こした反乱。土岐氏は、美濃国土岐郡を根拠とした*尊氏《たかうじ》以来の幕府功臣であった。嘉慶元年（一三八七）に伊勢・美濃・尾張の守護土岐頼康《よりやす》が死去すると、その跡を嗣子康行が継承するが、将軍義満が尾張守護職を望む康行の弟貞満《さだみつ》に改替した。しかし貞満の尾張入部に際しては、康行を支持する守護代の土岐詮直《あきなお》が妨害した。これに対し義満は、康行追討の軍事行動を展開した。明徳元年（一三九〇）美濃の拠点小島上城が攻略され、乱は鎮圧された。その後、美濃守護は叔父の頼世《よりよ》（頼忠《よりただ》）に、伊勢守護は翌年*明徳の乱で功を挙げた康行が還補された。義満の有力守護抑制策として位置づけられる。

［文献］佐藤進一『室町幕府守護制度の研究 上』（東京大学出版会、一九六七）。　（森　広海）

明徳《めいとく》の乱《らん》　明徳二年（一三九一）に*山名氏清《やまなうじきよ》・満幸《みつゆき》らが*室町幕府に反対して挙兵し、鎮圧された乱。山名氏は時氏《ときうじ》以来、*足利尊氏《たかうじ》に従い多くの戦功を挙げて山陰地方を中心にその所領を拡大し、十一ヶ国の守護職を得て、*六分一殿と称されるなど山陰、山陽、畿内に勢力を張った。山名氏のこのような隆盛に対して室町将軍*足利義満《よしみつ》はその勢力の削減を図る。康応元年（一三八九）、おりしも山名氏内部では惣領の時義《ときよし》（時氏五男）が死に、その跡を子息の時熙《ときひろ》と氏幸《うじゆき》が継承した。これに対して叔父の満幸（時氏長子師義《もろよし》の子）は不満を持っており、そこに氏清（時氏四男、満幸の叔父）が呼応する中で内紛が生じており、これを契機として義満は満幸・氏清を支持して明徳元年三月に時熙・氏幸を討たせた。しかし時熙・氏幸が幕府に降伏すると、今度は逆に満幸が所領問題で幕府との対立をみることで再び幕府側は時熙・氏幸側に命じて満幸らを討伐対象とした。丹後の満幸は和泉の氏清や紀伊の義理《よしまさ》（時氏次男）を誘って明徳二年一二月に幕府に対して兵を起こし、三方から京都へ侵攻した。乱については『*明徳記』に詳しい。義満は将軍直轄軍をその中核として、細川・畠山・大内氏らの戦力とともに洛中においてこれを破った。氏清は討死にし、満幸は山陰に逃れるも後に討たれ、義理は逃走し後に出家した。戦後、その領国は山名氏が三国を保持するのみで他は、この乱に戦功のあった細川・畠山・大内・佐々木氏らに与えられた。これにより安定した幕府は*南北朝合一を進める。

［文献］佐藤進一『室町時代守護制度の研究 下』（東京大学出版会、一九八八）。　（森　広海）

六分一殿《ろくぶんのいちどの》　一四世紀後半の山名氏一族に対する呼称。畿内から中国地方にかけて国内六分の一にあたる一二カ国の守護職を得たことで呼ばれた。山名氏は時氏《ときうじ》が*足利尊氏《たかうじ》に従って戦功を挙げ、建武四年（一三三七）の伯耆《ほうき》をはじめとして一族で山陰地方の守護職を獲得した。また、貞治二年（一三六三）*観応の擾乱の際、南朝方からの幕府への帰参の功もあり幕府内でも重きを置かれた。版図は最大で伯耆・因幡・丹後・丹波・美作《みまさか》・但馬・備後・出雲・隠岐・和泉・摂津・紀伊・山城へと拡大させた。明徳二年（一三九一）*明徳の乱による時熙《ときひろ》と氏清《うじきよ》ら一族の内紛と将軍*義満《よしみつ》への敗北から、大半の九ヶ国の守護職を失い勢力を後退させた。その後、*持豊《もちとよ》（宗全《そうぜん》）が*嘉吉の乱の戦功等により、九ヶ国の守護職を獲得するまでに回復させた。

［文献］佐藤進一『日本の歴史9南北朝の動乱』（中央公論社、一九六五）。　（森　広海）

応永《おうえい》の乱《らん》　応永六年（一三九九）に*大内義弘《おおうちよしひろ》が*室町幕府に抗して起こした争乱。大内氏は、義弘の父弘世《ひろよ》の代から*足利尊氏《たかうじ》に従い、九州の平定においては*九州探題の*今川了俊《いまがわりょうしゅん》をよく助け、*明徳の乱でも活躍をするなど全国統一にあたってその功績は大きく、周防《すおう》・長門《ながと》を基盤として石見・豊前・紀伊・和泉へその領国を拡大させた。また*博多・*堺との関係や本国の地理的条件を生かして対外貿易を精力的に行い、富の蓄積を計った。しかし幕府がさらなる安定的な財源の確保に乗り出すことで利害の衝突を起こすこととなる。応永三年(一三九六)に今川氏が九州探題の地位を追われ渋川頼満《しぶかわよりみつ》がその地位に就くと、南朝方である少弐《しょうに》・菊池氏らが挙兵した。幕府は大内氏に九州平定を命じ義弘の弟満弘《みつひろ》が下向して戦い、満弘が死ぬと義弘自らが赴いて乱の鎮圧に尽力した。しかし幕府の対応に不信感をもつ義弘は、上京命令も聞き入れず、幕府の動向をうかがうと同時に鎌倉公方足利満兼《みつかね》ら反幕勢力との連携をすすめた。応永六年十月、義弘は和泉堺へ大軍を率いて着陣し籠城した、籠城に際しては幕府方の使者として*絶海中津《ぜっかいちゅうしん》がその慰撫に努めるが叶わなかった。この動きは満兼や美濃の土岐《とき》詮直《あきなお》、丹波の宮田《みやた》時清《ときぎよ》、近江の京極秀満《きょうごくひでみつ》らと呼応しつつ行われたが、それぞれ鎮圧され、満兼は武蔵府中まで進軍したところで*上杉憲定《うえすぎのりさだ》の諫言によりそれ以上西進することはできなかった。義弘も同年一二月幕府軍の総攻撃により戦死し、弟弘茂《ひろしげ》は降伏した。乱後防長二カ国の守護職は弘茂に還補された。(森　広海)

[文献]　佐藤進一『日本の歴史9南北朝の動乱』(中央公論社、一九六五)。

上杉禅秀《うえすぎぜんしゅう》の乱《らん》　応永二三年(一四一六)一〇月から翌年正月にわたって、*上杉氏憲《うじのり》(禅秀)が鎌倉公方《くぼう》に対して起こした反乱。当時、*関東管領《かんれい》上杉氏は山内《やまのうち》家・犬懸《いぬかけ》家の二家に分かれて互いに管領職を競望しており、このことが乱の直接的な原因となった。応永二二年、犬懸家の氏憲は、家人越幡六郎《おばたろくろう》の所領が没収されたことに抗議して管領職を辞任するが、鎌倉公方*足利持氏《もちうじ》は山内憲基《のりもと》を後任とし氏憲を冷遇した。これに対し氏憲は応永二三年一〇月持氏と不和であったその叔父満隆《みつたか》を担いで持氏邸を急襲した。持氏はからくも憲基邸に逃れ、ついで小田原を経て駿河へと落ち延びた。氏憲と行動をともにしたのは、足利氏憲の一門と岩松満純《いわまつみつずみ》・千葉兼隆《ちばかねたか》ら東国の伝統的豪族層、足利満直《みつなお》・山入与義《やまいりともよし》ら有力領主層、その他に中小領主層が中心であったが、関東から陸奥南部をも含み広範囲の争乱となった。さらにこの乱で重要なことは、室町将軍*足利義持《よしもち》の弟*義嗣《よしつぐ》が氏憲方と気脈を通じていたことであり、このことが露見して後は幕府も静観してはおられず、持氏への援助を決定すると逃亡中の義嗣を捕らえ、駿河の今川範政と越後の上杉房方を関東へと進攻させた。これに呼応して各地の諸将も進撃をすると応永二四年正月に武蔵で両軍が激突し、氏憲は鎌倉に帰るも雪の下で敵軍に包囲されて自害した。この乱を端緒として一五世紀の関東はほぼすべての領主階層を巻き込んで断続的な内乱状態に陥った。(森　広海)

[文献]　渡辺世祐『関東中心足利時代の研究』(新人物往来社、一九七一復刊)。

永享《えいきょう》の乱《らん》　永享一〇年(一四三八)八月から翌年はじめにかけて鎌倉公方《くぼう》*足利持氏《もちうじ》が*関東管領《かんれい》*上杉憲実《うえすぎのりざね》と室町幕府に抗して起こした争乱。*鎌倉府はその設立当初から幕府との折り合いが悪く、二代*氏満《うじみつ》の自立的な動きや三代満兼《みつかね》が*応永の乱に荷担するなどしており、四代持氏も*上杉禅秀《ぜんしゅう》の乱での関東扶持衆への圧迫に見られるように、親幕府派東国領主の討伐を行い、対立の度を深めた。また、鎌倉公方を補佐する関東管領上杉憲実は、幕府との協調的な関係を保持し、自らの管国を基盤として自立的な動きを見せていた。こうした中で永享九年、持氏は信濃への出兵を計るというあからさまな反幕行動をとると憲実がこれを諫止するために藤沢へ退いたので中止されるが、翌一〇年、持氏嫡子義久《よしひさ》の元服にあたり将軍の偏諱《へんき》を拒絶すると、憲実はこれを不服として上野へ帰ったので持氏の討伐対象となった。憲実が幕府への救援を請うと、将軍*義教《よしのり》は関東・奥羽の諸将へ持氏追討を命じた。憲実は越後・上野の兵を率い、信濃小笠原氏や駿河今川氏らとともに関東へと攻め込み、武蔵分《ぶ》倍河原《ばいがわら》に着陣した。持氏軍は武蔵府中に陣していたが、鎌倉の三浦高時《みうらたかとき》が反したためやむなく降伏し、武蔵金沢称名寺で剃髪した。憲実は義教に持氏助命を嘆願したが聞き入れられず、翌一一年二月、居所永安寺に攻められ自殺し、ほどなくして義久も殺された。結城合戦を経て鎌倉府は持氏息*成氏《しげうじ》により再興される。永享の乱は、将軍*義教《よしのり》の専制政治の指向に対し持氏がそれを抗ったことに起因するが関東における在地社会内部の矛盾の露呈であったといえる。

[文献]　佐藤博信『中世東国の支配構造』（思文閣出版、一九九〇）。

（森　広海）

嘉吉《かきつ》の乱《らん》　嘉吉元年（一四四一）に*赤松満祐《あかまつみつすけ》が室町幕府将軍*足利義教《よしのり》を自邸に招いて殺し、播磨で幕府軍に敗れた争乱。正長元年（一四二八）正月に兄*義持《よしもち》の死後還俗《げんぞく》して将軍職を嗣いだ義教であったが、鎌倉公方《くぼう》*足利持氏《もちうじ》と連動して南朝の*北畠満雅《きたばたけみつまさ》が*小倉宮《おぐらのみや》を擁立して挙兵し、その政情不安の中で「日本開白以来土民蜂起是初也」といわれた*正長の土一揆が起こるなど、その治世は幕府権力の動揺を克服することを命題としていた。このために行われた政策は、義教の意にそわない領主を粛正するといった専制的なものであり、*永享の乱の鎌倉公方の滅亡や有力守護一色義貫《いっしきよしつら》・土岐持頼《ときもちより》らの殺害、山名氏・斯波氏・京極氏などの家督介入があり、「万人恐怖」といわれた。こうした政策は幕府草創以来の有力守護赤松氏に対しても例外ではなく、惣領満祐の弟義雅《よしまさ》の所領が没収され、その一部が同じ一族の貞村《さだむら》に与えられ、播磨、美作《みまさか》二国没収の噂まで流れた。これにおよび満祐は、嘉吉元年（一四四一）六月、持氏征伐の祝宴と偽り自邸に義教を誘い殺し、自邸を焼いて播磨へ帰国した。幕府側では七月に至って*山名持豊《やまなもちとよ》や細川持常《ほそかわもちつね》・武田国信《たけだくにのぶ》ら追討軍が編成され出兵。満祐側もこれに激しく抵抗したが、九月に籠もっていた城山城が陥落し満祐は自害し乱は終結した。没収された守護職は山名氏に補された。これを契機として幕府では細川氏や山名氏など守護権力が台頭した。また、この乱と連動して、畿内に大規模な土一揆《つちいっき》が蜂起するなど動揺しており、幕府は解体への道をたどった。

[文献]　高坂　好『人物叢書　赤松円心・満祐』（吉川弘文館、一九八九（新装版））、水野恭一郎『武家時代の政治と文化』（創元社、一九七五）。

（森　広海）

結城合戦《ゆうきかっせん》　永享一二年（一四四〇）三月に下総の結城氏朝《ゆうきうじとも》が鎌倉公方《くぼう》*足利持氏《もちうじ》の遺児を担ぎ*関東管領《かんれい》・*室町幕府に抗して起こした争乱。関東と幕府との間の長年の軋轢《あつれき》により永享一〇年に*永享の乱が引き起こされる。この乱により鎌倉公方持氏が殺され、関東管領と幕府方が勝利するが、公方派の領主層は健在であり、関東の混乱状態は続いた。こうした中で永享一二年三月、下野を経て常陸に逃れていた持氏遺児春王丸・安王丸が結城氏朝に担ぎ出されて結城城に挙兵した。これに対し関東の実権を握った関東管領*上杉憲実《うえすぎのりざね》は弟の清方《きよかた》を出兵させるが、氏朝の檄に応じて宇都宮等綱《うつのみやひとつな》・小山広朝《おやまひろとも》・那須資重《なすすけしげ》らによる関東各地での激しい抵抗があり、翌月には幕府が大軍を送りこれにあたるとともに結城城を包囲させた。氏朝ら籠城方はよく守り、戦況は膠着状態が続いたが、翌嘉吉元年（一四四一）四月に至り落城した。氏朝ら多くの将が戦死し、春王丸・安王丸は捕縛され、京都に送られる途中美濃垂井宿で殺された。これにより鎌倉府は断絶状態になるが、反幕府派の火種は消えず、常陸太田の佐竹義憲《さたけよしのり》や常陸茨城の宍戸持里《ししどもちさと》が反幕的な行動をとっており、関東の混乱状態は続いた。幕府と鎌倉府といった対立は、氏朝が永享の乱で失った下野守護職の奪還を目的として挙兵したといわれるように、関東における各領主層の所領などをめぐる争いがその去就に左右することで関連し続いていった。

［文献］ 渡辺世祐『関東中心足利時代の研究』（新人物往来社、一九七二）、市村高男「京都将軍と鎌倉公方」『古文書の語る日本史3』（筑摩書房、一九九〇）。 （森 広海）

応仁《おうにん》・文明《ぶんめい》の乱《らん》 応仁元年（一四六七）から文明九年（一四七七）にかけて*細川勝元《ほそかわかつもと》と*山名持豊《やまなもちとよ》（宗全《そうぜん》）を領袖として京都を中心に全国へと波及していった争乱。当該期の恒常的飢饉や徳政一揆、国人領主の荘園押領等、既成の土地制度や支配形態が矛盾を増大させたことに起因する。管領《かんれい》家である畠山氏では持国隠居後に*義就《よしなり》と細川勝元の支援を受けた持国甥の*政長《まさなが》が対立し、同じく管領家の斯波氏は義健死後に勝元の支持を受けた一族の*義敏《よしとし》と山名宗全の画策で渋川氏から養子に入った*義廉《よしかど》が対立していた。また、将軍家でも子のない*義政《よしまさ》が弟義視《よしみ》を後継に決めると翌年には*日野富子《ひのとみこ》との間に*義尚《よしひさ》が産まれ対立要因をつくった。さらに当時広大な領国を背景に幕府内で有力な位置を占めた勝元と宗全は、宗全の有する播磨守護職をめぐり勝元が元播磨守護赤松氏再興に扶助したことで対立しており、御家騒動と幕府内での権勢争いとが絡み合いながら勝元と宗全の対立のもとに収斂されていった。応仁元年（一四六七）正月、宗全の画策で畠山義就が河内より連れ戻され、管領政長が失脚するなかで戦闘が起こり応仁・文明の乱が始まった。勝元は政長を助け、これに一族と斯波義敏・京極持清《きょうごくもちきよ》・*赤松政《あかまつまさ》則《のり》・武《たけ》田信賢《だのぶかた》らが従い（兵力一六万）、山名方では一族を始め畠山義統《はたけやまよしのり》・*六角高《ろっかくたか》頼《より》・土《と》岐成頼《きなりより》・*一色義直《いっしきよしなお》・斯波義廉・*大内政弘《おおうちまさひろ》らが従った（兵力一一万）。細川方は室町邸と細川邸を本陣（東軍）とし、山名方はその西方堀川の山名邸を本陣（西軍）とした。洛中を中心に行われた戦闘で都市は壊滅状態に陥ったが、戦況は互角で容易に勝敗は決せず、双方が後方攪乱に廻ったので戦線は徐々に洛外から地方へと拡大した。しかし宗全と勝元が相次いで病死したのを機に、文明五年（一四七三）に表向き講和がなされた。その後も両畠山氏

応仁・文明の乱における東西両軍の構成

西軍	管国のおよび勢力圏	東軍	管国および勢力圏
山名宗全	但馬・播磨・安芸	細川勝元	摂津・丹波・讃岐・土佐
山名教之	伯耆・備前	細川成之	三河・阿波
山名政清	美作・石見	細川持賢	摂津欠郡
山名勝豊	因幡	細川常有・持久	和泉半国
斯波義廉	越前・尾張・遠江	細川勝久	備中
畠山義就	山城	京極持清	近江・飛騨・出雲・隠岐
畠山義統	能登	畠山政長	河内・紀伊・越中
土岐成頼	美濃	斯波義敏	越前
六角高頼	近江	赤松政則	加賀・播磨
一色義直	伊勢・丹後	武田信賢	若狭・安芸
大内政弘	筑前・豊前・長門・周防・安芸・石見	山名是豊	山城・備後
河野通春	伊予	富樫政親	加賀

を中心に対陣が続き文明九年（一四七七）一一月、義就が大和へ下向、大内政弘が山口へ帰国し、ついに一一年に及ぶ大乱は終結した。しかし「日本国は悉く以て（将軍の）御下知に応ぜざるなり」（『大乗院寺社雑事記《だいじょういんじしゃぞうじき》』）といわれるように、これ以後幕府の権威は失墜し、政治的影響力を急激に衰退させると同時に恒常的な争乱が全国的に展開されるようになった。

［文献］　鈴木良一『応仁の乱』（岩波新書、一九七三）、今谷　明『日本の歴史9日本国王と土民』（集英社、一九九二）。（森　広海）

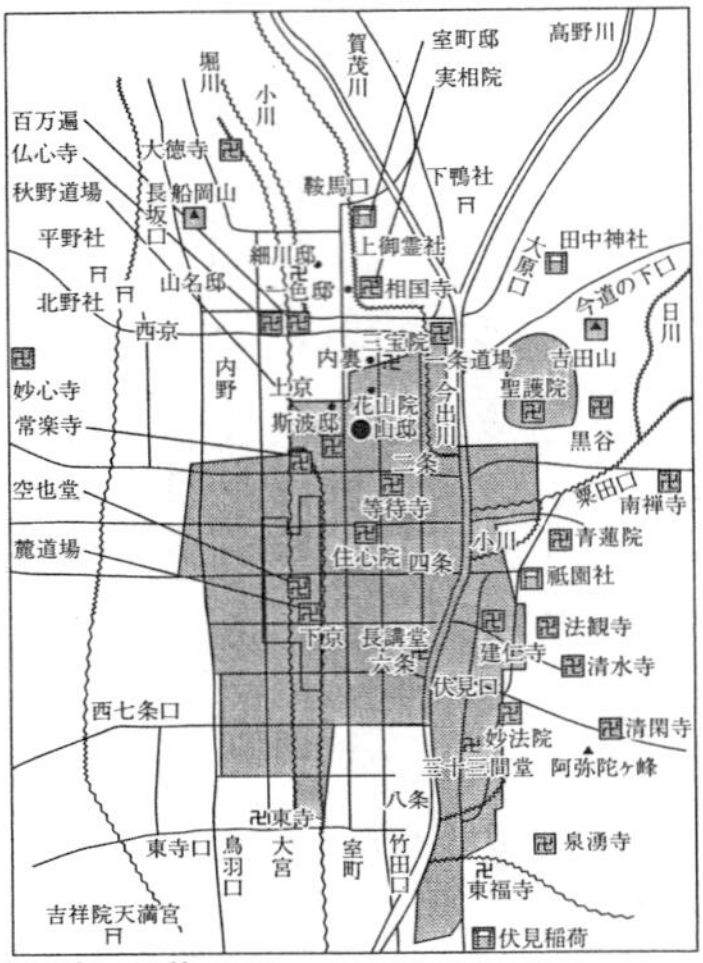

応仁·文明の乱における京の被災地（▒は被災地）

享徳《きょうとく》の乱《らん》　享徳三年（一四五四）に関東で勃発した内乱。文明一四年（一四八二）まで続いた。*永享の乱の後*足利成氏《しげうじ》が鎌倉の公方を継ぐが、彼が伝統的な豪族層を重用したために、*関東管領と対立してこれを謀殺し、幕府より追討を受けることとなった。このため関東では古河へ移り拠点とした成氏派が簗《やな》田《だ》氏ら重臣と結城・千葉氏らを基盤として利根川の北東部を支配したのに対し、関東管領上杉氏派は幕府の支援を受け武州五十子《いかご》陣（埼玉県本庄市）に拠り、山内《やまのうち》・扇谷《おうぎがやつ》両上杉氏や長尾氏らを中心に利根川を西南部を支配した。戦乱は上野《こうづけ》・武蔵・相模を中心に行われ、長期化の様相を呈した。しかし文明九年（一四七七）に成氏と上杉顕定《あきさだ》との和睦が成り、終結した。

［文献］　峰岸純夫『中世の東国』（東京大学出版会、一九八九）、佐藤博信『古河公方足利氏の研究』（校倉書房、一九八九）。（森　広海）

足軽《あしがる》　中世において、戦闘に参加し放火や略奪などのゲリラ的攪乱戦法を得意とした歩兵。一二世紀後半にはすでに見られ、*『平家物語』や*『源平盛衰記』、南北朝期の*『太平記』など軍記物に散見する。その活動の特徴は陣中における雑用や城普請の他に放火、略奪、寝返りといった敵方の後方攪乱を行う傭兵であり、戦国期に大規模な動員のもとに訓練される足軽とは区別される。応仁・文明の乱における京都の市街戦には「疾足《しっそく》」・「軽卒《けいそつ》」ともいわれ、度々登場する。貴族の間では「此たびはじめて出来れる足がるは、超過したる*悪党なり」（*『樵談治要』）や「ただ一剣をもって敵陣に突入する」（『碧山日録』）といわれ、戦国乱世の時代に既成概念を打ち壊そうとする新たな存在と捉えられ、支配者層には危機感を持って見られた。こうした足軽の行動が中世後期に増えてくるのは、当該期の恒常的飢饉の中で戦場を生業とした農村における土一揆《つちいっき》、徳政一揆との深い関係が指摘されるほか、都市やその周辺の遊民、浮浪民を構成主体とするともいわれる。戦国期にはいると、戦争の大規模化を要因として騎馬戦よりも集団戦が重要となったことから、各大名は農村や町場から兵を動員して訓練し、足軽として編成していった。また、鉄砲の普及とともに足軽の存在はそれまで以上に重要となったが、その出自の低さから社会的に軽視される傾向にあった。

［文献］ 小野武夫『日本兵農史論』（有斐閣、一九三八）、藤木久志『飢餓と戦争の戦国を行く』（朝日選書、二〇〇一）。 （森 広海）

古河公方《こがくぼう》 室町半ばから戦国期にかけて下総古河（茨城県古河市）を拠点として活動した足利氏のこと。永享の乱の後、*足利持氏《もちうじ》の息成氏《しげうじ》が鎌倉公方《くぼう》を継いだ。しかし成氏が享徳三年（一四五四）に*関東管領《かんれい》*上杉憲忠《うえすぎのりただ》と対立しこれを謀殺したことにより、幕府からの追討を受け、翌年鎌倉を退去して古河に移った。成氏は北関東の有力領主を背景として、南関東の領主を背景とする関東管領上杉氏らに対抗するが、文明一四年（一四八二）に成氏と幕府・上杉氏との間で都鄙和睦《とひわぼく》が結ばれた。成氏の後、政氏《まさうじ》、高基《たかもと》、晴氏《はるうじ》、義氏《よしうじ》と続いた。政氏・高基は上杉氏と協調しながら存続をはかったが、晴氏・義氏は北条氏の台頭により、その勢力下に置かれた。義氏の死後男子がなかったため、娘が喜連川《きつれがわ》氏として継承し、幕末まで続いた。

［文献］ 佐藤博信『古河公方足利氏の研究』（校倉書房、一九八九）。 （森 広海）

堀越公方《ほりこしくぼう》 「ほりごえ」とも。伊豆国堀越《ほりごえ》（静岡県田方郡韮《にら》山《やま》町）を拠点として活動した足利氏のことをさす。堀越御所ともいう。享徳三年（一四五四）鎌倉公方であった*足利成氏《しげうじ》は*関東管領*上杉憲忠《うえすぎのりただ》を謀殺して古河へ拠った（古河公方）が、室町将軍*義政《よしまさ》はこれを認めず、翌年弟の政知《まさとも》を鎌倉公方として京都から下向させ、関東管領上杉房顕《ふさあき》もこれを指示した。しかし成氏の軍勢に攻められ鎌倉に入ること叶わず、堀越に留まった。相模、武蔵などの中小領主層を基盤としつつも、政知の公方としての権限は十分なものではなかった。延徳三年（一四九一）政知が死去すると子の茶々丸が跡を継ぐが、北条早雲の侵入を許し、茶々丸が自害したことによって堀越公方は滅亡した。滅亡時期は明応七（一四九八）年説が有力。

［文献］ 家永遵嗣「堀越公方府滅亡の再検討」（『戦国史研究』二七号、一九九四）。 （森 広海）

山名氏清《やまなうじきよ》 康永三・興国五年（一三四四）—明徳二・元中八年（一三九一）。南北朝時代の武将。時氏《ときうじ》の第四子。民部少輔、

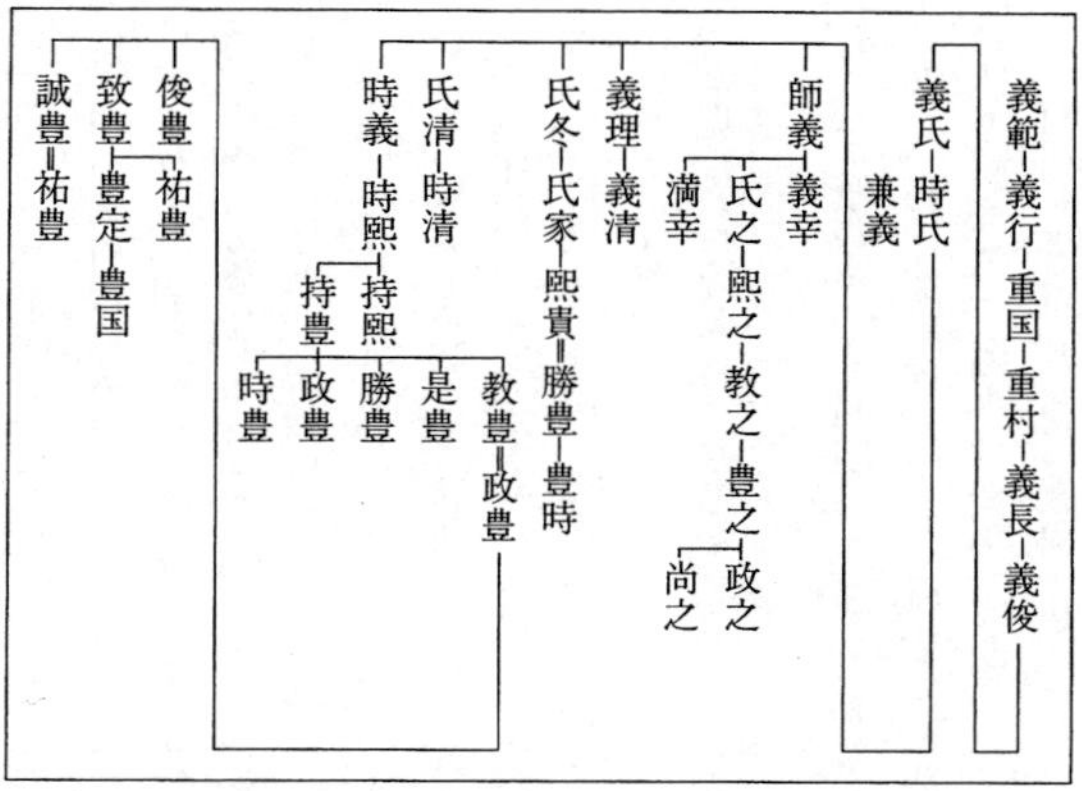

山名氏略系図

陸奥守。父の死後丹後守護となり、後に戦功により和泉守護も兼ねる。明徳元年（一三九〇）惣領時熙《ときひろ》とその弟氏幸《うじゆき》が将軍*義《よし》満《みつ》と不和になると、幕府軍として婿で甥の満幸《みつゆき》とともに二人を追討した。その功により時熙の有した但馬守護職を得た。しかし義満が時熙らの赦免を聞き入れたことにより対立。上皇領押領により出雲守護職を解任された満幸とともに挙兵を画策し、南朝への降伏を申し入れた。氏清は分国の兵を率いて和泉に挙兵したが、京の七条から三条大宮まで進んだところで幕府軍に阻まれ戦死した。法名は宗鑑寺殿古鑑衡公。

［文献］水野恭一郎『武家時代の政治と文化』（創元社、一九七五）。

（森　広海）

足利義持《あしかがよしもち》　至徳三・元中三年（一三八六）―正長元年（一四二八）。室町幕府四代将軍。三代将軍*義満《よしみつ》の子。母は醍醐寺三宝院坊官安芸法眼の女慶子。応永元年（一三九四）九歳にして将軍となる。事実上の政務は義満が執るが、折しも次子*義嗣《よしつぐ》への偏愛が始まり、義持の地位も危うかった。応永一五年（一四〇八）義満が死ぬと、義持は幕府を北山第から三条坊門第に移し、義満に対する太上天皇の尊号を朝廷に返上、明との朝貢形式を廃止、*上杉禅秀《ぜんしゅう》の乱に荷担した罪で義嗣を殺す等、義満期を否定する政策をなした。五代*義量《よしかず》死後、義持は臨終に際し後嗣を決めず、宿老会議に委ねており、当該期の幕府権力は前代の将軍専制ではなく有力守護の合議制が重要視されていたと評価される。また、義持の禅への傾倒も興味深い。

［文献］渡辺世祐『室町時代史』（創元社、一九四八）、伊藤喜良『足利義持』（吉川弘文館、二〇〇八）。

（森　広海）

足利義量《あしかがよしかず》　（一四〇七―二五）　室町幕府第五代将軍（在職応永三〇年（一四二三）―応永三二年（一四二五））。父は四代将軍*足利義持《よしもち》。母は日野資康《ひのすけやす》女栄子。応永一四年（一四〇七）十二月一日に生まれる。同二四年（一四一七）十二月、元服、正五位下・右近衛中将に任じられる。同三〇年に義持が将軍職を辞し、義量が征夷大将軍に任じられる。同三一（一四二四）年、従四位下、参議に任じられる。同三二年二月二十七日、病で死去する。一九歳。法名長得院鞏山道基。後に左大臣従一位を追贈される。将軍在位はわずか二年で、政治の実権は義持にあった。応永二八年には、父義持の禅宗への傾倒から義量に対して禁酒令が出されている。

［文献］清水克行「足利義持の禁酒令」（『日本歴史』六一九、一九九九）。

（徳永裕之）

足利義教《あしかがよしのり》（一三九四―一四四一）　*室町幕府六代将軍。父は三代将軍*義満《よしみつ》で、母は醍醐寺三宝院坊官安芸法眼《あきほうげん》の女藤原慶子。四代将軍*義持《よしもち》の同母弟。応永一〇年（一四〇三）青蓮院《しょうれんいん》に入室、同一五年（一四〇八）得度して義円《ぎえん》と称し、大僧正、准三后《じゅさんごう》、天台座主《てんだいざす》となる。五代将軍*足利義量《よしかず》が早世してから後継者を定めなかった義持が、石清水八幡宮神前の籤による将軍選定に了承して没すると、正長元年（一四二八）義持の兄弟の中から義円が将軍に選出された。還俗《げんぞく》して義宣《よしのぶ》と改名し左馬頭《さまのかみ》に任ぜられ、のち征夷大将軍となり義教と名乗った。はじめ前代に倣い管領以下重臣の意見を尊重した政務を行うが、まもなく*評定衆・*引付頭人を再設して管領の権限抑止をはかり専制を志向するようになる。義教の暴動を抑えてきた斯波義淳《しばよしあつ》・畠山満《はたけやまみつ》家《いえ》・*三宝院満済《さんぼういんまんさい》らが死去する頃には「万人恐怖」の治世へと突き進んだ。永享七年（一四三五）鎌倉公方*足利持氏《もちうじ》と通じていると噂される延暦寺を弾圧し、首謀者を捕え処刑すると、反発した僧二十数人が根本中堂に火をかけて自殺する事件に発展した。またこの騒乱を路頭で噂していた煎じ物商人の首まで刎ねた。同一一年（一四三九）幕府に反抗する持氏を自害させると、翌一二年反幕勢力を追討するため大和に在陣中の*一色義貫《いっしきよしつら》・*土岐持頼《ときもちより》を謀殺し、嘉吉元年（一四四一）*結城氏朝《ゆうきうじとも》を滅ぼして持氏の遺児春王・安王を殺害した。諸将の反発が強まるなか、同年六月二四日、*赤松満祐《あかまつみつすけ》から邸宅に招かれたところを弑逆された。四八歳。法名普光院善山道恵。

［文献］ 今谷 明『籤引き将軍足利義教』（講談社選書メチエ、二〇〇三）、桜井英治『日本の歴史12室町人の精神』（講談社、二〇〇一）。

（阿部卓朗）

足利義嗣《あしかがよしつぐ》（一三九四—一四一八） 室町時代前期の武将。父は*室町幕府三代将軍*足利義満《よしみつ》。生母は摂津能秀《よしひで》の女、春日局。はじめ三千院に入室したが還俗《げんぞく》、義満の室日野康子《やすこ》の猶子《ゆうし》として北山第《きたやまてい》南御所に住し、南御所若公《みなみごしょわかぎみ》と称された。義満の寵愛を受け、*応永一五年（一四〇八）童殿上《わらわてんじょう》を遂げ、義嗣と命名された。*後小松《ごこまつ》天皇北山第行幸の際には天盃を受け、また親王に准じ内裏で元服の儀を行った。義満の死後、四代将軍義持《よしもち》と対立し、同二二年（一四一五）*北畠満雅《きたはたけみつまさ》挙兵の際、義持への謀反を企て、翌二三年（一四一六）*上杉禅秀《うえすぎぜんしゅう》の乱に呼応するも失敗した。同一〇月神護寺にて出家したが、義持に捕らえられ幽閉ののち、同二五年（一四一八）殺害された。

（谷釜千奈津）

日野康子《ひのやすこ》（一三六九—一四一九） 室町時代の公家の女性。日野資康《ひのすけやす》の女。*室町幕府三代将軍*足利義満《よしみつ》の室。応永初年頃、叔母の業子に続いて義満の室となり、北山第《きたやまてい》が造営されてから は南御所に住した。同一三年（一四〇六）*後小松《ごこまつ》天皇の生母・通陽門院《つうようもん》が死去すると、義満は天皇一代に二度の諒闇《りょうあん》は不吉であるとして、関白一条経嗣《いちじょうつねつぐ》にその対策をはかり、義満の意向を受け、康子は天皇の准母となった。これにより義満は天皇の父として、出家後自らを法皇に擬した。翌一四年（一四〇七）には院号宣下《せんげ》を受け、北山院《きたやまいん》と称した。しかし、同一五年（一四〇八）に義満が死去したのちは、四代将軍義持から厚遇されず、かつての華やかさもないまま、同二六年（一四一九）北山第南御所で没した。死後国母に准じた扱いはなされず、葬儀も略式で天下触穢諒闇も行われなかった。また康子には実子がなく、義満の子*義嗣《よしつぐ》、喝食御所《かっしきごしょ》聖久を猶子《ゆうし》とした。皇族でも天皇の後宮でもなく、准母・女院となった唯一の例。

（谷釜千奈津）

足利持氏《あしかがもちうじ》（一三九八—一四三九） 室町時代前期の武将。第四代鎌倉公方。左馬頭《さまのかみ》、左兵衛督《さひょうえのかみ》。第三代鎌倉公方足利満兼《みつかね》の子。幼名幸王丸。応永一六年（一四〇九）父満兼の死によって一二歳で家督を継ぐと、翌年元服して将軍*義持《よしもち》の偏諱《へんき》を賜り持氏と名乗った。同二三年（一四一六）、*上杉氏憲《うえすぎうじのり》（禅秀《ぜんしゅう》）や叔父満隆《みつたか》、弟持仲《もちなか》らの反乱にあっていったん駿河国に退くが、幕府の救援を受けて鎌倉を奪還した。この上杉禅秀の乱後、京都扶持衆を討伐する持氏の強圧的な執政に鎌倉府の独立化を警戒した義持は、同三〇年（一四二三）駿河国の今川氏をして持氏を討伐しようとした。このとき持氏は無二の忠勤を誓ったため衝突は免れたが、*義教《よしのり》が将軍に就くと都鄙《とひ》（京都と鎌倉）の対立は、いよいよ決定的となる。持氏が将軍就任の賀使派遣を見送り、永享の改元にも正長年号を使用し続けると、対する義教も威嚇牽制のため富士遊覧と称して駿河国へ下向した。和平を望む*関東管領*上杉憲実《うえすぎのりざね》の意に反して、持氏は鶴岡八幡宮に「呪詛怨敵」を打倒する決意で血書《けっしょ》の願文《がんもん》を捧げ、永享八年（一四三六）に幕府の管轄である信濃国守護小笠原氏の討伐を強行しようとすると、憲実との間にも溝が生じた。同一〇年（一四三八）六月、持氏の嫡子元服の折、将軍の偏諱を賜る先例を無視して義久《よしひさ》と名乗らせると、ついに憲実とも決裂した。持氏は憲実に対し兵を進めたので、これを好機ととらえた幕府も参戦して、同年八月*永享の乱が勃発。敗れた持氏は、同一一年二月一〇日に永安寺で自害した。四二歳。法名長春院楊山道継。

［文献］　田辺久子『関東公方足利氏四代　基氏・氏満・満兼・持氏』（吉川弘文館、二〇〇二）、『神奈川県史　通史編一―原始・古代・中世』（一九八一）。　（阿部卓朗）

三宝院満済《さんぼういんまんさい》（一三七八―一四三五）「まんせい」「法身院准后《ほっしんいんじゅごう》」とも。室町時代前期の真言宗の僧。三宝院門主。醍醐寺座主《ざす》。東寺一長者。四天王寺別当。永徳二・弘和二年（一三八二）五歳にして父権大納言今小路基冬《いまのこうじもとふゆ》を亡くし、兄今小路師冬《もろふゆ》の養子になったとみられる。将軍*足利義満《よしみつ》の猶子《ゆうし》。法印、大僧正に叙され、正長元年（一四二八）には准三后《じゅさんごう》の宣旨を受けた。義満・*義持《よしもち》・*義教《よしのり》将軍期にわたって重用された満済は、護持僧として攘災祈祷にあたるだけでなく、政治や外交など幕政全般にわたって将軍の諮問役として活躍した。同年死期が迫るも後継者を定めぬ義持に対し、満済は管領や諸大名の意見を代表し、石清水八幡宮神前の籤《くじ》による選定を義持に了承させて将軍家の危機を救った。こうして擁立された六代将軍義教からの信頼は絶大であり、明との国交回復や関東の紛争など満済の意見を求めることが多かった。将軍専制を志向する義教にあって、不遇な所領配分に甘んじていた伊勢守護*土岐持頼《ときもちより》への恩賞を進言するなど、満済の冷静な判断は楔の役割を果たし、「黒衣の宰相」と呼ばれて諸大名からの信頼も厚かった。*伏見宮貞成《ふしみのみやさだふさ》親王には「天下の義者」と評されている。醍醐寺座主を門弟義賢《ぎけん》に譲って法身院に隠退した満済は、永享七年（一四三五）六月一三日病により没した。五八歳。彼の記した『満済准后日記』は、当時の政治・経済・文化などを知る上での根本史料である。

［文献］　本郷和人「『満済准后日記』と室町幕府」（五味文彦編『日記に中世を読む』吉川弘文館、一九九八）、森　茂暁『満済　天下の義者、公方ことに御周章』（ミネルヴァ書房、二〇〇四）。　（阿部卓朗）

一色義貫《いっしきよしつら》（一四〇〇―四〇）　室町時代前期の武将。三河・若狭・丹後三か国の守護で、一時山城守護と侍所頭人も兼任する。兵部少輔《ひょうぶのしょう》、左京大夫《さきょうのだいぶ》、修理大夫《しゅりのだいぶ》。満範《みつのり》の子。初名義範《よしのり》。仮名《けみょう》五郎。応永二二年（一四一五）伊勢国司*北畠満雅《きたばたけみつまさ》追討や同三〇年（一四二三）の*鎌倉公方足利持氏《もちうじ》討伐、同三四年（一四二七）の*赤松満祐《あかまつみつすけ》征伐において、それぞれ御旗を賜っており、幕府内での信任が厚かった。将軍*義教《よしのり》期にも御相伴衆として重臣の地位を保持するも、永享二年（一四三〇）義教の右大将拝賀式では意見の相違から供奉を拒否し、義教の怒りをかった。のち許され幕政に復帰するも、大和に在陣中の同一二年（一四四〇）五月一五日、義教の命を受けた武田信栄《たけだのぶひで》から朝食に招かれたところを襲われ、自害し果てた。四一歳。法名安養寺泰雲。

［文献］『福井県史 通史編二―中世』（一九九四）、桜井英治『日本の歴史12室町人の精神』（講談社、二〇〇一）。（阿部卓朗）

土岐持頼《ときもちより》（?―一四四〇） 室町時代前期の武将。伊勢国守護。刑部少輔《ぎょうぶのしょう》、大膳大夫《だいぜんのだいぶ》。土岐康行《やすゆき》の孫、世保康政《よやすやすまさ》の子。応永三一年（一四二四）上皇御所の女官との密通が発覚して伊勢守護を解任、美濃守護土岐持益《もちます》に追討された。後に許されて守護職を回復すると、正長元年（一四二八）南朝の後胤*小倉宮《おぐらのみや》を奉じて幕府に反抗する伊勢国司*北畠満雅《きたばたけみつまさ》を鎮圧するなど、幕政に尽力した。しかし、大和の国民越智《おち》氏ら残党を捜索するため多武峰《とうのみね》に在陣中、*一色義貫《いっしきよしつら》が六代将軍*足利義教《よしのり》の命をうけた武田信栄《たけだのぶひで》に謀殺されると、永享一二年（一四四〇）五月一六日、持頼《もちより》も伊勢国人長野氏らに攻められ、三輪（奈良県桜井市）において自害した。法名龍源寺春岩。

［文献］谷口研語『美濃・土岐一族』（新人物往来社、一九九七）。（阿部卓朗）

結城氏朝《ゆうきうじとも》（一四〇二―四一） 室町時代前期の武将。中務大輔《なかつかさのたいふ》。父は結城家から小山家の養子に入った泰朝《やすとも》で、氏朝は叔父結城満広《みつひろ》の養子となる。仮名《けみょう》七郎。応永二三年（一四一六）に養父満広が早世してから、しばらくは下野守護であった祖父基光《もとみつ》の影に隠れていたが、永享二年（一四三〇）基光の死後は、結城家当主としてしばしば幕府方の*小山持政《おやまもちまさ》と対立した。同一一年（一四三九）*永享の乱で鎌倉公方足利持氏《もちうじ》が倒れると、鎌倉府奉公衆に擁立されて挙兵した持氏遺子春王・安王を、同一二年三月結城城（茨城県結城市）に迎え入れた。ここを拠点にして、桃井憲義《もものいのりよし》らと小山持政《おやまもちまさ》の小山城（栃木県小山市）を攻撃し、結城合戦が開始された。結城方には、一族の内紛で京都方と分裂した今川氏広《いまがわうじひろ》・宇都宮伊予守《うつのみやいよのかみ》・岩松持国《いわまつもちくに》・佐竹義憲《さたけよしのり》・小山広朝《ひろとも》らが与し、*関東管領上杉氏や幕府と対峙した。同年六月氏朝と結んだ陸奥の国人石川持光《いしかわもちみつ》によって篠川御所《ささがわごしょ》足利満直《みつなお》を滅ぼすも、全国から動員された総勢一〇万ともいわれる幕府軍との一年に及ぶ攻防戦の末、嘉吉元年（一四四一）四月一六日、子の持朝《もちとも》・朝兼《ともかね》とともに戦死した。五月三日京都に到着した氏朝の首は、四日*義教《よしのり》に実検され、九日六条河原にさらされた。四〇歳。法名圓通院藤山明永。一連の合戦は京都の公家らも関心を抱いていたようで、*『看聞日記』*『建内記』にも落城の記事が見られる。合戦を題材とした結城合戦絵巻は重要文化財に指定されている。

［文献］『結城市史第四巻―古代中世編』（一九八〇）。（阿部卓朗）

赤松政則《あかまつまさのり》（一四五五―九六） 室町時代後期の武将。*播磨・備前・美作《みまさか》守護。侍所頭人。兵部少輔《ひょうぶのしょう》、左京大夫《さきょうのだいぶ》。*赤松満祐《みつすけ》の弟義雅《よしまさ》の孫、時勝《ときかつ》の子。幼名次郎法師丸。*嘉吉の乱で赤松宗家は滅ぶが、南朝後胤から神璽を奪還した功により再興が許され、政則は家督継承者として加賀半国の守護職を与えられた。*応仁・文明の乱では、妻の父である東軍の将*細川勝元《ほそかわかつもと》に与して旧領を回復し、長享二年（一四八八）には所領争いを続けていた山名勢を退けて領国支配を確保した。刀工としても著名な政則は明応五年（一四九六）閏二月に異例の従三位に叙せられるも、同年四月二五日病により没した。四二歳。法名松泉院無等性雲。

［文献］高坂 好『人物叢書 赤松円心・満祐』（吉川弘文館、一九七〇）、桜井英治『日本の歴史12室町人の精神』（講談社、二〇〇一）。（阿部卓朗）

伊勢貞親《いせさだちか》（一四一七—七三）　室町時代中期の武将。政所執事。兵庫助、備中守、伊勢守。政所執事伊勢貞国《さだくに》の子。仮名《けみょう》七郎。享徳三年（一四五四）家督を継ぎ、寛正元年（一四六〇）政所執事に就くと、高利貸などと賄賂政治を横行させた。蔭凉軒《いんりょうけん》主《しゅ》の季瓊真蘂《きけいしんずい》とともに斯波氏の家督相続に介入し、*足利義尚《よしひさ》が誕生した際は*足利義視《よしみ》の暗殺を企て失敗、逃亡した。応仁元年（一四六七）*足利義政《よしまさ》に召還されると、やがて幕府に出仕した。文明三年（一四七一）官を辞して剃髪し、同五年正月二一日没した。五七歳。法名聴松院常慶悦堂。貞親は和歌・連歌・騎射の道に長じ、伊勢流故実の形成に大きな影響を与えた。晩年の著述に『伊勢貞親教訓』がある。

［文献］小川　信『山名宗全と細川勝元』（新人物往来社、一九九四）、桜井英治『日本の歴史12室町人の精神』（講談社、二〇〇一）。

（阿部卓朗）

足利義勝《あしかがよしかつ》（一四三四—四三）　室町幕府第七代将軍（在職嘉吉元年（一四四一）—嘉吉三年（一四四三））。六代将軍*足利義教《よしのり》の長男。母は日野重光《ひのしげみつ》の女重子。幼名は千也茶丸《ちやちゃまる》。嘉吉元年（一四四一）六月、足利義教が*赤松満祐《あかまつみつすけ》によって暗殺され、その跡を継ぐ。同年八月従五位下、同年十一月評定始。嘉吉二年一一月九歳で元服し、正五位下、左近衛中将・征夷大将軍に任じられる。嘉吉三年正月従四位下に叙せられるが、同年七月二一日に十歳で没する。のちに左大臣・従一位を追贈される。法名慶雲院道春栄山。将軍就任から三年弱という短命の将軍であり、年少であったため実権はほとんど持たなかった。将軍職は同母弟*義成《よししげ》（義政《よしまさ》）が継ぐ。

（徳永裕之）

足利義政《あしかがよしまさ》（一四三六—九〇）　室町幕府八代将軍。父は六代将軍*足利義教《よしのり》、母は日野重子。七代将軍*義勝《よしかつ》の同母弟。幼名三寅、のち三春。*嘉吉の乱後、将軍職を継いだ兄義勝が嘉吉三年（一四四三）夭折《ようせつ》すると、八歳で家督を継ぐ。文安三年（一四四六）*後花園《ごはなぞの》天皇から義成《よししげ》の名を贈られ、宝徳元年（一四四九）元服、征夷大将軍に任命され、判始を行なった。左馬頭《さまのかみ》から参議、左大臣へと累進し、三宮《さんぐう》に准ぜられる。*伊勢貞親《いせさだちか》や*今参《いままいりの》局《つぼね》の政治介入を許した結果、守護大名の家督相続に干渉したり、幕府財政の窮乏に分一徳政令を濫発することになり、しばしば政治や経済を混乱させた。八万人以上の餓死者を出した*寛正の大飢饉では、時衆の勧進聖《かんじんひじり》願阿弥に貧民施行させたり、施餓鬼会《せがきえ》を行わせ死者を弔った。康正元年（一四五五）日野家から正室に*富子《とみこ》を迎えるも嫡男に恵まれなかったので、寛正五年（一四六四）義政は弟の浄土寺門跡義尋《ぎじん》を還俗《げんぞく》させ義視《よしみ》と名乗らせ、後継に定めた。翌年富子との間に*義尚《よしひさ》が誕生すると、将軍継嗣問題と諸大名の家督争いなどが相俟って、*応仁・文明の乱へと発展した。応仁元年（一四六七）五月の乱勃発当初、義政は中立を保って和平に奔走するが、無力な将軍権力に執政の意欲は薄らいでいった。文明五年（一四七三）将軍職を義尚に譲ると、*東山山荘（のちの慈照寺）の構築に没頭し、完成後はこれに移り東山殿と称された。同一七年（一四八五）には剃髪して*東求堂《とうぐどう》、*観音殿（通称銀閣）を創建する。延徳元年（一四八九）将軍義尚が六角征伐の陣中で病没するに及び、再度政務を執ったが、翌年正月七日死去した。五五歳。法名慈照院喜山道慶。贈太政大臣。墓は京都市上京区相国寺。武家・公家風の生活を送った義政は、禅宗・浄土教に傾倒し、芸能風流を解して*同朋衆を手厚く保護したので、ここに東山文化が開花し、能楽・連歌・茶の湯・立花・水墨画・造庭などの形成、発展に大きな役割を果たした。

［文献］ 森田恭二『足利義政の研究』（和泉書院、一九九三）、石田晴男『戦争の日本史9応仁・文明の乱』（吉川弘文館、二〇〇八）。 （阿部卓朗）

足利義尚《あしかがよしひさ》（一四六五―八九） 室町幕府九代将軍。参議、権《ごんの》大納言《だいなごん》、内大臣。父は八代将軍*足利義政《よしまさ》、母は*日野富子《ひのとみこ》。のち義熙《よしひろ》と改名。父義政は子がなかったために弟*義視《よしみ》を継嗣に定めていたが、寛正六年（一四六五）一一月二三日義尚が生まれると将軍後継問題に発展した。文正元年（一四六六）*伊勢貞親《いせさだちか》や季瓊真蘂《きけいしんずい》らは義政に取り入り義視を殺害しようとしたが失敗して逃れると、母富子は義尚の擁立を計画し、義視を推す*細川勝元《ほそかわかつもと》に対して、*山名持豊《やまなもちとよ》を頼った。この将軍継嗣争いが*応仁・文明の乱の一因となる。文明五年（一四七三）九歳にして義政から将軍職を譲られ、母富子に後見されて将軍の座に就くと、大乱の目的が薄らいで諸将のなかには講和を結ぶものが現れた。同一一年（一四七九）一一月判始を行ってから目立った成果が見られなかったが、正しい政道を求めて*一条兼良《いちじょうかねよし》に諮問し、その答えとして『*樵談治要《しょうだんちよう》』『文明一統記《ぶんめいいっとうき》』が献上されたように、義尚は執政に意欲を示していた。長享元年（一四八七）には将軍家の威信を回復するため、寺社や幕府の所領を横領する近江守護*六角高頼《ろっかくたかより》を攻めるも戦線は膠着し、酒色に溺れた結果の延徳元年（一四八九）三月二六日、近江鈎《まがり》（滋賀県栗東市）の陣で病没した。二五歳。法名常徳院悦山道治。贈太政大臣。和歌や書に優れ、歌集に『常徳院集』がある。

［文献］ 田端泰子『女人政治の中世 北条政子と日野富子』（講談社現代新書、一九九六）、石田晴男『戦争の日本史9応仁・文明の乱』（吉川弘文館、二〇〇八）。 （阿部卓朗・徳永裕之）

日野富子《ひのとみこ》（一四四〇―九六） 日野政光《まさみつ》（重政《しげまさ》）の女《むすめ》。八代将軍*足利義政《よしまさ》室、九代将軍*足利義尚《よしひさ》の母。康正元年（一四五五）一六歳で義政に嫁ぎ、長禄三年（一四五九）嫡男が誕生するも死産であった。これは義政の乳母で側室でもあった今参局《いままいりのつぼね》による調伏が原因であるとして追放、自害させた。その後富子に男子が得られなかったので、寛正五年（一四六四）義政は弟

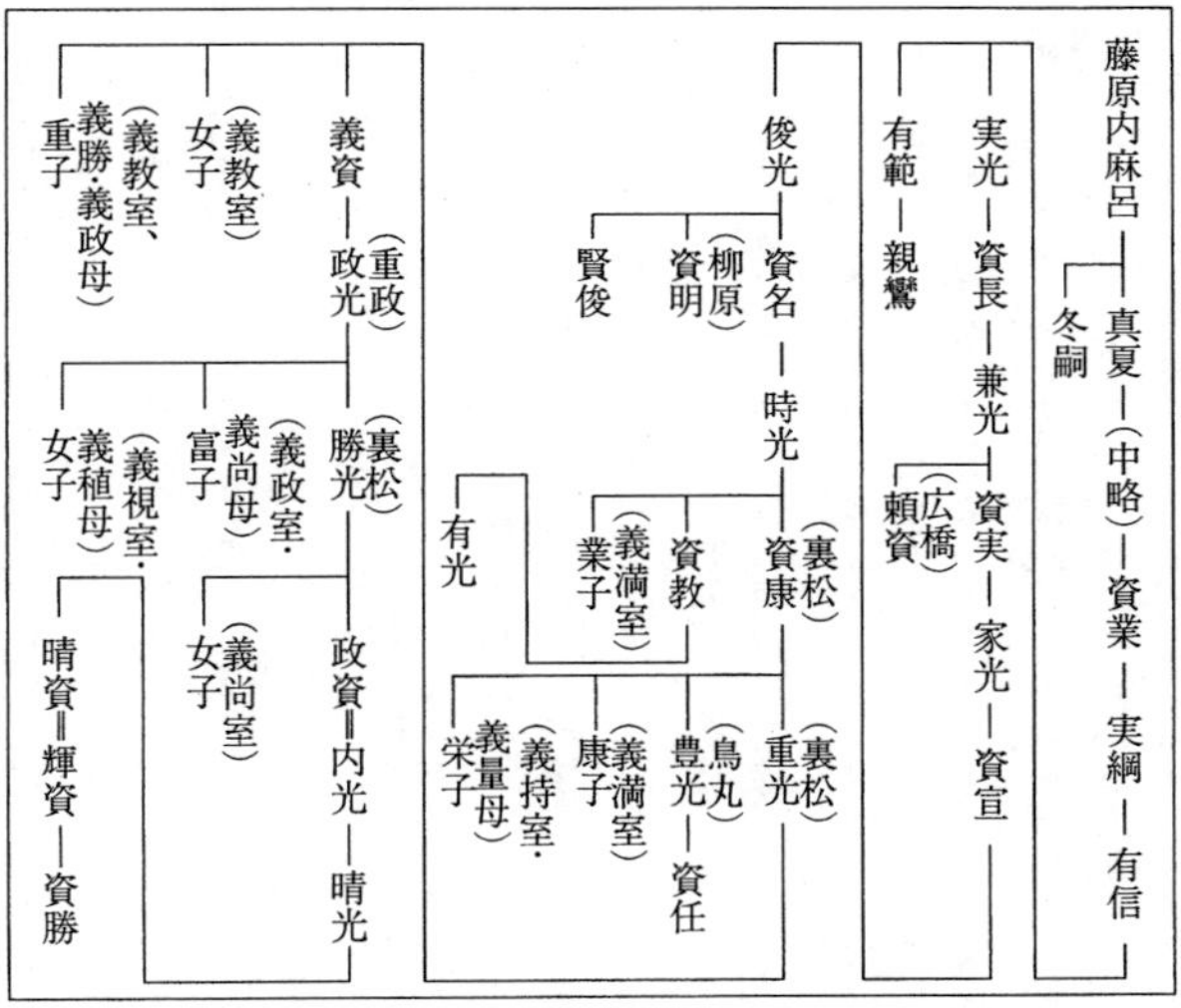

日野氏略系図

の浄土寺門跡義尋《ぎじん》（*義視《よしみ》）を還俗《げんぞく》させて後継に指名した。しかし翌年富子は義尚を出産したので、将軍継嗣を狙って*山名持豊《やまなもちとよ》を頼み、義視を支持する*細川勝元《ほそかわかつもと》と対立、諸大名も東西に分裂して*応仁・文明の乱が勃発した。執政意欲の薄れた義政に代り、兄日野勝光《かつみつ》とともに幕政を主導した富子は、文明五年（一四七三）の義尚将軍就任、同八年の勝光死後も積極的に幕府の財源確保に取り組んだ。諸大名に対する高利の貸し付け、米相場への介入、京都七口の関所設置による*関銭徴収などによって得た巨額の富は、朝廷の儀式や寺社への寄進、内裏の修造費用に当てられた。西軍の*畠山義就《はたけやまよしなり》には千貫文もの軍資金を貸し付け、*大内政弘《おおうちまさひろ》には官位叙任を朝廷に斡旋したように、政治折衝によって敵方の帰国を促し、戦乱を平和的に解決させた。延徳元年（一四八九）義尚が、翌年義政が没して薙髪《ちはつ》するが、尼御台として将軍*義稙《よしたね》（義材《よしき》）・*義澄《よしずみ》（義遐《よしとお》）の擁立に決定権を有した。明応五年（一四九六）五月二〇日没。五七歳。法名妙善院慶山。

［文献］田端泰子『女人政治の中世　北条政子と日野富子』（講談社現代新書、一九九六）、石田晴男『戦争の日本史9応仁・文明の乱』（吉川弘文館、二〇〇八）。

（阿部卓朗）

足利義視《あしかがよしみ》（一四三九—九一）　室町時代の武将。六代将軍*足利義教《よしのり》の子、八代将軍*足利義政《よしまさ》の弟。はじめ浄土寺に入室して義尋《ぎじん》と称していたが、義政の後嗣に決定すると、還俗《げんぞく》して義視と改名、今出川《いまでがわ》邸に移った。義政に実子*義尚《よしひさ》が誕生した際、*伊《い》勢貞親《せさだちか》らに殺害されかかるも、*細川勝元《ほそかわかつもと》を頼り難を逃れた。*応仁・文明の乱では貞親らに疎まれたため、東軍の陣営から西軍に走った。文明一〇年（一四七八）義政との間に和解が成立し、やがて上洛する。義政が没して子の*義稙《よしたね》（義材《よしき》）が将軍になると、義視は後見として幕政を執り大御所と呼ばれた。延徳三年（一四九一）正月七日病没。五三歳。法名大智院久山道存。

［文献］小川　信『山名宗全と細川勝元』（新人物往来社、一九九四）、桜井英治『日本の歴史12室町人の精神』（講談社、二〇〇一）。

（阿部卓朗）

細川勝元《ほそかわかつもと》（一四三〇—七三）　室町時代中期の武将。管領。摂津・丹波・讃岐・土佐守護。右京大夫《うきょうのだいぶ》。細川京兆家《けいちょうけ》持之《もちゆき》の嫡子。幼名聡明丸。仮名《けみょう》六郎。嘉吉二年（一四四二）父持之が没すると、幼将軍*義勝《よしかつ》の偏諱《へんき》を賜って勝元と名乗り、一三歳で細川家当主として四ヶ国の守護に就任した。まもなく勝元は強大な勢力を誇っていた*山名持豊《やまなもちとよ》の女《むすめ》を妻に迎え、管領畠《はたけ》山持国《やまもちくに》を牽制する。文安二年（一四四五）持国に代って管領に就任、宝徳元年（一四四九）にはいったん持国に管領職を譲るが、享徳元年（一四五二）再度管領の座に就き持国を失脚させる。持国亡き後、勝元は畠山家・斯波家・富樫家の内訌問題で悉く持豊と対立し、将軍継嗣問題でも*義尚《よしひさ》を支持する持豊に対して、*義視《よしみ》を後継者に推した。また勝元に嫡男が誕生すると、養子にしていた持豊の末子豊久《とよひさ》を仏門に入れたので、両者の対決はいよいよ必至となる。諸大名の分裂も相俟って、*応仁元年（一四六七）勝元のもとには*畠山政長《まさなが》・*斯波義敏《しばよしとし》・*赤松政則《あかまつまさのり》らが集結し、*畠山義就《よしなり》・*斯波義廉《よしかど》らを擁する持豊の西軍との間に*応仁・文明の乱が勃発した。義政・義尚を抱え込む勝元は三度管領に就任するが、戦闘を終結することなく、文明五年（一四七三）三月持豊が没すると、同年五月二日勝元も流行病に冒され死去した。四四歳。法名竜安寺宗宝仁栄。生前禅宗に傾倒した勝元は竜安寺などを創建、医書『霊蘭集』を著したほか、和歌や絵画にも堪能であった。

［文献］ 小川 信『山名宗全と細川勝元』（新人物往来社、一九九四）、石田晴男『戦争の日本史9応仁・文明の乱』（吉川弘文館、二〇〇八）。

（阿部卓朗）

山名持豊《やまなもちとよ》（一四〇四―七三） 室町時代中期の武将。但馬・備後・安芸・伊賀守護。左衛門佐《さえもんのすけ》、右衛門督《うえもんのかみ》、弾正少弼《だんじょうしょうひつ》。山名時熙《ときひろ》の子。宗全と号する。応永二〇年（一四一三）元服し、将軍*義持《よしもち》から偏諱《へんき》を賜り持豊と名乗る。兄持熙《もちひろ》が将軍*義教《よしのり》の勘気を蒙り廃嫡されると、永享五年（一四三三）父時熙から家督を譲られて四ヶ国の守護に就いた。時熙が没して山名一族の惣領職を受け継ぐと、同九年には持熙を追討、高野山領備後国大田荘の守護請を強化するなど分国内における支配権を強化していった。*赤松満祐《あかまつみつすけ》に代って侍所頭人に任命されると、永享一二年（一四四〇）洛中で不当な米販売を行う商人を取り締っている。*嘉吉の乱後、山名一族は赤松氏の遺領を与えられ大いに発展するが、享徳三年（一四五四）赤松則尚《のりひさ》が幕府から出仕を認められると、これに反発した。将軍*義政《よしまさ》から追討命令が発せられた持豊は、女婿*細川勝元《ほそかわかつもと》の抵抗により許されたが、康正元年（一四五五）持豊は則尚を自害させて赤松家の再興を阻止した。長禄二年（一四五八）勝元の後援により*赤松政則《まさのり》が加賀半国の守護職を与えられて再興すると、勝元と持豊は富樫家の内訌に干渉して対立、さらに将軍継嗣問題でも反目し、*応仁・文明の乱が勃発した。勝元率いる東軍が天皇や将軍を擁すると、大義名分を失った持豊は、*足利義視《よしみ》と南朝後胤を西軍に迎え入れ対抗した。戦線が膠着する文明五年（一四七三）三月一八日、持豊は西軍の陣で生涯を閉じた。七〇歳。法名遠碧院最高崇峯。

［文献］ 小川 信『山名宗全と細川勝元』（新人物往来社、一九九四）、石田晴男『戦争の日本史9応仁・文明の乱』（吉川弘文館、二〇〇八）。

（阿部卓朗）

足利成氏《あしかがしげうじ》（一四三四―九七） 室町時代中期の武将。第五代鎌倉公方、初代古河公方《こがくぼう》。左馬頭《さまのかみ》、左兵衛督《さひょうえのかみ》。第四代鎌倉公方*足利持氏《もちうじ》の子。幼名万寿王丸。*永享の乱で父持氏が自害すると、信濃の大井持光《おおいもちみつ》のもとで庇護され、結城合戦の際には春王丸・安王丸らの兄弟に与さず、かの地にとどまり続けたとみられる。文安四年（一四四七）幕府の承認により鎌倉へ帰還し、正式に鎌倉公方の座に就く。宝徳元年（一四四九）に元服し、八代将軍*義成《よししげ》（のちの義政《よしまさ》）の偏諱《へんき》を賜り成氏と名乗った。翌二年四月、山内《やまのうち》・扇谷《おうぎがやつ》の両上杉家と対立して江の島に攻められたが、幕府の仲介により一旦和解した。この頃、成氏は代始めの徳政を行ったが、事実上関東の主要な政務は幕府に掌握されていた。享徳三年（一四五四）一二月、成氏は*関東管領山内上杉憲忠《うえすぎのりただ》を西御門御所に誘殺し、幕府軍・上杉軍との間に*享徳の乱が勃発した。この戦いで古河を本拠地とした成氏は、幕府から伊豆に派遣された*堀越公方《ほりこしくぼう》*足利政知《まさとも》に対して、*古河公方と呼ばれる。幕府は享徳四年七月の「康正」への改元を初めとして、「長禄」「寛正」「文正」「応仁」「文明」と改元したが、成氏はこれを無視して享徳年号を二七年間使用し続けた。上杉氏と和睦すると、文明一四年（一四八二）伊豆国を政知の料所とすることを条件に幕府とも和睦し、再び関東の公方として認められた。しかしその後も鎌倉には戻らずに、古河に拠点を築き、明応六年（一四九七）九月三〇日没した。六四歳。法名乾亨院久山道昌。

［文献］　佐藤博信『古河公方足利氏の研究』（校倉書房、一九八九）、『神奈川県史 通史編一―原始・古代・中世』（一九八一）。
（阿部卓朗）

上杉顕定《うえすぎあきさだ》（一四五四―一五一〇）　室町時代後期の武将。民《みん》部大輔《ぶのたいふ》、右馬頭《うまのかみ》。越後守護上杉房定《ふささだ》の次男、*関東管領上杉房顕《ふさあき》の養子。仮名《けみょう》四郎。文正元年（一四六六）房顕が陣中で没した後、山内《やまのうち》上杉家の家督を継いで関東管領となる。*古河公方《こがくぼう》*足利成氏《しげうじ》と利根川沿いの五十子《いかご》（埼玉県本庄市）の陣で対峙し続け、文明三年（一四七一）にはいったん成氏を没落させるも、長尾景春《ながおかげはる》の反乱にあって成氏と和睦した。長享二年（一四八八）に始まる*扇 谷上杉定正《おうぎがやつうえすぎさだまさ》・朝良《ともよし》との争いの中で、両上杉家の権力は次第に衰微していき、顕定は実弟の越後守護上杉房能《ふさよし》を殺害した長尾為景《ためかげ》との戦闘中、永正七年（一五一〇）六月二〇日、長森原（新潟県南魚沼市）で討死した。五七歳。法名海竜寺可諄皓峯。

［文献］　峰岸純夫『中世の東国 地域と権力』（東京大学出版会、一九八九）、佐藤博信『古河公方足利氏の研究』（校倉書房、一九八九）。
（阿部卓朗）

上杉顕房《うえすぎあきふさ》（一四三五―五五）　室町時代中期の武将。修理大夫《しゅりのだいぶ》、弾正少弼《だんじょうしょうひつ》。扇谷《おうぎがやつ》上杉持朝《もちとも》の子。仮名《けみょう》三郎。宝徳元年（一四四九）に父持朝から家督を譲られ、扇谷家の家宰である太田《おおた》資清《すけきよ》・資長《すけなが》（道灌《どうかん》）父子に補佐された。翌二年、かねてから不和であった鎌倉公方*足利成氏《しげうじ》を江ノ島に攻め、いったん糟屋（神奈川県伊勢原市）へ退くが、宥免されて鎌倉へ帰参する。享徳三年（一四五四）一二月、*関東管領*山内《やまのうち》上杉憲忠《のりただ》が成氏に誘殺されると、康正元年（一四五五）正月、山内上杉・扇谷上杉は成氏方を攻め、*享徳の乱が勃発した。両上杉方は、分倍河原（東京都府中市）などの激戦で多くの死傷者を出し、顕房は敗走の途中、夜瀬（同三鷹市）で討死した。二一歳。法名長源院道光。

［文献］　『神奈川県史 通史編一―原始・古代・中世』（一九八一）、『立川市史 上巻』（一九六八）。
（阿部卓朗）

上杉憲忠《うえすぎのりただ》（一四三三―五四）　室町時代の武将。*関東管領。右京亮。父は*上杉憲実《のりざね》。母は一色氏。幼名、竜忠丸。永享一一年（一四三九）、父上杉憲実が*永享の乱において鎌倉公方*足利持氏《もちうじ》を自刃させた自責の念から、伊豆国に退隠する。憲忠もそれに付き添い伊豆国で蟄居《ちっきょ》する。その後、文安五年（一四四八）以前において、*山内上杉氏家宰長尾《ながお》昌賢《しょうけん》（景仲《かげなか》）によって、山内上杉氏の家督に擁立され、関東管領となる。宝徳元年（一四四九）、鎌倉公方として下向した*足利成氏《しげうじ》は、父持氏が上杉氏によって自刃させられたことを恨み、里見氏・結城氏などの一族を重用し、憲忠と対立した。宝徳四年、家宰長尾昌賢・*扇谷上杉氏家宰太田資清《おおたすけきよ》らが、江ノ島にいた成氏を攻めるが、千葉氏・小山氏らによって防がれる。その後、憲忠と成氏は、幕府の仲介により一時的に和解するが、享徳三年（一四五四）一二月、鎌倉西御門の成氏邸に招かれた憲忠は、結城氏らの軍勢により殺害された。二二歳。法名興雲院長釣道洪。

［文献］　鎌倉市史編纂委員会編『鎌倉市史 総説編』（吉川弘文館、一九五九）。
（徳永裕之）

上杉憲実《うえすぎのりざね》（一四一〇―六六）　室町時代前期の武将。伊豆・上野・武蔵守護、*関東管領。幼名孔雀丸。四郎・安房守。長《ちょう》棟《とう》と号す。上杉房方《ふさかた》の三男。応永二五年（一四一八）、上杉憲《のり》基《もと》の死去に伴い、山内上杉氏に養子として入る。翌二六年（一四一九）に関東管領、伊豆などの守護職に補任される。鎌倉公方*足利持氏《もちうじ》は、*足利義教《よしのり》が将軍に就任すると、幕府との対立を深めていく。永享八年（一四三六）、持氏が信濃国の村上氏と小笠原氏の対立に介入しようとするが、憲実は兵を持って阻止した。そのため翌年六月には関東管領を辞し、鎌倉を退去する。八月には鎌倉に戻るが、持氏の嫡子義久《よしひさ》の元服に関して対立が激化し再び鎌倉を去る。この憲実の行動に対して持氏は憲実討伐の軍勢を派遣し、自らも出陣した。幕府はこれを好機と見て、持氏討伐の命令を発した。これにより持氏軍は一気に崩壊していき、持氏は鎌倉永安寺で幽閉された（*永享の乱）。憲実は持氏の除命を嘆願するが認められず、持氏は自刃した。それを悔やみ出家隠遁し長棟高岩と号するが、翌年には永享の乱以来の関東の混乱状況を回復するため鎌倉で政務に復帰した。宝徳元年（一四四九）に、永寿王（のちの*足利成氏《しげうじ》）が鎌倉に下向すると政務の表舞台から去った。その後、諸国を転々として、長門国大内氏のもとに身を寄せる。文正元年（一四六六）、長門国天寧寺にて五七歳で没す。憲実は足利学校の復興にもつとめ、所領の寄進や宋版の書籍の取寄せなどを行った。

［文献］田辺久子『人物叢書 上杉憲実』（吉川弘文館、一九九九）。

（徳永裕之）

上杉定正《うえすぎさだまさ》（一四四三—九四）　室町時代後期の武将。*扇谷上杉氏の当主。修理大夫。法名範亭。初名定政《さだまさ》のち定正。父は扇谷上杉持朝《もちとも》。文明五年（一四七三）甥上杉正真《まさざね》が*足利成氏《しげうじ》と武蔵国五十子《いかっこ》で戦い、戦死する。その後定正が、扇谷上杉氏の家宰*太田道灌《おおたどうかん》によって擁立され、家督を継ぐ。文明一〇年（一四七八）、山内上杉氏と不和になる。文明一八年（一四八六）には、家宰太田道灌を両上杉氏に叛逆したと称して、相模国糟《かす》屋《や》の屋敷に呼び謀殺する。長享元年（一四八七）には、*山内上杉顕定《あきさだ》との対立は決定的なものとなり、関東各地で戦闘を繰り広げる。明応三年（一四九四）、伊勢長氏《いせながうじ》（宗瑞《そうずい》）と結び、顕定を攻めようと出陣中、荒川において急死する。五十二歳。法名護国院大通範亭。

［文献］黒田基樹『中近世移行期の大名権力と村落』（校倉書房、二〇〇三）。

（徳永裕之）

太田道灌《おおたどうかん》（一四三二—八六）　室町時代後期の武将。扇谷上杉氏の家宰、相模国守護代。太田資清《すけきよ》（道真《どうしん》）の子。幼名鶴千代。源六郎、左衛門大夫、備中守。実名は持資《もちすけ》・資長《すけなが》と名乗ったと伝わるが、持資は後世の創作・資長は花押等が異なることから別人とも言われる。文安三年（一四四六）に元服、康正元年（一四五五）に家督を継ぐ。長禄元年（一四五七）に江戸城を築城。文明三年から六年（一四七一—七四）にかけて入道して、静勝軒道灌と号する。文明五年、*上杉定正《うえすぎさだまさ》が*扇谷上杉氏の家督を継承すると、上杉氏の中で父道真にかわり、家宰として中心的な役割を果たすようになる。文明八年（一四七六）、今川氏の内訌を調停するため駿河に出陣中、*山内上杉氏の家臣長《なが》尾景春《おかげはる》が反乱を起こす。道灌は駿河から武蔵に帰還するが、その後、江戸城において状況の推移を見守っていた。翌年正月に武蔵五十子《いかっこ》で*上杉顕定《あきさだ》・定正の陣が破られると、扇谷上杉氏分国内に景春方勢力の蜂起が始まる。三月に至り、道灌はその鎮圧に向かい、豊島氏の諸城を攻略し、顕定らを迎え、用土原において景春の軍勢を破り鉢形城を包囲する。*足利成氏《しげうじ》が上野《こうづけ》に出陣してきたため、上野へ転戦し、成氏方と和睦する。その後、武蔵に戻り、再び蜂起した豊島氏の諸城などを攻略し、扇谷上杉氏分国内の景春勢力を追討する。同一二年（一四八〇）には景春の日野城を攻略し、乱を終結させる。文明十八年（一四八六）七月、扇谷上杉氏内の主導権をめぐる家臣団対立から、当主定正の糟屋《かすや》館において謀殺される。享年五五歳。法名香月院殿春苑道灌庵主。道灌謀殺以後、関東は長享の乱となり戦乱状況が続いていくこととなる。また、道灌は連歌にもすぐれ、*『新撰菟玖波集』にも選ばれている。

［文献］前島康彦『太田道灌』（名著出版、一九七五）、黒田基樹『扇谷上杉氏と太田道灌』（岩田書院、二〇〇四）。　（徳永裕之）

大館尚氏《おおだちひさうじ》（常興《じょうこう》）（一四五〇—？）戦国時代の武将。室町幕府内談衆。大館教氏《のりうじ》の三男。初名は重信《しげのぶ》、のち尚氏。官途は左衛門佐、伊予守。法名は常興。宝秀軒と号す。教氏の長男・次男が早世したため、家督を継ぐ。文明元年（一四六九）、*足利義尚《よしひさ》に出仕し、長享元年（一四八七）には六角征伐に五番衆の番頭として出陣する。将軍義尚の没後は、政治的に失脚する。明応の政変では、河内出陣中であったが、早々に*足利義澄《よしすみ》に出仕する。永正一二年（一五一五）に出家し、常興を名乗る。永正一七年—大永元年（一五二〇—二一）には、若狭国の所領に下向していた。大永三年（一五二三）、*足利義晴《よしはる》が将軍に就任すると側近として訴訟などの取次ぎを行う。その後、長年培った経験や見聞をもとに、内談衆として義晴政権の中心的な立場を担う。この時期に日記を記しており、「大館常興日記」（増補続史料大成）として知られている。天文十五年頃から史料上で確認できなくなり、同二十年以前に没したことが確認される。

［文献］設楽　薫「大館尚氏（常興）略伝」（『室町幕府関係引付史料の研究』東京大学史料編纂所、一九八九）。　（徳永裕之）

朝倉孝景《あさくらたかかげ》（一四二八—八一）室町時代後期の武将。越前国守護代。幼名小太郎。孫右衛門尉・弾正左衛門尉を称す。初名教景《のりかげ》のち、繁景《しげかげ》、孝景。「朝倉始末記」では敏景《としかげ》とある。正長元年（一四二八）朝倉家景《いえかげ》の嫡子として生まれる。越前・尾張・遠江守護斯波氏の当主であった斯波義健《しばよしたけ》没後、家督・三ヶ国の守護職をめぐって、混乱が生じていた。享徳元年（一四五一）、斯波氏庶流大野持種《おおのもちたね》の子、*斯波義敏《よしとし》が、家督・三ヶ国の守護職を安堵されると、斯波氏の宿老衆であった甲斐常治《かいじょうち》・孝景らと対立していく。孝景は長禄二年（一四五八）、渋川義鏡《しぶかわよしかね》の子*斯波義廉《よしかど》を擁立しようとし、越前に下向し義敏方を攻略する。義敏は、大内氏を頼り逃れ、寛正二年（一四六一）、義廉が家督、三ヶ国の守護職を安堵される。応仁の乱が始まると、義廉の養父*山名持豊《やまなもちとよ》の西軍方に属し、主力として戦った。文明三年（一四七一）には、東軍方に寝返る。その後、一乗谷を本拠として甲斐氏などと戦い越前国を掌握した。文明一三年、一乗谷で没する。法名英林宗雄。その後の戦国大名朝倉氏の基礎を築く。また、嫡子氏景《うじかげ》に*「朝倉孝景条々」という家訓を残す。　（徳永裕之）

今参局《いままいりのつぼね》（？—一四五九）室町時代中期の女官。大館満冬《おおだちみつふゆ》の女。八代将軍*足利義政《よしまさ》の乳人《めのと》。宝徳元年（一四四九）、足利義政が将軍に就任すると、政治に介入するようになる。宝徳三年、尾張守護代織田氏の人事をめぐって、将軍実母日野重子《ひのしげこ》と対立。この対立は、今参局の洛中追放という結果で終る。今参局の政治介入は、「その所為、大臣の執事の如し」（*『碧山日録』）

と呼ばれ、「権勢の振るい傍若無人也」（『*経覚私要抄』）と評された。また、烏丸《からすま》資任《すけとう》・日野勝光《かつみつ》とともに「三魔」と呼ばれた。長禄三年（一四五九）正月、義政の正室*日野富子《ひのとみこ》が女子を死産すると、その原因は今参局による呪詛であるといううわさがたった。今参局は、近江国沖島に流罪と決まり、近江国に赴く途中、自害して果てる。法名摂取院寿峰祥仁。寛正四年（一四六三）、義政によって等持寺に追善料所が寄進された。なお、今参局とは、「新参の局」の意味である。

［文献］田端泰子『女人政治の中世 北条政子と日野富子』（講談社現代新書、一九九六）。

（徳永裕之）

甘露寺親長《かんろじちかなが》（一四二四―一五〇〇） 室町時代の公卿。『*親長卿記』の記者。父は左大弁甘露寺房長《ふさなが》。甥に*三条西実隆《さんじょうにしさねたか》がいる。宝徳四年（一四五二）参議、従三位、左大弁。文明元年（一四六九）正二位に任じられ、延徳四年（一四九二）に権大納言《ごんのだいなごん》となる。明応二年（一四九三）に出家し、明応九年、八八歳で没す。法名は蓮空。親長が記した『親長卿記』（増補史料大成・史料纂集）は文明二年（一四七〇）から明応二年までの二九年間に及ぶ日記である。親長自らは、「愚記」と称した。また、*有職故実や和歌にも通じ、「前大納言親長卿百首」（『続群書類従』十四輯下）などの著作を残している。また、文正元年（一四六六）に行われた大嘗会に関して、「大嘗会下行切符案」、「大嘗会雑々」、「大嘗会伝奏記」など記録を残している。（徳永裕之）

北畠満雅《きたばたけみつまさ》（?―一四二八） 室町時代前期の武将。伊勢国司。父は北畠顕泰《あきやす》。応永一〇年（一四〇三）に父顕泰が没し、同一四年（一四〇七）までの間に伊勢国司を継ぐ。応永二一年（一四一四）、*称光《しょうこう》天皇の即位が*南北朝合一の条件であった*両統《りょうとう》迭立《てつりつ》に反したとして挙兵。幕府は一色義範《いっしきよしのり》・土岐持益《ときもちます》らを派兵し、事態の鎮圧にあたった。翌年、幕府との間に和睦が成立する。正長元年（一四二八）八月、南朝皇族*小倉宮聖承《おぐらのみやせいしょう》とともに、再び幕府に対して挙兵する。満雅は鎌倉公方*足利持氏《もちうじ》との連携をはかろうとするが、同年一〇月に幕府の攻撃により、伊勢国安濃郡岩田で戦死した。その後も北畠氏は、幕府に対して抵抗するが、永享二年（一四三〇）に幕府と和睦し、小倉宮は帰京した。

（徳永裕之）

畠山持国《はたけやまもちくに》（一三九八―一四五五） 室町時代前期の武将。山城・河内・紀伊・越中守護、*管領。畠山満家《みついえ》の子。尾張守、左衛門督。法名は徳本。永享五年（一四三三）、畠山満家の死去に伴い、家督を継ぎ山城・河内等の守護となる。永享一三年（一四四一）、*足利義教《よしのり》によって*結城合戦への出兵を命じられるが拒否し、河内に下向する。それにより、家督・守護職を没収され、異母弟持永《もちなが》に付された。義教の死後、実力で持永勢力を排除し、家督・守護職を回復する。嘉吉二年（一四四二）、管領に就任、幕府政治の中心として活動する。文安二年（一四四五）いったん、管領を辞するが、宝徳元年（一四四九）に再任される。また、宝徳二年から康正元年（一四五〇―五五）までの間、山城守護となる。享徳元年（一四五二）に管領を辞するが、幕府内における発言力は保持した。持国は後継者を当初異母弟持《もち》富《とみ》としていたが、妾腹に*義就《よしなり》が生まれ後継者に定める。享徳三年（一四五四）、持富の子弥三郎を擁立しようとする神保次郎左衛門尉・神保越中守らによる反乱が起きる。持国・義就方は神保氏らを討伐するが、同年八月に*細川勝元《ほそかわかつもと》の支援を得た反義就方の攻勢により、持国の隠居、義就の没落という事態となる。

康正元年三月、畠山氏の家督争いが激化するなか、五八歳で没す。法号光孝寺。

［文献］　今谷　明『守護領国支配機構の研究』（法政大学出版局、一九八六）。　（徳永裕之）

畠山政長《はたけやままさなが》（一四四二―九三）　室町中期の武将。山城・河内・越中・紀伊守護、*管領。*畠山持国《もちくに》の異母弟持富《もちとみ》の子。次郎・弾正少弼・左衛門督を名乗る。畠山氏の家督争いを持富の子弥三郎と*畠山義就《よしなり》が続けるなか、長禄四年（一四六〇）弥三郎の死去により弟の政長が擁立される。同年、義就の家督、守護職を罷免され政長に安堵された。閏九月には、政長入国支援と義就追討のため、管領細川氏、和泉両守護細川氏、大和・伊賀等の守護・国人らの軍勢が河内に侵攻した。寛正四年（一四六三）、義就が籠城する河内岳山城を攻略し、翌年には管領となる。文正二年（一四六七）正月、*山名持豊《やまなもちとよ》の推挙により、畠山義就に家督・守護職を還付された。それに対して、政長は上御霊社に陣取り、義就方と対峙する。同年（応仁元年）五月には、政長を支持する*細川勝元《ほそかわかつもと》方（東軍）と、義就を支持する山名持豊方（西軍）により、大規模な合戦へと展開する。ここに前後約十一年に及ぶ*応仁・文明の乱が起こる。文明九年（一四七七）義就が河内に下向し、京都での戦闘が終息するが、両畠山氏の対立は各地で継続して行なわれた。文明一七年（一四八五）、南山城に進出した両畠山氏であったが、山城の国人一揆によって撤退を余儀なくさせられた。明応二年（一四九三）義就死後、跡を継いだ畠山基家《もといえ》を討伐するため、*足利義材《よしき》（義稙《よしたね》）が河内に出兵する。政長も義材に従軍するが、同年閏四月二五日、細川政元は新将軍に香厳院清晃《こうごんいんせいこう》*（足利義澄《よしずみ》）を擁立するクーデターを起こす（明応の政変）。幕府軍は崩壊し、義材・政長は安富《やすとみ》元家《もといえ》・上原元秀《うえはらもとひで》らの軍勢に攻められる。政長は河内正覚寺城において自刃。法号実隆寺。享年五二歳。跡は嫡子尚順《ひさよし》が継承する。その後も両畠山氏の対立は尚順、基家《もといえ》によって続いた。

［文献］　今谷　明『守護領国支配機構の研究』（法政大学出版局、一九八六）。　（徳永裕之）

畠山義就《はたけやまよしなり》（？―一四九〇）　室町時代中期の武将。山城・河内・紀伊・越中守護、*管領。*畠山持国《もちくに》の子。初名、次郎義夏。持国は、後継者として、当初異母弟持富《もちとみ》を立てるが、義就が生まれたことにより後継者を義就《よしなり・よしひろ》とする。当初は、次郎義夏と名乗る。宝徳三年（一四五一）伊予守に任じられる。畠山氏の家督を持富の子弥三郎と争い、一時は持国隠居・義就没落という事態となる。康正元年（一四五五）持国の死去に伴い、畠山氏家督と、山城・紀伊・河内・越中守護職を安堵される。長禄四年（一四六〇）、*足利義政《よしまさ》は義就の家督・守護職を罷免し、弥三郎の跡を受けた*畠山政長《まさなが》に安堵した。義就はその後も河内の実効支配を続けるが、寛正四年（一四六三）岳山城落城により、没落する。文正元年（一四六六）には、義就方国人を結集し、再び河内に侵攻する。翌文正二年には上洛し、足利義政からの再度の家督・守護職安堵を得た。これに反発した政長は上御霊社に陣取り、義就と対決に及んだ。一時的には、義就方が勝利をおさめるが、同年（応仁元年）五月には、義就を支持する*山名持豊《やまなもちとよ》方（西軍）と政長を支持する*細川勝元《ほそかわかつもと》方（東軍）により、大規模な合戦へと展開する。ここに前後約一一年に及ぶ*応仁・文明の乱が起こる。応仁元年、東軍方に守護職を再び罷免されるが、実効支配を続け政長方と争う。文明九年（一四七七）、東西両軍による講和後も、各地で政長方と戦闘を継続する。文明一七年（一四八五）、両畠山軍は、南山城に出兵するが山城の国人一揆によって両軍とも撤退する。その後も、政長方と対立しながら、河内などで実効支配を続け、延徳二年（一四九〇）に没す。法号泉宝寺。嫡子基家《もといえ》が跡を継ぐ。（徳永裕之）

［文献］ 今谷 明『守護領国支配機構の研究』（法政大学出版局、一九八六）。

斯波《しば》義敏《よしとし》（一四三五?―一五〇八） 室町時代後期の武将。尾張・越前・遠江守護。父は斯波氏庶流大野持種《もちたね》。享徳元年（一四五二）、斯波義健《よしたり》が一八歳で没し、継嗣がいなかったため、甲斐氏らの宿老衆によって斯波氏宗家の家督に擁立され斯波氏の家督、尾張・遠江・越前の三ヶ国の守護となる。康正二年（一四五六）、甲《か》斐《い》常《じょう》治《ち》らと対立する。長禄二年（一四五八）、義敏は甲斐氏を攻めるが敗北する。寛正元年（一四六〇）、幕府によって家督・三ヶ国の守護を没収され、義敏は大内氏をたより周防《すおう》に逃れた。翌年には、甲斐、朝倉氏などに擁立された*斯波義廉《よしかど》が家督、三ヶ国の守護を安堵される。文正元年（一四六六）、義敏は再び、家督、三ヶ国の守護を安堵されるが、*山名《やまな》持豊《もちとよ》らの圧力により、再び没収される。*応仁の乱がはじまると、東軍*細川《ほそかわ》勝元《かつもと》方に属して、西軍の義廉方と対抗した。義敏は越前国に下向し、義廉方の朝倉孝景と戦うが、文明三年（一四七一）、*朝倉《あさくら》孝景《たかかげ》が東軍方に寝返ると越前における斯波氏の実権を失う。乱後、越前は朝倉氏、尾張は織田氏、遠江は甲斐氏と守護代が固定し、分割統治が行なわれる。文明一七年（一四八五）には、*足利義政《よしまさ》の得度に伴い出家し、道海深叟と名乗る。その後も、分国支配は守護代らによって行われ、斯波氏の実権は低下していく。永正五年（一五〇八）一一月に没す。七七歳。（徳永裕之）

斯波《しば》義廉《よしかど》（生没年未詳） 室町時代後期の武将。越前・尾張・遠江守護、*管領。父は渋川《しぶかわ》義鏡《よしかね》。母は山名摂津守女。享徳元年（一四五二）斯波義健《よしたけ》の死後、斯波氏家督を継承した*斯波義敏《よしとし》が甲斐・朝倉・織田氏などの宿老衆と対立し、寛正元年（一四六〇）に家督・守護職を没収され、大内氏をたより周防《すおう》に逃れる。翌年、*朝倉《あさくら》孝景《たかかげ》らに擁立され、幕府より家督、越前・尾張・遠江守護職を安堵される。文正元年（一四六六）八月には、義敏に再び家督・守護職を安堵されるが、同年九月、山名持豊らの推挙により、義廉に再び家督・守護職が安堵され、翌年には管領となる。応仁二年（一四六七）には東軍方の義敏方が、越前へ攻勢を強めると、朝倉孝景を中心として対抗した。文明三年（一四七一）、朝倉孝景が甲斐氏との対立から東軍方に属し、越前における基盤を失い尾張に下向する。その後、尾張において、一時的に勢力を拡大するが義敏方の織田氏などの攻勢により没落した。（徳永裕之）

一色《いっしき》義直《よしなお》（一四二八―?） 室町時代中期の武将。丹後・伊勢・三河国渥美郡・尾張国知多郡の守護。父は、一色義貫《よしつら》。実弟に一色義遠《よしとお》がいる。幼名は千徳丸。永享十二年（一四四〇）一色義貫が大和の陣において、*将軍足利義教《よしのり》の命令により、武《たけ》田《だ》信栄《のぶひで》らによって殺害される。家督は、義貫の弟持信《もちのぶ》の子、教《のり》親《ちか》が継承する。宝徳三年（一四五一）教親の死去に伴い、義直が家督を継承する。長禄三年（一四五九）には、丹後国の大田文の改訂が行われ、当時の領主や公田数などが記載された『丹後国諸荘園郷保惣田数帳』（『宮津市史』古代・中世資料編）が作成される。応仁元年（一四六七）からの*応仁・文明の乱では、西軍方の武将として活躍。そのため、東軍方より、丹後等の守護職を没収される。文明六年（一四七四）義直の子、義春《よしはる》が*足利義政《よしまさ》に対面を許され、義春に丹後等の守護職を還付される。文明一六年（一四八四）、一色義春が一九歳で死去し、義直が再び守護となる。長享元年（一四八七）の六角氏攻めには、一色義秀《よしひで》を還俗《げんぞく》させ、嫡子として参戦させる。明応二年（一四九三）には、伊賀次郎左衛門が謀反、明応七年（一四九八）には、国衆の反乱により、義秀が普甲山において自刃する。義直は、丹後が混乱状態にあった文亀年間（一五〇二—〇四）前後に死去する。その後、一色義有《よしあり》が家督を継承するが、永正四年（一五〇七）、*細川政元《ほそかわまさもと》・武田元信《たけだもとのぶ》の侵攻を受け、丹後国は混乱の度合いをましていった。義直は、自らも絵画を描き、景徐周麟《けいじょしゅうりん》が賛を寄せている。また、和歌にも造詣が深く、歌人*正徹《しょうてつ》・正広《しょうこう》などとも交流があった。

［文献］『宮津市史　通史編上巻』（二〇〇二）。（徳永裕之）

京極持清《きょうごくもちきよ》（一四〇七—八〇）　室町時代前期の武将。近江半国・出雲・隠岐・飛騨の守護及び侍所所司。中務大輔・大膳大夫。父は京極高光《たかみつ》。応永二〇年（一四一五）、高光の死後、叔父高数《たかかず》が家督を継ぐ。嘉吉元年（一四四一）、高数は将軍*足利義教《よしのり》とともに、*赤松満祐《あかまつみつすけ》によって殺害された。同年、持清が家督を継承し、近江半国・出雲・隠岐・飛騨の守護となる。持清が京極氏の家督を継承する以前は、奉公衆として活動していたといわれている。同年八月、侍所所司となり、文安元年（一四四四）には北野社に閉籠する神人を追捕し社殿に放火した。文安四年、侍所所司を辞するが、宝徳元年（一四四九）に再任される。*応仁・文明の乱が始まると、*細川勝元《ほそかわかつもと》の東軍方に属し、近江の*六《ろっ》角高頼《かくたかより》と対立する。文明元年（一四六九）には、近江国の一国守護職に補任される。文明二年八月没す。六四歳。法号宝生寺月林生観。（徳永裕之）

富樫政親《とがしまさちか》（一四五五—八八）　室町時代後期の武将。加賀守護。父は富樫成春《しげはる》。幼名は鶴童丸。文安四年（一四四八）、父富樫成春と富樫泰高《やすたか》の家督争いが起き、幕府の仲介により成春・泰高がそれぞれ半国守護として補任《ぶにん》される。長禄二年（一四五八）、幕府は成春の加賀半国守護職を没収し元播磨守護赤松氏の*赤松政則《あかまつまさのり》に補任する。成春は失意のまま死去し、家督を政親が継承した。寛正五年（一四六四）にもう一方の加賀半国守護であった泰高より守護職を譲られ、加賀半国守護となる。*応仁・文明の乱がはじまると東軍方に属し活動した。加賀国内では政親に不満を持つ国人層が、弟幸千代丸を擁立し西軍方に属した。文明五年（一四七三）、越前からの甲斐氏や高田専修寺派の加勢を得た幸千代丸方の攻勢により一時没落する。翌年、白山衆徒や一向宗本願寺派などの加勢を得て加賀に侵攻。幸千代丸を滅ぼし守護に復帰する。長享元年（一四八七）には、将軍*足利義尚《よしひさ》の六角氏攻めに従軍。その最中、加賀において本願寺門徒や国人らによる大規模な一揆が勃発する。急遽、一揆鎮圧のため帰国するが、同二年五月、政親が籠る高尾城が一揆軍に包囲され陥落し自害する。三三歳。政親没後は再び泰高が守護となるが、実権は一向一揆側が掌握した。

［文献］下出積與『石川県の歴史』（山川出版社、一九七〇）、舘残翁・山科杏亭著、野口正喜校訂『富樫氏と加賀国一向一揆史料』（石川史書刊行会、一九七三）。（徳永裕之）

足利義稙《あしかがよしたね》　（一四六六―一五二三）　室町幕府第一〇代将軍（在職延徳二年（一四九〇）―明応二年（一四九三）、再任永正五年（一五〇八）―大永元年（一五二一））。父は*足利義政《よしまさ》の弟*義視《よしみ》。母は裏松政光《うらまつまさみつ》女。初名義材《よしき》のち義尹《よしただ》・義稙。延徳元年（一四八九）、九代将軍*足利義尚《よしひさ》が近江陣中で死去し、日野富子《ひのとみこ》らによって擁立され、翌年七月将軍となる。明応二年（一四九三）四月、*畠山氏討伐のため河内に出陣中、*細川政元《ほそかわまさもと》らによって*堀越公方足利政知《まさとも》の子*清晃《せいこう》（のち義高《よしたか》・義澄《よしずみ》）を擁立するクーデターが起き、将軍を廃せられる。義稙は竜安寺に幽閉されるが、その後、越中を経て周防《すおう》大内氏をたよる。永正四年(一五〇八)、細川政元が暗殺されると、細川氏内部の対立が激化するなか、翌五年その隙をつき、大内義興《おおうちよしおき》に擁立され上洛し、将軍に再任される。しかし、大内義興や*管領に就任した細川高国《たかくに》らと対立し、大永元年（一五二一）、淡路に出奔し、将軍を廃せられる。その後、阿波国撫養に移り没す。五八歳。法名恵林院厳山道舜。

［文献］　奥野高広『人物叢書　足利義昭』（吉川弘文館、一九六〇）。

（徳永裕之）

足利義澄《あしかがよしずみ》　（一四八〇―一五一一）　室町幕府第一一代将軍（在職明応三年（一四九四）―永正五年（一五〇八））。父は*堀越公方*足利政知《まさとも》。母は武者小路隆光《むしゃのこうじたかみつ》女。法名清晃《せいこう》、初名義遐《よしとお》のち義高《よしたか》、義澄。延徳三年（一四九一）、天竜寺塔頭《たっちゅう》香厳院《こうごんいん》の喝食《かっしき》となる。明応二年（一四九三）四月、細川政元《ほそかわまさもと》らによって、河内出陣中であった将軍*足利義材《よしき》（義稙《よしたね》）を廃し、清晃が新将軍に擁立された（明応の政変）。同年に従五位下、翌三年に正五位下、征夷大将軍・左馬頭に任じられる。永正四年（一五〇七）六月、細川政元が家臣に暗殺されると、細川氏内部での対立が激化する。翌五年、前将軍義稙が周防《すおう》より大内義興《おおうちよしおき》に擁立され上洛、義澄は近江に逃れる。永正八年（一五一一）、身をよせていた九里氏の近江岡山城において病死する。三二歳。法名法住院清晃旭山。大永元年（一五二一）、左大臣従一位を追贈される。義澄の子である足利義晴《よしはる》が細川高国《たかくに》に擁立され将軍となる。

［文献］　奥野高広『人物叢書　足利義昭』（吉川弘文館、一九六〇）。

（徳永裕之）

六角高頼《ろっかくたかより》　（?―一五二〇）　室町時代後期の武将。近江守護。幼名亀寿丸。初名行高《ゆきたか》。父は六角久頼《ひさより》。母は飛鳥井《あすかい》氏。康正二年(一四五五)、父である六角久頼が京極氏の対立から自害する。その後、一族山内政綱らに擁立され、亀寿丸（のちの高頼）が家督を継承する。長禄二年（一四五八）には、幕府によって家督・守護職を従兄弟の六角政尭《まさたか》に安堵されるが、同年には、再び家督・守護職に復帰する。応仁の乱がはじまると、西軍方に属し、六角政尭・京極氏と対立した。応仁二年（一四六八）には、近江を一時追われるが、文明元年（一四六九）には奪還し、その後の東軍の侵攻を防いだ。長享元年（一四八七）、延徳二年（一四九〇）と将軍*足利義尚《よしひさ》・義材《よしき》による親征を受け、再び守護職を失う。高頼は甲賀郡や伊勢国に逃亡し抵抗を続けた。明応四年（一四九五）には、幕府より守護職に還補される。文亀二年（一五〇二）、永正一一年（一五一四）と伊庭氏らの反乱を退け、戦国大名としての基礎を築いた。永正一七年（一五二〇）十月に病没。法名竜光院仙翁宗椿。

［文献］『四日市史　第二巻中世』（一九八三）。

（徳永裕之）

大内政弘《おおうちまさひろ》　（一四四六―九五）　室町時代後期の武将。幼名亀

童丸・太郎。周防介・周防権介・左京大夫を名乗る。周防《すおう》・長門《ながと》・筑前守護。父は大内教弘《のりひろ》。寛正六年（一四六五）、大内教弘が河野氏支援のため出陣中に没したため、政弘が家督を継ぐ。同年、幕府は伊予河野氏を支援する政弘に対して追討令を出した。応仁元年（一四六七）、応仁・文明の乱に際しては、西軍に属した。同年六月、長門二宮忌宮神社で戦勝を祈願して、八月に入京する。以後、文明九年（一四七七）まで畿内各地を転戦した。文明元年には伯父教幸《のりゆき》が長門赤間関で細川氏に誘引され挙兵、これに長門守護代内藤武盛《ないとうたけもり》らが加わる。また、豊前には、豊後の大友親繁《おおともちかしげ》が侵入した。文明三年（一四七一）一月、陶《すえ》氏などの活躍によって、教幸を豊前《ぶぜん》馬岳城に討伐する。文明九年、政弘は山口に帰国、領国経営に専念する。明応元年（一四九二）には、六角氏攻めに嫡子義興《よしおき》を参戦させ、翌年、家督を義興に譲り隠居する。明応四年（一四九五）九月十八日、山口で没す。五〇歳。法名法泉寺殿真翁真正居士。のち、従三位を追贈される。文化面では、和歌を*三条西実隆《さんじょうにしさねたか》に師事し、「拾塵和歌集」を残す。また、連歌においても、*宗祇《そうぎ》などと交流があり、*「新撰菟玖波集」に作品が多数収録されている。そのほか、画僧*雪舟《せっしゅう》や、京都より戦乱を避けて下向してきた文化人などを保護し、その後の大内文化の基礎をつくった。

［文献］　近藤清石著・三坂圭治校訂『大内氏実録』（マツノ書店、一九七四）。
（徳永裕之）

小倉宮《おぐらのみや》（?―一四四三）　室町時代前期の南朝方皇族。御亀山天皇の皇子良泰親王の子聖承《せいしょう》（俗名泰仁《やすひと》）。明徳三年（一三九二）、*南北朝合一の後、*後亀山《ごかめやま》天皇の帰京に伴い、嵯峨小倉山下に住む。その後、小倉宮と称された。正長元年（一四二八）、南北朝合一の条件であった*両統迭立《りょうとうてつりつ》が守られなかったとして、嵯峨を出奔。伊勢国司*北畠満雅《きたばたけみつまさ》のもとに身をよせ、幕府に対して挙兵。満雅は同年一〇月に幕府軍の土岐氏などとの戦闘により、戦死。その後も北畠氏とともに幕府に抵抗した。永享元年（一四二九）、幕府との間に講和がむすばれ、翌二年に帰京。*足利義教《よしのり》の猶子《ゆうし》となり、勧修寺門跡に入室する。嘉吉三年（一四四三）五月に没す。これ以後、「小倉宮」という呼称が南朝方の皇族をさして使われることとなる。
（徳永裕之）

近衛政家《このえまさいえ》（一四四四―一五〇五）　室町時代後期の公卿。関白、太政大臣。後法興院関白と号す。『後法興院記』（増補続史料大成）の記者。近衛房嗣《ふさつぐ》の次男。寛正三年（一四六二）兄右大臣近衛教基《のりもと》が死去し、政家が一九歳で家督を継ぐ。寛正四年には従三位、右中将。文明一一年に関白、長享二年（一四八八）に太政大臣となる。明応六年（一四九七）准三宮。永正二年（一五〇五）六六歳で没す。法名は大智。応仁二年（一四六八）には、家領近江国信楽郷に下向し在荘する。政家の日記である『後法興院記』は、文正元年（一四六六）から永正二年（一五〇五）六月までの約四〇年間に及ぶ日記であり、当該期の公家社会を知ることができる史料である。また、「覚悟あるへき条々」と題した置文を残している。その内容には、自らの死後の家門領や親族への対応が書かれている。

［文献］　橋本政宣『近世公家社会の研究』（吉川弘文館、二〇〇二）。
（徳永裕之）

大乗院経覚《だいじょういんきょうがく》（一三九五―一四七三）　室町時代の僧侶。興福寺別当《べっとう》。大乗院門跡《もんぜき》。父は九条教経《くじょうのりつね》。後五大院殿と号す。応永一四年（一四〇七）南都大乗院に入室し出家する。翌年に受戒、同一七年（一四一〇）に院務を始める。同二二年（一四一五）、少僧都。同二四年（一四二七）、大僧都。同三三年（一四三四）に興福寺別当となる。永享一〇年（一四三六）、将軍*足利義教《よしのり》の不興を被り、大乗院を追放となる。その後、新門跡として*一条兼良《いちじょうかねら》子*尋尊《じんそん》が決定された。嘉吉元年（一四四一）、義教の死後に罪を赦免され、己心寺に入り尋尊より前門跡として隠居料所を贈られる。文安四年（一四四七）安位寺に入り、安位寺殿と号す。文明五年（一四七三）八月、迎福寺で没す。七九歳。経覚の日記として『*経覚私要鈔』（史料纂集）がある。

［文献］　鈴木良一『大乗院寺社雑事記　ある門閥僧侶の没落の記録』（そしえて、一九八三）、永島福太郎『奈良文化の伝流』（目黒書店、一九五一）。

（徳永裕之）

大乗院尋尊《だいじょういんじんそん》（一四三〇—一五〇八）　室町時代の僧侶。興福寺別当《べっとう》。大乗院門跡《もんぜき》。関白*一条兼良《いちじょうかねよし》の五男。母は小林寺殿。永享三年（一四三〇）八月七日に生まれる。大乗院前門跡*経《きょう》覚《がく》が将軍*足利義教《よりのり》に追放されたため、永享一〇年（一四三七）八月に大乗院に入室した。同一二年（一四三九）一一月に得度、翌月に受戒、同一三年（一四四〇）二月から院務を始める。享徳二年（一四五四）に少僧都、翌年には大僧都に任じられる。康正二年（一四五六）、興福寺別当となる。同年には、*嘉吉の乱の後に罪を赦免された経覚に隠居料所を贈る。経覚に対しては、前門跡として敬意を払う一方で、門跡の地位や門跡領をめぐって反感や警戒心を高めた。寛正三年（一四六二）二条《にじょう》持通《もちみち》の子政覚《せいかく》を新門跡に迎え、院務を譲る。明応三年（一四九四）、政覚が没したため、再び院務に当たり、新門跡に一条冬良《ふゆよし》の子慈尋《じじん》を迎える。その後、慈尋も早世したため、永正三年（一五〇六）九条尚経《くじょうひさつね》の子経尋《きょうじん》を迎えた。永正五年（一五〇八）五月に没す。七九歳。尋尊の著作としては、康正二年から永正五年（一四五六—一五〇八）の間の日記である『尋尊大僧正記』（『*大乗院寺社雑事記』増補史料大成）のほか、『*大乗院日記目録』（同上）、『三箇院家抄』（史料纂集）など多数が伝存する。これらの諸記録を残した要因は貴種門跡・荘園領主という立場だけでなく、尋尊が前門跡追放という特殊な状況下で入室し、自らの系統に新たな伝統を作ろうとするものであった。

［文献］　鈴木良一『大乗院寺社雑事記　ある門閥僧侶の没落の記録』（そしえて、一九八三）、永島福太郎『奈良文化の伝流』（目黒書店、一九五一）、安田次郎「尋尊と『大乗院寺社雑事記』」（五味文彦編『日記に中世を読む』、吉川弘文館、一九九八）。

（徳永裕之）

三門跡《さんもんぜき》　天台宗山門派の有力な三つの門跡。梶井（宮）門跡（円融院・三千院・梨本坊）、青蓮院門跡、妙法院門跡の三門跡。門跡とは、皇族・貴族などが入寺する特定の寺院のこと。梶井門跡は、一一世紀末に明快《みょうかい》が門流を創始し、のちに仁豪《にんごう》が東坂本梶井に円徳院を建立する。大治五年（一一三〇）に堀川天皇皇子最雲法親王が入室し、門跡寺院として確立する。その後、近江国坂本から山城国東山などを転々として、応仁年間（一四六七—六九）のころから大原の地を拠地として現在に続く。明治になり三千院の寺名となる。青蓮院門跡は行玄《ぎょうげん》を中興として、仁平三年（一一五三）に鳥羽《とば》天皇皇子覚状《かくじょう》法親王が入室し、門跡寺院として確立する。南北朝期には*伏見《ふしみ》天皇皇子尊円《そんえん》法親王が入室し、山門内における青蓮院門跡の勢力を拡大する。また、尊円は書家としても優れ、青蓮院流と称される書派を創始する。室町期には*足利義満《よしみつ》の子、義円《ぎえん》（義教）が入室し、後に還俗《げんぞく》して六代将軍となる。妙法院門跡は、*後高倉《ごたかくら》院皇子尊性《そんしょう》法親王が入室し、安貞元年（一二二七）に天台座主となり、梶井門跡・青蓮院門跡と並ぶ地位を確立する。これにより、この三つの門跡が「三門跡」と称されるようになる。その後、妙法院は、暦応三年（一三四〇）に堂舎などを*佐々木道誉《ささきどうよ》・秀綱《ひでつな》親子により焼討ちにあい、その後も*応仁の乱などの戦火により焼失した。文禄期（一五九二―九六）には*豊臣秀吉《とよとみひでよし》の寺領寄進などが行われ、堂舎などが現在の東山七条にあったことが確認される。天台座主はこれら三門跡から交替で選任された。各門跡は多大な所領群を有し、それぞれの競合により山門の支配を行った。門跡間での紛争も度々起こり、それぞれの衆徒らが城郭を構えて合戦に及んでいる。これら山門派以外においても、天台宗寺門派においては、円満院・聖護院・実装院の三つの門跡が平安末ごろに成立し三門跡と称され、園城寺の寺院経営の中心となった。
（徳永裕之）

称光天皇《しょうこうてんのう》（一四〇一―二八）　在位応永一九年（一四一二）―正長元年（一四二八）。室町時代の天皇。父は*後小松《ごこまつ》天皇。母は日野資国《ひのすけくに》女藤原資子（光範門院）。諱《いみな》は躬仁《みひと》のち、実仁《みひと》。応永八年（一四〇一）後小松天皇の第一皇子として生まれる。応永一八年（一四一一）、親王宣下、元服。翌一九年（一四一二）、後小松天皇の譲位により践祚する。応永二一年（一四一四）、即位。正長元年（一四二八）七月二八日、二八歳で崩御。後継には、*伏見宮貞成《ふしみのみやさだふさ》親王の皇子彦仁《ひこひと》親王（*後花園《ごはなぞの》天皇）が後小松上皇の猶子となり践祚する。陵は深草北陵。
（徳永裕之）

後花園天皇《ごはなぞのてんのう》（一四一九―七〇）　室町時代の天皇（在位正長元年（一四二八）―寛正五年（一四六四））。諱《いみな》を彦仁《ひこひと》。父は*伏見宮貞成《ふしみのみやさだふさ》親王。母は庭田経有《にわたつねあり》の女敷政門院幸子。*称光《しょうこう》天皇の後継候補であった小川宮《おがわのみや》の死去や*小倉宮《おぐらのみや》の出奔により、正長元年（一四二八）七月に*後小松《ごこまつ》上皇の猶子《ゆうし》として次期天皇候補となる。同月二八日に称光天皇の崩御により践祚し、永享元年（一四二九）一二月二七日に一〇歳で即位する。即位後、後小松上皇の崩御後、三二年間の親政を行う。寛正五年（一四六四）、成仁《ふさひと》皇子（*後土御門《ごつちみかど》天皇）に譲位し上皇となる。この譲位と後土御門天皇の即位の費用は、全国に*段銭《たんせん》として賦課された。応仁元年（一四六七）一〇月に出家し、法名を円満智とする。文明二年（一四七〇）一二月、五二歳で崩御。追号は、初め後文徳院であったが、後花園院と定められた。

［文献］　児玉幸多編『日本史小百科　天皇』（東京堂出版、一九七八）。
（徳永裕之）

後土御門天皇《ごつちみかどてんのう》（一四四二―一五〇〇）　室町時代後期の天皇（在位寛正五年（一四六四）―明応九年）。父は*後花園《ごはなぞの》天皇。母は藤原信子（喜楽門院）。諱《いみな》は成仁《ふさひと》。長禄元年（一四五七）親王宣下。寛正五年七月、後花園天皇からの譲位により、践祚する。翌年七月に即位礼を挙げ、文正元年（一四六六）に大嘗《だいじょう》会《え》を行う。それに伴う譲位・即位・大嘗会の費用は、幕府を通じて諸国に段銭として賦課された。その後、応仁・文明の乱が始まると、難を避けて*足利義政《よしまさ》の室町第に行幸する。文明八年（一四七六）の室町第焼失などにより諸所を転々として、文明一一年（一四七九）に土御門御所に還御した。*応仁・文明の乱の混乱が回復すると、朝儀の復興につとめた。明応九年（一五〇〇）九月二八日崩御。陵は深草北陵。和歌や漢学にも精通し、多数の和歌を残している。

［文献］ 奥野高廣『戦国時代の宮廷生活』（続群書類従完成会、二〇〇四）。 （徳永裕之）

伏見宮貞成《ふしみのみやさだふさ》（一三七二—一四五六） 室町時代前期の皇族。父は*崇光《すこう》天皇の皇子栄仁《よしひと》親王。母は三条《さんじょう》実治《さねはる》女治子。*後花園《ごはなぞの》天皇の父。諡号は後崇光院。*『看聞日記』（『看聞御記』）とも。続群書類従・図書寮叢刊）・『椿葉記』（群書類従）の記者。応安五年（一三七二）、栄仁親王の第二子として生まれる。その後、兄治仁《はるひと》王の影にかくれて不遇な生活を送る。応永一八年（一三八六）、四〇歳にして伏見御所において元服する。同二三年（一三九一）、栄仁親王が没し、伏見宮家を治仁王が相続する。翌年の二月、治仁王が急死したため、不遇な生活が一転し宮家を相続することになった。治仁王の死に関して、貞成が暗殺したとの風評がたった。同二六年（一三九四）には彦仁《ひこひと》王（後花園天皇）が誕生する。同三二年（一四〇〇）、五四歳にして親王宣下を受ける。しかし、*称光《しょうこう》天皇と*後小松《ごこまつ》院との間に不和が起こり、事態打開のために貞成が出家することとなる。法名は道欽《どうきん》。正長元年（一四二八）に称光天皇が没する。その後、長男彦仁王が後小松院の猶子《ゆうし》となり践祚し、翌永享元年（一四二九）に即位し、父の代よりの伏見宮家の念願であった皇位継承を実現した。永享七年（一四三五）には伏見から一条東洞院の邸宅に移る。文安四年（一四四七）には太上天皇の尊号宣下を受けるが、翌年に尊号を辞する。康正二年（一四五六）、八五歳で没す。陵は伏見松林院陵。貞成が記した『看聞日記』には、応永二三年から文安五年（一三九一—一四四八）までの公武の政治動向から、貞成の日々の生活の様子や伏見荘の地下人の様子までと諸階層の政治的・社会的動向を知ることができる。

［文献］ 横井 清『室町時代の一皇族の生涯』（講談社学術文庫、二〇〇二）。 （徳永裕之）

看聞日記《かんもんにっき》 崇光院*伏見宮貞成《ふしみのみやさだふさ》親王の日記。応永二三年（一四一六）正月一日から文安五年（一四四八）四月七日に至る。一部に欠失部分もある。「看聞御記」、「後崇光院御記」とも呼ぶ。自筆原本は四四巻が宮内庁書陵部に所蔵される。『続群書類従補遺』に収められ、『圖書寮叢刊』でも刊行中である。他に別記として応永一五年（一四〇八）の「北山行幸記」や同一八年（一四一一）の「栄仁親王琵琶秘曲御伝来並貞成親王御元服記」・同二一年（一四一四）「称光院御即位記」・同二二年（一四一五）「称光院大嘗会御記」・同三二年（一四二五）「貞成親王王宣下記」・「後円融院三十三回聖忌宸筆御八講記」・「貞成親王御出家記」・永享元年（一四二九）「崇光院三十三回聖忌御仏事用脚算用状」・文安四年（一四四七）から享徳三年（一四五四）までの「貞成親王院号之後諸家拝賀記」が存在する。これらは「看聞日記紙背文書」とともに『圖書寮叢刊』で刊行済み。「看聞」とは読んで字の如く「見たり聞いたりしたこと」の意味であり、その内容は貞成の日常生活を中心に、*後小松《ごこまつ》天皇・*称光《しょうこう》天皇との確執の有り様、将軍*義持《よしもち》・*義《よし》教《のり》の政策動向、自領伏見荘の動静、さらには市井の風聞に至るまで幅広く詳細に記している。又、父栄仁《よしひと》や兄治仁《はるひと》の家政に対する批判をするなど随所に自らの意見が書かれており興味深い。猿楽・茶・花・香など当時流行した芸能に関する記事も豊富である。*『満済准后日記』や*『建内記』、*『康富記』などとともに当該期の政治、経済、社会、文化など多方面における重要史料である。

［文献］　位藤邦生『伏見宮貞成の文学』（清文堂出版、一九九一）、横井　清『室町時代の一皇族の生涯』（講談社学術文庫、二〇〇二）。

（森　広海）

東寺執行日記《とうじしぎょうにっき》　鎌倉末期から江戸時代まで代々の東寺（教王護国寺）執行の書き継いだ日記。筆者として中世では忠《ちゅう》救《ぐ》、定伊《ていい》、栄暁《えいぎょう》、栄増《えいぞう》、栄潔《えいけつ》の名が見える。元徳二年（一三三〇）から宝暦元年（一七五一）までの記事が残る。『東寺記』、『東記』、『東寺執行記』とも呼ぶ。執行は、東寺内部の職のひとつで修理別当をさす。堂舎、仏像、儀式に用いる諸道具の管理、補修を担当していたため、その日記もそれらを反映した記載内容が多い。内容は、諸法会、年中行事、堂舎の普請、仏具の補修、諸職の補任、寺領荘園の支配、寺中の検断、地子《ちし》の徴収など寺内の日常生活について詳細に記されているので東寺研究の重要史料とされている。また、室町期の幕府や守護、諸寺社、土一揆の動静について記しており、当該期の政治、経済、社会などについて把握する上でも重要となる。自筆原本は寛正六年（一四六五）と七年（一四六六）の栄増の筆による二冊本が存在し、代々の東寺執行を世襲してきた阿刀家から京都国立博物館に『阿刀家伝世史料』の一部として寄贈された。その他現存するものはすべて写本である。写本は多数存在するが内閣文庫書蔵本一二冊が原本に近いといわれているもので、中世部分について残されている。その他に宮内庁書陵部本があり、近世部分まで所収されている。どれも記事は断続的に残っている。未刊。

［文献］　下坂　守「『東寺執行日記』寛正六年・同七年分 栄増筆」（『京都国立博物館学叢』一八、一九九六）。

（森　広海）

兼宣公記《かねのぶこうき》　広橋《ひろはし》兼宣（贈内大臣）の日記。『宣記』とも呼ばれる。至徳四年・嘉慶元年（一三八七）から正長元年（一四二八）の四二年間にわたる記述がある。原本は欠失した部分もあるが、柳原紀光書写本（宮内庁書陵部蔵）や広橋賢光書写本（東京大学史料編纂所）があり、これを補うことができる。兼宣は、武家伝奏《てんそう》や天皇の外戚《がいせき》であったことから、公武交渉についてよく記している。また、応永期の明使との会見や息*義持《よしもち》との不和についてなど、*義満《よしみつ》周辺について詳しく記されており、当該期の政治史における重要史料である。原本は広橋家に伝来していたが、国立歴史民俗博物館に収蔵されている。『史料纂集』に所収されて刊行中である。

（森　広海）

薩戒記《さっかいき》　室町中期の公家中山定親《なかやまさだちか》（権大納言《ごんのだいなごん》）の日記。日《ひ》次記《なみき》が応永二五年（一四一八）正月から嘉吉三年（一四四三）六月まで書かれているが、写本の柳原本（宮内庁書陵部蔵）に嘉吉三年一二月の逸文や醍醐寺文書に文安元年（一四四四）正月の逸文が認められる。現存状況は欠落が激しく、完全に残っているのは応永三二年（一四二五）、三三年（一四二六）のみである。「定親卿記」、「霜台記」、「中山霜台禅門記」とも呼ぶ。「薩戒」は「さだちか」の唐風反名（「さだちか」の首尾の一字ずつからつくられている）。「霜台」は弾正台の唐名で、定親が弾正尹を兼任していたため。その内容は全体的に朝儀関係の記事が多く、当該期における京都の情勢は詳細である。定親自身の個人的性格に関する記事は乏しい。自筆原本は少なく、応永二九年（一四二二）五・六月、応永三一年（一四二四）秋、永享一二年（一四四〇）三・四月八坂供養記、嘉吉三年六月（以上東京大学史料編纂所蔵）、嘉吉元年（一四四一）八月（京都大学附属図書館蔵）、正長元年（一四二八）一〇月二―四日、永享二年（一四三〇）正月二八・二九日、同年四月二四―二九日（以上宮内庁書陵部蔵）の分がある。写本が多く存在しており、やや欠落を補うことができる。その他、後に至って「薩戒記」の記事内容を抄録した「薩戒記目録」があり、目録でしか知り得ない記事が多数ある。この目録は東京国立博物館と尊経閣文庫に所蔵されている。『大日本古記録』に所収される。

（森　広海）

康富記《やすとみき》　権大外記《ごんのだいげき》中原康富《なかはらやすとみ》の日記。応永二二年（一四一五）から康正元年（一四五五）までに至る記事が断続的に残されている。一五世紀前半の政治・経済・社会・文化・芸能などの記事が豊富である。中でも将軍*義教《よしのり》、*義政《よしまさ》期において徳政一揆の動向や琉球商人の活動など、京都の情勢が克明に描かれており重要である。原本は九三巻からなるが、その巻首「応永八年記」は、康富の年齢、官歴では書けないもので、父英隆《ひでたか》のものとされている。原本は国立国会図書館に所蔵される。『増補史料大成』に収録されている。また、別記として『永享二年大嘗会記』が『群書類従　公事部』に、『永享十年八幡宮放生会記』が『続群書類従　神祇部』に収められている。

（森　広海）

［文献］「康富記解題」（『増補史料大成』）。

教言卿記《のりとききょうき》　権中納言山科教言《やましなのりとき》が晩年に書いた日記。応永一二年（一四〇五）五月から一七年（一四一〇）三月までに至る自筆原本がある。欠損分があるものの、柳原紀光書写本（宮内庁書陵部蔵）等により、ある程度補うことができる。また、応永一九年の写本（内閣文庫）が存する。教言が将軍*足利義満《よしみつ》からの愛顧を受けていたために、義満周辺の動静について詳しく記されている。また、禅宗や音楽、典籍、絵画、医薬、服飾などの記事も目立つ。原本の日次記《ひなみき》と別記「北山女院御入内記」が宮内庁書陵部に所蔵されている他、「北山亭行幸記」の応永一五年（一四〇八）三月分が京都附属図書館に所蔵されている。紙背の消息・具注歴とも『史料纂集』に収められる。

（森　広海）

［文献］臼井信義「教言卿記」（『古記録の研究』）続群書類従完成会、一九七〇）。

建内記《けんないき》　室町中期の公卿、勧修寺流《かじゅうじりゅう》万里小路時房《までのこうじときふさ》の日記。彼の法名が建聖院で極官が内大臣（内府）であったことから、後人により「建聖院内府記」と名付けられ、それを略してこう呼んだ。読みは「けんだいき」とも。別名を「時房卿記」ともいう。原題は「愚記」である。記事は応永二一年（一四一四）から康正元年（一四五五）までに至るものが断続的に残っている。日次記の正長元年（一四二八）から文安五年（一四四八）の分が比較的よく残っている。また、紙背文書も豊富であり、日記の理解を助けるものとなる。時房が武家伝奏《てんそう》や南部伝奏を務めたこともあり、室町幕府や朝廷、公家をめぐる政治動向に詳しい。特に*嘉吉の乱やその後の徳政令について詳述されており重要である。また、自領荘園の年貢未進問題解決のため、武士や商人・僧侶などの代官請により、その徴収の道を探る記事なども見受けられ、公家領荘園の経営実態を垣間見ることができる。当該期の社会経済史研究における重要史料である。その他に朝廷や公家の諸行事など文化面も注目される。自筆原本は永享元年（一四二九）から宝徳元年（一四四九）の部分が残っており、伏見宮家旧蔵の三七巻が宮内庁書陵部に、菊亭家旧蔵の一三巻が京都大学附属図書館に収蔵されているほか同大学国

史研究室や田中穣が数巻所蔵している。『大日本古記録（全十巻）』に所収された。 （森　広海）

蜷川親元日記《にながわちかもとにっき》　蜷川親当《ちかまさ》の子で室町幕府政所代をつとめた蜷川親元の日記。「親元日記」、「蜷川親元記」とも呼ぶ。寛正六年（一四六五）および、文明九年（一四七七）から同一八年（一四八六）までに至るものが部分的に残る。自筆原本は、文明九年（一四七七）の部分が天理大学図書館に収蔵され、同一三・一五・一七年の部分が内閣文庫に収蔵されている。明治期に「文科大学史誌叢書」に翻刻された。その際「政所内評定記録」、「政所賦銘引付」の二書も日記とともに伝えられたことから別録として収載された。後に『続史料大成』に所収される。親元は名筆として有名であり『沢巽《たくそん》阿弥覚書』によれば、はじめ「親元日記大帖」があったが、先年古筆が流行った際に、切れ切れに取り尽くされてしまったとあり、散逸してしまったことがわかる。その内容は、応仁・文明年間を中心とした大乱の時期における将軍*義政《よしまさ》・*義尚《よしひさ》を中心とした畿内の動向や、守護を中心とした地方の情勢、幕政における重要な役割を果たした政所執事《まんどころしつじ》*伊勢貞親《いせさだちか》・貞宗《さだむね》の人間関係などについて詳しく記されており、親元の職務柄が反映されたものとなっている。別録の二書もその性格上地方の所領争論に関する記事が詳述されており興味深い。激動の内乱期における政治・経済・社会などを考えるにあたり貴重な史料である。

［文献］「蜷川親元日記解題」（『続史料大成』）。 （森　広海）

十輪院内府記《じゅうりんいんないふき》　室町後期の公卿中院通秀《なかのいんみちひで》の日記。文明九年（一四七七）から長享二年（一四八八）までに至るが、文明一〇年（一四七八）の分を欠く。法名が十輪院済川妙益で内大臣（内府）であったために、こう呼ばれた。また『通秀公記』ともいい、通秀自身は『塵芥記《じんかいき》』と書名を記している。その内容は、通秀が和漢の才をもって朝廷での重きをなしていたことから、宮廷の儀式や文芸に関するものが多い。その中で『打聞記』と題する別記には、文明一五年（一四八三）七月から文明一八年（一四八六）一二月までの将軍*足利義尚《よしひさ》による和歌の選集に撰者として参加した様子が記されている。その他にも打ち続く洛中での戦闘や火災、土一揆の動静など、応仁・文明乱後の洛中のを中心とした政情、自領が加賀八田荘加納・額田荘であったことから加賀一向一揆の動向についても記されている。また、名筆で知られる通秀の弟牡丹花肖柏《ぼたんかしょうはく》の書状が収録され、その動静が記されている。南北朝期の公家*洞院公賢《とういんきんかた》の日記『*園太暦《えんたいりゃく》』をその末孫公数《きんかず》から買い受け、内容目録を採ったことも有名な記事である。室町後期の動乱の時代における政治・経済・社会・文化など見るべきものは多く、『*親長卿記』、『*実隆公記』と並び当該期の重要史料である。自筆原本は、内閣文庫、陽明文庫、京都大学附属図書館に所蔵されている。また、多くの写本が存在し、原本のない部分も一部写本で補うことができる。日《ひ》次記《なみき》・別記・紙背文書とも『史料纂集』に所収される。

［文献］「十輪院内府記解題」（『史料纂集』）。 （森　広海）

親長卿記《ちかながきょうき》　大納言*甘露寺親長《かんろじちかなが》の日記。文明二年（一四七〇）九月から明応七年（一四九八）八月までに至る二九年間について現存するが、文明元年から同二年七月までは、大乱の兵火により焼失したことが日記の記載よりわかる。内容は、大乱中および乱後の京都を中心とする情勢について詳しく記されている。また、親長が賀茂社伝奏《てんそう》を務めていたことから、上下賀茂社の争いについても詳述されており、当該期の政治、社会、経済、文芸などについての主要史料である。近世に多くの写本がつくられた。文正元年（一四六六）の大嘗会《だいじょうえ》について記している『補遺』や伝奏《てんそう》奉書などを収めた『別記』があり、いずれも『増補史料大成』に収められている。

［文献］「親長卿記解題」（『増補史料大成』）。（森　広海）

斎藤親基日記《さいとうちかもとにっき》　室町中期の幕府奉行人《ぶぎょうにん》斎藤親基の日記。寛正六年（一四六五）八月から応仁元年（一四六七）五月まで記す。「斎藤民部丞親基日記」ともいう。内容は、政治、儀式、武芸、災害など多岐に渡るが、当時の幕府機構・人事を知るうえで重要な史料。親基の幕府右筆《ゆうひつ》・政所寄人《よりうど》・御前沙汰衆という職性上、将軍*足利義政《よしまさ》をとりまく御供衆走衆らの人名が伊勢参宮や石清水八幡宮放生会などの際に記され、細川邸における犬追物《いぬおうもの》手組、*段銭《たんせん》・洛中地口銭《じぐちせん》の徴収などについても詳しい。政所《まんどころ》執事《しつじ》伊勢氏の系図、代々の幕府右筆《ゆうひつ》の歴名などを付す。『群書類従武家部』や『続史料大成』に所収される。原本は伝わっておらず、内閣文庫に古写本を蔵す。
［文献］「斎藤親基日記解題」（『続史料大成』）。（森　広海）

師郷記《もろさとき》　中原師胤《なかはらもろたね》の子で、大外記《だいげき》を務めた中原師郷の日記。応永二七年（一四二〇）正月から長禄二年（一四五八）二月までの日記が断続的に残っており、その中で永享年間から文安年間に至る約二〇年の間は残存状況が良好である。中原氏は代々大外記を世襲してきたが、その職性上、日記には朝廷の儀式をはじめ、年中行事に関する記事が多い。また、皇族や幕府の要人の動向についてもよく記している。この他に、明使の来朝や正長の土一揆《つちいっき》、嘉吉の土一揆《つちいっき》、棟別銭《むなべつせん》の徴収、酒麹役をめぐる酒屋と北野社との争い等についての記事があり、当該期の京都の状況を把握し得る重要史料。原本は国立国会図書館に所蔵される。『史料纂集』に収められ刊行されている。
［文献］「師郷記解題」（『史料纂集』）。（森　広海）

（四）外交と貿易

日明貿易《にちみんぼうえき》　日本と明との間の遣明船による貿易。*勘合貿易ともいう。明初の中国では*倭寇などの海賊集団や武装商船の被害に苦しんでいた。そこで*洪武帝《こうぶてい》は海禁を実施したが、一方で、対外関係においては君臣関係を前提とする朝貢貿易を推進し、その統制外にある外国船の来航を禁止したのである。明は国王の派遣する朝貢船のみを受け入れた。室町幕府三代将軍*足利義満《よしみつ》は、応安七・文中三年（一三七四）、康暦二・天授六年（一三八〇）の二回、明に使者を送ったものの受け入れられなかったが、*応永八年（一四〇一）に「日本准三后某」「日本准三后道義」（『康富記』）と称して、*祖阿《そあ》と*肥富《こいづみ》を使者として明に派遣して国交の樹立を求めた。明の恵帝《けいてい》（建文帝《けんぶんてい》）は義満を「日本国王源道義」に冊封し、日本は明の冊封体制下に入った。応永八年に義満が遣明船を派遣してから約一五〇年間、遣明船の派遣は続いた。当初は幕府の名義で派遣されたが、義満の死後、日明貿易は四代将軍*義持《よしもち》によって一時中断した。六代将軍*義教《よしのり》が再開した遣明船には、有力な寺社や大名が関わってくる。いわゆる永享条約もこのころのものである。有力大名の中でも特に細川・大内両氏による争いが遣明船の派遣にも影響を与え、*寧波の乱後は大内氏が独占した。日明貿易は、進貢・回賜とい

年号		渡航船	正使	将軍	皇帝(明)
応永8	(1401)	幕府船	祖阿	義持	恵帝
応永10	(1403)	幕府船	堅中圭密		成祖
応永11	(1404)	幕府船	明室梵亮		
応永12	(1405)	幕府船	源通賢		
応永13	(1406)	幕府船	堅中圭密		
応永15	(1408)	幕府船	堅中圭密		
応永15	(1408)	幕府船	昌宣		
応永17	(1410)	幕府船	堅中圭密		
永享4	(1432)	幕府船・相国寺船・山名船・大名寺院十三家船・三十三間堂船	竜室道淵	義教	宣宗
永享6	(1434)	幕府船・相国寺船・大乗院船・山名船・三十三間堂船	恕中中誓		
宝徳3	(1451)	天竜寺船・伊勢法楽舎船・九州探題船・大友船・大内船・大和多武峰船	東洋允澎	義政	代宗
寛正6	(1465)	幕府船・細川船・大内船	天与清啓		憲宗
文明8	(1476)	幕府船・相国寺勝鬘院船	竺芳妙茂	義尚	
文明15	(1483)	幕府船・内裏船	子璞周瑋		
明応2	(1493)	幕府船・細川船	尭夫寿蓂	義稙	孝宗
永正3	(1506)	大内船・細川船	了庵桂悟	義澄	武宗
大永3	(1523)	大内船	謙道宗設	義晴	世宗
大永3	(1523)	大内船	鸞岡省佐		
天文7	(1538)	細川船	湖心碩鼎		
天文16	(1547)	大内船	策彦周良	義輝	

日明貿易と遣明船

う朝貢貿易の形式をとっており、それに公貿易、私貿易が付随していたので日本側の利益は大きかった。輸出品としては、馬、刀剣、硫黄、銅、蘇木、扇、漆器、などがある。輸入品は、回賜として白金、銅銭、羅・紗・綵絹などの奢侈品、私貿易では、生糸、絹織物、薬草、陶磁器、書籍、などであった。日本の経済発展に大きな役割を果たした銅銭は当初は回賜品に含まれていた。遣明船が途絶した後でも貿易品は変化はなかったが、日本からの輸出品では特に銀が重視された。

〔文献〕 佐久間重男『日明関係史の研究』(吉川弘文館、一九九二)、田中健夫『対外関係と文化交流』(思文閣出版、一九八二)。

(小市和雄)

天竜寺船《てんりゅうじぶね》 天竜寺造営費調達のために元に派遣された貿易船。天竜寺造営料唐船ともいう。*天竜寺は、*後醍醐《だいご》天皇の慰霊、鎮魂のために*足利尊氏《たかうじ》・*直義《ただよし》兄弟が造営した寺院である。尊氏・直義兄弟が帰依した*夢窓疎石《むそうそせき》のすすめによって、夢窓を開山として造営が開始された。財政困難ななかでの造営のために、備後国三谷西条、丹波国弓削《ゆげ》荘など各地の荘園が寄進され、造営料唐船も派遣されることになった。『天竜寺造営記録』によると、造営料船を元に派遣することには反対意見もあったが直義と夢窓の尽力によって勅許が出た。暦応四・興国二年(一三四一)に貿易船二隻が許可された。翌年、康永元・興国三年秋に一隻を出航させることにし、夢窓は*至本《しほん》を綱司に推し、至本は帰国後、貿易の損益に関係なく五〇〇〇貫文を寺に収めることを約束した。綱司はこの造営料船の請負人のこと。至本は博多の商人とされる。幕府はこの造営料船の警護を負担した。

〔文献〕 西尾賢隆『中世の日中交流と禅宗』(吉川弘文館、一九九九)、佐伯弘次『日本の中世9モンゴル襲来の衝撃』(中央公論新社、二〇〇三)。

(小市和雄)

応永条約《おうえいじょうやく》 応永一一年(一四〇四、明・永楽二)に制定された遣明船に関する条約とされるもの。永楽要約ともいう。応永一一年に来日した明使趙居任《ちょうきょにん》によって、*足利義満《よしみつ》に日本国王の冠服、金印が賜授され、永楽勘合一〇〇道が支給された。応永条約はこのときに結ばれたとされる条約。その内容は、一、進貢は一〇年に一度、二、船は二隻まで、三、人数は二〇〇人まで、四、例に反したときは寇とみなして進貢を制限する、以上の四点である。これを改定したものが*永享条約（宣徳要約）といわれる。これらは、『明史』などの史書に見られるが、その内容は鄭若曽《ていじゃくそう》『籌海図編』に基づいているもので、架空のものである。

［文献］ 小葉田淳『中世日支通交貿易史の研究』（刀江書房、一九四一）、佐久間重男『日明関係史の研究』（吉川弘文館、一九九二）。

（小市和雄）

永享条約《えいきょうじょうやく》 永享六年（一四三四、明・宣徳九）に制定された遣明船に関する条約とされるもの。宣徳要約ともいう。*足利義教《よしのり》は遣明船派遣を再開し、永享四年に兵庫から五隻の船団を送った。永享六年に明の答礼使一行が日本に到着し宣徳勘合をもたらした。この際に*応永条約を改定した新たな日明間の通交規定が約されたとされる。内容は、一、船数三隻以下、二、人員三〇〇人以下、三、所持する刀剣は三〇〇〇以下、以上の三点である。これらは、『明史』などの史書に見られるが、その内容は鄭若曽《ていじゃくそう》『籌海図編』に基づいているもので、これらの規定は後の規定を遡らせたもので当初の歴史的事実とは符合しないものである。

［文献］ 小葉田淳『中世日支通交貿易史の研究』（刀江書房、一九四一）、佐久間重男『日明関係史の研究』（吉川弘文館、一九九二）。

（小市和雄）

勘合貿易《かんごうぼうえき》 日本と明《みん》との間の遣明船による貿易の俗称。勘合船による貿易であることから勘合貿易という。明は、宋、元以来の比較的自由な対外貿易を統制し、中国の伝統的な世界観の立場から諸外国との関係を再編した。諸外国は国王の派遣する朝貢使節団のみに正常な貿易が認められ、それ以外の商船の来航は禁止された。明の皇帝が室町将軍を日本国王に任命する冊封を基軸にし、それに基づいて朝貢が行われる朝貢貿易であり、朝貢・回賜という朝貢貿易の形式である。朝貢船が中国にもたらしたものは進貢物や附載貨物で、一部を除いて明政府は大部分を買い上げた。日本の場合、室町幕府三代将軍*足利義満《よしみつ》が「日本国王」と称した。義満は応安七・文中三年（一三七四）、康暦二・天授六年（一三八〇）の二回、明に使者を送ったが受け入れられなかった。応永八年（一四〇一）、義満は「日本准三后某、書を大明皇帝陛下に上る」（*『善隣国宝記』）とあるように、義満は「日本准三后某」「日本准三后道義」（*『康富記』）と称し、*祖阿《そあ》と*肥富《こいづみ》を使者として明に派遣して国交の樹立を求めた。このとき、金一〇〇〇両、扇一〇〇本などを献じ、*倭寇による被虜を返送した。祖阿は将軍側近の*同朋衆、肥富は*博多の商人。明の恵帝《けいてい》（建文帝《けんぶんてい》）は義満を「日本国王源道義」に冊封し、日本は明の冊封体制下に入った。応永一〇年（一四〇三）、使者を再度明へ派遣し、翌年、明の使節が来日した。このときに成祖《せいそ》（永楽帝《えいらくてい》）から「日本国王之印」が与えられた。勘合もこのときに授与された。応永一一年（一四〇四）、最初の勘合船が明に向かい、日本船の事務を取扱う浙江市舶使のある寧波に入港した。義満の死後、日明貿易は四代将軍*義持《よしもち》によって一時中断するが、六代将軍*義教《よしのり》が再開した。のちには細川・大内両氏による争いが起こり、*寧波の乱後は大内氏が独占した。

［文献］　佐久間重男『日明関係史の研究』（吉川弘文館、一九九二）、田中健夫『対外関係と文化交流』（思文閣出版、一九八二）。

（小市和雄）

勘合《かんごう》　明《みん》の皇帝が朝貢する諸外国の国王に与えた渡航証明書。勘合は元来、中国国内で軍事上の使者や官吏の出張・赴任などに使用されていたものである。諸外国に与えられた勘合は、暹羅《シャム》、占城《チャンパ》、真臘《カンボジア》が最初である。朝鮮や琉球には勘合は支給されず、国王の表文のみで入貢することができた。諸外国に支給された勘合は礼部で発行された。日本の場合、日本の二字を分けて、日字号勘合一〇〇道、日字号底簿二扇、本字号勘合一〇〇道、本字号底簿二扇、が作成され、日本には本字号勘合と日字号底簿が支給された。日字号勘合、日字号底簿一扇、本字号底簿一扇が礼部に、本字号底簿一扇が寧波市舶司のある浙江布政司に保管された。日本にもたらされた勘合は、永楽、宣徳、景泰、成化、弘治、正徳の各時代である。日本船は本字号勘合を一号から順次持参し浙江《せっこう》の布政司と北京の礼部で底簿と照合された。勘合の形状は『戊子入明記』の「勘合料紙印形」に載る勘合の図によれば、縦二尺七寸（約八二センチメートル）、横一尺二寸（約三六センチメートル）ほどの紙片であったことが推定できる。勘合の料紙の裏には、使節の正使や商人の名や進貢物の数量、附帯物の数量、船舶の数などが記載されていたと考えられる。

［文献］　田中健夫『対外関係と文化交流』（思文閣出版、一九八二）。

（小市和雄）

建長寺船《けんちょうじぶね》　建長寺造営費調達のために元に派遣された貿易船。正しくは「造勝長寿院并建長寺造営料唐船」。一四世紀になると莫大な寺社造営費をまかなうために貿易の利潤を求めて元に貿易船が派遣されるようになった。徳治元年（一三〇六）帰国の称名寺造営料唐船、元徳二（一三三〇）に新安沖で沈没した東福寺造営料唐船、元亨三（一三二三）に出航した関東大仏造営料唐船などがある。建長寺船もその一つ。建長寺は蘭渓道隆を開山として、建長五年（一二五三）に建立された。永仁元年（一二九三）の大地震で炎上したが再建された。さらに、正和四年（一三一五）の大火で焼失しその再建のために、正中二年（一三二五）に「造勝長寿院并建長寺造営料唐船」が派遣された。帰国は翌年。

［文献］　西尾賢隆『中世の日中交流と禅宗』（吉川弘文館、一九九九）、佐伯弘次『日本の中世9モンゴル襲来の衝撃』（中央公論新社、二〇〇三）。

（小市和雄）

寧波《ニンポー》**の乱**《らん》　大永三年（一五二三、明・嘉靖二）に*日明貿易をめぐって、大内氏と細川氏の貿易船が明の寧波で衝突した事件。*応仁の乱後、新興の*堺商人と結びついた細川氏と*博多商人と結んでいた大内氏が遣明船貿易の利益をめぐって対立していた。この対立が極点に達したのが大永三年の事件であった。この年、大内義興《おおうちよしおき》は謙道宗設《けんどうそうせつ》を正使として遣明船を派遣した。宗設らは前回の入明の際に入手した正徳勘合を持参して博多から寧波に入港した。これに遅れて、鸞岡瑞佐《らんこうずいさ》を正使とする細川高国《ほそかわたかくに》派遣の遣明船が堺から寧波に入港した。細川船は将軍から入手した弘治勘合を持参していたがこの勘合はすでに無効となっていたものである。細川船の副使宋素卿《そうそけい》は賄賂を使って大内船より先に入関の手続きを済ませた。また、嘉賓館での宴会の席次や宿泊所の割り当てにおいても大内側は差別された。こうしたことに激怒した宗設らは武器庫から武器を持ち出して瑞佐を殺害し、細川船を焼き払い、取り締まりにあたった劉錦《りゅうきん》らも殺害した。宋素卿は逃走したが後に捕らえられて獄死した。この事件は腐敗堕落した官吏の汚職行為が原因であるが、勘合貿易の末期的症状を示している。明は日本に対して厳しい対応をとり日明関係は一時断絶した。大内氏は明に対して大内氏の特殊な地位を釈明し、幕府からは遣明船の特権の保証を手に入れ、再開した日明貿易は大内氏が独占した。

［文献］田中健夫『倭寇と勘合貿易』(至文堂、一九六一)、佐久間重男『日明関係史の研究』(吉川弘文館、一九九二)。 (小市和雄)

朝鮮貿易《ちょうせんぼうえき》 日本と朝鮮との貿易。倭寇の鎮圧が大きな課題であった高麗は室町幕府に倭寇禁圧を要請した。また、倭寇に対する影響力を有していた西日本の大名との交渉も行い捕虜の送還が図られている。朝鮮(李朝)建国後、西日本の大名や幕府との交渉を続け日朝間の通交が始まって行く。朝鮮は「交隣」を前提とし、*李成桂は一三九二年に使者を*足利義満のもとに派遣し、応永九年(一四〇二)には、義満が大内氏を通じて朝鮮に使者を派遣している。さらに、一四〇四年には「日本国王源道義(義満)」が使者を派遣した。日本・朝鮮国王は明皇帝を中心とする冊封体制の中に位置づけられており、日本国王は朝鮮国王と対等の関係で国王使を約六〇回派遣した。朝鮮は倭寇の懐柔策として、倭寇を客倭(使送倭人)、商倭(興利倭人)となして貿易を行わせた。客倭は図書をおした書契を持参することで貿易が認められた。彼らが献上する進貢品に対して回賜が与えられるという朝貢貿易の形式を取った。また、対馬の宗氏が発行する文印も持参しなければならなかった。倭寇との関わりが大きかった宗氏には日朝間の貿易を仲介する権限が保証されたのである。日本から朝鮮への輸出品は、銅、錫、銀、硫黄、漆器、扇、胡椒、蘇木、沈香などである。銀は一六世紀中葉以降増加し朝鮮国内でも問題化する。また、東南アジア産の品目も含まれているが、これらは琉球貿易との関わりが深く明の海禁政策の影響でもある。輸入品は、木綿、麻布、米、豆、大蔵経、仏具など。繊維製品は貨幣的な意味を持っていたのでその額が多かった。特に木綿は、まだ日本では生産されていなかったので大量に輸入された。

［文献］田中健夫『対外関係と文化交流』(思文閣出版、一九八二)、村井章介『中世倭人伝』(岩波新書、一九九三)。 (小市和雄)

応永の外寇《おうえいのがいこう》 応永二六年(一四一九)に対馬島が朝鮮軍による襲撃をうけた事件。己亥《きがい》の東征、糠嶽《こうがく》の戦いともいう。*倭寇の被害に苦しんでいた朝鮮にとっては日本との通交の最大の課題は倭寇の禁圧であった。対馬は倭寇の最大の根拠地とみられていたが、対馬の*宋貞茂《そうさだしげ》は倭寇の禁圧に努力し朝鮮でも高く評価されていた。応永二五年に宋貞茂が没し、貞茂の子*貞盛《さだもり》(都《と》都《と》熊丸《くまる》)は幼少で実権は早田《そうだ》左衛門太郎《さえもんたろう》が握った。早田は海賊の首領といわれており、朝鮮は倭寇再発を危惧するようになった。対馬島内の統制も乱れ、翌二六年には、倭船が食料を求めて朝鮮沿岸に向かい、忠清道《ちゅうせいどう》庇仁県《ひじんけん》都豆音串《ととおんかん》を襲撃し、さらに黄海道海州《こうかいどうかいしゅう》の延平串《えんぺいかん》を襲った。この事件を契機として、倭寇が出撃した虚をついて対馬を討つことが決定した。朝鮮の太《たい》宗《そう》は、五月、宋貞盛に書を送って征討の理由を通達した。六月になると出兵の目的を内外に宣言した。六月一九日、朝鮮軍は巨済島《きょさいとう》を発して対馬に向かった。兵船二二七艘、諸将以下兵員合わせて一万七二八五人という大軍で六五日分の食料を準備していた。朝鮮軍は対馬の浅茅《あそう》湾に入って尾崎に泊し、家を焼き船を奪うなどした。ついで船越に柵を築き、さらに二位《にい》に上陸したが伏兵にあって敗退した。宋貞盛は、暴風期が近いことを警告し停戦修好を求めた。七月三日、朝鮮軍は巨済島に撤退した。これによって対馬は多大な打撃を被り、また、朝鮮との関係は一時的に断絶した。復交交渉の中で対馬島が朝鮮の慶尚《けいしょう》道《どう》に属するとしている点や（『世宗実録』）、京都に伝わってきた情報が事実とかけ離れたもので蒙古の再襲来と認識された（『*看聞日記』）ことなどは注目される。

（小市和雄）

［文献］　田中健夫『対外関係と文化交流』（思文閣出版、一九八二）、村井章介『中世倭人伝』（岩波新書、一九九三）。

癸亥条約《きがいじょうやく》　（日朝貿易条約）　朝鮮が対馬島主*宋貞盛《そうさだもり》に認めた通交上の諸権益に関する条約。嘉吉三年（一四四三）に結ばれたもの。この時期の日朝関係は*倭寇対策を中心として展開した。*応永の外寇後、日朝間の通交に関する規定が整備されていった。図書《としょ》を与えて統制する受図書の制、対馬島主に権限を与えて統制する書契の制や文引《ぶんいん》の制、通交船数に制限を加えた歳遣船規定などがあった。嘉吉条約は主として歳遣船数に関するもので、*宗氏の歳遣船を五〇隻に制限する内容を有する。これにより宗氏が日朝貿易においてしめる役割は大きくなった。この後、壬申《じんしん》条約（一五一二年）で二五艘、丁巳《ていし》条約（一五五七年）で三〇艘、己酉《きゆう》条約（一六〇九年）で二〇艘と変遷する。

（小市和雄）

［文献］　田中健夫『対外関係と文化交流』（思文閣出版、一九八二）。

通信符《つうしんふ》　朝鮮国王が日朝通交のために室町将軍、大内氏に与えた通交証。勘合の制度である。*倭寇の取締りに苦労していた朝鮮は日朝通交に関して種々の統制を行った。日朝間には足利将軍や大内、大友などの有力守護大名、*対馬の*宗氏といった人々が使送船を派遣していたが、これらに加えた統制の一つが通信符の制度である。現在、二様の通信符が伝わっている。一つは毛利家に伝わった銅印である。「通信符」という文字を陽刻し縦に二分した右半分で、大きさは縦五・四センチメートル、横一・六センチメートルである。左半分は朝鮮に保管されていて使送船が朝鮮に入った際の照合に使用されたのであろう。側面、背面の文字から景泰四年（一四五三）に大内教弘《おおうちのりひろ》に支給されたものであることがわかり、日朝通交上の大内氏の高い地位がうかがわれる。他の一つは記録のみが確認できる象牙製の通信符である。一四七四年に*足利義政《よしまさ》の要請によって造給された一〇枚である。円形の印で、周囲四寸五分、径一寸五分である。

（小市和雄）

［文献］　田中健夫『倭寇と勘合貿易』（至文堂、一九六一）。

琉球王国《りゅうきゅうおうこく》　一五世紀前半に沖縄本島に成立した王国。一二世紀以降、各地に按司《あじ(あんじ)》がグスクを築いて割拠していた。一四世紀になると沖縄本島では、山北（北山）、中山、山南（南山）の三つの勢力圏が成立した。一三七二年、中山王察度《さつど》が明に入貢して冊封を受け、次いで、山南、山北も冊封を受け、三山ともに明の冊封体制に入った。「琉球」の名称は入貢の時から用いられるようになった。一四〇五年、佐敷《さしき》按司であった思紹《ししょう》は、中山王武寧《ぶねい》を倒して王位を奪い、思紹の跡を継いだ尚巴志《しょうはし》は、山南、山北を平定して、一四二九年に琉球王国を打ち立てた（第一尚氏王統）。王宮は首里城。これによって明からの冊封も「琉球国中山王」のみが受けることになる。一四五三年、王位をめぐる志魯・布里の乱が起こり、乱後に王位についた尚泰久《しょうたいきゅう》は来島した臨済僧芥隠《かいいん》の影響もあって仏教を重んじ「万国津梁之鐘」をはじめ多くの梵鐘《ぼんしょう》を鋳造した。また、泰久は有力な豪族による護佐丸《ござまる》・阿麻和利《あまわり》の乱（一四五八年）も平定している。尚泰久の跡を継いだ尚徳《しょうとく》が没すると、一四七〇年、交易・財政を統括する要職についていた金丸《かねまる》が王位を奪って、尚円《しょうえん》と称した（第二尚氏王統）。一四七七年に一二才で即位した尚真《しょうしん》は五〇年にわたって在位し琉球王国の基盤を確立した。尚真は中央集権化をすすめ各地の按司を王都首里に集居させ現地には代官をおいて支配させた。一五〇〇年にはオヤケ・アカハチの乱を制圧し、支配圏は奄美諸島から八重山諸島まで拡大した。一五〇九年に首里城正殿前の階段に彫りつけられた「百浦添欄干之銘」（戦災で焼失）には一一項目の事績が記されている。『おもろさうし』の編纂も尚真の時代に始まった。＊豊臣秀吉《とよとみひでよし》の朝鮮出兵では薩摩の島津氏を通じて兵糧米や名護屋城普請費用を負担させられた。一六〇九年、薩摩軍三〇〇〇の兵が琉球に入り首里城を占領し、国王尚寧《しょうねい》は鹿児島に連行されて薩摩の支配下に入ったが、明との冊封関係は維持され国王も存続した。

［文献］　高良倉吉『琉球王国』（岩波新書、一九九三）、入間田宣夫・豊見山和行『日本の中世5北の平泉、南の琉球』（中央公論新社、二〇〇二）。　（小市和雄）

琉球貿易《りゅうきゅうぼうえき》　日本と琉球との間での貿易。琉球は明との朝貢貿易（進貢貿易）に積極的に取り組み、他の諸国に比べて明から優遇され、東アジア地域での中継貿易において大きな役割を担っていた。

一三七二年に中山王察度《さっど》が明から冊封を受け朝貢貿易を行ったことは経済的に大きな意味を持った。一三七二年、中山王察度が明に入貢して冊封を受け、次いで、山南、山北も冊封を受け、三山ともに明の冊封体制に入った。「琉球」の名称は入貢の時から用いられるようになった。一四〇五年、佐敷按司《さしきあじ》（あんじ）で あった思紹《ししょう》は中山王武寧《ぶねい》を倒して王位を奪い、思紹の跡を継いだ尚巴志《しょうはし》は、山南、山北を平定して、一四二九年に琉球王国を打ち立てた（第一尚氏王統）。これによって明からの冊封も「琉球国中山王」のみが受けることになる。尚巴志による統一後は明・朝鮮・日本・東南アジア諸国と積極的に貿易を行い、琉球は明との朝貢貿易を中心に日本、朝鮮、東南アジアとの交易ルートを結びつけ、諸国の物産を交易する中継貿易を行った。那覇港には諸国の貿易船が出入りした。琉球は明への進貢品や東南アジアでの交易のために日本から多くの物品を購入した。刀剣、漆器、漆、屏風、銅などである。日本側にもたらされたものは、生糸、絹織物、皮革、香料、薬種などである。日本との貿易は室町幕府や＊堺、＊博多などの商人との間で行われた。また、日本と琉球との貿易では日本の禅僧が大きな役割を果たした。一四六六年に尚氏菩提寺円覚寺を開いた芥隠が室町幕府に派遣されているし、一五二七年には智仙が派遣された。島津氏や大内氏などとの交渉にも派遣された。

［文献］　田中健夫『対外関係と文化交流』（思文閣出版、一九八二）、笹本正治『日本の中世3異郷を結ぶ商人と職人』（中央公論新社、二〇〇二）。　（小市和雄）

八幡船《ばはんせん》　＊倭寇船の別称と考えられている船。江戸中期に著された『南海通記』に倭寇船すなわち八幡船と記されたことからこれが通説となっていたが、日本・朝鮮・中国に八幡船に関する確実な史料はない。室町期の絵画資料に描かれた船としては、『神宮皇后縁起絵巻』の軍船的艤装を施した大型準構造船、『真如堂縁起絵巻』の日本的な大型船などがある。また、倭寇の船を描いたものとして有名なものに『倭寇図巻』巻頭に載せる接岸した二艘の船があり、当時の中国の沙船や大福船に類似しているもので中国系のジャンクを描いたものである。「ばはん」は商船が国禁を犯して海外に渡ることで、戦国期から桃山期の用例ではだいたい海賊行為を意味し、江戸期には密貿易を意味するようになってくる。「八幡」「八番」「奪販」「破帆」などの用字がある。語源としては外国語から来たとする説が優勢。

［文献］田中健夫『対外関係と文化交流』（思文閣出版、一九八二）、石井謙治『図説和船史話』（至誠堂、一九八三）。　（小市和雄）

倭寇《わこう》　朝鮮半島や中国大陸沿岸を襲った海賊集団に対する朝鮮、中国側からの呼称。倭寇が一般化するのは一三五〇年頃からである。一三五〇年に高麗の慶尚道を襲った倭寇について、『高麗史』は「倭寇の侵、此に始まる」と記し、これ以降、毎年のように倭寇の襲来が記録されている。この年の干支をとって「庚寅以来之倭寇」のような表現が生まれた。倭寇は一四から一五世紀の倭寇（前期倭寇）と一六世紀の倭寇（後期倭寇）に分けられる。「前期倭寇」は、朝鮮半島を中心に中国大陸沿岸にもその活動範囲が及んでいる。倭寇の構成員は対馬・壱岐・松浦の三地方の海民が中心である。これらの地域は農業生産力が低く自給自足が困難で、商品経済発展の中で物資を海外に求めなければならない地域であり、また、倭寇の活発化には南北朝内乱による社会不安がその背景にあった。倭寇には日本人ばかりではなく高麗人も加わっており、日朝の境界地域では相互に関わりを持つ人間集団の活動がみられた。倭寇は米穀や人を略奪したがこれらは日本国内ばかりでなく東南アジアにも運ばれた。高麗は外交交渉や軍事力を行使して倭寇の禁圧を図った。朝鮮建国後は、積極的に倭寇に対する懐柔策を取った。投降、恭順した倭寇に朝鮮との通交を認め、西日本の諸勢力は客人として接待した。明建国後の海禁政策や日明間の冊封関係成立、さらに室町幕府の禁圧策などによって倭寇の活動は沈静化した。「後期倭寇」の背景には、明の海禁政策の維持が商品経済の発展によって困難となり密貿易が増加したことがあげられる。特に、勘合貿易が途絶えた頃から中国大陸沿岸で大規模な倭寇の活動が見られるようになる。したがって、この期の倭寇は中国人の密貿易とそれに従う人々が中心である。倭寇の首領として有名な王直は平戸・五島を根拠地として中国沿岸で略奪を繰り返した。明の海禁政策の緩和や豊臣秀吉の海賊禁止令などで「後期倭寇」は次第に収束していった。

［文献］田中健夫『倭寇と勘合貿易』（至文堂、一九六一）、村井章介『中世倭人伝』（岩波新書、一九九三）。　（小市和雄）

倭館《わかん》　一五世紀初め、朝鮮が漢城《かんじょう》と浦所《ほしょ》（三浦《さんぽ》）に設置した倭人接待のための客館兼商館のこと。漢城に置かれた倭館は東平館と呼ばれ、倭館と通称されていた。中国人に対しては大平館、女真人に対しては北平館があった。日本人の上京者が多い場合には東平館を一所、二所と増設したこともあった。交易が盛んになると事務や警備にあたる官人も置かれた。この中央の倭館に準じて三浦に倭館が設けられた。『世宗実録』によると、一四二三年、乃而浦《ないじほ》（薺浦《さいほ》）、と富山浦《ふさんほ》の二カ所に館舎と倉庫

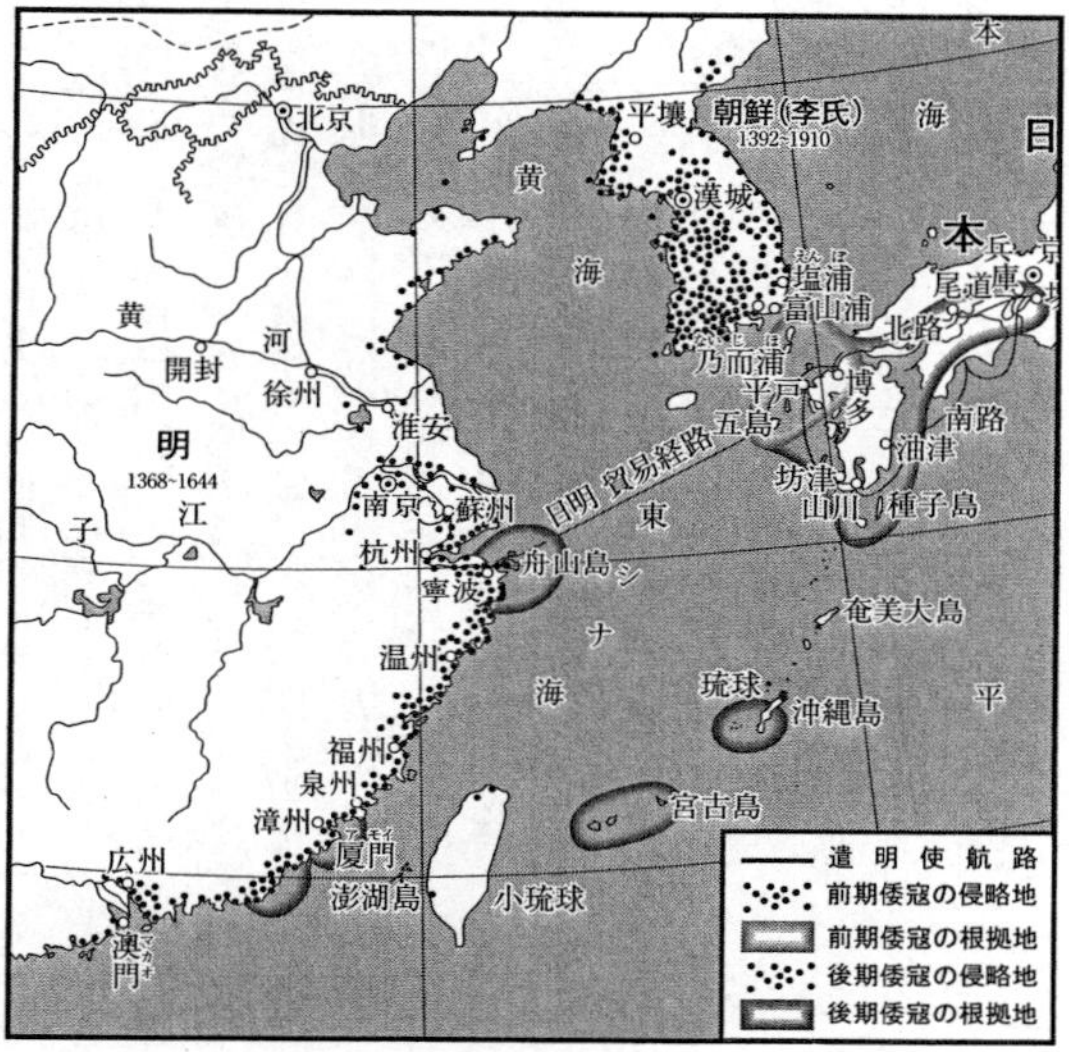

日明・日朝貿易図

を増設し食料品や食器を客館に運び込んで備えておくことが命じられている。この段階で倭館が設置されていたことは確かである。一四二六年に塩浦《えんぽ》の倭館が追加されて三浦倭館が確立する。倭館の周辺には倭人たちが居住するようになり三浦は事実上の倭人居住地となっていった。一五世紀末には三浦全体でこうした倭人が三一〇〇名ほど確認され、周辺で現地住民や役人と問題を起こすことが多くなった。*三浦の乱後の一五一二年、倭館は薺浦のみとなり、しかも居留地の復活は認められず入港場でしかなくなった。その後、一五二一年に釜山浦倭館が再開されたが、一五四四年に薺浦倭館が閉鎖されて、浦所倭館は釜山浦のみとなった。なお、『海東諸国記』に収める三浦の絵図にはそれぞれ浦所の倭館が記されている。

［文献］ 中村栄孝『日鮮関係史の研究 上』（吉川弘文館、一九六五）、村井章介『中世倭人伝』（岩波新書、一九九三）。 （小市和雄）

三浦《さんぽ》の乱《らん》 一五一〇年に起こった朝鮮に居住していた日本人たちの蜂起。朝鮮では漢城と乃而浦《ないじほ》（薺浦《さいほ》）、富山浦《ふさんほ》、塩浦《えんぽ》の三つの浦所＝三浦に倭人接待のための客館兼商館として*倭館が一五世紀初めまでに設置されていた。本来は倭人を受け入れる湊にすぎなかったが、倭館の周辺には倭人たちが居住するようになり、三浦は事実上の倭人居住地となっていった。倭館における貿易の利益は大きく居留民である恒居倭《こうきょわ》の数は増加していった。一五世紀末には三浦全体でこうした倭人が三一〇〇名ほど確認される。朝鮮はこうした居留民の経済活動を黙認していた。ところが、朝鮮との通交に対して与えられていた特権が制限されていったため倭人の間での不満が高まっていって、周辺で現地住民や役人と問題を起こすことが多くなった。蜂起の直接の契機は釜山浦僉使による厳しい統制策にあった。三浦の恒居倭は対馬《つしま》*の宗氏の援軍を得て蜂起したが、朝鮮軍に鎮圧され、恒居倭は対馬に帰り、貿易は中断した。乱後の一五一二年の壬申約条で貿易は再開したが、倭館は薺浦のみとなり、しかも居留地の復活は認められず入港場でしかなくなった。その後、釜山浦も開かれて二港となる。

［文献］ 中村栄孝『日鮮関係史の研究 上』（吉川弘文館、一九六五）、村井章介『中世倭人伝』（岩波新書、一九九三）。 （小市和雄）

海禁《かいきん》 明、清時代に、中国人が外国と交易したり海外に渡航することを禁止した政策。下海の禁ともいう。明初、*倭寇などの海賊集団や一般の通商船を装った武装商船による略奪が中国沿岸で横行したが、これらの中には中国人との間に通商貿易を営み、要求が満たされない際に武力で略奪することも多かった。また、元末の内乱で割拠した群雄で、*朱元璋《しゅげんしょう》（洪武帝）のライバルであった張士誠や方国珍の残党が海賊となり、倭寇と結んで盛んに沿岸を荒らし回っていたという実情もあった。このような武力的な背景をもった活動が、明王朝の権力強化を阻害することは明らかである。そこで洪武帝は海禁を実施したが、一方で、対外関係においては君臣関係を前提とする朝貢貿易を推進し、その統制外にある外国船の来航を禁止したのである。こうした政策に対して、朝鮮では高麗《こうらい》が受け入れ、日本でも征西府の*懐良《かねよし》親王が「日本国王」として受け入れている。日本の場合は倭寇の取締りが求められたのは当然である。海禁政策は永《えい》楽帝《らくてい》の時代にも、倭寇や海賊の防止、明朝の海外貿易独占という点から推進され、その後も祖宗の法として受け継がれていった。海禁によって下海を制限された商人たちによる密貿易は中期以降盛んとなり、後期倭寇へとつながって行く。

［文献］佐久間重男『日明関係史の研究』（吉川弘文館、一九九二）。

（小市和雄）

蝦夷《えぞ》ケ島《しま》　蝦夷が住む島、北海道のこと。古代では蝦夷は「エミシ」であり、主として本州の東北地方に居住する人々のことをさした。平安末、鎌倉初ごろから「エゾ」と読むようになり、現在の北海道を「エゾがしま」、そこに居住する人々を「エゾ」と呼ぶようになった。蝦夷ケ島は鎌倉期には幕府支配領域外として、西の鬼界島とともに流刑地とされていた。「諏訪大明神絵詞」によると、蝦夷ケ島には「日ノ本《ひのもと》」「唐子《からこ》」「渡党《わたりとう》」の三集団があると記されている。「日ノ本」は北海道東部、「唐子」は北海道西部に居住しことばが通じないが、道南渡島半島に居住する「渡党」のみは外《そと》が浜（津軽）に往来し交易を行っていたという。

［文献］石井　進『日本の中世1中世のかたち』（中央公論新社、二〇〇二）、海保嶺夫『エゾの歴史』（講談社、一九九六）。

（小市和雄）

十三湊《とさみなと》　津軽平野西部の十三湖《じゅうさんこ》の水戸口に築造された中世の港湾都市。一三―一五世紀前半に栄えた。青森県北津軽郡市浦村に所在。三国湊（越前）、*直江津（越後）などとともに北日本の主要な港の一つ。国内だけでなくアジアや北方とも関わる国際港湾都市である。珠洲《すず》、瀬戸、常滑《とこなめ》などの国産陶磁器や、中国製、朝鮮製の青磁、白磁、高麗青磁、褐釉陶器など、交易によってもたらされた多くの陶磁器が出土している。「蝦夷管領」安藤氏が築いたとされ、安藤氏の拠点となる。日本海と湖を隔てる南北に長い砂州上に港湾と町場が形成され、近年の発掘によって砂州の中央には中軸となる街路があり北に安藤氏館、南に町屋を配置し、その間には東西方向に大土塁を築いていた。

［文献］石井　進『日本の中世1中世のかたち』（中央公論新社、二〇〇二）、『幻の中世都市十三湊―海から見た北の中世―』（国立歴史民俗博物館、一九九八）。

（小市和雄）

道南十二館《どうなんじゅうにたて》　北海道渡島半島南部の日本海側から津軽海峡にかけて築造された一二の城郭、花沢（上ノ国町）、比石（上ノ国町）、原口（松前町）、祢保田《ねぼた》（松前町）、大館（松前町）、覃部《およべ》（松前町）、穏内《おんない》（福島町）、脇本（知内町）、中野（木古内町）、茂別《もべつ》（上磯町）、箱館《はこのたて》（函館市）、志濃里《しのり》（函館市）。安藤氏が道南を支配するために築造したもので、十二館と通称されているがこれら以外にも館は築造されている。一五世紀中頃までに形成された。渡島南部の「和人」は「アイヌ」と混住し漁業生産や交易などに従事していた。南部氏との戦いに敗れた安藤氏は支配下においていた*蝦夷ケ島に逃れた。その後、康正二年（一四五六）、安藤政季《あんどうまさすえ》は秋田の小鹿島に移ったが、その際に蝦夷ケ島の館主を地域的に三分し、西から「上之国」「松前」「下之国」とし、「上之国守護」に蠣崎季繁《かきざきすえしげ》（花沢）・*武田《たけだ》信広《のぶひろ》、「松前守護」は安藤定季《さだすえ》（茂別）、「下之国守護」は安藤家政《いえまさ》（大館）とした。大永五年（一五二五）まで続くアイヌの大規模な反乱は、『新羅之記録』によると、康正二年（一四五六）春、志濃里の鍛冶屋村での小刀をめぐる事件を契機に「夷狄」が蜂起したものである。この事件の翌年、長禄元年（一四五七）五月、東部アイヌの首長コシャマインが蜂起し、アイヌ軍は志濃里、函館、中野、脇本、穏内、覃部、大館、祢保田、原口、比石の各館を攻め落とし、道南十二館のうち残ったのは、安藤（下国）家政の茂別館、蠣崎季繁の上之国・花沢館の二館のみであったという。

［文献］石井　進『日本の中世1中世のかたち』（中央公論新社、二〇〇二）、『松前町史通説編一上』（一九八四）。

（小市和雄）

安藤《あんどう》氏《し》の乱《らん》　鎌倉時代末期、東北地方北部を中心に発生した蝦夷の蜂起とこれに関連して生じた安藤氏の内紛によって起こった大乱。安藤氏は「*蝦夷管領」（『諏訪大明神絵詞』）として東北地方を中心に北方で大きな勢力を有していた。安藤氏に対する「蝦夷管領」は後の呼称で、当時は「エゾ沙汰代官」「エゾ奉行」というのが実際の名称とみられる。蝦夷の反乱は文永五年（一二六八）にすでに起こり、「蝦夷管領」安藤五郎が戦死している（『日蓮聖人遺文』）。『鎌倉年代記裏書』『保暦間記』『諏訪大明神絵詞』などによれば次のような経過をたどる。文保二年（一三一八）に蝦夷の反乱が起こり一時沈静化したが、元応二年（一三二〇）に出羽の蝦夷が蜂起し、「蝦夷管領」安藤氏の嫡流の季長《すえなが》と庶子系の季久《すえひさ》による抗争も起こって大乱に発展した。双方とも蝦夷を動員して、季長は「西浜折曾関」（深浦町）、季久は「外ノ浜内末部」（青森市）に城郭を構えて戦った。正中元年（一三二四）、*北条高時《ほうじょうたかとき》は自宅で蝦夷降伏のための祈祷を行い、翌年には鶴岡八幡宮社頭でも祈祷をするほどに拡大した。正中二年、幕府は季長を解任して季久を「代官職」に任命し、鎌倉から追討軍を派遣して鎮圧に努めた。季長は一度は降伏したが季長派は再び蜂起し、嘉暦二年（一三二七）に一応和談が成立したが、その後も争乱は続いた。一説では、季長・季久の抗争は、*長崎高資《ながさきたかすけ》が双方から賄賂を取って収拾がつかなくなったことが原因ともいう。こうした蝦夷の蜂起は蒙古襲来に匹敵する重大事件であった。争乱の収拾失敗は幕府滅亡の原因の一つとなった。

［文献］石井　進『日本の中世1中世のかたち』（中央公論新社、二〇〇二）、海保嶺夫『中世の蝦夷地』（吉川弘文館、一九八七）。

（小市和雄）

コシャマインの乱　長禄元年（一四五七）に北海道南部の渡島地方で起こったアイヌの反乱。『新羅之記録』によると、康正二年（一四五六）春、志濃里《しのり》（函館市）の鍛冶屋村の鍛冶にアイヌの少年が製作を依頼した小刀の品質や価格をめぐって争いとなり少年が殺害される事件が起こった。これを契機に「夷狄」が蜂起し、大永五年（一五二五）まで続く大規模な反乱となった。この事件の翌年、長禄元年（一四五七）五月、東部アイヌの首長コシャマインが蜂起した。アイヌ軍は志濃里、箱《はこ》館《たて》、中野、脇本、穏内《おんない》、覃部《およべ》、大館、祢保田《ねぼた》、原口、比石の各館を攻め落とし、*道南十二館のうち残ったのは、安藤《あんどう》（下国）家政《いえまさ》の茂別《もべつ》館、蠣崎季繁《かきざきすえしげ》の上之国《かみのくに》・花沢《はなざわ》館の二館のみであったという。蠣崎季繁の客将*武田信広《たけだのぶひろ》が総大将として戦い首長コシャマイン父子を射殺しウタリ多数を殺害してコシャマインの乱は終結した。渡党（館主）や下国安藤氏は「狄島」での拠点をことごとく失う危機に陥ったが、「上之国守護」蠣崎氏の客将信広の働きで危機を克服した。この結果、上之国守護の地位は高まり、季繁の養女の婿となった信広がその地位を継いでエゾ地の統一に道を開くことになる。「上之国」には花沢館のほか州崎館、勝山館も存在した。勝山館は大規模な城で信広の時代になってその根拠地として造営されたと考えられる。

［文献］　石井　進『日本の中世1中世のかたち』（中央公論新社、二〇〇二）、海保嶺夫『中世の蝦夷地』（吉川弘文館、一九八七）。

（小市和雄）

志濃里館《しのりのたて》　*道南十二館の一つ。函館市に所在。「志苔」とも記す。館主は小林良景《こばやしよしかげ》（『新羅之記録』）。小高い丘の上に立地し、高さ一から五メートルの土塁に囲まれた長方形の館。郭内は東西七〇から八〇メートル、南北五〇から六五メートル。郭内からは建物跡、塀、井戸跡、青磁、白磁などの舶載陶磁器や瀬戸、越前、珠洲《すず》などの国産陶器が発見されている。また、館外からは三つの甕に入った多量の銭が見つかっている。日本の銭もあるが多くは中国の北宋銭である。館跡から見下ろす海岸は宇賀昆布の産地である。大永五年（一五二五）まで続くアイヌの大規模な反乱は、『新羅之記録』によると、康正二年（一四五六）春、志濃里の鍛冶屋村での小刀をめぐる事件を契機に「夷狄」が蜂起したものである。

［文献］『松前町史 通説編一上』（一九八四）。

（小市和雄）

首里城《しゅりじょう》　琉球王国の王宮。中山グスクとも。沖縄県那覇市首里当蔵町に所在。城の北方に浦添グスク、南西には那覇港がある。首里城は標高一三七メートルほどの丘陵部に築城された。城域は東西約四〇〇メートル、南北約二七〇メートル。城壁の高さ六～一五メートル。城の創建年代は不明だが、「安国山樹華木之記碑」（一四二七年）には首里城がみえるので尚巴志《しょうはし》のときには王宮として確立していたらしい。その後、琉球処分まで約四五〇年間、王宮として栄えた。近年の発掘調査によると、正殿の基壇の遺構が五期にわたって確認されている。第二期が尚巴志の時代にあたる。太平洋戦争中、日本軍の司令部が設営されたことで米軍の集中砲火をあびて多くの建造物が焼失した。現在は復元作業が実施されて、正殿、城壁などが復元されている。

［文献］　入間田宣夫・豊見山和行『日本の中世5北の平泉、南の琉球』（中央公論新社、二〇〇二）、「首里城跡　沖縄県文化財調査報告書一二〇集」（沖縄県教育委員会、一九九六）。

（小市和雄）

堺《さかい》　中世後期に栄えた港湾都市。現大阪府堺市。中世初期には、北荘（摂津国）と南荘（和泉国）からなる、一漁村としての堺荘の存在が確認されるが、南北朝時代以降、畿内と瀬戸内海を結ぶ物資の集散地として、軍事的・政治的な要地となり、急速に都市的発展をとげた。応永六年（一三九九）、*大内義弘《おおうちよしひろ》が堺で挙兵した*応永の乱では、焼失民家の数が一万戸あったとされ、その繁栄ぶりを知る。やがて*応仁の乱後は、畠山氏や細川氏の一族間の抗争、ついで三好・松永の争いに巻き込まれ、堺は争奪の的となり市内にもたびたび大軍が進攻した。一方、遣明船の派遣をめぐって細川氏と大内氏の主導権争いが起こり、大内氏の影響下にあった瀬戸内海を避け、四国の南を通り堺に至る航路も開拓されたことから、堺は遣明船の発着港として一躍国際貿易港に発展し、博多とともに明・朝鮮や琉球などとの貿易を独占した。こうして堺商人は莫大な利益をあげ、町を領主権力側の抗争から防衛するため自治的な団結組織をつくり、戦国時代には*会合衆《えごうしゅう》と呼ばれる豪商たちが市政を主導し、町を兵火から守るために濠《ほり》をめぐらして要塞都市化した。日本に滞在していたイエズス会宣教師は「日本全国で堺の町より安全なところはなく、町は堅固で西の方は海に臨んでおり、他の側は深い濠で囲まれて常に水がみちている」と報告している。永禄一一年（一五六八）堺は*織田信長《おだのぶなが》の武力の前に屈伏し、以後近世武家政権の直轄地となり、江戸時代には堺奉行（政所）の支配下に入った。（石附敏幸）

［文献］ 豊田 武『堺』（至文堂、一九五七）、泉 澄一『堺』（教育社、一九八一）。

博多《はかた》 筑前国の港湾都市。現福岡県博多区。古くは六世紀の那津宮家《なのつのみやけ》に淵源し、律令時代には大宰府の外港としての役割を果たし、外国使節接待のための迎賓館《げいひんかん》としての筑紫館《つくしのむろつみ》（鴻臚《こうろ》館《かん》）が置かれた。平安中期以降、鴻臚館は外交使節や遣唐使の応接機関としての機能から、来航する民間の外国商人に対する応接宿泊施設へと変容した。これによって博多には多くの宋商人が居住し、一二世紀ころには「大唐街」という中国人街が形成されるほどであった。鎌倉時代には南宋から禅宗文化が移入され聖福寺や承天寺などの中国風の禅寺が建立された。*文永の役での蒙古軍の攻撃により博多の街は甚大な被害を受けたが、その後海岸線に築かれた石築地《いしついじ》（防塁）は*弘安の役における蒙古軍の進攻を阻止する上で大いに役立った。室町時代に入り、東アジアの国際秩序が安定期を迎え、また九州の南朝勢力も鎮定されるようになると、博多は中国・朝鮮・*琉球といった国々との貿易拠点として繁栄した。特に十五世紀中頃には大内氏が博多を掌握し、活発に日明貿易を展開した。しかし大内氏の滅亡後、九州北部の大名間の抗争が激化すると、博多の商工業者は自衛のために博多の南側に房州堀《ぼうしゅうぼり》を開削し、博多は川・堀・海に囲まれた要塞都市となり、*ルイス・フロイスが「堺を模倣し、全く町人を基礎としてつくられた国家の如き制度である」と評したような、町衆による自治都市として栄えた。*豊臣秀吉《とよとみひでよし》による直轄支配を経て、博多は、江戸時代には福岡に築城した黒田氏のもとで港湾都市・経済都市として発展していった。（石附敏幸）

［文献］ 泉 澄一『堺と博多』（創元社、一九七六）。

坊津《ぼうのつ》 鹿児島県南さつま市（旧・川辺郡坊津町）の港町。薩摩半島の南西端にあり、東シナ海に面している。「坊津」の名は、現坊泊小学校にあった真言宗の如意珠山龍厳寺一乗院（明治維新の廃仏毀釈によって廃絶し、今は仁王像と上人墓地のみが残る）の僧坊に由来するとされる。リアス式海岸に囲まれた湾内にある良港で、古代から遣唐使の寄港地としても著名で、鑑真和上《がんじんわじょう》の上陸地は坊津の北にある秋目浦《あきめうら》であったとされる。平安末に近衛家の荘園となり、近衛信輔《このえのぶすけ》（三藐院《さんみゃくいん》、後の関白近衛信尹《のぶただ》）が*豊臣秀吉《とよとみひでよし》の忌避《きひ》に触れて一時期当地に下向してきたのはその縁による。室町時代、この地は*日明貿易や*琉球貿易の拠点として栄えたが、また後期倭寇《わこう》が南洋に繰り出していく際の根拠地ともなった。永正一三年（一五一六）、当地に停泊中の備中国住人三宅国秀《みやけくにひで》の軍船が島津氏により焼き打ちされたが、これらの軍船は琉球侵攻の予定だったとされる。戦国時代、琉球貿易に着目していた津島氏は坊津の支配を強化し、天正一二年（一五八四）*島津義久《しまづよしひさ》は当地を拠点としていた貿易船権現丸《ごんげんまる》に琉球渡航のための朱印状《しゅいんじょう》を発給している。江戸時代に入り鎖国体制が完成するとともに坊津の港湾としての機能は衰退したが、抜荷《ぬけに》（密貿易）は継続していたらしい。

〔文献〕森　高木『坊津』（春苑堂出版、一九九二）。（石附敏幸）

那覇《なは》　現在の沖縄県那覇市。国場《こくば》川河口にあって古来より入りくんだ入江を持つ良港として知られ、特に尚巴志《しょうはし》が三山《さんざん》を平定して首里《しゅり》に拠点を移して以後の一五世紀以降、国際貿易港として中国・朝鮮・日本・南海諸国との交易で大いに栄えた。特に第一尚氏王朝の政治外交を支えた国相の懐機《かいき》は、湾内の浮島であった那覇港に堤を構築して首里と陸上交通で直結させ港湾としての機能を向上させた。一四五八年尚泰久《しょうたいきゅう》によって鋳造され首里城正殿前に掛けられた梵鐘《ぼんしょう》には「舟揖《しゅうしゅう》を以て万国の津梁《しんりょう》となし、異産至宝《いさんしほう》は十方刹《じっぽうせつ》に充満せり」と刻まれており、東アジアにおける中継貿易の拠点としての王国の繁栄を謳歌《おうか》している。那覇には中国からの帰化人が居留する地区（久米村）が設定され、港には御物城《おものぐすく》とよばれる貿易品の格納庫が置かれた。そして御物城御鎖之側《うさすぬすば》として琉球の財政・外交を掌握した内間金丸《うちまかなまる》は、中国からの帰化人を多く含む那覇の勢力を味方に引き入れて第一尚氏王朝を打倒、金丸は王に即位して尚円《しょうえん》となり第二尚氏王朝が創始された。これ以後、明国への進貢《しんこう》はより頻度を増し、東南アジアとの交易も活発化し、「唐南蛮寄り合う那覇泊」（おもろさうし）と歌われた那覇の繁栄をもたらした。江戸時代以降、島津氏の支配下にあっても、那覇港は中国との交流の拠点であり続け、王国の商工業の中心として栄えた。

〔文献〕外間守善『沖縄の歴史と文化』（中央公論社、一九八六）。（石附敏幸）

会合衆《えごうしゅう》　「かいごうしゅう」とも。室町時代、商業貿易都市*堺の自治を主導した特権的門閥《もんばつ》商人から構成される政治組織。*応仁の乱以降、畿内では領主権力問の抗争が激しくなり、堺商人たちは、領主権力が相対的に弱体化した機を見て、富裕な経済的基盤を背景に、納屋《なや》十人衆を代表とする*地下請《じげうけ》を行い、町内の検断も十人衆が行う自治的な体制をつくり、都市として自立の動きを明確にした。この自治的共同体を主導したのは納屋衆あるいは会合衆と呼ばれる門閥的な豪商たちで、その数は『重編応仁記《ちょうへんおうにんき》』に「堺津会合衆ト云ヘル三十六人庄官ノ富家《ふけ》共」とみえるように三六人に増加したらしい。会合衆の有力メンバーとして、堺の重要な時衆寺院である引接寺《いんじょうじ》を建立した富豪三宅《みやけ》氏がいる。*イエズス会宣教師ガスパル・ヴィレラは永禄四年（一五六一）の書簡に、堺は「ベニス市の如く執政官により治められる」と書かれ、この「執政官」が会合衆に該当するとの説もある。なお「自治」と称しても、堺の住民すべてが参加する政治形態ではなく、有力な富豪門閥商人により専制的に町政が運営されていたと考えるべきである。永禄一一年（一五六八）*織田信長《おだのぶなが》は入京を果たすと、堺に矢銭《やせん》（軍用金）二万貫を要求、会合衆たちはこれを拒絶し信長と一戦を構える準備をしたが、堺と連携していた*三好三人衆が信長に敗れて四国へ退去し、ついに信長に屈伏した。これによって自治の伝統は消え、以後は武家政権による直轄支配を受けるようになった。

（石附敏幸）

［文献］ 豊田 武『堺』（至文堂、一九五七）、泉 澄一『堺』（教育社、一九八一）。

武田信広《たけだのぶひろ》 （一四三一―九四）。蝦夷地《えぞち》を支配した松前《まつまえ》氏の祖とされる室町時代の武将。もと若狭《わかさ》守護家の武田氏の出身で、関東・奥羽を経て蝦夷松前に渡り、上《かみ》の国花沢館《くにはなざわだて》（上《かみ》ノ国《くに》町勝山）の館主蠣崎季繁《かきざきすえしげ》の女婿《じょせい》に迎えられたと伝える。しかし実際は、下北半島の川内《かわうち》町の蠣崎あたりを本拠としていたが、主家の南部氏に叛いて敗れ、安東《あんどう》氏に従って蝦夷に渡り、季繁の客将となったものであろう。長禄元年（一四五七）、アイヌの首長コシャマインが蜂起した際には、武田信広が季繁を助け奮戦しコシャマイン父子を倒し乱を鎮圧した。この軍功により蝦夷地館主らの盟主としての地位を固め、日本海航路を介した蝦夷地と若狭の交易を統括する存在となっていったらしい。

（石附敏幸）

［文献］ 海保嶺夫『中世の蝦夷地』（吉川弘文館、一九八七）。

宗氏《そうし》 室町期から江戸時代の間、対馬を支配していた領主。古くは惟宗《これむね》姓を持つ大宰府の在庁官人であったが、鎌倉時代、守護・地頭職を兼帯する武藤《むとう》氏（少弐《しょうに》氏）の下で地頭代となり、幕府権力を背景に現地の他の在庁官人勢力であった阿比留《あびる》氏の勢力を抑えて対馬の事実上の領主権を獲得した。大宰府の在庁官人から地頭代へと武士化する過程で、惟宗の一字をとって宗氏を名乗るようになったと考えられる。宗氏の武士的な性格は、文永の役における対馬での激戦で*宗資国《そうすけくに》が壮絶な戦死をしていることに如実に示される。少弐氏との結びつきは室町期になっても継続し、宗氏は少弐氏を助けて大内氏と戦い苦況に立たされるが、その困難を朝鮮との外交・通商の窓口としての立場を強化することで克服していった。すなわち倭寇禁圧で朝鮮国の信頼を勝ち取って日朝間の通交を統制する地位を確立し、嘉吉三年（一四四三）朝鮮と条約を締結して宗氏と朝鮮との貿易も開始された。その後、朝鮮と宗氏の友好関係は*豊臣秀吉《とよとみひでよし》の朝鮮出兵によって亀裂が生じたが、徳川政権に移行すると日朝関係修復と安定化に尽力し、以後明治維新に至るまで日朝間の外交や貿易を主導する大名として対馬を支配し続けた。

（石附敏幸）

［文献］ 田中健夫『中世海外交渉史の研究』（東京大学出版会、一九五九）、長 節子『中世日朝関係と対馬』（吉川弘文館、一九八七）。

肥富《こいずみ》 （生没年未詳） 日明間の通交を開いた応永八年（一四〇一）派遣の遣明使節の副使。瑞渓周鳳《ずいけいしゅうほう》の『善隣国宝記《ぜんりんこくほうき》』巻中の後記によれば、応永初年に「筑紫商客」（博多商人）の肥富が明から帰国した際、*足利義満《よしみつ》に明との貿易利潤の莫大なことを説いたという。諸本には「肥富」に「コイツミ」の振り仮名がふられている。義満はそれに動かされて遣明使節派遣を決意、そのときの正使が*祖阿《そあ》、副使は肥富であった。応永八年（一四〇一）に派遣された使節は使命を果たし、翌年明の使僧を伴って帰国した。

［文献］　田中健夫編『訳注日本史料　善隣国宝記・新訂続善隣国宝記』（集英社、一九九五）。　　（石附敏幸）

祖阿《そあ》（生没年未詳）　日明間の通交を開いた、応永八年（一四〇一）派遣の遣明使節の正使。応永初年に*博多の貿易商人*肥富は、明から帰国すると、将軍*足利義満《よしみつ》に日明貿易の利潤について進言し、義満はそれに動かされて遣明使節派遣を決意した。この使節のときの正使が祖阿であり、副使は肥富であった。この使節は翌年に明使を同伴して帰国した。『吉田家日次記《ひなみき》』応永九年（一四〇二）八月三日条には祖阿を「遣唐使遁世者《とんせいしゃ》素阿弥」とし、同年七月四日条にも「遁世法師」とする。義満に近侍《きんじ》し雑務を務めていた同朋衆《どうぼうしゅう》の一人であったと考えられる。これ以後の遣明船では、使節の正副使は五山の僧が選任されることが通例であったことからも、同朋衆の遣明使節は異例のことと考えられる。

［文献］　田中健夫編『訳注日本史料　善隣国宝記・新訂続善隣国宝記』（集英社、一九九五）。　　（石附敏幸）

楠葉西忍《くすはさいにん》（一三九五―一四八六）　室町時代に活躍した遣明船貿易家。将軍*足利義満《よしみつ》の知遇《ちぐう》を得た天竺《てんじく》人のヒジリと河内国楠葉《くすは》の女性との間に生まれた混血児。幼名はムスルといい、最初天竺の姓を名乗ったが、後に母の里の楠葉を名乗った。西忍は*足利義持《よしもち》の怒りに触れ、京を放逐《ほうちく》され、奈良からさらに立野《たつの》に居住した。父ヒジリの代から興福寺大乗院との関係は存在していたと考えられるが、西忍の立野移住はさらにその関係を強化することになった。即ち、*足利義教《よしのり》の忌避《きひ》に触れて大乗院門主経覚《きょうかく》が立野に居住することとなり、西忍は経覚の下で出家得度し、その後大和における衆徒国民《しゅとこくみん》の抗争の渦中にあった経覚の活動を助けた。西忍は大乗院の被官《ひかん》商人として二度にわたって入明し貿易に関与したが、もう一人の大乗院門主尋尊《じんそん》は貿易家としての西忍に多大の関心を寄せ、尋尊の日記『*大乗院寺社雑事記《ぞうじき》』に関係記事を多数記載し、西忍が持参した唐船日記を尋尊自ら筆写している。これらは当時の日明間貿易の実態を知るうえで貴重な史料となっている。さらに西忍は長禄三年（一四五九）に幕府から「肥前奉行」に任命されているが、これも遣明船派遣に関係した役職と考えられ、貿易家としての彼の力量が周知されていたことを知る。

［文献］　田中健夫「遣明船貿易家楠葉西忍とその一族」（『中世海外交渉史の研究』東京大学出版会、一九五九）。　　（石附敏幸）

宗貞盛《そうさだもり》（一三八五―一四五二）　室町時代の対馬《つしま》守護。*宗貞《さだ》茂《しげ》の子。応永二五年（一四一八）貞茂の死去後に襲封《しゅうふう》するが、まだ若年であったため一族の統率力と倭寇に対する支配抑制力が弱体化し、そのため倭寇の活動が再び活発化し、応永二六年（一四一九）朝鮮国による対馬への報復出兵（己亥《きがい》東征、*応永の外寇）を誘発した。その後、朝鮮国との関係修復に努め、応永三三年（一四二六）貞盛は朝鮮国へ文引《ぶんいん》制の実施を求め、永享八年（一四三六）から実施されることになった。文引制は、日本から朝鮮国への渡航者はすべて宗氏の文引（渡航許可証）を携帯することを必要とし、そうでないものは海賊とみなすというものである。文引発給の手数料や貿易品に対する課税は宗氏の重要な財源となった。さらに嘉吉三年（一四四三）に朝鮮国と*癸亥《きがい》条約（嘉吉《かきつ》条約）を結び、対馬島主（宗氏）の歳遣船《さいけんせん》は五〇隻と規定され、島主には毎年二〇〇石の米豆が与えられることになった。このように貞盛は朝鮮との通交に関する諸特権を確立し、島内の支配力を強化していった。しかし九州本土への勢力の維持拡大策は、連携していた少弐氏が大内氏に圧迫され衰運に向かったため、完全に挫折するに至った。

［文献］ 田中健夫「中世の対馬と宗氏の勢力拡張」（『中世海外交渉史の研究』東京大学出版会、一九五九）、長 節子『中世日朝関係と対馬』（吉川弘文館、一九八七）。 （石附敏幸）

宗貞茂《そうさだしげ》（?—一四一八） 室町時代の対馬守護。霊鑑（法名）の子。島主権をめぐる宗氏一族内の激しい抗争を克服し、対馬の支配権を確立した。一方、九州本土における勢力維持拡大のため、少弐《しょうに》氏と連携して九州探題渋川氏・大内氏との抗争を展開した。この頃朝鮮国は倭寇の禁圧のための通交統制策強化を図り、倭寇取締り役としての対馬島主の重要性に注目しつつあったが、宗貞茂はこうした朝鮮側の動きに便乗し、外交上の権威を高揚させることで島内の支配権を強化しようとした。貞茂は倭寇禁圧に努力した功績で朝鮮国の信頼をかちとり、応永二一年（一四一四）朝鮮国が日本からの使人発遣の主体を限定した際、それを諸方面へ通知する役目は貞茂に任されている。応永二五年（一四一八）貞茂病没の報が朝鮮国に伝わると太宗《たいそう》は使節を派遣して弔慰を表したが、その時によまれた祭文《さいもん》では宗貞茂の倭寇禁圧の功績が讃えられており、朝鮮側の貞茂に寄せていた信頼の深さをうかがい知ることができる。

［文献］ 田中健夫「中世の対馬と宗氏の勢力拡張」（『中世海外交渉史の研究』東京大学出版会、一九五九）、長 節子『中世日朝関係と対馬』（吉川弘文館、一九八七）。 （石附敏幸）

至本《しほん》（生没年未詳） 南北朝期に派遣された*天龍寺船《てんりゅうじせん》の綱司《ごうし》に任命された僧侶。*夢窓疎石《むそうそせき》は室町幕府に天龍寺造営費用捻《ねん》出《しゅつ》のための貿易船（天龍寺船）の派遣を申請し、暦応四年（一三四一）一二月、当時幕府の政務を主導していた*足利直義《ただよし》は許可を下した。そして、寺家《じけ》の推挙《すいきょ》によって綱司（貿易船の船長、また交易活動の責任者）として至本が選ばれ、直義は幕府の保護下にある官船の綱司に推挙されたことを「至本御房」に伝え、至本は直ちに請文《うけぶみ》を進めた。この時至本は、交易の成功・不成功にかかわらず、銭五千貫文を天龍寺に進納することを約束している（『天龍寺造営記』）。至本の素性《すじょう》は不明であるが、『天龍紀年考略』には「大賈《たいか》至本」とあり、裕福な商人と考えられるが、一方「至本御房」と呼ばれていたので僧侶身分でもあったと考えられる。

［文献］ 寺尾宏二『後醍醐天皇と天龍寺』（後醍醐天皇多宝殿再建奉賛会、一九三五）。 （石附敏幸）

尚巴志《しょうはし》（一三七二—一四三九） 一五世紀初期に沖縄島を統一した初代琉球国王。第一尚氏《しょうし》王朝の第二代国王。一四世紀、沖縄島の三山《さんざん》の抗争が激化したが、やがて、佐敷《さしき》（南部）の按《あ》司《じ》であった尚巴志が台頭、巴志は一四〇六年に中山《ちゅうざん》王武寧《ぶねい》を滅ぼして、父尚思紹《ししょう》を中山王とした。そして一四一六年に北《ほく》山《ざん》を、続いて一四二九年には南山《なんざん》を滅ぼして沖縄全島を統一した。この間一四二一年に父が死去したのを承けて尚巴志が第二代国王となり、一四二五年に明からの冊封《さくほう》使が琉球を訪れ、尚巴志は正式に明からの冊封を受けた。琉球統一の翌年、一四三〇年、尚巴志は三山統一の旨を明に報じ、明皇帝宣宗《せんそう》もこれをめでた。以上、第一代の尚思紹から第七代尚徳《しょうとく》（一四六九年死去）にいたる約六〇年を第一尚氏王朝という。尚巴志は明はもちろんジャワやシャムとの貿易関係の樹立にも努めた。また応永二一年（一四一四）には四代将軍*足利義持《よしもち》が尚思紹が送ってきた書簡と方物（献上品）に対する返礼として友好を伝える書状を送り、この前後から日本と琉球との貿易が活発化していった。

［文献］　外間守善『沖縄の歴史と文化』（中央公論社、一九八六）。

（石附敏幸）

堅中圭密《けんちゅうけいみつ》（生没年未詳）　遣明船の正使として活躍した五山僧。第一回の遣明船は応永九年（一四〇二）明使を伴って帰国したが、明使の日本に滞在中、明で政変が起こり、三代皇帝の永楽帝《えいらくてい》が即位した。そこで*足利義満《よしみつ》は*絶海中津《ぜっかいちゅうしん》に「日本国王臣源表す」という書出しの国書を作成させ、応永一〇年（一四〇三）天龍寺の住持となった堅中圭密を第二回目の遣明正使として入明させ、永楽帝の即位を賀した。堅中圭密がこの大役に抜擢されたのは、*瑞渓周鳳《ずいけいしゅうほう》『善隣国宝記《ぜんりんこくほうき》』に「堅中壮年遊大明、能通方言、帰朝之後、屢通使命」とあるように、これ以前に明遊学《ゆうがく》の経験があったことが関係するらしい。永楽帝は堅中圭密らの来朝を喜び、義満に対して金印と*勘合符《かんごうふ》百道（永楽勘合）を授け、翌年日本使節は明使趙居任らを伴って帰国した。このように堅中圭密は外交僧として永楽帝と義満の友好親善関係の樹立と勘合貿易制度の確立に功績を残し、その後も、応永一三年（一四〇六）、同一五年（一四〇八）、同一七年（一四一〇）と遣明使節の正使として入明し、外交と貿易に活躍した。

［文献］　田中健夫『倭寇と勘合貿易』（至文堂、一九六一）、玉村竹二『五山禅僧伝記集成』（講談社、一九八三）。

（石附敏幸）

太祖洪武帝《たいそこうぶてい》（一三二八—九八）　中国の明王朝の初代皇帝。姓名は朱元璋《しゅげんしょう》。明の時代から一世一元制が始まったので、朱元璋は元号により洪武帝とよばれる。安徽《あんき》省の貧農の子として生まれ、元末に起こった紅巾《こうきん》の乱に投じ有能な武将として頭角をあらわし、至正一六年（一三五六）元の江南《こうなん》支配の拠点である南京《なんきん》を占領したのを機に紅巾軍を見限って自立、漢人の地主勢力と手を結ぶ一方、モンゴルを駆逐《くちく》して中華を回復することをスローガンにかかげ勢力を拡大した。洪武元年（一三六八）南京を都として明王朝を創始し、久々に漢民族の中国統一王朝を回復した。彼は、荒廃した農村の復興と皇帝による独裁制を強化するための諸改革に着手した。中書省《ちゅうしょしょう》や宰相《さいしょう》を廃止して行政機関の六部や軍隊組織の都督府《ととくふ》などを皇帝の直轄にして皇帝独裁体制を強化、また科挙《かきょ》を復活させ明律《みんりつ》・明令《みんりょう》を制定した。また農民は税を徴収する民戸と兵士を徴発する軍戸とに分けて戸籍に登録し、民戸は、一一〇戸ごとに里、一一戸ごとに甲として組織する里甲制《りこうせい》で支配され、徴税や治安維持がはかられた。そして全国一斉に魚鱗図冊《ぎょりんずさつ》（土地台帳）と賦役黄冊《ふえきこうさつ》（戸籍租税台帳）を作成させ、租税・力役の徴収を強化した。さらに、父母に対する孝順など六箇所の教訓（聖諭《せいゆ》六言）を公布して農民に儒教倫理を浸透させた。

［文献］　愛宕松尾・寺田隆信『中国の歴史6元・明』（講談社、一九七四）。

（石附敏幸）

李成桂《りせいけい》（一三三五—一四〇八）　李氏《りし》朝鮮を建国した初代国王、太祖。在位期間は一三九二—九八年。高麗《こうらい》王朝の臣であった李成桂は軍事能力にすぐれ、紅巾《こうきん》の乱、女真人《じょしんじん》、モンゴル残存勢力、倭寇などの討伐に大きな功績をあげ、一三八八年、遼陽《りょうよう》遠征の途中、鴨緑江《おうりょくこう》下流の威化島《いかとう》から軍を引き返してクーデターを決行し（威化島回軍）、首都開城《かいじょう》に入城して新たな王を擁立し成桂は政治・軍事の実権を掌握し、土地改革などを実施した。こうして人心を掌握した李成桂は、九二年、周囲から推戴《すいたい》されるかたちで国王となり（太祖《たいそ》）、国号を朝鮮と定め（以前の箕氏《きし》・衛氏《えいし》朝鮮と区別する意味で李氏朝鮮と呼ぶ）、やがて首都を漢城《かんじょう》（ソウル）に移した。高麗朝が仏教を重んじていたのに対して、太祖李成桂は儒教を国教に定め、成均館《せいきんかん》をはじめとする学校を各地に設置し支配者層への儒教思想の浸透を図った。また外交方針として親明《みん》政策を打ち出し、日本とも友好関係の樹立を図った。太祖は即位の年に倭寇禁圧要請のため使僧覚鎚《かくつい》を日本に派遣した。*足利義満《よしみつ》はこれに対し九州の守護らに命じて海賊を取締らせ俘虜《ふりょ》を送還することを約束した。これ以後九州探題《たんだい》*今川貞世《いまかわさだよ》（了俊《りょうしゅん》）ら九州諸大名による俘虜の送還が本格化し、また太祖も倭寇を来投帰順させ安住の地を保障する懐柔《かいじゅう》策を打ち出したことから、倭寇の活動は抑制され、良好な日鮮関係を樹立させる契機となった。

［文献］ 田中健夫「倭寇の変質と日鮮貿易の展開」（『中世海外交渉史の研究』東京大学出版会、一九五九）。

（石附敏幸）

善隣国宝記《ぜんりんこくほうき》 相国寺《しょうこくじ》の*瑞渓周鳳《ずいけいしゅうほう》（一三九一―一四七三）の著した外交史書。全三巻。古代から室町時代までの使節や僧侶の渡航記事および関係の外交史料を収めている。周鳳は寛正五年（一四六四）明への使節が持参する国書の作成を幕府から命ぜられ、これを契機に外交問題への関心が高まったことが本書の主たる執筆動機であったと考えられる。文正元年（一四六六）に稿本が完成し、その後増補されて文明二年（一四七〇）に完成した。執筆前後の動静については周鳳の日記『臥雲日件録《がうんにっけんろく》』に詳しく、これらを参考に本書の成立過程の以下のような特徴をうかがい知ることができる。当時の五山禅僧の日本史の知識は概して貧弱なものであり、周鳳の場合も儒者清原業忠《きよはらのなりただ》を通じて必要な日本史の知識を吸収していた。特に著述の原史料としては六国史《りっこくし》が直接参照された形跡は乏しく、*虎関師錬《こかんしれん》の『*元亨釈書《げんこうしゃくしょ》』に対する依存度がきわめて高かった。また本書冒頭には『*神皇正統記《じんのうしょうとうき》』が引用されているが、これも周鳳が執筆前後の頃ににわかにその存在を知った程度で、何らかの思想的共鳴による引用とは考えられない。さらに*足利義満《よしみつ》の外交を批判している箇所も見られるが、義満の政治全般を非難したものではなく、国書における「日本国王」の称の可否、年号の問題等、あくまで周鳳が関与した外交文書作成上の問題に限定されている。このような成立上の問題はあるものの、本書に収録された室町期の外交関係文書はきわめて貴重なものであり、室町時代外交史を研究する上で不可欠の文献史料であるといえる。

［文献］ 田中健夫「善隣国宝記の成立事情とその背景」（『中世海外交渉史の研究』東京大学出版会、一九五九）、同編『訳注日本史料善隣国宝記・新訂続善隣国宝記』（集英社、一九九五）。

（石附敏幸）

老松堂日本行録《ろうしょうどうにほんこうろく》 室町将軍の使節派遣に対する答礼のため応永二七年（一四二〇）に来日した回礼使《かいれいし》の正使宋希璟《そうきけい》（一三七六―一四四六、号は老松堂）によって著された紀行文。応永二六年（一四一九）、李氏朝鮮は倭寇の本拠地を掃討《そうとう》すべく対馬に出兵した*（応永の外寇）。室町幕府は朝鮮の真意を探らせるため、大蔵経《だいぞうきょう》の求請《くじょう》を名目として無涯亮倪《むがいりょうげい》らを朝鮮に送った。翌年、朝鮮側は大蔵経を与えるとともに文臣宋希璟を日本回礼使として無涯らの帰国に同行させた。希璟は閏正月に漢陽《かんよう》

（ソウル）を出発し、四月京都に到着、六月に将軍*足利義持《よしもち》に謁見し、一〇月漢陽に帰着した。この間の九箇月余にわたる旅の見聞を漢詩と散文の序という形式で記録し、朝鮮に復命した後にまとめられたものが『老松堂日本行録』である。本書の写本としては、希璟の子孫によって書写され豊臣秀吉の*慶長の役（丁酉《ていゆう》の倭乱《わらん》）の際に掠奪され日本にもたらされた写本（井上本、重要文化財）、およびそれが書写されて故国に伝えられ一八〇〇年に朝鮮国内で出版された古活字本がある。日朝間の外交問題の動静について知る重要な記録であるが、同時に、瀬戸内海に跋扈する海賊の実態、尼崎の農村における三毛作の存在、京都の遊女や若衆をめぐる風俗の実態など、室町前期における日本社会の実態を窺知《きち》するうえでも貴重な記録である。

［文献］　村井章介校注『老松堂日本行録』（岩波文庫、一九八七）。

（石附敏幸）

真如堂縁起《しんにょどうえんぎ》　天台宗の真如堂（鈴声山真正極楽寺《れいしょうざんしんしょうごくらくじ》）の縁起について述べた絵巻物。全三巻。本尊阿弥陀如来の由来と開山の戒算《かいさん》の生涯、寺院の創建と変遷について説いている。*後柏《ごかしわ》原《ばら》天皇や*三条西実隆《さんじょうにしさねたか》らの執筆により大永四年（一五二四）完成。真如堂は永観二年（九八四）に比叡山の戒算が比叡山常行堂《じょうぎょうどう》の本尊阿弥陀如来像を神楽岡《かぐらおか》の東三条院詮子《せんし》の離宮に安置したことに始まる。しかし*応仁の乱の兵火により全山焼失し、本尊も動座を余儀なくされた。しかし*足利義政《よしまさ》の命で旧地に帰座し、寺院も再建され、文亀三年（一五〇三）上棟、大永元年（一五二一）落慶供養《らっけいくよう》がなった。この絵巻は、真如堂の再建事業が一応終了した段階で改めて寺院の縁起についてまとめ、それを道俗に流布《るふ》させるために作成されたと考えられる。絵巻中、応仁の乱の戦闘場面や*足軽《あしがる》の乱行《らんぎょう》の場面は絵画資料として貴重なもので、さらに円仁《えんにん》の渡海を描いた場面には室町時代の*遣明船《けんみんせん》の姿が描かれているとされる。

［文献］　榊原悟「『真如堂縁起』概説」（『続々日本絵巻大成　伝記・縁起篇5』中央公論社、一九九四）。

（石附敏幸）

おもろさうし　琉球の古代祭祀《さいし》歌謡オモロ（ウムイ）を集成した沖縄最古の歌集。第一巻は一六世紀の前半に編集され、その後一七世紀前半に全二二巻が完成した。オモロは村落の安泰と繁栄を神に祈る神歌としての性格を持ち、古語や方言をそのまま平仮名で表記された（一部に漢字表記）千数百首の歌謡を収録する。沖縄の部落時代・按司《あじ》時代・統一王朝時代という幅広い期間に成立した歌謡が収められ、内容としては、時代が新しくなるにつれ、宗教的なものないしは叙事的なものから叙情的なものへ変化していくとされる。古写本として尚家《しょうけ》本（重文、沖縄県立博物館蔵）と仲吉《なかよし》本（琉球大学附属図書館蔵）がある。

［文献］　外間守善・西郷信綱編『日本思想大系　おもろさうし』（岩波書店、一九七二）。

（石附敏幸）

七　室町時代の社会と経済

*室町時代における農業は、どのような特徴をもっているのか。村人や都市の住民は、いかにして、災害（飢饉・戦乱）をのりこえたのだろうか。

農業技術の発展と惣村《そうそん》　室町時代の農業は、*二毛作の普及・品種の改良・畠作の展開などを特徴とする。旱魃《かんばつ》・冷害などの自然条件の悪化が、しだいに克服されるようになった。早稲《わせ》が東日本においても栽培され、干害や虫害に強い赤米《あかまい》が西日本に普及した。灌漑《かんがい》のために水車や*竜骨車《りゅうこつしゃ》が使用され、村人たちは、米麦の二毛作が可能な乾田を造成したり、刈敷や草木灰、さらには、常滑焼などの大甕にたくわえた人糞尿などを肥料にして、土地の生産性を向上させた。農具としては、犂《すき》・馬鍬《まぐわ》などの鉄製農具が普及し、富裕な農民は牛馬耕をさかんに行った。用水と山野の確保という生産手段の共有が、村人たちを団結させた。村人たちの自治組織は惣村《そうそん》と呼ばれた。村人は、荘園領主や地頭の過酷な支配に抵抗したり、自然災害や戦乱から生活を守り発展させるために一味同心《いちみどうしん》（団結）したのである。惣村は*乙名《おとな》・*沙汰人《さたにん》と呼ばれた村落の指導者である地侍を中心に寄合によって運営された。*寄合《よりあい》は村人の意志決定の場であった。*惣の寄合に出仕（出席）できるかどうかは、村人にとって生死にかかわる重大事であった。近江今堀郷（現滋賀県八日市市）の場合は、「寄合ふれ二度に出でざる人は、五十文の咎たるべし」と衆議によって規定している。寄合へ出席することは、村落構成員にとって、権利であるとともに義務でもあった。村人たちは寄合に結集して掟を定め、鎮守の祭礼や、用水・入会地の共同利用と管理の方法、近隣村落との山野・用水争論を解決していった。荘園領主と年貢公事などについて交渉し、*定額の税を請け負うかわりに、領主の支配を排除する*地下請《じげうけ》（百姓請）を実現することもあった。村人たちは寄合に集まり、領主に対する諸要求（年貢公事の減免・悲法代官の更迭など）を検討し、それを書状（*百姓申状《ひゃくしょうもうしじょう》）にしたためて、領主のもとへと送りとどけた。彼らは、鎮守や草堂などに集まって*一味神水《いちみしんすい》して一揆を結び*逃散《ちょうさん》を決行することもあった。*荘家《しょうけ》の一揆《いっき》である。

永和三（一三七七）年一月、東寺《とうじ》領播磨《はりま》国*矢野荘（現兵庫県桐生市）では、名主百姓らが、非法代官の罷免を求めて逃散した。彼らの提出した百姓申状には、「代官による定量以上の労働力収奪が二〇年にわたって続いている。代官を更迭してくれないならば、帰村しない決意である。」と書かれていた。矢野荘には、毎月一三日に開催される「一三日講」と呼ばれる寄合があった。村人たちは、寄合に集まって行動計画を練りあげ、百姓申状を書き、一味神水して逃散にふみきったのである。一味神水とは、名主百姓らが一致して行動する旨の*起請文（宣誓書）を書き、参加者全員が署判したのち、その起請文を焼き、その灰を水にまぜあわせ、一同で飲むという作法である。これは、多数者が相互に意志を確認しあう誓約の方法であり、神水を飲むことによって、結束が一段と固められたのである。

京都・奈良・鎌倉などの都市において、商工業生産がおおいに発展した。*土倉・酒屋などの金融活動が活発となった。年貢米や商品荷物の輸送にあたる専業の交通労働者（*馬借《ばしゃく》）も、*大津・坂本などに集住し、畿内とその周辺地域を結んだ。敦賀・*小浜・大津・*堺・*博多・*桑名などの水陸交通の結節点は港湾都市として発展し、*有徳人《うとくにん》が活躍し、年貢米や商品の中継地として重要な地位を占めるにいたった。

土一揆《つちいっき》の蜂起　正長元（一四二八）年は、全国的な飢饉と「三日病」といわれる流行病が蔓延した。八月に近江で馬借が、九月には、山城国醍醐《だいご》で地下人（農民・商人ら）が徳政を要求して蜂起した。京都の土一揆は、東寺を拠点に立籠り、洛中の土倉・酒屋・寺院に押し寄せ、借用証文を焼き捨て、質物《しちもつ》を取り返した（私徳政《しとくせい》）。室町幕府は徳政を禁止する命令を出したが、土一揆は、またたく間に、畿内を中心に広範な地域へと拡大した。土一揆は、室町幕府から徳政令を発布させることはできなかったが、畿内周辺では、守護によって地域ごとの徳政令が出され、債務の破棄が行われた。支配階級は、土一揆の蜂起を、「凡そ亡国の基、これに過ぐべからず。日本開闢以来、土民の蜂起はこれ初めなり」（*『大乗院《だいじょういん》日記《にっき》目録《もくろく》』）と記録している。民衆蜂起が支配階級を震撼させたのである。大和柳生《やぎゅう》の里では、地域の徳政令が出されたとき、疱瘡《ほうそう》地蔵を刻んだ巨岩の右端に「正長元年ヨリサキ者カンヘ四カンカウニヲヰメアルヘカラス」と、負債の消滅したことを刻みこんでいる。神戸四カ郷とは、小柳生を含む春日社領の四箇郷（大柳生・坂原・邑地・小柳生）のことである。

永享九（一四三九）年、東寺領山城国久世《くぜ》荘（現京都府京都市南区）では、凶作と飢饉の中で年貢減免の闘争が展開していた。九月に荘園領主から拾石分の減免が示されたが、名主百姓らは納得せず、一〇月一日には、六〇人ばかりの村人たちが東寺におしかけ、「惣蔵」に籠って徹夜の交渉を行った。減免額をめぐる交渉は、一〇月末まで続いたが、領主側の巧妙な駆け引きに対して、荘民たちは逃散をほのめかせつつ闘争を続けた。闘争の最終段階で、有力名主たちが領主側と妥協的姿勢をみせたとき、最後まで抵抗を続けて、荘園領主の命令に随わなかったのは、「小百姓」と称された直接耕作農民であった。

嘉吉元年（一四四一）六月、*赤松満祐《あかまつみつすけ》は*結城合戦の戦勝祝賀と称して将軍*義教《よしのり》を自邸にまねき、*猿楽見物の席で将軍を暗殺した。この事件は、「将軍かくのごとき犬死、古来その例を聞かざる事なり」（『*看聞日記』）という衝撃を人々に与えた。九月、幕府軍は赤松討伐のために播磨に向い、京都を留守にした。この間隙をぬって、将軍の代替りに徳政令を発布するのは先例であると主張して、京都周辺の郷村結合を基盤に土一揆が蜂起した。彼らは、洛中・洛中の堂舎・仏閣に立籠り、「徳政おこなわれずんば、焼き払うべし」と徳政令の発布を訴えたのである。土一揆軍の*洛中侵入の噂がたったとき、土倉のグループは千貫の賄賂を管領*細川持之《ほそかわもちゆき》に贈って、防禦を依頼した。しかし、畠山氏らの諸大名が、細川持之への協力を拒否したため、一揆の侵攻を防ぐことができず、持之は土倉グループに千貫を返却し、ついに防衛を放棄してしまった。高利貸商人と幕府上層部との癒着を物語るものである。土一揆軍は、京都に侵入すると、ただちに、京都と諸国とを結ぶ交通路を封鎖し、京都経済圏を麻痺させた上で幕府と交渉し、ついに「天下一同の徳政令」を発布させたのである。

［文献］永原慶二『下剋上の時代』（中央公論社、一九六五）、佐々木銀弥『室町幕府』（小学館、一九七五）、勝俣鎮夫『一揆』（岩波書店、一九八二）。　（佐藤和彦）

（一）物流と都市

頼母子《たのもし》　頼子・憑支とも書く。中世・近世に行われた金融組織。*無尽《むじん》・合銭と同義に使用されることもある。講《こう》（頼母子講）を組織して、運用する。初見史料は建治元年（一二七五）一二月の高野山領《こうやさんりょう》紀伊国猿川《きいのくにさるかわ》・真国《まくに》・神野《こうの》三箇《さんか》荘官請文《しょうかんうけぶみ》（『高野《こうや》山文書《さんもんじょ》』）に「憑支と号し百姓の銭を乞取する事」とあるもの。これによると、荘官が講親となって荘園内の百姓から強制的に頼母子銭を徴収していたことがわかる。室町期には村落内で講を組織し、頼母子が広汎に行われていた。近江国内の永正一〇年（一五一三）の記録では講の構成員は一六名で一人宛五升の懸銭《かけせん》を徴収し、計八斗を八名に一斗ずつ貸出し、利息を付けて返済させた。さらに講の円滑な運用のために、講掟《こうおきて》も作成された。

［文献］中田薫「頼母子の起源」（『法制史論集』岩波書店、一九七二）、三浦圭一『中世民衆生活史の研究』（思文閣出版、一九八一）、森嘉兵衛『森嘉兵衛著作集2無尽金融史論』（法政大学出版局、一九八二）。　（鈴木敦子）

割符《さいふ》　鎌倉時代以降、隔地間取引の決済に利用された為替《かわせ》手《て》形《がた》。「わりふ」とも。銭で組まれたものを替銭《かえぜに》、米でなされたものを替米《かいまい》という。当初は遠隔地荘園の年貢物を代銭納《だいせんのう》する際に利用された。荘園周辺の市場に来る、おもに畿内の商人が振出す為替手形を荘園領主に送り、領主はそれを指定された商人

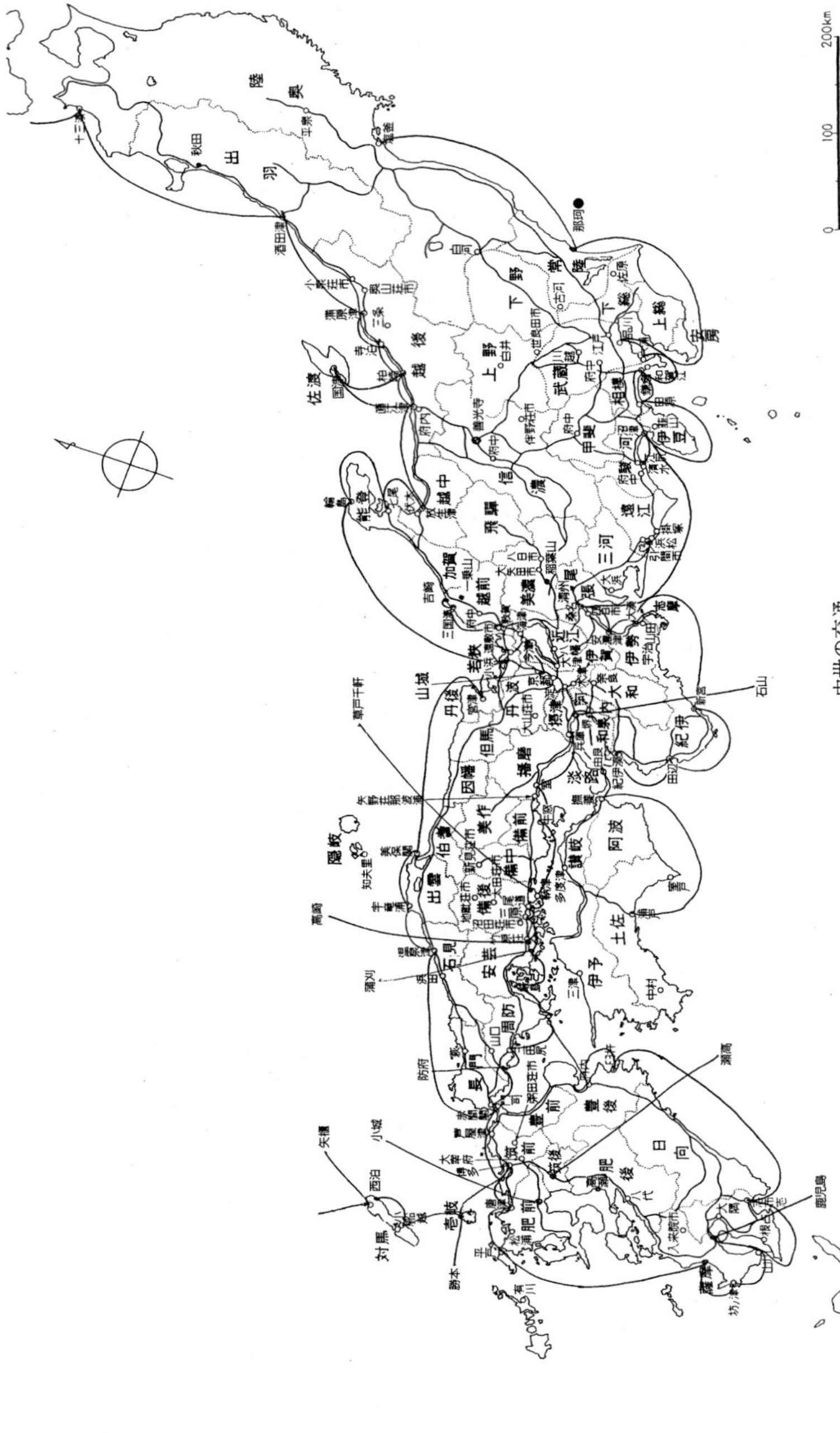
陸奥
出羽
秋田
十三湊
酒田湊
平泉
越後
佐渡
上野
下野
常陸
下総
上総
安房
武蔵
相模
甲斐
伊豆
信濃
駿河
遠江
三河
尾張
飛驒
越中
能登
加賀
越前
若狭
美濃
近江
伊勢
志摩
伊賀
山城
大和
紀伊
丹波
丹後
但馬
因幡
摂津
和泉
播磨
淡路
美作
伯耆
備前
備中
備後
出雲
隠岐
石見
安芸
周防
長門
阿波
讃岐
伊予
土佐
豊前
豊後
筑前
筑後
肥前
肥後
日向
大隅
薩摩
壱岐
対馬
山口
博多
鹿児島
0
100
200km

中世の交通

（替銭屋）のもとに出向いて換金した。割符使用の早い例として、弘長二年（一二六二）以前とされる興福寺旧蔵文書の紙背《しはい》文書《もんじょ》で「為銭二十貫文筑後《ちくご》入道《にゅうどう》使者《ししゃ》二《に》可沙汰給《さたたまわるべき》之旨《むねを》承《うけたまわる》」とあるもの。多くが一〇貫文単位で組まれることから、一定の額面をもった割符が広汎に流通していたと考えられている。東寺領備中国*新見《にいみ》荘では年貢銭を割符に組んで東寺に送るに際して、*応仁の乱の影響で市場に割符をもった商人が見つからず、送付できないと連絡している。形式は不定であるが、記載事項は送金額・受取人名・支払人（替銭屋）名などで、受取人はこれを指定の替銭屋に提示して、一覧払いであれば換金され、期限払いであれば替銭屋が裏付けを行い、指定日に換金された。割符のうち、換金できないもの、裏付けを拒否されたものを「違割符《ちがいさいふ》」と称した。その際には受取人から送金依頼人に返送され、割符振出人に補償を請求する。当時の信用取引制度には不備な点が多く、「違割符」の例は、史料上に多く見られる。替銭屋としては堺の備中屋、山崎の大文字屋《だいもんじや》など畿内の港湾都市の商人名が知られている。

［文献］ 豊田 武『豊田武著作集2中世日本の商業』（吉川弘文館、一九八二）、桜井英治「割符に関する考察」（『日本中世の経済構造』岩波書店、一九九六）、鈴木敦子「十五世紀備中新見市場をめぐる諸動向」（『日本中世社会の流通構造』校倉書房、二〇〇〇）。

（鈴木敦子）

無尽《むじん》 中世以降に行われた講組織による庶民の相互扶助的な金融。*頼母子《たのもし》と同義語として用いられ、庶民の相互金融であったが、他方では営利的要素が強い無尽銭も発達した。無尽銭は中世の金融業者（*土倉《どそう》）が質物をとって貸しつけた銭をさした。建長七年（一二五五）の鎌倉幕府追加法《ついかほう》には、鎌倉中の挙銭は質物を入れて借用する慣行となっていることが記されている。応永一八年（一四一一）の下総国《しもおさのくに》香取《かとり》佐原村《さはらむら》の乗あみの無尽銭借用状（香取神宮文書）には、一〇〇文につき六文の利子で二〇〇文を借用し、質に屋敷を入れている。近世には射倖《しゃこう》性《せい》が強くなり、禁止した藩も多い。近代には多くの無尽会社が設立された。

［文献］ 森嘉兵衛『森嘉兵衛著作集2無尽金融史論』（法政大学出版局、一九八二）。

（鈴木敦子）

貫高《かんだか》 中世後期において土地面積（所領規模）を年貢収納額（貫文《かんもん》単位）で換算して表示したもの。とくに*戦国大名が家臣への知行宛行《ちぎょうあてがい》を行う際に用いられ、年貢量を示すと同時に、軍役《ぐんやく》量の基準ともなった。貫高の起源は、鎌倉期から全国に普及した年貢の代銭納《だいせんのう》によるといわれており、室町期以降*守護大名や戦国大名が家臣に対する知行宛行などに利用したことから一般化したと考えられる。貫高表示が最も整った後北条氏の領国では、田については一反当たり五〇〇文、畠地については一反当たり一六五文が基準値であり、これに面積をかけて貫高を算定した。武田氏の領国では在家役《ざいけやく》（雑公事）も貫高で表示され蕨《わらび》一把《わ》五文、薪《まき》一駄《だ》八文などとされていた。また軍役表示について後北条氏で見ると、二八四貫四〇〇文の軍役高をもつ家臣は、騎馬の本人のほかに大小旗持《はたもち》三、指物持《さしものもち》一、歩兵《ほへい》四など貫高によって決められていた。このような貫高制を領国内に一斉に採用するには、戦国大名が検地を実施して領国内を完全に掌握していることが前提となる。しかし戦国大名の領土拡大過程でさまざまな地域・国人領主を支配下に置いていたので、完全掌握には課題が多く、各地域の独自制を容認することが多かった。貫高基準値が戦国大名間で異なっていた要因はこうしたことによる。また戦国期の東国では「永高《えいだか》」と記される例がみられる。これは貫高の特殊形態として当時通用していた銭貨の中でもとくに*永楽《えいらく》銭を基準銭としたものである。（鈴木敦子）

出土銭《しゅつどせん》　土中から出土した銭貨。出土銭貨にはさまざまな種類があり出土状況から、大量埋蔵銭《まいぞうせん》・六道銭《ろくどうせん》・経塚埋納《きょうづかまいのう》銭《せん》・賽銭《さいせん》・胞衣《えな》桶《おけ》（壷）埋納銭などと呼ぶ。最も一般的なものは、近年注目されている中・近世の遺跡調査の際に特定の遺構を伴わずに遺物包含層から発見される大量埋蔵銭である。これは甕・木箱・桶・曲げ物などに大量の銭貨を収めて埋蔵されたものである。埋蔵の目的は、戦禍や盗難から逃れるための「備蓄銭」との考えが有力であるが、埋納行為を土地と人間との精神的・呪術的関係からでたものとして「埋納銭」とする考えもある。出土銭貨のうち一〇〇〇枚以上が一括して出土する事例は二一七例・総枚数三五〇万枚である（一九九六年の数字）。出土銭の埋蔵時期は一三世紀後期から一六世紀全般にわたるものであり、出土銭の地域分布は北海道から南九州まで全国的に展開している。その特徴は、①一四世紀後期から一五世紀後期の一〇〇年にわたり一〇万枚以上の大量銭貨を出土する大規模備蓄銭期があること。②備蓄銭の銭貨の種類をみると、全体の七七%が北宋銭であり、東国で基準銭貨であった*永楽銭《えいらくせん》で有名な明銭は全体の七%にしかならないこと。③日本で鋳造された皇朝十二銭《こうちょうじゅうにせん》は全備蓄銭の中での占有率は微量であることなどである。なお出土量が最大の出土地は、北海道志海苔《しのり》遺跡（函館市）の三二万枚である。

［文献］　鈴木公雄『出土銭貨の研究』（東京大学出版会、一九九九）、歴史学研究会編『越境する貨幣』（青木書店、一九九九）、『出土銭貨』出土銭貨研究会（二〇〇六年三月までに第二四号を刊行）。池　享編『銭貨』（青木書店、二〇〇一）。（鈴木敦子）

永楽銭《えいらくせん》　永楽通宝の通称。明の成祖の永楽六年（一四〇八）から鋳造された銅銭で、径二・五センチ前後、重さ四・〇グラム前後。元号を銭文とした。日本中世社会では国内で貨幣が鋳造されなかったために、中国からの輸入に頼った。明では諸国からの遣明船に対進貢物に対する頒賜物として銅銭を与えた。またその他の物資購入の対価として銅銭を使用した。朝鮮海峡新安沖の海底で発見された沈船に積載されていた銭貨は八〇〇万枚に及び、1回の遣明船がもたらす中国銭が莫大な量であったことがわかる。出土銭貨の研究によると、国内で通用した渡来銭の約七七%は北宋銭であり、明銭の通用比率は七%程度といわれるが、その中で永楽銭の占める割合は非常に高い。明応九年（一五〇〇）に室町幕府が出した初めての撰銭令では、撰銭対象からはずすべき「根本渡唐銭」の一つとされたように、西国では価値が低下し撰銭の対象ともなった。しかし、東国では基準銭貨としての地位を築き、一六世紀後半以降旧来の精銭（鐚《びた》銭）の二倍の通用価値を付与された。後北条氏・今川氏などの戦国大名は、田畠からの収穫量を永楽銭に換算した金額（永高《えいだか》）によって表示する永高制を採用し、基準銭貨として位置づけられた。東国で永楽銭が好まれたことは、関東での出土枚数が一六世紀前半に三万枚余にのぼることからもわかる。江戸幕府もはじめはこれを踏襲していたが、慶長一一年（一六〇六）慶長通宝を鋳造し、同一三年に永楽銭一貫文を鐚銭四貫文に充てることとした上で、永楽銭の使用を禁止した。

［文献］ 鈴木公雄『出土銭貨の研究』(東京大学出版会、一九九九)、池　亨編『銭貨』(青木書店、二〇〇一)。

（鈴木敦子）

私鋳銭《しちゅうせん》　民間で私に鋳造した銭。中世では、中国からの輸入銭に模して国内で鋳造された銭をさす。和銅元年(七〇八)和銅開珎《わどうかいほう》が鋳造された翌年に私鋳銭使用禁止令が出され、国内で銭貨が鋳造された当初から私鋳銭は問題となっている。室町期に撰銭《えりぜに》の対象となったうちひらめ(打平目、金属板を通常の貨幣の大きさに打抜いたもの)・さかい銭(大阪府堺市で鋳造された私鋳銭)・加治木《かじき》銭(鹿児島県加治木町で鋳造された私鋳銭)などが、私鋳銭である。堺市や加治木町では、鋳造跡が出土している。永正九年(一五一二)室町幕府が出した撰銭令には、私鋳銭の中でも「よき永楽《えいらく》・大観《たいかん》・嘉定《かてい》」、裏に文字のあるもの、日本銭中で少し欠けたものは「よき銭」として使用することを命じている。

［文献］ 小葉田　淳『改訂増補日本貨幣流通史』(刀江書院、一九四三)、歴史学研究会編『越境する貨幣』(青木書店、一九九九)。

（鈴木敦子）

撰銭令《えりぜにれい》(撰銭禁制《えりぜにきんせい》)　室町・戦国期に幕府・戦国大名などが出した撰銭(悪銭の受け取り拒否と精銭《せいせん》での支払を強制すること)に対する禁制。日本では一〇世紀中期以降国内での貨幣鋳造が行われず、中国からの輸入銭が流通していた。貨幣経済の進展とともに室町期になると貨幣の流通量が不足し、私鋳銭《しちゅうせん》や磨滅《まめつ》・破損《はそん》した銭貨も流通するようになった。そのため商取引の過程で、精銭だけを選びとり、悪銭《あっせん》の受取拒否や、打歩を付けるなどの撰銭行為が一般化した。この行為によって円滑な商品流通が疎外されることから、室町幕府は、明応《めいおう》九年(一五〇〇)に撰銭の禁止令(撰銭令)を発布した。禁止令はこれ以降永禄《えいろく》一〇年(一五六七)までの一五回に及ぶ。その内容は①撰銭可能な銭種と撰銭不可の銭種(根本渡唐銭《こんぽんととうせん》)の明示②悪銭売買の禁止③罰則であったが、後には④根本渡唐銭の混《こん》入《にゅう》比率《ひりつ》を規定⑤悪銭の混入を理由に受け取り拒否をすることの禁止を明記するようになる。幕府はこの法令によって貨幣の流通量の拡大を狙っていたといえる。また文明一七年(一四八五)大内氏は、幕府の第一回撰銭令に先がけて史上初めての撰銭令をだしている。そこでは売買銭について*永楽《えいらく》・宣徳《せんとく》銭の撰銭を禁じているが、貢納の際にはこれらの銭貨の混入比率を二〇%、貸借・売買では三〇%と規定しており、大内氏への精銭の集中を意図したことがわかる。撰銭令は銭貨流通の円滑化のためにのみ発令されたのではなく、発令者自身の精銭獲得要求に裏づけられていた。

［文献］ 歴史学研究会編『越境する貨幣』(青木書店、一九九九)、滝沢武雄他編『貨幣』(東京堂出版、一九九九)、池　亨編『銭貨』(青木書店、二〇〇一)。

（鈴木敦子）

祠堂銭《しどうせん》　死者の供養や祠堂の修復を目的として寺に寄進された銭で、寺院金融の資金として運用された。祠堂銭は奈良時代の末期頃から寺の財政維持のための資金として利用され、利子をつけて貸し出された。室町期には禅宗寺院が積極的に祠堂銭の貸付けを行い、利息が二文子(月利二%)の低利(一般では四～六文子)であったことから急成長を遂げた。また幕府は徳政対象から除外したために、ほかの宗派の寺院も祠堂銭と称して貸付けを行った。寺院にとっては、借主は神罰・仏罰を恐れて返済を滞らせることがなく、安定した貸付けができることが最大の利点であった。江戸期に入っても寺院が祠堂銭を運用して行う高利貸し活動は衰えることはなかった。

［文献］佐々木銀弥「荘園解体期における寺院経済の転換形態」（『中世商品流通史の研究』法政大学出版局、一九七二）。（鈴木敦子）

有徳銭《うとくせん》 室町期に幕府・寺社・守護《しゅご》が有徳人《うとくにん》といわれる富有者に課した臨時税。有得銭とも。長録から文明年間に多くの例が見られる。有徳銭の早い例としては、東大寺領伊賀国黒田荘で嘉元二年（一三〇四）に有徳借米《うとくしゃくまい》と称した有徳銭の類似例が見られる。有徳銭を含む有徳役の賦課の形態は、祭礼の頭役《とうやく》への任命・領主による米銭の強制的貸上げなどさまざま。本来は有徳人に富の平準化を求める徳政意識があり、それに応える形で有徳人たちが祭礼や仏神事の頭役を勤めたり、寄進などの行為を行ったことによる。有徳銭はその思想を背景に、祭礼・神事・出挙《すいこ》などにあてる名目で徴収されたが、後にはさまざまな用途の課税となった。そのため、有徳人は種々の手段を用いて賦課免除を試みた。明応三年（一四九四）「洛中洛外諸商《らくちゅうらくがいしょしょう》売《ばい》并《ならびに》徳役等免除目録《とくやくとうめんじょもくろく》」（「蜷川家文書《にながわけもんじょ》」）には、商売役・有徳銭を免除された者として権門勢家《けんもんせいけ》所属の座人・*四府駕輿丁《しふかよちょう》座《ざ》・幕府関係の小者・中間《ちゅうげん》・牛飼《うしかい》・小舎人《ことねり》・雑色《ざっしき》・政所公人《まんどころくにん》などさまざまな部署に所属する人々が見られる。文明年中頃から個人課税から郷を単位とする賦課形態に変質する。『大乗院《だいじょういん》寺社雑事記《じしゃぞうじき》』によると、奈良では文明五年（一四七三）二月に六方《ろっぽう》より新市の有徳者に用銭一〇〇貫が賦課された際に、「惣《そう》座銭《ざせん》」として前々のように一〇〇貫文を出すことを決めている。興福寺《こうふくじ》は大和国の自領内に有徳銭を賦課することもあったが、当時の奈良市中の有徳人に対しては古市《ふるいち》・筒井《つつい》・越智《おち》氏などの国人領主も種々の有徳銭を賦課したことが知られる。

［文献］寺尾宏二『日本賦税史研究』（光書房、一九四三）。（鈴木敦子）

連雀《れんじゃく》 連索・連尺とも。左右の肩から脇にかけて紐を懸け、荷物を背負うようにした背負縄《しょいなわ》。背中に木枠をつけたものもあり、この木枠の左右二本が後方に長く伸びている形が、鳥の連雀の姿に似ていることから、このように呼ばれたといわれる。イエズス会宣教師によって編纂《へんさん》された*『日葡辞書《にっぽじしょ》』には、「たくさんのこまごました商品のはいった箱を、小間物《こまもの》商人が背中にくくりつけて持ち回るのに用いる、馬の腹帯のような縄」とある。この背負縄を利用して荷物を運搬する商人・行商人を連雀商人と呼び、中世から近世にかけて各地で活躍した。天文一三年（一五四四）、*今川義元《よしもと》は皮留《かわどめ》の実施にあたり、駿府の皮作り大井掃部丞《おおいかもんのじょう》に宛てて「れんしゃく商人」が「薫皮・毛皮・滑皮」を他国へ商売することを禁じ、その取締りを命じている。戦国時代には他国へ行商して歩く連雀商人の統制は戦国大名の領国経営にとって重要であった。そのために後北条氏は領国の川越・岩槻《いわつき》・鉢形《はちがた》・松山本郷で、城下町の特定地区に連雀町と称する連雀商人の居住地を設けた。さらにこれらの連雀町には連雀商人を統轄する商人頭《かしら》が置かれ、営業税である連雀役・連雀公事《くじ》を徴収した。城下町に連雀町を置くことは近世にも引き継がれ、彦根・高崎・江戸城下などに例がみられる。領国経営にとって連雀商人が担った物資流通上の役割の大きさがわかる。

［文献］豊田 武『豊田武著作集2中世日本の商業』（吉川弘文館、

一九七四）。
（鈴木敦子）

振売《ふりうり》　天秤棒《てんびんぼう》に商品を下げて売り歩いた商売形態およびその商人。立売《たちうり》とも。*桂女《かつらめ》・*大原女《おはらめ》などの頭上に商品を載せて行商する販女《ひさぎめ》も振売の一種。扱う商品が店売《たなうり》の物と重複することからしばしば店売商人と相論《そうろん》となる。康永二年（一三四三）京都祇園社《ぎおんしゃ》を本所とする綿本座《わたほんざ》と新座《しんざ》の相論はその典型。本座は京の三条・七条・錦小路《にしきこうじ》での店売であり、新座は里に散在し綿袋を背負って市中を行商するもので、このときは両者併存となった。振売は農村（里）に居住し、日帰り程度の行程の市町に出かけて行商活動を行った。新座は本座と違って本所への奉仕活動は行わず、もっぱら座役銭《ざやくせん》を納めるだけで営業目的だけで結成される組織であった。

［文献］　佐々木銀弥『日本商人の源流』（教育社、一九八一）、豊田武『豊田武著作集3中世の商人と交通』（吉川弘文館、一九八三）。
（鈴木敦子）

桂女《かつらめ》　現在の京都市右京《うきょう》区桂に住み、平安後期以降、朝廷に鮎《あゆ》を貢納する桂供御人《かつらのくごにん》と呼ばれた鵜飼《うかい》集団に属した女性で、巫女《みこ》としても活動した。桂姫《かつらひめ》・桂御前《かつらごぜん》とも。桂包《かつらつつみ》という白布を頭に巻いた独特の姿をして、鵜飼でとった鮎を熟鮨《なれずし》にして、京の町を売り歩いた。室町時代以降は、合戦に随従《ずいじゅう》して戦勝を祈願したり、酒席の宴に侍る遊女的な活動、貴顕の妻室の出産に立ち合って安産祈願をするなど巫女としての活動をした。室町幕府の儀礼書「大諸礼集」には桂女の扱いかたが記されており、宴席の取り持ちと考えられていたようである。桂女は女系相続を行うことでも著名。

［文献］　名取壌之助編『桂女資料』（大岡山書店、一九三八）、網野善彦「中世における鵜飼の存在形態」（『日本中世の非農業民と天皇』岩波書店、一九八四）、脇田晴子『女性芸能の源流』（角川選書三二六、二〇〇一）。
（鈴木敦子）

大原女《おはらめ》　小原女とも。現在の京都市左京区大原に住む女性が、薪などを頭に載せて、京の町を行商したもの。*振売《ふりうり》の一種。古代には大原は炭が有名で大原女も炭を商っていた。平安時代後期の『本朝無題詩《ほんちょうむだいし》』は「家郷《かごう》」を大原山にもつ「売炭婦《すみうりふ》」や「売物女《ものうりめ》」が見られる。『九条家文書』摂録渡荘《せつろくわたりのしょう》目録に、法成寺《ほうじょうじ》領山城国分として「大原領寄人《よりうど》五十人」が「年貢炭四千八百籠」を貢進している。大原に居住する寄人は炭を年貢物として九条家に納めており、その女性たちは炭（小《お》原木《はらぎ》）を京の町で行商していたのである。鎌倉期には薪売りが主となり、建保二年（一二一四）成立の『東北職人歌合《とうほくしょくにんうたあわせ》』では薪を商う姿が描かれている。その姿は紺の筒袖《つつそで》に帯を前結びとし、頭上に薪をいただく。『*七十一番職人歌合』にも載る。

［文献］　豊田武『豊田武著作集3中世の商人と交通』（吉川弘文館、一九八三）、岩田英彬『大原女』（現代創造社、一九八四）、鈴木敦子「中世後期の経済発展と女性の地位」（『日本中世社会の流通構造』校倉書房、二〇〇〇）。
（鈴木敦子）

一服一銭の茶《いっぷくいっせんのちゃ》　室町時代から戦国時代にかけて一服一銭で売る茶湯のこと。一服一銭茶売りの初見史料は、応永一〇年（一四〇三）の「南大門前一服一銭請文」（東寺百合文書ケ函）である。茶売人三名が、一服一銭茶売りをするに際して京都の東寺南大門の「石階辺《いしのきざはしあたり》」に居住しないなどの四箇条にわたる請文を残している。明応九年（一五〇〇）頃成立の『*七十一番職人歌合』には「煎じ物売」と「一服一銭」が対になって描かれる。ここでは居売りの茶屋の形態であるが、「高雄観楓図《たかおかんぷうず》屏風」（狩野秀頼《かのうひでより》画）では立売（*振売《ふりうり》）の荷《にな》い茶屋、「祇園社大政所《おおまんどころ》図屏風」では簡単な小屋掛けの店売りである。多くの「社寺参《しゃじさん》詣曼荼羅図《けいまんだらず》」に描かれ、門前に不可欠のものとなっていた。

［文献］　今谷　明「一服一銭」（『京都　一五四七』平凡社、一九九二）、吉村　亨「『一服一銭』と門前の茶」（『中世地域社会の歴史像』阿吽社、一九九七）。　（鈴木敦子）

楽市楽座《らくいちらくざ》　一六世紀後半から一七世紀初頭にかけて戦国大名・*織豊政権が市・町や*城下町の振興政策として出した法令。中世社会の商人・手工業者・芸能民の活動には、座（同業者組織）に加入していることが不可欠であり、市場でも出店のために市座権を所持しなければ営業はできなかった。楽市とは特定市場での市座特権の行使を否定し、座外商人の自由営業を保障したもの。一般に楽市楽座令と呼ぶが、楽市とは楽座（座に属さずに商売が行える）の市場であることを意味する。楽市の初見は天文一八年（一五四九）六角氏《ろっかくし》が城下町の近江国石寺《いしでら》新町に出したもので、慶長一五年（一六一〇）加藤貞泰《かとうさだやす》が美濃国黒野に出したものまでで二三例にのぼる。その他特定市場に出された法令で、楽市楽座文言がなくても諸役停止・諸公事免許などの文言から、実質的には楽市楽座令であるものも多数存在する。天正五年（一五七七）、織田信長が安土山下町にだした楽市楽座令がその典型といわれる。この法令は一三カ条からなるもので、第一条に「当所中を楽市と為すと仰せ付けらるるの上は、諸座諸役諸公事等 悉《ことごと》く免許の事」とあり、楽市楽座令であることがわかる。しかし、この法令は「当所」＝山下町に限定されたもので、信長はほかの地域の座（たとえば粟津供御人《あわづくごにん》の座や建部《たてべ》油座）には保障すら与えている。このように楽市楽座令は特定の地域に限定された法令であり、全国的な座商業の解体は幕藩体制の確立をまたねばならない。楽市楽座令発布の目的は①従来の市町の復興を目的とするもの②新設の市町や城下町の振興のためのもの、とに分けられる。楽市楽座令の内容は、①不入権・課税免除権をもつ②市場住人は自由通行権をもつ③楽市または楽座である④武士の居住禁止である。そのほかに市場内では市場外の債権・債務関係は破棄されるなど、市場外の世界とは隔絶された自由の保障された場（アジール）、と規定されていたこともわかる。

［文献］　勝俣鎮夫『戦国法成立史論』（東京大学出版会、一九七九）、網野善彦『無縁・公界・楽』（平凡社、一九八〇）、豊田　武『豊田武著作集2中世日本の商業』（吉川弘文館、一九八二）、佐々木銀弥『日本中世の都市と法』（吉川弘文館、一九九四）。　（鈴木敦子）

木綿《もめん》**の普及**《ふきゅう》　木綿は中世後期以降日本で生産されるようになった。古代以来庶民の衣料の中心は麻（苧《お》）であった。これらは糸作りから織布までに非常に時間がかかるために、中世庶民の衣生活はたいへん貧しかった。中国で木綿栽培が本格化するのは明《みん》の時代である。朝鮮では一三九二年の李朝成立頃から栽培が本格化し、日本へは李朝から足利将軍の使者への回賜品《かいしひん》として輸入され、その後回賜品は木綿が主流となる。宝徳三年（一四五一）の*島津貴久《しまづたかひさ》の使者への回賜品は綿布二三九四匹にのぼった。木綿は麻に比べ保温力が高く、兵衣として珍重された。日本でも一五世紀末頃に木綿の国内栽培が始まり、爆発的に普及した。天文一六年（一五四七）筑後国の国人領主田尻鑑《たじりあき》種《たね》は、豊後国の戦国大名大友義鑑《おおともよしあき》のもとに参府した際に、贈答品として一二八端の木綿を持参した。これは当時有明海沿岸地域で木綿栽培がなされていたことを想像させる。文禄二年（一五九三）朝鮮出兵の最中に、加藤清正《かとうきよまさ》は国元に、一〇張の木綿幕や、木綿の布子二〇〇〇を至急村々から探し出して送ること、などを命じており、加藤領国内（肥後北半）での木綿栽培の事実が知られる。木綿栽培は一六世紀には三河、伊勢でも行われており、急速に栽培が普及していく様子がわかる。『おわむ物語』の筆者は、戦国期に麻の着物を着てすごした娘時代に比較して、木綿が普及した元禄時代の若者は、たいへん贅沢な衣生活であると述べている。

［文献］　小野晃嗣『日本産業発達史の研究』（法政大学出版局、一九八一）。永原慶二『新木綿以前の事』（中公新書、一九九〇）、永原慶二『苧麻・絹・木綿の社会史』（吉川弘文館、二〇〇四）。

（鈴木敦子）

西陣織《にしじんおり》　*応仁の乱後から京都で生産された高級絹織物。応仁の乱を避けて*堺に疎開した大舎人座《おおとねりざ》の織手たちは、堺で明《みん》の工人から技術を伝授され、乱後西軍陣地あとに帰住し、絹織物を生産したのに由来する。西陣では中世の末期には明から高機《たかはた》を輸入しており、これによって紋織物を生産した。『西陣天狗筆記《にしじんてんぐひっき》』には、一六世紀半ばの弘治以来、大舎人座中の井関宗麟《いぜきそうりん》が新規に紋織法を考案したとある。*『鹿苑日録《ろくおんにちろく》』の文禄元年（一五九二）六月の条には、「洛中町人金襴一尺余献《らくちゅうちょうにんきんらんいっしゃくよをけんず》、蓋《けだし》始二西《にし》陣出《じんいだす》一」とあり、西陣織が金襴の絹織物であることがわかる。彼らは大舎人座衆中としてまとまり、その中の三一人は「上様御被官」と称し、室町幕府から特権的地位を与えられた。

［文献］　豊田　武『豊田武著作集2中世日本の商業』（吉川弘文館、一九八二）、佐々木信三郎『西陣史』（西陣織物館、一九三二）。

（鈴木敦子）

名酒《めいしゅ》の誕生《たんじょう》　室町期の京で誕生した「柳酒屋《やなぎさかや》」の醸造する酒をもってはじめとしている。応永三二年（一四二五）当時、「四郎衛門定吉《しろうえもんさだよし》」が京都の下京《しもぎょう》五条坊門西洞院南西頬《ごじょうぼうもんにしのとういんみなみにしのつら》に酒屋を出店し販売した酒が、銘酒として評判をとった中興氏《なかおきし》の柳酒屋である。文正元年（一四六六）には*『蔭涼軒日録《いんりょうけんにちろく》』には毎月公方《くぼう》（将軍）に六〇貫文の美酒を献ずる（『蔭涼軒日録』）とあり、月六〇貫文の酒屋役《さかややく》を貢納していた。柳酒の名は屋号の柳屋によるといわれ、良質で、当時の貴顕の贈答品として喜ばれた。文明頃には類似品が出回ったことから、大柳酒屋を称し、樽に六星紋《ろくせいもん》をつけた。この酒は清酒であったと考えられ、『諸芸才代物附《しょげいさいだいもつのふ》』には「やなぎの代」はほかの酒の代に比して倍近い値段となっている。当時の名酒としてほかに「梅酒屋」の存在も知られる。

［文献］　京都市編『京都の歴史3』（学芸書林、一九六八）、小野晃嗣『日本産業発達史の研究』（法政大学出版局、一九八一）。

（鈴木敦子）

馬借《ばしゃく》　中世・近世の馬背を利用して物資輸送をする運送業者。道路が不完全で、山道が多い日本の地形では、物資輸送に適した形態は人背か馬・牛背の利用である。日本では中でも馬の利用が進んだ。馬借は荘園制の確立とともに、おもに京都・奈良に居住する荘園領主の元に、貢納物を運搬するために成立した。初めは馬を所有する農民の農閑副業として始まったと考えられるが、専業化がなされ、一一世紀半ばに成立した*『新猿楽記《しんさるごうき》』にこの語が現れる。馬借の様子は一四世紀前半成立の絵巻物*『石山寺縁起《いしやまでらえんぎ》』中に描かれる絵によって知られる。馬に藁《わら》

中世主要特産物表

国名	主要産物
山城	高級絹織物・藍・油・茶・蝋燭・酒・筵・数珠・白粉・扇子（城殿・御影堂）炭・瓜・刀剣・金属製品・加工食品・魚類
大和	晒布・紫・紺・荏胡麻・油・奈良紙・漆器・鋳物・刀剣・緑青・酒・筵・萱簾・薬・火鉢・墨・材木・瓜・豆腐（宇治・奈良）吉野昆若・糖粽
摂津	荏胡麻・油・鋳物・酒・筵（手島）・菅笠（手島）・草履（手島）昆布・昆若・難波簾
河内	鋳物・鍛冶・酒・簾・笠・昆布・道明寺糒
和泉	錦・綾・紺灰・油・漆器・刃物・鍛冶・珠犀・香・薪炭・酢・櫛（近木庄）
伊賀	
伊勢	綿・伊勢布・麻苧・油・鋳物・白粉（射和）・曲物・貝・海藻・鳥
志摩	
尾張	絹・糸・漆・鋳物・陶器・
三河	木綿・鋳物・筵・魚類・塩・
遠江	綿・糸・茜・紙・鋳物・金・陶器・唐納豆・塩・
駿河	絹・錦・綾・木綿・茜・油・紙・鋳物・刀剣・金・円座・皮・塩・柑
甲斐	白布・青苧・白苧・紙・火鉢・馬・金・
伊豆	白布・紙・鍛冶・酒・皮・魚類・塩
相模	絹・木綿・鋳物・漆器・旗旄・材木・薪炭・蜜柑・
武蔵	木綿・茜・鋳物
安房	
上総	米・醤油・鞦
下総	油・砂金・
常陸	油・紙・砥石
近江	練貫・荏胡麻・鋳物・鍛冶・酒・陶磁器・笠・筵・墨（武佐）魚類・唐納豆（金剛寺）昆若
美濃	絹・綿・糸・苧・紙・鋳物・刀剣・刃物・陶器・材木・柿・
飛騨	材木
信濃	蚕糸・苧・紅燭・銅・漆器・鮭・木材・
上野	綿
下野	紙・鋳物
陸奥	紫・漆・蝋燭（会津）・金・馬
出羽	絹・金・材木
若狭	鋳物・刀剣・麹・魚・海藻
越前	綿・糸・蚕種・苧・紙・鋳物・金・蝋燭・魚類・糸引納豆
加賀	絹・糸・紺・鋳物・刀剣・鮭・麹・蝋燭・魚類・
能登	鋳物・鉄・金・漆器・素麺・魚貝類・
越中	綿・糸・越中布・鋳物・刀剣・鉄・檜物・鮭
越後	綿・青苧・越後布・刀剣・鉄・金・蝋燭・鮭
佐渡	金・沓・海藻
丹波	糸・苧・紙・酢・筵・墨（貝原）・瓜・材木・魚・素麺
但馬	絹・糸・紙・銅・銀
因幡	鋳物・鉄
伯耆	鉄・筵
出雲	鋳物・轡・硯・海藻
石見	銀
隠岐	
播磨	苧・紙（杉原）・鋳物・鉄・銅・魚・材木・胡麻・昆若
美作	綿・麻・油・茶・紙・銅
備前	荏胡麻・刀剣・磁器・銅
備中	朱砂・紺青・油・紙・漆・蝋・刀剣・鉄・銅・筵
備後	鋳物・刀剣・銅・酒・筵・薪炭・塩・畳表
安芸	鋳物・刀剣・材木・塩
周防	錦・金襴・纐纈・照布・紙・鋳物・墨・材木・魚
長門	硯・牛
紀伊	蜜柑・鋳物・漆器・墨（大平・藤代）・材木・塩
淡路	墨
阿波	紅花・油・刀剣・材木
讃岐	紙・円座
伊予	荏胡麻・油・簾・塩
土佐	紙・青・紅・錫物・硯・材木
筑前	栗・鋳物・酒・櫛・
筑後	刀剣
豊前	絹・鋳物・銅・鉄・皮
豊後	鋳物・刀剣
肥前	魚
肥後	刀剣
日向	
大隅	皮
薩摩	刀剣・硫黄・墨
壱岐	
対馬	銀

製の下鞍《したくら》をつけその上に木製の鞍を載せるもので、馬背の両脇に米俵一ずつをつけている。運送料金は一駄一石あたりにつき決められており、さらに物資運搬の輻輳期・閑散期によって駄賃に高低があった。越前《えちぜん》の「西野《にしの》文書」には明応《めいおう》年間（一六世紀）から戦国期にかけての馬借関係文書が現存している。それによると越前の海岸部から内陸へ塩・塩合物《しおあいもの》を輸送する馬借集団がおり、河野浦・山内の馬借集団として、掟書きを所有し座を組織して活動した。また近江《おうみ》国蒲生《がもう》郡得珍《とくちん》保《ほ》（現滋賀県東近江市）には馬を所有し、馬借として活動する農民の存在も知られる。応永元年（一三九四）の将軍*義満《よしみつ》の日吉《ひえ》社参詣には富崎《とみさき》比叡辻《ひえいつじ》の馬借・*車借《しゃしゃく》が指名され、毎日馬二〇〇匹、車二〇両が徴発されている。馬借がいた場所は、坂本・大津・越前敦賀《えちぜんつるが》・若狭小浜《わかさおばま》・近江草津《おうみくさつ》・鈴鹿関《すずかのせき》・山城淀《やましろよど》・山崎・伏見・大和生《い》駒《こま》・西大寺《さいだいじ》などで畿内への出入り口にあたる地点に多い。

［文献］ 豊田 武『中世の商人と交通』（吉川弘文館、一九八三）、永原慶二ほか編『講座日本技術の社会史8交通・運輸』（日本評論社、一九八五）。 （鈴木敦子）

車借《しゃしゃく》 中近世に車を利用して物資を運送した業者。山がちな日本では物資の陸上輸送には、多くは牛馬の背を利用したが、道路の整った近畿地域の街道筋では、無蓋《むがい》の牛車《ぎっしゃ》が利用され、その運送業者を車借と呼んだ。一一世紀半ばに成立した*『新猿楽記《しんさるごうき》』に*馬借《ばしゃく》とともに車借が登場する。彼らは東は大津三津に馳せ、西は淀《よど》の渡・山崎に走り、牛馬を酷使し、駄賃の多少を論じ、車力《しゃりき》の不足を争ったとしている。鎌倉初期の成立といわれる「*鳥獣戯画《ちょうじゅうぎが》」には無蓋の牛車が描かれ、車での物資運搬の様子がわかる。また「*扇面古写経《せんめんこしゃきょう》」にも牛車の様子が描かれている。鎌倉期に成立した『*庭訓往来《ていきんおうらい》』には「大津の馬借、鳥羽《とば》・白河《しらかわ》の車借」とあって、車借が京都の出入り口付近に集住していたことがわかるが、東大寺では長治《ちょうじ》元年（一一〇四）に木津《きづ》の車借二六人を動員して、美作《みまさか》（現岡山県）からの米と塩を輸送させている。さらに長禄三年（一四五九）には、京都の東福寺が、周防国得地（現山口県）からの年貢輸送を兵庫《ひょうご》の*問丸《といまる》に委託した際に、その手数料として「海河上の諸関車力《しゃりき》等七分の賃を以てす」とあり、周防から京都までの運送費用は年貢米量の七分としているが、これは具体的には諸関と車借の費用であったことがわかる。車借は問丸からは独立した業者として活動していたこともわかる。また応永一一年（一四〇四）、東寺では僧侶らが東寺南口の関銭を定めているが、それによると商人の車は車別一〇銭、商売馬は一疋別三銭などであった。

［文献］ 豊田 武『中世の商人と交通』（吉川弘文館、一九八三）、永原慶二ほか編『講座日本技術の社会史8交通・運輸』（日本評論社、一九八五）。 （鈴木敦子）

関所《せきしょ》 通行する人や物資に対して、その移動を管理し、通行料を徴収する施設。古代の関所が軍事的目的から、近世のそれは警察的目的から設置されたのに対し、中世の関所は、通行者から関銭を徴収する目的で、領主が自己の領地内に私的に設置した、経済的関所である。設置場所は陸路だけではなく、水上交通の港湾などにも設置された。鎌倉中期以降経済的関所がまず港湾で増加する。それは関銭収入を修理料《しゅうりりょう》にあてる目的で、港湾関を大寺社に寄進したためである。兵庫関は北関が東大寺に、南関が*興福寺に寄進された。「兵庫北関入船納帳《ひょうごきたぜきいりふねのうちょう》」は文安二年（一四四五）に兵庫北関に入港した船のリストであり、積荷などがわかる貴重な記録である。河川での関所で著名なのは淀川であり、長禄元年（一四五七）には六一六ケ所に及んだという（『経覚《きょうかく》私要鈔《しようしょう》』）。陸路における関所は、内裏《だいり》造営費にあてる目的で設置された例もあるが、水路関と同様に通行する人・物資から徴収する関銭収入を主目的とするもので、重要な財源となった。そのため街道のいたるところに設置され、円滑な交通・商品流通を疎外する要因となった。商人らは関所の自由通行権を求めて、天皇・将軍・関の設置者から過所《かしょ》を得ることに努めた。さらに関設置者に対しては*馬借《ばしゃく》・*車借《しゃしゃく》などの交通業者による一揆が起こることもあった。*戦国大名は分国の国境に関所を設置して、物資・人の管理・統制を行った。中世的関所が撤廃されるのは織豊期に入ってからである。

［文献］徳田釼一『増補　中世における水運の発達』（巌南堂、一九六九）、豊田　武『豊田武著作集3中世の商人と交通』（吉川弘文館、一九八二）、相田二郎『中世の関所』（畝傍書房、一九四三、（吉川弘文館、一九八三再刊））、鈴木敦子『中世社会の流通構造』（校倉書房、二〇〇〇）。　（鈴木敦子）

廻船《かいせん》　鎌倉時代以降、遠隔地交易にあたった荷船。古代律令体制下での調・庸などは、各地から海上運送によって京都に運ばれる体制ができあがっていた。このルートがその後の荘園年貢物や商品の輸送ルートとして活用された。積み荷の主なものは、材木・米・塩などの重量のあるものであった。廻船の語は史料的には鎌倉末期頃から見られ、若狭国《わかさのくに》志積浦《しずみうら》の廻船は正応・嘉元頃（一三世紀後半〜一四世紀初頭）に越前国三国湊《みくにみなと》で船と荷を差し押さえられている。当時の廻船は、国衙に所属した国梶取《かんどり》や寺社の寺人《じにん》・神人《じんにん》、荘園の*刀禰《とね》などが運送にあたり、港湾には問屋・船頭（梶取）・水手《かこ》が居住し、廻船の運営にあたった。港湾の整備費用は、船舶から徴収される関料（津料・勘過料など）があてられた。廻船にとって関料は重い負担であり、荘園領主や問丸らは関銭免除の特権・諸国自由通行権を天皇や将軍・関所設置者から得た。津軽安藤氏は嘉元年間（一三〇三〜〇六）に北条得宗家から二〇隻分の自由通行権を得て「関東御免津軽船」と称し、津軽から越前にいたる諸国で鮭・小袖などの交易を行った（『大乗院文書』）。海難事故に対しては、一般的には輸送者に重大な過失がない限り免責された。その法精神は室町中期に成立した「廻船式目《しきもく》」にも受け継がれた。この式目は船仲間の習慣法を成文化したものである。「廻船式目」の中世法としての特徴は、寄船・流船はその地の神社・仏閣が造営料《ぞうえいりょう》としてよい、という寺社の優先規定があることである。制定者については詳細不明。

［文献］長沼賢海『日本海事史研究』（九州大学出版会、一九七六）、新城常三『中世水運史の研究』（塙書房、一九九四）。　（鈴木敦子）

朽木関《くつきぜき》　室町期に近江国高島郡*朽木荘内の朽木街道に立てられた関所。応永二年（一三九五）に朽木口を通過する二四種の商品に懸けた関銭を書き挙げた記録によると、「むらさき（紫）一駄卅（三〇）文・かちに（徒歩荷）三文」などとあり、馬の背を利用した運搬と徒歩での運搬とでは関銭が異なっていた。また文明年間（一四六九〜八七）頃に内蔵寮《くらりょう》の朽木関が設置されており、ここを通過する紺灰《こうはい》一駄に一〇文などの関銭を徴収していた。朽木街道は京と日本海側の若狭《わかさ》小浜《おばま》とを結ぶ最短ルートであり、*鯖街道《さばかいどう》ともいわれ京都に魚介類などを搬入する重要ルートであったために、ここに関所を設置することで、多大な関銭収入を得られた。室町期の朽木荘は幕府御料所であり、関の管理はこの地の国人領主朽木氏が請負うと同時に、自身もこの街道上に関所を設置していた。

[文献] 豊田 武『豊田武著作集2中世日本の商業』(吉川弘文館、一九八二)、鈴木敦子「国人領主朽木氏の産業・流通支配」(『日本中世社会の流通構造』校倉書房、二〇〇〇)。 (鈴木敦子)

六斎市《ろくさいいち》 中世後期以降、一ケ月に六回開かれる定期市のこと。中世後期になり経済・産業の発展に伴なって商品流通も活発化し、それ以前の三斎市《さんさいいち》に代わって六斎市が開催されるようになる。市日は一と六の日(二と七、三と八、四と九、五と十)の組み合わせのように五日ごとに市が開かれるシステムになっていた。六斎市の最も早い例としては常陸《ひたち》国の国府《こくふ》六斎市が南北朝期のものとされている。その後応仁三年(一四六九)に美濃《みの》国大矢田市《おおやたいち》、文明元年(一四六九)に山城《やましろ》国宇治郷市《うじごういち》が六斎市であったことがわかる。戦国期には*戦国大名が代銭納《だいせんのう》のための銭貨獲得や年貢物の売却、諸物資の調達の必要から、領国内に新宿や新町を開設して六斎市とした。これらの市の多くは*楽《らく》市楽座《いちらくざ》とされ、営業の自由を保障されていた。天正六年(一五七八)後北条氏が武蔵国世田谷新宿に出した市掟には、一と六の日に開催される六斎市であること、押買《おしかい》・狼藉《ろうぜき》、国質《くにじち》・郷《ごう》質《じち》、喧嘩・口論、諸役《しょやく》徴収の禁止が挙げられ、楽市であると結んでいる。さらに後北条氏は、武蔵《むさし》国秩父《ちちぶ》郡内に大宮郷(一と六)、贄川《にえがわ》(二と七)、吉田(三と八)、大野原(四と九)、上小《かみお》鹿野《がの》(五と十)の五ケ所の六斎市を開き、これをワンセットとして、秩父盆地内では毎日市が開かれている流通網のシステムを作り上げた。江戸時代の信州上田藩領は、五つの六斎市によって形成された経済圏の上に成立したといわれ、六斎市の果たした流通経済上の役割の大きさを物語っている。

[文献] 佐々木銀弥『中世商品流通史の研究』(法政大学出版局、一九七二)、豊田 武『豊田武著作集2中世日本の商業』(吉川弘文館、一九七四)、樋口節夫『定期市』(学生社、一九七七)、佐々木銀弥『日本中世の都市と法』(吉川弘文館、一九九四)。大石慎三郎『日本近世社会の市場構造』(岩波書店、一九七五)。 (鈴木敦子)

酒屋《さかや》**・土倉**《どそう》 室町期の金融業者。土倉は質物を納める土倉をもつ金融業者を意味する。「酒屋・土倉」と連称されるのは、土倉が酒屋を兼業することが多かったことによる。土倉の出自は荘園村落内の荘官・名主、港湾の問丸、都市の問屋、酒屋など富裕な商人、為替*(割符)屋などであった。中世都市である京都には土倉・酒屋が集中していた。正和《しょうわ》年中(一三一二〜一六)に幕府が坂本日吉《ひえ》神社の神輿造替《しんよぞうたい》費用を京都の土倉に賦課したが、その際の土倉の数は、三三五軒であったという。また応永三三年(一四二六)に作成された洛中《らくちゅう》洛外《らくがい》の「酒屋名簿」に載る酒屋の数は三四七軒であり、土倉・酒屋が重複するものが多かったことを考えると、当時の京都における土倉業者は三五〇軒程度であったと考えられる。京都の土倉・酒屋は朝廷や山門(延暦寺)の支配下におかれていたが、室町幕府は、南北朝統合以降将軍の統括権を強め、明徳四年(一三九三)「洛中《らくちゅう》辺土散在《へんどさんざい》土倉并酒屋役条々」を出して、*土倉・酒屋に対する課税(土倉酒屋役)を実施した。この課税額は年額六〇〇〇貫文にのぼり、幕府はこの納入と引き替えに権門勢家《けんもんせいけ》からの課税を排した。土倉役の徴収は土倉一衆《いっしゅう》と呼ばれる有力土倉が行っていたが、のちに「納銭方《なっせんがた》」と称する有力土倉が行うようになる。

「納銭方」を構成した土倉には正実坊《しょうじつぼう》・定泉坊《じょうせんぼう》など法体《ほったい》の有力土倉や、野州井《やすい》・河村《かわむら》など土倉と酒屋を兼業し朝廷や貴族に出入りして、その年貢管理や荘園経営を請負《うけお》う者もいた。

［文献］　京都市編『京都の歴史　3』（学芸書林、一九六八）、佐々木銀弥『日本商人の源流』（教育社、一九八一）、豊田　武『豊田武著作集3、中世の商人と交通』（吉川弘文館、一九八三）。

（鈴木敦子）

***国料船《こくりょうせん》**　室町期に港湾関の通行に際して関料免除の特権を室町幕府から与えられていた船。元来は造営料国《ぞうえいりょうこく》的性格のものとして始まる。南北朝期頃には関銭徴収と造営用材木運搬時の免税特権であったが、のちに関料免除の特権である過書《かしょ》（過所《しょ》）と同様のものとされたと考えられる。文安二年（一四四五）兵庫北関《ひょうごきたぜき》の入港船の関銭徴収状況を記した『兵庫北関入船納《いりふねのう》帳《ちょう》』には、多くの「過書（過所）」とともに「国料」が三二件記載されている。一般に『兵庫北関入船納帳』には船籍地・品目・関料・問丸・船頭が上から順次記載されているが、国料船の場合には品目・関料は空欄であり、「香川《かがわ》殿国料」・「安富《やすとみ》殿国料」などと国料船であることが記される。過書船は積荷の品目・その勘過《かんか》許可数・または船数が決められ、五山寺院・室町幕府と関係のある人物・寺社の船に限られていたが、国料船は積荷の品目や船数などの規定がなく、かなり自由裁量の大きい権利であったといえる。また同納帳によると国料船の特権を得られた人物は、備後守護山名氏と讃岐守護細川氏の家臣三氏（香川《かがわ》・十河《そごう》・安富《やすとみ》）に限定されていることから、室町期の守護大名の京上物《きょうじょうぶつ》の運送を行なうための船が対象であったといえよう。さらに船籍地・船頭・問丸が限定されていることが特徴であるが、とくに船籍地は山名氏では藁江《わらえ》のみ、香川氏では*多々津《たどつ》のみ、十河氏は庵《あ》（阿）治《じ》・方本《かたもと》に、安富氏は方本・宇《う》多津《たづ》に限定されている。これらは各々の国の国津ともいうべき重要港であり、京上物の集積地であったと考えられる。

［文献］　小林保夫「国料管見」（年報『中世史研究』四　一九七九）、林屋辰三郎編『兵庫北関入船納帳』（中央公論美術出版、一九八一）。

（鈴木敦子）

門前町《もんぜんまち》　寺社の門前に成立した町場。大寺社は成立当初から多くの神官や僧侶が集住するところであり、彼らの必要物資を供給したり、寺社の祭礼に集まる人々をめあてに、商・職人が出店する市場が開かれた（門前市）。やがて参詣者《さんけいしゃ》の往来のための宿泊施設なども置かれ、商・職人の店舗などが門前に集中し、町が成立した。多くの寺社を有する奈良や京都・鎌倉は複合的門前町である。中世後期には御師《おし》に導かれての庶民の伊勢参詣《さんけい》が盛んになり、御師は自ら宿坊《しゅくぼう》の経営までも行った。宇治《じ》*山田《やまだ》は伊勢神宮《いせじんぐう》の門前町として発展し、門前には多くの御師が居住した。文禄《ぶんろく》三年（一五九四）の「山田師職銘帳《しきめいちょう》」にはその数は一四五人にものぼっている。なかでも外宮権禰宜《げくうごんのねぎ》の御師橋村家は、山田三方《さんぼう》年寄として山田の行政組織の中枢にあり、自治都市山田を運営している。このように中世後期には門前町が自治都市であった例は少なくない。京都近郊の大山崎《おおやまざき》は、離宮八幡宮《りきゅうはちまんぐう》の門前町として発展した。ここも自治都市であり、その担い手は神人《じにん》である油商人であった。近江《おうみ》国坂本は水陸交通の要衝であるとともに、三〇〇〇の寺坊を擁した比叡《ひえい》山延暦寺《ざんえんりゃくじ》の門前町であった。ここには運輸業者である*馬借《ばしゃく》や*問丸《といまる》が居住していた。安芸国厳島神社にも門前町があり、十五世紀後半には、土倉業者、海運者・鋳物師《いもじ》などの商工業者の存在がわかる。戦国期に多く成立する「*寺内町《じないちょう》」も門前町の一類型である。

[文献] 豊田 武『豊田武著作集4 封建都市』(吉川弘文館、一九八三)、小西瑞恵『中世都市共同体の研究』(思文閣出版、二〇〇〇)、樋口節夫『門前町』(学生社、一九七七)。 (鈴木敦子)

城下町《じょうかまち》 中世から近世にかけて領主の城館を中心に家臣団の屋敷・足軽町《あしがるまち》・寺町《てらまち》・町屋《まちや》などで構成された都市。起源は中世前期から見られる在地領主の館にある。小早川氏が暦応三年(一三四〇)、文和二年(一三五三)の二度にわたって出した安《あ》芸《き》国*沼田市場《ぬたいちば》の禁制には、士商の分離政策と家臣の小早川氏居館周辺への集住政策がうかがえることから、沼田は城下町の先駆的な姿であったと考えられる。戦国期には、国人領主の山城の麓(根小屋《ねごや》・山下)に居館と家臣の住居、町屋が形成され商職人が集住する形態の城下町が多く存在する(肥前国勝尾城など)。越前国では*一乗谷《いちじょうだに》の谷の中を貫通する道路の両側に朝倉氏の居館、家臣団の屋敷と商工業者の町屋、寺院で構成される城下町が成立していた。また居館を平地に築き、城下町としてかなり形態の整ったものもみられる。たとえば豊後国の大友氏の城下である府内《ふない》は、大友氏の居館を中心とし、八千人といわれる人口を有したが、さらに海外貿易の港を備え、領国の政治・流通の拠点としての城下町の建設が行われたことがわかる。しかし戦国大名の家臣は経営の基本を在地においており、完全な兵農分離が行われていなかったことから、近世的な城下町とは大きく隔たっている。その点から見ると*織田信長《おだのぶなが》の築いた*安土城は、その城下山下町に都市法である*楽市楽座令をだし、城下町の発展を促進する政策を行っており、各地の戦国大名のそれとは一線を画する。さらに*豊臣秀吉《とよとみひでよし》は信長の方針を進め、兵農分離を実施する中で初めて*大坂城に代表される近世的な城下町を建設したのである。

[文献] 松山 宏『日本中世都市の研究』(大学堂書店、一九七三)、豊田 武『豊田武著作集4封建都市』(吉川弘文館、一九八三)、佐々木銀弥『日本中世の都市と法』(吉川弘文館、一九九四)。 (鈴木敦子)

港町《みなとまち》 海上交通の拠点となる港湾に発達した町。古代律令制度のもとでは、庸《よう》・調《ちょう》の都への輸送のための国津や、海外交通の拠点である大輪田泊《おおわだのとまり》などが設定されたが、中世では隔地間交易の発展とともに、これらを継承しつつさらに多くの港湾が開かれていった。とくに内陸部の荘園は年貢物の積出し港として倉敷地を設けた。高野山《こうやさん》領備後国*太田《おおた》荘(広島県世羅《せら》町)では、同国尾道村(広島県尾道市)に五町の田畠を設定し倉敷地とした。ここには鎌倉後期に太田荘預所淵信《えんしん》が居住していた。彼は高利貸しや商業活動を展開し、周辺の荘園の管理を請負い、尾道港の船主や梶取を支配下に置き、港湾機能を握っていた。瀬戸内海沿岸には数多くの港町が成立した。厳島《いつくしま》神社の門前町でもある厳島には、南北朝期には神官とともに商人・職人・蔵(倉)本が住み着き、中西・大町・有浦などの町屋地区があった。ここは大内氏が中国からの船来品を調達するための外港でもあった。天文二一年(一五五二)には「陶晴賢《すえはるかた》厳島掟書」がだされ、厳島の港町の振興策として船留《ふなどめ》禁止や警固米《けごまい》徴収禁止などをうちだしている。中世に発展した港町としては、古代以来の日本海ルートの敦賀《つるが》・小浜《おばま》のほか、関東と畿内を結ぶ太平洋水運の品川湊・*大湊、海外貿易の出航地である兵庫・*堺・*博多などがあり、その多くが町人による自治都市であった。河川や湖を利用した舟運の河港としては、淀川の木津、琵琶湖の坂本・大津などがある。

[文献]　松山　宏『日本中世都市の研究』(一九七三、大学堂書店)、豊田　武『豊田武著作集4封建都市』(吉川弘文館、一九八三)、佐々木銀弥『日本中世の都市と法』(吉川弘文館、一九九四)。

(鈴木敦子)

宿場町《しゅくばまち》　街道など陸上交通の要衝にあって宿泊・運輸機能をもち、街路上に集落が形成された町場。古代から街道の要衝に宿泊機能と馬継立《うまつぎた》てなど輸送手段を整えた宿《しゅく》には、遊女《ゆうじょ》などを抱えた遊興施設も存在し、町場化していった。鎌倉期には鎌倉幕府と京都をつなぐ東海道の通行量が増加し、鎌倉に近い大磯宿《おおいそじゅく》や、浜名湖西畔の橋本宿などには多くの遊女がおり歌舞音曲に長《た》けた遊女が存在した。応永二七年(一四二〇)、朝鮮使節として日本を訪れた宋希景《そうきけい》の記した『老松堂日本行録《ろうしょうどうにほんこうろく》』には、兵庫湊から京都までの途上のこととして、遊女が裾をちらつかせ旅人の衣をとって店に誘うと記される。物資流通を担う宿も存在し、上野《こうづけ》国世良田《せらだ》宿は『*太平記』によると「有徳の者多し」と記される。また遠江《とうとうみ》国引間《ひくま》宿は室町中期には「富家千区」といわれるほどまでに発展していた。戦国期には後北条・今川・武田・上杉・毛利氏などの戦国大名は領国内の流通路の整備の一環として、城下町、港町、宿などに宿駅を設定し、伝馬《てんま》制を設けた。継馬のために宿場町には伝馬役負担の家数を定め、宿場町は流通上の拠点として発展した。伝馬役を負担する者は、道路に沿った宿駅と村々であり、この宿駅は、当時の城下町を起点にして、主要街道に二〜三里の間隔をおいて、設置された。後に領主の夫役である伝馬役は銭納化《せんのうか》され、伝馬業者が次第に専業化した。宿場町の本格的な成立は、江戸期に入ってからである。

[文献]　豊田　武ほか編『交通史』(山川出版社、一九六〇)、網野善彦ほか編『交通・運輸』(日本評論社、一九八五)。

(鈴木敦子)

寺内町《じないまち》　戦国期に畿内、北陸、東海地域に見られる真宗寺院を中心として形成された自治都市で、周囲を土塁や堀で囲まれ、防衛機能も備えていた。真宗中興の祖*蓮如《れんにょ》が開いた越前国吉崎御坊《よしざきごぼう》がその先駆である。その後、文明一一年(一四七九)につくられた山科《やましな》本願寺が寺内町の始まり。ここは御影堂を中心とした本寺、坊官屋敷などの内寺内、町衆(商職人)の住む外寺内の三区画からなっていた。一〇代証如《しょうにょ》は本拠地を山科から*石山本願寺(大坂)に移した。ここは六つ(のちに一〇)の町区画があり、惣町として自治的運営がなされた。この頃から各地の交通の要衝に寺内町がつくられた。富田《とんだ》(摂津)、*今井(大和)、富田林《とんだばやし》(河内)、円徳寺《えんとくじ》(美濃)などで、商業活動が活発な地であった。

[文献]　西川幸治『日本都市史研究』(日本放送出版協会、一九七二)、仁木　宏「寺内町と城下町」(有光友学編『戦国の地域国家』吉川弘文館、二〇〇三)。

(鈴木敦子)

年行事《ねんぎょうじ》・月行事《つき(がつ)ぎょうじ》　中世後期、惣村や町組の水平・平等を原則とする共同体の運営を当番制で行う際の役職。年行事は一年交代のものであり、月行事は一ヶ月交代のものをさす。中世後期の京都では共同体として町《まち・ちょう》が組織されたが、その運営にあたったのが、月行事や年寄《としより》であった。天文二年(一五三三)六月、京都の*祇園祭《ぎおんまつり》の開催をめぐって議論となった際に、下京《しもぎょう》六六の町々の代表が祇園社に集まり、「神事これ無くとも、山鉾《やまぼこ》渡した事、ぢやけに候」(「祇園執行日記《ぎおんしぎょうにっき》」)と主張して、祇園社に山鉾巡行《じゅんこう》の実施をせまったのは、下京六六の町々の月行事たちであった。また天文一九年(一五五〇)閏《うるう》五月、田布施与一家久《たぶせよいちいえひさ》は部下が洛中を徘徊し、狼藉に及んだ際には打果たしても構わないとの通達を、「上京《かみぎょう》月行事」に宛てだしている。上京を構成する町組から、上京の運営にあたる代表者が月交代で出ていたと考えられる。さらに京都には室町期に「土倉方一衆《どそうかたいっしゅう》」が存在した。これは山門《さんもん》支配下の土倉の共同組織と考えられ、祇園会費用の馬上役《ばじょうやく》三〇〇貫文を「一衆《いっしゅう》沙汰《さた》」として年行事を通じて納入している。また質流物の田地を一衆中として配分することも行った。このように京の土倉の共同体である「土倉方一衆」の組織は年行事の選出によって運営されていることから、平等制の原則のもとに運営されていたことがわかる。

[文献] 京都市編『京都の歴史3』(学芸書林、一九六八)、脇田晴子『日本中世都市論』(東京大学出版会、一九八一)。 (鈴木敦子)

町衆《ちょうしゅう》 中世後期の都市に成立した町《ちょう(まち)》共同体を組織する構成員。林屋辰三郎《はやしやたつさぶろう》が提唱した町衆概念は、中世後期に村落で成立した惣村《そうそん》(自治の村)に対応させて、町の自治組織を構成する人々をさした。具体的には京都の町組の研究によっている。その後の研究で生活共同体としての町は、*『日葡辞書《にっぽじしょ》』に「ちょう」と記されていることなどから、「ちょうしゅう」と呼ぶようになった。町とは街路をはさむ二つの頬(両側)から構成され、町の連合組織として町組を形成した。その構成員は屋敷所有者であった。「町組」の名称が史料上に表れるのは、天文六年(一五三七)正月で、京都下京《しもぎょう》の町衆の代表五人が室町将軍*足利義晴《よしはる》のもとに正月の挨拶に出向いた際のもので、彼らは下京の五つの町組(中組・西組・巽《たつみ》組・七町半《しちちょうはん》組・艮《うしとら》組)の代表者であった。彼らは六角堂《ろっかくどう》に集まり、公方《くぼう》への年頭拝賀《はいが》費用の町組への割当を評議している。当時すでに重要事項を町組として評議するシステムがあることから、町組はそれ以前から存在していたと考えられる。町組の構成員である町衆は、*応仁・文明の乱に際し、自衛のために町組ごとに木戸や堀・柵を設け、その運営にあたった。その中核は*土倉《どそう》・酒屋《さかや》であり、彼らの中の富裕層が指導的な役割を果たした。それは土倉・酒屋は近郊農村への高利貸業を行っており、彼らは土一揆の攻撃対象となったためである。文明一八年(一四八五)八月の土一揆乱入の際には、町衆自身が警固《けいご》の役につき、自衛体制が整えられている。永正元年(一五〇四)九月には、下京衆(武装した下京の町衆)が細川政元《ほそかわまさもと》軍の指揮下で戦っている。一六世紀に入ると、下京衆・上京衆と呼ばれる町衆が武力を蓄え、実際の戦闘に参加した。また町衆は単に自衛の組織だけではなく、幕府支配層に対して、地子銭《じしせん》や年貢の減免・免除などの町々の要求を認めさせるための圧力団体としても力を発揮した。町衆と類似する組織は和泉国堺・摂津国平野などに見られる。

[文献] 林屋辰三郎『中世文化の基調』(東京大学出版会、一九五三)、京都市編『京都の歴史3』(学芸書林、一九六八)、脇田晴子『日本中世都市論』(東京大学出版会、一九八一)、秋山国三・仲村研『京都「町」の研究』(法政大学出版局、一九八四)。 (鈴木敦子)

祇園祭《ぎおんまつり》 京都祇園社（八坂《やさか》神社）の祭礼。祇園会、祇園御《ご》霊会《りょうえ》ともいう。祭の起源は、疫病《えきびょう》罹災《りさい》から免れるために催した祇園御霊会である。祇園祭は、八坂神社を出発して町の御旅《おたび》所《しょ》を巡幸《じゅんこう》する神輿渡御《しんよとぎょ》と、町々の山鉾巡行《やまぼこじゅんぎょう》との二つの祭からなる。神輿渡御は、平安末期（院政期）に御旅所の成立によって始まり、六月七日に神輿の御幸から一四日の還幸（御霊会）にいたるものをさし、現在まで変わらずに続いている。祇園社で初めて御霊会が行われたのは、室町時代に記された神道書『二十二社註式《にじゅうにしゃちゅうしき》』の記述によると、天禄三年（九七二）とされる。町々の山鉾巡行は、神輿渡御に随行する鉾が進化・独立したもので、山鉾巡行が始まったのは南北朝期からである。鉾は神の降臨する依代《よりしろ》であり、それが巨大化し装飾化したものが山鉾巡行の鉾である。これは南北朝の戦乱の中で、自衛しなければならなかった町人たちが、結束力を高めるために町ごとに共同体をつくり、その結束の象徴として山鉾巡行を始めたのである。*応仁の乱で京の町は灰燼に帰すが、明応九年（一五〇〇）幕府の援助のもとに再興され、その後*織豊政権の成立によって政情の安定をみたことから盛大なものとなった。また京都の町組が整備され、祇園氏子区域の中に鉾組とその寄組とが定まった。江戸期にはこの両者の協力関係の中で、山鉾の飾付の豪華を競い、鉾の上での囃子《はやし》も洗練されたものとなっていった。また、各地に勧請された祇園社でも毎年七月に実施されている所が多い。

［文献］京都市編『京都の歴史3』（学芸書林、一九六九）、脇田晴子『中世京都と祇園祭』（中央公論社、一九九九）。（鈴木敦子）

山口《やまぐち》 周防国の守護所《しゅごしょ》および戦国大名*大内氏の城下町。山口県中央部に位置し、現在の県庁所在地。建長六年（一二五四）銘の円政寺旧蔵の鰐口《わにぐち》に「防州山口月輪山円政寺天神宮」とあるのが初見。貞治二年（一三六三）北朝から周防・長門二国の守護に任ぜられた大内弘世《おおうちひろよ》は、その頃に領国経営の本拠地を山口に定めた。その町造りは京都を模し、西の京都といわれた。*応仁の乱後多くの公家・禅僧たちが京を逃れて訪れ、大内文化を形成した。天文二〇年（一五五一）には*フランシスコ・ザビエルが山口を訪れ、*大内義隆《よしたか》から布教を許された。そのときの記録では山口の戸数が一万戸以上といわれる。同年九月の*陶晴賢《すえはるかた》の乱によって山口は大きな被害を受け、衰退した。

［文献］『山口市史』（一九八二）、福尾猛市郎『人物叢書16大内義隆』（吉川弘文館、一九七五）。（鈴木敦子）

大湊《おおみなと》 平安期以降発達した港町。現在の三重県伊勢市に位置する。伊勢湾にそそぐ宮川の河口に成立した伊勢神宮の外港である。大湊の初見史料は建仁二年（一二〇二）のもの。長禄三年（一四五九）の史料から、大湊は伊勢国度会郡《わたらいぐん》の大塩屋御《おおしおやみ》薗《その》（伊勢神宮に朝夕日次《あさゆうひなみ》の塩を調達するための所領）の中にあることがわかる。明応七年（一四九八）にこの地域は大地震にあい、家屋一〇〇〇軒余が崩壊し、約五〇〇〇人が死亡したといわれ、当時の大湊は家屋が密集する都市であったのである。ここには廻船業者や問屋で結成された大湊会合《かいごう》が存在し、自治都市を運営していた。角屋《かどや》は大湊を代表する廻船業者であり、後北条・織田・徳川氏の御用商人として活躍した。

［文献］小西瑞恵『中世都市共同体の研究』（思文閣出版、二〇〇〇）、中田四郎「室町末期の大湊」（『地方史研究』一三―二・三合併号、一九六三）。（鈴木敦子）

桑名《くわな》 伊勢湾に臨む港湾都市。現在の三重県桑名市。益田荘《ますだ》内。桑名の地名の初見は、『日本書紀』天武《てんむ》天皇元年(六七二)に「桑名郡家《くわなぐんが》」とあるもの。平安期には安野津《あのつ》・富津《ふっつ》とともに桑名が伊勢平氏の根拠地であった。その後桑名は伊勢湾航路の港湾都市として発達した。桑名には美濃国《みののくに》の産物が木曾川《きそ》を経由して集荷され、その一部は山越によって畿内地域へも運ばれた。*『今堀日吉神社文書《いまぼりひえじんじゃもんじょ》』によると、近江国蒲生郡《がもうぐん》の保内《ほない》商人を中心とする四本《しほん》商人らは、ここの問屋から美濃紙などを購入して、山越によって近江国内で販売した。また同文書の永禄元年(一五五八)頃のものには、桑名は諸国商人が往来する「十楽《じゅうらく》の津《つ》」であると記され、自治都市《じちとし》として発達していたことがわかる。

[文献] 豊田 武『豊田武著作集3中世の商人と交通』(吉川弘文館、一九八三)、網野善彦『無縁・公界・楽』(平凡社、一九七八)。

(鈴木敦子)

今井《いまい》 戦国期にあった大和国の*寺内町《じないちょう》、現在の奈良県橿原市今井町。『大和記』によると、「今井ト申処ハ、兵部《ひょうぶ》ト申一向坊主ノ取立新地ニテ(中略)、四町四方ニ堀ヲ掘リ廻シ土手ヲ築キ、内ニ町割ヲ致シ、方々ヨリ人ヲ集メ、家ヲ作ラセ、国中ヘノ商等イタサセ、又ハ牢人ヲ呼集メ置キ申候」とあり、天文年間(一五三二—五五)に*石山本願寺の家衆兵部卿法印豊寿《ほうじゅ》が本願寺の道場(後の今井御坊・称念寺)をつくり、その周囲に堀・土手をめぐらせ、内部に町割を施して、門徒の浪人・商人を集めて寺内町とした。その範囲は南北三〇〇メートル、東西六〇〇メートルであり、自治都市*堺をモデルとした町づくりが行われた。寺内町は一般的に交通の要衝に開かれるが、今井の場合は、奈良盆地南部の交通の要衝である札の辻の西南西に位置する今井荘につくられた。町は商業都市として繁栄したが、天正三年(一五七五)に*織田信長《おだのぶなが》の支配下に入った。町人自治が発達し、今井兵部歴代の支配を排し、今西・尾崎・上田の三家が惣年寄として町政にあたった。今西・上田両氏は大和の戦国大名十市《とおいち》氏の末流であり、尾崎氏は豊臣氏の家臣で*関ヶ原の戦いの後、今井に居住した。江戸初期の戸数一二〇〇戸、人口四〇〇〇。現在の多くの住宅が現存し、江戸時代の面影を残す町並みがみられ、なかでも慶安三年(一六五〇)につくられた今西家住宅(八棟入母屋造)は国の重要指定を受けたものである。

[文献] 西川幸治『日本都市史研究』(日本放送出版協会、一九七二)、後藤文利『真宗と日本資本主義』(同信社、一九八一)、『今井町史』(一九五七)、『橿原市史』(一九八六・八七)。

(鈴木敦子)

草戸千軒《くさどせんげん》 備後国の芦田《あしだ》川河口の中州にあった中世の町(現在の広島県福山市)。常福寺《じょうふくじ》(旧明王院《みょうおういん》)の*門前町でもあった。「備陽六郡誌《びようろくぐんし》」に延宝《えんぽう》元年(一六七三)に洪水のために町が崩壊したと記すが、史料上では*『太平記《たいへいき》』に「草井《くさい》」、『西大寺諸国末寺帳《さいだいじしょこくまつじちょう》』に「草出《くさいず》」、文明三年(一四七一)の山名是豊《やまなこれとよ》書状には「草土《くさど》」が確認できる程度で、草戸千軒町は「まぼろしの町」といわれていた。昭和初期に河川改修工事が行われた際に、多数の出土物がでたことから、草戸千軒町の存在が確認された。しかし工事の結果遺跡の破壊が進むために、昭和三六年(一九六一)からは発掘調査が開始された。遺跡は鎌倉期から室町期にわたるものであるが、とくに室町後期の町の保存状態がよく、堀と塀に囲まれ、東西南北に幅二~三メートルの石

草戸千軒の出土物
上：櫛・笄(こうがい)・毛抜き、左下：銭壺と緡《さし》状の銭、右下：木簡。

敷道路をつくり、それに沿って鍛冶屋《かじや》・木地屋《きじや》などの町屋が並んでいた様子がわかる。ここは中世の庶民生活を知ることができる遺跡として重要なものである。出土した品々は庶民の生活用具が中心であり、刀子・砥石《といし》・柄杓《ひしゃく》・曲物桶《まげものおけ》・火鉢《ひばち》・下駄《げた》・櫛《くし》・草履《ぞうり》・木の葉形鋸など。また陶磁器については近隣の亀山《かめやま》焼・備前《びぜん》焼（岡山県産）をはじめとして瀬戸《せと》・常滑《とこなめ》（愛知県産）、さらに輸入品である龍泉窯《りゅうせんよう》・景徳鎮窯《けいとくちんよう》・吉州窯《きっしゅうよう》・磁《じ》州窯《しゅうよう》（中国）、高麗窯《こうらいよう》（朝鮮）のものなどで、当時の国内、国外との交易圏の広がりがわかる。現在は発掘調査は終了し、出土品は広島県立歴史博物館（福山市）に収蔵され、展示室内に町の一部が復元・展示されている。

［文献］　網野善彦ほか監修『よみがえる中世8草戸千軒』（平凡社、一九九四）。　（鈴木敦子）

製塩《せいえん》　日本では原始以来塩は海水から精製されてきた。縄文時代後期後葉から弥生・古墳・さらには平安時代まで、土器に海水または鹹水《かんすい》を入れて煮沸して塩の結晶を採ることが行われた。その後一般的製塩は塩田を用いて海水を濃縮し鹹水をとり、それを石釜・鉄釜で煎熬《せんごう》する方法がとられた。塩田は中世では揚浜式塩田、近世では*入浜式塩田《いりはましきえんでん》が主流であった。揚浜式塩田の例としては、兵庫県赤穂市堂山の山麓に平安後期から鎌倉前期までの塩田跡地が発掘確認されている。この塩田は汲塩《くみしお》浜《はま》と呼ばれ、塩田地盤が満潮水面よりやや高くつくられており、表面を真土や山土で打固めて塗浜《ぬりはま》とし、その上に細砂を撒砂し、ここに海水を撒水し鹹砂《かんさ》をつくり、溶出して鹹水をとるのである。このほか中世の塩田には、自然浜式塩田も存在した。干潟《ひがた》を利用して塩浜（採鹹場《さいかんじょう》）をつくり、満潮時に海水を含んだ（塩の結晶が付着した）砂を、干潟《ひがた》になった際に掻き集め、これに海水を注ぎ、濃度の濃い海水（鹹水）をつくり、これを釜で煎熬して塩をつくる方法である。塩浜は一般には採鹹場と塩屋（煎熬場）を含む浜辺全体と煎熬に必要な薪をとる塩木山もセットとなっていた。採鹹場は上田・下田の等級分けがなされていた。以上は建久三年（一一九三）に僧顕昭《けんしょう》が著した『六百番陳状《ろっぴゃくばんちんじょう》』に載る伊勢国の塩浜の形態についてのものである。中世の製塩地では、瀬戸内海地域も有名であり、東寺《とうじ》領《りょう》伊予国弓削島荘《ゆげしまのしょう》は、荘園年貢として塩を貢納する「塩の荘園」と呼ばれる。瀬戸内海地域が製塩地帯であったことがわかる。

［文献］　日本専売公社編『日本塩業体系原始・古代・中世』（日本専売公社、一九八〇）、日本専売公社編『日本塩業体系　近世』（日本専売公社、一九八二）、渡辺則文『日本塩業史研究』（三一書房、一九七二）、広山堯道『日本製塩技術史の研究』（雄山閣、一九八三）、石井　進ほか編『塩業・漁業』（日本評論社、一九八五）。　（鈴木敦子）

入浜式塩田《いりはましきえんでん》　近世以降に製塩のために砂浜につくられた塩田（塩浜）。塩浜の史料上の初見は『三代実録《さんだいじつろく》』の貞観一七年（八七五）のもの。この塩浜は干潟の塩分を含む砂を集めて塩をつくる「自然浜《しぜんはま》」方式であった。他方「揚浜式《あげはましき》塩田」といい、海水を人力で汲み上げ砂面に散分する方式の塩田もあった。一四世紀末伊勢国の塩浜には周囲に堤防がつくられ、浜溝が掘られており、入浜式塩田に近似していることから「古式《こしき》入浜塩田」と呼ぶ。これは前者の発展形態といわれ、入浜式塩田として完成する。播磨国赤穂《あこう》・阿波国撫養《むや》の塩田がその代表である。赤穂は正保二年（一六四五）常陸国笠間《かさま》から入封《にゅうふう》した浅野長直《あさのながなお》が塩田開発を奨励し、三崎新浜村に入浜式塩田を築造した。経営にあたっては、播磨国荒井《あらい》から浜人を招致し、定住させた。大名主導の土木工事として塩田がつくられ、製塩は藩の専売製品として管理されていった。入浜式塩田とは強固な堤防によって周囲を囲み、溝を掘り、海水の出入りを自由に調節するために樋門を設け、ここから導入された海水が塩田面に短冊型につけられた溝から塩田地盤に浸透し、毛細管現象によって上昇し、地盤面に散布してある砂に付着する。さらに水分の蒸発によって塩分の付着した砂（鹹砂《かんさ》）を集めて、塩田地盤にある沼井《ぬい》に入れ、その上から海水を注いで鹹水《かんすい》をとり、これを塩釜で煮つめて塩ができあがる。承応二年（一六五二）の「播州《ばんしゅう》赤《あ》穂《こう》三崎新浜検地帳《けんちちょう》」には「一軒前」（平均五反七畝余）という表現がみえ、近世塩業の基本的経営規模がわかる。

［文献］渡辺則文『日本塩業史研究』（三一書房、一九七二）、日本専売公社編『日本塩業体系　近世』（日本専売公社、一九八二）、広山堯道『日本製塩技術史の研究』（雄山閣、一九八三）、石井　進他編『塩業・漁業』（日本評論社、一九八五）。（鈴木敦子）

大鋸《おが》　室町時代に中国から導入された縦挽《たてび》きの鋸《のこぎり》。大鋸が出現する以前は、木の葉型の横挽きの鋸（草戸千軒遺跡より出土例あり）が使用され、製材には斧や鑿《のみ》による打割法を用いた。大鋸の登場で、大板の製材が可能となり、木材加工や建築の分野に大改革をもたらした。『和漢三才図会《わかんさんさいずえ》』には「長さ六尺、歯は半ば順、半ば逆、竹のえり、杣人これを用ふ」とある。H型の枠の一方に鋸身をつけ、反対側にかけた弦をねじって鋸身を張り、二人で挽いた。『三十二番職人歌合』に大鋸挽《おがびき》職人《しょくにん》が載っている。かっては製材から施工まで大工の一貫した仕事であったが、製材を専門とする「大鋸挽」が登場し、「大鋸板」も商品として流通するようになる。これは社会の建築需要に応えるものであった。

［文献］松村貞次郎『大工道具の歴史』（岩波新書、一九七三）、吉川金次『ものと人間の文化史18　鋸』（法政大学出版局、一九七六）。（鈴木敦子）

製紙《せいし》　日本での製紙の開始は、『日本書紀《にほんしょき》』によると推古《すいこ》天皇一八年（六一〇）、渡来した高麗《こうらい》僧曇徴《どんちょう》が製紙技術を伝えたことによるという。しかし、それ以前に日本に中国や朝鮮半島から紙（経・書など）が入っていたことは記紀の記述から確実であり、国内に製紙技術が導入されていたと想像される。律令体制下では中央政府の図書寮《ずしょりょう》管轄下に官営製紙場（紙屋院《かみやいん》）が設けられ紙が供給されたが、各国の国衙《こくが》にも附属する製紙場があり、国衙や寺社へ紙を供給し、さらに中央へも供給された。中世に入り律令体制の崩壊とともに、紙の生産体制にも変化があった。紙屋院で生産される紙は、再生紙である反故《ほご》紙をつかった宿紙《しゅくし》の生産を専らとした。また各国での製紙技術は農民らに受け継がれ、荘園の公事《くじ》として荘園領主に供給されると同時に、地方特産物として中央で高値で取り引きされ、杉原《すいばら》紙（播磨国杉原谷・現兵庫県加美町）のように生産地名をつけて呼ばれた。東寺《とうじ》領備中国*新見《にいみ》荘の公事には紙が現物で徴収され、東寺はその品質確保を現地代官に強く訴えている。現在伝えられる和紙の品種が、ほぼ出揃うのもこの時期である。原料は楮《こうぞ》（壇紙・杉原・森下・奉書・西の内紙など）・三椏《みつまた》・鴈皮《がんぴ》（薄様・鳥の子・間似合紙など）が代表的である。鴈皮紙は緻密で光沢があり虫害に強く、防湿性にとむことで知られ、宣教師らが高く評価しており、切支丹本《きりしたんぼん》に多く使用されている。

[文献] 寿岳文章『日本の紙』(吉川弘文館、一九六七)。

(鈴木敦子)

市神《いちがみ》 市を守護し、商売をつかさどる神。市姫《いちひめ》とも。市杵島姫《いちきしまひめ》や恵比須神《えびすかみ》を祭神とすることが多い。平安京の東西市には、宗像《むなかた》大神を市神として祀っていたと伝える。中世以降、新市の開設にあたって市神を勧請《かんじょう》するのが常となる。近江国蒲生《がもう》郡では一五・一六世紀に多くの市場が成立するが、中でも長野郷一日市が親市であるといわれ、大和国三輪大社《みわたいしゃ》の市神を勧請した由緒をもつ。筑後国では新市開設時の市祭は、筑後一宮《いちのみや》の高良大社《こうらたいしゃ》の神主が行った。勧請してくる市神によって信仰圏の広がりや市場圏・経済圏の広がりがわかる。祭日は正月の初市《はついち》などがあてられ、その場で祭文《さいもん》を唱える。応永二二年(一四一五)の奥書がある「市場の祭文」(武州文書)が著名。

[文献] 国立歴史民俗博物館編『中世商人の世界』(日本エディタースクール出版部、一九九八)、鈴木敦子「中世後期における市立て・座支配権とその解体」(『日本中世社会の流通構造』校倉書房、二〇〇〇)。

(鈴木敦子)

青苧座《あおそざ》 中世に青苧の売買を行う商人の同業者団体。青苧《お(う)》は苧の茎の繊維で、越後上布《じょうふ》・奈良晒《ならさらし》など麻布の原料であり、越後地方の特産品である。三条西家《さんじょうにしけ》が青苧座《あおそざ》(苧座《おざ》)の本所であり、商人から座役銭《ざやくせん》を徴収していた。青苧役徴収権は、本来官衙《かんが》の権益に属していたが、後に三条西家の家領化《けりょうか》したもので、朝廷によって保障されていた。*三条西家は、永徳《えいとく》三年(一三八三)には、青苧役の知行を行っており、三条西実隆《さねたか》の日記『*実隆公記《さねたかこうき》』には、京中苧座、天王寺《てんのうじ》苧座、坂本の苧座、越後苧座が見え、これらが支配下の苧座であろう。文明一八年(一四八五)の室町幕府奉行人奉書《ぶぎょうにんほうしょ》は上杉房定《うえすぎふささだ》に充てて、苧座衆(青苧本座衆)の越後国府中における青苧の独占商売を保障している。この苧座衆は天王寺苧座であり、三条西家に納入した一五〇貫文近くの苧課役は座役銭にあたる。しかし越後国に長尾氏が台頭すると、室町幕府が保障していた青苧購入の本座独占権が脅かされ、越後府内の青苧座が畿内へ直接青苧を搬入するようになる。大永《だいえい》八年(一五二八)三条西家に越後府内の商人蔵田《くらた》氏が礼銭五〇貫文を納入しているが、座役銭にあたるものであろう。天正一〇年(一五八二)には上杉氏が、蔵田氏に青苧役の徴収権を安堵している。

[文献] 脇田晴子『中世商業発達史の研究』(お茶の水書房、一九六九)、豊田 武『豊田武著作集1座の研究』(吉川弘文館、一九八二)、豊田 武『豊田武著作集3中世の商人と交通』(吉川弘文館、一九八三)、小野晃嗣『日本中世商業史の研究』(法政大学出版局、一九八九)。

(鈴木敦子)

北野麹座《きたのこうじざ》 京都北野天満宮(北野神社)に所属する西京《さいきょう》神《じ》人《にん》の営む麹商売に関わる座。西京神人の初見は弘安一一年(一二八八)であり、彼らが酒麹役《さけこうじやく》を勤めていたことを示す文書には「去貞治年中(一三六二―六八)」とあることから、一三世紀初頭には西京神人の麹生産は行われていたといえる。彼らは北野神社の神人として役銭納入をすることによって商業活動上の特権を保障されていた。それは、造酒司《みきのつかさ》が麹売に対して課す酒麹役を免除され、京都の麹を独占的に製造販売するものであった。一五世紀に西京麹売と洛中・洛外の*土倉・酒屋との間に、麹の製造・販売の独占権をめぐって訴訟が起きている。

中世の座

国名	座名	所在地	本所
山城	綿本座	三条・七条・錦小路	祇園社
	綿新座	洛中散在	同
	練絹座	四条烏丸	同
	堀川材木座	堀川十二町	同
	魚座	四条油小路	同
	柑類座		同
	袴腰座	四条町	同
	小袖座	錦小路室町	同
	扇座	上京小川・五条橋西	御影堂
		鷹司通り	城殿（木工寮）
	扇之商里座	二条室町など・高辻烏丸因幡堂前	木工寮
	紺灰座	長坂口	掃部寮
	宿紙上座	綾小路通西洞院西	梅井氏（図書寮）
	同下座	同	小佐治氏
	地黄煎座		典薬院
	薬商売千駄櫃座		施薬院
	鳥三座	三・五・七条町	内蔵寮・長橋局
	駕輿丁諸座	上京	四府・中原・壬生家
	箔屋座		近衛家
	塩合物西座	西岡寺戸	西園寺・東坊城家
	小破座		久我家
	皮籠座		同上
	大舎人織手座	西陣村雲	内匠寮・万里小路家
	竹座	大原	万里小路家
	青花座		薄家
	石灰座		同
	博労座	五条室町	同
	釜座	三条釜座町	薄家・蔵人所
	楮座		坊城・日野・中御門・出納など
	青苧座		三条西家
	九条散所座	九条	同
	九条寝藍座	九条	三条家
	索麺座		中御門家
	九条筵座	九条	山科家
	反古座		中原家
	白布座		南御所・勧修寺家
	酒麹座	西京七条	北野神社
	帯座		延暦寺
	太刀屋座	四条町・四条室町	室町幕府
	練貫座		同
	雲母座	四条町	南御所
	水銀座	烏丸四条	室町女院
	直垂座	四条町	木工寮
	油座	京・大山崎	離宮八
	粟津座	六角町	御厨子所供御人
	嵯峨座		
	紙漉上座	西洞院紙屋川周辺	梅井氏（図書寮）
	同下座		小佐治氏（同）
	米屋座	下京三条室町・七条辺	壬生家（小槻氏）
	米座		石清水八幡
	麹座		同
	絹座		同
	布座		同
	新綿・古綿座		同
	染物売座		同
	鮮魚座		同
	生魚座		同
	軽物座		同
	紺之座	石清水八幡宮門前	同
	塩座		同
	皮染座		同
	和布座		同
	菓子座		同
	塩魚座		同
	塩座	木津	一乗院
	材木座	同	同
	糟糠座	同	同
	火鉢造座	同	同
	朱座		
	餅座		
	摺暦座		
	薬座	一条薬町	
	珠数棚座		
	切皮座	四条町	
	紺座	綾小路・六角町	
	鎧座	四条	
	腹巻座	同	
	弓矢座	同	
	太刀座	同	
	刀座	同	
	馬鞍座	同	
	小物座	同	
	行縢座	同	
	念珠座		
	数珠之座		
	銅座		壬生家
	綾座		
	錦座		
	干魚座	七条	
	宇治室麹座	宇治	
	油座	醍醐	
	紅粉座	上・下京	
	悪銭座（上・下）		
	桶座		
	転多打座		
	檜物座		
	塗師屋座		
	畳座		
	錫座		
	材木座		

国名	座名	所在地	本所
	伏見座		
	伯労座		
	小舎人座		
	雑色衆座		
	南方・北方座		
	土器座	深草	醍醐寺・摂関家・山科家(内蔵寮)
大和	油座	奈良符坂	大乗院
	塩座	奈良	同
	塩シタミ座	同	同
	黒味噌座	元興寺	同
	心太座	奈良	同
	石灰座	同	同
	薑座	同	同
	蒟蒻座		同
	曽木座		同
	紺座		
	白土器座	西京	
	火鉢(赤・白)	同	
	油座	八木	
	麹座	五位庄	
	雑紙五位座	同	
	雑紙十三座・		
	山簾座	乙木	
	田原座(檜物座)	奈良・田原本	
	黄皮座	布留郷	
	鍋座	下田・三輪	
	飴粽座	箸塚	
	煎米座	軽・大和	
	塩本座	五位庄	
	塩新座	同	
	茶座	同	
	糵座	箸塚	
	煎雑喉座	同	
	蛤座	奈良	
	飴座	同	
	菓子座	軽	
	鳥餅座		
	鍛冶炭座		
	丹座		
	竹座		
	引入座		
	売上座		
	菜座		
	鍋座	奈良南市	
	高杯座		
	イタコンコウ座		
	裏無座		
	炮碌座		
	貝座		
	切輪座		
	唐笠張座		
	扇骨刪座		
	足駄座		
	筵座		
	柴座	山田上下庄	
	木綿座		
	鍛冶座		
	鋳物師座		
	壁染座		
	刀細工座		
	塗染座		
	桶結座		
	檜皮葺座		
	番匠座	奈良	
	銅細工座		
	瓦作座		大乗院
	坂手座(檜物座)	坂手	一乗院
	素麺座		大乗院・一乗院
	唐傘座		同
	漆座		同
	菰座	番条	同
	菅笠座		同
	白土器座	西京	一乗院
	布座		
	草履座		
	染殿座		
	麹座	曲川	
	麹座		
	結桶座		
	(北座)		
	銅細工座		
	唐笠張座		
	塗師座		
	檜皮葺座		
	鷹座	丹後庄	
	仲買座	矢木	
	糟糠座		
	染殿本・新座		
	貝新座		
	鍛冶新座		
	薬座		
	麹座		
	樽座		
	桶座		
	紺灰座		
	紙座		
	春日座(素麺座)		春日社
	唐笠座		
	工座		
	麹座	平群	

国名	座名	所在地	本所
	大工本・新座	奈良	東大寺
	葺座		
	鍛冶座		
	絵仏師座		
	蓑笠座		東金堂
	経座		
	糖売座		
	古紙座		
	鉄座		
	皮子座		
	蒟蒻座	奈良南市	
	塩座		
	布座		
	鍋座		
	筵座		
	桶座		
	紙座		
	菓子座		
	蓮座		
	大根座		
	鳥座		
	山イモ座		
	魚座		
	米座		
	大豆座	奈良南市	大乗院
	綿座		
	苧座		
	絹座		
	紺座		
	小袖座		
	小物座		
	布ヒサメ座		
	烏帽子座		
	炭座		
	松ノ座		
	引入座		大乗院
	釘座		
	釜座		
	カネノ座		
	矢座		
	茶座	奈良中市	
	檜物座		
	材木座		
	塩座		
	布座		
	小物座		
	米売座		
	魚座		
	胡麻座		
	簾座	奈良南市・乙木	学侶・衆徒
	麹座		学侶
	麹座		衆徒
	煎米座		
摂津	苧座	天王寺	三条西家
	鍛冶座		天王寺
	筵座		
	木村布座	今宮浜市	
	紺本・新座		
	紙座		
	笠本・新座		
	栗柿座		
	太刀・刀座		
	日照笠座(綾藺笠座)		
	鍬座		
	塩座		
	魚座	今宮	祇園社・内蔵寮
	菅笠座	深江	一乗院・春日社
	油座	木村	大乗院
河内	鋳物師座	丹南郡	蔵人所
和泉	南北馬座	堺	末吉家
	塩魚座	貝塚	
	麹座	同	本願寺
	灰之座	日根野庄	
伊勢	水銀座	丹生	蔵人所
	白粉座	射和	
	豆腐座	山田八日市	
	釜座		
	油座		
	御器座		
	麻座		
	酒座		
	魚座		
	麹座		
	紙座		
	米座	山田	
	布座		
	鰯座		
	油座	松坂	佐々木氏
遠江	茜染座		室町幕府
	升座		守随氏
駿河	油座	今宿	今川氏
	塩座	沼津	北条氏・妙覚寺
	友野座	今宿	
	魚座	今宿	武田氏
甲斐	魚座	甲府	武田氏
相模	材木座	鎌倉	
	博労座	同	

国名	座名	所在地	本所
下総	軽物座	香取	香取社
	をの座		
近江	魚座	粟津	山科家
	塩座	大津	
	紙座	枝村	宝慈院
	斤屋座	今津	
	呉服座	横関	延暦寺
	油座	建部	建部社
	塩座	小幡	日吉社
	塩座	保内	延暦寺
	呉服座	同	同
	紙座	同	同
	伯楽座	同	同
	苧座	坂本	
美濃	紙座	大矢田	宝慈院
若狭	麹座	山東郷	京極氏
越前	軽物座	北庄	橋氏
	唐人座	同	同
	紙座	大滝	大滝神明社
	川船座	敦賀	朝倉氏
	河野屋座	同	同
	馬借座	浦・山内	
加賀	紺屋座	河北・石河郡	内蔵寮
	麹室座	金沢	本願寺
	紺掻座	白山	白山神社
能登	素麹座	輪島	前田氏
越中	檜物師座		
越後	青苧座	府中	三条西家・上杉氏
	薬之座		
備前	鋳物師座	西大寺	地頭・領家
	魚座	同	同
	筵座	同	同
安芸	薬座	厳島	大内氏
周防	魚座	宮市	大内氏
阿波	舟座		
筑前	油座	博多	箱崎宮
	小物座		
筑後	高良座	高良	高良大社
	秤座		
	油座		
	金座		
	銀座		
	土器座		
	小物座		
	瀬高座	瀬高庄	
	合物座	同	
	小物座	同	

応永二六年（一四一九）、幕府は北野麹座に対して洛中辺土の麹室の独占権を認め、京中の酒屋の麹室はすべて破却された。その数は五二軒におよび、それらの店はそれぞれ今後麹室をつくらない旨の誓約書を提出している。応永三三年（一四二六）につくられた洛中の酒屋名簿には三四七軒の酒屋が載せられており、北野麹座の支配権は先の麹室を所持していた酒屋と合わせて四〇〇軒に及んでいた。しかし文安元年（一四四四）に酒屋と麹座の対立が激化し、「文安の麹騒動」が生じた。京中の酒屋たちは山門（比叡山西塔）の援助を頼み、北野麹座の麹の製造・販売の独占権の破棄を求めて強訴を行ったのである。これ以降、京中の酒屋は麹生産が許可され、北野麹座の独占体制が崩壊したのである。

［文献］『京都の歴史3』（学芸書林、一九六八）、小野晃嗣『日本産業発達史の研究』（法政大学出版局、一九八一）、小野晃嗣『日本中世商業史の研究』（法政大学出版局、一九八九）。（鈴木敦子）

四府駕輿丁座《しふかよちょうざ》　中世、朝廷の四府（左右《さう》近衛《このえ》府《ふ》・左右《さう》兵衛《ひょうえ》府《ふ》）に所属した駕輿丁をかつぐ雑人《ぞうにん》が商業に従事し組織した座。駕輿丁は、本来天皇の行幸《ぎょうこう》に際して鳳輦《ほうれん》をかつぐ役割になっていたが、律令制の衰退とともにその組織も崩壊し、四府の管轄からはなれ、外記《げき》と官務を世襲する中原家・壬生《みぶ》家に直属するようになった。鎌倉期以降経済活動が活発化してくると、四府駕輿丁座に属する人々は、駕輿丁の課役免除の特権を利用して、商業活動に進出してくる。さらにこの権利を獲得する目的で、四府駕輿丁座に加わる人々もおり、四府駕輿丁座に属する商人の職種は多岐にわたった。『祇園執行日記《ぎおんしぎょうにっき》』の康永《こうえい》二年（一三四二）の記録には、洛中の錦小路《にしきこうじ》に居住する綿商人のうちには、内裏の駕輿丁役人が含まれているとしている。永和《えいわ》元年（一三七三）には素麺供御人《そうめんくごにん》の支配権をもつ中御門家《なかみかどけ》が、課役を徴収しようとして、駕輿丁の資格をもつ素麺売から課役拒否をされている（「御府文書」）。永享《えいきょう》一〇年（一四三八）、大炊寮《おおいりょう》が賦課した米穀課役を四府駕輿丁座に属する米商人一二〇人が二〇貫文で請負った。彼らはのちに「米屋座」を結成している。そのほか彼らが専売権や営業権などを行使したものは、織物類では呉服、錦、赤染町帷など、食品類では味噌・鳥・索麺など、さらに古鉄、材木、竹、などであり、洛中の多くの商権を押さえていた。*豊臣秀吉《とよとみひでよし》が政権を握るとその座撤廃政策により、彼らの専売権は否定された。

［文献］　脇田晴子『中世商業史の研究』（お茶の水書房、一九六九）、豊田　武『豊田武著作集1座の研究』（吉川弘文館、一九八二）。

（鈴木敦子）

離宮八幡油神人《りきゅうはちまんあぶらじにん》　大山崎《おおやまざき》油神人とも称する。中世、京都石《いわ》清水《しみず》八幡宮の末社、山城国乙訓《おとくに》郡大山崎の離宮八幡宮の油座に加わって活動した油商人（身分は神人）。本社の石清水八幡宮に内殿灯油の貢進を負担したことから、朝廷は油司としての免許を与えた。これが後に諸国の油座を統括する根拠となった。また、四月三日に行われる、本社から離宮八幡宮への八幡神の還幸《かんこう》の儀式をかたどった日使頭祭《にっしとうさい》の頭役を勤めた。彼らの居住地は交通の要衝であり、*室町幕府から公方《くぼう》課役免除・守護使不《ふ》入《にゅう》地として承認され、油座神人を中核とする商工業者の惣町結合によって構成される「自治都市」として発展した。貞応《じょうおう》元年（一二二二）に油神人は、美濃国不破関《ふわぜき》の過書《かしょ》（通行許可証）を得ている。これは、原料である荏胡麻《えごま》の買い付けに近江・尾張・美濃・河内・播磨・伊予など、西日本各地に出向く際の自由通行の特権を保障された一例である。彼らの取扱商品は紺紫・薄打・酒麹などにも及んだ。また彼らの一部には京都に居住する者もおり、住京《じゅうきょう》神人と称し、永和《えいわ》二年（一三七六）には六二人が「新加」として新たに京住の許可を認められた。室町末期になると、諸国での油神人の活動は地方の油商人の台頭によって、その独占権が脅かされる。戦国期には各地の戦国大名が自国内の商人を保護・育成したため、彼らの独占権は否定されるにいたった。豊臣秀吉支配下では洛中油座だけはその独占権が保障されたが、その後の様子は不明。

［文献］　脇田晴子『中世商業史の研究』（お茶の水書房、一九六九）、豊田　武『豊田武著作集3中世の商人と交通』（吉川弘文館、一九八三）、小野晃嗣『日本中世商業史の研究』（法政大学出版局、一九八九）、小西瑞恵『中世都市共同体の研究』（思文閣出版、二〇〇〇）。

（鈴木敦子）

足子《あしこ》　室町期に荷を背負って運ぶ運輸業者。商売足子とも。*『今堀日吉神社文書《いまぼりひえじんじゃもんじょ》』には、足子商人の様子がわかる文書が多いが、それによると足子商人は伊勢と近江の問屋間を往来して商品を運び、問屋につけて利益を得る商人である。彼らの活動は、その流通ルートを押さえている保内《ほない》商人に座役銭《ざやくせん》を納入することで許可されていた。永禄《えいろく》頃の伊勢在住の足子商人の人数は一八名で以前より三〇名減少しているという。その行商地は一一ヶ所以上にのぼった。また天文一八年（一五四九）の「神《じ》人《にん》・足子日記《あしこにっき》」(同文書)によると、近江国の得珍保《とくちんのほ》の中の上・下大森に足子居住地があり、彼らは得珍保内（保内）の今堀郷商人に年貢銭を納めて足子商売を行っていた。

［文献］ 脇田晴子『日本中世商業史の研究』（お茶の水書房、一九六九）、豊田　武『豊田武著作集3中世の商人と交通』（吉川弘文館、一九八三）。（鈴木敦子）

祇園社綿神人《ぎおんしゃわたじん(じ)にん》　中世、京都祇園社《ぎおんしゃ》（八坂神社《やさかじんじゃ》）に所属した綿（真綿《まわた》）商人の同業者組織。都市座の典型例。祇園社を本所とする綿座には本座と新座があり、本座は新座を支配下に置いていた。康永《こうえい》二年（一三四三）に両座間におきた権利紛争は有名。『八坂神社記録《やさかじんじゃきろく》』によると、①新座は振売里《ふりうりさと》商人であり、本座神人の下人である。②綿本座神人は三条《さんじょう》町・七条《しちじょう》町・錦小路《にしきこうじ》町を中心に店棚《みせだな》を構え（店売）、新座神人は振売（行商）専門で、里《さと》（洛外《らくがい》）に散在しているとあり、両者の営業形態は明確に分かれ、各々専売権を所持していた。しかし、この訴訟の当時には本座直属の下人が振売を行い、新座との競合関係が生じていた。綿本座の主張は、「散在の商売においては、なんぞ座号《ざごう》有《あ》るべけんや、所詮《しょせん》綿神人においては、全《まった》く新座無きのよし」、として座は商売・営業特権であり、散在商人の座的特権の存在を否定している。これに対し新座側は、「座と号するは全く商売の座にあらず、神人の通名《つうみょう》なり、然《しか》して日吉《ひえ》当社《とうしゃ》（祇園社）等、皆諸座《みなしょざ》と号するは神人の者なり」、として座は神社に奉仕する神人の称号であり、特権を示すものではないとしている。両者の座に対する認識の違いが明確である。綿座の活動は一三世紀中期から一五世紀前半までの様子がわかるだけで、そのほかは永享《えいきょう》二年（一四三〇）に新座の座人一人（女性）の存在を記すのみである。

［文献］ 『京都の歴史3』（学芸書林、一九六九）、豊田　武『豊田武著作集1　座の研究』（吉川弘文館、一九八二）。（鈴木敦子）

過所《かしょ》（書）　古代・中世の*関所通過免許証。中世では多く過書と記す。過所の制度は唐令《とうりょう》にならったもので、律令制度《りつりょうせいど》下では関を越えようとする者は、役人では所属の役所に、庶民は郡司に過所の発行を求めた。過所式では過所には本人の氏名・年齢・官位・従者の数・携帯物資の品名・数量・乗用する牛馬の数、旅行目的、通過する関所名などを詳細に記した。平安中期以降律令体制が衰退し、関所の機能が失われ、過所の必要性は薄れた。鎌倉期以降関所は軍事的機能よりももっぱら関銭徴収を目的として設置され（経済的関所）、過所は関銭徴収免許状として利用された。過所の発給主体は鎌倉期にはほとんどが朝廷によるものであった。大山崎油神人《おおやまざきあぶらじんにん》の所持した最古の過所にあたる文書は、貞応元年（一二二二）の美濃国司下文《みののこくしくだしぶみ》で、八幡宮寺《はちまんぐうじ》大山崎神人に不破関《ふわのせき》の通行を「勘過《かんか》」すべきことを命じている。南北朝・室町期以降は室町幕府がその権限を掌握した。室町幕府が発給する過所は、将軍・管領《かんれい》・奉行人の下知《げち》状《じょう》形式をとっている。しかし経済的関所の乱立下では、関所の設置者自身が過所を発給する代わりに礼銭《れいせん》・礼物《れいもの》をとるようになる。過所の獲得によってその街道の自由通行権（物資輸送の独占権）を得たと解釈され、商人らは礼銭や樽などを贈って過所の獲得につとめた。戦国期には後北条氏・武田氏など戦国大名が領国内に通用する過所を発給した。これが江戸時代の関所手形へと受け継がれた。

［文献］ 小林保夫「南北朝・室町期の過所発給について」（名古屋大学文学部国史学研究室編『名古屋大学日本史論集』上）、滝川政次郎「過所考」（『日本歴史』一一八―一二〇）。（鈴木敦子）

宿《しゅく》 街道上に宿泊や休憩のための施設が設置されることから発展した集落。平安時代末期から各地の街道沿い、湊・津・河原・寺社門前・街道の分岐点などの交通の要衝に成立した。宿に居住する人々は、「宿の長者」によって統轄されていた。「宿の長者」は高利貸活動を通じて土地を集積して*有徳人に成長し、守護や守護代との関係を深めた。宿の住人には遊女《ゆうじょ》・*馬《ば》借《しゃく》・*車借《しゃしゃく》・鋳物師《いもじ》など種々の人々がいた。中でも非人は宿の縁辺部に居住し、非人宿を形成した。嘉暦二年（一三二七）に作成された尾張国の円覚寺領*富田荘の絵図には萱津《かやつ》宿が描かれ、これは鎌倉時代の宿を示す唯一の資料。『*東関紀行《とうかんきこう》』の著者は、仁治三年（一二四二）に京都から鎌倉に下る途中に萱津の東宿を通過したが、その日が市日であり人々の話し声で周囲が喧騒に包まれていたと記している。室町期には隔地間取引や伊勢神宮などへの寺社参詣が活発化し、商人や旅人への宿泊施設の需要が高まった。永禄一二年（一五六九）山科言継《ときつぐ》は岐阜への旅行の途中、坂本・朝妻・岐阜の麓などの宿に泊まり、そこで馬や舟・中食の手配をしており、宿の機能の一端がわかる。戦国大名の後北条氏は宿ごとに公用の継馬《つぎうま》制度（伝馬《てんま》制度）を実施し、宿は分国内の情報伝達に不可欠のものとされた。また分国内の経済政策の一環として新宿《しんじゅく》を開設した。天正六年（一五四八）、後北条氏が武蔵国内で開設した世田谷新宿は*楽市《らくいち》であり、*六斎市《ろくさいいち》を採用している。

［文献］ 豊田 武ほか編『交通史』（山川出版社、一九七〇）、網野善彦「中世の旅人たち」（『日本民俗文化大系6漂白と定着』小学館、一九八四）、新城常三『（新稿）社寺参詣の社会経済史的研究』（塙書房、一九九〇）、榎原雅治『中世の東海道をゆく』（中公新書、二〇〇八）。（鈴木敦子）

鞆《とも》の津《つ》 古代以来の瀬戸内海航路の風待ちの港。現在の広島県福山市鞆町。文献上の初見は『万葉集《まんようしゅう》』で、天平二年（七三〇）大伴旅人《おおとものたびと》が鞆の浦のむろの木を歌ったもの。『*長門本平家物語』には、鞆の浦で兵船を整えたとある。元弘三年（一三三三）中巌円月《ちゅうがんえんげつ》が博多から上京する際に鞆津で詠んだ歌に「遊妓は知らず亡国の事」とあり、遊女の存在もわかる。建武三年（一三三六）、*足利尊氏《たかうじ》が九州下向途中に*光厳《こうごん》上皇の院宣《いんせん》を受取った地であり、のちに当地の金宝寺《きんぽうじ》は備後国安国寺となる。応永二七年（一四二〇）朝鮮回礼使《かいれいし》の宋希景《そうきけい》一行は鞆の津に停泊している。江戸期には朝鮮通信使の寄港地とされ、現存する対潮楼《たいちょうろう》は福禅寺《ふくぜんじ》の客殿であるが、宿所に充てられていた。

［文献］ 網野善彦ほか監修『よみがえる中世8埋もれた港町草戸千軒』（平凡社、一九九四）、『鞆の浦の自然と歴史』（福山市鞆の浦歴史民俗資料館、一九九八）。（鈴木敦子）

尼崎《あまがさき》 大阪湾に臨む神崎川《かんざきがわ》河口にできた中世の港町。現在の兵庫県尼崎市。古代神崎川の河口の河尻・神崎が、瀬戸内海航路の発着地として発展した。尼崎はこの河口の先端部分の砂州に開けた港で、一三世紀にはその名が見え、やがて港湾都市として栄えた。寛正二年（一四六一）に尼崎問丸の別所三郎衛《べっしょさぶろうえ》門丞《もんのじょう》から東大寺に出された請文《うけぶみ》（東大寺文書）によると、彼は周防国の国衙《こくが》正税送物《しょうぜいそうもつ》を東大寺に送る問職に任命されており、尼崎に船持商人が存在したことがうかがえる。また尼崎は

*日明《にちみん》貿易船の寄港地で、積荷をここで河船に積替え、淀川を経て京都に送られた。さらに尼崎は材木・番匠《ばんしょう》の供給地であり、応永年間に勝尾寺は尼崎で造営用材をもとめた。この材木は瀬戸内海沿岸各地から集められたものである。

（鈴木敦子）

［文献］『尼崎市史』『兵庫県史』。

九里半街道《くりはんかいどう》 琵琶湖西岸の滋賀県高島郡今津《いまづ》町（現高島市）から福井県小浜《おばま》市へ通ずる街道。若狭《わかさ》街道ともいう。現在の国道三〇三号。小浜から今津までの距離が九里半あることからつけられた。若狭小浜に集められた日本海側の年貢物や物資を、奈良・京都に輸送する奈良時代からの重要ルート。街道上の大杉（現今津町大字杉山）が若狭と近江の国境となる。保坂《ほうざか》（今津町大字保坂）からは、朽木《くつき》村をぬけて京都大原口《おおはらくち》にいたる京都・若狭間の最短ルート（朽木街道・鯖《さば》街道ともいう）が延びる。九里半街道の要所である大杉・保坂・追分（現今津町大字追分）には、室町期にしばしば*関所が立てられた。これらの関所は、内裏《だいり》造営《ぞうえい》や伊勢《いせ》神宮《じんぐう》造替用途の名目で設置され、その管理は「高島七頭《たかしましちとう》」と称する周辺地域の国人領主《こくじんりょうしゅ》が行っていた。商人集団は「御樽御礼物《おんたるおんれいもつ》」を出して関の自由通行権獲得の交渉をしている。この交渉が不調に終わると、「関屋を放火」する暴挙に訴えており、関所の設置が円滑な商品流通にとって疎外原因となっていたことがわかる。また室町期にこの街道を利用して若狭国小浜からの塩・塩合物《しおあいもの》の輸送をしていた商人集団（高島郡の南五箇・北五箇・高島南市・湖東の蒲生《がもう》郡の薩摩・田中江・小幡《おばた》など）と、この商人集団に対抗して九里半街道の通行権を主張した保内商人団（近江国蒲生郡得珍保の今堀郷に居住する商人を中心とする）とが激しい相論を展開した。

［文献］脇田晴子『日本中世商業発達史の研究』（御茶の水書房、一九六九）、佐々木銀弥『中世商品流通史の研究』（法政大学出版局、一九七二）、鈴木敦子『日本中世社会の流通構造』（校倉書房、二〇〇〇）。

（鈴木敦子）

沼田市《ぬたいち》 中世安芸国沼田本荘《ぬたほんしょう》内の沼田川《ぬたがわ》の河口に成立した市場。現在の広島県三原市。『小早川《こばやかわ》家文書《もんじょ》』により南北朝期から存在が知られる。沼田本荘の地頭《じとう》小早川惣領《そうりょう》家《け》の小早川円照《えんしょう》（宣平《のぶひら》）は、暦応三年（一三四〇）に家臣らに対し市場への出入りを厳しく戒めた置文《おきぶみ》を出している。その子貞平《さだひら》も文和二年（一三五三）に三ヶ条からなる市場禁制を出した。前者は市場禁制の最も早い例とされ、小早川氏が行った家臣団城下集住政策、市場・商業統制を示す貴重な史料と評価されている。永享五年（一四三三）には本荘内安直郷《あじかごう》に本市、同小坂郷《こさかごう》に新市があり、各々三〇〇軒と一五〇軒の家が存在した。沼田市場は瀬戸内海流通の要港三原に直結する重要な市場であった。

［文献］佐々木銀弥「安芸国沼田小早川氏市場禁制の歴史的位置」（『日本中世の都市と法』吉川弘文館、一九九四）、石井 進『中世武士団』（小学館、一九七〇）、藤田裕嗣「安芸国沼田荘の市場と瀬戸内海流通網」（『歴史地理学』一三六、一九八七）。

（鈴木敦子）

堅田《かただ》 近江国志賀《しが》郡《ぐん》の地名で、現在の滋賀県大津市今堅田《いまかただ》・本堅田《ほんかただ》・衣川《ころもがわ》の地区の総称。堅田には平安末期から延暦寺領の*堅田荘があり、その住人の一部は鴨御祖社《かもみおやしゃ》（京都下鴨神社）供祭人《くさいにん》として同社領堅田御厨《みくりや》を形成し、中世においてもその両属関係は維持された。ここの供祭人には自由通行権が認められており、隔地間交易に従事する堅田商人を輩出した。また堅田浦には延暦寺領の湖上関が設けられていた。『近江名所図』は一六世紀の近江琵琶湖岸の堅田・坂本を描いた屏風で、ここに堅田関の様子が描かれており、浮御堂《うきみどう》の南側に関が設置されていた様子がわかり、堅田が当時船荷の陸揚地として、問丸・運送業者などの経済活動が活発な地であったことがうかがえる。住人は「殿原《とのばら》・全人《またうど》・マウト・タヒウ人・譜代下人《ふだいげにん》・下部《しもべ》」などから構成されていた（『本福寺由来記』）。全人衆は堅田に*浄土真宗を導入して、本福寺を中心とする真宗（近江門徒）の拠点とした。大谷本願寺の破却後には一時*蓮如《れんにょ》が留錫している。延暦寺や*織田信長《おだのぶなが》とは対立することが多く、元亀年間には弾圧を受けている。また戦国大名は堅田三方（本堅田の北切・東切・西切）が特権としていた上乗権《うわのりけん》（琵琶湖の回船・漁業・造船についての支配権）を活用して、水軍として自己の勢力下にとり込もうとした。永禄一二年（一五六九）織田信長から諸活動の補償を得ているのも、上乗権を根拠にしたものであり、近世初頭には琵琶湖「諸浦の親郷」といわれた。

（鈴木敦子）

［文献］ 新行紀一「中世堅田の湖上特権」（『歴史学研究』二九一、一九六九）、水戸英雄「堅田一向一揆の基礎構造」（『歴史学研究』四四八、一九七七）、網野善彦「近江国堅田」（『日本中世都市の世界』筑摩書房、一九九六）。

山田《やまだ》 現在の三重県伊勢《いせ》市の一部であり、中世からの伊勢神《いせじん》宮《ぐう》の門前都市。同じ門前都市である隣の宇治《うじ》と合わせて宇治山田と称された。山田は沼木《ぬまぎ》・継橋《つぎはし》・箕輪《みのわ》の三郷に分かれ、各郷の*刀禰《とね》は神宮の権禰宜《ごんのねぎ》（神人《じんにん》）が兼ねていた。しかしこうした体制は、平安中期以降神領の増加とともに新たに神役人が加わったことから変化が生じ、永享元年（一四二九）には両者の対立が起き、神役人も山田の政務に携わるようになった。また中世後期には伊勢参詣が隆盛となり、神人や神役人は御師《おし》として参拝客に宿を提供したり、祈祷を行った。御師の中で有力な者は、高利貸し活動や山田の市である八日市での商業を行った。なかでも窪倉《くぼくら》や榎倉《えのくら》は山田で最も有力な御師であり、山田の都市行政を山田三方《さんぼう》として担当したと考えられる。「山田三方老若御中《ろうにゃくおんちゅう》」・「三方寄合《さんぼうよりあい》」と称される組織は文明一四年（一四八二）にすでに現れる。「山田三方」は①「三方寄合」を開き合議《ごうぎ》による行政運営を行い、②八日市場の運営・支配権を有し、座役銭の徴収を行い③徳政発布（在地徳政）の権限も有した。また三方には専用の花押があり、延徳三年（一四九一）の文書によって確認できる。このように山田は「山田三方」による都市行政権の獲得によって、中世末期には自治都市として周辺地域との紛争解決に活躍した。江戸幕府のもとでは、山田奉行の指揮下に編入されてはいたが、「山田三方会合所」が設けられ、三方年寄衆の合議で運営された。

（鈴木敦子）

［文献］ 豊田　武『豊田武著作集2中世日本の商業』（吉川弘文館、一九八二）、西山　克『道者と地下人』（吉川弘文館、一九八七）、小西瑞恵『中世都市共同体の研究』（思文閣出版、二〇〇〇）。

銭湯《せんとう》 湯銭や入浴料を取って営業する入浴施設。風呂屋、湯屋、町湯ともいう。古代社会においては、寺院が衆生救済の事業として大湯屋を設けて施浴した。南北朝時代になると、人口増加のいちじるしい都市京都の発展を背景に、観喜光寺や正法寺などの時衆寺院によって経営される湯屋がみられるようになった。岩愛寺銭湯風呂は、文和元年（正平七年、一三五二）

正月に立てはじめられた（「祇園執行日記」）。血生臭い合戦の後、兵士たちは「御方《みかた》敵浴中ノ湯屋ニ折合、時々物語シテ」過すこともあった（「源威集　下」文和四年　一三五五）。延文五年（正平十五年、一三六〇）八月、吉野攻撃の失敗から仁木義《にきよし》長《なが》と対立した畠山国清《はたけやまくにきよ》が、京都をひそかに逃れ出たのは「今度ノ乱ハ、シカシナガラ畠山入道ノ所行ナリト、落書ニモシ、歌ニモ読ミ、湯屋風呂ノ女童部マデモアツカヒケレバ」（『太平記』巻一五）といわれているように、湯屋風呂の女性たちの噂話が原因であった。湯屋風呂は、さまざまな噂（情報）がとびかう場であり、束の間の安寧の所でもあった。

（佐藤和彦）

［文献］黒田俊雄『王法と仏法』（法蔵館、一九八三）、佐藤和彦『太平記を読む』（学生社、一九九一）。

兵庫北関入船納帳《ひょうごきたぜきいりふねのうちょう》　東大寺領兵庫北関に入港した船の関銭賦課台帳で、文安《ぶんあん》二年（一四四五）正月から翌三年正月にかけてのものが現存する。ただし文安二年の正月および二月のものは東京大学文学部所蔵、そのほかは京都燈心文庫所蔵であり、両者を合冊本（『兵庫北関入舩納帳』）として公刊されている。ただし両者には記載形式や形態に違いがあり、本来は別々のものであったと考えられる。記載内容を京都燈心文庫《とうしんぶんこ》所蔵本でみると、上からA船籍地、B積載品目・数量、C関料・納入月日、D船頭、E船主（問丸・荷受人）の順で書かれている。このうちAとBの部分には合点が書かれているものが多い。これは関料が納入されたときに確認のためにつけられたと思われる。この入船納帳によると、兵庫北関への一年間の入港船数は一九〇三隻であり、それらの船の船籍地は瀬戸内海沿岸諸国を中心として土佐・豊前にまで分布している。利用された船の大きさは一千石以上が四隻あるが、全体のほぼ五割は百石以下の船であり、小型船が主流であったことがわかる。積荷は塩が最も多く一〇万六五九石、第二位は米の二万四八八〇石、第三位は材木の二万四八八〇石目であり、陸上輸送には適さない重量や嵩のある物資が、海上輸送を利用していたことを示している。またイワシ・エビ・ナマコなど瀬戸内海で採れる海産物、大豆・大麦・小麦などの穀類、灯明など油の原料となる荏胡麻なども輸送されている。

（鈴木敦子）

［文献］林屋辰三郎編『兵庫北関入船納帳』（中央公論美術出版、一九八五）、小林保夫「兵庫北関関銭小考」（『堺女子短大紀要二〇』一九八五）。鈴木敦子「中世後期の問丸」（鈴木敦子『日本中世社会の流通構造』校倉書房、二〇〇〇）。

山科教言《やましなのりとき》日記　教言《のりとき》卿《きょう》記《き》とも。応永一二年（一四〇五）から同一七年（一四一〇）までの自筆の日次記《ひなみき》が現存。ほかに応永一四年（一四〇七）の「北山女院御入内記《きたやまにょいんごじゅだいき》」（一巻・自筆）と同一五年の「北山第行幸記《ていぎょうこうき》」（一巻・自筆）がある。また楽に関する部分を抄出した「応永年中楽方記」（一巻）も現存。日次記と「北山女院御入内記」・「応永年中楽方記」は宮内庁書陵部蔵、「北山第行幸記」は京都大学附属図書館蔵。刊本は自筆本・別記・「応永年中楽方記」は『史料纂集』。安永三年（一七七四）柳原紀光が抜書した抄出本が『改訂史籍集覧』に所収。山科教言は正四位左中将《さちゅうじょう》兼《けん》内蔵頭《くらのかみ》教行《のりゆき》の嫡男。嘉暦三年（一三二八）誕生。建武四年（一三三七）従五位上、以降内蔵頭、豊後権守《ごんのかみ》、右中将、従三位、従二位、参議、永徳三年正二位、*康応元年（一三八九）権中納権となる。応永二年（一三九五）足利義満《よしみつ》に従って出家、法名常言。同一七年（一四一〇）

八三歳で没す。教言は本記を書き始めたときにすでに七八歳であり、出家して家督を譲っていたが、依然として山科家一門の中心的存在であった。日記の内容も家業にかかわることに多くを割き、内蔵《くら》寮御服所《ごふくしょ》が調達する禁裏《きんり》御服飾《ごふくしょく》関係、管弦の家として公武の御楽や楽人諸家の様子を詳述している。さらに内蔵寮関係のものと、老齢である自身の身体的状況や医薬についての記事も多い。また日野重光《ひのしげみつ》を介して将軍家や幕府要人とも親交が深く、これらの記事も多いことから、室町初期の武家関係史料としても貴重である。（鈴木敦子）

七十一番職人歌合《しちじゅういちばんしょくにんうたあわせ》　歌合形式の「職人尽絵《しょくにんづくしえ》」。『群書類従《ぐんしょるいじゅう》』所収のものの奥書《おくがき》によると絵は*土佐光信《とさみつのぶ》、書は東城坊和長《ひがしじょうぼうかずなが》とあるが詳細は不明。三巻。中世に制作された「職人尽絵」四点の中で最大規模の歌合である。成立年代は明応九年（一五〇三）頃との説が有力。この歌合は、月・恋の歌題のもとに一四二種の職人が、左右に分かれて七一組の取組をつくり、二八四首の歌を競いあう。職人像は組合せごとに向かい合うように描かれ、余白部分に詞・職人たちの詞・日常会話や口上・判詞が書かれている。判詞はごく簡単に書かれており、この『歌合』の目的は職人の風俗・生態を描くことに重点が置かれていたと考えられ、室町期の商・職人のほとんどすべてが網羅されている。職人の職種は伝統的な大工《だいく》・塗師《ぬし》・鍛冶《かじ》・研師《とぎし》などをはじめとして連歌師《れんがし》・尼衆《にしゅう》・医師《いし》・陰陽師《おんみょうじ》・猿楽《さるがく》・田楽《でんがく》などの人々も含んでいる。さらに特徴的なのは、扇売《おおぎうり》・帯売《おびうり》・縫物《ぬいもの》師《し》・組師《くみし》など三五人にのぼる女性職人が描かれている点である。とくに女性の商・職人の職種の豊かさはほかに類例がなく、当時の女性の商業への進出状況を示している。描かれた女性商・職人の姿は、①芸能・宗教関係の商・職人②食物を販売する商人（かぶりものをつけ、本眉《ほんまゆ》）③食物以外の物の販売をする商・職人（桂包《かつらつつみ》で本眉）④かぶりものをつけない商・職人の四つに分類できる。これらから室町期の女性商・職人は職種により服装の違いがあったこともわかる。

［文献］　岩崎佳枝『職人歌合』（平凡社、一九八七）、網野善彦『職人歌合』（岩波書店、一九九二）、『新日本古典文学大系61　七十一番職人歌合』（岩波書店、一九九三）。　（鈴木敦子）

中世《ちゅうせい》の衣食住《いしょくじゅう》　中世社会の衣食住に代表される風俗は、公家、武家、寺社そして民衆のそれぞれが、また、京都・鎌倉などの都市と地方・農村における独自のものが、相互に影響しあいつくりだされていった。なかでも政権を握った武家の風俗がその枠付けになった。武士はふだん、直垂《ひたたれ》を着て、侍烏帽子《さむらいえぼし》をつけた。公家社会の衣服も、この影響を受け次第に簡素化し、直垂が平服となった。民衆もまた、直垂まがいの衣服が主流となり、成人男子は武士同様、髻《もとどり》を結い烏帽子をかぶった。女性は武家に普及した小袖《こそで》が、公家、民衆に広まった。衣の分野において大きな変化が現れたのは、鎌倉末・南北朝期であった。とくに、蒙古襲来《もうこしゅうらい》以降の集団戦闘様式への変化は、重い大鎧《おおよろい》から軽い胴丸《どうまる》へと武装を変えた。烏帽子をつけず、六方笠《ろっぽうがさ》をつけ、袴《はかま》をはかず非人身分の服装である柿帷《かきかたびら》をつけて、数々の狼藉をはたらく*悪党は、その行いのみならず、常識の枠を逸脱した姿から「異類異形《いるいいぎょう》」（『峰相記』）と表現され、その流れは、*婆沙羅《ばさら》へとつながった。金襴緞子《きんらんどんす》の派手な衣を着て、並外れた贅沢を尽くし、田楽・能など新しい芸能をよくした*佐々木道誉《ささきどうよ》に代表される婆沙羅の流行は、これまでの衣服などによって表された社会秩序を大きく混乱させ、変化させた。また、民衆が一揆する際は、頭を布で包んだり、蓑笠《みのかさ》をつけていたという。室町後期には、今までの麻から保温性、耐久性に優れた木綿の衣料が普及した。食生活、住生活の面では、*応仁・文明の乱の前後に大きな変化がある。武家や民衆の間では、炊いた米（姫飯）が普及した。麦・粟・豆なども併食されており、農村では飢饉の際に、蕨の根からでんぷんを採って食したという記録もある。寺院の非時（おやつ）などの影響もあり、三度食が普及し、麺類、まんじゅう、豆腐などとともに、調味料としては味噌、醤油が登場した。禅僧たちの食生活も普及し、日本料理の原型が成立した。住生活においては、板敷きの床に畳を敷き詰める座敷が現れ、現代まで続く生活様式の基本ができあがっていった。なお、中世の衣食住を知るに際して、民衆の生活までも描いている絵巻物は史料として重要である。

［文献］宮本常一『絵巻物に見る日本庶民生活誌』（中公新書、一九八一）、『絵画史料の読み方』（週刊朝日百科　日本の歴史　別冊1、一九八八）、黒田日出男『増補絵画史料で歴史を読む』（ちくま学芸文庫、二〇〇七）。

（下東由美）

(二) 惣村の形成

惣《そう》　「あつめたばねる」意味で、惣寺・惣社・惣荘・惣郷・惣国などと使われた。特に中世後期以降は、百姓組織としての惣結合をさすようになり、惣百姓という言葉も現れる。鎌倉時代後期以降、小規模領主の地域的結合体である党が形成されるのと平行して、村落レベルでも上層農民が連合した惣結合が形成されるようになる。村落規模の惣村と荘郷規模の惣荘とがあり、山野・水利の用益などの村落秩序の保持を行いながら、荘園領主や守護・国人領主の支配に対する規制の側面をもち、しばしば一揆の基盤ともなった。惣は、小百姓層をも含みこんだ自治的集団であり、荘園制の支配機構である年貢請負や検断などを在地の側に取り込み、政治的主体として成長を遂げる。反面、惣の内部に対しては、加地子《かじし》収取権の相互保障や紛争の調停など、共同体としての自律性をもち、小百姓層に対する抑圧・規制の側面をもつ。身分的にはヨコの連合によって形成されることから、自立的な秩序を維持するため、集中談合や一《いち》味同心《みどうしん》を基本とし、掟書きや契約状をもつものもある。*乙名《おとな》・年寄などの指導層を中心に運営され、一定の成員権をもつ者によって構成される。信仰の拠り所としての寺庵や社を核とする場合も多く、それに付随する田畠などの共有財産をもち、共同祭祀などを行った。

［文献］石田善人『岩波講座日本歴史中世4郷村制の形成』（岩波書店、一九六三）、田中克行『中世の惣村と文書』（山川出版社、一九九八）。

（福嶋紀子）

寄合《よりあい》　一般的には集会や会議のことをいうが、中世ではとくに惣的結合体内部で行われる自治的な集会のことをさす。惣村や惣荘では、全員参加の寄合による衆議を重視し、共有地・水利・漁場利用などの日常的な生活規範の確認・決定や、氏神・村社の祭祀に関する定例的な衆議のほか、他村との紛争や訴訟が生じた場合には臨時の寄合が開かれて、村の意思が決定された。村内の自治的生活に関する事項の評議が行われ、これはやがて*村掟《むらおきて》（村法）として明文化されるようになった。*惣《そう》の運営における最高議決機関が寄合であり、惣の掟に背いたものは寄合への出仕を止められるなど、公民権の剥奪にもつながる厳しい制裁があった。定例的な寄合の場合、村堂などを軸とした村落座への結集も見られ、寄合に集まる構成員は宮座組織と重複する特権的な*乙名《おとな》百姓である場合もある。臨時の寄合は、しばしば*荘家《しょうけ》の一揆のように、領主に対する年貢減免要求や代官排斥運動など、緊急的な問題への対処のために開かれ、これには乙名百姓のみでなく小百姓層も含みこんだ広範な階層の参加がみられた。東寺領播磨《はりま》国*矢野荘では、永和三年の惣荘一揆に、「大寄合」と称して、鉦や太鼓を打ち鳴らし、荘内の名主百姓のことごとくが寄り集まり、東寺の代官祐尊《ゆうそん》の排斥を求めた。

［文献］　佐藤和彦「惣荘一揆の展開」（『南北朝内乱史論』東京大学出版会、一九七九）。　（福嶋紀子）

長老《ちょうろう》　村落内部の上層百姓を指す呼称。中世後期以降、畿内とその周辺の中世の自治的結合体である「*惣《そう》」の主導的役割を果たす。村落の中でも特権的な*乙名《おとな》階層に属し、さらにその中で年齢階梯を基準とした臈次《ろうじ》階梯により、上位に位置する階層が長老と呼ばれた。老長・老男・宿老・長衆・老人などの呼称がある。しばしば惣村の基盤となる宮座の中でも、上層に位置する乙名衆の中で、若衆や若者組に対して、老衆・年寄組など別個の組がつくられることもある。惣における日常的な議決事項の衆議には、全員参加の集会ではなく、乙名・年寄による会議が通常事務の執行機関としての役割を担った。近江国*菅浦荘では、乙名の中にも宿老・中老などの区分があるが、惣の行政の責任をもち、体外的にも惣荘の代表として行動した。惣は独自の掟や自検断の機能をもつようになり、自治的結合体として政治的主体になると、惣内部の長老層の役割には、紛争の調停者としての役割も期待されるようになる。検断に伴う判例の記憶者として、また成文法で現しえない慣習の体現者としての機能は、村落上層農民の乙名層の中でも、とくに長老に求められることが多かった。

［文献］　蔵持重裕「中世古老の機能と様相」（『日本中世村落史の研究』校倉書房、一九九六）。　（福嶋紀子）

乙名《おとな》　村落内部の身分呼称でもあり、中世後期以降、畿内とその周辺の中世の自治的結合体である「惣」の主導的役割を果たし、村落座の中から年齢階梯を基準とした臈次《ろうじ》階梯によって選ばれる。大人・長老・宿老・長衆などの文字があてられる。身分は百姓であるが、殿の敬称をつけて呼ばれる地侍や殿原として、一般百姓とは区別された。年貢・公事の収納に際して支配機構の末端に位置づけられている場合もあり、職務に伴う得分や*棟別銭免除などの特権が与えられている場合もある。特権をもつ乙名となるには、村落の*宮座において儀式・礼銭が必要とされ、これが「*官途成《かんとなり》」と呼ばれた。名主層の中から年齢や荘・村内部の居住区・器量を勘案して選出される場合が多い。惣における日常的な議決事項の衆議には、全員参加の集会ではなく、乙名・年寄による会議が通常事務の執行機関としての役割を担った。近江国*菅浦荘では、乙名の中にも宿老・中老などの区分があるが、惣の行政の責任をもち、体外的にも惣荘の代表として行動した。村落にとってみれば、強権的な指導者というのではなく、小百姓層からの人望によって選出される側面もあるため、あくまでも惣の代表として村落からの負託を受けた事項を主導する役割であった。

［文献］石田善人『岩波講座日本歴史中世4郷村制の形成』（岩波書店、一九六三）、田中克行『中世の惣村と文書』（山川出版社、一九九八）。（福嶋紀子）

村掟《むらおきて》（**置文**《おきぶみ》） 村落共同体内部の規約。惣結合によって村落形成の進んだ畿内で早くからみられる。共同体の意思結集を図るため、置文・申合・条目・連判状などの名目で定められる。村落の自律的動きとともに、中世後期から現れ、とくに近江地方に多く伝来している。*惣の意思の最高決定機関である衆議を重んじ、違約者には村八分などの制裁を伴った。惣の規約として設けられるため、制裁規定が多く含まれるが、農耕秩序を取り決めるものもある。惣の発達に伴って、村が自検断《じけんだん》の権限や惣有財産をもつようになると、村掟にもこれについての規定事項が現れるようになる。近江*菅浦荘では盗人の咎《とが》について私怨を禁じ、また証拠不分明なものの処罰を禁じるなど、合理的な物証主義に基づいた裁判を行うことを取り決めている。裁判は、村落や*宮座内部の上臈（老）・中老・若衆などの*乙名《おとな》層全員が集まって行われ、科料・追放・死罪などの規定が設けられていた。罪人が追放や死罪となった場合は、その跡職の相続まで惣の管理下に置かれた。もともとは一味同心などの連帯意識をもととした道義的な規制からはじまり、違反者への制裁規定が生じ、さらに裁判規定をも備えるという形で変化を遂げたと考えられている。現在史料として見ることのできる成文化した村掟を残す事例は少ないが、散逸を考慮に入れたとしても自検断を行使しえた村落の中には、不文律ではありながら村掟の存在した可能性が考えられる。和泉国日根野荘では、蕨粉の盗人を「地下沙汰」として殺害している例が見られ、見張り役であった若衆に与えられていた、盗人を発見した場合の殺害の許可は、地下一荘の衆会による決定であった。室町・戦国期にあっては、こうした不文律の村掟を体現する者として、村の*長老や年寄・乙名層が、自律的村落の中核として大きな役割を果たしていた。（福嶋紀子）

［文献］田中克行『中世の惣村と文書』（山川出版社、一九九八）、石田善人『岩波講座日本歴史中世4郷村制の形成』（岩波書店、一九六三）。

百姓請《ひゃくしょううけ》 荘園年貢の請負制度。年貢の請負体制には地頭請や守護請、代官請などがあるが、名主・百姓による請負で納入される体制を*地下請《じげうけ》といった。豊凶に関わりなく一定の年貢を請け負う体制。広義には有力名主や小百姓も含んだ地下で年貢を請け負う体制を地下請または百姓請というが、とくに名主による経営下にある名田と違って、領主直営田である佃《つくだ》では、小百姓層による請作が行われており、領主が佃を直営田として経営せず、定額の斗代を定めて百姓に請作させる場合も百姓請といった。中世における「百姓」の語義は多様であり、村落構成員である名主百姓から、村落成員外の定住農民をも含むが、総じて請所の耕作にあたるのは、領主から「住人・百姓」と称される村落構成員で、有力名主層を中心としながら小百姓層まで含むか否かは、時代と地域によって異なる。しかし領主による「百姓」支配に対して、地下の「百姓」が申状・起請文によって「請」ける体制は、鎌倉期にまでさかのぼり、荘園の検注や年貢の収納を「百姓」中として請負う体制は、中世前期からみられる。これはやがて「住人・百姓等」による村落結合の形成に向かい、惣村の発展と自律による戦国期的な村請制へと転換していく。　（福嶋紀子）

［文献］入間田宣夫『百姓申状と起請文の世界』（東京大学出版会、一九八六）。

地下請《じげうけ》　荘園年貢の請負制度。年貢の請負体制には地頭請や守護請、代官請などがあるが、名主・百姓による請負で納入される体制を地下請といった。在地の名主・百姓は荘園領主に対して地下といわれ、荘官や地頭が請け負う場合と違って、豊凶に関わりなく、毎年一定額の荘園年貢を名主・百姓が請け負って納入する体制であった。これにより、荘園領主からは請け負った土地の支配の全権を任される。こうした荘園年貢の請負を請所《うけしょ》といい、その年貢を請料または請口といった。荘園年貢が納入される場合、凶作の年には在地側から年貢額の減免を求める場合があり、荘園領主は毎年の豊凶情報を把握している必要があった。しかし、実態の把握には困難が伴うため、地下請とする場合がある。鎌倉時代に見られる地下請の中には、百姓逃亡後の年貢を、名主層の連帯によって請け負うものが見えるが、南北朝以降は荘園領主の在地に対する勢力の後退に伴って、荘園村落に形成されていた「*惣」による地下請が行われる例が増加する。荘園村落の自立性が高まるにつれて、請負の範囲が年貢のみでなく、領域の検断にまで及び、地下請の進展は惣的結合を軸とした村落組織を一段と発展させることにもなった。反面、請所の広がりは*守護や*国人《こくじん》層による請負にも広がり、守護による荘園年貢の侵略への端緒を開くことにもなった。また、有徳な商人的代官層による請負も見られ、荘園領主による独自の年貢徴収の範囲は狭まっていった。　（福嶋紀子）

三毛作《さんもうさく》　農業技術の改良と作物の品種改良により、中世後期には二毛作可能な乾田が西国だけでなく、東国にも広がる例が見られ、一五世紀の初めには灌排水施設の整備により、湿田の乾田化が行われるようになり、広範に二毛作可能田が普及した。これに伴って、室町初期にはさらに三毛作が行われていた例も尼崎で見られ、朝鮮の使者宋希璟は、排水が可能な水田で三毛作が行われていることを見聞している。尼崎の乾田では、秋に大小麦を蒔き、翌年の初夏にこれを刈り取り、その後に早稲《わせ》を作り、初秋に刈って蕎麦をつくり、初冬に刈って大小麦をつくるという。三毛作を可能としたのは、早稲品種の導入によるところが大きく、とくに*大唐米の普及が注目される。　（福嶋紀子）

［文献］高橋昌明「日本農業生産力水準の再評価の一視点」（『中世史の理論と方法—日本封建社会・身分制・社会史—』校倉書房、一九九七）。

大唐米《だいとうまい》　一般的には赤米《あかまい》といわれる早熟種の水稲をさす。平安期には「だいたうはうしのよね」として史料に見えるが、普及するのは一四世紀以降と考えられる。多収穫種で水損干損に強く、炊き増えがすることから農民の食糧として広がったと考えられているが、早熟性・耐乾性・耐水害性・少肥性の性格をもち、湿田のような劣悪な環境下でも栽培が可能であった。湿田の乾田化という耕地の改良の過程で、*暫定的に使用された品種とも考えられているが、播磨《はりま》国の東寺領*矢野荘の年貢散用帳では、南北朝から室町期を通じて一定額の大唐米の納入が行われており、災害時の備荒貯蓄として、領主側からも認められた品種であったと考えられる。

［文献］ 高橋昌明「日本農業生産力水準の再評価の一視点」(『中世史の理論と方法—日本封建社会・身分制・社会史—』校倉書房、一九九七)。 (福嶋紀子)

龍骨車《りゅうこつしゃ》 低い流水の水を高位置にある田畠に汲み上げるための道具。元禄期の成立とされる『百姓伝記』では、すでに五畿内と近国での使用が見られる。檜・杉・栂などの材料でつくった箱を、小板のからくりの上端につけた轆轤木《ろくろぎ》を使って人力で回転させて水を汲み上げる。しかし天文・慶長年間頃に成立したといわれる「たわらかさね耕作絵巻」に描かれる龍骨車を見ると、四人がかりで踏み板を踏んで、轆轤木を回転しているように、多くの労力がかかる。反面で壊れやすく、国々の大工は手本がないと拵えられない、とも記されており、宝暦年間頃から踏車が普及したのに伴って龍骨車の使用は見られなくなる。 (福嶋紀子)

番水《ばんすい》 用水の分配方法。同一の水系からの取水を、日時や順番を決めて行うもの。番水の規定は、共同利用を行う荘園や村落間で協議され、決定された。恒常的に番水の体制がとられるものと、渇水時にのみ番水が行われる場合とがある。とくに*用水争論が繰り返された水系では、水論に対する裁許として番水の体制が取り決められる場合があり、この規定に対する相互の監視は厳格であった。順番や日時は、双方の集団が抱える田地の広狭や、反別で決められ、荘官や村役人の立ち会いで行われる場合もある。興福寺領の能登川・岩井川で行われた神殿・三橋・四十八町・越田尻・波多森新・京南の六荘による番水が有名である。

［文献］ 宝月圭吾『中世灌漑史の研究』(畝傍書房、一九四三)。

用水争論《ようすいそうろん》 用水の分配や用水施設、用水に関する役負担などをめぐる争論。水系を同じくする村落間同士のみでなく、一つの水系がいくつかの荘園にまたがる場合、荘園領主間の争いとなることもある。荘園・公領などの権利関係が複雑で、裁許や相互の和睦が成り立たないとき、用水争論はしばしば現地村落間や、荘園間の武力を伴った騒擾事件に発展した。水系に関する権利関係が、確定されることは少なく、中世の用水争論は断続的に繰り返されながら、長期化することが多かった。明応三年(一四九四)、桂川水系に属する東寺領*久世上下荘をはじめとする五ヶ郷では、用水の水源となる井口の普請をめぐって、対岸となる石清水八幡宮領西八条西荘と争論となった。幕府への訴訟で勝訴した西荘に対して、五ヶ郷が新井を掘ったことにより、西荘側は井口を破壊するなどの実力行使が行われた。幕府からの裁許を得たことを受けて、西荘では紛争に対して近隣に合力要請が出されており、紛争の解決主体は在地側であった。五ヶ郷のような地域連合は、荘園領主を異にする荘郷によって形成されている場合も多く、用水を軸とする連合村として独自の地域財政を有していることもある。しばしば起こる用水争論に対して、領主側が紛争解決に協力的でなく、井料や普請費用の下行に応じない場合、*荘家《しょうけ》の一揆に発展することもあった。

［文献］ 稲葉継陽「用水争論と地域財政の展開」(『戦国時代の荘園制と村落』校倉書房、一九九八)。 (福嶋紀子)

入会地争論《いりあいちそうろん》 一般には、農・漁民が生活・生産の資材を収取するため、他村と共同で山野・河海を共同利用する体制を村々入会といい、一村内の百姓による共同利用を村中入会という。その用益権や境をめぐって争論となった場合、入会地争論という。山野の場合、家畜の飼料である秣や、肥料としての刈敷となる草刈りのために利用される。田畠で生産されない必要物資を入会地に求めるため、境界線や用益権については村単位で決められることが多い。荘園における入会地は、一一世紀以降に中世村落を基盤とした領域支配型の荘園が成立する中で、占有的領域として山野河海が取り込まれ、生産地であるノラと採取地であるヤマが包摂された、村中入会の形であった。しかし中世後期以降に見られる開発の進展の中で、山林原野などの採取地の充分な確保が困難になると、隣荘との境を越えて他荘へ乱入するなど、実力行使によって山野の占有を行い争論が起こった。荘園間の争論は領主や守護、幕府をも巻き込んで長期化した。生活単位としての村落の自立的な傾向が強まる中世後期以降では、入会地は共有地として惣の管轄下に置かれ、利用は村掟などで規定された。他村との共同利用による村々入会の場合は、近世以降の新田村の成立や旧来の利用地以上の奥山の開発などに伴って現れるが、利用関係が確定するまでには、村落間の協議以上に領主による裁定が大きな役割を果たした。
（福嶋紀子）

刀禰《とね》　元来は集団内のおもだった者の呼称であるが、八世紀末からは郷内での売買を保証し、一〇世紀には平安京の宅地売買を保証するものとして見え、一一世紀以降は郷・村の在地住人中の有力者の称として所見する。荘園支配の末端にありながら、村落座の中核的存在でもあり、商工業座においても座衆の中核であった。荘園内部では身分的には名主百姓であるが、刀禰の委譲に際しては在地側からの承認が必要であった。
（福嶋紀子）

沙汰人《さたにん》　中世後期の荘園文書などに現れる沙汰人は、自治組織である惣村の代表者などをさし、荘園領主の支配機構の末端にあって、領主からの命令の伝達や執行にあたり、荘園年貢の収納などを行った。荘園村落内部では荘官として固定的な役職名ではなく、領主側からの発給文書の宛名としては「名主沙汰人等」などのように現れる。支配機構上では有力名主であり、村落の内部では*刀禰《とね》や*乙名《おとな》などのように惣村の代表でもあった。広くは「沙汰」を行うものをさすが、裁判命令の執行や土地の知行、貢納などの上意の伝達と下意の上申を行った。寺院の役僧集会や衆徒集会の代表など、集会の運営にあたる幹事や代表者のことをさす場合もある。
（福嶋紀子）

番頭《ばんがしら》　荘園領主が公事徴収を行う際に、荘園内部の名を番に編成し、有力名主を番頭に任命してこれにあたらせた。荘園支配上の所職。番頭には番頭給や番頭免などの給分があり、荘園支配機構の一部に組み込まれていた。これは御厨《みくりや》などの供御人の場合も同様で、本供御人のうち有力な者は番頭に組織されて、所領を媒介としてなくても本家の公事を勤仕する体制として機能していた。荘園文書の宛所として「番頭・沙汰人」として現れることが多く、支配機構の一環としての側面が強い。荘園村落や宮座の運営に携わり、惣結合の中核となる*乙名《おとな》・年寄と比べ、村落への基盤は少なく、反面村落からの規定も少ない。年貢の収納や公事の納入に立会い、荘園領主による勧農沙汰を執り行う。
（福嶋紀子）

官途成《かんとなり》　中世後期以降の荘園村落における惣的結合の発達の

中で、村の住人の基本身分である本百姓に属し、村落の上層である乙名層として認定されるために必要な儀式。本来律令官職につくことをいうが、国衙・荘園領主による村落住人への官途付与や荘鎮守への成功を契機として、村落宮座儀礼として村の官途成が形成された。宮座の内部で乙名身分になるには、ある年齢に達したところで頭役として、祭礼の神酒神饌の準備を担当し、さらに直物と呼ばれる寺社への礼銭の寄進が必要であった。集団加入が許される年齢に達する「村の﨟次《ろうじ》」と、直物の寄進にあたる成功とによって認められる﨟次成功身分であった。

［文献］薗部寿樹「中世村落における宮座頭役と身分」(『日本史研究』三二五、一九八九)。 (福嶋紀子)

宮座《みやざ》 村落の神社や氏神の祭祀組織の構成集団。氏子が同等の権利で祭りに参与するのと違って、氏子のうち一部のものが独占的に神事執行に携わる。このような組織は全国的に見られるが、座の名称で行われるのは近畿・中国地方と九州北西部。神事組合としての宮座は、神事の主宰にあたるが、戸主としての男子によって構成されるものが多い。座入りは、一定の年齢に達した段階で座役を負わされ、それを勤めて初めて座員となるが、村落内部のすべての住民が座員となれるわけではない。内部は著しく階級的な関係から成り立っており、座における経験年数を基準に年寄層や古老層によって主導される。神事の執行に携わる年寄・古老層のほかに、神事に奉仕する若衆組が別個に設けられる場合もある。村落神社の祭祀にかかわるだけでなく、中世後期以降の荘園村落を基盤とした惣結合の発達の中で、宮座はしばしば惣結合の核として現れる。宮座における年齢階梯的な身分序列は惣結合の中にも現れ、また宮座構成員を示す「村人」と、「村人にてなきもの」の区別は明確に意識された。惣有財産となる田畠は寺社に寄進され、宮座が主導する*惣の管理下に置かれた。徳珍保の今堀*日吉《いまぼりひえ》神社や、*鞆淵《ともぶち》荘の鞆淵八幡宮などのように、惣の規範となる置文(村掟)は、宮座の席で衆議され、後の証拠として鎮守の蔵に納められ保管されてきた。 (福嶋紀子)

［文献］肥後和男『宮座の研究』(弘文堂、一九四一)、薗部寿樹「中世村落における宮座頭役と身分」(『日本史研究』三二五、一九八九)。

諱《いみな》 人名の呼称法の一つ。本名を呼ぶとその身に災いがかかるという禁忌から起こったもので、本来は死後になって生前の実名・本名を諱むことから、同じ名前を諱と称したが、のちには生前においても実名のことを諱といった。武家社会では加冠元服とともに幼名から実名(諱)に改めることを「名乗」といい、このさい主君の諱の一字を臣下に与えること(偏諱《へんき》授与)が行われるが、これを一字拝領という。鎌倉幕府の草創期から行われ、特に北条得宗家の偏諱授与は御家人政策として重要であった。人名にはこの他に官途・官職名から転じた通称があり、江戸時代には武家・公家の社会で使われた。 (福嶋紀子)

地侍《じさむらい》 地下侍・国侍とも。幕府や守護に組織された武士だけではなく、在郷・土着して村々を支配した土豪的武士。鎌倉時代の末から南北朝期にかけて、各地の村を基盤として勢力を伸ばした非御家人や有力名主層は、戦乱を契機としながら郷村の支配者となり、土豪または悪党とも呼ばれながら勢力を伸張していった。一般百姓層とは明確に異なる武力を有し、流通経済にも深く関わり、用水の管理や加地子の集積などを通して財力を蓄え、村落内部において小領主化していった。中世後期の*惣《そう》においては、*乙名《おとな》層に属し、殿の敬称をもつ殿原層へと成長した。土豪の中には、鎌倉期以来の地頭職や名主職の系譜に連なる者もあり、本来荘園制の支配組織の末端に位置しながら、南北朝期を経過する中で武士的名主層に成長したものである。地侍層は室町から戦国期にいたると、村落から離れて戦国大名の家臣として組織されていく者と、村落にとどまって国一揆や徳政一揆を主導する者とに分化する。後者の中には、加地子徴収権の相互保障を目的とした小領主連合の形態をもつ地域的一揆体制を組織して、*戦国大名から自立した存在として地域を支配する者もあった。*織豊政権による兵農分離政策によって、武士か農民かの選択を迫られた。

〔文献〕上島　有『京郊庄園村落の研究』（塙書房、一九七〇）、宮島敬一「戦国期における在地法秩序の考察」（『史学雑誌』八九—一、一九七八）。

（福嶋紀子）

加地子《かじし》名主《みょうしゅ》　鎌倉時代の後期以降、土地生産力の向上に伴って、荘園や国衙領年貢を上回る剰余生産物が生ずるようになると、荘園領主や国衙から賦課される所当とは別に、私領主が名田畠の作人から中間利得として小作料を収取する場合がみられる。一五世紀にはこれが、職の分化として現れ、荘園年貢徴収上の諸職は、名主職・作職などに分かれた。名主は、徴税義務の反対給付として、年貢以外に加地子を徴収する権限を与えられ、名内各耕地から年貢以外の生産物を収取した。このうち加地子相当部分のみが売買や寄進の対象となるようになり、名内耕地の経営や収納と関わりなく加地子のみを収取するのが加地子名主職である。

〔文献〕峰岸純夫「一五世紀後半の土地制度」（『体系日本史叢書5　土地制度史』山川出版社、一九七三）、久留島典子「東寺領山城国久世庄の名主職について」（『史学雑誌』九三—八、一九八四）。

（福嶋紀子）

衆徒《しゅうと》・国民《こくみん》　被官として興福寺に属する中世の大和国国人層。南都の僧兵を構成する。衆徒は本来一山の僧侶をさし、国民は国の公民の総称であったが、鎌倉時代中期から興福寺被官の武士に衆徒と国民の呼び名が現れる。衆徒は興福寺僧徒で法体、国民は興福寺と一体化した春日社白人神人で俗体であった。双方とも興福寺の武士団として編成されるが、平時には支配荘園の荘官を勤めていた。衆徒の中にも寺住衆徒と田舎衆徒があり、寺住衆徒は学侶・六方衆の配下として寺内や奈良市中の検断の任にあたり、太政官符によって補任される別当・三綱の被官なので、官符衆徒と呼ばれた。一乗院・大乗院の両門跡は衆徒・国民の被官化を競い、また衆徒・国民は独自に地域連合としての党を結成した。南北朝期以降、筒井・越智・古市・長谷川などの有力国人領主層は、党の盟主として台頭し、覇権を争った。戦国時代には衆徒・国民が郷村を握って国衆として割拠するが、他国勢力にはつかず、大和国守護の興福寺のもとで盟約を結んで和平の道を求めた。しかし、永禄二年（一五五九）*松永久秀《まつながひさひで》が大和国守護として入国すると、筒井が追われ、国衆も浪人して興福寺の勢力がそがれた。これにより衆徒・国民の制度は弱体化し、天正一三年（一五八五）*豊臣秀吉により、国衆の国外退去や筒井氏の伊賀への遷任が行われると、衆徒・国民の制度の実質は完全に失われた。

（福嶋紀子）

九条政基《くじょうまさもと》（一四四五—一五一六）　室町時代の公卿。父は九条満教《みつのり》。母は唐橋在豊《からはしありとよ》の女。寛正六年（一四六五）兄政忠《まさただ》の隠居により二一歳で家督を継ぐ。応仁元年（一四六八）右大臣。文明七年（一四七五）左大臣。翌年三二歳で関白氏長者。三年後関白を辞して、文明一四年には息尚経《ひさつね》に家督を譲る。この間*応仁・文明の乱により、京都は荒廃し、家領荘園の維持も困難となった。文明二年（一四七〇）には尾張国二宮に下向し、荘園の再建にあたるが、翌年以降は近江国坂本に戦乱を避けて滞在することが多くなる。息子澄之《すみゆき》を*管領*細川政元《ほそかわまさもと》の養子とし、新将軍*足利義澄《よしずみ》を擁立した細川家との関係を築くが、家領荘園の経済破綻により、執事唐橋在数《ありかず》に借銭をし、家領日根野荘入山田村年貢を去り渡したことを契機に唐橋との関係が悪化。明応五年（一四九六）に在数を殺害。在数による所領経営の失敗があったことも要因となり、父子ともに勅勘を蒙るが同七年許される。これを契機に剃髪。文亀元年（一五〇一）三月から永正元年（一五〇四）一二月まで家領和泉国日根野荘に下向し、荘務に従事した。政基の「田舎への蟄居」により、尚経の関白就任は促進され、下向の年に尚経は関白に就任。この間に書かれた*『政基公旅引付《まさもとこうたびひきつけ》』は戦国期の在荘公家の日次記として有名。帰洛後は山城国*小塩荘で直務を取るが成功せず断念。永正一三年没。法号慈眼院。墓は東福寺山内九条墓所。（福嶋紀子）

細川持之《ほそかわもちゆき》（一四〇〇—四二）　父は管領細川満元《みつもと》。御相伴衆、*室町幕府*管領。右京大夫、従四位下。兄持元の早世により家督を継ぎ、摂津・丹波・讃岐・土佐の守護となる。永享四年（一四三二）*足利義教《よしのり》のもとで管領となり、*永享《えいきょう》の乱では義教の意を受けて*上杉憲実《うえすぎのりざね》を支援する反面、諸大名と図って義教の親政を阻止するなど、義教の施策に対しては追従しながらも批判的だった。*嘉吉《かきつ》の乱に際しては赤松邸からかろうじて逃げ帰り、*満祐《みつすけ》との通謀を疑われたが、義教没後は即座に*足利義勝《よしかつ》を擁立、義教に罰せられた人々を赦免し、満祐追討軍を発向させた。晩年は畠山持国の台頭によって人望を失い、嘉吉二年（一四四二）病のため管領を辞した。（福嶋紀子）

万里小路時房《までのこうじときふさ》（一三九四—一四五七）　室町時代前期の公卿。父は内大臣嗣房《つぐふさ》、母は家の女房。父嗣房に子がなかったため甘露寺兼長《かんろじかねなが》の子を迎え重房《しげふさ》とするが、そののち時房《ときふさ》が生まれたため、時房五歳のとき、家督は時房に譲られた。*後小松《ごこまつ》天皇の蔵人、蔵人頭左弁官となり、権中納言、応永三二年（一四二五）権大納言となる。将軍*足利義教《よしのり》のもとで武家伝奏・南都伝奏を勤め、公武の調停役として働く。五二歳の文安二年（一四四五）一二月末、長年の望みであった内大臣に就任するが、翌年早々に洞院実熙が強く望んだため、時房は官を辞した。長禄元年（一四五七）没。日記『建内記』一〇巻は、将軍足利義教政権下の室町幕府の動静や*嘉吉の乱の状況を伝える。（福嶋紀子）

政基公旅引付《まさもとこうたびひきつけ》　前関白*九条政基が、文亀元年（一五〇一）から永正元年（一五〇四）にわたって家領日根野荘*（日根荘）に滞在した間に記した日記。刊本は図書寮叢刊本・和泉書院本と『新修泉佐野市史5史料編中世Ⅲ』がある。全五巻からなり、九条政基自筆本が伝来し、写本は今のところ見つかっていない。*紙背文書が少ないことから、浄書本であろうか。日根野荘の荘務に関する記事がほとんどで、通例の公家日記のように公家や家政に関する記事は乏しく、公家の日記としては異例である。村の中で起こった事件やその経過を詳しく記述しているが、結末には不明瞭な点も多く、九条政基自身が村の実態をどこまで見抜いていたかは評価が分かれる。和泉国をめぐって和泉守護細川元有《ほそかわもとあり》と、根来寺の支援を受けた紀伊国守護畠山尚順《はたけやまひさよし》との間に抗争が繰り返される間隙を縫って、三年間にわたって九条政基は在荘し、入山田村に居住する。「旅引付」としたのは、日根野荘への下向を一時的なものと認識していたからであろう。この間荘内で起こった出来事が記されている。支配者の側から見た村の一年は、五、六月の春反銭の徴収から始まり、七月の風流念仏や八月の滝宮祭り、秋反銭の徴収など、荘務と荘民の暮らしに関わった記事が多く、反対に貴族の暮らしに欠くことのできない五節句の行事に関する記述がほとんど現れないなど、双方の生活文化の違いが明瞭である。村内で起こった事件の描写は、村人の言葉をそのまま引用するなど如実で生々しいほどである。この時代の泉南地方の基本史料であるが、このほかに九条家文書・日根文書・佐野の食野家《めしのけ》文書・熊取の中家文書・多賀氏の板原家文書をあわせることによって、戦国時代の泉南地方の在地の様子を網羅することができる。

[文献]　小山靖憲・平　雅行編『荘園に生きる人々』(和泉書院、一九九五)、服部英雄「『政基公旅引付』が記さなかった下剋上の中世村落」(『遙かなる中世』一、一九七七)。　（福嶋紀子）

菅浦文書《すがうらもんじょ》　近江国菅浦区（中世の菅浦荘*、滋賀県）に伝来した区有文書中に含まれる中世文書群と須賀神社に伝来した中・近世文書、菅浦の惣寺阿弥陀寺に伝来した中・近世文書を総称していう。現在は滋賀大学経済学部史料館で保管、刊本『菅浦文書』上下巻が刊行されている。菅浦荘は中世の惣結合を早い時期から発展させた荘園として有名であるが、荘民は御厨子所供御人であると同時に、菅浦の田畠は竹生島《ちくぶしま》弁財天に施入され、山門檀那院の支配も受ける。さらに山門との関係強化のために日吉神人となるなど、複雑な支配関係をもつ。鎌倉末期の永仁年間に起こった、隣荘の寺門円満院領大浦荘*との日指・諸河の田地をめぐる相論についての文書は、一五〇年間も続いた相論の経過と、訴訟手続きについて詳しく伝える。また、係争地を惣有地と定めたことから、貞和二年(一三四六)惣*の構成と運営機構、惣有財産の管理について置文を作成し、年季売り以外の永代売買の禁止を取り決めるなど、自立性の高い惣のあり方が示されている。一九二〇年代に刊行された『滋賀県史』や『東浅井郡志4』などに多くの文書が引用され、早くから中世の惣村研究の上で大きな役割を果たした。東大および京大に影写本があり、菅浦文書の中世分は国の重要文化財に指定。

[文献]　石田善人『岩波講座日本歴史中世4郷村制の形成』(岩波書店、一九六三)、田中克行『中世の惣村と文書』(山川出版社、一九九八)。　（福嶋紀子）

大島奥津島文書《おおしまおきつしまもんじょ》　滋賀県近江《おうみ》八幡《はちまん》市北津田の大島明神と奥津島明神に伝来した、中世を中心とした文書群。鎌倉時代から江戸時代中期まで及び、総点数は約二〇〇点。延暦寺領奥島荘*は琵琶湖に浮かぶ島で、琵琶湖の湖上漁業権をめぐる争論を通じて、惣結合が形成されていった。文書群の中には、琵琶湖を使った住民の生活に関する文書が残る。永仁六年(一二九八)荘内の奥島村と津田村は両社の供祭用の魞《えり》を隣荘の荘官・百姓らが切り捨てたことに対して、一味同心し両村合わせて八七人に及ぶ連署起請文を作成し、また、魞《えり》による漁労をめぐり、下司職が行った非法を訴えるなどの事件に関する文書もある。物掟として最も古い弘長二年（一二六二）の「庄隠規文」を残し、秦・紀・錦・佐伯・大中臣などの古代的な名乗りによる名主層が署判を加える。また、文永七年（一二七〇）には起請置文という形の惣掟では、「荘内悪口の輩は荘内を追却、妻女子息といえども悪口いたさば小屋を焼き払う」とあり、申し合わせに反して衆議を乱す者に対する厳しい刑罰規定を含む。売券・寄進状・譲状などが多く、南北朝から室町時代にかけての経済構造の解明に重要。原本は、滋賀大学経済学部付属史料館に所蔵され、東大史料編纂所では影写本を架蔵する。（福嶋紀子）

今堀《いまほり》日吉《ひえ》神社《じんじゃ》文書《もんじょ》　大正時代の初め『近江蒲生郡志』編纂のおりに発見された、今堀郷鎮守今堀日吉神社に伝来した中世の文書群。六〇〇余通からなり、若干の近世文書も含む。今堀郷は山門（比叡山）領の得珍保内の地名で、山門を本所とする保内の神官・名主・百姓などからなる商人の拠点であった。御服座・神座・塩座・伯楽座などを結成し、湖南の八日市・日野市・馬淵市などを商圏として活躍した。今堀日吉神社文書には保内と他郷の商人との争論文書を多く残し、特に日吉神人と称して保内商人と対抗した近江国神崎郡の小幡商人との争論は名高く、中世近江の座商人の実態の解明に大きな役割を果たした。また、中世の売券・寄進状や宮座関係文書も多くあり、惣内部の経済関係や今堀日吉神社の社領の実態も判明する。戦国時代の今堀惣の内部では、若衆の成長に伴って若衆惣分と年寄惣分の対立が見られ、協議によって村政運営がはかられた。とくに十数点に及ぶ掟書は、宮座の運営規定や村内の「家」の維持に関して惣が管理している事例など、今堀郷における惣村形成の様子を示し、自検断や惣有財産など、惣の発達に伴って掟書の制裁規定に変化がみられ、室町時代の村落史の研究に欠くことはできない。

［文献］脇田晴子「中世商業の展開」（『日本中世商業発達史の研究』御茶の水書房、一九六九）。（福嶋紀子）

鞆淵《ともぶち》八幡宮《はちまんぐう》文書《もんじょ》　和歌山県那珂郡粉河町《こがわまち》鞆淵に鎌倉時代に勧請された鞆淵八幡宮に伝来した中世文書群。*鞆淵荘の支配と*惣の運営に関する文書が中心。惣荘置文や鞆淵八幡宮への田地寄進状、奉加帳、評定事書きなど在地の動向を示す文書が豊富。鞆淵荘は、平安・鎌倉時代に石清水八幡宮領であった。正慶元・元弘二年（一三三二）に*後醍醐《ごだいご》天皇から高野山に寄進され、南北朝期以降は高野山の膝下荘園として、高野山の下司・公文と惣の名主・百姓との間に抗争が繰り返された。かつて石清水八幡宮の神人として鞆淵八幡宮を軸に組織されてきた荘内の名主百姓と、新たな荘園領主高野山の下司である鞆淵氏との間の抗争は、「鞆淵トウラム」と称されるほど激しく、名主百姓は高野山からの検注使を実力行使によって追い返すほどであった。鞆淵八幡宮に残る文書は、八幡神人を中心とした名主百姓による惣結合に関する文書で、とくに下司との対立後に定められた正平一二年（一三五七）の*置文や寛正三年（一四六二）の置文など、惣の置文が八幡宮の棟札として奉納されているものがある。南北朝期からはじまる双方の対立は、応永年間まで継続するが、それ以降も有力名主層を中心とした惣は高野山に対して自立的な活動を続け、その結集の紐帯となった鞆淵八幡宮にはその足跡を残す文書が残されてきた。

［文献］『和歌山県史 中世史料1』（一九七五）、黒田弘子『中世惣村史の構造』（吉川弘文館、一九八五）。（福嶋紀子）

大乗院日記目録《だいじょういんにっきもくろく》　*『大乗院寺社雑事記』のうち、「尋尊大僧正記」にあたる尋尊執筆部分の座右の参考として興福寺大乗院門跡*尋尊《じんそん》によって書かれ、一条院・大乗院の両門跡の経歴と年譜などを含み、四冊からなる。第一冊目は、治暦元年（一〇六五）に生まれた一条院門跡覚信《かくしん》から始まるが、第二冊にあたる応永三三年（一四二六）以降から記述が詳細になり、興福寺と春日社を中心としながら、世情の事件を織り込んでいる。第四冊目は永正元年（一五〇四）にいたり、基本は「大乗院寺社雑事記」の日記目録であるが、「大乗院寺社雑事記」の尋尊が書いた部分と重なる時代もありながら、記述内容は重複せず、同一内容でも記事の精粗があるなど、双方を対比しながら読む必要がある。大乗院門跡では門主の日記は門跡の公物として長く相承され、門跡が示寂した場合、日記の目録がつくられて引き継がれるが、「大乗院日記目録」は尋尊の自筆によるもの。一九三七年に三教書院から公刊され、のち『増補続史料大成26』として「大乗院寺社雑事記」とともに刊行され（臨川書店、一九七八）、二〇〇一年に普及版が出ている。

［文献］永島福太郎「大乗院寺社雑事記について」（『中世社会の基本構造』御茶の水書房、一九五八）、鈴木良一『大乗院寺社雑事記』（そしえて、一九八三）。　（福嶋紀子）

大乗院寺社雑事記《だいじょういんじしゃぞうじき》　興福寺大乗院の第二七代門跡*尋尊《じんそん》と二八代政覚《せいかく》、三〇代経尋《きょうそん》の日記を合わせて名づけられた、興福寺と春日社の仏神事を中心とした記録。尋尊の記録を中心として、康正二年（一四五六）から始まり、大永七年（一五二七）にいたる。*一条兼良《いちじょうかねよし》の第五子として生まれた尋尊の手による記録は圧倒的で、僧籍にも貴族にも通ずる識見を示す。別記と名づけられた記録と合わせ、二二〇帖以上が残る。興福寺・春日社の記録としながらも、院家（門跡）に関する記事も豊富である。筆者の関心は大乗院内部にとどまらず、当時の政局をめぐる情報も詳しく記録している。とくに*応仁の乱前後の情勢については、基本となる史料。また、大乗院内部の法会に関しては、経費の調達から収支にいたるまで、細部を記録し、荘園支配の実情を知ることができる。日記は本来「寺務方回請」と呼ばれ、簡単な記録からはじまるが、尋尊が別当に就任して以後、記録は詳細となる。各帖ごとに詳しい目次をつけ、当時の文書を数多く原文のまま収録している。収録文書の数は約一九〇〇通にのぼり、仏神事や僧官・僧位の任叙、諸役の任免、寺領の支配、朝廷・幕府とのやり取りなど、多岐にわたる。尋尊が後世の役に立てるために作成した覚書としての性格を濃厚にもち、記録内容は尋尊の興味関心を如実に反映している。尋尊はこのほかに所領関係の記録として『三箇院家抄』などの膨大な記録も残している。

［文献］鈴木良一『大乗院寺社雑事記』（そしえて、一九八三）。　（福嶋紀子）

（三）一揆

地《じ》**おこし**　売却地、質入地、寄進地など、本来の持ち主（本《ほん》主《しゅ》）から、ほかへ所有が移転した土地を本主が取り戻す行為のこと。地発、地興とも書く。中世後期、伊勢、大和を中心とする地域の土地売券などに表れる言葉で、近江国甲賀《こうが》郡では地徳政と呼ばれている。地おこしの本来の意味は、土地をおこすこと、つまり開発・開墾することと同じく、土地に生命を与える行為であった。本主が、移転した土地を取り戻す行為の意味にも使われたのは、開発地と開発者の密接な関係に示されるような、土地と本主の一体化観念が中世社会に根強く存在したためである。土地は本主のもとにあるのが本来の姿で、売買、質入れなどにより所有の移転した土地は「仮の姿」とする土地所有観念である。地おこしは、本主の取り戻しにより土地の生命をよみがえらせ、本来の姿に戻す行為であり、在地の慣行として広く存在した。また、代替わり（代始め）は、土地の生命をよみがえらせると考えられており、地おこしの重要な契機であった。地おこしの慣行は、中世社会に広く潜在していた徳政状況であり、復活や再生という*徳政の本質と同様に、代始めの契機をとらえ、徳政と号して蜂起する土一揆《つちいっき》*（徳政一揆）を支える根拠であった。

（下東由美）

［文献］　勝俣鎮夫『戦国法成立史論』（東京大学出版会、一九七九）。

正長《しょうちょう》の土一揆《つちいっき》　正長元年（一四二八）から翌年にかけて、*徳政を要求し、畿内近国各地で起きた土一揆。八月に近江よりはじまり、京都、奈良、さらに畿内近国へと波及した。全国的な飢饉や三日病による死者の続出という社会不安と、将軍と天皇の相次ぐ代替わりによる支配体制の動揺が背景として挙げられる。このような状況の中、八月に近江で徳政を要求して一揆が蜂起し、守護六角《ろっかく》氏が徳政令を出すにいたった。九月には山《やま》城《しろ》国醍醐《だいご》（京都市伏見区）の地下人《じげにん》が「*徳政と号して」蜂起し、幕府の軍勢が鎮静、警護に向かった（*『満済准后日記』）。再び一一月、京都の土一揆は、東寺を拠点に蜂起し、*土倉《どそう》・酒《さか》屋《や》に押し寄せ、借書《しゃくしょ》を焼き、質物《しちもつ》を取り返す私徳政《しとくせい》を繰り返した。幕府は徳政禁制を出し、徳政令を発布しなかった。奈良の土一揆は、同じ一一月、鳥見《とりみ》、生駒《いこま》の*馬借《ばしゃく》の蜂起を皮切りに大和の南北で起こった。これに対して、大和守護興福寺は、現《げん》質《じち》の三分の一返済による破棄、たなもし・去年以前の未進年貢の破棄などを定めた徳政令を発布した。ただし、*柳生《やぎゅう》徳政碑からは、里別《さとべつ》に独自の在地徳政が行われたことがうかがわれる。土一揆は、播磨・伊賀・伊勢・河内・和泉・若狭など畿内近国

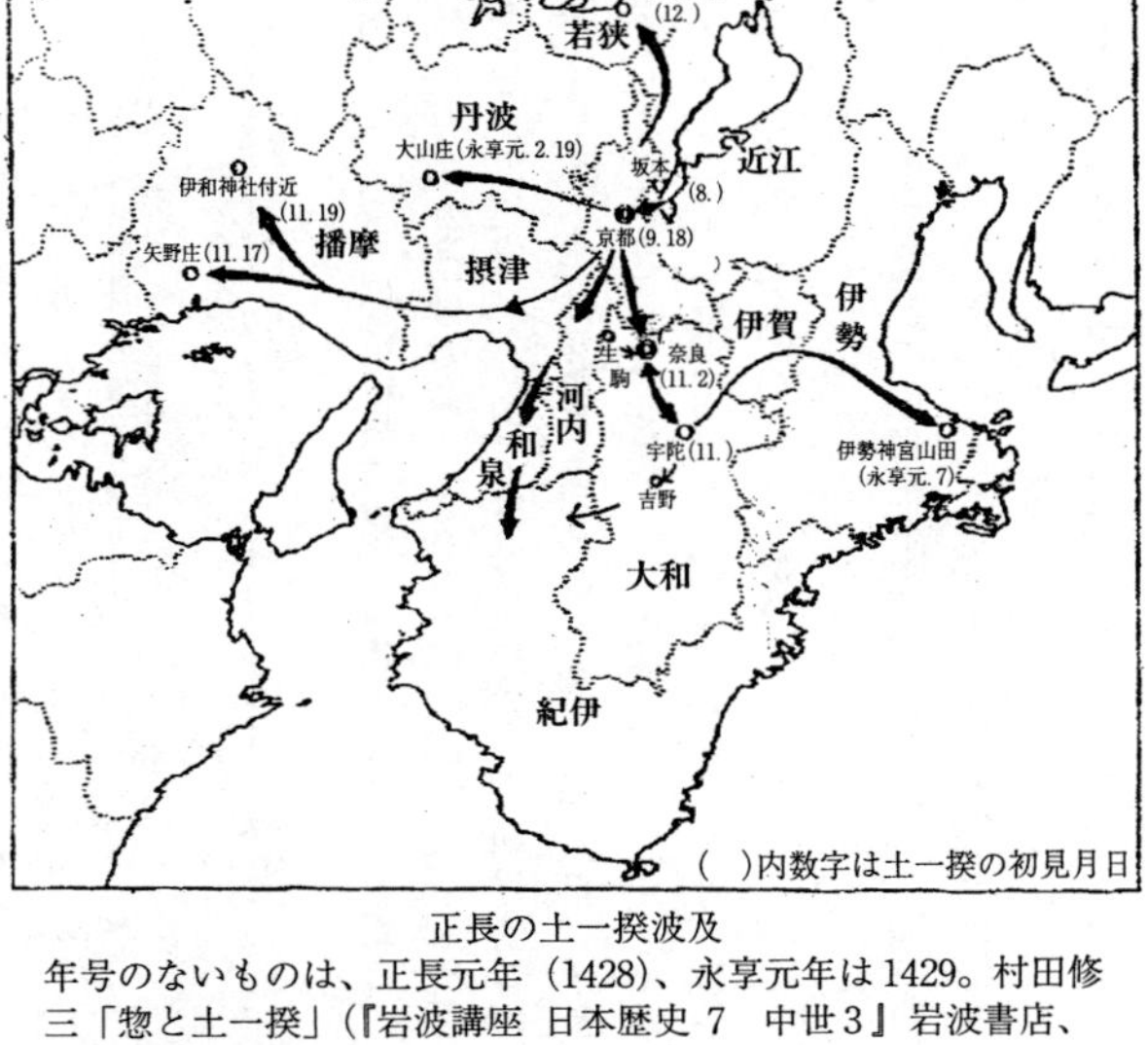

正長の土一揆波及

年号のないものは、正長元年（1428)、永享元年は1429。村田修三「惣と土一揆」(『岩波講座　日本歴史 7　中世 3』岩波書店、1976）をもとに再構成した。

へ波及していき「惣テ日本国ノコリナク御得政」(『*社頭之諸日記』)と記された。年末から翌年にかけて起こった*播磨の土一揆は「侍をして国中に在らしむべからず」(『薩戒記』)と守護軍と闘った。正長の土一揆以後、一六世紀にかけて、高利貸収奪による債務の破棄と土地の取り戻しの実現を中心に徳政を要求する土一揆が各地で頻発した。大乗院門跡尋尊《だいじょういんもんぜきじんそん》は「凡そ亡国の基、之に過ぐ可からず、日本開白以来、土民の蜂起は是初めて也」(『*大乗院日記目録《だいじょういんにっきもくろく》』)と評しているが、当時の支配層に与えた衝撃の大きさを知ることができる。↓徳政一揆

[文献]　中村吉治『土一揆研究』(校倉書房、一九七四)、村田修三「惣と土一揆」(『岩波講座日本歴史7中世3』岩波書店、一九七六)。　(下東由美)

嘉吉《かきつ》の土一揆《つちいっき》　嘉吉元年(一四四一)、京都を中心に各地に起こった土一揆。六月に将軍*足利義教《よしのり》が暗殺されたことによる代替わりと政局不安の間隙をぬって、八月、*近江の土一揆が蜂起した。守護六角《ろっかく》氏は徳政令を出し、同国奥島・北津田両荘(滋賀県近江八幡市)では、*沙汰人《さたにん》の名で徳政の高札《こうさつ》が立てられた。八月末には京都に波及し、九月三日には「代始此沙汰先例」(『建内記』)と称して京都周辺の村々で土一揆が蜂起し、数万の土民が京中を攻め幕府軍を破った。その勢いで九月五日には、東寺、丹波口など京都の周囲一六ヶ所に陣取り、京中の*土倉《どそう》・酒屋《さかや》を攻める私徳政《しとくせい》を行うだけでなく、諸国と京中を結ぶ交通路を封鎖した。これにより、京中は物資不足で飢饉状態になったといわれる。この間、土一揆は再三、幕府との交渉を行い、土民だけではなく、公家や武家も含む、一国平均の室町幕府による初の徳政令を獲得した。土一揆は、さらに交渉を続け、閏九月一〇日には借銭破棄や質物の取り返しだけでなく、永代沽却地《えいだいこきゃくち》を徳政対象とする天下一同の徳政令も獲得した。しかしこれに対して、山門をはじめとする高利貸業者の強硬な反対が起き、幕府は修正を迫られ、閏九月一八日、永代沽却地と諸社神物を対象から除外した徳政令を発布した。徳政令を獲得するまでの土一揆の組織性、戦術、交渉における政治判断、要求の具体性などの高さは、徳政一揆の頂点を示している。その後も東寺《とうじ》領若狭《わかさ》国*太良荘《たらのしょう》では、「田舎の大法」(『東寺百合文書』)による徳政の正当性を主張するなど、各地で徳政を実現しようとする一揆が起こった。↓徳政一揆、嘉吉の乱

[文献]　永原慶二『日本中世社会構造の研究』(岩波書店、一九七三)、田中倫子「徳政一揆」(『一揆2』東京大学出版会、一九八

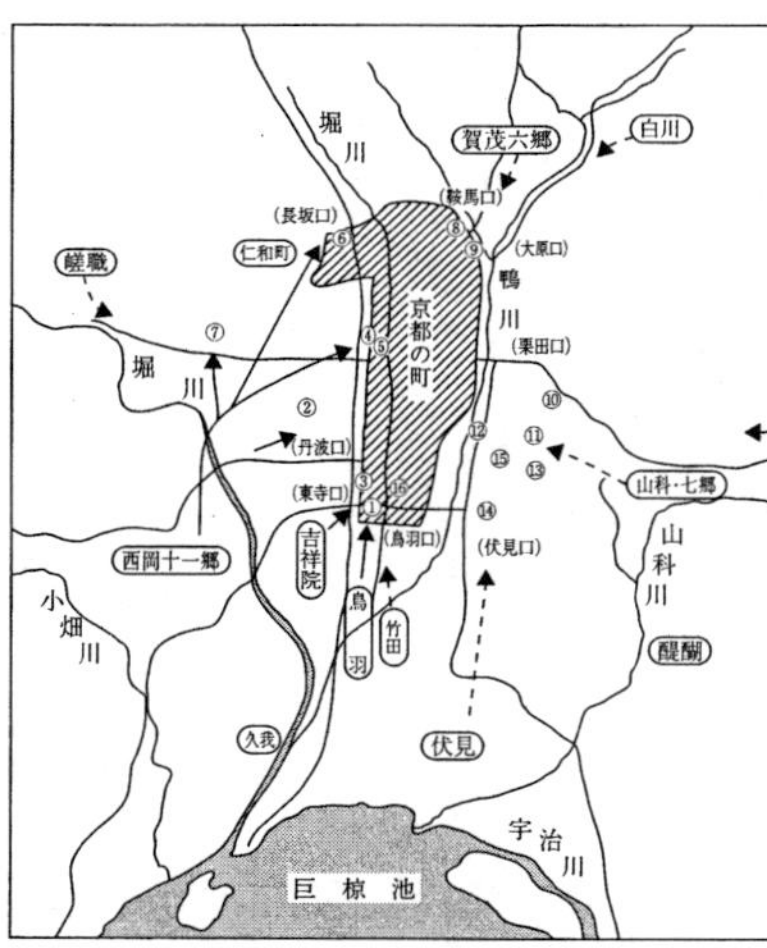

嘉吉の土一揆京都侵入

峰岸純夫「中世後期人民闘争の再検討—正長・嘉吉の徳政一揆を中心に—」(『歴史学研究別冊』、1972)、酒井紀美『中世のうわさ』(吉川弘文館、1997)をもとに再構成。

土一揆の陣取

①東寺　⑤神祇宮　⑨河崎　⑬阿弥陀峰
②今西宮　⑥北野　⑩将軍塚　⑭東福寺
③西八条寺(遍照心院)　⑦太秦寺　⑪清水　⑮今愛宕
④官庁　⑧出雲路口　⑫六波羅　⑯戒光寺

(　)京都七口
——▶ 土一揆の進路
- - -▶ 土一揆の推定進路

一)。 (下東由美)

長禄《ちょうろく》の土一揆《つちいっき》 長禄年間(一四五七—六〇)に起きた土一揆のうち、長禄元年に京都、奈良で起きた土一揆が有名。一〇月から一一月にかけ、京への交通路をまず塞ぎ、西岡《にしおか》、奥山《おくやま》城《しろ》、山科《やましな》などの土一揆が、京中へと攻め込み私徳政を行った。これに対して幕府は、土倉軍《どそうぐん》を組織させ、諸大名軍とともに積極的に鎮圧にあたらせたが、西岡《にしおか》の一揆は、東寺に籠り、これらを戦い破るほどであった。しかし、土一揆は所々で放火に及び、また、個々の一揆の連携も見られず、撃退されることが多かった。一揆の鎮静後、ひと月もたった一二月、幕府は、債権者に分一銭《ぶいちせん》を納入させ、その債権を保証し徳政対象から除外する分一徳政禁制を発布した。*分一徳政令に続き、幕府財政確保と*土倉《どそう》・酒屋《さかや》の保護を明確に打ち出した。これ以後も土一揆は徳政を要求するが、その要求が徳政令に反映されなくなった。一方、一一月から一二月にかけて、大和《やまと》国布留郷《ふるごう》(奈良県天理市)と、京都を攻めた奥山城《おくやましろ》木津《きづ》(京都府相楽郡木津町)の一揆が徳政を要求して奈良を攻めた。また、西岡の一揆は、その後も長禄年間にわたり、土一揆の動きをみせた。長禄の土一揆以降、一揆自体は組織性を欠き、小規模で散発的になっていった。→徳政一揆 (下東由美)

[文献] 田中倫子「徳政一揆」(『一揆2』東京大学出版会、一九八一)。

寛正《かんしょう》の大飢饉《だいききん》 寛正元年(一四六〇)から、翌寛正二年まで続いた全国的飢饉。前年(長禄三年、一四五九)より異常気象が続き、寛正元年も、五、六月には、厳しい冷害、秋には蝗《いなご》が大発生し、全国的な大凶作となった。とくに中国地方では「人民相食む」(『*碧山日録』)と記されるほどで、寛正二年正月には、京都に諸国から飢饉による多くの流民が集まった。二月に時衆の勧進僧《かんじんそう》願阿弥《がんあみ》が施粥とともに、死体の埋葬も行ったことなどが救済事業として知られ、餓死者は八万二〇〇〇人に及んだという。三月から四月にかけて、将軍の命を受けて、五山《ござん》による施餓鬼《せがき》が次々と行われるが、飢饉民の救済というよりは、餓死者の腐臭などから京中の清浄を回復することに主眼は移っていた。このような状況であるにもかかわらず、将軍*足利義政《よしまさ》が室町第の造営事業に夢中だったことは有名である。また、*応仁・文明の乱の発端となる*管領《かんれい》畠山《はたけやま》氏の一族抗争が起こり、畿内一帯が戦場化していたことも飢饉の遠因として見落とせない。 (下東由美)

[文献] 西尾和美「室町中期京都の飢饉と民衆」(『日本史研究』二七五、一九八五)。

明応《めいおう》の東海大地震《とうかいだいじしん》 明応七年(一四九八)八月二五日、午前八時頃、東海沖を震源として発生したマグニチュード八・二から八・四の大地震。とくに、房総半島から紀伊半島にかけての広範囲の沿岸に及んだ津波の被害は大きく、多くの人命と港湾都市が失われた。房総では安房《あわ》小湊《こみなと》の誕生寺が流され、浜名湖では、湖と外海を隔てていた砂州が切れ、湖は外海(遠州灘)とつながった。『枕草子』にも記される東海道の景勝地のひとつの浜名橋や、水陸両交通の拠点であった橋本も失われた。また*博多、*坊津《ぼうのつ》とともに日本三津に数えられている伊勢湾・太平洋海運の中心にあった安濃津《あのつ》(三重県津市)、さらに紀ノ川河口の和田浦(和歌山県和歌山市)も、津波によって壊滅的な打撃を受け、姿を消したことが確認されている。いずれの港湾都市についても近年の地震学、地理学、考古学などの研究成果を取り入れ、壊滅した港湾都市の推定位置、地理的共通点、復興の特徴などが明らかにされている。

［文献］　矢田俊文「明応地震と港湾都市」（『日本史研究』四一二、一九九六）。　（下東由美）

愁訴《しゅうそ》　王朝期の国家権力に対して、解状《げじょう》により諸要求を訴えた闘争。解状の事書《ことがき》の末尾に「愁状」（愁訴の状の意）とあることに由来する。本来は、手続きのための上申文書にすぎなかった「解《げ》」が、平安時代になると、請願、訴訟、請求などを求めるときに使われるようになり、解状・解文《げぶみ》と呼ばれるようになった。一〇世紀末から一一世紀前期にかけては、郡司《ぐんじ》と百姓らの国司苛政に対する中央政府への上訴が中心であった。永延二年（九八八）尾張国の国司《こくし》藤原元命《もとなが》の非法三十一か条を訴え、罷免を要求した「尾張国郡司百姓等解文」は、その事例として有名である。一一世紀後期になると、個々の荘園単位の住人らが、荘官の連署連判を伴う解状をもって、荘園領主に対して諸要求を主張する「住人等解」という形式が中心となる。この場合、愁訴は荘園領主の裁きを仰ぐ様式になっており、国衙からの賦課免除の裁きについても、あくまでも荘園領主を介して要求を行った。一二世紀後期を過渡期として、「住人等解」をもって、国衙に自ら要求を訴える事例が数多く現れ、さらに、解状の事書からも「愁状」が減少している。次第にその要求主体は「百姓等」に移り、「百姓等解」をもって訴えるようにもなった。その背景には、「百姓」と自ら称する農民たちの荘園を単位とする結合組織、中世村落の形成があった。それを土台として、一三世紀に入ると＊百姓申状《ひゃくしょうもうしじょう》による訴訟闘争が展開することになる。

［文献］　島田次郎『日本中世の領主制と村落　下』（吉川弘文館、一九八六）。　（下東由美）

強訴《ごうそ》　寺社の衆徒《しゅと》・神人《じにん》らが集団で、朝廷や幕府へ列参《れっさん》し、諸要求を強要する行動のこと。嗷訴とも書く。手続きに従って訴訟したにもかかわらず、判決が下されない場合に行われた。平安後期にピークを迎え、朝廷・幕府に対する政治的発言力を強めた。神輿《しんよ》・神木《しんぼく》を持ち込み、神罰・仏罰を盾に、有利な裁許を求めた延暦寺や興福寺などの列参《れっさん》強訴は有名である。理不尽な訴訟も行われた強訴を可能にしたのは、宗教的権威や神罰・仏罰の力を及ぼす武装集団としての武力と、集会《しゅうえ》において＊一味神水《いちみしんすい》し、神慮《しんりょ》を創り出す一揆《いっき》の力であった。寺社の衆徒・神人らの強訴は、室町期には衰退した。しかし強訴は、寺社のような特権的な集団だけのものではなく、荘家の一揆における闘争形態としても存在した。荘家の一揆において合法的な手続きに従った＊百姓申状《ひゃくしょうもうしじょう》による訴訟が受け容れられない場合には、しばしば強訴や＊逃散《ちょうさん》に及び、成果を挙げている。その場合も寺社の衆徒・神人ら同様、一味神水し、一揆することで訴えの正当性と結束力を高めている。それゆえ、荘官の請文《うけぶみ》には、惣結合の強訴に加わらないことが必ず明記されていた。また、強訴に参加すれば、荘園領主から名田を没収される場合もあり、強訴に参加しなかったことを証明するために＊起請文《きしょうもん》を書いて提出する名主《みょうしゅ》の例もあった。

［文献］　勝俣鎮夫『一揆』（岩波新書、一九八二）。　（下東由美）

逃散《ちょうさん》　荘園領主に年貢減免や非法代官の罷免などを要求し、実力行使として、集団で山野などに逃げ籠る中世農民闘争の一形態。惣《そう》結合を基盤に*一味神水《いちみしんすい》し、連署*起請文《きしょうもん》を添えた*百姓申状《ひゃくしょうもうしじょう》を提出し、交渉したにもかかわらず、要求が認められない場合、逃散するのが作法である。『*御成敗式目《ごせいばいしきもく》』四二条では、合法的な逃散を行っている農民たちに対する領主の非法を禁止している。しかし、百姓申状を提出しない場合や、前年の年貢未進がある場合は非法となり、処罰の対象となった。逃散の時期は、収穫後の農閑期が選ばれた。秋・冬に開始し、翌春の耕作開始までに還住《げんじゅう》することを前提に、農事暦をにらみながら行われた。逃散に際して家長は、山野や隣荘近隣村落に身を隠して交渉を続けた。一方女性は、「*篠《ささ》を引く」行為に支えられ、家屋敷に残り、家族の安全と、生産用具や財産の保全に努めた。逃散の場所が、山野や家であった要因の一つに、いずれもアジール的機能が元来備わっていたことが挙げられよう。また、隣荘村落に家財などを預けて逃散することもあるが、用水管理など日常の生産活動における地域の連帯も、それを支えた。小百姓層も逃散に参加しており、新しい耕作者を見つけだすことが困難な場合が多く、領主にとって逃散の長期化は、年貢収益の損失、荘園の荒廃という打撃につながる危険があった。そのため、領主は農民らの要求に妥協する事例も多かった。なお、個人あるいは数人が行うものは「欠落《かけおち》」「逐電《ちくでん》」と呼ばれ、逃散とは区別される。

［文献］入間田宣夫『百姓申状と起請文の世界』(東京大学出版会、一九八六)、鈴木哲雄『中世日本の開発と百姓』(岩田書院、二〇〇一)、黒田弘子『女性から見た中世社会と法』(校倉書房、二〇〇二)。　(下東由美)

年貢減免闘争《ねんぐげんめんとうそう》　*荘家《しょうけ》の一揆《いっき》として、年貢公事《くじ》の軽減を要求し、中世を通じて行われた闘争。多くの場合、旱魃《かんばつ》、洪水、大風、虫害などの自然災害による作稲の被害を理由に「損亡《そんもう》」と称して年貢の減額を求める損免要求を行った。刈り取りを控えた八月末から九月にかけて、未進債務を事前に回避するために、「国中平均之損亡」(『東寺百合文書』)と自身の正当性を主張する*百姓申状《ひゃくしょうもうしじょう》を提出して、収納すべき年貢米などの額の減免を要求した。損亡状況の実検を農民ら自身で行い、周辺荘園の作柄や損免の情報を副えることもあった。この荘家の一揆の特徴は、実際の豊凶にかかわらず、ほとんど毎年繰り返されていることである。その理由は、年貢未進の債務を回避するためであるのはもちろんだが、農民らが、剰余生産物の確保による安定した小経営の維持を志向していたためであった。また、剰余労働力の確保は、安定した再生産にとって欠かせず、自然災害だけではなく夫役徴発や守護諸役を損亡の原因に挙げ、損免要求する例も多くあった。農民らは納得がいく減免額が決定されるまで交渉を継続し、*逃散に及ぶこともあった。これに対して、領主側は「非天下一同損亡」「当年事天下一同豊年」(『東寺百合文書』)と主張し、在京する守護、国人《こくじん》などから現地の情報を収集して対応しようとした。しかし、今後の刈り取りの遅延、年貢収納の遅延・拒否を恐れ、要求をある程度受け入れざるをえなかった。↓代官罷免闘争

［文献］『一揆』全五巻(東京大学出版会、一九八一)、榎原雅治『日本中世地域社会の構造』(校倉書房、二〇〇〇)。　(下東由美)

代官罷免闘争《だいかんひめんとうそう》　*荘家《しょうけ》の一揆《いっき》として、代官の非法停止やその更迭を要求した闘争。農民らは、夫役徴発、和市《わし》や年貢枡《ます》の不正操作、公事《くじ》負担の転嫁、百姓名の押領・集積、守護使の引き

入れなど、代官の非法を具体的に書いた＊百姓申状《ひゃくしょうもうしじょう》を作成し、荘園領主に訴えた。中には非法二一か条などというものもあり、先例《せんれい》をよりどころとする惣《そう》結合が、多岐にわたり代官と対立、衝突していたことがわかる。その中でも、代官という特権的地位を利用し、農民らを足手公事《あしでくじ》＝労働夫役に徴発し、代官給田や私領の耕作に使用する、自名の公事夫役負担を農民らに転嫁するなどの行為は、代官非法の大きな焦点であった。農民らは先例にない労働力収奪あるいは農繁期の労働力収奪が、自身の名田における農作業の時期を遅らせ、損亡《そんもう》を招く要因であると認識していたからである。さらに、守護使引き入れは、検断《けんだん》をめぐる惣結合との対立や守護諸役という新しい負担を意味した。その背景には、小百姓層も参加する自治的な結合（惣結合）と、領主化を志向し展開する代官との熾烈な対立があった。訴えられた代官の性格は、＊地頭、直務代官、守護被官などさまざまである。かつての惣の指導者であった有力名主《みょうしゅ》が、田所《たどころ》や公文《くもん》といった特権的地位を得たのち、訴えられることもあり、惣結合が内包する矛盾も知ることができる。これに対して荘園領主は、代官に非法停止を誓約させるなどするが、実行されない場合の方が多く、農民らの＊逃散によって、代官罷免に追い込まれることもあった。→斗代

［文献］　佐藤和彦『南北朝内乱史論』（東京大学出版会、一九七九）、『一揆』全五巻（東京大学出版会、一九八一）。　（下東由美）

一味神水《いちみしんすい》　一揆《いっき》を結成する際に行われる不可欠の誓約の儀式。一揆に参加する人々は、神前に集まり、＊起請文を作成し、全員が署名したのち、その起請文を焼いて灰にし、神に供えた水である神水に混ぜ、それを一同で回し飲みするのが作法であった。起請文には、参加する全員が一味同心《いちみどうしん》すること、その誓約に背いた場合は、いかなる神罰や仏罰を蒙ってもかまわないという旨が書き記されていた。このとき、神を呼び出すために打ち鳴らされる鐘、鉦などの音や誓言の声が聞こえ、起請文を焼く煙の香りが充満する中、神水を回し飲みしながら、人々は神との共同飲食の場という、しばしば「身ノ毛竪テゾ覚ケル」（＊『源平盛衰記《げんぺいじょうすいき》』四）と表現されるような臨場感を五官を通じて実感した。これにより、神と人、人と人との一体化がはかられ、起請文に連署した人々の結束の意思は、神とともに行った誓約として確実なものになったと意識された。たとえば、領主に対する実力行使として行われる＊逃散は、一味神水に支えられて惣《そう》結合が一揆、結束してはじめて可能となった。その際に書かれた起請文からは、領主から与えられた神仏や日本国中の神々の中でも自分たちの日常生活の中で特別な位置を占めている鎮守が神罰（仏罰）を下すのである、と主張する惣結合の力を見ることができる。中世は、農民のみでなく、多様な階層が一揆を組織しうる時代であったが、それを支えていたのは、一味神水であった。→荘家の一揆

［文献］　千々和到「「誓約の場」の再発見」（『日本歴史』四二二、一九八三）。　（下東由美）

篠《ささ》**を引**《ひ》**く**　家屋敷や村落への領主の立ち入りを阻止するための行為。「柴《しば》を引く」「篠をかける」という表現も見られる。神々の依代《よりしろ》（神霊の依りつくもの）としての性格をもつ篠や柴を、家屋敷のまわり、村落の入口に垣のようにめぐらし囲むことで、その内部を不可侵の聖域に変える行為と考えられる。＊逃《ちょう》散《さん》する際には、家に残る妻子ら家族の安全と、財産の保全のた

めに篠を引いた。中世後期には、逃散をさして、「篠を引く」と使うこともあった。また、村落への代官の立ち入りを阻止するために篠を引いた例もある。それに対して領主側は、妻子の身柄拘束のための家への立ち入りや、村への立ち入りを断念するしかなかった。↓点札

［文献］勝俣鎮夫『一揆』（岩波新書、一九八二）。　（下東由美）

郡中惣《ぐんちゅうそう》　戦国時代、*国人《こくじん》、*土豪《どごう》などの在地領主層が緊迫した対外的危機に対して、地域防衛と在地支配のために、ほぼ郡規模で連合したもの。代表的な甲賀郡中惣《こうがぐんちゅうそう》の場合を見てみると、甲賀五十三家などと呼ばれた在地領主層は、それぞれ血縁関係を核に被官などとともに「同名中《どうみょうちゅう》」を編成した。さらに近隣の同名中相互で、たとえば山名《やまな》・伴《ばん》・美濃部《みのべ》三氏の連合である「三方《さんぽう》」などを形成するようになり、それらを中核とし郡規模での郡中惣を形成した。「同名中」や「三方」の固有の掟書や、在地紛争に関する裁許状《さいきょじょう》などから、単に対外的危機に対する軍事的連合にとどまらず、独自の法や裁判制度をもち、地域平和の維持と在地支配を行っていたことがわかる。その運営は、各同名中から選出された一〇人による合議制で行われた。その構成員である大原氏の同名中の「与掟《くみおきて》」には、他所と地下一揆衆との武力衝突には同名中メンバーが合力し、他所と同名衆との合戦には惣荘の百姓が、味方することが定められており、対外的危機に際しては重層構造の一揆で対処していたことがわかる。ほかの具体的な事例としては、甲賀郡中惣と同様の構成をもち、同盟関係にあった伊賀《いが》*惣国一揆《そうこくいっき》をはじめ、大和《やまと》国宇陀郡一揆《うだぐんいっき》、伊勢《いせ》国小倭郷一揆《おやまとごういっき》など、畿内近国の例が多く知られるが、肥後国の*相良氏法度《さがらしはっと》の中にも確認されている。それぞれ地域の多様性・特色をもっているが、このような自治的な危機管理のための連合は広範囲に存在していたと考えられる。

［文献］宮島敬一『戦国期社会の形成と展開』（吉川弘文館、一九九六）。　（下東由美）

荘家《しょうけ》**の一揆**《いっき》　荘園制社会において、荘園領主に対して、年貢・諸公事《くじ》の減免や代官の罷免を要求した一揆。観応元年（一三五六）東寺が山城国*上久世《かみくぜ》荘（京都市伏見区）の新任の公文《くもん》に課した請文に「縦ひ百姓等庄家之一揆と称し妄りに嗷々之致すと雖へども群訴に曾ふを以て同心許容之儀有る可からざる事」（『東寺百合文書』）とある。稲垣泰彦により、農民闘争の基本形態として提起された概念である。一三世紀後半以降、荘園村落では、日常的な生産活動を通じた結びつきを基礎に、成長してきた小百姓層も参加する自治的な結合（惣《そう》結合）が形成、強化された。惣結合が、鎮守・村堂・講などで恒常的に開くようになった*寄合《よりあい》は荘家の一揆の基盤となった。寄合において、年貢・諸公事の減免、井料の下行、非法代官の罷免などの諸要求が顕在化すると、百姓等、あるいは御百姓等と自ら称する農民たちが、先例を盾に*百姓申状《ひゃくしょうもうしじょう》を作成し、*一味神水して連*署起請文を添え、荘園領主に提出し訴えた。この訴訟闘争が荘家の一揆の基本である。それにもかかわらず要求が容れられない場合、列参強訴や*逃散に及ぶこともあった。惣結合は、一味神水し、一揆することに支えられ、要求貫徹のために結束して、強訴や逃散という非日常の行動をとり闘った。その時期は、日常の生産活動のサイクル（農事暦）に応じたものである。年貢減免要求では、例年、収穫の近づく八月下旬から九月

にかけて百姓申状を提出し交渉を開始し、逃散する際は、農閑期を選び、春の耕作開始までに還住《げんじゅう》することをめざして交渉を続けた。しかしその一方で、村落の内部矛盾は常に表面化しており、強訴に与《くみ》しないことを誓った起請文を荘園領主に提出する農民の存在も見逃せない。一五世紀、*徳政一揆、*惣国一揆などの重層的な一揆の時代になっても、その底流として荘家の一揆は存在した。また領主に対しては、損亡《そんもう》を理由にした年貢減免要求が恒例化するほど数多く見られる。前出した上久世荘では、逃散はもとより申状も現存しないが、東寺へ列参し年貢減免を要求する例も確認できる。荘家の一揆は、闘争形態にかかわらず、中世を通じて存在した農民らの合法的な闘争であった。→年貢減免闘争、代官罷免闘争

［文献］　稲垣泰彦『日本中世社会史論』（東京大学出版会、一九八一）、『一揆』全五巻（東京大学出版会、一九八二）。（下東由美）

惣国一揆《そうこくいっき》　中世後期、畿内周辺で展開された重層構造をもった一揆。階層や身分を異にする諸一揆が重層的に結合し、「国《くに》」「郡《ぐん》」という地域を基盤にした自立的な連合が形成された。「惣国一揆」の概念を最初の提示した永原慶二は、守護・*国人《こくじん》の支配に抵抗して、土豪《どごう》・小領主と呼ばれる中間層と百姓層が「*惣《そう》」を媒介に連帯した一揆と定義し、農民闘争の延長線上に位置づけ、*山城国一揆《やましろのくにいっき》をその典型とした。これに対して、構成主体を中間層ではなく在地領主層に求め、村落・中間層から分離することを提示する見解が対置され、農民闘争としての評価も希薄になっていったが、その後の一揆史研究の進展により、重層構造をもつ一揆として評価されるにいたっている。具体的事例としては、*応仁・文明の乱による戦乱状況における山城国一揆、戦国期の緊迫した状況下における甲賀郡中惣《こうがぐんちゅうそう》、*伊賀惣国一揆《いがそうこくいっき》、大和《やまと》国宇陀郡一揆《うだぐんいっき》、紀州惣国一揆、加賀*一向一揆などがあげられるが、いずれも対外勢力により、地域支配あるいは地域平和の危機が危機に直面することが契機となり成立している。戦時という対外的危機に対して惣国一揆は、危機管理としての性格をもち、そこに一揆の重層構造つまり村落・百姓層をも含みこんで成立することの意味の一つがあるといえよう。

［文献］　永原慶二『中世内乱期の社会と民衆』（吉川弘文館、一九七七）、池上裕子「戦国期の一揆」（『一揆2』東京大学出版会、一九八一）、湯浅治久『中世後期の地域と在地領主』（吉川弘文館、二〇〇二）。（下東由美）

山城国一揆《やましろのくにいっき》　文明一七年（一四八五）一二月、畠山両軍への撤退要求を契機に成立した南山城（宇治・久世《くぜ》・綴喜《つづき》・相楽《さがら》の四郡）の*国人《こくじん》と惣村《そうそん》との重層構造をもった*惣国一揆《そうこくいっき》。*応仁・文明の乱後も、畠山家の両派の対立は続き、同年一〇月より南山城では宇治川を挟んで、*畠山政長《はたけやままさなが》・*義就《よしなり》両軍の戦闘が続いた。この状況に対し、一二月一一日、上は六〇歳、下は一五、六歳に及ぶ国人の集会と、一国中の土民《どみん》らの群集が実現し、畠山両軍に対し、南山城からの退去を要求、もし応じない場合には、国衆として攻撃することを通告した。一七日、両軍の撤退が実現すると、国の掟法三カ条（これ以後両畠山方の者を国中に入れない、寺社本所領を元のごとく直務とする、新関は一切設置しない）を定めた。今後の戦乱状況の排除や新関停止はもちろん、直務支配の回復は、農民闘争の一貫した重要な要求であった。同時に荘官出身の国人らにとっては、他国からの代官

を排除し、戦乱により失った在地領主としての諸権利を回復、確保することを意味していた。掟法は国人と群集した土民らの要求が一致する問題に限定されており、危機管理という目的で成立した重層構造をもつこの一揆の性格をよく表している。さらに、翌年二月、宇治平等院で国人が会合し、掟法を充実させ、*月行事《がちぎょうじ》を置き交替で政務の執行にあたること、財政は半済《はんぜい》の実施によって確保することが定められた。このとき会合したのは三六人の国人であった。一揆は彼らの指導により、先に上げた半済賦課権のほかに、検断《けんだん》権、裁判権を行使した。守護を否定し、自らの掟法を定め自治を行う組織を「惣国」と呼び、

「山城国一揆」史料

『大乗院寺社雑事記』文明十七年十二月十一日条
今日山城国人集会、上ハ六十歳、下ハ十五六歳云々、同一国中土民等群集、今度両陣時宜為申定之故云々、可然歟、但又下極上の至也、両陣之返事問答様如何未聞
(読み下し文)
今日、山城《やましろ》の国人《こくじん》集会す、上ハ六十歳、下ハ十五六歳と云々、同じく一国中の土民《どみん》等群集す、今度《このたび》の両陣の時宜《じぎ》を申し定めんがための故と云々、然《しか》るべきか、但し又下極《げこく》(剋)上《じょう》の至《いた》りなり、両陣の返事問答の様如何《いかん》、未《いま》だ聞かず、

『実隆公記』文明十七年十二月十日条
自御牧注進状到来、畠山両家勢、為国一揆可相退之、仍寺社本所領可為如先々云々
(読み下し文)
御牧《おんまき》より注進状到来す、畠山両家の勢、国一揆《くにいっき》のために相退《あいしりぞ》くべし、仍って寺社本所領先々の如くたるべしと云々、

南山城を「国」として支配した。しかし、重層構造の一揆が元来内包している内部矛盾（たとえば、農民らに年貢皆済を約束させるという掟法の内容を指摘する史料もある）は、流動的な戦国期の状況において激化し、明応二年（一四九三）伊勢氏の山城国守護就任を承認し、崩壊した。（下東由美）

［文献］日本史研究会・歴史学研究会編『山城国一揆』（東京大学出版会、一九八六）。

徳政一揆《とくせいいっき》 *徳政を要求して起こった*土一揆《つちいっき》。正長《しょうちょう》元年（一四二八）の正長の土一揆以後、戦国時代にいたるまで各地で頻発した。年貢そのほかの収取にからむ高利貸資本（*土倉《どそう》・酒屋《さかや》・寺庵など）からの収奪は、個々の農民、さらには*惣《そう》自体が土地喪失も含む債務負担を抱える状況を各地に生み出した。この状況において、*地おこしの観念は、地域単位で、広範囲に存在した在地徳政を支え、さらに、徳政一揆を支えた。また寺社の*関銭徴収なども、*馬借などの運送業者や、商工業者などの活動に障害をもたらしており、諸階層が高利貸資本による収奪にさらされる状況にあった。さらに、室町幕府が、その高利貸資本からの収入を重要な経済基盤としていたことは、土一揆を大規模なものにした。徳政一揆の基本的形態は、代替わりの契機を捉え、それぞれの一揆が荘域、時に階層を越えて連合、京都・奈良の都市や地域の拠点の土倉・酒屋を襲撃し、借書《しゃくしょ》の破棄と質物《しちもつ》の取戻しにより、個別に債務破棄する私徳政を行い、幕府や守護などに徳政を公認する徳政令を要求するものであった。近江より始まった正長の土一揆は、徳政令を発布させることはできなかったが、国別、あるいは里別に徳政を実現していった。嘉吉《かきつ》元年（一四四一）*嘉吉の土一揆は、室町幕府初の

土一揆年表

発生年	月	事項	典拠
正長元年（一四二八）	8	近江の土一揆蜂起。山上山下に一国平均の徳政令発布される。	満済・大徳寺文書
	9～11	山城醍醐の地下人ら徳政と号して蜂起。京に攻め入り私徳政。	東百・満済
	11	大和に土一揆蜂起。奈良に徳政令発布される。	社頭之諸日記・東百・伊和神社文書
		播磨・伊賀・摂津・河内・和泉・紀伊・伊勢の諸国に波及。	
永享元年（一四二九）	1～2	播磨の土一揆蜂起。守護赤松軍と戦う。	薩戒記
		大和宇陀郡で土一揆蜂起。	満済
	2	丹波の土一揆蜂起。	満済
	7	伊勢山田で土一揆蜂起。神人を襲撃。	満済・看聞
〃四年	4	伊勢神三郡で土一揆蜂起。	満済
〃五年	閏7	近江の馬借ら蜂起し、入京をはかる。	満済・看聞
嘉吉元年（一四四一）	8	近江の土一揆蜂起。守護六角軍と戦う。	建内記
	〃	近江奥島・北津田荘、徳政令を定める。	大島奥津島神社文書
	8～9	山城の土民数万、京都を包囲、封鎖し徳政令を要求。幕府徳政令を発布。	建内記・東執
	9	山城の土民・馬借ら奈良を攻撃。	薬師寺旧記
文安四年（一四四七）	7	山城西岡で土一揆蜂起。徳政を要求して京都に乱入。幕府軍と戦う。	東執
	〃	近江・河内で徳政一揆蜂起。	経覚
	7～8	大和の馬借、徳政して奈良を攻め、苅田を行う。	同 康富記
宝徳三年（一四五一）	10	大和の土一揆蜂起。徳政を要求して奈良に攻め入り市中に放火。興福寺・大乗院・元興寺金堂など焼失。	雑事記
享徳三年（一四五四）	9	山城の土一揆蜂起。幕府分一徳政令を発布。	東執・康富記・基恒日記
	11	播磨大部荘で土一揆蜂起。五郎左衛門殺害。	東大寺文書
康正二年（一四五六）	1	遠江蒲御厨で土一揆蜂起。引間市を焼く。	同
長禄元年（一四五七）	10～11	山城の土一揆蜂起。一揆軍東寺に籠り、土倉軍・幕府軍を破る。幕府分一徳政禁制を発布する。	経覚・山科家礼記
	11～12	大和布留郷の住民と山城木津の馬借ら徳政を要求して奈良を攻撃。	経覚・雑事記
〃三年	9	山城西岡で不穏な動きあり、久世荘の侍・地下人ら一揆に参加しないことを誓い起請文を出す。	東百
寛正三年（一四六二）	9～11	山城の土一揆蜂起。京都七口を占拠して赤松軍と戦う。土一揆軍の大将蓮田兵衛討たれる。	東百・東執
〃四年	9	山城の土一揆、京都を攻撃。幕府軍に鎮圧される。	蔭
〃六年	10～11	山城西岡で土一揆蜂起。京都を攻めて東寺を占拠。幕府軍に鎮圧される。	東百・東執・蔭・蜷川親元日記
文正元年（一四六六）	9	山城の馬借・土民・在京武士ら徳政を要求して蜂起。私徳政。	雑事記
応仁元年（一四六七）	3～4	山城木津の馬借ら徳政を要求して奈良を攻める。般若寺文殊院など焼失。	同
文明元年（一四六九）	9	備中新見荘の名主百姓ら「土一揆をひきならして」守護代官を排斥。	東百
〃四年	9～10	大和の馬借ら徳政を要求して蜂起、薬師寺焼失。	雑事記
〃一二年	3	丹波の前守護代の被官ら徳政を要求して蜂起。	晴富宿禰記
	9	大和の土民ら徳政を要求して蜂起。	雑事記
	9～12	山城の土民ら京都七口の関所の撤廃と徳政を要求して蜂起。私徳政。幕府分一徳政令を出す。	雑事記・山科家礼記・宣胤卿記

発生年	月	事項	典拠
〃一六年	11	京都で土一揆蜂起。東寺を占拠して酒屋・土倉を襲撃。細川政元の軍に敗れる。	後法・実隆・東寺八幡
〃一七年	7〜9	大和惣国一揆、徳政を要求して蜂起。	法隆寺文書・雑事記
	10〜12	山城の国一揆成立。	雑事記・実隆
〃一八年	8〜10	山城の土民ら徳政を要求して東寺を占拠。私徳政。細川、土倉軍に敗れる。	東百・実隆・後法
長享二年（一四八八）	9	京都で土一揆蜂起。細川軍に鎮圧される。	実隆・蔭
延徳二年（一四九〇）	閏8	山城の土一揆蜂起。酒屋・土倉、一献料を出して妥協をはかる。	東百・実隆・蔭
明応四年（一四九五）	9	山城久世・木津の土民ら徳政を要求して京中を攻め、町人、土倉軍に破れる。	東百・雑事記・実隆
〃五年	12	山城宇治近郊で土一揆蜂起。幕府徳政禁制を発布。	後法
〃六年	12	大和長谷寺近辺の土民・馬借ら徳政を要求して蜂起。長谷寺、徳政令を認める。	雑事記
〃八年	10	河内の土民蜂起して、守護代遊佐氏を追う。	雑事記
永正三年（一五〇六）	7	北陸諸国で土一揆蜂起。	雑事記
〃五年	1〜2	京都で土一揆蜂起。下京の土倉などを攻める。	実隆・元長卿記
〃一七年	1〜2	山城の土一揆蜂起。京都を攻め、幕府分一徳政令を発布。	二水記・元長卿記
大永六年（一五二六）	11〜12	山城の土民ら徳政を要求して蜂起。幕府分一徳政令を発布。	二水記・三宝院文書・厳助往年記
天文一五年（一五四六）	9〜12	山城の土民ら京都を攻め、幕府徳政令を発布するが、土倉は承認せず。	厳助往年記
永禄五年（一五六二）	3〜4	山城西岡の土民ら徳政を要求して蜂起。幕府徳政令を発布するが、土倉兵は承認せず合戦に及ぶ。	長享年後畿内兵乱期

典拠の略記（満済准后日記＝満済、東寺百合文書＝東百、看聞日記＝看聞、東寺執行日記＝東執、大乗院寺社雑事記＝雑事記、経覚私要抄＝経覚、後法興院政家記＝後法、実隆公記＝実隆、東寺鎮守八幡宮評定引付＝東寺八幡）。佐藤和彦の「土一揆一覧」（『国史大辞典』「土一揆」の項）をもとに再構成した。

徳政令を発布させることに成功した。代始めの徳政は先例であると主張し、京都周囲一六ケ所に陣取り、交通路を封鎖するなど、高い組織性、戦術、政治判断力などを発揮した。享徳三年（一四五四）に起きた土一揆には*分一《ぶいち》徳政令を、さらに長禄元年（一四五七）の土一揆の際には、分一徳政禁制を幕府は発布した。いずれも土一揆の蜂起により激減した酒屋土倉役の補填《ほてん》を目的とした幕府の財政対策が主眼であった。これ以降、土一揆の要求が、幕府の徳政令に反映されなくなる。また、徳政を要求するそれぞれの一揆の内部においても、徳政の成果などにより階層分化が促進され、組織性や連帯性の欠けた土一揆となっていった。しかし、「徳政の鐘」（『応仁略記』）を鳴らし、徳政と号して蜂起する土一揆は、徳政＝再生を求める意識をも内包していた。土一揆が要求する徳政の内容には、債務破棄や土地の取り戻しにとどまらず、未進年貢の破棄や*守護段銭の停止など日常の生活に深くかかわる問題の解決をめざすものもあり、時に重層的な一揆となって、戦国時代にいたるまで続けられた。

［文献］　村田修三「惣と土一揆」（『岩波講座日本歴史7　中世3』岩波書店、一九七六）、田中倫子「徳政一揆」（『一揆2』東京大学出版会、一九八一）。　（下東由美）

一向一揆《いっこういっき》　戦国時代、各地で起こった、*浄土真宗本願寺派の門徒《もんと》を中心とする一揆。真宗の開祖*親鸞《しんらん》の血筋を伝える本願寺派は八世*蓮如《れんにょ》による熱心な布教により、各地へ門徒を拡大し、一つの社会勢力となった。文正元年（一四六六）近江金森《かねがもり》の門徒らの蜂起を初見に、以後、一国支配を行った加賀の一向一揆により、中央における政治的地位を高め、畿内各地に*寺内町《じないまち》を形成し、*織田信長《おだのぶなが》に抵抗を続けた*石山合戦《いしやまがっせん》の終結によって、幕を閉じるまで約一二〇年続いた。加賀の一向一揆は、*応仁・文明の乱の続く加賀守護富樫《とがし》家の家督争いにおいて、政親《まさちか》を支援、成功した（文明一揆）。しかし、守護政親の支配と対立、長享二年（一四八八）にはそれを打倒（長享一揆）、「百姓ノ持チタル国ノヤウニナリ行候」（『実悟記拾遺』）といわれる一揆による一国支配を成立させた。この一揆の背景には、守護勢力に対抗し地域支配を維持しようとする在地領主層と、自治を守ろうとする惣村《そうそん》の連合があった。特に文明一揆のあとは、「郡《ぐん》」とその下部組織の「組《くみ》」からなる在地領主層らの一揆が、検断権《けんだん》、裁判権を行使する自治組織として一国支配を行った。門徒組織はその中にあって強い指導力を発揮した。北陸における一大地域権力となった本願寺は、中央の上部権力と結び、門徒を軍事動員して、政治勢力として拡大していった。九世実如《じつにょ》が管領*細川政元《ほそかわまさもと》と結び、越前朝倉氏を倒し、また加賀における権力争いでは、本願寺派が勝利した（大小一揆）。さらに十世証如《しょうにょ》は、*細川晴元《はるもと》を支援し、堺の三好元長《みよしもとなが》を攻め滅ぼし、大和の一向一揆が興福寺を焼き払うにいたったが、反本願寺に転じた晴元が結んだ法華一揆《ほっけいっき》に攻略され、堺に逃れている。一方で、畿内各地では*寺内町を形成、拠点を築き、経済的基盤を築いていった。天下統一への戦国大名の動きは、一向一揆を巻込み次第に激化した。永禄六年（一五六三）三河一向一揆は激戦の末、*徳川家康《とくがわいえやす》に敗れ、一一世*顕如《けんにょ》が、全国の門徒に織田信長との全面対決を呼びかけた石山合戦は、反権力闘争として、一〇年に及んだ。しかし、天正八年（一五八〇）、信長に事実上降伏、一向一揆はこれにより終結した。→天文法華の乱、本願寺、惣国一揆

［文献］　峰岸純夫編『戦国大名論集13本願寺・一向一揆の研究』（吉川弘文館、一九八四）、神田千里『一向一揆と戦国社会』（吉川弘文館、一九九八）。　（下東由美）

天文法華の乱《てんぶんほっけのらん》　天文五年（一五三六）山門（比叡山延暦寺）が中心となり、*京都*日蓮宗（法華宗）二一の本山を攻撃し、焼き討ちにした事件。*応仁・文明の乱以降、洛中で勢力を伸ばしていた日蓮宗門徒からなる*法華一揆《ほっけいっき》に対し、天文元年（一五三二）*細川晴元《ほそかわはるもと》は、京都の一向一揆の鎮圧の協力を求めた。かつては、*本願寺に対し軍事力要請を行っていたが、次第に対立、抑えきれなくなっていたためである。その結果、山科本願寺を攻略した法華一揆は、室町幕府から京都の軍事警察部門を担当する組織として位置づけられ、二一の法華宗寺院の組織を通じて、市中を掌握した。天文五年、いわゆる松本問答と呼ばれる

宗論で、山門が敗れるという事件が契機となり、洛中の法華一揆追放を決議した山門は、東寺、神護寺などに援助を求め、調停にあたっていた近江六角衆《おうみろっかくしゅう》を味方につけ、法華一揆を攻撃、二一の本山すべてを焼き討ちにし勝利した。幕府は、法華宗本山の洛中再興を禁止したため、洛中における法華一揆の活動は終息、堺へと逃れた。しかし、法華門徒が中心であったとはいえ、法華一揆は都市の住民をも含み込んだものであった。応仁・文明の乱以降、地子銭免除を報酬に傭兵として、あるいは自衛のために戦いに参加した経験のある都市の住民たちは組織的に軍事動員されていったと考えられる「惣町《そうまち》」「組町《くみまち》」といった京都の自治組織の存在は、天文法華の乱前後に初見が確認されており、法華一揆の一連の動きは、すでに形成されつつあった地縁的な町が組織化する契機となった。（下東由美）

［文献］　今谷　明『天文法華の乱―武装する町衆1』（平凡社、一九八九）。

十三日講《じゅうさんにちこう》　東寺領《とうじりょう》播磨《はりま》国*矢野《やの》荘（兵庫県相生市）の鎮守である大避《おおさけ》神社で、毎月一三日に開かれた惣《そう》結合の*寄合。矢野荘の農民らが年貢減免や代官罷免の要求を*百姓申状《ひゃくしょうもうしじょう》にまとめ、*一味神水《いちみしんすい》し、連署*起請文《きしょうもん》を書き、一揆する場であった。荘園領主東寺も、それを察知して十三日講を再三弾圧停止しようとした。しかし、小百姓層も参加する十三日講は、「悪口《あっこう》」を散々にたたいた参加者を「惣儀《そうぎ》」に背くとして衆中から追放するなど、「若し惣荘一揆に背きた者は、忽に罰せ被るる可く之間」（『東寺百合文書』）と参加者が述べるほどの強い結束力と厳しい規制力をもった寄合であった。「東寺学衆方引付」（『東寺百合文書』）に記された、永和三年（一三七七）正月一四日の*逃散《ちょうさん》は、前日に開かれたであろう十三日講が、*荘家の一揆の基盤であることをよく示している。（下東由美）

［文献］　佐藤和彦『南北朝内乱史論』（東京大学出版会、一九七九）、『相生市史2』（一九八六）。

分一徳政令《ぶいちとくせいれい》　室町幕府発布の徳政令のうち、債務額の一〇分の一を分一銭《ぶいちせん》として幕府に納入した者に限り、徳政を認める奉書《ほうしょ》を与えるというもの。*嘉吉元年（一四四一）、土一揆の要求を容れて、室町幕府は初の徳政令を発布したが、その結果、質《しち》物《もつ》の数を賦課基準とする酒屋土倉役《さかやどそうやく》の収入は激減していった。享徳三年（一四五四）九月におきた京都の土一揆の蜂起は、幕府軍を引き退かせることもあったが、*嘉吉の土一揆に比べると組織性に欠けており、幕府は徳政令を発布せず、鎮静するのを待って徳政禁制で対応した。しかし、土一揆がすでに行った私徳政による打撃は大きく、その後ひと月も経ったのち、幕府は分一徳政令を発布した。この徳政令は、合法的な徳政の享受者を分一銭の納入可能な富裕者や支配階級に限定することになった。納入が不可能な土一揆参加者にとっては、徳政令の獲得が、債務破棄や土地の取り戻しを意味するものではなくなった。幕府にとっては、土一揆の蜂起により減少した酒屋土倉役を、分一銭収入により補填《ほてん》しようとする財政対策であった。享徳三年の分一徳政令以後、分一付きが幕府の徳政令あるいは徳政禁制の定型となり、*徳政一揆にとって大きな転換点となった。（下東由美）

［文献］　桑山浩然「室町時代の徳政」（稲垣泰彦・永原慶二編『中世の社会と経済』東京大学出版会、一九六二）、田中倫子「徳政一揆」（『一揆2』東京大学出版会、一九八一）。

斗代《とだい》　中世における田畠一段あたりの年貢収納高のこと。たとえば、一段につき三斗納めるときは三斗代といった。平安時代後期、三〜五斗代であった斗代は、鎌倉時代にかけて、生産力の増大とそれに伴い領主が積極的に収奪したため、高くなる傾向にあり、地域や領主により差が出現した。*年貢減免闘争を展開し、*地下請《じげうけ》を成功させた東寺領丹波国*大山荘《おおやま》（兵庫県多紀郡丹南町（現篠山市））では、一律段別一石の斗代を、耕地の生産力に応じて、三種類の斗代（上田七斗五升代、中田五斗七升代、下田四斗五升代）に改め、その結果、四割近い年貢減免を実現した。生産力に応じた斗代を定めることで、農民らは領主の無制限の収奪を不可能にし、剰余生産物を生み出す可能性を高めた。一方、領主にとっても、定量の年貢収入を確保することを意味した。*代官罷免闘争においても、斗代を定めた際に決定された正規の枡を使用しない、枡の上に竹を打ちつけ容量を大きくしたなど、斗代に関する非法は数多く挙げられている。代官の特権的な地位を利用し、年貢斗枡を操作し、不正に斗代の増率を図り、その差を手に入れようとしたもので、斗代の固定化により剰余生産物を手元に残そうとする農民との対立の焦点となった。戦国大名により、領国内の限定はあるが、枡の統一は進んでいく。↓荘家の一揆

［文献］　大山喬平『日本中世農村史の研究』（岩波書店、一九七七）。（下東由美）

散所《さんじょ》　律令制下においては、院宮《いんぐう》諸家に賜与され、勤仕している者を散所舎人《とねり》といい、荘園制下では、権門の本家を本所《ほんじょ》として、散在する荘園的所領、別荘などが散所と呼ばれた。そこで年貢のかわりに領主のための雑役を務める者は散所雑色《ぞうしき》と呼ばれ、卑賤視される言葉ではなかった。南北朝期に作成されたとされる播磨《はりま》国大徳寺《だいとくじ》領《りょう》*小宅《おやけ》荘（兵庫県龍野市）の荘園絵図には散所屋敷が見えるが、荘園領主のもとで、散所の統括、経営にあたり私財を蓄え、独自の支配権を確立していた地元の有力者、散所長者《ちょうじゃ》も存在した。独自の流通網、情報網を握り、倒幕に活躍した*楠木正成《くすのきまさしげ》は散所長者だったともいわれる。しかし、その一方で、鎌倉期には、京中での*非人《ひにん》施行の対象の中に、清水坂《きよみずざか》の非人や獄囚などとともに「散所」の語が見え、卑賤視される非人集団のひとつとして存在していたことがわかる。葬送＝キヨメなどの独占権をもつ清水坂非人集団を本所として、それに対する散所、散所法師《ほうし》の呼び名が使われるようになったとする散所非人説がある。が、その実態は、声聞師《しょうもじ》などの大道芸人、乞食、らい者（ハンセン病）など多様である。このような多様性からも、散所を非人研究の中核にすることはできなくなってきているが、散所の人々をはじめ、非人に対する卑賤視が固定されるのは、南北朝期以降とされる。洛中における散所の特徴として、基本的に検非違使《けびいし》庁《ちょう》や特定の寺社・諸家に隷属している点が挙げられ、能楽など芸能を道とする者の中には、卑賤視から脱出を図った者もあった。

［文献］　脇田晴子「散所論」（『部落史の研究　前近代編』部落問題研究所、一九七八）、丹生谷哲一「非人・河原者・散所」（『岩波講座日本通史8』岩波書店、一九九四）。（下東由美）

博奕《ばくえき》　賽《さい》を用いる双六《すごろく》、丁半《ちょうはん》、囲碁、将棋などのかけごとの総称。白河上皇は三不如意の一つに双六の賽をあげ、『愚昧記《ぐまいき》』には「院中博奕之外、外事無し」とあり、*『看聞日記《かんもんにっき》』には伏見宮で、さかんに「博奕会」が行われたとあるように、古

代より中世を通じて、天皇、皇族、公家、武士、貴賤に関わりなく一般庶民まで万人のものであった。平安時代後期には、「芸能」のひとつとなり、博奕の専業者＝職人が現れた。職人的な博奕打は、鎌倉時代後期の『東北院職人歌合』には、「博《はく》打《うち》」と呼ばれ、巫女《みこ》といっしょに描かれていることから、神と関わりをもつ呪術的な力をもつものとして見られていたらしい。万人のものであり職人や名人まで生み出した博奕であったが、一方で古代より厳しい禁制の対象でもあった。鎌倉時代には、公家、武家、寺社それぞれが、博奕禁止令を出し続け、次第に、「諸悪の源、博奕より起こる」（弘長三年公家新制）とみなされるようになっていった。鎌倉末期の＊悪党禁止令は盗賊・強盗・殺害のもととして博奕の禁止も含んでおり、「異類《いるい》異形《いぎょう》」（『峰相記』）の彼らが博奕をよくしたことがわかる。その後の＊建武式目《けんむしきもく》、室町幕府法、戦国期の大名の＊分国法、近江今《おうみいま》掘《ぼり》の掟に見られる村法でも、厳しく禁止されていった。土地の売却・質入れまでも招く博奕は罪であるという意識は、このような中でつくられていったと考えられる。と同時に、厳禁しても博奕の流行はおさえることはできず、しばしば野山の中、河原、市場、寺社の境内、祭りの日など無縁の場で続けられた。

[文献]増川宏一『賭博1、3』（法政大学出版局、一九八〇、一九八三）、網野善彦「博奕」（『中世の罪と罰』東京大学出版会、一九八三）。

（下東由美）

点札《てんさつ》　点定《てんじょう》の札を打つことの略。荘園制のもとで、領主が、年貢・公事《くじ》の未進者や隠田《おんでん》主あるいは＊逃散《ちょうさん》したものに対して、家屋、土地、農作物などを強制的に差し押さえる方法のこと。「標《しめ》を立つ」「神木《しんぼく》を立つ」ともいう。対象の家屋や田畠の周囲に立札や神木を立て、住宅への立ち入りや、田畠の農作物の刈取りを禁止し、その所有権が領主にあることを宣告した。札のもつ神聖さ、呪術的な力が関係していたともいわれる。神木と神木との間に注連縄《しめなわ》を張ることもあった。逃散に際して、農民たちが行う「＊篠《ささ》を引く」作法は、領主とはまったく逆の立場から行ったもので家に残した家族や財産の保全を目的とする農民らの点札と考えることができる。

（下東由美）

風聞《ふもん》と実証《じっしょう》　＊検断《けんだん》において、罪科人を確定するには証拠が必要であるが、中世においては、物証、人証などの実証と風聞が証拠として採用された。実証において、盗みや強盗の場合、盗まれたもの＝臓物《ぞうもつ》が物証となる。それを所持していることは、犯人としての決定的な証拠となった。また、事件に遭った際、被害者が発した高声を聞きつけた者は出会う＝駆けつけるという慣行があり、目撃者の証人は「見知証人」と呼ばれた。見ること＝「目」の呪力から、その証言は人証として強い証拠力をもった。これに対して風聞は、「人口に乗る」「物言」「口《くち》遊《ずさみ》」などとも表される噂のことである。情報伝達のほとんどが口頭によった中世社会においては、曖昧であるほど連鎖的に拡大していく風聞が、唯一のマスメディアともいえ、その果たした役割は大きく、強い力をもっていた。人々は、人の意思を超えて、かなりのスピードで広範囲に広がっていく風聞＝噂の中に、神意が隠されていると信じていた。事件の発生や罪科人を特定する場合など、検断の証拠として情報を収集する際には、風聞が重要な情報源となった。＊鎌倉幕府は、実態のつかみきれない＊悪党の糾明のために、風聞として聞き及んでいることを＊起《き》請文《しょうもん》を持って注進《ちゅうしん》させ、検断しようとした。在地においては、地域に流布《るふ》する風聞が*落書起請《らくしょきしょう》の手続きを経て、証拠として採用された。実体がなくつかみようのない風聞は、起請文の力に保証され、検断の場において、実証に準ずる有効な証拠となった。

［文献］酒井紀美『中世のうわさ』（吉川弘文館、一九九七）、西岡芳文「情報伝達の方法」（『今日の古文書学3』、雄山閣出版、二〇〇〇）。

（下東由美）

落書起請《らくしょきしょう》*　起請文を伴った落書（匿名の投書）のこと。多くの情報を収集し、盗みや殺人などの罪科人《ざいかにん》を特定するために行われた無記名の投票である。領主権力の命令により、強制的に行われた。平安末から鎌倉初期に寺社内の*検断《けんだん》の一方法としてはじめられ、鎌倉後期に*悪党《あくとう》糾明のため急速に普及した。弘安八年（一二八五）、大和国では、悪党糾明のため一国で落書起請が行われるほどであった。落書起請を実施する際には、参加者が事前に特定され、犯人を特定する実証が何通以上、あるいは風聞《ふうぶん》が何通以上であれば実犯《じっぽん》＝罪科人であるとの証拠とするかなどのことがあらかじめ決められていた。たとえば、建武四年（一三三七）「中宮寺盗人沙汰落書起請定書」（『法隆寺文書』）には、実証一〇通以上は実犯、風聞三〇通以上は実証一〇通に准ずる、つまり実犯とある。神の意思が隠されていると考えられていた風聞は、落書起請により神の力を得て、実証と同様有効な証拠となった。落書起請は、起請文を伴う神への誓約という性格をもつため、神社や寺院の宝前において書かれ、封が施されるのが普通であった。開票結果は、起請文により保証され、罪科人と特定されたものは処罰された。延慶三年（一三一〇）法隆寺連城院に入った強盗を見つけ出すために行われた落書起請には、周辺地域一七ケ所が集まり、六〇〇余通に上る落書が書かれた。その結果、実犯と特定された者のところへ、かかわった地域の者たちが処罰に向かっているが、その背景には村落の自検断《じけんだん》の存在があった。なお、落書は、匿名で社会の風潮やあり方などに対する批判や風刺の意をもって、人目のつくところに落とす（落し文）、立札や貼り紙にするなど、自発的になされたものであり、*二条河原《にじょうかわら》の落書《らくしょ》は有名である。→風聞と実証

［文献］酒井紀美『中世のうわさ』（吉川弘文館、一九九七）。

（下東由美）

半具足《はんぐそく》の輩《ともがら》　具足とは、儀式、祭祀、法会、軍陣などにおける用具を総括して広く用いる呼称である。武士の台頭とともに、しだいに、鎧《よろい》、冑《かぶと》などの甲冑《かっちゅう》をさすことが多くなり、室町時代には完備した大鎧《おおよろい》形式を、室町末期には胴丸《どうまる》形式を具足と呼び、不完全なものを半具足と呼んだ。自検断《じけんだん》を行う惣《そう》村の者たちも、武力行使は無縁ではなく、武具を身につけるものは武士だけではなくなっていく。*『看聞日記《かんもんにっき》』には、永享六年（一四三四）一〇月、山門の僧兵たちが神輿を奉じて入京してくるという風聞に、出動要請された伏見《ふしみ》や醍醐《だいご》では、村々から半具足の者たち三〇〇余人が御香宮に参集したとある。また、南北朝・室町期の合戦において、重要な戦力であった野《の》伏《ぶせり》や*足軽《あしがる》なども半具足の輩といわれる→悪党

（下東由美）

風呂《ふろ》　古代よりふろは岩風呂、釜風呂などの蒸気で蒸す蒸し風呂のことをさした。風呂に入る施設は湯屋《ゆや》、湯殿《ゆどの》などと呼ばれた。ふろの語源は、壁に囲まれた狭い部屋を意味する室《むろ》から転じたとの説もある。古代から貴族の間では、禊《みそぎ》のために湯浴

の儀式が行われ、そのための施設もつくられた。一二世紀に入ると、施行の一部に僧や*非人《ひにん》、乞食《こつじき》などを湯屋で入浴させてやる施浴が取り入れられるようになった。鎌倉時代の新旧仏教の担い手であり勧進《かんじん》活動で有名な*重源《ちょうげん》、*叡尊《えいそん》、*忍性《にんしょう》なども施浴を重視し、穢れを清める慈善救済事業として、いくつもの湯屋をつくった。禅宗寺院では、七堂伽藍のひとつに浴室が数えられている。南北朝期には、京都、奈良などの都市に公衆浴場としての湯屋（銭湯）が出現しており、合戦のない日には、南北両軍が一緒にくつろいでいたという。そのような湯屋は、主に時宗系寺院によって経営されていたといわれ、風聞《ふうぶん》がささやかれ、情報蒐集の場としても機能していた。また、都市だけではなく、高野山領紀伊国*鞆淵《ともぶち》荘（和歌山県那賀郡粉河《こかわ》町）や九条家領和泉国日根野《ひねの》荘（大阪府泉佐野市）など、荘園村落の中にも湯屋があった。（下東由美）

柳生《やぎゅう》徳政碑《とくせいひ》　奈良市柳生《やぎゅう》町のほうそう地蔵と呼ばれる地蔵石に刻み込まれている徳政碑文。笠置《かさぎ》道（柳生街道）が小柳《こや》生《ぎゅう》の集落に入る直前の峠にあり、国の史跡に指定されている。正長元年（一四二八）八月、近江より起こった*正長の土一揆は、京都を経て一一月には奈良にも波及し、大和守護興福寺は、徳政令を発布するにいたった。碑には、「正長元年ヨリサキ者カンヘ四カンコウニヲヰメアルヘカラス（正長元年以後は、神戸四箇郷に負目《おいめ》＝債務はない）」と刻み込んである。大和においては、一国の徳政令が発布されたほかに、里別に徳政が行われたといわれ、神戸四箇郷においても独自の徳政が行われたことがうかがえる。郷民らが、正長元年以前の債務が破棄されたことを、四箇郷の中心地にあり、外敵から里を守る塞の神とされる地蔵石に残したものといえよう。正長の土一揆による徳政の広がりと高揚を後世によく伝えている。→徳政一揆

［文献］　永原慶二『日本の歴史10』（中公バックス、一九八四）。（下東由美）

社頭《しゃとう》之《の》諸日記《しょにっき》　「春日若宮社頭之諸日記」ともいう。『集古文書』に収められる春日若宮（奈良市）の社司中臣氏の日記。特に、*正長の土一揆の様子を伝える史料として重要である。正長元年（一四二八）八月、近江で*徳政令を要求して起こった土一揆が、山城から大和へと広がり、さらに十一月には「伊賀・伊勢・宇田・吉野・紀国・泉国・河内・サカイ惣テ日本国ノコリナク御得政□□、当国ニモ里別ニ得政ヲカルナリ」と、畿内各地へ波及していった様子を具体的に知ることができる。大和守護興福寺は、一一月二五日に徳政令を出すにいたるが、「里別ニ得政ヲカルナリ」という一文は、各地で独自の徳政が行われたことをうかがわせており、*柳生《やぎゅう》徳政碑《とくせいひ》はそれを反映したものと考えられる。（下東由美）

八　室町文化

室町前期の*北山文化、後期の*東山文化の特徴を比較考察するとともに、文化の地方化、民衆化についても検討することが必要であろう。

北山文化　*足利義満《よしみつ》は、応永元年（一三九四）に将軍職を*義持《よしもち》に譲り、翌年出家した。花の御所（室町殿）を義持に譲渡した義満は、北山にあった西園寺《さいおんじ》家の山荘を譲りうけ、新しい政治の拠点にしようとしたのである。北山第の着工は応永四年（一三九七）四月、昼夜兼行の工事により翌年には完成した。造営の費用と労働力は、「わが兵士を土木工事のために使役せず」（『臥雲日件録《がうんにっけんろく》』）と負担を拒絶した*大内義弘《おおうちよしひろ》を別として、ほとんどの*守護大名が、その負担に応じた。金箔の舎利殿（金閣）は、極楽浄土の出現かと噂されるほどであった。義満は、応永九年（一四〇二）九月、北山第において明からの使節と会見し、応永一五年（一四〇八）三月には、*後小松《ごこまつ》天皇を招いて、二〇日間にわたる宴を催した。連歌会が開かれ、天皇の「山水ののどかにすめるみぎは哉《かな》」との発句に、義満は「風おさまりぬ万代の春」と応じている（『*教言卿記』）。北山第は、義満の権威の象徴的存在であった。この頃の文化を北山文化という。

室町幕府は、中国の制度を模して、京都と鎌倉に五山《ござん》を指定し、旧寺院勢力の抑止策として、これらの寺々を手厚く保護したため、五山の僧侶の発言力は増加した。五山の僧侶は、宗教家であると同時に、大陸文化の紹介者でもあった。かれらは、漢詩文の作成にすぐれた能力を発揮したのみならず（五山文学）、中国事情にも明るく外交文書を作成することもあった。応永一〇年（一四〇三）二月、「日本国王臣源表」に始まる成祖永楽帝への国書を作成したのは*絶海中津《ぜっかいちゅうしん》である。絶海は、*応永《おうえい》の乱の時、義満の使節として堺におもむき、大内義弘に上洛するように説得している。五山の僧侶たちは、幕府と守護大名との紛争を調停する使節の役目も果たしていたのである。

禅の普及は、美術の方面にも影響を与えている。鎌倉末期、中国から輸入された*水墨画は、*如拙《じょせつ》・*周文《しゅうぶん》らの活躍によって、大和絵にかわって美術界の主流を形成しはじめた。

猿楽や田楽などの雑芸を、芸術性豊かな能楽へと高めたのは*世阿弥《ぜあみ》である。能の最高目標を花にたとえ、能の精神や作法を論じた『*風姿花伝』などは、すぐれた芸術論である。世阿弥の子元雅《もとまさ》の作「隅田川」は、人買いによって東国へつれ去られた子供を訪ねる母親の悲劇をテーマにしたもので、中世社会における人身売買の実態をするどく描き出したものといえよう。能と能との間に演じられる寸劇(*狂言)には、大名や従者、山伏や女房などが登場する。主人の権威を愚弄する太郎冠者、次郎冠者などは、武家や公家の圧力をはねのけて生きる民衆の姿の象徴である。

東山文化 *足利義政《よしまさ》が、東山に山荘建立の準備をはじめたのは、寛正六年(一四六五)であったが、*応仁・文明の乱の勃発によって計画はいったん中止された。山荘の造営が再開されたのは、文明一四年(一四八二)のことである、完成まで約九年の歳月が費やされた。造営費は*守護大名と山城の公家・寺社に割りあてられた。この間、山城の農民たちは、臨時課役と人夫役に苦しめられたのである。*銀閣*東求堂《とうぐどう》の書斎(*同仁斎《どうじんさい》)は、初期*書院造の建築として名高い。寝殿造から書院造への変化は、住宅史上画期的なことであった。書院造の住宅において、部屋一面にはじめて畳が敷きつめられるようになった。襖《ふすま》によって間仕切りされた各部屋は独立し、明障子が用いられ、書院・床の間・違い棚・玄関などが設けられた。襖絵・生け花・茶の湯など、今日に生きる伝統文化は、書院造の出現と深くむすびついている。

絵画の世界では、*雪舟《せっしゅう》・雪村《せっそん》・*狩野元信《かのうもとのぶ》らが活躍した。備中《びっちゅう》赤浜出身の雪舟は、青年の頃、京都*相国寺《しょうこくじ》で絵画を学んだが、宋元の水墨画の模倣を繰り返すにすぎなかった京都画壇にあきたらず、応仁元年(一四六七)遣明使*桂庵《けいあん》玄樹《げんじゅ》に随行し、大内船に便乗して明の*寧波《ニンポー》に到着した。三年間の明滞在中に、李在・彦敏らに破墨など水墨画の技法を学び、杭州・蘇州・揚州などの景勝地を巡遊し、精力的に大陸の自然・風習などをスケッチした。帰国ののちは、周防山口を中心に、諸国を遍歴して画法をみがき、山水長巻・*天の橋立図などを描き、ついに独自の画風を開拓したのである。

*枯山水《かれさんすい》の庭園として知られる*竜安寺《りょうあんじ》や*大徳寺(大仙院)の庭は、禅の精神を具象化したものといわれている。作庭に腕をふるったのは、不当に賤視されていた*河原者の*善阿弥《ぜんあみ》らであった。義政の側近にあって、唐物《からもの》の鑑定、*立花《たてはな》や茶の湯、*連歌などの指導にあたったのは、*同朋衆《どうほうしゅう》と呼ばれた時衆の僧侶であった。かれらは、社会的身分において蔑視されることが多かったが、室町文化の真のにない手であった。

文化の地方化・民衆化 五山の僧侶たちの行動が、禅本来の精神から逸脱しているときびしく批判したのは*一休《いっきゅう》宗純《そうじゅん》である。一休は、いく度となく堺を訪れ、豪商たちに禅を説き教導した。連歌の*宗祇《そうぎ》や茶の湯の*村田珠光《むらたじゅこう》らは一休の門下生である。旅の連歌師宗祇は、諸国の守護大名や国人領主らの後援をうけて地方を巡遊し、連歌や古典を教授した。彼の高弟*宗長《そうちょう》も各地を旅したが、宗長の紀行文『東路の津登』には、坂東の大学と称された*足利学校《あしかががっこう》（下野）における学問修業のありさまが興味深く記されている。足利学校は、*上杉憲実《うえすぎのりざね》によって再興され、長尾氏・小田原北条氏の保護を受けて発展した。肥後の菊池氏・薩摩の島津氏は禅僧桂庵玄樹を招いて朱子学を学び、土佐でも、*南村梅軒《みなみむらばいけん》が朱子学を講じた。宗祇や雪舟が訪れた山口は、守護大名大内氏の城下であり、日明貿易における豊かな財力を背景に地方文化が花ひらいたのである。越前の一乗谷《いちじょうだに》、土佐の中村などには、応仁の乱の戦火を逃がれて文化人たちが下向して文化活動を行い、小京都と呼ばれ、地方文化の中心として繁栄した。

文化における民衆の力を如実に示すのは、京都町衆の活躍である。彼らは、商工業活動によって蓄積した富によって、荒廃した京都をみごとに復興した。明応九年（一五〇〇）には、応仁の乱によって中断されていた祇園祭の山鉾巡行を再興したのである。

文芸の世界では、連歌・*御伽草子《おとぎぞうし》・*小歌などが重要である。連歌は寄合を基盤とする文芸であり、南北朝内乱以来、地下連歌として流行し、武士・商人・農民などが天神講をつくって連歌会を催した。御伽草子としては、『ものぐさ太郎』・『一寸法師』・『文正草子』などが愛読された。御伽草子は、民間伝承に取材したものが多いが、旧来の権威によりかかって没落していく殿上人にくらべて、才覚によって*有徳人にのしあがっていく地下人の活躍など、貨幣経済の進展を背景とした作品などは、民衆生活の実態を知りうる好史料である。小歌は、民間でうたわれた歌謡であり、そこには、なまなましい民衆の生活感情の発露がある。民衆は、戦乱や天災などによって、激しく変動する世の中を、「ゆめまぼろし」の世ととらえた。それならば、「なにせんぞ、くすんで一期は夢ぞ、ただ狂へ」（『*閑吟集《かんぎんしゅう》』）と、この世の中を、よりしたたかに、奔放に生き抜こうとしたのである。

（佐藤和彦）

（一）宗教と学問

五山《ござん》・十刹《じっさつ》の制《せい》　朝廷・幕府が定めた禅宗寺院の官寺制度。五山・十刹・諸山《しょざん》の三段階からなる寺格で、五山が最高位（後年、五山之上が設けられる）。中国南宋《なんそう》の禅宗制度を、鎌倉時代末期に移入し、制度として確立するのは、室町時代である。史料上の初見は鎌倉*浄智寺で、正安元年（一二九九）*北条貞時《さだとき》のとき五山に列した。応長元年（一三一一）頃、鎌倉の*建長寺・*円覚寺・*寿福寺などが五山を称した。*後醍醐《ごだいご》天皇も五山改定を行い、正慶二・元弘三年（一三三三）*大徳寺を五山の一つとし、翌年*南禅寺を五山第一と定めた。建武年間（一三三四―三八）

には、*建仁寺・*東福寺も五山に加えられた。*足利尊氏《たかうじ》が*夢窓疎《むそうそ》石《せき》を開山に*天竜寺《てんりゅうじ》を創建すると、各寺の位次が定められ、康永元・興国三年（一三四二）五山第一建長寺・南禅寺、第二円覚寺・*天竜寺、*第三寿福寺、第四建仁寺、第五東福寺、準五山浄智寺と定め、*足利義満《よしみつ》の*相国寺創建により、至徳三・元中三年（一三八六）五山之上南禅寺、第一天竜寺・建長寺、第二相国寺・円覚寺、第三建仁寺・寿福寺、第四東福寺・浄智寺、第五万寿寺・浄妙寺と定められた。十刹は、浄妙寺や豊後《ぶんご》万寿寺が鎌倉末期に列せられたのが初見。室町時代、五山位次《いじ》改定とともに十刹が定められてきた。義満は康暦二・天授六年（一三八〇）、第一等持寺、第二禅興寺、以下聖福寺・東勝寺・京都万寿寺・長楽寺・真如寺・京都安国寺・豊後万寿寺・駿河《するが》清見《せいけん》寺《じ》の十刹と、臨川寺・宝幢寺《ほうどうじ》・相模《さがみ》瑞泉寺《ずいせんじ》・普門寺・播磨《はりま》宝林寺・伊豆《いず》国清寺の準十刹の計一六ヶ寺の位次が定められた。その後も寺数は漸増した。十刹に次ぐ諸山は、元亨元年（一三二一）*北条高時《たかとき》によって相模の崇寿寺が列せられたのが初見。その後、全国の有力禅寺がしだいに加えられていった。禅宗官寺は、原則として十方住持《じっぽうじゅうじ》制をとり、住持期間は満二年とする。五山・十刹・諸山に編成された禅寺を五山といい、林下《りんか》と区別している。

[文献]　今枝愛真『日本禅宗史の研究』（東京大学出版会、一九七〇）。

（松井吉昭）

五山の位次と制定年代

位次＼制定年代	康永元年（一三四二）		延文三年（一三五八）		至徳三年（一三八六）	
制定者	足利尊氏		足利義経		足利義満	
五山之上					（太平興国）南禅寺	
	（京都）	（鎌倉）	（京都）	（鎌倉）	（京都）	（鎌倉）
第一	南禅寺	建長寺	南禅寺	建長寺	天竜寺	建長寺
第二	（龍）天竜寺	円覚寺	天竜寺	円覚寺	相国寺	円覚寺
第三		寿福寺		寿福寺	建仁寺	寿福寺
第四	建仁寺		建仁寺		東福寺	浄智寺
第五	東福寺		東福寺　万寿寺	浄妙寺　浄智寺	万寿寺	浄妙寺
準五山		浄智寺				

五山版《ござんばん》 鎌倉時代中期から南北朝・室町時代末期まで、京都・鎌倉両五山を中心に禅僧たちによって開版《かいはん》された出版物の総称。鎌倉時代の各寺院の開版はほとんど禅籍を中心とじた仏《ぶっ》書《しょ》に限られていた。その後、禅僧の教養に必要な中国の経書・史書・医書・あるいは詩文集に及んだ。そのことによって、いわゆる五山文学の隆盛をもたらした。現存最古の五山版は、弘安一〇年（一二八七）の『禅門宝訓』、正応元年（一二八八）の『応庵和尚語録』で、以来四〇〇版ほどの出版が行われた。*応仁・文明の乱後、京都の荒廃により地方での同種の出版が目立つようになった。本来、禅宗は「以心伝心《いしんでんしん》」「不立文字《ふりゅうもんじ》」が基本である。文化輸入国であった日本では、中国から将来した禅籍を読まなければならない事情があり、師説を編纂した禅語録を中心とした出版は必要な事業であった。そのため宋《そう》・元《げん》版といった中国書の複製本が多かった。さらに禅寺では、日常生活から行事まで中国の習慣を踏襲したため、経書・漢文集・字書類も禅僧にとって必要であった。開版は日本禅僧のみならず、来日した兪良甫《ゆりょうほ》や陳孟栄《ちんもうえい》らの名工が従事したので、営利出版を促す契機となった。さらに国書出版の糸口が開かれ、装丁様式にも変化があり、従来の巻子本《かんすほん》などの他に袋綴《ふくろとじ》本が現れ一般化した。出版が盛んであったのは、*春屋妙葩《しゅんおくみょうは》のいた*天竜寺、ついで五山ではないが臨川寺《りんせんじ》であった。

〔文献〕 今枝愛真『日本禅宗史の研究』（東京大学出版会、一九七〇）。 （松井吉昭）

安国寺利生塔《あんこくじりしょうとう》 南北朝時代に設定された寺院制度の一つで、*足利尊氏《たかうじ》・*直義《ただよし》兄弟が*夢窓疎石《むそうそせき》の勧めで、*元弘《げんこう》の変以来の戦没者《せんぼつしゃ》の霊《れい》を弔《とむら》い天下泰平《たいへい》を祈願《きがん》して建立した寺塔。暦応元・延文三年（一三三八）から貞和《じょうわ》年間（一三四五—五〇）の約一〇年間をかけて、全国六六ヶ国二島（壱岐《いき》・対馬《つしま》）に一寺一塔を設け、各塔に仏舎利《ぶっしゃり》二粒が奉納された。貞和元・興国六年（一三四五）*光厳《こうごん》上皇の院宣《いんぜん》により、寺は安国寺、塔は利生塔と称することが勅許された。安国寺は、五九ヶ国に設定されたことが確認されるが、そのほとんどが各国守護の菩提寺である*臨済宗五山派の禅院が指定された。大和・尾張《おわり》・伊豆・下野《しもつけ》・土佐の五ヶ国については未詳。興福寺一国支配が認められている大和以外は、各国に一寺ずつ指定されたものと思われる。一方利生塔は、天台・真言・律などの旧仏教寺院に設置する方針であったが、禅宗の盛んな山城・相模《さがみ》・駿河《するが》などでは五山派や、能登では*曹洞宗禅院に設置された場合もある。形式は五重塔と三重塔で、六八基設置されたことは間違いないが、現在、塔の遺構は一つも確認されていない。文献から二八ヶ所の所在が認められる。各国に一寺一塔が設置された背景には、民心慰撫《いぶ》と平和祈願という本来の目的の他に、各国守護の菩提寺《ぼだいじ》などに寺塔を設置することによって、室町幕府の威信を宣揚するとともに、反幕府勢力への監視・抑制といった全国支配体制強化という政治的目的があった。

〔文献〕 今枝愛真『日本禅宗史の研究』（東京大学出版会、一九七〇）。 （松井吉昭）

天竜寺《てんりゅうじ》 京都市右京《うきょう》区嵯峨《さが》天竜寺芒《すすき》ノ馬場《ばば》町にある*臨済宗天竜寺派の本山。正式には霊亀山《れいきざん》天竜資聖《しせい》禅寺といい、名勝嵐《あらし》山《やま》の中心的寺院。暦応二・延元四年（一三三九）*足利尊《たか》氏《うじ》・*直義《ただよし》兄弟が*夢窓疎石《むそうそせき》の勧めによって、吉野《よしの》で亡くなった*後《ご》醍醐《だいご》天皇の冥福《めいふく》を祈るために創建。夢窓疎石を開山第一世とし、尊氏は日向《ひゅうが》国国富荘《くにとみのしょう》を、北朝は成功《じょうごう》の収益を寄進した。疎石は造営資金を得るため、直義と諮って暦応四・興国二年（一三四一）、元《げん》に貿易船（天竜寺船）を派遣した。帰朝後の貞和元・興国六年（一三四五）、盛大な落慶供養《らっけいくよう》が営まれた。初め暦応寺《りゃくおうじ》と称したが、のち*光厳《こうごん》上皇によって天竜寺と改称された。創建当初の寺域は、*後嵯峨《ごさが》天皇が造営して後醍醐天皇に伝領された離宮亀山殿《かめやまどの》を中心に、三六町余の広さであった。開創と同時に五山の第二位、至徳三・元中三年（一三八六）には*義満《よしみつ》によって第一位となり、鎌倉の*建長寺《けんちょうじ》と同格とされた。足利氏の外護厚く、夢窓派の拠点として室町時代前期が全盛期で、すぐれた五山僧を出し、*五山版と呼ばれる禅宗関係書籍を盛んに出版した。経済的には、二四〇二石の寺納米と五七〇〇余貫文の銭貨の収入が確認され、金融業や日明貿易への投資による財力をもった。しかし、室町時代だけでも六度の火災にあい、*応仁・文明の乱の焼失後は復興も容易でなく、中世末に寺勢は衰退していった。（松井吉昭）

［文献］ 今枝愛真『日本禅宗史の研究』（東京大学出版会、一九七〇）。

南禅寺《なんぜんじ》 京都市左京《さきょう》区南禅寺福地町にある*臨済宗南禅寺派の本山。山号は瑞竜山《ずいりゅうざん》。太平興国《たいへいこうこく》南禅寺と正称。*亀山《かめやま》天皇が禅宗に帰依し、正応四年（一二九一）離宮を改めて建てた寺で、東福寺三世の無関普門《むかんふもん》（仏心《ぶっしん》禅師・大明《だいみん》国師）を開山に招き開創した。しかしこの年普門が没し、翌年規庵祖円《きあんそえん》（南院《なんいん》国師）が住持になり、勅命により伽藍《がらん》造営に着手。永仁元年（一二九三）仏殿、ついで僧堂・三門・法堂《はっとう》が完成し、一四世紀初頭には七堂伽藍が完備した。造営途次、現在の山号寺号に改称した。正安元年（一二九九）は「禅林禅寺祈願文」を草し、寺領に遠江《とおとうみ》国初倉荘《はつくらのしょう》・加賀《かが》国小坂《おさか》荘・筑前《ちくぜん》国宗像《むなかた》荘を寄せ、住持は開山の法流に限らず広く人材を求める十方住持《じっぽうじゅうじ》制を定めた。以後、亀山天皇の皇統*大覚寺統が管領する大寺として建武新政を迎えた。室町時代に入ると、足利将軍家支配の官寺として中世を推移した。寺格は、京都・鎌倉五山《ござん》の上に位置する「五山之上」と定めたので、以後、中世禅寺界最高の地位を占めた。当寺は寺格と十方住持制により、歴代住持に一山一寧《いっさんいちねい》・*夢窓疎石《むそうそせき》・*虎関師錬《こかんしれん》・*春屋妙葩《しゅんおくみょうは》・*義堂周信《ぎどうしゅうしん》などの名僧を輩出。しかし*応仁・文明の乱で全山焼失し、また室町幕府の衰退や武士による寺領の押領もあって、寺勢は衰えた。近世初頭、以心崇伝《いしんすうでん》（本光《ほんこう》国師）らが*豊臣秀吉・*徳川家康の援助を得て再建し、塔頭《たっちゅう》も整備され、寺容がほぼ復原された。江戸時代の寺領は八九二石余、一一ヶ寺あり、末寺四〇〇余を数える。

［文献］ 桜井景雄『南禅寺史』（法蔵館、一九七七再刊）。（松井吉昭）

相国寺《しょうこくじ》 京都市上京《かみぎょう》区今出川通烏丸《からすま》東入ルにある*臨済宗《りんざいしゅう》相国寺派の本山。山号は万年山《まんねんざん》。正称は相国承天《じょうてん》禅寺という。本尊釈迦如来。室町幕府三代将軍*足利義満《よしみつ》が祖父*尊氏《たかうじ》の*天竜寺建立《こんりゅう》にならい、*後小松《ごこまつ》天皇の勅命を奉じて創建。永徳二年（弘和二、一三八二）仏殿・法堂《はっとう》の工事に着手。義満《よしみつ》は*春屋妙葩《しゅんおくみょうは》の勧めにより、開山には妙葩の師*夢窓疎石《むそうそせき》を勧請《かんじょう》して第一世とし、妙葩は第二世となった。至徳三・元中三年（一三八六）五山第二位に列せられ、明徳三・元中九年（一三九二）第三世空谷明応《くうこくみょうおう》のもとで慶讃大法会《きょうさんだいほうえ》が営まれた。応永元年（一三九四）火災にあい、以後兵火や類焼を含め堂宇を消失、ことに*応仁・文明の乱により全山灰燼《かいじん》に帰した。その後も数度の消失と再建を繰り返し、慶長一〇年(一六〇五)豊臣秀頼《ひでより》の発願により、法堂が再興された。また元和六年(一六二〇)の炎上後の再興は、後水尾《ごみずのお》天皇の力による。当初鹿苑院《ろくおんいん》・資寿院《しじゅいん》など五塔頭《たっちゅう》であったが、しだいにその数を増した。足利将軍家の崇敬《すうけい》を受け、多くは鹿苑院(義満)・勝宝院《しょうじゅういん》(*義持《よしもち》)・慈照院《じしょういん》(*義政《よしまさ》)のように将軍の法名をもって塔頭名とした。義満は妙葩を天下僧録《そうろく》に任じ、禅寺と禅僧を統括させたが、やがて鹿苑院内の蔭《いん》涼軒《りゅうけん》々主が僧録を司《つかさど》るようになった。*僧録司《そうろくし》は室町幕府と直結して僧俗に隠然たる力をもち、実質的には禅院の最高峰に位置した。このような特権を背景に五山文化の中心として繁栄し、春屋妙葩・*義堂周信《ぎどうしゅうしん》・*絶海中津《ぜっかいちゅうしん》・瑞渓周鳳《ずいけいしゅうほう》ら当代一級の文学僧を輩出、また*如拙《じょせつ》・*周文《しゅうぶん》・*雪舟《せっしゅう》らの画僧も学んだ。

[文献]　今枝愛真『日本禅宗史の研究』(東京大学出版会、一九七〇)。　(松井吉昭)

建仁寺《けんにんじ》　「けんねんじ」ともいう。京都市東山区大和大路通にある*臨済宗建仁寺派の本山。山号は東山《とうざん》。本尊は釈迦如来。建仁二年(一二〇二)、将軍*源頼家《よりいえ》が*栄西《えいさい》(千光《せんこう》国師)を開山として創建。栄西は建久二年(一一九一)宋《そう》より帰国後、禅を広めようとしたが延暦寺の反対にあい、天台《てんだい》側との融和を図った。建仁寺も禅・天台・真言《しんごん》の三宗兼学の天台別院として出発。さらに戒《かい》をも兼修する寺であった。栄西の弟子に退耕行《たいこうぎょう》勇《ゆう》・了然明全《りょうねんみょうぜん》などの禅僧が出たが、いずれも三宗兼学であった。正嘉二年(一二五八)円爾弁円《えんにべんね》が住持となり、文永二年(一二六五)宋の*蘭渓道隆《らんけいどうりゅう》が一一世の住持となるに及んで、ようやく純粋な修禅道場となった。南北朝時代の暦応四・興国二年(一三四二)、*足利尊氏《たかうじ》によって五山の第四位に、至徳三・元中三年(一三八六)、第三位に定められた。以後、*義堂周信《ぎどうしゅうしん》・龍山徳見《りゅうざんとくけん》・江西龍派《こうさいりゅうは》らが住持となり五山文学の中心となった。寺領も一一ヶ国一八ヶ所を数えた。*応仁・文明の乱により荒廃し、またその後幾度か火災に遭い、天文二一年(一五五二)諸堂宇全焼したが、天正年間(一五七三—九一)*豊臣秀吉が寺領八二〇石を寄せ、安国寺恵瓊《あんこくじえけい》が再建に努力して安芸《あき》国安国寺の方丈《ほうじょう》を移すなど復旧に努めた。江戸時代には六四の塔頭《たっちゅう》があったが、現在は六道珍皇寺《ろくどうちんこうじ》・両足院《りょうそくいん》など一四ヶ寺となり、ほか末寺七〇ヶ寺を擁している。寺宝として、俵屋宗《たわらやそう》達《たつ》の「風神雷神図」の二曲屏風などがある。

[文献]　『古寺巡礼　京都6建仁寺』(淡交社、一九七六)。　(松井吉昭)

万寿寺《まんじゅじ》　京都市東山《ひがしやま》区本町にある*臨済宗東福寺派の寺。白《しら》河《かわ》上皇が皇女郁芳門院《いくほうもんいん》内親王の追善のために、承徳元年(一〇九七)、内親王の遺宮を仏寺に改め六条御堂《ろくじょうみどう》と称したことに始まる。正嘉年中(一二五七—五九)、常住していた十地覚空《じゅうちかくくう》と東山湛照《とうざんたんしょう》の師弟二人が東福寺《とうふくじ》開山円爾弁円《えんにべんね》に帰依して、のち禅寺となり万寿寺と改称した。暦応三・興国元年(一三四〇)に十刹《じっさつ》となり、至徳三・元中三年(一三八六)京都五山第五位に列した。永享六年(一四三四)に火災にあい、寛正二年(一四六一)に開山堂焼失などで衰えたが、天正年間(一五七三—九一)に東福寺山内に移り、*豊臣秀吉から朱印地《しゅいんち》八五石余を得る。天明八年(一七八八)、末寺帳を幕府に提出する。塔頭《たっちゅう》末寺無し。　(松井吉昭)

大徳寺《だいとくじ》　京都市北区紫野《むらさきの》大徳寺町にある*臨済宗大徳寺派の

本山。山号は竜宝山。本尊釈迦如来。正和四年(一三一五)から元応元年(一三一九)頃までに、宗峰妙超《しゅうほうみょうちょう》(大灯《だいとう》国師)が*赤松《あかまつ》則村《のりむら》(円心《えんしん》)の帰依を受け小堂を建てたのに始まる。*花園《はなぞの》上皇・*後醍醐《ごだいご》天皇の祈願所《きがんしょ》となり、嘉暦元年(一三二六)法堂《はっとう》が落成、開堂されて成立した。後醍醐天皇は正慶二・元弘三年(一三三三)、当寺を本朝《ほんちょう》無双《むそう》の禅苑、五山《ござん》の第一に列した。花園上皇は住持について、十方住持《じっぽうじゅうじ》制をとらず、妙超門派一流の相承とした。室町時代、将軍足利家が妙超門派と対峙《たいじ》していた*夢窓《むそう》門派に帰依していたので、至徳三・元中三年(一三八六)、*足利義満《よしみつ》により十刹《じっさつ》の第九位に落とされた。永享三年(一四三一)、自ら幕府の保護下にある五山を離れ、在野《ざいや》の立場に立つ林下《りんか》の道を選んだ。養叟宗頤《ようそうそうい》は、商人・尼・連歌師など広範な教化を進めた。*応仁・文明の乱の荒廃後、文明六年(一四七四)に*一休宗純《いっきゅうそうじゅん》が第八世の住持となり、堺の豪商尾和宗臨《おわそうりん》の援助を受けて再興した。*村田珠光《むらたじゅこう》は一休に参禅し、これにより茶人の大徳寺への傾倒が盛んとなった。天正一〇年(一五八二)、*豊臣秀吉が*織田信長を当寺に葬り、菩提所総見院《そうけんいん》を寺内に建立して寺領を寄進し、諸大名も諸院を寄進したため盛観を呈した。*千利休《せんのりきゅう》・*小堀遠州《こぼりえんしゅう》らの茶人も山内に庵を結び、茶人との縁由を深めた。江戸時代には、寺領二〇〇〇石、末寺二八〇ヶ寺を有し繁栄したが、寛永四年(一六二七)、江戸幕府は朝廷の紫衣《しえ》勅許を問題にし、抗議した沢庵宗彭《たくあんそうほう》らを処罰した。

[文献] 玉村竹二『日本禅宗史論集下2』(思文閣出版、一九八一)。 (松井吉昭)

妙心寺《みょうしんじ》 京都右京区花園《はなぞの》にある*臨済宗妙心寺派総本山。山号は正法山《しょうぼうざん》。本尊は釈迦如来。もと*花園《はなぞの》天皇の離宮として造営され、萩原殿《はぎわらどの》と称した。花園天皇退位の後、離宮を禅寺に改め、宗峰妙超《しゅうほうみょうちょう》の法嗣《はっす》関山慧玄《かんざんえげん》を招き、開山とした。*応永の乱の際、住持拙堂宗朴《せつどうそうぼく》が*大内義弘《おおうちよしひろ》に荷担したとして、のち*足利義満《よしみつ》が寺領を没収し、一時、*南禅寺の管理下に置かれた。*応仁の乱後、第九世雪江宗深《せっこうそうしん》が後土御門《ごつちみかど》天皇の*綸旨《りんじ》を得て再興。さらに武田氏の帰依を受けた快川紹喜《かいせんしょうき》らが出て、宗勢は興隆した。豊臣・徳川をはじめ諸大名の外護を受け全盛期を迎えた。江戸時代以後、*大徳寺と長く争ったが、中期に白隠慧鶴《はくいんえかく》が出て、臨済宗の主流となった。所蔵「正法山妙心禅寺米銭納下帳」は、中・近世の経済史の貴重な史料である。

[文献] 川上孤山『増補　妙心寺史』(思文閣出版、一九七九)。 (松井吉昭)

総持寺《そうじじ》 横浜市鶴見《つるみ》区鶴見にある*曹洞宗寺院。山号は諸岳《しょがく》山《さん》。旧地は石川県輪島市門前《もんぜん》町で、明治三一年(一八九八)伽藍《がらん》焼失、それを機に明治四〇年(一九〇七)鶴見に移転した。能登にある寺は祖院とされている。*永平寺とともに曹洞宗大本山。能登国櫛比《くしび》荘内の行基《ぎょうき》開創とされる密教系の諸岳観音堂を、元亨元年(一三二一)、永光寺《ようこうじ》にいた瑩山紹瑾《けいざんじょうきん》が住持定賢《じょうけん》より譲り受け禅宗に改めた。二世峨山韶碩《がざんしょうせき》の時、伽藍の整備と門下育成、教団の結束を図る。門下の五哲が普蔵院《ふぞういん》(太源宗真《たいげんそうしん》)など五支院を寺内に建立し、この五院の住持が順番で本山の住持《じゅうじ》を務める輪住《りんじゅう》制が確立され、中世曹洞宗の全国的展開の拠点となった。中世以来の典籍・古文書・文化財などを所蔵する。

[文献] 栗山泰彦『総持寺史』(大本山総持寺、一九三八)。 (松井吉昭)

北山文化《きたやまぶんか》 一四世紀―一五世紀前半の文化。室町幕府三代将軍足利義満《よしみつ》が、応永五年（一三九八）に洛北《らくほく》に営んだ北山山荘（＊鹿苑寺はその一部）に象徴される。この山荘が政治・文化の中心としての役割を果たした。山荘内に築かれた舎利殿《しゃりでん》（金《きん》閣《かく》）は、寝殿造と禅宗寺院の建築様式を統合したもので、北山文化の特徴をよく示した遺構といわれている。南北朝内乱を経て、南北朝合一《ごういつ》をはじめとする武家政治の安定を迎える。政治的・経済的に公家を圧倒した武家が、伝統的な公家文化と禅僧らによってもたらされた中国文化を取り入れながら、新しい文化を形成したところに特徴がある。金閣に付随していた会所《かいしょ》では、＊連歌《れんが》や＊闘茶《とうちゃ》の会が催されたり、日明《にちみん》貿易によってもたらされた唐物《からもの》が陳列されたり、＊立花《たてはな》が展示されたりした。芸能では、連歌が流行し、＊二条良基《にじょうよしもと》が『＊菟玖波集《つくばしゅう》』を編纂し、勅《ちょく》撰《せん》集に準ぜられた。義満は大和結崎座《やまとゆうきざ》の＊観阿弥《かんあみ》・＊世阿弥《ぜあみ》父子を保護し、世阿弥は田楽《でんがく》・猿楽を芸術性豊かな＊猿楽能《さるがくのう》に大成させた。また能の幕間に演じられる寸劇の＊狂言《きょうげん》は、支配層への風刺をも織り込んで民衆の人気を博した。宗教では、＊足利尊氏《たかうじ》が＊夢窓疎石《むそうそせき》に帰依して以来、＊臨済宗《りんざいしゅう》が幕府との結びつきを強めた。義満は宋《そう》の官寺制度を導入し、寺格を表す＊五山《ござん》・十刹《じっさつ》制を確立した。＊義堂周信《ぎどうしゅうしん》・＊絶海中津《ぜっかいちゅうしん》らの五山禅僧は、宗教的な活動はもとより、政治・外交の顧問となり、漢詩・水墨画などの中国文化を普及させた。これら漢詩文は五山文学といわれ、五山版といわれる宋・元《げん》の禅籍・漢詩文集を主とする出版活動をも行った。また＊如拙《じょせつ》・＊周文《しゅうぶん》などの画僧も輩出した。禅宗寺院では、宋学の研究も行われ、当時の学問の中心的役割を果たしていた。さらに長期にわたる南北朝内乱に関連して、『＊太平《たいへい》記《き》』『＊神皇正統記《じんのうしょうとうき》』『＊梅松論《ばいしょうろん》』『＊増鏡《ますかがみ》』などの軍記物語・史論にみるべきものが出された点も、北山文化の特徴である。

［文献］『週刊朝日百科 日本の歴史16金閣と銀閣』（朝日新聞社、一九八六）。 （松井吉昭）

東山文化《ひがしやまぶんか》 室町時代中期、一五世紀後半の文化をいう。室町幕府八代将軍＊足利義政《よしまさ》が京都の東山に築いた山荘（東山殿、のちの慈照寺《じしょうじ》）を中心に展開された。義政が山荘に移り住んだのは、文明一五年（一四八四）であり、延徳二年（一四九〇）に死去するまでの七年間である。東山文化の時期については、その始期を嘉吉三年（一四四三）の将軍職継承からとするなど、いくつかの所説がある。東山山荘には、義政の日常生活の場である常御所《つねのごしょ》、観音殿（＊銀閣《ぎんかく》）と持仏堂（＊東求堂《とうぐどう》）が建てられた。銀閣は一層が＊書院造《しょいんづくり》、二層が禅宗様の仏間からなり、東求堂にある＊同仁斎《どうじんさい》や銀閣は、従来の＊寝殿造《しんでんづくり》に代わって書院造という新しく成立した住宅様式として知られる。住宅様式の変化に伴い、茶の湯・＊立花《たてはな》・＊水墨画《すいぼくが》が室内芸術として発展していった。義政の身辺には、僧体で阿弥号《あみごう》を有し「＊同朋衆《どうぼうしゅう》」と呼ばれる人々が仕え、文化的ブレーンとなっていた。彼らが今日に伝わる能《のう》・茶の湯・立花・造園などの生活文化のもとをつくった。東山文化は、文化の地方化・民衆化という点に一つの特徴をもつ。＊応仁・文明の乱後、各地の大名に迎えられて、公家や僧侶らの文化人が地方へ移住し、また＊宗祇《そうぎ》ら連歌師が諸国を遍歴し各地で連歌会が開かれたことにより、文化の地方普及が進んだ。＊関東管領《かんれい》＊上杉憲実《うえすぎのりざね》が下野《しもつけ》に＊足利学校を再興し、禅僧＊桂庵玄樹《けいあんげんじゅ》が薩摩の島津氏らに招かれ、＊南村梅軒《みなみむらばいけん》が土佐《とさ》にて朱子学《しゅしがく》を講じ海南《かいなん》学派の基礎を築く。民衆による文化創造も行われ、風流《ふりゅう》踊りが盛んとなり、町衆の間には*御伽草子《おとぎぞうし》が愛読された。宗教では、幕府の保護を受けて栄えた*臨済宗《りんざいしゅう》、*一休《いっきゅう》宗純《そうじゅん》によって再興された*大徳寺と社会各層が帰依《きえ》し地方に展開した*曹洞宗、*浄土真宗本願寺派、*日親《にっしん》によって京都町衆《ちょうしゅう》の間に広まった*日蓮宗が、この時期活発な活動をみせた。なかでも本願寺*蓮如《れんにょ》は、親鸞教学《しんらんきょうがく》を甦らせ、*御文《おふみ》を発し、道場などで読み聞かせ、畿内近国に急速に門徒《もんと》を拡大させた。

[文献] 横井 清『東山文化』(平凡社ライブラリー、一九九四)。 (松井吉昭)

僧録司《そうろくし》 僧尼の登録や住寺の任免、位階昇進など僧事をつかさどる僧官。また僧録の執務する役所を含む場合もある。僧録はおもに禅宗における呼称。中国では後漢の頃に設置された職制であるが、日本では室町期以降、禅宗寺院・禅僧を管理・統轄する役職として設けられた。天授五・康暦元年(一三七九)三代将軍*足利義満《よしみつ》が、中国の左街僧録の制にならって*相国寺《しょうこくじ》の*春屋妙葩《しゅんおくみょうは》を僧録に任じ、五山官寺制度の最高管理職としたのがはじまり。その後、代々相国寺内の義満の塔所である鹿苑《ろくおん》院の院主が兼帯したことから、鹿苑《ろくおん》僧録とも呼ばれ、五山十刹《じっさつ》諸山の全五山派禅院を統轄した。歴代の僧録には、夢窓派の妙葩後も同派が独占し権勢をふるったが、その後鹿苑内の蔭涼《いんりょう》職《しき》に握られ、その制度は形骸化しつつも五〇余代、二百数十年にわたり存続した。しかし、元和元年(一六一五)*徳川家康により鹿苑僧録は廃止され、家康の信任を得た*南禅寺金地院《なんぜんじこんちいん》の以《い》心崇伝《しんすうでん》が僧録に任じられて、金地僧録と称されるようになり、(一六三四)以後江戸末期まで、同院の院主が僧録をつとめたが、寛永一二年(一六三五)寺社奉行が設置されてからは実権はもてず、有名無実化した。*曹洞宗では、応安年間(一三六八—七五)に、通幻寂霊《つうげんじゃくれい》が僧録に任じられたのが最初で、近世には関三刹《かんさんせつ》が幕府から関東僧録に任命された。なお禅宗以外では、江戸時代に真言宗新義派に置かれ、元禄一四年(一七〇一)に五代将軍綱吉《つなよし》が、護国寺の僧隆光《りゅうこう》を僧録に任じたことがある。

[文献] 今枝愛真『中世禅宗史の研究』(東京大学出版会、一九七〇)。 (堀内寛康)

専修寺《せんじゅじ》 三重県津市一身田《いしんでん》町にある*浄土真宗高田派の本山。山号は高田山。関東各地を教化する*親鸞《しんらん》が、喜禄元年(一二二五)信濃《しなの》*善光寺の一光三尊の弥陀像を感得し、翌年それを本像として下野《しもつけ》国高田に当寺を創建したと伝える。親鸞が関東を去った後、専修寺を中心とした親鸞の門弟らは、高田門徒と呼ばれ、初期真宗教団の中心として栄えた。のち十世真慧《しんね》が、寛正六年(一四六五)伊勢国一身田《いっしんでん》に無量寿寺を建立し、北陸・近畿地方における教線拡大の拠点とした。真慧没後、下野国高田の専修寺が兵火で焼失したため、天文一七年(一五四八)一二世堯慧《ぎょうえ》が一身田に住持した後は、実質上本寺機能は無量寿寺に移り、やがて寺名も専修寺となった。

[文献] 平松令三編『高田本山の法義と歴史』(同朋舎出版、一九九一)。 (堀内寛康)

地蔵信仰《じぞうしんこう》 地蔵菩薩に対する信仰。地蔵は釈迦入滅後、弥勒《みろく》菩薩が出現するまでの無仏世界の時代に、六道《ろくどう》の衆生を救済するという菩薩で、インドよりも中国で七世紀以降広まった。日本には奈良時代に地蔵菩薩像や地蔵経典が伝えられたが、平安時代の九世紀後半まで、地蔵造仏の事例は阿弥陀・観音などに対して乏しく、貴族社会ではさして注目されなかった。当時の仏教は現世利益《げんぜりやく》信仰が中心で、来世の六道輪廻《りんね》の恐怖はそれほど深まっておらず、地獄の救済を特色とする地蔵の信仰は、あまり人々の関心を集めなかったようである。しかし平安中期以降、末法思想と浄土教信仰が民間に普及すると、『今昔物語集』巻十七の地蔵説話などにみられるように、地蔵信仰は民衆の間で盛んとなった。地獄に入って人々の苦しみを救済するという地蔵の利益が、貴族のように極楽往生への作善ができず、死後地獄は必定という認識の強い民衆に受け入れられたからであろう。なおこの頃から僧形で、右手に錫杖《しゃくじょう》、左手に宝珠をもつ姿が一般化した。鎌倉時代に入ると、悪人成仏を説く専修《せんじゅ》念仏の側から、地蔵信仰は否定される動きもあったが、*無住《むじゅう》の*『沙石集《しゃせきしゅう》』の地蔵説話にみられるように、旧仏教側は地獄抜苦に加え、地蔵菩薩の身近な利益を強調したことから、地蔵は現《げん》世利益《せりやく》的な一面でも信仰され、民衆の間に定着していった。また地蔵は信者の代受苦の菩薩であるため、信者の願いを代わってかなえたり、危難に際して信者の身代りとなる「身代り地蔵」の信仰へ発展した。現世利益を期待して拝む目的に沿って、地蔵の看病や田植地蔵などの説話が生まれ、武士社会では地蔵が戦場に出現し、危急を救う矢取り地蔵などの説話が関心を引き、子育地蔵・延命地蔵など各種の地蔵信仰が普及した。

[文献]　速水　侑『地蔵信仰』(塙書房、一九七五)。桜井徳太郎編『民衆宗教史叢書10地蔵信仰』(雄山閣、一九八三)。　(堀内寛康)

観音信仰《かんのんしんこう》　大衆仏教の代表的な観世音菩薩《かんぜおんぼさつ》に対する信仰。観音は大慈大悲《だいじだいひ》で衆生を救済するのを本願とする菩薩で、アジア文化圏に広く信仰された。日本には観音像とその信仰が、飛鳥時代に伝来し、死者の追善供養が主たる性格であったといわれる。奈良時代には、多面多臂《ためんたひ》の変化《へんげ》観音像(千手・十一面など)が盛んに造像された。この時期の観音信仰は、鎮護国家から日常的な除災招福まで、現世利益《げんぜりやく》を期待して、国家的受容の形で行われた。しかし平安中期の一〇世紀頃になると、六道輪廻《ろくどうりんね》や末法思想の影響から、浄土教信仰が発達し、観音信仰も六観音による六道抜苦《ろくどうばっく》と、極楽浄土を願う来世救済的信仰としての色彩を帯びるようになり、貴族の間で観音信仰が隆盛した。その後現当二世にわたる幅広い利益を兼ね備える観音に対する信仰は、社会各層におよび、霊験《れいげん》ある観音像を本尊とする特定寺院への参詣、参籠も盛んとなった。清水《きよみず》寺・石山寺・長谷《はせ》寺・粉《こ》河《かわ》寺などは、すでに一〇世紀以来、代表的な観音霊場として知られていたが、平安末期には「聖《ひじり》」らの活躍もあって、新たな観音霊場も各地に数多く設けられた。こうした中で、園城《おんじょう》寺《じ》(三井寺《みいでら》)の修行僧によって、観音三十三身に数をあわせた西国三十三所観音霊場の巡礼が案出され、巡礼の諸形態もしだいに定着していった。鎌倉時代になると、幕府の成立に伴い、坂東三十三所の霊場ができ、さらに一五世紀には秩父三十三(のち三十四)所の霊場が成立するなど、庶民の間に観音霊場巡礼の信仰が盛んとなった。

[文献]　速水　侑『観音信仰』(塙書房、一九七〇)。速水　侑編『民衆宗教史叢書7観音信仰』(雄山閣出版、一九八二)。　(堀内寛康)

伊勢詣《いせもうで》　伊勢神宮への参詣。伊勢参り、伊勢参宮、または単に参宮ともいう。古代律令制下では、皇室の祖先神、国家鎮護の最高神として朝廷と国家の祭祀するところとされたため、僧尼は忌まれ、皇室以外の一般の私幣、参詣は禁止されていた。しかし平安末期以降、律令国家の衰退に伴う神宮の経済的基盤の動揺、また一般の社寺参詣の風が起こると、古代以来の規制は緩和され、僧尼の参詣が多くなった。鎌倉時代になると、下級の神官が御師《おし》としての活動を開始し、参詣のための宿泊の手配や神宮の大麻《たいま》（神札）、伊勢暦などの配布を通して、御師は神宮の信仰圏の拡大、さらに地方の檀家の拡大など、伊勢信仰の普及と参詣者の誘引に多大な役割を果たした。室町時代にいたると、御師の活動に加えて、*足利義満《よしみつ》・*義持《よしもち》・*義教《よしのり》など歴代将軍や、*守護、地方武士の参詣もみられ、また神宮側の積極的な誘致も行われた。さらに伊勢講と呼ばれる伊勢神宮参詣を主要目的とする信仰集団も各地に発生して農民層にも伊勢信仰が高まり、参詣路上に濫設された関所など数多くの障害があったにもかかわらず、伊勢詣は全国的に普及していった。近世に入ると、都市の発達、農村への商品流通が普及するに伴って、中小農民層、商人層にも伊勢詣が浸透した。江戸時代には、爆発的に大群衆が伊勢に参詣する「お蔭参り」や、主として奉公人や年少者が、雇い主や親の許可なしに参詣する「抜け参り」などの現象も生まれ、伊勢詣は隆盛を極めた。（堀内寛康）

［文献］西垣晴次『お伊勢まいり』（岩波新書、一九八三）、新城常三『新稿社寺参詣の社会経済史的研究』（塙書房、一九八八）。

善光寺詣《ぜんこうじもうで》 長野市にある善光寺への参詣。善光寺は天台宗（大勧進《かんじん》）と*浄土宗（大本願）両宗が寺務職を務める。山号は定額山《じょうがくさん》。寺の建立は七世紀後半と推定される。本尊は一光三尊阿弥陀如来で、善光寺如来ともいわれる。当初は地方の一霊場寺院で、全国的には無名であったが、平安期の一一世紀後半、天台宗寺門派の*園城寺《おんじょうじ》の末寺化をきっかけに、中央にその名が知られるようになった。平安後期以降は、聖徳太子信仰と結びつき、加えて浄土教の庶民への普及に伴い急速に発展した。鎌倉時代になると、治承三年（一一七九）の焼失に際して、*源頼朝《よりとも》が信濃の御家人らに、善光寺信仰の勧進教化に努める勧進上人（善光寺聖《ひじり》）に助力するように命じ、これにより建久二年（一一九一）本堂が再建された。ついで信濃守護職の北条氏による所領寄進・保護などを契機に、東国武士を中心に、民衆の間にも善光寺の念仏は全盛をきわめて参詣も盛んとなり、各地に新善光寺が建立された。また*時宗開祖の*一遍《いっぺん》や*『とはずがたり』の作者二条など、善光寺如来の篤信者や、来世往生を願う全国からの参詣者を集め、善光寺は東国の阿弥陀信仰の本山的地位を獲得し盛況を呈した。当寺が東国の辺地に位置しながら、多くの参詣者で賑い、京都方面からも僧俗の参詣者を集めたのは、中世における善光寺が、「生身《しょうじん》の弥陀《みだ》」として崇敬されたことによろう。さらに女人往生の霊場として知られたことから、女性の参詣者を集めたことも当寺の特徴である。戦国時代には、*武田信玄《たけだしんげん》と*上杉謙信《うえすぎけんしん》による数度の合戦で荒廃し、本尊などの諸仏は甲府の新善光寺に移された。武田氏滅亡後、各地を転々としたが、慶長二年（一五九七）*豊臣秀吉の要請で京都方広寺に向かえられ、翌年本寺に送還された。（堀内寛康）

［文献］小林計一郎『長野市史考』（吉川弘文館、一九六九）、五来重『善光寺まいり』（平凡社、一九八八）。

熊野詣《くまのもうで》 紀伊熊野の宗教的聖地である熊野三山への参詣。熊野三山とは熊野坐《くまのにます》神社（本宮）、熊野速玉《はやたま》神社（新宮）、熊野夫須美《ふすみ》神社（那智）三社の総称。平安前期に密教の修験者、修行僧による山岳宗教の最適の修行場として聖地化され、延喜七年（九〇七）の宇多《うだ》法皇の参詣が、院の熊野詣の最初であった。その信仰は院政期に入ると盛行し、寛治四年（一〇九〇）に白河上皇が院政期最初の熊野詣を行った後本格化し、以後、鳥羽《とば》・*後白河《ごしらかわ》・*後鳥羽《ごとば》上皇までの約一〇〇年間に九七回に及び、それに伴って貴族の参詣も活発化した。熊野詣には、紀州路と伊勢路の二つのルートが一般的に使われていたが、摂津・和泉を通る紀州路が、その主要ルートになった。鎌倉期以降は、東国を中心とする武士の参詣や庶民の参詣がはじまり、全国各地から時に数百人の集団参詣もみられ、「蟻《あり》の熊野詣」と称されるほど、多数の参詣者を集めた。こうした熊野詣の盛行には、参詣の誘導者である先達《せんだつ》や、熊野で参詣者に対して祈禱や宿泊の世話をする*御師《おし》の活動によるところが大きかった。熊野詣の特色の一つは、ほかの社寺と異なり女性を忌避せず、女性の参詣にも寛容であったことから、院に随行する女院や女官、また二度にわたる*北条政子の参詣にみられるように、女性の熊野詣が盛行した。室町時代になると、熊野詣はしだいに衰退したが、その原因の一つとしては、先達が土着し、その任を果たさなくなったためと考えられている。熊野詣は江戸中期以降さらに衰退し、かわって伊勢詣が盛行するようになった。（堀内寛康）

［文献］ 新城常三『新稿社寺参詣の社会経済史的研究』（塙書房、一九八八）、小山靖憲『熊野古道』（岩波書店、二〇〇〇）。

巡礼《じゅんれい》 宗教上の目的から神仏の聖地や霊場（札所《ふだしょ》）を順番に参詣すること。巡拝ともいい、また巡礼をする人をさす場合もある。巡礼の目的には誓願の成就、霊験と恩寵との祈願、贖罪《しょくざい》の目的の実現をはかることなどであった。平安時代に入《にっ》唐《とう》僧が、中国の天台山や五台山に巡礼したことが知られ、円仁《えんにん》の『入唐求法巡礼行記《にっとうぐほうじゅんれいこうき》』、円珍《えんちん》の『行歴抄《ぎょうりゃくしょう》』、成尋《じょうじん》の『参天台山五台山記』などは、それぞれの巡礼記録である。平安中期以降、石山・清水《きよみず》・長谷・粉河《こかわ》寺などは、代表的な観音霊場として知られ、貴族を中心に観音霊場への参詣通夜が盛行するようになった。平安末期になると、*園城寺《おんじょうじ》（三井寺）の修行僧によって、各地の観音霊場への巡礼が行われるようになり、これが近畿地方を舞台とする西国三十三所観音霊場に発展したとみられる。鎌倉時代には幕府の成立を契機に、坂東三十三所が設けられ、さらに室町時代の一五世紀には、秩父三十三（のち三十四）所が設けられて、西国・坂東・秩父の計一〇〇ケ所の観音霊場を結んだ百所霊場が形成された。またこの頃から、空海の霊跡を巡る四国八十八箇所霊場の巡礼（四国の巡礼は遍《へん》路《ろ》と呼ぶ）も盛んに行われた。江戸時代になると、巡礼は全国的に発展をみせ、観音霊場や空海の霊場をはじめ、地蔵・阿弥陀・七福神や、*法然《ほうねん》・*親鸞《しんらん》・*日蓮《にちれん》ら高僧の遺跡の巡礼も行われた。（堀内寛康）

［文献］ 真野俊和『旅のなかの宗教』（日本放送出版協会、一九八〇）、新城常三『新稿社寺参詣の社会経済史的研究』（塙書房、一九八八）。

御師《おし》 特定の社寺に属し、参詣者を受け入れて祈禱《きとう》・奉幣《ほうへい》・宿泊などに従事した下級の神職や社僧。御祈禱師の略称とされ、平安中期に寺院で用いられたが、神社で祈禱に従う下級の祠官も御師と称されるようになった。熊野三山、伊勢神宮、石清水《いわしみず》八幡宮、日吉《ひえ》社などにその例がみられるが、とくに熊野と伊勢の御師が代表的である。熊野の御師は、院政期以降盛行した*熊野詣の参詣者を、熊野で祈禱や宿泊の便宜をはかった。御師と参詣者の間には、参詣時の一時的なものから、しだいに御師を師とし、参詣者を檀那《だんな》とする師檀《しだん》関係が、恒久的に取り結ばれるようになった。熊野では御師と檀那の間に、先達《せんだつ》(大部分は山伏)が仲介し、先達は参詣の途上檀那を精進、潔斎などの導師をつとめながら、御師のもとへ引率した。鎌倉時代になると、皇族や貴族に限らず、武士階級を檀那とするようになり、室町時代には領主を通じ、農民層を檀那とするようになった。鎌倉期以降の伊勢神宮は、古代的な規制が緩和されたことから、一般の崇敬が高まり、各地から多数の参詣者を集めるようになった。伊勢の御師(伊勢では「おんし」と呼ばれた)の活動は、鎌倉末期からとくに活発化し、室町期には農民層を檀那とするようになった。伊勢では先達を介さず、御師自身が直接檀那のもとに赴いて参詣をすすめ、祈禱・祓などを行い参詣を誘導した。御師にとって檀那は、利益を生む利権の対象と考えられ、売買譲渡が盛んに行われた。↓熊野詣、伊勢詣

［文献］新城常三『新稿社寺参詣の社会経済史的研究』(塙書房、一九八八)。 (堀内寛康)

七福神信仰《しちふくじんしんこう》 福徳・延寿などをもたらす神とされる恵比須《えびす》・大黒天《だいこくてん》・弁財天《べんざいてん》・毘沙門天《びしゃもんてん》・布袋《ほてい》・福禄寿《ふくろくじゅ》・寿老人《じゅろうじん》の七神に対する信仰。平安期以来、個別的に福の神信仰は広く行われていたようである。鎌倉期以降、水墨画の発展に伴って、布袋や福禄寿、寿老人といった道教系の神々も福の神に加えられた。室町中期には恵比須・大黒天を中心に、しだいにいくつかの福の神が合祀されて七福神信仰が成立した。七に限られたのは、仏教の七福の数や、七賢人の七で聖数とする観念に基づいている。成立の背景には、室町時代には都市の商工業者の世界を中心に、蓄財観念が芽ばえ、貨幣経済も普及して、福徳という現世利益を願う意識が生じたためと思われる。近世以降広く絵画・彫刻などに扱われ、江戸では正月に七福神を祭る社寺を巡拝する七福神詣が広く民衆に浸透した。

［文献］宮本袈裟雄編『福神信仰』(雄山閣、一九八七)。 (堀内寛康)

熊野比丘尼《くまのびくに》 熊野三山の信仰を広めるため、諸国を巡歴した尼形の巫女。絵解《えとき》比丘尼、勧進《かんじん》比丘尼、歌比丘尼とも称された。その多くは熊野*御師《おし》や先達《せんだつ》の妻女であった。院政期以降の熊野信仰の盛行に伴い、彼女らの活動も拡大された。地方民衆に熊野参詣への意欲を湧かせるため、各地を巡歴するにあたり、宗教性豊かな「熊野観心十界曼陀羅《かんじんじっかいまんだら》」「那智参詣曼陀羅」といった絵画を携行し、民衆にその絵画を絵解きすることで、熊野権現《ごんげん》の神徳を説き宗教的効果を発揮した。曼陀羅には地獄・極楽の六道《ろくどう》のありさまが描かれ、さらに女性だけが堕ちるとされる血の池地獄、不産女《うまずめ》地獄も表現されていた。熊野信仰の特色の一つは、女性の参詣を忌避しないことであるが、熊野比丘尼による女性への説教は、多くの女性から支持を得たようである。↓熊野詣

［文献］萩原龍夫『巫女と仏教史』(吉川弘文館、一九八三)。 (堀内寛康)

唯一神道《ゆいいつしんとう》 室町後期に京都吉田神社の神官*吉田兼倶《よしだかねとも》が、家学を継承して大成させた神道の一流派。唯一宗源神道。吉田神道、卜部《うらべ》神道ともいう。正しくは元本宗源神道。根本教典である「神道大意」「唯一神道妙法要集《みょうぼうようしゅう》」などにその特質がうかがえ、

神道を本迹《ほんじゃく》縁起神道、両部習合神道、元本宗源神道の三つに分け、元本宗源神道こそ唯一至高の神道であると説いた。兼倶は神祇伯白川家に対抗して天皇や室町幕府に接近し、その援助をもとに神職の任免権を得、諸国の多くの神社・神職を支配下に置いた。唯一神道は神道を仏教や儒教の根本としながら、儒・仏のほか道教・陰陽道などを取り入れ、その上に形成された独特の要素をもつ神道で、江戸時代にいたるまで神道界を風靡した。

（堀内寛康）

［文献］　萩原龍夫『中世祭祀組織の研究』（吉川弘文館、一九六二）。

本願寺《ほんがんじ》　*浄土真宗本願寺派（西本願寺）と同大谷《おおたに》派（東本願寺）の本山。*親鸞《しんらん》没後一〇年目の文永九年（一二七二）、末娘覚信尼《かくしんに》が親鸞の墓所を居住地に移して六角の小堂を立て影像を安置した。これが大谷廟堂で本願寺の起源である。覚信尼は大谷廟堂を門徒の共有としてその留守職（管理役）となり、のちその子孫（子覚恵《かくえ》、孫覚如《かくにょ》）が相承したが、本願寺名称の初見は、三世覚如の代の元亨元年（一三二一）で、覚如は廟堂の寺院化に努めた。その後約一〇〇年間、本願寺は漸次的発展はなされたが、八世*蓮如《れんにょ》の代に至り教線の拡大に伴って大いに興隆した。しかし寛正六年（一四六五）延暦寺衆徒の弾圧にあい、大谷本願寺は破却されたが、蓮如は畿内や北陸で活発な布教活動を続けて勢力を回復し、文明一〇年（一四七八）から京都山《やま》科《しな》に本願寺の再建にとりかかり、五ヶ年を要して建立させた。そののち天文三年（一五三二）兵火によって炎上したため、十世証如《しょうにょ》は山科から大坂石山に移り、寺域も拡大して*寺内《じない》町も繁栄し、*石山本願寺は戦国大名と肩を並べる一大勢力に成長した。やがて十一世*顕如《けんにょ》は、石山を欲する*織田信長《おだのぶなが》と対立し一一年間戦ったが（石山戦争）、天正八年（一五八〇）勅命により和睦し紀伊鷺森《さぎのもり》に移った。のち顕如は天正一九年（一五九一）*豊臣秀吉《とよとみひでよし》から京都六条堀川の地を寄進され堂宇を建立した（西本願寺）。一方信長との和睦をめぐり父顕如と対立していた*教如《きょうにょ》は、顕如の跡を継いだが秀吉の命で隠退し、継嗣を弟准如《じゅんにょ》に譲った。教如は慶長七年（一六〇二）*徳川家康《とくがわいえやす》から京都烏丸《からすま》に寺地を寄進され別院を建てた（東本願寺）。以後本願寺は勢力を二分し、東西に分裂したため本末、門徒も二分された。

（堀内寛康）

［文献］　宮崎円遵『東西本願寺』（教育新潮社、一九六二）、井上鋭夫『本願寺』（至文堂、一九八一）。

吉崎道場《よしざきどうじょう》　越前国坂井郡細呂宜郷《ほそろぎごう》吉崎にあった*浄土真宗の寺院。寛正六年（一四六五）延暦寺の迫害で京都東山の大谷本願寺を破却された八世*蓮如《れんにょ》は、山門の圧迫を避けるため一時近江各地に居住したが、文明三年（一四七一）越前守護朝倉氏の寄進を受けて吉崎の地に坊舎を建立し、北陸布教の拠点とした。蓮如が吉崎を選んだのは、細呂宜郷が蓮如と親交のあった*興福寺大乗院経覚《きょうがく》の隠居料所であったことや、有力末寺である越前和田本覚寺《ほんがくじ》が、同郷別当職《べっとうしき》であったこと、さらに吉崎入江の真中にある鹿島に、蓮如の四男蓮誓《れんせい》が坊舎を構えていたことなどがおもな要因と考えられている。吉崎における蓮如の活動で注目されるのは、平易な文章で真宗の教えを説いた「*御文《おふみ》」によって農民を教化したことである。文明七年（一四七五）に蓮如が畿内に移るまで、吉崎には北陸のみならず、信越、奥羽などの各地から門徒が多数参集し、*寺内《じない》町が形成されるなど隆盛を極めた。農民に対する蓮如の布教は、そのころ各地で起こりつつあった支配者への闘争の時期にあたり、吉崎道場はそうした農民の闘争拠点でもあった。戦乱の関与を避けるため、文明七年に蓮如が吉崎を去った後、本覚寺が留守職を務めたが、永正三年（一五〇六）の北陸一揆のとき朝倉氏に坊舎は破却され、以後廃坊となった。近世にいたり、東西両本願寺は山上の旧跡への坊舎建立をめぐり争ったが、ともに許されず、のちに吉崎山東麓に現在の東西両別院が建てられた。

［文献］ 笠原一男『蓮如』（吉川弘文館、一九六二）、重松明久『中世真宗思想の研究』（吉川弘文館、一九七三）。　（堀内寛康）

五山文学《ござんぶんがく》　鎌倉から室町時代にかけて、京都、鎌倉の五山十《じっ》刹《さつ》の官寺に属する禅僧の間で行われた漢文学の総称。その内容は禅宗本来の法語類、仏教的な詩である偈頌《げじゅ》、純然たる文学的詩文など幅広い様相をみせている。こうした漢詩文の製作は、宋・元・明の三代にわたる渡来禅僧や、*留学僧らの日本への移入により、鎌倉・室町幕府と結びついた*臨済宗の五山の間でしだいに盛んとなった。とくに*足利義満《よしみつ》政権下の一三八六年（元中三・至徳三）、中国の制度を模して日本でも五山制度が定められると、僧院に属する禅僧による漢詩文の製作はいっそう流行し、五山派の文芸として重要視された。これら五山を中心とした詩文製作を競う雰囲気が高揚すると、五山派の禅林から多くの漢詩文作家が輩出し、五山文学と呼ばれる特異な作品群が数多く生み出され、日本漢文学史上の黄金時代が形成された。作家には、鎌倉・南北朝時代の前期には、五山文学発展の上で決定的影響を与えた渡来僧の*一山一寧《いっさんいちねい》と、彼に師事し五山文学の先駆的存在である雪村友梅《せっそんゆうばい》・*虎関師錬《こかんしれん》、および中巌円月《ちゅうがんえんげつ》・*義《ぎ》堂周信《どうしゅうしん》・*絶海中津《ぜっかいちゅうしん》などがおり、とくに義堂・絶海は「五山文学の双璧」と称せられ、彼らによって禅林文学における日本化の基礎が確立された。その後*応仁・文明の乱までの中期は、五山文学の最盛期で、太白真玄《たいはくしんげん》・惟肖得巌《いしょうとくがん》・心田清播《しんでんせいは》・瑞渓周《ずいけいしゅう》鳳《ほう》など、主に*相国寺・*建仁寺の友社を中心とする五山僧により、韻文と散文両文の中間的な性格をもつ四六文（四六騈儷《べんれい》体）が盛んに作成された。応仁の乱以後の後期には、希世霊彦《きせいれいげん》・横川《おうせん》景三《けいさん》・景徐周麟《けいじょしゅうりん》・月舟寿桂《げっしゅうじゅけい》などが出たが、すでに五山僧の創作意欲は衰え、むしろ古典の研究と注釈方面に関心が移っていたので、優れた作品は少なくなった。大陸の禅宗とともにもたらされた五山禅林の文学は、以後室町幕府の衰亡と歩調を揃えて消滅し、江戸時代にいたると、漢詩文は五山の影響から脱却し、儒学思想を中心として新たに出発した。

［文献］ 玉村竹二『五山文学』（至文堂、一九六六）、入矢義高『岩波新日本古典文学大系・五山文学集』（岩波書店、一九九〇）。　（堀内寛康）

薩南学派《さつなんがくは》　戦国時代、薩摩に根をおろした儒学の一派。*応仁・文明の乱で京都の禅僧は、戦乱を避け地方に移住したが、その中で周防《すおう》に生まれ京都五山で朱子学を学んだ*桂庵玄樹《けいあんげんじゅ》は、大内氏領石見、肥後菊池氏のもとを経て、文明一〇年（一四七八）大名島津忠昌《ただまさ》の招きで薩摩に移り桂樹庵を開いた。桂庵は島津氏一族や家臣らに、朱子の新注で四書五経を講じ、文明一三年（一四八一）には国老《こくろう》伊地知重貞《いぢちしげさだ》と協力して「大学章句」を日本で最初に刊行するなど、薩摩の儒学の興隆に尽力した。桂庵の死後、門人の僧文之玄昌《ぶんしげんしょう》は、*島津義久《よしひさ》・義弘《よしひろ》・家久《いえひさ》の三代に政治・外交の顧問として活躍し、また桂庵の四書集註和訓の改良を行い、これが同門の泊如竹《とまりじょちく》により江戸で版行されて、一時興隆をみたが、江戸中期には学統を継ぐものは出ず衰退した。

［文献］足利衍述『鎌倉室町時代之儒教』（日本古典全集刊行会、一九三二）、和島芳男『中世の儒学』（吉川弘文館、一九六五）。（堀内寛康）

海南学派《かいなんがくは》 戦国末期の天文年間（一五三二―五五）に国人吉良宣経に仕えた*南村梅軒《みなみむらばいけん》により土佐国に起こった朱子学派の一派。南学派ともいう。梅軒は禅儒一致の立場から、四書を中心とした儒学を講じた。その後この学統から儒学を得意とする禅僧が現れ、江戸時代になると、谷時中《たにじちゅう》により南学の基礎が確立された。時中の弟子に小倉三省《おぐらさんせい》・野中兼山《のなかけんざん》・山崎闇斎《やまざきあんさい》らがあり、三省・兼山は土佐藩政に力を尽くし、闇斎は京都に出て垂迦《すいか》神道を唱えた。その後南学は一時中絶したが、谷秦山《しんざん》らによって再興され、その学統から幕末の土佐勤皇党《きんのうとう》として活躍した人物を輩出した。なお*薩南学派も南学と称することもある。南学派の特色は、政治に結びついて実践的、実学的であったことである。

［文献］和島芳男『中世の儒学』（吉川弘文館、一九六二）。（堀内寛康）

有職故実《ゆうそくこじつ》 公家・武家の儀礼、官職、制度、法令などに関する古来の規範、およびそれを研究する学問。平安時代以降、朝廷の儀礼や行事などの根拠となる歴史的事実を故実といい、その故実に通じていることを有職と呼んだ。有職はもと有識と書いて、「ゆうそこ」「ゆうしょく」とも読み、学問に精通していること、学識のあることを意味した。平安中期頃から、臨時の公事《くじ》や恒例行事などが年中行事《ねんじゅうぎょうじ》化されると、儀式内容や作法に変化が生じたため、行事に一つの典型が求められ、その典型をそれぞれ先例と解し、その妥当なものを故実と呼び、それに通ずるものが有職者と称された。こうして礼儀の法式に精通するものが識者とされ、後に儀式上の規範そのものの名称となり、それに伴い職の字が使用されるようになった。藤原忠平《ただひら》の長男小野宮実頼《おののみやさねより》と次男九条師輔《くじょうもろすけ》は、有職家として儀礼や行事の故実に通暁し、実頼は「小野宮年中行事」、師輔は「九条年中行事」の有職書を著わし、後世有職の祖と仰がれた。このほか源高《たか》明《あきら》の「西宮記《さいきゅうき》」、藤原公任の「北山抄《ほくざんしょう》」、院政期には大江匡《おおえのまさ》房《ふさ》の「江家次第《ごうけしだい》」など、後世きわめて尊重された有職書が著わされた。中世になると武家政治が起こり、その制度が整備されてくると、公家の礼式に準じて武家固有の有職故実が生まれ、公家の儀式典礼を有職、武家のそれを故実と呼ぶようになった。室町時代では、将軍*足利義満《よしみつ》以後さらに整備され、伊勢、小笠原の両家が武家故実を盛んにし、伊勢流、小笠原流の名を起こしたが、室町末期には小笠原氏がすべてを掌った。

［文献］江馬務『江馬務著作集10』（中央公論社、一九七八）、石村貞吉『有職故実』上・下（講談社学術文庫、一九八七）。（堀内寛康）

足利学校《あしかががっこう》 下野国*足利荘（栃木県足利市内）に設立された漢学研修の学校施設。学校創建については、平安前期の小野篁《おののたかむら》の創建説、鎌倉前期の足利義兼《よしかね》の創建説など諸説あるが、室町時代の永享四年（一四三二）に、*関東管領《かんれい》*上杉憲実《うえすぎのりざね》が再興したという点では諸説一致している。憲実は鎌倉の*円覚寺から易学の大家である僧*快元《かいげん》を初代庠主《しょうしゅ》（学校長）として招き、永享一一年（一四三九）には宋版の経典を寄進するなど、大いに学校としての形態の整備に努めた。次いでその子憲忠《のりただ》も宋刊本を寄進したことで、『尚書正義《しょうしょせいぎ》』、『礼記《らいき》正義』、『春秋左伝註疏《ちゅうそ》』、『毛詩註疏』、『周易《しゅうえき》註疏』の足利の宋版『五経註疏』がそろった。その後憲実の子孫も熱心に学校を保護し、代々の庠主も秀れた学僧が多く、第七世庠主玉崗瑞璵《ぎょくこうずいこう》（号九華《きゅうか》）の時代には、*北条氏政《うじまさ》の厚い保護を得て学校は最盛期を迎え、全国各地からの学徒は約三〇〇〇名にのぼったといわれる。その繁栄ぶりは、宣教師ザヴィエルにより「坂東の大学」としてヨーロッパに紹介された。来学者の多くは禅僧で、教学は儒学を中心としたが、とくに周易《しゅうえき》・占筮《せんぜい》が主とされ、のちには兵法書、医学書なども講じられた。学徒は学校を出ると、各地の戦国武将の顧問となったり、地方の子弟の教育に従事した。江戸時代に入り一時衰微したが、*徳川家康《とくがわいえやす》によって復興され、歴代の庠主は毎年将軍の運勢を占って年筮を献上した。明治五年（一八七二）校務を廃し、明治三六年（一九〇三）学校跡に足利学校遺跡図書館が開設され現在にいたっている。

［文献］　足利一馬『足利学校の研究』（講談社、一九四八）、結城陸郎『金沢文庫と足利学校』（至文堂、一九五九）。（堀内寛康）

大内版《おおうちばん》　室町時代、中国地方の大名*大内氏によって出版された刊本の総称。山口版ともいう。大内氏は代々文芸を愛し、典籍の収集にも熱心であり、また*応仁・文明の乱を避けて京都の公卿・僧侶など知識人も多く山口に来往し、それに加えて明および朝鮮との対外貿易による経済的余裕もあって、印刷文化が栄える諸条件に恵まれていた。応永一七年（一四一〇）禅を修め儒学・詩文を好んだ大内盛見《もりはる》は、『蔵乗法数』を出版したが、これが大内版のはじめであり、以後大内氏領内で、漢籍・仏書の開版が行われた。明応二年（一四九三）には領内の真楽軒で『聚分韻略《しゅうぶんいんりゃく》』が刊行されたが、この書は*虎関師錬《こかんしれん》の編修した韻文で、五山僧や詩文を愛好する人々に珍重されて、十二版を重ねたといわれる。同八年（一四九九）大内家の老臣杉武道《すぎたけみち》が、『論語集解』一〇巻一〇冊を出版したが、この書は大内領内における儒書刊行のはじめであった。下って天文八年（一五三九）には、*大内義隆《よしたか》が前述した『聚分韻略』を重刊するにあたり、携帯の便をはかって正方形に近い小型本として出版した。その中には明国から輸入した唐紙を使って印刷したものがある。狭義に大内版という名称を使用するときには、この天文版『聚分韻略』をさすこともあるといわれる。このほか文明一四年（一四八二）以降順次刊行され、天正年間（一五七三—九二）に完成をみた『妙法蓮華経』などがある。

［文献］　和島芳男『中世の儒学』（吉川弘文館、一九六五）。（堀内寛康）

饅頭屋本《まんじゅうやぼん》　戦国—安土桃山時代の歌人・歌学者で菓子商の饅頭屋宗二（林宗二《りんそうじ》）が刊行した*節用集の名称。節用集は室町中期に成立した国語辞書で、漢字をその読み方によりいろは順に配列し、さらに各音の中を天地・人倫・草木などに分け、読み方や語義などを注してある。古本節用集には「い」部天地門初出の語が「伊勢」ではじまる伊勢本、「印度」ではじまる印度本、乾坤《けんこん》門初出の語が「乾《いぬい》」で始まる乾本の三種があり、「饅頭屋本節用集」は伊勢本の系統に属す。「饅頭屋本」のほか主な刊本には、「天正一八年本」、「易林本《えきりんぼん》」などがある。林宗二は京都に生まれ、奈良に住んで*松永久秀《まつながひさひで》の後援を受け、南都中の饅頭を独占的に商った。その祖は南北朝時代に宋より渡来した林浄因《りんじょういん》で、代々饅頭屋を営んだといわれる。

［文献］ 川瀬一馬『古辞書の研究』（大日本雄弁会講談社、一九五五）。 （堀内寛康）

御文《おふみ》 *浄土真宗第八世*蓮如《れんにょ》の平易簡明な消息（手紙）形式の仮名法語。真宗大谷派（東本願寺）では「御文」といい、本願寺派（西本願寺）では「御文章《ごぶんしょう》」と呼んでいる。蓮如は門徒の教化、拡大のための指針として、各地の門徒にこの御文を発した。現存する最初の御文は、寛正二年（一四六一）蓮如四七歳のときで、近江《おうみ》国*堅田《かただ》の門徒に与えたものである。それ以後、蓮如の死の前年にあたる明応七年（一四九八）まで、約二六〇通が残されている。蓮如が念仏の救いを、一文不知の庶民にわかりやすく説いたのが御文である。子の実如《じつにょ》もこれを書写して門徒に与えており、大永元年（一五二一）蓮如の孫円如《えんにょ》が、これらの御文の中から、肝要なもの八〇通を選出して五帖《じょう》に編纂《さん》したものを、「帖内御文《ちょうないおふみ》」と称した。その後十世証如《しょうにょ》が、天文年間（一五三二―五五）に「御文」と名づけ初めて刊行した。また五帖に漏れた蓮如の消息は、のちに「帖外御文《ちょうがいおふみ》」として編纂された。残存する御文のうち八四通は、吉崎時代（文明三―文明七年）の四年間に書かれているが、この時期に蓮如がいかに精力的に御文を出していたかが知ることができる。御文の内容は多方面に及んでいるが、異端の念仏、信心不純に対する批判を述べたものが多い。また御文は蓮如の説く真宗の教説のみならず、異端の教説や信仰の実態、さらには*一向一揆の時期の吉崎御坊を中心とした政治情勢にも触れており、戦国時代の真宗に関する諸問題を知る上で貴重な史料である。↓本願寺

［文献］ 笠原一男『蓮如』（吉川弘文館、一九六三）、『日本思想体系17 蓮如・一向一揆』（岩波書店、一九七二）。 （堀内寛康）

日親《にっしん》（一四〇七―八八） 室町・戦国時代の*日蓮宗の僧。久《く》遠成院《おんじょういん》と号す。上総《かずさ》の埴谷《はにや》に生まれ、下総《しもうさ》の中山法華経《ほけきょう》寺において出家修学した。二一歳のとき「九州の導師《どうし》」として肥前《ひぜん》の光勝寺《こうしょうじ》住持《じゅうじ》となったが、厳格な信仰を主張して領主と対立し破門された。永享九年（一四三七）上洛し、『折伏正義《しゃくぶくしょうぎ》抄《しょう》』を著して布教への決意を語り、永享一一年（一四三九）、法華《ほっけ》信仰を将軍*足利義教《よしのり》に求めるが拒否され、翌年『立正治国論《りっしょうちこく》』を著して将軍義教に再度の直訴を企てたが、捕らえられて投獄された。この時幕府の弾圧にも屈せず「法華経」の信仰を主張したので、頭から焼け鍋《なべ》をかむらされて、「鍋かむり日親」の伝説が江戸時代に生まれた。その翌嘉吉《かきつ》元年（一四四一）、将軍義教が殺され、この事件を契機に恩赦《おんしゃ》によって出獄。日蓮の正当意識を行動に表し、京都の本法寺《ほんぼうじ》を拠点として教団の確立を目指した。しかしその主張が他宗を激しく攻撃するものであったため、いたるところで迫害にあった。寛正三年（一四六二）、再度幕府に捕らえられたが、翌年には赦免された。獄中で入信した本阿弥清信《ほんあみきよのぶ》の末裔《まつえい》に光悦《こうえつ》がいる。本法寺は投獄・赦免の度に破却・再建され、また本法寺を中心に諸地方に布教し、各地に三〇余ケ寺の末寺を創建した。著書には『立正治国論』のほか、『伝燈抄《でんとうしょう》』『本法寺法式』『本法寺縁起』などがある。

［文献］ 中尾 尭『日親』（評論社、一九七一）。 （松井吉昭）

蓮如《れんにょ》（一四一五―九九） 室町時代の*浄土真宗の僧。*本願寺八世として布教し、教団の発展に寄与した。幼名は布袋《ほてい》または幸亭《こうてい》、諱《いみな》は兼寿《けんじゅ》、信証院《しんしょういん》と号す。京都の大谷《おおたに》本願寺で生まれる。明治一五年（一八八二）、慧燈《えとう》大師と追諡《ついし》。父は本願寺七世存如《ぞんにょ》、母は未詳。六歳で母と生き別れた。一五歳にして一宗

再興の志を起こしたという。永享三年（一四三一）、蓮如一七歳のとき青蓮院《しょうれんいん》で剃髪得度《ていはつとくど》し、中納言広橋兼郷《ひろはしかねさと》の猶子となる。その後*興福寺大乗院門跡《もんぜき》の経覚《きょうがく》につき、仏教ならびに一般の学問の指導を受けた。宗学は父存如、叔父常楽台空覚《くうかく》の下で研鑽《けんさん》に励んだ。永享一〇年（一四三八）から三年にわたり、『浄土真要鈔』を書写。文安四年（一四四七）父とともに関東を、宝徳《ほうとく》元年（一四四九）に北国をめぐり、応仁二年（一四六八）北国・東国の親鸞《しんらん》遺跡を訪ねた。長禄元年（一四五七）父存如が没し、四三歳で本願寺留守職《るすしき》を継ぎ、同寺の再興に努めた。教線は拡大したが、寛正《かんしょう》六年（一四六五）、大谷本願寺は延暦寺の僧徒らによって破却され、蓮如は祖像を奉じて近江《おうみ》を転々とし、大津《おおつ》に安置し、文明三年（一四七一）越前吉崎《えちぜんよしざき》に赴き坊舎を構えた。これは吉崎《よしざき》御坊（*吉崎道場）と呼ばれ、多数の門徒が参集して繁栄をみたが、加賀《かが》国守護富樫政親《とがしまさちか》や他宗との軋轢《あつれき》が生じ、文明七年（一四七五）北陸を去り、三年後山科《やましな》に本願寺を再建して住し、祖像を移した。延徳元年（一四八九）五男実如《じつにょ》に職を譲り、明応《めいおう》五年（一四九六）大坂に石山本願寺を建立して隠棲《いんせい》した。その三年後遺言（兄弟中申定条ゝ）を残し没した。年八五歳。一三男一四女という多数の子女を要所に配し、本尊などの下付によって地方有力寺院を傘下《さんか》に吸収する方法により教団を統制した。布教は、教義を仮名でわかりやすく説いた「*御文《おふみ》」を中心に行われた。

［文献］河出書房新社編集部編『図説　蓮如』（河出書房新社、一九九七）、笠原一男『蓮如』（吉川弘文館、一九七二）。（松井吉昭）

真盛《しんせい》（一四四三―九五）　室町時代中・後期の天台宗の僧。天台宗真盛派（現、天台真盛宗）の祖。伊勢国一志《いちし》郡小倭《おやまとの》荘《しょう》大仰郷《おおのき》の出身で、幼名宝珠丸《ほうじゅまる》。紀貫之《きのつらゆき》一七世の末孫と伝えられる。七歳で同郡川口の光明寺《こうみょうじ》に入り、一四歳で得度《とくど》。尾《お》張《わり》国篠木談義所密蔵院《だんぎしょみつぞういん》にて台密《たいみつ》を学び、寛正二年（一四六一）、一九歳で比叡山に登り、西塔《さいとう》南谷北上坊慶秀《けいしゅう》和尚の室に入る。二〇年間山を下りず、伝燈《でんとう》法師の位に進んだが、文明一四年（一四八二）、母の死に逢い、翌年黒谷青龍寺《くろだにせいりゅうじ》に隠棲《いんせい》。二年後、浄土院の伝教大師廟《でんぎょうだいしびょう》に参籠し、夢中に最澄《さいちょう》より源信《げんしん》の『往生要集《おうじょうようしゅう》』が示され、念仏に専念するようになった。文明一八年（一四八六）、源信縁《ゆかり》の近江坂本西教寺《さいきょうじ》を再興、のち近江・伊賀・伊勢・越前・加賀など各地で教化した。真盛は、治国安民の策は為政者を糺《ただ》すことにありとし、*後土御門《ごつちみかど》天皇・*後柏原《ごかしわばら》天皇をはじめ公卿・女官・守護の欲心を糺し、戒《かい》と念仏の一致を説いた。明応四年（一四九五）、伊賀西蓮寺《さいれんじ》での念仏法会の途中に寂した。皇室・武家に帰依者が多く、生前《せいぜん》後土御門天皇から上人号を賜り、永正三年（一五〇六）円戒《えんかい》国師の号を賜る。明治一六年（一八八三）、慈摂《じしょう》大師の諡号《しごう》が贈られた。著作には「奏進《そうしん》法語』『念仏三昧《ざんまい》法語』などがある。

［文献］牧野信之助編『真盛上人御伝記集』（三秀社、一九三一）。（松井吉昭）

一条兼良《いちじょうかねよし》（一四〇二―八一）　室町時代中期の公卿・学者。桃華《とうか》老人・三関《さんけん》老人・東斎《とうさい》とも号す。法号覚恵《かくえ》、後成恩寺殿《のちのじょうおんじどの》という。俗に「かねら」とも読む。別称一条禅閤《ぜんこう》。父は関白一条経嗣《いちじょうつねつぐ》、母は東坊秀長《ひがしぼうひでなが》の女。兄経輔《つねすけ》が病身であったため、応永一九年（一四一二）一一歳で元服《げんぷく》。正五位下で昇殿、翌年従三位、永享元年（一四二九）従一位左大臣と昇進し、同四年摂政となったが、拝賀以前に解任された。文安三年（一四四六）

太政大臣《だいじょうだいじん》、翌年には関白となった。宝徳三年（一四五一）太政大臣を、享徳二年（一四五三）関白を辞して准三宮となる。応仁元年（一四六七）、*応仁・文明の乱直後に関白に再任するが、文明二年（一四七〇）に辞任。この間、一条坊門《ぼうもん》邸と和漢の書籍を集積した文庫「桃華坊《とうかぼう》」が焼失し、蔵書が散逸したため、五男の*興福寺大乗院*尋尊《じんそん》を頼って奈良に避難した。文明五年（一四七三）出家。生活のために、伊勢《いせ》・美濃《みの》へ旅行して大名に教学を授けて献金を受けた。また文明一一年には、孫冬良《ふゆよし》の右大将拝賀の費用を得るため、越前朝倉氏《えちぜんあさくらし》の許へ出向いている。一生の間にものにした著作は多く、*日野富子《ひのとみこ》の求めに応じた教訓書『小夜《さよ》のねざめ』、*将軍足利義尚《よしひさ》への政治書『文明一統記』『樵談治要《しょうだんちよう》』や、有職故実《ゆうそくこじつ》書である『*公事根源《くじこんげん》』『江家次第抄《ごうけしだいしょう》』、『花鳥余情《かちょうよじょう》』や『日本書紀纂疏《さんそ》』などの古典研究を残した。

［文献］ 永島福太郎『一条兼良』（吉川弘文館、一九五九）。

（松井吉昭）

三条西実隆《さんじょうにしさねたか》（一四五五—一五三七） 室町時代後期の公卿・学者。公保《きんやす》の二男、母は甘露寺房長《かんろじふさなが》の女。初名公世《きんよ》、兄実連《さねつら》が夭折したので家督となり公延《きんのぶ》と改名。聴雪《ちょうせつ》・逃虚子《とうきょし》と号し、法名尭空《ぎょうくう》、逍遙院《しょうよういん》と称す。皇室が衰微し公家政治も解体した時代に、*後花園《ごはなぞの》・*後土御門《ごつちみかど》・*後柏原《ごかしわばら》・*後奈良《ごなら》の四代にわたる天皇に仕え、永正三年（一五〇六）正二位内大臣に昇ったが、同年家督《かとく》を公条《きんえだ》に譲り、永正一三年（一五一六）廬山寺《ろざんじ》にて出家。出家後も幕府や諸大名間を奔走して皇室経済の扶持に尽力し、公家社会最高の文化人として仰がれた。文明七年（一四七五）、飛鳥井《あすかい》殿（雅康《まさやす》あるいは雅親《まさちか》）の門に入って和歌を学び、多くの写本の校合《こうごう》を任せられ、後の古典学者たる素地がつくられた。*一条兼良《いちじょうかねよし》の跡を継いで文化的業績を残している。古典の注釈書『伊勢物語直解』『源氏物語細流抄《さいりゅうしょう》』、有職《ゆうそく》に関する『装束抄《しょうぞくしょう》』がある。*飯尾宗祇《いいおそうぎ》から古今伝授を受け、子の公条に伝えた。和歌・連歌にも優れ、*『新撰菟玖波集《しんせんつくばしゅう》』の編纂に協力し、歌集に『聴雪集』『雪玉集《せつぎょくしゅう》』、歌日記に『再昌集《さいしょうそう》』があり、歌会・連歌会の様子なども記されている。文明六年（一四七四）から天文五年（一五三六）にいたる日記『実隆公記《さねたかこうき》』は、朝廷や幕府を中心とする政治上の動きを知る好史料である。

［文献］ 芳賀幸四郎『三条西実隆』（吉川弘文館、一九六〇）、原勝郎『東山時代に於ける一縉紳の生活』（筑摩書房、一九六七）。

（松井吉昭）

吉田兼倶《よしだかねとも》（一四三五—一五一一） 室町時代後期の京都吉田神社の神官。卜部《うらべ》兼倶とも。本名兼敏《かねとし》。文明四年（一四七二）従三位・神祇権大副、延徳元年（一四八九）中納言、明応二年（一四九三）神祇大副・弾正大弼となる。家学である神道説を発展させ、吉田神社を拠点として神本仏従《しんほんぶつじゅう》の独自の唯一（宗源）神道を創唱した。その理論を『唯一神道名法要集《みょうほうようしゅう》』『神道大意《たいい》』などの著作に残した。これは従来の本地垂迹《ほんじすいじゃく》・両部《りょうぶ》神道に対して、神本仏従の唯一神道を唱えたもの。彼の政治力ともあいまって朝廷から次第に諸国に普及した。*後土御門《ごつちみかど》天皇や*将軍足利義政《よしまさ》夫妻に接近し、その援助のもとに教派の発展を図り、さらに延暦寺でも神道説を講義した。文明九年（一四七七）、京都七口《ななくち》において庶人より万雑一芸一役《まんどういちげいいちやく》と称する課役を徴収し、神祇斎場の費にあてようとして果たさなかった。しかし、文明一六年（一四八四）には神楽岡《かぐらおか》に斎場所大元宮《だいげんぐう》を造営、延徳元年(一四八九)には伊勢神宮の神器が斎場所に降ったと称して朝廷に奏し、荒木田守朝《あらきだもりとも》や*三条西実隆《さんじょうにしさねたか》らに虚構を弾劾された。彼の壮年期はちょうど*応仁・文明の乱に当たり、公卿勢力の衰微《すいび》に乗じて神祇官を壟断し、神祇管領長上《じんぎかんれいちょうじょう》と称して、神号・神位の授与や神宮の補人裁許《ぶにんさいきょ》を発行して全国の神社を配下に置く基礎を作った。教説流布のためあらゆる捏造《ねつぞう》・偽作を駆使した。

[文献] 萩原龍夫『中世祭祀組織の研究』(吉川弘文館、一九六二)。 (松井吉昭)

道祐《どうゆう》(生没年未詳) 南北朝・室町時代前期の和泉堺《さかい》の豪商。経歴も未詳。正平九・貞治二年(一三六四)、堺で問丸《といまる》を営む道祐居士《どうゆうこじ》が、世に「正平版論語《しょうへいばん》」と称されるわが国最古の『論語』を出版した。巻末に「堺浦道祐居士重新命工鏤梓正平(甲辰)五月吉日謹誌」とある。この「正平版論語」と同じ頃に『五燈会元』が刊行された。これが堺版のはじまりとされ、出版史の上で高野山版・*五山版など寺社による中世的な出版形態に変わって、専門書肆《しょし》による近世的出版形態を生み出す前提となった。また「正平版論語」は、経学研究上において貴重である。

[文献] 川瀬一馬『正平本論語攷』(講談社、一九四三)。 (松井吉昭)

阿佐井野宗瑞《あさいのそうずい》(一四七三頃―一五三二) 室町時代後期の儒医《じゅい》、文化人。号は雪庭。阿佐井野家は和泉《いずみ》国堺《さかい》の名家で、代々屋号を能登屋もしくは野遠屋といった。大徳寺僧大林宗套《そうとう》に師事し、文学を好み、医術に通じ、とくに産婦人科を得意とし、世人は阿佐井野婦人医と呼んだ。享禄元年(一五二八)、明《みん》の熊宗立《ゆうそうりゅう》著『医書大全《いしょたいぜん》』二四巻が渡来したとき、部数が少なく手に入りにくいのを憂え、私費で大永八年(一五二八)に校訂、出版した。これが日本最初の刊行医書である。そのいきさつについては、建仁寺僧幻雲寿桂《げんうんじゅけい》による同書跋文中にみえる。阿佐井野家は、出版文化事業に精力を注ぎ、ほかに『三体詩《さんたいし》』や清原宣賢《きよはらののぶかた》の指導のもとで『論語』(天文版《てんぶんばん》)を刊行しており、阿佐井野版《あさいのばん》といわれ、図書の印刷普及に寄与した。

[文献] 川瀬一馬『古活字版之研究』(安田文庫、一九三七(一九六七復刊))。 (松井吉昭)

上杉憲実《うえすぎのりざね》(一四一一―六六) 室町時代前・中期の武将。越後《えちご》上杉房方《ふさかた》の子。山内《やまのうち》上杉憲基《のりもと》の養子となり、応永二六年(一四一九)、憲基の跡を受けて*関東管領《かんれい》となった。応永二三年(一四一六)に起きた*上杉禅秀《ぜんしゅう》の乱後、*鎌倉公方《くぼう》足利持氏《もちうじ》が幕府からの自立と公方権力の専制化を図ったのに対し、憲実は幕府との協調を主張して対立した。正長元年(一四二八)の四代将軍*足利義持《よしもち》の死後、次期将軍を期待していた持氏は、次期将軍の後継者となった*足利義教《よしのり》を攻めようとして、憲実はそれを制止した。永享一〇年(一四三八)、持氏が慣例を無視して子義久《よしひさ》の元服《げんぷく》式を*鶴岡八幡宮《つるがおか》で強行したことで、憲実と持氏の対立はいっそう深まった。その直後、憲実が守護分国の上野《こうづけ》に帰ったとき、持氏は憲実追討軍を派遣した。将軍義教は憲実を支援し、駿河《するが》の今川氏らの軍勢を派遣して、各地で持氏軍を破り、翌年幕府の命を受けて持氏は自害した。この後憲実は政務を弟清方《きよかた》に譲り、出家して長棟《ちょうとう》と称し、伊豆《いず》の国清寺《こくしょうじ》に隠退した。幕命により一時還俗《げんぞく》して関東の政務を執ったが、その後諸国を巡歴し、長門《ながと》深川大寧寺《たいねいじ》に入り、その地で没した。卜筮《ぼくぜい》に通じ、関東管領在職中に下野《しもつけ》の*足利学校の再興に努め、漢籍などを寄贈して学問の復興に尽力した。
[文献] 渡辺世祐『関東中心足利時代之研究』(雄山閣、一九二六)、田辺久子『関東公方足利氏四代』(吉川弘文館、二〇〇二)。
(松井吉昭)

玄恵《げんえ》 (?—一三五〇) 鎌倉時代末期から南北朝時代にかけて活躍した天台《てんだい》宗の僧、儒者。玄慧とも書き、「げんね」ともいう。独清軒《どくせいけん》、健叟《けんそう》と号す。*『元亨釈書《げんこうしゃくしょ》』の著者、禅僧*虎関師《こかんし》錬《れん》の弟とする説もあるが未詳。法印《ほういん》権大僧都《ごんのだいそうず》に昇った。禅にも深い関心を寄せ、また程朱学《ていしゅがく》にも詳しく、*後醍醐《ごだいご》天皇の侍読《じどく》となって天皇や側近の公卿たちに古典を講じた。*足利尊氏《たかうじ》・*直《ただ》義《よし》兄弟に重んじられ、*『建武式目《けんむしきもく》』の制定に関与した。*『庭訓往《ていきんおう》来《らい》』『喫茶往来《きっさおうらい》』の作者とされたり、*『太平記』の補作にあたったとされるが、いずれも確証はない。「才学無双」の定評を得ての付会といえる。
[文献] 和島芳男『中世の儒学』(吉川弘文館、一九六五)。
(松井吉昭)

快元《かいげん》 (?—一四六九) 室町時代中期の*臨済宗《りんざいしゅう》の僧。鎌倉*円《えん》覚寺《がくじ》の僧で、同寺にて喜禅《きぜん》から易《えき》を学んだという。永享年中(一四二九—四一)に*関東管領《かんれい》*上杉憲実《うえすぎのりざね》に招かれて*足利学校《あしかががっこう》の初代庠主《しょうしゅ》(学校長)となり、学校の易学の伝統を形成した。出自・経歴などはほとんど不明。憲実が四経の注疏《ちゅうしょ》を寄進した永享一一年(一四三九)には、学校に来ていたことは事実らしく、文明元年(一四六九)に死んだと伝えられる。また足利学校第九代庠主関室元佶《かんしつげんきつ》の『春秋経伝抄《しゅんじゅうきょうでんしょう》』によれば、春秋を学ぶために明《みん》に渡ろうとしたが、太宰府天満宮《だざいふてんまんぐう》参籠のおり、夢告《むこく》があり中止したという。
[文献] 『大日本史料』八—二。
(松井吉昭)

春屋妙葩《しゅんおくみょうは》 (一三一一—八八) 鎌倉時代後期・南北朝時代の*臨済宗夢窓派の僧。初代僧録《そうろく》。甲斐《かい》国の出身。姓は平氏、母は源氏。*夢窓疎石《むそうそせき》の俗甥であるという。三歳で母に伴われ夢窓の許に赴き、その素質を高く評価される。一七歳、*南禅寺住持中の夢窓について受戒。嘉暦二年(一三二七)夢窓の鎌倉下向に従う。建武元年(一三三四)夢窓が*後醍醐《ごだいご》天皇の招請により上京するも鎌倉に残留、元僧竺仙梵僊《じくせんぼんせん》のもとで大陸禅・漢詩文・印刷事業などを学ぶ。春屋の学芸的素養はこの期間に大成した。建武二年(一三三五)上京、南禅寺の夢窓に参ず。夢窓没後、夢窓の行実を『年譜』一巻に語録を編して*『西山夜話』をまとめる。延文二・正平一二年(一三五七)*足利尊氏《たかうじ》より等持寺の住持に任命され、翌年*天竜寺が火災焼失すると幹事として*義堂周信《ぎどうしゅうしん》とともに復興を成し遂げる。貞治二・正平一八年(一三六三)夢窓一門の強い要望により天竜寺住持に就任。翌年、*光厳《こうごん》法皇の葬礼を歴代天皇で初めて禅宗様式で執り行う。応安二・正平二四年(一三六九)の南禅寺山門建立の際、延暦寺衆徒の要求に屈して山門を破脚した*管領*細川頼之《ほそかわよりゆき》と衝突、丹《たん》波《ば》雲門寺に隠棲する。康暦元・天授五年(一三七九)*細川頼之の失脚とともに復権、南禅寺住持に就任するとともに、*足利義《よし》満《みつ》の奏請により初代「天下僧録司」に任命され、全国の禅寺・禅僧の統括にあたる。その後も義満の保護を受け、至徳元・元中元年(一三八四)幕府の東側に*相国寺《しょうこくじ》を創建、夢窓を勧請開山として自らは第二世住持となる。五山文学の興隆にも大きな功績を残し、内外の書籍を多く出版して五山版の大半を占めた。

［文献］ 玉村竹二『五山禅僧伝記集成』（講談社、一九八三）。

（土屋伸也）

義堂周信《ぎどうしゅうしん》（一三二五―八八） 南北朝時代の*臨済宗夢窓派の僧。*南禅寺四十四世。*絶海中津《ぜっかいちゅうしん》と並ぶ「五山文学の双璧」と称される。別号空華《くうげ》道人。土佐《とさ》国高岡出身、姓は平氏。一四歳、一族の横死を目撃して世の無常を感じ、翌年上京して延暦寺で受戒。*夢窓疎石《むそうそせき》の高徳を聞いて禅宗に帰依。夢窓没後、在元五〇年の*建仁寺住持龍山徳見《りゅうざんとくけん》に参ず。龍山が没した翌延文四・正平一四年（一三五九）、*鎌倉公方足利基氏《もとうじ》の要請を受けた*春屋妙葩《しゅんおくみょうは》の命で夢窓派拡張のため関東へ下向。以後二〇余年、*鎌倉円覚寺などに住して関東夢窓派の総帥として、足利基氏・氏満《うじみつ》父子をはじめ、*関東管領上杉朝房《うえすぎともふさ》・能憲《よしのり》らを指導。この間、文学上の師友*中巌円月《ちゅうがんえんげつ》と交わるとともに、常陸佐竹氏が外護した勝楽寺、鎌倉善福寺・端泉寺に住し、上杉能憲が開創した鎌倉報恩寺の開山となった。康暦元・天授五年（一三七九）、春屋によって京都に召還されると、*足利義満《よしみつ》の帰依を受け、至徳三・元中三年（一三八六）南禅寺住持に任命される。同寺は、義堂の発案により、*相国寺《しょうこくじ》が五山に列すると、「五山之上」に昇格された。また在京中は明より帰国した同郷の後輩*絶海中津《ぜっかいちゅうしん》と密接な交流を結んだ。義堂の別号「空華」はサンスクリット語のクヮーパ（うつろな花）、眼病をわずらったときなどに空中に見える現実には存在しない花をさすといわれ、義堂の証悟の機縁も眼病にあったといわれる。『空華集』二〇巻に、明人も賞嘆したといわれる漢詩文がまとめられている。また、誕生年から没年にいたる六四年間の日記の中から要点が抄出された『空華日工集《くうげにっくしゅう》』があり、五山派を中心とする禅宗史のみならず、鎌倉末期から南北朝期の政治・文化史の重要史料とされる。

［文献］ 玉村竹二『五山禅僧伝記集成』（講談社、一九八三）。

（土屋伸也）

絶海中津《ぜっかいちゅうしん》（一三三六―一四〇五） 南北朝時代後期の*臨済宗夢窓派の僧。*義堂周信《ぎどうしゅうしん》と並ぶ「五山文学の双璧」と称される。土佐《とさ》国津野出身、俗姓津野（藤原）氏。一三歳で上京、*夢窓疎《むそうそ》石《せき》に師事、夢窓は高弟*春屋妙葩《しゅんおくみょうは》に絶海の教育を委ねる。一八歳、義堂周信とともに建仁寺の龍山徳見《りゅうざんとくけん》に参ずる。貞治三・正平一九年（一三六四）関東に下って義堂周信に従い、*鎌倉公方足利氏満《うじみつ》に厚遇される。応安元・正平二三年（一三六八）建国なったばかりの明に渡り、季潭宗泐《きたんそうろく》に師事、禅および文学を学ぶ。一三七六年、明の太祖洪武帝《こうぶてい》に召され、熊野祠の詩をつくって大いにその詩才を賞賛される。天授四・永和四年（一三七八）帰国して上京。翌年、幕命により甲斐《かい》恵林《えりん》寺に住す。弘和三・永徳三年（一三八三）より鹿苑院に住するも、*足利義満《よしみつ》に直言してさからい摂津《せっつ》銭原、同国有馬の牛隠庵に隠棲、*細川《ほそかわ》頼之《よりゆき》により阿波《あわ》の宝冠寺の開山に招請される。元中二・至徳二年（一三八五）、前非を悔いた義満により京都に召還され、翌年上京して等持寺に住す。以後、義満の帰依を受けて*相国寺《しょうこくじ》住持（第六世）に昇進、事実上の僧録となった。応永八年（一四〇一）には、相国寺を五山第一に昇格させ、義満は同寺を夢窓派一流相承の門徒寺として他派の入住を禁じた。同郷の先輩義堂と親交を結びつづけ、漢詩文に秀でて明僧如蘭《じょらん》により「日東語言の気習なし」と中国人と同等の創作力をもつと評された。漢詩文集として『蕉堅稿《しょうけんこう》』がある。

［文献］　玉村竹二『五山禅僧伝記集成』（講談社、一九八三）。　（土屋伸也）

桂庵玄樹《けいあんげんじゅ》（一四二七―一五〇八）　室町時代から戦国時代の*臨済宗の僧・儒学者。*薩南《さつなん》学派の祖。周防山口の出身、家系は明らかでない。九歳で上京して*南禅寺に入り、一六歳で出家、景蒲玄忻《けいほげんきん》に従い、蘭波景茝《らんぱけいしん》とともに惟正明貞・景召端棠に儒書を学ぶ。のち長門赤間関《あかまがせき》（山口県下関市）の永福寺に住して、応仁元年（一四六七）四一歳で将軍*義政《よりまさ》の遣明使天与正啓《てんよしょうけい》に従って外交随員として入明、宋学を学ぶ。燕京（北京）で憲宗《けんそう》皇帝に謁し、蘇州（江蘇省）・杭州（浙江省）に遊び、文明五年（一四七三）帰国。*応仁・文明の乱の戦火の中、京を去って大内氏領石見（島根県）、さらに同八年（一四七六）九州豊後に渡る。翌年、肥後菊池領に入り菊池重朝の厚遇を受け菊池氏家臣隈部忠直らに宋学を講じる。翌年、薩摩の島津忠昌《しまづただまさ》の招聘を受けて薩摩に移り、忠昌に謁す。大いに喜んだ忠昌は、田の浦に島陰寺《とういんじ》を建立して桂庵を住させた。桂庵は、この地で家士たちに朱子新注による宋学の講義を盛んに行い、同一三年（一四八一）には国老伊地知重貞《いぢちしげさだ》とともに『大学章句《だいがくしょうく》』を刊行。これが日本における最初の朱子新注書の刊行である。長享元年（一四八七）島陰寺は風浪を避けて鹿児島城西方に移転、この年から桂庵は日向飫肥《おび》（宮崎県日南市）の安国寺を兼管。島津氏の日明貿易の外交事務にも携わったものと思われる。晩年に著した『四書五経古注と新注の作者ならびに句読のこと』には、桂庵が門下に教授するときに実際に用いた訓点が伝えられている。桂庵没後、その学統に属する文之玄昌《ぶんしげんしょう》によって訓読法がさらに改良され、元和一〇年（一六二四）文之の門流如竹日《じょちくにっ》章《しょう》によって『家法倭点』として刊行されると、桂庵を始祖とする薩南学派の存在が世に広まることとなる。また薩南学派は、文之玄昌から「近世儒学の祖」藤原惺窩《せいか》にも受け継がれる。

［文献］　和島芳男『中世の儒学』（吉川弘文館、一九六五）。　（土屋伸也）

中巌円月《ちゅうがんえんげつ》（一三〇〇―七五）　鎌倉時代後期・南北朝時代の*臨済宗大慧派の僧・漢詩人。相模鎌倉出身、俗姓は土屋氏（桓武平氏）。一四、五歳で円覚寺の元僧東明《とうみょう》慧日《えにち》に師事。元亨元年（一三二一）上京、『*元亨釈書《げんこうしゃくしょ》』著述中の*虎関師錬《こかんしれん》を訪れる。正中元年（一三二四）鎌倉を発って博多に赴き入元の機会を伺う。この時、豊後で終生の外護者となる大友貞宗《おおともさだむね》と出会う。正中二年（一三二五）待望の入元、元弘二年（一三三二）帰国して入京。『原民』『原僧』を撰述して*後醍醐《ごだいご》天皇に政策を進言。建武元年（一三三四）鎌倉に戻り『中正子』を撰述。以後、上野利根荘吉祥寺の開山に迎えられ、東陽徳輝《とうようてひ》の大慧派を嗣ぐことを表明。晩年、京都*建仁寺《けんにんじ》に退居。漢詩文の才は*義堂《ぎどう》周信《しゅうしん》・*絶海中津《ぜっかいちゅうしん》に比肩され、天真無垢の天才詩人と評される。

［文献］　玉村竹二『五山禅僧伝記集成』（講談社、一九八三）。　（土屋伸也）

南村梅軒《みなみむらばいけん》（生没年未詳）　戦国時代の禅僧・儒学者。土佐の儒学いわゆる*海南《かいなん》学派（南学派《なんがく》）の祖と称される。出身地・家系・学統などはいっさい明らかでないが、『大内殿有名衆』の御伽衆の項に「有梅軒」と見えることなどから、もと大内氏の家臣であったと考えられる。『南学伝』を著した大高坂芝山《おおたかさかしざん》が捏造した架空の人物との説もある。『吉良《きら》物語』によれば、天文一七（一五四八）か一八年頃、周防《すおう》山口より土佐に赴き守護吉良宣経《きらのぶつね》に仕え、『孝経』『論語』などの四書を講じ、宣経の国政にも大きく貢献したという。宣経没後、宣直《のぶなお》に疎んじられ、土佐を去って再び大内氏に仕える。梅軒を祖とあおぐ海南学派は、その後土佐に成長し、実質的な派祖谷時中《たにじちゅう》が出、時中の門から野中兼山《のなかけんざん》・山崎闇斎《やまざきあんさい》が出て、江戸初期に全盛期を迎える。海南学派の学風は、現実の政治と結んで実行を重んずるところにあるといわれ、梅軒も座禅の道を日常生活に生かすべきことを強調したという。

[文献] 足利衍述『鎌倉室町時代之儒教』(有明書房、一九七〇)。

(土屋伸也)

万里集九《ばんりしゅうく》 (一四二八—?) 室町時代中期の*臨済宗一山派の僧・古典講学者。*応仁・文明の乱後に還俗して漆桶万里《しっとうばんり》と称す。近江安曇郡出身、俗姓は速水氏。一山派の一華《いっか》建怤に古典を学び、応仁・文明の乱が勃発すると京都を出て、美濃国鵜沼《うぬま》に定住して庵室を設け、尊崇する陸游《りくゆう》の「要識梅花無盡蔵、人人襟袖帯香帰」の詩句より「梅花無尽蔵《ばいかむじんぞう》」と名づける。この頃、還俗して妻を娶り、二子をもうける。美濃では守護代斎藤氏の外護を受けたらしく、『東坡詩集』全二五巻の六年間にわたる連続講義も行う。この議案はのちに『天下白』にまとめられた。文明一七年(一四八五)、江戸城主*太田資長《おおたすけなが》(道灌《どうかん》)に招かれて江戸に赴く。資長暗殺後、暗殺者上杉定正《うえすぎさだまさ》に抑留されるも、長享二年(一四八八)江戸を発ち、翌年美濃に帰着。文亀年間(一五〇一—〇三)までの生存は確認されているが没年は未詳。詩文集『梅花無尽蔵』に付された注記は史料的価値も高い。

[文献] 玉村竹二『五山禅僧伝記集成』(講談社、一九八三)。

(土屋伸也)

東常縁《とうのつねより》 (生没年未詳) 通説では『遠藤家譜』に明応三年(一四九四)九四歳で没したとあることから逆算して応永八年(一四〇一)の生まれとされるが、『千葉大系図』に「文明拾六年(一四八四)」「逝去」とあり、通説に従うことはできない。『永禄聞書』によれば、寛正六年(一四六五)に五九歳で、応永一四年(一四〇七)生まれになる。室町時代中期の武将・歌人・歌学者。美濃国出身、父は桓武平氏末流千葉氏一族の下野守《しもつけのかみ》益之《ますゆき》。東家には藤原俊成《としなり》以来の御子左家《みこひだりけ》の正統と目された二条家の歌学が伝わり、常縁もまた宝徳二年(一四五〇)二条派の歌人尭孝《あきたか》に正式に師事、尭孝の教えを忠実に受け継ぎ『古今集』を根本に据えた二条派の和歌感を堅持することとなる。康正元年(一四五五)、前々年に起こった*古河公方*足利成氏《なりうじ》と*関東管領《かんれい》上杉房顕《うえすぎふさあき》の抗争(千葉氏も分裂)に、成氏討伐の幕命を受けて下向、長禄元年(一四五七)まで転戦。在京の後、*応仁・文明の乱が始まる応仁元年(一四六七)頃には再び関東下向、翌年兄氏数《うじかず》の美濃郡上《ぐじょう》篠脇《ささわき》城が守護代斎藤《さいとう》妙椿《みょうちん》に奪われると、妙椿と上洛対面して篠脇城の返還を得る。その後再び関東へ下向。文明三年(一四七一)連歌師*飯尾宗祇《いいおそうぎ》に伊豆三島《みしま》の陣所で『古今集』を講釈、秘説を「師説口伝」した。いわゆる*古《こ》今伝授《きんでんじゅ》の創始である。宗祇は、このときの講釈などを『古今和歌集両度聞書』に記す。ただし古今伝授は常縁が創始したものではなく、実態は尭孝の師頓阿《とんあ》以来の二条家伝承のものであるらしい。宗祇の後、古今伝授は*三条西実隆《さんじょうにしさねたか》・肖柏らに伝えられ、さらに実隆から細川藤孝《ほそかわふじたか》(幽斎《ゆうさい》)・智仁《としひと》親王・後水尾《ごみずのお》天皇へと伝えられた(御所伝授)。また松永貞徳《まつながていとく》・北村季吟《きたむらきぎん》らにも伝えられ近世歌学を担った。常縁には歌論書『東野州聞書《とうやしゅうききがき》』

があり、当時の歌学を伝える重用史料となっている。

[文献]　井上宗雄・島津忠雄編『東常縁』(和泉書院、一九九四)。

(土屋伸也)

宗良親王《むねよししんのう》(一三一一—八一〜一三八九？)　南北朝時代の武将・歌人。＊後醍醐《ごだいご》天皇の皇子。母は歌道家二条家(御子左《みこひだり》家《け》)嫡流の為世《ためよ》の女為子。尊澄《そんちょう》法親王と称して天台座主となるも、＊元弘の変で父後醍醐天皇とともに笠置《かさぎ》山で捕らえられ讃《さぬ》岐《き》に配流される。建武の新政がはじまると天台座主に戻るが、南北朝の争乱初期に還俗《げんぞく》して宗良と改名。以後、東国における＊南朝軍の総帥としての生涯を送る。暦応元・延元三年(一三三八)南朝勢力拡大を策して＊新田義興《にったよしおき》らとともに東国に発向、台風に遭遇するも遠江《とおとうみ》に入国して土豪井伊氏に擁立される。井伊氏の諸城落城後、信濃《しなの》を拠点に再起を期す。＊足利直義《ただよし》が毒殺された文和元・正平七年(一三五二)には征東将軍の宣旨を受けて新田義興らとともに関東へ進攻、一時的に鎌倉を制圧した。武蔵小手指原《むさしこてさしはら》出陣の時に配下の兵に示した「君がため世のため何か惜しからんすててかひある命なりせは」の和歌は著名である。この後、信濃に戻り、大河原(下伊那《しもいな》郡大鹿《おおしか》村)にて北朝打倒に執念を燃やしつづける。この間、応安七・文中三年(一三七四)から三年余、康暦二・天授六年(一三八〇)から少なくとも一年余吉野に滞在。最初の滞在時には自身生涯の和歌を自撰した『李花《りか》集』、二度目の滞在時には南朝方の和歌集『＊新《しん》葉《よう》和歌集』を撰して＊長慶《ちょうけい》天皇より勅撰に准ぜられた。『李花集』は南朝の動向を伝える重要史料でもある。没年・没地については諸説ある。

[文献]　安井久善『宗良親王の研究』(笠間書院、一九九三)。

(土屋伸也)

覚如《かくにょ》(一二七〇—一三五一)　本願寺三世。父は＊親鸞《しんらん》の末娘覚信尼《かくしんに》の子覚恵《かくえ》。親鸞の孫如信《にょしん》(本願寺二世)より他力の教えを伝授されたといわれる。延慶三年(一三一〇)に親鸞墓所大谷御影堂の留守職となると堂の寺院化に着手、堂の寺号を＊本願寺とした。のち留守職を子の存覚《ぞんかく》に譲るもこれを剥奪して父子義絶。初期著作『報恩講私記』『親鸞聖人伝絵』以来みられる阿弥陀如来の化身親鸞を直接帰依の対象とすべきとする親鸞至上主義の立場が、存覚によって脅かされたためと考えられる。晩年には『口伝鈔《くでんしょう》』を著して親鸞—如信—覚如への口伝による「代々血脈相承の正義」を強調し、本願寺を真宗教団内の正統に位置づけた。一方『口伝鈔』『改邪鈔《かいじゃしょう》』では親鸞にはまったくみとめられない宿善《しゅくぜん》論が説かれている。没後まもなく作成された覚如の絵伝『慕帰絵詞《ぼきえことば》』が、西本願寺に所蔵されている。

[文献]　重松明久『覚如』(吉川弘文館、一九六三)。　(土屋伸也)

宗峰妙超《しゅうほうみょうちょう》(一二八二—一三三七)　鎌倉時代後期・南北朝時代初期の＊臨済宗の僧。大燈国師。播磨国紀氏出身、一一歳で書写山《しょしゃざん》にて天台宗を学ぶ。のち禅に心をよせ、嘉元二年(一三〇四)、南宋から帰国した南浦紹明《なんぽしょうみょう》(大応国師)に師事して大陸禅を学び法を嗣ぐ。紹明没後、鎌倉から京都に戻り、洛東の雲居《うんご》庵をへて洛北の紫野に住して法堂を建立、＊正中元年(一三二四)に竜宝山大徳寺と号されて開山となる。＊花園上皇・＊後醍醐《ごだいご》天皇の厚い帰依を受け、花園上皇より大徳寺を「朝廷第一の祈禱処」とする院宣を受け、＊花園《はなぞの》上皇・後醍醐天皇より大徳寺を妙超門下の「一流相承、他門の住するを許さず」

との詔を受けた。以後長く、大徳寺には、妙超の峻烈な禅が伝えられることとなる。

[文献] 宗峰妙超原著・平野宗浄著『大澄国師語録訓注』(思文閣出版、一九八六)。 (土屋伸也)

関山慧玄《かんざんえげん》 (一二七七—一三六〇) 鎌倉時代後期・南北朝時代の*臨済宗の僧。*妙心寺開山、臨済宗妙心寺派派祖。信濃国高梨氏出身。*鎌倉建長寺で南浦紹明《なんぽしょうみょう》(大応国師)のもとで修行、のち京都*大徳寺《だいとくじ》の*宗峰妙超《しゅうほうみょうちょう》(大燈国師)に師事。美濃で隠棲生活に入るも、病に臥した宗峰の推挙をえて*花園《はなぞの》法皇に召されて京都に上り、花園離宮を禅苑に改めた妙心寺開山となる。その生涯は、雪江宗深《せっこうそうしん》撰の「妙心寺記」「開山行実記」を、明応五年(一四九六)に成稿した『正法山六祖伝』に記される。『*沙石集《しゃせきしゅう》』にも「本朝ならびなき仏哲」と記される。雪江の関山伝には*応仁・文明の乱後の妙心寺派の置かれた状況下での派祖の絶対化の跡がみられ、こうした歴史的状況をふまえたうえでの正しい関山像の読みとりが必要である。

[文献] 加藤正俊「関山慧玄伝の史料批判」(『禅文化研究紀要』四、一—三〇、一九七二)。 (土屋伸也)

一休宗純《いっきゅうそうじゅん》 (一三九四—一四八一) 室町時代の*臨済宗の僧。*諱《いみな》は宗純、道号を一休、別に狂雲子《きょううんし》とも。『菅原和長日記』に「後小松天皇の落胤《らくいん》」とみえるが、出生は謎。『東海一休和尚年譜』によれば、母は南朝の高官の子孫で、女官の讒言により*後小松天皇の側室を去り、庶民の家に戸籍を入れて一休を出産したという。六歳で安国寺に入るが、応永一六年(一四〇九)同寺を去って*関山慧玄《かんざんえげん》の法流を伝える謙翁宗為《けんのうそうい》に師事。同二二年(一四一五)より近江*堅田《かただ》で、南浦紹明《なんぽしょうみょう》・*宗峰妙超《しゅうほうみょうちょう》(大徳寺開山)の法流を嗣ぐ華叟宗曇《けそうそうどん》に参じて在野の立場に立つ林下の禅を学ぶ。堅田での華叟の厳しい教えや民衆との交流により一休の破天荒ともいえる個性が形成されたという。また『自戒集』から同門の養叟宗頤《ようそうそうけん》との確執を知ることができる。文安四年(一四四七)、*大徳寺の僧の多くが禁獄されたことに激怒し、譲羽山に入って断食による自殺未遂をはかる。康正二年(一四五六)、山城の薪村《たきぎむら》(京都府綴喜郡田辺町)に赴いて妙勝寺を復興し、かたわらに酬恩庵《しゅうおんあん》(通称一休寺)を建てて死にいたるまでのほとんどを過ごす。この地に、*わび茶の創始者*村田珠《じゅ》光《こう》、連歌師*宗長《そうちょう》、猿楽の*金春禅竹《こんぱるぜんちく》、水墨画絵師曾我蛇足《そがだそく》らが逗留、幽玄・枯淡を旨とする*東山文化の発信地となった。この間、文明六年(一四七四)には勅命によって*大徳寺住持となって戦乱で焼失した大徳寺の復興をはたす。詩集『*狂雲集《きょううんしゅう》』から、晩年に愛した盲目の美女森侍者《しんじしゃ》との赤裸々な愛欲生活を知ることができる。一休の体制逸脱の行動は、下剋上の時代に生きた民衆の共感を受けてさまざまな伝承を生み、江戸時代には『一休咄《ばなし》』としてまとめられ、「とんちにとんだ庶民の味方」として国民の間に定着、今日にいたっている。

[文献] 桜井好朗・福間光超編『一休・蓮如』(吉川弘文館、一九八三)。 (土屋伸也)

庭訓往来《ていきんおうらい》 南北朝・室町時代初頭に作られた往来物《おうらいもの》。二巻。著者未詳。古くから*玄慧《げんえ》の撰と伝えられてきたが、記事に没後の事象があることが指摘されている。内容より、中層武家の著と推測されている。現存最古の写本は、文明五年(一三七三)に没した*興福寺の経覚《きょうがく》大僧正筆の謙堂文庫本蔵本である。中世の写本は四〇種以上である。内容は、正月から一二月まで、各月の往復の手紙文二四通に八月のもう一通（八月一三日状あるいは一二日状）を加え、計二五通より構成されている。収載する手紙文は、手紙の書き方を教えるための模範文例集にとどまらず、月ごとに立てられた主題に関する主要な語彙《ごい》を列挙して、当時の社会生活に必要な知識の概要を示そうとしたものである。月ごとの主題を挙げると、新年の諸行事（正月）、和歌・連歌《れんが》など詩歌の会（二月）、領地の仕置《しおき》・勧農《かんのう》・舘《たち》の造作《ぞうさく》（三月）、領国の繁栄（四月）、大名・高家《こうけ》の饗応（五月）、盗賊討伐への出陣（六月）、遊技の競技会（七月）、司法制度・訴訟手続・将軍の若宮《わかみや》参詣の威容（八月）、寺院における大法会の式次第（九月）、寺家の諸役・僧位僧官・大斎の布施物（一〇月）、病気の種類とその治療法（一一月）、地方行政の制度と施行（一二月）となっている。収録語彙《ごい》を部門別にすると、衣食住三七〇語、職分職業二一七語、仏教一七九語、武具・教養・文学・その他で計九六四語となる。室町時代の政治経済・生活文化などを具体的に伝える史料として重要である。

［文献］石川松太郎校注『庭訓往来』（平凡社・東洋文庫、一九七三）。（松井吉昭）

正平版論語《しょうへいばんろんご》 南北朝時代の正平一九・貞治三年（一三六四）に出版された『論語集解《ろんごしゅうかい》』をいう。『論語集解』は、三国魏《ぎ》の何晏《かあん》が何人かの説を集めて編纂した『論語』の代表的注釈書。現存最古の刊本。和泉《いずみ》堺《さかい》の道祐《*どうゆう》が出版。二〇編一〇巻。正平版は『論語』の日本最初の印刷本として、また清原・中原両博士（明経《みょうぎょう》博士）家伝来の古写本をテキストとしていることによって有名である。初版本のほかに復刻した単跋本《たんばつ》・無跋本《むばつ》・双跋本《そうばつ》や、双跋本を明応八年（一四九九）に復刻した明応本《みょうおう》がある。天文二年（一五三三）にも別に『論語集解』が刊行された。

［文献］川瀬一馬『正平本論語攷』（講談社、一九四三）。（松井吉昭）

節用集《せつようしゅう》 室町時代の国語辞書。「せっちょうしゅう」ともいう。もと一巻、のち二巻または三巻の体裁《ていさい》をとる。編者未詳。文安元年（一四四四）以後、文明年間（一四六九―八七）頃までに成立し、江戸初期にかけて多くの写本が成立する。この頃のものを「古本節用集」と称し、江戸時代の版本と区別する。同時代の辞書『下学集《*かがくしゅう》』の改編的性格を有し、天地・人倫《じんりん》・草木《そうもく》などの門部別語彙分類を用いている。また平安末の『色葉《いろは》字類抄《じるいしょう》』以来の語頭のいろは音順語彙《ごい》配列に組み合わせた点が新しく、天地の冒頭語が「印度《いんど》」「伊勢《いせ》」「乾《いぬい》」によって三系列に分けられる。江戸時代以後、乾本系の「易林本《えきりんぼん》」の系統の本文が標準的内容となって出版された。江戸中期には、日常百科事典を兼ねるようになった。

［文献］横山俊夫「日用百科型節用集の使用態用の計量化分析法について」（『人文学報』六六、一九九〇）。（松井吉昭）

下学集《かがくしゅう》 室町時代の国語辞書。「げがくしゅう」ともいう。二巻。文安元年（一四四四）成立。著者は禅宗の僧か。建仁寺《けんにんじ》霊洞院東麓軒《りょうどういんとうろくけん》の僧の序がある。書名は『論語』憲門編「下学而上達」による。「下学」とは、手近なことを学ぶ意。日常語三千余を天地・時節・神祇《じんぎ》・人倫《じんりん》・官位・人名・家屋・気形・支体を上巻に、態芸・絹布・飲食・器材・草木・彩色・数量・言辞・畳字を下巻に、計一八門に意義分類し、各語の漢字に読み仮名をつけ、用法・語源に言及するものも多い。語の配列は音による分類ではなく、類似の意味の語、連想される語をまとめてある。古写本の種類も多く、江戸時代、度々刊行された。『*節用集《せつようしゅう》』成立に影響を与えた。

［文献］ 山田忠雄校訂『古辞書叢刊2元和三年板下学集』（新生社、一九六八）。 （松井吉昭）

建武年中行事《けんむねんじゅうぎょうじ》 南北朝時代の有職故実《ゆうそくこじつ》書。三巻。著者*後醍醐《ごだいご》天皇。建武元年（一三三四）成立。別称は多数にのぼり、「後醍醐院御抄」（*一条兼良《いちじょうかねよし》『江次第抄《ごうしだいしょう》』）・「年中行事仮名《かな》記」（近衛政家《このえまさいえ》『後法興院記《ごほうこういんき》』）・「後醍醐院和字《わじ》年中行事」（*三条西実隆《さんじょうにしさねたか》『実隆公記』）・「年中公事日記」（中御門宣胤《なかみかどのぶたね》『宣胤卿記』）・「仮名年中行事」（後水尾《ごみずのお》天皇『当時年中行事』）などがある。本文の序に「をりにふれ、時につけたる大やけごとども、行末のかゞみにまではなくとも、おのづからまたその世にはかなくこそ有けれ、などやうの物語のたよりには成なんかし」と謙遜した書き方をしているが、おそらく天皇は、権力の絶対性を可視的に誇示する手段としての朝儀再興という現実的目的をもって、先例を尊重し、新たに独特のものを完成させたといえる。建武新政の一環をなす。内容は、正月の四方拝《しほうはい》から一二月の追儺《ついな》・節折にいたる朝廷の年中行事を、仮名文で詳細に記述する。式次第のみで、行事の来歴には触れていない。とくに正月部分は、御仏事まで二五の行事をかなりの文学的表現を交えて記述している。このあたりに、年中行事として異例の仮名書き採用の特徴がある。後醍醐天皇死後、*後村上《ごむらかみ》天皇が*北畠親房《きたばたけちかふさ》をして書写せしめ、自ら校合《きょうごう》の筆を加えた。後世に与えた影響は大きく、一条兼良の『*公事根源《くじこんげん》』にも、本書によって書かれた部分が少なくない。

［文献］ 和田英松・所功校訂『新訂建武年中行事註解』（講談社学術文庫、一九八九）。 （松井吉昭）

職原抄《しょくげんしょう》 南北朝時代の官職《かんしょく》研究書で、日本歴代の官制の沿革、変遷、職務内容などを記し、さらに注釈を加えた書。「職原鈔」とも記す。二巻。著者*北畠親房《きたばたけちかふさ》。暦応三・興国元年（一三四〇）成立。親房が常陸《ひたち》国*小田《おだ》城の籠城中、*後醍醐《ごだいご》天皇の死、幼帝*後村上《ごむらかみ》天皇即位という政治的局面の転換に際し、『*神皇正統記《じんのうしょうとうき》』とともに著したというのが通説である。両書は密接な関係にある。現在では、建武政権崩壊の後、東国に*南朝の基盤を築くため転戦していた親房が、*結城親朝《ゆうきちかとも》ら東国武士の任官要求に対処するという切迫した必要があって執筆したといわれている。内容は、神祇《じんぎ》官・太政《だじょう》官・令外官《りょうげのかん》の各官衙ごとに所属員を列挙し、そのおのおのに相当する位階・唐名を注す。本文では、官の起源・職掌・定員を記し、とくに当官任官の慣例、任用さるべき家格・譜代《ふだい》などを強調する。本書は単なる官職の注釈書にとどまらず、親房の政治理念を託して表明した書といえる。多くの中国・日本の古典を参照しつつ、なかでも中国の『周礼』に多くを拠っている。それは親房が、天皇を頂点とする官僚機構を基盤とした中央集権国家の樹立を理想とし、こうした体制下に社会秩序の維持を図る必要性を示唆している。本書は、官職研究の基本文献として後世広く流布し、とくに官職昇進の希望が各階層に広がった室町時代には多くの写本を生んだ。

［文献］ 加地宏江『中世歴史叙述の展開―『職原鈔』と後期軍記―』（吉川弘文館、一九九九）。 （松井吉昭）

公事根源《くじこんげん》 室町時代の朝廷の年中行事儀式などを解説した有職故実《ゆうそくこじつ》書。全一巻。著者*一条兼良《いちじょうかねよし》（否定する説もある）。応永二九年（一四二二）、または翌年の成立。兼良が将軍*足利義量《よしかず》の求めに応じて書いたとも、兼良の子供のために書いたともいわれている。『年山紀聞』では、*二条良基《にじょうよしもと》の『年中行事歌合《うたあわせ》』の判詞《はんし》の奥書を抄出し、改題して将軍家に献上したものとの説もある。宮廷の正月の四方拝《しほうはい》から一二月の追儺《ついな》にいたるそれぞれの年中行事を、月日の順に百余の項目を挙げて記し、行事の起源、沿革、本質、公家行事としての価値などについて解説した書である。たとえば、四方拝については、天皇が属星を唱え天地四方を拝する作法と、その始まりを『宇多天皇御記《うだてんのうぎょき》』により仁和五年（八八九）であると説く。また、正月の「供若水」については、「江師匡房卿の次第には若水《わかみず》をのむ時、呪を唱ふる事ありと見えたり」とあるなど、大江匡房《おおえのまさふさ》の『江家次第《ごうけしだい》』を基礎に述べている。直接には、*後醍醐天皇の『*建武年中行《けんむねんじゅうぎょう》事《じ》』を基礎としており、文章まで同一の所がある。後世、盛んに利用され、注釈書も多くつくられた。江戸時代、元禄年間（一六八八—一七〇四）の松下見林《まつしたけんりん》『公事根源集釈《くじこんげんしゅうしゃく》』、明和元年（一七六四）の速水房常《はやみふさつね》『公事根源愚考』などがあり、明治時代以後には、関根正直《せきねまさなお》の『公事根源新釈』があり、その解説・研究は詳細になった。

［文献］関根正直『公事根源新釈』（六合館書店、一九〇三）。　（松井吉昭）

花鳥余情《かちょうよじょう》　室町時代の『源氏物語』注釈書。「かちょうよせい」ともいう。著者は*一条兼良《いちじょうかねよし》。書名は奥書に「被促花鳥之使、写余情於毫端也」とあり、序に「つひに愚眼の及ふ所を筆舌にのへて花鳥余情と名つくるしかなり」とあって、著者一条兼良自身の命名である。文明四年（一四七二）、兼良七一歳の年に成る。しかし、『花鳥余情』は、このときにすべて完成したのではなく、その後少なくとも二度の改訂がなされている。四辻善成《よつじよしなり》の『*河海抄《かかいしょう》』の後をうけて、その遺漏《いろう》を補い、誤りを正すことを目的とした書で、『河海抄』の注釈方法に対して、むしろ『源氏物語』の文意・文脈を把握することに主眼が置かれている。内容は、*有職故実《ゆうそくこじつ》に詳しく、巻頭、序の次に、日本紀の御局の話、作者に関する説、著作の動機、紫式部という名前についての説、この物語に対する批評など『源氏物語』についての概説をする。注釈は、『源氏物語』本文に巻名・年立などについて略記し、従来の煩瑣《はんさ》な考証はひかえ、物語本文に即した文意・歌意の説明、文脈の解明に重きを置き、文章の理解に力が注がれていたので、そこに注釈としての進歩がみられる。底本は河内本を用いている。著者兼良には、本書の秘伝書としてまとめた、一五ケ条からなる秘説集の『源語秘訣《ひけつ》』があり、ほかにも『源氏和秘抄《わひしょう》』『源氏物語年立《としだて》』『源氏物語之内不審条々』『花鳥口伝《くでん》抄』など、多数の『源氏物語』の注釈書を著している。

［文献］『源氏物語古註釈叢刊2』（武蔵野書院、一九七八）、阿部秋生「伝一条兼良筆『花鳥余情』について」（『ビブリア』一一、一九五八）。　（松井吉昭）

河海抄《かかいしょう》　南北朝時代の『源氏物語』注釈書。著者は四辻善《よつじよし》成《なり》。二〇巻。『源氏物語』中の人物、惟光《これみつ》・良清《よしきよ》両人の一字をとって、一種のペンネーム、正六位上物語博士源惟良撰としている。室町幕府二代将軍*足利義詮《よしあきら》の命により、貞治元年（一三六二）頃に成り、のちに増補された。書名は『和漢朗詠集《わかんろうえいしゅう》』に「河海は細流を厭《いと》はず、かるがゆえによくその深きことを成す」（原漢文）とあるによってか。幾多の細流を集めて大成を期する意を示したもの。平安末期以来の『源氏物語』の諸注釈を集成し、公正な立場に立って、著者の見解をも加え、豊富な引用書（『日本書紀』『万葉集』『古今和歌集』『伊勢物語』『平中物語』『白《はく》氏文集《しもんじゅう》』など）を駆使した博引旁証的方法によった本書は、『源氏物語』諸研究初期の集大成的注釈書といえ、以後の注釈の規範となった。本居宣長も『源氏物語』注釈書中の第一に挙げている。内容は、語句の解釈、出典調査、および*有職故実《ゆうそくこじつ》、準拠の指摘を主とし、巻頭「料簡」の項において、『源氏物語』のおこりと作者である紫式部の伝記、物語の時代、諸本などの概説を述べている。和漢にわたる数多くの文献を駆使した故実・準拠の探求は、今日なお『源氏物語』の読解に資するところが大きい。著書四辻善成は、和学者で*順徳《じゅんとく》天皇の皇子善統《よしむね》親王の孫。後年『河海抄』に載せなかった秘説を『珊瑚秘抄《さんごひしょう》』で著している。

［文献］　玉上琢弥編『紫明抄・河海抄』（角川書店、一九六八）。

（松井吉昭）

吉田日次記《よしだひなみき》　室町時代中後期の京都吉田神社神官吉田（卜部《うらべ》）兼熙《かねひろ》（一三四八―一四〇二）の『兼熙卿記《きょうき》』、兼敦《かねあつ》（一三六八―一四〇八）の『兼敦朝臣記《あそんき》』、兼致《かねむね》（一四五八―九九）の『兼致朝臣記』、兼右《かねすけ》（一五一六―七三）の『兼右卿記』の四日記の総称。また兼致・兼右を除いた兼熙・兼敦父子の日記を指していう場合もある。各日記の筆録期間は、『兼熙卿記』貞治五年（一三六六）―応安四年（一三七一）、『兼敦朝臣記』永徳二年（一三八二）―応永一〇年（一四〇三）、『兼致朝臣記』文明五年（一四七三）―文明一八年（一四八六）、『兼右卿記』天文二年（一五三三）―元亀三年（一五七二）。内容的には、神事を中心にさまざまな記事を含む。兼致は吉田家中興の祖で、公武の信任篤く宿禰《すくね》から朝臣に改姓して家格を高め、初めて三位となり公卿に列し、神道の元老といわれた。兼致は*兼倶《かねとも》の子で、吉田神道の将来を託されたが、四二歳で亡くなる。兼右は兼倶の実子清原宣賢《きよはらののぶかた》の子で、兼倶の孫にあたり、吉田神道の大成、教線の拡大に尽力した。兼熙・兼敦父子の日記は、*足利義満《よしみつ》全盛期にあたり、公武関係や宮中儀礼が詳しい。兼致は兼倶によって確立された吉田神道の大成期にあたり、大元宮《だいげんぐう》再興などの具体的史料を残している。兼右は吉田神道の発展段階にあたり、神道発展と当時の世相を知ることができる。

［文献］　岡田荘司『平安時代の国家と祭祀』（続群書類従完成会、一九九四）。

（松井吉昭）

満済准后日記《まんさいじゅごうにっき》　醍醐寺座主《ざす》三宝院門跡《もんぜき》満済の日記。応永一八年（一四一一）正月および同二〇年から二九年（一四二二）まで、応永三〇年から永享七年（一四三五）にいたる。『法身《ほっしん》院准后日記』とも称される。満済は室町時代初期の真言宗の僧で、永和四年（一三七八）権大納言今小路師冬《いまのこうじもろふゆ》の子として誕生、母が三代将軍*足利義満《よしみつ》室業子に伺候した縁で義満の*猶子《ゆうし》となり、応永二年（一三九五）三門院門主、ついで第七四代醍醐寺座主に任じられ、正長元年（一四二八）准三后の宣旨《せんじ》を受けた。永享六年（一四三四）座主職を門弟の義賢に譲り、法身院に隠退したので「法身院准后」とも称される。翌七年五八歳で没した。満済は足利義満・*義持《よしもち》・*義教《よしのり》の三代にわたって厚い信頼を受け、義持の頃には護持僧として将軍身辺の禳災《じょうさい》・祈禱《きとう》にあたるとともに、政治・外交の諸問題について将軍の諮問を受け

主要中世日記一覧表

日記名	記主	収録期間
玉葉	九条兼実	長寛二(一一六四)—建仁三(一二〇三)
愚昧記	三条実房	仁安元(一一六六)—建久六(一一九五)
吉記	吉田経房	仁安元(一一六六)—建久三(一一九二)
兼光卿記	藤原兼光	承安元(一一七一)—建久二(一一九一)
定長卿記	藤原定長	安元二(一一七六)—建久二(一一九一)
仲資王記	仲資王	安元三(一一七七)—建保元(一二一三)
明月記	藤原定家	治承四(一一八〇)—嘉禎元(一二三五)
親経卿記	藤原親経	治承四(一一八〇)—建仁元(一二〇一)
中臣祐重記	中臣祐重	養和二(一一八二)—文治二(一一八六)
親宗卿記	平親宗	文治四(一一八八)—建久元(一一九〇)
後京極摂政記	九条良経	建久元(一一九〇)—元久元(一二〇四)
資実卿記	藤原資実	建久元(一一九〇)—建暦二(一二一二)
三長記	三条長兼	建久二(一一九一)—建暦元(一二一一)
鶴岡社務記録	頼仲ほか	建久二(一一九一)—文和四(一三五五)
中臣祐明記	中臣祐明	建久四(一一九三)—承元四(一二一〇)
平戸記	平経高	建久七(一一九六)—寛元四(一二四六)
猪隈関白記	近衛家実	建久八(一一九七)—嘉禎元(一二三五)
雅経卿記	藤原雅経	建久八(一一九七)—建保二(一二一四)
光親卿記	藤原光親	建久九(一一九八)—承元三(一二〇九)
資経卿記	吉田資経	建久九(一一九八)—貞応元(一二二二)
業資王記	白川業資王	正治元(一一九九)—建保六(一二一八)
顕俊卿記	藤原顕俊	建仁元(一二〇一)—建暦元(一二一一)
良業記	清原良業	元久元(一二〇四)—元久二(一二〇五)
為長卿記	菅原為長	建永元(一二〇六)—仁治元(一二四〇)
頼平卿記	鷹司頼平	承元元(一二〇七)—承元四(一二一〇)
実宣卿記	藤原実宣	承元二(一二〇八)—承元四(一二一〇)
頼資卿記	藤原頼資	承元二(一二〇八)—嘉禎元(一二三五)
公継公記	藤原公継	承元三(一二〇九)—安貞元(一二二七)
玉蘂	九条道家	承元三(一二〇九)—仁治三(一二四二)
大乗院具注暦日記	信円・尊信・慈信・尋覚	承元四(一二一〇)—文保元(一三一七)
盛良記		承元四(一二一〇)
仁和寺日次記		承元四(一二一〇)—貞応元(一二二二)
西郊記	三条公氏	承元四(一二一〇)—寛喜三(一二三一)
順徳天皇日記	順徳天皇	承元五(一二一一)—承久三(一二二一)
後鳥羽天皇日記	後鳥羽天皇	建暦二(一二一二)—建保三(一二一五)
定高卿記	藤原定高	建保二(一二一四)—建保六(一二一八)
常盤井相国記	西園寺実氏	承久元(一二一九)—宝治元(一二四七)
実基公記	徳大寺実基	承久三(一二二一)—安貞二(一二二八)
承久三年具注暦		承久三(一二二一)
家光卿記	藤原家光	承久三(一二二一)—貞応元(一二二二)
岡屋関白記	近衛兼経	貞応元(一二二二)—建長三(一二五一)
金剛定院御室日次記	道深法親王	元仁元(一二二四)—寛喜二(一二三〇)

日記名	記主	収録期間
範輔卿記	平範輔	元仁元(一二二四)―天福元(一二三三)
小槻季継記	小槻季継	嘉禄元(一二二五)―仁治二(一二四一)
民経記	藤原経光	嘉禄二(一二二六)―文永九(一二七二)
都黄記	源有資	寛喜元(一二二九)
中臣祐定記	中臣祐定	安貞三(一二二九)―寛元四(一二四六)
洞院摂政記	九条教実	寛喜二(一二三〇)―天福元(一二三三)
後中記	葉室資頼	寛喜二(一二三〇)―仁治三(一二四二)
葉黄記	葉室定嗣	寛喜二(一二三〇)―建長元(一二四九)
経俊卿記	吉田経俊	嘉禎三(一二三七)―建治二(一二七六)
太神官司神事供養記	大中臣長則	延応二(一二四〇)―寛元四(一二四六)
妙槐記	花山院師継	寛元元(一二四三)―文永十一(一二七四)
深心院関白記	近衛基平	建長七(一二五五)―文永五(一二六八)
中臣祐賢記	中臣祐賢	文永元(一二六四)―弘安三(一二八〇)
吉続記	吉田続長	文永四(一二六七)―乾元元(一三〇二)

日記名	記主	収録期間
勘仲記	藤原兼仲	文永十一(一二七四)―正安二(一三〇〇)
祇園執行日記	顕詮・晴顕・感晴ら	建治四(一二七八)―天文四(一五三五)
実躬卿記	三条実躬	弘安六(一二八三)―文保二(一三一八)
中臣祐春記	中臣祐春	弘安六(一二八三)―正和二(一三一三)
公衡公記	西園寺公衡	弘安六(一二八三)―正和四(一三一五)
伏見天皇日記	伏見天皇	弘安一〇(一二八七)―延慶四(一三一一)
親玄僧正日記	親玄	正応五(一二九二)―永仁二(一二九四)
冬平公記	鷹司冬平	乾元二(一三〇二)―元亨四(一三二四)
後宇多天皇日記	後宇多天皇	徳治元(一三〇六)―文保三(一三一九)
後伏見天皇日記	後伏見天皇	徳治二(一三〇七)―嘉暦三(一三二八)
園太暦	洞院公賢	延慶二(一三〇九)―延文五(一三六〇)
花園天皇日記	花園天皇	延慶三(一三一〇)―正慶元(一三三二)
空華日用工天略集	義堂周信	正中二(一三二五)―嘉慶二(一三八八)
東寺執行日記	忠救・定伊・栄増ら	元徳二(一三三〇)―文禄二(一五九三)

日記名	記主	収録期間
玉英	一条経道	元徳二(一三三〇)―貞治四(一三六五)
匡遠記	小槻匡遠	建武二(一三三五)―観応三(一三五二)
師守記	中原師守	暦応二(一三三九)―応安七(一三七四)
後深心院関白記(愚管記)	近衛道嗣	延文元(一三五六)―永徳三(一三八三)
後愚昧記	三条公忠	慶安元(一三六一)―永徳三(一三八三)
洞院公定日記	洞院公定	応安七(一三七四)―永和三(一三七七)
吉田家日次記	吉田兼凞・兼敦・兼致・兼石	貞治五(一三六六)―元亀三(一五七二)
兼宣公記	広橋兼宣	嘉慶元(一三八七)―正長元(一四二八)
薩戒記	中山(藤原)定親	応永二五(一四一八)―嘉吉三(一四四三)
康富記	中原康富	応永二四(一四一七)―康正元(一四五五)
教言卿記	山科教言	応永一二(一四〇五)―応永一七(一四一〇)
満済准后日記	満済	応永一八(一四一一)―永享七(一四三五)
山科家礼記	大沢久守ほか	応永一九(一四一二)―明応元(一四九二)

日記名	記主	収録期間
建内記	万里小路時房	応永二一(一四一四)—康生元(一四五五)
経覚至要抄	経覚	応永二二(一四一五)—文明四(一四七二)
看聞日記	貞成親王	応永一三(一四〇六)—文安五(一四四八)
師郷記	中原師郷	応永二七(一四二〇)—長禄二(一四五八)
蔭凉軒日録	季《き》瓊《けい》真《しん》蘂《ずい》・亀泉集証	永享七(一四三五)—明応二(一四九三)
斎藤基恒日記	斎藤基恒	永享一二(一四四〇)—康正二(一四五六)
晴富宿禰記	壬生晴富	文安三(一四四六)—明応六(一四九七)
臥雲日件録抜尤	瑞渓周鳳	文安三(一四四六)—文明五(一四七三)
北野社家日記	松梅院主	宝徳元(一四四九)
大乗院寺社雑事記	尋尊	宝徳二(一四五〇)—永正五(一五〇八)
碧山日録	太極	長禄三(一四五九)—応仁二(一四六八)
蜷川親元日記	蜷川親元	寛正六(一四六五)—文明一七(一四八五)
斎藤親基日記	斎藤親基	寛正六(一四六五)—応仁元(一四六七)
後法興院政家記	近衛政家	文正元(一四六六)—応仁二(一四六八)
親長卿記	甘露寺親長	文明二(一四七〇)—明応七(一四九八)
十輪院内府記	中院通秀	文明九(一四七七)—長享二(一四八八)
実隆公記	三条西実隆	文明六(一四七四)—天文五(一五三六)
言国卿記	山科言国	文明六(一四七四)—文亀二(一五〇二)
御湯殿上日記	宮中女官	文明九(一四七七)—貞享四(一六八七)
多聞院日記	長実房英俊ほか	文明一〇(一四七八)—天和四(一六一八)
宣胤卿記	中御門宣胤	文明一二(一四八〇)—大永二(一五二二)
蔗軒日録	季弘大叔	文明一六(一四八四)—文明一八(一四八六)
拾芥記	五条為《ため》学《たが》	文明一六(一四八四)—大永元(一五二一)
鹿苑目録	景徐周麟ほか	長享元(一四八七)—慶安四(一六五一)
元長卿記	甘露寺元長	延徳二(一四九〇)—大永五(一五二五)
厳助往年記	厳助	明応三(一四九四)—永禄六(一五六三)
政基公旅引付	九条政基	文亀元(一五〇一)—永正元(一五〇四)
二水記	鷲尾隆康	永正元(一五〇四)—天文二(一五三三)
後法成寺関白記	近衛尚道	永正三(一五〇六)—天文五(一五三六)
言継卿記	山科言継	大永七(一五二七)—天正四(一五七六)
快元僧都記	快元	享禄五(一五三二)—天文一一(一五四二)
天文日記	証如	天文五(一五三六)—天文二三(一五五四)
天王寺屋会記	津田宗達・宗及・宗凡	天文一七(一五四八)—元和二(一六一六)
兼見卿記	吉田兼見	元亀元(一五七〇)—慶長一五(一六一〇)

るなど、幕政の枢機に参画している。ことに正長元年義持が後継者を定めずに没すると、青蓮院義円《ぎえん》を還俗《げんぞく》させて将軍義教を誕生させた関係もあって、義教の信頼は絶大で「黒衣の宰相」といわれ、幕政に大きな役割を果たした。『*看聞日記』によれば、満済は「天下の義者」と評され、政治に関しても私利私欲を追わず、冷静で公正な人物であったといわれている。記主満済は幕政の中枢に位置していただけあって、本記は将軍や*管領《かんれい》の交替、鎌倉府との交渉など政治情勢はもとより、法会・猿楽《さるがく》など宗教・文化に関する記事も多く見られ、記述に客観性が認められることから、この時代の最重要史料である。自筆原本は応永一八・二〇〜二九年までの一一巻（巻子本）が国立国会図書館に、応永三〇年から永享七年まで三八冊（冊子本）が醍醐寺三宝院に所蔵。写本は多くない。『京都帝国大学文科大学叢書』『続群書類従』補遺一に収める。なお三宝院所蔵の原本には満済の時代の紙背文書があり、『醍醐寺文書』別集として刊行されている。

［文献］『別冊歴史読本日本歴史「古記録」総覧』（新人物往来社、一九八九）。 （堀内寛康）

経覚私要鈔《きょうかくしようしょう》 *興福寺大乗院一八世門跡《もんぜき》経覚《きょうかく》の日記。応永二二年（一四一五）から文明四年（一四七二）にいたる。日次《ひなみ》記《き》と別記に分かれるが、日次記は欠失部分もある。「けいがくしょうよう」ともいい、「安位寺殿御自記《あんいじどのごじき》」とも称される。記主経覚は応永二年（一三九五）関白九条経教《くじょうつねのり》の子として生まれ、同三三年（一四二六）興福寺別当になったのち、四度にわたり別当に補任された。この間永享十年（一四三八）室町将軍*足利義教《よしのり》・*管領畠山持国《はたけやまもちくに》、*三宝院満済《まんさい》などの庇護を得、興福寺の実力者として、大和国での政治情勢に多大な影響を及ぼした。文安元年（一四四四）国人《こくじん》筒井氏らと対立して安位寺に逃れ、ついで古市迎福寺に移り、文明五年（一四七三）七九歳で入寂した。本記は興福寺内の寺務全般、寺領荘園の支配の実態、*筒井氏をはじめとする大和国人や地侍の動向などを詳しく記すほか、*寛正の大飢饉の様子、大和での祭礼・芸能の記述も見られ興味深い。また京都の政治情勢を記すなど多岐にわたる記載があり、*応仁・文明の乱勃発にいたる激動期の政治・経済・社会情勢を知る上で重要な史料である。日次記六六冊、別記一六冊の計八二冊の原本が、内閣文庫に所蔵されているが、第五二冊は*大乗院尋尊《じんそん》の日記が混入している。写本は東大史料編纂所、宮内庁書陵部、東北大学などに所蔵。『史料纂集』に収める。

［文献］『別冊歴史読本日本歴史「古記録」総覧』（新人物往来社、一九八九）。 （堀内寛康）

臥雲日件録抜尤《がうんにっけんろくばつゆう》 原本『臥雲日件録』は、*臨済宗*相国寺の禅僧瑞渓周鳳《ずいけいしゅうほう》の日記。臥雲は周鳳の別号で、日件録とは永明《ようめい》延寿伝に「其ノ行イヲ録スル事、日ニ百八件」とある故事に基づく周鳳自身の命名。原日記は文安三年（一四四六）三月から文明五年（一四七三）五月にいたるまで、七四冊あったとされるが、その後散佚した。原日記から相国寺光源院の惟高妙安《いこうみょうあん》が、永禄五年（一五六二）に抄録して、それを『臥雲日件録抜尤』と名づけたのが本書で、その範囲は断絶的ではあるが、文安三年四月三日条から文明五年二月四日条までの記録が一冊のみで伝わった。原日記は数少ない逸文（『*鹿苑日録《ろくおんにちろく》』）から推察すると、周鳳の日常生活や行動の詳細な記録であったようであるが、本記は妙安の関心により、主として名僧の経歴や文筆僧の逸話、禅林の文芸活動などに関する記事を抄録している。しかし抄録の仕方は比較的忠実であり、鹿苑僧録《そうろく》を再三勤めた周鳳の経歴からして、公家や幕府の要人との交渉が多く、当時の政治史・禅林史の基本史料の一つといえる。また原日記表紙裏に、周鳳が諸典籍より注目すべき語句を録した注記を本記にも写しており、五山学芸史上としての価値が高い。『抜尤』原本は、現在国立歴史民俗博物館に所蔵。『大日本古記録』『続史籍集覧』などに収める。→僧録司

［文献］『別冊歴史読本日本歴史「古記録」総覧』（新人物往来社、一九八九）。　（堀内寛康）

実隆公記《さねたかこうき》　*三条西実隆《さんじょうにしさねたか》（内大臣）の日記。文明六年（一四七四）正月から天文五年（一五三六）二月にいたる。ただし、途中一部欠落部分がある。記主実隆は*後土御門《ごつちみかど》・後柏原《ごかしわばら》両天皇や、室町将軍の信任も厚く、地方の諸大名との交流もあり、公武双方から人望を集めた公卿であるだけに、本記は当時の朝廷の儀式や公家社会の動き、幕府を中心とする政治的動向を知りうる好史料である。また*応仁・文明の乱の戦火で荒廃した京都の様子や、不安な世相などを記すほか、この時期は武士の侵略により荘園制の崩壊が急速に進んだ時期であり、それに伴う皇室や三条西家の経済的窮迫の実情などもうかがうことができる。才能に恵まれ、学問を深める実隆は、当時歌壇の中心的存在であった*飛鳥井雅親《あすかいまさちか》から和歌を、*宗祇《そうぎ》から*古今伝授《こきんでんじゅ》を受け、古典学、漢詩文、和歌、連歌、書道、*有職故実《ゆうそくこじつ》など、学芸全般に精通した当代随一の文化人であるだけに、文化史・芸術史に関する記述も豊富であり、本記は室町時代後期の政治・経済・社会・文化など、各方面にわたる動きを知る上で、質・量ともに最も貴重な史料である。また自筆原本の料紙として、受け取った書状等の裏面を使用しているので、紙背文書《しはいもんじょ》も日記本文と同じく、政治や社会を知る史料としての価値が高い。自筆本は三条西家に伝存していたが、現在は巻子一〇六巻、折本一帖、冊子四四冊が東大史料編纂所に所蔵。『史料纂集』に収める。

［文献］　芳賀幸四郎『人物叢書 三条西実隆』（吉川弘文館、一九六〇）、『別冊歴史読本日本歴史「古記録」総覧』（新人物往来社、一九八九）。　（堀内寛康）

言国卿記《ときくにきょうき》　山科言国《やましなときくに》（権中納言）の日記。文明六年（一四七四）正月から文亀二年（一五〇二）一二月にいたる。ただし、その間一〇余年の欠年がある。山科家は、南北朝期から禁裏供《きんりく》御《ご》をつかさどる内蔵頭《くらのかみ》を世襲していたことから、本記は御料所の年貢徴収など、皇室経済や衣服・食物調進に関する記事が多くみられる。また室町期からは朝廷の楽所別当として、管弦を家職としたので、楽および楽人に関する記述が詳細である。さらに*有職故実《ゆうそくこじつ》を家業とした関係もあって、朝廷公事についても詳しい。本記は*応仁・文明の乱中乱後の衰退していく宮廷や、宮家社会の動静のみならず、中級貴族としての山科家の経済事情、中世以来家名の地となった山科郷などの所領支配、山科七郷を中心とする惣村や供御人の実態など、興味深い記事も多く見られる。室町幕府に関する記述も多く、幕府内の権力争い、細川・畠山氏らの動向については深くみつめて描写しているほか、応仁の乱後の土一揆のありさまについても克明に記述するなど、本記は室町時代後期における政治・経済・社会状況を知る上で重要な史料の一つである。現存年次は文明六年（一四七

四)、七・八・十・十三年、明応二年(一四九三)、三・四・七年、文亀元年(一五〇一)・二年の十一年間。自筆原本のうち一八冊は宮内庁書陵部に所蔵。文明八年一〇月～一二月記一冊は、京都大学に所蔵。『史料纂集』に収める。

[文献] 『別冊歴史読本日本歴史「古録」総覧』(新人物往来社、一九八九)。 (堀内寛康)

御湯殿《おゆどの》の上《うえ》の日記《にっき》 宮中御湯殿の上の間で、天皇近侍の女官が交代して記した当番日記。女房詞《ことば》で記録したが、なかには天皇執筆の部分もある。書名は天皇が起居する常御殿《つねのごてん》の中に、「御湯殿の上」と称される女官の部屋があり、そこに常備されていたのでこの名がある。室町時代初期から江戸時代末期まで書き継がれたが、現存の年次は文明九年(一四七七)から寛永二年(一六二五)までと、延宝三年(一六八三)から文政九年(一八二六)までのもので、そのうち天正二年(一五七四)・六・十二・十三年、文禄二年・三年、慶長二年(一五九七)・七・十・十一・十七年から元和七年(一六二一)、寛文元年(一六六一)の各年が欠失している。本記は天皇の日常の動静を中心に、皇族や女官の動静、恒例臨時の儀式、叙位任官、下賜進献《かししんけん》、皇室経済、将軍家や諸大名との交渉など記す範囲は広く、政治・経済・文化などを知る貴重な史料である。またもじ詞・女房詞などの宮廷語を研究するに欠かせない史料でもある。正本としては元亀三年(一五七二)一巻と断簡少々、貞享元年(一六八四)から文政九年(一八二六)の約四五〇冊。写本は文明九年(一四七七)から慶長一五年(一六一〇)までのものが、京都御所内の東山御文庫などに所蔵(うち文化・文政度一三冊は宮内庁書陵部に移る)。『続群書類従』補遺三に収める。

[文献] 御湯殿上日記研究会『御湯殿上日記の研究』(続群書類従完成会、一九七三)。 (堀内寛康)

多聞院日記《たもんいんにっき》 奈良*興福寺多聞院主の日記。長実房英俊《ちょうじつぼうえいしゅん》の日記を中心とし、一部英俊以外の日記も含まれている。文明一〇年(一四七八)から元和四年(一六一八)にいたる。「文明十年記」(巻一)、「文明十五・十六・十七年記」(巻二)は学賢房《がくけんぼう》宗芸《そうげい》の日記、「天正八・九・十年記」(巻四)は妙喜院宗英《みょうきいんそうえい》の『別会五師方記』であり、「永正二・三年記」(巻三)は延堯房賢清《えんぎょうぼうけんせい》の日記である。このほか「慶長四年記」(巻四十五)、「元和二・三・四年記」(巻四十六)記主未詳。以上の六巻分を除き、天文三年(一五三四)から慶長元年(一五九六)までの四〇巻が英俊の日記である。英俊は永正一五年(一五一八)大和の国人十市氏に生まれ、一一歳で寺に入り、天文二年(一五三三)英《えい》繁《はん》を師として出家。のち法印権大僧都に昇進し、慶長元年(一五九六)七九歳で入寂した。本記は興福寺内や大和の国人の動向にとどまらず、*織豊政権の支配が進む激動期の天下の情勢や、社会的事件などを記しており、中世から近世への社会変革期の研究をする上で欠かせない史料である。また英俊の日記は、その時代の僧侶の生活と内面をうかがうことができる貴重な史料である。原本は散失したが、写本四六巻が興福寺に伝存されている。『(増補)続史料大成』に収める。

[文献] 『別冊歴史読本日本歴史「古記録」総覧』(新人物往来社、一九八九)。 (堀内寛康)

宣胤卿記《のぶたねきょうき》 中御門《なかみかど》宣胤(権大納言)の日記。文明一二年(一四八〇)正月から大永二年(一五二二)正月にいたる。ただし、途中欠失部分が多い。『愚記《ぐき》』『虫記《ちゅうき》』ともいう。記主宣胤は荒廃した朝儀の復興に備えて、故実典礼を学び、朝儀があるたびにそのことを熱心に記述している。また記主は和歌を好み書道に長じていたことから、本記にはそうした内容も多く記されており、当該期の宮廷・公家社会の生活・文化を知る上で好史料である。なお中御門家は左右両京職を家職としていた関係から、洛中巷所支配の状況や禁裏《きんり》御所など、戦国期における公家の経済生活なども知ることができる。また*吉田兼倶《よしだかねとも》の唯一神道の講話の記事や、永正四年（一五〇七）六月の*細川政元《ほそかわまさもと》の暗殺をめぐる畿内政局の混乱状況などの記載も見られ、公武の動静を知りうる貴重な史料である。原本の大部分は、明応九年（一五〇〇）京都大火で焼失し、それ以後のものも含め原本は一冊もない。内容で現存するものは、文明一二年（一四八〇）から大永二年（一五二二）の日次記《ひなみき》と、八朔《はっさく》贈答・渡方《わたりかた》（摂関家渡領《わたりりょう》）・長講堂伝奏《ちょうこうどうてんそう》事などの別記が写本として伝えられているが、日次記は欠失が多い。写本は多種伝わり、内閣文庫などの各文庫や、宮内庁書陵部などに所蔵。『（増補）史料大成』に収める。

［文献］『別冊歴史読本日本歴史「古記録」総覧』（新人物往来社、一九八九）。　（堀内寛康）

蔗軒日録《しょけんにちろく》　*臨済宗の禅僧季弘大叔《きこうだいしゅく》の日記。文明一六年（一四八四）四月から同一八年（一四八六）一二月にいたる。ただし、文明一七年分はかなりの部分にわたり欠落が見られる。「しゃけんにちろく」とも。書名は大叔の別号蔗軒に由来する。記主大叔は東福寺の竹庵大縁《ちくあんだいえん》のもとで出家してその法を嗣ぎ、文明一二年（一四八〇）東福寺第百七十四世住持となった。その後文明一五年（一四八三）和泉*堺《さかい》の海会寺《かいえじ》に移り、長享元年（一四八七）この地に没した。本記は漢文片仮名まじりの日記で、海会寺時代の短期間のものであるが、五山文学に属する代表的な学僧の私生活を記すほか、連歌師*宗祇《そうぎ》はじめ文人との交流、河内の守護*畠山義就《はたけやまよしなり》との関わりなど、興味深い記事も多くみられる。また日明貿易によって栄える当時の堺の状況や遣明船の帰着の様子、堺商人との交渉なども知られ貴重である。さらに記主は病弱であったことから、医療に関する記事や、禅僧にもかかわらず、観音信仰や神社参詣などの記述もみられ、本記は当該時期における宗教と政治・経済・文学などとの関連を知る上で貴重な史料ということができる。なお大叔の詩文集『蔗庵遺稿《しゃあんいこう》』と併せみるべきである。原本は伝存しないが、近世初期における東福寺の剛外令柔《ごうがいれいじゅう》の写本が尊経閣文庫に所蔵されている。『大日本古記録』に収める。　（堀内寛康）

拾芥記《しゅうがいき》　菅原《すがわら》（五条《ごじょう》）為学《ためざね》（権大納言菅為学卿記）の日記。「為学卿記」「五条為学記」「為記《いき》」「五条権大納言記」などとも称される。文明一六年（一四八四）六月から大永元年（一五二一）一二月にいたるが、延徳元年（一四八九）までは文章道《もんじょうどう》を家職とするものとしての、為学の学歴を中心とした履歴、および改元の沙汰次第に関する職掌上の覚書などを主としたもので、為学が後に追懐して整理し追記したものといわれる。それ以後については、本来の日次記《ひなみき》の体裁をとり、朝廷や幕府の動向、京都の社会情勢などを記している。記事は簡略であるが、記主の職掌がら改元・叙位などに関する記事、*後土御門《ごつちみかど》天皇の崩御・葬礼、*後柏原《ごかしわばら》天皇の践祚《せんそ》・即位に関する記事などは比較的詳しい。また*応仁・文明の乱を経て、室町幕府体制が崩壊していく明応―永正年間（一四九二―一五二一）にかけての、幕府内部の権力抗争や、政治・社会情勢などが学者公家の立場から記述されており、本記は室町末期の政治・社会の動向を知る上で貴重な史料である。原本は伝わっていない。写本は多く、国立国会図書館、内閣文庫、宮内庁書陵部、静嘉堂文庫そのほかに所蔵。『改定史籍集覧』に収める(底本は国立国会図書館所蔵の写本)。

[文献]『別冊歴史読本日本歴史「古記録」総覧』(新人物往来社、一九八九)。 (堀内寛康)

鹿苑日録《ろくおんにちろく》 *相国寺鹿苑院主《いんしゅ》歴代の日記。長享元年(一四八七)から慶安四年(一六五一)にいたる。室町中期の『*蔭凉軒日録《いんりょうけんにちろく》』に続く鹿苑院*僧録司の日記で、一部には院主となる以前の景徐周麟《けいじょしゅうりん》の『等持寺日件録』や、僧録司が元和元年(一六一五)*南禅寺《なんぜんじ》金地院《こんちいん》に移され、金地僧録となったあとの記事も含む。記主は景徐周麟《けいじょしゅうりん》・梅叔法霖《ばいしゅくほうりん》・西笑承兌《さいしょうしょうたい》・有節瑞保《ゆうせつずいほ》・昕《きん》叔顕晫《しゅくけんたく》らで、文書案や詩集の断簡などを加え、あわせて七八冊からなる。本記は幕府の宗教政策や五山派官寺の住持の任免、寺院経営の実態などが詳しく記され、法事・学芸そのほかを含め、禅林に関する基本史料である。また幕府の*日明貿易に関することがらや、室町末期から江戸初期の京都の世情を知る上でも貴重な史料である。原本は一五七冊あったという。もと相国寺慈照院に所蔵されていたが、明治三八年(一九〇五)東京大学付属図書館に移管され、大正一二年(一九二三)の関東大震災で、梅叔法霖・有節瑞保などの日記の一部を除いて焼失した。写本は『蔭凉軒日録』とくらべ極端に少ない。東大史料編纂所に相国寺本の謄写三五冊、尊経閣文庫に西笑承兌の『日用集』影写本三冊、『天文五年日録』写本一冊などがある。刊本に辻善之助校訂『鹿苑日録』全七冊(続群書類従完成会)がある。

[文献] 今枝愛真『中世禅宗史の研究』(東京大学出版会、一九七〇)、『別冊歴史読本日本歴史「古記録」総覧』(新人物往来社、一九八九)。 (堀内寛康)

元長卿記《もとながきょうき》 甘露寺《かんろじ》元長(権大納言)の日記。明応一〇年(文亀元=一五〇一)正月から大永五年(一五二五)三月にいたる。ただし、永正一三(一五一六)・一五・一六年の分を欠く。本記は*応仁・文明の乱後の四半世紀にわたる公卿の日記である。記主元長は故実典礼に通じていたことから、宮中の儀式に関する記事は多くみられるが、政治の動静や社会・経済の動向についての記事は少なく、時に記述があっても簡潔であり、史料としての価値は高いとはいえない。しかし応仁の乱後の争乱によって、政治的、経済的に没落していく当時の公家社会の生活実態、また政治活動に関与できずに閑暇をもてあます中で、和歌や連歌、立花の会を催し、酒宴や将棋などに興味を求める公家社会全体の様子を知る上では、貴重な史料ということができる。文亀元年(一五〇一)・二年の一部が自筆原本として宮内庁書陵部に所蔵。写本は国会図書館、内閣文庫、宮内庁書陵部、東大史料編纂所などに所蔵。『史料纂集』に収める。

[文献]『別冊歴史読本日本歴史「古記録」総覧』(新人物往来社、一九八九)。 (堀内寛康)

二水記《にすいき》 鷲尾隆康《わしのおたかやす》(権中納言)の日記。永正元年(一五〇四)正月から天文二年(一五三三)二月にいたる。ただし、永正三年(一五〇六)より同一三年(一五一六)の分を欠く。書名の「二水」は日記を記した期間の年号である永正の「永」の字を、「二水」に分解して命名したもので、同様に「正」の字を二つに分けて、この日記を「一止記」ともいう。宮中の儀式や*後《ご》柏原《かしわばら》、*後奈良《ごなら》両天皇の時代の宮廷生活、朝儀の復興、*有職故実《ゆうそくこじつ》に関する記事が多く見られる。また荘園の解体と戦国期の争乱によって、没落していく公家社会の状況を描写するほか、幕府内の動向や武士との交渉なども記す。鷲尾家は楽を家業とすることから、年中行事の神楽《かぐら》や管弦御遊の記述も詳細にわたり、茶道・花道など芸能関係の記述も豊富なので、芸能史上においても貴重な史料ということができる。また記主の関心は社会情勢にも及び、京都町衆の動向、台頭する*一向一揆や*天文法華の乱の詳細な記述も見られ、本記は戦国時代の京都をめぐる諸状況を知る上で重要な史料である。自筆原本二〇冊は内閣文庫に所蔵。写本の中には現存する原本に欠けている部分を補うものがあり、京都大学付属図書館、東山御文庫、宮内庁書陵部などに所蔵。『大日本古記録』に収める。

〔文献〕『別冊歴史読本日本歴史「古記録」総覧』（新人物往来社、一九八九）。（堀内寛康）

後法成寺関白記《ごほうじょうじかんぱくき》　近衛尚通《このえひさみち》（関白太政大臣）の日記。永正三年（一五〇六）から天文五年（一五三六）にいたる。ただし、永正一一（一五一四）・一二・一五・大永元（一五二一）・二・四・五・七・天文三（一五三四）・四年の一〇年余を欠く。『後法成寺尚通公記』『尚通公記』ともいう。本記は尚通の父近衛政家《まさいえ》の死後、その日記『後法興院記《ごほうこういんき》』のあとを受けて、尚通三五歳のときから書き始めたとされている。『後法興院記』*より簡潔であるが、あらゆる面で朝廷が衰微した室町末期の*後柏原《ごかしわばら》・*後奈良《ごなら》両天皇時代の世相や、公家社会の生活を知る上で好史料といえる。歌人・連歌師など文化人との交流や、尚通が*宗祇《そうぎ》から*古今伝授《こきんでんじゅ》を受けたことなど、記主の文学的関心に基づく記事も多く見られる。また記主は能書家であった関係から、地方の大名などから古典籍の書写を求められていたことなども知られる。ほぼ同時代の公卿の日記に、*三条西実隆《さんじょうにしさねたか》の『実隆公記《さねたかこうき》』、鷲尾隆康《わしのおたかやす》の『*二水記《にすいき》』などがある。記主自身で日記を整理した浄書本《じょうしょぼん》二一冊が、近衛家の陽明文庫に所蔵されており、第二一冊は尚通出家以後のものである。『陽明叢書』の中に影印本が収められている。

〔文献〕『別冊歴史読本日本歴史「古記録」総覧』（新人物往来社、一九八九）。（堀内寛康）

蔭涼軒日録《いんりょうけんにちろく》　*相国寺鹿苑院内の蔭涼軒主歴代の准公用日記。「おんりょうけんにちろく」とも。季瓊真蘂《きけいしんずい》が執筆した永享七年（一四三五）から嘉吉元年（一四四四）、長禄二年（一四五八）から文正元年（一四六六）にいたるまでの記事と、亀泉集証《きせんしゅうしょう》が執筆した文明一六年（一四八四）から明応二年（一四九三）までの記事がある。また継之景俊《けいしけいしゅん》の日記が『*鹿苑日録《ろくおんにちろく》』の中に混入され、天文二二年（一五五三）から元亀三年（一五七二）までの記事が断片的に残っている。蔭涼軒は*足利義持《よしもち》が鹿苑院に設けた書院（居所）で、軒主は将軍であったが、留守職が置かれこれを管理した。留守職は鹿苑院僧録に属し、将軍と僧録の間にあって伝達披露を職務としたが、季瓊真蘂の頃には、僧事全般の披露奉行を行って、僧録を上回る勢力をもつようになり、蔭涼職と呼ばれる職名が生じた。そのため蔭涼職は五山禅林はもとより、幕府内部においても隠然たる勢力を有するようになった。本記の中心記事は、五山制度における僧職の任免や、寺院経済を支える寺領経営などであるが、将軍の動静のほか季瓊の出自が赤松氏一族であった関係もあって、当時の幕府政治の興味深い記事も多く見られる。また室町中期以降の京都五山の様子や、文化・芸術の様相、さらには*日明貿易の様子を知る上でも重要な史料である。原本は大正一二年（一九二三）の関東大震災で焼失したが、尊経閣文庫にその影写本が所蔵されている。『大日本仏教全書』『増補続史料大成』に収める。→僧録司

［文献］　蔭木英雄『蔭涼軒日録』（そしえて、一九八七）、『別冊歴史読本日本歴史「古記録」総覧』（新人物往来社、一九八九）。

（堀内寛康）

碧山日録《へきざんにちろく》* 臨済宗東福寺内の霊隠軒《りょういんけん》主大極《しゅたいきょく》の日記。書名の碧山の名は、記主大極が東福寺霊隠軒内の一隅を「碧山佳処」と名づけて起居していたことに由来する。長禄三年（一四五九）正月から応仁二年（一四六八）にいたる。ただし、寛正五年（一四六四）・文正元年（一四六六）・応仁元年（一四六七）の分と、この間の年も数ヶ月にわたって欠落する部分もある。本記は五山僧侶の生活や、高僧についての異説などのほかに、自分の詠詩覚書、当時の著名な詩文僧との交友などを記述し、禅宗史上の史料的価値も高く、本記中に録する詩偈《げ》は、家集がない大極には貴重。また幕府政治の乱れや当時の世相、とくに寛正二年（一四六一）の*寛正の大飢饉で、洛中餓死者が八万人に及んだことや、清水寺の勧進《かんじん》僧願阿《がんあ》の救済活動などを描写するほか、*応仁・文明の乱前夜の政治・社会の動向から乱の推移、京都の様子、足軽の活躍など、多岐にわたる記載が見られ、室町中期の政治や社会状況を知る上で重要な史料である。現本は現存せず写本のみ。尊経閣文庫に古写本が伝わり、それにより知られる。尊経閣文庫、内閣文庫、東大史料編纂所（新写本）に所蔵。『改定史籍集覧』『増補続史料大成』に収める。

［文献］『別冊歴史読本日本歴史「古記録」総覧』（新人物往来社、一九八九）。

（堀内寛康）

狂雲集《きょううんしゅう》* 臨済宗の禅僧*一休宗純《いっきゅうそうじゅん》の詩偈《げ》集。書名は一休の別号狂雲子に由来する。作品はほとんどが七言絶句の形で、詩集は一休の生前より編集された。一休にはほかに『狂雲詩集』『自戒集』などがある。一休は五山の禅と違って権威に近づかず、世俗的名利を望まず、清貧にして孤高、飄々として自由奔放な生涯を送った。一休の禅と言行は、常識人の正常と照らし合わせると、異常、奇矯、異端とみられ、世間は彼を風狂《ふうきょう》と評し、一休は自ら風狂の狂客と称して「狂雲」と号した。一休は才気に鋭く天性詩才に富み、広く古典文学を学んだことでさらに秀れたが、『狂雲集』は彼の生き方、言動を如実に物語っている。内容は宗教的基盤に立つ求道的精神に満ちた詩、五山禅林の偽善、腐敗、堕落を痛烈に批判した詩、意識的に行った飲酒《おんじゅ》・肉食《にくじき》・女色《にょしょく》などの破戒の詩、また七〇歳を過ぎた一休が、盲目の美人、森侍者《しんじしゃ》と出会い、彼女との濃密な愛情詩も散見する。全体的な特徴としては、詩の内容に相互に矛盾、対立するような面が目立つとされている。一休の生涯の言行を示す史料は少ないが、『狂雲集』は彼の詩的世界と禅思想、および人間像を知る上できわめて貴重な資料である。なお『狂雲集』には、収録詩数の異なる幾種かの古写本があるが、奥村重兵衛氏蔵の写本（奥村本）は最も多く詩数を収め、筆者が一休の直弟子の祖《そ》心紹越《しんじょうえつ》であることが知られ、またきわめて誤写が少なく、『狂雲集』古写本中、特に貴重な資料ということができる。

［文献］ 市川白弦校注『日本思想大系16狂雲集』（岩波書店、一九七二）、柳田聖山『一休「狂雲集」の世界』（人文書院、一九八〇）。

（堀内寛康）

(二) 和 歌 と 連 歌

古今伝授《こきんでんじゅ》 和歌の修業道程で、師や親が弟子や子へ知識・技能を伝える歌道伝授。初めは『古今《こきん》和歌集』の読み方・難解な語釈・証本を伝授することを指したようだが、室町時代には師匠が『古今和歌集』を講義し、弟子が聞書きしたものに、師が校訂を加え証明を与える形式となった。また故実や語釈などの重要な秘事・秘説は、講義からはずされ「切紙」に記し古注・証状・相承系図などをつけ弟子に口授した。保延四年（一一三八）、藤原基俊《もととし》が*俊成《としなり》に古今伝授を行って以降、*定家《さだいえ》・為家《ためいえ》と授けられ庭訓《ていきん》が完成。為家からは為氏・為世・頓阿《とんあ》・経賢・尭尋・尭孝・*東常縁《とうのつねより》と二条派の正説が伝えられた。伝統を忠実に継承する二条派と、心のままに詠じる京極派が対立するなど、各歌道家も確立し独自の家説と作法が相伝された。常縁は二条流と東家代々の庭訓伝授とを合わせ、文明三年（一四七一）*宗祇《そうぎ》に伝えた。二条流を尭孝から伝授された尭恵《ぎょうえ》流と、常縁が宗祇に伝授した宗祇流が室町後期には権威を持ち、以降はしだいに形式化されていった。宗祇は牡丹花肖柏《しょうはく》・*三条西《さんじょうにし》実隆《さねたか》・近衛尚通らに伝授。肖柏のものは、宗訊《そうき》・宗珀《そうはく》ら堺の門人に伝えられ「堺伝授」となり、さらに林宗二に伝えられ「奈良伝授」となった。三条西実隆のものは、三条西実枝《さねき》・細川幽斎《ほそかわゆうさい》・八条宮智仁《としひと》親王・後水尾上皇・後西天皇・霊元天皇・武者小路実陰へと伝わり「御所伝授」が続く。近衛家流は外に出なかったらしく、ほかに「地下伝授」などがある。

［文献］ 横井金男『古今伝授史』横井金男編『古今伝授の史的研究』（臨川書店、一九八九）、横井金男・新井栄蔵編『古今集の世界 伝授と享受』（世界思想社、一九八六）、島津忠夫「古今伝授と東氏」（井上宗雄・島津忠夫編『東常縁』和泉書院、一九九四）。 （大竹雅美）

正風連歌《しょうふうれんが》 歌学用語で基本・規範とすべき正しい風体をいう。「正風体」ともいい、落首・滑稽な和歌・道歌などを含む「狂歌」に対し、まともで正統な、という意味がある。屯阿の『井蛙抄《せいあしょう》』には、例歌が掲載され藤原*俊成《としなり》・*定家《さだいえ》・為家《ためいえ》らの作風について言及し、彼らの単独撰集と撰者自身が撰集した撰者歌を尊重する精神が高まる。二条派系歌人の作といわれる『正風体抄《しょうふうていしょう》』にも、二条家の模範歌が示され正風志向が説かれている。為世の『庭訓抄』は、口伝こそが和歌の正風を守る契機であるとし、正風体を重視する。そのため新風斬新な歌は正風とはいえず、新鮮さを表現するために字余り句や特殊表現を用いる京極派風は異端視・非難された。細川幽斎の『耳底記《じてい》』は、正風体を手本・基礎にしてから、ほかの歌調を習うのが基本であり、勝手な自詠はよくないと論じ、俊成・為家・為氏の歌や定家の後年の『古今集』歌風を模範とすることを説く。また*宗祇《そうぎ》は、連歌論書『老のすさみ』で正風連歌について論じており、*二条良基《よしもと》の『十問最秘抄《じゅうもんさいひしょう》』の論に、その先駆が導き出せる。正風連歌は、二条家において重視され、娯楽・庶民的なそれまでの連歌を、より芸術的に高めた風体であり、宗祇によって確立された。しかし、連歌における俳諧性とは、いつも絶えず内在するために、正風意識は常に俳諧性と対立し、室町時代には感懐や現実的な厳しさも取り込まれ、諸道諸芸の規則も強まって自由な狂歌が詠まれる傾向となった。

［文献］ 斎藤義光『中世連歌の研究』（有精堂出版、一九七九）、桑田忠親『細川幽斎』（講談社学術文庫、一九九六）。 （大竹雅美）

正徹《しょうてつ》（一三八一―一四五九） 室町時代中期の歌人・禅僧。父は、小松康清とも秀清ともいわれる。備中国小田の出身。幼名尊命丸《そんみょうまる》。初名正清《まさきよ》。字は清巌《せいがん》。正徹は法名。庵号は招月庵。冷泉為尹と*今川了俊《いまがわりょうしゅん》に和歌を学び、了俊から歌書相伝を受けて、以後冷泉派歌人となる。丹後天橋立の文殊信仰・智恩寺の由緒などを説く『久世戸縁起』の作者ともいわれる。応永二一年（一四一四）に出家、東福寺に入山し東漸和尚に師事、栗棘庵《りっしあん》の書記を勤め徹書記《てっしょき》と称す。細川家の千句に出詠し歌人と認められ、多数の歌会に出座。源氏物語の歌草紙で紀行文の『なぐさめ草《ぐさ》』に、和歌三〇首余を収録。永享四年（一四三二）、今熊野の草庵が類焼し、詠草二万数千首が灰燼と帰すが、門弟正広《しょうこう》編集の『草根集《そうこんしゅう》』になお多数を収める。*足利義教《よしのり》に忌避され『*新続古今《しんしょくこきん》和歌集』の入集はなく、義教の没後歌壇に復帰。晩年は草庵で月次歌会を主催、多数の歌会にも招かれ将軍*義政《よしまさ》に『源氏物語』を講じた。連歌を自らせず、歌風は二条派からも異端視されるが、宗砌《そうぜい》・智蘊《ちうん》・*心敬《しんけい》・忍誓《にんぜい》ら和歌の門下は多く、正広・正般ら招月庵流を生み、地下連歌師の大半に多大な影響を与えた。*藤原定家《さだいえ》に傾倒し、幽玄美を志向。独自の幽玄体を開拓しつつ、定家の歌風を学べと説く。幽玄体論は詠歌理想を仰ぎ、定家の仮託書や『八雲御抄《やくもみしょう》』を援用し優れた方法論的創作理念を展開する。歌論書『正徹物語《しょうてつものがたり》』の冒頭部には、定家崇拝の宣言がある。

［文献］ 久松潜一校注「正徹物語」（『日本古典文学大系 歌論集』岩波書店、一九六一）、稲田利徳『正徹の研究』（笠間書院、一九七八）、白井忠功『歌人正徹研究序説』（勉誠社、一九九四）、村尾誠一『残照の中の巨樹 正徹』（新典社、二〇〇六）。 （大竹雅美）

二条良基《にじょうよしもと》（一三二〇―八八） 南北朝時代の公卿・歌人・連歌師。*北朝の摂政関白・太政大臣。諡号は後普光園院《ごふこうおんいん》。父は道平。母は西園寺公顕の女。道号春渓。別号は五湖釣翁・関路老槐。官歴は順調に進むが、青壮年期に南北朝動乱を迎え、一六歳で二条家を継承。姉は*後醍醐天皇の女御。はじめ後醍醐天皇に仕えるが、*足利尊氏の奏請で*光明《こうみょう》天皇の践祚が良基第で行われて以降、*崇光《すこう》・*後光厳《ごこうごん》両天皇元服時の加冠役などを勤め、北朝五代の天皇に仕えた。地下《じげ》連歌の救済《きゅうぜい》門下に入り、連歌を学ぶ。和歌は二条派の為定と頓阿《とんあ》に師事、古典学は地下の行阿・由阿《ゆうあ》に、漢学は阿一に、漢詩は*足利義満の勧めで*義堂周信《ぎどうしゅうしん》らに学ぶ。とくに周信とは、禅録などで禅宗と漢詩を親しむ間柄となる。将軍家とは義満に指導を与えるなど親密で、ともに猿楽の*世阿弥《ぜあみ》を寵愛した。関白左大臣の座に就任し公武の歌会・連歌会に出席。延文元・正平一一年（一三五六）、救済の助力を得て準勅撰集『*菟玖波集《つくばしゅう》』を編纂、自句八七句を入集、前年の『文和千句第一百韻』が有力な資料となった。応安五・文中元年（一三七二）、救済と*『応安新式《おうあんしんしき》』を制定、連歌を確立させた。嘉慶二年（一三八八）四月に周信が寂し、同年六月に没す。好敵手の近衛道嗣《このえみちつぐ》にも力量を認められた。連歌の門弟に梵灯庵《ぼんとうあん》と今川了俊がいる。自身の句集は現存しないが、住吉行宮での和歌などが残る。連歌論書に『連理秘抄《れんりひしょう》』、『僻連抄《へきれんしょう》』、頓阿との問答を記した『愚問賢註《ぐもんけんちゅう》』連歌の正当な文芸性を確立した『筑波問答《つくばもんどう》』は、宗祇の『吾妻問答』とともに連歌論の双璧。『知連抄』、『九州問答《きゅうしゅうもんどう》』、『連歌十様』、『十問最秘抄《じゅうもんさいひしょう》』、『撃蒙抄』、『近来風体抄《きんらいふうていしょう》』など。付合を多く説き優雅美を志向、理論的な指導に努めた。有職故実書・行動記に『百寮訓要集《ひゃくりょうくんようしゅう》』、『小鳥の口ずさみ』、『さかき葉の日記』、『雲井の御法』、『さかゆく花』、『女房の官しなの事』などを著し、公家の関心事に迫る。死没の前日には、『二条押小路家門亭泉記』を著した。

［文献］ 福井久蔵『二条良基』（青梧堂、一九四三）、木藤才蔵『二条良基の研究』（おうふう、一九八七）、小川剛生『二条良基の研究』（笠間書院、二〇〇五）。 （大竹雅美）

心敬《しんけい》（一四〇六―七五） 室町時代中期の連歌師・歌人。初名は心恵。房号は蓮海・連海。紀伊国名草郡田井荘生まれ。比叡山で修行し、京都東山の十住心院の住持から権大僧都となる。和歌と古典研究を*正徹《しょうてつ》に師事。専順らと連歌界の中心的な人物となる。*応仁の乱前に東国へ下向、品川に草庵を結ぶ。伊豆・会津などへの旅を重ね、相模国大山山麓の石蔵で没す。門弟に*宗祇《そうぎ》・兼載《けんさい》・智蘊《ちうん》らがいる。『*新撰菟玖波集《しんせんつくばしゅう》』に最多の一二四句を収め、『竹林抄』ほかにも収録する。句風は『新古今和歌集《しんこきんわかしゅう》』を理想に、優艶・有心・幽玄を志向。連歌学書『ささめごと』、『老のくりごと』、『所々返答』、『ひとりごと』。自撰句集『心玉集』、『私用抄』などがある。

［文献］ 岡本彦一『心敬の世界』（桜楓社、一九七三）、湯浅 清『心敬の研究』（風間書房、一九七七）、金子金治郎『金子金治郎連歌考叢 心敬の生活と作品』（桜楓社、一九八二）、『島津忠夫著作集4 心敬と宗祇』（和泉書院、二〇〇四）。 （大竹雅美）

宗鑑《そうかん》（?―一五三九?） 生没年未詳。室町時代後期の連歌師・俳諧作者。本名・出自・伝記とも不明、足利家家臣など諸説がある。主君の死で出家、摂津国尼崎または山城国薪村に隠棲し、のち山崎に庵を結び、商人に連歌指導をしたといわれる。通称は山崎宗鑑。長享二年（一四八八）の能勢頼則の興行に、その名がみえる。*一休宗純《いっきゅうそうじゅん》に傾倒し、大徳寺真珠庵への寄進、薪の酬恩庵の法縁で、宗長・荒木田守武とも交流した。俳諧を好み多くの作品を収集、晩年頃に俳諧連歌集『*犬菟玖波集《いぬつくばしゅう》』（「誹諧連歌抄」）を編集。連歌作品は多く伝存せず、自由かつ庶民的な精神の俳諧連歌を推進し、その祖といわれる。句風は江戸初期の談林俳諧に影響を与えた。

［文献］ 吉川一郎『山崎宗鑑伝』（養徳社、一九五五）、潁原退蔵「山崎宗鑑伝」（『潁原退蔵著作集2連歌』中央公論社、一九七九）、木村三四吾「山崎宗鑑」（『俳句講座2俳人評伝 上』明治書院、一九五八）。 （大竹雅美）

宗祇《そうぎ》（一四二一―一五〇二） 室町時代中・後期の連歌師。号は自然斎《じねんさい》・見外斎《けんがいさい》。姓は飯尾《いいお》とも伝えるが確証はなく、出生地も諸説ある。はじめ*相国寺《しょうこくじ》で修行し禅僧となるが、のち連歌師として諸国遊歴を重ね、連歌の普及につとめた。連歌は*宗砌《そうぜい》・専順《せんじゅん》・*心敬《しんけい》に師事、*正風連歌《しょうふうれんが》を確立させた。古典学は*一条兼良《かねよし》に、和歌は*飛鳥井雅親《あすかいまさちか》と*東常縁《とうのつねより》に学ぶ。*応仁の乱直前に関東へ移り、東国武将らと交流した。文明三年（一四七一）常縁から*古今伝授《こきんでんじゅ》を受け、京に種玉庵《しゅぎょくあん》を結び活動拠点とした。同八年（一四七六）、幕府の連歌会で将軍*義尚《よしひさ》に連歌を教える。*宗長《そうちょう》と越後や山口への旅を頻繁に行う。長享二年（一四八八）に北野連歌会所の宗匠となる。肖柏《しょうはく》・宗長らと同年

『*水無瀬三吟百韻《みなせさんぎんひゃくいん》』を、延徳三年（一四九一）には「湯山三吟」を詠じた。明応四年（一四九五）、門弟とともに正風連歌約二〇〇〇句を収める『*新撰菟玖波集《しんせんつくばしゅう》』を編纂。同九年（一五〇〇）、宗長を伴い、越後から駿河へ向かう途次、箱根湯本にて客死。宗長が『宗祇終焉記』を著す。兼載《けんさい》とも親しく、ともに連歌の最盛期を形成した。宗長、肖柏・宗碩《そうけん》ら多くの門人がいる。古典研究にも足跡を残す。千句・百韻の類は九〇を越え、『河越千句』、『宗祇独吟何人百韻』など、連歌論書に『吾妻問答《あずまもんどう》』、『老のすさみ』、『浅茅《あさじ》』、『長六文』、自撰連歌句集に『老葉《わくらば》』、『萱草《わすれぐさ》』、『下草』、『宇良葉《うらば》』、連歌撰集に『竹林抄』、紀行文に『白河紀行』、『筑紫道記《つくしみちのき》』などがある。有心《うしん》・幽玄を好んだ。

［文献］ 藤原正義『宗祇序説』（風間書房、一九八四）、金子金治郎『金子金治郎連歌考叢2　宗祇の生活と作品』（桜楓社、一九八三）、両角倉一『宗祇連歌の研究』（勉誠出版、一九八五）、島津忠夫『連歌師宗祇』（岩波書店、一九九一）、奥田　勲『人物叢書　宗祇』（吉川弘文館、一九九八）。

（大竹雅美）

宗長《そうちょう》（一四四八―一五三二） 室町中期―戦国時代の連歌師。初名は宗歓《そうかん》。別号長阿《ちょうあ》・柴屋軒《さいおくけん》。父は鍛冶職五条義助。駿河国島田の刀鍛冶の子として生まれ、同国守護の今川義忠《よしただ》に仕えるが、義忠の戦死で上京し*一休宗純《いっきゅうそうじゅん》に参禅。その後、連歌を宗祇《そうぎ》に学び越後や筑紫に同道。*宗祇《そうぎ》・肖柏《しょうはく》らと長享二年（一四八八）の『*水無瀬三吟百韻《みなせさんぎんひゃくいん》』や、延徳三年（一四九一）の『湯山三吟』（発句・肖柏、脇句・宗長、第三・宗祇）などの百韻連歌を詠み、連歌師としての頭角をあらわす。明応四年（一四九五）、宗祇の種玉庵において、『*新撰菟玖波集《しんせんつくばしゅう》』の編纂作業に助力。翌年、三河に下向、さらに駿河に帰国し今川氏親に迎えられる。宗祇との最後の旅路に同道し、『宗祇終焉記《そうぎしゅうえんき》』を記す。宗祇没後の永正元年（一五〇四）、駿河国宇津《うつ》山麓に柴屋軒を結び、今川家の政治的活動のため、駿河と京都の間を以後何度も往来、駿河柴屋寺で没した。『宗長手記《そうちょうしゅき》』は、京都と柴屋軒との往復記録で、当時の俳諧・狂句・和歌・発句・浄瑠璃・茶の湯・戦記・小話など多彩な記事を含み、往時の社会や文化を知りうる史料。『宗長日記《そうちょうにっき》』は最晩年の日記で、老身の哀愁を感じさせられる。ほかに自撰句集『壁草《かべくさ》』、『老耳《おいのみみ》』、『那智籠《なちごもり》』、連歌論集『雨夜記《あまよのき》』、『連歌比況集《れんがひきょうしゅう》』、紀行文『東路《あずまじ》の津登《つと》』などがある。句風は直截的な付合が特色で、叙景句よりも述懐句などを得意とし、晩年は俳諧を好んだ。軍記物『今川記』を略記したともいわれる。

［文献］ 木藤才蔵「宗長の人と作品」（木藤才蔵『連歌史論考』下、明治書院、一九七三）、島津忠夫『宗長日記』（岩波文庫、岩波書店、一九七五）、鶴崎裕雄「宗長譜考　誕生より永正十四年まで」（『帝塚山学院短期大学研究年報』四四、一九九六）、鶴崎裕雄『戦国を往く連歌師宗長』（角川叢書、二〇〇〇）。

（大竹雅美）

荒木田守武《あらきだもりたけ》（一四七三―一五四九） 室町時代後期の伊勢内宮神官。連歌師・俳諧作者。一門の薗田氏出身。父は守秀、母は藤波氏経の女。守晨《もりとき》の弟。*宗鑑《そうかん》から連歌を学び、連歌から俳諧を独立させ、宗鑑とともに俳諧の始祖といわれる。宗長に深く師事、*宗祇《そうぎ》・兼載《けんさい》・肖柏《しょうはく》・宗碩の教えも受け、*三条西実隆《さんじょうにしさねたか》とも交流した。代表作『守武千句』（『飛梅千句』）は、天文九年（一五四〇）、伊勢神宮法楽のため成立した俳諧千句の先駆。翌年、一禰宜となる。句風は無心所着の体をとり、江戸前期の談林派へと継承された。『新撰犬菟玖波集《しんせんいぬつくばしゅう》』『*新撰菟玖波集《しんせんつくばしゅう》』

にも入集。連歌句集『法楽《ほうらく》発句集』、教訓歌集『世中《よのなか》百首』、独吟『秋津洲《あきつしま》千句』、『守武随筆』などを残す。

［文献］神宮司庁編『荒木田守武集』（神宮司庁、一九五一）、伊藤正雄「荒木田守武」（『俳句講座2俳人評伝　上』明治書院、一九五八）。（大竹雅美）

新葉和歌集《しんようわかしゅう》　南北朝時代の准勅撰和歌集。*宗良《むねよし》親王の撰。天授元年（一三七五）頃、撰集に着手、同六年の行宮参向の際、河内国山田に滞留し編集。翌年一〇月、*長慶《ちょうけい》天皇の*綸旨を賜り勅撰集に准じ、同年一二月奏覧。二〇巻。総歌数は一四二六首。春2夏1秋2冬1の四季部の後に、離別1、羈旅1、神祇1、釈教1、恋5、雑3、哀傷1、賀1の各部が入る。巻頭に宗良親王の仮名序を付す。*後醍醐天皇から三代五〇年にわたる南朝歌人の作品に限定され、当時の動向が分かる。主な歌人に、*後村上《ごむらかみ》天皇・長慶天皇・花山院家賢、諸賢・後醍醐天皇・洞院公泰・尊良親王ら総勢百五〇余人。歌風は、二条派系の平淡な歌が多いが、君臣の詠歌や感懐歌・境涯歌、叙景歌もある。
［文献］小木　喬『新葉和歌集　本文と研究』（笠間書院、一九八四）、井上宗雄『中世歌壇史の研究　南北朝期［改訂新版］』（明治書院、一九八七）、井上宗雄「南北朝動乱期の文学と吉野」（『古典文学に見る吉野』和泉書院、一九九六）、深津睦夫「宗良親王と南朝歌壇」（『和歌の伝授と享受』風間書房、一九九六）、岩佐　正校訂『新葉和歌集』（岩波文庫、一九四〇）、森　茂暁『南朝全史』（講談社選書メチエ、二〇〇五）。（大竹雅美）

李花集《りかしゅう》　宗良《むねよし》親王の自詠歌集で「宗良親王御集」ともいう。上下二巻。上巻に四季部、下巻には恋・雑部（神祇・釈教・哀傷を含む）の構成で、自詠歌八九九首と、異母弟の後村上《ごむらかみ》天皇・*懐良《かねよし》親王にあてた贈答歌一三首の計九一二首を収録。応安四年・建徳二年（一三七一）一二月の懐良親王への贈答歌が下限で、晩年頃の自撰と考えられる。詞書中に九四首の歌を含み、大半は*北畠親房《きたばたけちかふさ》への詠歌。長い詞書に当時の事実などを記しており、*南朝の動向を知る貴重な史料。『*新葉《しんよう》和歌集』同様、*北朝中心の勅撰和歌集に対する撰集である。歌風は二条為定の二条派風で、特色として全体的に懐旧の情を詠じたものが多い。題詠も実生活に基づく。
［文献］『李花集』（国民図書編『校註国歌大系14』同、一九二八）、松田武夫校訂『李花集』（岩波文庫、一九四一）、井上宗雄『中世歌壇史の研究　南北朝期［改訂新版］』（明治書院、一九八七）、安井久善『宗良親王の研究』（笠間書院、一九九三）。（大竹雅美）

風雅和歌集《ふうがわかしゅう》　第一七番目の勅撰和歌集。二〇巻。歌数約二二一〇首。春3夏1秋3冬1の四季部に、旅1、恋5、雑3、釈教1、神祇1、賀1の各部からなる。*花園《はなぞの》法皇監修・*光厳《こうごん》上皇撰の親撰体歌集で、和歌所寄人《よりうど》正親町公蔭《おおぎまちきんかげ》・二条為元《ためもと》・冷泉《れいぜい》為秀《ためひで》らが補佐し、貞和五年（一三四九）二月頃完成。成立前に『貞和百首』を詠進。巻頭に、花園院の真名・仮名序がある。題号は『詩経』に由来。おもな歌人は、伏見《ふしみ》上皇・永福門院・為《ため》兼《かね》・*定家《さだいえ》・為定《ためさだ》ら京極派や持明院《じみょういん》の宮廷歌人が中心で、*足利尊氏など武家や無名家人の作も収録。南朝歌人の入集はなく、歌風は京極派風で自然観照や心理分析を追究、対比・反復などを用い、文芸的な純化を図る。
［文献］大坪利絹『風雅和歌集論考』（桜楓社、一九七九）、岩佐美代子『笠間注釈叢刊　風雅和歌集全注釈』上・中・下（笠間書院、

二〇〇二―〇四)、次田香澄・岩佐美代子『中世の文学 風雅和歌集』(三弥井書店、一九八五)、鹿目俊彦『風雅和歌集の基礎的研究』(笠間書院、一九八六)。 (大竹雅美)

新千載和歌集《しんせんざいわかしゅう》 第一八番目の勅撰和歌集。二〇巻。歌数二三六五首は、勅撰和歌集の中で二番目に多い。春2夏1秋2冬1の四季部の後に、離別1、羇旅1、釈教1、神祇1、恋5、雑3、哀傷1、慶賀1の各部が続く。将軍*足利尊氏の執奏、延文元年・正平一一年(一三五六)、*後光厳《ごこうごん》天皇の下命、二条(御子左《みこひだり》)為定《ためさだ》が撰集した奏進体歌集。連署は二条為遠《ためとお》・為《ため》明《あきら》・惟宗光之ら。奉行は三条実継。同四年・同一四年(一三五九)四月に四季部奏覧、一二月完成(全巻返納)。序はない。主な歌人に、二条為世《ためよ》・為定・伏見《ふしみ》上皇・後宇多《ごうだ》上皇・二条為《ため》氏《うじ》・*後醍醐上皇らで、二条派を中心に京極派や武家を優遇し、南朝歌人は排斥された。

[文献] 後藤重郎編『勅撰和歌十三代集研究文献目録』(和泉書院、一九八五)、井上宗雄『中世歌壇史の研究 南北朝期[改訂新版]』(明治書院、一九八七)。 (大竹雅美)

新拾遺和歌集《しんしゅういわかしゅう》 第一九番目の勅撰和歌集。二〇巻。歌数一九二〇首。春2夏1秋2冬1の四季部に加え、賀1、離別1、羇旅1、哀傷1、恋5、神祇1、釈教1、雑3の各部がある。将軍*足利義詮《よしあきら》の執奏で、貞治二年・正平一八年(一三六三)、*後《ご》光厳《こうごん》天皇の撰集下命による奏進体歌集。翌年四月に四季部奏覧後、撰者の二条(御子左)為明《ためあきら》が撰集途中で没したため、二条派の重鎮頓阿《とんあ》が継承し翌々年に完成。序はなく、歌風は総じて平明である。おもな歌人は、為明の父為藤・*藤原定家《さだいえ》・二条為家《ためいえ》・為世《ためよ》・伏見《ふしみ》上皇などで、前代の歌人の作を多数含み清新さにはやや欠ける。南朝歌人は『*風雅《ふうが》和歌集』『*新千載《しんせんざい》和歌集』同様、入集されていない。

[文献] 後藤重郎編『勅撰和歌十三代集研究文献目録』(和泉書院、一九八五)、井上宗雄『中世歌壇史の研究 南北朝期[改訂新版]』(明治書院、一九八七)。 (大竹雅美)

新後拾遺和歌集《しんごしゅういわかしゅう》 第二〇番目の勅撰和歌集。二〇巻。歌数一五五四首。春2夏1秋2冬1の四季部の後に、雑春1雑秋1が入り、離別1、羇旅1、恋5、雑2、釈教1、神祇1、慶賀1の各部が続く。将軍*足利義満執奏で、永和元・天授元年(一三七五)、後円融《ごえんゆう》天皇の下命による奏進体歌集。二条(御子左)為遠が撰集中に急逝、為重が継承した。翌年三月四季部奏覧、翌々年冬、返納後に内容や表記の錯乱があり整備された後、至徳元・元中元年(一三八四)一二月完成。連署は為敦・津守国量ほか。和歌所開闔惟宗光方《かいこうこれむねみつかた》。巻頭に*二条良基《よしもと》の仮名序がある。おもな歌人は、為定・後円融《ごえんゆう》天皇・為重《ためしげ》ら二条派が優遇され、歌風も平明で、武家や僧侶が多くとり入れられている。

[文献] 井上宗雄『中世歌壇史の研究 南北朝期[改訂新版]』(明治書院、一九八七)、小西 謙「新後拾遺和歌集作者異見」(『国語と国文学』一三―五、一九三六)、後藤重郎編『勅撰和歌十三代集研究文献目録』(和泉書院、一九八五)、島津忠夫「『新後拾遺和歌集』管見」(『島津忠夫著作集8和歌史 下』、和泉書院、二〇〇五)。 (大竹雅美)

新続古今和歌集《しんしょくこきんわかしゅう》 第二一番目の勅撰和歌集。二〇巻。歌数二一四四首。春2夏1秋2冬1の四季部に、賀1、釈教1、離別1、羇旅1、恋5、哀傷1、雑3、神祇1の各部が続く。*足利義教《よしのり》の執奏、永享五年(一四三三)、後花園《ごはなぞの》天皇下命の奏進体歌集。撰者飛鳥井雅世《あすかいまさよ》。同一〇年、四季部奏覧、翌年返納。和歌所は開闔《かいこう》堯孝《ぎょうこう》。*一条兼良《いちじょうかねよし》の真名・仮名序がある。おもな歌人は、飛鳥井雅縁《まさより》・九条良経《よしつね》・俊成《としなり》・*定家《さだいえ》・屯阿《とんあ》・雅親《まさちか》らで飛鳥井家と二条派を厚遇、斯波《しば》義将《よしまさ》ら武家も目立つ。冷泉《れいぜい》派は冷遇され、義教の忌避で持和《もちかず》・*正徹《しょうてつ》は入集せず。南朝作品も少数。新古今の歌人の作を多く入集し華美にみせるが、全体的歌風は温雅で平明。最後の勅撰集となる。

［文献］井上宗雄『中世歌壇史の研究　室町前期［改訂新版］』（風間書房、一九八四）、久保田淳監修・村尾誠一『和歌文学大系12新続古今和歌集』（明治書院、二〇〇一）。

（大竹雅美）

菟玖波《つくば》集《しゅう》　南北朝期の準勅撰連歌撰集。序文が延文元・正平一一年（一三五六）五月に成立、翌年春までには完成。二〇*巻。総句数二一九〇首。*二条良基《よしもと》が救済《きゅうさい》の協力を得て撰集。佐々木高氏《ささきたかうじ》（道誉《どうよ》）の働きで、連歌最初の準勅撰となり連歌の地位を高めた。和歌の『古今《こきん》和歌集』にも比する。冒頭に漢文・仮名序をおき、巻十九までに四季6、神祇1、釈教1、恋3、雑5、羇旅1、賀1の各部と雑体1に付句を収めて部類、巻二十に発句一一九句を収録。古代から当代までの広い階層から選句し、作者は総勢約四五〇名。おもな作者は、一二七句入集の救済を筆頭に、善阿《ぜんあ》・性遵《せいそん》・寂意《じゃくい》・信阿《しんあ》・良阿《りょうあ》ら善阿門流と、二品《にほん》法親王（梶井宮導胤《かじいのみやみちたね》）・為家《ためいえ》・*定家《さだいえ》・為氏《ためうじ》・*家隆《いえたか》・*後《ご》嵯峨《さが》院、武家は*足利尊氏・*義詮《よしあき》らが多数を占める。所収作品は、『日本《にほん》書紀』の日本武尊《やまとたける》と秉燭《ひともしびと》人の問答、『万葉集』の大伴家持《やかもち》と尼の唱和をはじめ、平安・鎌倉時代の歌学書・和歌撰集・私家集・史書・物語・随筆・説話集などの典籍から選出された短連歌、当代までの百韻・千句・万句などの長連歌、句集の発句・付句からなる。当代の作品を重視するが、巻十九の雑体連歌部には連歌で初めて「俳諧」の項目を設け、また「連句・雑句・片句」も収めるなど、連歌全般を網羅・集大成する。書名は、連歌道の呼称に由来。『文和千句』が成立前に行われ、編纂の際に有力な資料となる。僧体の連歌師が花の下の連歌会（地下連歌）で詠んだ句もいくつかある。

［文献］伊地知鐵男『日本古典文学大系39連歌集』（岩波書店、一九六〇）、金子金治郎『菟玖波集の研究』（風間書房、一九六五）、木藤才蔵『連歌史論考』上（明治書院、一九七一）、福井久蔵『福井久蔵著作集　校本菟玖波集新釋』上・下（国書刊行会、一九八一）。

（大竹雅美）

応安新式《おうあんしんしき》　連歌作法の規則書・式目。応安五・文中元年（一三七二）頃、*二条良基《よしもと》が編修、救済の校閲を経て成立。一巻。鎌倉時代以来、共通の連歌規則・式目が要求され、前に成立した『建治新式』が指針とされたが、のちに本式・新式・建治式・弘安新式などが乱立し疑問点が逆に増加したため、南北朝時代に地下連歌の実力者、救済と、連歌論書を多く著す良基が従来の『建治新式』を改修・補訂して『応安新式』が制定された。『建治新式』以前の連歌本式に対して、享徳元年（一四五二）*一条兼良《かねよし》が『応安新式』を改訂し制定した『新式今案』や、文亀元年（一五〇一）、肖柏補訂の『連歌新式追加並新式今案等』なども含め、一般に『連歌新式』ともいわれる。具体的な内容は、①『八雲御抄《やくもみしょう》』で生まれた技巧「賦物の制」の全廃、②「去嫌の制」の組織化・精密化、③行様の細部の考察、④発句への季題・季語の挿入、⑤輪廻など連歌理念の提示、⑥百韻の使用限度が定められた語句や近接回避の語彙を列挙するなど、いくつかの項目を設定した。連歌百韻の構成に変化と均整美をもたらすため、題材・用語の使用規制を行ったもの。制定以降は多年にわたり、後代の連歌式目の規範となり、大枠は継承された。刊本では『良基連歌論集』上（『古典文庫63』）所収のものが良好、『群書類従』連歌部所収の「連歌新式追加　新式今案等」は、後世の追加・今案を集める。良基の連歌論書『筑波問答《つくばもんどう》』とともに、連歌の確立を示した。

〔文献〕　岡見正雄『二条良基連歌論集1―3』（古典文庫、一九五四）、木藤才蔵『連歌史論考』上・下（明治書院、一九七一・七三）、金子金治郎『金子金治郎連歌考叢5連歌総論』（桜楓社、一九八七）。

（大竹雅美）

新撰菟玖波集《しんせんつくばしゅう》　明応四年（一四九五）、京の種玉庵で、*宗祇《そうぎ》が兼載《けんさい》・肖柏《しょうはく》・*宗長《そうちょう》らの助力を得て編集した準勅撰連歌撰集。二〇巻と和文序一巻。総句数二〇五三句。発句二五一句、付句一八〇二句。構成は、勅撰和歌集や『*菟玖波集《つくばしゅう》』にならうが、最後の二巻は発句の部で、四季部6に続き、賀1（含む哀傷）恋3・羇旅2・雑5（含む連句）・神祇1（含む釈教）の各部と発句2からなる。上卿《しょうけい》格に一条冬良《ふゆよし》、奉行格は*三条《さんじょう》西実隆《にしさねたか》・二階堂政行《まさゆき》。周防国守護大内政弘の援助を受けた。序は冬良。おもな歌人に、後土御門《ごつちみかど》天皇・勝仁《かつひと》親王・西園寺《さいおんじ》実《さね》遠《とお》・徳大寺実淳《さねあつ》・*足利義政《よしまさ》・近衛尚通《ひさみち》・細川成之《しげゆき》などの天皇・公家に、最多数一二四句入集の心敬をはじめ、*宗砌《そうせつ》・専順《せんじゅん》・智蘊《ちうん》（蜷川親当《にながわちかまさ》）・宗伊《そうい》・能阿《のうあ》・行助《ぎょうじょ》の七賢、*宗長・聴雪《ちょうせつ》（実隆《さねたか》）・忍誓《にんせい》などの連歌師、堺・紀州の住民、伊勢神宮禰宜《ねぎ》の*荒木田守武《あらきだもりたけ》や兄守晨《もりとき》、さらに九歳の童までの広範な階層にいたる総勢二五六人の作を収録、連歌の普及を物語る。俳諧連歌と雑句を排除して、永享からの六〇年余の*正風連歌のみを収め、典雅で美的な世界を示すところが特色。作風も、宗祇好みの有《う》心《しん》・幽玄風な句を尊重している。撰集に際し『姉小路今神明百韻』、『竹林抄』も参考となった。連歌の『*新古今和歌集』ともいわれる。実隆を介し禁中連歌を入集、京都大火で清書本を失うなど苦心するが、勅撰集の未刊もあり完成後には大反響となる。『竹馬狂吟集《ちくばきょうぎんしゅう》』に、排除された俳諧部がある。

〔文献〕　金子金治郎『新撰菟玖波集の研究』（風間書房、一九六九）、奥田　薫『人物叢書 宗祇』（吉川弘文館、一九九八）、両角倉一『宗祇連歌の研究』（勉誠社、一九八五）。

（大竹雅美）

犬菟玖波集《いぬつくばしゅう》　室町時代の俳諧連歌撰集。*宗鑑《そうかん》が編集した。成立は、『宗長日記』の大永三年（一五二三）歳暮に記載される宗鑑の句を収録するため、翌年から宗鑑が没する天文八、九年（一五三九―四〇）頃の間と推定される。慶長以降の古活字本や製版本は『新撰犬菟玖波集』と称し、宗鑑筆本を含む古写本は、『誹諧連歌抄』『誹諧連歌』とも書く。一冊。句数約三八〇句。宗鑑自筆本中最も整備された大永本は、発句九四句を四季に、付句一六九句を四季・恋・雑に部類し収録。名称の「犬」には、滑稽を表すと同時に庶民の自由な明るさも示し、『*新撰《しんせん》菟玖波集《つくばしゅう》』『*菟玖波集《つくばしゅう》』など文芸性を求める*正風連歌に対し、俳諧連歌の卑俗の意が込められる。古写本・古活字本・整版本が広く流布し、諸本により構成・所収句・句数・句形など本文の異同も激しい。また、人々が俳諧連歌を書写するにつれて、改選改編作業もたびたび行われ、段階的に作成された過程がうかがえる。記載がないため大半の句が作者不明だが、他史料との照合により*宗祇《そうぎ》・*宗長《そうちょう》・兼載《けんさい》・*宗鑑・*荒木田守武《あらきだもりたけ》らの作と判明する句もある。初期俳諧撰集としては、明応八年成立の『竹馬狂吟集《ちくばきょうぎんしゅう》』につぐ古さで、ともに純正・典雅な連歌の世界とは対照的に、滑稽・卑俗な哄笑世界を直視する。和歌的な優美さを付句で卑俗にしたり、卑猥な描写を詠じた句を多数収める。開放性をもち、『守武千句』とともに、近世の俳諧連歌に影響を与え、俳諧の源とされた。

［文献］木村三四吾・井口　壽校注『新潮日本古典集成　竹馬狂吟集・新撰犬筑波集』（新潮社、一九八八）、潁原退蔵『潁原退蔵著作集２連歌』（中央公論社、一九七九）、福井久蔵『福井久蔵著作選集　犬筑波集　研究と諸本』（国書刊行会、一九八一）。（大竹雅美）

水無瀬三吟百韻《みなせさんぎんひゃくいん》　*宗祇《そうぎ》・肖柏《しょうはく》・*宗長《そうちょう》の三人が詠吟した連歌。長享二年（一四八八）正月二二日、後鳥羽院二五〇年遠忌（崩御は、延応元年（一二三九）二月二二日で御月忌）の水無瀬宮法楽で詠まれ、御影堂に奉納された格調の高い百韻連歌。正式名称は、「水無瀬三吟何人《なにびと》百韻」。一冊。宗祇三四句。肖柏三三句。宗長三三句。成立事情は明確でなく、作成場所も種《しゅ》玉《ぎょく》庵《あん》説と山崎での張行説とがある。発句は、*後鳥羽《ごとば》上皇の「見渡せば山もと霞む水無瀬川夕べは秋となに思ひけむ」を本歌取りした、宗祇の「雪ながら山もと霞む夕べかな」（六八歳）。脇句は、肖柏の「行く水とほく梅にほふ里」（四六歳）。第三は宗長の「川かぜに一むら柳春みえて」（四一歳）。以下、風景と季節が推移し、揚句は宗長の「人におしなべ道ぞただしき」で、後鳥羽院の「奥山のおどろがしたも踏み分けて道ある世ぞと人に知らせむ」を下に置く。延徳三年（一四九一）成立の『湯山三吟』とともに、幽玄体を具現する宗祇門下の代表的作品。句法にも、「四花《しか》の制」や「七月《しちげつ》」など、後世に形成される理想的配置がとられ、隔《へだて》の制や打越の回避の制などを守り、「物名（体言）止り」も抑制されている。また序分・急分・破分とも見事な枠組みで、肖柏の典雅・宗長の直截・宗祇の人間味といった各々の個性も活かされ、巧みな付合の誘導で印象深い局面を重ねる。『天水抄』では、連歌の手本として解説がある。

［文献］伊地知鐵男校注『日本古典文学大系39連歌集』（岩波書店、一九六〇）、小西甚一『日本詩人選16宗祇』（筑摩書房、一九七一）、木村晃編『水無瀬三吟百韻湯山三吟百韻　本文と索引　附連歌新式追加并新式今案等』（笠間書院、一九九〇）、金子金治郎「水無瀬三吟百韻注釈」（『金子金治郎連歌考４宗祇名作百韻注釈叢』桜楓社、一九八五）。（大竹雅美）

(三) 史書・物語

神皇正統記《じんのうしょうとうき》　南北朝時代、*南朝方の公家*北畠親房《きたばたけちかふさ》によって書かれた歴史書。成立時の巻数は二巻あるいは三巻ともいうが未詳。流布本の場合、六巻が多い。暦応二・延元四年（一三三九）、*常陸国小田城で執筆。しかし、その後、書写する者が相次ぎ、錯乱も多いため、康永二・興国四年（一三四三）、同国大宝城で著者自身が修訂を加えたという。構成は、「大日本は神国なり」ではじまり、日本国号の由来などを述べた序論、天地の成り立ち以下の神代、神武天皇から*後村上《ごむらかみ》天皇にいたる人皇年代記、の三部からなる。このうち序論の末尾に、「本書は神代以来、皇統が正理によって継承されてきたいわれを述べようとするもので、それゆえ書名も『神皇の正統記』と名づける」といった内容の記事が見え、南朝の正統性を主張するためという執筆意図や書名の由来を知ることができる。また流布本奥書には、親房は本書を「或童蒙《あるどうもう》」に示すために書いたとあるが、具体的に「或童蒙」が誰をさすかについては、後村上天皇説と陸奥白河地方を本拠とする有力武将*結城親朝《ゆうきちかとも》説とに、大きく意見が分かれている。この点、親房の常陸下向の目的にしても、親朝らの東国武士を組織することによって、南朝勢力の挽回を図ろうとしたものであったことなどから、後者を支持する意見が多い。しかし一方では、親房は易文に精進していたが、その『周易』における「童蒙」の語の意味するところは、君位とか尊なるものであるといった、語義分析を踏まえての後村上天皇説も注目されている。南朝の正統性を主張するにあたって、親房によってもちだされたのが、神器論である。親房は、たとえ天皇家の血筋をひくものであっても、君主としての徳が備わっていなければ皇位につくことはできないとして君徳を重んじるが、この君徳のシンボルこそ、鏡・玉・剣の三種の神器であると述べ、これを保持する神孫後村上天皇は、まぎれもない正統の天子であると説く。『日本古典文学大系』『岩波文庫』などに収める。

［文献］永原慶二編『日本の名著 慈円・北畠親房』（中央公論社、一九七一）、我妻建治『神皇正統記論考』（吉川弘文館、一九八一）。

（樋口州男）

増鏡《ますかがみ》 南北朝時代に和文で書かれた歴史物語。古本系の一七巻本、増補系の一九・二〇巻本がある。作者は、和歌に関する記述が多いことなどから、*藤原定家《さだいえ》の子孫二条為明《にじょうためあき》説なども提唱されているが、現在のところ、北朝方に重用された公家の*二条良基《よしもと》説が有力。応安年間（一三六八―七五）から永和二年（一三七六）にいたる時期の成立か。内容は、*後鳥羽天皇誕生の一一八〇年（治承四）から、*後醍醐《ごだいご》天皇が隠岐から帰京した一三三三年（元弘三）までの約一五〇年間の歴史を、京都の朝廷・公家の儀式や生活を中心に記す。神武天皇以来の歴史を順に記した、『*水鏡《みずかがみ》』『大鏡《おおかがみ》』『世継《よつぎ》（栄花物語《えいがものがたり》）』『*今鏡《いまかがみ》』『いや世継』のあとをうけるものとして、その書き出しにしても、先行の歴史物語の伝統を継承し、京都嵯峨の清凉寺に参詣した作者が、古老（本書は老尼）の昔語りを聞くという形式をとる。*承久の乱、皇統の分裂、*文永・弘安の役、*正中・*元弘の変など鎌倉時代の大きな事件は、ほぼ網羅されているが、あくまで公家の立場から記されており、この点、鎌倉幕府関係者によって編纂されたといわれている歴史書である『*吾妻鏡《あづまかがみ》』を意識していたともみられ、その歴史記述・歴史認識のあり方が注目されている。また本書は、『弁内侍日記』『*とはずがたり』といった日記類をはじめ、記録・史書・歌書・物語類など、広く公家方の諸書を用いているほか、現存しない文献の利用も推定されており、鎌倉時代の歴史史料としても重要である。『新訂増補国史大系』『日本古典文学大系』『講談社学術文庫』などに収める。

［文献］『歴史物語講座6増鏡』（風間書房、一九九七）。

（樋口州男）

梅松論《ばいしょうろん》 *足利尊氏《たかうじ》の政権獲得にいたる過程を、尊氏側から描いた南北朝時代の歴史・軍記物語。二巻。作者は未詳だが、室町幕府関係者説、細川氏関係者説などがある。成立年代については、明治期以来の貞和五年（一三四九）説のほか、観応二年（正平六、一三五一）頃説、上限を文和元年（正平七、一三五二）、下限を嘉慶年間（一三八七—八九）とする説、さらには延文三年（一三五八）から康安元年（一三六一）までの三年間のうち、とする説などがある。菅原道真《すがわらのみちざね》の命日に、北野天満宮毘沙門堂に参籠した人々が、一人の老僧の語る、尊氏開運の経緯を聴くという形式で始まり、末尾に足利将軍家の栄華を北野天神ゆかりの梅と松になぞらえたという書名の由来を記す。内容は*承久の乱から始まり、*正中・*元弘の変をへて、建武政権の成立・瓦解を論じたのち、*新田義貞《にったよしさだ》の越前金崎《かねがさき》落城までを語り、最後に*夢窓疎石《むそうそせき》による尊氏讃辞などを載せる。本書は、たとえば「天下一統」の世になったはずの元弘三年（一三三三）も、「公家と武家水火の陣」のまま暮れていったとするなど建武政権の実態を的確に表現している点、また『*太平記』などの他書ではみられない、*湊川《みなとがわ》の戦い前における*楠木正成《くすのきまさしげ》の興味深い言動を載せていることなどから、歴史史料としても高く評価されている。伝本は古本系と流布本系に分かれるが、『新撰日本古典文庫』は古本系の寛正本と流布本系の延宝本の二本を収め、『*群書類従《ぐんしょるいじゅう》』（合戦部）本は流布本系である。

［文献］ 加美 宏『新撰日本古典文庫梅松論』解説（現代思潮社、一九七五）、小秋元段『太平記・梅松論の研究』（汲古書院、二〇〇五）。 （樋口州男）

樵談治要《しょうだんちよう》 文明一二年（一四八〇）七月、*一条兼良《いちじょうかねよし》が室町幕府九代将軍*足利義尚《よしひさ》の求めに応じて著した政治意見書、政道書。一巻。末尾に「樵夫も王道を談ずといふは、いやしき木こりも王者のまつりごとをば語心也。今八ケ条をしるせる事は、（略）大八島の国を治給ふべき詮要たるによりて」と、書名の由来が記されている。摂政・太政大臣・関白を歴任し、文化人としても著名な兼良は、当時七九歳の高齢で、翌年四月に死去。なお前年も義尚に対し、道徳面を重視した政道書『文明一統記』を呈上している。内容は「神をうやまふべき事」以下、八ケ条からなるが、なかでも、幕府の裁定・下知にも従うことなく、「他人の所帯を押領し、富に富をかさね」て領主化を進めていく守護を非難した第三ケ条、*応仁の乱頃から、いよいよ活動が目立つようになった足軽を、「超過したる悪党」「ひる強盗」と口をきわめて非難した第六ケ条、日本は「女のおさむべき国」として、神功皇后《じんぐうこうごう》・*北条政子《ほうじょうまさこ》などを例にあげて女人政治を肯定した第七ケ条が、よく知られている。なお第七ケ条については、当時の政局を動かしていた義尚の母*日野富子《ひのとみこ》への迎合とみなす説もある。また兼良の子*興福寺僧*尋尊《じんそん》は、父の『樵談治要』献呈について、「犬前の説経、用に立たざる事也」（『尋尊大僧正記』文明一二年八月二九日条）と、義尚を犬にたとえて批判している。『*群書類従《ぐんしょるいじゅう》』雑部に収録。

［文献］ 永島福太郎『人物叢書 一条兼良』（吉川弘文館、一九六七）。 （樋口州男）

太平記《たいへいき》 南北朝の内乱を描いた軍記物語、歴史文学。四〇巻。成立時期、作者は未詳。ただし*今川了俊《いまがわりょうしゅん》の『*難太平記《なんたいへいき》』に載せる『太平記』形成過程関係記事、『洞院公定日記《とういんきんさだにっき》』応安七年（一三七四）五月三日条の「太平記作者」小島法師の死亡記事、さらには永和年間（一三七五—七九）書写の古写本（巻三二相当箇所のみ）の存在などから、いわゆる原『太平記』が、暦応元・延元三年（一三三八）から観応元・正平五年（一三五〇）にいたる間に成立し、その後、長期にわたる削除・訂正・加筆をへて、応安末年から永和年間の頃、現存の四〇巻本の形にまとめられたと推定する説が有力。なお最終的には室町幕府の草創を語る正史、もしくは正史に準ずる書として整備・編纂されたとの見方もある。作者としては、先述の小島法師や『難太平記』に見える*玄恵《げんえ》、恵鎮《えちん》らの名が挙げられているが、彼ら各々の役割については、たとえば玄恵を監修的立場、恵鎮を法勝寺内『太平記』工房の主、小島法師を工房内の協力者の一人とする説、恵鎮とその教団が原『太平記』の作者、小島法師もその教団の一員、玄恵は情報・知識の提供者とする説などがあり、いずれも彼らの死後、その後継者によって書きつがれていったとする。内容は、通常、*後醍醐《ごだいご》天皇の即位に始まり、鎌倉幕府滅亡までの第一部（巻一―巻一一）、建武政権の成立・崩壊から後醍醐天皇の死までの第二部（巻一二―巻二一）、*足利義満《よしみつ》の補佐役として*細川頼之《ほそかわよりゆき》が登場するまでの第三部（巻二三―巻四〇、巻二二は欠落、流布本巻二二は同本作者による仮構）に分けられており、儒教の道義的世界観・仏教的因果応報観によって解釈された第一・二部と非条理の世界を描く第三部との差異などが指摘されている。また悪党に代表されるような変革期の社会における人間像を活写しているとか、南北朝の内乱における死者への鎮魂の書であるなどといった評価・位置付けも注目される。物語僧（談義僧）によって語られ、近世には太平記読《たいへいきよみ》と呼ばれる芸能者も現れて民衆世界にも広まったが、さらには近世の史書・史論にも大きな影響を与え、『太平記』を抜きにして近代史学の成立を語ることはできないとされる。『日本古典文学大系』（古活字本）、『日本古典集成』（同）、『新編日本古典文学全集』（天正本）に収録。また古態本の翻刻には、『神田本太平記』（国書刊行会）、『西源院本太平記』（刀江書院）などがある。

［文献］ 長谷川端編『太平記の成立』『太平記の世界』（汲古書院、一九九八・二〇〇〇）、新田一郎『太平記の時代』（講談社、二〇〇一）、松尾剛次『太平記』（中央公論新社、二〇〇一）、小秋元段『太平記・梅松論の研究』（汲古書院、二〇〇五）。 （樋口州男）

難太平記《なんたいへいき》 足利一門の武将*今川了俊《いまがわりょうしゅん》（貞世《さだよ》）が、今川家の歴史と、*大内義弘《おおうちよしひろ》の室町幕府への反乱、すなわち*応永の乱における自身の立場とを子孫に伝えるために著わした覚書、書き置き。書名は、*『太平記』批判記事も含まれていることから、後人によって名づけられたものである。応永九年（一四〇二）二月成立。本書執筆当時の了俊は、二〇数年もの間、その職にあって絶大な功績をあげた*九州探題《きゅうしゅうたんだい》を解任され、また応永の乱に際し、大内義弘と*鎌倉公方足利満兼《みつかね》との提携をはかったとして、八〇歳近くの老齢で蟄居《ちっきょ》の身となっていただけに、将軍家への忠誠を述べながらも、*足利義満の政治には批判的である。本書には、*足利尊氏の祖父家時《いえとき》が、三代ののちに天下をとらせて欲しいと八幡大菩薩に祈願して自決した際の置文を、了俊も尊氏・*直義《ただよし》兄弟とともにみたという話など、興味深い記事が多く載せられている。なかでも注目されているのは、『太平記』の作者について「宮方深重の者」としていることをはじめとする、『太平記』の作者・成立・増補過程に関する記事である。なお「宮方深重の者」の文言については、『太平記』の作者が南朝方に心を寄せる者であるため、記述も南朝寄りになっているとして、北朝方の了俊が批判したものと解釈されがちだが、これに対しては、作者は宮方よりも武家方に近い位置にいるにもかかわらず、「宮方深重の者」の執筆と思われるほど、今川一族の武功・忠節の記事に不備が多いことを批判したものと解釈する説など反論が多い。*『群書類従《ぐんしょるいじゅう》』合戦部、『新校群書類従』一七巻、『中京大学文学部紀要』四一・四二巻などに収録。

［文献］ 川添昭二『人物叢書 今川了俊』(吉川弘文館、一九六四)、桜井好朗『中世日本人の思惟と表現』(未来社、一九七〇)、市沢哲「『難太平記』二つの歴史的射程」(『文学』三―四、二〇〇二)。

(樋口州男)

義経記《ぎけいき》 *源義経《よしつね》の生涯を描いた八巻からなる軍記物語。*『平家物語』とは異なり、源平合戦における英雄的活躍の場面はほとんどなく、平治の乱で父義朝《よしとも》が敗死し、鞍馬寺に預けられてからの数奇な幼少期、平氏追討の大功をあげながらも兄*頼朝《よりとも》に追われ、奥州で最期をとげる悲劇的後半生を中心とする義経個人の一代記的性格が強いことから、準軍記物語とも呼ばれている。室町時代の成立。諸本は判官物語・流布本・よしつね物語の三系統に分けられ、さらにそのうち最も古態を残す判官物語から流布本に続く系列と、よしつね物語に続く系列との二系列に分かれるなどと推定されている。作者については未詳だが、各地で別々に発生した義経関係の物語が京都でまとめられ、とくに後編の主要部分には熊野信仰を背景とする奥州系の語りが想定されるとした、一九二六年発表の柳田国男の説は、以後の研究に多大な影響を与えた。なお通説では、『義経記』成立の背景に、不遇な英雄義経に対して同情・愛惜の念を寄せる、いわゆる判官びいきの庶民感情を見出し、のちの判官物といわれる謡曲・幸若舞・古浄瑠璃などに強い影響を与えたと評価されている。しかし、これに対しては、『義経記』享受の割合は江戸時代に入ってから大きな意味をもつようになるとみなし、中世の義経伝説における『義経記』の役割をそれほど重視しない説も提起されている。「岩波文庫」・『日本古典文学大系』・『日本古典文学全集』などに収める。

［文献］ 高橋富雄『義経伝説』(中央公論社、一九六六)、村上学編『義経記・曾我物語』(国書刊行会、一九九三)、梶原正昭編『曽我・義経記の世界』(汲古書院、一九九七)、角川源義・高田実『源義経』(講談社学術文庫、二〇〇五)。

(樋口州男)

明徳記《めいとくき》 明徳二年(一三九一)、*山名氏清《やまなうじきよ》と、その甥で女婿の同満幸《みつゆき》が、将軍*足利義満《よしみつ》に反旗をひるがえした事件、すなわち*明徳の乱を描いた軍記物語。作者は未詳だが、幕府側の視点にたって叙述され、義満の仁政を称えて結ばれていることなどから、義満近侍の者とみられている。また戦場で武士の最期を見届け、その様子を遺族に伝えるなどの役割を果たした*時宗《じしゅう》の僧も、情報提供者として成立に関わったと推定されている。成立時期は乱の翌年の明徳三年夏から同四年冬までとするのが有力。なお応永三年(一三九六)には、作者自身によって、満幸誅殺記事の増補をはじめ、初稿本の訂正加筆が行われている(再稿本の成立)。全三巻のうち、上巻は乱の要因と最初の戦闘「一条大宮ノ一番ノ軍」、中巻は二度目の戦闘「内野口ノ二度メノ軍」を、それぞれ中心に描き、下巻は乱後の情勢、敗れた山名方関係者にまつわる話を語ったのち、戦場跡で夜な夜な「修羅闘諍ノ声」が聞えるため、義満が戦死者の供養を営んだ話を載せている。*『看聞日記』応永二三年七月三日条には、「山名奥州謀反事一部」が*『太平記』と同様、物語僧によって語られていたことが見えるが、その『太平記』のもつ現実主義的な文学基調と、『平家物語』のもつ語り物としての抒情性との合流に、本書の文学史的意味を求める見方もある。＊『群書類従《ぐんしょるいじゅう》』合戦部には初稿本系統、「岩波文庫」には再稿本系統を収める。

［文献］ 和田英道『明徳記・校本と基礎的研究』（笠間書院、一九九〇）、長谷川端編『承久記・後期軍記の世界』（汲古書院、一九九九）。

（樋口州男）

曾我物語《そがものがたり》 建久四年（一一九三）五月、曾我十郎祐成《すけなり》・五郎時致《ときむね》兄弟が富士野の狩場において、父河津祐通《かわづすけみち》（祐泰《すけやす》・祐重《すけしげ》とも）の仇、工藤祐経《くどうすけつね》を討ち取った事件に題材をとった軍記物語。伝本は真名本と仮名本の二系統に分かれるが、真名本が古態を示す。なお真名本のうち、最古の妙本寺本を転写した本門寺本を、さらに簡略化して訓み下した訓読本（大石寺本）を独立させて三系統とする場合もある。真名本は一〇巻、仮名本は一〇巻と一二巻。作者・成立時期は未詳だが。現存真名本については、関東の時衆教団の手によって鎌倉末期、あるいは＊浄土宗鎮西流名越派の周辺で一四世紀後半から一五世紀初期、に成立したなどの諸説がある。また敵討ち事件後のまもない時期から遊行巫女（瞽女《ごぜ》）によって語られていた、兄弟の怨霊鎮魂のための曾我語りを想定し、それが伊豆山・箱根山の唱導僧の手で真名本へと成長していったとも説かれている。一方、現存仮名本については、最古態の太山寺本が一四世紀後半に成立したほか、多くの諸本は室町時代後期以降、京都で成立したと推定されている。真名本の特色としては、たとえば関東の地理や武士団の動向に詳しいことから、その在地的な性格が指摘されているが、鎌倉幕府成立期の歴史、とくに＊源頼朝《よりとも》の王権の問題などにも重要な素材を提供するものとして注目されている。これに対して仮名本は、いわゆる曾我物として謡曲や歌舞伎などにうけつがれ、後世に大きな影響を与えた。『貴重古典籍叢刊』（真名本）、『日本古典文学大系』（仮名本）、『新編日本古典文学全集』（訓読本）、『東洋文庫』（真名本の訓み下し体）に収録。

［文献］ 坂井孝一『曽我物語の史実と虚構』（吉川弘文館、二〇〇〇）、村上 学編『義経記・曾我物語』（国書刊行会、一九九三）、梶原正昭編『曽我・義経記の世界』（汲古書院、一九九七）、福田 晃『曽我物語の成立』（三弥井書店、二〇〇二）、會田 実『「曾我物語」その表象と再生』（笠間書院、二〇〇四）。

（樋口州男）

応永記《おうえいき》 応永六年（一三九九）、＊大内義弘《おおうちよしひろ》が和泉国堺で挙兵、室町幕府に対して反乱を起こした事件、すなわち＊応永の乱の経過を記した軍記物語。異本に『大内義弘退治記』もあるが、義弘は逆賊としてではなく、文武にすぐれ、孝や礼に篤い武将として描かれている。一巻。著者・成立年とも未詳だが、異本『堺記』の名が＊『看聞日記』永享六年（一四三四）二月九日条に見える。内容は、応永六年、彗星の南方出現をもって、陰陽師が大兵乱を予告した頃、堺に到着した義弘が、そのままとどまって上洛せず、謀反の風聞が立つところから始まり、すでに嫡子＊義《よし》持《もち》に将軍職を譲りながら、なお政治の実権を握っていた＊足利義《よし》満《みつ》自身の出陣、激しい攻防戦などを描いたのち、義弘の討ち死や、堺の町が焦土と化したことを記して終わる。短編ながら、幕府使者としての＊禅僧絶海中津《ぜっかいちゅうしん》による義弘説得、将軍直属の御馬廻衆のこと、美濃垂井《みのたるい》の土一揆、武士倫理のあり方など興味深い記事も多い。本書の特色は、先行する軍記物語＊『明徳《めいとく》記《き》』や異本『堺記』との比較を通じて説明される場合が多く、『堺記』が『明徳記』の語りもの的性格をうけついでいるのに対し、本書は記録性が強い叙述になっているというのも、その一つである。また『堺記』には、義満の崇敬する社寺の霊験・奇瑞を述べたり、義満の代への寿祝の言葉で結ぶなど、義満への迎合的な記事が多いのに対し、『応永記』の場合、その享受者として国人層が推定できるというのも同様である。『応永記』は『*群書類従《ぐんしょるいじゅう》』合戦部、『堺記』は『駒沢国文』四・五にそれぞれ収める。

［文献］加地宏江『中世歴史叙述の展開』（吉川弘文館、一九九九）、長谷川　端編『承久記・後期軍記の世界』（汲古書院、一九九九）。

（樋口州男）

応仁記《おうにんき》　応仁元年（一四六七）から文明九年（一四七七）にいたる*応仁・文明の乱を描いた軍記物語。記録性に富み、当時の政治的・社会的情勢、乱の意義、合戦の様子などを知る上で好史料。一巻本・二巻本・三巻本の三系統がある。このうち長享二年（一四八八）以後、あるいは大永三年（一五二三）に近い頃の成立とされる一巻本が最も古く、かつて、乱後まもない時期の成立とされた三巻本は、一六世紀末の編纂と考えられるようになった。作者は京都在住の公家出身の僧侶とも推定されているが未詳。一巻本は、巻頭に梁の宝誌《ほうし》和尚作という『野馬《やま》台詩《たいのし》』の百王思想に基づく序をおき、これに『野馬台詩』本文とその注解が続いたのち本題に入るが、百王ののちに現れた犬猿の英雄、すなわち戌《いぬ》歳生まれの*細川勝元《ほそかわかつもと》と申《さる》歳生まれの*山名《やまな》宗全《そうぜん》(持豊《もちとよ》)の対立として大乱をとらえている。なお二巻本は、『野馬台詩』本文とその注解を欠き、三巻本には『野馬台詩』関係記事は見えない。ふつう『応仁記』といえば*三巻本を指すことが多いが、同本巻一では乱前における将軍足利義政《よしまさ》の政道の不正や大乱の要因、巻二では細川勝元の挙兵、洛中所々での合戦などが語られ、巻三は細川勝元・山名宗全の東西両軍主将の死、参戦した大名・武士らの帰国を記して終わる。一巻本は『古典文庫』、三巻本は『*群書類従《ぐんしょるいじゅう》』合戦部にそれぞれ収める。また三巻本の現代語訳として志村有弘『応仁記』（勉誠社、一九九四）もある。

［文献］松林靖明『室町軍記の研究』（和泉書院、一九九五）、長谷川　端編『承久記・後期軍記の世界』（汲古書院、一九九九）。

（樋口州男）

(四) 建築・庭園

東山山荘《ひがしやまさんそう》　足利義政《よしまさ》の山荘。義政の死後は、*慈照寺と号す。義政は、寛正六年（一四六五）に、南禅寺恵雲院の地に山荘を計画し、翌年には造営のため近衛邸の指図《さしず》を借用しているが、*応仁・文明の乱の勃発によって実現にはいたらなかった。再度、山荘造営が開始されたのは、文明一四年（一四八二）であり、*足利義視《よしみ》が住み応仁の乱で焼失していた天台宗浄土寺の跡地に建てられた。文明一五年（一四八三）六月に、常御所《つねのごしょ》が完成すると義政は移徙し、その後、山荘は義政ともども東山殿と呼称された。山荘造営は、義政の死まで継続し、その間、造営費は*守護大名に課せられ、造営人夫役は、山城《やましろ》国近隣の民衆から徴発された。文明一八年（一四八六）には*東求堂《とうぐどう》が現在とほぼ同じ位置に、会所が東求堂の西南、現在の本堂前銀沙灘《ぎんしゃだん》の位置に落成した。山荘内には、泉殿から弄清亭《ろうせいてい》、漱癬《そうせん》亭を経て月待山山麓にあったと推定される西指庵《せいしあん》にいたる諸建造物も建てられた。ほかに釣殿「釣秋《ちょうしゅう》亭」、船舎「夜泊《よどまり》船」や龍背《りゅうはい》橋なども造立された。観音殿*（銀閣）は長享三年（一四八九）に上棟、延徳二年（一四九〇）落成を見ずに義政は没した。山荘内の建物群は寝殿をもたないために、義政晩年の会所を中心とした数奇《すき》・芸能の場としてとらえられてきたが、近年では*義《よし》満《みつ》における北山第と同様、執務の場の役割を果していたことが指摘されている。

［文献］　赤松俊秀他『金閣と銀閣』（淡交新社、一九六四）、森田恭二『足利義政の研究』（和泉書院、一九九三）、「特集　東山殿と足利義政」（『日本史研究』三九九、一九九五）。（錦　昭江）

慈照寺《じしょうじ》　*足利義政《よしまさ》が建てた*東山山荘のこと。延徳二年（一四九〇）、義政の死後、その遺志によって禅寺となり、義政の法号にちなんで慈照寺と号した。現京都市左京区に所在、*臨済宗相国寺派の寺院に属す。通称銀閣寺。天文一六年（一五四七）、*足利義晴《よしはる》が居住していたことから三好の軍勢に攻められ、かなり建物は破壊された。その後、永禄四年（一五六一）にかけて、浄土寺村・中尾城・瓜生山城をめぐる攻防の中で、建物は破壊され、*東求堂《とうぐどう》・観音殿*（銀閣）を残すのみとなった。元和元年（一六一五）宮城豊盛《みやぎとよもり》の援助により方丈を造営するとともに、観音殿・東求堂・庭園の修理を行い、さらに寛永一六年（一六三九）には、大修築が行われた。なお、現存の向月台と銀沙灘は、近世の造営である。（錦　昭江）

銀閣《ぎんかく》　東山山荘内にある建造物のひとつ。造立当時は観音殿と呼称される、銀閣は通称。西芳寺《さいほうじ》の瑠璃殿を模して、*足利義《よし》政《まさ》の晩年建てられたもので、東山山荘の諸建造物のうち、最後に建設された。長享三年（一四八九）二月立柱上棟。延徳二年（一四九〇）一月に足利義政が死去した時点で、ほぼ造営工事は完成に近づいていたと推定される。二階建、方形造。屋根は柿《こけら》葺《ぶき》で銅製の鳳凰を飾るが、造立当初は檜皮葺《ひわだぶき》で宝珠をのせていたと推定される。二階部分は内外とも黒漆塗であり、当初から銀箔は計画にもなかったと推定される。また、銀閣は他から移築したとの説もある。（錦　昭江）

心空殿《しんくうでん》　観音殿（銀閣）の第一層部分。心空殿の呼称は、延徳元年（一四八九）横川景三《おうせんけいさん》が撰した「心空及第帰」という禅語に基づき、題字も横川が書いた。*東求堂《とうぐどう》と同様、*書院造。正面四間、側面三間。巡縁を設け、建具は腰高明障子と引違板戸。内部は板張りで、天井は板張鏡天井。（錦　昭江）

潮音閣《ちょうおんかく》　観音殿*（銀閣）の第二層部分。禅宗様。三間四方。窓は花頭窓《かとうまど》。出入り口には唐桟戸。内部の唐様須弥壇《からようしゅみだん》には観音像を祀る。（錦　昭江）

東求堂《とうぐどう》　*東山山荘内にある建築物のひとつ。*足利義政《よしまさ》の持仏堂として建てられたといわれる。文明一七年（一四八五）造営開始、翌年六月完成。内部は三間半四方で、西南の仏間には阿弥陀仏を安置、堂の障子画は*狩野正信《かのうまさのぶ》に命じて十僧図を描かせ、堂の前には蓮を植えたと伝えられる。西北側には六畳間があり、その隣室には*同仁斎《どうじんさい》と呼ばれる部屋が設けられており、両間とも文芸の場であったと推定される。屋根は入母屋造、檜《ひ》皮葺《わたぶき》。東求堂の名は、横川景三《おうせんけいさん》と亀泉集証《きせんしゅうしょう》らが撰進した候補のなかから、「東方の人、念仏して西方に生ずるを求む」にちなんで東求堂と名づけられたといわれ、その題字は益之集箴《えきししゅうせい》が書く。天正一三年（一五八五）から慶長一七年（一六一二）まで前関白・太政大臣近衛前久《このえさきひさ》が居住していた。（錦　昭江）

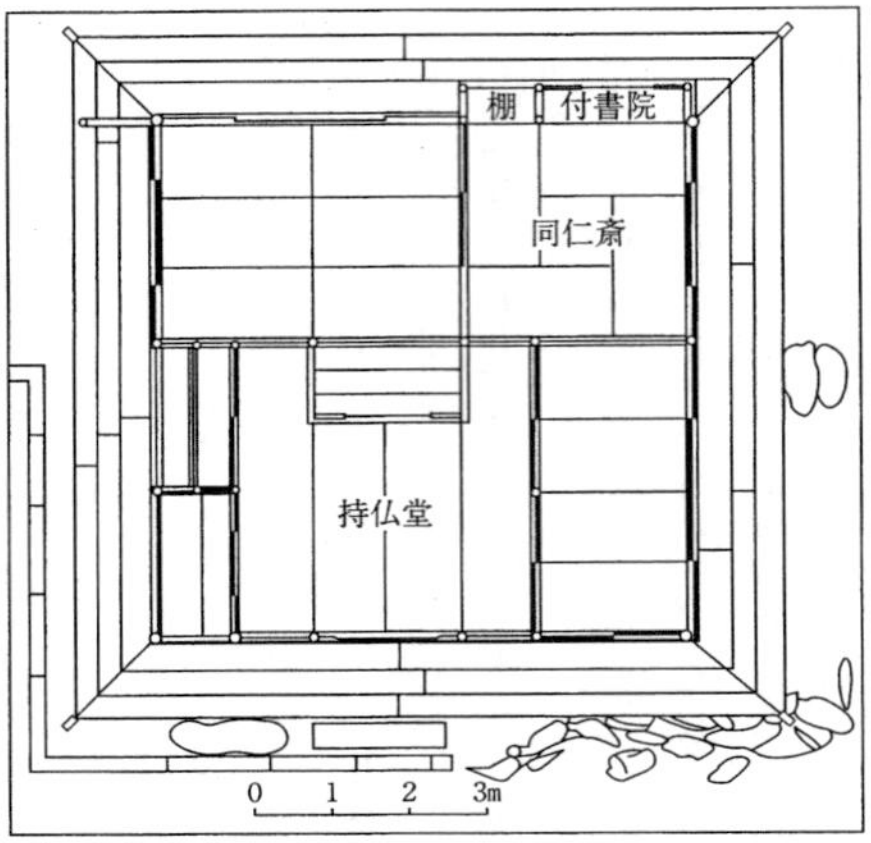

東求堂
「国宝慈照寺東求堂修理報告書」（京都府教育委員会）による。

同仁斎《どうじんさい》 *東求堂《とうぐどう》内に東北側に所在する部屋。四畳半に付書院と棚がつく。付書院には、『東山殿御飾記』に筆・硯・天台など文具のほかに、歌書・書巻が置かれていたと記され、二重棚にも、茶湯道具が置かれたとされる。また、同じく棚には、*義政《よしまさ》が亀泉《きせん》に命じてそろえさせた漢詩文集なども置かれた。室内には、囲炉裏も切られていた。同仁斎の名は「聖人は一視して同仁」の語からつけられた。住宅遺構としては最も古く、書院造が完成する前の建築様式を伝える貴重な遺構とされる。

（錦　昭江）

金閣《きんかく》 応永四年（一三九七）*足利義満《よしみつ》が造営した北山山荘の建造物の一つ。舎利殿《しゃりでん》と呼ばれ、金閣は通称。西芳寺《さいほうじ》の舎利殿を模して、座禅の場として建てられたと推定される。鏡湖池辺に建てられた三重の楼閣建築で、『翰林葫蘆集』には、「黄金の台を築き、鉄鳳上に翔り、拱北楼に架す長虹空に横たはる」とあり、建築当初から金箔を施していたことがうかがえる。建造当初は、舎利殿の北に天鏡閣と呼ばれる建物があり、天鏡閣の二階と廊下で舎利殿とは通じていた。第一層は寝殿造風、第二層は和様、第三層は禅宗様であり、住宅と仏堂の建築様式が複合する。また、第一層には西側に漱清《そうせい》と呼ばれる釣殿《ちょうでん》風の建物がつく。最上層には*後小松《ごこまつ》天皇宸筆の究竟頂《くっきょうちょう》の額が掲げられている。第二層は潮音洞《ちょうおんどう》と呼ばれ観音像を祀り、第一層は後世法水院と呼ばれた。

［文献］ 赤松俊秀ほか『金閣と銀閣』（淡交新社、一九六四）、『金閣と銀閣』（週刊朝日百科 日本の歴史16、朝日新聞社、一九八六）。

（錦　昭江）

鹿苑寺《ろくおんじ》 *足利義満《よしみつ》が造営した北山第のこと。義満が没した後、北山第には、義満夫人日野康子《ひのやすこ》が住していたが、応永二七年（一四二〇）康子の死後、義満の法号である鹿苑院にちなんで鹿苑寺とし、*夢窓疎石《むそうそせき》を開山として禅寺となった。現京都市北区に所在。*臨済宗相国寺派。翌年、将軍*義持《よしもち》は、北山第の寝殿を南禅院に、懺法堂《せんぽうどう》を等持寺に、公卿の間は*建仁寺に移築した。将軍*義政《よしまさ》は、たびたび同寺を訪問し、庭園を中心として北山第の整備につとめたが、*応仁・文明の乱後、同寺はかなり荒廃し、建造物は*金閣のみとなった。天文六年（一五三七）には、住持梅叙法霖《ばいじょほうりん》が修復を行う。さらに天正一七年（一五八九）西《さい》笑承兌《しょうしょうたい》によって復興が着手され、慶長一〇年（一六〇五）には*徳川家康も、鹿苑寺の復興につとめた。さらに慶安二年（一六四九）鳳林章承《ほうりんしょうしょう》によって庭園の改修も行われている。夕佳《せっか》亭《てい》は、慶長年間（一五九六〜一六一五）に金森宗和《かなもりそうわ》によって建てられたものである。昭和二五年（一九五〇）七月、火災のため金閣は焼失したが、昭和三〇年（一九五五）復元・再建される。（錦　昭江）

書院造《しょいんづくり》　日本の伝統的な住宅様式の一つ。近世の基本的武家住宅の様式でもある。寝殿造《しんでんづくり》から発展した住宅様式ではあるが、屋内がふすま障子・明障子・杉戸などで間仕切が細分化することを特徴としており、室内でいえば、天井ができ、角柱が主となり、畳を部屋に敷き詰める。また、座敷飾りとして床・棚・付書院がつくなどの特徴をもつ。*慈照寺東求堂同仁斎がその最も早期の例として知られる。なお、付属する出窓形式の机を付書院といい、当初は付書院を備えた禅僧の居間兼書斎としての機能をもつ部屋をさしたが、江戸時代には、対面儀礼を行う場である書院をもつ建物全体をさすようになった。室町時代末には、寝殿・会所・常御所の機能をあわせもった主殿《しゅでん》が登場し、新たに建物に玄関が付属するようになる。さらに織豊政権期には、*二条城二の丸書院に代表されるように、主殿が発展し、床の間・付書院・棚・帳台構えなど座敷飾を付随した上段の間と二の間・三の間が連続する大広間型の豪壮な建築物を書院と呼ぶようになった。近世初期には、茶室建築の要素が一般の住宅建築にも盛り込まれ、さらには、明暦の大火以降の住宅倹約奨励策のなかで、豪奢な書院造の建築様式は簡素化されて、間仕切・畳・床の間・棚などの書院造の要素が、住宅様式として後世に継承されるようになった。

[文献]　太田博太郎『書院造』（東京大学出版会、一九六六）。

（錦　昭江）

会所《かいしょ》　室町時代の公家や上級武家の邸宅にある社交・遊興のための集会用建物。平安中期『本朝文粋』に見られるのが早い事例。鎌倉期には和歌や連歌会の会場として使用されたが、まだ、専用の建物や室はなく、既存建物を臨時の会合場所として使用していた。室町期には、連歌会や茶寄合・花合せなどさまざまな寄合の場として使用されるようになり、当初は建物の一部であったが、永和四年（一三七八）*足利義満《よしみつ》の室町殿に会所が設けられているように、しだいに独立した建造物となった。室内は押板《おしいた》・棚・付書院が備えられ、唐絵《からえ》や唐物道具《からものどうぐ》を室内に飾ることが一般的となっていった。これらは、会所ばかりでなく、ほかの室内に波及し、*書院造の源流となっていった。

[文献]　川上貢『日本中世住宅の研究』（墨水書房、一九六七）、村上康彦「会所の美学」（『週刊朝日百科 日本の歴史16、金閣と銀閣』朝日新聞社、一九八六）。

（錦　昭江）

永保寺開山堂《えいほうじかいさんどう》　永保寺は岐阜県多治見市に所在する*臨済宗南禅寺派の寺院。正和二年（一三一三）*夢窓疎石《むそうそせき》が、土岐頼氏《ときよりうじ》の保護のもと土岐川に臨む地に古谿庵《こけいあん》を営なみ、翌年観音閣を建てたのが起源。開山は元翁本元《げんのうほんげん》。夢窓疎石は、文保元年（一三一七）まで同寺に滞在する。中世の遺構としては、観音堂と開山堂および庭園が現存する。開山堂は、元翁本元をまつる塔所であり、昭堂と祀堂部分からなり、祀堂は貞和三年（一三四七）、昭堂部分は一四世紀末〜一五世紀前期のものとされる。祀堂は、一間四方、裳階付の禅宗様建築で、屋根は入母屋造《いりもやづくり》、檜皮葺《ひわだぶき》、内部に宝篋印塔《ほうきょういんとう》一基と元翁本元・夢窓疎石の頂相《ちんそう》を安置する。昭堂は、三間四方、入母屋造、檜皮葺で、相の間で祀堂とつながる。昭堂は、禅宗寺院の開山堂建築としては、最古の例であり、禅宗様建築の特徴をもつ。国宝。

［文献］ 玉村竹二『夢窓疎石』（平楽寺書店、一九五八）、川上 貢ほか編『禅院の美術』（学習研究社、一九七九）。 （錦 昭江）

興福寺東金堂《こうふくじとうこんどう》 聖武《しょうむ》天皇が元正《げんしょう》天皇の病気平癒を願って神亀三年（七二六）、薬師三尊像を本尊として、金堂の東南に五重塔とともに造立されたと推定される。北部・西部は回廊が、東部と南部は築地《ついぢ》で五重塔とともに囲まれており、五重塔とともに「東院仏殿院」とされた。寛仁元年（一〇一七）落雷で焼失、永承元年（一〇四六）火災で焼失、治承四年（一一八〇）＊平重《しげ》衡《ひら》の南都焼打のため東大寺とともに興福寺は完全に焼失、文和五・正平一一年（一三五六）落雷で焼失、応永一八年（一四一一）落雷によって焼失と、焼失と再建を繰り返した。その後、応永二二年（一四一五）までには再建されたもので、これが現在の東金堂にあたる。再建にあたっては、そのつど旧状を復元したと推定され、木割が太く、天平の古様を伝える復古式建築の典型的な例とされる。建物は桁行七間（三三・四八メートル）、梁間四間（一二・九六メートル）の一重寄棟造。内陣には漆喰塗の仏壇がある。昭和一二年（一九三七）解体修理の際に、中央の本尊台座の中から仏頭と仏手が発見されている。これは＊治承・寿永の内乱後、東金堂本尊として山田寺本尊を移したものである。現在は、堂内に四天王立像・薬師如来坐像・板彫十二神将立像を安置。国宝。

［文献］『奈良六大寺大観7』（岩波書店、一九六九）、『名宝 日本の美術3 興福寺』（小学館、一九九〇）。 （錦 昭江）

興福寺五重塔《こうふくじごじゅうのとう》 光明《こうみょう》皇后が天平二年（七三〇）に、金堂の東南に東金堂とともに造営。北部・西部は回廊が、東部と南部は築地《ついぢ》で五重塔とともに囲まれており、五重塔とともに「東院仏殿院」とされた。寛仁元年（一〇一七）落雷で焼失、永承元年（一〇四六）火災で焼失、治承四年（一一八〇）＊平重衡《たいらのしげひら》の南都焼打のため東大寺とともに興福寺も完全に焼失、文和五年（一三五六）落雷で焼失、応永一八年（一四一一）落雷によって焼失と、焼失と再建をくりかえした。現在の五重塔は、応永三三年（一四二六）上棟で再建されたものである。花崗岩の壇上積基壇の上に建ち、中央間三・〇メートル、全高五〇・一〇メートル。高さでは、東寺に次ぐ日本第二の塔となる。東金堂とともに木割が太く、古様を取り入れた建築手法をとる。明治維新の廃仏毀釈《はいぶつきしゃく》で、一時売却されたが、破壊は免れた。堂内には、東方に薬師三尊像、南方に釈迦三尊像、西方に阿弥陀三尊像、北方に弥勒三尊像を安置する。国宝。

［文献］『奈良六大寺大観7』（岩波書店、一九六九）、『名宝 日本の美術3 興福寺』（小学館、一九九〇）。 （錦 昭江）

枯山水《かれさんすい》 水を用いない庭園様式。「からせんずい」「こせんずい」とも読む。『作庭記』によると「池もなく遣水もなき所に石をたつる事」であり、片山の岸や野筋などにつくられた庭と定義されている。＊応仁・文明の乱以前における枯山水は池泉庭園の一部として作庭されたものであったが、応仁の乱前後より、建造物の前庭や広場を利用して、平面構成の独立した枯山水庭園が出現するようになってきた。これらは多く禅宗寺院の書院などに作庭され、従来の庭園のように遊楽・散策などの実用的要素をもたないのが一般である。現在、枯山水庭園で古態をよく残しているいちばん早い例としては、西芳寺上部庭園の石組が知られる。枯山水の庭園では、砂をもって海水や河川を、石組をもって山や滝を、刈込の植栽をもって遠山を表現するように、限定された空間を用いた象徴的表現を特色とする。その寓意は、縮景・神仙境・禅の心象風景などさまざまである。

［文献］ 重森三玲『枯山水』（河原書店、一九六五）、吉川 需『日本の美術 枯山水の庭』（至文堂、一九七一）。 （錦 昭江）

竜安寺石庭《りょうあんじせきてい》 竜安寺は、宝徳三年（一四五一）＊細川勝元《ほそかわかつもと》が、徳大寺氏から同地を譲り受けて、妙心寺義天玄詔《ぎてんげんしょう》を招いて建立した。＊応仁・文明の乱では同寺が焼失すると、長享二年（一四八八）勝元の子政元《まさもと》が、同寺を再興する。庭園については、作庭年代および作庭者に諸説ある。作者として比定されるのは、細川勝元・＊相阿弥《そうあみ》・＊夢窓疎石《むそうそせき》・金森宗和《かなもりそうわ》らのほか、庭中の石に刻まれた小太郎・彦二郎を作庭者にあてる説もある。庭園は、方丈前庭に造営され、一〇二坪の長方形で土塀で囲まれている。なお、土塀は、昭和五三年（一九七八）に瓦葺《かわらぶき》から柿葺《こけらぶき》に復元された。白砂の上に大小一五の石を配置するほか、一木一草も用いない、当時としては斬新な構図である。その寓意も、海洋の島々や、虎が子を負って夜中に河を渡るの故事から「虎の子渡し」とも呼称される。

［文献］ 重森三玲『日本庭園史大系』（社会思想社、一九七五）。 （錦 昭江）

西芳寺庭園《さいほうじていえん》（苔寺《こけでら》） 西芳寺の前身である西方寺は、天平年中行基《ぎょうき》の開創とも伝えられるが、安元二年（一一七六）延朗《えんろう》上人によって池が改修され、また、建久元年（一一九〇）には、中原師員《なかはらもろかず》と延朗上人が寺を西方浄土と厭離穢土《おんりえど》の二寺に分け再興したとの記録がある。暦応二年（一三三九）＊夢窓疎石《むそうそせき》が、禅寺西芳寺に改めて創建。庭中に無縫塔《むほうとう》・瑠璃殿《るりでん》などの堂宇を設けた。現在の西芳寺庭園池泉部分約五二〇〇坪は、地割は平安期の様式をよく残し、夢窓疎石以前の作庭であると推定される。池は黄金池といい、船舎は合同船と名づけた。庭内には、

竜安寺石庭

湘南亭と潭北亭《たんぼくてい》の二亭があった。また、後山の頂上には縮遠《しゅくえん》亭《てい》を設け、その登り口を向上関と名づけ、その途上には指東庵《しとうあん》をつくった。これらの意匠は、*足利義政《よしまさ》によって、*東山山荘の構想に大きく影響を与えている。上部庭園は、数段の枯滝石組みで構成されており、これは厭離穢土寺の遺構とされる。疎石創建の建造物はすべて*応仁・文明の乱で焼失してしている。なお、苔寺として著名になるのは後世のことである。

［文献］ 重森三玲『日本庭園史大系』（社会思想社、一九七五）。（錦 昭江）

天竜寺庭園《てんりゅうじていえん》 *天竜寺の所在する亀山付近は、天延三年（九七五）も前中書王兼明《かねあき》親王の山荘があり、『本朝文粋《ほんちょうもんずい》』にも蓬萊式の庭園が造営されていたことが確認される。その後、亀山殿と呼称される*後嵯峨《ごさが》上皇の仙宮御所が置かれた。この仙洞御所時代の池庭については*『徒然草《つれづれぐさ》』にも登場する。暦応二年（一三三九）*足利尊氏《たかうじ》が、*後醍醐《ごだいご》天皇の冥福祈願のため、*夢窓疎石《むそうそせき》を開山として、この御所を天竜寺と改めた。池泉の大部分は平安期の手法を踏襲するものであると推定され、石組みは仙洞御所時代に築かれ、天竜寺創建時に改修を加えたものと考えられる。一二〇〇坪におよぶ池泉舟遊式庭園で、庭内には、築山を設け、滝は二段落ちとし、竜門式で鯉魚《りぎょ》石を中段に上げ「鯉魚天に昇って竜と化する」を表現する。この石組みは『作庭記』にのっとったものではないので、鎌倉後期、*蘭渓道隆《らんけいどうりゅう》が作庭したとの説もある。

［文献］ 重森三玲『日本庭園史大系』（社会思想社、一九七五）。（錦 昭江）

大徳寺庭園《だいとくじていえん》（大仙院《だいせんいん》） 永承六年（一五〇九）古岳宗亘《こがくそうこう》が、父六角政頼《ろっかくまさより》の菩提追福のため開基。書院は永承一〇年（一五一三）に上棟されており、庭園も同時期に作庭されたと推定されている。伝承では、相阿弥《そうあみ》作庭と伝えられるが、確認はできない。庭園は、三一坪余であり、書院の東と北側に矩形を配置される。書院の東北角に、近景・中景・遠景の山岳を表現する山水画式庭園。山岳を表現する立石から右手に枯滝を三段落ちに組み、石橋を架け、下流には石舟を浮かべる。枯滝前に鶴島と亀島があるが、この石のみ花崗岩系山石が用いられているのに対し、ほかの全庭石はいずれも阿波産の緑泥片岩（青石）が用いられているところから、鶴島と亀島のみが古岳宗亘の作庭であり、ほかは天正年間に三淵氏が作庭したものを移築したとする説もある。東部庭園の中間部に昭和三七年（一九六二）、古図に基づいて火頭窓をそなえた廊橋を復元したが、この橋は元和前後に架けられたもので、作庭時にはなかったと推定される。

［文献］ 重森三玲『日本庭園史大系』（社会思想社、一九七五）。（錦 昭江）

河原者《かわらもの》 荘園制社会において、底辺社会の一部分を構成した人々の身分的な呼称。川原者・河原者・瓦者とも表記される。河原など劣悪な条件の土地に居住して、当時の支配層から賤業とみなされていた生業にたずさわり、賤視された人々をいう。『左経記』長和五年（一〇一六）の記録が初見であるが、とくに中世後期に多く出現する。一一世紀、散所民と相違して、河原者の多くは特定の領主を得ず、社会的な奴隷民として生活を営んでいた。おもな生業は、牛馬の屠殺・皮剥、死体の処理・埋葬、弓・弦の製作、汚穢物の清掃、庭園の管理、染色などである。*『日葡辞書《にぽじしょ》』には、獣の皮剥ぎや癩病《らいびょう》の取り締まりにあたるものと規定されており、穢多《えた》とも呼称された。これらの職に従事するところから、不浄の者として賤視されたが、近世幕藩体制下の賤民身分のように、法制上の固定的身分ではなく、慣習的なものにすぎなかった。なかには、*山水《せんずい》河原者のように、造園などの特殊な技術をもって、将軍をはじめ上級公家や武家の庇護をうけるものもあった。

［文献］　林家辰三郎・社団法人部落問題研究所編『部落史に関する綜合的研究』（柳原書店、一九五六）、横井　清『中世民衆の生活文化』（東京大学出版会、一九七五）、脇田晴子『日本中世被差別民の研究』（岩波書店、二〇〇二）。　（錦　昭江）

山水河原者《せんずいかわらもの》　作庭を専門とする河原者。中世後期、上級公家や武家の雑用に使役する*河原者のうち、とくに造園に秀でた河原者が、施主の設計や構想に基づいて、庭石や庭樹を採訪し、石組や植栽など具体的な造園作業に携わったり、庭園の管理を行った。『建内記』正長元年（一四二八）六月一〇日には、「禁中川原者穢多の事なり」とあり、河原者は穢多《えた》と同義であり、不浄の者として散所者よりも卑賤視され禁裏参入を禁じられている。当初は、施主や作庭奉行の指図によって作業するにすぎなかったが、延徳元年（一四八九）の*『鹿苑日録《ろくおんにちろく》』には、山水河原者が施主に陰陽道の知識を披瀝し作庭を説いている記録があるところから、しだいに専門知識をもつ作庭者としての技量を確立していったと考えられる。なかには、*足利義政《よしまさ》に仕えた*善阿弥《ぜんあみ》のように、厚遇された河原者が輩出するようになる。山水河原者は、寛永期小堀遠州《こぼりえんしゅう》に仕えた賢庭《けんてい》が最後とされる。

［文献］　林屋辰三郎・社団法人部落問題研究所編『部落史に関する綜合的研究』（柳原書店、一九五六）、森田恭二『足利義政の研究』（和泉書院、一九九三）、脇田晴子『日本中世被差別民の研究』（岩波書店、二〇〇二）。　（錦　昭江）

善阿弥《ぜんあみ》（？—一四八二？）　*足利義政に仕えた*山水《せんずい》河原者。史料初見は、長禄二年（一四五八）で、蔭凉軒《いんりょうけん》庭園で植栽を命じられているもので、善阿弥七三歳のときのものである。この史料以前の善阿弥については*『看聞日記』などで史料に登場する河原者虎にあてる説もある。長禄三年（一四五九）には、室町殿の作庭の功により五〇〇〇疋を義政から賜り、その翌年には、病に臥す善阿弥に対して、義政が*同朋衆《どうぼうしゅう》春阿弥《しゅんあみ》をつかわし薬を与えているなど手厚い待遇が着目される。寛正四年（一四六三）以降は、*興福寺大乗院の作庭に携わり、文明三年（一四七一）には、興福寺中庭の作庭のため、奈良に長期に滞在もしている。文明八年（一四七六）には内裏学問所南庭の作庭にもあたっている。「山を為し植樹拝　石のこと、天下第一なり」「山を築き水を引くこと、妙手比ぶるに倫無し」と、その造庭技術はしばしば賞賛される。文明一四年（一四八二）九七才に死去したと推定。子小四郎、孫*又四郎《またしろう》も史料で確認される。

［文献］　林屋辰三郎　社団法人部落問題研究所編　『部落史に関する綜合的研究』（柳原書店、一九五六）、芳賀幸四郎『東山文化の研究』（河出書房、一九四五）、外山英策『室町時代庭園史』（思文閣、一九三四、一九七三復刊）。　（錦　昭江）

又四郎《またしろう》（生没年未詳）　*山水《せんずい》河原者。*善阿弥《ぜんあみ》の孫。法名慈福。*『鹿苑日録《ろくおんにちろく》』延徳元年（一四八九）によれば、又四郎は「植樹、拝石、吉凶を擇び月日を選ぶの書なり」を読み、造庭に必要な陰陽五行説にも通じていたことがうかがえる。禅僧にも知識を披見するほど教養ゆたかな又四郎ではあったが、このとき、施主である景徐周麟《けいじょしゅうりん》に「それがし一心に屠家に生まれしを悲しむ、故に物の命は誓うて之を断たず、又財宝は心して之を貪らず」と告げた言葉は、河原者としては破格の厚遇をうけながらも、なお屠家として卑賤視された山水河原者の心情が伝えられる点で注目される。

［文献］横井　清『中世民衆の生活文化』（東京大学出版会、一九七五）。　（錦　昭江）

大工職《だいくしき》　特定の建造物あるいは特定地域内の建造物の造営権。早くは一三世紀後期に法隆寺工事に、大工職の例がみられる。大工職保持者は、当初、木工寮・修理職管理下の官人を起源として、すぐれた*木割《きわり》・設計技術をもち、権大工・引頭などの建築工集団の頂点にたつもので、諸権門に仕え、造営修理すべき建造物の指図を所有し、排他的に造営事業を行った。領主から大工職として補任の形態をとるようになると、反対給付として給田畠や給料を得た。室町期以降、大工職は得分権化・細分化がすすみ、大工職相伝をめぐって相論も多く起こるようになる。また、大工職の世襲化は、しだいに建築技術の低下もまねいていった。中世後期における木割術の発生も、建築技術の水準維持を意図したものと思われる。

［文献］大河直躬『ものと人間の文化史5番匠』（法政大学出版局、一九七一）、遠藤元男『日本職人史の研究V建築・金工職人史話』（雄山閣、一九八五）。　（錦　昭江）

木割《きわり》　建築材の大きさや配置を、実寸法ではなくほかの建築材との比例で示す方法。木砕《もくだき》ともいう。木割を記述した計画書を木割書という。最古の木割書は、「愚志見記」に収録された「三代巻」であり、これは延徳元年（一四八九）の奥書があり、春巌昌椿《しゅんがんしょうちん》・藤原吉定《よしさだ》・藤原縄吉《ただよし》によって書かれたとされる。また、完全な木割書は、慶長元年（一六〇八）の平内吉政《へいのうちよしまさ》・政信《まさのぶ》著の「匠明《しょうみょう》」が挙げられる。どちらも、当初は秘伝であったが、しだいに一般にも流布するようになっていった。木割によって造営された建造物は、規格化されない建材と広大な敷地を必要とするため、主として支配者階級のものに限られた。柱間の数と庇の数で表記される間面記法が採用される。木割は、建築技術のうちのごく基本的な概念を表したもので、建築にあたっては、各大工の経験的な力量が大きな要素を占めていた。なお、木割は、自由な建築意匠を束縛するものとして、否定的な見解もあるが、一般的な建築技術の向上に、とくに地方の職人養成において、貢献するものであったともいえる。

［文献］『建築学大系4日本建築史・東洋建築史』（彰国社、一九五七）、伊藤鄭爾『中世住居史』（東京大学出版会、一九五八）、大河直躬『ものと人間の文化史5番匠』（法政大学出版局、一九七一）。　（錦　昭江）

番付《ばんづけ》　建物を組み立てるために部材につけられた符号。建造物の部材は、あらかじめ番付や符牒をつけることにより、部材を積むだけで建造できるようになった。平城宮朝集殿を唐招《とうしょう》提寺《だいじ》に移築した際の番付が最古のものとして知られる。また、建立当初から付けられた番付としては*興福寺東金堂のものも古い例といえる。番付は方位で示すもの、数字で示すもの、絵で示すものなどがある。室町時代後半には、柱位置に一、二、三と右回りに番号をつけたものが多かったが、桃山期には動物・

幾何文・植物文などで表すものが増え、江戸期には「いろは」と数字を組み合わせたものが一般的なものとなった。また、近世には、一部の部材だけではなく、すべての部材に番付をつけるようになるが、このことによって、精巧な建造物も、分担して建築することが可能となった。

［文献］『建築学大系4日本建築史・東洋建築史』（彰国社、一九五七）。　（錦　昭江）

（五）絵画・工芸

同朋衆《どうぼうしゅう》　室町時代に足利将軍家のもとで諸芸能に従事した人々。僧形で阿弥号をもつため、もとは時衆の徒が南北朝時代の戦乱の中にあって武将に付き従い、遺骸を弔い、場合によっては芸能などを見せて戦陣を慰めたことに由来すると考えられるが、後には必ずしも時衆とは関連がなく、習慣的に阿弥号を称した。室町将軍のもとでの同朋衆の職掌は、取次ぎ、配膳、唐物《からもの》奉行など調度品の管理、将軍への随行など雑多な雑事から、*立花《たてはな》、茶の湯、連歌、絵画などの文化芸術に及び、室町文化の形成に大きな役割を果たした。たとえば、絵画において「阿弥派」と称せられる*能阿弥《のうあみ》（真能）、芸阿弥《げいあみ》（真芸）、*相阿弥《そうあみ》（真相）の三代は唐絵と文具の収集管理を職掌としつつ、自身も優れた唐絵《からえ》（*水墨画）の作家であった。また、*立阿弥《りゅうあみ》をはじめとする同朋衆の花は、一方の池坊の花と人気を競い合った。千阿弥《せんあみ》、智阿弥《ちあみ》、玉阿弥《ぎょくあみ》、平阿弥《へいあみ》などは、茶の湯の同朋であった。同朋衆は身分的には低く、蔑視の対象となったが、技術に秀でた者は「名仁《めいじん》」と評価され、将軍の側近くに侍った。*足利義政《よしまさ》の時期に最も盛んに活動したようである。また、諸大名、大寺院にも同朋衆がいた。江戸時代になると、若年寄配下に位置づけられて雑事に従事したが、芸能の面では、すでにその役割を終えていた。

［文献］村井康彦『花と茶の世界』（三一書房、一九九〇）。　（野村育世）

水墨画《すいぼくが》　墨で描いた絵画。墨絵《すみえ》。中国で生まれた東洋絵画の重要な一ジャンル。墨一色のモノクロームが基本であるが、彩色も否定しない。モチーフは、自然の山川を写す山水画、動植物、人物など、さまざまである。自然をよく観察しながらも、見たままを客観的に描くのではなく、幅が変化する自在な線、墨の濃淡の微妙なグラデーション、筆の勢いや墨の染み方によって偶然生まれる形を生かした表現を用い、時に極端なデフォルメや簡略化も行って、見る人の想像力を刺激し、頭の中でイメージをふくらませる。漢代以前の中国絵画は、もっぱら鬼神など目に見えないものが描かれていたが、漢代になると、山水など目に見えるものを写すようになった。山水画とは、自然の山水に中国伝統の自然観—山は宇宙の身体、岩は骨，水は血，雲霧はその気と観念される生きた自然の秩序—を、人間の営みと一体として描く東洋独特な風景画である。しかし、当初の描き方は輪郭線を引いて中に色を着けるものであり、現代のいわゆる水墨画が創始されるのは、唐代のことである。日本では、一二世紀後半以降、中国の水墨画が渡来僧や中国渡航の禅僧によってもたらされ、寒山拾得《かんざんじっとく》や四君子《しくんし》の花（蘭・菊・梅・竹）などの絵を中心に禅寺で愛好された。また、南北朝時代になると唐物《からもの》趣味が流行し、武家においても輸入されるようになった。当時、水墨画は「唐絵《からえ》」と呼ばれ、室町文化においては伝統の大和絵よりも高い地位を占め、牧谿《もっけい》、梁楷《りょうかい》、馬遠《ばえん》、夏珪《かけい》などの作品が盛んに輸入される一方、日本での制作もはじまった。五山文学が隆盛を見、詩画軸がつくられるようになると、日本でも漢詩に合わせた山水を描くことがはじまり、一五世紀には山水水墨画が流行、*明兆《みんちょう》、*如拙《じょせつ》、*周文《しゅうぶん》、*雪舟《せっしゅう》が登場した。東国の雪村《せっそん》も近年注目されている。以後、江戸時代前半にかけて狩野《かのう》派、長谷川等伯《はせがわとうはく》、海北友松《かいほうゆうしょう》、俵屋宗達《たわらやそうたつ》、尾形《おがた》光琳《こうりん》らが水墨の作品を残しており、江戸時代後半には与謝蕪村《よさぶそん》、池大雅《いけのたいが》、浦上玉堂《うらかみぎょくどう》、長沢蘆雪《ながさわろせつ》、曾我蕭白《そがしょうはく》、円山応挙《まるやまおうきょ》、伊藤若冲《いとうじゃくちゅう》らが出た。「水墨画」の呼称ができたのは近代になってからのことである。

［文献］ シリーズ『水墨画の巨匠』（講談社、一九九四）、島尾新『水墨画と語らう』（新潮社、一九九七）。

（野村育世）

阿弥派《あみは》 室町時代の*能阿弥《のうあみ》（真能）、芸阿弥《げいあみ》（真芸）、*相阿弥《そうあみ》（真相）の親子三代の*同朋衆《どうぼうしゅう》と、その影響を受けた唐絵《からえ》（*水墨画）作家たちを総称して習慣的に称する語であるが、彼らの間で相承された様式的な特徴が明確でないため、美術史研究では「派」と呼ぶにふさわしいとは考えられていない。同朋衆とは室町将軍家に仕えて、雑用をする一方で、諸芸に優れた能力を発揮した者たちである。その作品としては、芸阿弥筆『滝山水図』（根津美術館蔵）や*大徳寺大仙院の襖絵などに少数のものが伝存している。

［文献］ 仲田勝之助『三阿弥』（アトリエ社、一九三九）。

（野村育世）

土佐派《とさは》 室町時代から江戸時代、宮中の絵所《えどころ》を拠点として活躍した大和絵の流派。名称の由来は一五世紀前期に土佐《とさ》将《しょう》監《げん》と称した土佐守藤原行広《ゆきひろ》に由来すると考えられる。宮廷と室町幕府の双方で活躍し、一五世紀半ばには*土佐光信《みつのぶ》が出て、繊細優美な画風を確立した。しかし、永禄一二年（一五六九）に土佐光元《みつもと》が戦没したことによって室町時代の土佐派の盛期は終わった。その後は堺の町衆の肖像画を描くなどして命脈を保ったが、江戸時代になると土佐光則《みつのり》が門人の土佐広通《ひろみち》とともに京都に戻り、慶安三年（一六五〇）に光則の子土佐光起《みつおき》が宮中の絵所預となって土佐派を再興、以後、幕末まで続いたが、画風は次第に保守的なものとなったと評される。なお、広通は住吉派を起こして分離した。

［文献］ 宮島新一「土佐光信と土佐派の系譜」（『日本の美術』二四七、一九八六）。

（野村育世）

狩野派《かのうは》 室町時代から江戸時代に活躍した絵画の流派。一五世紀後半に*狩野正信《まさのぶ》が室町幕府の御用絵師となり、武家の邸宅における障壁画を描くようになり、狩野派が創始された。室町時代には唐絵《からえ》（*水墨画）が流行したが、それまではみな禅宗の画僧であり、ここに世俗の画家が初めて登場した。その嫡子*元《もと》信《のぶ》は、強健な水墨画に加えて土佐派にならった着色法を用い、狩野派独自の様式を完成させて、公武から重用され、堺の町衆とも交流をもつなどして、狩野派を発展させた。その孫の*永徳《えいとく》（州信《くにのぶ》）は*織田信長と*豊臣秀吉から知行三〇〇石を与えられ、豪壮な桃山絵画を築いた。永徳の後は、弟子の*山楽《さんらく》が維持したが、江戸時代になると、元和三年（一六一七）に探幽《たんゆう》が幕府御用絵師に任じられ、元禄以後にはほとんど江戸画壇を独占し、多くの分家を生みつつ発展していった。また諸藩でも狩野派系統の画家を御用絵師として用いたので、全国的に武家絵画を独占する状態となった。しかし、探幽の後、画風は次第に穏健なものとなり、御用絵師として保守的な気風を強めていき、面白味に欠けるという批判もあり、その評価は分かれる。明治中期まで存続。室町から近代にいたるまで、画壇に君臨し、武家の生活空間を飾った。近代日本画の創始者とされる狩野芳崖《ほうがい》は狩野派で学びつつ、その保守性に反旗を翻している。

［文献］　武田恒夫『狩野派絵画史』（吉川弘文館、一九九五）。（野村育世）

*明兆《みんちょう》（一三五二―一四三一）　南北朝から室町時代の唐絵《からえ》（水墨画）の画僧。法諱を明兆、道号を吉山《きちざん》、また多年にわたり東福寺の殿司を勧めたので兆殿司とも号した。淡路《あわじ》国津名郡生まれ。淡路島に引退していた元東福寺・*南禅寺住持大道一以《だいどういちい》の弟子となり、やがて東福寺に入り、画僧としての才覚を表す。おもな作品に、「五百羅漢図《ごひゃくらかんず》」（東福寺他蔵）、「仏涅槃《ぶつねはん》図《ず》」（東福寺蔵）、「釈迦三尊・三十祖像」（鹿王院蔵）、「春屋《しゅんおく》妙葩《みょうは》像《ぞう》」（光厳院蔵）、「達磨《だるま》・蝦蟇鉄拐《がまてっかい》像」（東福寺蔵）、「大道一以蔵」（奈良国立博物館蔵）などがあり、中国の仏画をもとに平明な画風に変えた。また「青山白雪図」（個人蔵）は水墨山水画の先駆的作品。

［文献］『水墨美術大系5可翁・黙庵・明兆』（講談社、一九七三）、島尾　新『水墨画と語らう』（新潮社、一九九七）。（野村育世）

如拙《じょせつ》（生没年未詳）　室町時代前期*相国寺の画僧。*水墨画の先駆者。「三教図」（両足院蔵）に書かれた*絶海中津《ぜっかいちゅうしん》の讃に「大巧は拙なるが如し」とあり、この言葉から如拙と称したという。『臥雲日軒録《がうんにっけんろく》』からは、相国寺開山*夢窓疎石《むそうそせき》の碑の建立に参画していることが知られ、室町将軍家の美術工芸に携わっていたと推測されている。有名な作品に、一人の男が瓢箪で鯰を抑えようとするところを描いた「*瓢鮎図《ひょうねんず》」（退蔵院蔵）があり、絵の上に三一人の禅僧による詩が書かれている。これは「つるつるの瓢箪でねばねばの鯰を捕らえることができるだろうか」というテーマのもとに、禅僧らがそれぞれ答を考えて詩にしたものである。将軍*足利義持《よしもち》の邸宅で禅僧らが集まり交友する中で将軍の命によって描かれたものであり、もとは衝立《ついたて》の形につくられ、衝立の裏表に絵と詩があった。禅問答を描いたものとされてきたが、近年では禅のスタイルを借りた言葉の遊びではないかという説がある。室町将軍家を中心に形成された文化的雰囲気と、禅宗と唐絵を愛好する中国趣味の中で生まれた作品である。*周文《しゅうぶん》から*雪舟《せっしゅう》へと続く日本の水墨画の先駆として位置づけられている。

［文献］　島尾　新『如拙筆　瓢鮎図―ひょうたんなまずのイコノロジー』（平凡社、一九九五）。（野村育世）

周文《しゅうぶん》（生没年未詳）　室町時代前期の水墨画家。*相国寺の禅僧。天章周文。俗姓を藤倉氏といい、諱《いみな》を周文、字《あざな》は天《てん》章《しょう》、号は越渓《えっけい》である。相国寺の都管《とかん》として、土地財宝の管理を行った。また如拙の跡を継いで室町幕府の御用絵師として活躍した。応永三〇年（一四二三）、足利将軍の朝鮮派遣使節に伴って朝鮮王国に渡り、翌年帰国した。朝鮮の史料である『朝鮮王朝実録』には、朝鮮の官人が周文の描いた山水画を称賛したことが見える。詩画軸に多くの山水画を描き、また宮廷や幕府の関係者のために障壁画も描いている。永享年間（一四二九―四一）には、仏像の造立にも関わった。その画風は、郭熙《かっき》らの北宋画と夏珪《かけい》・馬遠《ばえん》らの南宋院体画の様式を融合し、さらに朝鮮王国初期の山水画の影響も指摘されているものであり、広く多くの人に好まれ、室町時代の山水画に大きな影響を与えた。享徳三年（一四五四）頃までは活動の記録があり、寛正四年（一四六三）までには活動を停止している。弟子に墨渓《ぼくけい》、*雪舟《せっしゅう》がある。また、小栗宗湛《おぐりそうたん》らも弟子筋にあたるとされる。なお、朝鮮から来た秀文とは別人である。作品には確実な遺品はないが、伝周文筆とされるものは多くあり、「水色巒光図」（奈良国立博物館蔵）、「竹斎読書図」（東京国立博物館蔵）、「三益斎図」（静嘉堂文庫蔵）、「江天遠意図」（根津美術館蔵）、「初秋送人図」（常盤山文庫）、「蜀山図」（静嘉堂文庫蔵）、「四季山水図」（東京国立博物館など蔵）などがある。

［文献］　松下隆章『如拙・周文』（集英社、一九八一）。

（野村育世）

雪舟《せっしゅう》（一四二〇―？）　室町時代の水墨画家。備中国赤浜（岡山県総社市）に生まれる。江戸時代の『本朝画史』は小田氏の出と伝える。郷里の宝福寺に入寺した後、おそらくは一〇歳前後で京都の*相国寺に移り、喝食を経て得度し、臨済宗夢窓派の禅僧となり、等楊《とうよう》と号した。相国寺には*周文《しゅうぶん》がおり、宋元画を中心に唐絵《からえ》（*水墨画）を学んだ。さらに東福寺において*明兆《みんちょう》に学んだとされる。三〇歳代半ばの享徳三年（一四五四）頃、周防国山口に行き、雲谷庵《うんこくあん》という庵を構えた。寛正六年（一四六五）頃、楚石梵琦《そせきぼんき》（元の臨西僧）の墨蹟である「雪舟」の二大字を入手してこれを号としたという。したがってこの四〇歳代半ば以前に「雪舟」の落款のある絵は存在せず、その活動は謎に包まれていたが、近年、「拙宗等楊」が雪舟等楊の前身であると比定されている。山口は地理的にも精神的にも中国に近い位置にあり、応仁元年（一四六七）*守護大名*大内氏の遣明船に乗り、明国に渡った。寧波《ニンポー》から運河を通って北京に至り、約二年弱の滞在中に各地をスケッチし、明画の影響を受けた。後に「破墨山水図《はぼくさんすいず》」（東京国立博物館蔵）において、明に師とすべき人は少なくわずかに李在《りざい》らに習ったと語っているが、明で流行していた浙派《せっぱ》の荒々しく力強い画風は、京都の繊細な画風からは外れる雪舟を力づけた。帰国後は多く居所を変え、旅をした。豊後大分にいたがまた山口に帰り、文明一三年（一四八一）からは東国の旅に出て富士山や出羽立石寺などの霊場を廻る。「*天橋立図《あまのはしだてず》」（京都国立博物館蔵）は、こうした旅の中で描かれた作品である。やがて山口に戻り、雲谷庵を再興。没年は不明であるが、永正四年（一五〇七）に了庵桂悟《りょうあんけいご》が雲谷庵にて「山水図」に雪舟追悼の賛を書いていることから、それ以前に死去していたことがわかる。主な作品は上記のほかに、「四季山水図《しきさんすいず》」（石橋財団石橋美術館別館蔵）「益田兼堯《ますだかねたか》像《ぞう》」（益田市立雪舟の郷記念館）「慧可断臂図《えかだんぴず》」（斉年寺蔵）「*秋冬山水図《しゅうとうさんすいず》」（東京国立博物館蔵）「山水長巻《さんすいちょうかん》」（毛利博物館蔵）「四季花鳥屏風《しきかちょうびょうぶ》」（京都国立博物館蔵）「梅潜寿老図《うめくぐりじゅろうず》」（東京国立博物館蔵）などがあり、後世への影響が大きい。

［文献］　中島純司ほか『シリーズ水墨画の巨匠1雪舟』（講談社、一九九四）、山本英男ほか『没後五〇〇年特別展　雪舟展図録』（東京国立博物館、二〇〇二）、山下裕二編・監修『雪舟はどう語られてきたか』（平凡社ライブラリー、二〇〇二）。

（野村育世）

土佐光信《とさみつのぶ》（生没年未詳）　室町・戦国時代の画家。寛正六年（一四六五）一二月一四日の連歌会「何船百韻」にはじめてその名が見える。すでに左近将監であった文明元年（一四六九）には、新たに宮中の絵所預に任じられ、延徳三年（一四九一）前後には土佐広周《ひろちか》の跡目を継いで室町幕府の絵師職も兼ね、土佐広周の所領を多く獲得。明応五年（一四九六）刑部大輔、ついで従四位下に叙せられた。また土佐行秀《ゆきひで》の春日の工房を受け継ぎ、南北朝時代の絵所預中御門行光《なかみかどゆきみつ》を始祖と崇め、土佐派を確立した土佐派は、大永二年（一五二二）頃、土佐光茂《みつしげ》に引き継がれた。連歌を好み、*宗祇《そうぎ》らの連歌会に加わり、最晩年まで和歌や連歌を通じて公家などと広く親交をもった。画風は繊細優美で、作品は、絵巻物や肖像画が多い。おもな作品に、「星光寺縁起絵巻」(東京国立博物館蔵)、「十王図」(浄福寺蔵)、「後円融院画像」(雲竜院蔵)、「北野天神縁起絵巻」(北野天満宮蔵)、「清水寺縁起絵巻」(東京国立博物館蔵) などがある。

[文献]　宮島新一「土佐光信と土佐派の系譜」(『日本の美術』二四七、至文堂、一九八六)。

(野村育世)

山水長巻（四季山水図巻）より秋の巻
一巻。毛利博物館蔵。縦 39.8 cm、長 1580.2 cm。雪舟 67 歳の作。

狩野正信《かのうまさのぶ》（一四三四―一五三〇）　室町時代の画家。*狩野派の祖。正信、伯信、性玄、祐勢などと号し、また大炊助《おおいのすけ》と称す。伊豆の生まれ。京都に行き、小栗宗湛《おぐりそうたん》に学ぶ。記録上の初見は、『*蔭涼軒日録《いんりょうけんにちろく》』寛正四年（一四六三）、*相国寺雲頂院昭堂で壁画として観音および十六羅漢図を描いた記事である。文明一三年（一四八一）頃、宗湛の死後、後を継いで室町幕府御用絵師に任じられたと考えられる。*足利義政《よしまさ》の*東山山荘(銀閣)に「瀟湘八景」「十僧図」を描いたり、将軍家の位牌に金泥を入たり、義政、義尚《よしひさ》、*日野富子《ひのとみこ》の死没時にその肖像を描くなどの活動をした。画風は、唐絵《からえ》(*水墨画)、大和絵の双方を描き分けた。伝存する作品で確実なものは「騎馬武者像（伝足利義尚像)」(地蔵院蔵）であり、また伝正信筆の作品には「周茂淑愛蓮図」(文化庁蔵)、「布袋図」(個人蔵)、「竹石白鶴図」(真珠庵）などがあり、ほとんど水墨の作品である。京都妙覚寺に葬られる。法名は日如。二男の*元信《もとのぶ》に後を譲る。

[文献]　武田恒夫『狩野派絵画史』(吉川弘文館、一九九五)。

(野村育世)

狩野元信《かのうもとのぶ》（一四七六―一五五九）　室町（戦国）時代の画家。四郎二郎。右京進、大炊助、越前守。室町幕府御用絵師を勤める*狩野正信《まさのぶ》の子として京都に生まれる。妻は*土佐光信《とさみつのぶ》の娘であると伝えられる。子に直信《なおのぶ》（松栄《しょうえい》）らがある。父の跡を継いで幕府や*管領細川氏の御用を承って絵を描いたが、戦国の世の推移とともにほかに活路を求め、朝廷、公家、禅宗寺院、堺の町衆、また自身が法華宗でありながら当時対立関係にあった一向宗*石山本願寺の仕事も受けるなど柔軟な姿勢をみせた。工房を確立し、障壁画を多く作成。その画風は、父正信が唐絵《からえ》（*水墨画）と大和絵の双方をよくしたのに対して、その双方を兼ね備える独自なもので、唐絵の線描に大和絵の彩色をほどこす狩野派独自の装飾的なスタイルを確立。江戸時代の狩野派から「古法眼」と呼ばれ崇敬された。唐絵を研究し、真（楷）（馬《ば》遠《えん》、夏珪《かけい》の様式）・行（牧谿《もっけい》）・草（玉澗《ぎょくかん》）に分類、それを基礎に狩野派独自の画法をつくりあげた。おもな作品は、*大徳寺大仙院襖絵「四季花鳥図」、「祖師図」（東京国立博物館蔵）、東福寺霊雲院襖絵「山水花鳥図」「月夜山水図」など。墓所は京都妙覚寺。

〔文献〕　辻　惟雄『戦国時代狩野派の研究—狩野元信を中心として—』（吉川弘文館、一九九四）、武田恒夫『狩野派絵画史』（吉川弘文館、一九九五）。　（野村育世）

幸阿弥《こうあみ》（一四一〇—七八）　室町時代の蒔絵《まきえ》師。初め、*足利義政《よしまさ》の近習で土岐《とき》四郎左衛門道長《みちなが》と称し、近江国栗本郡に領地をもっていたが、のちに蒔絵を習って蒔絵師に転じ、出家入道して幸阿弥と名乗った。確証のある作品はないが、現存の義政遺愛の品の中に作品があることが推測される。下絵には*能阿《のうあ》弥《み》、*相阿弥《そうあみ》、*土佐光信《とさみつのぶ》らの絵を使った。息子の道清《みちきよ》も、義政の命により、*後土御門《ごつちみかど》天皇の即位の調度の蒔絵を制作。こうして、「幸阿弥家」を家名とする蒔絵師の家が代々受け継がれていき、朝廷、室町幕府から*豊臣秀吉《とよとみひでよし》、さらに関ケ原以後は徳川家に仕えて、天皇即位の調度や将軍家の婚礼道具、日光東照宮

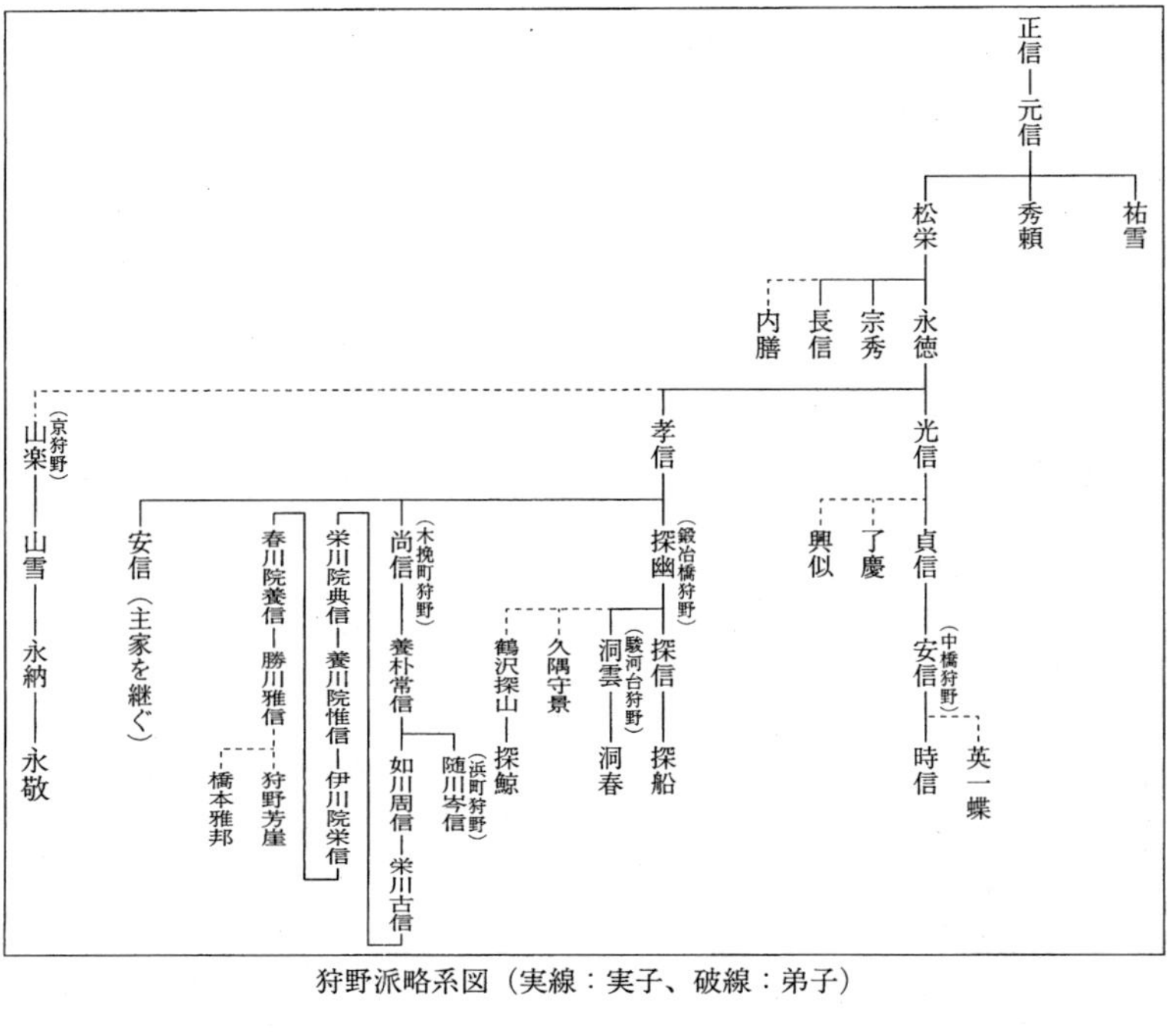

狩野派略系図（実線：実子、破線：弟子）

など廟の蒔絵を手がけた。一九代長賢まで江戸幕府に仕え、近代にその高度な技術を伝えた。

[文献] 荒川浩和編「蒔絵」(『日本の美術』三五、一九〇九)。

(野村育世)

能阿弥《のうあみ》(一三九七—一四七一) 室町時代の画家。真能《しんのう》。号は秀峰《しゅうほう》。*同朋衆《どうぼうしゅう》として*足利義政《よしまさ》に仕えた。同朋衆とは、室町幕府将軍の側近として仕え、雑用から書画や調度の管理、制作、座敷の装飾、諸芸能にかかわる者のことで、その出自は多くの場合、あまり高くはない。能阿弥も、書画の管理から表具、連歌、香の名手としても活躍をした。殊によくしたのが唐《から》絵《え》(*水墨画)であり、優れた作品を制作した。近代、*能阿弥《のうあみ》とその子の芸阿弥《げいあみ》、孫の*相阿弥《そうあみ》の三代を*阿弥派《あみは》と称して独立した流派とみなす見方が出されたが、独自の画風を師資相承したわけではないので、現在ではこの見方は批判されている。作品に「白衣《びゃくえ》観音図」(個人蔵)、「花鳥図屏風」(個人蔵)がある。

[文献] 仲田勝之助『三阿弥』(アトリエ社、一九三九)、島尾新「能阿弥から狩野派へ」(『日本の美術』三三八、一九九四)。

(野村育世)

可翁《かおう》(生没年未詳) 鎌倉末から南北朝時代の水墨画家。「可翁」あるいは「仁賀」の印章を用いているが、詳しい伝は不明である。一説に、*南禅寺住僧可翁宗然《かおうそうねん》(?—一三四五)と同一人物であるとの説もあるが詳細は不明である。「賀」字を通字とする絵仏師宅間派の一員とする説もある。作品には「寒山図」(個人蔵)、「蜆子《けんす》和尚《おしょう》図」(東京国立博物館蔵)、「竹雀図」(大和文華館蔵)などがある。

[文献] 金沢弘『可翁・明兆』(集英社、一九七七)、海老根聰郎「水墨画—黙庵から明兆—」(『日本の美術』三三三、一九九四)。

(野村育世)

後藤祐乗《ごとうゆうじょう》(一四四〇—一五一二) 室町時代の金工。幼名は経光丸、俗名は後藤正奥、通称四郎兵衛。出家して祐乗。父は右衛門尉基綱《もとつな》と伝える。美濃国出身と伝えられ、最初、武士として*足利義政《よしまさ》に仕えたが、のち小柄《こづか》、笄《こうがい》、目貫《めぬき》などの刀装をよくする装刀専門の金工に転身した。獅子、竜を中心に、虎、鳥、倶利伽羅《くりから》竜《りゅう》、能道具、三番叟《さんばそう》などをモチーフとし、金や赤銅に高肉彫をほどこした。現存するおもな作品には、「牡丹獅子造腰刀」「倶利伽羅三所物」(ともに前田育徳会蔵)などがあるが、自ら銘は彫らなかった。従五位右衛門尉。*後花園《ごはなぞの》天皇の時、法印とされた。七三歳で没し、京都の蓮台寺に葬られた。子は男子二人女子一人の三人がおり、次男が跡を継いだ。祐乗死後、後藤家は代々金工の家として、室町将軍、豊臣家、江戸幕府の御用を務めたので、「お家彫」と称せられ、江戸時代末期まで存続した。しかし、江戸中期以降は、御用芸術家としての制約と安定した地位から、しだいに作品が保守的・没個性的になり、絵画の狩野派と同様に創造性や面白みに欠けるという批判もある。金工では一方に「町彫」という一派が現れ、しだいに圧倒されていったが、町彫の祖の横谷宗珉《よこやそうみん》ももと後藤家の出身であった。分家、分派が多く、それらは脇後藤《わきごとう》と称せられた。

[文献] 大滝幹男「金工」(『日本の美術』三〇五、一九九一)。

(野村育世)

周茂叔愛蓮図《しゅうもしゅくあいれんず》 *狩野正信《かのうまさのぶ》筆。室町時代の*水墨画。縦八五センチ×横三三センチの縦長の画面。室町幕府の御用絵師であった正信によって描かれた作品で、宋の文人周茂淑が童に小舟を漕がせ、蓮の葉が点々と浮かぶ池に遊び、蓮を愛でている。遠くに霧に煙る松が数本、近くには柳と思われる巨木が湖面に枝を垂らす。その木と湖面と蓮葉には、清澄な緑の彩色がほどこされている。伊達家旧蔵。

［文献］ 山本英男ほか『没後五〇〇年特別展雪舟展図録』（東京国立博物館、二〇〇二）。 （野村育世）

大仙院《だいせんいん》花《か》鳥《ちょう》図《ず》 *狩野元信《かのうもとのぶ》筆とされる室町時代一六世紀の絵画。一七五×一四〇センチ。*大徳寺大仙院の襖絵。当時、流行した唐絵《からえ》すなわち*水墨画を基本に、伝統的な大和絵の手法が取り入れられ、彩色がほどこされている。岩、松の枝、牡丹の花、雉、小鳥などが描かれ、ゴツゴツとして、浸食されて穴が空き、点苔のある完全に水墨である岩の上に、真っ赤な牡丹が顔をのぞかせ、岩の上に立つ雉夫婦の羽毛も赤や黄色に塗り分けられている。この絵にみられるように、狩野元信は水墨画に大和絵を融合させた狩野派独自の装飾的なスタイルを確立していった。

［文献］ 山岡泰造『狩野正信・元信』（集英社、一九七八）。 （野村育世）

神功皇后縁起《じんぐうこうごうえんぎ》 室町時代につくられた絵巻物（上下二巻）。紙本着色。下巻末の奥書《おくがき》によれば、*足利義教《よしのり》が永享五年（一四三三）に寄進したもの。誉田《こんだ》八幡宮蔵。唐絵《からえ》の影響も見られる、室町時代の大和絵の典型的な作品。巻末に狩野探幽《かのうたんゆう》が*土佐《とさ》光信《みつのぶ》筆と書いているが時代が合わない。土佐広周《ひろちか》筆とする説もあり、こちらの方が時代的にふさわしい。神功皇后の活躍と、宇佐《うさ》・石清水両八幡宮の縁起を記す。神功皇后とは『古事記』『日本書記』の神話に見られる伝説上の皇后で、夫の仲哀《ちゅうあい》天皇の死後、身重の体で朝鮮半島を攻め、凱旋ののち、応神《おうじん》天皇を産んだという。その応神天皇を祭神として祀るのが宇佐八幡宮であり、宇佐八幡宮を勧請したのが石清水八幡宮である。

［文献］ 奈良国立博物館監修『社寺縁起絵』（角川書店、一九七五）、羽曳野市史編纂委員会編（『羽曳野市史文化財編別冊絵巻物集』、一九九一）。 （野村育世）

清水寺縁起《きよみずでらえんぎ》 京都の清水寺の縁起を記した書、および絵巻物。この名で呼ばれるものには諸本あり、平安時代の藤原明衡の書物、室町時代頃の成立とみられる書物のほか、絵巻物がある。絵巻物の中でも、永正一四年（一五一七）頃に成立したとされる東京国立博物館蔵の三巻本は重要文化財に指定されている。絵は*土佐光信《とさみつのぶ》筆、詞書《ことばがき》は上巻が近衛尚通《このえなおみち》・中御門宣胤《なかみかどのりたね》、中巻が三条実香《さんじょうさねか》・甘露寺元長《かんろじもとなが》、下巻が*三条西実隆《にしさねたか》・*足利義政《よしまさ》筆という説が立てられているが、足利義政を一乗院良誉《いちじょういんりょうよ》とする説もある。清水寺は坂上田村麻呂《さかのうえのたむらまろ》の創建であり、いずれの本も田村麻呂の説話と観音の霊験を説いている。絵巻物にはほかに鎌倉時代の草稿本一巻が大阪金剛寺に伝存する。

［文献］ 小松茂実編『続々日本絵巻物集成1清水寺縁起・真如堂縁起』（中央公論社、一九九四）。 （野村育世）

石山寺縁起《いしやまでらえんぎ》 鎌倉時代末期正中年間（一三二四—一二六）に成立した絵巻物。近江国石山寺の縁起を記す。全七巻三三段あるが、当初のものは一〜三巻しか残っておらず、四、五巻は室町時代の補写、六、七巻は江戸時代に描かれたものである。作者については、一〜三巻は絵・高階隆兼《たかしなたかかね》、詞・伝僧正杲守《こうしゅ》、四巻は絵・*土佐光信《とさみつのぶ》、詞・*三条西実隆《さんじょうにしさねたか》、五巻は絵・伝粟田口隆《あわたぐちたか》光、詞書《ことばがき》・伝冷泉為重《れいぜいためしげ》であると、一八世紀の終わりに住吉広《すみよしひろ》行《ゆき》が鑑定し、現在でもほぼこの説が採られている。また六・七巻は飛鳥井雅章《あすかいまさあき》の詞書が伝来していたのを、文化二年（一八〇五）に石山寺から松平定信《さだのぶ》に絵巻の完成を頼み、松平定信から谷文晁《たにぶんちょう》に依頼して完成させたものである。高階隆兼は『春日《かすが》権現験記《ごんげんげんき》』を描いたのと同じ人物で、大和絵の最高峰を示す作品である。内容は、皇室や有名人の参詣記録が多く、紫式部が参籠して『源氏物語』を構想したこと、菅原孝標女《すがわらのたかすえのむすめ》、宇多《うだ》院、東三条《ひがしさんじょう》院の参詣の場面などが有名である。また、大工、番匠の仕事場で子どもたちが遊びながら手伝っている場面など、中世の生活習慣が生き生きと描かれた絵画史料でもある。その成立に関しては、鎌倉末期に石山寺と関係が深く、外戚家として栄えていた洞院《とういん》家の存在が背後にあると考えられている。

［文献］渋沢敬三・神奈川大学日本常民文化研究所編『絵巻物による日本常民生活絵引3』（平凡社、一九八四）。　（野村育世）

風俗図屏風《ふうぞくずびょうぶ》　民衆の風俗を描いた屏風。一六世紀後半、安土桃山時代になると、障壁画の画題として、花鳥図や山水のほかに、庶民の祭や労働、町の様子などを描いた風俗画が好まれるようになった。この流行は江戸時代に入り一七世紀前半まで続いた。おもな作者は狩野派である。　おもな作品に、一六世紀後期に＊狩野永徳《かのうえいとく》が描いた上杉本をはじめとする＊『洛中洛《らくちゅうらく》外図屏風《がいずびょうぶ》』の諸作品があり、京の洛中洛外の様子や当時の風俗を知る需要な史料となっている。同じく一六世紀後期の狩野秀頼《ひでより》筆『高尾観楓図屏風《たかおかんぷうずびょうぶ》』（東京国立博物館蔵）では、色づいた紅葉のもとで女性たちが子どもに乳を飲ませながら茶を飲み談笑をする姿が描かれている。慶長期（一五九六―一六一五）には、狩野長信《ながのぶ》筆『花下遊楽図屏風』（東京国立博物館蔵）、狩野内膳《だいぜん》筆『豊国祭礼図屏風』（豊国神社蔵）、狩野吉信《よしのぶ》筆『職人図屏風』（喜多院）などがある。さらに江戸時代に入り、元和・寛永期（一六一五―四四）になると、次第に描き手が狩野派から町絵師へと移り、画題は民衆一般の祭や労働を離れて、遊里の遊女がファッショナブルに描かれた『湯女《ゆな》図』（MOA美術館蔵）、室内で三味線や囲碁で遊び戯れる流行の衣服を着た男女を描く『彦根屏風』（井伊家蔵）などが現れ、やがて浮世絵に道を譲っていった。

［文献］「遊びと祭りの屏風絵」（『週刊日本の美をめぐる』桃山4、二〇〇三）。　（野村育世）

瓢鮎図《ひょうねんず》　＊如拙《じょせつ》筆。一五世紀初期、室町時代の唐絵《からえ》（＊水墨画）。水墨画の先駆的作品。浅い川に一人の男が立ち、つるつるの瓢箪をもってぬるぬるした鯰を押さえつけようとする場面が描かれている。＊足利義持《よしもち》が自邸で禅僧らと交友する中でつくらせたもの。絵の上部には、三一人の五山の禅僧による詩が書かれている。大岳周崇《だいがくしゅうそう》による「空洞で丸いすべすべの瓢箪で鱗のないねばねばした鯰を広い泥水の中で捕らえることができるだろうか」と問いかけた序に応じて、玉畹梵芳《ぎょくえんぼんぽう》らがそれぞれ思うところを述べている。現在は詩画軸であるが、もとは障屏（衝立）であり、絵と詩が裏表に描かれていた。この絵の意味するところについては、かつては禅の公案であるという説が主流であったが、近年、これは禅問答のスタイルをとった言葉とイメージの遊びであるという説が有力である。この瓢箪で鯰を抑えるというモチーフは、江戸時代にもしばしば描かれ、安政の大地震後に出回った鯰絵でも多く描かれた。瓢箪のもつ呪力が水怪の力を抑える意味があるのだとする説もある。謎の魅力に満ちたイメージである。紙本墨画淡彩。現在の大きさは一一三・七×七七・三センチ。退蔵院蔵。国宝。

［文献］　島尾　新『如雪筆　瓢箪図―ひょうたんなまずのイコノロジー―』（平凡社、一九九五）。　（野村育世）

四季山水図巻《しきさんすいずかん》　室町時代の*水墨画。*雪舟《せっしゅう》筆。山水長巻とも称せられる。一巻。紙本。縦三九・八センチ、横は一五メートル八〇・二センチの長大な図巻。奥書から、文明一八年（一四八六）、雪舟六七歳の作品であることがわかる。雪舟の代表作であり、明に渡って得た夏珪《かけい》（南宋代の宮廷画家）風の荒々しい作風を雪舟流にアレンジしたものである。水墨画は、墨色に目を奪われるが、墨一色とは限らず、彩色も施されている場合も多い。本作品も藍や朱などがみられる。後代に多く模写され、大きな影響を与えた。毛利博物館蔵。

［文献］　山本英男ほか『没後五〇〇年特別展雪舟展図録』（東京国立博物館、二〇〇二）。　（野村育世）

秋冬山水図《しゅうとうさんすいず》　雪舟筆。室町時代の代表的な*水墨画。冬景と秋景の二幅からなる。紙の大きさは、それぞれ縦四六・三センチ、横二九・三センチと小ぶりの作品である。春、夏が存在していた可能性も否定できない。両図ともに、遠景に切り立った山、ゆったりと斜めに配された川と道、そしてぽつんと建つ家と小さな人間という、中国以来の山水画の基本的な世界を描いており、実景を見て描いたものではない。冬の図はとくに有名で、画面中央に縦に黒々と引かれた線が印象的な作品で、教科書に必ず載せられているほか、長野オリンピックのポスターなどにも用いられた。京都の曼殊院に伝来。東京国立博物館蔵。

［文献］　山本英男ほか『没後五〇〇年特別展雪舟展図録』（東京国立博物館、二〇〇二）。　（野村育世）

秋冬山水図（冬図）

寒山拾得図《かんざんじっとくず》　*水墨画でよく描かれるモチーフで、寒山と拾得という唐代の伝説的な隠士の図。かむろのようなおかっぱ頭をぼさぼさにし、口を開けて不気味に笑うのが特徴で、しばしば拾得は箒《ほうき》、寒山は経巻《きょうかん》をもつ。中国の宋・元代に牧谿《もっけい》らが描いたものが日本に招来されてとくに禅寺で愛好され、室町時代に描かれた有名な作品に、伝*周文《しゅうぶん》筆『寒山拾得図』（東京国立博物館蔵）をはじめ、*足利義持《よしもち》筆の『寒山図』（岡山県立美術館蔵）、霊彩《れいさい》筆『寒山図』（大東急記念文庫蔵）、赤脚子《せっきゃくし》『寒山拾得図』（正木美術館蔵）などがある。寒山と拾得は、ともに天台山の国清寺にいたとされる人物で、寒山は山の中に住み、時々国清寺に現れる風狂の士で、楽道（仏道を楽しむ）者として禅寺で崇敬されたので、経巻をもって笑う姿で描かれる。拾得は子どものときに天台山の僧豊干《ぶかん》（いつも虎と仲良く昼寝している所が描かれる）に拾われて、寺の庫裏《くり》で下働きをしていた者なので、箒をもって笑っている。ともに痩せさらばえた体に乞食のような身なり、ぶつぶつと独り言を言い、時々意味もなくからからと笑う。その記録は、寒山の詩集『寒山詩』につけられた閭丘胤《りょきゅういん》なる人物による伝が最も古いが、二人の実在を証明する記録は何もなく、伝説的な人物と考えられる。

［文献］ 島尾 新『水墨画と語らう』（新潮社、一九九七）。

（野村育世）

水色巒光図《すいしょくらんこうず》 伝*周文《しゅうぶん》筆。室町時代の*水墨画。縦一〇八センチ、横三二・七センチの縦長の画面の下部約三分の一に墨の濃淡だけで淡彩の絵が描かれ、上部約三分の一弱のスペースに三人の禅僧、江西龍派《こうせいりゅうは》、信仲明篤《しんちゅうみんとく》、心田清播《しんでんせいは》が賛を加えている。このうち心田清播の賛に文安二年（一四四五）の年記があることから、この頃の成立であると思われる。遠景に岩山と松の木、ゆったりとたたえられた水に帆が浮かび、近景の岩陰には竹やぶをバックに草葺《くさぶき》の庵《いおり》がある。こうしたジャンルの絵を「書斎図」と言い、禅僧画家によってよく描かれ、掛けられた。同様の作品に、伝周文筆「竹斎読書図」がある。奈良国立博物館蔵。

［文献］ 山本英男ほか『没後五〇〇年特別展雪舟展図録』（東京国立博物館、二〇〇二）。

（野村育世）

天橋立図《あまのはしだてず》 室町時代に成立した*雪舟《せっしゅう》筆の*水墨画。紙本。縦九〇・二センチ、横一六九・五センチ。京都国立博物館蔵。古来、歌枕としても有名な丹後国天橋立（現京都府）を細かな筆使いで描写したもので、成相寺をはじめとする寺社が描きこまれている。斜め上空から俯瞰した構図は写生ではありえないが、海岸線や島の形、地蔵などから、実見に基づく絵であると考えられる。二〇枚もの紙が貼り継がれ、図様がつながらない部分もあることから、下絵であるとされる。雪舟は明から帰国後、諸国を多く旅し天橋立に立ち寄ったものと考えられるが、成立年代には諸説あり、画中に描かれた智恩寺多宝塔建立以後とすれば文亀元年（一五〇一）以後、雪舟八〇歳代の最晩年の作ということになるが、異説もある。

［文献］ 山本英男ほか『没後五〇〇年特別展雪舟展図録』（東京国立博物館、二〇〇二）、「「天橋立図」を旅する」（『国宝と歴史の旅』一一、二〇〇一）。

（野村育世）

慕帰絵詞《ぼきえことば》 南北朝時代の絵巻物。西本願寺蔵。*親鸞《しんらん》の娘覚信尼《かくしんに》の子覚恵《かくえ》の子（つまり親鸞の曾孫）である*覚如《かくにょ》の伝記を、その子従覚《しょうかく》の発願によって描いたもの。正平六・観応二年（一三五一）一月一九日の覚如の死からわずか一〇ケ月の後に完成された。そのため、同時代の世相風俗を伝えるものとしての史料的価値が高く、琵琶法師の絵はよく教科書などに採用され、また厠《かわや》がみられる早い例としても注目されている。全部で一〇巻あり、一、七巻は藤原久信《ひさのぶ》、二、五、六、八巻は藤原隆章《たかあき》、三、四、九、一〇巻は藤原隆昌《たかまさ》が描いた。宮中絵所の絵師であったと考えられ、隆章は隆昌はのち祇園社の大絵師職に補任《ぶにん》されている。本格的な大和絵の作品であるが、室内の屏風など「画中画」に金碧花鳥屏風が描かれた箇所（第一巻）もあり、室町時代の流行が意識されている。覚如は幼少のころ、美貌の稚児として僧侶たちによる争奪の対象とされたが、やがて親鸞以来の血脈を相承することになった。親鸞の血を継ぐ人々の中には争いも多く、覚如も子の存覚《ぞんかく》と父子で対立して義絶し、親鸞の廟堂の留守職は今一人の息子従覚に譲った。従覚が覚如の伝記をかくも早いスピードで仕上げたのは、その徳をたたえるとともに、自らの正当性を誇示し、新たな教団づくりに向けての布石とする意味があったといわれる。　（野村育世）

［文献］　渋沢敬三・神奈川大学日本常民文化研究所編『新版絵巻物による日本常民生活絵引5』（平凡社、一九八四）。

（六）芸　能

猿楽能《さるがくのう》　一つの筋書きなどを伴った劇形態の猿楽。猿楽は、唐の雑芸で、奈良時代初期には伝来していたとされる散楽を母胎としている。すでに日本にあった散楽は曲芸や幻術的なものなどが中心で、滑稽なわざが交り入って、猿楽ができあがった。平安鎌倉時代の猿楽は、種々の芸態を含んでおり、ちなみに滑稽なことの表現に「猿楽」という言葉が使われていた様子が、『今昔物語』（巻二四の二二）や*『源平盛衰記《げんぺいじょうすいき》』（巻三「澄憲《ちょうけん》雨を祈る事」）などに記されている。藤原明衡《あきひら》（九八九―一〇六六）が著した『新猿楽記』には、多くの芸態が残されているが、寸劇や物真似・滑稽芸らしい演目がいくつもあり、当時の猿楽芸の様子が推し量れる。その一方、修正会・修二会との関連が深いとされ、天下泰平と五穀豊穣を祈って舞う祝禱芸の翁猿楽が存在した。翁猿楽は、鎌倉初期には成立していたと考えられているが、有力社寺に翁猿楽の座が属し、祭礼などに奉仕していた。その時、観賞芸としての猿楽も演じられていたが、鎌倉後期頃から観賞猿楽の方が盛んになり、*観阿弥《かんあみ》・*世阿弥《ぜあみ》の頃には、観賞芸が中心となった。世阿弥の*『中楽談儀《さるがくだんぎ》』でも、「当世、京中、御前などにては、式三番ことごとくはなし。今は神事のほかは、ことごくなし。」と書かれている。*『平家物語』（巻二「鹿谷《ししのたに》」）で、「者ども参ッて猿楽つかまつれ」（*後白河《ごしらかわ》法皇）、とあるように、即興的、寸劇的だった猿楽が、まとまった劇（能）にまで成長していった過程は必ずしも明らかではない。その歩みを示す資料として『貞和五年（一三四九）春日臨時祭礼記』（日本庶民文化史料集成第二巻　田楽・猿楽　カッコ内西暦年は筆者）がある。記録によれば、その時演じられた猿楽は、「憲清ガ鳥羽殿ニテ十首ノ歌詠ミテアルトコロ」と、「和泉式部ノ病《いたわり》ヲ紫式部ノ訪《とぶら》イタルコト」（原文はすべて片仮名）の二番で、それぞれ何人かの配役が登場している。これは明らかに一つの劇で能といえるものであろう。南北朝期に世に出た観阿弥・世阿弥親子は、このような流れの中で、猿楽の能の基礎を固め、その内容を充実させたのである。

［文献］　芸能史研究会編『日本芸能史2・3』（法政大学出版局、一九八二・一九八三）、表　章・天野文雄『岩波講座能・狂言1能楽の歴史』（岩波書店、一九八七）。　（保田博通）

田楽能《でんがくのう》　田楽の劇形態のもの。田楽の起源は諸説あるが、従来は農耕儀礼に関係があると考えられてきた。平安時代末頃には、専業者としての田楽法師も登場し、南北朝頃まで栄えた。『栄華（花）物語』（巻一九・御裳ぎ）に、藤原道長《みちなが》が、娘彰《しょう》子《し》にみせたという農民の田植行事が描かれている。治安三年（一〇二三）五月、早乙女五、六〇人と、田主《たあるじ》という翁などとともに、一〇人くらいの田楽衆が、鼓や笛・ささらなどを鳴らしてさまざまな舞をうたったとある。これは田植えの時、田の神を歓待し、稲の順調な成育を祈願するために行ったと考えられる。『今昔物語』(巻二八)に、近江国矢馳《やはせ》の郡司が、舞楽と田楽を勘違いした話があり、田楽が、都の舞楽に対して地方での代表芸能であったことをうかがわせる。一方貴族にも愛好され、社寺の祭礼に参加するようになる。高足や品玉などの曲芸と、華美な服装で派手に乱舞する風流田楽が登場し、永長元年（一〇九六）の「永長の大田楽」は、都を狂乱の渦に巻き込んだ。田楽の能は、鎌倉時代末から南北朝期にかけて、猿楽能の影響を受けて生まれたとされる。この時代、田楽は猿楽より人気があり、鎌倉幕府末期の執権*北条高時《たかとき》の田楽狂いや、貞和五年（一三四九）六月の「桟敷くずれの田楽」（以上大平記巻五・二七）など、当時の田楽の熱狂ぶりがうかがえる。この時代、田楽には、本座（京都）の「一忠《いっちゅう》」、新座（奈良）の「亀阿《きあ》」などの名手が輩出した。*観阿弥《かんあみ》が一忠を「わが風体の師なり」といっていたと、*世阿弥《ぜあみ》は『*風姿花伝《ふうしかでん》』や『*申楽談儀《さるがくだんぎ》』で述べている。同じく『申楽談儀』で、一忠を、「しゃくめいたる為手《して》なり。田楽能のゆえなり。」とし、亀（喜）阿を「音曲《おんぎょく》の先祖なり」としている。すなわち田楽能と*猿楽能は、お互いに相似た内容で競い合っていたものと思われる。現在田楽能を伝えるものはほとんどなく、『栄華物語』に描写されている田楽は、中国地方山間部で行われている「囃《はや》し田」「花田植」などに、往時の姿を重ねることができるであろう。

［文献］ 林屋辰三郎『中世芸能史の研究』（岩波書店、一九六〇）、芸能史研究会編『日本芸能史2・3』（法政大学出版局、一九八二・一九八三）。

（保田博通）

大和猿楽四座《やまとさるがくよざ》　大和地方（現在の奈良県）で*興福寺・法隆寺などの社寺に参勤し、その神事祭礼に奉仕していた猿楽座の代表的なもの。結崎《ゆうざき》・外山《とび》・円満井《えんまんい》・坂戸《さかど》の四座で、現在のシテ方四流、観世・宝生《ほうしょう》・金春《こんぱる》・金剛のそれぞれ母胎となった。*世阿弥《ぜあみ》の『*風姿花伝《ふうしかでん》』（神儀云）に、「大和国春日御神事相随《あひしたがフ》申楽四座」と記されており、当時からの春日社・興福寺との関係がわかる。四座の中、円満井座が最も歴史が古かったらしく、『風姿花伝』にも、猿楽の祖秦河勝《はだのかわかつ》の子孫である、と述べられており、元来興福寺の所属であったらしい。結崎座は多武峰《とうのみね》への参勤の義務を負っており、外山座も同じく多武峰への奉仕を務めていたらしい。坂戸座は、法隆寺に参勤していた座である。四座は、当初神事で翁猿楽を演ずる組織であったが、*観阿弥《かんあみ》の時代頃から、観賞猿楽芸の活動が、大夫《たゆう》・棟梁の為手《して》と呼ばれる人達によって活発化し、棟梁の為手の芸名が代々襲名されるようになり、それがやがて演能グループの座名となっていった。観阿弥・世阿弥親子が、今熊野《いまくまの》の演能（応安七年（一三七四）かその翌年）で、将軍*足利義満《よしみつ》を魅了して以後、観世座が室町幕府の厚い支持を得た。続いて、金春大夫を贔屓にした*豊臣秀吉は、多くの猿楽役者を、四座に統合・編入させ、同時に領地や扶持などを与えて保護した。江戸幕府も、秀吉の政策をほぼ踏襲し、幕府の「式楽」としてもその地位は安定した。江戸時代、喜多流が新しく誕生し四座一流となり、幕末まで続いた。

［文献］ 堂本正樹『世阿弥』（劇書店、一九八六）、表　章・天野文雄『岩波講座能・狂言1能楽の歴史』（岩波書店、一九八七）。

（保田博通）

能面《のうめん》　能に使われる面。おもに主演者である為手《して》が用いる。

単なる役柄を示す道具ではなく、演じられる能を決定づける重要な要素である。古代からの伎楽面、舞楽面にくらべ、薄く小形で、表情も内面的な深い精神性を表した幽美な面が多い。古くは「翁舞《おきなまい》」に用いられた翁面（白色尉《はくしきじょう》）などがあり、*世阿弥《ぜあみ》も『*申楽談儀《さるがくだんぎ》』の「面の事」で、翁面の打ち手の名手として日光・弥勒を挙げている。当時すでに能は面を用いて演ずることを原則とし、面を用いない場合を直面《ひためん》と記している。ほかにも近江の赤鶴《しゃくずる》・愛智《えち》、越前の石王兵衛《いしおうひょうえ》、夜叉《やしゃ》など、計一一人の能面作者、名手を挙げ、また*観阿弥《かんあみ》からの「重代（相伝）」の面もあり、能面が能にとって重要であったことを示している。『申楽談儀』で挙げられた面の種類は、翁面のほか、老人の面（笑尉《わらいじょう》）、鬼の面（飛出《とびで》、天神、大べし見、小べし見）、男・女の面（若年と中年）だが、能の普及・隆盛につれ面の種類も豊富になり、曲目に合わせた面も多くつくられるようになった。とくに女面に秀作が出て観賞対象ともなっていく。能の間に演じられる*狂言では、現実社会を扱うことが多いため面を用いることは少ないが、地獄の鬼面である武悪《ぶあく》、末社の神を表す登髭《のぼりひげ》、老女の面などを用いることがある。古式なおおらかさを感じさせる面が多く、能の面が神秘性を醸しだす効果があるのに対し、総じて滑稽・祝賀性を増すために用いられることが多い。→猿楽能

［文献］表　章・天野文雄『岩波講座能・狂言1能楽の歴史』（岩波書店、一九九九）、脇田晴子「日本中世の能面について」（『仮面そのパワーメッセージ』里文出版、二〇〇二）。

（黒須千春）

狂言《きょうげん》　能楽と並行し発達した喜劇的芸能。主として「せりふ」と「しぐさ」によって表現する。源流としては古代、天《あめの》

能舞台

鈿女命《うずめのみこと》の岩戸舞など神代まで考えられるがそれは一応伝説の世界。藤原明衡《あきひら》（九八九―一〇六六）作『新猿楽記』には「妙《みょう》高尼之襁褓乞《こうにのむつきごい》」そのほかいくつかの滑稽な物真似寸劇がうかがわれ狂言の萌芽が見られる。一四世紀に入ると寺院の延年での短い対話と物真似による咲《おかし》、狂言、当弁《とうべん》などの上演記録が見られるようになる。*世阿弥《ぜあみ》（一三六三？―一四四三？）の『習道書』（永享二年（一四三〇）著述。座の役者への役毎の心得記載、狂言についてもふれ、数少ない当時の狂言の資料）によると現在の狂言に似た形のものが演じられたようである。上演時間は現在よりかなり短かったといわれている。狂言は口から口へ伝えられ、舞台で当意即妙に気のきいたせりふを使い演じられたために台本は後の時代(天正狂言本など)までなかった。種類としては次の三つがある。①三番叟《さんばそう》（大蔵流では、三番三）能楽の本芸である「翁」の中で狂言方が演じるもの。直面《ひためん》で舞う「揉《もみ》の段」と後半の黒色尉《こくしきじょう》の面をつけ鈴をもって舞う「鈴の段」よりなる。②間《あい》狂言。能の中で一役として狂言方が演じ、アイと略称。③本狂言。独立した筋をもつ狂言。特性としては猿楽の源点である滑稽な物真似（喜劇性）、祝言性、庶民性そして風刺性などが認められる。題材は従来からの説話集を典拠としたものもあるが大半は室町時代の現代劇といえ、登場人物も庶民的な太郎冠者《かじゃ》をはじめ多種多様である。狂言成立の背景には中世の乱世（とくに南北朝時代）の社会変革、下克上の風潮などが考えられ、その中で民衆は笑いを求めたといえる。「狂言こそは能の成立するより前にあり（中略）狂言は本来、能とは別個の起源をもつものである」との談（松本新八郎「狂言の面影」文学、一九四八年四月号）は資料に基づいていないという批判もあるが、今日でもその意義を失っていない。

［文献］表　章・加藤周一『日本思想大系世阿弥・禅竹』（岩波書店、一九七四）、堂本正樹『世阿弥』（劇書房、一九八六）、小山弘志・田口和夫・橋本朝夫『岩波講座能・狂言5狂言の世界』（岩波書店、一九八七～一九九三）。

（近藤喜佐雄）

幸若《こうわか》舞　室町時代以降に盛んに行われた語りを主とした芸能で、*曲舞《くせまい》から発展した。南北朝期の武将*桃井直常《もものいなおつね》の孫直詮《なおあきら》によりはじめられ、その幼名幸若丸の名をとって「幸若舞」と称したというが、その出自は未詳。判官物や曾我物などといった軍記物が多かったため、武家の支持を多く集めた。『信長公記』には、*織田信長《おだのぶなが》が、桶挟間への出陣に際し、幸若舞の「敦盛《あつもり》」を舞ったという有名なくだりのほかにも、安土で能役者と幸若大夫を舞わせたなどの記述がある。舞は二人舞ないし三人の舞で、舞の所作はあまりなく語りや謡が中心であったようである。現在は、福岡県山門《やまと》郡瀬高《せだか》町に「大江の幸若舞」（三人舞）として唯一伝わり、毎年一月二〇日に同町天宮で公開されており、現在演じることができるのは八曲である。

［文献］荒木　繁・池田廣司・山本吉左右編注『東洋文庫　幸若舞①～③』（平凡社、一九七九～一九八三）、西角井正大『伝統芸能シリーズ4民族芸能』（ぎょうせい、一九九〇）。

（保田博通）

宴曲《えんきょく》　鎌倉時代に起こり室町時代にかけて流行した歌謡。遊宴の席で歌われる曲という意味であり、「早歌《そうが》」ともいわれた。詞章は、七・五調を基本としており、和歌や漢詩文から取り上げたものが多い。「物尽し」や「道行き」などの歌が多く、斉唱曲で、最初一人が独唱し、二～五句あたりから斉唱したらしい。作品集としては、「宴曲集」「宴曲抄」（以上明空《みょうくう》撰）などがある。今様《いまよう》の流れをくむとされているが、声明《しょうみょう》の影響も受けていると考えられている。武士階級の支持を得、*『太平記』（巻二三）にも、「早歌交りの雑談《ざふたん》して」という記述がある。社交術としても有効だったようで*『徒然草』（一八八段）に、面白く描かれている。室町時代には、「早歌謡《そうかうたひ》」という専門の芸人も存在し、*『七十一番職人歌合』に、連歌師と対で登場している。

［文献］ 林屋辰三郎『中世芸能史の研究』（岩波書店、一九六〇）、芸能史研究会編『日本芸能史2』（法政大学出版局、一九八二）。

（保田博通）

曲舞《くせまい》 「舞」または「舞々《まいまい》」ともいい、白拍子舞の流れをくむといわれている。南北朝期から室町前期に盛んになった。京都の祇園会で、女曲舞が舞車の上で舞ったり、当時広く行われていた勧進《かんじん》の場でも演じられていた。*世阿弥《ぜあみ》の父*観阿弥《かんあみ》が、曲舞をとり入れ、それまで*小歌が中心だった猿楽に、リズムとテンポの面白味を加えたことはよく知られているところである。舞風は、おもに鼓に合わせて謡いながら舞ったようで、また世阿弥の*『申楽談儀《さるがくだんぎ》』には、「次第《しだい》にて舞ひ初《そ》めて、次第にて止むるなり。」とあり、次第という歌で初め、最後に同じ次第を謡って舞いおさめたらしい。『七十一番職人歌合』には、白拍子と対で描かれており、その姿は、前折烏帽子、水干《すいかん》、長袴で扇をもっている。なお*幸若舞《こうわかまい》は、曲舞から展開したものである。

［文献］ 田中　裕校注『新潮日本古典集成世阿弥芸術論集』（新潮社、一九七六）、西野春雄・羽田　昶編『能・狂言事典』（平凡社、一九八七）。

（保田博通）

和讃《わさん》 仏教歌謡の代表的なもので、「声明《しょうみょう》」の一形態とされる。声明には、梵《ぼん》語を使う梵讃、漢語を使う漢讃があるが、和讃は、寺院の法会などにおいて、仏や高僧の徳を和文で讃えるものである。基本的には、七・五調で、今様体のもとになったとされている。もともとは、平安時代の天台宗の高僧たちによって、仏の教えをわかりやすく説くためにつくられたものであり、良源《りょうげん》（慈恵大師）の「本覚讃」、『往生要集』を著わした源信《げんしん》（恵心僧都《えしんそうず》）の「極楽六時讃」「天台大師和讃」などがある。中世に入ると、*浄土真宗の開祖*親鸞《しんらん》の「三帖《さんじょう》和讃」や、*時宗の開祖*一遍《いっぺん》の「浄業《じょうごう》和讃」などもつくられ、民衆へも広く浸透していった。*時宗の踊念仏などとも関連をもち、親しみやすい仏教歌謡として、近世以降も庶民的な和讃が多く生まれている。

［文献］ 芸能史研究会編『日本芸能史2』（法政大学出版局、一九八二）、平野健次ほか監修『日本音楽大事典』（平凡社、一九八九）。

（保田博通）

小歌《こうた》 南北朝以降に盛んになった小編の歌謡。本来は、平安時代朝廷の五節舞《ごせちまい》に際して男性楽人の大歌《おおうた》に和して女性楽人によって詠われたもの。そののち、内容もだんだん遊宴歌謡化され、公家・僧侶・武家などに愛好されるようになった。南北朝期以降、「武士が、戦場で歌った（*『太平記』巻二一・二五）」とか、「*武田信玄《たけだしんげん》に*織田信長《おだのぶなが》の数寄《すき》を問われた僧が「舞とこうた」と答えた」（『信長公記』）など、その盛行した様がうかがえる。代表的な小歌の歌謡集としては、*『閑吟集』永正一五年（一五一八）がある。同書では、「雨風の音も鳥獣の鳴き声も小歌であり、まして人の情のあるところに小歌があるのは当然だ」と述べている。全体として恋の歌・人の世の流れなどを詠った歌がとくに多い。小歌の詞形としては、七・五調、七・七調が多く、現在の狂言小歌や、広島県大朝町（現北広島町）で発見された『田植草紙』などにその姿を偲ぶことができる。

〔文献〕吉川英史編『日本音楽文化史』（創元社、一九八九）、徳江元正ほか校注・訳『新編・日本古典文学全集42　神楽歌・催馬楽・梁塵秘抄・閑吟集』（小学館、二〇〇〇）。（保田博通）

風流《ふりゅう》　「ふりう」「ふうりゅう」とも。装いや飾り、振舞いが華やかなこと。またその華麗な行列・集団、およびそれを引き立てる賑やかな囃子、謡（歌）、踊り。特定の芸能をさす場合もあるが、いずれの場合も人目を引く様子・行為を伴う。平安時代には、意匠の華麗さを示すほか、非日常な祭礼行事において風流が行われるようになり、久寿元年（一一五四）の京都・今宮神社の御霊会《ごりょうえ》である夜須礼《やすらい》花祭では、音曲で賑やかな踊りの集団の様子が「ふうりゅうのあそび」、華やかな行列の模様が「傘のうへに風流の花を差し上げ」と記された（『梁塵秘《りょうじんひ》抄口伝《しょうくでん》集』一四）。広く影響を与えた例としては、祇園祭の着飾った神輿、鉾、傘の行列も挙げられる。また、田楽における風流も多く、永長元年（一〇九六）の大田楽《でんがく》では、郷村の人々から公卿まで「みな狂へるが如し」派手かつ異様なほどの飾りで群をなした「奇怪な事」として人々を驚かした（『洛陽田楽記』ほか）。また寺社の法会・祭礼後の遊宴で催された*延年《えんねん》でも趣向を凝らした作り物・かつぎ物など大掛かりな演出を特徴とする芸能として風流が行われ（『三会定一記』他、）能では*応仁・文明の乱後の大勢の登場人物、作り物の多い演目を風流能、狂言では特殊な扮装などを凝らす演出を狂言風流という。また風《ふ》流傘《りゅうがさ》を中心とした華やかな踊りである風流踊《ふりゅうおどり》り（*『豊国祭図屏風』ほか）は、盆踊りにつながるともされる。鎌倉末期から室町時代にかけては、風流は「*婆佐羅《ばさら》」に通じるものとなり、「頗る物狂《すこぶるぶっきょう》」（建武式目第一条）な「バサラニ風流ヲ尽クシ」（*『太平記』巻二一）贅を惜しまず大胆不敵な振る舞いで人々を驚かした*佐々木道誉《ささきどうよ》などが活躍した。→夜須礼祭、田楽能。

〔文献〕本田安次『日本の伝統芸能10　風流1　風流考』（錦正社、一九九六）、守屋毅『日本中世への視座　風流・ばさら・かぶき』（日本放送出版協会、一九八四）。（黒須千春）

闘茶《とうちゃ》　鎌倉末期から室町時代にかけて流行した、懸け物を賭けて茶の産地を飲み分ける遊びをいう。初期の例では、京都栂尾《とがのお》産の茶を本茶《ほんちゃ》、それ以外の茶を非茶《ひちゃ》として、本非《ほんぴ》を飲み分けるだけの単純な形式のものであったのが、次第に茶の産地、種類を飲み分けるようになっていった。この時代各地に茶園が広がったが、その品質には「瑪瑙と瓦礫・鉛と金」（『異制庭訓往来』）ほどの差があり、茶の種類を飲み分けることが可能であったからである。四種十服茶が闘茶の基本形であるが、まず三種の茶を各四袋、計一二袋つくり、勝負の前に各一袋ずつそれを飲み、残り九袋にもう一種（客茶という）を加え計一〇袋を順不同で飲み、同じ茶を飲み当てるというものである。元弘二年（一三三二）の『花園天皇宸記』に「飲茶勝負有り。懸物を出さる。茶の同異を知るなり」、とあるのが闘茶会の記事の早い例であるが、この頃、すでに盛んに行われていたことは*「二条河原の落書」にも都の流行《はや》りものとして取り上げられ、また、建武三年（一三三六）の*建武式目において莫大な賭けに及ぶ茶寄合の禁制からもうかがえる。『師守記《もろもりき》』『祇園執行《ぎおんしぎょう》日記』などに見える懸物としては香炉、硯《すずり》、紙、扇などのようなものであったが、*『太平記』には婆沙羅大名たちの「豹・虎の皮を敷いた椅子に腰掛け、異国本朝の重宝を集め、百物の茶の懸物の他に、引き出物を山の如くに積み上げた」法外に豪華な闘茶会の様子が描かれている。しかしこのような宴遊的茶会は、室町後期、禅宗と結びついた精神性を重んじる*わび茶が行われるようになり、衰微して行った。

［文献］芳賀幸四郎『わび茶の研究』（淡交社、一九七八）、筒井紘一「闘茶の研究」（『茶湯』、木芽文庫、一九六九）。 （黒澤節子）

わび茶《ちゃ》 室町時代、*珠光《じゅこう》によって始められ、*武野紹鷗《たけのじょうおう》をその発展者、*千利休を大成者とする茶湯《ちゃのゆ》をいう。中国からもたらされた禅宗による禅院茶礼、遊興的茶寄合の*闘茶、および唐物《からもの》荘厳《しょうごん》の書院茶湯を統合した上で、不完全な美、日本的なやつしの美しさというものに目を向け、精神的なものに主眼を置く茶湯が行われるようになり、わび茶が成立した。珠光は、書院に代わる四畳半の茶座敷をつくり、墨跡を掛けて草庵茶を楽しんだという。しかし、「藁屋《わらや》に名馬つなぎたるがよし」と語るなど、名馬すなわち唐物所持からはまだ脱却できなかった。紹鷗は「わびとは、正直に慎み深くおごらぬさま」と語り、「見渡せば花も紅葉もなかりけり浦のとまやの秋の夕暮れ」と*藤原定家《さだいえ》の歌を例に、わび茶の心を述べている。すなわち花紅葉は書院台子の茶湯にあたり、唐物道具で飾られた書院の茶を味わい尽くしてはじめて、無一物の境界《きょうかい》であるわび茶の心にいたることができるというのである（『南方録《なんぽうろく》』）。「本来物のなき人は手に入りかね申すべし」と、唐物名物を六〇種も所持した紹鷗のような人でなければ到達できない茶湯の境地であった。しかし利休は、藤原家隆《いえたか》の歌「花をのみ待つらん人に山ざとの雪間の草の春を見せばや」を例に挙げ、世間の人々は花がいつ咲くかと外にばかり求めているが、紹鷗の言う花紅葉、つまり書院台子の茶は自分の心の中にある（『南方録』）と、書院や唐物という道具を脱却した、無一物のところから行う茶湯というものを提唱した。わび茶とは利休のこのような精神によって行われた茶湯である。

［文献］芳賀幸四郎『わび茶の研究』（淡交社、一九七八）、千 宗室ほか編『茶道古典全集4南方録』（淡交社、一九六二）。 （黒澤節子）

香道《こうどう》 沈水香木を焚《た》きその香りを聞き分け（嗅ぎ分け）、鑑賞する芸道。室町時代に成立。平安時代の、練り香による香りの優劣を競う薫物合《たきものあわ》せから、香木による香合《こうあわ》せが行われるようになり、鎌倉時代にいたり多くの香木が輸入され*佐々木道誉《ささきどうよ》のような収集家が現れた。香木を焚きその香りの優劣を競う遊びの段階から、*足利義政《よしまさ》の下では、香りを聞き分け、鑑賞するための一定の聞香《もんこう》手順が行われはじめた。また多くの香木分類の必要から、文学に基づいた香銘がつけられ、香りの優劣に加え香銘も鑑賞の対象となった。その判定のためには香会の参加者も文学の知識が必要とされ、*三条西実隆《さんじょうにしさねたか》をはじめ志野宗信《しのそうしん》など、その時代の文化人たちを中心として、聞香の方式が整えられ、知的芸道としての香道が成立した。

［文献］神保博行『香道蘭の園』（淡交社、二〇〇二）、尾崎左永子『香道ものがたり』（めいけい出版、一九九三）。 （黒澤節子）

夜須礼祭《やすらいまつり》 「やすらい花」とも。疫神を鎮める花鎮《はなしずめ》の祭儀、崇って疫病を起こす御霊を慰める*御霊会《ごりょうえ》などが結びついてはじまった花のまつり。毎年四月に花を飾った長柄の風流傘《ふりゅうがさ》の行列が町々を巡回、鉦《かね》と笛で囃しながら踊る。疫病は春の花が飛び交う頃に疫神が広めると考えられ、のちに五穀豊穣、厄祓いなどの祈りも込められた。やすらい祭は、花鎮の祭儀に擬した形で装いや飾りなどを華やかにして*風流を凝らし、歌舞することで、疫神を浮かれさせ厄疫を鎮め、同時に民衆の心を引き立てる祭として盛んに行われるようになった。京都では、康保二年（九六五）に発生した大水害ののちに流行した疫病を鎮めるため、勅命により玄武神社で行ったのが始まりとされるが、久寿元年（一一五四）の京都・今宮《いまみや》神社の「やすらい」（『百錬抄』）では、歌、笙、太鼓、笛などのお囃子の賑やかな行列とともに京中の児女を交えた賑やかな集団の「乱舞」が営まれたが、「傘のうへに風流の花を差し上げ」た風流傘が出たという（『梁塵秘抄口伝集』一四）。風流傘は、その下に立ち入ると病（厄）を避けられると考えられ、祭礼や風流踊《ふりゅうおど》りの華やかな演出にも使われた（*『洛中洛外図屛風』、*『豊国祭礼図屛風』）。

［文献］芸能史研究会編『日本芸能史2　古代・中世』（法政大学出版局、一九八二）、京都市文化観光資源保護財団編『京都のやすらい花』。　　（黒須千春）

延年《えんねん》　平安後期よりおもに畿内を中心とした寺社における諸種の法会・祭礼後の余興で催された芸能をさす。延年の語には命を延ぶる、すなわち長命を祈る意があり、王朝貴族社会における任官儀礼祝賀・賓客饗応などの芸能として発生、貴族の遊宴で「絃管の人々を召し、御延年」があったともされるが（『左経記』寛仁二年（一〇一八））、鎌倉期から室町時代においては、おもに*園城寺《おんじょうじ》、*興福寺《こうふくじ》、東大寺などの大寺院で、寺僧である衆徒を中心に演じられた（『三会定一記』ほか）。延年では、天長地久・千秋万歳を祈り、法会に集まった人々の息災延命などを願って、稚児などの舞、朗詠などさまざまな芸が行われた。延年は盛んになるにつれ、対話と歌謡が入り交じった劇としての構成をもつ連事《れんじ》、趣向を凝らした作り物・かつぎ物など贅を尽くした演出を特徴とする問答劇であり*猿楽能《さるがくのう》との関連性が指摘される延年風流《ふりゅう》のほか、開口《かいこ》・当弁《とうべん》などの芸能が催される大規模な催し物となっていった（『永享十二年管弦講升延年日記』ほか）。江戸時代以降は衰え、奥州の毛越寺《もうつじ》など、地方の寺社に残るだけである。→風流。
［文献］本田安次『日本の民俗芸能15　舞楽・延年1』（錦正社、一九九八）、松尾恒一『延年の芸能史的研究』（岩田書院、一九九七）、芸能史研究会編『日本芸能史2　古代・中世』（法政大学出版局、一九八二）。　　（黒須千春）

立花《たてはな》　「たてばな」とも。花を立てて活けるいけばなの形式。とくに室町時代における座敷飾《ざしきかざ》りの室礼《しつらい》として発展した。日本では花を愛で、神の依代《よりしろ》とする古来の風習に加え、仏教伝来により散華《さんげ》・仏前供花が行われるようになったが、平安中期頃から物合《ものあわ》せの遊戯の一種として「花合《はなあわ》せ」が公家社会に流行、七夕《たなばた》などの年中行事で献上花を種々の花瓶に「立てる」ことも広まった（*『看聞日記』応永二五年（一四一八）ほか）。室町時代にかけては、花伝書『立花口伝之大事』を相伝したともいう婆佐羅《ばさら》大名・*佐々木道誉《ささきどうよ》による大掛かりな仕掛けの花見（*『太平記』巻三九）など、人為的に花の美しさを引き出す工夫が凝らされるようになったが、たて花の発展には、連歌・茶・香・猿楽などを楽しむ「*寄合《よりあい》」の場として邸宅に「*会所《かいしょ》」が設けられ、床（押板）、（違い）棚などを備え畳を敷き詰めた「*書院造」の間が座敷飾りの場として大きく寄与した。足利将軍邸の会所は、唐物《からもの》「荘厳」（『満済准后日記』永享二年（一四三〇）ほか）で飾られ、花より唐物花瓶への関心が強かったが、室礼の規定集「君台観左右帳記《くんだいかんそうちょうき》」では、床に三幅一対・五幅の画軸を掛けるときは前に「三具足《みつぐそく》」すなわち燭台・真っ直ぐに立てられた「真」の花を活けた花瓶・香炉を置き、脇にも花を供えるとした。花瓶の内側に込藁《こみわら》や枝などを組み入れる工夫などで枝花はしっかりと立ち、自由な造型も可能となった。たて花は、仏前荘厳の名残を留めさまざまな儀礼・禁忌にも縛られつつも、将軍*同朋衆《どうぼうしゅう》の中から*立阿弥《りゅうあみ》・*相阿弥《そうあみ》、京都・六角寺に*池坊《いけのぼう》専慶《せんけい》などの名人が出、花の趣意を重んじ精神性を尊ぶ「道」を唱えた「仙伝抄《せんでんしょう》」「専応口伝《せんおうくでん》」などさまざまな花伝書《かでんしょ》が相伝され、江戸時代初めに花の種類も立て方も豊富になる「立花《りっか》」（立華）として体系化された（『立花大全《りっかたいぜん》』）。

（黒須千春）

［文献］「君台観左右帳記」「専応口伝」（林屋辰三郎編『日本思想体系23古代中世芸術論』岩波書店、一九七三）、「仙伝抄」「義政公御成式目」（華道沿革協会編『花道古書集成』思文閣、一九七〇）。

素襖《すおう》　室町時代以降の武家装束《ぶけしょうぞく》。鎌倉時代以来、日常着から出仕・礼服となった直垂《ひたたれ》の一種で、素襖《すおう》の直垂ともいう。同類の直垂、大紋《だいもん》と比べ、最も素朴で軽快な様式。室町時代後期からは武士一般の服装として用いられた。形は直垂と同じだが、麻の単《ひとえ》仕立《じたて》を基本とし、菊綴《きくとじ》と胸緒《むなお》に革紐を用い、革緒《かわお》の直垂ともいう。また袴の腰紐は、直垂と大紋が袴の裂地と別の色（多くは白練絹）を用いるのに対し、共裂《ともぎれ》であるのを特色とした。紋は前二ケ所・後三ケ所だが、家紋以外の自由な文様も入れられた。地質、色目、文様などが上下同じであるのが正式で、上下《かみしも》の素襖という。礼服化した素襖の袴は長袴だが、短い袴をはくこともあり「小素襖《こすおう》」と呼ばれた。狂言で大名役が着ているのが素襖である。→武士の衣服、肩衣、月代

（黒須千春）

［文献］北村哲郎『日本服飾史』（衣生活研究会、一九七三）、河鰭実英編『有識故実図鑑』（東京堂出版、一九七一）、故実業書編集部編『十四巻　武家名目抄　第四』（明治図書出版、一九九三）。

月代《さかやき》　「月額」、「月しろ」とも。男子で額から頭の中央にかけて髪の毛を剃ったこと、およびその形、部分。月代の習慣が始まった時期・理由については、平安の頃から一般成年男子の多くが頭につけた冠もしくは烏帽子《えぼし》を被るため、また武士が鎧兜を被るためともいうが、確かな由来は不明である。ただ、現存する絵巻の多くの人物像ではいずれも烏帽子を被った際に髪際が出ないようにしており、なんらかの形で前髪を剃る整える習慣があったと思われる。武士の間では平安時代末以降、始まっていたが（『*玉葉《ぎょくよう》』安元二年（一一七六）平時忠、ほか）、月代は武士固有のものではなく、『*北野天神縁起絵巻』（承久本・巻第六）の落雷に冠を飛ばされる公家、『*春日権現霊験記』（巻一）の藤原吉兼《よしかね》など、公家にもみられた。武士装束の略礼化の流れで室町時代後半に*素襖《すおう》が礼服となると、しだいに烏帽子も被らなくなり（天正一一年（一五八三）筆『織田信長像』）、月代も広くなっていった。とくに応仁の乱以降、月代は男子の風俗として広く定着していくことになる（『言経卿記《ときつねきょうき》』、『高雄観楓図屏風』他）。→武士の衣服

[文献] 坂口茂樹『日本の理髪風俗』(雄山閣、一九七〇)、故実業書編集部編『十四巻　武家名目抄　第四』(明治図書出版、一九九三)、広川二郎「服飾と中世社会—武士と烏帽子—」(藤原良章・五味文彦編『絵巻に中世を読む』吉川弘文館、一九九五)。(黒須千春)

肩衣《かたぎぬ》　袖のない単《ひとえ》仕立《じたて》の簡略な上短衣。明徳元年(一三九三)*山名《やまな》氏清《うじきよ》の乱のときに鎌倉時代以降武士の儀礼服となった直垂《ひたたれ》の袖を切ったのに始まるともいわれるが、古く庶民の労働着であり(『万葉集』貧窮問答歌、ほか)、武士の仕事着にも用いられ、室町時代には袖無《そでなし》の直垂《ひたたれ》として略礼服となった。様式は*素襖《すおう》に準じ、*応仁・文明の乱以降、実用本意の流れの中で、共裂《ともぎれ》の袴をつけた肩衣袴《かたぎぬばかま》の装束が礼装となり(天正一一年(一五八三)「織田信長像」ほか)、江戸時代には出仕用の式服である裃《かみしも》となった。また肩衣の礼服化に伴い、直垂・素襖着用の場合には下に隠れてよくみえなかった小袖《こそで》が表着となり、文様・色彩ともに豊かな装束になっていく。→武士の衣服、月代、高雄観楓図屏風、織田信長

[文献] 北村哲郎『日本服飾史』(衣生活研究会、一九七三)、河鰭実英編『有職故実図鑑』(東京堂出版、一九七一)、故実業書編集部編『十四巻　武家名目抄　第四』(明治図書出版、一九九三)。

(黒須千春)

観阿弥清次《かんあみきよつぐ》　(一三三三—八四)　南北朝時代の能役者、能作者で初代観世太夫《かんぜたゆう》。大和の山田猿楽《さるがく》の家に生まれ、*猿楽能を即興的に物まね芸から、謡・舞を重視、劇的要素を加えた楽劇として確立した。能の社会的地位を高めることにも貢献、子の*世《ぜ》阿弥《あみ》とともに能の大成者とされる。応永五年(一八七二)頃、大和猿楽の観世(結崎《ゆうざき》)座の観阿弥は、さまざまな勧進猿楽のほか、醍醐寺《だいごじ》にて七日間に及ぶ猿楽能の興行を成功させ、ほかの芸能者の長所も積極的に取り入れるなど、観世座の地位を高めていく。応永七年(一三七四)(または永和元年(一三七五))、京都・今熊野《いまくまの》神社で興行した猿楽能で将軍足利*義満《よしみつ》が初めて猿楽能を見物、観阿弥の至芸、世阿弥の舞台姿を賞賛(*『申楽談儀《さるがくだんぎ》』)、以後義満らの庇護を得る。現在残る観阿弥の作品は、世阿弥など後世の作者による手が加えられているが、従来の単純・即興的な猿楽能に、人買いの風習・実在の説教師(『自然居士《じねんこじ》』)、小町伝説(『卒塔婆小町《そとばこまち》』)などさまざまな故事・伝承を織り交ぜながら、巧みな会話で演劇的要素を加えた一つの物語に仕立て、時代を超えた共感を呼ぶ普遍性を加味した。また「節の上手」として優れた才能を発揮、従来の小歌節にリズム感のある曲舞《くせまい》を取り入れ、音曲の魅力を高めた。「幽玄無上の風体」の卓越した演技力で上下を問わず幅広い人々に賞賛され、他座の芸能者からの信頼も厚かったようである(*『申楽談儀』)。観阿弥はまた、観客を意識した巧みな演能方法(*『風姿花伝《ふうしかでん》』)、稽古の次第、収入の配分から席順にいたるまで座のさまざまな規定を定めており(『申楽談儀』)、現実的な座の運営方法を確立した優れた統率者としての功績も大きい。→小歌、曲舞

[文献]『新潮古典集成　世阿弥芸術論集』(新潮社、一九七六)、表　章・天野文雄『能・狂言1能楽の歴史』(岩波書店、一九八七)、横道萬里雄・西野春雄・羽田　昶『能・狂言3能の作者と作品』(岩波書店、一九八七)。

(黒須千春)

世阿弥元清《ぜあみもときよ》　(一三六三?—一四四三?)　室町時代前期の能役者、能(謡)作者・演出家、能芸論・伝書作者。父・*観阿弥《かんあみ》

清次《きよつぐ》の功績を継いで歌舞中心の能を大成、能の社会的地位を高める礎を築いた。観阿弥の観世座《かんぜざ》で能役者として育ち、おもに将軍*足利義満《よしみつ》の庇護のもと、活躍を続けた。至徳元年（一三八四）、父の死で二代目観世太夫《かんぜたゆう》となり、多くの名曲能も書く。しかし幽美な歌舞で近江猿楽《おうみさるがく》の犬王《いぬおう》(道阿弥《どうあみ》)らが人気を博し、また*足利義教《よしのり》が将軍となった前後からは、甥の観世三郎元重《もとしげ》(のちの音阿弥《おんあみ》)が重んじられ、世阿弥はしだいに疎んじられた。永享元年（一四二九）、義教により仙洞御所《せんとうごしょ》への出入りを差し止められ、翌二年、醍醐清滝宮《だいごきよたきぐう》の楽頭職《がくとうしき》を罷免される(*『満済准后日記』)。次男・元能《もとよし》の出家、嫡子・元雅《もとまさ》の客死と不幸が続き、永享六年（一四三四）には齢七〇を越えた身で佐渡へ配流された。没年などその後の消息は不明。世阿弥の活動では、「無双不思議の事にて、色々さまざまの能共、作り」(応仁二年（一四六八）『ひとりごと』)、すなわち五〇余の優れた作品・演出を残し、後の能の基本形態を築いたことが最大の功績である。同時代の優れた能役者、田楽芸能者らとの厳しいせめぎ合いの中で作風・芸論を磨き上げ、観阿弥が物語性・演劇的要素を加えた能をさらなる「舞歌幽玄」(『*申楽談儀《さるがくだんぎ》』)の美を具現する芸術へと高めた。『高砂《たかさご》』などの神能のほか、『伊勢物語』*『平家物語』『源氏物語』などの古典から、思慕の純粋さ(『班女《はんじょ》』『井筒《はんじょ》』)、妄執(『恋重荷《こいのおもに》』)、追憶・哀傷(『砧《きぬた》』『清経《きよつね》』)、栄華のはかなさ・無念(『融《とおる》』『敦盛《あつもり》』)など、普遍的な主題を古歌や故事を交えた巧みな謡による風雅な舞・歌に昇華、一つの美の世界に創り上げた。また、物狂《ものぐるい》能を深め、死後の世界からの回想で人生を凝縮、心の想いを謡と一体になった優艶な舞に託する夢幻能の様式も確立。*『風姿花伝《ふうしかでん》』『*花鏡《かきょう》』など二〇ほどの能芸論・伝書では、「幽玄」「花」などを理想とした能のあり方・演技方法のみならず、観客を惹きつける一体感を重視、囃子方・狂言方まで含めた舞台全体の優れた芸術論になっている。なお、当時の能は一日に一〇〜一五番の能が催される(『満済准后日記』ほか)など、現在の演能時間の半分ほどで演じられたらしい。

[文献]　田中　裕校注『新潮古典集成　世阿弥芸術論集』(新潮社、一九七六)、表　章・天野文雄『能・狂言1能楽の歴史』(岩波書店、一九九九)、横道萬里雄・西野春雄・羽田　昶『能・狂言3能の作者と作品』(岩波書店、一九九九)。

(黒須千春)

金春禅竹《こんぱるぜんちく》(一四〇五—七〇?)　室町中期の能役者、能作者、能芸論者。鎌倉時代から*興福寺に属した円満井座《えんまいざ》(のちの金春《こんぱる》座《ざ》)の家に生まれ金春太夫《こんぱるたゆう》となる。*世阿弥《ぜあみ》の娘婿でもあり、*世阿弥から伝書『六義《りくぎ》』『拾玉得花《しゅうぎょくとくか》』を相伝、『*風姿花伝《ふうしかでん》』『*花鏡《かきょう》』などの主要伝書も所持または一見、「奇特の上手」(応仁二年（一四六八）『ひとりごと』)として評価されたが、同時代の能役者としては、世阿弥の甥・観世三郎元重《かんぜさぶろうもとしげ》(のちの音阿弥《おんあみ》)が「天下無双の者」(同)として都での活躍華々しく、四座筆頭としての観世座の地位を固めていく。禅竹は奈良を中心に活動、金春座の地歩を固めたが、その真価は、碩楽の公家・*一乗兼良《いちじょうかねよし》、東大寺の晋一国師志玉、禅僧・詩人の南江宗玩、歌僧・*正徹《しょうてつ》ら当代一流の文化人との交流を通じた素養に基づく能作にある。禅竹は「歌」を命とし、歌舞を一つとする能を目指した(『歌舞髄脳記《かぶずいのうき》』)。『芭蕉《ばしょう》』は日本独自の草木成仏の仏説を劇化した能で、芭蕉の精に扮した女が秋深い山の月影もすさまじい寂莫とした風景の中に佇み、夏繁り冬に枯れはてる草木の移ろいに定め無き世の無常を説く。『定家《ていか》』では*定家《さだいえ》の式《しょく》子内親王《しないしんのう》への恋の執心が蔦葛となって内親王の墓にまとわりつく。禅竹の能は、世阿弥の幽玄美を最上とする夢幻能を継承しているが、人の世の普遍的な感情を舞歌に昇華した世阿弥の世界に草木などの自然との一体感を加え、より神秘的な独自の情感を現出している。六つの輪と一振りの剣により能の演技のあり方を図示しようとした六輪一露説を中心とする『六輪一露之記』など二〇余の禅竹による能芸論は、仏教（密教）・神道の影響が渾然となった中世の哲学的境地を表すものとされる。→大和四座

［文献］　表　章・伊藤正義編『金春古伝書集成』（わんや書店、一九六八）、表　章・天野文雄『能・狂言1能楽の歴史』（岩波書店、一九九九）、横道萬里雄・西野春雄・羽田　昶『能・狂言3能の作者と作品』（岩波書店、一九九九）。

（黒須千春）

珠光《じゅこう》（一四二三—一五〇二）　*わび茶の開祖。奈良出身。珠光の経歴については同時代の信頼できる史料が乏しい。『茶事談』によると、童名を茂吉といい一一歳のとき称名寺に入り出家して珠光となり、のち寺を出て漂泊し、三〇歳の頃禅僧となって大徳寺真珠庵に住んだとされる。*一休に参禅してその印《いん》可《が》の証《あかし》として圜悟《えんご》の墨跡を与えられ、これを掛けて茶の湯をしたことで、禅と茶を結びつけたとされる一休生前の珠光とのつながりはいまだ確証がないが、真珠庵過去帳に載る「珠光庵主」が茶人珠光と考えられている。禅という精神的なものを茶湯《ちゃのゆ》の中に導入したことが、珠光がわび茶の開祖とされる所以であり、以後、*武野紹鴎《たけのじょうおう》、*千利休など茶人たちは皆、禅僧に参じてその教えを受けている。また、「月も雲間になきはいやにてそうろう」（『禅鳳雑談《ぜんぽうぞうたん》』）と語るなど、完璧な美をもった唐物《からもの》に対して、不完全な物、わびた物に対する美意識が、珠光によってもたれるようになった。奈良の土豪古市播磨澄胤《ふるいちはりまちょういん》に、唐物と和物道具の取合せや、茶湯者としての心のありようを示唆した一文を与えたとされている。*足利義政《よしまさ》の*同朋衆《どうぼうしゅう》、*能《のう》阿弥《あみ》の推挙で義政に伺候したとされる通説があり、能阿弥からは唐物の目利きを学んだとされている。四畳半の茶室を初めてつくり、形の上でも茶湯のわび化を行う。しかし、この部屋には台子を置き、簡略化しているが書院の飾り物を置き合わせるなど、まだ書院の茶湯を脱したものではなく珠光の茶湯は唐物をもった上で初めて行いうるものであった。珠光の後継者である宗珠《そうしゅ》は、大永六年（一五二六）頃、「下京茶湯《しもぎょうちゃのゆ》」といわれたわび茶の中心人物となっている。村田珠光ともいわれるのはこの宗珠の甥が、村田姓（『縷氷集《るひょうしゅう》』）からの類推による。

［文献］『堺市史4』（堺市、一九六六）、倉沢行洋『珠光』（淡交社、二〇〇二）、矢部良明『茶の湯の祖、珠光』（角川書店、二〇〇四）。

（黒澤節子）

武野紹鴎《たけのじょうおう》（一五〇〇—五五）　室町時代の茶湯《ちゃのゆ》者。通称新五郎、名は仲材《なかき》。若狭守護武田氏の末裔という。祖父仲清《なかきよ》が*応仁・文明の乱で討ち死にして、父信久《のぶひさ》は孤児となり、各地を流浪。後に三好氏の縁で堺に居住。武田を武野に改め、皮屋、つまり武器武具を扱う商人として財をなす。父の援助を受け、新五郎は京都に遊学する。茶の湯を*珠光《じゅこう》の後継者宗珠《そうしゅ》、および珠光門弟の宗吾《そうご》などに学ぶ。大永八年（一五二八）*三条西実隆《さんじょうにしさねたか》のもとに連歌師印政《いんせい》の紹介で参上する。以後実隆のもとにたびたび出入りをして教えを受ける。紹鴎は父の財力をもとにたびたび金品

などを届け実隆の家計を潤している。享禄三年（一五三〇）*藤原定家《さだいえ》の歌論書である『詠歌大概《えいがたいがい》』を実隆より授かる。このことにより「茶湯ヲ分別シ名人にナラレタリ」（『山上宗二記』）とあるように「枯れかじけて寒かれ」という連歌の美意識を茶の湯の中に取り入れ、珠光によって始められたとする*わび茶をいっそう発展させた。従五位下因幡守に任じられ（『武野家系図』）翌四年、山科本願寺の変にも参加しているが、翌五年に出家し紹鷗となる。天文六年（一五三七）の実隆の死去前後に堺に帰ったと思われる。茶湯の名人とは『山上宗二記』によれば、「唐物所持、目利《めきき》も茶の湯も上手で一道に志深き人」であるが、紹鷗は六〇種の名物を所持し名人として堺での茶湯者の中心となった。大黒庵と自号して書院の台子に代わる袋棚を考案し、また釣瓶の水指、曲げの建水、竹の蓋置なども茶湯の中に取り入れるなど道具の上でもわび茶を推進した。茶湯の弟子に*千利休《せんりきゅう》、*今井宗久《いまいそうきゅう》など。

［文献］『堺市史7』（堺市、一九六六）、戸田勝久『武野紹鴎研究』（中央公論美術出版、二〇〇二）。（黒澤節子）

池坊専慶《いけのぼうせんけい》（生没年未詳）　室町時代中期に活躍した*立花《たてはな》の名手。池《いけの》坊《ぼう》の住職。池坊流いけばなの始祖。京都頂法寺六角堂の坊の一つ池坊の住職。六角堂の本尊である観音より立花の工《たくみ》の霊夢を蒙ったとされ（『遠碧軒録《えんぺきけんろく》』）、専慶以後立花が池坊の家業となったとされる。「碧山日録《へきざんにちろく》」には、寛正三年（一四六二）二月、春公（佐々木氏の一族、鞍智高秀《あぜちたかひで》）に招かれ、金瓶に草花数十枝を挿し洛中の好事家が競ってそれを鑑賞したこと、また同年一〇月、春公の祖父の施食会には、菊を瓶に挿しその妙技に参会者が感嘆したとある。専慶の花は野山水辺の自然のままの姿を（『専応口伝』）生けこむというものであったと思われ、従来の仏前への献花や*同朋衆《どうぼうしゅう》による書院の荘厳花から、花の生けかた、表現を楽しむようになってきたことがうかがえる。

［文献］湯川　制『華道史』（至文堂、一九四七）、山根有三『花道史研究』（中央公論美術出版、一九九六）。（黒澤節子）

立阿弥《りゅうあみ》（生没年未詳）「たつあみ」とも。足利将軍家に仕えた、*同朋衆《どうぼうしゅう》で、室町時代に隆盛した*立花《たてはな》に秀でた。史料上の七〇年余に及ぶ記録から、同名異人が代々活躍したらしい。室町幕府の年中行事とその次第を記す『長禄二年以来申次記』の七月七日の条に七夕立花について「此草花は…御花瓶に立てさせられ、御盆に居（す）えられて候…花は代々立阿弥が立て申す也」とあり、立阿弥の阿弥号をもつ歴代の同朋衆がさまざまな方法で花を巧みに活け、座敷花飾りの次第を担ったことを示す。立阿弥は同朋衆として花だけではなく、将軍の*会所《かいしょ》などで度々行われた宴で座敷飾り全般も担当したが（*『満済准后日記』永享二年（一四三〇）三月、同三年一二月ほか）、将軍*義政《よしまさ》が献上された見事な花を活けるのに病床の立阿弥をわざわざ呼び出して花を立てさせ、その見事な出来栄えを賞賛した（『蔭涼軒日記』文明一八年（一四八六）二月一〇日の条）など、立花の名手とされていた。

［文献］芳賀幸四郎「花道史上における東山時代」・村井康彦「同朋衆の花」（細川護貞監修『日本のこころ12いけばな』平凡社、一九七五）。（黒須千春）

相阿弥《そうあみ》（?–一五二五）　足利将軍に仕えた*同朋衆《どうぼうしゅう》で、とくに座敷飾り、書画に秀でた。水墨画家としては「真相《しんそう》」と称し、*能阿弥《のうあみ》（真能）、芸阿弥（真芸）から続く阿弥派をなした。

主に牧谿《もっけい》風の湿潤で穏やかな筆致と日本的な構図を特徴とし、代表作に永正六年（一五〇九）に創立された京都・*大徳寺の大仙院襖絵などが伝えられ、『等伯画説《とうはくがせつ》』にも*狩野元信《かのうもとのぶ》が「墨ヲ相阿弥ニ」学べと教えられた、とある。相阿弥は、画技だけでなく、将軍の側近にあって*連歌、香、花、茶の湯などの諸芸に秀でた同朋衆として活躍、永正八年（一五一一）には将軍の室《しつ》礼《らい》の規式書である『君台観左右帳記《くんだいかんそうちょうき》』（相阿弥本系）を作成、座敷飾りを集大成した。武家社会の座敷飾りは、すでに『仏日《ぶつにち》庵公物目録《あんくぶつもくろく》』（貞治二年（一三六三））にみられる如く大陸からの舶載物「唐物《からもの》」を中心としたが、相阿弥は、押板（床）に三幅の掛け軸、その前に燭台・花瓶・香（香炉・香合）の三具足《みつぐそく》を置く、座敷飾りの基本形式を図入りで示した。また宋・元を中心とした絵画、盆、香合、花瓶、茶碗、硯など座敷飾りに用いる主だった美術品について上中下などの一定の基準を示し（「東山御物《ひがしやまぎょぶつ》」）、および飾り次第を示したことは、三具足の*立《たて》花《はな》が真の花であり、書院での台子手前《だいすでまえ》が真の茶とされるように、後世の香道、茶道、花道に大きな影響を与えた。飾る行為において「心」の定まることの重要性を説くなど（『義政公御成式目』一巻）精神性を重んじる点は、後の諸芸における「道」に通じよう。相阿弥による座敷飾りは、将軍に仕える側近としてさまざまな儀礼・禁忌にも縛られた「唐物荘厳」（『看聞日記《かんもんにっき》』、『*満済准后日記』他）の世界であったが、その日本画の*水墨画・飾り次第の工夫が示すように、優れた美意識に支えられた調和の世界であり、一つの美学を唱えるものである。また唐物を日本の書院に独自の形式で飾る美の世界を創り上げたことなどは「和漢の境をまぎらかす」（*村田珠光《むらたじゅこう》『珠光心の文』）日本の芸術の母体ともなったといえよう。

［文献］「儀政公御正式目」（華道沿革協会編『花道古書集成』思文閣、一九七〇）、「君台観左右帳記」（林屋辰三郎編『日本思想体系23　古代中世芸術論』岩波書店、一九七三）、松下隆章・玉村竹二『如拙・周文・三阿弥』（講談社、一九七八）、村井康彦『武家文化と同朋衆』（三一書房、一九九一）。

（黒須千春）

風姿花伝《ふうしかでん》　*世阿弥《ぜあみ》の能楽論書・伝書。世阿弥による初の理論書で『花伝《かでん》』ともいう。改訂・増補はあるが「序」と第七編からなり、四〇歳頃の応永七年（一四〇〇）から五六歳頃の応永二五年（一四一八）にいたる間の著作をまとめたものといわれる。「序」では「姿幽玄」を重視、「道」を極めるためには*猿楽《さるがく》能《のう》に専念して稽古に励み、歌道もよくすべきと心構えを説くが、「第四　神儀云《じんぎにいわく》」で詳述するように、当時まで座敷芸としても行われていた猿楽について、神代より伝わり神楽《かぐら》から来た「申楽《さるがく》」、大和猿楽は聖徳太子が面を与えた秦河勝《はたのかわかつ》の子孫とし、由緒正しき芸能として地位の引上げを図っている。七歳から始めるべき稽古については各留意点を記し、年代ごとにその時々の輝きを放つ「時分《じぶん》の花」があるが、老年にいたっても失せることのない、技を超えた「まことの花」を習得すべきで、父・*観阿弥《かんあみ》は五二でますます見事に花やかだったとする。女・老人・直面《ひためん》・物狂《ものぐるい》・神・鬼など各役柄の演技論に続き、世阿弥の問いに対する観阿弥の答えを記したという「第三　問答条々」では、「座敷」すなわち観客（特に貴人）の様子をよく見、その心に合うような状況に応じて演じること、「序破急《じょはきゅう》」による緩急をつけた演目の組み合わせ方、「花が能の命」であり花を咲かせる技を極めるべく稽古を積み、音曲・所作を一体とすべき、と説く。『風姿花伝』の「花」とは観客にとっての面白さ・珍しさの意をもつが、「心より心に」伝える「秘する花」、そして「幽玄」論は、のちの『*花鏡《かきょう》』などで深化される能の美学の原点となる。→中楽談儀

〔文献〕『新潮古典集成 世阿弥芸術論集』(新潮社、一九七六)、表章・竹本幹夫『能・狂言2能楽の伝書と芸論』(岩波書店、一九八八)。 (黒須千春)

花鏡《かきょう》 *世阿弥《ぜあみ》の能芸伝書。一巻。世阿弥六二歳頃とされる応永三一年(一四二四)六月一日付の奥書があり、『*風姿花《ふうしか》伝《でん》』以来二〇年ほどの間に自らが折々に習得してきた「芸跡」すなわち芸の心得および能芸論を伝えるもので、嫡子・元雅《もとまさ》に秘伝されたともいう。構成は一貫していないが、さまざまな経験に基づき思索を深めていった能の美学の一つの到達点を表すものであり、普遍的な至芸論としての価値ももつ。謡の発声法、音曲を重視した舞のあり方、言葉を基にした所作、「序破《じょは》急《きゅう》」による観客を意識して緩急をつけた演目の組み立て方、稽古の重要性など、演技の心得を説き、体以上に心を十分動かすことを唱える。「幽玄の堺《さかい》に入る事」では、当時の芸道でも重視され、世阿弥の能でも理想の美とされた「幽玄」を美学論として極めた。幽玄とは「美しく柔和なる体《てい》」を基本とした「姿」で、音曲・舞・物まね(演技)の能のすべてにおいて美しくあるべきという。鬼などの激しい動き、貴人から乞食非人《こつじきひにん》にいたるまで、いかなる役柄でも演ずる際には「美しの花」を感じさせなければならず、幽玄である美しい姿を見せるには「心」が大事だとした。またその心を会得し、言葉を幽玄とするためには「歌道」を習い、姿を幽玄とするには上品な扮装の仕方を身につけなければならない、とする。習得した芸を磨くには、「目利き」が多い「都」に住むのがよいという。舞歌も言葉もさしてない状況で観客に澄んだ寂寥感、深い感銘を与える「冷えたる」風情が究極の境地で、無上の上手になる「心より出でたる能」とした。→中楽談儀

〔文献〕『新潮古典集成 世阿弥芸術論集』(新潮社、一九七六)、表章・竹本幹夫『能・狂言2能楽の伝書と芸論』(岩波書店、一九八八)。 (黒須千春)

中楽談儀《さるがくだんぎ》 *世阿弥《ぜあみ》の能の伝書である『世子六十以後中楽談儀《ぜしろくじゅういごさるがくだんぎ》』の通称。世子(世阿弥の敬称)晩年の芸談をのちに芸道を捨てて出家する次男・元能《もとよし》が聞き書きし、永享二年(一四三〇)に編集、世阿弥に贈ったと伝える。「中楽」は自分たちの芸が神楽から来たとする世阿弥の言葉で、ほかの芸能とは異なる優位性の自負を示す。内容は、世阿弥による能芸・演技論、*観阿弥《かんあみ》の芸態、当時の諸芸能・さまざまな名手、囃子方・狂言方など各職の心得、勧進能・翁のあり方、面、能作、音曲、舞台、座の規定・運営方法など、広範囲に及ぶ能芸の姿を示し、当時の芸能の模様、能を取巻くさまざまな状況を知る歴史的にも貴重な内容となっている。また父・観阿弥について、観客を重んじ傑出した演技がなせる能役者、音曲に優れ曲舞・幽玄な舞芸を取り入れた能作者、さまざまなきまりごとを定めて座の現実的な運営を図った優れた統率者として敬い、深く慕う世阿弥の姿勢がうかがえる。当時すでに観世《かんぜ》、金春《こんぱる》、宝生《ほうしょう》、金剛《こんごう》などの後の*大和猿楽四座が成立していたこともわかる。『中楽談儀』で世阿弥は、能の最高芸を「舞歌幽玄」、老・女・軍(戦人)の体を巧みに演じるべきとし、作品ごとに演じる場合の留意点を挙

げ、声、音曲、舞、息遣い、装束、面にいたるまで、作品および過去の上演例をもとに具体的に論じている。また田楽の一《いっ》忠《ちゅう》、父の観阿弥、近江猿楽の犬王（道阿弥）、田楽・新座の亀《き》阿《あ》を能の道「先祖」と称え、能がさまざまな芸能者が争い、影響を受け合う中で確立してきた状況を示す。またこうした名手の特徴、評判、将軍*足利義満《よしみつ》・*佐々木道誉《ささきどうよ》など有力者とのやり取りなども記し、芸能史上も貴重な資料である。

［文献］『新潮古典集成 世阿弥芸術論集』（新潮社、一九七六）、表章・竹本幹夫『能・狂言2能楽の伝書と芸論』（岩波書店、一九八八）。（黒須千春）

閑吟集《かんぎんしゅう》　室町時代後期に*小歌《こうた》を中心に編まれた中世を代表する歌謡集で、最も古く多様な内容をもつ。室町期の小歌は、主として宴会などで歌われた優美な旋律の節を基調とする小編の謡物である。『古今和歌集』以来の撰集に倣い仮名序《かなじょ》と真名《まな》序《じょ》を置き、編者は未詳だが仮名序に「富士を遠望する草庵に十余年の隠棲生活を送る僧体の人物」とある。成立は真名序によると永正一五年（一五一八）。「詩経」を模して収められた三一一首は、小歌（二三一首）、大和《やまと》節（大和猿楽《やまとさるがく》の謡 四八首）、近江《おうみ》節（近江猿楽の謡 二首）、田楽《でんがく》節（一〇首）、早歌《そうが》（八首）、放下《ほうか》の謡物（三首）、狂言小歌（二首）、吟句（七首）に及ぶが、恋の歌が最も多い。見立て・本歌取りなど古来からの謡、和歌の手法を取り入れ、当時隆盛していた連歌の風情も加えている。律調は七五・七七調が多いが多種多様。狂言『花子《はなご》』でも歌われる「花の錦《にしき》は下紐 解けてなかなかよしなや 柳の糸の乱れ心 いつ忘れうぞ 寝乱れ髪の面影」（第一首）のように、「花の錦」など歌らしく華やかで情緒的な言葉で飾りつつ、季節感も織り込み、総じて気持ちを素直に歌い出した直接的な内容が多いが、口語・文語を巧みに取り込んだ洗練された美しい言葉遣いにより、艶な男女の愛の歌も品性を失っていないのが特徴。戦乱の世を映し、現世のはかなさ・虚無感を歌う歌も多いが、「一期は夢よ ただ狂へ（遊べ）」（第五五首）など、軽妙で自由闊達である。また「面白の花の都」（第一九首）の様子、「魚取る網を引く」（第一五二首）など地方の鄙びた民衆の生活情景をうかがう史料としても貴重である。庶民が多く登場する*狂言では多くの小歌を取り入れている。→猿楽能、田楽

［文献］新間進一・志田延義編『日本古典文学15歌謡2』（角川書店、一九七七）、馬場あき子『閑吟集を読む』（弥生書房、一九九六）。（黒須千春）

天王寺屋会記《てんのうじやかいき》　*織豊政権時代の堺の豪商・天王寺屋（津田家）宗達《そうたつ》、宗達の長男・宗及《そうきゅう》、宗及の子・宗凡《そうぼん》と宗玩《そうがん》の三代にわたる茶会記録。天文一七年（一五四八）から元和二年（一六一六）まで、途中空白期を挟みつつ五〇年余にわたって自ら開いた茶会の記録（自会記）と他所の記録（他会記）の両方を含む。全一六巻からなり、多くは自筆の貴重本である。戦国末期から織豊政権における茶の湯の歴史のみならず、当時の茶会は権力者・文化人の集う場でもあったことから、堺を代表する有力町人（*会合衆《えごうしゅう》）で本願寺、三好氏、*織田信長、*豊臣秀吉など歴代の権力者とも密接な関係にあった天王寺屋による記録は、当時の政治・社会状況を知る貴重な史料となっている。とくに*武《たけ》野《の》紹鷗《じょうおう》に師事し多数の名茶器を所有していた津田宗達、宗達を継ぎ天正二年（一五七四）に信長が切り取った東大寺の蘭箸《らんじゃ》待《たい》を*千利休と宗及が一方ずつ拝領、天正一五年（一五八七）の

*北野大茶会《きたのだいちゃかい》でも利休・*今井宗久とともに茶頭《さどう》を務めた有力者・宗及による記録は、信楽水指《しがらきみずさし》・伊勢天目《いせてんもく》（天文一八年（一五四九））をはじめ、志野《しの》茶碗、備前《びぜん》茶入、伊賀《いが》壷などが茶会記録上初出、花も書院飾りの*立花《たてはな》から投《なげ》入《い》れ中心となり、東山御《ひがしやまぎょ》物《ぶつ》などを尊重しつつも唐物《からもの》一辺倒から和物（日本で焼かれた陶磁器）を茶会に取り入れてゆく様子がうかがえる。亭主・客では、天正六年（一五七八）の信長御成《おなり》の茶会、天正一〇年（一五八二）以後、信長に謀反後出家した荒木村重《むらしげ》が客となっている茶会、度々ある秀吉御成の茶会など、政治・文化上興味深い記述が多い。大徳寺一五六世となった宗玩《そうがん》がいた龍光院には「君台観左右帳記《くんたいかんさうちょうき》」で最上の茶碗とされた「曜変天目《ようへんてんもく》」が伝来する。↓わび茶

［文献］千　宗室監修『茶道古典全集7・8』（淡交社、一九七〇）、芳賀幸四郎『千利休』（吉川弘文館、一九八六）。

（黒須千春）

九　戦国の動乱

＊応仁《おうにん》の乱《らん》を契機として、＊室町幕府の支配体制は崩壊し、戦国動乱の時代がはじまる。応仁の乱の原因をさぐり、戦国大名の領国支配の実態を検討する。異文化との接触は、戦国の社会に、どのような影響を与えたのだろうか。

応仁の乱　応仁の乱の直前、長禄・寛正年間（一四五六―六五）はうちつづく戦乱と飢饉により、民衆生活を極めて不安定な状況におとしいれていた。飢饉の最中も、庭園の造営に夢中であった＊足利義政《よしまさ》に対し、後花園天皇は、「満城の紅緑、誰が為めに肥ゆる」との詩を送って叱責したが、事態はまったく改善されなかった。この間にも、連年のごとく土一揆が蜂起し、幕府の弱体化を白日のもとにさらしていった。

一五世紀のなかごろから、越前の守護斯波家、紀伊の守護畠山家などで家督争いが頻発し、家臣団もまた分裂と抗争を繰り返した。畠山《はたけやま》家の場合、持国《もちくに》の養子＊政長《まさなが》と実子＊義就《よしなり》とが家督を争った。政長派の家臣たちは＊細川勝元《ほそかわかつもと》と結び、義就派は＊山名宗全《やまなそうぜん》（持豊《もちとよ》）を頼った。将軍家でも、各守護家でも、一方が山名方と結べば、他方は細川方に組するという状況が生みだされ、事態は、山名・細川二派の対立と抗争によって推移していった。

文正二年（一四六七）一月一七日の京都上《かみの》御霊《みたま》社の森における、畠山政長と義就との合戦が、応仁の乱のはじまりであった。六月、細川勝元は将軍義政を味方にひきいれ、山名宗全追討軍を編成した。これ以後、細川方（東軍）と山名方（西軍）との対立抗争が本格化する。守護大名も東西いずれかの陣営に属し、それぞれの領国から軍勢を上洛させて兵力の増強をはかった。東軍は二四カ国から一六万の、西軍は二〇カ国から九万の兵士を集めた。両軍の戦闘は、足軽の登場により激化と長期化の一途をたどり、京都の大寺院や公家・＊守護大名たちの屋敷の大半は焼失した。戦線は膠着し、兵員・兵糧の徴発をめぐって、領国経営の矛盾が顕在化し、国人・地侍・一揆の蜂起が頻発し、戦火は各地に拡大し、戦国動乱の様相が出現した。

備中の山間荘園である東寺領新見《にいみ》荘（現　岡山県新見市）にも、応仁の乱の影響をみることができる。備中の守護細川氏は、山名方の備中打ち入りに備えるために、備中の公領・荘園に対して、守護役の増徴を指令し、新見荘へは城郭を構築するようにと命じた。ついで、年貢米を兵糧として守護方へ供出するようにと要求した。しかし、新見荘の農民たちは、国衙領の農民と共同戦線を形成して、守護使の入部を拒否した。文明元年（一四六九）九月、守護使が強制入部をはかった時には、新見荘の地侍と農民が、惣鎮守の八幡神社において「大よりあい」を催し、「大かねをつき、土一きを引ならし」（「東寺百合文書」）て、入部を阻止している。地侍で荘官の一人金子衡氏《かねこひらうじ》は「いまの時分ハ、ゐ中も京都もうてを以てこそ、所をも身をももち候」と主張するにいたった。権威よりも実力が重視される新たな歴史的情況が形成されつつあったのである。

国一揆《くにいっき》と一向一揆《いっこういっき》　応仁の乱は、文明五年（一四七三）に西軍の大将である山名宗全と細川勝元が、あいついで死去したのちも継続していた。文明九年（一四七七）、畠山義就が河内へ下向した時、戦火は鎮静化したかにみえたが、文明一四年（一四八二）の暮、義就が山城へ打ち入り、政長方と合戦を再開するや、南山城の村々は戦火にまきこまれることとなった。文明一七年（一四八五）一〇月ころから一二月にかけて、宇治川をはさんで両軍が対陣すると、戦局は一挙に緊張の度を増した。一二月、近隣の農民たちが見守るなか、三六人の国人たちが集会を開き、「両畠山方は国中に入るべからず」（『大乗院寺社雑事記』）と決議して畠山軍と交渉に入り、ついに、両軍を南山城から撤兵させることに成功した。

一四七〇年代、*蓮如《れんにょ》の布教によって、北国地方を中心に、*一向宗の門徒が飛躍的に増加した。虎狼の住むといわれた越前*吉崎の地を開拓整備し、布教の拠点とした蓮如は、*御文と語らいとによって教線をのばしていった。信心をもつことによって極楽往生できると確信した門徒たちは、村々の道場を基盤に、各地で守護や荘園領主と対立し、武装して蜂起した。長享二年（一四八八）、門徒たちは加賀の守護*富樫政親《とがしまさちか》を攻めほろぼし、本願寺末寺の僧・国人・農民の合議によって、国政を運営するにいたった。「百姓の持ちたる国」の出現である。

戦国大名の領国支配　*戦国大名が領国を支配するためには、まずなによりも、農村を完全に掌握することが必要であった。大名は治水や新田開発をおしすすめ、検地を実施し、隠田を摘発して、年貢の増収をはかった。いかに多くの年貢を確保できるか、どれほど多数の農民を夫役・陣夫に動員できるか、これが、領国支配の鍵であった。有力農民を下層武士にとりたて、彼らを村の代官に任命し、彼らをとおして、領国内の農村を把握したのである。

戦国大名は、金・銀・銅などの鉱山の開発を行い、鉱工業を掌握した。軍資金をたくわえ、他国から優秀な武具を購入するためには、より多くの金・銀が必要であった。鉱山発掘の技術は、治水や新田開発、さらには、城攻めの際にも応用された。戦国大名は、商人・職人の編成も進め、都市住人の保護と統制、御用商人の育成を行なった。

戦国大名は家臣団を統制し、農民を支配し、領国内で発生するさまざまな紛争を解決するために、分国法を制定した。今川氏は、「喧嘩に及ぶ輩は、理非を論ぜず、両方共に死罪に行ふべきなり」という喧嘩両成敗を定めた(『*今川仮名目録』)。武田氏は恩地領の売却を厳禁し、私領名田の年季売りを定めている。(『*甲州法度之次第』)。戦国大名の領国では、本城と支城を中心に、家臣団や商工業者が居住する城下町がつくられた。*小田原(北条氏)・*山口(大内氏)・*府中(今川氏)などが城下町の典型である。

戦国時代の都市としては、*寺内町・*門前町・*港町が重要である。寺内町は、真宗寺院や道場を中核として、門徒の宗教的連帯感に支えられて、計画的に構築された環濠都市である。摂津《せっつ》の大坂、河内《かわち》の富田林《とんだばやし》などがよく知られている。商人、手工業者が集住し、富と技術が集積されたため、地域的経済圏の要衝としての位置を占めた。寺内町に集積された技術と富が、戦国大名と闘う一向一揆の経済的基盤となった。

東洋のベニスといわれた*堺は、摂津・河内・和泉三国の国境に開けた港町である。一五世紀の末には、*日明貿易の拠点として繁栄し、一〇人の豪商が会合衆《えごうしゅう》として自治的な都市運営を行なっている。日明・*日朝貿易さらには*琉球や東南アジアとの貿易で栄えた*博多も、博多湾に面する港湾自治都市である。

異文化との接触 天文一二年(一五四三)八月、一隻のジャンクが種子島に漂着したことにより、日本人は西欧の文化と遭遇することとなった。乗員の服装は異様で言葉も通じなかった。乗員のなかの中国人と砂上で筆談し、船がポルトガルの商船であることがわかった。領主種子島《たねがしま》時尭《ときたか》が一行を引見した時、二人のポルトガル人が鉄砲を持っていた。かれらが鉄砲を発射させると雷のような音がし、小さな標的に命中した。百発百中であり、雷電の如き光、轟く驚電の如き音があたりを圧したという(『鉄炮記』)。時尭は鉄砲を買いとり、八板金兵衛に製造を、篠川小四郎に火薬の調合法を学ばせた。一年後には、数十挺の鉄砲が完成した。数年後には、近江の国友《くにとも》、堺、紀伊の根来《ねごろ》で生産されるようになり、戦国大名が争って購入したため、鉄砲はたちまちのうちに全国各地に普及した。天正三年(一五七五)、*織田信長《のぶなが》は鉄砲隊をたくみにつかって、武田氏の騎馬隊を殲滅させている(長篠合戦)。

天文一八年(一五四九)、インドのゴアにおいて、キリスト教の布教活動を行っていたザビエルが日本人ヤジローと一緒に鹿児島へ上陸した。*島津《しまづ》貴久《たかひさ》はザビエルに、領国内でのキリスト教の布教を許可した。ザビエルは、日本の文化水準の高さを認め、軍事的圧力によってではなく、信仰と文化をつうじて布教活動をすべきであるとローマ法皇に報告し、その後に来日してくるイエズス会の宣教師に重要な示唆を与えている。ヴィレラやフロイスは、医療活動や社会事業によって信者を増加させた。天正四年（一五七六）には、織田信長の支援をうけて、京都に教会（南蛮寺）を建設して布教の中心とした。*大友義鎮《おおともよししげ》（宗麟《そうりん》）、有馬晴信《ありまはるのぶ》、大村純忠《おおむらすみただ》らは、キリシタン大名として著名である。天正一〇年（一五八二）、かれらは帰国しようとしていたヴァリニャーニに頼んで、伊東マンショら四名の少年使節をローマに派遣している（天正遣欧使節）。

［文献］　脇田晴子『戦国大名』（小学館、一九八八）、勝俣鎮夫『戦国法成立史論』（東京大学出版会、一九七九）。　（佐藤和彦）

（一）　下剋上と戦乱

群雄割拠《ぐんゆうかっきょ》　多くの英雄たちが各地域に地盤を形成し、互いに勢力拡大を競って対立する状態。とくに、*戦国大名が各地に地方政権を確立し、領土獲得をめぐって互いに争っている状況をいう。一般的には*応仁・文明の乱の勃発が戦国時代の始期とされ、*室町幕府の弱体化に伴って各地域に独自に領主化した大名権力が成立し、互いに覇権を争う状況が生まれた。戦国時代の初期にはさまざまな規模の戦国大名が日本各地に分立していたが、争乱のなかで有力大名が他の大名を滅ぼして勢力を拡大していき、一六世紀中頃を境に数カ国にまたがる規模の戦国大名が分立する状況へと展開していった。武田氏が滅亡する直前の天正一〇年（一五八二）の段階では、関東は北条氏、奥羽《おうう》では伊達氏が南奥羽一帯を支配しつつあり、越後《えちご》は上杉氏、甲斐《かい》・信濃《しなの》・駿河《するが》は武田氏が支配し、それぞれ周辺領域への侵攻を企てていた。また、遠江《とおとうみ》・三河《みかわ》は徳川氏がおさえ、畿内とその周辺をおさえていた織田氏は全国で最大の領域を獲得していた。毛利氏・長宗我部氏はそれぞれ中国・四国の大半を獲得し、九州では島津氏・大友氏・龍造寺氏が鼎立して覇権を争っている状況であった。その後、*本能寺の変を経て*織田信長《のぶなが》の天下統一事業を引き継いだ*豊臣秀吉《ひでよし》が政治の実権を握ると、豊臣政権は強大な権力を背景に諸大名を服属させていき、服属を拒んだ北条氏を天正一八年（一五九〇）に滅ぼして全国統一が達成され、群雄割拠の状態は消滅することとなった。

［文献］　有光友學編『日本の時代史12戦国の地域国家』（吉川弘文館、二〇〇三）。　（小竹博允）

戦国大名《せんごくだいみょう》　戦国期に一郡および数郡から数カ国に及ぶ規模の領域を一円的に支配した地域政権の主宰者。将軍から補任《ぶにん》されて管国の職務を執行する*守護大名とは異なり、支配領域に対して軍事指揮権・所領安堵権・裁判権などを一元的に掌握し、独自に領土と人民を支配した。戦国大名は一五世紀後半にはじまる争乱のなかで登場してくるが、その出自は前代の守護や守護代、あるいは国人やそれらの家臣など多様である。彼らは家督争いなどの内訌や他の国人領主との争いといった戦争をくぐり抜け、自らの実力で独自の支配領域を獲得して戦国大名へと成長していった。主な戦国大名としては、東国では東北の伊達氏、関東甲信越の北条氏・武田氏・上杉氏、東海の今川氏・織田氏、西国では中国の大内氏・尼子氏・毛利氏、四国の長宗我部氏、九州の大友氏・龍造寺氏・島津氏などが挙げられる。戦国大名は主従制原理に基づく家臣団編成を行い、自らを公儀と位置づけて領国支配を展開した。家臣には知行として給地・給分を与え、その代わりに軍役奉公を義務付けることで軍事力を編成し、領土拡大による新たな知行地の獲得を目指して隣国の大名との戦争を繰り返した。国内政策では領国の一円的支配を実現するために*検地を実施し、その結果新たに創出された検地増分（在地剰余分）を掌握して収奪を強化するとともに、把握した耕地面積や生産高に基づいて年貢・公事・夫役を領民に賦課した。検地の結果把握した土地を貫高で表示して百姓の年貢・諸役賦課基準とし、家臣の所領も貫高で表してそれを軍役奉公の基準とする貫高制を採用することで統一的な知行制を実現した。また、家臣団統制や治安維持・紛争処理などのために分国法を制定し、家臣団相互の喧嘩の停止、境界相論や所領売買に関する規定などを定めた。本拠には城を構えて城下町を形成し、家臣団や商工業者を集住させ、領国内の政治・経済の中心地としての機能を担わせた。

［文献］永原慶二『戦国時代 上・下』（小学館、二〇〇〇）。

（小竹博允）

下剋上《げこくじょう》　下位の者が上位の者に実力で打ち勝ち、その地位にとってかわること。「下克上」「下極上」なども書かれた。もとは陰陽道で見られる用語で、『*源平盛衰記』巻六をはじめとして護良親王令旨（『播磨大山寺文書』）や『*二条河原落書』などに散見されるなど鎌倉中期頃から定着していったようであるが、基本的に否定・批判的な意味で用いられている。永和三年（一三七七）東寺は同寺領播磨国矢野荘での農民*逃散を「下剋上之至極、厳密可レ有二禁遏一者也」（『東寺百合文書』）と激しく非難している。一五世紀に入って強訴や土一揆が頻発すると、下剋上はそれらを非難する語として用いられ、大乗院*尋尊《じんそん》は文明一七年（一四八五）の山城国一揆について「下極上之至也」と記している（『*大乗院寺社雑事記』）。『文正記』では侍が系図を売って没落する一方で*凡下の者が系図を買って成り上がっていくさまが下剋上と述べられ、嘆かれている。また管領*細川政元《ほそかわまさもと》による将軍足利義稙《よしたね》の追放や、細川氏からその家臣三好氏さらには松永氏へと幕府の実権が奪われていったさまは下剋上の典型ともされる。しかし、*戦国大名の領国支配が進む中で下剋上の動きは衰え、*豊臣秀吉《ひでよし》の*検地と*刀狩によって消滅する。下剋上は社会変動期において没落する側の者が成り上がってくる者に対し、その動きを非難すべきもの、不吉なものとして用いた語であった。しかし一方で、末世における因果の道理の中で下剋上の原理と現象を避けえない必然なものとして肯定する論もあった。

［文献］福尾猛市郎「「下剋上」の論理」（『日本史選集』、福尾猛市郎先生古希記念会、一九七九、初出『日本歴史』二四八、一七六九）、永原慶二『日本の歴史10下剋上の時代』（中央公論社、一九六五）。

（渋沢一裕）

分国《ぶんこく》　本来律令制下の行政単位であった国が支配・収益の対象とされたものをさし、平安中期から織豊政権期まで用いられた。一〇世紀末頃から上皇・女院・親王などが知行権を与えられ正税・官物などを得る院宮分国制がはじまった。一一世紀に入ると公卿にも同様の知行権を与える*知行国制が広まり、*鎌倉幕府が成立すると将軍の知行国は関東御分国と称された。また大和《やまと》国では*興福寺の勢力が強かった為、国司・守護が置かれず実質大和は興福寺の分国であった。室町時代に入ると各国の守護がその軍事的支配権を強めて領国化を進めていく中で、当該国を分国と称するようになる。このため分国は主に守護領国をさす語として用いられた。戦国時代には守護職の継承の意識を強く持った*戦国大名もその領国を分国と称し、領国統治のための*分国法を制定していった。

［文献］　石井　進『日本中世国家史の研究』（岩波書店、一九七〇）、勝俣鎮夫『戦国法成立史論』（東京大学出版会、一九七九）。

（渋沢一裕）

国衆《くにしゅう》　南北朝から室町時代にかけての在地領主層のこと。国人《こくじん》ともいう。地頭職や下司職などの所職を基盤に在地性を強めつつ所領の経営と拡大、小領主や農民の家臣化を進めて領主的成長を遂げた国衆は、南北朝時代になると地方の政治・軍事情勢を左右するほど実力を有するようになる。さらに一四、一五世紀にかけて、本領を中心とした領域支配を展開しつつ地縁的結合体である国人一揆（一族一揆）を結成することで、守護などの上部勢力に抵抗する一方、領内農民に対する支配の強化をはかっている。一六世紀に入ると武田氏や今川氏のように守護が国衆を被官化していくことで戦国大名となったが、家臣化した国衆は政治・軍事的に強い自立性を有していた。また*毛利氏のように領域支配を広げつつ他の国衆を家臣化して自身が戦国大名となるものもあった。

［文献］　永原慶二『日本封建制成立過程の研究』（岩波書店、一九六一）、佐藤和彦『南北朝内乱史論』（東京大学出版会、一九七九）。

（渋沢一裕）

一子相続《いっしそうぞく》　所職や家産を嫡子にのみ相続させること。古代において職以外の家産は諸子に分割譲与する均分相続が普通であった。しかし鎌倉時代末期から南北朝期にかけての武士社会においては所領の細分化を防ぐためもあって、嫡子への単独相続法が発達、女子への相続も*一期分に限られるようになった。さらに室町時代以降、家の成立により家名が所領とともに相続の対象となって名跡相続の観念が生まれ、長子単独相続が一般化する。このため家督をめぐる争いも激化し、幕府等の上位権力が家内部の相続問題に介入するようになった。

［文献］　石井良助『日本相続法史』（創文社、一九八〇）、峰岸純夫編『家族と女性』（吉川弘文館、一九九二）。

（渋沢一裕）

寄親《よりおや》**・寄子**《よりこ》　弱小の者が有力者の擬制的血縁集団の一員となってその保護を受ける、親子関係に擬制した保護者・被保護者の関係。中世武家社会における家臣団・軍事編成上の制度で、下級家臣（寄子）が有力家臣（寄親）に預けられてその指揮下に置かれた。鎌倉時代の惣領制下においては非血縁関係の武士が寄子として惣領の族関係の中に組み込まれ、庶子と同じく所当公事を割り当てられていた。室町時代に入ると幕府直轄軍五ヶ番衆編成や有力守護の被官制度として見られるとともに、在地においても地侍層が有力武士を頼んで寄親・寄子の関係を結ぶ動きが一般化した。戦国期にはその在地勢力の取り込みを急務とした多くの戦国大名が家臣団編成制度として積極的に取り入れ、従来の寄親・寄子関係を認めるとともに大名の一族や有力武将を新たな寄親として在地領主層を預けるようになり、*分国法にも様々な規定が定められていった。その際、寄親は*指南・奏者、寄子は与力・寄騎・同心とも呼ばれている。寄子は戦時だけでなく平時においても寄親の指揮下にあり、大名への訴訟は寄親の取次ぎを経なければならず、また無断で寄親を替えることも禁じられていた。その一方、寄親の非分も戒められており、寄子に落ち度があってもその処断には大名の許可が必要とされ、また相応の理由があれば寄子が寄親を替えることもできた。両者は同一の主人（大名）に仕えるという点で同等の立場であり、基本的に両者の間に主従・血縁関係は見られないが、中には寄親の所領の一部を割き与えられより強く寄親に従属する寄子も存在した。

［文献］下村效「『今川仮名目録』よりみた寄親寄子制」（有光友学『戦国大名論集11今川氏の研究』、吉川弘文館、一九八四）。

（渋沢一裕）

指南《しなん》 *戦国大名、特に伊達《だて》氏、結城《ゆうき》氏などの東国戦国大名における家臣団編成にみられる職名。大名が被官とした在地武士を有力家臣のもとに組織化する際、被指南者（在地武士）が指南者（有力家臣）に頼んでその保護下に入る形をとった。寄親・寄子といわれる関係とほぼ同一のものであるが、指南者が被指南者に対して恩給を与えず、指揮・命令権のみをもつ不安定な関係でもあった。そのため大名は軍事編成上、指南・被指南者の関係確立をはかるが、被指南者はより有力な武将を指南と頼む傾向があり、その結果指南者が強力化することを警戒する必要も生じるなど、その関係をめぐって指南問答が行われることとなった。

（渋沢一裕）

洞《うつろ》 戦国時代に東国の大名層が、領域支配を実現するために、一家・一門を中心に周辺の非血縁領主をも取り込んで形成した、擬制的な族縁的地縁集団。「洞」の用語は、西国にも若干の使用例が見られるものの、その使用主体のほとんどが東国の、それも大名級の旧族領主層であり、*「結城家法度」や*「塵芥集」といった分国法や、東国在地領主の書状のなかに多く見られる。つまり北条・今川氏などのように強力な権力を構築しえなかった東国の旧族領主が、その一円的領域支配を実現するために、国人や地侍層が強い同族観念に基づいて形成していた在地的な洞を自らの洞に重層的に取り込んでいく過程で生み出した、新たな領主間の結合形態が洞といえる。その点、領主の私的な「家中」や、戦国大名の「領」「分国」の単なる言い換えとすることはできない。近世幕藩体制の成立とともに消滅する。

（渋沢一裕）

［文献］市村高男「戦国期における東国領主の結合形態」（『戦国期東国の都市と権力』思文閣出版、一九九四）、（『歴史学研究』四九九、一九八二）。

中世城郭《ちゅうせいじょうかく》 土塁・堀・柵などによって囲われた軍事施設。囲塁が単一の場合には城、二重の場合には内部を内城、外側を外郭という。中世城郭の原型は、鎌倉時代の在地領主の居館に求められる。領主の居館は、堀や土塁に囲まれ、居住施設と軍事施設を兼備していた。館地は、平地もしくは山麓、自然堤防上の微高地であった。南北朝以降になると築城数が増加し、多くは山上につくられ、これを山城という。山頂の尾根伝いに段々畑状の小さな曲輪をいくつも連ね、要所に空堀や土塁を配置した形式が一般的である。石垣は部分的に使用され、土塁の土留めや虎口（曲輪の入り口）脇の飾り程度のものが多い。また、堀は水堀ではなく、空堀で、尾根を切断する堀切や、山の斜面を竪に区画する竪堀であり、曲輪の周囲を巡る形態ではなかった。城内の建築も掘立柱を用いた小屋程度のものが多く、礎石を用いた本格的な建築を有する例は少数であった。山城は生活に不便なため、多くの場合、城主は平時には城下の居館に居住していた。居館は山城が存する山麓や少し離れた平地に設けられ、周囲に土塁や堀などを巡らした武装化した住居で、今日では山城と居館をあわせて「中世城館」としている。居館は、屋形《やかた》、館《たち》、土居などの呼び方がある。天守は、一六世紀末に成立した。室町後期になると、戦国大名によって大規模な城郭が築かれ、戦乱の恒常化に伴って山城の内に城主の居館を収容する例が多くなる。また、石垣や建築物も整備されていった。

［文献］大類 伸・鳥羽政雄『日本城郭史』（雄山閣、一九三六）、村田修三編『中世城郭研究論集』（新人物往来社、一九九〇）。（鈴木敏弘）

武具《ぶぐ》 戦闘に際して使用される武器。攻撃のための武器である刀・弓矢・鉄砲などと防御のための甲冑に大別される。鎌倉時代の合戦は騎射戦であったが、南北朝期以降、徒歩戦・斬撃戦が主体となり武具の種類も変化した。中世初期の刀は、騎馬に際して扱いやすいように彎刀細身で片手で使用することを前提としたものであったが、後期には、長さ・幅・重さなどが増し、両手で扱う徒歩立用に変化した。槍は、南北朝期から使用されていることが確認できる。弓は、古代の木製弓から一二世紀頃に外竹弓が登場し、南北朝期以降三枚打弓へと変化した。甲冑は、蒙古襲来以降、騎馬戦から徒歩戦へ、南北朝期以降の山城攻防戦などへと戦闘隊形が変化するに随い、大鎧から胴丸・腹巻が登場し、戦国時代には当世具足へとより軽便なものへと変化した。

［文献］福田豊彦編『中世を考える　いくさ』（吉川弘文館、一九九三）、近藤好和『中世的武具の成立と武士』（吉川弘文館、二〇〇〇）。（鈴木敏弘）

制札《せいさつ》 幕府や大名らの権力が寺社や郷村・宿町など特定の地区における特定の行為の禁止を、木札などに書いて不特定多数に掲示すること。禁制、掟書、定書、高札ともいう。その発給は木札と文書の両方を下付する場合やそのどちらか一方のみ下付するなど、さまざまな形式が見られる。室町幕府が徳政令や撰銭令などを制札として公布したほか、南北朝時代や戦国時代など戦乱期に多く発給された。特に戦国期においては交付される側の要請により下付され、領主が領内に下付するものが多いが敵方の侵攻軍の大将から発給される場合もあった。発給側としては礼銭・礼物の取得による軍費調達や占領地への威令の誇示、寺社（神仏）を加護することによる政治的・軍事的効果への意識があったと思われる。給付を受ける側にとっても軍勢による乱妨狼藉を抑止する最も有効な手段であったが、その保護の機能を発揮させるためには受け手側の主体的努力も必要とされた。

［文献］峰岸純夫「戦国時代の制札」（『古文書の語る日本史5』、筑摩書房、一九八九）、田良島哲「南北朝時代の制札と禁制」（『古文書研究』三五、一九九一）。（渋沢一裕）

半手《はんて》 戦国時代、「当手」（味方）と「相手」（敵方）の戦闘状態の中にあって、その境界領域にある郷・村落が双方の勢力と両属関係にある状態をさす用語。単に戦場の境界地域にあることをさすものではなく、村落住民が年貢・公事を属する両者に拠出することで、両勢力からの年貢の二重取りや、夜討《ようち》・朝《あさ》駆《がけ》による人と物の略奪を防ぐための対抗策として打ち出したもので、領主権力の側も危機管理能力の面などからこれを承認あるいは黙認していたと考えられる。村落が負担する貢納物や労役の内容、両者への拠出の割合については折半ないしは三者のおかれた状況による。また、「わたくし」(村)として敵方に貢納物を納めて和睦することで平和を維持することも、「半手」と号していた(『北条五代記』)。この「半手」はいわば中立地帯的としての側面も持っており、「半手」における広域流通活動に従事する商人の活動や、敵対勢力による情報収集なども見られた。そのため、「半手」の郷民は半分敵方であるとして城内への出入りを規制されることもあったが、ここでの「半手」は個人ではなく郷を単位としている。なお「半手」の用語は主に東国で用いられており、中国地方の毛利氏の場合は「半納」が同意の語として使用されていた。(渋沢一裕)

[文献] 峰岸純夫「東国戦国期の軍事的境界領域における「半手」について」(『中央史学』一八、一九九五)。

足半《あしなか》 かかと部分のない、足裏半分くらいの短い藁草履《わらぞうり》。芯《しん》縄《なわ》を前緒《はなお》とする構造で、丈夫でかつ踏ん張りがきいて滑りにくい。さらに短いため、藁の使用量が少なく短時間で編めるうえ、軽くて着脱が容易と機能性が高いこともあり、中世以降、おもに戦場や田畑・川での作業時などに広く用いられた。*『蒙古襲来絵詞』や*『春日権現霊験記』などには足半を履く武士の姿が描かれており、武士にとっては戦時に履くはきものであるのは勿論のこと、「あしなかハいづくまでもめし候べし」(『御供古実』)、「あしなかには禮有まじく候」(『今川大草子』)と宮中での装着も認められるものであり、重要視されたはきものであったといえる。当時は半物草《はんものぐさ》ともいった。天正元年(一五七三)に*織田信長《のぶなが》が*朝倉義景《あさくらよしかげ》を攻めた際、部下の兼松正吉《かねまつまさよし》に褒美として与えたとされる足半が現存する(名古屋市豊清二公顕彰館蔵)。(渋沢一裕)

[文献] アチックミユージアム編「所謂足半に就いて」(『日本常民生活資料叢書1』、一九七二)、潮田鉄雄『はきもの』(法政大学出版会、一九七七)。

根来寺衆《ねごろじしゅう》 紀伊根来寺の僧兵集団。根来寺の教団組織上は行人《ぎょうにん》に属し、行人方集会の決議に従って行動した。根来寺は正応元年(一二八八)に高野山から分離して成立したが、その当初から金剛峰寺との抗争が絶えなかったため、早くから教団維持のための武力をもつようになった。一五世紀後半になると、泉南・紀北の国人・土豪らが山内に子院を建立してその子弟や一族を送り込むようになったため、寺領が拡大するとともにその武力も強化されていった。寛正元年(一四六〇)五月には守護*畠山義就《はたけやまよしなり》の軍勢を討ち破るほどの武力を持っており、南近畿における両畠山の争いに際しては*畠山政長《まさなが》方についてその抗争に積極的に介入を始め、文明期(一四六九—八七)には和泉へ進出、永禄年間(一五五八—七〇)には泉南地方を支配下に置くなど、早くから鉄砲を導入していたこともあって、守護大名や戦国大名と伍する軍事力を有するようになっていた。この根来衆の軍事行動は、傭兵的な見方もある一方で、根来寺の盛んな経済活動や寺領の維持・拡大が主眼であったと考えられる。

粉河寺《こかわでら》や雑賀《さいが》一揆なども共同して軍事活動を行うことも多かったが、*石山本願寺一揆に際しては*織田信長《のぶなが》についた。しかし信長の死後は、雑賀一揆とともに*豊臣秀吉《ひでよし》に反抗。天正一二年（一五八四）の小牧・長久手の戦いでは*徳川家康《いえやす》方に荷担したため、翌年の秀吉の紀州攻めを招き、根来寺は炎上、根来衆も壊滅した。

［文献］ 熱田　公「雑賀一揆と根来衆」（北西　弘先生還暦記念会編、『中世社会と一向一揆』、吉川弘文館、一九八五）。　（渋沢一裕）

三好三人衆《みよしさんにんしゅう》　戦国末期の三好氏の家臣。三好日向守長逸《ながゆき》（長縁）同下野守政康《まさやす》（政生）、岩成《いわなり》（石成）主税助友通《ともみち》の三人をさす。三好氏は長慶《ながよし》の時に畿内における全盛期を迎えたが、永禄七年（一五六四）七月長慶が死ぬと、この三名が長慶の養子義継《よしつぐ》の後見として実権を握る。翌年五月に同じく三好氏家臣の実力者*松永久秀《まつながひさひで》と共謀して将軍*足利義輝《よしてる》を暗殺、畿内庶政を握り翌年には撰銭令を公布している。しかし、義輝暗殺後すぐに久秀との対立が顕在化、さらに主君義継とも不和となって抗争を展開したため、畿内は混乱状態に陥った。同一一年（一五六八）九月、*織田信長《のぶなが》が*足利義昭《よしあき》を奉じて入京すると、長逸は摂津《せっつ》国芥川《あくたがわ》城、政康は山城国木津《きづ》城、友通は山城国勝竜寺《しょうりゅうじ》城などに拠って抵抗したが、敗れて三好氏の本拠地阿波《あわ》へ退却した。その後も翌年正月に義昭を本圀寺に包囲するなど、再三阿波から出兵して織田家と交戦したがその支配を覆すことはできず、逆に久秀・義継が信長に帰順するなど、次第にその勢力は衰えた。三人衆の一人友通は元亀元年（一五七二）三月信長に帰順するが、信長と義昭の対立が深まると義昭方に組したため、天正元年（一五七三）八月信長方に攻められ山城淀《よど》城にて敗死。義継も同年一一月に河内若江城で敗死したため、三好氏は畿内における拠点を失った。長逸は敗走中行方不明となり、政康はのち豊臣秀吉・秀頼に仕え、元和元年（一六一五）五月大阪夏の陣で戦死する。三好政権は将軍を殺害し室町幕府の機能を停止させることで自らの戦国大名権力の確立を図り、*撰銭令を出すなどしたが、幕府体制の影響から脱しえず、さらに内訌と信長上洛により、それを果たせず短命に終った。

［文献］ 今谷　明『室町幕府解体過程の研究』（岩波書店、一九八五）、「大阪府史4」（一九八一）。　（渋沢一裕）

系図偽作《けいずぎさく》　家系の詐称については、五世紀前半の允恭《いんぎょう》天皇が盟神探湯《くかたち》をもって氏姓の混乱を正したことをその端緒とすることができるが、系図の偽作についても八・九世紀以降に各氏の系図が作成されるのと同時に行われるようになったものの、当初はその先祖を飾るためという面が強かった。やがて、職能・所職などが世襲されるようになると、その相伝系図もつくられるようになり、系図は単に血統・家系を示すだけでなく、それに付随する権利の相承も表すようになった。そして一四世紀に入って「家」が成立してくると、公家や武士に限らず一部百姓や職能民なども、自らの立場・権利を正当化するため、盛んに系図を作成するようになったが、それに伴って系図の偽造も多くみられるようになった。さらに*応仁・文明の乱（一四六七—七七）前夜の世相を記した『文正記』には、侍（武士）が生活のために系図を売る一方、系図を買った凡下《ぼんげ》（庶民）が自らを侍と称していた等、系図の売買が横行していた様が描かれており、偽作された系図が新たな身分を獲得するために利用されていたことがわかる。戦国期に入るとさらにこの傾向が強くなり、下剋上の動きの中で新興の勢力が自らの権利を正当化するために系図の作成・偽作を盛んに行っている。一四世紀末に成立した『尊卑文脈』や、寛永二〇年（一六四三）に江戸幕府によって作成された『寛永諸家系図伝』などは、当時の系図の集大成といえるが、その中にも多くの偽作された系図が含まれていることになる。しかし、偽系図といえども、その作成意図・背景を探ることが可能であり、その史料価値を否定することはできない。

[文献] 太田 亮『家系系図の合理的研究法』(立命館大学出版部、一九三〇・復刊改題『家系系図の入門』新人物往来社、一九六七)、網野義彦『日本中世史料学の課題』(弘文堂、一九九六)。

(渋沢一裕)

富田月山城《とだがっさんじょう》 島根県能義郡広瀬町富田にあった山城。月山城と称するのは雅名。飯梨川が山佐川と合流し、やがて能義平野に出ようとする東岸のひときわ高い丘陵上に位置した。鎌倉時代の佐々木氏以来、出雲《いづも》の守護が居城したという。*京極佐々木氏は、いったん、山名氏により出雲から排除されるが*明徳の乱の後、再び出雲の守護となり、その守護代として尼子持久《あまこもちひさ》が富田城に居城した。その子清定《きよさだ》が、*応仁の乱をきっかけに勢力を拡大すると、三代経久《つねひさ》の時、守護京極氏と対立し、守護代を罷免され富田城から追放された。しかし、文明一八年（一四八六）城代の塩冶《えんや》掃部介を攻め、城を回復した。その後、経久は勢力を拡大し、その範囲は、東は因幡・播磨、西は石見・備後までの一一ヶ国にも及んだ。経久の跡を継いだ晴久《はるひさ》は、天文九年（一五四〇）、安芸郡山城に*毛利元就《もうりもとなり》を攻めたが敗北、同一一年（一五四二）大内義隆《おおうちよしたか》・毛利元就の連合軍が富田城を攻めたが、逆に尼子軍の反撃により敗走した。永禄三年（一五六〇）晴久が急死し、義久《よしひさ》が跡を継ぐと、毛利元就は出雲に侵入し、同八年（一五六五）には大軍で富田城を包囲した。尼子方の籠城は翌年まで続いたが、兵糧が乏しくなり、諸将も相次いで降伏したため、翌年一一月に義久は降伏し、富田城は開城した。尼子氏の武将山中鹿之助は、尼子勝久《かつひさ》を奉じて富田城の奪還を試みたが敗れ、慶長五年（一六〇〇）まで毛利氏が支配した。関が原の戦い後は、堀尾吉晴《ほりおよしはる》が入城したが、慶長一六年（一六一一）三代忠晴《ただはる》の時、松江城に移り、富田城は廃城となった。

[文献] 山根幸恵他編『日本城郭大系14』(新人物往来社、一九八〇)。

(深津剛志)

川中島合戦《かわなかじまかっせん》 戦国時代、天文二二年（一五五三）から永禄七年（一五六四）まで、信濃《しなの》侵略を進める*武田信玄《たけだしんげん》と信玄に追われ旧領回復を目指す北信濃の領主に助けを求められた*上杉謙信《うえすぎけんしん》との戦い。五回にわたり合戦があったといわれている。第一回

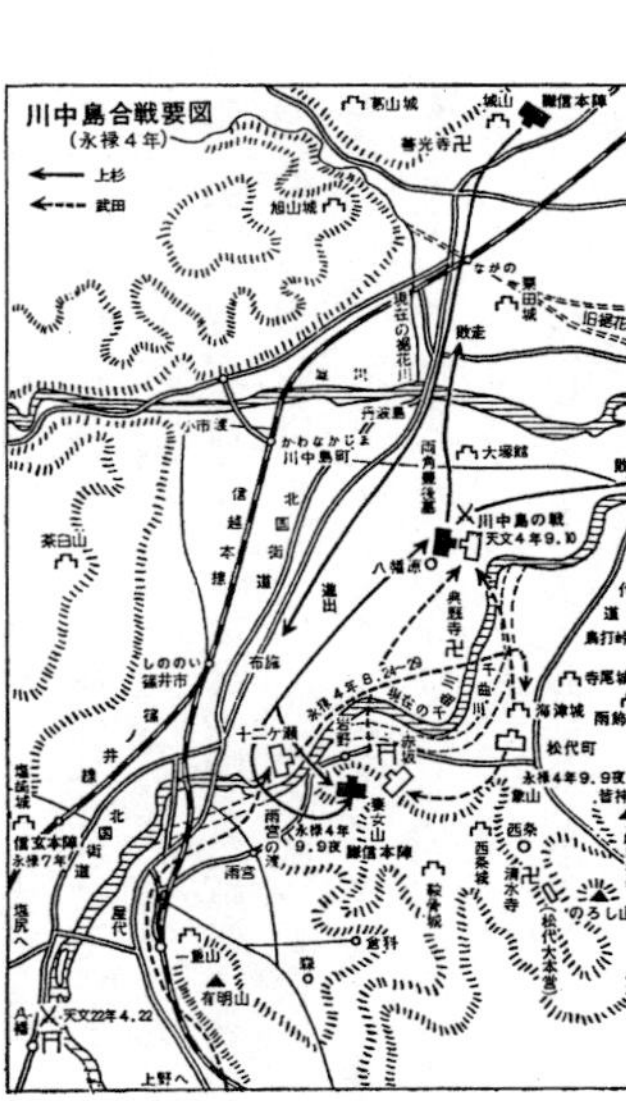

川中島の合戦

目は天文二二年四月で、葛尾《かずらお》城を落とされた村上義清《むらかみよしきよ》の求めに応じて出陣した謙信は八幡《やわた》・荒砥《あらと》などで武田軍を破ったが、九月には撤退した。第二回目は、弘治元年（一五五五）で、四ヶ月にわたり対陣したが、*今川義元《いまがわよしもと》の調停により講和が成立した。第三回目は弘治三年で、二月葛山城が武田方に攻略されると謙信は翌月出陣し、八月には上野原《うえのはら》で戦った。しかし、この合戦で川中島地方は武田方に制圧されることとなった。永禄四年（一五六一）後北条氏の*小田原《おだわら》城を攻め鎌倉で*関東管領就任と上杉氏襲名を行った謙信は、八月末に川中島に出陣し、九月には海津《かいづ》城救援のために出陣した信玄と八幡原《やわたばら》で衝突し、両軍ともに多くの犠牲者を出した。武田方では、信玄の弟信繁《のぶしげ》などが戦死したが、実質的には武田方の勝利とされている。従来から川中島合戦とは、この第四回目の戦いをさしていう。第五回目は、永禄七年で、三月武田軍は、会津《あいづ》の芦名《あしな》氏と挟撃し、信越国境の野尻《のじり》城を攻略するが、上杉方がすぐに奪還した。七月に謙信は川中島に出陣したが信玄との長期対陣のみに終わった。これ以後、両軍の対陣はないが結局この一二年間の争いの結果、信濃は武田方のものとなった。

［文献］　小林計一郎『川中島の戦』（春秋中社、一九六四年）、片桐昭彦「謙信と川中島合戦—謙信の信濃支配」（池　享・矢田俊文編『定本　上杉謙信』高志書院、二〇〇〇）。　（深津剛志）

厳島合戦《いつくしまがっせん》　弘治元年（一五五五）安芸《あき》・備後《びんご》を支配下に入れて領国支配の拡大を目指す*毛利元就《もうりもとなり》軍と、主君*大内義隆《おおうちよしたか》を倒して実権を握った*陶晴賢《すえはるかた》軍の合戦。元就は当初は陶氏に恭順の姿勢を示したが、天文二三年五月、陶氏に反抗している石見《いわみ》国津和野《つわの》の吉見氏に呼応して軍を起し、陶方の支配下にあった厳島を占領した。晴賢は翌二四年九月、二万の大軍を率いて厳島に上陸し、塔ノ岡に本陣を置き、島の東北部に毛利側が築いた宮ノ尾城を攻撃した。毛利氏は、四千余人の軍勢で九月三〇日の夜から翌一〇月一日にかけて厳島の陶方の陣営を襲い全滅させ、*陶晴賢は自刃した。毛利氏は、この合戦を契機に中国地方最大の戦国大名に成長していくことになる。毛利氏の勝利した理由として、村上水軍の活躍が挙げられるが、その非参戦説など異論もある。

［文献］　河合正治「瀬戸内海史上における厳島合戦」（『中世武家社会の研究』吉川弘文館、一九七三）、山内　譲「海賊衆と厳島合戦」（『中世瀬戸内海地域史の研究』法政大学出版会、一九九八）。　（深津剛志）

扇谷上杉氏《おうぎがやつうえすぎし》　頼重《よりしげ》の子の重顕《しげあき》を祖とする。重顕の子朝定《ともさだ》は、室町幕府の引付頭人としておもに京都にあったがその養子の顕《あき》定《さだ》は、鎌倉扇谷に住み鎌倉公方に仕えた。顕定の養子氏定《うじさだ》は、応永二三年（一四一七）、*上杉禅秀の乱で*足利持氏《もちうじ》に属し、相模国藤沢道場で自害した。跡を継いだ持定《もちさだ》は早くに病死し、弟の持朝《もちとも》が家督を継いだ。持朝は、*永享の乱・*結城合戦では幕府方に従い、その功により相模国守護に任ぜられた。持朝はいったん家督を子の顕房《あきふさ》に譲ったが、康正元年（一四五五）武蔵国分倍河原の戦いで討死し、ふたたび持朝が当主となった。応仁元年（一四六七）に持朝が亡くなると孫の政真《まさざね》が継いだが、文明五年（一四七三）に武蔵国五十子《いかご》で討死すると叔父の定正《さだまさ》が家督を継いだ。しかし、定正は重臣の太田道灌《おおたどうかん》を殺害し、山内《やまのうち》上杉顕定《うえすぎあきさだ》との対立を深めた。明応三年（一四九四）定正が死ぬと、甥の朝良《ともよし》が跡を継いだ。永正二年（一五〇五）顕定に河越《かわごえ》

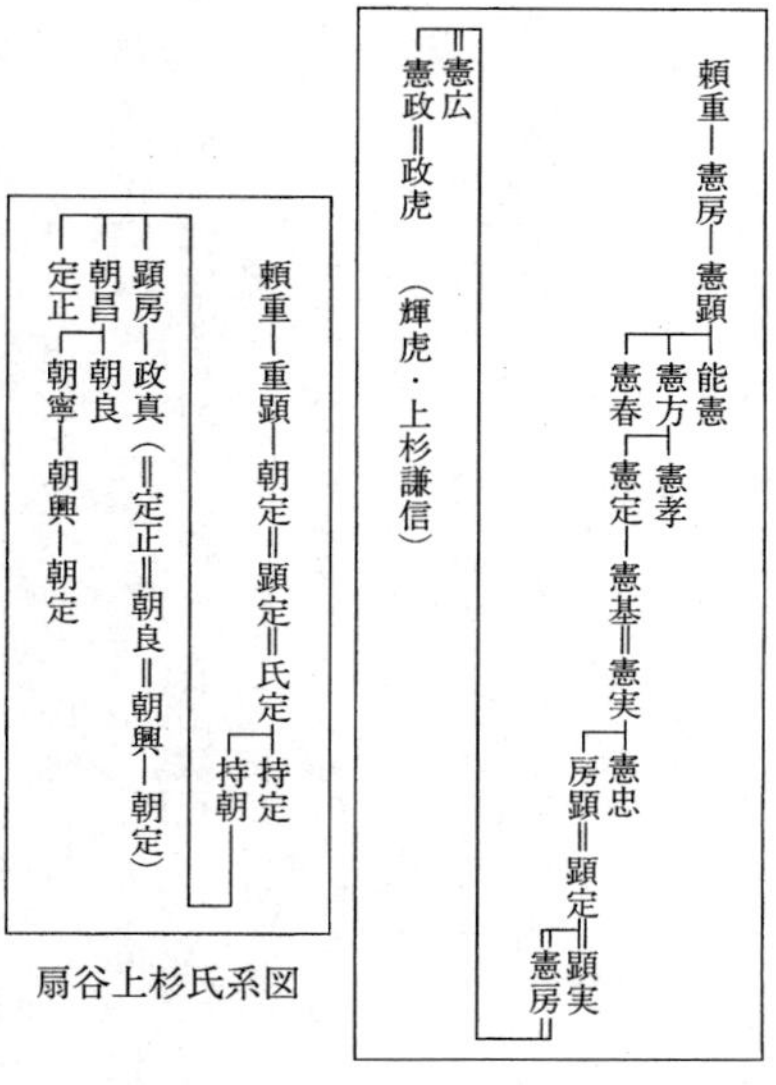

扇谷上杉氏系図

山内上杉氏系図

上杉氏略系図

城を包囲され、朝良が江戸城に隠居することにより和睦を結んだ。永正一五年（一五一八）朝良が死ぬと甥の朝興《ともおき》が跡を継ぐが、大永四年（一五二四）には、北条氏綱《うじつな》に江戸城を落とされ、翌年には*河越城を奪われた。氏綱の死後、氏康《うじやす》が跡を継ぐと古河公方足利晴氏《はるうじ》・*関東管領上杉憲政《のりまさ》らと河越城を囲んだ。しかし、救援にきた氏康の夜襲にあい朝興は討死し、扇谷上杉氏は滅亡した。

［文献］ 鎌倉市編纂委員会『鎌倉市史 総説編』（一九五九）、『神奈川県史 通史編1原始古代中世』（一九八一）。 （深津剛志）

山内上杉氏《やまのうちうえすぎし》 *上杉憲房《のりふさ》の子憲顕《のりあき》を祖とする。憲顕は、*足利直義《ただよし》の配下として終始従い、*観応の擾乱においても*尊氏《たかうじ》に抵抗した。直義が殺された後、いったんは隠遁生活を送ったが、貞治二年（一三六三）鎌倉公方*足利基氏《もとうじ》に請われて*関東管領となり、以後上杉氏が関東管領を独占することとなった。憲顕の子憲方《のりかた》が、康暦元年（一三七九）鎌倉山内に住んだことから山内上杉氏を称する。山内上杉氏は、貞治二年憲顕以来上野《こうづけ》守護職を、応安二年（一三六九）の能憲《よしのり》以来伊豆《いず》守護職を独占し、さらに武蔵《むさし》守護をも兼帯した。憲顕以後は、能憲・憲方・憲春《のりはる》・憲孝《のりたか》・憲定《のりさだ》・憲基《のりもと》とついだ。応永二三年（一四一六）*上杉禅秀の乱では、憲基が犬懸家の*上杉氏憲《うじのり》（禅秀）と争った。その後、憲基が病死すると、越後の上杉房方《ふさかた》の子憲実《のりざね》が、跡を継いだ。永享一一年（一五三九）の*永享の乱の際には、憲実は幕府方につき、鎌倉公方の*足利持氏《もちうじ》を攻め、自殺させたが、その後、伊豆に隠栖した。その後、憲忠《のりただ》・房顕《ふさあき》が継ぐ。しかし、享徳三年（一四五四）憲忠は、鎌倉公方となった*足利成氏《しげうじ》に謀殺され、房顕も文正元年（一四六六）に病死すると、再び越後の上杉房定の子顕定《あきさだ》が継いだが、永正七年（一五一〇）長尾為景《ながおためかげ》により越後で敗死した。その後、顕実《あきざね》・憲房《のりふさ》・憲広《のりひろ》・憲政《のりまさ》と続いたが、小田原北条氏の関東進出が進むに及び、憲政は天文二一年（一五六一）越後の*長尾景虎《かげとら》（上杉謙信《けんしん》）に家督を譲り、天正七年（一五七九）に没した。

［文献］ 鎌倉市編纂委員会『鎌倉市史 総説編』（一九五九）。 （深津剛志）

韮山城《にらやまじょう》 静岡県田方郡韮山町にあった城。延徳三年（一四九一）*北条早雲《そううん》が堀越公方足利茶々丸《ちゃちゃまる》を滅ぼし、伊豆を平定した時に築いた。ただし、それ以前に堀越公方の家臣の誰かが居城していた説もある。早雲は、この城を基盤として関東に進出し、領土の拡大を計り、永正一六年（一五一九）韮山城で没した。韮山城は、後北条氏の本城*小田原城の重要な支城として防衛にあたり、元亀元年（一五七〇）の武田軍の侵攻には、北条氏規《うじのり》・氏忠《うじただ》が抗戦した。また、天正一八年（一八九〇）の*豊臣秀吉《ひでよし》の小田原攻めの際には、豊臣軍四万四千余に包囲攻撃されたが、容易に落ちず、六月になり約四ヶ月の篭城を解き開城した。その後、*徳川家康《いえやす》の家臣内藤信成《ないとうのぶしげ》が城主となったが、慶長六年（一六〇一）信成が駿河府中に転封となり、廃城となった。

［文献］ 韮山町史刊行委員会編『韮山町史』（一九八〇）。

（深津剛志）

岡崎城《おかざきじょう》 愛知県岡崎市にあった城。矢作川支流乙川北岸の丘陵西端に位置する。竜城・竜ヶ城ともいう。享徳元年（一四五二）から康正元年（一四五五）頃に三河の守護仁木《にき》氏の守護代、西郷稠頼《さいごうつぎより》が築いたと伝える。その後、西郷氏は大永初年の頃まで代々居城したが、大永四年（一五二四）*松平清康《きよやす》が入城し、東三河から尾張方面への進出の拠点となった。永禄三年（一五六〇）、*今川義元《いまがわよしもと》が尾張の桶狭間《おけはざま》で敗死すると、長く今川氏の隷属下にあった*家康《いえやす》は、岡崎城に入り、三河平定を果たした。元亀元年（一五七〇）に家康が遠江国浜松《とおとうみ》に移ってからは、嫡子信康《のぶやす》が岡崎城を守ったが、天正七年（一五七九）、遠江国二《ふた》俣《また》において信康が自刃した後は、石川数正《いしかわかずまさ》・本多重次《ほんだしげつぐ》などが城代となった。天正一八年（一五九〇）家康の関東移封後、田中《たなか》吉政《よしまさ》が入城すると、城郭の拡張、城下町の造成を行い、東海道が城下に引き入れられ、近世岡崎城下町の基礎がつくられた。その後、慶長六年（一六〇一）本多康重《やすしげ》、正保二年（一六四五）水野忠善《みずのただよし》、宝暦一二年（一七六二）松平康富《やすとみ》、明和六年（一七六九）本多忠粛《ただとし》が入封し、明治維新に至った。維新後、天守閣以下の主要建築物は、明治六年（一八七三）に取り壊され、旧本丸、二の丸部分が明治八年に岡崎公園となり、それ以外は市街地となった。現在の天守閣は、昭和三四年（一九五九）に復元されたもの。

［文献］『新編 岡崎市史2』（一九八九）。

（深津剛志）

一乗谷《いちじょうだに》 福井県福井市城戸《きど》ノ内町にあった越前朝倉氏の山城、居館およびその城下町。一乗谷川に沿う谷間とその周辺の山に立地し、南北約三キロメートルに及ぶ。うち城戸ノ内と称される一乗谷の南北に設けられた城戸の間、約一・七キロメートルの区域に屋敷地、寺院、町家が道路に沿って整備され、居館の背後の一乗城山に一乗谷城が築かれた。「朝倉家記」によれば寛正元年（一四六〇）の阿波賀城戸口合戦の際、朝倉茂景が阿波賀但馬守を称するのがみえる。朝倉氏の本拠としての発展は、文明三年（一四七一）朝倉孝景が黒丸館から当地に居館を移して以降、家臣らの集住を進める条文が「朝倉孝景十七箇条」にみえる。朝倉氏の城下町として義景まで五代にわたり繁栄をみたが、天正元年（一五七三）織田信長により朝倉家の退去後焼かれ、その後、朝倉家旧臣が入り統治に使われたものの、一揆により荒廃、ついで越前に入った柴田勝家は北ノ庄に本拠を構えた。城下町としては、廃れたことにより、かえってその様相がよく保存され、また当時の磁器や銭など生活にかかわる品々や石塔などの史料も多く出土する貴重な遺跡であり、昭和四六年（一九七一）、二七八ヘクタールが国の特別史跡に指定されている。

［文献］ 小野正敏・水藤 真編『よみがえる中世―実像の戦国城下町越前一乗谷―』（平凡社、一九九〇年）、水藤 真『朝倉義景』（吉川弘文館、一九八一年）。

（阿部 猛）

足利義晴《あしかがよしはる》 （一五一一―五〇） 室町幕府第一二代将軍（在職

大永元年（一五二一）—天文一五年（一五四六））。父は*足利義澄《よしずみ》。幼名亀王丸。永正八年（一五一一）、近江九里氏の館で生まれる。その後、播磨の赤松義村《あかまつよしむら》のもとで養育された。大永元年（一五二一）、将軍*足利義稙《よしたね》が細川高国《ほそかわたかくに》と対立し阿波に移り、高国は播磨にいた義晴を一二代将軍に擁立する。大永七年（一五二七）、三好元長《みよしもとなが》、柳本賢治《やなぎもとかたはる》らが京都に侵攻すると、義晴・高国は近江に逃れる。享禄四年（一五三一）、高国は摂津天王寺において敗死した。天文三年（一五三四）、近江周辺を転々としていた義晴は、高国を倒した細川晴元《はるもと》と和睦し入京する。天文一五年（一五四六）、将軍職を子*義藤《よしふじ》（のち義輝《よしてる》）に譲る。天文一八年（一四四九）、*三好長慶《みよしちょうけい》が京都にせまり、義晴・義藤親子は近江坂本に逃れる。その後、再度、入京を果たそうとするが、翌天文一九年、近江穴太において没す。四〇歳。法名萬松院曄山道照。

[文献] 奥野高広『人物叢書 足利義昭』（吉川弘文館、一九六〇）。

（徳永裕之）

足利義輝《あしかがよしてる》（一五三六—六五）室町幕府第一三代将軍。（在職天文十五年（一五四六）～永禄八年（一五六五））父は*足利義晴《よしはる》。母は近衛尚通《このえひさみち》女。初名義藤《よしふじ》。天文一五年（一五四六）、父足利義晴より将軍職を譲られ、征夷大将軍に任じられる。天文一八年（一四四九）、*三好長慶《みよしちょうけい》が京都にせまり、義晴とともに近江に逃れる。天文二一年（一四五二）、三好長慶と和睦し、入京するが、和睦が破れ近江に逃れる。永禄元年（一五五八）、*六角義賢《ろっかくよしかた》の仲介によって、三好長慶との和睦が再び成立し、京都に戻る。同年には、*長尾景虎《ながおかげとら》（上杉謙信《うえすぎけんしん》）と*武田晴信《たけだはるのぶ》（信玄《しんげん》）の和議を行うなど、積極的に政治的活動を行う。永禄八年（一五六五）五月、突如、三好義継《よしつぐ》、*松永久秀《まつながひさひで》らの軍勢に攻められ討ち死にした。三〇歳。法名光源院道圓融山。

[文献] 奥野高広『人物叢書 足利義昭』（吉川弘文館、一九六〇）。

（徳永裕之）

足利義昭《あしかがよしあき》（一五三七—九七）室町幕府第一五代将軍。（在職永禄一一年（一五六六）—天正元年（一五七三））。*足利義晴《よしはる》の次男。母は近衛尚通《このえひさみち》女。*足利義輝《よしてる》の弟。天文一一年（一五四三）、近衛稙家《たねいえ》の猶子《ゆうし》となり、興福寺一条院に入室。後に覚慶《かくぎょう》と名乗る。永禄八年（一五六五）、*松永久秀《まつながひさひで》らにより、兄義輝が暗殺されると、覚慶も久秀に幽閉される。その後、脱出・還俗《げんぞく》して義秋と名乗る。近江や越前朝倉氏のもとを転々とし、永禄一一年（一五六八）に元服し義昭と名を改める。同年、美濃*織田信長《おだのぶなが》に擁立され入京を果たし、征夷大将軍に任じられる。将軍就任後、信長と対立し、各地の大名に信長の討伐を命じる。元亀三年（一五七二）、信長から「異見十七条」が出され、翌天正元年（一五七三）、信長に対して挙兵。一度は信長と講和するが再び挙兵。同七月、信長に降服する。その後、河内・紀伊を経て、毛利氏を頼り備後鞆《とも》に移る。これにより、名実ともに室町幕府が消滅する。信長の死後、天正一六年（一五八八）には帰京。*豊臣秀吉《とよとみひでよし》のもとで、一万石を与えられた。慶長二年（一五九七）大坂で没す。六一歳。法名霊陽院昌山道休。

[文献] 奥野高広『人物叢書 足利義昭』（吉川弘文館、一九六〇）。

（徳永裕之）

筒井順昭《つついじゅんしょう》（一五二四—五〇）戦国時代の武将。父は、順興《じゅんこう》。筒井順慶《じゅんけい》の父。天文四年（一五三五）父順興が死ぬと、わずか一二歳で得度し、家を継いだ。翌五年には法師に任じられ、亡父順興の跡を継いで、興福寺の衆徒となり、栄舜坊《えいしゅんぼう》順昭法師と称した。順昭は子女にめぐまれ、大和の有力豪族と婚姻政策を計った。天文一二年（一五四三）順昭は、簀川《すかわ》城を討ち、古市本城を落として古市氏を傘下に収めた。翌年には、小《こ》柳《や》生《ぎゅう》城を、同一五年（一五四六）には、越智《おち》氏の貝吹山《かいふきやま》城を落城させ大和の大半を制圧した。しかし、天文一九年（一五五〇）に、南都林小路の外館で病死した。享年二七歳。死去に際して、順昭の遺言により順昭に似た盲目の法師黙阿弥が一年間身代わりとなった。一周忌を迎えて喪が公になると、奈良に戻り元の黙阿弥となり、これが「元の黙阿弥」の語源となった。

［文献］　大和郡山市役所『大和郡山市史』（一九六六）、籔　景三『筒井順慶とその一族』（新人物往来社、一九八五）。
（深津剛志）

三好元長《みよしもとなが》（一五〇一―三二）　戦国時代の武将。三好之長《ゆきなが》の孫で同長秀《ながひで》の子。父長秀・祖父之長が相次いで没したため、若年で家督を継いだ。大永七年（一五二七）元長は、*足利義維《よしつな》（*義稙《よしたね》の猶子）と細川澄元《ほそかわすみもと》の子*晴元《はるもと》を擁し、*堺に上陸した。同年には、柳本賢治《やなぎもとかたはる》らとともに京都へ進出し、*細川高国《たかくに》らを京から近江坂本へ退けた。その後、いったんは晴元に疎まれ阿波《あわ》へ戻るが、享禄三年（一五三〇）高国が京を奪還し摂津の大半が高国側に落ちると、元長は再び阿波から堺へ進出した。そして、同年六月摂津国天王寺に高国を破り、これを尼崎に敗死させた。しかし、まもなく木沢長政《きざわながまさ》らと対立し、彼らの讒言によりまたも晴元に疎まれ、天文元年（一五三二）晴元の依頼によって動員された一向一揆に攻められて、堺の顕本寺《けんぽんじ》で自刃した。享年三二歳。

［文献］　今谷　明『室町幕府解体過程の研究』（岩波書店、一九八五）、今谷　明『戦国三好一族』（新人物往来社、一九八五）。
（深津剛志）

三好長慶《みよしながよし》（一五二二―六四）　戦国時代の武将。父は、*三好元長《もとなが》。はじめ孫次郎利長《としなが》・範長《のりなが》を名のる。伊賀守・筑前守を経て永禄三年（一五六〇）修理大夫となった。天文元年（一五三二）に父元長が*堺で敗死すると一一歳で家督を継ぎ、翌年には*細川晴元《ほそかわはるもと》と本願寺との和睦を仲介し、以後は晴元の有力被官として勢力を伸ばした。天文一一年（一五四二）河内《かわち》の遊佐長教《ゆさながのり》と結び、木沢長政《きざわながまさ》を敗死させた。その後は、堺で挙兵した細川氏綱《うじつな》や長教ら反晴元派と戦ったが、天文一七年（一五四八）長教と和睦して、その女と再婚した。同年、長慶は叔父三好政長《まさなが》の排除をはかったが晴元に容れられず、氏綱と同盟し晴元に反旗をひるがえした。翌年、弟の十河一存《そごうかずまさ》らとともに政長を摂津《せっつ》国江口に敗死させ、さらに将軍*足利義晴《よしはる》・*義輝《よしてる》父子と晴元らを京都から追った。天文二一年（一五五二）、将軍義輝と和睦し帰京させるが、翌年には東山の霊山《りょうぜん》城を攻め再び近江《おうみ》に走らせている。その後、居城を芥川《あくたがわ》城に移し、丹波《たんば》・播磨《はりま》にも勢力を広げた。永禄元年（一五五八）一一月長慶は義輝と再び和睦し京都に迎え入れた。同三年（一五六〇）には、畠山高政《はたけやまたかまさ》を追い河内を平定し、居城をさらに飯盛山《いいもりやま》城に移すとともに、*松永久《まつながひさ》秀《ひで》に大和《やまと》を制圧させ、畿内の大部分を制圧した。しかし、その後も近江の六角《ろっかく》氏や畠山氏と争い続け、また有能な弟義賢や嫡子義興《よしおき》を病死あるいは戦死で失い、永禄七年（一五六四）には久秀の讒言により弟安宅冬康《あたぎふゆやす》を殺害し、勢力は衰え、同年七月飯盛山城で病死した。享年四三歳。長慶は、キリスト教の布教を許したり、和歌・*連歌にも優れた教養人でもあった。

［文献］ 長江正一『人物叢書 三好長慶』（吉川弘文館、一九六八）、今谷 明『戦国三好一族』（新人物往来社、一九八五）。（深津剛志）

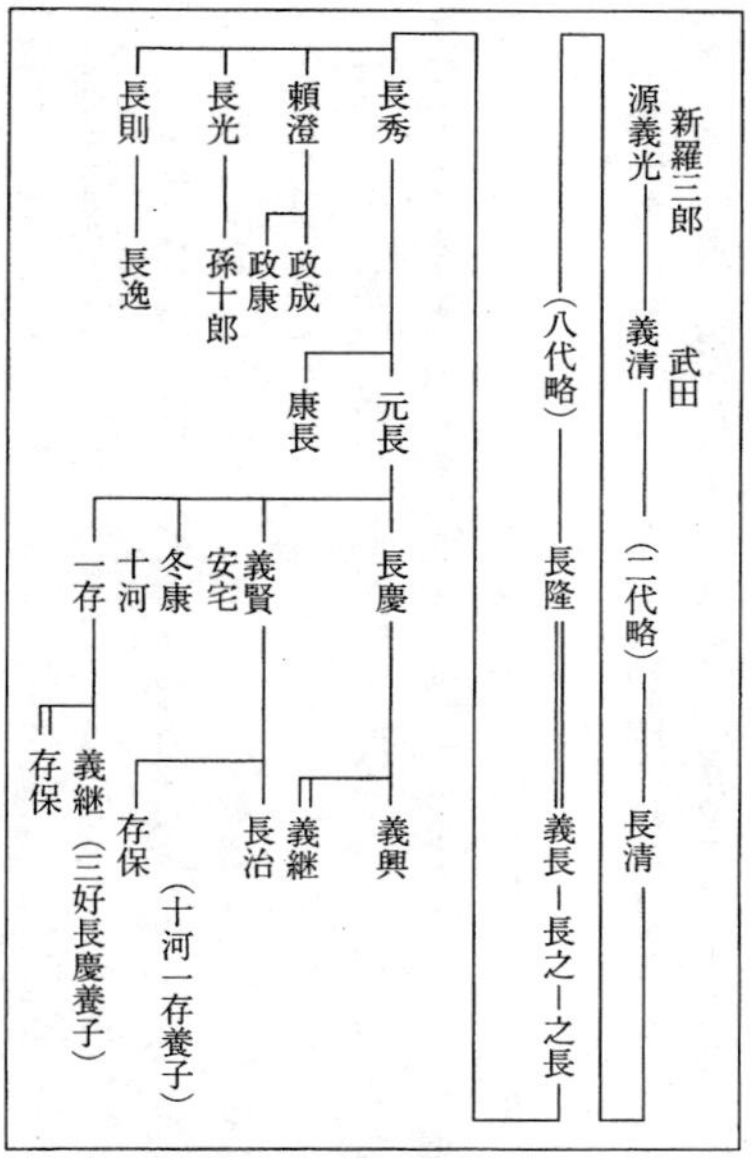

三好氏略系図

松永久秀《まつながひさひで》（一五一〇—七七） 戦国時代の武将。出身地は、阿波《あわ》や京都近郊の西岡の商人という諸説あるが、『陰徳太平記』は、摂津《せっつ》国五百住《よすみ》の出身とする。天文二・三年（一五三三・三四）ごろ右筆として三好長慶《みよしながよし》に仕えたと考えられる。当初は、弟の長頼《ながより》の方が軍事活動に活躍し、久秀は専ら右筆を努め、訴訟取次を行う奏者として活動していた。弘治二年（一五五六）以前に摂津国滝山城主となり、摂津西半国の経営を委ねられた。永禄二年（一五五九）には、大和国信貴山《しぎさん》城主となり、翌年には大和を制圧し、眉間寺山《みけんじやま》に多聞《たもん》城を築いた。また、同年弾正少弼に任ぜられ、将軍足利義輝の御供衆に加えられた。同五年（一五六二）久秀は、飯盛山《いいもりやま》城を包囲した畠山高政《はたけやまたかまさ》の軍を破る武功をあげた。同七年（一五六四）に長慶が没すると、久秀は*三好三人衆（三好長逸《ながゆき》・三好政康《まさやす》・岩成友通《いわなりともみち》）とともに跡を継いだ義継《よしつぐ》を後見し、同八年（一五六五）五月には三人衆とともに*将軍足利義輝《よしてる》を暗殺した。しかし、八月に丹波国黒井城を包囲していた弟長頼が戦死すると三好政権は丹波一国を失い、久秀と三人衆との対立が表面化しはじめた。この争いで同一〇年（一五六七）に東大寺大仏殿が炎上した。翌年*織田信長《のぶなが》の上洛に際して、久秀は降伏し大和一国を安堵されたが元亀二年（一五七一）*武田信玄《たけだしんげん》に通じ叛いた。天正元年（一五七三）*足利義《よし》昭《あき》が追放され、室町幕府が崩壊すると降伏するが、同五年（一五七七）には再び信長に叛き、同年一〇月信貴山城で愛蔵の茶釜「平蜘蛛《ひらぐも》」を抱き自殺した。享年六六歳。久秀は、茶の湯を好み名器を多数秘蔵し、信長の入洛時には、*将軍足利義政《よしまさ》も愛用した茶入れ「作物茄子《つくもなす》」を献上している。

［文献］ 長江正一『人物叢書 三好長慶』（吉川弘文館、一九六八）、今谷 明『戦国三好一族』（新人物往来社、一九八五）。（深津剛志）

北条早雲《ほうじょうそううん》（一四三二—一五一九） 戦国時代の武将。早雲の出自については不明な点が多く、出身も京都・備中・伊勢など諸説あったが、現在は京都の伊勢氏一族「伊勢新九郎盛時」が定説となっている。生年についても康正二年（一四五六）誕生説がある。父、伊勢《いせ》盛定《もりさだ》の時から駿河《するが》今川氏との政治的関係を持っており、文明八年（一四七六）の今川氏の内紛に際しては駿河に下り、*太田道灌《おおたどうかん》とともに調停にあたった。帰京後、文明一五年には*将軍足利義尚《よしひさ》の申次となり、この時期に建仁寺・大徳寺で禅の修行に励んだ。長享元年（一四八七）道灌が死ぬと、再び駿河に下り小鹿範満《おしかのりみつ》を討ち、甥の氏親《うじちか》を国主とした。その功により、「富士下方十二郷」を与えられ、「興国寺」に入ったといわれる。延徳三年（一四九一）堀越公方足利政知《まさとも》が没し内乱状況になると、明応二年（一四九三）伊豆に攻め入り、政知の子茶々丸を追い、同七年には自害に追い込み伊豆を平定した。同四年（一四九五）には、大森氏を追放して小田原城を奪取したといわれている。永正元年（一五〇四）には、扇谷《おうぎがやつ》上杉《うえすぎ》朝《とも》良《よし》を助け、氏親とともに山内《やまのうち》上杉顕定《あきさだ》を武蔵国立河原で破っている。同三年（一五〇六）には、相模西郡に検地を行うとともに、このころに『伊勢宗瑞十七箇条』を制定するなど領国の整備にあたった。永正六年（一五〇九）、朝良と敵対し江戸城を攻めるものの、両上杉氏の反攻にあい和睦を結んだ。しかし、同九年（一五一二）に両上杉氏の抗争が再びはじまると和睦を破棄し、同一三年（一五一六）、朝良方の三浦氏を滅亡させ、相模国を制圧した。同一五年（一五一八）には氏綱《うじつな》に家督を譲ったと考えられ、翌年八月*韮山《にらやま》城で没した。早雲は、*戦国大名の家訓の典型として知られている*『早雲殿廿一箇条』を制定したとも言われている。

［文献］　家永遵嗣「北条早雲研究の最前線」（小和田哲男編『奔る雲のごとく―今よみがえる　北条早雲』北条早雲フォーラム実行委員会、二〇〇〇）、『小田原市史　通史編　原始古代中世』（小田原市、一九九八）。

（深津剛志）

北条氏康《ほうじょううじやす》（一五一五―七一）　戦国時代の武将。父は、北条氏綱《うじつな》。母は養珠院殿と考えられる。従五位下左京大夫。隠居後に、相模守を称した。天文一〇年（一五四一）、父氏綱の没後家督を継ぐ。同一四年（一五四五）*今川義元《いまがわよしもと》と駿河の富士川以東の地を争ったが、*武田晴信《たけだはるのぶ》（信玄）の仲介により和睦、駿河の地を失った。翌一五年（一五四六）には、河越《かわごえ》城の戦いで*扇《おう》谷《ぎがやつ》上杉《うえすぎ》氏を滅亡させ、足利晴氏《はるうじ》・上杉憲政《のりまさ》を敗走させた。同二〇年（一五五一）には憲政を上野《こうづけ》から越後《えちご》に追い、甥の足利義氏《よしうじ》を*古河公方の家督にすえ、関東の支配体制を確立した。以後、今川・武田氏と同盟を結び、憲政を助けて関東に進入する*上杉謙信《けんしん》と争う一方、『小田原衆所領役帳』の作成や代替わりの検地・税制改革など領国の整備につとめた。元亀二年（一五七一）没。享年五七歳。

［文献］　『小田原市史　通史編　原始古代中世』（小田原市、一九九八）。

（深津剛志）

大内義隆《おおうちよしたか》（一五〇七―五一）　戦国時代の武将。父は、大内義興《よしおき》。母は、長門守護代内藤弘矩《ないとうひろのり》の女。幼名は、亀童丸。少年期に周防介となり、介殿様と呼ばれた。大永四年（一五二四）より父に従って安芸《あき》に出陣し、尼子《あまこ》方勢力と戦った。享禄元年（一五二八）父義興が没すると家督を継ぎ、周防《すおう》・長門《ながと》・豊前《ぶぜん》・筑前《ちくぜん》・石見《いわみ》・安芸の守護となり翌年には従五位上に進み、三年（一五三〇）には左京大夫に任ぜられた。天文五年（一五三六）に太宰大弐に任ぜられ、同年九月には少弐氏を滅ぼした。天文九年（一五四〇）毛利氏に援軍を送り尼子晴久《はるひさ》を敗走させ、翌年四月には、厳島神主家を滅ぼし、五月には安芸守護家の武田氏を滅ぼして安芸国を平定する。同年一二月従三位に昇叙し、公卿に列した。同一一年（一五四二）出雲《いづも》の尼子氏を討つため出陣したが破れ、敗走中に養嗣子晴持《はるもち》を水死させて帰国した。義隆は、もともと文治派的な性格であったが、この敗戦以後公卿的な生活に浸り、武断派の*陶晴賢《すえはるかた》が実権を握ることとなった。そのため武断派と文治派の対立が深まり、天文二〇年（一五五五一）晴賢は謀反を起こし、義隆は長門国大寧寺に逃れて自害した。享年四五歳。義隆は、儒学・仏学・神道・有職学など学ぶとともに、朝鮮や明との貿易を前代に引き続いて行い、莫大な利益だけでなく領国内に異文化をもたらした。天文二〇年には、山口に立ち寄ったザビエルに対してキリスト教の布教を許可している。

（深津剛志）

［文献］福尾猛市郎『人物叢書 大内義隆』（吉川弘文館、一九五九）、米原正義編『大内義隆のすべて』（新人物往来社、一九八八）。

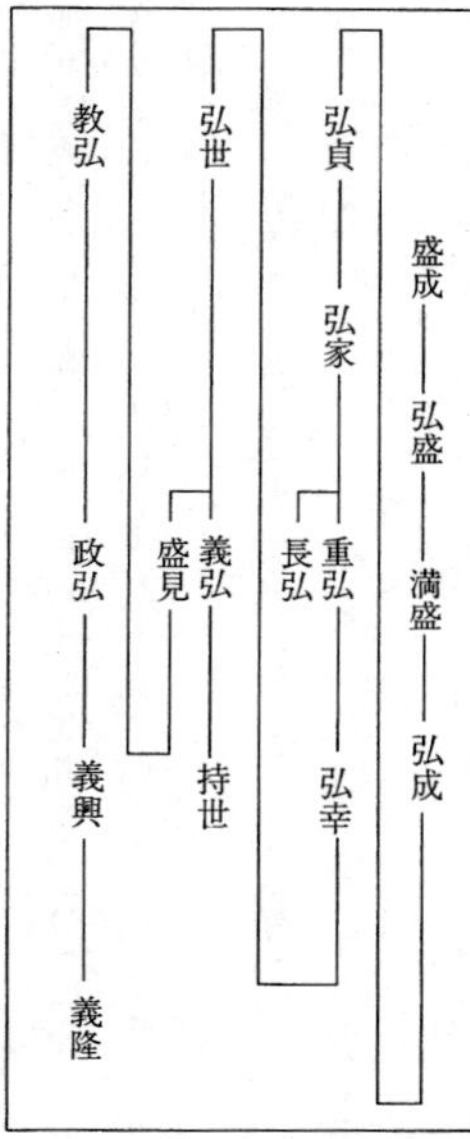

大内氏略系図

陶晴賢《すえはるかた》（一五二一—五五）戦国時代の武将。陶興房《おきふさ》の次男で母は陶弘詮《ひろあき》の女。初名隆房《たかふさ》。官途は中務大輔、尾張守。天文八年（一五三九）興房の跡を継ぎ、周防《すおう》守護代として*大内義隆《おおうちよしたか》の重臣となる。翌年*尼子晴久《あまこはるひさ》が安芸《あき》郡《こおり》山《やま》城の*毛利元就《もうりもとなり》を攻めると、大内軍を率いてこれを撃退。さらに出雲《いずも》遠征を唱え、義隆に従って尼子氏の*富田《とだ》城を包囲するが同一〇年（一五四一）に敗退した。この後義隆が相良武任《さがらたけとう》らを重用して文治に傾いていくと、隆房は武断派の中心として義隆の奢侈と文治への傾倒を批判し、武任・義隆との対立を深める。同二〇年（一五五一）八月、内藤氏や杉氏ら他の大内氏重臣とともに山口でクーデターを起こして文治派や京都から来ていた公家たちを襲い、義隆を大寧寺に自殺させる。翌年豊後《ぶんご》の*大友義鎮《おおともよししげ》の弟晴英《はるひで》を迎え、大内義長《よしなが》と改名させて主に頂くとともに自ら大内家の実権を掌握した。また自身も晴英の*偏諱を受けて晴賢と改名、さらに剃髪して全薑《ぜんきょう》と号した。同二二年（一五五三）石見《いわみ》の吉見正頼《よしみまさより》が背き、さらにその翌年には毛利元就も晴賢に反旗を翻した。これに対して晴賢は弘治元年（一五五五）安芸へ侵攻、厳島へ渡ったが、一〇月一日元就の急襲を受けて大敗、自決する。

（渋沢一裕）

［文献］福尾猛市郎『人物叢書 大内義隆』（吉川弘文館、一九五九）。

毛利元就《もうりもとなり》（一四九七—一五七一）戦国時代の武将、中国地方の戦国大名。父は毛利弘元《ひろもと》、母は福原広俊《ふくはらひろとし》の女。官途は治部少輔、右馬頭、陸奥守。兄興元《おきもと》とその子幸松丸《こうまつまる》が早世したため、大永三年（一五二三）重臣らに擁されて毛利氏宗家の家督を継ぐ。この頃の毛利氏は、大内・尼子氏という二大勢力に挟まれた芸備地方において、三〇余家いた国人領主の一つにすぎなかったうえに、毛利家中においても庶子家や家臣団に対して絶対的な優位を確立していなかった。同五年（一五二五）それまで従っていた尼子氏と関係を絶って大内氏に属すると、尼子方の高橋・武田氏を滅ぼす一方、宍戸《ししど》・熊谷《くまがい》・天野氏などの有力国衆と同盟や姻戚関係を結び、芸備国衆間における盟主的な地位を獲得する。天文九年（一五三〇）には尼子晴久《あまこはるひさ》の吉田郡山城包囲を大内氏の援軍を得て撃退するが、同一〇年（一五三一）の大内義隆《おおうちよしたか》の出雲《いずも》遠征に従軍して敗退。妻妙玖《みょうきゅう》が没した翌年の同一五年（一五四六）に嫡子隆元《たかもと》に家督を譲るが、実権は維持。この間同一三年（一五四四）には三男隆景《たかかげ》を小早川氏、同一六年（一五四七）には次男元春《もとはる》を吉川氏の養子に入れ、同一九年（一五五〇）にはそれぞれ惣領の地位につけさせる。また家中においては同年、重臣井上一族を誅伐するとともに、家臣に毛利氏の公儀としての支配権に服することを誓約させている。同二〇年（一五五一）の陶晴賢《すえはるかた》のクーデターに際しては晴賢に与する一方で、芸備国衆の盟主として独立の動きを強める。同二三年（一五五四）晴賢と断交、翌弘治元年（一五五五）年の厳島の戦いで晴賢を撃破し、同三年（一五五七）には周防・長門・石見を平定。永禄九年（一五六六）には尼子氏を降伏させて中国地方を制覇する。その後も北九州の大友氏や、旧領回復を目指す尼子・大内氏らとの交戦が続くなか、元亀二年六月一四日郡山城で没する。

［文献］藤木久志編「毛利氏の研究」（『戦国大名論集14』吉川弘文館、一九八四）。

（渋沢一裕）

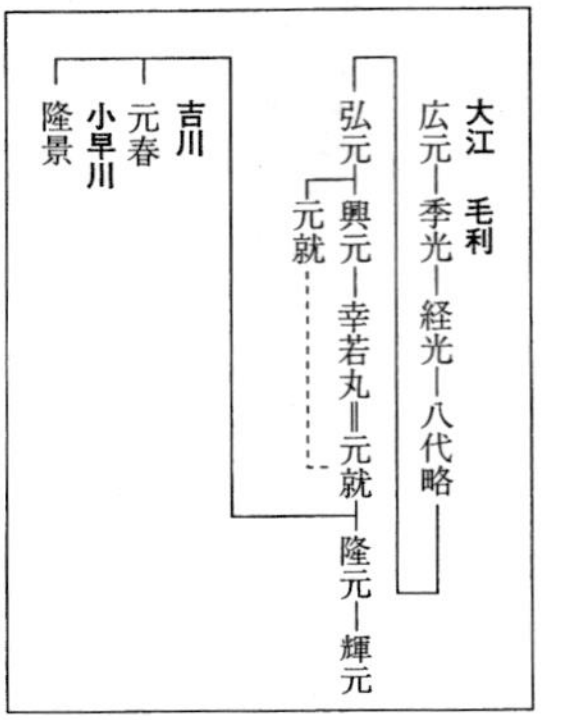

毛利氏略系図

尼子晴久《あまこはるひさ》（一五一四―六〇）　戦国時代の武将。出雲《いづも》*の戦国大名。父は尼子政久《まさひさ》、母は山名兵庫頭の女。官途は民部少輔、修理大夫。初め詮久《あきひさ》、天文一〇年（一五四一）一〇月足利義晴《よしはる》の偏諱を受けて晴久と改名。同六年（一五三七）、尼子氏の全盛期を築いた祖父経久《つねひさ》から家督を継承する。備中・美作《みまさか》・播磨《はりま》などに出兵、同九年（一五四〇）に安芸郡山城に*毛利《もうり》元就《もとなり》を攻めるが敗退。同一〇年（一五四一）には逆に*大内義隆《おおうちよしたか》の出雲侵攻を受けるがこれを撃退する。同二一年（一五五二）に中国八ヶ国の守護に補任されるが、その実体はなく、むしろ出雲以外への支配力は弱かった。さらに同二三年（一五五四）には一族の新宮党を滅ぼして自らの軍事力を衰退させる。毛利氏の石見《いわみ》侵攻を防戦中の永禄三年一二月二四日、*富田《とだ》月山城内に没する。

［文献］長谷川博史『戦国大名尼子氏の研究』（吉川弘文館、二〇〇〇）。

（渋沢一裕）

斎藤道三《さいとうどうさん》（一四九四―一五五六）　戦国時代の武将、美濃の戦国大名。長井《ながい》新九郎規秀《のりひで》、藤原規秀、斎藤左近大夫利政《としまさ》などと名乗り、出家して道三と号した。通説で道三は、一介の油商人として美濃に入り、その権謀をもって成り上がって美濃の国主となる、という下剋上による戦国大名の典型とされてきた。しかし永禄三年（一五六〇）の「六角承禎《ろっかくじょうてい》条書」（「春日文書」）などによると、道三の父にあたる長井新左衛門尉《しんざえもんのじょう》は、美濃国守護土岐氏の重臣長井氏に仕えて活躍し、土岐氏の三奉行の一人にまで出世しており、その下剋上は親子二代にわたるものであったことが明らかになっている。天文二年（一五三三）家督を継いだ規秀（道三）は、翌年までに長井氏の惣領長井景弘《かげひろ》を倒す。さらに同四年（一五三五）クーデターを起こして守護土《と》岐政頼《きまさより》を追放して、土岐頼芸《よりなり》を擁立、土岐家の実権を握り、翌年には守護代斎藤氏の跡を継いで斎藤利政を名乗っている。しかし国内に残る土岐・斎藤一族の反抗や、それと結ぶ朝倉・織田氏の侵攻を受けるなど、その支配体制は安定しなかった。その後出家して道三と称すると、同一七年（一五四八）に尾張の*織田信秀《のぶひで》の子*信長《のぶなが》に娘の濃姫《のうひめ》を嫁がせて同盟を結び、同二一年（一五五二）に頼芸を追放して名実ともに美濃の支配者となる。同二三年（一五五四）隠居して家督を子利尚《としひさ》（義龍《よしたつ》）に譲るが、相続をめぐって不和となり、長良川河畔で戦ったが、弘治二年四月二〇日戦死する。（渋沢一裕）

［文献］勝俣鎮夫「美濃斎藤氏の盛衰」（『戦国大名論集4中部大名の研究』吉川弘文館、一九八三）。

斎藤義龍《さいとうよしたつ》（一五二七—六一）美濃の戦国大名。*斎藤道三《どうさん》の嫡男、一説には*土岐頼芸《ときよりなり》の子とされる。初名利尚《としひさ》、弘治元年（一五五五）に法名范可《はんか》を号し、翌年一時高政《たかまさ》と名乗る。天文二三年（一五五四）道三の隠居に伴い稲葉山城主となる。その後、道三が正室の息である弟孫四郎に家督を継がせようとしたため対立。弘治元年（一五五五）弟二人を誘殺し、翌年には道三を長良川河畔で敗死させる。道三の女婿*織田信長《のぶなが》の美濃進出に対応する一方で、美濃国内の支配を進め、さらに室町幕府に接近し、永禄元年（一四五八）治部大輔に任じられ、翌年には相伴《しょうばん》衆《しゅう》に列せられるなど、美濃国主としての正統性を得ようとした。同四年五月一一日稲葉山城にて病没。（渋沢一裕）

［文献］勝俣鎮夫「美濃斎藤氏の盛衰」（『戦国大名論集4中部大名の研究』吉川弘文館、一九八三）。

上杉謙信《うえすぎけんしん》（一五三〇—七八）越後の*戦国大名、*関東管領。父は長尾為景《ながおためかげ》。官途は弾正少弼。初名景虎《かげとら》、のち政虎《まさとら》、輝虎《てるとら》と改名、謙信は法名。天文一二年（一五四三）の父為景の死後栃《とち》尾《お》城に入るが、兄晴景《はるかげ》や上田長尾氏の政景《まさかげ》と対立する。同一七年（一五四八）越後守護上杉定実《さだざね》の仲裁により晴景の後を継ぐ形で春日山《かすがやま》城に入り、同二〇年（一五五一）には政景を屈服させる。同二二年（一五五三）*武田信玄《たけだしんげん》に追われた村上氏らの救援要請にこたえて信濃川中島に出兵し、信玄と対戦。以後永禄七年（一五六四）に至るまで川中島で五回対陣、北信をめぐって武田氏との抗争を続けることになる。また天文二一年（一五五二）には北条氏に圧迫された関東管領*上杉憲政《のりまさ》を受け入れたため、*関東への出兵も余儀なくされる。永禄四年（一五六一）憲政とともに*小田原城の*北条氏康《うじやす》を包囲するが、これを落とせず鎌倉に退却。鶴岡八幡宮で憲政から上杉姓と関東管領職を譲り受け、上杉政虎を名乗り、さらに翌年*足利義輝《よしてる》の偏諱を受けて輝虎と称する。この後も北信や関東への出兵を繰り返して北条・武田氏と争うが、これを破ることはできなかった。同一一年村上の本庄繁長《ほんじょうしげなが》（一五六八）が信玄と結んで挙兵するが、翌年これを降す。また同年北条氏と和睦して同盟を結び、この頃から謙信を称するようになる。元亀三年（一五七二）*織田信《のぶ》長《なが》と同盟して越中の一向一揆と対戦、翌天正元年（一五七三）信玄の死に伴い越中を平定する。同四年本願寺と和睦して信長と断交、能登《のと》・加賀《かが》に進攻し、翌年能登国七尾《ななお》城を落とし、加賀手取川《てどりがわ》で織田軍を破る。同六年関東への出兵準備中、三月一三日春日山城内で急死する。謙信の領国統治は、度々の上洛や関東管領就任などに見られるように旧来の幕府体制への依存が強い一方、領内検地や家臣団再編といった独自の政策は、基本的にみられなかった。

［文献］阿部洋輔編「上杉氏の研究」（『戦国大名研究論集9』吉川

弘文館、一九八四)、『新潟県史 通史2』(一九八七)。

(渋沢一裕)

長尾為景《ながおためかげ》(?—一五四二) 戦国時代の武将。父は長尾能景《よしかげ》。官途は弾正左衛門尉、信濃守。父能景の死後、永正四年(一五〇七)その跡を継いで越後守護代となる。同年八月、守護上杉房能《ふさよし》を自殺させて、上杉定実《さだざね》を守護に擁立する。同六年(一五〇九)房能の兄関東管領上杉顕定《あきさだ》の侵攻を撃退し、さらに守護定実との抗争にも勝利し、事実上の越後の国主となる。その後幕府・朝廷との交渉を積極的にすすめ、享禄元年(一五二八)には守護と同格の格式を与えられるなど、自身の権益の強化を図った。しかし、為景の権限強化を嫌う一族や国内の有力な国人衆との抗争を制しえず、天文五年(一五三六)息子晴景《はるかげ》に家督を譲って隠居、戦国大名化には及ばなかった。天文一一年一二月二四日に死去。

[文献] 羽下徳彦「越後に於る永正—天文年間の戦乱」(阿部洋輔編『戦国大名論集9上杉氏の研究』吉川弘文館、一九八四)。

(渋沢一裕)

武田信玄《たけだしんげん》(一五二一—七三) 甲斐《かい》*の戦国大名。父は武田信虎《のぶとら》。元服に際し*足利義晴《よしはる》の偏諱を受けて晴信と称し、のち出家して信玄と号する。官途は大膳大夫、信濃守。天文一〇年(一五四一)父信虎を駿河《するが》の*今川義元《いまがわよしもと》のもとへ追放し、武田家の家督を継ぐ。その直後から信濃への進攻を開始。翌年には妹婿の諏訪頼重《すわよりしげ》を滅ぼし、同二二年(一五五三)には村上・小笠原氏を破り越後に敗走させる。しかし同年八月、村上・小笠原氏の要請に応えた越後の*長尾景虎《ながおかげとら》(上杉謙信《けんしん》)と川中島にて対戦。以後、永禄七年(一五六四)まで五回に渡って川中島で対陣することになる。弘治元年(一五五五)には南信の木曾義昌《きそよしまさ》を降して信濃をほぼ制圧。永禄四年(一五六一)西上野《こうづけ》への侵攻を始めて景虎との対戦は北関東にも拡大し、さらに飛騨や東美濃へも進出する。この間、駿河の今川氏と相模の北条氏とは姻戚関係を通じて三国同盟を結んでいたが、同一〇年(一五六七)今川氏真《うじざね》の妹を娶っていた子義信《よしのぶ》を自害させるとともに今川氏との同盟関係を絶ち、翌年には駿河へ侵攻してこれを占領。今川氏の救援要請を受けた北条氏とも敵対し、激しく争うことになる。元亀二年(一五七一)*北条氏康《うじやす》の死により北条氏と和睦すると、上洛を目指して西進策を本格化。遠江《とおとうみ》・三河《みかわ》へ出兵して*徳川家康《いえやす》と対決するとともに、*織田信長《のぶなが》と対立する本願寺などと結んで信長の包囲網を形成。翌年大軍を率いて西上の途につき、一二月には三方ケ原《みかたがはら》で徳川・織田連合軍を撃破、さらに三河へ侵入した。しかし翌天正元年（一五七三）四月、野田《のだ》城を包囲中に病床に伏し、甲斐へ帰陣する途中の同月一二日信濃国駒場《こまんば》で没する。信玄は天文一六年(一五四七)に*『甲州法度之次第』を定めて領国支配の方針を示すとともに、治水事業や鉱山開発、城下町や交通路の整備にも力を入れていた。

[文献] 柴辻俊六編「武田氏の研究」(『戦国大名論集10』吉川弘文

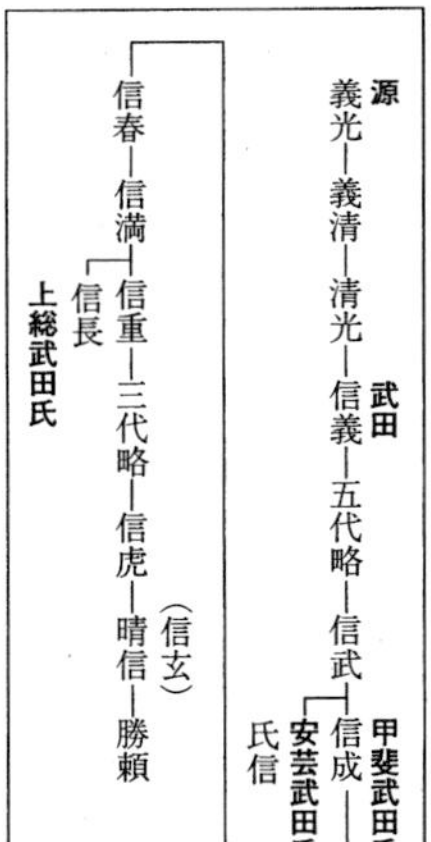

武田氏略系図

館、一九八四)、柴辻俊六『武田信玄』(文献出版、一九八七)。

(渋沢一裕)

***長宗我部元親《ちょうそがべもとちか》** (一五三九―九九) 戦国時代の武将、四国の戦国大名。長宗我部国親《くにちか》の長子。官途は宮内少輔。永禄三年(一五六〇)六月岡豊《おこう》城主であった国親が死んでその家督を継ぐと、安芸・吉良・津野・本山《もとやま》氏などの国人諸氏や土佐国司の一条家などを降していくとともに弟や息子たちに諸氏を継がせ、天正三年(一五七五)に土佐を統一する。さらに阿波・讃岐・伊予へも進出して、三好・河野氏などを降し、同一三年(一五八五)春には四国を平定した。この間、同一〇年(一五八二)の*織田信長《のぶなが》による四国侵攻は本能寺の変によって免れたものの、その後*豊臣秀吉《ひでよし》とも敵対関係に立ったため、同一三年夏秀吉の弟秀《ひで》長《なが》による四国征伐にあって降伏、土佐一国のみを安堵される。その後は秀吉に従い、翌年の九州出兵、同一八年(一五九〇)の小田原征伐、*文禄・慶長の役といった軍事行動に参加し続ける。その一方で、領国経営にも力を入れ、家臣団の再編や一《いち》領具足《りょうぐそく》などに見られる支配組織の整備、合議による政策制定、積極的な城下町経営などを行う。天正一六年(一五八八)本拠を岡豊城から大高坂《おおだかさ》城へ移すとともに後嗣を四男盛親《もりちか》と定め、同一九年(一五九一)さらに浦戸城へ移城。慶長二年(一五九七)サン=フェリペ号事件を処理。同年三月には、一族・重臣との合議・検討を重ねた結果、それまで立法した諸法の集大成である「*長宗我部元親百箇条(長宗我部氏掟書)」を盛親との連名で制定・発布している。同四年(一五九九)五月一九日、京都伏見で没する。

[文献] 秋澤 繁編「長宗我部氏の研究」(『戦国大名論集15』吉川弘文館、一九八四)。

(渋沢一裕)

今川義元《いまがわよしもと》 (一五一九―六〇) 東海地方の*戦国大名。父は今川氏親《うじちか》、母は中御門宣胤《なかみかどのぶたね》の女。治部大夫、三河守。幼少時に出家して承芳《しょうほう》と称する。天文五年(一五三六)兄氏輝《うじてる》が早世すると、次兄の玄広恵探《げんこうえたん》と家督を争ってこれを倒し、家督を継いで義元と名乗る。翌年に敵対していた武田信虎《たけだのぶとら》の女を娶って同盟を結ぶが、このためそれまで同盟関係にあった北条氏との関係が悪化、駿河東部の支配をめぐって抗争を繰り返した。しかし同二三年(一五五四)に和睦して*北条氏康《うじやす》の女を子氏真《うじざね》に娶り、すでに義元の女を*武田晴信《はるのぶ》(信玄《しんげん》)の子義信《よしのぶ》に嫁していたことなどもあって、甲相駿の三国同盟を成立させる。一方西方においては、同一六年以降松平氏の要請を受けて織田氏と交戦するとともに三河への進出を開始。同一八年には*岡崎城を占領し、ついで安祥《あんしょう》城を落として、その人質交換で松平竹千代《たけちよ》(*徳川家康《いえやす》)を奪い返す。そして弘治年間(一五五五―五八)までには三河をほぼ領国化し、その最盛期を迎えた。この頃の今川氏は、対外的には三国同盟で領国東方を安定化させ、また領国内については、*検地の実施や*貫高制の導入、*寄親・寄子制に見られる家臣団の編成、鉱山開発や商工業の統制・保護といった経済政策など、その統治に力を入れていた。天文二二年(一五五三)に制定した「*仮名目録追加二一カ条」は、その支配の進み具合を示しているといえる。永禄三年、上洛を目指し駿《する》河《が》・遠江《とおとうみ》・三河の軍勢を率いて尾張に進軍するが、五月一九日桶狭間で織田信長の奇襲を受けて討死する。

[文献] 有光友学編「今川氏の研究」(『戦国大名論集11』吉川弘文館、一九八四)。

(渋沢一裕)

織田信秀《おだのぶひで》（一五一一—五二）　戦国時代の尾張《おわり》国の武将。父は織田弾正忠信定《のぶさだ》。母は不明。父は尾張守護代の三奉行の一人。海東郡勝幡《かいとうぐんしょばた》（愛知県平和町）を本拠とし、津島を支配したことが経済的な基盤となり尾張西南部を支配。天文元年（一五三二）守護代および三奉行の一人と戦うなど、主家をしのぐ勢いで成長を遂げた。同七年（一五三八）頃には今川氏豊《いまがわうじとよ》の那古野《なごや》城を奪取し、ここを本拠とする。たびたび隣国の今川・斎藤氏と戦い、同一一年（一五四二）に今川氏と小豆坂で戦いこれを破り、西三河を征圧。同年と一六年（一五四七）に美濃《みの》の斎藤氏を攻略するが*加納口の戦いで敗れ多くの家臣を失う。同一七年（一五四八）、*斉藤道三の娘濃姫を子*信長《のぶなが》の嫁として娶り、和睦が成立した。同年三河では*今川義元《よしもと》と小豆坂で戦い破れ、織田信《のぶ》広《ひろ》と松平竹千代の人質交換が行われた。その後、那古野城を信長に譲り、自らは、同一七年東部の末盛《すえもり》に城を築き、同二一年（一五五二）三月三日に没した。法名桃厳道見。没年については天文一八年説・二〇年説・二一年説などがある。

［文献］　奥野高広・岩沢愿彦『信長公記』（角川文庫、一九六九）。

（三藤秀久）

織田信長《おだのぶなが》（一五三四—八二）　戦国・安土桃山時代の武将。父*織田信秀《のぶひで》は尾張《おわり》守護代清洲《きよす》織田家の奉行として国内外で活躍したが、天文二〇年（一五五一）に急逝、信長がその家督を継ぐ。信長は一族・家臣と対立しつつ、弘治元年（一五五五）清洲城を奪い、同三年（一五五七）には家督を争った弟信行《のぶゆき》を殺害、永禄二年（一五五九）に岩倉織田家の信賢《のぶかた》を追って尾張を統一する。翌年西上する*今川義元《いまがわよしもと》を桶狭間で討ち取ると、同五年（一五六二）*松平元康《まつだいらもとやす》（徳川家康《いえやす》）と同盟する一方で美濃《みの》への進出を本格化。同一〇年（一五六七）*斎藤龍興《さいとうたつおき》を降して美濃を制圧、*稲葉山城下の井之口を岐阜と改めて本拠とするとともに*「天下布武」の印判を用い始める。翌年*足利義昭《よしあき》を奉じて上洛し、畿内を制圧するとともに義昭を将軍職につける。しかし、信長が実権を掌握する一方、「殿中掟」や「異見一七ヵ条」などで将軍権力を規制したため、義昭との対立が激化。義昭の働きかけによって浅井・朝倉・武田氏や石山本願寺などによる反信長包囲網が形成されると、その対応に追われる。元亀元年（一五七〇）姉川の戦いで浅井・朝倉軍を破ったが、伊勢長島では一向一揆に敗れ、翌年には比叡山を焼討。同三年（一五七二）に上洛を目指した*武田信玄《たけだしんげん》に三方ヶ原《みかたがはら》の戦いで大敗し、翌天正元年（一五七三）には義昭も京で挙兵する。しかし、同年信玄は病死、義昭も降伏させて京から追放し、さらに浅井・朝倉両氏を滅ぼす。翌年に入ると長島の*一向一揆を鎮圧、同三年（一五七五）には三河《みかわ》*長篠の戦いで*武田勝頼《かつより》を破り、越前《えちぜん》の一向一揆も制圧する。同四年（一五七六）近江《おうみ》に*安土城を築いて本拠とするが、石山本願寺と毛利・上杉氏が連携して敵対、*松《まつ》永久秀《ながひさひで》・別所長治《べっしょながはる》・荒木村重《あらきむらしげ》らも叛乱を起こした。しかし、同五年（一五七七）*羽柴《はしば》（豊臣）秀吉《ひでよし》に中国征伐を命ずるとともに紀伊雑賀《きいさいか》衆を制圧。翌年（一五七八）には毛利水軍を破る一方で*上杉謙信《うえすぎけんしん》が病没、また同七年（一五七九）には*荒木氏、同八年（一五八〇）には別所氏を鎮圧し、孤立化した本願寺を屈服させ、同年加賀《かが》の一向一揆も制圧する。翌九年（一五八一）には京で盛大な馬揃を挙行し、同一〇年（一五八二）に武田氏を滅亡させる。ついで四国制圧を企図するとともに、秀吉の来援に応じて中国征伐のため上洛したが、六月二日*明智光秀《あけちみつひで》の襲撃を受け、本能寺にて自刃する。信長政権の政策としては、*指出検地による土地民の掌握、城下への家臣の集住などに見られる軍事力編成、道路整備・関所撤廃や楽市楽座などによる経済流通の円滑化、所領・流通支配からの寺院勢力の徹底した排除などが挙げられる。政治・経済の中心地であった畿内を支配下においていたこと、室町幕府に代わる新たな全国政権を目指したこともあり、これらの政策が特徴的なものとされ、また後の秀吉政権と一括して近世封建制を指向する政権としての評価がなされるが、その政策は基本的に他の戦国大名と共通したものであった。

[文献] 奥野高広『織田信長文書の研究』(吉川弘文館、一九六九—八八)、藤木久志編『戦国大名論集17織田政権の研究』(吉川弘文館、一九八五)。 (渋沢一裕)

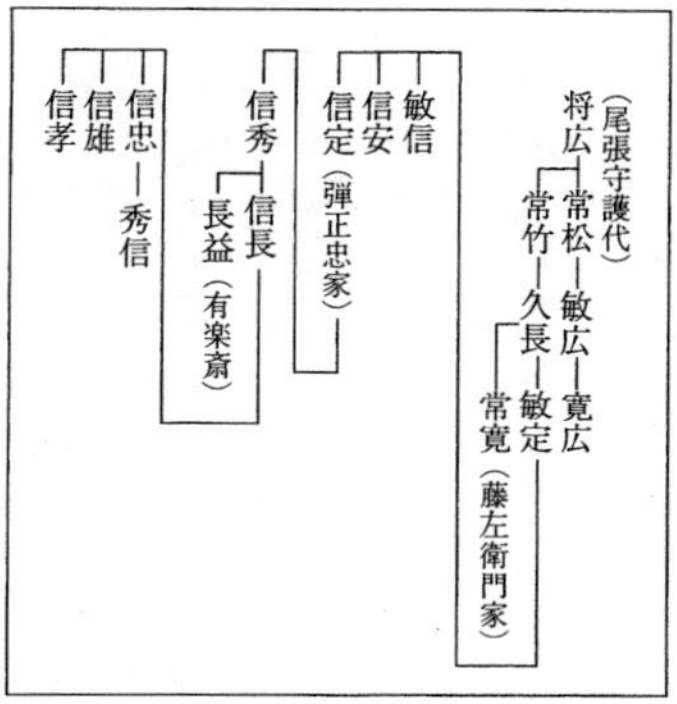

織田氏略系図

朝倉義景《あさくらよしかげ》 (一五三三—七三) 越前の*戦国大名。父は朝倉孝《たか》景《かげ》、母は若狭武田氏の女。初名は延景《のぶかげ》。左衛門尉。天文一七年(一五四八)家督を継ぎ、同二一年(一五五二)将軍足利義輝《よしてる》から偏諱を受けて義景と改名する。代々敵対してきた加賀一向一揆の制圧を目論み、*長尾景虎《ながおかげとら》(上杉謙信《けんしん》)と同盟を結んで加賀へ出兵を繰り返す。しかし永禄一〇年(一五六七)、前年に義景を頼って下向した*足利義昭《よしあき》の仲介で本願寺と和睦。翌年義昭が*織田信長《のぶなが》に奉じられて上洛すると、信長と対立。元亀元年(一五七〇)の姉川《あねがわ》の戦いに敗れた後も、浅井氏・本願寺・武田氏などと結んで信長の包囲網を形成するが、天正元年(一五七三)刀禰坂《とねざか》の戦いで大敗。信長の追撃を受け、六月二〇日大野賢松寺《けんしょうじ》で自殺する。

[文献] 水藤 真『人物叢書 朝倉義景』(吉川弘文館、一九八一)。 (渋沢一裕)

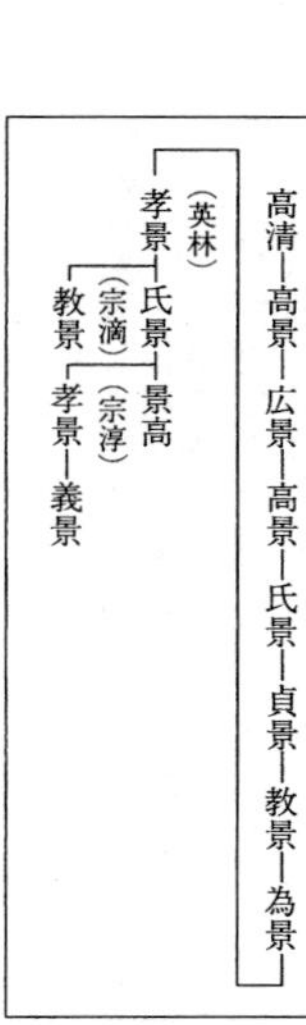

朝倉氏略系図

浅井長政《あさいながまさ》 (一五四五—七三) 戦国時代の武将、北近江《おうみ》の*戦国大名。父は浅井久政《ひさまさ》。初名は賢政《かたまさ》。備前守を称す。永禄三年(一五六〇)家督を継ぐ。南近江六角《ろっかく》氏の重臣平井定武《さだたけ》の女と結婚していたが、これを離縁。同年に野良田《のらだ》合戦で*六角義賢《よしかた》の軍を破ると、翌年には義賢の偏諱に基づく賢政の名を長政と改名、南進策をとる。同一〇年(一五六七)*織田信長《のぶなが》が美濃に進出すると、その妹お市を娶って同盟関係を結び、翌年の信長上洛に参陣してともに六角氏を追い、さらに高島郡の朽木《くつき》氏を服属させて江北の支配を確実なものとする。この間、支城在番制や同名被官層への直恩給付、与力化といった家臣団再編や、近江の発達した流通経済を積極的に把握するなどの領国経営を行う。しかし元亀元年（一五七〇）四月、信長が越前朝倉氏を攻めると、初代亮政《すけまさ》以来長く同盟関係にあった朝倉氏側に与し、さらに旧敵六角氏とも結んで信長から離反する。六月には朝倉氏の援軍をえて、姉《あね》川で織田・徳川連合軍と戦うが敗退、主城の小谷《おだに》城も織田方の監視下に置かれた。その後も将軍*足利義昭《よしあき》の指示のもと、朝倉氏とともに本願寺や比叡山、武田氏などと結んで信長を苦しめたが、劣勢を挽回することはできなかった。天正元年（一五七三）、信長により義昭は追放され、朝倉氏も滅亡、八月二八日には小谷城も落城し長政も自殺した。長政の嫡男万福丸は刑死したため男系は途絶えるが、三人の娘（茶々、初、小督《おごう》）はお市とともに信長に引取られ、後茶々は豊臣秀吉側室淀君、初は京極高次室、小督は徳川秀忠室となる。

［文献］　小和田哲男『近江浅井氏』（新人物往来社、一九七三）。

（渋沢一裕）

京極高清《きょうごくたかきよ》（生没年未詳）　戦国時代の武将、北近江の守護。京極持清《もちきよ》の孫、一説には持清の子。初名秀綱《ひでつな》。中務少輔。持清の子勝秀《かつひで》が早世したため、持清の跡をめぐって叔父政経《まさつね》と内訌をくり広げる。南近江の六角《ろっかく》氏の圧迫や、文明一八年（一四八六）の重臣多賀宗直《たがむねなお》の反乱に苦慮。延徳二年（一四九〇）八月には幕命を得た政経の追討を受けて敗走する。明応元年（一四九二）幕府に京極氏物領職を認められて一時江北に復帰するが、同五年海津へ亡命。同八年上坂家信《こうさかいえのぶ》の助けを得てようやく領国を統一する。しかし大永三年（一五二三）、上坂氏の専横や高清の後継問題に絡み、被官の浅井《あさい》氏らに攻められて尾張へ出奔。同五年浅井亮政《すけまさ》の小谷《おだに》城に迎えられ、その保護を受ける。天文七年はじめごろ没したと考えられる。

［文献］　小和田哲男『近江浅井氏』（新人物往来社、一九七三）。

（渋沢一裕）

越智家栄《おちいえひで》（?―一五〇〇）　室町時代後期の武将、春日社国民。弾正忠、伊賀守、修理大夫。越智氏は永享一一年（一四三九）に一度滅ぶが、嘉吉元年（一四四一）八月*畠山持国《はたけやまもちくに》の助力を得た家栄が再興。以後、高市《たけち》郡高取《たかとり》城などを本拠にして北大和の筒井氏と対立し、畠山氏の*政長《まさなが》と*義就《よしなり》の抗争では義就方に、応仁の乱に際しては西軍に属するなど、常に筒井氏と敵対関係にあった。文明九年（一四七七）義就が河内に下向すると筒井勢を駆逐して大和国における優勢を確立。明応二年（一四九三）*細川政元《ほそかわまさもと》が将軍*足利義高《よしたか》を擁立すると、同年五月古市氏とともに与党の衆徒・国民を「如主従」（『大乗院寺社雑事記』同年五月一九日条）召し連れて上洛、政元に属して幕府に出仕する。その一方、幕府有力者との関係を背景に大和一国に反銭を要請するなど大和への影響力を強めた。同六年（一四九八）一一月筒井氏の反撃を受けて吉野に敗走、同八年（一五〇〇）筒井氏と和睦する。明応九年二月二七日没。

［文献］　鈴木良一『大乗院寺社雑事記―ある門閥僧侶の没落の記録』（そしえて、一九八三）。

（渋沢一裕）

島津貴久《しまづたかひさ》（一五一四―七一）　戦国時代の武将。伊作《いさく》・相州家島津忠良《ただよし》の嫡子で、母は薩州家島津成久《しげひさ》の女。官途は修理大夫、陸奥守。大永六年（一五二六）本宗家島津勝久《かつひさ》の養子となるが、守護職の継承をめぐって父忠良とともに薩州家島津実《さね》久《ひさ》、さらには勝久《かつひさ》と争う。天文四年（一五三五）に勝久を鹿児島から追放、同八年（一五三九）には実久を破り、同一四年（一五四五）一族庶家から守護として承認された。同一九年（一五五〇）には本拠を伊集院から鹿児島へと移し、さらに大隅《おおすみ》・日向《ひゅうが》へと進出。*戦国大名島津氏としての基礎を築いた。同一八年（一五四九）にはザビエルと接見、布教を許可したが、後に禁止。永禄九年（一五六六）に出家し嫡子*義久《よしひさ》へ家督を譲る。元亀二年六月二三日加世田《かせだ》にて死去。

［文献］『鹿児島市史1』（一九六九）。　（渋沢一裕）

*島津義久《しまづよしひさ》（一五三三―一六一一）戦国時代の武将、九州の戦国大名。*島津貴久《たかひさ》の長男。母は入来院重聡《いりきいんしげさと》の女。官途は修理大夫。はじめ忠良《ただよし》、のち*足利義輝《よしてる》の偏諱を受け義辰《よしたつ》、さらに義久に改める。永禄九年（一五六六）家督を継ぐ。同一二年（一五六九）北薩の菱刈《ひしかり》氏を倒して薩摩を掌握、さらに天正二年（一五七四）大隅《おおすみ》の肝付《きもつき》氏を降し、同五年（一五七七）には日向《ひゅうが》の伊東氏を追って、薩摩・大隅・日向の三州を統一した。翌年には耳川の戦いで大友氏を撃退、同一二年（一五八四）に島原合戦で竜造寺《りゅうぞうじ》氏を破り、翌年には肥後の阿蘇《あそ》氏を降伏させる。同一四年（一五八六）には大友氏を豊後から追い、九州全土をほぼ支配下に置いた。しかし、翌一五年（一五八七）豊臣秀吉《とよとみひでよし》の九州出兵にあって降伏、薩摩・大隅・日向諸県郡を安堵される。慶長一六年正月二一日国分にて死去。

［文献］『鹿児島市史1』（一九六九）。　（渋沢一裕）

*松平清康《まつだいらきよやす》（一五一一―三五）戦国時代の武将。父は松平信忠《のぶただ》。*徳川家康《いえやす》の祖父。大永三年（一五二三）に安城松平の家督を継いで、松平氏の惣領となる。翌年岡崎家の信貞《のぶさだ》を降して、本拠を岡崎に移した。清康は西三河制圧後、東三河に進出し、享禄二年（一五二九）には、牧野氏の吉田城を攻略し、田原の戸田氏、山家三方衆（作手奥平《さくておくだいら》、長篠《ながしの》・田峰《だみね》の菅沼）、野田の菅沼氏、牛久保の牧野氏など東三河の国衆の多くを帰服させた（大永五年（一五二五）、天文元年（一五三二）の説もある）。さらに尾張に進出し、天文四年（一五三五）までに、春日井郡の品野城・愛知郡の岩崎城を攻め落とした。しかし、天文四年尾張国守山《もりやま》へ出陣中に家臣阿部弥七郎に殺された。享年二五歳。

［文献］平野明夫『三河松平一族』（新人物往来社、二〇〇二）、『新編　岡崎市史2』（一九八九）。　（深津剛志）

松平氏略系図

*松平広忠《まつだいらひろただ》（一五二六―四九）戦国時代の武将。父は*松平清康《きよやす》。*徳川家康《いえやす》の父。天文四年（一五三五）父清康が尾張国守山《もりやま》で殺されると、一族の桜井松平信定《のぶさだ》に*岡崎城を追われて、伊勢へ流れた。その後、天文六年（一五三七）に吉良持広《きらもちひろ》や*今川義元《いまがわよしもと》の後援を得て、岡崎還住が実現した。以後、今川方の武将として*織田信秀《のぶひで》の三河進出に対抗した。天文一〇年（一五四一）に刈谷城主水野忠政《みずのただまさ》の女於大《おだい》と結婚し、翌年家康が誕生したが忠政の死後、子の忠元《ただもと》が織田家に属したため離別した。天文一六年（一五四七）竹千代（家康）を義元へ人質として送るが、途中で戸田康光《とだやすみつ》に奪われ、信秀に渡された。しかし、その後も広忠は今川に属して戦うが、天文一八年（一五四九）、家臣の岩松八弥に殺された。享年二四歳。

［文献］平野明夫『三河松平一族』（新人物往来社、二〇〇二）、『新

編　岡崎市史2』(一九八九)。

(深津剛志)

細川政元《ほそかわまさもと》 (一四六六―一五〇七)　室町後期の武将。父は*勝《かつ》元《もと》。文明五年(一四七三)*応仁の乱中に、父勝元が死ぬと、八歳で家督を継ぎ、摂津《せっつ》・丹波《たんば》・讃岐《さぬき》・土佐《とさ》の守護となった。文明一八年(一四八六)右京大夫に任じられ、幕府管領となった。長享元年(一四八七)八月から短期間再任。延徳元年(一四八九)三月将軍*足利義尚《よしひさ》が近江《おうみ》国鈎《まがり》の陣中で没すると、政元は*足利政知《まさとも》の子清晃《せいこう》(のちの義澄《よしずみ》)を擁しようとしたが、足利義《よし》視《み》の子義材《よしき》(後の義伊《よしただ》・義稙《よしたね》)が*畠山政長《はたけやままさなが》らに擁されて将軍となった。政元は、明応二年(一四九三)重臣安富元家《やすとみもといえ》・上原《うえはら》元秀《もとひで》らに命じて政長を河内の陣中に攻め殺し、将軍義材を廃した。さらに清晃を還俗させて将軍足利義澄とし、自らは管領となり、細川京兆家による専制体制を樹立した(*明応の政変)。しかし、政変後政長の子、尚順《ひさよし》らとの対立が深まるとともに、政元の近臣同士の内部対立も表面化してきた。さらに、政元は、晩年になると修験道に凝って妻帯せず、関白九条政基《くじょうまさもと》の子澄《すみ》之《ゆき》と細川茂之《しげゆき》の子澄元《すみもと》を猶子とした。このため近臣は、さらに澄之派と澄元派に分かれて対立した。永正元年(一五〇四)、澄元擁立を計った薬師寺元一《やくしじもとかず》らの叛乱は、失敗に終わったが、引き続き阿波《あわ》の三好之長《みよしゆきなが》が上洛して澄元を擁し、澄之を擁する香西元長《こうざいもとなが》・薬師寺長忠《ながただ》らと対立した。そして、永正四年(一五〇七)六月二三日、政元は、澄之派の香西元長らに暗殺された。享年四二歳。

[文献]　今谷　明『室町幕府解体過程の研究』(岩波書店、一九八五)。

(深津剛志)

細川晴元《ほそかわはるもと》 (一五一四―六三)　戦国時代の武将。父は、細川澄元《すみもと》。永正一七年(一五二〇)澄元が阿波《あわ》で死ぬと、七歳で家督を継いだ。大永六年(一五二六)、三好政長《みよしまさなが》・*元長《もとなが》らに擁されて阿波で挙兵し、翌年*足利義維《よしつな》(義稙《よしたね》の猶子)とともに*堺へ上陸し、細川晴国《はるくに》を京から追放した。享禄四年(一五三一)元長が高国《たかくに》を尼崎《あまがさき》で滅ぼすと、元長の強大化を恐れて木沢長政《きざわながまさ》・三好政長らとともに、本願寺《ほんがんじ》光教《こうきょう》(証如《しょうにょ》)に依頼して、一向宗門徒を動員し、元長を堺で自刃させた。天文五年(一五三六)に入京し、右京大夫に任じられ幕府を掌握した。しかし、天文一八年(一五四九)元長の子長慶《ながよし》が晴国の養子細川氏綱《うじつな》を擁し背き、京都を追われ、永禄六年(一五六三)摂津普門寺で没した。享年五〇歳。

[文献]　今谷　明『室町幕府解体過程の研究』(岩波書店、一九八五)。

(深津剛志)

上井覚兼《うわいかくけん》 (一五四五―八九)　戦国時代の武将。父は上井城主、上井薫兼。初名は為兼で、のちに覚兼と改める(訓は定かでないので便宜上音読に従う)。薩摩の守護*島津《しまづ》貴久《たかひさ》に仕え、ついで天正元年(一五七三)二九歳で、貴久の長男*義久《よしひさ》の奏者となり、同四年(一五七六)頃、老中に抜擢され、伊勢守と称した。天正八年(一五八〇)、日向《ひゅうが》国宮崎の地頭を命じられて、宮崎城に移った。以後、佐土原《さどはら》城主に封じられた、義久の末弟家久《いえひさ》を輔けて日向国の経営に携わった。また、日向勢を指揮し、豊後や肥後・肥前などに出陣した。特に、天正一四年(一五八六)の筑前国岩屋城攻めでは、おおいに奮戦し、鉄炮により負傷した。同年一〇月には、大友氏征伐のため、家久とともに日向勢を率いて出陣し、各地で奮戦した。しかし、翌一五年(一五八五)*豊臣秀吉《ひでよし》の大軍の西下とともに兵を収めて豊後から撤退し、覚兼は宮崎に帰陣した。やがて、安国寺恵瓊《あんこくじえけい》に頼って、家久とともに羽柴秀長《はしばひでなが》に降り、ついで宮崎を去って鹿児島に還り、さらに伊集院（薩摩国日置郡）に移り、隠栖した。そして、天正一七年（一五八七）六月一二日同地で病没した。享年四五歳。法名は、一超宗咄庵主。同地の妙円寺《みょういんじ》に葬られた。覚兼は、自ら兵を率いて戦陣に立った武人でありながら、その反面文芸やその他の教養をも豊に身につけた風流漢でもあった。天正二年以来の詳細な日記および、『伊勢守心得書』と題された自叙伝風の随筆を書き残した。

［文献］『日本歴史「古記録」総覧』（新人物往来社、一九八九）、『大日本古記録 上井覚兼日記 下』（岩波書店、一九五五）。

（深津剛志）

山科言継《やましなときつぐ》（一五〇七―七九） 戦国時代の公家。父は、山科言綱。母は、女嬬と伝わるが氏素性は定かでない。永正一七年（一五二〇）に、元服すると同時に内蔵頭に任ぜられた。天文六年（一五三七）には、従三位・左兵衛督に任ぜられ、七年には参議となり、以後左衛門督・加賀権守・権中納言・陸奥出羽按察使・大宰権師などを歴任した。永禄一二年（一五六九）正月には、山科家の初例として大納言に昇進した。天文七年没。享年七三歳。言継は、衰微した朝廷の儀式や法会の費用を調達するため、*戦国大名との交渉を行った。また、楽奉行として雅楽のことを管掌するとともに、有職故実家として衣紋・装束作法万般を沙汰している。公私にわたる記録を『*言継卿記』に残すほか、和漢の詩歌・六国史以下の史書、文学書、故実書の研究と転写にもつとめた。

［文献］今谷 明『言継卿記―公家社会と町衆文化の接点』（そしえて、一九八〇）。

（深津剛志）

後柏原天皇《ごかしわらてんのう》（一四六四―一五二六） 在位明応九年（一五〇〇）―大永六年（一五二六）。戦国時代の天皇。父は*後土御門《ごつちみかど》天皇。母は贈皇太后源朝子（庭田長賢《にわたながかた》女）。諱《いみな》は勝仁《かつひと》。寛正六年（一四六四）一〇月二九日、後土御門天皇の第一皇子として生まれる。文明一二年（一四八〇）一二月、親王宣下、元服。明応九年（一五〇〇）一〇月、後土御門天皇の崩御により、践祚する。大永元年（一五二一）三月、*足利義稙《よしたね》・本願寺光兼《みつかね》（実如《じつにょ》）らの献金により、即位の礼を挙げる。大永六年、六三歳で崩御。陵は深草北陵。歌集『柏玉集』がある。また宸筆記に『後柏原天皇宸記』がある。

（徳永裕之）

後奈良天皇《ごならてんのう》（一四九六―一五五七） 戦国時代の天皇（在位大永六年（一五二六）―弘治三年（一五五七））。諱《いみな》は知仁《ともひと》。父は*後柏原《ごかしわら》天皇。母は勧修寺教秀《かじゅうじのりひで》女豊楽門院藤原藤子。明応五年（一四九六）、後柏原天皇の第二皇子として生まれる。永正九年（一五一二）四月に親王宣下し、元服をする。大永六年（一五二六）、後柏原天皇の崩御をうけて践祚する。天文五年（一五三六）二月、北条・今川・朝倉・大内氏などの戦国大名の献金により、践祚後一〇年の期間を要して即位の礼をあげた。即位後には、飢饉・疫病の終息を祈念して諸国一宮に宸筆の般若心経を奉納した。弘治三年（一五五七）に崩御する。陵は深草北陵。後奈良天皇は和歌などにも通じていた。また、自ら「天聴集」（「後奈良天皇宸筆記」増補続史料大成）と題した宸記が伝存する。

（徳永裕之）

正親町天皇《おおぎまちてんのう》（一五一七―九三） 在位弘治三年（一五五七）―天正一四年（一五八六）。戦国時代の天皇。父は*後奈良《ごなら》天皇。

母は万里小路賢房《までのこうじかたふさ》女藤原栄子（吉徳門院）。諱は方仁《みちひと》。永正十四年（一五一七）後奈良天皇の第一皇子として生まれる。天文二年（一五三三）一二月親王宣下、元服。弘治三年（一五五七）、後奈良天皇の崩御により践祚。永禄三年（一五六〇）正月、毛利氏などの献資により、即位礼を挙げる。永禄一一年の*織田信長《おだのぶなが》入京後、織豊政権の国内統一を助け、御料所の回復・新設、御所の修築、朝儀の復興が行われる。天正一四年（一五八六）誠仁《まさひと》親王の子、周仁《かたひと》親王（初名和仁《かずひと》・*後陽成《ごようぜい》天皇）に譲位する。文禄三年（一五九三）正月五日、崩御。陵は深草北陵。

（徳永裕之）

言継卿記《ときつぐきょうき》　従二位権大納言山科言継《やましなときつぐ》の日記。大永七年（一五二七）から天正四年（一五七六）に至る。ただし、享禄三（一五三〇）・四年、天文九年（一五四〇）一〇年・一二年、永禄四年（一五六一）・五年、元亀三年（一五七二）から天正三年（一五七五）の分はまったく欠く。重要事件に関わる欠失が多いが、天文元年の*一向一揆、永禄八年（一五六五）の将軍*足利義輝《よしてる》暗殺、同一一年（一五六八）の*織田信長《のぶなが》上洛、元亀二年（一五七一）の山門焼き討ちなど畿内近国における諸事件が記録されている。また、京都町衆の自治的活動や言継自身の業務として携わった、禁裏料所の衰退状況や朝廷財政の窮迫、芸能関係記事なども重要な史料。現存する『言継卿記』の大部分は、東京大学史料編纂所が所蔵。紙背文書とともに『史料纂集』に収める。

［文献］『日本歴史「古記録」総覧』（新人物往来社、一九八九）、今谷　明『言継卿記　公家社会と町衆文化の接点』（そしえて、一九八〇）。

（深津剛志）

言経卿記《ときつねきょうき》　正二位権中納言山科言経《やましなときつね》の日記。天正四年（一五七六）正月から慶長一三年（一六〇八）八月に至る。ただし、天正五・六・八・九年を欠く。言経の家柄は、衣冠・衣文の有職故実と笙の音楽を家業としていたため、そのことに関する記録が多い。また、桃山から江戸時代初頭の洛中の都市改造の様子がわかり、町屋の構成が詳述されている。言経は、天文一三年（一五八六）勅勘を蒙り、慶長二年（一五九七）に勅免になるまで、公卿でありながら、市井にあった。そのため、市井の生活記録としても重要。また、言経は、若い時から医学を勉強しており勅勘時代には、医業で生計をたてていた。日記は、診断簿・処方箋の役目も果たしており、近世医学史の重要な史料でもある。東京大学史料編纂所所蔵。『大日本古記録』に収める。

［文献］『日本歴史「古記録」総覧』（新人物往来社、一九八九）。

（深津剛志）

晴豊公記《はれとよこうき》　勧修寺晴豊《かじゅうじはれとよ》の日記。天正六年九—一一月、同七年正—七・一〇月、同八年六月、同一〇年正—六・一〇月、同一三年正・二・八月、同一八年、同一九年、文禄三年正・七・一〇月がある。父、晴右《はれみぎ》は長く武家伝奏の任にあり、妹晴子（新東門院）は皇太子誠仁《まさひと》親王の妃。晴豊は、*後陽成《ごようぜい》天皇の伯父にあたり、天皇からの信頼を受け*織田信長《のぶなが》との折衝や菊亭晴季・中山親綱・久我敦通と共に豊臣政権下においては、武家伝奏の任にあたった。そのため、信長・*秀吉《ひでよし》関係の興味深い記事が多く、本書にしか所見のない重要な記事もある。原本は、勧修寺家旧蔵、京都大学文学部所蔵。『続史料大成』九に『晴右卿記』とともに収める。

［文献］『日本歴史「古記録」総覧』（新人物往来社、一九八九）。

（深津剛志）

兼見卿記《かねみきょうき》 吉田兼見《よしだかねみ》の日記。元亀元年（一五七〇）六月から文禄元年（一五九二）までと、兼見没年の慶長一五年（一六一〇）の一部がある。ただし、天正二・一六・一七年と一部の年月を欠く。この他に別記として天正五年一二月の『伊賀国一宮大明神遷宮下向記』、天正八年三月の『多武峯《とうのみね》下向記』、同年一二月の『伊賀国下向日次』などがある。兼見の本務である吉田神道や神事のことだけでなく、*織田信長《のぶなが》・*豊臣秀吉《ひでよし》との直接交渉などがあったことから、当時の政治・経済・軍事情勢や文化・芸能など世相の推移についても詳しい。吉田家に伝えられていた兼見の自筆本一八冊は、戦災により焼失したらしい。東京大学史料編纂所の謄写本は、焼失本を写したもの。宮内庁書陵部・前田尊経閣文庫・静嘉堂文庫にも、その写本を蔵する。『史料纂集』に収める。

［文献］『日本歴史「古記録」総覧』（新人物往来社、一九八九）。

（深津剛志）

上井覚兼日記《うわいかくけんにっき》 *上井覚兼の日記。天正二年（一五七四）八月から同一四年（一五八六）に至る。ただし、天正四年（一五七六）から同一〇年（一五八二）までの分を欠く。『伊勢守日記』『（上井）覚兼日帳』ともいう。島津氏の有力武将である覚兼の日記は、戦国大名島津氏の中央政治の仕組みと実情、戦国期家臣団の働き、戦国武将の日常を記録し戦国期島津氏の根本史料となっている。また、覚兼は文芸などの教養も身につけており、*連歌・*俳句・*茶の湯・*立花など文芸関係の記述も多彩である。現在は、東京大学史料編纂所が『島津家文書』として所蔵。同所編纂で頭注と解題をつけ、『大日本古記録』上井覚兼日記（上中下）として刊行。

［文献］『日本歴史「古記録」総覧』（新人物往来社、一九八九）、『大日本古記録 上井覚兼日記 下』（岩波書店、一九五五）。

（深津剛志）

（二）戦国大名の政治と経済

貫高制《かんだかせい》* 戦国大名による土地支配制度。貫文制とも。貫高とは、耕地一反当たりの基準年貢収取量を、貨幣額（貫文）で表示したもの。戦国大名は耕地面積にこの反当たりの貫高を掛けることによって、所領規模や知行地の年貢・軍役量を決定し、それに基づいて百姓・郷村支配と給人支配（軍事力編成）を同時に実現した。最も典型的な貫高制を施行した大名として、小田原北条氏を挙げることができる。北条氏は原則として、田地一反につき五〇〇文、畠地一反につき一五〇—二〇〇文（多くは一六五文）を基準とした。郷村ごとに検地を行って、検地高《たか》辻《つじ》を確定し、そこから増分や名主給・仏神田・諸公事銭などの免除分（諸引方）をさし引いた残りを、定納《じょうのう》高辻＝年貢高として確定した。年貢はすべて銅銭で納められるのではなく、米などの現物納も行われた。武田氏や今川氏の場合は、米と銭が二本立てで納められている。また給人に宛行われた貫高は、その知行地の年貢収取の基準高になると同時に、軍役賦課の基準数値ともなった。北条氏の場合、貫高に応じた人数・武具数を用意して出陣する「人数着到」や、貫高を基準にした反銭・棟別銭などの「出銭」などを、給人は負担しなければならなかった。以上のような貫高制のあり方は、戦国期を大名領国制の展開期としてとらえる論者によって、後代の幕藩体制下における編成原理である石高制に対置しうる概念として積極的に主張されたものである。しかし一方では、貫高制を前代の室町幕府—守護体制下での*段銭収取量を歴史的根拠にして人為的に設定された在地不掌握の政策（検地を前提にしない）とする説もあり、戦国期の総体的位置づけに関する見解の相違ともあいまって、貫高制の歴史的評価はいまだ一定していない。また貫高制はすべての戦国大名が採用しているとは限らず、さらに毛利氏では、年貢収取の貫高と軍役収取の貫高の二元的構造を有していた点が指摘されているなど、地域的な偏差の追求も今後の課題である。

［文献］　永原慶二『戦国期の政治社会構造』（岩波書店、一九九七）、池　享『大名領国制の研究』（校倉書房、一九九五）。　（菊池浩幸）

軍役《ぐんやく》　武士である従者が主人に対して行う軍事的負担の総称。狭義では実際に合戦に参加することをさすが、平時における城郭普請や城番などを含めて軍役とするのが一般的である。鎌倉期の御家人役（*京都大番役など）や、室町期の国人への軍勢催促など、幕府や守護によって賦課された軍役の多くは定量化されておらず、その負担量は御家人や国人の自主性に任されていた。これに対して戦国時代の軍役は、*検地や指出によって大名が独自に把握した知行地の大きさ（貫高や石高）に応じて賦課された。小田原北条氏の場合、家臣が負担した軍役には、「人数着到《にんずうちゃくとう》」「知行役」「出銭《しゅっせん》」の三種類がある。「人数着到」は合戦に参加すべき兵士の数と武具の種類を定めたもので、狭義の軍役に当たる。この「人数着到」と、築城などの普請役を中心とした「知行役」や金銭を供出させる「出銭」は、家臣の知行地の貫高を基準にして、その負担額が決められていた。一方、安芸毛利氏の場合、北条氏と同様に、給人が負担する軍役量（具足《ぐそく》数）は知行地の貫高や石高に応じて決定されるのが原則だったが、実際には毛利氏と給人の力関係によって相対的に決められていた。このように*戦国大名による軍役は、その具体的内容について地域的多様性が見られるものの、概して前代とは違って、大名が独自に把握した知行高に応じて定量化されている点が特徴といえる。

［文献］　秋山伸隆『戦国大名毛利氏の研究』（吉川弘文館、一九九八）、池上裕子『戦国時代社会構造の研究』（校倉書房、一九九九）。　（菊池浩幸）

検地《けんち》　一般的には領主が自ら支配する領地に対して行った土地調査の総称で、主に戦国期から近世にかけて行われた。それ以前の荘園領主による土地調査である「検注《けんちゅう》」と対比される。戦国大名による検地は、伊達・北条・今川・武田・織田・朝倉・大内・毛利・島津氏などの実施事例が確認されている。検地を実施する契機は大名によってさまざまだが、大名が新たに征服した地域に検地を行う例が多い。その他北条氏の場合、当主の代替わりを契機として領国全域に検地が実施されており、また今川氏では、名主百姓層が起こす在地紛争や領主間の所務相論を解決するために局地的に検地を行う、いわゆる「公事《くじ》検地」が知られている。検地の方法については、大名から派遣された検地奉行が実際に現地に入って調査を行う丈量《じょうりょう》検地と、家臣や村落から土地の明細を提出させる指出《さしだし》検地（指出）がある。ちなみに最近では、「検地」という用語を前者の丈量検地に限定して使用し、後者は「指出」と表記して「検地」と区別すべきだという説が出されている。戦国大名による検地は、従来の本年貢分に含まれていなかった「増分《ましぶん》」を把握して、在地の諸負担を貫高に一元化し、増分を没収したり、村落や土豪に給与したりすることによって、給人（軍役《ぐんやく》衆《しゅう》）・百姓身分を確定したなどの点で、前代の検注とは区別される。一方で、検地によって大名が把握した貫高は年貢高であり、その多くが指出検地であったことから、後代のいわゆる太閤検地（生産高把握と丈量検地）と比較して、戦国大名検地の限界性が指摘されてきた。しかし近年、太閤検地で把握した石高は生産高ではなく年貢高であり、指出検地の事例も多かったとして、戦国大名検地との異質性を強調することに疑問が出されている。また検地が戦国大名のみならず在地からも要請されて実施された点を重視し、戦国大名検地の固有の意義を戦争との関連から再解釈しようとする試みも提出されている。

［文献］ 安良城盛昭『幕藩体制社会の成立と構造』（御茶の水書房、一九五九）、有光友学『戦国大名今川氏の研究』（吉川弘文館、一九九四）、池上裕子『戦国時代社会構造の研究』（校倉書房、一九九九）、久保健一郎『戦国大名と公儀』（校倉書房、二〇〇一）。 （菊池浩幸）

信玄堤《しんげんづつみ》 甲斐《かい》＊の戦国大名＊武田晴信《たけだはるのぶ》（信玄《しんげん》）が領国内に構築したとされる川除用の堤防。最も著名なのは、釜無川《かまなしがわ》左岸の竜王堤（山梨県竜王町）である。同地では御勅使川《みだいがわ》が釜無川に合流し、古くから甲府盆地西部に水害をもたらしてきた。一説によると、天文一一年（一五四二）頃から治水工事が開始され、十数年かけて完成したという。具体的な工事内容は、将棋頭という圭角の石堤を築いて、御勅使川の水流を南北に二分し、その本流を釜無川左岸にできた通称高岩（赤岩）といわれる崖下に当たらせ、また十六石という巨石を配して水勢を弱め、大出水に備えたという。これにより近世初期までには、同盆地の氾濫原は新田として開発され、以後発展したとされる。

［文献］ 土木学会編『明治以前日本土木史』（岩波書店、一九七三）。 （菊池浩幸）

花押《かおう》と印章《いんしょう》 花押は記号化した略式の自署（サイン）、印章は文字などを木や石などの素材に刻み、印肉《いんにく》で捺したもので、両方とも文書の発給主体や責任の所在を明らかにするために使用された。花押は書判《かきはん》・判形《はんぎょう》・押字《おうじ》、印章は印判《いんばん》ともいう。戦国時代には、前代以来の足利尊氏の花押を原型とする武家様（足利様）の花押が、地方武士や上層百姓層にも普及したが、後期になると、武家の間では武家様を脱却して、下向湾曲型の花押（＊六角定頼《ろっかくさだより》など）や自分の名前を裏返したり転倒したりした花押（＊浅井長政《あさいながまさ》など）など、多様な形の花押が使用されるようになる。また花押の模倣や盗用を防ぐ目的から、定期的に花押を変更したり、複数の花押を用途によって使い分けたりすることも行われた。一方印章は、中世の政治文書では概して使用されなかったが、室町時代における禅宗での印章使用の流行を受けて、一五世紀末から今川・北条・武田など東国の戦国大名を中心に使用されるようになった。彼らは領国支配のために印章を捺した印判状を数多く発給している。その中でも北条氏の虎印（印文「禄寿応穏《ろくじゅおういん》」）や武田氏の伝馬印（印文「伝馬」）などが有名である。戦国時代における印章の流行は花押にも影響を与え、花押をそのまま版刻にして墨を付けて捺す花押型《かおうがた》が、一部の大名で用いられた。総じて戦国時代は、政治文書における使用頻度において、印章が花押を上回るようになり、両者の交替の時期に当たるといえる。

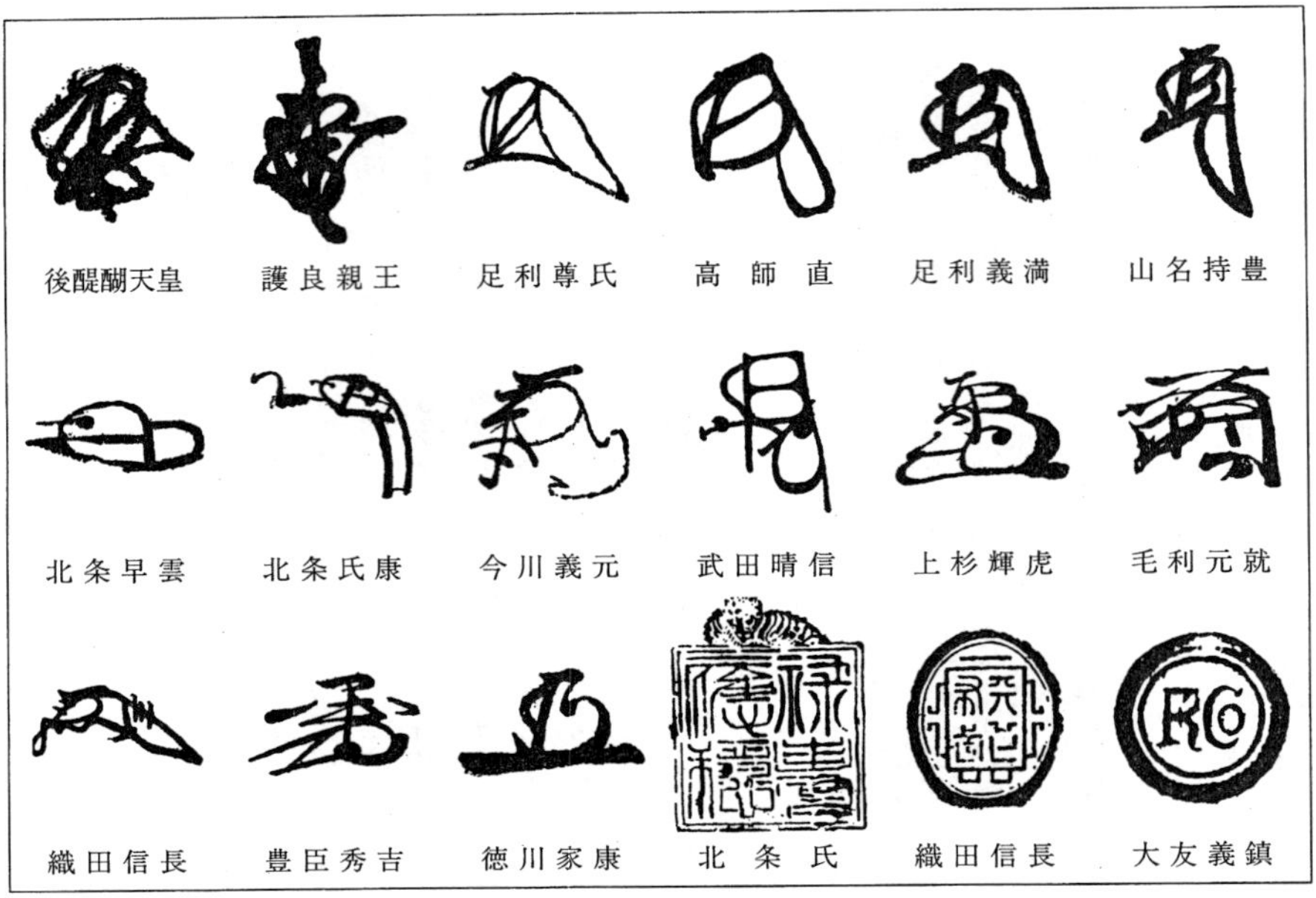

花押と印章（室町～戦国期）

［文献］ 荻野三七彦『印章』（吉川弘文館、一九六六）、佐藤進一『花押を読む』（平凡社、一九八八）。

（菊池浩幸）

分国法《ぶんこくほう》* 戦国大名が家中統制や領国支配のために制定した法令。戦国法・戦国家法とも。狭義では複数の条文を含む法典形式のものをいい、単発で発布された法令は含まない。戦国期に発布された分国法は、現在のところ八つ確認されている（後述の家訓《かくん》は除く）。分国法はその規制対象の相違から、家中を対象とする家法の要素と、領国民一般を対象とする領国法の要素に大別され、この両者が混在している点が、近世の藩法には見られない特徴である。前者は前代の在地領主が制定した置文《おきぶみ》の系譜をひいているが、置文がもつ要素のうち、家の存続・繁栄を目的とした道徳規範については家訓に引き継がれ、それを除いた部分が分国法に継承されている。一方後者の領国法の要素の淵源は、幕府法や守護法にあるとされ、分国法の条文の一部が*御成敗式目や*建武式目のそれを準用している場合があるのはその現れである。しかし分国法のいくつかは、家法と領国法の他に、前代の在地領主の地域的結集体である*国人一揆が制定した一揆契状《けいじょう》の流れを受けていて、分国法の中でも特徴的な内容といわれる喧嘩両成敗法や人返法も、この一揆の法をその直接の淵源にしている。分国法の法史上の意義は、これまでの中世法を支えてきた「道理」の観念や「大法」と呼ばれる慣習法を、戦国大名が自らの権力意思の発動として吸収・再編して、新たな法として制定し、それを家中統制や領国支配の正当性の根拠に利用した点にある。

［文献］ 勝俣鎮夫『戦国法成立史論』（東京大学出版会、一九七九）。

（菊池浩幸）

喧嘩両成敗《けんかりょうせいばい》 喧嘩をした当事者は、その原因を問うことなく、双方とも同等の処罰を受けるというもの。史料上の初見は、応永二一年（一四一四）の肥前青方《ひぜんあおかた》一揆契約状で、その第三条には「喧嘩・闘諍《とうじょう》いできたらん時は、親子に限るまじく候、両人お（を）失い申すべく候」とある。喧嘩両成敗は戦国時代に入ると広く行われ、伊達・今川・武田・長宗我部氏など*戦国大名の*分国法で多く採用された。その中でも「喧嘩に及ぶ輩、理非を論ぜず、両方共に死罪に行うべきなり」と規定する*今川仮名目録第八条が有名である。前代までは、室町幕府法などに見られるように、喧嘩を仕掛けた側により重い罪を科す故戦防戦《こせんぼうせん》法が一般的であった。戦国時代になって喧嘩両成敗が一般化した背景には、未来における双方の報復行為の連鎖を断ち切り、家中や村落など領国内における秩序を安定化させようとする意図があったものと考えられる。さらに戦国大名が喧嘩両成敗法を積極的に採用した目的としては、伊達氏の*塵芥集第三九条に「人を斬る咎の事、披露のうへ成敗を待つべきのところに、其儀にをよばず、わたくしに斬り返しすべからず。かくのごとくの輩、たとい至極《しごく》の理運たりとも、法度を背き候うへ、成敗を加ふべきなり」とあるように、領国内のあらゆる紛争の解決をすべて大名法廷に委ねることによって、自己の権力基盤を強化する点が挙げられるだろう。喧嘩両成敗は、豊臣期以降「天下の大法」として定着し、近世を通じて慣習法として存続した。

［文献］三浦周行『法制史の研究』（岩波書店、一九一九）、勝俣鎮夫『戦国法成立史論』（東京大学出版会、一九七九）。 （菊池浩幸）

連坐《れんざ》**・縁坐制**《えんざせい》 連坐は、犯罪人を処罰する際、本人だけではなく、本人と何らかの関係にある一定範囲の人々を、犯罪への関与の有無にかかわらず罪に問うこと。そのうち犯罪人の親族にその罪を及ぼすことを縁坐という。このうち縁坐は中世全般において厳しい社会慣習として広く行われた。鎌倉幕府制定の*御成敗式目第一〇条の附属条項では、子や孫が父や祖父の敵を殺した場合、父や祖父が関与していなくても、縁坐に処すとしている。また同第一一条は、夫が謀反・殺害や山賊・海賊などの重罪を犯した場合、その罪を妻に懸けてその財産を没収するとある。この父祖や妻への縁坐規定はそのまま戦国大名の分国法にも援用されている。すなわち伊達氏の*塵芥集第二五条は、御成敗式目第一〇条附属条項を本条の事書としてそのまま引用し（ただし附属条項として兄弟間の縁坐を付加している）、*六角氏式目第三二条も父子・夫婦などの縁坐を御成敗式目の規定を適用して処罰せよとしている。一方親族以外の人に罪を及ぼす連坐は、御成敗式目第一四条が本所年貢を抑留した代官の罪を主人に懸けるとしているのが目立つ程度で、*戦国大名の*分国法で、犯罪に関与しない人にも罪を適用するような積極的な連坐規定はない。しかし中世後期以降、村や町など地縁的社会集団が発達してくるにつれて、*国質・郷質に見られるように、在地共同体において連坐制の前提となる連帯責任の原理が形成されていき、近世の五人組などに繋がったと考えられる。

［文献］三浦周行『法制史の研究』（岩波書店、一九一九）。 （菊池浩幸）

国質《くにじち》**・郷質**《ごうじち》 主に債権・債務関係において、債務者が債権者の負債返還要求に応じなかった場合、債権者がその損害賠償を求めて、第三者である債務者と同じ地域や集団に属する人の身柄、または動産を私的に差し押さえる質取行為のこと。その地域や集団が大名領国や惣国《そうごく》の場合には国質、郷村の場合には郷質（所質《ところじち》）と呼ばれた。一説によると、郷質は東国、所質は西国に多くみられ、三河《みかわ》・尾張《おわり》・美濃《みの》・近江《おうみ》などの境界地域では両者が混在しているという。同様なものに方質《かたじち》・庄質・郡質などが知られる。その淵源は前代以来の氏族制社会で行われた血縁集団間における質取り行為であり、そこにおける連帯責任の観念と、中世における地縁的共同体の発達が相まって生まれたものと思われる。国質・郷質の多くは、一五―一六世紀に*戦国大名や国衆が発給する禁制や市場法令に禁止事項として記載され、当該期に地域的に発展してきた商業・流通秩序を乱すものとして規制の対象になっていた。ただし、公権力による国質・郷質の規制は、路上や市場などの特定地域に限定したものが多く、全面的に禁止したものではないとされている。なお、こうした地域や集団間の質取慣行は、単に債務不履行の場合だけでなく、殺人・傷害などの刑事事件で何らかの物的被害を被ったとき、加害者の所属地域や集団の人物に同等の被害を与えること（相殺の観念）によって、その事件を解決する方法として日常的に行われていた。

（菊池浩幸）

［文献］　勝俣鎮夫『戦国法成立史論』（東京大学出版会、一九七九）、田中克行『中世の惣村と文書』（山川出版社、一九九八）。

荷留《にどめ》　主に一六世紀半ば以降、*戦国大名などが他国、特に敵国大名への領国経済を封鎖し、軍需物資の供給を停止する目的で行った流通統制策。軍事的な目的のほかにも、領国経済の保護や助長のための荷留も行われた。事例としては、北は下総《しもうさ》結城氏から南は薩摩《さつま》島津氏まで、全国的に見られる。小田原《おだわら》北条氏の場合、敵対大名間だけではなく、大名領国内の支城領間での荷留や、個別六斎市《ろくさいいち》市場圏間の荷留も存在した。こうした荷留が行われる前提には、戦国大名などの地域権力が一つのまとまった領域支配をする段階にあり、自領内はもちろん、他領との交通・物資流通に対する統制権や課税権を実質的に掌握するに至っていることがある。

（菊池浩幸）

［文献］　佐々木銀弥「戦国大名の荷留について」（『日本中世の流通と対外関係』吉川弘文館、一九九四）。

伝馬制度《てんませいど》　陸上における物資輸送のための馬や人を、主要街道沿いの宿駅や村落に負担させる制度。戦国時代における伝馬制度は、東国の*戦国大名を中心に実施されたことが確認できる。駿河《するが》の今川氏が制定した伝馬掟によると、公用の伝馬を使用する際には、一日五疋《ひき》を上限として一里につき一〇銭の賃金を支払うとし、五疋を越える分は一里につき一五銭に増額するとしている。ただし地域によっては今川氏が使用する公用伝馬は無賃にする場合があった。相模《さがみ》の北条氏の場合、本拠の小田原と各支城領とを結ぶ伝馬制度が整備され、公用伝馬の使用は一日三疋で、駄賃は一里一銭となっている。伝馬制度の実施が最も詳細にわかるのは甲斐の武田氏である。同氏における伝馬制度の確立を示す天正三・四年（一五七五・七六）の伝馬定書《さだめがき》によれば、①公用と私用の伝馬を区別するため、前者の手形には「伝馬」の印文のある伝馬朱印を二つ、後者の手形には一つ捺す、②公用の伝馬は一日四疋を限度とし無賃とする、③私用の伝馬は口付銭《くちつけせん》＝賃金として一里につき六銭（一銭の場合もあり）を受け取り、これを支払わない者には伝馬を出さなくてよい、④伝馬役を勤める者（伝馬衆）以外の駄賃稼ぎを禁止し、伝馬衆には普請役の免除などの特権が与えられる、などの規定があり、同氏が伝馬制度を中心とする交通・流通政策を積極的に推進していたことがわかる。その他に越後の上杉氏や三河の徳川氏でも実施例が知られている。

[文献] 相田二郎『中世の関所』(吉川弘文館、一九八三)、柴辻俊六『戦国大名領の研究』(名著出版、一九八三)。(菊池浩幸)

石山本願寺《いしやまほんがんじ》　摂津《せっつ》国大坂《おおざか》(石山)にあった浄土真宗本願寺派*(一向宗)の本山。石山御堂《みどう》・石山御坊《ごぼう》とも。最近は「大坂本願寺・大坂御坊」と呼称する説が有力。現在の大阪城の位置にあったとされる。前身は、明応五年(一四九六)に蓮如《れんにょ》*が建立した坊舎で、天文元年(一五三二)、山科《やましな》にあった本願寺が、敵対する武家や法華一揆による焼き討ちにあったため、証如《しょうにょ》が大坂御坊を本山に定め、以後発展した。同地は、東からの大和川と北からの淀川が合流する交通の要所にあり、すぐ西には古代以来の湊である渡辺津が存在するなど、人と物資が集散する地域であった。そのため本山になる以前から町場が成立・発展しており、天文年間初頭には、北町・北町屋・西町・南町・清水町・新屋敷の六町の存在が確認できる。史料や遺構が残っていないため、詳細は分からないが、周りを堀や土塁で囲み、本願寺を中心に、一家衆寺院や内衆下間氏の屋敷などが同心円状に並び、門徒を中心とする都市民が多く集住していたと考えられる。幕府や守護などから、諸公事免許や自検断などの都市特権を与えられ、同地域の政治・経済の中心地として発達した。元亀元年(一五七〇)から足かけ一一年にわたり、*織田信長《のぶなが》と対立、その包囲攻撃を受けるものの、反信長勢力の主力として闘った。しかし天正八年(一五八〇)に講和、顕如《けんにょ》は紀伊《きい》国鷺森《さぎのもり》に退去し、残って抵抗した子の教如《きょうにょ》が敗れて開城した際、寺内から出火して寺院と寺内町のほとんどを焼失した。

[文献] 仁木　宏『空間・公・共同体』(青木書店、一九九七)。(菊池浩幸)

今井称念寺《いまいしょうねんじ》　一六世紀半ばに南大和《やまと》の今井に建立された一向宗寺院。近世の由緒書によると、近江《おうみ》出身で本願寺門徒であった河瀬兵部丞《かわせひょうぶのじょう》が今井に来住し、当時の宗主証如《しょうにょ》の指導の下、今井に道場を建立したという。これが後の称念寺で、河瀬氏はその後、信長・秀吉に仕え、秀吉の命で今井兵部を名乗り、近世は称念寺の住持を勤めたとされる。確実な史料では、天文二年(一五三三)に今井近辺で真宗門徒が小屋を建てたという記事があり、これが称念寺の前身である可能性は高い。今井は、南大和の経済・流通の中心地として、多くの商人・職人が居住し、環壕によって城塞化された寺内町として本願寺の統制下活動したが、信長によって武装解除され、近世は在郷町として発展した。

[文献] 橋詰　茂「寺内町今井について」(『本願寺・一向一揆の研究』吉川弘文館、一九八四、初出一九七六)。(菊池浩幸)

富田林興正寺《とんだばやしこうしょうじ》　永禄年間に河内《かわち》国石川郡富田林に建立された一向宗寺院。近世の由緒書によると、富田林は石川左岸段丘上にある荒蕪地であったが、永禄三年(一五六〇)石山寺内の興正寺証秀《しょうしゅう》が同地を百貫文で買得し、周辺の中野・新道・毛《え》人谷《びだに》・山中田の四ヶ村から各二人ずつ八人の「庄屋株之者」が協力して開発を行い、証秀が住持を兼帯する御坊(別院)を建立したという。これが後の興正寺である。さらに八人は、町割などを行い、同地を富田林と命名、「年寄役」として以後富田林の経営を行ったとされる。富田林は本願寺の指導の下、地域権力から諸公事免除などの都市特権を与えられたが、*織田信長《のぶなが》により本願寺の影響力が排除され、近世は在郷町として発展した。

［文献］　脇田　修『日本近世都市史の研究』（東京大学出版会、一九九四）、堀　新「富田林寺内町の成立と展開」（比較都市史研究会編『都市と共同体』名著出版、一九九一）。　（菊池浩幸）

観音寺城《かんのんじじょう》　*戦国大名近江《おうみ》六角《ろっかく》氏の居城。滋賀県蒲生郡安土町の観音寺山（標高四三二メートル）の南斜面に所在。建武二年（一三三五）六角氏頼《うじより》が立て籠もった記事が初見とされる。*応仁・文明の乱前後、それまで小脇《おわき》（現八日市市）にあった本拠を同城に移したという。一六世紀中頃、*六角定頼《さだより》から義賢《よしかた》の代にかけての時期に、大規模な改修工事が繰り返された。永禄六年（一五六三）観音寺騒動によって山上山下が焼失し、その後再建されたものの、*織田信長《のぶなが》の侵攻に遭い落城した。現在遺構は、山上から山腹にかけての広い範囲に、石垣で築かれた曲輪が段状に連続し、山下の石寺地区には六角氏当主の屋敷跡とされる「御屋形」や家臣の屋敷跡が残っている。

［文献］『五箇荘町史1古代中世』（一九九二）。　（菊池浩幸）

春日山城《かすがやまじょう》　*戦国大名越後上杉《えちごうえすぎ》氏（長尾《ながお》氏）の居城。鉢ヶ峰《はちがみね》城とも。新潟県上越市に所在。史料上の初見は、永正一〇年（一五一三）守護代*長尾為景《ためかげ》と対立した守護上杉定実《さだざね》が、府中を出て春日山城に籠もったとする記事で、同城は府中守護所の詰めの城だった可能性が高い。その後権力を掌握した為景が本拠を移し、子の*謙信《けんしん》の代にかけて、改修が加えられた。天正六年（一五七八）の御館の乱では上杉景勝《かげかつ》が同城に籠もり、慶長五年（一六〇〇）上杉氏の会津《あいづ》移封後は、堀秀治《ほりひではる》が居城とし、慶長一二年同氏が府中近くの福島城に移転すると廃城になった。遺構は、山頂部分の本丸跡を中心に、南西部分と北東部分に曲輪が連続し、山下の根小屋地区には城主館跡や菩提寺の林泉寺がある。　（菊池浩幸）

直江津《なおえつ》　荒川（関川）河口左岸に所在した*湊町。国府や守護所が所在する越後府内の外湊で、「義経記」に「越後国直江津は北陸道の中途にて候」とあり、「山椒大夫」で人買い商人が活動する場として登場するなど、東西交通の結節点として多くの人や物資が集散した。*上杉謙信《うえすぎけんしん》の時代には本拠*春日山《かすがやま》城の外湊として「直江の浦にて六千家の町家あり」（「真行寺祐西記」）といわれるほどに発展した。天正六年（一五七八）の御館の乱で一時荒廃したが、慶長年間に関川の対岸にできた福島城の城下町として再興、内陸の高田城移転後は、その外湊「今町」として存続した。なお中世の直江津は、近世の今町地域ではなく、より南の直江津駅南側付近の辺りにあったとされる。

［文献］　矢田俊文「直江津の橋と港湾都市」（『上越市史研究』六、二〇〇一）。　（菊池浩幸）

品川《しながわ》　南北朝期頃から武蔵《むさし》国荏原《えばら》郡に所在した*湊町。目黒川河口付近の湊は伊勢船などの遠隔地間商品を運ぶ船が多く寄留し、明徳三年（一三九二）には八ヶ月間で三〇艘の伊勢船が寄港したことが知られる（「品川湊船帳」）。この時点で品川湊には三軒の*問が所在し、米などの商品を取り扱っていた。内陸部は鎌倉街道の宿が所在し、湊とともに水陸交通の要衝として発展、日蓮宗妙国寺などの寺院も多数建立され、都市的な景観をなしていた。室町期は鎌倉府・*古河公方の直轄領、戦国期は北条氏支配下に入りその庇護の下繁栄した。戦国期の品川は、町人の住む南北の宿と百姓中の住む郷に分かれ、宿は有力町人である宇田川氏（北）と鳥海氏（南）が代官的役割を果たしていた。

［文献］久保健一郎「戦国期の品川と後北条氏」（『人民の歴史学』一二五、一九九五）。（菊池浩幸）

江尻《えじり》 駿河《するが》国庵原《いはら》郡に所在した*湊町。折戸《おりと》湾に注ぐ巴《ともえ》川河口に位置し、東海道と交わる水陸交通の要衝、内陸の駿河府中の外湊として、多くの人や物資が集散した。本格的に発展したのは南北朝期以降で、建武年間には江尻湊の定願《じょうがん》が伊勢船を経営して商業活動を行っている。明応七年（一四九七）の地震で江尻湊は壊滅し、代わって巴川の南にある清水湊に駿府《すんぷ》の外湊としての地位を奪われたが、江尻宿の方は今川氏の保護をうけて発展した。天文元年（一五三二）には今川氏輝《いまがわうじてる》から諸役の免除と*三斉市の開催を認められている。永禄年間には、江尻で酒造業や商人宿を営む小柳津藤次郎《おやいづとうじろう》が今川氏への奉公を認められ、諸役免許を得ている。今川氏滅亡後は、武田氏の重臣穴山《あなやま》信君《のぶきみ》が江尻城を築き、駿河を支配、同地はその城下町として存続した。

［文献］有光友学「戦国前期遠駿地方における水運」（『横浜国立大学人文紀要』四二、一九九六）。（菊池浩幸）

長野《ながの》 鎌倉時代から信濃《しなの》国*善光寺の*門前町として栄えた。元亀元年（一五七〇）甲斐《かい》の*武田信玄《たけだしんげん》が立屋氏に与えた安堵状の中に「長野」の地名が見える。信濃国は守護小笠原氏が統一支配に失敗し、地域勢力の分立が続き、戦国時代、善光寺平は武田・上杉両勢力の草刈場となっていた。戦乱による善光寺の焼失を懸念した信玄により本尊が甲府に移されたとも、*上杉謙信《けんしん》によって越後《えちご》国直江津《なおえつ》に移されたとも言われる。さらに*織田信《のぶ》長《なが》によって岐阜へ、*豊臣秀吉《ひでよし》によって京都へ、*徳川家康《いえやす》によって尾張《おわり》へ移され、善光寺門前は衰微した。慶長三年（一五九八）になって、ようやく信濃へ戻され、同六年（一六〇一）家康によって寺領一〇〇〇石がつけられ、復興の兆をみせた。長野村は水内郡に属するが、ここが北国街道の宿駅に指定されたので、長野町とも呼ばれ繁栄をとり戻した。（阿部　猛）

甲斐府中《かいふちゅう》 甲斐の*戦国大名武田氏の本拠地。相川が形づくる扇状地に位置し、北と東西の三面を山に囲まれ、南に甲府盆地が広がる要衝の地である。永正一六年（一五一九）、武田信《のぶ》虎《とら》が本拠を石和《いさわ》の川田館から躑躅《つつじ》が崎《さき》館に移したのを契機に、その城下として発達した。*武田信玄《しんげん》（晴信《はるのぶ》）の時代までに、城下町として整備され、その北半分、躑躅が崎館の周辺には家臣の屋敷が建ち並び、有力国人層も屋敷を構えていた。城下町の南半分には寺社や商工業者の屋敷が建立され、一部は業種ごとに集住していたとされる。町割りもこの時期整備され、京の条坊制に倣って、南北に五条（一説では六条）、東西にも数条の小路が通されたという。現在判明している通り名として、広小路・大泉寺小路・柳小路などがある。城下町の南端出入り口には、東に八日市場、西に三日市場と呼ばれる町場が形成された。弘治二年（一五五六）には、八日市場の住人が二〜四人で一組になって一三番に編成され、盗犯や火事防止のための夜廻りを、武田氏から命令されている。また天正四年（一五七六）には、八日市場の住人三〇人に伝馬役が賦課されている。その住人の中には、武田氏に肴の奉公を勧め、諸役免許の特権を得ていた御用商人の坂田氏がいた。天正九年、武田勝頼《かつより》が本拠を新府に移転したが、武田氏が滅んだ後は、古府中（元府中）と呼ばれ、城下の南部分に甲府城が築かれて、近世にはその城下町として存続・発展した。

［文献］ 飯沼賢司「戦国期の都市〝甲府〟」（『甲府市史研究』二、一九八五）。 （菊池浩幸）

駿河府中《するがふちゅう》* 戦国大名今川氏の本拠地。府内、駿府《すんぷ》とも。古代の国衙所在地で、鎌倉時代には北条氏の守護所が置かれ、また東海道の宿駅として町場が形成されていた。南北朝期に駿河の守護職を得た初代今川範国《いまがわのりくに》の段階ですでに同地を本拠としていたようで、以後室町・戦国時代を通して今川氏当主が代々居住した。一六世紀初め、今川氏親《うじちか》によって城下町として整備され、この時期から「駿府」と呼ばれることが多くなる。城下町駿府は、今川氏の館（のちの駿府城が築かれた場所付近にあった）を中心とした武家屋敷地域、本町・今宿などの町人地域、伝馬町などの交通関係地域、浅間神社の前に広がる宗教地域の四つの区域に分かれていたとされる。「実隆公記」には、享禄三年（一五三〇）に火事で二千軒の家屋が焼失したという記事があり、当時の駿府が相当数の人々の集住する都市に発達していたことがわかる。また冷泉為和《れいぜいためかず》や*山科言継《やましなときつぐ》などの公家や、宗《そう》長《ちょう》・宗牧《そうぼく》・紹巴《しょうは》といった連歌師が多く来訪・在住し、地方文化の中心地にもなっていた。駿府の町人としては、商人頭として今川氏の保護を受けた友野氏や、松木氏などがいた。永禄一一年（一五六八）、*武田信玄《たけだしんげん》の駿河侵攻により、今川氏真《うじざね》は駿府を捨てて掛川《かけがわ》へ逃げ、同地は武田氏によってことごとく焼き払われたという。天正一四年（一五八六）徳川家康が本拠地を浜松から駿府に移し再興され、慶長一四年（一六〇九）に隠居所として駿府城が築かれると、近世城下町として発展した。

［文献］『静岡県史 通史編2・中世』（一九九七）。 （菊池浩幸）

豊後府中《ぶんごふちゅう》 現在の大分市域。府中は中世守護所のあった地域の総称。小川信氏の調査によると、四七例のうち鎌倉時代から府中の称の知られるものは、豊後府中を含めて一七例ある。豊後国の守護は大友氏で、建長六年（一二五四）から高国府（豊後国府は平安中期に古国府からここに移った）に居館を構えていた。一般に、府中は在庁の直轄領であるだけでなく、交通の要衝に位置し、国内商工業の中心でもある。大友氏は守護であるとともに国司を兼ねていたと見られるが、鎌倉時代の府中の様子は仁治三年（一二四二）の新御成敗式目によってうかがうことができる。全二九条のうち七か条が直接府中に関わる条項である。（一）府中に土地を給与されているのに課税逃れを企てることの禁、（二）許可なく道祖神の祠を建てることの禁、（三）押買の禁、（四）笠をかぶり顔を隠すことの禁、（五）大道に畠をつくり、また家を建てることの禁、（六）*保の産小屋を大路に建てることの禁、（七）市域内に墓を作ることの禁、である。南北朝期、正平一〇年（一三五五）征西将軍宮*懐良《かねよし》親王は豊後府中に入り、大友氏時は一時親王に降伏した。大友氏は府中の北西数キロの高崎山に城を築き、南軍菊地氏の高国府侵攻に際してはこの山城に立てこもった。戦国時代の府中（室町・戦国期には府内あるいは符内と書いた）には、たつ市・下市・唐人町・稲荷町・市之町・うしろこうじ・柳こうじなどの町々が高国府の北東の大分川河口近くの低地に発達した。天文二〇年（一五五一）以来、ポルトガル船もしばしば入港して南蛮貿易が行われ、キリスト教布教の拠点ともなった。

[文献]　芥川竜男『豊後大友一族』(新人物往来社、一九九〇)、小川　信『中世都市「府中」の展開』(思文閣出版、二〇〇一)。

(阿部　猛)

土佐中村《とさなかむら》　土佐国(高知県)四万十川下流域に位置する都市。応仁二年(一四六八)関白一条教房《いちじょうのりふさ》が都の争乱を避けて所領幡多《はた》荘に下向し居館を設けた。京都に模して市街の建設を行ったといわれるが、碁盤目状の区画は確認されていない。一条氏は以後五代兼定《かねさだ》にいたるまで、中村を拠点として幡多郡一帯を支配した。伊勢の北畠氏、飛騨《ひだ》の姉小路《あねがこうじ》氏と並び、いわゆる三国司家と称され、公家国司の戦国大名化した例とされる。兼定のとき*長宗我部元親《ちょうそかべもとちか》によって豊後《ぶんご》に追放された。天正三年(一五七五)大友氏の後押しで宿毛《すくも》に侵攻したが敗北した。中村城には元親の弟親貞《ちかさだ》が入ったが、関ヶ原合戦のあと土佐に山《やま》内一豊《うちかずとよ》が入国し、中村城を支城とした。一豊の弟康豊《やすとよ》が三万石の領主として入城したが、のち一国一城令で破却され、陣屋が置かれた。

[文献]　野村晋域「戦国時代に於ける荘園より都市への発達―その一例としての土佐中村―」(『社会経済史学』四―一一、一九三五)。

(阿部　猛)

臙脂屋《べにや》　室町・戦国期の和泉国《いずみ》*堺の豪商。化粧用の紅色の顔料である臙脂を商っていたのであろう。明応三年(一四九四)畠山尚順《はたけやまひさよし》が堺で畠山義豊《よしとよ》を討った陰には臙脂屋の後援があったといわれている。*畠山政長《まさなが》の部下木沢氏が臙脂屋と知り合いだった縁によるという。永禄九年(一五六六)三好・松永の間が不和になったとき、能登屋とともに臙脂屋が調停し、戦争をやめさせたが、「堺ニハ能登屋ヘニ屋トテ二人ノ福者アリ」と評されている。天正二年(一五七四)*織田信長《のぶなが》の京都相国寺での茶会には*千宗易《せんそうえき》(利休)・*今井宗久《いまいそうきゅう》・*山上宗二《やまのうえそうじ》らとともに紅屋宗陽《べにやそうよう》も招かれている。宗陽は堺の*会合衆の一人であったが、天正一〇年末、*豊臣秀吉《ひでよし》によって欠所に処され、逐電した。所有していた名物肩衝《かたつき》や墨跡は秀吉に没収された。

[文献]　豊田　武『堺』(至文堂、一九五七)。

(阿部　猛)

矢作宿《やはぎのしゅく》　現在の愛知県岡崎市を流れる矢作川の両岸に所在した。宿としての初見史料は、*『吾妻鏡』建保七年(一二一九)二月六日条である。矢作宿付近には足利義氏《よしうじ》の守護所があった。嘉禎四年(一二三八)鎌倉幕府四代将軍*九条頼経《よりつね》が上洛した際には、往復とも「足利左馬頭亭」に宿している。南北朝期には、矢作川の東西に「宿」が形成されている。*『太平記』巻一四によると、新田勢は東宿を、鎌倉勢は西宿を拠点として軍勢を配置している。永徳二年(一三八二)八月二一日「源信氏寄進状」によると「矢作東宿内在家」が天恩寺へ寄進されており、東宿に在家が存在し、宿の収取が在家を単位としていたことがわかる。長享二年(一四八八)五月「長興寺雲版銘」に見える「西矢作」は矢作西宿のことである。西側の宿が「西の宿」または「西矢作」と記載されているのは、東宿が宿の中心であったことを示しているのであろう。なお、矢作宿は三河《みかわ》における真宗の起源の地ともいえ、*親鸞が東国よりの帰途矢作宿の薬師堂で一七日の説法を行い、建長八年(一二五六)に真仏が顕智して三河国を化導し三年間念仏を勧化し、真宗が三河に流布されるようになった。

[文献]　鈴木敏弘『中世成立期の荘園と都市』(東京堂出版、二〇

〇五）。（鈴木敏弘）

引馬宿《ひくまのしゅく》　静岡県浜松市の浜松八幡宮から早馬・常盤町付近に比定される。*『吾妻鏡』建長四年三月二五日条に「引馬」と見えるのを初見とし、阿仏尼は鎌倉に下向する際に当宿に宿泊している。当地は浜松荘の一部であり、中心部が引馬（引間）宿と呼ばれる。浜松荘の領主は吉良氏で、一時斯波氏被官の大河内氏が浜松荘の奉行となる。戦国期に引馬（引間）城に今川氏臣下の飯尾氏が入って当地域を治めた。今川氏没落後、*徳川家康《いえやす》が引馬城を本拠地としこれを大拡張、本丸の位置を変え浜松城と改名する。旧引馬城も城内米倉などとして引き続き利用している。家康の入城頃から引馬が使用されなくなり浜松が一般的となる。（鈴木敏弘）

沼津宿《ぬまづのしゅく》（車返《くるまがえし》）　現在の静岡県沼津市三枚橋町に比定される。沼津宿としての初見は、慶長六年（一六〇一）の「伝馬掟」である。当地は、鎌倉から室町期には車返、戦国期には三枚橋と呼ばれていた。車返の初見は、*『吾妻鏡』承久三年（一二二一）七月一二日条である。宿としての初見は、正平六年（一三五一）一一月日「伊達景宗軍忠状」で同年九月一一日に車返宿で合戦があったことが記されている。応仁二年（一四六八）の「自京都至鎌倉宿次第」によると蒲原《かんばら》と三島の間に位置する東海道の宿として機能していたことが知られる。戦国期には、三枚橋と称され、三枚橋城も築かれている。天正七年（一五七九）には、甲斐武田氏が沼津から駿府《すんぷ》までの宿中に伝馬一疋を出させている。（鈴木敏弘）

草津宿《くさつのしゅく》（萱津宿《かやづのしゅく》）　承和二年（八三五）の太政官符に見える草津渡は、現在の愛知県海部《あま》郡甚目寺《じもくじ》町を流れる五条川と庄内川が合流する下萱津の三社宮神社付近と推定されている。鎌倉時代以降の史料には「萱津」として現出する。草津宿は、鎌倉期の萱津宿の前身である。その景観は富田荘絵図に記載されている。萱津が宿として見える初見史料は、*『吾妻鏡』文治二年（一一八六）四月一日条である。建久六年（一一九五）の*源頼朝《よりとも》上洛の際には萱津に宿泊しているようであり、暦仁元年（一二三八）二月*九条頼経《よりつね》上洛の際には、五条川に浮橋が設置されていた。また*宗尊親王下向の際も「かやづ」に宿している。萱津の繁栄の様は、*『海道記』や*『東関紀行』から知られ、宿泊施設が整えられ、市がたち、流通の拠点となっていた。また、この段階ではすでに、宿は東と西に分割されていた。東宿は、現在の名古屋市中村区宿跡町・東宿町付近に、西宿は甚目寺町に比定できる。両者は一体として萱津宿と称せられた。また、建長元年（一二四九）六月二二日「平資康貢物送文」は、萱津が物資の集積される場であることを示している。これらの物品は、おそらく萱津に集積され、運搬されたものと推測されるから、萱津が物資の集積する場、搬出の場として機能していたことが知られる。円覚寺領富田荘の年貢も萱津から運漕されたものであろう。萱津には現在の地名のもととなっている甚目寺も所在し、*一遍も弘安六年（一二八三）に訪れ萱津に宿泊したようであり、布教の拠点としていた。また、萱津に二人の徳人がいたことを示唆している。なお、一遍が訪れた頃の萱津には主たる寺院として甚目寺のみが知られるが、*「富田荘絵図」からは*時宗の寺院光明寺などのほか、*浄土宗・*日蓮宗など多くの寺院が建立さている様子がうかがえる。

［文献］　鈴木敏弘『中世成立期の荘園と都市』（東京堂出版、二〇

○五）。

（鈴木敏弘）

但馬生野《たじまいくの》　生野銀山が所在する鉱山町。現在の兵庫県朝来《あさご》市生野町。生野銀山の開鉱は、「但馬考」など近世の地誌によると大同二年（八〇七）にさかのぼるが、信憑性は乏しく、実際は元禄三年（一六九〇）成立の「銀山旧記」（寺田豊章著）が記す天文一一年（一五四二）前後と考えられる。同書によれば、同年三月に里人が古城山の南西に銀鉱脈（蛇間歩《じゃまぶ》）を発見したのが始まりとする。里人は銀の精錬方法を知らなかったため、たまたま来ていた石見銀山の者が鉱石を持って帰って精錬し、さらに石見から技術者を引き連れて、五右衛門《ごえもん》間歩などを開いたという。但馬守護の山名祐豊《やまなすけとよ》は、生野を直轄領にして、古城山に生野城（銀山城）を築き、播磨との国境に近く、戦略上の要衝でもある同地を支配した。弘治二年（一五五六）、祐豊は朝廷に白銀二〇〇両を進上しているが、その後主家に背いた重臣の太田垣朝延《おおたがきとものぶ》に銀山の経営権を奪われ、朝廷は初め京正阿《きょうしょうあ》彌《み》、続いて杉原七郎左衛門《すぎはらしちろうざえもん》を代官にして銀山を支配したという。永禄一二年（一五六九）、*織田信長《おだのぶなが》の軍勢に占領されると、天正八年（一五八〇）には*羽柴秀吉《はしばひでよし》に銀山が与えられ、その後同氏の直轄領となる。慶長二年（一五九七）には、生野からの運上銀が六万二二六七枚（約二六七七貫文）にも上ったという。銀山の周囲には役所や屋敷・寺社などが並ぶ集落が成立し、このうち口銀屋《くちがなや》は開鉱当初から、小野・相沢は永禄一〇年に金香《かねが》瀬《せ》間歩が発見されて以来のものとされる。

［文献］小葉田淳『日本鉱山史の研究』（岩波書店、一九六八）。

（菊池浩幸）

石見大森《いわみおおもり》　石見銀山が所在する鉱山町。現在の島根県大田市大森町。大森の名は近世から見え、中世は佐摩《さま》（間）村と呼ばれていた。石見銀山の開鉱について、「銀山旧記」などの近世成立の文献は、周防大内氏による延慶年間（一三〇八―一一）とする。しかし、本格的な採掘は戦国期に入ってからで、「銀山旧記」によると、博多商人の神谷寿禎《かみやじゅてい》（寿亭）が石見沖を航行中に銀鉱脈を発見、大永六年（一五二六）に出雲鷺浦の銅山主三島清右衛門と掘子を連れて入山し、採掘を始めたという。天文二年（一五三三）寿禎が、朝鮮人技師の桂寿《けいじゅ》・宗丹《そうたん》を伴い再び来山し、灰吹法《はいふきほう》を導入して銀の現地精錬に成功してから、銀の生産量は飛躍的に増大した。近世に銀山七谷と呼ばれた、間歩《まぶ》（坑道）のある昆布山谷《こぶやまだに》・栃畑谷《とちはただに》・大谷・休谷《やすみだに》・清水谷・本谷《ほんだに》・石銀《いしがね》の多くは、戦国期から、山主（山師）や掘子・職人・商人などが居住する町が形成されていたとされる。このうち昆布山谷では天文八年の大洪水の際、一三〇〇人余の犠牲者が出たとされ、戦国期段階でかなりの人口を擁していたことが推測できる。同地をめぐっては、大内氏・尼子氏・小笠原氏などが争奪戦を繰り返したが、永禄五年（一五六二）以降は毛利氏の支配下に入った。毛利氏は休谷に役所を置いて同地を管理し、その一部を幕府や朝廷に料所として献上している。*豊臣秀吉《ひでよし》に服属後は、秀吉が任命した銀山奉行を受け入れ、産出銀の一部を運上として上納した。近世に入ると幕府の直轄領となる。

［文献］小葉田淳『日本鉱山史の研究』（岩波書店、一九六八）。

（菊池浩幸）

一条教房《いちじょうのりふさ》（一四二三―八〇）　室町後期・戦国初期の公卿。前関白*一条兼良《かねよし》の子。長禄二年（一四五八）から寛正四年（一四六三）まで関白に在任。応仁二年（一四六八）八月、戦乱を避けて父とともに弟の大乗院門跡＊尋尊《じんそん》を頼って奈良へ逃れるが、すぐに家領である土佐《とさ》国幡多荘《はたのしょう》に下向、一〇月中旬には同荘内の中村に到着した。下向後は、蓮池城主大平氏の協力の下、幡多荘の回復に着手、文明元年（一四六九）五月までに同国下山を奪還し、文明三年には大方郷の入野氏父子を屈服させている。その後嫡男政房《まさふさ》が摂津《せっつ》国福原荘で殺されるという不幸に遭うものの、弟の冬良《ふゆよし》を養子にして家督を継がせた。文明一二年（一四八〇）一〇月五日に死去。法名は宗恵。

[文献]『中村市史』（一九六九）。　（菊池浩幸）

結城政勝《ゆうきまさかつ》（一五〇四―五九）　戦国時代の武将。初名は政直《まさなお》（政直を先に家督を継いだ兄弟とし、彼との家督争いの後、政勝が当主になったとする説もある）。父は下総《しもうさ》国結城城主の結城政朝《まさとし》。大永七年（一五二七）に二四歳で家督を継承したとされる。しかしその後しばらくは、父政朝が政務を補佐した。この間、下野《しもつけ》小山氏の家督争いに介入して、弟の高朝《たかとも》を小山氏へ養子に入れ、同氏と同盟関係を結ぶ。古河公方足利晴氏《はるうじ》に味方し、晴氏と敵対する足利高基《たかもと》方の近隣諸氏（多賀谷《たがや》・小田氏など）と戦闘を繰り返しながら、結城氏の勢力範囲を拡大させていった。弘治二年（一五五六）に『結城氏新法度』を制定し、家中の安定化を図る。享年五六。

[文献]　市村高男『戦国期東国の都市と権力』（思文閣出版、一九九四）。　（菊池浩幸）

伊達稙宗《だてたねむね》（一四八八―一五六五）　戦国時代の武将で、陸奥《むつ》国桑折西山《こおりにしやま》城主。父は伊達尚宗《ひさむね》、母は越後《えちご》上杉定実《さだざね》の娘。次郎・左京大夫。大永三年（一五二三）頃、陸奥守護職（＊奥州探題職）に補任され、天文元年（一五三二）には本拠を梁川《やながわ》から桑折に移した。その後天文四年（一五三五）に「棟役日記」、翌年に＊「塵芥集」、同七年（一五三八）には「段銭古帳」を制定し、領内支配の強化を図った。同一一年（一五四二）には、三男の実元《さねもと》を越後守護上杉定実の養子にしようとしたが、嫡男の晴宗《はるむね》に反対され、西山城に幽閉される。その後、稙宗方と晴宗方に分かれて、南奥羽の大名・国人のほとんどを巻き込む戦乱となるが（天文の乱）、同一七年（一五四八）に和睦し、稙宗は丸森《まるもり》城に隠退した。　（菊池浩幸）

今川氏親《いまがわうじちか》（生年未詳（一説に文明五年（一四七三））―一五二六）　戦国時代の武将で、駿河《するが》国駿府《すんぷ》城主。父は今川義忠《よしただ》。母は北川殿。正室は寿桂尼。竜王丸・五郎・修理大夫。文明一一年（一四七九）、四年前に戦死した父義忠の遺跡を＊足利義政《よしまさ》から安堵される。その後叔父の小鹿範満《おしかのりみつ》と家督を争うが、母北川殿の兄弟伊勢宗瑞《いせそうずい》の援助を受けて、当主の地位を確保する。長享元年（一四八七）には、駿河国東光寺宛てに印判状の初見である黒印状を発給する。東海・甲斐・関東へ軍勢を派遣し、永正一四年（一五一七）には守護斯波《しば》氏を逐って、遠江《とおとうみ》を完全に制圧する。その間、城下町駿府の整備や安倍・井川金山の開発、＊「今川仮名目録」の制定など、戦国大名今川氏の基礎を築いた。

[文献]『静岡県史　通史編2　中世』（一九九七）。　（菊池浩幸）

六角義賢《ろっかくよしかた》（一五二一―九八）　戦国時代の武将で、近江＊観音寺城主。父は六角定頼《さだより》。四郎・左京大夫。天文二一年（一五五二）父の死去により家督を継ぐ。弘治三年（一五五七）には家督を嫡男の＊義治《よしはる》に譲り、出家して承禎《じょうてい》を名乗るが、その後も政務を行い、義治を補佐する。永禄元年（一五五八）将軍＊足利義《よし》輝《てる》と＊三好長慶《みよしながよし》の和睦を仲介し、近江に亡命していた義輝を入京させる。しかし永禄六年（一五六三）に始まった観音寺騒動で家中が動揺、同一〇年（一五六七）には義治との連署で＊『六角氏式目』を制定し、その安定化を図るが、翌年には＊織田信長《おだのぶなが》の侵攻に遭い、甲賀へ逃れた。その後義治とともに失地回復を図ったが、本拠を回復できぬまま各地を流浪し、七八歳で死去。

［文献］畑井　弘『守護領国体制の研究』（吉川弘文館、一九七五）。

（菊池浩幸）

六角義治《ろっかくよしはる》（一五四五―一六一二）　戦国時代の武将で、近江＊観音寺城主。父は＊六角義賢《よしかた》（承禎《じょうてい》）。初名は義弼《よしすけ》。四郎・右衛門尉。弘治三年（一五五七）、父義賢から家督を譲られるが、その後も父の補佐を得て政務を執る（義治の家督継承を永禄五年（一五六二）とする説も）。永禄六年（一五六三）に重臣の後藤賢豊《ごとうかたとよ》父子を、近臣の種村大蔵少輔《たねむらおおくらのしょうゆう》と建部采女正《たてべうねめのしょう》に命じて謀殺。それに反発した家臣と対立し、家中を二分する内乱が起こる（観音寺騒動）。さらに同九年（一五六六）には隣接する浅井氏と戦うものの惨敗を喫し、領国支配の危機に陥った。そうした中、重臣たちと協議し、支配体制の再建を目指す形で、同一〇年（一五六七）に分国法＊『六角氏式目』を制定する。同年家督を異母弟の義定《よしさだ》に譲り、家中の安定化を目指すが、翌年＊織田信長《おだのぶなが》の侵攻に遭い、父承禎ともに、観音寺城を捨てて甲賀に逃れた。その後も浅井・六角・比叡山・本願寺などと結び、信長に対抗して、近江への復帰を目指したものの、ことごとく敗れ、晩年は山城賀茂に隠棲して過ごしたという。

［文献］畑井　弘『守護領国体制の研究』（吉川弘文館、一九七五）。

（菊池浩幸）

三好長治《みよしながはる》（一五五五―七七）　戦国時代の武将。阿波《あわ》国勝瑞《しょうずい》城主三好義賢《みよしよしかた》（実休）の子。母は大方殿（小少将）。永禄五年（一五六二）、父が摂津《せっつ》国久米田《くめだ》の陣で敗死したため、八歳で家督を継ぐ。幼少の頃は重臣篠原長房《しのはらながふさ》の補佐を得た。永禄九年（一五六六）、阿波公方足利義栄《よしひで》の先鋒として兵庫に上陸、敵対する＊松永久秀《まつながひさひで》方の軍勢を攻め、永禄一一年（一五六八）に義栄を征夷大将軍に就任させる。しかしすぐに＊足利義秋《よしあき》（義昭）を擁して上洛した＊織田信長《のぶなが》の軍勢に敗れ、阿波に逃れた義栄が同国撫養《むや》で死去すると、長治の軍勢も阿波へ引き揚げた。元亀元年（一五七〇）、再び阿波の軍勢を率いて兵庫に上陸、信長と戦う＊三好三人衆を支援したが、同年に信長と和議を結んで阿波に帰国した。この間に分国法「新加制式」二二ヶ条を公布している。元亀三年、篠原長房と子の大和守に謀叛の意があったとして、弟の十河存保《そごうまさやす》を大将に、長房の拠る上桜《うえざくら》城を包囲、激戦の末長房父子を攻め滅ぼした。一説にはこの頃、日蓮宗を熱烈に信奉し、真言宗であった氏寺を日蓮宗にするなど、他宗の寺院に改宗を強制している。阿波に生まれた者はすべて日蓮宗に入信させ、他宗の寺院に出入りすることを禁じるほどだったという。天正四年（一五七六）、＊勝瑞にいた守護細川真之《ほそかわまさゆき》（長治の異父兄）と対立し、仁宇谷《にうだに》に退去した真之を、翌年になって軍勢を率い攻めようとしたが、一族の一宮成祐《いちのみやしげすけ》や伊沢頼俊《いざわよりとし》らの謀叛に遭い、天正五年三月二八日に長原で自刃した。

（菊池浩幸）

相良為続《さがらためつぐ》（一四四七―一五〇〇）　室町時代の武将。相良（永富《ながとみ》）長続《ながつぐ》の三男。次郎三郎・左衛門尉、従五位下。父長続は肥後《ひご》国人吉《ひとよし》を本拠とする下相良氏の庶子永富（長富）氏の出自で、文安年間に惣領家を相続し、さらに同国多良木《たらぎ》を本拠とする上相良氏を倒して、相良氏を統一した。為続は肥後《ひご》守護の菊池為邦《きくちためくに》を烏帽子親《えぼしおや》として隈部《わいふ》で元服し、「為」の一字を拝領した。応仁元年（一四六七）長続から家督を譲られる。*応仁・文明の乱では当初東軍*細川勝元《ほそかわかつもと》の勧誘を受けたが、菊池氏や豊州家島津氏、大内政弘《おおうちまさひろ》との同盟関係から西軍に属した。文明八年（一四七六）には島津氏の内紛で、舅である菱刈《ひしかり》氏および奥州家島津氏（物領家）を援助した功により薩摩《さつま》国牛山《うしやま》（牛屎《ねばり》院《いん》）を譲り受ける。同一六年（一四八四）には名和氏の本拠肥後国八代《やつしろ》に進出して同氏を追い、長享元年（一四八七）には同国中部の豊福《とよふく》に拠る安清氏一族を滅ぼして同地を知行するなど、その勢力範囲を一挙に拡大させた。明応二年（一四九三）には相良氏最初の分国法である「相良氏法度」七ヶ条を制定している。しかし明応七年、守護菊池武運《たけゆき》（能運《よしゆき》）が率いる軍勢に敗れて、名和氏に八代を奪還され、牛山も失う。その後家督を子の*長毎《ながつね》に譲り、明応九年六月四日人吉で死去したという。享年五四。法名は西華蓮船。為続は詩文の才があり、明応四年に連歌集「新撰菟玖波集《しんせんつくばしゅう》」を編纂した宗祇《そうぎ》に自詠の句を送り、九州でただ一人入選を果たしている。

［文献］『相良村誌　人文編』（一九九六）。（菊池浩幸）

相良長毎《さがらながつね》（?—一五一八）　戦国時代の武将。*相良為続《ためつぐ》の子。初名は長輔《ながすけ》、後年は賀清を名乗る。太郎・宮内大輔（少輔）・近江守。父為続の代に奪われた肥後《ひご》国八代《やつしろ》の地を、永正元年（一五〇四）阿蘇惟長《あそこれなが》（後の菊池武経《きくちたけつね》）の支援を受けて名和顕忠《なわあきただ》から奪還。守護菊池氏の内紛では、菊池能運《よしゆき》の遺言で当主となった菊池政隆《まさたか》（政朝《まさとも》）を支援し、惟長および大友氏・阿蘇氏と対立する。永正九年（一五一二）いったん隠居するものの、若年の子長祇《ながまさ》の後見として政務を執り続け、永正一三年（一五一六）には八代の再奪還を目指す名和氏と合戦を繰り返し、同年暮れには豊福《とよふく》を領有するに至る。この間分国法*「相良氏法度」一三ヶ条を制定している。永正一五年五月一一日死去。法名蓮心。（菊池浩幸）

相良晴広《さがらはるひろ》（?—一五五五）　戦国時代の武将。肥後《ひご》国人吉《ひとよし》城主相良氏の重臣上村頼興《かみむらよりおき》の子。相良義滋《よししげ》（長唯《ながただ》）の養子となり、相良氏の家督を継ぐ。初め義重《よししげ》・長為《ながため》・為清《ためきよ》を名乗る。天文二年（一五三三）元服。天文一四年（一五四五）、義滋と一緒に官途を受領し、将軍*足利義晴《よしはる》から一字を与えられ、右兵衛佐晴広とする。翌年義滋の死去によって家督を継ぎ、球磨《くま》を実父の頼興に任せ、自らは八代《やつしろ》の鷹峰《たかみね》城に常住して領内支配にあたった。天文二三年（一五五四）、渡唐船の市来丸を八代の外湊徳淵津で建造し、対外貿易を行っている。翌年二月七日には*「相良氏法度二一ヶ条」を制定し、領内統制を図るが、同年八月一二日に死去。法名は兆山蓮慶。（菊池浩幸）

朝倉孝景条々《あさくらたかかげじょうじょう》　越前の*戦国大名朝倉氏の初代*孝景《たかかげ》（敏景《としかげ》、法名英林）が制定した分国法（一説では家訓に分類）。原本は存在せず、諸種の写本が現存する。写本によって「朝倉敏景十七箇条」（群書類従本）「朝倉英林壁書」（黒川本）「朝倉敏景条々」（百和香本）「朝倉英林入道子孫へ一書」（新井白石本）の表題が付されている。制定年は不詳だが、後文に「入道一孤半身より、粉骨を尽し、不思義に国を執しより以来」とあることから、孝景が越前の守護（一説では守護代）に任命された文明三年（一四七一）五月から、孝景が死去した文明一三年（一四八一）七月二六日までの成立とする説が多い。条数は、写本のうち最も古い時期に書写されたとされる黒川本（寛文九年）が十六ヶ条であるほかは、十七ヶ条。内容は、第一条で「朝倉の家に於いて、宿老を定むべからず、その身の器用、忠節に従うべきの事」と、家柄による世襲を否定し、実力本位の人材登用を採用するなど、伝統にとらわれない合理主義を基本にした条文が多く、戦国大名朝倉氏の領国および家中支配の指向性が、もっとも明瞭に現れているものと評価される。しかしその一方で、家臣所領における城郭構築の禁止と、朝倉氏の本拠一乗谷への集住強制を規定する第一四条などは、制定から一世紀経った一六世紀末にいたるまで実現されたとは考えられないことから、法令の実効性について疑問視する説も存在する。『中世法制史料集　第三巻』『日本思想大系21　中世政治社会思想上』に収める。

〔文献〕　佐藤　圭「『朝倉孝景条々』の一考察」（『福井県史研究』一三、一九九五）、松原信之「『朝倉家十七か条』の成立とその背景」（『福井県史研究』一四、一九九六）。　（菊池浩幸）

大内氏掟書《おおうちしおきてがき》　周防《すおう》の守護*・戦国大名大内氏*の分国法。「大内家壁書」とも。他の分国法のように一時期にまとめて公布したものではなく、永享一一年（一四三九）以降、随時発布した単行法令をある時期に編集したもの。原本は定かではなく、伝本が知られるだけで一〇種以上現存する。それを形式・条数などで分類すると、大きく内閣文庫本系（首闕で八八条）、前田本系（九五条）、永田本系（一三四条か一四七条）、布施本系（三七条）に分かれる。このうち前田本系が、大内氏掟書の原形かそれに近い形と推定されている。前田本系の成立時期は、その最後の条文が明応四年（一四九五）八月であることから、それ以降間もない時期と考えられる。条数は伝本によって異同が大きいが、延べで見ると一八一条（法令で八八件）が確認される。このうち、最も古い時期のものは前述の永享一一年の「百姓逃散の事」で、最も新しいものは享禄二年（一五二九）の「課税条々」である。当主別で見ると、政弘在世期（一四六五―九五）が一四一条（六八件）と圧倒的に多く（全体の約八割）、この時期大内氏の領国・家中支配が大きく進展したことを裏付けている。内容は、奉行人組織などの政務に関するもの、家臣の身分・所領に関するもの、課税・収取に関するもの、寺社関係、撰銭など流通・経済に関するもの、百姓支配に関するものなど、多岐に及んでいる。『中世法制史料集　第三巻』に収める。

〔文献〕　平瀬直樹「『大内氏掟書（大内壁書）』の伝本六種」（『山口県文書館研究紀要』一八、一九九一）。　（菊池浩幸）

今川仮名目録《いまがわかなもくろく》　駿河《するが》の戦国大名今川氏*が制定した分国法*。奥書によると、大永六年（一五二六）四月一四日に、今川氏親《いまがわうじちか》*（紹僖）によって発布された。写本は二種現存しており、今川記本が全三三条、黒川本が全三一条で、形式から両種は祖本を異にするものとされている。他に今川義元《よしもと》*が天文二二年（一五五三）二月に制定した仮名目録追加二一条と、制定年不詳の訴訟条目一三条（黒川本のみ）が存在する。目録制定の目的は、氏親が後文で「当時人々小賢しくなり、はからざる儀共相論之間、此条目をかまへ、兼てよりおとしつくる物也」と吐露しているように、領国の状況変化に応じて頻発する家臣や領民間の相論に対処するために、新しい独自の裁判基準を積極的に設定しようとしたものと考えられる。そのため内容も、土地の売買・貸借に関する紛争解決方法を規定した条文が量的に最も多い。特に名田＝名主職の帰属をめぐる新旧名主と地頭との関係を規定した第一条は、今川氏の検地（公事検地）の基礎をなす政策を定めたものとして、研究史上多く引用されている。また第八条の喧嘩両成敗法は、喧嘩をした当事者双方に同刑を課すという、それまでの中世法にはない解決方法であり、他の分国法に大きな影響を与えた条文として注目されている。ちなみに表題の「仮名目録」という名称は、追加第五条に「かな目録に有うへは」とあることから、当時からそう呼んでいたことが確認できる。『中世法制史料集　第三巻』などに収録。　（菊池浩幸）

［文献］　勝俣鎮夫「解題　今川仮名目録」（『日本思想大系21　中世政治社会思想上』岩波書店、一九七二）。

塵芥集《じんかいしゅう》　陸奥《むつ》の*戦国大名伊達氏が制定した*分国法。奥書には、天文五年（一五三六）四月一四日の年次と*伊達稙宗《だてたねむね》の署名・花押に続いて、一二人の家臣による起請文がある。条数は伝本によって異なるが、最も良質とされる村田親重献上本（仙台市博物館所蔵）は一七一条であり、分国法中最大を数える。内容について、条文や奥書の類似性から、*御成敗式目を模倣したものとの指摘が古くからなされているが、式目の立法趣旨をそのまま継承したものはわずか五ヶ条であり、けっして影響が強いとはいえないとするのが最近の通説である。条文は、冒頭からおおよそ社寺関係、刑事関係、地頭・百姓関係、用水関係、所領売買関係、貸借関係、下人関係の順で配列されている。その中でも特徴的なのが、六〇ヶ条にもおよぶ刑事関係の法令で、第五四条で、犯罪人への家臣＝在地領主の私的成敗権を否定し、必ず伊達氏の裁定に委ねることが規定されているように、大名権力の刑事裁判権の一元的把握を意図した立法となっている。ここからは、塵芥集制定の前後に「棟役日記」（天文四年）、「御段銭古帳」（天文七年）を作成するなど、大名権力としての実力を築きつつあった稙宗の強い政策意図が感じられる。なお質屋に関する法令である「蔵方之掟」が、貸借関係法の補足として天文二二年（一五五三）に制定されている。塵芥集・蔵方之掟ともに『中世法制史料集　第三巻』『日本思想大系21　中世政治社会思想上』に収録。　（菊池浩幸）

［文献］　小林　宏『伊達家塵芥集の研究』（創文社、一九七〇）。

甲州法度之次第《こうしゅうはっとのしだい》　甲斐《かい》の*戦国大名武田氏の*分国法。「甲州法度」と略称される場合が多い。その他に、近世に流布した版本や群書類従本に付けられた「信玄家法」や、「甲州式目」「甲州新式目」「甲州法度状」等と題する写本が現存する。条数は二六ヶ条と五五ヶ条（追加を入れて五七ヶ条）の二種類がある。二六ヶ条本は、末尾に天文一六年（一五四七）六月朔日の日付と*武田《たけだ》晴信《はるのぶ》（信玄《しんげん》）の花押が据えられ、原本とされている。『高白斎記』天文一六年五月晦日の記事に「甲州新法度之次第書納進上仕候」とあり、それを裏付ける。さらに同日記の記事から、二六ヶ条本の原案が駒井《こまい》高白斎（政武《まさたけ》）によって晴信へ進上されたことが判明する。五五ヶ条本はさらに、二六ヶ条本に二九ヶ条と追加二ヶ条を付加したものと、一ヶ条を除いた二五ヶ条に三〇ヶ条と追加二ヶ条を付加したものの二系統に別れ、写本によって条文の異同がある。追加二ヶ条は天文二三年五月に制定されたとの注記が付されていることから、五五ヶ条本は天文一六年から二三年の間に作成されたものとされている。二六ヶ条本は、喧嘩両成敗など駿河《するが》今川氏の分国法「*今川仮名目録」とほとんど同内容のものが一二ヶ条あり、同法の影響を強く受けている。

五五ヶ条本は、付加された条文の大半が土地をめぐる貸借関係と棟別銭徴収に関するもので、それらが当時武田氏が直面した最も重要な課題だったことがわかる。『中世法制史料集　第三巻』に所収。
[文献] 三浦周行「武田家の法律『甲州法度』」(『続法制史の研究』、初出一九一九)、平山　優『戦国大名領国の基礎構造』(校倉書房、一九九九)。 (菊池浩幸)

結城氏新法度《ゆうきししんはっと》　下総《しもうさ》の*戦国大名結城氏の*分国法。表題は、奥書日付下に「新法度」とあることから通用されてきた。他に「結城家法度」「結城政勝法度」などと呼ばれる。伝本は、結城氏の子孫松平基則《まつだいらもとのり》氏の所蔵本(第二次大戦で焼失)を、明治期に影写した東京大学史料編纂所所蔵の一種類のみ現存する。奥書から、弘治二年(一五五六)一一月二五日に*結城政勝《まさかつ》が制定したことがわかる。冒頭の前文で法度制定の趣旨が述べられたあと、一〇四ヶ条に及ぶ本文が続く。本文の後には制定年次と政勝の署判が据えられた奥書、追加二ヶ条、家臣の請文と連署、最後に政勝の子晴朝《はるとも》が制定した追加一ヶ条と署判がある。前文で、当時「道理非をささやき」「目つくり、刀つきたて、無理を言たて」るなど、自由勝手な行動を続ける結城氏家中に対して、当主政勝が「一日も心易躰無之」「とても死得間敷」と歎息しているように、同法度が家中統制を第一の目的として制定されたことが明白である。本文は、博打・喧嘩の禁止などの刑事関係、下人・貸借などの民事関係、兵糧・荷留などの軍事関係などの事項が、仮名交じり文で記載されている。また多くの条文で、それを立法した理由を当時の状況とともに具体的に記していることも特徴の一つとして挙げられる。虫損がいくつかある上に、若干の誤脱部分が存在し、方言も使用されていることから、読解が困難な箇所が多い。『中世法制史料集　第三巻』『日本思想大系21　中世政治社会思想上』に所収。
[文献] 市村高男『戦国期東国の都市と権力』(思文閣出版、一九九四)。 (菊池浩幸)

早雲寺殿二十一箇条《そううんじどのにじゅういちかじょう》　相模小田原の戦国大名北条氏の基礎を築いた伊勢宗瑞《いせそうずい》(*北条早雲《ほうじょうそううん》)が遺したとされる家訓。同家訓を載せる『北条五代記』(寛永一八年版)に「昔関東において、早雲寺殿をしへの状と号し、小札あり。心をろかなる者は、是をよみならひたりし」とあり、江戸時代初期には宗瑞がつくったものと言い伝えられていた。原本はなく、伝本は群書類従本・北条五代記本など数種類現存するが、条数・内容などに異同は少なく、同一系統のものと考えられる。条文の多くは家臣に対して日常における生活態度と主君への奉公の心得をわかりやすく教え諭すという体裁が採られており、きわめて実際的な教訓書となっている。『日本思想大系21　中世政治社会思想上』に収録。 (菊池浩幸)

六角氏式目《ろっかくししきもく》　近江南半の戦国大名六角氏の分国法。永禄一〇年(一五六七)四月一八日に、重臣二〇人が起草し、六角氏が署判してこれを認めるという手続きを経て制定された。伝本によって署判しているのが、当主である*六角義治《ろっかくよしはる》単独の場合、義治と父*義賢《よしかた》(承禎《じょうてい》)の連署の場合など異なっている。原題はなく、発布当時は「置目」と呼ばれていた。この時期の六角氏は、永禄六年(一五六三)に義治が重臣の後藤氏父子を暗殺した事件を契機に、観音寺騒動と呼ばれる内紛が起こり、同九年(一五六六)には近江北半の戦国大名浅井氏と戦って惨敗を喫するなど、危機的状況にあった。そうした中で、領国支配体制の再建を目指して制定したのが本法である。六角氏当主と重臣が相互に*起請文《きしょうもん》を交換して制定された点や、全六七条中、六角氏の行為について規定した条文が半数を超える点などから、六本法が主家・六角氏の恣意的な行為を家臣達が規制する目的で作成したものともいえる。内容は、寺社関係・所務関係・検断関係・イエ関係・債権関係・訴訟手続きなど多岐にわたるが、なかでも一一ヶ条に及ぶ所務関係、具体的には年貢公事収納に関する規定は、他の分国法には見られない特色である。ここからは、当時の六角氏領国において、「一庄一郷」と呼ばれる村落百姓の年貢公事対捍運動が広範に起こっていて、それへの対処に六角氏や家臣である領主層が苦慮している様子が看て取れる。『中世法制史料集　第三巻』『日本思想大系21　中世政治社会思想上』などに収録。

［文献］　勝俣鎮夫『戦国法成立史論』（東京大学出版会、一九七九）。

（菊池浩幸）

新加制式《しんかせいしき》　戦国大名阿波三好氏の分国法。本法は長らく室町幕府法の一種と考えられていたが、中田薫《なかたかおる》氏によって、三好氏制定のものと確定された。すなわち、第八条但書の「実休時遁走之族」の「実休《じっきゅう》」は戦国時代の武将三好義賢《みよしよしかた》の法名であり、「三好別記」に「実休の旧臣篠原駉雲《しのはらけいうん》（正しくは岫雲《しゅううん》）才智あるゆへに、薬師といふ智者を崇敬して諸事を相談し、式目を以訴訟を分、万事に私なかりければ、諸人恨みを不存、阿波讃岐淡路の三ヶ国よく治り候」とあることから、文中の「式目」こそが本法であり、義賢の子である*三好長治《ながはる》とその重臣篠原岫雲（長房《ながふさ》）によって制定されたとし、これが現在まで通説となっている。制定年次は義賢が死去した永禄五年（一五六二）三月から、篠原岫雲が長治に殺された天正元年（一五七三）五月までの間と推定される。現存している伝本によると、条数は全二二ヶ条で、内容は寺社崇敬を規定した第一条と賄賂を禁止した第二条から始まって、訴訟関係・検断関係・主従関係・所務関係・相続関係の順で条文が並んでいる。ただし最後の四ヶ条は、内容に斉一性が見られないため、あとから追加した可能性が高い。またいくつかの条文で「御成敗式目」や「建武式目」を引用し、先行武家法の影響が見受けられるが、それらのほとんどは、「但」や「当時不合期」と断って、戦国の情況に応じた規定を新たに打ち出しており、この点が本法の特色の一つといえる。『中世法制史料集　第三巻』に収録。

［文献］　中田　薫「板倉氏新式目について」（『法制史論集　第三巻上』岩波書店、一九四三）。

（菊池浩幸）

長宗我部氏掟書《ちょうそかべしおきてがき》　土佐の戦国大名長宗我部氏の分国法。原題はなく、伝本によって「長宗我部元親百ヶ条」（明大本）「元親盛親連判掟」（山内本）「長宗我部百ヶ条」（神宮文庫本）などの題目が付けられている。明大本は制定者の署判がなく、制定年次を「文禄五年十一月十五日」とする九九ヶ条であるが、他の伝本は元親・盛親が連署する一〇〇ヶ条で、年次は「慶長二年三月廿四日」となっている。前者で欠けているのは第一〇〇条の「親類中へ之わけ分之事」であることから、明大本系の九九ヶ条が元親・盛親父子によって文禄五年（慶長元年、一五九六）に制定され、その一年後にもう一ヶ条が追加されたとみられる。ちなみに文禄五年に選定し、翌年公布したとする説もある。内容は多岐にわたり、家臣のほか、僧侶・百姓・職人など領国内の人々を対象としている。他の分国法のように、内容ごとに条文が整然と並んでいるわけではなく、前後する場合が多い。本法の特徴として条文中に「公儀」と出てくる豊臣政権の強い影響が見られる点が挙げられ、例えば貢租法について規定した第四七条は、文禄四年に豊臣政権が制定した「御掟追加」第三条とほぼ同文である。なお本法に関連する法令として、文禄五年一一月一五日付けの「近習輩可勤存条々」二三ヶ条と「中間小者可相守条々」九ヶ条（いずれも盛親《もりちか》署判）、家臣の行動規範について＊元親《もとちか》が慶長二年三月一日に制定した「長宗我部元親式目」二二ヶ条がある。『中世法制史料集　第三巻』に所収。

［文献］　井上和夫『長宗我部掟書の研究』（高知市立市民図書館、一九五五）。　（菊池浩幸）

相良氏法度《さがらしはっと》　肥後南半の戦国大名相良氏の分国法。＊相良為続《ためつぐ》が明応二年（一四九三）四月二二日に制定した七ヶ条、子の＊長毎《ながつね》が制定した一三ヶ条（制定年次は明記なし）、長毎の孫＊晴広《はるひろ》が天文二四年（一五五五）二月七日に制定した二一ヶ条の三つの法度からなる。長毎法度の成立は、為続が死去した明応九年（一五〇〇）六月から長毎死去の永正一五年（一五一八）五月一一日の間と考えられる。いずれも制定当時の原本は伝存せず、為続・長毎の法度を収める「為続長毎両代之御法式」（奥書に天文一八年（一五四九）五月吉日の日付と税所新兵衛尉継恵《さいしょしんひょうえのじょうつぐよし》の署判あり）と、三代すべての法度を載せた「御法度条々」の二種類の伝本が現存する（いずれも慶応大学付属図書館所蔵）。内容は悪銭による土地売買（為続法度第五条）や一向宗の禁止（晴広法度第一六・一七条）など他の分国法には見られない条文が並んでいるが、最も特徴的なのは為続法度第六条の立法手続きと長毎法度第一一条の訴訟手続きに関する規定であろう。勝俣鎮夫《かつまたしずお》氏はこの二つの条文から、相良領国内には郡単位に在地小領主によって構成された郡中惣が存在し、彼らは自律性をもって法度制定や裁判に深く関わり、相良氏権力を規制していたとする。この説には異論も多いが、相良氏と家臣層との相互規定的な関係を示す条文であることは確かであろう。また前述した一向宗禁止の規定は、近世大名段階まで効力を保持していたことがわかり、珍しい事例である。『日本思想大系21　中世政治社会思想上』等に収録。

［文献］　勝俣鎮夫「相良氏法度の一考察」（『戦国法成立史論』東京大学出版社、一九七九）。　（菊池浩幸）

北条氏所領役帳《ほうじょうししょりょうやくちょう》　＊戦国大名小田原北条氏の領国内知行地について書き連ねた帳面。「小田原衆所領役帳」「北条家分限帳《ぶげんちょう》」とも。原本は北条氏滅亡後、高野山の高室院《たかむろいん》にあったが、文化九年（一八一二）に焼失したという。焼失前の元禄五年（一六九二）に武蔵金輪寺宥相《こんりんじゆうしょう》によって写本が作られたが、それも焼失し、現存する写本はこの宥相本を書写したものとされる。写本の奥書には、永禄二年（一五五九）二月一二日の日付と「奉行」として太田豊後守・関兵部丞・松田筑前守の名前があり、この時期に当主である＊北条氏康《うじやす》が三人を奉行に任命し、作成させた。内容は、領国内に知行地をもつ人々を、小田原衆・御馬廻衆・玉縄衆・松山衆・伊豆衆・津久井衆・職人衆・他国衆・社領・寺領・御家中衆に分け、それぞれの人名と知行地の貫高・地名、それに懸かる知行役など諸役の貫高を記す。玉縄衆として記されている人々のうち、遠山丹波守（綱景）以下は江戸衆、大道寺（周勝）以下は河越衆であることが確認されている。「庚辰検地」「癸卯検地増分」などの記載が随所に見られ、新たに征服した地域を中心に数度の検地を行い、それに基づいて知行地貫高や除分、諸役の数量を決定していることがわかり、戦国大名北条氏の検地や知行制、家臣団編成を知る上で好個の史料である。杉山博校訂『集註小田原衆所領役帳』、『平塚市史1』、『戦国遺文後北条氏編別巻　小田原衆所領役帳』などに所収。

［文献］　池上裕子『戦国時代社会構造の研究』（校倉書房、一九九九）。

（菊池浩幸）

廻船式目《かいせんしきもく》　現存する最古の海上法規。「廻船大法」「船法度《ふねはっと》」などとも呼ばれる。原本は現在せず、八〇種類以上の写本が各地に伝わっている。原本の成立年代や作成者について、多くの写本の奥書には、貞応二年（一二二三）三月一六日に、摂津兵庫の辻村新兵衛《つじむらしんべえ》、土佐浦戸の篠原孫左衛門《しのはらまござえもん》、薩摩*坊津《ぼうのつ》の飯田《いいだ》備前守《びぜんのかみ》の三人が、「天下」（一説では、*執権*北条義時《ほうじょうよしとき》とする）に召し出されて申し上げた「船法」に「袖判」を頂いたとあり、鎌倉時代に成立したことになっているが、実際は戦国時代初期とする説が有力である。おそらく中世後期における海運の発達に伴って、船主や船頭たちの間で、各湊津ごとに通用していた慣習法を統一して新たな法を制定しようという気運が高まり、成文化したものと考えられる。条数は写本によって三一ヶ条から四八ヶ条までさまざまあるが、原型は三一ヶ条で、その後必要に応じて、条文を修正・削除・追加したものとされている。内容は、寄船・流船といった漂着船の処理、積荷の損害補償、借船の破損や運賃等、不可抗力による投荷などの際の共同海損、船の衝突における責任の所在など、多彩かつ具体的であり、とくに船主・荷主・船頭による、廻船の利益・損害の配分に関する規定が大部分を占めている。住田正一『廻船式目の研究』や長沼賢海『日本海事史の研究』に、現存する廻船式目（写本）のほとんどが翻刻されている。

［文献］　住田正一『廻船式目の研究』（東洋堂、一九四二）、長沼賢海『日本海事史の研究』（九州大学出版会、一九七六）。（菊池浩幸）

一〇　織豊政権

*織田信長《おだのぶなが》は、どのようにして天下統一への道を進んだのか。信長のあとをうけた*豊臣秀吉《ひでよし》の政策はいかなるものであったのか。また安土桃山文化の特徴を検討してみよう。

織田信長の天下統一戦争　永禄一〇年（一五六七）、織田信長は美濃《みの》国稲葉山（井の口）城の斉藤龍興《さいとうたつおき》を追放して美濃を掌握し、井の口を岐阜と改めて天下統一戦争の拠点とした。翌年九月、*足利義昭《よしあき》を奉じて上洛した信長は、各地の戦国大名と戦うとともに、宗教権門との抗争をくりかえした。元亀元年（一五七〇）姉川の戦いで浅井・朝倉の連合軍を撃破した信長は、翌年、比叡山を焼打ちし、天正二年（一五七四）には、伊勢《いせ》長島で一向一揆を平定し、越《えち》前《ぜん》においても激しい弾圧をくりひろげた。信長の部将前田利家は、一揆勢千人ほどを捕え、はりつけ・釜ゆでの刑に処している（『文字瓦』）。天正三年（一五七五）、長篠の合戦で鉄砲隊を駆使して、武田勝頼《たけだかつより》を打ち破った信長は、翌年、安土《あづち》城を築いた。安土は、琵琶湖舟運の拠点にあり、越前・若狭《わかさ》を経て、日本海側の諸産物が集積された。さらに、陸上交通の東海・東山・北陸道の結節点をおさえる要衝の地であった。信長は、安土に家臣団を集住させ、楽市を宣言して商工業者の定住を促した。楽市は座の関係や領主による諸役から商工業者を解放し、自由で対等な営業が保障されるものであった。

信長の経済基盤は、肥沃な美濃《みの》・尾張《おわり》の平野にあり、石《いわ》見《み》などの銀山収入、*堺などの直轄都市にあった。堺の豪商からは鉄砲などの武器や軍費を提供させた。

天正一〇年（一五八〇）、毛利氏打倒の途上、京都本能寺において、*明智光秀《あけちみつひで》によって殺害され、天下統一の道はたたれた。

検地・刀狩・朝鮮侵略　信長の死後、明智光秀を山崎の合戦で討った豊臣秀吉は、天正十一年（一五八三）四月、柴田勝家《しばたかついえ》を賤ヶ嶽に破り、越前北荘で自殺させて、後継者争いに勝利をおさめた。同年九月には、大坂城の築造を開始した（三年後に完成）。天正一二年（一五八四）四月、尾張の小牧・長久手の戦いで*徳川家康《いえやす》と戦い、和したのち、秀吉は、翌年三月、根来《ねごろ》・雑賀《さいが》の一揆を制圧し、六月には、四国の長宗我部元親《ちょうそかべもとちか》を討った。同年七月、秀吉は関白・従一位に、天正一四年（一五八六）十二月には、太政大臣となり豊臣姓を得た。大坂城を完成させた秀吉は、天正一五年（一五八七）九月、京都の居所として聚楽第を造営し、翌年四月に、*後陽成《ごようぜい》天皇をここにむかえ、公家・諸大名の頂点にあることを示した。天正一五年五月、「惣無事令」をかざして島津氏を降伏させた秀吉は、関東と奥羽《おうう》に対しても、「惣無事令」を発した。これに従うことを拒んだ相模の北条氏は、天正一八年（一五九〇）七月に攻めほろぼされ、伊達政宗《だてまさむね》は秀吉に服属を誓った。こうして、秀吉による全国統一が完成した。

全国統一の過程で秀吉は検地と刀狩を行った。検地は、統一権力者としての秀吉が諸大名に軍役を課すために、大名の石高を統一基準で算出、掌握するために行ったものである。*検地は、天正一〇年（一五八二）の山崎の合戦以降、征服地に順次行われ、慶長三年（一五九八）まで、全国五五国、のべ一六六回を数え、*太閤検地と称されている。この検地は、土地台帳の「指出《さしだし》」だけを命じた従来の方法とは異なり、秀吉の派遣した家臣が村落単位で田畑一筆ごとに丈量し、面積と石高を確定した。検地帳が作成され、そこに耕作者名が年貢・夫役の負担者として登録された。

秀吉は、京都方広寺の大仏建立に役立てるためとの名目で*刀狩を命じた。「天下ノ百姓ノ刀ヲ悉クコレヲ取ル、大仏ノ釘ニコレヲ遣フベシ。現ニハ刀故闘諍ニ及ビ、身命相果ヲコレヲ助ケンガタメ、後生ハ釘ニコレヲ遣ヒ万民利益理当ノ方便ト仰付ラレオワンヌト云々。内証ハ一揆停止ノ為ナリト沙汰コレアリ。種々ノ計略ナリ」（『多聞院日記』）と多聞院英俊《たもんいんえいしゅん》の看取したとおり、一揆停止のためであり、百姓の武装解除によって「兵」と「農」との身分を固定化することにあった。自力救済を否定し、国内の争いは、すべて豊臣政権が裁定するのだという宣言でもあった。刀狩令と同一年月日（天正一六年七月八日）に出された海賊停止令も、豊臣政権の本質を理解するために重要な法令である。

豊臣政権の経済基盤は、全国各地に設けられた蔵入地（約二百万石）からの年貢収入と佐渡・常陸・但馬などの直轄鉱山からの金銀の上納などであった。京都・大坂・堺・伏見・長崎などの主要都市を直轄領とし、都市の豪商の利益を保障するかわりに、彼らに、武具や兵糧の調達と輸送を命令した。

文禄元年（一五九二）四月、小西行長らが釜山城を攻めたのをはじめとして、約一五万人の軍勢が朝鮮半島に進攻した。秀吉による朝鮮侵略である。肥前*名護屋《なごや》の本陣には、後詰として、さらに一五万人の兵士が集められた。日本軍は、漢城（現ソウル）を陥落させ、平壌近くまで攻めこんだ。緒戦の勝利を聞いた秀吉は、天皇を北京に行幸させ、中国に大帝国をつくる構想を発表した。しかし、朝鮮各地で義兵が蜂起し、李舜臣のひきいる水軍に敗れると、日本軍は補給路を絶たれるようになった。明の援軍が加わると、戦局は一段と不利になり、日本軍は明と講和を結んだ。

慶長二年（一五九七）一月、秀吉軍は再度朝鮮に上陸した。日明講和交渉の不調を実力で達成しようとしたものである。十四万人の軍勢が派遣されたが、朝鮮の義兵や明軍の抵抗にあい苦戦を強いられた。翌年八月、秀吉死去の報を受けて撤退を開始し、一二月にいたって撤兵を完了した。膨大な兵員と戦費を消耗した朝鮮侵略の失敗は、豊臣政権を衰退させ、朝鮮では、「壬辰倭乱」・「壬辰の悪夢」として語り伝えられている。

安土桃山の文化　信長・秀吉の時代の文化は、かれらの居城の地名から、安土桃山文化と呼ばれている。その特徴は、新興の大名や豪商の気風を反映して華麗なものであり、宗教色がうすれ、南蛮文化の影響を受けたものであった。

中世の山城から、平城に変わった城郭は、巨大な石垣と深い堀に囲まれ、高い天守閣を備えるようになった。城郭は大名の居館を兼ね、内部に書院造の邸宅がたてられた。安土城・大坂城・姫路城や聚楽第などが代表といえよう。フロイスは「近江の国の安土山という山に、その時代までに日本で建てられたもののなかで、最も壮麗だといわれる七層の城と宮殿を」信長が建築したと記している（『日本史』）。天主の屋根瓦には金が塗られ、各階に描かれた障壁画は＊狩野永徳《かのうえいとく》の手になり、豪華絢爛たるものであったという。＊長谷川等伯《はせがわとうはく》や＊海北友松《かいほうゆうしょう》も障壁画と水墨画にすぐれた作品をのこしている。市井のにぎわいを描く新しい風俗画の世界も出現した。京都の四季の風物や町家の繁栄を精密に描写した洛中洛外図も流行し、町絵師といわれた無名の画家たちが活躍した。

茶の湯も、大名・豪商のあいだだけでなく町人のなかにも広まっていった。＊千利休《せんのりきゅう》は、豪華な書院の茶に対して、簡素な草庵での侘び茶を大成した。京都の妙喜庵待庵は、秀吉が利休に命じて造作させたと伝えられている。民衆の娯楽としては、琉球の三弦を改良した三味線が伴奏楽器としてもてはやされ、隆達節が流行した。念仏踊りに狂言の節を加味した阿国歌舞伎が京都の民衆に歓迎され、各地に広がっていった。

ポルトガルの商人や宣教師らによってヨーロッパの文化も日本に伝えられた（南蛮文化）。地理学・天文学・医学・庭園法などである。長崎や天草の神学校では、キリスト教書の翻訳や、日本の古典や辞書なども出版された。天草版『平家物語』などである。南蛮屏風のなかに、南蛮人の生態をみることができる。パン、カステラ、カルタなどのポルトガル語も日常的に使用されるようになった。

［文献］藤木久志『戦国社会史論』（東京大学出版会、一九七四）、北島万次『朝鮮日々記・高麗日記』（そしえて、一九八二）。

（佐藤和彦）

（一） ヨーロッパ人の来航

大航海時代《だいこうかいじだい》 カトリックのポルトガル・イスパニア（スペイン）両国が、アフリカ・アジア・新大陸への進出をはじめた一五世紀から、プロテスタントのオランダ・イギリス両国がこれにかわり、世界貿易の覇権を確立する一七世紀前半をさし、ヨーロッパ中心の世界観からは〈地理上の発見〉の時代とも呼ばれた。大きく四期に区分され、第一期は、イスラム勢力が支配していたイベリア半島において、国土回復戦争を経て成立したポルトガル・スペインの二国家が、新規貿易路の開発と領土拡張を目指して海外に進出しはじめた一四〇〇―八〇年代で、ポルトガルは東へ、スペインは西へという方向性が定められた。第二期は、ポルトガルとスペインの対立抗争が激化する一四八〇―一五二九年で、スペインはコロンブスをして、九二年に大西洋横断の航海に乗り出させ新大陸を発見し、その植民地支配体制を確立した。一方ポルトガルは、九七年にバスコ・ダ・ガマの船隊をインドに派遣し、その後、一五一〇年にインドのゴアを占拠するなど、東南アジアへ勢力を広げた。一五三〇―九五年の第三期になると、ポルトガルとスペインの両者の勢力範囲が確立し、ポルトガルは五七年にマカオに基地を設置し、中国における貿易と布教の拠点とし、四三年に日本に漂着したことにより、新たに日本との交渉をはじめ、日中間の貿易の仲介をする南蛮貿易を通して莫大な利益を上げた。スペインは六八年よりはじまったオランダ独立戦争により国力が下がり、それに対抗して、オランダ・イギリスなどの海外進出がはじまった。一五九五―一六五〇年の第四期に至ると、オランダ・イギリスの海外進出が盛んとなり、スペイン・ポルトガル対オランダ・イギリスの対立抗争が激化したが、五〇年にイギリスが航海条例を発布することにより、オランダ対イギリスの激しい対立の新時代となり、大航海時代はここに終わる。この時代は、人間、植物、家畜などが世界規模で展開され、世界が一つになった時代である。

［文献］ 増田義郎『ビジュアル版世界の歴史13大航海時代』（講談社、一九八五）、生田 滋『大航海時代とモルッカ諸島』（中央公論社、一九九八）。 （三重野誠）

ポルトガル (Portugal) ヨーロッパ西部のイベリア半島南西部に位置する共和国。主都リスボン。一一四三年にレオン・カスティリャ王国から独立し、一二四九年にはイスラム勢力からの国土回復を完了し、ヨーロッパではじめての国民国家が誕生する。他のヨーロッパ諸国に先がけて一五世紀初頭より、海外領土の獲得および海外貿易の振興を図り、アフリカ西海岸、インド、ブラジルへの進出が行われた。日本との交渉は、天文一二年（一五四三）にポルトガル人の乗った船が種子島《たねがしま》に漂着したことからはじまる。これにより鉄砲が伝えられ、戦国時代の戦術に大きな変革をもたらした。また天文一八年（一五四九）にはフランシスコ＝ザビエルが鹿児島《かごしま》に上陸し、キリスト教が伝えられると、これ以降ポルトガル船は日本に定期的に来航するようになり、天文一九年（一五五〇）に平戸《ひらど》、そして元亀元年（一五七〇）に長崎《ながさき》が貿易港として開かれ、天正八年（一五八〇）に長崎がイエズス会に寄進され、布教と貿易を中心として日本とポルトガルの関係は推進されていく。これによって日本にはヨーロッパの芸術・文化・学問がもたらされ、華美な桃山文化を彩り、これまでの日本人の世界観を一新し、日本人を世界へと向けさせた。しかし、天正一五年（一五八七）に*豊臣秀吉《ひでよし》が伴天連追放令を出し、長崎をイエズス会から没収することによって、ポルトガルとの関係は急速に隔たり、寛永一六年（一六三九）にポルトガル船の来航が禁止されることにより、幕末まで関係は途絶することとなる。

［文献］　岡本良知『十六世紀日欧交通史の研究』（弘文荘、一九三六）、金七紀男『ポルトガル史』（彩流社、一九九六）。

（三重野誠）

イスパニア（スペイン、España）　ヨーロッパ西部のイベリア半島の八四パーセントを占める立憲王国。主都マドリード。スペイン Spain は英語による呼称で、フェニキア語起源でイベリア半島全体をさしたヒスパニアに由来してイスパニアともエスパーニャとも呼ばれるようになった。ローマ帝国の属州だったが、五世紀には西ゴート族が王国を建てた。八世紀にはイスラム勢力が西ゴート王国を滅ぼし、イベリア半島の全域を制圧したが、国土回復戦争が起こり、諸王国が形成され、ポルトガルは独立したが、他の諸国はレオン・カスティリャ王国のもとに統合・従属が進む。一五世紀後半にカスティリャとアラゴンが連合王国を形成し、グラナダ王国を征服し、ポルトガルと競合するように西回りで海外に進出し、新大陸を発見しこれを征服して、近代最初の世界帝国へ変容する。日本との交渉は、スペイン人宣教師フランシスコ＝ザビエルが日本を訪れた天文一八年（一五四九）からはじまり、ポルトガルに遅れるが、一六世紀末にはマニラを拠点として日本への布教と貿易を展開した。そのため、日本国内でスペイン系とポルトガル系の宣教師の反目も生じた。徳川家康《とくがわいえやす》は、銀精錬技術や太平洋航海術修得を目的としてスペインとの積極的な交渉を望んだが、実現されることなく、江戸幕府は、寛永元年（一六二四）にスペイン船の来航を禁止した。

［文献］　高瀬弘一郎『キリシタン時代の研究』（岩波書店、一九七七）、立石博高編『スペイン史・ポルトガル史』（山川出版社、二〇〇〇）。

（三重野誠）

南蛮《なんばん》　戦国時代から江戸時代初期にかけて、日本に渡来したポルトガル・スペインなどカトリック国に対する蔑称。元来南蛮という用語は、中国の中華思想に基づき、漢民族を「中華」と呼称するのに対して、四周の異民族を東夷《とうい》・西戎《せいじゅう》・南蛮・北狄《ほくてき》と蔑称したものの一つであり、日本では『日本紀略《にほんきりゃく》』の長徳三年（九九七）一一月一日の条に南蛮と見える。天文一二年（一五四三）にポルトガル人が来日して以降は、彼らがマカオ・ルソン・ゴアなど東南アジア方面から渡来することから、南蛮の語が用いられるようになり、南蛮人の呼称は、広義には南方地域、またはそこを経由してきた者をさし、狭義にはポルトガル・スペインなどのカトリック国の人物をさすようになった。

（三重野誠）

南蛮貿易《なんばんぼうえき》　一五四〇年代より一六三〇年代まで約一世紀にわたり、ポルトガル・スペインの両国と行われた貿易。天文一二年（一五四三）にポルトガル人が種子島《たねがしま》に漂着したことを契機として、東南アジアからポルトガルの商船などが、薩摩《さつま》、豊後《ぶんご》、肥前《ひぜん》など九州の諸港に入港し商取引を行うこととなった。九州の諸大名たちは、鉄砲や硝石などの軍事物資を入手し、かつ貿易の利潤を得ようとして、イエズス会宣教師たちに布教の許可を与えるとともにポルトガル商船の誘致に務めた。その後、弘治三年（一五五七）にポルトガルがマカオ居住の許可を獲得し、ゴア、マラッカと日本を結ぶ航路の中継地点とし、また元亀元年（一五七〇）に長崎が開港されることにより、マカオ―長崎間の交易ルートが確立された。日本にもたらされた貿易品は、大部分が中国大陸の産の生糸、絹織物、金、麝香《じゃこう》、薬草や兵器類などで、日本からは中国で需要の多かった銀を始め、硫黄、蒔絵《まきえ》などの工芸品が輸出された。この貿易は、日本とポルトガルの二国間で行われた貿易というより、当時海禁政策をとっていた明政府にかわり、日中間の貿易を肩代わりし、かつ両国間の貿易をポルトガルが中継する形で進展した。また十六世紀末よりスペインも平戸や薩摩領内に来航して貿易を行うようになるが、徳川幕府により寛永元年（一六二四）スペイン船の渡来が禁じられ、寛永一一年にはポルトガル船の渡来も禁じられ、南蛮貿易は終結した。

［文献］ 岡本良知『キリシタンの時代』（八木書店、一九八七）、高瀬弘一郎『キリシタン時代の研究』（岩波書店、一九七七）。

（三重野誠）

種子島《たねがしま》 鹿児島県大隅《おおすみ》半島の南四〇kmにある南北五七km、東西一〇km、面積四四六平方キロメートルほどの島で、行政的には、西之表《にしのおもて》市、熊毛《くまげ》郡中種子《なかたね》町・南種子《みなみたね》町で構成される。九州本土と南方の島々を結ぶ海上交通の要衝で、弥生・古墳時代の遺跡から中国・沖縄諸島の影響が見られるなど、古くから開け、十二世紀には島津《しまづ》荘に属し、建仁三年（一二〇三）以降に北条氏一門の名越《なごえ》氏が地頭となり、被官の肥後《ひご》氏が代官として派遣され土着して種子島氏となる。天文一二年（一五四三）、最南端の門倉崎《かどくらさき》に王直《おうちょく》やポルトガル人が乗船した中国船が漂着し、日本に初めて鉄砲が伝えられたとされる。

（三重野誠）

鉄砲《てっぽう》 火薬の爆発力を利用して弾丸を射出する武器で、日本には天文一二年（一五四三）に種子島《たねがしま》に漂着したポルトガル人によって前装式火縄銃が初めて伝えられた。日本で使用され始めた鉄砲の撃発装置は火縄の火を火皿の導火薬に点火して、鉛や鉄の玉を射出する火縄式で、歴史用語として鉄炮、鉄放、種子島、手火矢《てびや》とも記される。伝来に関しては諸説があるが、近年では倭寇《わこう》の頭領の一人王直《おうちょく》の船に便乗したポルトガル人によって伝えられたとする説が有力である。またこの時、もたらされた鉄砲は、ヨーロッパ製ではなく東南アジア製と推定されている。鉄砲の威力に驚愕した種子島時尭《ときたか》は、即座に二挺を譲り受け、家臣らをして火薬の製造、鉄砲製作を研究させ、国産に成功したと伝えられる。また、伝来直後は兵器として実践に投入されるより、上層権力者間において舶載の贈答品として用いられた。全国的に実戦に投入されはじめるのは永禄元年（一五五八）以降であり、鉄砲の威力に着目した戦国大名たちは、軍事組織の中に鉄砲部隊を編入することによって、鉄砲の普及は加速度を増して、紀伊《きい》国*根来《ねごろ》寺、和泉《いずみ》国*堺《さかい》、近江《おうみ》国国友《くにとも》村など日本国内で製造されるようになる。天正三年（一五七五）に*織田信長《のぶなが》が長篠《ながしの》の戦いで鉄砲隊を組織して武田軍を破った頃より、数千挺単位で鉄砲が使用されはじめ、*豊臣秀吉《ひでよし》の朝鮮出兵や、慶長一九・二〇年（一六一四・一五）の大坂冬・夏の陣において、合戦における鉄砲使用は最盛期をむかえる。

［文献］ 所 荘吉『火縄銃』（雄山閣、一九八九）、宇田川武久『鉄

砲伝来』（中公新書、一九九〇）。（三重野誠）

平戸《ひらど》 広義には長崎県北松浦半島《ながさきけんきたまつうらはんとう》の西に位置する平戸島全体をさし、狭義には同島北部一帯をさす。古代より遣唐船の経由地として知られ、地名としては安貞二年の関東裁許状案にはじめて見える。中世には松浦《まつら》党と呼ばれる武士団が台頭し、なかでも平戸を拠点とする平戸松浦氏が一族の主導権を掌握して勢力を伸ばし、地域支配を進展する。天文一九年（一五五〇）にポルトガル船が入港し、鹿児島よりザビエルが訪れ、キリスト教の布教とポルトガルとの交易が開始された。しかしキリスト教信者への迫害や、商品取引をめぐるトラブルから、永禄五年（一五六二）にイエズス会が寄港地を横瀬《よこせ》に移したため、平戸での交易は慶長年間に至るまで中断する。（三重野誠）

［文献］外山幹夫『松浦氏と平戸貿易』（国書刊行会、一九八七）。

長崎《ながさき》 長崎《ながさき》県西彼杵《にしそのぎ》半島・長崎半島の基部に位置し、長崎湾に面する。肥前《ひぜん》国彼杵郡彼杵荘に属する、戦国時代末期以来の貿易港。永埼とも記され、正嘉二年（一二五八）の彼杵荘惣地頭代後家尼某請文にはじめてみえる。大村氏に属する在地土豪長崎氏が支配していた半農半漁の寒村は、戦国時代末期より国際貿易港として歴史の舞台に登場する。永禄六年（一五六二）にキリスト教徒となった大村純忠《おおむらすみただ》は、イエズス会士らと協力して元亀元年（一五七〇）に長崎をマカオからのポルトガル船の寄港地として開港した。集落から離れた岬の突端を開拓して、大村、島原、平戸、横瀬浦、外浦、文知の六浦が町立てされた。以来マカオからの船が定期的に入港し、天正八年（一五八〇）に純忠から長崎・茂木《もぎ》の地がイエズス会に寄進されると、布教と貿易の中心地となり、ポルトガル船は長崎に集中し、行政権も委ねられたイエズス会領として発展した。また定住できる者はキリシタンに限られ、教会の支配下に数人の牢人を「頭人」として自治都市を形成した。ヴァリニャーニの記録によると、長崎は海に囲まれた高い岬があるため港はよく守られ、陸地に続く方面は要塞と堀で強化され、住民は工人と商人のみで住戸は約四〇〇〇となっていた。しかし天正一五年に*豊臣秀吉《ひでよし》が伴天《ばて》連《れん》追放令《ついほうれい》を発布し、次いで長崎・茂木を直轄領とするに及び、イエズス会領としての自治都市長崎は終焉を遂げることとなる。（三重野誠）

［文献］『長崎県史 対外交渉編』（吉川弘文館、一九八六）。

山川《やまがわ》 鹿児島県揖宿《いぶすき》郡にあり、薩摩《さつま》半島南東端に位置する港町。弥生・古墳時代の土壙墓を主に、多数の人骨・土器や各種鉄器類が出土した埋葬遺跡として著名な成川《なりかわ》遺跡がある。マラッカでザビエルに出会い、彼を日本に招来したアンジローが天文一五年（一五四六）に出航した場所とも伝えられる。天然の良港で、鹿児島湾口に位置する地理的利点と相まって、対外的門戸となり、戦国時代には中国・琉球《りゅうきゅう》・ポルトガルの船が入港し、慶長一四年（一六〇九）の薩摩藩の琉球出兵時には基地となった。（三重野誠）

［文献］『山川町史』（一九五八）。

キリシタン フランシスコ＝ザビエルによって天文一八年（一五四九）に日本に伝えられてから、明治六年（一八七三）にキリシタン禁令が解かれるまで、日本におけるキリスト教（カトリック）およびその信者をさす歴史用語。日本において初期布教活動に従事した宣教師の多くがポルトガル人であったため、ポルトガル語のChristaoの発音がそのまま日本語に転じた。伝来当初は、南蛮宗《なんばんしゅう》、天竺宗《てんじくしゅう》とも呼ばれ、幾利紫旦・貴理志端・吉利支丹などの字があてられたが、禁教令施行後は鬼利至端・貴理死貪と書かれ、延宝八年（一六八〇）綱吉《つなよし》が将軍職につくと「吉」の字を憚って切支丹と書くようになった。伝来当初は、言葉や習俗などの相違によって改宗は思うように進展せず、十年間で改宗者は六千人で大部分が一般庶民だった。しかし一五六〇年代になると大村純忠《おおむらすみただ》や高山右近《たかやまうこん》など熱心なキリシタン大名が現れるなど支配者層にも広がり、六九年のキリシタンは一万八千から二万人に増大し、教会も四十ほど存在した。七〇年以降は、教勢は西日本のみならず東海・北陸へと広がり、また大友宗麟《おおともそうりん》などキリシタン大名の領国内で集団改宗が展開され、七九年にはキリシタンの数は一三万人以上に増大していた。しかし、天正一五年（一五八七）に豊臣秀吉《とよとみひでよし》が伴天連追放令《ばてれんついほうれい》を出したことにより、布教活動は挫折し、その後の江戸時代の弾圧へと向かうことになる。

［文献］　五野井隆史『日本キリスト教史』（吉川弘文館、一九九〇）、高瀬弘一郎『キリシタンの世紀』（岩波書店、一九九三）。

（三重野誠）

キリシタン大名《だいみょう》　戦国時代より江戸時代初期においてキリスト教を信仰し、布教を保護した大名や高禄の武将。イエズス会宣教師は、日本国内における布教の進展を図るため、各地の有力大名に接近し庇護を求め、一方大名たちは貿易による利潤・物資の獲得や政治的効果を期待して多くのキリシタン大名が生まれた。ルクセンブルク生まれの司祭シュタイシェンが一九〇三に記した『キリシタン大名記』では約六〇名が紹介されている。諸大名の中で最初に受洗したのは、永禄六年（一五六三）の肥前国《ひぜん》大村《おおむら》の大村純忠《おおむらすみただ》で、その他九州では、天正遣欧使節《てんしょうけんおうしせつ》に関係した大友宗麟《おおともそうりん》や有馬晴信《ありまはるのぶ》などを挙げることができる。一方畿内では、民衆への布教からはじまったが、永禄六年に結城《ゆうき》山城守《やましろのかみ》進斎《しんさい》がガスパル＝ヴィレラより洗礼を受け、高山飛騨《たかやまひだ》守《のかみ》・右近《うこん》父子も受洗し、後に右近の宣教活動から受洗した黒田《くろだ》孝高《よしたか》、蒲生氏郷《がもううじさと》や牧村政治《まきむらまさはる》、そして小西行長《こにしゆきなが》などがキリシタン大名として挙げられる。しかし、天正一五年（一五八七）に豊臣秀吉《ひでよし》から伴天連追放令《ばてれんついほうれい》が発布され、その後徳川幕府の禁教令によって、多くのキリシタン大名が棄教した。だが、追放令以前に死去した大友宗麟・大村純忠を除き、表面上棄教しながらも宣教師らをかくまい保護した小西行長のような大名もいたが、高山右近だけは改易に会いながらも終生信仰を貫いた。

［文献］　シュタイシェン（吉田小五郎訳）『切支丹大名記』（大岡書店、一九三〇）、岡田章雄『キリシタン大名』（教育社、一九七七）、高瀬弘一郎『キリシタンの世紀』（岩波書店、一九九三）。

（三重野誠）

イエズス会（Societas Jesu）　一五三四年にイグナティウス・デ・ロヨラ（Ignatius de Loyola）と六名の同士が誓願をたてたことにはじまり、一五四〇年に教皇パウルス三世によって認可されたカトリック教会の男子修道会。イグナティウスの心霊修業や霊操から生まれたキリストへの奉仕を根本精神とし、目的に説教、霊操、福祉活動、キリスト教的児童教育などの使徒的活動を掲げた。大航海時代による世界への広がりや、ヨーロッパカトリック教界の刷新と相まって、会は急速に発展した。

日本には天文一八年（一五四九）にザビエルが鹿児島に上陸してから、イエズス会は、宣教のみならず、学問、教育、文化の諸方面において活発な活動を開始した。ザビエルは日本および日本人の伝統と特質とを尊重し、これに順応した布教方針をとるべきこととした。そのためイエズス会の宣教師は、日本人の素朴な質問に答えることからはじめて、次第にキリスト教の教理に彼らを導く方法をとった。当時の布教が南蛮貿易《なんばんぼうえき》と密接な関わりを保っていたことから、大名から保護され多くの受洗者が誕生していった。またザビエルの布教方針はヴァリニャーニによって組織的・体系的に具現化して、セミナリオやコレジオの教育機関設置、またキリシタン版の発行などを通して、日本文化への順応、日本へのヨーロッパ文化の紹介、日本人聖職者の養成などが行われた。しかし、豊臣秀吉《ひでよし》の追放令や、その後の徳川幕府の禁教によって殉教者が続出した。

［文献］ 海老沢有道『日本キリシタン史』（塙書房、一九六六）、五野井隆史『日本キリスト教史』（吉川弘文館、一九九〇）。

（三重野誠）

天正遣欧使節《てんしょうけんおうしせつ》 イエズス会東インド巡《じゅん》察師《さつし》ヴァリニャーニが企画してヨーロッパに派遣された四人の日本人少年たちの使節。ヨーロッパおよびキリスト教世界に日本を知らしめることにより、イエズス会の日本布教事業の協力を獲得し、また同時に使節の少年たちに直接キリスト教世界を体験させ、帰国後日本人へ伝えさせる布教上の効果を目的として、ヴァリニャーニは使節派遣を企画した。使節には、事業効果をより増すため、キリシタン大名大友宗麟《おおともそうりん》の縁戚の伊東《いとう》マンショと、同じく有馬《ありま》晴信《はるのぶ》の従兄弟で大村純忠《おおむらすみただ》の甥にあたる千々石《ちぢわ》ミゲルが正使となり、同じ年頃の中浦《なかうら》ジュリアンと原《はら》マルチノを副使とし、ポルトガル人司祭のメスキータが引率者かつ通訳として付き、天正一〇年（一五八二）正月二八日に長崎《ながさき》を出航した。しかし、大友宗麟は、使節派遣を後日知らされた。使節は一五八四年八月にポルトガルに到着し、スペイン・イタリアの各都市で熱烈な歓迎を受け、国王フェリペ二世とローマ教皇グレゴリオ一三世から謁見を賜り、新教皇シスト五世の戴冠式《たいかんしき》にも列席した。一五八六年四月に帰国の途についた使節は、所期の目的を達し、活版印刷機を船載して天正一八年六月二七日に長崎に着いた。

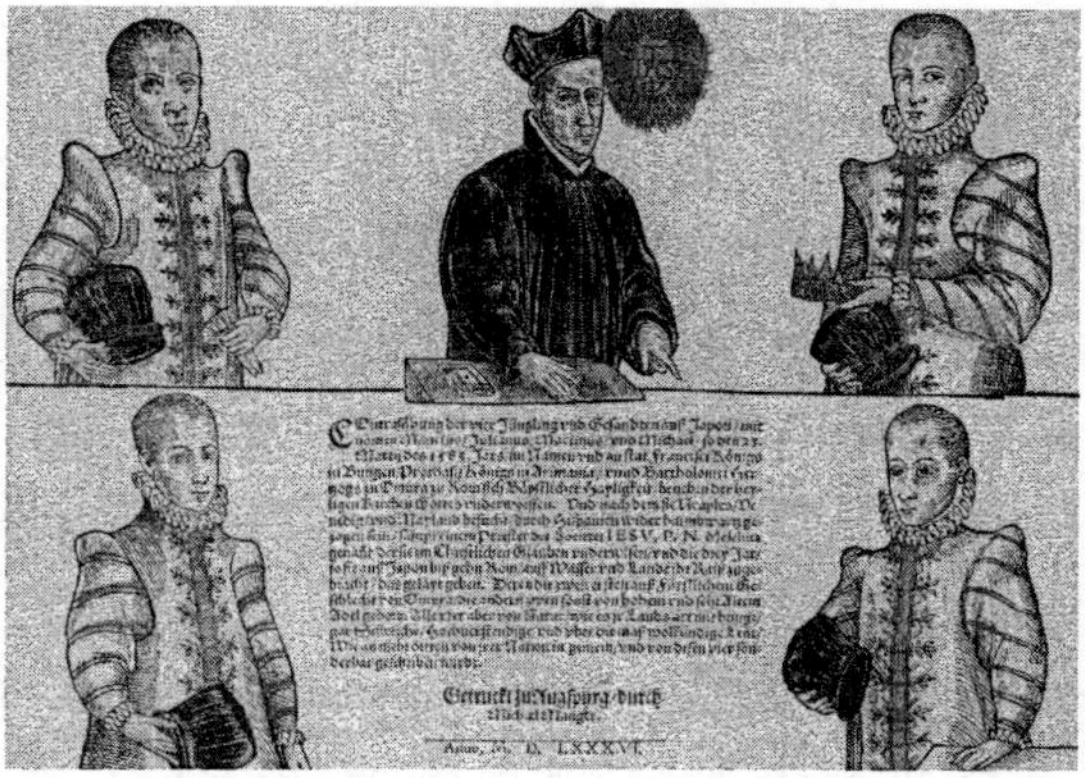

ヴァリニャーニと天正遣欧使節の少年達

翌年には聚楽第《じゅらくだい》において＊豊臣秀吉《ひでよし》に拝謁した。その後、彼らはイエズス会に入会し、後に退会した千々石ミゲル以外の三人はともに司祭に叙せられた。

〔文献〕 結城了悟『ローマを見た天正少年使節』（日本二十六聖人記念館、一九八二）、五野井隆史『日本キリスト教史』（吉川弘文館、一九九〇）。（三重野誠）

セミナリオ （Seminario） イエズス会東インド巡察師《じゅんさつし》ヴァリニャーニによって日本人聖職者養成と上流子弟教育を目的として設立した神学校。天正八年（一五八〇）に都地区の安土《あづち》と下地区の有馬《ありま》に開設されたが、戦乱と迫害のため場所の移設を余儀なくされ、有馬で合併され、八良尾・天草・長崎などに移動して慶長一九年（一六一四）まで存続した。修学期間は三～四年で、寄宿舎制。教科はキリスト教教義、ラテン語、日本語、歌唱や楽器演奏などを行う音楽、水彩画・油絵やオルガン制作などの美術工芸が教授された。生徒にパウロ三木、天正遣欧《てんしょうけんおう》使節《しせつ》の少年たち、ペトロ岐部カスイらがいた。

〔文献〕 キリシタン研究会編『キリシタン研究』一一（吉川弘文館、一九六六）、片岡千鶴子『八良尾のセミナリヨ』（キリシタン文化研究会、一九七〇）。（三重野誠）

コレジオ （Collegio） イエズス会東インド巡察師《じゅんさつし》ヴァリニャーニによって聖職者養成のため設立された高等教育機関。大友宗麟《おおともそうりん》の援助を得て天正八年（一五八〇）に豊後府内《ぶんごふない》に設立され、豊後臼杵《ぶんごうすき》に造られたノビシャド（修練院）で修練課程を終えた者や、イルマン（修道士）が入学し、ラテン語、哲学、神学、自然科学、日本文学、日本の諸宗教などについて学んだ。天正一四年の島津氏の豊後侵攻、および翌年の伴天連追放令《ばてれんついほうれい》により、移設を余儀なくされ、山口や西九州各地を移動し慶長一九年（一六一四）まで存続した。キリスト教思想およびヨーロッパの思想・学術の日本移植に大きな業績を残した。

〔文献〕 A・シュワーデ「ふないのコレジオについて」（『キリシタン研究』一〇、吉川弘文館、一九〇〇）。（三重野誠）

南蛮寺《なんばんじ》 安土桃山時代におけるキリシタン教会堂の俗称。キリシタン寺ともいう。イエズス会はザビエルによる日本における布教方針にのっとり、日本的風土に順応すべく自ら教会堂を寺と称する場合が多く、また伝来当初にキリスト教を南蛮宗と呼んでいたことも由来している。当初、教会堂には古寺を改築したものも多く、天文二〇年（一五五一）年に最初の教会堂となった山口《やまぐち》の大道寺《だいどうじ》は大内氏より廃寺を譲与されたものであり、永禄七年（一五六四）年に松浦氏が援助した平戸の教会堂は、「御やどりのサンタマリヤ」聖堂の名称とは別に、天門寺《てんもんじ》と称された。新建築の教会堂も、日本の習俗や建築様式にならい、木造・瓦葺きが大部分であった。また狩野元秀《かのうもとひで》筆と伝えられる「洛中洛外名所扇面図」にある「なんばんだうの図」は、京都の南蛮寺として有名だが、これはヴィレラによって建てられた四条坊門通室町姥柳《しじょうぼうもんどおりむろまちうばやなぎ》の教会堂が手狭で老朽化したため、天正四年（一五七六）に新築されたものである。これはオルガンティーノ、フロイスら在京の宣教師たちが主体となり、キリシタン大名高山父子や都と近隣のキリシタンたちによって造られた木造三階建の和風建築で、総経費は三〇〇〇クルサドであった。八月一五日に「被昇天《ひしょうてん》の聖母教会」と名付けられた教会堂で、献堂式が行われ、屋根に十字架をいただいた南蛮寺は、一躍京都の名所となり、諸国に宣伝されてキリシタンが評判となり、改宗が促進されたと伝えられる。

［文献］ 海老沢有道『日本キリシタン史』（塙書房、一九六六）、五野井隆史『日本キリスト教史』（吉川弘文館、一九九〇）。

（三重野誠）

キリシタン版 天正一八年（一五九〇）に巡察師《じゅんさつし》ヴァリニャーニにより活版《かっぱん》印刷機が日本にもたらされ、翌年から慶長一九年（一六一四）までの間に日本で宣教用に印刷された日本イエズス会公認の版本。肥前《ひぜん》国加津佐《かづさ》でローマ字版「サントスの御作業と内抜書」がはじめて刷られたが、戦乱と弾圧のため印刷所は移され天草・長崎・京都で刊行が続けられ、それぞれの書は刊行地の名を冠して呼ばれている。当初活字はローマン体のみだったが、漢字・仮名文字、イタリック体も鋳造された。また慶長五年（一六〇〇）には国字体の販売は長崎の後藤宗印《ごとうそういん》に委託して出版された。刊行物は断簡も含めると三二種が現存している。

（三重野誠）

種子島時尭《たねがしまときたか》（一五〇三―六七） 戦国時代の武将。幼名大楠丸。初名は直時《なおとき》。通称左兵衛尉、弾正忠、左近将監。父は種子島恵《しげ》時《とき》で、母は島津《しまづ》忠興《ただおき》娘。種子島氏は、鎌倉時代北条一門名越《なごえ》氏の被官肥後《ひご》氏が来島し在地領主化し島名を姓としたことにはじまる。時尭は種子島氏一四代。天文一一年（一五四二）に一時父恵時と不和になり、*島津貴久《たかひさ》に救援を依頼し、島津氏の介入を招くことになる。翌年禰寝《ねじめ》氏に急襲され、内城を守ったが敗れ、屋久島を奪われる。同年、中国船が種子島の門倉崎《かどくらさき》に漂着した際に、父恵時とともに対応し、乗船していたポルトガル商人から鉄砲の威力を見せつけられ、即座に入手し、家臣に鉄砲製造を学ばせた。天文一三年には屋久島の禰寝軍を破り島を奪還した。また大友氏とも交際があり、天文末年頃に、*大友義鎮《おおともよししげ》には、「南蛮小銃筒」を送っている。弘治元年（一五五五）には、島津貴久に従い蒲生攻めに加担し、同年、日向目井の伊東氏との合戦にも参戦した。その後も島津貴久に従い、弘治三年（一五五七）の蒲生攻め、永禄四年（一五六一）の廻合戦、天正二年（一五七四）の牛根城攻撃、天正六年の日向高城合戦などにおいて、島津貴久・*義久《よしひさ》のもとに軍勢を派遣した。また娘を島津義久に嫁がせ、島津氏の有力家臣となった。

（三重野誠）

大友義鎮《おおともよししげ》（宗麟《そうりん》、一五三〇―八九） 戦国時代の武将。キリシタン大名。幼名塩法師。初め義鎮、入道して宗麟、以後三非斎、円斎、府蘭、宗滴と称す。左衛門督。天文一九年（一五五〇）二月の二階崩の変で、父義鑑《よしあき》が横死したことにより家督を継承し、弘治二年（一五五六）までの間に肥後《ひご》の菊池義武《きくちよしたけ》や、小原鑑元《おばらあきもと》ら領国内の反対勢力を粛正し政権を確立。天文二〇年（一五五一）に、山口よりフランシスコ＝ザビエルを府内に招き、キリスト教布教を許可し積極的に保護する。永禄二年（一五五九）には九州に進出してきた毛利軍と門司城で合戦が始まり、豊・芸合戦が展開。永禄五年には大徳寺瑞峯院《だいとくじずいほういん》の怡雲宗悦《いうんそうえつ》を戒師として剃髪し宗麟と号する。またこれより前に臼杵《うすき》に丹生島《にうじま》城を構築し、府内より移住した。元亀元年（一五七一）に毛利《もうり》元就《もとなり》が病死し、毛利軍が九州より撤退したため、義鎮の北部九州支配体制が本格化する。天正初年（一五七三）頃に家督を義《よし》統《むね》に譲るが、引き続き後見を行い、父子の共同統治体制を展開。同六年には臼杵の教会で洗礼を受け、ザビエルに因んでフランシスコの霊名を希望し授けられた。そしてキリスト教理想国家建設を企て日向に兵を進めるが、高城で島津軍に大敗を喫し、以後は衰退に向かう。天正八年（一五八〇）頃より、義鎮は俗人司祭として領国内の教会やイエズス会の施設を巡り歩き、地域において集団改宗が行われ、宣教師たちの活動を側面から支援し教界の発展に尽力し、当時豊後にいたイエズス会東インド巡察師ヴァリニャーニは臼杵にノビシャド（修練院）、府内にコレジオを開設した。天正一〇年（一五八二）には、ヴァリニャーニの企画による遣欧使節が派遣されたが、義鎮はこの企画を後日知らされた。天正一四年（一五八六）には北上する島津軍が豊後に乱入し、義鎮は上坂して*豊臣秀吉《ひでよし》に救援を求め、翌年秀吉の九州征伐が行われ、島津軍は撤退した。その直後、隠棲先の津久見で病死した。

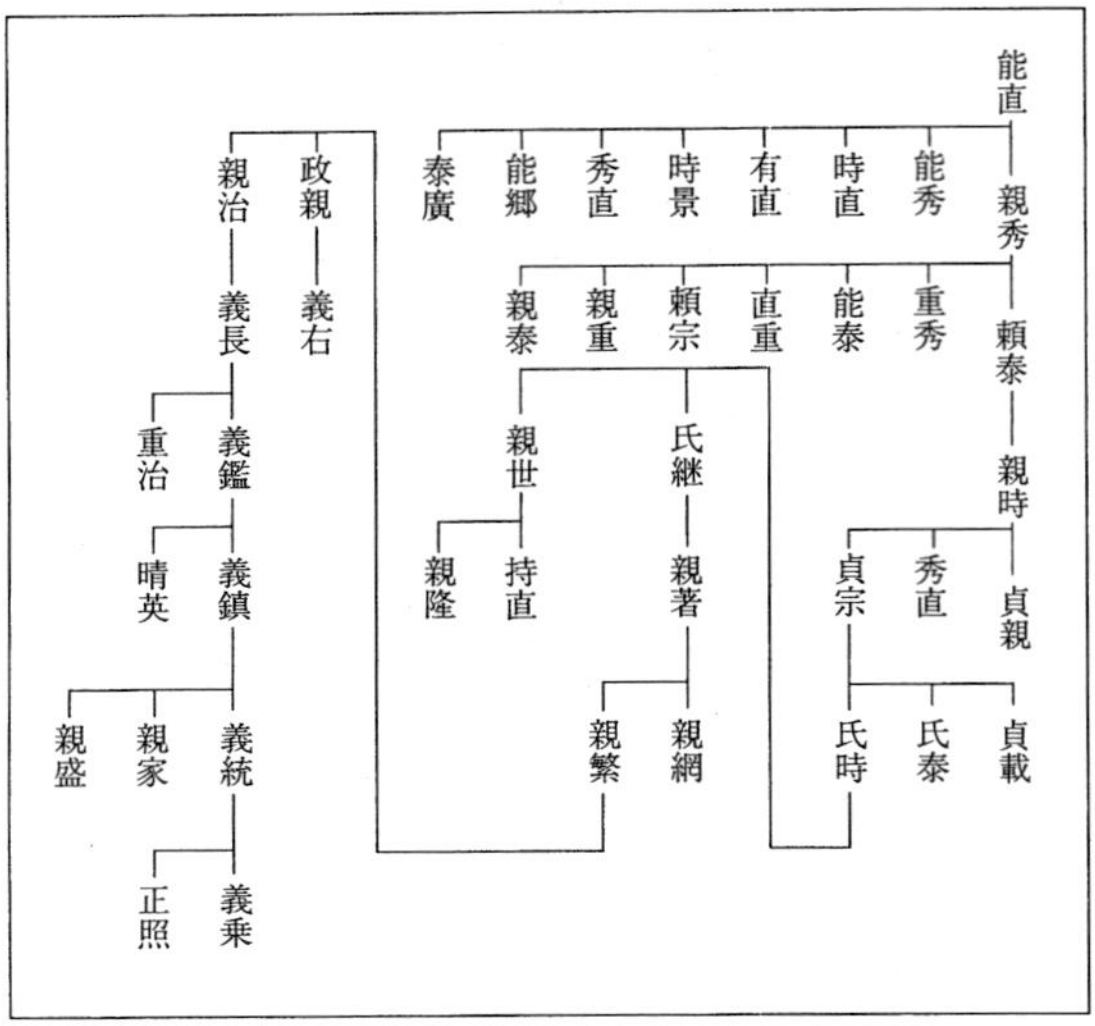

大友氏略系図

［文献］竹本弘文著『大分県先哲叢書　大友宗麟』（大分県教育委員会、一九九五）、五野井隆史『日本キリシタン史の研究』（吉川弘文館、二〇〇二）。（三重野誠）

高山右近《たかやまうこん》（一五五二―一六一五）安土桃山・江戸時代初期の武将。キリシタン大名。千利休《せんりきゅう》高弟の一人。幼名彦五郎、初名友祥《ともなが》のち長房《ながふさ》、通称右近・右近大夫。父は摂津《せっつ》の高山飛騨《ひだ》守《のかみ》図書《ずしょ》。永禄七年（一五六四）に受洗し、ジュストの霊名を受けた。天正元年（一五七三）に高槻《たかつき》城主となり、荒木村重《あらきむらしげ》に属し、村重と共に*織田信長《のぶなが》に叛したがオルガンティーノの説得により信長に降り、本領を安堵される。信長没後は秀吉に属し、天正一三年（一五八五）には播磨《はりま》国明石《あかし》城主となるが、天正一五年（一五八七）の禁教令により改易される。その後、加賀《かが》の前田利家《まえだとしいえ》に招かれ、剃髪して南坊等伯と称し領内でキリシタン布教に努める。慶長一八年（一六一三）の禁教令により翌年国外追放となりマニラに渡り、同地で病死。
［文献］海老沢有道『高山右近』（吉川弘文館、一九五八）、五野井隆史『日本キリスト教史』（吉川弘文館、一九九〇）。（三重野誠）

細川忠興《ほそかわただおき》（一五六三―一六四五）安土桃山・江戸時代初期の武将。豊前《ぶぜん》国小倉《こくら》藩主。父は細川藤孝《ふじたか》。幼名熊千代、通称与一郎。*織田信長《のぶなが》に仕え、その子信忠《のぶただ》より一字を与えられ忠興を名乗る。天正六年（一五七八）に信長の命により明智光秀《あけちみつひで》の次女たま（*ガラシャ）と結婚。天正八年に丹後《たんご》一二万石を与えられ宮津《みやづ》に築城して移る。天正一〇年（一五八二）の*本能寺の変に際し光秀より誘われたが与せず、妻たまを幽閉し羽柴秀吉《ひでよし》についた。秀吉没後は徳川家康《とくがわいえやす》に荷担し、豊後《ぶんご》国木付《きつき》六万石を加えられ、慶長五年、関ヶ原の合戦の折りたまを失うが、その軍功により豊前・豊後《ぶんご》にて三九万石余に加増され、中津《なかつ》城、次いで小倉城に移る。元和六年（一六二〇）、忠利《ただとし》に家督を譲り、正保二年（一六四五）肥後《ひご》国八代《やつしろ》で死去。（三重野誠）

ガラシャ（一五六三—一六〇〇）　安土桃山時代の女性で代表的なキリシタン。*細川忠興《ほそかわただおき》の妻。明智光秀《あけちみつひで》の次女で本名たま。天正六年（一五七八）に*織田信長《のぶなが》の命令により細川忠興と結婚。天正一〇年の本能寺の変（一五八二）後、忠興により丹《たん》後《ご》国味土野《みとの》に幽閉されるが、*羽柴秀吉《ひでよし》より許され、天正一二年（一五八四）大坂玉造《たまつくり》の細川邸に戻る。忠興が*高山右近《たかやまうこん》から聴いたキリスト教の教義に関心を抱き、忠興の九州出陣中の天正一五年（一五八七）二月、*イエズス会の教会を訪ね、説教を聞き教義を質す。以後、侍女を通じて教義への理解を深め、同年八月に受洗してガラシャと称する。慶長五年（一六〇〇）、忠興の出陣中、人質として大坂城に入ることを拒否し、家老に自らを斬らせて死亡。（三重野誠）

大村純忠《おおむらすみただ》（一五三三—八七）　戦国時代の武将。キリシタン大名。幼名勝童丸。父は肥前《ひぜん》国高来《たかき》郡日野江《ひのえ》城主の有馬晴純《ありまはるずみ》で、天文七年（一五三八）に肥前国彼杵《そのぎ》郡大村《おおむら》の領主である大村純《すみ》前《さき》の養子となる。天文一九年（一五五〇）に家督を継承したが、純前の庶子である後藤貴明《ごとうたかあき》との間に反目が生じ、終始争乱が続くこととなった。永禄五年（一五六二）、*イエズス会修道士アルメイダと交渉し、*平戸に来航していたポルトガル船を領内の横瀬浦《よこせうら》に招致した。永禄六年（一五六三）日本布教区長のトルレスから横瀬浦で洗礼を受け、バルトロメイの霊名を授けられた。キリシタン大名の最初であり、宣教師たちは今後の布教の進展に期待したが、同年反対派によって横瀬浦は焼き討ちされ、純忠も退去し、領内は後藤貴明と彼に与同する家臣らに掌握された。しかし翌年には大村領を奪回し、永禄八年に福田港《ふくだこう》を開港したが、良港でないことから元亀元年（一五七〇）に領内の*長崎を新たに開港し、天正八年（一五八〇）には、同地と茂木をイエズス会に寄進し、その後の長崎は貿易と布教の中心となっていく。天正一〇年（一五八二）にはイエズス会東インド巡《じゅん》察師《さつし》ヴァリニャーニの企画した*天正遣欧使節《てんしょうけんおうしせつ》に賛同して、甥である千々石《ちぢわ》ミゲルを名代として派遣することを了承。天正一二年（一五八四）には、大村領に度々侵攻してきた龍造寺《りゅうぞうじ》隆信《たかのぶ》が、*島津氏に敗死し武威から解放された。天正一五年（一五八七）、*豊臣秀吉《ひでよし》の九州征伐と時を同じくして、五月一八日死去した。（三重野誠）

有馬晴信《ありまはるのぶ》（一五六七—一六一二）　安土桃山・江戸時代初期の武将。肥前《ひぜん》国有馬《ありま》藩主。キリシタン大名。有馬義貞《よしさだ》の次男として有馬で誕生。幼名十郎。元亀二年（一五七一）に兄義純《よしずみ》から家督を継承。肥前日野江《ひのえ》城に住んだ。龍造寺《りゅうぞうじ》氏の勢力増大に苦しみ、*イエズス会から軍事物資などの援助を得つつ、天正一二年（一五八四）、島津氏に与同してこれを破った。天正八年にイエズス会東インド巡察師《じゅんさつし》ヴァリニャーニから洗礼を受けプロタジオの霊名を授けられ、のちにジョアンと改めた。天正一〇年（一五八二）、ヴァリニャーニの企画した天正遣欧使節《てんしょうけんおうしせつ》に賛同して、従兄弟に当たる千々石《ちぢわ》ミゲルを名代としてヨーロッパに派遣すること了承した。天正一五年（一五八七）に*豊臣秀吉《ひでよし》が伴天連追放令《ばてれんついほうれい》を発した後は、領内に多数のイエズス会士をかくまった。また領内に各地に教会を設け、セミナリオなどの初等教育施設を築き、加津佐《かづさ》でキリシタン版の出版を行うなど、一時はキリシタンの中心地的活況を呈した。*朱印船貿易に参加し、マカオで家臣が殺されたため、その報復として慶長一五年（一六一〇）正月に、長崎港でポルトガル船ノッサ＝セニョーラ＝グラーサ号を撃沈し、その恩賞斡旋に際して本多正純《ほんだまさずみ》の与力岡本大八《おかもとだいはち》から多額の金品を詐取された、いわゆる岡本大八事件が起こり、慶長一七年（一六一二）、晴信は甲斐《かい》に流され、死を賜った。　（三重野誠）

王直《おうちょく》（?—一五五九）　十六世紀の倭寇《わこう》の首領の一人と目された明人。五峰と号した。汪直とも記される。中国安徽省《あんきしょう》歙県の出身で、当初は塩商を営んでいたが、事業に失敗し遊民となり、密貿易を行うようになった。明政府の海外貿易禁制が弛緩したことに乗じて、一五四〇年頃に広東に赴き、禁制品の硫黄・生糸・硝石などを積んで南洋方面に渡航して、シャムなどで密貿易を行って数年で巨万の富を得た。日本来航は史料によって相違があり、『鉄炮記《てつぽうき》』では天文一二年（一五四三）、『日本一鑑』では天文一四年（一五四五）となっている。また『鉄炮記』によると、大明儒生五峰先生が鉄砲を携えたポルトガル人を伴って種子島《たねがしま》に来着したとあり、王直は日本への鉄砲伝来にも関係があった。王直は、日本において五島を拠点とし*平戸にも屋敷を構え、中国においては浙江《せっこう》省の瀝港《れきこう》を拠点として、日中の者を組織して、日本と中国との間で手広く密貿易を行っていた。しかし明の海禁政策が強化されることにより、王直は大海賊の頭目となり、多くの船団を率いて中国沿岸部を頻繁に襲撃した。いわゆる倭寇である。明の浙江総督胡宗憲《こそうけん》から、明に帰国すれば貿易を許可するとの条件を受け入れ、弘治三年（一五五七）に投降したが、投獄されて二年後の一二月に処断された。

［文献］　田中健夫『和寇—海の歴史』（教育社、一九八二）。　（三重野誠）

アンジロー（Angero、生没年未詳）　ヤジロウ（Yajiro）ともいわれる。日本人最初のキリスト教徒。薩摩《さつま》国鹿児島《かごしま》の出身。人を殺害して剃髪し、ポルトガルの商人の勧めにより、天文一五年（一五四六）、鹿児島の山川《やまがわ》より乗船してマラッカに渡ったとされる。翌年一二月に同地でザビエルに出会い非常な感銘を受け、またザビエルも彼の才知に接し日本布教を志した。四八年にはゴアの聖パウロ学院で修学し、洗礼を受けて「パウロ（Paulo de S. Fe）」の霊名を受けた。四九年にはザビエルらを案内して鹿児島に帰国し、案内・通訳者として伝道を大いに助けたが、晩年は定かでなく、中国に渡り寧波《ニンポー》付近で殺されたと伝えられる。

［文献］　海老沢有道「ヤジロウ考」（『増訂　切支丹の研究』新人物往来社、一九七一）。　（三重野誠）

フランシスコ＝ザビエル（Francisco de Xavier、一五〇六—一五二）　スペイン人*イエズス会宣教師。キリスト教（カトリック）を日本に最初に伝えた。シャビエル、ザベリオともいわれる。ナバーラ王国の貴族の子として、スペイン北東部のナバーラの主都ザビエル城で生まれた。一五二五年にパリの聖バルブ学院に学び、同学院でイグナティウス・デ・ロヨラの指導を受け、イエズス会の創設に加わった。東インド布教を目指したポルトガル国王ジョアン三世の要請に応じて、一五四一年にリスボンを出発し翌年ゴアに到着。以後一五四九年まで同地を拠点としてインド半島、セイロン島、マラッカなどで精力的に布教活動に従事。一五四七年にはマラッカで*アンジローと邂逅し、日本布教を決意して、天文一八年(一五四九)彼を案内役として鹿児島《かごしま》に上陸。一年程滞在した後、*平戸《ひらど》、山口《やまぐち》を経て日本国内での布教許可を得るため上京したが、天皇・将軍の権威失墜を理解し、当時中国一実力を誇った大内氏に会い布教許可を得ようとして山口に赴き、義隆《よしたか》より許可を得た。そして*大友義鎮《おおともよししげ》に招かれ豊後《ぶんご》を訪れ、キリスト教に関心を示した義鎮から布教許可を得て、天文二〇年(一五五一)に豊後を去り翌年ゴアに到着し、中国布教を志し大陸入りを目前にして広東港外上川島で没した。彼は日本と日本人の伝統と特質とを尊重し、これに順応した布教方針をとるべきこととし、方針は以降のイエズス会宣教師らに引き継がれていく。

フランシスコ=ザビエル

[文献] 吉田小五郎『人物叢書 ザヴィエル』(吉川弘文館、一九五九)。

(三重野誠)

ガスパル=ヴィレラ (Gaspar Vilea、一五二五—七二) ポルトガル人*イエズス会宣教師《せんきょうし》。ポルトガルのエヴォラ出身で、第3次日本宣教団の一員として弘治二年(一五五六)七月に豊後《ぶん》国《ご》府内《ふない》に上陸し、同地で日本語と日本の習俗を学ぶ。豊後と*平戸《ひらど》で布教に従事したのち、永禄二年(一五五九)にトルレスの命により、日本人イルマンのロウレンソ、同宿ダミアンとともに京都に赴き、本格的宣教活動に着手する。同年末頃、将軍*足利義輝《よしてる》に謁見し布教許可を得て街頭布教を開始し、永禄六年(一五六三)には結城《ゆうき》山城守《やましろのかみ》進斎《しんさい》らに洗礼を授けたが、度重なる戦乱により宣教活動は停滞した。永禄九年(一五六六)にトルレスより豊後への帰還を命じられ、元亀元年(一五七〇)に日本を去りゴアで永眠した。

[文献] 五野井隆史『日本キリスト教史』(吉川弘文館、一九九〇)。

(三重野誠)

ルイス=フロイス (Luis Frois、一五三二—九七) ポルトガル人*イエズス会司祭《しさい》。ポルトガルの首都リスボンに生まれ、一五四八年にイエズス会に入会。同年一〇月インドのゴアに赴き、聖パウロ学院に入学し、この間、アンジローやザビエルに出会う。ゴアで東アジア各地から届けられるヨーロッパ向けの通信を取り扱う仕事に従事していたことから、初期の日本教会の事情に精通していた。永禄六年(一五六三)に来日し、翌年平戸を出て永禄八年初頭に京都に着いた。翌年には*ガスパル=ヴィレラの後任として都の地区長を務め、*織田信長《のぶなが》と出会い親交を得て、当時の岐阜《ぎふ》・安土《あづち》・京都の情勢をヨーロッパに送信した。天正四年（一五七六）に*オルガンティーノに地区長を譲り、豊後《ぶんご》に赴き、*大友宗麟《おおともそうりん》と親交を重ね、天正五年（一五七七）から九年（一五八一）まで豊後地方の地区長を務め、激動の豊後の諸情勢を詳細に記録して報告した。イエズス会巡察師《じゅんさつし》としてヴァリニャーニが来日すると、通訳を務め上洛し、天正一〇年（一五八二）からは日本副管区長付司祭として「日本年報」の執筆者となり、翌年にはザビエル以降の日本布教史を記録する「日本史」の執筆を命じられた。天正一四年（一五八六）に副管区長の通訳として大坂城に*豊臣秀吉《ひでよし》を訪ねたが、翌年に伴天連追放令《ばてれんついほう》が出されたため、九州各地を転々とし、文禄元年（一五九二）からヴァリニャーニとともにマカオに渡り、文禄四年に長崎に戻り、慶長二年（一五九七）に同地で二十六聖人の殉教を目撃して記録し、同年*長崎《ながさき》で没した。

［文献］　五野井隆史『日本キリスト教史』（吉川弘文館、一九九〇）。

（三重野誠）

オルガンティーノ（Ghecchi Soldo Organtino、一五三三―一六〇九）　イタリア人*イエズス会宣教師《せんきょうし》。イタリアのカスト・ディ・バルサビアの名門に生まれ、一五五六年にイエズス会に入会し、一五六六年に東洋の布教を命じられ、翌年インドに渡りゴアの聖パウロ学院長となる。元亀元年（一五七〇）六月布教長カブラルと共に天草《あまくさ》の志岐《しき》に上陸し、*ルイス＝フロイス補佐のため畿内に派遣される。フロイスが豊後《ぶんご》へ去ったのちは都地方の布教地区長として留まり、*織田信長《のぶなが》の親交を得て、京都に被昇天《ひしょうてん》の聖母教会（*南蛮寺）を建て、また天正八年（一五八〇）には信長から安土《あづち》に土地を与えられ*セミナリオと教会を建てるなど、畿内における布教の中心的存在として活躍した。

［文献］　高瀬弘一郎『キリシタン時代の研究』（岩波書店、一九七七）、五野井隆史『日本キリスト教史』（吉川弘文館、一九九〇）。

（三重野誠）

ヴァリニャーニ（Alexandro Valignano、一五三九―一六〇六）　イタリア人の*イエズス会東インド巡察師《じゅんさつし》。イタリアのキエティに生まれ、一五五七年にパドバ大学で法律を学び、一五六六年にイエズス会に入会。一五七三年に東インド巡察師に任命され、ゴア・マカオを経て天正七年（一五七九）に口之津《くちのつ》に上陸。翌年、*大村純忠《おおむらすみただ》から*長崎《ながさき》を寄進され、豊後《ぶんご》から京都《きょうと》、安土《あづち》まで巡察し、*織田信長《のぶなが》の歓待を受ける。下・豊後・都の三布教区制、「日本年報」作成、聖職者養成機関の*セミナリオ・*コレジオ・ノビシャドの設立など画期的な政策を展開。天正一〇年（一五八二）、企画した*天正遣欧使節《てんしょうけんおうしせつ》を伴い長崎を出航し、八年後少年使節とともに日本再上陸し、船載した活字印刷機による*キリシタン版の出版を開始するなど、日本のキリスト教会史における中心人物の一人。

［文献］　海老沢有道『日本キリシタン史』（塙書房、一九六六）、高瀬弘一郎『キリシタン時代の研究』（岩波書店、一九七七）。

（三重野誠）

黒田如水《くろだじょすい》（一五四六―一六〇四）　安土桃山時代の武将、大名。幼名万吉、初名孝隆のち孝高《よしたか》、通称官兵衛、勘解由と称し、剃髪して如水軒円清。父は美濃守職隆《もとたか》で、当初小寺姓を名乗った。天正初年頃から*織田信長《のぶなが》に接近し、*羽柴秀吉《ひでよし》の参謀として活躍。天正一四年（一五八六）からの九州征伐に従軍し、その戦功から、翌年に豊前《ぶぜん》六郡に一二万石の領地を得て、下毛《しもげ》郡中津《なかつ》に築城した。天正一七年には家督を嫡子長政《ながまさ》に譲り秀吉に近侍した。慶長五年（一六〇〇）関ヶ原の戦の際には、大友吉統《おおともよしむね》を豊後《ぶんご》国石垣原《いしがきばる》の合戦で破り、その後、筑前《ちくぜん》福岡に移り、山城《やましろ》国伏見《ふしみ》で病没した。熱心なキリスト教徒で、洗礼名をドン・シメオンと称し、没後は遺言によって博多の教会に寄付をしたと伝えられる。

［文献］金子堅太郎『黒田如水伝　復刻版』（文献出版、一九七六）。

（三重野誠）

黒田長政《くろだながまさ》（一五六八—一六二三）　安土桃山・江戸時代初期の武将、筑前《ちくぜん》国福岡藩主。幼名松寿、通称吉兵衛。甲斐守、筑前守。父は*黒田孝高《よしたか》（如水《じょすい》）で、播磨《はりま》国姫路《ひめじ》城で誕生。天正五年（一五七七）*織田信長《のぶなが》の人質となり羽柴秀吉《ひでよし》のもとで育てられた。秀吉の中国攻略、賤ヶ岳《しずがたけ》の合戦に従軍し、天正一七年（一五八九）には家督を継いで豊前《ぶぜん》六郡を襲封。秀吉没後は*徳川家康《いえやす》に接近し、慶長五年（一六〇〇）の関ヶ原の戦の戦功により筑前一国を得て福岡城を築城し移った。元和九年（一六二三）に京都報恩寺《ほうおんじ》で没した。父孝高の勧めで天正一四年頃に受洗してダミアンと称し、当初はキリスト教を保護したが、禁教令施行後は禁教政策を推進した。

［文献］福田千鶴「慶長・元和期における外様大名の政治課題—黒田長政を事例として—」（『九州文化史研究所紀要』三七、一九九二）。

（三重野誠）

伊東《いとう》**マンショ**（一五七〇—一六一二）　天正遣欧使節《てんしょうけんおうしせつ》の正使の一人。父は都於郡《とのこおり》の伊東修理祐亮青《しゅりのすけすけきよ》で、母は日向《ひゅうが》国主の伊東義祐《よしすけ》と、豊後《ぶんご》の*大友宗麟《おおともそうりん》の妹との間に生まれた町上《まちのうえ》とされる。島津氏の日向侵攻によって豊後に落ち、天正八年（一五八〇）臼杵《うすき》で受洗しマンショの霊名を受ける。有馬で学んだのち、天正一〇年（一五八二）に*ヴァリニャーニが企画実行した*天正遣欧使節において、大友宗麟の名代として正使に選ばれ、千々石《ちぢわ》ミゲル・中浦ジュリアン・原マルチノらとともにポルトガル・イタリア・スペインの諸都市を訪問し、天正一八年（一五九〇）に帰国。翌年聚楽第《じゅらくだい》で*豊臣秀吉《ひでよし》に謁見した後、他の三人とともに*イエズス会に入り、小倉《こくら》を中心に布教活動を行い、*長崎《ながさき》で没した。

［文献］泉井久之助他訳『新異国叢書5　デ・サンテ天正遣欧使節記』（雄松堂書店、一九六九）、結城了悟『ローマを見た天正少年使節』（日本二十六聖人記念館、一九八二）。

（三重野誠）

千々石《ちぢわ》**ミゲル**（一五七〇—？）　*天正遣欧使節の正使の一人。父は肥前《ひぜん》千々石城主の千々石直員《なおかず》。天正八年（一五八〇）に受洗してミゲルの霊名を受け、有馬《ありま》の*セミナリヨに学ぶ。*大村純忠《おおむらすみただ》の甥で*有馬晴信《はるのぶ》の従兄弟にあたることから、天正一〇年（一五八二）に*ヴァリニャーニが企画実行した天正遣欧使節において、大村・有馬両氏の名代として正使に選ばれ、渡欧する。途中スペインのトレドでは疱瘡《ほうそう》を患い生命が危ぶまれたが完治した。天正一八年（一五九〇）に帰国し、翌年*イエズス会に入会するが、慶長六年（一六〇一）頃に退会し、大村領主大村喜前《おおむらよしあき》に仕えた。その後、有馬晴信にも仕えたが不興を被り追放され、長崎《ながさき》に逃れ、晩年は不明。

［文献］泉井久之助他訳『新異国叢書5　デ・サンテ天正遣欧使節記』（雄松堂書店、一九六九）、結城了悟『ローマを見た天正少年使節』（日本二十六聖人記念館、一九八二）。

（三重野誠）

原《はら》**マルチノ**（一五六八？—一六二九）　*天正遣欧使節の副使の一人。肥前《ひぜん》国大村領波佐見《はさみ》の出身。有馬《ありま》の*セミナリヨに学び、天正一〇年（一五八二）に遣欧使節の副使として渡欧し、天正一八年（一五九〇）に帰国し、翌年*イエズス会に入会する。帰国の途中インドのゴアで*ヴァリニャーニに対してラテン語で感謝の演説を行うなど、語学の才能に恵まれ、信仰書などの翻訳を行い、キリシタン版の作成に従事する。慶長一三年（一六〇八）には司祭に叙階され、教会公証人として日本司教を補佐するなど、日本人イエズス会会員の中心人物だったが、慶長一四年（一六〇九）マカオに追放され、同地で病没した。

［文献］ 泉井久之助他訳『新異国叢書5 デ・サンテ天正遣欧使節記』（雄松堂書店、一九六九）、H・チースリク『キリシタン時代の邦人司祭』（キリシタン文化研究会、一九八一）。 （三重野誠）

中浦《なかうら》ジュリアン （一五七〇頃—一六三三） *天正遣欧使節の副使の一人。肥前《ひぜん》国中浦《なかうら》の出身。天正八年（一五八〇）有馬《ありま》の*セミナリヨに学び、*ヴァリニャーニに抜擢され、天正一〇年（一五八二）の遣欧使節となり、*伊東マンショ・*千々石《ちぢわ》ミゲル・*原マルチノらとともにポルトガル・イタリア・スペインの諸都市を訪問。天正一八年（一五九〇）に帰国し、翌年*イエズス会に入会した。慶長六年（一六〇一）、伊東マンショとともにマカオに派遣され、神学を学び、慶長一一年（一六〇六）に帰国。慶長一三年（一六〇八）司祭に叙階されるが、禁教令施行後も国内で活動し、寛永一〇年（一六三三）に小倉《こくら》で捕らえられ*長《なが》崎《さき》に護送されて、穴吊しの刑により死亡。

［文献］ 泉井久之助他訳『新異国叢書5 デ・サンテ天正遣欧使節記』（雄松堂書店、一九六九）、結城了悟『天正少年使節の中浦ジュリアン』（日本二十六聖人記念館、一九八一）。 （三重野誠）

日本史 ポルトガル人*イエズス会司祭《しさい》の*ルイス＝フロイスが記した一五四九年から一五九四年頃までの編年体の日本布教史。天正一一年（一五八三）、*フランシスコ＝ザビエル来日以降の日本布教史を編むことを意図した*イエズス会の指示により、日本副管区長ガスパル・コエリョは、ザビエルやアンジローと知己のあったフロイスにその執筆を命じた。彼は慶長二年（一五九七）に*長崎《ながさき》で死去するまで、その執筆に心血を注いだ。だが、あまりにも詳細に記したことにより、巡察師《じゅんさつし》*ヴァリニャーニが、本書を冗長すぎるとして、ヨーロッパに送ることを拒み、その原稿はマカオの学院の倉庫に埋もれたままとなり、一八三五年に火災により灰燼に帰した。しかし、幸いにもイエズス会士らが謄写しており、その写本は世界各地を転々とし、ようやく近年になって編年史が連続して見いだされ、一九七七—八〇年にかけて、その全文の邦訳が刊行された。本書は布教史関係の記述に止まらず、当時の日本の政治情勢や、庶民の生活・習俗、自然災害に至るまで詳述されており、戦国時代から安土桃山時代までの日本社会の様相を伝える史料として大変貴重なものである。公開を目的として執筆されたものであるため、教化的内容が多く、キリスト教会の内部のことは記されていないが、一六世紀後半の日本情勢を研究するうえで第一級の史料として位置づけられる。

［文献］ 松田毅一他訳『フロイス日本史1—12』（中央公論社、一九七七—八〇）。 （三重野誠）

（二） 織田信長の統一事業

天下布武《てんかふぶ》 *織田信長《のぶなが》が使用した印。初見は永禄一〇年（一五六七）一一月。当初は馬蹄型の印を用いていたが、後に二匹の龍を形象した双龍印を使用するようになる。信長の学問の師、平手政秀《ひらてまさひで》のために建立した政秀寺の住職に迎えていた禅僧沢彦《たくげん》宗恩が、天下に武を布くという意味から「天下布武」の四文字を選んだといわれている。「天下」とは将軍ないし将軍の管轄領域である京都を中核とする領域をさし示す言葉であり、全国を武力で統一するという意にはあたらない。上洛した*足利義《よし》昭《あき》・信長の行動は、畿内における治安回復のための戦いを続けていることなどから「天下布武」はこの領域の治安回復を指す言葉であろう。「天下」「国家」は別の概念であり、「国家」は*戦国大名の支配する領国と大名の家中をさしていた。天下は国家の上位概念である。

［文献］奥野高廣『増訂織田信長文書の研究』（吉川弘文館、一九八八）、熱田　公『天下一統』（集英社、一九九二）、神田千里『日本の中世11戦国乱世を生きる力』（中央公論社、二〇〇二）。

（三藤秀久）

安土《あづち》の宗論《しゅうろん》 天正七年（一五七九）五月二七日辰の刻より近江《おうみ》国蒲生《がもう》郡安土《あづち》村慈恩寺《じおんじ》浄厳院《じょうごんいん》において浄土宗と日蓮宗の間で行われた宗論。終了時刻については諸説あるが、午の刻前後と伝えられている。安土法論・安土問答とも呼ばれている。同月上旬に日蓮宗の建部紹智・大脇伝助両人が浄土宗の玉念が唱える浄土宗の法義を質したが、「汝等若輩では相手にならぬ故、専門を出せ」ということに端を発する。信長ははじめ家臣の菅屋長頼や堀秀政に和睦の斡旋を命じたが、日蓮宗がこれを拒否した結果、問答となる。五月二七日寺中警護の中、奉行衆立ち会いのもと、法華宗側は頂妙寺日珖・常光院日諦・久遠院日淵・記録者として法然院某が、浄土宗側は玉念・西光寺聖誉貞安・信誉洞庫・記録者として知恩院内一心院助念が左右に対座し、南禅寺鐵叟景秀とその伴僧の華渓正稷・法隆寺仙覚坊・因果居士の四名を判定者として十三問答を行った。信長の意を受けた因果居士の活躍により、浄土宗側の勝利とされた。敗れた日蓮宗側は題目曼陀羅に奉行衆宛の詫証文を書かされたうえ、罰金を納め、抗争の原因となった信者二人を処刑し、さらに日珖以下の籠居など厳しい制裁を加えられた。それに反し、浄土宗側は信長から感状や賞金が出るなど優遇された。信長は当初より京都支配の強化のため、*町衆の支持を得ていた法華宗寺院を抑えることを目的として宗論を行わせたと考えられている。また*天文法華一揆以来、日蓮宗はたびたび宗論を行い、天正三年（一五七五）には日蓮義非宗の綸旨が下されるなど、公武の反感が高かったことも敗因の原因と思われる。

［文献］辻善之助『日本仏教史　近世篇1』（岩波書店、一九五二）、奥野高広・岩沢愿彦『信長公記』（角川文庫、一九六九）、熱田　公『天下一統』（集英社、一九九二）、神田千里『日本の中世11戦国乱世を生きる力』（中央公論社、二〇〇二）。

（三藤秀久）

安土城《あづちじょう》 *織田信長《のぶなが》が*「天下布武《ふぶ》」の象徴として、琵琶湖東岸の入江に突出した安土山に築いた城である。天正四年（一五七六）より六年かけて築城。未曾有な築城工事と壮麗な天守建築は有名である。しかし城の内外が完成した翌年、天正一〇年（一五八二）に織田信長が本能寺の変で自害し果て、その直後城は炎上している。短命な城だけに記録が少なく、*ルイス・フロイスの*『日本史』と太田牛一の『信長公記』などにたよる事が多く、いまだ疑問の点が多く残っている。信長は居城を那古《なご》野《や》・清洲・小牧山・岐阜と移し岐阜入城の頃、天下布武の印判を使い始め、天下統一の完成をめざして安土城を築いた。築城にあたっては丹羽長秀《にわながひで》を普請物奉行とし、信長も天正四年に安土入りして、家臣団の屋敷地割や、石材の調達をしている。すべての曲輪《くるわ》が土塁でなく、石垣で作られるため膨大な石が運びこまれた。「石の城」である。『信長公記』には「蛇石《じゃいし》という名石にて優れたる大石に候間…一万余人数を以、夜日《よるひる》三日に上せられ候…昼夜山も谷も動くばかり候」とある。その石垣積み上げには馬渕と穴太《あのう》衆と呼ばれる石工集団を用いた。なかでも信長は天主造営に力を入れた。信長の行動パターンは常に「天」を求めていた。既成仏教を否定し、全知全能の天に憧れ天高く聳える櫓に天主と名付けた。天主（安土城のみこの字を使う）は五層六階地下一階で、五階は八角形で夢殿を模し、巡縁高欄《めぐりえんこうらん》がめぐり、最上階は望楼《ぼうろう》で*金閣寺を模し、朱の高欄をめぐらし、五層の屋根の軒先は金箔で彩られ、屋根瓦は唐人の一観を招いて薄い瓦を焼かせている。城の内部は狩野永徳《かのうえいとく》一門によって艶やかに彩られた。城の縄張りは、湖面から約一〇〇メートルの高さの安土山を巧みに利用して、主峰の頂部を削平し、天主台・本丸・二の丸・三の丸などの数区画の曲輪をつくり、主峰から伸びる四本の尾根の段斜面には、有力武将の邸宅を配置し、南に大手門を設けた。西側の百百橋《どどばし》口への途中には總見寺《そうけんじ》を建立。現在は三重の塔と仁王門が残っている。（遠藤塩子）

[文献]　西ヶ谷恭弘『戦国の城　中』（学研、一九九二）、『日本城郭大系11』（新人物往来社一九八〇）。

備中高松城《びっちゅうたかまつじょう》　岡山市高松にある*羽柴秀吉《ひでよし》の水攻めで有名な城である。城は吉備平野を流れる足守川の低湿地を利用し、南北に伸びる自然堤防の上に、永禄末年（一五七〇頃）備中松山の三村氏の有力武将石川久式《いしかわひさのり》が、はじめて築城したと伝えられる。久式が毛利氏に亡されると、国人の清水宗治《しみずむねはる》が城主となった。天正一〇年（一五八二）*織田信長《のぶなが》の中国攻めにあたり、羽柴秀吉が清水宗治に相対した。秀吉は高松城を見下ろせる竜王山に陣を取り、日夜攻撃したが、外濠の湿地にはばまれて人馬は城に達せず、戦果があがらぬため、足守川を塞き止める水攻めの作戦をとった。高松城は水中に孤立し篭城作戦で死守していたが、本能寺の変を知った秀吉は講和を急がせ宗治の切腹のみにて水攻めを解いた。その後江戸幕府の幕藩体制の確立とともに廃止された。（遠藤塩子）

[文献]　南条範夫・奈良本辰也『日本の名城・古城事典』（TBSブリタニカ、一九八九）、西ヶ谷恭弘『戦国の城　中』（学研、一九九二）。

清州城《きよすじょう》　愛知県の清州にある城郭。城は応永一二年頃（一四〇五）尾張の守護斯波義重《しばよししげ》の築城と言われている。斯波氏はのちに守護代として織田大和守《おだやまとのかみ》をここに入れた。*織田信長《のぶなが》の父*信秀《のぶひで》は大和守の三重臣の一家として勝幡《しょばた》城にあってこれを助けたが、信長の時、守護代の織田広信《ひろのぶ》を殺害し弘治元年（一五五五）清州城に入った。それから小牧山城に移るまでの約八年間ここを居城として、桶狭間《おけはざま》の戦いなどで名声を挙げていった。当時の城は一重の水濠を巡らし、本郭と副郭を主としたものであったらしい。城が拡大され天守をあげ、三重の水壕を巡らしたのは信長の死後である。城主は織田信雄《のぶかつ》・豊臣秀次《ひでつぐ》・福島正則《ふくしままさのり》・松平忠吉《ただよし》・徳川義直《よしなお》と代わり、徳川家康の名古屋築城の折、城の石垣、建物等を移転した「清州越し」によって廃城となった。

［文献］西ヶ谷恭弘『織田信長事典』（東京堂出版、二〇〇〇）、村田修三『図説中世城郭事典2』（大日本印刷、一九八七）。

（遠藤塩子）

二条城《にじょうじょう》　京都市二条にある城郭。京都の二条は戦乱の世、天下に号令したいと望む*武将にとってはかけ替えのない場所であった。最初の二条城は織田信長《のぶなが》が永禄一二年（一五六九）*足利義昭《よしあき》の居所として築いた旧二条城である。位置は京都御所の南西、平安女子学院の一隅に「旧二条城」の石碑が在る一帯。地下鉄工事のさい堀跡や石垣が掘出された。その城は築城後四年の天正元年（一五七三）信長が義昭を追放し、城を破却し焼き払われた。それより前元亀三年（一五七二）信長は自身の在京屋敷として築城、二条御新造と言い、天正七年（一五七九）、誠仁《さねひと》親王に献じ二条御所と称した。三年後本能寺の変で明智軍によって灰燼に帰した。*豊臣秀吉《ひでよし》は二条の近くに聚楽第《じゅらくてい》を建立。現存する豪壮華麗な二条城は慶長七年（一六〇二）*徳川家康《いえやす》が築城したものである。

［文献］西ヶ谷恭弘『日本の城』（主婦の友社、一九九五）、『日本城郭大系11』（新人物往来社、一九八〇）。

（遠藤塩子）

稲葉山城《いなばやまじょう》　井の口城・岐阜城ともいう。岐阜県岐阜市にある織田信長の天下布武の原点とされた城である。城は濃尾平野の北端、金華山の山頂から麓にかけてひろがる山城である。創建は建仁元年（一二〇一）鎌倉幕府の御家人二階堂行政《にかいどうゆきまさ》と言われる。室町時代には美濃の守護土岐氏の守護代、斉藤氏の居城となり、後に斉藤氏の家老長井氏が入った。その頃活躍したのがマムシの道三と異名をとった*斉藤道三《さいとうどうさん》である。道三は守護土《と》岐《き》政頼《まさより》の弟頼芸《よりなり》に仕え、権謀術数を尽くして土岐氏を追放し、長井氏を倒して斉藤を名乗り、稲葉山城に入城、天文一〇年（一五三八）美濃一国を掌握した。当時の城は土塁と堀切であった。その城を石垣の多い城としたのは*織田信長《のぶなが》であった。道三が嫡男*義竜《よしたつ》に討たれ、義竜の子*竜興《たつおき》が城主時代の永禄一〇年（一五六七）信長は稲葉山城を激戦の後に落城させ、本拠を小牧山城から稲葉山城に移した。地名の井の口を岐阜と改め、城名も岐阜城とし堅固で壮大な城とした。信長はこの頃から*天下布武の刻印を使用しているところから天下布武の原点の城といえる。城は二つの天守を中心にして築かれた。一つは金華山の頂上に三層四階の楼閣をあげ、一つは西麓に多くの曲輪を建てその要に四階の楼閣を造り居館とした。居館の周囲に家臣団を集住させ城下町が形成された。しかし信長は安土城築城に伴い城を嫡男信忠《のぶただ》に譲った。その後信忠の子秀信《ひでのぶ》のとき関ヶ原の戦いで落城。現在の天守は昭和三一年（一九五六）に造られた模擬天守である。

［文献］西ヶ谷恭弘『戦国の城　下』（学研、一九九二）。

（遠藤塩子）

宇治槇嶋《うじまきしま》　京都府宇治市槇嶋町には、四方を宇治川の支流によって囲まれた水城の槇島城があり、当地において*織田信長《のぶなが》と*足利義昭《よしあき》の合戦が行われた。天正元年（一五七三）七月一八日、信長の七万の軍勢は上流側と下流側の二手に分かれ、この城に立て籠もる義昭に対して総攻撃を加えた結果、即日開城し、義昭は、子の義尋《ぎじん》を人質に差し出し、信長に降伏した。いったんは久世《くぜ》郡の枇杷《びわ》荘に移されたが、その後、*三好義継《みよしよしつぐ》の庇護を受けるために*羽柴秀吉《ひでよし》の護送を受け若江城に移される。この合戦のあとも義昭は反信長戦線を展開していくが、*室町幕府はここに実質的に崩壊する。

［文献］ 奥野高広・岩沢愿彦『信長公記』（角川文庫、一九六九）、『戦国合戦大辞典3』（新人物往来社、一九八九）、谷口克広『織田信長合戦全録』（中央公論新社、二〇〇二）。 （三藤秀久）

本能寺《ほんのうじ》の変《へん》 天正一〇年（一五八二）六月二日、明智光秀《あけちみつひで》が中国出陣の途上、京都本能寺の*織田信長《のぶなが》を急襲し、自害に追い込んだ事件。*備中高松城を包囲していた*羽柴秀吉《ひでよし》からの援軍の要請により、光秀は*徳川家康《いえやす》の接待を中断し、坂本城を経て五月二六日備中高松城攻のため丹波亀山城に入った。二七日愛宕山に参籠し、二度、三度まで神籤《みくじ》をとり、翌日連歌師里村紹《さとむらしょう》巴《は》らと連歌を興行した。信長と信忠は二九日に安土をたって上洛し、信長は本能寺、信忠は妙覚寺を宿所とした。六月一日亥の刻、光秀は備中出陣を全軍に布告し、一万三千の兵を率いて亀山城を発した。老の坂を越えると急遽進路を東に取り、二日未明には洛中に入り、信長の宿所になっていた本能寺を包囲した。信長は一日夜、茶会や囲碁を楽しみ深夜に就寝したが、物音で目覚め光秀の謀反と知った。自らも森蘭丸ら近臣と応戦するが叶わず、自ら火を放ち自刃した。二日朝京都所司代の通報で襲撃を知った信忠《のぶただ》は本能寺に入ろうとしたが入れず、皇太子誠仁《まさひと》親王の二条御所に籠城し、防戦の末自刃してはてた。光秀は京都にいた信長残党の探索をする一方、毛利・上杉など反信長勢力に信長の死を通報、さらに信長の家臣団に誘降を勧めたが、中国大返しに成功した秀吉と京都山崎で戦い、*細川忠興《ほそかわただおき》・*筒井順慶《つついじゅんけい》らの同調が得られず、大敗を喫し、敗走途中に野伏に討たれて死亡。光秀の天下はわずか一〇日で終わってしまった。光秀謀反の原因については、怨恨説・立身絶望説・政権奪取説などの諸説あるが、定説はない。

［文献］ 高柳光寿『明智光秀』（吉川弘文館、一九五八）、奥野高広・岩沢愿彦『信長公記』（角川文庫、一九六九）、熱田 公『天下一統』（集英社、一九九二）。 （三藤秀久）

桶狭間《おけはざま》の戦《たたか》い 永禄三年（一五六〇）五月一九日、桶狭間の田楽ヶ窪（愛知県名古屋市緑区有松町一帯）において、*織田信《のぶ》長《なが》が*今川義元《いまがわよしもと》を撃ち破る合戦。かねてから上洛を志向していた今川義元は二万五千の大軍を率い、その途上にあった織田氏と合戦に至ったとの通説があるが、永禄元年（一五五八）以降、義元は尾張侵攻を企図し、鳴海・大高などをその前線とし、対する信長は鳴海城の周囲に砦を築き、今川氏の動きを封鎖していたことと、今川氏の発給文書から、義元は西三河を完全に支配下におくために鳴海城の確保と織田軍の撃破を目的に出陣したとの説が立てられている。五月一二日府中を出発した義元は、一九日丸根《まるね》砦・鷲津《わしづ》砦の勝ち戦の報に触れ、桶狭間の田楽ヶ窪に陣を張り昼食をとった。この動きに対し信長は、精鋭二千を率いて間道を通り、桶狭間の義元本陣のすぐ北にある太子ヶ根というところに到着し、天候急変の混乱に乗じるような形で、精鋭二千が義元の本陣を目指して突撃し、義元は信長の近臣毛《もう》利新介《りしんすけ》によって討たれ、今川軍は敗走した。奇襲戦の典型的な例とされてきたが、近年、信長軍は迂回せず、善照寺砦から中島砦に進み、今川軍の前軍に正面攻撃をかけ、前軍が崩れたところで信長はさらに桶狭間山に休息していた義元本隊に攻撃をしかけたとする説も唱えられ、再検討の余地がある。この戦いによって、今川氏の衰退・家康の急速な台頭、信長の急成長といった新しい局面をむかえるようになっていった。

［文献］ 参謀本部篇『日本戦史1・2桶狭間役』（一九〇二）、『戦国合戦大事典3』（新人物往来社、一九八九）、奥野高広・岩沢愿彦『信長公記』（角川文庫、一九六九）、谷口克広『織田信長合戦全録』（中央公論新社、二〇〇二）、神田千里『日本の中世11戦国乱世を生きる力』（中央公論社、二〇〇二）。 （三藤秀久）

姉川《あねがわ》の戦《たたか》い 元亀元年（一五七〇）六月二八日、小谷《おだに》城下の姉川（滋賀県東浅井郡浅井町）付近で起こった、*織田信長《のぶなが》と*浅井《あさい》長政《ながまさ》・朝倉景健《あさくらかげたけ》連合軍との戦い。野村合戦とも、三田村合戦とも呼ばれている。元亀元年四月、信長は上洛命令に従わず反抗的な態度を示していた朝倉討伐に乗り出すが、その際に江北の浅井長政の裏切り、さらに六角承禎《ろっかくじょうてい》父子が近江各地で一揆を扇動したため、信長は朽木《くつき》越えの難所を経て京都に帰陣する。その後、近江坂田郡の長《たけくらべ》　竹砦《とりで》の堀秀村《ほりひでむら》の投降を契機に浅井討伐のための出陣をする。軍勢を整えた信長は六月二一日、小谷城の南方二キロほどのところにある虎御前山《とらごぜんやま》に着陣。二四日より横山城攻めが開始され、ほどなく徳川家康軍五千が合流した。一方の浅井方にも朝倉景健《あさくらかげたけ》を総大将とする援軍八千が小谷城下に入り、六千の兵とともに浅井長政は横山城の後巻きのために大依山《おおよりやま》まで進んだ。二七日夜、夜陰にまぎれて浅井・朝倉軍は南下し、浅井軍は野村、朝倉軍は三田村にそれぞれ着陣し、姉川を隔てて織田・徳川連合軍と向かい合う位置にまで進出した。二八日巳の刻、徳川軍が対岸に布陣する朝倉軍と戦闘を始めたことを契機とし、合戦の火蓋が切って落とされた。織田・徳川軍二万、対する浅井・朝倉軍は一万四千ほどであった。やがて、浅井・朝倉軍は総崩れとなり、北国脇往還を北へ向かって敗走しはじめる。織田・徳川軍は小谷近辺まで追撃した。この戦いでの浅井・朝倉方の死者は八千とも九千ともいわれている。この戦いに勝った信長は攻略した横山城に*木下秀吉《ひでよし》を置き湖北に対する前線基地とする。さらに、南方に孤立している佐《さ》和山《わやま》城を丹羽《にわ》長秀《ながひで》などに包囲させ、翌年二月に開城させた。この姉川の戦いに勝利したことにより、浅井を小谷城に追いつめ江北の支配も手にしたが、その後三年間も浅井・朝倉との対立は継続していく。

［文献］ 参謀本部篇『日本戦史3・4姉川役』（一九〇一）、奥野高広・岩沢愿彦『信長公記』（角川文庫、一九六九）、『戦国合戦大事典5』（新人物往来社、一九八八）、谷口克広『織田信長合戦全録』（中央公論新社、二〇〇二）。 （三藤秀久）

延暦寺焼き討ち《えんりやくじやきうち》 元亀二年（一五七一）九月一二日、*織田信長《のぶなが》が比叡山延暦寺の諸堂舎および山王二十一社などをことごとく焼き払った事件。元亀元年以降、本願寺*顕如《けんにょ》は権益維持のため各地の一揆を動員し反信長戦線を展開していくが、それに呼応する形で浅井・朝倉も南下し、比叡山に籠もって信長に抵抗する。同二年九月一二日、報復のため、根本中堂・山王二十一社・東塔・西塔・無道寺以下諸堂に火を放ちことごとく焼亡させた。僧のみならず、女性・子供など三、四千人を越える数がこの焼き討ちによって命を落とした。一五日まで残坊が燃え続け、仏像・経巻・古文書などの大部分が灰燼に帰した。近年の発掘調査によると山上の延暦寺跡にはあまり焼け跡が見られないことから、このころにはすでに大部分の塔頭が山下の坂本に移っていたと考えられている。寺領・社領はことごとく没収され、明智光秀《あけちみつひで》・佐久間信盛《さくまのぶもり》・柴田勝家《しばたかついえ》・中川重政《なかがわしげまさ》らに与えられ、近江の支配体制が整う。この信長の行為に対して非難もあったが、中近世移行期にあって、政教分離を志向した信長の行動は高く評価できるものである。信長存命中は復興されなかったが、信長死後、*正親町《おおぎまち》天皇などの尽力により、天正一二年（一五八四）*羽柴秀吉《ひでよし》が根本中堂以下の再興を許可したことにより、復興事業が着手される。

［文献］　辻善之助『日本仏教史　近世篇1』（岩波書店、一九五二）、奥野高広・岩沢愿彦『信長公記』（角川文庫、一九六九）、谷口克広『織田信長合戦全録』（中央公論新社、二〇〇二）、神田千里『日本の中世11戦国乱世を生きる力』（中央公論社、二〇〇二）。（三藤秀久）

長篠《ながしの》の戦《たたか》い　天正三年（一五七五）五月一一日から二一日にかけて長篠《ながしの》設楽《したら》ヶ《が》原《はら》（愛知県新城市）において起こった、*織田信長《のぶなが》・*徳川家康《いえやす》連合軍が武田勝頼《たけだかつより》を撃ち破る戦い。*武田信玄《しんげん》死後、家督を継いだ勝頼は遠江《とおとうみ》・三河への侵攻を展開し、天正二年（一五七四）には家康が支配する、遠江の高天神城を攻略することに成功した。家康は高天神城陥落後、長篠城を対武田氏の前線として位置づけ、天正三年二月に長篠城を修築し、武田氏から寝返ってきた奥平信昌《おくだいらのぶまさ》を城代にした。同三年五月一一日から武田勝頼の率いる大軍が長篠城に攻撃を開始。長篠城から鳥居強右衛門《とりいすねえもん》が密使となり家康へ窮状を伝え、信長に援軍を要請した。鳥居は帰城途中に武田方に捕われ、来援があることを城内に向かって叫んでしまったため、即座に磔にかけられ処刑されてしまう。信長は三万の大軍を率いて一五日には岡崎城に到着、一八日には信長・家康の連合軍が長篠に到着する。信長は極楽寺に本陣を置き、家康は高松山に本陣を置き、夜に入り、信長・家康本陣の前面を流れる連子川に沿って柵を巡らせ空堀を掘り、騎馬の侵入を防いだ。二〇日夜半、信長は武田方の後方攪乱と、豊川を南下して信長・家康連合軍の背後を突かれることを阻止するため、家康の武将酒井忠次《さかいただつぐ》に金森長近《かなもりながちか》率いる鉄砲隊五百を含む四千の兵を預け、鳶《とび》ヶ巣《す》山の武田方の砦を攻めるよう命じた。二一日の午前六時頃より合戦が開始された。信長軍三万、家康軍八千、対する武田氏は一万五千といわれているが、設楽ヶ原にはこれだけの人数で戦える場所もないことから、信長・家康連合軍一万七千ないし一万八千、武田軍は六千ぐらいであったと推定される。馬防柵の利用と鉄砲の三段式装填法により、戦国最強といわれた武田騎馬隊をうち崩した。この戦いによる武田方の被害は甚大で本国までたどり着けたものはわずか三千に満たなかったといわれている。馬場《ばば》美濃守信《のぶ》房《ふさ》、山県《やまがた》三郎兵衛昌景《まさかげ》といった重臣を失い、衰退へのスピードを加速させた。この長篠合戦によって最大の脅威であった武田氏の勢力をそぐことに成功し、信長の天下統一事業が加速した。また、戦国合戦の流の中では、大量の鉄砲の使用により個人戦法から鉄砲足軽などを主体とする集団戦法へとその戦い方が変化したということも特筆すべき事柄である。

［文献］　参謀本部篇『日本戦史　長篠役』（一九〇三）、奥野高広・岩沢愿彦『信長公記』（角川文庫、一九六九）、『戦国合戦大事典　3』（新人物往来社、一九八九）、谷口克広『織田信長合戦全録』（中央公論新社、二〇〇二）、藤本正行「古戦場と文献史料　長篠合戦の地名をめぐって」（『武田氏研究』一二、一九九四）。（三藤秀久）

長島一向一揆《ながしまいっこういっき》　元亀元年（一五七〇）一一月から天正元年（一五七三）まで継続する、尾張国長島（*三重県桑名郡長島町）で起こった一向宗門徒と非門徒武士による織田信長《のぶなが》に抵抗した一揆。元亀元年九月の本願寺顕如《けんにょ》からの廻文により、*願証寺を中心とし、*斉藤竜興《さいとうたつおき》・石橋義忠《いしばしよしただ》ら反信長の非門徒武士と連合して蜂起した一揆勢は、伊勢湾の補給路を確保すべく尾張《おわり》国小木江城に駐屯していた信長の弟信興《のぶおき》を攻略し、自害に追い込んだ。そのため、伊勢湾の制海権は一揆側が掌握することとなった。翌二年五月、信長は五万の大軍で攻撃するが一揆側に撃破され、氏家卜全《うじいえぼくぜん》の戦死、柴田勝家《しばたかついえ》の負傷など多大な被害を被った。天正元年（一五七三）信長は北伊勢の一揆方国人に攻撃を加え戦果を挙げたが、その帰途一揆方の攻撃に会い、家老林新次朗《はやししんじろう》が討ち取られた。翌二年六月、八万の信長軍は海陸から総攻撃を加えた。一揆方は強固に抵抗するが、八万の大軍の前ではなす術もなく篠橋・大鳥居・屋長島・中江・長島の五島に立て籠もり三ヶ月にわたり抵抗し続けたが、餓死者が続出したため、九月末に和睦が成立。一揆方が船で退去しようとした際に信長は砲撃を加え、中江・長島に籠城した二万の男女は城に追い込められ焼き殺された。ここに門徒領国は崩壊した。

［文献］佐々木芳雄「長島一揆に就いて」（『龍谷大学論叢』二五三、一九二三）、辻善之助『日本仏教史　近世篇1』（岩波書店、一九五二）、金子昭弐「濃尾平野における本願寺教団の発展と一向一揆」（『日本歴史』一六一・一六二、一九六一）、奥野高広・岩沢愿彦『信長公記』（角川文庫、一九六九）、熱田　公『天下一統』（集英社、一九九二）、谷口克広『織田信長合戦全録』（中央公論新社、二〇〇二）、神田千里『日本の中世11戦国乱世を生きる力』（中央公論新社、二〇〇二）。

（三藤秀久）

美濃加納《みのかのう》　文安二年（一四四五）、美濃国守護土岐持益《ときもちます》に仕える斉藤利永《さいとうとしなが》が土岐氏の革手府城《かわてふじょう》の抑えとして加納の地に上加納城を築城。天文七年（一五三八）に廃城となった。天正一六年（一五四七）九月二二日、加納（岐阜県岐阜市加納安良田町）付近で*斉藤道三《さいとうどうさん》と*織田信秀《のぶひで》との合戦が行われた。土岐氏の旧臣と斉藤道三討伐を申し合わせた織田信秀の軍勢は美濃各地で放火をし、同月二二日には稲葉山まで進撃したが、夕刻となり撤兵するため加納口の荒田川を渡河しようとした際、斉藤道三は執拗に攻撃を仕掛け、大勝利をおさめた。また、永禄一〇年（一五六七）十月、*織田信長《のぶなが》が美濃に入国すると加納市場に楽市の制札を下して保護した。

［文献］奥野高広・岩沢愿彦『信長公記』（角川文庫、一九六九）、『戦国合戦大事典3』（新人物往来社、一九八九）、奥野高廣『増訂織田信長文書の研究』（吉川弘文館、一九八八）。

（三藤秀久）

斉藤竜興《さいとうたつおき》（一五四八―七三）　美濃国の*戦国大名。父は斉藤義竜《よしたつ》、母は浅井亮政《あさいすけまさ》の女といわれている。幼名喜太郎、右兵衛大夫。永禄四年（一五六一）父の病死により家督を相続。度重なる*織田信長《のぶなが》の美濃侵攻に抵抗してきたが、永禄十年（一五六七）重臣である氏家直元《うじいえなおもと》（卜全《ぼくぜん》）・稲葉良通《いなばよしみち》（一鉄《いってつ》）・安藤守就《あんどうもりなり》ら美濃三人衆が信長に寝返ったため、八月一五日に城を捨て伊勢長島へ逃れ、*三好三人衆や本願寺と通じ、一向一揆とも連絡を密にして、反信長戦線を創出。その後、*朝倉義景《あさくらよしかげ》を頼るが、天正元年八月一四日の越前《えちぜん》刀禰《とね》坂合戦《さかかっせん》で討ち死にした。道三・義竜・竜興と続いた、美濃の戦国大名斉藤氏が滅亡するに至った。

［文献］熱田　公『天下一統』（集英社、一九九二）、神田千里『日本の中世11戦国乱世を生きる力』（中央公論社、二〇〇二）。

（三藤秀久）

武田勝頼《たけだかつより》（一五四六―八二）甲斐《かい》・信濃《しなの》・駿河・遠江《とおとうみ》国の*戦国大名。父は*武田信玄《しんげん》、母は諏訪頼重《すわよりしげ》の娘。幼名は伊奈四郎。はじめ諏訪氏の名跡を継承し、伊那郡代・高遠《たかとお》城主となったが、永禄五年（一五六二）兄義信《よしのぶ》の謀反が発覚したため、信玄の後継者となり、同年一一月には*織田信長《のぶなが》の養女を妻とした。天正元年（一五七三）西進中に父信玄が病没すると、遺言にしたがって三ヶ年は喪を隠し、正式には天正四年（一五七六）四月に恵林寺で葬儀を行った際に家督を相続したが、実質は父の死をもって家督を相続したと考えてよい。父の死後、遠江・三河地域への領土拡大をはかっていく。天正二年（一五七四）には遠江への侵攻を開始し、高天神城を手中に収めた。翌年には三河長篠城を攻撃するが、織田・徳川連合軍の前に大敗を喫し、馬《ば》場信房《ばのぶふさ》・山県昌景《やまがたまさかげ》をはじめとする多くの重臣を失ってしまった。その後、各地の支城を支えることができず、順次縮小の方向で領国経営が行われていく。*徳川家康《いえやす》を牽制するため、北条氏政《うじまさ》の女を妻に迎えるが、上杉氏の継嗣問題から北条氏と反目するようになり、駿河《するが》へ北条氏が侵攻するようになる。また、遠江には家康が侵攻し、駿河で両氏によって挟撃される型となり過重な負担を領国に強いたため領民の疲弊と家臣団の離反が相次いで起こり、天正一〇年（一五八二）高遠城の陥落によって敗走する途上、天目山（山梨県甲州市田野）において一族とともに自害した。ここに平安時代から続いた甲斐武田氏が滅亡する。

［文献］上野晴郎『武田勝頼』（新人物往来社、一九七八）、熱田公『天下一統』（集英社、一九九二）、神田千里『日本の中世11戦国乱世を生きる力』（中央公論新社、二〇〇二）。（三藤秀久）

顕如《けんにょ》（一五四三―九二）安土桃山時代の僧侶。本願寺第一一世法主。父は第十世証如、母は権中納言庭田重親《にわたしげちか》の娘。幼名は茶々。諱は光佐《こうさ》、信楽院《しんぎょういん》と号す。父証如《しょうにょ》の死の前日に父を戒師として得度し、一一世を継承。弘治三年（一五五七）細川春元《はるもと》の娘を六角義賢《ろっかくよしかた》の猶子として娶る。永禄二年（一五五九）門跡を勅許され、本願寺に坊官・院家を置いた。その後、*武田《たけだ》信玄《しんげん》・*北条氏康《うじやす》・朝倉義景《あさくらよしかげ》と盟約を結び、義景の娘を教如《きょうにょ》にめあわすことを約す。同一一年*織田信長《のぶなが》の要求により矢銭五千貫文を差し出すが、元亀元年（一五七〇）信長の三好攻めに際し、紀州の門徒に対し信長に蜂起することを命じた。同三年*足利義《よし》昭《あき》・武田信玄の調停により信長と講和。天正二年（一五七四）より信長は本願寺攻めを行うが、翌年三好康長《みよしやすなが》・松井友閑《まついゆうかん》の仲介で信長と講和。同四年（一五七六）再び信長は本願寺攻めを行う。翌年、信長は本願寺勢力の拠点雑賀《さいが》を攻撃。翌六年（一五七八）二月に播磨《はりま》国三木《みき》の別所長治《べっしょながはる》、一〇月に摂津《せっつ》国有岡の荒木村重《あらきむらしげ》が信長に背き顕如と同盟を結ぶが、同七年（一五七九）に荒木、同八年（一五八〇）に別所がそれぞれ信長によって滅ぼされた。同七年（一五七九）一二月勅使庭田権大納言重保《しげやす》・勧修寺《かじゅうじ》中納言晴豊《はれとよ》の斡旋により、翌年（一五八〇）閏三月に和睦が整い、同年四月九日顕如は大坂を退き紀伊国鷺森《さぎのもり》に移る。この講和をめぐり長男教如と対立し義絶するに至る。同年八月に本願寺を明け渡し雑賀に退いた。信長の死後、教如との義絶は解かれた。このことが後の東・西本願寺分立の遠因となった。同一〇年（一五八二）八月に*羽柴秀吉《ひでよし》は堺坊舎の寺領を還付、同一一年鷺森から和泉《いずみ》国貝塚に移る。同一四年（一五八六）秀吉より大坂天満《てんま》の地を与えられて移動。同一五年（一五八七）秀吉は准如《じゅんにょ》に留守職譲状を認め一二代法主とする。同一九年（一五九一）秀吉は京都への本願寺移転を命じ、文禄元年（一五九二）に京都の現在地へ本願寺が移った。同年一一月二四日、没する。顕如の死後、長男教如が継職したが、文禄二年（一五九三）秀吉は准如に継職の証状を与えた。

［文献］谷下一夢『顕如上人伝』（西本願寺宗務所、一九四二）、辻善之助『日本仏教史　近世篇1』（岩波書店、一九五二）、熱田　公『天下一統』（集英社、一九九二）、神田千里『日本の中世11　戦国乱世を生きる力』（中央公論新社、二〇〇二）。

（三藤秀久）

教如《きょうにょ》（一五五八―一六一四）　安土桃山から江戸時代の僧侶。父は本願寺第一一世*顕如《けんにょ》。母は細川晴元《ほそかわはるもと》の養女如春尼《にょしゅんに》。幼名は茶々丸。諱は光寿で信浄院と号す。真宗大谷派東本願寺第一二世。石山本願寺合戦は天正八年（一五八〇）に和議が成立し、顕如は紀州雑賀《さいが》に退くが、籠城継続を主張したため顕如と対立、諸国の末寺・門徒に応援を求めた。やがて八月に教如も雑賀に退くが義絶される。以降二年間、北陸から中部山岳地帯を移動しながら活動を展開し、信長死後に本願寺へ復帰。この籠城に同調した末寺・門徒がのちの本願寺分裂の遠因となった。文禄元年（一五九二）一一月、父顕如の死によって翌月第一二世を継いだが、翌年*豊臣秀吉《ひでよし》に召還され、十カ条の非を糾弾されるが肯首しなかったため、同年閏九月にその職を解かれる。弟准如《じゅんにょ》が本願寺を継ぎ、自らは隠居の身となった。しかし隠居後も籠城時に同調した末寺・門徒に対して本尊下付などを行い、法主としての立場を維持し続ける。関ヶ原の直前、*徳川家康《いえやす》を見舞って関東に下向、慶長七年（一六〇二）徳川家康から京都烏丸七条の地を得て、翌年には東本願寺を建て、第一二世となった。さらに翌年には大僧正となり、同一九年（一六一四）十月五日に没した。

［文献］辻善之助『日本仏教史　近世篇1』（岩波書店、一九五二）、青木　馨「三河本願寺教団の復興と教如の動向」（北西弘先生還暦記念会『中世仏教と真宗』吉川弘文館、一九八五）、熱田　公『天下一統』（集英社、一九九二）、神田千里『日本の中世11　戦国乱世を生きる力』（中央公論新社、二〇〇二）。

（三藤秀久）

明智光秀《あけちみつひで》（？―一五八二）　安土桃山時代の武将。美濃《みの》の土岐氏の庶流といわれ、美濃国明智荘出自である。妻木《つまき》勘解由左衛門範熙《のりてる》の娘を妻とし、明智光満・織田信澄《おだのぶずみ》・*細川忠興《ほそかわただおき》の妻となった三人の娘と男子が二、三人いたが詳細は不明である。「永禄六年諸役人帳」に足軽衆明智とあり、*足利義輝《よしてる》の代からの幕臣と思われる。永禄八年（一五六五）義輝が殺害されたのち、越前《えちぜん》の*朝倉義景《あさくらよしかげ》に仕えたと思われる。同一一年（一五六八）に*足利義昭《よしあき》が朝倉氏のもとから*織田信長《のぶなが》を頼って美濃に赴いたとき以来、光秀は義昭の家臣であるとともに信長にも仕えた。同年九月の信長上洛に際しては公家との交渉の任にあたり、その政治的な才を信長に認められ、天正三年（一五七五）頃まで京都の公家・寺社の所領の仕置きや庶政にあたった。軍事面では元亀元年（一五七〇）若狭《わかさ》・越前討伐、近江《おうみ》の堅田《かただ》攻撃、摂津《せっつ》の*三好三人衆討伐へ従軍し、同二年（一五七一）近江国滋賀郡を与えられ、近江国坂本に築城。翌年滋賀郡の木戸・田中城・河内《かわち》の畠山氏の交野《かたの》城を攻め、*浅井長政《あさいながまさ》の小谷《おだに》城包囲に加わった。天正元年（一五七三）木戸・田中両城を与えられ、朝倉滅亡後、滝川一益《たきがわかずます》とともに越前《えちぜん》の庶政にあたった。同三年（一五七五）惟任《これとう》氏の名字を与えられ、日向守に任ぜられる。信長の越前出陣に従い一向一揆と戦った。光秀の軍事行動は畿内から若狭を中心としたものであったが、この年から信長が丹波《たんば》を攻略に着手しはじめるとその先蜂として活動するとともに、畿内近国の一向一揆の鎮圧に尽力した。同七年（一五七九）丹波攻略が完了すると、その功により丹波一国の支配を認められた。その後細川藤孝とともに丹後の検地を推し進め、領地を拡大させた。同一〇年（一五八二）甲州攻撃から帰陣した*徳川家康《いえやす》の接待役を命じられた。ところが、備中高松城攻めの*羽柴秀吉《ひでよし》から援軍を求める急報にふれ、信長は急遽自らが出陣することを決め、光秀にも出陣を命じた。六月一日亥の刻、備中出陣を全軍に布告し、一万三千の兵を率いて亀山城を発した。老の坂を越えると急遽進路を東に取り、二日未明には洛中に入り、信長の宿所になっていた本能寺を急襲し信長を自害に追い込むとそのまま二条御所の信忠を攻めて自刃させる。いわゆる*本能寺の変である。同日ただちに坂本城にはいり、五日*安土城を接収し、秀吉の居城長浜城を占領し、近江・美濃二国を支配下に置いた。九日入京し、禁中や寺社に金銀を献上、町民には地子を免除するなど人心掌握を行った。しかし、秀吉東上の報に触れ、鳥羽に出陣するが同調するものもおらず、圧倒的な秀吉の兵力の前になす術もなく、一二日中川清秀《なかがわきよひで》に山崎の天王山を占領された。一三日夜半、坂本城への敗走途中、小栗栖《おぐるす》において土民の襲撃を受けたため、家老溝尾《みぞお》庄兵衛尉《ひょうえのじょう》の介錯により自害。

［文献］　高柳光寿『明智光秀』（吉川弘文館、一九〇〇）、奥野高広・岩沢愿彦『信長公記』（角川文庫、一九六九）、熱田　公『天下一統』（集英社、一九九二）、神田千里『日本の中世11　戦国乱世を生きる力』（中央公論新社、二〇〇二）。　（三藤秀久）

信長公記《しんちょうこうき》　太田牛一《おおたぎゅういち》が著した、*織田信長《のぶなが》の経歴に関する軍記。原題は『信長記』であるが、小瀬甫庵『信長記』と区別するため、『信長公記』と呼ばれる。上洛以前の父*信秀《のぶひで》と信長の行動を記した別記（首巻）一巻と永禄一一年（一五六八）信長の上洛から天正一〇年（一五八二）本能寺の変までの一五年間を各年ごとに一巻に記述した本記からなる。慶長三年までには何らかの形で成立していたと考えられ、それ以後慶長一五年前後の頃まで増訂が行われている。自筆本中最古のものと推定される建勲神社所蔵本が完稿本となった。著者の太田牛一は信長の弓衆として仕えていたため、詳細な記述が多く、日記に書き記したものに基づき著作された。部分的には誤りもあるが、信長の事跡を正確に体系的にまとめる意図が貫かれている。現存する伝本を大別すると池田文庫本『原本信長記』系の十五巻には目次・奥書があるが、陽明文庫所蔵本『信長公記』系の首巻をふくむ十六巻には各巻頭に目次を付し巻末に奥書がない。刊本も四種出版されている。

［文献］　奥野高広・岩沢愿彦『信長公記』（角川文庫、一九六九）、熱田　公『天下一統』（集英社、一九九二）、神田千里『日本の中世11　戦国乱世を生きる力』（中央公論新社、二〇〇二）。（三藤秀久）

（三）　豊臣秀吉の全国統一と東アジア

天下人《てんかびと》　天下統一を成し遂げようとした*織田信長《のぶなが》、*豊臣秀吉《ひでよし》、*徳川家康《いえやす》の三人のこと。南北朝内乱以来の下剋上の風潮を経て、室町将軍だけでなく天皇の権威すら奪い取り、文字どおり天下を奪った人のこと。信長とその後を継いだ秀吉は、天下思想や天道思想を掲げて天下人への道を歩んだが、これらの思想は中国からの徳治思想によるところから、撫民仁政や政権の交代を容認するもののため、下剋上の風潮を終息させ、本願寺・一向一揆や比叡山延暦寺などの宗教勢力を屈服させられなかった。そこで信長は、鎌倉時代には形成されていた源平交替思想や、日本の支配者とされる伊舎那天《いしゃなてん》（伊弉諾尊《いざなぎのみこと》）と同体との説もある第六天魔王《だいろくてんのまおう》になぞらえて超越的な絶対権力者として君臨しようと自己の神格化を図った。また同様に生きながら神として崇敬されるために安土に捴見寺《そうけんじ》を建立した。しかしこの目論見は失敗したようである。このような天下人としての姿勢は後継者たる秀吉も受け継ぎ、源平交替思想や自己の皇胤《こういん》説などを持ち出して天皇・摂関といった伝統的権威の援用を行い儀礼秩序の形成も行った。さらには自己を日輪の子と喧伝し、その死後には豊国大明神として京都東山の豊国神社《ほうこくじんじゃ》に祀られた。この二人の後で天下統一に成功した徳川家康は、死後東照大権現《とうしょうだいごんげん》として神格化されるが、関ヶ原合戦・大坂の陣を経たことで諸大名に対する優越を完全に確立し、先の二人とは違い機構的支配への道が推進されていった。（渡邊浩史）

［文献］今谷　明『信長と天皇』（講談社現代新書、一九九二）、永原慶二「天下人」（『日本の社会史第3巻権威と支配』岩波書店、一九八七）。

太閤《たいこう》　摂政・太政大臣に対する敬称。関白を辞したのちにも内覧の宣旨を受けたものをさすようになり、関白に任命された者の子息が関白に任じられた時に、前関白を呼ぶ称号となった。また『小右記』によれば前摂政も太閤と呼ばれたこともあり、『左経記』によれば藤原頼通《よりみち》は関白在任中に「関白太閤」と呼ばれていた。*豊臣秀吉《ひでよし》のことを「太閤様」と呼び、その事蹟を書き留めた記録を『太閤記』と呼ぶなど史上最も有名な太閤であるが、これは天正一九年（一五九一）に養子秀次《ひでつぐ》に関白の地位を譲り、前関白になったことによる。秀吉はいったん関白の地位を経ることで既成の制度の権威を背景とし、そこから離れた自由な立場となることで、国内だけではなく対外的にも自己の立場を王権として明示しようとしたのである。（渡邊浩史）

［文献］永原慶二「天下人」（『日本の社会史第3巻権威と支配』岩波書店、一九八七）。

惣無事令《そうぶじれい》　豊臣政権による私戦禁止令。豊臣平和令とも。中世社会における紛争解決手段は自力救済《じりききゅうさい》と呼ばれ、私戦や喧嘩などによる私的な実力による報復を正義とする慣習が支配していた。一揆の時代である中世社会ではその所属する集団によって報復することが一般化していた。*秀吉《ひでよし》は天正一三年（一五八五）七月に関白に就任し、一〇月には*正親町《おおぎまち》天皇の命を受けた形で*島津義久《しまづよしひさ》ら九州諸大名に対し停戦命令を発した。戦国大名間の紛争を公戦ではなく私戦であると断じ、関白政権の裁判権により領土紛争を裁定し解決する調停案を提示して戦争の即時停戦を要求した。つまり天皇の命令を前面に出すことで、その意を受けた関白には「天下静謐《せいひつ》」（全国の紛争解決）の責任があるとし、関白による紛争解決、平和の実現を目指したのである。これは翌年に関東・東北に拡大された。これにいったんは従った関東の後北条氏も九州の島津氏も、その後ともに背き征伐された。また関東の情勢をうかがっていた奥州の伊達氏も秀吉に臣従し、豊臣政権の全国支配は、この惣無事令による平和秩序の強制という形で完成していった。豊臣政権のこの政策は日本国内だけに止まらず、朝鮮にまで及ぼされようとし、これが朝鮮によって拒否されると、「唐《から》入り」と称して*文禄《ぶんろく》・慶長《けいちょう》の役を引き起こした。九州における惣無事令の施行については、豊臣系の大名が多く入り、単なる領土紛争解決という意味を越え、蔵入地の設置と「唐入り」の前線基地化の意図があったと考えられている。惣無事令は、豊臣政権になって急に行われた政策ではなく、惣村における惣掟や一揆の法、更には室町幕府における故戦防戦法など、自力救済が次第に制限される中、戦国大名による分国法の中にも喧嘩《けんか》両成敗《りょうせいばい》法が広くみられ、この様な自力救済抑制の流れによって現れた政策であった。したがって、この政策は戦国大名間の紛争だけでなく、農村支配にも適用された。それが農村から武器を奪った刀狩令であり、また村落間における山野河海の武力紛争を禁止した喧嘩停止令である。一方、人々の「泰平と安穏」への願いの帰結との説もある。

[文献] 藤木久志『豊臣平和令と戦国社会』(東京大学出版会、一九八五)、横田冬彦『日本の歴史16 天下太平』(講談社、二〇〇二)。

(渡邊浩史)

大坂城《おおさかじょう》* 豊臣秀吉《ひでよし》が石山本願寺の跡地に築いた城。現在の大阪市中央区にあり、金《きん》(錦)城ともいう。天文元年(一五三二)に本願寺が北に淀川、南に大和川支流に囲まれた要害の地上町《うえまち》台地を本拠と定めて寺内町《じないちょう》を建設したことに始まる。やがて本願寺は*織田信長《のぶなが》と対立して石山合戦が始まり、朝廷の斡旋による和議で顕如《けんにょ》は紀州鷺森《さぎのもり》に退去し、寺内は炎上した。信長が本能寺の変で急死し、柴田勝家《しばたかついえ》を破ってその後を継いだ羽柴(豊臣)秀吉が、大坂を支配していた池田恒興《いけだつねおき》を美濃《みの》に移して天正一一年(一五八三)に入城し、築城を開始した。普請奉行は浅野長政《あさのながまさ》、縄張りは*黒田孝高《くろだよしたか》、作事は中井正吉《なかいまさよし》が担当したと思われ、穴太積《あのうづ》みで有名な全国一の築城技術を持つ穴太衆《あのうしゅう》を初めとした近江の職人たちが築城に集められた。天守閣・本丸御殿の完成は天正一三年(一五八五)、惣構《そうがまえ》の堀や千畳敷の大広間の完成は文禄三年(一五九四)を待たなければならなかった。この壮大な計画は、城下町の建設も含まれている。現在の大阪の基礎がこのときにつくられた。大坂遷都もその構想の中に入っていたという。秀吉の死後、嗣子の豊臣秀頼《ひでより》が居城としたが、慶長一九年(一六一四)の大坂冬の陣で外濠、二の丸・三の丸の堀が埋められ、翌慶長二〇年(一六一五)の大坂夏の陣で大坂城は猛火の中落城した。江戸幕府は大坂を直轄地とし、城代による統括を図った。そのため藤堂高虎《とうどうたかとら》の縄張りで元和六年(一六二〇)から再建がはじまった。秀吉築城の石垣の上に新たに土盛りをし、秀吉時代の痕跡をまったく残さずに新造された。また城下町の整備も行われ、秀吉時代より拡大し経済の中心として繁栄することとなった。

[文献] 朝尾直弘『大系日本の歴史8 天下統一』(小学館、一九八八)。

(渡邊浩史)

国絵図《くにえず》 豊臣政権と江戸幕府が諸大名らに命じて一国単位に作成させた絵図。豊臣政権では天正一九年(一五九一)に*御前帳(検地帳)作成と同時に行われた。これは日本全国を国郡制の枠組みで掌握し、朝鮮侵略に向けて国内戦力の総動員を意図したものである。江戸幕府でもこの豊臣政権の例に倣い、慶長四年(一六〇四)以来、近世の基準的国絵図となった正保、さらに元禄・天保など数度にわたり諸大名らに国絵図の作成を命じた。各国絵図には多彩な彩色、村名・石高の記載、郡名・郡高・村数の記載、郡境線・国境線の記載、道・海路を朱筆で表記、古城を含む城郭の位置の記載、名山・古社・古刹の記載、などの共通する特徴がある。これにより、境界画定や主要交通路の掌握など幕藩制支配の基礎としたものである。

［文献］川村博忠『国絵図』（吉川弘文館、一九九〇）、黒田日出男「江戸幕府国絵図・郷帳管見」（『歴史地理』九三―二、一九七七）、杉本史子「国絵図」（『岩波講座日本通史12近世2』岩波書店、一九九四）。（渡邊浩史）

御前帳《ごぜんちょう》　権力者の手元に集積・掌握された多様な重要帳簿のこと。中世から用例を見ることができる。戦国大名後北条氏においては当主決裁の所領役帳を御前帳と呼び、江戸時代には将軍に上納されて座右に備えた幕領関係の勘方帳や幕政関係の郷帳などもすべて御前帳と呼ばれた。とくに豊臣政権や*徳川家《いえ》康《やす》ら近世初期の統一権力が、その全国支配のために国絵図とともに作成した御前帳が注目される。これらは豊臣政権では天正一九年（一五九一）に、また徳川家康によっては慶長四年（一六〇四）に国絵図作成と同時に諸大名らに作成が命じられた。両者にはその差異も多いが、国家的土地台帳としての御前帳に記載された所領高が、諸大名への様々な賦課の基準となった点は共通である。

［文献］秋澤　繁「天正一九年豊臣政権による御前帳徴収について」（三鬼清一郎編『戦国大名論集18豊臣政権の研究』、吉川弘文館、一九八四）。（渡邊浩史）

聚楽第《じゅらくのてい》　「じゅらくだい」とも呼ぶ。*豊臣秀吉《ひでよし》が築いた公邸。水堀と石垣を備える平城で、天正一四年（一五八六）正月から築城が開始された。正式な完成は天正一五年（一五八七）九月。その立地は京都内野（平安宮内裏の跡）で、内裏の西に当たる。広さには諸説あるが、東西四町南北七町の地を占め、千間の堀を持った。天正一六年（一五八八）四月には後陽成《ごようぜい》天皇による行幸があり、ここで秀吉は諸大名に対し、天皇の前で忠誠を誓わせることで豊臣政権成立を天下に示した。天正一九年（一五九一）一二月に甥の秀次《ひでつぐ》に関白を譲った時に同時に聚楽第も譲ったが、文禄四年（一五九五）の秀次切腹と同時に聚楽第も破却され、新築の伏見城に政庁も移された。往時の姿は「聚楽第図屏風」（三井文庫蔵）などから知られる。建物の一部は社寺に移築されたと言うが、確証ある遺構はない。

［文献］『豊臣秀吉の居城聚楽第・伏見城編』（日本城郭資料館出版会、一九七一）、朝尾直弘『大系日本の歴史8　天下統一』（小学館、一九八八）。（渡邊浩史）

蔵入地《くらいりち》*　戦国大名、豊臣政権、江戸幕府の直轄領のこと。これら大名や政権の財政基盤をなした。御料所《ごりょうしょ》・御蔵入《おくらいり》・台所《だいどころ》入《いり》ともいう。特に豊臣政権の蔵入地を太閤蔵入地《たいこうくらいりち》、江戸幕府の蔵入地を幕領、俗に天領ともいう。戦国大名は自己の分国に家臣に与える知行地の他に蔵入地をもち、代官を置いて年貢収納や諸役徴収にあたらせた。これら蔵入地は本城や支城および軍事的拠点の周辺に設定された。これにより米や特産物、鉱山や交通・流通拠点は大名に独占された。ここで生産された米は兵粮米や下級家臣への禄米としても利用された。また占領地は真っ先に蔵入地化され、蔵入地増加を図るために戦国大名は他国への侵略を繰り返した。全国統一を果たした豊臣政権では、山城国《やましろ》以下三五ヵ国に設置された蔵入地と、諸国金銀山からの運上、諸役運上金銀と地子によって構成された。蔵入地の設定された国のほとんどが畿内近国と北九州に集中しており、この事実が豊臣政権が畿内近国を基盤とした統一政権であることを示している。また北九州の蔵入地は、*文禄・慶長の役（「唐入《からい》り」）を支えるための軍事目的というところにその特色がある。その支配方式は大名預地型と吏僚代官型とがあり、江戸幕府による蔵入地支配の先駆をなす。江戸幕府では徳川氏の関東入国時に設定された一〇〇万石の蔵入地が積極的な開発や諸大名の改易・転封《てんぽう》により拡大していったものである。各大名も幕府と同様に蔵入地を設定しており、藩財政の基盤となっていた。

［文献］山口啓二『幕藩制成立史の研究』（校倉書房、一九七四）、森山恒雄『豊臣氏九州蔵入地の研究』（吉川弘文館、一九八七）。

（渡邊浩史）

天正大判《てんしょうおおばん》　天正一六年（一五八八）から*豊臣秀吉《ひでよし》が鋳造させ、その死後も秀頼《ひでより》によって続行された日本最初の定量金貨。京都の彫金師後藤徳乗《ごとうとくじょう》に命じて製造させた。「大判」とは大型の判金という意味である。大きさと形態により古鋳・次鋳・後鋳の三期に分類される。量目《りょうめ》（重量）は四四．一匁（約一六五グラム）に統一されているが、品位（金の純分率）は七〇～七四％の幅がある。いずれも表面に「拾両　後藤（花押）」と墨書され、大判の上下左右に丸い形の桐紋の刻印がなされた。特に古鋳である天正期に鋳造されたものには鋳造年も墨書されていた。次鋳の文禄元年（一五九二）からのものはやや長大で「長大判」と呼ばれる。後鋳の慶長一四年（一六〇九）に鋳造されたものは豊臣秀頼《ひでより》が父秀吉の菩提を弔うために行った京都方広寺再興費用に充てられたもので、形状は江戸幕府の慶長大判と同じである。天正大判の用途は軍用・賞賜などに限定された。またこの時つくられたのは大判のみで天正小判というものはつくられなかった。天正大判は徳川氏による慶長大判の先駆けとなったもので、天正大判を鋳造した後藤家は、江戸時代になっても大判鋳造の任に当たる大判座と分銅座の長官となった。現存する天正大判の最も古いものは天正一七年（一五八九）の年号が墨書されている。

［文献］日本銀行調査局編『図録日本の貨幣1』（東洋経済新報社、一九七二）。

（渡邊浩史）

天正通宝《てんしょうつうほう》　天正一五年（一五八七）に*豊臣秀吉《ひでよし》によって鋳造された銭貨。金銭と銀銭とがある。年号入りとしては延喜通宝《えんぎつうほう》以来六八〇年ぶりにつくられた銭貨。銅銭の永楽通宝《えいらくつうほう》を母体とし、「永楽」の二字を削って代わりに「天正」の二字を入れて銭紋とした。銀銭は金銭と違い、銭紋に大小二体があり、小字の方には裏に小桐紋のあるものがある。同年三月の島津征伐に際して、永楽通宝金銭・銀銭とともに鋳造されて九州で部将の褒賞用に配るためのものとして鋳造された。したがって『三貨図彙《さんかずい》』に銅銭があると書いてあるのは、軍功賞賜用であることや遺品もないことから誤りと考えられる。

［文献］日本銀行調査局編『図録日本の貨幣1』（東洋経済新報社、一九七二）。

（渡邊浩史）

文禄通宝《ぶんろくつうほう》　文禄元年（一五九二）にはじまった第一次朝鮮出*兵（文禄の役）に際し、九州の*名護屋《なごや》城に出陣した*豊臣秀吉《ひでよし》が鋳造させた銭貨。銀銭のみが発見されている。銅銭の永楽通宝《えいらくつうほう》を母銭とし、永楽通宝金銭・銀銭、天正通宝金銭・銀銭と同様、一般的な通貨ではなく、軍功賞賜用に用いられた。製造発行に関する記録は残っておらず、鋳造量は少なかったと考えられている。

［文献］ 日本銀行調査局編『図録日本の貨幣1』（東洋経済新報社、一九七二）。 （渡邊浩史）

山崎《やまざき》の戦《たたか》い 天正一〇年（一五八二）六月一三日に山城《やましろ》国乙《おと》訓《くに》郡山崎（京都府乙訓郡大山崎町）付近で戦われた*羽柴秀吉《はしばひでよし》・織田信孝《おだのぶたか》連合軍と*明智光秀《あけちみつひで》との戦い。本能寺の変で*織田信長《おだのぶなが》を倒した光秀は、上杉氏や毛利氏にこれを伝えて味方につくよう働きかけ、また安土城以下の諸城を確保した。しかし主君殺しの事実は重く、近江の蒲生《がもう》氏らは誘いに乗らず、頼みとした娘たまの嫁ぎ先*細川忠興《ほそかわただおき》も動かず孤立した。一方四国出陣途中の信長三男信孝は丹羽長秀《にわながひで》とともに大坂に入った。毛利氏の支城*備中高松城（岡山市）を包囲していた秀吉は、城主清水宗治《しみずむねはる》の切腹などを条件に和議を結び、中国路を京に向けて引き返した。敵討の大義名分を持つ秀吉のもとに諸将は結集し、また、情報戦でも信長・信忠父子が無事との偽情報を流して光秀側に近畿の部将がつくのを阻止するなど、有利に立っていた。摂津《せっつ》国富田《とんだ》（大阪府高槻《たかつき》市）で中川清秀《なかがわきよひで》・池田恒興《いけだつねおき》ら信長配下の諸将を糾合して軍議を開き、さらに丹羽長秀・織田信孝の到着により六月一三日に出陣した。光秀は秀吉らの半分以下という数の上での不利を補うために、淀城《よどじょう》（京都市伏見区）と勝竜寺城《しょうりゅうじじょう》（京都府長岡京市）を拠点として、天王山麓の隘路《あいろ》を抜ける秀吉・信孝軍を迎え撃つことにした。しかしすでに天王山は秀吉・信孝軍の手に落ちており、兵力に勝る秀吉・信孝軍により壊滅的な打撃を受けた。夕刻に勝竜寺城に入った光秀は、夜陰に紛れ近江坂本城に落ち延びようとしたが、途中山科《やましな》の小来栖《おぐるす》（京都市山科区）の藪で野伏による残党狩りに会い、槍によって傷を負い自刃した。

［文献］ 高柳光寿『本能寺の変・山崎の戦』（春秋社、一九五八）、『人物叢書 明智光秀』（吉川弘文館、一九八六）。 （渡邊浩史）

賤《しず》ヶ《が》岳《たけ》の戦《たたか》い 天正一一年（一五八三）四月に近江国賤ヶ岳付近（滋賀県伊香《いか》郡木之本《きのもと》町）で行われた*羽柴秀吉《はしばひでよし》と柴田勝家《しばたかついえ》の戦い。*織田信長《のぶなが》が本能寺の変により倒れた後、*備中高松城から急ぎ帰還して山崎の戦いで*明智光秀を倒し、主君の仇を討った秀吉と、織田家の宿老筆頭格である勝家との対立によって起きた信長家臣団内における主導権争いが原因である。織田家後継を決める清洲会議で信長の長男故信忠《のぶただ》の子三法師（秀信《ひでのぶ》）を据え、三男信孝《のぶたか》を擁した勝家の意向を排除した。これに信長の次男信雄《のぶかつ》が加わり、秀吉＝信雄と勝家＝信孝の対立関係ができ上がった。戦闘は天正一〇年（一五八二）一二月に、雪で兵を出すことができない越前北庄《きたのしょう》（福井市）に拠る勝家の隙を衝く形で秀吉が出兵してはじまった。秀吉はまず勝家の属城近江長浜城を攻略して岐阜城にいる信孝を孤立させて降した。翌年の雪どけにより勝家は出陣し四月に再び秀吉に反した岐阜城の信孝と秀吉軍を挟み撃ちにした。ここに両軍による合戦が賤ヶ岳から柳ヶ瀬（滋賀県余呉《よご》町）にかけて展開された。敗走した勝家は北庄に戻ったが、秀吉軍に囲まれて自刃した。その後信孝も秀吉によって自害させられ、信長家臣団の中で信長後継者としての地位を確実なものにした秀吉の天下統一の出発点となった。この合戦で活躍した秀吉子飼いの武将が福島正則《ふくしままさのり》・加《か》藤清正《とうきよまさ》・加藤嘉明《かとうよしあき》・脇坂安治《わきさかやすはる》・片桐且元《かたぎりかつもと》・平野長泰《ひらのながやす》・加須屋真《かすやさね》雄《お》で、世に賤ヶ岳の七本槍《しちほんやり》（ただしこれは後世の命名）として名高い。

［文献］　高柳光寿『賤ヶ岳の戦』（春秋社、一九七八）。（渡邊浩史）

小牧《こまき》・長久手《ながくて》の戦《たたか》い　*羽柴秀吉《ひでよし》と織田信雄《のぶかつ》・*徳川家康《いえやす》連合軍との間で天正一二年（一五八四）に戦われた戦。戦場は尾張《おわり》の小牧（現愛知県小牧市）・長久手（現愛知県愛知郡長久手町）を中心とした広範な地域にわたった。*織田信長《のぶなが》の死後、その後継者をめぐり、秀吉と家康の対立が表面化した。そこに、織田家の後継者として、清洲会議で秀吉によって信長の長男、故信忠の子三法師（秀信）と決定したことから、秀吉と信長次男信雄との間にも対立が生起し、秀吉と通じた重臣を切った信雄は家康と結び、ここに両者の対立は決定的となった。家康と結んだ根来《ねごろ》・雑賀一揆《さいかいっき》が大坂へ侵入して撃退され、秀吉方の池田恒《つね》興《おき》父子が戦死するなど、局地戦はあったものの膠着状態となり、信雄、家康が相次いで秀吉と和睦し終了した。

［文献］　参謀本部編『日本戦史小牧役』（一九〇八）。（渡邊浩史）

根来《ねごろ》・雑賀一揆《さいかいっき》　根来衆とは紀伊国《きいのくに》*根来寺（和歌山県那賀《なが》郡岩出町《いわでちょう》根来）の僧兵のこと。一五世紀後半以降、泉南・紀北の土豪地侍層が子院を建立するようになり戦国大名に匹敵する武力をもつようになった。早くから鉄砲の導入も行われた。雑賀一揆は雑賀衆とも呼ばれ、紀伊国雑賀を中心として結集した本願寺門徒の一揆のこと。この地における本願寺勢力の教線は文明八年（一四七六）に名草《なぐさ》郡冷水浦《しみずうら》（海南市《かいなんし》冷水《しみず》）の了賢《りょうけん》が蓮如《れんにょ》に帰依して道場を建立したことにはじまるという。鷺森《さぎのもり》御坊《ごぼう》に結集した門徒の組織は、雑賀五組といわれた雑賀荘、十ヶ郷《じっかのごう》、社家郷《しゃけ》（宮郷《みやごう》）、中郷（中川郷《なかがわごう》）、南郷《みなみごう》（三上郷《みかみごう》）という地域集団からなり、国人や代官層、地侍・百姓らにより構成されていた。雑賀は紀ノ川の河口で水運業者もおり、武装して船舶をもち水軍としても活動した。また指導者層の中には一族が根来寺の子院に入るものも多く、根来衆とも関係が深かった。根来の鉄砲鍛冶とのつながりもあって鉄砲集団としても名高かった。*織田信長《のぶなが》と本願寺が対立し石山合戦が起きると、雑賀一揆は本願寺内に居住する者が多く、本願寺側の有力な武装集団として活躍した。しかし雑賀五組中の社家郷・中郷・南郷の三組と根来寺の杉坊《すぎのぼう》が信長にくだり、残る十ヶ郷の鈴木孫一《すずきまごいち》らは抵抗を続けたが、天正五年（一五七七）三月信長の攻撃によって雑賀衆は降伏した。孫一らは信長には赦免されたものの、その後も本願寺と通じていた。天正八年（一五八〇）四月本願寺顕如《けんにょ》の石山退去後雑賀に赴いており、最後まで本願寺の有力な軍団として活動したことがわかる。小牧《こまき》・長久手《ながくて》の戦いで徳川家康に協力したことから、天正一三年（一五八五）に豊《とよ》臣《とみ》秀吉《ひでよし》の攻撃を受け、根来・雑賀一揆は壊滅した。

［文献］　山陰加春夫編『きのくに荘園の歴史 上巻』（清文堂、二〇〇〇）。（渡邊浩史）

小田原攻《おだわらぜ》め　天正一八年（一五九〇）に*豊臣秀吉《ひでよし》が関東の後北条氏を滅ぼした戦い。天正一五年（一五八七）に島津を降伏させて九州を平定した秀吉は、すでに惣無事令《そうぶじれい》を伝達して北条氏政《うじまさ》・氏直《うじなお》父子にも上洛を命じていた。しかし関東支配の正統性を主張する北条氏はこれに従わず、両者の間に緊張が高まった。すでに*徳川家康《いえやす》に関東・奥羽を秀吉の版図に入れるように命じていたが、天正一七年に家康は領国の軍事体制強化を図る七ヵ条の定書を公布して小田原攻めに備えていた。この年氏直が真田氏の上野《こうづけ》国利根《とね》郡名胡桃城《なくるみじょう》（群馬県月夜野《つきよの》町）を攻略したことに対し、秀吉は惣無事令違反として追討令を発した。二一万とも言われる大軍を動員して小田原城を包囲した秀吉軍に対し、北条氏は*上杉謙信《けんしん》や*武田信玄《しんげん》の攻撃に耐えた要害*小田原《おだわら》城での籠城戦を選んだ。しかし伊豆山中城（静岡県三島市）や滝山《たきやま》城・八王子城（ともに東京都八王子市）などの支城が次々と落城して籠城戦は次第に行き詰まっていった。一方北条氏の菩提寺早雲寺に本陣を構えた秀吉軍は、京から千利休《せんのりきゅう》などの芸能者を招いて陣中の慰安に勤めつつ兵糧攻めに徹した。三ヶ月に及ぶ籠城ののち、ついに氏直が城を出て自身の自刃を条件に将兵の助命を願い出た。これが入れられ、小田原城は開城した。氏政・氏照《うじてる》兄弟らは切腹が、氏直は高野山追放が命じられ、ここに北条氏は滅亡した。上杉・武田の軍勢と違い、秀吉軍は充分な兵站《へいたん》を確保できたことが北条氏にとって大きな誤算となった。落城直前に伊達政宗《だてまさむね》が帰服し、また徳川家康に後北条氏の旧領が与えられ、ここに豊臣秀吉の全国統一事業は一応完成した。

［文献］ 池上裕子『日本の歴史15織豊政権と江戸幕府』（講談社、二〇〇二）。 （渡邊浩史）

太閤検地《たいこうけんち》* 豊臣政権により全国的に実施された検地の総称。特に豊臣秀吉《ひでよし》が天正一三年（一五八五）に関白に任官してから太閤検地と称するようになった。はじまりは天正八年（一五八〇）に秀吉が*織田信長《のぶなが》の奉行人として播磨《はりま》国の支配を行った時に検地を命じて家臣に*石高表示の知行宛行状を発給し、家役・諸公事免許を行ったことによる。天正一〇年（一五八二）に秀吉が*山崎の戦いで*明智光秀《あけちみつひで》を倒した直後に山城《やましろ》国の寺社から土地台帳を徴収して現実の土地所有・保有関係の確認を行った。これが翌年近江国などへと拡大していく中で検地の施行細則が定まっていった。検地の基準は地域により若干の変更はあるものの、原則は六尺三寸を一間の長さとし、実際の検地ではこの長さの検地竿を使用した。面積は一間四方を一歩、三〇〇歩を一反（一〇畝《せ》、五間×六〇間）、一〇反を一町と定めた。それまでの一反はほぼ三六〇歩だったものを、田畠は上・中・下（地域によっては上々・下々を設ける場合もある）に等級分けし、国や地域ごとの一反あたりの斗代《とだい》（石盛《こくもり》、米の量）を定め、それに面積をかけることで石高を算出した。その際に使う枡を地域や用途ごとにバラバラであったのを、京都で使われていた京枡に統一した。田畠だけでなく屋敷地や町場の商業利益、更には山野河海までもが石高算出のために検地の対象となっていた。これによってあらゆる土地の生産力を米の計量単位である石高で一元的に表した石高制が確立した。ここで言う石高制は、現実の在地支配とは直接に関係をもつものではなく、主従制編成原理である知行宛行と軍役奉仕の関係を石高という数量で規定したものである。したがって、石高は豊臣政権と各大名との政治的な関係によって左右された。検地の結果は検地帳に記載された。検地帳には一地一作人の原則に基づき、その土地の作職（耕作権）を持ち実際に耕作している農民の名前（名請人）を記載し、年貢納入の責任を負わせた。また、同時に村切りといって村の境界を定め、検地を村単位で行い、村の石高である村高を定めた。村単位に石高を定めることで、家臣の知行地の移動が可能となり、また軍役動員の基準数値の決定が可能となった。

［文献］　宮川　満『太閤検地論1～3』（御茶の水書房、一九七七）、安良城盛昭『幕藩体制社会の成立と構造』（有斐閣、一九八六）、池上裕子『日本の歴史15織豊政権と江戸幕府』（講談社、二〇〇二）。

（渡邊浩史）

竿入検地《さおいれけんち》　検地のことを竿入・竿打ともいう。中世後期～近世初期、戦国大名などが行った指出検地は、家臣や寺社・村落などに土地の面積や作人を報告させる方式で正確な把握も困難だったが、太閤検地以後、検地条目を規定し煤竹でつくった間竿を用いて、実際に一筆ごとの田地測量を行った検地をさす。

竿入検地

文禄二年（一五九三）豊後《ぶんご》国検地で宮部法印桂俊と山口玄蕃頭宗永が使用した竿は、法印竿と玄蕃竿と呼ばれた。同義的に呼ばれる縄打は、天正五年（一五七七）の＊織田信長《のぶなが》の越前国剣神社検地や、同一七年（一五八九）の山城国検地、同時期の前田利家の領内検地などに広くみられ、間縄《けんなわ》・間竿《けんざお》などで測量した。間竿で土地丈量した者を「竿取」「竿打」などと呼び、検地奉行の下役として困難な作業を務めた。天正一九年（一五九一）の奥州検地（『伊予一柳文書』）や、文禄三年の「伊勢国検地相定条々」に「棹打のもの」などと見えるのが早い事例。元和・寛永期の佐竹氏の秋田藩検地では、「先竿・中竿・後竿」などと呼び再検地の状況が分かる。棹打の場では寄合や話し合いが禁じられ、『勧農固本録』には「年廿から三十までの達者なる律儀な者が良い」とあり、贔屓《ひいき》のない正確な丈量を求めた。『地方落穂集《じかたおちぼしゅう》』にも竿の持ち方や歩行の様などを詳述する。様々な田の形態に応じた竿の入れ方には口伝があるといわれる。関白秀次《ひでつぐ》領でも実施され、江戸幕府は六尺一分の一間竿と、一丈二尺二分の二間竿の二種を用いた。

［文献］『地方凡例録』、『徳川幕府県治要略』、小泉袈裟勝『ものさし』（法政大学出版局、一九七七）、神崎彰利『検地』（教育社歴史新書、一九八三）、佐藤満洋「法印竿と玄蕃竿」（地方史研究協議会編『地方史事典』弘文堂、一九九七）、保坂　智『百姓一揆とその作法』（吉川弘文館、二〇〇二）。

（大竹雅美）

文禄検地《ぶんろくけんち》　文禄年間（一五九二―九六）に行われた検地の総称で、統一した検地条目に従い実施された太閤検地をさす。文禄二年の豊後《ぶんご》国検地では法印竿と玄蕃竿の使用や、村位別石盛制の新方式が導入され、水利、日・水損、交通などの諸条件を

太閤検地施行年表

天正８（1580）年	播磨
天正10（1582）年	山城　播磨　丹後
天正11（1583）年	近江　山城　河内　加越能　若狭
天正12（1584）年	近江　山城　河内　播磨
天正13（1585）年	近江　山城　河内　大和　紀伊　四国
天正14（1586）年	山城　河内　和泉　大和
天正15（1587）年	山城　大和　伊予　肥後　毛利領国
天正16（1588）年	山城　播磨　阿波　伊予　肥後　筑前　筑後　毛利領国
天正17（1589）年	山城　大和　美濃　阿波　肥後　筑前　筑後　毛利領国　長宗我部 家康五ヶ国総検
天正18（1590）年	山城　紀伊　美濃　三河　遠江　駿河　安房　下総　出羽　陸奥　関東
天正19（1591）年	近江　山城　摂津　和泉　大和　豊前　豊後　筑前　筑後　出羽　陸奥　中国地方
文禄元（1592）年	近江　山城　尾張　三河
文禄２（1593）年	尾張　豊後　日向　薩摩　大隅　陸奥
文禄３（1594）年	摂津　河内　和泉　伊勢　日向　薩摩　大隅　常陸　美作　陸奥　蒲生領国（岩代）
文禄４（1595）年	河内　大和　播磨　尾張　筑前　筑後　肥前　肥後　日向　薩摩　大隅　信濃 越後　常陸　陸奥
慶長元（1596）年	丹後　肥後
慶長２（1597）年	山城　安房
慶長３（1598）年	越前　加賀　信濃　豊後　常陸
神崎彰利『検地』（教育社新書、1983）ｐ87の第５表「太閤検地年表」をもとに、加筆。	

考慮した。翌三年の伊勢《いせ》国検地条目は最も整備された段階のもので、一反三〇〇歩制、各種斗代（石盛）の規定、境界牓示による村境の確定、京枡への統一、検地役人への不正・賄賂（礼銭・礼物の規定）や検地奉行の非法行為の禁止などを盛り込み、太閤検地の基準を集大成する。また、この時より一間＝六尺三寸の基準を採用するが、地方・地域によっては一反三六〇歩制や*徳川家康《いえやす》の六尺二寸竿の使用、中世的損免方式の併記なども見られた。島津領国で石田三成が使用した*検地尺も残る。

他に、畿内（摂津・河内・和泉）や伊達・上杉・相馬・長宗我部の各氏、徳川家康などの所領で検地が行われた。従来、文禄検地の位置づけは、慶長の役の基盤整備から軍役賦課などの見方を中心に論じられてきたが、近年では講和交渉中の太閤権力と関白秀次権力との対抗から検討すべきとの見解もある。西国地方の石高制が一般的に成立した時期といわれ、石高による屋敷地規定や貫高から石高への移行期にあたり、太閤蔵入地や家臣団の知行宛行、「荒田没収令」「田畠作職」「作あい」、所替など、多くの課題を残す時期でもある。

［文献］中野 等『豊臣政権の対外侵略と太閤検地』（校倉書房、一九九六）、松下志朗『幕藩制社会と石高制』（塙書房、一九八四）、神崎彰利『検地』（教育社新書、一九八三）、安良城盛昭『太閤検地と石高制』（日本放送出版協会、一九六九）、安良城盛昭『幕藩体制社会の成立と構造第三版』（御茶の水書房、一九八二）。（大竹雅美）

検地尺《けんちじゃく》　検地用具の一つで、検地施行の際に土地測量に用いる曲尺。中世の検注で使用された尺はほとんど実在しないが、有名なものに文禄三年（一五九四）、島津氏領国の検地で石田《いしだ》三成《みつなり》が使用したものが唯一現存する。檜材で縦四五・五cm、横六cm、厚さ五mm。表の面には二つの×点が示され、二点の間は三〇・三四cm、「石田治少（花押）」と書かれ、裏書には「此寸を以、六しゃく三寸を壱間ニ相さため候て、五間ニ六間を壱たんニ可仕候也」（『島津家文書』、国宝）とある。実際に島津領国の丈量となり、以後の検地施行基準に定められた。時には、間竿《けんざお》をさしていう場合もあり、初めは一間＝六尺五寸としたが、太閤検地の六尺三寸を経て、江戸幕府ではさらに六尺に縮小、砂摺り一分のゆるみを加え、諸藩の多くがこれを採用した。

［文献］　安良城盛昭『太閤検地と石高制』（日本放送出版協会、一九六九）、小泉袈裟勝『ものさし』（法政大学出版局、一九七七）。

（大竹雅美）

天正《てんしょう》の石直《こくなお》し　旧来の貫高・苛高（奥羽の「束・把」や、島津領国の「畦」）など土地の生産性を意味する分銭表示を*石高表示に切り換えること。過渡的なものだが、全国的な石直しが太閤検地で行われたので、太閤検地もさす。ただし、山間部などでの永高表示や毛利・後北条氏領国の貫高表示なども依然残り、完全な統一まではされていない。*豊臣秀吉《ひでよし》は、天正八年（一五八〇）、*織田信長《のぶなが》の奉行として播磨《はりま》国姫路付近の検地を皮切りに、同一〇年（一五八二）の山崎合戦後、征服した地域ごとに検地を行った。同一九年（一五九一）の御前帳徴収までを天正検地とし、以後の文禄検地と分けて呼ぶ。前年の奥羽検地では「一郷も二郷も悉くなでぎり仕るべく候」「山のおく海は櫓櫂のつづき候迄、念を入るべき事専一に候」と、国人・百姓の抵抗を排除する撫切令が出された。陸奥《むつ》国では石直しがされるが、再び貫文制に戻されている。天正期の太閤検地は、*指出《さしだし》による有耕地面積の掌握に重点をおき、石高の内実を問わず九州の国割りにみられるような軍役賦課を重視し、石高制の成立を図ったところに特徴がある。徳川氏も下総《しもうさ》国検地で石直しを貫徹、近世には大半が石高に移行するが、地方・地域の慣習から一反三百歩制や六尺三寸基準などに若干の違いがみられる。

［文献］　松下志朗『幕藩制社会と石高制』（塙書房、一九八四）、秋沢　繁「太閤検地」（『岩波講座日本通史11近世一』、一九九三）、秋沢　繁「天正十九年豊臣政権による御前帳徴収について」三鬼清一郎編『豊臣政権の研究』吉川弘文館、一九八四）、安良城盛昭『太閤検地と石高制』（日本放送出版協会、一九六九）、安良城盛昭『幕藩体制社会の成立と構造』第三版（御茶の水書房、一九八二）、神崎彰

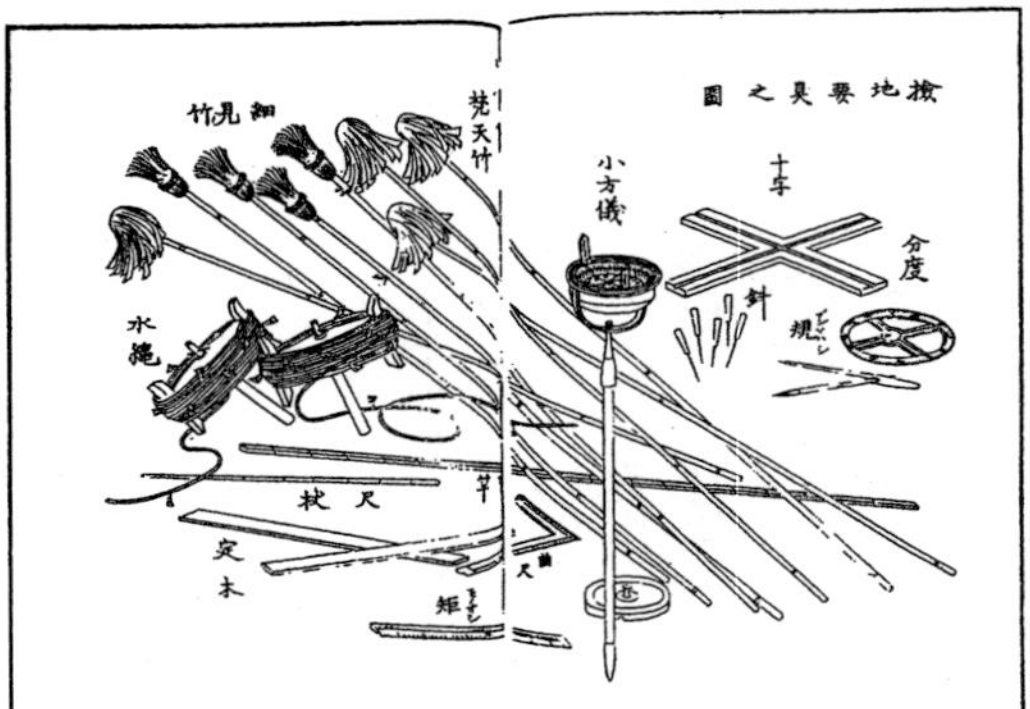

検地用具之図（『徳川幕府県治要略』）

利『検地』（教育社歴史新書、一九八三）。 （大竹雅美）

検地帳《けんちちょう》 一村ごとに検地結果をとりまとめ作成した土地の基本台帳。年貢賦課や土地所有・農民支配に関する重要な帳簿。水帳・縄打帳・竿入帳・地詰帳・地押帳などの別称がある。形式は文禄検地の頃にほぼ定まり、江戸時代に整備された。内容は、表紙に国郡村を示す表題と施行年月日、検地施行者や枚数などを記し、本文に一筆ごとの耕地の地字名、縦横の間数、地目（田・畠・屋敷）、品位（地位、上・中・下・下々）、面積（反別）、石高（分米）、名請人（作人名）等を記す。帳末に地目、地位別の面積と分米を集計し、最後に村高として総面積を総計し、除地記載や特記事項、検地役人の署名を付した。故意の落丁防止のため、各丁の綴じ目に検地奉行が捺印した。通常二通作成し一冊を領主側が所持、もう一冊を村方で保管した。村によっては特製の箱等に納めた。一つの村を基本単位に小字ごとに順を追い記載したが、村切の不徹底により郷荘単位での作成や、屋敷の末尾記載、分米表示の有無などがある。初期には、表紙記載の国郡名と知行宛行状や郷帳類の名称とが一致しない例も見られ、実際に縄入したのか疑わしいものもある。天正・文禄期の太閤検地や、伊奈忠次《いなただつぐ》の備前《びぜん》検地、大久保長安《おおくぼながやす》の石見《いわみ》検地の検地帳などが残る。前回の検地帳をもとに各項目内容を列記した地引帳、現地での実測値を記した手帳、手帳を整理し一定の控除分（縄心）を修正した野帳、それを浄書した清野帳など、各段階に応じた帳簿がある。検地帳記載の村が、のちに行政単位の村として制度化されていく。

［文献］ 神崎彰利『検地』（教育社歴史新書、一九八三）。 （大竹雅美）

水帳《みずちょう》 一村ごとの検地結果をまとめた基本的な土地台帳。水帳の他に、検地水帳・縄打水帳・棹打水帳などと表記されるが、いずれも検地帳のことをさす。検地帳の別称中では、水帳が一般的に使用される。その呼称は、古代律令制下の民部省で諸国の田籍数量を記した大図帳を御図帳と呼び、それが水に転じられたともいわれるが定かでない。「摂津国天川水帳」は、畠が重要視されず「反目」表示となるなど、計量の不便さに問題を残す。米沢藩では民図帳と記す例もみられる。

［文献］ 松尾 寿「太閤検地の斗代について」（『史林』五二―一、一九六九）、神崎彰利『検地』（教育社歴史新書、一九八三）。 （大竹雅美）

石高《こくだか》 生産物量を玄米（＝籾を半分程ついた五合摺米）で換算した標準法定生産収穫高とされたが、年貢賦課基準高ともいえ、年貢率をかけると年貢量が定まる。大名や武士には、知行や階級身分、軍役、諸義務や役職就任の基準となり、その領域は石高表示され加減転封が容易になった。他方、農民にとっては年貢、夫役などの諸役負担基準や土地の所持を表すものとなるが、個々の百姓には概念意識が薄かった。基本的には、太閤検地から年貢徴収の機能を果たすが、それ以前から計量単位の「石」があり、一部で石高表示もみられる。天正一九年（一五九一）の御前帳徴収は、国郡単位による全国的な石高の把握を図るものだが、実際には机上計算された軍役賦課基準の機能を果たした。石高制はこのようにさまざまな内容を含み、全国的な統一賦課基準、社会的総生産額、実際の土地生産高とはいえないものの、近世封建社会は全て石高を基準に成立する形をとり、幕藩制国家の原則の一つとなって武家支配体制をより複雑なものにした。田の他に、畠や屋敷地も石高で換算し、町場・城下町・門前町といった立地や、酒造・製糸業など特殊な社会経済面も加味されて、その決定は大名服属条件や領内の特殊事情も介在していた。近世には大方が石高に移行したが一部では例外も見られ、貫高表示は地域的慣習により残されたりする。文禄・慶長期にかけてあまり変化はみられず、徳川幕府の郷村帳の徴収は石高から物成量に変更するため提出を命じ、引き続き継承・整備された。検地作業を繰り返すことで、石高が物成量と照応するため逆説的に村高に把握されたと考えられる。収穫量増加に伴う石高変化の再検地も実際にはあったが、新開地以外ははじめの石高を継承し、やがては崩壊をたどっていく。

［文献］松尾　寿「太閤検地の斗代について」（『史林』五二―一、一九七九。松下志朗『幕藩制社会と石高制』（塙書房、一九八四）、池上裕子「織豊期検地論」（『戦国時代社会構造の研究』校倉書房、一九九九）、安良城盛昭『太閤検地と石高制』（日本放送出版協会、一九六九）、秋沢　繁「天正十九年豊臣政権による御前帳徴収について」（三鬼清一郎編『豊臣政権の研究』吉川弘文館、一九八四）。

（大竹雅美）

石盛《こくもり》　検地での田畑・屋敷地一段あたりの公定収穫量＝石高の算定基準。「盛」は、段別に石高を盛りつける意味に由来する。近世には斗代のことをもさすが、村方の段取とも混用される。石盛に面積を乗じたものが等級別に分かれ、耕地の全生産高となる。基本的には、灌漑や土地の肥沃、地形地質などの土地生産力を見積もるが、生産実態を直接的に表すものではなく、街道筋や港といった交通の要衝地などの立地条件や、農業以外の製造業による社会的な経済力、政治的・軍事的な側面なども加味され決定したといわれる。このような見計らいと検地条目基準により、上田と見立てた場所で一～四箇所を坪刈して、一坪あたり平均籾一升あれば、一反三〇〇歩で籾三石となり、それを五合摺にして玄米一石五斗を得るので、石盛一五などという。以下二つ下りで、中田一三・下田一一・下々田九、上畠・屋敷地は下田並みで一二・中畠一〇・下畠八・下々畠六としたのが標準設定だが、上々田や最高一石八斗代の石盛もみられた。美濃《みの》国検地条目ではじめて明示され、それ以前は斗代が多様化する。村位別石盛方式は、各村位の中で耕地の反あたり収穫量を等級し、一筆ごとの年貢高を把握する近江検地方式と、基準斗代の設定をする越前方式の、両者の斗代差を配慮した折衷型といわれる。文禄二年の豊後《ぶんご》国検地で用いられ、伊勢《いせ》国検地や石田三成《いしだみつなり》や浅野長政《あさのながまさ》などが採用した。寛永後期には幕領での畝引検見《うねびきけんみ》は石盛を基準とし、地押・地詰などの略式検地は、石高・石盛を古検どおりにしながら面積を測量し修正を加えた。石盛の確定は、地域ごとの石高制の導入や石盛の方式などの検討に課題を残している。

［文献］佐藤満洋「法印竿と玄蕃竿」（地方史研究協議会編『地方史事典』弘文堂、一九九七）、松下志朗『幕藩制社会と石高制』（塙書房、一九八四）、松尾　寿「太閤検地の斗代について」（三鬼清一郎編『史林』五二―一、一九七九）、安良城盛昭『太閤検地と石高制』（日本放送出版協会、一九六九）。

（大竹雅美）

京枡《きょうます》　一般的には、寛文九年（一六六九）に江戸幕府が全国統一した公定基準枡をさし、京判・京番とも称す。織豊政権期などの京枡と区別して新京枡ともいった。古来から各種の専用枡や貢納枡があり、中世では各荘園や地域ごとに多種多様の枡が用いられていた。室町期には、商品流通の進展や商業圏の拡大などに伴う枡の統一化が募り、畿内周辺で商業枡として十合枡の使用が顕著となる中で、＊織田信長《のぶなが》が京都十合枡を永禄一一年（一五六八）に公定枡に指定、やがて通用枡として権威をもちはじめ、太閤検地では石盛の基準枡に採用されて全国的に普及した。当初、播磨《はりま》国姫路野里村の検地枡が縦横五寸一分の深さ二寸四分半で六四三四九立法分くらいだったがそのうちに六二五〇〇立法分となり、新京枡では縦横四寸九分深さ二寸七分六四八二七立法分となった。一斗・七升・五升・一升・五合・二合半・一合の七種の穀用枡と一升・五合・二合半・一合の四種の液用枡（木地枡）があり、穀用枡の五合以上には弦鉄をかけ一升以上に斗概棒をつけた。天正一八年（一五九〇）、徳川家康は江戸と京都に枡座を設け、京枡の独占的な製造・販売を許可した。その後、京都枡座の京枡の容積が増加する一方で、江戸枡座の京枡は旧量を保ったため、寛永年間（一六二四―四四）頃には「江戸枡」と称し区別された。しかし、二種の枡の存在が取引上で不便になり、経済的にも支障をきたすため、寛文九年（一六六九）に京枡統一令を発して全国的な枡の統一化を行い、江戸枡を廃した。明治元年（一八六八）、新政府は、度量衡制度変革による混乱を恐れてそのまま公定枡とし、代わりに京都・江戸の両枡座を廃し全国各県に専業者を指定した。昭和三九年（一九六四）メートル法の完全実施によりその役割を終えた。地域や用途により、新京枡の三倍量の甲州枡と小型版「なからせんじ」、伊賀枡や＊徳川家康《いえやす》の伏見在城時の慶長枡＝伏見枡、大藩などでは古来の枡を固守したり、自藩製の藩枡（水戸・越前高田・紀州・佐賀藩）などがみられたりする。ヒノキ材で木製のものが多いが、円筒形のものもある。「斗」「升」と書いたが、近世以降「枡」と記した。享保年間以降、枡改めが実施され枡の検定や、偽枡の没収、故障枡の修理、新規枡の販売などが行われた。

［文献］ 宝月圭吾『中世量制史の研究』（吉川弘文館、一九六一）、小泉袈裟勝『枡』（法政大学出版局、一九八〇）、稲葉継陽「中世社会の年貢収納枡」（『戦国時代の荘園制と村落』校倉書房、一九九八に収録）。

（大竹雅美）

一地《いっち》一作人《いっさくにん》 田畠一筆ごとの作職（耕作権）をただ一人の農民（百姓）に確定し、土地の保持者（名請人）として検地帳に記し、年貢諸役を領主に対して納入させる責任を負わせた原則。勝手な耕作権の放棄や商工業者などへの転職は許されず、逆に権利は保証された。ただし、一筆に一人と分け難いものも存在し、二人記載や「誰分某作」といった分付記載、さらに兄弟などの血縁関係から二人併記などの事例もみられた。職の秩序などにより、一つの耕地に複数の権利が重層的に存在する、中世的土地所有（荘園制）を否定し、領主的でかつ農民的な土地所有の形態をとり、幕藩体制下の農民支配の基本原則となった。

［文献］ 安良城盛昭『太閤検地と石高制』（日本放送出版協会、一九六九）、木村 礎『近世の村』（教育社歴史新書、一九八〇）。

（大竹雅美）

検地反対一揆 天正一〇年（一五八二）から江戸幕府滅亡までに起きた検地反対一揆は一〇〇件以上に上り、支配・被支配の問題をめぐって、地方・地域で土豪や国人層の武力抵抗や国人一揆が発生した。特に、太閤検地に反対した＊肥後《ひご》一揆や＊大崎・葛西一揆などが有名である。また、奥羽仕置《おううしおき》後に顕著となる一連の反対一揆は、撫切令が命じられた浅野《あさの》長政《ながまさ》らによる検地終了後に発生。領主百姓等を中心に葛西・大崎らの残党も加わった、岩手県南部の和賀《わが》・稗貫《ひえぬき》一揆は、和賀信親《わがのぶちか》・稗貫輝家《ひえぬきてるいえ》の両当主が小田原《おだわら》不参を理由に領地を没収され、一〇月、和賀義《よし》忠《ただ》・忠親《ただちか》・広忠《ひろただ》兄弟らが合力し、一揆勢は鳥谷ケ崎《とやがさき》城（のちの花巻城）を包囲、二子《ふたご》（飛瀬《とばせ》）城に入城して旧領回復を図る。翌年、連動して九戸《くのへ》政実《まさざね》の乱も勃発し南部氏救援のため、三月に総大将豊臣秀次《ひでつぐ》のもと、蒲生氏郷《がもううじさと》・浅野長政らが大軍を率いて制圧に向かい、秋までに首謀者を誅し一揆を鎮圧。義忠は仙北に逃れる途次の和賀町横川で夜盗に襲撃され、弟の忠親は最《も》上《がみ》から帰還した南部利直《なんぶとしなお》に滅ぼされた。信親と輝家の事跡は不明だが、和賀・稗貫両郡は南部領となり、子孫は南部氏や伊達氏に奉公するなどした。鳥谷ケ崎城や二子城・岩崎城など多くの支城や城館は破却、再検地を行い、九月には政実も降伏した。一方、出羽国では、上杉景勝《うえすぎかげかつ》が検地を実施、庄内地方で庄内・藤島一揆が発生。土豪を首領に田沢城以下を占領、庄内の中心尾浦《おうら》城を包囲するが、景勝の出兵で翌年春には鎮圧。秋田県南部の旧小野寺氏領で発生した仙北《せんぼく》由利《ゆり》一揆も、一時は一揆勢が優勢だったが景勝が鎮圧した。天正から慶長期にかけて検地反対一揆や騒動が多く発生した。一揆の形態には、蜂起・逃散・直訴・強訴・越訴・愁訴・徒党などというさまざまなタイプがあり百姓一揆の位置づけに関する課題も多く残されている。

［文献］　青木虹二『百姓一揆総合年表』（三一書房、一九七一）、神崎彰利『検地』（教育社歴史新書、一九八三）、保坂　智『百姓一揆とその作法』（吉川弘文館、二〇〇二）、小林清治『奥羽仕置と豊臣政権』（吉川弘文館、二〇〇三）、渡辺信夫「天正十八年の奥羽仕置令について」（『東北大学日本文化研究所研究報告』別巻一九集、一九八二。のち、小林清治編『東北大名の研究』吉川弘文館、一九八四に収録）、堤　洋子『秋田県百姓一揆年表』（百姓一揆研究会、一九九五）。

（大竹雅美）

大崎《おおさき》・葛西《かさい》一揆《いっき》　天正一八年（一五九〇）、大崎・葛西両氏の旧臣と上層農民が、奥羽仕置《おうしおき》と新領主木村吉清《きむらよしきよ》の苛政や*太閤検地に反抗して起こした一揆。同年八月、小田原《おだわら》不参を理由に所領を失った大崎義隆《おおさきよしたか》・葛西晴信《かさいはるのぶ》ら国人領主層を中心に、十月初め、奥州仕置軍の退陣後、伝馬役賦課の反対などを契機に賀《か》美《み》・胆沢《いさわ》・気仙《けせん》・磐井《いわい》・玉造《たまつくり》郡（現在の宮城県北部から岩手県南部）で蜂起した。下旬までには旧領全体に波及し、吉清・清久《きよひさ》父子の登米《とめ》郡佐沼《さぬま》城を攻囲した。*豊臣秀吉《ひでよし》の命を受けた会《あい》津《づ》の蒲生氏郷《がもううじさと》と米沢の伊達政宗《だてまさむね》が出動し、翌月二四日、政宗が父子を救出したが、一揆勢の中には、政宗に好意を持つ者も多く、政宗が一揆の煽動者であるとの噂も立ち、政宗と氏郷の間に対立が生じて一時その関係が危ぶまれるが、秀吉への忠節を誓い、政宗は、葛西・大崎の地で、両者間を中傷する者を処断する起請文を以て和解した。翌年二月、政宗は上洛し秀吉に弁明、帰国後再び出陣して六月二五日に賀美郡宮崎城を、七月三日には佐沼城を陥落、登米城攻撃を前に翌四日に一揆勢が降伏。首謀者二〇余人が処刑され、撫切りにあった首や耳鼻は京都に送られた。その後義隆は氏郷に従い、文禄の役に参加し再興を願うが許されず、のち上杉景勝《うえすぎかげかつ》に従ったといわれ、葛西晴信は佐沼敗退後の八月死去説と、前田利家《まえだとしいえ》に預けられたのちの死去説がある。また、吉清は失脚し氏郷の客将となり、大崎・葛西旧領一二郡は政宗に与えられた。奥羽各地で同じ頃に、所領を

検地反対一揆一覧（江戸期のものを含む）

年	月	所領・藩名	旧国名	郡名・地方、地域名	一揆・騒動名	検地反対などの理由	一揆主導者など
天正11（一五八三）			近江				
天正13（一五八五）		蜂須賀氏領	阿波	祖谷山		蜂須賀氏入封と新政反対	「名主」土豪
					根来・雑賀一揆		
			山城				
天正15（一五八七）	9		肥後		国衆一揆	検地実施と苛政展開	国人領主52人
天正18（一五九〇）	8	会津	岩代	田島郷		検地帳作成　一柳氏の検地	
	10	木村吉晴領	陸前	玉造郡ほか岩手沢地方	大崎葛西一揆	浅野長政の検地	大崎・葛西氏
	10		陸前		和賀稗貫一揆	浅野長政の検地	和賀・稗貫氏
	10	本荘氏領	羽前	由利郡三崎山	（仙北）由利一揆	上杉庄内検地	
	10	大宝氏領	羽前	田川郡川南地方	庄内藤島一揆	上杉庄内検地	武藤氏
	10	六郷氏領	羽後	仙北郡六郷地方	仙北（由利）一揆	上杉庄内検地	小野寺氏旧家臣
天正19（一五九一）		南部信直領	陸奥		九戸政実の乱	後継者問題	九戸政実
	7	会津	岩代	会津郡赤岡村		検地	
	8		近江	蒲生郡今堀		検地不満（逃散）	
		会津	岩代	信夫・伊達郡		検地石高増加	
文禄2（一五九三）	6	加藤氏領	肥後	佐敷	梅北一揆		梅北国兼ら
文禄3（一五九四）		平	磐城	石川郡		検地反対	岩城氏
慶長3（一五九八）		田丸氏	信濃				
慶長4（一五九九）		堀氏領	越後	魚沼郡下倉　栃尾 津川　大崎		新政と検地反対	上杉遺臣
		幕領	武蔵	松木　鑓水　柚木 堀之内　大沢　小山 田　落合など15ヵ村		再検地打出反対（越訴）	
慶長5（一六〇〇）	8頃	南部信直領	羽前	村山郷		一揆	
	10〜	高知山内氏	土佐	土佐郡浦戸付近	浦戸一揆	山内氏入部反対	長宗我部遺臣
		松代	信濃	高井・更級郡		検地反対と苛政	
慶長6（一六〇一）	7		陸中	閉伊郡釜石地方	釜石一揆		
慶長7（一六〇二）	7		常陸				車丹波らの一揆
慶長7頃		佐竹氏領	羽後	秋田郡　山本郡	小森一揆ほか	入封反対と検地施行	小野寺・浅利・六郷・秋田氏の旧臣

慶長8（一六〇三）	8	佐竹氏領	羽後	桧山郡　阿仁地方	小阿仁一揆	検地反対	
		佐竹氏領	羽後	秋田郡比内地方	比内一揆		
	10	佐竹氏領	羽後	山本郡六郷地方	六郷一揆	新政反対	小野寺・六郷・秋田氏の旧臣
		佐竹氏領	羽後	桧山郡　阿仁地方	大阿仁一揆	検地反対	
	11	高知	土佐	長岡郡本山地方　下津野	滝山騒動（本山一揆）	貢租拒否　新政反対	長宗我部遺臣　高石左馬助ら
慶長9（一六〇四）		津山森氏	美作	真島郡		津山築城と検地反対	庄屋　土豪
慶長13（一六〇八）	10	萩	周防	玖珂郡山代地方		検地反対（愁訴）　高率年貢反対	
		名古屋	尾張	春日井郡上条村		検地反対（不穏）	
慶長14（一六〇九）	9	幕領	上総	君津田川村		検地反対（越訴）	
慶長15（一六一〇）		秋田佐竹氏	羽後	大館地方		一揆	
慶長16（一六一一）	3	幕領	近江	堅田村		一揆	
慶長17（一六一二）		山形最上氏	羽後	由利矢島地方		最上氏の検地石増反対（逃散）	
慶長18（一六一三）		米沢上杉氏	岩代	信夫・伊達郡		上杉氏の検地反対（不穏）	
慶長19（一六一四）	9	和歌山	紀伊	牟婁郡北山郷ほか	北山一揆（熊野領一揆）	大坂の役の影響	堀内氏　土豪
		幕領	近江	滋賀郡堅田村		一揆	
年不詳		高知	土佐			籠宗全の検地重課反対	
元和6（一六二〇）		徳島	阿波	祖谷山地方	祖谷山一揆	（強訴）	土豪
元和7（一六二一）	7	長岡牧野氏	越後	古志郡栃尾郷	縄一揆	検地反対	
元和8（一六二二）		宇都宮奥平氏	下野	河内・都賀郡？		減免要求（愁訴）？	
元和9（一六二三）		山形鳥居氏	羽後				
		庄内酒井氏	羽前				
寛永4→8		松本戸田氏	信濃	筑摩郡嶋立村		検地増加反対	
寛永4（一六二七）		秋田	羽後	山本郡八森		検地増加（逃散）	
寛永9（一六三二）	10	庄内	羽前	飽海郡遊佐　荒瀬郷		検地石増反対→仙北由利（逃散）	
寛永12（一六三五）		小田原	駿河	駿東郡古沢村		検地石増反対（強訴）	
寛永18（一六四一）		水戸徳川氏	常陸	多賀郡金沢村		新検地増加反対（強訴）	
慶安3（一六五〇）	6	徳島	阿波	板野郡中喜米村	中喜米騒動	検地反対（強訴）	
慶安4→承応3		上田仙石氏	信濃	小県郡武石村		検地による新田の本田編入反対（越訴）	
明暦元→2		相馬相馬氏	陸奥→磐城	相馬郡		検地迷惑（愁訴）	

万治元↓3		会津保科氏	陸奥↓岩代	耶麻郡深沢村		検地後の土地均分要求（愁訴）	
万治2（一六五九）		米沢上杉氏	岩代	伊達郡		検地石増反対（逃散）	
万治3（一六六〇）	春	小田原稲葉氏	相模	足柄郡　関本・矢倉沢など20余ヵ村		麦租撤回要求（越訴）	
万治3		黒羽大関氏	下野				
寛文7（一六六七）	1	金沢前田氏	能登	鹿島郡	浦野騒動（十村道閑事件）	家中騒動　検地反対闘争（徒党）	十村道閑ら　給人長氏と浦野一族
寛文9↓年未詳		谷村秋元氏	甲斐	都留郡畑倉村		寛文検地重課（愁訴）	
寛文10（一六七〇）		小諸松平氏	信濃	佐久郡芦田村		検地反対（不穏）	
寛文10↓11	3	宇和島伊達氏	伊予	宇和郡川内村ほか		検地打出反対（強訴）	
延宝元（一六七三）		津山森氏	美作	勝南・勝北郡　北部地方		高率年貢賦課　新検地施行（逃散）	
延宝3↓年未詳		沼田真田氏	上野	吾妻郡中之条町		検地で百姓困難？（愁訴）	
延宝5（一六七七）		旗本領	摂津	豊島郡熊野田村		延宝検地無効要求（越訴）	
延宝6（一六七八）		小諸	信濃	佐久郡芦田　丸子ほか		検地打出重課反対（越訴）	
延宝6↓7	4	矢島生駒氏	羽後	由利郡矢島郷ほか		年貢増徴の検地反対（越訴）	
延宝7（一六七九）		黒羽大関氏	下野				
延宝8（一六八〇）		沼田	上野	利根郡政所村		苛政　飢饉　再検地要求（越訴）	
元禄4（一六九一）		守山	磐城	田村郡		検地反対（愁訴）	
宝永元（一七〇四）		福島	岩代	信夫郡渡利村		新田石増反対	
享保18（一七三三）	秋	飯山	信濃	水内郡大川村		検地反対（強訴）	義民
享保19（一七三四）	11	福知山	丹波	天田郡上豊富　石場ほか		飢饉による年貢減免要求と新検地延期（強訴）	丹波義民
延享2（一七四五）	1	幕領ほか	摂津／河内東成郡／渋川郡			神尾若狭守の検地反対（越訴）	
明和5（一七六八）	9	亀山	伊勢	鈴鹿郡	亀山騒動	苛政と永荒地への検地中止要求（打こわし）	
安永2（一七七三）	4	幕領	飛騨	大野・益田・吉城郡	本郷善九郎騒動	検地実施による石高増加反対	
安永5（一七七六）	8	高野山寺領	紀伊	海草・那賀・伊都郡		検地打出計画（打こわし）	高野領百姓強訴
天保13（一八四二）	10	幕領ほか	近江	甲賀・野洲・栗太郡	三上山騒動（甲賀騒動）	検地反対（強訴）	天保義民　百姓
承応元	5	小浜	若狭	新道村	松木長操事件	年貢引上反対	義民　松木長操

承応元（一六五二）	12		下総	印旛郡	佐倉宗吾一揆	小物成金納化反対	義民 佐倉宗吾
天和元（一六八一）	春	沼田	上野	利根郡月夜野町	磔茂左衛門		磔茂左衛門死罪 農民解放の父
貞享3（一六八六）	10	松本	信濃	安曇郡筑摩郡	嘉助騒動		
明和元（一七六四）	9	宇都宮	下野一九七一	芳賀郡 20余ヵ村	籾摺騒動	（打こわし）	

青木虹二『百姓一揆総合年表』（三一書房、一九七一） 神崎彰利『検地』（教育社歴史新書、一九八三）をもとに表を作成。
保坂智『百姓一揆とその作法』（吉川弘文館、二〇〇二） 小林清治『奥羽仕置と豊臣政権』（吉川弘文館、二〇〇三）

失った国人や領主層が百姓を率いて、九戸《くのへ》政実《まさざね》の乱・出羽《でわ》仙北《せんぼく》一揆・田川藤島一揆・出羽庄内一揆・和賀《わか》稗貫《ひえぬき》一揆などを起こしたが、鎮圧後には、城郭の破却や再検地といった奥州再仕置が行われ、一時的に石高制となった。「伊達成実記」「伊達氏治家記録」『伊達家文書』『浅野家文書』「伊達政宗記録事蹟考記」などに記録や書状類が収められている。

［文献］ 鈴木節夫「葛西大崎一揆」（『仙台郷土研究』五―一・三・六・七、一九三五）、渡辺信夫「天正十八年の奥羽仕置令について」（小林清治編『東北大名の研究』吉川弘文館、一九八四）、小林清治『奥羽仕置と豊臣政権』（吉川弘文館、二〇〇三）、小林清治『奥羽仕置の構造』（吉川弘文館、二〇〇三）、高橋 充「大崎・葛西一揆に関する一考察」（『国史談話会雑誌』三七、一九九七）。 （大竹雅美）

肥後一揆《ひごいっき》 肥後五二人衆という強力な国人・土豪層を中心とした検地反対一揆。肥後国衆一揆とも称す。天正一五年（一五八七）六月、*豊臣秀吉《ひでよし》は佐々成政《さっさなりまさ》を肥後国の新領主に任命、朱印状を認め国衆に大幅な領地削減を伴う所領安堵を施し、成政にその知行安堵と就封直後の検地施行禁止を命じた。しかし、六尺棹の生駒竿で検地実現を図り領地高も守らず百姓を困らせたため、苛政に反対した守護菊池氏旧臣の隈部《くまべ》親永《ちかなが》が隈府《わいふ》城に籠城したのを契機に、翌月、肥後北東部で一揆が発生、農民をも総動員した約半年間にわたる攻防となる。これに、国衆が形成してきた伝統的な領地支配の否定などの要素が加わり、さらに阿蘇氏の旧臣甲斐《かい》、木山、北里氏や肥後の全国衆層にまで波及し、豊前《ぶぜん》黒田領の城井氏や野中氏、肥前《ひぜん》国諫早《いさはや》の西郷氏ら南九州一円に拡大した大規模な土豪一揆となる。成政は、留守中に隈本《くまもと》古城を囲まれ、一時は攻落の勢いに迫るが、筑後《ちくご》国柳川《やながわ》の立花宗茂《たちばなむねしげ》や筑前《ちくぜん》の小早川隆景《こばやかわたかかげ》らの援軍により帰城。事態を重くみた秀吉は、西国の諸大名に出兵を要請し、翌年、一揆を弾圧した。成政は責任を問われ改易後、安国寺恵瓊《あんこくじえけい》の助命嘆願むなしく尼崎《あまがさき》で自害。一方、親永は一揆の本拠地・城村城で嫡男親安《ちかやす》（親泰）と籠城、周辺の和仁《わに》親実《ちかざね》や、辺春《へばる》、大津山、内空《うちこ》閑《が》の各氏も抵抗するが、一二月に攻落、二男親房《ちかふさ》とともに宗茂に預けられ、翌年五月に切腹した。一連の国衆や地侍の動向は*『上井覚兼日記』などでわかる。鎮圧後、北部半国に*加藤清《かとうきよ》正《まさ》、南部には*小西行長《こにしゆきなが》が封じられ清正が隈本に入城。城・宇《う》土《ど》・小代氏ら一部を除き国衆の多くは壊滅状態に陥り、再検地が行われた。さらに在地勢力の反権力闘争を止めるため、七月には*刀狩令を発令し兵農分離政策がとられ、統一政権の成立化が進む。

［文献］　森山恒雄「近世初期肥後国衆一揆の構造―天正十五年検地反対一揆―」（藤木久志・北島万次編『織豊政権　論集日本歴史六』有精堂、一九七四）。

（大竹雅美）

刀狩《かたながり》（刀狩令）　豊臣政権が行った民間の武装解除・身分統制政策のこと。転じて広く鎌倉時代から現代に至るまで行われた民衆の武装解除政策全般をさすこともある。中世社会において、一般庶民も刀を差す習慣が普通であり、刀は自立した社会の構成員としての標識とされていた。また自力救済が当然とされていた。統一政権による武装解除は織田政権下の越前《えちぜん》国で一向一揆を鎮圧した*柴田勝家《しばたかついえ》が天正四年（一五七六）に「寺社ならびに内者（家来）刀さらへ」を行ったのが最初である。また*秀吉《ひでよし》自身も天正一三年（一五八五）の紀州攻めに際して紀州惣国一揆から武器を没収していた。天正一五年（一五八七）七月、肥後《ひご》国に入部した佐々成政《ささなりまさ》の苛政に抵抗して肥後・豊前《ぶぜん》・肥前《ひぜん》にまたがる大規模な一揆が蜂起し、翌年一月にようやく鎮圧された。この半年後の天正一六年（一五八八）七月八日に海賊取締令と同時に刀狩令が出された。第一条に百姓が刀・脇指・弓・槍・鉄砲などの武具を持つことを停止する。これらは国人などの領主がその責任において集めて進上せよ。第二条に没収した刀・脇指は建立する方広寺大仏の釘・かすがいにするので百姓は現世だけでなく来世も救われる。第三条に百姓は農具だけを持って耕作に専念すれば子々孫々まで長久である。百姓への哀れみをもって出された、と記されている。これにより民間の自力救済は関白の公儀により規制され、その後の身分統制を進展させた。

［文献］　桑田忠親「豊臣秀吉の刀狩」（『豊臣秀吉の研究』角川書店、一九七五）、藤木久志『豊臣平和令と戦国社会』（東京大学出版会、一九八五）、池上裕子『日本の歴史15織豊政権と江戸幕府』（講談社、二〇〇二）。

（渡邊浩史）

身分統制令《みぶんとうせいれい》　豊臣政権による兵農分離・身分固定化令。豊臣政権は、天正一〇年（一五八二）からの*太閤検地により兵農分離に着手し、天正一六年の*刀狩令で農民から武器を没収して自力救済の途を奪い、被支配身分に固定した。天正一九年（一五九一）八月二一日に、いわゆる身分統制令とされる三ヵ条が出された。第一条で奉公人の侍・中間・あらし子が町人や百姓になることを禁止し、第二条で百姓が商人・職人になることを禁じ、奉公もせず田畠を作らない者を追放し、第三条で主人の許可を得ずに出奔した侍・小者らの召し抱えを禁じている。第二条は、天正一四年に出された武家社会内部の身分秩序の明確化と百姓と奉公人との区別を明確にした法令と、天正一八年に江北の直轄領に出された浪人追放令と呼ばれる、主人をもたず田畠もつくらない侍の追放を命じた法令を引き継いでいる。天正十九年令を朝鮮侵略のための時限立法とする説もあるが、奉公人の浪人化、百姓の耕作放棄、両者の都市流入という事態が深刻化して都市対策が必要とされた状況で、太閤検地から連綿と続く身分固定化のための立法の中でも重要な位置を占める法であった。その後慶長三年（一五九八）に*秀吉《ひでよし》は大名転封の際に家臣をすべて新領に移転させ、検地帳記載の農民は移住禁止の法を発布した。こうして封建的身分制度は次第に整備されていった。

［文献］　藤木久志『豊臣平和令と戦国社会』（東京大学出版会、一

九八五）、池上裕子『日本の歴史15織豊政権と江戸幕府』（講談社、二〇〇二）、高木昭作『日本近世国家史の研究』（岩波書店、一九九〇）、中野　等「『唐入り』と『人掃』令」（曽根勇二・木村直也編『新しい近世史2国家と対外関係』新人物往来社、一九九六）。

（渡邊浩史）

人掃令《ひとばらいれい》　豊臣政権が行った身分再編のための侍払いと戸口調査を目的とした法令。*太閤検地以来行われてきた兵農分離政策の中で、天正二〇年（一五九二）三月頃に関白*秀次の名で出されたとされる。しかし、明確な人掃令は見出せないとの説が有力である。*秀吉の朝鮮出兵を控え、肥前国名護屋への軍勢配備が完了する中、この全国的な軍事動員に従わない村の侍を在地社会から追放（払う）するためのものである。これは主をもたず田畠の耕作もしない侍（牢人）追放を定めた天正一九年（一五九一）八月に出されたいわゆる身分統制令を体制的に固定するものでもある。これをすべての封建領主が秀吉の下で軍役を果たされる朝鮮出兵を背景に推進していった。そして侍払いの確認として戸口調査が行われたのであった。ここでは各村ごとに武家奉公人・職人・百姓・町人・水夫といった職種ごとに、ほぼ五歳から六・七〇歳までの男子を調査し、被支配身分以外の人間が存在しないことを確認した。こうして兵農分離は進められ、体制的に固定化されていった。

［文献］　池上裕子『日本の歴史15織豊政権と江戸幕府』（講談社、二〇〇二）、中野　等「『唐入り』と『人掃』令」（曽根勇二・木村直也編『新しい近世史2国家と対外関係』新人物往来社、一九九六）。

（渡邊浩史）

海賊取締令《かいぞくとりしまりれい》　豊臣政権による海上支配の確立を意図した基本法。海賊停止令・海賊禁止令ともいう。*豊臣秀吉《ひでよし》が*刀狩と同日の天正一六年（一五八八）七月八日に発した三ヵ条の「定《さだめ》」朱印状《しゅいんじょう》がそれである。第一条で、先の海上賊船停止令を破った者があり、第二条で、諸国浦々の海民を浦ごとに地頭・代官などの領主が調査して、海賊行為をしないという誓紙を提出させ、第三条で、もし誓約に背き海賊行為をする者が出れば、海賊は秀吉が成敗して死刑、領主も知行を没収するという内容である。第一条で言う先の海上賊船停止令というのは現存しないが、前年六月に長崎に拠点をもつ肥前《ひぜん》国国人深堀純賢《ふかぼりすみまさ》が城郭破却・所領没収の処分を受けたことがその発動令と考えられ、この時点で停止令が出されたという見解がある一方、より以前の天正一三年（一五八五）の関白政権の始期にまで発令を遡らせる推定も出されている。また、同年の四国平定で伊予に封じた*小早川《こばやかわ》隆景《たかかげ》に対し、瀬戸内の海賊として有名な村上氏の支配下の城も含めた城割を命じたことにその淵源を求める向きもある。海賊取締令の発令により、豊臣政権は陸上だけでなく海上の通交安全（海の平和）を保証する全国統一政権としての実質を備えることとなる。これは対外的な海賊行為である倭寇《わこう》を厳しく規制することとなり、明や朝鮮からの要求に応えるもので、これにより明との勘合貿易再開を意図していたと考えられる。その一方で、海民を調査・把握することで、朝鮮出兵に備えたとも考えられている。

［文献］　藤木久志『豊臣平和令と戦国社会』（東京大学出版会、一九八五）、池上裕子『日本の歴史15織豊政権と江戸幕府』（講談社、二〇〇二）、米谷　均「後期倭寇から朝鮮侵略へ」（池　享編『日本の時代史13天下統一と朝鮮侵略』吉川弘文館、二〇〇三）。

（渡邊浩史）

城割《しろわり》　城を壊すこと。破却《はきゃく》・破城《はじょう》・城破《しろわ》りとも。戦国時代前半の段階には戦に負けて屈服した城主が、城を明け渡す際の作法として土塁を崩したり堀を埋め立てるなどの城割を行っていた。前の城主とのつながりを断ち切る必須の儀礼として、また屈服と服従を示す重要な条件として、城割の作法が出来上がっていた。*豊臣秀吉《ひでよし》は天正一八年（一五九〇）に小田原《おだわら》に参陣しなかった奥羽《おうう》の大名に対し「奥州仕置《おうしゅうしおき》」を行い、城の破却を命じている。この時の破却状況は外から見える部分は徹底的に破壊されているが、よく見えない部分はあまり壊されず、破却は秀吉への恭順の意を示す象徴的なものであったと考えられている。

［文献］　伊藤正義「城を破る—降参の作法②」（『朝日百科日本の歴史別冊　歴史を読みなおす15城と合戦』朝日新聞社、一九九三）、藤木久志・伊藤正義編『城破の考古学』（吉川弘文館、二〇〇一）。

（渡邊浩史）

高山国《こうざんこく》　台湾をさすが、そのような国はなく、西部と北部に大陸からの移住者と高砂族と呼ばれる人々が住んでいた。タカサグンに対する当て字で江戸時代には高砂国の字が当てられている。*豊臣秀吉《ひでよし》は、*文禄の役後の明との講和交渉直後である文禄二年（一五九三）一一月、高山国宛に原田孫七郎を使者として服属を求める書簡を出している。ここでは朝鮮を征伐して明を破ったことや、南蛮や琉球が使者を派遣しているとした上で、自発的な使者派遣を要求して、服属しなければ征伐すると威嚇している。文禄の役前の東アジア情勢は大きく変化していた。これまで*倭寇の活動により採られていた明の海禁策は、一五六七年に緩和されて、中国からヴェトナム・マラッカ方面へ向かう西洋航路と、台湾・フィリピンを経てブルネイ方面へ向かう東洋航路で対外交易を行うことが認められ、明による互市システムが構築されていた。しかし日本との航路は認められていなかった。秀吉は天正一八年（一五九〇）二月に琉球、翌一九年七月にはポルトガル領ゴアのインド総督に、九月にはイスパニア領マニラのルソン総督に入貢を要求し、同二〇年（一五九二）からは朱印状を発給して貿易を認めた。これら服属要求はみな従わなければ討伐すると脅しており、これら一連の行動と高山国宛書簡は同様の意図のもとでなされている。これらの事から、秀吉が明に代わって日本を中核とする新しい朝貢貿易体制の構想をもっていたとの指摘もある。

［文献］　藤木久志『豊臣平和令と戦国社会』（東京大学出版会、一九八五）、朝尾直弘『大系日本の歴史8　天下統一』（小学館、一九八八）、上田　信『中国の歴史09　海と帝国　明清時代』（講談社、二〇〇五）。

（渡邊浩史）

バテレン追放令《ついほうれい》　キリスト教宣教使（バテレン・伴天連）の国外追放令。とくに*豊臣秀吉《ひでよし》が天正一五年（一五八七）六月一九日に筑前《ちくぜん》国筥崎《はこざき》の陣中で発したバテレン追放令をさす。この日夜にキリシタン大名播磨《はりま》国明石城主高山右近《たかやまうこん》が秀吉により領地を没収され、イエズス会日本準管区長ガスパール・コエリヨに対し強制的な布教活動、日本人を奴隷として売買していることなど、四ヵ条の詰問を行った。その上で翌二〇日に一九日付の五ヵ条の定を通告した。ここで日本は神国であるとし、*キリスト教は日本の神社仏閣を破壊する邪法であると規定している。その上で大名・給人に対して領内に邪法が広められることを禁止し、宣教使に対して二〇日のうちに退去することを命じた。その一方で黒船（ポルトガル船）の来航は商売のためと許し、また仏教の妨げにならない限りはキリスト教国との往来の自由は保障している。この発令は有力なキリシタン大名大村純《おおむらすみ》忠《ただ》の死後二ヵ月後、同じく大友宗麟《おおともそうりん》の死後一ヵ月半のタイミングであり、宣教師達は後ろ楯を失っていた。命令はただちに実行され、*京・大坂・*堺の教会などは没収され、また寄進されて教会領となっていた長崎・浦上・茂木も没収されイエズス会に大きな打撃を与えた。キリスト教国との往来の自由を保障したことで効果がないとされる説は、この事をもって否定される。注目されるのは、追放令で大名・給人の所領支配権が秀吉の「公儀」の支配権に包摂・従属するものとされる点である。したがって個別の領主権に対する公儀支配権の確立を目的としたとの評価もある。

（渡邊浩史）

［文献］ 吉田光邦「殉教と受容—天下統一とキリシタン—」（『週刊朝日百科日本の歴史25キリシタンと南蛮文化』朝日新聞社、一九八六）、加藤榮一「鎖国と幕藩制国家」（『講座日本近世史2』有斐閣、一九八一）、池上裕子『日本の歴史15織豊政権と江戸幕府』（講談社、二〇〇二）。

サン＝フェリペ号事件《ごうじけん》 文禄五年（一五九六）マニラのルソン島からメキシコに向かう途中暴風雨に遭い、一〇月一九日に土佐国浦戸港に漂着したスペイン船サン＝フェリペ号を巡り、*豊臣政権とスペインとの間に起きた紛争。司令官ランデチョが大坂の*豊臣秀吉《ひでよし》に使者を派遣し、乗組員の保護と船体修繕の許可を求めたが、現地に派遣された秀吉の奉行増田長盛《ましたながもり》は積荷すべて一三〇万ペソ相当と乗組員の所持金二万五〇〇〇ペソを没収した。後にその理由を示したスペイン総督宛の慶長二年七月二七日付秀吉返書によれば、スペインが国禁を犯して宣教師を派遣したからであるとされている。これは秀吉のバテレン追放令を無視したスペインのフランシスコ会による布教活動をさしている。増田長盛による没収作業の際に、サン＝フェリペ号の水先案内人スペイン人フランシスコ・デ・サンダが世界地図を示して、スペインの版図が広大であり、これは宣教師を先遣して住人を懐柔してから軍隊を派遣して侵略したとの発言があったという。この報に接した秀吉はキリスト教に対する危機感を強め、文禄五年一〇月二〇日にフランシスコ会とイエズス会の会士、日本人の信徒合わせて二六人が京で捕らえられて一二月（改元して慶長元年）に長崎で処刑された。*二六聖人殉教である。こうして日本貿易と布教を独占していたポルトガル勢力と、それに対抗して権益を獲得しようとしたスペイン勢力との確執が、日本とスペインとの外交問題にまで発展した。サン＝フェリペ号は修理の後、慶長二年（一五九七）四月にマニラに向かった。

（渡邊浩史）

［文献］ 吉田光邦「殉教と受容—天下統一とキリシタン—」（『週刊朝日百科日本の歴史25キリシタンと南蛮文化』朝日新聞社、一九八六）。

二六聖人殉教《にじゅうろくせいじんじゅんきょう》 慶長元年（一五九六）一二月一九日に豊臣秀吉により長崎で処刑された日本最初のキリスト教徒殉教事件。一八六二年六月にローマ教皇ピウス九世により聖人に列せられた。天正一五年（一五八七）に*豊臣秀吉《ひでよし》がバテレン追放令を出してポルトガルのイエズス会宣教使が国外追放された間隙を縫って、スペインのフランシスコ会が文禄元年（一五九二）

から日本で布教活動を開始した。フランシスコ会は布教が許可されたものと誤解し、追放令を無視する形で長崎・大坂・京都などに教会を開いて布教を行った。一方、イエズス会も天正一八年（一五九〇）に巡察使ヴァリニャーニが天正遣欧使節とともに帰国し、九州を中心としてキリスト教徒の再組織化を図っていた。ここにイエズス会とフランシスコ会の対立が顕在化した。この混乱した状況下の文禄五年（一五九六）一〇月一九日にスペイン船サン＝フェリペ号が土佐国浦戸港に漂着した。秀吉が派遣した奉行増田長盛はフランシスコ会の布教活動を理由に積荷すべてと乗組員の所持金を没収した。これに反発した水先案内人スペイン人フランシスコ・デ・サンダにより、世界地図を示してスペインが宣教師を先遣して住人を懐柔してから軍隊を派遣して侵略し、広大な版図を獲得したとの発言があったという。これを聞いた秀吉がキリスト教に対する危機感を強め、翌二〇日にペドロ・バウチスタら六名のフランシスコ会士、三木パウロら三名の日本人イエズス会修道士、さらに一七名の日本人信徒が京都で捕らえられ、長崎の西坂で処刑された。

［文献］ 吉田光邦「殉教と受容―天下統一とキリシタン―」（『週刊朝日百科日本の歴史25キリシタンと南蛮文化』朝日新聞社、一九八六）、松田毅一「日本二十六聖人の人名について」（『近世初期日本関係）南蛮史料の研究』風間書房、一九六七）。 （渡邊浩史）

フランシスコ会《かい》 アッシジの聖フランシスコが一二〇九年に創設したカトリックの修道会。翌一二一〇年にローマ教皇より托鉢修道会として承認された。文禄元年（一五九二）にペドロ・バウチスタ・ブラスケスがマニラ総督大使として来日して京都で布教活動を開始した。当時日本ではポルトガルの*イエズス会が布教活動を展開していたが、*豊臣秀吉《ひでよし》が天正一五年（一五八七）に出したバテレン追放令により大打撃を受けており、天正一八年（一五九〇）に*天正遣欧使節とともに帰国した巡察使*ヴァリニャーニがようやくキリスト教徒の再興を始めていたところであった。このような混乱状況の中でフランシスコ会は秀吉の追放令を無視する形で宣教使を日本に送り込み、京都や大坂に教会を開いて布教活動を開始した。このためフランシスコ会はイエズス会と対立することとなる。慶長元年（一五九六）土佐《とさ》に漂着したスペイン船サン＝フェリペ号の船荷・乗組員の所持金を秀吉が没収した際に、乗組員から、スペインがキリスト教の布教と版図拡大とを不可分としているとの報が秀吉にもたらされたという。これにより京都で秀吉によりフランシスコ会士・イエズス会士九名と日本人信徒一七名が捕らえられ、翌慶長二年に長崎で処刑されるという、いわゆる*二六聖人殉教が引き起こされた。秀吉の死後は*徳川家康《いえやす》が貿易を重視してキリスト教に寛大であったことと、ヘロニモ・デ・ヘスースがルソン貿易の仲介などで家康から好意を受けて、江戸初期に活発に活動した。

［文献］ 石井健吾訳トマス・オイテンブルグ『一六・一七世紀におけるフランシスコ会士たち』（中央出版社、一九八〇）、吉田光邦「殉教と受容―天下統一とキリシタン―」（『週刊朝日百科日本の歴史25キリシタンと南蛮文化』朝日新聞社、一九八六）。 （渡邊浩史）

五大老《ごたいろう》 *豊臣秀吉《ひでよし》の晩年に構成された豊臣政権の職制。五大老の名称は後のもの。*文禄四年（一五九五）七月の秀次《ひでつぐ》事件後に日本を東西に分け、東を徳川家康《いえやす》、西を*毛利輝元《もうりてるもと》・*小早川隆景《こばやかわたかかげ》にそれぞれ法執行権を委ねてその原型がつくられたと考えられる。関白という地位を政権の中枢に置いていた豊臣政権において、関白秀次を欠いたことにより、東西の有力大名を公儀の中に組み込むことで政権を維持しようとした。しかし実際には秀吉が実権を手放さなかったために実現化しなかった。秀次妻子らを処刑した翌八月三日に、家康・輝元・隆景・*宇喜多秀《うきたひで》家《いえ》・前田利家《まえだとしいえ》・*上杉景勝《うえすぎかげかつ》の六名が署名した大名・小名を主たる対象とする「掟書《おきてがき》」五箇条と、公家・寺社・武士を対象とする「御掟追加」九箇条が発布されて六大老制が出現した。これら六家は家格の上でも摂関家に次ぐ清華家《せいかけ》とされており、他の大名とは異なる特別な家格を独占していた。このように当初は六名であったが、慶長二年（一五九七）に隆景が没して五名となった。太閤秀吉が慶長三年（一五九八）八月その死の直前に秀頼の行く末を案じて五人の衆（五大老）と五人の者（五奉行）に後事を託した遺言状を遺した。五大老・五奉行も秀頼への奉公と法度の遵守を誓った誓紙を提出し、秀頼を中心とする政治体制がつくられた。秀吉の死後は朝鮮からの撤兵を指揮するなど、政務処理を行い、形の上では関ヶ原の戦いまで存続する。しかし十分に機能したとはいえず、慶長四年（一五九九）の前田利家の死によりその子利長《としなが》が加わったが、家康が次第に政権を奪取することとなる。

［文献］堀 新「信長・秀吉の国家構想と天皇」（池 享編『日本の時代史13天下統一と朝鮮侵略』吉川弘文館、二〇〇三）、池上裕子『日本の歴史15織豊政権と江戸幕府』（講談社、二〇〇二）。

（渡邊浩史）

五奉行《ごぶぎょう》 *豊臣秀吉《ひでよし》が死の直前にあたる慶長三年（一五九八）七月頃に制定したと考えられる職制。来るべき秀頼政権のためにつくられた。政務を分担する五大老の下で実務を執行するための組織。前田玄以《まえだげんい》・浅野長政《あさのながまさ》・増田長盛《ましたながもり》・*石田三成《いしだみつなり》・長束正《なつかまさ》家《いえ》の五名で、五大老のうちの*徳川家康《いえやす》・前田利家《まえだとしいえ》の指揮下に置かれた。秀吉はもともと子飼いの武将を奉行に任じて政権を運営していた。文禄四年（一五九五）七月の秀次事件により五大老の原型が成立したが、この時長束正家・増田長盛・前田玄以の財政担当奉行の三人が起請文を提出しており、この頃に大老の下で奉行衆の制度が整備されて五奉行の原型が成立したと考えられている。しかし五奉行が明確に現れるのは慶長三年八月に秀吉が死を目前にして遺した遺言状に、五人の衆（五大老）とともに後事を託した五人の者として記載されたときである。この遺言状に対し、五大老とともに石田以下の五奉行も法度の遵守を誓った誓紙を提出している。これにより秀吉亡き後の秀頼政権の骨格ができ、朝鮮撤兵、蔵入地《くらいりち》の管理などの実務を担当した。ところが慶長四年（一五九九）一月に徳川家康が*伊達《だて》政宗《まさむね》・福島正則《ふくしままさのり》・蜂須賀家政《はちすかいえまさ》と婚姻関係を結ぼうとし、前田利家ら四大老と五奉行によって詰問されるという事件が起き、早くも五大老・五奉行体制は分裂の危機を迎えた。同年閏三月に前田利家が没すると、石田三成と朝鮮出兵時から対立していた朝鮮在陣武将が三成を襲撃するという事件が起きた。これにより三成は居城の近江《おうみ》国佐和山《さわやま》城に退いた。浅野長政も十月に家康暗殺を計画したとの三成による讒言で武蔵国府中に蟄居し、五奉行体制は崩壊した。

［文献］堀 新「信長・秀吉の国家構想と天皇」（池 享編『日本の時代史13天下統一と朝鮮侵略』吉川弘文館、二〇〇三）、池上裕子『日本の歴史15織豊政権と江戸幕府』（講談社、二〇〇二）。

(渡邊浩史)

名護屋城《なごやじょう》*　文禄・慶長の役の前線基地として*豊臣秀吉《ひでよし》が築城させた城。佐賀県唐津《からつ》市鎮西町にある。全国から参集した大名は名護屋城の周囲に約一二〇もの陣屋を築き、その半数に石垣や土塁等が残る。浅野長政《あさのながまさ》を総奉行とし、黒田孝高《くろだよしたか》の縄張りにより加藤清正《かとうきよまさ》・小西行長《こにしゆきなが》ら九州諸将の分担で、天正一九年(一五九一)一〇月から築城し数ヵ月で主要部のほとんどができたという。総面積一七万平方メートルで大坂城につぐ規模をもつ。秀吉は名護屋在陣中も茶の湯などの遊興を行っており、名護屋城跡周辺に点在している多くの陣跡から能舞台跡や茶室跡とみられる遺構も検出されている。秀吉の死後廃城となり、建物は各地に移築された。

[文献]　池　享編『日本の時代史13天下統一と朝鮮侵略』(吉川弘文館、二〇〇三)、朝尾直弘『大系日本の歴史8天下統一』(小学館、一九八八)。

(渡邊浩史)

亀甲船《きっこうせん》　朝鮮の李朝時代に使用された軍船。一説には高麗《こうらい》末期の創案ともされるが、朝鮮初期の『太宗実録《たいそうじつろく》』には見えるので一五世紀の初めには朝鮮で創案されたものと思われる。切り込み戦を得意とする倭寇に対抗するために木造ではあるが表面を堅い蓋板で覆い、亀の甲羅のような形状をしていたことからこの名が付いた。壬辰《じんしん》・丁酉《ていゆう》の倭乱《わらん》(*文禄・慶長の役)に際し、李舜臣《りしゅんしん》がこれを発展させて実戦に配備し、泗川《サチョン》や閑山島《ハンサンド》沖の海戦で*豊臣秀吉《ひでよし》が派遣した日本水軍に対し壊滅的な打撃を与えて日本軍の水上補給路を寸断して戦局を転換させた。

[文献]　池上裕子『日本の歴史15織豊政権と江戸幕府』(講談社、二〇〇二)。

(渡邊浩史)

碧蹄館《へきていかん》の戦《たたか》い*　文禄の役の最中である文禄二年(一五九三)正月二六日に朝鮮の首都漢城の北方にある碧蹄館で起きた日明間の戦闘。明朝国境付近にまで日本軍が迫ってきた事態に対し、明国が大軍を派遣し、平壌の戦いで小西行長《こにしゆきなが》軍を撃破して南下した。これに対し漢城に拠った宇喜多秀家《うきたひでいえ》を総大将とした日本軍が、漢城の外で明軍を迎撃するために碧蹄館に布陣した。南北に長い渓谷のために明軍は陣形が伸びきり、日本の鉄砲隊により撃破された。李如松《りじょしょう》の率いる明の大軍により劣勢に立たされていた日本軍はこの戦いの勝利により劣勢を挽回した。しかしその後膠着状態に陥り、日本軍の兵糧不足から両軍は講和に至った。

[文献]　北島万次『豊臣秀吉の朝鮮侵略』(吉川弘文館、一九九五)。

(渡邊浩史)

文禄《ぶんろく》の役《えき》*　豊臣秀吉《ひでよし》により文禄元年(一五九二)から翌二年(一五九三)まで行われた明征服を目指して朝鮮半島に侵略した戦争。朝鮮では干支から壬辰倭乱《じんしんわらん》、明では万暦帝《ばんれき》(神宗)の治世から*慶長《けいちょう》の役とともに万暦朝鮮の役と呼ぶ。この年三月に総勢約三〇万の軍勢を二つに分け、主に東国大名を出兵拠点である肥前名護屋城《なごやじょう》在陣衆とし、主に九州・中国・四国の大名や水軍を大陸出兵衆として残りの約一六万の大軍を九軍に編成した。対馬領主宗義智《そうよしとし》と秀吉子飼いの部将小西行長《こにしゆきなが》らが率いる一万数千人の第一軍は、他の八軍に先立ち釜山《ぶさん》に上陸した。加《か》藤清正《とうきよまさ》・鍋島直茂《なべしまなおしげ》らの第二軍、黒田長政《くろだながまさ》らの第三軍以下を乗せた七〇〇余隻の船は四月一二日に釜山に上陸した。第一軍は一三日に釜山城・東萊《とんね》城などを攻め落として文禄の役が始まった。五月三日に二七日には第二軍と合流し各地で快進撃が続いた。五月三日には首都漢城が陥落し、各軍が入城した。すでに四月三〇日に朝鮮国王は漢城を捨てて平壌へ逃れていたため、民衆が放火・略奪を行った。また奴婢は秀吉軍を解放軍ととらえて歓迎し、身分台帳を焼き払ったという。朝鮮側には秀吉の侵略は情報として伝わっていたが、朝鮮の地方官や軍指揮官の多くは戦争回避のために抵抗せず逃亡したものもいた。また長い戦国時代を経験して戦争になれていた秀吉軍に対し、朝鮮は戦争になれておらず、その上鉄砲ももっていなかった。さらに朝鮮政府の支配に民衆が反発していて秀吉軍への協力者も現れた。これらの理由により秀吉軍は緒戦に快進撃を続けられたのである。秀吉はこの緒戦勝利により自ら渡海しようとし、後陽成《ごようぜい》天皇を北京に移して自身は北京に入った後に勘合貿易の明側の港であった寧《ニン》波《ポー》に居所を移して天竺《てんじく》（インド）まで征服する構想を描いていた。この頃までは秀吉軍も兵糧を現地で容易に確保しており、これが秀吉軍の兵站の見通しを誤らせて諸将を窮地に追い込むこととなる。やがて朝鮮の特権階層両班《やんぱん》らの組織する義兵が激しい抵抗を繰り広げたことで占領政策は破綻し、五月からは李《り》舜臣《しゅんしん》の率いる*亀甲船を主力とする朝鮮水軍により水上補給路を断たれて困窮した。また明の援軍が南下し秀吉軍は漢城へ撤退せざるを得なくなった。秀吉軍は*碧蹄館の戦いなどの局地戦では勝利したが戦線は膠着状態に陥り、兵糧不足から小西行長が明との講和交渉を開始し、文禄二年（一五九三）四月一八日に漢城から撤退し、五月一五日に行長らは明使とともに名護屋城に到着した。

［文献］ 朝尾直弘『天下統一』（小学館ライブラリー、一九九三）、池上裕子『日本の歴史15織豊政権と江戸幕府』（講談社、二〇〇二）、池 享編『日本の時代史13天下統一と朝鮮侵略』吉川弘文館、二〇〇三）。

（渡邊浩史）

慶長《けいちょう》の役《えき》 *文禄《ぶんろく》の役に続き、*豊臣秀吉《ひでよし》によって慶長二年（一五九七）から翌三年（一五九八）まで行われた、明征服を目指して朝鮮半島に侵略した戦争。文禄の役（文禄元年＝一五九二～二年＝一五九三）で一度は和議が結ばれたが、これは和議に強く反対する朝鮮国王を無視して、早く講和を結びたい明の遊撃将軍沈惟敬《しんいけい》と秀吉軍の小西行長《こにしゆきなが》による独断で行われたものでそれぞれが偽の使節をでっち上げたものであった。そのため文禄五年（一五九六）九月に正式に明の冊封使《さくほうし》が来日したときに秀吉側から提示していた講和条件がまったく無視されていたことから交渉は決裂した。翌慶長二年（一五九七）二月に朝鮮南部に在陣していた二万余の兵と八番に編成した遠征軍一二万余の合わせて一四万余の大軍を再び朝鮮半島に派兵した。七月に朝鮮南東の慶尚道《けいしょうどう》の巨済島《きょさいとう》で藤堂高虎《とうどうたかとら》らが率いる秀吉軍の水軍が元均《げんきん》の率いる朝鮮水軍を破り慶長の役が始まった。秀吉軍は首都漢城《かんじょう》に迫ったが、激しい抵抗にあい北進を断念した。ここで文禄の役よりも激しく悪名高い鼻切りや義兵の殺戮などの残虐行為が行われた。切り取られた鼻は塩漬けにされて秀吉に送られた。これを供養するために作られたのが*耳塚である。方針転換した秀吉軍は、半島南部の海岸近くに城（倭城）を構えて侵略拠点とし、島津義弘《しまづよしひろ》が泗川《しせん》城を、加藤清正《かとうきよまさ》・浅野幸長《あさのよしなが》が蔚山《うるさん》城を築いた。釜山《ぶさん》からの交通の要衝である蔚山では一一月から築城普請を始めていたが、まだ完成しない一二月に明・朝鮮連合軍により包囲され水道を断たれた。そのため籠城戦は水も兵糧も乏しい中で苛酷を極め、投降者が続出した。ようやく落城寸前の慶長三年（一五九八）一月に援軍が到着し明・朝鮮軍を撃退した。この時の追撃戦が不十分との理由で激怒した秀吉の譴責を受けた大名もおり、この報告を秀吉に取り次いだ石《いし》田三成《だみつなり》と諸将の間に対立を生むこととなる。八月一八日に秀吉が死去し徳川家康《とくがわいえやす》ら五大老《ごたいろう》の決定で朝鮮からの撤退が始まる。半島南西部の全羅道順天《ぜんらどうじゅんてん》にいた小西行長は李舜臣《りしゅんしん》ら明・朝鮮水軍により退路を断たれたが、泗川にいた島津義弘に救出された。この時李舜臣は戦死している。二度にわたる朝鮮出兵により朝鮮の国土は荒廃し、現代に至る日本への悪感情を形成することとなった。一方日本では朝鮮から拉致された人々により西国大名の領内で有田焼・萩焼などの陶磁器生産の基礎がつくられ、また朝鮮朱子学により江戸時代の朱子学の基礎ができた。

〔文献〕　朝尾直弘『天下統一』（小学館ライブラリー、一九九三）、池上裕子『日本の歴史15織豊政権と江戸幕府』（講談社、二〇〇二）、池　享編『日本の時代史13天下統一と朝鮮侵略』（吉川弘文館、二〇〇三）。

（渡邊浩史）

壬辰《じんしん》・丁酉《ていゆう》の倭乱《わらん》　＊豊臣秀吉《ひでよし》が行った朝鮮侵略に対しての朝鮮側の呼称。日本では＊文禄・慶長の役（一五九二―九三、九七―九八）という。秀吉が明征服の野望実現のために朝鮮に先導を務めさせようとし、拒否されて起きた。壬辰の年（一五九二）四月に日本軍が一六万の大軍で釜山に上陸して壬辰倭乱（文禄の役）が始まった。九三年に朝鮮救援の明軍と日本軍の部将小《こ》西行長《にしゆきなが》との間で秀吉には内容を偽って講和が成立し、日本軍は一部を残し撤兵した。しかし講和条件の偽りが秀吉に露見し丁酉の年（一五九七）に丁酉倭乱（慶長の役）がはじまった。翌九七年に秀吉の死により日本軍は撤兵した。この戦争により朝鮮は甚大な被害を受け、近代までも続く日本侵略への憎悪の原点となっている。

〔文献〕　北島万次『豊臣秀吉の朝鮮侵略』（吉川弘文館、一九九五）。

（渡邊浩史）

耳塚《みみづか》　＊豊臣秀吉《ひでよし》による第二次朝鮮侵略である＊慶長の役で、戦功の証として集めさせた鼻の供養塔。京都市東山区茶屋町にある。耳塚とされているが実は鼻塚である。朝鮮に出兵した大名は家臣に戦功の証として敵の首の代わりに鼻を切り取るように命じていた。切り取られた鼻は塩漬けにされて千個ずつ桶や樽につめられて日本に送られた。これらはその数によって秀吉の戦功判断の資料とされた。鼻削ぎは朝鮮将兵を対象として命じられたが、実際は家臣に対する強制であったことから、非戦闘員である庶民から女性・子供に至るまでその対象とされた。そのため秀吉のもとに送られた鼻の総数は十万個以上といわれる。秀吉は武威を示すために自身が建てた方広寺の脇に塚を作り慶長二年（一五九七）九月二八日に相国寺僧西笑承兌《せいしょうじょうたい》を導師として施餓鬼会を行い鼻の供養をした。のちの江戸幕府も日本の武威を示すために朝鮮通信使に鼻塚を見せた。

〔文献〕　北島万次『豊臣秀吉の朝鮮侵略』（吉川弘文館、一九九五）。

（渡邊浩史）

高麗日記《こうらいにっき》　＊豊臣秀吉《ひでよし》による第一次朝鮮出兵＊（文禄の役）に従軍した鍋島直茂《なべしまなおしげ》の部将鍋島平五郎茂里《しげさと》の家臣田尻鑑種《たじりあきたね》による日記。天正二〇年（一五九二）三月二一日から翌年の二月二〇日までの記事がある。五月三日に漢城《かんじょう》が陥落したのち、鑑種は二五日の臨津江に着いて陣をひき、二八日には小舟を効果的に使って朝鮮船団を打ち破ったことを記した部分は、一世紀にわたる戦国時代を経験した日本軍と、そうではない朝鮮軍との違いをよく示している。しかし兵站の伸びきった日本軍の行動は略奪行為へと向かっていた。そのことは開城に入って兵粮補給のために略奪をしたこと、また咸鏡《かんきょう》道に入って、朝鮮農民に農耕を強制し、朝鮮人の人質を取って牢に入れ兵粮として年貢米を取り立てたこと、その際日本軍に協力した朝鮮の役人がいたことなど、朝鮮における具体的な支配の様子がうかがえる。また、このような日本軍の軍政に対し、各地で義兵運動が盛んに起こったことも記されている。その義兵運動と明の援軍の到来で、漢城までの撤退の悲惨さも目を引く。ところでこの日記には神功皇后による新羅征伐の話が出てくる。臨津江の戦闘の様子を記した後に続けて記されている。これは『長宗我部元親記』など、他の文禄の役に関する記録類にも出てくることで、神国意識が広く朝鮮出兵に参加した人々に浸透していたことを示す記述である。朝鮮侵略を正当化するイデオロギーと考えられている。

〔文献〕北島万次『朝鮮日々記・高麗日記　秀吉の朝鮮侵略とその歴史的告発』(そしえて、一九八二)。（渡邊浩史）

朝鮮日々記《ちょうせんひにっき》　*豊臣秀吉《ひでよし》による第二次朝鮮出兵(*慶長の役)に従軍した僧慶念《けいねん》の歌日記。慶長二年(一五九七)六月二四日から翌年の二月二日までの記事がある。まとめられた時期は江戸時代初頭で、慶念が帰国後にメモと自身の記憶に基付いて清書したと考えられている。原本は大分県臼杵《うすき》市字市浜《いちはま》の安養寺《あんようじ》に所蔵されている。慶念は安養寺の僧で、軍目付として朝鮮に渡った臼杵城主太田一吉《おおたかずよし》の要請で従軍医僧として同行した。内容は釜山《ぶさん》上陸、南原《なむうぉん》城の戦い、蔚山《うるさん》城籠城戦などの激戦地を巡り、臼杵に帰り着くまでの事が記されている。秀吉の命で諸将が討ち取った敵の首の代わりに鼻を切り取り軍功の証拠としたので、兵士だけでなく女性や子供もこの対象となった。その結果日本軍による大量虐殺が起こり、この様子を慶念は「目もあてられぬ気色《けしき》」と記している。蔚山城では明・朝鮮軍が日本軍の水汲み場を押さえ、また完成直前の城だったことから兵粮や武器も少なく、悲惨な籠城戦となった。これを慶念は「地獄は目に見えてある」と記している。また、陣夫役として農民を多く朝鮮に送った西国の大名は、農民不足解消のために朝鮮の農民を捕虜として連行した。そのために多くの日本人商人が人身売買のために狂奔していた釜山の様子も記されている。その他、侍身分と奉公人や百姓身分との対立など、日本軍の侵略行為を正当化せず、戦争の実態を批判的に記しているところに特徴がある。この辺りは、慶念の立場が大名との主従関係に縛られておらず、他の従軍記のように大名の軍功を記すものという性格をもたないことが大きい。

〔文献〕北島万次『朝鮮日々記・高麗日記　秀吉の朝鮮侵略とその歴史的告発』(そしえて、一九八二)、朝鮮日々記研究会編『朝鮮日々記を読む　真宗僧が見た秀吉の朝鮮侵略』(法藏館、二〇〇〇)。（渡邊浩史）

豊臣秀吉《とよとみひでよし》(一五三六―九八)　安土桃山時代の武将。『太閤素生記』によれば*織田信秀《おだのぶひで》に仕えた足軽木下弥右衛門の子として尾張《おわり》国中村(現名古屋市中村区)に生まれた。母はなか(大政所、天瑞院)。幼名は猿とも日吉丸とも伝える。初め*今川義元《いまがわよしもと》の家臣遠江《とおとうみ》国久能城主松下之綱《まつしたゆきつな》に仕え、その後尾張国の織田信長《のぶなが》の家臣となったという。秀吉の公式文書初出は永禄八年(一五六五）で二九歳のことである。信長の奉行として木下藤吉郎秀吉と署名した。この木下姓は秀吉の父の姓ではなく、正室おね（北政所、高台院）の実家木下姓を借りたと見られている。天正元年（一五七三）七月には*丹羽長秀《にわながひで》と*柴田勝家《しばたかついえ》にちなみ羽柴姓を名乗る。これは信長による足利義昭《よしあき》追放と時期が一致する。同年九月には浅井氏滅亡により今浜（長浜）城を築城し大名となった。天正五年（一五七七）信長の命で中国平定に出陣。備中《びっちゅう》高松城を包囲していた天正一〇年（一五八二）六月に*本能寺の変に接した。信長の死を秘して講和し、引き返して山崎の戦いで*明智光秀《あけちみつひで》を破った。織田家の後継者を決める*清洲《きよす》会議で信長の長男信忠《のぶただ》の遺児三法師（秀信）を擁して主導権を握り、さらに天正一一年（一五八三）の賤ケ岳《しずがたけ》の戦いで柴田勝家を破り信長後の政治主導権を握り、羽柴姓の使用を止めた。*石山本願寺跡に*大坂城と城下町を建設しここを本拠に定めた。平姓を名乗り信長の葬儀・一周忌を主催して信長の後継者としての立場を正当化したが、小牧・長久手の戦いの結果東国制覇と征夷大将軍就任を断念し、天皇権威利用に方針転換した。天正一三年（一五八五）に藤原秀吉として従一位関白となり、*惣無事令を発し全国支配を正当化した。*正親町《おおぎまち》天皇の譲位と*後陽成《ごようぜい》天皇即位により太政大臣に就任し豊臣姓を名乗った。天正一五年（一五八七）に島津氏を服属して九州平定しバテレン追放令を発した。天正一八年（一五九〇）後北条氏を降して関東を、伊達政《だてまさ》宗《むね》の服属で東北を平定し、天下統一を完成させた。翌年関白を甥秀次《ひでつぐ》に譲り太閤となる。*文禄元年（一五九二）から文禄・慶長の役をはじめ、その死まで続いた。全国的に*太閤検地を実施して*刀狩令などとともに兵農分離を推進し、*石高制や身分制度、重要都市・鉱山の直轄地化など近世的な社会秩序を作り上げた。

［文献］朝尾直弘『天下統一』（小学館ライブラリー、一九九三）、池上裕子『日本の歴史15織豊政権と江戸幕府』（講談社、二〇〇二）。

（渡邊浩史）

柴田勝家《しばたかついえ》（?―一五八三）　安土桃山時代の武将。*織田信長《のぶなが》の部将。初め信長の弟信行《のぶゆき》の重臣であったが、弘治三年（一五五七）信長に信行の謀叛を注進したことから信長の家来として信頼を得る。美濃《みの》・近江《おうみ》・伊勢《いせ》の征服戦に参加し、天正三年（一五七五）九月に一向一揆壊滅後の越前《えちぜん》国を与えられた。*北庄《きたのしょう》（福井市）に城を築き、北陸経営の拠点とした。この時信長は勝家に越前国掟を下付して分国統治方針を示している。また信長の部将前田利家《まえだとしいえ》・佐々成政《さっさなりまさ》・金森長近《かなもりながちか》の三人を与力として派遣し、この府中三人衆と勝家が相互に監視し合う体制を作り上げた。この体制が織田氏による分国統治の基本方針であった。*勝家の北陸経営はめざましく、天正四年（一五七六）にはのちの*豊臣秀吉《ひでよし》政権における「刀狩《かたながり》」の先駆である「刀さらへ」を行い、没収した武具で農具や舟橋《ふなはし》の鎖をつくったと伝えられている。また城下町北庄で楽市令《らくいちれい》を出している。翌年には検地を行い、村の*石高を定めた。このように民政面でも優れた実績を上げ、軍事面でも天正八年（一五八〇）にはこれまで約一世紀にわたり自治を行っていた加賀の一向一揆を平定した。さらに*上杉謙《うえすぎけん》信《しん》の分国にまで攻略を開始したが、*本能寺の変で信長が死亡したことで撤退した。信長の後継者を決める清洲《きよす》会議で羽柴《はしば》（豊臣）秀吉と対立し、天正一一年（一五八三）四月に賤ケ岳《しずがたけ》の戦いで秀吉と激突するも敗走。四月二四日に居城北庄城を秀吉軍に囲まれて夫人お市の方（お谷《だに》の方、信長の妹）とともに自害した。

［文献］高柳光寿『賤ヶ岳の戦』（春秋社、一九七八）、『福井県史通史編3 近世1』（一九九四）。（渡邊浩史）

織田信孝《おだのぶたか》（一五五八―八三）安土桃山時代の武将。*織田信《のぶ》長《なが》の三男。幼名三七（郎）。信長の北伊勢征服で和睦した神戸《かんべ》具盛《とももり》の養子となる。一向一揆平定により武功を挙げ、天正一〇年（一五八二）六月の*本能寺の変においては、四国出陣に備えて摂津《せっつ》国住吉浦（現大阪府大阪市）に陣を構えていたが、*羽柴秀吉《ひでよし》とともに*山崎の戦いにおいて*明智光秀《あけちみつひで》を破った。しかし戦後処理のための清洲《きよす》会議において、秀吉が信長の長男故信忠《のぶただ》の子三法師（秀信《ひでのぶ》）を織田家の跡継ぎとしたため、秀吉との関係が冷却した。さらに兄である信雄《のぶかつ》と争い、*柴田勝家《しばたかついえ》と結ぶ。いったん秀吉と和睦を結ぶが、天正一一年（一五八三）賤ヶ岳の戦いで再度挙兵した。秀吉と結んだ織田家継嗣争いの相手*信雄《のぶかつ》に攻められ、降伏したが自殺させられた。

［文献］『織田家雑録』。（渡邊浩史）

織田信雄《おだのぶかつ》（一五五八―一六三〇）安土桃山・江戸初期の武将。*織田信長《のぶなが》の次男。幼名茶筅丸《ちゃせんまる》、のち三介。法名常真。伊勢国司北畠具房《きたばたけともふさ》の養子となり具豊《ともとよ》と名乗る。のちに信意《のぶおき》さらに信雄と改める。*本能寺の変当時領国南伊勢《いせ》にいたことから*山崎の戦いに出遅れ、さらに戦後処理のための清洲《きよす》会議でも*羽柴秀《ひで》吉《よし》が信長の長男故信忠《のぶただ》の子三法師（秀信《ひでのぶ》）を織田家の跡継ぎとしたため秀吉との関係が冷却した。その後秀吉により降伏した滝川一益《たきがわかずます》の所領北伊勢を与えられ、清洲城を中心に尾張《おわり》・伊《い》賀《が》・伊勢を領した。しかし織田家の家督相続に敗れ、また秀吉の策謀により天正一一年（一五八三）に*徳川家康《いえやす》と結び小牧・長久手の戦を起こしたが講和した。秀吉の小田原攻めの後、所領替をめぐり秀吉から下野《しもつけ》国烏山に減封される。関ヶ原の戦い・大坂の陣で家康につき、大和《やまと》国宇陀《うだ》郡など五万石の大名となった。

［文献］加藤益幹「織田信雄の尾張・伊勢支配」（有光友学編『戦国期権力と地域社会』吉川弘文館、一九八六）。（渡邊浩史）

徳川家康《とくがわいえやす》（一五四二―一六一六）江戸幕府初代将軍。三河《みかわ》国岡崎城主松平広忠《ひろただ》の長男。母は刈谷《かりや》城主水野忠政《みずのただまさ》の女（於大の方、伝通院）。幼名竹千代。天文一六年（一五四七）駿河《するが》今川氏へ人質に行く際捕らえられ*織田信秀《おだのぶひで》のもとで過ごした。父広忠の死で今川・織田間で捕虜交換が行われ今川に引き渡された。弘治元年（一五五五）元服し、*今川義元《いまがわよしもと》の偏諱《へんき》を受け元信《もとのぶ》と名乗り関口氏女《むすめ》（築山殿）と結婚した。永禄元年（一五五八）元康《もとやす》と改名。永禄三年（一五六〇）の桶狭間《おけはざま》の戦い後に岡崎に帰り、翌年*織田信長《のぶなが》と和睦。永禄六年（一五六三）家康と改名。翌年三河一向一揆を鎮定して三河一国の統一に成功。永禄九年（一五六六）松平から徳川に改姓した。元亀元年（一五七〇）信長に従い上洛し*姉川の戦いに参加。元亀三年（一五七二）三《み》方ヶ原《かたがはら》の戦いで*武田信玄《たけだしんげん》に大敗した。この時の姿を絵に遺し戒めにしたという。天正三年（一五七五）には長篠《ながしの》の戦いに参加し、信長とともに*武田勝頼《かつより》を破った。天正七年（一五七九）武田氏との内通を疑われた築山殿と嫡男信康《のぶやす》を信長の命で殺害。天正一〇年（一五八二）には天目山《てんもくざん》の戦いで武田氏を滅亡させて駿河を得た。この年*堺滞在中に*本能寺の変に接し伊賀の服部《はっとり》半蔵《はんぞう》の手引きで浜松に戻り、甲斐・信濃を攻略。天正一二年（一五八四）の小牧《こまき》・長久手《ながくて》の戦いでは*織田信雄《のぶかつ》とともに*羽柴秀吉《ひでよし》と戦い、優位のうちに和睦し、秀吉は東国進出と征夷大将軍就任を諦めた。天正一四年（一五八六）に*大坂城で秀吉に臣従の礼をとり、天正一八年（一五九〇）の後北条氏滅亡で、秀吉により旧領の三河・遠江《とおとうみ》・駿河・甲斐《かい》・信濃《しなの》から関東（武蔵《むさし》・相《さ》模《がみ》・伊《い》豆《ず》・上総《かずさ》・下総《しもうさ》・上野《こうづけ》）に移封され、本拠を江戸城に移し豊臣氏に次ぐ二五〇万石の大大名となった。文禄四年（一五九五）に五大老の筆頭となり、秀吉死後の慶長五年（一六〇〇）関ヶ原の戦いに勝利し、慶長八年（一六〇三）征夷大将軍に任じられ江戸幕府を開いた。慶長一〇年（一六〇五）には三男秀《ひで》忠《ただ》に将軍職を譲り徳川氏による将軍職世襲を印象づけ、自身は大御所《おおごしょ》として公儀《こうぎ》の立場を保持し続けた。慶長一九年（一六一四）大坂冬の陣、翌年の大坂夏の陣で豊臣氏を滅ぼして武家諸法度・禁中並公家諸法度を発し江戸幕府の基礎を築いた後、元和二年（一六一六）死去。胃ガンと推定されるが、鯛の天ぷらの食べ過ぎという話が残る。

［文献］　深谷克己『士農工商の世』(小学館ライブラリー、一九九三)、池上裕子『日本の歴史15織豊政権と江戸幕府』(講談社、二〇〇二)、横田冬彦『日本の歴史16天下太平』(講談社、二〇〇二)。

（渡邊浩史）

宇喜多秀家《うきたひでいえ》　（一五七二―一六五五）　桃山時代の大名。宇喜多直家《なおいえ》の子。八郎、備前宰相《びぜんのさいしょう》。のち休復と号す。直家の遺領備前・美作《みまさか》を相続。*豊臣秀吉《ひでよし》に従い、四国・九州・小田原に遠征。朝鮮出兵にも二度にわたり出陣した。妻は秀吉の養女、前《まえ》田《だ》利家《としいえ》の娘豪姫《ごうひめ》。秀吉政権の五大老として政権の中枢にいたが、秀吉死後、慶長五年（一六〇〇）の関ヶ原の戦いでは石田三成《いしだみつなり》に擁立され、大将毛利輝元《もうりてるもと》とともに中心として参戦。大敗して、備前・美作・備中《びっちゅう》半国・播磨《はりま》三郡にわたる五七万国余の所領は没収、自身は薩摩《さつま》の島津氏に匿われた。慶長八年（一六〇三）に島津氏の助命嘆願により慶長一一年（一六〇六）に伊豆八丈島に配流される。五〇年後に配流地で死没した。

［文献］『岡山県の歴史』（山川出版社、一九九一）。

（渡邊浩史）

小早川隆景《こばやかわたかかげ》　（一五三三―九七）　安土桃山時代の武将。幼名徳寿丸、のち又四郎隆景。*毛利元就《もうりもとなり》の三男。天文一三年（一五四四）に竹原小早川家、天文一九年（一五五〇）に沼田小早川家を継ぎ、瀬戸内海の水軍として活躍した両小早川家を併せ、元就次男で山陰道を押さえる吉川《きっかわ》氏を継いだ兄の元春《もとはる》とともに、毛利両川《りょうせん》体制を支えた。旧来よりの伝統に基づき、備後《びんご》

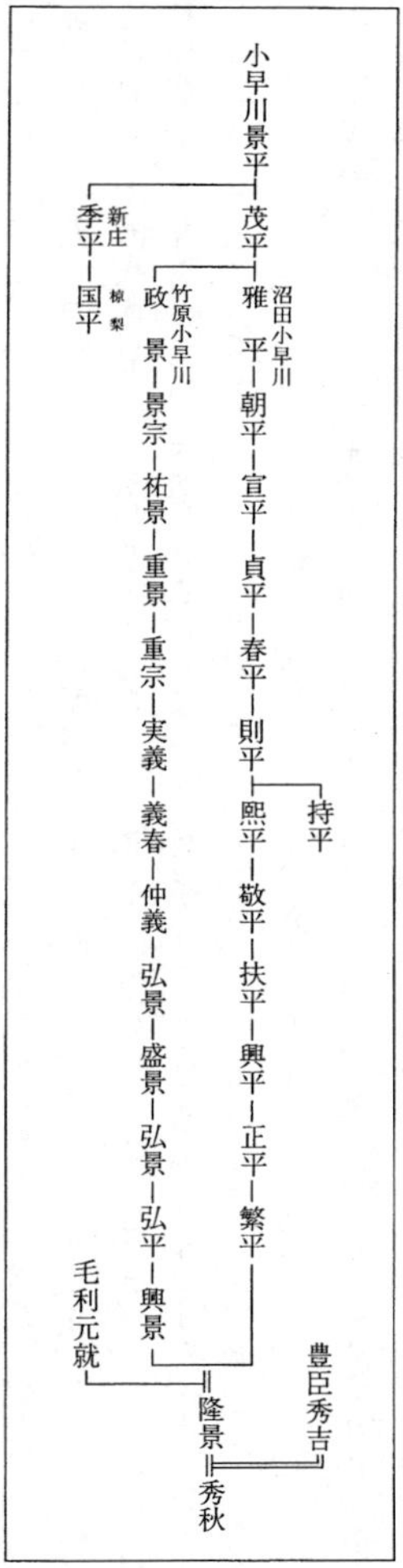

小早川氏略系図

国三原（現広島県三原市）を中心に強力な水軍を編成して、山陽道地域の統治を担当した。天正一〇年（一五八二）の*羽柴秀吉《ひでよし》による毛利攻めに際し、交渉責任者として講和を実現した。天正一三年（一五八五）の秀吉四国平定に参加し、その功績により伊予《いよ》国を与えられる。天正一五年（一五八七）に筑前《ちくぜん》・筑後《ちくご》・肥前《ひぜん》一郡半に移封。文禄元年（一五九二）朝鮮に出陣し*碧蹄館の戦いで明の大軍を破る。秀吉の甥で養子の秀秋《ひであき》を養子とし、文禄四年（一五九五）に本領三原に隠退。

［文献］　渡辺世祐・川上多助『小早川隆景』（三教書院、一九二九）。

（渡邊浩史）

北条氏政《ほうじょううじまさ》（一五三八―九〇）　戦国時代から安土桃山時代の武将。後北条氏第四代目。*北条氏康《うじやす》の子。母は*今川氏親《いまがわうじちか》の女《むすめ》。天文二三年（一五五四）に*武田晴信《たけだはるのぶ》（信玄《しんげん》）の女を相甲駿《そうこうすん》三国同盟の成立により正室に迎える。永禄二年（一五五九）に後見となった父に代わり家督を継ぎ、翌年には徳政を行って飢饉・疫病の流行に対処した。氏政は経済政策に手腕を発揮し、同年に経済混乱のもとであった代物法度《だいもつはっと》（撰銭令《えりぜにれい》）を改定し、精銭と地悪銭の流通についての法定比率を七対三に決定した。また田畠の貢納額決定の基準を永楽銭で表示するようにした。天正年間（一五七三―九二）には世田谷新宿や井草《いぐさ》宿市など積極的に新市や新宿（市町）を立て、これを自由商売の許される楽市とした。中には「町人さばき」として自治を認められたものも多くあった。これらの新市を立てることによって、景気浮揚と同時に商品経済を後北条氏のもとに統合しようと図ったのである。その他にも*戦国大名としては最も整備された職人統制を行っていたことがうかがわれる。軍事面では永禄四年（一五六一）*長尾景虎《ながおかげとら》（のち上杉輝虎《てるとら》、謙信《けんしん》）の来襲を、永禄一二年（一五六九）には武田信玄の来襲を、ともに籠城戦によって撃退した。このことが*豊臣秀吉《ひでよし》の小田原攻めの時に逆に氏政らの行動を誤らせることとなる。また関東平定を推し進め、下総《しもうさ》国国府台《こうのだい》合戦で里見氏を破り岩付城《いわつきじょう》の太田氏などを次々と屈服させ、支城体制を整えた。天正八年（一五八〇）に嫡子氏直《うじなお》に家督を譲るも政務を後見した。秀吉の小田原攻めによる小田原城開城時に自刃した。

［文献］　黒田基樹『戦国大名北条氏の領国支配』（岩田書院、一九九五）、池上裕子『日本の歴史15織豊政権と江戸幕府』（講談社、二〇〇二）。

（渡邊浩史）

北条氏直《ほうじょううじなお》（一五六二―九一）　安土桃山時代の武将。後北条氏第五代目当主。*北条氏政《うじまさ》の子。母は*武田信玄《たけだしんげん》の女《むすめ》。永禄一二年（一五六九）に駿河《するが》の今川氏真《いまがわうじざね》の養子となり駿河国を譲られる。天正八年（一五八〇）に駿河黄瀬川《きせがわ》で*武田勝頼《かつより》と対陣中に家督を譲られる。天正一〇年（一五八二）の*本能寺の変直後に、武田氏滅亡後の上野《こうづけ》・信濃《しなの》を関東管領《かんとうかんれい》として支配していた上野国厩橋《うまやばし》城の*滝川一益《たきがわかずます》を神流川《かんながわ》の戦いで破り伊勢《いせ》に迫った。また甲斐《かい》国を巡り徳川家康《いえやす》と対立し、甲斐の若神子《わかみこ》で対陣した。しかし家康とは講和が成立し、翌天正一一年に家康の女督姫《とくひめ》を妻に迎えて同盟を結んだ。*豊臣秀吉《ひでよし》による天下統一過程で、秀吉の発した関東惣無事令《そうぶじれい》により父氏政とともに上洛を促されるが、叔父北条氏規《うじのり》を上洛させただけで自身の上洛は拒んだ。天正一七年（一五八九）に真田昌幸《さなだまさゆき》の支城名胡桃城《なくるみじょう》を攻略したことが惣無事令違反に問われ、秀吉による小田原攻めを招いた。天正一八年（一五九〇）年の小田原城籠城戦では、城内に重臣松田《まつだ》憲秀《のりひで》のように秀吉側との内通者が出る中、弟氏房《うじふさ》とともに使者となり、秀吉に自身の命と引き替えに城兵の助命を交渉し、秀吉に降伏を承諾された。しかし父氏政らは自害させられたが、氏直は家康の女婿であることなどから助命され、高野山に追放された。翌天正一九年に関東で九〇〇〇石、近江で一〇〇〇石の計一万石の知行を認められた。同年一一月に病没した。

[文献]『神奈川県史　通史編1』(一九八一)、鈴木良一『後北条氏』(有隣新書、一九八八)。　(渡邊浩史)

伊達《だて》政宗《まさむね》　(一五六七―一六三六)　戦国末期から江戸初期の大名。米沢城主から仙台城主。仙台藩の祖となる。伊達輝宗《てるむね》の子。母は最上《もがみ》義守《よしもり》の女義姫。幼名梵天丸《ぼんてんまる》。天正五年(一五七七)に元服、藤次郎政宗と名乗る。正室は三春《みはる》城主田村《たむら》清顕《きよあき》の女愛《めご》姫《ひめ》(陽徳院)。天正一二年(一五八四)に家督相続し、翌年父輝宗が二本松《にほんまつ》義継《よしつぐ》により殺された後、安達郡や舅の田村家中を手中に収めた。天正一七年(一五八九)に磨上原《すりあげがはら》の戦いで蘆《あし》名《な》義広《よしひろ》を破り、四世紀にわたり会津《あいづ》を支配した名族蘆名氏を滅ぼし会津地方を奪い、居城を会津黒川城に移した。その後、須《す》賀川《かがわ》城主二階堂《にかいどう》氏を滅ぼし、石川昭光《いしかわあきみつ》・白川義親《しらかわよしちか》らを服属させ、現在の福島県から山形県・宮城県・岩手県にまでまたがる南奥羽一帯の広大な版図を獲得した。しかしこの蘆名氏との戦が*豊臣秀吉《ひでよし》が天正一五年(一五八七)に発した関東・東北への惣無《そうぶ》事令《じれい》に違反したとされた。同じく惣無事令に背いたとされて上洛を拒絶していた後北条氏に対する小田原攻めを見て、天正一八年(一五九〇)に落城寸前の小田原で秀吉のもとに帰参した。しかし秀吉の奥州《おうしゅう》仕置きで会津などを没収され米沢に戻った。その後*徳川家康《いえやす》に接近して生き残りを図った。慶長六年(一六〇一)に仙台城の建設に着手し、領国経営に専心した。*南蛮貿易を企図し、幕府支援のもと家臣*支倉常長《はせくらつねなが》をメキシコ・*スペイン・ローマに派遣したが、幕府のキリスト教禁教策により実現しなかった。幼少時に疱瘡《ほうそう》(天然痘)により右眼を失明し、長じてからは「独眼竜《どくがんりゅう》」と恐れられたが、遺言により死後の肖像画は両眼整った姿で描かれている。

[文献]　小林清治『人物叢書　伊達政宗』(吉川弘文館、一九五九)。　(渡邊浩史)

支倉《はせくら》常長《つねなが》　(一五七一―一六二二)　仙台藩主*伊達《だて》政宗《まさむね》の家臣。政宗の派遣した慶長遣欧使節の正使。父は山口常成《やまぐちつねしげ》。伯父支倉時正《ときまさ》の養子となる。*スペインとの直接貿易を目指す藩主政宗の命を受け、慶長一八年(一六一三)に宣教師ルイス・ソテロやビスカイノら一八〇余人の慶長遣欧使節団を率いて牡鹿半島の月浦を出発した。この背景には、フランシスコ会奥州司教区設立を望むソテロの勧めや、貿易関係の拡大をもくろむ*徳川家康《いえやす》の意向もあった。一行は貿易目的地の一つノビスパン(メキシコ)に一二月に到着。さらに随員二〇数名とともにスペインに向かった。慶長二〇年(一六一五)一月にスペイン国王フェリペ三世との謁見に成功し、政宗による通商開始と宣教師派遣の要望書などを手渡した。常長は市内の修道院で国王臨席のもと洗礼を受けドン・フェリペ・フランシスコの洗礼名を受けた。しかしスペインでの交渉は不調に終わり、元和元年(一六一五)一一月にローマで教皇パウルス五世と謁見して政宗の書状を渡した。ローマでは常長と随員七名は元老院から公民権を授与された。再びスペインに戻ったが、ヨーロッパの政治状況や日本における禁教令発布が伝わっていたことなどで、結局政宗の要望はローマでもスペインでも受け入れられず交渉は不調に終わった。一行は帰国の途につき、ノビスパン・マニラを経由して元和六年（一六二〇）八月に月浦に帰着した。使節団一行の出発前年に、すでに幕領におけるキリスト教禁止令は発令されていたが、慶長一九年（一六一四）には全国に拡大されていた。政宗も領内でキリシタン弾圧を行っていたことから、帰国後の常長は冷遇された。

［文献］ 松田毅一『慶長使節』（新人物往来社、一九六九）、西田耕三編『支倉常長研究』（耕風社、一九九二）。 （渡邊浩史）

最上義光《もがみよしあき》（一五四六—一六一四） 戦国から江戸初期の大名。源五郎、右京大夫、出羽守、侍従、少将。出羽《でわ》国山形城主最上義守《よしもり》の子。元亀二年（一五七一）に家督を相続するも、父義守・弟義時《よしとき》と対立。天正三年（一五七五）から天正一二年（一五八四）にかけて、義時をはじめとする一族や近隣の武将を討ち果たし、最上・村山の両郡を手中にした。天正一八年（一五九〇）小田原攻めのために宇都宮にいた*豊臣秀吉《ひでよし》により、*伊達《だて》政宗《まさむね》とともに奥羽知行割りの意見を具申し、当知行を安堵された。関ケ原の戦いでは、徳川の東軍に加わり政宗の援軍を得て、西軍*上杉景勝《うえすぎかげかつ》の部将直江兼継《なおえかねつぐ》の侵入に耐えるという軍功を挙げ、慶長六年（一六〇一）に*徳川家康《いえやす》より恩賞として庄内二郡と由利郡を与えられ大大名となった。

［文献］ 誉田慶恩『奥羽の驍将—最上義光』（人物往来社、一九六七）。 （渡邊浩史）

上杉景勝《うえすぎかげかつ》（一五五五—一六二三） 戦国時代の武将・大名。父は長尾政景《ながおまさかげ》。母は*長尾為景《ためかげ》の女。幼名は卯松、喜平次。はじめ顕景《あきかげ》と名乗り、のち上杉姓、弾正小弼、景勝の名を賜る。父の急死で叔父*謙信《けんしん》の庇護を受け*春日山《かすがやま》城に入城。天正六年（一五七八）、謙信の死を機に家督をめぐり景虎《かげとら》と抗争（御館《おたて》の乱）、鎮圧後に越後《えちご》を領有。のち*豊臣秀吉《ひでよし》に服従し、*前田利家《まえだとしいえ》と北条支城を攻略、出羽《でわ》・越後の*太閤検地を実施。朝鮮出兵には熊川《ウンチョン》まで出陣。伏見城の普請や全家臣団の知行高調査を行い、秀吉晩年の五大老の一人となる。会津若松一二〇万石に移封。*石田《いしだ》三成《みつなり》らと*徳川家康《いえやす》に対するが、三成の敗北後に降伏し出羽国米沢三〇万石に減封され、米沢で病没した。

［文献］ 藤木久志『戦国大名の権力構造』（吉川弘文館、一九八七）、花ケ前盛明『上杉景勝のすべて』（新人物往来社、一九九五）。 （大竹雅美）

後陽成天皇《ごようぜいてんのう》（一五七一—一六一七） 戦国時代・江戸時代初期の天皇。在位は天正一四年（一五八六）から慶長一六年（一六一一）。父は誠仁《さねひと》親王。母は勧修寺《かじゅうじ》晴右の女、新上東門院晴子。幼称若宮。のち和仁《かずひと》、周仁《かたひと》。父の急死で皇嗣となり、豊臣政権下に即位。*聚楽第に行幸、*羽柴秀吉《ひでよし》に豊臣姓を与え太政大臣に任命。秀吉の死を機に八条宮智仁《としひと》親王へ譲位を試みるが、*徳川家康《いえやす》に反対され幕府との関係が次第に崩れる。家康・秀忠を征夷大将軍に任命後、政仁《ことひと》親王（*後水尾《ごみずのお》天皇）に無理やり譲位、四七歳で崩御した。京都深草北陵に葬る。好学で四書や古典を講じ、和漢書籍の蒐集・出版につとめ、朝鮮から伝来した印刷法と木製活字で、和漢の古典十数種（慶長勅版）を刊行した。

［文献］ 橋本政宣「後陽成天皇の譲位をめぐって」（『後陽成天皇とその時代』霞会館、一九九五）、橋本政宣「後陽成天皇に対する秀吉の請文」（『日本歴史』三五七、九七八）。 （大竹雅美）

豊臣秀次《とよとみひでつぐ》（一五六八―九五）安土桃山時代の武将。父は三《み》好《よし》吉房《よしふさ》。母は瑞竜院日秀。三好康長《やすなが》の養子。孫七郎。中納言、内大臣、関白、左大臣。小牧・長久手の戦いでは有力武将を失うが、紀州・四国攻めに貢献、近江《おうみ》などの四三万石を賜り八幡に居城。城下町建設と楽市令を発布し、天正一八年（一五九〇）尾張《おわり》と北伊勢《いせ》を賜り清洲《きよす》に在城する。奥州一揆を鎮圧、*徳川家《いえ》康《やす》と検地・刀狩を実施。*豊臣秀吉《ひでよし》の子鶴松の夭折で関白となり、*聚楽第に入る。人掃令・家数人数の一斉調査・兵粮米の確保や京畿の警備など、国内の統治を担当し、経典の補修も行った。実子*秀頼《ひでより》の出生で秀吉と不和になり謀反のかどで関白・左大臣職を解かれ、高野山に追放のうえ、切腹となる。

［文献］　斎木一馬「関白秀次の謀反」（『斎木一馬著作集2古記録の研究下』吉川弘文館、一九八九）、岡田正之「豊臣秀次の事に就きて」（『史学雑誌』四―三八、一八九三）。

（大竹雅美）

豊臣秀頼《とよとみひでより》（一五九三―一六一五）戦国・江戸時代初期の武将。父は*豊臣秀吉《ひでよし》。母は*浅井長政《あさいながまさ》の女・淀殿。大阪城で誕生し拾《ひろい》と名付けられ、伏見城に移る。秀吉は、前田利家《まえだとしいえ》を傅役として有力大名に忠誠を誓約させ、自らの病が悪化すると再度血判誓書の提出を請求し、秀頼への奉公を誓わせた。秀吉の死後大阪城に移り、関ヶ原合戦後には摂津《せっつ》・河内《かわち》・和泉《いずみ》六五万石余の大名となる。慶長八年（一六〇三）、徳川秀忠《ひでただ》の娘千姫と結婚、二条城で*徳川家康《いえやす》と会見した。近畿の諸社寺造営に尽力し、方光寺大仏殿の巨鐘の銘をめぐり、家康と対立。国替と江戸下向を要求され、大阪冬の陣が開戦し、翌年夏の陣に淀殿とともに大阪城で自害、豊臣氏は滅亡する。

［文献］　渡辺世祐『豊太閤の私的生活』（講談社学術文庫482、一九八〇）

（大竹雅美）

後藤徳乗《ごとうとくじょう》（一五五〇―一六三一）戦国時代・江戸時代初期の装剣金工家。幼名は光基《みつもと》、光次《みつつぐ》、正房《まさふさ》、正家《まさいえ》、源四郎。京都に在住した後藤家五代目の当主。筑前で四代目光乗《こうじょう》の嫡男として生まれる。天正一〇年（一五八二）、父とともに、*豊臣秀吉《ひでよし》から判金改めおよび大判分銅役を命じられ、豊臣家の財務管理の一部を担当。「天正十六」の在銘を持つ、天正大判の製作に従事し、「丸枠に桐」紋は、「太閤桐」「徳乗桐」とも称し、独特の形をしている。後に*徳川家康《いえやす》にも仕え、大判をつくる。同一九年（一五九一）に四郎兵衛と改名、以降代々「四郎兵衛」を名乗る。同年、豊臣家から永代不易で従来からの在所・京都室町、木ノ下町二五〇石の朱印を賜り、大判製作御用と彫物業の安堵がされた。慶長三年（一五九八）、金子吹座となり、同六年（一六〇一）金座・銀座の仕事を弟長乗《ちょうじょう》の手代・庄三郎光次《みつつぐ》に譲る。晩年は、京都郊外の西院村に五〇石を賜り隠居、八二歳で没した。徳乗自身の銘の作品は極少だが、徳川美術館所蔵の布袋図三所物《みところもの》（小柄《こづか》・笄《こうがい》・目貫《めぬき》の三種）など、数点が現存する。三所物は後藤家の作品としても有名で、赤銅・金の地金に竜・獅子などの伝統的な文様を、高彫で表す手法が多用されて、格調高いものとなっている。祐乗《ゆうじょう》以来徳乗まで名工が続くが、以降は品格と伝統を重んじて材質・意匠・彫法などの制約が入り、独創性・個性に欠け次第に形式化された。次男顕乗《けんじょう》は加賀金工の基礎を築く。

［文献］　小葉田淳『日本の貨幣』（至文堂、一九五八）、大滝幹夫『日本の美術　工芸関係　金工＝伝統工芸』三〇五（至文堂、一九九一）。

（大竹雅美）

後藤家の歴代

①祐乗正興―②宗乗武光―③乗真吉久④光乗光家―⑤徳乗光基―⑥栄乗正光―⑦顕乗正継―⑧即乗光重―⑨程乗光昌―⑩廉乗光侶―⑪通乗光寿―⑫寿乗光理―⑬延乗光孝―⑭桂乗光守―⑮真乗光美―⑯方乗光晃―⑰典乗光則―…

梅北国兼《うめきたくにかね》（?―一五九二）　戦国時代の武将。宮内左衛門尉。島津家家臣で、大隅《おおすみ》国湯之尾の地頭。文禄元年（一五九二）、*豊臣秀吉《ひでよし》の統一政権・朝鮮出兵の推進に対し、「梅北一揆」を起こす。六月、東郷《とうごう》甚右衛門重景《しげかげ》・田尻荒兵衛《たじりこうべえ》らと、*加藤清正《かとうきよまさ》領の肥後《ひご》国葦北郡佐敷城を奪取、翌日、両人を小西行長《こにしゆきなが》の領地同国八代《やつしろ》郡麦島城の攻略に派遣、一揆は拡大するかにみえたが、一七日、国兼が佐敷城留守居衆・井上弥一郎《いのうえやいちろう》に謀殺され終結。原因・経過・影響に関しては不明瞭な部分が多いが、宮之城領主の島津歳久《しまづとしひさ》の家臣が大半を占め、歳久自刃の近因ともなる。地侍層が加担せず苦戦し、鎮圧後妻子・親族らも誅殺された。「佐敷一乱記」などの軍記物が成立する。

［文献］　紙屋敦之「梅北一揆の歴史的意義」（『日本史研究』一五七、一九七五）、紙屋敦之「梅北一揆の伝承と性格」（『史観』一二六、一九九二）。

（大竹雅美）

前田利家《まえだとしいえ》（一五三八―九九）　安土桃山時代の武将。父は利《とし》昌《まさ》。幼名犬千代、元服し孫四郎、又左衛門と名乗る。長槍を巧みにした。尾張《おわり》国愛知郡荒子村（名古屋市中川区荒子町）の生まれ。*織田信長《のぶなが》に仕え、戦功を挙げ家臣赤母衣《あかほろ》衆に加わる。天正三年（一五七五）*柴田勝家《しばたかついえ》に伴い、佐々成政《さっさなりまさ》らと越前国府中（福井県越前市）三万三千石を賜る。同九年（一五八一）、能登《のと》一国を得て大名格に昇格、七尾に入城。*本能寺の変後、能登や石動山《いするぎやま》の一揆を追討。*賤ケ岳《しずがたけ》の戦いは、はじめ勝家方につくが、のち*羽柴秀吉《ひでよし》に服属。加賀《かが》討伐の先陣を承り、金沢に入城し能登・加賀北半を賜る。小牧・長久手の合戦の際には在国で守備し、翌年富山城で成政を破る。同一四年（一五八六）上洛、*従四位下・権少将に叙任され、筑前守を受領。*九州征伐の際、*羽柴秀次《ひでつぐ》と京・大坂を守護。*松井田城の包囲や*伊達政宗《だてまさむね》との仲介役を担当。*文禄の役は肥前《ひぜん》国名護屋に駐留、*徳川家康《いえやす》とともに秀吉を諫止し、講和使の応接役を担当。文禄三年（一五九四）、秀吉が京の前田邸を公式訪問、従三位権中納言に叙任。秀次事件後、宿老筆頭格となり*秀頼《ひでより》の守り役に任命される。慶長元年（一五九六）、参内に供奉し、従二位権大納言に昇進。同三年（一五九八）三月醍醐の花見に、妻・まつらと招かれる。嫡男利長《としなが》に家督を譲るが、五大老として家康に比肩し、秀吉の死後も、秀頼を後見。翌年、家康の制法違犯を譴責するも、大坂城内で病死。算盤《そろばん》を愛用、和歌や書に優れ北野大茶湯にも座した。

［文献］　岩沢愿彦『人物叢書　前田利家』（吉川弘文館、一九八八）、花ヶ前盛明編『前田利家のすべて』（新人物往来社、二〇〇一）、菊池紳一『前田利家』（新人物往来社、二〇〇二）。

（大竹雅美）

毛利輝元《もうりてるもと》（一五五三―一六二五）　戦国時代から江戸時代初期の武将。父は隆元《たかもと》。母は*大内義隆《おおうちよしたか》の養女・内藤興盛《ないとうおきもり》の女。幼名は幸鶴丸。安芸《あき》国郡山城生まれ。永禄六年（一五六三）父の急死で家督を相続、祖父*元就《もとなり》が後見した。元服時に少輔太郎輝元と称す。一字名は本。官職名は右衛門督、右馬頭、参議、権中納言。法号は宗瑞・幻庵。元就の死後、叔父吉川元春《きっかわもとはる》・*小早《こばや》川《かわ》隆景《たかかげ》の補佐を受ける（毛利両川体制）。出雲《いずも》から尼子勝久《あまこかつひさ》らを追放、備前《びぜん》浦上氏を圧迫し*鞆《とも》の浦に逃れた前将軍*足利義昭《よしあき》を奉じ織田氏勢力に対抗。水軍を率いて*石山本願寺を救援、一時中央に迫るが、備前の宇喜田《うきた》氏が*羽柴秀吉《ひでよし》の味方となり、同一〇年（一五八二）備中《びっちゅう》国高松城下で和睦。直後、*本能寺の変を知るが追撃せず、四国・九州征伐に先鋒を担当した。吉田郡山から太田川の河口へと本拠を移し、広島城を築城。中国地方七ヶ国など一一二万石を賜る。*文禄の役には病気となり、代わりに秀元《ひでもと》を出陣させるが、慶尚道《けいしょうどう》の義兵戦に苦戦したため、自らも渡海し参戦する。後に豊臣家の五大老となり、小早川隆景と西国を統治。慶長検地には領内の総検地を実施した。秀吉死後、*秀頼《ひでより》の補佐を託され、関ヶ原の戦いは西軍の総大将として大阪に詰めた。戦後責を問われ、周防《すおう》・長門《ながと》両国に減封。隠居して家督を秀就に譲る。晩年は萩往還の整備や、指月山に萩城を築城。大坂の陣は、秀頼に同情するも幕府に応じて出陣、萩城内で没す。茶人でもあり、朝鮮の陶工に萩焼を開かせた。

［文献］二木謙一『秀吉の接待』（学研新書、二〇〇八）、三卿伝編纂所編『毛利輝元卿伝』（マツノ書店、一九八二）。　（大竹雅美）

浅野長政《あさのながまさ》（一五四七―一六一一）　安土桃山時代の武将・大名。父は安井重継《やすいしげつぐ》。母は浅野長詮《ながあきら》の女といわれる。通称は弥兵衛尉。初名は長吉《ながよし》。晩年、長政に改名したとされる。弾正小弼。尾張《おわり》国春日井《かすがい》郡北野の生まれ。伯父浅野長勝《ながかつ》の養子となり、娘を妻に迎えた。はじめ弓衆として織田信長《のぶなが》に仕えたが、*豊臣秀吉《ひでよし》と相婿にあたり家臣となる。天正元年（一五七三）、一二〇石を賜り、以後近江《おうみ》・播磨《はりま》・山城《やましろ》などで知行地を得て、同一一年（一五八三）近江国栗太・甲賀郡二万三百石を賜る。翌年、京都奉行となり*蔵入地の代官を兼任、近江で検地を実施した。九州征伐後に若狭《わかさ》一国を得て小浜《おばま》城主となる。同一六年（一五八八）、従五位下*弾正少弼に叙任。小田原征伐の際に武蔵《むさし》国鉢《はち》形《がた》城などを攻略。*太閤検地では、奥羽《おうう》の検地奉行を*石田三成《いしだみつなり》らと担当、*前田利家《まえだとしいえ》とともに*伊達政宗《だてまさむね》に上洛を促す。*文禄の役には三成・増田長盛《ましたながもり》らと渡海し諸事を監督した。文禄二年（一五九三）、嫡子幸長《よしなが》と甲斐《かい》国二二万五千石を賜り、奥羽・関東の支配を担当したが、*豊臣秀次《ひでつぐ》事件に幸長が連坐し、その影響を受け政治の中枢から一時退く。慶長三年（一五九八）、筑前《ちくぜん》の蔵入地一八万余石の代官に任命され、五奉行の首座となる。翌年、三成・長盛の讒言で武蔵国府中に蟄居。十月、甲斐謹慎に伴い五奉行を引退。関ヶ原の戦いでは幸長と東軍に属し、戦後、常陸《ひたち》国真壁《まかべ》五万石を賜り江戸に在住して没す。囲碁にも長じ、茶器の鑑定などで*千利休《せんのりきゅう》とも接触した。

［文献］黒田和子『浅野長政とその時代』（校倉書房、二〇〇〇）。　（大竹雅美）

前田玄以《まえだげんい》（一五三九―一六〇二）　安土桃山時代の武将。号は半夢斎・民部卿法印。徳善院の称号を賜る。美濃国の生まれといわれるが出自や父母については不明で、藤原利仁《としひと》流斉藤《さいとう》季《すえ》基《もと》の末裔、比叡山の法師、尾張《おわり》小松原の住持などの諸説が伝わる。はじめ織田信忠《おだのぶただ》に家臣として仕え、*本能寺の変では信忠の子・三法師（のちの秀信《ひでのぶ》）とともに逃れ、清洲《きよす》会議で守役に任じられる。天正一一年（一五八三）*織田信雄《のぶかつ》の命で京都奉行となり、以後、公家・寺院・京都における庶政を担う。*豊臣秀吉《ひでよし》にも信任され、関ヶ原の戦いの直前まで勤続した。同一三年（一五八五）、丹波《たんば》国亀山城主となり五万石を賜る。同一六年（一五八八）*後陽成《ごようぜい》天皇の*聚楽第行幸の際には故実を調査した。文禄四年（一五九五）、近江《おうみ》国八幡城主となる。豊臣政権下で五奉行に抜擢され活躍した。関ヶ原の戦いでは、はじめ西軍*石田《いしだ》三成《みつなり》方に属し大坂に留まるが直接戦闘には参加せず、戦後*徳川家康《いえやす》から本領を安堵される。慶長七年（一六〇二）、大坂で病没した。京都妙心寺の蟠桃院に葬られる。*千利休《せんのりきゅう》の娘婿・円乗坊を介して利休との交流もみられる。また「玄以法印下知状集」は、京都奉行職の在任期間中に、洛中の公家・社寺・商工業者などへ発給した、天正十一年（一五八三）六月から翌年四月までの判物七〇通を収録。字句の相違や異同が認められるため、使用する際には本文批判が必要だが、豊臣政権初期の京都・山城支配を知るうえでは貴重な史料である。

［文献］『群書解題』二二「玄以法印下知状」、伊藤真昭「前田玄以発給文書の分析」（伊藤唯真編『日本仏教の形成と展開』法蔵館、二〇〇二）。

（大竹雅美）

長束正家《なつかまさいえ》（?—一六〇〇）　安土桃山時代の武将。通称は新三。大蔵大輔。草津市長束（芦浦観音寺の近傍）出身といわれる。はじめ*織田信長《のぶなが》の武将・丹羽長秀《にわながひで》の家臣で、のち*豊臣秀吉《ひでよし》に仕えて奉行となり検地や財政を担当した。九州征伐では蔵米の集結・分配を行う。また博多再興の町割りに小西行長《こにしゆきなが》・*石田《いしだ》三成《みつなり》らとあたり、問・座を禁止して自由営業化をはかるとともに、地子・諸役を免除し市民の還住につとめた。小田原征伐の際は、兵粮奉行を担当、*文禄・慶長の役にも肥前《ひぜん》国*名護屋で兵粮確保・輸送に尽力する。また、近江《おうみ》・越前《えちぜん》両国の検地奉行をはじめ、各地で*太閤検地を実施した。文禄元年（一五九二）名護屋城、同三年（一五九四）には伏見城の工事を分担。翌年、*増田《ました》長盛《ながもり》に代わり、鈴鹿峠を控えた軍事的な要衝・近江水口城の三代目城主となり、五万石を領有。のち一二万石に加増、従四位下侍従に叙任される。慶長三年（一五九八）頃、豊臣氏の五奉行の一人となる。同五年（一六〇〇）、*徳川家康《いえやす》を敵に回し、伊勢口を固めて伊勢《いせ》国安濃津《あのつ》城を攻撃。関ヶ原の戦いでは、石田三成に与して長宗我部《ちょうそかべ》盛親《もりちか》・安国寺《あんこくじ》恵瓊《えけい》らとともに、南宮《なんぐう》山東麓に在陣するが、吉川広家《きっかわひろいえ》に邪魔され戦わずして水口城に帰城。池田長吉《いけだながよし》らに包囲され日野谷まで遁走し、一〇月三日に自害する。墓は日野町中之郷の安乗寺にある。また、草津市の長束時治郎家には、長束家の系図や関ヶ原合戦の布陣図・水口岡山城古図などが保管されている。

［文献］　藤木久志『日本の歴史15織田・豊臣政権』（小学館、一九七五）、桑田忠親『豊臣秀吉研究』（角川書店、一九七五）、安藤英男編『石田三成のすべて』（新人物往来社、一九八五）。

（大竹雅美）

丹羽長秀《にわながひで》（一五三五—八五）　安土桃山時代の武将。父は長政《ながまさ》。五郎左衛門。*織田信長《のぶなが》に仕え、濃尾から近江《おうみ》・山城《やましろ》支配にあたる。元亀元年（一五七〇）*姉川の戦いで*徳川家康《いえやす》を援軍、惟住《これずみ》の姓と佐和山《さわやま》城を賜る。天正八年（一五八〇）の北陸一揆は、北陸の一向一揆鎮圧後、佐和山城に入り小谷《おだに》城を牽制した。若狭《わかさ》国小浜《おばま》で廻船を支配、物資を遮断した。*本能寺の変に際し織田信澄《のぶずみ》を自害させ、山崎で*明智光秀《あけちみつひで》を破る。庶政の交代執行を任命され、若狭国と近江国滋賀・高島両郡を領有。北陸検地を*前田利家《まえだとしいえ》と担当。*柴田勝家《しばたかついえ》の自害後、越前《えちぜん》・若狭両国と加賀《かが》半国を賜り越前北庄の城主となる。小牧・長久手の戦いは領国に留まり、一揆に備えるが病没した。

［文献］『大日本史料』（一一—一四、天正一三年四月一六日条）。

（大竹雅美）

石田三成《いしだみつなり》（一五六〇―一六〇〇）　織豊期の武将。父は隠岐守正継《まさつぐ》。兄は正澄《まさずみ》。幼名は佐吉。初名は三也。近江《おうみ》国坂田郡石田村（長浜市石田町）生まれ。早くから*豊臣秀吉《ひでよし》に仕え、各地を転戦。天正一一年（一五八三）頃、近江国水口に入封、同国をはじめ諸国の太閤検地を実施、三成署判の検地尺が現存する。同一三年（一五八五）、従五位下治部少輔に叙任。翌年、*堺政所奉行を*小西隆佐《こにしりゅうさ》とともに任命される。島津氏との折衝や*博多の再興、関東の館林《たてばやし》城・忍《おし》城の攻略、奥州諸大名の所領処理などを行う。*文禄の役では、船奉行に任命され肥前*名護屋で輸送を担当。のち、*浅野長政《あさのながまさ》・*増田長盛《ましたながもり》らと渡海し、諸事を督励。*碧蹄館《へきていかん》の戦いで勝利し、*小西行長《ゆきなが》らと講和使の途一貫、謝用梓を伴い帰国した。文禄四年（一五九五）、近江国佐和山《さわやま》城主となり、江北四郡一九万四千石を領有。五奉行として内政を担い、*蔵入地代官も兼任した。慶長三年（一五九八）には博多の代官となり、*島井宗室《しまいそうしつ》に屋敷を提供され協力も仰いだ。秀吉の死後、長政と半島の部隊撤収にあたるが、大名間の抗争で加《か》藤清正《とうきよまさ》や黒田長政《くろだながまさ》らに追われ失脚。行長らと*徳川家康《いえやす》に対抗するも、関ヶ原の戦いに敗れ敗走中近江伊香郡古橋村（木之本町古橋）で捕まり、六条河原で行長らと斬首された。墓所は大徳寺三玄院にある。『島井文書』『石田軍記』などに三成の記述があり、秀吉の茶会に*神谷宗湛《かみやそうたん》の案内役を勤め、茶器「肩衝《かたつき》の茶入」も一時は所持、*津田宗及《つだそうぎゅう》・鵙屋宗庵《もずやそうあん》ら茶人と親しくした。

［文献］　今井林太郎、『人物叢書 石田三成』（吉川弘文館、一九六一）、安藤英男編『石田三成のすべて』（新人物往来社、一九八五）。

（大竹雅美）

増田長盛《ましたながもり》（一五四五―一六一五）　安土桃山・江戸時代初期の武将。*豊臣秀吉《ひでよし》の老臣。出身地は*近江《おうみ》・尾張《おわり》の二説がある。秀吉に仕え二万石を賜る。奉行として検地などの民政に尽力、安房《あわ》国里見領の知行改めなど、東国政策にも関与した。天正一八年（一五九〇）、近江水口岡山城の二代目城主となり、*長束《なつか》正家《まさいえ》と近江を検地。*文禄の役は、玉薬の輸送や兵站補給、明使の応接役を担う。文禄四年（一五九五）、大和《やまと》郡山二〇万石に加増。豊臣氏の五奉行の一人。関ヶ原の戦いは、西軍に属し*毛《もう》利《り》輝元《てるもと》らと大坂城に留まり、領地を没収される。高野山へ追放後、武蔵《むさし》国岩槻《いわつき》に配流。大坂の陣で盛次《もりつぐ》が豊臣方につき責を問われて自害。最初の石柱橋である三条大橋を架橋した。

［文献］　桑田忠親『豊臣秀吉研究』（角川書店、一九七五）、斉藤司「豊臣期関東における増田長盛の動向」（『関東近世史研究』一七、一九八四）、安藤英男編『石田三成のすべて』（新人物往来社、一九八五）。

（大竹雅美）

李如松《りじょしょう》（?―一五九八）　明の武将。字は子茂。号は仰城。諡は忠烈。遼東鉄嶺衛（遼寧省鉄嶺県）生まれ。父は明の総兵官・李成梁。幼少より父とともに従軍し、歴戦を繰り返す。万暦一一・天正一一年（一五八三）、山西総兵官となる。同二〇・文禄元年（一五九二）に哱拝《ボバイ》の反乱で提督となり鎮圧した。壬辰倭乱《イムジンエラン》（*文禄の役）に、朝鮮救援のため軍務提督として派遣され、戦局を膠着させた。翌年一月、*小西行長《こにしゆきなが》らの軍を平壌《ピョンヤン》で破るが、漢城《ハンソン》（ソウル）西北の碧蹄館《ピョクチェグァン》で*小早川隆景《こばやかわたかかげ》軍の反撃にあい敗北、戦意喪失し平壌へ逃走。講和交渉に期待して帰国。同二五・慶長二年（一五九七）、遼東総兵官となる。翌年、土蛮侵入の鎮圧に向かい遼東で戦死した。

［文献］　田中健夫『対外関係と文化交流』（思文閣出版、一九八二）、

崔官《チェグァン》『文禄・慶長の役〔壬辰・丁酉倭乱〕』（講談社選書メチエ、一九九四）、李啓煌『文禄・慶長の役と東アジア』（臨川書店、一九九七）。

（大竹雅美）

李舜臣《りしゅんしん》（一五四五―九八）「イスンシン」朝鮮王朝中期の武将・朝鮮水軍の名将。字は汝諧、諡は忠武。父は李貞（京畿道開豊郡徳水の李氏）母は草渓の卞氏。仁宗元。天文四年（一五四五）三月八日、漢城生まれ。宣祖九・天正四年（一五七六）三月、武科及第。若年より柳成竜《ユソンリョン》と交友。県監・郡守などを歴任。同二四・天正一九年（一五九一）二月、成竜の推挙で加里浦僉使から全羅左道水軍節度使に抜擢。翌年四月、*豊臣秀吉《ひでよし》の朝鮮侵略が開始されると、慶尚右道水軍節度使元均を援軍。五月四日、全羅右水使・李億祺らと巨済島前面で元均に合流、同七日玉浦《オクポ》海戦を皮切りに、朝鮮水軍を率いて半島南岸の合浦・赤珍浦・泗川・唐浦・唐項浦・栗浦・閑山島浦・安骨浦・釜山浦の海戦すべてに勝利した。考案した*亀甲船を駆使して、日本軍の得意な銃撃・白兵戦を防止、日本水軍の補給路を遮断し水軍を撃破、沿岸制海権を確保し秀吉の金扇と編成表を分捕るなど、壬辰倭乱*（文禄の役）で大活躍を遂げた。その功により正二品正憲大夫、忠清《チュンチョン》・全羅・慶尚三道水軍統制使となるが、元均の妬みをかい讒言で逮捕投獄され、同三〇・慶長二年（一五九七）七月に復職した。丁酉倭乱《チョンユウェラン》*（慶長の役）が開始され、代わりに統制使となった元均が巨済島で敗死すると、統制使に再任され朝鮮水軍を立て直し、明軍とともに戦った。翌年、秀吉の死を機に日本軍が撤退を開始すると、逆に追撃に出て一一月、順天からの小西行長《こにしゆきなが》軍の退路を塞ぎ、救出に回った島津勢と露梁《ロリャン》津で海戦、同一九日戦死した。舜臣の『乱中日記』は、朝鮮侵略の海戦史料で、当時の様子のほかに水軍統制の秘策や忘備・詩文などを記す。一部を欠くが、文禄元年（一五九二）五月一日から慶長三年一一月一七日までの自筆日記で、朝鮮側の編纂史料『李朝実録』『乱中雑録』などに比べて、資料的価値が高い。祖国の英雄として讃えられ、同三七年（一六〇四）には宣武功臣第一等の列に加わり、現在も崇拝されている。

〔文献〕北島万次『壬辰倭乱と秀吉・島津・李舜臣』（校倉書房、二〇〇二）、崔 官『文禄・慶長の役〔壬辰・丁酉倭乱〕』（講談社、一九九四）、中村栄孝『日鮮関係史の研究中』（吉川弘文館、一九七〇）、藤居信雄『李舜臣覚書』（古川書房、一九八二）、朝鮮日々記研究会編『朝鮮日々記を読む』（法蔵館、二〇〇〇）。

（大竹雅美）

島井宗室《しまいそうしつ》（一五三九?―一六一五）安土桃山時代・江戸時代初期の*博多の豪商・茶人。名は茂勝《しげかつ》・徳太夫、剃髪し虚白軒と号す。瑞雲庵と称し、宗叱とも書く。生年は天文八年（一五三九）説があるが、根拠は不明。*千利休《せんのりきゅう》の門人。豊後《ぶんご》大友氏のもと、当時の博多津の支配を担当。*堺の天王寺屋（津田）道叱《どうしつ》と親交があり、天正八年（一五八〇）*津田宗及《つだそうぎゅう》の茶会に出席、*山上宗二《やまのうえそうじ》・*藪内道和《やぶうちどうわ》ら茶人・豪商とも交流する。以後、*織田信長《のぶなが》に接し*本能寺の変の当日は同寺に宿泊、空海の筆蹟「一切経千字文」を帯出、逃走したと伝えられる。千利休の仲介で*豊臣秀吉《ひでよし》と会見、家伝の名物「楢柴《ならしば》の肩衝《かたつき》」を所望され、のち筑前《ちくぜん》の秋月種実《あきづきたねざね》を介して献上した。同一五年（一五八七）秀吉から戦禍で荒れた博多の復興を*神谷宗湛《かみやそうたん》とともに命じられ尽力。表口十三間半の屋敷と町役免除の特権を受ける。また、*小早川隆景《こばやかわたかかげ》の名島《なじま》の城下町建設や、大徳寺僧の古渓宗陳《こけいそうちん》の流罪に庵室を建てるなど、宗湛と行動をともにした。朝鮮との交渉に二度ほど渡海し、出兵の際には対馬《つしま》の宗義智《そうよしとし》・*小西行長《こにしゆきなが》らに協力、回避に努めたが願い叶わず、のち兵糧米の収集に貢献。隆景の死後は養子秀秋《ひであき》に協力し、博多が蔵入地になると、*石田《いしだ》三成《みつなり》に屋敷を提供した。関ヶ原の戦い後、黒田長政《くろだながまさ》の福岡城普請に協力し、知行三〇〇石を授るが辞す。嗣子の信吉宛に十七ヶ条の遺言「生中心得身持可致分別事」を記し博多の自宅で死去。家蔵に『島井文書』があり、書状類を収録する。

［文献］　田中健夫『人物叢書　島井宗室』（吉川弘文館、一九六一・新装版、一九八六）、武野要子『博多』（岩波新書、二〇〇〇）、工藤静也『秀吉と博多の豪商』（海鳥社、一九九七）、宮本又次『豪商列伝』（講談社学術文庫、二〇〇三）。　（大竹雅美）

神谷宗湛《かみやそうたん》（一五五三―一六三五）　安土桃山時代・江戸時代初期の*博多の貿易商人・茶人。幼名は善四郎。字は貞清《さだきよ》。剃髪し置安斎惟精、宗湛と号す。宗旦、宗丹とも書く。父紹策《しょうさく》の代に焦土と化した博多から肥前《ひぜん》国唐津《からつ》へ移住。天正一四年（一五八六）に上洛、大徳寺の古渓宗陳《こけいそうちん》につき得度を受ける。翌年（一五八七）正月、大坂城の大茶会に招かれ、*豊臣秀吉《ひでよし》から「筑紫の坊主」と呼ばれ優遇され、*津田宗及《つだそうぎゅう》・*石田三成《いしだみつなり》らの仲介で*千利休《せんのりきゅう》と同席。六月、九州征伐の際に秀吉から*島井宗室《しまいそうしつ》とともに博多復興の命を受け、屋敷地を賜り町役免除などの特権を得る。町割りに使用された間丈《けんじょう》は戦前まで存在した。一〇月、北野大茶湯に上洛、遅参したが*聚楽第で厚遇を受ける。翌年、宗陳が筑前《ちくぜん》に流罪となり宗室とともに庵室を建立。筑前国主*小早川隆景《こばやかわたかかげ》の名島《なじま》築城に協力し秀秋《ひであき》の祝言や入部に奔走し二代にわたり尽力する。朝鮮出兵の際、宗室と博多で兵糧集積や輸送活動を行う。*名護屋城の黄金茶室の茶会に列し、名護屋での商売を許された。関ヶ原の合戦後、*黒田孝高《くろだよしたか》（如水《じょすい》）・長政《ながまさ》の福岡城築城や城下町・領国経営に協力するが、やがて勢力も衰え、忠之に家蔵「博多文琳」の茶入を召し上げられ、御用商人に転落、自宅で死去した。灰吹《はいふき》法を導入した祖父寿禎《じゅてい》の鉱山業や博多織など、伝統産業の始祖とする伝説も数多く、櫨《ろくろ》を九州に広めた話は有名。『神谷宗湛日記』は、京・大坂・堺・博多での茶会記で、四大茶会記の一つ。『神谷文書』には、諸大名からの文書を収録。

［文献］　武野要子『博多』（岩波新書、二〇〇〇）、田中健夫『人物叢書　島井宗室』（吉川弘文館、一九六一）、工藤静也『秀吉と博多の豪商』（海鳥社、一九九七）、宮本又次『豪商列伝』（講談社学術文庫、二〇〇三）。　（大竹雅美）

小西隆佐《こにしりゅうさ》（一五三三?―九二）　小西如清《じょせい》・*行長《ゆきなが》の父。戦国時代和泉《いずみ》*国堺の豪商・町衆。立佐・立左とも書く。家系譜は不明だが堺に生まれ、天文年間（一五三二―五五）に宿老として、*日明貿易にも携わった小西党一族ともいわれる。永禄三―七年（一五六〇―六四）頃、京都でキリシタンとなり、宣教師*ルイス＝フロイスの使者として*織田信長《のぶなが》を訪問。洗礼名はジョアチン（常珍）。同八年（一五六五）、*松永久秀《まつながひさひで》が京都で宣教師を追放した際、フロイスらを城下まで連れ帰り、宣教師から模範的な信者として信頼を受けた。天正八年（一五八〇）頃から行長と*豊臣秀吉《ひでよし》に仕え、和泉守を称す。播磨《はりま》国網干《あぼし》に派遣され、瀬戸内海の軍需物資運搬を担当、「海の司令長官」ともいわれた。河内《かわち》・和泉両国の蔵入地代官となり、堺政所の支配も任される。九州征伐で兵糧徴収に派遣、宣教師が大坂城で秀吉と謁見した際、信徒の一人*高山右近《たかやまうこん》と側近を担当する。妻マグダレイナも、この時献茶したといわれる。『天王寺屋会記』にも名前があり、茶道具も管理した。秀吉の代理人として、長崎で南蛮船生糸の優先的買付けを行うなど、主に財政面で活躍する。宣教師追放令後、対ポルトガル貿易問題を処理。*文禄の役では、*名護屋で財務を担当するが発病して、堺へ帰国後、京都で没す。堺の聖堂引渡しを食い止め、京の教会に多額な寄付をしたり、ハンセン病病院の建設で信徒を助けるなど、キリスト教布教にも大きく貢献した。

[文献] 豊田 武『堺』(至文堂、一九六六)、松田毅一『近世初期日本関係 南蛮史料の研究』(風間書房、一九六七)、池永 晃『中世を代表する英傑小西行長』(福音社書店、一九三六)、泉 澄一『堺と博多』(創元社、一九七六)。

(大竹雅美)

津田宗及《つだそうぎゅう》(?—一五九一) 戦国時代の*堺の豪商・茶人。屋号天王寺屋。父は宗達《そうたつ》。武野《たけの》紹鴎《じょうおう》に茶の湯をならう。通称助五郎。隼人、宗及と名乗る。道号天信。更幽斎と称す。*千利休《せんのりきゅう》の朝会で、珠光の逸品を拝見。はじめ本願寺坊官下間氏、阿波三好一族と交流するが、元亀元年(一五七〇)以降*今井宗久《いまいそうきゅう》と茶会を頻繁に行い、*織田信長《のぶなが》に接触する。やがて信長・*豊臣秀吉《ひでよし》の茶頭となり、利休・宗久とともに「三宗匠」と称される。相国寺の茶会で利休と同席、蘭奢待《らんじゃたい》を賜り別格扱いを受ける。*大徳寺総見院の茶会や、北野大茶湯の中心的な人物。政商として博多の*島井宗室《しまいそうしつ》・*神谷宗湛《かみやそうたん》とも親しく、親子三代にわたる『天王寺屋会記』は、三大茶会記ともいわれる。

[文献] 永島福太郎『天王寺屋会記』7冊(淡交社、一九八九)、熊倉功夫校訂『茶の湯の古典3四大茶会記』(世界文化社、一九八四)、田中健夫『島井宗室』(吉川弘文館、一九六一)。

(大竹雅美)

小西行長《こにしゆきなが》(?—一六〇〇) 安土桃山時代の武将・*堺の豪商。父は*小西隆佐《りゅうさ》。如清の弟。弥九郎。日向守・摂津守。前半生は大半が不明。はじめ宇喜多直家《うきたなおいえ》に、*本能寺の変後は*豊臣秀吉《ひでよし》に仕える。天正九年(一五八一)に播磨《はりま》国室津《むろつ》を支配。船奉行として各地を転戦し小豆島などを管理、父と瀬戸内海の軍事輸送を担当した。*加藤清正《かとうきよまさ》と*肥後《ひご》一揆を平定し、宇土《うど》城に入り肥後半国二四万石を領有。*文禄の役は平壌《ピョンヤン》まで出兵、*李如松《りじょしょう》に敗北し*沈惟敬《しんいけい》と講和交渉を画策。降表の偽作で交渉は決裂し、*慶長の役に再出兵するが、秀吉の急死で帰国。関ヶ原の戦いは西軍に属し敗北、近江《おうみ》で捕まり*石田三成《いしだみつなり》らと六条河原で斬首された。キリシタン大名で洗礼名アゴスチイノ。

[文献] 豊田 武『堺』(至文堂、一九六六)、池永 晃『中世堺を代表する俊傑小西行長』(福音社書店、一九三六)、三木晴男『小西行長と沈惟敬』(近代文芸社、一九九七)、園田信行『アゴスチイノ小西摂津守行長回想帖』(中央公論事業出版、二〇〇三)。

(大竹雅美)

福島正則《ふくしままさのり》(一五六一—一六二四) 戦国時代の武将。幼名市松。父は正信《まさのぶ》。母は木下氏と伝える。尾張《おわり》国生まれ。幼少より*羽柴秀吉に仕えて播磨《はりま》国神東郡三〇〇石。*賤ヶ岳《しずかたけ》の戦後は五〇〇〇石を賜る。天正一三年(一五八五)には一一万石を領有し、伊予《いよ》国今治《いまばり》城主となる。左衛門尉に叙任、左衛門大夫と称す。肥後《ひご》代官や検地奉行を勤め、朝鮮出兵は兵粮輸送を担当。文禄四年(一五九五)に清洲《きよす》城主となり二四万石を領有。秀吉死後、*石田三成《いしだみつなり》を失脚させ、関ヶ原の戦いは東軍に属す。京都警備を担当、安芸《あき》・備後《びんご》両国四九万八〇〇〇石余を領有し広島城主となる。大坂の陣は江戸にて留守居をつとめ、元和五年(一六一九）に領地を没収。信濃《しなの》国川中島に移封ののち高井野に蟄居し没す。

［文献］福尾猛市郎・藤本篤『福島正則』（中公新書、一九九九）。（大竹雅美）

加藤清正《かとうきよまさ》（一五六二—一六一一）戦国時代の武将・大名。幼名は夜叉丸。名は虎之助。尾張《おわり》国生まれ。父は清忠《きよただ》。幼少から*豊臣秀吉《ひでよし》に仕え、*賤ヶ岳《しずがたけ》の戦後に三〇〇〇石の武将となる。従五位下主計頭に叙任。宇土《うど》城勤番、兵粮方兼*堺*蔵入地代官を勤め、天正一六年（一五八八）、*小西行長《こにしゆきなが》と肥後《ひご》半国領主となり、北半一九万五〇〇〇石を賜り隈本《くまもと》城に入る。呂宋《ルソン》貿易を画策し、*文禄の役は兀良哈《オランカイ》まで進軍、亀甲車《きっこうしゃ》を使用し、慶長の役は蔚山《ウルサン》籠城と活躍。*石田三成《いしだみつなり》と対立し関ヶ原の戦いは東軍に属するも、肥後領国で小西・立花氏らを攻略。戦後に肥後国五四万石を賜る。慶長一六年（一六一一）に二条城での会見の帰途、船中で急死。日蓮宗の信者。名護屋城・熊本城を築城。

［文献］森山恒雄「加藤清正」（岡田章雄編『人物・日本の歴史7』小学館、一九七六）、中野嘉太郎『加藤清正伝』（青潮社、一九七九）、安藤英男編『加藤清正のすべて』（新人物往来社、一九九三）、谷川健一『加藤清正—築城と治水』（冨山房インターナショナル、二〇〇六）、北島万次『加藤清正』（吉川弘文館、二〇〇七）。（大竹雅美）

島津義弘《しまづよしひろ》（一五三五—一六一九）戦国時代の武将。父は*貴《たか》久《ひさ》。母は入来院重総《いりきいんしげふさ》の女。幼名又四郎、初名忠平《ただひら》のち義珍《よしまさ》。兵庫頭。惟新斎と号す。天正一三年（一五八五）に兄*義久《よしひさ》の守護代となる。伊東・大友・相良《さがら》・龍造寺氏らを破るが、同一五年（一五八七）、豊臣秀長《ひでなが》に降伏し、家督と本領三国は安堵される。翌年叙任、豊臣姓と羽柴氏を授与。*太閤検地の後、薩摩《さつま》・大《おお》隅《すみ》・日向《ひゅうが》諸県郡約五六万石を賜る。慶長の役は泗川で小西軍を救援、慶尚道の露梁海戦で明軍を破る。のち五大老となる。関ヶ原の戦いでは西軍に属したが、旧領は安堵。敗戦後桜島に蟄居。家久に家督を譲り加治木《かじき》に隠棲して没す。朝鮮出兵時、招致した陶工が土着し薩摩焼が作られた。

［文献］福島金治編『島津氏の研究』（吉川弘文館、一九八三）、三木靖編『島津義弘のすべて』（新人物往来社、一九八六）、山本博文『島津義弘の賭け』（再版、中公文庫、二〇〇七）。（大竹雅美）

沈惟敬《しんいけい》（生没年未詳）浙江省嘉興生まれ。*壬辰倭乱《イムジンエラン》（文禄の役）の際、日明講和交渉を画策した明の外交家。明軍は万暦二〇・文禄元年（一五九二）哱拝《ボバイ》の反乱を鎮圧した勢いで、鴨《アム》緑江《ロクガン》を渡河。八月、明の兵部尚書石星の推薦で朝鮮に遊撃将軍として派遣され、平壌《ピョンヤン》で*小西行長《こにしゆきなが》と講和交渉にあたる。翌年四月八日は竜山《ヨンサン》会談で、朝鮮二王子の返還・明講和使の日本派遣などの協約が成立。明の使節を詐称する謝用梓・徐一貫らを伴い、肥前《ひぜん》国*名護屋で講和交渉を果たす。帰国後、明の朝廷に偽作した関白降表を届け交渉が決裂し、再出兵の原因をつくった（丁酉倭乱、慶長の役）。講和工作が暴露され、惟敬を登用した石星は投獄。のち明将楊元に捕まり処刑された。

［文献］石原道博『文禄・慶長の役』（塙書房、一九六三）、田中健夫『対外関係と文化交流』（思文閣出版、一九八二）、崔　官『文禄・慶長の役』（講談社選書メチエ、一九九四）、村井章介『中世倭人伝』（岩波新書、一九九三）、三木晴男『小西行長と沈惟敬』（近代文芸社、一九九七）。（大竹雅美）

(四) 桃山文化

伏見城《ふしみじょう》　京都市伏見区桃山にあり、桃山時代という名称起源の城である。城は*豊臣秀吉《ひでよし》が伏見指月《しづき》の地に建てた隠居所であり、文禄三年（一五九四）ほぼ完成し入城した。隠居城として「利休好み」の建物を期待したが、その後全国の大名に夫役人を出させ巨大な城郭となった。しかし文禄四年（一五九五）の大地震で城は全壊し、秀吉はすぐさま城を指月の丘の東北五百メートル木幡《こばた》山に再建した。この木幡山は江戸時代に桃が植えられ桃山と称された。再建された城は山頂の本丸に、五層五階の天守を建て周りに一二の曲輪を環状に配した輪郭式縄張りで建物は豪華絢爛であった。秀吉は慶長三年（一五九八）この城で没した。城は関ヶ原の合戦で落城し、*徳川家康《いえやす》によって再建されたが大阪夏の陣後廃城。その後一部が桃山御陵となった。

［文献］　西ヶ谷恭弘『戦国の城（中）』（学研、一九二二）、西ヶ谷恭弘監修、日本城郭史学会・城の会『日本名城図鑑』（理工学社、一九九三）。　　（遠藤塩子）

彦根城《ひこねじょう》　滋賀県彦根にある*井伊家歴代の城である。琵琶湖に臨みひときわ高い天守を中央に、白亜に輝く櫓群の美しい城である。現存天守で国宝。*徳川家康《いえやす》は関ヶ原の合戦で功のあった、井伊直政《いいなおまさ》を*石田三成《いしだみつなり》の旧城近江《おうみ》の佐和山《さわやま》城に封じた。しかし城の破壊がひどいため佐和山の麓の彦根山に築城を計画し、嫡子直継《なおつぐ》が慶長八年（一六〇三）築城。築城にあたっては常に大阪方を意識した家康は近江を北国道《ほっこくどう》と中山道《なかせんどう》の重要地点とみて、近江周辺の大名に助役を命じ天下普請となった。城郭は近隣の旧豊臣方の建造物を移築転用したといわれる。平山城で山頂に本丸を据え、華麗な三層三階の天守（大津城から）、本丸の南に天秤櫓《てんびんやぐら》（長浜城から）西の丸に三重櫓（小谷《おだに》城から）、その他いくつもの多聞櫓がある。

［文献］　西ヶ谷恭弘『名城「天守」総覧』（学研、一九九四）。　　（遠藤塩子）

松江城《まつえじょう》　島根県松江市にある戦国の武将堀尾吉晴《ほりおよしはる》が慶長一二年（一六〇七）から築いた城。吉晴は*富田月山《とだがっさん》城にいたが、山城で統治上不適なため、宍道湖《しんじこ》北岸の標高二九メートルの亀田山に松江城を築城した。山頂を本丸とし天守と六基の櫓を置きその下に雛段状に石垣を組み、二の丸・三の丸を置いた。天守は外観五層内部五階地下一階、南面に付櫓の複合式天守である。外側は黒い下見板張りが多く、素朴で重厚な落着きをもち山陰屈指の天守である。内部は吉晴が歴戦の武将ゆえ、石落としや狭間に多くの工夫がみられ、地下に井戸・塩貯蔵庫・最上階は畳敷きで籠城に備えるなど、実戦向きである。しかし戦いを交えることなく、明治に至り、廃城令により城の各所が、入札により破却されたが、天守だけ旧藩士の努力で残された。

［文献］　西ヶ谷恭弘『日本の城』（主婦の友社、一九九五）。　　（遠藤塩子）

松本城《まつもとじょう》　烏城《うじょう》ともいう。長野県松本市にある城郭。天守の重厚さと力強さは、白鷺《しらさぎ》城といわれる姫路城の華麗な美しさと対比される。天守は五層六階の大天守と、その北に二層の渡櫓で結ばれた三層三階の乾《いぬい》小天守、東側に三層二階の辰巳櫓《たつみやぐら》と月見櫓がある、複合連結式天守である。各層は漆喰塗《しっくいぬり》の外壁に、七部通り下目板張りの黒漆《うるし》仕上げで、黒が多く烏城といわれる。この城は南北朝の頃*足利尊氏《たかうじ》に従っていた小笠原氏による深志《ふかし》城が始まりという。戦国時代に武田氏・小笠原氏と移り、小笠原貞種の時、松本城と変名、次に豊臣方の石川数正《いしかわかずまさ》が入城その子の康長《やすなが》が城を大改造、現在の天守は慶長二年（一五九七）頃完成したと見られる。明治五年（一八七二）廃城令の際、天守のみ地元有志により競売が阻止され残った。国宝である。

［文献］西ヶ谷恭弘監修『日本名城図鑑』（理工学社、一九九三）、『日本城郭大系』（新人物往来社、一九八〇）。　（遠藤塩子）

犬山城《いぬやまじょう》　愛知県犬山市にある城郭。木曽川南岸の丘陵に聳える、白亜の美しい城である。その風景から白帝城（中国の揚子江上流の古城）ともいわれる。天守は日本最古の現存天守という。大入母屋《おおいりもや》の上に小さな望楼《ぼうろう》をのせた型、太い梁《はり》の木組みの城内など歴史の重みがある。城は天文六年（一五三七）織田信康《のぶやす》がこの地にあった木之下城を取り払い築城。その後城主も替わり、慶長四年（一五九九）石川光吉《いしかわみつよし》と次の小笠原吉次《おがさわらよしつぐ》のとき大改築を行った。その際美濃《みの》の金山《かなやま》城の移築説もあったが最近否定されている。元和三年（一六一七）尾張《おわり》徳川の付家老成《なる》瀬正成《せまさなり》が城主となってから世襲となり、明治まで続いたが、明治になって天守以外は破却され天守は修理を条件に成瀬家に譲り渡されている。日本で唯一個人所有の城であり国宝である。

［文献］歴史と旅『風雲の名城天守閣』（秋田書店、一九九三）、『日本城郭大系11』（新人物往来社、一九八〇）。　（遠藤塩子）

平城《ひらじろ》　立地条件から呼ばれる城郭史上の用語の一つ。城の建っている高低によって、江戸時代の軍学者が山城・平山城・平城の三つにわけている。山城は独立した山か、峰続きでも周りが切り立つ山上にある。平山城は丘陵上にあるか、丘陵部と平地にある。平城は平地に置かれた城である。この分類の平城は*豊臣秀吉《ひでよし》が天正一一年（一五八三）築城した大坂城にはじまると考えられる。城郭と城下町が同一面で計画的に仕切られ、いずれも水運を利用した城下町が計画されている。代表的なものとして広島城・*二条城・*松本城などがある。また縄張りの上から平城という場合がある。輪郭式縄張り（本丸を中心にそれを取り囲んで二の丸、さらに三の丸がこれを取り囲む形）円郭式縄張り（輪郭式に準じたもので、円形または半円形に本丸を中心に二の丸・三の丸が取り囲む）で、松本城・名古屋城・江戸城・大坂城などである。平城に類するものは、中世初期にみられる方形館址《ほうけいかんし》とか、掻《か》き揚《あ》げの城と称するものである。在地支配の領主や豪族の館で館の周りに方形の壕をめぐらし、水を引き入れた形である。この水堀は防備のためでもあるが、それ以上に農耕地の用水を確保するためでもあった。またこの貯水壕を掘りあげた土砂で土塁を積んだので、掻き揚げの城ともいう。当時の館は法然上人絵伝の漆間時国《うるしまときくに》の館などいくつかの絵巻物で見ることはできるが、現存するものは少なく、立川館（立川氏、現普済寺）や*武田信玄《たけだしんげん》の居館の躑躅ヶ崎《つつじがさき》館（甲府市）などあるが完全な原形は留めていない。

［文献］西ヶ谷恭弘『日本史小百科「城郭」』（近藤出版社、一九八七）。　（遠藤塩子）

天守閣《てんしゅかく》　殿主・殿守・天主ともいう。天守閣は城の象徴である。天守閣の起源は①主殿建築の中心に楼閣を建てた②井楼《せいろう》櫓《やぐら》・高矢倉と呼ばれる実戦に備えた建物が発展した③権威の象徴とした、などがある。名前の由来は殿主・殿守から来ていると思われるが、キリスト教の天主、儒教の天、仏教の須彌山《しゅみせん》などの説もある。閣は明治以後についた。本格的な天守建築の始まりは、*松永久秀《まつながひさひで》が築いた多聞山《たもんやま》城（奈良市、一五六〇頃）という。『多聞院日記』に「多聞山四階ヤクラ壊了。ナラ中人夫出」とある。その後現存の丸岡城天守閣が天正四年（一五七六）、同年*安土《あづち》城が築城開始、そして*伏見城・*二条城・姫路城などへ、一六世紀後半から一七世紀のはじめにかけて桃山文化の華となった。現存天守は一二基。

［文献］西ヶ谷恭弘『名城の「天守」総覧』（学研、一九九四）。

（遠藤塩子）

飛雲閣《ひうんかく》　京都市下京区堀川通花屋町下ルの西本願寺境内にある庭園滴翠園《てきすいえん》に所在する三層の建築物。国宝に指定されている。寺伝などによると、天正一五年（一五八七）に*豊臣秀吉《ひでよし》により建立された*聚楽第《じゅらくだい》の遺構を元和年間（一六一五—二四）または寛永年間（一六二四—四四）に現在地に移築したとある。しかし、近年それに疑いが持たれ、寛永年間に現在地に建立されたとの考えが有力になっているが、桃山文化から寛永文化にかけての代表的な建築物の一つである。初層は招賢殿《しょうけんでん》といい、主室と次の間・船入《ふねいり》の間などから構成されている。主室正面の床の間は下の部分に障子を配する独特の構成をとっている。船入の間からはこの建物の傍らにある滄浪池《そうろうち》の船への乗降が可能な造りとなっている。また二層を歌仙の間、三層を摘星楼《てきせいろう》と呼び、一階とは正面を異にするかのような窓の配置や屋根の切り方に特徴をもつ。このため、それぞれが別々の建物を利用して再構成されたとの考えもある。建物の傍らには黄鶴台《おうかくだい》と呼ばれる飛雲閣とほぼ同時代の浴室がある。当時の蒸し風呂の構造がわかる重要な遺構であり、重要文化財である。

（松原誠司）

大徳寺唐門《だいとくじからもん》　京都市北区紫野大徳寺町にある大徳寺に現存する門。国宝に指定されている。村上周防守が*豊臣秀吉《ひでよし》から拝領した*聚楽第《じゅらくだい》の門を大徳寺の塔頭の大慈院に寄進したとされる聚楽第の遺構である。唐門は現在では方丈の南側に位置する。従来は現在の勅使門の西側にあったが、明治一九年（一八八六）まで現在の唐門のある場所に位置していた明智門が南禅寺金地院に売却された後に現在地に移築された。四脚門《しきゃくもん》で屋根は切妻造、檜皮葺《ひわだぶき》である。屋根全体を唐破風《からはふ》にすることが多いが、大徳寺唐門では軒先だけを唐破風にする軒《のき》唐破風の様式をとっている。本願寺・豊国神社の唐門とともに「桃山の三唐門」と呼ばれている。現在では装飾が失われているが、漆や彩色の絵具が塗られ、装飾金具も付けられていた。梁・柱の間には、竜をはじめ、仙人・恵比寿・獅子・虎・麒麟《きりん》・太陽・松・牡丹などの多様な彫刻も施されている。このような豪華な装飾から、別名「日暮門《ひぐらしのもん》」とも呼ばれている。

（松原誠司）

醍醐寺三宝院《だいごじさんぼういん》　京都市伏見区醍醐末大路町にある真言宗の寺院。現在では真言宗醍醐派の総本山に位置づけられている。創建は永久三年（一一一五）、醍醐寺第一四世座主の勝覚による。当初は灌頂院《がんじょういん》と呼ばれたが、すぐに勝覚により三宝院と改められた。康治二年（一一四三）には鳥羽上皇の御願寺となった。また勝覚の弟子にあたる定海により醍醐寺三流の一つの三宝院流がはじめられたとされる。正治二年（一二〇〇）以降四度の火災の被害を受けたが、三度目の文保二年（一三一八）の復興においては座主の賢俊が尽力し、*足利尊氏《たかうじ》・*光厳《こうごん》天皇から助力を受けたことが契機となり、以後室町幕府の崇拝が篤くなった。将軍*義満《よしみつ》の猶子である*三宝院満済《まんさい》が応永二年（一三九五）

三宝院門主となると同時に醍醐寺座主となり、以後は三宝院の門主が座主をつとめることが通例となった。文明二年（一四八〇）*応仁の乱の兵火により全焼し、その後も兵乱の影響を受けて再建は遅々として進まなかったが、一六世紀後半に門主をつとめた義演《ぎえん》は、*足利義昭《よしあき》の猶子となり、さらに*豊臣秀吉《ひでよし》からも援助を受けて寺院を再興した金剛輪院を三宝院に改称した。また義演は、近世初頭に起こった本山派・当山派の争いにおいても、当山派を統轄し、以後三宝院は当山派法頭となり、修験を支配した。明治四年（一八七一）に門跡号が廃止されたが、同一八年（一八八五）に復称が許可され三宝院が復活することになった。表書院、勅使門とも呼ばれる唐門はともに国宝である。表書院は桃山文化の書院の代表的な遺構で、慶長三年（一五九八）に豊臣秀吉の命で再建された。また宸殿上座の違い棚は「醍醐棚」とも呼ばれ、天下の三棚の一つに数えられている。唐門は檜皮葺《ひわだぶき》で、三間一戸の平唐門の構造で、扉の表裏には五七桐、脇には菊と豊臣氏・皇族の門が彫られている。また*快慶《かいけい》作の本尊弥勒菩薩像は重要文化財に指定されている。

［文献］佐和隆研『醍醐寺』（東洋文化社、一九七六）、『日本の国宝73 三宝院・法界寺・歓喜光寺』（朝日新聞社、一九九八）。

（松原誠司）

破風《はふ》 建物の壁面でその上部から左右に流れる屋根に囲まれて三角形などにみえる部分を妻というが、妻の面において屋根の内側に両方の側から合わさった合掌型に敷設された板またはその部分をさしていう。破風板と呼ばれることもある。棟から左右に屋根が下っていく切妻造《きりつまづくり》や入母屋造《いりもやづくり》などの建築にみられる。破風の上部の両側からの合わせ目の部分を拝《おが》み、裾の部分を破風尻といい、拝みには懸魚《けぎょ》をつける場合が多い。破風は、屋根の補強と妻への納まりを目的とするが、次第に装飾的な効果も加えられ、漆や色が塗られたり、飾り金具などが付けられたりと意匠を凝らすようになった。屋根の形状から切妻破風・入母屋破風のほかに、据《すえ》破風・縋《すがる》破風・軒唐破風などがあり、また破風の形状から反《そ》り破風、起《むく》り破風・直《すぐ》破風・唐破風などの種類がある。起源は明らかではないが、飛鳥時代の寺院建築にもみられることから、仏教の伝来とともに伝わった建築様式と考えられており、寺院・神社の建築ではよくみられる様式である。

［文献］太田博太郎『日本建築史序説 増補第二版』（彰国社、一九八九）。

（松原誠司）

障壁画《しょうへきが》 建造物の室内の側面、襖・障子・壁画などに描かれた絵画を総称していう。広義では屏風絵や衝立絵なども含めることもあるが、それらを含む場合には障屏画と区別する場合もある。奈良時代より屏風や衝立に絵を描くことはあったが、部屋の側面に描かれるようになったのは内裏の清涼殿や紫宸殿の壁画・障子画など九世紀初頭が初期の例である。その後貴族社会への広まりのなかで従来の唐絵から大和絵が生まれ、やがて阿弥陀堂の壁面に描かれた来迎図などのように仏教美術と融合して発展した。この様式が発展したのは、中世後期、とくに桃山文化の時代である。室町時代に書院造が発達し、部屋は襖や障子で区切られるようになり、その部分に絵画が描かれるようになった。室町時代の禅宗寺院では水墨画が主流であったが、桃山文化になると、城郭や邸宅にも積極的に描かれるようになり、戦国大名や豪商らで、彼らの権威・権力・経済力の誇示を目的に障壁画を描かせた。この結果、水墨画とともに、濃《だみ》絵《え》と呼ばれる金碧濃彩画の技法も開発され、この影響で寺院においても描かれるようになった。代表的な画家として、*狩野永《かのうえい》徳《とく》・光信《みつのぶ》・*山楽《さんらく》に代表される狩野派が画法の完成や画題の多様化で成果を残す一方、*長谷川等伯《はせがわとうはく》・*海北友松《かいほくゆうしょう》・*雲谷等顔《うんこくとうがん》・*土《と》佐光吉《さみつよし》らもそれぞれ独創的な障壁画を残した。彼らは基本的には工房を形成して集団での制作を特徴とした。画題も、松・桜・楓などの植物や鶴などの鳥を描いた花鳥図、竜虎・唐獅子などのほかに、当時の生活風景などを描いた風俗的なものにも広がりをみせた。近世になると、狩野派などの御用絵師が衰退する一方で、俵屋宗達《たわらやそうたつ》・尾形光琳《おがたこうりん》らの琳派の活躍がみられた。

［文献］　真保　亨編『日本の障壁画1—13』(毎日新聞社、一九七九)、武田恒夫『近世初期障屏画の研究』(吉川弘文館、一九八三)。

(松原誠司)

高台寺《こうだいじ》　高台聖寿禅寺ともいう。山号は鷲峰山《しゅうほうざん》または岩栖《かんせい》不動山とも。京都市東山区下河原町にある。現在は臨済宗建仁寺派であるが、当初は曹洞宗の寺院であった。名称が示すように、この寺院は*徳川家康《いえやす》が、*豊臣秀吉《ひでよし》の夫人である高台院が秀吉の菩提を弔おうという意志を受け継ぎ、慶長一〇年（一六〇五）に建立した。寛政元年（一七八九）・明治一八年（一八八五）の二度の火災により、建物の大部分は焼失したが、開山堂や伏見城の遺構の霊屋《おたまや》は創建当時のまま現存し、また境内に残された傘亭《からかさてい》・時雨亭《しぐれてい》という江戸時代の茶屋も含めて、重要文化財に指定されている。同じく重要文化財の高台寺蒔絵・「豊臣秀吉像」なども所蔵している。

［文献］　京都国立博物館『高台寺蒔絵と南蛮漆器』（一九八七）。

(松原誠司)

高台寺蒔絵《こうだいじまきえ》　高台寺の霊屋《おたまや》をはじめとする建物に残されている蒔絵などの調度類を総称しての呼称だが、一般にはこれらと同系統の豊国神社所蔵の蒔絵唐櫃や妙法院所蔵の秋草蒔絵文台なども含められる。蒔絵唐櫃《からひつ》（三二点）・秋草蒔絵文台は、高台寺蒔絵調度類三十二点とともに重要文化財に指定されている。これらの蒔絵は、豊臣秀吉とその夫人の高台院に由来する桃山文化の作であるが、その様式を継承した江戸時代にもつくられた。蒔絵には菊・薄など秋草や桐紋が多く、平蒔絵の技法により平面的・絵画的な表現がとられ、それに金銀粉を散らした梨《なし》地《じ》・葉脈などを線状に描いた針描《はりがき》などの技法を用いて、写実的な作風に仕上げられている。

［文献］　京都国立博物館『高台寺蒔絵と南蛮漆器』（一九八七）。

(松原誠司)

活字印刷技術《かつじいんさつぎじゅつ》　一六世紀後半にヨーロッパからと朝鮮半島からとの二系統から伝来した。ヨーロッパ経由は、天正一八年（一五九〇）にイエズス会巡察使の*ヴァリニャーニによって印刷機が輸入され、加津佐《かづさ》の*コレジョにおいて金属活字による印刷が行われたのが最初で、キリスト教の教理書の*『どちりな＝きりしたん』や*天草版の『平家物語』・『伊曽保物語』などが作られた。朝鮮からは、*文禄・慶長の役の折に木活字による印刷技術が伝来し、慶長版本を初めとする古活字版がつくられた。しかし、前者はキリスト教禁教、後者は経済効率の問題で17世紀中期には衰退した。日本の活字印刷が復活するのは、幕末期にオランダから伝来し本木昌三らによって新町活版所が開設された明治以後である。

(松原誠司)

どちりな=きりしたん 「どちりいなきりしたん」ともいう。キリシタン版の一つで、ポルトガル語で「キリスト教の教義」を意味するDoctrina Christaoに由来するといわれる。洗礼などを受けたキリスト教信者の子弟や入信希望者への入門書としての性格をもち、キリシタン版中で最も広まった。キリスト教初心者にも理解しやすいように、問答形式の平易な文章で書かれている。また宣教師用にはローマ字版も作成された。キリスト教伝来当時は、布教用としてインド版を翻訳したものが使用されていたが、やがて一五六六年にリスボンでジョルジュらによって作成された〝Doctrina〟の日本語版として「どちりな=きりしたん」が使用されるようになった。天正一八年（一五九〇）に*ヴァリニャーニによって活字印刷機がもたらされたことから、国内でも印刷が行われ、普及が推進された。現存版本の日本語版としては、天正一九年（一五九一）の加津佐《かづさ》刊行本（ヴァチカン図書館蔵）と慶長五年（一六〇〇）の長崎刊行本（ローマ・カサナテ図書館蔵）がある。ローマ字版としては文禄元年（一五九二）の*天草版（東洋文庫蔵）と慶長五年の長崎刊行本（彰考館蔵）があり、ローマ字版の二種類は重要文化財に指定されている。なお、慶長五年の改訂は、キリスト教禁教という、布教に対する障害への対応策として行われた。

［文献］『日本思想大系25　キリシタン書・排耶書』（岩波書店、一九七〇）、小島幸枝『どちりなきりしたん総索引』（風間書房、一九七一）。（松原誠司）

慶長版本《けいちょうはんぽん》 慶長年間（一五九六―一六一五）に活字を使用して印刷された出版物を総称していう。*文禄・慶長の役により、朝鮮半島から銅活字が伝来したことから、以前より使用されていた木活字も含めての印刷が盛行した結果に作製された。慶長二年から同八年に木活字で刊行された『錦繍段《にしきしゅうだん》』・『日本書紀神代巻』・『職原抄』・『白氏五妃曲《はくしごひきょく》』などの*後陽成《ごようぜい》天皇の命でつくられたいわゆる慶長勅版が著名である。この他に、*徳川家康《いえやす》の命により慶長四年から一一年に木活字で印刷された『孔子家語《こうしけご》』・『貞観政要《じょうがんせいよう》』・『七書《しちしょ》』などの伏見版、慶長二〇年に家康が駿府《すんぷ》において金地院崇伝《こんちいんすうでん》らに命じて銅活字でつくらせた『大蔵一覧集《だいぞういちらんしゅう》』の駿河《するが》版などが現存している。

［文献］中根　勝『日本印刷技術史』（八木書店、一九九九）。（松原誠司）

大山崎《おおやまざき》 現在の京都府乙訓《おとくに》郡大山崎町付近の地名。当初は山崎の呼称であったが、中世大山崎油座の*神人《じにん》の活動に伴って、山城《やましろ》国山崎と摂津《せっつ》国山崎を区別する意味からも大山崎の呼称を用いるようになった。白雉四年（六五三）に孝徳天皇が行宮《あんぐう》を造営したのが初見である。古代から河川と陸上両方の交通の要衝であり、平安遷都とともにその重要性が増し、弘仁年間（八一〇―八二四）には嵯峨天皇により離宮が建立され「河陽宮《かやのみや》」と呼ばれたことから河陽は山崎の別称ともなった。また貞観三年（八六一）には山城国衙が置かれた。それとともに対岸の橋本への架橋が行われたが、何度も流失し、中世までには設置されなくなった。陸上・水上の結節点として山崎津が形成され、津人は淀川や桂川にも及び水上交通を担った。正治二年（一二〇〇）には山崎の地に油売がいたことが『明月記』からも明らかである。彼らの子孫は、南北朝期の成立である大山崎離宮八幡宮によって組織され、大山崎油座の神人となり、畿内およびその周辺地域での独占的な営業権を有した。しかし、織田信長の楽市楽座政策によって独占的な営業が不可能になり、また江戸時代に入って菜種油が主流になると、次第に利益を失っていった。

［文献］『大山崎町史』（一九七五―七六）、『島本町史』（一九八一―八三）。 （松原誠司）

妙喜庵待庵《みょうきあんたいあん》 利休好みが確実とされる唯一の現存する草庵茶室。京都府大山崎《おおやまざき》の妙喜庵にある。二畳隅炉。江戸時代までは利休筆の額が掛けられていたとされる。利休好みということで、江戸時代には、前田利常《まえだとしつね》始め多くの人々によってこの茶室の写しが造られている。従来の茶室のように縁側からではなくにじり口から直接室内へ入るため土間庇を大きく張り出してある。また、にじり口は利休が始めてつくったとされ、この待庵が最初の試みともいわれる。にじり口正面の低めの床の間《とこのま》は、藁すさの見える荒壁仕上げで、入隅《いりすみ》から天井まで塗り込めた室床《むろどこ》という形式。これは、茶室に奥行きを与え、二畳の狭さを感じさせないとともに緊張感をも与えている。窓の配置の妙、平天井《ひらてんじょう》と駆込天井《かけこみてんじょう》という天井の高さの違いなど、随所に利休の工夫が見られる。国宝。

［文献］堀口捨己『利休の茶室』（鹿島研究所出版会、一九六八）、中村昌生『待庵』（淡交社、一九九三）。 （黒澤節子）

如庵《じょあん》 茶人織田有楽《おだうらく》（剃髪して有楽軒如庵）好みの茶室。元和四年（一六一八）京都*建仁寺の塔頭《たっちゅう》正伝院を自身の隠居所として再興した際に造った茶室。二畳半台目下座床。向切《むこうぎり》の炉の前に立てた中柱に、花灯形にくり抜いた板壁をはめ込み客座と手前座との区別をはかる。また床脇に三角形の板（うろこ板）を敷き茶道口から客座への給仕の動きを円滑にしている。手前座横の連子窓《れんじ》は有楽窓ともいい、細い竹を隙間なく打ち並べ、そこからの光線の陰影が手前座に趣を与えている。窓が多用されるなど有楽の斬新な工夫が随所に見られその意匠の特徴を取って「筋違《すじか》いの席」「暦張りの席」ともいわれる。昭和に入り東京三井家に売却され、さらに戦禍を避け、昭和一三年（一九三八）三井家の大磯の別邸に移転。現在は愛知県犬山市有楽苑に保存。国宝。

［文献］堀口捨巳『茶室研究』（鹿島研究所出版会、一九六九）、中村昌夫他『国宝重文の茶室』（世界文化社、一九九七）。 （黒澤節子）

北野大茶会《きたのおおちゃかい》 京都北野神社において*豊臣秀吉《ひでよし》の命により開かれた前例のない大茶会。天正一五年（一五八七）一〇月に開催。同年五月九州の平定を終え、九月に*聚楽第《じゅらくだい》に移り住むなど、絶頂期の秀吉が、天正一三年（一五八五）の禁中茶会に続き今回は庶民までも含む茶会を計画したもの。二畳敷の茶座敷が八百余も建てられ、参会者は一千余人に及んだ。秀吉収集の茶道具を人々に見せるのがこの茶会の目的の一つ。黄金の茶室も運ばれ、秀吉の名物道具が飾られた。拝殿周辺の四つの茶席では秀吉・*千利休《せんのりきゅう》・*津田宗及《つだそうぎゅう》・*今井宗久《いまいそうきゅう》らが手前を行った。遠く唐国の者も参加を許すとする一方、参加しない者は以後茶の湯を禁じるなど強制の一面もあった。触れ書きでの十日間の予定が一日で終わったことについては、多門院日記に*肥後《ひご》国一揆の蜂起が原因かと記されている。

［文献］「北野大茶湯之記」（『茶道古典全集6』淡交社、一九七七）。 （黒澤節子）

黄金の茶室《きんのちゃしつ》 *豊臣秀吉《ひでよし》の指示によって作られた黄金つくりの茶室。運搬可能の組立て式、平《ひら》三畳。天正一三年（一五八五）

冬に完成。翌年一月禁裏でこの茶室において*正親町《おおぎまち》天皇、親王方に秀吉の手前で茶が献じられた。すべて金で作られたこの茶室の障子紙は赤い紗、畳は猩猩緋色で、その見事さは前代未聞であった。通常は大坂城内に置かれていたが、*北野大茶湯の際には、秀吉の茶道具を飾り一般の人々にも見せられている。文禄元年（一五九二）の*朝鮮の役の際には*名護屋《なごや》城まで運ばれ、この茶室で諸大名や博多の商人*神谷宗湛《かみやそうたん》などを招いて茶会が行われている。元和元年（一六一五）の大阪夏の陣により、*大坂城とともに炎上焼失。「金銀山野にわきいで」といわれた太閤の富すなわち権力を庶民にまでわかる形で示したものである。

［文献］「宗湛日記」（『茶道古典全集6』淡交社、一九七七）、「大友宗滴書状」（『大分県史料33』大分県教育委員会、一九八〇）。（黒澤節子）

阿国歌舞伎《おくにかぶき》　歌舞伎の始祖といわれる出雲《いづも》のお国（自称）の演じた歌舞伎をいう。広い意味では遊女歌舞伎も含めた初期歌舞伎全体をさす説あり。お国の伝記など詳細は不明であり出雲の巫女と自称するが確証はない。京都で「かぶき躍」を演じた記録が『当代記』（織田・豊臣の時代から江戸幕府成立にかけての諸記録。松平忠明著といわれるが未詳）の慶長八年（一六〇三）四月の記事にある。

> 此比かふき躍と云事有、是は出雲國神子女名は國、但非好女、仕出、京都に上る、縦は異風なる男のまねをして、刀脇指衣装以下殊異相、彼男茶屋の女と戯る體有難したり、京中の上下賞翫する事不レ斜、伏見城にも参上し度々躍る、其後學レ之かふきの座いくらも有て諸國へ下る、（史籍雑纂　第二　早川純三郎編　国書刊行会）

これ以前の天正一六年（一五八八）の記録に「出雲国大社神子」とあり、慶長五年（一六〇〇）には「雲州ハヤヤコ跳」の記録あり。さらに五十年後の仮名草子『東海道名所記』（浅井了意著）には「京に歌舞伎のはじまりしハ。出雲神子に。おくにといへるもの。」とあり以下具体的に記述あり。お国は当時、町に横行していた歌舞伎者の風体、遊興その他の派手な行動を舞台にとり入れ、かつ演出に工夫をこらした。当代記にあるように異風な男装をしたお国の舞台姿はかぶいていた。加えて滑稽な物眞似芸の猿若を小者役とし、さらに男が扮した茶屋女とのからみなどがかもし出す官能的、刺激的なお国歌舞伎は当時の庶民の熱狂的な支持を得た。芸態は快よいリズム感のある踊りと派手な所作など演出は工夫されていたであろう。当時有名な伊達男であった名古屋山三郎の斬死事件があり、お国は早速、舞台に山三郎の亡霊を登場させたといわれる。こういった事情からお国の一座にはかなり演技力や舞台演出に熟達した男の芸能者がいたと推測される。この時代がちょうど、中世の乱世から統一した平和な近世への転換期にあったことがお国一座の圧倒的な人気を得た背景にあったといえる。まさに新時代への一般庶民の熱い欲求にこたえるようにお国一座が新しい舞台を形成したのである。その後同じような女歌舞伎一座が次々に発生し諸国に広がっていった。

［文献］郡司正勝『岩波講座　歌舞伎・文楽1歌舞伎と文楽の本質Ⅰ．近世演劇の誕生』（岩波書店、一九九七）、服部幸雄「成立期の歌舞伎」（『岩波講座　歌舞伎・文楽2歌舞伎の歴史1』岩波書店、一九九七）。（近藤喜佐雄）

かぶき踊《おど》り　歌舞伎劇の中の一つの芸態をいう。念仏踊、かか踊、ややこ踊などの延長発達したものである。天正、慶長頃の諸日記にややこ踊、ヤ、コ跳などと散見され『当代記』巻3の慶長八年（一六〇三）四月の項に「此比かふき躍と云事有」として「出雲國神子女、名は國」「異風なる男のまねをして、刀脇指衣装以下殊異相、彼男茶屋の女と戯る體」の記事（↓阿国歌舞伎）あり、お国は立派な刀、脇差しをさし、とびっきり派手な衣装で男装し、茶屋女とたわむれる様子を演じたということである。これは当時、巷に横行していた歌舞伎者の風俗をお国が舞台にとり入れ、演出に工夫を加えちょっとした演劇に仕上げたといえ、それがかぶき踊と呼ばれるようになったと思われる。この頃からかぶき踊りという呼称が定着し始めたようである。お国の一座には踊りの演技、舞台の演出などにかなり熟達した男の芸能者がいて、お国とともに単なる踊りの舞台に、猿若という道化師の滑稽な物眞似芸を加え遊女買いの寸劇に仕上げたことが爆発的な人気を得た理由といえる。こういった人気状況をみて遊女屋など多くの追随者がかぶき踊を興行するようになり諸国にひろがるようになった。このように、当時の民衆に熱狂的な支持をえた背景にはこの時代が戦国乱世から平和到来の時代への転換期にあったことと、さらに当時の「茶屋通い」という風潮を加えたことがその時代に生きていた人々の好みにあい、強い共感をえたことがあるといえよう。

［文献］　郡司正勝「近世演劇の誕生」（『岩波講座　歌舞伎・文楽1　歌舞伎と文楽の本質』岩波書店、一九九七）、服部幸雄「成立期の歌舞伎」（『岩波講座　歌舞伎・文楽2歌舞伎の歴史1』岩波書店、一九九七）。

（近藤喜佐雄）

かぶき（傾寄）　安土桃山時代から江戸初期に流行した異様に派手な身なり、色好みの気風、放蕩無頼、気ままな言動等をいう。動詞「かぶく」の名詞形。世間の習俗に従わないこの様な男達が歌舞伎者として巷に横行し、人々におそれられた反面、羨望の対象でもあった。当時、伊達男として人気があった名古屋山三郎はその典型であった。こういった風潮の背景には戦国乱世から天下統一の平和な時代への転換期の民衆の新しい欲求や、従来の因習に対する反発があったと思われる。特に歌舞伎者の多くが浪人者といわれるだけに秩序化されつつある社会に対し潜在的な欲求不満があり、それが表面化したと考えられる。このような世相の心情が「かぶく」「かぶき」という言葉に集約したのであろう。

［文献］　服部幸雄「成立期の歌舞伎」（『岩波講座　歌舞伎・文楽2　歌舞伎の歴史1』岩波書店、一九九七）。

（近藤喜佐雄）

浄瑠璃節《じょうるりぶし》　わが国の芸能「語り物」の一種である浄瑠璃の音楽面をいう。十五世紀中頃、座頭により語られた浄瑠璃姫物語（浄瑠璃姫と牛若丸の恋物語）が最初の作品で、後に他の題材の物語にも用いられ、総じて「浄瑠璃」といわれる。『*実隆公記』、文明七年（一四七五）に浄瑠璃姫物語の上演記録あり、当時、都で人気の語り物であった様子がうかがわれる。当初は扇拍子、琵琶などで伴奏、一六世紀末には三味線を伴奏とした記録あり。一七世紀江戸初期に人形と結びつき人形浄瑠璃（操浄瑠璃とも）として成立発展していった。特に近松門左衛門と竹本義太夫の提携で芸術的に向上、これ以前の浄瑠璃諸流を古浄瑠璃という。その後歌舞伎にもとり入れられ今日に至っている。一般的には人形浄瑠璃の義太夫節を浄瑠璃といっているが、河東節、一中節、常磐津節、富本節、清元節、薗八（宮薗）節、新内節なども浄瑠璃という。浄瑠璃姫物語の成立には岡崎の矢《や》作《はぎ》の宿、静岡の蒲原《かんばら》の宿など旅人で繁盛する宿場を中心に広く語り歩く遊行の女性唱導者グループが関与していたという説は語り物の形成史として重要であろう。詞章は人物のせりふを中心に進行、時に道行文、物づくしなどの美文も加え、七五調が基本。題材は歴史、伝説によるものが多く（時代物）元禄期には当代の問題（世話物）も加えられ、両者を併せた（時代世話）ものも出来た。いずれも当該時代の社会問題をとりあげ悲劇性を強調した。とにかく浄瑠璃は中世後半から近世を通じて民衆の欲求にこたえ、人々の心に共感し、こよなく愛好されたといえよう。

［文献］ 室木弥太郎「浄瑠璃姫物語」（『岩波講座 歌舞伎・文楽7 浄瑠璃の誕生と古浄瑠璃第一部浄瑠璃の誕生』岩波書店、一九九八）。

（近藤喜佐雄）

三味線《しゃみせん》 「さみせん」とも。日本の代表的絃楽器。起源は古代エジプト、ペルシャなど諸説あり。わが国への伝来も時期、場所など種々いわれるが永禄年間（一五五八—一五六九）、*堺に*琉球より伝来したというのが通説。従来の永禄五年（一五六二）説には問題点を指摘する説あり。当時堺にいた遊芸人の*琵琶法師が琵琶の撥《ばち》で演奏しその後工夫、特にサワリの音を出すなど日本的に改良され今日に至る。人形劇、歌舞伎などの主奏楽器を始め長唄、常磐津節その他各種邦楽の伴奏楽器として使用されている。構造は棹、胴、海老尾《えびお》、糸その他よりなり、種類は太棹、中棹、細棹の三種あり、大きさ重さ胴皮の張り方等も各種あり、各々の奏法により音色もそれぞれに特色がある。流派によっても異なる奏法あり、さらに打楽器的用法も加わり舞踊、演劇面に効果的に作用、わが国独特の絃楽器となった。

［文献］ 吉川英夫他『東洋音楽選書7三味線とその音楽』（音楽之友社、一九七八）。

（近藤喜佐雄）

隆達節《りゅうたつぶし》 室町後期、近世初期に流行した歌謡。*堺の*高三隆《たかさぶりゅう》達《たつ》（一五二七—一六一一）が創始。富裕な薬種問屋に生れ出家していたが長兄の死により還俗、若い当主の後見人となる。従来からの室町小歌を完成し近世小歌の始祖といわれる。天賦の才あり連歌、書もたしなむ風雅な文化人でもある。曲節は不明乍ら七五調を主とした謡曲、狂言小歌系の謡いかたと思われる。伴奏は三味線がまだ広く普及していなかったので、主として扇拍子、そのほか一節切《ひとよぎり》という尺八、小鼓などでうたわれたようである。歌の数は歌集に五百余首あるといわれ、恋の歌が多い。最盛期は天正から慶長の頃とされ、歌詞は華やかな反面、秀吉の死、豊臣氏の衰微、滅亡という時代背景から哀切な無常感を感じさせるものもある。

［文献］ 新間進一、志田延義『鑑賞 日本古典文学 歌謡Ⅱ』（角川書店、一九七九）、浅野健二『日本古典文学大系 中世近世歌謡集』（岩波書店、一九五九）。

（近藤喜佐雄）

辻能《つじのう》 能を正規の舞台でなく町なかの社寺などの境内や四辻などで、四座一流から外れた能役者や素人出身の役者が行う能をいう。江戸時代、能が武士を中心とする上層階級の芸能であり、一般庶民にとって能に接する機会が少なかった。反面謡は広く一般に普及しており、それだけに能上演に対する欲求は強かったので大衆性をもった能として人気もあり、資料が少ないのではっきりは不明ながら、江戸中期以降かなり活動していたようである。当初は役者、噺子などのレベルは低かったが、代々堀井仙助を名のる太夫の一座は京、大坂、名古屋など全国的に活躍し演技力も達者な役者であったらしい。数少ない資料の一つである安政二年の「仙助座一件留」に「惣右衛門ハ諸國にて、年分五六十度道成寺を舞候事故、神沢其調子の翁草にも、其名人なる事を誉給へり」「仙助は上手なり（中略）別して足宜く躰利たり」などとある。したがって人気もあり反面正規の能界からの非難も強かった。

［文献］ 片桐 登『日本庶民文化資料集成3能 仙助座一件留』(三一書房一九七八)、表 章、天野文雄『岩波講座 能・狂言Ⅰ能楽の歴史』(岩波書店、一九八七—一九九二)。 （近藤喜佐雄）

辻《つじ》が花染《はなぞめ》 室町時代から桃山時代にかけて流行した染織技法の一つである。特色は紬または練貫《ねりぬき》に使用して紋染の花文様にしたものである。現存する最も古いものでは室町中期の享禄三年（一五三〇）の幡—藤波桶文様裂がある。もとは肩裾小袖であった。当初は庶民の着衣に用いられたので、麻地の帷子が現存すれば明確になるが、やはり庶民の着衣では残らなかったのであろう。絵画には辻が花染と見られる花文様が庶民の着衣に描かれている。技法の中心は縫い締め染の文様を表現することである。練貫が多く用いられたのは薄くて張のある生地が縫い絞りに適し、光沢のある地に文様がよく染められたことによる。縫い絞りでは出せない文様の表現を墨の描絵、摺消、刺繍などほかの技法を用いて補充していった。桃山時代の自由な風調のなかで、盛んにデザインの斬新さが歓迎され、技法にも工夫がこらされて、華麗、豪華さが付加されていった。自由活達、豪放な桃山時代の風調が徳川時代のひかえ目な時勢の到来により辻が花染の作品は衰退していった。 （上村旺司）

長谷川等伯《はせがわとうはく》（一五三九—一六一〇） 桃山時代の画家。能登《のと》国七尾の出身。染色業の長谷川宗清《そうせい》の養子となり、仏画などを制作していたが、元亀二年（一五七一）頃上洛。若年のとき、又四郎、帯刀、信春とも称した。等伯の名で現れるのは四〇歳ごろからである。画系統は*雪舟—等春—等伯といわれ、雪舟五代と自称した。上洛以前は越前《えちぜん》の曽我《そが》紹祥《しょうしょう》に、上洛後は狩野松栄《かのうしょうえい》に学んだと伝えられる。信春は等伯の長男、久蔵と同一人物とする説があるが近年の研究では等伯の若年のときの名であるという。信長の死により、秀吉が大徳寺総見院を建立した際、対立する*狩野永徳《かのうえいとく》一門が大坂城築城に伴う城内各御殿での絵画制作に多忙だったため、等伯にチャンスが与えられたともいえる。山水、猿猴、芦雁図が描かれた。また、三玄院には襖絵が描かれた。仙洞御所の障壁画制作に際して、等伯と永徳が対立し、結局、等伯が退けられた。その翌月狩野永徳が死去して、祥雲寺障壁画制作に従事、新しい活動の機会を確保した。等伯最高の傑作と評される松林図屏風(東京国立博物館蔵、国宝)は五〇代半ば頃の作品である。祥雲寺障壁画制作の頃で、後継者とみられていた長男の久蔵が二六歳の若さで急死した時期であった。詩的な心象表現は他者の追随を許さない等伯独自の境地に至らしめたものである。そのほかの代表的な作品では、楓図、瀟湘八景図、山水図、枯木猿猴図、高山四皓図、禅宗祖師図、花鳥図、千利休図、日通上人像図などがある。 （上村旺司）

雲谷等顔《うんこくとうがん》（一五四七—一六一八） 桃山時代の画家。*雪舟の正統派を称した。名は直治。治平、治兵衛ともいう。肥前《ひぜん》国能《の》古見《ごみ》城主原《はら》豊後守直家《なおいえ》の次男。画法は狩野松栄《かのうしょうえい》に学ぶ。広島城主*毛利輝元《もうりてるもと》のお抱え絵師になる。文禄二年（一五九三）輝元の命により、所蔵の雪舟筆「山水長巻」を模写した。また、雪舟の遺跡雲谷庵を拝領して雪舟等楊の等をとり雲谷等顔と改名した。これにより、雪舟の正統な継承者と自認することになった。作風は雪舟の作風をよく伝えて謹直で端正な表現は「山水長巻」を模写したことが大きく影響しているとみられる。雪舟の強く荒削で豪快な画風よりも繊細さを加え、しかも鋭い線で端正にまとめている。雪舟の正統な後継者を自認していることから、堅さがみられ、いきいきとした創造性が乏しく保守性が強くなってきた。別に春夏山水図は等顔の若い時の作と伝えられ、これは淡雅な行体の柔らかな表現で、雪舟とは異なる画趣を獲得していたことがわかる。雲谷一門は毛利氏の庇護のもとで、萩に本拠を置いて雪舟流を後世に伝えた。主な作品は「雪舟筆四季山水図巻（山水長巻）国宝、模本、春夏山水図、梅に鴉図、高士図、花見鷹狩図、楼閣山水図、山水群馬図などがある。

（上村旺司）

海北友松《かいほうゆうしょう》（一五三三―一六一五）安土桃山時代の画家。海北派の祖。近江《おうみ》国坂田郡出身。*浅井長政《あさいながまさ》の家臣海北善右衛門綱《つな》親《ちか》の五男（三男ともいわれる）。名は紹益、友松は字である。父が小谷《おだに》城で戦死したとき、本人は東福寺に入っていて難をまぬがれた。幼少の時分から画をよくして、*狩野元信《かのうもとのぶ》に才能を認められて指導を受けた。*大徳寺の春屋宗園《しゅんおくそうえん》のもとで居士の号を受けた。*明智光秀《あけちみつひで》の臣斉藤利三《さいとうとしみつ》と親交があり、*山崎の合戦で敗れたとき、真如堂塔頭《たっちゅう》の長盛とはかって、首級を奪い、真如堂に埋葬したエピソードがある。*後陽成《ごようぜい》天皇や*豊臣秀吉《ひでよし》の知遇を受けて、*聚楽第の図も作成した。八三歳で没し、真如堂の斉藤利三の墓近くに埋葬された。画業に親しむ中にも武道にもすぐれ気骨があった。本格的に画業に入ったのは、海北家が滅亡したときからとみられ、文禄年間に扇絵を描いていて、画家になっていることがわかる。*石田三成《いしだみつなり》に従って九州に行ったころにはかなり名が通っていて、高年齢になっていた。作品の多くは文禄から慶長年間に描かれている。この時期は狩野山楽《かのうさんらく》・宗秀《そうしゅう》・光信《みつのぶ》らの狩野一門、*長谷川等伯《はせがわとうはく》らが活躍していた桃山絵画の第二期を迎えていて、友松も独自の画風をもって画の世界に参加していった。

（上村旺司）

千利休《せんのりきゅう》*（一五二二―九一）戦国時代から安土桃山時代に活躍した堺の商人であり、わび茶の大成者。*織田信長《おだのぶなが》、*豊臣秀吉《とよとみひでよし》の茶頭。堺今市町出身。幼名与四郎。利休の祖父、田中千阿弥《たなかせんあみ》は*足利義政《よしまさ》の同朋衆《どうぼうしゅう》であり、堺へ隠居して、父与兵衛《よへえ》の代から千を称し商いで財をなした。（『千利休由緒諸』）。初め「当代の名人」北向道陳《きたむきどうちん》に茶を習い、その紹介で*武野紹鷗《たけのじょうおう》に入門。永禄一一年（一五六八）信長の上京の際、政商となった*今井宗久《いまいそうきゅう》の引き合わせで、信長との接触が始まる。天正三年（一五七五）九月、越前一向一揆の際には信長に鉄砲の弾一〇〇〇個を送り、抛筌斎《ほうせんさい》（利休）あての信長の感謝の書状がある（不審庵文書）。堺の商人としての一面を示すものである。*津田宗及《つだそうぎゅう》、今井宗久とともに信長に仕え、同年一〇月、信長の京都妙覚寺茶会では茶頭《さどう》をつとめている。しかし茶人としての活躍はむしろ本能寺の変後秀吉の茶頭となってからである。天正一三年（一五八五）秀吉の禁中茶会の際には、*正親町《おおぎまち》天皇より利休居士号を勅賜され、秀吉の後見をつとめた。秀吉の信任ぶりは天正一四年島津との争議のため大坂城を訪れた*大友宗麟《おおともそうりん》に、大和大納言秀長《ひでなが》が「内々の儀は宗易《そうえき》に」と語り、宗麟は「宗易ならでは関白様に一言も申し上げる人これ無しと見及び申し候」と、重臣たちに書き送るほどであった。単なる茶頭というよりむしろ秀吉の側近中の側近ともいうべき存在であった。禁中茶会、*北野大茶湯《きたのおおちゃのゆ》を差配する一方、茶の湯のわび化を推し進め、四畳半が主流であった茶室を三畳敷き二畳半敷き、終には一畳半にまで縮小化。楽長次郎《らくちょうじろう》を指導して唐物《からもの》に代わるわび道具としての楽茶碗の創作に携わるなどした。また、茶会の後の書院などでの後段の宴会を排除して、草庵茶を独立させた。しかし、天正一九年（一五九一）、秀吉の怒りに触れ、堺の屋敷に蟄居ののち、京都に戻され切腹。そのとき、屋敷は*上杉景勝《うえすぎかげかつ》の兵三〇〇〇人が取り囲むなど一茶人の切腹とは思えない警戒ぶりであった。罪科の理由として、*大徳寺山門に自身の木像を安置したこと、道具類の売買に不正があったことなどが噂されている（『北野社家記録』）。利休七哲といわれた門弟に高山右近《たかやまうこん》、*古田織部《ふるたおりべ》、細川三斎《ほそかわさんさい》などがいる。

［文献］千原弘臣『利休の年譜』（淡交社、一九八二）、芳賀幸四郎『人物叢書 千利休』（吉川弘文館、一九八六）。（黒澤節子）

小堀遠州《こぼりえんしゅう》（一五七九—一六四七）　江戸時代前期の大名、遠州流茶道の祖。近江《おうみ》国小堀村出身。名は政一《まさかず》、通称作助《さすけ》。宗甫《そうほ》、大有《だいゆう》と号す。父、正次《まさつぐ》は初め浅井氏、後に大和大納言秀長《ひでなが》に仕えたが、作助は小姓として、一〇歳の時、秀長へ茶の湯指南に来た*千利休《せんのりきゅう》に出会っている。千宗旦《そうたん》などと同じく、利休の姿を見ている最後の世代の茶人である。慶長三年（一六〇四）、父正次の家督を継ぎ、*徳川家康《いえやす》に仕え一万二千余石を知行。同一三年（一六一四）駿府《すんぷ》城の作事奉行を勤めその功により従五位下遠江守に任じられ、以後遠州として知られる。元和四年（一六一八）徳川和子入内の際の女御御殿造営の作事奉行。同九年伏見奉行となり、生涯その任にあたる。寛永一三年（一六三六）品川御殿および茶亭を作事し、家光《いえみつ》に献茶して清拙正澄の平心《へいしん》墨跡を拝領する。この事により将軍の茶湯指南とみなされる。茶の湯の師は*古田織部《ふるたおりべ》。織部からは「遠州ハ名人に成るべき人也」と評され、その多才ぶりは「その道（茶の湯）の事は云ふに及ばず、手能《よ》く書き、歌よみ、眼高く書画万《よろず》の器物、悉く其鑑定を待て世の価を高下す」（『藩翰譜』）と世の称賛を受け、織部亡き後の茶の湯の中心人物となる。その茶風は今日、綺麗さびと称されている。遠州の選定になる茶の湯の名物を中興名物と称し、古今、新古今をはじめとする古歌から取った優美な歌銘と、藤原定家の書を真似た定家様《ていかよう》の箱書きで知られている。八条宮智仁《ともひと》親王、前田利常《まえだとしつね》、松花堂昭乗《しょうじょう》など多彩な交流がある。室は藤堂高虎《とうどうたかとら》の養女。菩提寺は大徳寺孤蓬庵《こほうあん》。

［文献］森　蘊『人物叢書 小堀遠州』（吉川弘文館、一九九七）。（黒澤節子）

古田織部《ふるたおりべ》（一五四四—一六一五）　安土桃山から江戸時代初期の武人であり茶人。美濃《みの》出身。左介《さすけ》のち重然《しげなり》、従五位下織部正。*織田信長《のぶなが》に仕え天正六年（一五八五）*荒木村重《あらきむらしげ》の乱の時、義兄中川清秀《なかがわきよひで》を味方につける調略の功がある。*本能寺の変後、*豊臣秀吉《ひでよし》に仕え、朝鮮の役には*肥前《ひぜん》国名護屋に参陣。ついで*徳川家康《いえやす》に仕える。関ヶ原の恩賞で七千石を加増され一万石を領する。*千利休《せんのりきゅう》に茶の湯を学び武人というよりはむしろ茶人として知られる。自分の亡き後の天下の茶の湯指南者は織部であると利休自身が語っており、天正一八年（一五九〇）秀吉の小田原攻めの際、支城攻撃で各地を転戦している織部からの書状に対する利休の返事、「武蔵鐙《むさしあぶみ》の文」からは利休との細やかな師弟関係がうかがえる。同一九年（一五九一）、秀吉の勘気にふれ*堺の屋敷へ蟄居のため淀川を下って行く利休を*細川三斎《ほそかわさんさい》（忠興）と二人だけ淀の渡しまで見送っている。利休の後、天下一の宗匠と評され、徳川秀忠《ひでただ》に茶の湯を指南。織部好みと伝える茶室燕庵《えんなん》に見られるように、貴人と同席するための相伴席を設けるなど、利休の草庵茶室とは異なった工夫を行い、数寄《すき》屋《や》御成《おな》りの形式を整え武家に適した茶の湯を推進した。豊臣、徳川が争った大阪の陣の際、子息、家臣が豊臣方に内通をしたということで謀反の首謀者として切腹。織部が焼かせたとされる「ひょうげもの」のひずみ茶碗など、大胆なデフォルメと斬新な図柄の陶器は織部焼きとして知られる。茶道の弟子に*小堀《こぼり》遠州《えんしゅう》、*本阿弥光悦《ほんあみこうえつ》、上田宗箇《うえだそうこ》など。

［文献］　桑田忠親『古田織部の茶道』（講談社学術文庫、一九九〇）、『茶湯古典叢書二』（思文閣、一九七四）。　（黒澤節子）

今井宗久《いまいそうきゅう》（一五二〇―九三）　安土桃山時代の*堺の豪商。*織田信長《のぶなが》、*豊臣秀吉《ひでよし》の茶頭《さどう》。納屋宗久とも言う。名は兼員《かねかず》。通称彦右衛門久秀《ひさひで》。昨夢斎寿林と号した。近江《おうみ》今井出身。堺に出て、茶の湯を*武野紹鷗《たけのじょうおう》に学びその娘婿となる。*松永久秀《まつながひさひで》とも茶会を通じて親しく交わっている。弘治元年（一五五五）紹鷗死去の後その遺児宗瓦《そうが》の後見として茶道具など一切を管理する。永禄一一年（一五六八）信長が*足利義昭《よしあき》を奉じて上洛した際には名物松島の壺、紹鴎茄子などを信長に献上、接近をはかった。その時に足利義昭から大蔵卿法印を授かったとされる。宗久に対して能登屋、*臙脂屋《べにや》など堺の他の有力な会合衆《えごうしゅう》は、信長の矢銭二万貫の賦課に対抗して合戦準備を指揮しており、以後、宗久は彼らに代わって信長の信任を受け経済的特権を得た。堺五ヶ庄の代官、堺、淀（京都）の塩・塩魚座の座役徴収権の知行、また但馬生野《たじまいくの》銀山の経営を任され、また、鉄砲火薬の生産、調達を請け負うなど信長の政商としての役割を果す。同じ堺の納屋衆であった*千宗易《せんそうえき》（利休《りきゅう》）を信長に推薦し天正元年（一五七三）妙覚寺茶会では、宗易が濃茶をたて、宗久の手前で信長が機嫌よく薄茶を飲んでいる『今井宗久茶湯日記抜書』）。*津田《つだ》宗及《そうぎゅう》、千宗易（利休）とともに茶頭として仕え、天正二年（一五七四）の相国寺茶会ではこの三人だけに千鳥の香炉拝見を許されるなど、三大宗匠と称された。しかし、天正一〇年（一五八二）の*本能寺の変後は秀吉に仕えた。天正一五年（一五八七）の*北野大茶湯における地位はすでに利休、宗及に劣るものであり以後その活躍は見られない。

［文献］　豊田　武『堺』（至文堂、一九五七）、奥野高広『織田信長文書の研究 上・下』（吉川弘文館、一九八八）。　（黒柳節子）

狩野永徳《かのうえいとく》（一五四三―一五九〇）　安土桃山時代の画家。同時代を代表する巨匠である。狩野松栄《しょうえい》の長男として山城《やましろ》国で生まれる。画技は祖父元信《もとのぶ》、父松栄に学ぶ。画制作では父松栄とともにあたり、画才は父を大きく超えて行き、権力者*織田信《のぶ》長《なが》、*豊臣秀吉《ひでよし》、*徳川家康《いえやす》などの愛顧を受けて、激動の時代の要請を吸収して、その空気を大障壁画に実現して新しい画風を確立した。まず、代表的な作品では織田信長の安土城建設にあたって、障壁画を全面的に委ねられて完成させたが、これはおしくも*明智光秀《あけちみつひで》によって焼失した。作品紹介として信長の祐筆太田牛一が書き残した詳細な記録があるので、その様子がわかる。安土城の上層階には三皇五帝、高山四皓、竹林五賢、孔門十哲、釈迦十大弟子、下層階には墨梅図、鳩、鵝《がちょう》、唐の儒者、花鳥、賢人、麝香猫《じゃこうねこ》、呂洞賓、駒の牧、傅説《ふえつ》、西王母、岩と木、桐に鳳凰、許由巣父、てまりの木、庭子の景気が描かれた。部屋ごとに人物画、花鳥画、走獣画、名物景物画など異なる画題が取り入れられて変化をもたされていた。徳川幕府が成立してのちの名古屋城、二条城など江戸時代初期の建築物では全体的に画題や技法が統一的にあつかわれてきて、中世末期の足利時代の様式の流れを色濃く残している様子がうかがえる。信長死後、豊臣秀吉の絵師となった永徳は安土城とは比較にならない大規模な大坂城の障壁画を任された。これも大坂夏の陣で焼失してしまったが、*聚楽第の障壁も描いており、巨大広間で見る者を圧倒する豪壮な樹木をテーマにした巨大な金碧画はまさに秀吉好みに合ったものであった。金碧の巨大樹の様式はその後、二条城、江戸城へと引き継がれていった。このような構図と画趣は永徳が武士が自由に活動した気風と権力を得た者の覇気を感じとって自らの気風として表出していったものである。中世様の画風から抜け出て桃山時代のけんらんたる生気のみなぎる大画面を完成させた。また、信長が上杉家に贈呈した「洛中洛外図屏風」は市民の生き生きした現象を描写している。永徳の生気あふれる躍動感、力強い筆致はやがて狩野派一門の様式の模倣となっていった。時代の流れは孫の探幽《たんゆう》が新たな展開をはかることになった。代表的な作品は四季花鳥図襖絵「梅に水禽」、「松下鳴鶴」「渓流」「芙蓉に鶴」「囲碁」「松林」以上国宝。洛中洛外図屏風「公方邸」「内裏正月節会」「祇園会」「飛鳥井家の蹴鞠と小川通の商家歳末風景」「渡月橋と紅葉狩り」以上重文。唐獅子図屏風。（上村旺司）

狩野山楽《かのうさんらく》（一五五九―一六三五）桃山時代の画家。京狩野派の祖。近江《おうみ》国蒲生郡にて出生する。幼名は平三。のちに修理亮光頼《みつより》に改名する。剃髪後、山楽と称する。父は*狩野元信《もとのぶ》の門人で木村永光《きむらながみつ》といい、*浅井長政《あさいながまさ》の家臣で、のち*豊臣秀吉《ひでよし》に仕えた。山楽は幼少の時代に秀吉に小姓として仕え、この時に秀吉に画才を見出されて、*狩野永徳《えいとく》に師事することになった。秀吉の命により、永徳と父子の義をかわし、狩野氏を名乗るようになった。天正一六年（一五八八）永徳にかわって、東福寺法堂の天井画幡竜図を描いて画名を高めた。天正一八年（一五九〇）永徳死去により、狩野派の代表的画家として重きをなして、豊臣氏の絵師として活躍した。慶長二〇年（一六一五）大坂城落城で、松花堂昭乗《しょうじょう》のもとに身を隠したが、昭乗の尽力により、徳川幕府の恩赦を得た。作風は永徳に最も近いといわれる。永徳が天正一六年（一五八八）に倒れたため中断した東福寺法堂天井の龍図を山楽が替わって完成させた。永徳の大画様式をこなせる力量を持っていたことがうかがえ、狩野派の中心的絵師になっていた。豪放な作風を継承し、さらに装飾美を加味した。金碧着彩の花鳥図を最も得意としたといわれている。代表的な作品では大覚寺の牡丹図、紅梅図、松に鷹図（山楽作といわれる）。養源院の唐獅子図、四天王寺の聖徳太子絵伝、大坂城本丸御殿の障壁画、*二条城の陶淵明図、妙心寺の龍虎図、帝鑑図、高山四皓・文王呂尚図、虎渓三笑、厳子陵図、繋馬図などがある。（上村旺司）

狩野長信《かのうながのぶ》（一五七七―一六五四）狩野派の画家。狩野松栄《しょうえい》（直信《なおのぶ》）の四男で、*永徳《えいとく》の末弟（四弟）にあたる。休伯と号する（あるいは休白とも）。長兄永徳の名声によって、狩野家の画業が隆盛を極めているなかで、慶長年間、天下を取った*徳川家康《いえやす》に招かれて、駿府《すんぷ》に赴いて、家康に出仕することになった。寛永二年法橋《ほっきょう》に叙せられた。日光奥院拝殿造営の御用を担当した。残っている作品が少なく、「花下遊楽図屏風」（国宝、東京国立博物館蔵）が有名である。早くから駿府、江戸での徳川氏の絵師としての仕事に従事した関係上、京都、関西での作品が見当らない。「花下遊楽図屏風」は洛中洛外図から抜け出た風俗画の先駆的な作品と評価されている。画題は人物が主体になった遊楽図で、名所などが不特定で次時代の風俗図、浮世絵と連なっていくものである。長信の狩野派における重要な役割は宗家の貞信の死を間近にして貞信に子がなく御家断絶の危機に際して、狩野一門の長老で実力者であった長信が最長老の吉信と相談して、孝信の三男安信を貞信の養子として宗家を継承させることにした。狩野家の有力絵師達がこの誓約書に署名した文書が残され、その筆頭に長信（休白の署名）が明記されており、一族の最高実力者としての役割をはたしていたことがわかる。　（上村旺司）

狩野秀頼《かのうひでより》*（生年没年未詳）　室町時代末期の画家である。*狩野元信《もとのぶ》の次男。没年には諸説がある。父元信に先立って死亡したと伝えられる。（『本朝画史』）作品で特定できるものが少なく、とくに有名なものでは「高雄観楓図屏風」（国宝）がある。これは洛中洛外図のような名所を作図したものとはいい難く、高雄の神護寺や愛宕神社が一応特定できる程度に遠景にとどめて、観楓している人物たちの遊楽のさまが主題になっている。物見遊山や名所見物は大きな娯楽になっていて、京都の社寺は参詣と同時に、見物する場所でもあった。秀頼の父元信の「京洛月次風俗扇面流屏風」には社寺に集まる人々が描かれている。大和絵の中にもこのような構図があるものの、名所図のなかの一光景として人々が小さく配置されている。秀頼印のあるこの「高雄観楓図屏風」は遊楽の人物が主題になっていて、生き生きと大きく描かれ、明らかに異なった視点で制作されている。伝統的な画題としては、月次絵、四季絵、名所絵などに継承されていて、時期や場所がはっきり特定できることが内容になっている。次世代の狩野永徳筆の「洛中洛外図屏風」でも、この伝統を踏まえている。時代の変遷とともに細かく人物が描写されているものの動きが加えられて、生新の度合いが加味されて一層現実味が出てきている。この高雄観楓図屏風はのちの江戸時代に大きく発展する風俗画、浮世絵につながる重要な接点に位置する名作として有名である。当時には同種の作品がなく、さらに次世代の*狩野長信《ながのぶ》筆の「花下遊楽図」に発展する形で継承されていった。　（上村旺司）

織田有楽斎《おだうらくさい》（一五四七―一六二一）　安土桃山、戦国時代の武将。有楽流茶道の祖。*信長《のぶなが》の弟。通称源五（郎）、名は長益、出家して如庵《じょあん》有楽。従四位下侍従。*本能寺の変で甥信忠《のぶただ》を自刃させ自身は遁れたことにより評判を落とす。変後、信長二男*信《のぶ》雄《かつ》の家臣として一万三千貫文を知行（『織田信雄分限帳』）。小牧長久手の戦いでは*羽柴秀吉《ひでよし》と信雄・*徳川家康《いえやす》との和平をはかる。文禄元年（一五九二）の朝鮮の役では秀吉の御伽衆として*名護屋《なごや》城に従い、秀吉の相伴として博多の*神谷宗湛《かみやそうたん》の茶会に参加、また自らも茶会を行う。慶長五年（一六〇〇）関ヶ原合戦では徳川方につき、石田三成の軍将を討ち取る功により、摂津《せっつ》国味舌《ました》の本領安堵と大和国山辺郡《やまと》の新恩を加えられ三万石を領す。慶長一九年（一六一四）大坂冬の陣では、淀殿の叔父という立場から豊臣方の参謀として徳川方と休戦交渉に当たる。和平の後大坂城を立ち退き京都東山に隠居。茶の湯に専念する。名物を多く所持、千利休《せんのりきゅう》以後の茶家の宗匠といわれる。利休から直接台子の伝授を受け利休七哲の一人ともいわれるが、利休が草庵の茶には無用とした書院での茶の湯を行うなど、その茶風はむしろ大名茶ともいうべきものであり、文禄三年（一五九四）、秀吉の前田亭御成の際には書院、大広間など飾りつけの指図を行った。有楽の茶会には自身の手焼き茶碗が登場しており、長次郎七種とする茶碗「臨済」は有楽の作（『江岑咄之覚《こうしんはなしのおぼえ》』）。室は平手政秀の娘。有楽好みの茶室*如庵は国宝。

［文献］『大日本史料十二―三十九』（東京大学出版会、一九五八）、『茶湯古典叢書1　茶道四祖伝書』（思文閣出版、一九七四）。

（黒澤節子）

北政所《きたのまんどころ》（高台院《こうだいいん》）（一五四八―一六二四）　関白*豊臣秀吉《ひでよし》の正室。「おね」と呼称。父は杉原家利《すぎはらいえとし》。母の妹夫婦である、浅野長勝《あさのながかつ》の養女として永禄四年（一五六一）木下藤吉郎に嫁ぎ豊臣家をともにつくり上げた。天正一三年（一五八五）秀吉が従一位関白に叙任されるや従三位北政所。同一六年（一五八八）豊臣吉子として従一位を受ける。秀吉との間に実子はなかったが、文禄元年（一五九二）秀吉から一万石の知行を受けており北政所として力を有していた。慶長三年（一五九八）秀吉が伏見城において没した後、大坂城西の丸を出て京都三本木に隠棲。同八年（一六〇三）高台院の号が後陽成《ごようぜい》天皇より勅賜。同一一年（一六〇六）秀吉の冥福を祈りかつ自身の終焉の地として、*徳川家康《いえやす》に諮り、東山に高台寺を建立した。高台寺湖月尼公。

［文献］『ねねと木下家文書』（山陽新聞社、一九八二）、渡辺世祐『豊太閤の私的生活』（講談社、一九八〇）。

（黒澤節子）

小谷の方《おたにのかた》（お市の方《いちのかた》）（一五四七―八三）　*織田信長《のぶなが》の妹（一説に従姉妹とも）。永禄一〇年末から一一年早々、浅井、織田連合を目的として北近江《おうみ》小谷の領主*浅井長政《あさいながまさ》に嫁ぐ。天正元年（一五七三）八月信長による小谷城攻撃の際、娘達とともに脱出。同一〇年（一五八二）本能寺の変で信長自刃後、織田家の重鎮、*柴田勝家《しばたかついえ》に娘達を連れ再嫁。「天下第一の御生付」「艶レイナリシ」といわれた容姿によって、市をめぐり秀吉と勝家が争ったという説がある（『十竹斎筆記』）。実際は、勝家との連携を強める目的での*信孝《のぶたか》（信長三男）の計らいによる政略結婚と思われる。同年九月市の名で信長の法事を行う（『月航和尚語録』）。天正一一年（一五八三）*賤ヶ岳《しずがたけ》の戦いで秀吉に攻められ越前北庄落城炎上の際、自らの意思で夫勝家に殉じた。

［文献］『大日本史料第十一編之四』（東京帝国大学、一九三二）、奥野高広「織田信長と浅井長政との握手」（『日本歴史』二四八、一九六九）。

（黒澤節子）

出雲阿国《いずものおくに》（生没年未詳）　安土桃山から江戸初期にかけて活躍したかぶき踊の創始者の女性、今日の歌舞伎の祖。天正九年（一五八一）から慶長八年（一六〇三）頃にかけてヤヤコ踊《おどり》という芸能が演じられていたが、その中に出雲からきた（と思われていた）、女性を中心とした男女十人ばかりの一座が有り、慶長五年（一六〇〇）近衛邸でヤヤコ踊を演じている（『時慶卿記』）。その一人がクニといいこれが国の名の、史料上の初見と考えられる。同八年（一六〇三）女院御所で「雲州の女樂のヤヤコ跳《おどり》」があり（『時慶卿記』）、これを同日の他の記録（『慶長日件録』）では「出雲国人によるかぶきをとり」としている。この頃からヤヤコ踊に替わりかぶき踊との呼称が始まったようである。同年の『当代記』には「出雲国神子女《みこ》、国」が京都に来てかぶき踊をして、京中の大喝采を受けたとある。ヤヤコおどりをしていた国によるかぶきおどりの創始がこの頃と考えられる。女性である国が、長い刀に派手な衣装を身につけて、異風な（かぶいた）男のまねをして、男性が扮する茶屋の女と戯れるというような、かぶき者の茶屋通いという、当時の世相を舞台の上で巧みに演じて見せる演出が人気を呼んだ一因である。この国の成功によってこれを真似る者も現れ、地方でもその芸能が演じられ、かぶき踊が流行した。『出雲阿国伝』には、出雲大社の巫女《みこ》であり大社修復勧進のために諸国を巡回し、京都に上り歌舞伎踊で評判をよび、後年、故郷杵築《きずき》（大社町）に帰り、尼となり連歌を楽しみ八七歳で没した、とある。

［文献］河竹繁利『日本演劇全史』（岩波書店、一九五九）、小笠原恭子『出雲の阿国』（中公新書、一九八四）。（黒澤節子）

高三隆達《たかさぶりゅうたつ》（一五二七—一六一一）　織豊時代から江戸初期にかけて活躍した小唄師。*堺の生まれで、菩提寺である日蓮宗の顕本寺で僧侶をつとめていたが、兄が死去したため還俗《げんぞく》して家を継いだ。承安四年（一一七一）に宋から渡った劉清徳を祖とし、薬種や交易を営んでいた。隆達は美声の持ち主であり、七五七五調あるいは七七七七調・五七五七五調などの歌詞を独特の節付けをした隆達節という小唄を作り出し、*織田信長《のぶなが》や*豊臣秀吉《ひでよし》にも披露した。その歌詞は、五〇〇首以上伝えられている。隆達節は、当初は扇、ついで鼓などで拍子がとられたが、次第に一節切《ひとよぎり》尺八や三味線などの伴奏がつくようになった。

［文献］『日本古典文学大系44　中世近世歌謡集』（岩波書店、一九七一）。（松原誠司）

本因坊算砂《ほんいんぼうさんさ》（一五五八—一六二三）　織豊時代から江戸初期の囲碁の名人。本名は加納与三郎といい、京の出身である。九歳で寂光寺の日淵のもとで出家して日海と名乗り修行に励む一方で、*堺の仙也に碁を教わり頭角をあらわした。彼の住していた塔頭《たっちゅう》が本因坊であったことから、算砂への呼称として用いられ、江戸時代になると囲碁の四家の家元の一つとなった。算砂は囲碁の名人として禁裏などで対局を行う一方で、江戸にも招かれ、幕府から五〇石五人扶持の俸禄も与えられた。また将棋も強く、将棋名人の*大橋宗桂《おおはしそうけい》ともたびたび対局している。その一方で、僧籍を維持して、江戸在住期間以外は寂光寺に戻り、大僧都・法印までのぼった。

［文献］増川宏一『碁』（法政大学出版局、一九八七）。（松原誠司）

大橋宗桂《おおはしそうけい》（一五五五—一六三四）　織豊時代から江戸初期の棋士。最初は宗金、次に宗慶と名乗ったと伝えられ、*織田信長《のぶなが》が桂馬より一字をとって宗桂という名を与えたとの伝承をもつ。父は裕福な町衆とも医師ともいわれている。当初は本因坊算砂の門下に入ったとも伝えられているが、算砂は将棋も強く駿府城・伏見城などで将棋での対局も行った。慶長一二年（一六〇七）の対局記録が、現存最古の棋譜とされる。将棋の名人として知られ、同七年（一六〇二）には朝廷に詰将棋集を献上し、また同一七年（一六一二）には幕府から五〇石五人扶持の俸禄を与えられた。また算砂からは将棋所も譲られ、以後宗桂の名は将棋名人として継承された。

［文献］ 増川宏一『遊芸師の誕生』（法政大学出版局、一九八七）。 （松原誠司）

天草版《あまくさばん》平家《へいけ》物語《ものがたり》 一六世紀末から一七世紀初頭にかけて印刷されたいわゆるキリシタン版の一つ。文禄元年（一五九二）に*イエズス会天草学林で刊行され、宣教師の日本語の教本として使用された。四巻で構成され、原典の一部を対話形式で当時の日本語（口語）に改め、その発音をポルトガル式のローマ字によって表記した。このため、一六世紀末の口語研究にも用いられている。大英博物館に所蔵されている。

［文献］ 清瀬良一『天草版平家物語の基礎的研究』（渓水社、一九八二）。 （松原誠司）

天草版《あまくさばん》伊曽保《いそほ》物語《ものがたり》 一六世紀末から一七世紀初頭にかけて印刷されたいわゆるキリシタン版の一つ。文禄二年（一五九三）年にイエズス会天草学林で刊行され、宣教師の日本語の教本や教会での説教の素材として使用された。「伊曽保が生涯の物語略」と「伊曽保が作り物語の抜書」の二部構成で、二部目にはイソップ物語より七十話が収められ、各物語の末尾には「下心」と称する物語の教訓の解説が施されている。翻訳した物語を当時の口語に即し、その発音をポルトガル式のローマ字で表記している。このため、当時の口語研究にも用いられている。また日本で最初に刊行された西洋文学でもある。

［文献］ 森田 武『日本古典文学大系90 仮名草子集』、（岩波書店、一九六五）。 （松原誠司）

日葡《にっぽ》辞書《じしょ》 日本語をポルトガル語で説明した辞書。原題は「Vocabulario da Lingoa de Iapam」。数名の*イエズス会宣教師が日本人信徒の協力をえて作成した。長崎の*コレジオにおいて、慶長八年（一六〇三）に本編、翌年には補遺が刊行された。約三万二八〇〇語を収録。日本語をイエズス会式のローマ字で表記し、アルファベット順に配列している。収録語彙は日常語のみならず、文書語、婦人語、仏教語、九州を中心とした方言、卑語など多岐に及び、意味のみならず、発音・文法まで説明している。当時使用されていた日本語の研究に参考となるのみならず、当時の習俗を知る上からも重要な史料である。伝本はオックスフォード大学ボードレイ文庫・ポルトガルのエボラ公立図書館・パリ国立図書館に所蔵されているが、パリ本には補遺は伝わっていない。また寛永七年（一六三〇）にスペイン語訳された『日西辞書』、明治元年（一八六八）にフランス語訳された『日仏辞書』も残されている。

［文献］ 土井忠生・森田 武・長南 実編訳『邦訳 日葡辞書』（岩波書店、一九八〇）、森田 武『日葡辞書提要』（清文堂出版、一九九三）。 （松原誠司）

洛中《らくちゅう》洛外《らくがい》図《ず》屏風《びょうぶ》 室町後期から江戸時代後期にかけて作製された京内およびその周辺部を描いた風俗図屏風。多くは六曲一双で、約八〇の作品が現存している。作者は*狩野永徳《かのうえいとく》の他に*住吉具慶《すみよしぐけい》・土佐光高《とさみつたか》の名が確認できるが、大半は作者未詳である。起源は明らかではないが、永正三年（一五〇六）に越前《えちぜん》の朝倉氏が土佐光信に「京中」を描かせた屏風をつくらせている。この屏風は現存していないが、この時期に京内および近郊を描いた屏風がつくられ始めていたのであろう。現存する最古の屏風は歴博甲本（歴史民族博物館蔵）で、町田満次郎氏旧蔵のため町田本とも呼ばれ、重要文化財に指定されている。この屏風には将軍*足利義晴《よしはる》の「柳の御所」や管領細川高国《ほそかわたかくに》邸などが描かれていることなどから一五二〇年代後半から一五三〇年代前半の風景と推定されている。次いで一五四〇年代の景観を描いた模本（東京国立博物館蔵）の原本は不明であるが、一説には狩野永徳の模写ともいわれている。その次に古いのが一五六〇年前後の様子を描いた上杉本（米沢市立博物館蔵）である。これは狩野永徳作で、天正二年（一五七四）に*織田信長《のぶなが》が*上杉謙信《けんしん》に贈ったと伝えられ、国宝に指定されている。以上が一六世紀の作である。以降は二条城が描かれるなど、一七世紀以降の作である。その代表が重要文化財の舟木本（東京国立博物館蔵）で、左双の二条城と対比する形で右双には方広寺大仏殿を描いている独特の構図が特徴である。また高津古文化会館本（同館蔵）は京を西側から鳥瞰し、右双には三条以南、左双には三条以北という、他にはない描き方を行った屏風である。十八世紀初頭の作と推定される歴博E本（歴史民族博物館蔵）が最も新しいと考えられているが、この屏風も京を西から東に向かって見通す特徴をもっている。京および近郊部の主要な建物や祭礼などの年中行事、季節の風景が描かれており、多くの人物も躍動的に活動しているように、名所図・行事図などの性格も有している一方で、住居の建築法・人々の服装、祭礼の様子など、当時の社会生活などを考察する上でも貴重な資料となっている。

［文献］『日本の美術121 洛中洛外図』（至文堂、一九七六）、『洛中洛外図大観1―3』（小学館、一九八七）、『都の形象』（京都国立博物館、一九九四）。

（松原誠司）

豊国祭礼図屏風《ほうこくさいれいずびょうぶ》　江戸初期に制作された代表的な風俗図屏風の一つ。六曲一双で左右隻ともに縦一六六・九センチ、横三六二・〇センチである。豊国《とよくに》神社蔵で、国の重要文化財に指定されている。作者は各隻左下端に「狩野内膳筆」とあり、判読はできないが同型の壷形印があることから、狩野内膳《かのうないぜん》の作と考えられている。狩野内膳は戦国武将荒木氏の家臣であったが、主家が滅亡したため、一八歳で狩野*松栄《しょうえい》への入門が許され、*豊臣秀吉《ひでよし》に重用された。この屏風は豊臣秀頼《ひでより》が片桐且元《かたぎりかつもと》に命じて狩野内膳につくらせたが、慶長一一年（一六〇六）に豊臣家から豊国神社に奉納された。絵は同九年（一六〇四）八月の豊臣秀吉七回忌として盛大に実施された豊国祭臨時祭を描いている。臨時祭は十二日から十八日まで行われたが、屏風絵には日付が異なる主要な祭祀・行事が表されている。左隻では、大仏殿の前において、十五日の風流踊《ふりゅうおどり》が圧倒的な人数で表現されている。民衆のみならず、貴族・僧侶・武士など広範な人々の参加がみられ、祭礼図屏風としては最多ともいえる千人前後の人物が描かれている。徳川美術館には同種の屏風が所蔵され、これも国の重要文化財となっている。構図が豊国神社蔵とは異なるが、主要な祭祀・行事を一双の屏風にまとめた同様の表現方法がとられている。

［文献］『原色日本の美術（改訂版）13』（小学館、一九九四）。

（松原誠司）

花下遊楽図屏風《かかゆうらくずびょうぶ》　桃山文化の代表的な風俗図屏風の一つ。六曲一双だが、右隻中央の二扇は、大正一二年（一九二三）、修理中に関東大震災に罹災し焼失してしまった。このため、現存している屏風は、左隻縦一四八・六センチ、横三五四・六センチ、右隻縦一四八・六センチ、縦二三三・〇センチである。

東京国立博物館蔵で、国宝に指定されている。作者は屏風左下端に「長信」の壺形印があることから、狩野松栄《かのうしょうえい》の子供、*狩《か》野永徳《のうえいとく》の弟の*狩野長信《ながのぶ》で、一七世紀初頭の作品と考えられている。右隻には桜の二本の大木と貴婦人や侍女たちの花見風景、幕の外から花見の様子をうかがう人などが、左隻には踊っている人々と堂上からこれを見物している一団を、さらに左端には海棠《かいどう》の大木を描いている。右隻の貴婦人たちの傍らには*歌舞伎踊りを連想させるを弾いている人物が描かれ、左隻には三味線など、当時の新しい風俗をも取り入れており、春一色の風景から考えても、四季図のような季節の変化を描いたものではなく、花見や踊りを楽しむ人々の姿を主眼とした風俗図へ移行していることがうかがえる。右隻中央の現在喪失した部分には敷物に座る貴婦人と侍女とおぼしき人物たちが描かれていたが、この貴婦人を淀君と考える説は古くからあり、同様に左隻やや左側の堂上で立って踊りを見物している人物を*豊臣秀頼《ひでより》とみる考えもあるが、この人物を女性とみる説もある。　（松原誠司）

［文献］『国宝3』（毎日新聞社、一九八四）。

高雄観楓図屏風《たかおかんふうずびょうぶ》　桃山文化の代表的な風俗図屏風の一つ。六曲一双で左右隻ともに縦一四九.〇センチ、横三六四.〇センチである。東京国立博物館蔵で、国宝に指定されている。作者は屏風左端に「秀頼」の印があることから、*狩野元信《かのうもとのぶ》の次男または孫と伝えられる*狩野秀頼《ひでより》の代表作とされる。高雄神護寺近くの清滝川《きよたきがわ》ほとりでの観楓の風景を描いた作品で、最古の野外遊楽図ともいわれる。右隻上部には神護寺が描かれ、下部右寄りに観楓をしている女性の集団が描かれている。彼女たちは、茶や料理を楽しみ、また乳児に乳を飲ませる女性などが描かれている。また左隻では、上部に愛宕神社やその周辺の山々、下部中央には武士の集団が酒肴や踊りで楽しんでいる。そして中央には清滝川とそれに架かる橋が描かれ、橋のたもとには僧の集団、橋の上には横笛を吹くものもみえる。人物の描写が自然であり、実際の風景に基づくものと考えられる。愛宕神社とその周辺の山々が雪で覆われていることから、冬季も描かれており、四季図の影響下にある作品とも評価できる。春夏を描いた屏風、あるいは観桜図と対になっていたとの考えもある。　（松原誠司）

［文献］『国宝3』（毎日新聞社、一九八四）。

南蛮屏風《なんばんびょうぶ》　桃山文化期を中心に一六世紀末期から一七世紀前半にかけて描かれた屏風絵。狭義においては、ポルトガル人・スペイン人、すなわち南蛮人の来航風景を描いたものをさすが、広義ではこれに加えて*イエズス会によって作製されたヨーロッパの事象を題材とした屏風絵も含む。狭義の南蛮屏風は、基本的には六曲一双で、左双には南蛮船の入港・上陸風景を、右双には南蛮人の行列とそれを迎える宣教師が描かれているのが基本形である。これ以外に左双に船の出港を描く場合と異国の宮殿を描く場合があり、この両者の右双には南蛮船の入港と南蛮人の行列がまとめられている。この種の屏風は現在六〇点ほど伝えられているが、狩野内膳《かのうないぜん》をはじめとする狩野派の絵師によって制作されたものが、京の町絵師などによって模倣され広められた。そのため、作品の多くは作者未詳である。桃山文化で描かれた風俗画の画題の一つとして、珍しい風貌であった南蛮人の来航風景が選ばれ、それに対する人々の好奇心も加わり多数作製されたのであろう。当時キリスト教の聖画によって伝えられた遠近法などの手法を意識した作品もみられる。広義の南蛮屏風はイエズス会によって描かれ、聖画とともに布教に用いられた。「レバント戦闘図」・「泰西《たいせい》王侯《おうこう》騎《き》馬《ば》図《ず》」・「四都図」・「世界図」などの戦闘図・王侯貴族図・都市図・世界図などが主な題材であった。

［文献］　岡本良知・高見沢忠雄『南蛮屏風』（鹿島研究所出版会、一九七〇）、『日本の美術 135　南蛮屏風』（至文堂、一九七七）。

（松原誠司）

中世の荘園一覧

〈山城〉

梅津荘（うめずのしょう）
葛野《かどの》郡の荘園。現在の京都市右京区梅津段町。上荘（＝本荘）と下荘（＝新荘）より成る。所伝によれば、梅津惟隆の開発地で、その子孫尼真理《あま》が近衛家に寄進したものという。真理は荘内に長福寺を建て、荘園には長福寺領と近衛領が併存した。梅津氏は上下両荘の下司職を相伝。長福寺領は九町余でいくつかの均等規模の名によって構成され、田堵は長福寺掃除役や湯殿役を勤めた。［文献］石井進編『長福寺文書の研究』山川出版社、一九九二。

大住荘（おおすみのしょう）
綴喜《つづき》郡の荘園。現在の京都府京田辺市付近。大治四年（一一二九）*興福寺領として初見。荘内には石清水八幡宮領、東大寺領もあり、室町期には隼人司領もあった。平安末期には石清水社領橘薗と、鎌倉期には同領薪荘と激しい争論が起こり、興福寺衆徒が薪荘の在家六〇余宇を焼いた。宝徳三年（一四五一）松井荘との間に草刈争論が起きている。応仁・文明の乱で*畠山義就の被官の押領を蒙ったが文明一七年（一四八五）興福寺の直務支配が回復。その頃、田数三〇町余で一四か名《みょう》より成り、所当二八貫文。［文献］黒田俊雄『日本中世の国家と宗教』岩波書店、一九七五。

大藪荘（おおやぶのしょう）
乙訓《おとくに》郡の荘園。本久世荘ともいう。現在の京都市南区大藪。久我家領。久世荘内大藪村が分離したもの。建武三年（一三三六）初見。応永三年（一三九六）検注帳によるといくつかの名によって構成された。桂川用水を利用する西岡十一か郷の惣結合に加わり、石清水八幡宮領西八条西荘と用水争論を起こしている。戦国時代、荘内に*東福寺領、大光寺領などが散在した。

小塩荘（おしおのしょう）
乙訓《おとくに》郡の荘園。現在の京都市西京区、長岡京市、大山崎町にわたる。建長二年（一二五〇）の九条道家初度処分帳に初見。光明峯寺領とされたが、第二度処分状で家長者管領の地とされ、一条家と九条家が争い、康永三年（一三四四）預所職は一条家門跡寺院随心院領とされた。荘内の地が*東福寺に寄進されたりして領有関係は複雑であった。*応仁の乱後*一条兼良に安堵されたものの支配は有名無実であった。永正二年（一五〇五）九条政基は小塩荘に下向して直務を試みるが成功しなかった。当荘は「百八十町在所」とか「田数二百八十町云々御米九百石」などと書かれ数字が定まらない。

上久世荘（かみくぜのしょう）
乙訓《おとくに》郡の荘園。現在の京都市南区上久世付近。永仁七年（一二九九）初見。鎌倉後期は*北条得宗領。建武三年（一三三六）*足利尊氏が東寺鎮守八幡宮に地頭職を寄進。以後東寺領として戦国末に至る。田数約六〇町、年貢米二二八石、公事銭三〇貫文。南北朝内乱期から荘内土豪の活動が活潑で、公文《くもん》舞田《まいた》（真板）氏がいたが、応永年間（一三九四—一四二八）以来、細川氏被官寒川《さむかわ》氏が公文職を争い享徳三年（一四五四）に同氏が公文職を獲得した。当荘は桂川水系に用水を頼り、西岡十一か郷の構成員の一員。［文献］上島有『京郊庄園村落の研究』塙書房、一九七〇。

賀茂荘（かものしょう）
相楽《さがらか》郡の荘園。現在の京都府木津川市加茂町付近。東大寺領、*興福寺領、下鴨社領があり、東大寺領は嘉保二年（一〇九五）に立券。建保二年（一二一四）の規模は一一町三段余。

天治二年（一一二五）から内大臣家領山田荘との間に争論があった。興福寺領としては、文永二年（一二六五）二条良実の南都下向のとき人夫三〇人を負担。室町期、経営は困難を極めたが*山城国一揆成立後は回復。長禄三年（一四五九）隣接する当尾《とうのお》荘と争いを起こした。当荘を基盤とする小領主には、興福寺国民椿井氏、狛野下司氏がおり、山城国一揆でも活躍が見られた。［文献］阿部猛『中世日本荘園史の研究』新生社、一九六七。加茂町史編さん委員会『加茂町史』第一巻、加茂町、一九八八。

革嶋荘（かわしまのしょう）

葛野《かどの》郡の荘園。現在の京都市西京区川嶋付近。近衛家領。平安末期から荘名が見える。北荘を河嶋、南荘を革嶋と書き分ける。正和二年（一三一三）革嶋荘は一二か名《みょう》で田畠九町五段余。嘉暦元年（一三二六）の革嶋荘差図で桂川から取水する近隣の水路を見ることができる。荘内の小領主革嶋氏は下司職、地頭職を持ち用水支配と高利貸付による土地集積を通じて在地支配を続けたが、*明智光秀との関係が深く、光秀の敗死後所領を没収された。革嶋氏は江戸時代には地主として在村、明治に至った。［文献］阿部猛「畿内小領主の存在形態—山城国革嶋荘と革嶋氏—」『帝京史学』一〇、一九九五。

木津荘（きづのしょう）

相楽《さがなか》郡の荘園。現在の京都府木津川市木津付近。*興福寺領、法性寺《ほっしょうじ》観自在院領、*東福寺領などがあった。上流で伐り出した材木の集積所で東大寺の木屋《きや》があった。興福寺の木守が東大寺領に住みつき所領を押領したのが興福寺領の起源。本家は近衛家で、年貢一五〇石は東金堂に宛てられた。応仁年間（一四六七—六九）馬借一揆などが起こり、木津執行職を設けるが年貢未納は増大し実質は失われていった。観自在院領はもと摂関家領の一部だったもの。元暦二年（一一八五）梶原景時によって押領された。［文献］西岡虎之助『荘園史の研究』上、岩波書店、一九五三。

久我荘（こがのしょう）

乙訓《おとくに》郡の荘園。現在の京都市伏見区久我。久我家領で名字の地（＝根本所領）。平安末期ここに久我家が別邸を造り、一二世紀末から「久我荘」と呼ばれた。鎌倉末、本荘と新荘に分かれ、応永三年（一三九六）本荘は五〇余町、新荘は一〇四町の規模。計一八〇人の名請人に分割されたが、本荘では均等名支配が行われた。天正一三年（一五八五）上下両荘一二三〇石が*豊臣秀吉によって久我季通に安堵された。［文献］渡辺澄夫『増訂畿内庄園の基礎構造』上、吉川弘文館、一九六九。

下久世荘（しもくぜのしょう）

乙訓《おとくに》郡の荘園。現在の京都市南区久世付近。正応五年（一二九二）公文職が藤原永弘に安堵されたと見える。鎌倉末期には北条得宗家領となったが、建武三年（一三三六）地頭職は東寺に寄進された。当荘は典型的な散在入組荘園で、松尾社、*清涼寺、延暦寺、日吉社など三〇余の領主が数町ずつの田地を有した。荘民は侍衆と地下人の二階層から成る。用水で結ばれた西岡十一か郷の惣郷結合の一員。

菅井荘（すがいのしょう）

相楽《さがなか》郡の荘園。現在の京都府精華町。*興福寺領。宝徳二年（一四五〇）頃から畠山方山城守護代の圧力が加わり代官職に補任したが、*畠山義就失脚により長禄四年（一四六〇）直務を回復。応仁の乱には下狛荘の国人に押領されたが、山城国一揆で所領を回復し直務となった。不安定な支配の様子は『大乗院寺社雑事記』によってうかがわれる。［文献］渡辺澄夫『増訂畿内庄園の基礎構造』上、吉川弘文館、一九六九。

薪　荘（たきぎのしょう）

綴喜郡の荘園。現在の京都府京田辺市。石清水八幡宮寺領。保元三年（一一五八）宮寺領として初見。嘉禎元年（一二三五）隣接の*興福寺領大住荘との間に用水相論が起こり、興福寺衆徒により在家六〇余宇を焼かれ神人二人が殺害された。これに対して八幡宮使が春日神人を殺し、＊興福寺側は神木を奉じて宇治川を渡った。鎌倉幕府は実力でこれを抑えつけたが、弘安二年（一二七九）にもまた堺相論があった。［文献］黒田俊雄『日本中世の国家と宗教』岩波書店、一九七五。

田原荘（たわらのしょう）
綴喜郡の荘園。現在の京都府宇治田原町。保元二年（一一五七）に荘名初見。藤原頼長領であったが保元の乱で没官された。寛喜三年（一二三一）に藤原良実領と見え、嘉元三年（一三〇五）の摂籙渡荘目録に氏院領（給主は藤原房成）の一所として荘名が見え、田二町五段余、東北院領として免田一〇町、年貢香一石と見える。建武四年（一三三七）には荘内に隼人司領の存在が見られた。［文献］中村直勝『荘園の研究』星野書店、一九三九。

伏見荘（ふしみのしょう）
紀伊郡の荘園。現在の京都市伏見区。橘俊綱の別業の地が白河院に寄進されて立荘。持明院統に伝えられた。室町時代に栄仁親王がここに住み伏見宮を名乗り、子の治仁親王、その弟貞成《さだふさ》親王が伝領した。伏見荘とその周辺は伏見九郷と呼ばれて、御香宮《ごこうぐう》を総鎮守として結束していた。在地には荘政所小川氏、御香宮神主三木《そうぎ》氏などの侍衆をリーダーとして武装して周辺の村々との用水・堺・草刈相論に対処した。貞成親王の日記『看聞日記』は、郷民たちの生活を具体的に生きいきと記していて著名である。［文献］横井清『看聞御記』そしえて、一九七九。

山科荘（やましなのしょう）
宇治郡の荘園。現在の京都市山科区。鎌倉期には山科小野東荘、山科小野西荘に分かれていた。東荘は山科家の膝下荘園で、西荘は園城寺領、醍醐寺三宝院領、山科家領であった。東荘では荘内の「おとな」層を中心とする惣結合が見られ、さらに広く「山梨七郷惣」も認められた。とくに東荘はその地理的位置から住人たちは農業の傍ら商業に従事するものが多かった。江戸時代は山科七郷は禁裏御料となった。［文献］田端泰子『中世村落の構造と領主制』法政大学出版局、一九八六。

〈大和〉

池田荘（いけだのしょう）
添上郡の荘園。現在の奈良市池田町付近。＊興福寺一乗院門跡領。文治二年（一一八六）の丸帳によると、地積三六町一八〇歩。規模約二町歩のほぼ均等な一一の名から成る。米・絹・紅花・油などが田数に応じて徴収され、また名別に夫役が賦課された。［文献］稲垣泰彦編『荘園の世界』東京大学出版会、一九七三。

乙木荘（おとぎのしょう）
山辺郡の荘園。現在の奈良県天理市乙木町。＊興福寺大乗院・春日神社領。鎌倉期は田畠一三町余。応永六年（一三九九）段米田数帳によると二一町八段余で上・下に分かれ、それぞれ預所が置かれた。当荘には、大和国中の販売権を持つ麹座《こうじざ》（乙木座、山口座などと称する）があり、また簾座《すだれざ》があった。［文献］西岡虎之助『荘園史の研究』上巻、岩波書店、一九五三。

軽　荘（かるのしょう）
高市郡の荘園。現在の奈良県橿原市大軽町付近。①＊興福寺大乗院門跡領。六つの均等名より成る。室町期には越智氏による年貢請負が行われていた。荘内に大乗院方煎米座があった。②「加留荘」と書き西大寺領。ただし一二世紀末にはすでに「有名無実」となっていた。［文献］渡辺澄夫『増訂　畿内庄園の基礎構造』吉川弘文館、一九五六。

上総荘（かんさのしょう）
山辺郡の荘園。現在の奈良県天理市上総町付近。興福寺大乗院門跡領。室町初期の田積は九町二段余。『三箇院家抄』では、一〇町余で、年貢米三石六斗は大乗院御供米。また春日神社の夕御供料所。荘内に一乗院寄人が住み。賦課に応じないため争いが起こった。

越田尻荘（こしたじりのしょう）
添上郡の荘園。奈良県大和郡山市下三橋町、

奈良市北之庄町付近。一部は東大寺大仏殿灯油料所、一部は興福寺大乗院領。後者は応仁二年（一四六八）に二〇町八段二四〇歩で、長禄二年（一四五八）には二町分二〇石が己心寺、元興寺供米とされていた。下司は衆徒小泉氏。

神殿荘（こどののしょう）

添上郡の荘園。現在の奈良市神殿町。①東大寺領。寛弘九年（一〇一二）今木社*神主から寄進され、一〇の均等名から成る。②興福寺大乗院領。弘安二年（一二七九）の田数は三〇町九段余。荘田の灌漑用水は能登・岩井川から引水したが、水主荘園として引水優先権を持っていた。

小東荘（こひがしのしょう）

広瀬郡の荘園。現在の奈良県河合町、広陵町付近。東大寺領。国衙領の太田犬丸名がその前身。東大寺の大仏供白米などを負担した。平安末期から、山村氏を始めとする複数の領主の所領から構成されたが、売買・譲渡などにより細分化され多数の領主が生まれた。東大寺は平安末期の荘園整理令公布を機に新たな名編成を行い、中世的な荘園支配体制を整えた。鎌倉末期には悪党一王次郎行康がいて年貢を抑留した。［文献］稲垣泰彦『日本中世社会史論』東京大学出版会、一九八一。

佐保田荘（さほだのしょう）

添上郡の荘園。現在の奈良市内。興福寺一乗院門跡領。永享七年（一四三五）引付によると、ほぼ均等な二五か名より成り、田積三〇町四段余。国民吐田豊田氏が公文職、岡氏が中司職を有した。文明（一四六九―八七）頃下司は超昇寺氏。給主（預所職）は一乗院方坊人二条氏。都市近郊のため名主職所有者には商工業者が多かった。

田村荘（たむらのしょう）

山辺郡の荘園。現在の奈良県天理市内。①東大寺香菜免荘で、鎌倉中期には有名無実となっていた。②興福寺領。正治二年（一二〇〇）維摩会用途米一三石九斗と餅五六六枚を負担。応永一一年（一四〇四）には衆徒福智堂氏が請負代官となり、のち衆徒古市氏が給主、代官であった。田数三〇町六段半で、各一町八段の均等名一〇か名が中心となっていた。貞和三年（一三四七）の段銭帳では田数二〇町六段。

檜牧荘（ひのまきのしょう）

宇陀郡の荘園。現在の奈良県宇陀市榛原区。古代の牧の荘園化したもの。康平四年（一〇六一）荘号初見。建久二年（一一九一）平盛相が教令院長厳を介して七条院に寄進して本家とした。盛相は下司、長厳は領家・預所となる。以後本家職は大覚寺領、領家・預所職は教令院領として伝領。貞治元年（一三六二）からは東寺西院御影堂領となったが興福寺の勢力に押されて無実となる。興福寺門領、東福寺領もあり、複雑である。

平野殿荘（ひらのどののしょう）

平群郡の荘園。現在の奈良県平群町付近。後白河法皇から宣陽門院に与えられ、同門院は暦仁二年（一二三九）仁和寺菩提院行遍にこれを与えた。建長四年（一二五二）行遍はこれを供僧住持料として東寺に寄附した。弘安元年（一二七八）からは下司職、惣追捕使職は興福寺一乗院房人で在地の曽歩《そふ》曽歩《そふ》氏が相伝した。正応六年（一二九三）頃から曽歩曽歩氏は年貢・公事を対捍するなど「悪党」と呼ばれるようになった。室町時代には興福寺による段銭賦課なども加わって東寺領としての実質は失われていった。［文献］網野善彦『中世東寺と東寺領荘園』東京大学出版会、一九七八。

若槻荘（わかつきのしょう）

添上郡の荘園。現在の奈良県大和郡山市若槻町。平安末期に薬師寺別院伝教院領として成立し、鎌倉初期に興福寺大乗院領となった。預所は伝教院、下司は大乗院方衆徒古市氏で、のち番条氏にかわった。徳治二年（一三〇七）の土帳によると、鎌倉初期には総田畠数は三八町七段余で一五の名より成り、土帳の頃は一八の名となった。下司名と公文名を除いた一三名が百姓名で、一町二段～一町八段のいわゆる均等名構成をとっていたとみられる。集落は、はじめ散在していたが一五世紀後半には集村に転じ環濠集落の形態をとっていた。江戸時代にも若槻村として興福寺領であった。［文献］渡辺澄夫『増訂 畿内庄園の基礎構造』吉川弘文館、一九五六。

〈河内〉

大庭荘（おおばのしょう）

茨田郡の荘園。現在の大阪府守口市付近。古代には掃部《かもん》寮の所管で、真菰《まこも》、菅《すげ》などを徴収した。鎌倉時代には紅花や薦を納める供御所であり、また莚作手らがいた。摂関家の散所もあった。弘安三年（一二八〇）関東御家人で預所だった渋谷氏が改易されている。室町時代、掃部寮による支配は失われ、幕府御料所となった。［文献］網野善彦『日本中世の非農業民と天皇』岩波書店、一九八四。

狭山荘（さやまのしょう）

丹南郡の荘園。現在の大阪府狭山市付近。建久二年（一一九一）興福寺領当荘を国司が収公する事件があった。建永元年（一二〇六）にも国司が新牧をたて当荘の地を取り込もうとした。弘長三年（一二六三）興福寺大乗院円実によって開発が進められたが、南北朝期以降は守護の力が滲透し、室町期には幕府御料所となり、政所執事伊勢氏が年貢を請負い、興福寺には毎年二〇〜三〇石の上分米が納められた。

玉串荘（たまぐしのしょう）

河内郡の荘園。現在の大阪府東大阪市内。平安時代は藤原道長領で、長和四年（一〇一五）隣接の藤原実資領と境界争いを起こした。永承七年（一〇五二）藤原頼通は宇治平等院に当荘を寄進した。以後も殿下渡領として年貢七五〇石の規模を誇った。弘安四年（一二八一）荘内の日吉神人が石清石八幡宮神人と争い、同五年には荘住人が地頭と相論した。「観世系図」によると、観阿弥清次の母は当荘住人橘入道正遠の娘という。正遠は楠木正成の父という。室町期には相国寺領、幕府御料所・平等院領があり、水運の要衝で、土豪水走氏の所領も存在した。

〈和泉〉

大鳥荘（おおとりのしょう）

大鳥郡の荘園。現在の大阪府堺市・高石市付近。暦仁元年（一二三八）北白河院から室町院が伝領。貞応三年（一二二四）伊豆国御家人田代氏が地頭職に補任された。平安末期以来、大鳥郷には摂関家、高陽院大番舎人が約二〇人いて、その雑免田が存在し、かれらは刀禰として村落を支配していた。そのため、鎌倉期から南北朝期に、領家・地頭・大番舎人の三つ巴の争いが起こった。弘安八年（一二八五）田代氏は雑掌と和与し、応長元年（一三一一）に下地中分が行われた。正和元年（一三一二）大番舎人らは「悪党」化し、近隣の勢力を結集し嘉暦元年（一三二六）以後城郭を構えて田代氏に対抗した。のち領家職は河内金剛寺領となり、これに対して持明院統は領家椎野寺が田代氏の三宅四郎利綱を代官とした。田代氏は戦国時代に至るまで在地領主としてその地位を守った。［文献］福田栄次郎「和泉国大鳥庄と地頭田代氏について」『駿台史学』五。

熊取荘（くまとりのしょう）

日根郡の荘園。現在の大阪府熊取町付近。天福二年（一二三四）の文書に荘名初見。建武元年（一三三四）湯浅党の木本氏に地頭職が与えられたが、河内の高向氏の濫妨を蒙り、雑訴決断所の牒を受けている。同五年には南朝の軍の攻撃を受け、貞和四年（一三四八）には楠木正儀の臣橋本氏が荘内雨山城に籠った。一六世紀初頭、守護被官で荘下司高田氏が館を構え、九条家領入山田や日根野の代官職もつとめていた。戦国時代には荘住人らは近隣の郷住民と結び惣郷を形成していた。荘内には土豪で麹商人の中《なか》氏が居り、根来寺成真院と結び加地子を集積した。［文献］三浦圭一『中世民衆生活史の研究』思文閣出版、一九八一。

近木荘（こぎのしょう）

日根郡の荘園。現在の大阪府貝塚市内。地

頭方と領家（国衙）方に中分されていたが、弘安四年（一二八一）両者が高野山金剛峯寺鎮守丹生明神社に寄進された。正応五年（一二九二）の領家方正検田目録案によると、総田数二二七町余、現作田二一三町余、うち雑免田・給免田一七二町余。官衙領・院領・摂関家領・春日社領などが入組んでいた。近木櫛、和泉酢を供進する商工業者や大歌所の十生供御人、内膳司網曳厨供御人が住み、熊野詣の宿泊施設（王子、行宮）もあった。室町時代にも高野山領として維持された。

日根荘（ひねのしょう）

日根郡の荘園。現在の大阪府泉佐野市付近。「日根野荘」とも書く。文暦元年（一二三四）九条道家の立券と見える。建長二年（一二五〇）道家は孫の忠家に譲ったが、開発領主であった九条家の家司源盛長の子孫が下司職を相伝した。延慶・正和（一三〇八―一七）の頃荘内の開発が図られ、正和五年六月の日付を持つ「日根野絵図」が作成された。室町期に入り守護請所となるが、九条家は日根野・入山田二村の年貢を収取するのみであった。文亀元年（一五〇一）九条政基は自ら荘に下向し入山田の長福寺に滞在して直務支配を行った。このときの日記『政基公旅引付』は貴重な史料として知られている。［文献］稲垣泰彦編『荘園の世界』東京大学出版会、一九七三。阿部猛・佐藤和彦編『人物でたどる日本荘園史』東京堂出版、一九九〇。

若松荘（わかまつのしょう）

大鳥郡の荘園。現在の大阪府堺市付近。嘉元四年（一三〇六）の昭慶門院御領目録に所見。のち世良親王を経て臨川寺に寄進され元徳三年（一三三一）に安堵された。年貢三〇〇石の地という。同年、「悪党楠兵衛尉」が当荘に押妨を加えるとの風聞があったが、楠兵衛尉とは楠木正成のこととされる。南北朝期には両派の合戦の場となり、北朝側は領家職を東寺へ、南朝側は摂津保安寺に寄進した。のち応仁・文明年間（一四六九―八七）には細川・畠山両氏の抗争で、たびたび戦場となっている。なお、正平年間（一三四六―七〇）以前からの宮座の記録が残る。

〈摂津〉

杭瀬荘（くいせのしょう）

川辺郡の荘園。現在の兵庫県尼崎市内。猪《い》名《な》川河口近くの砂州（島）を開発して成立した。堀河流藤原氏が領家職を伝領した。鎌倉期に陸地続きになり、隣接の東大寺領猪名荘や比叡山浄土寺門跡領橘御園と相論を起こすようになった。鎌倉末期には春日社御供料所として所見。室町期には天龍寺雲居庵《うんごあん》領とも見えるが、文明一四年（一四八二）には不知行であった。文和三年（一三五四）の領家職得文注文では公田一二町六段余で一七名に分けられていた。

堺　荘（さかいのしょう）

住吉郡の荘園。現在の大阪市住吉区・堺市付近。南北両荘に分かれ、北荘の初見は天福二年（一二三四）。最勝光院領であったが承久没収地となり、大覚寺統を経て南北朝期には住吉社領。南荘は嘉元二年（一三〇四）に天王寺遍照光院領で本所は持明院統。南北朝期住吉社の知行を経て相国寺相崇寿院領となり、応永二六年（一四一九）地下請《じげうけ》で屋地子七三〇貫文であったが長享二年（一四八八）には四〇〇貫文に減少している。一五世紀後半から会合衆による自治が行われるようになり、北荘は菅原神社、常楽寺、南荘は開口《あぐち》神社、念仏寺を鎮守として結合を強めた。戦国期、一〇名の会合衆を頂点とする町衆は海外貿易、倉庫業、為替業、金融業に従い富を蓄え、自治を誇ったが永禄一二年（一五六九）織田信長の支配に屈した。［文献］小西瑞恵『中世都市共同体の研究』思文閣出版、二〇〇〇。

垂水荘（たるみのしょう）

豊島郡の荘園。現在の大阪府吹田市・豊中市付近。文治五年（一一八九）田畠取帳などで九〇町の規模で八六か名より成る。下司が平家与同のため没官領となったが、采女出雲局が根本開発領主の旨を主張し元久元年（一二〇四）に下司職を安堵された。出雲局は公文職・預所職と合わせて三職を知行した。当荘は東寺長者（寺務）に付属した荘園で、現地の支配は下司一族が行っていた。しかし東寺は在地支配をめざして預所・雑掌と現地の勢力としばしば衝突した。室町時代、東寺は幕府の後援を得て在地勢力を排除し下地支配を確保した。康永二年（一三四三）内検帳によると、地積九七町余、現作田三四町余、年貢は七〇石余で東寺の得分は三七石であり、一四一名あり、これが一一番に編成されていた。応永年間（一三九四―一四二八）の洪水を契機に代官請負制となり、永享六年（一四三四）から請負った榎木氏の年額は二〇貫文、のち七貫文に減じ、享禄四年（一五三一）には無実となった。［文献］島田次郎『日本中世村落史の研究』吉川弘文館、一九六六。

鳥養牧（とりかいのまき）

島下郡の牧。現在の大阪府摂津市東部の淀川沿い。古代には右馬寮の牧で、鎌倉時代に入り耕地が開かれた。一四世紀には洞院家、今出川家や守護山名氏の間で支配をめぐって争いがあった。牧内には猿楽座があり、応永年間の活躍の様子が『看聞日記』などから知られる。

福原荘（ふくはらのしょう）

八部郡の荘園。現在の兵庫県神戸市内。平清盛が領家職を有し、仁安二年（一一六七）頃ここに別荘を開いて住んだ。のち平家没官領として源頼朝から一条能保室（頼朝の妹）に譲られ、一条家に伝領された。室町期には守護赤松氏一族が代官として四五〇貫文で請負った。嘉吉の乱（一四四一）のあと守護細川氏被官香川氏が代官となり、文明二年（一四七〇）一条兼良は当荘を春日社・興福寺造営料に寄進した。同一五年の興福寺の得分は、地子・入船・諸公事銭二三一貫文余と米代五九貫余であったが、永正四年（一五〇七）守護代薬師寺氏の押領にあい無実となった。［文献］西岡虎之助『荘園史の研究』上、岩波書店、一九五三。

輪田荘（わだのしょう）

八部郡の荘園。現在の兵庫県神戸市南部。正子内親王家領から最勝金剛院領を経て九条家に伝えられ、建仁元年（一二〇一）には一円不輸荘となる。鎌倉時代東西二荘となり、一三世紀末には東方は下地中分が行われ、西方は地頭請所となった。室町期赤松氏が九〇貫文で請負ったが嘉吉の乱後御料所とされた。

〈伊賀〉

黒田荘（くろだのしょう）

名張郡の荘園。現在の三重県名張市付近。東大寺領。長暦二年（一〇三八）板蝿杣内に開かれた田地六町一八〇歩の東大寺の領有が認められ、のちの黒田本荘となった。公領における出作田などをめぐって国司・郡司・在地領主・興福寺などと紛争が続いた。鎌倉末期から下司・公文・惣追捕使の三職を独占していた大江氏と国内屈指の有力在地領主服部一族を中心とする悪党の活動が始まり、南北朝期にはかれらは南朝方について東大寺と争った。［文献］石母田正『中世的世界の形成』岩波文庫、新井孝重『東大寺領黒田荘の研究』校倉書房、二〇〇一。

玉瀧荘（たまたきのしょう）

阿拝郡の荘園。現在の三重県伊賀市玉滝付近。東大寺領。天徳二年（九五八）東大寺に施入された杣が前身。東大寺は周辺の村々をも寺領化し、国司との間に対立を惹起した。鎌倉初期、建仁元年（一二〇一）四至内の支配が認められた。一四世紀前半には「名誉の悪党」服部持法らの活動が激しく、東大寺の支配は大幅に後退した。

〈伊勢〉

一身田御厨（いっしんでんのみくりや）
奄芸郡の御厨。現在の三重県津市一身田町付近。伊勢神宮領。『神鳳鈔』によると内宮領三六町とあるが、安濃郡の項にも三三町と見え混乱している。一五世紀後半には室町幕府御料所と見え、一六世紀には代官伊勢貞孝の名が見える。

小倭荘（おやまとのしょう）
一志郡の荘園。現在の三重県津市白山町付近。六条院領。鎌倉初期には大江広元が預所であった。建武三年（一三三六）足利尊氏は熊野新宮に祈禱を依頼し施入。応仁元年（一四六七）国司北畠氏を頼って下向した足利義視は当荘内の常光寺に滞在した。戦国時代、北畠氏配下の地侍小倭一揆衆の活動が見られ、荘内にのみ通用する地域的な徳政（在地徳政）を行った。

香取荘（かとりのしょう）
桑名郡の荘園。現在の三重県桑名市多度町香取付近。平安中期に内大臣藤原公季領と見え陽明門院禎子内親王領も知られる。室町期は幕府御料所、幕府奉公衆知行地となり、一部は伊勢神宮領。一一～一三世紀の間、木曽・長良・揖斐川河口の島をめぐって益田荘と争いが続いた。［文献］　網野善彦『日本中世都市の世界』筑摩書房、一九九六。

窪田荘（くぼたのしょう）
奄芸郡の荘園。現在の三重県津市内。摂関家渡領。文治三年（一一八七）に荘名が見え地頭は大江広元。嘉元三年（一三〇五）摂籙渡荘目録には東北院領とあり、免田三〇町、年貢六丈絹三〇〇疋が冷泉頼隆に給されている。地頭職は北条得宗家が領したが滅亡により没官。建武二年（一三三五）伊勢内宮に二一〇町余が寄進された。延文三年（一三五八）荘惣追捕使職をめぐって相論があり、文安五年（一四四八）から二〇余年間、口入米二〇石をめぐって相論があった。

曾禰荘（そねのしょう）
一志郡の荘園。現在の三重県津市安濃町曽根付近。醍醐寺領。天暦二年（九四八）朱雀院により同寺に寄進され、当時の荘田は一四〇町余。平安末期平信兼が預所であったが、平家滅亡により没官。文治三年（一一八七）山内首藤経俊が地頭職に補任された。暦応二年（一三三九）伊勢国光吉地頭落合氏らが荘内に乱入し米・大豆を奪い船を打破した。交通の要衝に当たったので、南北朝期にはしばしば戦場となった。室町期、北畠氏により守護請が行われ、応仁の乱後実質が失われた。［文献］　西岡虎之助『荘園史の研究』下一、岩波書店、一九五六。

智積御厨（ちしゃくのみくりや）
三重郡の御厨。現在の三重県四日市市内。本所は伊勢内宮、領家は中御門家。『神鳳鈔』によると地積一八〇町、上分米一〇石、口入米二〇石。鎌倉末期領家職をめぐって紛争が起こったが、延元元年（一三三六）光明天皇の裁定によって中御門家の一円支配が認められた。しかし、南北朝期には武士の侵略におびやかされ、康応元年（一三八九）から約一世紀にわたり西大寺末寺大日寺と相論を展開、さらに康正二年（一四五六）から文明一八年（一四八六）にかけて嵯峨大慈庵との間にも相論があった。

林西荘（はやしにしのしょう）
奄芸郡の荘園。現在の三重県津市芸濃町林付近。鎌倉前期から九条家領。地頭職は北条得宗領。幕府滅亡により没官。建武二年（一三三五）伊勢神宮に寄進された。室町期にはしだいに実質を失い、天正一三年（一五八五）には九条家の不知行所領分と見える。

眞弓御厨（まゆみのみくりや）
飯高郡の御厨。現在の三重県松阪市内。伊勢神宮領で『神鳳鈔』には杣二〇町とのみ見える。建武元年（一三三四）波多野景氏が当御厨地頭職を安堵されたが、御厨内の百姓等が悪党と与同して濫妨をはたらき、文和五年（一三五六）に将軍足利義詮の命をうけ仁木右京大夫が濫妨人の排除を命じている。

〈志摩〉

麻生浦御厨（おうのうらのみくりや）

答志郡の御厨。現在の三重県鳥羽市内。もと斎宮寮領で長和二年（一〇一三）神宮朝夕御饌料所となったと伝える。のち平家没官領となり、貞永（一二三二―三三）以後田河隆村が地頭職に補任されたが、神宮の要求により地頭職は停止された。しかし神宮による支配は必ずしも安定しなかった。

〈尾張〉

安食荘（あじきのしょう）

春部郡の荘園。現在の愛知県名古屋市・春日井市付近。延喜一四年（九一四）醍醐寺に施入されたことに始まる。一二世紀半ばの検注帳によると、総田数は一六〇余町で、定田一〇四町三段余。畠地一一八町余は他領で、醍醐寺は桑の代糸八七両余を収取した。在家六〇余宇。承久の乱（一二二一）以後新補地頭との対立が続いたが、天福元年（一二三三）以後、それに加えて醍醐寺座主職をめぐる争いが起こり、荘の伝領そのものが争われることになった。弘安年間（一二七八―八八）から、荘内に名主職を持つ毛受《めんじょう》氏が二〇〇貫文で年貢を請負った。南北朝期にも前公文の濫妨や、荘内名田をめぐる三宝院と成身院の間の争いがあった。応永三四年（一四二七）等持院領柏井荘との間に堺相論が起こり、このとき絵図がつくられている。応仁の乱頃、荘名は見えなくなる。

大成荘（おおなりのしょう）

海西郡の荘園。現在の愛知県愛西市立田町付近。伊勢国多度神宮寺領で、元亨四年（一三二四）土帳目録によると田数一八町余。建治三年（一二七七）以後荘務権は東寺執行が握っていたが、鎌倉末には下地中分が行われていた。弘安八年（一二八五）年貢の一部が西院御影供《みえいぐ》に宛てられてから供僧が荘務に介入し、一四世紀後半には領家方所務職は供僧の手に渡った。しかし実際には在地の土豪や守護被官による代官請負が行われ、在地の実務は公文によって担われていた。康暦（一三七九―八〇）頃、公文は荘の堤数か所を修築している。［文献］網野善彦『中世東寺と東寺領荘園』東京大学出版会、一九七八。

小弓荘（おゆみのしょう）

丹羽郡の荘園。現在の愛知県犬山市付近。「良峯氏系図」によると、正暦年中（九九〇―九五）に良峯季光または惟光が所領を藤原道長に寄進して成立。鎌倉期には近衛家領。平安末期に開発された部分は別に立荘されたが、荘園整理令の対象となった。旧来の荘園は小弓本荘と呼ばれた。鎌倉前期に地頭（大内惟義か）との対立があり、一四世紀後半には守護土岐氏の圧迫を受け、至徳二年（一三八五）近衛道嗣は領家職を楞伽寺に寄進したが、これはのち東福寺塔頭海蔵院に伝わった。

海東荘（かいどうのしょう）

海東郡・中島郡の荘園。現在の愛知県甚目寺町・美和町・稲沢市にわたる。上・中・下荘から成り海東三箇荘と称された。蓮華王院領で領家は平頼盛であった。のち上・中荘は久我家に、下荘は冷泉局を経て久我家に入った。承久の乱後、地頭職は関東御家人小山氏が持ったが、建武期には久我家が兼帯。のち上荘は平賀氏、中荘は真如寺が地頭職を有した。

黒田荘（くろだのしょう）

葉栗郡の荘園。現在の愛知県一宮市木曽川町黒田付近。室町院領。弘安六年（一二八三）初見。室町期には伏見宮領。当荘南方領家職は応永二年（一三九五）相国寺領となり、以後、諸役は相国寺塔頭常徳院沙汰として伏見宮に納入された。天文二年（一五三三）法金剛院領として見え、田一八一町六段余、畠二七町とある。

篠木荘（しのぎのしょう）

春部郡の荘園。現在の愛知県春日井市・小牧市付近。天養元年（一一四四）立券。のち美福門院―後白河法皇へ伝領され長講堂領となり、領家職は宣陽門院—後深草上皇へ伝わる。地頭職は一三世紀半ばから北条得宗家領。正応六年（一二九三）円覚寺造営料となる。国衙領や熱田社領も含まれていたので、円覚寺との間に紛争が起こった。一四世紀末には円覚寺領としての実質は失われた。［文献］網野善彦『日本中世土地制度史の研究』塙書房、一九九一。

富田荘（とみだのしょう）

海東郡の荘園。現在の愛知県名古屋市・蟹江町・大治町・七宝町付近。寛治（一〇八七—九四）年間に四至を定めたと見え、康和五年（一一〇三）右大臣藤原忠実は平季政を下司職に補任。季政は開発領主であろう。鎌倉期の領家は近衛家。地頭職は、弘安六年（一二八三）北条得宗家から円覚寺に寄進され、円覚寺の得分は米一四二八石八斗、絹・糸・代銭一五〇六貫八六八文であった。隣接する一楊御厨余田方との間に正和四年（一三一五）～貞和五年（一三四九）堺相論が行われ、円覚寺には著名な絵図が所蔵されていて、重要な情報を提供している。応永八年（一四〇一）幕府政所頭人伊勢氏所領上総国三ヶ郷と交換され、円覚寺の支配は終わった。領家近衛家は明応三年（一四九四）に分銭三〇貫文を受領したが以後記録は見えない。

長岡荘（ながおかのしょう）

中島郡の荘園。現在の愛知県稲沢市祖父江町、岐阜県安八郡南部、海津郡北部、羽島市付近。一一世紀末の立荘。建長五年（一二五三）の相伝系図によると、本家職は藤原頼通—同寛子（四条宮）—同忠実—高陽院—藤原忠通—同基実と伝えられ近衛家領。地頭は、鎌倉期に長瀬次郎、佐々木信綱、宮盛氏が保有した。建永元年（一二〇六）～元亨二年（一三二二）の間、隣接の堀尾荘との間に堺相論が起こった。［文献］網野善彦『日本中世土地制度史の研究』塙書房、一九九一。

鳴海荘（なるみのしょう）

愛知郡の荘園。現在の愛知県名古屋市緑区鳴海町付近。内裏御料所であったが、延文二年（一三五七）醍醐寺三宝院に付けられた。応永三三年（一四二六）幕府・三宝院と朝廷の間で相論があり、内裏御料所とする旨の和解が行われたらしいが、のちの醍醐寺所領目録には三宝院領として当荘の名が見える。［文献］同前。

杜　荘（もりのしょう）

海東郡の荘園。現在の愛知県甚目寺《じもくじ》町付近。治承四年（一一八〇）藤原聖子（皇嘉門院）から九条良通に譲られた。のち宣秋門院—九条道家と伝えられた。室町期の領家は青蓮院。地頭職は、鎌倉後期は北条得宗家領、建武二年（一三三五）には南禅寺領であった。［文献］同前。

〈三河〉

吉良荘（きらのしょう）

幡豆郡の荘園。現在の愛知県西尾市・吉良町・一色町付近。保元（一一五六—五八）の頃藤原忠通から娘の皇嘉門院聖子に伝えられた。東条と西条に分れ治承元年（一一七七）西条預所職は藤原参子に安堵された。皇嘉門院—九条良通—宣秋門院任子—九条道家と伝えられた。地頭職は足利義氏の子孫が相伝した。応仁の乱後は今川氏の支配下にあり、同氏滅亡後は松平元康が入部した。

高橋荘（たかはしのしょう）

加茂郡の荘園。現在の愛知県豊田市付近。平安末期に八条院領として所見。下司・地頭職は高橋氏—長田氏（平家々人）—小野氏と変わり、承久の乱（一二二一）後に中条家長に移り、この一族が相伝した。領家職は足利氏から曇花院領に移り、中条氏は東・西・北方の三方に代官を置いて支配したが、応仁の乱後は被官らに領所を奪われた。

〈遠江〉

池田荘（いけだのしょう）

磐田郡の荘園。現在の静岡県磐田市豊田付近。嘉応二年（一一七〇）太皇太后宮権大夫から山城国松尾神社に寄進され翌年の立券状に荘名初見。田数三八五町（うち見作田二六一町）、畠一六四町・野五八町・河三〇余町・浜二町余・河原四〇余町・在家五〇宇の広大な荘園で、美園御厨・羽鳥荘・蒲御厨・川勾荘などと堺を接し相論が絶えなかった。当初の東境は天龍川であったが河道が西へ寄ったため荘の中央を同川が流れる形となった。荘の中を東西に東海道が通り、天龍川の渡河は難所とされ、渡河地点には池田宿が成立し繁栄していた。南北朝期、足利尊氏が地頭職を持っていた。［文献］金田章裕『微地形と中世村落』吉川弘文館、一九九三。

蒲御厨（かばのみくりや）

長上郡の御厨。現在の静岡県浜松市付近。伊勢神宮領。永保元年（一〇八一）の遠江国牒に初見。蒲神明宮の神官蒲氏が開発し内宮に寄進したのに始まる。『神鳳鈔』には「蒲御厨　内宮三十石、五百五十町」と見える。鎌倉時代、地頭は北条氏、地頭代は在地の蒲（源）氏。南北朝期は岩松経家―高師泰と伝えられ、のち幕府御料所となり、明徳二年（一三九一）足利義満により東大寺に寄進された。これに対して神宮側は不満を唱え相論があった。室町後期には守護斯波氏の被官応島氏による請負代官制がとられていたが、享徳元年（一四五二）東大寺は応島氏の非法を訴えている。戦国時代には今川氏の直轄領であった。［文献］菊池武雄「戦国大名の権力構造―遠州蒲御厨を中心として―」『歴史学研究』一六六。

鎌田御厨（かまたのみくりや）

山名郡の御厨。現在の静岡県磐田市福田付近。伊勢神宮領。康和四年（一一〇二）の文書に初見。『神鳳鈔』によると、地積一一〇町、内・外宮に上分絹二一疋を納めた。正平七年（一三五二）国人松井助宗が御厨内の地を与えられ、在地で勢威を振った。永正一〇年（一五一三）今川氏親より松井山城守に領家分が与えられた。

質侶荘（しとろのしょう）

榛原郡の荘園。現在の静岡県島田市金谷付近。大治三年（一一二八）文章博士藤原永範が質侶牧の本家職を円勝寺に寄進し、年貢三〇〇石を進上し、自らは領家職、預所職を保留した。円勝寺は質侶荘として立券。水田二〇九町（うち現作一八六町）、畠一二六町（うち見作七五町）、原二一〇町、山五四七町、野二九一町、河原二六〇町、在家二一八宇の広大な荘園で、荘内質侶郷の賦課は、見米一〇〇石、白布三〇段、湯日郷は見米一〇〇石、白布二〇段であった。鎌倉時代を通じて円勝寺領で、室町時代には円勝寺の領家職の半分が清和院に寄進された。

初倉荘（はつくらのしょう）

榛原郡の荘園。現在の静岡県島田市・大井川町付近。長承元年（一一三二）美福門院から高野山へ寄進され年貢米一三六〇石余。美福門院のあとは鎌倉末まで八条院領。永仁七年（一二九九）亀山上皇から南禅寺に寄進された。駿・遠両国の境に位置したため守護大名今川氏の侵略を受け、寛正二年（一四六一）には守護半済の地とされた。文亀元年（一五〇一）には守護に押領され荘園としての実質は失われた。［文献］黒田日出男『日本中世開発史の研究』校倉書房、一九八四。

原田荘（はらだのしょう）

佐野郡の荘園。現在の静岡県掛川市付近。東寺最勝光院領。弘長三年（一二六三）の荘内細谷村正検取帳案に初見し田数四七町七段（うち見作田三七町四段）。永仁三年（一二九五）下地中分が行われ、最勝光院は細谷郷の本家職・領家職を持ち、本郷については随心院に領家職が付与された。正中二年（一三二五）頃には本年貢四五〇石（代銭七六貫文）は四五貫文に減少した。室町期には代官請負により請負額約二〇貫文が納入されるにすぎなかった。

〈駿河〉

大岡荘（おおおかのしょう）

駿河郡の荘園。現在の静岡県沼津市付近。古代の官牧が私領化し開発され荘園化したもの。在地領主牧宗親の寄進にかかり本家職は後白河院、領家職は平頼盛。北条氏滅亡ののち岩松経家が領有した。戦国時代、当荘には上下商人道者問屋があった。

蒲原荘（かんばらのしょう）
庵原《いはら》郡の荘園。現在の静岡県静岡市清水区蒲原付近。『吾妻鏡』文治四年（一一八八）七月条に初見。金剛心院領。承久三年（一二二一）源雅清は領家職を石清水八幡宮に寄進した。室町時代には幕府料所で、応永七年（一四〇〇）足利義満は当荘を守護今川泰範に預けた。

益頭荘（ましづのしょう）
益頭郡の荘園。現在の静岡県藤枝市・焼津市付近。文治三年（一一八七）に、本家は円勝寺、領家は故藤原信業、地頭は北条時政。暦応四年（一三四一）摂津親秀は当荘を阿子丸と後家に譲っている。康暦元年(一三七九)守護不入地となる。応永年間（一三九四—一四二八）守護の圧力、被官人の押妨、堺争論があった。文明一〇年（一四七八）には仁和寺領と見える。

〈伊豆〉

河津荘（かわずのしょう）
賀茂郡の荘園。現在の静岡県河津町付近。応永三年（一三九六）上杉憲定（守護）領として初見。荘内の林際寺に五貫四〇〇文が寄進された。天正一四年（一五八六）高源院に二〇貫文が寄進された。戦国期には後北条氏家臣に分割給与されていた。

仁科荘（にしなのしょう）
那賀郡の荘園。現在の静岡県西伊豆町付近。貞永元年（一二三二）飢饉に見舞われ出挙米三〇石を給された。応永三年(一三九六)上杉憲定（守護）領となり、同十四年の宣陽門院領目録に年貢白布七〇〇段と見える。

三津荘（みとのしょう）
田方郡の荘園。現在の静岡県沼津市内。応安七年（一三七四）荘内四か村が浄光明寺慈光院領となる。役夫工米以下諸役免除の特権を得たが応永年間（一三九四—一四二八）材木運送夫役を賦課されている。荘内に上杉憲定（守護）所領もあった。

安久保（やすひさのほ）
田方郡の保。現在の静岡県三島市内。延元三年（一三三八）北畠顕家は三島神社に寄進。一五世紀半ば頃は京都の正瞭院領であった。

〈甲斐〉

甘利荘（あまりのしょう）
巨摩郡の荘園。現在の山梨県韮崎市・南アルプス市付近。平治元年（一一五九）宝荘厳院領、四丈白布五〇段と見え、領家職は藤原忠房。甲斐源氏一条氏の本拠で、一条行忠は甘利氏を称した。同氏没落後は北条得宗領となる。戦国時代には武田一族の甘利氏が館を構えていた。

大井荘（おおいのしょう）
巨摩郡の荘園。現在の山梨県櫛形町付近。摂関家領。鎌倉初期小笠原朝光が住み大井朝光を名乗った。南北朝期から武田一族の大井氏が国人領主化し武田信虎と姻戚関係を結んだ。

逸見荘（へみのしょう）
巨摩郡の荘園。現在の山梨県韮崎市付近。建長五年（一二五三）近衛家所領目録に見える。もと牧であった。甲斐源氏の拠点のひとつ。建武四年（一三三七）足利直義から二階堂政頼に地頭職を宛行った。観応擾乱（一三五〇）のとき高師冬は逸見孫六とともに逸見城にたて籠った。

〈相模〉

愛甲荘（あいこうのしょう）
愛甲郡の荘園。現在の神奈川県厚木市南部。寛元元年（一二四三）山内首藤清俊が領主職を譲られたと見え、文和元年（一三五二）足利尊氏が地頭職を松浦氏・本郷氏に宛行った。応永三年（一四四九）頃は山内上杉氏の所領。

大井荘（おおいのしょう）
足柄上郡の荘園。現在の神奈川県大井町・開成町から小田原市にわたる。文治四年（一一八八）京都延勝寺領と見える。在地の支配は和田氏が行っていたが、和田合戦後は二階堂行村に替わる。同氏の支配は戦国期まで続き篠窪氏を称し、後北条氏家臣となった。

大友荘（おおとものしょう）
足柄上郡の荘園。現在の神奈川県小田原市内。豊後大友氏の名字の地である。大友氏始祖能直以来応仁の乱以前まで同氏惣領家に相伝された。文和二年（一三五三）以降領家は鶴岡八幡宮。

大庭御厨（おおばのみくりや）
高座郡の御厨。現在の神奈川県藤沢市から茅ヶ崎市にかけて。住人平景政の先祖相伝の地で伊勢神宮に寄進、長治（一一〇四―〇六）年間に浮浪人を招き居《す》えて開発したという。天養元年（一一四四）に作田九五町、四万七七五〇束という。神宮への供進物は籾四〇〇石、白布一三段、長鮑《ながあわび》五〇〇帖であった。鎌倉末には一五〇町の規模であった。大庭氏名字の地であるが、建暦三年（一二一三）失脚ののち三浦氏、宝治元年（一二四七）三浦氏滅亡後は北条得宗領となったと思われる。幕府滅亡後、佐々木秀綱、太田持資、結城氏、上杉氏と支配者が替わった。応仁乱頃伊勢神宮の支配の実質は失われたとみられる。［文献］石井進『鎌倉武士の実像』平凡社、一九八七年。

糟屋荘（かすやのしょう）
大住郡の荘園。現在の神奈川県伊勢原市内。久寿元年（一一五四）安楽寿院領として立券。承久（一二一九―二二）頃の注文によると源雅清領で田地一九八町余、畠五五町余。在地の糟屋氏名字の地。比企氏の乱（一二〇三）後北条氏の領となる。延文二年（一三五七）領家職は源通春から中務大輔に譲与され、応永三年（一三九六）久我具通が領家職を主張している。上杉氏憲による横妨を受けていたか。文明一八年（一四八六）荘内の扇谷上杉定正の館で太田道灌が暗殺された。

狩野荘（かりののしょう）
足柄上郡の荘園。現在の神奈川県南足柄市内。暦応四年（一三四一）荘名初見。摂津氏の所領。荘内を足柄道（古代東海道）が通り、大和田には「宿」があった。荘内の関東公方領は大森氏の管領するところであったが、奴田郷は浄光明寺領であった。永禄（一五五八―七〇）頃には小田原衆の松田左馬助が知行していた。

渋谷荘（しぶやのしょう）
高座郡の荘園。現在の神奈川県綾瀬市付近。御家人渋谷氏名字の地。ここを中心として一族は勢力を拡大したが、和田合戦（一二一三）で渋谷荘を没収される。しかし一族の勢いは失われず、寛元三年（一二四五）の渋谷定心置文にも所領として所見。渋谷氏は宝治合戦（一二四七）の功により薩摩国入来院《いりきいん》に地頭職を与えられ、一族はその地に本拠を移していった。

成田荘（なりたのしょう）
足柄下郡の荘園。現在の神奈川県小田原市内。摂関家領であったが藤原頼長が保元の乱（一一五六）で没して没官領となり後院領となる。領家職は天台座主昌雲―大宮院（後嵯峨天皇皇后）―昭慶門院（亀山天皇皇女）―世良《よよし》親王（後醍醐天皇皇子）と伝えられ、のち天龍寺に寄進され至徳四年（一三八七）年貢銭五四貫文であった。正慶元年（一三三二）の臨川寺寺領目録によると領家年貢一〇〇貫文が地頭に押妨されていた。荘内成田郷地頭職は鎌倉・室町期を通じて小早川氏庶子家が保持していた。［文献］西岡虎之助『荘園史の研究』下一、岩波書店、一九五六年。

波多野荘（はたののしょう）
餘綾郡の荘園。現在の神奈川県秦野市付近。摂関家領。御家人波多野氏名字の地。元弘三年（一三三三）荘内の一部は鎌倉浄光明寺領。一四～一五世紀には諸公事免除、守護使不入が認められた。

早川荘（はやかわのしょう）
足柄下郡の荘園。現在の神奈川県小田原市内。一一世紀末に早川牧として所見。平安末期に開発が進み荘園として成長。建仁二年（一二〇二）下地中分が行われ、田地一四〇町六段が箱根権現に寄進された。荘内一得名は山内首藤氏の領するところであった。［文献］竹内理三「相模国早河荘」（1）（2）『神奈川県史研究』八、九号。

毛利荘（も（う）りのしょう）

愛甲郡の荘園。現在の神奈川県愛川町から厚木市にかけての地。毛利氏名字の地。『吾妻鏡』治承五年（一一八一）正月条に荘名初見。当初は大江氏の支配下にあった。南北朝期以降、郷・村に分割され荘としてのまとまりを欠いた。戦国時代、一部は春日社領であった。

山内荘（やまのうちのしょう）

鎌倉郡の荘園。現在の神奈川県鎌倉市から横浜市にわたる地。山内首藤氏、山内上杉氏名字の地。一二世紀前半に山内首藤氏により開発されたらしい。鎌倉初期、後白河上皇から宣陽門院に伝領された。応永一四年（一四〇七）の院領目録によると年貢不済であった。

〈武蔵〉

稲毛荘（いなげのしょう）

橘樹郡の荘園。現在の神奈川県川崎市から東京都大田区にかかる地。稲毛氏名字の地。承安元年（一一七一）検注目録に荘名初見。九条家領。平治元年（一一五九）には本田二〇六町六段余、除田一七町五段、承安元年には現作田二六二町六段余、荒田一町二段、新田五五町六段余、除田一三町八段余、神田一町二段で、開発の進行がうかがわれる。本・新二荘に分かれ、本荘は皇嘉門院―九条良通―延暦寺大乗院と伝領、新荘は良通から宣秋門院に渡った。承久三年（一二二一）には領家職は関東御領。室町期には荘内の郷が分立し一八郷と見える。［文献］石井進『鎌倉武士の実像』平凡社、一九八七年。

小山田荘（おやまだのしょう）

多磨郡・都築郡の荘園。現在の東京都町田市から神奈川県川崎市・相模原市・大和市にわたる地。小山田氏名字の地で、同氏は馬牧の別当であった。元久二年（一二〇五）の畠山一族謀殺事件のあと小山田氏は衰退し、貞治三年（一三六四）荘内の一部は御仁々局に安堵されさらに鎌倉円覚寺黄梅院に寄進された。その後上杉氏の所領となり、小山田保と称されていた。

熊谷郷（くまがやのごう）

大里郡の郷。現在の埼玉県熊谷市内。御家人熊谷氏名字の地。鎌倉初期に検注が行われ名寄帳が作られ熊谷直国の堀内分が免除されている。鶴岡八幡宮領であろう。承久の乱（一二二一）の恩賞地として安芸国三入荘を得たのちも室町時代まで熊谷氏本貫地として残った。［文献］鈴木哲雄『中世日本の開発と百姓』岩田書院、二〇〇一年。

小机荘（こづくえのしょう）

橘樹郡の荘。現在の神奈川県横浜市内。鎌倉初期、御家人佐々木泰綱が開発につとめた。室町時代、鶴岡八幡宮領、摂津満親所領が荘内にあった。史料上は「小机郷」「小机保」とも見える。

榛谷御厨（はんがやのみくりや）

久良岐郡・都築郡の御厨。現在の神奈川県横浜市内。秩父一族榛谷氏名字の地。保安三年（一一二二）御厨として初見。建久三年（一一九二）給主は故藤原成範で地積二〇〇町、供祭物白布三〇段。畠山一族滅亡後五条局領となり、西園寺家に伝えられたらしい。南北朝期には岩倉の実相院門跡が管領する南瀧院領と見える。

船木田荘（ふなきだのしょう）

多磨郡の荘園。現在の東京都八王子市・日野市付近。仁平四年（一一五四）の文書に初見。摂関家領で、南北朝以降は東福寺領。建長二年（一二五〇）以前から地頭請所。延慶二年（一三〇九）預所は二条頼藤。一四世紀後半の本荘年貢は三八貫余、新荘三四貫余。応永二六年（一四一九）頃在地土豪による年貢抑留が始まった。

六浦荘（むつらのしょう）

久良岐郡の荘園。現在の神奈川県横浜市

内。『吾妻鏡』宝治元年（一二四七）六月条に荘名初見。六浦氏名字の地。和田合戦（一二一三年）で同氏滅亡後北条氏所領となっていた。北条（金沢）実時は荘内金沢郷に居を移し、ここに称名寺を建立。荘内には鎌倉の外港六浦津があり内国および外国貿易の拠点となった。

〈安房〉

群房荘（ぐんぼうのしょう）
平群郡・安房郡の荘園。現在の千葉県館山市付近。新熊野《いまくまの》社領（領家）。永暦（一一六〇―六一）年間後白河院の寄進による。預所は平基親―大納言局。鎌倉時代から荘内に上賀茂社領が存在した。南北朝以降、醍醐寺遍照院頼印に譲与され、また下地は鎌倉瑞泉寺に寄進された。遍照院雑掌と瑞泉寺雑掌の間に相論があり、領家職は遍照院、下地は鶴岡八幡宮雑掌に付けられた。

〈上総〉

畔蒜荘（あびるのしょう）
畔蒜郡の荘園。現在の千葉県君津市・木更津市・袖ヶ浦市の一帯。ほぼ旧畔蒜郡の全域。もと上総介広常の所領か。地頭職は熊野山領。領主職は山内首藤清俊領と見える。弘安六年（一二八三）荘内亀山郷は北条時宗から円覚寺に寄進され、神宮役夫工米・津々関料賃などが免除された。応永元年（一三九四）禁裏御料所となる。

伊北荘（いほうのしょう）
夷灊郡の荘園。現在の千葉県いすみ市付近。金剛心院領。上総介広常領であったが、滅亡後地頭職は和田義盛―三浦胤義と移った。南北朝期、佐々木道誉が地頭職を有し、のち荘の三分の二は幕府直料となった。

金田保（かねだのほ）
望東郡の保。現在の千葉県木更津市内。文和三年（一三五四）頃、鎌倉の明王院五大堂鎮守春日社が正税得分権を持っていた。上総国衙領の分割されたもの。室町期には金沢称名寺領、円覚寺領、岩松氏領などが存在した。

菅生荘（すごうのしょう）
望陀郡の荘園。現在の千葉県木更津市内。本家職は近衛家領、領家職は勝長寿院領。一三世紀後半、地頭は菅生氏と見える。永享七年（一四三五）荘内梁郷住人に鋳物師和泉権守藤原光吉の名が見える。

与宇呂保（ようろのほ）
市原郡の保。現在の千葉県市原市付近。鎌倉末期、金沢氏の所領で、称名寺は一二石余の年貢を得ていた。南北朝期には足利一族の彦部氏―小笠原一族の臼田氏の知行地。

〈下総〉

葛西御厨（かさいのみくりや）
葛飾郡の御厨。現在の東京都東部。伊勢神宮領。永万元年（一一六五）以前に本領主葛西清重が神宮に寄進して成立したと伝えるが疑わしい。応永五年（一三九八）田数注文写には惣田数一一三六町五段と見える。領家口入職は度会氏に伝領され、本家職は摂関家から天皇家へ伝えられた。［文献］鈴木敏弘「下総国葛西御厨の成立と伝領」（『日本社会史研究』二三号）。

木内荘（きのうちのしょう）
海上郡の荘園。現在の千葉県香取市付近。文治二年（一一八六）の文書に二位大納言家領とある。千葉氏一族の木内氏が在地の領主であった。香取社領とも見える。

下河辺荘（しもこうべのしょう）
葛飾郡の荘園。現在の茨城県古河市、埼玉県栗橋町・松伏町・春日部市・越谷市付近。下河辺氏名字の地。上・下・新の三荘に分かれた。本家職は八条院から藤原良輔―永嘉門院へ伝領され、在地の支配は下河辺氏―北条氏へと移った。水郷地帯で水損も多く、建長五年（一二五三）幕府は堤防の修固を命じている。室町時代は古河公方の料所。荘内には彦名・鶴曽禰・行徳の関があり、至徳四年（一三八七）に香取社領、応永二六年

（一四一九）彦名関は鶴岡八幡宮領であった。

三崎荘（みさきのしょう）

海上郡の荘園。現在の千葉県銚子市・旭市付近。治承四年（一一八〇）皇嘉門院から九条良通に伝えられた。建久八年（一一九七）に香取社造営役として米八〇石を負担し、本荘加納分は一五〇石を負担。正治元年（一一九九）藤原定家に本荘下級所職（預所職?）を給与されたが、所務困難で、定家は翌年辞退した。在地領主片岡氏は文治元年（一一八五）の佐竹氏の謀反に坐して知行を失っている。

〈常陸〉

小鶴荘（こづるのしょう）

茨城郡の荘園。現在の茨城県笠間市・茨城町にわたる。九条家領。治承四年（一一八〇）の皇嘉門院処分状に荘名初見。弘安二年（一二七九）の作田惣勘文案では四〇〇町歩と見える。立荘は常陸平氏によると思われるが、鎌倉初期本宗の没落により地頭職は八田氏に移った。室町時代には宍戸荘とも呼ばれた。

信太荘（しだのしょう）

信太郡の荘園。現在の茨城県土浦市・稲敷郡・新治郡にまたがる。仁平元年（一一五一）池禅尼が美福門院に寄進して立荘。弘安・嘉元の大田文によると六二〇町の大荘園。のち八条院領。文保二年（一三一八）領家職が東寺に寄進された。地頭職は小田氏から北条政村の子孫へ渡り、室町時代には幕府御料所となった。［文献］網野善彦『中世東寺と東寺領荘園』東京大学出版会、一九七八年。

下妻荘（しもつまのしょう）

新治郡の荘園。現在の茨城県下妻市付近。「村田下荘」とも称された。領家は九条家。地頭職は開発領主下妻氏の保持するところであったが、鎌倉幕府成立後、下妻氏は没落、下野国の小山氏に替わった。弘安二年（一二七九）に三七〇町の規模で所見。南北朝期以降の様子は不明。

中郡荘（ちゅうぐんのしょう）

新治郡の荘園。現在の茨城県桜川市付近。旧郡の解体によって生じた新治中郡の荘園化したもの。藤原頼経（師通の子）の子孫が郡司職を有し、長寛二年（一一六四）頼経の養子経高は蓮華王院に寄進した。弘安二年（一二七九）の作田惣勘文案によると三八二町六段余の規模。地頭中郡氏は貞永年間（一二三二—三三）職を没収され、地頭職は安達氏に移り、霜月騒動（一二八五年）で安達氏が没落すると本荘は得宗領となった。室町時代は幕府御料所で、政所執事伊勢氏に預け置かれた。［文献］網野善彦『日本中世史料学の課題』弘文堂、一九九六年。

東条荘（とうじょうのしょう）

信太郡の荘園。現在の茨城県稲敷市付近。旧信太郡の東半分に相当する。立荘の経緯は未詳。弘安一〇年（一二八七）頃熊野速玉社領であった。この頃作田二七〇町余。地頭は常陸平氏東条氏。南北朝期、北畠親房が東条浦に漂着し荘内の神宮寺城などを転々とした。霞ヶ浦・香取浦の水上交通に関わる要津であった。

真壁荘（まかべのしょう）

真壁郡の荘園。現在の茨城県桜川市の付近。平安末期常陸平氏平長幹が郡司として郡内に所領を形成したのに始まる。正和元年（一三一二）領家職は幕府領となる。本家は鹿島社。一五世紀には一時、室町幕府御料所となったか。

〈近江〉

伊香立荘（いかだちのしょう）

滋賀郡の荘園。現在の滋賀県大津市内。本所は青蓮院、領家は無動寺。貞応元年（一二二二）青蓮院得分は六〇石、同じ頃無動寺領は一五〇石ほか。山地で炭焼が行われ炭の上納があった。堺を接する葛川《かつらがわ》との間に堺相論が絶えなかった。元応元年（一三一九）には伊香立から葛川に山手を支払うことになっていたが、その後も争いは続いた。［文献］下坂守「葛川・伊香立庄相論考」（『史林』六七—二）。

大浦荘（おおうらのしょう）

浅井郡の荘園。現在の滋賀県西浅井町内。皇室領だったが、元慶五年（八八一）墾田二八町が延暦寺文珠院に寄進され、のち円満院領となる。永仁三年（一二九五）隣接の菅浦荘と日指諸川の畠をめぐって争い、以後百年余続いた。文安二年（一四四五）には両荘は合戦に及び、寛正二年（一四六一）にも争った。室町期の領主は日野家。［文献］赤松俊秀『古代中世社会経済史研究』平楽寺書店、一九七二年。

奥島荘（おくしまのしょう）

蒲生郡の荘園。現在の滋賀県近江八幡市内。承保元年（一〇七四）の文書に初見。中世を通じて延暦寺領。津田荘とあわせて「大島・奥津島荘」と連称される。早くから荘民の惣的結合が見られ、弘長二年（一二六二）「庄隠規文」は現在最古の惣掟として知られる。琵琶湖での魞《えり》漁をめぐって隣接の諸荘と相論を惹起した。有力荘民による宮座の存在も認められる。［文献］萩原龍夫『中世祭祀組織の研究』吉川弘文館、一九六二年。

押立保（おしたてのほ）

愛智郡の保。現在の滋賀県東近江市北菩提寺町付近。主殿寮領で、小槻氏が知行していた。得分は米一〇〇石と油三石六斗余。承久二年（一二二〇）平時基は地頭請所で年貢八八石。南北朝期には半済が適用され、永徳元年（一三八一）一円返付されたが、嘉吉元年（一四四一）の年貢は二〇石（京着は一四石）にまで減少し、文明（一四六九〜八七）頃には有名無実となっていた。

柿御園（かきのみその）

神崎郡の薗。現在の滋賀県東近江市御園付近。摂関家領として成立。建長五年（一二五三）所領目録では、本所が近衛家、預所は兵部卿入道。一四世紀初頭から愛知川からの取水をめぐって鯰江荘など近隣荘園との間に相論が起こった。永和元年（一三七三）守護京極氏により兵粮料所とされたが一五世紀末の将軍による六角氏討伐により知行を回復し、長享二年（一四八八）に二〇八貫、延徳三年（一四九一）に一〇八貫の年貢を収取している。しかし、そのあと近衛家による支配は急速に衰えた。

柏木御厨（かしわぎのみくりや）

甲賀郡の御厨。現在の滋賀県甲賀市水口町宇田付近。文治三年（一一八七）伊勢外宮領となり、建久三年（一一九二）の供祭物上分米三石、正月節句神事直会料米二〇石。元徳三年（一三三一）の現作田は五か郷で二九八町に及んだ。鎌倉期に金沢称名寺が米・銭を収取しており、金沢氏及び同寺が何らかの関わりを持っていたと思われる。南北朝期から在地の山中氏が惣郷検断職を伝領し保司職に任じた。室町期には鹿苑院や西芳寺また飛鳥井家と関わりを持ち、とくに文明年間飛鳥井雅通は柏木に住み柏木禅門と称された。［文献］湯沢典子「中世後期在地領主層の一動向—甲賀郡山中氏について—」（『歴史学研究』四九七号、一九八一年）。

堅田荘（かただのしょう）

滋賀郡の荘園。現在の滋賀県大津市内。一一世紀には鴨御祖社の御厨。一三世紀に佐々木信綱が地頭であった。一五世紀には横川楞厳院領。琵琶湖岸の要津で、荘内には山門支配の湖上関があり関務の一部は堅田の支配。荘内の本福寺を中心として多くの門徒を抱え一向一揆の拠点となった。［文献］新行紀一「中世堅田の湖上特権について」（『歴史学研究』三四九号）。

葛川（かつらがわ）

志賀郡の荘園。現在の滋賀県大津市内。山間の荘園で、平安初期に開かれたと伝え、志古渕明神を勧請して地主神とし、これが天台修験の別院道場としてのちに明王院となる。荘の成立には青蓮院、無動寺が関与し、無動寺の支配がつよかった。鎌倉期、葛川には明王院に勤仕する住人とそれ以外の浪人の二つの身分があった。山間の地であり、山林資源をめぐって近隣の荘園との間に争いが絶えず、とくに伊香立荘と激しい相論を展開した。一四世紀以降、垣内を中心に開発が進み、上・中・下の三村が形成されていく。［文献］榎原雅治「中世前期村落の一特質について」（『歴史学研究』五二七号、一九八四年）坂田聡「中世村落共同体の構造とその変化について」（『歴史評論』四二八号、一九八五年）。

朽木荘（くつきのしょう）

高島郡の荘園。現在の滋賀県高島市朽木付近。長保三年（一〇〇一）平惟仲が白川寺喜多院に寄進。文保元年（一三一七）領家は梅小路重氏。承久乱後から近江源氏佐々木氏が地頭職を伝え、義綱のとき朽木氏を称した。文保（一三一七―一九）年間葛川と堺相論を起こしている。朽木氏は一四～一五世紀初めに高利貸付による土地集積を行い、農民層を「殿原・中間」として編成した。山林資源を支配し、「山札《やまふだ》」の発行を通じて販売特権を確保し、荘の出入口に関を設け、館周辺に市場を設けて商人らから商人銭を徴収した。［文献］湯浅治久「中世後期における在地領主の収取と財政―朽木文書の帳簿類の分析から―」（『史学雑記』九七―七、一九八八年）。

信楽荘（しがらきのしょう）

甲賀郡の荘園。現在の滋賀県甲賀市信楽町付近。建長五年（一二五三）近衛家所領目録によると近衛家が荘務権を持ち高陽院領。杣を中心とし、一二～一三世紀には東大寺領伊賀国玉瀧杣と堺相論を繰り返した。応仁二年（一四六八）近衛政家が下向し直務支配が行われた。文明三年（一四七一）蓮池定光が代官として請負い、明応一〇年（一五〇一）守護六角氏の請負いとなった。その後荘官多羅尾氏によって押領され、荘園としての実質は失われた。

菅浦荘（すがうらのしょう）

浅井郡の荘園。現在の滋賀県西浅井町内。集落は琵琶湖北端の湖岸にあり、耕地はきわめて狭少である。隣荘大浦荘と日差・諸河の地を争った。平安末期、住人の一部が御厨子所供御人となった。在家・田畠は山門檀那院領で、その関係から日吉八王子・二宮権現神人にもなり、漁撈や湖上廻漕に活躍した。建武二年（一三三五）堅田の湖北進出に対抗して内蔵寮との関係をつよめた。惣村としての活動を示す一二〇〇余点の史料が残されていて、惣の具体的活動を示す史料も多く、自検断の村の様相を見てとれる。戦国時代には浅井氏の支配下に組み込まれていった。［文献］志賀節子「中世後期荘園村落と検断―村落『自治』の再検討―」（『歴史学研究』五六九号、一九八七年）。

得珍保（とくちんのほ）

蒲生郡の保。現在の滋賀県東近江市今堀町付近。延暦寺領。東部水田地帯の田方と西部の畠作中心の野方から成り、野方の今堀郷の鎮守である今堀十禅師社に宮座が結ばれ、ここを中核として惣村結合が顕著に見られた。畠作に従事するとともに商業活動を行い、座を結成し、四本《しほん》商人と称し、伊勢通商の特権を保持していた。一五世紀以降は守護六角氏の保護を受けて北陸方面へも進出した。［文献］仲村研『中世惣村史の研究』法政大学出版局、一九八四年。

富永荘（とみながのしょう）

伊香郡の荘園。現在の滋賀県高月町・木之本町付近。室町時代、延暦寺領。高月町の日吉神社文書によると、荘内は山門に聖供米を貢納する部分と、召次として院に奉仕するため聖供米を免除された部分より成る。在地各郷の土豪は沙汰人・所務人として荘園支配に関与した。一五世紀には惣村の組織が見られ、隣荘丁野保との用水相論が見られる。［文献］福田栄次郎「山門領近江国富永荘の研究」（『駿台史学』三六号、一九七五年）。

鯰江荘（なまずえのしょう）

愛智郡の荘園。現在の滋賀県東近江市鯰江町付近。興福寺領。鎌倉時代、興福寺の維摩会や春日八講についての公事・人夫を多く負担している。元亨元年（一三二一）供米は二〇九石。南北朝期以降守護の侵略を蒙り、長禄（一四五七―六〇）年間には有名無実となったという。荘内には六角義治の家臣鯰江氏の拠点（鯰江城）があった。

比良荘（ひらのしょう）
滋賀郡の荘園。現在の滋賀県大津市志賀町付近。長保三年（一〇〇一）平惟仲が法勝寺末寺寂楽寺に施入して成立。延暦寺根本中堂領比良荘もあり、文永二年（一二六五）葛川と材木伐採をめぐり相論を起こし、弘安三年（一二八〇）には小松荘・音羽荘とも堺相論を起こしている。この付近は諸荘園の境界が錯綜していた。

吉富荘（よしとみのしょう）
坂田郡の荘園。現在の①滋賀県米原市・彦根市付近。②長浜市・米原市・彦根市付近とする二説がある。永暦・応保（一一六〇—六二）の頃新熊野《いまくまの》社に寄進されたという。寛喜三年（一二三一）には安嘉門院領と見える。荘務権は藤原俊成—定家—為家—為氏と相伝されたが、本荘と播磨国細川荘の領有をめぐり、為氏と異母弟為相の相論があった。為相の母阿仏尼が訴訟のため鎌倉に下り、紀行文『十六夜日記』を書いた。幕府は、吉富荘は本所進止の地ゆえ関東の沙汰に及ばずと裁定した。のち本荘は為相の子孫冷泉家領となった。一時将軍義政により没収されたが長禄二年（一四五八）還付されている。

〈美濃〉

茜部荘（あかなべのしょう）
厚見郡の荘園。現在の岐阜市内。もと桓武天皇の勅旨田で厚見荘と称した。弘仁九年（八一八）東大寺に施入され、久安三年（一一四七）の実検によると本田数七七町四段余、定得田五〇町一段余であった。承久乱後長井氏が地頭となったが、幕府滅亡後地頭職は東大寺に与えられ直務支配となった。しかし暦応二年（一三三九）地頭が還補され、翌年下地中分が行われた。［文献］中村直勝『荘園の研究』星野書店、一九三九年。

明智荘（あけちのしょう）
可児郡の荘園。現在の岐阜県可児市・御嵩町付近。一〇世紀半ば頃藤原実頼領であったが、平安末期に石清水八幡宮領となり、建久七年（一一九六）の実検田目録によると荘田一八七町余、定得田八六町余。応永二〇年（一四一三）領家職年貢一五〇貫文。明智光秀ら明智氏本貫の地。

大井荘（おおいのしょう）
安八郡の荘園。現在の岐阜県大垣市付近。天平勝宝八年（七五六）聖武天皇が東大寺に勅施入したと伝え、一六世紀まで一貫して東大寺領。建保二年（一二一四）注文では見作田一七三町。永仁三年（一二九五）検注帳では、荘内の三か郷を除いて田二五〇町余・畠一二〇町余・竹林五〇町などの規模で、荘官名一九、有司名一二、間人名三六、百姓名約八〇から成っていた。開発領主の後裔大中臣氏が下司職を相伝したが、同氏は下氏名六九町他を所有する有力者であった。しかし、文永五年（一二六八）私合戦の咎により流罪となり滅亡、下司は惟宗言光にかわる。言光も供金のかたに下司職を手放し、以後、下司得分は東大寺供僧らに分割保有された。一五世紀に入ると在地土豪による代官請負いが行われ、天文（一五三二—五五）までは東大寺に年貢が送られた。［文献］中村直勝『荘園の研究』星野書店、一九三九年。

多芸荘（たきのしょう）
多芸郡の荘園。現在の岐阜県養老町から大垣市にかかる。貞観一四年（八七二）目録帳に初見。鎌倉初期は八条院領で、郷・名ごとに地頭が置かれ、同末期昭慶門院領で地頭請所とある。応永二〇年（一四一三）頃は禁裏御料所で年貢は一万疋。一五世紀末には守護代による代官請負いが行われていた。

遠山荘（とおやまのしょう）
恵那郡を中心とする広大な荘園。現在の岐阜県中津川市・恵那市・瑞浪市から長野県木曽地方に及ぶ。近衛家領。室町時代高山寺・天龍寺が所領を持っていた。地頭職は鎌倉時代は加藤景廉、長井時秀の名が見え、室町期には加藤氏の後裔遠山氏が安堵を受けていた。康正二年（一四五六）段銭一二貫二二五文を負担した。

〈飛騨〉

河上荘（かわかみのしょう）

大野郡の荘園。現在の岐阜県高山市付近。建長七年（一二五五）白山長瀧寺領として立券。荘内に川関が設けられていた。室町期は守護使不入地で段銭、臨時課役は免除されていた。

〈信濃〉

太田荘（おおたのしょう）

水内郡の荘園。現在の長野県豊野町・飯綱町・中野市・長野市にわたる。近衛家領。暦応二年（一三三九）東福寺に寄進された。鎌倉初期の地頭は惟宗忠久。のち北条実時・金沢貞顕の手を経て金沢称名寺の知行となる。南北朝期には土着した島津氏が国人領主として勢力を伸した。

佐久伴野荘（さくとものしょう）

佐久郡の荘園。現在の長野県佐久市付近。他の荘園・公領と入り組んだ広大な地域にわたる。鎌倉時代は後白河院領で室町院領から持明院統に伝えられた。領家職は藤原基家―北白川院から女院領となり元徳二年（一三三〇）大徳寺へ寄進。地頭職は小笠原氏。霜月騒動（一二八五）後、郷地頭として北条一門が入部。幕府滅亡後は大徳寺が領家職・地頭職をあわせもった。荘内に伴野市があり、『一遍聖絵』に描かれていて有名である。［文献］阿部猛『中世日本荘園史の研究』新生社・一九六七年。井原今朝男「東国荘園の為替・借麦史料」（『信濃』四五一号）。

〈上野〉

新田荘（にったのしょう）

新田郡の荘園。現在の群馬県太田市・みどり市・伊勢崎市・桐生市、埼玉県深谷市にまたがる広大な荘園。天仁元年（一一〇八）の浅間山大爆発後の再開発の過程で私領が成立し、荘が形成された。主体となったのは源義重で保元二年（一一五七）一九郷の私領を藤原忠雅に寄進し、自らは下司職に任ぜられた。鎌倉時代、義重の子孫は私領各郷に展開し、義重から八代めの新田義貞は生品明神に挙兵し鎌倉を陥れる功労をたてた。しかし転戦の間に、新田荘の支配権は庶家岩松氏に移り、戦国時代には家臣の横瀬氏に実権が移った。［文献］峰岸純夫『中世の東国―地域と権力―』東京大学出版会、一九八九年。

渕名荘（ふちなのしょう）

佐位郡の荘園。現在の群馬県伊勢崎市付近。一郡規模の立荘で佐位荘とも称する。在地の渕名氏の開発にかかり、本所は法金剛院領。鎌倉期、大友一族の中原氏が入部し渕名氏を名乗り名字を地とする。のち得宗領となる。南北朝内乱期に醍醐寺三宝院領・伊豆走湯山領となるが室町期は上杉氏の守護領となった。［文献］峰岸純夫『中世の東国―地域と権力―』東京大学出版会、一九八九年。

〈下野〉

足利荘（あしかがのしょう）

足利郡・梁田郡の荘園。現在の栃木県足利市付近。源義国が私領を開発し康治元年（一一四二）安楽寿院に寄進して成立。所領は大覚寺統に伝えられ、下司職は義国の子孫に伝えられた。立荘時の規模は田九八町七段余、畠一〇六町二段余で、安楽寿院の得分は国絹七一疋余、四丈白布二〇〇段、油五石代であった。建久六年（一一九五）義兼は屋敷内に持仏堂を建て、これがのちの鑁阿《ばんな》寺《じ》となった。足利氏名字の地であったから、室町期には幕府直轄領となった。永享の乱（一四三八）後、上杉憲実およびその子孫の山内上杉氏の管理下にあり、とくに憲実は足利学校を再興したことで知られる。［文献］佐藤和彦「下野足利荘の成立と展開」（『中世東国史の研究』東京大学出版会、一九八八年）

佐野荘（さののしょう）

安蘇郡の荘園。現在の栃木県佐野市・岩舟町にわたる。安蘇郡司足利家綱の開発にかかり、藤原信長に寄進することで成立した。天仁元年（一一〇八）の浅間山の爆発で大きな被害を蒙り年貢・公事が滞り紛争が起こった。所領は御子左家から藤原頼長に伝えられ、頼長敗死後は後白河院領となり、さらに園城寺妙音院が領家職・預所職を保持した。地頭は在地の佐野氏。

寒河御厨（さむかわのみくりや）

都賀郡・寒川郡の荘園。現在の栃木県小山市・野木町・都賀町、さらに下総国にも及ぶ広大な荘園。伊勢二宮領。小山政光が在庁官人として開発し後白河院に寄進して立荘。永万二年（一一六六）院から神宮に寄進された。内宮・外宮それぞれ御幣紙用途三六〇帖を取得した。一五世紀半ば頃の規模は一八〇町で小山氏はここに館を構えていた。

塩谷荘（しおのやのしょう）

塩谷郡の荘園。現在の栃木県塩谷郡内。『吾妻鏡』文治四年（一一八八）三月条に初見。摂関家領で地頭は塩谷氏。嘉元元年（一三〇三）の年貢送文によると、年貢は八丈絹二五〇疋。応永九年（一四〇二）宇都宮頼綱は荘内の地を宇都宮興禅寺湯料所に寄進した。戦国期、荘の北部は会津の田島氏の支配下にあった。

長沼荘（ながぬまのしょう）

芳賀郡の荘園。現在の栃木県二宮町付近。一時期久我家領であったことが知られるのみで荘園領主未詳。地頭は鎌倉時代に長沼氏。一四世紀半ば同氏惣領家は陸奥南山荘に移住し、本荘は庶子家の支配となった。しかし永享一二年（一四四〇）の結城合戦頃に長沼氏一族の皆川氏による支配が有名無実となり、皆川氏が皆川荘（現在の栃木市）に移り本荘の姿は見えなくなる。

茂木荘（もてぎのしょう）

芳賀郡の荘園。現在の栃木県茂木町付近。平安末期、茂木郡が茂木保となり八田氏が西方の地頭であった。東方は三浦一族のち得宗領となった。南北朝以降茂木氏の支配下にあり、戦国時代佐竹氏が支配するに及び茂木氏は家臣団に組み込まれ、佐竹氏の秋田転封後は茂木藩として再編成された。［文献］永原慶二『日本中世社会構造の研究』岩波書店、一九四三年。

梁田御厨（やなだのみくりや）

梁田郡の御厨。現在の栃木県足利市内。伊勢二宮領。康治二年（一一四三）立券。当初から口入神主権をめぐって荒木田元定・範明と利光神主・宗元神主の間に争論があり、これが給主職をめぐる足利義国と同家綱（藤原姓足利氏）の争いに結びついて紛糾した。結局、給主職は義国側に帰したが家綱の子俊綱は足利荘の領主職を基盤として争った。寿永二年（一一八三）、俊綱の一族が滅亡し、源姓足利氏の支配が確立した。当御厨からは、内宮に上分絹五疋・雑用料同絹九三疋・綿二〇把・白布二〇〇端が、外宮に上分八丈絹一〇疋・四丈布一〇端・雑用料同絹一〇疋・同布九〇端が上納された。室町期、当御厨は足利荘に併合された。

〈陸奥〉

菊田荘（きくたのしょう）

菊多郡の荘園。現在の福島県いわき市付近。皇室領。八条院領のち昭慶門院領。もと六条顕季の所領であったが源義光との間に紛争が生じ、白河法皇の調停で義光領となったと伝える。鎌倉期は小山氏の支配下にあり、南北朝期には南朝方の拠点のひとつであった。

信夫荘（しのぶのしょう）

信夫郡の荘園。現在の福島市付近。一二世紀前半に郡の荘園化したもの。主体は郡司佐藤季春。鎌倉時代には二階堂氏、南北朝期には結城氏、一五世紀に入ると伊達氏の支配下に入った。

田村荘（たむらのしょう）

安積郡の荘園。現在の福島県郡山市・三春町・大越町付近。建武二年（一三三五）の陸奥国宣に荘名初見。検断職が結城親朝に与えられた。もと藤原仲能の祖の開発によるものであろう。南北朝内乱期には、在地勢力は南朝方・北朝方に分かれ争った。応永三年（一三九六）在地の田村氏が失脚し当荘は関東府御料所となった。

骨寺村（ほねでらむら）

盤井郡の村。現在の岩手県一関市内。中尊寺経蔵別当領。大治元年（一一二六）蓮光が私領を経蔵に寄進することにより成立。鎌倉時代の絵図が二枚あり村の景観を復元する手がかりとなっている。鎌倉後期、中尊寺と郡地頭葛西氏の間に山野領有をめぐる争いがあった。［文献］国立歴史民俗博物館編『描かれた荘園の世界』新人物往来社、一九九五年。

好島荘（よしまのしょう）

磐城郡の荘園。現在の福島県いわき市内。関東御領。元久元年（一二〇四）の田地目録では本免一〇七町七段、新免一一八町一段余、定田二九七町六段余。低湿地が多く、鎌倉時代に開発が進んだ。地頭は在地の好島氏、預所には千葉氏、大須賀氏、三浦氏、伊賀氏の名が見える。南北朝内乱以後、伊賀氏はこの地を飯野八幡宮領と称し、自らは神主となって名字も飯野氏を称して支配した。［文献］永原慶二『日本中世社会構造の研究』岩波書店、一九七三年。

〈出羽〉

大泉荘（おおいずみのしょう）

田川郡の荘園。現在の山形県鶴岡市付近。建久二年（一一九一）の長講堂領目録に初見。砂金一〇〇両・馬二疋を年貢として納入していた。後世応永一四年（一四〇七）には国絹二〇〇疋。本家職は持明院統に伝えられ、地頭職は武蔵国御家人武藤氏、鎌倉末期には北条氏領。康安元年（一三六一）上杉憲顕が地頭職を得て以後は憲方―憲定―憲実と伝領。武藤氏は地頭代官として戦国時代には大名に成長した。

成生荘（なりうのしょう）

最上郡の荘園。現在の山形県天童市付近。安元二年（一一七六）の八条院領目録に初見。大覚寺統の主要荘園のひとつ。鎌倉期の地頭は二階堂氏（一説に中条氏）。

〈若狭〉

国富荘（くにとみのしょう）

遠敷郡の荘園。現在の福井県小浜市内。太政官厨家領。小槻隆職相伝の私領を国富保と称し、荒野を開発し建久六年（一一九五）に四至を定め、小槻氏が代々領家職を相伝した。田地三四町余。同七年地頭若狭忠季と相論を生じ、承元元年（一二〇七）一一か条の地頭非法停止の鎌倉幕府裁許状が出された。領家分の一部は日吉社以下数所に宛てられていた。地頭職は暦応二年（一三三九）からは京都東山太子堂の知行となる。武田氏守護の時代には半済が実施され、これが固定化した。

太良荘（たらのしょう）

遠敷郡の荘園。現在の福井県小浜市内。東寺領。一二世紀半ば、丹生忠政が子の雲厳に譲与し、雲厳は治承二年（一一七八）公文職に任ぜられたが若狭忠季の地頭就任に伴い退き稲庭時国に譲った。承久三年（一二二一）歓喜寿院領となるが直後の承久乱により国衙領となる。暦仁二年（一二三九）東寺長者菩提院行遍の努力で立券荘号を達成した。領所代官定宴は現地に下向して地頭と対決し勧農権の獲得に成功し、建長六年（一二五四）実検の結果、惣田数二八町一段余で、ほぼ均等な五つの百姓名で構成されていたことが知られる。鎌倉末期になると荘内で紛争があいつぎ、東寺の支配も緩み年貢も滞りがちとなった。建武政権の下で一時東寺の一円支配が認められたが、地頭の非法、国人一揆の台頭、守護による半済の実施などが続き、応仁乱以後東寺領としての実質はほとんど失われた。［文献］網野善彦『中世荘園の様相』塙書房、一九六六年。

名田荘（なたのしょう）

遠敷郡の荘園。現在の福井県小浜市内。平

安末期、左衛門尉盛信により開発された。摂津国野間荘との相博により伊予内侍領となり蓮華王院を本家として立券荘号。文永二年（一二六五）の規模は五七町六段余。上・下に分かれ、正中二年（一三二五）の検注帳案では下荘田村は一三の均等名より成っていた。一四世紀後半から、荘内は大徳寺徳禅院領が拡大し、他に泉涌寺・醍醐寺・安倍氏・曽我氏らも得分を持っていた。［文献］清水三男『日本中世の村落』日本評論社、一九四二年。

西津荘（にしづのしょう）

遠敷郡の荘園。現在の福井県小浜市内。安倍資良の開発にかかり、神護寺に寄進して自らは荘預所となった。一時後鳥羽院領となるが、承久の乱後神護寺領に復す。文永二年（一二六五）の惣田数帳によると一七町九段余。下司職は稲庭時定、のち得宗領。室町時代には守護所が置かれた。多鳥浦と汲部《つるべ》浦では、鎌倉時代に塩山や網場をめぐって激しい争いが続いた。［文献］網野善彦『日本中世土地制度史研究』塙書房、一九九一年。

松永荘（まつながのしょう）

遠敷郡の荘園。現在の福井県小浜市内。平安末期に松永保と見え、荘名は建長四年（一二五二）に初見。文永二年（一二六五）に四七町七段余とある。皇室領で、応永五年（一三九八）に伏見宮家領となった。守護一色氏と半済をめぐる争いがあった。荘内新八幡宮には「彦火々出見尊絵巻」「伴大納言絵巻」のあったことが『看聞日記』に見える。

宮河保（みやがわのほ）

遠敷郡の保。現在の福井県小浜市内。文治四年（一一八八）に初見し地頭は藤原重頼。文永二年（一二六五）惣田数帳によると宮河保五〇町一段余、新保一五町二段余の規模。賀茂社出作田があり、その帰属をめぐって争いがあった。室町時代は幕府御料所であった。

〈越前〉

足羽荘（あすはのしょう）

足羽郡の荘園。現在の福井市内。はじめ伊勢内宮領として立荘し「足羽御厨」と称し、平家没官領となるが一条能保の妻（源頼朝の妹）に与えられた。のち、その娘を経て九条家領となり、一条家―後嵯峨院―恒明親王と伝えられ応永二三年（一四一六）一条家に返還された。朝倉教景が代官として年貢四〇〇貫を上納していたが応仁乱後は朝倉孝景により押領された。文明一一年（一四七九）一条兼良は一乗谷を訪れて返還を要求したが成就しなかった。天正三年（一五七五）柴田勝家がここに築城（「北庄」）、いまの福井市街の原型ができた。

牛原荘（うしがはらのしょう）

大野郡の荘園。現在の福井県大野市付近。応徳三年（一〇八六）越前守源高実が荒地二〇〇余町を醍醐寺に施入したのに始まる。当初の見開田は二五町だったが、浪人を招き居《す》えて開発につとめ、年貢は五〇〇石に及んだ。応仁の乱前後から朝倉氏による侵略をふせぎ切れず有名無実となっていった。［文献］竹内理三『寺領荘園の研究』畝傍書房、一九四二年。

織田荘（おたのしょう）

丹生郡の荘園。現在の福井県越前町・鯖江市におよぶ。建保六年（一二一八）高階宗泰が七条院に寄進したのに始まる。安貞二年（一二二八）妙法院領となる。応仁乱以後は朝倉氏を背景とする剣大明神神宮寺の支配下に置かれた。天正五年（一五七七）の柴田勝家による検地で荘園は解体した。［文献］宮川満「室町後期の土地関係―越前国織田荘を中心に―」（日本史研究会史料研究部会編『中世社会の基本構造』御茶の水書房、一九五八年）。

河口・坪江荘（かわぐち　つぼえのしょう）

坂井郡の荘園。河口荘は現在の福井県あわら市・坂井市坂井町付近、坪江荘はあわら市・坂井市三国町・丸岡町付近。九頭竜川流域の沖積平野に立地する。康和二年（一一〇〇）白河法皇が興福寺に寄進したのに始まる。河口荘は一〇郷から成る広大な荘園で、室町末期においても六〇〇町歩を超える規模を有し、坪江荘とともに興福寺大乗院領の中核的存在であった。坪江荘もほぼ六〇〇町歩の大荘園で荘内に三国湊を含む。直務支配と代官請負の部分とに分かれた。在地の国人堀江氏・朝倉氏の勢力や将軍側近の大舘氏、守護斯波氏の重臣甲斐氏が支配を争い、戦国大名に成長した朝倉氏が勝利して、その支配下に再編成され、荘園の実質は失われていった。

藤島荘（ふじしまのしょう）

吉田郡の荘園。現在の福井市内。源義仲や源頼朝が平泉寺に寄進したのに始まるという。建久六年（一一九五）平泉寺領藤島の年貢一〇〇〇石が延暦寺勧学講用途として無動寺に給与された。慈円は建暦三年（一二一三）荘を道覚法親王（後鳥羽天皇皇子）に譲ったが年貢米三五〇〇石余、綿三〇〇〇両余であった。このとき平泉寺の得分は米一〇〇〇石であった。南北朝期以降、青蓮院と平泉寺が当荘を争ったが、戦国時代朝倉氏の勢力増大に伴い荘園としてその実質は失われた。

[文献] 野村君代「勧学講と藤島荘」（『ヒストリア』六一号）。

〈加賀〉

粟津荘（保）（あわづのしょう（ほ））

能美郡の荘。現在の石川県小松市内。もと粟津保を称し元亨二年（一三二二）初見。応永一六年（一四〇九）足利義持が保の半分を等持院に寄進した。康正二年（一四五六）造内裏段銭一四貫文を負担。文明六年（一四七四）等持寺の得分は三〇貫文。応仁乱後等持寺は廃寺となり等持院に併合された。文明一九年の足利義尚の近江出陣の際には一五貫二〇〇文を負担。水害を理由に荘民は年貢・公事の軽減を求め、老《おとな》百姓二人が上訴して、上保は米一三〇石、下保は半分が免除された。長享二年（一四八八）一向一揆によって守護の冨樫氏が打倒されたが、当保の住人らは年貢の請切契約を要求している。

[文献] 笠原一男『一向一揆の研究』山川出版、一九六二年。

井家荘（いのえのしょう）

河北郡の荘園。現在の石川県金沢市・津幡町付近。平業兼が相伝私領を延勝寺に寄進、のち後白河院領として長講堂領に編入、宣陽門院を経て持明院統に伝えられた。領家職は勧修寺家に伝わり、弘安元年（一二七八）坊城俊定領となり永円阿闍梨と相論を起こした。延慶三年（一三一〇）の俊定処分状によると年貢米五〇〇石・綿一〇〇〇両であった。南北朝期、領家職は二分されて一半は二条家領となり、二条家と勧修寺家の間で紛争が続いた。地下の井家氏の勢力拡張とあい伴い、文明一〇年（一四七八）から天文四年（一五三五）にかけて半世紀にわたり勧修寺政顕・尚顕父子が在荘して回復につとめたが成功しなかった。[文献] 中村直勝『荘園の研究』星野書店、一九三九年。

大野荘（おおののしょう）

加賀郡（のち石川郡）の荘園。現在の石川県金沢市内。古代の大野郷の地で、平安末期に荘名初見。臨川寺領。正中二年（一三二五）田数注文によると田数二八二町七段余・畠三六町三段余で、分米三〇九六石余・分大豆一〇九石余・銭一九七貫余・綿四五両五分余。中世前期の領家・地頭は未詳。末期には地頭職は得宗領。地頭代は長崎氏、在国代官は足立氏。建武三年（一三三六）領家・地頭職は臨川寺に寄進され、のち隣接の得蔵荘・富永御厨を併合。年貢米二七七三石余・銭七三〇貫・大豆四石二斗余を取得した。これら年貢・公事は小浜津で陸揚げされ駄馬で琵琶湖岸に運ばれ舟を用いて運送された。康永二年（一三四三）頃隣荘倉月荘と河海堺について相論があった。室町期、在地勢力の台頭や守護の違乱、一向一揆勢力の拡大、惣村の発達により臨川寺の支配はしだいに有名無実化していった。

金津荘（かなづのしょう）
加賀郡の荘園。現在の石川県かほく市付近。中世を通じて賀茂別雷社（上賀茂社）領であった。初見は寿永三年（一一八四）。一〇か村から成り、各村は六～一二か名から構成されていた。荘内には多くの日吉神人・白山神人が住み紛争のもとになっていた。鎌倉後期、南接する北英田保との間で堺相論が起こり、干潟や塩浜などの帰属も問題となった。室町期には守護赤松政則による守護請が行われた。一向一揆勢力の増大もあって荘園支配は有名無実化していった。

倉月荘（くらつきのしょう）
石川郡・河北郡の荘園。現在の石川県金沢市付近。鎌倉初期に中原師茂の開発にかかり、嘉元四年（一三〇六）昭慶門院領目録に歓喜光院領と見え、摂津親鑒が地頭職を有した。鎌倉幕府滅亡後中原師利に安堵されたが、建武三年（一三三六）摂津親秀に返付された。その後所領は分割され、山城宝幢寺領・近衛家領・北野社領・南禅寺領も見られる。貞和二年（一三四六）隣接する大野荘との間に堺相論が起こった。室町期には守護による押領を受け、戦国期には本願寺勢力の支配下に入り、荘園としての実質は失われた。

河内荘（かわちのしょう）
石川郡の荘園。現在の石川県白山市・小松市にわたる。久寿元年（一一五四）白山宮領として成立。鎌倉後期、地頭結城氏の勢力伸長により白山の支配は動揺した。南北朝期には地頭による支配が強固となった。しかし戦国期、一向宗勢力によって結城氏は追放された。［文献］黒田俊雄『日本中世の国家と宗教』岩波書店、一九七五年。

熊坂荘（くまさかのしょう）
江沼郡の荘園。現在の石川県加賀市内。一二世紀に白河院領または鳥羽院領として成立。大治二年（一一二七）頃初見。安元二年（一一七六）本家は八条院で、のち春華門院―宜秋門院―九条道家―宣仁門院―後宇多上皇―昭慶門院と伝えられた。領家職は、平安末期に平頼盛のち徳大寺家の知行。地頭は承久の乱後大見氏の知行であったが、のち関東進止となり、弘安三年（一二八〇）領家職は東福寺領となった。隣接の福田荘と名田支配をめぐって紛争を起こした。康正二年（一四五六）には幕府奉公衆千秋氏が地頭職を知行。

小坂荘（おさかのしょう）
河北郡の荘園。現在の石川県金沢市付近。鎌倉初期に荘名初見。鎌倉末期から二条家領として見える。地頭海老名氏との間に仁治四年（一二四三）下地中分が行われた。室町期、荘の西方は興福寺大乗院門跡領となるが、荘務をめぐって二条家と争った。天文四年（一五三五）前関白二条尹房は、知行回復のため自ら加賀国に下った。

得蔵荘（とくくらのしょう）
加賀郡の荘園。現在の石川県金沢市内。寛治二年（一〇八八）醍醐寺賢円が国衙領得蔵保を再開発したのに由来する。当初の規模は本田五〇町、不作田代五〇町で、年貢は段別八斗であった。領家職は醍醐寺理性院、地頭職は重代の下司俊綱から承久の乱後左近将監則平に替わるが、則平は非法により解任された。一四世紀後半には慈聖院領であったが、一五世紀には臨川寺領大野荘の付属領と見える。

富塚荘（とみつかのしょう）
江沼郡の荘園。現在の石川県加賀市付近。建保六年（一二一八）頃高辻家が荘務を知行。文暦二年（一二三五）再開発により北野神社法華八講料所（得分一〇〇石）となる。得分のうち三〇貫文は社別当職の曼殊院に送られた。その後荘務権は高辻氏嫡流と庶流に分割され、嫡流は北野社と相論を展開している。

安吉保（やすよしのほ）
石川郡の保。現在の石川県松任市付近。足利義満が嵯峨洪恩院に寄進した。長享元年（一四八七）頃、紹慶庵・浄土寺との間に争いがあった。天文五年（一五三六）得分は三分割され、洪恩院・浄土寺・紹慶庵が各五〇石を取得した。年貢納入には商人針屋常貞が関与していた。

八田荘（やたのしょう）
　江沼郡の荘園。現在の石川県小松市内。額田荘住人や八田郷住人の出作地から発展。もとは額田荘の加納地。建長四年（一二五二）以後戦国時代まで中之家領。文和四年（一三五五）本家職は新日吉社《いまひえ》に寄進された。明応五年（一四九六）頃荘代官は朝日貞長。中院通世は文亀元年（一五〇一）加賀に下向し、通為まで三代の間直務が行われた。

山代荘（やましろのしょう）
　江沼郡の荘園。現在の石川県加賀市内。一二世紀後半の立荘。荘名は弘安一〇年（一二八七）の外記日記『新抄』に初見。本家職は持明院統に伝えられ、領家職は園氏。南北朝期、所領半分は守護富樫氏庶流山代氏、半分は幕府料所で奉公衆長崎氏、畠山氏が知行した。応永二五年（一四一八）北野神社に寄進された。荘内忌浪郷領家方は南禅寺に寄進された。戦国時代、園氏は基富―基国の二代三〇余年直務のため在荘した。

〈能登〉

菅原荘（すがわらのしょう）
　羽咋郡の荘園。現在の石川県志水町付近。一二世紀初頭、私領菅原保を能登守藤原基頼が北野神社常灯料所に寄進したが、ときに現作田二〇町・荒野三〇町。承久三年（一二二一）の大田文では元暦二年（一一八五）立券で公田数二三町四段余と見える。北野社内では社家と社僧の間で争いがあったが、一四世紀初頭北野松梅院の一円知行となった。しかし、一五世紀末には実質は失われ、年貢の収納ができず、春秋二季彼岸読経も中止された。

土田荘（つちだのしょう）
　羽咋郡の荘園。現在の石川県志賀町付近。保延二年（一一三六）上賀茂社領として成立。その後荘域が拡大したが、保元令（一一五六）によって一部は国衙に収公された。その部分は文治四年（一一八八）に上西門院領となった。承久三年（一二二一）の大田文によると田数三〇町。室町時代には五か村より成り守護請地であった。延徳元年（一四八九）から永正元年（一五〇四）にかけて上賀茂社収納使中に京都の著名な土倉野洲井《やすい》氏がいた。上西門院領土田荘は、本家職は持明院統、領家職は曼珠院であった。文治四年（一一八八）に一六町七段余。平安末～鎌倉初期、この地を基盤とする在地武士に土田氏がおり、南北朝期には、能登守護吉見氏の軍奉行、戦国期には畠山氏被官に同氏の名が見える。

若山荘（わかやまのしょう）
　珠洲郡の荘園。現在の石川県珠洲市・能登町付近。源俊兼の私領を子の季兼が皇嘉門院に寄進して、康治二年（一一四二）に成立。承久三年（一二二一）の大田文では五〇〇町の規模。本家職は九条良通―宜秋門院―九条道家―同忠家と九条家に伝えられた。本家分は一八町三段余で段別七斗が代銭納されていた。領家職は日野家に伝わる。鎌倉末期には本庄氏が預所として実権を握った。地頭職は鎌倉期は八田知家からその子茂木氏に伝えられた。室町期、領家職は一時日野家の手を離れたが、やがて返給され、また一時三条家にも渡ったことがあった。応永末年（一四二八）頃守護畠山氏による請負となっていて、請負額は領家分一二〇〇貫文、本家分一〇〇貫文であった。

〈越中〉

石黒荘（いしぐろのしょう）
　砺波郡の荘園。現在の富山県南砺市福光付近。延久二年（一〇七〇）仁和寺円宝寺領として成立。一〇か郷より成る大規模な荘園であったが、宝治二年（一二四八）内検帳によると、荘内弘瀬郷は見作田四一町余。地頭と雑掌の間に相論があり、関連史料によると、同郷は一七の百姓名・在家四〇宇から成り、地頭名は在家二〇宇・脇在家一九宇の規模であった。域内には二つの市場があった。康暦元年（一三七九）山田郷は日野家の請所となり納入された年貢は一七〇貫文。弘瀬郷は小野道阿の請負で一八〇貫文（一四二一）、二宮二郎請負で六〇貫文（一四七〇）であった。

堀江荘（ほりえのしょう）

新川郡の荘園。現在の富山県滑川市・魚津市・富山市にわたる。康治元年（一一四二）宮道季式が私領を松室法橋に寄進し下司職を留保。翌年荘号が認められた。久安二年（一一四六）官物雑事を免除され、同四年越中守藤原顕成に寄進された。元久二年（一二〇五）祇園社六月会料として荘の官物が便補された。地頭代左兵衛尉国継法師が年貢を未進し訴訟となるが建長八年（一二五六）下地中分の和与が行われた。建治元年（一二七五）の南方内検取帳によると四つの名《みょう》と二つの在家より成り、田数八町五段余。年貢米のほか公事は銭納で、荘内の市庭在家からは町口銭六貫六〇〇文が徴収された。薬師堂修正田をはじめ三二種の仏神免田計四町余が存在した。鎌倉末期の地頭は越中守護名越時有の一族秋時であったが、幕府滅亡後、地頭職は祇園社に与えられた。康永（一三四二～四五）頃から年貢が滞り、延文二年（一三五七）には半済が行われた。応安五年（一三七二）の年貢は一〇貫文で、しだいに実質は失われ一五世紀半ばには無実となった。［文献］阿部猛「越中国堀江荘について」（『帝京史学』四号）。

〈越後〉

奥山荘（おくやまのしょう）

蒲原郡の荘園。現在の新潟県胎内市付近。平安中期の立荘か。越後城氏の開発にかかるか。二か郡にまたがる大荘園で摂関家領。城氏没落のあと和田義茂（義盛の弟）が地頭となり、城長茂の乱のあと在地支配の実権を握った。仁治元年（一二四〇）地頭請所となり、年貢米一〇〇石と御服綿一〇〇〇両（代銭一四〇貫文）が領家近衛家に納入された。建治三年（一二七七）荘は北条・中条・南条に三分され、義茂の曾孫三人がそれぞれ現地支配を進めた。その過程で、所領相論・堺相論を繰り返し、北条地頭は黒川氏、中条地頭は中条氏を名乗り、両家は多くの文書を現に残した。一四世紀成立の「荒川保・奥山荘境界和与絵図」が現存する。［文献］井上鋭夫『山の民・川の民』平凡社、一九八一年。

〈佐渡〉

新穂荘（にいほのしょう）

加茂郡の荘園。現在の新潟県佐渡市新穂付近。日吉神社領。地頭は相模国御家人土屋氏。荘内八王子権現の祭祀権は本間氏が持ち、祭礼市場銭を徴収した。元応元年（一三一九）持明院中納言律師の押領にあり、日吉神用闕如の状態に陥ったという。

〈丹波〉

大山荘（おおやまのしょう）

多紀郡の荘園。現在の兵庫県篠山市大山下付近。綜藝種智院を売却した代金で田地を買得したのが東寺領大山荘のはじまり。初期には墾田九町余・池一処・野林三五町が東寺に帰属したにすぎなかった。一一世紀半ば東寺領としての大山荘はほとんど実質が失われたが、康和四年（一一〇二）丹波国司高階為章により立券され、田数九〇町余の領域型荘園に転化した。承久の乱のあと関東の御家人中沢基政が地頭となり仁治二年（一二四一）地頭請所が成立した。荘の東辺部の農業用水は隣接する近衛家領宮田荘からの用水に依存しており、かわりに大山荘の山野利用が認められていた。宮田荘木之部村代官西善主従殺害事件で用水がとまり、地頭による年貢抑留が続き、永仁三年（一二九五）には下地中分が行われた。東寺方は田地二五町と畠五町となり、一井谷では文保二年（一三一八）百姓請が成立した。室町期、守護細川氏による守護役や段銭賦課が重なり百姓らの逃散・一揆が起こった。戦国時代、波多野氏の勢いがおよび、東寺領大山荘は実質を失う。［文献］大山喬平編『中世荘園の世界　東寺領丹波国大山荘』思文閣出版、一九九六年。

雀部荘（ささきべのしょう）
天田郡の荘園。現在の京都府福知山市付近。寛治五年（一〇九一）丹波兼定が私領を松尾社に寄進したのにはじまり、天承二年（一一三二）宣旨により成立。天田川（由良川）のうち雀部荘堺から下流の丹後国境までが松尾社の供菜所で、私の魚釣は禁じられた。文治二年（一一八六）社家に地頭職が付され梶原景時が代官に補任されたが、その失脚後飯田清重とその子大宅光信が地頭となり松尾社との間に相論を繰り返した。嘉禎四年（一二三八）の六波羅裁許状は、領家と地頭の間の関係をさまざまな問題から照らし出して見せている。［文献］阿部猛「鎌倉時代の地頭―丹波国雀部荘と備後国太田荘―」（『帝京史学』七号、一九九二年）。

篠村荘（しのむらのしょう）
桑田郡の荘園。現在の京都府亀岡市付近。当地は山陰道の要衝で、もと平重衡の所領であったが、没官後源義経の手を経て京都の松尾の延朗上人に与えられた。しかしのち源頼朝が没収し、妹一条能保室に譲った。元弘三年（一三三三）足利尊氏が荘内の篠村八幡宮に祈って挙兵して以来、足利氏と関係が深かった。尊氏は八幡宮と社領を醍醐寺三宝院に付し、義満は役夫工米以下諸役を免除している。

船井荘（ふないのしょう）
船井郡の荘園。現在の京都府南丹市・京丹波町付近。一部勝尾寺領を含むが、建武三年（一三三六）足利尊氏は地頭職を北野社に寄進した。永享二年（一四三〇）守護使不入として諸役を免除されるが、守護細川氏の被官小畠氏や守護代上原氏の押領を蒙り荘園支配は実を失っていく。［文献］竹内秀雄『天満宮』吉川弘文館、一九六八年。

宮田荘（みやたのしょう）
多紀郡の荘園。現在の兵庫県篠山市付近。荘名は一二世紀前半から見え、建長五年（一二五三）近衛家所領目録には延久二年（一〇七〇）進官目録所見と記す。近衛家の重要な荘園で元亨四年（一三二四）に田数二二二町余。鎌倉時代、隣荘東寺領大山荘との間に相論が続いた。南北朝期以降、波々伯部氏・久下氏らの在地勢力、また山名氏による押領が行われ、応仁の乱後、史料上から姿を消す。［文献］田中稔『鎌倉幕府御家人制度の研究』吉川弘文館、一九九一年。

山国荘（やまぐにのしょう）
桑田郡の荘園。現在の京都府京都市右京区左京区付近。山城・近江国境に至る広大な山林地帯。平安期には修理職の杣で、中世には三六の約二町の均等名より成り、名主は木材・米・供御物などを負担し、惣荘山の用益権や鮎漁の権利を持ち、鎮守の宮座を構成した。当荘は最も重要な禁裡御料として近世初頭まで存続した。［文献］仲村研『荘園支配構造の研究』吉川弘文館、一九七八年。

吉富荘（よしとみのしょう）
船井郡・桑田郡の荘園。現在の京都府京都市右京区・亀岡市付近。承安四年（一一七四）藤原成親が所領宇都郷などを後白河院の法華堂に寄進し立荘。宇都郷はかつて源義朝の私領。源平合戦のあと源頼朝から神護寺に寄進された。室町期にも守護使不入の地として諸課役を免除され保護を受けたが、守護代内藤氏や寺家代官宇都氏の在地支配が進んだ。隣荘細川荘・小野山住人との堺相論があり絵図が残されている。［文献］飯沼賢司「丹波国吉富荘と絵図」（『民衆史研究』三〇）。

〈丹後〉

石川荘（いしかわのしょう）
与謝郡の荘園。現在の京都府与謝野町付近。享徳三年（一四五四）に殿下渡領で守護一色氏に預け置かれ年貢の徴収に当たらせた。丹後国田数帳では一三四町五段余で、御料所が六二町四段余、御料方が一二町余。一五世紀末に吉田社に寄進され、一六世紀初期には東大寺東南院門跡領と見える。

大内荘（おおうちのしょう）
加佐郡の荘園。現在の京都府舞鶴市付近。

平厚正の開発地で、寿永三年（一一八四）厚正の子孫平辰清が八条院女房弁殿御局に寄進した。本家は八条院。預所は女房弁局。八条院領は吉囲荘と称され、鎌倉末期から東寺領吉囲荘を大内荘と呼んだ。九条家領大内荘もあり、永享年間（一四二九—四一）以降北野神社が領家職を保持しているが未詳。永禄一一年（一五六八）には幕府御領所と見える。

河上荘（かわかみのしょう）

熊野郡の荘園。現在の京都府京丹後市久美浜町付近。丹後国田数帳によると本荘は一〇七町九段余、新荘は四〇町七段余で、本荘の領家は山城国の長福寺。元応二年（一三二〇）長福寺雑掌と地頭代覚実の間に下地中分が成立。南北朝期、長福寺の領家職は上杉氏被官らによって、押妨され不安定であった。［文献］石井進編『長福寺文書の研究』山川出版社、一九九一年。

船木荘（ふなきのしょう）

竹野郡の荘園。現在の京都府京丹後市弥栄町船木付近。承安三年（一一七三）皇嘉門院領で田数六〇町が役夫工料を負担した。延応元年（一二三九）高野山金剛三昧院領となり、嘉元四年（一三〇六）昭慶門院領で領家は六条有房。南北朝期、南朝方の拠点となり闕所地となる。室町期は三条家領。丹後国田数帳では八二町七段余。

宮津荘（みやづのしょう）

与謝郡の荘園。現在の京都府宮津市・舞鶴市付近。建久二年（一一九一）長講堂所領注文に初見。鎌倉末期に媄子内親王家領となる。南北朝期の地頭は久下氏。明徳四年（一三九三）領家は等持院。本家は長講堂。丹後国田数帳によると田数は一五五町余。

〈但馬〉

太田荘（おおたのしょう）

出石郡の荘園。現在の兵庫県豊岡市但東町太田付近。承徳元年（一〇九七）に初見。文治二年（一一八六）源行家を討って常陸坊昌明が当荘を宛行われた。弘安八年（一二八五）の但馬国大田文によると田積八〇町で「法金剛院領　伯宮御領　地頭越前々司後室」とある。観応元年（一三五〇）荘の一部が臨川寺に寄進された。また一五世紀後半、一部は西芳寺領となっていた。

鎌田荘（かまたのしょう）

城崎郡の荘園。現在の兵庫県豊岡市付近。下三江荘《しもみえのしょう》ともいう。弘安八年（一二八五）の但馬国大田文では松尾社領とあり、田数五四町三段余。永仁六年（一二九八）には建長寺造営料所となる。貞治五年（一三六六）天龍寺領武蔵国津田郷と交換し、鎌田荘は天龍寺金剛院領となった。康暦元年（一三七九）足利義満は当荘領家地頭職を春屋妙葩《しゅんおくみょうは》に付し宝幢寺《ほうどうじ》領となった。

楽前荘（ささくまのしょう）

気多郡の荘園。現在の兵庫県豊岡市日高町付近。皇室領。弘安八年（一二八五）但馬国大田文によると四八町三段余。領家方（北荘）と地頭方（南荘）に中分されていた。室町期、北荘の領家は広橋家で守護使不入地。南荘は定田一五町余・人給田四町五段・仏神田二町三段・流失田二町三段（大田文）。荘内の楽々前城（鶴ヶ峰城）は山名氏の重臣恒屋氏の居城という。

〈因幡〉

四分保（しぶのほ）

八東《はっとう》郡の保。現在の鳥取県八頭町付近。大炊寮領。日別上熟米を納める便補の保として成立。正和五年（一三一六）波多野氏らが領家政所に討ち入り米・籾・銭・馬を奪い、竹木を伐り、農民の牛馬を奪った。文保元年（一三一七）波多野氏・斉藤氏が代替わり検注を妨げ、雑掌により幕府に訴えられた。

服部荘（はっとりのしょう）

法美《ほうみ》郡の荘園。現在の鳥取県鳥取市福部町近辺。因幡一宮宇倍神社領。同社は皇室に寄進して自らは領家となる。領家職は正応二年（一二八九）左衛門督局（後嵯峨天皇後宮）

に与えられ楊梅《やまもも》盛親—親行に伝えられ、永徳二年（一三八二）楊梅親覚が但馬国楞厳寺に寄進し、戦国時代まで同寺が領家職を保有した。

〈伯耆〉

東郷荘（とうごうのしょう）
河村郡の荘園。現在の鳥取県湯梨浜町付近。松尾神社領。正嘉二年（一二五八）松尾社（領家）と地頭との間に和与による下地中分が行われ中分図がつくられた。中分により、東郷池を中心に西方は領家、東方は地頭の一円支配地となった。暦応三年（一三四〇）吉見頼直に当荘が与えられた。延徳二年（一四九〇）守護山名氏が守護請と号して領家職を押妨した。［文献］荘園絵図研究会編『絵引荘園絵図』東京堂出版、一九九一年。

星川荘（ほしかわのしょう）
会見《あいみ》郡の荘園。現在の鳥取県南部町付近。賀茂別雷神社領。寿永三年（一一八四）に荘名初見。ついで、寛正五年（一四六四）にその名が見える。戦国期には幕府内談衆大舘氏が支配し、のち毛利吉川氏の支配下に入り天正一九年（一五九一）頃の吉川広家領知付立に「百廿五貫　星川」とある。

山守荘（やまもりのしょう）
久米郡の荘園。現在の鳥取県倉吉市付近。領家職は青蓮院門跡領。貞応元年（一二二二）慈円置文に「御年貢京定・国器・此中百五十石為護摩用途、残百五十石進済也。」とあり、天福二年（一二三四）慈源所領注文に大城就院領と見える。嘉元四年（一三〇六）昭慶院御領目録、後宇多院御領目録に荘名が見える。応永二年（一三九五）頃守護被官日原清高の押妨を受け、戦国期には尼子氏被官伊賀氏の給地であった。

〈出雲〉

赤穴荘（あかなのしょう）
飯石郡の荘園。現在の島根県飯石郡飯南町付近。平安末期の石清水八幡宮の赤穴別宮の荘園化したもの。元暦二年（一一八五）源頼朝は当荘への武士の狼籍を禁じた。文永年間（一二六四～七五）出雲国一宮杵築社の三月会の相撲頭役を負担し、田数五〇町二段余、地頭は赤穴氏。南北朝以後、石見国の佐波氏が地頭職を継承した。

来次荘（きすぎのしょう）
大原郡の荘園。現在の島根県雲南市木次町付近。建長二年（一二五〇）九条道家から忠家に譲られた。文永五年（一二六八）相論があり藤原兼倫の知行が停止された。鎌倉中期に田数二三町四段余、地頭は大井氏であった。南北朝期の地頭は長井氏。戦国時代、毛利氏の支配下にあり、三〇〇石余の地を家臣に知行地として与えていた。

安田荘（やすだのしょう）
能義郡の荘園。現在の島根県安来市付近。石清水八幡宮安田別宮を母胎とする荘園。平安末期の立荘。元暦二年（一一八五）源頼朝は荘内の武士の濫妨を禁じた。鎌倉中期の規模は一〇六町あるいは一二五町とし三二名より成る。荘務権は八幡宮祠官の相承とされていた。年貢は一〇〇石・一〇貫でその半分が領家分。承久の乱後江戸重茂が地頭として入部したが、荘内の公文・神人に濫妨を働き荘は衰微した。寛元（一二四三～四七）年間に下地中分が行われ、南を八幡宮領、北を地頭分と定めた。南北朝期以降も八幡宮の支配は安定せず、地頭や守護使の押妨を受けた。康正二年（一四五六）造内裏段銭并国役二貫文が賦課されている。［文献］曽根地之「出雲国安田荘の一考察」（『島根史学』一〇号）。

横田荘（よこたのしょう）
仁多郡の荘園。現在の島根県奥出雲町付近。石清水八幡宮横田別宮を母胎とする荘園。文治五年（一一八九）源頼朝は荘内の武士の濫妨を禁じている。鎌倉中期の田数は五五町。地頭は三処氏。天福元年（一二三三）公文宅などが追捕され、公文良仙は八幡宮安居頭役の勤仕ができなくなったという。のち地頭請所となるが、公事未進により、石清水八幡宮は荘の中分を申請した。室町期、山名氏は寺領を寄進し保護しているが、応永元年（一三九四）荘の半分が泉湧寺雲龍院領となった。戦国時代の実質的支配者は在地の三沢氏であった。

〈石見〉

大家荘（おおえのしょう）

邇摩《にま》郡の荘園。現在の島根県大田市付近。九条家領。鎌倉前期、福光郷地頭として周布氏が見える。弘安六年（一二八三）石見国惣田数注文に東郷二二町七段と見える。鎌倉末期に西郷は一五町二段で地頭は御神本氏、南北朝期に井尻氏、康暦三年（一三八一）以後は周布氏であった。

益田荘（ますだのしょう）

美濃郡の荘園。現在の島根県益田市・浜田市付近。治承四年（一一八〇）皇嘉門院聖子から藤原兼房に譲られた。平安時代に下向土着した有力在庁益田氏の相伝の所領。鎌倉期の規模は一四八町八段余。永徳三年（一三八三）益田兼見は所領を将軍から公認され子孫らに譲与した。［文献］福田栄次郎「石見国益田氏の研究」（『中国大名の研究』戦国大名論集6）、小林宏「石見国益田氏の領主制について」（安田元久編『初期封建制の研究』吉川弘文館、一九六四年）。

〈隠岐〉

重栖荘（おもすのしょう）

隠岐郡の荘園。現在の島根県隠岐の島町付近。摂関家渡領で法成寺領。田二五町、年貢鉄六〇〇挺。南北朝期には地頭請所。

美多荘（みたのしょう）

知夫郡の荘園。現在の島根県西ノ島町付近。荘内大山社の禰宜職について守護佐々木氏は社務を全うするように命じている。南北朝期以降、公文給田の存在が認められる。戦国期、弥陀荘とも書かれ公文は笠置氏。

〈播磨〉

鵤　荘（いかるがのしょう）

揖保郡の荘園。現在の兵庫県太子町付近。推古天皇六年（五九八）に法隆寺に施入された水田等を母胎として成立した荘園かという。平安時代、寺領管理のため荘の中心に斑《はん》鳩寺《きゅうじ》が建立されたが、現存する建造物は戦国以降のものである。当荘については嘉暦四年（一三二九）と至徳三年（一三八六）の二葉の『法隆寺領播磨国鵤荘絵図』と『鵤荘引付』『鵤御荘当時日記』があり、中世の様相を知ることができる。文治二年（一一八六）地頭金子氏（武蔵国御家人）による押領事件があり、押妨停止の院宣が出された。承久三年（一二二一）の承久の乱では京方与同の名主があり幕府は地頭を置いたが、法隆寺の訴えにより停止された。建武三年（一三三六）には新田義貞軍と赤松氏の軍がここで戦い、荘は損害を蒙った。法隆寺は二か所（はじめ南北、のち東西）の政所を設けて荘園支配の実現を期した。『鵤荘引付』はこの政所記録を編集したものである。貞和二年（一三四六）には播磨国人、和泉国人の荘内乱入事件があり、文和四年（一三五五）には山名時氏追討の陣が足利義詮により構えられた。室町期、農民層の結合は用水管理を行い、事あるごとに荘内の稗田社に集合し、逃散を行うこともあった。［文献］東郷松郎「法隆寺領播磨国鵤荘について」（『兵庫史学』五号、一九五五年）、大山喬平「室町末・戦国初期の権力と農民」（『日本史研究』七九号、一九六五年）。

有年荘（うねのしょう）

赤穂郡の荘園。現在の兵庫県赤穂市付近。長和四年（一〇一五）藤原公任領として初見。一二世紀半ばには近衛家領で、建長五年（一二五三）所領目録によると北小路尼―藤原基通―大僧正静忠へと伝領された。南北朝期に実相院門跡領となり長禄三年（一四五九）まで相伝された。

大部荘（おおべのしょう）

賀東郡の荘園。現在の兵庫県小野市付近。

久安三年（一一四七）東大寺領として立券荘号。建久元年（一一九〇）東大寺復興のため大勧進職となった重源に与えられた。同三年四至牓示を定め、荘内に浄土寺が創建された。同八年以後荘官は東南院から補任されることになったが、建保三年（一二一五）地頭が補任されるにおよび東南院の支配は動揺し、寛喜三年（一二三一）地頭代による非法があった。東大寺は在地有力者を雑掌に任じたが、初代讃岐公は河内楠入道（正成の父かという）とともに非法を行い解任、ついで志染荘雑掌垂水繁昌が任ぜられた。しかし彼も年貢未進のため永仁二年（一二九四）改易されると、近隣の悪党らとともに数百人が荘内に乱入する事件となった。その後も、地頭、浄土寺僧、守護代が東大寺の支配をおびやかし、南北朝期には悪党の活動が著しい。［文献］　中村直勝『荘園の研究』一九三九年、小西瑞恵「播磨国大部荘の農民」（『日本史研究』九八号、一九六八年）。

小宅荘（おやけのしょう）

揖東郡の荘園。現在の兵庫県たつの市・誉田町付近。文和三年（一三五四）の『播磨国小宅荘三職方絵図』によると田数三二四町余の広大な荘園で、三職方の領主は中御門家。正中二年（一三二五）中御門経継から大徳寺に寄進された。その後、土貢を三五〇貫文・夏麦三〇貫文を納入する大徳寺経済を支える重要な荘園となった。当荘内の揖保川左岸には小宅宿の存在が知られる。［文献］　西岡虎之助「守護大名領下の寺領荘園」（野村博士還暦記念論文集『封建制と資本制』一九五六年）。

上揖保荘（かみいぼのしょう）

揖保郡の荘園。現在の兵庫県たつの市・揖保川町付近。文治二年（一一八六）に最勝光院領。鎌倉時代には上・下に分割された。正中二年（一三二五）に領家は刑部少輔入道で年貢は一五貫文、沙弥昌俊が地頭職の一部を永和二年（一三七六）大徳寺に売却、文明五年（一四七三）には幕府料所であった。

坂越荘（さこしのしょう）

赤穂郡の荘園。現在の兵庫県赤穂市付近。もと殿下渡領で、のち近衛家領となる。藤原師実―忠実―忠通と伝領され、正治元年（一二〇〇）頃領家は平信範。建長五年（一二五三）頃「管領に人なし」という状態に陥っていた。正和二年（一三一三）頃、矢野荘の在地領主寺田法念が当荘内の地頭職を有し、また下野国からの西遷御家人地頭飽間光泰は寺田氏と養子関係を結んでいて、寺田氏の没落後、荘の経営にのり出す。同氏は南北朝内乱以後守護赤松氏被官となり活動した。古代から名の知られた港湾を持ち、文安二年（一四四五）の「兵庫北国入船納帳」に記述が見える。［文献］　桜井彦「悪党与同人の一形態」（『生活と文化』五号）。

佐用荘（さよのしょう）

赤穂・佐用・宍粟三郡にわたる。現在の兵庫県佐用町・上郡町付近。もと坊門忠信（源実朝未亡人八条禅尼の兄）の家領であったが、承久没官領となり九条道家に与えられた。しかし建長三年（一二五一）道家の失脚により荘務を止められた。元亨三年（一三二三）関東御領で給主は小串氏。当荘内には白旗城があり赤松氏の本拠地であった。［文献］　今井林太郎「荘園史の研究(4)」（『兵庫史学』二七号）。

椙原荘（すぎはらのしょう）

杉原とも書く。多可郡の荘園。現在の兵庫県多可町付近。「杉原紙」の生産地として著名。一一世紀前半に摂関家領として成立。建長五年（一二五三）の近衛家所領目録にも見える。南北朝期に上・下二荘に分かれた。永享八年（一四三六）年貢の紙は、本荘五九五帖、新荘七八〇帖、その他二七八帖で、文明十三年（一四八一）には杉原紙一二八〇帖・雑紙四八〇帖が納められている。

土山荘（つちやまのしょう）

飾磨郡の荘園。現在の兵庫県姫路市付近。「薬師寺荘」とも呼ばれた。薬師寺領で、正安二年（一三〇〇）に別当法印坊、雑掌永重とあり、地頭（北条得宗家）代下山氏と相論をしている。建武三年（一三三六）広峰社領とされ、薬師寺と相論となった。広峰社神主範長の追放後は祇園社が支配に乗り出したが、薬師寺の権益は荘内に残存した。［文献］久保田収「祇園社領播磨国土山庄」（『皇学館論叢』六―一）。

福井荘（ふくいのしょう）

揖東郡の荘園。現在の兵庫県姫路市付近。もと興福寺領、のち藤原頼長の管領下にあり、保元の乱（一一五六）により没官。後白河院領となるが寿永二年（一一八三）高野山大塔領。文治元年（一一八五）文覚の要請により神護寺領となる。貞応三年（一二二四）頃、東保・西保に分かれ、西保は二〇六町五段余の規模であった。当荘は水の便が悪く、東保は隣荘太田荘の池水に頼っていて、しばしば相論が起こった。当荘地頭職は、梶原景時ついで吉川経兼とその子孫が相伝した。［文献］西岡虎之助『荘園史の研究』下巻一、岩波書店、一九五六年。

細川荘（ほそかわのしょう）

美嚢郡の荘園。現在の兵庫県三木市付近。冷泉家領。領家職は藤原俊成から九条尼―郷二位―定家へと伝領された。地頭職も定家―為家―為氏へと伝領されるが、文永一〇年（一二七三）為氏への地頭職は悔返され為相に譲られた。しかし為家の没後為氏は悔返しを認めず相論が展開された。この相論の過程で為相に有利な裁許を期待して生母阿仏尼が鎌倉に下り、そのときの道中記が『十六夜《いざよい》日記《にっき》』である。のち当荘は、為相―為秀―為伊―持為―政為と伝えられ、本家職は八条院―安嘉門院―昭慶門院へと伝えられた。［文献］永原慶二『日本封建制成立過程の研究』岩波書店、一九六一年。

室御厨（むろのみくりや）

揖保郡の御厨。現在の兵庫県たつの市御津町室津付近。寛治四年（一〇九〇）に賀茂別雷神社領として成立か。文治二年（一一八六）源頼朝に安堵され、以後室町期まで社領として維持された。瀬戸内航路の重要港湾で、ためにしばしば合戦の舞台となった。

矢野荘（やののしょう）

赤穂郡の荘園。現在の兵庫県相生市付近。はじめ久富保と称し、一一世紀半ばに秦為辰により開発されたとする文書があるが、これは偽文書の疑いがある。確かな初見史料は保延二年（一一三六）の鳥羽院庁牒案で、これによると久富保は藤原顕季（播磨守）家領で、同長実―美福門院へ伝えられた。保延三年に田畠一六三町二段余と未開発地から成る。仁安二年（一一六七）四三町一段余が美福門院から歓喜光院に寄進されて別名が成立。残りは例名となった。例名の本家職は美福門院―八条院―安嘉門院―室町院―亀山院―後宇多院―東寺へと伝えられた。預所職は伯耆局―藤原隆信―同隆範―同為綱へと伝えられた。さらに例名から浦分が分かれ、有曽御前―藤原有信―同氏女へ、例名は藤原範親―同範信―同為信―同冬綱へと相伝された。別名は正安元年（一二九九）歓喜光院から南禅寺に寄進された。例名では仁治二年（一二四一）から領家と地頭海老名氏の相論があり永仁五年（一二九七）下地中分が行われた。例名公文寺田法念は近隣の悪党と結んで活動した。その後一四世紀後半までは飽間氏による押妨が続いた。永和三年（一三七七）以降には年貢減免を求める農民の逃散・一揆が起こり東寺を悩ませた。［文献］小泉宜右「播磨国矢野庄の悪党」（『国史学』六六号）。

吉河荘（よしかわのしょう）

美嚢郡の荘園。現在の兵庫県三木市付近。弘安七年（一二八四）に石清水八幡宮領で、のち上荘・下荘・竹原村に三分され歓喜光院領となり大覚寺統に伝えられた。領主職は大報恩院・万里小路家・法性寺家が分有。

〈美作〉

稲岡荘（いなおかのしょう）

久米郡の荘園。現在の岡山県久米南町付近。法然は長承二年（一一三三）当荘に館を構えていた押領使漆間時国の子として生れた。鎌倉時代は足利氏の所領であったが、南北朝期には在地領主広戸美作守が濫妨を繰り返した。明徳三年（一三九二）にも守護被官による押領があった。

久世保（くぜのほ）

大庭郡の保。現在の岡山県真庭市付近。大炊寮上熟食米料所便補の保。在地御家人の久世氏が下司・公文職を保持した。正応五年（一二九二）久世頼連と大炊寮雑掌の間で職をめぐる相論があり、室町期に入ると守護赤松氏被官の押領が続いた。領家は中原氏から小槻氏にうつり、小槻氏は直務支配を策したが成らず、永享七年（一四三五）には赤松氏被官垣屋氏による代官請が行われた。嘉吉乱後山名氏被官高山右京亮が領家職年貢を三〇貫文で請負い、文明一三年（一四八一）足利義政により一色政具（奉公衆）に与えられた。［文献］中野栄夫「美作国久世保」（『岡山県史』一号）。

和気荘（わけのしょう）

磐梨郡の荘。比定地未詳。承久没収地で紀伊熊野山に寄進された。元弘の乱に本領主広経の孫行西は本領回復をはかり南朝方について戦った。建武三年（一三三六）光厳上皇により勧修寺家に領家職が安堵された。天正年間（一五七三―九二）勧修寺晴豊領と見える。

〈備前〉

香登荘（かがとのしょう）

和気郡の荘園。現在の岡山県備前市付近。皇室領で、白河天皇のとき勅旨田とされ堀河天皇のとき立荘。聡子内親王家―鳥羽院―八条院領となる。康治二年（一一四三）大洪水により損田四一町余が出た。承安年中（一一七一―七五）の検注のとき年貢九三〇石余。応保元年（一一六一）領家職は八条院から高野山菩提心院に寄進された。平安末期、平家の時代、下司職を奪った大江業資が数千石の年貢を未進した。南北朝期には、本家職の三分の一が正親町《おうぎまち》三条家、三分の二が相国寺普広院に、領家職が仁和寺威徳院に寄進された。寛正三年（一四六二）南御所御料所として大慈院に伝えられ、明応三年（一四九四）の代官請負額は一二〇貫文であった。室町期、備前焼の大生産地として知られる。

金岡荘（かなおかのしょう）

上道郡の荘園。現在の岡山市付近。本家は安楽寿院末寺興善院、領家は勧修寺惟方、のち興福寺円雄。一三世紀半ば頃までに東西に分割され、東荘領家職は延慶三年（一三一〇）興福寺から額安寺へ、一部は二尊院へ寄進された。一五世紀半ばまでには東西荘とも領家は北野神社となった。当荘内の西大寺門前に定期市がたち、寺門前町・港町として発展した。東荘は元亨二年（一三二二）惣領地頭と額安寺の間で和与中分が行われ、翌年預所と庶子地頭との和与により五分の三が地頭方、五分の二が領家方とされた。南北朝期から在地諸勢力の非法があいついだが、応仁元年（一四六七）から西大寺に祈禱料また造営料として東荘半済分や西荘西大寺市場などが寄進された。

鳥取荘（ととりのしょう）

赤坂郡の荘園。現在の岡山県赤磐市御津《みつ》町付近。建久二年（一一九一）の長講堂所領注文によると、正月雑事用の御簾一三間、御座六枚、砂二〇両・彼岸の布施布一〇段と門兵士を負担。建武四年（一三三七）光厳上皇から西園寺公重に与えられた。室町時代、預所職を守護が請負い、請口は四〇〇〇貫文で、禁裏御料所中でも重要な所領であった。天正三、四年（一五七五―七六）の年貢は各三〇貫文で著しく減少しているが、同一一年まで年貢は納入された。

野田荘（のだのしょう）

御野郡の荘園。現在の岡山市付近。建久四年（一一九三）重源が大仏殿灯油料田として給わった散在地の替えとして野田保を給された。現作田一三〇町で、同七年不輸が認められ、同九年四至を定め牓示を打った。いったん藤原氏領となるが永仁三年（一二九五）再び東大寺領となった。嘉元二年（一三〇四）

に年貢は五三石余と銭八九貫余であった。鎌倉末に一五〇貫文の地頭請所であったが和与中分され、南北朝期には年貢未進も続いた。観応二年（一三五一）佐々木経氏に地頭職が与えられた。

福岡荘（ふくおかのしょう）

邑久郡の荘園。現在の岡山市・瀬戸内市付近。もと平家領。寿永三年（一一八四）崇徳院法華堂領、ついで妹尾尼領。嘉応二年（一一七〇）畠二六〇町余。吉井川の水上交通路でもあり、山陽道の要衝に当たり、正嘉元年（一二五七）には市の存在が知られ、弘安元年（一二七八）一遍がここで布教していることは『一遍上人絵伝』で知られる。正中三年（一三二六）後醍醐天皇により東寺に寄進されたが、南北朝期を通じて在地武士の年貢押領・対捍が続いた。応永二五年（一四一八）の備前国棟別銭注文案では「福岡庄南北大庄也」として二、三〇〇貫の地という。

〈備中〉

足守荘（あしもりのしょう）

賀陽《かや》郡の荘園。現在の岡山市付近。神護寺領。もと在地の賀陽氏の開発にかかり、後白河院に寄進し立荘。嘉応元年（一一六九）の四至牓示を記した荘絵図がある。天暦元年（一一八四）一円神護寺領となり、一時東寺領となるが承久四年（一二二二）また神護寺に付された。嘉禄二年（一二二六）の注進状では、田一三五町余・定田一〇二町、不作田三町余・損田五五町余であった。足守川の水害によるところが大きかったと見られている。［文献］西岡虎之助『荘園史の研究』下一・岩波書店、一九五六年。

大島保（おおしまのほ）

浅口郡の保。現在の岡山県笠岡市・浅口市付近。六条院領で、室町院領となり、応永五年（一三九八）には本家職は伏見宮家領となった。一円直務支配地として宮家の侍三木善理が代官となって下向したが在地の代官西山氏が所務を譲らず、永享五年（一四三三）本年貢二五貫文で代官請負となった。戦国時代には徳大寺家領に取り込まれた。

河辺荘（かわべのしょう）

下道郡の荘園。現在の岡山県倉敷市真備町付近。高梁川に沿う。鎌倉時代の地頭は遠藤為綱という。文和元年（一三五二）一分地頭職が雅楽以秀に譲られ、永享二年（一四三〇）郷内倉田方が細川頼重から子の氏久に譲与された。万里小路家が領家職を有したが時房のとき幕府に奪われ、正長元年（一四二八）珍蔵主に宛行われている。文明、延徳の頃（一五世紀末）在地の勢力が利権を争い、天正期（一六世紀末）には清水宗治とその子が支配していた。

中津井荘（なかついのしょう）

英賀郡の荘園。現在の岡山県真庭市付近。正和二年（一三一三）藤原頼成が荘内に田地を有し、卜部兼好に山城国小野荘内の田地を売却するとき、特約条項を付し、もし売却田地に不都合の生じたときは中津井荘内の田地を差出すとした。建武三年（一三三六）光厳上皇が「中津井郷」を冷泉三位入道に安堵したが、のち山科家領となった。文明末年には幕府御料所となっており、戦国期には毛利氏が荘内田地を三村氏・口羽氏に給与している。

成羽荘（なりわのしょう）

成葉とも書く。川上郡の荘園。現在の岡山県高梁市付近。永徳元年（一三八一）足利義満により天龍寺に寄進された。至徳四年（一三八七）の年貢銭は三一〇貫余であったが、在地の三村氏のつよい抵抗を受けた。戦国時代に至っても成羽城に拠る同氏の勢力を払拭できず、天龍寺の支配は難航した。

新見荘（にいみのしょう）

哲多郡の荘園。現在の岡山県新見市付近。大中臣遠正の開発にかかり、平安末期に小槻家に寄進し、同家は領家職を留保して承久三年（一二二一）以前に最勝光院に寄進、小槻家は預所を置き三職《しき》（惣追捕使・田所・公文）を補任した。文永八年（一二七一）頃下地中分が行われ、地頭方は相国寺が領有した。領家方の田地は一〇四町余、畠地は三六四町余。

正中二年（一三二五）、地頭方田地七五町余、山畠三五九町余・里畠一八町余、名数六〇、帳付農民二九九人。領家方には船人給・鍛冶給・檀紙給・轆轤給などがあった。荘内には二日市庭（地頭方）三日市庭（領家方）があった。領家方（東寺領）は応永一五年（一四〇八）から寛正二年（一四六一）まで代官請負で、請口は一二〇貫文～一五〇貫文。嘉吉元年（一四四一）以降寛正元年までの未進累積は二二〇〇貫文におよんだ。代官安富に対して農民は排斥運動を起こし直務を要求した。追放された安富にかわり祐清が直務代官となったが、農民との対立の中で祐清は殺害された。応仁から文明初年に農民と守護代の対立が激化し、有力国人による請負いを経て東寺領新見荘は実質を失っていく。［文献］『週刊朝日百科日本の歴史』２・中世Ｉ・朝日新聞社、一九八六年。

三成荘（みなりのしょう）
小田郡の荘園。現在の岡山県矢掛町付近。乾元元年（一三〇二）亀山法皇により南禅寺に寄進された。ただし荘号は康永三年（一三四四）。南禅寺の帰雲庵と大雲寺の間で領有が争われたが、康暦二年（一三八〇）大雲寺に安堵された。しかし応仁の乱後、南禅寺の支配は有名無実となった。

水内荘（みのちのしょう）
下道郡の荘園。現在の岡山県総社市付近。文治四年（一一八八）石清水八幡宮最勝王経転読料所として施入か。応長元年（一三一一）以後善法寺別相伝領となる。貞和年間（一三四五—五〇）から荘南方の弘石氏の悪党行為が始まり、応安年間（一三六八—七五）には守護家人森戸氏の濫妨が加わる。一五世紀後半からは在地勢力による代官職請負・所務職請負が続き、請負額も七〇貫文から一〇貫文へと激減した。

山手保（やまてのほ）
窪屋郡の保。現在の岡山県総社市付近。建久九年（一一九八）の開発立保。領家は小槻氏。文応元年（一二六〇）大嘗会用途を負担。文永年間（一二六四—七五）当保の伝領をめぐって大宮家流小槻氏と壬生家領小槻氏の間で相論が起こった。

〈備後〉

因島荘（いんのしまのしょう）
御調郡の荘園。現在の広島県因島市付近。長講堂領で領家は天皇家。地頭は御家人秀氏、のち北条得宗領となった。荘は三つに分割され、三津荘・中荘・重井荘となる。三津荘は建治二年（一二七六）に領家常光院、地頭右近将監で規模は一〇町一段余、中荘は領家宣陽門院、地頭北条宗政、地積六町、重井荘も領家・地頭同前、二段余。地頭職は尾道浄土寺、ついで東寺領となるが、のち小早川氏に付され、さらに東寺に返されるが、小早川氏による侵略はやまず、寛正五年（一四六四）を最後に史料は途絶える。

歌島荘（うたしまのしょう）
御調郡の荘園。現在の広島県尾道市付近。東宮領で領家は大炊寮。寛喜三年（一二三一）伊勢神宮御厨となるが、のち大炊寮に返された。嘉元四年（一三〇六）四、五軒の酒屋が三〇〇〇余貫の年貢の軽減を求めている。同年末、公文兼預所は年貢銭四二貫文を領家に送った。嘉吉三年（一四四三）の年貢は米・麦と塩一九二俵で、荘は一八か名《みょう》より成っていた。［文献］網野善彦『中世民衆の生業と技術』東京大学出版会、二〇〇一年。

太田荘（おおたのしょう）
世羅郡の荘園。現在の広島県世羅町付近。平重衡が預所職を留保して後白河院に寄進し永万二年（一一六六）立荘。同年から翌年にかけて隣接地および倉敷地として尾道村田畠をも荘内にとり込んだ。立荘時の現作田は三〇町八段余（定田二一町六段余）・在家二六宇・桑二三五本・栗林二町八段。下司は開発領主橘氏。文治二年（一一八六）高野山領となり、翌年僧鑁阿《ばんな》が預所に任命された。建久元年（一一九〇）における規模は、現作田六一三町六段余・定田五八〇町二段余で、後白河院に六丈白布一〇〇段、高野山に胡麻三四石・米一八三八石余・半畳一二帖・大幕巾布六丈・白布一〇段・桑代布四四二段を納めていた。建久六年頃、在地の橘氏は失脚し三善康信が地頭となった。弘安年間（一二七八—八八）預所となった和泉法眼渕信は、妻子眷属一〇〇人余を養い、数十人の女性を朝夕召使い、数一〇疋の馬を持ち、往来には乗輿六張、女騎数一〇騎。家子郎党一〇〇余騎、上下二〜三〇〇人を従えて、守護もおよばぬ勢いであったという。応永九年（一四〇二）守護山名時熙は太田荘桑原方地頭職を一〇〇〇石で請負ったが、永享一一年（一四三九）までに二万六〇〇〇石余の未進が生じた。［文献］永原慶二『日本中世社会構造の研究』岩波書店・一九七三年。阿部猛『日本荘園史』大原新生社、一九七二年。

小童保（こわらわのほ）

世羅郡の荘園。現在の広島県三次市付近。祇園社領。承徳二年（一〇九八）祇園社に寄進された封戸の便補保となったもの。神供料米五一石五斗余を納入。開発領主の後裔が保司職を伝領したが、一族間に争いを生じ仁治三年（一二四二）社家執行感円に与えられた。地頭職は田総氏に伝えられたが、明徳元年（一三九〇）には矢野左近将監が一〇〇貫文で領家方所務を請負い、翌年には社家直務となり、同四年半済給人を退け一円直務となった。領家方代官田総氏は文明年間（一四六九—八七）まで祇園社に年貢を送っていた。

地毗荘（じびのしょう）

恵蘇郡の荘園。現在の広島県庄原市付近。本家は蓮華王院、領家は安井宮・高山寺・長福寺・延暦寺・妙法院など多様。承久の乱以前に山内首藤氏が地頭となった。延慶元年（一三〇八）本郷は四五貫文で地頭請とされた。貞和七年（一三五一）一族一揆が結ばれている。［文献］三木靖「備後国地毗庄・藤原姓山内一族一揆」（『鹿児島短大研究紀要』一号、一九六八年）。

〈安芸〉

入江保（いりえのほ）

高田郡の保。現在の広島県安芸高田市付近。文治五年（一一八九）主殿寮の納物確保のため国衙入江郷を便補の保として成立した。文永一一年（一二七四）に田数三一町余・畠二二町余・栗林七町余の規模。京進の所当は米・大豆・栗・桑代・布・花紙・串柿・炭・漆など。主殿頭小槻氏が直務支配を行ったが、嘉暦四年（一三二九）請口二七貫文の代官請となり、至徳四年（一三八七）毛利広門が四〇貫文で請負ってのち、毛利氏による支配が進行した。［文献］奥野高広『皇室御経済史の研究』畝傍書房、一九四二年。

高屋保（たかやのほ）

賀茂郡の保。現在の広島県東広島市付近。正治元年（一一九九）頃に大炊寮領で、南北朝期から大炊頭中原氏が実質的に支配した。地頭は平賀氏で弘安元年（一二七八）以後、領有が確かめられる。平賀氏は出羽国平鹿郡出身とも、信濃国佐久郡平賀郷出身ともいう。［文献］阿部猛「安芸国の平賀氏について」（『帝京史学』九号、一九九四年）。

沼田荘（ぬたのしょう）

沼田郡の荘園。現在の広島県三原市付近。沼田氏の開発にかかり、蓮華王院領。源平合戦ののち土肥実平が地頭となり、以後子孫の小早川氏が継承。領家職は承久の乱後西園寺家。当荘は本荘と新荘から成り、本荘は建長四年（一二五二）に見作田二五〇町余、新荘は仁治二年（一二四一）に二一一町余であった。一三世紀のはじめ小早川景平は長男茂平に本荘を、次男秀平に新荘を譲与した。本荘の惣領家、新荘の庶子家とも多くの庶子家を分出しつつ発展したが、茂平は沼田川下流域の塩入荒野を干拓し耕地の拡大をはかっている。沼田川の自然堤防上には在家三〇〇という大規模な市が成立し、その対岸には在家一五〇の新市がたった。応永一二年（一四〇五）請口一五〇貫で地頭請が成立し小早川氏による下地支配が進み、同時に惣領家の庶子家に対する統率も強化された。しかし永享三年（一四三一）庶子家は新荘内で一揆契約を結んで結束をつよめ沼田小早川氏に対抗した。応仁の乱以後、徐々に庶子家の家臣化が進行し、天文年間（一五三二—五四）小早川本宗家と竹原小早川家が合体した。［文献］石井進『中世武士団』（『日本の歴史』12・小学館、一九七四年）。石黒洋子「安芸国沼田荘における開発と検証」（『日本社会史研究』一九号、一九七九年）、同「一揆契状の分析—安芸国小早川氏の場合—」（同二〇号、一九七九年）。

三入荘（みいりのしょう）
　安芸郡の荘園。現在の広島市の近辺。一二世紀後半の立荘で新熊野社領。三入保の後身。承久の乱後、武蔵国の御家人熊谷直時が父直国の勲功賞として地頭職を与えられたが、そのあと直時と弟資直の間で相論が起き、嘉禎元年（一二三五）荘内の田五五町余・畠一九町余・栗林六町余を、名ごと地域ごとの二対一の割合で分割され、文永二年（一二六五）にあらためて分割し直された。直時分を本荘、資直分を新荘と呼ぶ。本荘地頭と領家方の間には相論ののち和与が成立、下村八町を除き地頭進止となった。熊谷氏の支配は戦国時代まで続き、熊谷氏は最終的には毛利氏の家臣となる。［文献］佐藤和彦『南北朝内乱史論』東京大学出版会、一九七九年。

吉田荘（よしだのしょう）
　高田郡の荘園。現在の広島県安芸高田市付近。永治元年（一一四一）頃成立し崇徳院領で、領家は花山院家。久安五年（一一四九）本家米三〇〇石を割いて祇園社に一切経会料とする。永仁四年（一二九六）領家と地頭毛利氏の間で下地中分が行われ、北半分が地頭方、南半分が領家方となった。正平七年（一三五二）頃祇園社領としての実質は失われ、毛利氏による一円支配が成立した。

〈周防〉

岩国荘（いわくにのしょう）
　玖珂郡の荘園。現在の山口県岩国市付近。正安四年（一三〇二）室町院領と見え、以後持明院統の料地であった。正治二年（一二〇〇）二月の吉田経房処分状案によると安芸・周防の国境の小瀬川口に関所があり、対岸には厳島神社の関所があって、嘉禄三年（一二二七）両者の間で争いが起こっている。

得地保（とくじのほ）
　佐波郡の保。現在の山口県山口市徳地付近。はじめ石清水八幡宮領として立荘したが、のち東大寺造営料所とされた。上・下に分割され、一三世紀中頃上保は東福寺領となり、一四世紀には上下一円所領化を進めた。室町期には三か村に分かれ、それぞれ年貢を請負っていた。戦国時代、大内・陶・毛利氏の支配の進展とともに年貢納入量が減少した。

仁保荘（にほのしょう）
　吉敷郡の荘園。現在の山口市付近。領家は法勝寺、本家は日野家。地頭は建久八年（一一九七）以降平子氏（三浦氏）が継承した。鎌倉時代一族間の相論は絶えなかったが、末期には惣領による統率が確立した。元弘三年（一三三三）いったん所領は没収されたが、室町幕府によって所職を安堵された。

椹野荘（ふしのしょう）
　吉敷郡の荘園。現在の山口県山口市小郡付近。八世紀東大寺によって開発されたが、平安中期には荒廃していた。鎌倉初期重源によって再興され、預所・地頭が置かれた。観応元年（一三五〇）八月、大風・高潮によって損害を蒙り、さらに秋からは数万の大軍が乱入し、翌年七月にも洪水で大損を受けた。室町時代には大内氏に押領され、同氏滅亡後は小早川氏が預かった。

楊井荘（やないのしょう）
　玖珂郡の荘園。現在の山口県柳井市付近。蓮華王院領。貞永元年（一二三二）初見。南北朝期、本荘は三五町六段余で、寛元二年（一二四四）以前に楊井氏が地頭であった。楊井氏はのち大内氏の家臣。応仁の乱頃は大内氏被官仁保氏が代官であった。新荘は文明一五年（一四八三）には杉氏が代官職に補任された。荘内の楊井津は良港として知られ遣明船も寄港した。

〈長門〉

厚狭荘（あさのしょう）
厚狭郡の荘園。現在の山口県小野田市厚狭付近。寛治四年（一〇九〇）堀河天皇が加茂御祖（下鴨）社に寄進して成立。公田三〇町歩。「鴨荘」とも呼ばれた。戦国時代大内氏支配下でも社領として存続した。

日置荘（へきのしょう）
大津郡の荘園。現在の山口県長門市付近。三条家領で文治二年（一一八六）初見。承久三年（一二二一）高山包房が当荘ならびに日置八幡宮大宮司職を知行と見え、大宮司職はその子孫が相伝した。三条家は元弘三年（一三三三）預所を設けた。地頭は天福元年（一二三三）に藤原又次と見える。室町期、八幡宮散米田を三条家代官が押領し神祭が滞ると大宮司は訴えている。大内氏の勢力拡大にともない三条家の支配は失われ、ついで毛利氏の家臣により分割知行されるに至った。

〈紀伊〉

阿弖河荘（あてがわのしょう）
有田郡の荘園。現在の和歌山県有田川町付近。平惟仲が藤原仲平の遺領を買得し長保三年（一〇〇一）に白川寺喜多院（＝寂楽寺）に寄進し、寂楽寺別当忠覚が園城寺円満院門跡を本家とし、寂楽寺を領家とした。有田川上流域を占める広大な荘園であるが、大部分は山地で、狭い河岸段丘に耕地が点在し、支谷にわずかな棚田がある。上・下に分かれ、絹・綿・材木を年貢としていた。建久八年（一一九七）高野山大塔用材伐採のため文覚が下司職に任ぜられた。文覚の弟子行慈が湯浅党の出身だったことから下司職は以後湯浅氏に伝えられることとなった。しかし正元元年（一二五九）以降、地頭は荘園領主と対立し、また農民に対しても強引な支配を行って争いが起こった。建治元年（一二七五）一〇月、荘の百姓らは一三条の申状を書いて地頭の横暴を告発した。この文章は「片仮名書百姓申状」として著名である。［文献］仲村研『荘園支配構造の研究』吉川弘文館、一九七八年。石井進『中世を読み解く　古文書入門』東京大学出版会、一九九〇年。黒田弘子『ミミヲキリハナヲソギ』吉川弘文館、一九九五年。

荒川荘（あらかわのしょう）
那賀郡の荘園。現在の和歌山県紀の川市の付近。大治四年（一一二九）大僧正行尊の寄進によって鳥羽院領として成立した。保延元年（一一三五）に田三六町余・畠五三町余・桑二九三六本・在家三一宇。平治元年（一一五九）美福門院から高野山に寄進された。田中荘預所佐藤仲清の侵略を受けるが、長寛二年（一一六四）在家七〇宇などを検校以下一四三名に分配する分田支配を行い直務体制を確立した。建長六年（一二五四）の田数は一〇一町余・分米三五〇石余であった。しかし弘安八年（一二八五）源為時は近隣の悪党と結んで荘内に乱入し百姓家四〇宇を焼いた。応永一四年（一四〇七）高野山は大検注を行い、田数九三町余・分米二七四石と確認したが、在地の公文、荘民の勢力拡大におされ、長禄三年（一四五九）百姓請が成立した。太閤検地に至るまで高野山の支配は続いた。［文献］熱田公「高野山領荘園支配の確立過程」（『日本史研究』六九・七〇号、一九六三〜六四年）。

石垣荘（いしがきのしょう）
在田郡の荘園。現在の和歌山県有田川町付近。延喜以前の立荘で、上・下に分かれ上荘は阿弖河荘となる。正暦三年（九九二）平惟仲が買得し白河寺喜多院（寂楽院）に施入。建久二年（一一九一）には長講堂領、建保二年（一二一四）には平等院領と見える。鎌倉時代地頭職は湯浅氏（＝石垣氏）が相伝。室町期には守護山名、大内、畠山氏の支配を受け、応永二〇年（一四一三）以後は実質は失われた。なお、明恵上人は当荘内吉原で承安三年（一一七三）に生まれている。［文献］

上横手雅敬『日本中世政治史研究』塙書房、一九七〇年。

井上荘（いのうえのしょう）

那賀郡の荘園。現在の和歌山県紀の川市付近。仁平三年（一一五三）の史料に初見。摂関家領で、領家は栄山寺。鎌倉期には九条家領で、建長二年（一二五〇）以後は一条家領と見える。随身院領・粉河寺領・高野山領とも見え、随身院と粉河寺の間では相論が絶えなかった。

桛田荘（かせだのしょう）

伊都郡の荘園。現在の和歌山県かつらぎ町付近。久安三年（一一四七）崇徳院領として立荘されるが翌年収公された。長寛二年（一一六四）蓮華王院領として立券。寿永二年（一一八三）神護寺領となる。文治元年（一一八五）の検注で田数は約六〇町歩。神護寺と宝来山神社に「桛田荘絵図」が現存する。法田荘・静川荘との相論に際して長寛二年（一一六四）・延徳三年（一四九一）に作成されたものである。［文献］西岡虎之助『荘園史の研究』下巻一・岩波書店、一九五六年。山陰加春夫編『きのくに荘園の世界』上巻・清文堂、二〇〇〇年。

官省符荘（かんしょうふのしょう）

伊都郡の荘園。現在の和歌山県九度山町・かつらぎ町・橋本市近辺。永承四年（一〇四九）紀伊国内散在所領を国に返すかわりに高野政所周辺の寺領化が認められて成立した。寛治元年（一〇八七）在地領主坂上経澄を追放して直務支配を確立し、中世にも引続き支配を保ち、延元二年（一三三七）には在家三二三宇を領し、応永元年（一三九四）にも大検注で在家三二二宇・分米一二七〇石余を確認している。［文献］山陰加春夫編『きのくに荘園の世界』上巻・清文堂、二〇〇〇年。

賀太荘（かだのしょう）

海部郡の荘園。現在の和歌山市付近。永保元年（一〇八一）の記録に初見。建長五年（一二五三）の近衛家所領目録に荘名が見える。地頭職は茂木氏、公文職は向井氏が相伝。荘の北・西・南の三方が海であり漁村としての性格がつよい。嘉吉元年（一四四一）の注進状では、田四〇町余（除田八町四段余）・畠八町七段余（除畠一町二段余）であった。［文献］伊藤正敏『中世後期の村落』吉川弘文館、一九九一年。

神野・真国荘（こうの・まくにのしょう）

那賀郡の荘園。現在の和歌山県美里町付近。別個の荘園であるが成立当初から一体視され併称される。皇室領で、領家は神護寺ついで高野山。神野荘は住人長依友の私領に発し、藤原成通を通して鳥羽院に寄進して康治元年（一一四二）立荘。翌年荘絵図がつくられている。領家職は成通―泰通―神護寺と相伝された。真国荘は平安末期以来鞆渕荘と堺相論を続け、承久の乱で没官され後高倉院―高野山と伝えられた。高野山は預所、中司（預所代）・定使・公文・惣追捕使・刀禰・番頭を置いて支配した。鎌倉後期には野上荘と争いその一部を真国荘内に取り込んだ。中世を通じて高野山領であり、天正二〇年（一五九二）神野二四三六石・真国四〇〇石は高野山領とされ、江戸時代を通じて知行した。［文献］江頭恒治『高野山領荘園の研究』有斐閣、一九三八年。山陰加春夫編『きのくに荘園の世界』下巻・清文堂、二〇〇二年。

雑賀荘（さいがのしょう）

海部郡の荘園。現在の和歌山市付近。建久七年（一一九六）の史料に荘名初見。平親宗領。荘内に紀伊湊があり、交通の要衝であった。建長三年（一二五一）勝長寿院料所となる。室町期に開発が進行し、それを土台として新興土豪雑賀衆が台頭した。雑賀一揆は鉄砲で武装し石山合戦で威力を発揮したが、織田信長・豊臣秀吉の攻撃によって潰滅した。［文献］山陰加春夫編『きのくに荘園の世界』上巻・清文堂、二〇〇〇年。

隅田荘（すだのしょう）

伊都郡の荘園。現在の和歌山県橋本市・紀見町、奈良県五条市付近。寛和年間（九八五―八七）に荘号初見。本家は一条院、領家は石清水八幡宮。在地の御家人隅田一族が勢力を拡大し、石清水別宮の俗別当・公文などの職掌を相承した。隅田一族一三家は荘内に分布し、石清水社による北荘支配、高野山による南荘支配を支えていた。［文献］佐藤和彦『南北朝内乱史論』東京大学出版会、一九七九年。

鞆淵荘（ともぶちのしょう）

那賀郡の荘園。現在の和歌山県紀の川市付近。平安中期に石清水八幡宮領として成立。田地は一三町余で、山間の地で、甑・匙・杓子・桶などの木製品を納めていた。元弘三年（一三三三）以後高野山領となるが、下司鞆淵氏と荘民の抗争に高野山は第三者的な立場にあった。荘民の抵抗に下司が没落すると、正長二年（一四二九）高野山は大検注を行い体制を立て直そうとした。このとき田地は四一町五段余、分米一二四石五斗余で他に畠年貢（苧・綿など）があった。高野山は下司職・公文職を握り在地勢力を代官とし、鞆淵八幡宮の祭祀権に介入し、惣の体制を弱化させた。［文献］黒田弘子『中世惣村史の構造』吉川弘文館、一九八五年。山陰加春夫編『きのくに荘園の世界』上巻・清文堂、二〇〇〇年。

名手荘（なてのしょう）

那賀郡の荘園。現在の和歌山県紀の川市の近辺。康平七年（一〇六四）在地領主藤原頼貞が石清水八幡宮に寄進して成立。延久の荘園整理令で停廃されたが嘉承二年（一一〇七）高野山領として成立。このとき名手村は田四一町一段余・畠八二町二段。一二世紀には高野山による一円支配が実現。仁治二年～文永五年（一二四一―六八）の粉河村との堺相論、正応四年（一二九一）の悪党事件は名高い。［文献］山陰加春夫編『きのくに荘園の世界』下巻・清文堂、二〇〇二年。

三毛荘（みけのしょう）

那賀郡の荘園。現在の和歌山市・岩出町付近。長徳二年（九九六）注文に東大寺領と見える。鎌倉時代、在地の三毛氏がおり、数百人を率いて荒川荘の悪党張本法心の住宅を襲った。徳治二年（一三〇七）には延暦寺領となる。［文献］佐藤和彦『南北朝内乱史論』東京大学出版会、一九七九年。

南部荘（みなべのしょう）

日高郡の荘園。現在の和歌山県みなべ町付近。天仁二年（一一〇九）の記録に荘名初見。伏見宮守子内親王―五辻宮頌子内親王領から一三世紀には高野山領となる。下司職は熊野別当家が相承し、請料五〇〇石で請所とされた。承久の乱で没収され地頭が設置された。地頭と高野山の間に相論が続き、一四世紀末には下地中分が行われ、嘉吉元年（一四四一）には年貢三〇石にまで減少した。［文献］江頭恒治『高野山領荘園の研究』有斐閣、一九三八年。

湯浅荘（ゆあさのしょう）

在田郡の荘園。現在の和歌山県湯浅町付近。承安四年（一一七四）の記録に荘名初見。後白河院領。文治二年（一一八六）湯浅宗重が地頭に補任された。湯浅氏は紀伊国最大の武士団で湯浅党と呼ばれた。寛喜三年（一二三一）の湯浅景基寄進状には一族四九名が連署している。湯浅党の活動は南北朝内乱期まで知られるが、その後の動向は未詳である。［文献］安田元久『武士団』塙書房、一九六四年。

和佐荘（わさのしょう）

名草郡の荘園。現在の和歌山市付近。成立期は未詳。鎌倉初期は上・下に分かれ上荘を和佐荘と称した。文永元年（一二六四）荘内の下村・南村が歓喜寺に寄進され、乾元二年（一三〇三）寺や寺領が大和国の橘寺に寄進された。しかし在地の武士の濫妨に悩んだ橘寺は寺領を薬徳寺に譲り渡し、同寺は歓喜寺の名をも継承した。同荘の下司職・公文職は開発領主和佐氏（大伴氏）一族が持ち、嘉暦二年（一三二七）には雑掌との間に下地中分が行われた。永享四年（一四三二）日前国懸宮との間に用水相論があり、また嘉暦二年の公文が収取した公事の一覧記録は著名である。［文献］石母田正『古代末期政治史序説』未来社、一九五六年。並木優記「紀伊国和佐荘にみる二つの在地領主制」（『日本歴史』三九五号）。

〈淡路〉

炬口荘（たけのくちのしょう）

津名郡の荘園。現在の兵庫県洲本市付近。康治二年（一一四三）の史料に荘名初見。保元元年（一一五六）石清水八幡宮領と見え、貞応二年（一二二三）大田文では、田四〇町・畠・浦一所とある。地頭は刑部丞経実—相馬小次郎と移る。しかし石清水八幡宮に地頭補任権が与えられ、八幡宮の創建した別宮（炬口八幡宮）が荘園支配の要となった。文明二年（一四七〇）頃には未だ寺領として確保されていたらしいが、その後炬口城に拠る安宅《あたぎ》氏の支配下に入った。

鳥飼荘（とりかいのしょう）

津名郡の荘園。現在の兵庫県洲本市付近。石清水八幡宮領。貞応二年（一二二三）の大田文では田三〇町・畠・浦一所とある。当初の地頭は藤三守長、承久の乱後佐野七郎入道。領家との間に争いが絶えず、弘安元年（一二七八）和与し、地頭得分は新補率法によるとした。荘内には船津があり船所が領家の下にあった。文安二年（一四四五）の「兵庫北関入船納張」に石清水八幡宮の年貢米二七石五斗を積んだ船が北関を通過したと見える。［文献］稲垣泰彦『日本中世社会史論』東京大学出版会、一九八一年。

福良荘（ふくらのしょう）

三原郡の荘園。現在の兵庫県南あわじ市付近。高野山領。貞応二年（一二二三）の大田文では田二〇町・畠・浦一所。はじめ地頭は御家人兵衛尉以忠で承久の乱後は船越右衛門尉。建久三年（一一九三）から勅事・院事・国役等を免除されていた。宣陽門院領目録に所見。荘内には港津があった。

由良荘（ゆらのしょう）

津名郡の荘園。現在の兵庫県洲本市付近。平頼盛領であったので没官されたが、寿永三年（一一八四）源頼朝は頼盛の母池禅尼の恩に報いるため頼盛に返還した。領家は禅林寺新熊野社で、貞応二年（一二二三）の大田文では、田二〇町・畠・浦一所とある。承久の乱後の地頭は木内二郎であった。以後領家と地頭の間の対立は絶えず、何度か和与が行われた。康永四年（一三四五）足利尊氏によって地頭職は禅林寺へ寄進され、同寺による一円支配が成立した。当荘は、水軍安宅氏の拠点であった。

〈阿波〉

生夷荘（いくなのしょう）

勝浦郡の荘園。現在の徳島県勝浦町付近。石清水八幡宮領。保延三年（一一三七）に荘名初見。道恵法親王から定慧に譲られた。地頭職は西遷御家人岩松氏。南北朝以降史料が乏しく事情未詳であるが、室町期、所務職が一〇〇貫文で請負われている。［文献］藤井崇「石清水八幡宮領阿波国生夷荘の伝領について」（『日本社会史研究』四八号、一九九九年）。

櫛淵荘（くしぶちのしょう）

那東郡の荘園。現在の徳島県小松島市付近。石清水八幡宮領で櫛淵別宮と号す。元久二年（一二〇五）に荘号初見。寛喜二年（一二三〇）若宮長田油を負担し、一一・一二月で計五升七合と見える。承久の乱後、秋本（元）氏が地頭となり、子孫が相伝。弘安四年（一二八一）には下地中分が行われた。一四世紀末に守護請も行われたが、石清水社の支配は続いていた。

高越寺荘（こうつじのしょう）

麻殖郡の荘園。現在の徳島県吉野川市山川町付近。高越寺は空海建立の寺院。平安末期には尊勝寺領で、建長二年（一二五〇）には九条家領と見える。永仁元年（一二九三）の文書に荘号初見。一四世紀後半からは細川氏の支配下に入った。

富田荘（とみだのしょう）

名東郡の荘園。現在の徳島市付近。国衙領の南助任保・津田島が開発領主粟田重政・藤原親家から大江泰兼を経て春日神社に寄進され元久元年（一二〇四）成立。泰兼が領家、春日社が本家。当時の規模は田八町三段余、畠一三町五段余・常荒三〇町五段余。吉野川河口の低湿地に立地した。津田島地頭は、親家のあと椎名五郎入道、承久の乱後から貞応三年（一二二四）まで河野通久であった。承久三年（一二二一）大江泰兼は春日神社に六か条の愁状を提出し、国使や祇園社の横暴を訴えたが認められず、かえって排除されてしまう。泰兼は寛喜二年（一二三〇）山城淀津で御供所造営材木ならびに用途を奪い取る。泰兼は「悪党」化したのである。［文献］中村直勝『荘園の研究』星野書店、一九三九年、阿部猛「悪党大江泰兼」（『日本社会史研究』三五号、一九九四年）。

那賀山荘（なかやまのしょう）

那賀郡の荘園。現在の徳島県那賀町付近。建久二年（一一九一）の長講堂所領注文に初見。那賀川上流域は材木の生産地で、当荘の平島は河口の港津として知られる。領家は五辻家で、南北朝期に地頭職が臨川寺に与えられた。

〈讃岐〉

井原荘（いはらのしょう）

香東郡の荘園。現在の香川県高松市香川町・香南町・塩江町付近。鷹司家領。観応二年（一三五一）の史料に初見。応安四年（一三七一）鷹司家の家司勘解小路家に当荘半分が給付され、同五年祇園社執行顕全に代官職が宛行われた。貞治五年（一三六六）在地領主由佐氏が細川頼之から荘内一部を預け置かれている。由佐氏は東条の下河辺氏の支流と伝える。

神崎荘（かんざきのしょう）

寒川郡の荘園。現在の香川県さぬき市寒川町付近。天福元年（一二三三）興福寺三面僧坊供料として初見。九条家領である。建武政権下で作成された荘務執行についての一四か条下文があり、中に公文・田所・船所を荘官三職と呼んでいる。

志度荘（しどのしょう）

寒川郡の荘園。現在の香川県さぬき市志度付近。寿永元年（一一八二）の記録に最勝光院領として初見。南北朝期まで青蓮院門跡が相伝するが、年貢米三〇石・塩一〇石・炭五〇籠を収納するにすぎない。正中二年（一三二五）最勝光院目録では領家は後深草中宮篠原公子と見える。翌嘉暦元年東寺に寄進されたが観応二年（一三五一）頃には実質は失われたものとみえる。長禄元年（一四五七）細川勝元により荘の一部が志度寺に安堵され、守護領であったと思われる。付近には志度港があり、文安二年（一四四五）の「兵庫北関入船納帳」に小麦・大麦・米などを積出したと見える。

藤原荘（ふじわらのしょう）

多度郡の荘園。現在の香川県善通寺市内。興福寺大乗院領。正治二年（一二〇〇）荘名初見。元応元年（一三一九）寺の大垣修理を負担。南北朝時代、在地武士の濫妨に悩まされた。文明元年（一四六九）寺務職に属して七七町余で、うち一八町三段余は除田であった。延徳二年（一四九〇）年貢一〇貫文・上品円座三〇枚の納入があった。しかし乱後未進が続いていた。

良田荘（よしだのしょう）

多度郡の荘園。現在の香川県善通寺市付近。善通寺領。弘安四年（一二八一）大嘗会・役夫工・造内裏などを免除されて立荘。同六年一円不輸荘となった。良田郷の西半分に当たる。建治二年（一二七六）には残り半分も雑役免として善通寺に寄進された。正応五年（一二九二）地頭太郎左衛門尉仲泰は年貢抑留により訴えられた。領家・地頭の間で下地中分が行われ、善通寺の一円地は二〇町となった。応永三十年（一四二三）の段銭支配帳によると、地頭分宅田二四町二段大、領家分二三町三段四八歩となっている。

〈伊予〉

弓削島荘（ゆげしまのしょう）

越智郡の荘園。現在の愛媛県上島町。保延

元年（一一三五）に初見。承安元年（一一七一）尼真性が藤原綱子に譲り、綱子は御白河上皇に寄進し、本家御白河（名目上は長講堂）―領家綱子となるが、本家職は宣陽門院から延応元年（一二三九）東寺に寄進された。地頭は承久の乱後、武藤国から小宮（日奉《ひまつり》）氏が入るが、地頭職は三分の二と三分の一に分割された。しばしば東寺と相論を起こし、永仁四年（一二九六）地頭は世帯を没収された。地頭職は将軍久明親王の母房子に宛てられ、乾元二年（一三〇三）頃和与が成立、島の北部の鯨方と串方は領家分、中央の大串方が地頭分となった。その差図が現存している。荘の規模は、文治四年（一一八八）の頃、田三町三段一八〇歩・畠二六町三段一八〇歩で、二二の百姓名より成り、各名には塩浜が付属していた。塩の生産が盛んで船で都に向けて運送された。鎌倉末期には弁房承誉《べんぼうじょうよ》ら悪党的代官と百姓との闘いが見られ、南北朝期以降、村上一族など海賊衆が進出する。東寺による支配は寛正四年（一四六三）頃実質を失った。［文献］網野善彦『中世東寺と東寺領荘園』東京大学出版会、一九七八年。

〈土佐〉

大忍荘（おおさとのしょう）
香美郡の荘園。現在の高知県香南市・大栃村付近。鎌倉初期の成立で、極楽寺・熊野社・妙心寺・有栖川家などが領家として見える。二〇余の名《みょう》から成り、名主は名内の田畠を庶子・下人に分与して生産を管理。有力名主中から任命される専当が地域ごとに年貢を管理した。一五世紀後半には専当・名主の惣的結合が成立し自治が強まった。戦国時代、長宗我部元親は名主層を「一領具足」として軍事組織の末端に組織した。［文献］山本大『土佐中世史の研究』高知市民図書館、一九六七年。

香宗我部保（こうそかべのほ）
香美郡の保。現在の高知県香南市付近。建久四年（一一九三）に地頭は中原秋家と見える。承久三年（一二二一）には大炊寮便補保で地頭は中原秋通。中原氏は香宗我部氏を名乗り、地頭職を相承した。南北朝期、東の大忍荘、西の吉原荘と堺相論を起こした。天正一六年（一五八八）の検地で総田積三〇七町九段余。

幡多荘（はたのしょう）
幡多郡・高岡郡の荘園。現在の高知県四万十市・四万十町・中土佐町付近。元久三年（一二〇六）土佐国が九条家知行国となり、嘉禄―嘉禎（一二二五―三八）頃立荘。九条家領で、建長二年（一二五〇）一条実経に譲られた。預所・沙汰人を置き、農民を在家として把握した。鎌倉末期から在地勢力による押領にあい、室町時代には年貢収納もままならなかった。応仁二年（一四六八）一条教房は土佐に下向し家領回復につとめた。材木の販売・日明貿易などにより実力を蓄え、土豪を被官化して戦国大名に転化した。［文献］野村晋域「戦国時代に於ける荘園より都市への発達」（『社会経済史学』四―一一・一二、一九三五年）、山本大『土佐中世史の研究』高知市民図書館、一九六七年。

〈筑前〉

赤馬荘（あかまのしょう）
宗像郡の荘園。現在の福岡県宗像市付近。建久四年（一一九三）に荘名初見。本家職は宣陽門院から持明院統に伝わり、花園天皇―直仁親王―伏見宮栄仁親王へ伝領。領家職は仁和寺―伏見宮家―速成就院と伝領。地頭職・公文職は宗像大宮司家。鎌倉末までに下地中分が行われた。室町期、伏見宮家は大内氏による代官請で年貢を確保しようとしたが却って大内氏被官の押領を招いた。明応九年（一五〇〇）一八一町五段と見えるが、すでに応永三二年（一四二五）を最後として年貢の納入はなかった。戦国期は大内氏支配下にあり、同氏滅亡の天文二二年（一五五三）大宮司家による支配が復活した。

麻生荘（あそうのしょう）
遠賀郡の荘園。現在の福岡県北九州市付近。建長元年（一二四九）荘名初見。旧山鹿秀遠の所領が没官され北条得宗家領となったものであろう。地頭は得宗家、代官は宇都宮氏（麻生氏）が相承。麻生氏は室町時代には奉行衆となり支配を強化した。［文献］川添昭二『九州中世史の研究』吉川弘文館、一九八三年。

怡土荘（いとのしょう）
怡土郡・志摩郡の荘園。現在の福岡市付近。国領が混在する散在型荘園。領家は仁和寺法金剛院領、本家は後白河院で以後持明院統に伝えられる。田地一四五〇余町で荘内に貿易港今津があった。預所には院近臣藤原能盛—仁和寺別当。承久の乱後今津地頭に千葉氏が補任され、弘安九年（一二八六）志麻方三〇〇町惣地頭に大友頼泰が補任された。鎌倉末期には大仏《おさらぎ》惟貞領。嘉元三年（一三〇五）惣地頭大友氏と志麻方名主三七人の間に相論があった。［文献］正木喜三郎『大宰府領の研究』文献出版、一九九一年。

岩門荘（いわとのしょう）
那珂郡の荘園。現在の福岡市付近。平安末期に原田種直の旧領で没官され武藤氏の所領となる。弘安八年（一二八五）安達氏と結んだ少弐景資は惣領経資と抗争し、この地に拠って岩門合戦を起こし敗れた。合戦後、この地は多くの御家人たちに恩賞地として配分された。観応三年（一三五二）には安楽寺領となっていた。軍事的拠点だったので、しばしば争奪戦の対象となった。［文献］川添昭二『九州中世史の研究』吉川弘文館、一九八三年。

植木荘（うえきのしょう）
鞍手郡の荘園。現在の福岡県直方市付近。保元二年（一一五七）藤原頼長領として没官され、のち七条院領となる。領家職・預所職は教令院門跡が伝領。本家職の伝領は混乱したが康永二年（一三四三）四辻家領となった。本家年貢は正安三年（一三〇一）に二万疋（二〇〇貫）、徳治二年（一三〇七）に二〇〇石。永享十一年（一四三九）頃、守護大内氏の領国となり、大内氏の鞍手郡代の支配下に入った。［文献］川添昭二『九州中世史の研究』吉川弘文館、一九八三年。

粥田荘（かいたのしょう）
鞍手郡の荘園。現在の福岡県直方市・宮若市・鞍手町・小竹町・飯塚市付近。建久図田帳では本荘八〇町・加納六〇〇町余の大荘園。保元の頃、鳥羽院前武者所粥田経遠がおり、その子山鹿秀遠が平家方に与同して没官、関東御領となった。貞応三年（一二二四）北条政子により高野山金剛三昧院に寄進され、本家職は仁和寺門跡が持っていた。地頭職・預所職は金剛三昧院が持ち預所代官である雑掌が現地に下向していた。領家年貢二〇〇〇石の大荘園。代官請負で年貢を確保しようとしたが、結局は大内氏被官杉氏の支配下に陥り、荘園としての実は失われた。荘内を遠賀川が流れ、水運・商業が盛んであった。［文献］正木喜三郎『大宰府領の研究』文献出版、一九九一年。

山門荘（やまとのしょう）
早良郡の荘園。現在の福岡市内。観応三年（一三五二）に荘名初見。建徳三年（一三七二）領家職が阿蘇社に寄進された。室町期には少弐氏または宗氏の直轄領となり、宝徳四年（一四五二）には上・下荘に分かれ、上下代官職は宗左衛門尉に宛行われた。大内政弘の筑前進出から天文二十年（一五五一）の滅亡まで大内氏の臼杵氏・小田部氏が支配した。元亀四年（一五七三）にはその規模三五〇町と見える。臼杵氏らの収奪に農民たちは惣結合を背景に抵抗した。［文献］川添昭二『中世九州史の研究』吉川弘文館、一九八三年。

〈筑後〉

下妻荘（しもつまのしょう）
下妻郡の荘園。現在の福岡県筑後市付近。太宰府天満宮領。永承二年（一〇四七）の成立と伝える。一円領で鎌倉末期天満宮少別当が荘内得丸名の荘司職を有した。南北朝期、南朝方に押領された。応永二年（一三九五）頃、天満宮領としての実質は失われていた。

三潴荘（みずまのしょう）

三潴郡の荘園。現在の福岡県大川市・三潴郡全域・柳川市・筑後市・久留米市にわたる大荘園で、建仁元年（一二〇一）の田数注文によると一二五二町余。長承元年（一一三二）～平治元年（一一五九）の間に本家宝荘厳院、領家四条家として成立した。地頭は鎌倉初期和田義盛。鎌倉末期には領家・地頭間で下地中分が行われた。［文献］瀬野精一郎「筑後国三潴庄の成立と終焉」（竹内理三先生喜寿記念会編『荘園制と中世社会』東京堂出版、一九八四年）。

吉田荘（よしだのしょう）

上妻郡の荘園。現在の福岡県八女市付近。太宰府天満宮領。康平元年（一〇五八）安楽寺新三昧堂料として成立。五八町歩。南北朝期には武家に押領された。永徳二年（一三八二）下地中分が行われ、寺領の確保が図られたが、応永二年（一三九五）には荘園としての実質は失われた。［文献］正木喜三郎『大宰府領の研究』文献出版、一九九一年。

〈豊前〉

到津荘（いとうづのしょう）

企救郡の荘園。現在の福岡県北九州市付近。宇佐八幡宮領。寛弘四年（一〇〇七）立券、田数一八二町余。建久頃二〇〇町に増加した。建治元年（一二七五）宇佐宮へ地頭職が寄進された。南北朝期、大宮司家庶流が当荘を基盤にして独立し到津氏を称した。到津氏は南朝方として北朝方の門司氏・麻生氏と戦った。室町・戦国の社会の中で荘園経営はしだいに困難となり、永正二年（一五〇五）頃、定田は九五町歩に減少した。［文献］中野幡能『八幡信仰史の研究』吉川弘文館、一九六七年。

〈豊後〉

阿南荘（あなんのしょう）

大分郡の荘園。現在の大分市・由布市の近辺。由原宮領。もと国領で、天福元年（一二三三）勅免荘となる。建久の図田帳では八〇町、領家は葉室大納言、地頭は守護所と狭間尼公生蓮孫（直親）とある。松富名三五町は狭間直親、光一松名一五町は菊池武弘、松武名三〇町など七名田より成る。永禄四年（一五六一）大友義鎮は松武名一〇〇貫分を大徳寺に寄進した。

臼杵荘（うすきのしょう）

海部郡の荘園。現在の大分県臼杵市・津久見市近辺。治承四年（一一八〇）の皇嘉門院惣処分状に最勝金剛院領として初見。永和元年（一三七五）後円融天皇から山城如心寺玉凰寺造営料に寄進された。在地の大神系臼杵氏によって開発されたが、同氏は源平合戦期に追放され、豊後は関東御分国となり、承久の乱後は北条氏領となった。室町期、守護大友氏の支配下にあり、大友系臼杵氏が大友水軍の統率者となり、ここを拠点として貿易に活躍した。

大野荘（おおののしょう）

大野郡の荘園。現在の大分県大野市の近辺。建久二年（一一九一）の文書に荘名初見。大神系大野氏の私領。大野泰基を破った中原親能が建久七年これを得て養子能直に伝え、能直の妻深妙から子女七人に分配された。豊後国図田帳では総田数三〇〇町で領家は三聖寺、上村五一町は大友庶子家一万田時景、中村七六町は戸次重頼、下村一〇〇町は大友系大野基直跡女子分、志賀村七三町は大友庶子家託摩能秀、同志賀泰朝分とある。正応五年（一二九二）泰朝は三聖寺雑掌と争い下地中分（坪分中分）を行い、正和三年（一三一四）には西を領主分、東を地頭方と中分した。志賀氏では惣領・庶子の対立が激しく、南北朝期には両勢力抗争の焦点のひとつとなった。

佐伯荘（さいきのしょう）

海部郡の荘園。現在の大分県佐伯市付近。古代の倉院佐伯院に由来する。安元二年（一一七六）の八条院領目録に見える戸穴《ひあな》荘がこれに当たるとする。豊後小図田帳では一八〇町歩。惣地頭は大友頼泰、本荘一二〇町は佐伯惣領政直、堅田村六〇町のうち三〇町は佐伯惟資、庶系分一五町、領家直営田一五町。南北朝期には両勢力に分裂し、室町幕府成立後は佐伯氏は奉公衆として仕え、東九州の主要交易港を支配。佐伯氏は大友氏に対抗して戦ったが、永禄一一年（一五六八）からは大友宗家に協力している。

田染荘（たしぶのしょう）

国東郡の荘園。現在の大分県豊後高田市付近。国東半島の中央部、田染郷の東半分を占め、一一世紀中頃までに八幡宇佐宮領となる。一一世紀末宇佐大宮司は本家職を摂関家に寄進して自らは領家職となる。弘安図田帳では本郷四二町・吉丸名二一町・糸永名三〇町より成る。荘名の初見は長寛三年（一一六五）。鎌倉末期、御家人の社家進出が著しく、荘内諸名の名主職を保有し実質的支配者となった。南北朝内乱以降社領の維持は困難となった。大友氏の勢力が支配に及び、最終的には家臣団の知行地と化する。［文献］海老沢衷「豊後国田染荘の復原と景観保存」（石井進編『中世の村落と現代』吉川弘文館、一九九一年）。

〈肥前〉

宇野御厨（うののみくりや）

松浦郡の御厨。現在の長崎県松浦市を中心にして伊万里湾沿岸・北松浦半島・平戸・五島に至る広範囲にわたる。中世松浦党の根拠地となった御厨。御厨は朝廷に魚介類を貢納する贄所。御厨の称の初見は寛治三年（一〇八九）。康和四年（一一〇二）御厨野検校源久（＝松浦党の党祖）の譲状以下、伊万里文書・松浦山代文書などにその称が認められる。御厨内の各地に拠る武士団は、松浦荘に拠る武士の党的結合、宇野御厨を拠点とする武士の党的結合を持ち、一揆契諾状を書いて領主間協定を結んだ。［文献］瀬野精一郎『鎮西御家人の研究』吉川弘文館、一九七五年。

河副荘（かわぞえのしょう）

佐賀郡の荘園。現在の佐賀市付近。最勝寺領。大治五年（一一三〇）の記録に初見し、年貢は二〇〇〇石という。正応五年（一二九二）注文では一〇六七町一段の広大な荘園と見える。北条得宗家との関わりの深いことが知られるが、鎌倉幕府の御祈禱所高城寺に所領が寄進されている。有明海の干潟干拓が進み耕地も拡大し、旧荘方を本荘または北荘、新開地方を南荘と呼んだ。

神崎荘（かんざきのしょう）

神埼郡の荘園。現在の佐賀県神埼市付近。承和三年（八三六）に設置された勅旨田に起源を有する。平安末期、日宋貿易の拠点となった。承久の乱後三浦泰村が地頭となったが、宝治合戦で没落し後嵯峨院領となった。正応二年（一二八九）モンゴル合戦恩賞地として多数の御家人に分割し与えられた。同五年の注文に田数三〇〇〇町と見えるが、荘内には多くの寺社領が入り組み複雑な様相を呈していた。南北朝以後にも恩賞地に宛てられることとなり、様相は変わらなかった。荘名は明応（一四九二―一五〇一）頃まで認められるが、すでに実質は失われていたものと見られる。［文献］瀬野精一郎『鎮西御家人の研究』吉川弘文館、一九七五年。

巨勢荘（こせのしょう）

佐賀郡の荘園。現在の佐賀市付近。建久二年（一一九一）の長講堂所領注文に荘名初見。長講堂の元三会雑事、六条表門警固の兵士役を勤仕。永仁六年（一二九八）の後伏見天皇即位式用途二〇貫文を負担。応永十四年（一四〇七）の宣陽門院目録によると年貢米は二〇〇石で、うち見米一〇〇石・准米一〇〇石。鎌倉期の田数は六〇〇町。観応三年（一三五二）には太宰府安楽寺領と見える。室町期中期以降、国人層の進出により荘園は実質を失っていた。

彼杵荘（そのぎのしょう）
彼杵郡の荘園。現在の長崎市・大村市・佐世保市を含む東西彼杵郡にわたる。文治二年（一一八六）の文書に荘名初見。建長二年（一二五〇）九条道家から宣仁門院に譲与された。鎌倉末期、本家職は東福寺に寄進された。正応五年（一二九二）の注文によると田数は四一二町五段と広大であるが、山林が多く田地に乏しかった。文治二年（一一八六）から天野氏が惣地頭職を世襲したが、実質的には在地の御家人戸町氏が支配した。建長七年（一二五五）上総国御家人深堀氏が承久勲功賞地の替地として戸浦地頭職を与えられたが戸町氏の抵抗を受けた。下地中分が行われたらしいが、建武三年（一三三六）九条家は領家職「当知行」とみえる。

藤津荘（ふじつのしょう）
藤津郡の荘園。現在の佐賀県嬉野市・鹿島市付近。正応五年（一二九二）注文によると田数六〇〇町。元永二年（一一一九）の記録に荘名初見。鎌倉末期、仁和寺領から法勝寺領に替わり、室町期には大村氏の支配下に入り、一五世紀には大村氏と千葉氏の間に攻防が繰り返された。

〈肥後〉

神蔵荘（かみくらのしょう）
詫麻郡の荘園。現在の熊本市付近。本家は最勝光院。鎌倉初期七一六町五段で二八か名《みょう》。年貢は上絹一二〇疋。後鳥羽院―七条院―修明門院―四辻宮善統親王―後宇多院―後醍醐天皇と伝わり、後醍醐天皇は最勝光院を東寺に付けたので、以後東寺の管領下に入った。正中二年（一三二五）の上納分は六〇貫文にすぎず、荘園としての実質はしだいに失われていった。地頭は中原親能が下司職を得たのに始まり、養子大友能直、庶子詫麻能秀の子孫に伝わった。南北朝期には詫麻氏の所領と化した。［文献］工藤敬一『荘園公領制の成立と内乱』思文閣出版、一九九三年。

人吉荘（ひとよしのしょう）
球磨郡の荘園。本荘は現在の熊本県人吉市付近。東郷は山江村・相良村・錦町付近。蓮華王院領。建久八年（一一九七）図田帳には田数六〇〇町とあるが、同九年の検注では起請田が本荘二四四町九段余、東郷一〇七町一段余であり、建暦二年（一二一二）の検注による出田が計一一町五段余であった。元久二年（一二〇五）相良長頼が地頭職に任ぜられて以後相良氏が相伝した。領家得分が起請田は段別一斗と軽物三斗、他に段別四升の分米であったが、地頭得分は、起請田から段別七升、出田から段別四斗代、新田から上田三斗、中田二斗・下田一斗であった。寛元二年（一二四四）本荘の北半分の地頭職は北条氏に取り上げられ、さらに下地中分が行われた。一四世紀はじめ頃地頭による年貢請負の銭納化が始まり南北朝期から荘園としての実質は失われていった。［文献］工藤敬一『荘園公領制の成立と内乱』思文閣出版、一九九三年。

〈日向〉

飫肥院（おびいん）
宮崎郡の院。現在の宮崎県日南市付近。建久八年（一一九七）図田帳によると殿下御領島津荘寄郡で、北郷四〇〇町、南郷一一〇町で地頭は島津忠久とある。建武三年（一三三六）興福寺一乗院が領家職を安堵され、康永三年（一三四四）北郷の弁済使代官・収納使職が長谷場鶴壱丸に宛行われた。室町中期以後は島津氏支配下に入り、新納忠続―島津忠廉の子孫へと伝領される。天正十六年（一五八八）朱印状では七〇〇町歩とある。

三俣院（みまたのいん）
諸県郡の院。現在の宮崎県都城市・三股町・山之口町・高城町付近。摂関家領。建久八年（一一九七）図田帳によると七〇〇町歩の規模で地頭は島津忠久。建仁三年（一二〇三）以後日向守護となった北条一族が地頭職を相承した。南北朝期、在地の三俣氏と相良氏・島津氏の抗争があった。貞和三年（一三四七）弁済使職は長谷場氏、応永元年（一三九四）頃には荘園としての実質は失われていたとみられる。

〈大隅〉

姶良荘（あいらのしょう）

姶羅郡の荘園。現在の鹿児島県吾平町付近。大隅正八幡宮領。建久八年（一一九七）図田帳に五〇余町と見える。荘内得丸名（二〇町）は平良宗の開発にかかるという。他に末枝名（二〇町）末次名（八町）などがあった。鎌倉末期には肝付氏や禰寝氏の勢力下に入り荘園としての実質は失われた。

鹿屋院（かのやのいん）

姶羅郡の院。現在の鹿児島県鹿屋市付近。建久八年（一一九七）図田帳では八五町九段が島津荘寄郡で恒見八町が大隅正八幡宮領であった。院弁済使は富山氏のち肝付氏一族がつとめる。元徳二年（一三三〇）頃、地頭代が田畠・在家・市などを押領した。南北朝内乱期以降、在地の建部氏・鹿屋氏の領主化にともない荘園の実質は失われた

禰寝院（ねじめのいん）

下大隅郡の院。現在の鹿児島県鹿屋市・錦江町・大隅町付近。藤原姓禰寝氏の所領。建久八年（一一九七）図田帳では、北俣四〇町五段余は島津荘寄郡、南俣四〇町は大隅正八幡宮領、地頭は中原親能。北俣では建部氏ついで富山氏（藤原姓禰寝一族）が弁済使となり、南俣では禰寝氏（建部姓）が在庁官人として勢力をふるっていた。建治二年（一二七六）の禰寝清綱所従抄帳によると所従九四人を抱えていた。［文献］小園公雄『南九州の中世社会』海鳥社、一九九八年。

〈薩摩〉

伊作荘（いさくのしょう）

伊作郡の荘園。現在の鹿児島県日置市付近。摂関家領。伊作郡司平重澄の寄附により、文治三年（一一八七）島津荘寄郡により一円荘となる。建久八年（一一九七）図田帳では二〇〇町歩で地頭は島津忠久。領家雑掌（下司）と地頭の間で相論が繰り返され、弘安二年（一二七九）以後、再三和与が行われた。元亨四年（一三二四）北を領家方、南を地頭方とする下地中分が行われた。観応二年（一三五一）には領家職が兵糧料所として地頭に与えられ、当荘は伊作島津氏の支配下に入り荘園は崩壊した。［文献］西岡虎之助『荘園史の研究』下巻二・岩波書店、一九五六年。

入来院（いりきいん）

薩摩郡の院。現在の鹿児島県薩摩川内市付近。建久八年（一一九七）図田帳によると、①八七町は摂関家領島津荘寄郡、②一七町は宇佐弥勒寺領、③二町は安楽寺領。地頭は千葉常胤。①は雑役免系の半不輸地で五五町は弁済使分、二〇町は郡名分。②は一五町が弥勒寺を本所とする新田八幡宮領、二町は弥勒寺を本所とする五大院領。寛元四年（一二四六）相模国御家人渋谷氏が地頭として入部し入来氏を称した。［文献］西岡虎之助『荘園史の研究』下巻二・岩波書店、一九五六年。永原慶二『日本中世社会構造の研究』岩波書店、一九七三年。

祁答院（けどうのいん）

伊佐郡の院。現在の鹿児島県薩摩川内市・さつま町付近。摂関家領島津荘寄郡のひとつ。在庁官人大前氏の私領に発する。建久八年（一一九七）図田帳では田数一一二町。地頭は千葉常胤から、宝治二年（一二四八）渋谷重保へ。重保の子孫が祁答院氏を名乗り大前氏にかわって支配した。戦国後期に島津氏領となる。

島津荘（しまづのしょう）

日向・大隅・薩摩国の荘園。現在の宮崎県・鹿児島県にわたる広大な荘園。大宰大監平季

基と弟の平判官良宗とが日向国島津院の無主の荒野を開発しこれを藤原頼通に寄進したのが起源。その後の荘拡大等と地方官人らの寄進によって島津荘は肥大化した。建久八年（一一九七）の日向・大隅・薩摩三国の図田帳によると、日向三八三七町、大隅一四六五町。薩摩二九三二町余の大荘園であった。当荘は一円荘と寄郡に分かれ、前者は一円荘で不輸不入の認められた部分、後者は半不輸の雑役免の部分である。一円荘は三四〇五町余、寄郡は四八二九町余であった。本所は摂関家、領家は三位大夫成子―興福寺一乗院で、荘務は在庁官人らが行っていた。惣地頭・目代には惟宗（島津）忠久が任ぜられたが、日向・大隅では地頭と荘官の抗争が続いた。島津氏は薩摩を領し、のち日向・大隅守護ともなり勢力を築いた。［文献］工藤敬一『九州庄園の研究』塙書房、一九六九年。

日置荘（ひおきのしょう）

日置郡の荘園。現在の鹿児島県日置市付近。建久八年（一一九七）図田帳によると、日置北郷一〇〇町と南郷五一町より成り、うち三〇町は宇佐弥勒寺領で下司は小野氏。残る一二一町は摂関家領で地頭は島津忠久であった。南北朝時代、はじめ伊集院氏の勢力下にあった。［文献］西岡虎之助『荘園史の研究』下巻二・岩波書店、一九五六年。

〈壱岐〉

物部荘（もののべのしょう）

石田郡の荘園。現在の長崎県壱岐市郷ノ浦町付近。元弘三年（一三三三）内蔵寮目録に御服料所として所見。観応三年（一三五二）松浦清が今福浦五社に田を寄進したと見える。永徳三年（一三八三）今川仲秋は荘の三分の一を兵糧料所として山代豊前守に預けた。

（阿部　猛）

中世史研究用語

絵画史料論（かいがしりょうろん）
歴史研究の材料である史料として、従来の文献史料のみではなく、絵巻物、肖像画、絵図・絵地図、屏風絵などのさまざまな絵画を史料として取り扱おうという考え方。その取り扱い方。狭義の歴史学である文献史学では、時代や地域・身分などにより史料が偏在することから、とくに民衆の歴史や人々の日常一般を復元することには、自ずと限界があった。そこで考古学や、伝承を中心とする民俗学、文化人類学、国文学など、さまざまな分野の研究成果が取り入れられてきた。そのような中で絵画も史料として利用されはじめた。これにより文献だけではわからない当時の人々の生活、風俗、仕草といったものから、具体的な建造物、民具といったものまで知る手がかりとなる。その一方で、具体的に描かれているからこそ、そこに描かれる姿を真実であると錯覚してしまう危険性もはらみ、一層の史料批判が必要となる。絵画を史料とする動きは荘園絵図の分析がその嚆矢であろう。その後*『一遍上人絵伝』を始めとする絵巻物研究が盛んとなり、さまざまな絵画分野へと広がっていった。その過程で神護寺蔵の伝藤原隆信筆「伝源頼朝像」や足利尊氏像とされていた文化庁保管「騎馬武者像」などの肖像画が別人の可能性が指摘されるなど、従来の通説に再検討を迫るような成果も上げている。しかしその方法論はいまだ確立されたとはいえない。このことは史料論について述べられた書物で、絵画史料全体に言及したものが黒田日出男以外に見られないことからもわかる。［文献］黒田日出男編『歴史の読み方1　絵画史料の読み方』（週刊朝日百科　日本の歴史、一九八八）、黒田日出男『絵画史料で歴史を読む』（筑摩書房、二〇〇四）。

（渡邊浩史）

家産官僚制（かさんかんりょうせい）
土地・官職などを支配階級が家産化することによって行う支配の形態。国制史の概念としての家産制概念を完成したのはマックス・ウェーバー（Max Weber）の理論である。わが国では、一一―一二世紀に公家・武家では、古代的な氏《うじ》秩序にかわって男系の家《いえ》秩序が成立し、律令的給与に起源する諸権利、得分権は家産として世襲《せしゅう》されるようになった。一方、国家の官司・官職も特定の家筋《いえすじ》によって世襲され、私的な財産権となる。君主の家政が国政の基本となる国家は家産制国家と呼ばれ、家産制支配は、権力装置としての官僚制を成立させる。官僚たちは君主の権威に服し、君主の権威は神聖視された秩序＝伝統的秩序にその正当性の根拠を求める。わが国では、家産としての荘園制的な「職《しき》」はひとつの土地について重層的に構成され、中央権力による承認・補任《ぶにん》関係が成立しているものの、封建的主従制には至らない。［文献］マックス・ウェーバー『支配の社会学』（創文社、一九六〇）、永原慶二『日本中世の社会と国家〈増補改訂版〉』（青木書店、一九九一）。

（阿部　猛）

家父長制（かふちょうせい）
⇒家父長的大家族経営

家父長的大家族経営（かふちょうてきだいかぞくけいえい）
父が家長として、妻子や親族また非血縁の家族構成員に対して強い支配を行う家族形態やイデオロギーをいう。マックス・ウェーバー（Max Weber）は伝統的支配のうち最も純粋な型を家父長制支配に求めた。わが国の歴史で家父長制が問題とされるのは、中世農村社会に存在する家父長的な経営と支配の在り方を考えるための手がかりだからである。強い権威と現実的な支配力を持って家産の保持・

労働力の配分などを行う家長によって秩序が保たれた家族を家父長制的家族といい、そのような家族による大規模な農業経営体を想定し、これを家父長的大家族経営と称する。日本史上では、中世社会の基本的な生産単位と考えられる名主の経営＝名田経営がそれに当たるとされた。家長は、名主として下人・所従などの奴隷的労働力および家長の傍系親族をも奴隷的に支配して名田経営を行ったとする。これは松本新八郎らの主張するところで、名田経営を土台とする社会構造は南北朝内乱期（一四世紀）まで続くと考えた。家父長的奴隷制の解体時期については諸説があり、その画期をどこに求めるかについて、一〇世紀から一六世紀まで、かなりの幅がある。しかも、家父長的奴隷制→奴隷制→農奴制へと展開すると見る学説と、家父長的奴隷制が解体してただちに農奴制へ展開すると見る学説がある。［文献］松本新八郎『中世社会の研究』（東京大学出版会、一九五六）。（阿部　猛）

⇒名田経営

共同体（きょうどうたい）

個人の生活を規制し、またその再生産を保障する最小規模の集団、またその社会関係を表す概念。社会学ではCommunity（英）Gemeinschaft（独）の訳語として用いられる。経済史では、土地の共同所有に基づく社会関係についてGemeinde（独）の訳語。①私的な所有が未熟で、土地の共同所有を土台にして、共同労働によって生産活動が展開され再生産が保障される歴史の段階に不可欠な社会関係と見るもの。前近代社会では、多かれ少なかれ、この共同体による構成員に対する規制が存在する。惣有田や入会地を持ち、共同体的規制としての惣《そう》掟《おきて》や村法が存在する。②協力同心する人間関係を表すものとして共同体を見るもので、意識的に「協同体」の文字を用いて、諸集団の性格を明らかにしようとするもので、社会学的・民俗学的な視点に基づくもの。共同体についての理論的枠組みは、第二次世界大戦後の研究状況のなかでは、圧倒的にマルクス主義理論の影響下にあった。とくに、カール・マルクス（Karl Marx）の「資本制生産に先行する諸形態」（岩波文庫や青木文庫などに収める）の記述の理解をめぐって論争が交わされ、日本史への適用については議論百出の趣きがあった。おもに社会学・民俗学研究の立場からの日本の村落の理解には、意識的にマルクス理論から一定の距離を置き、わが国の古代の族縁集団、中世の氏人・氏子などの神社の祭祀集団、宮座の研究を通して、土地の共同所有を基礎に置く共同体理論が日本社会の歴史の理解にはそぐわないと認識するのである。この点、中世・近世の一揆的な結合について「*一味同心」「一味神水」の史料上の表現が端的に示すように、これらは「協同体」概念で理解するのが、より事実に近いかもしれない。［文献］大塚久雄『共同体の基礎理論』（岩波書店、一九六九）、中村吉治『新訂日本の村落共同体』（日本評論社、一九七一）、和歌森太郎『和歌森太郎著作集1日本の協同体』（弘文堂、一九八〇）。（阿部　猛）

権門体制論（けんもんたいせいろん）

中世の国家体制についての歴史学上の概念。黒田俊雄が提唱したもので、院政時代から*応仁の乱頃までの中世国家では、荘園公領制支配に基づいて、天皇家・摂関家・大寺社・幕府などの権門勢家が競合しつつも一つの国家権力を形成していたとするもの。具体的には、国家権力の諸権能が公家（政務や朝廷儀礼）・武家（軍事警察）・寺社（宗教的権威）の各権門に分有され、これらの権門が相互補完的関係を保つことによって国家支配が実現されていたとし、こうした諸権門の中心に位置した国王たる天皇と朝廷＝太政官制の機構は、宣旨の発給や一国平均役の賦課、新制の公布などの権限を有していたとする。権門体制論以前には、領主制理論に基づいて武家権力を中世国家に代位させ、鎌倉幕府の成立後は武家権力が京都の公家政権を圧倒していく時代とみる説が有力であったが、黒田の意図はこの学説の批判にあり、中世国家を近世の幕藩体制に先行する封建国家の第一次的形態と位置づけることにあった。これに対して、鎌倉幕府を東国の独立国家とみる説やモンゴル戦争後に幕府の全国政権化をみる学説からの批判もなされている。また、院権力は私的権門を越えた権力であるとする公家政権論の立場からは、中世王権の二重構造の指摘がある。権門体制論に近い立場の国政運営構造論からは、天皇・摂関・院が共同統治を行う職事弁官政治論の提唱がなされている。

[文献]『黒田俊雄著作集1権門体制論』(法蔵館、一九九四)、黒田俊雄『寺社勢力』(岩波新書、一九八〇)。

(鈴木哲雄)

郷村制 (ごうそんせい)

一三世紀後半の鎌倉時代末から一七世紀の江戸時代初期にかけて畿内とその周辺に見られる自治的村落をさし示す体制概念。「惣村制」と同義に使用される。律令制的な「郷」とは関係なく、住民による自治機構が成立していた村落を郷村と呼ぶ場合が多い。これはすでに戦前から中世村落に見られる自治組織を概念化して「惣村制」「郷村制」と呼んだことにはじまる。松本新八郎が南北朝封建革命説の中で自立する封建的小農民が結集する組織体であるとしたことから、戦後の郷村制研究は進んでいった。その後、惣の指導者である中間層の性格を巡り、郷村の内部矛盾の捉え方で見解が分かれた。それは、中間層も一般農民層(平百姓層)の利益を支える掟に縛られて、その枠内でのみ行動したというものと、惣は中間層の政治的連合組織とみるものとである。どちらの見方も、領主制支配への対抗と農民による自治を志向するものであるという点では、同じである。荘園制支配を相対化するという点で、地域史という視角でも郷村制の研究深化が望まれる。[文献]

松本新八郎『中世社会の研究』(東京大学出版会、一九八一)、仲村 研『中世惣村史の研究』(法政大学出版局、一九八四)、黒田弘子『中世惣村史の構造』(吉川弘文館、一九八五)、三浦圭一『中世民衆生活史の研究』(思文閣出版、一九九〇)、『日本中世の地域と社会』(思文閣出版、一九九三)。

(渡邊浩史)

国人領主制 (こくじんりょうしゅせい)

中世後期の社会関係を説明するために設定された研究概念のひとつ。永原慶二が中世前期を荘園制社会、中世後期を大名領国制社会と規定し、大名領国制の第一段階である守護領国制形成の鍵を握るのが地頭・荘官級の武士と地侍層である国人であるとした。これを藤木久志が国人領主制と概念化し、黒川直則が地頭・荘官級のもののみを国人とすることで概念の厳密化を図り、この国人と村落共同体の対立こそが中世後期の基本的な社会関係であるとした。こうして国人領主制の研究は中世前期の地頭領主制から国人領主制へとどう発展・形成されたのか、特に佐藤和彦、小泉宜右《よしあき》らによって精力的に進められた鎌倉末期の悪党の位置付けという問題を含み、幕府や守護公権との関係を視野に入れた所領支配の特質、家臣団編成を通じたイエ構造の分析、流通支配の実体解明と領主連合の成立等が進展した。しかし荘園制との関係について、荘園制を克服する存在であるのか、相互補完関係にあるものなのか、との問題は意見が対立したままである。また現在は国人領主そのものよりも、村落支配など当知行の問題を巡る*国人一揆へと関心が移っている。さらに国人概念も、幕府の御家人に限定して幕府権力の中に位置付ける研究も成されている。また最近の悪党研究の進展を受けて、悪党の位置付けの再評価をした上での国人領主研究の発展が求められている。[文献]

永原慶二『日本封建制成立過程の研究』(岩波書店、一九六一)、藤木久志『戦国社会史論』(東京大学出版会、一九七四)、黒川直則「中世後期の領主制について」(『日本史研究』六八、一九六三)、佐藤和彦『南北朝内乱史論』(東京大学出版会、一九七九)、小泉宜右「内乱期の社会変動」(『岩波講座日本歴史6中世2』岩波書店、一九七五)、石田晴男「室町幕府・守護・国人体制と「一揆」」(『歴史学研究』五八六、一九八八)、小林一岳『日本中世の一揆と戦争』(校倉書房、二〇〇一)、

『歴史評論』「特集中世在地領主論の現在（六七四、二〇〇六）」。（渡邊浩史）

在地（ざいち）

本来的には中央に対する地方、中央政府や国衙に対し、農・山・漁村など地方の生活世界を意味することば。平安初期からの史料に「在地国郡」「在地刀禰」などの形で見られる。また、平安後期頃からは、土地譲渡など地域で行われるさまざまなことを、日常的な直接的接触である「見知」「聞知」行為によって保障する局地的な社会秩序を意味する用例もみられるようになる。これらについては、田村憲美によって詳細な検討がなされている。なお、史料用語以外に「在地領主」「在地社会」などの形の研究概念として用いられることも多いが、これらは厳密な定義のもとに使用されているわけではなく、論者によってその意味するところに幅がある。［文献］田村憲美『日本中世村落形成史の研究』（校倉書房、一九九四）。（青木啓明）

冊封体制（さくほうたいせい）

前近代における東アジア諸国間の国際秩序を説明する研究上の概念。冊封とは、もともと中国皇帝が国内の貴族に爵位と封地を与える行為であるが、漢代以降、その関係を中国の国外にまで拡大し、周辺諸国・諸民族の首長を国王などに封じることにより臣下とし、中国皇帝を中心とする身分秩序の中に組み入れていった。これにより、冊封された諸国は中国の藩属国となり、中国暦の使用や朝貢を義務づけられたが、一方で諸国王は、中国の権威を背景に、その支配を安定させるとともに、朝貢によって得られる回賜によって莫大な富を得ることができた。中世の日本では、一五世紀初頭に足利義満が日本国王に封じられて以降、義教・義政らの室町幕府将軍も冊封を受け、勘合貿易を行った。また、琉球も明・清から代々冊封を受けた。

ただし、日朝間・日琉間といった東アジア諸国間の関係を検討すると、冊封体制の影響が及ばない独自の秩序があることが明らかにされている。また、同じ被冊封国間でも、中国からの規制の受け方は多様である。つまり、冊封体制は東アジア諸国間の国際秩序を説明する唯一の概念ではあり得ないのであり、今後は冊封体制を含めた多様な国際関係を新たな概念に位置づけ直していく作業が必要である。［文献］西嶋定生「六―八世紀の東アジア」（『岩波講座日本歴史古代二』所収、岩波書店、一九六二）、田中健夫『中国対外関係史』（東京大学出版会、一九七五）、高橋公明「外交儀礼よりみた室町時代の日朝関係」（『史学雑誌』九一―八、一九八二）。（青木啓明）

散居型村落（さんきょがたそんらく）

永原慶二によって類型化された中世村落構造の一類型。永原は、薩摩《さつま》国入来院《いりきいん》の中世における水田と在家の存在形態を歴史的・地理的に考察することによって、①生産力的には低劣な自然湧水を利用したサコ（迫）のタナ田（棚田）が中世農村の基盤であったこと、②在家の分布も散在的であり、小村・孤立農家であったこと、③そのため、在家農民は地縁的な村落共同体に媒介されることなく、個々に在地領主に従属し、それとの関係においてのみ再生産が可能であったこと、の四点を指摘した。そのうえで、小村＝散居型村落は、古代末期・中世初期の村落成立の一般的傾向であり、中世村落の原型を示すものであったとした。その後の中世村落研究では、散居型村落を中世村落の原型とみることへの批判的研究が相次いだが、東国や九州などの村落形態としては重要であり、さらに精緻な研究が必要となっている。［文献］永原慶二『日本中世社会構造の研究』（岩波書店、一九七三）、高島緑雄『関東中世水田の研究』（日本経済評論社、一九九七）。（鈴木哲雄）

紙背文書（しはいもんじょ）

不要になった文書の料紙が他の用途に再利用されたため、今日まで伝存した文書の総称。文書の裏面が日記・聖教などの著述・筆写に利用されたため、結果としてそれらの典籍類の紙背に残されたものが多いが、その他にも典籍類の包装や、供養のため故人の書状類の裏に写経を施した供養経として残されたものもある。今日伝世されてきた文書の多くは、不動産の権利証文など保存する側の利益のために意図的に選択し保存されたものがほとんどである。それに対して紙背文書は、内容的には短期的な情報伝達を役割とする書状や動産に関するものなど多様であり、また文書管理の上では、本来廃棄されるべきものであるため、意図的な選別を経ている可能性が低く、当時の社会の実態を知るのに有用である。

（青木啓明）

社会構成体（しゃかいこうせいたい）

唯物史観に基づき人間社会は物質的生産を基礎として成立したと考え、ある時代の人間社会は、一定の生産力の発展段階に照応する生産関係の総体として構成されたとするときの、土台（下部構造）と上部構造それに照応する意識形態を含めた社会構成の総体あるいはあり方を社会構成体という。歴史的な社会構成体の諸段階としては、アジア的・古代奴隷制的・中世封建制的・近代資本主義的生産様式がそれぞれ支配的な時代が想定され、社会構成体の移行＝歴史の展開は下部構造において生産力の発展がある段階に達するとそれまでの生産関係と矛盾をきたし、既存の生産関係は社会変革によって打破され次の社会構成体に移行するというものである。日本史における社会構成体史的な歴史把握においては、アジア的生産様式を奴隷制に先行する発展段階とみるか、奴隷制あるいは農奴制のアジア的形態とするか、古代律令制の位置づけ、封建制（農奴制）への移行時期、近代資本制生産様式の位置づけ、などに関して議論がある。なかでも封建制（農奴制）への移行時期に関しては、古代律令制社会についての理解とも関わって、①総体的奴隷制から農奴制への転換を南北朝期と考える説、②中世は総体的奴隷制が解体し家父長制的奴隷制が展開した時期であり、封建革命としての太閤検地によって封建制は成立したとする説、③平安期にはアジア的生産様式からアジア的な家父長的農奴制が展開し、一二世紀にはアジア的封建制が成立したとする説などがある。

［文献］河音能平『中世封建制成立史論』（東京大学出版会、一九七一）、永原慶二『歴史学叙説』（東京大学出版会、一九七八）。

（鈴木哲雄）

社会史（しゃかいし）

「社会史」という用語は明確に定義された概念ではない。それは社会を歴史研究の対象とする「社会の歴史」とは区別される。「社会史」の概念は、むしろ、今から二〇年ほど前にとりわけ中世史の研究者の間にあらわれた一つの歴史研究の潮流にさかのぼる。確かに「社会史」とは、歴史をその最も深部の諸傾向、特に歴史と空間との関係や歴史と表象との関係においてとらえることをめざす一つの一般的な傾向と無縁ではないが、それは、日本以外の歴史記述においては正確に同等の概念をみつけることができない。一九八〇年代までは、歴史研究を二つの主要な流れに分けることができる。その一つ目は実証主義の流れを汲むもので、系図や法制史料など、主として公的な文書を典拠としてエリート層や国家の歴史に関心を寄せるものである。二つ目はマルクス主義の影響を強く受け、自らの研究分野を社会構成史と称する学派で、伝統社会における階級間の対立を強調し、所領というものを生産すなわち社会関係の中心に位置するとみなす。第一の学派は、特に政治史をあつかい、第二の学派は農業史や農村の歴史をあつかって、社会的対立を歴史過程の中心に置く。二つの学派はしばしば相互に矛盾する歴史観を発展させたが、その依拠する史料集は間違いなく同定されうるもの、すなわち基本的に文献史料である。「社会史」は、これらの歴史研究の潮流（必ずしも否定されるものではないのだが）に対して、より学際的な接近方法を統合しようとする一つの学派をさす。そこでは考古学、人類学、民俗学、美術史の成果が基本的な役割を果たす。「社会史」はまたこれまで歴史家たちによってないがしろにされてきた歴史史料を考察の対象にする。すなわち非公式な史料である。考古学的発掘の成果が積み上げられたことにより、貨幣や陶器の研究を通じて商業的交易の再評価が可能になった。住居用の集落の周辺に発見される墓所からは中世の葬送の実態がより明らかになり、またより一般的には都市空間についての人類学的知見が深められた。同様に、城郭の跡の発掘調査は城郭と所領の関係、交通路、周辺の集落さらには支配階級の生活様式に至るまでよりよく理解することを可能にした。人類学者や民俗学者の業績により多くの注意を向けるようになったことから、儀式、贈与と交換、祭礼の実際についてよりよく把握することができるようになり、またより一般的には、象徴的あるいは魔術的な意味合いに満ちている空間の中で人々が存在の場を持つということについて再評価が可能になったのであり、それを通じて、宗教的事実というものについての再評価も起こったのである。これまでしばしば美術史や文学史の研究者に任せきりになっていた絵巻物やある種の文学作品のより入念な研究はもう一つの歴史というものを浮き彫りにする。それは日常生活、空間、建築ないしは精神状態をも取り込んだ歴史である。この新しい歴史はもはや単純に政治家や〝英雄〟に関心を寄せることはなく、また搾取への抵抗という指標だけに注目することもなく、一つのより複雑な歴史を描き出すことを可能にした。そこでは新しい社会構成員たちが出現する。女性（ジェンダーの歴史は社会史の一部であろう）、被差別民、商人、非農業民（山民、海民など）、非人、さらには列島の辺境に暮らしていた人々、蝦夷や琉球の住民などがそれである。

この「社会史」の知見によって再評価された中世社会の歴史は、一つの多様な社会を目の前に出現させる。そこでは社会的アイデンティティー、文化的価値が複数の競合するシステムに依存しており、また誰もが支配者であると同時に被支配者であり、誰もが一つの地域空間に存在の場を持ちながらより遠方の諸国とのさまざまな性格の接触を発展させており、全体として不統一で矛盾をはらみ、時には対立をひき起こしながら、結局のところ生産物や思想や技術の交易を促す社会になっているのである。遍歴する人々（行商人、各地を行き来する僧侶、芸能民など）の役割が強調されるが、それは結局彼らの行動によって、囲われた列島の中に居住する人々が一つの同質の文化的なまとまりを形成することが可能になっているからなのである。「社会史」の研究者たちによって、列島の住民と〝他者〟との関係が系統的に研究されることにより、日本史を民族国家の枠組みを超えたもう一つ別の枠組みの中に置くことが可能になる。民族国家というものは日本の枠組みの中では実際には一九世紀になってはじめて誕生するものではあるが。交易や旅行を研究対象にすることは、職業上、宗教上の、そして近江商人や倭寇がその最も有名で顕著な例である地域間の（しばしば海をも越えた）社会的ネットワークが存在することが明らかになることでもある。こうした外からの影響により開かれた日本は、必ずしも領域支配あるいは国家の論理と同一ではない別の論理に依拠しており、それはむしろ、国家支配とは別の空間についての政治的コントロールの様式、農業とは異なる別の蓄積の様式を探し求める諸社会の論理である。政治史や階級闘争史を超えて、「社会史」は社会の構成員と彼らが流通させる表象への接近の角度を多様化しつつ、新しい研究の地平を開くものである。このようにしながら、「社会史」は民族国家の建設に奉仕する「国史」に対する一つのラディカルな批判として自らを構築する。〔文献〕網野善彦『無縁、公界、楽—日本中世の自由と平和』（平凡社、一九七八）、網野善彦ほか編『日本の社会史』（全八巻、岩波書店、一九八七—一九八八）、阿部謹也・川田順造・二宮宏之・良知力編『社会史研究』（一—八、一九八二—一九八八）、二宮宏之『歴史学再考—生活世界から権力秩序へ』（日本エディタースクール出版部、一九九四）。（ピエール・スイリ）

自由都市（じゆうとし）

中世後期に成立した都市のうち、住民（町

人）が自治的に町政を運営した都市をいう。西欧中世の自由都市にならって呼称された。自治都市ともいう。一九五〇年代から七〇年代にかけて日本の中世都市研究は、西欧の自由都市との比較研究が中心であった。その研究対象は主に堺・京都・博多などであり、自由都市の条件は ①不入権の確保 ②町を囲む堀などで区画されている ③町政運営のための有力町人・門閥町人の組織（会合衆《えごうしゅう（かいごうしゅう）》など）を持つ ④課税免除権・自由交易権などの特権の存在 ⑤一六世紀末から織豊政権下におかれて特権を剥奪されていく、である。またこれらの都市が自由都市であるのかの評価についても議論が分かれている。すなわち、町政の運営を高く評価し自由都市の存在を肯定する研究（高尾一彦が代表）。中世都市の自由・自治は一部特権町人によって運営されているものであり、その権限も領主から一部を割譲されているにすぎないとするもの（豊田武、脇田晴子らが代表）。門閥町人の町政運営は西欧のように民主的ではなく、自由都市とはいえない（原田伴彦・林屋辰三郎が代表）の三つである。しかし、八〇年代に入り網野善彦が中世都市の概念を大きく変えた。中世には従来の自由都市以外にも「都市的な場」が多数成立していたとする。現在は自由都市も含めて中世都市概念をどのように規定するのかについて、さまざまな視点からの検討が行われている。［文献］網野善彦『無縁・公界・楽』（平凡社、一九七八）、脇田晴子『日本中世都市論』（東京大学出版会、一九八一）、豊田　武『封建都市』（『豊田武著作集4』、吉川弘文館、一九八二）、網野善彦『日本中世都市の世界』（筑摩書店、一九九六）、小西瑞恵『中世都市共同体の研究』（思文閣出版、二〇〇〇）。（鈴木敦子）

守護領国制（しゅごりょうごくせい）

中世後期の守護を、その後の戦国大名・幕藩権力に連なる地域的封建制発展の担い手ととらえ、その領国支配のあり方を概念化した用語。もともとヨーロッパ封建制との対比のなかで設定された概念で、守護は領国内の地侍を被官化するとともに、古代的遺制である荘園制を克服することによって地域的封建権力を完成させるとした。しかし、領国支配の具体的な分析によって、守護の領主制は封建国家としては未熟であり、むしろ基本的領主権力の担い手は国人であると批判された。その後、守護の役割を将軍権力の国別執行人ととらえる佐藤進一の指摘をきっかけに、守護の役割は「室町幕府・守護体制」として支配権力による全国支配の一環として位置づけられるようになり、近年は守護所の機能分析や段銭徴収・交通路支配に関わる権力として、単に戦国大名の前段階としてだけではない、その分国支配のあり方が再検討されている。（青木啓明）

荘園公領制（しょうえんこうりょうせい）

荘園と公領（国衙領《こくがりょう》）に基づく中世の土地制度あるいは社会体制をあらわす学術用語。荘園制という用語を使用した場合、荘園という言葉のもつ「私的な」土地制度という意味合いが強くなってしまうために、あえて公的・国家的な性格の意味合いが残る公領の語を併記し、そうすることによって中世の土地制度あるいは社会体制の国家的な性格を強調しようとしたものである。実際に一国ごとの荘園と公領の比重はほぼ対等であり、年貢・公事・夫役という徴税体系や職の体系にも共通する部分が多い。大田文には荘園・公領が記載されて国家的賦課の対象となり続けた。ただし、荘園公領制概念を限定的使用するべきとする学説やこの概念の限界を指摘する考え方も生まれており、前者では荘園公領制の枠組みは南北朝期以降には、「寺社本所一円領・武家領体制」に転換したとみる説も有力となっているが、幕府料所や五山領、守護領などの中世後期の荘園公領の実態や、前期の王家領や関東御領などとの関係を含めて、中世後期までを見通したトータルな荘園公領制の解明が求められている。また、荘園公領の内部構造についても村落史的な観点からの検討は不十分なままであり、荘郷鎮守の役割や荘園調査・地域景観論などに基づく地域史研究が進みつつある。成立期を一一世紀後半以降におくことについては、諸説が一致しているが、終末期については、南北朝期、応仁の乱、太閤検地など見解が分かれている。［文献］網野善彦『日本中世土地制度史の研究』（塙書房、一九九一）、「特集荘園公領制・再考」（『歴史評論』六二二、二〇〇二）。（鈴木哲雄）

自力救済の社会（じりききゅうさいのしゃかい）

自らの主張する権利を武力などの実力によって、自ら保全し実現に移すこと。近代の法体系では、紛争中の権利の保全・実現には法的手続きが必要であり、自力救済の余地は少なかったが、日本の中世社会では広く認められていた。中世の公権力は、社会の個々の成員が行使しようとする自力救済を社会的に制御するものとして成立したが、中世の諸権力は中世を通じてそれを完全には否定することができなかったと考えられている。自力救済の社会の根底には、中世人の自立性があったものと考えて差し支えないであろう。中世人は隷属民たる下人や被差別民たる非人を除いて、男は髻《もとどり》に烏帽子を付け、腰刀を差した存在であり、女は長髪に笠などで髪を隠し、懐刀を所持した存在であった。男女とも短刀による「武装」＝自力の存在であった。そして、こうした中世人によって組織・構成された多様で多層的な社会集団も当然、他の集団との関係では自力救済によって権利の保全を図ろうとした。しかし、社会集団内部では成員同士の自力救済を制限し、平和的に紛争解決をはかるための中人制などのしくみや慣習法的な法規範がつくられていった。こうした中世の社会集団としては、一族や同族、村落や一揆、党や国人一揆、さらに幕府や戦国大名などの多様な集団が考えられる。研究史的には、豊臣政権による平和令（＝自力救済の否定）による全国統一、武士団や村による当知行などが明らかにされてきている。［文献］藤木久志『豊臣平和令と戦国社会』（東京大学出版会、一九八五）、小林一岳『日本中世の一揆と戦争』（校倉書房、二〇〇一）。（鈴木哲雄）

神国思想（しんこくしそう）

日本を神々が守護する神国であるとする考え方。一般的には鎌倉時代後半の蒙古襲来によって形成され、江戸時代の国学者により発展されて幕末の尊王攘夷を経て、明治維新後の神道国教化の動きにより国家的なイデオロギーとなっていくとされている。しかし日本を神国と見なす考え方は八世紀前半に成立した『日本書紀』に見出すことができ、九世紀後半には、新羅船による略奪事件と地震・風水害による社会不安で、清和天皇の朝廷では伊勢神宮・石清水・宇佐八幡宮などに天照大神に率いられた日本の神々が外寇を退けて神明の国である我が国を守護してほしい旨の告文を捧げている。このように古代における神国思想は、朝鮮半島を統一した新羅に対抗して形成されていった。古代において神々が守護する国家とは、天皇個人をさしており、抽象的な国土や人民をさすものではなかった。中世に入ると一二世紀の院政期から度々日本が神国であると喧伝された。それは、院政期における寺社の嗷訴《ごうそ》対立、鎌倉期のいわゆる新仏教に対する排撃、そして蒙古襲来に際してである。これらはいずれも国家的な危機に際して喧伝されたもので、一見対外的危機に際して叫ばれたとも思われる蒙古襲来においても、鎌倉末期のさまざまな社会矛盾を覆い隠すために強調されたものであり、優れて国内的な問題として喧伝されたのであった。またここで注意しておかなければならないことは、中世の神国思想では他界の仏が辺土粟散《へんどぞくさん》である日本に神の姿をとって垂迹して出現したからこその「神国」であるというように仏教が重要な位置を占めていた事実である。そのためナショナリズムの要素よりも仏教を通じインターナショナルな要素をより強くもち、また天皇も神国の中心的な要素たり得なかった。［文献］高橋美由紀「中世神国思想の一側面」（『伊勢神道の成立と展開』大明堂、一九九四）、佐藤弘夫『神国思想』（ちくま新書、二〇〇六）。（渡邊浩史）

親族共同体（しんぞくきょうどうたい）
一九四二年（昭和一七）藤間生大・石母田正によってはじめて用いられた用語。具体的には、古代の籍帳（下総国大嶋郷戸籍）にあらわれる「郷戸《ごうこ》」を、著しく広い範囲にわたる親等の人びとを含む家族共同体とし、これを親族共同体と呼んだ。親族とは、血縁や婚姻関係で結ばれていると互いに認識している人びとのことと仮に定義する。日本の古代では、父系的な親族集団は支配階級である貴族や首長層でのみ成立し、一般民衆レベルでは母系的親族集団の形成が見られるのみであった。中世前期になると、父系的親族集団形成の動きはつよまるが、一般化するのは江戸時代に入ってからである。なお、藤間・石母田は、当初、郷戸を「世帯共同体」（⇩）と呼んでいたがこれを廃棄し「親族共同体」と呼びかえた。また、塩沢君夫は「家父長的世帯共同体」概念を適用すべきだと主張した。［文献］藤間生大『日本古代国家』（伊藤書店、一九四六）、塩沢君夫『古代専制国家の構造』（御茶の水書房、一九五八）、門脇禎二『日本古代共同体の研究』（東京大学出版会、一九六〇）。（阿部　猛）

生産様式（せいさんようしき）
⇩生産力

生産力（せいさんりょく）
経済学上の用語。労働手段（生産用具や土地など）と労働力とが結びついて、自然に対して働きかける力《ちから》をいう。財貨を生産する過程で人びとがとり結ぶ社会的関係を生産関係という。生産力と生産関係が一体となって生産様式を形成する。そしてそれは、奴隷制的生産様式→封建的（農奴制的）生産様式→資本主義的生産様式へと段階をふんで発展する。［文献］芝原拓自『所有と生産様式の歴史理論』（青木書店、一九七二）。（阿部　猛）

世帯共同体（せたいきょうどうたい）
住居・生計を共にしている者の共同集団を世帯と呼び、これがいくつか結合した家族。ロシアのコワレフスキーがバルカン半島のツァドルガを基準にしてたてた概念で、これを日本古代社会の考察にあてはめて、藤間生大・石母田正が古代家族の籍帳に見える郷戸《ごうこ》を世帯共同体と呼んだ。しかし、のち藤間・石母田は世帯共同体概念を廃棄して、親族共同体（⇩）と呼びかえた。［文献］藤間生大『日本古代国家』（伊藤書店、一九四六）。（阿部　猛）

惣領制（そうりょうせい）
中世武士団の惣領を中心とする同族結合とそれに伴う社会的関係のこと。中世の武家社会では、家産は分割相続によって男女を選ばず諸子に相続されたが、その主要部分および一族の統率権は諸子中の最も能力の高い（器量）とみなされた男子に譲られた。この人物が惣領である。惣領以外の庶子や女子は惣領から完全に独立していたわけではなく、戦時には惣領のもとで戦闘集団を形成し、鎌倉幕府や荘園領主から課せられる公事や軍役を惣領の統率権に基づいて分担した。鎌倉幕府の御家人制度も惣領制のうえに成り立っていた。こうした武士団の結合は、幕府の発展にともなって地頭御家人の所領が全国に散在・拡大することによって変質していった。鎌倉後期には、庶子家においても二次的な惣領・庶子関係が成立していき、惣領・庶子間の対立が深刻となった。惣領は幕府からの公事を維持するため、婚姻によって同族外へ流失するかもしれない女子分の相続については一期《いちご》分とし、所領の細分化を防ぐために、嫡子単独相続が一般化した。南北朝期には、惣領の庶子に対する統率権が強化され、そのことを定めた置文が作成されて武士団の結合形態は新たなものへと展開した。そこでは惣領に対して所領の大半と一族への軍事指揮権や祭祀権などが惣領職として一括されて継承されていき、惣領制は新たな形態となった。［文献］豊田　武『豊田武著作集6中世の武士団』（吉川弘文館、一九八二）、羽下徳彦『惣領制』（至文堂、一九六六）。（鈴木哲雄）

族縁共同体（ぞくえんきょうどうたい）
共同体（⇩）の諸形態のうち、血縁関係に

ある同族団と、非血縁関係にありながら一族意識をもってそれと結びついた集団を含む共同体。具体的には、本家筋に当たる名主家族とそれに従属する小百姓層の同族的結合を想定している。図式的には、族縁共同体→地縁共同体への展開を描く。なお、土地の共同所有を基礎としない共同体として、族縁協同体とあえて標記する場合がある。［文献］和歌森太郎『国史における協同体の研究 上』（帝国書院、一九四七）。（阿部 猛）

村落景観（そんらくけいかん）

風景が、ある特定の時代・地点に降り立った観察者の視点からそこに生活する人々の住居や生産・生活の場を観察者の心象をも交えて描くものであるのに対して、村落景観はある特定の時代の、ある集落や村落の場を総合的に眺望し、その全体像を復原し、その集落や村落の歴史的な性格を把握しようとするものである。そこでは立体的な歴史像・村落像が景観としてイメージされることになる。中世の村落景観を復原するための手続き・方法としては、①現状からの遡及的方法、②中世の諸資料による復原、③地名・伝承資料による復原、④自然環境史の視点からの多様な成果の利用、などがある。①は現在の景観を前提として、まず明治初年の迅速測図などによって近世末における景観を確認し、さらに近世における新田開発や屋敷や集落の増加・移動などを歴史研究の成果に基づいて消去していき、中世に至るというものである。②には、a文書や記録など文献史料に基づくもの、b絵画や絵図などの図像資料の分析、c遺構・遺物などの考古資料に基づく復原が考えられるが、aでは検注帳類に記載された地名などが、bでは荘園絵図などが残されている場合にたいへんに有効である。cでは近年の大規模開発や圃場整備に伴う広域的な発掘調査や事前の地域調査によって精密な村落景観の復原に成功しているところもある。ただし、cは現状の歴史景観の破壊を前提とするものであり、④の視点に立った総合的な地域調査が望まれている。［文献］『日本村落史講座2景観1』（雄山閣出版、一九九〇）、高島緑雄『関東中世水田の研究』（日本経済評論社、一九九七）。（鈴木哲雄）

大名領国制（だいみょうりょうごくせい）

中世後期社会の領有体制の総体を把握するための概念。永原慶二氏が概念化した。在地領主制こそが中世を一貫する基軸的社会関係であるとした上で、中世前期を在地領主制が不可欠でありながらも一定の制約を受ける荘園制段階とし、中世後期には在地領主制が独自の発展を遂げ、領域支配体制を展開する大名領国制段階であると概念化した。この大名領国制は一四世紀の南北朝内乱期以来、荘園制の解体が進んだことで、農民層の封建的階級分化が進み小領主層が形成されたことと、国人領と守護領国制の競合的進展を機動力として展開し、一六世紀の戦国社会で完成するとした。そして室町期を守護領国制とし、封建領主として成長していた国人層を家臣団とすることで*守護大名の権力構造は分権化の傾向を持ち、その権力機構の脆弱さが幕府への求心性を生んだとしている。それに対して検地などを通じて新たな封建的領有制度をつくり出し、在地領主層を主従制に基づく家臣団に編成することで、独自の公権力的領域支配を創出したのが戦国大名領国制であるとしている。しかし、中世後期も荘園制が存続し、中世を一貫して荘園制とする考えも提示されて中世後期を大名領国制と捉える考えに批判も出ている。また国人との主従関係はそれほど強力ではなく、*国人一揆に規定されるという批判もある。［文献］永原慶二『日本の中世社会』（岩波書店、一九六八）、永原慶二『日本中世社会構造の研究』（岩波書店、一九七三）、永原慶二『戦国期の社会構造』（岩波書店、一九九七）。（渡邊浩史）

単婚小家族（たんこんしょうかぞく）

夫婦と子どもを構成員とする家族形態をいう。中世・近世の農業経営をめぐって、単位労働力をどうとらえるかの議論の中で、この家族形態の理解のしかたが論点のひとつとなっている。経済学上の概念としての「農奴」

は封建社会の土台を構成する農民であるが、その農業経営形態を説明するに当たって、単婚小家族労働力による経営と規定する説もある。しかし、理論的にはともかく、現実のあり様は多様であり、一概に規定しきれるものではない。

（阿部　猛）

地域経済圏（ちいきけいざいけん）

中世社会の流通構造の特質については、佐々木銀弥や脇田晴子が提唱した畿内への求心構造論がある。これに対し、鈴木敦子は中世後期社会では荘園制の解体や政治の分権化に伴い、畿内への求心構造が崩れており、地域的流通を重視すべきであるという視角から中世後期社会の流通構造を分析する。その際に「地域経済圏」という研究上の用語を使用する。具体的には、地方都市（地域市場）間をつなぎながら畿内へ向かう①幹線ルートと、地域市場と周辺の中小市場（村落内の市場など）間を結ぶ②局地的ルート、そして③地域市場の以上3つの組合せによって中世後期の流通構造が形成されるとする。地域経済圏とは地域市場を流通の核として局地的ルートを媒介項とする経済活動によって、中小の村落内市場と網目状に結合し、重層構造を形成している。ただし地域経済圏は経済圏としての境界領域がある程度は存在しているが流動的であり、それのみで完結するものではなく、その圏内での閉鎖的かつ自給自足的な領域として限定的に考えるべきものではない。地域市場の立地条件が、その地域経済圏の範囲・機能・性格を特徴付ける要素となる。中世後期の防府宮市では、半径一八kmの範囲の地域経済圏を設定できる。これは日帰り可能な経済圏内で成立する地域市場であり、小林健太郎らの歴史地理研究でも同様の事例が証明されている。また六斎市ユニットによる「市場圏」の成立や大石慎三郎による上田藩領域と中世後期の市場圏の関係などは、中世後期に地域経済圏が形成されていたことを裏付けるものである。［文献］脇田晴子『中世商業発達史の研究』（御茶の水書房、一九六九）、佐々木銀弥『中世商品流通史の研究』（法政大学出版局、一九七二）、大石慎三郎『日本近世社会の市場構造』（岩波書店、一九七五）、小林健太郎『戦国城下町の研究』（大明堂、一九八五）、鈴木敦子「中世後期における地域経済圏の構造」（『日本中世社会の流通構造』校倉書房、二〇〇〇）。

（鈴木敦子）

地域史（ちいきし）

特定の地域における歴史事象を対象とする研究。類似の用語として郷土史や地方史があり、相互に混用されているが、概ね郷土史・地方史・地域史の順で新しく使われはじめた用語であり、方法論や目的意識から区分できる。近世の地誌や大正末から昭和初期にかけての郡史編纂事業に代表される戦前の「郷土史」研究は、多くの貴重な情報を記録にとどめる成果をあげた反面、皇国史観の影響もあり、歴史全体の流れとの関連が意識されない郷土顕彰的な内容や牽強付会の論証も多かった。戦後、それらへの批判のもと、地方史研究者相互と中央学会との連携および「日本史研究の基礎たる地方史研究」を目的とした地方史研究協議会が設立され、「地方史」は日本史全体の発展法則を意識した「科学的」性格が重視されるようになった。その流れのなかでは、多くの地方文書が発掘・紹介されるとともに、民族資料や景観など新しい歴史資料にも注目があつまり、従来の文献中心の研究と融合した新しい方法論も提唱されてきている。また、その一方でこれらの研究は、地域における文化財保護の運動とも密接に関わってきた。その後、七〇年代に使われはじめた「地域史」は、「国家」や上から編成された「制度的地域」といった枠組みを、「自立的地域」を設定することによって相対化するものであり、それによって歴史展開の具体的なあり方や「国家」そのものを位置付け直す試みが続けられている。なお、その「自立的地域」には、民衆の生活空間としての「随近在地」といった地域から「東アジア世界」といった地理的にも国家の枠組みを超える地域まで、さまざまな広さのものが設定されて

いる。（青木啓明）

中世王権論（ちゅうせいおうけんろん）

中世国家の政治構造における天皇や院・将軍などの権力の性格を論ずる際の学術用語。人類学や民俗学・文学などからの王権の聖性に関する提起をうけて、中世史学においても議論がすすみつつある。中世の政治構造における王権の問題が浮き彫りになったのは、黒田俊雄による権門体制論においてであった。黒田の議論は中世の国家支配の諸権能は、公家（政務や朝廷儀礼）・武家（軍事警察）・寺院（宗教的権威）の各権門に分有され、これらの権門が相互補完的関係を保つことによって国家支配が実現されていたというものであり、こうした諸権門の中心に位置した国王たる天皇の地位とその性格をめぐる議論は、当然、中世王権論そのものであった。これに対して、佐藤進一は朝廷＝公家と幕府＝武家とを中世国家の二類型とし、中世には二つの国家と二つの王権が存在したとしている。また、公家政権論によって太政官制に優越する院（治天）の圧倒的な権力と律令制天皇が有した機能の院による吸収が明らかとされ、中世王権の二重構造が提起されている。こうした議論は中世国家は一つの王権のもとに統合されていたのか、それとも複数の王権を戴いていたのかという問題が横たわっている。皇統の問題としては、足利義満による王権簒奪計画の評価をめぐる議論、王権の聖性とも関わる大嘗祭や即位灌頂などの天皇就任儀礼の本質に関して研究がなされている。［文献］近藤成一「中世王権の構造」（『歴史学研究』五七三、一九八七）。（鈴木哲雄）

奴隷制的直接経営（どれいせいてきちょくせつけいえい）

奴隷的な労働力を駆使して行う農業経営形態。かつて、藤間生大は、いわゆる初期荘園の経営について、東大寺など荘園領主がその抱える奴隷の労働力を投入して経営されたと説明したことがあった。しかし、これに対して、岸俊男らは、初期荘園は、荘園近傍の班田農民の賃租によって経営されたと主張し、藤間説は否定された。わが国では、大量の奴隷労働力を投下して行う農業経営のかたちは史料的に確認することができない。しかし、日本の中世社会は、その農業技術の低さ、自然条件の厳しさから、かなり不安定な社会であったと思われ、水旱虫霜の害などにより、名主・作人層が土地（耕作権）を喪失して、所従・下人身分に転落することは日常的に見られ珍しいことではなかった。そして地方の豪族層の中には、債務奴隷を多く抱えたもののあったことも認められる。しかし、体制そして奴隷制的直接経営が一般的だったとはいえない。［文献］藤間生大『日本庄園史』（近藤書店、一九四七）、竹内理三「荘園における武士と農民」（『日本歴史講座3』所収、河出書房、一九五二）、岸 俊男『日本古代政治史研究』（塙書房、一九六六）。（阿部 猛）

奴隷制と農奴制（どれいせいとのうどせい）

奴隷とは、人格をもたず、奴隷主（所有者）によって全剰余労働を搾取され、また売買・譲与の対象とされた直接生産者のこと。奴隷には家内奴隷と労働奴隷の二種が存在するが、奴隷制がその社会の社会関係をも規定する社会を奴隷制社会と称する。わが国における奴隷制については、はじめ奴婢《ぬひ》の存在に注目する研究、部民に関する研究が行われたが、どちらかといえば、奴隷制社会の存在については否定的な見解が多かった。一九四七年（昭和二二）にマルクスの「資本制生産に先行する諸形態」が紹介されると、その中の「アジア的共同体」に関する記述をめぐって論争が交わされ、わが国の奴隷制は古典古代の奴隷制とは異なる「東洋における総体的奴隷制」として把握されるとの主張がなされた。

農奴とは、耕地を保有し、農耕具などの生産手段を有し、家族を形成し、家族労働によって自立した経営を行いながら、封建的土地所有の下、人格的にも領主への身分的従属を強いられ、経済外強制によって封建地代の納入を義務づけられた農民をいう。負担する地代の形態により、労働地代をおもに負担する（狭義の）「農奴」と、生産物地代・貨幣地代を主とする「隷農」に区分することがあるが、これらの概念はいずれもヨーロッパ史上の農民の在り方に基づくもので、日本史への適用については議論がある。荘園制下の名主《みょうしゅ》は所従・下人（奴隷）を保有する家父長的奴隷主であり、農奴制は近世江戸時代においてのみ見出されるとする説、あるいは、名主は封建的小経営農民であるが、在地領主に人格的には隷属しておらず、狭義の農奴制はわが国では展開しなかったとの考えもある。江戸時代の農民についても、農奴制概念ではとらえきれないとする見解もあり、封建的領主—農民関係の把握には論議の余地がある。［文献］芝原拓自『所有と生産様式の歴史理論』（青木書店、一九七二）、中村哲『奴隷制・農奴制の理論』（東京大学出版会、一九七七）。（阿部　猛）

南北朝正閏論（なんぼくちょうせいじゅんろん）

南北朝時代の大覚寺統・持明院統の、どちらが正統であるかという議論。思想的な面では両朝分裂直後からこのような議論はなされているが、とくに近代においては歴史教科書記述をめぐる政治問題ともなった。両朝は分裂の直後から、即位の手続きなどをめぐって互いの皇位の正統性を主張していたが、とくに南朝方の北畠親房は『神皇正統記』において、儒教的な歴史論と政道思想から代々の皇位継承について検討することにより、後醍醐の皇位の正統性を主張した。近世では、『本朝通鑑』が南朝を正統としているが、これについては、応報思想によって南朝の忠臣新田氏の後裔を主張する徳川氏の政権の正統性を主張する意図も含まれていたと思われる。また、水戸藩の『大日本史』も大義名分論から南朝を正統とした。近代にはいると一九一一年、国定教科書である『尋常小学日本歴史』が南北両朝並立の立場を取っていることを『読売新聞』が非難したことをきっかけに政治問題化。時の首相桂太郎は明治天皇に上奏して南朝を正統と決定、文部省は執筆者の喜田貞吉を休職処分とし、その後、歴史教育などではこの時代を「吉野朝時代」と呼ぶこととなった。これは、政治的主義によって歴史学・歴史教育が抑圧される嚆矢として重大な意味を持つ事件である。（青木啓明）

南北朝内乱封建革命説（なんぼくちょうないらんほうけんかくめいせつ）

南北朝内乱展開の過程において、小農民が独立・成長して農奴となることによって封建制が成立したとする学説。松本新八郎の「南北朝内乱の諸前提」・「中世末期の社会的変動」の二論文によって提唱された。松本は、従来南北朝内乱が公家と武家の対立ととらえられてきたことに対し、その真の原動力として甲乙人・悪党・野伏・名主・小農民などと呼ばれる在地勢力の存在に注目し、この内乱を貴族・武家に加えて彼ら在地勢力を加えた三者による争いであるととらえた。そして、その展開によって、公家・武家による重層的な支配が廃止されて一元的な封建権力が成立するとともに、小農民が独立・成長して農奴となることによって、生産物地代を根幹とする封建制が成立したと位置づけたのである。なお、封建制移行についての理解は、その後出された安良城盛昭の「太閤検地の歴史的前提」による、それを一六世紀に引き下げる見解や、逆に平安期を中世封建制のはじめとする戸田芳実・大山喬平・河音能平らの「新領主制論」が深められていくことによって、実態に合わない面も指摘されるようになり、現在はこのような理解は取られていない。しかしこの議論は、天皇制研究のタブーの中に置かれていた南北朝期研究の嚆矢として研究史上大きな意義を持つとともに、歴史展開の原動力を在地勢力に求める視点は、現在の研究においても重要である。［文献］松本新八郎「南北朝内乱の諸前提」（『歴史評論』二一八、のち『中世社会の研究』東京大学出版会、一九五八）、同「中世末期の社会変動」（『日本歴史学講座』学生書房、一九四八、のち『中世社会の研究』に「南北朝内乱」と改題して所収）。（青木啓明）

日本の中世／西ヨーロッパの中世（にほんのちゅうせい／にしよーろっぱのちゅうせい）

日本は一二世紀末に中世と呼ばれる時代へと一変する。「中世」という呼称は、一八世紀初頭、すでに新井白石により用いられていたが、それが広く流布するには、一九〇六年の原勝郎「日本中世史」の刊行を待たねばならなかった。原がそこで意図したのは、二つの安定した社会の間、すなわち平安京に置かれた宮廷の支配した古代と、江戸に置かれた徳川幕府に支配された近世との中間の時代ということであった。古代王政の中央集権的制度にかわって、複数の公的権力が割拠するシステムになったのである。辞書では、当否は別として、一九世紀以来、「封建」の語に西洋語の「fief」や「Lehnwesen」が当てられてきた。武士の時代とはそれ故、日本における封建制あるいは中世の開始を意味していた。しかし、中世という用語を選ぶことで、原にはまた、西洋史における大きな時代区分、すなわち、古代、中世、近代、現代という区分と対応させようという意図があったのである。「脱亜入欧論」と日露戦争の時期に、ヨーロッパと日本の間でその歴史的発展において共通することを強調するのは、あきらかに政治的、イデオロギー的に重要な意味をもっていた。原勝郎や大多数の二〇世紀初頭の日本の歴史学者にとっては、中世は日本史において重要な転換点であり、西欧の中世がもち得たものに匹敵するものだったのである。中世ヨーロッパにおけると同様に、日本においても権力の細分化、地方の支配層の武士化、領主と臣下を結びつける主従関係の出現、土地と農民を支配する領主権の成立を見いだしたのであった。幕府は西洋の君主制にみられる特徴をもってもいたのである。フランスや英国の国王たちが全キリスト教会、それゆえ神の意志を代表する者たるランスやカンタベリーの司教の手により戴冠するのと同様に、将軍は天照大神の子孫である天皇によって任命されていたのではなかったか。こうして、「中世」という語によって、日本は徐々に「アジア的」ではなく、徐々に「ヨーロッパ的」になっていったのだった。中世というのは、日本のただなかで、ヨーロッパ的な社会が出現したようなものである。

何人かの西洋の歴史学者にとって、朝河貫一の英語論文を読んだあとでは（特に、マルク・ブロックの場合）、日本中世社会は西欧封建社会の特徴を所有していたかのように思えたのである。すなわち、交換とおそらくは経済の減退により、日本でも西欧と同様、土地所有者の軍事化に向かい、彼らが領主となり、地方レベルでは王権の一部を奪取したのであった。人と人を結ぶ絆、主従構造が、武士階層のなかでは社会関係の組織化において中心的役割を果たしたのであり、戦士階級固有のイデオロギー、日本における武士道、西欧における騎士道が発展したのである。二つの社会において、同時に、細分化され自立した農民層が出現し、一部は彼らの共同体のもとに結集し、支配権力からの解放を実現したのである。そうして、土地をめぐるさまざまな権利が、日本においてもヨーロッパと同様に、極めて錯綜したものとなった。しかしながら、文化的差異があるのは当然としても、さらに二つの社会において異なる側面を強調することもできよう。古代律令制は中世社会に強い影響を及ぼしており、これは西洋にはみられないものであった。王権というものは、新たな力関係の名の下に生じてしまった権力の乱用を承認したのである。たとえばフランス王国の場合、ランスの司教のもとで戴冠したとしても、この司教は元老院やローマ皇帝の代理という訳ではない！ キリスト教会とローマ世界の間にどのようなつながりを考えようとも、西暦一〇〇〇年頃の西欧の領主は形式的にも古代帝国の官吏と考えることはできない。それにひきかえ、日本では将軍はその正当性を主張するために天皇が必要であった。そして、日本の武士はつねに天皇の宮廷における空疎な肩書・名誉職に過ぎない身分を得ようとつとめたのである。その一方で、宮廷の権力は一五世紀以降、まったく象徴的なものに過ぎなくなってしまう。日本では「職」が権力と名誉を付与し続けているのである。みずから領地を取得することはできたが、しかし常に将軍による「安堵」（知行地として認知してもらうこと）を求めた。そうして、最終的には権力を行使し、それを正当化する役職が与えられることを求めたのである。清水三男は、最も早くから、新しい社会・文化的構造のなかに旧来の宮廷貴族や社寺が保持し続けていた主要な役割を示した一人である。日本の領主権は官職を介してのみ存在しえたのであり、それは畿内や西日本で都に近いほど顕著である。

ある歴史家によれば、こうした特色は封建的世界以外の要素、いわば残留した要素、先行する時代の証拠であろうと見られたのであった。しかし、それとは逆に、黒田俊雄の権門体制論は日本中世のみの主要な特色ではないということはできないであろうか。つまり、西欧においてキリスト教会は社会を構造化するために騎士階級にとって味方とも敵ともなっていたのである。さらに、西欧では教会を、その優越性、その世上権、その信者の組織力によって、領主や騎士階級よりも、中世社会の主たる特色とする歴史学者が増えつつあることも注目されるべきであろう。同様に、日本においても、表象をとりあつかうことをより重視する新しい歴史記述の傾向においては正当性を付与する象徴的機能を再評価して、天皇や宮廷、仏教の大寺院などに政治的重要性がふたたび付与されることとなった。それは、なぜこのような制度が、丁度、法皇制度と同様に幾世紀にもわたって存続できたのかを説明するであろう。二つの異なったタイプの社会間での比較は、差異があるにせよ―文化的差異は、つねにもちろんもっとも大きなものであるが―地中海の大帝国（イスラム、ビザンチン帝国）に対する西ヨーロッパの周縁的位置と、中国という大帝国に対する日本の周辺的立場との間には必然的に関係するものがあるかの如く、これからも行われるであろう。政治的・イデオロギー的枠組（ヨーロッパの歴史と似た歴史によってアジアにおける日本の政治的経済的優越性を正当化しようとしたような）にとらわれず、また極めて具体的、物質的な側面に注目することで（支配の技術、組織化の態様、技術的レベル等々）、日本と西欧の中世という時期の新しい比較研究から生まれる多様な問いを考えることができるであろう。［文献］Marc Bloch "Las ociété féodale" (Albin Michel 一九三九―四〇)（邦訳、新村猛ほか『封建社会』みすず書房、一九七三―七七）、朝河貫一 "The Documents Of Iriki" (Yale University、一九二九)（再刊、日本学術振興会、一九五五）、清水三男『日本中世の村落』（日本評論社、一九四二）、石母田正『中世的世界の形成』（伊藤書店、一九四六（岩波文庫より再刊））、黒田俊雄『中世の国家と天皇』（『岩波講座日本の歴史6中世2』所収、岩波書店、一九六三）（『日本中世の国家と宗教』に再録、岩波書店、一九七五）。

（ピエール・スイリ）

日中分岐点論（にっちゅうぶんきてんろん）

停滞的なアジア社会のなかで、日本のみが典型的なヨーロッパ型の封建制を経験し、その帰結として、最も早く近代化への道を歩んだとする見方がある。石母田正は、日本と中国の歴史の発展の違いを、武士団の存否によって説明した。中国では強固な共同体的秩序が領主制の発展を阻害し、封建的武士団を成立させなかったのに対して、日本では、古い同族的組織から分離して独自の族的団結を成した武士団の成立があり、それこそが、東洋的古代の一環であった日本がそこから分離する過程であり、近代日本の礎石がここに据えられたのであるという。［文献］石母田正『中世的世界の形成』（伊藤書店、一九四六（岩波文庫より再刊））。

（阿部　猛）

農業共同体（のうぎょうきょうどうたい）

農業生産を遂行するについて、協同労働と、労働力再生産のための消費生活を共にする集団。共同体（⇒）は、個人の生産力が弱く、再生産のために共同所有地に依存せざるをえない段階に対応する社会組織であるが、中世の農業共同体は右の「共同体」の延長線上の存在ではなく、領主の「勧農」によってつくられた農業組織であろうとの見方がつよい。

（阿部　猛）

辺境理論（へんきょうりろん）

畿内地域と、東国や九州のような辺境地域とでは、その生産力水準に大きな差があり、いわば辺境は経済的におくれた地域である。ところが、鎌倉幕府の成立に見るように、新しい時代をになう権力は辺境から生まれる。これは、日本のみならず、ヨーロッパでも、ローマの辺境ゲルマンから中世が生まれたし、中国でも北方辺境から新しい権力が生まれてきた。なぜ、生産力水準の高い中央先進地帯に新しい権力は生まれないのか。変革の主体が、なぜ都市ではなく農村から生まれるのか。石母田正は、いわゆる日中分岐点論(⇒)との関わりで、古代から中世への変革のにない手を在地領主、武士とし、かれらが、最も後進的な東国の農村を基盤にして成長してきたことに注目した。［文献］石母田正「中世成立史の二、三の問題」（『中世的世界の形成』所収、東京大学出版会、一九五七）。

（阿部　猛）

「封建制度」の概念（ほうけんせいどのがいねん）

わが国の非近代的な制度や慣習を総体として「封建的」と呼ぶことがあるが、学術上の概念としては、前近代とくに古代・中世・近代という三区分法による「中世」（日本史では鎌倉・室町・江戸時代）の政治制度や社会体制をさして称する。①儒学的封建概念〜江戸時代の知識人は、天子―諸侯―士大夫が土地・人民を分有していた中国古代の「封建」の制と江戸時代の体制が類似していると考えた。中国史では、封建制→郡県制へという道をたどったが、わが国では、律令制的な郡県制→封建制の道をたどったとし、その理由を平安時代における荘園の群立と「武士」の発生に求めた。ここに、武家政権の成立＝封建制の成立という理解が生じた。②明治時代、ヨーロッパの封建制概念を用いて、わが国の歴史にもこれと類似の制度があったと説明するもの。荘園を中心として発達した、土地恩給制と家人《けにん》（家士《かし》）制の結合によってできあがった封主《ほうしゅ》―封臣《ほうしん》をめぐるレーン制（Lehnswessen）を比較の対象とした。その試みは三浦周行・中田薫・福田徳三らによって明治三〇年代に行われ、ヨーロッパのフューダリズム（Feudalismus）（レーン（Lehn）のラテン語形 feodum からできた語）をわが国の「武家時代」に見ようとするものであった。③一九二〇年から三〇年代に入ると、マルクス主義の影響を受け、封建制度概念は「農奴制」として理解され、領主が自立した小経営を行う「農奴」から「経済外強制」によって地代（年貢）を収奪するしくみを社会の根基に据え、「下部構造」から歴史を説明するようになった。わが国の歴史に具体的にあてはめてみると、一一〜一二世紀に各地に開発領主と呼ばれる在地領主層が生まれ、かれらは武芸を以て職とし、国家機構に連なることによって「侍《さむらい》」身分を獲得し、その社会の中に「主従制」を発展させた。一二世紀末に成立した鎌倉幕府は、将軍と在地領主層を主従制によって結びつけて御家人制を成立させた。将軍は在地領主＝御家人の所領を安堵し、また新たに恩給地を与えることによって、御家人の将軍への奉公を期待した。ここに、封土制と主従制の結合による封建制度が成立したとみる。南北朝期以降は、守護や有力な国人が群小の土豪的な武士を被官・家臣化し、主従関係を展開していき、二重の主従制が展開することとなり、この形態は江戸時代の将軍―直臣（旗本・御家人）、大名―家臣団という主従制として完成をみたのである。［文献］中田　薫『法制史論集2』（岩波書店、一九三八）、中村　哲『奴隷制・農奴制の理論』（東京大学出版会、一九七七）。

（阿部　猛）

封建地代（ほうけんちだい）

封建制の下で土地領主が領地農民から徴収する地代。地代には、①労働地代、②生産物地代、③貨幣地代の三形態がある。①は無償の賦役労働、②は田畠などからの生産物（米・麦・野菜など）、③は商品生産・貨幣流通が発展すると農民が市場で生産物を販売し貨幣化することが始まり、農民側から貨幣納の要求が出される。しかし貨幣要求は領主側の必要から生ずることもある。理論的には、地代は、①→②→③の順で推移すべきものであろうが、実際には①、②、③が並存することが多い。［文献］コスミンスキー『イギリス封建地代の展開』（秦玄龍訳、未来社、一九五六）、吉岡昭彦「封建的土地所有・封建地代・経済外強制」（『西洋経済史講座Ⅰ』所収、岩波書店、一九六〇）、佐藤和彦編『租税』（日本史小百科 東京堂出版、一九九七）。（阿部 猛）

封建的小経営（ほうけんてきしょうけいえい）

一定の保有地（屋敷・田畠）および農耕具を有し、家族労働力を以て行われる自立した農業経営。小経営そのものは時代を超えて存在するが、古代・中世・近世（＝前近代）の各時代の社会構造の中での位置づけや働きは異なる。理論的には、農業が完全に資本主義化すれば「小経営」＝「小農」は消滅するはずである。しかし、資本家的・社会主義的な大農経営に対して、孤立分散した小家族経営を営む小経営は存在する。（阿部 猛）

封建的土地所有（ほうけんてきとちしょゆう）

封建社会においては、支配階級が土地の所有者としてあらわれ、かれらは農民から封建地代を搾取する。もちろん近代法概念としての「所有権」なるものは存在せず、その実態は「占有」に相当するものであり、史料上の表現では「知行」と記されるのがふつうである。一〇世紀を転機として古代律令体制が解体し始め、各地で開発領主が生まれ、かれらは周辺の弱小農民を農奴制的に支配することによって、封建的階級関係が形成されてくる。封建的土地所有は単一な私的土地所有ではなく、支配階級の共同組織に立脚してヒエラルヒー的に編成された共同所有であり、立体的な重畳的所有である。わが国ではヨーロッパ中世のような、隷属度のつよい労働地代負担を主とする農奴制は本格的には展開しなかったと見られている。農民は耕地と農具を保有し、家族労働力によって自営しているため、領主は地代搾取のため、領主裁判権に基づく身分制的・経済外的強制による支配は不可欠な装置であった。［文献］栗原百寿『農業問題入門』（有斐閣、一九五五）、石井紫郎『日本国制史研究Ⅰ』（東京大学出版会、一九六六）、芝原拓自『所有と生産様式の歴史理論』（青木書店、一九七二）、永原慶二『荘園』（吉川弘文館、一九九八）。（阿部 猛）

名田経営（みょうでんけいえい）

中世に一般化する名《みょう》（名田）とは、律令制下の口分田や墾田などの所有者の名《な》が古代の田籍や田図に記されていたものが転化したものと考え、名田は名主の所有地であり、名主を家長とした直接的な大経営によって経営されたとする学説。この学説は、一九四二年に松本新八郎によって定式化されたものであり、戦後歴史学のなかで重要な位置づけを有した学説であった。松本は名田経営を奴隷制的な経営と考え、名田内の奴隷的存在＝下人などが農奴へと成長することによって名田経営は解体したとし、その時期を南北朝時代においた。松本による名田経営論は安良城盛昭によって徹底され、名田経営は中世を通じて存在し、それは古代の総体的奴隷制の解体過程に位置づく家父長制的奴隷制経営によるものであったとした。これに対して、永原慶二は名田経営を奴隷制から農奴制に至る過渡的経営体と定義し、戸田芳実等は農奴制的大経営と定義して、名田の経営形態は戦後の中世史研究の歴史理論的な面での主要なテーマとなったのであった。こうした理論的研究に対して、名の性格に関わる研究の進展によって、名（名田）は土地所有や経営の単位ではなく、あくまでも収取・徴税の単位であることが明らかとなった。その結果現在では、名（名田）とは、中世の荘園公領制下の租税体系である年貢・公事等の徴税単位であるとされるにいたっている。ただし、名がなんらかの形で所有や経営と関連することは確実であり、中世における家族史研究とともに、検討の余地は十分に残されている。［文献］松本新八郎『中世社会の研究』(東京大学出版会、一九五六)、安良城盛昭『日本封建社会成立史論 上』(岩波書店、一九八四)。

(鈴木哲雄)

無縁・公界・楽（むえん・くがい・らく）
網野善彦によって一九七八年提起された日本中世の「自由と平和」の場、あるいは「自由と平和」を象徴的に示すという歴史用語。無縁とは、身よりがなく頼るすべもない経済的な無力状態をいうが、このことが転じて、中世後期には、権力の支配を受けずに奉仕や負担を免除される状態を意味したとする。その本質は、「無主・無所有」にあり、「無縁」こそが中世における「自由と平和」の基本原理であった。公界とは、本来は私有が許されない禅院内の公的な場や財物を意味したが、中世後期には、禅院をこえて公共的な領域一般すなわち世間一般をさして使用された。網野は公界も、世俗の「縁」から切り離された「無縁の場」ととらえ、無縁と公界をほぼ同一のものと把握している。こうした網野の理解に対して、無縁とは「縁」(主従・親子・兄弟・夫婦など) との断絶を意味したものであり、旦那寺や氏寺などの外護者と共存しうるものであったが、公界とは旦那寺・氏寺とは相容れず、対立する諸勢力からの平和・中立の領域のことであるとの批判がなされている。また、楽も私的な制約を受けない「無縁の場」であり、楽市・楽座のように、世俗的な社会的・経済的な関係は破棄されて、不特定の人々へ市や座での権益を開放する場であったとの考えもある。網野は「無縁・公界・楽」の場が、権力や社会との関係から自由であるとするのに対して、こうした中世の「自由と平和」の場は、権力や社会によって尊重され保護されたものであり、民衆によって獲得されたものとの批判がなされている。［文献］網野善彦『増補無縁・公界・楽』(平凡社、一九八七)、峰岸純夫『中世・災害・戦乱の社会史』(吉川弘文館、二〇〇一)。

(鈴木哲雄)

山と水の理論（やまとみずのりろん）
山野と用水の所有に領主制成立の契機を見出そうとする理論。いうまでもなく、日本農業の基幹は水田稲作であった。水田稲作は、その特質として、一定量の山野と用水の確保を再生産のための不可欠の条件とする。したがって「山と水」が誰の所有になっているかは、その社会の性格を規定する主要な指標となる。山と水が領主の支配下にあるか村落共同体の手中にあるか、あるいは名《みょう》が宅地・田地・用水・山野をワンセットとして保有し自己完結的な形態をとるか、そのいかんによって社会のあり方は大いに異なる。農民の土地保有(権)はその実体的利用の側面においてのみ確認されるのであり、抽象的な保有(権)なるものは歴史学的には無意味であるから、保有(権)の内容を実質的に規定する諸要素を抽出し、そのうち、山と水に主要な役割をになわせるのは、その視角において正当であろう。しかし、山と水の理論は領主制成立の契機を説明するものとしては、必ずしも万全ではない。簡単にいえば、もし山と水を個々の農民ないし村落共同体がその手中に収めるや否や、領主制は存立の契機を失うという論理的帰結をみなければならないからである。山と水の理論を補うのは社会的分業論である。それじたい自己完結的な再生産体なるものは理論上の想定にすぎない。共同体は、それぞれの段階に応じた一定度の社会的分業を前提としてのみ存在しうるものであり、封建領主は手工生産組織と流通の要《かなめ》である市場を手中に収めており、それは農民支配上不可欠な要素となっていたとみられる。［文献］小池基之『水田』(日本評論社、一九四二)、金澤夏樹『稲作の経済構造』(東京大学出版会、一九五四)、工藤敬一「鎌倉時代の領主制」(『日本史研究』五三、の5『荘園制社会の基本構造』(校倉書房、二〇〇二)

所収）。

（阿部　猛）

領主制理論（りょうしゅせいりろん）

古代から中世への社会構成体の変革主体を在地の領主層に見いだし、中世社会を総体的奴隷制から農奴制あるいは封建制への転換期に位置づける歴史理論。石母田正『中世的世界の形成』（初版一九四四年）は、古代から中世への展開を、領主制の発展が奴隷制的な社会構成体としての荘園制を克服していく過程ととらえ、平安後期から鎌倉期の在地領主層の成長は領主制発展の第一段階であり、こうした在地領主を地域的に編成した守護大名こそが純粋な封建領主制を確立した存在であったとした。こうした石母田＝領主制理論は戦後歴史学の一時期の主流をなし、地頭領主制から国人領主制への展開、勧農機能を基礎とする本来的な領主制から流通機能を不可避とする領主制への発展、在地領主制の最高の歴史段階としての戦国大名権力論などの研究が進展した。その結果、領主制理論は地頭領主制→国人領主制→戦国大名領国制へという在地領主制の発展段階論として整序されていった。これに対して、中世を家父長制的奴隷制とみる学説や中世の家父長制的経営そのものを農奴制大経営とみなして領主制論を再構築する説も有力となった。他方、中世における在地領主制の展開そのものを副次的なものとし、荘園領主と百姓との関係を主要な階級関係とみる非領主制論も唱えられている。また、身分論の観点から、武士の職能に関する研究が進展しているが、領主制に関わる議論は中・近世移行期を含めて繰り返し検討されるべき課題である。［文献］石井進『中世を考える』（校倉書房、一九九一）、歴史科学協議会編『新しい中世史像の展開』（山川出版社、一九九四）。

（鈴木哲雄）

編者略歴

阿部《あべ》　猛《たけし》

1927年　山形県に生まれる
1951年　東京文理科大学史学科卒業
現　在　東京学芸大学名誉教授

佐藤《さとう》和彦《かずひこ》

1937年　愛知県に生まれる
1965年　早稲田大学大学院文学研究科
　　　　博士課程単位修得退学
　　　　元東京学芸大学名誉教授

日本中世史事典

2008年11月30日　初版第1刷
2012年5月25日　　　第3刷

編　者　阿　部　　猛
　　　　佐　藤　和　彦
発行者　朝　倉　邦　造
発行所　株式会社　朝　倉　書　店

東京都新宿区新小川町6－29
郵便番号　162－8707
電　話　03(3260)0141
FAX　03(3260)0180
http://www.asakura.co.jp

〈検印省略〉

壮光舎印刷・渡辺製本

ISBN 978-4-254-53015-5　C3521

Printed in Japan

索　　引

●配列は五十音順
●イタリックは見出し語を示す

◎あ
愛甲荘　834
相嘗祭　*270*
合奉行　*149*
姶良荘　871
白馬節会　*260*
青緡　*244*
青苧座　*543*
青砥藤綱　*186*
赤坂城　*385*
赤穴荘　852
茜部荘　841
赤橋守時　182
赤松氏範　*398*
赤松円心　*398*
赤松氏　*456*
赤松則村　*398*
赤松政則　*479*
赤馬荘　866
悪党　*234*
悪党の発生　98
悪人正機　*293*
明智荘　841
明智光秀　*755*
浅井長政　*701*
阿佐井野宗瑞　*605*
朝倉孝景　*485*
朝倉孝景条々　*722*
朝倉義景　*701*
厚狭荘　861
浅野長政　*793*
足利氏満　*425*
足利学校　*600*
足利成氏　*483*
足利尊氏　*391*
足利直冬　*424*
足利直義　*423*
足利荘　842
足利持氏　*477*
足利基氏　*425*
足利義昭　*691*
足利義詮　*425*
足利義量　*476*
足利義勝　*480*
足利義材　490
足利義澄　*491*
足利義尹　491
足利義稙　*491*
足利義嗣　*477*
足利義輝　*691*
足利義教　*476*
足利義晴　*690*
足利義尚　*481*
足利義政　*480*
足利義視　*482*
足利義満　*426*
足利義持　*476*
足軽　*473*
安食荘　831
足子　*548*
足半　*685*
足守荘　857
飛鳥井雅経　*113*
足助重範　*397*
足羽荘　845
吾妻鏡　*345*
畦越え灌漑　*217*
麻生荘　867
阿蘇惟澄　*430*
阿蘇惟直　*396*
安達景盛　*137*
足立遠元　*80*
安達盛長　*52*
安達泰盛　*183*
悪口の咎　*153*
安土城　*747*
安土の宗論　*747*
安土桃山の文化　731
熱原法難　*296*
阿弖河荘　861
阿弖河荘片仮名書申状　*233*
阿南荘　868
姉川の戦い　*751*
賀名生行宮　*419*
阿野廉子　*390*
畔蒜荘　837
阿仏尼　*334*
溢者　*235*
尼崎　*550*
天草版伊曽保物語　*818*
天草版平家物語　*818*
尼子晴久　*696*
尼将軍　*126*
天野遠景　*52*
天橋立図　*659*
甘利荘　834
網人　*227*
阿弥派　*650*
網漁　*226*
荒川荘　861
荒木田守武　*629*
有馬晴信　*741*
粟田口国綱　*362*
粟田口吉光　*362*
粟津荘（保）　846
阿波局　*106*
安国寺利生塔　*588*
安西景益　*48*
アンジロー　*742*
安堵　*154*
安藤氏の乱　*509*
安東季長　*185*
安東季久の乱　*180*
安東蓮聖　*185*
安徳天皇　*15*
阿野全成　*103*
案文　*151*
安楽　*303*

◎い
イエスズ会　*736*
家子　*87*
筏師　*226*
伊香立荘　838
伊賀朝光　*106*
伊賀局　*121*
五十日餅　*276*
伊賀光季　*121*
伊賀光宗　*121*
鵤　荘　853
生夷荘　864
池　*217*
池田荘（遠江）　832
池田荘（大和）　825
池禅尼　*12*

池坊専慶　*672*
異国警固番役　*161*
伊作荘　871
十六夜日記　*339*
石垣荘　861
石川荘　851
石黒荘　848
石田三成　*795*
石塔義房　*409*
石橋山の戦い　*24*
石山寺縁起　*656*
石山寺多宝塔　*356*
石山本願寺　*713*
イスパニア　*733*
出雲阿国　*816*
伊勢貞親　*480*
伊勢神道　*323*
伊勢詣　*594*
伊勢物語絵巻　*371*
井芹秀重　*170*
板垣兼信　*43*
戴餅　*277*
板碑　*365*
一円知行　*467*
市神　*543*
一期分　*94*
一条兼良　*603*
一条忠頼　*43*
一乗谷　*690*
一条教房　*719*
一条能保　*111*
一事両様の咎　*153*
一人当千　*57*
一の谷の戦い　*28*
一幡　*103*
一味神水　*572*
一味同心　*233*
一休宗純　*611*
厳島合戦　*688*
一向一揆　*578, 678*
一山一寧　*313*
一色氏　*457*
一色範氏　*428*
一色義貫　*478*
一色義直　*489*
一子相続　*682*
一所懸命の地　*85*
一身田御厨　830
一地一作人　*769*
一服一銭の茶　*527*
一遍　*306*
一遍上人絵伝　*368*
一遍上人語録　*318*
到津荘　868
伊東マンショ　*745*
怡土荘　867
稲岡荘　855
稲毛重成　*45*
稲毛荘　836
稲葉山城　*749*
犬追物　*88*
犬菟玖波集　*633*
犬山城　*801*
井上荘　862
井家荘　846
猪隈関白記　*115*
亥の子　*270*
猪武者　*58*
射場始　*270*
井原荘　865
異文化との接触　*679*
伊北荘　837
今井　*539*
今井称念寺　*713*
今井宗久　*813*
今川氏親　*720*
今鏡　*346*
今川仮名目録　*723*
今川義元　*699*
今川了俊　*462*
今林准后　*140*
今堀日吉神社文書　*565*
今参局　*486*
今様　*330*
諱　*561*
鋳物師　*248*
入会地争論　*559*
入江保　859
入門　*150*
入来院　871
入浜式塩田　*541*
井料　*217*
異類異形　*235*
岩国荘　860
岩門合戦　*176*
岩門荘　867
石見大森　*719*
院家　*290*
隠者の文学　*329*
印章　*709*
因島荘　858
院派仏師　*359*
蔭涼軒日録　*624*

◎う
ヴァリニャーニ　*744*
植木荘　867
上杉顕定　*484*
上杉顕房　*484*
上杉景勝　*790*
上杉清子　*422*
上杉謙信　*697*
上杉定正　*484*
上杉重房　*139*
上杉禅秀の乱　*471*
上杉憲顕　*427*
上杉憲実　*485, 605*
上杉憲忠　*484*
上杉憲房　*408*
宇喜多秀家　*787*
牛原荘　845
氏神祭　*264*
宇治川の戦い　*28*
宇治拾遺物語　*350*
宇治橋の戦い　*118*
宇治槙嶋　*749*
羽州探題　*450*
後矢　*61*
臼杵荘　868
右大将　*65*
歌島荘　858
内管領　*174*
卯杖　*262*
宇都宮基綱　*435*
宇都宮頼綱　*105*
洞　*683*
有徳銭　*526*
有徳人　*237*
有年荘　854
宇野御厨　869
産剃　*276*
産屋　*274*
産養　*275*
産湯　*275*
馬筏　*61*
梅北国兼　*792*
梅津荘　823
卜部兼方　*326*
卜部兼好　*333*
盂蘭盆会　*268*
上井覚兼　*704*
上井覚兼日記　*707*
運慶　*361*
雲谷等顔　*810*

◎え
永享条約　*501*
永享の乱　*470*
栄西　*313*
叡尊　*312*
永仁三年記　*194*
永仁の徳政令　98, *176*

永平寺　*299*
永保寺開山堂　*643*
永楽銭　*524*
江口・神崎の津　*110*
会合衆　*512*
懐奘　*310*
江尻　*715*
恵信尼　*305*
蝦夷ケ島　*508*
蝦夷管領　*71*
絵解き　*366*
江戸重長　*41*
胞衣おさめ　*275*
烏帽子親　*86*
烏帽子子　*86*
絵巻物　*362*
撰銭禁制　*525*
撰銭令　*525*
円覚寺　*298*
円覚寺舎利殿　*354*
延慶四年の内裏の事件　*178*
宴曲　*663*
縁坐　*156*
縁坐制　*711*
園太暦　*413*
円爾　*314*
延年　*667*
円派仏師　*359*
延暦寺焼き討ち　*751*

◎お
お市の方　817
応安新式　*632*
応永記　*639*
応永条約　*501*
応永の外寇　*503*
応永の乱　*470*
扇谷上杉氏　*688*
奥州合戦　*21*
奥州探題　*449*
王直　*742*
応仁記　*640*
応仁・文明の乱　*473*, 677
麻生浦御厨　831
椀飯　*88*
王法と仏法　*290*
往来物　*324*
押領　*206*
大泉荘　844
大井荘（甲斐）　834
大井荘（相模）　835
大井荘（美濃）　841
大内氏掟書　*723*
大内荘　850
大内版　*601*
大内政弘　*491*
大内義隆　*694*
大内義弘　*435*
大浦荘　839
大家荘　853
大江広元　*79*
大江以康　*139*
大岡荘　834
大河兼任　*23*
正親町天皇　*705*
大胡隆義　*316*
大坂城　*758*
大崎・葛西一揆　*770*
大忍荘　866
大島奥津島文書　*564*
大島保　857
大住荘　823
大館尚氏　*486*
太田道灌　*485*
太田時連　*186*
太田荘（但馬）　851
太田荘（備後）　858
太田荘（信濃）　842
大田文　*201*
太田康有　*186*
太田康連　*138*
大友貞宗　*392*
大友荘　834
大友義鎮　*739*
大鳥荘　827
大成荘　831
大野荘（加賀）　846
大野荘（豊後）　868
大庭景親　*38*
大橋宗桂　*817*
大庭荘　827
大庭御厨　833
大祓　*267*
大番舎人　*216*
大姫　*81*
大袋　*231*
大部荘　853
大湊　*538*
大村純忠　*741*
大矢　*58*
大薮荘　823
大山崎　*806*
大山荘　847
大鋸　*542*
岡崎城　*690*
小笠原貞宗　*407*
小笠原長清　*107*
緒方惟栄　*49*
岡屋関白記　*115*
隠岐　*385*
奥島荘　839
晩稲　*222*
阿国歌舞伎　*807*
奥山荘　849
小倉宮　*492*
桶狭間の戦い　*750*
小坂荘　847
長船長光　*362*
御師　*596*
小塩荘　823
押立保　839
織田有楽斎　*815*
小田城　*422*
小谷の方　*817*
織田荘　845
織田信雄　*786*
織田信孝　*786*
織田信長　*700*, 729
織田信秀　*700*
小田治久　*428*
小田原攻め　*762*
越智家栄　*702*
越訴　*149*
乙木荘　825
乙名　*556*
踊念仏　*294*
尾道　*251*
大原女　*527*
飫肥院　870
男衾三郎絵巻　*375*
御文　*602*
重栖荘　853
おもろさうし　*518*
小宅荘　854
小山田荘　836
小倭荘　830
小山朝政　*44*
小山秀朝　*408*
小山政光　*44*
小山義政　*435*
小山鷲城　*421*
御湯殿の上の日記　*621*
小弓荘　831
オルガンティーノ　*744*
恩賞方　*402*
園城寺　*30*

◎か
絵画史料論　873
海禁　*507*
快慶　*361*
快元　*606*

会所　*643*
廻船　*532*
廻船式目　*728*
海賊　*232*
海賊取締令　*776*
粥田荘　867
海道記　*339*
海東荘　831
海南学派　*600*
開発領主　*83*
甲斐府中　*715*
海北友松　*811*
臥雲日件録抜尤　*619*
花営三代記　*443*
可翁　*655*
花押　*709*
河海抄　*614*
下学集　*612*
香登荘　856
加賀美長清　*44*
花下遊楽図屏風　*819*
篝屋　*230*
餓鬼草紙　*373*
嘉吉の土一揆　*568*
嘉吉の乱　*472*
柿御薗　839
花鏡　*674*
覚一　*343*
覚如　*610*
覚明　*303*
学問の新傾向　286
嘉元の乱　*178*
水手　*245*
葛西清重　*47*
葛西御厨　837
笠懸　*88*
笠置山　*385*
風祭　*268*
花山院兼信　*189*
花山院師賢　*389*
家産官僚制　871
借上　*237*
加地子名主　*562*
梶取　*245*
過所（書）　*549*
柏木御厨　839
柏木義兼　*39*
梶原一族の没落　*99*
梶原景季　*46*
梶原景時　*51*
春日顕国　*410*
春日権現験記絵巻　*369*
春日祭　*264*
春日山城　*714*
上総介広常　*41*
ガスパル＝ヴィレラ　*743*
糟屋荘　835
桛田荘　862
火葬　*281*
肩衣　*669*
堅田　*551*
堅田荘　839
刀狩　729, *775*
賀太荘　862
交野八郎　*114*
歩立の兵　*59*
加徴米　*131*
花鳥余情　*614*
活字印刷技術　*805*
葛川　840
桂供御人　*227*
桂女　*527*
加藤清正　*799*
家督　*93*
門田　*210*
香取荘　830
金岡荘　856
金津荘　847
金売吉次　*55*
金刺盛澄　*40*
金沢貞顕　327
金沢文庫　*324*
金田保　837
兼宣公記　*496*
兼見卿記　*707*
懐良親王　*433*
狩野永徳　*813*
狩野山楽　*815*
狩野長信　*815*
狩野派　*650*
狩野秀頼　*815*
狩野正信　*653*
狩野元信　*653*
鹿屋院　871
蒲御厨　831
かぶき　*808*
かぶき踊り　*807*
家父長制　873
家父長的大家族経営　873
鎌倉　*62*
鎌倉遺文　*347*
鎌倉街道　*256*
鎌倉開府　*62*
鎌倉時代の馬　*61*
鎌倉将軍府　*402*
鎌倉幕府　*63*
鎌倉幕府の成立時期　*67*
鎌倉番役　*72*
鎌倉府　*448*
鎌倉仏教の特色　285
鎌田荘　851
鎌田御厨　833
髪上　*279*
上揖保荘　854
神風　*164*
上久世荘　823
神蔵荘　870
髪剃ぎ　*277*
神谷宗湛　*797*
亀菊　123
亀前　*81*
亀山天皇　*191*
賀茂荘　823
鴨長明　*332*
賀茂祭　*266*
ガラシャ　*741*
唐物　*236*
唐様　*354*
刈田狼藉　*466*
狩野荘　835
駆武者　*57*
科料　*157*
軽　荘　825
枯山水　*644*
河上荘　842, 851
河口・坪江荘　845
河越重頼　*42*
革嶋荘　824
河津荘　834
為替　*244*
河副荘　869
河内荘　847
川手　*245*
川中島合戦　*687*
河辺荘　857
河原者　*646*
観阿弥清次　*669*
寛喜の大飢饉　*228*
閑吟集　*675*
観月の宴　*269*
勘合　*502*
勘合貿易　*501*
神崎荘（讃岐）　865
神崎荘（肥前）　869
上総荘　825
関山慧玄　*611*
寒山拾得図　*658*
関城書　*441*
寛正の大飢饉　*569*
官省符荘　862
勧進　*290*
観心寺　*421*

観心寺本堂　357
勧心本尊抄　319
旱損　227
貫高　523
貫高制　707
勘仲記　193
関東往還記　322
関東管領　449
関東御口入地　77
関東御成敗式目　143
関東御分国　76
関東御領　77
関東御公事　78
官途成　560
勧農　203
観応の擾乱　418
観音寺城　714
観音信仰　594
蒲原荘　834
灌仏会　265
看聞日記　495
甘露寺親長　486

◎き
祈雨　272
祇園執行日記　324
祇園社綿神人　549
祇園祭　538
癸亥条約　504
菊田荘　843
菊池高直　48
菊池武時　396
菊池武敏　430
菊池武光　436
義経記　638
乞巧奠　268
貴種再興　24
起請文　364
来次荘　852
祈晴　272
義絶　96
北野大茶会　807
北野麹座　543
北野天神縁起絵巻　368
北政所　816
北畠親房　427
北畠満雅　487
北山十八間戸　301
北山文化　584, 592
吉続記　193
亀甲船　781
喫茶養生記　321
吉書奏　260
木津荘　824
義堂周信　607
畿内総官　25
祈年祭　263
木内荘　837
騎馬武者　59
九州探題　451
旧名の解体　202
給免田　248
狂雲集　625
経覚私要鈔　619
京方与同の武士　124
教行信証　317
狂言　662
京極氏　457
京極高清　702
京極為兼　189
京極持清　490
京済　242
共同体　874
京都大番役　72
享徳の乱　474
京都守護　71
教如　755
卿二位　114
行遍　304
京枡　769
玉英　442
玉蘂　115
玉葉　114
玉葉和歌集　338
巨樹信仰　273
挙状　152
清州城　748
清澄寺　296
清水寺縁起　656
吉良荘　832
キリシタン　735
キリシタン大名　736
キリシタン版　739
記録所　400
木割　648
金槐和歌集　338
金閣　642
銀閣　641
金玉掌中抄　328
忻都　172
均等名　202
黄金の茶室　806
禁秘抄　327
禁裏供御人　227

◎く
悔返　96
杭瀬川の戦い　118
杭瀬荘　828
空阿　303
愚管記　442
愚管抄　346
公暁　103
公家新制　146
公家法　157
公験　151
草津宿　718
草戸千軒　539
くさめ　283
公事　203
櫛占　283
公事根源　614
櫛淵荘　864
具書　152
九条兼実　110
九条政基　562
九条道家　111
九条良経　111
楠木合戦注文　412
楠木正成　393
楠木正行　431
楠木正儀　432
楠葉西忍　513
久世保　856
曲舞　664
朽木関　532
朽木荘　840
沓を抱く　278
国一揆　678
国絵図　758
国質　711
国衆　682
国富荘　844
国桝　240
窪田荘　830
熊谷直実　47
熊谷郷　836
熊坂荘　847
熊取荘　827
熊野比丘尼　597
熊野詣　595
公文所　68
蔵入地　759
倉月荘　847
倉役　460
倶利加羅峠の戦い　26
栗林　219
九里半街道　551
九六銭　244
黒田如水　744
黒田長政　745
黒田荘（伊賀）　829

黒田荘（尾張） 831
桑 *219*
桑名 *539*
桑の弓 *275*
軍記物 *343*
軍忠状 *62*
郡中惣 *573*
群盗横行 *229*
群房荘 835
軍役 *708*
群雄割拠 *680*

◎け
桂庵玄樹 *608*
瑩山紹瑾 *310*
系図偽作 *686*
慶長の役 *782*
慶長版本 *805*
慶派仏師 *358*
下剋上 *681*
下作人 *213*
祁答院 871
下人 *215*
家礼 *83*
化粧料 *95*
玄恵 *325, 606*
喧嘩両成敗 *711*
建久七年の政変 *67*
元亨釈書 *319*
元弘の乱 *384*
元寇防塁 *161*
見参 *84*
源三位頼政 34
建治三年記 *194*
源氏の滅亡 97
建春門院 *13*
検断沙汰 *148*
検地 *708*, 729
検地尺 *765*
検地帳 *767*
検地反対一揆 *769*
堅中圭密 *516*
検注帳 *201*
建長寺 *298*
建長寺船 *502*
建内記 *497*
顕如 *754*
建仁寺 *590*
元の建国 *158*
元服 *278*
建武政府の成立と崩壊 378
源平合戦 1
源平盛衰記 *345*
顕密体制 *289*
建武以来追加 *463*
建武式目 *463*
建武政権 *399*
建武年間記 *412*
建武年中行事 *613*
建武の乱 *404*
権門体制論 872
建礼門院 *13*

◎こ
肥富 *513*
幸阿弥 *654*
公案 *297*
弘安の役 *163*
弘安の徳政 *174*
弘安礼節 *146*
甲乙人 *238*
光厳天皇 *391*
洪茶丘 *171*
高山国 *777*
高山寺 *300*
郷質 *711*
甲州法度之次第 *724*
興禅護国論 *322*
強訴 *570*
香宗我部保 866
郷村制 875
小歌 *664*
高台院 816
高台寺 *804*
高台寺蒔絵 *804*
後宇多天皇 *191*
高越寺荘 864
香道 *666*
勾当内侍 *390*
神野・真国荘 862
河野通有 *168*
河野通清 *50*
河野通信 *50*
高師直 *429*
高師冬 *429*
高師泰 *429*
興福寺 *31*
興福寺五重塔 *644*
興福寺三重塔 *356*
興福寺東金堂 *644*
興福寺北円堂 *355*
興福寺奏状 *321*
公武二元支配 *75*
光明天皇 *437*
郷義弘 *362*
高麗遠征計画 *162*
高麗日記 *783*
高利貸 *242*
幸若舞 *663*
後円融天皇 *438*
牛玉宝印 *364*
御恩 *85*
古河公方 *475*
後柏原天皇 *705*
久我荘 824
沽価法 *241*
後亀山天皇 *439*
虎関師錬 *309*
近木荘 827
古今伝授 *626*
国衙領 199
国人 *468*
国人領主制 875
曲水の宴 *265*
石高 *767*
後愚昧記 *443*
国民 *562*
石盛 *768*
国料船 *534*
苔寺 *645*
御家人 *82*
後光厳天皇 *437*
後小松天皇 *438*
古今著聞集 *350*
後嵯峨天皇 *141*
五山・十刹の制 *586*
後三年合戦絵巻 *374*
五山版 *588*
五山文学 *599*
甑を落とす *274*
腰越状 *54*
越田尻荘 825
古事談 *352*
小地頭 *179*
児島高徳 *433*
コシャマインの乱 *509*
後白河法皇 *12*
五節の舞 *271*
五摂家 *180*
巨勢荘 869
御前帳 *759*
後醍醐天皇 *390*
五代帝王物語 *116*
五大老 *779*
後高倉院 *141*
小机荘 836
兀庵普寧 *314*
後土御門天皇 *494*
小鶴荘 838
後藤徳乗 *791*
後藤基清 *123*
後藤基綱 *138*

後藤祐乗 655
神殿荘 826
後鳥羽上皇 119
言葉戦い 58
後鳥羽天皇宸記 116
後奈良天皇 705
小西行長 798
後二条天皇 192
小西隆佐 798
近衛家実 113
近衛兼経 113
近衛政家 492
後花園天皇 494
小早川隆景 787
小東荘 826
後深草天皇 191
五奉行 780
後伏見天皇 192
個別安堵法 404
後法成寺関白記 624
小堀遠州 812
後堀河天皇 141
小牧・長久手の戦い 762
小松引 261
駒牽 269
後村上天皇 438
後陽成天皇 790
御霊会 266
御料所 458
五輪塔 364
コレジオ 738
惟宗忠久 105
惟康親王 190
更衣 265
小童保 859
婚姻 279
金剛寺 420
金春禅竹 670

◎さ
座 248
柴屋軒宗長 629
西園寺公経 112
西園寺公衡 186
西園寺公宗 405
西園寺実兼 187
雑賀荘 862
佐伯荘 868
西行 333
在京御家人 124
西行物語絵巻 376
裁許状 157
在家 214
西光 19
西国武士 56
財産相続 93
摧邪輪 321
在地 874
在庁官人 72
在地領主 207
斎藤実盛 48
斉藤竜興 753
斎藤親基日記 499
斎藤道三 696
斎藤長定 139
斎藤基恒日記 465
斎藤義龍 697
裁判至要抄 145
割符 521
西芳寺庭園 645
西面の武士 123
佐伯景弘 37
竿入検地 764
堺 511
堺打越 206
堺相論 205
堺荘 828
坂者 302
月代 668
酒屋 533
酒屋役 460
相良氏法度 727
相良為続 721
相良長毎 722
相良晴広 722
左義長 262
佐久伴野荘 842
作人 213
冊封体制 876
酒の販売統制 247
坂越荘 854
佐々木高綱 40
佐々木道誉 432
佐々木信綱 137
佐々木秀義 40
雀部荘 850
楽前荘 851
篠を引く 572
沙汰人 560
沙汰未練書 144
薩戒記 496
雑訴決断所 400
沙汰雑掌 151
薩南学派 599
雑筆往来 328
雑務沙汰 148
佐藤忠信 54
佐藤継信 54
佐藤業時 139
佐奈田義忠 36
実隆公記 620
実朝暗殺 102
実躬卿記 194
佐野荘 843
佐保田荘 826
寒河御厨 841
侍所 67, 452
狭山荘 827
佐用荘 854
申楽談儀 674
猿楽能 660
産穢 276
算賀 279
山家集 339
三管領 453
散居型村落 876
三斎市 239
三十六歌仙絵巻 372
散所 580
三条実躬 189
三条実盛 188
三条西実隆 604
山僧 238
山賊 232
三長記 342
散田 203
サン＝フェリペ号事件 778
三別抄の乱 159
三宝院賢俊 441
三宝院満済 478
三浦の乱 507
散米 274
三毛作 558
三問三答 150
三門跡 493
算用状 204

◎し
慈円 347
地おこし 566
塩谷荘 843
志賀島 164
信楽荘 840
只管打坐 300
四季山水図巻 658
職の体系 209
式目四十二条 216
地下請 557
地獄草紙 372
地侍 561
鹿ケ谷事件 4
時宗 293

治承三年のクーデター　*5*
慈照寺　*641*
治承・寿永の内乱　*3*
四条天皇　*142*
四条畷の合戦　*416*
治承の新制　*5*
静御前　*55*
賤ヶ岳の戦い　*761*
使節遵行　*467*
地蔵信仰　*593*
下地進止権　*132*
下地中分　*208*
信太荘　838
志田義広　*46*
七十一番職人歌合　*554*
七福神信仰　*597*
私鋳銭　*525*
十訓抄　*350*
執権政治　*125*
執権・連署　*125*
実証　*581*
地頭　*74*
地頭請所　*208*
祠堂銭　*525*
地頭の荘園侵略　196
地頭領主制　*207*
志度荘　865
質侶荘　833
寺内町　*536*
品川　*714*
信濃前司行長　*343*
信濃伴野市　*252*
指南　*683*
神人　*232*
篠木荘　831
死の穢れ　*282*
篠原の戦い　*26*
信夫荘　843
篠村荘　850
篠村八幡　*385*
志濃里館　*510*
斯波家長　*408*
紙背文書　876
斯波氏　*454*
柴田勝家　*785*
斯波義廉　*489*
斯波義敏　*489*
地毗荘　857
四府駕輿丁座　*547*
渋川義季　*408*
四分保　851
渋谷重国　*45*
渋谷荘　835
四方拝　*257*
至本　*515*
島井宗室　*797*
島津氏久　*434*
島津貴久　*702*
島津忠久　105
島津荘　871
島津義久　*703*
島津義弘　*799*
持明院統　*383*
下久世荘　824
下河辺荘　837
霜月騒動　*175*
下妻荘（筑後）　867
下妻荘（常陸）　838
社会構成体　877
社会史　877
社会不安　*228*
釈日本紀　*327*
寂蓮　*334*
車借　*531*
沙石集　*351*
社頭之諸日記　*583*
三味線　*809*
射礼　*263*
拾芥記　*622*
十三日講　*579*
宗性　*315*
愁訴　*569*
衆徒　*561*
秋冬山水図　*658*
自由都市　879
十二月往来　*328*
収納桝　*240*
周文　*651*
宗峰妙超　*610*
周茂淑愛蓮図　*655*
十輪院内府記　*498*
寿永二年十月の宣旨　*27*
宿　*550*
宿場町　*536*
朱元璋　515
修験道　*323*
守護　*73*
珠光　*671*
守護請　*466*
守護所　*74*
守護代　*468*
守護大名　*465*
守護不入地　*202*
守護領国制　879
主従道徳　*87*
酒造　*225*
出土銭　*523*
聚楽第　*759*
首里城　*510*
春屋妙葩　*606*
俊寛　*19*
俊芿　*312*
順徳院御記　*115*
順徳上皇　*120*
巡礼　*596*
如庵　*806*
書院造　*643*
荘園　198
荘園絵図　*206*
荘園公領制　877
正応三年天皇暗殺未遂事件　*177*
正嘉・嘉元の鎌倉大地震　*228*
城下町　*535*
承久記　*345*
承久の乱　97, *116*
承久没収地　*133*
聖教　*349*
証空　*304*
貞慶　*311*
荘家の一揆　*573*
承元の法難　*291*
商工業の発達　197
称光天皇　*494*
相国寺　*589*
尚歯会　*281*
上巳の祓　265
清浄光寺　*294*
城資長　*50*
肖像彫刻　*360*
樵談治要　*636*
正中の変　*383*
正長の土一揆　*567*
正徹　*627*
浄土宗　*292*
浄土真宗　*292*
城長茂　*51*
少弐景資　*170*
少弐貞経　*393*
少弐資能　*169*
少弐経資　*169*
尚巴志　*515*
正風連歌　*626*
正平版論語　*612*
障壁画　*804*
正法眼蔵　*320*
正法眼蔵随聞記　*320*
荘政所　*212*
正文　*151*
条里制　*199*
条里制村落　*200*
荘立用　*205*

浄瑠璃節　*809*
職源抄　*613*
続古今和歌集　*337*
続後拾遺和歌集　*338*
続後撰和歌集　*337*
続拾遺和歌集　*337*
続千載和歌集　*338*
蔗軒日録　*622*
初参の礼　*88*
庶子　*93*
所司　*452*
所従　*215*
女性の相続権　*94*
如拙　*651*
除田　*204*
諸方兼作の百姓　*213*
所務沙汰　*147*
自力救済の社会　880
城割　*777*
沈惟敬　*800*
塵芥集　*724*
真恵　*462*
新加制式　*726*
神功皇后縁起　*656*
新宮十郎　35
心空殿　*641*
心敬　*628*
信玄堤　*709*
新古今和歌集　*336*
神国思想　880
新後拾遺和歌集　*631*
新後撰和歌集　*337*
人日　*261*
新拾遺和歌集　*631*
新続古今和歌集　*631*
壬辰・丁酉の倭乱　*783*
真盛　*603*
新千載和歌集　*631*
新撰菟玖波集　*633*
親族共同体　881
信長公記　*756*
新勅撰和歌集　*336*
神道五部書　*323*
神道の理論化　285
真如堂縁起　*518*
親王将軍　*109*
神皇正統記　*634*
新編追加　*144*
新補地頭　*131*
新補率法地頭　*132*
新葉和歌集　*630*
親鸞　*304*
親鸞聖人絵伝　*366*
神領興行　*164*

◎す
水軍　*28*
水原抄　*328*
水車　*217*
水上交通の発達　*257*
水色巒光図　*659*
随身庭騎絵巻　*369*
水損　*227*
水墨画　*649*
陶晴賢　*695*
素襖　*668*
菅井荘　824
菅浦荘　840
菅浦文書　*564*
菅原荘　848
菅原為長　*140*
椙原荘　855
崇光天皇　*437*
菅生荘　837
隅田荘　862
棄子　*274*
墨俣川の戦い　*25*
駿河府中　*716*
諏訪頼重　*407*

◎せ
世阿弥元清　*669*
征夷大将軍　*65*
製塩　*541*
清晃　490
制札　*684*
生産様式　879
生産力　881
製紙　*542*
精兵　*59*
是円　*461*
関所　*531*
関城　*422*
関銭　*459*
釈奠　*264*
石塁　*161*
世俗浅深秘抄　*327*
世帯共同体　881
絶海中津　*607*
摂家将軍　*108*
雪舟　*652*
折中の法　*154*
折衷様建築　*356*
節用集　*612*
説話集　*349*
銭の病　*241*
瀬ぶみ　*60*
セミナリオ　*738*
善阿弥　*647*
仙覚　*325*
前九年合戦絵巻　*374*
善光寺詣　*595*
戦国大名　*680*
戦国大名の領国支配　*678*
千載和歌集　*335*
選択本願念仏集　*317*
禅宗　*296*
禅宗様　*354*
専修寺　*593*
専修念仏　*291*
先陣争い　*60*
山水河原者　*647*
銭湯　*552*
泉涌寺　*300*
千利休　*812*
善鸞　*305*
善隣国宝記　*517*

◎そ
祖阿　*514*
副臥　*278*
惣　*555*
相阿弥　*672*
早雲寺殿二十一箇条　*725*
早歌　*330*
宋学　286, *324*
宗鑑　*628*
宗祇　*628*
惣国一揆　*574*
宗貞茂　*515*
宗貞盛　*514*
宗氏　*513*
総持寺　*591*
惣地頭　*179*
宗資国　*169*
宋銭　*241*
葬送　*281*
惣村　*519*
宗長　*629*
惣追捕使　*73*
曹洞宗　*299*
惣無事令　*757*
惣領　*93*
惣領制　881
僧侶の悪行　*231*
僧録司　*593*
曾我兄弟　*81*
曾我物語　*639*
族縁共同体　881
束刈り　*224*
属星　*273*
訴陳に番う　*149*
曾禰荘　830

彼杵荘　870
薗田成家　*317*
杣人　*226*
尊長　*122*
村落景観　880
村落領主　*207*

◎た
他阿　*306*
田遊び　*262*
大覚寺統　*382*
対捍　*205*
代官罷免闘争　*570*
大工職　*648*
太元帥法　*261*
太閤　*757*
大航海時代　*732*
太閤検地　*763*
醍醐寺三宝院　*803*
大乗院経覚　*492*
大乗院寺社雑事記　*566*
大乗院尋尊　*493*
大乗院日記目録　*565*
大仙院　*646*
大仙院花鳥図　*656*
代銭納　*242*
太祖洪武帝　*515*
大唐米　*558*
大徳寺　*590*
大徳寺唐門　*802*
大徳寺庭園　*646*
胎内文書　*365*
大・半・小制　*223*
大仏再建　*289*
大仏様　*353*
太平記　*636*
大宝城　*422*
大犯三箇条　*75*
大名領国制　882
題目　*295*
平敦盛　*11*
平清盛　*7*
平維盛　*9*
平重衡　*9*
平重盛　*8*
平忠度　*10*
平経高　*188*
平経盛　*10*
平時忠　*11*
平知度　*9*
平知盛　*8*
平知康　*51*
平教盛　*10*
平政連諫草　*194*
平通盛　*11*
平宗盛　*8*
平頼綱　*184*
平頼盛　*10*
高雄観楓図屏風　*822*
高倉上皇　*13*
高三隆達　*817*
高階栄子　*114*
鷹島　*164*
高田専修寺　*293*
鷹司兼平　*187*
鷹司冬平　*188*
高橋荘　832
高屋保　859
高山右近　*740*
薪　荘　824
多芸荘　841
竹崎季長　*170*
武田勝頼　*754*
武田信玄　*698*
武田信広　*513*
武田信光　*43*
武田信義　*43*
炬口荘　864
竹御所　*103*
武野紹鷗　*671*
田染荘　869
但馬生野　*719*
多治見国長　*388*
田代信綱　*46*
多田貞綱　*410*
匡遠記　*414*
多田行綱　19
橘成季　*349*
伊達稙宗　*720*
立花　*667*
伊達政宗　*789*
棚田　*220*
七夕　*268*
他人和与　*156*
種子島　*734*
種子島時尭　*739*
田の神祭　*263*
頼母子　*521*
田畠　*218*
玉串荘　827
玉瀧荘　829
田麦　*223*
田村荘（大和）　826
田村荘（陸奥）　843
多聞院日記　*621*
太良荘　844
垂水荘　828
田原荘　825
湛睿　*325*
湛慶　*361*
端午の節会　*266*
丹後局　114
単婚小家族　882
段銭　*459*
湛増　*53*
歎異抄　*318*
壇ノ浦の戦い　*30*

◎ち
地域経済圏　883
地域史　883
親長卿記　*498*
知行　*155*
千種忠顕　*397*
智積御厨　830
千々石ミゲル　*745*
治天の君　*109*
千葉常胤　*41*
千早城　*385*
着衣始　*276*
着帯　*275*
着袴　*277*
虫害　*227*
中巌円月　*608*
中間狼藉　*153*
仲恭天皇　*120*
中郡荘　838
中世王権論　884
中世城郭　*683*
中世の衣食住　*554*
中世の時と暦　*347*
中世法　*143*
潮音閣　*641*
長慶天皇　*439*
重源　*315*
長講堂領　*108*
長西　*303*
逃散　*570*
町衆　*537*
朝鮮日々記　*784*
朝鮮貿易　*503*
長宗我部氏掟書　*726*
長宗我部元親　*699*
町・段・歩制　*224*
重陽　*269*
朝用分　*469*
趙良弼　*173*
長老　*556*
長禄の土一揆　*568*
鎮火祭　*267*
鎮魂祭　*270*
鎮守府将軍　*21*

鎮西談議所　165
鎮西探題　165
鎮西早打役　166
鎮西奉行　72
頂相　363
陳和卿　315

◎つ
追儺　272
通信符　504
月行事　536
月次祭　266
佃　211
菟玖波集　632
辻占　284
辻が花染　810
辻説法　295
辻捕　231
辻能　809
津田宗及　798
土一揆　520
土田荘　848
土御門定実　112
土御門上皇　119
土御門通親　112
土山荘　854
筒井順覚　462
筒井順昭　691
経俊卿記　193
津戸為守　316
摘田　220
津料　459
鶴岡社務記録　115
鶴岡八幡宮　66
鶴岡八幡宮放生会　66
徒然草　341
兵の道　56

◎て
庭訓往来　611
庭中　149
手継　153
鉄砲　734
田楽能　660
天下統一　729
天下人　756
天下布武　746
点札　581
天竺様　353
天子摂関御影　370
天守閣　801
天正大判　760
天正遣欧使節　737
天正通宝　760
天正の石直し　766
天王寺屋会記　675
天皇親政　403
天文法華の乱　578
伝馬制度　712
天竜寺　588
天竜寺庭園　646
天竜寺船　500

◎と
問丸　245
土居通益　395
洞院公賢　440
洞院摂政記　116
東関紀行　340
東求堂　642
道元　309
東郷荘　852
東国の概念　63
東国武士　56
東国武士団の西遷　179
陶磁器の流通　246
東寺執行日記　496
東勝寺跡　386
東条荘　838
同仁斎　641
唐人町　252
東征伝絵巻　376
唐船着岸料　236
東大寺南大門　353
当知行　155
闘茶　665
道南十二館　509
頭人　452
東常縁　609
東福寺　302
東方見聞録　194
同朋衆　649
灯明寺畷の合戦　417
道祐　605
道理　154
遠山荘　841
富樫政親　490
言国卿記　620
土岐氏の乱　468
富木常忍　316
言継卿記　706
言経卿記　706
鬨の声　59
土岐持頼　479
土岐頼兼　387
土岐頼遠　434
徳川家康　786
得蔵荘　847
得地保　860
読書　275
徳政一揆　575
徳政文言　177
得宗　173
得宗専制政治　99
徳大寺実定　35
得珍保　840
得能通綱　395
露顕　280
土佐中村　717
土佐派　650
土佐光信　652
十三湊　508
都市鎌倉の発展　249
杜世忠　173
屠蘇　258
土倉　239, 533
土葬　282
斗代　580
富田月山城　687
どちりな＝きりしたん　805
鳥取荘　854
刀禰　560
とはずがたり　342
土肥実平　49
土肥遠平　49
富田荘（阿波）　864
富田荘（尾張）　832
富塚荘　847
富永荘　840
鞆の津　550
鞆淵荘　863
鞆淵八幡宮文書　565
豊臣秀次　791
豊臣秀吉　785
豊臣秀頼　791
豊明節会　271
鳥飼荘　864
鳥養牧　829
奴隷制的直接経営　884
奴隷制と農奴制　884
頓阿　334
富田林興正寺　713

◎な
内乱期の文化　380
内乱の展開　379
直江津　714
長井時広　80
中浦ジュリアン　746
長岡荘　832
長尾為景　698
長崎　735

長崎高資　184
長崎高綱　184
長篠の戦い　752
長島一向一揆　752
中条家長　137
中先代の乱　414
中津井荘　857
中務内侍　332
中稲　222
長門探題　162
中臣祐臣　332
中臣祐茂　332
中臣祐春　332
長沼荘　843
長野　715
中原親能　78
中原師員　136
中山忠親　20
那賀山荘　865
名子　215
名越高家　395
名越時兼　406
名越光時　135
名護屋城　781
那須宗高　46
名田荘　844
長束正家　794
夏麦　223
名手荘　863
七草粥　261
那覇　512
鯰江荘　840
成生荘　844
成田荘　835
成良親王　405
成羽荘　857
鳴海荘　832
名和長年　393
南禅寺　589
難太平記　637
南朝　415
南都北嶺　6
南蛮　733
南蛮寺　738
南蛮屏風　821
南蛮貿易　733
南部光行　49
南北朝合一　419
南北朝正閏論　883
南北朝内乱封建革命説　883
南北朝の時代　399

◎に
新嘗祭　271
新穂荘　849
新見荘　857
贄人　226
二階堂真恵　461
二階堂是円　461
二階堂行政　80
二階堂行村　106
二階堂行盛　138
錦木　284
西陣織　529
西津荘　845
仁科荘　834
二六聖人殉教　779
二条河原落書　410
二条城　749
二条良基　627
二水記　623
似絵　363
日元貿易　236
日明貿易　499
日蓮　306
日蓮宗　295
日朗　307
日興　307
日昭　307
日親　602
日宋貿易　235
仁田忠常　53
新田荘　842
新田義興　434
新田義貞　394
新田義重　45
日中分岐点論　887
日葡辞書　819
荷留　712
蜷川親元日記　498
仁保荘　860
日本史　746
日本の中世／西ヨーロッパの中世　886
二毛作　222
女人入眼の国　109
女人養子　95
韮山城　689
丹羽長秀　795
忍性　313
寧波の乱　502

◎ぬ
沼田市　551
沼田荘　859
沼津宿　718

◎ね
根来・雑賀一揆　762
根来寺衆　685
禰寝院　871
年紀法　150
年行事　536
年貢　203
年貢減免闘争　571
年中行事　287

◎の
能阿弥　655
農業技術の発展　519
農業共同体　887
農具　221
農村の変化　196
能面　662
野木宮合戦　26
荷前使　272
野田荘　856
野伏　235
宣胤卿記　622
教言卿記　497

◎は
梅松論　635
博多　511
歯固　258
波木井実長　316
博奕　580
ばくちの流行　232
幕府　64
幕府創設　1
幕府の構造　445
歯黒　277
箱根竹の下の戦い　418
バサラ　419
橋占　283
馬借　529
長谷川等伯　810
支倉常長　789
長谷部信連　38
機織　225
畠山氏　455
畠山重忠　105
畠山重忠謀殺　101
畠山政長　488
畠山持国　487
畠山義就　488
幡多荘　866
波多野荘　835
八条院暲子　35
八条院領　107
鉢木　143

八幡愚童訓　*193*
初倉荘　833
八朔　*269*
八宗体制　*288*
八田知家　*52*
八田知尚　*107*
服部荘　851
バテレン追放令　*778*
花園天皇　*192*
花園天皇宸記　*194*
八幡船　*505*
破風　*803*
葉室親光　*121*
早川荘　835
林西荘　830
払枡　*240*
腹切やぐら　*386*
原田荘　833
原マルチノ　*745*
播磨浄土寺　*354*
晴豊公記　*706*
晴富宿禰記　*465*
番頭　*560*
榛谷御厨　836
半具足の輩　*581*
番水　*559*
半済令　*466*
番付　*648*
半手　*684*
番場蓮華寺　*386*
范文虎　*172*
反本地垂迹説　*323*
万里集九　*609*

◎ひ
飛雲閣　*802*
日置荘　872
東山山荘　*640*
東山文化　585, *592*
比企氏の乱　*100*
引付衆　*129*
引き眉　*278*
比企能員　*105*
引馬宿　*718*
肥後一揆　*774*
非御家人　*82*
彦根城　*800*
肥後水島の合戦　*417*
久明親王　*190*
美術・工芸の新潮流　287
備前福岡市　*252*
常陸合戦　*415*
備中高松城　*748*
備中水島の戦い　*27*

悲田院　*301*
人勾引　*231*
人掃令　*776*
人吉荘　870
非人　*301*
日根荘　828
日野資朝　*386*
日野俊基　*387*
日野富子　*481*
檜牧荘　826
日野康子　*477*
百姓請　*557*
百姓申状　*233*
百錬抄　*346*
兵庫北関入船納帳　*553*
兵庫嶋　*250*
評定衆　*128*
瓢鯰図　*657*
兵粮米　*61*
兵糧料所　*467*
鵯越　*29*
平泉政権　*20*
平賀朝雅　*103*
平賀朝雅討伐　*101*
平城　*801*
平戸　*735*
比良荘　841
平野殿荘　824
肥料　*220*
琵琶法師　*343*

◎ふ
分一徳政令　*579*
封裏　*152*
風雅和歌集　*630*
風姿花伝　*673*
風葬　*282*
風俗図屛風　*657*
風損　*227*
普勧坐禅儀　*320*
武器と武具　*89*
武具　*684*
福井荘　855
福岡荘　857
覆勘　*148*
福島正則　*799*
福泊　*250*
福原遷都　*6*
福原荘　829
福良荘　864
武家故実　*92*
武家造　*357*
武家法　*157*
富士川の戦い　*24*

藤島荘　846
藤津荘　870
武士の衣服　*90*
武士の教養　*92*
武士の社会　2
椹野荘　860
武士の食生活　*91*
富士の巻狩　*66*
武士の館　*91*
伏見城　*800*
伏見天皇　*191*
伏見荘　825
伏見宮貞成　*495*
藤原家隆　*331*
藤原兼子　*114*
藤原兼実　*110*
藤原荘　865
藤原季能　*20*
藤原定家　*331*
藤原俊成　*334*
藤原俊成女　*335*
藤原成親　*15*
藤原秀澄　*122*
藤原秀衡　*22*
藤原秀康　*122*
藤原基通　*36*
藤原師家　*36*
藤原泰衡　*22*
藤原良経　111
藤原能盛　*20*
藤原頼嗣　*140*
藤原頼経　*139*
渕名荘　842
仏名会　*272*
船井荘　850
船木田荘　836
船木荘　851
普門　*302*
風聞　*581*
武門の棟梁　*64*
夫役　*203*
冬平公記　*413*
フランシスコ会　*779*
フランシスコ＝ザビエル　*742*
振売　*526*
風流　*665*
古田織部　*812*
風呂　*582*
文永の役　*159*
文化の新傾向　285
文化の地方化　585
文化の民衆化　585
文芸作品　286
分国　*681*

分国法　710
豊後府中　716
文保の和談　382
文禄検地　764
文禄通宝　760
文禄の役　781

◎へ
平家没官領　76
平家物語　344
平戸記　193
平治物語　344
平治物語絵巻　375
兵士役　57
平禅門の乱　175
兵範記　115
碧山日録　625
碧蹄館の戦い　781
日置荘　861
臍の緒きり　274
臙脂屋　717
逸見荘　834
弁円　305
辺境理論　888
弁慶　55
返抄　204

◎ほ
「封建制度」の概念　888
封建地代　888
封建的小経営　889
封建的土地所有　889
保元物語　343
奉公　85
奉公衆　458
豊国祭礼図屏風　820
法住寺殿襲撃　27
謀書　152
北条顕時　326
北条氏直　788
北条氏政　788
北条氏康　694
方丈記　340
北条九代記　193
北条貞顕　327
北条貞時　181
北条実時　326
北条実時家訓　328
北条重時　135
北条重時宛泰時書状　144
北条重時家訓　142
北条氏所領役帳　727
北条早雲　693
北条高時　181
北条経時　134
北条時輔　167
北条時房　134
北条時政　39
北条時宗　166
北条時行　406
北条時頼　134
北条時頼廻国伝説　142
北条長時　167
北条宣時　183
北条煕時　182
北条政子　104
北条政村　134
北条宗宣　182
北条基時　182
北条守時　182
北条師時　183
北条泰家　406
北条泰時　133
北条義時　104
北条義政　167
宝治合戦　130
法然　302
法然上人絵伝　367
坊津　511
宝物集　352
慕帰絵詞　659
北朝　416
北面の武士　123
北陸宮　35
星川荘　852
細川勝元　482
細川氏　453
細川忠興　740
細川荘　855
細川晴元　704
細川政元　704
細川持之　563
細川頼之　461
ホタキ　271
発心集　351
法曹至要抄　145
骨寺村　844
堀江荘　849
堀越公方　475
ポルトガル　732
本因坊算砂　818
本歌取り　329
本願寺　598
凡下の輩　238
本所一円地　202
本所法　147
本銭返　243
本能寺の変　750
本補地頭　131
本名　213
本領安堵　84

◎ま
埋納銭　273
前田玄以　794
前田利家　792
真壁荘　838
蒔　224
巻狩　89
牧の方　81
枕草子絵巻　371
正宗　362
政基公旅引付　563
増田長盛　795
益頭荘　834
増鏡　635
益田荘　853
又四郎　647
町野康俊　137
松江城　800
松平清康　703
松平広忠　703
松永荘　845
松永久秀　693
松本城　801
万里小路時房　563
万里小路宣房　388
万里小路藤房　405
眞弓御厨　830
満済准后日記　615
饅頭屋本　601
万寿寺　590
政所　69, 451
政所下文　70
萬葉集註釈　328

◎み
三入荘　860
御内人　174
三浦光村　136
三浦泰村　136
三浦義明　42
三浦義澄　42
三浦義村　106
三日夜餅　280
御教書　71
三毛荘　863
御子左家　329
三崎荘　838
御修法　261
水鏡　346
水城　161

水帳　767
水走康忠　45
三潴荘　868
見世棚　239
美多荘　853
道饗祭　267
三日厨　212
見継ぐ　60
三津荘　832
水口祭　265
水無瀬三吟百韻　634
湊川の戦い　414
港町　535
南部荘　863
南村梅軒　608
源実朝　102
源隆国　349
源範頼　32
源通親　112
源行家　35
源行綱　19
源義経　33
源義仲　33
源頼家　102
源頼朝　31
源頼政　34
源頼政の挙兵　23
三成荘　858
美濃加納　753
水内荘　858
巳の日の祓　265
身延山　296
身曳　234
身分統制令　775
三俣院　870
耳塚　783
宮河保　845
宮座　561
宮田荘　850
宮津荘　851
明雲　19
明恵　311
妙喜庵待庵　806
名字の地　85
名主　212
妙心寺　591
明全　310
明珍　362
名田　211
名田経営　889
名簿捧呈　84
三好三人衆　686
三好長治　721
三好長慶　692
三好元長　692
三善康信　79
民経記　116
明兆　651

◎む

無縁・公界・楽　890
無学祖元　308
武者所　401
無住　349
無尽　523
むつき　276
陸奥将軍府　402
六浦荘　836
陸奥留守職　71
棟札　358
宗尊親王　140
棟別銭　460
宗良親王　398, 610
村掟　556
紫式部日記絵巻　370
村田珠光　671
室御厨　855
室町殿　461
室町幕府　447

◎め

明応の東海大地震　569
明月記　342
鳴弦　275
名酒の誕生　529
明徳記　638
明徳の乱　469
免家　214

◎も

毛利荘　836
蒙古襲来絵巻　375
間人　215
毛利輝元　793
毛利元就　695
最上義光　790
以仁王　34
以仁王の令旨　23
茂木荘　843
元長卿記　623
物部荘　872
木綿の普及　527
百日　277
桃井直常　439
守邦親王　190
杜　荘　832
護良親王　389
師郷記　499
師守記　442
文覚　50
文観　440
モンゴルの襲来　97
門前町　534
問注所　69

◎や

矢合　58
焼畑　218
柳生徳政碑　583
矢口渡　420
屋敷　210
屋島の戦い　29
安田荘　852
安田義定　42
康富記　497
安久保　834
安吉保　847
夜須礼祭　666
八田荘　848
谷戸田　219
簗　226
楊井荘　860
梁田御厨　843
矢野倫重　138
矢野荘　855
矢作宿　717
流鏑馬　89
病草紙　373
山鹿秀遠　40
山川　735
山木兼高　37
山口　538
山口祭　263
山国荘　850
山崎の戦い　761
山科言継　705
山科荘　825
山科教言日記　553
山城国一揆　574
山代荘　848
山田　552
山田重忠　122
山手　245
山手保　858
大和猿楽四座　661
山門荘　867
山と水の理論　890
山名氏清　476
山名氏　456
山名持豊　483
山内上杉氏　689
山内荘　836

山本義経　*38*
山守荘　852

◎ゆ
湯浅荘　863
唯一神道　*597*
唯円　*305*
結城氏朝　*479*
結城合戦　*471*
結城氏新法度　*725*
結城親朝　*409*
結城親光　*397*
結城朝光　*107*
結城政勝　*720*
猶子　*86*
融通念仏縁起絵巻　*444*
有職故実　*600*
弓削島荘　865
夢占　*283*
由良荘　864

◎よ
葉黄記　*116*
養蚕　*224*
用水争論　*559*
用水路　*217*
永福寺　*66*
与宇呂保　837
養和の大飢饉　*6*
抑留　*205*
横田荘　853
吉河荘　856
吉崎道場　*598*
吉田兼倶　*604*
吉田定房　*388*
吉田荘（安芸）　860
吉田荘（筑後）　868
良田荘　865
吉田日次記　*615*
義経伝説　*53*
吉富荘（近江）　841
吉富荘（丹波）　850
吉野朝　*415*
好島荘　844
義満の政治　*445*
寄沙汰　*148*
淀魚市　*251*
寄合　*555*
頼家暗殺　*100*
寄人　*232*
寄親・寄子　*682*
寄船　*245*

◎ら
楽市楽座　*528*
落書起請　*582*
洛中洛外図屏風　*818*
蘭渓道隆　*308*

◎り
李花集　*630*
離宮八幡油神人　*548*
陸上交通の発達　*256*
李舜臣　*796*
李如松　*796*
李成桂　*516*
立券文　*200*
立正安国論　*318*
利平　*243*
立阿弥　*672*
竜安寺石庭　*645*
隆寛　*303*
琉球王国　*504*
琉球貿易　*505*
龍骨車　*559*
隆達節　*810*
領主制理論　890
梁塵秘抄　*341*
両統迭立　*381*
臨済宗　*297*
綸旨　*403*

◎る
ルイス＝フロイス　*743*

◎れ
冷泉為相　*335*
歴史認識　286
蓮華王院　*356*
連坐　*156*
連坐制　*711*
連雀　*526*
蓮如　*602*

◎ろ
老松堂日本行録　*517*
郎党　*87*
鹿苑寺　*642*
鹿苑日録　*623*
六斎市　*533*
六代勝事記　*346*
六波羅　*4*
六波羅探題　*128*
六分一殿　*470*
六角氏式目　*725*
六角高頼　*491*
六角義賢　*720*
六角義治　*721*

◎わ
和歌　286
和賀江津　*250*
若槻荘　826
若松荘　828
若水　*259*
若山荘　848
倭館　*506*
脇在家　*214*
脇名　*213*
和気荘　856
倭寇　*506*
倭寇と東アジア世界　*446*
和佐荘　863
和讃　*664*
和市　*240*
早稲　*222*
和田合戦　*101*
輪田荘　829
和田義盛　*79*
度会家行　*323*
わび茶　*666*
和与　*155*
和様建築　*355*
和与中分　*209*